Jana Van de Velde

1MA

Jana biestjën:
merci dak U woorden-
boek, is mocht gebruik-
en ejaa.
KhebU U graaaag Bbi ♥

de belangrijkste Prisma Woordenboeken:

Miniwoordenboeken
- voor cursus en vakantie
- veel informatie in klein formaat
- beide delen in één band
- in 19 talen, waaronder Turks, Fries, Afrikaans en Fins

Basiswoordenboeken
- voor beginnende taalleerders, bv. op de lagere school en in de brugklas
- beide delen in één band
- glasheldere uitleg en voorbeelden
- met illustraties
- Nederlands (verklarend), Frans en Engels

Pocketwoordenboeken
- het meest gebruikte woordenboek
- actueel: elk jaar bijgewerkt
- overzichtelijk: trefwoorden en tabs in kleur
- het pocketwoordenboek met de meeste trefwoorden
- Nederlands (verklarend), Engels, Frans, Duits, Spaans en Italiaans

Handwoordenboeken
- voor tweede fase onderwijs, studie en beroep
- groot formaat, duurzame uitvoering
- veel ruimte voor voorbeeldzinnen en uitdrukkingen
- Nederlands (verklarend), Engels, Frans en Duits

PRISMA WOORDENBOEK

Nederlands
Frans

drs. H.W.J. Gudde

Uitgeverij Het Spectrum B.V.
Postbus 2073
3500 GB Utrecht

Bewerking: André Abeling, Epinay-sur-Seine
Redactionele bijdragen: George Pape
Omslagontwerp: Kees Hoeve
Zetwerk: Spectrum DBP en Alfabase, Alphen aan den Rijn
Druk: Bercker, Kevelaer

ISBN-13 978 90 274 9301 9
ISBN-13 met cd-rom 978 90 274 9131 2
NUR 627

www.prisma.nl

Welkom bij de Prisma Pockets

Al meer dan 50 jaar zijn Prisma pockets **de meest gekochte en gebruikte woordenboeken** op school en daarbuiten. Dat is niet alleen vanwege de voordelige prijs.

In geen ander pocketwoordenboek vind je zo veel **betrouwbare informatie** als in de Prisma pockets.
De Prisma pockets hebben een uitstekende reputatie onder de leraren, die deze woordenboeken al ruim een halve eeuw aanbevelen. Natuurlijk is in alle Prisma pockets de nieuwe spelling volgens de regels van de Nederlandse Taalunie toegepast.

Tienduizenden trefwoorden op alle gebieden, met duizenden voorbeeldzinnen om ze op de juiste manier te gebruiken: **compleet** en toegespitst op gebruik op middelbare scholen, op het werk, thuis en op reis.
Achterin hebben we een handige beknopte grammatica over de vreemde taal opgenomen.

We houden de Prisma's doorlopend **up-to-date**: verouderde woorden maken plaats voor nieuwe, alle informatie controleren we en stellen we bij, waar nodig. En met de Prisma pockets online ben je nog actueler: we updaten elk kwartaal!

Deze pocket is erg **helder** en **gebruiksvriendelijk** door de overzichtelijke indeling van betekenissen, voorbeeldzinnen en idiomen. De extra kleur en de letterliniaal zijn belangrijke hulpmiddelen waarmee je snel vindt wat je zoekt. Waar het nodig is, geven we extra informatie waarmee je de juiste vertaling kunt kiezen.

Prisma maakt ook gebruik van de nieuwste technologische ontwikkelingen. Met de inlogcode (op de grijze pagina in het midden) krijg je **2 jaar gratis toegang tot de online versie** van dit woordenboek. Zo kun je steeds de meest recente updates raadplegen op je computerscherm. Kijk op:
www.prisma.nl
www.prismawoordenboek.be
Op de site vind je ook informatie over onze andere producten (zoals het jongerenwoordenboek *Drop je lyrics*) en je kunt er covers downloaden om dit woordenboek er nog cooler uit te laten zien.

Voor op- en aanmerkingen staan we altijd open. Mail ze naar: *redactie@prisma.nl*. Alvast bedankt!

de Prismaredactie
Utrecht, januari 2007

Aanwijzingen voor het gebruik

Nederlandstalig gedeelte

Informatie over de trefwoorden, betekenissen, voorbeeldzinnen en idiomen is zo beperkt mogelijk gehouden. Voor zover deze informatie wordt gegeven, dient deze om de vertaling(en) te verduidelijken. Er wordt van uitgegaan dat de Prisma Woordenboeken door Nederlandstaligen worden geraadpleegd, van wie wordt verondersteld dat zij weten hoe de trefwoorden enz. op de juiste wijze worden gebruikt. Om deze reden en om ruimte te sparen is bij het Nederlands niet aangegeven wanneer sprake is van formeel, informeel of ander bijzonder taalgebruik. Om dezelfde redenen is spaarzaam met grammaticale informatie omgesprongen.

Trefwoorden

Woorden die op dezelfde wijze worden geschreven, maar verschillend worden uitgesproken, komen twee keer als trefwoord voor, met een 1 of 2 hoog achter het trefwoord. De uitspraak wordt toegevoegd, waar deze ter onderscheiding nodig is:

rap[1] snel [...]
rap[2] (zeg: rep) [...]

Ook als trefwoorden in klemtoon verschillen, komen ze twee keer als trefwoord voor, met de klemtoon onderstreept:

voorkomen [...]
voorkomen [...]

Voorbeeldzinnen en idiomen

In dit Prisma woordenboek is onderscheid gemaakt tussen voorbeeldzinnen en idiomen.
Voorbeeldzinnen demonstreren het gebruik van een trefwoord in een bepaalde betekenis. Zo staat onder het trefwoord 'brand' in de betekenis 'vuur' de voorbeeldzin 'in brand staan'. Voorbeeldzinnen worden voorafgegaan door een sterretje (⋆).
Idiomen zijn woordcombinaties waarin het trefwoord weliswaar voorkomt, maar waarin dat niet wordt gebruikt in een van de gegeven betekenissen. Zo staat onder het trefwoord 'brand' bv. het idioom 'iemand uit de brand helpen'. In deze zin betekent brand iets als 'moeilijkheden', maar dat komt niet voor als betekenis. Idiomen worden voorafgegaan door een driehoekje (▾)

De vreemde taal

Van zelfstandige naamwoorden die uitsluitend als meervoud voorkomen, is dit aangegeven. Ook wordt vermeld of deze meervouden mannelijk of vrouwelijk zijn.
De vrouwelijke vorm van de vertalingen van bijvoeglijke naamwoorden wordt alleen gegeven wanneer deze niet gevormd wordt door toevoeging van de reguliere *-e* achter de mannelijke vorm.
De onregelmatige vorm van bijvoeglijke naamwoorden, voornaamwoorden enz. wordt gebruikt vóór woorden die beginnen met een klinker of 'stomme' h. Deze vorm wordt aangeduid met de afkorting [onr].
Meervouden die worden gevormd door toevoeging van de *-s* worden niet vermeld. Worden meervouden op andere manieren gevormd (bijv. *-aux*), dan worden ze wel vermeld.
In incidentele gevallen worden de modi indicatif en subjonctif vermeld.

Grammaticaal compendium

Achter in dit woordenboek is een beknopte grammatica van de vreemde taal toegevoegd.

Bijzondere tekens

Voorbeelden van het gebruik van onderstaande tekens worden gegeven op pagina 9.

Trefwoorden (met eventuele varianten en aanvullingen daarop) zijn vet gedrukt. De vertaling in het Frans van betekenissen en voorbeeldzinnen is cursief gezet. Alle informatie die romein (niet cursief) gezet is, heeft betrekking op het Nederlands, tenzij het tussen geknikte haken achter de vertaling staat.

I, **II** enz. Als een trefwoord meerdere woordsoorten heeft (bv. overgankelijk én onovergankelijk werkwoord), worden deze voorafgegaan door blauw gedrukte romeinse cijfers.

• Als een trefwoord meerdere betekenissen heeft, worden deze voorafgegaan door een blauw bolletje. Ook vaste combinaties van het trefwoord met een voorzetsel worden gezien als een aparte betekenis.

★ Na een blauwe ster volgt een voorbeeldzin.

▾ Na een blauw driehoekje volgt een idiomatische uitdrukking.

[...] Tussen rechte haken staat extra grammaticale informatie.

‹...› Tussen geknikte haken staat extra uitleg over de betekenis of de vertaling daarvan.

~ Een tilde vervangt vaak het trefwoord in voorbeeldzinnen en zegswijzen.

/ Een schuine streep scheidt woorden die onderling verwisselbaar zijn.

≈ Een equivalentieteken geeft aan dat de vertaling een benadering is van het vertaalde. Een exactere vertaling is in dat geval niet te geven.

→ Een pijl verwijst voor meer informatie naar het erop volgende trefwoord.

<u>h</u> Als een h wordt 'aangeblazen' (h aspiré), wordt deze onderstreept.

Lijst van gebruikte afkortingen

AANW VNW	aanwijzend voornaamwoord
AARDK.	aardrijkskunde
ADMIN.	administratie
AFK	afkorting
AGRAR.	agrarisch, landbouw
ANAT.	menselijke anatomie
ARCH.	architectuur
A-V	audiovisueel
BETR VNW	betrekkelijk voornaamwoord
BEZ VNW	bezittelijk voornaamwoord
BIJW	bijwoord
BIOL.	biologie, milieu
BNW	bijvoeglijk naamwoord
BOUWK.	bouwkunde
CHEM.	chemie
COMM.	communicatie, voorlichting
COMP.	computer
CUL.	culinaria, voeding
deelw.	deelwoord
DIERK.	dierkunde
DRUKK.	drukkerij en uitgeverij
ECON.	economie
ELEK.	elektronica
EUF.	eufemistisch
ev	enkelvoud
FIG.	figuurlijk
FILOS.	filosofie
FORM.	formeel
FR.	Frans, Frankrijk
GEO.	geografie
GESCH.	geschiedenis
HUMOR.	humoristisch
HWW	hulpwerkwoord
id.	identiek
iem.	iemand
ind.	indicatief (aantonende wijs)
infin.	infinitief
INFORM.	informeel
IRON.	ironisch
JEUGDT.	jeugdtaal
JUR.	juridisch, recht
KUNST	beeldende kunst
KWW	koppelwerkwoord
LANDB.	landbouw
LETT.	letterlijk
LIT.	literatuur, letterkunde
LUCHTV.	luchtvaart
LW	lidwoord
m	mannelijk
MED.	medisch, geneeskunde
MEDIA	media: tv, radio, pers
MIL.	militair
MIN.	minachtend
MUZ.	muziek
mv	meervoud
NATK.	natuurkunde
OMSCHR.	omschrijvend
ONB TELW	onbepaald telwoord
ONB VNW	onbepaald voornaamwoord
ONOV WW	onovergankelijk werkwoord
ONP WW	onpersoonlijk werkwoord
onr.	onregelmatig
ONVER.	onveranderlijk
ONV WW	onvervoegbaar werkwoord
OUD.	ouderwets
OV WW	overgankelijk werkwoord
p.	persoon
PERS VNW	persoonlijk voornaamwoord
PLANTK.	plantkunde
PLAT	plat, ordinair
POL.	politiek
PSYCH.	psychologie
qc	quelque chose
qu	quelqu'un
REG.	regionaal
REL.	religie
samentr.	samentrekking
SCHEEPV.	scheepvaart
SCHEIK.	scheikunde
SPORT	sport, lichamelijke oefening
STERRENK.	sterrenkunde
subj.	subjunctief (aanvoegende wijs)
TAALK.	taalkunde
TECHN.	techniek, mechanica
teg.	tegenwoordig
TELW	telwoord
TON.	toneel, theater
t.t.	tegenwoordige tijd
TW	tussenwerpsel
TYP.	typografie
UITR VNW	uitroepend voornaamwoord
v	vrouwelijk
VISS.	visserij
VOETB.	voetbal
volt.	voltooid
VOORV.	voorvoegsel
VR VNW	vragend voornaamwoord
VULG.	vulgair
VW	voegwoord
VZ	voorzetsel
WISK.	wiskunde
WKD VNW	wederkerend voornaamwoord
WKD WW	wederkerend werkwoord
WKD	wederkerig en wederkerend
WKG VNW	wederkerig voornaamwoord
WW	werkwoord
WWW	internet
ZN	zelfstandig naamwoord
ZWIT.	Zwitsers, Zwitserland

aan I BIJW • in werking ★ de radio staat aan *la radio est allumée* ★ het vuur is aan *le feu est allumé* • op zekere wijze ★ kalmpjes/rustig aan *doucement* ▾ er is niets aan ‹makkelijk› *c'est facile / simple comme tout*; ‹vervelend› *c'est ennuyeux (comme la pluie)* ▾ ervan op aan kunnen *pouvoir compter sur* ▾ er is niets van aan *il n'en est rien* **II** VZ • [meewerkend voorwerp] *à* ★ iets aan iem. geven *donner qc à qn* • op een (vaste) plaats *à* ★ aan het strand *à la plage* ★ aan dek *à bord* ★ aan de muur *au mur* ★ aan de gracht / kade *au bord du canal/quai* ★ aan de Rijn *sur le Rhin* ★ aan de piano: Oscar Peterson *au piano: Oscar Peterson* • naar iets toe ★ aan land komen *débarquer* • als gevolg van *par suite de* ★ aan koorts lijden/sterven *souffrir/mourir de fièvre* • wat betreft *de* ★ een gebrek aan vitaminen *un manque de vitamines* • na/naast elkaar ★ rij aan rij *en rangs* ★ twee aan twee *deux par deux* ▾ aan het werk(en) zijn *être en train de travailler* ▾ van nu af aan *dès maintenant; à partir de maintenant* ▾ het is niet aan mij om dat te zeggen *ce n'est pas à moi de dire cela*

aanbakken *attacher*; INF. *cramer*

aanbeeld → **aambeeld**

aanbellen *sonner*

aanbesteden *lancer un appel d'offres pour; mettre en adjudication*; ‹gunnen› *adjuger*

aanbesteding ‹uitschrijving› *appel* m *d'offres; marché* m *par adjudication*; ‹gunning› *adjudication* v ★ een openbare / onderhandse ~ *une adjudication publique / restreinte*

aanbetalen *verser un acompte* (**op** *pour, sur*)

aanbetaling *acompte* m; ‹handgeld› *arrhes* v mv ★ een ~ doen *verser un acompte/ des arrhes*

aanbevelen *recommander* (**aan**, **bij** *à*; **voor** *pour*); ‹aanprijzen› *préconiser* ★ warm aanbevolen *vivement recommandé* ★ ik houd me aanbevolen *je suis intéressé / preneur*

aanbinden • vastbinden *attacher; nouer* ★ schaatsen ~ *chausser / mettre des patins* • beginnen ★ de strijd ~ *engager le combat*

aanblazen • FIG. aanwakkeren *attiser* • MUZ. *emboucher* • TAALK. *aspirer*

aanbrengen • plaatsen *poser; placer; mettre*; ‹v. verf/kleuren› *appliquer* ★ een verandering ~ *introduire une modification* • aanleggen *installer* • bevestigen *fixer* • maken *faire; pratiquer* • meebrengen *apporter; amener* • veroorzaken ★ geluk / ongeluk ~ *porter bonheur / malheur* • verklikken *dénoncer* (**bij** *à*) • werven *recruter; embaucher*

aandacht *attention* v (**voor** *à*) ★ de ~ afleiden *détourner l'attention* ★ de ~ richten op *fixer l'attention sur; se concentrer sur*

aandachtig I BNW *attentif* [v: *attentive*] **II** BIJW *attentivement*

---

trefwoorden, met eventuele varianten, zijn blauw gedrukt

Romeinse cijfers gaan vooraf aan een woordsoort

bolletjes gaan vooraf aan verschillende betekenissen van een trefwoord

sterretjes gaan vooraf aan voorbeeldzinnen

driehoekjes gaan vooraf aan idiomatische uitdrukkingen

pijlen verwijzen naar een ander trefwoord, bv. een synoniem

tildes (~) vervangen het trefwoord

tussen geknikte haken wordt extra uitleg gegeven

schuine strepen staan tussen verwisselbare varianten

labels geven extra informatie over stijl, herkomst of vakgebied - zie p. 8

voorzetsels die de betekenis van een trefwoord veranderen, zijn blauw gedrukt

m en *v* geven het geslacht van de vertaling aan: mannelijk en vrouwelijk; *mv* duidt op meervoud

A

a • letter *a* m ★ van a tot z *de a à z* ★ de a van Anton *A comme Anatole* • muzieknoot *la* m ▾ wie a zegt, moet ook b zeggen *quand le vin est tiré, il faut le boire*

aagje ▾ nieuwsgierig ~ *petite curieuse* v; *fouineur* m

aai *caresse* v

aaien *caresser; faire des caresses à*

aak *chaland* m; *péniche* v

aal *anguille* v

aalbes • CUL. vrucht *groseille* v • struik *groseillier* m

aalglad *malin comme un singe* [v: *maligne ...*]; *roublard*

aalmoes *aumône* v; *charité* v ★ (iemand) een ~ geven *faire l'aumône/la charité (à qn)*

aalmoezenier *aumônier* m

aalscholver *(grand) cormoran* m; *nigaud* m

aambeeld • werkblok *enclume* v • gehoorbeentje *enclume* v ▾ steeds op hetzelfde ~ slaan *chanter toujours le même refrain*

aambeien *hémorroïdes* v mv

aan I BIJW • in werking ★ de radio staat aan *la radio est allumée* ★ het vuur is aan *le feu est allumé* • op zekere wijze ★ kalmpjes/rustig aan *doucement* ▾ er is niets aan *c'est facile / simple comme tout; c'est ennuyeux (comme la pluie)* ▾ ervan op aan kunnen *pouvoir compter sur* ▾ er is niets van aan *il n'en est rien* **II** VZ • [meewerkend voorwerp] *à* ★ iets aan iem. geven *donner qc à qn* • op een (vaste) plaats *à* ★ aan het strand *à la plage* ★ aan dek *à bord* ★ aan de muur *au mur* ★ aan de gracht / kade *au bord du canal/quai* ★ aan de Rijn *sur le Rhin* ★ aan de piano: Thelonious Monk *au piano: Thelonious Monk* • naar iets toe ★ aan land komen *débarquer* • als gevolg van *par suite de* ★ aan koorts lijden/sterven *souffrir/mourir de fièvre* • wat betreft *de* ★ een gebrek aan vitaminen *un manque de vitamines* • na/naast elkaar ★ rij aan rij *en rangs* ★ twee aan twee *deux par deux* ▾ aan het werk(en) zijn *être en train de travailler* ▾ van nu af aan *dès maintenant; à partir de maintenant* ▾ het is niet aan mij om dat te zeggen *ce n'est pas à moi de dire cela*

aanbakken *attacher*; INFORM. *cramer*

aanbeeld • → **aambeeld**

aanbellen *sonner*

aanbesteden *lancer un appel d'offres pour; mettre en adjudication*; ⟨gunnen⟩ *adjuger*

aanbesteding ⟨uitschrijving⟩ *appel* m *d'offres; marché* m *par adjudication*; ⟨gunning⟩ *adjudication* v ★ een openbare / onderhandse ~ *une adjudication publique / restreinte*

aanbetalen *verser un acompte* (**op** *pour, sur*)

aanbetaling *acompte* m; ⟨handgeld⟩ *arrhes* v mv ★ een ~ doen *verser un acompte/des arrhes*

aanbevelen *recommander* (**aan**, **bij** *à*; **voor** *pour*); ⟨aanprijzen⟩ *préconiser* ★ warm aanbevolen *vivement recommandé* ★ ik houd me aanbevolen *je suis intéressé / preneur*

aanbevelenswaardig *à conseiller*; ⟨vaak bij ontkenning⟩ *recommandable* ★ niet ~ *peu recommandable*

aanbeveling • *recommandation* v ★ op ~ van *sur (la) recommandation de* ★ dit strekt tot ~ *c'est un avantage / atout; c'est apprécié* • voordracht *proposition* v • lijst *liste* v *de présentation*

aanbiddelijk *adorable*

aanbidden *adorer*

aanbidder *adorateur* m [v: *adoratrice*]; HUMOR. *soupirant* m

aanbidding *adoration* v

aanbieden *offrir; proposer; présenter* ★ zich ~ *se proposer; se présenter* ★ zijn verontschuldigingen ~ *présenter ses excuses* ★ iets te koop ~ *mettre en vente qc*

aanbieder *présentateur* m [v: *présentatrice*]

aanbieding • aanbod *offre* v • koopje *(article* m *en) promotion* v; *offre* v *spéciale* • overlegging *présentation* v; *remise* v

aanbinden • vastbinden *attacher; nouer* ★ schaatsen ~ *chausser / mettre des patins* • beginnen ★ de strijd ~ *engager le combat*

aanblazen • FIG. aanwakkeren *attiser* • MUZ. *emboucher* • TAALK. *aspirer*

aanblijven *rester en place; conserver ses fonctions*

aanblik • het zien *vue* v ★ bij de eerste ~ *à première vue; au premier abord; de prime abord* • wat gezien wordt *spectacle* m; *vue* v; *aspect* m

aanbod *offre* v; *proposition* v ★ een ~ aannemen *accepter une offre* ★ een ~ afslaan *refuser / décliner / repousser une offre* ★ een ~ doen *faire une offre* ★ een ~ intrekken *retirer une offre*

aanboren • openen *forer; percer* ★ olie ~ *rencontrer du pétrole* • ontsluiten ⟨v. vat⟩ *mettre en perce*; ⟨v. bron⟩ *forer*

aanbouw • het (aan)bouwen *construction* v ★ in ~ *en (cours de) construction; (mis) en chantier* • aangebouwd deel *annexe* m

aanbouwen *ajouter; construire à côté*

aanbraden *faire revenir; saisir*

aanbranden *brûler*; INFORM. *cramer* ★ aangebrand ruiken *sentir le brûlé*

aanbreken I OV WW beginnen te gebruiken *entamer* ★ een pot jam / confituur ~ *ouvrir un pot de confiture* **II** ON WW beginnen *apparaître; arriver* ★ de dag breekt aan *le jour se lève*

aanbrengen • plaatsen *poser; placer; mettre*; ⟨v. verf/kleuren⟩ *appliquer* ★ een verandering ~ *introduire une modification* • aanleggen *installer* • bevestigen *fixer* • maken *faire; pratiquer* • meebrengen *apporter; amener* • verklikken *dénoncer* (**bij** *à*) • werven *recruter; embaucher*

aandacht *attention* v (**voor** *à*) ★ de ~ afleiden *détourner l'attention* ★ de ~ richten op *fixer l'attention sur; se concentrer sur* ★ de ~ trekken / opeisen *attirer / solliciter l'attention* ★ ~ schenken aan *faire / prêter attention à* ★ ~

vragen voor *appeler / attirer l'attention sur* ★ de ~ vasthouden *retenir l'attention* ★ met gespannen ~ *avec une attention soutenue* ★ iets onder iemands ~ brengen *porter qc à l'attention de qn* ★ dat heeft mijn volle ~ *cela a toute mon attention*

aandachtig I BNW *attentif* [v: *attentive*] **II** BIJW *attentivement*

aandachtsgebied *centre* m *d'intérêt*

aandachtspunt *question* v *prioritaire*; *élément* m *de réflexion*

aandeel • portie *part* v; *portion* v; ‹quota› *quote-part* v [mv: *quotes-parts*]; *contingent* m ★ een ~ in de winst *une participation aux bénéfices* • bijdrage *part* v *(in de)*; *participation* v; *contribution* v *(in à)*; *apport* m *(in à, en)* ★ een ~ hebben in iets *prendre part à qc*; *participer à qc*; *contribuer à* • ECON. *action* v; *titre* m ★ ~ aan toonder *action au porteur* ★ ~ op naam *action nominative* ★ beursgenoteerd ~ *action cotée en Bourse* ★ preferent ~ *action de priorité* ★ aandelen in een bedrijf hebben *avoir des actions d'une société*

aandeelhouder *actionnaire* m/v ★ de ~s *l'actionnariat* ★ de kleine ~s *les petits porteurs*

aandelenkapitaal *capital* m *(par) actions*; *capital* m *social*

aandelenkoers *cours* m *des actions*

aandelenpakket *paquet* m *d'actions*

aandenken • souvenir *souvenir* m • nagedachtenis *mémoire* v

aandienen I OV WW de komst melden van *annoncer* **II** WKD WW [+ zich] *se faire passer*

aandikken • dikker maken *grossir*; *amplifier* • overdrijven *grossir*; *exagérer*; *gonfler*

aandoen • aantrekken *mettre* • aansteken ‹v. licht, elektr. toestel› *allumer* • bezoeken ‹v. trein/bus e.d.› *s'arrêter à*; ‹v. lijndienst› *desservir*; ‹v. haven› *faire relâche à, toucher (à)*; ‹tussenstop› *faire escale à* • berokkenen *faire*; *causer* ★ zich iets ~ *attenter à ses jours* ★ zichzelf geweld ~ *se faire violence* • een indruk geven *faire* ★ veilig ~ *donner / faire une impression de sécurité*

aandoening • kwaal *affection* v • ontroering *émotion* v

aandoenlijk I BNW *touchant*; *attendrissant* ★ een ~ verhaal *une histoire émouvante* **II** BIJW *d'une manière touchante*

aandraaien *serrer*; *visser*

aandragen • dragen *apporter* • opperen *avancer*

aandrang • toevloed/opdringen *poussée* v; *afflux* m • aandrift *impulsion* v • aansporing *instances* v mv; *instigation* v ★ op ~ van iem. *sur les instances de qn* ★ ~ uitoefenen (op) *insister (auprès de)*; *faire pression (sur)* ★ met ~ verzoeken *demander avec instance / insistance*

aandrift *impulsion* v

aandrijfas *arbre* m *moteur / d'entraînement*

aandrijfkracht *force* v *motrice / d'entraînement*

aandrijven I OV WW • TECHN. *faire fonctionner*; *actionner*; *mettre en marche*; ‹v. machine› *entraîner*; ‹voortstuwen› *propulser* • aansporen *pousser (tot à)*; *inciter (tot à)* **II** ON WW drijvend aankomen *flotter*; *arriver en flottant*

aandrijving *actionnement* m; *mise* v *en marche*; ‹v. machine› *entraînement* m; ‹voortstuwing› *propulsion* v; ‹trekkracht› *traction* v ★ een auto met vierwiel~ *une voiture à quatre roues motrices*

aandringen • aandrang uitoefenen *insister (bij auprès de)* ★ op ~ van *sur les instances de* ★ er bij iem. op ~ iets te doen *presser / solliciter qn de faire qc*; *insister pour que qn fasse qc* ★ op een maatregel ~ *demander instamment / préconiser / réclamer une mesure* • naar voren dringen *pousser*

aandrukken *presser*; *serrer* ★ zich tegen de muur ~ *se serrer / se plaquer contre le mur*

aanduiden • aanwijzen *désigner*; *indiquer*; *signaler*; *marquer* • duiden op *indiquer* • betekenen *signifier*

aanduiding *indication* v; *désignation* v ★ een nadere ~ geven *préciser*

aandurven ‹iets› *oser (faire)*; ‹iets› *se risquer dans*; ‹iemand› *oser tenir tête à* ★ alles ~ *ne reculer devant rien* ★ het ~ *oser*; *risquer le coup*

aanduwen • aandrukken *tasser* • door duwen starten *pousser*

aaneen • aan elkaar vast *ensemble* ★ dicht ~ staan *être serrés* • ononderbroken *de suite*; *sans interruption*; *d'affilée* ★ twee dagen ~ *deux jours de suite* ★ jaren ~ *pendant de longues années*

aaneengesloten • opeen *serré* • ononderbroken *ininterrompu*

aaneenschakeling • het aaneenschakelen *jonction* v • opeenvolging *enchaînement* m; *suite* v; *succession* v

aaneensluiten I OV WW tegen elkaar plaatsen *joindre*; *assembler* **II** ON WW strak tegen elkaar komen *être joint(s)* **III** WKD WW [+ zich] • zich verenigen *s'unir*; *s'associer* • solidair optreden *serrer les rangs*; *se solidariser*

aanfluiting • lachertje *dérision* v; *plaisanterie* v; ‹v. iets› *simulacre* m *(de)* • schande <u>*honte*</u> v

aangaan I OV WW • betreffen *concerner* ★ wat ... aangaat *en ce qui concerne ...*; *pour ce qui est de ...*; *quant à ...* ★ het gaat mij niet aan *cela ne me regarde pas* ★ INFORM. wat gaat jou dat aan? *qu'est-ce que ça peut te faire?* • beginnen *engager* • (af)sluiten *conclure*; *passer*; *faire* ★ een verbintenis ~ *prendre un engagement*; *s'engager* ★ een weddenschap ~ *faire un pari* **II** ON WW • beginnen *commencer*; ‹in werking treden› *s'allumer* • langsgaan (bij) *passer (chez)* • behoren *convenir*; *être convenable* ▾ er ~ *y passer*

aangaande *à propos de*

aangapen *regarder bouche bée / comme une bête curieuse*

aangebonden ▾ kort ~ zijn *avoir la tête près du bonnet*

aangeboren • BIOL. *congénital* [m mv: *congénitaux*] • natuurlijk *inné*; *naturel* [v: *naturelle*]; *natif* [v: *native*]; *infus*

aangebrand ▾ gauw ~ zijn *se vexer pour un rien*; *être irascible / (une) soupe au lait*

aangedaan • aangetast OOK MED. *affecté*

• ontroerd *ému*; *touché*
aangelegd ⋆ kunstzinnig ~ zijn *être doué pour l'art*; *avoir des dons / prédispositions artistiques*
aangelegenheid *affaire* v; *question* v
aangenaam I BNW *agréable*; INFORM. *sympa* ⋆ het is hier ~ *il fait bon ici* ⋆ ~ (kennis te maken) *enchanté (de faire votre connaissance)* **II** BIJW *agréablement*; *avec plaisir*
aangenomen • verworven ⋆ een ~ naam *un pseudonyme* ⋆ ~ werk *du travail à forfait* • geadopteerd *adoptif*
aangeschoten • licht dronken *gris*; *éméché*; INFORM. *pompette* • verwond *blessé*
aangeslagen *déconcerté*; *démoralisé*; *démonté*
aangetekend I BN *recommandé* ⋆ ~e brief *lettre recommandée* **II** BIJW *en recommandé*
aangetrouwd *apparenté par alliance* ⋆ ~e kinderen *beaux-enfants* m mv ⋆ ~e oom *oncle par alliance*
aangeven • aanreiken *passer* • aanduiden *indiquer*; *signaler* ⋆ de klok geeft 4 uur aan *l'horloge marque 4 heures* • officieel melden (bij) *déclarer (à)*; ‹v. delict› *dénoncer (à)*; *porter plainte en/pour* • bij de politie aanbrengen *porter plainte contre*
aangever • melder *déclarant* [v: *déclarante*] • SPORT *passeur* m [v: *passeuse*] • lid komisch duo *faire-valoir* m [onv]
aangewezen ⋆ de ~ persoon *l'homme tout désigné / de circonstance* ⋆ het ~ middel *le moyen approprié* ▾ ~ zijn op iets *être réduit à qc* ▾ ~ zijn op iem. *dépendre de qn* ▾ ~ zijn op zichzelf *devoir se débrouiller tout seul*
aangezicht *visage* m; *figure* v; *face* v ⋆ van ~ tot ~ (met) *face à face (avec)* ⋆ in het ~ van de dood *regardant la mort en face*; *à l'article de la mort*
aangezichtspijn *névralgie* v *faciale*
aangezien *puisque*; *vu que*; *étant donné que* [+ ind.]
aangifte *déclaration* v; ‹bij politie› *dénonciation* v; *déposition* v *(d'une plainte)*; ‹tegen onbekende› *plainte* v *contre X* ⋆ ~ doen *déclarer (qc)*; *porter plainte (en/pour qc)*
aangiftebiljet *déclaration* v *de revenus*; INFORM. *feuille* v *d'impôts*
aangrenzend *avoisinant*; *voisin (***aan** *de)*; AARDK. *limitrophe (***aan** *de)*; ‹belendend› *adjacent*; *attenant*; *contigu (***aan** *à)*
aangrijpen • vastpakken *saisir* • ontroeren *affecter*; *atteindre*; *toucher*; ‹hevig› *secouer*; *émouvoir* • benutten *saisir* ▾ de gelegenheid ~ *saisir l'occasion*; *sauter sur l'occasion*
aangrijpend *émouvant*; *saisissant*; *touchant*; ‹schrijnend› *poignant*
aangrijpingspunt *point* m *d'application*
aangroei *accroissement* m; ‹aanslag› *croûte* v
aangroeien • opnieuw groeien *repousser* • toenemen *croître*; *augmenter*; *s'accroître*
aanhaken I OV WW vastmaken *accrocher* **II** ON WW ~ **bij** *enchaîner sur*
aanhalen • vaster trekken *(res)serrer* • liefkozen *caresser*; *cajoler*; *câliner* • citeren *citer* ⋆ ter aangehaalde plaatse *loc. cit.* ▾ zich (iets) ~ *s'attirer*; *encourir*; *se lancer dans*
aanhalig *câlin*; *caressant*; *cajoleur* [v: *cajoleuse*]

⋆ ~ doen *minauder*
aanhaling *citation* v
aanhalingsteken *guillemet* m ⋆ ~s openen / sluiten *ouvrir / fermer les guillemets*
aanhang *partisans* m mv; *disciples* m mv; ‹v. leer› *adeptes* m mv; ‹leden› *adhérents* m mv; SPORT *supporters* m mv; ‹hele familie› IRON. *smala(h)* v; *tribu* v ⋆ de politieke ~ *la clientèle*
aanhangen *adhérer à*
aanhanger • volgeling *partisan* m [v: *partisane*]; *disciple* m/v; *fidèle* m/v; ‹v. leer› *adepte* m/v; ‹lid› *adhérent* m [v: *adhérente*]; SPORT/POL. *supporter* m • aanhangwagen *remorque* v
aanhangig *pendant*; *en litige*; *en instance*; *saisi*; *devant les tribunaux* ⋆ iets ~ maken *mettre en question qc* ⋆ een zaak ~ maken bij de rechtbank *saisir le tribunal d'une affaire*; *intenter une affaire*
aanhangsel • aanhangend deel *appendice* m • bijlage *annexe* v; ‹bij boek› *appendice* m; ‹v. testament› *codicille* m; ‹v. polis› *avenant* m
aanhangwagen *remorque* v
aanhankelijk • trouw *dévoué* • liefdevol *affectueux* [v: *affectueuse*]
aanhechten *attacher*; ‹knopen› *nouer*; ‹naaien› *coudre*
aanhechting *rattachement* m; ‹aanhechtingspunt› *(point* m *d')attache* v
aanhef *commencement* m; *début* m; MUZ. *intonation* v; MUZ. *les premières notes* v mv; ‹v. rede› *introduction* v; ‹v. rede› *préambule* m; *exorde* m; ‹v. brief› *en-tête* m [mv: *en-têtes*]
aanheffen *commencer*; ‹v. lied› *entonner*
aanhikken ~ tegen *rechigner à*; *renâcler à*
aanhoren *écouter*; *entendre* ⋆ ten ~ van *en présence de*; *devant* ⋆ het is niet om aan te horen *c'est inécoutable*
aanhouden I OV WW • arresteren *arrêter* • tegenhouden *arrêter* • niet uittrekken *garder*; ‹aan het lijf houden› *ne pas quitter*; ‹niet laten uitgaan› *laisser marcher / brûler* ⋆ het vuur ~ *entretenir le feu* • uitstellen *ajourner*; *remettre*; *reporter (***tot** *à)* • laten voortduren *prolonger* **II** ON WW • volhouden *persister* • aandringen *insister* • voortduren *continuer*; *durer* ⋆ de geruchten blijven ~ *les rumeurs persistent* • gaan naar ⋆ links ~ *tenir sa gauche*
aanhoudend I BNW zonder ophouden *continu*; *permanent* **II** BIJW *continuellement*; *constamment*; *sans cesse*
aanhouder ▾ de ~ wint *la persévérance vient à bout de tout*; *tout vient à point qui sait attendre*
aanhouding *arrestation* v ⋆ een bevel tot ~ *un mandat d'arrêt*
aanjagen • aandoen *faire* ⋆ angst ~ *faire peur* ⋆ schrik ~ *effrayer* • opdrijven *pousser*
aanjager *booster* m; ‹in ruimtevaart› *fusée* v *de lancement*; ‹elektrisch› *survolteur* m
aankaarten *aborder*; *mettre sur le tapis*
aankijken • kijken naar *regarder* ⋆ elkaar ~ *se regarder* ⋆ iem. strak ~ *dévisager / fixer qn* ⋆ iem. brutaal ~ *défier qn du regard* ⋆ schuin ~ *regarder de travers* • overdenken ⋆ de zaak

nog eens ~ *voir venir (les choses)* • ~ **op** *avoir des soupçons au sujet de* ▾ met schele ogen ~ *envier*
aanklacht *accusation* v; *plainte* v; *inculpation* v ★ een ~ indienen *porter plainte (***tegen** *contre;* **wegens** *en/pour)*; *déposer une plainte* ★ zijn ~ intrekken *retirer sa plainte*
aanklagen *accuser*; *inculper* ★ iem. ~ wegens ... *accuser/inculper qn de ...*; *déposer une plainte en ... contre qn* ★ ~ wegens smaad *déposer une plainte en diffamation (contre qn)*
aanklager *accusateur* m [v: *accusatrice*]; JUR. *plaignant* m [v: *plaignante*]; *poursuivant* m [v: *poursuivante*] ★ openbare ~ *procureur* m *(de la République)*
aanklampen *accoster*; *aborder*; *raccrocher*
aankleden • kleren aantrekken *habiller* ★ zich ~ *s'habiller* • inrichten *décorer*; *garnir*
aankleding *présentation* v ★ de ~ van een stuk *la mise en scène*; *le décor d'une pièce*
aankloppen • op deur kloppen *frapper à la porte* • ~ **bij** ★ bij iem. ~ *frapper à la porte de qn*
aanknopen I OV WW • vastknopen aan *nouer*; *lier*; *attacher* • beginnen ★ een gesprek ~ *entamer / engager une conversation (avec)*; *lier conversation (avec)* ★ vriendschap ~ met *se lier d'amitié avec* ★ contacten ~ met *nouer des contacts / relations avec* **II** ON WW ▾ bij het eerder besprokene ~ *enchaîner*
aanknopingspunt ⟨uitgangspunt⟩ *point* m *de départ*; ⟨houvast⟩ *point* m *de repère*
aankoeken *coller*; *attacher*; *s'incruster*
aankomen • arriveren *arriver* • naderen *arriver*; ⟨komen aanzetten⟩ INFORM. *s'amener*; *débarquer* ★ ik heb het zien ~ *je m'attendais à cela*; *je l'ai pressenti* ★ met iets ~ *sortir qc* • langsgaan (bij) *passer (chez)*; *faire un saut (chez)* • aanraken *toucher* ★ niet ~! *ne pas toucher!*; INFORM. *pas touche!*; *bas les pattes!* ★ met het hoofd ~ tegen *cogner la tête contre* • doel treffen *porter* ★ de klap kwam hard aan *ça a été un coup dur* • zwaarder worden *prendre du poids*; *engraisser* • ~ **op** ⟨gelden⟩ *s'agir de*; ⟨afhangen van⟩ *dépendre de* ★ het komt er op aan goed op te letten *il s'agit de faire bien attention* ★ nu komt het erop aan *c'est le moment (ou jamais)* ★ het komt er niet op aan! *peu importe!* ★ het erop laten ~ *risquer qc / le coup* ★ op een paar euro's komt het (mij) niet aan *je n'en suis pas à quelques euros près* ▾ dat kwam hard aan *ça a été un coup dur* ▾ daar hoef je bij hem niet mee aan te komen *ça ne marchera pas avec lui*
aankomend • aanstaand *prochain*; ⟨toekomstig⟩ *futur* • beginnend *jeune*; *débutant* ★ ~e talenten *des talents naissants* ★ ~ timmerman *apprenti menuisier*; *menuisier en herbe*
aankomst *arrivée* v; ⟨v. goederen⟩ *arrivage* m ★ bij ~ *à l'arrivée (de)*
aankondigen *annoncer*; ⟨officieel⟩ *notifier*
aankondiging *annonce* v; ⟨kennisgeving⟩ *faire-part* m [onv]; ⟨officieel⟩ *notification* v
aankoop • het kopen *acquisition* v • het gekochte *achat* m; *acquisition* v
aankoopsom *prix* m *d'achat*
aankopen *acheter*; *acquérir*
aankruisen *marquer d'une croix* ★ een hokje ~ *cocher une case*
aankunnen ⟨iemand⟩ *pouvoir se mesurer à*; *valoir*; ⟨iets⟩ *être à même de faire*; *être de taille à* [+ inf.] ★ het niet ~ *ne pas être à la hauteur (de la tâche)*; *ne pas faire le poids*; *être débordé*
aankweken *cultiver*
aanlanden • aan land komen *aborder*; *accoster* • terechtkomen *arriver*
aanlandig ★ ~e wind *vent* m *du large / de mer*
aanleg • constructie *construction* v; ⟨v. verzameling⟩ *constitution* v; ⟨v. tuin, park e.d.⟩ *aménagement* m; ⟨v. leidingen⟩ *installation* v; *pose* v ★ in ~ zijn *être en voie de construction* • talent *aptitudes* v mv; *dispositions* v mv; *don* m ★ ~ hebben voor *être doué pour*; *avoir des dispositions naturelles pour* ★ in ~ *potentiellement* • vatbaarheid *prédisposition* v ★ ~ hebben voor *être prédisposé à* ▾ in eerste ~ *en première instance*
aanleggen I OV WW • construeren *construire*; ⟨v. leidingen⟩ *installer; poser*; ⟨v. vuur⟩ *faire*; ⟨v. tuin, park e.d.⟩ *aménager*; ⟨v. kanaal⟩ *creuser*; ⟨v. lijst⟩ *dresser*; ⟨aandoen⟩ *mettre* ★ het ~ van een weg *la construction d'une route* • regelen *s'y prendre* ★ hoe zal ik dat ~? *comment m'y prendre?* ★ het zo ~ dat... *s'arranger pour que ...* • van schietwapen *épauler*; *coucher en joue*; ⟨richten (op)⟩ *viser*; *braquer (***op** *sur)* ▾ het met iem. ~ *être de connivence avec qn*; *frayer avec qn* ▾ het op iets ~ *viser (à) qc* **II** ON WW aan de wal gaan liggen *accoster*; *aborder* ★ het ~ van een schip *l'accostage d'un navire*
aanlegplaats *débarcadère* m; *quai* m
aanleiding *occasion* v ★ naar ~ van *à l'occasion de*; *à propos de*; *suite à* ★ ~ geven tot *donner lieu à*; *provoquer* ★ zonder enige ~ *sans aucune raison*
aanlengen *délayer*; *diluer*; ⟨v. wijn⟩ *couper*; ⟨v. saus⟩ *allonger*
aanleren • onderwijzen *apprendre*; *enseigner* • eigen maken *apprendre*
aanleunen ▾ zich iets laten ~ *subir qc (avec résignation)* ▾ hij laat zich dat niet ~ *il ne se laisse pas faire*
aanleunwoning ≈ *foyer-logement* m [mv: *foyers-logements*]; *appartement* m *dans une résidence-service*
aanlijnen ⟨v. hond⟩ *tenir en laisse*
aanlokkelijk *séduisant*; *attrayant*; *attirant*
aanlokken • aantrekken *tenter*; *attirer*; ⟨passief⟩ *allécher* • bekoren *séduire*
aanloop • SPORT *élan* m ★ een ~ nemen *prendre son élan* • bezoek *monde* m; *visiteurs* m mv ★ veel ~ hebben *voir beaucoup de monde* • inleiding *préambule* m *(***tot** *à)*
aanloophaven *(port* m *de) relâche* v; *escale* v
aanloopkosten *frais* m mv *initiaux*
aanloopperiode *période* v *de mise en œuvre / de rodage*; *phase* v *de démarrage*
aanlopen I OV WW een haven aandoen *faire escale à* **II** ON WW • naderen ⟨haastig⟩ *accourir* • even langsgaan (bij) *passer (chez)*;

faire un saut (chez) • tegen iets aan schuren *frotter (***tegen** *contre)* • een kleur krijgen ★ rood ~ *devenir rouge* • ~ **tegen** *heurter; (se) heurter contre;* FIG. *tomber sur*
aanmaak *fabrication* v; *production* v; ⟨toebereiding⟩ *confection* v; *préparation* v
aanmaakblokje *allume-feu* m [mv: *allume-feu(x)*]
aanmaakhout *bois* m *d'allumage; petit bois* m
aanmaken • aansteken *allumer* • toebereiden *préparer;* ⟨v. mortel, kalk⟩ *gâcher;* ⟨v. salade⟩ *assaisonner* • fabriceren *faire; fabriquer*
aanmanen • aansporen (tot) *exhorter (à)* • sommeren *sommer; mettre en demeure*
aanmatigen [+ zich] *s'arroger; s'attribuer*
aanmatigend I BNW *arrogant; insolent; présomptueux* [v: *présomptueuse*]; *prétentieux* [v: *prétentieuse*] **II** BIJW *d'un air arrogant / insolent*
aanmelden • presenteren *annoncer* ★ zich ~ *se présenter* • opgeven *(faire) inscrire* ★ zich voor een examen ~ *s'inscrire à un examen*
aanmelding *inscription* v; ⟨in register⟩ *immatriculation* v
aanmeldingsformulier *formulaire* m *d'inscription*
aanmeldingstermijn *délai* m *d'inscription*
aanmeren *amarrer*
aanmerkelijk I BNW *considérable; notable* **II** BIJW *considérablement*
aanmerken • beschouwen (als) *considérer (comme)* • afkeurend opmerken *avoir à redire (***op** *à)* ★ overal wat op aan te merken hebben *trouver à redire à tout*
aanmerking • beschouwing ★ in ~ komen *entrer en considération* ★ in ~ komen voor *pouvoir prétendre à; être susceptible de* ★ in ~ nemen *considérer* ★ in ~ genomen *étant donné; compte tenu de* • kritiek *remarque* v; *observation* v; *critique* v; *réflexion* v
aanmeten I OV WW de maat nemen *faire sur mesure* **II** WKD WW [+ zich] ★ zich een oordeel ~ over *se permettre de porter un jugement sur*
aanmodderen *patauger*
aanmoedigen • aansporen *encourager (à); animer (à)* • bevorderen *favoriser; stimuler*
aanmoediging *encouragement* m
aanmonsteren ⟨als zeeman⟩ *s'enrôler; s'engager*
aannaaien *recoudre*
aanname • acceptatie *acceptation* v • veronderstelling *supposition* v
aannemelijk • redelijk *admissible; acceptable* • geloofwaardig *plausible; crédible*
aannemen • in ontvangst nemen *accepter; recevoir; prendre;* ⟨v. goederen⟩ *prendre livraison de* ★ iemands jas ~ *débarrasser qn de son manteau* • accepteren *accepter;* ⟨v. wet⟩ *voter* • geloven *croire* • veronderstellen *supposer; admettre* ★ aangenomen dat *en admettant / supposant que; supposé que; à supposer que [+ subj.]* • eigen maken *adopter;* ⟨v. naam, gesteldheid⟩ *prendre* ★ een godsdienst ~ *embrasser une religion* • voor een bepaalde prijs uitvoeren *se charger (d'un travail)* ★ aangenomen werk *travail* m *à forfait* • in dienst nemen *engager; embaucher* • adopteren *adopter* ★ aangenomen kind *enfant* m *adoptif* • als lid opnemen *admettre;* ⟨tot kerk⟩ *confirmer*
aannemer *entrepreneur* m; *constructeur* m
aanpak *approche* v
aanpakken I OV WW • vastpakken *saisir; prendre* • gaan behandelen *s'attaquer à; s'occuper de; aborder; prendre* ★ niet weten hoe men iets zal ~ *ne pas savoir comment s'y prendre* • hard werken *mettre la main à la pâte* • afstraffen ★ iem. eens goed ~ *en faire voir de dures à qn; malmener qn* • FIG. aangrijpen *saisir;* FIG. *affecter; atteindre* **II** ON WW ★ van ~ weten *être dur à la peine / tâche*
aanpalend *avoisinant*
aanpappen ★ ~ met iem. *faire de la lèche à qn*
aanpassen I OV WW • passen *essayer* • geschikt maken *adapter (à); aligner (sur); régler (sur);* ⟨v. loon, prijzen e.d.⟩ *(r)ajuster* **II** WKD WW [+ zich] *s'adapter (***aan** *à); s'accommoder (***aan** *à); s'aligner (***aan** *à)*
aanpassing *adaptation* v; *ajustement* m; *aménagement* m
aanpassingsvermogen *capacité* v *d'adaptation; flexibilité* v
aanplakbiljet *affiche* v; *placard* m
aanplakken *coller; afficher; placarder*
aanplant • het aanplanten *plantation* v; ⟨in bos⟩ *peuplement* m • het aangeplante *plantation* v; *plant* m ★ een nieuwe ~ *une nouvelle plantation*
aanpoten • flink doorwerken *travailler d'arrache-pied* • voortmaken *allonger le pas*
aanpraten • doen geloven *faire (ac)croire* • aansmeren ★ iem. iets ~ *refiler / coller qc à qn*
aanprijzen *recommander; préconiser; prôner* ★ zijn waar ~ *vanter sa marchandise*
aanraakscherm *écran* m *tactile*
aanraden *conseiller; recommander* ★ op ~ van *sur le(s) conseil(s) de*
aanrader *chose* v *recommandée / à ne pas manquer; must* m
aanraken *toucher;* ⟨rakelings⟩ *effleurer; frôler*
aanraking • het aanraken *attouchement* m • contact *contact* m ★ in ~ brengen met *mettre en contact avec* ★ in ~ komen met iets *entrer en contact avec qc* ★ met de politie in ~ komen *avoir des démêlés avec la police*
aanranden *agresser;* ⟨seksueel⟩ *violer;* ⟨schenden⟩ *porter atteinte à*
aanrander *agresseur* m
aanranding • geweld *agression* v • dwang tot seks *viol* m
aanrecht *évier* m; *plan* m *de travail*
aanreiken *passer; tendre*
aanrekenen • beschouwen als *considérer comme* • verwijten *imputer; reprocher; attribuer (***aan** *à)* ★ het hem niet ~ *ne pas lui en vouloir*
aanrichten • veroorzaken *causer* ★ schade ~ *faire des dégâts* • voorbereiden ★ een feestmaal ~ *organiser un repas de fête*
aanrijden I OV WW in botsing komen (met) *heurter;* ⟨v. voertuig⟩ *tamponner;* ⟨licht⟩ *accrocher;* ⟨rammen⟩ *emboutir;* ⟨omverrijden⟩

renverser **II** ON WW rijdend naderen *rouler (***op** *vers); aller (***op** *vers)* ★ tegen iets ~ *donner / heurter contre qc*
aanrijding *collision* v; ⟨licht⟩ *accrochage* m
aanroepen • roepen naar *appeler*; ⟨v. taxi⟩ *héler* • hulp vragen *implorer* ★ God ~ *invoquer Dieu*
aanroeren • aanraken *toucher* • ter sprake brengen *aborder* ★ een probleem ~ *évoquer un problème* ★ een teer punt ~ *toucher un point sensible*
aanrukken ⟨militair⟩ *s'approcher rapidement*; *avancer* ▾ laten ~ *faire venir*
aanschaf *achat* m; *acquisition* v
aanschaffen *acheter*; *se procurer*; INFORM. *se payer*
aanscherpen *affiler*; OOK FIG. *aiguiser*
aanschieten • licht verwonden *blesser (légèrement)*; *atteindre* • gauw aantrekken *enfiler* • aanspreken *aborder*
aanschoppen ★ ~ tegen *attaquer*; *taper sur*
aanschouwelijk *vivant*; *clair*; *intelligible* ★ ~ onderwijs *leçons de choses*
aanschouwen *voir*; *regarder*; *contempler* ★ 't levenslicht ~ *voir le jour*
aanschrijven ★ iem. over iets ~ *notifier qc à qn* ▾ goed aangeschreven staan *être bien vu (de qn)*; *avoir la cote (auprès qn)* ▾ aangeschreven cirkel *cercle exinscrit*
aanschrijving *notification* v
aanschuiven I OV WW dichterbij brengen *pousser* ★ een stoel ~ *approcher une chaise* **II** ON WW dichterbij komen *se serrer un peu*; ⟨aan tafel gaan⟩ *se mettre à table*
aanslaan I OV WW • kort raken ⟨v. snaar, toets⟩ *frapper*; ⟨aantokkelen⟩ *pincer*; ⟨v. akkoord⟩ *plaquer*; ⟨typen⟩ *taper* • waarderen *estimer*; *évaluer*; ⟨in de belasting⟩ *imposer* ★ iem. hoog ~ *estimer qn*; *avoir une bonne / haute opinion de qn* • ⟨v. vat⟩ *mettre en perce* **II** ON WW • vasthechten *se déposer* • starten van motor *se mettre en marche*; *démarrer* • succes hebben *avoir du succès*; *prendre* • blaffen *se mettre à aboyer* • beslaan *s'embuer* • wortel schieten *prendre* • salueren *faire le salut militaire*
aanslag • afzetting *dépôt* m; *incrustation* v; ⟨v. damp⟩ *buée* v; ⟨v. vuil⟩ *saleté* v; ⟨v. kalk⟩ *tartre* m • indrukken v.e. toets *frappe* v • aanval *attentat* m *(***op** *contre)*; ⟨inbreuk (op)⟩ *atteinte* v *(à)* • belastingaanslag *imposition* v; ⟨biljet⟩ *feuille* v *d'impôt(s)* ★ voorlopige ~ *acompte* m *provisionnel* • schietklare stand *mise* v *en joue* ★ zijn geweer in de ~ brengen *épauler son fusil* • MUZ. *toucher* m
aanslagbiljet *avis* m *d'imposition*; *feuille* v *d'impôt(s)*
aanslibben *accroître par alluvions*
aansluiten I OV WW • verbinden ⟨v. leiding, net⟩ *brancher (sur)*; *relier (à)*; *raccorder (à)*; TECHN. *connecter (à)*; ⟨v. telefoon⟩ *mettre en communication (avec)* • aaneen doen sluiten *serrer (***op** *contre)* ★ de rijen ~ *serrer les rangs* • in contact brengen *joindre (***op** *à)*; ⟨nauwer⟩ *serrer (***op** *contre)* **II** ON WW • verbonden zijn *joindre*; ⟨m.b.t. openbaar vervoer⟩ *correspondre* • nauw omsluiten van kleding *mouler* ★ nauw ~ om de taille *mouler la taille* **III** WKD WW [+ zich] • meedoen (met) *se joindre (à)*; *s'associer (à)*; *se rallier (à)* • lid worden (van) *s'affilier (à)*; *adhérer (à)* • het eens zijn (met) *s'associer (à)*; *se ranger (à)*
aansluiting • verbinding *jonction* v; ⟨m.b.t. openbaar vervoer⟩ *correspondance* v ★ de ~ halen *avoir la correspondance* ★ de ~ missen *manquer la correspondance* ★ in ~ op ons schrijven *faisant suite à notre lettre*; *en nous référant à* • contact *raccordement* m; ⟨op leiding, net⟩ *branchement* m; ⟨v. telefoon⟩ *communication* v ★ antenne~ *prise d'antenne*
aansluitingstreffer *coup* m *de rattrapage*
aansluitkosten *frais* m mv *de raccordement*
aansmeren • dichtsmeren *crépir* • aanpraten ★ iem. iets ~ *refiler / coller qc à qn*
aansnellen *accourir*
aansnijden OOK FIG. *entamer*
aanspannen • JUR. beginnen *intenter* ★ een proces ~ *faire / intenter un procès (à)* • vastmaken *atteler* • strak trekken *tendre*
aanspelen *donner une passe à*; *passer le ballon à*
aanspoelen *être jeté sur la plage / le rivage*
aansporen *stimuler*; *encourager*; *inciter (***tot** *à)*; ⟨v. paard⟩ *éperonner*
aansporing *stimulation* v; *encouragement* m; *incitation* v ★ op ~ van *à l'instigation de*
aanspraak • sociaal contact ★ weinig ~ hebben *voir peu de monde*; *avoir peu de contacts* • recht *droit* m; *titre* m; *prétention* v *(***op** *à, sur)*; *revendication* v ★ ~ hebben op *avoir droit à* ★ ~ maken op *prétendre à*; *réclamer*; *revendiquer* ★ zijn aanspraken doen gelden *faire valoir ses droits / prétentions*
aansprakelijk *responsable (***voor** *de)* ★ hoofdelijk ~ *solidairement responsable* ★ wettelijk ~ *civilement responsable* ★ iem. ~ stellen *rendre qn responsable* ★ zich ~ stellen *se porter garant (***voor** *de)*
aansprakelijkheid *responsabilité* v ★ wettelijke ~ *responsabilité civile*
aansprakelijkheidsverzekering *assurance* v *de responsabilité civile*
aanspreekbaar *abordable*; *accessible*
aanspreektitel *titre* m
aanspreken • het woord richten tot *adresser la parole à*; *s'adresser à*; ⟨aanklampen⟩ *aborder* ★ met jij en jou ~ *tutoyer* ★ iem. met 'meneer' ~ *donner du monsieur à qn* ★ iem. op iets ~ *attaquer qn sur qc* ★ iem. over iets ~ INFORM. *en toucher un mot à qn* • gaan gebruiken *entamer*; *toucher à* ★ zijn kapitaal ~ *entamer son capital* • in de smaak vallen (bij) *plaire (à)*; *avoir du succès (auprès de)*; INFORM. *brancher* ▾ ik voel me niet aangesproken *je ne me sens pas impliqué / en cause*
aanstaan • bevallen *plaire (à)*; *convenir (à)* • in werking zijn *être branché*; *être allumé*; *marcher* ★ de radio staat aan *le poste est allumé* • op een kier staan *être entrouvert*
aanstaande I ZN [de] verloofde *fiancé* m [v: *fiancée*]; *futur* m [v: *future*] **II** BNW • eerstkomend *prochain* ★ ~ vrijdag *vendredi*

prochain ★ het feest is ~ *la fête approche / est proche* • toekomstig *futur* ★ mijn ~ echtgenoot *mon futur mari*
aanstalten ★ ~ maken (om/voor) *s'apprêter (à)*
aanstampen *enfoncer*; ⟨met stamper⟩ *tasser*; *damer*; ⟨met de voet⟩ *fouler*
aanstaren *regarder fixement*; *fixer*; ⟨monsterend⟩ *dévisager*
aanstekelijk • besmettelijk *contagieux* [v: *contagieuse*] • gemakkelijk op anderen overgaand *communicatif* [v: *communicative*]
aansteken • doen branden *allumer* ★ die brand is aangestoken *cet incendie a été provoqué / est criminel* • besmetten *contaminer*; *infecter* • wormstekig maken *gâter* ★ aangestoken peren *poires véreuses*
aansteker *briquet* m
aanstellen I OV WW ⟨benoemen⟩ *nommer*; ⟨in dienst nemen⟩ *engager* ★ vast aangesteld *titulaire (de son poste)* **II** WKD WW [+ zich] *jouer la comédie*; ⟨kwasterig⟩ *faire du genre* ★ stel je niet (zo) aan! *ne fais pas tant de chichi(s)!*
aansteller *poseur* m [v: *poseuse*]
aanstellerig I BNW *poseur* [v: *poseuse*]; *affecté* **II** BIJW *d'une façon théâtrale*
aanstellerij *affectation* v; *comédie* v; *chichi(s)* m (mv); ⟨aanstelleritis⟩ *simagrées* v mv
aanstelling *nomination* v; *désignation* v; *affectation* v ★ vaste ~ *titularisation* v; *contrat* m *à durée indéterminée*
aansterken *reprendre des forces*
aanstichten *tramer*; *causer*; *provoquer*
aanstichter *instigateur* m [v: *instigatrice*]
aanstichting ★ op ~ van *à l'instigation de*
aanstippen • even aanraken *toucher*; *effleurer*; ⟨met geneesmiddel⟩ *badigeonner* • even noemen *citer / relever en passant* • aankruisen *marquer d'un point*
aanstoken • aanwakkeren *attiser* • opruien (tot) *exciter (à)*; *inciter (à)* ★ op ~ van *à l'instigation de* • teweegbrengen *fomenter*
aanstonds ⟨straks⟩ *tout à l'heure*; ⟨terstond⟩ *tout de suite*
aanstoot *scandale* m ★ ~ geven *faire scandale* ★ ~ geven aan *scandaliser*; *choquer*; *offusquer* ★ ~ nemen aan *s'offusquer de*; *se formaliser de*
aanstootgevend *scandaleux* [v: *scandaleuse*]; *choquant*
aanstoten *pousser*; *heurter*
aanstrepen *marquer d'un trait*; *cocher*
aanstrijken • met iets bestrijken *frotter* • MUZ. *frotter*; ⟨v. snaar⟩ *faire vibrer* • doen ontbranden ⟨v. lucifer⟩ *craquer*; *frotter*; *gratter*
aansturen • sturen naar ~ **op** *se diriger vers* • streven naar ~ **op** *viser à*; *tendre à*
aantal *nombre* m; *quantité* v ★ een ~ schrijvers *un certain nombre d'écrivains* ★ gering in ~ *peu nombreux*
aantasten • aanpakken *attaquer*; ⟨afbreuk doen aan⟩ *porter atteinte à* ★ iem. in zijn eer ~ *attaquer l'honneur de qn* • aanvreten *ronger*; ⟨v. metalen⟩ *corroder*
aantasting ⟨v. metaal⟩ *corrosion* v; ⟨afbreuk⟩ *atteinte* v
aantekenboek *carnet* m *de notes*; *calepin* m
aantekenen I OV WW • opschrijven *noter* ★ een brief laten ~ *envoyer une lettre en recommandé* ★ beroep ~ *faire / interjeter appel* • opmerken *annoter*; *remarquer* **II** ON WW in ondertrouw gaan *faire publier ses bans*
aantekening • notitie *note* v ★ ~en maken *prendre des notes* • commentaar *commentaire* m; *note* v; *annotation* v; *remarque* v • het noteren *note* v • (speciale) vermelding *mention* v
aantijging *imputation* v
aantikken I OV WW even aanraken *toucher* **II** ON WW oplopen *chiffrer* ★ dat tikt aan *ça chiffre*; *ça cube*
aantocht ★ in ~ zijn *approcher*; *(aller) arriver*
aantonen • laten zien *montrer*; *indiquer* ★ de ~de wijs *le mode indicatif*; *l'indicatif* m • bewijzen *démontrer*; *prouver*
aantoonbaar I BNW *démontrable*; ⟨waarneembaar⟩ *décelable* **II** BIJW *manifestement*
aantreden • zich verzamelen *se rassembler*; *se réunir*; ⟨in het gelid⟩ *se mettre en rang(s)*; *se ranger* ★ laten ~ *faire rassembler* • beginnen *entrer en fonction(s)*
aantreffen • tegenkomen *tomber sur*; *rencontrer* • vinden *tomber sur*; *trouver*
aantrekkelijk *attrayant*; *attirant*; ⟨verleidelijk⟩ *séduisant*; ⟨charmant⟩ *plein de charme*
aantrekken I OV WW • aandoen *mettre*; *passer* ★ z'n schoenen ~ *se chausser* • vasttrekken *serrer* • naar zich toe halen *(at)tirer* • aanlokken *attirer* ★ zich tot iets aangetrokken voelen *être attiré par qc* • werven *attirer*; *engager* **II** ON WW zich herstellen *se redresser*; ⟨v. prijzen⟩ *(re)monter* **III** WKD WW [+ zich] *se soucier de*; *se préoccuper de* ★ ze trekt zich dat erg aan *cela la préoccupe beaucoup* ★ hij trekt zich er niets van aan *il en fait peu de cas*; INFORM. *il n'en a rien à faire*
aantrekkingskracht • NATK. *(force* v *d')attraction* v; ⟨v. aarde⟩ *gravitation* v; ⟨v. aarde⟩ *pesanteur* v • aantrekkelijkheid *attraction* v; *attirance* v; *attrait* m
aanvaardbaar *acceptable*; *admissible*
aanvaarden • aannemen *accepter*; ⟨als gunst⟩ *agréer* • op zich nemen *prendre*; *assumer* ★ een functie ~ *entrer en fonction(s)* • beginnen *commencer*; *entreprendre* • in gebruik nemen ★ te ~ bij tekening van het contract *libre à la signature* ★ meteen te ~ *clefs en main*
aanvaarding • *acceptation* v • inbezitneming *prise* v *de possession*
aanval • het aanvallen OOK SPORT *attaque* v *(op contre)*; ⟨stormloop⟩ *assaut* m ★ een ~ afslaan *repousser une attaque* ★ in de ~ gaan *passer à l'attaque*; *prendre l'offensive*; *donner l'assaut* ★ de ~ inzetten *lancer une attaque* • uitbarsting *crise* v; *accès* m ★ een ~ van koorts *un accès de fièvre*
aanvallen I OV WW een aanval doen *attaquer*; ⟨bestormen⟩ *assaillir* ★ zich aangevallen voelen *se sentir agressé* **II** ON WW afstormen

aa

op *se jeter sur*; *tomber sur*
aanvallend I BNW *agressif* [v: *agressive*]; *offensif* [v: *offensive*] **II** BIJW *agressivement*; *offensivement*
aanvaller • OOK SPORT *attaquant* m [v: *attaquante*] • aanrander *agresseur* m
aanvallig *gentil* [v: *gentille*]; *charmant*
aanvalsoorlog *guerre* v *offensive*
aanvalsspits *attaquant* m
aanvalswapen *arme* v *offensive*
aanvang *commencement* m; *début* m ★ van de ~ af *dès le début*; *d'emblée* ★ bij de ~ *à l'origine*
aanvangen I OV WW *commencer*; *débuter*; *entreprendre*; *se mettre à* ★ wat zullen we nu met hem ~? *que faire de lui?* **II** ON WW *commencer*
aanvangs- *de départ*; *initial* [m mv: *initiaux*]
aanvangstijd ≈ *heure* v *à laquelle commence quelque chose*
aanvankelijk I BNW *initial* [m mv: *initiaux*]; *premier* [v: *première*] **II** BIJW *à l'origine*; *d'abord*; *au début*; *initialement*
aanvaring *abordage* m ★ OOK FIG. in ~ komen met *entrer en collision avec*
aanvechtbaar *discutable*; *contestable*; *attaquable*
aanvechten *contester*
aanvechting *envie* v; *tentation* v; INFORM. *démangeaison* v
aanvegen *balayer*
aanverwant • aangetrouwd *apparenté* • nauw betrokken bij *lié*; *voisin* ★ ~e wetenschappen *sciences* v mv *connexes*
aanvinken *cocher*
aanvliegen ⟨heftig aanvallen⟩ *se jeter sur*
aanvliegroute *couloir* m / *trajet* m *d'approche*
aanvoegend ★ ~e wijs *subjonctif* m
aanvoelen I OV WW begrijpen *sentir*; *comprendre* **II** ON WW bepaald gevoel geven ★ zacht ~ *être doux au toucher*
aanvoelingsvermogen *empathie* v; *antennes* v mv
aanvoer • het aanvoeren *approvisionnement* m; *transport* m; *alimentation* v; ⟨v. water, gas⟩ *adduction* v; *amenée* v • het aangevoerde *provisions* v mv • aanvoerleiding *conduite* v *d'alimentation*
aanvoerder *chef* m; ⟨gangmaker⟩ *meneur* m; SPORT *capitaine* m; MIL. *commandant* m
aanvoeren • leiden *diriger*; *mener*; *commander* ★ een team ~ *être le capitaine d'une équipe* • ergens heen brengen *transporter*; *amener*; *apporter* • naar voren brengen ⟨v. argument, bewijs⟩ *apporter*; *avancer*; *fournir*; ⟨zich beroepen op⟩ *invoquer*; *arguer de*; ⟨ter staving⟩ *alléguer*
aanvoering *direction* v; ⟨bevel⟩ *commandement* m ★ onder ~ van *sous la direction* / *la houlette de*
aanvraag • verzoek *demande* v *(***tot**, **voor** *de)* ★ op ~ *sur (simple) demande* ★ een ~ indienen *adresser* / *présenter* / *soumettre une demande* • bestelling *demande* v *(***tot**, **voor** *de)*
aanvraagformulier *bulletin* m *de demande*
aanvragen *demander*; *solliciter*
aanvreten *ronger*; *attaquer*; ⟨v. metaal⟩ *corroder*
aanvullen • volledig maken *compléter*; ⟨v. leemte, tekort⟩ *combler* ★ elkaar ~ *se compléter*; *être complémentaire* ★ de voorraad ~ *se réapprovisionner* • vol maken *remplir*
aanvulling • het aanvullen *addition* v • het bijgevoegde *complément* m; *supplément* m; ⟨toevoegsel⟩ *ajout* m ★ ter ~ van *en complément de*
aanvuren *exciter*; *animer*; *encourager*
aanwaaien ★ dat waait haar gewoon aan *cela lui vient comme ça* ▼ ergens komen ~ *s'amener* / *débarquer quelque part*
aanwakkeren I OV WW heviger maken *attiser*; *encourager*; *exciter* ★ het vuur ~ *attiser* / *activer le feu* **II** ON WW heviger worden *se ranimer*; *se raviver*; ⟨v. brand⟩ *s'étendre*; ⟨v. wind⟩ *s'élever*; *fraîchir*
aanwas *accroissement* m; *augmentation* v; ⟨v. water⟩ *crue* v; ⟨v. land, bos⟩ *accrue* v
aanwenden *user de*; *employer*; *se servir de*; *utiliser*; *appliquer*
aanwennen [+ zich] *s'habituer à*; *prendre l'habitude de*
aanwensel *(mauvaise) habitude* v; ⟨sterker⟩ *manie* v
aanwerven ⟨aannemen⟩ *embaucher*; *engager*; ⟨ronselen⟩ *recruter*; *enrôler*; INFORM. *racoler*
aanwezig • present *présent* ★ de ~en *l'assemblée* v; *l'assistance* v ★ ~ zijn *être là* ★ ~ zijn bij *assister à* ★ nadrukkelijk ~ zijn *occuper le terrain* • beschikbaar *disponible*; *existant*
aanwezigheid *présence* v; *existence* v ★ in ~ van *en présence de*; *devant* ★ ~ aantonen *déceler*
aanwijsbaar *démontrable*; ⟨waarneembaar⟩ *décelable*
aanwijzen • laten zien *montrer*; *indiquer*; *désigner*; ⟨aangeven⟩ *marquer* • bestemmen *désigner*; *affecter*
aanwijzing • het aanwijzen *désignation* v • inlichting *renseignement* m; ⟨wenk⟩ *indication* v; ⟨teken⟩ *indice* m ★ op ~ van *sur les indications de* • instructie *consigne* v; *instructions* v mv
aanwinst • verworven bezit *acquisition* v • waardevolle toevoeging *enrichissement* m; *(nouvel) atout* m; *plus* m
aanwippen ★ even bij iem. ~ *faire un saut chez qn*
aanwonende *riverain* m [v: *riveraine*]
aanwrijven *imputer*; *mettre sur le dos (de quelqu'un)*
aanzeggen *notifier*
aanzet *amorce* v; *ébauche* v ★ de (eerste) ~ geven tot *donner le branle* / *l'impulsion à*; *initier*
aanzetten I OV WW • in werking zetten *mettre (en marche)*; *allumer* • vastmaken *mettre*; ⟨naaien⟩ *coudre*; ⟨vaster draaien⟩ *serrer* • aansporen *pousser*; *animer*; *inciter (***tot** *à)* • benadrukken *accentuer* • slijpen *aiguiser*; *affiler* **II** ON WW • vastkoeken *attacher*; ⟨v. ketel⟩ *s'entartrer* ★ het vlees is aangezet *la viande a attaché* • komen ★ komen ~ *débarquer*; *s'amener* ★ met iets komen ~ *sortir qc*
aanzicht *aspect* m; *vue* v

aanzien **I** ZN [het] • het bekijken *regard* m • uiterlijk *air* m ⋆ een ander ~ krijgen *changer d'aspect*; FIG. *prendre un autre aspect* • achting *considération* v; *estime* v; *prestige* m ⋆ in hoog ~ staan *être (tenu) en grande estime*; *être fort considéré* ▾ ten ~ van (t.a.v.) *à l'égard de*; *par rapport à* ▾ zonder ~ des persoons *sans acception de personne* **II** OV WW • kijken naar *regarder*; ⟨oplettend⟩ *contempler*; *considérer* ⋆ dat is vreselijk om aan te zien *c'est terrible à voir*; *ça ne paye pas de mine* ⋆ hoe kunt u dat ~? *comment pouvez-vous souffrir cela?* ⋆ ik kan dat niet langer ~ *je ne peux plus le supporter* ⋆ hem met de nek ~ *le regarder de haut* • door het uiterlijk zien *se voir* ⋆ men ziet hem zijn leeftijd niet aan *il ne paraît pas son âge* ⋆ men kan het hem niet ~ dat hij zo rijk is *on ne le croirait pas si riche* ⋆ het is niet om aan te zien *il n'en a pas l'air* ⋆ de zaak laat zich gunstig ~ *l'affaire se présente bien* ⋆ de zaak nog eens ~ *voir venir (les choses)* • ~ **op** *avoir des soupçons au sujet de* • ~ **voor** *prendre pour* ⋆ iem. voor een ander ~ *prendre qn pour un autre* ⋆ waar ziet u mij voor aan? *pour qui me prenez-vous?* ▾ naar het zich laat ~ *selon toute apparence*; *apparemment*

aanzienlijk **I** BNW • groot *important*; *considérable*; *notable* • voornaam *considéré*; *distingué*; *éminent* **II** BIJW in hoge mate *considérablement*; *sensiblement*

aanzitten *être à table / attablé* ⋆ de ~den *les convives*

aanzoek *demande* v *en mariage* ⋆ ~ doen *faire sa demande*

aanzuigen *aspirer*

aanzuiveren *acquitter*; ⟨v. tekort⟩ *combler*; FORM. *suppléer*

aanzwellen *se gonfler*; *s'enfler*; *s'amplifier*; ⟨v. wind⟩ *s'élever*

aanzwengelen *démarrer (à la manivelle)*; FIG. *mettre en branle*; *lancer*

aap *singe* m ▾ zich een aap lachen *se tordre de rire* ▾ iem. voor aap zetten *se payer la tête de qn* ▾ daar komt de aap uit de mouw ≈ *découvrir le pot aux roses* ▾ in de aap gelogeerd zijn *être dans de jolis draps / dans le pétrin*

aar *épi* m ⋆ aren lezen *glaner*

aard • gesteldheid *nature* v; *caractère* m • inborst *tempérament* m; *naturel* m ⋆ dat ligt niet in zijn aard *ce n'est pas son genre / dans sa nature* ⋆ somber van aard *triste de sa nature*; *d'un naturel triste* ⋆ iemands ware aard verloochent zich niet *chassez le naturel, il revient au galop* • soort *nature* v ⋆ van allerlei aard *de toute nature*; *de toutes sortes* ⋆ van dien aard dat *tel que*; *de nature à* ⋆ van voorbijgaande aard *passager* [v: *passagère*] ⋆ van geldelijke aard *d'ordre pécuniaire* ▾ hij heeft een aardje naar zijn vaartje *tel père tel fils* ▾ uit de aard van de zaak *il va sans dire que*

aard- *géo-*; *terrestre*

aardappel *pomme* v *de terre* ⋆ gebakken ~en *pommes (de terre) sautées* ⋆ zoete ~ *patate* v *(douce)*

aardappelmeel *fécule* v *(de pomme de terre)*

aardappelmesje *éplucheur* m; *épluche-légumes* m [onv]

aardappelmoeheid ≈ *maladie* v *causée par les anguillules*

aardappelpuree *purée* v *de pommes de terre*

aardas *axe* m *de la terre*

aardbaan *orbite* v *terrestre*

aardbei • CUL. vrucht *fraise* v • plant *fraisier* m

aardbeving *tremblement* m *de terre*; *séisme* m

aardbodem *surface* v *de la terre*

aardbol *globe* m *(terrestre)*

aarde • grond *terre* v • TECHN. ⋆ ~ maken *être (mis) à la masse* • aardbol *terre* v ⋆ ter ~ *à terre*; *par terre* ⋆ hier op ~ *sur cette terre*; *ici-bas* ▾ ter ~ bestellen *enterrer*; *inhumer* ▾ in goede ~ vallen *être bien reçu*

aardedonker *tout noir*; *noir comme dans un four*

aarden **I** BNW *de/en terre* **II** OV WW TECHN. *mettre à la terre / masse* **III** ON WW • wennen *se plaire quelque part* • ~ **naar** *tenir de*

aardewerk *poterie* v; ⟨geglazuurd⟩ *faïence* v ⋆ Delfts ~ *faïence de Delft*

aardewerken *de faïence*; *de céramique*

aardgas *gaz* m *naturel*

aardig **I** BNW • vriendelijk *gentil* (**tegen** *avec*) [v: *gentille*]; *sympathique*; *aimable* ⋆ dat is ~ van je *tu es très aimable*; INFORM. *tu es chic* • leuk om te zien *mignon* [v: *mignonne*]; *joli*; ⟨grappig⟩ *drôle*; ⟨grappig⟩ *plaisant*; ⟨grappig⟩ *comique* ⋆ zij ziet er ~ uit *elle n'est pas mal* • nogal groot *joli* ⋆ het ~e bedragje van *la coquette / gentille / jolie somme de* **II** BIJW behoorlijk *pas mal*; *joliment* ⋆ zij zingt heel ~ *elle ne chante pas mal* ⋆ ~ wat geld kosten *coûter gros*

aardigheid • plezier *plaisir* m ⋆ de ~ is eraf *ce n'est plus une partie de plaisir* ⋆ ~ in iets hebben *se plaire à (faire) qc*; *prendre du plaisir à* • grap *plaisanterie* v ⋆ voor de ~ *par plaisanterie*; *pour rire*

aardigheidje *cadeau* m; *petit rien* m

aarding • geleiding *prise* v *de terre / de masse* • het aarden *mise* v *à la terre / masse*

aardkorst *écorce* v / *croûte* v *terrestre*

aardlaag *couche* v; *strate* m

aardleiding *(prise* v *de) terre* v

aardlekschakelaar *disjoncteur* m *de prise de terre*

aardnoot *arachide* v

aardolie *pétrole* m *(brut)*

aardrijkskunde *géographie* v ⋆ sociale ~ *géographie humaine*

aardrijkskundig *géographique*

aards • van de aarde *terrestre* • wereldlijk *mondain*

aardschok *secousse* v *sismique / tellurique*

aardschol *plaque* v *(litosphérique)*

aardverschuiving *glissement* m *de terrain*; FIG. *séisme* m; *bouleversement* m

aardwetenschappen *sciences* v mv *de la terre*

aardworm *ver* m *de terre*; *lombric* m

aars *anus* m

aarts- • oer INFORM. *archi-* • verstokt *invétéré*;

fieffé ★ aartsleugenaar *fieffé menteur*
aartsbisdom *archevêché* m; *archidiocèse* m
aartsbisschop *archevêque* m
aartsengel *archange* m
aartshertog *archiduc* m
aartslui *archiparesseux*
aartsvader *patriarche* m
aartsvijand *ennemi* m *mortel* [v: *ennemie mortelle*]; *ennemi* m *juré* [v: *ennemie jurée*]
aarzelen *hésiter (***om** *à [+ infin.];* **over** *sur;* **tussen** *entre)* ★ zonder ~ *sans hésiter; résolument*
aarzeling *hésitation* v
aas I ZN [de] speelkaart *as* m **II** ZN [het] • lokaas *appât* m; *amorce* v ★ aas aan de haak slaan *amorcer l'hameçon* • dood dier *charogne* v • voedsel *pâture* v
aaseter *saprophage* m
aasgier OOK FIG. *charognard* m
abattoir *abattoir* m
abc *alphabet* m; *abc* m
abces *abcès* m
ABC-wapens *armes* v mv *NBC*
abdiceren *abdiquer*
abdij *abbaye* v
abdis *abbesse* v
abdomen *abdomen* m
abituriënt *bachelier* m [v: *bachelière*]
abject *abject*
ablaut *apophonie* v
ablutie *ablution* v
abnormaal *anormal* [m mv: *anormaux*]
abolitionisme *abolitionnisme* m
abominabel I BNW *abominable* **II** BIJW *abominablement*
abonnee *abonné* m [v: *abonnée*]
abonneenummer *numéro* m *d'appel*
abonneetelevisie *(chaîne* v *de) télévision cryptée / payante / à péage*
abonnement *abonnement* m *(***op** *à)*
abonneren I OV WW *abonner (***op** *à)* ★ OOK SCHERTS. erop geabonneerd zijn *y être abonné* **II** WKD WW [+ zich] *s'abonner (***op** *à)*
aborteren ★ zich laten ~ *se faire avorter*
abortus • ingreep *avortement* m; *IVG* v *(interruption volontaire de grossesse)* • miskraam *fausse couche* v
abortuskliniek *clinique* v *où l'on pratique l'avortement*
abracadabra • toverspreuk *abracadabra* m • wartaal *charabia* m ★ dat is ~ voor hem *c'est du chinois pour lui*
Abraham *Abraham* ▼ ~ zien *atteindre la cinquantaine* ▼ weten waar ~ de mosterd haalt *être au courant; connaître la musique*
abri *abri* m; ⟨bushokje⟩ *abribus* m
abrikoos • CUL. vrucht *abricot* m • boom *abricotier* m
abrupt • plotseling *brusque; brutal* [m mv: *brutaux*] • hortend *abrupt*
ABS *ABS* m *(système antiblocage)*
abscis *abscisse* v
abseilen *descendre en rappel*
absence *absence* v
absent • afwezig *absent* ★ zich ~ melden *se faire excuser* • verstrooid *absent*
absenteïsme *absentéisme* m
absenteren [+ zich] *s'absenter*
absentie *absence* v
absentielijst *registre* m *des absences*
absolutie *absolution* v
absolutisme *absolutisme* m
absoluut I BNW *absolu* **II** BIJW *absolument* ★ ~ onmogelijk *physiquement / absolument impossible*
absorberen *absorber*
absorptie *absorption* v
abstinentie *abstinence* v
abstract *abstrait*
abstractie *abstraction* v
abstraheren *abstraire*
absurd I BNW *absurde; aberrant* **II** BIJW *de façon absurde*
abt *abbé* m
abuis I ZN [het] *erreur* v; *méprise* v ★ per ~ *par méprise; par erreur* **II** BNW *erroné; faux* [v: *fausse*] ★ ~ zijn *se tromper; se méprendre*
abusievelijk *par erreur; par méprise*
acacia *acacia* m
academicus *universitaire* m/v; *diplômé* m *d'Université* [v: *diplômée ...*]
academie • hogeschool *université* v; *école* v ★ militaire ~ *École militaire* ★ pedagogische ~ OUD. *école normale (primaire)* • geleerd genootschap *académie* v ★ de Academie van Wetenschappen *l'Académie des Sciences*
academisch I BNW • *universitaire* ★ ~ ziekenhuis *centre* m *hospitalier universitaire* • schools, theoretisch *académique* **II** BIJW ★ ~ gevormd *sorti de l'université*
a capella *a cappella*
acceleratie *accélération* v
accelereren *accélérer*
accent[1] (zeg: aksent) • klemtoon *accent* m ★ het ~ leggen op *mettre l'accent sur* ★ het ~ ligt op de tweede lettergreep *l'accent porte sur la deuxième syllabe* • manier van spreken *accent* m ★ een zwaar ~ *un grave accent* • leesteken *accent* m • FIG. nadruk *accent* m ★ het ~ leggen op *mettre l'accent sur*
accent[2] (zeg: aksaN) ★ ~ aigu *accent* m *aigu* ★ ~ circonflexe *accent* m *circonflexe* ★ ~ grave *accent* m *grave*
accentueren *accentuer*
acceptabel I BNW *acceptable* **II** BIJW *de façon acceptable*
acceptant *accepteur* m
acceptatie *acceptation* v
accepteren *accepter* ★ dat soort gedrag accepteer ik niet *je ne tolère pas ce comportement*
acceptgiro ⟨aan brief vast⟩ *titre* m *interbancaire de paiement; TIP* m
accessoire *accessoire* m
accijns *impôt* m *indirect; droit* m / *taxe* v *de consommation*
acclamatie *acclamation* v ★ bij ~ *par acclamation*
acclimatiseren *s'acclimater*
accolade *accolade* v
accommodatie • inrichting *installations* v mv; *équipement(s)* m (mv); *aménagement* m

• logies *logement* m; *(capacité* v *d')hébergement* m • aanpassing *accommodation* v
accordeon *accordéon* m
account *account* m
accountancy *comptabilité* v
accountant ⟨extern⟩ *commissaire* m *aux comptes*; ⟨binnen bedrijf⟩ *expert-comptable* m [mv: *experts-comptables*]
accountmanager *account manager* m; *chargé* m *de clientèle grands comptes*
accrediteren • krediet verschaffen *accréditer (***bij** *auprès de)* • met geloofsbrieven uitzenden *accréditer (***bij** *auprès de)*
accu *accumulateur* m; INFORM. *accu* m; ⟨v. auto⟩ *batterie* v ★ FIG. de accu weer opladen *recharger ses batteries*
accuklem *borne* v
acculader *chargeur* m *(de batterie)*
accumulatie *accumulation* v
accumulator *accumulateur* m
accuraat *minutieux* [v: *minutieuse*]; *consciencieux* [v: *consciencieuse*]
accuratesse *exactitude* v; *précision* v; *minutie* v
ace *ace* m
acetaat *acétate* m
aceton *acétone* v
acetyleen *acétylène* m
acetylsalicylzuur *acide* m *acétylsalicylique*
ach *hélas*; *ah*; *tant pis* ★ ach en wee roepen *se lamenter*; *pousser des oh! et des ah!*
à charge ★ een getuige ~ *un témoin à charge*
achilleshiel *talon* m *d'Achille*
achillespees *tendon* m *d'Achille*
acht I TELW *huit* ★ acht mei *le huit mai* ★ in achten *en huit (morceaux)* ★ met z'n achten *à huit* ★ we zijn met ons achten *nous sommes huit* ★ het is acht uur *il est huit heures* ★ het is bij achten *il est près de huit heures* ★ om acht uur *à huit heures* ★ het is over achten *il est huit heures passées* ★ het is kwart voor acht *il est huit heures moins le quart* ★ het is kwart over acht *il est huit heures et quart* ★ vandaag over acht dagen *dans huit jours* ★ een dag of acht *une huitaine (de jours)* ★ om de acht dagen *tous les huit jours* ★ na achten *passé huit heures* **II** ZN [de] • getal *huit* m ★ ruiten acht *le huit de carreau* • schoolcijfer *huit (sur dix)*; *seize (sur vingt)* • aandacht *attention* v ★ acht slaan op *faire attention à* ★ zich in acht nemen *se ménager* ★ zich in acht nemen voor *prendre garde à* ★ weinig acht slaan op *se soucier peu de*; *faire peu de cas de* ★ de wet in acht nemen *observer la loi* • roeiteam *huit* m ▾ geef acht! *garde à vous!*
achtbaan *grand-huit* m [onv]; *montagnes* v mv *russes*
achtbaar *estimable*; *respectable*; *honorable*
achteloos I BNW • onoplettend *nonchalant* • onverschillig *négligent* **II** BIJW • onoplettend *nonchalamment* • onverschillig *négligemment*
achten • beschouwen als, menen *croire*; *estimer*; *juger*; *tenir pour* ★ het zijn plicht ~ om *croire de son devoir de* ★ geacht worden iets te doen *être censé faire qc* • waarderen *estimer*; *considérer* ★ gering ~ *faire peu de cas de*; *mépriser*
achter I BIJW • aan de achterkant *derrière*; *en arrière* ★ hij woont ~ / ~ in de gang *il habite derrière / au fond du couloir* • in achterstand *en retard* ★ hij is ~ bij de anderen *il a un retard par rapport aux autres*; *il est en retard sur les autres* ★ de klok loopt ~ *la pendule retarde* ★ ~ raken *perdre du terrain* ▾ van ~ naar voren kennen *savoir sur le bout du doigt* ▾ hij is ~ in de dertig *il touche à la quarantaine* **II** VZ • met iets/iemand voor zich *derrière*; *à* ★ ~ het stuur/bureau *au volant/à son bureau* ★ ~ elkaar *l'un derrière l'autre* • na *après* ★ ~ elkaar *de suite* ▾ ergens iets ~ zoeken *croire qu'il y a qc là-dessous* ▾ ~ de waarheid komen *découvrir la vérité / le pot aux roses* ▾ overal iets ~ zoeken *voir malice à tout* ▾ ~ hem om / ~ zijn rug *dans son dos*; *à l'insu de lui* ▾ ~ iem. staan *soutenir qn*
achter- *arrière* [onv]; *de derrière*; *postérieur* ★ achterwielen *roues* v mv *arrière* ★ achterdeur *porte* v *de derrière* ★ achterkeuken *arrière-cuisine* v ★ achterplecht *gaillard* m *d'arrière*
achteraan • achter *derrière*; *en arrière* ★ ~ instappen *monter en queue* ★ ~ uitstappen *descendre par l'arrière* ★ hij loopt ~ *il marche derrière* • achterheen ★ ergens ~ zitten *s'occuper activement / assidûment d'une affaire*
achteraanzicht *vue* v *de derrière*
achteraf • naderhand *après coup* ★ ~ beschouwd / bezien *avec le recul*; *rétrospectivement*; *a posteriori* • afgelegen *à l'écart* ★ zich wat ~ houden *se dissimuler* ★ ~ wonen *vivre à l'écart*
achterbak *coffre* m
achterbaks I BNW ⟨v. zaken⟩ *secret* [v: *secrète*]; *sournois*; ⟨v. personen⟩ *sournois*; ⟨v. personen⟩ *hypocrite* **II** BIJW *en cachette*; *à la dérobée*; *sournoisement*
achterban *base* v
achterband *pneu* m *arrière* [m mv: *pneus arrière*]
achterbank *siège* m *arrière*
achterblijven • niet meekomen *rester*; ⟨achter anderen blijven⟩ *demeurer en arrière*; ⟨achter anderen blijven⟩ *s'attarder*; ⟨treuzelen⟩ *traîner* ★ ~ bij de anderen *rester en arrière avec les autres*; FIG. *être en retard / en retrait sur les autres*; *être inférieur aux autres* ★ (in ontwikkeling) achtergebleven zijn *être arriéré / attardé* • achtergelaten worden *être laissé*; *rester sur place* ★ een koffer is achtergebleven *il est resté une valise* • blijven leven ★ de ~den *les survivants* ▾ niet willen ~ (bij de anderen) *ne pas vouloir demeurer en reste (avec les autres)*
achterblijver • *retardataire* m/v; ⟨treuzelaar⟩ *traînard* m [v: *traînarde*] • wie blijft *celui qui reste* • kind *enfant* m *arriéré*
achterbuurt *quartier* m *pauvre*; *bas quartier* m
achterdeur *porte* v *de derrière* ▾ door een ~tje *par la petite porte*; *par des voies détournées* ▾ een ~tje openhouden *se ménager une porte*

de sortie; *assurer ses arrières*

achterdocht *suspicion* v *(***jegens** *à l'égard de)*; *méfiance* v ★ ~ hebben *se méfier (de qn)*; *nourrir des soupçons* ★ ~ wekken bij *éveiller les soupçons (de qn)*

achterdochtig I BNW *soupçonneux* [v: *soupçonneuse*]; *méfiant*; *suspicieux* [v: *suspicieuse*] **II** BIJW *avec méfiance*

achtereen *de suite*; *sans interruption*; *d'affilée* ★ maanden ~ *plusieurs mois de suite*; *durant des mois* ★ jaren ~ *pendant de longues années*

achtereenvolgend *successif* [v: *successive*]; *consécutif* [v: *consécutive*]

achtereenvolgens *successivement*; *consécutivement*; *de suite*

achtereind • achterste deel *extrémité* v • achterwerk *derrière* m; *postérieur* m ▾ zo stom als het ~ van een varken *bête comme ses pieds*

achteren ★ naar ~ *en arrière* ★ van ~ *par-derrière*; *de derrière* ★ van ~ gezien *vu de dos* ▾ naar ~ gaan *aller au petit coin*

achtergrond • achterkant *fond* m ★ met een rode ~ *sur (un) fond rouge* • iemands verleden *passé* m • FIG. onwaarneembare plaats *fond* m; *arrière-plan* m [mv: *arrière-plans*] ★ op de ~ blijven *rester dans l'ombre / en retrait*; *s'effacer*; *garder un profil bas* ★ naar de ~ schuiven *reléguer au second plan* • oorzaak *dessous* m mv; *toile* v *de fond*; *causes* v mv *profondes* ★ tegen de ~ van *à la lumière de*

achtergrondinformatie *informations* v mv *sur le fond d'une question*

achtergrondmuziek *musique* v *de fond / d'ambiance*; ⟨geluidsdecor⟩ *fond* m *sonore*

achterhaald *daté*; *démodé*; *dépassé*; *périmé* ★ ~ zijn *dater*

achterhalen • te pakken krijgen *rattraper*; *rejoindre* • terugvinden *retrouver* • te weten komen *découvrir*

achterheen ★ ergens ~ zitten *s'occuper activement / assidûment (d'une affaire)*

achterhoede • MIL. *arrière-garde* v [mv: *arrière-gardes*] • SPORT *défense* v; *ligne* v *arrière* • achterste deel van gezelschap *queue* v

achterhoofd *occiput* m ▾ zij is niet op haar ~ gevallen *elle n'est pas née d'hier* ▾ iets in het ~ hebben *avoir une idée (de) derrière la tête*

achterhouden • bij zich houden *retenir*; *détenir*; ⟨wederrechtelijk⟩ *receler* • geheimhouden *cacher*; *dissimuler*; ⟨niet mededelen⟩ *taire*; *passer sous silence*

achterin *au fond*; *à l'arrière*

achterkant *(côté* m*) arrière* m; ⟨keerzijde⟩ *revers* m; ⟨v. stof⟩ *envers* m; ⟨v. papier⟩ *verso* m; *dos* m

achterklap *médisance* m; *calomnie* v; *clabaudage*

achterkleinkind ⟨jongen⟩ *arrière-petit-fils* m; ⟨meisje⟩ *arrière-petite-fille* v ★ ~eren *arrière-petits-enfants*

achterklep ⟨v. auto⟩ *hayon* m

achterland *arrière-pays* m; *intérieur* m

achterlaten • verlaten *abandonner* • laten achterblijven *laisser* ★ met achterlating van ... *en laissant...* ★ hij laat drie kinderen achter *en mourant il a laissé trois enfants* ★ sporen ~ *laisser des traces*

achterlicht *feu* m *arrière* [m mv: *feux* ...]

achterliggen *suivre*; FIG. *être à la traîne* ★ ~ bij *être en arrière de*

achterlijf *arrière-train* m [mv: *arrière-trains*]; ⟨v. insect⟩ *abdomen* m

achterlijk • achtergebleven *arriéré*; *attardé*; *demeuré* • zwakzinnig *retardé*; ⟨ernstig⟩ *débile* ★ ~ doen *faire l'imbécile*

achterlopen *retarder (***op** *sur)* ★ INFORM. (op de feiten) ~ *avoir un train de retard*

achterna • achter iem./iets aan *après* ★ iem. ~ lopen *courir après qn* • later *après coup*; *par la suite*

achternaam *nom* m *de famille*

achternagaan • volgen *suivre* • gaan lijken op *commencer à ressembler à* ★ zij gaat haar moeder achterna *elle suit les traces de sa mère*

achternalopen *suivre*; FIG. *courir après*

achternamiddag *après-midi* m/v

achternazitten • achtervolgen *poursuivre* • controleren *surveiller de près*

achterneef • zoon van neef/nicht *cousin* m *(issu de germain)* • zoon van oom-/tantezegger *arrière-neveu* m [mv: *arrière-neveux*]; *petit-neveu* m [mv: *petits-neveux*]

achternicht • dochter van neef/nicht *cousine* v *(issue de germain)* • dochter van oom-/tantezegger *arrière-nièce* v [mv: *arrière-nièces*]; *petite-nièce* v [mv: *petites-nièces*]

achterom *par derrière* ★ ~ lopen *passer par derrière* ★ ~ kijken *regarder derrière soi*; *tourner la tête*

achterop • achter *derrière* ★ ~ raken *prendre du retard*; *perdre du terrain* • op de achterkant *derrière*

achterover *en arrière* ★ ~ vallen *tomber à la renverse / sur le dos*

achteroverdrukken *détourner*; *escamoter*

achteroverslaan I OV WW snel drinken ★ een glas wijn ~ *s'envoyer / siffler un verre de vin*; *faire cul sec* **II** ON WW vallen ★ steil ~ *tomber à la renverse*

achterpand *dos* m; ⟨slip⟩ *basque* v

achterpoot ⟨v. meubel⟩ *pied* m *de derrière*; ⟨v. dier⟩ *patte* v *de derrière*

achterruit *vitre* v *arrière* ★ verwarmde ~ *vitre arrière chauffante*

achterruitverwarming *dégivrage* m *de la vitre arrière*; *dégivreur* m

achterspeler *(joueur* m*) arrière* m

achterstaan ★ Nederland staat met 2-0 achter *les Pays-Bas sont menés (par) deux (buts) à zéro*

achterstallig *arriéré*; *impayé*; *en retard (de paiement)* ★ ~e schuld *arriéré* m

achterstand • het achterstaan *retard* m ★ een ~ inhalen *rattraper / combler un retard* ★ een ~ oplopen *prendre du retard* • wat men achter is ⟨m.b.t. rente⟩ *arrérages* m mv; ⟨m.b.t. schuld⟩ *arriéré* m

achterstandswijk *quartier* m *défavorisé / difficile / sensible*

achterste *derrière* m; *postérieur* m

achterstellen • benadelen *désavantager*; *défavoriser (***bij** *par rapport à)* • minder waarderen *reléguer au second plan* ⋆ hij wordt bij zijn broers achtergesteld *on lui préfère ses frères*
achterstelling *manque* m *d'égards / d'attention*; ⟨discriminatie⟩ *discrimination* v
achtersteven *poupe* v; *étambot* m
achterstevoren *à l'envers*; *(sens) devant derrière*
achtertuin *jardin* m *derrière la maison*
achteruit I ZN [de] *marche* v *arrière* **II** BIJW *en arrière*; *à reculons* ⋆ ~ rijden (in de trein) *être assis dans le sens opposé à la marche (du train)* ⋆ ~! *reculez!*
achteruitgaan • naar achteren gaan *reculer*; ⟨v. voertuig ook⟩ *faire marche arrière*; ⟨v. barometer⟩ *baisser* • verslechteren *diminuer*; *baisser*; *décliner*; *se détériorer*; *rétrograder*; ⟨achteruitboeren⟩ *péricliter*
achteruitgang *porte* v / *sortie* v *de derrière*
achteruitgang *régression* v; *déclin* m; *baisse* v; *détérioration* v
achteruitkijkspiegel *rétroviseur* m
achtervoegsel *suffixe* m
achtervolgen OOK FIG. *poursuivre (***met** *de)*; ⟨om te vangen⟩ *traquer*; *talonner*; FIG. *hanter*; *obséder* ⋆ het ongeluk achtervolgt hem *le malheur s'acharne contre lui*
achtervolger *poursuivant* m; SPORT *poursuiteur* m
achtervolging OOK SPORT *poursuite* v ⋆ de ~ inzetten *se lancer à la poursuite*
achtervolgingswaan *manie* v *de la persécution*
achterwaarts I BNW *en arrière*; *rétrograde* **II** BIJW *en arrière*
achterwege ⋆ ~ blijven *ne pas se faire* ⋆ ~ houden *passer sous silence*; *retenir*; *cacher* ⋆ ~ laten *ne pas faire*
achterwerk *derrière* m
achterwiel *roue* v *arrière*
achterwielaandrijving *traction* v *arrière*; *roues* v mv *arrière motrices*
achterzijde *(côté* m*) arrière* m; ⟨keerzijde⟩ *revers* m; ⟨v. stof⟩ *envers* m; ⟨v. papier⟩ *verso* m; *dos* m
achthoekig *octogonal* [m mv: *octogonaux*]
achting *estime* v; *considération* v; *égards* m mv *(***voor** *pour)* ⋆ ~ hebben voor iem. *avoir / tenir qn en estime* ⋆ in iemands ~ dalen / stijgen *baisser / monter dans l'estime de qn* ⋆ met de meeste ~ *Recevez, Monsieur / Madame, mes salutations distinguées*
achtste *huitième* ⋆ in de ~ eeuw *au VIIIème siècle* ⋆ Hendrik de Achtste *Henri VIII* ⋆ ~ noot *croche* v ⋆ de ~ verdieping *le huitième (étage)* ⋆ op z'n ~ *à huit ans* ⋆ de ~ mei *le huit mai* ⋆ drie ~ *trois huitièmes* ⋆ ten ~ *huitièmement*
achttal *huitaine* v
achttien • *dix-huit* • → **acht**
achttiende • *dix-huitième* • → **achtste**
acid *acide* m
acid jazz *acid jazz* m
acne *acné* v
acquireren *acquérir*
acquisiteur *démarcheur* m [v: *démarcheuse*]; *prospecteur* m [v: *prospectrice*]
acquisitie *acquisition* v
acquit • kwijting *acquit* m • biljart *mouche* v
acrobaat *acrobate* m/v
acrobatiek *acrobatie* v
acrobatisch *acrobatique*
acroniem *acronyme* m; *sigle* m
acryl *acrylique* m ⋆ een trui van ~ *un pull-over en acrylique*
acrylverf *peinture* v *acrylique*
act *numéro* m ⋆ een act opvoeren *faire son numéro*
acteren • toneelspelen *jouer* • doen alsof *jouer (la comédie)*
acteur *acteur* m; *comédien* m
actie • handeling *action* v ⋆ in ~ komen *s'activer*; *agir*; *bouger* • protestactie *action* v ⋆ ~ voeren (tegen/voor) *mener une campagne / action (concertée)*; *agir*; *militer (contre/pour)*
actiecomité *comité* m *d'action*
actief I BNW • bezig *actif* [v: *active*] • in dienst ⋆ in actieve dienst *en (situation d')activité*; *en service actif* **II** BIJW *activement* **III** ZN [het] • totale bezit *actif* m • TAALK. *actif* m
actiegroep *groupe* m *d'action*; *militants* m mv
actieradius *rayon* m *d'action*; ⟨vliegbereik⟩ *autonomie* v *de vol*; FIG. *champ* m *d'activité*
actievoerder *militant* m [v: *militante*]; *activiste* m/v
activa *actifs* m mv; *masse* v *active*
activeren *activer*
activist *activiste* m/v
activiteit *activité* v
activiteitenbegeleider *éducateur* m *spécialisé* [v: *éducatrice spécialisée*]
actrice *actrice* v; *comédienne* v
actualiseren *actualiser*
actualiteit • het actueel zijn *actualité* v • actueel onderwerp *actualité* v
actualiteitenprogramma *magazine* m *(d'actualités)*
actuariaat *actuariat* m
actuaris *actuaire* m/v
actueel *actuel* [v: *actuelle*] ⋆ ~ zijn *être d'actualité*
acupunctuur *acuponcture* v; *acupuncture* v
acuut I BNW • dringend *pressant* • plotseling opkomend *aigu* [v: *aiguë*] ⋆ acute ziekte *maladie aiguë* **II** BIJW *immédiatement*
adagio I ZN [het] *adagio* m **II** BIJW *adagio*
Adam *Adam* m
adamsappel *pomme* v *d'Adam*
adamskostuum ▾ in ~ *dans le plus simple appareil*
adaptatie *adaptation* v
adapter *adaptateur* m
addendum ⋆ addenda *addenda(s)* m mv
adder *vipère* v ▾ er schuilt een ~tje onder het gras *il y a anguille sous roche*
additief *additif* m
additioneel *additionnel* [v: *additionnelle*]
à decharge ⋆ een getuige ~ *un témoin à décharge*
adel *noblesse* v; *nobles* m mv ⋆ van adel *noble* ⋆ de lage(re) adel *la petite noblesse*
adelaar *aigle* m

adelborst *aspirant* m *(de marine)*
adelen *anoblir*; FIG. *ennoblir*
adellijk • van adel *noble*; ⟨titel⟩ *nobiliaire* ★ ~ bloed *sang bleu* • bijna bedorven *faisandé*
adelstand *noblesse* v ★ in de ~ verheffen *anoblir*
adem *souffle* m; ⟨lucht⟩ *haleine* v ★ de adem benemen *couper le souffle* ★ zijn adem inhouden *retenir le souffle* ★ adem scheppen *respirer* ★ buiten adem *à bout de souffle* ★ buiten adem raken *perdre haleine*; *s'essouffler* ★ naar adem snakken/happen *être essoufflé* ★ op adem komen *reprendre haleine / son souffle* ▾ de laatste adem uitblazen *rendre le dernier soupir* ▾ in één adem *d'une (seule) traite* ▾ van lange adem *de longue haleine*; *prolixe*
adembenemend I BNW *fascinant* **II** BIJW *prodigieusement*
ademen • ademhalen OOK FIG. *respirer* ★ ruimer ademhalen *respirer (librement)*; FIG. *être soulagé* • lucht doorlaten *respirer*
ademhalen *respirer* ★ ruimer ~ *respirer (librement)*; FIG. *être soulagé*
ademhaling *respiration* v; *souffle* m ★ kunstmatige ~ *respiration artificielle*
ademhalingswegen *voies* v mv *respiratoires*
ademloos • buiten adem *hors d'haleine*; *tout essoufflé* • heel stil *le souffle coupé*
ademnood *suffocation* v; *étouffement* m; MED. *dyspnée* v ★ een hevige ~ *une crise d'étouffements*
adempauze *pause* v; *arrêt* m; *(moment* m *de) répit* m
ademtest *alco(o)test* m
ademtocht ★ tot de laatste ~ *jusqu'au dernier souffle / soupir*
adequaat *adéquat*
ader • bloedvat *veine* v ★ adertje *veinule* v • bodemlaag *filon* m • ⟨v. blad, insectenvleugel⟩ *nervure* v
aderlaten OOK FIG. *saigner*
aderlating • MED. *saignée* v • behoorlijk verlies FIG. *saignée* v; *ponction* v
aderverkalking *artériosclérose* v
adhesie • NATK. *adhérence* v • instemming *adhésion* v ★ ~ betuigen met *souscrire à*
ad hoc *ad hoc*
ad-hocbeleid *politique* v *à la petite semaine*
adieu *adieu*
ad interim *par intérim*
adjectief I ZN [het] *adjectif* m **II** BNW *adjectif* [v: *adjective*]
adjudant • toegevoegd officier *aide* m *de camp* • adjudant-onderofficier *adjudant* m
adjunct *adjoint* m; *aide* m
adjunct- *sous-* ★ ~directeur *sous-directeur* m; *directeur adjoint*
administrateur *administrateur* m [v: *administratrice*]
administratie • afdeling *administration* v; *(les) bureaux* m mv; *secrétariat* m • beheer *administration* v
administratief I BNW *administratif* [v: *administrative*] **II** BIJW *administrativement*
administratiekantoor *entreprise* v *de gestion*; *bureau* m *d'administration* [m mv: *bureaux* ...]; ⟨bankiershuis⟩ *société* v *fiduciaire*
administratiekosten *frais* m mv *d'administration / de gestion*
administreren *administrer*; *gérer*
admiraal *amiral* m [mv: *amiraux*]
admiraliteit *amirauté* v
adolescent *adolescent* m [v: *adolescente*]
adolescentie *adolescence* v
adonis *adonis* m
adopteren • als eigen kind aannemen *adopter* • onder zijn hoede nemen *prendre en charge*
adoptie *adoption* v
adoptiefkind *enfant* m *adoptif*
adoptiefouder *parent* m *adoptif*
adoratie *adoration* v
adoreren *adorer*
ad rem *prompt à la riposte*
adrenaline *adrénaline* v
adres • straat en woonplaats *adresse* v ★ per ~ *chez...* • verzoekschrift *pétition* v; *requête* v ▾ FIG. aan het ~ van *à l'adresse de*; *adressé à* ▾ u bent aan het verkeerde ~ *vous frappez à la mauvaise porte*
adresboek *répertoire* m *d'adresses*; ⟨zakboekje⟩ *carnet* m *d'adresses*; ⟨telefoonboek⟩ *annuaire* m; *bottin* m
adresseren *mettre l'adresse (sur)*; ⟨richten (aan)⟩ *adresser (à)*
adreswijziging *changement* m *d'adresse*
Adriatische Zee *mer* v *Adriatique*
ADSL *ADSL* m
adsorberen *adsorber*
adstrueren *appuyer*; *étayer* (**met** *de)*
adv *RTT* v *(réduction du temps de travail)*
advent *Avent* m
adverteerder *annonceur* m
advertentie *annonce* v ★ een ~ plaatsen *passer / (faire) insérer une annonce*
advertentiecampagne *campagne* v *de publicité*
adverteren I OV WW bekendmaken *annoncer* **II** ON WW advertentie plaatsen *faire de la publicité*
advies *conseil* m; FORM. *avis* m ★ op ~ van *sur le(s) conseil(s) / l'avis de* ★ iem. om ~ vragen *prendre conseil / l'avis de qn*; *consulter qn*
adviesbureau *bureau* m *d'étude(s)* [m mv: *bureaux* ...]
adviesorgaan *organisme* m *consultatif*; *conseil* m
adviesprijs *prix* m *conseillé / indicatif*
adviseren *conseiller* ★ ~de stem *voix consultative*
adviseur *conseiller* m [v: *conseillère*] ★ een juridisch ~ *un avocat-conseil*
advocaat • raadsman *avocat* m [v: *avocate*] • drank ≈ *liqueur* v *aux œufs*
advocaat-generaal *avocat* m *général*
advocatenkantoor *cabinet* m *d'avocats*
advocatuur *barreau* m
adware *adware* m
aerobiccen *pratiquer l'aérobic*
aerobics *aérobic* m
aerodynamica *aérodynamique* v
aerodynamisch *aérodynamique*
aeroob *aérobie*

af I BNW • voltooid *fini* ★ af krijgen *terminer* • uit(geschakeld) *éliminé* **II** BIJW • vandaan/weg *de* ★ ver van de weg af *loin de la route* • naar beneden *de* ★ hij viel van het dak af *il tomba du toit* • bevrijd/verlost van *délivré / débarrassé de* ★ daar ben ik van af! *bon débarras!* • bij benadering ★ op het gevaar af *au risque de* ★ dat is bij het belachelijke af *ça frôle le ridicule* ▾ af en toe *de temps à autre*; *de temps en temps* ▾ af en aan lopen *aller et venir* ▾ goed / slecht af zijn *être bien / mal loti* ▾ terug naar af *retour à la case départ*; *la boucle (est) bouclée* ▾ een bedankje kon er niet af *il / elle n'a même pas dit merci* **III** VZ ECON. ★ prijzen af fabriek *prix* m *départ usine*

afasie *aphasie* v

afbakenen *délimiter*; *tracer*; *marquer*; ⟨met palen⟩ *jalonner*; ⟨met bakens⟩ *baliser*; FIG. *cerner* ★ een terrein ~ *jalonner un terrain*

afbeelden *représenter*; *figurer*; *peindre*

afbeelding • het afbeelden *représentation* v; *description* v • beeld *image* v; *illustration* v; *figure* v

afbekken *rabrouer*; INFORM. *engueuler*

afbellen *annuler (par téléphone)*

afbestellen *décommander*; *annuler*

afbetalen • deels betalen *payer par acomptes* • helemaal betalen *solder*; *payer (intégralement)*; *acquitter*

afbetaling ⟨geheel⟩ *paiement* m *(intégral)*; ⟨geheel⟩ *acquittement* m; ⟨gedeeltelijk⟩ *règlement* m *à tempérament* ★ op ~ *à crédit*

afbetalingstermijn *terme* m; *échéance* v

afbeulen *crever*; *éreinter*; INFORM. *esquinter*

afbijten • bijtend wegnemen *mordre* • verf wegnemen *décaper* ▾ zijn woorden ~ *avaler ses mots*; *marteler ses mots* ▾ van zich ~ *se défendre*; *ne pas se laisser faire*

afbijtmiddel *décapant* m

afbinden • MED. *ligaturer* • losmaken *délier*; *détacher*; *ôter* ★ de schaatsen ~ *ôter/enlever les patins*

afbladderen *s'écailler*

afblaffen *fulminer contre*; INFORM. *engueuler*

afblijven ★ van iets ~ *ne pas toucher à qc*; FIG. *ne pas se mêler de qc* ★ blijf (van me) af! *bas les pattes!* ★ ~! INFORM. *pas touche!*

afbluffen *en mettre plein la vue à*; *épater*; INFORM. *esbroufer*; *bluffer*

afboeken *prélever (***van** *sur)* ★ een bedrag van een rekening ~ *débiter un compte d'une somme*

afborstelen *brosser*

afbouwen • afmaken *achever (de construire)* • geleidelijk opheffen *mettre progressivement un terme à*

afbraak *démolition* v; SCHEIK. *décomposition* v; *dégradation* v

afbraakprijs *prix* m *choc / dérisoire / sacrifié* ★ tegen ~ *à vil prix*

afbraakproduct *produit* m *de décomposition*

afbranden I OV WW • door branden verwijderen ⟨v. verf⟩ *décaper (au brûloir)* • afkraken *éreinter*; INFORM. *débiner*; *démolir* **II** ON WW door brand vernietigd worden *être détruit par un incendie*; *être réduit en cendres*; INFORM. *cramer*

afbreekbaar *réductible* ★ biologisch ~ *biodégradable*

afbreken I OV WW • eraf-/kapotbreken *couper* ★ een tak ~ *arracher une branche* • demonteren *démonter*; *défaire*; ⟨slopen⟩ *démolir* • afkraken *éreinter* • beëindigen *interrompre*; ⟨verbreken⟩ *rompre* • SCHEIK. *décomposer* ▾ ~de kritiek *critique(s)* v (mv) *négative(s) / destructive(s)* **II** ON WW losgaan *se rompre*; *se casser*

afbreking *interruption* v; ⟨v. woord⟩ *division* v; *coupure* v

afbrekingsteken *tiret* m; *division* v

afbrengen *détourner (de)*; *écarter (de)*; ⟨doen afzien (van)⟩ *dissuader (de)* ★ iem. van zijn mening ~ *faire changer qn d'avis* ▾ het er goed van ~ *s'en tirer bien*; *l'échapper belle*; *avoir la vie sauve*

afbreuk ★ ~ doen aan *porter préjudice à qc*; *nuire à qc*; *faire tort à*

afbrokkelen OOK FIG. *s'effriter*; *se désagréger*

afbuigen *dévier*; *obliquer*; *tourner*

afdak *auvent* m; *appentis* m

afdalen *descendre* ★ ~de lijn / reeks *ligne* v / *progression* v *descendante*

afdaling *descente* v

afdammen *endiguer*

afdanken • wegdoen *se défaire de*; *mettre au rancart / au rebut* • wegsturen *congédier*; *renvoyer*; INFORM. *balancer*; *larguer*; *virer*; ⟨v. minnaar⟩ INFORM. *plaquer*

afdankertje *défroque* v; *fripe* v; *vieilles frusques / fringues* v mv

afdekken • bedekken *couvrir* • afruimen *desservir (la table)*; *débarrasser*

afdeling *division* v; *section* v; ⟨in een bedrijf⟩ *service* m; ⟨in het leger⟩ *corps* m; ⟨v. winkel⟩ *rayon* m; ⟨v. ziekenhuis e.d.⟩ *service* m; ⟨v. museum e.d.⟩ *département* m; ⟨afgescheiden ruimte⟩ *compartiment* m

afdelingschef *chef* m *de service / de bureau*; ⟨in winkel⟩ *chef* m *de rayon*

afdichten *étancher*

afdingen • minder bieden *marchander* ★ op de prijs ~ *chipoter sur le prix* • minder doen lijken ~ **op** *diminuer*; *récuser* ▾ daar valt niets op af te dingen *il n'y a pas à dire*

afdoen • afnemen *enlever*; *ôter*; *retirer (***van** *de)* ★ iets van de prijs ~ *rabattre du prix* • afhandelen *terminer*; *arranger*; *régler* ★ een afgedane zaak *une affaire réglée / classée* ★ dat is afgedaan *c'est fini*; *c'est fait*; *ça y est* • schoonmaken *nettoyer* ▾ dat zal er niets toe- of ~ *cela n'y fera rien* ▾ hij heeft afgedaan *il a fait son temps*; *il est fini* ▾ iets met een grapje ~ *s'en tirer avec une pirouette*

afdoend • doeltreffend *efficace* • beslissend *définitif* [v: *définitive*]; *catégorique*; *concluant* ★ dat is ~e *c'est net*

afdraaien • door draaien verwijderen *enlever*; *dévisser* • afspelen *mettre*; *passer*

afdracht *remise* v

afdragen • afgeven *remettre*; *verser* • verslijten *user*; *élimer*

afdrijven I OV WW MED. *avorter* II ON WW wegdrijven *dériver*; *aller à la dérive*; ⟨v. bui⟩ *s'éloigner*; *passer*
afdrogen • droog maken *essuyer*; *sécher* • een pak slaag geven *tabasser*
afdronk *fin* v *de bouche*
afdruipen • druipend vallen *tomber goutte à goutte*; *dégoutter* • weglopen *s'en retourner la queue entre les jambes*
afdruiprek *égouttoir* m
afdruk • het afdrukken *impression* v; *tirage* m • exemplaar *copie* v; *exemplaire* m; ⟨v. foto⟩ *épreuve* v • indruk, spoor *empreinte* v
afdrukken • een afdruk maken *imprimer*; *tirer*; ⟨weergeven⟩ *reproduire* • op pal drukken *appuyer*
afdruksnelheid *vitesse* v *d'impression*
afduwen *pousser*; *repousser*
afdwalen *s'égarer* ⋆ ~ van het onderwerp *s'écarter de la question*; *s'éloigner de son sujet*
afdwingen • gedaan krijgen *extorquer (à)*; *arracher (à)* • inboezemen *commander*; *forcer* ⋆ iemands respect ~ *forcer l'estime de qn*
affabriekprijs *prix* m *départ usine*
affaire • kwestie *affaire* v; *histoire* v • verhouding *liaison* v
affect *affect* m
affectie *affection* v
affectief *affectif* [v: *affective*]
affiche *affiche* v
afficheren *afficher*
affiniteit *affinité* v *(***met** *avec)*
affix *affixe* m
affreus I BNW *affreux* [v: *affreuse*] II BIJW *affreusement*
affront *affront* m
afgaan • naar beneden gaan *descendre*; ⟨snel⟩ *dévaler* • weggaan (van) *quitter*; ⟨loslaten⟩ *partir* • langsgaan *parcourir* ⋆ alle winkels ~ *courir les magasins* ⋆ een lijst ~ *parcourir une liste* • afgeschoten worden, in werking treden ⟨v. schot⟩ *partir*; ⟨v. alarm e.d.⟩ *se déclencher* ⋆ het geweer is niet afgegaan *le fusil a raté* • blunderen *faire piètre figure*; INFORM. *chuter*; *foirer* ⋆ ~ als een gieter *ramasser une veste* • ~ **op** *s'approcher de*; ⟨optrekken⟩ *marcher sur*; ⟨aanklampen⟩ *aborder*; *accoster*; ⟨vertrouwen op⟩ *se fier à*; *ajouter foi à*; *se guider sur* ▾ het gaat hem goed af *il s'en tire bien*; *il se débrouille bien*
afgang • het afgaan ⟨v. toneelspeler⟩ *exit* m • mislukking *échec* m; *fiasco* m; *déroute* v; INFORM. *bide* m; *four* m
afgedaan *réglé*; *classé* ▾ hij heeft voor mij ~ *j'ai perdu toute confiance en lui*
afgeladen *bondé*; *plein à craquer*; ⟨v. zaal⟩ *(archi)comble*
afgelasten *annuler*; *décommander*
afgelasting *annulation* v
afgeleefd *usé*; ⟨v. mensen⟩ *décrépit*
afgelegen I BNW • ver weg gelegen *éloigné*; *écarté*; *perdu* • eenzaam *isolé*; *solitaire* II BIJW *à l'écart*
afgelopen • verleden *dernier* [v: *dernière*]; *passé*; *écoulé* ⋆ ~ jaar *l'année passée* • voorbij *fini*
afgemat *épuisé*; *exténué*; *à bout de forces*
afgemeten I BNW • afgepast *réglé*; *mesuré* • kortaf *compassé* • stijf *réservé* II BIJW • van tred *à pas comptés* • kortaf *d'un air compassé*; *en comptant ses mots*
afgepast *mesuré*; *compassé*
afgepeigerd *crevé*; *vidé*; *vanné*; *claqué*
afgestompt • niet puntig *émoussé* • stomp van geest *abruti*
afgetraind *entraîné*; *en pleine forme*
afgevaardigde *délégué* m [v: *déléguée*]; *représentant* m [v: *représentante*]; ⟨in de Kamers⟩ *député* m [v: *députée*]
afgeven I OV WW • overhandigen *remettre*; *déposer*; ⟨v. vergunning⟩ *délivrer* • verspreiden *répandre*; ⟨v. warmte e.d.⟩ *dégager*; *diffuser*; ⟨v. energie⟩ *restituer* II ON WW • kleurstof loslaten *déteindre* • kritiek geven ~ **op** *critiquer*; *chicaner sur* III WKD WW [+ zich] ~ **met** ⟨met mensen⟩ *se commettre avec*; ⟨met zaken⟩ *s'ingérer dans*
afgezaagd *rebattu*; *banal* [m mv: *banals*]; *usé*; *éculé* ⋆ FIG. een ~ liedje *une rengaine*
afgezant *envoyé* m [v: *envoyée*]; *émissaire* m
afgezien ⋆ ~ van *sans parler de*; *abstraction faite de* ⋆ ~ daarvan *à part ça*; *à cela près*
afgezonderd I BNW *isolé*; *solitaire*; *reclus* II BIJW • apart *isolé*; *à l'écart* • eenzaam *solitairement* ⋆ ~ leven *vivre retiré*
Afghaan • bewoner *Afghan* m • hond *lévrier* m
Afghaans *afghan*
Afghanistan *l'Afghanistan* m
afgieten • ⟨v. groente⟩ *égoutter*; ⟨v. vocht⟩ *déverser* • door gieten maken *mouler*
afgietsel • beeld *moulage* m • afgegoten vocht *égoutture* v
afgifte • ⟨v. papieren⟩ *délivrance* v; *dépôt* m; *remise* v ⋆ een bewijs van ~ *un certificat de dépôt* • ⟨v. warmte e.d.⟩ *dégagement* m
afglijden *glisser*
afgod • onechte god *divinité* v • idool *idole* v
afgoderij *idolâtrie* v
afgraven • weggraven *déblayer* • vlak maken *aplanir*; *égaliser*
afgrendelen *verrouiller*; FIG. *boucler*
afgrijselijk I BNW *horrible*; *affreux* [v: *affreuse*]; ⟨heel erg⟩ *atroce* II BIJW *horriblement*; *affreusement*; ⟨heel erg⟩ *atrocement*
afgrijzen *horreur* v
afgrond *précipice* m; *abîme* m; *gouffre* m
afgunst *envie* v; *jalousie* v
afgunstig I BNW *envieux* [v: *envieuse*]; *jaloux* [v: *jalouse*] II BIJW *avec envie / jalousie*; *jalousement*
afhaaldienst *service* m *de ramassage*; *service* m *de factage et de camionnage*
afhaalrestaurant *restaurant* m *proposant des plats à emporter*
afhaken I OV WW losmaken *décrocher* II ON WW niet meer meedoen *se retirer*; INFORM. *décrocher*; ⟨niet meer meekunnen⟩ *être largué*; *lâcher pied*
afhakken *couper*; *trancher*
afhalen • van iets ontdoen ⋆ bonen ~ *éplucher des haricots verts* ⋆ het bed ~ *défaire le lit* • weghalen *prendre*; *enlever* • meenemen

aller chercher; prendre ★ iem. van de trein ~ *attendre / aller chercher qn à la gare* ★ geld van de bank ~ *retirer de l'argent de la banque*
afhameren ⟨v. personen⟩ *réduire au silence*; ⟨v. zaken⟩ *expédier*
afhandelen *terminer; arranger; régler* ★ snel ~ *expédier*
afhandig ★ iem. iets ~ maken *taper qn de qc; dépouiller qn de qc; arracher / subtiliser qc à qc; dérober / escamoter qn de qc*
afhangen • naar beneden hangen *pendre; retomber* • ~ **van** *dépendre de* ★ dat hangt slechts van u af *cela ne tient qu'à vous* ★ dat hangt er van af *cela dépend; c'est selon* ★ daarvan hangt veel af *c'est primordial*
afhankelijk • niet-zelfstandig *subordonné; dépendant* • ~ **van** *dépendant de* ★ ~ zijn van iem. *dépendre de qn* ★ het is ~ van het aantal *cela dépend / est fonction du nombre*
afhelpen ~ **van** *délivrer de; débarrasser de*; ⟨v. kwaal e.d.⟩ *corriger de; guérir de* ★ IRON. iem. van zijn geld ~ *délester qn de son argent*
afhouden • inhouden *retenir (***van** *de, sur)* • weghouden *tenir à distance; empêcher d'approcher*; SPORT *faire de l'obstruction* • afbrengen (van) *détourner (de)*
afhuren *louer; prendre en location*; ⟨charteren⟩ *affréter*
afjakkeren • afraffelen *expédier; bâcler* • uitputten *épuiser; éreinter; crever; surmener*
afkalven *s'ébouler; s'affouiller; se creuser*
afkammen *éreinter*; INFORM. *débiner; démolir*
afkappen • afhakken *couper; trancher*; TAALK. *élider* • plotseling beëindigen ★ het gesprek ~ *couper court à la discussion*
afkatten *envoyer sur les roses; houspiller*
afkeer *répugnance* v; *aversion* v; *dégoût* m; *répulsion* v *(***van** *pour)* ★ een ~ hebben van *avoir en aversion; détester* ★ ~ inboezemen *répugner; dégoûter*
afkeren *détourner; écarter; repousser; parer*
afkerig *dégoûté (***van** *de)* ★ ~ maken van *dégoûter de* ★ ~ zijn van *avoir en aversion; répugner à*
afketsen I OV WW verwerpen *rejeter; faire échouer; refuser* **II** ON WW • terugstuiten (op) *rebondir (sur); ricocher (sur)* • stranden (op) FIG. *échouer (devant); avorter (devant); ne pas aboutir*; INFORM. *rater; sauter*
afkeuren • ongeschikt verklaren (voor) *déclarer impropre (à)*; ⟨onbekwaam⟩ *déclarer inapte (à)*; ⟨v. soldaat⟩ *réformer* • niet goedkeuren ⟨v. gedrag⟩ *désapprouver*; ⟨v. gedrag⟩ *condamner*; ⟨verwerpen⟩ *rejeter* ★ een doelpunt ~ *refuser un but*
afkeurend *désapprobateur* [v: *désapprobatrice*]
afkeuring • het niet goedkeuren ⟨v. gedrag⟩ *désapprobation* v; *réprobation* v; ⟨verwerping⟩ *rejet* m • het ongeschikt verklaren MIL. *réforme* v
afkickcentrum *centre* m *de désintoxication*
afkicken *se désintoxiquer; faire une cure de désintoxication / de sevrage*
afkickverschijnselen *symptômes* m mv *de désintoxication*
afkijken I OV WW leren door te kijken *copier* **II** ON WW spieken (bij) *copier (sur)*; INFORM. *pomper (sur)*
afkleden *amincir*
afkloppen • schoonkloppen *nettoyer; battre* • onheil bezweren *toucher du bois*
afkluiven *ronger*
afknappen • knappend breken *se casser; se rompre* • mentaal instorten *craquer*; INFORM. *flipper* ★ ~ op *être dégoûté par*
afknapper *déception* v; *douche* v *(froide)*
afkoelen I OV WW FIG. rustiger maken *rafraîchir; refroidir*; ⟨v. drank⟩ *frapper* **II** ON WW koeler worden *se rafraîchir; se refroidir*
afkoeling *refroidissement* m
afkoelingsperiode *délai* m *de réflexion*
afkoker *pomme* v *de terre farineuse*
afkomen • voltooid worden *s'achever; finir* • afkomstig zijn ~ **van** *sortir de; venir de* • naar beneden komen *descendre* ★ de trap ~ *descendre l'escalier* • aan iets ontsnappen ★ er goed ~ *s'en tirer bien; l'échapper belle* ★ ergens heelhuids ~ *sortir indemne de qc* ★ er met de schrik ~ *en être quitte pour la peur* • kwijtraken ~ **van** *se débarrasser de* • ~ **op** *s'avancer vers* ★ op de vijand ~ *marcher sur l'ennemi*
afkomst *origine* v ★ van hoge ~ *de haute / bonne naissance*
afkomstig ~ **van/uit** ⟨vandaan komend⟩ *(pro)venant de*; ⟨geboortig⟩ *originaire / natif de* [v: *native*]; ⟨voortkomend⟩ *issu de*; ⟨afgeleid⟩ *dérivé de*; ⟨uitgaand van⟩ *émanant de* ★ dit doosje is ~ uit Parijs *cette boîte vient de Paris*
afkondigen *annoncer; proclamer*; ⟨uitvaardigen⟩ *promulguer* ★ de staat van beleg ~ *décréter l'état de siège*
afkondiging *proclamation* v; JUR. *promulgation* v
afkoopsom *prix* m *de rachat*; JUR. *dédit* m
afkopen *racheter*
afkoppelen *décrocher*; TECHN. *débrayer*; ⟨v. wagon⟩ *dételer*
afkorten • korter maken *raccourcir; écourter* • korter schrijven *abréger*
afkorting *abréviation* v
afkraken *éreinter*; INFORM. *débiner; démolir*
afkrijgen *finir; terminer; achever*
afkunnen ★ het ~ *(aller) y arriver; s'en sortir; se débrouiller*
aflaat *indulgence* v ★ volle ~ *indulgence plénière*
aflandig ★ ~e wind *vent* m *de terre / d'amont*
aflaten *arrêter (de); cesser (de)* ★ een niet ~de stroom woorden *un interminable flot de mots*
aflebberen *lécher* ★ elkaar ~ *se rouler des pelles*
afleesfout *erreur* v *de lecture*
afleeskop *douchette* v
afleggen • afdoen *ôter; enlever*; ⟨neerleggen⟩ *mettre bas; déposer* • zich ontdoen van *se débarrasser de*; ⟨v. zich afzetten⟩ *se délivrer de; chasser; écarter* • volbrengen, doen ⟨v. afstand⟩ *couvrir, franchir, parcourir*; ⟨v. bezoek⟩ *rendre*; ⟨v. eed⟩ *prêter*; ⟨v. examen⟩ *passer*; ⟨v. verklaring⟩ *faire* • verzorgen van dode *faire la toilette de* • ⟨v. plant⟩ *marcotter* ▾ het tegen iem. ~ *céder le pas à qn; avoir le*

dessous ▾ het ~ *succomber*
afleiden • laten weggaan *détourner*; *dévier*; ⟨v. water⟩ *dériver* • concluderen ~ **uit** *conclure de*; *déduire de*; FORM. *inférer de* • op andere gedachten brengen *distraire*; *divertir* • oorsprong aanwijzen *faire remonter à*; *faire descendre de* • TAALK. *dériver (***uit** *de)*
afleiding • verstrooiing *distraction* v • TAALK. *dérivation* v; ⟨afgeleid woord⟩ *dérivé* m
afleidingsmanoeuvre *(manœuvre* v *de) diversion* v
afleren • verleren *se déshabituer de* • doen ontwennen *déshabituer de*; *corriger de* ⋆ ik zal hem dat wel ~ *je lui en ferai passer l'envie*
afleveren *livrer*; *remettre*
aflevering • het afleveren *livraison* v • deel van een reeks ⟨v. boekwerk⟩ *fascicule* m; *livraison* v; ⟨v. uitzending⟩ *épisode* m
afleveringstermijn *délai* m *de livraison*
aflezen • uit wijzerstand, gezicht e.d. opmaken *lire* • lezen *lire* ⋆ namen ~ *faire l'appel*
aflikken *lécher* ⋆ elkaar ~ *se rouler des pelles* ▾ om je vingers bij af te likken *à s'en lécher les doigts*
afloop • eindpunt *fin* v; ⟨v. termijn⟩ *expiration* v; *échéance* v; ⟨v. tijdsduur⟩ *terme* m ⋆ na ~ van *à l'issue de*; *à la sortie de* • resultaat *issue* v; *résultat* m; *aboutissement* m ⋆ ongeluk met dodelijke ~ *accident mortel / fatal* ⋆ goede ~ *issue* v *heureuse*; *dénouement* m *heureux*
aflopen I OV WW helemaal langslopen *(par)courir*; *faire* **II** ON WW • naar beneden lopen *descendre*; ⟨v. vloeistof ook⟩ *s'écouler* • weglopen (van) *quitter* • eindigen *tirer / toucher à sa fin*; *se terminer*; *finir*; ⟨v. termijn, contract⟩ *expirer*; *venir à échéance* ⋆ goed ~ *se passer bien*; *se terminer bien*; *finir en beauté* ⋆ het is afgelopen *c'est fini / terminé* ⋆ slecht ~ *tourner mal* ⋆ het loopt af met hem *il touche à sa fin* ⋆ het zal slecht met hem ~ *il finira mal* • hellen *descendre*; *aller / être en pente* • rinkelen *sonner* • ~ **op** *s'approcher de*
aflossen • afbetalen *rembourser*; *s'acquitter de*; ⟨delgen⟩ *amortir* • vervangen *relayer*; *remplacer*; ⟨v.d. wacht⟩ *relever* ⋆ iem. ~ *prendre le relais (de qn)*
aflossing • afbetaling *amortissement* m; *remboursement* m ⋆ vervroegde ~ *remboursement anticipé* ⋆ maandelijkse / jaarlijkse ~ *mensualité* v / *annuité* v • vervanging *relève* v; *relais* m
aflossingstermijn *terme* m *de remboursement*; *échéance* v
afluisterapparatuur *appareils* m mv *d'écoute*
afluisteren ⋆ (telefonisch) afgeluisterd worden *être (mis / placé) sur écoute (téléphonique)*
afmaken I OV WW • beëindigen *achever*; *terminer*; *finir* • doden *achever*; *abattre* • meedogenloos bejegenen *achever*; *écraser*; ⟨afkraken⟩ *éreinter* **II** WKD WW [+ zich] ~ **van** ⟨ontdoen⟩ *se débarrasser de*; ⟨snel afdoen⟩ *expédier*; *bâcler* ⋆ zich er met een grapje ~ *s'en tirer avec une pirouette*; *le tourner en plaisanterie*
afmars *départ* m; ⟨aftocht⟩ *retraite* v
afmatten *épuiser*; *exténuer*
afmelden *se faire excuser* ⋆ zich ~ *annoncer son départ*
afmeren *amarrer*
afmeten OOK FIG. *mesurer (***aan, naar** *à)*
afmeting • het afmeten *mesure* v • omvang *dimension* v
afmonsteren I OV WW ontslaan *licencier* **II** ON WW ontslag nemen *débarquer*
afname • vermindering *décroissance* v; *diminution* v; *baisse* v • aankoop *achat* m • afzet *vente* v
afneembaar • af te nemen *démontable*; *amovible*; ⟨v. autodak⟩ *décapotable* • afwasbaar *lavable*
afnemen I OV WW • afzetten *enlever*; *ôter* • wegnemen *enlever*; *ôter*; ⟨ontnemen⟩ *prendre* ⋆ iem. bloed ~ *faire une prise de sang à qn* • afruimen *débarrasser* • kopen *acheter (***van** *à)* • laten afleggen *soumettre à*; ⟨v. examen⟩ *faire passer*; ⟨v. eed⟩ *faire prêter serment à* • schoonpoetsen *nettoyer*; ⟨v. stof⟩ *épousseter* **II** ON WW (ver)minderen *diminuer*; *baisser*; ⟨v. maan⟩ *décroître*; ⟨zwakker worden⟩ *s'affaiblir*; *décliner*
afnemer *preneur* m [v: *preneuse*]; *acheteur* m [v: *acheteuse*]; *client* [v: *cliente*]
afnokken *se tirer*; *se casser*; *se barrer*
aforisme *aphorisme* m
afpakken *prendre*; ⟨ontrukken⟩ *arracher*; ⟨in beslag nemen⟩ *confisquer*
afpalen • afgrenzen *délimiter* • begrenzen ⟨met palen⟩ *jalonner*
afpassen *mesurer*; *compasser*
afpeigeren *éreinter*; *crever*; INFORM. *esquinter*
afperken *délimiter*; *borner*; ⟨beperken⟩ *limiter*; ⟨traceren⟩ *tracer*
afpersen *arracher*; ⟨v. geld⟩ *extorquer*; ⟨chanteren⟩ *faire chanter*
afperser *maître* m *chanteur*; *racketteur* m
afpersing *extorsion* v; *chantage* m; *racket* m
afpijnigen I OV WW geestelijk uitputten *tourmenter* **II** WKD WW [+ zich] *se creuser / torturer la tête*
afpikken INFORM. *chiper*; *piquer*
afplatten *aplatir*
afpoeieren *renvoyer*; *éconduire*; INFORM. *envoyer promener (sur les roses)*; *larguer*
afprijzen *baisser le prix de*; *vendre au rabais*; *solder*
afraden *déconseiller*; *dissuader* ⋆ iem. iets ~ *déconseiller qc à qn*; *dissuader qn de qc*
afraffelen *bâcler*; *expédier*; *torcher*; *gâcher*
aframmelen *rosser*; *tabasser*
aframmeling *rossée* v; *raclée* v
afranselen *rosser*; *tabasser*
afrasteren *grillager*
afrastering *treillage* m; *grillage* m; *claire-voie* v [mv: *claires-voies*]; *clôture* v
afreageren I OV WW ⟨v. gevoelens⟩ *décharger*; *passer*; *assouvir (***op** *sur)* **II** WKD WW [+ zich] *se défouler (***op** *sur)*
afreizen I OV WW bereizen *parcourir* ⋆ heel wat ~ *voir du pays* **II** ON WW vertrekken *partir*; *se mettre en route*
afrekenen • betalen *payer*; *régler* ⋆ mag ik ~?

la note / l'addition s'il vous plaît • aansprakelijk stellen ★ iem. ~ op iets *juger qn selon qc* ▾ met iem. ~ *régler son compte à qn* ▾ daarmee heb ik afgerekend *j'en ai fini avec cela*

afrekening • betaling *règlement* m; ⟨afwikkeling⟩ *liquidation* v • afstraffing *règlement* m *de compte(s)*

afremmen OOK FIG. *freiner*; *ralentir*

africhten *exercer*; *entraîner*; ⟨drillen⟩ *dresser*; ⟨v. dier⟩ *dresser (***tot, voor** *à)*

afrijden I OV WW langsrijden *parcourir* **II** ON WW • naar beneden rijden *descendre* • wegrijden *partir*; ⟨verlaten⟩ *quitter* • rijexamen doen *passer son permis*

Afrika *l'Afrique* v ★ in ~ *en Afrique* ★ donker ~ *l'Afrique noire*

Afrikaan *Africain* m [v: *Africaine*]

Afrikaander *Afrikaner* m

Afrikaans *africain*

afrikaantje *œillet* m *d'Inde*; *tagète* m

afrit *sortie* v; ⟨v. autoweg ook⟩ *bretelle* v *(de sortie)*

afrodisiacum *aphrodisiaque* m

afroep ★ op ~ beschikbaar zijn *être d'astreinte*

afroepen *annoncer*; ⟨v. namen⟩ *faire l'appel de* ★ iets over zich ~ *s'attirer qc*; *encourir qc*

afrokapsel *coiffure* v *afro*

afrollen I OV WW • naar beneden rollen *descendre (en roulant)* • ontrollen *dérouler*; *débobiner* **II** ON WW • zich ontrollen *se dérouler* • aftuimelen *dégringoler*

afromen OOK FIG. *écrémer*

afronden • rond maken *arrondir* • beëindigen *conclure*; *finir* • WISK. *arrondir (***op** *à)* ★ de prijs op een euro naar beneden / boven ~ *arrondir le prix à l'euro inférieur / supérieur*

afrossen *rosser*; *tabasser*

afruimen ⟨v. tafel⟩ *débarrasser*; FORM. *desservir*

afrukken • met ruk aftrekken *arracher*; *enlever de force*; INFORM. *faire sauter* • masturberen *branler* ★ zich ~ *se branler*

afschaffen • opheffen *supprimer*; ⟨v. wet⟩ *abroger*; ⟨v. doodstraf, slavernij⟩ *abolir* • wegdoen *renoncer à*

afschampen *effleurer*; *friser*; *frôler*; *glisser (***op** *sur)*

afscheid *adieu(x)* m (mv) ★ ~ nemen (van) *dire au revoir (à)*; *prendre congé (de)*; *faire ses adieux (à)*

afscheiden • losmaken (van) *séparer (de)*; *isoler (de)*; ⟨met tussenwand⟩ *cloisonner* ★ zich ~ *se séparer*; *faire scission*; *faire sécession* • scheiding aanbrengen *séparer* • uitscheiden BIOL. *sécréter*; SCHEIK. *dégager*

afscheiding • afzondering *séparation* v; ⟨v. partij e.d.⟩ *scission* v; ⟨v. staat⟩ *sécession* v • wat scheidt *séparation* v; ⟨scheidswand⟩ *cloison* v; ⟨omheining⟩ *clôture* v • substantie *sécrétion* v

afscheidingsbeweging *mouvement* m *séparatiste*

afscheids- *d'adieu*

afscheidsfeest *réception* v *d'adieu*

afscheidsgroet *adieu* m

afschepen *renvoyer*; *éconduire*; INFORM. *envoyer promener (sur les roses)*; *larguer* ★ iem. met iets ~ *donner un os à ronger à qn*; *lâcher une misère à qn*

afschermen • afdekken *masquer*; ⟨afschieten⟩ *cloisonner*; ⟨pantseren⟩ *blinder* • beschermen (tegen) *protéger (de)*; *retrancher (de)* • afzonderen (van) *isoler (de)*

afscheuren I OV WW lostrekken *arracher*; *déchirer*; ⟨v. scheurstrook⟩ *détacher* ★ langs de perforatie ~ *détacher selon le pointillé* **II** ON WW losscheuren *se déchirer*

afschieten I OV WW • doen afgaan *tirer*; ⟨v. vuurwapen ook⟩ *décharger* • doodschieten *abattre* • ruimte afscheiden *séparer (par une cloison)*; *cloisonner* **II** ON WW ~ **op** *se précipiter sur*; *s'élancer sur*; *foncer sur*

afschilderen • met verf afbeelden *peindre* • beschrijven *dépeindre*; *(re)présenter* ★ zwart ~ *noircir*

afschilferen ⟨v. verflaag⟩ *s'écailler*; ⟨v. huid⟩ *peler*; *se desquamer*

afschminken *démaquiller*

afschrift *copie* v; *double* m; *duplicata* m [onv]; ⟨bankafschrift⟩ *relevé* m *de compte*; JUR. *expédition* v ★ voor eensluidend ~ *pour copie conforme*; JUR. *pour ampliation*

afschrijven • afzeggen *décommander (par écrit)* • afboeken *prélever (***van** *sur)* ★ van zijn rekening ~ *déduire de son compte* • niet meer rekenen op *faire une croix sur*; *faire son deuil de* ★ voor mij is hij afgeschreven *pour moi il est fini* • boekwaarde verlagen *amortir* ★ de auto ~ *amortir la voiture*

afschrijving • het afboeken *débit* m • bewijs van afboeking *avis* m *de débit* ★ een automatische ~ *un prélèvement automatique* • waardevermindering *amortissement* m; *dépréciation* v

afschrikken *effrayer*; ⟨ontmoedigen⟩ *rebuter*; *dissuader (***van** *de)*

afschrikking *dissuasion* v

afschrikwekkend I BNW *effroyable*; *repoussant*; ⟨ter afschrikking⟩ *dissuasif* [v: *dissuasive*]; *exemplaire* **II** BIJW *d'une manière effrayante / effroyable*

afschroeven *dévisser*

afschudden OOK FIG. *secouer* ★ iem. van zich ~ *se débarrasser de qn*; INFORM. *semer qn*; *distancer qn*

afschuimen • schuim afscheppen *écumer* • afzoeken *écumer*

afschuiven • wegschuiven *éloigner*; *pousser*; *reculer* • afwentelen *se décharger de*; ⟨schuld, verantwoordelijkheid⟩ *rejeter*; ⟨taak⟩ *se débarrasser de* ★ een probleem op iem. ~ *refiler le bébé à qn*

afschuw *horreur* v; *aversion* v; *répulsion* v ★ een ~ hebben van *avoir horreur de*; *détester*

afschuwelijk I BNW • heel slecht/lelijk *horrible*; *atroce*; *affreux* [v: *affreuse*]; *abominable* • afschuwwekkend *horrible*; *atroce* **II** BIJW *horriblement*; *atrocement*; *affreusement*

afserveren ★ iem. ~ *envoyer promener qn*

afslaan I OV WW • wegslaan *abattre* • afhakken *trancher*; *couper* • tegenhouden *repousser* • in prijs verlagen *rabattre*; *baisser* • weigeren *refuser*; *rejeter*; *décliner* ★ dat sla ik niet af *cela n'est pas de refus*; *je ne dis pas non* ▾ hij is niet van zijn boeken af te slaan *il est toujours collé sur ses livres* **II** ON WW • van richting veranderen *tourner* ★ rechts ~ *tourner / prendre / virer à droite*; *bifurquer à droite* • niet meer werken ⟨v. apparaten⟩ *s'arrêter*; ⟨v. motor⟩ *caler*

afslachten OOK FIG. *massacrer*

afslag • afrit *sortie* v • veiling *criée* v ★ bij ~ verkopen *vendre à la criée*; *vendre au cadran* • prijsvermindering *rabais* m; *baisse* v; *réduction* v • het afbrokkelen *écoulement* m

afslanken I OV WW • slank maken *amaigrir*; *amincir* • kleiner maken *réduire*; ⟨m.b.t. onderneming⟩ *dégraisser* **II** ON WW • slanker worden *perdre du poids*; *amincir* • kleiner worden *diminuer*; ⟨m.b.t. onderneming⟩ *dégraisser*

afslankingsoperatie *dégraissage* m

afsluiten • ontoegankelijk maken *fermer*; ⟨versperren⟩ *barrer*; *bloquer*; ⟨dichten⟩ *boucher*; *obturer*; ⟨omheinen⟩ *clôturer*; *clore*; ⟨v. toevoer⟩ *couper*; MED. *occlure* ★ het gas ~ *fermer le robinet du gaz*; *couper le gaz* ★ zich ~ *s'enfermer*; *s'isoler* • op slot doen *fermer à clef* • een eind maken aan *arrêter*; *clôturer*; FORM. *clore* ★ een rekening ~ *clôturer un compte* • overeenkomst sluiten *conclure* ★ een polis ~ *souscrire à une police d'assurance* ★ een koop ~ *conclure / faire / passer un marché*

afsluiting • het sluiten *fermeture* v; ⟨versperring⟩ *barrage* m; ⟨dichting⟩ *obturation* v; ⟨omheining⟩ *clôture* v • beëindiging *clôture* v

afsluitpremie *commission* v; ⟨v. makelaar⟩ *courtage* m

afsluitprovisie *commission* v; *frais* m mv *de dossiers*

afsmeken *implorer*

afsnauwen *rabrouer*; INFORM. *engueuler*

afsnijden • korter maken *couper* ★ de bocht ~ *couper le virage* ★ de weg ~ *prendre un raccourci*; *couper (au plus court)* • wegsnijden *couper*; *séparer*; *trancher* ★ de hals ~ *égorger* • versperren, afsluiten *couper* ★ iem. de pas ~ *couper le chemin à qn*

afsnoepen *souffler*; *chiper* ★ iem. iets ~ *souffler qc à qn*

afspeelapparatuur *chaîne* v *(stéréo / hi-fi)*; *platine* v

afspelen I OV WW • SPORT ⟨v. bal⟩ *passer* • afdraaien *passer*; *mettre* **II** WKD WW [+ zich] *se passer*; *se dérouler*; *se produire*

afspiegelen • weerspiegelen *refléter*; *réfléchir* • afschilderen *dépeindre*; *(re)présenter*

afspiegeling *reflet* m; FIG. *écho* m

afsplitsen I OV WW *séparer*; *isoler (***van, uit** *de)* **II** WKD WW [+ zich] *se séparer*; *se diviser*; *bifurquer*

afsplitsing *bifurcation* v

afspoelen • schoonspoelen *rincer*; *laver* • doen afkalven *affouiller*

afspraak • overeenkomst FORM. *convention* v; *accord* m ★ volgens (de) ~ *comme convenu / prévu* ★ tegen de ~ *contraire(ment) à ce qui était convenu* ★ zich aan de ~ houden *tenir parole* • ontmoeting *rendez-vous* m ★ een ~ maken (met) *donner rendez-vous (à)*; *prendre (un) rendez-vous (avec/chez)* ★ consult volgens ~ *consultation sur rendez-vous* ★ zich niet aan de ~ houden *poser un lapin (à qn)*

afspreken I OV WW overeenkomen *convenir de*; *se mettre d'accord sur*; ⟨v. plan⟩ *concerter*; ⟨vaststellen⟩ *fixer* ★ met elkaar ~ om *s'entendre pour* ★ een dag ~ *prendre date* ★ afgesproken! *entendu!*; *d'accord!*; INFORM. *tope là!* ▾ afgesproken werk *coup* m *monté* **II** ON WW *se donner rendez-vous*; ⟨met arts e.d.⟩ *prendre rendez-vous*

afspringen • naar beneden springen *sauter (du haut) (de)* • loslaten *se détacher*; ⟨v. verf⟩ *s'écailler*; ⟨v. knoop e.d.⟩ *sauter* • FIG. afketsen *rebondir (***op** *sur)*; *ricocher (***op** *sur)* • ~ **op** naderen *s'élancer sur*; *sauter sur*

afstaan *céder (***aan** *à)*; *abandonner* ★ ~de oren *oreilles décollées*

afstammeling *descendant* m [v: *descendante*]

afstammen • m.b.t. personen ~ **van** *provenir de*; *descendre / être issu de* • m.b.t. woorden, ideeën ~ **van** *provenir de*; *dériver de*

afstamming *descendance* v; *origine* v

afstand • lengte tussen twee punten *distance* v; ⟨verte⟩ *éloignement* m; ⟨tussenruimte⟩ *écart* m; *intervalle* m; ⟨weg⟩ *trajet* m ★ op korte ~ *à une faible distance* ★ over een ~ van *sur une distance de* ★ van korte ~ *à une faible distance* ★ ~ houden *garder de la distance*; FIG. *garder ses distances*; *se tenir à l'écart* ★ ~ nemen FIG. *prendre ses distances*; *prendre du recul* • het afstaan *renonciation* v; *abandon* m; JUR. *cession* v; *délaissement* m ★ ~ doen van *renoncer à*; *abandonner*; JUR. *céder*; *se désister de* ★ ~ doen van de troon *abdiquer*

afstandelijk I BNW *distant*; *réservé* **II** BIJW *avec réserve*

afstandsbediening *télécommande* v ★ met ~ *télécommandé*

afstandsonderwijs *enseignement* m *à distance*; *téléenseignement* m

afstandsrit *raid* m

afstapje *marche* v ★ denk om het ~ *attention à la marche*

afstappen • naar beneden stappen *descendre (***van** *de)* ★ ~ bij het hotel *descendre à l'hôtel* • ~ **op** *s'approcher de* • FIG. ~ **van** *renoncer à*; *abandonner*

afsteken I OV WW • aansteken ★ vuurwerk ~ *faire / tirer un feu d'artifice* • uitspreken *prononcer*; *énoncer* ★ een speech ~ *faire / prononcer un discours* • wegsteken *couper* **II** ON WW duidelijk uitkomen ~ **bij, tegen** *contraster avec*; *trancher avec/sur*; *ressortir sur*; *se détacher sur* ★ dat steekt nog gunstig af bij de rest *par rapport au reste, ça passe encore*

afstel *délai* m; *ajournement* m ▾ uitstel is geen ~ *ce n'est que partie remise*

afstellen *mettre au point*; *régler*; *ajuster* ★ te voren afgesteld *préréglé*

afstemmen • instellen *régler (***op** *sur)*; ⟨op zelfde golflengte⟩ *accorder*; *syntoniser* • verwerpen *rejeter*; *repousser*

afstemming • verwerping *rejet* m • instelling *réglage* m • harmonisering *harmonisation* v; ⟨aanpassing (aan)⟩ *alignement* m *(sur)*
afstempelen *estampiller*; ⟨v. postzegel⟩ *oblitérer*; ⟨v. reisbiljet, met automaat⟩ *composter*
afsterven *mourir*; *s'éteindre*; ⟨v. weefsel⟩ *se nécroser*
afstevenen ~ **op** *cingler / se diriger vers*; *mettre le cap sur*; FIG. *foncer sur*
afstijgen *mettre pied à terre* ⋆ van zijn paard ~ *descendre de cheval*
afstoffen *épousseter*; *dépoussiérer*; *donner un coup de chiffon / plumeau à*
afstompen I OV WW OOK FIG. *émousser*; ⟨v.d. geest⟩ *engourdir*; ⟨v. persoon⟩ *abrutir*; *hébéter* **II** ON WW OOK FIG. *s'émousser*; ⟨v.d. geest⟩ *s'engourdir*; ⟨v. persoon⟩ *s'abrutir*
afstoppen *contrer*; *stopper*; *bloquer*
afstotelijk *répugnant*; *repoussant*
afstoten I OV WW • wegstoten OOK NAT. *repousser* • wegdoen *se défaire de* • niet accepteren MED. *rejeter* • afkerig maken *repousser*; *dégoûter*; *rebuter* **II** ON WW afkeer inboezemen *inspirer de la répulsion*
afstotend • NATK. *répulsif* [v: *répulsive*] • afstotelijk *répugnant*; *repoussant*
afstoting • MED. *rejet* m • NATK. *répulsion* v
afstraffen *punir*
afstraffing *correction* v; *punition* v
afstralen I OV WW afgeven *diffuser* **II** ON WW • *rayonner*; *se dégager (***van** *de)* ⋆ de blijdschap straalde van zijn gezicht af *il / son visage rayonnait de joie* • ~ **op** FIG. *irradier sur*
afstrijken *frotter* ⋆ een afgestreken eetlepel *une cuillère à soupe rase*
afstropen • ⟨v. huid e.d.⟩ *dépouiller*; ⟨villen⟩ *écorcher* • plunderen *écumer*; *piller*; *saccager*
afstudeerscriptie *mémoire* m *de fin d'études*
afstuderen *achever / finir ses études* ⋆ afgestudeerd zijn *être diplômé (d'université)*
afstuiten • afketsen *rebondir (sur)*; *ricocher (sur)* • ~ **op** ⟨tegengehouden worden⟩ *se heurter à*; *buter contre/sur*
aft *aphte* m
aftaaien *se tirer*; *se casser*; *se barrer*
aftakelen *dépérir*
aftakeling *déchéance* v; *dépérissement* m ⋆ seniele ~ *sénilité* v
aftakking *(em)branchement* m; *bifurcation* v; *fourche* v; ⟨v. stroom⟩ *dérivation* v
aftands *décrépit*; *usé*
aftapkraan *robinet* m *de vidange*; *purgeur* m
aftappen • laten uitstromen *vidanger*; ⟨v. drank⟩ *tirer*; ⟨v. afvalwater⟩ *évacuer*; ⟨v. elektriciteit⟩ *pirater, (sou)tirer*; ⟨v. vat⟩ *vider*; ⟨v. leiding⟩ *purger*; ⟨v. (rubber)boom⟩ *saigner* • MED. ⟨v. bloed⟩ *saigner* • afluisteren ⋆ iemands telefoon ~ *mettre qn sur écoute*
aftasten • voorzichtig onderzoeken OOK FIG. *tâter* • scannen *balayer*
aftekenen I OV WW • voor gezien tekenen *signer*; *parafer*; ⟨in de marge⟩ *émarger*; ⟨viseren⟩ *viser* • nauwkeurig aangeven *tracer*; *dessiner* **II** WKD WW [+ zich] *se dessiner*; ⟨scherp⟩ *se détacher (***tegen** *sur)*; *ressortir*; ⟨scherper⟩ *s'accentuer*
aftellen • van tien tot nul tellen *compter*; *décompter* ⋆ het ~ is begonnen *on a commencé le compte à rebours* • aftelrijmpje opzeggen *réciter une comptine* • uittellen *compter*
afterparty *after* v
aftershave *après-rasage* m
aftersun *après-soleil* m [onveranderd]
aftiteling *générique* m
aftocht *retraite* v ⋆ ordeloze ~ *débandade* v; *déroute* v ⋆ de ~ blazen FIG. *battre en retraite* ⋆ de ~ dekken FIG. *assurer ses arrières*
aftoppen • PLANTK. top afhalen van *étêter*; *écimer* • FIG. verminderen *écrêter*
aftrap *coup* m *d'envoi*
aftrappen I OV WW ⋆ afgetrapte schoenen *chaussures avachies / éculées* **II** ON WW de aftrap doen *donner le coup d'envoi*; *engager*
aftreden *démissionner*; *donner sa démission*; ⟨v. vorst⟩ *abdiquer* ⋆ ~d lid *membre sortant*
aftrek • vermindering *déduction* v; ⟨v. belasting ook⟩ *rabattement* m ⋆ na ~ van *déduction faite de* • vraag *demande* v; *débit* m ⋆ ~ vinden *trouver preneur* ⋆ gerede ~ vinden *être d'un débit facile*; *s'écouler facilement* • korting *décompte* m; ⟨op prijs⟩ *rabais* m
aftrekbaar *déductible*
aftrekken I OV WW • in mindering brengen (van) *déduire (de)*; *décompter (de)*; *défalquer (de)*; *retrancher (de)*; WISK. *ôter (de)*; *soustraire (de)* • wegtrekken *retirer*; *enlever*; *arracher* • seksueel bevredigen VULG. *branler* ⋆ zich ~ *se branler* **II** ON WW weggaan *partir*; *se retirer*
aftrekpost *charges* v mv *déductibles*; *déduction* v
aftreksel *extrait* m; ⟨thee-⟩ *infusion* v; ⟨afkooksel⟩ *décoction* v ▾ een slap ~ van FIG. *une pâle imitation de*
aftreksom *soustraction* v
aftroeven • winnen met troefkaart *couper* • te slim af zijn ⋆ iem. ~ *damer le pion à qn*
aftroggelen *escroquer*; *extorquer*; *soutirer*; INFORM. *carotter (***van** *à)* ⋆ iem. 100 euro ~ *taper / taxer qn de 100 euros*
aftuigen • het tuig afhalen ⟨v. schip⟩ *dégréer*; ⟨v. paard⟩ *déharnacher*; ⟨v. kerstboom⟩ *dégarnir* • afranselen *rosser*; *tabasser*
afvaardigen *déléguer*; *envoyer (en mission)*
afvaardiging *délégation* v; *mission* v
afvaart *départ* m
afval *déchets* m mv; *ordures* v mv ⋆ radioactief ~ *déchets radioactifs*
afvalemmer *poubelle* v
afvallen I ON WW • vermageren *maigrir*; *perdre du poids* • naar beneden vallen *tomber (***van** *de)* • niet meer meetellen *être éliminé* **II** OV WW ontrouw worden aan *abandonner*; *déserter*; *renier*
afvallig *infidèle (***aan, van** *à)*
afvallige *infidèle* m/v; *renégat* m [v: *renégate*]; ⟨politiek⟩ *dissident* m [v: *dissidente*]; REL. *apostat* m [v: *apostate*]
afvalproduct *sous-produit* m [mv: *sous-produits*]
afvalstof *déchet* m
afvalverwerking *traitement* m *de déchets*

afvalwater *eaux* v mv *usées*
afvalwedstrijd *épreuve* v *par élimination*
afvegen *essuyer*
afvijlen *limer*; *polir*; ⟨afbramen⟩ *ébarber*
afvloeien • wegstromen *s'écouler*; *couler* • geleidelijk weggaan *s'en aller* • ontslagen worden *être licencié / débauché*
afvloeiing ⟨v. personeel⟩ *débauchage* m
afvloeiingsregeling *plan* m *social (d'accompagnement)*
afvoer • het afvoeren *évacuation* v; ⟨v. water⟩ *écoulement* m; ⟨uit reservoir⟩ *vidange* v; ⟨vervoer⟩ *transport* m • afvoerleiding *conduite* v *(d'eau)*; *tuyau* m *d'évacuation*
afvoeren • wegvoeren *transporter*; *emporter*; ⟨v. persoon⟩ *emmener*; ⟨naar beneden⟩ *faire descendre*; ⟨v. vloeistof⟩ *faire écouler*; *évacuer*; ⟨v. afvalwater⟩ *vidanger* • schrappen *rayer (***van** *de)*
afvoerkanaal *canal* m *de dérivation*; ⟨v. meer⟩ *émissaire* m
afvragen [+ zich] *se demander*; *s'interroger sur*
afvuren *tirer*; ⟨v. vuurwapen ook⟩ *décharger* ★ vragen op iem. ~ *bombarder / mitrailler qn de questions*
afwachten *attendre* ★ een ~de houding aannemen *voir venir (les choses)*; *pratiquer l'attentisme*; FORM. *être / rester dans l'expectative*
afwachting *attente* v ★ in ~ (van) *en attendant* ★ in ~ van uw orders *dans l'attente de vos ordres*
afwas • het afwassen *vaisselle* v • vuil serviesgoed *vaisselle* v
afwasautomaat *lave-vaisselle* m [onv.]
afwasbaar *lavable*
afwasborstel *brosse* v *à vaisselle*
afwasmachine *lave-vaisselle* m [onv]
afwasmiddel *produit* m *pour la vaisselle*
afwassen • afwas doen *faire la vaisselle* • schoonwassen *laver*; *nettoyer*
afwateren *évacuer / déverser ses eaux (***op** *dans)*
afwatering *écoulement* m; *évacuation* v; ⟨drainage⟩ *drainage* m; *égouttage* m
afweer *défense* v; *protection* v
afweergeschut *défense* v *antiaérienne*; *défense* v *contre avions*; *DCA* v
afweermechanisme *mécanisme* m *de défense*
afweerstof *anticorps* m
afwegen OOK FIG. *peser* ★ tegen elkaar ~ *opposer* ★ de voor- en nadelen ~ *peser le pour et le contre*
afwenden • wegdraaien *détourner* ★ de ogen niet ~ van *ne pas quitter des yeux* • tegenhouden ⟨v. onheil⟩ *détourner*; *écarter*; *parer à*; *repousser*; ⟨v. slag⟩ *parer*
afwennen *déshabituer de*; *corriger de*; ⟨verleren⟩ *se déshabituer de*
afwentelen *détourner (***op** *sur)*
afweren ⟨v. onheil⟩ *détourner*; *écarter*; *parer à*; *repousser*; ⟨v. slag⟩ *parer*
afwerken *(par)achever*; *finir*; *terminer*; *mettre au point*; ⟨verfijnen⟩ *peaufiner* ★ afgewerkte olie *huile usée*
afwerking • het afwerken *(par)achèvement* m; *mise* v *au point*; TECHN. *finissage* m; *finitions* v mv • wijze van afwerken *finition* v; ⟨fraai⟩ *fini* m
afwerpen *jeter (en bas)*; ⟨droppen⟩ *larguer*; ⟨uit vliegtuig⟩ *parachuter*; ⟨v. ruiter⟩ *désarçonner*
afweten ★ het laten ~ *se dédire*; *(se) décommander*; *faire défection*; INFORM. *poser un lapin*; *faire défaut*; *déclarer forfait*; *être en défaut*; INFORM. *flancher*
afwezig • absent *absent* ★ de ~en *les absents* • verstrooid *absent*; *distrait*
afwezigheid • absentie *absence* v ★ bij ~ van *en l'absence de*; *à défaut de* • verstrooidheid *absence* v ▼ schitteren door ~ *briller par son absence*
afwijken • ⟨v. richting, bedoeling⟩ *dévier (***van** *de)*; *s'écarter (***van** *de)*; ⟨v. wet⟩ *déroger (***van** *de)* ★ ~d gedrag *déviance* v; *écarts* m mv *de conduite* • verschillen *différer (***van** *de)*; ⟨magneet, kompas⟩ *décliner*; ⟨v. mening⟩ *diverger*
afwijking • ⟨v. richting, bedoeling⟩ *déviation* v; *écart* m; NATK. *aberration* v; ⟨v. kompas⟩ *déclinaison* v; ⟨v. wet, voorschrift⟩ *dérogation* v *(***van** *à)* ★ magnetische ~ *déclinaison magnétique* • verschil *différence* v; *écart* m ★ in ~ van *contrairement à* • gebrek, onregelmatigheid *anomalie* v
afwijzen • niet toelaten INFORM. *recaler*; ⟨afschepen⟩ *éconduire, renvoyer*; ⟨als lid e.d.⟩ *refuser*; ⟨voor examen⟩ *refuser*; *ne pas recevoir* • afslaan *refuser*; *repousser*; *rejeter*; ⟨v. verantwoordelijkheid⟩ *décliner* ★ een ~d gebaar *un geste de refus* ★ een ~d antwoord *une réponse négative* ★ iemands eis ~ JUR. *débouter qn de sa demande* ★ ~d reageren *répondre défavorablement / par la négative*
afwijzing *refus* m; *rejet* m; JUR. *débouté* m
afwikkelen • afwinden *dévider*; *dérouler* • afhandelen *régler*; ⟨vereffenen⟩ *liquider*
afwikkeling *dévidage* m; FIG. *règlement* m; JUR. *liquidation* v
afwimpelen *décliner*; *refuser*; *repousser*
afwinden *dévider*; *dérouler*; ⟨v. klos⟩ *débobiner*
afwisselen I OV WW • beurtelings vervangen *alterner avec* ★ elkaar ~ *alterner*; *se succéder*; *se relayer*; *se remplacer* • variëren *varier* **II** ON WW • telkens anders worden *changer*; *varier* • beurtelings wisselen *alterner (***met** *avec)*
afwisselend I BNW • beurtelings *alternatif* [v: *alternative*]; *alternant* • gevarieerd *varié*; *changeant* **II** BIJW • beurtelings *alternativement*; *tour à tour*; *à tour de rôle* • gevarieerd *d'une façon variée*
afwisseling • variatie *changement* m; *variation* v; ⟨verscheidenheid⟩ *diversité* v; *variété* v ★ voor de ~ *pour varier / changer* • beurtwisseling *alternance* v ★ bij ~ *à tour de rôle*
afzakken • naar beneden zakken *glisser*; *descendre*; ⟨v. kleren⟩ *tomber* ★ afgezakte kous *bas en accordéon / en tire-bouchon* ★ zijn broek zakt af *il perd son pantalon* • stroomafwaarts / zuidwaarts gaan *descendre* ★ een rivier ~ *descendre un fleuve* • minder worden *diminuer*; *baisser*; *(re)tomber* ★ de bui zakt af *l'orage passe*

afzakkertje *coup* m *de l'étrier*; *pousse-café* m [onv]
afzeggen • meedelen dat men niet komt *se décommander*; *s'excuser* • annuleren *annuler*
afzegging *annulation* v
afzender *expéditeur* m [v: *expéditrice*]; *envoyeur* m [v: *envoyeuse*] ★ retour ~ *retour à l'expéditeur*
afzet • verkoop *vente* v; *débit* m; *écoulement* m ★ ~ vinden *trouver des débouchés* • SPORT *élan* m
afzetgebied *débouché* m; *marché* m; *créneau* m [mv: *créneaux*]
afzetmarkt *marché* m; *débouchés* m mv
afzetten I OV WW • afdoen *enlever*; *ôter* • buiten werking stellen *arrêter*; ⟨v. radio/tv⟩ *fermer*; *éteindre*; ⟨v. motor⟩ *couper* • amputeren *amputer* • verkopen *débiter*; *placer*; *écouler*; *vendre* • oplichten INFORM. *rouler*; *estamper (***voor** *de)* • laten uitstappen *déposer*; *descendre* • ontslaan *destituer*; ⟨onttronen⟩ *détrôner*; *déposer* • afsluiten *barrer*; *délimiter*; ⟨met omheining⟩ *clôturer* • omboorden *galonner*; *border* • doen bezinken *déposer* • afduwen *repousser* ▾ iem. van de bal ~ *déposséder qn du ballon* ▾ zorgen van zich ~ *bannir / chasser / écarter des soucis* ▾ alles van zich ~ *faire le vide (dans sa tête)* **II** ON WW ▾ komen ~ op *foncer sur* **III** WKD WW [+ zich] • SPORT *prendre appel* • neerslaan *se déposer* • ~ **tegen** *s'opposer contre*; *s'affirmer contre*; *se démarquer de*
afzetter *escroc* m; *voleur* m
afzetterij *escroquerie* v; *arnaque* v ★ wat een ~! *c'est du vol!*
afzetting • afsluiting *barrage* m; ⟨omheining⟩ *clôture* v • ontslag *destitution* v • amputatie *amputation* v • vorming van neerslag *sédimentation* v; ⟨bezinksel⟩ *dépôt* m; ⟨bezinksel⟩ *sédiment* m
afzichtelijk I BNW *affreux* [v: *affreuse*]; *hideux* [v: *hideuse*] **II** BIJW *affreusement*; *hideusement*
afzien I OV WW overzien *embrasser du regard*; ⟨afturen⟩ *scruter* **II** ON WW • lijden *en baver*; *en voir de dures* ★ dat wordt ~ *ce sera dur* • ~ **van** *renoncer à*; JUR. *se désister de* ★ van een plan ~ *abandonner un projet*
afzienbaar ★ binnen afzienbare tijd *dans un avenir assez proche*
afzijdig *neutre* ★ zich ~ houden *se tenir à l'écart*
afzoeken *inspecter*; *fouiller*; ⟨afturen⟩ *scruter*; ⟨uitkammen⟩ *ratisser*
afzonderen *séparer*; *mettre de côte*
afzondering • het afzonderen *séparation* v • eenzaamheid *solitude* v; *isolement* m; REL. *retraite* v
afzonderlijk I BNW *séparé*; *à part*; *individuel* [v: *individuelle*]; ⟨v. gebouw⟩ *indépendant*; ⟨zonder anderen⟩ *particulier* [v: *particulière*]; ⟨zonder anderen⟩ *individuel* [v: *individuelle*] **II** BIJW *séparément*; *à part*
afzuigen • door zuigen verwijderen *aspirer* • seksueel bevredigen *sucer*
afzuigkap *hotte* v *(aspirante)*
afzwaaien *être démobilisé*
afzwakken I OV WW zwakker maken *atténuer*; *affaiblir* **II** ON WW zwakker worden *s'affaiblir*; *s'atténuer*
afzwemmen *passer son brevet de natation*
afzweren *renier*; REL. *abjurer*; ⟨opgeven⟩ *renoncer à*
agaat *agate* v
agenda • boekje *agenda* m; ⟨zakboekje⟩ *carnet* m • bezigheden *ordre* m *du jour*
agenderen *inscrire à l'ordre du jour*
agens I ZN [de] werkzame kracht/stof *agent* m **II** ZN [het] *agent* m
agent • politieagent *agent* m *de police* [v: *femme policier*]; *policier* m; ⟨officieel⟩ *gardien* m *de la paix* [v: *gardienne* ...] • vertegenwoordiger *agent* m; *représentant* m; ⟨makelaar⟩ *courtier* m [v: *courtière*] • spion ★ geheim ~ *agent secret*
agentschap *agence* v; *succursale* v
ageren *agir*; ⟨ijveren tegen/voor⟩ *militer (contre/pour)*
agglomeratie *agglomération* v; *conurbation* v
aggregaat *agrégat* m; *agglomérat* m; ⟨voor stroom⟩ *groupe* m *électrogène*
agio *prime* v *(d'émission)*
agitatie • het opruien *agitation* v • opwinding *agitation* v
agitator *agitateur* m [v: *agitatrice*]
agnost *agnostique* m/v
agrariër *agriculteur* m [v: *agricultrice*]
agrarisch *agricole*; *rural* [m mv: *ruraux*]; ⟨land(bezit)-⟩ *agraire*
agressie *agression* v
agressief I BNW *agressif* [v: *agressive*] **II** BIJW *agressivement*
agressiviteit *agressivité* v
agressor *agresseur* m
agrobiologie *agrobiologie* v
agro-industrie *agro-industrie* v
agronomie *agronomie* v
agronoom *agronome* m/v
aha-erlebnis *déjà-vu* m
ahorn *érable* m
aids *sida* m *(syndrome* m *d'immunodéficience acquise)*
aidspatiënt *malade* m/v *du sida*; *sidaïque* m/v
aidsremmer *médicament* m *antisida*
aidstest *test* m *de séropositivité*; *test* m *de dépistage du sida*
aimabel *affable*; *aimable*
air *airs* m mv; *manières* v mv ★ een air aannemen *se donner des airs* ★ met het air van *en se donnant des airs de*
airbag *airbag* m
airco *clim* v
airconditioning • temperatuurregeling *climatisation* v • apparaat *climatiseur* m
ajuin *oignon* m
A-kant *face* v *A*
akela *chef* m *de meute / de louveteaux* [v: *cheftaine* ...]
akelig I BNW • naar *désagréable*; ⟨vreselijk⟩ *horrible*; ⟨vreselijk⟩ *affreux* [v: *affreuse*]; *lugubre* ★ een ~ mens *une femme désagréable* • onwel ★ ik word er ~ van *cela me soulève le cœur* **II** BIJW *horriblement* ★ zich ~ voelen *se sentir / se trouver mal*

Aken *Aix-la-Chapelle* v
akkefietje • karweitje *besogne* v; ⟨zaakje⟩ *bricole* v; *vétille* v • lastig werkje *corvée* v
akker *champ* m; *terre(s)* v (mv) ▾ op zijn dooie ~tje *doucement*; *plan-plan*; *à la papa*
akkerbouw *agriculture* v
akkerland *terres* v mv *cultivables*; ⟨akker(s)⟩ *champ(s)* m (mv)
akkoord I ZN [het] • overeenkomst *accord* m; *convention* v; ⟨schikking⟩ *arrangement* m; *accommodement* m; ⟨bij faillissement⟩ *concordat* m ⋆ het op een ~je gooien (met) *s'arranger (avec)*; *composer (avec)*; *transiger (avec)*; *parvenir à s'entendre* • MUZ. *accord* m ⋆ gebroken ~ *arpège* m ⋆ een ~ aanslaan *plaquer un accord* **II** BNW *en règle* ⋆ ~ gaan met *être d'accord avec*; *consentir à* ⋆ ~ bevinden *apurer* ⋆ ~ bevonden *approuvé* **III** TW *d'accord!*
akoestiek *acoustique* v
akoestisch *acoustique*
akte • deel van toneelstuk *acte* m • schriftelijk stuk *acte* m; *titre* m ⋆ een akte opmaken / passeren *dresser / passer un acte* ⋆ akte van overlijden *acte de décès* ⋆ waarvan akte *dont acte* • getuigschrift *brevet* m; *diplôme* m; ⟨voor onderwijs⟩ *certificat* m *d'aptitude* • vergunning *permis* m • gebed *acte* m ▾ akte nemen van *prendre acte de*
aktetas *serviette* v; *porte-documents* m [onv]
al I ONB VNW *tout* [m mv: *tous*] [v: *toute*] [v mv: *toutes*] ⋆ allen *tous*; *tout le monde* ⋆ met zijn allen *(tous) ensemble* ⋆ al met al *notre ami à tous* ⋆ aan alle kanten *de tous côtés* ⋆ alle reden hebben om *avoir tout lieu de* ⋆ al het mogelijke doen *faire tout son possible* ⋆ al wie *quiconque* ⋆ allen die *tous ceux qui* **II** TELW *tous (les)* m mv [v mv: *toutes (les)*] ⋆ alle mensen *tous les hommes* ⋆ alle drie *tous (les) trois* **III** BIJW • reeds *déjà* ⋆ vanavond al *dès ce soir* ⋆ hij is al lang dood *il est mort depuis longtemps* • wel ⋆ al of niet *oui ou non* ⋆ al te groot *(par) trop grand* • geheel ⋆ hij is een en al vriendelijkheid *il est toute gentillesse* • aldoor ⋆ al groter *de plus en plus grand* • ⟨met tegenw. deelwoord⟩ *(tout) en* ⋆ al lopend *en marchant* **IV** VW *quoique* [+ subj.]; *bien que* [+ subj.] ⋆ al is hij rijk, hij is niet gelukkig *tout riche qu'il est, il n'est pas heureux*
à la minute *sur-le-champ*
alarm • waarschuwing *alerte* v; *alarme* v ⋆ loos / vals ~ *fausse alerte* ⋆ ~ slaan *donner l'alerte* ⋆ ~ blazen *sonner l'alerte* ⋆ groot ~ *alerte générale* • alarminstallatie *(dispositif* m *d')alarme* v
alarmcentrale ≈ *service* m *(des messages) d'urgence*
alarmeren • waarschuwen *alerter*; *avertir* • ongerust maken *alarmer*; *consterner*
alarminstallatie *(dispositif* m *d')alarme* v
alarmklok *tocsin* m ⋆ de ~ luiden *sonner le tocsin (over à cause de)*
alarmnummer *numéro* m *d'urgence*
alarmtoestand *état* m *d'alerte*
Albanees I ZN [de] bewoner *Albanais* m [v: *Albanaise*] **II** ZN [het] taal *albanais* m **III** BNW m.b.t. Albanië *albanais*
Albanië *l'Albanie* v
albast *albâtre* m
albatros *albatros* m
albino *albinos* m/v
album *album* m
alchemie *alchimie* v
alchemist *alchimiste* m/v
alchemistisch *alchimique*
alcohol *alcool* m
alcoholcontrole *alco(o)test* m
alcoholgehalte *teneur* v *en alcool*; *degré* m *alcoolique*; ⟨promillage in bloed⟩ *taux* m *d'alcoolémie*
alcoholica *boissons* v mv *alcoolisées*
alcoholisch *alcoolique*; ⟨alcoholhoudend⟩ *alcoolisé*
alcoholisme *alcoolisme* m
alcoholist, alcoholicus *alcoolique* m/v
alcoholpromillage *(taux* m *d')alcoolémie* v
alcoholvergiftiging *intoxication* v *par l'alcool*
alcoholvrij *sans alcool*; *non alcoolisé*
aldaar *là*; *là-bas*; *à cet endroit*
aldoor *tout le temps*; *continuellement*; *sans cesse*
aldus *ainsi*
alert *vif* [v: *vive*]; *éveillé* ⋆ ~ op iets zijn *rester attentif à qc*
alexandrijn *alexandrin* m
alfa • Griekse letter *alpha* m • talenafdeling *section* v *littéraire* • persoon *littéraire* m/v
alfabet *alphabet* m
alfabetisch I BNW *alphabétique* **II** BIJW *alphabétiquement*
alfabetiseren • alfabetisch rangschikken *classer par ordre alphabétique* • leren lezen en schrijven *alphabétiser*
alfadeeltje *particule* v *alpha*
alfahulp ≈ *aide* v *familiale*
alfanumeriek *alphanumérique*
alfastraling *rayons* m mv *alpha*
alfawetenschap ⋆ ~pen ≈ *sciences* v mv *humaines (et lettres)*
alg *algue* v
algebra *algèbre* v
algebraïsch *algébrique*
algeheel *complet* [v: *complète*]; *total* [m mv: *totaux*]; *entier* [v: *entière*]; *intégral* [m mv: *intégraux*]
algemeen I ZN [het] *ensemble* m ⋆ in het ~ *en général* ⋆ over het ~ *dans l'ensemble*; *en règle générale*; *généralement* ⋆ in het ~ gesproken *généralement parlant* **II** BNW • van/voor iedereen of alles *général* [m mv: *généraux*]; *universel* [v: *universelle*]; *commun* ⋆ met algemene stemmen *à l'unanimité* ⋆ een algemene vergadering *une assemblée générale* ⋆ het ~ welzijn *le bien public* ⋆ steeds algemener worden *se généraliser (de plus en plus)* ⋆ algemene geschiedenis *histoire universelle* • vaag, niet concreet *vague* **III** BIJW *généralement*; *universellement*; *communément* ⋆ een ~ ontwikkeld man *un homme cultivé*
algemeenheid • het algemeen zijn *généralité* v ⋆ in zijn ~ *d'une façon générale*; *globalement*

• gemeenplaats *généralité* v
Algerije *l'Algérie* v ⋆ in ~ *en Algérie*
Algerijn *Algérien* m [v: *Algérienne*]
Algerijns *algérien* [v: *algérienne*]
Algiers *Alger* m
algoritme *algorithme* m
alhier *ici*; *en ce lieu*; *en cette ville*; ‹adres› *en ville (e.v.)*
alhoewel *quoique* [+ subj.]; *bien que* [+ subj.]; *encore que* [+ subj.]
alias I ZN [de] *sobriquet* m II BIJW *autrement dit / nommé*; *dit*; *alias*
alibi *alibi* m ⋆ een ~ opgeven *fournir un alibi*
alikruik *bigorneau* m [mv: *bigorneaux*]
alimentatie ‹toelage› *pension* v *alimentaire*
alinea *paragraphe* m; *alinéa* m
alk *pingouin* m *torda*
alkali *alcali* m
alkalisch *alcalin*
alkaloïde *alcaloïde* m
alkoof *alcôve* v
Allah *Allah*
allang *depuis longtemps*; INFORM. *depuis belle lurette*
alle • → al
allebei *tous (les) deux* m mv [v mv: *toutes ...*]; *l'un* m *et l'autre* [v: *l'une ...*]
alledaags • van elke dag *journalier* [v: *journalière*]; *quotidien* [v: *quotidienne*] • heel gewoon *ordinaire*; *commun*; *banal*; *normal* [m mv: *normaux*]
alledag *tous les jours* ⋆ het leven van ~ *la vie de tous les jours*; *le quotidien*
allee I ZN [de] *allée* v II TW *allez!*
alleen I BNW • zonder andere(n) *(tout) seul*; ‹als enige› *(le) seul* [v: *(la) seule*] ⋆ en dat is het niet ~ *et il n'y a pas que cela* ⋆ het idee ~ al *la seule pensée*; *rien que d'y penser* ⋆ het huis ~ al *la maison à elle seule* • eenzaam *seul* II BIJW *seulement*; *simplement*; *ne ... que*; ‹uitsluitend› *uniquement* ⋆ niet ~ ... maar ook *non seulement ... mais aussi / encore* ⋆ ik laat u ~ *je vous laisse* ⋆ ~ maar om *à seule fin de*; *dans le seul but de* ⋆ hij leeft ~ voor zich *il ne vit que pour soi* ⋆ ~ slapen *faire lit à part*
alleenheerschappij *pouvoir* m *absolu*; *autocratie* v; *hégémonie* v
alleenheerser *souverain* m *absolu*
alleenrecht *droit* m *exclusif*; *monopole* m
alleenstaand • zonder levenspartner *seul* ⋆ een ~e *une personne seule* ⋆ ~e ouder *parent unique / isolé* • losstaand *isolé*
alleenverdiener *soutien* m *de famille*; ≈ *foyer* m *à revenu unique*
allegaartje *méli-mélo* m [mv: *mélis-mélos*]; *pêle-mêle* m [onv]; *fatras* m
allegorie *allégorie* v
allegro *allégro* m
alleluja *alléluia* m
allemaal • alle(n) *tous* m mv [v mv: *toutes*]; *tous ensemble* m mv ⋆ zij zijn ~ vertrokken *tous sont partis* ⋆ wij zijn er nu ~ *nous sommes au (grand) complet* • alles *tout* • INFORM. klinkklaar *rien que* ⋆ dat zijn ~ praatjes *ce ne sont que des racontars*
allemachtig I BIJW *terriblement*; *prodigieusement* II TW *(juste) ciel!*; *bon sang!*; *ça alors!*
allemansvriend *ami* m *de tout le monde*
allengs *peu à peu*
aller- • meest *le plus* ⋆ allerhoogst *le plus haut* • uiterst *très* ⋆ allervriendelijkst *très gentil*; *gentil comme tout*; *des plus gentils*; *on ne peut plus gentil*
allereerst I BNW *tout premier* [v: *toute première*] II BIJW *tout d'abord*; *avant tout*
allergeen *allergène* m
allergie *allergie* v *(voor à)*
allergietest *test* m *d'allergie*
allergisch *allergique*
allerhande *toutes sortes de*
Allerheiligen *(la) Toussaint*
allerheiligste • deel van tempel *Saint* m *des saints*; FIG. *sanctuaire* m • hostie *Saint Sacrement* m
allerijl ▾ in ~ *en toute hâte*; *précipitamment*
allerlaatst *(tout) dernier* [v: *(toute) dernière*]; *ultime* ⋆ op 't ~ *au plus tard*
allerlei I ZN [het] *toutes sortes* v mv *de choses*; ‹in rubriek› *faits* m mv *divers* II BNW *toutes sortes de* ⋆ van ~ slag *de tout poil*
allermeest *le plus de* ⋆ op zijn ~ *tout au plus*
allerminst I BNW minst ‹v. allen› *le moindre* [v: *la moindre*]; ‹v. alles› *le moins* ⋆ op zijn ~ *au bas mot* II BIJW helemaal niet *ne ... pas du tout*
allerwegen *partout*; *de toutes parts*
Allerzielen *Jour* m *des Morts*
alles *tout* ⋆ dat is ~ *voilà tout* ⋆ is dat ~? *est-ce tout?*; *n'est-ce que cela?* ⋆ ~ op het spel zetten *jouer / tenter le tout pour le tout* ⋆ voor ~ *avant tout* ⋆ daarmee is ~ gezegd *un point c'est tout* ⋆ van ~ *de tout* ⋆ het is ~ of niets! *ça passe ou ça casse!*
allesbehalve *tout sauf*; *nullement*; *aucunement* ⋆ hij is ~ vriendelijk *il est tout sauf aimable*
allesbrander *brûle-tout* m [onv]
alleseter *omnivore* m/v ⋆ varkens zijn ~s *le porc est omnivore*
allesomvattend *complet* [v: *complète*]; *intégral*; ‹alzijdig› *universel* [v: *universelle*]
allesoverheersend *prédominant*
allesreiniger *nettoie-tout* m [onv.]
alleszins *à tous égards*; *sous tous les rapports*; *parfaitement*
alliantie *alliance* v
allicht *sûrement*; *évidemment* ⋆ ~ niet *sûrement pas* ⋆ je kunt het ~ proberen *tu peux toujours essayer*
alligator *alligator* m
all-in *tout compris*
all-inprijs *forfait* m
alliteratie *allitération* v
allochtoon I ZN [de] *immigré* m [v: *immigrée*] II BNW *allochtone*; ‹v. persoon› *immigré*
allogeen *allogène*
allooi • waarde/soort *aloi* m ⋆ van hetzelfde ~ *de la même espèce* • goud-/zilvergehalte *titre* m ▾ van laag ~ *de bas étage*
allopaat *allopathe* m/v
allopathie *allopathie* v
allriskverzekering *assurance* v *tous risques*

allround *accompli*; *complet* [v: *complète*]; *généraliste*; *polyvalent*
allrounder *généraliste* m/v
allterrainbike *vélo* m *tout-terrain*
allure *allure* v ★ van grote ~ *de grand style* ★ ~s aannemen *prendre des airs*
almaar • → **alsmaar**
almacht *toute-puissance* v; *omnipotence* v
almachtig *tout-puissant* [m mv: *tout-puissants*] [v: *toute-puissante*] [v mv: *toutes-puissantes*]; *omnipotent* ★ de Almachtige *le Tout-Puissant*
almanak *almanach* m
aloë *aloès* m ★ aloë vera *aloès vera*
alom *partout*
alomtegenwoordig *omniprésent*
alomvattend *complet* [v: *complète*]; *intégral*; ⟨alzijdig⟩ *universel* [v: *universelle*]
aloud *ancien* [v: *ancienne*]; ⟨oeroud⟩ *immémorial* [m mv: *immémoriaux*] ★ mijn ~e vriend *mon ami de toujours*
alp *alpe* v
alpaca ⟨dier, wol⟩ *alpaga* m
Alpen *Alpes* v mv ★ in de ~ *dans les Alpes*
alpenweide *alpage* m; *alpe* v
alpien *alpin*
alpineskiën *ski* m *alpin*
alpinisme *alpinisme* m
alpinist *alpiniste* m/v
alpino *béret* m *basque*
als • zoals, gelijk *comme*; *aussi ... que*; ⟨na vergrotende trap⟩ *(plus/moins ...) que*; ⟨opsommend⟩ *tels que* ★ zo wit als sneeuw *blanc comme la neige* • indien *si*; ⟨voor 'il(s)'⟩ *s'*; ⟨voorwaarde⟩ *pour peu que* [+ subj.]; ⟨voorwaarde⟩ *pourvu que* [+ subj.] • (telkens) wanneer *lorsque*; *quand* • in de hoedanigheid van *comme*; *en (qualité de)*; *en tant que*; ⟨bij wijze van⟩ *en guise de*; *à titre de* ★ als antwoord geven *donner en réponse* ★ als gevolg hebben *avoir pour effet*
alsdan *alors*
alsem *absinthe* v
alsjeblieft I BIJW graag *volontiers* **II** TW • bij overhandigen *voici*; *voilà*; *tiens* • bij verzoek *s'il te plaît* • als bevestiging *ça alors!*; *(ça) par exemple!*
alsmaar *continuellement*; *sans arrêt*; *sans cesse*
alsmede *ainsi que*
alsnog ⟨nog⟩ *encore*; ⟨toch nog⟩ *finalement*
alsof ⟨met imparfait⟩ *comme si* ★ doen ~ *faire semblant* ★ er uitzien ~ *avoir l'air de*
alsook *ainsi que*
alstublieft I TW • bij overhandigen *voici*; *voilà*; *tenez* • bij verzoek *s'il vous plaît* **II** BIJW bij verzoek *volontiers*
alt • stem *alto* m; *contralto* m • zanger *contralto* m; *alto* v • speler *alto* m/v; *altiste* m/v
altaar *autel* m
altaarstuk *retable* m
alter ego *alter ego* m [onv]
alternatief I ZN [het] *variante* v; *alternative* v **II** BNW • de keus latend *alternatif* [v: *alternative*] • afwijkend *non-conformiste*; *peu conventionnel*; ⟨niet-officieel⟩ *parallèle* ★ alternatieve geneeswijze(n) *médecine* v *parallèle*
alterneren *alterner*
althans *du moins*; *(tout) au moins*
altijd *toujours* ★ nog ~ *toujours*; *encore* ★ nog ~ niet *ne ... toujours pas*
altijddurend *perpétuel* [v: *perpétuelle*]
altruïsme *altruisme* m
altruïstisch *altruiste*
altsaxofoon *saxophone* m *alto*
altviool *alto* m
aluminium I ZN [het] *aluminium* m **II** BNW *en aluminium*
aluminiumfolie *papier* m *d'aluminium*; INFORM. *papier alu*
alvast *déjà*; *en attendant*; *toujours*
alvleesklier *pancréas* m
alvorens *avant que* [+ subj.]; *avant de* [+ inf.]
alweer *de nouveau*; *encore (une fois)*
alwetend *omniscient*; *qui sait tout*; PEJ. *docte*
alzheimer *maladie* v *d'Alzheimer*; *alzheimer* m
a.m. *a.m.*
amalgaam • legering *amalgame* m • mengelmoes *amalgame* m
amandel • CUL. vrucht *amande* v • boom *amandier* m • klier *amygdale* v; *tonsille* v ★ zijn ~en laten knippen *se faire couper les amygdales*
amandelontsteking *angine* v *tonsillaire*; *amygdalite* v
amandelspijs *pâte* v *d'amandes*
amanuensis *préparateur* m [v: *préparatrice*]
amarant *amarante* v
amaril *émeri* m
amaryllis *amaryllis* v
amateur *amateur* m [v: *amatrice*]
amateurisme *amateurisme* m
amateuristisch *amateur* ★ dat is ~ gemaakt *c'est un travail d'amateur*
amateurvoetbal *football* m *amateur*
amazone *amazone* v; *écuyère* v
amazonezit ★ in ~ *en amazone*
ambacht *artisanat* m; ⟨vak⟩ *métier* m ▾ twaalf ~en, dertien ongelukken ≈ *il collectionne les échecs professionnels*
ambachtelijk *artisanal* [m mv: *artisanaux*]
ambachtsman *artisan* m
ambassade *ambassade* v
ambassadeur *ambassadeur* m [v: *ambassadrice*]
amber *ambre* m
ambiance *ambiance* v; *atmosphère* v
ambiëren *ambitionner*; *briguer*; *aspirer à*
ambigu *ambigu* [v: *ambiguë*]; *équivoque*
ambitie • eerzucht *ambition* v • ijver *ardeur* v; *zèle* m; *application* v
ambitieus • eerzuchtig *ambitieux* [v: *ambitieuse*] • ijverig *appliqué*; *zélé*
ambivalent *ambivalent*
Ambonees I ZN [de] bewoner *Amboinais* m [v: *Amboinaise*]; ⟨Zuid-Molukker⟩ *Moluquois* [v: *Moluquoise*] **II** BNW *amboinais*
ambrozijn *ambroisie* v
ambt *poste* m; *fonction* v; *office* m *(public)*; REL. *ministère* m ★ een ambt aanvaarden *entrer en fonction(s)* ★ zijn ambt neerleggen *quitter ses fonctions*
ambtelijk I BNW *administratif* [v:

administrative]; *officiel* [v: *officielle*] ⋆ de ~e weg volgen *passer par la filière administrative* **II** BIJW *officiellement*; *administrativement*
ambteloos ⋆ ~ burger *simple citoyen*
ambtenaar *fonctionnaire* m/v ⋆ ~ van de burgerlijke stand *officier de l'état civil*
ambtenarenapparaat *administration* v; *fonction* v *publique*
ambtenarij • bureaucratie *bureaucratie* v; *fonctionnarisme* m • de ambtenaren *fonctionnaires* m mv
ambtgenoot *confrère* m; *consœur* v; ⟨evenknie⟩ *homologue* m/v
ambtsaanvaarding *entrée* v *en fonctions*
ambtsdrager *dignitaire* m/v; *titulaire* m/v *(d'une fonction)*
ambtseed *serment* m *professionnel*
ambtsgebied *ressort* m
ambtsgeheim *secret* m *professionnel*
ambtshalve *d'office*; JUR. *ès qualités*
ambtsketen *chaîne* v; *collier* m; ⟨v. Franse burgemeester⟩ *écharpe* v
ambtskledij *habit* m *officiel*
ambtstermijn *(durée* v *d'un) mandat* m
ambtswege ⋆ van ~ *officiellement*; *d'office*
ambtswoning *appartement* m / *logement* m *de fonction*; *résidence* v *(officielle)*
ambulance *ambulance* v
ambulancedienst *SAMU* m *(service d'aide médicale d'urgence)*
ambulant • zonder vaste plaats *ambulant* • op de been *ambulatoire*
amechtig *hors d'haleine*; *essoufflé*
amen *amen*
amendement *amendement* m ⋆ een ~ indienen / aannemen / verwerpen *déposer / adopter (voter) / rejeter un amendement*
amenderen *amender*
Amerika *l'Amérique* v ⋆ in ~ *en Amérique*
Amerikaan *Américain* m [v: *Américaine*]
Amerikaans *américain*
amerikaniseren I OV WW *américaniser* **II** ON WW *s'américaniser*
amerikanisme *américanisme* m
amethist *améthyste* v
ameublement *ameublement* m; *mobilier* m
amfetamine *amphétamine* v
amfibie *(animal* m*) amphibie* m
amfibievoertuig *véhicule* m *amphibie*
amfitheater *amphithéâtre* m
amfoor *amphore* v
amicaal *amical* [m mv: *amicaux*]
aminozuur *acide* m *aminé*
ammonia *ammoniaque* v
ammoniak *(gaz* m*) ammoniac* m
ammunitie *munitions* v mv
amnesie *amnésie* v ⋆ lijdend aan ~ *amnésique*
amnestie *amnistie* v ⋆ ~ verlenen *amnistier*
amoebe *amibe* v
amok ⋆ amok maken FIG. *s'agiter comme un forcené / comme un fou furieux*
amoreel *amoral* [m mv: *amoraux*]
amorf *amorphe*
amortisatie *amortissement* m
amoureus • verliefd *amoureux* m [v: *amoureuse*] • liefdes *sentimental* [m mv: *sentimentaux*]
ampel I BNW *ample* ⋆ na ~ overleg *après mûre délibération* **II** BIJW *amplement*
amper *à peine*
ampère *ampère* m
amplitude *amplitude* v
ampul *ampoule* v
amputatie *amputation* v
amputeren *amputer* ⋆ iemands arm ~ *amputer qn d'un bras*
amsterdammertje *chasse-roue* m [mv: *chasse-roues*]
Amsterdams *amstellodamien* [v: *amstellodamienne*]
amulet *amulette* v; *fétiche* m
amusant *amusant*; INFORM. *marrant*
amusement *amusement* m; *divertissement* m
amuseren I OV WW *amuser*; *divertir* **II** WKD WW [+ zich] *s'amuser*; *se divertir*
anaal *anal* [m mv: *anaux*]
anabool I ZN [de] *anabolisant* m **II** BNW ⋆ anabole steroïden *stéroïdes* m mv *anabolisants*
anachronisme *anachronisme* m
anachronistisch *anachronique*
anaeroob *anaérobie*
anagram *anagramme* m
anakoloet *anacoluthe* v
analfabeet *analphabète* m/v; *illettré* m [v: *illettrée*]
analfabetisme *analphabétisme* m; *illettrisme* m
analgeticum *analgésique* m
analist *analyste* m/v
analogie *analogie* v ⋆ naar ~ van *par analogie avec*
analoog I BNW • overeenkomstig *analogue* • niet-digitaal *analogique* **II** BIJW *par analogie*
analyse *analyse* v
analyseren *analyser*
analytisch *analytique*
ananas • CUL. vrucht *ananas* m • plant *ananas* m
anarchie *anarchie* v
anarchisme *anarchisme* m
anarchist *anarchiste* m/v
anarchistisch *anarchiste*
anathema *anathème* m
anatomie *anatomie* v
anatomisch *anatomique*
anciënniteit *ancienneté* v
andante *andante* m
ander I BNW *autre* ⋆ de ~e tien *les dix autres* **II** ONB VNW ⟨m.b.t. zaken⟩ *d'autres*; ⟨m.b.t. een persoon⟩ *un autre*; ⟨na voorzetsel/m.b.t. een persoon⟩ *autrui* ⋆ als geen ~ *comme pas un* ⋆ niets ~s *rien d'autre* ⋆ onder ~e(n) *entre autres* **III** TELW *second* ⋆ om de ~e *alternativement* ⋆ om de ~e dag *tous les deux jours*
anderhalf *un et demi* ▾ anderhalve man en een paardenkop *quatre pelés et un tondu*
andermaal *de nouveau*; *encore une fois*
andermans *d'autrui* ⋆ ~ zaken *les affaires d'autrui*
anders I BNW *différent (***dan** *de)*; *autre (***dan** *que)* ⋆ iem. ~ *qn d'autre* ⋆ ergens ~ *autre part*;

ailleurs ⋆ nergens ~ *nulle part ailleurs* ⋆ dat is iets ~ *c'est différent; c'est autre chose* ⋆ dat is eens wat ~ (dan) *ça change; voilà qui nous change de* ⋆ ~ dan anderen *pas comme les autres* ⋆ hij is ~, dan hij lijkt *il est autre qu'il ne paraît* ⋆ niemand ~ *personne d'autre; nul autre* ⋆ niets ~ *rien d'autre* ⋆ ~ niet *c'est tout* ⋆ het is nu eenmaal niet ~ *tant pis; c'est comme ça* ⋆ ik heb wel wat ~ te doen *j'ai d'autres chats à fouetter* ⋆ het is ~ dan ~ *ça sort de l'ordinaire* **II** BIJW • gewoonlijk *d'habitude* • op andere wijze (dan) *autrement (que); différemment (de)* • op andere tijd *d'autres fois* • zo niet, dan *sinon; sans quoi* ⋆ wat kan ik ~ doen dan wachten? *que faire, sinon attendre?*

andersdenkend *dissident; non-conformiste* [m mv: *non-conformistes*]; ⟨in godsdienst/wetenschap⟩ *hétérodoxe*

andersom *en sens inverse* ⋆ het is precies ~ *c'est tout à faire l'inverse / le contraire* ⋆ ga ~ staan *tourne-toi*

andersoortig *de nature différente*

anderstalig *allophone; non néerlandophone; non francophone (enz.)*

anderszins *autrement; d'une autre manière*

anderzijds *d'autre part*

Andes *les Andes* v mv

andijvie *chicorée* v; *scarole* v

Andorra *(principauté* v *d')Andorre* v ⋆ in ~ *à/en Andorre*

andreaskruis *croix* v *de Saint-André*

androgyn *androgyne*

anekdote *anecdote* v

anekdotisch *anecdotique*

anemie *anémie* v

anemoon *anémone* v

anesthesie *anesthésie* v

anesthesist *anesthésiste* m/v

angel *dard* m; *aiguillon* m

Angelsaksisch *anglo-saxon* [m mv: *anglo-saxons*] [v: *anglo-saxonne*]

angina *angine* v ⋆ ~ pectoris *angine* v *de poitrine*

angiografie *angiographie* v

angiogram *angiographie* v

anglicaans *anglican*

anglicisme *anglicisme* m

anglist *angliciste* m/v

anglofiel *anglophile* m/v

anglofoob *anglophobe* m/v

Angola *l'Angola* m ⋆ in ~ *en Angola*

angora • kat *angora* m • wol *laine* v *angora*

angst ⟨vrees⟩ *peur* v *(voor de)*; *crainte* v *(voor de)*; ⟨angstgevoel⟩ *angoisse* v; *anxiété* v ⋆ uit ~ voor *de/par peur de; de crainte de* ⋆ ~en uitstaan *être dans l'angoisse* ⋆ in ~ zitten *être dans l'angoisse*; INFORM. *avoir la trouille* ⋆ hevige ~en uitstaan *avoir une peur bleue; être dans les transes* ⋆ iem. ~ aanjagen *faire peur à qn*

angstaanjagend *angoissant; terrifiant*

angstgegner ≈ *bête* v *noire*

angsthaas *poltron* m [v: *poltronne*]; *paniquard* m [v: *paniquarde*]; *trouillard* m [v: *trouillarde*]; *poule* v *mouillée*

angstig I BNW • bang *angoissé; anxieux* [v: *anxieuse*]; ⟨opgeschrikt⟩ *effrayé; effarouché* • angstaanjagend *angoissant; terrifiant* **II** BIJW *anxieusement*

angstvallig I BNW • bang ⟨bedacht op⟩ *timide; craintif* [v: *craintive*]; *timoré* • zorgvuldig *scrupuleux* [v: *scrupuleuse*]; *méticuleux* [v: *méticuleuse*] **II** BIJW zorgvuldig *méticuleusement; scrupuleusement*; ⟨bedacht op⟩ *jalousement*

angstwekkend *angoissant; inquiétant*

angstzweet *sueur(s)* v (mv) *froide(s)*

anijs *anis* m ⋆ likeur van ~ *anisette* v

animaal *animal* [m mv: *animaux*]

animatie *animation* v

animatiefilm *film* m *d'animation*; ⟨tekenfilm⟩ *dessin* m *animé*

animator *animateur* m [v: *animatrice*]

animeermeisje *entraîneuse* v

animeren *animer; encourager* ⋆ geanimeerd *animé; plein d'entrain*

animisme *animisme* m

animo • zin om iets te doen *enthousiasme* m • levendige stemming *entrain* m; *enthousiasme* m

animositeit *animosité* v

anjer *œillet* m

anker • SCHEEPV. *ancre* v ⋆ voor ~ gaan *mouiller; s'ancrer* ⋆ het ~ lichten OOK FIG. *lever l'ancre* ⋆ het ~ uitwerpen *jeter / mouiller l'ancre* ⋆ voor ~ liggen *être à l'ancre / être amarré* • palletje in uurwerk *ancre* v • muuranker *ancre* v • NATK. ⟨v. magneet⟩ *armature* v • rotor in dynamo *induit* m • vierkantje op biljart *cadre* m

ankerplaats *mouillage* m; *ancrage* m

annalen *annales* v mv ⋆ in de ~ bijschrijven *marquer dans les annales*

annex I ZN [de] *annexe* v **II** BNW *annexe; joint* **III** VW ⋆ tabakszaak ~ tijdschriftenverkoop *tabac-journaux* m

annexatie *annexion* v

annexeren *annexer*; FIG. *s'annexer*

anno *en l'an* ⋆ anno Domini *en l'an de grâce*

annotatie *annotation* v

annoteren *annoter*

annuïteit *annuité* v

annuleren *annuler*

annulering *annulation* v

annuleringsverzekering *assurance* v *de frais d'annulation*

Annunciatie *Annonciation* v

anode *anode* v

anomalie *anomalie* v

anoniem I BNW *anonyme* ⋆ ~ blijven *garder l'anonymat* **II** BIJW *anonymement*

anonimiteit *anonymat* m

anorak *anorak* m

anorectisch *anorexique*

anorexie *anorexie* v *(mentale)*

anorganisch *inorganique* ⋆ ~e scheikunde *chimie minérale*

ansichtkaart *carte* v *postale*

ansjovis *anchois* m

antagonist • tegenstander *antagoniste* m/v; *adversaire* m/v • spier *muscle* m *antagoniste*

Antarctica *l'Antarctique* v
Antarctisch *antarctique*
antecedent • voorafgaand feit *antécédent* m • TAALK. *antécédent* m
antedateren *antidater*
antenne • TECHN. *antenne* v ★ centrale ~ *antenne collective* • BIOL. *antenne* v ▾ hij heeft daar een ~ voor *il a un feeling / un sixième sens pour cela*
anti- *anti-*
antiaanbaklaag *revêtement* m *antiadhésif*
antibacterieel *antibactérien*
antibioticum *antibiotique* m
antiblokkeersysteem *système* m *antiblocage*
anticipatie *anticipation* v
anticiperen ★ op iets ~ *anticiper sur qc; devancer qc*
anticlimax • dieptepunt *déception* v • TAALK. *gradation* v *décroissante*
anticoagulantia *anticoagulants* m mv
anticonceptie *contraception* v
anticonceptiepil *pilule* v *(anticonceptionnelle)*
anticonceptivum *contraceptif* m
antidateren • → **antedateren**
antidepressivum *antidépresseur* m
antidrugseenheid *brigade* v *des stupéfiants*
antiek I ZN [het] *antiquités* v mv **II** BNW • oud *antique; ancien* [v: *ancienne*]; *d'époque* • uit de oudheid *classique; antique*
antiekbeurs *foire* v *aux antiquités*
antiekwinkel *boutique* v *d'antiquités*
antigeen I ZN [het] *antigène* m **II** BNW *antigénique*
antiglobalisme *antimondialisme* m
antiglobalist *antimondialiste* m/v; *altermondialiste* m/v
antiheld *antihéros* m
antihistamine *antihistaminique* m
antilichaam *anticorps* m
Antillen *(les) Antilles* v mv
Antilliaan *Antillais* m [v: *Antillaise*]
antilope *antilope* v
antimaterie *antimatière* v
antimondialist *antimondialiste* m/v
antioxidant *antioxydant* m
antipathie *antipathie* v
antipathiek *antipathique*
antipode • tegenvoeter *antipode* m • FIG. *opposé* m; *antithèse* v
antiquaar *marchand* m *de livres d'occasion* [v: *marchande* ...]; *bouquiniste* m/v
antiquair *antiquaire* m/v; *marchand* m *d'antiquités* [v: *marchande* ...]
antiquariaat *librairie* v *ancienne*
antiquarisch *ancien* [v: *ancienne*]; ⟨v. boeken⟩ *d'occasion*
antiquiteit *objet* m *ancien* ★ ~en *antiquités* v mv
antireclame *contre-publicité* v
antirookcampagne *campagne* v *anti-tabac*
antisemiet *antisémite* m/v
antisemitisch *antisémite*
antisemitisme *antisémitisme* m
antiseptisch *antiseptique*
antislip *antidérapant* m
antistatisch *antistatique*
antistof *anticorps* m ★ ~ vormend *antigénique*
antiterreureenheid *unité* v *antiterroriste*
antithese *antithèse* v
antivries *antigel* m
antoniem *antonyme* m
antraciet *anthracite* m
antropologie *anthropologie* v
antropologisch *anthropologique*
antropoloog *anthropologue* m/v
antroposofie *anthroposophie* v
Antwerpen *Anvers* v
Antwerps *anversois*
antwoord *réponse* v **(op** *à)*; ⟨repliek⟩ *réplique* v; ⟨snedig⟩ *repartie* v; ⟨raak⟩ *riposte* v ★ een afwijzend ~ *une réponse négative; un refus* ★ ~ geven *répondre* ★ het ~ schuldig blijven *ne savoir que répondre; rester bouche bée* ★ in ~ op uw brief deel ik u mede dat *en réponse à / suite à votre lettre, je vous fais savoir que* ★ altijd met een ~ klaarstaan *avoir réponse à (tout); avoir de la repartie*
antwoordapparaat *répondeur* m *(automatique)*
antwoorden *répondre* **(op** *à)*; ⟨gevat⟩ *répliquer*; ⟨gevat⟩ *riposter* ★ bevestigend / ontkennend ~ *répondre par l'affirmative / par la négative*
antwoordenvelop *enveloppe-réponse* v [mv: *enveloppes-réponses*]
antwoordformulier *formulaire-réponse* m [mv: *formulaires-réponses*]
antwoordnummer *numéro* m *d'autorisation*
anus *anus* m
aorta *aorte* v
AOW • wet ≈ *(loi* v *générale sur l')assurance(-)vieillesse* v • uitkering *pension* v *(de retraite); retraite* v
AOW'er *retraité* m [v: *retraitée*]
apart I BNW • afzonderlijk *à part; séparé; isolé* • bijzonder *particulier* [v: *particulière*]; *spécial* [m mv: *spéciaux*] ★ een ~ geval *un cas d'espèce* ★ dat is heel ~ *ça sort de l'ordinaire* **II** BIJW *séparément; à part* ★ ~ leggen *mettre de côté* ★ ~ nemen *prendre à part*
apartheid *apartheid* m
apartheidswet *loi* v *ségrégationniste*
apartje *aparté* m
apathie *apathie* v
apathisch *apathique*
apegapen ▾ op ~ liggen *être à la dernière extrémité*
apekool *foutaise* v
apennootje *cacahuète* v; *cacahouète* v
apenpak *accoutrement* m
apenstaartje *ar(r)obas* m; *ar(r)obase* v
aperitief *apéritif* m
apert I BNW *évident; notoire; manifeste* **II** BIJW *notoirement; manifestement*
apetrots *fier comme un pou* [v: *fière* ...]
apezuur ▾ zich het ~ werken *se tuer au travail* ▾ zich het ~ schrikken *avoir une peur bleue*
apk, apk-keuring *contrôle* m *technique (de véhicules automobiles)*
aplomb *aplomb* m; *assurance* v; INFORM. *toupet* m
apneu *apnée* v
apocalyps *apocalypse* v
apocalyptisch *apocalyptique*

apocrief *apocryphe*
apollinisch *apollinien* [v: *apollinienne*]
apologie *apologie* v
apostel *apôtre* m
a posteriori *a posteriori*
apostolisch *apostolique*
apostrof *apostrophe* v
apotheek *pharmacie* v
apotheker *pharmacien* m [v: *pharmacienne*]
apotheose *apothéose* v
apparaat • toestel *appareil* m; *machine* v; *instrument* m; *dispositif* m • organisatie *appareil* m
apparatuur *appareillage* m
appartement *appartement* m
appel *pomme* v ▾ door de zure ~ heenbijten *passer un mauvais moment*; *avaler la pilule* ▾ voor een ~ en een ei *pour une bouchée de pain*; *pour trois fois rien* ▾ de ~ valt niet ver van de boom *tel père tel fils* ▾ een ~tje met iem. te schillen hebben *avoir maille à partir avec qn* ▾ een ~tje voor de dorst bewaren *garder une poire pour la soif*
appel • verzameling van alle aanwezigen *appel* m ⋆ ~ houden *faire l'appel* ⋆ op het ~ ontbreken *manquer à l'appel* • JUR. beroep *appel* m ⋆ ~ aantekenen tegen *interjeter appel à* ⋆ in ~ gaan *faire appel*
appelboom *pommier* m
appelboor *vide-pomme* m [onv]
appelflap *chausson* m *aux pommes*
appelflauwte *malaise* m; *évanouissement* m; *défaillance* v ⋆ een ~ krijgen *s'évanouir*; INFORM. *tomber dans les pommes*
appelleren • JUR. *interjeter appel* • SPORT *faire des réclamations*; *réclamer une faute* • ~ **aan** *faire appel à*; *en appeler à*
appelmoes *compote* v *de pommes*
appelsap *jus* m *de pommes*
appelsien *orange* v
appeltaart *tarte* v *aux pommes*
appendix • supplement *appendice* m • ANAT. aanhangsel van de blindedarm *appendice* m
appetijtelijk *appétissant*
applaudisseren *applaudir*
applaus *applaudissements* m mv ⋆ een donderend / stormachtig ~ *un tonnerre* / *une tempête d'applaudissements*
applicatie • het toepassen *application* v • COMP. programma *programme* m *d'application*; *progiciel* m
applicatiecursus *cours* m *de recyclage*
appliqueren *appliquer*
apporteren *rapporter*
appreciëren *apprécier*
après-ski *après-ski* m
april *avril* m ⋆ 1 ~ *le premier avril*
aprilgrap *poisson* m *d'avril*
a priori *a priori*
à propos I TW *à propos* II ZN [het] ⋆ iem. van zijn ~ brengen *dérouter qn*
aquacultuur *aquaculture* v
aquaduct *aqueduc* m
aquajoggen *faire du jogging aquatique*
aqualong *bouteille* v *à air comprimé*
aquaplaning *aquaplaning* m; *aquaplanage* m
aquarel *aquarelle* v
aquarelleren *peindre à l'aquarelle*
aquarium *aquarium* m
ar I ZN [de] *traîneau* m [mv: *traîneaux*] II BNW ▾ in arren moede *en désespoir de cause*
ara *ara* m
arabesk *arabesque* v
Arabië *l'Arabie* v ⋆ in ~ *en Arabie*
Arabier • persoon *Arabe* m/v • burger van Saoedi-Arabië *Saoudien* m [v: *Saoudienne*]
arabier *(cheval* m*) arabe* m
Arabisch I ZN [het] taal *arabe* m II BNW m.b.t. Arabië *arabe* ⋆ ~e gom *gomme* v *arabique*
arachideolie *huile* v *d'arachide*
arak *arac(k)* m
arbeid • werk, inspanning *travail* m [mv: *travaux*] ⋆ een zware ~ *un labeur* ⋆ aan de ~ gaan *se mettre au travail* / *à l'œuvre* ⋆ dag van de ~ *fête du Travail* • ECON. *main-d'œuvre* v • NATK. *travail* m; *énergie* v
arbeiden *travailler* (**aan** *à*) ⋆ de ~de klasse *la classe ouvrière*
arbeider *ouvrier* m [v: *ouvrière*]; *travailleur* m [v: *travailleuse*] ⋆ los ~ *journalier* m; *manœuvre* m/v
arbeidersbeweging *mouvement* m *ouvrier*
arbeidersbuurt *quartier* m *ouvrier*
arbeidsaanbod *potentiel* m *de main-d'œuvre*
arbeidsbemiddeling *placement* m
arbeidsbesparend ⋆ ~e machines *machines* v mv *qui économisent le travail*
arbeidsbureau *Agence* v *National Pour l'Emploi*; *ANPE* v
arbeidsconflict *conflit* m *du travail*
arbeidscontract *contrat* m *de travail*
arbeidsduurverkorting *réduction* v *du temps de travail*
arbeidsinspectie *inspection* v *du travail*
arbeidsintensief *coûteux en main d'œuvre*; *qui demande beaucoup de travail*
arbeidskracht *ouvrier* m [v: *ouvrière*]; ⟨collectief⟩ *main-d'œuvre* v
arbeidsloon *salaire* m; *paye* v; *paie* v; ⟨maakloon⟩ *(frais* m mv *de) main-d'œuvre* v
arbeidsmarkt *marché* m *du travail*
arbeidsomstandigheden *conditions* v mv *de travail*
arbeidsongeschikt *inapte au travail*
arbeidsongeschiktheid *incapacité* v *(de travail)*; ⟨ernstig⟩ *invalidité* v
arbeidsongeschiktheidsuitkering *allocation* v / *prestations* v mv *de l'assurance invalidité*
arbeidsovereenkomst *contrat* m *de travail* ⋆ collectieve ~ *convention* v *collective (de travail)* ⋆ tijdelijke / vaste ~ *contrat à durée déterminée (CDD)* / *indéterminée (CDI)*
arbeidsplaats *emploi* m
arbeidsproces • gang van zaken m.b.t. arbeid *vie* v *active* • handelingen in productieproces *processus* m *de fabrication*
arbeidsrecht *droit* m *du travail*
arbeidsreserve • reserve aantal arbeidskrachten *réserve* v *en main-d'œuvre* • de gezamenlijke werklozen *personnes* v mv *sans emploi* / *au chômage*
arbeidstherapie *ergothérapie* v

arbeidstijdverkorting *réduction* v *du temps de travail (RTT)*
arbeidsvermogen • mate waarin arbeid verricht kan worden *capacité* v *productrice* • NATK. *énergie* v ⋆ ~ van beweging / van plaats *énergie cinétique / potentielle*
arbeidsvoorwaarden *conditions* v mv *de travail*
arbeidzaam *travailleur* [v: *travailleuse*]; *laborieux* [v: *laborieuse*]; *actif* [v: *active*]
arbiter • SPORT *arbitre* m/v • JUR. *arbitre* m/v
arbitrage *arbitrage* m
arbitragecommissie *commission* v *d'arbitrage*
arbitrair I BNW • willekeurig *arbitraire* • scheidsrechterlijk *arbitral* [m mv: *arbitraux*] II BIJW • willekeurig *arbitrairement* • scheidsrechterlijk *arbitralement*
arbodienst ≈ *organisme* m *d'encadrement et de réintégration de travailleurs malades*
Arbowet ≈ *loi* v *sur les conditions de travail*
arcade • booggewelf *arcade* v • bogengalerij *arcades* v mv
arceren *hachurer*
arcering *hachure* v; *ombrage* m
archaïsch *archaïque*
archaïsme *archaïsme* m
archeologie *archéologie* v
archeologisch *archéologique*
archeoloog *archéologue* m/v
archetype *archétype* m
archief *archives* v mv
archipel *archipel* m
architect *architecte* m/v
architectonisch *architectonique*
architecturaal *architectural* [m mv: *architecturaux*]
architectuur *architecture* v
architraaf *architrave* v
archivaris *archiviste* m/v
archiveren *archiver*
arctisch *arctique*
Ardennen *Ardennes* v mv
Ardenner *ardennais*
are *are* m
areaal *superficie* v; ⟨verspreidingsgebied⟩ *aire* v *(de répartition)*
arena *arène* v
arend *aigle* m
arendsblik *yeux* m mv *d'aigle*
argeloos I BNW • niets vermoedend *naïf* [v: *naïve*]; *ingénu* • onopzettelijk *innocent* II BIJW • niets vermoedend *naïvement*; *ingénument* • onopzettelijk *sans malice*
Argentijn *Argentin* m [v: *Argentine*]
Argentijns *argentin*
Argentinië *l'Argentine* v ⋆ in ~ *en Argentine*
arglistig I BNW boosaardig *malicieux* [v: *malicieuse*] II BIJW *avec malice*
argument *argument* m ⋆ ~en aanvoeren / opwerpen *apporter / invoquer des arguments (à l'appui)*
argumentatie *argumentation* v
argumenteren I OV WW *démontrer / soutenir (par des arguments)* II ON WW betogen *argumenter*
argusogen ▾ met ~ *d'un œil vigilant / méfiant*
argwaan *méfiance* v; *suspicion* v (**jegens** *à l'égard de)*
argwanend I BNW *soupçonneux* [v: *soupçonneuse*]; *méfiant*; *suspicieux* [v: *suspicieuse*] II BIJW *avec méfiance*
aria *aria* v; *air* m
ariër *Aryen* [v: *Aryenne*]
arisch *aryen* [v: *aryenne*]
aristocraat *aristocrate* m/v
aristocratie *aristocratie* v
aristocratisch *aristocratique*
aritmetica *arithmétique* v
aritmie *arythmie* v *(cardiaque)*
ark *arche* v ⋆ de ark van Noach *l'arche de Noé* ▾ ark des Verbonds *arche d'alliance*
arm I ZN [de] • lichaamsdeel *bras* m ⋆ met de armen over elkaar *les bras croisés* ⋆ arm in arm *bras dessus bras dessous* ⋆ iem. een arm geven *donner le bras à qn* • FIG. *bras* m; ⟨v. kandelaar⟩ *branche* v; ⟨v. hijskraan⟩ *flèche* v; ⟨mouw⟩ *manche* v ▾ iem. in de arm nemen *avoir recours à qn* ▾ met open armen *à bras ouverts* ▾ met de sterke arm *en employant les forces de l'ordre*; *manu militari* II BNW • weinig bezittend *pauvre*; *indigent* ⋆ arm maken *appauvrir* ⋆ arm worden *s'appauvrir* • meelijwekkend *pauvre* • niet vruchtbaar ⋆ arm aan *pauvre en*
armatuur *armature* v
armband ⟨om pols⟩ *bracelet* m; ⟨om arm⟩ *brassard* m
Armeens *arménien* [v: *arménienne*]
armelijk I BNW *pauvre*; *miséreux* [v: *miséreuse*] II BIJW *pauvrement*
armelui *pauvres* m mv
Armenië *l'Arménie* v ⋆ in ~ *en Arménie*
Armeniër *Arménien* [v: *Arménienne*]
armetierig • armoedig *misérable* • benepen *mesquin*; *chiche*
armlastig *indigent*; *nécessiteux* [v: *nécessiteuse*]
armlengte *longueur* v *d'un bras*
armleuning *bras* m; *accoudoir* m
armoede *pauvreté* v; *misère* v ⋆ de ~ van geest *la faiblesse d'esprit* ⋆ bittere / stille ~ *misère noire / cachée* ⋆ ~ lijden *être / vivre dans la misère*
armoedegrens *seuil* m *de pauvreté*
armoedeval *trappe* v *à pauvreté*
armoedig I BNW • van armoede blijk gevend *pauvre*; *maigre* • haveloos *misérable*; *pauvre* II BIJW *pauvrement*; *misérablement*
armoedzaaier INFORM. *crève-la-faim* m/v [onv]; *sans-le-sou* m/v [onv]
armsgat *emmanchure* v
armslag *liberté* v *de manœuvre/d'action* ▾ ~ hebben *avoir les coudées franches*
armzalig I BNW • armoedig *misérable*; *pauvre*; *pitoyable* • onbeduidend *misérable*; *malheureux* [v: *malheureuse*] II BIJW *misérablement*
aroma • geur *arôme* m • smaakstof *arôme* m
aromatherapie *aromathérapie* v
aromatisch *aromatique*
aromatiseren *aromatiser*
arrangement *arrangement* m; ⟨voor reis⟩ *forfait* m
arrangeren • regelen *arranger* • MUZ. *arranger*

arrangeur *arrangeur* m [v: *arrangeuse*]
arrenslee *traîneau* m [mv: *traîneaux*]
arrest • hechtenis *garde* v *à vue*; ⟨militair⟩ *arrêts* m mv; ⟨kwartierarrest⟩ *consigne* v ⋆ in ~ *en garde à vue*; MIL. *aux arrêts* ⋆ licht / zwaar ~ MIL. *arrêts simples / forcés* • beslaglegging *saisie* v • gerechtelijke uitspraak *arrêt* m
arrestant *détenu* m [v: *détenue*]; *personne* v *arrêtée / écrouée*
arrestatie *arrestation* v
arrestatiebevel *mandat* m *d'arrêt*
arrestatieteam *groupe* m *d'intervention*
arresteren • in hechtenis nemen *arrêter* • beslag leggen *saisir*; *confisquer* • vaststellen van notulen *entériner*
arriveren *arriver*
arrogant *arrogant*
arrogantie *arrogance* v; *insolence* v
arrondissement *arrondissement* m
arrondissementsrechtbank *tribunal* m *de grande instance*
arsenaal • wapenopslagplaats *arsenal* m [mv: *arsenaux*] • flinke hoeveelheid *arsenal* m [mv: *arsenaux*]
arsenicum *arsenic* m
art deco *Art* m *déco*
artdirector *directeur* m *artistique*
artefact *artefact* m
arteriosclerose *artériosclérose* v
articulatie *articulation* v
articuleren *articuler*
artiest *artiste* m/v
artikel • voorwerp *article* m • geschreven stuk *article* m • wetsbepaling *article* m • TAALK. lidwoord *article* m
artillerie *artillerie* v
artisjok *artichaut* m
artistiek I BNW *artistique*; ⟨v. persoon⟩ *artiste* **II** BIJW *artistiquement*; *avec art*
artotheek *artothèque* v
artritis *arthrite* v
artrose *arthrose* v
arts *médecin* m; *docteur* m; INFORM. *toubib* m ⋆ een vrouwelijke arts *une femme médecin* ⋆ apotheekhoudend arts *(médecin) propharmacien*
arts-assistent *médecin-assistant* m [mv: *médecins-assistants*]
artsenbezoeker *visiteur* m *médical* [m mv: *visiteurs médicaux*] [v: *visiteuse médicale*]
artsenij *médicament* m; *remède* m
artwork ⟨grafisch ontwerp⟩ *maquette* v; ⟨beeldmateriaal⟩ *iconographie* v
as • verbrandingsresten *cendre(s)* v (mv) • spil *axe* m; *pivot* m; ⟨v. wagen⟩ *essieu* m [mv: *essieux*]; ⟨v. machine⟩ *arbre* m ⋆ om zijn as draaien *pivoter* • middellijn *axe* m • MUZ. *la* m *bémol* ▾ uit de as herrijzen *renaître de ses cendres* ▾ as is verbrande turf *avec des si on mettrait Paris dans une bouteille* ▾ in de as leggen *réduire en cendres*
asbak *cendrier* m
asbest I ZN [het] *amiante* m **II** BNW *d'amiante*
asblond *blond cendré*
asceet *ascète* m/v
ascendant • dierenriemteken *ascendant* m • overwicht *ascendant* m
ascese *ascétisme* m; *ascèse* v
ascetisch *ascétique*
ascorbinezuur *acide* m *ascorbique*
aselect *arbitraire* ⋆ ~e steekproef *échantillon aléatoire*
aseptisch *aseptique* ⋆ ~ maken *aseptiser*
asfalt *asphalte* m; *bitume* m
asfalteren *asphalter*; *bitumer*; *goudronner*
asgrauw *couleur de cendre*; *cendré*
asiel • toevluchtsoord *asile* • dierenverblijf *fourrière* v / *refuge* m *(de la SPA)*
asielprocedure *procédure* v *de demande d'asile*
asielzoeker *demandeur* m *d'asile (politique)* [v: *demandeuse* ...]
asielzoekerscentrum *centre* m *d'accueil (pour les demandeurs d'asile)*
asjeblieft • → **alsjeblieft**
asjemenou *ça alors*; *(ça) par exemple*
aso ≈ *cas* m *social*
asociaal *asocial* [m mv: *asociaux*]
aspartaam *aspartame* m
aspect *aspect* m; ⟨vooruitzicht⟩ *perspective* v
asperge *asperge* v
aspirant • kandidaat *aspirant* m; *candidat* m • iem. in opleiding MIL. *aspirant* m • jonge sporter *junior* m/v; *minime* m/v; *cadet* m [v: *cadette*]
aspiratie • aanblazing *aspiration* v • eerzucht *aspirations* v mv
aspirine *aspirine* v ⋆ aspirientje *comprimé d'aspirine*
assemblage *assemblage* m
assemblee *assemblée* v
assembleren *assembler*
assenkruis *(système* m *de) coordonnées* v mv
Assepoester *Cendrillon* v
assepoester *cendrillon* v
assertief ≈ *capable de s'affirmer / de s'imposer*; *qui a de l'assurance*; *qui ne se laisse pas marcher sur les pieds*
assessment *évaluation* v; ⟨v. werknemer, student⟩ *contrôle* m
assimilatie *assimilation* v
assimileren I OV WW gelijkstellen *assimiler* **II** ON WW TAALK. *s'assimiler*
assisenhof *(cour* v *d')assises* v mv [mv]
assistent *assistant* m [v: *assistante*]; ⟨in ziekenhuis⟩ *interne* m/v; ⟨op laboratorium⟩ *laborantin* m [v: *laborantine*]
assistentie *assistance* v; *aide* v; *secours* m
assisteren *assister*
associatie *association* v
associatief *associatif* [v: *associative*]
associëren *associer* **(met** *à)* ⋆ zich ~ *s'associer*
assortiment *assortiment* m
assuradeur *assureur* m
assurantie *assurance* v
aster *aster* m
asterisk *astérisque* m
astma *asthme* m ⋆ aanval van ~ *crise* v *d'asthme*
astmaticus *asthmatique* m/v
astmatisch *asthmatique*
astraal *astral* [m mv: *astraux*]

astrologie *astrologie* v
astrologisch *astrologique*
astroloog *astrologue* m/v
astronaut *astronaute* m/v
astronomie *astronomie* v
astronomisch • STERRENK. *astronomique* • enorm groot *astronomique*
astronoom *astronome* m/v
Aswoensdag *mercredi* m *des Cendres*
asymmetrisch *asymétrique*
asymptoot *asymptote* v
asynchroon *asynchrone*
atavisme *atavisme* m
atavistisch I BNW *atavique* II BIJW *par atavisme*
ATB *VTT* m *(vélo tout-terrain)*
atelier *atelier*; ⟨v. fotograaf⟩ *studio* m
atheïsme *athéisme* m
atheïst *athée* m/v
Athene *Athènes* v
atheneum ≈ *lycée* m
atjar *achards* m mv
Atlantisch *atlantique*
atlas I ZN [de] • boek met kaarten *atlas* m • halswervel *atlas* m II ZN [het] stof *satin* m
atleet *athlète* m/v
atletiek *athlétisme* m
atletisch *athlétique*
atmosfeer • dampkring/lucht *atmosphère* v • sfeer *ambiance* v; *atmosphère* v
atmosferisch *atmosphérique*
atol *atoll* m
atomair *atomique*; *nucléaire*
atomiseren *atomiser*
atonaal *atonal* [m mv: *atonals*]
atoom *atome* m
atoombom *bombe* v *atomique*
atoomgeleerde *(savant* m*) atomiste* m/v [v: *savante* ...]
atoomgewicht *poids* m *atomique*
atoomtijdperk *ère* v *atomique*
atoomwapen *arme* v *nucléaire / atomique*
atrofie *atrophie* v
atropine *atropine* v
attaché *attaché* m
attachékoffer *attaché-case* m [mv: *attachés-cases*]; *porte-documents* m [onv]
attachment *fichier* m *joint*; *pièce* v *jointe*
attaque *attaque* v *d'apoplexie*
at-teken *ar(r)obas* m; *ar(r)obase* v
attenderen ★ iem. ~ op iets *attirer l'attention de qn sur qc*; *signaler / faire remarquer qc à qn*
attent I BNW • opmerkzaam *attentif (***op** *à)* [v: *attentive*] ★ iem. op iets ~ maken *attirer l'attention de qn sur qc*; *signaler / faire remarquer qc à qn* • vriendelijk *attentionné*; *prévenant*; *plein d'égards (***jegens** *avec, envers, pour)* ★ dat is zeer ~ van u *c'est très aimable à vous*; *vous êtes très aimable* II BIJW • opmerkzaam *attentivement* • vriendelijk *avec prévenance*
attentie *attention* v ★ ter ~ van *à l'attention de* ★ ~ alstublieft *(votre) attention s'il vous plaît*
attest *attestation* v; *certificat* m
attitude *attitude* v
attractie *attraction* v
attractief *attrayant*; *attirant*; *attractif* [v: *attractive*]
attractiepark *parc* m *d'attractions / de loisirs*
attractiviteit *attractivité* v
attributief I BNW TAALK. *attributif* [v: *attributive*] II BIJW *attributivement*
attribuut *attribut* m
atv *RTT* v *(réduction du temps de travail)*
atv-dag *RTT* v
au *aïe!*
a.u.b. *s.v.p. (s'il vous plaît)*
aubade *aubade* v ★ iem. een ~ brengen *donner une aubade à qn*
aubergine I ZN [de] CUL. *aubergine* v II BNW *aubergine*
audiëntie *audience* v ★ ~ aanvragen *demander une audience* ★ ~ verlenen *recevoir qn en audience*
audioapparatuur *équipement* m *audio*
audiorack *chaîne* v *hi-fi* [v mv: *chaînes hi-fi*]
audiovisueel *audiovisuel* [v: *audiovisuelle*]
auditeur *auditeur* m [v: *auditrice*]
auditeur-militair *auditeur* m *général*
auditie *audition* v ★ ~ (laten) doen *(faire) passer une audition*; *auditionner*
auditief *auditif* [v: *auditive*]
auditorium *auditorium* m
auerhoen *coq* m *de bruyère*; *(grand) tétras* m
augurk *cornichon* m
augustus *août* m
aula *auditorium* m; *amphithéâtre* m
au pair *au pair*
aura *aura* v
aureool *auréole* v
auspiciën ★ onder ~ van *sous les auspices de*
ausputzer *libéro* m
Australië *l'Australie* v ★ in ~ *en Australie*
Australiër *Australien* m [v: *Australienne*]
Australisch *australien* [v: *australienne*]
autarkie *autarcie* v
auteur *auteur* m; *écrivain* m
auteursrecht • recht van de auteur *droit* m *d'auteur* • royalty's *droits* m mv *d'auteur* [mv]
authenticiteit *authenticité* v
authentiek *authentique*
autisme *autisme* m
autistisch *autiste*
auto *voiture* v; *auto(mobile)* v; INFORM. *bagnole* v
auto- *auto-*
autobiografie *autobiographie* v
autobiografisch *autobiographique*
autobom *voiture* v *piégée*
autobus • *(auto)bus* m • touringcar *(auto)car* m
autochtoon *autochtone*; *natif* [v: *native*]
autocoureur *pilote* m *de course*; *coureur* m *automobile*
autocraat *autocrate* m/v
autocratie *autocratie* v
autodidact *autodidacte* m/v
autogas *gaz* m *de pétrole liquéfié*; *GPL* m
autogordel *ceinture* v *de sécurité*
auto-immuunziekte *maladie* v *auto-immune*
auto-industrie *(industrie* v*) automobile* v
autokerkhof *cimetière* m *de voitures*; ⟨sloop⟩ *casse* v
autokostenvergoeding *compensation* v *des*

au

frais d'auto
autokraker INFORM. *roulottier* m [v: *roulottière*]
autoluw *à faible circulation automobile*
automaat • uit zichzelf functionerend apparaat *automate* m • robot *automate* m • distributieapparaat *distributeur* m *(automatique)* • auto *voiture* v *automatique*
automatiek ≈ *snackbar* m *comportant des distributeurs automatiques*
automatisch **I** BNW *automatique* **II** BIJW *automatiquement*
automatiseren *automatiser*
automatisering *automatisation* v; ⟨computerisering⟩ *informatisation* v
automatiseringsdeskundige *automaticien* m [v: *automaticienne*]
automatisme *automatisme* m
automobilist *conducteur* m [v: *conductrice*]; *automobiliste* m/v
automonteur *mécanicien* m [v: *mécanicienne*]
autonomie *autonomie* v
autonoom *autonome*
auto-ongeluk *accident* m *de voiture*
autopapieren *papiers* m mv *de la voiture* [mv]
autopark *parc* m *automobile*
autopech *panne* v *de voiture*
autoped *trottinette* v; *patinette* v
autopsie *autopsie* v ★ ~ verrichten (op) *autopsier*
autoradio *autoradio* m
autorijden *conduire (une voiture)*
autorijschool *auto-école* v [mv: *auto-écoles*]
autorisatie *autorisation* v
autoriseren *autoriser*
autoritair **I** BNW *autoritaire* **II** BIJW *autoritairement*
autoriteit *autorité* v
autoslaaptrein *train* m *autos-couchettes*
autosloperij *casse* v
autosnelweg *autoroute* v; BELG. *autostrade* v ★ ~ met tolheffing *autoroute* v *à péage*
autosport *sport* m *automobile*; *automobilisme* m
autostop Z-N ★ ~ doen *faire de l'autostop*
autostrade *autostrade* v
autoverhuur *location* v *de voitures*
autovrij *interdit à la circulation automobile*
autoweg *autoroute* v; *autostrade* v
avance ★ ~s maken naar/jegens *faire des avances à*
avant-garde *avant-garde* v [mv: *avant-gardes*]
avant-gardistisch *avant-gardiste*; *d'avant-garde*
avenue *avenue* v
averechts *à l'envers*; *à contresens*; *de travers* ★ een rechte en een ~e steek *une maille à l'endroit et une à l'envers* ★ ~e uitwerking *effet inverse / pervers*
averij SCHEEPV. *avarie* v ★ ~ oplopen *subir des avaries*
A-verpleging *soins* m mv *non-spécialisés* [mv]
aversie *aversion* v; *répulsion* v *(***tegen** *contre, pour)*
A-viertje *feuille* v *A4*
avifauna *avifaune* v
avo *enseignement* m *général du second degré*
avocado *avocat* m
avond *soir* m; *soirée* v; ⟨m.b.t. uitgaan⟩ *soirée* ★ 's ~s *le soir* ★ de ~ tevoren *la veille au soir* ★ de volgende ~ *le lendemain soir* ★ op een ~ *un soir* ★ het wordt ~ *la nuit / le soir tombe* ★ van~ *ce soir*
avondeten *dîner* m
avondjurk *robe* v *du soir*
avondkleding *tenue* v *de soirée*
avondklok *couvre-feu* m [mv: *couvre-feux*]
avondkrant *journal* m *du soir*
Avondland *occident* m
avondmaal *repas* m *du soir*; *dîner* m ▼ het Laatste Avondmaal *la Cène*
avondmens ★ een ~ zijn *être du soir*
avondrood *rougeur* v *du couchant*
avondschool *école* v / *cours* m mv *du soir*
avondspits *heures* v mv *de pointe du soir*
Avondster *étoile* v *du berger*
avondtoilet *tenue* v *de soirée*
avondverkoop *(vente* v *en) nocturne* v
avondvullend *qui occupe toute la soirée*
avonturenroman *roman* m *d'aventures*
avonturier *aventurier* m [v: *aventurière*]
avontuur *aventure* v
avontuurlijk **I** BNW • vol avonturen *aventureux* [v: *aventureuse*] • gewaagd *hasardeux* [v: *hasardeuse*] **II** BIJW *aventureusement*
avontuurtje *amourette* v; *aventure* v *sentimentale*
axioma *axiome* m
ayatollah *ayatollah* m
azalea *azalée* v
azen • aas zoeken ~ **op** *chasser* • graag willen ~ **op** *lorgner*; *guigner*
Azerbeidzjan *l'Azerbaïdjan* m ★ in ~ *en Azerbaïdjan*
Aziaat *Asiatique* m/v
Aziatisch *asiatique*
Azië *l'Asie* v ★ in Azië *en Asie*
azijn *vinaigre* m
azijnzuur *acide* m *acétique*
Azoren *Açores* v mv ★ op de ~ *aux Açores*
Azteeks *aztèque*
Azteken *Aztèques* m mv
azuren *azuré*
azuur *azur* m; *bleu* m *ciel*

B

b • letter *b* m ★ de b van Bernard *B comme Berthe* • muzieknoot *si* m
B2B *B2B*
baai • inham *baie* v; ⟨groot⟩ *golfe* m • stof *bure* v
baaierd *chaos* m
baak • SCHEEPV. *balise* v • paaltje *jalon* m; *borne* v
baal *balle* v; *ballot* m ▾ ergens de balen van hebben *en avoir ras le bol de qc*; *en avoir marre de qc*
baaldag ≈ *jour* m *de flemme*
baan • betrekking *emploi* m; *poste* m; INFORM. *boulot* m; INFORM. *taf* m ★ baan voor halve dagen *emploi à mi-temps* ★ een rustig baantje *une planque* ★ een baantje vinden *trouver un petit boulot* • strook stof, behang *bande* v; *lé* m; *largeur* v • rijstrook *voie* v; ⟨busbaan e.d.⟩ *couloir* m • route ⟨v. hemellichaam⟩ *orbite* v; ⟨v. projectiel⟩ *trajectoire* v ★ iets in een baan om de aarde brengen *mettre qc en / sur orbite* • SPORT *piste* v; ⟨tennis⟩ *court* m; ⟨strook van parcours⟩ *couloir* m; ⟨ijsbaan⟩ *patinoire* v; ⟨glijbaan⟩ *glissoire* v ▾ iets op de lange baan schuiven *renvoyer qc aux calendes grecques / sine die* ▾ ruim baan maken *aplanir / ouvrir la voie*; *s'écarter*; FIG. *ouvrir un boulevard* ▾ dat is van de baan *il n'en est plus question* ▾ het plan is van de baan *le projet est abandonné / écarté / caduc* ▾ in (goede) banen leiden *canaliser* ▾ ruim baan! *au/du large!*
baanbrekend *(in)novateur* [v: *(in)novatrice*]
baanrecord *record* m *de piste*
baansport *sport* m *pratiqué sur une piste*; ⟨wielrennen⟩ *cyclisme* m *sur piste*
baantjesjager *carriériste* m/v
baanvak *section* v / *tronçon* m *de voie*
baanwachter *garde-voie* m [mv: *gardes-voie(s)*]
baanwedstrijd *course* v / *épreuve* v *sur piste*
baar I ZN [de] • staaf edelmetaal *barre* v; *lingot* m ★ een baar goud *un lingot d'or* • draagbaar *civière* v; *brancard* m • golf *flots* m mv; *vague* v; *lame* v ★ de woelige baren *les flots déchaînés* **II** BNW contant *comptant* ★ in baar geld betalen *payer en espèces*
baard • haargroei *barbe* v ★ zijn ~ laten staan *laisser pousser sa barbe* ★ een volle ~ hebben *porter toute sa barbe* • van walvis *fanon* m • deel van sleutel *panneton* m ▾ hij heeft de ~ in de keel *sa voix mue*; *il mue* ▾ om 's keizers ~ spelen *jouer pour l'honneur*
baardgroei ★ zware ~ *forte pilosité* v
baardig *barbu*
baarmoeder *utérus* m
baarmoederhalskanker *cancer* m *cervical / du col de l'utérus*
baarmoederslijmvlies *endomètre* m
baars *perche* v; ⟨zeebaars⟩ *bar* m
baas • chef *patron* m; ⟨eigenaar van dier⟩ *maître* m ★ hij is zijn eigen baas *il travaille pour son propre compte*; *il est à son compte* • man, jongen *bonhomme* m ★ een aardige oude baas *un gentil petit vieux* • uitblinker *as* m ▾ de baas spelen *faire la loi*; *régenter* ▾ iem. de baas blijven *dominer qn*; *l'emporter sur*; *avoir raison de* ▾ zijn zenuwen waren hem de baas *il ne pouvait plus contrôler / maîtriser ses nerfs* ▾ ze konden de toestand niet meer de baas *ils étaient débordés par la situation* ▾ je hebt altijd baas boven baas ≈ *on trouve toujours son maître*
baat • voordeel *avantage* m ★ hij heeft er baat bij gevonden *cela lui a fait du bien*; *cela lui a été bénéfique* ★ te baat nemen *profiter de*; *se servir de* ★ ten bate van *au profit / bénéfice de* • opbrengst *profit* m; *bénéfice* m
baatzuchtig I BNW *intéressé*; *égoïste* **II** BIJW *par intérêt personnel*
babbel *causette* v ★ een ~tje maken *bavarder*; *papoter*; *faire un brin de causette* ▾ ~s hebben *la ramener*; *ramener sa fraise* ▾ een vlotte ~ hebben *avoir du bagou(t)*
babbelaar • kletskous *bavard* [v: *bavarde*]; *commère* v • snoep ≈ *(bonbon* m *au) caramel* m
babbelbox *site* m *de chat*; *salon* m
babbelen *bavarder*; *causer*; *papoter*; ⟨brabbelen⟩ *babiller*
babbelkous *bavard* m [v: *bavarde*]; *commère* v
babi pangang ≈ *porc* m *(laqué) à la sauce aigre-douce*
baby *bébé* m
babyboom *baby-boom* m
babyfoon *babyphone* m
babyshampoo *shampo(o)ing* m *bébé*
babysitten *faire du baby-sitting*
babysitter *baby-sitter* m/v [m mv: *baby-sitters*]
babyuitzet *layette* v
baccalaureaat *baccalauréat* m; INFORM. *bac* m
bacchanaal *bacchanale* v
bachelor ≈ *licencié* m [v: *licenciée*]
bacil *bacille* m
back *arrière* m
backgammon *backgammon* m
backhand *revers* m
backslash *barre* v *oblique inversée*
backspace *retour* m *arrière*
backspacetoets *touche* v *de retour arrière*; *touche* v *de rappel*
back-upbestand *copie* v *de sauvegarde*
bacon *bacon* m
bactericide *bactéricide* m
bacterie *bactérie* v; *microbe* m
bacteriedodend *bactéricide*
bacterieel *bactérien* [v: *bactérienne*]
bacteriologie *bactériologie* v
bacteriologisch *bactériologique*
bacterioloog *bactériologiste* m/v
bad • onderdompeling *bain* m ★ een bad nemen *prendre un bain* ★ iem. in bad doen *baigner qn* • badkuip *bain* m
badcel *cabine* v *(de douche)*; *salle* v *d'eau*
badderen *patauger*; *barboter*
baden I OV WW in bad doen *baigner* **II** ON WW • een bad nemen *prendre un bain* • **~ in** *nager dans* ★ ~ in het zweet *être baigné / trempé de sueur*; *être (tout) en nage* ★ ~ in het geld *nager dans l'argent*

badgast *baigneur* m [v: *baigneuse*]; *estivant* m [v: *estivante*]; ⟨kuurgast⟩ *curiste* m/v
badge • naamkaartje *badge* m • MIL. onderscheiding *insigne* v
badgoed *linge* m *de bain*
badhanddoek *serviette* v *de bain*
badhuis *établissement* m *de bains*
badineren *badiner* ⋆ het ~ *le badinage*
badjas *peignoir* m / *sortie* v *de bain*
badkamer *salle* v *de bains*; ⟨zonder bad⟩ *salle* v *d'eau*
badkuip *baignoire* v; *bain* m
badlaken *drap* m *de bain*; ⟨op strand⟩ *drap* m *de plage*
badmeester *maître* m *nageur*
badminton *badminton* m
badmuts *bonnet* m *de bain*
badpak *maillot* m *de bain*
badplaats • plaats aan zee *station* v *balnéaire* • kuuroord *station* v *thermale*; *ville* v *d'eaux*
badschuim *mousse* v *de bain*
badstof *tissu-éponge* m
badwater *eau* v *du bain*
badzout *sels* m mv *de bain*
bagage *bagages* m mv
bagagedepot *consigne* v
bagagedrager *porte-bagages* m [onv]
bagagekluis *consigne* v *automatique*
bagagerek • bagagenet *filet* m *à bagages* • imperiaal *galerie* v
bagageruimte ⟨in auto⟩ *coffre* m; ⟨in schip/vliegtuig⟩ *soute* v *à bagages*
bagatel *bagatelle* v
bagatelliseren *minimiser*
bagel *(pain* m*) bagel* m
bagger *vase* v; *boue* v
baggeren I ov ww uit het water halen *draguer*; *curer* ⋆ het ~ *le dragage* **II** on ww waden ⋆ door de modder ~ *patauger dans la boue*
baggermachine *drague* v
baggermolen *drague* v
bah *be(u)rk!*; *beuh!*
Bahama's *Bahamas* v mv ⋆ op de ~ *aux Bahamas*
bahco *clé* v *à molette*
baisse ▾ speculeren à la ~ *spéculer / miser / jouer à la baisse*
bajes *taule* v ⋆ in de ~ *en taule*
bajesklant *taulard* m [v: *taularde*]
bajonet *baïonnette* v
bajonetsluiting *fixation* v *baïonnette*; ⟨fitting⟩ *douille* v *à baïonnette*
bak • *bac* m; ⟨vat⟩ *récipient* m; ⟨kuip⟩ *cuve* v; ⟨kuipje⟩ *bacquet* m; *godet* m • kopje ⋆ een bak koffie *une tasse de café* • bajes *taule* v ⋆ de bak in draaien *aller en taule* • mop *blague* v ⋆ dat is een goeie bak *elle est (bien) bonne* • vaartuig *barge* v ▾ hij zal niet aan de bak komen *ce ne sera pas son tour*; *il restera sur la touche*
bakbeest *monstre* m; *bête* v *énorme*; *mastodonte* m; *masse* v
bakboord *bâbord* m ⋆ aan ~ *à bâbord*
bakelite® *bakélite®* v
baken • SCHEEPV. *balise* v • vast teken FIG. *repère* m; *jalon* m ▾ de ~s verzetten *changer de cap*
bakermat *berceau* m [mv: *berceaux*]
bakerpraatje *histoires* v mv; *conte* m *bleu*
bakfiets *triporteur* m
bakkebaarden *favoris* m mv
bakkeleien • ruziën *se chamailler* • vechten *se bagarrer*
bakken I ov ww *faire (cuire)*; ⟨in vet⟩ *(faire) frire*; ⟨v. aardewerk⟩ *cuire* ⋆ ge~ aardappelen *pommes (de terre) sautées* ▾ er niets van ~ *n'arriver à rien*; *s'y prendre comme un pied* ▾ ze bruin ~ *y aller (fort)* ▾ ge~ zitten *être planqué* ▾ dat zit ge~ *c'est du tout cuit* **II** on ww zonnebaden *se faire rôtir*; *lézarder*; IRON. *bronzer idiot*
bakkenist *sidecariste* m/v
bakker *boulanger* m [v: *boulangère*] ⋆ het is geen warme ~ *il vend du pain industriel* ▾ het is voor de ~ *c'est réglé*; *c'est dans la poche*
bakkerij *boulangerie* v
bakkes *trogne* v; *gueule* v; *tronche* v
bakkie • zendapparatuur *émetteur* m • kopje (koffie/thee) ⋆ ~ leut FORM. *café* m
bakmeel *farine* v
bakpoeder *levure* v *chimique*
baksteen *brique* v ▾ zakken als een ~ *échouer lamentablement* ▾ (iemand) laten vallen als een ~ *laisser tomber comme une vieille chaussette* ▾ zinken als een ~ *couler à pic*
bakvet *friture* v
bakvis *fillette* v
bakvorm *moule* m *à gâteau*
bakzeil ▾ ~ halen *faire marche arrière*; *en rabattre*
bal I zn [de] • bolvormig voorwerp ⟨klein⟩ *balle* v; ⟨groot⟩ *ballon* m; ⟨massief⟩ *boule* v • testikel *testicule* m; INFORM. *couille* v • deel van hand *paume* v • deel van voet *plante* v *du pied* • bekakte jongen *snobinard* m; INFORM. *merdeux* m ▾ geen bal ervan snappen *ne piger que dalle* ▾ een balletje ergens over opgooien *lancer un ballon d'essai* ▾ de bal terugkaatsen FIG. *renvoyer l'ascenseur* ▾ dat bracht de bal aan het rollen *cela a déclenché l'affaire*; *c'était le déclic* **II** zn [het] dansfeest *bal* m ⋆ gemaskerd bal *bal masqué*
balanceren I ov ww uitbalanceren *équilibrer* **II** on ww *se tenir en équilibre*
balans • ECON. *bilan* m ⋆ de ~ opmaken OOK FIG. *faire / dresser le bilan* • evenwicht *équilibre* m ⋆ uit ~ zijn *être en déséquilibre* • weegschaal *balance* v ▾ de ~ doen doorslaan *faire pencher la balance*
balansopruiming *soldes* m mv *pour cause d'inventaire*
balanswaarde *valeur* v *comptable*
baldadig *déchaîné*; *vandale*
baldadigheid *surexcitation* v; *exubérance* v; *pétulance* v
baldakijn *baldaquin* m
Balearen *Baléares* v mv ⋆ op de ~ *aux Baléares*
balein *baleine* v
balen *en avoir marre / ras le bol (van de)* ⋆ ik baal ervan! *prise de tête!*
balie • toonbank *comptoir* m • advocaten

barreau m • rechtbank *barre* v ★ voor de ~ verschijnen *(com)paraître à la barre*
baliekluiver *badaud* m
baljurk *robe* v *de bal*
balk • stuk hout/metaal *poutre* v; ⟨dwars-/vloerbalk⟩ *solive* v; ⟨klein⟩ *soliveau* m [mv: *soliveaux*]; SCHEEPV. *bau* m [mv: *baux*]; *barrot* m • dikke streep *bande* v ▾ geld over de balk gooien *jeter l'argent par les fenêtres*
Balkan *(les) Balkans* m mv
Balkanstaten *États* m mv *balkaniques* [mv]
balken ⟨v. ezels⟩ *braire* ★ het ~ *le braiment*
balkon • uitbouw *balcon* m • ruimte in trein *plate-forme* v [mv: *plates-formes*] • rang *(fauteuils* m mv *de) balcon* m
ballade *ballade* v
ballast • nutteloze lading ⟨v. (lucht)vaartuig⟩ *lest* m; FIG. *fardeau* m ★ ~ uitwerpen *lâcher du lest*; *délester* • grindlaag onder bielzen *ballast* m
ballen I OV WW samenknijpen ★ de vuist ~ *serrer le poing* **II** ON WW spelen met bal *jouer au ballon*
ballenjongen *ramasseur* m *de balles*
ballerina *ballerine* v
ballet *ballet* m
balletdanser *danseur* m *de ballet* [v: *danseuse* ...]
balletgezelschap *corps* m *de ballet*
balletschoen *chausson* m; ⟨spitze⟩ *pointe* v
balling *exilé* m [v: *exilée*]; *banni* m [v: *bannie*]
ballingschap *exil* m; *bannissement* m ★ in ~ *en exil*; *exilé*
ballistisch *balistique* ★ een ~e baan *une trajectoire*
ballon • luchtballon *ballon* m; *montgolfière* m • tekstballon *bulle* v • speelgoed *ballon* m ▾ een ~netje oplaten *lancer un ballon d'essai*
ballonvaarder *pilote* m/v *de ballon*; *aérostier* m [v: *aérostière*]
ballonvaart *voyage* m *en ballon*
ballonvaren *monter / naviguer en ballon*
ballotage ≈ *vote* m *(d'admission)*
ballpoint *stylo* m *(à) bille*; *bic* m
ballroomdansen *danse* v *de salon*
bal masqué *bal* m *masqué*
balorig • slecht gehumeurd *maussade*; *enquiquinant* • onwillig *récalcitrant*
balpen *stylo* m *(à) bille*; *bic* m
balsahout *balsa* m
balsem *baume* m
balsemen *embaumer* ★ het ~ *l'embaumement* m
balspel *jeu* m *de balle / de ballon* [m mv: *jeux* ...]
balsport *sport* m *de ballon*
balsturig *obstiné*
Baltisch *balte*
balts *parade* v *(nuptiale)*
balustrade *balustrade* v; *garde-fou* m [mv: *garde-fous*]
balzaal *salle* v *de bal*
balzak *bourses* v mv; *scrotum* m
bamastelsel ≈ *LMD* m ⟨licence-mastère-doctorat⟩
bamboe I ZN [de/het] rietsoort *bambou* m **II** BNW *en/de bambou*
bami ≈ *nouilles* v mv *chinoises*
ban • betovering *charme* m; *fascination* v ★ in de ban zijn van iem. *être sous le charme de qn*; *être subjugué par qn* • verbanning ★ in de ban doen OOK FIG. *mettre au ban*; *bannir* • excommunicatie *excommunication* v ★ in de ban doen *excommunier*
banaal I BNW alledaags *banal* [m mv: *banals*]; *futile*; *quelconque* **II** BIJW *banalement*
banaan • CUL. vrucht *banane* v ★ een tros bananen *un régime de bananes* • boom *bananier* m
banaliteit *banalité* v; *lieu* m *commun*; ⟨sterker⟩ *platitude* v
bananenrepubliek *république* v *bananière*
bancair *bancaire*
band[1] • strook textiel *bande* v; ⟨om arm⟩ *brassard* m; ⟨om hoofd⟩ *bandeau* m; ⟨lint⟩ *ruban* m • luchtband *pneu* m; ⟨binnenband⟩ *chambre* v *à air* • transportband *tapis* m *roulant*; *chaîne* v *(de montage)* ★ aan de lopende band *à la chaîne*; *en série*; FIG. *sans arrêt* • magneetband *bande* v ★ opnemen op de band *enregistrer* • bindweefsel *ligament* m • boekomslag *reliure* v • boekdeel *volume* m • verbondenheid *lien* m; ⟨door vriendschap⟩ *lien* m *d'amitié*; ⟨door huwelijk⟩ *liens* m mv *du mariage* [mv] ★ banden aanknopen / aanhalen / onderhouden / verbreken *nouer / resserrer / entretenir / rompre des liens* ▾ aan banden leggen *brider* ▾ uit de band springen *se livrer à la débauche / à des excès*
band[2] (zeg: bend) *orchestre* m; ⟨popgroep⟩ *groupe* m
bandage *bandage* m
bandageren *bander*
bandbreedte *largeur* v *de bande*; TECHN. *bande* v *passante*; ⟨marge⟩ *fourchette* v
bandeloos I BNW *effréné*; *indiscipliné*; *déchaîné* **II** BIJW *sans frein*
bandenlichter *démonte-pneus* m [onv]
bandenpech *crevaison* v ★ ~ hebben *avoir un pneu crevé*
bandenspanning *pression* v *des pneus*; *gonflage* m
banderol • beschreven band *phylactère* m • vaan *banderole* v • sigarenbandje *bague* v
bandiet *bandit* m; *brigand* m ★ eenarmige ~ *machine* v *à sous*
bandje • cassettebandje *cassette* v • schouderbandje *bretelle* v
bandopname *enregistrement* m *(sur bande)*
bandplooibroek *pantalon* m *à pinces*
bandrecorder *magnétophone* m
bandstoten *jouer de bricole*
banen *frayer* ★ zich een weg ~ *se frayer un chemin* ▾ gebaande weg FIG. *chemin battu*
bang • angstig *angoissé*; *anxieux* [v: *anxieuse*] ★ bang maken *faire peur à*; *intimider*; *effrayer* ★ bang zijn *avoir peur* ★ bang zijn voor *craindre*; *avoir peur de*; *appréhender*; *redouter* ★ heel bang zijn *avoir une peur bleue*; INFORM. *avoir la trouille* ★ bang worden *prendre peur*; *s'inquiéter* ★ bange uren *heures d'angoisse* • bangelijk *peureux* [v: *peureuse*]; *craintif* [v: *craintive*]; *timoré* ★ niet bang uitgevallen zijn *ne pas avoir froid aux yeux* • bezorgd *anxieux* [v: *anxieuse*] • angstig

makend *angoissant*; *effrayant* ▾ zo bang als een wezel *peureux comme un lièvre* ▾ ik ben bang dat je je vergist *je crains que tu ne te trompes*
bangelijk *peureux* [v: *peureuse*]; *craintif* [v: *craintive*]; *timoré*
bangerd *peureux* m [v: *peureuse*]; ⟨angsthaas⟩ *poltron* m [v: *poltronne*]; *paniquard* m [v: *paniquarde*]; *trouillard* m [v: *trouillarde*]; *poule* v *mouillée*
Bangladesh *le Bangladesh* ⋆ in ~ *au Bangladesh*
bangmakerij *intimidation* v
banier *bannière* v; *étendard* m
banjeren *cavaler*; *déambuler*
banjo *banjo* m
bank • zitmeubel *banc* m; ⟨bekleed⟩ *banquette* v; ⟨in auto e.d.⟩ *siège* m; ⟨in huis⟩ *canapé* m; ⟨op tribune⟩ *gradin* m • geldinstelling, speelbank *banque* v ⋆ de bank van lening *le mont-de-piété* ⋆ de bank laten springen *faire sauter la banque* • werkbank *établi* m • laag *banc* m ▾ door de bank genomen *en règle générale*; *en moyenne*
bankafschrift *relevé* m *de compte*
bankbiljet *billet* m *de banque*
bankbreuk ⋆ bedrieglijke ~ *banqueroute* v *frauduleuse*
bankcheque *chèque* m *de banque / bancaire*
bankdirecteur *directeur* m *de banque* [v: *directrice* ...]
banket • feestmaal *banquet* m; *festin* m • gebak *pâtisserie* v
banketbakker *pâtissier* m [v: *pâtissière*]
banketbakkerij *pâtisserie* v
banketletter ≈ *gâteau* m *feuilleté à la pâte d'amandes en forme de lettre*
bankgarantie *caution* v *bancaire*
bankgeheim *secret* m *bancaire*
bankier *banquier* m
bankieren *faire des opérations bancaires*
bankkaart *carte* v *bancaire*; *carte* v *bleue*
bankoverval *hold-up* m [onv]; *braquage* m *(d'une banque)*
bankpas *carte* v *bancaire*; *carte* v *bleue*
bankrekening *compte* m *bancaire / en banque*
bankrekeningnummer *numéro* m *de compte en banque*
bankroet I ZN [het] *faillite* v; *banqueroute* v ⋆ ~ gaan *faire faillite* II BNW *en faillite*; ⟨v. politiek e.d.⟩ *en déroute*
bankroof *cambriolage* m *d'une banque*
banksaldo *solde* m *en banque*
bankschroef *étau* m [mv: *étaux*]
bankstel *(ensemble* m *de) salon* m
bankverzekeraar *banque-assureur* m; *bancassureur* m
bankwerker *ajusteur* m
bankwezen *banque(s)* v (mv)
banneling *exilé* m [v: *exilée*]; *banni* m [v: *bannie*]
bannen *bannir*; *exiler*; ⟨v. gedachten⟩ *chasser*; ⟨v. gedachten⟩ *reléguer*; ⟨v. boze geesten⟩ *exorciser*
banner *bandeau* m [mv: *bandeaux*]
banvloek OOK FIG. *anathème* m ⋆ de ~ uitspreken over *anathémiser*
baptist *baptiste* m/v
bar[1] I ZN [de] • café *bar* m • tapkast *comptoir* m II BNW • vreselijk ⋆ dat is (al te) bar *trop c'est trop* • dor *aride*; *stérile* • koud *âpre*; *rude*; *rigoureux* [v: *rigoureuse*] ▾ bar en boos *abominable* III BIJW *terriblement*; *rudement*
bar[2] (zeg: baar) *bar* m
barak *baraque* v; *baraquement* m
barbaar *barbare* m/v
barbaars I BNW • onbeschaafd *barbare* • wreed *cruel* [v: *cruelle*] II BIJW • onbeschaafd *en barbare* • wreed *cruellement*
barbarisme *emprunt* m
barbecue • maaltijd *barbecue* m • toestel *barbecue* m
barbecueën *faire un barbecue*
barbeel *barbeau* m [mv: *barbeaux*]
Barbertje ▾ ~ moet hangen ≈ *il faut une victime*; ≈ *il faut un bouc émissaire*
barbiepop *poupée* v *Barbie*
barbier *barbier* m
barbituraat *barbiturique* m
barcode *code* m *à barres*
bard *barde* m
baren • ter wereld brengen *accoucher de*; *enfanter*; *mettre au monde* • veroorzaken *causer*; *produire*; *susciter* ⋆ opzien ~ *faire sensation* ⋆ zorgen ~ *causer du souci*
baret *béret* m; ⟨v. geestelijke⟩ *barrette* v; ⟨v. professor⟩ *toque* v
Bargoens I ZN [het] *argot* m II BNW *argotique*
bariton *baryton* m
barium *baryum* m
bark *trois-mâts* m
barkeeper *barman* m [mv: *barmans/barmen*] [v: *barmaid/serveuse*]
barkruk *tabouret* m *de bar*
barmhartig I BNW *miséricordieux* [v: *miséricordieuse*]; *charitable* II BIJW *charitablement*; *avec miséricorde*
barmhartigheid *miséricorde* v; *charité* v
barnsteen *ambre* m *jaune*
barok I ZN [de] *baroque* m II BNW *baroque*; ⟨grillig⟩ *excentrique*
barometer *baromètre* m ⋆ de ~ loopt terug / stijgt *le baromètre baisse / (re)monte*
barometerstand *hauteur* v *barométrique*
baron *baron* m
barones *baronne* v
baroscoop *baroscope* m
barracuda *barracuda* m
barrage • dam *barrage* m • SPORT *barrage* m
barrel ⟨vat⟩ *baril* m
barrevoets I BNW *nu-pieds*; *pieds nus* II BIJW *nu-pieds*
barricade *barricade* v ⋆ op de ~n staan *être sur la brèche*
barricaderen *barricader*
barrière *barrière* v
bars I BNW *brusque*; *rude*; *bourru* II BIJW *rudement*; *avec brusquerie*
barst *fissure* v; ⟨in lip e.d.⟩ *gerçure* v; ⟨in glas⟩ *fêlure* v; ⟨in grond⟩ *crevasse* v; ⟨in muur⟩ *lézarde* v ▾ geen ~ *que dalle*
barsten • barsten krijgen *se fissurer*; *se fendre*; *se fêler*; ⟨v. huid⟩ *se gercer* • uit elkaar

springen *éclater; crever* ▾ iem. laten ~ *laisser tomber qn* ▾ ~ van FIG. *crever de; être bourré de* ▾ zich te ~ eten *se bourrer; se gaver* ▾ je kunt ~! *va te faire foutre!*
barstensvol *plein à craquer / comme un œuf; (archi)plein*; ⟨wemelend (van)⟩ *bourré (de)*; ⟨afgeladen⟩ *bondé* ★ hij zat ~ ideeën *il débordait d'idées*
bas *basse* v
basaal • van de basis *basal* [m mv: *basaux*]; *de base* • fundamenteel *basique*
basalt *basalte* m
base *base* v
baseball *base(-)ball* m
baseline *ligne* v *de fond*
baseren ~ op *baser sur; fonder sur; appuyer sur* ★ gebaseerd zijn op *se baser sur; se fonder sur; reposer sur*
basgitaar *guitare* v *basse*
basilicum *basilic* m
basiliek *basilique* v
basilisk *basilic* m
basis • grondslag, fundament *base* v ★ op ~ van *à base de; sur la base de; fondé sur* ★ de ~ leggen voor *jeter les bases de* • WISK. *base* v • MIL. *base* v
basis- *de base*; ⟨fundamenteel⟩ *basique; de fond*
basisch *basique*
basiscursus *cours* m *élémentaire*
basisinkomen *salaire* m / *revenu* m *de base*
basisloon *salaire* m *de base*
basisonderwijs *enseignement* m *primaire*
basisopstelling *sélection* v *de base*
basisschool *école* v *primaire*
basisspeler *titulaire* m/v
basisvak *discipline* v *de base*
basisvorming ≈ *tronc* m *commun*; ⟨onderbouw⟩ *premier cycle* m
Bask *Basque* m/v
Baskenland *le Pays Basque* ★ in ~ *au Pays Basque*
basketbal I ZN [de] bal *ballon* m *de basket* **II** ZN [het] spel *basket(-ball)* m
basketballen *jouer au basket*
Baskisch I ZN [het] taal *basque* m **II** BNW m.b.t. Baskenland *basque*
bas-reliëf *bas-relief* m [mv: *bas-reliefs*]
bassin • bekken *bassin* m • zwembad *bassin* m
bassist *bassiste* m/v
bassleutel *clef* v *de fa*
bast • boomschors *écorce* v; ⟨floëem⟩ *phloème* m; *liber* m • lijf *panse* v; *corps* m • bolster *brou* m; *écale* v ▾ iem. op zijn bast geven *rosser qn*
basta *assez!; ça suffit!; fini!; basta!* ★ en daarmee ~! *(et puis) un point, c'est tout!*
bastaard • onwettig kind *bâtard* m [v: *bâtarde*] • BIOL. plant *hybride* m
bastaardwoord *mot* m *hybride*
Bastenaken *Bastogne* v
basterdsuiker *vergeoise* v
bastion *bastion* m
bat *raquette* v *de ping-pong*; ⟨voor cricket⟩ *bat* m; *batte* v
bataljon *bataillon* m
Batavier *Batave* m/v
batch *lot* m; *batch* m
bate • → **baat**
baten *servir à; être utile à* ★ daarmee ben ik niet gebaat *cela ne m'avancera pas* ★ het mocht niet ~ *c'est resté sans effet* ★ wat baat het? *à quoi bon?* ▾ baat het niet, dan schaadt het niet *on ne risque rien à essayer*
batig ★ ~ saldo *solde* m *positif / créditeur*
batikken *faire en batik*
batist *batiste* v
batterij • energiebron *pile* v ★ op ~en werken *marcher à piles* • MIL. *batterie* v • verzameling *batterie* v
baud *baud* m
bauxiet *bauxite* v
bavarois *bavaroise* v; *glace* v *aux fruits confits*
baviaan *babouin* m
baxter *perfusion* v
bazaar • liefdadigheidsverkoop *kermesse* v; *vente* v *de charité* • markt, winkel *bazar* m
Bazel *Bâle* v
bazelen *radoter*
bazig I BNW *autoritaire; dominateur* [v: *dominatrice*] **II** BIJW *autoritairement*
bazin *patronne* v; ⟨v. dier⟩ *maîtresse* v
bazooka *bazooka* m
bazuin *trompette* v
BBQ *BBQ* m
b.d. *retraité*
beachvolleybal *volley(-ball)* m *de plage; beach-volley* m
beademen • adem inblazen *insuffler*; MED. *pratiquer la respiration artificielle* • adem overheen laten gaan *souffler sur*
beademing *insufflation* v; MED. *respiration* v *artificielle* ★ mond-op-mond~ *bouche-à-bouche* m [onv]
beambte *employé* m [v: *employée*]; *préposé* m [v: *préposée*]; *fonctionnaire* m/v
beamen • *approuver; être d'accord avec* • bevestigen *confirmer*
beamer *vidéoprojecteur* m; *beamer* m
beangstigen *effrayer; angoisser*
beantwoorden I OV WW reageren op *répondre à* ★ een brief ~ *répondre à une lettre* **II** ON WW **~ aan** *répondre à; correspondre à*
bearnaisesaus *sauce* v *béarnaise*
beat *(musique* v*) beat* m
beatbox *beatboxer* m
beatboxen *faire le beatbox*
beautycase *vanity-case* m [mv: *vanity-cases*]
bebloed *ensanglanté; en sang*
beboeten *infliger une amende (à)*; ⟨bekeuren⟩ *verbaliser contre*
bebop *be-bop* m
bebossen *boiser*; ⟨opnieuw⟩ *reboiser; repeupler*
bebouwen • gebouwen neerzetten op *bâtir sur; urbaniser* • gewassen kweken op *cultiver*
bebouwing • gebouwen *construction* v • akkerbouw *(mise* v *en) culture* v; *exploitation* v
bechamelsaus *sauce* v *béchamel*
becijferen *calculer*; OOK MUZ. *chiffrer*
becommentariëren *commenter*
beconcurreren *concurrencer; faire concurrence à*

bed • slaapplaats *lit* m; INFORM. *pieu* m ★ naar bed gaan *se coucher* ★ naar bed gaan met *coucher avec* ★ uit bed springen *sauter (à bas) du lit* ★ bedden naast elkaar *des lits-jumeaux* ★ het bed houden *garder le lit*; *rester au lit* ★ het bed opmaken *faire le lit* ★ in bed leggen *mettre au lit*; *coucher* ★ naar bed! *au lit!* • bloembed *parterre* m; *plate-bande* v [mv: *plates-bandes*] • rivierbed *lit* m *fluvial* ▾ zijn bedje is gespreid *son avenir est assuré*
bedaagd *d'un âge avancé*
bedaard I BNW *calme*; *posé* **II** BIJW *calmement*; *posément*
bedacht ★ op iets ~ zijn *s'attendre à qc*; *être préparé à qc*; *être soucieux de*; *viser qc*
bedachtzaam I BNW *réfléchi*; *circonspect*; *avisé*; *prudent* **II** BIJW *avec réflexion / circonspection*
bedankbrief *lettre* v *de remerciement*
bedanken I OV WW dank betuigen *remercier (***voor** *de, pour)* ★ (hartelijk) bedankt! *merci (bien)!* **II** ON WW • afslaan *refuser*; *décliner* ★ daar bedank ik (feestelijk) voor! *très peu pour moi!* • opzeggen *démissionner*; *donner sa démission*
bedankje • dankwoord *remerciement* m ★ er kon nog geen ~ af *il/elle n'a même pas dit merci* • weigering *refus* m *(poli)*
bedankt *merci*
bedaren I OV WW tot rust brengen *apaiser*; *calmer* **II** ON WW tot rust komen *se calmer*; *s'apaiser*
bedbank *canapé-lit* m [mv: *canapés-lits*]; *clic-clac* m [onv]
beddengoed *literie* v
beddenlaken *drap* m
bedding • onderlaag *assise* v; *support* m • geul *lit* m
bede *prière* v; ⟨dringend⟩ *instances* v mv
bedeesd I BNW *timide* **II** BIJW *timidement*
bedehuis *maison* v *de prière*
bedekken • onzichtbaar maken *couvrir (***met** *de)*; ⟨overdekken⟩ *recouvrir* • verbergen *masquer*; *cacher*
bedekking *couverture* v
bedekt • afgedekt *couvert* • niet openlijk *couvert* ★ in ~e termen *à mots couverts*
bedektzadigen *angiospermes* v mv
bedelaar *mendiant* m [v: *mendiante*]
bedelarij *mendicité* v
bedelarmband *bracelet* m *à breloques*
bedelen *mendier*; INFORM. *faire la manche* ★ ~ om iets *mendier qc*; *quémander qc*
bedelen *faire la part à*; *pourvoir (***met** *de)*; ⟨v. armelui⟩ *assister* ★ rijkelijk bedeeld *bien pourvu* ★ iem. ruim ~ *faire la part belle à qn* ★ de minst bedeelden *les plus défavorisés*
bedelstaf ★ tot de ~ brengen *réduire à la mendicité*; *mettre sur la paille*; *ruiner*
bedeltje *breloque* v
bedelven • helemaal bedekken *enfouir*; *ensevelir* • FIG. overstelpen *accabler (***met** *de)*
bedenkelijk • twijfel uitdrukkend *hésitant* • zorgelijk *préoccupant*; *délicat*; ⟨dubieus⟩ *douteux* [v: *douteuse*] ★ het ziet er ~ voor je uit *cela se présente mal pour toi*; *tu es mal barré*
bedenken I OV WW • denken aan *considérer*; *réfléchir à* • overwegen ★ en dan te ~ dat *et dire que* ★ bedenk wel *notez bien* • verzinnen *inventer*; *imaginer*; *concevoir* • een schenking doen *gratifier (de)*; ⟨nalaten⟩ *laisser* **II** WKD WW [+ zich] • nadenken over *réfléchir à* ★ zich tweemaal ~ *y regarder à deux fois* • van gedachten veranderen *se raviser*
bedenking • overweging *réflexion* v; *considération* v ★ in ~ nemen *prendre en considération* • bezwaar *objection* v ★ ~en hebben *avoir des réserves*
bedenktijd *temps* m / *délai* m / *marge* v *de réflexion* ★ ik geef u ... ~ *je vous accorde un délai de ...*
bederf • rotting *pourriture* v ★ aan ~ onderhevig *périssable* • verslechtering *corruption* v; *perversion* v
bederfelijk *périssable*
bederfwerend *antiseptique*
bederven I OV WW • slechter maken *abîmer*; ⟨verknoeien⟩ *gâcher*; ⟨schaden⟩ *détériorer*; ⟨verderven⟩ *corrompre* • verwennen *gâter* **II** ON WW slecht, zuur of rot worden *se gâter*; *pourrir*
bedevaart *pèlerinage* m
bedevaartganger *pèlerin* m
bedevaartplaats *(lieu* m *de) pèlerinage* m
bediende *commis* m; *garçon* m; ⟨in huis⟩ *domestique* m/v; ⟨in hotel⟩ *chasseur* m; ⟨in hotel⟩ *groom* m ★ jongste ~ *petit commis* m
bedienen I OV WW • helpen *servir* • laten functioneren *manier*; *commander* • REL. *administrer* **II** WKD WW [+ zich] ~ **van** *se servir de*; *user de*
bediening • het helpen *service* m ★ is de ~ inbegrepen? *le service est-il compris?* • REL. ⟨toediening van sacramenten⟩ *administration* v; ⟨ambt⟩ *ministère* m; ⟨officie⟩ *office* m
bedieningspaneel *tableau / pupitre* m *(de commande)*
bedillen • zich bemoeien met *se mêler de* • vitten op *chicaner*; *ergoter*
bedilzucht ≈ *indiscrétion* v; *manie* v *de se mêler de tout*
beding *condition* v; *stipulation* v ★ onder geen ~ *à aucune condition*; *en aucun cas*
bedingen ⟨eisen⟩ *stipuler*; ⟨afspreken⟩ *négocier*
bedisselen *arranger*; *régler*; ⟨bekonkelen⟩ *manigancer*
bedlegerig *alité*; *cloué au lit*
bedoeïen *bédouin* m [v: *bédouine*]
bedoelen • aanduiden *vouloir dire* ★ wie bedoelt u? *à qui pensez-vous?* ★ wat bedoelt hij toch? *où en veut-il venir?* ★ wat bedoel je (daarmee)? *qu'est-ce que tu veux dire (par là)?* • beogen *viser à*; *avoir en vue* ★ het is goed bedoeld *l'intention est bonne*; *cela part d'un bon sentiment*
bedoeling • oogmerk *intention* v; *but* m; FORM. *dessein* m ★ met de ~ om *dans l'intention / le but de* ★ het ligt in mijn ~ om *j'ai l'intention de*; *j'envisage de* ★ met een goede ~ *à bonne intention*; *bien intentionné* ★ zonder kwade ~ *sans (y entendre) malice* ★ dat was niet de ~ *ce n'était pas le but de l'opération* • betekenis

sens m
bedoening • gedoe *agissements* m mv; *manigances* v mv • toestand ⋆ het was een kale ~ *c'était un peu maigre* ⋆ wat een saaie ~! *ce que c'est ennuyeux / rasant!*; *quelle barbe!* ⋆ een fraaie ~! IRON. *c'est du propre!* • spullen *affaires* v mv
bedompt *mal aéré*; *étouffant* ⋆ ~ ruiken *sentir le renfermé*
bedonderd • gek *cinglé*; *dingue*; *malade* ⋆ ben je helemaal ~? *ça va pas la tête?*; *t'es malade ou quoi?* • beroerd *fichu*; *minable*; *pourri*
bedonderen *avoir*; *rouler*; INFORM. *couillonner*; INFORM. *arnaquer*
bedorven • slecht, zuur of rot *gâté*; ⟨lelijk geworden⟩ *abîmé*; ⟨v. eetwaar⟩ *plus bon*; *avarié*; ⟨zuur, geschift⟩ *tourné*; ⟨rot⟩ *pourri*; ⟨v. lucht⟩ *vicié*; ⟨v. maag⟩ *dérangé*; *barbouillé* • verwend *gâté*
bedotten • beetnemen *avoir*; *attraper*; *berner*; *mettre dedans* • bedriegen *duper*; *rouler*; *tromper*
bedplassen *énurésie* v / *incontinence* v *(nocturne)*
bedraden *câbler*
bedrading *câblage* m; *fils* m mv ⋆ gedrukte ~ *circuit imprimé*
bedrag *montant* m; *total* m; *somme* v ⋆ ten ~e van *d'un montant de* ⋆ tot een ~ van *jusqu'à concurrence de*
bedragen *s'élever à*; *se chiffrer à*; *être de*
bedreigen *menacer (met de)* ⋆ met iets bedreigd worden *être sous le coup de*
bedreiging *menace* v *(met de)*
bedremmeld I BNW *confus*; *embarrassé* II BIJW *d'une manière confuse*
bedreven ⟨vaardig (in)⟩ *habile (dans)*; *expert (dans)*; *fort (en)*; *rompu (à)*; *versé (dans)*
bedriegen • *tromper*; *duper* • ontrouw zijn *tromper*; INFORM. *faire cocu* ▾ bedrogen uitkomen *être déçu (dans ses espoirs)*
bedrieger *tricheur* m [v: *tricheuse*]; ⟨oplichter⟩ *escroc* m ▾ de ~ bedrogen *l'arroseur arrosé*
bedrieglijk I BNW misleidend *trompeur* [v: *trompeuse*]; ⟨met bedrog⟩ *frauduleux* [v: *frauduleuse*] II BIJW *de manière trompeuse / frauduleuse* ⋆ er ~ veel op lijken *y ressembler à s'y tromper / à s'y méprendre*
bedrijf • onderneming *entreprise* v; *firme* v; ⟨agrarisch⟩ *exploitation* v ⋆ het midden- en klein~ *les petites et moyennes entreprises*; *les P.M.E.* • deel van toneelstuk *acte* m • werking *action* v ⋆ in ~ zijn *fonctionner*; *être en marche* ⋆ buiten ~ stellen *mettre hors (de) service* • vakgebied *métier* m; *branche* v ▾ tussen de bedrijven door *entre-temps*
bedrijfsarts *médecin* m *du travail*
bedrijfschap ≈ *association* v *professionnelle*; *syndicat* m
bedrijfseconomie *économie* v *d'entreprise*
bedrijfsgeheim *information* v *confidentielle*; ⟨m.b.t. product⟩ *secret* m *de fabrication*
bedrijfskapitaal *fonds* m *de roulement*
bedrijfsklaar *opérationnel* [v: *opérationnelle*]; *prêt à l'emploi*; ⟨v. fabriek⟩ *clefs* v mv *en main*
bedrijfskunde *gestion* v; *management* m
bedrijfsleider *gérant* m [v: *gérante*]; *chef* m *d'entreprise*
bedrijfsleiding *direction* v *d'entreprise*
bedrijfsleven • de bedrijven *entreprises* v mv • industrie en handel *vie* v *économique*
bedrijfsongeval *accident* m *du travail*
bedrijfsspionage *espionnage* m *industriel*
bedrijfstak *secteur* m *(industriel)*
bedrijfsvereniging ≈ *association* v *professionnelle sectorielle*
bedrijfsvoering *gestion* v; *management* m
bedrijfszeker *fiable*
bedrijven *faire*; *pratiquer*; ⟨begaan⟩ *commettre* ⋆ de liefde ~ *faire l'amour* ⋆ TAALK. ~de vorm *voix* v *active*
bedrijvenpark *zone* v *d'activité (ZA)*
bedrijvig • levendig *animé* • ijverig *actif* [v: *active*]; *dynamique*; ⟨druk bezig⟩ *affairé*
bedrijvigheid • levendigheid *animation* v • ijver *activité* v; *affairement* m
bedrinken [+ zich] *s'enivrer*; INFORM. *se soûler*
bedroefd I BNW verdrietig *triste*; *attristé*; ⟨bekommerd (over)⟩ *affligé (de)*; ⟨diep⟩ *désolé (de)*; *navré (de)* II BIJW *tristement*
bedroeven *attrister*; *affliger*; *chagriner*; ⟨diep⟩ *désoler*; *navrer*
bedroevend I BNW • treurig *attristant*; *triste*; ⟨zeer⟩ *navrant* • ergerlijk *lamentable*; *déplorable* II BIJW *lamentablement*
bedrog *tromperie* v; *fraude* v; *imposture* v; ⟨vals spel⟩ *tricherie* v; ⟨nep⟩ *bidon* m ⋆ optisch ~ *illusion* v *d'optique* ⋆ ~ plegen *frauder*; *tricher*
bedruipen I OV WW *arroser* II WKD WW [+ zich] *se suffire*
bedrukken *imprimer*
bedrukt • met inkt bedrukt *imprimé* ⋆ ~e stof *tissu imprimé / à dessins*; *indienne* v • neerslachtig *abattu*; *affligé*; *triste*
bedstee ≈ *alcôve* v; ⟨met deurtjes⟩ *lit* m *breton / clos*
bedtijd *heure* v *du coucher*
beducht ⋆ ~ zijn voor *appréhender*; *redouter*; *craindre*
beduiden • betekenen *signifier*; *vouloir dire* ⋆ dat heeft niets te ~ *cela n'a pas d'importance* • aanduiden *faire signe de* [+ inf.] • voorspellen *annoncer*; *présager* ⋆ dat beduidt niet veel goeds *cela ne présage rien de bon*
beduidend I BNW *considérable* II BIJW *considérablement*; *nettement*
beduimelen *tacher (en maniant)* ⋆ een beduimeld boek *un livre couvert de taches de doigts*
beduusd *déconcerté*; *interloqué*
beduvelen *avoir*; *rouler*; INFORM. *couillonner*; *arnaquer*
bedwang ⋆ in ~ houden *maîtriser*; *contenir*
bedwelmen *étourdir*; OOK FIG. *griser*; *enivrer* ⋆ ~de middelen *stupéfiants* m mv
bedwingen • in bedwang houden *contraindre*; *maîtriser*; FORM. *dompter*; ⟨v. tranen⟩ *refouler*, *retenir* • onderwerpen *soumettre*; *assujettir*
beëdigen • eed laten afleggen *faire prêter serment à* ⋆ beëdigd *assermenté* • bekrachtigen *confirmer / jurer*; *ratifier sous*

be

le sceau du serment
beëindigen *finir; achever; terminer; mettre fin à; cesser*
beëindiging *fin* v
beek *ruisseau* m [mv: *ruisseaux*]
beeld • afbeelding, voorstelling *image* v ★ in ~ *dans le champ*; FIG. *en vue* ★ buiten ~ *hors champ*; FIG. *hors circuit* ★ zich een ~ vormen van *se faire une idée de* • beeldhouwwerk *statue* v; ⟨beeldje⟩ *statuette* v • mooi exemplaar *beauté* v ★ een ~ van een meisje *une fille belle comme le jour* ★ een ~ van een hoed *un amour de chapeau*
beeldband *bande* v *vidéo*
beeldbuis • TECHN. *tube* m *(cathodique / à image)* • televisie *petit écran* m
beelddrager *support* m *d'images*
beeldend *imagé; évocateur* [v: *évocatrice*] ★ ~e kunsten *arts plastiques; beaux(-)arts* m mv ★ ~ kunstenaar *plasticien* m [v: *plasticienne*]
beeldenstorm *iconoclasme* m
beeldhouwen *sculpter* ★ het ~ *la sculpture*
beeldhouwer *sculpteur* m ★ beeldhouwster *femme sculpteur* v
beeldhouwkunst *sculpture* v
beeldhouwwerk *sculpture* v
beeldig I BNW *ravissant* II BIJW ★ deze jurk staat haar ~ *cette robe lui va à merveille*
beeldmerk *logo* m
beeldplaat *vidéodisque* m; *cd* m / *dvd* m *vidéo*
beeldpunt *point-image* m [mv: *points-images*]; ⟨v. beeldscherm⟩ *pixel* m
beeldscherm *écran* m
beeldschermsaver *économiseur* m *d'écran*
beeldschoon *de toute beauté; beau comme le jour* [v: *belle ...*]; *ravissant*
beeldspraak *langage* m *figuré; métaphore* m; *image* v
beeldtelefoon *visiophone* m
beeldverbinding *liaison* v *hertzienne*
beeldverhaal *bande* v *dessinée; BD* v
beeltenis *portrait* m; *image* v; *effigie* v
been • ledemaat *jambe* v ★ op de been zijn *être debout* ★ niet meer op zijn benen kunnen staan *ne plus tenir sur ses jambes* ★ de benen strekken *se dégourdir / se dérouiller les jambes* ★ iem. op de been helpen *remettre qn sur pied* ★ iem. beentje lichten *faire un croc-en-jambe à qn* ★ goed ter been zijn *être ingambe* • bot *os* m • deel van passer *branche* v; *jambe* v ▾ op eigen benen staan *être indépendant; se prendre en charge* ▾ de benen nemen *prendre ses jambes à son cou; filer; se sauver* ▾ met beide benen op de grond staan *avoir les (deux) pieds sur terre* ▾ op de been brengen *mettre sur pied* ▾ op zijn achterste benen gaan staan *monter sur ses grands chevaux* ▾ zijn beste beentje voorzetten *faire de son mieux* ▾ op het verkeerde been zetten *prendre à contre-pied*
beenbreuk *fracture* v *d'une jambe*
beendergestel *ossature* v
beenhouwer *boucher* m
beenhouwerij *boucherie* v
beenmerg *moelle* v *osseuse*
beenmergtransplantatie *greffe* v *de moelle osseuse*
beenruimte *espace* m *pour les jambes*
beenvlies *périoste* m
beenwarmer *jambière* v
beer • roofdier *ours* m • varken *verrat* m • steunbeer *contrefort* m • drek *purin* m; *excréments* m mv ▾ de grote Beer *la Grande Ourse* ▾ zo sterk als een beer *fort comme un bœuf / comme un Turc* ▾ de beer is los *il y a de l'eau dans le gaz* ▾ een ongelikte beer *un ours mal léché*
beerput *fosse* v *d'aisances*; FIG. *cloaque* m; VULG. *merdier* m
beest • dier *bête* v; *animal* m [mv: *animaux*] • beestje *bestiole* v • ruw mens *brute* v; *monstre* m ▾ de ~ uithangen *faire des siennes* ▾ bij de ~en af! *dégoûtant* ▾ het ~ in de mens *la bête humaine*
beestachtig I BNW wreed *bestial* [m mv: *bestiaux*]; *brutal* [m mv: *brutaux*] ★ ~ lawaai *bruit infernal* II BIJW • ruw *bestialement* • in hoge mate *terriblement; horriblement*
beestenboel • rotzooi *pagaïe* v • lawaai *vacarme* m; INFORM. *boucan* m
beestenweer *temps* m *de chien*
beet • het bijten *morsure* v; *coup* m *de dent* • wond *morsure* v; ⟨v. insect⟩ *piqûre* v • hap *bouchée* v
beetgaar *à point*
beethebben I OV WW • vast hebben *tenir* • bedotten *avoir; attraper; berner; mettre dedans* II ON WW *avoir une touche* ★ ik heb beet! *ça mord!*
beetje *peu* m; ⟨vleugje⟩ *soupçon* m ★ een klein ~ *un petit peu* ★ stukje bij ~ *petit à petit; peu à peu* ★ bij stukjes en bij ~s vertellen *raconter par petits morceaux* ★ zo'n ~ *à peu près* ★ alle ~s helpen *les petits ruisseaux font les grandes rivières; plusieurs peu font (un) beaucoup* ▾ een ~ arts weet dat *un médecin qui se respecte le sait* ▾ maak het een ~! *non, mais des fois!*
beetnemen *avoir; attraper; berner; mettre dedans*; ⟨bedriegen⟩ *duper; rouler; tromper* ★ ik laat me niet ~ *on ne me la fait pas* ★ zich laten ~ door *se faire avoir par*
beetpakken *saisir; empoigner; prendre*
beetwortel *betterave* v
bef ⟨v. toga⟩ *rabat* m
befaamd *fameux* [v: *fameuse*]; *célèbre; réputé; renommé* (**om** *par, pour*)
beffen *brouter*
begaafd *doué; de talent; talentueux* [v: *talentueuse*] ★ ~ met *doué de*
begaafdheid *talent* m; *dons* m mv; *moyens* m mv
begaan I BNW ★ ~ zijn met *compatir à* II OV WW • uitvoeren *faire; commettre* ★ een fout ~ *commettre une erreur* • betreden *emprunter* III ON WW zijn gang gaan ★ iem. laten ~ *laisser faire qn*
begaanbaar *praticable*
begeerlijk *désirable*
begeerte *désir* m (**naar, om** *de*); *appétit* m (**naar** *de*); *convoitise* v; ⟨zinnelijk⟩ *concupiscence* v
begeesteren *enthousiasmer*

begeleiden • meegaan met *accompagner*; LUCHTV./SCHEEPV. *convoyer*; ⟨uitgeleide doen⟩ *escorter* ⋆ ~de brief *lettre jointe* • ondersteunen *guider*; *suivre*; ⟨v. personeel/leerlingen⟩ *encadrer* • MUZ. *accompagner* ⋆ iem. op de piano ~ *accompagner qn au piano*

begeleider • vergezeller OOK MUZ. *accompagnateur* m [v: *accompagnatrice*] • adviseur *personne* v *qui guide*; ⟨v. kinderen⟩ *moniteur* m [v: *monitrice*]

begeleiding • het vergezellen *accompagnement* m; MIL. *escorte* v • het ondersteunen *conseil* m; *assistance* v; ⟨v. personeel/leerlingen⟩ *encadrement* m • MUZ. *accompagnement* m *(musical)*

begenadigd *qui a du génie*; *doué*

begenadigen *faire grâce à*; *gracier*

begeren *désirer*; *aspirer à*; *convoiter*

begerenswaardig *désirable*; *tentant*

begerig I BNW gretig *avide (***naar** *de)*; *désireux (***naar** *de)* [v: *désireuse*]; *gourmand (***naar** *de)* **II** BIJW *avidement*

begeven I OV WW • in de steek laten *abandonner*; *délaisser* ⋆ ik voel dat mijn krachten het ~ *je sens mes forces défaillir* • het begeven ⟨bezwijken⟩ *céder*; *succomber*; ⟨weigeren⟩ *lâcher*; *tomber en panne*; INFORM. *flancher* **II** WKD WW [+ zich] *se rendre (***naar** *à)*

begieten *arroser*

begiftigen *doter (***met** *de)*; *gratifier (de)*; ⟨met eigenschap⟩ *douer (de)*

begijn *béguine* v

begijnhof *béguinage* m

begin • eerste deel *début* m; *commencement* m ⋆ in het ~ *au début*; *au commencement* ⋆ een ~ maken met *entamer*; *commencer* ⋆ van het ~ af *dès le début*; *d'emblée* ⋆ van het ~ tot het eind *du début à la fin* ⋆ alle ~ is moeilijk *il n'y a que le premier pas qui coûte*; *le tout c'est de s'y mettre* ⋆ ~ mei *début mai* • oorsprong *origine* v; *naissance* v

begin- *de départ*

beginkapitaal *mise* v *de fonds*; *capital* m *de départ* [m mv: *capitaux* ...]

beginneling *débutant* m [v: *débutante*]; *novice* m/v; ⟨in opleiding⟩ *apprenti* m [v: *apprentie*]

beginnen I OV WW • begin maken met *commencer*; ⟨met onderwerp⟩ *entamer*; ⟨ondernemen⟩ *entreprendre* ⋆ een gesprek ~ met iem. *engager la conversation avec qn* ⋆ een zaak ~ *monter une affaire* ⋆ er is geen ~ aan *c'est la mer à boire* • gaan doen *faire* ⋆ we kunnen niets tegen hem ~ *nous ne pouvons rien contre lui* ⋆ wat moeten we (met hem) ~? *que faire (de lui)?* **II** ON WW aanvangen *commencer (***met** *par)* ⋆ ~ aan / met / te *se mettre à* ⋆ het begint te sneeuwen *il commence à neiger* ⋆ om te ~ *pour commencer*; *tout d'abord* ⋆ over politiek ~ *commencer à parler politique* ⋆ begin maar! *vas-y!* ⋆ de les is begonnen *la classe a commencé* ⋆ daar begint het gedonder *nous y voilà* ⋆ het begint! INFORM. *c'est parti! (mon kiki!)* ⋆ dat begint slecht *c'est mal parti*; *ça s'engage mal* ⋆ als je zo begint *si tu le prends sur ce ton*

beginner • → **beginneling**

beginnerscursus *stage* m *d'initiation*

beginnersfout *faute* v *de débutant*

beginrijm *allitération* v

beginsel • elementaire eigenschap *principe* m ⋆ de (eerste) ~en *les principes*; *les rudiments*; *le b.a.-ba* • overtuiging *principe* m ⋆ het leidend ~ *le principe directeur* ⋆ van een ~ uitgaan *partir d'un principe* ▾ in ~ *en principe*; *a priori*

beginselverklaring *programme* m *de base*; *discours-programme* m

beglazing *vitrage* m ⋆ dubbele ~ *doubles(-)vitrages*

begluren *lorgner*; *épier*

begonia *bégonia* m

begoochelen *illusionner*; *leurrer*

begraafplaats *cimetière* m

begrafenis • het begraven *inhumation* v • plechtigheid *enterrement* m; *funérailles* v mv; ⟨plechtig⟩ *obsèques* v mv

begrafenisonderneming *pompes* v mv *funèbres*

begrafenisstoet *cortège* m / *convoi* m *funèbre*

begraven • in de grond stoppen *enfouir*; *enterrer* • in het graf leggen *enterrer*; FORM. *ensevelir*; *inhumer* ⋆ hier ligt ~ *ci-gît*; *ici repose*

begrensd • binnen grenzen *délimité* • beperkt *limité*

begrenzen • de grens vaststellen van *limiter* • de grens zijn van *borner*; *(dé)limiter* • FIG. afbakenen *délimiter*

begrenzing *délimitation* v; *démarcation* v; *localisation* v

begrijpelijk • te begrijpen *compréhensible*; *concevable* ⋆ ik vind het ~ dat hij niet is gekomen *je comprends bien qu'il ne soit pas venu* ⋆ dat is ~ *ça se comprend* • duidelijk *compréhensible*; *intelligible*; *clair* ⋆ ~ maken *rendre compréhensible* ⋆ ~ voor iedereen *à la portée de tous*

begrijpen • verstandelijk bevatten *comprendre*; *entendre*; *saisir*; ⟨indenken⟩ *concevoir*; INFORM. *piger* ⋆ dat is te ~ *cela se comprend* ⋆ hij begrijpt er niets van *il n'y comprend rien* ⋆ nu begrijp ik het *maintenant j'y suis* • omvatten *contenir*; *comprendre* ⋆ daaronder begrepen *y compris* [onv] ▾ ik heb het niet op hem begrepen *je ne le sens pas*; *il ne m'inspire pas confiance*

begrip • het begrijpen *compréhension* v; ⟨inzicht⟩ *entendement* m; ⟨inzicht⟩ *intellect* m ⋆ ~ tonen *se montrer compréhensif* ⋆ dat gaat zijn ~ te boven *cela le dépasse* ⋆ geen flauw ~ van iets hebben *ne pas avoir la moindre notion de* ⋆ snel / traag van ~ zijn *avoir l'esprit vif / lent* • denkbeeld *conception* v; ⟨algemene voorstelling⟩ *notion* v ⋆ een rekbaar ~ *une notion élastique* ⋆ voor onze ~pen is dat te duur *à nos yeux c'est trop cher* ⋆ dat / die naam is een ~ *c'est une (véritable) institution* • overzicht *abrégé* m; *précis* m; *aperçu* m

begripsbepaling *définition* v

begripsverwarring *confusion* v *des idées*

be

begroeien *couvrir*
begroeiing *végétation* v
begroeten • groet brengen *saluer*; *dire bonjour à* • FIG. ontvangen *accueillir* ⋆ begroet worden met een kogelregen *être accueilli par une rafale de balles*
begroeting *salut* m; ⟨ontvangst⟩ *accueil* m
begrotelijk *(trop) cher* [v: ... *chère*]
begroten *évaluer (***op** *à)*; *estimer*
begroting • raming *évaluation* v; *estimation* v *(budgétaire)* ⋆ een ~ (op)maken *établir un budget*; *faire un devis* ⋆ een ~ sluitend maken *équilibrer un budget* • het stuk *budget* m ⋆ in de ~ opnemen *budgétiser*; *inscrire au budget*
begrotingsjaar *exercice* m *budgétaire*
begrotingstekort *déficit* m *budgétaire*
begunstigde *bénéficiaire* m/v
begunstigen *favoriser*; *avantager*
begunstiger *protecteur* m [v: *protectrice*]; *bienfaiteur* m [v: *bienfaitrice*]
beha *soutien-gorge* m [mv: *soutiens-gorge*]; INFORM. *soutif* m
behaaglijk **I** BNW prettig *agréable*; *confortable* ⋆ zich ~ voelen *être à son aise* **II** BIJW *agréablement*; *confortablement*
behaagziek **I** BNW *coquet* [v: *coquette*] **II** BIJW *coquettement*
behaard *velu*; *poilu*; ⟨v. hoofd⟩ *chevelu*
behagen **I** ZN [het] *plaisir* m ⋆ ~ scheppen in *prendre plaisir à* **II** ON WW *plaire (***aan** *à)*; *être agréable (***aan** *à)*
behalen *obtenir*; ⟨v. overwinning⟩ *remporter*; ⟨v. prijs⟩ *gagner*; ⟨v. winst⟩ *réaliser*
behalve • uitgezonderd *excepté*; *sauf*; *à l'exception de*; *à part* • niet alleen *outre*; *en dehors de*; *en plus de*
behandelen • omgaan met *s'occuper de*; ⟨met personen/dieren⟩ *traiter*; ⟨hanteren⟩ *manipuler*; *manier* ⋆ als vriend ~ *traiter en ami* ⋆ als gelijke ~ *traiter d'égal à égal avec* • bespreken *traiter* • MED. *soigner*; *traiter* ⋆ de ~d arts *le médecin traitant*
behandeling • het omgaan met iets *traitement* m; *manipulation* v; *maniement* m • bejegening *traitement* m • uiteenzetting *discussion* v ⋆ in ~ nemen *examiner* ⋆ in ~ komen *être à l'ordre du jour* • MED. *traitement* m; *soins* m mv *(médicaux)* ⋆ zich onder ~ stellen *se faire traiter*
behandelkamer *salle* v *de soins*
behandelmethode *méthode* v *de traitement / de soins*
behang *papier* m *peint*; ⟨behangsel⟩ *tenture* v
behangen • behang aanbrengen *tapisser* • hangen aan ⋆ iem. ~ met *couvrir qn de*
behanger *tapissier* m [v: *tapissière*]
behappen ⋆ iets kunnen ~ *être à la hauteur de qc*; *s'en sortir*
beharing *pilosité* v
behartigen *veiller à*; *gérer*
behaviorisme *behaviourisme* m
beheer • beherende instantie *administration* v • het beheren *gestion* v; *direction* v ⋆ in eigen ~ *à compte d'auteur* ⋆ iets onder ~ hebben *être en gestion de qc*
beheerder *administrateur* m [v: *administratrice*]; ⟨v. zaak⟩ *gérant* m [v: *gérante*]; ⟨v. landgoed⟩ *régisseur* m [v: *régisseuse*]; ⟨v. flat⟩ *syndic* m
beheersen **I** OV WW • heersen over *dominer*; *contrôler*; *maîtriser* ⋆ zijn emotie ~ *maîtriser son émotion* • kennis hebben van *maîtriser*; ⟨v. onderwerp ook⟩ *dominer*; ⟨v. taal ook⟩ *posséder*; ⟨v. vak⟩ *connaître* **II** WKD WW [+ zich] *se dominer*; *se maîtriser*
beheersing *maîtrise* v; *contrôle* m; *domination* v; ⟨v. taal⟩ *possession* v; ⟨v. vak⟩ *connaissance* v
beheerst *maître de soi* [v: *maîtresse* ...]; ⟨v. optreden⟩ *contrôlé*; ⟨v. gevoel⟩ *contenu*
beheksen *ensorceler*; *jeter un sort à*; *envoûter*
behelpen [+ zich] *se débrouiller*; *employer les moyens du bord*
behelzen *contenir*; *impliquer*; *comprendre*
behendig **I** BNW *adroit*; *habile*; ⟨lenig⟩ *agile* **II** BIJW *adroitement*; *habilement*; *agilement*
behendigheid *adresse* v
behendigheidsspel *jeu* m *d'adresse*
behept ~ **met** *marqué de*; *sujet à* [v: *sujette*]; *entaché de*
beheren *administrer*; *gérer*
behoeden *garder*; *préserver (***voor** *de)*; *protéger (***tegen** *contre)* ⋆ God behoede u ervoor *Dieu vous en préserve*
behoedzaam **I** BNW *prudent*; *circonspect*; FORM. *précautionneux* [v: *précautionneuse*] **II** BIJW *avec précaution*; *prudemment*; *avec circonspection*
behoefte • verlangen *besoin* m *(***aan**, **om** *de)* ⋆ in eigen ~n voorzien *se suffire* ⋆ in iemands ~ voorzien *pourvoir / subvenir aux besoins de qn* • ontlasting ⋆ zijn ~ doen *faire ses besoins*
behoeftig *indigent*; *nécessiteux* [v: *nécessiteuse*]
behoeve ⋆ ten ~ van *au bénéfice de*; *en faveur de*; *destiné à*; *pour*
behoeven **I** OV WW nodig hebben *avoir besoin de* **II** ON WW nodig zijn *falloir* ⋆ hij behoeft slechts te vragen *il n'a qu'à demander*
behoorlijk **I** BNW • zoals het hoort *convenable*; *décent* • flink *respectable* • bruikbaar *utilisable* **II** BIJW • naar behoren *convenablement*; *comme il faut* • flink *plutôt*
behoren • betamen *falloir*; *devoir*; *être nécessaire*; ⟨passend zijn⟩ *convenir* ⋆ naar ~ *convenablement*; *dûment* • ~ **aan** *appartenir à*; *être à* • ~ **bij** *aller avec*; ⟨passen bij⟩ *être assorti à* • ~ **tot** *faire partie de* ⋆ hij behoort tot de besten *il compte parmi les meilleurs*
behoud • het in stand houden *préservation* v; *conservation* v; ⟨handhaving⟩ *maintien* m ⋆ het ~ van de natuur *la préservation de la nature* ⋆ ~ van energie *conservation de l'énergie* ⋆ met ~ van salaris *avec maintien de salaire* • redding *salut* m
behouden **I** BNW ⟨v. mensen⟩ *sain et sauf* [v: *saine et sauve*]; ⟨v. zaken⟩ *intact* ⋆ (in) ~ (haven) aankomen *arriver à bon port* **II** OV WW • blijven houden *garder*; ⟨handhaven⟩ *maintenir* • niet kwijtraken *conserver*; *garder*; *retenir* ⋆ de overhand ~ *avoir le dessus*
behoudend *conservateur* [v: *conservatrice*]
behoudens • behalve *excepté*; *sauf*; *à*

l'exception de; à part ★ ~ de burgemeester ook de wethouders *outre le maire aussi les adjoints* • op voorwaarde van *sous réserve de*
behoudzucht *conservatisme* m
behuisd *logé; installé* ★ klein ~ *logé à l'étroit*
behuizing • woning *logement* m • ombouw *boîte* v; *caisse* v
behulp ★ met ~ van *à l'aide de*
behulpzaam *serviable; obligeant* ★ iem. ~ zijn (bij iets) *aider qn (à faire qc)*
beiaard *carillon* m
beiaardier *carillonneur* m
beide ⟨bijvoeglijk⟩ *les deux*; ⟨zelfstandig⟩ *tous* m mv *(les) deux* [v mv: *toutes ...*] ★ een van ~n *l'un des deux; de deux choses l'une* ★ geen van ~(n) *ni l'un, ni l'autre* ★ wij ~n *nous deux* ★ hun ~r vriend *leur ami commun*
beiderlei ★ van ~ kunne *des deux sexes*
Beieren *la Bavière*
beieren • een carillon bespelen *carillonner* • luiden *sonner*
Beiers *bavarois*
beige *beige*
beignet *beignet* m
beijveren [+ zich] *s'appliquer (***om, voor** *à)*
beïnvloeden *influencer; influer (sur)*
beïnvloeding *fait* m *d'influencer; influence* v
beitel *ciseau* m [mv: *ciseaux*]
beitelen *travailler au ciseau; ciseler*
beits *vernis* m *protecteur; teinture* v; ⟨bruine notenbeits⟩ *brou* m *de noix*
beitsen *passer au brou de noix; teinter*
bejaard *âgé*
bejaarde *personne* v *âgée / du troisième âge*
bejaardentehuis *maison* v *de retraite*
bejaardenverzorgster *infirmière* v *gériatrique*
bejaardenwoning *logement* m *pour personnes âgées*
bejaardenzorg *soins* m mv / *aide* v *sociale aux personnes âgées*
bejegenen *traiter; se conduire envers* ★ ruw ~ *rudoyer; malmener*
bejubelen *applaudir; acclamer*
bek • mond van dier *gueule* v; *bouche* v • snavel *bec* m • mond ★ bekken trekken *grimacer* • wat op een bek lijkt ⟨v. nijptang/gereedschap⟩ *mâchoire* v ▾ een grote bek hebben *avoir une grande gueule; être fort en gueule* ▾ op zijn bek gaan OOK FIG. *se casser la gueule* ▾ houd je bek! *ta gueule!*
bekaaid ▾ er ~ afkomen *en être pour ses frais*
bekabelen *câbler*
bekaf *crevé; claqué; vanné*
bekakt *affecté; prétentieux* [v: *prétentieuse*]; INFORM. *merdeux* [v: *merdeuse*]
bekeerling *converti* m [v: *convertie*]; *prosélyte* m/v
bekend • gekend *connu*; ⟨niet vreemd⟩ *familier* [v: *familière*] ★ zojuist is ~ geworden dat *on vient d'annoncer que* ★ voor zover mij ~ *à ma connaissance; autant que je sache* ★ een ~ gezicht *une figure de connaissance* ★ algemeen ~ *connu de tous; notoire; de notoriété publique* ★ dat is algemeen ~ *tout le monde sait cela* ★ dat is (wel)~ *c'est bien connu; cela se sait* ★ zich ~ maken (aan) *se faire connaître (à)* ★ dat was me niet ~ *je n'étais pas au courant (de cela)* ★ ben je daar ~? *tu connais le coin?* ★ dat komt me ~ voor *ça me dit qc* • befaamd *fameux* [v: *fameuse*]; *célèbre; réputé; renommé (***om** *par, pour)* ★ ~ worden *arriver à la notoriété* • ervan wetend *informé (***met** *de/sur); au courant (de)* ★ enigszins ~ met boekhouden *ayant des notions de comptabilité*
bekende *connaissance* v
bekendheid • het bekend zijn (met) *connaissance* v *(de)* ★ ~ geven aan *faire connaître* • faam *notoriété* v; *réputation* v; *renommée* v
bekendmaken *annoncer; publier; rendre public*; ⟨v. geheim⟩ *révéler; divulguer*
bekendmaking • het bekendmaken *annonce* v; *proclamation* v • publicatie *publication* v
bekendstaan *être connu (***om** *pour;* **als** *comme)* ★ goed / slecht ~ *avoir (une) bonne / mauvaise réputation* ★ hij staat als gierig bekend *il est connu pour être radin*
bekennen I ON WW JUR. zich schuldig verklaren *plaider coupable* **II** OV WW • toegeven *avouer* • bemerken *apercevoir* ★ er was geen mens te ~ *il n'y avait pas âme qui vive*
bekentenis *aveu* m [mv: *aveux*]; ⟨het opbiechten⟩ *confession* v ★ een ~ afleggen *passer aux aveux* ★ een ~ doen *faire un aveu*
beker • mok *gobelet* m; ⟨met voet⟩ *coupe* v; ⟨lijdensbeker⟩ *calice* m; ⟨dobbelbeker⟩ *cornet* m *(à dés)* • trofee *coupe* v
bekeren *convertir (***tot** *à)* ★ zich ~ *se convertir*
bekerfinale *finale* v *de la Coupe*
bekering *conversion* v
bekerwedstrijd *match* m *de coupe*
bekeuren *verbaliser contre; dresser une contravention à*
bekeuring *procès-verbal* m [mv: *procès-verbaux*]; INFORM. *p.-v.* m; *contravention* v; *amende* v; ⟨op voorruit⟩ *papillon* m ★ een ~ geven / krijgen *dresser / avoir un p.-v.*
bekijken • kijken naar *regarder*; ⟨zorgvuldig⟩ *examiner* • overdenken *examiner; considérer* ★ iets van alle kanten ~ *mettre à plat qc* ▾ het is zo bekeken *ça sera vite fait / fini* ▾ bekijk het maar! *débrouille-toi!*
bekijks ★ veel ~ hebben *attirer les regards*
bekisting *coffrage* m
bekken I ZN [het] • ANAT. *bassin* m; *pelvis* m • kom *bassin* m; *vasque* v • slaginstrument ★ ~s *cymbales* v mv • stroomgebied *bassin* m **II** ON WW ▾ die tekst bekt goed *ce texte sonne bien*
bekkenbodem *plancher* m *pelvien*
bekkenist *cymbalier* m [v: *cymbalière*]
beklaagde *prévenu* m [v: *prévenue*]; *accusé* m [v: *accusée*]; *inculpé* m [v: *inculpée*]
beklaagdenbank *banc* m *des accusés*
bekladden *barbouiller*; FIG. *souiller; entacher; ternir*
beklag *plainte* v ★ zijn ~ doen over iets bij iem. *se plaindre de qc auprès de qn*
beklagen I OV WW • medelijden tonen *plaindre* • betreuren *déplorer* **II** WKD WW [+ zich] *se*

be

*plaindre (***over** *de;* **bij** *à, auprès de)*
beklagenswaardig *à plaindre*; ⟨v. zaken⟩ *déplorable*
beklant ★ druk ~ *bien achalandé*
bekleden • bedekken *revêtir; recouvrir; habiller (***met** *de)* • vervullen *occuper; remplir; exercer* • opdragen ★ iem. met zekere macht ~ *investir qn d'un pouvoir* ★ iem. met een ambt ~ *charger qn de fonctions*
bekleding • bedekking *revêtement* m • uitoefening *exercice* m
beklemmen • vastknellen *serrer*; ⟨knellen⟩ *coincer* • benauwen *oppresser; accabler*
beklemtonen *accentuer*; FIG. *souligner; insister sur*
beklijven *durer; subsister*
beklimmen ⟨v. boom⟩ *grimper à/sur*; ⟨v. trap⟩ *monter sur*; ⟨v. helling⟩ *gravir*; ⟨v. helling⟩ *escalader* ★ de Mont Blanc ~ *faire l'ascension du Mont Blanc*
beklinken *conclure; arrêter* ★ de zaak is beklonken *l'affaire est réglée*
bekloppen *tapoter*; MED. *percuter*
beknellen *coincer*
beknibbelen *lésiner (***op** *sur); rogner (sur)*
beknopt I BNW *bref* [v: *brève*]; *concis; succinct*; ⟨summier⟩ *sommaire* ★ ~ overzicht *précis* m; *sommaire* m **II** BIJW *brièvement; succinctement*
beknotten *restreindre; diminuer; réduire*
bekocht *dupé; refait*
bekoelen OOK FIG. *se refroidir*
bekogelen *bombarder (***met** *de); jeter à*
bekokstoven *manigancer; concocter; mijoter*
bekomen • uitwerking hebben (op) *(ne pas) convenir / réussir à* ★ het is hem goed / slecht ~ *bien / mal lui en a pris* ★ die vis is mij niet goed ~ *j'ai mal digéré / supporté ce poisson* • bijkomen (van) *se remettre (de)*
bekommerd *soucieux (***om** *de)* [v: *soucieuse*]; *préoccupé*
bekommeren [+ zich] ~ **om/over** *se soucier de; se préoccuper de*
bekomst *content* m ★ zijn ~ hebben van *en avoir assez de*
bekonkelen *manigancer; concocter; mijoter*
bekoorlijk I BNW *charmant; ravissant; séduisant* **II** BIJW *de façon charmante*
bekopen I OV WW *payer* ★ iets met de dood ~ *payer qc de sa vie* ★ ik heb mijn vergissing zwaar moeten ~ *j'ai été sévèrement puni de mon erreur; je me suis trompé et me voilà cruellement puni* **II** WKD WW [+ zich] *se faire rouler*
bekoren • verrukken *charmer; enchanter; séduire* • verleiden *tenter* ★ zich laten ~ *se laisser prendre au charme*
bekoring *charme* m; *séduction* v; *enchantement* m; REL. *tentation* v
bekorten *abréger; raccourcir; écourter*
bekorting *abrégement* m; *raccourcissement* m
bekostigen *payer*
bekrachtigen • versterken ★ een bekrachtigde rem *un frein assisté* • bevestigen *confirmer* • ratificeren *ratifier*; ⟨geldig verklaren⟩ *valider*; ⟨goedkeuren⟩ *sanctionner*
bekrachtiging • *confirmation* v; *ratification* v; *validation* v • versterking *assistance* v ★ stuur~ *direction assistée*
bekritiseren *critiquer*
bekrompen *étroit; borné; étriqué; mesquin*
bekronen OOK FIG. *couronner (***met** *de)*; ⟨met prijs⟩ *primer*
bekroning • voltooiing *couronnement* m • prijs *couronne* v
bekruipen *(sur)prendre* ★ de lust bekruipt me *l'envie me prend* ★ de vrees bekroop hem *la crainte le saisit*
bekvechten *se chamailler; avoir une prise de bec*; INFORM. *discutailler*
bekwaam *capable (***tot** *de)*; OOK JUR. *compétent* ▾ niet ~ zijn voor zijn taak *ne pas être à la hauteur de sa tâche*
bekwaamheid *capacités* v mv; *savoir-faire* m; OOK JUR. *compétence* v; ⟨geschiktheid⟩ *aptitude* v *(***tot, voor** *à)* ★ akte van ~ *certificat* m; *brevet* m; *diplôme* m
bekwamen *former (***in** *dans, en)*; ⟨bijscholen⟩ *perfectionner (***in** *dans, en)*
bel • ⟨deurbel⟩ *sonnette* v; ⟨belletje⟩ *clochette* v; *grelot* m; ⟨met drukknop⟩ *timbre* m; ⟨v. telefoon⟩ *sonnerie* v; ⟨aan hals⟩ *clarine* v; *sonnaille* v ★ de bel gaat *on sonne* • luchtbel *bulle* v ★ bellen blazen *faire des bulles* • gasbel *poche* v • groot glas *ballon* m ▾ aan de bel trekken *tirer la sonnette d'alarme* ▾ dat deed een belletje rinkelen *ça a fait tilt*
belabberd *fichu; minable; pourri; nul* [v: *nulle*] ★ dat ziet er ~ uit *cela s'annonce mal* ★ er ~ uitzien *avoir une sale mine / tête*
belachelijk I BNW *ridicule; grotesque*; ⟨pover⟩ *dérisoire* ★ ~ maken *ridiculiser; tourner en ridicule* **II** BIJW *ridiculement*
beladen *charger (***met** *de)*; FIG. *accabler (***met** *de)* ★ met schulden ~ zijn *être criblé de dettes*
belagen *harceler*; ⟨bedreigen⟩ *menacer*
belager *poursuivant* m [v: *poursuivante*]; *agresseur* m
belanden *arriver*; ⟨verzeild raken⟩ *atterrir; échouer*
belang • aandacht ★ ~ stellen in *s'intéresser à* • betekenis *importance* v; *portée* v; *poids* m ★ van ~ *considérable; important* ★ dat is niet van ~ *cela n'a aucune importance* ★ ~ hechten aan *prêter de l'importance à* ★ het is van ~ dat *il importe que* [+ subj.] • voordeel *intérêt* m ★ algemeen ~ *intérêt* m *public* ★ ~ hebben bij *avoir intérêt à* ★ voor zijn ~en opkomen *défendre ses intérêts*
belangeloos I BNW • onbaatzuchtig *désintéressé; bénévole* • gratis *gratis* **II** BIJW • onbaatzuchtig *bénévolement* • gratis *gratis*
belangenorganisatie *organisation* v *syndicale*
belanghebbend *intéressé* ★ het ~ voorwerp *l'objet indirect*
belangrijk I BNW van betekenis *important; considérable; d'importance* ★ het ~ vinden te *tenir à* ★ een ~e gast *un invité de marque* ★ dat is erg ~ voor hem *cela compte beaucoup pour lui* **II** BIJW *considérablement*
belangstellen ~ **in** *s'intéresser à*
belangstellend I BNW *plein d'intérêt; intéressé* **II** BIJW *avec intérêt*

belangstelling *intérêt* m *(***voor** *pour)*; ⟨benieuwdheid (naar)⟩ *curiosité* v *(de)* ★ met ~ vragen naar *s'intéresser vivement à*
belangwekkend *intéressant*
belast OOK FIG. *chargé (***met** *de)* ★ te zwaar ~ *surchargé* ▾ erfelijk ~ *taré*
belastbaar *imposable*
belasten • last leggen op OOK FIG. *charger (***met** *de)*; ⟨bezwaren⟩ *grever (***met** *de)* ★ zich ~ met *se charger de*; *prendre en charge* • belasting heffen *imposer*; *taxer* ▾ ~de verklaring *témoignage accablant / à charge*
belasteren *calomnier*; *diffamer*; *médire de*
belasting • last, druk *charge* v • geestelijke druk *contrainte* v; *charge* v • verplichte bijdrage *impôt* m; *taxe* v ★ de ~ ontduiken *frauder le fisc* ★ in de ~ aanslaan *imposer* ▾ erfelijke ~ *tare* v
belastingaangifte *déclaration* v *d'impôts*
belastingaanslag *imposition* v
belastingadviseur *conseiller* m *fiscal* [v: *conseillère* ...]
belastingaftrek *déduction* v / *réduction* v *d'impôt*
belastingbetaler *contribuable* m/v
belastingbiljet *feuille* v *(de déclaration) d'impôts*
belastingconsulent *conseiller* m *fiscal* [v: *conseillère* ...]
belastingdienst *fisc* m
belastingdruk *pression* v *fiscale*
belastingfraude *fraude* v *fiscale*
belastingjaar *année* v *fiscale*; *exercice* m *fiscal*
belastingontduiking *fraude* v *fiscale*
belastingontvanger *percepteur* m; *receveur* m
belastingparadijs *paradis* m *fiscal* [m mv: *paradis fiscaux*]
belastingplichtig ⟨v. personen⟩ *assujetti à l'impôt*; ⟨v. zaken⟩ *imposable*
belastingplichtige *contribuable* m/v; *redevable* m/v
belastingschuld *dette* v *fiscale*; *montant* m *de l'impôt*
belastingverhoging *augmentation* v *d'impôt(s)*
belastingverlaging *réduction* v *d'impôt(s)*; *allègement* m *fiscal*
belastingvrij *exempt d'impôts*; *exonéré* ★ ~e voet *abattement à la base*
belastingvrijheid *exemption* v *d'impôts*
belazerd • gek *cinglé*; *dingue*; *malade* ★ ben jij helemaal ~? *ça va pas la tête?*; *t'es malade ou quoi?* • beroerd *fichu*; *minable*
belazeren *avoir*; *rouler*; INFORM. *couillonner*; *arnaquer* ★ ik heb me laten ~ *on m'a eu*
belcanto *bel canto* m
beledigen *offenser*; *insulter*; *injurier*; ⟨grof⟩ *outrager* ★ ~de woorden *propos injurieux* ★ beledigd zijn over *être vexé de*
belediging *offense* v; *insulte* v; *affront* m; ⟨zwaar⟩ *outrage* m
beleefd **I** BNW *poli*; *courtois* **II** BIJW *poliment*
beleefdheid *politesse* v; *courtoisie* v ★ uit ~ *par politesse*; *de complaisance* ★ de ~ hebben om *avoir l'amabilité de*
beleg • CUL. broodbeleg ≈ *de quoi mettre sur les tartines*; *garniture* v • belegering *siège* m ★ het ~ opbreken *lever le siège*
belegen *vieux* [v: *vieille*]; *mûr* ★ ~ kaas *fromage fait / affiné*
belegeren *assiéger*; *faire le siège de*
belegering *siège* m
beleggen • bedekken *couvrir (***met** *de)*; *garnir (***met** *de)* ★ belegd broodje *sandwich* m • investeren *placer*; *investir (***in** *dans)* • bijeenroepen *convoquer*; *organiser*
belegger *investisseur* m
belegging *placement* m; *investissement* m
beleggingsfonds • instelling *société* v *d'investissement* • effecten *fonds* m *de placements*
beleggingsmarkt *marché* m *des fonds*
beleggingsobject *(objet* m *d')investissement* m
beleggingspand *immeuble* m *de rapport*
beleid • gedragslijn *politique* v; *stratégie* v • tact *prudence* v; *circonspection* v
beleidslijn *ligne* v *d'action*; *politique* v
beleidsmaker ≈ *décideur* m
beleidsnota ≈ *mémoire* m *d'orientation (politique)*
belemmeren *entraver*; *gêner*; *embarrasser*; ⟨versperren⟩ *encombrer*; *obstruer*; ⟨verhinderen⟩ *faire obstacle à*
belemmering • het belemmeren *obstruction* v • dat wat belemmert *obstruction* v; *entrave* v; *empêchement* m; ⟨geestelijk⟩ *embarras* m; ⟨geestelijk⟩ *gêne* v
belendend *attenant*; *contigu* [v: *contiguë*]; *adjacent*; *avoisinant*; *à côté*
belenen *engager*; *mettre en gage*; GESCH. *inféoder*
belerend **I** BNW *doctoral* [m mv: *doctoraux*] **II** BIJW *doctoralement*; *en donneur de leçons*
belet ★ ~ vragen *demander une audience*
beletsel *obstacle* m *(***voor** *à)*; *empêchement* m ★ een ~ uit de weg ruimen *lever un obstacle*
beletselteken ⟨drie puntjes⟩ *points* m mv *de suspension*
beletten *empêcher (***te** *de)*; *faire obstacle à*
beleven *vivre*; ⟨bereiken⟩ *atteindre*; ⟨doormaken⟩ *traverser*; *connaître*; *endurer*; ⟨bijwonen⟩ *assister à*; *voir* ★ ik heb wel wat anders beleefd *j'en ai vu bien d'autres* ★ hij beleeft wat met haar *elle lui en fait voir* ★ nu gaan we iets ~! *on va voir ce qu'on n'a jamais vu!*; *on va voir ce qu'on va voir!*
belevenis *événement* m; *expérience* v
beleving *ressenti* m
belevingswereld *univers* m *mental*
belezen *qui a une culture livresque*; *érudit*; *lettré*
Belg *Belge* m/v
belgicisme *belgicisme* m
België *la Belgique* ★ in ~ *en Belgique*
Belgisch *belge*
Belgrado *Belgrade* v
belhamel • kwajongen *petit diable* m; *galopin* m • ram *sonnailler* m
belichamen *matérialiser*; *incarner*; *personnifier*
belichaming *matérialisation* v; *incarnation* v; *personnification* v
belichten • licht laten schijnen op *éclairer* • A-V *exposer*
belichting • het belichten *éclairage* m • A-V *exposition* v

belichtingstijd *temps* m *de pose*
believen I ZN [het] *volonté* v ⋆ naar ~ *à son gré*; *à sa guise*; *à discrétion*; *à volonté* **II** OV WW • behagen (aan) *plaire (à)* • wensen *désirer*
belijden • bekennen *confesser*; *avouer* • aanhangen *professer* ⋆ met de mond ~ *approuver en paroles*
belijdenis *profession* v; *confession* v *de foi* ⋆ ~ doen *faire sa confession*
bellen I OV WW telefoneren *appeler*; *téléphoner (à)*; *passer un coup de fil (à)* **II** ON WW • aanbellen *sonner* ⋆ er wordt gebeld *on sonne* • signaal geven *sonner*
bellettrie *belles-lettres* v mv
belofte *promesse* v; ⟨erewoord⟩ *parole* v; ⟨plechtig⟩ *vœu* m ⋆ een ~ doen *faire une promesse* ⋆ zijn ~ houden *tenir sa promesse / tenir parole* ⋆ zijn ~ niet houden *manquer à sa promesse* ▾ ~ maakt schuld *chose promise, chose due*
belonen • betalen *rémunérer* • voldoening geven *récompenser (***voor** *de, pour)*
beloning *récompense* v; ⟨betaling⟩ *rémunération* v ⋆ als ~ van/voor *en récompense de* ⋆ iets tegen ~ terugbezorgen *rapporter qc contre récompense*
beloop • gang *cours* m; *train* m; *marche* v ⋆ de zaak op zijn ~ laten *laisser tomber*; *laisser faire* • hellend vlak *talus* m; *pente* v; *déclivité* v
belopen • lopend afleggen *parcourir*; *faire à pied* • bedragen *s'élever à*; *se chiffrer à*; *être de*
beloven *promettre* ▾ dat belooft wat! *ça promet!*; *c'est prometteur!* ▾ de winter belooft streng te worden *l'hiver s'annonce rigoureux* ▾ gouden bergen ~ *promettre monts et merveilles / la lune*
beltegoed *crédit* m *(d'unités) de communication*; INFORM. *unités* v mv
beltoon *sonnerie* v
beluisteren *écouter*
belust ~ **op** *avide de*; *désireux de* [v: *désireuse*] ⋆ ~ zijn op *avoir envie de*; *rechercher*
belwinkel *téléboutique* v; *taxiphone* m
bemachtigen • te pakken krijgen *obtenir*; *se procurer* • buitmaken *décrocher*; *s'emparer de*
bemalen *épuiser*; *drainer*
bemannen *équiper* ⋆ een bemande (ruimte)vlucht *un vol habité*
bemanning • personeel *équipage* m • het bemannen *recrutement* m *de l'équipage*
bemanningslid *membre* m *de l'équipage*
bemerken *s'apercevoir de*; *s'aviser de*; *remarquer*
bemesten *fumer*; *engraisser*
bemesting *fumage* m
bemeten ⋆ ruim ~ *spacieux* [v: *spacieuse*]
bemiddelaar *médiateur* m [v: *médiatrice*]; *intermédiaire* m/v
bemiddeld *aisé*; *fortuné*
bemiddelen *servir de médiateur (***in** *dans)* ⋆ ~ in een conflict *intervenir dans un conflit*
bemiddeling *médiation* v; *conciliation* v ⋆ door ~ van *par l'intermédiaire / l'entremise de*
bemind *cher* [v: *chère*]; *chéri*; *aimé*
beminnelijk I BNW *aimable* **II** BIJW *aimablement*
beminnen *aimer*; *chérir*; *affectionner*
bemoederen *materner*
bemoedigen *encourager* ⋆ ~d *encourageant*
bemoeial ⋆ hij is een ~ *il se mêle de tout*
bemoeien [+ zich] ~ **met** *s'occuper de*; ⟨ongevraagd⟩ *se mêler de*; *s'ingérer dans* ⋆ bemoei je er niet mee! *occupe-toi de tes oignons!* ⋆ waar bemoei je je mee? *de quoi tu te mêles?*
bemoeienis *intervention* v; ⟨inmenging⟩ *ingérence* v; *intrusion* v
bemoeilijken *rendre difficile*; *compliquer*
bemoeiziek ≈ *indiscret* [v: *indiscrète*]
bemoeizucht ≈ *indiscrétion* v; *manie* v *de se mêler de tout*
benadelen *faire tort à*; *nuire à*
benaderen • dichter komen tot *approcher*; *s'approcher de* • aanpakken *aborder* • ongeveer berekenen *calculer par approximation* • polsen *sonder les intentions (de)*
benadering • het naderbij komen OOK FIG. *approche* v • WISK. *approximation* v ⋆ bij ~ *approximativement*
benadrukken *accentuer*; FIG. *souligner*; *insister sur*
benaming *dénomination* v; *nom* m
benard *critique*; *difficile*; *fâcheux* [v: *fâcheuse*]; *embarrassant*
benauwd • moeilijk ademend *oppressé* • drukkend *oppressant*; ⟨door warmte⟩ *étouffant*; *suffocant*; ⟨v. weer⟩ *lourd* ⋆ het is hier ~ *on étouffe ici* • nauw *étroit* • angstig *angoissé*; *anxieux* [v: *anxieuse*] ⋆ maak je daar maar niet ~ over *ne t'inquiète pas de ça*
benauwen • beklemmen *oppresser*; *étouffer* • beangstigen *angoisser*; *inquiéter*
bende • groep *bande* v; *troupe* v; *horde* v; FIG. *clique* v • (hele)boel *beaucoup*; *un grand nombre de* • wanorde *pagaille* v • rommel *gâchis* m
bendeleider *chef* m *de bande*; *caïd* m
beneden I BIJW lager gelegen *en bas* ⋆ ~ aan/in *en bas de* ⋆ ze woont ~ *elle habite en bas* ⋆ naar ~ gaan / brengen *descendre* ⋆ van boven naar ~ *de haut en bas* **II** VZ onder *au-dessous de*; *sous*; ⟨geringer dan⟩ *inférieur à* ⋆ ~ mijn waardigheid *indigne de moi* ⋆ ~ de maat zijn *être insuffisant*
benedenbuur *voisin* m *d'en bas*
benedenloop *cours* m *inférieur*; *aval* m
Beneden-Rijn *bas Rhin* m
benedenverdieping *étage* m *inférieur*; ⟨begane grond⟩ *rez-de-chaussée* m [onv]
benedenwinds ⋆ de Benedenwindse Eilanden *les îles Sous-le-Vent*
benedictijn *bénédictin* m
benefietvoorstelling *gala* m *de bienfaisance*
benefietwedstrijd *match* m *au bénéfice (de)*
Benelux *Benelux* m
benemen *ôter*; *priver de* ⋆ de eetlust ~ *couper l'appétit* ⋆ iem. de moed ~ *décourager qn*
benen I BNW *en os*; *d'os* **II** ON WW *marcher d'un bon pas*
benenwagen ▾ met de ~ *pedibus*
benepen • benauwd *embarrassé*; *penaud*; *timoré* ⋆ met ~ hart *le cœur serré* ⋆ met ~

stem *d'une petite voix* • bekrompen *mesquin*; *étriqué*
beneveld • met nevel *nébuleux* [v: *nébuleuse*] • dronken *enivré*; *gris*
benevens *ainsi que*
Bengaals *bengali*
Bengalees *Bengali* m/v
bengel • deugniet *vaurien* m [v: *vaurienne*]; *polisson* m [v: *polissonne*] • kind *gamin* m [v: *gamine*]
bengelen *pendiller*
benieuwd ⋆ ~ zijn naar iets *être curieux de connaître / savoir qc*
benieuwen ⋆ het zal mij ~ of *je suis curieux de savoir si*
benig *osseux* [v: *osseuse*]; *ossu*
benijden *envier*; *être jaloux de* [v: *jalouse*]; *jalouser* ⋆ iem. (om) iets ~ *envier qc à qn*
benijdenswaardig I BNW *enviable* **II** BIJW *de façon enviable*
benjamin *benjamin* m; *cadet* m; *petit dernier* m
benodigd *nécessaire*
benodigdheden *outillage* m; *nécessaire* m; ⟨op kantoor⟩ *fournitures* v mv; ⟨gerei⟩ *ustensiles* m mv
benoemen • naam geven *dénommer* • aanstellen (als) *désigner*; *nommer* ⋆ tot leraar ~ *nommer professeur* ⋆ tot erfgenaam ~ *instituer (qn) héritier*
benoeming • aanstelling *nomination* v ⋆ definitieve ~ *titularisation* v • naamgeving *dénomination* v
benoorden *au nord de*
benul *notion* v ⋆ hij heeft er geen ~ van *il n'y entend rien*; *il n'en a pas la moindre notion*
benutten *utiliser*; *profiter de*
benzedrine *benzédrine* v
benzeen *benzène* m
benzine *essence* v ⋆ loodvrije ~ *essence sans plomb*
benzinepomp • toestel *pompe* v *à essence* • station *pompe* v *à essence*
benzinestation *station-service* v [mv: *stations-service*]; ⟨met zelfbediening⟩ *station* v *libre-service*
benzinetank *réservoir* m *d'essence* ⋆ zijn ~ volgooien *faire le plein*
benzineverbruik *consommation* v *d'essence*
beo *mainate* m
beoefenaar ⟨v. wetenschap⟩ *homme* m *de science* [v: *femme ...*]; ⟨v. muziek⟩ *musicien* m [v: *musicienne*]; ⟨v. sport⟩ *sportif* m [v: *sportive*]
beoefenen *pratiquer*
beogen *viser à*; *poursuivre*; *rechercher*
beoordelen *juger*; ⟨inschatten⟩ *estimer*; *apprécier* ⋆ voor zover men kan ~ *autant qu'on puisse en juger*
beoordeling *jugement* m; ⟨inschatting⟩ *estimation* v; *appréciation* v; ⟨kritiek⟩ *critique* v; ⟨cijfer⟩ *note* v
bepaald I BNW • vastgesteld *fixé*; *arrêté* • omschreven *déterminé*; *spécifique* ⋆ een ~ geval *un cas spécifique* ⋆ ~ lidwoord *article défini* • een of ander *certain* ⋆ in ~e gevallen *dans certains cas* **II** BIJW *certainement*; *décidément* ⋆ niet ~ slim *pas précisément / vraiment malin*
bepakken ⋆ bepakt en gezakt *avec armes et bagages*
bepakking *charge* v; MIL. *paquetage* m
bepalen I OV WW • vaststellen *fixer*; *déterminer*; *arrêter*; *stipuler* ⋆ bij de wet bepaald *prévu par la loi* • omschrijven *définir* **II** WKD WW [+ zich] ⋆ zich ~ tot *se borner à*; *se limiter à*
bepaling • vaststelling *détermination* v; ⟨vastlegging⟩ *fixation* v • omschrijving *définition* v; ⟨voorschrift⟩ *disposition* v • beding *condition* v; *stipulation* v; *clause* v • TAALK. *complément* m ⋆ bijwoordelijke ~ *circonstanciel* m ⋆ bijvoeglijke ~ *attribut* m
beperken I OV WW • begrenzen *limiter*; *restreindre*; *borner* (**tot** *à*) • inkrimpen *réduire*; *limiter* **II** WKD WW [+ zich] ⋆ zich ~ tot *se borner à*; *se limiter à*
beperking • grens *limitation* v; *restriction* v; *limite* v • inkrimping *réduction* v
beperkt *réduit*; *limité*; *restreint*
beplanten *planter* (**met** *de*)
beplanting *plantation* v
bepleiten *plaider*; *défendre*
bepraten • bespreken *discuter de*; INFORM. *causer de* • overhalen *convaincre*; *raisonner*
beproefd *éprouvé*
beproeven • proberen *essayer*; *tenter* (**te** *de*) • op de proef stellen *mettre à l'épreuve*; *éprouver*; ⟨testen⟩ *tester* ⋆ zwaar beproefd *mis à rude épreuve*
beproeving • tegenspoed *épreuve* v • proef *épreuve* v
beraad *délibération* v ⋆ in ~ houden *réserver sa décision*; JUR. *tenir en délibéré* ⋆ na rijp ~ *après mûre réflexion*
beraadslagen *délibérer* (**met** *avec*; **over** *sur*)
beraadslaging *délibération* v
beraden I BNW *réfléchi* **II** WKD WW [+ zich] *réfléchir* (**op**, **over** *sur*)
beramen • ontwerpen *préparer*; *méditer*; *tramer* • begroten *évaluer* (**op** *à*); *supputer*
Berber *Berbère* m/v
berber *tapis* m *berbère*
berde ▾ iets te ~ brengen *mettre qc sur le tapis*; *avancer qc*
bere- *rudement*; *vachement*
berechten *juger*
beredderen *arranger*; ⟨v. boedel⟩ *liquider*
bereden *monté*
beredeneren *raisonner*
beregelen *normer*; *soumettre à des règles*
bereid *disposé (à)*; *prêt (à)*
bereiden *préparer*; *apprêter*; ⟨v. eten ook⟩ *faire*; *accommoder*; *confectionner* ⋆ iem. een verrassing ~ *réserver une surprise à qn*
bereidheid *bonne volonté* v
bereiding *préparation* v
bereidverklaring *accord* m; *consentement* m
bereidwillig I BNW *obligeant*; *serviable*; *coopératif* [v: *coopérative*] **II** BIJW *très volontiers*; *de grand cœur*
bereik *portée* v; ⟨actieradius⟩ *champ* m *(d'action)* ⋆ binnen mijn ~ *à ma portée* ⋆ binnen het ~ van ieders beurs *d'un prix*

abordable ★ buiten het ~ *hors d'atteinte* ★ ik heb geen ~ *il n'y a pas de réseau*

bereikbaar • te bereiken *accessible* ★ gemakkelijk ~ *d'(un) accès facile* • realiseerbaar *réalisable*; *abordable*

bereiken *atteindre*; *arriver à*; *gagner*; *parvenir à*; ‹v. persoon› *joindre* ★ uw brief heeft mij niet bereikt *votre lettre ne m'est pas parvenue*

bereisd *qui a beaucoup voyagé*; *qui a vu du pays*

berekend ~ **op** *fait pour*; *propre à*; *prévu pour*; *à la hauteur de*

berekenen • uitrekenen *calculer*; *chiffrer* • uitkienen *évaluer* • in rekening brengen *porter en compte*; *compter*

berekenend *calculateur* [v: *calculatrice*]

berekening *calcul* m; *compte* m ★ uit ~ *par calcul* ★ naar menselijke ~ *humainement parlant*

berenklauw *acanthe* v; *patte* v *d'ours*; *berce* v

berenmuts *bonnet* m *à poils*

berg • grote heuvel *montagne* v; AARDK. *mont* m ★ in de bergen *à la montagne* ★ langs berg en dal *par monts et par vaux* • hoop *tas* m ▾ gouden bergen beloven *promettre monts et merveilles* ▾ ergens als een berg tegenop zien *appréhender (de faire) qc*; *en faire une montagne* ▾ bergen verzetten *soulever les montagnes* ▾ de haren rezen me te berge *les cheveux se dressaient sur ma tête*

bergachtig *montagneux* [v: *montagneuse*]

bergafwaarts *en descendant*; *en descente*; FIG. *de mal en pis* ★ het gaat ~ met haar *elle est sur une mauvaise pente*

bergbeklimmen *faire de la montagne / de l'alpinisme*

bergbeklimmer *alpiniste* m/v; INFORM. *grimpeur* m [v: *grimpeuse*]

bergbewoner *montagnard* m [v: *montagnarde*]

bergen I OV WW • opbergen *ranger* • in veiligheid brengen *sauver*; ‹v. scheepswrak› *renflouer*; ‹v. ruimtecapsule› *récupérer* **II** WKD WW [+ zich] *se sauver*

bergetappe *étape* v *de montagne*

berggeit *chamois* m

berghelling *versant* m; *côte* v; *flanc* m

berghok *débarras* m; *resserre* v; *remise* v

berghut *refuge* m

berging • het bergen ‹v. goederen› *sauvetage* m; ‹v. scheepswrak› *renflouage* m; ‹v. ruimtecapsule› *récupération* v • berghok *débarras* m; *resserre* v; *remise* v

bergingsoperatie *sauvetage* m

bergkam *crête* v; *arête* v

bergkast *débarras* m

bergketen *chaîne* v *de montagnes*

bergkristal *cristal* m *de roche*; *quartz* m

bergloon *indemnité* v *de sauvetage*

bergmeubel *(meuble* m *de) rangement* m

bergopwaarts • LETT. de berg op *en montant* • FIG. beter *de mieux en mieux*

bergpas *col* m

bergplaats *débarras* m; *resserre* v; *remise* v

Bergrede *Sermon* m *sur la montagne*

bergrug *crête* v; *arête* v

bergruimte • hok *débarras* m; *resserre* v; *remise* v • capaciteit *espace* m

bergsport *alpinisme* m

bergtop *sommet* m; *cime* v

bergweide *alpe* v

beriberi *béribéri* m

bericht *annonce* v; *communication* v; *message* m; ‹kennisgeving› *avis* m; ‹nieuwtje› *nouvelle* v; *information* v ★ volgens de laatste ~en *selon les informations de la dernière heure* ★ ~ krijgen van iets *être informé de qc*; *apprendre qc* ★ ~ van overlijden / huwelijk, e.d. *faire-part* m [onv] ★ een ~ van ontvangst *un accusé de réception* ★ gemengde ~en *faits divers*

berichten *annoncer*; *informer de*; *avertir de*; *faire savoir* ★ de goede ontvangst ~ van *accuser réception de*

berichtgeving *information* v

berijden • rijden op *monter* • rijden over *rouler sur*; *circuler sur*

berijpt *givré*

berin *ourse* v

berispen *réprimander*; FORM. *blâmer*

berisping *réprimande* v; FORM. *blâme* m

berk *bouleau* m [mv: *bouleaux*]

Berlijn *Berlin* m

Berlijner *Berlinois* m

Berlijns *berlinois*

berm *accotement* m; *bas-côté* m [mv: *bas-côtés*] ★ zachte berm *accotement non stabilisé*

bermtoerisme ≈ *tourisme* m *de bord de route*

bermuda *bermuda(s)* m (mv)

Bern *Berne* v

beroemd *célèbre*; *illustre*; *fameux (***om** *pour)* [v: *fameuse*]; *réputé*

beroemdheid • het beroemd zijn *célébrité* v; *notoriété* v • beroemd persoon *célébrité* v; *notoriété* v

beroemen [+ zich] ~ **op** *se vanter de*; *se glorifier de*

beroep • vak *profession* v; ‹ambacht› *métier* m ★ de vrije ~en *les professions libérales* ★ timmerman van ~ *menuisier de son état* • oproep *appel* m ★ een ~ doen op *faire appel à*; *solliciter*; *en appeler à* • JUR. *appel* m ★ behoudens ~ op *sauf recours à* ★ in hoger ~ gaan tegen *faire appel de*

beroepen [+ zich] ~ **op** ‹gezag inroepen› *se référer à*; ‹iemand› *se recommander de*; ‹aanvoeren› *invoquer*; *arguer de*; ‹als voorwendsel› *s'autoriser de*

beroepengids • gids met beroepen *guide* m *d'orientation professionnelle* • gouden gids *pages* v mv *jaunes*

beroeps *professionnel* [v: *professionnelle*]; *pro*

beroeps- *professionnel* [v: *professionnelle*]

beroepsbevolking *population* v *active*

beroepsdeformatie *déformation* v *professionnelle*

beroepsethiek *déontologie* v *(professionnelle)*

beroepsgeheim *secret* m *professionnel*

beroepsgroep *catégorie* v *professionnelle* ★ sociale ~ *catégorie* v *socioprofessionnelle*

beroepshalve *à titre professionnel*

beroepsinstantie *instance* v *d'appel / de recours*

beroepskeuze *choix* m *d'une carrière*; *orientation* v *professionnelle*

beroepskeuzeadviseur *conseiller* m *d'orientation* [v: *conseillère ...*]; *orienteur* m *(professionnel)* [v: *orienteuse ...*]
beroepsleger *armée* v *de métier*
beroepsmatig *professionnellement*; *à titre professionnel*
beroepsmilitair *militaire* m *de carrière*
beroepsonderwijs *enseignement* m *professionnel*
beroepsopleiding *formation* v *professionnelle*
beroepsschool *école* v *professionnelle*
beroepssporter *(sportif* m*) professionnel* m [v: *(sportive) professionnelle*]; *pro* m
beroepsverbod *interdiction* v *professionnelle*
beroepsvoetbal *football* m *professionnel*
beroepsziekte *maladie* v *professionnelle*
beroerd I BNW • slecht *fichu*; *minable*; *pourri*; *nul* [v: *nulle*] ★ er ~ uitzien *avoir une sale mine / tête* ★ er ~ aan toe zijn *être mal barré* • vervelend *embêtant* • ⟨onwel⟩ *mal fichu*; *mal(-)en(-)point* [onv.] ★ ik word er ~ van *ça me rend malade* ▾ hij is nog te ~ om ... *il n'est même pas foutu de ...* ▾ nooit te ~ zijn om te helpen *être toujours prêt à rendre service* **II** BIJW *mal* ★ zich ~ voelen *se sentir malade*
beroeren • even aanraken *effleurer*; *toucher* • verontrusten *troubler*; ⟨hevig⟩ *bouleverser*
beroering *agitation* v; *émoi* m; *ébullition* v ★ in hevige ~ brengen *bouleverser*
beroerte *(attaque* v *d')apoplexie* v; *attaque* v; *AVC*; *accident* v *vasculaire cérébral*
berokkenen *causer*; *faire* ★ iem. schade ~ *porter préjudice à qn*
berooid *pauvre*; INFORM. *fauché*; *sans le sou*
berouw *repentir* m; *regret(s)* m (mv); *remords* m (mv) *(***over** *de)*; REL. *contrition* v ★ ~ hebben over *se repentir de*; *regretter*
berouwen ★ dat zal je ~ *tu le regretteras*
berouwvol *repentant*; *repenti*; *contrit*
beroven • bestelen *dévaliser* ★ iem. van iets ~ *voler / dérober qc à qn* • ontdoen ~ **van** *priver de*; ⟨erafhalen⟩ *dépouiller de*; ⟨inkorten⟩ *amputer de* ★ iem. van 't leven ~ *prendre la vie de qn*
beroving *vol* m; ⟨overval⟩ *hold-up* m [onv]
berucht *mal famé*; *redouté (***om** *pour)*; *tristement célèbre*
berusten • zich schikken ~ **in** *se résigner à* • ~ **op** *reposer sur*; *être fondé sur*
berusting *résignation* v
bes • CUL. vrucht *baie* v • MUZ. muzieknoot *si* m *bémol* • oude vrouw *petite vieille* v
beschaafd I BNW • niet barbaars *civilisé* • ontwikkeld *cultivé*; *instruit* • goed opgevoed *poli*; *bien élevé* ★ in ~e termen *en termes courtois* ▾ het algemeen ~ Frans *le bon usage du français* **II** BIJW *poliment*; *courtoisement*
beschaamd *honteux (***over** *de)* [v: *honteuse*]; ⟨verlegen⟩ *confus*; *embarrassé*
beschadigen *endommager*; *détériorer*; ⟨v. koopwaar⟩ *avarier*
beschadiging *endommagement* m; *détérioration* v; ⟨schade⟩ *dégâts* m mv
beschamen • beschaamd maken *faire rougir*; *rendre honteux* [v: *honteuse*]; *faire honte à* • teleurstellen *décevoir*; *trahir* ★ de verwachtingen ~ *décevoir l'attente* ★ iemands vertrouwen ~ *trahir la confiance de qn*
beschamend *honteux* [v: *honteuse*]
beschaven *civiliser*
beschaving • cultuur *civilisation* v; *culture* v • goede manieren *éducation* v
beschavingsziekte *maladie* v *de civilisation*
bescheiden I DE MV *documents* m mv; *dossier* m **II** BNW • niet opdringerig *modeste*; *discret* [v: *discrète*] ★ naar mijn ~ mening *à mon humble avis* • matig *modeste* **III** BIJW • niet opdringerig *discrètement* • matig *modestement*
bescheidenheid *modestie* v; *discrétion* v; ⟨eenvoud⟩ *simplicité* v
beschermeling *protégé* m [v: *protégée*]
beschermen *protéger (***tegen** *de, contre)*; ⟨beschutten (tegen)⟩ *abriter (de)*; *mettre à l'abri (de)*; *retrancher (de)* ★ ~de laag *couche protectrice*
beschermengel *ange* m *gardien*
beschermer *protecteur* m [v: *protectrice*]
beschermheer *protecteur* m; *patron* m
beschermheilige *patron* m [v: *patronne*]
bescherming *protection* v; *défense* v ★ onder ~ van *protégé par*; *sous la protection de*; *sous l'égide de* ★ in ~ nemen *prendre la défense de*
beschermingsfactor *indice* m *de protection*
beschermvrouwe *protectrice* v
bescheuren [+ zich] *se tordre (de rire)*
beschieten • schieten op *tirer sur*; *beschießen* • betimmeren *revêtir*; *lambrisser*; ⟨met hout⟩ *boiser*
beschieting *fusillade* v; *bombardement* m; ⟨met automatische wapens⟩ *mitraillage* m
beschijnen *éclairer*; *illuminer*; *luire sur*
beschikbaar *disponible* ★ iets ~ stellen *mettre qc à la disposition* ★ zich ~ stellen voor een functie *poser sa candidature*
beschikbaarheid *disponibilité* v
beschikken I OV WW beslissen *décider* **II** ON WW • ~ **over** ⟨bezitten⟩ *disposer de*; ⟨genieten⟩ *jouir de* • beslissen *disposer* ★ gunstig ~ op *disposer favorablement de*; *accorder*
beschikking • zeggenschap *disposition* v *(***over** *de)* ★ ter ~ stellen van *mettre à la disposition de* • besluit *arrêté* m
beschilderen *peindre*
beschimmelen *moisir* ★ beschimmeld *moisi*
beschimpen *injurier*; *insulter*
beschoeien *revêtir*
beschoeiing *revêtement* m; ⟨paalwerk⟩ *palée* v; *palplanches* v mv; ⟨rijshout⟩ *clayonnage* m; *paillage* m
beschonken *ivre* ★ in ~ toestand *en état d'ivresse*
beschoren *réservé*
beschot • bekleding *revêtement* m; *lambris* m; *boiserie* v • afscheiding *cloison* v
beschouwen • bezien *considérer*; *regarder* ★ alles wel beschouwd *après tout*; *tout compte fait* ★ op zichzelf beschouwd *en soi* • ~ **als** *considérer comme*
beschouwend *contemplatif* [v: *contemplative*]
beschouwing • overdenking *considération* v;

be

contemplation v; ⟨bezien⟩ *examen* m ⋆ bij nadere ~ *en y regardant de plus près* ⋆ buiten ~ laten *négliger; laisser hors considération; faire abstraction de* • bespreking *exposé* m ⋆ de algemene ~en ≈ POL. *discussion* v *budgétaire; débat* m *sur la politique générale (du gouvernement)*
beschrijven • schrijven op *écrire sur* • omschrijven *décrire; dépeindre* ⋆ ~d *descriptif* [v: *descriptive*] • volgen ⋆ een cirkel ~ *décrire un cercle*
beschrijving *description* v
beschroomd *timide; timoré*
beschuit *biscotte* v
beschuldigde *accusé* m [v: *accusée*]; *inculpé* m [v: *inculpée*]; *prévenu* m [v: *prévenue*]
beschuldigen *accuser* (**van** *de*)
beschuldiging *accusation* v; ⟨aanklacht⟩ *inculpation* v ⋆ in staat van ~ stellen *mettre en accusation* ⋆ aangehouden op ~ van *arrêté sous l'inculpation de* ⋆ een ~ inbrengen / uiten tegen *porter / proférer une accusation contre*
beschut *abrité* ⋆ ~ tegen *à l'abri de*
beschutten *abriter (de); mettre à l'abri (de); protéger (contre)*
beschutting *défense* v; *protection* v; *abri* m
besef • bewustzijn *conscience* v • begrip *notion* v
beseffen *être conscient de; se rendre compte de*
besje • vrucht *(petite) baie* v • oude vrouw *petite vieille* v
beslaan I OV WW • bekleden met metaal *garnir* (**met** *de*); ⟨met ijzer⟩ *ferrer*; ⟨met spijkers⟩ *clouter*; ⟨v. paard⟩ *ferrer* • innemen *occuper; prendre* **II** ON WW vochtig worden *s'embuer; se couvrir de buée* ⋆ de ruiten zijn beslagen *les vitres sont embuées* ⋆ beslagen tong *langue chargée*
beslag • deeg *pâte* v • metalen bekleedsel *garniture* v; ⟨v. ijzer⟩ *ferrure* v; ⟨hoefijzers⟩ *fers* m mv • het in bezit nemen JUR. *saisie* v ⋆ ~ leggen op iem. *occuper qn* ⋆ in ~ nemen / ~ leggen op *s'approprier; confisquer*; JUR. *saisir; occuper; absorber; accaparer; prendre; tenir; prendre* ⋆ dat neemt veel tijd in ~ *cela prend beaucoup de temps* ▾ zijn ~ krijgen *se réaliser; aboutir*
beslaglegging *saisie* v; *confiscation* v
beslapen *coucher dans/sur*
beslechten *régler; arranger; liquider; trancher; vider*
besliskunde *théorie* v *de la décision*; *recherche* v *opérationnelle*
beslissen *décider* (**over** *de*); JUR. *arrêter*; ⟨de knoop doorhakken⟩ *trancher*
beslissend *décisif* [v: *décisive*]; *déterminant* ⋆ ~e stem *voix* v *prépondérante*
beslisser *décideur* m [v: *décideuse*]
beslissing *décision* v; *résolution* v ⋆ een ~ nemen *prendre une décision; se décider*
beslissingsbevoegd *décisionnaire; décideur* [v: *décideuse*]
beslissingswedstrijd *match* m *de barrage*; *belle* v
beslist I BNW • zeker *net* [v: *nette*]; *indéniable* • vastberaden *ferme; décidé; déterminé* ⋆ een ~ antwoord *une réponse catégorique* **II** BIJW • zeker *certainement; sûrement* • vastberaden *fermement; résolument* • stellig *formellement*
beslommering *souci* m; ⟨kopzorgen⟩ *tracas* m mv
besloten • niet openbaar *fermé* ⋆ in ~ kring *en petit comité; dans la plus stricte intimité* ⋆ ~ jacht *chasse gardée / protégée / réservée* ⋆ ~ zitting *séance à huis clos* • vast van plan ⋆ ~ tot *décidé à; résolu à*
besluipen *s'approcher à pas de loup de*
besluit • beslissing *décision* v; *résolution* v; ⟨v. overheid⟩ *arrêté* m ⋆ een Koninklijk Besluit *un décret royal* ⋆ een ~ nemen *prendre une décision; se décider* ⋆ mijn ~ staat vast *j'ai pris ma décision* • conclusie *conclusion* v • einde *conclusion* v; *fin* v ⋆ tot ~ *pour conclure*
besluiteloos I BNW *irrésolu; indécis* ⋆ ~ zijn *hésiter; balancer* **II** BIJW *sans pouvoir se décider*
besluiten I OV WW • het besluit nemen te *décider de; se décider à; se déterminer à; se résoudre à* ⋆ bij zichzelf ~ om *se promettre de* ⋆ iem. doen ~ om *décider / résoudre qn à* • concluderen *conclure (de); déduire (de)* • beëindigen ~ **met** *finir par; terminer par* • insluiten *renfermer* **II** ON WW beslissen *se décider* (**te** *à*)
besluitvaardig *qui a l'esprit de décision; résolu*
besluitvorming *processus* m *de décision*
besmeren *enduire* (**met** *de*); ⟨v. brood⟩ *tartiner*
besmettelijk OOK FIG. *contagieux* [v: *contagieuse*]; ⟨v. kleur, stof⟩ *salissant*
besmetten *infecter*; OOK FIG. *contaminer* ⋆ besmet met *contaminé par* ▾ besmet werk *travail boycotté*
besmettingsgevaar *danger* m *de contagion*
besmettingshaard *foyer* m *d'infection*
besmeuren *souiller; salir*
besmuikt I BNW *sournois* **II** BIJW *sournoisement*
besneeuwd *enneigé; neigeux* [v: *neigeuse*]
besnijden • snijden in *tailler; couper* • besnijdenis toepassen *circoncire*
besnijdenis *circoncision* v
besnoeien • snoeien *tailler* • beknotten *réduire; restreindre* • inkorten *diminuer; rogner*
besodemieterd • gek *cinglé; dingue; malade* ⋆ ben je ~? *ça va pas la tête?; t'es malade ou quoi?* • beroerd *fichu; minable; pourri* ⋆ er ~ uitzien *avoir une sale mine*
besodemieteren *avoir; rouler*; INFORM. *couillonner; arnaquer*
besogne *occupation* v; *besogne* v ⋆ veel ~s hebben *être très occupé*
bespannen • trekdieren spannen voor *atteler* • iets spannen op *tendre* (**met** *de*); ⟨met snaren⟩ MUZ. *monter*; ⟨v. racket⟩ *corder*; ⟨met doek⟩ *entoiler*
besparen *économiser* (**op** *sur*); *épargner; faire l'économie de* ▾ bespaar je de moeite *épargne-toi la peine* ▾ ik zal je de details ~ *je te ferai grâce des détails*
besparing • *économie* v • het gespaarde *épargne* v; *économies* v mv
bespelen • spelen in/op *jouer dans/sur*; MUZ.

jouer de • beïnvloeden *manipuler*
bespeuren *s'apercevoir de; découvrir; discerner; entrevoir* ★ onraad ~ *flairer / pressentir le danger*
bespieden *guetter; épier; espionner*
bespiegelen *spéculer*
bespiegeling *spéculation* v; *contemplation* v
bespioneren *espionner; épier*
bespoedigen *accélérer; activer; précipiter*
bespottelijk I BNW *ridicule; grotesque* **II** BIJW *ridiculement*
bespotten *ridiculiser; se moquer de; tourner en dérision*
bespraakt *éloquent*; FORM. *disert*
bespreekbaar *dont on peut discuter*; ⟨onderhandelbaar⟩ *qui peut se débattre; négociable*
bespreekbureau *bureau* m *de location* [m mv: *bureaux ...*]
bespreken • spreken over *parler de; discuter (de)* • reserveren *retenir; réserver* • recenseren *faire la critique de*
bespreking • het bespreken *discussion* v; *entretien* m; *conversation* v; *délibération* v ★ in ~ zijn *être en conférence / en réunion* • reservering *réservation* v • onderhandeling ★ ~en voeren *être en pourparlers* • recensie *compte-rendu* m [mv: *comptes-rendus*]; *critique* v
besprenkelen *asperger (**met** de)*; CUL. *arroser*
bespringen • springen op *sauter sur* • aanvallen *assaillir* • dekken *monter; saillir; couvrir*; OOK VULG. *sauter*
besproeien *arroser*; ⟨bevloeien⟩ *irriguer*
bespuiten *arroser*
bessensap ⟨v. aalbessen⟩ *jus* m *de groseilles*
bessenstruik *groseillier* m
best I ZN [het] *mieux* m ★ zijn best doen *faire de son mieux* ★ op zijn best *(tout) au plus; (tout) au mieux; dans son élément; au meilleur de sa forme* ★ zijn best doen om *s'employer à; s'appliquer à* ★ zijn uiterste best doen *faire tout son possible; ne pas ménager ses efforts* ▾ ten beste geven *faire une démonstration de; débiter* **II** BNW • overtreffende trap van goed *meilleur*; ⟨m.b.t. kwaliteit⟩ *excellent*; ⟨m.b.t. kwaliteit⟩ *très bon* [v: *très bonne*]; ⟨m.b.t. kwaliteit⟩ *parfait*; ⟨in aanhef van brief⟩ *cher* [v: *chère*] ★ het beste van het beste *ce qu'il y a de mieux; le nec plus ultra* • goedhartig *brave* ★ een (bovenste) beste kerel *un brave type; un chic type* • waarde ★ beste vriend! *cher ami!* • goed ★ niet best *pas fameux* ★ ik vind het best *ça me va; parfait* **III** BIJW • overtreffende trap van goed *le mieux* ★ ik ken mezelf het best *je me connais le mieux moi-même* ★ het beste ervan maken *faire ce qu'on peut; en tirer le meilleur parti* • uitstekend *très bien* ★ ik vermaak me best *je m'amuse très bien* • tamelijk *assez; plutôt* ★ ik vind je best dik *je te trouve assez gros* • wel degelijk *fort bien* ★ ik vind hem best lief *je l'aime bien, moi* • zeker *certainement; assurément* ★ we redden het best *nous nous en tirerons sans problème* **IV** TW *bien!*
bestaan I ON WW • zijn *exister; être* ★ hij bestaat niet meer voor mij *il ne m'est plus rien* • mogelijk zijn *être possible* ★ dat bestaat niet! *c'est impossible!* • ~ **in** *consister en/dans; consister à* [+ inf.] • ~ **uit** *se composer de; comprendre* • ~ **van** *vivre de* ★ hij kan van zijn zaak niet ~ *son négoce ne le nourrit pas* ★ hij kan goed ~ *il a de quoi vivre* **II** ZN [het] • er zijn *existence* v • FIG. overleven *vie* v; *subsistance* v ★ de strijd om het ~ *la lutte pour la (sur)vie; la concurrence vitale* ★ middelen van ~ *ressources* v mv; *moyens de subsistance*
bestaansminimum *minimum* m *vital*
bestaansreden *raison* v *d'être*
bestaanszekerheid *assurance* v *du lendemain*
bestand I ZN [het] • verzameling gegevens *fichier* m • voorraad *ressources* v mv; *ensemble* m • wapenstilstand *trêve* v; *armistice* m **II** BNW ★ ~ zijn tegen *supporter; être résistant à; résister à; être à l'épreuve de*
bestanddeel *élément* m; *composant* m; *partie* v *constituante*; ⟨v. gerecht⟩ *ingrédient* m
bestandsbeheer *gestion* v; *tenue* v *de fichier(s)*
bestandsnaam *nom* m *de fichier*
besteden • uitgeven *dépenser (**aan** à)* ★ zijn geld goed ~ *faire (un) bon usage de son argent* • gebruiken, aanwenden ⟨aanwenden (voor)⟩ *employer (**aan** à)*; ⟨wijden (aan)⟩ *consacrer (**aan** à)*; ⟨v. aandacht⟩ *prêter (**aan** à)*; ⟨v. zorg⟩ *apporter (**aan** à)* ★ zijn tijd nuttig ~ *faire un bon emploi de son temps* ▾ dat is aan hem niet besteed *il y est insensible; c'est peine perdue*
besteding *dépense* v
bestedingsbeperking *réduction* v *des dépenses*; ⟨beleid⟩ *politique* v *de rigueur*
besteedbaar ★ ~ inkomen *revenu* m *net*
bestek • eetgerei *couvert* m • kader ★ in kort ~ *sommairement* ★ binnen het ~ van *dans le cadre de* • bouwplan *cahier* m *des charges; devis* m • SCHEEPV. *point* m ★ ~ opmaken *faire le point*
bestekbak *range-couvert* m [onv]
bestel *ordre* m; *structure* v
bestelauto *fourgonnette* v
bestelbon *bon* m / *bulletin* m *de commande*
bestelen *voler*
bestelformulier *bulletin* m *de commande; ordre* m *d'achat*
bestellen • iets laten komen *commander; faire venir*; ⟨v. personen⟩ *appeler* ★ koffie ~ *commander un café* • thuis bezorgen *livrer*; ⟨v. post⟩ *distribuer*
besteller • bezorger *livreur* m [v: *livreuse*]; *porteur* m [v: *porteuse*]; ⟨v. post⟩ *facteur* m [v: *factrice*]; ⟨besteldienst⟩ *messagerie(s)* v (mv) • opdrachtgever *acheteur* m
bestelling • order *ordre* m; *commande* v ★ op ~ *sur commande* ★ een ~ doen *passer une commande* • bestelde goederen *commande* v • bezorging *livraison* v; ⟨v. post⟩ *distribution* v
bestelnummer *(numéro* m *de) référence* v
bestelwagen *camionnette* v; *fourgonnette* v
bestemmen *destiner (**voor** à); affecter (**voor** à)*
bestemming • doel *destination* v ★ met ~ Parijs *à destination de Paris* ★ op de plaats van ~ aankomen *arriver à destination* • lot *sort* m; *destin* m; *destinée* v

be

bestemmingsplan *plan* m *d'aménagement*; ⟨lokaal⟩ *plan local d'urbanisme*
bestemmingsverkeer *circulation* v *locale*
bestempelen • een stempel drukken op *timbrer*; *tamponner* • aanduiden als *qualifier de*; *traiter de*; *taxer de*
bestendig I BNW • niet veranderlijk *constant*; *stable*; ⟨v. weer⟩ *au beau fixe* • duurzaam *durable*; *permanent* **II** BIJW *constamment*; *durablement*
bestendigen *faire durer*; *pérenniser*
besterven I OV WW ★ het ~ van het lachen *mourir de rire* **II** ON WW licht rotten van vlees ★ het vlees laten ~ *mortifier la viande* ▾ dat woord ligt hem in de mond bestorven *il n'a que ce mot à la bouche*; *c'est son mot favori* ▾ het woord bestierf op zijn lippen *le mot se figea sur ses lèvres*
bestijgen ⟨v. rijdier⟩ *monter (sur)*; ⟨v. helling⟩ *gravir*; *escalader* ★ een paard ~ *enfourcher un cheval*
bestoken • aanvallen *attaquer* • FIG. lastig vallen *harceler (***met** *de)*; *assaillir (***met** *de)*
bestormen • stormlopen op *donner l'assaut à* • bestoken *attaquer*; *assaillir* ▾ iem. met vragen ~ *presser qn de questions*
bestorming *assaut* m; *charge* v
bestraffen • straffen *punir (***voor** *de, pour)* • berispen *réprimander*
bestraffing *punition* v; *correction* v
bestralen *rayonner sur*; MED. *irradier* ★ hij wordt bestraald *il fait des séances de rayons*
bestraling *rayonnement* v; MED. *irradiation* v; *radiothérapie* v
bestralingstherapie *radiothérapie* v
bestraten *paver*
bestrating • het bestraten *pavage* m • wegdek *pavé* m
bestrijden • vechten tegen *combattre*; *lutter contre* • aanvechten *contester* • onkosten dekken *couvrir (les frais)*
bestrijding *combat* m / *lutte* v *contre* ★ ter ~ van de criminaliteit *vtg>our combattre la criminalité*
bestrijdingsmiddel *pesticide* m; ⟨tegen onkruid⟩ *herbicide* m; ⟨tegen insecten⟩ *insecticide* m
bestrijken • besmeren *enduire (de)* • kunnen bereiken *couvrir*; *atteindre*; ⟨v. geschut ook⟩ *commander*
bestrooien *(par)semer (***met** *de)*; *couvrir (***met** *de)*; ⟨met blaadjes, bloemen⟩ *joncher (***met** *de)*; ⟨met suiker, zout e.d.⟩ *saupoudrer (***met** *de)*; ⟨met zand⟩ *sabler*; ⟨bepoederen⟩ *poudrer*
bestseller *best-seller* m [mv: *best-sellers*]; *succès* m *de librairie*
bestuderen • studie maken van *étudier* • onderzoeken *étudier* • goed bekijken *étudier*
bestuiven • onderstuiven *poudrer* • bevruchten *féconder* ★ het ~ *la pollinisation*
besturen • sturen, bedienen *conduire*; *manœuvrer*; ⟨v. vliegtuig, raceauto⟩ *piloter*; ⟨draadloos⟩ *télécommander* • leiding geven *diriger*; *administrer*; ⟨regeren⟩ *gouverner*
besturing • het besturen *conduite* v; ⟨v. vliegtuig, raceauto⟩ *pilotage* m; ⟨v. schip⟩ *navigation* v • stuurinrichting *commande* v
besturingssysteem COMP. *système* m *d'exploitation*
bestuur • gezag *gouvernement* m; *administration* v ★ het plaatselijk ~ *les autorités* v mv *locales* • bewind *direction* v; ⟨v. vereniging⟩ *bureau* m [mv: *bureaux*]; ⟨v. bedrijf⟩ *gestion* v; ⟨m.b.t. overheid⟩ *administration* v • college van bestuurders *conseil* m *d'administration*; *comité* m *directeur*
bestuurder • leidinggevende *directeur* m [v: *directrice*]; *administrateur* m [v: *administratrice*] • voertuigbestuurder *conducteur* m [v: *conductrice*]; *chauffeur* m
bestuurlijk *administratif* [v: *administrative*]
bestuursapparaat *administration* v
bestuurskunde *sciences* v mv *administratives* [mv]
bestuurslid *membre* m *du bureau / comité*
bestuursrecht *droit* m *administratif*
bestwil ★ het is voor je eigen ~ *c'est pour ton bien*
bèta • Griekse letter *bêta* m • afdeling *section* v *scientifique* • persoon *scientifique* m/v
betaalautomaat *caisse* v / *guichet* m *automatique*
betaalbaar *payable*; ⟨niet duur⟩ *abordable* ★ voor iedereen ~ *à la portée de toutes les bourses*
betaald • beroeps *professionnel* [v: *professionnelle*] • gehuurd *acheté* ★ ~e liefde *amour* m *vénal* ▾ dat zal ik hem ~ zetten! *il me le paiera!*
betaalmiddel *moyen* m *de paiement* ★ een wettig ~ *une monnaie légale*
betaalpas *carte* v *bancaire*; *carte* v *bleue*
betaaltelevisie *(chaîne de) télévision* v *cryptée / payante / à péage*
bètablokker *bêtabloquant* m
betalen • de kosten voldoen *payer*; *régler* ★ tien euro voor iets ~ *payer qc dix euros* ★ met goud ~ *payer en or* ★ dat is met geen geld te ~ *c'est hors de prix* • vergelden *payer*
betaler *payeur* m [v: *payeuse*]
betaling *paiement* m; *règlement* m ★ tegen ~ van ... *moyennant ...* ★ de films worden uitgeleend tegen ~ *le prêt des films est payant*
betalingsachterstand *arriéré* m
betalingsbalans *balance* v *des paiements*
betalingstermijn *terme* m; *échéance* v
betalingsverkeer *transactions* m mv *financières*
betalingsvoorwaarden *conditions* v mv *de paiement*
betamelijk *convenable*; *décent*
betamen *convenir*; *être convenable*
betasten *toucher*; *tâter*; *palper*
bètastraling *rayons* m mv *bêta*
bètawetenschap ★ ~pen *sciences* v mv *exactes*
betekenen • beduiden *signifier*; *vouloir dire*; ⟨inhouden⟩ *impliquer* • waarde hebben *avoir de l'importance* ★ dat lijkt niets te ~ *cela n'a l'air de rien* • JUR. *signifier*
betekenis • inhoud, bedoeling *signification* v; *sens* m; TAALK. OOK *acception* v • belang, strekking *importance* v; *portée* v

betekenisleer *sémantique* v
beter I BNW • vergrotende trap van goed *meilleur* ★ zij is ~ in wiskunde dan haar broer *elle est meilleure en maths que son frère* ★ dat is ~ *cela vaut mieux* ★ ~ worden *s'améliorer* ★ ik heb wel wat ~s te doen *j'ai mieux à faire (que de)* • genezen *guéri*; *rétabli* ★ ~ worden *guérir*; *se rétablir* ▾ hij wordt er ~ van *il y gagne* **II** BIJW *mieux* ★ je kunt maar ~ *tu ferais mieux de* ★ het gaat ~ met hem *il va mieux* ★ ze danst ~ dan ze zingt *elle danse mieux qu'elle ne chante*
beteren I OV WW beter maken *améliorer* ★ zich/zijn leven ~ *s'améliorer*; *s'amender*; *se racheter* ▾ God betere het! *Dieu (me pardonne)!* **II** ON WW beter worden *aller mieux* ★ aan de ~de hand zijn *être convalescent*; *être en voie de guérison*
beterschap *amélioration* v; ⟨v. gezondheid⟩ *rétablissement* m ★ ~ beloven *promettre de se corriger* ★ ~ gewenst! *je te souhaite un prompt rétablissement!*
beteugelen *brider*; *refréner*; ⟨bedwingen⟩ *réprimer*
beteuterd *déconfit*; *penaud*
betichten *accuser (***van** *de)*
betijen ★ laten ~ *laisser faire* ★ iets laten ~ *laisser agir le temps*
betimmeren *boiser*; *lambrisser*; ⟨betengelen⟩ *latter*
betitelen *qualifier (***als** *de)*; *traiter (***als** *de)*; *taxer (***als** *de)*
betoeterd *cinglé*; *malade*
betogen I OV WW beredeneren *argumenter* **II** ON WW demonstreren *manifester*
betoger *manifestant* m [v: *manifestante*]
betoging *manifestation* v
beton *béton* m ★ van ~ *de/en béton* ★ gewapend / voorgespannen ~ *béton armé / précontraint*
betonen I OV WW *manifester*; *témoigner* **II** WKD WW [+ zich] *se montrer*; *se révéler*
betonijzer ⟨wapening⟩ *armature* v
betonmolen *bétonneuse* v; *bétonnière* v
betonrot *corrosion* v *du béton*
betonvlechter *ferrailleur* m
betoog *argumentation* v; ⟨uiteenzetting⟩ *explication* v ★ het behoeft geen ~ dat *il est évident que* [+ ind.]
betoogtrant *argumentation* v; *raisonnement* m
betoveren • beheksen *ensorceler* • bekoren *enchanter* ★ ~d *ravissant* ★ ze is ~d mooi *elle est belle à ravir*
betovergrootmoeder *trisaïeule* v
betovergrootvader *trisaïeul* m [mv: *trisaïeux*]
betovering *ensorcellement* m; OOK FIG. *enchantement* m ★ de ~ verbreken *rompre le charme*
betrachten ★ geduld ~ *user de patience* ★ zijn plicht ~ *faire son devoir* ★ de regels ~ *observer les règles*
betrappen • *attraper*; *surprendre* ★ betrapt! *je t'y prends!* • ~ **op** *attraper / (sur)prendre à* [+ inf.] ★ op een fout ~ *prendre en faute / en défaut*
betreden • stappen op *mettre le pied sur*; FORM. *fouler* • binnengaan *entrer dans* ★ het speelveld ~ *entrer sur le terrain*
betreffen • betrekking hebben op *s'agir de*; *concerner* ★ het betreft *il s'agit de* • aangaan *concerner* ★ wat mij betreft *en ce qui me concerne*; *pour ma part* ★ wat dat betreft *pour ce qui est de cela*; *quant à cela*
betreffende *concernant* ★ de ~ personen *les personnes concernées*
betrekkelijk I BNW relatief *relatif* [v: *relative*] **II** BIJW *relativement*
betrekken I OV WW • mengen (in) *associer (***in** *à)*; *mêler (***in** *à)*; *impliquer (***in** *dans)* ★ hij is er niet bij betrokken *il n'y est pour rien* • gaan bewonen *s'installer dans* ★ de wacht ~ *monter la garde* • koopwaar afnemen *acheter* • ~ **op** *mettre en rapport avec*; *rattacher à* **II** ON WW • somber worden *s'assombrir* ★ zijn gezicht betrok *son front s'obscurcit* • bewolkt worden *se couvrir*
betrekking • band, verband *rapport* m; *relation* v; *lien* m ★ met ~ tot *par rapport à*; *relatif à* m [v: *relative à*]; *en matière de* ★ ~ hebben op *se rapporter à*; *porter sur* ★ goede ~en onderhouden met *entretenir de bons rapports avec* • baan *emploi* m; *poste* m; *situation* v • familie, nabestaanden *proches (parents)* m mv
betreuren *déplorer*; *regretter*
betreurenswaardig *regrettable*
betrokken • somber *triste*; *morose*; *sombre* • bij iets gemoeid *concerné*; ⟨in iets verwikkeld⟩ *impliqué*; *en cause* • betreffende *en question*; *intéressé* • bewolkt *couvert*
betrokkenheid • engagement *engagement* m • verwikkeling (in) *implication* v *(dans)*
betrouwbaar *digne de foi*; *fiable*; *sérieux* [v: *sérieuse*]; ⟨v. berichten⟩ *crédible*; ⟨v. zaken⟩ *sûr*; *fiable*
betrouwbaarheid *fiabilité* v
betten *tamponner*
betuigen *témoigner*; *manifester*; *exprimer* ★ dank ~ *remercier*
betuiging *témoignage* m; *démonstration* v
betuttelen *ergoter sur*; *pinailler sur*; ⟨bevoogden⟩ *traiter paternellement*
betweter *pédant* m; *donneur* m *de leçons* [v: *donneuse ...*]
betwijfelen *douter de* ★ ik betwijfel of hij komt *je doute qu'il vienne*
betwistbaar • aan te vechten *contestable* • betwijfelbaar *discutable*
betwisten • aanvechten *contester* • ontzeggen *interdire* • strijden om bezit *disputer*
beu *dégoûté de*; *las de* [v: *lasse ...*] ★ ik ben het beu *j'en ai assez*; INFORM. *j'en ai marre*
beugel • afsluitring *anneau* m; *fermeture* v; ⟨v. tas⟩ *fermoir* m • stijgbeugel *étrier* m • toestel tegen het scheefgroeien *appareil* m *orthopédique*; ⟨v. tanden⟩ *appareil* m *(orthodontique)* • stroomafnemer *archet* m ▾ dat kan niet door de ~ *cela dépasse les bornes*
beugel-bh *soutien-gorge* m *à armature*
beugelfles *bouteille* v *à bouchon mécanique*
beuk • boom *hêtre* m • ARCH. *nef* v ▾ de beuk

erin! *on fonce!*

beuken **I** BNW *de/en hêtre* **II** OV WW hard slaan *cogner*

beukenhout *(bois* m *de) hêtre* m

beukennootje *faîne* v; *faine* v

beul • uitvoerder van lijfstraf *bourreau* m [mv: *bourreaux*] • FIG. wreedaard *bourreau* m [mv: *bourreaux*]

beulen *trimer*; *s'éreinter*

beunhaas • prutser *bricoleur* m • zwartwerker *clandestin* m

beunhazerij *travail* m *d'amateur*

beuren • tillen *soulever* • verdienen *toucher*; *empocher*

beurs **I** ZN [de] • portemonnee *bourse* v ★ met gesloten ~ betalen *régler sans bourse délier* ★ goed gevulde ~ *bourse bien garnie* • studiebeurs *bourse* v *(d'études)* • ECON. *Bourse* v; ⟨handel⟩ *place* v *(financière)* • tentoonstelling *salon* m; *foire* v **II** BNW *blet* [v: *blette*] ★ ~ worden *blettir*

beursbericht *bulletin* m *de la Bourse*

beursgang *cotation* v *en Bourse*

beursgenoteerd *coté en Bourse*

beursindex *indice* m *boursier*

beurskoers *cours* m *de la Bourse*

beurskrach *krach* m *(boursier)*

beursmakelaar *agent* m *de change*; *boursier* m

beursnotering *cote* v / *cotation* v *en Bourse*

beursstudent *boursier* m [v: *boursière*]

beurswaarde *valeur* v *en bourse*; *prix* m *coté en bourse*

beurt • gelegenheid dat iets gebeurt *tour* m ★ jij bent aan de ~ *c'est (à) ton tour*; *c'est à toi (de jouer)* ★ wie is aan de ~? *à qui le tour?* ★ voor zijn ~ gaan *passer avant son tour* ★ je krijgt je ~ wel *tu ne perdras rien pour attendre* ★ om ~en *alternativement*; *tour à tour* ★ om de ~ *à tour de rôle* ★ ieder op zijn ~ *à chacun son tour* • ondervraging ★ iem. een ~ geven *interroger qn* • schoonmaak ★ iets een grote ~ geven *nettoyer (à fond) qc* • revisie *révision* v *périodique* • indruk ★ een goede ~ maken *marquer un bon point* ★ een slechte ~ maken *faire piètre figure* ▾ aan iem. te ~ vallen *échoir à qn*

beurtelings *alternativement*; *à tour de rôle*

beuzelarij *niaiserie* v

bevaarbaar *navigable*

bevallen • in de smaak vallen (bij) *plaire (à)* ★ het bevalt mij hier *je me plais ici* ★ dat zal u wel ~ *vous m'en direz des nouvelles* • baren *accoucher*

bevallig **I** BNW *gracieux* [v: *gracieuse*] **II** BIJW *gracieusement*

bevalling *accouchement* m; *couches* v mv ★ voortijdige ~ *accouchement prématuré / avant terme*

bevallingsverlof BELG. *congé* m *de maternité*

bevangen **I** BNW schuchter *timide*; *inhibé* **II** OV WW *prendre*; *saisir* ★ door de kou ~ *transi (de froid)*

bevaren **I** BNW *amariné* **II** OV WW *naviguer sur*

bevattelijk **I** BNW • duidelijk *compréhensible* • vlug van begrip *intelligent*; *d'un esprit vif* **II** BIJW *de façon intelligible*

bevatten • inhouden *contenir*; *comporter*; *renfermer* • begrijpen *concevoir*; *saisir*

bevattingsvermogen *compréhension* v ★ dat gaat mijn ~ te boven *cela me dépasse*

bevechten • vechten tegen *combattre*; *lutter contre* • vechtend verkrijgen *conquérir*; ⟨behalen⟩ *remporter*; *décrocher*

beveiligen *protéger (***tegen** *de, contre)*; *abriter (de)*

beveiliging • het beveiligen *protection* v; *mise* v *en sûreté*; *sauvegarde* v • middel *protection* v; ⟨systeem⟩ *(dispositif* m *de) sécurité* v

beveiligingsbeambte *vigile* m/v

beveiligingsdienst *service* m *de sécurité*

beveiligingssysteem *dispositif* m *de sécurité*

bevel • opdracht *ordre* m ★ ~ tot inhechtenisneming *mandat* m *d'arrêt* ★ op ~ van *sur l'ordre de* • bevelvoering *commandement* m ★ onder ~ van *sous les ordres de* ★ het ~ voeren (over) *commander*

bevelen *ordonner*

bevelhebber *chef* m; *commandant* m

bevelschrift *ordre* m; *mandat* m

bevelvoering *commandement* m

beven *trembler*; *frémir*; ⟨huiveren⟩ *frissonner* ★ ~ van kou *grelotter*

bever *castor* m

beverig *tremblotant*; *tremblant*; ⟨rillerig⟩ *frissonnant*; ⟨v. stem⟩ *chevrotant*; ⟨v. schrift, toon⟩ *tremblé*

bevestigen • vastmaken *attacher (***aan** *à)*; *fixer* • bekrachtigen *ratifier* • beamen *confirmer* ★ de ontvangst ~ van *accuser réception de* • ⟨in ambt⟩ *installer*; REL. *confirmer* • sterken (in) *confirmer (dans)*; *renforcer (dans)*

bevestigend **I** BNW *affirmatif* [v: *affirmative*] **II** BIJW *affirmativement*; *par l'affirmative*

bevestiging • het vastmaken *fixation* v • bekrachtiging *ratification* v • erkenning *confirmation* v

bevind ▾ (handelen) naar ~ van zaken *(agir) selon les circonstances*

bevinden **I** OV WW vaststellen *trouver*; *constater* ★ goed ~ *approuver* ★ schuldig bevonden *jugé / reconnu coupable* **II** WKD WW [+ zich] *se trouver*; *être*

bevinding • uitkomst *constatation* v; *conclusion* v • ervaring *expérience* v

beving *tremblement* m

bevlekken *tacher*; FIG. *entacher*; *souiller*

bevlieging *engouement* m; *caprice* m

bevloeien *irriguer*

bevlogen *enthousiaste* ★ een ~ kunstenaar *un artiste inspiré*

bevochtigen *humecter*; *mouiller*

bevoegd • bekwaam *qualifié*; *compétent*; *expert* ★ van ~e zijde *de source sûre / autorisée* • gerechtigd *autorisé*; JUR. *habilité (***te, tot** *à)*; ⟨met gezag bekleed⟩ *compétent* ★ ~ zijn tot/om *être qualifié pour*

bevoegdheid • bekwaamheid *compétence* v; *qualité* v; *aptitude* v ★ dat valt buiten mijn ~ *cela n'est pas de mon ressort* • gezag *compétence* v; *pouvoir* m; JUR. *habilité* v *(***te, tot** *à)*; ⟨recht⟩ *droit* m

bevoelen *toucher*; *tâter*; *palper*

bevolken *peupler*
bevolking *population* v
bevolkingscijfer *chiffre* m *de la population*
bevolkingsdichtheid *densité* v *de la population*
bevolkingsexplosie *explosion* v *démographique*
bevolkingsgroei *croissance* v *démographique*
bevolkingsgroep • stand *classe* v / *couche* v *sociale* • gemeenschap *communauté* v; ⟨etnisch⟩ *groupe* m *ethnique*; *ethnie* v
bevolkingsonderzoek MED. *dépistage* m
bevolkingsoverschot *excédent* m *démographique*
bevolkingsregister ⋆ uittreksel uit het ~ *bulletin* m *d'état civil*
bevoogden *traiter paternellement / avec paternalisme*; *tenir en tutelle*
bevoordelen *avantager*; *favoriser* (**boven** *par rapport à*)
bevooroordeeld *plein de préjugés*; *prévenu* (**jegens** *à l'égard de*; **tegen** *contre*); *partial*
bevoorraden *ravitailler*; *approvisionner*
bevoorrechten *privilégier* (**boven** *par rapport à*)
bevorderen • begunstigen *favoriser*; *encourager*; *stimuler*; *activer* • doen opklimmen *promouvoir*; ⟨tot een rang⟩ *élever à* ⋆ hij is tot kapitein bevorderd *il est passé / promu capitaine* ⋆ de leerling is bevorderd *l'élève est passé (dans la classe supérieure)*
bevordering *avancement* m; *promotion* v
bevorderlijk *favorable* (**voor** *à*)
bevrachten *charger*
bevragen ⋆ te ~ bij *(pour tous renseignements) s'adresser à*
bevredigen I OV WW • tevreden stellen *contenter* • voldoening geven aan *satisfaire*; ⟨stillen⟩ *assouvir* ⋆ ~d *satisfaisant* **II** WKD WW [+ zich] *se masturber*
bevrediging ⟨v. verlangen e.d.⟩ *satisfaction* v; *assouvissement* m
bevreemden *étonner*; *surprendre* ⋆ ~d *surprenant*
bevreemding *étonnement* m
bevreesd *craintif* [v: *craintive*]; *peureux* [v: *peureuse*] ⋆ ~ zijn voor *appréhender*; *redouter*; *craindre*
bevriend *ami*; *lié d'amitié* (**met** *avec*)
bevriezen I OV WW • zeer koud maken *geler*; ⟨invriezen⟩ *congeler* • blokkeren *geler*; *bloquer* ⋆ het ~ van de lonen *le gel des salaires* **II** ON WW zeer koud worden *geler*; OOK FIG. *se glacer*; ⟨doodvriezen⟩ *mourir gelé* ⋆ bevroren ruiten *vitres givrées* ⋆ bevroren voeten *pieds (con)gelés* ⋆ de Seine is bevroren *la Seine est prise / a gelé*
bevrijden *délivrer* (**van** *de*); ⟨vrij maken⟩ *libérer* (**van, uit** *de*); ⟨uit slavernij⟩ *affranchir*; ⟨afhelpen (van)⟩ *débarrasser (de)*; *soulager (de)*
bevrijding *libération* v; FIG. *délivrance* v
Bevrijdingsdag *jour* m *de la Libération*
bevroeden *se douter de*; *concevoir*
bevruchten *féconder* ⋆ kunstmatig ~ *inséminer artificiellement*
bevruchting *fécondation* v; *conception* v; ⟨kunstmatig⟩ *insémination* v *(artificielle)*
bevuilen *salir*; *souiller*
bewaarder • bewaker *surveillant* m [v: *surveillante*]; *gardien* m [v: *gardienne*]; *garde* m • iem. die bewaart *conservateur* m [v: *conservatrice*]; *dépositaire* m/v
bewaarheiden *vérifier* ⋆ bewaarheid worden *se réaliser*; *se vérifier*; *s'avérer juste*
bewaken • waken over *garder*; *surveiller* • controleren *surveiller*
bewaker *surveillant* m [v: *surveillante*]; *gardien* m [v: *gardienne*]; *garde* m; ⟨v. bedrijf⟩ *vigile* m
bewaking • het waken over *surveillance* v; *garde* v ⋆ onder strenge ~ *étroitement surveillé*; *avec une protection rapprochée* • het controleren *surveillance* v
bewakingsdienst *gardiennage* m
bewandelen FIG. *suivre* ⋆ de ambtelijke weg ~ *suivre la filière administrative*
bewapenen *armer*; *équiper* (**met** *de*) ⋆ zwaarbewapend *armé jusqu'aux dents*
bewapening *armement* m; *équipement* m
bewapeningswedloop *course* v *aux armements*
bewaren • bij zich houden *conserver*; *garder* • in stand houden *garder* ⋆ de orde ~ *maintenir l'ordre* • behoeden *garder* (**voor** *de*); *préserver* (**voor** *de*) ⋆ God bewaar me! *juste ciel!* ⋆ God beware mij daarvoor! *Dieu m'en préserve!* • in acht nemen *garder*; *respecter*; *observer*
bewaring • het bewaren *garde* v; *conservation* v ⋆ in ~ geven *déposer*; *mettre en dépôt*; *mettre en consigne* • opsluiting *détention* v ⋆ het huis van ~ *la maison d'arrêt* ⋆ in verzekerde ~ stellen *écrouer*
beweegbaar *mobile*
beweeglijk • te bewegen *mobile* • levendig *vif* [v: *vive*]; *remuant*
beweegreden *motif* m; JUR. *mobile* m
bewegen I OV WW • in beweging brengen *mouvoir*; *remuer*; *bouger* • ontroeren *toucher*; *émouvoir* • aanzetten *activer*; *presser* • overhalen (tot) *convaincre* ⋆ tot medelijden ~ *exciter à la compassion* **II** ON WW van plaats veranderen *bouger* **III** WKD WW [+ zich] *bouger*; *se mouvoir* ▾ zich in bepaalde kringen ~ *fréquenter certains milieux* ▾ zich weten te ~ *avoir du savoir-vivre*
beweging • het bewegen *mouvement* m; ⟨gebaar⟩ *geste* m; ⟨lichaamsbeweging⟩ *exercice* m ⋆ in ~ brengen *mettre en mouvement* ⋆ in ~ zijn *être en mouvement*; *être en marche* ⋆ zich in ~ zetten *se mettre en mouvement / en marche* ⋆ ~ nemen *prendre de l'exercice* ⋆ er zit geen ~ in de deur *la porte est coincée* • stroming *mouvement* m • gedoe *agissements* m mv; *manigances* v mv ▾ uit eigen ~ *de sa propre initiative*; *de son propre chef / mouvement*; *spontanément* ▾ de zaak in ~ brengen *faire bouger les choses*
bewegingloos *immobile*
bewegingsmelder *détecteur* m *d'approche*
bewegingstherapie *kinésithérapie* v
bewegingsvrijheid *liberté* v *de mouvement*; FIG. *liberté* v *d'action*; *marge* v *de manœuvre*
bewegwijzering *signalisation* v
beweren *prétendre*; *affirmer*; *soutenir* ⋆ hij heeft niet veel te ~ *il n'a pas grand-chose à dire*

bewering *assertion* v; *affirmation* v
bewerkelijk *qui demande beaucoup de travail*
bewerken • behandeling laten ondergaan *travailler*; *façonner*; ⟨v. grond⟩ *cultiver*; ⟨v. grond⟩ *labourer*; ⟨chemisch⟩ *traiter*; ⟨fabrieksmatig⟩ *manufacturer*; ⟨machinaal⟩ *usiner*; ⟨v. boek, muziekstuk⟩ *adapter (***voor** *pour)*; ⟨herschrijven⟩ *remanier*; *reprendre*; ⟨mooier maken⟩ *orner* • beïnvloeden *travailler*; *manipuler* • teweegbrengen *provoquer*; *causer*
bewerking • het bewerken *travail* m; AGRAR. *culture* v; AGRAR. *labourage* m; ⟨chemisch⟩ *traitement* m; ⟨herziening⟩ *révision* v ★ in ~ *en (voie) de préparation* • resultaat *adaptation* v; MUZ. *arrangement* m ★ ~ voor film *adaptation cinématographique / à l'écran* • het beïnvloeden *manipulation* v • WISK. *opération* v
bewerkstelligen *effectuer*; *réaliser*; *accomplir*
bewesten *à l'ouest de*
bewieroken *ensenser*
bewijs • iets wat overtuigt *preuve* v; ⟨bewijsvoering⟩ *démonstration* v; ⟨voorwerp⟩ *pièce* v *à conviction* ★ ten bewijze hiervan *en foi de quoi* ★ ~ uit het ongerijmde *démonstration* v *par l'absurde* ★ bewijzen aanvoeren / leveren / ontzenuwen *apporter / fournir / infirmer des preuves* • document *certificat* m; *attestation* v; *pièce* v *justificative* ★ ~ van goed gedrag *certificat* m *de bonne vie et mœurs* ★ ~ van ontvangst *accusé* m *de réception*; *récépissé* m; *reçu* m ★ ~ van eigendom *titre* m *de propriété* ★ ~ van lidmaatschap *carte* v *d'adhérent / de membre* ★ ~ van overlijden *acte de* m *décès* ★ schriftelijk ~ *preuve* v *littérale / par écrit* • blijk *marque* v; *témoignage* m
bewijsgrond *argument* m
bewijskracht *force* v *probante*
bewijslast *charge* v *de la preuve* ★ de ~ omkeren *renverser la charge de la preuve*
bewijsmateriaal *pièces* v mv *à conviction / à l'appui*
bewijsstuk *pièce* v *justificative*; ⟨voorwerp⟩ *pièce* v *à conviction*
bewijsvoering *démonstration* v; JUR. *argumentation* v
bewijzen • aantonen *prouver*; *démontrer* ★ een bewezen feit *un fait avéré* • betuigen *témoigner (de)* ★ iem. een dienst ~ *rendre service à qn* ★ eer ~ *rendre hommage* ★ zich ~ *faire ses preuves*
bewind • bestuur, beheer *administration* v • regering *régime* m; *gouvernement* m ★ aan het ~ komen / zijn *arriver / être au pouvoir*
bewindsman *ministre* m
bewindspersoon *ministre* m/v
bewindvoerder • bestuurder *dirigeant* m; *directeur* m [v: *directrice*] • beheerder *administrateur* m [v: *administratrice*]
bewogen • ontroerd *ému*; *touché* ★ tot tranen toe ~ *ému jusqu'aux larmes* • veelbewogen *mouvementé*; *agité*
bewolking *nuages* m mv; *nébulosité* v
bewolkt *couvert (de nuages)*; *nuageux* [v: *nuageuse*] ★ wisselend ~ *nuages intermittents*
bewonderaar *admirateur* m [v: *admiratrice*]
bewonderen *admirer (***om** *pour)*
bewonderenswaardig *admirable*
bewondering *admiration* v ★ vol ~ voor *en admiration devant*
bewonen *habiter* ★ een heel huis ~ *occuper une maison entière*
bewoner *habitant* m [v: *habitante*]; ⟨huurder⟩ *locataire* m/v; ⟨v. eiland⟩ *insulaire* m/v
bewoning *occupation* v
bewoonbaar *habitable*
bewoordingen *termes* m mv ★ in duidelijke ~ *en termes clairs*
bewust • wetend *conscient (***van** *de)* ★ zich ~ worden van iets *prendre conscience de qc*; *se rendre compte de qc* ★ ik ben me van geen kwaad ~ *je n'ai rien à me reprocher*; *j'ai bonne conscience* • betreffende *en question* ★ de ~e persoon *la personne en question* ★ die ~e dag *ce jour-là*; *ce fameux jour* • doelbewust *délibéré*; *intentionnel* [v: *intentionnelle*]
bewusteloos *sans connaissance*; *évanoui*; *inconscient* ★ ~ raken *s'évanouir*; *perdre connaissance*
bewusteloosheid *inconscience* v; ⟨kortdurend⟩ *évanouissement* m
bewustmaking *sensibilisation* v
bewustwording *prise* v *de conscience*
bewustzijn *conscience* v; PSYCH. *conscient* m ★ weer tot ~ komen *reprendre connaissance* ★ in het volle ~ van *pleinement conscient de* ★ buiten ~ *sans connaissance*; *évanoui*
bewustzijnsvernauwing *conscience* v *rétrécie*
bewustzijnsverruimend *psychédélique*
bezaaien • inzaaien *semer (***met** *de)*; *ensemencer*; ⟨met graan ook⟩ *emblaver* • bestrooien *(par)semer (de)*; *répandre (sur)* ★ bezaaid met *parsemé de*; *couvert de*
bezadigd I BNW *pondéré*; *posé*; ⟨v. geest⟩ *rassis* **II** BIJW *avec pondération*
bezatten [+ zich] *se soûler*; *prendre une cuite*
bezegelen *sceller*
bezeilen *naviguer sur* ▾ er valt geen land mee te ~ *on ne sait pas par quel bout le prendre*
bezem *balai* m ★ de ~ erdoorheen halen OOK FIG. *donner un (bon) coup de balai* ▾ nieuwe ~s vegen schoon ≈ *tout nouveau, tout beau*
bezemsteel *manche* m *à balai*
bezemwagen *voiture-balai* v [mv: *voitures-balais*]
bezeren I OV WW *faire mal à*; *blesser* **II** WKD WW [+ zich] *se faire mal*; *se blesser*
bezet • gevuld met mensen ⟨v. plaats, gebied⟩ *occupé* ★ ~! *occupé!*; *il y a qn!* ★ een goed ~te zaal *une salle bien garnie* • gevuld met activiteiten ⟨v. persoon⟩ *pris* ★ druk ~ *très occupé* ★ een druk ~te week *une semaine bien chargée* ★ een goed ~te dag *une journée bien remplie*
bezeten • krankzinnig *possédé* ★ een ~e *un possédé* • ~ **van** *fou de* [v: *folle*]; *épris de* ★ ~ van een idee *obsédé par une idée* ★ van de duivel ~ zijn *avoir le diable au corps*
bezetten • innemen *occuper* • bedekken *garnir (***met** *de)* • rol e.d. vervullen ★ een zwak

bezet stuk *une pièce mal distribuée*
bezetter *occupant* m [v: *occupante*]
bezetting • het bezetten *occupation* v • spelers ⟨v. toneel⟩ *distribution* v *(des rôles)*; MUZ. *effectif* m *orchestral* ⋆ met volle ~ *au grand complet* • benauwdheid *oppression* v
bezettingsgraad *taux* m *d'occupation*
bezettoon ⋆ de ~ klinkt *ça sonne occupé*
bezichtigen • bekijken *visiter* • inspecteren *examiner*
bezichtiging *visite* v; *inspection* v
bezield *animé*; FIG. *passionné*; *inspiré*
bezielen • leven geven aan *animer*; FORM. *vivifier* • inspireren *animer*; *inspirer* ⋆ wat bezielt je toch? *quelle mouche te pique?*; *qu'est-ce qui te prend?*
bezieling *animation* v; FIG. *enthousiasme* m; FIG. *feu* m
bezien *regarder*; *examiner*; *considérer* ⋆ zo ~ *(vu) sous cet angle* ⋆ het valt nog te ~ of *reste à savoir si*
bezienswaardig *qui vaut le détour*
bezienswaardigheid *curiosité* v; *chose* v *à voir*
bezig *occupé*; *actif* [v: *active*] ⋆ druk ~ *très occupé*; *affairé* ⋆ ~ zijn aan iets *être occupé / travailler à qc* ⋆ ~ zijn te *être en train de*
bezigen *user de*; *employer*
bezigheid *occupation* v; *activité* v ⋆ veel bezigheden hebben *être fort occupé*
bezigheidstherapie *ergothérapie* v
bezighouden I OV WW • aandacht eisen *préoccuper* • amuseren *distraire* **II** WKD WW [+ zich] ~ **met** *s'occuper de*
bezijden ⋆ ~ de waarheid *à côté de la vérité*
bezingen *chanter*
bezinken • naar bodem zakken *(se) déposer*; SCHEIK. *se précipiter* • helder worden *(se) rasseoir*; OOK FIG. *(se) décanter* ⋆ laten ~ *laisser reposer*; FIG. *décanter* • tot rust komen ⋆ dit moet even ~ *ça demande réflexion*
bezinking *sédimentation* v
bezinksel *sédiment* m; *dépôt* m; SCHEIK. *résidu* m; ⟨droesem⟩ *lie* v
bezinnen I ON WW nadenken ⋆ bezint, eer gij begint *(il faut) réfléchir avant d'agir* **II** WKD WW [+ zich] *réfléchir*
bezinning • het nadenken *réflexion* v • besef *connaissance* v; *conscience* v ⋆ tot ~ komen *revenir à la raison*; *reprendre ses esprits*; *se ressaisir*
bezit • het bezitten *possession* v ⋆ in het ~ komen / stellen / zijn *entrer / mettre / être en possession de* • bezitting *possession* v; *propriété* v; *bien* m
bezitloos *démuni de tout*
bezittelijk *possessif* [v: *possessive*]
bezitten *posséder*; *avoir*; ⟨genieten⟩ *jouir de* ⋆ de ~de klasse *la classe possédante*
bezitter *possesseur* m; ⟨eigenaar⟩ *propriétaire* m/v; ⟨houder⟩ *détenteur* m [v: *détentrice*]
bezitterig *possessif* [v: *possessive*]
bezitting *possession* v; *propriété* v; *bien* m
bezoedelen *souiller*; *salir*; FORM. *maculer*; FIG. *souiller, entacher, ternir*
bezoek • het bezoeken *visite* v ⋆ op ~ *en visite* ⋆ op ~ gaan bij iem. *rendre visite à qn* • personen *visite* v ⋆ ~ hebben *avoir du monde*
bezoeken • gaan naar *aller à*; ⟨regelmatig⟩ *fréquenter*; ⟨bijwonen⟩ *assister à*; ⟨bezichtigen⟩ *visiter*; ⟨iemand⟩ *visiter*; ⟨als gast⟩ *rendre visite à*; *aller voir* • beproeven *éprouver*; *affliger*
bezoeker *visiteur* m [v: *visiteuse*]; ⟨gast⟩ *invité* m [v: *invitée*] ⋆ vaste ~ *habitué* m [v: *habituée*] ⋆ de ~s *le public*
bezoeking *épreuve* v; *châtiment* m
bezoekrecht *droit* m *de visite*
bezoektijd *heures* v mv *de visite* [mv]
bezoekuur *heure(s)* v (mv) *des visites*
bezoldigen *rémunérer*; *rétribuer*; ⟨v. ambtenaren⟩ *appointer*
bezoldiging *salaire* m; *rémunération* v; ⟨v. ambtenaren⟩ *traitement* m
bezondigen [+ zich] ~ **aan** *se rendre coupable de* ⋆ zich ~ aan luiheid *pécher par paresse*
bezonken *réfléchi*; *circonspect*
bezonnen *pondéré*; *posé*
bezonnenheid *prudence* v; *circonspection* v
bezopen • dronken *soûl*; *bourré* • idioot *dingue*
bezorgd • ongerust *inquiet (***om** *de)* [v: *inquiète*]; *soucieux(***om** *de)* [v: *soucieuse*]; *préoccupé (***om** *de)* ⋆ zich ~ maken *se faire du souci* ⋆ zich ~ maken over *s'inquiéter de* ⋆ ~ zijn over *craindre pour* • zorgzaam *attentif* [v: *attentive*]
bezorgdheid *inquiétude* v; *souci* m; *préoccupation* v
bezorgen • afleveren *livrer*; *porter*; ⟨overhandigen⟩ *remettre*; ⟨v. post⟩ *distribuer* ⋆ de bestellingen worden aan huis bezorgd *on porte à domicile* • verschaffen *procurer*; *fournir*; *valoir*; ⟨berokkenen⟩ *causer* ⋆ iem. een baantje ~ *procurer un job à qn*; *caser qn* • (een uitgave) verzorgen *éditer*
bezorger *livreur* m [v: *livreuse*]; *porteur* m [v: *porteuse*]; ⟨v. post⟩ *facteur* m [v: *factrice*]
bezorging *livraison* v; *factage* m ⋆ ~ aan huis *livraison à domicile*
bezuiden *au sud de*
bezuinigen *économiser*; *faire des économies (***op** *sur)*
bezuiniging *économie* v; *réduction* v *des dépenses*
bezuinigingsmaatregel *mesure* v *d'économie*
bezuinigingspolitiek *politique* v *d'austérité / de rigueur*
bezuren ⋆ dat zal je ~ *tu t'en repentiras*
bezwaar • beletsel *inconvénient* m ⋆ dat is geen ~ *cela ne pose aucun problème* ⋆ ik zie er geen ~ in dat *je ne vois pas d'inconvénient que* [+ subj.] • bedenking *objection* v *(***omtrent, tegen** *à)* ⋆ verklaring van geen ~ *déclaration* v *de non-objection* ⋆ ~ hebben tegen *s'opposer à* ⋆ bezwaren maken / opwerpen *faire / soulever des objections*; *émettre des réserves* • klacht *réclamation* v
bezwaard *tourmenté*; *préoccupé*; *gêné*
bezwaarlijk I BNW *difficile*; *gênant* **II** BIJW *difficilement* ⋆ ik kan het ~ geloven *j'ai du mal à le croire*
bezwaarschrift *plainte* v; *réclamation* v

bezwaren *charger*; FIG. *peser sur*; FIG. *gêner*; FIG. *oppresser* ★ met hypotheek bezwaard *grevé d'une hypothèque*; *hypothéqué*
bezweet *en sueur*; ⟨hevig⟩ *(tout) en nage*
bezweren • plechtig/onder ede verklaren *jurer* • smeken *supplier*; *adjurer*; *conjurer* • in zijn macht brengen ⟨geest⟩ *conjurer*; ⟨slang⟩ *charmer* • afwenden *apaiser*
bezwering • JUR. het onder eed verklaren *conjuration* v • het verdrijven van geesten *conjuration* v • magische formule *incantation* v
bezwijken • het begeven (onder) *céder (sous)*; *succomber (sous)*; ⟨instorten⟩ *crouler*; *s'écrouler*; ⟨sterven⟩ *succomber* **(aan** *à)* • zwichten (voor) *céder (à, devant)*; *succomber (à)* ★ voor de verleiding ~ *succomber à la tentation*
bezwijmen *s'évanouir*
B-film *film* m *de série B*
b.g.g. *en cas d'absence*
bh *soutien-gorge* m [mv: *soutiens-gorge*]
Bhutan *le Bhoutan*
bi I ZN [de] biseksueel *bisexuel* m [v: *bisexuelle*]; BIOL. *bisexué* **II** BNW biseksueel *bisexuel* [v: *bisexuelle*]; BIOL. *bisexué*
biaisband *biais* m
biatleet *biathlète* m/v
biatlon *biathlon* m
bibberen ⟨huiveren⟩ *frissonner*; ⟨v. de kou⟩ *grelotter*; *trembloter*
bibliofiel I ZN [de] *bibliophile* m/v **II** BNW *bibliophilique*
bibliografie *bibliographie* v
bibliografisch *bibliographique*
bibliothecaris *bibliothécaire* m/v
bibliotheek *bibliothèque* v
bicarbonaat *bicarbonate* m
biceps *biceps* m
bidden • gebed doen *prier*; *dire ses prières* ★ (tot) God ~ *prier Dieu* ★ voor/na het eten ~ R.-K. *dire le bénédicité / les grâces*; PROT. *faire la prière* • smeken *prier*; *supplier*; ⟨smeken om⟩ *implorer* ★ zich laten ~ *se faire prier*
bidet *bidet* m
bidon *bidon* m
bidprentje • prentje ter nagedachtenis *mémento* m • heiligenprentje *image* v *pieuse*
bieb *bibli* v
biecht *confession* v ★ te ~ gaan *aller à confesse* ★ de ~ afnemen *confesser*
biechten I OV WW *confesser* **II** ON WW *se confesser*
biechtgeheim *secret* m *de la confession*
biechtstoel *confessionnal* m [mv: *confessionnaux*]
bieden • aanbieden, geven *offrir*; *présenter* ★ te ~ hebben *offrir* ★ de mogelijkheid ~ *donner la possibilité* • een bod doen *faire une offre (de)*; *offrir* ★ hoger ~ *enchérir (sur qn)*; *surenchérir* ★ ik bied vijftig euro voor dat boek *j'offre cinquante euros pour ce livre* ★ wie biedt meer? *qui dit mieux?* • bij kaartspel *annoncer*
bieder *enchérisseur* [v: *enchérisseuse*] ★ de hoogste ~ *le dernier enchérisseur*; *le plus offrant*
biedermeier *Biedermeier* m *(style Louis-Philippe)*
biedkoers *cours* m *acheteurs*; *cours* m *demandé*
biedprijs *offre* v
biefburger *hamburger* m
biefstuk *bifteck* m; *steak* m ★ bijna rauwe / weinig doorbakken / tamelijk doorbakken / goed doorbakken ~ *bifteck bleu / saignant / à point / bien cuit*
biels *traverse* v
bier *bière* v ★ een bier! *une bière!*; *un demi!*; *une pression!* ★ alcoholvrij bier *bière sans alcool* ★ licht (gewoon) / bruin bier *bière blonde / brune*
bierblikje *canette* v *de bière*
bierbrouwerij *brasserie* v
bierbuik *bedaine* v
bierglas *verre* m *à bière*
bierkaai ▾ dat is vechten tegen de ~ *jouer / partir perdant*; *c'est perdu d'avance*
biertje *bière* v; *demi* m; *pression* v
bierviltje *carton* m; *rond* m *de bière*
bies • oeverplant *jonc* m • boordsel *liséré* m; *galon* m; *passepoil* m ▾ zijn biezen pakken *décamper*; *plier bagage*; *filer*; *prendre ses cliques et ses claques*
bieslook *ciboulette* v
biest *premier lait* m; ⟨v. moeder⟩ *colostrum* m
biet *betterave* v ▾ geen biet! *que dalle!*
bietsen • (af)bedelen *mendier* ★ (iets) bij iem. ~ *taper / taxer qn (de qc)* • inpikken *piquer*; *resquiller*
bietser *tapeur* m [v: *tapeuse*]; *parasite* m/v
biezen I BNW *de jonc*; *en paille* **II** OV WW *lisérer*
bifocaal *bifocal* [m mv: *bifocaux*]
big *porcelet* m
bigamie *bigamie* v
big bang *big(-)bang* m
biggelen *dégouliner*
biggen ≈ *mettre bas*
bij I ZN [de] *abeille* v ★ een zwerm bijen *un rejet*; *un essaim* ▾ een bezige / nijvere bij *une fourmi* **II** BIJW • schrander *futé*; *éveillé* ★ hij is goed bij *il est intelligent* • bij bewustzijn *conscient* ★ zij kwam weer bij *elle a repris connaissance* • zonder achterstand *à jour* ★ ik ben bij *je suis à jour* • op de hoogte *à la page* ▾ dat hoort er nu eenmaal bij *c'est la vie* **III** VZ • toegevoegd aan *avec* ★ wil jij er nog iets bij? *est-ce que tu veux qc avec?* • in aanwezigheid van ★ logeren bij familie *loger chez des parents* ★ hij kwam vroeger bij hen thuis *il les fréquentait autrefois* ★ ik zal er niet bij zijn *je ne serai pas de la partie* ★ bij zich hebben *avoir (sur soi)* ★ hij stak het bij zich *il le mit dans sa poche* ★ ik was er niet bij (met mijn gedachten) *j'étais ailleurs / absent* ★ zich beklagen bij *se plaindre à/auprès de* • in een bepaald geval ★ bij het ontbijt *au petit déjeuner* ★ bij gelegenheid *à l'occasion* ★ bij brand *en cas d'incendie* • door/wegens *par* ★ bij toeval *par hasard* ★ bij wijze van *en guise de* • omstreeks *près de* ★ bij achten *près de huit heures* • in de buurt van *près de* ★ dat is bij het station *c'est près de la gare* ★ hij staat bij de muur *il est près du mur*

• vergeleken met *auprès de* ★ daar is hij helemaal niets bij *il n'arrive pas à la cheville (de qn)* • maal *sur* ★ zes bij zes meter *six mètres sur six* • met *par* ★ bij honderden *par centaines* • aan *elle le conduisit par la main* ★ iem. bij de kraag pakken *prendre qn au collet* • door middel van *par* ★ bij de wet verboden *interdit par la loi* ★ bij dezen *par la présente* ★ bij zich hebben *avoir (sur soi)* ▾ nu ben je d'r bij! *je te tiens!; tu es cuit / fichu!* ▾ ik kan er niet bij *je ne peux pas l'atteindre; cela me dépasse*

bijbaan *à-côté* m [mv: *à-côtés*]
bijbal *épididyme* m
bijbedoeling *arrière-pensée* v [mv: *arrière-pensées*]
bijbehorend *annexe*; ⟨bijpassend⟩ *assorti (à)*
Bijbel *bible* v
bijbel *bible* v
Bijbelkring *cercle* m *d'étude biblique*
Bijbels *biblique; de la Bible* ★ ~e geschiedenis *histoire* v *sainte*
Bijbeltekst *texte* m *biblique*
Bijbelvast *versé dans la Bible*
Bijbelvertaling *traduction* v *de la Bible*
bijbenen *suivre; suivre le rythme de* ★ ik kan het niet meer ~ FIG. *je suis dépassé (par les événements)*
bijbetalen *payer en/un supplément*
bijbetekenis *connotation* v
bijbeunen *travailler au noir*
bijblijven • niet achter raken *suivre* • in herinnering blijven *rester dans la mémoire* ★ dat is hem bijgebleven *il en a gardé le souvenir*
bijbrengen • leren *apprendre* • tot bewustzijn brengen *faire revenir à soi*
bijdehand *dégourdi; éveillé; futé*
bijdehandje *dégourdi* [v: *dégourdie*]; *petit futé* [v: *petite futée*]
bijdetijds *moderne; à la page*
bijdraaien • toegeven *ne pas persister dans son opinion; filer doux; céder* • SCHEEPV. *(se) mettre en panne*
bijdrage *contribution* v; ⟨premie⟩ *cotisation* v; ⟨aandeel⟩ *participation* v; *part* v
bijdragen *contribuer* **(aan, tot** *à)*; ⟨in kosten⟩ *participer (à)*
bijeen *réunis* m mv [v mv: *réunies*]; *ensemble*
bijeenblijven *rester ensemble*
bijeenbrengen *réunir; rassembler*; ⟨v. zaken⟩ *(r)amasser*
bijeenkomen *se réunir; se rassembler; se rejoindre; se rencontrer*
bijeenkomst *réunion* v; *assemblée* v; ⟨samenkomst, ontmoeting⟩ *rencontre* v; *rendez-vous* m [onv]
bijeenrapen *ramasser* ★ al zijn moed ~ *rassembler tout son courage*
bijeenroepen *convoquer; rassembler*
bijeenzoeken *rassembler (en cherchant)*
bijenhouder *apiculteur* m [v: *apicultrice*]
bijenkast *ruche* v
bijenkoningin *reine* v *(des abeilles)*
bijenkorf *ruche* v
bijensteek *piqûre* v *d'abeille*
bijenteelt *apiculture* v
bijfiguur *personnage* m *secondaire*
bijgaand *ci-joint* [v: *ci-jointe*]; *ci-inclus* [v: *ci-incluse*]
bijgebouw *dépendance* v; *annexe* v ★ ~en *communs* m mv
bijgedachte *arrière-pensée* v [mv: *arrière-pensées*]
bijgeloof *superstition* v
bijgelovig *superstitieux* [v: *superstitieuse*]
bijgenaamd *surnommé; dit*
bijgerecht *plat* m *d'accompagnement*
bijgeval *par hasard*
bijgevolg *par conséquent; donc*
bijholte *sinus* m
bijholteontsteking *sinusite* v
bijhouden • bijbenen *suivre (le rythme de)* • op peil houden *entretenir*; ⟨op de hoogte blijven⟩ *se tenir au courant* • blijven werken aan *tenir (à jour)* • houden bij iets anders *(r)approcher*
bijkans *presque; à peu près*
bijkantoor *succursale* v; *agence* v; *antenne* v
bijkeuken *arrière-cuisine* v [mv: *arrière-cuisines*]
bijklussen *avoir des à-côtés*
bijkomen • bij bewustzijn komen *revenir à soi; reprendre connaissance* • weer beter worden *reprendre*; ⟨op krachten komen⟩ *reprendre des forces; récupérer*; ⟨op adem komen⟩ *reprendre haleine / son souffle*; ⟨bekomen van⟩ *se remettre (de)* • komen bij *s'approcher de* ▾ dat moest er nog ~ *il ne manquait plus que cela*
bijkomend *additionnel* [v: *additionnelle*]; *complémentaire; supplémentaire*
bijkomstig *accessoire; secondaire; annexe*
bijkomstigheid *élément* m *accessoire*; ⟨bijverschijnsel⟩ *à-côté* m [mv: *à-côtés*]; ⟨bijzaak⟩ *chose* v *secondaire; détail* m
bijl *hache* v; ⟨aks⟩ *cognée* v ▾ het bijltje erbij neerleggen *jeter le manche après la cognée; quitter la partie* ▾ ik heb wel vaker met dat bijltje gehakt *je connais la musique* ▾ voor de bijl gaan *(devoir) y passer*
bijlage *annexe* v; *pièce* v *jointe*; ⟨v. blad⟩ *supplément* m; ⟨in blad⟩ *encart* m; ⟨aanhangsel⟩ *appendice* m
bijleggen • bijbetalen *ajouter* ★ ik moet erop ~ *j'y perds* • beslechten *régler; arranger; liquider* ★ het ~ *se réconcilier*
bijles *leçon* v *particulière*
bijlichten *éclairer*
bijltjesdag • dag van de afrekening GESCH. *chasse* v *aux collabos* • uur van de waarheid ≈ *jour* m *de vérité*
bijna *presque; à peu près*; ⟨voor getal ook⟩ *près de* ★ hij is ~ verdronken *il a failli se noyer* ★ pas op, je was ~ overreden *attention, un peu plus, tu serais écrasé* ★ ~ niet *à peine* ★ ~ niets *pratiquement rien*
bijnaam *surnom* m; ⟨spottend⟩ *sobriquet* m
bijna-ongeluk *accident* m *évité de justesse*
bijnier *glande* v *surrénale*
bijnierschors *cortex* m *surrénal*
bijou *bijou* m [mv: *bijoux*]
bijouterie *bijouterie* v
bijpassen • completeren *faire l'appoint* • (moeten) bijbetalen *y être de sa poche*

bi

bijpassend *assorti (***bij** *à)*
bijpraten *se raconter des choses; faire le point*
bijproduct *sous-produit* m [mv: *sous-produits*]; *dérivé* m
bijrijder *aide-conducteur* m [v: *aide-conductrice*]; ⟨bij rallye⟩ *coéquipier* m
bijrol *rôle* m *secondaire*
bijschaven FIG. *perfectionner; parfaire; peaufiner;* ⟨v. stijl e.d.⟩ *ciseler; polir*
bijscholen *recycler; perfectionner*
bijscholing *recyclage* m; *perfectionnement* m
bijschrift *légende* v
bijschrijven *inscrire; ajouter* ⋆ een bedrag op een rekening ~ *créditer un compte d'une somme*
bijslaap • coïtus *coït* m; *copulation* v • vrijer *concubin* m [v: *concubine*]
bijsluiter *notice* v *(explicative / d'emploi)*
bijsmaak *(petit) goût* m; *arrière-goût* m [mv: *arrière-goûts*]; FIG. *pointe* v
bijspijkeren • bijwerken ⟨iemand⟩ *faire rattraper (son retard);* ⟨iets⟩ *reprendre; se rattraper en;* ⟨verbeteren⟩ *perfectionner* ⋆ zijn kennis ~ *compléter ses connaissances* • bijspringen ⟨iemand⟩ *aider; secourir;* ⟨iets⟩ *faire l'appoint* ▾ hij is weer bijgespijkerd *il a repris le poil de la bête*
bijspringen *aider; secourir;* ⟨financieel ook⟩ *renflouer*
bijstaan *assister; secourir* ⋆ elkaar ~ *s'entraider*
bijstand • hulp *assistance* v; *soutien* m ⋆ ~ verlenen *prêter secours* ⋆ rechtskundige ~ *assistance juridique* • uitkering *RMI* m *(revenu minimum d'insertion)* ⋆ in de ~ zitten *toucher le RMI* • instantie *Aide* v *sociale*
bijstandsmoeder ≈ *mère* v *célibataire érémiste*
bijstandsuitkering *RMI* m *(revenu minimum d'insertion)*
bijstandtrekker *érémiste* m/v; *RMiste* m/v
bijstellen *adapter;* ⟨in juiste stand brengen⟩ *ajuster; régler; mettre au point* ⋆ omlaag ~ *réviser à la baisse*
bijstelling • het bijstellen ⟨aanpassing⟩ *adaptation* v; *réglage* m • TAALK. *apposition* v
bijster I BNW ⋆ het spoor ~ zijn / worden *être égaré / s'égarer* **II** BIJW *très* ⋆ hij is niet ~ slim *il n'est pas très / vraiment intelligent*
bijsturen *corriger (la déviation);* FIG. *corriger*
bijt *trou* m *dans la glace*
bijtanken • brandstof bijvullen *prendre du carburant* • energie opdoen *recharger les accus*
bijtekenen *se rengager*
bijten I OV WW tanden zetten in *mordre* **II** ON WW • tanden zetten in *mordre* ⋆ op zijn nagels ~ *se ronger les ongles* ⋆ ~ in *mordre dans* ⋆ in een appel ~ *croquer (dans) une pomme* ⋆ ~ op *mordre à* • scherp zijn *brûler* • inbijten (in) *mordre (sur)* ▾ van zich af ~ *se défendre; ne pas se laisser faire*
bijtend • vinnig *mordant; caustique; incisif* [v: *incisive*] • corroderend *mordant; caustique; incisif* [v: *incisive*]
bijtgaar *à point*
bijtijds • op tijd *à temps* • vroeg *de bonne heure*
bijtrekken *se remettre*
bijtring *anneau* m *de dentition* [m mv: *anneaux* ...]
bijvak *matière* v *secondaire*
bijval • instemming *approbation* v ⋆ ~ vinden (bij) *être bien accueilli / reçu (par); être applaudi (par); avoir du succès (auprès de)* ⋆ algemene ~ vinden *remporter tous les suffrages; être plébiscité; faire l'unanimité* • applaus *applaudissements* m mv
bijvallen ⟨iemand⟩ *adhérer à; se ranger du côté de;* ⟨iets⟩ *approuver*
bijverdienen ⋆ wat ~ *arrondir ses fins de mois*
bijverdienste *à-côté* m [mv: *à-côtés*]; *ressources* v mv *d'appoint*
bijverschijnsel *effet* m *secondaire*
bijvoeding *alimentation* v *supplémentaire*
bijvoegen *ajouter (***bij** *à); joindre (***bij** *à)* ⋆ bijgevoegd vindt u het stuk *veuillez trouver ci-joint le document*
bijvoeglijk I BNW *adjectif* [v: *adjective*] ⋆ een ~ naamwoord *un adjectif* **II** BIJW *comme adjectif; adjectivement*
bijvoegsel *supplément* m; ⟨bijlage⟩ *annexe* v; *pièce* v *jointe*
bijvoorbeeld *par exemple*
bijvullen *remplir*
bijwerken • in orde maken *mettre au point;* ⟨actualiseren⟩ *mettre à jour;* ⟨v. schilderij⟩ *retoucher* • bijspijkeren *reprendre* ⋆ zijn Nederlands ~ *réviser son néerlandais* • bijschaven *perfectionner*
bijwerking MED. *effet* m *secondaire*
bijwonen *assister à;* ⟨v. mis⟩ *entendre;* ⟨v. lessen⟩ *suivre;* ⟨meemaken⟩ *être témoin de*
bijwoord *adverbe* m
bijwoordelijk I BNW *adverbial* [m mv: *adverbiaux*] **II** BIJW *adverbialement*
bijzaak *accessoire* m; *détail* m; *chose* v *de moindre importance*
bijzettafel *table* v *volante*
bijzetten • erbij zetten *mettre auprès de* • begraven *enterrer; déposer dans un caveau* • verlenen *donner; ajouter*
bijziend *myope*
bijziendheid *myopie* v
bijzijn *présence* v ⋆ in het ~ van *devant; en présence de*
bijzin *(proposition* v*) subordonnée* v
bijzit *concubine* v
bijzitter *assesseur* m
bijzonder I BNW • ongewoon *particulier; singulier* [v: *singulière*] ⋆ niets ~s *pas grand-chose* ⋆ iets ~s *qc de spécial* • niet van de overheid *privé* ⋆ ~ onderwijs *enseignement* m *libre* ⋆ ~e school *école* v *libre* **II** BIJW vooral *spécialement; particulièrement* **III** ZN [het] ▾ in het ~ *en particulier; notamment*
bijzonderheid • detail *détail* m ⋆ in bijzonderheden treden *entrer dans le(s) détail(s)* ⋆ (nadere) bijzonderheden *précisions* v mv • iets bijzonders *particularité* v
bikini *bikini* m
bikkel *osselet* m
bikkelhard • erg hard *dur comme le fer* • onvermurwbaar *impitoyable*
bikken • afhakken *piquer;* ⟨ketelsteen⟩ *détartrer*

• eten *bouffer*
bil • *fesse* v; ⟨biıstuk van rund⟩ *culotte* v ★ voor de billen geven *donner une fessée à; fesser* • Z-N dij *cuisse* v ▾ met de billen bloot moeten *devoir jouer cartes sur table* ▾ wie zijn billen brandt moet op de blaren zitten *qui casse les verres les paie*
bilateraal *bilatéral* [m mv: *bilatéraux*]
biljard *million* m *de milliards*
biljart • spel *billard* m • tafel *billard* m
biljartbal *bille* v *(de billard)*
biljarten *jouer au billard*
biljet • kaartje *billet* m • bankbiljet *billet* m
biljoen *billion* m
billboard *panneau* m *d'affichage*
billenkoek *fessée* v
billijk I BNW *juste; équitable; raisonnable;* ⟨v. prijs ook⟩ *modique* ★ dat is niet meer dan ~ *rien de plus juste; ce n'est que justice* **II** BIJW *avec raison; comme de raison*
billijken *approuver* ★ dat valt te ~ *c'est justifiable*
bilspleet, bilnaad *sillon* m *interfessier*
bimetaal *bilame* m/v
binair *binaire*
binden • vastmaken OOK FIG. *lier (aan à); attacher;* ⟨knevelen⟩ *ligoter* ★ klanten ~ *fidéliser la clientèle* ★ aan handen en voeten gebonden *pieds et poings liés* ★ aan regels gebonden *soumis à des règles* • dik maken *lier; épaissir* • inbinden *relier* ▾ op het hart ~ *recommander vivement*
bindend • tot samenhang brengend ★ ~ element *ciment* m; *rassembleur* m [v: *rassembleuse*] • JUR. verplichtend *contraignant; impératif* [v: *impérative*]; JUR. *obligatoire*
binding • band *lien* m; ⟨gehechtheid⟩ *attache(s)* v (mv) • SPORT skiband ⟨v. ski⟩ *fixation* v
bindmiddel *liant* m; CUL. *liaison* v; FIG. *ciment* m
bindvlies *conjonctive* v
bindvliesontsteking *conjonctivite* v
bindweefsel *tissu* m *conjonctif*
bingo *bingo* m
bink *costaud* m; *malabar* m ★ de bink uithangen *jouer les durs / les gros bras*
binnen I BIJW *dedans; à l'intérieur* ★ van ~ *au(-)dedans; à l'intérieur; intérieurement* ★ ze is nog ~ *elle est encore dedans* ★ van ~ naar buiten *de l'intérieur vers l'extérieur* ★ ~ zonder kloppen *entrez sans frapper* ★ is nummer 8 al ~? *est-ce que le numéro huit est déjà arrivé?* ★ de deur van ~ sluiten *fermer la porte de l'intérieur* ★ hij loopt naar ~ *il entre* ★ naar ~ slaan *avaler* ★ te ~ brengen *rappeler* ★ het schiet me te ~ *cela me revient (à l'esprit)* ▾ hij is ~ *il est à l'abri* ▾ ~ is ~! *c'est toujours ça (de pris / de gagné)* **II** VZ • in *dans; à l'intérieur de* ★ ~ de muren van het kasteel *dans l'enceinte du château* ★ ~ mijn bereik *à ma portée* ★ ~ in *au-dedans de* • in minder dan *avant* ★ ~ een week *dans les huit jours; sous huit jours; d'ici une semaine* ★ ~ de termijn *dans les délais* ★ ~ het budget blijven *ne pas dépasser le budget*
binnen- *intérieur;* ⟨inwendig⟩ *interne*
binnenbaan • binnenste baan *couloir* m *intérieur* • overdekte baan *piste* v *couverte;* ⟨tennis⟩ *court* m *couvert*
binnenbad *piscine* v *couverte*
binnenband *chambre* v *à air*
binnenbocht *intérieur* m *du virage*
binnenbrand *feu* m *d'appartement*
binnenbrengen *(r)entrer*
binnendoor • via kortere weg ★ ik ben ~ gereden *j'ai pris un raccourci* • niet buitenom *par l'intérieur*
binnendringen *pénétrer (dans); faire irruption dans; envahir* ★ het ~ *la pénétration; l'irruption* v
binnendruppelen *arriver au compte-gouttes*
binnengaan *entrer (dans); pénétrer (dans)*
binnenhalen *rentrer*
binnenhaven *port* m *fluvial* [m mv: *ports fluviaux*]; ⟨bij zeehaven⟩ *arrière-port* m [mv: *arrière-ports*]
binnenhuisarchitect *architecte* m/v / *décorateur* m *d'intérieur* [v: *décoratrice ...*]
binnenin *au(-)dedans; à l'intérieur*
binnenkant *dedans* m; *intérieur* m
binnenkomen • binnengaan *entrer (dans)* • geïnd worden *rentrer*
binnenkomer *entrée* v *en matière*
binnenkomst *entrée* v
binnenkort *sous peu*
binnenkrijgen • ontvangen *toucher; encaisser* • inslikken *avaler; boire*
binnenland *intérieur* m *(du pays)* ★ in het ~ *à l'intérieur*
binnenlands *intérieur*
binnenlaten *faire entrer*
binnenloodsen *faire entrer au port;* FIG. *réussir à introduire*
binnenlopen • ⟨v. schip⟩ *entrer au port;* ⟨bij iem.⟩ *passer chez* • rijk worden *faire fortune*
binnenoor *oreille* v *interne*
binnenplaats *cour* v *(intérieure)*
binnenpretje ★ een ~ hebben *rire intérieurement*
binnenrijm *rime* v *intérieure*
binnenroepen *crier (à quelqu'un) d'entrer*
binnenscheepvaart *navigation* v *intérieure / fluviale; batellerie* v
binnenschipper *batelier* m; *marinier* m
binnenshuis *à l'intérieur; chez soi*
binnenskamers FIG. *en secret; dans les coulisses*
binnensmonds *entre ses dents*
binnensport *sport* m *en salle*
binnenstad *centre-ville* m [mv: *centres-villes*]; *cité* v
binnenste I ZN [het] *intérieur* m; *cœur* m ★ in zijn ~ *dans son for intérieur; au fond de soi-même* **II** BNW *(le plus à l')intérieur; central* [m mv: *centraux*]
binnenstebuiten *à l'envers* ★ ~ keren *retourner*
binnenvaart *navigation* v *intérieure / fluviale; batellerie* v
binnenvallen • binnenkomen *entrer en coup de vent;* SCHEEPV. *faire escale / relâche à* • binnendringen *pénétrer (dans); envahir*
binnenvetter *introverti* m [v: *introvertie*]
binnenwaarts *vers l'intérieur*

binnenwater *eaux* v mv *intérieures* [mv]
binnenweg *chemin* m *de traverse*
binnenwerk *intérieur* m; *mécanisme* m; ⟨v. sigaar⟩ *tripe* v
binnenwippen *faire un saut (chez)*
binnenzak *poche* v *intérieure*
binnenzee *mer* v *intérieure*
bint *poutre* v
bintje *bintje* v
bioafval *déchets* m mv *végétaux / biodégradables*; *biodéchet* m
biobak *conteneur* m *vert / de biodéchets*
biochemie *biochimie* v
biodynamisch *biodynamique*
bio-energie *bioénergie* v
biofysica *biophysique* v
biogas *biogaz* m
biograaf *biographe* m/v
biografie *biographie* v
biografisch *biographique*
bio-industrie *bio-industrie* v; *élevage* m *industriel*
biologeren *magnétiser*
biologie *biologie* v; ⟨schoolvak⟩ *sciences* v mv *naturelles*
biologisch I BNW *biologique* **II** BIJW ⋆ ~ afbreekbaar *biodégradable* ⋆ ~ geteeld *biologique*; *bio* [m mv: *bio(s)*]
bioloog *biologiste* m/v
biomassa *biomasse* v
biopsie *biopsie* v; *prélèvement* m
bioritme *biorythme* m
bios *ciné* m; *cinoche* m
bioscoop *(salle* v *de) cinéma* m ⋆ naar de ~ gaan *aller au cinéma*
biosfeer *biosphère* v
biotechnologie *biotechnologie* v
biotoop *biotope* m
biowetenschappen *sciences* v mv *biologiques*
bips *fesses* v mv
Birma *la Birmanie* ⋆ in ~ *en Birmanie*
Birmaan *Birman* [v: *Birmane*]
bis I ZN [de] MUZ. muzieknoot *si* m *dièse* **II** BIJW • toegevoegd *bis* • nog eens *bis* **III** TW *bis*; *encore* ⋆ bis roepen *bisser*; *faire des rappels*
bisamrat *rat* m *musqué*
biscuit *biscuit* m
bisdom *évêché* m
biseksualiteit *bisexualité* v
biseksueel *bisexuel* [v: *bisexuelle*]; INFORM. *bi*; *à voile et à vapeur*
Biskaje ⋆ Golf van ~ *golfe* m *de Gascogne*
bisschop *évêque* m ⋆ de ~pen *l'épiscopat*
bisschoppelijk *épiscopal* [m mv: *épiscopaux*]
bissectrice *bissectrice* v
bistro *bistro(t)* m; *petit restaurant* m
bit I ZN [de] COMP. *bit* m **II** ZN [het] mondstuk *mors* m
bits I BNW *mordant*; *aigre*; *âcre* **II** BIJW *sèchement*; *brusquement*
bitter I BNW • scherp van smaak *amer* [v: *amère*]; ⟨v. chocola⟩ *noir* • smartelijk *amer* [v: *amère*]; *douloureux* [v: *douloureuse*]; *noir* ⋆ ~e kou *un froid âpre / mordant / pénétrant / noir / de canard* ⋆ ~e armoede *misère noire* ⋆ ~e noodzaak *dure nécessité* ⋆ het is mij ~e ernst *je suis on ne peut plus sérieux* • verbitterd *amer* [v: *amère*]; *aigri* • wrang OOK FIG. *acerbe*; *âcre* ⋆ ~e haat *haine farouche / mortelle* **II** BIJW *amèrement* ⋆ ~ weinig *dérisoire* ⋆ het is ~ koud *il fait un froid glacial*; INFORM. *ça pince dur* **III** ZN [het] *bitter* m
bitterbal *croquette* v *de hachis*
bittergarnituur *amuse-gueule* m [onv]
bitterkoekje *macaron* m
bitterzoet *doux-amer* [v: *douce-amère*]
bitumen *bitume* m
bivak *bivouac* m
bivakkeren *bivouaquer*; FIG. *camper*
bivakmuts *cagoule* v
bizar *bizarre*; *fantasque*
bizon *bison* m
B-kant *face* v *B*
blaadje • → **blad**
blaag *polisson* m [v: *polissonne*]
blaam *blâme* m ⋆ hem treft geen ~ *il n'est pas en cause* ⋆ zich van alle ~ zuiveren *se disculper*
blaar *ampoule* v; *cloque* v
blaarkop *vache* v *marquée au front*
blaas • orgaan *vessie* v; ⟨blaasje⟩ *vésicule* v • luchtbel *bulle* v; ⟨in verf e.d.⟩ *cloque* v
blaasaandoening *affection* v *vésicale*
blaasbalg *soufflet* m
blaasinstrument *instrument* m *à vent*
blaaskaak *fanfaron* m; *vantard* m
blaaskapel *fanfare* v
blaasmuziek *musique* v *de fanfare*
blaasontsteking *cystite* v
blaaspijpje ⟨voor ademtest⟩ *alcootest* m
blabla *blabla(bla)* m
black-out • concentratieverlies *passage* m *à vide*; ⟨geheugenverlies⟩ *trou* m *(de mémoire)*; *blanc* m • bewusteloosheid *évanouissement* m; MED. *syncope* v; *absence* v
blad • deel van plant/boom *feuille* v • deel van bloem *pétale* m • vel papier *feuille* v ⋆ van het blad spelen *jouer à vue* ⋆ het blad omslaan *tourner la page* • tijdschrift *revue* v; *journal* m • dienblad *plateau* m [mv: *plateaux*] • plat en breed voorwerp *plaque* v; *tablette* v; ⟨v. tafel⟩ *plateau* m; *dessus* m *(de table)*; ⟨v. snij-, hakwerktuig⟩ *lame* v; ⟨v. roeiriem, propeller⟩ *pale* v ▾ geen blad voor de mond nemen *ne pas mâcher ses mots* ▾ hij is omgedraaid als een blad aan de boom *il a retourné sa veste* ▾ in een goed blaadje staan bij *être dans les bonnes grâces / dans les petits papiers de* ▾ in een slecht blaadje staan *être mal noté / vu*
bladderen *s'écailler*
bladerdeeg *pâte* v *feuilletée*
bladeren ⋆ in een boek ~ *feuilleter un livre*
bladgoud *or* m *en feuilles* ⋆ met ~ verguld *doré à la feuille*
bladgroen *chlorophylle* v
bladgroente *légumes* m mv *verts* [mv]
bladluis *puceron* m
bladmuziek *partition* v
bladspiegel *format* m *d'une page*
bladstil *sans un souffle (de vent)*
bladverliezend *à feuilles caduques*

bladvulling *remplissage* m
bladwijzer • boekenlegger *marque-page* m [mv: *marque-page(s)*]; *signet* m • inhoudsopgave *table* v *des matières*
bladzijde *page* v ★ de ~ omslaan OOK FIG. *tourner la page* ▾ een zwarte ~ in de geschiedenis *une page noire de l'histoire*
blaffen • geluid maken OOK FIG. *aboyer* ★ het ~ *l'aboiement* m • hoesten *tousser*
blaffer ‹revolver› *flingue* v
blaken OOK FIG. *brûler* **(van** *de)* ★ in ~de vorm *en pleine forme* ★ in ~de welstand *débordant / rayonnant / resplendissant de santé*
blaker *bougeoir* m
blakeren *flamber*; *griller*
blamage *honte* v ★ hij voelde dat als een ~ *il se sentait diminué*
blameren *compromettre* ★ zich ~ *se discréditer*
blancheren *blanchir*
blanco I BNW *blanc* [v: *blanche*] ★ een ~ cheque *un chèque en blanc* **II** BIJW *en blanc* ★ ~ laten *laisser en blanc* ★ ~ stemmen *voter blanc*
blancokrediet *crédit* m *en blanc*
blancovolmacht *blanc-seing* m [mv: *blancs-seings*]; FIG. *plein(s) pouvoir(s)* m (mv); *carte* v *blanche*
blank • licht van kleur *blanc* [v: *blanche*] • onbeschilderd ★ ~ hout *bois* m *naturel* ★ ~ schuren *poncer*; *décaper* • onder water ★ ~ staan *être inondé*
blanke *blanc* m [v: *blanche*]
blasé *blasé* **(van** *de, sur)*
blasfemie *blasphème* m
blasfemisch *blasphématoire*
blaten *bêler* ★ het ~ *le bêlement*
blauw I BNW *bleu*; ‹hemelsblauw› *azuré* ★ ~ oog *œil poché*; INFORM. *coquart* m ★ iem. een ~ oog slaan *pocher l'œil à qn* ★ een ~e plek *un bleu*; *un hématome* ★ ~ verven *teindre en bleu* ★ ~ maken / worden *bleuir* **II** ZN [het] *bleu* m ★ Delfts ~ *delft* m
blauwbaard *Barbe-Bleue* m
blauwbekken *cailler*; *peler (de froid)* ★ staan te ~ *battre la semelle*
blauwblauw ▾ iets ~ laten *passer qc sous silence*
blauwboek *livre* m *bleu*
blauwdruk *bleu* m; FIG. *projet* m
blauweregen *glycine* v
blauwgrijs *gris bleu*
blauwgroen *bleu vert*
blauwhelm *Casque* m *bleu*
blauwkous *bas-bleu* m [mv: *bas-bleus*]
blauwrood *rouge bleu*
blauwtje ▾ een ~ lopen *essuyer un refus*; INFORM. *ramasser une pelle / une veste*
blauwzuur *acide* m *cyanhydrique*
blauwzwart *bleu noir / nuit*
blazen *souffler*; ‹v. kat› *feuler* ★ glas ~ *souffler le verre* ★ (op) de trompet ~ *jouer / sonner de la trompette* ▾ het is wachten ge~ *il faut / il est urgent d'attendre* ▾ beter hard ge~ dan de mond gebrand ≈ *mieux vaut prévenir que guérir*
blazer[1] *joueur* m *d'instrument à vent* [v: *joueuse* ...] ★ de ~s MUZ. *les vents*
blazer[2] (zeg: blezer) *blazer* m
blazoen *blason* m; *armes* v mv; *armoiries* v mv; ‹schild› *écusson* m
bleek I ZN [de] het bleken *blanchissage* m **II** BNW *pâle*; ‹vaalbleek› *blême*; *blafard*; *livide*; ‹flets› *terne*; *fade*; ‹pips› *pâlot* [v: *pâlotte*] ★ ~ en mager *hâve* ★ ~ worden *pâlir*; *devenir tout pâle*; *ternir*; *blêmir*
bleekgezicht *visage* m *pâle*
bleekjes *pâlot* [v: *pâlotte*]
bleekmiddel *agent* m *blanchissant*; *décolorant* m
bleekneus *personne* v *pâlotte / chétive*
bleekselderij *céleri* m *à côtes*
bleekwater *eau* v *de Javel*; INFORM. *javel* v
bleekzucht *anémie* v
bleken *blanchir*; ‹blonderen› *décolorer* ★ het ~ *le blanchissage*
blèren • blaten *bêler* • luid huilen *brailler*
bles • witte plek *étoile* v • paard *cheval* m *marqué au front*
blesseren *blesser*
blessure *blessure* v
blessuretijd *arrêts* m mv *de jeu*
bleu • blauw *bleu (clair)* • bedeesd *timide*
bliep *bip* m
blieper *bip* m; *bipe(u)r* m
blieven *avoir envie de*; *désirer*
blij I BNW • verheugd *content*; *heureux* [v: *heureuse*]; ‹dolblij› *ravi* ★ blij zijn om *se féliciter de*; *se réjouir de* ★ ik ben blij voor hem *je suis content pour lui* ★ ik ben blij dat je geslaagd bent *ça me fait plaisir que tu aies réussi* ★ blij toe! *tant mieux!* • opgewekt *gai*; *joyeux* [v: *joyeuse*] • verheugend *réjouissant*; *joyeux* [v: *joyeuse*] ★ blijde dag *heureux jour* **II** BIJW *gaiement*
blijdschap *joie* v; *plaisir* m
blijf-van-mijn-lijfhuis *centre* m *(d'accueil) pour femmes victimes de violences (conjugales)*; ≈ *foyer* m *SOS femmes battues*
blijheid *joie* v
blijk *marque* v; *preuve* v; *témoignage* m ★ als ~ van *en témoignage de* ★ ~ geven van *faire preuve de*; *manifester*
blijkbaar I BNW *manifeste* **II** BIJW kennelijk *manifestement*; *apparemment*
blijken ★ ~ te zijn *s'avérer*; *se révéler*; *se trouver* ★ het blijkt dat *il se trouve que*; *il s'avère que*; *il apparaît que* ★ hij blijkt schuldig / een leugenaar te zijn *il s'est avéré coupable / que c'est un menteur* ★ laten ~ *manifester*; *montrer* ★ niets laten ~ *ne faire semblant de rien* ★ het blijkt mij dat *je constate que* ★ uit alles blijkt dat ... *tout porte à croire que ...* ★ daaruit blijkt dat *il en ressort que*; *c'est la preuve que* ★ het moet nog ~ of *reste à prouver si*; *c'est à voir si* ★ dat is wel gebleken *cela a été démontré*; *c'est manifeste*
blijkens *selon*; *d'après*; *témoin*
blijmoedig I BNW *joyeux* [v: *joyeuse*] **II** BIJW *joyeusement*
blijspel *comédie* v
blijven • *rester*; *demeurer* • voortduren *durer* ★ ~ staan *s'arrêter*; *rester debout* ★ ~ eten *rester (à) dîner* ★ jong ~ *rester jeune* ★ ernstig ~ *garder son sérieux* ★ goed ~ *se conserver*

★ waar zijn wij gebleven? *où en sommes-nous restés?* ★ blijft het feit dat *il reste que* ★ waar blijft hij toch? *qu'est-ce qu'il fait / fabrique?* ★ waar is mijn pen gebleven? *où est passé mon stylo?* • doorgaan met *continuer à/de*; *persister à* • sterven *mourir* ★ erin ~ *y rester* • ~ **bij** ⟨volharden in⟩ *persister dans*; *maintenir*; ⟨zich houden aan⟩ *s'en tenir à*; ⟨talmen met⟩ *rester sur* ★ ik blijf erbij! *je persiste et signe!* ★ daar zal het niet bij ~ *cette affaire n'en restera pas là*

blijvend *permanent*; *durable* ★ een ~e indruk maken *faire une impression ineffaçable* ★ gelijk ~ *constant*

blik I ZN [de] • oogopslag *coup* m *d'œil*; *regard* m ★ een blik werpen op *jeter / lancer un regard sur* ★ de blik neerslaan / opslaan *baisser / lever les yeux* • manier van kijken *regard* m • kijk op iets *vues* v mv ★ een ruime blik hebben *voir grand*; *avoir de larges vues* ★ zijn blik verruimen *élargir son horizon* **II** ZN [het] • metaal *fer-blanc* m • bus *boîte* v ★ vlees in blik *viande de conserve / en boîte* • stofblik *pelle* v *(à poussière)*

blikgroente *légumes* m mv *en boîte* [mv]

blikken I BNW *en/de fer-blanc* **II** ON WW ▾ zonder ~ of blozen *sans sourciller*

blikkeren *briller*; *étinceler*

blikopener *ouvre-boîte(s)* m

blikschade ≈ *dégâts* m mv *matériels*; *tôle* v *froissée*

bliksem • *foudre* v; ⟨flits, schicht⟩ *éclair* m ★ de ~ is in de toren geslagen *la foudre est tombée sur la tour* • persoon *type* m ★ luie ~ *un fainéant* ▾ als door de ~ getroffen *comme frappé par la foudre*; *comme foudroyé* ▾ het is naar de ~ *c'est fichu* ▾ als de (gesmeerde) ~ *illico (presto)!*; *plus vite que ça!* ▾ naar de ~ helpen *foutre en l'air* ▾ loop naar de ~! *(va-t-en) au diable!* ▾ op zijn ~ geven *donner son paquet* ▾ geen ~ *que dalle*

bliksem- *éclair* ★ bliksemactie *action* v *éclair*

bliksemactie *action* v *éclair*

bliksemafleider *paratonnerre* m

bliksemcarrière *carrière* v *éclair*

bliksemen I ON WW flitsen *fulgurer* ★ ~d *foudroyant* **II** ONP WW ★ het bliksemt *il fait des éclairs*

bliksemflits *éclair* m

blikseminslag *foudre* m; *foudroiement* m; *coup* m *de tonnerre*

bliksemoorlog *guerre* v *éclair*

bliksems I BNW *sacré*; *sale* **II** BIJW *sacrément* **III** TW *tonnerre!*; *bigre!*

bliksemschicht *éclair* m

bliksemsnel I BNW *rapide comme l'éclair*; *foudroyant* **II** BIJW *comme la foudre*

bliksemstart *démarrage* m *en trombe*

bliksemstraal *éclair* m

blikvanger ≈ *objet* m *qui accroche l'attention*; ⟨reclame⟩ *accroche* v

blikveld *champ* m *visuel / de vision*

blikvoer *conserves* v mv

blind I ZN [het] *volet* m **II** BNW • zonder zicht *aveugle* ★ ~ worden *perdre la vue* ★ ~ aan één oog *borgne* ★ ~e bocht *virage sans visibilité* ★ ~e vlek *point aveugle* ★ dat is zijn ~e vlek / daar is hij ~ voor *il est aveugle à cela*; *il s'aveugle là-dessus* ★ ~ schaken *jouer en aveugle / à l'aveugle* ★ ~ typen *taper au toucher* • onzichtbaar *invisible* • zonder opening/loos ★ ~e muur *mur aveugle / orbe* ★ ~e deur *fausse porte*; *porte condamnée* ★ een ~e steeg *une impasse* ★ ~ schot *coup à blanc* • zonder inzicht *aveugle*; *inconditionnel* [v: *inconditionnelle*] ★ ~ van woede *fou de rage* [v: *folle* ...] ★ ~ vertrouwen *confiance aveugle* ▾ in den ~e *à l'aveuglette*

blind date *rendez-vous* m *arrangé avec un(e) inconnu(e)*

blinddoek *bandeau* m [mv: *bandeaux*]

blinddoeken *bander les yeux à*

blinde *aveugle* m/v; *non-voyant* m [v: *non-voyante*]; ⟨bij kaartspel⟩ *mort* m

blindedarm *appendice* m *(vermiforme)*

blindedarmontsteking *appendicite* v

blindelings • zonder te zien *aveuglément*; *les yeux fermés* • zonder nadenken *aveuglément*

blindemannetje *colin-maillard* m ★ ~ spelen *jouer à colin-maillard*

blindengeleidehond *chien* m *d'aveugle*

blindenschrift *braille* m

blinderen *blinder*

blindganger *obus* m / *engin* m *non éclaté*

blindheid *cécité* v; FIG. *aveuglement* m ★ met ~ geslagen OOK FIG. *aveugle*; *aveuglé*

blindvaren ~ **op** *avoir une confiance aveugle en*

blinken *reluire*; *briller*; *resplendir*

blisterverpakking *blister* m

blits *branché*; *in*; *tendance*

blocnote *bloc-notes* m [mv: *blocs-notes*]

bloed *sang* m ★ tot ~ens toe *au sang* ★ baden in het ~ *baigner dans une mare de sang* ★ er heeft ~ gevloeid *le sang a coulé* ▾ in koelen ~e *de sang-froid* ▾ het ~ kruipt waar het niet gaan kan *c'est la voix du sang*; *bon sang ne peut mentir* ▾ iem. het ~ onder de nagels vandaan halen *exaspérer / excéder qn* ▾ kwaad ~ zetten bij *agacer* ▾ dat zit hem in het ~ *il a ça dans le sang*; *c'est dans ses gènes* ▾ blauw ~ hebben *être de sang bleu* ▾ vers ~ *du sang frais* ▾ het ~ doen stollen FIG. *glacer le sang*

bloed- • van/als bloed *sanguin* • hevig/zeer *archi-*; *hyper-*; *vachement*

bloedalcoholgehalte *(taux* m *d')alcoolémie* v

bloedarmoede *anémie* v

bloedbaan *vaisseaux* m mv *(sanguins)*; *appareil* m *circulatoire* ★ dat komt direct in de ~ *cela passe directement dans le sang*

bloedbad *bain* m *de sang*; *tuerie* v; *carnage* m; *massacre* m; *boucherie* v

bloedbank *banque* v *du sang*

bloedbeeld *hémogramme* m

bloedbezinking *sédimentation* v *sanguine*

bloedblaar *ampoule* v *remplie de sang*

bloedcel *globule* m *du sang* ★ rode / witte ~ *globule rouge / blanc*

bloeddonor *donneur* m *de sang* [v: *donneuse* ...]

bloeddoorlopen *injecté de sang*

bloeddoping *doping* m *sanguin*

bloeddorstig I BNW *sanguinaire*; *féroce* **II** BIJW

férocement
bloeddruk *tension* v *(artérielle)* ⋆ hoge ~ *hypertension* v ⋆ hoge ~ hebben *faire de la tension* ⋆ lage ~ *hypotension* v ⋆ de ~ opnemen / meten *prendre la tension*
bloeddrukmeter *tensiomètre* m
bloeddrukverlagend *hypotenseur* [v: *hypotenseuse*]
bloeddruppel *goutte* v *de sang*
bloedeigen ⋆ mijn ~ kind(eren) *la chair de ma chair*
bloedeloos • zonder bloed *exsangue* • bloedarm *anémique*
bloeden • bloed verliezen *saigner* ⋆ hevig ~d *tout en sang* ⋆ tot ~s toe *(jusqu')au sang* • boeten voor ⋆ ergens voor moeten ~ *payer (cher) qc*
bloederig *sanglant*; *ensanglanté*
bloederziekte *hémophilie* v
bloedgang ⋆ met een ~ *à un train d'enfer*
bloedgeld • loon voor misdaad *argent* m *souillé de sang* • hongerloon *salaire* m *de famine*
bloedgroep *groupe* m *sanguin*
bloedheet *brûlant*
bloedhekel ⋆ een ~ hebben aan *haïr comme la peste*; *détester*
bloedhond • hond *limier* m • wreedaard *bourreau* m [mv: *bourreaux*]
bloedig I BNW bloederig *sanglant*; *ensanglanté* II BIJW in hoge mate *durement*
bloeding *hémorragie* v; *saignement* m ⋆ inwendige ~ *hémorragie interne*
bloedje *pauve gosse* m/v
bloedkanker *leucémie* v; *cancer* m *du sang*
bloedkleurstof *hémoglobine* v
bloedkoraal *corail* m *rouge* [m mv: *coraux* ...]
bloedlichaampje *globule* m *(du sang)*
bloedlink • riskant *casse-gueule* [onv] • boos *furax*
bloedmooi *bien foutu*; *canon*
bloedneus *saignement* m *de nez* ⋆ een ~ hebben *saigner du nez*
bloedonderzoek *analyse* v *de sang*
bloedplaatje *plaquette* v *(sanguine)*
bloedplas *mare* v *de sang*
bloedplasma *plasma* m *sanguin*
bloedproef *prise* v *de sang*
bloedschande *inceste* m
bloedserieus *on ne peut plus sérieux*; INFORM. *sérieux comme un pape* [v: *sérieuse* ...]
bloedserum *sérum* m *(sanguin)*
bloedsinaasappel *sanguine* v
bloedsomloop *circulation* v *sanguine*
bloedspiegel *taux* m *sanguin*
bloedstollend *à vous tourner le(s) sang(s)*
bloedstolling *coagulation* v
bloedstolsel ⟨prop⟩ *caillot* m *(de sang)*; MED. *trombus* m
bloedstroom *flot* m *de sang*
bloedsuiker *glucose* m *du sang*; INFORM. *sucre* m
bloedsuikerspiegel *(taux* m *de) glycémie* v
bloedtransfusie *transfusion* v *sanguine*
bloeduitstorting • inwendige bloeding *hématome* m • blauwe plek *ecchymose* v
bloedvat *vaisseau* m *sanguin* [m mv: *vaisseaux* ...]
bloedverdunnend *anticoagulant*
bloedvergieten *effusion* v *de sang*; ⟨bloedbad⟩ *bain* m *de sang*; *tuerie* v; *carnage* m; *massacre* m
bloedvergiftiging *septicémie* v; *empoisonnement* m *du sang*
bloedverlies *perte* v *de sang*
bloedverwant *parent* m [v: *parente*] ⋆ van/tussen ~en *consanguin*
bloedverwantschap *consanguinité* v; *parenté* v
bloedvlek *tache* v *de sang*
bloedworst *boudin* m *(noir)*
bloedwraak *vendetta* v
bloedzuiger • dier *sangsue* v • uitbuiter *exploiteur* m [v: *exploiteuse*]
bloedzuiverend *dépuratif* [v: *dépurative*]
bloei • het bloeien *floraison* v ⋆ in ~ *en fleur(s)*; *fleuri* ⋆ in ~ staan *fleurir* • ontplooiing *essor* m; *prospérité* v; *floraison* v ⋆ tot ~ komen *s'épanouir*; *fleurir* ⋆ tot ~ brengen *faire fleurir*; *faire prospérer*
bloeien • bloemen dragen *fleurir*; *être en fleur(s)* • floreren *prospérer*; *fleurir* ⋆ ~d *en fleur(s)*; *fleuri*; FIG. *florissant*; *prospère* ⋆ een ~d bedrijf *une entreprise en pleine expansion / en plein essor*
bloeiperiode *floraison* v; FIG. *âge* m *d'or*
bloeiwijze *inflorescence* v
bloem • BIOL. *fleur* v ⋆ een ~ in zijn knoopsgat doen *fleurir sa boutonnière* ⋆ ~en op de ruiten *vitres givrées* • meel *farine* v ▾ de ~etjes buiten zetten *faire la java / la fête* ▾ iem. in de ~etjes zetten *faire fête à qn* ▾ geen ~en! *ni fleurs ni couronnes!*
bloembak *jardinière* v
bloembed *parterre* m *de fleurs*; *plate-bande* v [mv: *plates-bandes*]; ⟨border⟩ *massif* m
bloembol *bulbe* m; *oignon* m *(à fleurs)*
bloemencorso *corso* m *fleuri*
bloementeelt *floriculture* v
bloemenvaas *vase* m
bloemenwinkel *(magasin* m *de) fleuriste* m
bloemetje ▾ de ~s buiten zetten *faire la fête / la java*
bloemig *farineux* [v: *farineuse*]
bloemist • kweker *floriculteur* m [v: *floricultrice*]; *marchand* m *de fleurs* • verkoper *fleuriste* m/v
bloemisterij • winkel *(magasin* m *de) fleuriste* m • bedrijf *floriculture* v
bloemkool *chou-fleur* m [mv: *choux-fleurs*]
bloemlezing *anthologie* v; *morceaux* m mv *choisis* [mv]; *florilège* m
bloemperk *parterre* m *de fleurs*
bloempot *pot* m *de fleurs*
bloemrijk *fleuri*; FIG. *riche en images*; *imagé*
bloemschikken *composition* v *florale*
bloemstuk *composition* v *florale*
bloes *blouse* v; *chemise* v; ⟨v. dames⟩ *chemisier* m
bloesem *fleurs* v mv
blog *blog* m
blogger *blogger* m; *bloggeur* m [v: *bloggeuse*]
blok • recht stuk *bloc* m; ⟨speelgoed⟩ *cube* m; ⟨v. beul/slager⟩ *billot* m; ⟨brandhout⟩ *bûche* v;

⟨metaalblok⟩ *saumon* m • hijsblok *poulie* v • huizenblok *bloc* m / *pâté* m *de maisons*; *îlot* m ★ een blokje om lopen *faire un petit tour* • samenwerkende groep *bloc* m; ECON. *cartel* m ★ één blok vormen tegen *faire bloc / front / masse contre* ▾ slapen als een blok *dormir comme une masse* ▾ iem. voor het blok zetten *forcer la main à qn*; *coincer qn* ▾ een blok aan het been zijn *être un boulet à traîner*

blokfluit *flûte* v *à bec*

blokhut *cabane* v *en rondins*

blokkade *blocus* m

blokken *bûcher*

blokkendoos *jeu* m *de construction / de cubes*

blokkeren • beweging tegenhouden *bloquer* • toegang afsluiten *bloquer*; ⟨afstoppen⟩ *contrer* • onttrekken aan het geldverkeer *faire opposition à*

blokletter *majuscule* v *(d'imprimerie)*

blokuur *bloc* m *de cours*

blond *blond*

blonderen *décolorer*; *oxygéner*; *blondir*

blondine *blonde* v

blooper *blooper* m

bloot • onbedekt *nu*; *découvert*; ⟨ontbloot⟩ *dénudé* ★ op het blote lijf *à même la peau* ★ met blote handen *à main(s) nue(s)* ★ met het blote oog *à l'œil nu* ★ onder de blote hemel *à la belle étoile* ★ open en ~ *au vu et au su de tout le monde* • louter *simple*; *pur (et simple)* ▾ blote eigendom / eigenaar *nue-propriété* v / *nu-propriétaire* m

blootblad *magazine* m *de cul*

blootgeven [+ zich] • zwakheid tonen *se découvrir*; *baisser la garde* • bedoeling tonen *abattre son jeu*

blootje ★ in zijn ~ *tout nu*; *à poil*

blootleggen • van bedekking ontdoen *mettre à nu* • onthullen *mettre à nu*; *découvrir*; *dévoiler*; *révéler*

blootshoofds *nu-tête*; *(la) tête nue*

blootstaan ~ aan *être exposé à*; ⟨als mikpunt⟩ *être en butte à*

blootstellen ~ aan *exposer à*

blootsvoets *nu-pieds*; *pieds nus*

blos *teint* m *vif*; ⟨schaamrood⟩ *rougeur* v ★ een blos krijgen *rougir*

blotebillengezicht *(face* v *de) lune* v

blowen *fumer un joint*

blowtje *joint* m ★ een ~ draaien *rouler un joint*

blozen *rougir (van de)* ★ ~d *rouge*; *rougissant* ★ tot achter de oren ~ *rougir jusqu'aux oreilles*; INFORM. *piquer un fard*

blubber *boue* v; *bourbe* v

blues *blues* m

bluf *bluff* m

bluffen *bluffer*

blufpoker *poker* m *menteur*

blunder *gaffe* v; *bévue* v; *bourde* v

blunderen *commettre une bévue*; *faire une gaffe*; *gaffer*; *se planter*

blusapparaat *extincteur* m

blusboot *bateau-pompe* m [mv: *bateaux-pompes*]

blussen *éteindre*; CUL. *mouiller* ★ het ~ *l'extinction* v

blusvliegtuig *canadair* m

blut *fauché*; *à sec*; *raide*

bluts • deuk *bosse* v; *creux* m • buil *contusion* v

blutsen • kneuzen *meurtrir*; ⟨v. fruit⟩ *taler* • deuken *bosseler*

B-merk *sous-marque* v

BMI ⟨indice m de masse corporelle⟩ *IMC* m

bmr-prik *vaccination* v *contre les oreillons, la rougeole et la rubéole*

bnp *PNB* m *(produit national brut)*

boa • slang *boa* m • halskraag *boa* m

board *panneau* m *de fibres de bois*

bobbel • bultje *bosse* v • blaasje *bulle* v

bobbelen *(se) gondoler*

bobo INFORM. *grosse légume* v; *gros bonnet* m; *officiel* m; POL. *cacique* m

bobslee *bob(sleigh)* m

bobsleeën *faire du bob(sleigh)*

bochel • hoge rug *bosse* v • gebochelde *bossu* m [v: *bossue*]

bocht I ZN [de] buiging *courbe* v; *courbure* v; *boucle* v; *sinuosité* v; ⟨v. kust⟩ *baie* v; ⟨v. weg⟩ *virage* m; *tournant* m ★ een ~ nemen *prendre / négocier un virage* ★ uit de ~ vliegen *manquer le virage* ★ in een ~ van de weg *au détour / au tournant du chemin* ★ de weg maakt een ~ naar links *la route tourne / fait virage à gauche* ▾ zich in (allerlei) ~en wringen *se contorsionner* ▾ door de ~ gaan OOK FIG. *virer de bord*; FIG. *(finir par) céder* ▾ dat is wat kort door de ~ *c'est réducteur / un raccourci / un peu court*; *tu vas un peu vite* **II** ZN [het] troep ⟨v. wijn⟩ *piquette* v; ⟨vooral van bier⟩ *bibine* v

bochtig *tortueux* [v: *tortueuse*]; *sinueux* [v: *sinueuse*]; *qui va en serpentant*

bockbier *bock* m

bod • ECON. prijsvoorstel *offre* v; *mise* v ★ vast bod *offre ferme* ★ een bod doen op *faire une offre pour* ★ een hoger bod *une surenchère* ★ zijn bod verhogen *surenchérir* ★ vrijblijvend bod *offre sans engagement* ★ het hoogste bod doen *être le plus offrant* ★ uiterste bod *dernier prix* • beurt ★ aan bod komen *avoir son tour*; *avoir sa chance*; *être évoqué* ★ wie is er aan bod? *c'est à qui?*

bode • boodschapper *messager* m [v: *messagère*]; ⟨bodedienst⟩ *messagerie(s)* v (mv); ⟨koerier⟩ *coursier* m [v: *coursière*] • bediende ⟨bij rechtbank e.d.⟩ *huissier* m

bodega *chai* m; *débit* m *de vin et de liqueur*

bodem • grondvlak *fond* m; ⟨v. fles⟩ *cul* m ★ op de ~ *au fond* • grond *sol* m; *terre* v ★ van eigen ~ *du terroir*; *made in France*; *de chez nous* • restje *fond* m ★ een ~pje wijn *un fond (de bouteille)* ▾ met dubbele ~ *au deuxième degré* ▾ hoop de ~ inslaan *anéantir / décevoir les espoirs* ▾ tot op de ~ *à fond*

bodemgesteldheid *nature* v *du sol*

bodemkunde *pédologie* v

bodemloos *sans fond*; ⟨onpeilbaar⟩ *abyssal* [m mv: *abyssaux*]; ⟨onverzadigbaar⟩ *insatiable* ▾ een bodemloze put *un gouffre* ▾ een ~ vat *un panier percé*

bodemmonster *échantillon* m *de terrain*; ⟨boormonster⟩ *carotte* v

bodemonderzoek *prospection* v

bodemprijs *prix* m *plancher*
bodemprocedure ≈ *procédure* v *normale / sur le fond*
bodemsanering *décontamination* v *du sol*
bodemschatten *richesses* v mv *naturelles*; *ressources* v mv *minières*
bodemverontreiniging *pollution* v *du sol*
bodemwater *eaux* v mv *souterraines*
bodybuilder *culturiste* m; *bodybuilde(u)r* m
bodybuilding *musculation* v; *culturisme* m; *bodybuilding* m; INFORM. *gonflette* v ⋆ aan~ doen *faire du culturisme / du bodybuilding*
bodyguard *garde* m *du corps*
bodylotion *lait* m *corporel / de beauté*
body mass index *indice* m *de masse corporelle*
bodystocking *body* m; *collant* m
boe *hou!*; ⟨v. koe⟩ *meuh!*; ⟨bah⟩ *pouah!* ▾ boe noch ba zeggen *ne souffler mot*
Boedapest *Budapest* m
Boeddha *Bouddha* m
boeddha *bouddha* m
boeddhisme *bouddhisme* m
boeddhist *bouddhiste* m/v
boeddhistisch *bouddhique*; *bouddhiste*
boedel • bezit *biens* m mv ⋆ een ~ beschrijven *faire l'inventaire* • nalatenschap *succession* v; JUR. *masse* v *(successorale)* ⋆ een ~ aanvaarden / beredderen / weigeren *accepter / liquider / répudier une succession*
boedelscheiding *séparation* v *des biens*; ⟨v. erfenis⟩ *partage* m *(d'une succession)*
boef *bandit* m; *truand* m; *voyou* m
boeg • *proue* v ⋆ het over een andere boeg gooien OOK FIG. *virer de bord*; *changer de cap* • roeier *nageur* m *de l'avant* ▾ een schot voor de boeg *un coup de semonce* ▾ ik heb nog jaren voor de boeg *j'en ai encore pour des années* ▾ wat we nog voor de boeg hebben *ce qui nous attend*; *ce que nous avons devant nous*
boegbeeld OOK FIG. *figure* v *de proue*
boegeroep *huées* v mv; *tollé* m
boegspriet *beaupré* m
boei • kluister ⟨om hand⟩ *menotte* v; GESCH. *chaîne* v ⋆ in de boeien slaan GESCH. *enchaîner*; *mettre aux fers*; *menotter* ⋆ de boeien afwerpen FIG. *briser les fers* • baken *bouée* v • reddingsgordel *bouée* v ▾ een kleur als een boei krijgen *devenir rouge comme une écrevisse / pivoine / tomate*; INFORM. *piquer un fard*
boeien • in de boeien slaan *passer les menottes à*; *menotter*; GESCH. *enchaîner* • fascineren *captiver*; ⟨hevig⟩ *passionner*
boeiend *captivant*; *entraînant*; *passionnant*; *prenant*; *palpitant*
boeienkoning *roi* m *de l'évasion*
boek • bundel bijeengebonden bedrukt papier INFORM. *bouquin* m; *livre* m ⋆ altijd in de boeken zitten *pâlir sur les livres* • notatieregister ⋆ de boeken bijhouden *tenir les livres (de comptes)* ⋆ iets te boek stellen *mettre par écrit qc* • bundel *carnet* m ⋆ een boekje metrokaartjes / postzegels *un carnet de métro / de timbres* ▾ volgens het boekje *dans les règles (de l'art)*; *en bonne et due forme* ▾ het Boek der Boeken *le Livre des Livres* ▾ een boekje bij iem. opendoen over *édifier qn sur (qn)*; *en dire de belles sur qn (à qn)* ▾ buiten zijn boekje gaan *excéder / outrepasser ses pouvoirs* ▾ te boek staan als (gierig) *être connu pour être (radin)* ▾ dat is een gesloten boek voor mij *c'est du chinois pour moi* ▾ hij is een open boek *on lit en lui comme dans un livre ouvert*
Boekarest *Bukarest* m
boekbespreking *critique* v *de livre(s)*
boekbinden *la reliure* v
boekbinder *relieur* m [v: *relieuse*]
boekdeel • boek *volume* m • deel *tome* ▾ dat spreekt boekdelen *cela en dit long*
boekdrukkunst *imprimerie* v; *art* m *typographique*
boeken • in-/opschrijven *noter*; *enregistrer*; *inscrire*; ⟨v.e. post⟩ *passer / porter en compte*; *comptabiliser*; ⟨bijschrijven⟩ *inscrire*; *ajouter* • behalen *obtenir*; *remporter*; ⟨v. vooruitgang, winst⟩ *faire* • bespreken *retenir*; *prendre*
boekenbeurs *salon* m *du livre*
boekenbon *chèque-livre* m [mv: *chèques-livres*]
boekenclub *club* m *du livre*
boekenkast *bibliothèque* v
boekenlegger *marque-page* m [mv: *marque-page(s)*]; *signet* m
boekenlijst *catalogue* m; ⟨voor aanschaf⟩ *liste* v *de livres*
boekenplank *rayon* m; *étagère* v
boekenrek *étagère* v *(à livres)*
boekensteun *serre-livres* m [onv]
boekentaal *langage* m *livresque*
Boekenweek *semaine* v *du livre*
boekenwijsheid *savoir* m *livresque*
boekenwurm *bouquineur* m [v: *bouquineuse*]; *rat* m *de bibliothèque*
boeket *bouquet* m
boekhandel • winkel *librairie* v • bedrijfstak *commerce* m *du livre*
boekhandelaar *libraire* m/v
boekhouden *tenir les livres* ⋆ het ~ *la comptabilité* ⋆ dubbel ~ *comptabilité en partie double*; *double comptabilité*
boekhouder *comptable* m/v
boekhouding • het boekhouden *comptabilité* v • afdeling *service* m *de comptabilité*
boekhoudkundig *comptable*
boeking • ADMIN. *écriture* v; *imputation* v • bespreking *réservation* v • SPORT *avertissement* m
boekjaar *exercice* m *(comptable)*
boekomslag *couverture* v; ⟨los⟩ *jaquette* v
boekstaven *enregistrer*
boekwaarde *valeur* v *comptable*
boekweit *sarrasin* m; *blé* m *noir*
boekwerk *livre* m; ⟨groot⟩ *ouvrage* m
boekwinkel *librairie* v
boekwinst *bénéfice* m *comptable*
boel • grote hoeveelheid *beaucoup*; *un grand nombre de*; *plein de* • toestand *les choses* v mv; INFORM. *bataclan* m ⋆ wat een saaie boel! *ce que c'est ennuyeux / rasant!*; *quelle barbe!* ⋆ de boel de boel laten *laisser aller les choses* ▾ zijn boeltje pakken *plier bagage*

boem *boum!*
boeman *croque-mitaine* m [mv: *croque-mitaines*]; *épouvantail* m
boemel *omnibus* m; INFORM. *tortillard* m ▾ aan de ~ zijn *faire la java / la fête*
boemelen *faire la java / la fête*
boemerang *boomerang* m ⋆ als een ~ werken *faire (un effet) boomerang; être une arme à double tranchant*
boender *brosse* v; *frottoir* m; ⟨machine⟩ *cireuse* v
boenen *frotter*; *laver*; ⟨met was⟩ *cirer*; ⟨met was⟩ *astiquer*
boenwas *encaustique* v; ⟨voor parket⟩ *cire* v
Boer *Boer* m ⋆ de Boeren *les Boers*
boer • plattelander *paysan* m; *campagnard* m • agrariër *fermier* m; *paysan* m • lomperik *paysan* m; *rustre* m • speelkaart *valet* m • oprisping *rot* m ⋆ een boer(tje) laten *roter*; *faire un renvoi / rot(oto)* ▾ de boer opgaan *aller sur le terrain / chez les gens*
boerderij *(corps* m *de) ferme* v
boeren • boer zijn *être fermier*; ⟨m.b.t. landbouw⟩ *cultiver la terre* • een boer laten *roter* ▾ hij heeft goed geboerd *il a bien mené sa barque*
boerenbedrijf *exploitation* v *agricole*
boerenbedrog *attrape-nigaud* m
boerenbont *tissus* m mv *à carreaux*; *vichy* m
boerenbruiloft *noces* v mv *villageoises / de village*
boerenjongens ≈ *raisins* m mv *secs à l'eau de vie* [mv]
boerenkaas *fromage* m *fermier*
boerenkinkel *plouc* m; *péquenot* m; *rustre* m
boerenkool *chou* m *frisé* [m mv: *choux* ...]
boerenslimheid *roublardise* v; *finauderie* v; *ruse* v
boerenverstand *jugeote* v; *bon sens* m ⋆ daar kan ik met mijn ~ niet bij *c'est trop compliqué pour ma petite tête*
boerin • vrouwelijke boer *fermière* v; *paysanne* v • vrouw van de boer *fermière* v; *paysanne* v
boerka *burqa* v
boernoes *burnous* m
boers I BNW • plattelands *rural* [m mv: *ruraux*]; *campagnard* • lomp *grossier* [v: *grossière*]; *rustaud*; *rustre* **II** BIJW • plattelands *à la paysanne* • lomp *grossièrement*
boertig *burlesque*; *gaulois*
boete • straf *pénitence* v ⋆ ~ doen *faire pénitence* • geldstraf *amende* v ⋆ een ~ opleggen / krijgen *infliger / encourir une amende*
boetebeding *clause* v *pénale*
boetedoening *pénitence* v; *expiation* v
boetekleed *haire* v ⋆ het ~ aandoen *porter la haire (et le cilice)*
boeten • boete doen voor *expier*; ⟨goedmaken⟩ *racheter*; ⟨bekopen⟩ *payer* ⋆ daar zal hij voor ~! *il me le paiera!* • herstellen *raccommoder*
boetiek *boutique* v
boetseerklei *pâte* v *à modeler*
boetseren *modeler*; *faire du modelage*
boetvaardig I BNW *repenti*; *pénitent* **II** BIJW *par contrition*
boevenbende *bande* v *de truands*
boezem • borst(en) *poitrine* v ⋆ een zware ~ *une forte poitrine* ⋆ iem. aan de ~ drukken *serrer qn sur son cœur* • hartholte *oreillette* v • gemoed *sein* m; ⟨gemoed⟩ *cœur* m
boezemfibrilleren *fibrillation* v *auriculaire*
boezemvriend *ami* m *intime / de cœur* [v: *amie* ...]
bof • ziekte *oreillons* m mv • gelukje *veine* v; *chance* v; INFORM. *(coup* m *de) bol* m / *pot* m ⋆ wat een bof! *quelle veine!*
boffen *avoir de la chance / de la veine*; INFORM. *avoir du bol / du pot* ⋆ ontzettend ~ *avoir une chance de cocu*
bofkont *veinard* m [v: *veinarde*]; *chançard* m [v: *chançarde*]
bogen ~ **op** *se vanter de*
Bohemen *la Bohème*
bohemien *bohème* m/v
boiler *chauffe-eau* m [onv]
bok • mannetjesdier *bouc* m • hijstoestel *chèvre* v; *bigue* v ⋆ drijvende bok *grue* v *flottante* • gymnastiektoestel *cheval* m *(d'arçons)* • zitplaats van koetsier *siège* m • schraag *chevalet* m; *tréteau* m • flater *bévue* v ⋆ een bok schieten *faire une gaffe*
bokaal • beker *coupe* v • glazen kom *bocal* m [mv: *bocaux*]
bokjespringen *jouer à saute-mouton*
bokken • haperen *cafouiller*; ⟨v. paard⟩ *ruer* • nors zijn *faire la tête*
bokkenpoot • poot van bok *pied* m *de bouc* • teerkwast *pied-de-biche* m [mv: *pieds-de-biche*]
bokkenpruik ▾ de ~ op hebben *être de mauvais poil*
bokkensprong ▾ ~en maken *faire des folies / extravagances*
bokkig *têtu*; *buté*; *rétif* [v: *rétive*]; *cabochard*
bokking *hareng* m *saur*
boksbal *punching-ball* m [mv: *punching-balls*]
boksbeugel *coup-de-poing* m *(américain)* [m mv: *coups-de-poing* ...]
boksen *faire de la boxe*; *boxer* ▾ iets voor elkaar ~ *venir à bout de qc*
bokser *boxeur* m [v: *boxeuse*]
bokshandschoen *gant* m *de boxe*
bokspartij *match* m *de boxe*
bokspringen • → **bokjespringen**
bokswedstrijd *match* m *de boxe*
bol I ZN [de] • bolvormig voorwerp *boule* v; ⟨v. hoed⟩ *fond* m ⋆ glazen bol *boule de cristal* • bloembol *bulbe* m; *oignon* m *à fleur(s)* • aardbol *globe* m ▾ uit zijn bol gaan *péter les plombs*; *s'éclater* ▾ het hoog in de bol hebben *se croire sorti de la cuisse de Jupiter*; *ne plus se sentir*; *avoir la grosse tête* ▾ het is haar in haar bol geslagen *elle a perdu la boule* **II** BNW gewelfd *bombé*; ⟨opgezwollen⟩ *gonflé*; ⟨bolwangig⟩ *joufflu*; *rebondi*; ⟨v. lens⟩ *convexe* ▾ bol staan van iets *être bourré de*
bolbliksem *éclair* m *en boule*
bolderkar *chariot* m
boldriehoek *triangle* m *sphérique*
boleet *bolet* m
bolero • dans *boléro* m • jasje *boléro* m

bolgewas *plante* v *bulbeuse / à bulbe*
bolhoed *(chapeau* m*) melon* m
bolide *bolide* m
Bolivia *la Bolivie* ⋆ in ~ *en Bolivie*
Boliviaan *Bolivien* m [v: *Bolivienne*]
bolknak ≈ *churchill* m
bolleboos *as* m; *fort* m *en thème*
bollen *bouffer*; *se gonfler*; *bomber*
bollenveld *champ* m *de fleurs*
bolletje • *petite boule* v • broodje *petit pain* m *rond*
bolletjesslikker *avaleur* m *de capsules de drogues*; INFORM. *mule* v
bolletjestrui SPORT *maillot* m *à pois*
bolrond *sphérique*; *globulaire*; *rond*; ⟨bol⟩ *bombé*
bolsjewiek *bolcheviste* m/v
bolsjewisme *bolshevisme* m
bolster ⟨v. noot⟩ *brou* m; *écale* v; ⟨v. kastanje⟩ *bogue* v; FIG. *écorce* v ▾ ruwe ~, blanke pit ≈ *sous la rude écorce se cache un cœur d'or*; *mauvaise tête mais bon cœur*
bolvormig I BNW *sphérique*; *globulaire*; *rond* **II** BIJW *en forme de sphère*
bolwerk OOK FIG. *bastion* m; FIG. *rempart* m
bolwerken *venir à bout de* ⋆ het (kunnen) ~ *y arriver*; *s'en sortir*
bom • explosief *bombe* v • grote hoeveelheid ⋆ een bom duiten *un paquet de fric* ▾ als een bom inslaan *faire l'effet d'une bombe* ▾ de bom is gebarsten *la bombe a éclaté* ▾ zure bom ≈ *cornichon au vinaigre*
bomaanslag *attentat* m *à la bombe*
bomalarm *alerte* v *à la bombe*
bombardement *bombardement* m
bombarderen • bestoken OOK FIG. *bombarder (met de)* • benoemen ⋆ INFORM. tot chef gebombardeerd worden *être bombardé / propulsé chef*
bombarie *tapage* m; *fracas* m; *tam-tam* m
bombast *emphase* v; *boursouflure* v; *enflure* v; *style* m *ampoulé* ⋆ tot ~ vervallen *donner dans le pathos*; *pérorer*
bombastisch I BNW *emphatique*; *boursouflé*; *ronflant* **II** BIJW *avec emphase*; *pompeusement*
bomberjack *bombardier* m
bombrief *lettre* v *piégée*
bomen I OV WW SCHEEPV. *pousser au moyen d'une perche* **II** ON WW praten *bavarder*; *tailler une bavette*
bomexplosie *explosion* v *d'une bombe*
bomma *mémé* v
bommelding *alerte* v *à la bombe*
bommen ▾ het kan me niet ~ *je m'en balance*
bommentapijt *tapis* m *de bombes*
bommenwerper *bombardier* m
bommoeder ≈ *mère* v *célibataire volontaire*
bompa *pépé* m
bomtrechter *entonnoir* m
bomvol ⟨afgeladen⟩ *plein à craquer / comme un œuf*; *(archi)plein*; *bondé*
bon • betalingsbewijs *reçu* m; *ticket* m • waardebon *bon* m; *coupon* m • bekeuring *procès-verbal* m [mv: *procès-verbaux*]; *p.-v.* m; *contravention* v; *amende* v ▾ op de bon *rationné*
bonafide *sérieux* [v: *sérieuse*]
bonbon *(bonbon* m *au) chocolat* m
bond • vereniging *union* v; *ligue* v; *association* v; ⟨belangenvereniging⟩ *syndicat* m; POL. *(con)fédération* v; *coalition* v • verbond *alliance* v ⋆ de bond voor de rechten van de mens *la ligue des droits de l'homme*
bondgenoot *allié* m [v: *alliée*]
bondgenootschap *alliance* v; *coalition* v
bondig I BNW *concis*; *succinct*; *bref* [v: *brève*] **II** BIJW *d'une façon concise*; *succinctement*
bondscoach *sélectionneur* m *national*
bondsdag *Bundestag* m
bondskanselier *chancelier* m
bondsrepubliek *république* v *fédérale*
bondsstaat *État* m *fédéral*; *confédération* v
bonenkruid *sariette* v
bonenstaak • stok *rame* v • mager mens *perche* v
bongo *bongo* m
bonhomie *bonhomie* v
bonificatie *bonification* v
bonje *bagarre* v ⋆ ~ hebben (met) *se bagarrer (avec)*; *se chamailler (avec)*; *être fâché (avec)* ⋆ ~ maken / zoeken *chercher la bagarre / des histoires* ⋆ daar komt ~ van *ça va barder / chauffer*
bonk • brok *gros morceau* m [mv: *gros morceaux*] • lomperik *rustre* m ▾ één bonk zenuwen *un paquet de nerfs*
bonken *cogner*
bon mot *bon mot* m; *mot* m *d'esprit*
bonnefooi ▾ op de ~ *au petit bonheur*; *à l'aventure*
bons • klap *coup* m • plof *boum* m • baas *bonze* m; *grosse légume* v; *gros bonnet* m ▾ de bons krijgen *être plaqué / largué*
bonsai *bonsaï* m
bont I ZN [het] • pels *fourrure* v ⋆ met bont gevoerd *fourré* • boerenbont *tissus* m mv *à carreaux*; *vichy* m **II** BNW • veelkleurig *bigarré*; *multicolore*; ⟨v. paard, rund⟩ *pie* [onv]; ⟨v. was⟩ *de couleur* • afwisselend *varié*; *hétéroclite* ⋆ een bont geheel *un méli-mélo* ▾ iem. bont en blauw slaan *tabasser qn* ▾ het te bont maken *aller trop loin*
bontjas *manteau* m *de fourrure* [m mv: *manteaux ...*]
bontwerker *pelletier* m [v: *pelletière*]
bonus *boni* m; *bonification* v
bonusaandeel *action* v *gratuite*
bonus-malusregeling *bonus-malus* m [onv]
bonze *bonze* m; *grosse légume* v; *gros bonnet* m
bonzen *cogner*; ⟨v. hart ook⟩ *battre la chamade*; *palpiter* ⋆ ~ tegen *se cogner contre*; *heurter*
boobytrap *engin* m *piégé*
boodschap • bericht *message* m ⋆ de blijde ~ *la bonne nouvelle* • het inkopen *course* v; *commission* v ⋆ ~pen doen *faire les courses* • stoelgang ⋆ een grote / kleine ~ doen *faire une grosse / petite commission* ▾ oppassen is de ~ *il s'agit de faire attention*; *l'attention s'impose* ▾ ik heb geen ~ aan je adviezen *je n'ai que faire de tes conseils* ▾ hem kun je om een ~ sturen *il sait se débrouiller*
boodschappendienst *service* m *de livraison*;

bo

⟨per telefoon⟩ *messagerie* v *(vocale)*
boodschappenjongen *garçon* m *de courses*; *garçon livreur*
boodschappenkarretje *chariot* m; *caddie* m
boodschappenlijstje *liste* v *(des courses)*
boodschapper *messager* m [v: *messagère*]
boog • kromme lijn *courbe* v; WISK. *arc* m; MUZ. *liaison* v • poort *arc* m; *arceau* m [mv: *arceaux*]; ⟨v. brug⟩ *arche* v • wapen *arc* m ▾ ergens met een boog omheen lopen *l'éviter (soigneusement)*
boogbal *frappe* v *lobée*; *ballon* m *en cloche*
boogbrug *pont* m *à arches*
boogiewoogie *boogie-woogie* m
booglamp *lampe* v *à arc*
boogschieten *tir* m *à l'arc*
Boogschutter *Sagittaire* m
boogschutter *archer* m; GESCH. *arbalétrier* m
bookmaker *bookmaker* m
bookmark *signet* m; *marque-page* m [onver.]
bookmarken *marquer d'un signet*
boom • gewas *arbre* m • slagboom *barrière* v • vaarboom *perche* v • dissel *timon* m; *brancard* m ▾ een boom opzetten *tailler une bavette* ▾ een boom van een kerel *un gaillard* ▾ je ziet door de bomen het bos niet meer *les arbres cachent la forêt*
boomdiagram *(diagramme* m *en) arbre* m
boomgaard *verger* m; *(jardin* m*) fruitier* m
boomgrens *limite* v *des arbres*
boomklever *sittelle* v *(torchepot)*
boomkruiper *grimpereau* m *(des jardins)*
boomkweker *pépiniériste* m/v
boomkwekerij • bedrijvigheid *arboriculture* v • bedrijf *pépinière* v
boomschors *écorce* v
boomstam *tronc* m *(d'arbre)*
boomstronk *souche* v; *chicot* m
boon *haricot* m; *fève* v ★ witte boon *haricots blanc* ★ bruine boon *haricot rouge* ▾ een blauwe boon *un pruneau* ▾ in de bonen zijn *avoir perdu la boussole* ▾ ik ben een boon als ... *je veux être pendu si ...*
boontje *haricot* m ▾ een heilig ~ *un petit saint*; *une sainte nitouche*; INFORM. *un cul béni* ▾ ~ komt om zijn loontje ≈ *on est puni par où on a péché* ▾ zijn eigen ~s doppen *se débrouiller tout seul*
boor *perceuse* v; ⟨zwengelboor⟩ *vilebrequin* m; ⟨handboor⟩ *chignole* v; ⟨boorijzer⟩ *vrille* v; *foret* m; ⟨boortje⟩ *mèche* v
boord I ZN [de] • rand *bord* m • oever *bord* m; *rive* v **II** ZN [het] • halskraag *col* m ★ losse ~ *faux col* ★ liggende / opstaande / stijve / vaste ~ *col rabattu / droit / dur / tenant* • SCHEEPV. *bord* m ★ aan ~ *à bord* ★ aan ~ gaan *monter à bord*; *(s')embarquer* ★ van ~ gaan *débarquer*; *descendre* ★ buiten ~ *hors bord* ★ binnen ~ houden *retirer*
boordcomputer *ordinateur* m *de bord*
boordevol *rempli jusqu'au bord*; *plein (à ras bras)*; *comble*; ⟨barstensvol⟩ *plein à craquer / comme un œuf*; *(archi)plein*
boordschutter *mitrailleur* m *de bord*
boordwerktuigkundige *mécanicien* m *de bord* [v: *mécanicienne ...*]; INFORM. *mécano* m
booreiland *plate-forme* v *(pétrolière / de forage)* [v mv: *plates-formes ...*]
boorkop *tête* v *de perceuse*; ⟨klauw⟩ *mandrin* m
boormachine *perceuse* v
boorplatform *plate-forme* v *(pétrolière / de forage)* [v mv: *plates-formes ...*]
boortoren *tour* v *(de forage)*; *derrick* m
boorzalf *vaseline* v *boriquée*
boos • kwaad *fâché*; *en colère*; *vexé* ★ boze bui *(mauvaise) humeur* ★ boze blik *regard noir / indigné* ★ boos worden (over) *se fâcher (de)*; *se vexer (de)*; *s'indigner (de)* ★ boos zijn op *être fâché contre*; INFORM. *être fâché après*; *en vouloir à* • kwaadaardig, slecht *méchant*; *mauvais* ▾ het boze oog *le mauvais œil*
boosaardig I BNW • gemeen *méchant*; *malveillant* • gevaarlijk *méchant*; *malveillant* **II** BIJW *méchamment*
boosdoener *malfaiteur* m [v: *malfaitrice*]
boosheid • toorn *colère* v • slechtheid *méchanceté* v
booswicht *bandit* m; *voyou* m; HUMOR. *scélérat* m
boot ⟨passagiersschip⟩ *paquebot* m; *bateau* m [mv: *bateaux*]; *navire* m; ⟨klein⟩ *barque* v ★ met de boot gaan *prendre le bateau* ▾ de boot missen INFORM. *rater le coche* ▾ de boot afhouden *se dérober*; *ne pas marcher* ▾ de boot ingaan *échouer* ▾ iem. in de boot nemen *mettre qn dedans* ▾ uit de boot vallen *rester sur la touche* ▾ nu is de boot aan *il y a de l'eau dans le gaz*
booten *(faire) démarrer*
boothals *décolleté* m *bateau*
boothuis *remise* v *à bateaux*
bootsman *maître* m *d'équipage*
boottocht *promenade* v *en bateau*
boottrein *train* m *assurant la correspondance avec un bateau*
bootvluchteling ★ ~en *boat people* m mv
bootwerker *débardeur* m; *docker* m
bop *bop* m
bord • etensbord *assiette* v; ⟨diep⟩ *assiette* v *creuse* • speelbord ⟨dambord⟩ *damier* m; ⟨schaakbord⟩ *échiquier* m • schoolbord *tableau* m *(noir)* ★ voor het bord moeten komen *passer au tableau* • uithangbord *enseigne* v • naambord *plaque* v; ⟨groot⟩ *pancarte* v • mededelingenbord *tableau* m [mv: *tableaux*]; *panneau* m [mv: *panneaux*] ▾ een bord voor zijn kop hebben *être bouché (à l'émeri)* ▾ de bordjes zijn verhangen *le vent a tourné* ▾ dat krijg ik op mijn bordje *on me l'a refilé*
bordeaux *bordeaux* m
bordeel *bordel* m; *maison* v *close*
bordenwasser INFORM. *plongeur* m [v: *plongeuse*]
border *plate-bande* v [mv: *plates-bandes*]
bordes *perron* m
bordpapier *carton* m
borduren ⟨op stof⟩ *broder*; ⟨op gaas⟩ *faire de la tapisserie*
borduursel *broderie* v
boreling *nouveau né* m; *nourrisson* m
boren I OV WW met boor maken *creuser*;

percer; *forer* ★ een tunnel ~ *creuser un tunnel* **II** ON WW • met boor werken *forer* ★ het ~ naar aardolie *le forage pétrolier* • gaan door *percer*

borg • onderpand *caution* v ★ een borg stellen *fournir caution* • persoon *garant* m; *caution* v ★ zich borg stellen voor iemand/iets *se porter garant pour qn / de qc*; *cautionner qn* ★ voor iets borg staan *garantir qc*; *répondre de qc*

borgpen *goupille* v *d'arrêt*

borgsom *caution* v

borgstelling *cautionnement* m; ⟨som geld⟩ *caution* v

borgtocht *caution* v ★ op ~ *sous caution*

boring • het boren *forage* m • kaliber *alésage* m

borium *bore* m

borrel • drankje *petit verre* m; ⟨voor het eten⟩ *apéritif* m; INFORM. *apéro* m ★ een ~ drinken *prendre un verre / un apéro* • het samen drinken *pot* m; ⟨receptie⟩ *vin* m *d'honneur*

borrelen • bubbelen *bouillonner*; *former des bulles d'air* ★ het ~ *le bouillonnement* • borrels drinken *prendre un verre*; ⟨voor de maaltijd⟩ *prendre l'apéro*

borrelgarnituur *amuse-gueule* m [onv]

borrelhapje *amuse-gueule* m [onv]

borrelpraat *histoires* v mv *de bistro*; *discussions* v mv *de café de commerce*

borreluur *heure* v *de l'apéritif*

borst • lichaamsdeel ⟨v. mens⟩ *poitrine* v; ⟨v. mens⟩ *sein* m; ⟨v. dier⟩ *poitrail* m ★ het op de ~ hebben *souffrir de la poitrine* ★ aan de ~ drukken *embrasser*; *presser sur son cœur* • vrouwenborst *sein* m ★ de ~ geven *donner le sein*; *allaiter* ★ de ~ krijgen *téter* ★ van de ~ nemen *sevrer* ▾ uit volle ~ *à pleins poumons*; *à gorge déployée* ▾ zich op de ~ kloppen *se vanter* ▾ dat stuit mij tegen de ~ *cela me dégoûte* ▾ maak je ~ maar nat! *prépare-toi au pire!* ▾ een hoge ~ opzetten *bomber le torse*; *se rengorger*

borstamputatie *mammectomie* v; *mastectomie* v

borstbeeld *buste* m

borstbeen *sternum* m

borstcrawl *crawl* m

borstel *brosse* v; TECHN. *balai* m

borstelen *brosser*; ⟨v. schoenen ook⟩ *décrotter*

borstelig *hérissé*; *hirsute*; ⟨v. kapsel⟩ *en brosse*; ⟨v. wenkbrauwen⟩ *broussailleux* [v: *broussailleuse*]

borstholte *cavité* v *thoracique*

borstkanker *cancer* m *du sein*

borstkas *thorax* m

borstomvang *tour* m *de poitrine*

borstplaat *fondant* m

borstprothese *prothèse* v *mammaire*

borstslag *brasse* v

borststem *voix* v *de poitrine*

borststuk • frontje *plastron* m • ⟨v. insect⟩ *thorax* m • vlees *poitrine* v

borstvlies *plèvre* v

borstvliesontsteking *pleurésie* v

borstvoeding *allaitement* m *au sein*; ⟨het drinken⟩ *tétée* v ★ ~ geven *nourrir au sein*

borstwering *parapet* m; *balustrade* v; *garde-fou* m [mv: *garde-fous*]

borstzak *poche* v *poitrine*

bos I ZN [de] bundel *botte* v; ⟨bloemen⟩ *bouquet* m; ⟨bloemen⟩ *gerbe* v; ⟨toef⟩ *touffe* v; ⟨sleutelbos⟩ *trousseau* m; ⟨takken⟩ *fagot* m; ⟨vederbos⟩ *plumet* m **II** ZN [het] ⟨natuurlijk⟩ *forêt* v; ⟨aangelegd⟩ *bois* m ▾ iem. het bos in sturen *envoyer promener qn*

bosachtig *boisé*

bosbeheer *exploitation* v *des forêts*

bosbes ⟨blauw⟩ *myrtille* v; ⟨rood⟩ *airelle* v

bosbouw *sylviculture* v

bosbrand *incendie* m *de forêt*

bosje • bundeltje *bouquet* m; *touffe* v • struiken *buisson* m; *fourré* m • struik *arbuste* m; *buisson* m • bosschage *bosquet* m ▾ bij ~s *à la pelle* ▾ bij ~s sterven *tomber comme des mouches*

Bosjesman *Boschiman* m

bosneger *nègre* m *marron*

Bosnië-Herzegovina *la Bosnie-Herzégovine*

Bosniër *Bosnien* m [v: *Bosnienne*]

Bosnisch *bosnien* [v: *bosnienne*]

bosrand *lisière* v *du bois*

bosrijk *boisé*

bosschage *bosquet* m

bosuil *(chouette* v*) hulotte* v

bosviooltje *violette* v *des bois*

bosvruchten *fruits* m mv *des bois*

boswachter *(garde* m*) forestier* m

bot I ZN [de] • vis *flet* m • PLANTK. *bouton* m ▾ bot vangen *faire chou blanc*; *rentrer bredouille* **II** ZN [het] been *os* m ▾ tot op het bot *jusqu'aux os* ▾ botje bij botje leggen *(se) cotiser* **III** BNW • stomp *émoussé* • lomp *grossier* [v: *grossière*] **IV** BIJW *grossièrement*

botanicus *botaniste* m/v

botanie *botanique* v

botanisch *botanique*

botaniseren *herboriser*

botbreuk *fracture* v

boter *beurre* m ★ met ~ besmeren *beurrer* ▾ ~ bij de vis *rubis sur l'ongle* ▾ dat is ~ aan de galg gesmeerd *c'est peine perdue* ▾ ~ op het hoofd hebben *ne pas être blanc comme neige*

boterbloem *bouton-d'or* m [mv: *boutons-d'or*]

boterbriefje ▾ een ~ halen ≈ *convoler*

boteren ▾ het botert niet tussen hen *ils ne s'entendent pas très bien*

boterham • CUL. snee brood *tartine* v; ⟨belegd⟩ *sandwich* m ★ ~ met boter / met jam *tartine de beurre / de confiture* • levensonderhoud ★ daar zit een dik belegde ~ in *ça nourrit bien son homme* ▾ dat krijg ik op m'n ~ *ça retombe sur moi*

boter-kaas-en-eieren *morpion* m

boterkoek *gâteau* m *au beurre* [m mv: *gâteaux* ...]

boterletter ≈ *gâteau* m *feuilleté à la pâte d'amande en forme de lettre* [m mv: *gâteaux* ...]

botervloot *beurrier* m

boterzacht *qui fond dans la bouche*

botheid FIG. *grossièreté* v

botkanker *sarcome* m *des os*

botontkalking *ostéoporose* v
botsautootje *auto* v *tamponneuse*
botsen OOK FIG. *se heurter* ★ tegen een boom ~ *rentrer dans un arbre* ★ ~de belangen *intérêts opposés*; *conflit d'intérêts*
botsing • het botsen *heurt* m; *choc* m; *collision* v; ⟨v. schepen⟩ *abordage* m ★ in ~ komen met *entrer en collision avec*; *tamponner* • strijd *collision* v; *conflit* m; ⟨treffen⟩ *affrontement* m ★ in ~ komen met *entrer en conflit avec*
Botswana *le Botswana* ★ in ~ *au Botswana*
bottelen *mettre en bouteilles*
bottenkraker *chiropraticien* m [v: *chiropraticienne*]
botter ≈ *barge* v; *péniche* v; *cotre* m
botterik *butor* m
bottleneck *goulot* m *d'étranglement*
botulisme *botulisme* m
botvieren *donner libre cours à*; *assouvir*
botweg *crûment*; *tout net*; *carrément*
boud I BNW *hardi* **II** BIJW boudweg *hardiment*; *audacieusement*
boudoir *boudoir* m
bougie *bougie* v
bougiekabel *câble* m *d'allumage*
bouillon *consommé* m; *bouillon* m *(gras)*
bouillonblokje *tablette* v *de bouillon (concentré)*; *bouillon* m *cube*
boulevard *boulevard* m; ⟨aan zee⟩ *front* m *de mer*; *promenade* v
boulevardblad *journal* m *à sensation*; *tabloïd* m
boulevardpers *presse* v *à sensation*
boulimia, boulimie *boulimie* v
bourgeois I ZN [de] *bourgeois* m **II** BNW *bourgeois*
bourgeoisie *bourgeoisie* v
bourgogne *bourgogne* m
Bourgondië *la Bourgogne*
Bourgondiër *Bourguignon* m [v: *Bourguignonne*]
Bourgondisch *bourguignon* [v: *bourguignonne*]
bourgondisch *épicurien* [v: *épicurienne*]
bout • stuk vlees ⟨schaap⟩ *gigot* m; ⟨gevogelte⟩ *cuisse* v; ⟨wild⟩ *cuissot* m • staaf, pin *boulon* m • strijkijzer *fer* m *à repasser* • ijzer *fer*
boutade *boutade* v; *pointe* v
bouvier *bouvier* m *(des Flandres)*
bouw • het bouwen *construction* v; ⟨bouwvak⟩ *(industrie* v *du) bâtiment* m; *construction* v ★ in de bouw werken *travailler dans le bâtiment* • opbouw *structure* v • lichaamsbouw *morphologie* v • teelt *culture* v
bouwbedrijf • bouwvak *(industrie* v *du) bâtiment* m; *construction* v • onderneming *entrepreneur* m *(de bâtiments)*
bouwdoos *jeu* m / *boîte* v *de construction*; ⟨bouwpakket⟩ *prêt-à-monter* m [mv: *prêts-à-monter*]; *kit* m
bouwen • construeren *construire*; *bâtir* • telen *cultiver* • vertrouwen ~ **op** FIG. *compter sur* ▾ tenger gebouwd *de taille fine* ▾ stevig gebouwd *solidement charpenté*
bouwer *constructeur* m; *bâtisseur* m
bouwgrond • bouwterrein *terrain* m *à bâtir* / *constructible* • akkerland *terres* v mv *cultivables*
bouwheer BELG. *édificateur* m; *maître* m *d'ouvrage*
bouwjaar *année* v *de construction*
bouwkeet *baraque* v *de chantier*
bouwkunde *architecture* v
bouwkundig *architectonique* ★ ~ ingenieur *ingénieur* m *architecte*
bouwkundige *architecte* m/v
bouwkunst *architecture* v
bouwland *terres* v mv *cultivables*
bouwnijverheid *(industrie* v *du) bâtiment* m; *construction* v
bouwpakket *prêt-à-monter* m [mv: *prêts-à-monter*]; *kit* m
bouwplaat *découpage* m
bouwplan *plan* m *(de construction)*
bouwput *puits* m *de fondation*
bouwrijp *viabilisé* ★ ~ maken *viabiliser*
bouwsector *(industrie* v *du) bâtiment* m; *construction* v
bouwsel *construction* v; MIN. *bâtisse* v; ⟨stapel⟩ *échafaudage* m
bouwsteen *élément* m; *composante* v; ⟨bestanddeel⟩ *élément constitutif*
bouwstijl *style* m *(architectural)*
bouwstof *composantes* v mv; *fondements* m mv; FIG. *matériaux* m mv; *éléments* m mv
bouwtekening *plan* m *(de construction)*
bouwterrein *chantier* m
bouwvak I ZN [de] ⟨vakantie⟩ *congés* m mv *dans le bâtiment* **II** ZN [het] *(industrie* v *du) bâtiment* m; *construction* v
bouwvakker *ouvrier* m *du bâtiment*
bouwval *ruine(s)* v (mv)
bouwvallig *délabré*; *en ruine*; *vétuste*
bouwvergunning *permis* m *de construire* ★ terrein met ~ *terrain constructible*
bouwwerk *bâtiment* m; *construction* v; *édifice* m
boven I BIJW hoger/hoogst gelegen *en haut*; *au-dessus* ★ ~ aan/in/op *en haut de* ★ naar ~ *vers le haut*; *en haut* ★ van ~ *de haut*; *(d')en haut* ★ van ~ naar beneden *de haut en bas* ★ naar ~ gaan / brengen *monter* ★ de blauwe ligt onder, de rode ~ *le bleu est dessous, le rouge dessus* ★ te ~ gaan *surpasser*; *dépasser*; *être au-dessus de* ★ zie ~ *voir ci-dessus* **II** VZ • hoger gelegen/geplaatst *au-dessus de* ★ ~ het huis *au-dessus de la maison* ★ hij staat ~ mij *il est mon supérieur* • meer dan *plus de* ★ toegang ~ de twaalf jaar *accès aux plus de douze ans* ★ een prijs ~ de 100 euro *un prix supérieur à cent euros* • ten noorden van ★ net ~ Parijs *juste au-dessus de Paris* • zich onttrekkend aan ★ ~ (mijn) verwachting *au-delà de mes espérances* ▾ er gaan niets ~ ... *rien ne vaut ...*
bovenaan *en haut*; *en tête* ★ ~ op de bladzijde *en haut de la page*
bovenaanzicht *vue* v *aérienne*
bovenaards FIG. *surnaturel* [v: *surnaturelle*]
bovenal *surtout*; *avant tout*
bovenarm *(partie* v *supérieure du) bras* m
bovenbeen *cuisse* v
bovenbouw • hogere klassen op school *second*

cycle m; *classes* v mv *terminales* [mv]; *lycée* m • ARCH. *superstructure* v
bovenbuur *voisin* m *d'en haut / du dessus*
bovendien *en outre*; *de/en plus*
bovendrijven *surnager*
bovengenoemd *(cité / mentionné) ci-dessus*
bovengrens *limite* v *supérieure*; *plafond* m
bovengronds *aérien* [v: *aérienne*]; *de surface*; ⟨v. ontginning⟩ *à ciel ouvert* ★ ~e metro *métro aérien*
bovenhand ▾ de ~ krijgen *l'emporter*; *avoir le dessus*
bovenhands *le(s) bras levé(s)* ★ ~e service *service* m *haut*
bovenhuis ≈ *appartement* m *à l'étage*
bovenin *dans le haut*
bovenkaak *mâchoire* v *supérieure*
bovenkamer ▾ niet goed in zijn ~ *cinglé*
bovenkant *côté* m *supérieur*; *dessus* m; *haut* m
bovenkleding *vêtements* m mv *(de dessus)*
bovenkomen • naar hogere verdieping komen *monter* • aan oppervlakte komen *(re)faire surface*; *(re)monter à la surface*; OOK FIG. *resurgir*
bovenlaag *couche* v *supérieure*
bovenlangs *par en haut*
bovenleiding *câble* m *aérien*; ⟨v. trein e.d.⟩ *caténaire* v
bovenlichaam *torse* m; *buste* m
bovenlicht • licht *jour* m *d'en haut* • raam *imposte* v
bovenlijf *torse* m; *buste* m
bovenlip *lèvre* v *supérieure*
bovenloop *cours* m *supérieur*
bovenmate *excessivement*; *outre mesure*
bovenmatig I BNW *excessif* [v: *excessive*]; *démesuré* **II** BIJW *excessivement*; *démesurément*; *outre mesure*
bovenmenselijk *surhumain*
bovennatuurlijk *surnaturel* [v: *surnaturelle*]
bovenop • op de bovenkant *(au-)dessus* • hersteld ★ er weer ~ komen *se rétablir*; *se remettre*; *reprendre le dessus / du poil de la bête* ★ er ~ helpen *remettre à flot* ▾ er pal ~ *aussitôt*; *aussi sec*
Boven-Rijn *haut Rhin* m
bovenst *le plus haut*; *supérieur*; *de dessus*; *du haut*
bovenstaand *ci-dessus*; ⟨bovengenoemd⟩ *(cité / mentionné) ci-dessus*; ADMIN. *susdit*; JUR. *ledit* [v: *ladite*]
boventallig *surnuméraire*
boventoon *(son* m*) harmonique* m ▾ de ~ voeren *dominer*; *donner le ton*; *tenir le haut du pavé*
bovenuit *au-dessus de* ★ ergens ~ steken / klinken *dominer*
bovenverdieping *étage* m *(supérieur)*
bovenwinds ★ de Bovenwindse Eilanden *les îles du Vent*
bovenwoning ≈ *appartement* m *à l'étage*
bovenzijde *côté* m *supérieur*; *dessus* m; *haut* m
bovenzinnelijk *transcendant(al)*; ⟨buitenzintuiglijk⟩ *extrasensoriel* [v: *extrasensorielle*]
bowl ≈ *punch* m
bowlen *jouer au bowling*
bowling *bowling* m
box • kinderbox *parc* m • geluidsbox *enceinte* v; *baffle* m • afgescheiden ruimte *box* m [mv: *box(es)*]; ⟨v. paard ook⟩ *stalle* v; ⟨berghok⟩ *débarras* m • belastingbox ≈ *tranche* v *(du barème)*
boxer *boxer* m
boxershort *caleçon* m
boycot *boycottage* m; *boycott* m
boycotten *boycotter*
boze ▾ de Boze *le Malin* ▾ uit den boze *inadmissible*; *mauvais*
braadpan *poêle* v *(à frire)*; *sauteuse* v
braadslee *lèchefrite* v
braadspit *broche* v
braadworst *saucisse* v*(rôtie)*
braaf I BNW • deugdzaam *honnête*; *brave* ★ een brave borst *un brave type* • gehoorzaam *sage* ★ brave hond! *sage!* **II** BIJW *sagement*
braak I ZN [de] *effraction* v ★ diefstal met ~ *vol avec effraction* m **II** BNW onbebouwd *en friche*; ⟨tijdelijk⟩ *en jachère*; *au repos* ★ ~ laten liggen OOK FIG. *laisser en friche*
braakbal *pelote* v *(de régurgitation)*
braakmiddel *vomitif* m
braaksel *vomissure* v; INFORM. *vomi* m
braam • CUL. vrucht *mûre* v • struik *mûrier* m • ruwe rand *ébarbure* v; *morfil* m; *barbes* v mv
Brabant *le Brabant*
brabbelen *bredouiller*; ⟨koeterwalen⟩ *baragouiner*; ⟨v. kind⟩ *babiller* ★ het ~ *le bredouillage*; *le babil*
brabbeltaal ⟨koeterwaals⟩ *charabia* m
braden I OV WW bakken *(faire) cuire*; ⟨aan het spit⟩ *rôtir*; ⟨op rooster⟩ *griller*; ⟨in koekenpan⟩ *(faire) frire* ★ ge~ vlees *rôti* m **II** ON WW • *rôtir* • zonnebaden *se faire rôtir*; *lézarder*
braderie *braderie* v
brahmaan *brahmane* m
braille *braille* m
braindrain *exode* m *des cerveaux*
brainstormen *faire du remue-méninges*
brak I ZN [de] hond *braque* m **II** BNW *saumâtre*; *salin*
braken *vomir*
brallen *fanfaronner*; *brasser du vent*; *la ramener*
brancard *brancard* m; *civière* v
branche *branche* v; *secteur* m
branchevreemd *qui n'est pas de la branche*
brand *incendie* m; *feu* m ★ uitslaande ~ *feu qui gagne / se propage* ★ in ~ vliegen *prendre feu* ★ in ~ staan *être en feu / en flammes* ★ in ~ steken *mettre le feu à*; *incendier* ★ ~! *au feu!* ★ er is ~ *il y a le feu* ★ de ~ is bedwongen *le feu est circonscrit / maîtrisé* ▾ iem. uit de ~ helpen *tirer qn d'embarras*; INFORM. *dépanner qn* ▾ uit de ~ zijn *être tiré d'affaire*
brandalarm *alerte* v *d'incendie*
brandbaar *combustible*; *inflammable*
brandbeveiligingssysteem *dispositions* v mv *anti-incendie*
brandblaar *cloque* v
brandblusser *extincteur* m
brandbom *bombe* v *incendiaire*

brandbrief ≈ *lettre* v *pressante / instante*; *sollicitation* v
branden I ON WW in brand staan OOK FIG. *brûler*; ⟨fel⟩ *flamber*; ⟨v. lamp e.d.⟩ *être allumé* ★ ~d *brûlant*; OOK FIG. *ardent*; *piquant*; *cuisant* ▾ ~ van verlangen *brûler / mourir de désir* ▾ ~de kwestie *question brûlante* **II** OV WW • met vuur bewerken *brûler*; ⟨v. aardewerk, gips⟩ *cuire*; ⟨v. cacao, koffie⟩ *griller* • verwonden ★ zijn tong / vingers ~ *se brûler la langue / les doigts* • COMP. ★ een cd ~ *graver un CD* ▾ zij is (er) niet weg te ~ *elle s'est enracinée* ▾ in de herinnering gebrand *gravé dans la mémoire*
brander *brûleur* m; ⟨bek⟩ *bec* m *(à gaz)*
branderig • ontstoken *irrité* • als van brand ★ het ruikt hier ~ *ça sent le brûlé / le roussi*
brandewijn *eau-de-vie* v [mv: *eaux-de-vie*]
brandgang *coupe-feu* m [onv]; ⟨brandsingel⟩ *pare-feu* m [onv]
brandglas *loupe* v
brandhaard *foyer* m *d'incendie*; FIG. *point* m *chaud*
brandhout *bois* m *de chauffage*; ⟨al gedeeltelijk verbrand⟩ *tison* m
branding *ressac* m; *déferlement* m *(des vagues)*
brandkast *coffre-fort* m [mv: *coffres-forts*]
brandkraan *bouche* v / *borne* v *d'incendie*
brandladder *échelle* v *(d'incendie / de pompiers)*
brandlucht *odeur* v *de brûlé / de roussi*
brandmeester *lieutenant* m *des pompiers*
brandmelder *avertisseur* m / *détecteur* m *d'incendie*
brandmerk • ingebrand merk *marque* v *(au fer rouge)* • FIG. blijvende schande *stigmate* v
brandmerken *marquer au fer rouge*; FIG. *stigmatiser*
brandnetel *ortie* v
brandpunt • *foyer* m • middelpunt *foyer* m
brandschade *dégâts* m mv / *dommages* m mv *causés par le feu*
brandschatten *rançonner*; FIG. *mettre à sac*
brandschilderen *peindre sur verre*; ⟨v. hout⟩ *pyrograver* ★ gebrandschilderd raam *vitrail* m [m mv: *vitraux*]; *verrière* v
brandschoon • helemaal schoon *propre comme tout*; *impeccable*; *propret* [v: *proprette*] • onschuldig *propre comme (la) neige*; INFORM. *blanc-bleu*
brandsingel *pare-feu* m [onv]
brandslang *manche* v *à incendie*; *boyau* m *à incendie* [m mv: *boyaux* ...]; *tuyau* m *à incendie* [m mv: *tuyaux* ...]
brandspuit *lance* v / *pompe* v *à incendie*
brandstapel *bûcher* m
brandstichten *incendier*; *allumer un incendie*
brandstichter *incendiaire* m/v; *pyromane* m/v
brandstichting *incendie* m *criminel / volontaire*
brandstof *combustible* m; ⟨voor verbrandingsmotoren⟩ *carburant* m
brandtrap *escalier* m *de secours*
brandveilig *à l'épreuve du feu*; *résistant au feu*; ⟨onbrandbaar⟩ *incombustible*
brandverzekering *assurance* v *(contre l')incendie*
brandvrij *à l'épreuve du feu*; *résistant au feu*; ⟨brandvrij gemaakt⟩ *ignifuge*; ⟨onbrandbaar⟩ *incombustible*
brandweer *(sapeurs-)pompiers* m mv
brandweerkorps *corps* m *des sapeurs-pompiers*
brandweerman *(sapeur-)pompier* m [mv: *(sapeurs-)pompiers*]
brandweerwagen *fourgon-pompe* m [mv: *fourgons-pompes*]
brandwerend *ignifuge*
brandwond *brûlure* v
brandwondencentrum *centre* m *(hospitalier) pour grands brûlés*
brandzalf *onguent* m *contre les brûlures*
branie • lef *aplomb* m; *bravoure* v; ⟨kouwe drukte⟩ *frime* v; *chiqué* m ★ de ~ uithangen *crâner*; *frimer*; *se la jouer* • durfal *casse-cou* m [onv] • branieschopper *frimeur* m; *m'as-tu-vu* m [onv]
brasem *brème* v
brassen *faire ripaille*; *s'empiffrer*
bravo *bravo*
bravoure *bravoure* v; *aplomb* m; ⟨stuk⟩ *morceau* m *de bravoure*
Braziliaan *Brésilien* [v: *Brésilienne*]
Braziliaans *brésilien* [v: *brésilienne*]
Brazilië *le Brésil* ★ in ~ *au Brésil*
break • pauze *break* m • doorbraak *break* m
break-evenpunt *seuil* m *de rentabilité*
breakpoint SPORT *balle* v *de break*
breed I BNW *large* ★ twee meter ~ *large de deux mètres* ★ breder maken *élargir* ★ breder worden *s'élargir* ▾ het niet ~ hebben *vivre petitement*; *ne pas rouler sur l'or* ▾ wie het ~ heeft, laat het ~ hangen ≈ *on n'a pas tous les mêmes moyens*; *on ne se refuse rien* **II** BIJW *largement* ★ zich ~ maken *s'étaler* ▾ iets ~ zien *voir les choses en large*; *faire la part des choses*
breedband- *(à) haut débit*
breedbeeldscherm *écran* m *16/9*
breedgeschouderd *de forte carrure*; *râblé*
breedsprakig I BNW *prolixe*; *verbeux* [v: *verbeuse*]; *diffus* **II** BIJW *verbeusement*
breedte • afmeting *largeur* v ★ in de ~ *dans le sens de la largeur* • baan stof *lé* m • AARDK. *latitude* v
breedtecirkel *parallèle* m
breedtegraad *degré* m *de latitude*
breeduit • voluit ★ ~ lachen *être tout sourire* • in volle breedte *dans toute sa largeur* ★ ~ gaan zitten *s'étaler*
breedvoerig I BNW *détaillé*; *circonstancié* **II** BIJW *amplement*; *en détail*
breekbaar *fragile*
breekijzer *pied-de-biche* m [mv: *pieds-de-biche*]; ⟨v. inbreker⟩ *pince-monseigneur* m [v mv: *pinces-monseigneur*]; *levier* m
breekpunt • breuk *point* m *de rupture* • kritisch punt *point* m *de rupture*
breeuwen *calfater*
breien *tricoter* ★ het ~ *le tricotage* ★ gebreid goed *bonneterie* v
brein • OOK FIG. *cerveau* m [mv: *cerveaux*] • verstand ★ het ~ achter de organisatie *le cerveau de l'organisation*
breinaald *aiguille* v *à tricoter*
breipen *aiguille* v *à tricoter*

breiwerk *tricot* m; *ouvrage* m
brekebeen *maladroit* m; *empoté* m
breken I OV WW • stuk maken *rompre*; *casser*; VAAK FIG. *briser*; ⟨verbrijzelen⟩ *fracasser* ★ een been ~ *se casser / se fracturer la jambe* ★ het brood ~ *rompre le pain* • schenden *violer*; ⟨v. belofte⟩ *manquer à* • opvangen *couper* ★ de val ~ *amortir la chute* • NATK. *réfracter* **II** ON WW • stuk gaan *(se) casser* ★ de golven ~ *les vagues se brisent* • wisselen ⟨v. stem⟩ *muer* • doorbreken *percer* • NATK. *se réfracter* • ~ **met** *rompre avec*
breker *vague* v *déferlante*
breking *réfraction* v
brekingsindex *indice* m *de réfraction*
brem *genêt* m
brengen • vervoeren ⟨dragen⟩ *porter*; ⟨iets⟩ *apporter*; ⟨iemand⟩ *amener*; ⟨leiden⟩ *conduire*; ⟨leiden⟩ *mener* ★ naar bed ~ *mettre au lit*; *coucher* ★ een glas aan de lippen ~ *porter un verre à ses lèvres / à sa bouche* ★ naar boven ~ *monter* • doen geraken *mettre* ★ ter wereld ~ *mettre au monde* ★ tot stand ~ *effectuer*; *réaliser* ★ hij is er niet toe te ~ *on ne peut le persuader* ★ ter dood ~ *exécuter* ★ iem. ertoe ~ te *amener / porter qn à* ★ aan het lachen ~ *faire rire* ★ dichterbij / tot elkaar ~ *rapprocher* ★ in moeilijkheden ~ *causer des ennuis à* ★ op een gedachte ~ *donner l'idée à* ★ wat brengt u hier? *qu'est-ce qui vous amène?*; *quel bon vent vous amène?* • (aan)bieden *(ap)porter* ★ geluk ~ *porter bonheur* ★ hulde ~ *rendre hommage (à)* ★ een programma ~ *proposer un programme* ★ wat zal de toekomst ~? *qu'est-ce que l'avenir nous réserve?* ▾ het tot minister ~ *s'élever au grade de ministre* ▾ het ver ~ *aller loin* ▾ aan het licht ~ *mettre au jour*
bres *brèche* v ▾ in de bres springen voor iets / iem. *monter au créneau pour qc / prendre le parti de qn*
Bretagne *la Bretagne* ★ in ~ *en Bretagne*
bretel *bretelle* v
Bretons *breton* m
breuk • het breken OOK FIG. *rupture* v • kloof *cassure* v; ⟨barst⟩ *fissure* v; GEOL./FIG. *fracture* v; *coupure* v • gebroken voorwerp(en) *casse* v • botbreuk *fracture* v ★ een ~ zetten *réduire une fracture* • hernia *hernie* v ★ beklemde ~ *hernie étranglée* ★ zich een ~ tillen *se donner / faire un tour de reins* • WISK. *fraction* v ★ een repeterende ~ *une fraction périodique*
breukvlak *plan* m *de cassure / de fracture*
brevet *brevet* m
brevier *bréviaire* m
bridge *bridge* m
bridgen *jouer au bridge*
brie *brie* m
brief *lettre* v ★ ingezonden brieven *courrier des lecteurs* ★ open ~ *lettre ouverte*
briefen *briefer*
briefgeheim *secret* m *postal*
briefhoofd *en-tête* m [mv: *en-têtes*]
briefing *briefing* m
briefje • berichtje *petit mot* m; *billet* m • bankbiljet *billet* m ▾ dat geef ik je op een ~ *je t'en fiche mon billet*; *je te le promets*
briefkaart *carte* v *postale*
briefopener *coupe-papier* m [onv]
briefpapier *papier* m *à lettres*
briefwisseling *correspondance* v
bries *brise* v
briesen ⟨v. paard⟩ *s'ébrouer*; ⟨v. mens⟩ *rugir*; ⟨v. mens⟩ *tempêter* ★ het ~ *l'ébrouement* m
brievenbus *boîte* v *aux lettres*
brievenbusfirma *société(-)écran* v [mv: *sociétés(-)écran*]
brigade *brigade* v
brigadier *brigadier* m
brij *bouillie* v; FIG. *cataplasme* m ▾ om de hete brij heen draaien *tourner autour du pot*
brik • rijtuig *break* m; ⟨kar⟩ *bagnole* v • schip *brick* m
briket *brique* v; ⟨brandstof⟩ *briquette* v
bril • glazen in montuur *lunettes* v mv ★ twee brillen *deux paires de lunettes* • wc-bril *lunette* v ▾ alles door een roze bril zien *voir tout en rose*
brildrager *porteur* m *de lunettes* [v: *porteuse* ...]; INFORM. *binoclard* m
briljant I ZN [de] diamant *brillant* m **II** BNW *brillant* **III** BIJW *brillamment*
brillantine *brillantine* v
brillenkoker *étui* m *à lunettes*
brilmontuur *monture* v *de lunettes*
brilslang *serpent* m *à lunettes*
brink ≈ *place* v *publique*
brisantbom *bombe* v *brisante*
Brit *Britannique* m/v
Brits *britannique*
brits *lit* m *de camp*
broccoli *brocoli* m
broche *broche* v
brochure *brochure* v
broddelwerk *bousillage* m; *travail* m *bâclé* ★ dat is ~ *ce n'est ni fait ni à faire*
brodeloos *sans ressources* ★ ~ worden *perdre son gagne-pain*
broeden • ei doen uitkomen *couver* • FIG. ~ **op** *couver* ★ op iets zitten te ~ *couver / mijoter qc*
broeder • broer *frère* m • verpleger *infirmier* m • REL. *frère* m
broederlijk I BNW *fraternel* [v: *fraternelle*] **II** BIJW *fraternellement*; *en frère(s)*
broedermoord *fratricide* m
broederschap • het broer-zijn *fraternité* v • genootschap *confrérie* v; *communauté* v; *congrégation* v
broedgebied *aire* v *de couvaison*
broedmachine *couveuse* v *(artificielle)*
broedplaats *(lieu* m *de) nidification* v
broeds ★ een ~e kip *une (poule) couveuse*
broedsel *couvée* v; *nichée* v; ⟨v. insecten⟩ *couvain* m
broei *échauffement* m
broeien • drukkend warm zijn ★ het broeit buiten *il fait lourd*; *le temps est à l'orage* • heet worden *s'échauffer*; ⟨v. hooi⟩ *fermenter* • dreigen ★ er broeit wat *il se mijote qc*; *il y a qc dans l'air*
broeierig • *lourd*; *étouffant* • drukkend warm *orageux* [v: *orageuse*] • sensueel *sensuel* [v: *sensuelle*]

br

broeikas *serre* v *(chaude)*
broeikaseffect *effet* m *de serre*
broeinest *couvoir* m; FIG. *foyer* m
broek ⟨lang⟩ *pantalon* m; ⟨kort⟩ *short* m; *culotte(s)* v (mv) ⋆ voor zijn ~ geven / krijgen *donner / recevoir une fessée* ▾ iem. achter de ~ zitten *être sur le dos de qn* ▾ het in zijn ~ doen *faire dans son froc* ▾ een boete aan de ~ krijgen *écoper (d')une amende* ▾ zij heeft de ~ aan *c'est elle qui porte la culotte*
broekje • ondergoed *culotte* v • onervaren persoon *novice* m/v
broekpak *tailleur-pantalon* m [mv: *tailleurs-pantalons*]
broekriem *ceinture* v ▾ de ~ aanhalen *se serrer la ceinture*
broekrok *jupe-culotte* v [mv: *jupes-culottes*]
broekzak ▾ als zijn ~ kennen *connaître comme sa poche*
broer *frère* m; INFORM. *frangin* m
broertje *(petit) frère* m; ⟨jongere broer⟩ *frère* m *cadet* ▾ ergens een ~ dood aan hebben *détester qc*
brok OOK FIG. *morceau* m [mv: *morceaux*]; *fragment* m ▾ een brok in de keel hebben *avoir la gorge serrée* ▾ met de brokken zitten *payer les pots cassés* ▾ de brokken lijmen *recoller les morceaux* ▾ dan zit je met de brokken! *bonjour les dégâts!*
brokaat *brocart* m
brokkelen I OV WW breken *morceler*; *émietter*; *rompre en petits morceaux* **II** ON WW uiteenvallen *s'effriter*
brokkelig *friable*; *cassant*
brokkenmaker *brise-tout* m [onv]
brokstuk *morceau* m [mv: *morceaux*]; *fragment* m; *débris* m; *bribe* v
brombeer *grognon* m [v: *grognonne*]; *ronchon* m [v: *ronchonne*]
bromelia *bromélia* m
bromfiets *mobylette* v; INFORM. *mob* v; FORM. *cyclomoteur* m
bromfietser *cyclomotoriste* m/v
bromium *brome* m
brommen • geluid maken ⟨gonzen⟩ *bourdonner*; ⟨v. apparaat⟩ *ronfler*; *ronronner*; ⟨grommen⟩ *gronder* • gevangen zitten *faire de la tôle* ⋆ hij moet een jaar ~ *il en a pour un an* • bromfietsen *rouler en mobylette* ▾ wat ik je brom *je t'en donne mon billet*
brommer *mobylette* v; INFORM. *mob* v; FORM. *cyclomoteur* m
brompot *grognon* m [v: *grognonne*]; *ronchon* m [v: *ronchonne*]
bromtol *toupie* v *à musique*
bromvlieg *mouche* v *bleue*; *grosse mouche* v
bron • opwellend water *source* v; *fontaine* v ⋆ warme bronnen *eaux / sources thermales* • oorsprong *source* v; *origine* v • informatiebron ⋆ uit betrouwbare/welingelichte bron *de source sûre*
bronbelasting *impôt* m *retenu à la source*
bronchiën *bronches* v mv
bronchitis *bronchite* v
bronchoscopie *bronchoscopie* v
broncode *code* m *source*
bronnenlijst *liste* v *de références*
brons *bronze* m; GESCH. *airain* m
bronst *rut* m; *chaleur* v
bronstig *en rut*; *en chaleur*
bronstijd *âge* m *du bronze*
bronsttijd *rut* m; *(époque* v *des) chaleurs* v mv
brontaal *langue* v *source*
brontosaurus *brontosaure* m
bronvermelding *référence* v
bronwater *eau* v *minérale / de source*; ⟨warm⟩ *eaux* v mv *thermales*
bronzen I BNW van brons *en/de bronze* **II** OV WW *bronzer*
brood • CUL. gebakken deegwaar *pain* m ⋆ bruin ~ *pain bis / complet* ⋆ op water en ~ *au pain sec et à l'eau* • levensonderhoud ⋆ zijn ~ verdienen *gagner sa vie / son pain* ▾ ~ op de plank brengen / hebben *faire bouillir la marmite*; *avoir de quoi vivre* ▾ daar zit geen (droog) ~ in *ça ne nourrit pas son homme* ▾ ik zie er geen ~ in *je n'en vois pas l'intérêt / le créneau* ▾ dat krijg ik op m'n ~ *ça retombe sur moi* ▾ wiens ~ men eet, diens woord men spreekt ≈ *être la voix de son maître*
broodbeleg ≈ *de quoi mettre sur les tartines*; *garniture* v *(sur le pain)*
brooddronken *pétulant*; *turbulent*
broodheer *boss* m
broodje *petit pain* m ⋆ een ~ ham *un sandwich au jambon* ▾ zoete ~s bakken *filer doux* ▾ als warme ~s verkocht worden *se vendre comme des petits pains*
broodjeszaak *sandwicherie* v
broodkorst *croûte* v *de pain*
broodmager *maigre comme un clou*
broodmes *couteau* m *à pain* [m mv: *couteaux ...*]
broodnijd *jalousie* v *de métier*
broodnodig *indispensable*
broodnuchter *comme si de rien n'était*
broodplank *planche* v *à pain*
broodroof ▾ ~ aan iem. plegen *ôter le pain de la bouche à qn*
broodrooster *grille-pain* m [onv]
broodschrijver *écrivailleur* m [v: *écrivailleuse*]
broodtrommel *boîte* v *à pain*
broodwinning *gagne-pain* m [onv]
broom • broomkali *bromure* m *de potassium* • bromium *brome* m
broos *fragile*; *frêle*; FIG. *précaire*
bros *cassant*; *friable*; ⟨krokant⟩ *croustillant*
brouilleren *brouiller* ⋆ gebrouilleerd zijn met iem. *être brouillé(s) avec qn*
brouwen • bereiden *brasser*; FIG. *préparer* • veroorzaken *machiner*; *comploter*
brouwer *brasseur* m
brouwerij *brasserie* v
brouwsel *breuvage* m
brownie *brownie* m
browsen *naviguer*; *explorer*
browser *navigateur* m *(Web)*; *explorateur* m; *browse(u)r* m
brr *brrr!*
brug • verbinding *pont* m; ⟨v. schip⟩ *passerelle* v; ⟨v. bril⟩ *arcade* v; ⟨in gebit⟩ *bridge* m; ⟨v.

neus› *arête* v ★ een brug slaan (over) *jeter un pont (sur)* • gymnastiektoestel *barres* v mv *parallèles* [mv] • brugstand ‹houding achterover› *pont* m ▾ over de brug komen *s'exécuter*; *casquer*; *se fendre (de)*
Brugge *Bruges* v
bruggenhoofd • muur *butée* v • MIL. *tête* v *de pont*
brugklas ≈ *sixième* v
brugleuning *garde-fou* m [mv: *garde-fous*]; ‹stenen› *parapet* m
brugwachter *pontier* m
brui ▾ er de brui aan geven *laisser tomber*; *décrocher*; *flancher*
bruid ‹voor trouwdag› *fiancée* v; ‹voor trouwdag› *future* v; ‹op trouwdag› *(nouvelle) mariée* v
bruidegom ‹voor trouwdag› *fiancé* m; ‹voor trouwdag› *futur* m; ‹op trouwdag› *(nouveau) marié* m
bruidsboeket *bouquet* m *de mariée*
bruidsdagen ≈ *temps* m *des fiançailles*
bruidsjapon *robe* v *de mariée*
bruidsjonker *garçon* m *d'honneur*
bruidsmeisje *demoiselle* v *d'honneur*
bruidspaar ‹op trouwdag› *(les) jeunes mariés* m mv
bruidsschat *dot* v
bruidssluier *voile* m *de mariée*
bruidssuiker *dragée* v
bruikbaar *utile*; *utilisable*; *pratique*; ‹geschikt (voor)› *propre (à)*; ‹deugdelijk› *valable*
bruikleen *prêt* m *à usage*; JUR. *commodat* m ★ in ~ van *prêté par*
bruiloft *mariage* m; ‹feest› *noces* v mv ★ zijn gouden ~ vieren *célébrer / fêter ses noces d'or* ★ op de ~ zijn *être de (la) noce*
bruin *marron*; ‹donker› *brun*; ‹door zon› *bronzé*; ‹getaand› *basané* ★ ~ haar *cheveux châtain* ▾ een ~ leventje *une vie peinarde*
bruinachtig *brunâtre*
bruinbrood *pain* m *bis*
bruinen I OV WW bruin maken *bronzer*; *brunir*; CUL. *faire roussir / rissoler / revenir* **II** ON WW bruin worden *bronzer*; *brunir*
bruinkool *lignite* m
bruinvis *marsouin* m
bruisen *écumer*; ‹v. drank› *mousser*; *pétiller*; OOK FIG. *bouillonner*
bruistablet *comprimé* m *effervescent*
brulaap • aap *singe* m *hurleur* • schreeuwlelijk *braillard* m [v: *braillarde*]
brulboei *bouée* v *sonore / à sifflet*
brullen ‹v. leeuw› *rugir*; ‹v. mens› *hurler*; ‹loeien› *mugir* ★ het ~ *le rugissement*; *le hurlement*; *le mugissement*
brunch *brunch* m
brunette *brune* v; *brunette* v
Brussel *Bruxelles* m
Brussels *bruxellois*
brutaal I BNW • onbeschaamd *impertinent*; *insolent* (**tegen** *avec, envers)* • ongegeneerd *effronté*; *éhonté*; *désinvolte*; INFORM. *culotté*, *gonflé* ★ zo ~ als de beul *insolent en diable*; INFORM. *gonflé à bloc* ▾ de brutalen hebben de halve wereld *la fortune sourit aux audacieux* **II** BIJW • onbeschaamd *insolemment* • brutaalweg *effrontément*; *sans gêne*; *sans vergogne*
brutaaltje *petit insolent* m [v: *petite insolente*]
brutaliteit *impertinence* v; *insolence* v; ‹lef› *toupet* m
bruto *brut* ★ ~ loon *salaire brut* m
brutoloon *salaire* m *brut*
bruusk I BNW *brusque* **II** BIJW *brusquement*
bruuskeren • onheus bejegenen *brusquer* • doordrijven *brusquer*
bruut I ZN [de] *sauvage* m/v; *brute* v **II** BNW *brutal* [m mv: *brutaux*] ★ brute kracht *force* v *brutale*
BSE *ESB* v *(encéphalopathie spongiforme bovine)*
btw *TVA* v *(taxe sur la valeur ajoutée)*
bubbelbad *bain* m *à remous*
budget *budget* m
budgetbewaking *contrôle* m *budgétaire*
budgetoverschrijding *dépassement* m *budgétaire*
budgettair *budgétaire*
budgetteren *budgétiser*
buffel *buffle* m
buffer *tampon* m
buffergeheugen *mémoire* v *tampon*
bufferstaat *État-tampon* m [mv: *États-tampons*]
buffervoorraad *stock* m *de sécurité*
bufferzone *zone* v *tampon*
buffet • meubel *buffet* m • tapkast *comptoir* m • maaltijd *buffet* m ★ koud ~ *buffet froid* ★ lopend ~ *buffet ambulant*
bug *bogue* m; *bug* m
buggy *poussette* v; ‹voertuig› *buggy* m
bühne *scène* v; *planches* v mv
bui • regenbui *averse* v ★ maartse buien *giboulées* v mv *de mars* • humeur *humeur* v; ‹aanval› *accès* m; *saute* v *d'humeur*; ‹nuk› *caprice* m ★ een goede / slechte bui hebben *être de bonne / mauvaise humeur* ★ hij is in een bui om *il est d'humeur à* ▾ bij buien *par accès* ▾ de bui zien hangen / laten overdrijven *sentir venir / laisser passer l'orage*
buidel • zak *bourse* v • huidplooi *poche* v *(ventrale)*
buideldier *marsupial* m [mv: *marsupiaux*]
buigbaar *flexible*; *pliable*
buigen I OV WW krom maken *plier*; *courber* ★ het hoofd ~ *baisser / incliner la tête* ★ de knieën ~ *fléchir / plier les genoux* ★ zich ~ (over) OOK FIG. *se pencher (sur)* **II** ON WW • afbuigen *dévier* ★ de weg buigt naar rechts *la route fait une courbe vers la droite* • doorbuigen *se courber*; *fléchir*; *plier*; *céder* • buiging maken *s'incliner*; *faire une révérence* • ~ **voor** ‹zwichten› *céder / se plier à*; *s'incliner devant* ▾ het is ~ of barsten *ça passe ou ça casse*
buiging • het buigen ‹v. hoofd› *inclination* v; ‹v. arm› *flexion* v; ‹uit beleefdheid› *révérence* v; ‹v. stem› *inflexion* v • bocht *courbe* v; *coude* m • NATK. *diffraction* v • TAALK. *flexion* v
buigingsuitgang *désinence* v *(flexionnelle)*
buigzaam OOK FIG. *flexible*; *souple*
buigzaamheid OOK FIG. *flexibilité* v; *souplesse* v

buiig *pluvieux* [v: *pluvieuse*] ★ het is ~ weer *le temps est à la pluie*
buik • lichaamsdeel *ventre* m ★ een dikke buik *un gros ventre*; INFORM. *un (gros) bide* ★ (plat) op de buik liggen *être couché à plat ventre* • bol gedeelte *ventre* m; ⟨v. fles ook⟩ *panse* v; ⟨v. zeil⟩ *creux* m ▾ schrijf dat maar op je buik *tu peux te l'accrocher / mettre une croix dessus* ▾ er de buik vol van hebben *en avoir ras le bol*
buikdans *danse* v *du ventre*
buikdansen *faire la danse du ventre*
buikdanseres *danseuse* v *orientale*
buikgriep *grippe* v *intestinale*
buikholte *cavité* v *abdominale*
buikje INFORM. *bide* m; *bedaine* v ★ een ~ hebben / krijgen *avoir / prendre du ventre / de l'embonpoint*
buiklanding *atterrissage* m *sur le ventre*
buikloop *diarrhée* v
buikpijn *mal* m *de ventre* ★ ~ hebben *avoir mal au ventre*
buikriem *ventrière* v
buikspieroefening ★ ~en doen *faire des abdominaux*
buikspreken *être ventriloque*
buikspreker *ventriloque* m/v
buikvlies *péritoine* m
buikvliesontsteking *péritonite* v
buikwand *paroi* v *abdominale*
buil • bult *bosse* v • zakje *sachet* m ▾ daar kun je je geen buil aan vallen *ça vaut le coup*
buis • pijp *tuyau* m [mv: *tuyaux*]; *tube* m; ⟨leidingbuis⟩ *canal* m [mv: *canaux*]; ⟨leidingbuis⟩ *conduit* m ★ een buisje aspirine *un tube d'aspirine* ★ buis van Eustachius *trompe* v *d'Eustache* • televisie *petit écran* m ★ op de buis *à la télé* • Z-N onvoldoende *note ven dessous de la moyenne*
buiswater *embruns* m mv
buit *butin* m; ⟨v. dieren⟩ *proie* v ★ buit maken *prendre*; *s'emparer de*; MIL. *capturer* ★ met de buit gaan strijken FIG. *emporter le morceau*
buitelen *culbuter*; *faire la culbute*
buiteling *culbute* v
buiten I BIJW • buitenshuis *dehors* ★ naar ~ *(en) dehors* ★ naar ~ gaan *sortir* ★ van ~ *au(-)dehors*; *en dehors*; *à l'extérieur* ★ van ~(af) *du dehors*; *de l'extérieur* • op het platteland *à la campagne* ★ iem. van ~ *un provincial* ▾ te ~ gaan *outrepasser*; *dépasser* ▾ zich te ~ gaan aan *abuser de* **II** VZ • niet binnen een plaats *en dehors de*; *hors (de)*; *à l'extérieur de* ★ ~ de stad *en dehors de la ville* ★ ~ op straat *dehors* • niet betrokken bij *hors (de)*; *en dehors de*; *étranger à* ★ ~ bereik *hors de portée* ★ ~ mededinging *hors concours* ★ er ~ staan *n'avoir rien à voir là-dedans*; *n'y être pour rien*; *être à l'écart* ★ laat hem er ~! *ne l'implique pas dans cette affaire!* • zonder *hors de*; *sans* ★ ~ adem *hors d'haleine* ★ ~ kennis *sans connaissance* ★ hij kan niet ~ zijn fiets *il ne peut se passer de son vélo* ★ ~ mijn weten / toestemming *à mon insu*; *sans ma permission* • behalve *excepté*; *sauf* ▾ ~ bedrijf *hors (de) service* ▾ ~ gebruik *hors d'usage* ▾ iets van ~ kennen / leren *connaître / apprendre qc par cœur* **III** ZN [het] *propriété* v
buiten- *extérieur*
buitenaards *extra(-)terrestre*
buitenbaan *couloir* m *extérieur*
buitenbaarmoederlijk *extra-utérin*
buitenbad *piscine* v *découverte*
buitenband *pneu* m
buitenbeentje *phénomène* m; *cas* m; *type* m *à part*
buitenbocht *extérieur* m *du virage*
buitenboordmotor *hors bord* m [onv] ★ boot met ~ *hors-bord* m
buitendienst *service* m *extérieur*; *réseau* m
buitenechtelijk *extra-conjugal* [m mv: *extra-conjugaux*]; ⟨v. kind⟩ *illégitime*
buitengaats *au large*
buitengewoon I BNW ongewoon *extraordinaire*; *exceptionnel* [v: *exceptionnelle*]; ⟨heel bijzonder⟩ *hors du commun*; *peu commun* **II** BIJW zeer *extrêmement*
buitenhuis *maison* v *secondaire / de campage*
buitenissig *excentrique*
buitenkans *aubaine* v
buitenkant *extérieur* m; *dehors* m
buitenkerkelijk *laïque*; *non pratiquant*
buitenland *étranger* m; *extérieur* m ★ in/naar 't ~ *à l'étranger*
buitenlander *étranger* m [v: *étrangère*]
buitenlands *extérieur*; *étranger* [v: *étrangère*] ★ de ~e handel *le commerce extérieur* ★ de ~e politiek *la politique étrangère* ★ een ~e reis *un voyage à l'étranger*
buitenleven *vie* v *à la campagne*
buitenlucht ★ in de ~ *en plein air*; *au grand air*
buitenmodel *hors série*
buitenom *par l'extérieur*
buitenparlementair *extra-parlementaire*
buitenplaats • uithoek *(re)coin* m • landgoed *propriété* v
buitenschools *périscolaire*; *parascolaire*
buitenshuis *(au) dehors*; *à l'extérieur* ★ ~ eten *dîner en ville* ★ ~ slapen *découcher*
buitensluiten *exclure* **(van** *de)*
buitenspel I ZN [het] ⟨situatie⟩ *hors-jeu* m [onv] **II** BIJW *hors jeu* ★ ~ staan FIG. *rester / être mis sur la touche* ▾ ~ blijven *rester sur la touche*
buitenspeler *ailier* m
buitenspiegel *rétroviseur* m *extérieur*
buitensporig I BNW *extravagant*; *exorbitant* **II** BIJW *excessivement*
buitensport *sport* m *de plein air*
buitenstaander *non-initié* m [v: *non-initiée*]; ⟨leek⟩ *profane* m/v; ⟨derde⟩ *tiers* m ★ als ~ *(vu) de l'extérieur*
buitenverblijf *propriété* v *à la campagne*
buitenwaarts *vers l'extérieur*
buitenwacht *(monde* m*) extérieur* m; *non-initiés* m mv
buitenwereld *(monde* m*) extérieur* m
buitenwijk *faubourg* m ★ de ~en *la banlieue*
buitenzijde *extérieur* m; *dehors* m
buitmaken *prendre*; *s'emparer de*; MIL. *capturer*
buizerd *buse* v *(variable)*
bukken • buigen *se baisser*; *se courber* • FIG. zwichten ⟨zwichten⟩ *céder / se plier* **(voor** *à)*;

*s'incliner (***voor** *devant)* ▾ gebukt gaan onder *être accablé de*
buks *carabine* v
bul *diplôme* m; ⟨pauselijk⟩ *bulle* v ▾ bullen *affaires* v mv
bulderen • dreunen *tonner*; ⟨v.d. zee⟩ *mugir*; ⟨v.d. wind⟩ *hurler*; *rugir*; ⟨v. geschut⟩ *gronder* ⋆ het ~ *le rugissement*; *le grondement* • brullen *hurler*; *tonitruer*
buldog *bouledogue* m
Bulgaar *Bulgare* m/v
Bulgaars I ZN [het] taal *bulgare* m **II** BNW m.b.t. Bulgarije *bulgare*
Bulgarije *la Bulgarie* ⋆ in ~ *en Bulgarie*
bulk *vrac* m ⋆ graan in bulk *grain en vrac*
bulken • brullen *beugler* ⋆ het ~ *le beuglement* • ~ **van** ⋆ hij bulkt van het geld *il remue l'argent à la pelle*
bulkgoederen *marchandises* v mv *en vrac* [mv]
bulldozer *bulldozer* m
bullebak *tyran* m; *bourru* m; *gueulard* m
bulletin *bulletin* m
bult • buil *bouton* m • heuveltje *bosse* v; *hauteur* v • bochel *bosse* v ▾ zich een bult lachen *se tordre de rire*
bultenaar *bossu* m [v: *bossue*]
bumper *pare-chocs* m [onv] ⋆ ~ aan ~ INFORM. *queue à queue*
bumperkleven *coller*
bundel • pak *paquet* m; ⟨v. papier⟩ *liasse* v; ⟨v. stralen, pijlen e.d.⟩ *faisceau* m [mv: *faisceaux*]; ⟨bos⟩ *botte* v • boekje *recueil* m
bundelen *faire un paquet de*; FIG. *rassembler*; *(ré)unir*; *grouper* ⋆ de krachten ~ *conjuguer les forces*; *joindre les efforts*
bunder *hectare* m
bungalow *bungalow* m
bungalowpark *village* m *de vacances*; *village-club* m
bungalowtent *tente* v *bungalow*
bungeejumpen I ZN [het] *saut* m *à l'élastique*; *benji* m **II** ON WW *sauter à l'élastique*
bungelen *pendouiller* ▾ er maar wat bij ~ *compter pour du beurre*
bunker *blockhaus* m; *bunker* m
bunkeren *se ravitailler*; FIG. *s'empiffrer*
bunsenbrander *bec* m *Bunsen*
bunzing *putois* m
bups *bataclan* m ⋆ de hele bups *tout le bazar*
burcht *château* m *fort* [m mv: *châteaux* ...]; *citadelle* v
bureau • schrijftafel *bureau* m [mv: *bureaux*] • afdeling *bureau* m; *office* m • politiebureau *commissariat* m ⋆ naar het ~ brengen *conduire au poste*
bureaucratie *bureaucratie* v
bureaucratisch *bureaucratique*
bureaulamp *lampe* v *de bureau*
bureaustoel *fauteuil* m *de bureau*
buren • → **buur**
burengerucht *tapage* m *(nocturne)*
burgemeester *maire* m; ⟨buiten Frankrijk ook⟩ *bourgmestre* m ⋆ ~ en wethouders *le maire et ses adjoints*; *l'équipe municipale*
burger ⟨staatsburger⟩ *citoyen* m [v: *citoyenne*]; ⟨niet-militair⟩ *civil* m ▾ in ~ *en civil* ▾ dat geeft de ~ moed *c'est bon pour le moral*
burgerbevolking *population* v *civile*
burgerij • bevolking *population* v • stand *bourgeoisie* v
burgerkleding ⋆ in ~ *en civil*
burgerlijk I BNW • van de burgerstand *bourgeois*; ⟨niet-adellijk⟩ *roturier* [v: *roturière*]; ⟨niet-militair⟩ *civil* • van de staatsburger *civil*; ⟨v. plichten, rechten⟩ *civique* ⋆ ~ staat / stand *état civil* ⋆ de ~e ongehoorzaamheid *la désobéissance civile* ⋆ ~ recht *droit civil* m ⋆ ~e beleefdheid *politesse (la plus) élémentaire*; *civilité* v • kleinburgerlijk *(petit-)bourgeois* [v: *(petite-)bourgeoise*] ⋆ ~ worden *s'embourgeoiser* **II** BIJW *bourgeoisement*; *en (petit-)bourgeois*
burgerluchtvaart *aviation* v *civile*
burgerman *(petit-)bourgeois* m [v: *(petite-)bourgeoise*]
burgeroorlog *guerre* v *civile*
burgerplicht *devoir* m *civique / du citoyen*
burgerrecht *droit* m *civique*; FIG. *droit de cité*
burgerschapskunde *éducation* v / *instruction* v *civique*
burgervader *maire* m; ⟨in België⟩ *bourgmestre* m
burgerwacht *garde* v *civique*; *milice* v
burgerzin *civisme* m; *sens* m *civique*; *citoyenneté* v
burlesk *burlesque*
burn-out ≈ *surmenage* m
burn-outsyndroom *syndrome* m *d'épuisement professionnel*
Burundi *le Burundi* ⋆ in ~ *au Burundi*
bus • trommel *boîte* v; ⟨collectebus⟩ *tronc* m; *boîte à collecte(s)* • autobus *(auto)bus* m; ⟨interlokaal⟩ *car* m • brievenbus *boîte* v *aux lettres* ⋆ in de bus doen *mettre à la poste*; *poster* • huls *boîte* v; *douille* v; COMP. *bus* m ▾ uit de bus komen *(en) sortir* ▾ in de bus blazen *casquer* ▾ (dat) komt in de bus! *c'est comme si c'était fait!*
busbaan *couloir* m *d'autobus*
buschauffeur *chauffeur* m *d'autobus*
busdienst *service* m *d'autobus*
bush *brousse* v; *jungle* v
bushalte *arrêt* m *d'autobus*; ⟨abri⟩ *abribus* m
businessclass *classe* v *affaires*
buskaart *billet* m / *ticket* m *d'autobus*
buskruit *poudre* v *(à canon)* ▾ hij heeft het ~ niet uitgevonden *il n'a pas inventé la poudre / le fil à couper le beurre*
buslichting *levée* v
busstation *gare* v *routière*
buste • boezem *poitrine* v • borstbeeld *buste* m
bustehouder *soutien-gorge* m [mv: *soutiens-gorge*]; INFORM. *soutif* m
butagas *(gaz* m*) butane* m
butler *majordome* m
buts *bosse* v; *creux* m
button *badge* m; *pin's* m
buur *voisin* m [v: *voisine*] ⋆ goede buren hebben *être bien avec ses voisins*; *vivre en bon voisinage*
buurjongen *petit voisin* m
buurland *pays* m *voisin / limitrophe*
buurman *voisin* m ▾ al te goed is ~s gek *qui se*

fait brebis, le loup le mange; INFORM. *trop bon, trop con*
buurmeisje *petite voisine* v
buurt • omgeving *voisinage* m ★ in de ~ van *aux environs de* ★ vlak in de ~ *à deux pas (d'ici)*; *à proximité* ★ blijf uit de ~ *n'approchez pas* • wijk *quartier* m
buurtbewoner *habitant* m *du quartier*
buurtcafé *café* m *du coin*
buurten *fréquenter les voisins*
buurthuis ≈ *centre* m *socioculturel*
buurtpreventie *dispositif(s)* m (mv) *de sécurité dans un quartier*
buurtwerk *animation* v *(socioculturelle) de quartier*
buurtwinkel *commerce* m *de proximité*
buurvrouw *voisine* v
buzzer *bip* m; *bipe(u)r* m
bv *SARL* v
bv. *par exemple*
B-verpleging *soins* m mv *psychiatriques*
B-weg *chemin* m *vicinal*; *petite route* v
bypass *pontage* m
bypassoperatie *pontage* m
byte *octet* m; *byte* m
Byzantijns *byzantin*
Byzantium *Byzance* v

C

c • letter *c* m ★ de c van Cornelis *C comme Camille* • muzieknoot *c* m; *do* m; *ut* m ★ de hoge c *le do six*
cabaret ≈ *spectacle* m *satirique / de chansonniers*
cabaretier ≈ *comique* m/v; *chansonnier* m [v: *chansonnière*]
cabine • hokje *cabine* v • stuurhut ‹v. voertuig; ruimtevaartuig› *cabine* v; ‹v. voertuig; ruimtevaartuig v› *habitacle* m; ‹v. vliegtuig› *carlingue* v
cabriolet *cabriolet* m
cacao • boon *cacao* m • CUL. drank, poeder *cacao* m
cacaoboter *beurre* m *de cacao*
cachegeheugen *(mémoire* v*) cache* v
cachet *cachet* m
cachot *cachot* m
cactus *cactus* m
CAD ‹Conception Assistée par Ordinateur› *CAO* v
cadans *cadence* v
caddie *caddie* m
cadeau *cadeau* m [mv: *cadeaux*] ★ ~ krijgen *recevoir en cadeau* ★ is het voor een ~tje? *est-ce pour offrir?* ★ iem. iets ~ geven *faire cadeau de qc à qn*
cadeaubon *chèque-cadeau* m [mv: *chèques-cadeaux*]
cadet *élève* m/v *officier*; *saint-cyrien* m [mv: *saint-cyriens*]
cadmium *cadmium* m
café *café* m; *bistro(t)* m
caféhouder *patron* m *(de café)*
cafeïne *caféine* v ★ ~vrij *décaféiné*
café-restaurant *brasserie* v
cafetaria *cafétéria* v
cahier *cahier* m
caissière *caissière* v
caisson • damconstructie *caisson* m • duikersklok *caisson* m
caissonziekte *maladie* v *des caissons*
cake *cake* m
calamiteit *calamité* v; *catastrophe* v
calcium *calcium* m
calculatie *calcul* m
calculator • rekenmachine *calculateur* m; ‹klein› *calculatrice* v • beroep *calculateur* m
calculeren *calculer*
caleidoscoop *kaléidoscope* m
callcenter *centre* m *d'appel(s)*; *call-center* m
callgirl *call-girl* v [mv: *call-girls*]
calloptie *option* v *d'achat*
calorie *calorie* v
caloriearm *pauvre en calories*
calorierijk *riche en calories*
calvinisme *calvinisme* m
calvinist *calviniste* m/v
calvinistisch *calviniste*
Cambodja *le Cambodge* ★ in ~ *au Cambodge*
Cambodjaans *cambodgien* [v: *cambodgienne*]
camcorder *caméscope* m
camee *camée* m

camera ⟨foto⟩ *appareil* m *photo*; ⟨film⟩ *caméra* v
cameraman *opérateur* m; *caméraman* m; *cadreur* m
camera obscura *chambre* v *noire*
camion *camion* m
camouflage *camouflage* m
camoufleren *camoufler*
campagne *campagne* v ★ een ~ voeren *mener une campagne*
camper *camping-car* m [mv: *camping-cars*]
camping *(terrain* m *de) camping* m
campus *campus* m
Canada *le Canada* ★ in ~ *au Canada*
Canadees I ZN [de] bewoner *Canadien* m [v: *Canadienne*] **II** BNW m.b.t. Canada *canadien* [v: *canadienne*]
canaille *canaille* v
canapé *canapé* m
Canarische Eilanden *(îles* v mv*) Canaries* v mv [mv]
cancelen *annuler*
canon *canon* m
canoniek *canonique*
cantate *cantate* v
cantharel *girolle* v; *chanterelle* v
cantorij *maîtrise* v; *chapelle* v; *chœur* m
canvas *toile* v
canyoning *canyoning* m
cao *CCT* v ⟨Convention v Collective du Travail⟩
capabel *capable*
capaciteit • vermogen *capacité* v • bekwaamheid *capacité* v
cape *cape* v; *pèlerine* v
capitulatie *capitulation* v
capituleren *capituler*
capoeira *capœira* v
cappuccino *cappuccino* m
capriool *cabriole* v ★ rare capriolen uithalen *faire des cabrioles / siennes*
capsule *capsule* v; ⟨geneesmiddel⟩ *gélule* v
captain *capitaine* m
capuchon *capuchon* m; *capuche* v
cara *broncho-pneumopathie* v *chronique obstructive*
carambole *carambolage* m
caravan *caravane* v
carbol *phénol* m
carbolineum *coaltar* m
carbonaat *carbonate* m
carbonpapier *(papier* m*) carbone* m
carburateur, carburator *carburateur* m
carcinogeen *cancérigène*
carcinoom *carcinome* m
cardanas *cardan* m
cardiogram *cardiogramme* m
cardioloog *cardiologue* m
cargadoor *affréteur* m; *chargeur* m
cargo *cargaison* v
cariës *carie* v
carillon *carillon* m
carkit *kit* m *mains-libres*
carnaval *carnaval* m [mv: *carnavals*]
carnet *carnet* m
carnivoor *carnivore* m/v
carpoolen *covoiturage* m
carport *auvent* m *à voiture(s)*; *abri* m *à voiture(s)*
carré *carré* m
carrière *carrière* v ★ ~ maken *faire carrière*
carrièrejager *carriériste* m/v; *arriviste* m/v
carrièreplanning *plan* m *de carrière*
carrosserie *carrosserie* v; INFORM. *caisse* v
carte ★ à la ~ eten *manger à la carte*
carte blanche *carte* v *blanche* ★ ~ krijgen *avoir carte blanche*
carter *carter* m
cartografie *cartographie* v
cartoon *cartoon* m; *dessin* m *humoristique*
cartridge *cartouche* v
cascade *cascade* v
casco *carcasse* v; *coque* v; INFORM. *caisse* v
cascoverzekering ⟨schip⟩ *assurance* v *sur corps*; ⟨auto⟩ *assurance* v *dommages au véhicule*; *assurance* v *tierce collision*
cash I ZN [de] *liquide* m; *cash* m **II** BIJW *en espèces*; *en liquide*; *cash*
cashewnoot *noix* v *de cajou*
cashflow *cash-flow* m [mv: *cash-flows*]
casino • gokhuis *casino* m • brood *pain* m *de mie*
cassatie *cassation* v ★ in ~ gaan *se pourvoir en cassation*
casselerrib ≈ *côte* v *de porc fumée*
cassette • doos *coffret* m • bandje *cassette* v; INFORM. *K7* v
cassettedeck *platine* v *(à) cassettes*
cassetterecorder *lecteur* m *de cassettes*; *platine* v *(à) cassettes*
cassis *sirop* m *de cassis*
cast *distribution* v
castagnetten *castagnettes* v mv
casting *casting* m; *distribution* v
castratie *castration* v
castreren *châtrer*; *castrer*
catacombe *catacombe* v
catalogiseren *cataloguer*
catalogus *catalogue* m
catamaran *catamaran* m
cataract *cataracte* v
catastrofaal *catastrophique*
catastrofe *catastrophe* v
catechese *catéchèse* v
catechisatie *catéchisme* m
catechiseren *catéchiser*
catechismus *catéchisme* m
categorie *catégorie* v
categorisch I BNW *catégorique* **II** BIJW *catégoriquement*
categoriseren *catégoriser*
cateren *faire de la restauration collective*
catering *restauration* v *(collective / à domicile)*; *service* m *de traiteur*
catharsis *catharsis* v
catwalk *podium* m *de défilé de mode*
causaal *causal* [m mv: *causals/causaux*] ★ een ~ verband *un rapport de cause à effet*
cavalerie *cavalerie* v
cavia *cobaye* m
cayennepeper *poivre* m *de Cayenne*
CBS ⟨Institut m national de la statistique et des études⟩ *INSEE* m
cc • copie conform *copie* v *conforme*; *pour copie* v *conforme* • inhoudsmaat *cm³*

c-cedille *c cedille* m
cc'en *envoyer en cc* ★ een mailtje ~ *envoyer un mail en cc*
cd *CD* m
cd-bon ≈ *chèque-CD* m [mv: *chèques-CD*]
cd-brander *graveur* m *(de CD)*
cd-r *CD-R* m
cd-rom *CD-ROM* m; *cédérom* m
cd-speler *lecteur* m *de CD*; *platine* v *laser*
ceder *cèdre* m
cedille *cédille* v
ceel *warrant* m
ceintuur *ceinture* v
cel • hokje *cabine* v ★ een natte cel *une salle d'eau* • ANAT. onderdeel van organisme *cellule* v • BIOL. kamer in honingraat *alvéole* v
celdeling *division* v *cellulaire*
celebreren *célébrer*
celgenoot *compagnon* m *de cellule* [v: *compagne* ...]
celibaat *célibat* m
cellist *violoncelliste* m/v
cello *violoncelle* m
cellofaan *cellophane* v
cellulitis *cellulite* v
celluloid *celluloïd* m ★ van ~ *en celluloïd*
cellulose *cellulose* v
Celsius *Celsius* ★ 20 graden ~ *vingt degrés Celsius*; *vingt centigrades*
celstof *cellulose* v
celtherapie *cellulothérapie* v
cement *ciment* m; ⟨v. tanden⟩ *cément* m
cementmolen *bétonneuse* v; *bétonnière* v
cenotaaf *cénotaphe* m
censor *censeur* m
censureren *censurer*
censuur *censure* v
cent *cent* m; ⟨in Frankrijk ook⟩ *centime* m ▾ geen rooie cent hebben/geen cent te makken hebben *être sans le sou*; *être fauché* ▾ voor geen cent minder *pas un sou de moins* ▾ zonder een cent beginnen *partir de rien* ▾ op de centen zijn *être près de ses sous*
centaur *centaure* m
centercourt *(court* m*) central* m
centi- *centi-*
centimeter • meetlint *centimètre* m • maat *centimètre* m
centraal I BNW *central* [m mv: *centraux*] **II** BIJW *d'un point central*
Centraal-Afrikaanse Republiek *République* v *centrafricaine*
centrale • bedrijf *centrale* v • telefooncentrale *central* m; *standard* m
centralisatie *centralisation* v
centraliseren *centraliser*
centralistisch *centralisateur* [v: *centralisatrice*]
centreren *centrer*
centrifugaal *centrifuge*
centrifuge *centrifigeuse* v; ⟨voor was⟩ *essoreuse* v
centrifugeren *centrifuger*; ⟨v. wasgoed⟩ *essorer*
centripetaal *centripète*
centrum • middelpunt *centre* m • instelling *centre* m
ceramiek *céramique* v
ceremonie *cérémonie* v
ceremonieel I ZN [het] *cérémonial* m **II** BNW *cérémoniel* [v: *cérémonielle*]; *solennel* [v: *solennelle*]
ceremoniemeester *maître* m *de cérémonie*
certificaat • getuigschrift *certificat* m • waardepapier *certificat* m
cervelaatworst *cervelas* m
cessie *cession* v
cesuur *césure* v
cfk ⟨chlorofluorcarbone m⟩ *CFC* m
chador *tchador* m
chagrijn • persoon *grincheux* m [v: *grincheuse*] • humeurigheid *humeur* v *grincheuse*; *hargne* v
chagrijnig I BNW *grincheux* [v: *grincheuse*] **II** BIJW *hargneusement*
chalet *chalet* m
champagne *champagne* m
champignon *champignon* m *de Paris*
chanson *chanson* v
chantage *chantage* m
chanteren ★ iem. ~ *faire chanter qn*; *faire du chantage à qn*
chaoot *brouillon* m [v: *brouillonne*]
chaos *chaos* m
chaotisch *chaotique*
charge *charge* v
charisma *charisme* m
charismatisch *charismatique*
charitatief *charitable*
charlatan *charlatan* m
charmant *charmant*
charme *charme* m
charmeren *charmer*; *faire du charme à* ★ gecharmeerd zijn van *être sous le charme de*
charmeur *charmeur* m
chartaal ★ ~ geld *espèces* v mv
charter *charter* m
charteren • afhuren *affréter* • hulp inroepen *faire appel à*; *mobiliser*
chartermaatschappij *compagnie* v *charter*
chartervliegtuig *charter* m; *avion* m *nolisé*
chassis • onderstel auto *châssis* m • raamwerk *châssis* m
chat *chat* m; *causette* v
chatbox *site* m *de chat*; *salon* m
chatten *chatter*; INFORM. *tchatcher*
chauffage Z-N *chauffage* m *(central)*
chaufferen *conduire*
chauffeur *chauffeur* m; ⟨v. personenauto⟩ *conducteur* m [v: *conductrice*]
chauvinisme *chauvinisme* m
chauvinist *chauvin* m
chauvinistisch *chauvin*
check *vérification* v
checken *contrôler*; *vérifier*
checklist *check-list* v; *liste* v *de contrôle*
check-up *check-up* m; *bilan* m *de santé*
cheeta *guépard* m
chef *chef* m
chef-kok *chef* m *cuisinier*; *maître-cuisinier* m [mv: *maîtres-cuisiniers*]
chef-staf *chef* m *d'état-major*
chemicaliën *produits* m mv *chimiques* [mv]

chemicus *chimiste* m/v

chemie *chimie* v

chemisch *chimique*

chemokar ≈ *camionnette* v *qui ramasse les déchets toxiques*

chemotherapie *chimiothérapie* v

cheque *chèque* m ★ ~ aan toonder *chèque au porteur* ★ een ~ uitschrijven *faire un chèque* ★ blanco ~ *chèque en blanc* ★ ongedekte ~ *chèque sans provision*; *chèque en bois* ★ ~ op naam *chèque nominatif*

cherubijn *chérubin* m

chic I ZN [de] • elegantie *chic* m; *élégance* v • mensen *beau monde* m **II** BNW elegant *chic* [onv]; INFORM. *chicos* ★ de chique mensen *les gens chic*; *le beau monde* **III** BIJW elegant *avec élégance*; *(avec) chic*

chili ★ ~ con carne *chili* m *con carne*

chimpansee *chimpanzé* m

Chinees I ZN [de] bewoner *Chinois* m [v: *Chinoise*] **II** ZN [het] TAALK. taal *chinois* m **III** BNW m.b.t. China *chinois*

chinees *(restaurant* m*) chinois* m

chinezen • Chinese maaltijd gebruiken *manger chinois* • heroïne snuiven *priser de l'héroïne*

chip *puce* v

chipkaart *carte* v *à puce(s)*

chipknip *(carte* v*) moneo* m

chipolatapudding ≈ *bavarois* m / *pudding* m *garni*

chips *chips* m mv

chiropracticus *chiropracteur* m

chirurg *chirurgien* m

chirurgie *chirurgie* v

chirurgisch *chirurgical* [m mv: *chirurgicaux*]

chlamydia *chlamydia* v

chloor *chlore* m; ⟨chloorwater⟩ *(eau* v *de) javel* v

chloride *chlorure* m

chloroform *chloroforme* m

chlorofyl *chlorophylle* v

chocolaatje *chocolat* m

chocolade, chocola *chocolat* m ★ een reep pure chocola *une barre de chocolat noir*

chocolademelk *chocolat* m; ⟨warm⟩ *chocolat chaud*

chocoladereep *barre* v *de chocolat*

chocolaterie *confiserie* v

chocopasta *pâte* v *à tartiner au chocolat*

choke *starter* m ★ de ~ gebruiken *mettre le starter*

cholera *choléra* m

cholesterol *cholestérol* m

cholesterolgehalte *taux* m *de cholestérol*; ⟨in bloed⟩ *cholestérolémie* v

choqueren *choquer*; *offusquer*

choreograaf *chorégraphe* m/v

choreografie *chorégraphie* v

christelijk I BNW *chrétien* [v: *chrétienne*] **II** BIJW *chrétiennement*

christen *chrétien* m [v: *chrétienne*]

christendemocraat *démocrate-chrétien* m [mv: *démocrates-chrétiens*] [v: *démocrate-chrétienne*]; *chrétien-démocrate* m

christendemocratisch *chrétien-démocrate* m [v: *chrétienne-démocrate*]

christendom *christianisme* m

christene zielen *juste ciel*

Christus *le Christ*; ⟨protestants: zonder lidwoord⟩ *Christ* ★ voor/na ~ *avant / après Jésus-Christ / J.-C.*

chromosoom *chromosome* m

chroniqueur *chroniqueur* m [v: *chroniqueuse*]

chronisch *chronique*

chronologie *chronologie* v

chronologisch I BNW *chronologique* **II** BIJW *chronologiquement*

chronometer *chronomètre* m; INFORM. *chrono* m

chroom *chrome* m

chrysant *chrysanthème* m

ciabatta *ciabatta* v

cicade *cigale* v

cichorei *chicorée* v

cider *cidre* m

cijfer • teken *chiffre* m • beoordeling *note* v ★ hoge ~s halen *obtenir de bonnes notes* ★ een ~ geven aan/voor *mettre une note à*; *noter* ▾ in de rode ~s staan *être dans le rouge*

cijfercode *chiffre* m

cijferen *chiffrer*; *calculer*

cijferlijst *bulletin* m *de notes*

cijfermateriaal *chiffres* m mv

cijferslot *(serrure* v / *cadenas* m *à) combinaison* v

cilinder *cylindre* m

cilinderinhoud *cylindrée* v

cilinderkop *culasse* v

cilinderslot *serrure* v *à cylindre*

cineast *réalisateur* m [v: *réalisatrice*]; *cinéaste* m/v

cinefiel *cinéphile* m/v

cinema *cinéma* m

cipier *gardien* m *de prison* [v: *gardienne* ...]; FORM. *geôlier* m [v: *geôlière*]

cipres *cyprès* m

circa *environ*; *à peu près*

circuit • netwerk *circuit* m • renbaan *circuit* m • wereldje *circuit* m

circulaire *circulaire* v

circulatie *circulation* v ★ in ~ brengen *mettre en circulation* ★ uit de ~ nemen *retirer de la circulation*

circuleren *circuler*

circus *cirque* m

circustent *chapiteau* m *(de cirque)* [m mv: *chapiteaux* ...]

cirkel *cercle* m ★ in een ~ *circulairement*; *en cercle* ▾ vicieuze ~ *cercle vicieux* ▾ de ~ is (weer) rond *la boucle est bouclée*

cirkelen *tourner en rond*; *tournoyer*

cirkelredenering *raisonnement* m *circulaire*

cirkelzaag *scie* v *circulaire*

cirrose *cirrhose* v

cis *do* m *dièse*

ciseleren *ciseler*

citaat *citation* v; *passage* m

citadel *citadelle* v

citer *cithare* v

citeren *citer*

citroen • CUL. vrucht *citron* m • boom *citronnier* m

citroengeel *(jaune) citron*

ci

citroenmelisse *citronnelle* v
citroensap *jus* m *de citron*
citroenzuur *acide* m *citrique*
citruspers *presse-agrumes* m [onv]; *presse-citron* m [onv]
citrusvrucht ★ ~en *agrumes* m mv
civiel *civil*
civielrechtelijk *civil*
civilisatie *civilisation* v
civiliseren *civiliser*
cl *cl*
claim • aanspraak *réclamation* v; *revendication* v • voorkeursrecht *titre* m *de préférence*; *option* v
claimen *réclamer*; *revendiquer*
clan • stam *clan* m • hechte groep *clan* m
clandestien **I** BNW *clandestin* **II** BIJW *clandestinement*
classicisme *classicisme* m
classicistisch *classique*
classicus ≈ *diplômé* m *des lettres classiques* [v: *diplômée* ...]
classificatie *classification* v; *classement* m
classificeren *classer*; *classifier*
claustrofobie *claustrophobie* v
clausule *clause* v; *stipulation* v
claxon *klaxon* m
claxonneren *klaxonner*; *donner un coup de klaxon*
clean *clean* [onv]; *propre*
clematis *clématite* v
clementie *clémence* v
clerus *clergé* m
cliché • drukplaat *cliché* m • gemeenplaats *cliché* m
clichématig *stéréotypé*
clickfonds *fonds* m *à cliquet*
client *client* m
cliënt *client* m [v: *cliente*]
clientèle *clientèle* v
cliffhanger *épisode* m *à suspense*
climax *sommet* m; *apogée* v; *paroxysme* m; *point* m *fort*; ⟨stijlleer⟩ *gradation* v
clinch ★ in de ~ raken met *être aux prises / en bisbilles avec*; *s'accrocher avec*
clip • paperclip *trombone* m • speld *clip* m • videoclip *clip* m *(vidéo)*
clitoris *clitoris* m
close ★ ~ (met) *uni (avec)*; *proche (de)* ★ ze zijn heel ~ *ils sont comme les deux doigts de la main*
closet *toilettes* v mv; *W.-C.* m mv; *cabinets* m mv
closetpapier *papier-toilette* m; *papier* m *hygiénique*
closetrol *rouleau* m *de papier hygiénique*
close-up *gros plan* m ★ in ~ *en gros plan*
clou • essentie *(point* m*) essentiel* m; ⟨het fijne v.d. zaak⟩ *le fin mot (de l'histoire)*; ⟨ontknoping⟩ *chute* v • hoogtepunt *clou* m
clown *clown* m
clownesk *clownesque*
club • vereniging *club* m; *cercle* m • groep vrienden *bande* v; INFORM. *clique* v • golfstick *club* m • clubfauteuil *(fauteuil* m*) club* m
clubhuis *foyer* m
cluster *agglomérat* m; *cluster* m
clusterbom *bombe* v *à sous-munitions*
clusteren *grouper*
coach *coach* m; *entraîneur* m [v: *entraîneuse*]
coachen INFORM. *coacher*; *entraîner*
coalitie *coalition* v
coalitiepartner ≈ *parti* m *de la majorité*
coassistent ≈ *interne* m/v *(des hôpitaux)*
coaster *caboteur* m; *côtier* m
coating *revêtement* m
coauteur *coauteur* m
coaxkabel *câble* m *coaxial*
cobra *cobra* m
cocaïne *cocaïne* v
cockpit *cockpit* m; *poste* m *de pilotage*
cocktail ⟨drank/partij⟩ *cocktail* m
cocktailjurk *robe* v *de cocktail*
cocktailprikker *bâtonnet* m
cocon *cocon* m
cocoonen *cocooner*
code • tekensysteem *code* m • geheimschrift ★ in code *codé*; *chiffré*
codeïne *codéine* v
codenaam *nom* m *de code*
coderen *coder* ★ het ~ *le codage*
codex *manuscrit* m; ⟨wetboek⟩ *code* m
codicil *codicille* m
codificatie *codification* v
codificeren *codifier*
coëfficiënt *coefficient* m
co-existentie *coexistence* v
co-existeren *coexister*
coffeeshop • café ≈ *cafétéria* v • drugsverkooppunt *coffeeshop* m
coffeïne *caféine* v
cognac *cognac* m
cognitief *cognitif* [v: *cognitive*]
coherent *cohérent*
coherentie *cohérence* v; *cohésion* v
cohesie *cohésion* v
coiffure *coiffure* v
coïtus *coït* m
coke • cocaïne *coke* v; *coco* v ★ een lijntje coke *une ligne de coke* • cola *coca* m
cokes *coke* m
col • rolkraag *col* m *roulé* • bergpas *col* m
cola *coca* m
colbert *veste* v; *veston* m
collaborateur *collaborateur* m [v: *collaboratrice*]; INF./PEJ. *collabo* m/v
collaboratie *collaboration* v
collaboreren *collaborer*
collage *collage* m
collectant *quêteur* m [v: *quêteuse*]
collect call ★ ~ bellen *téléphoner en PCV*
collecte *boîte* v *à collecte(s)*; ⟨in kerk⟩ *tronc* m
collectebus *boîte* v *à collecte(s)*; ⟨in kerk⟩ *tronc* m
collecteren *quêter*; *faire la quête*
collectie *collection* v
collectief **I** ZN [het] groep *collectif* m **II** BNW *collectif* [v: *collective*] ★ de collectieve sector *le secteur (semi-public et) public* **III** BIJW *collectivement*
collectivisme *collectivisme* m
collector's item *pièce* v *de collection*

collega *collègue* m/v; ⟨ambtgenoot⟩ *confrère* m; *consœur* v
college • bestuurslichaam *collège* m • school *collège* m • les *cours* m ⋆ ~ lopen *suivre des cours* ⋆ ~ geven / volgen *faire / suivre un cours*
collegedictaat *notes* v mv *(de cours)*
collegegeld *frais* m mv *de scolarité*
collegekaart *carte* v *d'étudiant*
collegezaal *amphithéâtre* m; INFORM. *amphi* m
collegiaal I BNW *confraternel* [v: *confraternelle*]; ⟨v. leiding⟩ *collégial* [m mv: *collégiaux*] **II** BIJW *confraternellement*
collegialiteit *confraternité* v
collier *collier* m
colloïde *colloïde* m
colloquium *colloque* m
colofon *colophon* m
Colombia *la Colombie* ⋆ in ~ *en Colombie*
Colombiaans *colombien* [v: *colombienne*]
colonne *colonne* v
coloradokever *doryphore* m
coloriet *coloris* m
colportage *colportage* m; *porte-à-porte* m
colporteren *colporter*; *faire du porte-à-porte*
colporteur *colporteur* m [v: *colporteuse*]
coltrui *pull* m *à col roulé*
column *rubrique* v
columnist *chroniqeur* m [v: *chroniqueuse*]
coma *coma* m ⋆ in coma raken *tomber dans le coma* ⋆ uit een coma ontwaken *sortir du coma*
comapatiënt *comateux* m [v: *comateuse*]
comateus *comateux* [v: *comateuse*]
combi *camionnette* v
combinatie *combinaison* v
combinatieslot *(serrure* v *à) combinaison* v
combinatietang *pince* v *universelle*
combine[1] (zeg: kombien) *combine* v
combine[2] (zeg: kombaajn) *moissonneuse-batteuse* v [mv: *moissonneuses-batteuses*]
combineren *combiner*; *associer*
combo *combo* m
comeback *rentrée* v; *come-back* m [onv]
comedy *sitcom* m/v
comfort *confort* m
comfortabel *confortable*
coming-out *outing* m
comité *comité* m
commandant *commandant* m
commanderen • bevelen *commander* • het bevel voeren *commander*
commando I ZN [het] • bevel *ordre* m • bevelvoering *commandement* m • gevechtseenheid *commando* m **II** ZN M soldaat ⋆ de ~'s *les commandos*; *les troupes de choc*
commentaar *commentaire* m ⋆ ~ overbodig *cela se passe de commentaire*; *sans commentaires*
commentaarstem *voix off* v
commentariëren *commenter*
commentator *commentateur* m [v: *commentatrice*]
commercial *spot* m *publicitaire*; INFORM. *pub* v
commercialisering *commercialisation* v
commercie *commerce* m
commercieel *commercial* [m mv: *commerciaux*]
commies *commis* m
commissariaat • ambt *commissariat* m • bureau *commissariat* m
commissaris • gemachtigde *commissaire* m ⋆ ~ der Koningin ≈ *préfet* m • lid raad v. commissarissen *membre* m *du conseil d'administration*; *administrateur* m
commissie *commission* v; *comité* m ▾ in ~ verkopen *vendre en commissionnaire / à la commission* ▾ als ik lieg, lieg ik in ~ *je ne fais que répéter ce qu'on m'a dit*
commissionair *commissionnaire* m ⋆ een ~ in effecten *un agent de change*
commode *commode* v
commotie *agitation* v; *tumulte* m; *émoi* m ⋆ ~ maken *mettre qc en émoi*
communautair *communautaire*
commune *communauté* v
communicant *communiant* m [v: *communiante*]
communicatie *communication* v
communicatief *communicatif* [v: *communicative*]
communicatiemiddel *moyen* m *de communication*
communicatiesatelliet *satellite* m *de (télé)communication*
communicatiewetenschap *science* v *de la communication*
communiceren • in verbinding staan *communiquer* • ter communie gaan *communier*
communie *communion* v
communiqué *communiqué* m ⋆ een ~ uitgeven *faire un communiqué*
communisme *communisme* m
communist *communiste* m/v
communistisch *communiste*
Comoren *Comores* v mv ⋆ op de ~ *aux Comores*
compact *compact*; *serré*; *dense*
compact disc *disque* m *compact*; *compact(-)disc* m; *CD* m
compagnie *compagnie* v
compagnon • vennoot *associé* m [v: *associée*] • makker *compagnon* m
compareren *comparaître*
compartiment *compartiment* m
compatibel *compatible*
compatibiliteit *compatibilité* v
compendium *compendium* m; *abrégé* m
compensatie *compensation* v
compenseren *compenser*
competent *compétent*
competentie *compétence* v
competitie • wedijver *compétition* v • SPORT *championnat* m
competitief *compétitif* [v: *compétitive*]
compilatie *compilation* v
compiler *compilateur* m; *transcodeur* m
compileren COMP. *compiler*
compleet I BNW *complet* [v: *complète*]; *intégral* [m mv: *intégraux*] **II** BIJW *complètement*; *intégralement*
complement • aanvullend deel *complément* m

CO

• WISK. *complément* m
complementair *complémentaire*
completeren *compléter*
complex I ZN [het] • geheel *ensemble* m; *complexe* m • PSYCH. *complexe* m **II** BNW *complexe*; *compliqué*
complicatie *complication* v ★ ~s bij een ziekte *complications d'une maladie*
compliceren *compliquer*
compliment *compliment* m
complimenteren *complimenter (***met** *sur, pour)*; *féliciter (***met** *de)*; *faire des compliments à*
complimenteus *flatteur* [v: *flatteuse*]; *complimenteur* [v: *complimenteuse*]
complot *complot* m ★ een ~ smeden *ourdir / tramer un complot*; *comploter*
complottheorie *théorie* v *de complot*
component *composant* m; FIG. *composante* v
componentenlijm *(colle* v *à deux) composants*
componeren *composer*
componist *compositeur* m [v: *compositrice*]
composiet *composée* v
compositie *composition* v
compositiefoto *photo-robot* v [mv: *photos-robots*]; *portrait-robot* m [mv: *portraits-robots*]
compost *compost* m
compote *compote* v
compressie *compression* v
compressor *compresseur* m
comprimeren *comprimer*
compromis *compromis* m ★ een ~ sluiten *faire un compromis*; *s'arranger*; *transiger*
compromitteren *compromettre*
compromitterend *compromettant*
computer *ordinateur* m
computerbestand *fichier* m
computeren *travailler sur ordinateur*
computerisering *informatisation* v
computerkraak *piratage* m; *déplombage* m
computerkraker *pirate* m/v; *hacker* m/v
computernetwerk *réseau* m *informatique*
computerondersteund *assisté par ordinateur*
computerprogramma *programme* m *informatique*; *logiciel* m
computerspel *jeu* m *électronique*; *logiciel* m *de jeu*
computerstoring *panne* v *d'ordinateur*
computertaal *langage* m *de programmation*
computervirus *virus* m *informatique*
concaaf *concave*
concentraat *concentré* m
concentratie *concentration* v
concentratiekamp *camp* m *de concentration*
concentreren I OV WW *concentrer* **II** WKD WW [+ zich] *se concentrer (***op** *sur)*
concentrisch *concentrique*
concept • ontwerp *esquisse* v; *projet* m; *ébauche* v; *plan* m *(général)* • begrip *concept* m
conceptie • bevruchting *conception* v • denkbeeld *conception* v
conceptovereenkomst *projet* m *de contrat*
concern *groupe* m *(industriel / financier)*
concert *concert* m ★ naar een ~ gaan *aller au concert*
concerteren *donner un concert*
concertganger ≈ *auditeur* m [v: *auditrice*]
concertgebouw *salle* v *de concert*; *auditorium* m
concertmeester *premier violon* m
concessie • het toegeven *concession* v ★ ~s doen *faire des concessions*; *lâcher du lest* • vergunning *concession* v
conciërge *gardien* m *(d'immeuble)* [v: *gardienne*]; *concierge* m/v
concilie *concile* m
concipiëren *concevoir*; ‹schriftelijk› *rédiger*
conclaaf *conclave* m ★ in ~ gaan *se réunir en conclave*
concluderen *conclure (***uit** *de;* **tot** *à)* ★ eruit ~ dat ... *en conclure / en tirer la conclusion que ...*
conclusie *conclusion* v
concours *concours* m
concreet I BNW *concret* [v: *concrète*] **II** BIJW *concrètement*
concretiseren *concrétiser*; *matérialiser*
concurrent *concurrent* m [v: *concurrente*]
concurrentie *concurrence* v ★ moordende / oneerlijke ~ *concurrence rude / déloyale*
concurrentiebeding *clause* v *de non-concurrence*
concurrentieslag *concurrence* v; ≈ *guerre* v *des prix*
concurreren *faire concurrence (***met** *à)*; *concurrencer* ★ ~de prijzen *prix compétitifs / concurrentiels*
condens *condensation* v; ‹wasem› *buée* v
condensatie *condensation* v
condensator *condensateur* m; ‹condensor› *condenseur* m
condenseren I OV WW *condenser* **II** ON WW *se condenser*
conditie *condition* v ★ in (blakende) ~ *en (pleine) forme*
conditietraining *mise* v *en forme / condition*
conditioneren *conditionner*
condoleance *condoléances* v mv
condoleanceregister *registre* m *de condoléances*
condoleren *présenter ses condoléances à (***met** *pour)*
condoom *préservatif* m; *condom* m; INFORM. *capote* v *(anglaise)*
condor *condor* m
conducteur *contrôleur* m
conductrice *contrôleuse* v
confectie *confection* v; ‹kleding› *prêt-à-porter* m [mv: *prêts-à-porter*]
confederatie *confédération* v
conference *sketch* m [mv: *sketch(e)s*]
conferencier ≈ *comique* m/v; *chansonnier* m [v: *chansonnière*]
conferentie *conférence* v
confereren *conférer*
confessioneel *confessionnel* [v: *confessionnelle*]; ‹v. onderwijs› ≈ *libre*
confetti *confetti(s)* m (mv)
confidentieel *confidentiel* [v: *confidentielle*]
configuratie *configuration* v
confiscatie *confiscation* v; *saisie* v
confisqueren *confisquer*; *saisir*
confituren *fruits* m mv *confits*

confituur *confiture* v
conflict *conflit* m ⋆ in ~ komen met *entrer en conflit avec*
conflictstof *source* v *de conflits*; *point(s)* m (mv) *litigeux*
conflictueus *conflictuel* [v: *conflictuelle*]; *tendu*
conform I BNW *conforme* II VZ *conformément à*
conformeren *conformer (***aan** *à)*; *aligner (***aan** *sur)*
conformisme *conformisme* m; *traditionalisme* m
conformistisch *conformiste*
confrontatie *confrontation* v; ⟨treffen⟩ *affrontement* m
confronteren *confronter (***met** *avec)* ⋆ geconfronteerd worden met *être opposé / confronté à*
confuus *confus*; ⟨beduusd⟩ *déconcerté*; *interloqué*
conga *conga* v
congé *congé* m
congenitaal *congénital* [m mv: *congénitaux*]
conglomeraat *conglomérat* m
Congo ⟨land, rivier⟩ *le Congo* ⋆ in ~ *au Congo*
Congolees I ZN [de] *Congolais* m II BNW *congolais*
congregatie *congrégation* v
congres *congrès* m
congresgebouw *palais* m *des congrès*
congruent • *concordant* • WISK. *égal* [m mv: *égaux*]; *coïncident*
congruentie *concordance* v; WISK. *coïncidence* v
conifeer *conifère* m
conjunctie *conjonction* v
conjunctureel *conjoncturel* [v: *conjoncturelle*]
conjunctuur *conjoncture* v
connaisseur *connaisseur* m
connectie • verband, aansluiting *relation* v • verbonden persoon *relation* v
connotatie *connotation* v
conrector *proviseur* m *adjoint*
consciëntieus I BNW *consciencieux* [v: *consciencieuse*] II BIJW *consciencieusement*
consecratie *consécration* v
consensus *consensus* m ⋆ op ~ berustend *consensuel* [v: *consensuelle*]
consequent I BNW *conséquent*; *logique* ⋆ ~ zijn *être logique / conséquent avec soi-même*; *avoir de la suite dans ses idées* II BIJW *de façon conséquente*
consequentie • gevolg *conséquence* v; *suite* v ⋆ de ~s aanvaarden *assumer (les conséquences)* • standvastigheid *esprit* m *de suite*; *logique* v
conservatief I ZN [de] *conservateur* m [v: *conservatrice*] II BNW *conservateur* [v: *conservatrice*]
conservator *conservateur* m [v: *conservatrice*]
conservatorium *conservatoire* m
conserven *conserves* v mv
conservenblik *boîte* v *de conserve*
conserveren *conserver* ⋆ groente ~ *faire des conserves de légumes* ⋆ ze is (nog) goed geconserveerd INFORM. *elle a de beaux restes*
conserveringsmiddel *(agent* m*) conservateur* m
consideratie *considération* v; *égards* m mv ▾ ~ met iem. hebben *être indulgent avec qn*; *ménager qn*
considereren *considérer*
consignatie *consignation* v ⋆ in ~ geven *consigner*
consigne *mot* m *d'ordre*
consistent *consistant*; ⟨coherent⟩ *cohérent*
consistentie • samenhang *consistance* v • bestendigheid *consistance* v
consistorie *consistoire* m
console • bord *console* v • kraagsteen *corbeau* m [mv: *corbeaux*]
consolidatie *consolidation* v
consolideren *consolider*
consonant • medeklinker *consonne* v • MUZ. *consonance* v
consorten *consorts* m mv
consortium *consortium* m; *syndicat* m *(financier)*
constant I BNW *constant*; ⟨v. zaken⟩ *durable* II BIJW *constamment* ⋆ zij valt me ~ lastig *elle n'arrête pas de me déranger*
constante *constante* v
constateren *constater*
constatering *constatation* v; *constat* m
constellatie • STERRENK. *constellation* v • toestand *configuration* v
consternatie *consternation* v
constipatie *constipation* v
constituent *constituant* m
constitutie • grondwet *constitution* v • gestel *constitution* v
constitutioneel I BNW *constitutionnel* [v: *constitutionnelle*] II BIJW *constitutionnellement*
constructeur *constructeur* m [v: *constructrice*]
constructie • het construeren *construction* v • het geconstrueerde *construction* v
constructief *constructif* [v: *constructive*]
constructiefout *défaut* m/*vice* m *de construction*
construeren *construire*
consul *consul* m
consulaat *consulat* m
consulair *consulaire*
consulent *consultant* m [v: *consultante*]
consult *consultation* v
consultancy *bureau* m *d'étude(s)* [m mv: *bureaux ...*]
consultatie *consultation* v
consultatiebureau *dispensaire* m; *service* m *de consultation*
consulteren *consulter*
consument *consommateur* m [v: *consommatrice*]
consumentenbond *union* v / *association* v *de consommateurs*
consumentenelektronica *électronique* v *grand public*; ⟨huishoudapparaten⟩ *électroménager* m
consumeren *consommer*
consumptie • verbruik *consommation* v • eten/drinken *consommation* v
consumptie- *de consommation* ⋆ consumptieartikelen/-goederen *articles* m mv / *biens* m mv *de consommation*
consumptiebon *ticket* m *pour une consommation*
consumptie-ijs *glace* v

consumptiemaatschappij *société* v *de consommation*
contact • verbinding *contact* m ⋆ in ~ komen met *entrer en contact avec* • persoon *contact* m • elektrische verbinding *contact* m ⋆ het sleuteltje in het ~ steken *mettre le contact*
contactadres ≈ *adresse* v *où écrire*; *contact* m
contactadvertentie ≈ *(petite) annonce* v *dans la rubrique 'rencontres'*
contactdoos *prise* v *(de courant)* ⋆ meervoudige ~ *multiprise* v
contacteren *contacter*; *prendre contact avec*
contactgestoord *ayant des difficultés de communication*; INFORM. *autiste*
contactlens *lentille* v *(cornéenne / de contact)* ⋆ zachte ~ *lentille souple*
contactlensvloeistof *solution* v *(d'entretien) pour lentilles*
contactlijm *colle* v *(de) contact*
contactpersoon *intermédiaire* m/v; ⟨geheim⟩ *contact* m
contactsleutel *clé* v *de contact*
contactueel ⋆ met goede contactuele eigenschappen *ayant le contact facile / le goût du contact*; INFORM. *ayant un bon relationnel*
container *conteneur* m; *container* m
containerschip *porte-conteneurs* m [onv]
contaminatie *contamination* v
contant I BNW *comptant* ⋆ handje ~je *rubis sur ongle* **II** BIJW *(au) comptant* ⋆ ~ betalen *payer en espèces / en liquide / cash*
contanten *espèces* v mv; *liquide* m; *cash* m
contemplatie *contemplation* v
content *content* **(met** *de)*
context *contexte* m ⋆ uit de ~ gelicht *isolé / sorti de son contexte*
continent *continent* m
continentaal *continental* [m mv: *continentaux*]
contingent *contingent* m
continu I BNW *continu* **II** BIJW *continuellement*; *sans arrêt*
continubedrijf *entreprise* v *à travail continu*
continudienst *service* m / *travail* m *continu (24 h / 24)*
continueren • voortzetten *continuer* • handhaven *maintenir*
continuïteit *continuité* v
continuüm *continu* m
conto *compte* m ⋆ iets op iemands ~ schrijven *créditer qn de qc*
contour *contour* m
contra I ZN [het] *contre* m **II** BIJW *contre* **III** VZ *contre*
contra-alt *contralto* m
contrabande *contrebande* v
contrabas *contrebasse* v
contrabeweging *mouvement* m *opposé*
contraceptie *contraception* v
contract *contrat* m
contractbreuk *rupture* v *de contrat*
contracteren *engager*
contractueel I BNW *contractuel* [v: *contractuelle*] **II** BIJW *contractuellement*
contradictie *contradiction* v
contra-expertise *contre-expertise* v
contra-indicatie *contre-indication* v
contramine ▾ in de ~ zijn *être d'humeur contrariante*
contraproductief *contre-productif* [v: *contre-productive*]
contrapunt *contrepoint* m
contrareformatie *contre-réforme* v
contraspionage *contre-espionnage* m
contrast *contraste* m
contrastekker *fiche* v / *prise* v *femelle*
contrasteren *contraster*; *faire contraste* **(met** *avec)*
contrastvloeistof *fluide* m *de contraste*
contrastwerking *effet* m *contrastant*
contreien *parages* m mv
contributie ⟨v. lid⟩ *cotisation* v
controle • beheersing *contrôle* m • toezicht *contrôle* m
controleerbaar *contrôlable*; *vérifiable*
controlekamer *salle* v *de contrôle*
controleren • nagaan *contrôler*; *vérifier* • toezien *contrôler* • beheersen *contrôler*
controlestrookje *talon* m *(de contrôle)*
controleur *contrôleur* m
controverse *controverse* v
controversieel *controversable*
conveniëren *convenir* **(aan** *à)*
conventie *convention* v
conventioneel *conventionnel* [v: *conventionnelle*]
convergent *convergent*
convergeren *converger*
conversatie *conversation* v
converseren *converser*; INFORM. *causer*
conversie *conversion* v
converteren *convertir*
convertibel *convertible*
convex *convexe*
convocatie *convocation* v
coolingdown *relâchement* m
coöperatie • samenwerking *coopération* v • vereniging *société* v *coopérative*
coöperatief • bereid samen te werken *coopératif* [v: *coopérative*] • samenwerkend *coopératif* [v: *coopérative*]
coöptatie *cooptation* v
coöpteren *coopter*
coördinatenstelsel *coordonnées* v mv
coördinatie *coordination* v
coördinator *coordinateur* m [v: *coordinatrice*]
coördineren *coordonner*
co-ouder *coparent* m
co-ouderschap *coparentalité* v
COPD *BPCO* v ⟨broncho-pneumopathie v chronique obstructive⟩
copieus I BNW *copieux* [v: *copieuse*] **II** BIJW *copieusement*
copiloot *copilote* m/v
coproductie *coproduction* v
copuleren *copuler*; *s'accoupler* ⋆ het ~ *la copulation*
copyright *copyright* m; *droit* m *d'auteur*
copywriter *rédacteur* m *publicitaire*
cordon bleu *viande* v *(de veau) farcie de jambon et de fromage*
corduroy *velours* m *côtelé / à côtes*
coreferent *co(-)rapporteur* m

cornedbeef *corned-beef* m
corner *corner* m
cornflakes *corn flakes / cornflakes* m mv
corporatie *corporation* v
corps *corps* m
corpulent *corpulent*; *obèse*
corpulentie *corpulence* v; *embonpoint* m
corpus • verzameling *corpus* m • lichaam *corps* m
correct I BNW *correct* ★ politiek ~ *politiquement correct* **II** BIJW *correctement*
correctie *correction* v
correctielak *liquide* m *correcteur*
corrector *correcteur* m [v: *correctrice*]
correlaat *corrélat* m
correlatie *corrélation* v
correleren *corréler (***met** *avec)*
correspondent *correspondant* m [v: *correspondante*]; ⟨op kantoor⟩ *correspondancier* m [v: *correspondancière*]
correspondentie *correspondance* v
correspondentieadres *adresse* v *postale*
corresponderen • schrijven *correspondre (***met** *avec)* • overeenstemmen *correspondre (***met** *à)*; *concorder (***met** *avec)*
corrigeren • verbeteren *corriger* • berispen *corriger*
corrosie *corrosion* v
corrupt *corrompu*; MIN. *vénal* [m mv: *vénaux*]
corruptie *corruption* v
corsage *(fleur(s)* v (mv) *de) boutonnière* v
Corsica *la Corse* ★ op ~ *en Corse*
Corsicaan *Corse* m/v
corso *corso* m
corvee *corvée* v ★ ~ hebben *être de corvée*
coryfee *coryphée* m
coschap ≈ *internat* m ★ ~pen lopen *faire un stage hospitalier*
cosinus *cosinus* m
cosmetica *produits* m mv *de beauté* [mv]
cosmetisch *cosmétique*
Costa Rica *le Costa Rica* ★ in ~ *au Costa Rica*
couchette *couchette* v
coulant I BNW • tegemoetkomend *arrangeant*; *accommodant* • soepel *souple* **II** BIJW soepel ★ hij heeft mij ~ behandeld *il m'a traité avec indulgence*
coulisse *coulisse* v ▾ achter de ~n hebben gekeken *avoir vu le dessous des cartes* ▾ achter de ~n FIG. *dans les coulisses*
counter *contre* m
counteren *contrer*; *riposter*
countertenor • stem *(voix* v*) haute-contre* v [mv: ... *hautes-contre*] • persoon *(ténor* m*) haute-contre* m
country *country* m/v
coup • slag *coup* m • staatsgreep *coup* m *d'Etat* ★ een coup plegen *faire un coup d'État*
coupe • haardracht *coupe* v • beker *coupe* v
coupé ⟨v. trein⟩ *compartiment* m
couperen • af-/bijsnijden *couper* ★ de oren van een hond ~ *essoriller un chien* • *couper*
couperose *couperose* v
couplet *couplet* m; *strophe* v
coupon • plaatsbewijs *coupon* m • lap stof *coupon* m • ECON. dividendbewijs *coupon* m
couponboekje *carnet* m *de coupons*
coupure *coupure* v
courant *courant* ★ ~e effecten *valeurs* v mv *en cours*
coureur *coureur* m [v: *coureuse*]; ⟨v. auto⟩ *pilote* m/v *de course*
courgette *courgette* v
courtage *courtage* m
couscous *couscous* m
couturier *couturier* m
couvert • eetgerei *couvert* m • envelop ★ geschenk onder ~ *enveloppe* v
couveuse *couveuse* v
couveusekind *(enfant* m*) prématuré* m
cover *couverture* v; ⟨v. plaat⟩ *pochette* v
coverartikel *article* m *principal*
coveren *faire une reprise de*; *reprendre*
cowboy *cow-boy* m [mv: *cow-boys*]
cowboyfilm *western* m
crack • uitblinker *crack* m • drug *crack* m
cracker *cracker* m
cranberry *canneberge* v
crank *manivelle* v
crash *crash* m; COMP. *panne* v
crashen *s'écraser*; ⟨v. auto, computer⟩ INFORM. *se planter*
crawl *crawl* m
crawlen *nager le crawl*; *crawler*
creatie *création* v
creatief I BNW *créatif* [v: *créative*] **II** BIJW *d'une façon créative*
creativiteit *créativité* v
creatuur *créature* v
crèche *crèche* v
credit *crédit* m
creditcard *carte* v *de crédit*; *carte* v *bleue*
crediteren • bijschrijven *créditer* ★ ~ voor *créditer de* • als schuld boeken *créditer*
crediteur *créancier* m [v: *créancière*]; ADMIN. *créditeur* m [v: *créditrice*]
creditnota *note* v *de crédit*
creditrente *intérêts* m mv *d'un solde créditeur* [mv]
credo *credo* m
creëren *créer*
crematie *incinération* v; *crémation* v
crematorium *crématorium* m
crème I ZN [de] room *crème* v **II** BNW *crème*
cremeren *incinérer*
creool *créole* m/v
creools I ZN [het] *créole* m **II** BNW *créole*
crêpe • materiaal *crêpe* m • flensje *crêpe* v
crêpepapier *papier* m *crépon*
creperen *crever*
cricket *cricket* m
cricketen *jouer au cricket*
crime *calamité* v; *plaie* v
criminaliseren *donner un caractère criminel à*; *criminaliser*
criminaliteit *criminalité* v ★ jeugd~ *délinquance juvénile* v
crimineel I ZN [de] misdadiger *criminel* m [v: *criminelle*] **II** BNW • misdadig *criminel* [v: *criminelle*] • strafrechtelijk *criminel* [v: *criminelle*] **III** BIJW in hoge mate *terriblement*
criminologie *criminologie* v

crisis *crise* v ★ een ~ doormaken *traverser une crise; être en (pleine) crise*
crisiscentrum • opvangcentrum *centre* m *d'accueil* • coördinatiecentrum *cellule* v *de crise*
crisisteam *état-major* m *de crise* [m mv: *états-majors ...*]
criterium • *critère* m • SPORT *critérium* m
criticus *critique* m/v; *détracteur* m
croissant *croissant* m
croque-monsieur *croque-monsieur* [onv]
croquet *croquet* m
cross *cross* m
crossen • aan cross meedoen *faire du cross* • racen *foncer*
crossfiets *vélo* m *de cross*; *bicross* m
croupier *croupier* m [v: *croupière*]
crouton *croûton* m
crowdsurfen *crowdsurfing* m
cru **I** ZN [de] *cru* m **II** BNW *cru* **III** BIJW *crûment*
cruciaal *crucial* [m mv: *cruciaux*]
crucifix *crucifix* m
cruise *croisière* v
cruisecontrol *régulateur* m *de vitesse*
cruisen *partir en croisière*
crux *point* m / *problème* m *crucial*; *nœud* m
crypte *crypte* v
cryptisch *obscur*; *énigmatique*
cryptogram ≈ *mots* m mv *croisés (cryptés)*
c-sleutel *clef* v *d'ut*
CT-scan *scanographie* v
Cuba *Cuba* m ★ op Cuba *à Cuba*
Cubaans *cubain*
culinair *culinaire*
culmineren *culminer*
cultfilm *film* m *culte*
cultiveren *cultiver*
cultureel **I** BNW *culturel* [v: *culturelle*] **II** BIJW *culturellement*
cultus *culte* m
cultuur • beschaving *civilisation* v; *culture* v • bebouwing met gewas *culture* v
cultuurbarbaar *béotien* m [v: *béotienne*]; *inculte* m/v
cultuurdrager ≈ *pilier* m *de la culture*
cultuurgeschiedenis *histoire* v *de la civilisation*
cultuurgewas *plantes* v mv *cultivées* [mv]
cultuurlandschap ≈ *paysage* m *aménagé par l'homme*
cultuurpessimist *Cassandre* v *de la civilisation*
cultuurschok *choc* m *culturel*
cultuurvolk *peuple* m *civilisé*
cum laude *avec mention très bien*; FORM. *avec distinction*
cumulatie *cumul* m
cumulatief *cumulatif* [v: *cumulative*]
cup • beker *coupe* v • deel van beha *bonnet* m
cupido *cupidon* m
cupwedstrijd *match* m *de coupe*
Curaçao *le Curaçao* ★ op ~ *à Curaçao*
curatele *curatelle* v ★ onder ~ stellen *placer sous curatelle*
curator • toezichthouder *curateur* m; ⟨faillissement⟩ *liquidateur* m *judiciaire* • lid van raad van toezicht *membre* m *du conseil de gestion*
curettage *curetage* m
curetteren *cureter*
curie *curie* v
curieus **I** BNW *curieux* [v: *curieuse*]; *bizarre* **II** BIJW *curieusement*
curiositeit *curiosité* v
curiositeitenkabinet *cabinet* m *de curiosités*
curry • gerecht *curry* m • saus *curry* m
cursief **I** ZN [de] *italique* m **II** BNW *cursif* [v: *cursive*]; *(en) italique*
cursiefje *chronique* v
cursist ⟨praktisch⟩ *stagiaire* m/v
cursiveren *imprimer en italique*
cursor *curseur* m
cursus ⟨lessenreeks⟩ *cours* m (mv); ⟨praktisch⟩ *formation* v; *stage* m; ⟨leerjaar⟩ *année* v *scolaire* ★ schriftelijke ~ *cours par correspondance*
cursusgeld *droits* m mv *d'inscription* [mv]
curve *courbe* v
custard ≈ *crème* v *anglaise en poudre*
cutter • snijgereedschap *cutter* m • filmmonteerder *monteur* m [v: *monteuse*]
cv *chauffage* m *central*
cv-ketel *chaudière* v *(de chauffage central)*
cyaankali *cyanure* m *de potassium*
cyanide *cyanure* m
cyberspace *cyberespace* m; *cybermonde* m
cyclaam *cyclamen* m
cyclisch *cyclique*
cycloon *cyclone* m
cycloop *cyclope* m
cyclus *cycle* m
cynicus *cynique* m/v
cynisch **I** BNW *cynique* **II** BIJW *cyniquement*
cynisme *cynisme* m
Cyprioot *Chypriote* m/v
Cyprisch *chypriote*
Cyprus *Chypre* v ★ op ~ *à Chypre*
cyrillisch *cyrillique*
cyste *kyste* m

D

d • letter *d* m ★ de d van Dirk *D comme Désiré* • muzieknoot *ré* m
daad *action* v; *acte* m; *geste* v; *fait* m ★ een goede daad *une bonne action*; *une B.A.* ▾ de daad bij het woord voegen *joindre le geste à la parole*
daadkracht *dynamisme* m; *volontarisme* m
daadwerkelijk **I** BNW *réel* [v: *réelle*]; *effectif* [v: *effective*] **II** BIJW *effectivement*; *réellement*; *de fait*
daags • per dag *par jour* • op de dag *le jour* ★ ~ tevoren *la veille* ★ ~ daarna *le lendemain*
daar **I** BIJW *là*; ⟨ginds⟩ *là-bas* ★ daar hebben we het *nous y voilà* ★ daar is hij *le voilà* ▾ daar niet van *je ne dis pas le contraire* ▾ dat is (nog) tot daar aan toe *passe (encore)*; *ça peut (encore) passer* ▾ als de tijd daar is *quand le moment sera venu* **II** VW *parce que*; *comme*
daaraan *à cela* ★ wat heb ik ~! *à quoi cela me sert-il?* ★ ~ heb ik genoeg *cela me suffit* ★ ik denk ~ *j'y pense*
daarachter *(là-)derrière* ★ wat steekt ~? *qu'y a-t-il là-dessous?*
daarbij • bij dat *auprès*; *à côté* • bovendien *en outre*; *de/en plus*
daarbinnen *(là-)dedans*
daarbuiten *(là-)dehors*
daardoor • daar doorheen *par là* • door die oorzaak *de ce fait*; *ainsi* ★ het is volle maan, ~ ben ik ziek *c'est la pleine lune, de ce fait je suis malade*
daardoorheen *par là*
daarenboven *en outre*; *de/en plus*
daarentegen *en revanche*; *par contre*
daarginds *(là-)bas*; ⟨in de hoogte⟩ *là-haut*
daarheen *y*; *là*; *de ce côté-là* ★ morgen gaan wij ~ *demain nous y allons* ★ daar gaan wij heen *c'est là que nous irons*
daarin • in iets *(là-)dedans* • wat dat betreft *en cela*; *sur ce point*
daarlangs *par là*
daarlaten ★ dit daargelaten *à part cela*; *à cela près*; *sans compter cela*
daarmee • met iets *avec (cela)* • door (middel van) iets *ainsi*; *par là*
daarna *ensuite*; *puis*; *après (cela)* ★ kort ~ *peu après* ★ het jaar ~ *l'année d'après*
daarnaast • naast iets *à côté* • daarenboven *en outre*; *de/en plus*
daarnet *tout à l'heure*
daarom *c'est pourquoi*; *voilà pourquoi*; *c'est pour cela que* ★ waarom niet? Daarom! *pourquoi pas? Parce que!*
daaromheen *(tout) autour*
daaromtrent • betreffende iets *à ce sujet* • ongeveer *environ* • in die omgeving *dans les environs*
daaronder • onder iets *(là-)dessous*; *au-dessous* • onder meer ⟨mensen en dieren⟩ *parmi eux* [v mv: *parmi elles*]; ⟨dingen⟩ *parmi ces choses*
daarop • op iets *(là-)dessus*; *sur cela* ★ wat is uw antwoord ~? *quelle est votre réponse à ce sujet?* • daarna *sur ce*; *là-dessus*; *puis*
daaropvolgend **I** BNW *suivant* **II** BIJW *après*
daarover • over iets (heen) *par-dessus* • daaromtrent *sur cela*; *en*; *y* ★ spreek ~ met uw kinderen *parlez-en avec vos enfants* ★ denk ~ na *réfléchissez-y*
daarstraks *tout à l'heure*
daartegen *contre cela*
daartegenover • tegenover iets *en face* • daarentegen *par contre*; *en contrepartie*; *en revanche*
daartoe *y*; *à cela*; *pour cela*; *à cet effet* ★ tot ~ *jusque-là*
daartussen • tussen iets *entre les deux*; *au milieu* • onder meer *parmi ces objets*; *parmi eux*
daaruit *de là*; *en*
daarvan *en*; *de cela* ★ wat weet jij ~? *qu'est-ce que tu en sais?*
daarvandaan *de là*
daarvoor • voor iets ⟨plaats⟩ *devant*; ⟨tijd⟩ *d'avant*; ⟨tijd⟩ *auparavant* ★ de week ~ *la semaine d'avant* • om die reden *pour cela* • in ruil voor *à la place*; *en échange*
daarzo *là*
daas **I** ZN [de] steekvlieg *taon* m **II** BNW suf *égaré*; *hébété*; ⟨onnozel⟩ *nigaud*
dadel *datte* v
dadelijk • meteen *tout de suite*; *aussitôt*; *immédiatement* ★ ik kom ~ bij u *je suis à vous dans un instant* • straks *tout de suite*; *tout à l'heure*
dadelpalm *dattier* m
dadendrang *allant* m; *dynamisme* m
dader *auteur* m; *coupable* m/v
dag **I** ZN [de] *jour* m; *journée* v ★ de hele dag *toute la journée* ★ de dag daarna *le lendemain* ★ de dag tevoren *la veille* ★ bij dag *le jour*; *de jour* ★ om de andere dag *tous les deux jours* ★ dezer dagen *l'autre jour*; *un de ces jours*; *le jour*; *de jour* ★ halve dagen werken *travailler à mi-temps* ★ het is dag *il fait jour* ★ ik verwacht hem iedere dag *je l'attends d'un jour à l'autre* ★ voor halve dagen *à la demi-journée* ★ op een (zekere/goede) dag *un (beau) jour*; *un jour ou l'autre* ★ de dag des Heren *le jour du Seigneur* ★ van de ene op de andere dag *du jour au lendemain* ★ van dag tot dag *au jour le jour* ★ de grote dag *le grand jour*; *le jour J* ★ ik heb mijn dag niet *ce n'est pas mon jour*; *c'est un jour sans* ▾ voor dag en dauw *de grand matin*; *avant le jour* ▾ prijs de dag niet voor het avond is *il y a loin de la coupe aux lèvres* ▾ voor de dag halen *sortir* ▾ voor de dag komen *se montrer* ▾ goed voor de dag komen *donner une bonne impression* ▾ aan de dag komen *être révélé / découvert*; *se faire jour* ▾ aan de dag leggen *faire preuve de*; *manifester*; *montrer* ▾ in onze dagen *de nos jours* ▾ op de dag (af) *jour pour jour* ▾ voor de dag komen met *proposer*; *montrer* ▾ er zijn van die dagen *il y a des journées comme ça* ▾ het is kort dag *le temps presse* ▾ dag in, dag uit *jour après jour* ▾ op zijn oude dag *sur ses vieux jours*; *dans sa vieillesse* ▾ op alle dagen lopen *être sur le*

da

point d'accoucher ▾ (oud en) der dagen zat *las de vivre* [v: *lasse*]; *rassasié de jours* **II** TW • hallo INFORM. *salut!*; *bonjour!* • tot ziens *au revoir*; *bonsoir*
dagafschrift *relevé* m *de compte*
dagblad *quotidien* m; *journal* m [mv: *journaux*]
dagboek *journal* m *(intime)* [m mv: *journaux* ...]; ⟨logboek⟩ *journal de bord*; *livre journal* m ⋆ een ~ bijhouden *tenir un journal*
dagdeel *demi-journée* v [mv: *demi-journées*]
dagdienst *service* m *de jour*
dagdromen *rêvasser*
dagdroom *rêverie* v
dagelijks I BNW • daags *quotidien* [v: *quotidienne*]; *journalier* [v: *journalière*] • gewoon ⋆ voor ~ gebruik *d'usage courant* ⋆ het ~ leven *la vie quotidienne / de tous les jours* **II** BIJW *tous les jours*; *quotidiennement*; ⟨per dag⟩ *par jour*
dagen I OV WW dagvaarden *citer*; *assigner* ⋆ iem. voor het gerecht ~ *traduire qn en justice* **II** ON WW aanbreken *apparaître*; *luire*; ⟨v.d. dag⟩ *se lever* **III** ONP WW dag worden *commencer à faire jour* ▾ het begint me te ~ *je commence à y voir (plus) clair*
dagenlang I BNW *qui dure des journées entières* **II** BIJW *des journées entières*; *de longues journées*
dageraad *aube* v; *aurore* v; *point* m *du jour*
dagindeling *emploi* m *du temps*
dagjesmensen *excursionnistes* m/v mv
daglicht *jour* m ⋆ bij ~ *à la lumière du jour*; FIG. *en plein jour* ▾ het (eerste) ~ zien *voir le jour* ▾ dat kan het ~ niet verdragen *cela ne doit pas être exposé au grand jour* ▾ in een gunstig ~ stellen *montrer sous un jour favorable*; *faire valoir (la marchandise)* ▾ in een kwaad ~ stellen *jeter le discrédit sur*
dagloner *journalier* m [v: *journalière*]
dagloon *salaire* m *journalier*; *journée* v
dagmars *étape* v *(d'un jour)*
dagmenu *plat* m *du jour*
dagpauwoog *paon-de-jour* m [mv: *paons-de-jour*]
dagschotel *plat* m *du jour*
dagtarief *tarif* m *de jour*
dagtekening • datum *date* v • het dagtekenen *datation* v
dagtocht *excursion* v *(d'une journée)*
dagvaarden *citer*; *assigner (à comparaître)*
dagvaarding *citation* v; *assignation* v
dagverblijf *foyer* m; ⟨zaal⟩ *salle* v *commune*; ⟨voor kinderen⟩ *garderie* v; ⟨voor dieren⟩ *cage* v *extérieure*
dagwaarde *valeur* v *vénale / marchande / du jour*
dagwerk *journée* v; *tâche* v *journalière* ⋆ daar heb je ~ aan *on n'en finirait pas*; *on y passerait la journée*
dahlia *dahlia* m
dak *toit* m; ⟨dakwerk⟩ *toiture* v; FIG. *abri* m ⋆ plat dak *toit plat / (en) terrasse* ⋆ met open dak *à toit ouvrant*; *décapotable* ⋆ onder één dak *sous le même toit* ▾ onder dak zijn *avoir un toit / abri*; *être logé*; FIG. *être casé* ▾ iem. iets op zijn dak schuiven *mettre qc sur le dos de qn*; *refiler qc / le bébé à qn* ▾ van de daken schreeuwen *crier sur les toits*; *claironner* ▾ het ging van een leien dakje *ça marchait comme sur des roulettes*; *ça marchait tout seul* ▾ dat krijg ik op mijn dak *ça retombe sur moi*; *je l'ai sur le dos* ▾ uit zijn dak gaan *s'éclater*; *péter les plombs* ▾ dat viel me koud op mijn dak *c'était une douche froide*
dakgoot *gouttière* v
dakje *(accent* m*) circonflexe* m
dakkapel *lucarne* v
dakloos *sans abri*
dakloze *sans-abri* m/v [onv]; *SDF (sans domicile fixe)* m/v
dakpan *tuile* v
dakpansgewijs *enchevauché*
dakraam *lucarne* v; *tabatière* v
dakterras *terrasse* v *sur le toit*
daktuin *jardin* m *sur le toit*
dal • laagte *vallée* v • inzinking FIG. *dépression* v; *crise* v; ECON. *creux* m
dalai lama *dalaï-lama* m
dalen • omlaag gaan *descendre* • verminderen *être en baisse*; *baisser* ⋆ in iemands achting ~ *baisser dans l'estime de qn*
daling • het omlaag gaan *descente* v • vermindering *baisse* v; ⟨v. waarde⟩ *diminution* v
dalmatiër *dalmatien* m
dam • waterkering *digue* v; *barrage* m • dubbele damschijf *dame* v ⋆ een dam halen *aller à dame* ▾ een dam opwerpen tegen iets *élever un rempart contre qc*; *endiguer qc*
damast *damas* m ⋆ van ~ *damassé*
dambord *damier* m
dame *dame* v ⋆ enkele jonge dames *quelques demoiselles* ⋆ dames en heren! *mesdames et messieurs!*; INFORM. *messieurs dames!* ⋆ de dames en heren *les dames et les messieurs*
damesachtig ⟨in gedrag, kleding⟩ *comme une dame*
damesblad *magazine* m *féminin*
damesfiets *vélo* m */ bicyclette* v *de dame*
dameskapper *coiffeur* m *pour dames*
damesmode *mode* v *féminine*
damestoilet *toilettes* v mv *pour dames*
damesverband *serviettes* v mv *hygiéniques*
damhert *daim* m
dammen *jouer aux dames*
damp • wasem *buée* v; SCHEIK. *exhalaison* v • rook *fumée* v
dampen • damp afgeven *dégager des vapeurs* • roken *fumer*
dampkring *atmosphère* v
damschijf *pion* m
damspel *(jeu* m *de) dames* v mv
dan I ZN [de] behendigheidsgraad *dan* m **II** BIJW • op die tijd *alors*; ⟨daarna⟩ *puis*; *ensuite* ⋆ tot dan! INFORM. *à la prochaine!*; *à plus!* ⋆ nu en dan *de temps à autre* • in dat geval *alors*; *(dans ce cas-)là* ⋆ en wat dan nog? *et alors?*; *et puis (après / quoi)?* ⋆ antwoord dan toch! *répondez donc!* ⋆ en dan nog! *et encore!* ⋆ hij is dan ook niet gekomen *aussi n'est-il pas venu* • toch *donc*;

alors **III** VW of *ou (bien)*; ⟨na ontkenning⟩ *que*; ⟨na vergrotende trap⟩ *que*; ⟨na bepaalde hoeveelheid⟩ *de*; ⟨na 'ander(s)'⟩ *(autre) que*; *(différent) de* ★ al dan niet *oui ou non* ★ niets dan *rien que* ★ meer dan ik *plus que moi* ★ meer dan honderd *plus de cent* ▾ te duur dan dat ... *trop cher pour que ...*

dancing *discothèque* v; *boîte* v; *dancing* m

dandy *dandy* m

danig I BNW *énorme*; *terrible* **II** BIJW *énormément*; *terriblement* ★ zich ~ vergissen *se tromper cruellement*

dank *gratitude*; *reconnaissance* ★ dank betuigen *témoigner sa reconnaissance* ★ (aan) iem. dank betuigen *savoir gré à qn* ▾ duizend maal dank! *mille remerciements / mercis!* ▾ dank voor de informatie *merci du renseignement* ▾ geen dank! *je vous en prie!*; *il n'y a pas de quoi!*; *de rien!* ▾ iem. iets niet in dank afnemen *en vouloir à qn de qc*; FORM. *savoir mauvais gré à qn de qc*

dankbaar I BNW • dank voelend *reconnaissant (***voor** *de;* **jegens** *à, envers)* • voldoening gevend *satisfaisant* **II** BIJW *avec reconnaissance*; *avec satisfaction*

dankbaarheid *reconnaissance* v; *gratitude* v

dankbetuiging *remerciements* m mv

danken I OV WW • bedanken *remercier (***voor** *de, pour)*; REL. *rendre grâce à* ★ dank je/u *merci* ★ dank u zeer *merci bien / beaucoup* ★ nee, dank je/u *non, merci* ★ niets te ~ *je vous en prie*; *il n'y a pas de quoi*; *de rien* • verschuldigd zijn *devoir (***à** *aan)* ★ aan iem. iets te ~ hebben *devoir qc à qn* ★ daaraan heeft hij die betrekking te ~ *cela lui a valu cette place* ▾ dank je feestelijk! *(grand) merci!*; INFORM. *très peu pour moi!* **II** ON WW bidden *rendre grâce*; *dire les grâces*

dankjewel, FORM. **dankuwel** *merci* m

dankwoord *(discours* m *de) remerciement* m

dankzeggen *remercier*

dankzegging *remerciement* m; REL. *action* v *de grâces* ★ onder ~ voor bewezen diensten *en rendant grâce pour services rendus*

dankzij *grâce à*; *à l'aide de*

dans *danse* v ▾ de dans ontspringen *l'échapper belle*

dansen *danser*; ⟨huppelen⟩ *sautiller* ★ van blijdschap ~ *sauter de joie*

danser *danseur* m

danseres *danseuse* v

dansles *cours* m *de danse*

dansorkest *orchestre* m *de danse*

dansschool *école* v / *académie* v *de danse*

dansvloer *piste* v *(de danse)*

danszaal *salle* v *de danse*

dapper I BNW *courageux* [v: *courageuse*]; *brave*; *vaillant* **II** BIJW *courageusement*; *bravement*; *vaillamment*

dapperheid *bravoure* v; *vaillance* v; *courage* m

dar *faux-bourdon* m [mv: *faux-bourdons*]

darm *intestin* m; ⟨v. dieren⟩ *boyau* m [mv: *boyaux*] ★ dikke darm *gros intestin* m; *côlon* m ★ dunne darm *intestin grêle* ★ nuchtere darm *jéjunum* m ★ twaalfvingerige darm *duodénum* m

darmflora *flore* v *intestinale*

darmkanaal *tube* m *digestif*

darmklachten *troubles* m mv *intestinaux*

darmontsteking *entérite* v

dartel *folâtre*; *joueur* [v: *joueuse*]; *pétulant*; ⟨huppelig⟩ *gambadant*; ⟨frivool⟩ *frivole*

dartelen *folâtrer*; ⟨huppelen⟩ *gambader*; *caracoler*; ⟨stoeien⟩ *s'ébattre*

darts *(jeu* m *de) fléchettes* v mv

darwinisme *darwinisme* m

das • dier *blaireau* m [mv: *blaireaux*] • dashond *basset* m; *teckel* m • sjaal *écharpe* v; *cache-nez* m [onv] • stropdas *cravate* v ▾ dat deed hem de das om *c'était sa perte / le coup de grâce*

dashboard *tableau* m *de bord* [m mv: *tableaux ...*]

dashboardkastje *boîte* v *à gants*

dashond *basset* m; *teckel* m

dasspeld *épingle* v *de cravate*

dat I AANW VNW ⟨bijvoeglijk⟩ *ce* [v: *cette*] [vóór klinker of stomme h: cet]; ⟨zelfstandig⟩ *celui-là* [v: *celle-là*]; *cela*; INFORM. *ça* ★ dat huis *cette maison* ★ dát huis *cette maison-là* ★ dit huis of dat *cette maison-ci ou celle-là* ★ dat alleen *rien que cela* ★ is dat uw zus? *c'est votre sœur?* ★ is me dat een weer! *quel temps!* ★ dat is nog eens zingen *voilà ce qui s'appelle chanter!*; *ça, c'est chanter!* ★ dat zijn mijn ouders *ce sont mes parents* ★ wie is dat? *qui est-ce?* ★ dat wat je zegt *ce que tu dis* ▾ dat en dat *ça et ça* ▾ dat is dat! *ça y est!*; *voilà qui est fait!* ▾ niet dat! *pas ça!* ▾ het is niet je dat *ce n'est pas vraiment ça* **II** BETR VNW ⟨als onderwerp⟩ *qui*; ⟨als lijdend voorwerp⟩ *que*; ⟨als meewerkend voorwerp⟩ *à qui* **III** VW *que* ★ de dag dat ... *le jour où ...* ★ de reden dat ... *la raison pour laquelle ...* ★ in het geval dat *au cas où ...*; *en cas que* [+ subj.]

data *données* v mv ★ data invoeren / opslaan / saven *entrer / mémoriser / sauvegarder des données*

databank *banque* v / *base* v *de données*

datacommunicatie *télématique* v

datatransmissie *transmission* v *de données*

datatypist *claviste* m/v

date *rendez-vous* m *(amoureux / galant)*

dateren I OV WW van datum voorzien *dater* **II** ON WW stammen ~ **van** *dater de*

datgene *ce (que)*; *ce (qui)* ★ ~ wat je wilt, kan niet *ce que tu veux est impossible* ★ je neemt ~ wat het dichtst bij is *tu prends ce qui est le plus proche*

datief *datif* m

dato ▾ de dato *daté du* ▾ twee maanden na dato *à deux mois de date / après (cette) date*

datum *date* v ★ van oude / van recente ~ *de longue (vieille) / de fraîche date*

datumgrens *ligne* v *de changement de date*

datumstempel *(timbre* m*) dateur* m; ⟨afdruk⟩ *cachet* m

datzelfde *ce même* [v: *cette même*]; *le même* [v: *la même*]

dauw *rosée* v

dauwtrappen ≈ *se balader au petit matin*

daveren *retentir*

daverend *retentissant* ★ een ~ succes *un succès*

éclatant ★ er was een ~ applaus *on applaudit à tout rompre; on éclata en (un tonnerre d') applaudissements*
davidster *étoile* v *de David; étoile jaune*
dazen *radoter*
DDR ⟨République v démocratique allemande⟩ *RDA* v ★ in de DDR *en RDA*
de ⟨voor mannelijk zn⟩ *le* [m mv: *les*]; ⟨voor vrouwelijk zn⟩ *la* [v mv: *les*]; ⟨voor klinker⟩ *l'* m/v

deadline *date* v *butoir; dernière limite* v
deal *marché* m ★ een deal sluiten *conclure un marché*
dealen *trafiquer* ★ ~ in harddrugs *faire du trafic de drogues dures*
dealer • vertegenwoordiger *concessionnaire* m/v • handelaar in drugs *trafiquant* m [v: *trafiquante*]; *dealer* m
debacle *débâcle* v
debat *débat* m; *discussion* v
debatteren *débattre; engager le débat* (**over** *de, sur*)
debet I ZN [het] • tegoed *somme* v *due; avoir* m ★ ~ en credit *débit et avoir* ★ op uw ~ brengen *porter à votre débit; vous débiter de* • linkerkolom van balans *débit* m; ⟨bedrag⟩ *doit* m **II** BNW ★ ~ staan *être dans le rouge* ▾ hij is er ~ aan *c'est de sa faute*
debetnota *note* v *de débit*
debetrente *intérêts* m mv *débiteurs* [mv]
debetzijde *débit* m; *doit* m
debiel I ZN [de] *débile* m *mental* [m mv: *débiles mentaux*] [v: *débile mentale*]; *handicapé* m *mental* [v: *handicapée mentale*] **II** BNW *débile; arriéré*
debiteren • vertellen *débiter* • ECON. als debet boeken *débiter* ★ voor 1000 euro ~ *débiter de 1000 euros*
debiteur *débiteur* m [v: *débitrice*]
deblokkeren *débloquer*
debriefen *débriefer*
debutant *débutant* m [v: *débutante*]; *novice* m/v
debuteren *débuter; faire ses débuts*
debuut *débuts* m mv
debuutroman *premier roman* m
deca- *déca-* ★ decaliter *décalitre* m
decaan • faculteitsvoorzitter *doyen* m [v: *doyenne*] • studieadviseur ⟨voor scholieren⟩ *conseiller* m *(principal) d'éducation (CPE)*
decadent *décadent*
decadentie *décadence* v
decafé *déca*
decanteren *décanter*
december *décembre* m
decennium *décennie* v
decent I BNW *décent* **II** BIJW *décemment*
decentraliseren *décentraliser*
deceptie *déception* v
decharge ★ getuige à ~ *témoin* m *à décharge*
decibel *décibel* m
deciliter *décilitre* m
decimaal I ZN [de] *décimale* v **II** BNW *décimal* [m mv: *décimaux*]
decimeren *décimer*
decimeter *décimètre* m
declamatie *récitation* v
declameren *déclamer; réciter*
declarant *déclarant* m [v: *déclarante*]
declaratie • onkostennota *note* v *de frais* • aangifte *déclaration* v
declareren • in rekening brengen *déclarer* • aangifte doen *déclarer*
declasseren • in lagere klasse zetten *déclasser* • overklassen *surclasser*
declinatie *déclinaison* v
decoder *décodeur* m
decoderen *décoder*
decolleté *décolleté* m
decompressie *décompression* v
deconfiture • mislukking *déconfiture* v • bankroet *faillite* v
deconstructivisme *déconstructivisme* m
decor • bouwsel op toneel *décor* m • omgeving *décor* m
decoratie • versiering *décoration* v • onderscheiding *décoration* v
decoratief *décoratif* [v: *décorative*]; *ornemental* [m mv: *ornementaux*]
decoreren *décorer*
decorstukken *(pièces* v mv *à) décors* m mv
decorum *décorum* m
decoupeerzaag *scie* v *sauteuse*
decreet *décret* m
decrescendo *decrescendo* m
decreteren *décréter*
dedain *dédain* m (**voor** *de, pour*)
deduceren *déduire* (**uit** *de*)
deductie *déduction* v
deeg *pâte* v
deegroller *rouleau* m *à pâtisserie* [m mv: *rouleaux* ...]
deegwaren *pâtes* v mv *(alimentaires)*
deejay *disc-jockey* m; *D.J.* m
deel I ZN [het] • gedeelte *partie* v; *portion* v; ⟨v. muziekstuk⟩ *mouvement* m; ⟨aandeel⟩ *part* v ★ deeltje *particule* v ★ deel hebben aan *avoir part à; participer à* ★ deel uitmaken van *faire partie de* ★ voor het grootste deel *en grande partie; pour la plupart* ★ ten dele *en partie* ★ een achtste deel *un huitième* • boekdeel *tome* m; *volume* m ▾ ten deel vallen *échoir à; revenir à* ▾ ieder zijn deel *à chacun son dû* **II** ZN [de] dorsvloer *aire* v
deelachtig ★ ~ worden *obtenir* ★ iem. iets ~ maken *faire participer qn à qc*
deelbaar *divisible*
deelgebied *secteur* m
deelgemeente ≈ *arrondissement* m
deelgenoot *partenaire* m/v; *associé* m [v: *associée*] ★ iem. ~ maken van iets *associer qn à qc; confier qc à qn* ★ iem. ~ maken van een onderneming *associer qn à une entreprise*
deellijn *bissectrice* v
deelname *participation* v
deelnemen • meedoen *prendre part* (**aan** *à*); *participer* (**aan** *à*) • meevoelen ~ **in** *compatir à; partager*
deelnemer *participant* m [v: *participante*]; ⟨in wedstrijd⟩ *concurrent* m [v: *concurrente*]
deelneming • het meedoen *participation* v • medeleven *compassion* v; *sympathie* v; ⟨bij rouw⟩ *condoléances* v mv ★ zijn ~ betuigen

présenter ses condoléances
deelraad ≈ *conseil* m *d'arrondissement*
deels *en partie*; *partiellement*; *à moitié*
deelstaat *état* m *fédéré*
deelstreep *(barre* v *de) division* v
deeltal *dividende* m
deelteken *points* m mv / *signe* m *de divison*; ⟨trema⟩ *tréma* m
deeltijd ⋆ in ~ werken *travailler à temps partiel*
deeltijdarbeid *travail* m *à temps partiel*
deeltijdbaan *emploi* m *à temps partiel*
deeltijder *employé* m *à temps partiel*; *travailleur* m *à mi-temps*
deeltijds *à temps partiel*
deeltjesversneller *accélérateur* m *de particules*
deelverzameling *sous-ensemble* m [mv: *sous-ensembles*]
deelwoord *participe* m ⋆ onvoltooid / voltooid ~ *participe présent / passé*
deemoed *humilité* v; *soumission* v
deemoedig I BNW *humble*; *soumis* **II** BIJW *humblement*; *avec humilité*
Deen *Danois* m [v: *Danoise*]
Deens I ZN [het] taal *danois* m **II** BNW m.b.t. Denemarken *danois*
deerlijk I BNW • jammerlijk *pitoyable*; *triste* • zeer groot *grave* **II** BIJW in hoge mate *très*; *fort*
deernis *commisération* v
deerniswekkend *pitoyable*
defaitisme *défaitisme* m
defaitistisch *défaitiste*
defect I ZN [het] *défaut* m; ⟨in het functioneren⟩ *panne* v **II** BNW *défectueux* [v: *défectueuse*]; *cassé*; ⟨in het functioneren⟩ *en panne* ⋆ ~ raken *tomber en panne*
defensie *défense* v
defensief I ZN [het] *défensive* v ⋆ in het ~ zijn *être sur la défensive*; SPORT *être dominé* **II** BNW *défensif* [v: *défensive*] **III** BIJW *défensivement*
defibrilleren *défibriller*
deficiëntie *déficience* v; MED. *carence* v
deficit *déficit* m
defilé *défilé* m
defileren *défiler*
definiëren *définir*
definitie *définition* v
definitief I BNW *définitif* [v: *définitive*] **II** BIJW *définitivement*
deflatie *déflation* v
deformatie *déformation* v
deformeren *déformer*
deftig I BNW *distingué* ⋆ ~e buurt *quartier bourgeois / chic / résidentiel* **II** BIJW *d'une façon distinguée*; *dignement* ⋆ ~ doen *se donner de grands airs*
degelijk I BNW • stevig *solide* ⋆ een ~e maaltijd *un repas substantiel* • betrouwbaar *sérieux* [v: *sérieuse*] **II** BIJW *solidement*; *bien* ▾ wel ~ *(bel et) bien*; *absolument*
degen *épée* v ▾ de ~s kruisen met *croiser le fer avec*
degene *celui (qui)* [m mv: *ceux*] [v: *celle*] [v mv: *celles*]
degeneratie *dégénérescence* v
dégénéré *dégénéré* m [v: *dégénérée*]
degenereren *dégénérer*
degenslikker *avaleur* m *de sabres*
degradatie *dégradation* v; *rétrogradation* v; SPORT *relégation* v
degradatiewedstrijd *match* m *de maintien*
degraderen I OV WW in rang verlagen *dégrader*; *rétrograder* **II** ON WW rang verliezen *être dégradé*; SPORT *être relégué*; *descendre*
dehydratie *déshydratation* v
deinen • golven ⟨sterk⟩ *être agité par la houle*; ⟨zacht⟩ *être bercé par la houle* • wiegen *(se) balancer*
deining • golfbeweging *houle* v; *bercement* m ⋆ zware ~ *mer houleuse*; *grosse mer* • opschudding *agitation* v; *remous* m mv
dek • bedekking *couverture* v • scheepsvloer *pont* m ⋆ aan dek *sur le pont*
dekbed *couette* v; *duvet* m
dekbedovertrek *housse* v *de couette*
deken • textielen bedekking *couverture* v • overste *doyen* m [v: *doyenne*]
dekhengst *étalon* m *(reproducteur)*
dekken I OV WW • bedekken *couvrir*; ⟨overdekken⟩ *recouvrir* ⋆ de tafel ~ *mettre la table* ⋆ ~ voor drie personen *mettre trois couverts* • vergoeden *couvrir* ⋆ gedekt zijn *être (à) couvert* • beschutten *couvrir*; *protéger* • paren met *couvrir*; *saillir*; *monter* • SPORT *marquer* • overeenkomen met *se recouper* ⋆ die getuigenverklaringen ~ elkaar *ces témoignages se recoupent* **II** ON WW verf, kleur *couvrir* ⋆ ~de verf *peinture couvrante*
dekking • beschutting *abri* m ⋆ ~ zoeken *se mettre à l'abri* • bevruchting *saillie* v • (geld)middelen ⟨bij verleend krediet⟩ *couverture* v; ⟨met betrekking tot cheques⟩ *provision* v • SPORT *marquage* m
deklaag ⟨verf⟩ *couche* v *de finition*
dekmantel *couverture* v ⋆ onder de ~ van *sous le couvert / manteau / voile de*
dekolonisatie *décolonisation* v
deksel *couvercle* m
deksels I BNW *sacré*; *sale* **II** BIJW *sacrément*
dekstoel *transat* m
dekzeil *bâche* v; *vélum / velum* m
del *salope* v; *garce* v
delegatie *délégation* v
delegeren *déléguer*
delen I OV WW • splitsen WISK. *diviser*; *partager* ⋆ ~ door drie *diviser par trois* ⋆ in drieën ~ *partager en trois* • samen hebben *partager* ⋆ een mening ~ *partager un point de vue* ⋆ iets met iem. ~ *partager qc avec qn* ⋆ iets samen ~ *se partager qc* ⋆ samen ~! *part à deux!* **II** ON WW ~ in *partager*; *prendre part à*
deler *diviseur* m ⋆ de grootste gemene ~ *le plus grand diviseur commun*
deleteknop *touche* v *d'effacement*
deleten *effacer*
delfstof *minéral* m [mv: *minéraux*]
delgen *amortir*
delibereren *délibérer*
delicaat I BNW *délicat* **II** BIJW *délicatement*; *avec tact*
delicatesse • lekkernij *régal* m; *délice* m • tact *délicatesse* v; *tact* m

delicatessenwinkel *épicerie* v *fine*
delict *délit* m
deling • het (ver)delen *partage* m • WISK. *division* v
delinquent *délinquant* m [v: *délinquante*]
delirium *délirium* m; *délire* m
delta • Griekse letter *delta* m • riviermonding *delta* m
deltavliegen *faire du deltaplane*
delven • graven *creuser* • opgraven *creuser* ★ kolen~ *extraire de la houille*
demagogie *démagogie* v
demagogisch *démagogique*
demagoog *démagogue* m
demarcatielijn *ligne* v *de démarcation*
demarche *démarche* v
demarrage *échappée* v
demarreren *s'échapper*; *démarrer*
dement *sénile*; *gâteux* v [v: *gâteuse*]
dementeren **I** OV WW logenstraffen *démentir* **II** ON WW dement worden *être atteint de démence sénile*
dementie *démence* v *(sénile)*
demilitariseren *démilitariser*
demissionair *démissionnaire*
demo *(bande* v / *CD* m*)* *démo* v
demobiliseren *démobiliser*
democraat *démocrate* m/v
democratie *démocratie* v
democratisch **I** BNW *démocratique* **II** BIJW *démocratiquement*
democratiseren *démocratiser*
demografie *démographie* v
demografisch *démographique*
demon *démon* m
demonisch *démoniaque*
demoniseren *diaboliser*
demonstrant *manifestant* m [v: *manifestante*]
demonstratie • het tonen *démonstration* v; ⟨vertoning⟩ *exhibition* v • betoging *manifestation* v
demonstratief **I** BNW *démonstratif* [v: *démonstrative*] **II** BIJW *démonstrativement*
demonstreren **I** OV WW aantonen *démontrer*; ⟨v. apparaat⟩ *faire la démonstration de* **II** ON WW betoging houden *manifester*
demontabel *démontable*
demontage *démontage* m
demonteren *démonter*; ⟨v. bom e.d.⟩ *désamorcer*
demoralisatie *démoralisation* v
demoraliseren *démoraliser*
demotie *rétrogradation* v
demotiveren *démotiver*
dempen • dichtgooien *combler* • onderdrukken *étouffer* ★ gedempt licht *lumière tamisée* v ★ gedempt geluid *bruit feutré / amorti* ★ met gedempte stem *à mi-voix*; *à voix basse* ★ gedempte kleur *demi-teinte* v ★ zijn stem~ *baisser sa voix*
demper • knalpot *silencieux* m • schokdemper *amortisseur* m • MUZ. ⟨sordino⟩ *sourdine* v; ⟨deel van toetsinstrument⟩ *étouffoir* m
den *pin* m ★ zo slank als een den *mince comme un fil*
denappel *pomme* v *de pin*
Den Bosch *Bois-le-Duc*
denderen *trépider* ★ de vrachtwagen denderde voorbij *le camion passa avec un bruit fracassant*
denderend *formidable* ★ niet~ *pas fameux*
Denemarken *le Danemark* ★ in~ *au Danemark*
Den Haag *La Haye*
denigrerend **I** BNW *dénigrant* **II** BIJW *de façon dénigrante*; *par dénigrement*
denim *denim* m; *jean* m
denkbaar *concevable*; *imaginable*; *possible*
denkbeeld • gedachte *idée* v • mening ★ zich een~ vormen van *se faire une idée de*
denkbeeldig *imaginaire*
denkelijk **I** BNW *probable* **II** BIJW *probablement*
denken **I** ZN [het] gedachtewereld *pensée* v **II** OV WW van mening zijn *penser (***van**, **over** *de)*; *croire* ★ bij zichzelf~ *penser en soi-même*; *se dire* ★ ik denk het niet *je ne pense pas* ★ ik denk van niet *je pense que non* ★ je zou~ dat ... *on dirait que ...* ★ ik dacht dat je weg was *je te croyais parti* ★ wat denk je ervan? *qu'en penses-tu?* ★ dacht ik het niet? *je m'en doutais!*; *je m'y attendais!* ★ wie had dat gedacht? *qui aurait pu le penser?* ★ dat had je gedacht! *penses-tu!* ★ wie denk je wel dat je bent? *pour qui tu te prends?* ★ ik denk er het mijne van *j'ai ma petite idée là-dessus* **III** ON WW • nadenken *penser (***aan**, **om** *à)*; *réfléchir (***over** *à, sur)* ★ zó denk ik erover *c'est mon point de vue* ★ ruim~ *être large d'esprit* ★ dat geeft (me) te~ *ça (me) donne à réfléchir* • van plan zijn *songer à*; *penser* ★ ik denk (erover) morgen te vertrekken *je compte partir demain* • niet vergeten *penser* ★ denk erom! *attention!* ★ doen~ aan *faire penser à* ★ denk eraan! *penses-y!*; *n'oublie pas!* ▼ geen~ aan! *il n'en est pas question!* ▼ ik moet er niet aan~! *rien que d'y penser*
denker *penseur* m
denkfout *raisonnement* m *faux*
denkpatroon *façon* v *de penser*; *pensée* v
denksport *sport* m *cérébral* [m mv: *sports cérébraux*]
denktank *cellule* v *de réflexion*
denkvermogen *faculté* v *de penser*
denkwereld *univers* m *mental*
dennenappel *pomme* v *de pin*
dennenboom *pin* m
dennennaald *aiguille* v *de pin*
denotatie *dénotation* v
deo *déo* m
deodorant *déodorant* m
departement • ministerie *ministère* m • bestuursgebied *département* m
dependance *annexe* v; *dépendance* v
depersonalisatie *dépersonnalisation* v
deponeren *déposer*
deportatie *déportation* v
deporteren *déporter*
deposito *dépôt* m ★ in~ *en dépôt*
depositorekening *compte* m *de dépôt*
depot • bewaarplaats *dépôt* m ★ in~ *en dépôt* • wat bewaard wordt *dépôt* m
deppen *tamponner*
depreciëren *déprécier*

depressie *dépression* v
depressief *dépressif* [v: *dépressive*]
deprimeren *déprimer*
deputatie *députation* v
der I LIDW van de ⟨v. de⟩ *du* [m mv: *des*] [v: *de la*] [vóór klinker of stomme h: de l'] **II** BIJW daar • → **her**
derailleren *dérailler*
derailleur *dérailleur* m
derby *derby* m
derde I TELW • *troisième* ★ ten~ *troisièmement* ★ een~ deel *un tiers* ★ twee~ *(les) deux tiers* • → **achtste II** ZN [de] buitenstaander *tiers* m; *tierce personne* v ★ de lachende~ *le troisième larron*
derdegraads *de troisième degré*
derdegraadsverbranding *brûlure* v *au troisième degré*
derdegraadsverhoor *interrogatoire* m *musclé*; INFORM. *passage* m *à tabac*
derderangs *bas de gamme* ★ ~ spul *de la camelote*; *de la pacotille*
derdewereldland *pays* m *du tiers(-)monde*
dereguleren *déréglementer*
deregulering *déréglementation* v; *dérégulation* v
deren *gêner*; *nuire à* ★ dat deert me niet *cela ne (me) fait rien*
dergelijk *semblable*; *tel* [v: *telle*]; *pareil* [v: *pareille*]; *de ce genre*; *de la sorte* ★ en~e *et autres choses de ce genre*; *et ainsi de suite* ★ iets~s *(une) chose pareille*; *qc dans ce genre* / *comme ça*
derhalve *par conséquent*; *donc*
derivaat *dérivé* m
dermate *tellement*; *à tel point*
dermatologie *dermatologie* v
dermatoloog *dermatologue* m/v
derrie *gadoue* v
derrière *derrière* m
dertien • *treize* • → **acht**
dertiende • *treizième* • → **achtste**
dertig *trente* ★ de jaren~ *les années trente* ★ (voor) in de~ zijn *avoir une trentaine d'années*; *avoir passé la trentaine* ★ ruim in de ~ zijn *avoir la trentaine bien sonnée*; *approcher* / *friser la quarantaine*; *aller sur ses quarante ans*
dertiger *personne* v *dans la trentaine*
dertigste *trentième*
derven *être privé de*; *manquer de* ★ winst~ *subir un manque à gagner* / *une perte de bénéfice*
derving *perte* v; *manque* m
des I ZN [de] MUZ. *ré* m *bémol* **II** BIJW ★ des te beter *tant mieux* ★ des te erger *tant pis* ★ des te minder *d'autant moins* ★ des te meer omdat *d'autant plus que* **III** LIDW ⟨v. de/het⟩ *du* [v: *de la*] [vóór klinker of stomme h: de l']
desalniettemin *néanmoins*; *malgré cela*; *cependant*; *pourtant*; *toutefois*
desastreus *désastreux* [v: *désastreuse*]
desavoueren *désavouer*
desbetreffend *en question*; *concerné*; *relatif à ce sujet* [v: *relative* ...]
descendant *descendant* m
descriptief *descriptif* [v: *descriptive*]
desem *levain* m
desensibilisatie *désensibilisation* v
deserteren *déserter*
deserteur *déserteur* m
desertie *désertion* v
desgewenst *si vous le désirez*; *sur demande*
design *design* m ★ ~meubels *meubles design*
designer *designer* m/v
desillusie *désillusion* v
desinfectans *désinfectant* m
desinfecteermiddel *désinfectant* m
desinfecteren *désinfecter*
desinformatie *désinformation* v; INFORM. *intox(e)* v
desinteresse *désintérêt* m
desinvestering *désinvestissement* m
desktoppublishing *publication* v *assistée par ordinateur*
deskundig *expert (***in** *dans, en)*
deskundige *expert* m
deskundigheid *compétence* v
desnoods *au besoin*; *si nécessaire*; *à la rigueur*
desondanks *cependant*; *malgré tout*; *malgré cela*
desoriëntatie *désorientation* v
despoot *despote* m
despotisch *despotique*
dessert *dessert* m
dessertwijn *vin* m *de dessert*
dessin *dessin* m
destabiliseren *déstabiliser*
destijds *en ce temps-là*; *alors*; *à l'époque*
destructie *destruction* v
destructief *destructif* [v: *destructive*]
detachement *détachement* m
detacheren *détacher*
detail *détail* m ★ verkoop en détail *vente au détail* ★ in~s treden *entrer dans le(s) détail(s)* ★ (tot) in~ *en détail*; *par le menu*
detailhandel *commerce* m *de détail*
detailleren *détailler*
detaillist *détaillant* m [v: *détaillante*]
detailopname ≈ *prise* v *de vue d'un détail*
detecteren *détecter*
detectie *détection* v
detectiepoortje *portique* m *détecteur*
detective • persoon *détective* m • roman *(roman* m*) policier* m; INFORM. *polar* m
detector *détecteur* m
detentie *détention* v
determinant *(facteur* m*) déterminant* m
determineren *déterminer*
determinisme *déterminisme* m
detineren *détenir*
detoneren • vals klinken *détonner* • ontploffen *détoner* • uit de toon vallen *détonner*
deuce *égalité* v
deugd *vertu* v ★ dat doet me~ *ça (me) fait du bien*
deugdelijk I BNW • degelijk *solide* • gegrond *valable* **II** BIJW *dûment*; *solidement*; *bien*
deugdzaam I BNW *vertueux* [v: *vertueuse*]; *sage* **II** BIJW *vertueusement*; *sagement*
deugen *être bon* [v: *être bonne*] ★ hij deugt nergens voor *il n'est bon à rien*; *il ne vaut rien* ★ een vent die deugt *un type bien* ★ hij deugt niet voor dat vak *il n'est pas fait pour ce*

métier
deugniet • ondeugd *garnement* m; *garce* v • boefje/guit *chenapan* m; *coquin* m [v: *coquine*]; *filou* m; *fripon* m [v: *friponne*]; *voyou* m
deuk • buts *bosse* v • knauw ★ een deuk oplopen FIG. *prendre un coup* ▼ in een deuk liggen *se tordre de rire*
deuken *cabosser*; *bosseler* ★ gedeukt zijn *être cabossé / bosselé*
deun *refrain* m; *air* m
deur *porte* v; ⟨v. auto⟩ *portière* v ★ langs de deuren gaan *faire du porte-à-porte* ★ de deur uitgaan *sortir* ★ openslaande deuren *portes-fenêtres* ★ dubbele deur(en) *porte à deux battants* ★ de deur achter iem. dichtdoen *fermer la porte sur qn* ★ buiten de deur komen *mettre le nez dehors* ★ in de deur staan *être sur le pas de la porte* ★ met de deuren slaan *claquer les portes* ▼ de deur bij iem. platlopen *être toujours fourré chez qn*; INFORM. *squatter chez qn* ▼ dat doet de deur dicht *c'est le comble*; *la mesure est comble* ▼ met gesloten deuren *à huis clos* ▼ een open deur intrappen *enfoncer une porte ouverte* ▼ iem. de deur wijzen *montrer la porte à qn*; *mettre qn à la porte* ▼ met de deur in huis vallen *ne pas y aller par quatre chemins* ▼ voor de deur staan *être à la porte*; *approcher*; *être imminent* ▼ buiten de deur eten *dîner en ville* ▼ iets buiten de deur houden *tenir qc éloigné* ▼ de deur gesloten vinden (bij iemand) *trouver porte close*; *se casser le nez à la porte (de qn)* ▼ de deur dichtgooien voor iets *fermer la porte à qc* ▼ dat is naast de deur *c'est à deux pas d'ici* ▼ niet samen door één deur kunnen *ne pas pouvoir se sentir*
deurbel *sonnette* v
deurdranger *ferme-porte* m [onv]
deurknop *bouton* m *de porte*; *poignée* v *de porte*
deurmat *paillasson* m
deuropening *embrasure* v; *baie* v
deurpost *montant* m
deurwaarder *huissier* m
deuvel *goujon* m
deux-chevaux *deux-chevaux* v
deux-pièces *deux-pièces* m
devaluatie *dévaluation* v
devalueren *dévaluer*
deviatie *déviation* v
devies • stelregel *devise* v • betaalmiddel ★ deviezen ECON. *devises* v mv
deviezenhandel *marché* m *des changes*
deviezenreserve *réserve* v *de devises*
devoon *dévonien* m
devoot • vroom *dévot* • toegewijd *dévoué*
devotie *dévotion* v
dextrose *dextrose* m
deze ⟨bijvoeglijk⟩ *ce* [m mv: *ces*] [v: *cette*] [v mv: *ces*]; ⟨zelfstandig⟩ *celui-ci* [m mv: *ceux-ci*] [v: *celle-ci*] [v mv: *celles-ci*] ★ deze huizen *ces maisons* ★ déze huizen *ces maisons-ci* ★ in deze tijd *à l'heure actuelle* ▼ bij dezen *par la présente* ▼ in dezen *sur ce point* ▼ deze of gene ⟨persoon⟩ *quelqu'un*
dezelfde *le même* [m mv: *les mêmes*] [v: *la même*] [v mv: *les mêmes*] ★ ~n (als) *les mêmes personnes (que)*
dia *diapositive* v; INFORM. *diapo* v
diabetes *diabète* m
diabeticus *diabétique* m/v
diabolo *diabolo* m
diacones *diaconesse* v
diadeem *diadème* m
diafragma *diaphragme* m
diagnose *diagnostic* m ★ de ~ stellen *faire le diagnostic*
diagnosticeren *diagnostiquer*
diagnostisch *diagnostique*
diagonaal I ZN [de] *diagonale* v **II** BNW *diagonal* [m mv: *diagonaux*] **III** BIJW *en diagonale*
diagram *diagramme* m; ⟨grafiek⟩ *graphique* m
diaken *diacre* m
diakritisch *diacritique*
dialect *dialecte* m; *patois* m
dialectiek *dialectique* v
dialectologie *dialectologie* v
dialoog *dialogue* m
dialyse *dialyse* v
diamant I ZN [de] *diamant* m **II** ZN [het] *diamant* m
diamantair *diamantaire* m/v
diamanten *de diamant(s)*
diameter *diamètre* m
diametraal *diamétral* [m mv: *diamétraux*] ★ ~ tegenover elkaar *diamétralement opposés*
diapositief *diapositive* v
diaprojector *projecteur* m *(pour diapositives)*
diaraampje *cadre* m *pour diapositive*
diarree *diarrhée* v
dicht I BNW • gesloten *fermé*; *clos*; ⟨geen vloeistof doorlatend⟩ *étanche*; ⟨verstopt⟩ *bouché* • opeen *dense*; *compact*; ⟨dicht ineen⟩ *épais* [v: *épaisse*]; ⟨dicht ineen⟩ *serré*; *dru* **II** BIJW • dichtbij *près de*; *proche de* ★ ~ bij huis *près de chez nous* • opeen *dru* ★ ~ zaaien *semer dru* ★ ~ op elkaar *les uns sur les autres*
dichtbegroeid *touffu*; *dru*
dichtbevolkt *très peuplé* ★ een ~ gebied *une région populeuse / à population dense*
dichtbij *(tout) près* ★ van ~ *de près*
dichtbinden *ficeler*; *nouer*
dichtbundel *recueil* m *de poèmes*
dichtdoen *fermer*
dichtdraaien ⟨v. kraan⟩ *fermer*; *tourner*
dichten • in dichtvorm schrijven *écrire (des poèmes)*; *faire (des vers)* • dichtmaken *fermer*; ⟨v. gat, lek⟩ *boucher*; *colmater*; ⟨v. (tocht)kier⟩ *calfeutrer*; ⟨opvullen/dempen⟩ *combler*; *remplir*; *obturer*; ⟨waterdicht maken⟩ *étancher*
dichter *poète* m
dichterbij I BNW *plus proche* **II** BIJW *plus près* ★ ~ komen *s'approcher*
dichteres *(femme* v*) poète*; OOK PEJ. *poétesse* v
dichterlijk *poétique*
dichtgaan *(se) fermer*
dichtgooien ★ de deur ~ *claquer la porte*
dichtheid *densité* v; ⟨v. mist e.d.⟩ *épaisseur* v
dichtklappen I OV WW hard dichtdoen *claquer*; *fermer d'un coup sec* **II** ON WW • hard dichtgaan *claquer*; *se fermer d'un coup sec* • zich niet uiten *se renfermer*; *se replier sur soi*

dichtknijpen *pincer* ⋆ een oogje ~ *fermer les yeux* ⋆ zijn neus ~ *se boucher le nez* ⋆ hij mag zijn handen ~ *il peut se frotter les mains*
dichtkunst *poésie* v; *art* m *poétique*
dichtmaken *fermer*; ⟨v. gat⟩ *boucher*; ⟨v. sloot⟩ *combler*; ⟨met knopen⟩ *boutonner*
dichtnaaien *(re)coudre*
dichtplakken *coller*; ⟨v. envelop⟩ *cacheter*
dichtregel *vers* m
dichtslaan I ov ww krachtig dichtdoen *claquer*; *fermer d'un coup sec* **II** ON WW • PSYCH. *se renfermer*; *se replier sur soi* • hard dichtgaan *se fermer d'un coup sec*; *claquer*
dichtslibben *s'envaser*
dichtspijkeren *clouer*
dichtstbijzijnd *le plus proche* ⋆ de ~e supermarkt *le supermarché le plus proche*
dichtstoppen *fermer*; ⟨v. gat, lek⟩ *boucher*; *colmater*; ⟨v. kier⟩ *calfeutrer*
dichtvriezen *(se) geler*; *(se) prendre*
dichtwerk • groot gedicht *poème* m • gedichten *œuvre* v *poétique*
dictaat • aantekeningen *notes* v mv *(de cours)* [mv] • het dicteren *dictée* v • opgelegde regeling *diktat* m
dictafoon *dictaphone* m
dictator *dictateur* m [v: *dictatrice*]
dictatoriaal *dictatorial* [m mv: *dictatoriaux*]
dictatuur *dictature* v
dictee *dictée* v
dicteerapparaat *dictaphone* m
dicteren *dicter* ⋆ het gedicteerde opschrijven *écrire sous la dictée*
dictie *diction* v
didactiek *didactique* v; *pédagogie* v
didactisch *didactique*
didgeridoo *didgeridoo* m [mv: *didgeridoos*]
die I AANW VNW ⟨bijvoeglijk⟩ *ce* [m mv: *ces*] [v: *cette*] [v mv: *ces*] [vóór klinker of stomme h: cet]; ⟨zelfstandig⟩ *celui-là* [m mv: *ceux-là*] [v: *celle-là*] [v mv: *celles-là*] ⋆ die deur *cette porte* ⋆ díe deur *cette porte-là* ⋆ die en die *(un) tel* ⋆ die of die *tel ou tel* ⋆ Piet, die vergeet alles *Pierre, il oublie tout* ⋆ die is goed *celle est bonne* ⋆ niet deze maar die *pas celui-ci mais celui-là* ▾ mijnheer Die-en-Die *Monsieur Untel* ▾ en wat dies meer zij *et ainsi de suite* **II** BETR VNW ⟨als onderwerp⟩ *qui*; ⟨als lijdend voorwerp⟩ *que*; ⟨na voorzetsel⟩ *qui*; FORM. *lequel* [m mv: *lesquels*] [v: *laquelle*] [v mv: *lesquelles*]
dieet *régime* m ⋆ ~ houden *faire / suivre un régime*; *être au régime*
dieetmaaltijd *repas* m *diététique*
dief *voleur* m [v: *voleuse*] ⋆ houdt de dief! *au voleur!* ⋆ de gelegenheid maakt de dief *l'occasion fait le larron* ⋆ het is dief en diefjesmaat *ils s'entendent comme larrons en foire* ⋆ dan ben ik een dief van mijn eigen portemonnee ≈ *j'en serais de ma poche* ▾ als een dief in de nacht *comme un voleur*
diefstal *vol* m ⋆ ~ met braak *vol avec effraction*
diegene *celui (qui)* [m mv: *ceux*] [v: *celle*] [v mv: *celles*]
diehard *dur* m *(de dur)*; *jusqu'au-boutiste* m/v
dienaangaande *à ce sujet*; *sur ce point*
dienaar *serviteur* m [v: *servante*]
dienblad *plateau* m [mv: *plateaux*]
diender *gardien* m *de l'ordre* ▾ een dooie ~ *un bonnet de nuit*; *un légume*
dienen I OV WW • in dienst zijn van *servir* • van dienst zijn ⋆ om u te ~ *à votre service* ⋆ waarmee kan ik u ~? *que puis-je (faire) pour vous?*; *en quoi puis-je vous être utile?* ⋆ afgoden ~ *adorer des idoles* • ~ **van** ⋆ iem. van advies ~ *conseiller qn* ▾ daarvan ben ik niet gediend! *je ne l'apprécie guère* **II** ON WW • moeten *falloir*; *devoir* • als functie hebben *servir* ⋆ ~ als/tot *servir de* ⋆ ~ om/voor *servir à* ⋆ waartoe dient die machine? *à quoi sert cette machine?* ⋆ dit vertrek dient als keuken *cette pièce sert de cuisine* ⋆ als voorbeeld ~ *servir d'exemple* • geschikt/bruikbaar zijn *servir à* ⋆ dat dient nergens toe *cela ne sert à rien* • soldaat zijn *servir* • JUR. ⟨voorkomen⟩ *être jugé* • ~ **te** *devoir*; *falloir*
dienovereenkomstig *en conséquence*
diens *son*
dienst • het dienen *service* m ⋆ wat is er van uw ~? *que puis-je pour vous?* ⋆ als ik u in iets van ~ kan zijn *si je peux vous être utile* ⋆ tot uw ~ *à votre service* ⋆ in ~ van *au service de* ⋆ iem. ten ~e staan *être à la disposition de qn* ⋆ (iemand) van ~ zijn *servir (à qn)*; *rendre service (à qn)* • werkzaamheden *service* m ⋆ ~ hebben *être de service*; *être de garde / de permanence* ⋆ de ~ overnemen *prendre le service* • werking ⋆ ~ doen (als) *servir (de)* ⋆ buiten ~ *hors service* ⋆ mijn benen weigerden ~ *mes jambes ont lâché* • behulpzame daad *service* m ⋆ iem. een ~ bewijzen *rendre service à qn* ⋆ zijn goede ~en aanbieden *offrir ses bons offices* ⋆ iem. een slechte ~ bewijzen *desservir qn* • betrekking *emploi* m; *place* v ⋆ in ~ treden *entrer en fonction(s)* ⋆ in ~ nemen *engager*; *embaucher* ⋆ in ~ hebben *employer* ⋆ iem. de ~ opzeggen *congédier qn* ⋆ ~ nemen *s'engager* ⋆ in vaste ~ zijn *avoir un poste fixe*; *être titulaire* • godsdienstoefening *service* m; *office* m; ⟨protestants⟩ *culte* m; ⟨rooms-katholiek⟩ *messe* v ⋆ een ~ houden *célébrer le culte / la messe* • het soldaat zijn *service* m ⋆ in ~ zijn *faire son service (militaire)* ⋆ uit ~ ontslaan *libérer* ⋆ buiten ~ (b.d.) *retraité* • overheidsinstelling *service* m ⋆ geheime ~ *service secret* ▾ de ~ uitmaken *commander*; *être le patron* ▾ de ene ~ is de andere waard *un service en vaut un autre*; INFORM. *renvoyer l'ascenseur*
dienstauto *voiture* v *de fonction*
dienstbaar ⋆ ~ aan *au service de* ⋆ zich ~ maken *rendre service*
dienstbetrekking • het in dienst zijn *service* m *(salarié)*; *engagement* m • functie *emploi* m
dienstbevel MIL. *ordre* m
dienstbode *bonne* v; *femme* v *de ménage*
dienstdoend *de service*; ⟨weekend-/nachtdienst⟩ *de garde / de permanence*
dienstencentrum *centre* m *d'aide sociale*
dienstensector *secteur* m *tertiaire*

di

dienster *serveuse* v
dienstgeheim *secret* m *professionnel*
dienstig *utile (voor à); bon (voor pour)* [v: *bonne*]
dienstijver *zèle* m
dienstjaar • jaar dat men in dienst is *année* v *de service / d'ancienneté*; ⟨pensioenjaar⟩ *annuité* v • begrotingsjaar *exercice* m
dienstklopper *fayot* m ★ een~ zijn *faire un excès de zèle; être service-service*
dienstmededeling *communication* v *de service*
dienstmeisje *bonne* v; *femme* v *de ménage*
dienstplicht *service* m *obligatoire / national*
dienstplichtig ★ de~e leeftijd *l'âge de l'appel / du service militaire*
dienstplichtige *appelé* m
dienstregeling *horaire* m; ⟨boekje⟩ *indicateur* m
dienstreis *déplacement* m *(professionnel)*; *mission* v ★ op~ zijn *être en déplacement*
diensttijd *(temps* m *de) service* m
dienstvaardig *serviable*
dienstverband • het in dienst zijn *service* m *(salarié)*; *engagement* m • functie *emploi* m
dienstverlenend *prestataire de services* ★ de~e sector *le secteur tertiaire*
dienstverlening *(prestations* v mv *de) service* m
dienstweigeraar *objecteur* m *de conscience*
dienstweigering *insubordination* v; ⟨v. dienstplicht⟩ *objection* v *de conscience*
dienstwoning *logement* m *de fonction*
dientengevolge *par conséquent*
diep I BNW • ⟨v. plaats⟩ laag, achter *profond* ★ een diep bord *une assiette creuse* ★ hoe diep is *quelle est la profondeur de* ★ vijf meter diep *profond de cinq mètres; à cinq mètres de profondeur* • FIG. *profond; intense; vif* [v: *vive*]; ⟨v. geluiden⟩ *grave* ★ een diepe stem *une voix grave* ★ diepe rouw *grand deuil* m ★ diepe duisternis *une obscurité épaisse* ★ diepe slaap *un sommeil profond* ★ de diepere oorzaak *la cause profonde* ★ uit het diepst van zijn hart *du fond du cœur* **II** BIJW • ⟨v. plaats⟩ laag, achter *profondément* ★ dat schip gaat drie meter diep *ce navire tire trois mètres (d'eau)* ★ diep doordringen in *s'enfoncer dans* ★ diep in *au cœur de; (tout) au fond de; au (fin) fond de* • FIG. *profondément* ★ diep gezonken *tombé (bien) bas* ★ diep inademen *respirer à fond* ★ diep in de schulden *criblé de dettes* ★ diep medelijden hebben met *ressentir une vive pitié pour* ★ diep in gedachten verzonken *plongé dans ses pensées* ★ diepblauw *d'un bleu profond* ★ diep bedroefd/-geroerd *profondément attristé / touché* ★ diep gekwetst *blessé au vif* ★ diep treurig *navrant* ★ diep in de nacht *au milieu de la nuit; en pleine nuit*
diepdruk *héliogravure* v
diepgaand I BNW grondig *approfondi*; ⟨ingrijpend⟩ *profond* ★ een~ onderzoek *une étude / enquête approfondie* **II** BIJW *en profondeur; profondément; à fond*
diepgang • LETT. *tirant* m *d'eau* • FIG. *profondeur* v
diepgeworteld *enraciné; viscéral* [m mv: *viscéraux*]
dieplader *camion* m *surbaissé*
diepliggend *profond; (r)enfoncé*; SCHEEPV. *à grand tirant d'eau* ★ ~e ogen *des yeux enfoncés*
diepte • het diep zijn *profondeur* v ★ op vijf meter~ *à cinq mètres de profondeur* • onpeilbare diepte *abîme* m; *gouffre* m *insondable* • diepe plaats *enfoncement* m; *fond* m
dieptebom *grenade* v *anti-sous-marine* [v mv: *grenades anti-sous-marines*]
diepte-interview *interview* v *en profondeur*
diepte-investering *investissement* m *de productivité*
dieptepass *passe* v *en profondeur*
dieptepsychologie *psychologie* v *des profondeurs / de l'inconscient*
dieptepunt ★ het~ bereiken *être au plus bas; être dans le creux (de la vague); toucher le fond*
diepvries • het diepvriezen *congélation* v • diepvriesproducten *(produits* m mv*) surgelés* m mv • (diep)vriezer/vriesvak *congélateur* m
diepvriesmaaltijd *repas* m *surgelé*
diepvriezen *congeler; surgeler*
diepzee *grands fonds* m mv *(océaniques)*
diepzeeduiken *plongée* v *sous-marine*
diepzinnig • diep denkend *perspicace* • grondig doordacht *profond*
dier I ZN [het] beest *animal* m [mv: *animaux*]; *bête* v **II** AANW VNW van wie *sa* [v]; *ses* [mv]
dierbaar *cher* [v: *chère*]; ⟨ding⟩ *précieux* [v: *précieuse*]
dierenarts *vétérinaire* m/v
dierenasiel *fourrière* v
Dierenbescherming *Société* v *protectrice des animaux (SPA)*
dierenbeul *bourreau* m *d'animaux* [m mv: *bourreaux ...*]
dierendag *journée* v *(mondiale) des animaux*
dierenriem *zodiaque* m
dierenrijk *règne* m *animal*
dierentemmer *dompteur* m [v: *dompteuse*]
dierentuin *jardin* m *zoologique; zoo* m
dierenvriend *ami* m *des bêtes; zoophile* m
dierenwinkel *animalerie* v
diergeneeskunde *médecine* v *vétérinaire*
dierkunde *zoologie* v
dierlijk • (als) van dieren *animal* [m mv: *animaux*] • bestiaal *bestial* [m mv: *bestiaux*] ★ het~e in de mens *la bête humaine*
dierproeven *expérimentation* v *animale*
diersoort *espèce* v *(animale)*
dies[1] ▾ en wat dies meer zij *et ainsi de suite*
dies[2] (zeg: diejes) *(jour* m*) anniversaire* m
diesel • olie *gazole* m; *gas(-)oil* m • ⟨motor/voertuig⟩ *diesel* m; ⟨trein ook⟩ *autorail* m
dieselmotor *moteur* m *diesel*
dieselolie *gazole* m; *gas(-)oil* m
diëtetiek *diététique* v
diëtist *diététicien* m [v: *diététicienne*]
dievegge *voleuse* v
dievenklauw *goujon* m *(antivol)*
dievenpoortje *portique* m *détecteur / antivol*
diezelfde *le même* [m mv: *les mêmes*] [v: *la*

même] [v mv: *les mêmes*]
differentiaal *différentielle* v
differentiaalrekening *calcul* m *différentiel*
differentiatie *différenciation* v; ECON. *diversification* v
differentieel *différentiel* m
differentiëren • onderscheid aanbrengen (tussen) *faire la distinction (entre)* • ECON. *diversifier* • WISK. *différencier*
diffuus *diffus*
difterie *diphtérie* v
digestie *digestion* v
digestief I ZN [het] drankje *digestif* m **II** BNW *digestif* [v: *digestive*]
diggelen ★ aan~ vallen *tomber en (mille) morceaux*
digibeet ≈ *nul* m *en informatique* [v: *nulle ...*]
digitaal *numérique*; *digital* [m mv: *digitaux*] ★ digitale camera *appareil* m *numérique*
digitaliseren *digitaliser*; *numériser*
dij *cuisse* v
dijbeen *fémur* m
dijenkletser *histoire* v *tordante*
dijk *digue* v ▾ iem. aan de dijk zetten *sacquer qn* ▾ een dijk van een kaart *un jeu du tonnerre*
dijkbreuk *rupture* v *de digue*
dijkgraaf ≈ *surintendant* m *des digues*
dik I BNW • niet dun *épais* [v: *épaisse*]; ⟨zwaarlijvig⟩ *gros* [v: *grosse*]; *corpulent*; ⟨omvangrijk⟩ *volumineux* [v: *volumineuse*] ★ dik maken *(faire) grossir* ★ dik worden *s'épaissir*; *grossir* ★ een vinger dik *d'un doigt d'épaisseur* • gezwollen *enflé* • dikvloeibaar *épais* [v: *épaisse*] • ruim *grand* ★ een dik uur *une bonne / grande heure* ★ een dik jaar geleden *il y a une bonne année* • innig *intime* ★ ze zijn dikke vrienden *ils sont très amis*; INFORM. *ils sont amis comme cochons* • dicht op elkaar *épais* [v: *épaisse*]; *dense* ★ dikke mist *brouillard épais* ▾ maak je niet dik *ne t'en fais pas* **II** BIJW • dicht *épais*; *dru* ★ dik gekleed *habillé chaudement* • ruim *largement* • zeer *très* ★ dik tevreden *très satisfait* ▾ dik doen *frimer*; *faire l'important*; *faire du genre* ▾ zich dik maken *s'énerver*; *s'emballer* ▾ het is dik aan tussen hen *ils filent le parfait amour* ▾ het er dik bovenop leggen *en rajouter*; *en faire des kilos*; *forcer la dose* ▾ het ligt er dik (boven)op *c'est cousu de fil blanc*; *c'est gros comme une maison* ▾ dat zit er dik in *il y a de fortes chances* **III** ZN [het] bezinksel *marc* m ▾ door dik en dun *envers et contre tout*
dikdoenerij *frime* v; *chichi(s)* m (mv)
dikhuidig • BIOL. *pachyderme* • ongevoelig *blindé*
dikkerd *gros* m [v: *grosse*]; ⟨propje⟩ *boulot* v [v: *boulotte*]
dikkop • kikkervisje *têtard* m • stijfkop *entêté* m [v: *entêtée*]; *tête* v *de mule*
dikte • het dik zijn *corpulence* v; *embonpoint* m • afmeting ⟨v.e. laag⟩ *épaisseur* v; ⟨v. iets ronds⟩ *grosseur* v ★ de~ van een plank *l'épaisseur d'une planche*
dikwijls *souvent*; *fréquemment* ★ hoe~ *combien de fois*
dikzak *gros* m [v: *grosse*]; *boulot* m [v: *boulotte*]
dildo *gode(miché)* m
dilemma *dilemme* m ★ voor een~ staan *être devant / (enfermé) dans un dilemme*
dilettant *dilettante* m/v; *amateur* m
diligence *diligence* v
dille *aneth* m
dimensie *dimension* v
dimlicht *feux* m mv *de croisement* [mv]; *codes* m mv
dimmen • licht dempen *baisser*; ⟨v. auto⟩ *se mettre en code* • inbinden *la mettre en veilleuse* ★ effe~! *pédale douce!*; *cool Raoul!*; *doucement les basses!*
dimmer *gradateur* m / *variateur* m *de lumière*
diner • maaltijd *dîner* m • feestmaal *dîner* m
dineren *dîner*
ding • zaak/voorwerp *chose* v; *objet* m; INFORM. *machin* m; INFORM. *truc* m • jong meisje *petite* v; *(une) jeunesse* ▾ de dingen bij hun naam noemen *appeler les choses par leur nom* ▾ ik zou er een lief ding voor over hebben daar te wonen *je donnerais cher / gros pour loger là-bas*
dingen ~ naar *prétendre à*; *briguer*
dinges *chose* v; *machin* m; *truc* m; *bidule* m
dinosaurus *dinosaure* m
dinsdag *mardi* m ★ 's~s *le mardi*
dinsdagavond *mardi* m *soir*
dinsdagmiddag *mardi* m *après-midi*
dinsdagmorgen, dinsdagochtend *mardi* m *matin*
dinsdagnacht *mardi* m *nuit*
dinsdags I BNW *du mardi* **II** BIJW *le mardi*
diocees *diocèse* m
diode *diode* v
dioxine *dioxine* v
dip • PSYCH. depressie *coup* m *de déprime / de cafard*; *passage* m *à vide* • ECON. *baisse* v *(de régime)*
diploma *diplôme* m; *brevet* m
diplomaat OOK FIG. *diplomate* m
diplomatenkoffertje *attaché-case* m [mv: *attachés-cases*]; *porte-documents* m [onv]
diplomatie *diplomatie* v
diplomatiek *diplomatique* ★ heel~ zijn *être très diplomate*
diplomeren *diplômer*
dippen *tremper*
dipsaus *sauce* v
direct I BNW *direct* ★ ~e uitzending *émission en direct* **II** BIJW *immédiatement*; *tout de suite*
directeur *directeur* m [v: *directrice*]; ⟨bedrijfshoofd⟩ *chef* m *d'entreprise*; *PDG* m *(président-directeur général)*
directeur-generaal *directeur* m *général*
directie • het leiden *direction* v • leiding *direction* v
directielid *membre* m *de la direction*
direct mail *mailing* m; *publipostage* m
direct marketing *marketing* m *direct*
directory *répertoire* m
dirigeerstok *baguette* v *(de chef d'orchestre)*
dirigent *chef* m *d'orchestre*
dirigeren • orkest leiden *diriger*; *conduire* • sturen *diriger*; *conduire*

di

dis[1] *table* v
dis[2] (zeg: dies) *ré* m *dièse*
discipel *disciple* m/v
disciplinair *disciplinaire*
discipline *discipline* v
disclaimer *disclaimer* m; *avertissement* m *(légal)*
discman *baladeur* m
disco • discotheek *discothèque* v; *boîte* v • muziek *disco* m
discografie *discographie* v
disconteren *escompter*; *faire l'escompte de*
disconto *escompte* m ★ in ~ nemen *escompter*
discotheek *discothèque* v
discount *discount* m; *rabais* m
discountzaak *(magasin* m*) discount* m; *discounter* m
discreet I BNW *discret* [v: *discrète*] **II** BIJW *discrètement*
discrepantie *disparité* v; *divergence* v *(***tussen** *entre)*
discretie *discrétion* v
discriminatie *discrimination* v
discrimineren *faire de la discrimination* ★ ~d *discriminatoire*
discus *disque* m
discussie *discussion* v; *débat* m ★ in ~ treden met *entrer en discussion avec* ★ iets ter ~ stellen *mettre qc en cause / en question* ★ ter ~ staan *être à débattre / en cause*
discussieleider *animateur* m [v: *animatrice*]
discussiepunt *point* m *de discussion*
discussiëren *discuter (***over** *de, sur)*
discussiestuk *projet* m *soumis à la discussion*
discuswerpen *(le) lancer du disque*
discutabel *discutable* ★ dat is ~ *ça se discute!*
discuteren *discuter (***over** *de, sur)*
disgenoot *convive* m/v
disharmonie *discordance* v; *disharmonie* v
disk *disque* m *magnétique*
diskdrive *lecteur* m *de disquettes*
diskette *disquette* v
diskjockey *disc-jockey* m [mv: *disc-jockeys*]
diskrediet *discrédit* m ★ iem. in ~ brengen (bij) *discréditer qn (auprès de)*; *jeter le discrédit sur qn*
diskwalificatie *disqualification* v
diskwalificeren *disqualifier*
dispensatie *dispense* v; *exemption* v ★ ~ verlenen van *dispenser de*; *exempter de*
dispenser *distributeur* m; *doseur* m
dispersie *dispersion* v
display • beeldscherm *visuel* m; *écran* m; *afficheur* m • uitstaldoos e.d. *présentoir* m; *display* m
disputeren *discuter*; *disputer (***over** *de, sur)*
dispuut • discussie *débat* m; *dispute* v • studentenclub ≈ *cercle* m *(de débats) d'étudiants*
dissel *timon* m
dissertatie • proefschrift *thèse* v • verhandeling *dissertation* v
dissident I ZN [de] *dissident* m [v: *dissidente*] **II** BNW *dissident*
dissociatie *dissociation* v
dissonant I ZN [de] *dissonance* v **II** BNW *dissonant*
distantie *distance* v
distantiëren [+ zich] ~ **van** *se démarquer de*; *prendre ses distances par rapport a*
distel *chardon* m
distillaat *distillat* m
distillatie *distillation* v
distilleerderij *distillerie* v
distilleren *distiller*
distinctie *distinction* v
distribueren *distribuer*
distributie • verdeling *distribution* v; ⟨v. publicaties⟩ *diffusion* v • rantsoenering *rationnement* m
distributiekanaal *canal* m *de distribution*
district *district* m
dit ⟨bijvoeglijk⟩ *ce* [m mv: *ces*] [v: *cette*] [v mv: *ces*] [vóór klinker of stomme h: cet]; ⟨zelfstandig⟩ *celui-ci* [v: *celle-ci*]; *ceci* ★ dit huis *cette maison* ★ dít huis *cette maison-ci*
ditmaal *cette fois-ci*
dito *dito*; *idem*
diva *diva* v
divan *divan* m
divergent *divergent*
divergentie *divergence* v
divergeren *diverger*
divers • verschillend *divers* • meerdere *plusieurs* ★ ~e kaassoorten *fromages assortis*
diversen *(objets* m mv*) divers* m mv
diversificatie *diversification* v
diversifiëren *diversifier*
diversiteit *diversité* v
dividend *dividende* m ★ ~ uitkeren *distribuer un dividende*
divisie • afdeling *division* v • SPORT *division* v • MIL. *division* v • WISK. *division* v
dixieland *dixieland* m
dizzy *étourdi*
dj *D.J.* m; *disc-jockey* m
dl *dl*
DNA *ADN* m *(acide désoxyribonucléique)*
DNA-profiel *empreinte* v *génétique*
do *do* m
dobbelen *jouer aux dés*
dobbelsteen *dé* m
dobber *bouchon* m; *flotteur* m ▾ hij zal een harde ~ hebben om *il aura du mal à*
dobberen *flotter*
dobermann, dobermann pincher *doberman* m
docent *enseignant* m [v: *enseignante*]; *professeur* m; INFORM. *prof* m/v
docentenkamer *salle* v *des professeurs*
doceren *enseigner*; *être professeur*; *donner des cours*
doch *mais*; *cependant*
dochter *fille* v
dochteronderneming *filiale* v
dociel I BNW *docile* **II** BIJW *docilement*
doctor *docteur* m ★ vrouwelijke ~ *(femme) docteur* v ★ ~ in de letteren *docteur ès lettres / en droit*
doctoraal ≈ *maîtrise* v ★ zijn ~ doen *passer sa maîtrise* v
doctoraalstudent *étudiant* m *qui prépare la maîtrise* [v: *étudiante* ...]
doctoraat *doctorat* m

doctorandus ≈ *titulaire* m/v *d'une maîtrise*; *diplômé* m [v: *diplômée*]; ⟨in België⟩ *licencié* m [v: *licenciée*]
doctrinair *doctrinaire*
doctrine *doctrine* v
docudrama *docudrame* m
document *document* m
documentaire *documentaire* m
documentalist *documentaliste* m/v
documentatie *documentation* v
documenteren *documenter*
dode *mort* m [v: *morte*]; *défunt* m [v: *défunte*] ★ er vielen doden *il y a eu des morts*
dodelijk I BNW • dood veroorzakend *mortel* [v: *mortelle*]; *fatal* [m mv: *fatals*] • hevig *mortel* [v: *mortelle*] **II** BIJW *mortellement*; *à mort* ★ ~ vermoeid *mort de fatigue* ★ ~ verongelukken *être tué dans un accident* ★ zich ~ vervelen *mourir d'ennui*; *s'ennuyer à mourir*
doden *tuer* ▾ de tijd ~ *tuer le temps*
dodencel *cellule* v *de condamné*
dodendans *danse* v *macabre*
dodenherdenking *commémoration* v *des morts*
dodenlijst *liste* v *des morts*; *nécrologie* v
dodenmasker *masque* m *mortuaire*
dodenmis *messe* v *des morts*
dodenrijk *royaume* m *des morts*
dodenrit *course* v *à la mort*
dodensprong *saut* m *de la mort*
dodenstad *nécropole* v
dodental *nombre* m *de morts*
dodenwake *veillée* v *funèbre / mortuaire*
doedelzak *cornemuse* v; ⟨Bretons⟩ *biniou* m
doe-het-zelfzaak *magasin* m *de bricolage*
doe-het-zelver *bricoleur* m [v: *bricoleuse*]
doei *salut*; *à plus*
doek I ZN [de] lap stof *morceau* m *de tissu* [m mv: *morceaux* ...]; ⟨poets-/stofdoek⟩ *chiffon* m; ⟨omslagdoek⟩ *châle* m ★ zijn arm in een doek dragen *porter le bras en écharpe* ▾ uit de doeken doen *expliquer*; *exposer* ▾ een doekje voor het bloeden *de quoi faire passer la pilule* ▾ er geen doekjes om winden *ne pas mâcher ses mots*; *mettre les pieds dans le plat* **II** ZN [het] • stof *toile* v • schilderij *toile* v • projectiescherm *(grand) écran* m ★ op het witte doek *à l'écran* • toneelgordijn *rideau* m [mv: *rideaux*] ★ het doek gaat op / valt *le rideau se lève / tombe* ★ het vallen van het doek *la chute du rideau* ▾ een open doekje geven ≈ *acclamer à rideau levé*; *rappeler*
doel • doeleinde *objectif* m; *but* m; *objet* m; *fin* v; ⟨bestemming⟩ *destination* v ★ zich ten doel stellen (om) *se proposer (de)* ★ met dat doel *à cette fin*; *à cet effet* ★ ten doel hebben *avoir pour but / objet* ★ zijn doel bereiken *parvenir à ses fins* ★ met het doel (om) *dans le but (de)* ★ voor een goed doel *pour une bonne cause*; *au profit d'une œuvre* ★ recht op zijn doel afgaan *aller droit au but*; *ne pas y aller par quatre chemins* • doelwit *but* m; ⟨mikpunt⟩ *cible* v ★ militair doel *objectif militaire* m • goal *but* m ★ in eigen doel (schieten) *(marquer) contre son camp* ★ doel treffen *marquer (un but)* ▾ het doel heiligt de middelen *la fin justifie les moyens*; INFORM. *tous les moyens sont bons* ▾ schot / kans voor open doel ≈ *occasion immanquable / en or*; *succès facile*
doelbewust I BNW *conscient*; *calculé* **II** BIJW *consciemment*; *volontairement*
doeleinde *but* m; *fin* v ★ voor allerlei ~n *à multiples usages*; *multifonction(s)*
doelen ~ op *viser à*; *faire allusion à*
doelgebied *surface* v *de but*
doelgemiddelde *goal average* m
doelgericht I BNW *direct*; *ciblé*; SPORT *cadré* **II** BIJW *d'une façon pertinente*
doelgroep *(groupe* m*) cible* v ★ op een ~ gericht *ciblé*
doellijn *ligne* v *de but*
doelloos I BNW • zonder doel *sans but* • nutteloos *inutile* **II** BIJW zonder doel *sans but*; *au hasard*
doelman *gardien* m *de but* [v: *gardienne* ...]
doelmatig I BNW *efficace* **II** BIJW *efficacement*
doelpunt *but* m ★ een ~ maken *marquer (un but)*
doelsaldo *différence* v *de buts*
doelschop *coup* m *de pied de but*
doelstelling *objectif*
doeltaal *langue* v *cible*
doeltreffend I BNW *efficace* **II** BIJW *efficacement*
doelwit *but* m; *cible* v
Doema *douma* v
doemdenken *défaitisme* m; *sinistrose* v; *catastrophisme* m
doemen *condamner (***tot** *à)* ★ gedoemd te sterven *condamné à mourir* ★ tot mislukken gedoemd *voué à l'échec*
doen I OV WW • verrichten *faire* ★ niets aan te doen *rien à faire* ★ veel te doen hebben *être très occupé* ★ wat is hier te doen? *qu'y a-t-il?* ★ een examen doen *passer un examen* ★ in zijn broek doen *faire dans sa culotte* ★ hij heeft het meer gedaan *il n'en est pas à son coup d'essai* ★ zoiets doe je niet *cela ne se fait pas* ★ als je iets voor hem kunt doen *si tu peux qc pour lui* ★ hij wil me iets doen! *il veut me faire du mal!* ★ niet doen! *arrête! as-tu fini!* ★ ik kan er niets aan doen *je n'y peux rien* ★ doe maar wat je niet laten kunt *fais comme tu veux* ★ daar moeten we iets aan doen *il faudra y faire qc* ★ je moet er wat aan laten doen *il faut soigner ça* ★ met 50 euro zal ik het wel kunnen doen *cinquante euros feront l'affaire* ★ iets gedaan krijgen *en venir à bout de qc*; *y arriver*; *obtenir qc (de qn)* ★ dat doet me wat *cela me fait qc / me touche* ★ wat heb je ermee gedaan? *qu'est-ce que tu en as fait?* ★ hij kan het er (goed) van doen *il a les moyens* • functioneren *marcher*; *fonctionner* ★ mijn machine doet het niet *ma machine ne marche pas* ★ die bloemen zouden het daar beter doen *ces fleurs feraient mieux là* • plaatsen *poser*; *mettre* ★ zout in de soep doen *mettre du sel dans la soupe* • schoonmaken *faire*; *ranger*; *nettoyer* • ertoe brengen *faire* ▾ dat doet je goed *cela fait du bien* ▾ ik doe het zonder *je m'en passe* ▾ wat te doen? *que faire?* ▾ dat doet er niet toe *ça ne fait rien* ▾ dat doet het hem *tout est*

do

là(-dedans) ▾ ik had met hem te doen *j'avais affaire à lui*; *il me faisait de la peine* ▾ hij doet het erom *il le fait exprès* ▾ daar is het hem om te doen *c'est ça qu'il veut*; *c'est pour cela* ▾ ertoe doen *compter* ▾ wat doet het ertoe? *qu'importe?*; *peu importe*; INFORM. *qu'est-ce ça peut faire?* **II** ON WW • zich gedragen *faire*; *agir* ★ doen alsof *faire semblant* ★ je doet maar! *fais comme tu veux*; *vas-y!*; *fais comme tu veux!* ★ gewichtig doen *faire l'important* • ~ **aan** ★ aan sport doen *pratiquer un sport*; *faire du sport* ★ aan Frans doen *faire du français* ★ niets aan zijn godsdienst doen *ne pas être pratiquant* • ~ **in** ★ in textiel doen *être dans le textile* • ~ **over** ★ er een uur over doen (om) *mettre une heure (à)* **III** ZN [het] ★ iemands doen en laten *les faits et gestes de qn* ▾ dat is geen doen *c'est infaisable* ▾ in goeden doen zijn *vivre dans l'aisance*; *être aisé* ▾ uit zijn (gewone) doen zijn *ne pas être soi-même / dans son assiette* ▾ van doen hebben met *avoir à faire avec* ▾ voor zijn doen ≈ *à son niveau*

doende ★ ik ben er mee~ *je m'en occupe* ▾ al~ leert men *c'est en forgeant qu'on devient forgeron*

doener *homme* m *d'action*

doenlijk *réalisable*; *faisable*; *possible*

doetje *chiffe* v *molle*

doezelen *somnoler*

doezelig • slaperig *somnolent* • vaag *vague*

dof I BNW • niet helder *terne*; *mat* ★ dof worden *se ternir*; *se voiler* • gedempt *sourd* ★ een doffe stem *une voix voilée* **II** BIJW niet helder *sans éclat*; ⟨gedempt⟩ *sourdement*

doffer *pigeon* m *mâle*

dog *dogue* m ★ Deense dog *danois* m

dogma *dogme* m

dogmatisch I BNW *dogmatique* **II** BIJW *dogmatiquement*

dogmatiseren *dogmatiser*

dojo *dojo* m

dok *bassin* m; *dock* m; *carénage* m; ⟨droogdok⟩ *cale* v *sèche / de radoub* ★ drijvend dok *dock flottant*

doka *chambre* v *noire*

dokken • betalen *casquer*; *cracher* • in dok brengen *mettre en cale sèche*

dokter *médecin* m; *docteur* m; INFORM. *toubib* m

dokteren • als dokter optreden *pratiquer* • rommelen~ **aan** *bricoler*

doktersadvies *avis* m *médical*

doktersassistente *secrétaire* v *médicale*

doktersroman ≈ *roman* m *à l'eau de rose*

doktersverklaring *attestation* v *du médecin*; ⟨attest⟩ *certificat* m *médical*

dokwerker *docker* m; ⟨losser⟩ *débardeur* m

dol I ZN [de] roeipen *tolet* m **II** BNW • gek *fou* [v: *folle*] [vóór klinker of stomme h: fol]; ⟨woest⟩ *furieux* [v: *furieuse*]; *frénétique*; ⟨hondsdol⟩ *enragé* ★ ik word er dol van *ça me rend fou / dingue* ★ dat is te dol *c'est trop fort* ★ niets is hem te dol *il ne recule devant rien* • verzot~ **op** *fou de* [v: *folle de*] ★ dol zijn op *être fou de*; *raffoler de*; *adorer*; *aimer à la folie* • van slag ⟨v. wijzer(instrument)⟩ *fou* ★ de schroef is dol *la vis foire* ▾ door het dolle heen zijn *être déchaîné / dans tous ses états* **III** BIJW *follement* ★ dol verliefd op *amoureux fou de* [v: *amoureuse folle de*]

dolblij *fou de joie* [v: *folle ...*]; *ravi*

doldraaien *disjoncter*; ⟨controle verliezen⟩ INFORM. *péter les plombs*; ⟨v. schroef⟩ *foirer*

doldriest *téméraire*; *risque-tout* [onv]

dolen *errer*; FIG. *s'égarer*

dolfijn *dauphin* m

dolfinarium *bassin* m *aux dauphins*

dolgelukkig *fou de joie* [v: *folle ...*]; *ravi*

dolgraag *bien volontiers*

dolk *poignard* m ★ met een dolk steken *donner un coup de poignard*; *poignarder*

dollar *dollar* m

dolleman *forcené* m; *enragé* m

dollemansrit *course* v *folle*

dollen *faire le fou*

dom I ZN [de] kerk *cathédrale* v; *dôme* m **II** BNW niet slim *bête*; *stupide*; ⟨onwetend⟩ *ignorant*; *ignare* ★ een domme streek *une bêtise* ★ zo dom als een ezel *bête comme un pied / à manger du foin* ★ zich van de domme houden *faire l'innocent / l'ignorant*

domein *domaine* m

domeinnaam *nom* m *de domaine*

domesticeren *domestiquer*; PLANTK. *améliorer*

domheid *bêtise* v; *stupidité* v

domicilie *domicile* m ★ ~ kiezen *élire domicile*

dominant I ZN [de] ⟨kleur/toon⟩ *dominante* v **II** BNW *dominant*; *prépondérant*

dominee *pasteur* m ▾ er gaat een~ voorbij *un ange passe*

domineren *(pré)dominer*

dominicaan *dominicain* m

Dominicaanse Republiek *République* v *dominicaine*

domino *dominos* m mv ★ ~ spelen *jouer aux dominos*

dominosteen *domino* m

dommekracht • werktuig *vérin* m; *cric* m; ⟨hefboom⟩ *levier* m • persoon *gros butor* m

dommelen *somnoler*

domoor *âne* m; *sot* m [v: *sotte*]; *nigaud* m [v: *nigaude*]; ⟨sterker⟩ *crétin* m [v: *crétine*]; *idiot* m [v: *idiote*]; *imbécile* m/v; ⟨sukkel⟩ *andouille* v; ⟨dommerdje⟩ *petite tête* v

dompelaar TECHN. *thermoplongeur* m

dompelen *plonger*; *immerger*

domper • LETT. kapje *éteignoir* m • FIG. iets dat de stemming bederft *douche* v *(froide)* ★ een ~ zetten op de feestvreugde *jeter un froid*; *jouer les trouble-fête*

dompteur *dompteur* m [v: *dompteuse*]

domweg *tout bêtement*

donateur *donateur* m [v: *donatrice*]

donatie *donation* v; *don* m

donder *tonnerre* m ▾ daar kun je~ op zeggen *je te le promets!*; *c'est sûr et certain!* ▾ naar de ~ helpen *foutre en l'air* ▾ als de~! *illico (presto)!*; *plus vite que ça!*

donderbui *(pluie* v *d')orage* m

donderdag *jeudi* m ★ 's~s *le jeudi* ★ Witte Donderdag *Jeudi* m *saint*

donderdagavond *jeudi* m *soir*

donderdagmiddag *jeudi* m *après-midi*
donderdagmorgen, donderdagochtend *jeudi* m *matin*
donderdagnacht *jeudi* m *nuit*
donderdags I BNW *du jeudi* **II** BIJW *le jeudi*
donderen I OV WW gooien *flanquer*; *ficher* **II** ON WW • vallen *dégringoler* ★ de trap af~ *dégringoler dans l'escalier* • tekeergaan *fulminer*; *tonner* • donderjagen *chahuter*; *déconner* ★ een~de stem *une voix tonnante / de tonnerre* ▾ dat dondert niet *je m'en fiche* **III** ONP WW onweren *tonner*; *gronder* ▾ hij keek alsof hij het in Keulen hoorde~ *il était là comme frappé de la foudre*
donderjagen *chahuter*; *déconner*; INFORM. *foutre le bordel*
donderpreek *admonestation* v ★ een~ houden *fulminer*
donders I BNW *sacré*; *sale* **II** TW *tonnerre!*; *bigre!*
donderslag *coup* m *de tonnerre / de foudre* ★ als een~ bij heldere hemel komen *arriver comme une bombe*; *faire l'effet d'une bombe*
dondersteen *sacré gamin* m [v: *sacrée gamine*]; *garnement* m; *garce* v
donderwolk *nuage* m *orageux*
don juan *don* m *Juan* [mv: *don(s) Juan(s)*]
donker I BNW • duister *sombre*; *obscur*; *noir*; ⟨v. kleur⟩ *foncé*; *sombre*; ⟨v. haar/huid⟩ *brun* ★ het is~ als de nacht *il fait noir comme dans un four*; *il fait nuit noire* ★ het is~ *il fait nuit* ★ het is hier~ *il fait noir ici* ★ ~ maken *obscurcir* ★ het wordt~ *le jour baisse*; *le ciel s'assombrit* • triest *sombre*; *triste*; *noir* **II** ZN [het] *obscurité* v ★ voor het~ *avant la nuit* ★ in het~ *dans le noir / l'obscurité*
donkerblond *blond foncé*; *brun*
donor *donneur* m [v: *donneuse*]
donorcodicil *carte* v *de donneur (d'organes)*
don quichot *don* m *Quichotte* [mv: *don(s) Quichotte(s)*]
dons • fijne veertjes *duvet* m • fijne haartjes *duvet* m
donsjack *doudoune* v
donut *donut* m; *beignet* m
donzen *en duvet* ★ ~ dekbed *couette* v; *duvet* m
donzig *duveteux* [v: *duveteuse*]
dood I ZN [de] *mort* v ★ ter dood brengen *mettre à mort*; *donner la mort à* ★ een natuurlijke dood sterven *mourir de mort naturelle / de sa belle mort / de vieillesse* ★ ter dood veroordelen *condamner à mort* ▾ duizend doden sterven *souffrir mille morts* ▾ de een zijn dood is de ander zijn brood *le malheur des uns fait le bonheur des autres* ▾ als de dood zijn voor *craindre comme la peste* ▾ de zwarte dood *la peste noire* **II** BNW • niet levend *mort*; *décédé*; *disparu* ★ dood of levend *mort ou vif* [v: *morte ou vive*] ★ op sterven na dood *à l'article de la mort* ★ zich dood houden *faire le mort* • niet meer functionerend *mort* • saai *mort* **III** BIJW zeer, hevig ★ ik verveel me dood *je m'ennuie à mourir*
dood- ★ doodsimpel *simple comme bonjour / tout* [bn]; *tout simplement* [bijw] ★ doodserieus *on ne peut plus sérieux*; INFORM. *sérieux comme un pape* [v: *sérieuse ...*]
doodbloeden • sterven *perdre tout son sang* • aflopen FIG. *s'éteindre (doucement)*; *tourner en eau de boudin*
dooddoener *cliché* m; *lieu* m *commun*; *banalité* v
doodeenvoudig I BNW *simple comme bonjour / comme tout* **II** BIJW *tout simplement*
doodeng *terrifiant*
doodergeren [+ zich] *être agacé*
doodgaan *mourir*; INFORM. *crever* ★ ~ van de honger *crever de faim*
doodgeboren *mort-né* [v: *mort-née*] ▾ het was een~ kindje FIG. *c'était un projet mort-né*
doodgewoon I BNW *très banal* [m mv: ... *banals/banaux*]; *très ordinaire*; *quelconque* **II** BIJW *tout simplement*
doodgooien ★ ~ met FIG. *inonder de*
doodgraver • grafdelver *fossoyeur* m • kever *nécrophore* m
doodkalm I BNW *imperturbable* **II** BIJW *imperturbablement*
doodkist *cercueil* m
doodleuk *sans avoir l'air de rien*
doodlopen ⟨op niets uitlopen⟩ *aboutir à une impasse*; *ne mener à rien* ★ een~de straat *une rue sans issue*; *une impasse*; *un cul-de-sac*
doodmaken *tuer*; ⟨v. bal⟩ SPORT *amortir*
doodmoe *mort de fatigue*; *épuisé*; *rompu*; INFORM. *crevé*; *claqué*; *vanné* ★ opeens~ zijn *avoir un coup de barre*
doodop *crevé*; *claqué*
doodrijden I OV WW *écraser* **II** WKD WW [+ zich] ★ zich~ *se tuer en voiture*
doods • niet levendig *mort*; *inanimé*; ⟨verlaten⟩ *désert*; ⟨saai⟩ *morne* • akelig *lugubre*; *sinistre* ★ een~e stilte *un silence de mort*
doodsangst • angst voor de dood *angoisse* v / *affres* v mv *de la mort* • grote angst ★ ~en uitstaan *être dans les transes*; *avoir une peur bleue*
doodsbang *terrifié*; *mort de peur*
doodsbed *lit* m *de mort*
doodsbenauwd *terrifié*; *mort de peur*
doodsbleek *livide*; *blême*; *pâle comme la mort*
doodschamen *mourir de honte*
doodschieten *abattre*; *fusiller*
doodseskader *escadron* m *de la mort*
doodsgevaar *danger* m *de mort*
doodshoofd *tête* v *de mort*
doodskist *cercueil* m
doodsklok *glas* m ▾ de~ over iets luiden *sonner le glas de qc*
doodslaan *tuer*; *frapper à mort*; *assommer*
doodslag JUR. *homicide* m
doodsnood • stervensnood *agonie* v ★ in~ *à l'agonie* • hevige nood *détresse* v
doodsschrik *frayeur* v *mortelle*; *peur* v *bleue*
doodsstrijd *agonie* v
doodsteek *coup* m *mortel*; FIG. *coup* m *de grâce*
doodsteken *poignarder*
doodstil • zonder geluid *sans bruit*; *d'un silence de mort* • zonder beweging *immobile* ★ allen zaten~ *personne ne bougeait*
doodstraf *peine* v *de mort*; *peine* v *capitale*

doodsverachting *mépris* m *de la mort*
doodsvijand *ennemi* m *mortel / juré* [v: *ennemie* ...]
doodtij *morte-eau* v [mv: *mortes-eaux*]
doodvallen *faire une chute mortelle*; ⟨doodblijven⟩ *tomber raide (mort)* ▾ val dood! *tu peux crever!* ▾ ik mag ~ (als ...) *je veux être pendu (si ...)*
doodverklaren *ignorer*; FORM. *ostraciser*
doodvonnis *arrêt* m *de mort*
doodziek *gravement malade*
doodzonde I ZN [de] zonde *péché* m *mortel* **II** BNW ⋆ het is ~! *quel dommage!*; *c'est malheureux!*
doodzwijgen *taire*; *faire garder le silence sur*; *escamoter*
doof *sourd* (**voor** *à*) ⋆ doof aan één oor *sourd d'une oreille* ▾ Oost-Indisch doof zijn *faire la sourde oreille*
doofheid *surdité* v
doofpot ▾ in de ~ stoppen *étouffer*; *enterrer*
doofstom *sourd-muet* [m mv: *sourds-muets*] [v: *sourde-muette*] [v mv: *sourdes-muettes*]
dooi *dégel* m
dooien *dégeler* ⋆ het dooit *le temps est au dégel*; *c'est le dégel*
dooier *jaune* m *(d'œuf)*
doolhof *labyrinthe* m; *dédale* m
doop • REL. *baptême* m ⋆ ten doop houden *tenir sur les fonts baptismaux*; *faire baptiser* • inwijding *baptême* m
doopceel *acte* m *de baptême* ▾ iemands ~ lichten *en dire de belles sur qn*
doopnaam *nom* m *de baptême*
doopsel *baptême* m
doopsgezind *(ana)baptiste*
doopvont *fonts* m mv *baptismaux* [mv]
door I BIJW • van a naar b ⋆ het hele jaar door *toute l'année*; *l'année durant* ⋆ tussen de auto's door *entre les voitures* ⋆ onder de brug door *sous le pont* ⋆ de zaal door lopen *traverser la salle* • versleten *usé*; *troué* ▾ door en door *foncièrement*; *à fond* ▾ door en door koud *glacé jusqu'aux os* ▾ door en door verkleumd *glacé jusqu'aux os* ▾ iem. door en door kennen *connaître qn à fond* ▾ dat kan ermee door *ça peut aller* **II** VZ • van a naar b *à travers*; *par* ⋆ hij liep door de kamer *il traversa la pièce* ⋆ door de week *pendant la semaine* ⋆ ergens niet door kunnen *ne pas pouvoir passer* • oorzaak/middel *à cause de*; *par*; ⟨dankzij⟩ *grâce à* ⋆ door hem ben ik gered *c'est lui qui m'a sauvé*; *c'est grâce à lui que j'ai été sauvé* ⋆ door te trainen word je sterk *en s'entraînant, on devient fort* • wegens/vanwege ⟨lijdende vorm⟩ *par*; ⟨vanwege⟩ *de* ⋆ door allen bemind *aimé de tous* • vermenging *dans* ⋆ wat doe jij door de sla? *qu'est-ce que tu mets dans la salade?*
dooraderd *veiné*
doorbakken *bien cuit*
doorberekenen *répercuter* (**in** *sur*) ⋆ de kosten in de prijs ~ *répercuter les frais sur le prix de vente*
doorbijten I OV WW *mordre* **II** ON WW doorzetten *s'accrocher*
doorbladeren *feuilleter*; *parcourir*
doorbloed *trempé de sang*; ⟨v. vlees⟩ *saignant*
doorborduren ⋆ op iets ~ *épiloguer sur qc*; *développer / élaborer un thème*
doorboren *continuer à percer*
doorboren *(trans)percer*; *perforer*
doorbraak • het doordringen *percée* v • bres *brèche* v; MIL. *trouée* • breuk *rupture* v • ommekeer *tournant* m
doorbranden *griller*; ⟨v. zekering⟩ *sauter*
doorbreken I OV WW stukbreken *rompre*; *casser* **II** ON WW • stukgaan *se rompre*; *se casser* ⋆ de dijken breken door *les digues cèdent* • erdoor komen *percer*
doorbreken *rompre*; *percer*
doorbrengen *passer* (**met** *[à + inf.]*)
doordacht *réfléchi*; *(bien) pesé*
doordat *du fait que*; *comme* ⋆ dat komt ~ ... *c'est dû au fait que ...*; *c'est parce que ...*
doordenken *réfléchir mûrement*
doordenken *calculer*; *peser*
doordenkertje ≈ *petite phrase* v *du deuxième degré*; ⟨vraag⟩ *colle* v
doordeweeks ⋆ een ~e dag *un jour de semaine* ⋆ ~e kleren *des vêtements de tous les jours*
doordraaien I OV WW • ECON. uit de verkoop halen *retirer de la vente* • verkwisten *gaspiller* **II** ON WW • doldraaien ⟨controle verliezen⟩ *disjoncter*; INFORM. *péter les plombs*; ⟨v. schroef⟩ *foirer* • slippen *patiner*
doordrammen • blijven drammen *pousser*; *s'obstiner* • doordrukken *imposer*; *faire accepter* ⋆ zijn zin ~ *imposer sa volonté*
doordraven *pérorer*; *parler à tort et à travers* ⋆ wat draaf je weer door *comme tu y vas!*
doordrenken *tremper*; *imbiber*
doordrijven *imposer*; *faire accepter* ⋆ zijn zin / wil ~ *imposer sa volonté*
doordringen • komen *pénétrer* (**in/tot** *dans*); ⟨diep⟩ *s'enfoncer* (**in/tot** *dans*) • zich kenbaar maken ~ **tot** *parvenir à* ⋆ het drong niet tot me door *je ne m'en rendais pas compte*
doordringen • binnendringen *pénétrer*; *entrer dans* • overtuigen ~ **van** *convaincre de* ⋆ doordrongen van *imprégné de*
doordringend *pénétrant*; ⟨scherp⟩ *perçant*
doordrukken I OV WW dwingend opleggen *faire accepter*; *imposer* **II** ON WW een doordruk maken *passer à travers*
doordrukstrip *plaquette* v *(à alvéoles)*
dooreen *pêle-mêle*; *en désordre*; FIG. *en moyenne*
doorgaan • blijven gaan *poursuivre son chemin* • blijven doen *continuer* ⋆ ~ met iets *continuer (à/de faire) qc* • voortduren *continuer*; *durer* ⋆ moet dat zo ~? *est-ce qu'on n'en finira jamais?* ⋆ als het zo doorgaat ... *au train où vont les choses ...* • doorgang vinden *avoir lieu* ⋆ gaat het nog door? *ça tient toujours?* ⋆ dat plan gaat niet door *ce projet est abandonné / caduc / n'est pas retenu* • gaan door iets *passer par* ⋆ gaan we door Parijs? *on passe par Paris?* ⋆ we zijn de hele stad doorgegaan *nous avons parcouru la ville de long en large* • beschouwd worden ~ **voor** *passer pour*; *faire figure de*
doorgaand *continu* ⋆ ~e reizigers *voyageurs en*

transit ★ ~ verkeer *toutes directions* ★ ~e trein *train direct*
doorgaans *généralement*; *en règle générale*
doorgang • weg erdoor *passage* m • het plaatsvinden ★ ~ vinden *avoir lieu*
doorgangshuis *maison* v *de passage*
doorgangskamp *camp* m *de transit*
doorgeefluik *passe-plat* m [mv: *passe-plats*]
doorgeven • verder geven *faire passer*; *faire circuler* • overbrengen *passer*; *transmettre* ★ ik zal het hem ~ *je lui passerai le message*
doorgewinterd *rodé*; *chevronné*
doorgronden *pénétrer*; *approfondir*
doorhalen • erdoor trekken *(faire) passer* • schrappen *rayer*; *biffer* ★ ~ wat niet van toepassing is *rayer les mentions inutiles*
doorhaling *rature* v
doorhebben *deviner*; *comprendre*; *saisir* ★ iem. ~ *voir venir qn* ★ hij heeft niets door *il ne se méfie de rien*
doorheen *à/au travers* ★ je moet er ~ *il faut y passer* ▾ er ~ zitten *être dans une mauvaise passe* ▾ ik ben er ~ *j'ai fini*; *je n'en ai plus* ▾ zich er ~ slaan *s'accrocher*; *se débrouiller*; *s'en tirer*
doorkiesnummer *ligne* v *directe*
doorkijk *échappée* v; *trouée* v
doorkijken ⟨v.e. les⟩ *repasser*; ⟨v.e. boek⟩ *parcourir*; *feuilleter*; ⟨vluchtig doornemen⟩ *survoler* ★ zijn post ~ *dépouiller son courrier*
doorklieven *fendre*
doorkneed ★ ~ zijn in ... *être rompu à ...*; *être ferré en ...*
doorknippen *couper (en deux)*
doorkomen • *passer*; ⟨doorstromen⟩ *passer par*; ⟨dóórbreken⟩ *percer* • door iets heen komen ★ er is geen ~ aan *il n'y a pas moyen de passer* • het eind halen van *réussir* ★ er is geen ~ aan *on n'en voit pas la fin*
doorkrassen *biffer*; *rayer*
doorkruisen *biffer d'une croix*
doorkruisen • rondtrekken *parcourir*; *sillonner* • dwarsbomen *contrecarrer*; *contrarier*
doorlaatpost *poste* m *de contrôle*
doorlaten *laisser passer* ★ geen water ~ *être imperméable*
doorleefd *vécu*
doorleren *continuer ses études*
doorleven *continuer à vivre*
doorleven *vivre*; *passer*; *traverser*
doorlezen **I** OV WW doornemen ⟨v.e. les⟩ *repasser*; ⟨v.e. tekst⟩ *parcourir*; ⟨vluchtig doornemen⟩ *survoler* ★ de krant vluchtig ~ *parcourir le journal*; *feuilleter le journal* ★ zijn post ~ *dépouiller son courrier* **II** ON WW verder lezen *continuer à lire*
doorlichten *radiographier*; *faire passer à la radio(scopie)* ▾ een bedrijf ~ *faire l'audit d'une entreprise*
doorliggen *avoir des escarres*
doorlopen **I** OV WW • stuklopen *abîmer / trouer (en marchant)* • doorkijken *parcourir*; ⟨vluchtig doornemen⟩ *survoler* **II** ON WW • verder lopen *continuer* ★ ~! *allongez le pas!*; *circulez!* • lopen door *traverser*; *passer à travers* • overvloeien *couler*; *se mêler*
doorlopen • lopend gaan door *parcourir* • afleggen *passer par*
doorlopend **I** BNW *continu*; *ininterrompu*; *continuel* [v: *continuelle*]; *suivi* ★ ~ krediet *crédit permanent* m ★ ~e voorstelling *séance permanente* v **II** BIJW *continuellement*
doorloper • puzzel *grille* v *muette* • schaats *patin* m *de course*
doormaken *vivre*; *traverser*; *passer par*; *connaître* ★ een moeilijke tijd ~ *être dans une mauvaise passe*
doormidden *en deux*
doorn *épine* v; *piquant* m ▾ dat is hem een ~ in het oog *ça lui est insupportable*
doornat *trempé jusqu'aux os*
doornemen • doorkijken *parcourir*; ⟨vluchtig doornemen⟩ *survoler* ★ een artikel vluchtig ~ *parcourir un article* • bespreken *traiter*; *parler de*
doornig *épineux* [v: *épineuse*]
Doornroosje *la Belle au bois dormant*
doorpraten *discuter (à fond)*
doorprikken *percer* ▾ een illusie ~ *baisser un mythe*; *bousculer une idée reçue*
doorregen *entrelardé* ★ ~ spek *lard maigre*
doorreis *passage* m ★ op ~ zijn *être de passage*
doorrijden • verder rijden *continuer (sa route)* ★ het ~ na een ongeluk *le délit de fuite* • sneller rijden *accélérer*
doorrijhoogte *hauteur* v *maximale*
doorrookt *pénétré de fumée*
doorschakelen *passer ses vitesses*
doorschemeren *percer*; *transpararaître* ▾ (iemand) iets laten ~ *laisser entendre qc à qn*; *sous-entendre qc*
doorschieten • te ver doorgroeien *monter en graine* • te ver glijden *filer*
doorschieten ★ met kogels ~ *(trans)percer / cribler de balles*
doorschijnend *translucide*; *diaphane*; ⟨doorzichtig⟩ *transparent*
doorseinen *transmettre*
doorslaan **I** OV WW stukslaan *casser* **II** ON WW • overhellen ⟨v. balans⟩ *trébucher* • kortsluiten *sauter*; *griller* ★ de stoppen zijn doorgeslagen *les plombs ont sauté*; *il/elle a pété les plombs* • zwammen *dérailler*; *divaguer* • bekennen *lâcher le morceau*; *se mettre à table* • doldraaien *patiner* • doordringen *pénétrer* ★ de brand is doorgeslagen *le feu a gagné (les autres pièces)*
doorslaand *décisif* [v: *décisive*]; *concluant*
doorslag *double* m; *copie* v ▾ de ~ geven *faire pencher la balance*; *être décisif* [v: *être décisive*]
doorslaggevend *décisif* [v: *décisive*]
doorslagpapier *papier* m *pelure*
doorslikken *avaler*
doorsmeren *graisser*; ⟨v. auto⟩ *faire le graissage*
doorsnee **I** ZN [de] • snijvlak *intersection* v • denkbeeldig vlak *coupe* v; *section* v • diameter *diamètre* m ▾ in ~ *en moyenne* **II** BNW *moyen* [v: *moyenne*] ★ de ~ leerling *l'élève moyen(ne)*
doorsnijden *couper*; *sectionner*; *trancher*
doorsnijden *traverser*; ⟨doorklieven⟩ *fendre*
doorspekken *(entre)larder (*met *de)*; *truffer (*met

de)
doorspelen *passer (***aan** *à); refiler (***aan** *à)*
doorspoelen *rincer; purger;* ⟨doortrekken⟩ *tirer la chasse d'eau*
doorspreken *discuter*
doorstaan ⟨ondergaan⟩ *supporter; subir; souffrir; passer par; essuyer;* ⟨dóórkomen⟩ *réussir; franchir; s'en sortir;* ⟨bestand zijn tegen⟩ *résister à*
doorstart ≈ *redémarrage* m
doorsteken I OV WW • erdoor steken *faire passer* • openen *percer* • ontstoppen *déboucher; curer* **II** ON WW kortere weg nemen *prendre un raccourci*
doorsteken *transpercer*
doorstoten *faire une percée*
doorstrepen *rayer; biffer*
doorstromen • verder stromen *s'écouler* ★ ~d verkeer *circulation fluide* • verder bewegen ≈ *bouger; passer;* ECON. *se renouveler*
doorstromen *parcourir*
doorsturen *réexpédier; faire suivre;* COMP. *transférer;* ⟨verwijzen (naar)⟩ *renvoyer (à)*
doortastend *énergique; dynamique*
doortimmerd *charpenté; bien structuré; élaboré*
doortocht • het doortrekken *traversée* v • doorgang *passage* m
doortrapt *rusé; malin* [v: *maligne*]; *fieffé*
doortrekken I OV WW • wc doorspoelen ★ de wc ~ *tirer la chasse d'eau* • verlengen *prolonger* **II** ON WW gaan door *traverser; parcourir*
doortrekken *impregner; imbiber (***met** *de)*
doorvaart *passage* m; *passe* v; *détroit* m
doorverbinden *passer la communication* ★ kunt u mij ~ met meneer X? *pouvez-vous me passer Monsieur X?*
doorverkopen *revendre*
doorvertellen *propager; divulguer;* ⟨verklikken⟩ *rapporter*
doorverwijzen *renvoyer* ★ ~ naar *renvoyer chez*
doorvoed *bien nourri*
doorvoer *transit* m
doorvoeren • ten uitvoer brengen *appliquer* • transporteren *transiter*
doorvoerhaven *port* m *de transit*
doorvoerrecht *droit* m *de transit*
doorvorsen *explorer*
doorvragen *insister*
doorwaadbaar *guéable* ★ doorwaadbare plaats *gué* m
doorwaakt ★ een ~e nacht *une nuit blanche*
doorweekt *trempé;* ⟨v. grond⟩ *détrempé*
doorwerken I OV WW geheel bestuderen *étudier à fond* **II** ON WW • hard werken *travailler d'arrache-pied; ne pas chômer* • invloed hebben ★ ~ op *se faire sentir dans; se répercuter sur*
doorworstelen *se frayer un passage à travers;* FIG. *venir péniblement à bout de* ★ hij worstelde het boek door *il venait péniblement à bout du livre*
doorwrocht *charpenté; bien structuré; élaboré*
doorzagen I OV WW • in tweeën zagen *scier (en deux)* • ondervragen ★ iem. ~ over iets *rabattre les oreilles de qn avec qc* **II** ON WW doorzeuren *rabâcher; radoter*
doorzakken • verzakken *s'affaisser* • lang/veel drinken *lever le coude; faire la fête*
doorzetten I OV WW laten doorgaan *aller jusqu'au bout de; ne pas abandonner* **II** ON WW • volhouden *persévérer; s'accrocher; ne pas démordre* • krachtiger worden *s'intensifier; aller en augmentant*
doorzetter *personne* v *tenace; accrocheur* m [v: *accrocheuse*]; *battant* m [v: *battante*]
doorzettingsvermogen *ténacité* v
doorzeven ★ doorzeefd met kogels *criblé de balles*
doorzichtig • doorschijnend *transparent* • FIG. te doorgronden *cousu de fil blanc; téléphoné*
doorzien ⟨v.e. boek e.d.⟩ *parcourir; feuilleter;* ⟨vluchtig doornemen⟩ *survoler*
doorzien *pénétrer; percevoir;* ⟨doorhebben⟩ *deviner; comprendre* ★ iem. ~ *voir venir qn*
doorzoeken *fouiller;* ⟨door de autoriteiten⟩ *perquisitionner*
doorzonwoning ≈ *habitation* v *à double exposition*
doos *boîte* v; ⟨v. karton⟩ *carton* m; ⟨foedraal⟩ *étui* m ▼ uit de oude doos *vieux jeu* ▼ de doos van Pandora *la boîte de Pandore*
dop • dekseltje *bouchon* m; *capsule* v; ⟨v. pen⟩ *capuchon* m • omhulsel ⟨peul⟩ *cosse* v; *gousse* v; ⟨schaal⟩ *coquille* v; *coque* v ▼ dokter in de dop *médecin* m *en herbe* ▼ pas uit de dop *novice* ▼ kijk uit je doppen! *tu es aveugle ou quoi?*
dopamine *dopamine* v
dope *doping* m; ⟨goedje⟩ *dopant* m ★ dope gebruiken *se doper*
dopen • de doop toedienen *baptiser* ★ iem. Hugo ~ *baptiser qn sous le nom de Hugues* • indompelen *tremper* • dope toedienen *doper*
Doper ▼ Johannes de ~ *Jean-Baptiste*
doperwt *petit pois* m
dopheide *bruyère* v *(cendrée)*
doping • middel(en) *dopant* m • het toedienen *dopage* m; *doping* m
dopingcontrole *test* m *antidopage; contrôle* m *antidoping*
doppen *éplucher;* ⟨v. noten⟩ *écaler;* ⟨v. peulvruchten⟩ *écosser*
dopplereffect *effet* m *Doppler*
dopsleutel *clé* v *à douille*
dor • verdroogd *sec* [v: *sèche*]; *desséché;* ⟨v. grond/streek⟩ *aride* ★ dorre bladeren *feuilles mortes* • saai *mort; terne*
dorp *village* m
dorpel *seuil* m; ⟨bovendorpel⟩ *linteau* m
dorpeling *villageois* m [v: *villageoise*]
dorps I BNW *campagnard; villageois; rural* [m mv: *ruraux*] **II** BIJW *comme à la campagne*
dorpsbewoner *villageois* m [v: *villageoise*]
dorpsgek *idiot* m *du village*
dorpshuis • gemeenschapshuis ≈ *salle* v *des fêtes* • *mairie* v
dorsen *battre (le blé)*
dorsmachine *batteuse* v
dorst • behoefte aan drinken *soif* v ★ ~ hebben *avoir soif* ★ zijn ~ lessen *se désaltérer* • sterk

verlangen *soif* v ▾ de ~ naar goud *la soif de l'or*
dorsten ~ **naar** *avoir soif de*; *être avide / assoiffé de*
dorstig *assoiffé* ★ ~ maken *donner soif*
dorsvlegel *fléau* m [mv: *fléaux*]
dorsvloer *aire* v *(de battage)*
doseren *doser* ★ het ~ *le dosage*
dosis *dose* v; ‹klein› *dosette* v ★ een flinke ~ *une bonne dose*
dossier *dossier* m ★ een ~ aanleggen *constituer un dossier*
dot *touffe* v; ‹v. watten/katoen› *tampon* m ▾ een dot van een hoedje *un amour de chapeau* ▾ een dot van een kans *une occasion en or*
dotcom *dotcom* v
dotterbehandeling *angioplastie* v *coronaire (par ballonnet)*
dotterbloem *populage* m
douane • dienst *douane(s)* v (mv) • grenspost *douane* v • beambte *douanier* m [v: *douanière*]
douanier *douanier* m [v: *douanière*]
doublé I ZN [het] *doublé* m **II** BNW *en doublé*
double-breasted ★ ~ jasje *veste* v *croisée*
doubleren • verdubbelen *doubler* • blijven zitten *redoubler (une classe)*
douceurtje *petit extra* m
douche *douche* v ▾ koude ~ *douche froide*
douchecel *(cabine* v *de) douche* v
douchegordijn *rideau* m *de douche* [m mv: *rideaux* ...]
douchen *prendre sa douche*
douw • → **duw**
douwen • → **duwen**
dove *sourd* m [v: *sourde*] ▾ voor doven preken *prêcher dans le désert*
dovemansoren ▾ dat is niet aan ~ gezegd *ce n'est pas tombé dans l'oreille d'un sourd*
doven • uitdoen *éteindre* • minder maken *ternir*; ‹v. geluid› *étouffer*
dovenetel *lamier* m ★ gele / witte ~ *ortie* v *jaune / blanche*
down *déprimé*; *démoralisé* ★ down zijn *avoir le cafard / un coup de déprime / le moral à zéro* ▾ down gaan *chuter*; COMP. *(se) planter* ▾ twee down *deux de chute*
download *téléchargement* m
downloaden *télécharger*
downsyndroom *trisomie* v [21]; *mongolisme* m
dozijn *douzaine* v ★ per ~ *à la douzaine* ▾ zo gaan er dertien in een ~ *on en trouve (treize) à la douzaine*
draad • lang en dun geheel *fil* m; ‹draadje› *filet* m; *brin* m; ‹touwtje› *ficelle* v; *bout* m *de fil* • vezel *fibre* v; *filament* m • schroefdraad *filet* m *(de vis)* • samenhang *fil* m ★ de ~ kwijtraken / weer oppakken *perdre / reprendre le fil* ▾ tegen de ~ in zijn *avoir l'esprit de contradiction* ▾ voor de ~ komen *s'expliquer* ▾ tegen de ~ in *à contre-fil* ▾ met de ~ mee *dans le fil* ▾ recht van ~ *droit de fil* ▾ tot op de ~ versleten *usé jusqu'à la corde* ▾ de ~ van Ariadne *le fil d'Ariane* ▾ de rode ~ *le fil conducteur / rouge* ▾ er zit bij hem een ~je los *il a une case en moins* ▾ geen droge ~ meer aan het lijf hebben *ne plus avoir un poil de sec* ▾ aan een zijden ~je hangen *ne tenir qu'à un fil*
draadloos *sans fil* ★ draadloze besturing *téléguidage* m; *télécommande* v
draadnagel *clou* m; *pointe* v
draadtang *bec-de-corbeau* m; *bec-de-corbin* m
draagbaar I ZN [de] *brancard* m; *civière* v **II** BNW *portable*; *portatif* [v: *portative*]
draagberrie *brancard* m; *civière* v
draagkarton *pack* m
draagkracht *moyens* m mv *(financiers)* ★ naar ~ *selon ses moyens*
draagkrachtig *qui a les moyens*; *aisé* ★ de minder ~en *les économiquement faibles*
draaglijk *supportable*; *tolérable*
draagmoeder *mère* v *porteuse*
draagraket *fusée* v *porteuse*
draagstoel *chaise* v *à porteurs*
draagtas *sac* m *(en plastique)*
draagtijd *gestation* v
draagvermogen *charge* v *admissible*; TECHN. *force* v *portative*; ‹v. balk› *portée* v; ‹laadvermogen› *capacité* v *de charge*
draagvlak • vlak *surface* v *portante*; ‹v. vliegtuig› *plan* m *de sustentation* • ondersteunende groep *base* v ★ een breed ~ *un large consensus*; *une large adhésion*
draagwijdte • bereik *portée* v • strekking *portée* v
draai • draaiing *tour* m; ‹v. weg› *tournant* m; *courbe* v • klap ★ een ~ om de oren *une gifle* ▾ zijn ~ niet kunnen vinden *ne pas être dans son assiette* ▾ ergens zijn ~ vinden *faire son trou / trouver ses marques quelque part*
draaibaar *tournant*
draaibank *tour* m
draaiboek *scénario* m
draaicirkel ‹v. auto› *rayon* m *de braquage*
draaideur *porte* v *à tambour*
draaideurcrimineel *(multi)récidiviste* m/v
draaien I OV WW • in het rond doen gaan *(faire) tourner* • keren/wenden *(re)tourner* • draaiend maken *tourner* ★ een sjekkie ~ *rouler une cigarette* ★ een film ~ *tourner un film* ★ een nummer ~ *composer / faire un numéro* • afdraaien *passer* ▾ zich eruit ~ *tirer son épingle du jeu* ▾ hoe je het ook draait of keert *on peut tourner et retourner la question*; *il n'y a pas à tortiller* **II** ON WW • in het rond gaan *tourner*; ‹om as› *pivoter* • wenden *tourner*; ‹scheep-/luchtvaart› *virer* ★ naar links ~ *tourner à gauche* • functioneren *marcher* ★ onder Windows ~ *fonctionner sous Windows* ★ de zaak ~d houden *faire tourner la boutique* • vertoond worden *passer* ▾ het draait me (voor de ogen) *j'ai la tête qui tourne* ▾ daar draait alles om *c'est là le nœud de l'affaire*; *c'est la cheville ouvrière / la pièce maîtresse / le pivot* ▾ de bak in ~ *aller en taule* ▾ er omheen ~ *tourner autour du pot / de la question*
draaierig ★ ik ben wat ~ *j'ai le vertige*; *j'ai la tête qui tourne*
draaiing *rotation* v; *giration* v

dr

dr

draaikolk *tourbillon* m
draaikont *faux jeton* m
draaimolen *manège* m
draaiorgel *orgue* m *de Barbarie*
draaischijf • kiesschijf *cadran* m • pottenbakkersschijf *tour* m
draaitafel MUZ. *platine* vs
draaitol • tol *toupie* v • persoon *girouette* v
draak • beest *dragon* m • akelig mens *plaie* v • voorwerp *horreur* v • melodrama *mélodrame* m ▾ de ~ steken met *se moquer de*
drab • derrie *gadoue* v • bezinksel *dépôt* m; ⟨v. koffie⟩ *marc* m; ⟨v. wijn⟩ *lie* v
dracht • drachtig zijn *portée* v • kleding *costume* m; *habits* m mv
drachtig *pleine*
draconisch *draconien* [v: *draconienne*]
draf *trot* m ⋆ op een drafje *au trot*; *en courant* ⋆ in (gestrekte / korte) draf *au (grand / petit) trot*
drafsport *courses* v mv *de trot (attelé)*
dragee *dragée* v
dragen I OV WW • aan/bij zich hebben *porter*; *avoir sur soi* ⋆ ge~ kleren *habits usagés* ⋆ dat wordt veel ge~ *cela se porte beaucoup* • op zich nemen *porter*; *assumer* ⋆ zorg ~ voor *avoir soin de* • ondersteunen *porter*; *soutenir* ⋆ een ~de muur *un mur portant / porteur* • voortbrengen *porter*; *rapporter* • verdragen *supporter* **II** ON WW • reikwijdte hebben *porter* • etteren *suppurer* • zwanger zijn *porter*
drager • wezen *porteur* m [v: *porteuse*]; ⟨houder⟩ *détenteur* m [v: *détentrice*]; ⟨bekleder⟩ *titulaire* m/v • houder *détenteur* m [v: *détentrice*] • bekleder *titulaire* m/v • voorwerp *support* m; *portant* m
dragline *dragline* m; *pelleteur* m
dragon *estragon* m
dragonder *dragon* m
drain *drain* m
draineren *assainir*; OOK MED. *drainer*
dralen *tarder*; *temporiser* ⋆ zonder ~ *sans délai*; *sur-le-champ*; *sans tergiverser*
drama *drame* m
dramatiek *dramatique* m; ⟨kunst⟩ *dramaturgie* v
dramatisch I BNW *dramatique* **II** BIJW *dramatiquement* ⋆ ~ doen *en faire un drame*
dramatiseren *dramatiser*
dramaturg *dramaturge* m/v
drammen *pousser*; *s'obstiner*
drammer *casse-pieds* m/v [onv]
drammerig *tenace*; *obstiné*; *casse-pieds* [onv]
drang • druk *poussée* v; *pression* v ⋆ onder de ~ van de omstandigheden *par la force des choses* • aandrang *impulsion* v; ⟨aandrift⟩ *pulsion* v; *instinct* m
dranger *ferme-porte* m [onv]
dranghek *barrière* v *(mobile / Nadar)*
drank • vocht *boisson* v • alcoholische drank *boisson* v *alcoolisée*; *alcool* m ⋆ aan de ~ zijn *boire*; *être alcoolique*; *être adonné à la boisson*
drankje • glaasje drank *petit verre* m • geneesmiddel *potion* v; *breuvage* m
drankmisbruik *abus* m *de l'alcool*
drankorgel *soiffard* m [v: *soiffarde*]
draperen *draper*
draperie *draperie* v
drassig *marécageux* [v: *marécageuse*]
drastisch *drastique*; *rigoureux* [v: *rigoureuse*]
draven *trotter*; *aller au trot*; FIG. *courir*
draver *trotteur* m [v: *trotteuse*]
draverij *course* v *de trot (attelé)*
dreadlocks *dreadlocks* v mv; *rastas* m mv
dreef *allée* v ▾ op ~ komen *se mettre en train* ▾ niet op ~ zijn *ne pas être dans son assiette*; *ne pas être en forme*; *ne pas être en verve*
dreg *grappin* m
dreggen *(re)pêcher*
dreigbrief *lettre* v *comminatoire / de menaces*
dreigement *menace* v
dreigen I OV WW bedreigen *menacer* (**met** *de)* **II** ON WW • dreigend handelen ⋆ hij dreigde hem te gaan slaan *il menaçait de le frapper* • staan te gebeuren *menacer* (**te** *de)*; *risquer* (**te** *de)* ⋆ ik dreigde te vallen *je pensai tomber* ⋆ ~ in te storten *menacer de s'écrouler*; *menacer ruine* ⋆ het dreigt te gaan regenen *la pluie menace*
dreigend *menaçant*; ⟨te gebeuren⟩ *imminent* ⋆ ~ gevaar *péril imminent* ⋆ ~ aankijken *menacer du regard*
dreiging *menace* v
dreinen *pleurnicher*; *geindre*
drek *merde* v
drempel • verhoging *seuil* m ⋆ over de ~ stappen *franchir le seuil* • barrière *barrière* v ▾ op de ~ van *au seuil de*
drempelvrees ≈ *appréhension* v; FIG. *peur* v *de l'inconnu*
drempelwaarde *seuil* m *(absolu)*
drenkeling *noyé* m [v: *noyée*]
drenken • drinken geven *abreuver*; *donner à boire* • nat maken *tremper*; *imbiber* (**in** *de)*
drentelen *flâner*; *traîner*; *se balader* ⋆ het ~ *la flânerie*
dresseren *dresser* (**tot**, **voor** *à)* ⋆ gedresseerde hond *chien savant* m
dressing *assaisonnement* m
dressoir *buffet* m
dressuur *dressage* m
dreumes *petit* m [v: *petite*]; *petit bout* m *(de chou)*; *môme* m/v; *mouflet* m [v: *mouflette*]
dreun • het dreunen *grondement* m; ⟨knal⟩ *boum* m • eentonig geluid *ronron* m; *air* m *monotone* • klap *gifle* v
dreunen ⟨daveren⟩ *gronder*; ⟨ronken⟩ *ronronner*; ⟨schudden⟩ *trépider*; *être ébranlé*
drevel *poinçon* m; *mandrin* m
dribbel *dribble* m
dribbelen *trottiner*; SPORT *dribbler* ⋆ het ~ *le trottinement*
drie I TELW • *trois* • → **acht II** ZN [de] getal *trois* m
driebaansweg *route* v *à trois voies*
driedaags *de trois jours*
driedimensionaal *à trois dimensions*; *tridimensionnel* [v: *tridimensionnelle*]
driedubbel I BNW *triple* **II** BIJW *triplement*
drie-eenheid *trinité* v; REL. *Trinité* v
driehoek *triangle* m
driehoekig *triangulaire*

driehoeksruil *échange* m *triangulaire / tripartite*
driehoeksverhouding *ménage* m *à trois*
driekamerflat *trois-pièces* m [onv]; *F3* m
drieklank *triphtongue* v
driekleur *(drapeau* m*) tricolore* m [mv: *drapeaux* ...]
Driekoningen *Épiphanie* v; *fête* v *des Rois*
driekwart *trois quarts* ★ ~ van *les trois quarts de*
driekwartsmaat *trois-quatre* m [onv]
drieledig *triple*; ⟨drietallig⟩ *ternaire*
drieletterwoord *mot* m *de cinq lettres*
drieling *triplés* m mv; *triplées* v mv
drieluik *triptyque* m
driemaal *trois fois*
driemanschap *triumvirat* m
driemaster *trois-mâts* m
driepoot *trépied* m
driespan *attelage* m *à trois*
driesprong *carrefour* m *de trois chemins*
driestemmig *à trois voix*
driesterrenhotel *hôtel* m *trois étoiles*
drietal *trois* m; *trio* m
drietalig *trilingue*
drietand *trident* m
drietonner *(camion* m*) trois-tonnes* m
drietrapsraket *fusée* v *à trois étages*
drievoud *triple* m ★ in ~ *en trois exemplaires*
drievoudig *triple*
Drievuldigheid REL. *Trinité* v
driewegstekker *prise* v *multiple*; *multiprise* v
driewieler *tricycle* m; ⟨bakfiets⟩ *triporteur* m
driezitsbank *canapé* m *à trois places*
drift • woede *colère* v; *emportement* m ★ in ~ *dans un accès de colère* • aandrang *pulsion* v; *instinct* m; ⟨lust⟩ *passion* v; *ardeur* v • het afdrijven *dérive* v ★ op ~ raken *aller à la dérive* ★ op ~ zijn *être à la dérive*
driftbui *accès* m *de colère*
driftig I BNW • opvliegend *coléreux* [v: *coléreuse*]; *emporté* ★ ~ van aard zijn *avoir le sang chaud* • kwaad *en colère*; *furieux* [v: *furieuse*] ★ ~ worden *se mettre en colère*; *s'emporter* **II** BIJW heftig *impétueusement*
driftkop *tête* v *chaude*
drijfgas *gaz* m *propulseur*
drijfijs *glaces* v mv *flottantes*
drijfjacht *battue* v ▾ een ~ houden op *traquer*
drijfkracht *force* v *motrice*
drijfnat *tout mouillé*; *trempé*; ⟨druipend⟩ *dégoulinant*; ⟨v. zweet⟩ *en nage*
drijfnet *filet* m *dérivant*
drijfveer *motif* m; JUR. *mobile* m
drijfzand *sables* m mv *mouvants* [mv] ★ in ~ wegzinken *s'enliser* ▾ op ~ gebouwd *bâti sur le sable*
drijven I OV WW • voortdrijven *mener*; *pousser*; ⟨terugdrijven⟩ *repousser*; ⟨v. wild⟩ *traquer*; ⟨v. wild⟩ *rabattre* ★ uit elkaar ~ *disperser* • aandrijven *pousser à*; *inciter à* • uitoefenen ★ een zaak ~ *tenir un commerce*; *tenir boutique* ★ handel ~ *faire du commerce* • hameren ⟨v. metaal⟩ *ciseler*; ⟨v. metaal⟩ *bosseler*; ⟨v. spijker⟩ *enfoncer* • SPORT *dribbler* ▾ te ver ~ *pousser trop loin*; *exagérer* ▾ hij is de ~de kracht *il est le moteur / le pilier* **II** ON WW • niet zinken *flotter*; ⟨bovendrijven⟩ *surnager*; ⟨wegdrijven⟩ *dériver* • zweven *flotter*; *planer* • kletsnat zijn *être inondé*; ⟨v. personen⟩ *être trempé*; ⟨v. zweet⟩ *être en nage*
drijver • opjager ⟨v. wild⟩ *rabatteur* m; ⟨v. wild⟩ *traqueur* m • voorwerp dat drijft *flotteur* m
drilboor *foret* m
drillen • africhten *dresser*; *exercer* • boren *forer*
dringen I OV WW duwen *pousser* ★ van zijn plaats ~ *déloger* **II** ON WW • duwen *pousser*; ⟨elkaar verdringen⟩ *se bousculer* • dringend zijn *presser* ★ de tijd dringt *le temps presse* • doordringen *pénétrer*; *percer*
dringend I BNW • met aandrang *pressant* ★ op ~ verzoek van *sur les instances de* • urgent *urgent*; *pressant* ★ ~e omstandigheden *circonstances impérieuses* v mv ★ het is ~ *il y a urgence* **II** BIJW • met aandrang *avec insistance*; *instamment* • met spoed *d'urgence* ★ ~ nodig *urgent*; *impératif* [v: *impérative*]
drinkbaar *buvable*; ⟨niet schadelijk⟩ *potable*
drinken I OV + ON WW • *boire*; *prendre*; ⟨alcohol drinken⟩ *boire*; INFORM. *picoler* ★ thee ~ *prendre le thé* ★ ~ uit *boire dans* ★ uit de fles ~ *boire à même la bouteille*; *boire au goulot* ★ wat ~ *boire un coup*; *prendre un verre* ★ stevig ~ *boire sec / comme un trou* • toosten ~ **op** ★ ~ op iemands gezondheid *boire / trinquer à la santé de qn* ★ daar moet op gedronken worden! *ça s'arrose!* **II** ZN [het] *boisson* v; *de quoi boire*
drinkgelag *bacchanale* v; *beuverie* v
drinkgeld *pourboire* m
drinklied *chanson* v *à boire*
drinkwater *eau* v *potable*
drinkyoghurt *yaourt* m *à boire*
drive *drive* m; ⟨bridge⟩ *tournoi* m
drive-inwoning ≈ *maison* v *à garage incorporé*
droef *triste*; *attristé*; *affligé*
droefenis *affliction* v; *désolation* v
droefgeestig I BNW *mélancolique*; *morose* **II** BIJW *avec mélancolie*; *mélancoliquement*
droesem *dépôt* m; ⟨v. wijn of bier⟩ *lie* v; ⟨v. koffie⟩ *marc* m
droevig I BNW • verdrietig *triste*; *malheureux* [v: *malheureuse*]; *affligé*; *misérable* • bedroefd *triste*; *attristé*; *affligé* • bedroevend *attristant*; *triste*; *navrant* **II** BIJW *tristement*
drogbeeld *illusion* v; *chimère* v
drogen I OV WW droog maken *sécher*; *essuyer* **II** ON WW droog worden *sécher* ★ te ~ hangen *mettre à sécher*; *étendre*
droger *séchoir* m
drogeren I OV WW *doper* **II** WKD WW [+ zich] *se doper*
drogist • verkoper *droguiste* m/v • winkel *droguerie* v
drogisterij *droguerie* v
drogreden *sophisme* m
drol *crotte* v
drom *foule* v; *multitude* v; *cohue* v ★ in drommen *en rangs serrés*; *en masse*
dromedaris *dromadaire* m
dromen I OV WW droom hebben *rêver* ▾ een tekst kunnen ~ *connaître un texte par cœur* ▾ wie had dat kunnen ~? *qui aurait pu imaginer cela?*; *on rêve* ▾ dat had je

gedroomd! *tu rêves!* **II** ON WW • droom hebben *rêver* **(van** *de)* ★ ik heb akelig gedroomd *j'ai fait un mauvais rêve* • mijmeren *rêver* **(over** *à)*; *rêvasser*
dromenland *pays* m *des songes*
dromer *rêveur* m [v: *rêveuse*]
dromerig I BNW • mijmerend *rêveur* [v: *rêveuse*] • onwerkelijk *de rêve*; *comme dans un rêve* **II** BIJW mijmerend *rêveusement*; *pensivement*
drommel ★ arme ~ *pauvre diable/bougre* m ▾ om de ~ niet *sûrement pas*
drommels I BNW *sacré*; *sale* **II** BIJW *sacrément* **III** TW *tonnerre!*; *bigre!*
drommen *se bousculer*; *se ruer*
dronk ▾ een kwade / vrolijke / sombere ~ hebben *avoir le vin mauvais / gai / triste* ▾ op ~ *mûr*
dronkaard, dronkenman *ivrogne* m/v
dronken *ivre*; *soûl*; INFORM. *bourré* ★ ~ worden *s'enivrer*; *se soûler*
dronkenlap *soûlard* m [v: *soûlarde*]
dronkenschap *ivresse* v
droog • niet nat *sec* [v: *sèche*]; ‹v. grond/streek› *aride* ★ het is ~ *il ne pleut plus* ★ ~ bewaren! *tenir au sec*; *craint l'humidité!* • niet zoet *sec* • saai *assommant*; *ennuyeux* [v: *ennuyeuse*] ▾ op het droge zitten *être à plat*
droogbloem *fleur* v *séchée*
droogdoek *torchon* m
droogdok *cale* v *sèche*; *bassin* m *de radoub*
droogkap *casque* m *(sèche-cheveux)*
droogkloot *bonnet* m *de nuit*; *type* m *pas drôle*
droogkomiek I ZN [de] *pince-sans-rire* m/v [onv.] **II** BNW *pince-sans-rire* [onv.]
droogkuis *pressing*
droogkuisen *nettoyer à sec*
droogleggen • droogmaken *mettre à sec*; ‹v. moeras e.d.› *assécher*; ‹met buizen› *drainer* • alcoholverkoop verbieden *mettre au régime sec* ★ het ~ *la prohibition*
drooglijn *corde* v *à linge*; *étendoir* m
droogmaken *sécher*; *mettre à sec*
droogmolen *séchoir* m *(parapluie)*
droogpruim *bonnet* m *de nuit*; *type* m *pas drôle*
droogrek *séchoir* m *à linge*
droogshampoo *shampooing* m *sec*
droogstaan • zonder water zijn *être à sec*; ‹zonder drank/benzine› *être en panne sèche* • geen melk meer geven ‹v. koe› *être tarie*
droogstoppel *bonnet* m *de nuit*; *béotien* m
droogte *sécheresse* v; ‹v. grond/klimaat› *aridité* v
droogtrommel *sèche-linge* m [onv.]
droogvallen ‹v. zandbank› *se découvrir*; ‹v. bron› *(se) tarir*
droogzwemmen *faire son apprentissage*; *se faire la main*
droogzwierder *essoreuse* v
droom *rêve* m ★ een (boze) ~ hebben *faire un (mauvais) rêve* ▾ natte ~ *éjaculation nocturne* ▾ een ~ van een huis *une maison de rêve* ▾ iem. uit de ~ helpen *détromper qn*; *démystifier qn* ▾ uit de ~ ontwaken *revenir sur terre* ▾ dromen zijn bedrog *songes, mensonges*
droombeeld *vision* v; FIG. *illusion* v; *rêve* m; *phantasme* m
droomreis *voyage* m *de rêve*
droomwereld *royaume* m *du rêve*; FIG. *monde* m *imaginaire / onirique*
drop I ZN [de] druppel *goutte* v **II** ZN [de/het] snoep *réglisse* m
dropje *pastille* v *de réglisse*
dropkick *drop* m; *demi-volée* v
drop-out *marginal* m [mv: *marginaux*]
droppen • neerlaten *parachuter*; *larguer*; *droper* • afzetten *déposer*
dropping • het uit een vliegtuig werpen *parachutage* m • spel *droppage* m
dropshot *amorti* m
drug *stupéfiant* m; *drogue* v; INFORM. *came* v ★ drugs gebruiken *se droguer*
druggebruiker *toxicomane* m/v; *drogué* m [v: *droguée*]; INFORM. *accro* m/v; *camé* m [v: *camée*]
drugsbaron *baron* m *de la drogue*
drugsbestrijding *lutte* v *antidrogue*
drugshandelaar *trafiquant* m *(de drogue)*; ‹dealer› *dealer* m; *revendeur* m *de drogue(s)*
drugsscene *milieu* m *de la drogue / came*
drugsverslaafde *toxicomane* m/v; *drogué* m [v: *droguée*]; INFORM. *accro* m/v; *camé* m [v: *camée*]
drugsverslaving *toxicomanie* v
druïde *druide* m [v: *druidesse*]
druif *raisin* m ★ blauwe / witte ~ *raisin noir / blanc* ▾ een rare ~ *un drôle de coco*
druilen *être maussade*; ‹miezeren› *crachiner*
druilerig ‹v. weer/stemming› *maussade*; ‹v. weer/stemming› *morne*
druiloor *mollasson* m [v: *mollassonne*]; *bonnet* m *de nuit*
druipen *couler*; *dégoutter*; ‹hevig› *dégouliner*; *ruisseler* **(van** *de)* ★ het zweet druipt van zijn gezicht *son front est ruisselant de sueur*
druiper *chaude-pisse* v [mv: *chaude-pisses*]
druipnat *tout mouillé*; *trempé*; ‹druipend› *dégoulinant*
druipneus *nez* m *qui coule*
druipsteen ‹hangend› *stalactite* v; ‹staand› *stalagmite* v
druisen *bruire*
druivensap *jus* m *de raisin*
druivensuiker *glucose* m; *dextrose* m
druiventros *grappe* v *(de raisin)*
druk I ZN [de] • drukkracht *pression* v ★ hoge druk *haute pression* • psychische druk *pression* v; ‹spanning(en)› *tension* v ★ onder druk *sous pression*; *sous la contrainte* ★ onder druk zetten *faire pression sur* • boekdruk *impression* v; ‹editie› *édition* v; *tirage* m ★ in druk verschijnen *paraître* **II** BNW • veel werk hebbend *(très) occupé*; ‹drukbezet› *pris*; ‹drukbezet› *ayant un emploi du temps chargé*; ‹druk bezig› *affairé*; *actif* [v: *active*] ★ het razend druk hebben *être débordé* • onrustig ‹v. kinderen› *turbulent*; *agité*; *remuant*; ‹luidruchtig› *bruyant* ★ hij is erg druk *il ne tient pas en place* • bedrijvig, levendig *animé*; ‹drukbezocht› *très fréquenté*; ‹v. straat ook› *passant*; ‹drukbeklant› *bien achalandé* ★ drukke uren *heures d'affluence / de pointe* ★ het is (er) druk *il y a du monde*; *il y a foule*

⋆ druk verkeer *circulation intense* • opgewonden *excité* ⋆ zich druk maken *s'agiter*; *s'énerver* ⋆ zich niet druk maken *ne pas s'en faire*; *se la couler douce* ⋆ zich druk maken over *se faire du souci pour*; *se faire du mauvais sang à cause de* • overladen *chargé* **III** BIJW • intensief *intensément* ⋆ druk bezig zijn met iets *être très occupé à faire qc* ⋆ druk in de weer zijn *s'affairer* • luidruchtig *bruyamment*

drukdoenerij *chichi(s)* m (mv)

drukfout *faute* v *d'impression*; *coquille* v

drukinkt *encre* v *d'imprimerie*

drukken I OV WW • duwen *presser*; *pousser*; ⟨knellen⟩ *serrer* ⋆ iem. iets in de hand ~ *glisser qc dans la main de qn* ⋆ iem. de hand ~ *serrer la main à qn* ⋆ iem. aan het hart ~ *presser qn sur son cœur* ⋆ zich dicht ~ tegen *se serrer contre* • afdrukken *imprimer* • doen dalen *faire baisser*; *peser sur* • bezwaren *oppresser* **II** ON WW • kracht uitoefenen *faire pression*; *appuyer* ⋆ op de knop ~ *appuyer sur le bouton* ⋆ tegen iets ~ *(s')appuyer contre qc* • als iets zwaars liggen (op) *faire pression (sur)*; *peser (sur)* • poepen *faire caca* **III** WKD WW [+ zich] *tirer au flanc*; *se défiler*

drukkend • bezwarend *lourd*; *écrasant*; *accablant* • drukkend warm *étouffant*; *orageux* [v: *orageuse*] ⋆ ~ weer *un temps lourd*

drukker *imprimeur* m

drukkerij *imprimerie* v

drukknoop *bouton-pression* m [mv: *boutons-pression*]

drukkunst *imprimerie* v; *typographie* v

drukletter *caractère* m *d'imprimerie*

drukmiddel *moyen* m *de pression*

drukpers *presse* v ▾ vrijheid van ~ *liberté* v *de la presse*

drukproef *épreuve* v

drukte • veel werk *occupations* v mv • leven, bedrijvigheid *agitation* v; *animation* v; *remue-ménage* m [onv]; *affairement* m • ophef *(grand) bruit* m; *tapage* m ⋆ wat een ~ *voilà bien des histoires* ⋆ veel ~ over iets maken *faire toute une affaire de qc* ⋆ ~ maken om niets *faire beaucoup de bruit pour rien* • veel mensen *foule* v; *cohue* v; *monde* m *(fou)* • lawaai *bruit* m; *tapage* m • last *embarras* m ▾ koude ~ *chichis* m mv; *esbroufe* v; *frime* v

druktechniek *technique* v *d'imprimerie*; *procédé* m *d'impression*

druktemaker *fanfaron* m [v: *fanfaronne*]; *esbroufeur* m [v: *esbroufeuse*]; *frimeur* m [v: *frimeuse*]

druktoets *touche* v ⋆ ~telefoon *poste* m *à clavier*

drukverband *bandage* m *compressif*

drukwerk *imprimés* m mv; ⟨één stuk⟩ *imprimé* m

drum • instrument *batterie* v • vat *fût* m

drumband *fanfare* v

drummen *jouer de la batterie*

drummer *batteur* m

drums *batterie* v

drumstel *batterie* v

drumstick *pilon* m

drup *goutte* v

druppel *goutte* v ▾ een ~ op een gloeiende plaat *une goutte d'eau dans la mer / l'océan* ▾ op elkaar lijken als twee ~s water *se ressembler comme deux gouttes d'eau* ▾ de ~ die de emmer doet overlopen *la goutte d'eau qui fait déborder le vase*

druppelen I OV WW in druppels laten vallen *verser goutte à goutte* **II** ON WW druipen *couler/tomber goutte à goutte*; *dégoutter* **III** ONP WW ⋆ het druppelt *il tombe quelques gouttes*; *il bruine*

druppelflesje *compte-gouttes* m [onv]

druppelsgewijs *goutte à goutte*; FIG. *au compte-gouttes*

druppen *dégoutter*; ⟨lekken⟩ *goutter*

dtp ⟨publication v assistée par ordinateur⟩ *PAO* v

D-trein *train* m *direct (à supplément)*

duaal *dual* [m mv: *duals*]

dualistisch *dualiste*

dubbel I BNW • tweevoudig *double* ⋆ ~e naam *nom à particule* ⋆ ~e exemplaren *exemplaires en double* • tweeslachtig *double* **II** BIJW *double*; ⟨tweemaal⟩ *deux fois*; *en double*; ⟨tweemaal⟩ *doublement* ⋆ ~ betalen *payer le double du prix*; *payer deux fois plus* ⋆ ~ hebben *avoir en double* ⋆ dat telt ~ *ça compte double* ⋆ ~ zien *(y) voir double* ⋆ ~ parkeren *stationner en double file* ▾ ~ en dwars *largement* ▾ ~ liggen *être plié en deux* **III** ZN [het] SPORT *double* m ⋆ gemengd ~ *double mixte*

dubbelalbum *double-album* m

dubbel-cd *double-CD* m [mv: *doubles-CD*]

dubbeldekker • bus *autobus* m *à étage* • trein *train* m *à étage* • vliegtuig *biplan* m

dubbeldeks ⟨v. schip⟩ *à deux ponts*

dubbelepunt *deux-points* m [onv]

dubbelganger *sosie* m; *double* m

dubbelhartig *double*; *hypocrite*; *faux* [v: *fausse*]

dubbelklik *double-clic* m [mv: *doubles-clics*]

dubbelklikken *double-cliquer*

dubbelleven *double vie* v

dubbelop ⋆ dat is ~ *ça fait double emploi*; *c'est (une fois) de trop*

dubbelparkeren *garer en double file*

dubbelpunt *pitate* m *des ondes*

dubbelrol ⋆ een ~ spelen *jouer deux rôles*

dubbelspel *double* m; *double jeu* m ⋆ gemengd ~ *double mixte*

dubbelspion *agent* m *double*

dubbelspoor *double voie* v

dubbelster *étoile* v *double*

dubbeltje *pièce* v *de dix cents* ▾ de ~s *les sous* ▾ je weet nooit hoe een ~ rollen kan *tout finit par arriver*; *il ne faut jurer de rien* ▾ het is een ~ op zijn kant *c'est aléatoire*; *ça tient à peu de chose*; *ça peut basculer d'un côté ou de l'autre* ▾ op de ~s passen *regarder à la dépense* ▾ voor een ~ op de eerste rij zitten ≈ *vouloir avoir son content à peu de frais*

dubbelvouwen *plier en deux*

dubbelzijdig I BNW *bilatéral* [m mv: *bilatéraux*] **II** BIJW ⋆ ~ bedrukt *impression recto verso*

dubbelzinnig *ambigu* [v: *ambiguë*]; *équivoque*;

du

à double sens
dubbelzout *sel* m *double*
dubben *hésiter*
dubieus *douteux* [v: *douteuse*] ★ dubieuze debiteuren *créances douteuses*
dubio ▾ in ~ staan *être indécis / partagé*
duchten *craindre*; *redouter*; *appréhender*
duchtig **I** BNW *fort*; *bon* [v: *bonne*] **II** BIJW *ferme*; *de la belle manière*; ⟨ruw⟩ *vertement*

duel *duel* m; ⟨treffen⟩ *rencontre* v ★ duel op de degen *duel à l'épée*
duelleren *se battre en duel*
duet *duo* m ★ een duet zingen *chanter en duo*
duf • muf *qui sent le moisi* • saai *morne*; *terne* • suf *vaseux* [v: *vaseuse*]; *hébété* • geestdodend *abrutissant*
dug-out *banc* m / *abri* m *de touche*
duidelijk **I** BNW *clair*; *net* [v: *nette*]; *évident* ★ ~ maken *expliquer*; *expliciter* ★ ~er worden *se préciser*; *s'accentuer* **II** BIJW *clairement*; *distinctement*; *nettement*
duidelijkheid • waarneembaarheid *clarté* v • begrijpelijkheid *clarté* v; *netteté* v
duiden **I** OV WW verklaren *interpréter* **II** ON WW • wijzen naar ~ **op** *indiquer à* • doen vermoeden *suggérer*; *indiquer*; ⟨verraden⟩ *révéler*; ⟨verraden⟩ *être révélateur de*; ⟨verraden⟩ *trahir* ★ erop ~ dat *faire présumer que*; *donner à penser que*
duif *pigeon* m; ⟨witte duif/vredesduif⟩ *colombe* v ▾ duiven en haviken *colombes et faucons* ▾ onder iemands duiven schieten *aller sur les brisées de qn* ▾ wachten tot de gebraden duiven je in de mond vliegen *attendre que les alouettes tombent toutes rôties*
duig *douve* v ▾ in duigen vallen *échouer*
duik • het duiken *plongeon* m ★ een duik nemen *plonger*; INFORM. *piquer une tête* • duikvlucht *piqué* m
duikboot *sous-marin* m [mv: *sous-marins*]
duikbril *lunettes* v mv *de plongée* [mv]
duikelaar ⟨speelgoed⟩ *bilboquet* m; *poussah* m ▾ slome ~ *limace* v; *mollasson* m [v: *mollassonne*]
duikelen • buitelen *faire la culbute* • vallen *dégringoler*
duiken • duik maken *plonger*; ⟨v. vliegtuig⟩ *piquer* • duiksport beoefenen *faire de la plongée* • zich verdiepen (in) *se plonger (dans)* • wegkruipen *s'enfouir*; *se fourrer*; *se baisser*
duiker • persoon *plongeur* m [v: *plongeuse*] • zwemvogel *(oiseau* m*) plongeur* m • watergang *ponceau* m [mv: *ponceaux*]
duikerklok *cloche* v *à plongeur*
duikerpak *combinaison* v *de plongée*; ⟨luchtdicht⟩ *scaphandre* m
duikersziekte *maladie* v *des caissons*
duikplank *plongeoir* m
duiksport *plongée* v *(sous-marine)*
duikuitrusting *équipement* m *de plongeur*
duikvlucht *(descente* v *en) piqué* m
duim *pouce* m ★ de duim opsteken *lever le pouce* ▾ Klein Duimpje *le Petit Poucet* m ▾ onder de duim houden *tenir en bride* ▾ op zijn duimpje kennen *savoir / connaître sur le bout du doigt* ▾ iets uit zijn duim zuigen *inventer qc de toutes pièces*
duimbreed ▾ geen ~ wijken *ne pas céder d'un pouce*; *camper sur ses positions*
duimen ≈ *croiser les doigts* ★ duim voor me! *dis une petite prière pour moi!*; *pense à moi!*
duimendik ▾ het ligt er ~ bovenop *c'est cousu de fil blanc*; *c'est gros comme une maison*
duimendraaien *se tourner les pouces*
duimgreep *onglet* m
duimschroef ▾ iem. de duimschroeven aandraaien *mettre qn sur la sellette*
duimstok *mètre* m *pliant*
duimzuigen • zuigen *sucer son pouce* • fantaseren *inventer de toutes pièces*
duin **I** ZN [de] *dune* v **II** ZN [het] streek *dunes* v mv
duindoorn *argousier* m
Duinkerken *Dunkerque* v
duinpan *cuvette* v *dans les dunes*
duister **I** ZN [het] *obscurité* v ▾ in het ~ tasten *nager (en plein mystère)*; *tâtonner*; *être dans le brouillard / le noir* **II** BNW • donker *obscur*; *sombre*; *ténébreux* [v: *ténébreuse*]; *noir* • onduidelijk *obscur*; ⟨vaag⟩ *vague*; ⟨vaag⟩ *flou* • onguur *louche*; *douteux* [v: *douteuse*] **III** BIJW *obscurément*
duisternis *obscurité* v; *nuit* v; *ténèbres* v mv ★ volslagen ~ *nuit noire*
duit *sou* m ★ een lieve duit *une coquette somme* ★ een bom duiten *un paquet de fric* ▾ een duit in het zakje doen *placer son mot*; MIN. *ramener sa fraise*
duitendief *grippe-sou* m [mv: *grippe-sou(s)*]; *Picsou* m
Duits **I** ZN [het] taal *allemand* m **II** BNW m.b.t. Duitsland *allemand*
Duitser *Allemand* m [v: *Allemande*]
Duitsland *l'Allemagne* v ★ in ~ *en Allemagne*
Duitstalig *germanophone*
duivel *diable* m; *démon* m; *Satan* ▾ des ~s zijn *être (fou) furieux*; *voir rouge* ▾ om de ~ niet *jamais de la vie* ▾ als men van de ~ spreekt, trapt men op zijn staart *quand on parle du loup, on en voit la queue* ▾ loop naar de ~! *que le diable t'emporte!*; *(va-t'en) au diable!* ▾ de ~ schijt altijd op de grootste hoop *l'eau va toujours à la rivière* ▾ tevoorschijn schieten als een duveltje uit een doosje *surgir comme un diable d'une boîte* ▾ voor de duvel niet bang zijn *ne craindre ni Dieu ni diable* ▾ alsof de duvel ermee speelt *comme (par) un fait exprès* ▾ iem. naar de ~ wensen *envoyer qn au diable* ▾ dat is de ~ verzoeken *c'est tenter le diable* ▾ waar voor de ~...? *où diable ...?*
duivelin *diablesse* v
duivels • van een/de duivel *diabolique*; *démoniaque*; *infernal* [m mv: *infernaux*]; *satanique* • boosaardig ★ ~e jongen *diable de garçon* • woedend *furieux* [v: *furieuse*]; *enragé*
duivelskunstenaar *homme-orchestre* m [mv: *hommes-orchestres*]
duivenmelker *colombophile* m/v
duiventil *pigeonnier* m
duizelen ★ het duizelt me *j'ai la tête qui tourne* ★ doen ~ *donner le vertige*
duizelig *pris de vertige* ★ ik word ~ *j'ai la tête*

qui tourne ★ je maakt me ~ *tu me donnes le tournis*
duizeling *étourdissement* m; *vertige* m
duizelingwekkend • duizelig makend *vertigineux* [v: *vertigineuse*] • FIG. enorm *vertigineux* [v: *vertigineuse*]
duizend *mille*; ‹in jaartallen› *mil* ★ ~en mensen *des milliers de gens* ★ bij ~en *par milliers* ★ het jaar ~ *l'an mille* ▾ hij is er een uit ~en *il n'y en a pas deux comme lui*; *c'est une perle rare*
Duizend-en-een-nacht *les Mille et Une Nuits*
duizendkunstenaar *homme-orchestre* m [mv: *hommes-orchestres*]
duizendmaal *mille fois*
duizendpoot • dier *mille-pattes* m [onv] • alleskunner *homme-orchestre* m [mv: *hommes-orchestre*]
duizendschoon *œillet* m *de poète*
duizendste • *millième* • → **achtste**
duizendtal *millier* m
dukaat *ducat* m
dukdalf *duc-d'albe* m [mv: *ducs-d'albe*]
dulden • verdragen *supporter* • toelaten *tolérer*; *endurer*; *supporter*
dummy • demonstratiemodel *maquette* v • domoor *nul* m
dump • handel *magasin* m *de surplus*; ‹prijsbreker› *discount(er)* m • opslagplaats *dépôt* m
dumpen • verkopen *faire du dumping*; *vendre à perte*; ‹tegen stuntprijs› *vendre à prix-choc(s)* • storten *décharger* • zich ontdoen van *larguer*
dumping • ECON. *dumping* • lozing *déchargement* m
dun • niet dik *fin*; *mince*; ‹rank› *svelte*; ‹ragfijn› *délié*; ‹ragfijn› *ténu*; ‹spichtig› *grêle*; ‹karig› *maigre* ★ dunner maken *(a)mincir*; *éclaircir* • niet dicht opeen *clairsemé* • zeer vloeibaar *liquide*; *clair* • kleinzielig *mesquin* ★ dat is dun van je *ce n'est pas chic*
dunbevolkt *peu / faiblement peuplé*
dundruk *impression* v *sur papier bible*
dungezaaid *plutôt rare*
dunk *opinion* v ★ een hoge / geringe dunk hebben van *avoir une haute / mauvaise opinion de*; *penser du bien / du mal de*
dunken ★ mij dunkt dat ... *il me semble que ...* ★ me dunkt! *c'est le cas de le dire!*
dunnetjes *légèrement*; ‹karig› *chichement* ▾ het nog eens ~ overdoen *recommencer de plus belle*; *remettre ça*
dunschiller *(couteau* m*) économe* m
duo I ZN [de] duozitting *tansad* m **II** ZN [het] twee personen *couple* m
duobaan ≈ *poste* m *de travail occupé par deux travailleurs à temps partiel*
duopassagier *passager* m [v: *passagère*]
dupe *dupe* v ★ de dupe (ervan) zijn *être dupe*; *en faire les frais*; INFORM. *trinquer*
duperen *duper*; *faire tort à* ★ gedupeerd zijn *être victime*
duplicaat *double* m; *duplicata* m [onv]
duplo ★ in ~ (opgemaakt) *(dressé) en double*
duren *durer* ★ lang ~ *durer (longtemps)*; *être long* ★ het duurt lang voor hij komt *il tarde à venir*; *il est lent à venir* ★ hoe lang duurt het? *combien de temps cela prendra-t-il?* ★ het duurde een week voor ik vertrok *j'ai mis une semaine à partir* ▾ het zal mijn tijd wel ~ ≈ *à chaque jour suffit sa peine*; *demain est un autre jour*
durf *courage* m; *audace* v
durfal *risque-tout* m [onv]
durven *oser* ★ ~ (te) zeggen *oser dire* ★ jij durft! *tu n'as pas froid aux yeux!*
dus I BIJW *ainsi*; *de cette manière* **II** VW *donc*; *alors*; *par conséquent*
dusdanig I BIJW *de telle sorte*; *si bien (***dat** *que)* **II** AANW VNW *tel* [v: *telle*]; *pareil* [v: *pareille*]
duster *peignoir* m; *robe* v *de chambre*
dusver ★ tot ~ *jusqu'ici*; *jusque-là*
dutje ★ een ~ doen *faire un (petit) somme*
dutten *faire un somme*; *sommeiller*
duur I ZN [de] tijdsruimte *durée* v ★ van korte duur *de courte durée* ★ niet van lange duur zijn *ne pas durer*; *ne pas faire long feu* ★ op den duur *avec le temps*; *à la longue* **II** BNW niet goedkoop *cher* [v: *chère*]; *coûteux* [v: *coûteuse*] ★ duurder worden *augmenter* ★ duur zijn *coûter cher* ★ hoe duur is dat? *ça coûte / vaut combien?* ★ dat wordt me te duur *ce n'est pas dans mes prix* ★ wat is dat duur! *ce n'est pas donné!*; *c'est hors de prix!* ▾ een dure eed *un serment solennel* ▾ een dure plicht *un devoir sacré* **III** BIJW *cher*; FIG. *chèrement* ★ zijn leven duur verkopen *vendre chèrement sa vie* ★ zijn waren duur verkopen *vendre cher ses marchandises* ★ duur doen *faire de l'esbroufe*; *frimer* ▾ duur te komen staan *coûter cher*
duurloop *course* v *d'endurance*
duursport *sport* m *d'endurance*
duurte *cherté* v
duurzaam I BNW • lang goed blijvend *stable*; *durable* • lang durend *prolongé*; *permanent* • milieuvriendelijk *renouvelable* **II** BIJW *longtemps*; *durablement*
duw *coup* m; *poussée* v ★ iem. een duw geven *bousculer qn* ★ iem. een duwtje geven *donner un coup de pouce à qn*
duwen *pousser*; ‹wegdringen› *bousculer*
duwvaart *poussage* m
dvd *DVD* m
dvd-recorder *graveur* m *(de) DVD*
dvd-speler *lecteur* m *(de) DVD*
dwaalleer *hérésie* v
dwaallicht *feu* m *follet*
dwaalspoor *fausse piste* v ▾ iem. op een ~ brengen *induire qn en erreur*; *dérouter qn* ▾ op een ~ zitten *faire fausse route*
dwaas I ZN [de] *fou* m [v: *folle*]; *idiot* m [v: *idiote*] **II** BNW *fou* [v: *folle*] [vóór klinker of stomme h: fol]; *idiot* **III** BIJW *sottement*; *follement*
dwaasheid *stupidité* v; *bêtise* v; *folie* v
dwalen • dolen *errer*; ‹rondlopen› *rôder* • zich vergissen *se tromper*
dwaling *erreur* v; FIG. *égarement* m
dwang *contrainte* v; ‹drang› *pression* v ★ onder ~ *sous / par la contrainte*; *forcé* ★ zachte ~ *douce violence*

dwangarbeid *travaux* m mv *forcés* [mv]
dwangarbeider *forçat* m
dwangbevel *contrainte* v; *sommation* v
dwangbuis *camisole* v *de force*
dwangmaatregel *mesure* v *coercitive*; *sanction* v
dwangmatig *compulsif* [v: *compulsive*]
dwangneurose *névrose* v *obsessionnelle*; *trouble* m *obsessionnel compulsif*
dwangsom *astreinte* v
dwangvoorstelling *obsession* v
dwarrelen *voltiger*; *tourbillonner*
dwars I BNW • haaks erop *transversal* [m mv: *transversaux*] • scheef *de travers*; *oblique* • onwillig *récalcitrant*; *bourru* **II** BIJW • haaks *en travers*; *transversalement* • scheef *en oblique* ★ ~ door *à travers*; *au travers de* ★ ~ over/op *en travers de* ★ ~ erdoorheen gaan *traverser*
dwarsbalk *traverse* v; *(poutre* v*) transversale* v
dwarsbomen *contrecarrer*; *contrarier*; *faire obstacle à*
dwarsdoorsnede *coupe* v *transversale*; *profil* m; FIG. *échantillon* m
dwarsfluit *flûte* v *traversière*
dwarskop *forte tête* v
dwarslaesie *interruption* v *médullaire*
dwarsliggen *se mettre en travers de*; *faire obstacle*
dwarsligger • biels *traverse* v • dwarsdrijver *forte tête* v; *empêcheur* m *de tourner en rond*
dwarsligging MED. *position* v *transversale*
dwarsstraat *rue* v *transversale* ▾ ik noem maar een ~ *je prends un exemple au hasard*; *pour ne citer que ça*
dwarsverband *liaison* v *transversale*; FIG. *lien* m
dwarszitten *contrarier*; *gêner* ★ dat zit me dwars *voilà qui me contrarie*
dweepziek *fanatique*; *exalté*
dweil • lap *serpillière* v • slons *loque* v
dweilen *passer la serpillière* ▾ dat is ~ met de kraan open *c'est un cautère sur une jambe de bois*
dwepen ~ **met** *se passionner pour*; *s'engouer de*
dweper *exalté* m [v: *exaltée*]; *fanatique* m/v
dwerg *nain* m [v: *naine*] ▾ witte ~ *naine blanche*
dwergachtig *nain*; *lilliputien* [v: *lilliputienne*]
dwergvolk *peuple* m *nain*; *pygmées* m mv
dwingeland *tyran* m; *despote* m
dwingelandij *despotisme* m; *tyrannie* v
dwingen *forcer (à)*; *obliger (à)*; *contraindre (à)* ★ op ~de toon *d'un ton impératif*; *en rabâchant*
dynamica *dynamique* v
dynamiek *dynamique* v
dynamiet *dynamite* v
dynamisch *dynamique*
dynamo *dynamo* v
dynastie *dynastie* v
dysenterie *dysenterie* v
dyslectisch *dyslexique*
dyslexie *dyslexie* v
dystrofie *dystrophie* v

E

e • letter *e* m ★ de e van Eduard *E comme Eugène* • muzieknoot *mi* m
eau de cologne *eau* v *de Cologne*
eb *marée* v *basse* ★ bij eb *à marée basse*
ebbenhout *(bois* m *d')ébène* v
ebola *(maladie* v *d')Ébola* v
e-business *e-business* m; *e-commerce* m
ECB ⟨Banque centrale européenne⟩ *BCE* v
echec *échec* m ★ een ~ lijden *subir / essuyer un échec*; *échouer*
echelon *échelon* m
echo *écho* m
echoën *faire écho*
echolood *(écho)sondeur* m
echoscopie *échografie* v; INFORM. *écho* m
echt I BNW • onvervalst *véritable*; *vrai*; ⟨authentiek⟩ *authentique*; ⟨oprecht⟩ *sincère* ★ echt goud *or pur* ★ echte kleur *couleur authentique* ★ een echte pionier *un vrai pionnier* • wettig *légitime* **II** BIJW • *vraiment* ★ nu gaat hij echt weg *maintenant il part pour de bon* ★ echt? *c'est vrai?*; INFORM. *sans blague?* • typerend ★ dat is echt Frans *c'est typiquement français* ★ dat is echt iets voor hem *c'est bien lui* **III** ZN [de] *mariage* m
echtbreuk *adultère* m
echtelijk *conjugal* [m mv: *conjugaux*]
echter *cependant*; *pourtant*; *toutefois*
echtgenoot *époux* m [v: *épouse*]; *mari* m [v: *femme*]
echtheid *authenticité* v
echtpaar *couple* m; *conjoints* m mv
echtscheiden *divorcer*
echtscheiding *divorce* m ★ ~ aanvragen *demander le divorce*
eclatant I BNW schitterend *éclatant* **II** BIJW schitterend *avec éclat*
eclectisch *éclectique*
eclips *éclipse* v
ecologie *écologie* v
ecologisch *écologique*
e-commerce *e-commerce* m; *e-business* m
econometrie *économétrie* v
economie *économie* v ★ geleide ~ *économie dirigée*; *dirigisme* m
economisch I BNW • met betrekking tot economie *économique* • zuinig *économique* **II** BIJW *économiquement*
econoom *économiste* m/v
ecosysteem *écosystème* m
ecotaks *écotaxe* v
ecstasy *ecstasy* v
Ecuador *l'Equateur* m ★ in ~ *en Equateur*
eczeem *eczéma* m
ede • → **eed**
edel I BNW • adellijk *noble* ★ edelen *des nobles* • zeer goed *noble*; *généreux* [v: *généreuse*] ▾ de edele delen *les parties (nobles)* **II** BIJW *noblement*
edelachtbaar ★ edelachtbare! *Monsieur (le juge)!*
edelhert *cerf* m

edelman *noble* m; GESCH. *gentilhomme* m [mv: *gentilshommes*]
edelmetaal *métal* m *précieux* [m mv: *métaux précieux*]
edelmoedig **I** BNW *généreux* [v: *généreuse*]; *magnanime* **II** BIJW *généreusement*
edelmoedigheid *générosité* v; *magnanimité* v
edelsmid *orfèvre* m
edelsteen *pierre* v *précieuse*
edict *édit* m
editen • COMP. *éditer* • redigeren *rédiger*
editie *édition* v
editor *rédacteur* m [v: *rédactrice*]
EDP *informatique* v
educatie *éducation* v; *formation* v
educatief *éducatif* [v: *éducative*]
eed *serment* m ★ iem. een eed afnemen *faire prêter serment à qn* ★ onder ede staan *témoigner sous serment*; *être assermenté* ★ een eed afleggen (op) *prêter serment (sur)*; *jurer (sur)* ★ ergens een eed op (durven) doen *jurer de qc*
eedaflegging *prestation* v *de serment*
EEG *CEE* v *(Communauté économique européenne)*
eega *conjoint* m [v: *conjointe*]
eekhoorn *écureuil* m
eekhoorntjesbrood *cèpe* m
eelt *cal(s)* m (mv); ⟨plek⟩ *callosité* v ▾ eelt op zijn ziel hebben *être blindé*
een[1] (zeg: één) **I** TELW *un* ★ een januari *le premier janvier* ★ een en dezelfde persoon *une seule et même personne* ★ een zijn met ... *faire corps avec ...* ★ een voor een *un à un* ★ een of twee boeken *un livre ou deux* ★ een van hen *l'un d'eux / d'entre eux* ★ Willem I *Guillaume Ier* ▾ dat is een! *et d'un!* ▾ dat is me er een! *c'est un phénomène / un cas!* ▾ een of ander(e) ... *quelque ...* ▾ op de een of andere manier *d'une façon ou d'une autre* ▾ een en al ... *tout ...* ▾ ene meneer Jansen *un certain monsieur Jansen*; *un nommé Jansen* • → **acht** **II** ZN [de] getal *un* ★ drie enen *trois un* **III** ZN [het] ▾ het een en ander *ceci et cela*
een[2] (zeg: un) *un* [v: *une*]
eenakter *pièce* v *en un acte*
eencellig *unicellulaire*
eend • watervogel *canard*; ⟨wijfje⟩ *cane* v; ⟨jonge eend⟩ *caneton* m ★ wilde eend *canard* m *colvert* ★ het lelijke jonge eendje *le vilain petit canard* • auto *deux-chevaux* v • domoor *âne* m ▾ een vreemde eend in de bijt *un intrus* [v: *une intruse*]
eendagsvlieg *éphémère* m; FIG. *phénomène* m *éphémère*
eendelig *en une pièce*; *d'une pièce*; ⟨boek⟩ *en un volume*
eendenkooi *canardière* v
eender **I** BNW *pareil* [v: *pareille*] ★ dat is mij ~ *cela m'est indifférent / égal* **II** BIJW *pareillement*
eendracht *concorde* v; *harmonie* v; *union* v ▾ ~ maakt macht *l'union fait la force*
eendrachtig **I** BNW *unanime*; *uni* **II** BIJW *unanimement*
eenduidig *univoque*; *sans équivoque*
eeneiig *univitellin*
eenentwintig • *vingt et un* • → **acht**
eenentwintigste • → **achtste**
eengezinswoning *maison* v *individuelle*; *pavillon* m
eenhedenstelsel *système* m *d'unités*
eenheid *unité* v ★ de ~ herstellen *rétablir l'unité*
eenheidsprijs *prix* m *unique*
eenheidsworst *grisaille* v
eenhoorn *licorne* v
eenieder *chacun*
eenjarig *d'un an*; PLANTK. *annuel* [v: *annuelle*]
eenkennig *farouche*; *sauvage*
eenling • eenzelvig persoon *solitaire* m/v • enkeling *individu* m
eenmaal • één keer *une (seule) fois* • ooit *un jour* ★ als hij ~ geslaagd is *une fois qu'il aura réussi* ▾ ~, andermaal, voor de derde maal, verkocht! *une fois, deux fois, trois fois, adjugé!* ▾ dat is nu ~ zo *le fait est là*; *c'est comme ça* ▾ zo is hij nu ~ *il est ainsi* ▾ omdat er nu ~ examens bestaan *puisque examens il y a*
eenmalig **I** BNW *unique* **II** BIJW *(pour) une seule fois*
eenmanszaak *entreprise* v *unipersonnelle*
eenoudergezin *famille* v *monoparentale*
eenpansmaaltijd *repas* m *à plat unique*; *gros plat* m
eenparig **I** BNW • gelijkmatig *uniforme* ★ ~e beweging *mouvement uniforme* m • eenstemmig *unanime*; *d'un commun accord* **II** BIJW • gelijkmatig *uniformément* ★ ~ versneld / vertraagd *uniformément accéléré / retardé* • eenstemmig *unanimement*
eenpersoons *à une personne*; *individuel* [v: *individuelle*]; ⟨v. voertuig⟩ *monoplace* ★ ~bed *lit à une place* ★ ~kamer *chambre* v *individuelle*
eenrichtingsverkeer *sens* m *unique*
eens **I** BNW akkoord *d'accord* ★ het eens zijn (met) *être d'accord (avec)* ★ het eens worden *tomber d'accord*; *s'arranger* ★ het met iem. eens zijn *être de l'avis de qn* ★ het eens worden over de prijs *convenir du prix* ★ daar ben ik het (niet) mee eens *je (ne) suis (pas) d'accord*; *ça (ne) me va (pas)* **II** BIJW • als versterking ★ luister eens *écoute (un peu)* ★ kijk maar eens *regarde plutôt* ★ antwoord nou eens! *réponds à la fin!* • één keer *une (seule) fois* ★ dat is eens, maar nooit weer *c'est la première et la dernière fois* ★ meer dan eens *plus d'une fois* ★ voor eens en altijd *une fois pour toutes* • ooit *un jour* ★ er was eens ... *il était une fois ...* ▾ wel eens *jamais*; *quelquefois* ▾ nu eens ... dan weer *tantôt ... tantôt* ▾ niet eens *même pas* ▾ dat is nog eens moedig! *voilà qui est courageux!*
eensgezind **I** BNW *unanime* ★ ~ zijn *être unanime* **II** BIJW • *unanimement*; *à l'unanimité*; *d'un commun accord* ★ ~ handelen *agir de concert*
eensklaps *tout à coup*; *soudain*; *subitement*
eenslachtig *unisexué*
eensluidend *conforme*
eenstemmig **I** BNW • MUZ. *à une voix* • unaniem *unanime* **II** BIJW *unanimement*; *d'une seule voix*; MUZ. *à l'unisson* ★ zij

ee

verklaren ~ dat *ils sont unanimes à déclarer que*
eentalig *monolingue*
eentje *un* [v: *une*] ▾ in zijn ~ *tout seul* ▾ dat is me er ~! *c'est un phénomène / un cas!*
eentonig I BNW *monotone* II BIJW *avec monotonie*; *d'une voix monotone*
een-tweetje *une-deux* m [onv]
eenverdiener *soutien* m *de famille*; ≈ *foyer* m *à revenu unique*

eenvormig *uniforme*
eenvoud *simplicité* v
eenvoudig I BNW • ongecompliceerd *simple* ★ kinderlijk ~ *simple comme bonjour* • bescheiden *simple* ★ een ~e maaltijd *un repas frugal* II BIJW *simplement*
eenvoudigweg *tout bonnement*; *(purement et) simplement*
eenwieler *monocycle* m
eenwording *unification* v; *union* v
eenzaam • alleen *seul*; *solitaire* ★ zich ~ voelen *se sentir seul* • afgezonderd *isolé*; *désert*; ⟨desolaat⟩ *désolé*
eenzaamheid *solitude* v; *isolement* m
eenzelfde *un pareil* [v: *une pareille*]
eenzelvig *solitaire*; *replié sur soi-même*; *sauvage*
eenzijdig I BNW • van/aan één zijde *unilatéral* [m mv: *unilatéraux*] • partijdig *partial* [m mv: *partiaux*] • beperkt *limité*; *mal équilibré*; ⟨bekrompen⟩ *simpliste* II BIJW • van/aan één zijde *unilatéralement* • partijdig *d'une manière partiale*
eer I ZN [de] *honneur* m ★ ter ere van ... *en l'honneur de ...*; *en hommage à ...* ★ met de eer gaan strijken ≈ *récolter les lauriers* ★ in ere houden *respecter*; *perpétuer* ★ het strekt hem tot eer *c'est (tout) à son honneur* ★ eer inleggen met *tirer honneur / gloire de* ★ ergens een eer in stellen (om) *mettre son point d'honneur (à)*; *tenir à honneur (de)*; *s'honorer (de)* ★ eer aandoen *faire honneur à*; *honorer* ★ voor de eer bedanken *décliner l'honneur* ★ de eer is gered *l'honneur est sauf* ★ met militaire eer *avec les honneurs militaires* ★ ere zij God *Dieu soit loué* ▾ in alle eer en deugd *en tout bien tout honneur* ▾ iem. de laatste eer bewijzen *rendre les derniers honneurs à qn* ▾ naar eer en geweten *en son âme et conscience* ▾ ere wie ere toekomt *à tout seigneur tout honneur* ▾ dat is mijn eer te na *j'y mets un point d'honneur* II VW ★ eer dat *avant que [+ subj.]*; *avant de [+ infin.]*
eerbaar *respectable*; *honnête*; *honorable*
eerbetoon *honneur(s)* m (mv); *hommage* m
eerbewijs *honneur(s)* m (mv); *hommage* m
eerbied *respect* m; *considération* v; FORM. *déférence* v ★ gebrek aan ~ *irrévérence* v ★ uit ~ voor *par respect pour*; FORM. *par déférence pour* ★ ~ voor de wet *respect de la loi*
eerbiedig I BNW *respectueux* [v: *respectueuse*] II BIJW *respectueusement*
eerbiedigen *respecter*; REL. *vénérer*; *honorer*
eerbiedwaardig *respectable*; *vénérable*
eerdaags *un de ces jours*; *prochainement*
eerder I BNW *antérieur* II BIJW • vroeger *plus tôt*; *avant*; *auparavant* ★ hoe ~ hoe beter *le plus tôt sera le mieux* • liever *plutôt* • waarschijnlijker *plutôt*
eergevoel *(sens* m *de l')honneur* m; *dignité* v
eergisteren *avant-hier*
eerherstel *réhabilitation* v
eerlijk I BNW *honnête*; *loyal* [m mv: *loyaux*]; ⟨oprecht⟩ *sincère*; *franc* [v: *franche*] ★ ~ spel *fair-play* m ★ dat is niet ~ *ce n'est pas juste*; *ce n'est pas de/du jeu* ▾ ~ duurt het langst ≈ *la vérité comme l'huile vient au-dessus* II BIJW *franchement*; *honnêtement* ★ ~ gezegd *à vrai dire*; *(à parler) franchement* ★ ~ waar *vraiment*; INFORM. *c'est la vérité vraie* ★ ~ verdiend *bien gagné*
eerlijkheid *honnêteté* v; *loyauté* v; *probité* v
eerlijkheidshalve *par souci d'honnêteté*
eerloos I BNW *infâme*; *honteux* [v: *honteuse*] II BIJW *honteusement*; *avec honte*
eerst I ZN [het] ▾ het ~ *le premier* ▾ voor het ~ *pour la première fois* ▾ wie 't ~ komt, 't ~ maalt *premier venu, premier servi* II BIJW • eerder dan wie of wat ook *en premier*; ⟨voor iets anders⟩ *d'abord* • in het begin *au début*; ⟨vroeger⟩ *avant*; ⟨pas⟩ *seulement*
eerste • eerder dan wie of wat ook *premier* [v: *première*] ★ ten ~ *premièrement*; *tout d'abord* • belangrijkste ★ het ~ *la première chose* ★ de ~ zes *les six premiers* ▾ hij is niet de ~ de beste *il n'est pas n'importe qui* ▾ de ~ de beste *le premier venu* • → **achtste**
eerstegraads ★ ~ verbranding *brûlure* v *du premier degré* ★ ~ lesbevoegdheid *CAPES* m ★ ~ vergelijking *équation* v *linéaire*
eerstehulppost *service* m *des urgences*; ⟨hulppost⟩ *infirmerie* v
eerstejaars I ZN [de] O&W *étudiant* m *de première année* II BNW O&W *de première année*
eersteklas *de premier ordre* ★ een ~ kok *un fin cuisinier* ★ ~ reizen *voyager en première (classe)*
eersterangs *de (tout) premier ordre* ★ ~ hotel *hôtel de première catégorie* m
eerstkomend *prochain*
eervol *honorable*
eerwaard *révérend* ★ ~e vader *mon père* m; *révérend père*
eerwraak ≈ *crime* m *d'honneur*
eerzaam *honnête*; *honorable*; *respectable*
eerzucht *ambition* v
eerzuchtig I BNW *ambitieux* [v: *ambitieuse*] II BIJW *ambitieusement*
eetbaar *mangeable*; *bon (à manger)*; *comestible*
eetcafé *brasserie* v
eetgerei *couvert* m
eethoek *coin-repas* m [mv: *coins-repas*]
eethuis *restaurant* m; *bistrot* m
eetkamer *salle* v *à manger*
eetlepel *cuillère* v *(à soupe)*; ⟨inhoudsmaat⟩ *cuillerée* v
eetlust *appétit* m ★ de ~ opwekken / benemen *éveiller / couper l'appétit*
eetstokje *baguette* v
eetstoornis *trouble* m *de l'appétit*
eetwaar *denrées* v mv *alimentaires*
eetzaal *salle* v *à manger*; ⟨klooster, school⟩

réfectoire m; ⟨bedrijf, school⟩ *cantine* v
eeuw • periode van 100 jaar *siècle* m ★ in de 18e eeuw *au XVIIIème siècle* • tijdperk *siècle* m ★ de Gouden Eeuw *le siècle d'or*; *l'âge d'or* ★ de eeuw van de verlichting *le siècle des lumières* • lange tijd ★ ik heb je in geen eeuwen gezien *il y a des siècles/une éternité que je ne t'ai vu*
eeuwenoud *séculaire*
eeuwfeest *centenaire* m
eeuwig I BNW *éternel* [v: *éternelle*]; *perpétuel* [v: *perpétuelle*] ★ voor ~ *pour toujours*; *à (tout) jamais* ★ ~e sneeuw *neiges éternelles* ★ ~ graf *concession à perpétuité* II BIJW *éternellement*; *pour toujours* ★ altijd en ~ *sempiternellement*
eeuwigdurend *éternel* [v: *éternelle*]
eeuwigheid *éternité* v ★ tot in de ~ *à tout jamais*
eeuwigheidswaarde *valeur* v *éternelle*
eeuwwisseling ★ rond de ~ *au tournant du siècle*
effect • uitwerking *effet* m ★ nuttig ~ *effet / travail utile*; *rendement* m ★ op ~ berekend *à effet* • ECON. *titre* m; *effet* m *(de commerce)* • SPORT *effet* m ★ een bal ~ geven *donner / mettre de l'effet à une balle*; *travailler une balle*
effectbal *balle* v *travaillée*
effectenbeurs *bourse* v *des valeurs*
effectenmakelaar *agent* m *de change*
effectenmarkt *marché* m *des valeurs*
effectief I BNW • doeltreffend *effectif* [v: *effective*]; *efficace* • werkelijk *effectif* [v: *effective*]; *réel* [v: *réelle*] II BIJW *effectivement*
effen I BNW • vlak *égal* [m mv: *égaux*]; *uni* • eenkleurig *uni* ★ ~ blauw *bleu uni* • zonder uitdrukking *impassible*; *fermé* ★ met een ~ gezicht *sans sourciller* II BIJW eventjes *un instant*
effenen *égaliser*; *aplanir*; *lisser* ▾ de weg ~ voor iem. *ouvrir / préparer la voie à qn*
efficiënt *efficace*
efficiëntie *efficacité* v
EG *CE* v *(Communauté européenne)*
eg *herse* v
egaal • vlak *égal* [m mv: *égaux*] • eenkleurig *uni* ★ egale kleur *couleur unie* v
egaliseren *égaliser*
egalitair *égalitaire*
egard *égard* m ★ iem. met ~s behandelen *traiter qn avec beaucoup d'égards*
Egeïsche Zee *mer* v *Egée*
egel *hérisson* m
eggen *herser*
ego *ego* m; ⟨eigenwaarde⟩ *amour-propre* m ▾ alter ego *alter ego* m
egocentrisch *égocentrique*
egoïsme *égoïsme* m
egoïst *égoïste* m/v
egoïstisch *égoïste*
egotrip ≈ *égotisme* m
egotripper *égotiste* m/v
egyptologie *égyptologie* v
EHBO I AFK Eerste Hulp Bij Ongelukken *secourisme* m II ZN [de] dienst *service* m *des urgences*
EHBO-doos *trousse* v *de secours*
EHBO'er *secouriste* m/v
ei • BIOL. *œuf* m ★ gebakken eieren *œufs sur le plat* ★ zachtgekookt ei *œuf à la coque* ★ hardgekookt ei *œuf dur* ★ eieren leggen *pondre (des œufs)* • doetje *cloche* v ★ zacht ei(tje) *mollasson* m; *chiffe* v *molle* ▾ het ei van Columbus *l'œuf de Colomb* ▾ eieren voor zijn geld kiezen *mettre de l'eau dans son vin* ▾ op eieren lopen *marcher sur des œufs* ▾ dat is een zacht eitje *c'est du gâteau*; *c'est fastoche* ▾ zijn ei niet kwijt kunnen *se sentir frustré* ▾ dat is het hele eieren eten *ce n'est pas plus compliqué que ça* ▾ een eitje te pellen hebben met *avoir maille à partir avec*
eicel *ovule* m
eidereend *eider* m *(à duvet)*
eierdooier *jaune* m *d'œuf*
eierdop • schaal *coquille* v • napje *coquetier* m
eierkoek *gâteau* m *aux œufs*
eierstok *ovaire* m
eierwekker *minuteur* m
Eiffeltoren *tour* v *Eiffel*
eigeel *jaune* m *d'œuf*
eigen • van iem. of iets *propre*; *à soi* ★ ~ weg *voie privée* ★ voor ~ gebruik *à l'usage personnel* ★ zij heeft een ~ kamer *elle a une chambre à elle* ★ een ~ huis hebben *être propriétaire d'une maison* ★ ~ voordeur *entrée indépendante* v • vertrouwd *familier* [v: *familière*] ★ zich ~ maken *se familiariser avec*; *assimiler* • kenmerkend ~ **aan** *propre à*
eigenaar *propriétaire* m/v
eigenaardig I BNW • kenmerkend *particulier* [v: *particulière*]; *caractéristique* • zonderling *curieux* [v: *curieuse*] II BIJW *d'une façon bizarre / particulière*
eigenaardigheid *particularité* v; *singularité* v
eigenbelang *intérêt* m *(personnel)* ★ uit ~ *par intérêt*
eigendom *propriété* v ★ in ~ hebben *avoir en propriété*
eigendunk *présomption* v; *suffisance* v
eigengemaakt *(fait) maison*
eigengereid *entêté*; *qui n'en fait qu'à sa tête*
eigenhandig *de sa propre main*; ⟨geschreven⟩ *autographe*; ⟨v. testament⟩ *olographe*
eigenliefde *amour-propre* m
eigenlijk I BNW *véritable*; *proprement dit* ★ het ~e centrum *le centre proprement dit* ★ de ~e betekenis *le sens propre* ★ de ~e reden *la véritable raison* II BIJW *au fond*; *à vrai dire* ★ wat is dat ~? *qu'est-ce que c'est au juste?*
eigenmachtig I BNW *arbitraire* II BIJW *arbitrairement*; *de son (propre) chef*
eigennaam *nom* m *propre*
eigenschap ⟨v. dingen⟩ *propriété* v; *caractéristique* v; ⟨v. mensen⟩ *trait* m *de caractère*; ⟨positief⟩ *qualité* v
eigentijds *contemporain*
eigenwaan *suffisance* v
eigenwaarde *amour-propre* m ★ gevoel van ~ *respect* m *de soi*; *dignité* v
eigenwijs I BNW • betweterig *pédant* • koppig ⟨koppig⟩ *entêté* • opvallend *rigolo* [v: *rigolote*] II BIJW • betweterig *avec suffisance* • grappig *avec un petit air*

eigenzinnig **I** BNW *volontaire*; *entêté*; *obstiné*; *opiniâtre* **II** BIJW *obstinément*
eik *chêne* m
eikel • vrucht *gland* m • deel van penis *gland* m • kluns *abruti* m; INFORM. *couillon* m
eiken *en (bois de) chêne*; *de chêne*
eikenhout *bois* m *de chêne*
eiland *île* v ★ ~je *îlot* m ★ op een ~ *dans une île* ★ onbewoond ~ *île déserte*
eilandengroep *archipel* m
eilander *insulaire* m/v
eileider ⟨mensen⟩ *trompe* v *(utérine / de Fallope)*; ⟨dieren⟩ *oviducte* m
eind • slot/afloop *fin* v; *terme* m ★ eind mei *fin mai* ★ tot een goed einde brengen *mener à bonne fin / à bout* ★ er komt geen einde aan *cela n'en finit pas*; *on n'en voit pas la fin* ★ ten einde brengen *mener à terme* ★ op zijn eind lopen *tirer / toucher à sa fin* • laatste stuk ⟨m.b.t. plaats⟩ *bout* m; *extrémité* v; ⟨m.b.t. tijd⟩ *fin* v ★ aan 't andere eind van de wereld *au bout du monde* ★ bij het einde van *à la fin de*; *au bout de* ★ er moet een einde aan komen *il faut en finir* ★ een einde maken aan *en finir avec*; *mettre un terme à* ★ van het begin tot het eind *d'un bout à l'autre*; *de bout en bout* ★ het einde betekenen van *sonner le glas de* • stuk van beperkte lengte *bout* m ★ een eind touw *un bout de ficelle* ★ een heel eind / een eind weegs *un bout de chemin*; *une bonne trotte* ★ een eind weg kletsen *radoter (à tout-va)* ▾ dat is het einde! INFORM. *c'est le pied!* ▾ eind goed, al goed *tout est bien qui finit bien* ▾ er een eind aan maken *mettre fin à ses jours* ▾ hij heeft het bij het rechte eind *il a raison* ▾ tot het bittere eind (doorgaan) *(aller) jusqu'au bout* ▾ aan het kortste / langste eind trekken *avoir le dessous / le dessus* ▾ het eind van het liedje *la fin de l'histoire* ▾ ten einde raad zijn *être en désespoir de cause*; *ne savoir à quel saint se vouer* ▾ ten einde *afin de* [+ inf.] ▾ aan alles komt een eind *tout a une fin* ▾ de eindjes aan elkaar knopen *joindre les deux bouts*
eind- *final* [m mv: *finaux, finals*]
eindbedrag *total* m
eindbestemming *terminus* m; FIG. *objectif* m
einddiploma *diplôme* m *de fin d'études*; ⟨v. vwo⟩ *diplôme de bachelier*
einde • → **eind**
eindejaarsuitkering *prime* v *de fin d'année*
eindelijk *finalement*; *à la fin*; *enfin*
eindeloos **I** BNW • zonder einde *infini*; *sans fin*; ⟨onophoudelijk⟩ *interminable* • geweldig *super* [onv] **II** BIJW • zonder einde *interminablement* ★ ~ duren *s'éterniser* • zeer *infiniment*
einder *horizon* m
eindexamen *examen* m *de fin d'études*; ⟨vwo⟩ *baccalauréat* m; INFORM. *bac* m ★ ~ doen *passer son bac* ★ voor het ~ slagen *être reçu au bac*
eindexamenklas *(classe* v*) terminale* v
eindfase *dernière phase* v; ⟨v. ziekte⟩ *phase* v *terminale*
eindig • beperkt *limité* ★ het ~e *le fini* • WISK. *fini*
eindigen **I** OV WW een eind maken aan *finir*; *achever*; *terminer* **II** ON WW ophouden *finir*; *se terminer*; *prendre fin* ★ ~ met *finir par* ★ ~ op een klinker / op -er *se terminer par une voyelle / en -er*
eindje • uiteinde *bout* m • kort stuk *bout* m • korte afstand *bout* m ★ een ~ lopen *faire un tour* ★ een ~ met iem. oplopen *faire un bout de chemin avec qn* ★ iem. een ~ wegbrengen *reconduire qn* ▾ de ~s aan elkaar knopen *joindre les deux bouts*
eindklassement *classement* m *final*
eindproduct • product *produit* m *fini*; *article* m *fabriqué* • resultaat *résultat* m *final*
eindpunt *terme* m; *fin* v; ⟨openbaar vervoer⟩ *terminus* m
eindrapport *rapport* m *final*; ⟨m.b.t. school⟩ *bulletin* m *(scolaire) de fin d'année*
eindredactie *rédaction* v *(définitive)*
eindrijm *rime* v *finale*
eindspurt *sprint* m
eindstadium *dernière phase* v; ⟨v. ziekte⟩ *phase* v *terminale*
eindstand *score* m *final*
eindstation *(gare* v*) terminus* m
eindstreep *ligne* v *d'arrivée*
eindstrijd *finale* v
eis • het dwingend verlangde *exigence* v; ⟨aanspraak⟩ *revendication* v; *réclamation* v; ⟨voorwaarde⟩ *condition* v ★ eisen stellen *poser des conditions* ★ te hoge eisen stellen *être trop exigeant* ★ aan de eisen voldoen *satisfaire aux exigences* ★ de eisen van het vak *les contraintes du métier* • vordering JUR. *demande* v *(***tot** *en)*; ⟨v. Openbaar Ministerie⟩ *réquisitoire* m ★ iemands eis afwijzen *débouter qn de sa demande* ★ de eis luidt ... *on a requis ...* ★ een eis tot schadevergoeding instellen *demander / réclamer des dommages-intérêts*
eisen • dwingend verlangen *exiger*; ⟨claimen⟩ *revendiquer*; *réclamer* • vergen *demander*; *nécessiter*; JUR. *requérir* ▾ de rellen hebben doden geëist *les troubles ont fait des morts*
eisenpakket *liste* v *de revendications*; *programme* m *revendicatif*
eiser JUR. *demandeur* m [v: *demanderesse*]; *partie* v *civile*; ⟨in strafzaak⟩ *plaignant* m [v: *plaignante*]
eisprong *ovulation* v
eivol *plein à craquer / comme un œuf*; *(archi)plein*
eiwit • wit van ei *blanc* m *d'œuf* • proteïne *protéine* v • BIOL. *albumen* m
eiwitrijk *riche en protéines*
ejaculatie *éjaculation* v
ejaculeren *éjaculer*
EK *championnat(s)* m (mv) *d'Europe*
EKO-keurmerk ≈ *label* m *A*; ≈ *label AB*
ekster *pie* v *(bavarde)*
eksteroog *cor* m
el *aune* v
elan *élan* m; *entrain* m
eland *élan* m; ⟨Canadese⟩ *orignal* m [mv: *orignaux*]

elasticiteit *élasticité* v
elastiek *élastique* m
elastisch *élastique*
elders *ailleurs*; *autre part*
eldorado *eldorado* m
electoraal *électoral* [m mv: *électoraux*]
electoraat *électorat* m
elegant I BNW *élégant* **II** BIJW *élégamment*
elegantie *élégance* v
elegie *élégie* v
elektra • stroom *électricité* v • apparaten *appareils* m mv *électriques* [mv]
elektricien *électricien* m [v: *électricienne*]
elektriciteit *électricité* v
elektriciteitsbedrijf *compagnie* v *d'électricité*
elektriciteitscentrale *centrale* v *(électrique)*
elektriciteitsmast *pylône* m *électrique*
elektriciteitsnet *secteur* m
elektrisch I BNW *électrique* **II** BIJW *électriquement*; *à l'électricité*
elektrocardiogram *électrocardiogramme* m *(ECG)*
elektrocuteren *électrocuter*
elektrode *électrode* v
elektro-encefalogram *électro-encéphalogramme* m *(EEG)*
elektrolyse *électrolyse* v
elektromagneet *électro-aimant* m
elektromagnetisch *électromagnétique*
elektromonteur *monteur* m *électricien*
elektromotor *moteur* m *électrique*
elektron *électron* m
elektronica *électronique* v
elektronisch *électronique*
elektroshock *électrochoc* m
elektrotechniek *électrotechnique* v
element • SCHEIK. hoofdstof *élément* m • bestanddeel *élément* m ▾ in zijn ~ zijn *être dans son élément*
elementair *élémentaire*
elf I TELW • *onze* • → **acht II** ZN [de] sprookjesfiguur *elfe* m
elfde • *onzième* • → **achtste**
elfendertigst ▾ op zijn ~ *(tout) plan-plan*
elftal *onze* m (mv) ★ nationaal ~ *équipe* v *nationale*; *les bleus*
eliminatie *élimination* v
elimineren *éliminer*
elitair *élitiste*
elite *élite* v
elixer *élixir* m
elk ⟨zelfstandig gebruikt⟩ *chacun*; *tout le monde*; ⟨als bijvoeglijk naamwoord⟩ *chaque*; *tout* ★ hij kan elk ogenblik komen *il peut venir d'un moment à l'autre*
elkaar *se*; *l'un l'autre* [m mv: *les uns les autres*] [v: *l'une l'autre*] [v mv: *les unes les autres*]; *mutuellement* ★ zij keken ~ aan *ils se regardaient* ★ ~ helpen *s'entraider* ★ achter ~ *l'un après l'autre*; *de suite*; *d'affilée* ★ achter ~ lopen *marcher en file (indienne)* ★ bij ~ *ensemble*; *réunis* ★ bij ~ brengen *réunir*; *rassembler* ★ bij ~ komen *se joindre*; *se réunir* ★ het ligt door ~ *c'est en désordre / pêle-mêle / mélangé* ★ in ~ zetten *monter* ★ in ~ leggen/zetten *monter* ★ goed in ~ zitten *être bien fait* ★ onder ~ spreken zij Frans *ils parlent français entre eux* ★ uit ~ gaan *se séparer* ★ uit ~ halen / nemen *démonter* ★ niet uit ~ kunnen houden *confondre* ★ uit ~ houden *distinguer (l'un de l'autre)* ★ gescheiden van ~ *séparés l'un de l'autre* ▾ het voor ~ krijgen *y arriver* ▾ het is voor ~ *voilà qui est fait / réglé / arrangé*; *ça y est*
elleboog *coude* m ★ op de ellebogen leunen *s'accouder* ▾ met de ellebogen werken *jouer des coudes* ▾ het achter de ellebogen hebben *être sournois*
ellende *misère* v ★ dan is de ~ niet te overzien *ça va causer beaucoup d'ennuis*; INFORM. *bonjour les dégâts!*
ellendeling *misérable* m/v
ellendig I BNW *misérable* **II** BIJW *misérablement* ★ een ~ schouwspel *un spectacle navrant*
ellenlang *interminable*
ellepijp *cubitus* m
ellips • WISK. *ellipse* v • TAALK. *ellipse* v
elliptisch *elliptique*
elpee *trente-trois tours* m [onv]; *album* m
els • boom *aune* m; *aulne* m • priem *alène* v
El Salvador *le Salvador* ★ in ~ *au Salvador*
Elzas *l'Alsace* v ★ in de ~ *en Alsace* ★ ~-Lotharingen *l'Alsace-Lorraine* v
Elzasser *Alsacien* m [v: *Alsacienne*]
Elzassisch *alsacien* [v: *alsacienne*]
email *émail* m
e-mail *e-mail* m; *mail* m; *mél* m; *courrier* m / *messagerie* v *électronique*
e-mailadres *adresse* v *électronique* / *e-mail* m
e-mailbericht *mail* m; *message* m *électronique*
e-mailen *envoyer par e-mail*; *mailer*
emailleren *émailler*
emancipatie *émancipation* v
emancipatorisch *émancipateur* [v: *émancipatrice*]
emanciperen *émanciper*
emballage *emballage* m
embargo *embargo* m ★ een ~ opleggen / opheffen (op) *mettre / lever l'embargo (sur)*
embleem *emblème* m
embolie *embolie* v
embouchure *embouchure* v
embryo *embryon* m
embryonaal *embryonnaire* ★ in embryonale toestand *à l'état embryonnaire/d'ébauche*
emeritaat *retraite* v
emeritus *en retraite*; *retraité*
emfyseem *emphysème* m
emigrant *émigrant* m [v: *émigrante*]; ⟨uitgewekene⟩ *émigré* m [v: *émigrée*]
emigratie *émigration* v
emigreren *émigrer* (**naar** *en, dans*)
eminent I BNW *éminent* **II** BIJW *éminemment*
eminentie *éminence* v
emir *émir* m
emiraat *émirat* m ★ Verenigde Arabische Emiraten *Émirats* m mv *arabes unis*
emissie *émission* v
emissiekoers *cours* m / *taux* m *d'émission*
emitteren *émettre*
emmentaler *emment(h)al* m
emmer *seau* m

emmeren *être rasant*
emoe *émeu* m; *émou* m
emolumenten ≈ *rémunérations* v mv *extrasalariales*; INFORM. *à-côtés* m mv
emoticon *émoticon* m
emotie *émotion* v ⋆ ~s oproepen/losmaken *susciter des émotions*
emotionaliteit *émotivité* v
emotioneel *émotif* [v: *émotive*] ⋆ uit de emotionele sfeer halen *dépassionner*
empathie *empathie* v
empirisch I BNW *empirique* ⋆ ~e wetenschappen *sciences expérimentales* **II** BIJW *empiriquement*
emplacement *site* m; ⟨spoorwegen⟩ *voies* v mv
emplooi *emploi* m ⋆ zonder ~ *sans emploi*
employé *employé* m [v: *employée*]
EMU *UEM* v *(Union économique et monétaire)*
emulgator *émulsifiant* m
emulsie *émulsion* v
en *et* ⋆ groter en groter *de plus en plus grand* ⋆ En? *Alors?*
en bloc *en bloc*
encefalogram *encéphalogramme* m
enclave *enclave* v
encycliek *encyclique* v
encyclopedie *encyclopédie* v
encyclopedisch *encyclopédique*
endeldarm *rectum* m
endemisch *endémique*
endocrinologie *endocrinologie* v
endogeen *endogène*
endossement *endossement* m
enenmale ⋆ ten ~ *absolument*
energetica *énergétique* v
energetisch *énergétique*
energie *énergie* v
energiebedrijf *Compagnie* v *distributrice d'énergie*
energiebesparend *qui économise l'énergie*; *à économie d'énergie*
energiebron *source* v *d'énergie*
energiek *énergique*; ⟨v. persoon⟩ *dynamique*; *plein d'entrain*
energieverbruik *consommation* v *énergétique / d'énergie*
enerverend *énervant*
enerzijds *d'une part*
en face *de face*
enfin *enfin*
eng • nauw *étroit* • griezelig *sinistre*; *angoissant*
engagement • betrokkenheid *engagement* m • ECON. contract *engagement* m
engageren *engager*
engel *ange* m ⋆ ~tje *angelot* m; *chérubin* m ▾ gevallen ~ *ange déchu*
engelachtig *angélique*
Engeland *l'Angleterre* v ⋆ in ~ *en Angleterre*
engelbewaarder *ange* m *gardien*
engelengeduld *patience* v *d'ange*
engelenhaar *cheveux* m mv *d'ange* [mv]
Engels I ZN [het] taal *anglais* m **II** BNW m.b.t. Engeland *anglais*
Engelstalig *anglophone*
engerd *horreur* v
engineering *ingénierie* v
en gros *en gros*
engte • het nauw zijn *étroitesse* v • nauwe doorgang ⟨op zee⟩ *détroit* m; ⟨in bergen⟩ *défilé* m
engtevrees *claustrophobie* v
enig I BNW • enkel *unique*; *seul* ⋆ enig kind *enfant unique* ⋆ enig in zijn soort *unique en son genre*; *sans pareil* ⋆ het enige *la seule chose* ⋆ de enige *le seul* • leuk *unique*; INFORM. *chouette* **II** ONB VNW *quelque* ⋆ zonder enige reden *sans aucune raison* ⋆ enigen *quelques-uns*
enigerlei *quelconque*; *quelque* ⋆ op ~ wijze *de quelque façon que ce soit*
enigermate *quelque peu*
enigma *énigme* v
enigszins *un peu*; *quelque peu*
enkel I ZN [de] *cheville* v **II** BNW *simple* ⋆ een ~e reis *un aller (simple)* **III** BIJW *ne ... que*; *seulement*; *uniquement* ⋆ ~ en alleen om ... *dans le seul but de ...* **IV** TELW • één/weinig *seul* ⋆ geen ~ *pas un (seul)* ⋆ geen ~e kans *aucune chance* • enig ⋆ ~e *quelques* ⋆ ~en *quelques-uns*
enkeling *individu* m ⋆ het gaat maar een ~ aan *ça ne concerne que quelques personnes*
enkelspel *simple* m ⋆ dames~ *simple dames*
enkelspoor *voie* v *unique*
enkeltje *aller* m *simple*
enkelvoud *singulier* m ⋆ in het ~ *au singulier*
enkelvoudig *simple*; TAALK. *au singulier*
enorm I BNW *énorme*; *immense* **II** BIJW *énormément*
enormiteit *énormité* v
en passant *en passant*
en profil *de profil*
enquête *enquête* v; ⟨opinieonderzoek⟩ *sondage* m ⋆ een ~ houden naar *faire une enquête sur*
enquêteren *enquêter*
enquêteur *enquêteur* m [v: *enquêtrice*]
ensceneren *mettre en scène*
enscenering *mise* v *en scène*
ensemble • groep *ensemble* m • dameskostuum *ensemble* m
ent *greffe* v; *greffon* m
enten • inenten *vacciner*; *inoculer* • baseren **~ op** *greffer sur*
enteren OOK FIG. *aborder*
entertainen *amuser*
entertainment *divertissement* m; *variétés* v mv
entertoets *touche* v *d'entrée*
enthousiasme *enthousiasme* m
enthousiasmeren *enthousiasmer*
enthousiast I BNW *enthousiaste* **II** BIJW *avec enthousiasme*
entiteit *entité* v
entomologie *entomologie* v
entourage *entourage* m
entr'acte *entracte* m
entrecote *entrecôte* v
entree • het binnentreden *entrée* v • ingang *entrée* v • toegangsprijs *entrée* v ⋆ vrij ~ *entrée libre* • voorgerecht *entrée* v
entreegeld *(prix* m *d')entrée* v
entreeprijs *entrée* v; *prix* m *d'entrée* v
entrepot *entrepôt* m

entstof *vaccin* m
E-nummer *additif* m *E*; *numéro* m *UE*
envelop *enveloppe* v
enz. *etc.*
enzovoort, enzovoorts *et ainsi de suite*
enzym *enzyme* m/v
epaulet *épaulette* v
epicentrum *épicentre* m
epidemie *épidémie* v
epidemisch *épidémique*
epiek *poésie* v *épique*
epifyse *épiphyse* v
epigoon *épigone* m
epigram *épigramme* v
epilepsie *épilepsie* v
epilepticus *épileptique* m/v
epileptisch *épileptique*
epileren *épiler* ★ het ~ *l'épilation*
epiloog *épilogue* m
episch *épique*
episcopaat *épiscopat* m
episode *épisode* m
epistel *épître* v; IRON. *missive* v
epitaaf *épitaphe* v
epitheel *épithélium* m
epo *EPO* v *(érythroproïétine)*
epos *épopée* v; *poème* m *épique*
epoxyhars *résine* v *epoxy* [vaak mv]
equator *équateur* m
equatoriaal *équatorial* [m mv: *équatoriaux*]
Equatoriaal-Guinea *la Guinée équatoriale*
equipe *équipe* v
equiperen *équiper* **(met** *de)*
equivalent I ZN [het] *équivalent* m **II** BNW *équivalent* **(aan/met** *à)*
er I BIJW • daar *y*; *là* ★ er is / er zijn *il y a* ★ we kunnen er met zijn vijven in *nous y tiendrons à cinq* ★ we zijn er *nous y sommes* • zonder betekenis ★ wat is er? *qu'y a-t-il?*; *qu'est-ce qu'il y a?* ★ er wordt gebeld *on sonne* **II** PERS VNW *en* ★ er zijn er vijf *il y en a cinq*
eraan *y* ★ wat kan ik er nou aan doen? *que voulez-vous que j'y fasse?*; *je n'y peux rien* ★ ik kom ~! *j'arrive!* ★ ~ gaan *(devoir) y passer*
erachter *derrière* ▾ ~ zijn *avoir compris*; *y être*
eraf *détaché* ★ de knoop is eraf *le bouton manque / est parti / a sauté* ★ eraf zijn *en être libéré / débarrassé*
erbarmelijk • slecht *misérable*; *lamentable* • meelijwekkend *pitoyable*
erbarmen I ZN [het] *pitié* v **(met** *de)* **II** WKD WW [+ zich] ~ **over** *avoir pitié de*; *prendre soin de*
erbij • aanwezig *présent*; ⟨m.b.t. zaken⟩ *y* ★ is de brief ~? *y a-t-il la lettre?* • tot het bedoelde ★ ik blijf ~ dat *je maintiens que* ★ ~ doen *ajouter* ★ dat hoort ~ *ça va avec* ▾ ~ zijn *être cuit / fait / fichu* ▾ hoe kom je ~! *qu'est-ce qui te fait dire / penser cela?*
erboven *au-dessus*
erdoor ★ laat me ~ *laisse-moi passer* ▾ ~ zijn *avoir réussi*; *s'en sortir* ▾ iets ~ krijgen *faire passer qc*
ere • → **eer**
ere- *d'honneur*; ⟨v. ambt⟩ *honoraire*; ⟨v. titel⟩ *honorifique*
erecode *code* m *de l'honneur*
erectie *érection* v
eredienst *culte* m
eredivisie *première division* v
eredoctoraat *doctorat* m *honoris causa*
erekwestie *question* v *d'honneur*
erelid *membre* m *d'honneur*
eremetaal *médaille* v
eren *honorer* **(met** *de)*
ereplaats *place* v *d'honneur*
erepodium *podium* m
ereprijs • prijs *prix* m *d'honneur* • plant *véronique* v
ereschuld *dette* v *d'honneur*
eretitel *titre* m *honorifique / d'honneur*
eretribune *tribune* v *d'honneur*
erewacht *garde* v *d'honneur*
erewoord *parole* v *d'honneur* ★ op ~ *sur parole* ★ op mijn ~! *parole (d'honneur)!*
erf *cour* v; ⟨grondbezit⟩ *fonds* m *(de terre)*
erfdeel *(part* v *d')héritage* m; *portion* v; ⟨erfgoed⟩ *patrimoine* m ★ wettelijk ~ *réserve* v *légale*; *part* v *légitime*
erfelijk *héréditaire*
erfelijkheid *hérédité* v
erfelijkheidsleer *génétique* v
erfenis *héritage* m; *succession* v
erfgenaam *héritier* m [v: *héritière*] ★ universeel ~ *légataire* m/v *universel(le)*
erfgoed *bien* m *héréditaire*; *héritage* m ★ het culturele ~ *le patrimoine culturel*
erflater *testateur* m [v: *testatrice*]
erfopvolger *successeur* m
erfopvolging *succession* v
erfpacht *bail* m *emphytéotique*; JUR. *emphytéose* v ★ grond in ~ uitgeven *donner un fonds à bail*
erfrecht *droit* m *successoral*
erfstuk *objet* m *hérité* ★ dit schilderij is een ~ *c'est un tableau de famille*
erfvijand *ennemi* m *héréditaire*
erfzonde *péché* m *originel*
erg I ZN [het] besef ★ zonder erg *sans y entendre malice*; *involontairement* ★ zonder er erg in te hebben *sans s'en rendre compte* **II** BNW • zeer vervelend *mal*; *fâcheux* [v: *fâcheuse*] ★ nog erger *encore pire* ★ vind je het erg als ik ...? *ça te dérange si je ...?* • slecht/ernstig *grave* ★ het ergste vrezen *craindre le pire* ★ in het ergste geval *au pire* ★ het is niet erg *ce n'est pas grave*; *ce n'est rien*; *ce n'est pas bien méchant*; *il n'y a pas de mal (à cela)* ★ er erg aan toe zijn *être bien mal* ★ het is meer dan erg *c'est une honte* ★ dat is te erg! *trop c'est trop!* ★ wat erg! *quel malheur!* ★ erger *pire* ★ erger maken / worden *empirer* ★ hoe langer hoe erger *de pire en pire* ★ wat erger is *pire encore*; *qui pis est* ★ zijn ergste vijand *son pire ennemi* **III** BIJW *très* ★ erg goed *très bien* ★ het spijt me erg *je suis désolé* ★ ik hou erg van hem *je l'aime beaucoup*
ergens • op een plaats *quelque part* ★ ~ anders *ailleurs*; *autre part* ★ daar ~ *quelque part là-bas* • iets ★ ~ in *dans qc* ★ ~ naar zoeken *chercher qc*
ergeren I OV WW *agacer*; *énerver*; *contrarier*

II WKD WW [+ zich] *s'irriter; s'énerver* ★ zich aan iets / iem. ~ *s'indigner de qc / contre qn* ★ zich blauw / groen en geel ~ *s'exaspérer;* INFORM. *en faire une jaunisse*
ergerlijk *agaçant; énervant; vexant*
ergernis *irritation* v; *agacement* m ★ ~ geven *irriter*
ergonomie *ergonomie* v
ergotherapie *ergothérapie* v
erheen *y* ★ ~ gaan *y aller*
erin *y; dedans*
erkend • algemeen bekend *reconnu; avéré* • officieel toegestaan *agréé* ★ de ~e godsdienst *la religion officielle*
erkennen • inzien, toegeven *reconnaître* • als wettig aanvaarden *reconnaître*
erkenning *reconnaissance* v
erkentelijk *reconnaissant* (**jegens** *à;* **voor** *de)*
erkentelijkheid *reconnaissance* v
erker *bow-window* m [mv: *bow-windows*]
erlangs *par là* ★ een rivier met bomen ~ *une rivière bordée d'arbres* ★ ~ gaan *(y) passer*
ermee *avec* ★ wat doen we ~? *qu'en ferons-nous?* ▾ het kan ~ door *ça peut aller* ▾ je hebt jezelf ~ *tu seras le seul à en souffrir*
erna *après* ★ het jaar erna *l'année d'après*
ernaar *y* ★ ze hebben het ~ gemaakt *ils l'ont (bien) cherché / voulu*
ernaast *à côté* ▾ ~ zitten *se tromper;* INFORM. *être à côté de la plaque; se gourer*
ernst • serieusheid *sérieux* m ★ in ~ *sérieusement* ★ het is mij (bittere) ~ *je suis (on ne peut plus) sérieux; je ne plaisante pas* ★ ~ ermee maken *s'y mettre sérieusement* • zwaarte *gravité* v ★ de ~ van de toestand *la gravité de la situation* ★ 't wordt (nu) ~ *ça devient sérieux;* INFORM. *ça va chauffer*
ernstig I BNW • gemeend *sérieux* [v: *sérieuse*]; *grave* • akelig ★ een ~e ziekte *une maladie grave* **II** BIJW • gemeend *sérieusement* ★ iets ~ opnemen *prendre qc au sérieux* ★ niets ~ nemen *prendre tout à la légère* ★ ~ blijven *garder son sérieux* • zeer ★ ~ ziek *gravement malade* ★ ~ gewond *grièvement blessé*
eroderen *éroder*
erogeen *érogène*
eromheen *autour*
eronder *(là-)dessous; en dessous* ▾ iem. ~ houden *tenir qn en bride*
erop • op iets *dessus* ★ iets erop doen *mettre qc* • volgend *suivant* ★ de maand erop *le mois suivant / d'après* ▾ erop of eronder *ça passe ou ça casse* ▾ met alles erop en eraan *avec toute la panoplie* ▾ het zit erop *c'est fini*
eropaan ★ nu komt het ~ *maintenant ça devient sérieux* ★ u kunt ~ *vous pouvez compter dessus*
eropaf ★ ~ gaan *y aller*
eropna ★ ~ houden *avoir; disposer de*
eropuit ★ ~ zijn *vouloir; chercher (à)*
erosie *érosion* v
erotiek *érotisme* m
erotisch *érotique*
erover *par-dessus*
erratum *erratum* m; ⟨lijst⟩ *errata* m
ertegen *contre*
ertegenin *contre*
ertegenover *en face*
ertoe *en; y* ★ wat doet het ~? *qu'est-ce que ça fait?; qu'importe?* ★ ~ in staat zijn *en être capable*
erts *minerai* m
ertussen ⟨twee⟩ *entre les deux;* ⟨meer dan twee⟩ *parmi eux* [v mv: *parmi elles*] ▾ ~ nemen *avoir; mettre dedans*
ertussenuit ▾ ~ gaan *changer d'air* ▾ ~ knijpen *s'éclipser; filer à l'anglaise*
erudiet *érudit*
eruditie *érudition* v
eruit *dehors* ★ iem. ~ gooien *mettre qn dehors* ★ ~ komen *en sortir; se lever* ★ de kosten ~ halen *rentrer dans ses frais*
eruitzien *avoir l'air* ★ ~ als *avoir l'air de* ★ wat zie jij eruit! *tu as l'air de quoi!* ★ hij ziet er jonger uit dan hij is *il ne paraît pas son âge* ★ er goed / slecht uitzien *avoir bonne / mauvaise mine* ★ er moe uitzien *avoir l'air fatigué* ★ het ziet er slecht uit *ça se présente mal* ★ het ziet ernaar uit dat het gaat regenen *on dirait qu'il va pleuvoir* ▾ het ziet er niet uit *ça ne ressemble à rien; ça ne paie pas de mine*
eruptie *éruption* v
ervan *en*
ervandaan *en*
ervandoor ★ ~ gaan *filer;* INFORM. *se sauver*
ervaren I BNW *expérimenté; expert* (**in** *en);* FORM. *versé* (**in** *dans)* **II** OV WW ondervinden *éprouver; faire l'expérience de; voir*
ervaring *expérience* (**met** *de)* ★ uit ~ *par expérience* ★ de ~ leert dat *l'expérience (dé)montre que* ★ ik spreek uit ~ *je suis payé pour le savoir*
ervaringsdeskundige ≈ *personne* v *d'expérience vécue*
erven *hériter; faire un héritage* ★ iets ~ *hériter de qc* ★ iets van iem. ~ *hériter qc de qn*
ervoor ⟨plaats⟩ *devant;* ⟨bestemming⟩ *pour;* ⟨tijd⟩ *(d')avant;* ⟨in ruil⟩ *à la place; en échange*
erwt *pois* m ★ grauwe erwten *pois chiches*
erwtensoep *soupe* v *aux pois*
es • boom *frêne* m • muzieknoot *mi* m *bémol*
escalatie *escalade* v ★ een ~ van geweld *un engrenage / une surenchère de violences*
escaleren *s'aggraver; aller en s'aggravant*
escapade *escapade* v
escapetoets *touche* v *d'échappement / Échap*
escort *escorte* v
escorte *escorte* v
escorteren *escorter*
esculaap *caducée* m
esdoorn *érable* m
eskader *escadre* v
eskadron *escadron* m
Eskimo *Esquimau* m [mv: *Esquimaux*] [v: *Esquimaude*]
esoterie *ésotérisme* m
esoterisch *ésotérique*
esp *(peuplier* m*) tremble* m
espadrille *espadrille* v
esplanade *esplanade* v
espresso *(café* m*) express* m; *expresso* m

espressoapparaat *percolateur* m
essay *essai* m
essayist *essayiste* m/v
essence *essence* v
essenhout *(bois* m *de) frêne* m
essentie *essence* v
essentieel *essentiel* [v: *essentielle*]
Est *Estonien* [v: *Estonienne*]
establishment *establishment* m; *ordre* m *établi*
estafette *course* v *de relais*
estafetteloper *relayeur* m [v: *relayeuse*]
estafetteploeg *équipe* v *de relais*
ester *ester* m
estheet *esthète* m/v
esthetica *esthétique* v
esthetisch *esthétique*
Estland *l'Estonie* v ★ in ~ *en Estonie*
etablissement *établissement* m
etage *étage* m ★ op de eerste ~ *au premier*
etalage *vitrine* v
etalagepop *mannequin* m
etaleren *étaler*; ‹pronken met› *faire étalage de*; *afficher*
etaleur *étalagiste* m/v
etappe *étape* v ★ in ~s *par étapes*
etc. *etc.*
et cetera *et c(a)etera*
eten I ZN [het] • voedsel *nourriture* v; *manger* m • maaltijd *repas* m; ‹vieruurtje› *goûter* m ★ het eten is opgediend *le dîner est servi* ★ het warme eten *le repas chaud* ★ van lekker eten houden FORM. *aimer la bonne chère* **II** OV WW voedsel nuttigen *manger*; INFORM. *bouffer* ★ niet te eten *inmangeable* ★ zijn buikje vol eten *se remplir le ventre*; *manger à sa faim / (tout) son content*; INFORM. *s'empiffrer*; *s'en mettre plein la panse* **III** ON WW de maaltijd gebruiken *manger*; INFORM. *casser la croûte*; ‹'s middags› *déjeuner*; ‹vieruurtje› *goûter*; ‹'s avonds› *dîner*; ‹'s avonds laat› *souper* ★ uit eten gaan *dîner en ville* ★ te eten geven *donner à manger*; *nourrir* ★ heerlijk eten *se régaler* ★ eten voor drie *manger comme quatre*
etensresten *rogatons* m mv; *restes* m mv; INFORM. *rab(iot)* m
etenstijd *heure* v *du repas*
etenswaar *nourriture* v; *comestibles* m mv; *denrée* v; *aliments* m mv
etentje *(petit) dîner* v
eter • iem. die (veel) eet *mangeur* m [v: *mangeuse*] ★ een grote eter *un gros mangeur* • gast *invité* m [v: *invitée*]; *convive* m/v
ethaan *éthane* m
ethanol *ethanol* m
ether *éther* m ▾ in de ~ zijn *être sur les ondes (hertziennes)*
etherpiraat *pitate* m *des ondes*
etherreclame *publicité* v *radiotélévisée*
ethiek *éthique* v; ‹beroeps› *déontologie* v
Ethiopië *l'Ethiopie* v ★ in ~ *en Ethiopie*
Ethiopisch *éthiopien* [v: *éthiopienne*]
ethisch *éthique*
ethologie *éthologie* v
ethyl *éthyle* m
etiket *étiquette* v ★ iem. een ~ opplakken *étiqueter qn*; *mettre une étiquette à qn*
etiquette *étiquette* v
etmaal *(espace* m *de) vingt-quatre heures* v mv; *jour* m ★ binnen een ~ *dans les 24 heures*
etniciteit *ethnicité* v
etnisch *ethnique*
etnografie *ethnographie* v
etnologie *ethnologie* v
ets *gravure* v; *eau-forte* v [mv: *eaux-fortes*] ★ droge ets *pointe* v *sèche*
etsen *graver (à l'eau-forte)*
et-teken *esperluette* v
ettelijke *plusieurs*
etter • pus *pus* m • naarling *emmerdeur* [v: *emmerdeuse*]
etterbuil *abcès* m
etteren • etter afscheiden *suppurer* ★ ~d *purulent* • klieren *être enquiquinant*
etude *étude* v
etui *étui* m; ‹school› *trousse* v
etymologie *étymologie* v
etymologisch *étymologique*
EU *UE* v *(Union européenne)*
eucalyptus *eucalyptus* m
eucharistie *eucharistie* v ★ de ~ vieren *célébrer l'eucharistie*
eufemisme *euphémisme* m
eufemistisch *euphémique*
euforie *euphorie* v
euforisch *euphorique*
eugenetica, eugenese *eugénisme* m
EU-ingezetene *habitant* m *de l'UE* [v: *habitante de l'UE*]
eunuch *eunuque* m
Eurazië *Eurasie* v
euro *euro* m ★ zes euro *six euros*
eurocent *centime* m *(d')euro*; *(euro)cent* m
eurocheque *eurochèque* m
euroland ‹zone› *Euroland(e)* m
euromarkt *euromarché* m
euromunt *euromonnaie* v
Europarlementariër *eurodéputé* m [v: *eurodéputée*]
Europeaan *Européen* m [v: *Européenne*]
Europees *européen* [v: *européenne*]
eustachiusbuis *trompe* v *d'Eustache*
euthanasie *euthanasie* v
eutroof *eutrophe*
euvel I ZN [het] *mal* m; *défaut* m **II** BNW ★ de ~e moed hebben *avoir la hardiesse*; INFORM. *avoir le culot* ▾ iem. iets ~ duiden *en vouloir à qn de qc*
Eva *Eve* v
evacuatie *évacuation* v
evacué *évacué* m [v: *évacuée*]
evacueren *évacuer*
evaluatie *évaluation* v
evalueren *évaluer*
evangelie *évangile* m
evangelisatie *évangélisation* v
evangelisch *évangélique*
evangelist *évangéliste* m
even I BNW deelbaar door twee *pair* ★ de even plaatsen *les places à numéro pair* ▾ het is mij om het even *peu m'importe*; *cela m'est égal* **II** BIJW • net zo *aussi*; *également* ★ even groot

als *aussi grand que* • een korte tijd *un instant*; *un moment* ★ even telefoneren *donner un coup de fil* ★ (maar) even langskomen *ne faire que passer* ★ terwijl ik me even omkleed *le temps de me changer* • versterkend ★ is dat even mooi! *voilà qui est beau!* • amper/een weinig *à peine*; *un peu* ★ even over tienen *juste après dix heures*
evenaar *équateur* m
evenals *de même que*; *ainsi que*; *(tout) comme*
evenaren *égaler (***in** *en)*
evenbeeld *image* v; *portrait* m ★ naar Gods ~ *à l'image de Dieu* ★ hij is het ~ van zijn vader *il est tout le portrait de son père*; INFORM. *c'est son père tout craché*
eveneens *également*; *de même*; *aussi*
evenement *événement* m
evengoed • net zo goed *aussi bien*; *autant (***als** *que)* ★ je kunt ~ opnieuw beginnen *autant recommencer* • toch *pour autant*
evenknie *pareil* m [v: *pareille*]; *égal* m [v: *égale*]; ⟨tegenhanger⟩ *homologue* m/v
evenmin *non plus*; *pas davantage* ★ hij is ~ ... als ... *il est tout aussi peu ... que ...* ★ ~ als *ne ... pas plus que*
evenredig I BNW *proportionnel* [v: *proportionnelle*] ★ ~ (aan)deel *quote-part* v ★ de ~e vertegenwoordiging *la (représentation) proportionnelle* ★ recht / omgekeerd ~ met *directement / inversement proportionnel à* **II** BIJW *proportionnellement (***met** *à)*
evenredigheid *proportion* v
eventjes *un instant*; *un peu*
eventualiteit *éventualité* v
eventueel I BNW *éventuel* [v: *éventuelle*] **II** BIJW *éventuellement*; *le cas échéant*
evenveel *(tout) autant (***als** *que)*
evenwel *cependant*; *pourtant*; *toutefois*
evenwicht *équilibre* m ★ in ~ houden *tenir en équilibre*; *contrebalancer* ★ iem. uit z'n ~ brengen *déséquilibrer qn* ★ het ~ bewaren / verliezen / verbreken *garder / perdre / rompre l'équilibre* ★ (weer) in ~ brengen *(ré)équilibrer*
evenwichtig *équilibré*
evenwichtsbalk *poutre* v *d'équilibre*
evenwichtsleer *statique* v
evenwichtsorgaan *organe* m *équilibreur*
evenwichtsstoornis *trouble* m *de l'équilibre*
evenwijdig I BNW *parallèle* **II** BIJW *parallèlement (***aan** *à)*
evenzeer *également*; *(tout) autant (***als** *que)*
evenzo *de la même manière*; *de même*
evergreen *classique* m; *incontournable* m
everzwijn *sanglier* m
evident I BNW *évident* **II** BIJW *à l'évidence*
evocatie *évocation* v
evolueren *évoluer*
evolutie *évolution* v
evolutieleer *théorie* v *évolutionniste*; *évolutionnisme* m
ex I ZN [de] *ex* m/v **II** VZ ★ ex aequo *ex aequo* ★ ex absurdo *par l'absurde* ★ ex cathedra *ex cathedra*
ex- *ancien* [v: *ancienne*]; *ex-*
exact I BNW *exact* **II** BIJW *exactement*
exaltatie *exaltation* v
examen *examen* m ★ mondeling ~ *épreuves* v mv *orales*; *oral* m ★ schriftelijk ~ *épreuves* v mv *écrites*; *écrit* m ★ vergelijkend ~ *concours* m ★ een ~ afleggen *passer un examen* ★ ~ afnemen *faire passer un examen* ★ voor een ~ opgaan *se présenter à un examen* ★ voor een ~ slagen *être reçu à un examen* ★ voor een ~ zakken *échouer / être refusé à un examen*; INFORM. *être recalé*
examenvrees *trac* m
examinandus *candidat* m [v: *candidate*]
examinator *examinateur* m [v: *examinatrice*]
examineren *faire passer un examen*
excellent I BNW *excellent* **II** BIJW *excellemment*
excellentie *excellence* v
excelleren *exceller (***in** *à, dans, en)*
excentriek *excentrique*
excentrisch *excentrique*; ⟨afgelegen⟩ *excentré*
exceptie *exception* v
exceptioneel *exceptionnel* [v: *exceptionnelle*]
exces *excès* m
excessief I BNW *excessif* [v: *excessive*] **II** BIJW *à l'excès*
exclusief I BNW • niet inbegrepen *exclusif* [v: *exclusive*] • chic *exclusif* [v: *exclusive*] **II** BIJW *exclusivement*; ⟨niet inbegrepen⟩ *non compris*; *hors* ★ ~ btw *hors taxe(s)*; *H.T.* ★ ~ de bediening *service non compris* ★ ~ (de) wijn *vin en supplément*
exclusiviteit *exclusivité* v
excommunicatie *excommunication* v
excommuniceren *excommunier*
excrement *excrément* m
excursie *excursion* v
excuseren *excuser* ★ zich ~ *s'excuser*
excuus • verontschuldiging *excuse* v ★ zijn excuses maken *présenter ses excuses*; *s'excuser* • reden *excuse* v ★ als ~ aanvoeren *invoquer*; *prétexter*
executeren • terechtstellen *exécuter* • JUR. *exécuter*
executeur *exécuteur* m [v: *exécutrice*]
executeur-testamentair *exécuteur* m *testamentaire*
executie • terechtstelling *exécution* v • JUR. *exécution* v
executiewaarde *valeur* v *en vente forcée*
exegese *exégèse* v
exemplaar *exemplaire* m; IRON. *spécimen* m; *numéro* m
exemplarisch *exemplaire*
exerceren *faire l'exercice*
exercitie *exercice* m
exhaleren *exhaler*
exhibitionisme *exhibitionnisme* m
exhibitionist *exhibitionniste* m/v
existentialisme *existentialisme* m
existentialistisch *existentialiste*
existentie *existence* v
existentieel *existentiel* [v: *existentielle*]
exit *exit* m; *sortie* v
ex libris *ex-libris* m [onv]
exodus *exode* m
exogeen *exogène*
exorbitant *exorbitant*

exotisch *exotique*
expander *extenseur* m
expanderen I OV WW uitbreiden *étendre* **II** ON WW zich uitbreiden *s'étendre*
expansie *expansion* v
expansiedrang *expansionnisme* m
expansievat *vase* m *d'expansion*
expat *expatrié* m [v: *expatriée*]
expatriëren *(s')expatrier*
expediëren *expédier*
expediteur *transporteur* m; ⟨besteldienst⟩ *messagerie(s)* v (mv)
expeditie • tocht *expédition* v • verzending *expédition* v
experiment *expérience* v
experimenteel I BNW *expérimental* [m mv: *expérimentaux*] **II** BIJW *expérimentalement*
experimenteren *expérimenter* ★ het ~ *l'expérimentation* v ★ ~ met *faire des expériences sur*
expert *expert* m *(in en, dans)*
expertise *expertise* v
expiratiedatum *date* v *d'expiration*; *échéance* v
explicatie *explication* v
expliciet I BNW *explicite* **II** BIJW *explicitement*; *expressément*
expliciteren *expliciter*
exploderen *faire explosion*; *exploser*
exploitabel *exploitable*
exploitant *exploitant* m [v: *exploitante*]
exploitatie *exploitation* v
exploiteren *exploiter*
exploot *exploit* m
exploratie *exploration* v
exploreren *explorer*
explosie *explosion* v
explosief I ZN [het] *explosif* m **II** BNW ontplofbaar *explosif* [v: *explosive*] **III** BIJW *de façon explosive*
explosiemotor *moteur* m *à explosion*
exponent • vertegenwoordiger *représentant* m • WISK. *exposant* m
exponentieel *exponentiel* [v: *exponentielle*]
export *exportation* v
exporteren *exporter*
exporteur *exportateur* m
exportland *pays* m *exportateur*
exportvolume *volume* m *des exportations*
exposant *exposant* m [v: *exposante*]
exposé *exposé* m
exposeren *exposer*
expositie • tentoonstelling *exposition* v • uiteenzetting *exposition* v
expres *exprès*; *délibérément*; ⟨speciaal⟩ *spécialement*
expresbrief *lettre* v *exprès / Chronopost*
expresse ★ per ~ *en/par exprès*; *par messagerie*; *par Chronopost*
expressie *expression* v ★ zonder ~ *inexpressif* [v: *inexpressive*]
expressief *expressif* [v: *expressive*]
expressionisme *expressionnisme* m
expressiviteit *expressivité* v
exprestrein *(train* m*) express* m / *rapide* m
exquis *exquis*
extase *extase* v ★ in ~ raken (over) *s'extasier (devant/sur)*
extatisch *extatique*; *extasié*; *en extase*
extensie *extension* v
extensief *extensif* [v: *extensive*] ★ extensieve landbouw *culture* v *extensive*
extenso ★ in ~ *in extenso*; *intégralement*
exterieur I ZN [het] *extérieur* m **II** BNW *extérieur*
extern • van buiten komend *extérieur*; *externe* • uitwonend *externe*
extra I BNW *supplémentaire* ★ ~ editie *édition spéciale* v ★ iets ~'s *qc en plus* ★ ~ trein *train supplémentaire* m ★ ~ onkosten *frais* m mv *supplémentaires* ★ ~ accessoires *options* v mv **II** BIJW *en supplément*; *en (sur)plus* ★ ~ fijn *extra(-)fin* ★ ~ sterk *extra(-)fort*
extraatje *petit extra* m; ⟨toeslag⟩ *boni* m; *rallonge* m; ⟨meevaller⟩ *aubaine* v
extract • aftreksel *extrait* m; *essence* v • uittreksel *extrait* m
extramuraal ★ extramurale gezondheidszorg *soins* m mv *médicaux hors de l'hôpital*
extranet *extranet* m
extraneus *candidat* m *libre*
extrapoleren *extrapoler*
extravagant *extravagant*
extravert *extraverti*; *extroverti*
extreem I BNW *extrême* **II** BIJW • uiterst *à l'extrême* • in de hoogste graad *extrêmement*
extreemlinks *d'extrême gauche*
extreemrechts *d'extrême droite*
extremisme *extrémisme* m
extremist *extrémiste* m/v
extremiteit *extrémité* v
extrovert • → **extravert**
exuberant *exubérant*
eyeliner *eye-liner* m [mv: *eye-liners*]
eyeopener *déclic* m; *révélation* v
ezel • dier *âne* m [v: *ânesse*] ★ jonge ezel *ânon* m; *bourricot* m • domoor *âne* m • schildersezel *chevalet* m ▾ een ezel stoot zich geen tweemaal aan dezelfde steen *un homme averti en vaut deux*
ezelsbruggetje *astuce* m; *truc* m
ezelsoor *corne* v ★ met ezelsoren *écorné*

F

f • letter *f* m ⋆ de f van Ferdinand *F comme François* • muzieknoot *fa* m
F *F* ⋆ de F van Ferdinand *F comme François*
fa *fa* m
fa. *Ets (Établissements)*
faalangst *angoisse* v *d'échec*; *appréhension* v *d'échouer*; *trac* m
faam *réputation* v; *renommée* v ▾ te goeder naam en faam bekend staan *jouir d'une bonne réputation*

f

fabel • vertelling *fable* v • verzinsel *mythe* m; *conte* m *bleu* ⋆ dat is een ~tje *c'est inventé de toutes pièces*; *ce sont des histoires / de pures imaginations*
fabelachtig I BNW • als in fabels *fabuleux* [v: *fabuleuse*] • ongelofelijk *fabuleux* [v: *fabuleuse*] II BIJW *fabuleusement*
fabricaat *produit* m *manufacturé* ⋆ Frans ~ *fabrication française*
fabricage *fabrication* v
fabriceren *fabriquer*
fabriek *usine* v; ⟨klein⟩ *fabrique* v
fabrieksfout *défaut* m *de fabrication*
fabrieksgeheim *secret* m *de fabrication*
fabrieksmatig *industriel* [v: *industrielle*]
fabrieksprijs *prix* m *de fabrique*
fabrikant *fabricant* m [v: *fabricante*]
fabuleus *fabuleux* [v: *fabuleuse*]
façade *façade* v
facelift *lifting* m ⋆ een ~ ondergaan FIG. *faire peau neuve*
facet • geslepen vlak *facette* v • aspect *facette* v
facetoog *œil* m *à facettes* [m mv: *yeux* ...]
facilitair ≈ *logistique*; *utilitaire*
faciliteit • voorziening *facilité* v • ECON. tegemoetkoming *facilité* v
faciliteren *faciliter*
facsimile *fac-similé* m
factie *faction* v
factor *facteur* m
factoranalyse *analyse* v *factorielle*
factotum *factotum* m
factureren *facturer*
factuur *facture* v
facultair *facultaire*
facultatief *facultatif* [v: *facultative*]
faculteit • deel universiteit *faculté* v • WISK. *factorielle* v
fade-out *(fermeture* v *en) fondu* m
Faeröer *îles* v mv *Féroé* [mv]
fagot *basson* m
Fahrenheit ⋆ 20 graden ~ *20 degrés Fahrenheit*
failliet I ZN [het] *faillite* v II BNW *en faillite* ⋆ ~ gaan *faire faillite* ⋆ de ~e boedel *la masse de la faillite*
faillissement *faillite* v ⋆ ~ aanvragen *déposer son bilan*
faillissementsaanvraag *dépôt* m *de bilan*
fair • billijk *juste*; *équitable* • sportief *fair-play* [onv]; *loyal* [m mv: *loyaux*]; ⟨niet unfair⟩ *de bonne guerre* ⋆ fair play *fair-play* m [onv] ⋆ dat is niet fair *ce n'est pas de/du jeu*
faken *feindre*; *simuler*
fakir *fakir* m
fakkel *flambeau* m [mv: *flambeaux*]; *torche* v
falafel *falafel* m
falen I ZN [het] *échec* m II ON WW niet slagen *échouer*; *subir un échec*; *être en défaut*
falie ▾ op zijn ~ krijgen *recevoir une raclée*
faliekant *carrément*; *franchement*
fallisch *phallique*
fall-out *retombées* v mv *radioactives*
fallus *phallus* m
falsaris *faussaire* m/v
falset *fausset* m
falsificatie *falsification* v
falsificeren • vervalsen *falsifier* • weerleggen *falsifier*
fameus • befaamd *fameux* [v: *fameuse*] • verbazend *fabuleux* [v: *fabuleuse*]
familiair I BNW *familier* [v: *familière*] II BIJW *familièrement*
familie • gezin *famille* v • alle verwanten *famille* v; *parents* m mv ⋆ zij is ~ van mij *elle est de ma famille* ⋆ zij zijn ~ van *ils sont apparentés à / parents avec* ⋆ van goede ~ *de bonne famille* ⋆ naaste / verre ~ *parent(s) proche(s) / éloigné(s)* • BIOL. *famille* v ▾ van je ~ moet je het hebben *on n'est jamais trahi que par les siens* ▾ dat zit in de ~ *c'est (un trait) de famille* ▾ met zijn hele ~ INFORM. *avec toute sa smala / tribu*
familiebedrijf *entreprise* v *familiale*
familieberichten *carnet* m *mondain*
familiegraf *caveau* m *de famille* [m mv: *caveaux* ...]
familiehotel *hôtel* m *de famille*
familiekring *cercle* m *familial* ⋆ in de ~ *en famille*
familielid *parent* m [v: *parente*]; *membre* m *de la famille*
familienaam *nom* m *de famille*; *patronyme* m
familieomstandigheden ⋆ wegens ~ *pour (des) raisons de famille*
familiestuk *objet* m *hérité*
familieziek ≈ *très famille*; *accro à sa famille*
fan *fan* m/v
fanaat *fana* m/v
fanatiek *fanatique*
fanatiekeling *fanatique* m/v
fanatisme *fanatisme* m
fanclub *fan-club* m
fancy fair *bazar* m / *vente* v *de charité*
fanfare • muziekkorps *fanfare* v • FIG. grote ophef *fanfare* v
fanmail *courrier* m *d'admirateurs*
fantaseren I OV WW verzinnen *inventer*; *imaginer* II ON WW zich dingen verbeelden *s'adonner à son imagination*; ⟨raaskallen⟩ *délirer*; ⟨wensdenken⟩ *fantasmer* (**over** *sur)*
fantasie *imagination* v
fantasieloos *dépourvu d'imagination*
fantast *mythomane* m/v
fantastisch • verzonnen *fantastique* • schitterend *fantastique*
fantoom *fantôme* m
fantoompijn *membre* m *fantôme*
farao *pharaon* m

farce *farce* v
farceren *farcir*
farizeeër *pharisien* m
farmaceutisch *pharmaceutique*
farmacie *pharmacie* v
farmacologie *pharmacologie* v
fascinatie *fascination* v
fascineren *fasciner* ★ ~d *fascinant*; *passionnant*
fascisme *fascisme* m
fascist *fasciste* m/v
fascistisch *fasciste*
fase *phase* v ★ in drie fasen *triphasé* ▾ in fase met *en phase avec*
faseren *échelonner*; *répartir*
fastfood *fast-food* m
fastfoodrestaurant *fast-food* m [mv: *fast-foods*]; *restauration* v *rapide*
fat *dandy* m
fataal *fatal* [m mv: *fatals*]
fatalistisch *fataliste*
fata morgana *mirage* m
fatsoen *savoir-vivre* m; *décence* v ★ zijn ~ houden *se conduire comme il faut* ★ met goed ~ *décemment* ★ houd een beetje je ~ *un peu de tenue!* ★ de regels van het ~ *les bienséances*; *les convenances* ▾ een hoed in ~ brengen *rendre sa forme à un chapeau* ▾ uit zijn ~ *défait*
fatsoeneren *rajuster*; ⟨opknappen⟩ *rafraîchir*
fatsoenlijk I BNW *convenable*; *décent* ★ ~e mensen *des gens bien* ★ hij ziet er heel ~ uit *il a l'air très bien* **II** BIJW *convenablement*; *décemment*
fatsoenshalve *par politesse*; ⟨redelijkerwijs⟩ *décemment*
fatsoensrakker *moraliste* m/v; *moralisateur* m [v: *moralisatrice*]
faun *faune* m
fauna *faune* v
fauteuil *fauteuil* m
favoriet I ZN [de] *favori* m **II** BNW *favori* [v: *favorite*]; *préféré*
fax • bericht *fax* m; *télécopie* v • apparaat *télécopieur* m; *fax* m
faxen *faxer*
faxnummer *numéro* m *de fax*
fazant *faisan* m [v: *faisane*]
februari *février* m
fecaliën *matières* v mv *fécales*; *fèces* v mv
federaal *fédéral* [m mv: *fédéraux*]
federalisme *fédéralisme* m
federatie *fédération* v
fee *fée* v
feedback *feed-back* m [onv]; *rétroaction* v
feeëriek *féerique*
feeks *mégère* v; *chipie* v ★ kleine ~ *chipie* v
feeling *feeling* m; *flair* m; *sens* m **(voor** *de)*
feest • viering *fête* v • partij *fête* v ★ een ~ geven *donner une fête* ▾ het ~ gaat niet door *ça ne marchera pas*
feestartikelen *accessoires* m mv *de cotillon*
feestdag • dag waarop feest gevierd wordt *(jour* m *de) fête* v • gedenkdag, vrije dag *jour* m *férié*
feestelijk *de fête* ★ alles zag er ~ uit *tout avait un air de fête* ★ iem. ~ onthalen *faire fête à qn* ▾ dank je ~ *merci bien* ▾ dank je ~! *(grand) merci!*; INFORM. *très peu pour moi!*
feesten *faire la fête*; *festoyer*
feestganger *participant* m; *convive* m/v
feestmaal *festin* m; *banquet* m
feestneus *faux nez* m
feestnummer *fêtard* m [v: *fêtarde*]
feestvarken *héros* m *de la fête*
feestvieren *faire la fête*; *festoyer*
feestvreugde *allégresse* v ★ de ~ verstoren *troubler la fête*
feilbaar *faillible*
feilen *faillir*
feilloos *infaillible*; *sans faute*
feit *fait* m ★ het is een feit dat *le fait est que* ★ de feiten onder ogen zien *voir les choses en face*; *se rendre à l'évidence* ▾ in feite *en fait* ▾ achter de feiten aanlopen *être dépassé par les événements*; *avoir un train de retard*
feitelijk I BNW *réel* [v: *réelle*] ★ ~e situatie *état* m *de fait* **II** BIJW *en fait*; *à vrai dire*
fel I BNW • sterk van licht of kleur *vif* [v: *vive*]; *intense* ★ fel rood *rouge vif* ★ fel roze *rose bonbon* • onaangenaam aanvoelend *vif* [v: *vive*]; *intense*; ⟨geducht⟩ *rude*; ⟨scherp⟩ *aigu* [v: *aiguë*]; ⟨vinnig⟩ *aigre*; *âpre* ★ een felle kou *un froid vif* ★ een felle pijn *une douleur aiguë* ★ een felle winter *un rude hiver* • intens ⟨verwoed⟩ *acharné*; *farouche* ★ een felle strijd *un combat violent* **II** BIJW *âprement*; *farouchement*; *intensément*; *violemment* ★ daar ben ik fel op tegen *je m'y oppose absolument*
felbegeerd *désiré ardemment*
felicitatie *félicitations* v mv
feliciteren *féliciter* **(met** *de)*; *complimenter* **(met** *sur, pour)* ★ gefeliciteerd! *(toutes) mes félicitations!*; *bon anniversaire!*
feminien *féminin*
feminisme *féminisme* m
feministe *féministe* m/v
feministisch *féministe*
feniks *phénix* m
fenomeen *phénomène* m
fenomenaal *phénoménal* [m mv: *phénoménaux*]
feodaal *féodal* [m mv: *féodaux*]
feodalisme *féodalisme* m
ferm I BNW *ferme*; ⟨flink⟩ *fort*; *solide* **II** BIJW *avec fermeté* ★ ferm optreden *ne pas y aller de main morte*
fermenteren *fermenter*
fervent I BNW *fervent* **II** BIJW *avec ferveur*
festijn *fête* v
festival *festival* m [mv: *festivals*]
festiviteit *fête* v; *festivité* v
feston *feston* m
feta *feta* v; *féta* v
fêteren *fêter*
fetisj *fétiche* m
fetisjisme *fétichisme* m
fetisjist *fétichiste* m/v
feuilleton *feuilleton* m
feut *bizut(h)* m
fez *fez* m
fiasco *fiasco* m ★ een ~ zijn *faire fiasco*; *échouer*; *tomber à plat*; *faire un four*

fiat *accord* m; *autorisation* v ⋆ zijn fiat aan iets verlenen *donner le feu vert pour qc*
fiatteren *autoriser*; *approuver*
fiber *fibre* v
fiberglas *fibre* v *de verre*
fiche • speelpenning *fiche* v • systeemkaart *fiche* v
fictie *fiction* v
fictief I BNW *fictif* [v: *fictive*] **II** BIJW *fictivement*
fictioneel *fictionnel* [v: *fictionnelle*]
ficus *ficus* m
fideel • sympathiek *sympa* [onv]; *chic* ⋆ fidele vent *chic type* • trouwhartig *sympa* [onv]; *chic*
fiducie *confiance* v ⋆ geen ~ hebben in *se méfier de* ⋆ geen ~ meer hebben in *ne pas sentir*
fielt *crapule* v
fier I BNW *fier* [v: *fière*] **II** BIJW *fièrement*
fiets *vélo* m; *bicyclette* v; INFORM. *bécane* v ⋆ op de ~ *à / en vélo*
fietsen *faire du vélo*; *monter en vélo*; ⟨ergens heen⟩ *aller en vélo* ⋆ 3 km ~ *faire 3 km à / de vélo*; *rouler 3 km*
fietsenmaker *réparateur* m *de bicyclettes* [v: *réparatrice* ...]
fietsenrek *râtelier* m *à vélos*
fietsenstalling *garage* m *de cycles*; ⟨hok⟩ *hangar* m *à vélos*
fietser *cycliste* m/v
fietspad *piste* v *cyclable*
fietspomp *pompe* v *à vélo*
fietsslot *antivol* m
fietstas *sacoche* v
fietstaxi *pousse(-pousse)* m [onv]; *cyclopousse* m
fietstocht *randonnée* v *en vélo*; *promenade* v *à bicyclette*
fietsvakantie *cyclotourisme* m
fiftyfifty ⋆ ~ delen met iem. *faire/partager moitié-moitié avec qn*
figurant *figurant* m [v: *figurante*]; *comparse* m/v ⋆ de ~en *la figuration*
figuratief • beeldend *figuratif* [v: *figurative*] ⋆ figuratieve kunst *arts* m mv *figuratifs* • versierend *décoratif* [v: *décorative*]
figureren • optreden als *faire fonction de* • figurant zijn *figurer*; *faire de la figuration*
figuur I ZN [de] personage *personnage* m; *figure* v; INFORM. *type* m **II** ZN [het] • gestalte, vorm van lichaam *ligne* v; *formes* v mv ⋆ een slank ~ hebben *être mince* ⋆ zij heeft een aardig ~tje *elle est bien faite* • schematische afbeelding *figure* v ▾ een goed/slecht ~ slaan *faire bonne/piètre figure*
figuurlijk I BNW *figuré* **II** BIJW *au (sens) figuré*
figuurzaag *scie* v *à chantourner / à découper*
figuurzagen ⋆ het ~ *découpage* v
Fiji *îles* v mv *Fidji* [mv]
fijn I BNW • prettig *agréable* ⋆ een fijn boek *un livre agréable (à lire)* ⋆ een fijne vent *un chic type* ⋆ een fijne meid *une chouette fille* • niet grof *fin*; ⟨verfijnd⟩ *délicat*; *raffiné*; *subtil* ▾ het fijne van de zaak *le fin mot*; *le(s) dessous* **II** BIJW • aangenaam *agréablement* • goed *bien* **III** TW *chouette*; *épatant*; INFORM. *cool*
fijnbesnaard *délicat*
fijngebouwd *de taille fine*; *svelte et gracile*
fijngevoelig *délicat*; *sensible*
fijnhakken *hacher (fin / menu)*
fijnkauwen *bien mâcher*
fijnknijpen *écraser*
fijnmaken ⟨tot poeder⟩ *réduire en poudre*; ⟨fijnhakken⟩ *écraser*; *broyer*
fijnmalen *moudre (fin)*; *réduire en poudre*
fijnproever *gourmet* m; *connaisseur* m
fijnschrijver *(feutre* m *à) pointe* v *fine*
fijntjes I BNW nogal fijn *fin*; ⟨teer⟩ *délicat* **II** BIJW *finement*; *délicatement*; *subtilement* ▾ ~ lachen *sourire d'un air entendu*
fijnzinnig *subtil*
fijt *panaris* m
fik • brand *feu* m • hond *loulou* m
fikken I ZN [de] vingers *pattes* v mv ⋆ blijf er met je ~ van af *pas touche* **II** ON WW *cramer*
fiks • stevig *fort*; *robuste*; *vigoureux* [v: *vigoureuse*] • behoorlijk *gros* [v: *grosse*]; *considérable*; *de taille*
fiksen *goupiller*; *arranger*
filantroop *philanthrope* m/v
filantropisch *philantropique*
filatelie *philatélie* v
filatelist *philatéliste* m/v
file[1] (zeg: fiele) *embouteillage* m; *bouchon* m ⋆ in de file staan *se trouver dans un embouteillage* ⋆ in file parkeren *faire un créneau*
file[2] (zeg: fajl) *fichier* m
fileparkeren *faire un créneau*
fileren *découper en filets*; *lever*
filerijden *circulation* v *en accordéon*
filet *filet* m
filevorming *ralentissement* m; *circulation* v *en accordéon*
filevrij *fluide*
filharmonisch *philharmonique*
filiaal *succursale* v
filiaalhouder *gérant* m *de succursale* [v: *gérante* ...]; ⟨v. bank⟩ *responsable* m/v *d'agence*
filigraan *filigrane* m
Filippijnen *Philippines* v mv ⋆ op de ~ *aux Philippines*
film • bewegende beelden *film* m; ⟨filmkunst⟩ *cinéma* m ⋆ korte film *court métrage* m ⋆ naar de film gaan *aller au cinéma* • fotorolletje *pellicule* v • dun laagje *film* m
filmacteur *acteur* m *de cinéma* [v: *actrice* ...]
filmcamera *caméra* v
filmen *filmer*; *tourner (un film)* ⋆ het ~ *le filmage*; *le tournage*
filmer *réalisateur* m [v: *réalisatrice*]; *cinéaste* m/v
filmhuis *ciné-club* m [mv: *ciné-clubs*]
filmkritiek *critique* v *cinématographique*
filmmaker *cinéaste* m/v; *réalisateur* m [v: *réalisatrice*]
filmopname *prise* v *de vues*
filmploeg *équipe* v *de tournage*
filmrol • band *bobine* v *de film* • rol in een film *rôle* m *(au cinéma)*
filmster *vedette* v *du cinéma / de l'écran*; *star* v ⋆ ~retje *starlette* v
filmstudio *studio* m *de cinéma*
filologie *philologie* v

filosoferen *philosopher*
filosofie *philosophie* v
filosofisch I BNW *philosophique* **II** BIJW *philosophiquement*
filosoof *philosophe* m/v
filter *filtre* m
filteren *filtrer*
filterkoffie *café-filtre* m
filtersigaret *cigarette* v *(à) filtre*
filterzakje *filtre* m / *cornet* m *(à café)*
filtraat *filtrat* m
filtratie *filtration* v; *filtrage* m
filtreren *filtrer*
Fin *Finlandais* m [v: *Finlandaise*]
finaal I BNW • uiteindelijk *final* [m mv: *finaux* / *finals*] • algeheel *total* [m mv: *totaux*] **II** BIJW *totalement*; *carrément*
finale • SPORT slotwedstrijd *finale* v ★ in de ~ komen *arriver en finale* ★ halve ~ *demi-finale* [m mv: *demi-finales*] • laatste deel MUZ. *finale* m
finalist *finaliste* m/v
financieel I BNW *financier* [v: *financière*]; *pécuniaire* **II** BIJW *financièrement*
financiën *finances* v mv; *état* m *des finances*
financier *financier* m
financieren *financer*
financiering *financement* m
financieringsplan *montage* m *financier*
financieringstekort *impasse* v *budgétaire*
fineer *placage* m
fineliner *(feutre* m *à) pointe* v *fine*
fineren *plaquer*
finesse *finesse* v ★ in ~s treden *entrer dans le détail*
fingeren *simuler*; (verzinnen) *inventer (de toutes pièces)* ★ gefingeerd *fictif* [v: *fictive*]
fingerspitzengefühl *doigté* m; *flair* m; *antennes* v mv
finish *arrivée* v ★ door de ~ gaan *franchir la ligne d'arrivée*
finishen *arriver*
finishing touch *dernière touche* v; *touche* v *finale*; *finition* v
Finland *la Finlande* ★ in ~ *en Finlande*
Fins I ZN [het] taal *finlandais* m **II** BNW m.b.t. Finland *finlandais*
FIOD ≈ *justice* v *fiscale*
firewall *pare-feu* m
firma *maison* v; *firme* v; *société* v; (naam) *raison* v *sociale* ★ ~ X *les établissements X*; *Éts X*
firmament *firmament* m
firmant *associé* m [v: *associée*]
fis *fa* m *dièse*
fiscaal *fiscal* [m mv: *fiscaux*]
fiscalisering *fiscalisation* v
fiscalist *fiscaliste* m/v
fiscus *fisc* m
fistel *fistule* v
fit *en (bonne) forme*
fitness *fitness* m; *mise* v *en condition*
fitnesscentrum *centre* m *de (re)mise en forme* / *de fitness*; *espace-forme* m; *gymnase-club* m; *salle* v *de musculation*
fitnessen *faire du fitness*
fitting • deel van gloeilamp *culot* m ★ gloeilamp met smalle ~ *ampoule à petit culot* v • lamphouder *douille* v • verbindingsstuk *raccord* m
fixatie *fixation* ★ ~ op het verleden *fixation sur le passé*
fixeerbad *(bain* m*) fixateur* m
fixen [+ zich] *se piquer*; *se shooter*
fixeren • vastmaken/-stellen *fixer (op sur)* • strak aankijken *fixer (op sur)* • A-V *fixer (op sur)*
fjord *fiord* m; *fjord* m
flacon *flacon* m
fladderen *voleter* ★ het ~ *le voltigement*
flagellant *flagellant* m
flageolet *flageolet* m
flagrant *flagrant*
flair *flair* m
flakkeren (v. vlam) *vaciller*; (v. beelden) *trembler* ★ het ~ *la vacillation*
flamberen *flamber*
flambouw *flambeau* m [mv: *flambeaux*]
flamboyant *flamboyant*
flamingant *flamingant* m
flamingo *flamant* m *(rose)*
flanel *flanelle* v ★ van ~ *de/en flanelle*
flaneren *flâner* ★ het ~ *la flânerie*
flank *flanc* m ★ de vijand in de ~ aanvallen *prendre l'ennemi de flanc* ★ links uit de ~ *par le flanc gauche*
flankeren *flanquer* ★ geflankeerd door *flanqué de*
flansen *bâcler* ★ in elkaar ~ *bricoler* ★ ertussen geflanst *intercalé*; *plaqué*
flap (v. boek) *rabat* m *(de la jaquette)*
flapdrol *couillon* m; *péteux* m
flapoor *oreille* v *décollée* / *en feuille de chou*
flap-over *flip-chart* m [mv: *flip-charts*]
flappen ★ eruit ~ *lâcher*
flaptekst *texte* m *publicitaire*
flapuit *bavard* m [v: *bavarde*]
flard • fragment *bribe* v; (sliert) *traînée* v ★ ~en van een gesprek *des bribes de conversation* ★ ~en mist *traînées de brume* • lap *lambeau* m [mv: *lambeaux*]; *loque* v ★ aan ~en scheuren *mettre en lambeaux* / *en loques*
flashback *flash-back* m [onv]; *retour* m *en arrière*
flat • flatgebouw *immeuble* m • etagewoning *appartement* m
flater *gaffe* v; *bévue* v; *bourde* v
flatgebouw *immeuble* m
flatteren *flatter*; *embellir*; (bedrieglijk) *maquiller* ★ geflatteerd portret *portrait* m *avantageux* / *embelli* / *flatteur* ★ ~d voor *à l'avantage de*
flatteus *flatteur* [v: *flatteuse*]
flauw I BNW • met weinig smaak *fade*; *insipide*; INFORM. *fadasse* • kinderachtig *puéril* • niet geestig *pas drôle*; *insipide* • slap ★ ~ zijn van de honger *avoir la fringale* • zwak *faible*; (flets) *pâle*; (mat) *terne*; (pover) *piètre*; (vaag) *vague* ★ je hebt er geen ~ idee van *tu n'en as pas la moindre idée* • licht gebogen ★ een ~e bocht *un léger virage* ★ een ~e helling *une pente douce* **II** BIJW zwak *faiblement*; *fadement*; *vaguement* ▾ ~ doen *faire l'enfant*

fl

flauwekul *foutaise* v; *fadaises* v mv; *histoires* v mv; *salades* v mv; *(du) pipeau* m ★ hou op met die ~! *arrête ton char!*

flauwerd *mauvais plaisant* m; ⟨lafaard⟩ *poltron* m [v: *poltronne*]

flauwiteit *fadaise* v; *niaiserie* v

flauwte *malaise* m; *évanouissement* m; *défaillance* v

flauwvallen *s'évanouir*; *tomber en défaillance*

flebologie *phlébologie* v

flegma *flegme* m

flegmatiek *flegmatique*

flemen *flatter*; *dire des cajoleries*

fles *bouteille* v; ⟨flesje⟩ *flacon* m; *fiole* v; ⟨buikfles⟩ *bonbonne* v; ⟨zuigfles⟩ *biberon* m ▾ op de fles gaan *faire la culbute*

flesopener *ouvre-bouteille(s)* m; *décapsuleur* m

flessen *escroquer*; *rouler*; *avoir*

flessenrek *porte-bouteilles* m

flessentrekker *escroc* m

flessentrekkerij *escroquerie* v

flesvoeding *allaitement* m *au biberon* ★ ~ geven *nourrir au biberon*

flets *terne*; ⟨verschoten⟩ *passé*; *délavé*; ⟨verlept⟩ *flétri*; ⟨bleek⟩ *pâle* ★ ~e kleuren *des couleurs passées*

fleur *fraîcheur* v ★ de ~ is eraf *c'est défraîchi* ★ in de ~ van het leven *à la fleur de l'âge* ▾ de fine ~ *la (fine) fleur*

fleurig • bloeiend *florissant*; *bien portant* • fris/vrolijk *gai*; *pimpant*

flex- *flexible* ★ flexpensioen *retraite* v *flexible* ★ flexwerker *employé* m *au travail / à horaire flexible*

flexibel • buigbaar *flexible* • inschikkelijk *flexible*

flexibiliteit *flexibilité* v

flexie *flexion* v

flierefluiter *bambocheur* m [v: *bambocheuse*]

flik • chocolaatje *pastille* v *de chocolat* • Z-N agent *flic* m

flikflooien • vleien *amadouer*; *enjôler* ★ ~ met *passer de la pommade à* • liefkozen *peloter*; *tripoter*

flikken • klaarspelen *arranger*; *goupiller* ★ het ~ *réussir son coup*; *s'en tirer* ★ hoe heb je 'm dat geflikt? *comment tu t'y es pris?* • streek leveren *jouer un tour (à)*; *monter un coup (à)* ★ als je me dat nog eens flikt *si tu me refais ce coup-là*

flikker *pédé* m

flikkeren I OV WW smijten *flanquer*; *ficher* **II** ON WW • schitteren *scintiller*; ⟨v. licht⟩ *vaciller* • vallen *dégringoler*

flikkering *scintillement* m; *étincellement* m; *vacillement* m

flikkerlicht *feu* m *clignotant*

flink I BNW • stevig *solide*; *fort*; *ferme*; *robuste* • behoorlijk *gros* [v: *grosse*]; *bon* [v: *bonne*]; *considérable*; *de taille* • moedig *ferme*; *vaillant*; *courageux* [v: *courageuse*] ★ ~ zijn! *du courage!* **II** BIJW *bien*; *ferme*; ⟨duchtig⟩ *de la belle manière* ★ iem. ~ de waarheid zeggen *dire à qn ses quatre vérités* ★ ~ werken *travailler dur / ferme* ★ ~ optreden *ne pas y aller de main morte* ★ ~ doen *jouer les durs*

flinter *tranche* v *très fine*

flinterdun *très mince*; *pelliculaire*

flip-over *flip-chart* m [mv: *flip-charts*]

flippen • afknappen *flipper* • onwel worden door drugs *flipper*

flipperen *jouer au flipper*

flipperkast *flipper* m

flirt • het flirten *flirt* m • persoon *flirteur* m [v: *flirteuse*]

flirten *flirter* (**met** *avec*)

flits • licht *éclair* m • A-V flitslicht *flash* m [mv: *flash(e)s*] • kort moment *éclair* m ★ in een ~ *comme un éclair*; *subitement*

flitsen I OV WW fotografisch bekeuren *flasher* **II** ON WW • oplichten *fulgurer*; *jaillir* • A-V flitser gebruiken *flasher* • snel bewegen *passer comme un éclair*

flitsend • wervelend *étourdissant* • blits *branché*; *in*; *tendance*

flitser *flash* m

flitslamp *(lampe* v*) flash* m

flitslicht *flash* m

flitspaal *radar* m *automatique*

flodder ★ losse ~ *cartouche* v *à blanc* ★ met losse ~s schieten *tirer à blanc*

flodderen • slordig werken *faire du bricolage*; *bâcler* • slordig zitten *flotter*; *goder*; ⟨v. kleren⟩ *pocher*

flodderig • slordig *bousillé*; *bâclé* • slordig zittend ⟨te ruim⟩ *flottant*; ⟨slonzig⟩ *débraillé*

floep *plouf!*; *vlan!*

floepen ⟨opduiken⟩ *jaillir*; ⟨glippen⟩ *glisser*

floers • waas *voile* m; *nuage* m • stof *crêpe* m

flonkeren *étinceler*; ⟨blinken⟩ *resplendir*

floorshow *spectacle* m *de variétés*

flop *flop* m; *bide* m; ⟨theater⟩ *four* m

floppen *faire un flop / un four*; *tomber à plat*

floppydisk, floppy *disquette* v

flora *flore* v

floreren *être florissant*; *prospérer*

floret *fleuret* m

florissant *florissant*

flossdraad *fil* m *dentaire*

flossen *se nettoyer les dents avec un fil dentaire*

fluctuatie *fluctuation* v

fluctueren *fluctuer*; *flotter*

fluim • speeksel *crachat* m • vent van niks *enflure* v

fluimen *cracher*

fluistercampagne *campagne* v *d'insinuations*

fluisteren • zacht zeggen *chuchoter*; ⟨stiekem⟩ *souffler* ★ iem. iets in het oor ~ *glisser qc à l'oreille de qn* • gerucht verspreiden ★ men fluistert dat... *le bruit court que ...*

fluistertoon ★ iets op ~ zeggen *chuchoter qc*

fluit *flûte* v; ⟨signaalfluit⟩ *sifflet* m ▾ geen ~ *que dalle*

fluitconcert • concert *concerto* m *pour flûte* • afkeurend gefluit *sifflets* m mv

fluiten I OV WW SPORT *siffler*; SPORT *arbitrer* **II** ON WW • fluitgeluid maken *siffler*; ⟨zacht⟩ *siffloter* ★ het ~ *le sifflement*; *le sifflotement* • op fluit spelen *jouer de la flûte* ▾ daar kun je naar ~ *tu peux mettre une croix dessus*

fluitenkruid *persil* m *sauvage*

fluitist *flûtiste* m/v

fluitje • instrument *flûteau* m [mv: *flûteaux*]; ⟨signaalfluit⟩ *sifflet* m • signaal *coup* m *de sifflet* ▾ een ~ van een cent *simple comme bonjour; du gâteau; enfantin*
fluitketel *bouilloire* v *à sifflet*
fluor *fluor* m
fluorescentie *fluorescence* v
fluorescerend *fluorescent*
fluoride *fluorure* m
fluorideren *fluoriser*
flut- *de rien (du tout)*; *foireux* [v: *foireuse*]; ⟨slecht⟩ *nul* [v: *nulle*]; *à la manque*
fluweel *velours* m ▾ hij zit op ~ *il joue sur le / du velours*
fluweelzacht *velouté*
fluwelen *de velours*
fluwelig *velouté*
flyer *tract* m
FM *FM* v *(modulation de fréquence)*
fnuikend *funeste* (**voor** *à)*
fobie *phobie* v ⋆ ~ voor water *phobie de l'eau*
fobisch *phobique*
focaal *focal* [m mv: *focaux*]
focus *foyer* m
focussen • A-V scherp stellen ~ **op** *mettre au point* • aandacht richten ⋆ ~ op een onderwerp *focaliser sur un sujet*
foedraal • etui *étui* m • overtrek *gaine* v; *fourreau* m [mv: *fourreaux*]
foefje *truc* m; *combine* v
foei *hou!*; *c'est vilain!*; IRON. *c'est du beau!*; *fi donc!*
foeilelijk *hideux* [v: *hideuse*]; *affreux* [v: *affreuse*]; *laid à faire peur*
foerageren *fourrager*
foeteren *râler*; *pester* (**op** *contre)*
foetsie *volatilisé*; *disparu dans la nature*
foetus *foetus* m
föhn • haardroger *sèche-cheveux* m [onv] • wind *foehn* m
föhnen *sécher (les cheveux)* ⋆ het ~ *le brushing*
fok • voorzeil *foc* m; *misaine* v • bril *binocles* m mv
fokdier *reproducteur* m; *étalon* m
fokken *élever* ⋆ het ~ *l'élevage* m
fokkenmaat *manieur* m *du foc*
fokkenmast *mât* m *de misaine*
fokker *éleveur* m [v: *éleveuse*]
fokkerij • het fokken *élevage* m • fokbedrijf *station* v *d'élevage*
fokstier *taureau* m *étalon / reproducteur*
folder *dépliant* m
folie *feuille* v
folio *folio* m; ⟨formaat⟩ *(format* m*) in-folio* m
foliumzuur *acide* m *folique*
folk *(musique* v*) folk* m
folklore *folklore* m
folkloristisch *folklorique*
follikel *follicule* m
follow-up *suite* v; ⟨nazorg⟩ *suivi* m
folteraar *tortionnaire* m/v
folteren *torturer*; FIG. *tourmenter*
foltering *torture* v; OOK FIG. *supplice* m; FIG. *tourment* m
folterwerktuig *instrument* m *de torture*
fond *fond* m
fondant *fondant* m
fonds • kapitaal *fonds* m mv ⋆ ~en werven *collecter / réunir des fonds* • waardepapier *fonds* m; *valeur* v • stichting *fonds* m; *caisse* v; *mutuelle* v; *mutualité* v
fondslijst *catalogue* m *d'éditeur*
fondspatiënt ≈ *assuré* m *social* [m mv: *assurés sociaux*]
fondue *fondue* v
fonduen *faire une fondue*
fonduestel *service* m *à fondue*
foneem *phonème* m
fonetiek *phonétique* v
fonetisch **I** BNW *phonétique* **II** BIJW *phonétiquement*
fonkelen *étinceler*; *scintiller* ⋆ het ~ *le scintillement*
fonkelnieuw *flambant neuf* [v: *flambant neuve*]
fonologie *phonologie* v
font *fonte* v
fontanel *fontanelle* v
fontein *fontaine* v; *jet* m *d'eau*
fooi *pourboire* m; FIG. *aumône* v; *misère* v ⋆ een fooi geven *donner la pièce*
fooienpot *tirelire* v *à pourboire*
foppen *avoir*; *attraper*; *berner*; *mettre dedans*
fopspeen *tétine* v; *sucette* v
forceren • doordrijven *forcer* • beschadigen ⋆ zijn stem ~ *se casser la voix*
forehand *coup* m *droit*
forel *truite* v
forens ≈ *banlieusard* m [v: *banlieusarde*]
forensisch ⋆ ~e geneeskunde *médecine* v *légale*
forenzen *faire la navette (pour se rendre à son travail)*
forfait *forfait* m
formaat *format* m; *taille* v; FIG. *stature* v ⋆ in groot ~ *de grand format* ▾ iem. van ~ *qn d'envergure*
formaliseren *formaliser*
formalisme *formalisme* m
formaliteit *formalité* v
formateur *formateur* m *(du gouvernement)* [v: *formatrice...*]
formatie *formation* v
formatieplaats *poste* m *(organique)*
formatteren *formater*
formeel **I** BNW • de vorm betreffend *formel* [v: *formelle*] • officieel *officiel* [v: *officielle*] **II** BIJW *formellement*; *officiellement*
formeren *former*
formica *formica* m
formidabel *formidable*
formule *formule* v
formuleren *formuler*; *exprimer*
formulering *formulation* v; *termes* m mv
formulier *formulaire* m; *questionnaire* m
fornuis *cuisinière* v
fors **I** BNW • stevig *fort*; *robuste*; *vigoureux* [v: *vigoureuse*] • behoorlijk *gros* [v: *grosse*]; *considérable*; *de taille* **II** BIJW *fortement*; *vigoureusement*
forsgebouwd *solidement charpenté*; *costaud*
forsythia *forsythia* m
fort *fort* m; ⟨groot⟩ *forteresse* v
fortificatie *fortification* v

fo

fortuin I ZN [de] (nood)lot *fortune* v II ZN [het] vermogen *fortune* v ★ ~ maken *faire fortune*
fortuinlijk • geluk hebbend *chanceux* [v: *chanceuse*]; *qui a de la chance* • voorspoedig *prospère*
fortuinzoeker *aventurier* m [v: *aventurière*]
forum • plaats/plein *forum* m • discussiebijeenkomst *forum* m; *réunion-débat* v [mv: *réunions-débats*]; *colloque* m; FIG. *tribune* v ★ iets voor 't ~ brengen *débattre qc en public* • deskundigen *panel* m
forwarden *expédier*
fosfaat *phosphate* m
fosfor *phosphore* m
fosforesceren *être phosphorescent*
fosforhoudend *phosphoré*; *phosphorique*
fossiel I ZN [het] *fossile* m II BNW *fossile* ★ ~e brandstoffen *combustibles fossiles* m mv
foto *photo* v ★ een foto van hem maken *le prendre en photo*; *prendre sa photo*
fotoalbum *album* m *de photos*
fotoautomaat *photomaton* m
foto-elektrisch *photoélectrique*
fotofinish *photo-finish* v [mv: *photos-finish*]
fotogeniek *photogénique*
fotograaf *photographe* m/v
fotograferen *photographier*; *prendre en photo* ★ aan ~ doen *faire de la photographie*
fotografie *photographie* v
fotografisch *photographique*
fotohandelaar *photographe* m/v
fotojournalist *reporter* m *photographe*; *photojournaliste* m/v
fotokopie *photocopie* v
fotokopieerapparaat *photocopieur* m; *photocopieuse* v
fotokopiëren *photocopier*
fotomodel *modèle* m
fotomontage *photomontage* m
foton *photon* m
fotoreportage *reportage* m *photographique*
fotorolletje *pellicule* v *photo*
fotosynthese *photosynthèse* v
fototoestel *appareil* m *photo*
fotozaak ★ naar de ~ gaan *aller chez le photographe*
fouilleren *fouiller*
foulard *foulard* m
foundation • crème *fond* m *de teint* • lingerie *fond* m *de robe*
fourneren *fournir*
fournituren *fournitures* v mv
fout I ZN [de] • onjuistheid *faute* v; *erreur* v ★ de fout bij zichzelf zoeken *s'en prendre à soi-même* ★ in de fout gaan *faire une erreur* ★ de fout ligt bij hem *c'est (de) sa faute*; *c'est lui qui est en tort* • gebrek *défaut* m; *vice* m; *imperfection* v II BNW *inexact*; *faux* [v: *fausse*] ★ hij zat fout *il était en faute / dans son tort* ▼ hij was fout in de oorlog *il a collaboré*; *il était collabo* III BIJW *mal* ★ dat is fout *c'est une erreur*; *ce n'est pas bien* ★ dat loopt fout *ça tourne mal*
foutief I BNW *faux* [v: *fausse*]; *erroné* II BIJW *fautivement*
foutloos I BNW *correct* II BIJW *sans fautes*; *correctement*
foutmelding *message* m *d'erreur*
foutparkeren ★ het ~ *le stationnement gênant / illégal*
foxterriër *fox(-terrier)* m
foxtrot *fox-trot* m
foyer *foyer* m
fraai I BNW mooi *beau* [m mv: *beaux*] [v: *belle*] [vóór klinker of stomme h: bel]; *joli* ★ IRON. dat is ~ *en voilà du propre*; *c'est du joli* II BIJW *joliment*
fractie • POL. *groupe* m *(parlementaire)* • onderdeel *fraction* v ★ in een ~ van een seconde *en une fraction de seconde*; *en un rien de temps*
fractieleider *chef* m *du groupe (parlementaire)*
fractuur *fracture* v
fragiel *fragile*
fragment *fragment* m
fragmentarisch *fragmentaire*
fragmentatiebom *bombe* v *à fragmentation*
fragmenteren *fragmenter*
framboos • CUL. vrucht *framboise* v • struik *framboisier* m
frame *cadre* m; *châssis* m; TECHN. *bâti* m; *carcasse* v
Française *Française* v
franchise *franchise* v
franchisegever *franchiseur* m
franchisenemer *franchisé* m; *agent* m *en franchise*
franciscaan *franciscain* m [v: *franciscaine*]
franciscaner *franciscain*
franco *franco*; *franc de port*; *en port payé* ★ ~ zending *envoi* m *en port payé*
francofiel I ZN [de] *francophile* m/v II BNW *francophile*
francofoon *francophone*
franje • versiering *frange* v ★ met ~ *avec des franges* • bijzaken *fioritures* v mv; *falbalas* m mv
frank I ZN [de] *franc* m II BNW *franc* [v: *franche*] ★ ~ en vrij *en toute franchise*
frankeermachine *machine* v *à affranchir*
frankeren *affranchir* ★ in een gefrankeerde envelop *sous enveloppe timbrée*; *au tarif lettre*
Frankisch *franc* [v: *franque*]
Frankrijk *la France*
Frans I ZN [het] taal *français* m ★ in het ~ *en français* ★ ~ spreken *parler français* II BNW m.b.t. Frankrijk *français* ★ typisch ~ *franco-français* ★ ~-Duits *franco-allemand*
frans ▼ vrolijke ~ *gai luron* m
Fransman *Français* m
Franstalig *francophone*
frappant *frappant*; ⟨verbluffend⟩ *troublant*
frapperen *frapper*
frase *phrase* v ▼ holle ~n *phrases (creuses)* v mv; *phraséologie* v; *paroles* v mv *en l'air*
fraseren *phraser*
frater *frère* m
fratsen • streken *frasques* v mv; *farces* v mv; *tours* m mv ★ hij haalt weer ~ uit *il fait encore les siennes* • kuren *caprices* m mv; *simagrées* v mv
fraude *fraude* v

fraudebestendig *à l'épreuve des fraudes*
frauderen *frauder; commettre une fraude*
fraudeteam *brigade* v *chargée de la répression de fraudes*
fraudeur *fraudeur* m [v: *fraudeuse*]
frauduleus I BNW *frauduleux* [v: *frauduleuse*] **II** BIJW *frauduleusement; en fraude*
freak • fanatiekeling *fana* m/v ⋆ auto~ *fana de voitures* • zonderling persoon *marginal* m [mv: *marginaux*]
freelance *(en) free-lance*
freelancen *travailler en free-lance*
freelancer *free-lance* m/v [onv]
frees *fraise* v
freewheelen • het kalm aan doen *aller son petit train; lever le pied* • in vrijloop fietsen *être en roue libre*
fregat *frégate* v
frêle *frêle; fragile*
frequent I BNW *fréquent* **II** BIJW *fréquemment*
frequenteren *fréquenter; côtoyer*
frequentie *fréquence* v
fresco *fresque* v
fresia *freesia* m
fret I ZN [de] MUZ. *frette* v **II** ZN [het] • dier *furet* m • boor *foret* m; *vrille* v
freudiaans *freudien* [v: *freudienne*] ⋆ ~e verspreking *lapsus* m
freule *demoiselle* v; *mademoiselle* v
frezen *fraiser*
fricandeau *fricandeau* m [mv: *fricandeaux*]
frictie *friction* v
friemelen ⋆ (aan iets) ~ *tripoter / patouiller qc* ⋆ het ~ *la papouille*
Fries I ZN [de] bewoner *Frison* m **II** ZN [het] taal *frison* m
fries *frise* v
Friesland *la Frise*
friet *frites* v mv ⋆ zakje ~ *cornet* m *de frites*
frietkraam *friterie* v
Friezin *Frisonne* v
frigide *frigide*
frigo *frigidaire* m; *frigo* m
frik *pédant* m [v: *pédante*]; *cuistre* m
frikadel *fricadelle* v
fris I ZN [de/het] frisdrank *rafraîchissement* m **II** BNW • koel *frais* [v: *fraîche*] ⋆ het is fris *il fait frais* • zuiver en schoon *frais* [v: *fraîche*] ▾ zo fris als een hoentje *frais et dispos; frais comme l'œil / comme une rose* **III** BIJW *fraîchement*
frisbee *frisbee* m
frisbeeën *jouer au frisbee*
frisdrank *rafraîchissement* m
frisheid *fraîcheur* v
frisjes *frisquet* [v: *frisquette*] ⋆ het is ~ *il fait frisquet*
frites • → **friet**
frituren *faire frire*
frituur • BELG. gefrituurd voedsel *friture* v • BELG. patatkraam *friterie* v
frituurpan *friteuse* v
frituurvet *(huile* v *à) friture* v
frivoliteit *frivolité* v
frivool *frivole*
fröbelen *bricoler*

frommelen • wegstoppen *fourrer* • verfrommelen *friper; froisser* • friemelen *tripoter / patouiller*
frons *ride* v; *pli* m
fronsen *froncer*; ⟨v. voorhoofd⟩ *plisser* ⋆ de wenkbrauwen ~ *froncer les sourcils; sourciller*
front • voorste linie *front* m ⋆ aan het ~ *au front; sur le front* ⋆ ~ maken tegen *faire front contre* ⋆ één ~ vormen tegen *faire bloc contre* • voorkant *plastron* m; *devant* m ▾ op alle ~en *à tous les niveaux; sur toute la ligne*
frontaal *frontal* [m mv: *frontaux*] ⋆ frontale botsing *collision frontale* v ⋆ ~ op elkaar botsen *se percuter de front*
frontlinie *ligne* v *de front / de feu*
fronton *fronton* m
frontsoldaat *soldat* m *de front*
fructose *fructose* m
fruit *fruits* m mv
fruitautomaat *machine* v *à sous*
fruitboom *arbre* m *fruitier*
fruiten *faire revenir; rissoler*
fruithapje *cocktail* m *de fruits*
fruitig *fruité*
fruitmes *couteau* m *à fruits* [m mv: *couteaux ...*]
fruitsalade *salade* v *de fruits*
fruitsap *jus* m *de fruits*
fruitschaal *compotier* m
frustratie *frustration* v
frustreren *frustrer*
frutselen • friemelen *tripoter* • knutselen *bricoler* ⋆ iets in elkaar ~ *bricoler qc*
f-sleutel *clef* v *de fa*
fuchsia *fuchsia* m
fuck *putain* ▾ geen fuck *que dalle*
fuga *fugue* v
fuif *fête* v; *boum* v
fuifnummer *fêtard* m [v: *fêtarde*]
fuik *nasse* v ▾ in de fuik lopen *donner dans le panneau*
fuiven • feesten *faire la fête; festoyer* • trakteren *payer quelque chose à*
fulltime *à plein temps*
fulmineren *fulminer (***tegen** *contre)*
functie • werking *fonction* v • betrekking *fonction* v; *poste* m ⋆ zijn ~ neerleggen *donner sa démission; quitter ses fonctions* ⋆ in ~ *en exercice* ⋆ in ~ treden *entrer en fonction(s)* • WISK. *fonction* v
functietoets *touche* v *de fonction*
functionaris *responsable* m/v; *officiel* m
functioneel *fonctionnel* [v: *fonctionnelle*]
functioneren *fonctionner* ⋆ het ~ *le fonctionnement*
functioneringsgesprek *entretien* m *d'appréciation*
fundament • fundering *fondation (s)* v (mv) • grondslag *fondement* m
fundamentalisme *fondamentalisme* m; *intégrisme* m
fundamentalist *intégriste* m/v; *fondamentaliste* m/v
fundamentalistisch *fondamentaliste; intégriste*
fundamenteel *fondamental* [m mv: *fondamentaux*]
funderen • fundering aanbrengen *jeter les*

fondations de • baseren (op) *fonder (sur)*
fundering • fundament *fondation* v • grondslag *fondement* m
funest *funeste (***voor** *à)*; *néfaste*
fungeren • in functie zijn *être en fonction* ⋆ ~d *intérimaire* • dienst doen (als) *faire fonction (de)*
funk *funk* m
furie *furie* v
furieus I BNW *furieux* [v: *furieuse*] **II** BIJW *furieusement*
furore ⋆ ~ maken *faire fureur*
fuseren *fusionner*
fusie *fusion* v; ECONOMIE OOK *fusionnement* m
fusillade *fusillade* v
fusilleren *fusiller*; *passer par les armes*
fust *fût* m; *barrique* v ⋆ de fusten *la futaille* ⋆ op fust *en fût*
fut *force* v; *énergie* v; *ressort* m ⋆ vol fut zijn *être plein d'allant / d'entrain*; INFORM. *avoir la pêche* ⋆ ik heb de fut niet om ... *je n'ai pas le courage de ...*; INFORM. *j'ai la flemme de ...*
futiel *futile*
futiliteit • kleinigheid *futilité* v; *vétille* v • zinloosheid *futilité* v
futloos *mollasse*; *sans entrain*; *languissant*; INFORM. *flagada*
futurisme *futurisme* m
futuristisch *futuriste*
fuut *grèbe* m *huppé*
fysica *physique* v
fysicus *physicien* m [v: *physicienne*]
fysiek I ZN [het] *physique* m **II** BNW lichamelijk *physique* **III** BIJW *physiquement*
fysiologie *physiologie* v
fysiotherapeut *kinésithérapeute* m/v; INFORM. *kiné* m/v
fysiotherapie *kinésithérapie* v
fysisch *physique* ⋆ ~e chemie *physicochimie* v

G

g • letter *g* m ⋆ de g van Gerard *G comme Gaston* • muzieknoot *sol* m
gaaf • ongeschonden *intact*; *sain*; *sans défaut*; ⟨volledig⟩ *entier* [v: *entière*] • prachtig *superbe*; INFORM. *terrible*; *super*; *impec* [onv]
gaai *geai* m *(des chênes)*
gaan I ON WW • in beweging zijn *aller*; ⟨voorbijgaan/doorgaan⟩ *passer*; ⟨lopend⟩ *marcher* ⋆ ga erheen *vas-y* ⋆ naar de dokter gaan *aller voir un médecin*; *aller chez le médecin* ⋆ van X naar Y gaan via Z *aller de X à Y en passant par Z* ⋆ naar huis gaan *rentrer* ⋆ met de boot gaan *prendre le bateau* ⋆ gaan door *traverser*; *passer (par)* ⋆ gaan in *entrer dans/en* ⋆ een uur gaans *une heure de chemin / de marche* ⋆ het gerucht gaat *le bruit court* • weggaan *s'en aller*; *partir* ⋆ de boot gaat pas over een kwartier *le bateau ne part que dans un quart d'heure* ⋆ u kunt gaan *vous pouvez disposer* ⋆ eruit gaan *sortir de là* ⋆ uit wandelen gaan *sortir se promener* ⋆ uit vissen gaan *aller / partir à la pêche* • beginnen met *commencer à*; *se mettre à*; *aller* ⋆ gaan liggen *se coucher*; *tomber*; *s'aliter* ⋆ gaan staan *se lever* ⋆ gaan huilen *se mettre à pleurer* • functioneren *marcher*; *fonctionner* ⋆ de bel gaat *on sonne* • gekleed zijn ⋆ in het rood gaan *porter du rouge* • passen *contenir* ⋆ er gaat een liter in dat glas *ce verre peut contenir un litre* • ~ **met** *sortir avec* ⋆ Mark gaat met Janet *Mark sort avec Janet* • als onderwerp hebben ~ **over** ⟨handelen⟩ *traiter de*; ⟨de zorg hebben over⟩ *s'occuper de*; ⟨de zorg hebben over⟩ *être chargé de* ⋆ het gaat over een prins *il s'agit d'un prince* ⋆ het boek gaat over Napoleon *le livre parle de Napoleon* • beslissen ~ **over** ⋆ hier ga ik niet over *ceci n'est pas mon rayon* • voorrang hebben ~ **voor** *passer avant* ⋆ voor alles gaan *passer avant tout* ▾ daar gaat ie dan! *c'est parti!* ▾ daar ga je! *à la tienne!* ▾ zich laten gaan *se laisser aller* ▾ ervoor gáán *en vouloir* ▾ ik zie je liever gaan dan komen *moins je te vois, mieux je me porte* **II** ONP WW • gesteld zijn *aller* ⋆ hoe gaat het? *(comment) ça va?*; FORM. *comment allez-vous?* ⋆ het gaat *ça ne va pas trop mal*; *comme ci, comme ça*; *ça peut aller* ⋆ het ga je goed! *bonne chance!* ⋆ het gaat goed met hem *il va bien*; *il se porte bien* ⋆ gaat het? *ça va aller?* • gebeuren *aller* ⋆ dat gaat vanzelf *cela va tout seul* ⋆ zo gaat het altijd *il en va toujours ainsi* ⋆ het is mij ook zo gegaan *j'en ai vu autant* ⋆ zo gaat het in het leven *c'est la vie*; *ainsi va le monde* • lukken *être possible* • ~ **om** *s'agir de* ⋆ het gaat om je leven *il y va de ta vie* ⋆ daar gaat het (niet) om *c'est/ce n'est pas là la question*; *il s'agit/ il ne s'agit pas de cela*
gaande • in beweging *en mouvement* ⋆ ~ houden *continuer* ⋆ 't gesprek ~ houden *alimenter la conversation* • aan de gang ⋆ wat is er ~? *que se passe-t-il?*

gaandeweg *peu à peu; au fur et à mesure*
gaap *bâillement* m
gaar • voldoende toebereid *cuit (à point)* • duf *éreinté; abruti*
gaarkeuken *soupe* v *populaire*; FIG. *gargote* v
gaarne *volontiers; de bon cœur*
gaas • weefsel *gaze* v; *voile* m • vlechtwerk van metaal *grillage* m; *treillis* m
gaasje *compresse* v *(de gaze)*
gabber *pote* m
Gabon *le Gabon* ★ in ~ *au Gabon*
gade *époux* m [v: *épouse*]
gadeslaan *observer*
gadget *gadget* m
gading ★ zit er iets van je ~ bij? *il y a qc qui te plaît / te convient?* ★ iets / iem. van zijn ~ vinden *trouver chaussure à son pied*
gadsie *be(u)rk!*
gadver *be(u)rk!*
gadverdamme *pouah!*
gaffel *fourche* v; ⟨v. boot⟩ *corne* v
gage *cachet* m
gajes *racaille* v; *populace* v
gal *bile* v; ⟨v. dieren⟩ *fiel* m; FIG. *amertume* v ▾ zijn gal spuwen *épancher sa bile*
gala • feest *(soirée* v *de) gala* m • kleding ★ in gala *en tenue de gala / d'apparat; en grande tenue*
galabal *(grand) bal* m *officiel*
galactisch *galactique*
galant **I** BNW hoffelijk *galant* **II** BIJW *galamment*
galappel *(noix* v *de) galle* v
galapremière *grande première* v; *gala* m
galavoorstelling *représentation* v *de gala*
galblaas *vésicule* v *biliaire*
galei *galère* v
galerie *galerie* v
galeriehouder *galeriste* m/v
galerij *galerie* v; ⟨v. flat⟩ *coursive* v ▾ voor de ~ *pour la galerie*
galerijflat *immeuble* m *à coursives*
galg *gibet* m; *potence* v ▾ ze groeien op voor galg en rad *c'est de la mauvaise graine* ▾ galgje *pendu* m
galgenaas *gibier* m *de potence*
galgenhumor *humour* m *noir / macabre*
galgenmaal *dernier repas* m; *repas* m *d'adieu*
galjoen *galion* m
gallicisme *gallicisme* m
Gallisch *gaulois*
gallisch ★ daar word ik ~ van *ça m'écœure*
galm *résonance* v
galmen **I** OV WW zingen *chanter à pleine voix* **II** ON WW *retentir; résonner*
galon *galon* m
galop *galop* m ★ in ~ *au galop* ★ in (gestrekte) ~ *au (grand) galop*
galopperen *galoper; aller au galop*
galsteen *calcul* m *biliaire*
galvanisch *galvanique*
galvaniseren *galvaniser*
galzuur *acide* m *stéroïde*
gamba • garnaal *gamba* v • viool *viole* v *de gambe*
Gambia *la Gambie* ★ in ~ *en Gambie*
game • SPORT wedstrijdonderdeel *jeu* m [mv: *jeux*] • (computer)spel *jeu* m *vidéo* [m mv: *jeux vidéo*]
gamen *jouer à des jeux vidéo*
gamer *adepte* m/v *des jeux vidéo*
gamma • letter *gamma* m • reeks *gamme* v
gammaglobuline *gammaglobuline* v
gammastraling *rayons* m mv *gamma*
gammel • niet stevig *déglingué*; ⟨wankel⟩ *bancal* [m mv: *bancals*]; *branlant* • slap, lusteloos *patraque; vaseux* [v: *vaseuse*]
gang • doorloop *couloir* m; *corridor* m; ⟨doorgang⟩ *passage* m; ⟨onderaards⟩ *galerie* v • manier van gaan *allure* v; ⟨tred⟩ *(dé)marche* v; ⟨vaart⟩ *allure* v; *train* m • verloop *cours* m; *marche* v ★ zijn gang gaan *suivre son cours; aller son chemin* ★ aan de gang zijn *être en cours* ★ in volle gang zijn INFORM. *battre son plein* ★ aan de gang blijven *continuer* ★ alles gaat zijn gewone gangetje *tout va son petit bonhomme de chemin / son train-train* • deel van menu *plat* m • beweging *marche* v ★ aan de gang gaan *s'y mettre; y aller* ★ op gang komen *se mettre en marche; démarrer* ★ op gang brengen FIG. *mettre en route; démarrer; lancer* ★ aan de gang brengen *mettre en marche* ★ aan de gang zijn met *être en train de [+ inf.]* • snelheid ★ een flink gangetje hebben *aller bon train* • gedrag, handelen ★ ga je gang *vas-y; je t'en prie* ★ iem. zijn gang laten gaan *laisser faire qn* ★ iemands gangen nagaan *suivre les allées et venues de qn* ★ zijn eigen gang gaan *n'en faire qu'à sa tête* ★ vrij zijn gang kunnen gaan *avoir quartier libre*
gangbaar • gebruikelijk *courant* ★ een gangbare uitdrukking *une expression usuelle* ★ gangbare ideeën *idées reçues* • ECON. in omloop *courant* • ECON. veel gekocht *courant*
gangboord *coursive* v
gangenstelsel *réseau* m *de couloirs* [m mv: *réseaux ...*]; *galeries* v mv
gangkast *placard* m
gangmaker • SPORT *entraîneur* m • ijveraar *animateur* m [v: *animatrice*]; *boute-en-train* m [onv]
gangpad *passage* m
gangreen *gangrène* v
gangstarap *gangsta-rap* m
gangster *gangster* m
gangsterfilm *film* m *policier*
gans **I** ZN [de] • vogel *oie* v • persoon ★ dom gansje *nunuche* v ▾ Moeder de Gans *ma Mère l'Oie* **II** BNW *tout; entier* [v: *entière*] ★ van ganser harte *de tout cœur* **III** BIJW *entièrement*
ganzenbord *jeu* m *de l'oie*
ganzenlever *foie* m *d'oie; foie* m *gras*
ganzenpas *pas* m *de l'oie* ★ in ~ *à la queue leu leu / en file indienne*
ganzenveer *plume* v *d'oie*
ganzerik • PLANTK. *herbe* v *aux oies* • mannetjesgans *jars* m
gapen OOK FIG. *bâiller* ★ dom staan te ~ *bayer aux corneilles; regarder bouche bée* ★ ~de afgrond *gouffre béant* ★ ~de wond *plaie béante*
gappen *chiper; piquer; faucher* **(van** *à)*

ga

garage • autostalling *garage* m • werkplaats *garage* m
garagehouder *garagiste* m/v
garanderen *garantir*; *se porter garant de* ★ gegarandeerd! *sûrement!*; *sûr et certain!*
garant ★ zich ~ stellen voor *se porter garant de*
garantie *garantie* v ★ met een jaar ~ *avec un an de garantie*; *garanti un an* ★ er zit ~ op *c'est sous garantie*
garantiebewijs *certificat* m *de garantie*
garantiefonds *fonds* m *de garantie*
garde • keukengerei *fouet* m • lijfwacht *garde* m
garderobe • klerenbewaarplaats *vestiaire* m • kleren *garde-robe* v [mv: *garde-robes*]
gareel *collier* m; ⟨tuig⟩ *harnais* m; ⟨keurslijf⟩ FIG. *carcan* m ▾ in het ~ lopen *marcher droit*; *se plier* ▾ iem. weer in het ~ brengen *remettre qn au pas* ▾ weer in het ~ komen *rentrer dans le rang*
garen **I** ZN [het] *fil* m ★ ~ en band *mercerie* v ▾ goed ~ spinnen bij iets *faire son beurre de qc* **II** BNW *de fil*; *en fil*
garnaal *crevette* v
garneren *garnir (***met** *de)*
garnituur *garniture* v; ⟨opschik⟩ *parure* v ▾ van het tweede ~ *inférieur*; *de second plan*
garnizoen *garnison* v ★ in ~ liggen *être en garnison*
gas *gaz* m ★ met gas verlicht *éclairé au gaz* ★ het gas aandoen *allumer le gaz* ★ gas geven *appuyer sur l'accélérateur*; *accélérer*; INFORM. *mettre les gaz* ★ gas terugnemen OOK FIG. *lever le pied* ★ vol gas *(à) pleins gaz* ▾ gas geven *appuyer sur l'accélérateur* ▾ vol gas *pleins gaz*
gasaansteker ⟨gevuld met gas⟩ *briquet* m *à gaz*; ⟨om gas aan te steken⟩ *allume-gaz* m [onv]
gasbedrijf *compagnie* v *du gaz*; ⟨in Frankrijk⟩ *GDF* m *(Gaz de France)*
gasbel ⟨in aarde⟩ *poche* v *de gaz*
gasbrander *brûleur* m *à gaz*; ⟨buisje⟩ *bec* m *à gaz*; ⟨gaspit⟩ *feu* m [mv: *feux*]
gasexplosie *explosion* v *de gaz*
gasfabriek *usine* v *à gaz*
gasfitter *plombier(-zingeur)* m [mv: *plombiers(-zingueurs)*]
gasfles *bouteille* v / *bonbonne* v *de gaz*
gasfornuis *cuisinière* v *à gaz*
gaskachel *poêle* m *à gaz*
gaskamer *chambre* v *à gaz*
gaskraan *robinet* m *du gaz*
gaslek *fuite* v *de gaz*
gasmasker *masque* m *à gaz*
gasmeter *compteur* m *à gaz*
gasolie *gas(-)oil* m; *gazole* m
gasoven *four* m *à gaz*
gaspedaal *accélérateur* m; INFORM. *champignon* m
gaspit • vlam *feu* m [mv: *feux*] • brander *feu* m [mv: *feux*]
gasstel *réchaud* m *à gaz*
gast • bezoeker *hôte* m/v; ⟨genodigde⟩ *invité* m [v: *invitée*]; ⟨voor het eten⟩ *convive* m/v; ⟨klant⟩ *client* m [v: *cliente*] ★ gasten hebben *avoir des invités* / *du monde* ★ ongenode gasten *des intrus* ★ hoge gasten *invités de marque* ★ te gast zijn bij *être l'invité de* • gozer *individu* m; *type* m
gastarbeider *travailleur* m *immigré*
gastdocent ≈ *professeur* m *invité*
gastenboek *livre* m *d'or*; ⟨in hotel⟩ *registre* m
gastenverblijf *hôtellerie* v; ⟨v. klooster⟩ *hospice* m
gastgezin *famille* v *d'accueil*
gastheer *hôte* m; SPORT *équipe* v *qui reçoit* ★ zijn plicht als ~ vervullen *faire les honneurs de la maison*
gasthuis *hôpital* m [mv: *hôpitaux*]; *hôtel-Dieu* m [mv: *hôtels-Dieu*]; ⟨voor ouden van dagen⟩ *hospice* m
gastland *pays* m *d'accueil*
gastmaal *banquet* m
gastronomie *gastronomie* v
gastspreker *conférencier* m [v: *conférencière*]
gastvrij **I** BNW *hospitalier* [v: *hospitalière*]; *accueillant* **II** BIJW *avec hospitalité*
gastvrijheid *hospitalité* v
gastvrouw *hôtesse* v
gasvormig *gazeux* [v: *gazeuse*]
gat • opening *trou* m; *ouverture* v; ⟨holte⟩ *creux* m; ⟨holte⟩ *cavité* v; ⟨in muur⟩ *brèche* v ★ een gat/gaten maken in *trouer* ★ sokken met gaten *chaussettes trouées* ★ de riem een gaatje aanhalen *serrer la ceinture d'un cran* • gehucht *trou* m ▾ in de gaten lopen *tirer l'œil* ▾ het ene gat met het andere dichten *faire un trou pour en boucher un autre* ▾ een gat in de lucht springen *sauter de joie* ▾ iets in de gaten hebben *s'apercevoir de qc* ▾ een gat in de markt *un créneau* ▾ hij is niet voor één gat te vangen *il a plus d'un tour dans son sac* ▾ hij heeft een gat in zijn hand *l'argent lui fond dans les mains* ▾ zwart gat *trou noir*; FIG. *vide* m ▾ niets in de gaten hebben *n'y voir que du bleu* ▾ er geen gat meer in zien *ne plus voir d'issue*
gatenkaas *fromage* m *à trous*; FIG. *passoire* v
gatenplant *philodendron* m
gauw **I** BNW *rapide*; FORM. *prompt* **II** BIJW • snel *vite*; FORM. *promptement* ★ het al gauw begrijpen *ne pas tarder à comprendre*; *avoir vite fait de comprendre* • binnenkort *vite*; *bientôt* ★ niet zo gauw *pas de sitôt* ▾ zo gauw (als) *dès que*
gauwdief *filou* m
gauwigheid ★ in de ~ *à la hâte*; INFORM. *entre deux portes*
gave • talent *don* m; *talent* m • geschenk *don* m
gay **I** ZN *gai/gay* m **II** BNW *gay* / *gai*
gazelle *gazelle* v
gazon *pelouse* v; *gazon* m
ge • → **gij**
geaard • met aardleiding *mis à la terre* • van aard *de sa nature*
geaardheid *nature* v; *naturel* m ★ seksuele ~ *orientation* v *sexuelle*
geaccidenteerd *accidenté*
geacht *respecté*; *estimé* ★ ~e heer *(cher) Monsieur*

geadresseerde *destinataire* m/v
geaffecteerd I BNW *affecté* **II** BIJW *avec affectation*
geagiteerd I BNW *agité*; *fébrile* **II** BIJW *avec agitation*
geallieerden *Alliés* m mv
geamuseerd *d'un air amusé*
geanimeerd *animé*
gearmd *bras dessus, bras dessous*
geavanceerd *avancé*
gebaar *geste* m ★ gebaren maken *gesticuler*
gebak *gâteaux* m mv; *pâtisserie* v
gebakje *gâteau* m [mv: *gâteaux*]; *pâtisserie* v
gebakstel *service* m *à gâteaux*
gebaren *gesticuler*; ⟨uiten⟩ *faire signe (à)*
gebarentaal *langage* m *gestuel*; *mimique* v ★ in ~ uitdrukken *mimer*
gebed *prière* v ★ zijn ~en doen *dire ses prières*; *prier* ▾ het is een ~ zonder einde *on n'en verra jamais la fin*; *ça s'éternise*
gebedsgenezer ≈ *guérisseur* m [v: *guérisseuse*]
gebeente *os* m mv; *ossature* v; ⟨v. lijk⟩ *ossements* m mv ▾ wee je ~! *gare à toi!*
gebeiteld ▾ ik zit ~ *j'ai trouvé une bonne planque*; *je suis planqué*
gebekt ▾ goed ~ zijn *avoir la langue bien pendue*
gebelgd *vexé* **(over** *de)*
gebergte *montagne(s)* v (mv)
gebeten ★ ~ zijn op iem. *avoir une dent contre qn*
gebeuren I ZN [het] *événement* m; *fait* m **II** ON WW • plaatsvinden *arriver*; *se passer*; *se faire* ★ er is een ongeluk gebeurd *il est arrivé / il y a eu un accident* ★ alsof er niets gebeurd was *comme si de rien n'était* ★ wat gebeurt er? *que se passe-t-il?* ★ dat moest wel ~ *c'était écrit / obligatoire*; *ça n'a pas manqué* ★ het is zo gebeurd *ce sera vite fait*; *c'est l'affaire d'une minute* • overkómen ★ wat is er met jou gebeurd? *qu'est-ce qui t'est arrivé?* ★ dat zal me niet weer ~ *on ne m'y reprendra plus* ★ het zal je ~! *quelle histoire!* ▾ het is met hem gebeurd *il est fini*; *c'en est fait de lui*
gebeurtenis *événement* m; *fait* m
gebied • streek *région* v • grondgebied *territoire* m; *terrain* m; *zone* v • kennisterrein *domaine* m ★ op het ~ van *en matière de* ★ dat ligt niet op mijn ~ *ce n'est pas de mon domaine / ressort* ★ op het terrein van *en matière de*; *dans le domaine de*; *sur le plan de*
gebieden I OV WW gelasten te *commander (de)*; *ordonner (de)* ★ de eerlijkheid gebiedt mij ... *la vérité m'oblige ...* ★ waakzaamheid is geboden *la vigilance s'impose* ★ op ~de toon *d'un ton impérieux / autoritaire* ▾ ~de wijs *impératif* m **II** ON WW heersen *commander*
gebit *dentition* ★ vals ~ *dentier* m
gebitsverzorging *hygiène* v *dentaire*
gebladerte *feuillage* m
geblesseerd *blessé*
gebloemd *à fleurs*; *fleuri*
geblokt *à carreaux*; *en damier*
gebocheld *bossu* ★ een ~e *un(e) bossu(e)*
gebod *ordre* m; *commandement* m; ⟨voorschrift⟩ *précepte* m
gebogen I BNW WISK. *voûté*; *courbé* **II** BIJW ★ ~ lopen *marcher (le dos) courbé / la tête basse*
geboomte *arbres* m mv; *bois* m
geboorte *naissance* v; REL. *Nativité* v ★ bij de ~ *à la naissance*; *en naissant* ★ Fransman van ~ *Français de naissance*
geboortebeperking *limitation* v *des naissances*
geboortebewijs *extrait* m *de naissance*
geboortecijfer *(taux* m *de) natalité* v
geboortedag *jour* m *de naissance*
geboortedaling *dénatalité* v; *baisse* v *de la natalité*
geboortedatum *date* v *de naissance*
geboortegolf *poussée* v *démographique*; *baby-boom* m [mv: *baby-booms*]
geboortehuis *maison* v *natale*
geboortejaar *année* v *de naissance*
geboortekaartje *faire-part* m *de naissance* [onv]
geboorteoverschot *excédent* m *des naissances*
geboorteplaats *lieu* m *de naissance*
geboorterecht *droit* m *du sang*
geboorteregeling *planning* m *familial*; *contrôle* m/*régulation* v *des naissances*
geboorteregister *registre* m *des naissances*
geboren • ter wereld gebracht *né* **(uit** *de)* ★ ~ worden *naître* ★ een ~ Fransman *un Français de naissance* ★ ~ in Londen *né à / natif de Londres* ★ hij was ~ in Londen *il naquit à Londres* ★ te vroeg ~ *né avant terme*; *prématuré* • van nature ★ een ~ redenaar zijn *être né orateur*; *être un orateur-né* ★ ~ voor *né pour*
geborgen *en sécurité* [onv] ★ iem. een ~ gevoel geven *sécuriser qn*
geborgenheid *sécurité* v
gebouw *bâtiment* m; ⟨groot⟩ *édifice* m; ⟨groot⟩ *immeuble* m
gebraad *rôti* m
gebrand ~ op *avide de* ★ daar ben ik niet op ~ *je n'en raffole pas*; *ça ne m'emballe pas*
gebrek • gemis *manque* m ★ bij ~ aan *faute de*; *à défaut de* ★ bij ~ aan beter *faute de mieux* ★ ~ hebben aan *manquer de* ★ daar is geen ~ aan *ça ne manque pas* ★ ~ lijden *être dans le besoin*; *vivre dans la misère* • mankement *défaut* m; *imperfection* v ★ een verborgen ~ *un vice caché* ▾ in ~e blijven *être en défaute* ▾ in ~e stellen *mettre en demeure*
gebrekkig I BNW • onvolkomen *défectueux* [v: *défectueuse*]; *imparfait* • invalide *infirme* **II** BIJW *défectueusement*; *mal*
gebroeders *Frères* m mv
gebroken • kapot *cassé*; *brisé*; *rompu* • niet in een geheel *interrompu*; *coupé* ★ ~ getal *nombre fractionnaire* ★ een ~ lijn *une ligne brisée* • gebrekkig ★ in ~ Frans *en mauvais français*; *en baragouiant/écorchant le français* • uitgeput *rompu*; ⟨psychisch⟩ *brisé* • niet zuiver ★ ~ wit *blanc cassé*
gebrouilleerd ★ ~ zijn met iem. *être en brouille/froid avec qn*
gebruik • het benutten *emploi* m; *usage* m; *utilisation* v ★ ~ maken van *profiter de* ★ in ~ nemen *mettre en service* ★ voor het ~ schudden *agiter avant de s'en servir* • het consumeren *usage*; *application* v ★ voor

inwendig ~ *à usage interne* ★ voor uitwendig ~ *à usage externe* • gewoonte *usage* m
gebruikelijk *usuel* [v: *usuelle*]; *d'usage* ★ het is ~ dat [+ ind.]; *il est de tradition que* ★ zoals te doen ~ *comme il est d'usage*; *comme d'habitude*
gebruiken • benutten *utiliser*; *employer*; *se servir de* • consumeren *prendre* ★ wilt u iets ~? *puis-je vous offrir qc?*
gebruiker • benutter ⟨v. voorziening⟩ *usager* m; ⟨v. voorwerp⟩ *utilisateur* m [v: *utilisatrice*] • consument *consommateur* m [v: *consommatrice*]
gebruikersvriendelijk *facile d'emploi*; *facile à manier*; ⟨m.b.t. computer⟩ *convivial* [m mv: *conviviaux*]

ge

gebruikmaking ★ met ~ van *en utilisant*
gebruiksaanwijzing *mode* m *d'emploi*
gebruiksklaar *prêt à l'emploi*
gebruiksvoorwerp *objet* m *d'usage courant*
gebruind *bronzé*
geciviliseerd *civilisé*
gecommitteerde • gevolmachtigde *délégué* m [v: *déléguée*] • toeziener *délégué* m [v: *déléguée*]
gecompliceerd *compliqué*
geconcentreerd • sterk *concentré* • aandachtig *concentré*
gedaagde *assigné* m [v: *assignée*]; ⟨gedaagde⟩ *défendeur* m [v: *défenderesse*]; ⟨in hoger beroep⟩ *intimé* m [v: *intimée*]
gedaan • klaar *achevé*; *fait* • beëindigd *fini* ▾ het is met hem ~ *c'en est fait de lui* ▾ iets van iem. ~ krijgen *obtenir qc de qn* ▾ het is niets ~ met hem *rien ne va plus pour lui*
gedaante • uiterlijk *aspect* m ★ de ~ aannemen van *prendre la forme de* ★ in de ~ van *sous la forme de* ★ zich in zijn ware ~ tonen *se montrer sous son vrai tour* • verschijning *forme* v
gedaanteverandering *métamorphose* v
gedachte • het denken *pensée* v ★ de ~ aan *la pensée de* • wat gedacht wordt *idée* v; *pensée* v ★ van ~n veranderen *se raviser*; *changer d'avis* ★ op de ~ komen om *avoir l'idée de* ★ de ~ alleen al *la seule pensée* ★ de ~ kwam bij me op om *l'idée m'est venue de*
gedachtegang *raisonnement* m
gedachtegoed *idées* v mv
gedachtekronkel *manière* v *biscornue de penser*
gedachteloos I BNW onnadenkend *irréfléchi*; *étourdi* II BIJW • onnadenkend *d'une manière irréfléchie* • werktuiglijk *machinalement*
gedachtenis • aandenken *souvenir* m • nagedachtenis *mémoire* v; *souvenir* m ★ ter ~ van *en mémoire de*
gedachtepuntje *point* m *de suspension*
gedachtesprong ★ een ~ maken *passer du coq-à-l'âne*
gedachtestreep *tiret* m
gedachtewereld *univers* m *mental*
gedachtewisseling *échange* m *d'idées*
gedachtig ★ ~ zijn aan *se souvenir de*
gedag ★ iem. ~ zeggen *dire au-revoir à qn*
gedateerd • met datum *daté* ★ een brief ~ 11 april *une lettre datée du 11 avril* • ouderwets *daté* ★ een ~ standpunt *un point de vue périmé*
gedecideerd *décidé*
gedeelte *partie* v; *part* v ★ voor een ~ *en partie* ★ voor een groot ~ *en grande partie*
gedeeltelijk I BNW *partiel* [v: *partielle*] II BIJW *partiellement*; *en partie*
gedegen *solide*
gedeisd ▾ zich ~ houden *garder un profil bas*; INFORM. *s'écraser*
gedekt • niet fel ★ een ~e kleur *une couleur discrète*; *une demi-teinte* • gevrijwaard tegen risico *couvert* ▾ zich ~ houden *garder un profil bas*; INFORM. *s'écraser*
gedelegeerde *délégué* m [v: *déléguée*]
gedenkboek *mémorial* m [mv: *mémoriaux*]; *annales* v mv
gedenkdag *(jour* m*) anniversaire* m
gedenken • herdenken *commémorer* • niet vergeten *se souvenir de*
gedenksteen *pierre* v *commémorative*
gedenkteken *monument* m; *mémorial* m [mv: *mémoriaux*]
gedenkwaardig *mémorable*
gedeprimeerd *déprimé*
gedeputeerde *député* m [v: *députée*]
gedesillusioneerd *désillusionné*
gedesoriënteerd *désorienté*
gedetailleerd I BNW *détaillé* II BIJW *en détail*
gedetineerde *détenu* m [v: *détenue*]
gedicht *poème* m; ⟨kort⟩ *poésie* v
gedichtenbundel *recueil* m *de poésies*
gedienstig I BNW *serviable*; *empressé*; *obligeant* II BIJW *avec empressement*; *obligeamment*
gedierte • dieren *animaux* m mv; *bêtes* v mv • een beest *animal* m
gedijen ⟨v. plant/dier⟩ *bien pousser*; ⟨v. zaken⟩ *prospérer*; FIG. *prospérer*
geding *procès* m ★ in kort ~ uitspraak doen *juger en référé* ★ kort ~ *(procédure* v *en) référé* m ▾ in het ~ brengen *mettre en cause* ▾ in het ~ zijn *être en cause*
gediplomeerd *diplômé*
gedisciplineerd *discipliné*
gedistilleerd I ZN [het] *spiritueux* m mv II BNW *distillé*
gedistingeerd *distingué*
gedoe *agissements* m mv; *manigances* v mv; ⟨druk⟩ *remue-ménage* ★ wat een ~! *quelles histoires!* ★ een heel ~ *toute une affaire/histoire*
gedogen *tolérer*; *souffrir*
gedonder • geluid *tonnerre* m • gedoe *embêtements* m mv; VULG. *emmerdement(s)* m (mv) ★ daar komt ~ van *il y a d'eau dans le gaz*
gedoodverfd *désigné à l'avance* ★ de ~e winnaar *le grand favori*
gedrag *conduite* v; *comportement* m
gedragen I BNW • plechtstatig *solennel* [v: *solennelle*] • al eerder gebruikt *usagé* II BIJW plechtig *solennellement* III WKD WW [+ zich] *se conduire*; *se comporter* ★ gedraag je! *un peu de tenue!*
gedragsgestoord *(d'un comportement) déviant*
gedragslijn *ligne* v *de conduite*

gedragspatroon *type* m *de comportement*
gedrang • het dringen *bousculade* v • mensenmassa *foule* v; *cohue* v ▾ in het ~ komen *être compromis*
gedreven *passionné*; *fanatique*
gedrieën *à trois*
gedrocht *monstre* m
gedrongen • kort en breed *trapu*; *ramassé* • summier *concis*; *serré*
geducht I BNW • gevreesd *redoutable* • flink *formidable* **II** BIJW *formidablement*; *ferme*
geduld *patience* v ⋆ ~ hebben *patienter*; *user de patience* ⋆ een eindeloos ~ *des trésors de patience* ⋆ zijn ~ verliezen *perdre patience*; *s'impatienter*
geduldig I BNW *patient* ▾ papier is ~ *le papier souffre tout* **II** BIJW *patiemment*
gedurende *pendant*
gedurfd *osé*; *audacieux* [v: *audacieuse*]
gedurig I BNW • voortdurend *permanent* • telkens weer *continuel* [v: *continuelle*] **II** BIJW voortdurend *continuellement*; *sans cesse*; *sans relâche*
geduvel *emmerdement(s)* m (mv)
gedwee I BNW *docile* **II** BIJW *docilement*
gedwongen *forcé*; *contraint*
geef ⋆ het is te geef *c'est donné*
geëigend *approprié (***voor** *à)*; *adéquat*
geel I BNW *jaune* ⋆ geel maken/worden *jaunir* **II** ZN [het] kleur *jaune* m
geelkoper *laiton* m
geelzucht *jaunisse* v
geëmotioneerd I BNW *ému* **II** BIJW *avec émotion*
geen *ne ... pas de*; *ne ... pas un* ⋆ ik heb geen brood *je n'ai pas de pain* ⋆ zij heeft geen bloemen meer *elle n'a plus de fleurs* ⋆ geen ander *nul autre* ⋆ geen van beiden *ni l'un ni l'autre*; *aucun des deux* ⋆ ik heb er geen *je n'en ai pas* ⋆ geen mens *personne* ⋆ nog geen vijf minuten *même pas cinq minutes*
geëngageerd *engagé*
geenszins *nullement*; *aucunement*
geest • vermogen om te denken, voelen, willen *esprit* m; ⟨verstand⟩ *intelligence* • ziel *âme* v • groot denker ⋆ een grote ~ *un grand esprit* / *cerveau* • onstoffelijk wezen *esprit* m; ⟨spook⟩ *revenant* m; *spectre* ⋆ de Heilige Geest *le Saint-Esprit* ⋆ een boze ~ *un démon* ⋆ goede ~ *bon génie* • denkwijze, sfeer *esprit* ⋆ in de ~ van het verdrag *dans l'esprit de l'accord* ⋆ de ~ van de wet *l'esprit de la loi* ⋆ in de ~ van *dans l'esprit de*; *à la manière de*; *dans la lignée de*; *inspiré de* ▾ de ~ geven *rendre l'âme* ▾ voor de ~ roepen *évoquer* ▾ de ~ is gewillig, maar het vlees is zwak *l'esprit est prompt, la chair est faible* ▾ hoe groter ~, hoe groter beest *grand esprit, grand appétit* ▾ de ~ krijgen *être inspiré* ▾ voor de ~ staan *être présent à l'esprit*
geestdodend *abrutissant*
geestdrift *enthousiasme* m; *ardeur* v
geestdriftig I BNW *enthousiaste* **II** BIJW *avec enthousiasme*
geestelijk I BNW • mentaal *intellectuel* [v: *intellectuelle*]; *moral* [m mv: *moraux*]; *mental* [m mv: *mentaux*] ⋆ ~e gezondheid *santé mentale* • kerkelijk *religieux* [v: *religieuse*] ⋆ in de ~e stand treden *entrer dans les ordres* • godsdienstig *religieux* [v: *religieuse*]; *spirituel* [v: *spirituelle*] ⋆ ~e gezangen *des cantiques* m mv *(spirituels)* **II** BIJW • mentaal *intellectuellement* ⋆ een ~ gestoorde *un déséquilibré*; *un malade mental* • godsdienstig *spirituellement*
geestelijke *prêtre* m; ⟨protestants⟩ *pasteur* m; *ecclésiastique* m
geestelijkheid *clergé* m
geestesgesteldheid • stemming *état* m *d'esprit* • wijze van denken *mentalité* v
geesteskind *œuvre* v; *conception* v
geestesoog ⋆ aan zijn ~ voorbijtrekken *défiler dans l'esprit*
geestesproduct *œuvre* v; *conception* v
geesteswetenschappen *sciences* v mv *humaines* [mv]
geestesziek *atteint de troubles mentaux*
geestesziekte *maladie* v *mentale*
geestgrond ≈ *lande* v *sablonneuse*
geestig I BNW grappig *spirituel* [v: *spirituelle*]; *plein d'esprit*; *drôle* ⋆ een ~e inval *un trait d'esprit* ⋆ een ~ man *un homme d'esprit* ⋆ ~ zijn / doen *avoir / faire de l'esprit* **II** BIJW *spirituellement*
geestigheid • het geestig zijn *esprit* m • geestige opmerking *plaisanterie* v; *bon mot* m
geestkracht *(force* v *de) caractère* m; *volonté* v
geestrijk • geestig *spirituel* [v: *spirituelle*] • alcoholrijk *spiritueux* [v: *spiritueuse*]
geestverruimend *psychédélique*
geestverschijning *vision* v; *apparition* v
geestverwant *partisan* m *(de la même doctrine)*; *proche* m/v; POL. *ami* m *politique*; *coreligionnaire* m/v
geestverwantschap *affinité* v *d'esprit*; *affinité* v *intellectuelle*
geeuw *bâillement* m
geeuwen *bâiller*
geeuwhonger *fringale* v; *faim* v *de loup*
gefingeerd *fictif* [v: *fictive*]
gefixeerd *fixe* ⋆ ~ zijn op *ne penser qu'à*
geflatteerd *flatteur* [v: *flatteuse*]
geflikflooi *flagorneries* v mv
geforceerd I BNW • ingespannen *forcé* • gekunsteld *forcé* ⋆ een ~e vergelijking *une comparaison tirée par les cheveux* **II** BIJW *d'une manière forcée*
gefortuneerd *aisé*; *fortuné*; *riche*
gefrustreerd I BNW *frustré* ⋆ ~e idealen *des idéaux contrariés* **II** BIJW *de manière frustrée*
gefundeerd *fondé*
gegadigde *intéressé* m [v: *intéressée*]; *amateur* m; *preneur* m [v: *preneuse*]
gegarandeerd I BNW *garanti* **II** BIJW *sûrement* ⋆ ik kom ~ *je viendrai, c'est sûr et certain*
gegeven I ZN [het] • feit, geval *donnée* v ⋆ persoonlijke ~s *identité* v; *coordonnées* v mv ⋆ nadere ~s *précisions* v mv • TECHN. *fiche* v *technique* • onderwerp *thème* m **II** BNW bepaald *donné* ⋆ ~ een gelijkbenige driehoek *soit un triangle isocèle*
gegevensbank *banque* v / *base* v *de données*

ge

gegijzelde *otage* m
gegoed *aisé* ★ een ~e familie *une famille aisée*
gegroefd *rayé* ★ een ~ gezicht *un visage sillonné de rides*
gegrond *fondé*; *juste*; *légitime* ★ om ~e redenen *pour cause*; *non sans raison*
gehaaid *roublard*; *futé*; *roué*
gehaast I BNW *pressé* II BIJW *à la hâte*
gehaat *haï*; *détesté*
gehakt *viande* v *hachée* ▾ ~ van iem. maken *ne faire qu'une bouchée de qn*
gehaktbal *boulette* v *de viande hachée*
gehaktmolen *hache-viande* m [onv]
gehalte • hoeveelheid ⟨v. mengsel⟩ *titre* m; ⟨percentage⟩ *teneur* v *(***aan** *en)* ★ het alcohol~ *le degré alcoolique*; *le taux d'alcool*; *la teneur en alcool* • hoedanigheid *valeur* v; *mérite* m ★ van laag ~ *de mauvais aloi*; *bas de gamme*
gehandicapt *handicapé*
gehandicapte *handicapé* m [v: *handicapée*] ★ verstandelijk ~ *handicapé mental*
gehandicaptenzorg *protection* v *des handicapés*
gehannes *ergotages* m mv; *bâclage* m
gehard *endurci*; ⟨m.b.t. staal⟩ *trempé*
geharrewar *chamailleries* v mv; *histoires* v mv
gehavend *endommagé*; *abîmé* ★ deerlijk ~ *en piteux état*; *rudement amoché*
gehecht ~ **aan** *attaché à*
geheel I ZN [het] *tout* m; *ensemble* m; ⟨totaal⟩ *totalité* v ★ in het ~ *au total* ★ in zijn ~ *dans son ensemble*; *intégralement*; *in extenso*; *en totalité* ★ in het ~ niet *pas du tout*; *nullement* ★ een ~ vormen *former un tout* ★ over het ~ (genomen) *dans l'ensemble* II BNW *tout*; *complet* [v: *complète*]; *entier* [v: *entière*] ★ het gehele land *tout le pays* ★ de gehele wereld *le monde entier* ★ een ~ getal *un (nombre) entier* III BIJW *tout (à fait)*; *complètement*; *entièrement*
geheelonthouder *abstinent* m [v: *abstinente*]
geheelonthouding *abstinence* v
geheid I BNW *certain* II BIJW *à coup sûr*; *absolument*
geheim I ZN [het] *secret* m; ⟨mysterie⟩ *mystère* m ★ in het ~ *en secret*; *secrètement* ★ er geen ~ van maken *ne pas s'en cacher* ★ het ~ van de smid *la recette (du chef)*; *le truc* ★ publiek ~ *secret de Polichinelle* ★ een ~ bewaren *garder un secret* II BNW verborgen *caché*; *secret* [v: *secrète*] ★ een ~ agent *un agent secret* ★ op een ~e plaats *dans un lieu tenu secret*
geheimhouden *tenir secret*; *cacher*
geheimhouding *secret* m ★ onder ~ *sous le sceau du secret* ★ onder de striktste ~ *sous la plus absolue discrétion*
geheimhoudingsplicht *secret* m *imposé*
geheimschrift *code* m *(secret)*; *écriture* v *chiffrée*; *cryptographie* v
geheimtaal *langage* m *chiffré*
geheimzinnig I BNW *mystérieux* [v: *mystérieuse*] II BIJW *mystérieusement* ★ (erg) ~ doen over *faire (grand) mystère de*
geheimzinnigheid *mystère* m
gehemelte *palais* m ★ het zachte ~ *le palais mou*; *le voile du palais*
geheugen • PSYCH. *mémoire* v ★ een ~ als een zeef *une mémoire comme une passoire* ★ een ~ als van een olifant *une mémoire comme d'éléphant* ★ als mijn ~ mij niet bedriegt *si j'ai bonne mémoire* • COMP. *mémoire* v ★ in het ~ opslaan *mémoriser*
geheugensteuntje *pense-bête* m [mv: *pense-bêtes*]; *mémento* m
geheugenverlies *amnésie* v; *perte(s)* v (mv) *de mémoire*
gehoor • het horen *audition* v ★ op het ~ spelen *jouer d'oreille* ★ ten gehore brengen *exécuter* • geluid *son* m ★ het is geen ~! *ça m'écorche les oreilles!*; *c'est inécoutable!* • zintuig *ouïe* v ★ absoluut ~ *oreille absolue* ★ een zuiver ~ hebben *avoir de l'oreille* ★ goed in het ~ liggend *facile à retenir* • aandacht ★ ~ geven aan *écouter*; *prêter l'oreille à* ★ ~ vinden bij *se faire entendre par* ★ ik krijg geen ~ *ça ne répond pas* ★ bij geen ~ *en cas d'absence* • toehoorders *auditoire* m; *audience* v; *auditeurs* m mv
gehoorapparaat *appareil* m *auditif*
gehoorbeentje *osselet* m *(e l'oreille)*; *ossicule* m
gehoorgang *conduit* m *auditif*
gehoorgestoord *malentendant*
gehoororgaan *organe* m *auditif*
gehoorsafstand ★ binnen ~ *à portée de voix*
gehoorzaal *auditorium* m; *salle* v *de concert / de conférences*
gehoorzaam *obéissant (***aan** *avec)*; *docile*
gehoorzaamheid *obéissance* v; REL. *obédience* v
gehoorzamen *obéir (à)* ★ niet ~ *désobéir*
gehorig *sonore*
gehouden *tenu (***te** *de;* **tot** *à)*; *obligé (***te** *de)*
gehucht *hameau* m [mv: *hameaux*]
gehumeurd ★ goed/slecht ~ zijn *être de bonne/mauvaise humeur*
gehuwd *marié* ★ ~e staat *état* m *conjugal*
geigerteller *compteur* m *Geiger*
geijkt • voorzien van ijkmerk *étalonné* • gebruikelijk ★ de ~e term *le terme consacré* ★ ~e term *terme* m *consacré*; *expression* v *toute faite*
geil I BNW wellustig *lubrique*; INFORM. *chaud* II BIJW *lubriquement*; *lascivement*
geilen ~ **op** *bander* ★ daar geil ik op *ça me fait bander*
geïllustreerd *illustré*
gein *rigolade* v ★ gein hebben *rigoler*; *se marrer*
geinig *marrant*; *rigolo* [v: *rigolote*]
geïnteresseerd *intéressé*
geiser • warme bron *geyser* m • toestel *chauffe-eau* m [onv]; ⟨v. bad⟩ *chauffe-bain* m [mv: *chauffe-bains*]
geisha *geisha* v
geit *chèvre* v ★ geitje *chevrette*
geitenkaas *fromage* m *de chèvre*
geitenmelk *lait* m *de chèvre*
gejaagd I BNW *agité* II BIJW *avec agitation*
gejammer *gémissements* m mv
gek I ZN [de] verstandelijk gehandicapte *fou* m [v: *folle*] ▾ iem. voor de gek houden *se payer la tête de qn* II BNW • verstandelijk gehandicapt *fou* [v: *folle*] [vóór klinker of stomme h: fol]; *dément* ★ ben je gek? *t'es fou (ou quoi)?*; *ça va pas (la tête)?* ★ het is om gek

van te worden *c'est affolant* ★ ik word er gek van *ça me rend fou* • dwaas *ridicule* ★ een gekke gedachte *une drôle d'idée* • vreemd *bizarre*; *drôle* • verzot ~ **op** *fou de* ★ hij is gek op zijn vrouw *il aime sa femme à la folie* ▾ te gek! *super!*; *terrible!*; *le pied!* ▾ (dat is) te gek *c'est le pied* ▾ dat is te gek om los te lopen INFORM. *c'est trop bête*; *c'est insensé*; *c'est dingue* ▾ niet gek *pas mal* **III** BIJW *comme un fou* ★ gek doen *faire le fou*; INFORM. *déconner* ★ doe niet zo gek! *ne fais pas l'idiot / l'imbécile!* ▾ iem. voor gek zetten *ridiculiser qn*

gekant ★ ~ zijn tegen iets *s'opposer à qc*; *être hostile à*

gekheid • dwaasheid *folie* v; *sottise* v • grapje *plaisanterie* v; *raillerie* v ★ ~ maken *plaisanter* ★ uit ~ *pour rire* ▾ alle ~ op een stokje *blague à part*; *trêve de plaisanteries* ▾ zonder ~ *sans blague*; *sérieusement*

gekkekoeienziekte *maladie* v *de la vache folle*

gekkenhuis *asile* m; FIG. *maison* v *de fous*

gekkenwerk *(de la) folie* v

gekleed • met kleren aan *habillé* ★ netjes ~ *bien mis* • keurig *habillé* ★ een geklede japon *une robe habillée*

geklets *bavardage* m mv; *ragots* m mv

gekleurd • met bepaalde kleur *coloré*; *de couleur* • niet neutraal *tendancieux* [v: *tendancieuse*]

geknipt ★ ~ voor *fait / taillé pour*; *tout désigné pour*

geknoei • gepruts *bousillage* m; *gâchis* m • bedrog *tripotage* m

gekonkel *intrigues* v mv; *machination(s)* v (mv); *manigance* v

gekostumeerd *costumé*

gekrakeel *chamaillerie* v

gekruid • pikant *relevé* • met kruiden *assaisonné*

gekscheren *plaisanter*; *badiner*

gekte *folie* v

gekunsteld I BNW *affecté*; *artificiel* [v: *artificielle*]; *feint*; *forcé* **II** BIJW *artificiellement*; *d'une façon affectée / maniérée*

gekwalificeerd • gerechtigd *qualifié* ★ een ~ advocaat *un avocat qualifié* • bekwaam *qualifié* ★ een ~ timmerman *un menuisier qualifié*

gel *gel* m

gelaagd *stratifié*; ⟨dun⟩ *feuilleté*; ⟨v. hout⟩ *contreplaqué*

gelaarsd ▾ de ~e kat *le chat botté*

gelaat *visage* m; *figure* v

gelaatskleur *teint* m

gelaatstrekken *traits* m mv

gelaatsuitdrukking *physionomie* v; *expression* v; *mine* v

gelach *rires* m mv; *éclats* m mv *de rire* [mv]

geladen • voorzien van kogels *chargé* • elektrisch geladen *chargé* • gespannen FIG. *tendu*; ⟨nijdig⟩ *remonté*; *furax*; ⟨vol elan⟩ *gonflé à bloc*

gelag ▾ het ~ betalen *en faire les frais*; *trinquer* ▾ het is een hard ~ *c'est dur (à avaler)*

gelagkamer *salle* v *(de café)*

gelang ★ naar ~ *suivant* ★ naar ~ van omstandigheden *selon les circonstances*

gelasten *ordonner* ★ iem. ~ iets te doen *ordonner à qn de faire qc*

gelaten I BNW berustend *résigné* **II** BIJW berustend *avec résignation*

gelatenheid *résignation* v

gelatine *gélatine* v

gelazer *emmerdement(s)* m (mv)

geld ⟨muntgeld⟩ *monnaie* v; *argent* m; INFORM. *fric* m ★ kinderen betalen half geld *les enfants paient demi-tarif* ★ te gelde maken *monnayer*; *réaliser* ★ je geld of je leven! *la bourse ou la vie!* ★ gelden *fonds* m mv ★ eigen geld *fonds propres* ★ er moet geld bij *j'en suis de ma poche / pour mon argent*; *j'y perds* ★ daar heb ik geen geld voor *je n'ai pas les moyens* ▾ het geld laten rollen *faire valser l'argent* ▾ het geld groeit me niet op de rug *je ne roule pas sur l'or* ▾ voor geen geld (ter wereld) *pour rien au monde* ▾ op zijn geld zitten *être près de ses sous* ▾ geld maakt niet gelukkig *l'argent ne fait pas le bonheur* ▾ voor geld is alles te koop *l'argent fait tout* ▾ geld stinkt niet *l'argent n'a pas d'odeur* ▾ geld zoekt geld *l'eau va toujours à la rivière* ▾ geen geld, geen Zwitsers *point d'argent, point de Suisse(s)* ▾ voor hetzelfde geld *(tout) aussi bien*

geldautomaat *point* m *(d')argent*; *distributeur* m *de billets (de banque)*

geldbelegging *placement* m; *investissement* m

geldboete *amende* v; *peine* v *pécuniaire*

geldcirculatie *circulation* v *de l'argent*

geldelijk *pécuniaire*; *financier* [v: *financière*]

gelden • van kracht/geldig zijn *être en vigueur* ★ de meeste stemmen ~ *la majorité des voix décide* ★ zich doen ~ *s'affirmer* ★ dat geldt niet *cela ne compte pas* ★ zijn recht laten ~ *faire valoir son droit* • aangaan *regarder*; *concerner* • beschouwd worden ~ **als** *passer pour*; *compter*

geldgebrek *manque* m *d'argent*

geldig *valable*; *légitime*; ⟨reglementair⟩ *régulier* [v: *régulière*] ★ ~ verklaren *valider*

geldigheid *validité* v

geldigheidsduur *durée* v *de validité*

geldingsdrang *besoin* m *de s'affirmer / s'imposer*

geldkoers • rentestand *taux* m *de l'argent* • wisselkoers *taux* m *de change*

geldkraan ★ de ~ dichtdraaien *fermer le robinet*; *couper les vivres* ▾ de ~ dichtdraaien FIG. *couper les vivres*

geldmarkt *marché* m *monétaire*

geldmiddelen *fonds* m mv; *moyens* m mv; *ressources* v mv

geldnood *pénurie* v *d'argent*

geldomloop *circulation* v *de l'argent*

geldontwaarding *inflation* v; *dépréciation* v

geldschieter *bailleur* m *de fonds*

geldsom *somme* v *d'argent*

geldsoort *monnaie* v

geldstroom *flux* m *monétaire*

geldstuk *pièce* v *(de monnaie)*

geldtransport *convoi* m / *transport* m *de fonds*

geldverkeer *circulation* v *de l'argent*

geldwezen *finance* v
geldwisselautomaat *changeur* m *(de monnaie)*
geldwolf *grippe-sou* m [mv: *grippe-sou(s)*]
geldzorgen *soucis* m mv *financiers* [mv] ★ ~ hebben *avoir des ennuis d'argent*
geldzucht *soif* v *de l'argent*; *avidité* v
geleden ★ twee jaar ~ *il y a deux ans*; *voici deux ans* ★ (het is) lang ~ *il y a longtemps*
gelederen • → **gelid**
geleding • gewricht *articulation* v; *jointure* v • verbindingsplaats BIOL. *article* m; ‹knoop› *nœud* m ▾ in alle ~en *à tous les niveaux*
geleed *articulé*; PLANTK. *noueux* [v: *noueuse*]
geleedpotig *arthropode*
geleerd **I** BNW erudiet *savant*; *érudit*; IRON. *docte* ★ dat is mij te ~ *cela me dépasse* **II** BIJW *savamment*; IRON. *doctement*
geleerde *savant* m
geleerdheid *savoir* m; *érudition* v
gelegen • liggend *situé*; ‹uitkijkend (op)› *orienté* *(***aan, op** *à)* ★ als het zo ~ is *s'il en est ainsi* • geschikt *opportun* ★ je komt juist ~ *tu arrives à propos* ★ dat komt me ~ *cela me convient / m'arrange*; *ça tombe bien* ▾ daar is mij veel aan ~ *j'y tiens beaucoup* ▾ hij laat zich er weinig aan ~ liggen *il ne s'en soucie guère*; *il en fait peu de cas*
gelegenheid • gebeurtenis *occasion* v; *circonstance* v ★ ter ~ van *à l'occasion de* ★ bij bijzondere gelegenheden *dans les grandes occasions* • gunstige toestand *occasion* v; *opportunité* v ★ bij ~ *à l'occasion*; *en temps et lieu* ★ van de ~ gebruik maken om *profiter de l'occasion pour* ★ er is geen ~ om *il n'y a pas moyen de* ★ in de ~ zijn om *être en mesure de*; *avoir l'opportunité de* ★ bij elke ~ *chaque fois que l'occasion se présente*; *à tout propos* ★ in de ~ stellen om *permettre de* ★ de ~ laten voorbijgaan *laisser passer l'occasion*; INFORM. *rater le coche* • eet/slaapgelegenheid *endroit* m; ‹m.b.t. horeca› *restaurant* m; ‹m.b.t. horeca› *café* m ▾ op eigen ~ *par ses propres moyens* ▾ ~ geven (tot ontucht) *faire du proxénétisme*
gelegenheidsdrinker *buveur* m *occasionnel*
gelegenheidskleding *habits* m mv *de circonstance* [mv]
gelei *gelée* v
geleide • het vergezellen *conduite* v • personen *escorte* v ★ onder ~ *sous escorte* ▾ ten ~ *avant-propos* m
geleidehond *chien* m *d'aveugle*
geleidelijk **I** BNW *graduel* [v: *graduelle*]; *progressif* [v: *progressive*] **II** BIJW *graduellement*; *progressivement*; *peu à peu*; *au fil en aiguille*
geleidelijkheid *progressivité* v
geleiden • begeleiden *accompagner*; *escorter* • NATK. *conduire*; *transmettre* ★ ~d vermogen *conductibilité* v
geleider • begeleider *guide* m • NATK. *(corps* m*) conducteur* m
geleiding • het geleiden *guidage* m • NATK. *conduction* v
geletterd *lettré*
geleuter • onzin *blablabla* m • geklets *bavardage* m
gelid • gewricht *articulation* v; *jointure* v • rij *rang* m ★ de gelederen sluiten *serrer les rangs* ★ in het ~ gaan staan *se ranger*; *se mettre en rang(s)* ★ uit het ~ treden *sortir du rang* ▾ in het voorste ~ *au(x) premier(s) rang(s)*; *en tête*
geliefd • bemind *chéri*; *cher* [v: *chère*] • favoriet *favori* [v: *favorite*]; *préféré*
geliefde • beminde *bien-aimé* m [mv: *bien-aimés*] [v: *bien-aimée*] • minnaar *amant* m; ‹minnares› *maîtresse* v
geliefkoosd *favori* [v: *favorite*]; *préféré*
gelieven *vouloir*; *daigner* ★ gelieve *veuillez*
gelig *jaunâtre*
gelijk **I** ZN [het] *raison* v ★ ~ hebben *avoir raison* ★ ~ geven *donner raison à* ★ (zijn) ~ krijgen *obtenir gain de cause* **II** BNW • hetzelfde *égal* *(***aan** *à)* [m mv: *égaux*]; *pareil* *(***aan** *à)* [v: *pareille*]; ‹soortgelijk› *semblable* *(***aan** *à)*; ‹identiek› *identique* *(***aan** *à)*; *(le / la) même* ★ ~ zijn aan *être égal à*; *valoir*; WISK. *égaler* ★ in ~e porties verdelen *partager en portions égales* ★ de klok is ~ *l'horloge est à l'heure* ★ zichzelf ~ blijven *rester égal à soi-même* ★ veertig ~ SPORT *quarante partout* • vlak *égal* [m mv: *égaux*]; ‹effen› *uniforme*; ‹effen› *uni* **III** BIJW • hetzelfde *pareillement*; *de la même façon* • meteen *tout de suite*; *immédiatement* • tegelijkertijd *en même temps* • gelijkelijk *également* ★ ~ delen *partager à parts égales / équitablement* ★ ~ op gaan (met) *aller de pair (avec)*; *être équilibré / serré*
gelijkbenig *isocèle*
gelijkberechtiging *égalité* v *(de droits)*
gelijke *égal* m [mv: *égaux*] [v: *égale*]; *pareil* m [v: *pareille*]; ‹naaste› *semblable* m/v ★ iem. bejegenen als zijn ~ *traiter qn d'égal à égal* ★ zich de ~ wanen van *se croire l'émule de*
gelijkelijk *pareillement*; *également*
gelijken *ressembler* *(***op** *à)* ★ ~d *ressemblant*
gelijkenis • overeenkomst *ressemblance* v; *similitude* v; REL. *image* v • parabel *parabole* v
gelijkgerechtigd *jouissant des mêmes droits*
gelijkgericht *convergent*
gelijkgestemd *de mêmes opinions* ★ ~en *âmes* v mv *sœurs*; *partisans* m mv *(de la même doctrine)*
gelijkheid *égalité* v
gelijklopen ‹evenwijdig› *être parallèle* *(***met** *à)*; ‹v. uurwerk› *être à l'heure*
gelijkluidend • hetzelfde klinkend ‹v. woorden› *homonyme* • overeenstemmend ‹conform› *conforme*; *concordant*
gelijkmaken • op één hoogte brengen *égaliser*; *niveler* • effenen van de grond *égaliser* • SPORT *égaliser*
gelijkmaker *but* m *égalisateur*
gelijkmatig **I** BNW *égal* [m mv: *égaux*]; *régulier* [v: *régulière*] ★ een ~e beweging *un mouvement uniforme* **II** BIJW *uniformément*
gelijkmoedig **I** BNW *d'humeur égale*; *serein*; *placide* **II** BIJW *avec sérénité*
gelijknamig *de même nom*; WISK. *de même dénominateur*
gelijkschakelen • TECHN. *connecter à un même*

circuit électrique ★ beeld en geluid ~ *synchroniser les images et le son* • op dezelfde wijze behandelen *niveler*; *aligner* • monddood maken *mettre au pas*; *soumettre*; *museler*
gelijksoortig *similaire*; *semblable*; *analogue*
gelijkspel *match* m *nul*
gelijkspelen *faire match nul*
gelijkstaan • overeenkomen met *être égal à*; *équivaloir à* • evenveel punten hebben *être à égalité*
gelijkstellen *assimiler (***met** *à)*; *mettre sur le même plan (***met** *que)* ★ zich ~ met *se mettre au niveau de*
gelijkstroom *courant* m *continu*
gelijktijdig I BNW *simultané* **II** BIJW *simultanément*; *en même temps (***met** *que)*
gelijktrekken *rajuster*
gelijkvloers *au rez-de-chaussée*; *de plain-pied*; ‹v. kruising› *à niveau*
gelijkvormig *uniforme*; WISK. *semblable*
gelijkwaardig *équivalent (***aan** *à)*; *de même valeur*; WISK. *équipollent*
gelijkzetten *régler (***met** *sur)*
gelijkzijdig *équilatéral* [m mv: *équilatéraux*]
geloei • geluid van runderen *mugissement* m; *beuglement* m • gierend, huilend geluid *hurlement* m
gelofte *vœu* m [mv: *vœux*] ★ de ~ doen om *faire vœu de*
geloof • overtuiging *foi* v; *croyance* v *(***aan** *à,* **in** *en)* ★ ~ hechten aan *ajouter foi à*; *accorder crédit à* • vertrouwen *foi* v ★ op goed ~ *de confiance* ★ geen ~ vinden *ne pas trouver créance* ★ zijn ~ in iem. verliezen *ne plus croire en qn* • REL. *religion* v; *confession* v ★ zijn ~ verliezen *perdre la foi* ★ van zijn ~ afvallen *apostasier* ★ het ~ in God *la croyance en Dieu*
geloofsartikel *article* m *de foi*
geloofsbelijdenis *confession* v / *profession* v *(de foi)*
geloofsbrief *lettre* v *de créance*
geloofsleer *doctrine* v; *dogmatique* v
geloofsovertuiging *conviction* v *religieuse*
geloofsvrijheid *liberté* v *de conscience / de culte*
geloofwaardig *crédible*; *digne de foi*
geloofwaardigheid *crédibilité* v
geloven I OV WW • vertrouwen *croire* ★ als men hem ~ mag *à l'en croire* ★ niet te ~ *incroyable*; *on croit rêver* ★ zijn ogen niet ~ *ne pas en croire ses yeux* ★ ik geloof er niks van *je n'en crois pas un mot* ★ geloof dat maar niet! *détrompe-toi!* • menen, aannemen *penser*; *croire* ★ ik geloof van wel *je crois que oui* ▾ ik geloof het (verder) wel! *j'en reste là!*; *je m'en lasse!*; *laisse tomber!* **II** ON WW ~ **in** ★ in God ~ *croire en Dieu* ★ in iets ~ *croire à/en qc* ★ ik geloof er niet in *je n'y crois pas* ▾ eraan moeten ~ *(devoir) y passer*
gelovig *croyant* ★ de ~en *les croyants*; *les fidèles* ★ ~ zijn *avoir la foi*
geluid *bruit* m; *son* m; ‹klank› *sonorité* v ★ ~ geven *émettre un son* ★ sneller dan het ~ *supersonique* ▾ dat is een heel ander ~ *voilà un tout autre son de cloche*
geluiddemper *silencieux* m
geluiddicht *insonorisé*; ‹dempend› *insonore* ★ ~ maken *insonoriser*
geluidloos *silencieux* [v: *silencieuse*]; *muet* [v: *muette*]
geluidsband *bande* v *sonore*
geluidsbarrière *mur* m *du son*
geluidseffect *effet* m *sonore* ★ ~en *bruitage* m
geluidsfilm *film* m *sonore / parlant*
geluidsgolf *onde* v *sonore*
geluidshinder *nuisance* v / *gêne* v *sonore*
geluidsinstallatie *sono(risation)* v; ‹afspeelapparatuur› *chaîne* v *(stéréo / hi-fi)*; *platine* v
geluidsisolatie *insonorisation* v
geluidskaart *carte* v *son*
geluidsoverlast *nuisance* v *sonore*
geluidssnelheid *vitesse* v *du son*
geluidstechnicus *ingénieur* m *de son*; *sonoriste* m/v
geluidswagen *voiture-radio* v [mv: *voitures-radios*]
geluidswal *mur* m *antibruit* [m mv: *murs ...*]
geluidwerend *antibruit*
geluimd ★ goed ~ *de bonne humeur*
geluk • gunstig toeval, omstandigheid ‹gelukje› *aubaine* v; *chance* v ★ zijn ~ beproeven *tenter fortune / sa chance* ★ ~ ermee *bonne chance* ★ op goed ~ *au hasard*; *au petit bonheur* ★ hij mag van ~ spreken *il peut se féliciter*; *encore heureux (que ...)* ★ ~ hebben *avoir de la chance* ★ meer ~ dan wijsheid *plus de chance que de mérite* ★ zijn ~ niet op kunnen *être comblé*; *être au comble du bonheur* • aangename toestand *bonheur* m ★ ~ brengen *porter bonheur* ▾ het ~ is met de dommen *aux insolents les mains pleines*
gelukkig I BNW • intens tevreden *heureux* [v: *heureuse*] • fortuinlijk *heureux* [v: *heureuse*] ★ zich ~ prijzen *se féliciter* • voorspoedig *heureux* [v: *heureuse*] ▾ ~ in het spel, on~ in de liefde *heureux au jeu, malheureux en amour* ▾ dan ben je nog niet ~ *tu ne vas pas être à la fête* **II** BIJW *heureusement*
geluksdag *jour* m *faste / de chance*
geluksgetal *chiffre* m *porte-bonheur*
geluksgevoel *sentiment* m *de bonheur*
gelukstelegram *télégramme* m *de félicitations*
gelukstreffer *coup* m *de chance*
geluksvogel *veinard* m [v: *veinarde*]; *chançard* m [v: *chançarde*]
gelukwens *vœux* m mv; *félicitations* v mv
gelukwensen *féliciter (***met** *de)*; *complimenter (***met** *sur, pour)* ★ iem. ~ met *féliciter qn de* ★ iem. ~ met zijn verjaardag *souhaiter un bon anniversaire à qn* ★ gelukgewenst! *(toutes) mes félicitations!*; *bon anniversaire!*
gelukzalig *bienheureux* [v: *bienheureuse*]
gelukzoeker *aventurier* m [v: *aventurière*]
gelul *conneries* v mv
gemaakt I BNW gekunsteld *artificiel* [v: *artificielle*]; *affecté*; *feint*; *apprêté*; *factice*; *étudié* ★ ~ lachje *sourire forcé / préfabriqué* **II** BIJW gekunsteld *artificiellement*; *d'une façon affectée / maniérée*
gemaal I ZN [de] *époux* m ★ de prins~ *le Prince*

consort **II** ZN [het] *pompe* v *d'épuisement*
gemachtigde *fondé* m *de pouvoir*; *mandateur* m/v; ⟨gevolmachtigde⟩ *plénipotentiaire* m/v
gemak • moeiteloosheid ★ met ~ *facilement*; *sans peine*; *haut la main* • kalmte *aise* v ★ niet op zijn ~ zijn *être mal à l'aise* ★ op zijn ~ stellen *mettre à son aise* • gerief *confort* m; *commodité* v ★ voor het ~ *pour plus de facilité* ★ van alle ~ken voorzien *(muni de) tout confort* ★ daar heb ik veel ~ van *c'est très commode* ▾ houd je ~ *ne t'énerve pas*; *doucement*; *du calme* ▾ er zijn ~ van nemen *prendre ses aises* ▾ op zijn (dooie) ~ *doucement*; *(tout) plan-plan*; *à son aise*
gemakkelijk **I** BNW • niet moeilijk *facile*; *aisé* ★ hij is niet ~ in de omgang *il n'est pas commode / facile (à vivre)* ★ ~(er) maken *faciliter* ★ de ~ste weg kiezen *choisir la solution de facilité*; *céder à la facilité* • geriefelijk *commode*; *confortable* **II** BIJW *facilement*; *aisément*; ⟨gerieflijk⟩ *confortablement* ★ ~ praten *avoir la parole facile* ★ jij hebt ~ praten! *c'est facile à dire!* ★ maak het je ~! *mets-toi à ton aise!*; *fais comme chez toi!*
gemakshalve *pour plus de commodité*
gemakzucht *indolence* v; *paresse* v
gemakzuchtig *indolent* ★ ~e oplossing *solution de facilité / de paresse*
gemalin *épouse* v
gemanierd • zich correct gedragend *poli*; *bien élevé* • geaffecteerd *maniéré*
gemankeerd *manqué*; *raté*
gemaskerd *masqué* ★ ~ bal *bal* m *masqué*
gematigd **I** BNW zonder uitersten *modéré*; *tempéré* **II** BIJW *avec modération*; *modérément*
gember *gingembre* m
gemberkoek *gâteau* m *au gingembre*
gemeen **I** BNW • gewoon *ordinaire*; *commun* ★ ~ soldaat *simple soldat* ★ het gemene volk *le (bas) peuple* • gemeenschappelijk *commun* ★ de gemene zaak *la chose / cause publique* ★ niets ~ hebben met *n'avoir rien en commun avec* • slecht/vals *méchant*; *vilain*; *ignoble*; *bas* [v: *basse*] ★ gemene streek *coup* m *bas*; INFORM. *sale coup* ★ ~ weer *vilain temps* m; INFORM. *sale temps* m ▾ gemene zaak maken met *faire cause commune avec*; *être de connivence avec* **II** BIJW • slecht, vals *bassement*; *ignoblement* • zeer *rudement*
gemeend **I** BNW *sincère* **II** BIJW *sincèrement*
gemeengoed *bien* m *commun* ★ ~ worden *tomber dans le domaine public*; FIG. *être banalisé / vulgarisé / répandu* ★ dat is ~ *ça court les rues*
gemeenplaats *lieu* m *commun*
gemeenschap • het gemeenschappelijk hebben *communauté* v ★ in ~ van goederen *sous le régime de la communauté (de biens)* • omgang *relations* v mv; *rapport* m ★ seksuele ~ hebben *avoir des rapports (sexuels)* • groep, maatschappij *communauté* v; ⟨samenleving⟩ *société* v
gemeenschappelijk **I** BNW • van meer dan 1 persoon *commun*; *collectif* [v: *collective*] • gezamenlijk *commun* **II** BIJW *en commun*
gemeente • bestuurlijke eenheid *commune* v; *municipalité* v • gelovigen *communauté* v; *(les) fidèles* m mv
gemeenteambtenaar *fonctionnaire* m *municipal* [m mv: *fonctionnaires municipaux*]
gemeentearchief *archives* v mv *municipales*
gemeentebedrijf *régie* v *communale*
gemeentebestuur *municipalité* v
gemeentehuis *mairie* v
gemeentelijk *municipal* [m mv: *municipaux*]; *communal* [m mv: *communaux*]
gemeentepils *Château-la-Pompe* m
gemeenteraad *conseil* m *municipal* [m mv: *conseils municipaux*]
gemeentereiniging *voirie* v
gemeentesecretaris *secrétaire* m/v *de mairie*
gemeenteverkiezingen *élections* v mv *municipales*
gemeenteverordening *arrêté* m *municipal* [m mv: *arrêtés municipaux*]
gemeentewerken *travaux* m mv *publics* [mv]
gemêleerd *mêlé*
gemelijk *morose*; *maussade*
gemenebest *communauté* v; ⟨m.b.t. Groot-Brittannië⟩ *commonwealth* m
gemenerik *crapule* v
gemengd *mixte* ★ ~ nieuws *faits* m mv *divers* ★ ~ bloed *sang mêlé* ★ ~e gevoelens hebben *avoir des sentiments mêlés*
gemiddeld **I** BNW *moyen* [v: *moyenne*] **II** BIJW *en moyenne*
gemiddelde *moyenne* v
gemis *manque* m; *absence* v; ⟨verlies⟩ *perte* v ★ bij ~ aan *faute de*
gemoed *cœur* m; *âme* v ★ de ~eren bedaren / verhitten *calmer / échauffer les esprits* ★ in ~e *en conscience*
gemoedelijk *cordial* [m mv: *cordiaux*]; *bonhomme* ★ ~e sfeer *ambience* v *bon enfant / conviviale*
gemoedsaandoening *émotion* v
gemoedsrust *sérénité* v
gemoedstoestand *état* m *d'âme*
gemoeid *être en jeu* ★ zijn leven is er mee ~ *il y va de sa vie*
gemotoriseerd *motorisé*
gems *chamois* m; ⟨in de Pyreneeën⟩ *isard* m
gemunt *monnayé* ▾ het ~ hebben op iem. *viser qn*
gemutst ▾ goed/slecht ~ *de bonne/mauvaise humeur*
gen *gène* m
genaamd • hetend *nommé*; *appelé* • bijgenaamd *dit*
genade *grâce* v ★ om ~ smeken *crier grâce / merci* ★ ~ schenken *pardonner* ★ aan iemands ~ overgeleverd zijn *être à la merci de qn* ★ ~ voor recht laten gelden *se montrer clément / indulgent* ▾ goeie ~! *bonté divine!*
genadebrood *pain* m *de charité*
genadeloos *sans merci*; *impitoyable*
genadeslag *coup* m *de grâce*
genadig **I** BNW vol genade *clément*; *miséricordieux* [v: *miséricordieuse*]; *gracieusement* ★ een ~e straf *une peine légère* ▾ ~e hemel! *juste ciel!* **II** BIJW *avec clémence*

ge

★ hij is er ~ afgekomen *il l'a échappé belle*
gênant *gênant*
gendarme *gendarme* m
gender *genre* m
gene *celui-là* [m mv: *ceux-là*] [v: *celle-là*] [v mv: *celles-là*] ★ aan gene zijde van *au delà de*; *de l'autre côté de*
gêne *gêne* v
genealogie *généalogie* v
geneesheer *médecin* m
geneesheer-directeur *médecin-chef* m [mv: *médecins-chefs*]
geneeskrachtig *médicinal* [m mv: *médicinaux*]; *médicamenteux* [v: *médicamenteuse*]
geneeskunde *médecine* v
geneeskundig I BNW *médical* [m mv: *médicaux*] **II** BIJW *médicalement*
geneesmiddel *remède* m; *médicament* m
geneesmiddelenindustrie *industrie* v *pharmaceutique*
geneeswijze *thérapie* v
genegen • geneigd *disposé* (**tot** *à*); *enclin* (**tot** *à*) • goedgezind *dévoué* (**tot** *à*)
genegenheid *affection* (**voor** *pour*) v
geneigd *enclin* (**te, tot** *à*); *porté* (**te, tot** *à*) ★ ik ben ~ om *j'incline à*
geneigdheid *inclination* v; *tendance* v
generaal I ZN [de] *général* m [mv: *généraux*] **II** BNW *général* [m mv: *généraux*]
generalisatie *généralisation* v
generaliseren *généraliser*
generatie *génération* v
generatiekloof *fossé* m *des générations*
generator *génératrice* v; *générateur* m
generen [+ zich] *se gêner* ★ zich gegeneerd voelen *se sentir gêné / embarrassé*
genereren *générer*
genereus *généreux* [v: *généreuse*]
generiek *générique*
generlei *aucun*
genetica *génétique* v
genetisch *génétique* ★ ~ gemodificeerd gewas *plante* v *transgénique*; *OGM* m *(organisme génétiquement modifié)*
geneugte *plaisir* m ★ de ~n van het leven *les joies* v mv / *jouissances* v mv / *agréments* m mv *de la vie*
genezen I OV WW beter maken *guérir* **II** ON WW beter worden *guérir* (**van** *de*); *recouvrer la santé*; *se rétablir* ★ ~de zieke [v: *une convalescente*]
genezing *guérison* v
geniaal I BNW *de génie*; *génial* [m mv: *géniaux*] ★ een ~ mens *un (homme de) génie* **II** BIJW *avec génie*
genialiteit *génie* m; *génialité* v
genie I ZN [het] • persoon *génie* m • begaafdheid *génie* m **II** ZN [de] MIL. *génie* m
geniep ★ in het ~ *à la dérobée*
geniepig I BNW *sournois*; *hypocrite* **II** BIJW *sournoisement*; *à la dérobée*
genieten I OV WW • ontvangen *jouir de* ★ zij heeft een goede opvoeding genoten *elle a reçu une bonne éducation* • plezierig in de omgang zijn ★ niet te ~ *insupportable* **II** ON WW vreugde beleven *jouir* (**van** *de*); *se régaler* (**van** *de*) ★ ik heb genoten *je me suis régalé*; *ça m'a plu beaucoup*
genitaliën *organes* m mv *génitaux* [mv]
genocide *génocide* m
genodigde *invité* m [v: *invitée*]
genoeg I ONB VNW *assez*; *suffisamment* ★ zo is het ~! *ça suffit (comme ça)!*; *(c'en est) assez!* ★ ~ geld *assez d'argent* ★ ~ hebben om van te leven *avoir de quoi vivre* ★ een is ~ *un seul suffira* ★ daar krijg ik nooit ~ van *je ne m'en lasse pas* ★ daar heb ik ~ van *cela me suffit* ▼ er schoon ~ van hebben *en avoir assez*; INFORM. *en avoir marre* **II** BIJW *assez* ★ vreemd ~ zei hij dat *chose étrange, il a dit que* ★ jammer ~ *malheureusement*
genoegdoening *satisfaction* v
genoegen • plezier *plaisir* m ★ iem. een ~ doen *faire plaisir à qn* ★ ~ scheppen in *prendre plaisir à* • voldoening *satisfaction* v; *contentement* m ★ ~ nemen met *se contenter de*
genoeglijk I BNW *agréable* **II** BIJW *agréablement*
genoegzaam I BNW *suffisant* **II** BIJW *suffisamment*
genoom *génome* m
genootschap *société* v; *association* v; *compagnie* v; ⟨broederschap⟩ *confrérie* v
genot • het genieten *jouissance* v • genoegen *délice* m; *plaisir* m; *jouissance* v ★ onder het ~ van *en savourant*
genotmiddel *stimulant* m; FORM. *denrée* v *voluptuaire*
genotzucht *soif* v *de jouissance*; *hédonisme* m
genotzuchtig *avide de jouissances / de plaisirs*
genre *genre* m
genrestuk *scène* v / *tableau* m *de genre*
Gent *Gand* m
gentechnologie *génie* m / *ingénierie* v *génétique*
gentherapie *thérapie* v *génique*
gentiaan *gentiane* v
gentleman *gentleman* m
gentlemen's agreement *gentlemen's agreement* m
genuanceerd I BNW *nuancé* **II** BIJW *de manière nuancée* ★ ~ (over iets) denken *avoir des opinions nuancées (sur qc)*
genus *genre* m
geoefend *bien entraîné*; *exercé*; ⟨ervaren⟩ *expérimenté*
geograaf *géographe* m/v
geografie *géographie* v
geografisch *géographique*
geologie *géologie* v
geologisch *géologique*
geoloog *géologue* m/v
geometrie *géométrie* v
geoorloofd *permis*
Georgië *la Géorgie* ★ in ~ *en Géorgie*
geoutilleerd *outillé*
geowetenschappen *sciences* v mv *géologiques / de la Terre*
gepaard *par paires*; *par couples*; *deux par deux* ▼ ~ gaan met *s'accompagner de*; *entraîner*
gepakt ▼ ~ en gezakt *tout équipé*; *prêt à partir*
gepassioneerd *passionné*
gepast I BNW • geschikt *approprié* (**voor** *à*)

• afgepast *juste* ★ met ~ geld betalen *faire l'appoint* • fatsoenlijk *convenable* II BIJW *convenablement*; *comme il faut*
gepeins *méditation* v (mv); *réflexion(s)* v
gepensioneerd *en / à la retraite* ★ een ~e *un(e) retraité(e)*
gepeperd • CUL. *poivré* • FIG. duur *pimenté* ★ een ~e rekening *une note salée*
gepeupel *populace* v
gepikeerd *piqué au vif*; *offusqué*; *vexé (***over** *de)*
geploeter • geplas, gespetter *barbotage* m • gezwoeg *efforts* m mv *stériles* [mv]
gepokt ▾ ~ en gemazzeld *chevronné*; *rodé*
geposeerd I BNW *posé* II BIJW *posément*
geprikkeld • overgevoelig *excité* • gepikeerd *irrité*

ge

geprononceerd *prononcé*; ⟨v. gelaatstrekken⟩ *(bien) accusé*
geproportioneerd *proportionné*
geraakt • ontroerd *touché* • gepikeerd *piqué au vif*; *offusqué*; *vexé (***door** *de)*
geraamte • skelet *squelette* m; FIG. *ossature* v; *squelette* m; *charpente* v; ⟨frame⟩ *cadre* m; *châssis* m • constructie ⟨v. boek⟩ *grandes lignes* v mv; ⟨v. gebouw⟩ *charpente* v
geraas *vacarme* m; *fracas* m
geradbraakt I BNW *courbaturé*; *brisé* ★ na de lange reis was zij ~ *ce long voyage l'a brisée* II BIJW *d'un air courbaturé*
geraden *prudent*; *recommandé*; *opportun* ★ dat is je ~! INFORM. *il y a intérêt!*; *ça vaut mieux!*
geraffineerd • verfijnd *raffiné*; *subtil*; *sophistiqué* • gezuiverd *raffiné* • doortrapt *rusé*
geraken *parvenir à*; *arriver à* ★ in onbruik ~ *tomber en désuétude*
geranium *géranium* m
gerant *gérant* m [v: *gérante*]
gerecht I ZN [het] • eten *plat* m; *mets* m • rechtbank *cour* v; *tribunal* m [mv: *tribunaux*] ★ voor het ~ brengen *porter devant le tribunal*; *saisir le tribunal de* ★ voor het ~ verschijnen *comparaître (devant le tribunal)*; *passer en justice* II BNW *juste*
gerechtelijk I BNW *judiciaire* II BIJW *par voie de justice*; *en justice*
gerechtigd • recht hebbend *autorisé* ★ ~ zijn tot *avoir droit à*; *être autorisé à* • bevoegd *autorisé*; JUR. *habilité (***tot** *à)*
gerechtigheid *justice* v
gerechtsgebouw *palais* m *de justice*
gerechtshof *cour* v *(de justice / d'appel)* ★ Internationaal Gerechtshof *Cour* v *Internationale de Justice*
gerechtvaardigd I BNW *légitime* II BIJW *légitimement*
gereed • af *prêt* • klaar voor een handeling *prêt* • contant ★ ~ geld *argent comptant* m ▾ dat is een gerede aanleiding (om) *il y a de quoi*
gereedheid ★ in ~ brengen *préparer*
gereedkomen *être achevé*
gereedmaken *préparer*
gereedschap *outils* m mv ★ stuk ~ *outil* m
gereedschapskist *caisse* v *à outils*
gereedstaan ~ **om** *être prêt à*
gereformeerd *réformé*; *calviniste*
geregeld I BNW • regelmatig *régulier* [v: *régulière*] ★ een ~e bezoeker van *un habitué de* • ordelijk *ordonné* II BIJW regelmatig *régulièrement*
gerei • gereedschap *outils* m mv • benodigdheden *ustensiles* m mv
geremd *inhibé*; *complexé*; INFORM. *coincé*
gerenommeerd *renommé*
gereserveerd • besproken *réservé* • terughoudend *réservé*
geriatrie *gériatrie* v
gericht I ZN [het] *justice* v ▾ het jongste/laatste ~ *le Jugement dernier* II BNW *ponctuel* [v: *ponctuelle*] III BIJW *ponctuellement*
gerief *commodité* v; *confort* m; ⟨genot⟩ *plaisir* m ★ ten gerieve van *à l'usage de* ★ aan zijn ~ komen *jouir*; INFORM. *prendre son pied*
gerieflijk I BNW *commode*; *confortable*; *pratique* II BIJW *confortablement*
gerieven *être utile à*
gering • klein *petit*; *faible*; *peu (de)* • onbeduidend *futile*; *mineur*; *de peu d'importance* • laag *bas* [v: *basse*]
geringschatten *dédaigner*; *faire peu de cas de*
geringschattend *méprisant*; *dédaigneux* [v: *dédaigneuse*]
Germaan *Germain* m [v: *Germaine*]
Germaans *germanique*
germanisme *germanisme* m
gerochel *raclement* m; *crachement* m
geroezemoes *brouhaha* m
gerommel *grondement* m; ⟨v. buik⟩ *gargouillement* m; ⟨v. motor⟩ *vrombissement* m
geronnen *coagulé*; ⟨v. melk⟩ *caillé*
gerontoloog *gérontologue* m/v
geroutineerd *expérimenté*; *rodé*
gerst *orge* v; ⟨gepeld⟩ *orge* m
gerstenat *cervoise* v
gerucht *bruit* m ★ het ~ gaat dat... *le bruit court que...* ★ bij ~ *par ouï-dire* ▾ in een kwaad ~ staan *être mal famé*
geruchtmakend *sensationnel* [v: *sensationnelle*]; *retentissant*
geruim *assez long* [v: *assez longue*] ★ ~e tijd *(assez) longtemps*; *un certain temps*
geruis *bruissement* m; *murmure* m; ⟨v. zijde e.d.⟩ *froufrou* m
geruisloos • onhoorbaar *silencieux* [v: *silencieuse*] • zonder ophef *sans (faire de) bruit*
geruit *à carreaux*; ⟨v. papier⟩ *quadrillé*
gerust I BNW *tranquille*; *serein* ★ ik ben er niet ~ op *je ne suis pas rassuré* II BIJW • zonder vrees *sans crainte* ★ doe het ~ *vas-y*; *n'hésite pas* • zonder haast *tranquillement*
geruststellen *rassurer* ★ ~d *rassurant*
geruststelling ★ dat is een ~ *c'est rassurant*
geschenk *cadeau* m [mv: *cadeaux*]; *don* m; *présent* m ★ iem. iets ten ~e geven *faire cadeau de qc à qn*
geschieden *arriver*; *se passer*; *se faire* ★ Uw wil geschiede *que votre volonté soit faite* ★ het kwaad is geschied *le mal est fait*
geschiedenis • historie *histoire* v ★ algemene / Bijbelse ~ *histoire universelle / sainte* ★ oude /

nieuwe / nieuwste ~ *histoire ancienne / moderne / contemporaine* • voorval ⋆ een rare ~ *une drôle d'histoire*
geschiedkundig *historique* ⋆ ~e *historien* m [v: *historienne*]
geschiedschrijver *historien* m [v: *historienne*]; ⟨officieel⟩ *historiographe* m/v
geschiedvervalsing *falsification* v *de l'histoire*
geschift *toqué; cinglé*
geschikt • bruikbaar *propre* **(voor** *à); apte* **(voor** *à); approprié* **(voor** *à)* ⋆ hij is ~ voor dit vak *il n'est pas fait pour ce métier* ⋆ het ~e moment *le moment convenable* • aardig *agréable; sympa* ⋆ hij was heel ~ *il était fort aimable*
geschil *différend* m; JUR. *litige* m
geschilpunt *point* m *litigieux*
geschoold *qualifié*
geschreeuw *cris* m mv; *clameur* v ▾ veel ~ en weinig wol *beaucoup de bruit pour rien*
geschrift *écrit* m; *document* m
geschubd *écailleux* [v: *écailleuse*]
geschut *artillerie* v ⋆ een stuk ~ *une pièce d'artillerie* ▾ met grof ~ schieten FIG. *employer les grands moyens*
gesel • zweep/stok *fouet* m • plaag *fléau* m [mv: *fléaux*]
geselen *fouetter*; OOK FIG. *flageller; fustiger*
geseling *flagellation* v
gesetteld *en place*
gesitueerd *situé*
gesjochten *paumé*
geslaagd • succesvol *réussi* • bevredigend van uitkomst *bienvenu*
geslacht • soort *genre* m ⋆ het menselijk ~ *le genre humain* • familie *famille* v; *maison* v; ⟨nakomelingschap⟩ *lignée* v • generatie *génération* v ⋆ van ~ tot ~ *d'âge en âge* • sekse *sexe* m • geslachtsorgaan *sexe* m • TAALK. *genre* m
geslachtelijk I BNW *sexuel* [v: *sexuelle*] **II** BIJW *sexuellement*
geslachtloos • zonder geslachtelijk kenmerk *asexué* • aseksueel *asexuel* [v: *asexuelle*]
geslachtsdaad *acte* m *sexuel; coït* m
geslachtsdeel ⋆ geslachtsdelen *parties* v mv *génitales*
geslachtsdrift *instinct* m *sexuel; libido* m
geslachtsgemeenschap *rapports* m mv *sexuels* [mv]
geslachtshormoon *hormone* v *sexuelle*
geslachtsorgaan *organe* m *génital*
geslachtsrijp *pubère*
geslachtsverkeer *rapports* m mv *sexuels* [mv]
geslachtsziekte *maladie* v *vénérienne*; ⟨soa⟩ *MST* v *(maladie sexuellement transmissible)*
geslepen ⟨v. edelsteen⟩ *taillé*; FIG. *fin*; FIG. *rusé*; ⟨v. mes⟩ *aiguisé* ⋆ schuin ~ *biseauté*
gesloten • dicht *fermé* • in zichzelf gekeerd *fermé; renfermé* ⋆ zo ~ als het graf *muet comme la tombe*
gesluierd *voilé*
gesmeerd • geolied *graissé* • probleemloos *bien huilé*
gesnurk *ronflement*
gesodemieter *emmerdements* m mv
gesoigneerd *soigné*
gesorteerd • ruim voorzien *assorti* • in diverse soorten *assorti*
gesp *boucle* v
gespannen *tendu*
gespeend ~ van *dépourvu de* ⋆ zij was ~ van talent *elle était dépourvue de talents*
gespen *boucler*
gespierd • met sterke spieren *musclé* • FIG. krachtig *musclé*
gespikkeld *tacheté; moucheté*
gespitst ~ op *attentif à* [v: *attentive*]
gespleten *fendu*
gesprek *conversation* v; *entretien* m ⋆ in ~ *occupé* ⋆ in ~ zijn met *avoir une conversation avec; s'entretenir avec; être en communication avec* ⋆ het ~ brengen op *amener la conversation sur* ⋆ ~ onder vier ogen *tête-à-tête* m ⋆ dat is het ~ van de dag *c'est la nouvelle du jour; on ne parle que de ça*
gespreksgroep *groupe* m *de discussion*
gesprekskosten *coût* m *de la communication*
gesprekspartner *interlocuteur* m [v: *interlocutrice*]
gespuis *racaille* v; *vermine* v
gestaag I BNW *constant* **II** BIJW *constamment*
gestalte • gedaante *forme* v ⋆ ~ krijgen *prendre forme* • lichaamsbouw *stature* v; *formes* v mv
gestand ▾ zijn woord ~ doen *tenir parole; tenir sa promesse*
geste *geste* m
gesteente *pierre* v; *roche* v; ⟨edelgesteente⟩ *pierreries* v mv
gestel • samengesteld geheel *construction* v; *composition* v • lichaamsgesteldheid *constitution* v ⋆ een ijzeren ~ *une santé de fer* • karakter *tempérament* m
gesteld • toestand ⋆ het is daarmee ~ als met *il en est de cela comme de* ⋆ hoe is het ~ met ...? *comment va ...?; où en est ...?* ⋆ het is slecht met hem ~ *il va mal* • aangewezen ⋆ binnen de ~e tijd *dans les délais (voulus / convenus)* • **~ op** ⋆ ~ zijn op *tenir à; aimer* ▾ ~ dat *supposé que* [+ subj.]
gesteldheid *état* m; *condition* v
gestemd *disposé*
gesternte *constellation* v ⋆ onder een gelukkig ~ geboren *né sous une bonne étoile*
gesticht *asile* m
gesticuleren *gesticuler*
gestoord *perturbé*; ⟨v. communicatie⟩ *brouillé*; ⟨v. personen⟩ *dérangé* ⋆ een geestelijk ~e *un déséquilibré; un malade mental*
gestreept *rayé; à rayures* ⋆ rood ~ *rayé de rouge*
gestrest *stressé*
gestroomlijnd *caréné; aérodynamique*
getaand *basané*
getailleerd *ajusté à la taille; resserré à la taille*
getal *nombre* m ⋆ in groten ~e *en (grand) nombre; en force* ⋆ ten ~e van *au nombre de* ⋆ een geheel ~ *un (nombre) entier*
getalenteerd *talentueux* [v: *talentueuse*]; *de (grand) talent*
getalsterkte *force* v *numérique; effectifs* m mv

ge

getand • met tanden *denté* • met insnijdingen *dentelé*; *en dents de scie*
getapt *populaire*
geteisem *racaille* v
getekend *marqué*
getijde, getij • → **tij**
getikt *toqué*; *cinglé*
getimmerte • stellage *échafaudage* m • timmerwerk *charpente* v
getint *teinté*
getiteld ⟨v. boek⟩ *intitulé*; ⟨v. mensen⟩ *titré*
getogen ⋆ geboren en ~ zijn in *être né et avoir grandi à*
getourmenteerd *tourmenté*
getralied *grillagé* ⋆ een ~ hek *une grille*
getrapt ⟨trapsgewijs⟩ *par paliers*; *par degrés*; ⟨v. raket⟩ *à étages*; ⟨v. verkiezingen⟩ *indirect*
getroosten [+ zich] *s'imposer* ⋆ zich veel moeite ~ *se donner beaucoup de peine*
getrouw I BNW • trouw *fidèle*; *loyal* [m mv: *loyaux*] • nauwkeurig *fidèle* **II** BIJW *fidèlement*; *loyalement*
getrouwd *marié*
getto *ghetto* m
gettoblaster *ghettoblaster* v; *grosse radiocassette* v
gettovorming *ghettoïsation* v
getuige I ZN [de] • aanwezige *témoin* m ⋆ ~ zijn van *être témoin de*; *assister à* • JUR. *témoin* m ⋆ stille ~ *témoin muet* ⋆ de omstanders tot ~n roepen *prendre à témoin / en attester les assistants* ▾ Jehova's ~ *témoin* m *Jéhovah* **II** ZN [het] bewijs *témoignage* m **III** VZ *témoin*
getuigen I OV WW verklaren *témoigner*; *attester* **II** ON WW • blijk geven *témoigner (van de)*; *être signe (van de)* ⋆ dat getuigt tegen ... *cela parle contre ...* • getuigenis afleggen *témoigner*; *déposer*
getuigenis • bewijs *témoignage* m • getuigenverklaring *témoignage* m; *déposition* v ⋆ ~ afleggen van *porter / rendre témoignage de*
getuigenverhoor *audition* v *des témoins* ⋆ een ~ afnemen *entendre les témoins*
getuigenverklaring *témoignage* m; *déposition* v *(du témoin)*
getuigschrift *certificat* m; *attestation* v
getver • → **gadver**
getverderrie *be(u)rk!*
getweeën *à deux*
geul • gleuf *rainure* v • gootje *caniveau* m [mv: *caniveaux*] • vaargeul *chenal* m [mv: *chenaux*]
geur *odeur* v; *parfum* m ▾ in geuren en kleuren vertellen *raconter par le menu*
geuren • ruiken *sentir bon* ⋆ naar iets ~ *fleurer / sentir qc* • pronken *faire étalage / parade (met de)*
geurig • met geur *parfumé* • lekker ruikend *qui sent bon*
geurstof *aromatisant* m
geurtje • lichte stank *odeur* v *(déplaisante)* • reukwater *parfum* m ▾ er is een ~ aan *ça sent mauvais*; *c'est louche*
geurvreter *désodorisant* m
geus *gueux* m
geuzennaam ≈ *surnom* m; *sobriquet* m

ge

gevaar • gevaarlijke toestand *danger* m; FORM. *péril* m ⋆ in ~ brengen *mettre en danger*; *compromettre* ⋆ buiten ~ *hors de danger* ⋆ ~ lopen *être en danger* • risico *risque* m ⋆ op ~ af *au risque de* ⋆ groot ~ lopen te *risquer fort de*; *être sous le coup / la menace de* ⋆ met ~ voor eigen leven *au risque de sa vie*
gevaarlijk I BNW *dangereux* [v: *dangereuse*] **II** BIJW *dangereusement*
gevaarte *masse* v *(énorme)*; *colosse* m
geval • toestand *cas* m ⋆ in ~ van *en cas de* ⋆ in ~ van nood *en cas d'urgence*; *si nécessaire* ⋆ in elk ~ *en tout cas*; *de toute façon* ⋆ voor het ~ dat hij niet slaagt *au cas où il ne réussirait pas* ⋆ in het uiterste ~ *à la limite* ⋆ in het beste ~ *au mieux*; *dans le meilleur des cas* ⋆ in het ergste ~ *au pire*; *au pis aller* ⋆ in voorkomend ~ *le cas échéant* ⋆ elk ~ op zichzelf beoordelen *juger au cas par cas* • voorval *cas* m • toeval *hasard* m ⋆ het ~ wil dat ... *le hasard veut que ...*
gevangen *prisonnier* [v: *prisonnière*]; JUR. *détenu*
gevangenbewaarder *gardien* m *de prison* [v: *gardienne de prison*]; FORM. *geôlier* m [v: *geôlière*]
gevangene *prisonnier* m [v: *prisonnière*]
gevangenhouden *détenir*
gevangenis *prison* v
gevangenisstraf *peine* v *de prison*; JUR. *réclusion* v ⋆ levenslange ~ *réclusion à perpétuité* ⋆ zes jaar ~ *six ans de prison*
gevangeniswezen *régime* m *pénitentiaire*
gevangennemen *arrêter*; *appréhender*
gevangenschap • het gevangen zijn *détention* v • toestand van gevangene *captivité* v
gevangenzitten *être détenu*; *être en prison*
gevarendriehoek *triangle* m *de présignalisation*
gevarenzone *zone* v *dangereuse*
gevarieerd *varié* ⋆ een ~ aanbod *une offre variée*
gevat *prompt à la riposte*; *à propos* ⋆ een ~ antwoord *une repartie* ⋆ ~ antwoorden *riposter*
gevecht *combat* m ⋆ buiten ~ stellen *mettre hors de combat*
gevechtsklaar *prêt au combat*
gevechtspak *tenue* v *de combat*
gevechtsvliegtuig *avion* m *de combat*
gevechtszone *zone* v *de combat*
gevederd *emplumé* ⋆ onze ~e vrienden *le peuple aérien*
geveinsd • niet gemeend *feint*; *dissimulé* • huichelachtig *hypocrite*
gevel *façade* v
gevelsteen *plaque* v *commémorative*
geveltoerist *cambrioleur* m [v: *cambrioleuse*]
geven I OV WW • aanreiken *donner* ⋆ kun je me het zout even ~? *tu me passes le sel, s'il te plaît?* • bieden *donner* ⋆ iets cadeau ~ *faire cadeau de qc* ⋆ iem. iets te drinken ~ *donner à boire à qn* ⋆ hoeveel geef jij ervoor? *combien tu en donnes?* • veroorzaken ⋆ ellende ~ *causer des ennuis* • toekennen *donner* • vertonen, bijbrengen *donner* • opleveren *donner* ▾ eens ge~ blijft ge~ *donné c'est donné* ▾ iets eraan ~ *renoncer à qc*;

abandonner qc ▾ geef mij maar Amsterdam! *rien ne vaut Amsterdam!* **II** ON WW • hinderen ★ wat geeft het? *qu'est-ce que cela fait?* ★ het geeft niets *cela ne fait rien* • ~ **om** *être attaché à; tenir à*

gever *donneur* m [v: *donneuse*]; ⟨schenker⟩ *donateur* m [v: *donatrice*]

gevestigd • vaststaand *établi*; *installé* • wonend ~ **te/in** ★ maatschappij ~ te Y. *société dont le siège social est à Y.*

gevierd *célèbre*; *illustre*

gevlamd ⟨v. aardewerk⟩ *flammé*; ⟨v. hout⟩ *veiné*

gevlekt *tacheté*; *moucheté*

gevleugeld *ailé*

gevlij ▾ in het ~ komen bij *gagner les bonnes grâces de*

gevoeglijk *convenablement*; *sans inconvénient*

gevoel • gewaarwording *sensation* v • indruk *sentiment* m • emotie *sentiment* m ★ met ~ spelen *jouer avec âme* • gemoed ★ op iemands ~ werken *prendre qn par les (bons) sentiments* • zintuig *toucher* m ★ op het ~ *à tâtons*; INFORM. *au pif* • begrip *sensibilité* v; *sens* (**voor** *de*) ★ ~ voor humor *sens de l'humour*

gevoelen *sentir*; *ressentir*; *éprouver* ★ pijn ~ *éprouver des douleurs*

gevoelig I BNW • ontvankelijk *sensible* (**voor** *à*) ★ uiterst ~ *ultrasensible* ★ uiterst ~ *ultrasensible* • lichtgeraakt *susceptible* • pijnlijk *douloureux* [v: *douloureuse*]; ⟨schrijnend⟩ *cuisant* ★ een ~e slag *un rude coup* • voelbaar *sensible*; ⟨teer⟩ *délicat* **II** BIJW • met veel gevoel *d'une manière touchante*; ⟨gevoelvol⟩ *avec âme* • op heftige wijze *sensiblement*

gevoeligheid • het gevoelig zijn *sensibilité* v • lichtgeraaktheid *susceptibilité* v

gevoelloos I BNW • zonder fysiek gevoel *insensible* (**voor** *à*); ⟨v. ledematen⟩ *engourdi* ★ ~ maken *insensibiliser* • hardvochtig *insensible* (**voor** *à*) **II** BIJW *impassiblement*

gevoelsarm *pauvre en sentiments*

gevoelsleven *vie* v *affective* / *sentimentale*

gevoelsmatig I BNW *instinctif* [v: *instinctive*] **II** BIJW *instinctivement*

gevoelsmens *émotif* m [v: *émotive*]; *affectif* m [v: *affective*]

gevoelswaarde *valeur* v *affective*; TAALK. *connotation* v

gevogelte • vogels *oiseaux* m mv • eetbare vogels *volaille* v

gevolg • resultaat *suite* v; *conséquence* v ★ tot ~ hebben *avoir pour conséquence* / *pour effect*; *entraîner* ★ het ~ zijn van *résulter de* ★ die beslissing zal verstrekkende / ernstige ~en hebben *cette décision sera lourde de conséquences* / *aura de graves répercussions* ★ ergens de ~en van ondervinden *se ressentir de qc* ★ met goed ~ *avec succès* ★ ~ geven aan een verzoek *donner suite à une demande* • personen *cortège* m; *suite* v

gevolgtrekking *conclusion* v ★ een ~ maken *tirer une conclusion*

gevolmachtigd *délégué* ★ ~e *plénipotentiaire* m/v

gevorderd *avancé* ★ verder ~ dan *en avance sur* ★ beginners en ~en *débutants et initiés*

gevreesd *redouté*

gevuld • met vulling *rempli* ★ ~e bonbons *des bonbons* m mv *fourrés* • dik, mollig *plein*; *rondelet* [v: *rondelette*] ★ ~e lippen *des lèvres* v mv *charnues*

gewaad *vêtements* m mv; *habit* m

gewaagd • overmoedig *osé*; *audacieux* [v: *audacieuse*] • seksueel getint *osé*; *audacieux* [v: *audacieuse*] ▾ zij zijn aan elkaar ~ *ils se valent*

gewaarworden • zich bewust worden van *s'apercevoir de* • (op)merken *apercevoir*; *découvrir*

gewaarwording • indruk *sensation* v; *perception* v • ondervinding *sensation* v; *perception* v

gewag *mention* v

gewagen ~ **van** *faire mention de*

gewapend • bewapend *armé* • versterkt *armé* (**met** *de*; **tegen** *contre*)

gewas • plant *plante* v; ⟨planten⟩ *végétation* v • oogst *récolte* v; ⟨v. wijn⟩ *cuvée* m

gewatteerd *matelassé*

geweer *fusil* m ▾ in het ~ komen (tegen) *s'insurger (contre)*

geweerschot *coup* m *de fusil*

geweervuur *fusillade* v; *coups* m mv *de feu*

gewei *bois* m mv; *ramure* v

geweld *violence* v ★ met ~ *de force*; *par la force*; *violemment* ★ met ~ openen *forcer* ★ ~ aandoen *violenter* ★ ~ aandoen *faire violence à* ★ zichzelf ~ aandoen *se faire violence*; *se contraindre* ▾ met alle ~ *absolument*; *à tout prix*

gewelddaad *(acte* m *de) violence* v

gewelddadig I BNW *violent* **II** BIJW *violemment*; *de force*

geweldenaar • sterk persoon *géant* m; ⟨krachtpatser⟩ *hercule* m • despoot *despote* m

geweldig I BNW • hevig *violent* • goed *formidable*; INFORM. *terrible* • groot *énorme*; *formidable* **II** BIJW ⟨hevig⟩ *violemment*; ⟨zeer⟩ *énormément*; ⟨goed⟩ *superbement*

geweldloos *non-violent*

geweldpleging *violence* v

geweldsspiraal *engrenage* m *de violences*

gewelf *voûte* v; ⟨onderaards⟩ *souterrain* m ★ een onderaards ~ *une crypte*; *un souterrain*

gewelfd • gebogen *galbé* • met gewelf *voûté*

gewend *habitué* (**aan** *à*); *accoutumé* (**aan** *à*) ★ ik ben eraan ~ *j'ai l'habitude* ★ ~ zijn te *avoir l'habitude*

gewennen I OV WW gewoon maken *accoutumer*; *habituer* **II** ON WW gewoon worden *s'habituer*

gewenning *accoutumance* v

gewenst • wenselijk *desirable*; *souhaitable* • verlangd *voulu*; *desiré*

gewerveld *vertébré* ★ ~e dieren *vertébrés* m mv

gewest *région* v; *contrée* v; *province* v

gewestelijk *régional* [m mv: *régionaux*]; *provincial* [m mv: *provinciaux*]

geweten *conscience* v ★ een zuiver/gerust ~ hebben *avoir la conscience nette/tranquille*

★ om zijn ~ gerust te stellen *par acquit de conscience* ★ een goed / kwaad ~ hebben *avoir bonne / mauvaise conscience* ★ iets op zijn ~ hebben *avoir qc sur la conscience*
gewetenloos *sans scrupules*
gewetensbezwaar *scrupule* m; ⟨v. dienstplichtige⟩ *objection* v *de conscience*
gewetensbezwaarde *objecteur* m *de conscience*
gewetensnood *détresse* v *morale*
gewetensvol *consciencieux* [v: *consciencieuse*]
gewetenswroeging *remords* m
gewetenszaak *cas* m *de conscience* ★ een ~ maken van *se faire scrupule de*
gewettigd *légitime*; *justifié*
gewezen *ancien* [v: *ancienne*]; *ex-* ★ haar ~ echtgenoot *son ex-mari*

gewicht • zwaarte *poids* m ★ bij het ~ verkopen *vendre au poids* • voorwerp *poids* m ★ maten en ~en *poids et mesures* • belang *importance* v; *poids* m ▼ ~ in de schaal leggen *peser dans la balance* ▼ zijn ~ in goud waard zijn *valoir son pesant d'or*
gewichtheffen *haltérophilie* v
gewichtheffer *haltérophile* m/v
gewichtig I BNW *important*; *considérable* II BIJW *d'un air important* ★ ~ doen *faire l'important*
gewichtigdoenerij *prétention* v; INFORM. *frime* v; *chichi(s)* m (mv)
gewichtloos *en état d'apesanteur*
gewichtsklasse *catégorie* v *de poids*
gewichtsverlies *perte* v *de poids*
gewiekst *déluré*; *roublard*; *roué*; *futé*
gewijd • geheiligd *sacré*; ⟨heilig⟩ *saint* ★ ~e aarde *terre* v *sainte* ★ ~e muziek *musique* v *sacrée / spirituelle* • met betrekking tot liturgie ★ ~e muziek *musique sacrée*; *musique spirituelle*
gewild • in trek *demandé*; *recherché*; *en vogue* • gekunsteld *artificiel* [v: *artificielle*]
gewillig I BNW ⟨gedwee⟩ *docile*; ⟨bereidwillig⟩ *complaisant*; *(bien) disposé* II BIJW *docilement*; *de plein gré*
gewin *gain* m; *bénéfice* m ★ groot ~ *bénéfice* m *important*
gewis *certain*
gewoel • het woelen *agitation* v; *tumulte* m • drukte *agitation* v; *remue-ménage* m [onv]; ⟨gedrang⟩ *bousculade* v
gewond *blessé* ★ ~ raken *être blessé*
gewonde *blessé* m [v: *blessée*] ★ een licht ~ *un blessé léger* ★ licht ~ *blessé léger* ★ ernstig ~ *grand blessé*
gewoon I BNW • alledaags *ordinaire*; *commun*; *normal* [m mv: *normaux*]; ⟨gebruikelijk⟩ *habituel* [v: *habituelle*]; *d'usage* ★ de gewone man *l'homme de la rue*; *le commun des mortels*; *monsieur Tout-le-monde* ★ ~ soldaat *simple soldat* • gewend *habitué (à)*; *accoutumé (à)* ★ ~ zijn (om) te *avoir l'habitude* II BIJW • normaal *normalement*; *comme à l'ordinaire* ★ doe maar ~ *fait comme tout le monde*; *ne cherche pas à te faire remarquer* • gewoonweg *comme ça*; *simplement* ★ het is ~ niet te geloven *c'est tout simplement incroyable*
gewoonlijk *ordinairement*; *normalement* ★ zoals ~ *comme d'habitude*
gewoonte • wat men gewoon is *habitude* v ★ dat is mijn ~ niet *ce n'est pas dans mes habitudes* ★ een ~ aanleren/afleren *prendre/quitter une habitude* ★ uit ~ *par habitude* • gebruik *coutume* v; *usage* m
gewoontedier ≈ *(esprit* m*) routinier* m; *esclave* m/v *de ses habitudes*
gewoontedrinker *buveur* m *invétéré* [v: *buveuse invétérée*]
gewoontegetrouw *fidèlement à ses habitudes*
gewoonterecht *droit* m *coutumier*
gewoontjes *(tout) simple*
gewoonweg • eenvoudigweg *comme ça*; *simplement* • ronduit *tout bonnement*; *(tout) simplement*; *franchement*
geworteld *enraciné*
gewricht *articulation* v; *jointure* v
gewrongen *artificiel* [v: *artificielle*]; *recherché* ★ een ~ stijl *un style tourmenté*
gezag • macht *pouvoir* m • bevoegdheid *autorité* v ★ op eigen ~ *de son (propre) chef* ★ ~ afdwingen *se faire respecter* ★ het ~ handhaven *faire respecter la loi* ★ met ~ *en maître* • overtuigende kracht *autorité* v ★ ~ hebben *faire autorité* ★ op ~ van *sur la foi de*
gezagdrager *officiel* m ★ de ~s *les autorités*
gezaghebbend *autorisé* ★ ~ zijn *faire autorité*
gezagsgetrouw *fidèle (au pouvoir)*; *loyaliste*
gezagsorgaan *organe* m *du pouvoir*
gezagsverhoudingen *rapports* m mv *hiérarchiques* [mv]
gezagvoerder *dirigent* m; ⟨op schip⟩ *capitaine* m; ⟨in vliegtuig⟩ *commandant* m *de bord*
gezamenlijk I BNW • alle(n) samen *complet* [v: *complète*] • verenigd *collectif* [v: *collective*] ★ voor ~e rekening *à frais communs*; *de compte à demi* ★ een ~e actie *une action concertée* II BIJW *ensemble*; *collectivement*
gezang • het zingen *chant* m • lied *chant* m; REL. *cantique* m
gezanik *rabâchage* m
gezant *envoyé* m [v: *envoyée*]; *émissaire* m ★ de pauselijke ~ *le légat*; *le nonce*
gezantschap • legatie *légation* v • gebouw *légation* v
gezapig *mollasse*; INFORM. *pépère*
gezegde • zegswijze *expression* v; *locution* v; *dicton* m • uitlating *dires* m mv; *paroles* v mv • TAALK. *prédicat* m
gezegend *heureux* [v: *heureuse*]
gezeglijk *docile*
gezel • makker *compagnon* m • leerling-vakman *compagnon* m
gezellig I BNW • *agréable*; ⟨v. plek⟩ *accueillant*; ⟨knus⟩ *douillet* [v: *douillette*]; ⟨v. sfeer⟩ *convivial*; ⟨v. persoon⟩ *sociable* ★ het is hier ~ *il y a beaucoup d'ambiance ici* • aangenaam ★ het is hier ~ *on est bien ici* ★ een ~ mens *une femme agréable* II BIJW *agréablement*
gezelligheid *ambiance* v *(agréable / conviviale)*; *convivialité* v
gezelligheidsdier ≈ *personne* v *sociable*
gezelligheidsvereniging *club* m
gezellin *compagne* v
gezelschap • samenzijn *compagnie* v ★ iem. ~ houden *tenir compagnie à qn* ★ in ~ van *en*

compagnie de; accompagné de • groep *compagnie* v; *société* v ★ een besloten ~ *un cercle (privé); un club (privé)* ★ slecht ~ mijden *éviter les mauvaises fréquentations*

gezelschapsreis *voyage* m *organisé*

gezelschapsspel *jeu* m *de société* [m mv: *jeux* ...]

gezet • geregeld *déterminé* ★ op ~te tijden *à heure fixe* • dik *corpulent*

gezeten • met vaste woonplaats *établi; sédentaire* • welgesteld *aisé*

gezeur *rabâchage* m

gezicht • gelaat *visage* m; *figure* v; ⟨uiterlijk⟩ *mine* v; *air* m ★ hij trok me een (lang / verbaasd) ~! *la tête qu'il faisait!* ★ lang ~ *mine allongée* ★ een ernstig ~ zetten *prendre un air grave / sérieux* ★ (rare) ~en trekken *faire des grimaces* ★ ik heb haar recht in het ~ gezegd dat *je lui ai carrément dit que* ★ iem. in zijn ~ uitlachen *rire au nez / à la face de qn* ★ ik ken hem van ~ *je le connais de vue* ★ even zijn ~ laten zien *montrer le (bout de son) nez; faire acte de présence* • zintuig *vue* v • aanblik *vue* v ★ uit het ~ verliezen *perdre de vue* ★ op het eerste ~ *à première vue; de prime abord* ▾ het is geen ~ *ça ne paie pas de mine* ▾ zijn ware ~ tonen *se montrer sous son vrai jour; lever le masque* ▾ zijn ~ verliezen *perdre la face* ▾ zijn ~ redden *sauver la face* ▾ het tweede ~ *la seconde vue*

gezichtsafstand • reikwijdte *portée* v *de vue* • oogafstand *distance* v *visuelle*

gezichtsbedrog *illusion* v *d'optique; trompe-l'œil* m [onv]

gezichtshoek *angle* m *optique*; FIG. *angle* m; *optique* v; *point* m *de vue*

gezichtspunt *point* m *de vue; optique* v

gezichtsuitdrukking *physionomie* v; *expression* v; *mine* v

gezichtsveld *champ* m *visuel*

gezichtsverlies ★ ~ lijden FIG. *perdre la face*

gezichtsvermogen *vue* v

gezien I BNW ⟨in aanzien⟩ *bien vu / apprécié* (**bij** *de, auprès de*) II VZ *vu* ★ ~ zijn staat van dienst *vu son état de service*

gezin *famille* v; ⟨huishouden⟩ *ménage* m; *foyer* m ★ groot ~ *famille nombreuse*

gezind *disposé; intentionné* ★ hij is u goed ~ *il vous veut du bien* ★ vijandig ~ *malintentionné*

gezindheid • houding *disposition* v • overtuiging *opinions* v mv; *convictions* v mv

gezindte *confession* v; *secte* v; *appartenance* v *(religieuse)*

gezinsauto *familiale* v

gezinsfles *flacon* m *familial*

gezinshereniging *regroupement* m *familial*

gezinshoofd *chef* m *de famille*

gezinshulp • hulpverlening *aide* v *sociale / à domicile* • hulpverlener *aide* v *familiale*

gezinsleven *vie* v *familiale / de famille*

gezinsplanning *planning* m *familial*

gezinsuitbreiding *agrandissement* m *de la famille*

gezinsverpakking *emballage* m *familial*

gezinsverzorgster *aide* v *familiale*

gezocht • gewild *recherché; en vogue; demandé* • gekunsteld *(trop) recherché*

gezond I BNW • niet ziek *bien portant; en bonne santé* ★ ~ en wel *sain et sauf* [v: *saine et sauve*]; *vaillant* ★ (weer) ~ worden *se rétablir* ★ ~ maken *assainir* ★ ~ van geest *sain d'esprit* ★ er ~ uitzien *avoir bonne mine* ★ als we maar ~ zijn! *tant qu'on a la santé!* • heilzaam *sain; salutaire*; ⟨v. omgeving⟩ *salubre* ★ een ~ oordeel *un jugement sain* ★ dat is ~ voor je *cela te fera du bien; c'est bon pour la santé* ★ het ~ verstand *le bon sens; le sens commun* ★ een ~e eetlust / slaap *un bon appétit / sommeil* ★ een ~ hart *un cœur solide* II BIJW *sainement* ★ ~ wonen *habiter dans un endroit salubre*

gezondheid I ZN [de] ⟨v. persoon⟩ *santé* v; ⟨v. omgeving⟩ *salubrité* v ★ op iemands ~ drinken *boire à la santé de quelqu' un* ▾ ~ is de grootste schat *la santé est le plus précieux des biens* II TW ⟨bij niesen⟩ • *à tes/vos souhaits* ⟨bij proosten⟩ • *à la vôtre*

gezondheidscentrum *centre* m *médico-social* [m mv: *centres médico-sociaux*]

gezondheidsredenen ★ om ~ *pour des raisons de santé*

gezondheidszorg *santé* v *publique*

gezusters ★ ~ Dubois *Dubois sœurs*

gezwel • zwelling *enflure* v • tumor *tumeur* v

gezwind I BNW *véloce* II BIJW *prestement*

gezworen ★ een ~ vijand *un ennemi juré / mortel* ★ ~ vrienden *amis à la vie et à la mort*

gezworene *juré* m [v: *jurée*]

gft-afval *déchets* m mv *végétaux / biodégradables*

gft-bak *boîte* v *à déchets organiques*

Ghana *le Ghana* ★ in ~ *au Ghana*

ghostwriter *nègre* m

Gibraltar *Gibraltar* ★ in ~ *à Gibraltar*

gids • persoon *guide* m • ding *guide* m ★ de Gouden Gids *les pages* v mv *jaunes*

gidsen *guider*

giechelen *rire tout bas; ricaner; glousser*

giek • roeiboot *yole* v • dwarsmast *gui* m

gier I ZN [de] vogel OOK FIG. *vautour* m ★ vale gier *vautour fauve* II ZN [de] mest *purin* m

gieren • geluid maken *hurler* ★ om te ~ *à hurler (de rire)* • jakkeren *foncer*

gierig *avare*; INFORM. *radin*

gierigaard *avare* m/v

gierigheid *avarice* v

gierst *millet* m

gierzwaluw *martinet* m *(noir)*

gietbui *averse* v; *ondée* v

gieten I OV WW • schenken *verser* ★ vol ~ *remplir* • vormgeven *couler; fondre; mouler* ▾ die jurk zit me als gegoten *cette robe me va comme un gant* II ONP WW *pleuvoir à verse* ★ het giet *il pleut à seaux*

gieter *arrosoir* m

gieterij *fonderie* v

gietijzer *fonte* v

gif *poison* m; ⟨v. dieren/planten⟩ *venin* m; SCHEIK. *(substance* v*) toxique* m ▾ daar kun je gif op innemen *je te le promets; c'est sûr et certain*

gifbeker *coupe* v *empoisonnée* ★ de ~ drinken *boire la ciguë*

gi

gifbelt *décharge* v *de produits toxiques*
gifgas *gaz* m *toxique*
gifgroen *vert* m *cru / criard*
gifgrond *terrain* m *pollué*
gifkikker *râleur* m [v: *râleuse*]
gifklier *glande* v *à venin*
gifslang *serpent* m *venimeux*
gift ⟨geld⟩ *donation* v; *don* m
giftig • vergiftig ⟨v. stof⟩ *toxique*; ⟨v. plant⟩ *vénéneux* [v: *vénéneuse*]; ⟨v. dier⟩ *venimeux* [v: *venimeuse*]; ⟨vergiftigd⟩ *empoisonné* • venijnig *venimeux* [v: *venimeuse*]; ⟨nijdig⟩ *remonté*
gifwolk *nuage* m *toxique*
gigabyte *gigaoctet* m
gigant *géant* m

gi

gigantisch *gigantesque*
gigolo *gigolo* m
gij • BELG. jij ⟨alleen onderwerp⟩ *tu*; *toi* • FORM. u *vous*
gijzelaar *otage* m
gijzelen *prendre en otage*; ⟨gerechtelijk⟩ *contraindre par corps*
gijzeling *prise* v *d'otage(s)*; *contrainte* v *par corps* ★ iem. in~ houden *tenir qn en otage*
gijzelnemer *preneur* m *d'otage(s)*; ⟨ontvoerder⟩ *ravisseur* m [v: *ravisseuse*]
gil *cri* m *(perçant)* ★ een gil geven *pousser un cri*
gilde *corps* m *de métier*; *corporation* v
gilet *gilet* m
gillen I OV WW schreeuwen *crier*; *hurler* **II** ON WW *pousser des cris* ▾ het is om te~ *c'est à hurler (de rire)*
giller ▾ wat een~! *c'est à hurler de rire!*
gimmick *truc* m; *gimmick* m
gin *gin* m
ginds *là-bas*; *là*
ginnegappen *ricaner*
gips • mineraal *gypse* m • gipsverband *plâtre* m ★ mijn been zit in het gips *j'ai la jambe plâtrée / dans le plâtre* • afgietsel/beeld *plâtre* m
gipsen *en plâtre*
gipskruid *gypsophile* m
gipsplaat *carreau* m *de plâtre* [m mv: *carreaux* ...]
gipsverband *plâtre* m
giraal *par virement postal* ★ ~ geld *monnaie* v *scripturale*
giraffe, giraf *girafe* v
gireren *virer*
giro • overschrijving *virement* m *(postal)* • dienst *service* m *des chèques postaux* • biljet *(formule* v *d')ordre* m *de virement*; ⟨cheque⟩ *chèque* m *postal*
girodienst *service* m *des chèques postaux*
girokantoor *centre* m *des chèques postaux*
giromaat *point* m *(d') argent*; *distributeur* m *de billets (de banque)*
giromaatpas *carte* v *bancaire / bleue*
gironummer *numéro* m *de compte*
giropas *carte* v *bancaire / bleue*
girorekening *CCP* m *(compte-chèques postal)*
giroverkeer *virements* m mv *postaux* [mv]
gis[1] **I** ZN [de] giswerk *conjectures* v mv; *hypothèses* v mv ★ op de gis INFORM. *au pif*; *à l'estime* **II** BNW slim *futé*; *déluré*
gis[2] (zeg: gies) *sol* m *dièse*
gissen ~ naar ★ (naar) iets~ *deviner*; *conjecturer (qc)* ★ slechts kunnen~ *se perdre en conjectures*
gissing *supposition* v; *estimation* v; *conjecture* v
gist ⟨microbe ook⟩ *levure* v; *ferment* m
gisten ⟨ook fig.⟩ *fermenter*
gisteravond *hier soir*
gisteren *hier* ★ als de dag van~ *comme si c'était hier* ▾ ik ben niet van~ *je ne suis pas né d'hier*
gistermiddag *hier après-midi*
gistermorgen *hier matin*
gisternacht *hier dans la nuit*
gisting OOK FIG. *fermentation* v; FIG. *effervescence* v; FIG. *agitation* v
git *jais* m
gitaar *guitare* v
gitarist *guitariste* m/v
gitzwart *noir comme jais*; *de jais*
glaceren *glacer*
glad I BNW • effen ⟨onbehaard⟩ *glabre*; *lisse*; ⟨kortharig⟩ *ras* ★ gladde zee *mer plate* • glibberig *glissant* ★ het is hier glad *ça glisse ici* • sluw *rusé*; *déluré*; *roublard* ▾ dat is nogal glad *c'est évident*; *ça crève les yeux* **II** BIJW • makkelijk *facilement* • totaal *carrément*; *tout simplement* ▾ dat zat hem niet glad *il était déçu / vite puni*; *mal lui en a pris*
gladgeschoren *rasé de près*
gladharig *à poil lisse*
gladheid • effenheid *aspect* m *lisse* • glibberigheid *état* m *glissant*
gladiator *gladiateur* m
gladiool *glaïeul* m [mv: *glaïeuls*]
gladjanus *faux jeton* m; *roublard* m
gladjes ⟨vlot⟩ *facilement*; ⟨probleemloos⟩ *sans encombre* ★ ~ verlopen *marcher comme sur des roulettes*
gladstrijken • *lisser*; *défroisser* • FIG. *aplanir*
gladweg *carrément*; *tout simplement*
glamour *glamour* m
glans • (weer)schijn *éclat* m; *brillant* m; ⟨schijnsel⟩ *lueur* v; ⟨weerglans⟩ *poli* m ★ de~ op zijn gezicht *le rayonnement de sa figure* • luister *éclat* m; *splendeur* v ★ met~ slagen *être reçu brillamment*
glansmiddel *lustre* m
glanspapier *papier* m *glacé*
glansrijk I BNW *brillant*; *éclatant*; *splendide* **II** BIJW *brillamment*; *haut la main*
glansrol *rôle* m *de premier rang*
glansverf *peinture* v *brillante*
glanzen *briller*; *resplendir*; *(re)luire* ★ ~d *luisant*; *brillant*
glas I ZN [het] materiaal *verre* m ★ achter glas *sous verre* **II** ZN [het] • drinkglas *verre* m ★ uit een glas drinken *boire dans un verre* ★ een glas water *un verre d'eau* ★ een glaasje drinken *prendre un (petit) verre / un pot*; *boire un coup* • ruit *vitre* v; *carreau* m [mv: *carreaux*] ▾ zijn eigen glazen ingooien *gâter son affaire*; *se desservir* ▾ te diep in het glaasje gekeken hebben *avoir un coup dans le nez*
glasbak *conteneur* m *à verre / à bouteilles*

glasblazen *souffler le verre*
glasfiber *fibre* v *de verre*
glasgordijn *vitrage* m
glashard *dur comme le fer*; FIG. *froid* ▾ ~ ontkennen *nier froidement / sans vergogne*
glashelder I BNW • doorzichtig *clair (comme du cristal)*; *limpide* • duidelijk *clair comme le jour / comme de l'eau de roche* II BIJW *clairement*
glas-in-loodraam *vitrail* m [mv: *vitraux*]; ⟨groot⟩ *verrière* v
glasplaat *plaque* v *de verre*
glasschade *bris* m *de glaces*
glastuinbouw *(horti)culture* v *en serres*
glasverzekering *assurance* v *contre les bris de glace*
glasvezel *fibre* v *de verre*; ⟨optisch⟩ *fibre* v *optique*
glaswerk • glazen *verrerie* v • ruiten *vitrage* m
glaswol *laine* v *de verre*
glazen *de/en verre*; ⟨met ruiten⟩ *vitré* ▾ ~ huis *maison de verre*
glazenwasser *laveur* m *de carreaux* [v: *laveuse* ...]
glazig *vitreux* [v: *vitreuse*]
glazuren *émailler*; *vernir*
glazuur • glasachtige laag *vernis* m; *glaçure* v • tandglazuur *émail* m • taartglazuur *glace* v
gletsjer *glacier* m
gletsjerdal *vallée* v *glaciaire*
gleuf • spleet *fente* v; *crevasse* v • groef *cannelure* v; *rainure* v
glibberen *glisser*
glibberig *glissant*; ⟨slijmerig⟩ *visqueux* [v: *visqueuse*]
glijbaan • speeltuig *toboggan* m • baan van ijs *glissoire* v
glijden *glisser* (**over, van** *sur*) ★ in zijn zak laten ~ *glisser dans sa poche*
glijmiddel *lubrifiant* m
glijvlucht *vol* m *plané*
glimlach *sourire* m
glimlachen *sourire* (**om** *de*; **tegen** *à*)
glimmen *(re)luire*; *briller* ★ ~de schoenen *des chaussures bien cirées* ★ ~d van plezier *rayonnant (de joie)*
glimp *lueur* v ★ een ~ van iets laten zien *laisser entrevoir qc*
glimworm *ver* m *luisant*; *lampyre* m
glinsteren *étinceler*; *briller*; *scintiller*
glinstering *étincellement* m; *éclat* m
glippen *glisser*; ⟨ontglippen⟩ *échapper* ★ in iets ~ *se faufiler / se glisser dans qc*
glitter • iets dat glinstert *paillettes* v mv ★ ~jurk *robe* v *pailletée* • schone schijn *paillettes* v mv; ⟨klatergoud⟩ *clinquant* m
globaal I BNW *approximatif* [v: *approximative*]; *global* [m mv: *globaux*] II BIJW *approximativement*; *grosso modo*
globaliseren *mondialiser*
globalisering *mondialisation* v
globe *globe* m
globetrotter *globe-trotter* m [mv: *globe-trotters*]
gloed • schijnsel *lueur* v; ⟨rood⟩ *rougeoiment* m; ⟨hitte⟩ *ardeur* v; ⟨vuurgloed⟩ *brasier* m • bezieling *ardeur* v; *ferveur* v; *feu* m ▾ in ~ (doen) raken OOK FIG. *(s')embraser*
gloednieuw *flambant neuf* [v: *flambant neuf / neuve*]
gloedvol I BNW *enflammé*; *passionné* II BIJW *avec flamme*
gloeien *être ardent / incandescent*; ⟨rood⟩ *rougeoyer*; *rougir*
gloeiend I BNW • heet *brûlant*; *ardent*; *rouge* • hartstochtelijk *ardent* II BIJW • heet ★ ~ heet *brûlant*; *torride* • in hoge mate ★ zich ~ vervelen *s'ennuyer à mourir* ▾ er ~ bij zijn *être cuit*
gloeilamp *ampoule* v
glooien *descendre/aller en pente* ★ ~d *en pente*
glooiing • talud *talus* m • helling *pente* v ★ een zachte ~ *une pente douce*
gloren *luire*; ⟨v.d. ochtend⟩ *poindre* ★ bij het ~ van de ochtend *à l'aube*
glorie *gloire* v ★ in volle ~ *dans toute sa splendeur* ★ tot meerdere ~ van *pour la (plus grande) gloire de*
glorietijd ⟨kort⟩ *heure* v *de gloire*; *apogée* m; ⟨lang⟩ *âge* m *d'or*; *grands jours* m mv
glorieus *glorieux* [v: *glorieuse*]
glossarium *glossaire* m
glossy ★ ~ tijdschriften ≈ *magazines* m mv *sur papier glacé*; *presse* v *populaire*
glucose *glucose* m
glühwein *vin* m *chaud*
gluiperd *sournois* m [v: *sournoise*]; *fourbe* m/v
gluiperig I BNW vals, geniepig *sournois* II BIJW *sournoisement*
glunder I BNW *radieux* [v: *radieuse*] II BIJW *d'un air radieux*
glunderen *rayonner* (**van** *de*)
gluren *épier*; *guetter* ★ ~ in/naar *guigner*
gluten *gluten* m
gluurder *voyeur* m [v: *voyeuse*]
glycerine *glycérine* v
gniffelen *rire sous cape*
gnoe *gnou* m
gnoom *gnome* m
gnostisch *gnostique*
gnuiven *rire sous cape*
goal *but* m ★ een goal scoren *marquer un but*
gobelin *tapisserie* v
gocart *kart* m
God *Dieu* ★ in Gods naam *au nom de Dieu* ★ God geve dat ... *Dieu veuille que ...*; *plaise à Dieu que ...* ★ God mag het weten *Dieu (seul) le sait* ★ van God los zijn *être cinglé / dingue* ▾ Gods water over Gods akker laten lopen *laisser faire*; *laisser (tout) courir* ▾ God noch gebod vrezen *vivre sans foi ni loi* ▾ leven als God in Frankrijk *vivre comme un coq en pâte* ▾ ieder voor zich en God voor ons allen *chacun pour soi et Dieu pour tous* ▾ God zegene de greep! *à-Dieu-va!*
god *dieu* m [mv: *dieux*] ★ als een (jonge) god *divinement*
goddank *Dieu merci*
goddelijk I BNW • van een god *divin* • verrukkelijk *divin* II BIJW *divinement*
goddeloos I BNW • atheïstisch *mécréant*; FORM. *impie* • zondig *dépravé* II BIJW *affreusement*
goddomme *(sacré) nom de Dieu*
godendom *panthéon* m

godgans ★ de ~e dag *toute la sainte journée*
godgeklaagd *scandaleux* [v: *scandaleuse*]
godgeleerdheid *théologie* v
godheid *divinité* v
godin *déesse* v
godsdienst *religion* v
godsdienstig • religieus *religieux* [v: *religieuse*] • vroom *pieux* [v: *pieuse*]
godsdienstoefening *culte* m; *service* m; *office* m
godsdienstoorlog *guerre* v *de religion*
godsdienstvrijheid *liberté* v *des cultes*
godsdienstwaanzin *fanatisme* m *religieux*
godsgeschenk *don* m *divin / du ciel*
godsgruwelijk I BNW *atroce* **II** BIJW *atrocement*
godshuis *église* v; ⟨protestants⟩ *temple* m
godslastering *blasphème* m
godslasterlijk *blasphématoire*; *sacrilège*
godsnaam ▾ doe in ~ niet zo moeilijk *pour l'amour de Dieu, ne fais pas le difficile* ▾ hoe is het in ~ mogelijk? *est-il Dieu possible?*
godswonder *miracle* m
godverdomme *nom de Dieu!*
godvergeten *infâme*
godvruchtig *dévot*; *pieux* [v: *pieuse*]
goe BELG. • → **goed**
goed I BNW • kwalitatief hoog *bon* [v: *bonne*] ★ daar ben ik niet (zo) goed in *ce n'est pas mon fort* ★ goed zo! *(très) bien!*; *bravo!* ★ zij zijn goed in Engels *ils sont bons/forts en anglais* ★ alles goed thuis? *ça va bien chez vous?* • zoals voorgeschreven *bon* [v: *bonne*]; INFORM. *sensas(s)* • geschikt *favorable* • gunstig ★ het is maar goed dat *heureusement que* ★ waar is dat goed voor? *à quoi (est-ce que) ça sert?* ★ dat is te veel van het goede *trop c'est trop* ★ ik wens je veel goeds *je te souhaite tout le bien (possible)* • vriendelijk ★ wees zo goed om *veuillez* • gezond ★ daar word ik niet goed van *ça me rend malade*; *ça m'écœure* • ruim ★ een goed uur *une bonne heure*; *un peu plus d'une heure* ★ een goede tien minuten *dix bonnes minutes* ★ hij is een goede dertiger *il a la trentaine bien sonnée* • bepaald ★ op een goede dag *un (beau) jour* ▾ ⟨instemmend⟩ dat is goed *je veux bien* ▾ ook goed *comme vous voulez* ▾ die is goed *elle est bien bonne, celle-là* ▾ zo goed als *pratiquement*; *quasiment* ▾ zo goed als niets *autant dire rien*; *presque rien* ▾ IRON. die is goed! *elle est (bien) bonne, celle-là!* ▾ alles goed en wel, maar ... *c'est bien beau / joli, mais ...* ▾ zo goed als nieuw *comme neuf* ▾ het werk is zo goed als klaar *le travail est fait ou peu s'en faut* ▾ net goed (voor hem)! *bien fait (pour lui)!* ▾ hij is goed voor een miljoen *il vaut un million* ▾ al te goed is buurmans gek INFORM. *trop bon, trop con* **II** BIJW • in hoge/grote mate *bien* ★ dat is goed te zien *cela se voit très bien* • correct *bien* ★ als ik het goed heb *si je ne me trompe*; *sauf erreur* • zoals voorgeschreven *bien* • gunstig, aangenaam ★ je zou er goed aan doen om *tu ferais bien de*; *tu serais bien avisé / inspiré de* ★ het goed hebben *bien vivre* • gezond, onbedorven ★ CUL. goed houden *conserver* ▾ goed en wel aangekomen ... *à peine arrivé ...* ▾ zich goed houden *retenir ses larmes* **III** ZN [het] • wat goed is *bien* m ★ goed en kwaad *le bien et le mal* ★ ik kan geen goed bij hem doen *il m'en veut*; *je n'ai plus la cote auprès de lui* • bezit *bien(s)* m (mv) ★ onroerend goed *biens* m mv *immobiliers*; JUR. *biens* m mv *immeubles* • spullen *choses* v mv; *affaires* v mv; ⟨waren⟩ *marchandise(s)* v (mv) • kleren *vêtements* m mv ▾ zich te goed doen aan *se régaler de* ▾ ten goede komen aan *profiter à*; *servir à* ▾ ik heb nog 100 euro van je te goed *tu me dois (encore) 100 euros* ▾ de goeden moeten onder de kwaden lijden *les bons pâtissent pour les mauvais* ▾ gestolen goed gedijt niet *bien mal acquis ne profite pas* ▾ wie goed doet, goed ontmoet *qui sème le bien récolte le bien* ▾ dat houden we nog te goed *c'est encore à venir*; *ça n'est que partie remise* ▾ houd me ten goede *il ne faut pas m'en vouloir*; *excusez-moi* ▾ verandering ten goede *changement* m *en bien / en mieux*; *amélioration* v
goedaardig • goedig *doux* [v: *douce*] • MED. *bénin* [v: *bénigne*]
goeddeels *en bonne partie*
goeddoen *faire du bien* ★ dat doet me goed *ça me fait du bien*
goeddunken I ZN [het] • toestemming *accord* m • believen *gré* m **II** ON WW • goed toeschijnen *sembler bon* • behagen *plaire* **(aan** *à)*
goedemiddag *bonjour*
goedemorgen *bonjour*
goedenacht *bonne nuit*
goedenavond *bonsoir*
goedendag • hallo *bonjour* • tot ziens *au revoir* ▾ ~ zeg! *ça alors!*
goederen • bezittingen *biens* v mv • koopwaar *marchandises* v mv
goederenlift *monte-charge* m [onv]
goederentrein *train* m *de marchandises*
goederenverkeer *transport* m *des marchandises*; *trafic* m
goederenwagon *wagon* m *de marchandises*
goedgebekt *ayant la langue bien pendue*
goedgeefs *généreux* [v: *généreuse*]
goedgehumeurd *de bonne humeur*
goedgelovig *crédule*
goedgemutst *de bonne humeur*
goedgezind *favorable*; *bien intentionné*
goedgunstig I BNW *bienveillant*; *favorable* **II** BIJW *avec bienveillance*
goedhartig I BNW *ayant bon cœur*; *bon* [v: *bonne*] **II** BIJW *avec bonté*
goedheid *bonté* v ★ met ~ *en douceur* ▾ grote ~! *bonté divine!*
goedig I BNW *doux* [v: *douce*]; *bonhomme* **II** BIJW *avec bonhomie*
goedje • stof *substance* v • spullen *affaires* v mv
goedkeuren • in orde bevinden *accepter*; ⟨geschikt bevinden⟩ *juger apte* **(voor** *à)* ★ officieel goedgekeurd *homologué* • instemmen met *approuver*; ⟨bekrachtigen⟩ *sanctionner* ★ een ~d gebaar *un geste*

approbateur
goedkeuring *approbation* v; ⟨v. verdrag⟩ *ratification* v
goedkoop • niet duur *(à) bon marché* [onv]; *pas cher* [v: *pas chère*] ★ goedkoper *(à) meilleur marché* [onv]; *moins cher* [v: *moins chère*] ★ ~st *le moins cher* ★ goedkoper worden *diminuer*; *baisser de prix* • flauw, gemakkelijk *facile* ▾ ~ is duurkoop ≈ *la qualité se paie*
goedlachs *rieur* [v: *rieuse*]; *enjoué*
goedmaken • ongedaan maken *réparer*; *compenser*; *racheter*; *rattraper*; ⟨v. kosten⟩ *couvrir* ★ het weer ~ (met) *se racheter (auprès de)*; *se réconcilier (avec)* ★ om het weer goed te maken *pour se faire pardonner* • kosten dekken *réparer*
goedmoedig I BNW goedig *bonhomme* [onv]; *doux* [v: *douce*] II BIJW *avec bonhomie*
goedpraten *justifier*
goedschiks *de bon gré* ★ ~ of kwaadschiks *bon gré, mal gré*; *de gré ou de force*
goedvinden I OV WW • goedkeuren *consentir à*; *agréer* • nuttig vinden *approuver* II ZN [het] • goedkeuring *approbation* v; ⟨toestemming⟩ *permission* v • goeddunken *volonté* v
goedzak *bonne pâte* v; *brave cœur* m
goegemeente *Monsieur* m *Tout-le-Monde*
goeierd *brave cœur* m; *bonne pâte* v
goeroe *gourou* m
goesting *envie* v
gok • het gokken *pari* m • risico *coup* m *de dés* • grote neus *pif* m ▾ op de gok *au jugé*; *à l'estime*; INFORM. *au pif* ▾ een gokje doen *deviner*; *parier*
gokautomaat *machine* v *à sous*
gokken • speculeren *spéculer (op sur)* • gissen *deviner* • een kans wagen *tenter le coup* • om geld spelen *jouer* ★ ~ op *miser sur*; *jouer*
goklust *amour* m *du jeu*
goktent *maison* v *de jeu(x)*
gokverslaafde *joueur* m *(invétéré)* [v: *joueuse* ...]; INFORM. *accro* m/v *des jeux de hasard*
golden retriever *golden retriever* m
golf[1] • NATK. *onde* v ★ lange golf *grandes ondes (GO)* ★ korte golf *ondes courtes (OC)* • wat op een golf lijkt *vague* v ★ groene golf *feux synchronisés* • waterbeweging OOK FIG. *vague* v • baai *golfe* m ★ Golf van Biskaje *golfe de Gascogne* ★ Perzische Golf *golfe* m *Persique*; *Golfe* m
golf[2] (zeg: 'golf' met de g van 'goal') *golf* m
golfbaan *(terrain* m *de) golf*
golfbeweging *ondulation* v; FIG. *fluctuation* v
golfbreker *brise-lames* m [onv]
golfclub • golfstok *club* m • vereniging *club* m *de golf*
golfen *faire du golf*
golfer *golfeur* m [v: *golfeuse*]
golfkarton *carton* m *ondulé*
golflengte OOK FIG. *longueur* v *d'onde*
golflijn *ondulation* v
golfplaat *tôle* v *ondulée*
golfslag *houle* v
golfslagbad *piscine* v *à remous / à vagues*
golfspeler *golfeur* m [v: *golfeuse*]
golfstaat *pays* m *du Golfe*
golven *onduler*; FORM. *ondoyer* ★ ~d haar *cheveux ondulés*
gom • lijmstof *gomme* v • vlakgom *gomme* v
gommen • met gom bedekken *gommer* • uitvlakken *gommer*
gondel ⟨boot⟩ *gondole* v; ⟨v. luchtballon⟩ *nacelle* v
gondelier *gondolier* m [v: *gondolière*]
gong *gong* m
gongslag *coup* m *de gong*
goniometrie *goniométrie* v
gonorroe *gonorrhée* v
gonzen *bourdonner* ★ het ~ *le bourdonnement* ▾ ~ van de geruchten *bruire de (mille) rumeurs*
goochelaar *prestidigitateur* m [v: *prestidigitatrice*]
goochelen • toveren *faire des tours de passe-passe*; *faire de la magie* • handig omspringen met *jongler (met avec)*
goocheltruc *tour* m *de magie*; *tour* m *de passe-passe*
goochem *futé*; *finaud*; *malin* [v: *maligne*]
goodwill • goede naam *sympathie* v; *bienveillance* v ★ ~ (willen) kweken *faire une offensive de charme* • commerciële waarde *goodwill* m; *survaleur* v; *écart* m *d'acquisition*
googelen *faire des recherches sur Google*
gooi *jet* m; *lancement* m ▾ een gooi doen naar *deviner (au hasard)*; *briguer*
gooien *jeter*; *lancer* ★ met de deur ~ *claquer la porte* ★ alles eruit ~ *vider son sac* ★ iem. eruit ~ *ficher / flanquer qn à la porte* ▾ iets / de schuld op iem. ~ *mettre qc sur le dos de qn*
gooi-en-smijtwerk ≈ *gags* m mv *burlesques* [mv]
goor *sale*; INFORM. *dégueulasse*
goot • afvoerbuis *conduit* m *(d'écoulement)*; ⟨geul⟩ *rigole* v • straatgoot *caniveau* m [mv: *caniveaux*]; *ruisseau* • dakgoot *gouttière* v ▾ uit de goot opgeraapt *tiré du ruisseau / de la boue*
gootsteen *évier* m
gordel • riem *ceinture* v; ⟨militair⟩ *ceinturon* m • kring *ceinture* v • AARDK. *zone* v ▾ stoot onder de ~ *coup* m *bas*
gordeldier *tatou* m
gordelroos *zona* m
gordijn *rideau* m [mv: *rideaux*]; ⟨deurgordijn⟩ *portière* v ▾ het ijzeren ~ *le rideau de fer*
gordijnrail *(tringle* v *à) glissière*
gordijnroe *tringle* v *(à rideaux)*
gorgelen *se gargariser*
gorgonzola *gorgonzola* m
gorilla *gorille* m
gors I ZN [de] vogel *bruant* m II ZN [de/het] kwelder *terrains* m mv *d'alluvions*
gort *gruau* m
gortdroog • droog *archisec* [v: *archisèche*] • saai *aride*
gortig ▾ het al te ~ maken *dépasser les bornes*; *aller trop loin*
GOS *CÉI* v; *Communauté* v *des États indépendants*
gospel *gospel* m
gotiek *gothique* m

go

gotisch *gothique*
gotspe *culot* m
gouache *gouache* v
goud *or* m ★ een kies met goud vullen *aurifier une dent* ▾ het is niet alles goud wat er blinkt *tout ce qui brille n'est pas or* ▾ het zwarte goud *l'or noir* ▾ voor geen goud ter wereld *(pas) pour tout l'or du monde*
goudader *filon* m *d'or*; *gîte* m *aurifère*
goudblond *blond doré* [onv]
goudbruin *mordoré*
goudeerlijk *franc comme l'or* [v: *franche ...*]
gouden • van goud *d'or*; *en or* • goudkleurig *doré*
goudenregen *cytise* m
goudkleurig *doré*
goudkoorts *fièvre* v *de l'or*
goudmijn • OOK FIG. *mine* v *d'or*; FIG. *affaire* v *en or* • onuitputtelijke bron *mine* v
goudprijs *prix* m *(de l')or*
goudrenet *(pomme* v *de) reinette* v
Gouds ★ ~e kaas *gouda* m
goudsbloem *souci* m
goudsmid *orfèvre* m
goudstuk *pièce* v *d'or*
goudvink *bouvreuil* m
goudzoeker • goudgraver *chercheur* m *d'or* • gelukzoeker *aventurier* m [v: *aventurière*]
goulash *goulasch* m
gourmet *gourmet* m
gourmetstel ≈ *réchaud* m *à raclette*
gouvernante *gouvernante* v
gouvernement *gouvernement* m
gouverneur *gouverneur* m
gozer *gars* m; *mec* m; *type* m
gps *GPS* m
graad • meeteenheid *degré* m ★ het is vijf graden onder nul *il fait cinq degrés au-dessous de zéro*; *il fait moins cinq (degrés)* • WISK. *degré* ★ een vergelijking van de tweede ~ *une équation du second degré* • rang, trap *grade* m ★ academische ~ *grade universitaire* ★ een academische ~ *un grade universitaire* • mate *degré* m ★ ~ van verwantschap *degré de parenté* ★ de ~ van bezetting *le taux d'occupation* ★ in de hoogste ~ *au dernier degré*
graadmeter *indicateur* m
graadverdeling *graduation* v
graaf *comte* m
graafmachine *excavateur* m; ⟨laadschop⟩ *pelleteuse* v
graafschap *comté* m
graag • met plezier *volontiers*; *avec plaisir* ★ ~ zingen *aimer chanter* ★ ~ mogen *aimer bien* ★ ~ of niet *c'est à prendre ou à laisser* ★ ~ gedaan! *de rien!* ★ niet ~ *à contrecœur* ★ ik zou ~ ophouden *je voudrais bien en finir* ★ ~ gezien *apprécié* ⟨bij verzoek⟩ • *volontiers*; *de bon cœur* ★ ik zou ~ zien dat *j'aimerai que* [+ subj.] ★ ~ hebben *aimer*; *vouloir (bien)*
graagte *avidité* v
graaien *(chercher à) saisir*; ⟨een graai doen in⟩ *piocher (in dans)*
graal *Graal* m
graan • gewas *blé* m; ⟨soort⟩ *céréale* v • koren *grain* m ▾ een ~tje meepikken *avoir sa part de gâteau*; *en tirer profit*
graanoogst • het oogsten *moisson* v • opbrengst *moisson* v; *récolte* v
graanschuur *grange* v *à blé*
graansilo *silo* m *(à blé)*
graantje ▾ een ~ meepikken *avoir sa part de gâteau*; *en tirer profit*
graat *arête* v ▾ van de ~ vallen *mourir de faim* ▾ niet zuiver op de ~ *pas (très) net*; *un peu louche*
grabbel ▾ te ~ gooien *dégrader*; *galvauder*
grabbelen *(chercher à) saisir*; ⟨rommelen⟩ *(far)fouiller*; *fourrager*; ⟨een graai doen (in)⟩ *piocher (in dans)*
grabbelton ≈ *pêche* v *miraculeuse*
gracht • waterweg *canal* m [mv: *canaux*]; ⟨rond vesting⟩ *fossé* m; ⟨rond vesting⟩ *douve* v • straat langs gracht *quai* m
grachtenpand *maison* v *au bord d'un canal*
gracieus I BNW *gracieux* [v: *gracieuse*] II BIJW *avec grâce*; *gracieusement*
gradatie *gradation* v
gradenboog *rapporteur* m
gradueel I BNW *graduel* [v: *graduelle*] II BIJW *par degrés*; *graduellement*
graf ⟨kuil⟩ *fosse* v; *tombe* v; ⟨tombe⟩ *tombeau* m [mv: *tombeaux*]; FORM. *sépulcre* m ★ het Heilige Graf *le Saint-Sépulcre* ★ ten grave dragen *enterrer* ★ eeuwig graf *concession* v *à perpétuité* ▾ zijn eigen graf graven *creuser sa tombe*; *se perdre* ▾ zich in zijn graf omkeren *se retourner dans sa tombe* ▾ met één been in het graf staan *avoir un pied dans la tombe*
graffiti *graffiti* m; *tags* m mv
graffitispuiter *bombeur* m [v: *bombeuse*]; *tagueur* m [v: *tagueuse*]
graficus *graphiste* m/v; *dessinateur* m [v: *dessinatrice*]
grafiek • KUNST *graphique* v • grafische voorstelling *graphique* m
grafiet *graphite* m
grafisch *graphique* ★ ~ ontwerper *graphiste* m/v
grafkelder *caveau* m [mv: *caveaux*]
graflegging *mise* v *au tombeau*
grafologie *graphologie* v
grafoloog *graphologue* m/v
grafrede *oraison* v *funèbre*
grafschennis *profanation* v *de sépulture*
grafschrift *épitaphe* v
grafsteen *pierre* v *tombale*
grafstem *voix* v *caverneuse*
graftombe *tombeau* m [mv: *tombeaux*]
grafzerk *pierre* v *tombale*
gram I ZN [de] ▾ zijn gram halen *assouvir sa rage* II ZN [het] *gramme* m
grammatica *grammaire* v
grammaticaal *grammatical* [m mv: *grammaticaux*]
grammofoon *électrophone* m
grammofoonplaat *disque* m
gramschap *courroux* m; *colère* v
granaat I ZN [de] • projectiel *grenade* v; ⟨v. kanon⟩ *obus* m • boom *grenadier* m II ZN [het] delfstof *grenat* m
granaatappel *grenade* v

grand café *grand café* m [mv: *grands cafés*]
grandioos I BNW *grandiose* **II** BIJW *superbement*
graniet *granit* m
granieten *de/en granit*; *granitique*
grap • geestigheid ⟨mop⟩ *plaisanterie* v; *blague* ⋆ flauwe grap *mauvaise plaisanterie* ⋆ grapjes maken *plaisanter*; INFORM. *rigoler* • geintje *farce* v ⋆ voor de grap *pour rire*; *par plaisanterie*; INFORM. *pour rigoler* ⋆ grappen uithalen *faire des farces*
grapefruit *pamplemousse* m/v
grapjas *blagueur* m [v: *blagueuse*]; *farceur* m [v: *farceuse*]; ⟨lolbroek⟩ *rigolo* m [v: *rigolote*]; *plaisantin* m
grappenmaker *farceur* m [v: *farceuse*]
grappig I BNW vermakelijk *amusant*; *drôle*; *comique*; ⟨geinig⟩ *marrant*; *rigolo* [v: *rigolote*] **II** BIJW *comiquement*; *plaisamment*
gras *herbe* v; ⟨v. weide⟩ *herbage* m ▾ iem. het gras voor de voeten wegmaaien *couper l'herbe sous le(s) pied(s) de qn* ▾ ergens geen gras over laten groeien *ne pas laisser refroidir qc*
grasduinen *(far)fouiller*; *fouiner*
grasland *pâturage* m; *pré* m; *prairie* v
grasmaaien *tondre l'herbe*; *tondre le gazon*
grasmaaier *tondeuse* v *(à gazon)*
grasmat *pelouse* v
graspol *motte* v *d'herbe*
grasveld *gazon* m; *pelouse* v
grasvlakte *plaine* v *herbeuse*; *prairie* v
graszode *plaque* v *de gazon*
gratie • gunst *grâce* v ⋆ bij iem. in de ~ komen *gagner les bonnes grâces de* ⋆ bij iem. uit de ~ raken *tomber en disgrâce* ⋆ uit de ~ zijn INFORM. *ne plus avoir la cote* ⋆ bij de ~ van *par la grâce de* • sierlijkheid *grâce* v • JUR. genade *grâce* v ⋆ ~ verlenen aan *gracier*
gratieverzoek *recours* m *en grâce*
gratificatie *gratification* v
gratineren *gratiner*
gratis I BNW *gratuit* **II** BIJW *gratuitement*; *à titre gracieux / gratuit*; *gratis*
gratuit *gratuit*
grauw I BNW *gris*; *grisâtre*; ⟨vaal⟩ *terne*; ⟨doodsbleek⟩ *blême* **II** ZN [de] *coup* m *de bec* **III** ZN [het] gepeupel *populace* v
grauwen *grogner* ⋆ ~ tegen *rudoyer*; *rabrouer*
grauwsluier *voile* m *gris*
graveerkunst *gravure* v
gravel *terre* v *battue*
graven *creuser (le sol)*; FIG. *fouiller*; *gratter* ⋆ een tunnel ~ *percer un tunnel* ⋆ niet dieper ~ FIG. *ne pas gratter*; *rester à la surface*
graveren *graver*
graveur *graveur* m [v: *graveuse*]
gravin *comtesse* v
gravure *gravure* v
grazen *paître*; *brouter (l'herbe)* ▾ te ~ nemen *avoir*; *malmener*
grazig *herbeux* [v: *herbeuse*]
greep • graai *prise* v ⋆ een ~ doen in *piocher dans* ⋆ een ~ naar de macht doen *saisir le pouvoir* • houvast *prise (***op** *sur)* v; ⟨vat/invloed⟩ *emprise (***op** *sur)* • handvat *poignée* v • MUZ. *doigté* m • keus ⋆ ik doe maar een ~ *pour n'en citer que quelques-uns*
gregoriaans *grégorien* [v: *grégorienne*] ⋆ de ~e zang *le chant grégorien*; *le plain-chant*
grein • korrelstructuur *grain* m • gewichtseenheid *grain* m ▾ geen ~tje verstand *pas un grain de bon sens*
Grenada *la Grenade* ⋆ in ~ *en Grenade*
grenadier *grenadier* m
grenadine *grenadine* v
grendel ⟨knip⟩ *targette* v; *verrou* m ▾ achter slot en ~ *sous les verrous*
grendelen *verrouiller*
grenen *en pin*
grens • scheidingslijn *frontière* v ⋆ over de ~ zetten *conduire à la frontière* • limiet *limite* v ⋆ de grenzen van het mogelijke *les limites du possible* ⋆ de grenzen verleggen *reculer les bornes* ⋆ de grenzen te buiten gaan *dépasser les bornes* ⋆ er zijn grenzen! *il y a des limites (à tout)!*
grensbewoner *frontalier* m [v: *frontalière*]
grensconflict *conflit* m *frontalier*
grensdocument *document* m *douanier*
grensgebied *zone* v *frontalière*; FIG. *frange* v
grensgeval *cas* m *limite*
grenskantoor *bureau* m *de douane*
grenslijn *ligne* v *de démarcation*
grenspost *poste* m *de douane*
grensrechter *juge* m *de touche*; *arbitre* m *assistant*
grensstreek *zone* v *frontalière*
grensverleggend *qui ouvre de nouvelles voies*; *(in)novateur* [v: *(in)novatrice*]
grenzeloos I BNW *infini*; *illimité*; *sans bornes* **II** BIJW *infiniment*
grenzen *toucher (***aan** *à)*; *être limitrophe (***aan** *de)*; FIG. *friser*; *avoisiner* ⋆ dat grenst aan het wonderbaarlijke *cela tient du prodige* ⋆ dat grenst aan onbeschaamdheid *cela frise l'impertinence*
greppel *fossé* m; ⟨klein⟩ *rigole* v
gretig I BNW *avide (***naar** *de)* **II** BIJW *avec empressement*; *avidement*
gribus • buurt *bas quartier* m • woning *taudis* m
grief *grief* m
Griek *Grec* m [v: *Grecque*]
Griekenland *la Grèce* ⋆ in ~ *en Grèce*
Grieks I ZN [het] taal *grec* m ⋆ een kenner van het ~ *un helléniste* **II** BNW m.b.t. Griekenland *grec* [v: *grecque*]
Grieks-orthodox *orthodoxe grec* [v: *orthodoxe grecque*]
griend • rijshout *osier* m • bos van rijshout *oseraie* v
grienen *pleurnicher*
griep *grippe* v
grieperig *grippé*
griepprik *vaccin* m / *piqûre* v *antigrippe*
griesmeel *semoule* v
griet • meid *nana* v; *gonzesse* v • vis *barbue* v
grieven *blesser*; *offenser*; *vexer*; ⟨diep⟩ *ulcérer* ⋆ ~d *blessant*; *vexant*; *cuisant*
griezel • engerd *horreur* v • afkeer *horreur* v
griezelen *frissonner* ⋆ het is om van te ~ *c'est à vous donner le frisson / la chair de poule*

gr

gr

griezelfilm *film* m *d'épouvante*
griezelig *sinistre*; *angoissant*
griezelverhaal ≈ *histoire* m *fantastique / d'épouvante*
grif *promptement*
griffen *graver*
griffie *greffe* m ★ ter ~ *au greffe*
griffier *greffier* m [v: *greffière*]
griffioen *griffon* m
grijns *grimace* v; *rictus* m; *ricanement* m
grijnzen *grimacer*; *ricaner*
grijpen I OV WW pakken *saisir*; *prendre*; *attraper*; *empoigner*; ⟨aangrijpen⟩ *saisir* ★ dat ligt voor het ~ *cela (sur)abonde*; *il y en a à la pelle* ★ bij de arm ~ *prendre / saisir par le bras* ★ de macht ~ *prendre / saisir le pouvoir* ▾ door een trein gegrepen *happé par un train* II ON WW tastende beweging maken *saisir* ★ naar iets ~ *tendre la main vers qc* ★ naar de wapens ~ *(re)courir aux armes* ★ de raderen ~ in elkaar *les pignons s'engrènent* ▾ te hoog gegrepen *visé trop haut*; *au-dessus de ses moyens* ▾ om zich heen ~ *se propager* ▾ hij heeft ernaast gegrepen *il l'a raté*; *cela lui est passé sous le nez*
grijper ⟨v. kraan⟩ *benne* v *preneuse*; *grappin* m
grijpstuiver • vingers/handen *pattes* v mv; *paluches* v mv • klein bedrag *sou* m
grijs I BNW kleur *gris* ★ ~ worden *grisonner*; *blanchir* ★ grijze haren *des cheveux blancs* ▾ het grijze circuit *le circuit / marché parallèle* II ZN [het] *gris* m
grijsaard *vieillard* m
grijsblauw *bleu gris*
grijsrijden ≈ *resquiller*
grijzen *grisonner*
gril *caprice* m
grill *rôtissoire* v; *gril* m
grillen I OV WW grilleren *griller* II ON WW huiveren *frissonner*
grillig I BNW • onregelmatig *biscornu*; *bizarre*; *tourmenté* • wispelturig *capricieux* [v: *capricieuse*]; *fantasque* II BIJW • onregelmatig *bizarrement* • wispelturig *capricieusement*
grilligheid • wispelturigheid *caprice* m • onregelmatigheid *bizarrerie* v
grimas *grimace* v; *singerie* v ★ ~sen maken *grimacer*; *faire des grimaces*
grime *maquillage* m
grimeren *maquiller*; *grimer*
grimeur *maquilleur* m [v: *maquilleuse*]
grimmig I BNW ⟨boos⟩ *hargneux*; ⟨v. blik⟩ *noir*; *torve*; ⟨bitter⟩ *âpre*; ⟨akelig⟩ *sinistre* II BIJW *hargneusement*
grind *gravier* m ★ grof ~ *pierraille* v
grinniken *ricaner*
griotte *griotte* v
grip • greep *poignée* v; ⟨v. racket⟩ *manche* m • houvast *adhérence* v; ⟨vat (op)⟩ *prise* v *(op sur)* ★ grip op de weg *adhérence à la route*
grissen *arracher*; INFORM. *rafler*
groef *rainure* v; *cannelure* v; ⟨v. plaat⟩ *sillon* m; ⟨rimpel⟩ *ride* v; ⟨groeve⟩ *carrière* v
groei *croissance* v ★ in de ~ zijn *être en pleine croissance*
groeien ⟨toenemen⟩ *croître*; ⟨v. plant⟩ *pousser*; ⟨v. mens/dier⟩ *grandir*; ⟨toenemen⟩ *augmenter*; ⟨toenemen⟩ *s'accroître* ★ iem. boven het hoofd ~ *dépasser qn* ★ ~ als kool *pousser comme une mauvaise herbe*; INFORM. *bien profiter*
groeihormoon *hormone* v *de croissance*
groeikern *pôle* m *de croissance*; ⟨in stedenbouw⟩ *zone* v *d'aménagement concerté (ZAC)*
groeimarkt *marché* m *porteur / en expansion*
groeistuip FIG. *crise* v *de croissance*
groeizaam *fécond*; *fertile*
groen I BNW • kleur *vert* ★ ~ maken / worden *verdir* • milieuvriendelijk *vert*; *écolo(giste)* ★ POL. de Groenen *les Verts*; *les écolos* • onervaren *vert* ★ zo ~ als gras *novice*; *jeunet* [v: *jeunette*] ▾ ~e vingers hebben *avoir les main vertes* ▾ het ~e licht geven *donner le feu vert* II ZN [het] • kleur *vert* m • gebladerte *verdure* v
groenblijvend *persistant*
Groenland *le Groenland* ★ in ~ *au Groenland*
groenstrook *espace* m *vert*
groente *légume* m ★ jonge ~n *primeurs* v mv ★ ~(n) *des légumes*
groenteboer *marchand* m *de légumes / de primeurs*
groentesoep *soupe* v *aux légumes*; *julienne* v
groentetuin *jardin* m *potager*
groentijd *bizutage* m
groentje *bleu* m; *novice* m/v; ⟨feut⟩ *bizut(h)* m
groenvoer *fourrage* m *vert*
groenvoorziening *espaces* m mv *verts* [mv]
groep • meerdere personen/dingen *groupe* m ★ in ~en *par groupes* • leerjaar *groupe* m
groeperen *grouper*
groepering • het groeperen *groupement* m • groep *groupement* m
groepsfoto *photo* v *de groupe*
groepsgeest *esprit* m *d'équipe*
groepsgesprek *conversation* v *en groupe*
groepspraktijk *cabinet* m *de groupe*
groepsreis *voyage* m *organisé*
groepstaal *jargon* m *(de métier)*
groepstherapie *thérapie* v *de groupe*
groepsverband ★ in ~ *en équipe*
groet *salutation(s)* v (mv); *salut* m
groeten *saluer* ★ zonder ~ weggaan *filer à l'anglaise*; *brûler la politesse (à qn)* ★ gegroet! *salut!* ▾ wees gegroet *je vous salue*
groeve • grafkuil *fosse* v • afgraving *carrière* v
groeven *graver*; *canneler*; ⟨rimpelen⟩ *creuser / sillonner (de rides)*
groezelig *malpropre*; *sale* ★ ~ wasgoed *du linge douteux*
grof I BNW • niet fijn *gros* [v: *grosse*] • ernstig *grave* ★ grove fout *faute* v *grave / grossière* • ongemanierd *grossier* [v: *grossière*]; *fruste* • ruw *grossier* [v: *grossière*] ▾ grof geld verdienen *gagner gros* II BIJW • in het groot ★ grof spelen *jouer gros* • ongemanierd *grossièrement*
grofgebouwd *qui a une grosse ossature*
grofheid *grossièreté* v
grofvuil *(objets* m mv / *déchets* m mv*) encombrants* m mv

grofweg *grossièrement*; *grosso modo*
grog *grog* m
grol *bouffonnerie* v; *drôlerie* v
grommen *gronder*; ⟨v. dieren⟩ *grogner*; ⟨brommen⟩ *grommeler*
grond • aarde *terre* v; *sol* m ★ op de ~ *à terre*; *par terre* ★ de vaste ~ *la terre ferme* ★ tegen de ~ gaan *tomber (par terre)*; *aller au tapis* ★ onder de ~ *sous terre* ★ boven de ~ *en surface* • aardoppervlakte *fond* m ★ begane ~ *rez-de-chaussée* m ★ aan de ~ lopen *(s')échouer* ★ ~ voelen *avoir / prendre pied* • bouwland *terrain* m ★ van de koude ~ *de pleine terre*; FIG. *de bas étage*; *de bazar*; *à la manque*; INFORM. *de mes fesses* • grondslag *base* v; *fondement* m ★ van de ~ af *du fond* ★ in de ~ (van de zaak) *au fond* • reden *raison* v; *motif* m ★ op goede ~en *à juste titre* ★ op ~ daarvan *de ce fait*; *pour cette raison* ★ op ~ van *en raison de*; *à / pour cause de*; *du fait de*; *en vertu de* ★ er is goede ~ om *il y a tout lieu de* ★ op medische ~en *pour (des) raisons médicales* ▾ vaste ~ verliezen *perdre pied* ▾ aan de ~ zitten *être au plus bas*; *toucher le fond* ▾ door de ~ willen zinken *vouloir rentrer sous terre* ▾ de ~ in boren *couler*; FIG. *achever*; *enfoncer*; *descendre (en flammes)*; *détruire* ▾ iem. de ~ in stampen *enfoncer qn* ▾ met de ~ gelijkmaken *raser* ▾ weer vaste ~ onder de voeten hebben *retrouver ses marques* ▾ te ~e gaan *échouer*; *se perdre* ▾ te ~e richten *ruiner*; *perdre* ▾ uit de ~ van mijn hart *du fond de mon cœur* ▾ uit de ~ gestampt *surgi (de terre)*; *poussé comme un champignon*; *créé de toutes pièces* ▾ van de ~ komen *décoller*
grondbeginsel *principe* m
grondbegrip *idée* v *fondamentale*; *notion* v *de base*
grondbelasting *(impôt* m*) foncier* m
grondbetekenis • oorspronkelijke betekenis *sens* m *originel* • hoofdbetekenis *sens* m *principal*
grondeigenaar *propriétaire* m *foncier*
gronden *fonder*; *établir*
grondgebied *territoire* m; *domaine* m
grondgedachte *idée* v *fondamentale*
grondig I BNW • degelijk *solide* • diepgaand ⟨ingrijpend⟩ *approfondi*; *profond* **II** BIJW • diepgaand *en profondeur*; *profondément* ★ ~ bestuderen *approfondir*; *examiner de près* • degelijk *solidement*
grondlegger *fondateur* m [v: *fondatrice*]
grondlegging *fondation* v
grondoffensief *offensive* v *de l'armée de terre*
grondoorzaak *cause* v *initiale*
grondpersoneel *personnel* m *non navigant / au sol*; INFORM. *rampants* m mv
grondrecht • mensenrechten *droits* m mv *de l'homme* • rechtssysteem *droit* m *fondamental*
grondregel • belangrijke regel *règle* v *fondamentale / de base* • principe *principe* m
grondslag *fondement* m; *base* v; ⟨v. berekening⟩ *assiette* v ★ de ~ leggen voor *jeter les bases de* ★ ten ~ liggen aan *être à la base de*
grondstewardess *hôtesse* v *non navigante/au sol*
grondstof *matière* v *première*
grondtoon *tonique* v
grondverf *première* v *couche*; *couche* v *de fond*
grondvesten I DE MV ▾ op zijn ~ schudden *être ébranlé* **II** OV WW *établir* **(op** *sur)*; FIG. *fonder*
grondvlak *base* v
grondvorm *protoype* m
grondwater *eaux* v mv *souterraines* [mv]; *nappe* v *phréatique*
grondwet *constitution* v
grondwettelijk *constitutionnel* [v: *constitutionelle*]
grondwoord *mot* m *primitif*
grondzeil *tapis* m *de sol*
Groningen *Groningue* v
groot I ZN [het] ★ in het ~ *en grand*; ECON. *en gros* **II** BNW • van zekere omvang *grand*; *gros* [v: *grosse*]; ⟨ruim⟩ *vaste* ★ even ~ *de (la) même taille* ★ een ~ complex *un vaste complexe* ★ een grote appel *une grosse pomme* ★ een grote man *un homme grand* ★ ~ worden *grandir* ★ grote groepen *groupes nombreux* ★ driemaal zo ~ als *trois fois grand comme* • belangrijk *grand* ★ een ~ man *un grand homme* • oud(er) *adulte*; *grand* ★ de grote mensen *les grandes personnes*; *les grands* ▾ Karel de Grote *Charlemagne* **III** BIJW *en grand*; *grandement*; *gros* ★ het ~ zien *voir (en) grand*
grootbeeld *grand écran* m
grootboek *grand-livre* m [mv: *grands-livres*]
grootbrengen *élever*
Groot-Brittannië *la Grande-Bretagne* ★ in ~ *en Grande-Bretagne*
grootdoenerij *grands airs* m mv; INFORM. *frime* v
grootgrondbezit *grande propriété* v *(foncière)*
grootgrondbezitter *grand propriétaire* m *(foncier)*
groothandel • bedrijf *commerce* m *de / en gros* • handelsvorm *commerce* m *de / en gros*
groothandelaar *grossiste* m/v; *négociant* m [v: *négociante*]
groothandelsprijs *prix* m *de gros*
grootheid • het groot zijn *grandeur* v • WISK. *quantité* v; *grandeur* v ★ een onbekende ~ *une inconnue* • persoonlijkheid *grand personnage* m ★ een onbekende ~ *un illustre inconnu*
grootheidswaan *mégalomanie* v
groothertog *grand-duc* m [mv: *grands-ducs*]
groothertogdom *grand-duché* m [mv: *grands-duchés*]
groothoeklens *grand-angle* m [mv: *grands-angles*]
groothouden [+ zich] *se montrer fort*; ⟨zich goed houden⟩ *tenir bon*
grootindustrieel *chef* m *de grande entreprise*
grootje *mamie* v; *mémé* v; ⟨besje⟩ *petite vieille* v ▾ iets naar zijn ~ helpen *déglinguer qc* ▾ je ~! *et ta sœur!*
grootkapitaal *grand capital* m
grootmeester *grand maître* m
grootmoeder *grand-mère* v [mv: *grand(s)-mères*]
grootmoedig I BNW *généreux* [v: *généreuse*];

gr

magnanime **II** BIJW *généreusement*
grootouders *grands-parents* m mv
groots I BNW indrukwekkend *grandiose*; ⟨grootscheeps⟩ *de grande envergure*; *tous azimuts* **II** BIJW prachtig *superbement*
grootschalig *à grande échelle*
grootscheeps I BNW ruim opgezet *de grande envergure*; *tous azimuts* **II** BIJW *en grand*
grootspraak *vantardise* v; *fanfaronnade* v
grootsteeds I BNW *(à l'échelle) des grandes villes* **II** BIJW *(à l'échelle) des grandes villes*
grootte *grandeur* v; *étendue* v; *ampleur* v; ⟨dikte⟩ *grosseur* v; ⟨maat⟩ *taille* v; ⟨omvang⟩ *dimension(s)* v (mv) ★ ter ~ van *gros comme* [v: *grosse comme*] ★ op ware ~ *grandeur nature* ★ naar ~ rangschikken *classer pas ordre de dimension* ★ van gelijke ~ *de même taille*
grootvader *grand-père* m [mv: *grands-pères*]
grootverbruiker *grand consommateur* m
grootwinkelbedrijf ⟨bedrijfstak⟩ *grande distribution* v; ⟨bedrijf⟩ *succursaliste* m; *grande surface* v
grootzeil *grand-voile* v [mv: *grand(s)-voiles*]
gros • 12 dozijn *grosse* v • merendeel *gros* m; *majorité* v; *plupart* v
grossier *grossiste* m/v
grossieren FIG. *collectionner*
grot *grotte* v
grotendeels *en grande / majeure partie*
Grote Oceaan *Océan* m *Pacifique*
groterdanteken *symbole* m *'est supérieur à'*
grotesk *grotesque*
grotschildering *peinture* v *rupestre*
groupie *groupie* m/v
gruis *débris* m mv; ⟨v. kolen⟩ *poussier* m
grut • kinderen *marmaille* v; *mômes* m/v mv; *petits poissons* m mv • kleinigheden *babioles* v mv; *bricoles* v mv; *menu frétin* m
grutter *boutiquier* m
grutto *barge* v *(à queue noire)*
gruwel *horreur* v
gruweldaad *atrocité* v
gruwelen *être horrifié* ★ van iets ~ *avoir horreur de qc*
gruwelijk I BNW afschuwwekkend *horrible*; *atroce* **II** BIJW in erge mate *horriblement*; *atrocement* ★ zich ~ vervelen *s'ennuyer à mourir*
gruwen *frémir d'horreur* ★ ~ van *être horrifié par*; *avoir horreur de*; *avoir en horreur*
gruzelementen *débris* m mv ★ aan ~ slaan *en mille morceaux*
g-sleutel *clef* v *de sol*
gsm® I ZN [de] gsm-telefoon *mobile* m **II** AFK Global System for Mobile Communication *GSM®* m
g-snaar *sol* m
Guatemala *le Guatemala* ★ in ~ *au Guatemala*
guerrilla *guérilla* v
guerrillabeweging *mouvement* m *de guérilla*
guerrillaoorlog *guérilla* v
guerrillastrijder *guérillero* m
guillotine *guillotine* v
Guinee *la Guinée* ★ in ~ *en Guinée*
Guinee-Bissau *la Guinée-Bissau* ★ in ~ *en Guinée-Bissau*
guirlande *guirlande* v
guit *garnement* m; *garce* v
guitig *malicieux* [v: *malicieuse*]
gul I BNW • vrijgevig *généreux* [v: *généreuse*]; *large* ★ gul zijn *avoir la main large* • hartelijk *cordial* [m mv: *cordiaux*] **II** BIJW • vrijgevig *généreusement* • hartelijk *cordialement*
gulden I ZN [de] *florin* m **II** BNW *d'or*; *en or*
gulheid • vrijgevigheid *générosité* v; *libéralité* v • hartelijkheid *cordialité* v
gulp • sluiting *braguette* v • straal *flot* m
gulpen *couler à flots*
gulzig I BNW *glouton* [v: *gloutonne*]; *goulu*; *avide* **II** BIJW *gloutonnement*; *goulûment*; *avidement*
gulzigaard *glouton* m [v: *gloutonne*]
gum *gomme* v
gummen *gommer*
gummi I ZN [het] *caoutchouc* m **II** BNW *de/en caoutchouc*
gummiknuppel *matraque* v
gunnen • verlenen *accorder (***aan** *à)*; ⟨toewijzen⟩ *adjuger (***aan** *à)* ★ iem. de tijd ~ om *laisser à qn le temps de* • toewensen ★ ik gun het je van harte dat je die baan krijgt *je souhaite pour toi que tu auras ce poste* ★ iem. alle goeds ~ *vouloir du bien à qn* ★ ik gun het hem *je suis content pour lui* ★ het zij hem gegund *il l'a bien mérité*; *tant mieux pour lui*
gunst • goede gezindheid *faveur* v ★ naar iemands ~ dingen *naar iemands gunst dingen* ★ uit de ~ raken *tomber en disgrâce* ★ uit de ~ zijn *être en disgrâce* ★ bij iem. in de ~ staan *être dans les bonnes grâces de qn*; INFORM. *avoir la cote auprès de qn* • weldaad *faveur* v ★ bij wijze van ~ *par faveur* ★ ~en bewijzen *accorder / faire des faveurs* ▼ ten ~e van *en faveur de*
gunsteling *protégé* m [v: *protégée*]; *favori* m [v: *favorite*]
gunstig I BNW • goedgezind *favorable (***aan** *à)* • voordelig *avantageux* [v: *avantageuse*]; *propice (***voor** *à)*; *favorable (***voor** *à)*; ⟨heuglijk⟩ *heureux* [v: *heureuse*] **II** BIJW *favorablement*; *bien* ★ ~ over iem. denken *avoir bonne opinion de qn* ★ zich ~ laten aanzien *s'annoncer bien* ★ de dingen ~ voorstellen *montrer les choses sous un jour favorable* ★ iem. ~ gezind zijn *être favorable à qn*; *être bien disposé envers qn* ★ ~ bekendstaan *avoir bonne réputation*
guppy *guppy* m
guts • beitel *gouge* v • plens *giclée* v
gutsen I OV WW werken met een guts *gouger* **II** ON WW plenzen *gicler*; *jaillir*
guur *rude*; *âpre* ★ guur weer *un froid âpre*
Guyana *la Guyane* ★ in ~ *en Guyane*
gym I ZN [de] gymnastiek *gym* v **II** ZN [het] gymnasium ≈ *lycée* m
gymmen *faire de la gym*
gymnasiast ≈ *lycéen* m [v: *lycéenne*]
gymnasium ≈ *lycée* m
gymnastiek *gymnastique* v; INFORM. *gym* v
gympie *tennis* m
gymschoen *chaussure* v *de gym*

gr

gymzaal *gymnase* m; *salle* v *de gym*
gynaecologie *gynécologie* v
gynaecoloog *gynécologue* m/v
gyros *gyros* m

H

h *h* m ★ de h van Hendrik *H comme Henri*
haag *haie* v
haai OOK FIG. *requin* m ▾ naar de haaien gaan / zijn *être fichu*
haaibaai *gendarme* v; *virago*
haaienvinnensoep *potage* m *aux ailerons de requin*
haak • gebogen voorwerp *croc* m; *crochet* m; ⟨v. kapstok⟩ *patère* v; ⟨vleeshaak⟩ *cheville* v • bevestigingshaak ⟨aan kledingstuk⟩ *agrafe* v • vishaak *hameçon* m • telefoonhaak ★ de hoorn van de haak nemen *decrocher* ★ de hoorn op de haak leggen *accrocher* • leesteken ⟨vierkant⟩ *crochet* m; ⟨rond⟩ *parenthèse* v ★ haakjes openen / sluiten *ouvrir / fermer la parenthèse* ▾ er zitten haken en ogen aan *il y a des complications / des tics; c'est une affaire épineuse* ▾ dat is niet in de haak *il y a qc qui cloche; ce n'est pas comme il faut* ▾ iem. aan de haak slaan *draguer qn* ▾ schoon aan de haak ≈ *poids net* ▾ een man aan de haak slaan INFORM. *(se) trouver un mari; draguer un homme; se maquer* ▾ tussen (twee) haakjes FIG. *entre parenthèses; au fait*
haaknaald *crochet* m
haakneus *nez* m *crochu*
haaks I BNW *perpendiculaire* II BIJW *perpendiculairement* ★ ~ op *d'équerre avec; en travers de*; FIG. *à l'encontre de* ▾ hou je ~! *tiens-toi bien!*
haakwerk *(ouvrage* m *au) crochet* m
haal • het halen/trekken *coup* m; ⟨teug⟩ *trait* m; ⟨aan sigaret⟩ *bouffée* v • streep *trait* m ▾ aan de haal gaan *décamper; se sauver*
haalbaar *faisable; réalisable* ★ geen haalbare kaart *infaisible*
haalbaarheidsonderzoek *étude* v *de faisabilité*
haan • dier *coq* m • pal in wapen *chien* m ★ de haan spannen *armer son fusil* ▾ daar kraait geen haan naar *ni vu ni connu* ▾ hij is een echt haantje *c'est un vrai coq; c'est le coq du village*
haantje-de-voorste ▾ ~ zijn *être un meneur; être le chef de bande*
haar I ZN [de] ⟨v. lichaam⟩ *poil* m; ⟨hoofdhaar⟩ *cheveu* m [mv: *cheveux*] ▾ zijn wilde haren verliezen *s'assagir* ▾ elkaar in de haren vliegen *se voler dans les plumes* ▾ zich de haren uit het hoofd trekken *s'arracher les cheveux* ▾ op een haar na *à un cheveu / poil près* ▾ iets met de haren erbij slepen *tirer qc par les cheveux* ▾ geen haar op mijn hoofd die eraan denkt *jamais de la vie* ▾ iem. tegen de haren in strijken *prendre qn à contre-poil* ▾ de haren rijzen mij te berge *les cheveux se dressent sur ma tête* ▾ het scheelde geen haar (of) ... *il s'en est fallu d'un poil / d'un cheveu (que) ...* ▾ een haar in de boter zoeken *chercher des poux (à qn)* II ZN [het] ⟨v. lichaam⟩ *poils* m mv; ⟨hoofdhaar⟩ *chevelure* v; *cheveux* m mv; ⟨v. varken⟩ *soie* v; ⟨v. paard⟩ *crin* m; ⟨vacht⟩ *poil(s)* m (mv) ▾ haar

op de tanden hebben *avoir bec et ongles* **III** PERS VNW *la*; ⟨lijdend voorwerp; voor klinker of stomme 'h'⟩ *l'*; ⟨meewerkend voorwerp⟩ *lui*; ⟨na voorzetsel⟩ *elle* **IV** BEZ VNW ⟨voor mannelijk zn⟩ *son*; ⟨voor vrouwelijk zn⟩ *sa*; ⟨voor mv⟩ *ses* ★ de / het hare *le sien*; *la sienne*

haarband *serre-tête* m [onv]; *bandeau* m [mv: *bandeaux*]; ⟨lint⟩ *ruban* m

haard • stookplaats ⟨open⟩ *cheminée* v; *poêle* m; FORM. *âtre* m ★ (gezellig) bij de open ~ *au coin du feu* • middelpunt *foyer* m; ⟨v. verzet⟩ *poche* v; *îlot* m ★ de ~ van de opstand *le foyer de l'insurrection* ▾ eigen ~ is goud waard ≈ *rien ne vaut son petit chez-soi*

haardos *chevelure* v; INFORM. *toison* v

haardracht *coiffure* v

haardroger *sèche-cheveux* m [onv]

haardvuur *feu* m *(de la cheminée)*

haarfijn **I** BNW OOK FIG. *ténu* **II** BIJW ⟨precies⟩ *par le menu*; *en détail*

haargroei *naissance* v *des cheveux*

haarkloverij *chicane* v

haarlak *laque* v

haarlok *mèche* v

haarnetje *résille* v; *filet* m *à cheveux*

haarscherp *très net* [v: *très nette*]; *précis*

haarscheurtje ⟨oppervlakkig⟩ *craquelure* v; ⟨diep⟩ *fissure* v

haarspeld *épingle* v *à cheveux*

haarspeldbocht *virage* m *en épingle à cheveux*

haarspray *laque* v

haarstukje *postiche* m

haaruitval *chute* v *des cheveux*; MED. *alopécie* v

haarvat *(vaisseau* m*) capillaire* m [mv: *vaisseaux* ...]

haarversteviger *fixatif* m

haarwater *lotion* v *capillaire*

haarwortel ▾ blozen tot in zijn ~s *rougir jusqu'aux oreilles*

haarzakje *follicule* m *pileux*

haas • dier *lièvre* m • lendenvlees *filet* m • SPORT *lièvre* m ▾ het haasje zijn *être le dindon de la farce*; *trinquer* ▾ als een haas *dare-dare* ▾ mijn naam is haas *je n'y suis pour rien*

haasje-over ★ ~ spelen *jouer à saute-mouton*

haast **I** ZN [de] • drang tot spoed *urgence* v ★ er is geen ~ bij *rien ne presse*; IRON. *il n'y a pas le feu* ★ er is ~ bij *c'est urgent* ★ ~ hebben (om) *être pressé (de)* • snelheid *h̲âte* v; *précipitation* v; *empressement* m ★ in vliegende ~ *en toute hâte*; *dare-dare* ★ ~ maken (om) *se dépêcher (de)*; *se presser (de)*; *faire vite* ★ ~ zetten achter *hâter*; *précipiter* **II** BIJW bijna *presque* ★ hij is ~ gevallen *il a failli tomber*

haasten **I** OV WW *presser*; *bousculer* **II** WKD WW [+ zich] *se dépêcher*; *se hâter*; *se précipiter* ★ hij haast zich met zijn werk *il se dépêche de finir son travail* ▾ haast je langzaam *hâte-toi lentement*

haastig **I** BNW gehaast *hâtif* [v: *hâtive*]; *précipité* **II** BIJW *précipitamment*; *à la hâte*

haastje-repje *dare-dare*

haastwerk • urgent werk *travail* m *urgent* • haastig gedaan werk *travail* m *exécuté à la hâte*

haat *h̲aine* v **(jegens** *de, pour)* ★ haat koesteren *avoir / éprouver de la haine* ★ haat en nijd *h̲argne*

haatdragend *h̲aineux* [v: *haineuse*]; *rancunier* [v: *rancunière*]

haat-liefdeverhouding *rapport* m *amour-haine*

habbekrats ★ voor een ~ *pour une bouchée de pain*; *pour une misère*

habijt *froc* m; *habit* m

hachelijk *délicat*; *précaire*; *périlleux* [v: *périlleuse*]

hachje *peau* v ★ het ~ erbij inschieten *y laisser sa peau* ★ zijn ~ redden / wagen *sauver / risquer sa peau*

hacken *pirater*

hacker *pirate* m; *h̲acker* m; *fouineur* m

hagedis *lézard* m

hagel • neerslag *grêle* v • jachthagel ⟨grof⟩ *chevrotine* v; *plomb* m

hagelbui *giboulée* v *de grêle*

hagelen *grêler* ★ het hagelt *il grêle*

hagelslag ≈ *granulés* m mv *(de chocolat / de sucre)*

hagelsteen *grêlon* m

hagelstorm *bourrasque* v *de grêle*

hagelwit *blanc comme neige* [v: *blanche* ...]

haiku *h̲aïku* m

Haïti *Haïti* m ★ op ~ *en Haïti*

Haïtiaans *haïtien* [v: *haïtienne*]

hak • hiel *talon* m • deel van schoen *talon* m ★ met hoge/lage hakken *à talons hauts / plats* • gereedschap *h̲oyau* m [mv: *hoyaux*]; *pioche* v ▾ iem. een hak zetten *jouer un tour à qn* ▾ met de hakken over de sloot *de justesse* ▾ iem. op de hak nemen *berner qn* ▾ van de hak op de tak springen *passer du coq à l'âne*

hakbijl *h̲achette* v

hakblok *billot* m

haken **I** OV WW • vastmaken *accrocher* **(aan** *à)* • handwerken *faire au crochet* **II** ON WW • vastzitten *s'accrocher* **(aan** *à)* ★ blijven ~ aan *se prendre à* • handwerken *faire du crochet*

hakenkruis *croix* v *gammée*

hakhout *taillis* m

hakje SPORT *talonnade* v

hakkelen *bredouiller*

hakken **I** OV WW • stuk/los hakken *couper*; *tailler*; ⟨omhakken⟩ *abattre*; ⟨fijnhakken⟩ *h̲acher*; ⟨kloven⟩ *fendre* • SPORT *talonner* **II** ON WW • houwen *donner des coups de hache* **(in** *dans)*; *tailler* **(in** *dans)* • vitten *taper* **(op** *sur)* ▾ dat hakt erin *c'est une vraie saignée*; *c'est une coupe sombre* ▾ waar gehakt wordt, vallen spaanders *on ne fait pas d'omelette sans casser des œufs*

hakkenbar *talon-minute* m [mv: *talons-minute*]

hakmes *h̲achoir* m; *couperet* m

hal • vestibule *entrée* v • zaal *h̲all* m; ⟨verkoopruimte⟩ *h̲alle* v; SPORT *salle* v

halen • op-/afhalen *(aller) chercher* ★ komen ~ *venir prendre* ★ de dokter laten ~ *envoyer chercher le médecin*; *faire venir le médecin* • bereiken *atteindre* ★ de trein ~ *attraper le train* ★ het einde van de maand ~ *arriver à*

ha

terminer le mois ★ de zieke zal de morgen niet ~ *le malade ne passera pas la nuit* ★ het ~ *en revenir* • behalen *obtenir*; ⟨winnen⟩ *remporter*; *décrocher*; ⟨v. examen⟩ *réussir à*; ⟨v. cijfer⟩ *avoir* ★ daar valt niets te ~ *il n'y a rien à en (re)tirer* • weghalen (uit/van) *retirer (de)*; *enlever (à)*; ⟨trekken (uit)⟩ *tirer (de)*; ⟨pakken (uit)⟩ *prendre (dans)*; ⟨onttrekken (aan)⟩ *extraire (de)*; ⟨tevoorschijn halen (uit)⟩ *sortir (de)* ★ naar beneden ~ *descendre* ▾ alles door elkaar ~ *bouleverser tout* ▾ dat haalt het niet bij *cela n'est rien auprès de* ▾ eruit ~ wat erin zit *en tirer le maximum* ▾ hij haalt het niet bij *il n'arrive pas à la cheville de* ▾ een kind ~ *accoucher une femme*

half I BNW • de helft vormend *demi(-)* ★ een half dozijn *une demi-douzaine* ★ halve dagen werken *travailler à mi-temps* ★ baan voor halve dagen *poste à mi-temps* ★ halve cirkel *demi-cercle* m ★ half koper, half tin *moitié cuivre moitié étain*; *mi-cuivre mi-étain* • halverwege *demi(-)* ★ half een *midi et demie*; *minuit et demie* ★ half vier *trois heures et demie* ★ het slaat half *la demie sonne* ★ tien over half acht *huit heures moins vingt* ★ half juni *la mi-juin* • gedeeltelijk *demi(-)* • een groot deel *demi(-)* II BIJW *à moitié*; *à demi* ★ half open *entrouvert* ★ half zo groot *deux fois plus petit* ★ half en half *un peu*; *presque* ★ half zo duur *(de) moitié moins cher*

halfbakken ★ ~ geleerde *demi-savant*; *soi-disant savant*

halfbloed • mens *métis* m [v: *métisse*] • paard *demi-sang* m [onv]

halfbroer *demi-frère* m [mv: *demi-frères*]; ⟨v. vaderszijde⟩ *frère* m *consanguin*; ⟨v. moederszijde⟩ *frère* m *utérin*

halfdonker I ZN [het] *pénombre* v; *demi-obscurité* v; *demi-jour* m II BNW *à moitié obscur*

halfdood *à moitié mort*; *comme mort*

halfedelsteen *pierre* v *semi-précieuse* [v mv: *pierres semi-précieuses*]

halffabricaat *produit* m *semi-fini*; *demi-produit* m

halfgaar • niet helemaal gaar *à moitié cuit*; ⟨v. vlees⟩ *saignant* • niet goed wijs *(un peu) toqué*; *cinglé*

halfgeleider *semi-conducteur* m [mv: *semi-conducteurs*]

halfgod *demi-dieu* m [mv: *demi-dieux*]

halfhartig I BNW *sans conviction* II BIJW *sans conviction*

halfjaar *six mois* m mv; *semestre* m

halfjaarlijks *semestriel* [v: *semestrielle*]

halfleeg *à moitié vide*

halfpension *demi-pension* v ★ in ~ *en demi-pension*

halfrond I ZN [het] *hémisphère* m ★ zuidelijk ~ *hémisphère* m *Sud* ★ noordelijk ~ *hémisphère* m *Nord* II BNW *semi-circulaire* [m mv: *semi-circulaires*]

halfslachtig *sans conviction*; *ambigu* [v: *ambiguë*]

halfstok *(mis) en berne*

halftijds *à mi-temps*

halftime *à mi-temps*

halftint *demi-teinte* v [mv: *demi-teintes*]

halfuur *demi-heure* v [mv: *demi-heures*]

halfvol • half gevuld *à moitié plein* • half vet ★ ~le melk *du lait demi-écrémé*

halfwas • halfvolwassen mens *freluquet* m; *jeunot* m; *morveux* m [v: *morveuse*] • aankomend vakman *apprenti* m [v: *apprentie*]

halfweg *à mi-chemin*

halfzacht • tussen hard en zacht ⟨v. ei⟩ *à la coque* • verwijfd, slap *mou* [v: *molle*] [vóór klinker of stomme h: mol]

halfzus *demi-sœur* v [mv: *demi-sœurs*]; ⟨v. vaderszijde⟩ *sœur* v *consanguine*; ⟨v. moederszijde⟩ *sœur* v *utérine*

halleluja *alléluia*

hallo ⟨groet⟩ *salut*; ⟨telefoon⟩ *allô*

hallucinatie *hallucination* v

hallucineren *avoir des hallucinations*

halm *tige* v; ⟨stro-/grashalm⟩ *brin* m

halo *halo* m

halogeen *halogène* m

halogeenlamp *lampe* v *à halogène*

hals • lichaamsdeel ⟨keel⟩ *gorge* v; *cou* m; ⟨nek⟩ *nuque* v ★ de hals omdraaien *tordre le cou (à)* • halsopening *encolure* v ★ blote hals *cou dégagé* ★ met hoge hals *montant* • dun gedeelte *col* m; ⟨v. fles⟩ *goulot* m; ⟨v. tand⟩ *collet* m; ⟨v. viool⟩ *manche* m • sukkel *nigaud* m; *niais* m [v: *niaise*] ▾ zijn hals wagen *risquer sa peau* ▾ iem. om de hals vliegen *se jeter au cou de qn* ▾ iem. iets op de hals schuiven *mettre qc sur le dos de qn*; *rejeter qc sur qn* ▾ zich iets op de hals halen *s'attirer qc*; *encourir qc*; *attraper qc*

halsband *collier* m

halsbrekend *périlleux* [v: *périlleuse*]; *à se casser le cou*

halsdoek *fichu* m; *foulard* m

halsketting *collier* m; *chaîne* v

halsmisdaad *crime* m *capital* [m mv: *crimes capitaux*]

halsoverkop *précipitamment*; *en catastrophe*; *dare-dare*; ⟨blindelings⟩ *à corps perdu*; *tête baissée*

halsslagader *carotide* v

halssnoer *collier* m

halsstarrig I BNW *obstiné*; *opiniâtre* II BIJW *obstinément*; *opiniâtrement* ★ ~ vasthouden aan *s'obstiner à*

halster *licou* m

halswervel *vertèbre* v *cervicale*

halszaak *cas* m *pendable*; IRON. *affaire* v *d'État*

halt I ZN [het] *halte* v ★ halt houden *faire halte*; *stopper* ★ een halt toeroepen aan *mettre un frein à*; INFORM. *mettre le holà à*; *enrayer*; *juguler* II TW *halte!*

halte *arrêt* m ★ vaste ~ *arrêt obligatoire*

halter *haltère* m ★ met de ~s werken *faire des haltères*

haltertopje ≈ *débardeur* m *(dos nu)*

halvarine *margarine* v *allégée*; *mindrine* v

halvegare *taré* m; *fada* m/v

halvemaan *croissant* m

halveren • in tweeën delen *partager / diviser en*

deux • tot de helft verminderen *réduire de moitié*
halveringstijd *demi-vie* v [mv: *demi-vies*]
halverwege • halfweg *à mi-chemin (***tussen** *entre)* • midden in een bezigheid *à mi-chemin de*; *à la moitié de*; *du milieu de*
ham *jambon* m
hamburger *hamburger* m
hamer *marteau* m [mv: *marteaux*]; ⟨v. hout⟩ *maillet* v ▾ onder de ~ brengen *mettre aux enchères* ▾ de man met de ~ *le coup de pompe*
hameren I OV WW met hamer slaan *marteler*; *travailler au marteau*; *cogner* ★ erin ~ *enfoncer dans le crâne* **II** ON WW ~ **op** *insister sur*
hamerstuk ≈ *proposition* v *acceptée sans discussion préalable*
hamerteen *orteil* m *en marteau*
hamlap *tranche* v *de porc*
hamster *hamster* m
hamsteren *stocker*; ⟨speculatie⟩ *accaparer*
hamstring *tendon* m *du jarret*
hamvraag *question* v *à mille (francs)*
hand • lichaamsdeel *main* v ★ iem. de hand drukken *serrer la main à qn*; *donner une poignée de main à qn* ★ op handen en voeten *à quatre pattes* ★ de pen ter hand nemen *prendre la plume* ★ uit de hand eten *manger dans la main* ★ handen omhoog! *haut les mains!* ★ handen thuis! *bas les pattes!* ★ hand in hand *la main dans la main* ★ met de hand gemaakt *fait (à la) main* ★ bij de hand houden *tenir par la main* ★ in de hand *à la main*; *dans la main* • handschrift *écriture* v • macht *main* v ★ een advocaat de zaak in handen geven *remettre l'affaire à un avocat* ★ in handen vallen van *tomber entre les mains de* ★ in de hand hebben *maîtriser*; *avoir en main* ★ in handen hebben *avoir en mains* ★ in goede / verkeerde handen zijn *être en bonnes / mauvaises mains* • manier *main* v ★ een gelukkige / vaste hand hebben *avoir la main heureuse / ferme* ★ met zachte hand *en douceur* ▾ de handen ineenslaan *unir ses efforts*; *agir de concert* ▾ hand over hand *de plus en plus* ▾ dat heb ik vaker bij de hand gehad *je connais la musique* ▾ iem. iets in handen spelen *livrer qc à qn* ▾ hand over hand toenemen *aller en augmentant* ▾ hand in hand gaan *aller de pair* ▾ ik heb er mijn handen vol aan *ça m'occupe largement* ▾ de hand in eigen boezem steken *faire son auto-critique* ▾ met de hand op het hart *la main sur le cœur*; *franchement*; *en conscience* ▾ iem. werk uit handen nemen *débarrasser / décharger qn d'un travail* ▾ iets in de hand werken *aider à / inciter qc*; *favoriser qc* ▾ zijn handen in onschuld wassen *s'en laver les mains* ▾ iem. de hand boven het hoofd houden *couvrir / protéger qn* ▾ de hand op de knip houden *être près de ses sous* ▾ wat is er aan de hand? *que se passe-t-il?*; *qu'y a-t-il?* ▾ niets om handen hebben *n'avoir rien à faire* ▾ op handen zijn *approcher*; *être imminent* ▾ van de hand doen *se défaire de*; *écouler* ▾ uit de hand lopen *dégénérer*; *déraper* ▾ met de handen in het haar zitten *ne savoir à quel saint se vouer* ▾ handen te kort komen *être débordé* ▾ met lege handen *les mains vides* ▾ iem. op handen dragen *aduler qn* ▾ van de hand in de tand leven *vivre au jour le jour*; *iem. iets ter hand stellen* ▾ de hand leggen op *mettre la main sur*; *faire main basse sur* ▾ de hand ophouden *tendre la main*; *faire la manche* ▾ zijn handen niet thuis kunnen houden *avoir les mains baladeuses* ▾ geen hand uitsteken (om/voor) *ne pas remuer le petit doigt (pour)* ▾ geen hand voor ogen kunnen zien *n'y voir goutte* ▾ aan de hand van die gegevens *sur la base de ces données*; *ces données à l'appui* ▾ er is iets aan de hand *il se passe qc* ▾ alsof er niets aan de hand was *comme si de rien n'était* ▾ iets achter de hand hebben *avoir qc en réserve* ▾ iets bij de hand hebben *avoir qc sous la main* ▾ met hand en tand verdedigen *défendre à feu et à sang* ▾ onder de hand *en attendant* ▾ van de hand wijzen *refuser*; *rejeter*; *décliner* ▾ iem. iets ter hand stellen *remettre qc à qn (en mains propres)*; *remettre qc entre les mains de qn* ▾ voor de hand liggen *être évident / manifeste* ▾ het zijn twee handen op één buik *ils sont comme les deux doigts de la main*; *les deux font la paire*; *ce sont deux têtes sous un bonnet* ▾ iem. de helpende hand bieden *prêter main-forte à qn*; *tendre une main secourable à qn* ▾ hij heeft er de hand in gehad *il y est pour qc* ▾ de hand houden aan *(faire) respecter* ▾ de handen in de schoot leggen *baisser les bras* ▾ de hand aan zichzelf slaan *attenter à ses jours* ▾ de handen vrij / gebonden hebben *avoir les mains libres / liées* ▾ iem. iets aan de hand doen *procurer qc à qn*; *suggérer une idée à qn* ▾ naar zijn hand zetten *manipuler* ▾ onder handen hebben / nemen *s'occuper de* ▾ op iemands hand zijn *être du côté de qn*; *soutenir qn*; INFORM. *rouler pour qn* ▾ iem. een handje helpen *donner un coup de main à qn* ▾ ik zou mijn hand ervoor in het vuur steken *j'y mettrais ma main au feu* ▾ de laatste hand aan iets leggen *mettre la dernière main à* ▾ iets uit de eerste / tweede hand hebben *tenir qc de première / seconde main* ▾ de handen aftrekken van *renoncer à* ▾ de hand lichten met *transiger avec / sur*; *déroger à* ▾ daar draait hij zijn hand niet voor om *il le fait haut la main* ▾ hand erop! *tope (là)!* ▾ de hand over het hart strijken *se montrer indulgent* ▾ daar heeft hij een handje van *il a le chic de/pour faire cela*; *c'est une manie à lui*; *c'est plus fort que lui* ▾ iem. de vrije hand geven *donner carte blanche à qn*; *laisser le champ libre à qn*
handappel *pomme* v *à couteau*
handarbeider *travailleur* m *manuel* [v: *travailleuse manuelle*]
handbagage *bagage* m *à main*
handbal *hand(-)ball* m
handballen *jouer au hand(-)ball*
handbediening *commande* v *manuelle*
handbereik ★ binnen ~ *à portée de la main*;

sous la main
handboei *menottes* v mv
handboek *manuel* m
handbreed *largeur* v *de la main*
handcrème *crème* v *pour les mains*
handdoek *serviette* v *(de toilette)*; ⟨in keuken e.d.⟩ *essuie-mains* m [onv] ▾ de ~ in de ring werpen *jeter l'éponge*
handdruk *poignée* v *de main* ▾ gouden ~ *prime* v *de départ*; *chèque-départ* m
handel • in- en verkoop *commerce* m *(***in** *de;* **op** *avec)*; *échange* m; ⟨onwettig/louche⟩ *trafic* m ⋆ ~ drijven in *faire le commerce de* ⋆ in de ~ brengen *mettre sur le marché / en vente*; *lancer* ⋆ vrije ~ *libre échange* m ⋆ illegale/zwarte ~ *marché* m *noir* ⋆ ~ in blanke slavinnen *la traite des blanches* ⋆ niet in de ~ *hors commerce* • zaak *commerce* m • handelswaar *marchandise* v; ⟨spullen⟩ *affaires* v mv; *attirail* m ▾ iemands ~ en wandel *les faits et gestes de qn* ▾ de hele ~ *tout le bazar*
handelaar *marchand* m *(***in** *de)*; ⟨in het groot⟩ *négociant (***in** *de)* m; *commerçant* m; MIN. *trafiquant (***in** *de)* m
handelbaar *maniable*
handelen I ZN [het] *action* v ⋆ vrijheid van ~ *liberté* v *d'action* ⋆ tot ~ overgaan *entrer en action* **II** ON WW • handel drijven *faire du commerce*; ⟨in iets⟩ *faire le commerce (***in** *de)* • te werk gaan *agir* ⋆ het ogenblik van ~ *le moment d'agir* • ~ **over** *traiter de*
handeling • daad *acte* m; *action* v; *opération* v ⋆ de Handelingen der Apostelen *les Actes des Apôtres* • verslag *compte* m *rendu*; ⟨v. congres/genootschap⟩ *actes* m mv
handelingsbekwaam *capable*
handelsakkoord *accord* m *commercial*
handelsbalans *balance* v *commerciale*
handelsbetrekkingen *relations* v mv *commerciales* [mv]
handelsboycot *boycottage* m *commercial*
handelscentrum *centre* m *d'affaires*
handelscorrespondentie *correspondance* v *commerciale*
handelsembargo *embargo* m *(commercial)*
handelsgeest *esprit* m *du commerce*
handelskennis *connaissances* v mv *commerciales* [mv]
handelsmerk *marque* v *(commerciale)* ⋆ gedeponeerd ~ *marque déposée*
handelsmissie *mission* v *commerciale*
handelsonderneming *entreprise* v / *société* v *commerciale*
handelsregister *registre* m *du commerce*
handelsreiziger OUD. *commis* m *voyageur*
handelsverkeer *commerce* m; *échanges* m mv *(commerciaux)* [mv]
handelsvloot *marine* v / *flotte* v *marchande*
handelswaar *marchandise* v
handeltje • handel op kleine schaal *petit commerce* m ⋆ hij heeft een ~ in antiek *il a un petit commerce d'antiquités* • spullen *attirail* m
handelwijze *façon* v *d'agir*; *conduite* v; FORM. *procédé(s)* m (mv)
handenarbeid • werk met de handen *travail* m *manuel* • schoolvak *travaux* m mv *manuels* [mv]
hand-en-spandiensten *besognes* v mv; *petits travaux* m mv
handenwringend *en se tordant les mains*
handgebaar *geste* m *de la main*
handgeklap *applaudissements* m mv
handgeld *arrhes* v mv; *acompte* m
handgemaakt *fait (à la) main*
handgemeen *corps à corps* m; ⟨v. groep⟩ *mêlée* v ⋆ ~ raken *en venir aux mains*
handgeschreven *écrit à la main*; *manuscrit*
handgranaat *grenade* v *(à main)*
handgreep • handvat *poignée* v • handigheid ⟨truc⟩ *coup* m *de main*; *tour* m *de main*
handhaven *maintenir*; *défendre* ⋆ zich ~ *se maintenir* ⋆ het gezag ~ *faire respecter la loi*
handicap *handicap* m
handig I BNW • vaardig *habile (***in** *à)*; *adroit*; ⟨bijdehand⟩ *débrouillard* • gemakkelijk te hanteren *maniable*; *pratique*; *commode* **II** BIJW *habilement*; *adroitement*
handigheid • het handig zijn *adresse* v; *habileté* v; *dextérité* v • foefje *truc* m; ⟨kneepje⟩ *astuce* v
handigheidje *astuce* v
handjeklap ▾ ~ spelen ≈ *se taper dans la main*; *être de mèche (avec)*
handkar *charrette* v *à bras*
handkus ⋆ een ~ geven *faire le baisemain à*
handlanger *complice* m/v; *homme* m *de main*
handleiding • gebruiksaanwijzing *notice* v *(explicative / technique)*; *instructions* v mv • leerboek *manuel* m
handlezen *chiromancie* v
handmatig I BNW *manuel* [v: *manuelle*] **II** BIJW *à la main*
handomdraai ⋆ in een ~ *en un tour de main*
handoplegging *imposition* v *des mains*
handopsteken ⋆ met ~ *à main levée*
handpalm *paume* v
handreiking *coup* m *de main*; *aide* v
handrem *frein* m *à main*
hands SPORT *main* v ⋆ aangeschoten ~ *main involontaire*
handschoen *gant* m ⋆ zijn ~en aantrekken *mettre ses gants*; *se ganter* ▾ iem. met fluwelen ~en aanpakken *prendre des gants avec qn* ▾ de ~ toewerpen / opnemen *jeter / relever le gant* ▾ huwelijk met de ~ *mariage* m *par procuration*
handschrift • manier van schrijven *écriture* v • tekst *manuscrit* m
handsfree *mains(-)libres* ⋆ ~ bellen *téléphoner mains libres*
handstand *arbre* m *droit*; *équilibre* m *(sur les mains)*
handtas *sac* m *à main*
handtastelijk *tripoteur* [v: *tripoteuse*]; *peloteur* [v: *peloteuse*] ⋆ ~ worden *en venir aux mains*; *se permettre des privautés*; INFORM. *avoir les mains baladeuses*; *peloter*
handtastelijkheid ⟨vrijpostigheid⟩ *privauté* v; INFORM. *pelotage* m; ⟨handgemeen⟩ *corps à corps* m

handtekening *signature* v ★ zijn ~ zetten (onder) *signer* ★ ~en verzamelen *faire signer une pétition*
handvaardigheid • bedrevenheid *adresse* v; *habileté* v; *dextérité* v • schoolvak *travaux* m mv *manuels* [mv]
handvat *poignée* v; ⟨steel⟩ *manche* m; ⟨oor⟩ *anse* v; ⟨hendel⟩ *manette* v
handvest *charte* v
handvol *poignée* v
handwas *lessive* v *à la main*
handwerk • wat met de hand gemaakt is *ouvrage* m *artisanal / fait (à la) main* • ambacht *métier* m *(manuel)*; *travail* m *manuel* • naaldwerk ⟨werkstuk⟩ *ouvrage* m; ⟨bezigheid⟩ *travaux* m mv *d'aiguille*
handwerken *faire un ouvrage (de dames)*
handzaam • handelbaar *maniable* • praktisch *commode*

ha

hanenbalk ★ onder de ~en *sous les combles*
hanenkam • kam van haan *crête* v *de coq* • kapsel *crête* v
hanenpoot ★ hanenpoten *pattes* v mv *de mouche*; *griffonnage* m
hang *penchant* m *(***naar** *pour;* **tot** *à)*
hangar *hangar* m
hangborst ★ ~en *seins* m mv *tombants*
hangbrug *pont* m *suspendu*
hangbuik *bedaine* v; *panse* v
hangen I OV WW • bevestigen *accrocher (***aan** *à)*; *(sus)pendre (***aan** *à)* • doden door ophanging *pendre* **II** ON WW • af-/neerhangen *pendre (***aan** *à)*; ⟨bungelen⟩ *pendouiller*; ⟨v. haar. schouders e.d.⟩ *tomber* ★ vol ~ met *être chargé / couvert de* ★ scheef / slap ~ *pencher*; *être penché* ★ ~de tuinen *jardins suspendus* • als straf opgehangen zijn *être pendu* • vastzitten *être accroché / suspendu (***aan** *à)* ★ blijven ~ aan *rester accroché à*; *s'accrocher à* ★ aan iem. ~ *être attaché à qn*; *tenir à qn* • niet afgedaan zijn *être pendant / en suspens* • rondhangen ⟨lummelen⟩ *traîner*; *traînasser*; *glander* • blijven zweven *flotter* • ~ **naar** ⟨verlangen⟩ *aspirer à* • leunen *s'appuyer (***tegen** *contre)* ▼ met ~ en wurgen *à grand-peine*; *péniblement*; INFORM. *ric-rac* ▼ bij iem. blijven ~ *s'attarder chez qn* ▼ ik mag ~ als ... *je veux être pendu si ...* ▼ aan iemands lippen ~ *être (sus)pendu aux lèvres de qn* ▼ blijven ~ *rester accroché* ▼ laat maar ~! *laisse (tomber)!* ▼ hij hangt *il est cuit / fichu* ▼ het hangt erom *ça tient à peu de chose*; *ce n'est pas gagné (d'avance)* ▼ aan de telefoon ~ *être pendu au téléphone* ▼ van leugens aan elkaar ~ *être un tissu de mensonges*; *être inventé de toutes pièces* ▼ de lucht blijft ~ *l'odeur persiste*
hangende *pendant* ★ ~ het onderzoek *pendant l'enquête*
hang-en-sluitwerk *serrurerie* v
hanger • sieraad ⟨voor oor⟩ *pendant* m; ⟨aan ketting⟩ *pendentif* m • kleerhaak *cintre* m
hangerig *apathique*; *indolent*; INFORM. *gnangnan*
hangglider *deltaplane* m
hangijzer *crémaillère* v ▼ een heet ~ *un problème épineux*; *un point chaud*
hangjongere ≈ *jeune* m/v *qui traîne dans la rue / qui tient les murs*
hangkast *penderie* v
hangklok *horloge* v *murale*; *pendule* v
hanglamp *suspension* v
hangmap *dossier* m *suspendu*
hangmat *hamac* m
hangplant *plante* v *retombante*
hangplek OMSCHR. *coin* m *où les jeunes traînent*
hangslot *cadenas* m ★ met een ~ sluiten *cadenasser*
hangsnor *moustaches* v mv *(re)tombantes*
hangwang *bajoue* v
hanig *agressif* [v: *agressive*]; *teigneux* [v: *teigneuse*] ★ een ~e man *un macho*; *un coq*
hannes *empoté* m; *andouille* v
hannesen • klungelen *patauger* • lummelen *fainéanter*; INFORM. *glander*; ⟨klieren⟩ *être rasant*
hansop ≈ *salopette* v
hansworst *polichinelle* m; ⟨pias⟩ *pitre* m
hanteerbaar *maniable*
hanteren • met de handen gebruiken *manipuler* • omgaan met *manier*
hap • beet *coup* m *de dent* • afgehapt stuk *bouchée* v ★ een hap nemen *prendre une bouchée*; *mordre dedans*; *croquer un but* ★ een hapje eten *manger un bout*; *casser la croûte* • stuk *morceau* m [mv: *morceaux*] ★ een lekker hapje *un bon morceau* ▼ de ouwe hap *la vieille garde* ▼ de hele hap *tout le bazar*; *toute la bande*
haperen • blijven steken ⟨bij spreken⟩ *bafouiller*; ⟨v. motor⟩ *avoir des ratés*; ⟨horten⟩ *brouter*; ⟨kuren hebben⟩ INFORM. *déconner*; ⟨v. gesprek⟩ *traîner* • mankeren ★ wat hapert eraan? *qu'est-ce-qui ne va pas?* ★ er hapert iets *il y a qc qui cloche*
hapje *bouchée* v; *amuse-gueule* m [onv] ★ een lekker ~ *un bon morceau*
hapklaar *prêt à croquer*; FIG. *tout fait*
happen • bijten *mordre* ★ ~ in *mordre (à belles dents) dans*; *happer* • reageren *mordre (à l'hameçon)* ▼ naar lucht ~ *être essoufflé*
happening *happening* m
happig ~ **op** *avide de* ★ ik ben er niet ~ op *ça ne me tente pas*
happy *heureux* [v: *heureuse*]
happy end *happy end* m/v; *dénouement* m *heureux*
happy few *rares privilégiés* m mv; *happy few* m mv
happy hour *heure* v *pendant laquelle les prix sont reduits*; *heure* v *de l'apéritif*
hapsnap I BNW ★ ~ beleid *politique* v *à la petite semaine* **II** BIJW *au petit bonheur*
haptonomie *haptonomie* v
hard I BNW • niet zacht *dur*; *ferme* ★ hard worden *(se) durcir* ★ op de harde grond slapen *coucher sur la dure* • luid *fort*; *haut* • meedogenloos *dur*; *rude*; *sévère*; *cruel* [v: *cruelle*] ★ je bent hard voor hem *tu es dur envers lui* ★ de harde werkelijkheid *la réalité crue* ★ harde acties *actions* v mv *directes* ★ een harde winter *un hiver rigoureux*

• vaststaand *certain*; *sûr*; *concret* [v: *concrète*] ★ harde gegevens *données* v mv *sûres / irréfutables* ★ harde afspraken maken *s'engager ferme(ment)* • hevig *dur*; *fort*; *rude* ★ harde discussie *discussion* v *serrée* ★ een harde winter *un hiver rigoureux* • kalkrijk *dur*; *calcaire* ▾ een harde kop hebben *avoir la tête dure* ▾ hard maken *prouver* **II** BIJW • snel *vite* ★ harder rijden *rouler plus vite*; *accélérer* • luid *fort* ★ hard spreken *parler haut* • hevig *fort*; *ferme*; ⟨ingespannen⟩ *dur* ★ hard neerkomen *tomber lourdement* ★ het hard nodig hebben *en avoir grand(ement) besoin* ★ hard aankomen (bij) *être un coup dur (pour)* • meedogenloos *dur(ement)*; *sévèrement* ★ het hard hebben *avoir la vie dure* ▾ om het hardst *à qui mieux mieux* ▾ het gaat hard tegen hard *c'est une lutte sans merci*; *on ne se fait pas de cadeaux*

hard- *cru*; ⟨kleur⟩ *clair* ★ hardblauw *bleu cru* ★ hardgeel *jaune cru*

hardboard *panneau* m *(de fibres) dur*

harddisk *disque* m *dur*

harddrug *drogue* v *dure*

harden • hard maken *durcir*; ⟨v. staal⟩ *tremper* • iem. sterk maken *endurcir*; ⟨manschappen⟩ *aguerrir* • uithouden *souffrir*; *supporter*; *endurer* ★ ik kon het niet langer ~ *je n'y tenais plus* ★ niet te ~ *intenable*

hardgekookt ⟨v. ei⟩ *dur*

hardhandig I BNW *brutal* [m mv: *brutaux*]; *qui a la main dure* **II** BIJW *brutalement*; *en employant la manière forte*

hardheid *dureté* v; ⟨strengheid⟩ *rudesse* v; ⟨v. stoffen⟩ *résistance* v

hardhorend *dur d'oreille*

hardhout *bois* m *dur*

hardleers • eigenwijs *têtu* ★ ~ zijn *avoir la tête dure* • moeilijk lerend *lent d'esprit*; *obtus*

hardlopen I ZN [het] *course* v *à pied* **II** ON WW *courir*

hardloper *coureur* m [v: *coureuse*] ▾ ~s zijn doodlopers ≈ *qui va doucement va loin*

hardmaken ⟨bewijzen⟩ *prouver*

hardnekkig I BNW • koppig *obstiné*; *opiniâtre* • aanhoudend *persistant*; *tenace*; ⟨verbeten⟩ *acharné* **II** BIJW *obstinément*; *avec acharnement* ★ ~ volhouden *s'obstiner / s'acharner (à faire qc)*

hardop *tout haut*; *à haute voix*

hardrijden *course* v ★ het ~ op de schaats *le patinage de vitesse*

hardrijder *coureur* m [v: *coureuse*]

hardrock *hard-rock* m

hardvochtig I BNW *dur*; *impitoyable* **II** BIJW *sans pitié*; *impitoyablement*

hardware *hardware* m; *matériel* m

harem *harem* m

harig *velu*; ⟨met hoofdhaar⟩ *chevelu*; *poilu*

haring • vis *hareng* m ★ ~ kaken *caquer le hareng* • pin van tent *piquet* m ▾ als ~en in een ton *serré(s) comme des sardines*

hark • gereedschap *râteau* m [mv: *râteaux*] • stijf persoon ★ stijve hark *manche* m *à balai*

harken *ratisser*; *râteler*

harkerig *raide*; *gauche*

harlekijn *arlequin* m

harmonica • trekharmonica *accordéon* m • mondharmonica *harmonica* m

harmonicadeur *porte* v *(en) accordéon*

harmonie • MUZ. *harmonie* v • FIG. eendracht *harmonie* v • orkest *harmonie* v

harmoniemodel ≈ *esprit* m *consensuel*

harmonieorkest *harmonie* v

harmoniëren *s'harmoniser (***met** *avec)*; ⟨v. kleuren⟩ *s'accorder (***met** *avec)*

harmonieus I BNW *harmonieux* [v: *harmonieuse*] **II** BIJW *harmonieusement*

harmonisatie *harmonisation* v

harmonisch I BNW *harmonique* **II** BIJW *harmoniquement*

harmoniseren I OV WW harmonisch maken *harmoniser* **II** ON WW harmonisch zijn *harmoniser*

harmonium *harmonium* m

harnas *armure* v; ⟨borstharnas⟩ *cuirasse* v ▾ iem. tegen zich in het ~ jagen *se mettre qn à dos* ▾ in het ~ sterven *mourir debout*

harp *harpe* v

harpist *harpiste* m/v

harpoen *harpon* m

harpoeneren *harponner*

harpoengeweer *fusil* m *à harpon*

harrewarren *se chamailler*; *être bisbilles*

hars *résine* v

hart • orgaan *cœur* m • wezen, karakter ★ in haar hart is zij Franse *elle est Française de cœur* • gemoed *cœur* m ★ uit de grond van zijn hart *du fond de son cœur* ★ mijn hart bonst / breekt / krimpt ineen / springt op *mon cœur palpite / se brise / se serre / bondit (de joie)* • moed *cœur* m • toewijding *cœur* m • kern *cœur* m ▾ iem. het hart breken *briser le cœur à qn* ▾ het ligt me na aan het hart *cela me tient à cœur* ▾ iets ter harte nemen *prendre qc à cœur* ▾ op het hart drukken *recommander vivement* ▾ in hart en nieren *dans l'âme* ▾ dat ging mij aan het hart *cela m'a été droit au cœur* ▾ dat lag haar na aan het hart *cela lui tenait à cœur* ▾ in zijn hart was hij ermee eens *au fond il était d'accord* ▾ het hart niet hebben om *ne pas avoir le cœur / courage de* ▾ een goed hart hebben *avoir du (bon) cœur*; *être un homme de cœur* ▾ zijn hart luchten *vider son cœur* ▾ van harte *de bon / tout cœur* ▾ het hart draait je erbij om *ça soulève le cœur* ▾ met hart en ziel *corps et âme*; *de tout (son) cœur* ▾ niet van harte *à contrecœur* ▾ van harte gefeliciteerd! *mes félicitations!* ▾ iemands hart stelen *voler le cœur de qn* ▾ iem. een goed / kwaad hart toedragen *vouloir du bien / du mal à qn* ▾ iets op het hart hebben *avoir qc sur le cœur* ▾ het komt uit een goed hart *l'intention est bonne* ▾ waar het hart van vol is, loopt de mond van over *de l'abondance du cœur la bouche parle* ▾ zijn hart eraan ophalen *s'en donner à cœur joie* ▾ een man naar mijn hart *un homme selon mon cœur / comme je l'aime* ▾ iem. een hart onder de riem steken *remettre du cœur au ventre à qn* ▾ van zijn hart geen moordkuil maken *dire ce qu'on a* *sur le cœur* ▾ het is me uit het hart gegrepen *c'est exactement mon sentiment* ▾ het gaat niet van harte *le cœur n'y est pas* ▾ hartje winter *au cœur de l'hiver*; *en plein hiver* ▾ hart hebben voor zijn werk *prendre son travail à cœur*; *avoir du cœur à l'ouvrage* ▾ iem. een warm hart toedragen *tenir à cœur qn* ▾ dat moet me van het hart *je tiens à le dire* ▾ het kloppend hart *le cœur palpitant*; *le centre nerveux* ▾ iem. aan het hart drukken *presser/serrer sur son cœur*

hartaandoening *affection* v *cardiaque*; *maladie* v *de cœur*

hartaanval *crise* v *cardiaque*

hartbewaking *surveillance* v *continue*

hartboezem *oreillette* v

hartbrekend *déchirant*; *navrant*

hartchirurg *chirurgien* m *cardiologue*

hartelijk I BNW *chaleureux* [v: *chaleureuse*]; *cordial* [m mv: *cordiaux*]; *affectueux* [v: *affectueuse*] **II** BIJW *cordialement*; *de tout cœur* ⋆ ~ lachen *rire de bon cœur* ⋆ ~ gefeliciteerd *toutes mes félicitations*

harteloos *sans cœur*; *qui manque de cœur*

harten *cœur* m

hartenaas *as* m *de cœur*

hartenboer *valet* m *de cœur*

hartenbreker *bourreau* m *des cœurs* [m mv: *bourreaux*]

hartendief *amour* m; *ange* m; *chéri* m

hartenheer *roi* m *de cœur*

hartenjagen *chasse-cœur* m

hartenkreet *cri* m *du cœur*

hartenlust ⋆ naar ~ *à cœur joie*

hart- en vaatziekten *maladies* v mv *cardio-vasculaires*

hartenvrouw *dame* v *de cœur*

hartenwens *désir* m *le plus cher* ⋆ naar ~ *à souhait*

hartgrondig I BNW *cordial*; *profond* **II** BIJW *profondément*; *cordialement*

hartig • zout *relevé*; ⟨sterk gezouten⟩ *salé*; FIG. *pimenté* ⋆ ~e hapjes *du salé* • krachtig ⋆ ik zal eens een ~ woordje met hem spreken *je vais lui dire deux mots*

hartinfarct *infarctus* m *(du myocarde)*

hartkamer *ventricule* m

hartklep *valvule* v *cardiaque*

hartklopping *palpitation* v

hartkwaal *affection* v *cardiaque*; *maladie* v *de cœur*

hart-longmachine *cœur-poumon* m *artificiel* [m mv: *cœurs-poumons artificiels*]

hartmassage *massage* m *cardiaque*

hartoperatie *opération* v *cardiaque*; *opération* v *du cœur*

hartpatiënt *cardiaque* m

hartritmestoornis *arythmie* v *(cardiaque)*; *dérèglement* m *du rythme cardiaque*

hartroerend *émouvant*; *touchant*; *pathétique*

hartruis *souffle* m *au cœur*

hartsgeheim *secret* m *intime*

hartslag *battement(s)* m (mv) *du cœur*; MED. *pulsation* v; ⟨pols(slag)⟩ *pouls* m

hartspier *myocarde* m

hartstikke *rudement* ⋆ ~ dood *raide mort*

hartstilstand *arrêt* m *cardique*

hartstocht *passion* v

hartstochtelijk I BNW *passionné* ⋆ ~ muziekliefhebber *passsionné de musique*; *mélomane* **II** BIJW *passionnément*

hartstoornis *trouble* m *cardiaque*

hartstreek *région* v *précordiale / du cœur*

hartsvriend *ami* m *intime / de cœur* [v: *amie ...*]

harttransplantatie *greffe* v *du cœur*

hartvergroting *cœur* m *hypertrophié*

hartverlamming *paralysie* v *cardiaque*

hartveroverend *adorable*; *enchanteur* [v: *enchanteresse*]

hartverscheurend *déchirant*; *bouleversant*

hartversterking *(petit) remontant* m

hartverwarmend *réconfortant*; *qui chauffe le cœur*

hartzeer *peine* v; *chagrin* m

hasj *hasch* m; *ha(s)chisch*

hasjhond *chien* m *dressé à détecter le haschisch*

haspel *dévidoir* m; *enrouleur* m

haspelen I OV WW • met haspel winden *enrouler*; ⟨v. garen⟩ *bobiner*; ⟨afhaspelen⟩ *dévider* • verwarren *embrouiller*; *confondre* **II** ON WW stuntelen *s'y prendre mal*

hateenheid ≈ *studio* m

hatelijk I BNW *odieux* [v: *odieuse*]; *méchant* **II** BIJW *odieusement*; *méchamment*

hatelijkheid • het hatelijk zijn *méchanceté* v • opmerking *méchanceté* v ⋆ hatelijkheden debiteren (jegens iemand) *lancer des piques (à qn)*

haten *haïr*; *détester* ⋆ zich gehaat maken (bij) *se rendre odieux (à)*; *se faire haïr (de)*

hatsjie, hatsjoe *atchoum*

hattrick *hat-trick* m

hausse *hausse* v

hautain I BNW *hautain* **II** BIJW *hautainement*

haute couture *haute couture* v

have *biens* m mv ⋆ levende have *cheptel* m *(vif)*; *bétail* m ⋆ have en goed *tous ses biens*

haveloos *misérable*; *miteux* [v: *miteuse*]; *minable*; ⟨in lompen⟩ *déguenillé*; *dépenaillé*; ⟨wrak⟩ *délabré*

haven *port* m ▾ in behouden ~ aankomen *arriver à bon port* ▾ in het zicht van de ~ stranden *faire naufrage au port*

havenarbeider *docker* m; *débardeur* m

havengeld *droits* m mv *de port* [mv]

havenhoofd *jetée* v

havenmeester *capitaine / directeur* m *de port*

havenstad *port* m; *ville* v *portuaire*

havenstaking *grève* v *des dockers*

havenwijk *quartier* m *du port*

haver *avoine* v ▾ van ~ tot gort *de bout en bout*; *de A à Z*

haverklap ⋆ om de ~ *à tout propos*

havermout • haver *flocons* m mv *d'avoine* [mv] • pap *bouillie* v *d'avoine*

havik • vogel *vautour* m • oorlogshitser *faucon* m

haviksneus *nez* m *aquilin / crochu*

haviksogen FIG. *yeux* m mv *d'aigle*

havo ≈ *enseignement* m *du second degré*

hazelaar *noisetier* m; *coudrier* m

hazelnoot *noisette* v

ha

hazenhart *poltron* m [v: *poltronne*]; *poule* v *mouillée*
hazenlip *bec-de-lièvre* m [mv: *becs-de-lièvre*]
hazenpad ▾ het ~ kiezen *décamper*; *se sauver*; *filer*; *déguerpir*
hazenpeper *civet* m *de lièvre*
hazenrug *râble* m *de lièvre*
hazenslaapje *sommeil* m *de lièvre*; *roupillon* m
hazewind *lévrier* m [v: *levrette*]
hbo ≈ *enseignement* m *professionnel supérieur*
hé *hé*
hè *oh*; *ah*; ⟨nietwaar?⟩ *hein?*
headhunter *chasseur* m *de têtes*
heao ≈ *enseignement* m *économique et administratif supérieur*
heat SPORT *manche* v
hebbedingetje *gadget* m
hebbelijkheid *(mauvaise) habitude* v; ⟨sterker⟩ *manie* v
hebben I OV WW *avoir* ★ daar ~ we niet veel aan *cela ne nous sert pas à grand-chose*; *cela ne nous avance à rien* ★ het over iem. ~ *parler de qn* ★ heb je het tegen mij? *c'est à moi que tu parles?* ★ nu zul je het ~! *nous y voici!* ★ hoe laat ~ we het? *quelle heure est-il?* ★ hij wil het zo ~ *il le veut ainsi* ★ hij heeft iets aan zijn voet *il a mal au pied* ★ zij kan zoiets niet ~ *elle ne peut pas supporter ça* ★ iets over zich ~ *avoir un certain air* ★ iets bij zich ~ *avoir qc sur soi* ★ hij heeft niet veel (weg) van zijn vader *il ne ressemble pas beaucoup à son père* ★ hij had het niet meer van de pijn *il n'en pouvait plus de douleur* ★ willen ~ *vouloir*; *désirer* ★ terug willen ~ *réclamer* ★ zij moet niets van hem ~ *elle ne veut pas de lui*; *elle ne l'aime pas* ★ ik heb dat van X *je tiens cela de X*; *c'est X qui me l'a donné* ★ nou heb ik het! *j'y suis!* ★ het armoedig ~ *vivre misérablement* ★ het goed ~ *vivre bien* ★ daar heb je hem *le voilà* ★ daar moet ik niets van ~ *très peu pour moi* ★ liever ~ dat *préférer que* ★ het moeten ~ van *en être réduit à* ★ iets tegen iem. ~ *avoir qc / une dent contre qn* ★ wat zullen we nu ~? *qu'est-ce que c'est que ça?* ★ niet meer weten hoe men het heeft *ne plus savoir où l'on en est / sur quel pied danser* ★ dat heb je ervan! *voilà ce qui arrive!* ★ je hebt maar te gehoorzamen *tu n'as qu'à obéir* ★ je hebt er overal bos *il y a le forêt partout* ★ ik heb het niet op hem *je ne le sens pas* ★ het koud ~ *avoir froid* ▾ ~ is ~, maar krijgen is de kunst *mieux vaut tenir que courir* ▾ een klap van heb ik jou daar *un de ces coups*; *un coup comme ce n'est pas permis* **II** HWW ★ hij heeft gelogen *il a menti* ★ hij heeft zich gewassen *il s'est lavé* ★ gelachen dat we ~! *qu'est-ce qu'on a ri!* **III** ZN [het] ★ met zijn hele ~ en houden *avec armes et bagages*; *avec ses cliques et ses claques*
hebberd *égoïste* m/v
hebberig *avide*; *égoïste*
hebbes *ça y est!*; *et voilà!*
Hebreeuws I ZN [het] *hébreu* m **II** BNW m.b.t. de Hebreeërs *hébraïque*; *hébreu* [m mv: *hébreux*]
Hebriden *(îles* v mv*) Hébrides* v mv ★ op de ~ *aux Hébrides*
hebzucht *cupidité* v
hebzuchtig *avide*; *égoïste*; FORM. *cupide*
hecht I BNW • solide, vast *solide* • FIG. onverbrekelijk *solide* **II** BIJW *solidement*
hechtdraad *fil* m *de suture*
hechten I OV WW • vastmaken *attacher (***aan** *à)*; *fixer (***aan** *à, sur)*; ⟨naaien⟩ *(re)coudre*; MED. *suturer* • toekennen *accorder* ★ waarde ~ aan *accorder / attacher de la valeur à* ★ zijn goedkeuring ~ aan *approuver* **II** ON WW • vastkleven *tenir (***aan** *à)*; *adhérer (***aan** *à)* • gesteld zijn op ~ **aan** *tenir à* **III** WKD WW [+ zich] ~ **aan** *s'attacher à*
hechtenis *détention* v ★ voorlopige ~ *détention provisoire* v ★ in ~ nemen *arrêter* ★ in ~ zijn *être détenu* ★ in ~ houden *détenir*
hechting MED. *suture* v ★ ~en aanbrengen *faire des points de suture*
hechtpleister *sparadrap* m
hectare *hectare* m
hectisch *agité*; *fiévreux* [v: *fiévreuse*]; *survolté*
hectogram *hectogramme* m
hectoliter *hectolitre* m
hectometer *hectomètre* m
heden I ZN [het] *présent* m **II** BIJW *aujourd'hui*; *à présent*; *actuellement* ★ ~ ten dage *de nos jours* ★ tot op ~ *jusqu'à présent* ★ ~avond *ce soir*
hedendaags *d'aujourd'hui*; *contemporain*; *moderne*; *actuel* [v: *actuelle*]
heel I BNW • geheel *tout*; *entier* [v: *entière*] ★ de hele dag *toute la journée* ★ de hele wereld *le monde entier* ★ hele dagen werken *travailler à plein temps* • niet kapot *intact*; *en bon état*; ⟨genezen⟩ *guéri*; *entier* [v: *entière*] ★ niets heel laten van *démolir* • veel, groot ★ heel wat mensen *bien du monde* ★ het is een hele geschiedenis *c'est toute une histoire* ★ heel wat anders *tout autre chose* **II** BIJW • zeer, erg *très*; *fort* ★ heel klein *tout petit* ★ heel wat sympathieker *bien plus sympathique* • geheel en al *complètement*
heelal *univers* m
heelhuids *sain et sauf* [v: *saine et sauve*]; *indemne* ★ er ~ afkomen *s'en tirer indemne*; *l'échapper belle*; *avoir la vie sauve*
heelkunde *chirurgie* v
heelmeester *chirurgien* m ▾ zachte ~s maken stinkende wonden *aux grands maux les grands remèdes*
heemkunde ≈ *histoire* v *et folklore* m *local*
heemraadschap ≈ *district* m *de l'administration des eaux*
heen ★ heen en terug *aller et retour* ★ waar ga je heen? *où est-ce-que tu vas?* ★ nergens heen *nulle part* ★ heen en weer gaan *se balancer*; *aller et venir*; *faire les cent pas* ★ heen en weer reizen *faire la navette* ★ overal heen *partout* ★ er heen gaan *y aller* ★ over de muur heen *par-dessus le mur* ★ ik begrijp waar u heen wilt *je vois où vous voulez en venir*; *je vois à quoi vous faites allusion* ★ heen zijn *être parti* ▾ waar moet dat heen? *où allons-nous?*
heen-en-weer ▾ ik krijg het ~ van haar *elle me*

he

donne la colique ▾ krijg het ~! *va te faire voir!*
heengaan • weggaan *s'en aller; partir* • sterven *décéder* • verstrijken *passer*
heenkomen ★ een goed ~ zoeken *se sauver*
heenreis *aller* m ★ op de ~ *à l'aller*
heenweg ★ op de ~ *à l'aller*
Heer *Seigneur* m
heer • man *monsieur* m [mv: *messieurs*]; *homme* m ★ Geachte heer *Monsieur* ★ mijne heren *Messieurs* ★ de heer X *M. X* ★ de hoge heren INFORM. *les gros bonnets* • meester *maître* m; ⟨begeleider van dame⟩ *cavalier* m; ⟨landsheer⟩ *seigneur* m ★ de heer des huizes *le maître de maison* ★ ergens heer en meester zijn *être le maître / celui qui commande quelque part; avoir la haute main sur qc* • figuur in kaartspel *roi* m ▾ het heertje zijn *être impeccable; être (père) peinard* ▾ nieuwe heren, nieuwe wetten *nouveaux maîtres, nouvelles lois* ▾ mijn oude heer *mon paternel; le vieux* ▾ men kan geen twee heren dienen *on ne peut servir deux maîtres (à la fois)*
heerlijk I BNW • lekker *délicieux* [v: *délicieuse*] • prachtig, aangenaam *superbe; magnifique* • van de heer GESCH. *seigneurial* [v: *seigneuriaux*] II BIJW *délicieusement; magnifiquement* ★ ~ vinden *adorer*
heerlijkheid • iets heerlijks *délice* m ★ de hemelse ~ *la gloire (éternelle)* • gelukzaligheid *délices* v mv • gebied van landsheer *seigneurie* v
heerschap MIN. *individu* m; *type* m; *hurluberlu* m
heerschappij *pouvoir* m; *domination* v; *autorité* v; *empire* m ★ ~ hebben over *régner sur*
heersen • regeren *régner* (**over** *sur*); *gouverner*; ⟨de overhand hebben⟩ *(pré)dominer* • aanwezig zijn *régner*; ⟨v. plaag e.d.⟩ *sévir* ★ de ~de denkbeelden *les pensées qui sont à la mode*
heerser *maître* m [v: *maîtresse*]; *souverain* m [v: *souveraine*]
heerszuchtig *dominateur* [v: *dominatrice*]; *dictatorial*
hees ⟨v. persoon⟩ *enroué*; ⟨v. stem⟩ *rauque; enroué; éraillé* ★ hees worden *s'enrouer* ★ zich hees schreeuwen *s'égosiller* ★ met hese stem *d'une voix enrouée*
heester *arbuste* m
heet I BNW • warm *très chaud*; ⟨kokend⟩ *bouillant; brûlant* ★ hete luchtstreek *zone* v *torride* • scherp *piquant; pimenté* • hitsig *chaud* ★ een hete bliksem *un chaud lapin* • heftig ★ in het heetst van de strijd *au plus chaud du combat* ▾ de grond wordt me te heet onder de voeten ≈ *ça devient trop chaud ici pour moi* II BIJW • warm ★ heet drinken/eten *boire/manger chaud* • heftig ★ het ging er heet aan toe *ça a chauffé* ▾ je bent heet ⟨spel⟩ *tu brûles!*
heetgebakerd *emporté; irascible*
heethoofd *soupe* v *au lait; tête* v *chaude / brûlée; emporté* m [v: *emportée*]
hefboom *levier* m
hefbrug *pont* m *levant*; ⟨v. garage⟩ *pont* m *élévateur*
heffen • tillen *lever; élever* ★ een gewicht ~ *soulever un poids* • opleggen *lever*; ⟨innen⟩ *percevoir*; ⟨afhouden⟩ *prélever* (**op** *sur*)
heffing *levée* v; ⟨inning⟩ *perception* v; ⟨inhouding⟩ *prélèvement* m
heft *manche* m ▾ het heft in handen nemen / hebben *prendre / tenir les rênes*
heftig I BNW • onstuimig *violent; vif* [v: *vive*]; ⟨fel⟩ *intense* • hevig *fort* II BIJW • onstuimig *violemment; vivement* • hevig *fortement*
heftruck *chariot* m *élévateur*
hefvermogen *puissance* v *de levage*
heg *haie* v ▾ ergens heg noch steg weten *ne pas s'y retrouver quelque part; être perdu quelque part*
hegemonie *hégémonie* v; *suprématie* v
heggenschaar *sécateur* m *(à haie)*
hei • vlakte *bruyère* v; *lande* v • plant *bruyère* v • toestel *sonnette; bélier* m; ⟨blok⟩ *mouton* m
heibel • ruzie *bagarre* v • lawaai *boucan* m
heiblok *mouton* m *de sonnette*
heide • plant *bruyère* v • gebied *bruyère* v; *lande* v
heidebloem *fleur* v *de bruyère*
heiden *païen* m [v: *païenne*]; ⟨Bijbel⟩ *gentil* m ▾ aan de ~en overgeleverd zijn ≈ *ne pas être à la fête*
heidens • niet-christelijk *païen* [v: *païenne*] • ontzettend *infernal* [m mv: *infernaux*]
heien *enfoncer (des pilotis à la sonnette)*
heiig *vaporeux* [v: *vaporeuse*]; *brumeux* [v: *brumeuse*]
heikel *délicat*
heikneuter *plouc* m; *péquenot* m; *rustre* m
heil • welzijn *bonheur* m; *félicité* v ★ ik zie er geen heil in *je n'y vois pas l'intérêt* • redding *salut* m ★ zijn heil zoeken in de vlucht *chercher son salut dans la fuite*
Heiland *Sauveur* m
heilbot *flétan* m
heildronk *toast* m ★ een ~ uitbrengen op *porter un toast à; boire / trinquer à la santé de*
heilgymnastiek *gymnastique* v *corrective*
heilig I BNW • zonder zonde *saint* • gewijd *sacré; saint* ★ de ~e Geest *le Saint-Esprit* ★ het ~ graf *le Saint Sépulcre* ★ de ~e stad *la Ville sainte* ★ de ~e Vader *le Saint-Père* ★ de ~e Elisabeth *Sainte-Elisabeth* ★ het Heilig Hart *le Sacré-Cœur* ★ de Heilige Stoel *le Saint-Siège* ★ ~ verklaren *canoniser* ★ het Heilige der Heiligen *le Saint des saints*; FIG. *le sanctuaire* ★ het ~e land *la Terre Sainte* ★ ~e oorlog *guerre* v *sainte* ★ ~e plicht *devoir* m *sacro-saint* ★ het ~ vuur *le feu sacré* ★ bij al wat ~ is *par tout ce qu'il y a de plus sacré* ▾ dat is er nog ~ bij *par rapport au reste, ça passe encore* ▾ niets is hem ~ *rien n'est sacré pour lui* II BIJW *saintement* ▾ ~ beloven *promettre solennellement* ▾ zich ~ voornemen om *être fermement décidé de; faire vœu de*
heiligbeen *sacrum* m
heiligdom • plaats *sanctuaire* m • voorwerp *relique* v
heilige *saint* m [v: *sainte*] ★ het is geen ~ IRON. *ce n'est pas un enfant de chœur*
heiligen • wijden *consacrer* • eerbiedigen

sanctifier
heiligenleven *vie* v *de saint*; *hagiographie* v
heiligschennis *sacrilège* m; *profanation* v
heiligverklaring *canonisation* v
heilloos I BNW • geen geluk brengend *funeste*; *fatal* • verderfelijk *infâme* II BIJW *fatalement*
heilsoldaat *salutiste* m/v
heilstaat *pays* m *idéal*; *Utopie* v
heilzaam • geneeskrachtig *salutaire* • weldadig *bienfaisant*; *bénéfique*; *salubre*
heimelijk I BNW *secret* [v: *secrète*]; *inavoué* II BIJW *secrètement*; ⟨stiekem⟩ *en cachette*
heimlichmanoeuvre *manœuvre* v *de Heimlich*
heimwee *mal* m *du pays*; *nostalgie* v *(***naar** *de)*
heinde ▾ van ~ en verre *de tous côtés*; *de partout*
heipaal *pilotis* m; *pilot* m
heisa *tintouin* m; *tracas* m ★ het is een hele ~ *c'est toute une affaire*
hek • omheining *clôture* v; *barrière* v; ⟨v. ijzer⟩ *grille* v • deur *grille* v ▾ het hek is van de dam *c'est la porte ouverte à tous les excès* ▾ de hekken zijn verhangen *le vent a tourné*
hekel *aversion* v ★ een ~ hebben aan *détester*; *avoir horreur de* ★ een gloeiende ~ hebben aan *haïr comme la peste* ▾ iem. over de ~ halen *déchirer qn à belles dents*
hekeldicht *poème* m *satirique*
hekelen *critiquer vivement*; *fustiger*
hekje *dièse* m
hekkensluiter *dernier* m *(en file)* [v: *dernière*]; *lanterne* v *rouge*
heks • tovenares *sorcière* v • bijdehand meisje *chipie* v
heksen ★ ik kan niet ~ *je ne suis pas magicien!*
heksenjacht *chasse* v *aux sorcières*
heksenketel *tohu-bohu* m; *pandémonium* m
heksenkring *rond* m *de sorcières*
heksentoer *tour* m *de force* ★ het is geen ~ (om) *ce n'est pas sorcier* / *le diable (pour)*
hekserij *sorcellerie* v
hekwerk *grillage* m; *treillage* m
hel I ZN [de] *enfer* m ▾ loop naar de hel! *va te faire foutre!* ▾ de hel brak los *c'était l'enfer* / *le déchaînement général* II BNW *vif* [v: *vive*] ★ helblauw *bleu vif*
hela *holà*
helaas I BIJW *malheureusement* II TW *hélas!*
held • dapper man *héros* m [v: *héroïne*] • hoofdpersoon *héros* m [v: *héroïne*] ▾ held op sokken *poule mouillée* ▾ hij is een held in *il est fort en*; *il excelle à*
heldendaad *exploit* m; *haut fait* m; *action* v *héroïque*
heldendicht *poème* m *épique*; *épopée* v
heldenmoed *héroïsme* m
heldenrol *rôle* m *principal*
helder I BNW • duidelijk *clair* • licht *clair*; ⟨v. kleur⟩ *vif* [v: *vive*]; ⟨v. hemel⟩ *clair*; *dégagé*; *serein* • schoon *propre* • doorzichtig OOK FIG. *limpide*; ⟨v. geest/verstand⟩ *lucide* II BIJW • duidelijk *clair(ement)* • licht *clair(ement)*; *vivement*; *lucidement* ★ ~ verlicht *vivement éclairé*
helderheid • duidelijkheid *clarté* v • scherpzinnigheid *lucidité* v • zindelijkheid *propreté* v
helderziend *clairvoyant*; *extralucide*
helderziende *(clair)voyant* m [v: *(clair)voyante*]
heldhaftig I BNW *héroïque* II BIJW *héroïquement*
heldin *héroïne* v
heleboel ★ een ~... *un tas (de)* ...; *une foule* / *masse* / *multitude* / *quantité (de)* ...; INFORM. *une flopée* / *tapée (de)* .... ★ er zijn er een ~ *il y en a des tas (et des tas)*
helemaal *entièrement*; *complètement*; *tout (à fait)* ★ ~ bovenin *tout en haut* ★ ~ niet *pas du tout*; *aucunement* ★ ~ niet slecht *pas mal du tout* ★ kom je ~ daarvandaan? *tu as fait tout ce chemin?* ▾ ben je nou ~! *ça va pas la tête?*
helen I OV WW gestolen goederen kopen *receler* ▾ de tijd heelt alle wonden ≈ *le temps guérit les douleurs* II ON WW genezen *guérir*; *se cicatriser*
heler *receleur* m [v: *receleuse*]
helft *moitié* v; ⟨v. wedstrijd⟩ *mi-temps* v ★ voor de ~ van de prijs *(à) moitié prix* ★ voor de ~ *à demi*; *à moitié* ★ de ~ duurder *plus cher de moitié* ★ we zijn op de ~ *nous sommes à mi-chemin* ▾ zijn betere ~ *sa moitié*
helikopter *hélicoptère* m ★ per ~ vervoerd *héliporté*
heling • genezing *guérison* v; *cicatrisation* v • kopen van gestolen goed *recel* m
helium *hélium* m
hellebaard *hallebarde* v
Helleens *hellénique*
hellen • schuin aflopen *être* / *aller en pente* • overhangen *pencher*; *s'incliner* • neigen *incliner* / *tendre (***naar** *à)*; *pencher (***naar** *pour)*
hellenisme *hellénisme* m
helleveeg *furie* v; *mégère* v; *harpie* v
helling • het hellen *inclinaison* v • glooiing ⟨schuine oprit⟩ *rampe* v; ⟨v. berg/dak⟩ *versant* m; *côte* v; *pente* v ★ tegen de (berg)~ aan *à flanc de coteau* ★ tegen een ~ opgaan *monter* / *gravir une côte* • SCHEEPV. *cale* v; *chantier* m ▾ iets op de ~ zetten *remettre qc en question*
hellingproef *démarrage* m *en côte*
hellingsgraad *degré* m *d'inclinaison*
helm *casque* m ▾ met de helm geboren *né coiffé*
helmgras *oyat* m
helmstok *barre* v
help *au secours!* ▾ lieve help! *juste ciel!*
helpdesk *(service* m *d')assistance* v *téléphonique*
helpen • bijstaan ⟨verzorgen⟩ *soigner*; *aider (***met**, **te** *à [+ inf.])*; ⟨in nood⟩ *secourir*; ⟨assisteren⟩ *assister* ★ iem. erdoorheen ~ *tirer qn d'affaire* ★ iem. een handje ~ *donner un coup de main à qn* ★ ~ onthouden *rappeler (qc à qn)* ★ iem. uit de auto ~ *aider qn à descendre de voiture* ★ elkaar ~ *s'entraider* ★ iem. aan iets ~ *procurer qc à qn* ★ iem. aan een baantje ~ *donner un coup de piston à qn* ★ iem. ergens af ~ *débarrasser qn de qc* ★ iem. uit zijn jas ~ *débarrasser qn de son manteau* • bedienen *servir* ★ wordt u al geholpen? *on s'occupe de vous?* • baten *aider*; *être efficace*; *faire son effet* ★ wat helpt het? *à quoi bon?* ★ dat middel heeft hem geholpen *ce remède lui a fait du bien* ★ niets hielp *rien n'y faisait*

★ dat helpt tegen hoofdpijn *c'est bon pour/contre les maux de tête* ★ niet~ *rester sans effet* ★ daarmee ben ik niet geholpen *cela ne m'avancera pas* ▾ ik kan het niet~ *ce n'est pas de ma faute; je n'y peux rien* ▾ help uzelf, zo helpt u God *aide-toi, le ciel t'aidera*

helper *aide* m/v

helpscherm *fenêtre* v *d'aide*

hels I BNW • van, uit de hel INFORM. *d'enfer; infernal* [m mv: *infernaux*] ★ een hels kabaal *un tapage d'enfer* ★ helse machine *machine* v *infernale* • woedend *furieux* [v: *furieuse*]; INFORM. *furax* ★ hels worden *se fâcher tout rouge; enrager* **II** BIJW *de façon infernale; furieusement*

hem ⟨lijdend voorwerp⟩ *le*; ⟨voor klinker of stomme 'h'⟩ *l'*; ⟨meewerkend voorwerp⟩ *lui*; ⟨met nadruk / na voorzetsel⟩ *lui* ★ dat is hem *c'est lui* ▾ dat is het hem *c'est là la question; tout est là* ▾ hem zijn *être le chat*

he

hematocriet *hématocrite* m

hemd • onderhemd *maillot* m *de corps* • overhemd *chemise* v ★ nat tot op het hemd *trempé/mouillé jusqu'aux os* ▾ het hemd is nader dan de rok *charité bien ordonnée commence par soi-même* ▾ in zijn hemd staan *avoir l'air idiot / ridicule; être la risée* ▾ iem. het hemd van het lijf vragen *tirer les vers du nez à qn* ▾ in zijn hemd zetten *bafouer; ridiculiser*

hemdsmouw ★ in zijn~en *en bras / manches de chemise*

hemel • uitspansel *ciel* m [mv: *cieux*] ★ onder de blote~ slapen *dormir à la belle étoile* ★ in de~ *dans le ciel* • hiernamaals *ciel* m [mv: *cieux*] ★ in de~ *au ciel* ▾ ~ en aarde bewegen *remuer ciel et terre* ▾ in de zevende~ zijn *être aux anges / au septième ciel* ▾ iem. de~ in prijzen *porter qn aux nues* ▾ lieve~! *juste ciel!; bon Dieu!* ▾ in de~ komen *aller au ciel* ▾ door de~ gezonden *tombé du ciel* ▾ de~ mag het weten *Dieu (seul) le sait*

hemelbed *lit* m *à baldaquin*

hemelbestormer ≈ *personne* v *qui veut refaire le monde*

hemelhoog *qui s'élève jusqu'au ciel* ★ iem.~ prijzen *porter qn aux nues*

hemellichaam *astre* m; *corps* m *céleste*

hemelpoort *porte* v *du paradis / du ciel*

hemelrijk *royaume* m *céleste / des cieux*

hemels I BNW • van de hemel *céleste* • goddelijk *divin* **II** BIJW *divinement*

hemelsblauw *bleu* m *ciel*

hemelsbreed I BNW zeer groot *immense; énorme; du tout au tout* **II** BIJW • in rechte lijn *à vol d'oiseau* • enorm *immensément; énormément*

hemelsnaam ▾ in 's~! *au nom du ciel!*

Hemelvaartsdag *(jour* m *de l')Ascension* v

hemisfeer *hémisphère* m

hemofilie *hémophilie* v ★ ~patiënt *hémophile* m/v

hen I ZN [de] *poule* v **II** PERS VNW • meewerkend voorwerp *leur*; ⟨na voorzetsel⟩ *eux* [v mv: *elles*] • lijdend voorwerp *les*

hendel *levier* m; *manette* v ★ de~ overhalen *pousser / tirer la manette*

Hendrik *Henri* ▾ een brave~ *un petit saint*

hengel *canne* v *à pêche*

hengelaar *pêcheur* m *(à la ligne)* [v: *pêcheuse*]

hengelen • vissen *pêcher (à la ligne)* • ~ **naar** *quêter; quémander*

hengsel • beugel ⟨v. kist⟩ *portant* m; ⟨v. koffer/tas⟩ *poignée* v; ⟨v. emmer/mand⟩ *anse* v • scharnier *gond* m; ⟨plat⟩ *penture* v

hengst • paard *étalon* m • harde klap *beigne* v; *baffe* v

hengsten • hard slaan *cogner* • hard leren *bûcher*

henna *henné* m

hennep *chanvre* m

hepatitis *hépatite* v

her I ZN [het] herexamen *(examen* m *de) rattrapage* m **II** BIJW • geleden *depuis* ★ van jaren her *depuis des années* • hier ★ her en der *par-ci par-là; ça et là*

her- *re-*; ⟨voor klinker⟩ *ré-*

herademen *reprendre haleine; respirer*

heraldiek *héraldique* v

heraldisch *héraldique*

heraut *héraut* m

herbarium *herbier* m

herbebossen *reboiser*

herbenoemen *renommer*

herberg *auberge* v

herbergen • huisvesten *héberger; loger* • bevatten *contenir*

herbergier *aubergiste* m/v

herbewapenen *réarmer*

herbivoor *herbivore* m

herboren ★ ~ worden *renaître*

herdenken *commémorer*

herdenking *commémoration* v ★ ter~ van *en commémoration de*

herdenkingsdag *journée* v *de commémoration*

herdenkingsdienst *office* m *commémoratif*

herder • hoeder *berger* m [v: *bergère*]; ⟨geestelijke⟩ *pasteur* m ★ de Goede Herder *le Bon Berger* • hond *(chien* m *de) berger* m

herderlijk *pastoral* [m mv: *pastoraux*] ★ ~ schrijven *lettre* v *pastorale*

herdershond *(chien* m *de) berger* m

herderstasje *bourse-à-pasteur* v [mv: *bourses-à-pasteur*]

herdruk *nouvelle édition* v; *réimpression* v ★ in~ zijn *être en réimpression*

herdrukken *rééditer; réimprimer*

heremiet *ermite* m

heremietkreeft *bernard-l'(h)ermite* m [onv]

herenakkoord *gentleman's agreement* m [mv: *gentlemen's agreements*]

herenboer *gros fermier* m; *gentleman-farmer* m [mv: *gentlemen-farmers*]

herenfiets *bicyclette* v *d'homme*

herenhuis *hôtel* m *(particulier)*; *maison* v *bourgeoise*

herenigen *réunir*; POL. *réunifier*; MIL. *rallier*

hereniging *réunion* v; MIL. *ralliement* m; ⟨v. afgescheiden gebied⟩ POL. *réunification* v

herenkapper *coiffeur* m *pour hommes*

herenkleding *vêtements* m mv *homme* [mv];

⟨mode⟩ *mode* v *masculine*
herentoilet *toilettes* v mv *pour hommes*; ⟨opschrift⟩ *'messieurs'*
herexamen *(examen* m*) de rattrapage* m ★ mondeling~ *oral* m *de rattrapage*
herformuleren *reformuler*
herfst *automne* m ★ in de~ *en automne*
herfstblad *feuille* v *d'automne*
herfstdag *jour* m/*journée* v *d'automne*
herfstkleur *couleur* v *d'automne*
herfstmaand • maand in de herfst *mois* m *d'automne* • september *septembre* m
herfststorm *tempête* v *automnale*
herfsttint *ton* m *automnal*
herfstvakantie *vacances* v mv *d'automne / de (la) Toussaint*
hergebruik • recycling *recyclage* m • het opnieuw gebruiken *réemploi* m
hergebruiken *réemployer*
hergroeperen *regrouper*; ⟨herenigen⟩ *rallier*
herhaald *répété*; *renouvelé*; *réitéré* ★ ~e malen *à plusieurs reprises*; *plusieurs fois*
herhaaldelijk *à plusieurs reprises* ★ ~ voorkomen *se produire fréquemment*
herhaaltoets *touche* v *de répétition*
herhalen **I** OV WW *répéter*; FORM. *réitérer*; ⟨v. leerstof⟩ *réviser* ★ kort~ *résumer*; *récapituler* **II** WKD WW [+ zich] *se répéter*; ⟨weer gebeuren⟩ *se reproduire*
herhaling *répétition* v; FORM. *réitération* v; ⟨herhaalde oproep⟩ *rappel* m; MUZ. *reprise* v ★ bij~ *plus d'une fois* ★ in~en vervallen *se répéter* ★ in de~ *au replay*; *au ralenti*
herhalingsoefening ⟨militair⟩ MIL. *période* v *(d'instruction)*
herhalingsrecept *ordonnance* v *à renouveler*
herindelen *procéder à une nouvelle répartition*
herindeling *réaménagement* m
herinneren **I** OV WW *rappeler*; *faire penser à* ★ iem. aan iets~ *rappeler qc à qn* ★ help me eraan~ dat *fais-moi penser à* ★ je herinnert me aan mijn tante *tu me rappelles ma tante* **II** WKD WW [+ zich] *se souvenir de*; *se rappeler* ★ ik kan me er niets van~ *je n'en ai aucun souvenir* ★ zich~ dat *se souvenir que* ★ als ik mij goed herinner *si j'ai bonne mémoire*
herinnering • het herinneren *souvenir* m *(***aan** *de)*; ⟨vaag⟩ *réminiscence(s)* v (mv) *(***aan** *de)* ★ ter~ aan *en souvenir / mémoire de* ★ de~ aan haar *son souvenir* • souvenir *souvenir* m • geheugen *mémoire* v ★ iets in~ brengen *rappeler qc* • herhaalde oproep *rappel* m
herintreden *se réinsérer*
herkansing *repêchage* m
herkauwen • opnieuw kauwen *ruminer* • herhalen *rabâcher*; ⟨piekeren over⟩ *ruminer*; *remâcher*
herkauwer *ruminant* m
herkenbaar *reconnaissable (***aan** *à)*
herkennen **I** OV WW *reconnaître (***aan** *à)*; *identifier* **II** WKD WW [+ zich] ~ **in** *se reconnaître / retrouver dans*
herkenning *reconnaissance* v
herkenningsmelodie *indicatif* m
herkeuring *nouvel examen* m
herkiesbaar *rééligible* ★ zich~ stellen *solliciter le renouvellement de son mandat*; *être candidat à sa propre succession*
herkiezen *réélire*
herkomst *origine* v; *provenance* v
herleidbaar *réductible (***tot** *à)*
herleiden *réduire (***tot** *à)*; *convertir (***tot** *en)*
herleven *revivre*; *renaître* ★ doen~ *ranimer*; *raviver*
herleving *renaissance* v
hermafrodiet *hermaphrodite* m/v
hermelijn *hermine* v
hermetisch **I** BNW *hermétique* **II** BIJW *hermétiquement*
hernemen • terugnemen *reprendre* • hervatten *reprendre*
hernia • breuk *hernie* v • rugaandoening *hernie* v *discale*
hernieuwen *renouveler*; ⟨weer opvatten⟩ *renouer*
heroïek *héroïsme* m
heroïne *héroïne* v ★ aan~ verslaafde *héroïnomane* m/v
heroïnehoer *prostituée* v *toxicomane*
heroïsch *héroïque*
herontdekken *redécouvrir*
heropenen *rouvrir*
heropvoeding *rééducation* v
heroriëntatie *réorientation* v
heroveren *reconquérir (***op** *sur)*; ⟨herwinnen⟩ *regagner*; *reprendre*
heroverwegen *reconsidérer*
herpes *herpès* m
herrie • lawaai *tapage* m; *boucan* m; *vacarme* m; *ramadam* m; ⟨keet⟩ *chahut* m ★ ~ maken/schoppen *faire du boucan / tapage*; *casser les vitres*; *chahuter* • ruzie *bagarre* v
herrieschopper *tapageur* m [v: *tapageuse*]; ⟨in klas⟩ *chahuteur* m [v: *chahuteuse*]
herrijzen *se relever*; *ressusciter*
herrijzenis *résurrection* v
herroepen ⟨v. besluit⟩ *révoquer*; ⟨v. uitlating⟩ *désavouer*; *rétracter* ★ zijn woorden~ *se dédire*; *se rétracter*
herscheppen *refaire*; *recréer*; *transformer (***in** *en)*
herschikken *réarranger*; *ajuster*
herscholen *recycler*
herscholing *recyclage* m; *rééducation* v
herschrijven *réécrire*; ⟨omwerken⟩ *remanier*
hersenbeschadiging *lésion* v *cérébrale*
hersenbloeding *hémorragie* v *cérébrale*
hersenbreker *casse-tête* m [mv: *casse-tête(s)*]
hersendood *coma* m *dépassé*; *mort* v *cérébrale*
hersenen • orgaan ⟨substantie⟩ *cervelle* v; *cerveau* m ★ kleine~ *cervelet* m • hersenpan *crâne* m ★ iem. de~ inslaan *casser la tête à qn* • verstand *cerveau* m ★ jij hebt een goed stel ~ *tu as de la tête*
hersengymnastiek *gymnastique* v *cérébrale*
hersenhelft *hémisphère* m *cérébral*
hersenkronkel *raisonnement* m *tortueux*
hersenloos **I** ZN [de] *écervelé* **II** BNW *écervelé*; *étourdi* ★ ~ maken *décerveler* **III** BIJW *sans cervelle*
hersenpan *boîte* v *crânienne*; *crâne* m
hersens • → **hersenen**
hersenschim *chimère* v; *vision* v ▾ ~men

najagen *caresser des chimères / des projets chimériques*
hersenschudding *commotion* v *cérébrale*
hersenspinsel *chimère* v
hersenspoelen INFORM. *bourrer le crâne à*
hersenspoeling *lavage* m *de cerveau*
hersentumor *tumeur* v *cérébrale*
hersenverweking *ramollissement* m *cérébral*
hersenvlies *méninge* v
hersenvliesontsteking *méningite* v
herstel • beterschap ECON. *redressement* m; *rétablissement* m; ⟨economie⟩ *reprise* v • reparatie *réparation* v; *remise* v *en état* • het weer instellen *rétablissement* m • vergoeding *réparation* v
herstelbetaling ★ ~en *réparations* v mv
herstellen I OV WW • repareren *réparer*; *remettre en état* • goedmaken *réparer*; ⟨corrigeren⟩ *rectifier* • in de oude staat brengen *rétablir*; FORM. *restaurer* ★ in zijn eer ~ *réhabiliter* II ON WW genezen *guérir*; *se rétablir*; *se remettre* **(van de)** ★ ~de *convalescent* III WKD WW [+ zich] *se rétablir*; ⟨opleven⟩ *se redresser*; ⟨zelfbeheersing hervinden⟩ *se ressaisir*
herstellingsoord *maison* v *de santé*
herstelwerkzaamheden *travaux* m mv *de réfection* [mv]
herstructureren *restructurer*
herstructurering • *restructuration* v • ECON. *redéploiement* m
hert *cerf* m; ⟨ree⟩ *chevreuil* m ★ hertje *faon* m
hertenkamp *parc* m *aux cerfs*
hertenleer *daim* m
hertog *duc* m
hertogdom *duché* m
hertogin *duchesse* v
hertrouwen *se remarier*
hertz *hertz* m
heruitgave *réédition* v
hervatten *reprendre*
herverdelen *redistribuer*
herverkaveling *remembrement* m
herverkiezing *réélection* v
herverzekeren *réassurer*
hervormd *réformé*
hervormen *réformer*
hervorming • het hervormen *réforme* v • REL. *Réforme* v
herwaarderen *revaloriser*; *réévaluer*
herwinnen • heroveren *regagner*; *reprendre* • uit recycling verkrijgen *récupérer*
herzien *revoir*; *réviser*
herziening *révision* v
hes *blouse* v
hesp *jambon* m
het I PERS VNW ⟨als onderwerp⟩ *ce* [vóór klinker of stomme h: c']; ⟨als lijdend voorwerp⟩ *le* [v: *la*] [vóór klinker of stomme h: l']; ⟨als meewerkend voorwerp⟩ *lui* ★ hij is het *c'est lui* ★ daar heb je het (al) *ça y est* II ONB VNW *la chose*; *il*; ⟨aanwijzend vnw⟩ *ça* ★ het moet *il le faut* ★ het sneeuwt *il neige* III LIDW *le* [v: *la*]; ⟨voor klinker of stomme 'h'⟩ *l'* ★ het eerst *le premier* ★ het mooist *le plus beau* ★ dat is hét antwoord *c'est la bonne réponse*
heteluchtballon *montgolfière* v
heteluchtkachel *calorifère* m *à air chaud*
heteluchtoven *four* m *à chaleur pulsée*
heten I OV WW noemen *appeler* ★ iem. welkom ~ *souhaiter la bienvenue à qn* II ON WW • een naam dragen ⟨v. boek⟩ *s'intituler*; *s'appeler*; ⟨v. boek⟩ *être intitulé* ★ hoe heet hij? *comment s'appelle-t-il?* • beweerd worden ★ naar het heet *comme on dit* ★ het heet dat hij onschuldig is *on le dit innocent* ★ zoals het heet *comme on dit* ▾ wat heet! *tu parles!*; *c'est le moins qu'on puisse dire*
heterdaad ★ op ~ betrappen *prendre sur le fait / en flagrant délit*; INFORM. *prendre la main dans le sac*
hetero I ZN [de] *hétéro* m/v II BNW *hétérosexuel* [v: *hétérosexuelle*]
heterofiel I ZN [de] *hétérosexuel* m; *hétérosexuelle* v II BNW *hétérosexuel* [v: *hétérosexuelle*]
heterogeen *hétérogène*
heteroseksueel I ZN [de] *hétérosexuel* m; *hétérosexuelle* v II BNW *hétérosexuel* [v: *hétérosexuelle*]
hetgeen ⟨als onderwerp⟩ *ce qui*; ⟨als lijdend voorwerp⟩ *ce que*
hetze *campagne* v *(de diffamation)*
hetzelfde *le même* [v: *la même*]; ⟨zelfstandig⟩ *la même chose* ★ het is mij ~ *cela m'est égal* ★ op ~ neerkomen *revenir au même* ★ dat is voor hen ~ *c'est pareil pour eux* ★ ~ doen *en faire autant* ▾ van ~! *(vous) de même!*
hetzij *soit*
heug ▾ tegen heug en meug *à contrecœur*
heugen ★ het heugt me dat *je me souviens que* ★ dat zal je ~ *tu t'en souviendras*
heuglijk • verheugend *heureux* [v: *heureuse*] • gedenkwaardig *mémorable*
heulen ~ **met** *collaborer avec*
heup *hanche* v ★ het op de heupen hebben *avoir sa crise*; *être déchaîné*
heupbroek *pantalon* m *(à) taille basse*
heupfles *flasque* v
heuptasje INFORM. *banane* v
heupwiegen *se dandiner*; *rouler des hanches*
heupwijdte *tour* m *de hanches*
heupzwaai *mouvement* m *de hanche*
heus I BNW • echt *vrai*; *véritable* ★ een heuse edelsteen *une véritable pierre précieuse* ★ een heuse gravin *une vraie comtesse* • beleefd *poli*; *honnête*; *courtois* II BIJW • echt *vraiment*; *pour de bon* ★ het is heus waar *je vous assure que c'est vrai* ★ ik bewonder hem, heus! *je l'admire, mais beaucoup!* ★ heus? *bien sûr?*; *sûr?* • beleefd *honnêtement*; *poliment*; *avec courtoisie*; *avec bienveillance*
heuvel *colline* v; ⟨klein⟩ *butte* v
heuvelachtig *vallonné*; *accidenté*
heuvelland *région* v *vallonnée*
hevel *siphon* m
hevig I BNW • intens *fort*; *vif* [v: *vive*]; *intense* ★ ~e pijn *douleur aiguë*; *vive douleur* • heftig *violent*; *fort* II BIJW *violemment*; *fortement*; *vivement*
hiaat *lacune* v; *omission* v; *manque* m
hiel *talon* m ★ op de hielen zitten *serrer de près*;

être sur les talons de; *talonner* ▾ de hielen lichten *montrer / tourner les talons* ▾ iemands hielen likken *cirer / lécher les bottes à qn*
hielenlikker *lèche-bottes* m [onv]; *fayot* m
hielprik ⟨PKU-CHT-prik⟩ *test* m *de Guthrie*
hier *ici* ★ hier ben ik *me voici* ★ hier te lande *dans ce pays*; *chez nous* ★ tot hier toe *jusqu'ici* ★ hier aanwezig *ci-présent* ★ hier op aarde *ici-bas* ★ hier (heb je het)! *voici!*; *tiens!* ▾ hier en daar *par-ci, par-là*; *par endroits*
hieraan *à ceci*; *à cela*; *y*; *en* ★ denk ~ *pensez-y* ★ ~ valt niet te twijfelen *il n'y a pas de doute là-dessus*
hierachter *derrière* ▾ wat steekt ~? *qu'y a-t-il derrière tout cela?*; *qu'y a-t-il là-dessous?*
hiërarchie *hiérarchie* v
hiërarchisch I BNW *hiérarchique* II BIJW *hiérarchiquement*
hierbij *par la présente*; ⟨hierbij ingesloten⟩ *ci-joint*; *ci-inclus*; *sous ce pli*
hierbinnen *à l'intérieur*; *dedans*
hierboven *au-dessus* ★ zie ~ *voir ci-dessus / plus haut*
hierbuiten *à l'extérieur*; *dehors*
hierdoor • hier doorheen *par ici* • door deze oorzaak *de ce fait*; *ainsi*
hierheen *par ici*; *de ce côté-ci*
hierin • in deze plaats *ici*; *(là-)dedans* • wat dit betreft *sur ce point*; *en cela*
hierlangs *par ici*
hiermee *avec ceci*; *avec cela*
hierna *après cela*; *ensuite* ★ ~ te noemen/ ~ volgend *ci-après* ★ de dag ~ *le lendemain*
hiernaast *à côté d'ici*; ⟨in tekst⟩ *ci-contre*
hiernamaals *au-delà* m [onv]; *autre monde* m
hiëroglief *hiéroglyphe* m
hierom *c'est pourquoi*
hieromheen *(tout) autour*
hieromtrent *à cet égard*; *à ce sujet*
hieronder • onder het genoemde ★ wat verstaat u ~ *qu'entendez-vous par là?* • onder deze plaats *en-dessous*; *au-dessous* ★ zie ~ *voir plus bas*; *voir ci-dessous* • verderop *ci-dessous*; *plus loin* • erbij zijnd *parmi eux* [v: *parmi elles*]
hierop • bovenop dit *là-dessus*; *sur* • hierna *après*; *là-dessus*; *ensuite*
hierover • hier overheen *là-dessus* • omtrent *à ce sujet*
hiertegen *contre cela* ★ zich ~ verzetten *s'y opposer*
hiertoe • tot dit doel *pour cela*; *à cet effet* • tot hier toe *jusqu'ici*
hiertussen *entre ceux-ci*; *entre les deux*
hieruit *d'ici*; *de là*; *en*
hiervan *en*; *de cela*
hiervandaan *d'ici*
hiervoor • in ruil voor *en échange*; *pour cela* • vóór het genoemde ⟨plaats⟩ *devant*; ⟨plaats in tekst⟩ *ci-dessus*; ⟨plaats in tekst⟩ *plus haut*; ⟨tijd⟩ *auparavant* ★ zoals ik ~ gezegd heb *comme je l'ai dit plus haut*; *comme je l'ai dit avant* • hiertoe *pour cela*; *à cet effet*
hifi *hi-fi* [onv]
hifi-installatie *chaîne* v *hi-fi*
high ★ high zijn *planer*
high society *haute société* v
hightech I ZN [de] *high-tech* m; *technologie* v *de pointe* II BNW *high-tech* [onv]
hij I ZN [de] *mâle* m; ⟨v. jongen⟩ *garçon* m II PERS VNW *il*; ⟨met nadruk⟩ *lui* ★ hijzelf *lui-même* ★ hij heeft het gedaan *c'est lui qui l'a fait* ★ hij start niet *elle ne démarre pas* ★ hij die *celui qui*
hijgen *souffler*; *haleter*
hijger OMSCHR. *obsédé* m *sexuel tenant des propos obscènes au téléphone*
hijs ▾ het is een hele hijs *c'est un sacré boulot*
hijsblok *poulie* v
hijsen • omhoog trekken *hisser* • stevig drinken *lever le coude*; *picoler*
hijskraan *grue* v
hik *hoquet* m
hikken *avoir le hoquet* ▾ ergens tegenaan ~ *rechigner / renâcler à qc*
hilarisch ⟨vrolijk⟩ *hilare*; ⟨komisch⟩ *hilarant*
hilariteit *hilarité* v
hinde *biche* v
hinder *embarras* m; *gêne* v; ⟨overlast⟩ *dérangement* m
hinderen • belemmeren *entraver*; *gêner*; *embarrasser* • bezwaarlijk zijn *déranger*; *gêner*; *incommoder* ★ dat hindert niet *ça ne fait rien* ★ dat mag niet ~ *qu'à cela ne tienne* • dwarszitten *contrarier*
hinderlaag ⟨valstrik⟩ *guet-apens* m [mv: *guets-apens*]; *piège* m; *embuscade* v ★ in ~ *en embuscade* ★ in een ~ lokken / vallen *attirer / tomber dans une embuscade*
hinderlijk I BNW • belemmerend *gênant*; *embarrassant* • storend *ennuyeux* [v: *ennuyeuse*]; *gênant*; ⟨irritant⟩ *agaçant* II BIJW *de façon gênante / agaçante*
hindernis FIG. *entrave* v; *obstacle* m ★ een ~ nemen *franchir un obstacle*
hindernisbaan *parcours* m *d'obstacles*
hindernisloop *course* v *d'obstacles*
hinderpaal *obstacle* m; *entrave* v
Hinderwet ≈ *législation* v *sur les nuisances*
hindoeïsme *hindouisme* m
hinkelen *aller/sauter à cloche-pied*; ⟨spel⟩ *jouer à la marelle*
hinken *boiter*; *clopiner* ★ al ~d *clopin-clopant* ▾ op twee gedachten ~ *ne savoir sur quel pied danser*; *être partagé*
hinkepoot *boiteux* m [v: *boiteuse*]
hink-stap-sprong *triple saut* m
hinniken *hennir* ★ het ~ *hennissement* m
hint *suggestion* v; ⟨tip⟩ *tuyau* m [mv: *tuyaux*]; ⟨verkapt verzoek⟩ *appel* m *du pied*; *invite* v
hip *branché*; *in*
hiphop *hip-hop* m
hippen *sautiller*
hippie *baba cool* m/v; *hippie* m/v
historicus *historien* m [v: *historienne*]
historie *histoire* v
historieschilder *peintre* m *d'histoire*
historiestuk • schilderij *tableau* m *historique* [m mv: *tableaux historiques*] • toneelstuk *pièce* v *historique*
historisch I BNW *historique* II BIJW *historiquement*

hit • succesvol nummer *tube* m • paard *bidet* m
hitparade *hit-parade* m [mv: *hit-parades*]; *top* m *cinquante*
hitsig • driftig *ardent* • geil *lubrique*; *chaud* ⋆ een ~ type *un chaud lapin*
hitte *chaleur* v; FIG. *ardeur* v ⋆ in de ~ van het gevecht *dans le feu de la bataille*
hitteberoerte *coup* m *de chaleur*
hittebestendig *réfractaire*; *résistant à la chaleur*; TECHN. *thermorésistant*
hittegolf *vague* v *de chaleur*; *canicule* v
hitteschild *bouclier* m *thermique*
hiv ⟨virus m de l'immunodéficience humaine⟩ *HIV* m
ho *holà*; *halte-(là)!*; *non mais (des fois)!*
hoax *hoax* m
hobbel • oneffenheid *bosse* v • FIG. obstakel *obstacle* m
hobbelen *cahoter*
hobbelig *cahoteux* [v: *cahoteuse*]; *raboteux* [v: *raboteuse*]
hobbelpaard *cheval* m *à bascule*
hobbezak • kledingstuk *vêtement* m *informe* • persoon *personne* v *fagotée comme un sac*
hobby *hobby* m; *passe-temps* m [onv]; *loisirs* m mv; *passion* v
hobo *hautbois* m
hoboïst *hautboïste* m/v
hockey *hockey* m
hockeyen *jouer au hockey*
hockeystick *crosse* v *de hockey*
hocus pocus I ZN [de] *abracadabra* m **II** TW *abracadabra*; *passez muscade*
hoe I BIJW • op welke wijze *comment*; *de quelle manière* ⋆ hoe dan ook *de toute façon*; *quoi qu'il en soit* • op welke grond *comment* ⋆ hoe komt het dat ... *comment se fait-il que* [+ subj.] • in welke mate *combien*; *à quel point*; *comme*; *que* ⋆ hoe oud is hij? *quel âge a-t-il?* ⋆ hoe laat is het? *quelle heure est-il?* ⋆ hoe ver is het naar Y? *combien y a-t-il d'ici à Y?* ⋆ hoe hij ook studeert *il a beau étudier* ⋆ hoe lang is ... *de quelle longueur est ...* ⋆ hoe lang is het geleden dat ... *il y a combien de temps que ...* ⋆ hoe lang woont u hier al? *depuis combien de temps habitez-vous ici?* ⋆ hoe rijk hij ook is *si riche qu'il soit* • welke, wat voor ⋆ hoe heet je? *comment tu t'appelle?* ▾ hoe eerder hoe beter *le plus tôt sera le mieux* ▾ het gaat hoe langer hoe beter *ça va de mieux en mieux* ▾ hoe meer ..., des te meer ... *plus ..., plus ...* **II** ZN [het] ⋆ het hoe en waarom willen weten *chercher le pourquoi et le comment*
hoed *chapeau* m [mv: *chapeaux*]; ⟨bolhoed⟩ *melon* m ⋆ hoge hoed *haut-de-forme* m ⋆ zijn hoed afzetten *se découvrir* ⋆ daar neem ik mijn hoed voor af! *(je tire mon) chapeau!*; *chapeau bas!* ▾ onder één hoedje spelen met iem. *être / agir de connivence avec qn* ▾ hij weet van de hoed en de rand *il connaît la musique*
hoedanigheid • aard *qualité* v ⋆ in de ~ van *en qualité de* • functie *qualité* v
hoede • voorzichtigheid ⋆ op zijn ~ zijn *se tenir sur ses gardes*; *se méfier* • bescherming *garde* m ⋆ onder zijn ~ hebben/nemen *avoir/prendre sous sa garde*; *se charger de*
hoeden I OV WW *garder* **II** WKD WW [+ zich] *se méfier (voor de)*; *se garder (voor de)*
hoedenplank *porte-chapeaux* m [onv]; ⟨in auto⟩ *plage* v *arrière*
hoef *sabot* m
hoefdier *ongulé* m
hoefgetrappel *piétinement* m
hoefijzer *fer* m *(à cheval)*
hoefsmid *maréchal-ferrant* m [mv: *maréchaux-ferrants*]; *ferreur* m
hoegenaamd ⋆ ~ niet *absolument pas*; *(ne ...) guère* ⋆ ~ niets *absolument rien*
hoek • ruimte *coin* m ⋆ het huis op de hoek *la maison du coin* ⋆ de hoek omslaan *tourner le coin*; *tourner au coin de la rue* • kant *coin* m ⋆ uit die hoek *de ce côté* • WISK. *angle* m ⋆ dode hoek *angle mort* ⋆ aanliggende / overstaande hoek *angle adjacent / opposé (par le sommet)* ⋆ platte / rechte / scherpe / stompe hoek *angle plat / droit / aigu / obtus* ⋆ een hoek maken met *faire angle avec* ▾ iem. in de hoek drijven *coincer qn* ▾ in alle hoeken en gaten *dans tous les coins et recoins* ▾ het hoekje omgaan *casser sa pipe* ▾ iem. alle hoeken van de kamer laten zien *en faire voir à qn* ▾ weten uit welke hoek de wind komt *savoir d'où vient le vent* ▾ royaal uit de hoek komen *se montrer généreux*; *faire preuve de générosité* ▾ zich niet in de hoek laten drukken *ne pas se laisser faire*
hoekhuis *maison* v *qui fait l'angle*
hoekig • met hoeken *anguleux* [v: *anguleuse*] • stuntelig *gauche*
hoekkast *armoire* v *de coin*
hoekpunt *sommet* m *(d'un angle)*
hoekschop *corner* m ⋆ een ~ nemen *tirer un corner*
hoeksteen OOK FIG. *pierre* v *angulaire*; FIG. *clef* v *de voûte*
hoektand *canine* v
hoekwoning *maison* v *qui fait l'angle*
hoelang *combien de temps* ⋆ tot ~? *jusqu'à quand?*
hoen *poule* v
hoenderhok *poulailler* m
hoepel *cerceau* m [mv: *cerceaux*]; *cercle* m
hoepelrok *crinoline* v
hoepla *hop!*
hoer *pute* v; *putain* v
hoera *hourra*
hoerenbuurt *quartier* m *rouge*
hoerenjong *fils* m *de pute*
hoerenkast *bordel* m
hoerenmadam *maquerelle* v
hoerig I BNW *de pute* **II** BIJW *comme une pute*
hoes *housse* v; ⟨v. plaat/cd⟩ *pochette* v
hoeslaken *drap-housse* m [mv: *draps-housses*]
hoest *toux* v
hoestbui *accès* m / *quinte* v *de toux*
hoestdrank *sirop* m *pectoral / contre la toux*
hoesten *tousser*
hoeve *ferme* v
hoeveel *combien* ⋆ ~ boeken? *combien de livres?* ⋆ met ~ zijn we? *on est combien?*

hoeveelheid *quantité* v
hoeveelste • rangorde *combien* ★ de~ is het vandaag? *le combien sommes-nous?* • welk deel ★ het~ deel van *quelle partie de*
hoeven I OV WW moeten *devoir* ★ je hoeft het maar te vragen *tu n'as qu'à demander* **II** ON WW nodig zijn *être nécessaire* ★ het hoeft niet *ce n'est pas la peine* ★ voor mij hoeft het niet meer *j'ai déjà donné*
hoeverre ★ in~ *à quel point*; *dans quelle mesure*
hoewel *quoique* [+ subj.]; *bien que* [+ subj.] ★ ~ ...! *encore que!*
hoezeer I BIJW *à quel point*; *combien* **II** VW *bien que* [+ subj.]; ⟨+ subj.⟩ *quoique* [+ subj.]
hoezo *comment ça?*
hof I ZN [het] • verblijf van vorst *cour* v • gerechtshof *cour* v ▾ iem. het hof maken *faire la cour à qn* **II** ZN [de] *jardin* m; *cour* v
hofdame *dame* v *d'honneur*
hoffelijk I BNW *courtois* **II** BIJW *courtoisement*
hoffelijkheid *courtoisie* v
hofhouding *cour* v
hofje *hospice* m *(organisé autour d'une cour)*
hofleverancier *fournisseur* m *de la cour*
hofmaarschalk *majordome* m
hofmeester *maître* m *d'hôtel*; *steward* m
hofnar *bouffon* m *du roi*
hoge • duikplank *grand plongeoir* m • persoon *grand* m; INFORM. *grosse légume* v
hogedrukgebied *anticyclone* m
hogedrukpan *autocuiseur* m
hogedrukreiniger *nettoyeur* m *haute pression*
hogedrukspuit *pistolet* m *haute pression*
hogepriester *grand prêtre* m
hogerhand ★ van~ *d'en haut*; *en haut lieu*; *de la part des autorités*
hogerop • hoger *plus haut* ★ ~ willen *vouloir monter* • bij een hogere instantie ★ het~ zoeken *s'adresser en haut lieu*; JUR. *se pourvoir*
hogeschool *école* v *supérieure*; ⟨dressuur⟩ *haute école* v
hogesnelheidstrein *train* m *à grande vitesse*; *TGV* m
hoi • hallo *salut* • hoera *bravo!*
hok • bergplaats *cagibi* m; *remise* v; *débarras* m • kot *taudis* m • dierenhok *cabane* v; ⟨v. hond⟩ *niche* v; ⟨v. kippen⟩ *poulailler* m
hokje • vakje *case* v • klein hok *cabine* v ▾ iem. in een~ duwen *mettre une étiquette à qn*
hokjesgeest *(esprit* m *de) cloisonnement* m
hokken • samenwonen *vivre ensemble / maritalement* • haperen *bafouiller* ▾ bij elkaar ~ *faire bande à part*
hol I ZN [de] ▾ op hol slaan OOK FIG. *prendre le mors aux dents*; *s'emballer* **II** ZN [het] • schuilplaats *repaire* m • verblijf van dier *tanière* v; ⟨v. muis⟩ *trou* m; ⟨v. leeuw⟩ *antre* m; ⟨v. konijn⟩ *terrier* m • grot *caverne* v; *grotte* v ▾ zich in het hol van de leeuw wagen *se jeter dans la gueule du loup* **III** BNW *creux*; FORM. *cave*; ⟨v. lens⟩ *concave* ★ holle stem *voix* v *caverneuse* ▾ in het holst van de nacht *au milieu de la nuit*; *en pleine nuit* **IV** BIJW ★ hol klinken *sonner creux*
holbewoner *troglodyte* m; ⟨holenmens⟩ *homme* m *des cavernes*
holding *holding* m
Holland *la Hollande* v ★ in~ *en Hollande*
Hollander *Hollandais* m [v: *Hollandaise*]
hollen *courir* ★ achter iem. aan~ *courir après qn* ▾ het is met hem~ of stilstaan *il passe d'une extrémité à l'autre* ▾ ~de inflatie *inflation* v *galopante*
holletje ▾ op een~ *au pas de course*; *au trot*
holocaust *holocauste* m
hologram *hologramme* m
holrond *concave*
holster *gaine* v; ⟨v. zadel⟩ *fonte* v
holte • holle ruimte *creux* m; *cavité* v; ⟨oogholte⟩ *orbite* v • uitholling *excavation* v
hom *laite* v; *laitance* v
homeopaat *homéopathe* m/v
homeopathie *homéopathie* v
homeopathisch *homéopathique*
homepage *page* v *d'accueil*
homerisch *homérique*
homerun *home-run* m
hometrainer *home-trainer* m [mv: *home-trainers*]
hommage *hommage* m
hommel *bourdon* m; ⟨dar⟩ *faux bourdon*
hommeles *embêtement* m ★ het is~ *le torchon brûle* ★ dat wordt~ *ça va chauffer*; *bonjour les dégâts!*
homo *homo* m
homobar *bar* m *gay / spécialisé*
homobeweging *mouvement* m *gay*
homofiel I ZN [de] *homosexuel* m [v: *homosexuelle*] **II** BNW *homosexuel* [v: *homosexuelle*]
homofilie *homosexualité* v
homofoob *homophobe*
homogeen *homogène*
homoniem I ZN [het] *homonyme* m **II** BNW *homonyme*
homonymie *homonymie* v
homoseksualiteit *homosexualité* v
homoseksueel *homosexuel* [v: *homosexuelle*]; *inverti*
homp *gros morceau* m [mv: *gros morceaux*]; ⟨brood⟩ *quignon* m *de pain*
hond *chien* m [v: *chienne*] ▾ blaffende honden bijten niet *chien qui aboie ne mord pas* ▾ men moet geen slapende honden wakker maken *il ne faut pas réveiller le chat qui dort* ▾ wie een hond wil slaan, vindt licht een stok *qui veut noyer son chien l'accuse de la rage*; *tous les prétextes sont bons* ▾ de gebeten hond zijn *être le souffre-douleur*; *porter le chapeau*; *écoper* ▾ daar lusten de honden geen brood van *comme ce n'est pas permis* ▾ bekend als de bonte hond *connu comme le loup blanc* ▾ er zijn meer honden die Fikkie heten *il y a plus d'un âne à la foire qui s'appelle Martin* ▾ commandeer je hondje! *je ne suis pas ton chien!* ▾ als twee honden vechten om een been, loopt de derde ermee heen *(c'est) le troisième larron*
hondenasiel • *chenil* m • *fourrière* v
hondenbaan *métier* m *de chien*; *sale métier* m
hondenbelasting *taxe* v *sur les chiens*
hondenbrokken *croquettes* v mv

ho

hondenhok *niche* v; ⟨kennel⟩ *chenil* m
hondenleven *vie* v *de chien*
hondenpoep *crotte(s)* v (mv) *de chien*
hondentrimmer *spécialiste* m/v *du nettoyage des chiens*
hondenweer *temps* m *de chien*
honderd I TELW *cent* **II** ZN [het] ★ bij ~en *par centaines* ★ ~en mensen *des centaines de gens* ▾ de boel in het ~ laten lopen *faire tout échouer* ▾ dat loopt in het ~ *tout va de travers; tout s'embrouille; rien ne va plus*
honderdduizend *cent mille* ★ ~en *des centaines de milliers*
honderdduizendste • *cent millième* • → **achtste**
honderdje *billet* m *de cent (euros)*
honderdste • *centième* • → **achtste**
honderduit ▾ ~ praten *ne pas arrêter de parler* ▾ ~ vragen *poser mille questions*
honds *insolemment* ★ ~brutaal *très grossier* ★ iem. ~ behandelen *traiter qn comme un chien*
hondsberoerd *patraque; malade comme un chien*
hondsbrutaal *grossier* [v: *grossière*]; *effronté; gonflé*
hondsdagen *canicule* v
hondsdolheid *rage* v ★ tegen de ~ *antirabique*
hondsdraf *lierre* m *terrestre*
hondsmoe *crevé*
Honduras *le Honduras* ★ in ~ *au Honduras*
honen *bafouer; outrager*
honend *sarcastique; narquois; railleur* [v: *railleuse*]; *outrageant*
Hongaar *Hongrois* m [v: *Hongroise*]
Hongaars I ZN [het] taal *hongrois* m **II** BNW m.b.t. Hongarije *hongrois*
Hongarije *la Hongrie* ★ in ~ *en Hongrie*
honger *faim* v ★ grote ~ hebben *avoir très faim / grand-faim; mourir de faim; être affamé* ★ ~ lijden *souffrir de la faim* ▾ ~ maakt rauwe bonen zoet *il n'est sauce que d'appétit* ▾ ~ hebben als een paard *avoir une faim de loup*
hongerdood ★ de ~ sterven *mourir de faim*
hongeren • honger lijden *avoir faim; être affamé* • verlangen ★ ~ naar *aspirer à; être avide de*
hongerig *affamé* ★ ~ zijn *avoir faim* ★ ~ naar *affamé de*
hongerklop *fringale* v
hongerlijder • armoedzaaier *crève-la-faim* m/v [onv]; *miséreux* m • iem. die honger lijdt *affamé* m
hongerloon *salaire* m *de misère / de famine*
hongeroedeem *oedème* m *de dénutrition*
hongersnood *famine* v
hongerstaking *grève* v *de la faim*
hongerwinter *hiver* m *de disette*
honing • nectar *nectar* m ★ ~ winnen *butiner* • bijenproduct *miel* m
honingblond *doré*
honingraat *rayon* m
honingzoet I BNW • zeer zoet *miellé; sucré* • vleierig *mielleux* [v: *mielleuse*] **II** BIJW *mielleusement*
honk • thuis *chez soi* m • SPORT *base* v
honkbal *base-ball* m
honkbalknuppel *batte* v *de base-ball*
honkballen *jouer au base-ball*
honkvast *casanier* [v: *casanière*]; *sédentaire*
honnepon *mignon* m [v: *mignonne*]
honneurs *honneurs* m mv ★ de ~ waarnemen *faire les honneurs de la maison*
honorair *honoraire*
honorarium *honoraires* m mv
honoreren • belonen *rémunérer* • gestand doen *honorer*
hoofd • lichaamsdeel *tête* v ★ met opgeheven ~ *la tête haute* ★ een ~ groter zijn dan iem. *dépasser qn d'une tête* ★ op zijn ~ staan *faire le poirier* • verstand ★ zich iets uit het ~ zetten *s'ôter qc de la tête; oublier qc* ★ het is mij door het ~ gegaan *cela m'est complètement sorti de la tête; cela m'est passé par la tête* ★ te veel aan het ~ hebben *avoir trop de choses en tête* ★ niet goed bij het ~ zijn *ne pas avoir toute sa tête* ★ je bent niet goed bij je ~! *ça va pas la tête?* ★ zich in het ~ halen *se mettre dans la tête* ★ iets uit zijn ~ kennen/leren *savoir/apprendre qc par cœur* ★ uit het ~ rekenen *faire du calcul mental* ★ hij is er met zijn ~ niet bij *il a la tête ailleurs; il n'est pas à ce qu'il fait* ★ dat maalt / spookt me door het ~ *cela me hante* ★ iem. iets naar het ~ slingeren *jeter / lancer qc à la tête de qn* ★ hoe haal je het in je ~! *qu'est-ce qui te prend?* • persoon ★ per ~ *par tête; par personne* • voorste/bovenste gedeelte *tête* v ★ aan het ~ van de tafel zitten *présider la table* ★ zich aan het ~ zetten van *se mettre à la tête de* • bestuur(der) *chef* m ★ ~ van het gezin *chef de famille* ★ ~ van een school *directeur d'école* ★ aan het ~ staan van *être à la tête de* • briefhoofd *en-tête* m [mv: *en-têtes*] ★ aan het ~ van de brief *en tête de la lettre* ▾ iem. voor het ~ stoten *offenser qn; rebuter qn* ▾ iem. het ~ op hol brengen *tourner la tête à qn* ▾ over het ~ zien *ne pas remarquer; négliger; oublier* ▾ uit ~e van *en vertu de; du fait de* ▾ het ~ laten hangen *baisser la tête;* FIG. *baisser les bras* ▾ ik heb dat over het ~ gezien *cela m'a échappé* ▾ de ~en bij elkaar steken *se concerter* ▾ het ~ verliezen *perdre la tête* ▾ uit dien ~e *de ce chef* ▾ het ~ bieden aan *tenir tête à; faire face à* ▾ mijn ~ staat er niet naar *je n'ai pas la tête / l'esprit à ça* ▾ zich het ~ breken (met/over) *se casser la tête (à/sur)* ▾ naar het ~ stijgen *monter à la tête* ▾ mijn ~ loopt om *je ne sais où donner de la tête* ▾ het ~ boven water houden *tenir (bon); se maintenir; ne pas sombrer* ▾ uit zijn ~ zetten *bannir; chasser* ▾ iem. boven het ~ groeien *dépasser qn* ▾ zoveel ~en, zoveel zinnen *autant de têtes, autant d'avis* ▾ er een hard ~ in hebben *être pessimiste sur; avoir des doutes sur; être / rester sceptique* ▾ je kon er over de ~en lopen *il y avait foule* ▾ dat hangt ons boven het ~ *c'est à quoi on peut s'attendre; c'est ce qui nous menace;* INFORM. *ça nous pend au nez*
hoofd- ⟨voornaamste⟩ *principal* [m mv: *principaux*]

hoofdagent *brigadier* m
hoofdartikel ⟨in krant⟩ *éditorial* m [mv: *éditoriaux*]
hoofdbestuur *direction* v *générale*
hoofdbewoner *locataire* m *principal*
hoofdbreken ⋆ dat heeft me veel ~s gekost *c'était vraiment un casse-tête*
hoofdbureau *siège* m *central* [m mv: *sièges centraux*]; *bureau* m *principal* [m mv: *bureaux principaux*]
hoofdcommissaris *commissaire* m *principal*
hoofdconducteur *chef* m *de train*
hoofddeksel *couvre-chef* m [mv: *couvre-chefs*]
hoofddocent ≈ *maître* m *de conférences*
hoofddoek *foulard* m
hoofdeinde *tête* v; ⟨bed⟩ *tête* v *du lit*; *chevet* m
hoofdelijk *par tête*; *individuel* [v: *individuelle*] ⋆ ~e stemming *vote nominal* m ⋆ ~e aansprakelijkheid *responsabilité solidaire*
hoofdfilm *grand film* m
hoofdgebouw *corps* m *de bâtiment*
hoofdgerecht *plat* m *principal / de résistance*
hoofdhaar *chevelure* v
hoofdhuid ⋆ behaarde ~ *cuir* m *chevelu*
hoofdingang *entrée* v *principale*
hoofdinspecteur *inspecteur* m *général* [v: *inspectrice générale*]; ⟨v. politie⟩ *commissaire* m
hoofdkantoor ⟨v. bedrijf⟩ *siège* m *(social)* [m mv: *sièges sociaux*]
hoofdkraan *robinet* m *d'arrêt*; *robinet* m *principal* [m mv: *robinets principaux*]
hoofdkussen *oreiller* m
hoofdkwartier *quartier* m *général* [m mv: *quartiers généraux*]; *QG* m
hoofdletter *majuscule* v ⋆ ~ A *A majuscule*
hoofdlijn ⋆ in ~en *dans les grandes lignes*
hoofdmacht *gros* m *(de l'armée)*
hoofdmoot *(la) plus grande part* v
hoofdofficier *officier* m *supérieur*
hoofdpersoon *personnage* m *principal* [m mv: *personnages principaux*]; *h̲éros* m [v: *héroïne*]
hoofdpijn *mal* m *de tête* ⋆ schele ~ *migraine* v ⋆ ~ hebben *avoir mal à la tête*
hoofdprijs *premier prix* m; ⟨in loterij⟩ *gros lot* m
hoofdredacteur *rédacteur* m *en chef* [v: *rédactrice ...*]
hoofdrekenen *calcul* m *mental*
hoofdrol *rôle* m *principal* [m mv: *rôles principaux*]; *premier rôle* m ⋆ een ~ spelen FIG. *être au premier plan*
hoofdrolspeler • *premier rôle* m • FIG. *protagoniste* m/v
hoofdschotel • CUL. voornaamste gerecht *plat* m *principal / de résistance* • het belangrijkste *point* m *fort*
hoofdschuddend *(en) hochant la tête*
hoofdstad *capitale* v
hoofdstedelijk *métropolitain*
hoofdstel *bride* v
hoofdsteun *appui(e)-tête* m [onv]
hoofdstraat *rue* v *principale*; *grande rue* v
hoofdstuk *chapitre* m ▾ dat is een ~ apart *c'est une (tout) autre histoire*
hoofdtelefoon *casque* m; *écouteurs* m mv
hoofdtelwoord *nombre* m *cardinal* [m mv: *nombres cardinaux*]
hoofdvak *matière* v *principale*
hoofdwond *blessure* v *à la tête*
hoofdzaak *(le) principal* m; *(l')essentiel* m ⋆ in ~ *sur l'essentiel*; *au fond*; *en gros*; *en substance*
hoofdzakelijk *essentiellement*; *principalement*; *surtout*
hoofdzin *proposition* v *principale*
hoofs *courtois*
hoog **I** BNW • in getal *h̲aut*; *élevé* ⋆ hoge prijzen *des prix* m mv *élevés* ⋆ hoge temperatuur *température élevée* ⋆ hoge koorts *forte fièvre* v ⋆ hoge leeftijd *âge avancé* m ⋆ hoge snelheid *grande vitesse* v ⋆ hoge tonen *des sons* m mv *aigus* ⋆ hoger dan *supérieur à* • van plaats *haut (de)* ⋆ twee meter hoog *haut de deux mètres*; *(de) deux mètres de hauteur* ⋆ hij woont één hoog *il habite au premier* ⋆ het hoge noorden *le Grand Nord* • aanzienlijk *grand*; *élevé*; *haut* ⋆ hogere dieren *animaux* m mv *supérieurs* ⋆ het hogere *le spirituel* ⋆ het hoogste goed *le bien suprême* ▾ bij hoog en laag volhouden *soutenir mordicus*; *ne pas en démordre* ▾ ergens hoog en droog zitten *être à l'abri* ▾ in den hoge *au ciel*; *aux cieux* ▾ bij hoog en laag zweren *jurer ses grands dieux* **II** BIJW *h̲aut*; *h̲autement* ⋆ hoog zingen *chanter haut* ⋆ het is hoog tijd (om) *il est grand temps (de)* ⋆ hoog staan *atteindre un niveau élevé* ⋆ de bal hoog houden *faire des jongles* ▾ de eer hoog houden *sauver l'honneur* ▾ een traditie hoog houden *respecter une tradition* ▾ dat zit me hoog *ça me préoccupe*; *j'en ai gros sur le cœur*
hoogachten *estimer*; *considérer* ⋆ ~d *veuillez agréer, Madame/Monsieur, l'expression de mes sentiments distingués*
hoogachtend ⟨t.a.v. de heer⟩ *veuillez agréer, Madame/Monsieur, l'expression de mes sentiments distingués*
hoogachting *estime* v; *considération* v; *respect* m
hoogbegaafd *surdoué*
hoogbejaard *fort âgé*
hoogblond *blond doré*
hoogbouw *buildings* m mv; *immeubles* m mv
hoogconjunctuur *conjoncture* v *favorable*; *boom* m; *essor* m *(économique)*
hoogdravend **I** BNW *pompeux* [v: *pompeuse*]; *emphatique*; ⟨stijl/toon⟩ *déclamatoire* **II** BIJW *avec emphase*
hooggeacht *très estimé*
hooggebergte *h̲aute montagne* v
hooggeëerd *très honoré*
hooggeleerd *très savant*
hooggeplaatst *h̲aut placé*
hooggerechtshof *h̲aute cour* v *(de justice)*
hooggespannen ▾ ~ verwachtingen *de grandes espérances*
hooggewaardeerd *très apprécié*
hoogglanslak *vernis* m *brillant*
hooghartig **I** BNW *supérieur*; *arrogant*; *hautain* **II** BIJW *d'un air arrogant*; *de h̲aut*
hoogheemraadschap *charge* v *de membre de*

l'administration des eaux, des digues et des polders

hoogheid ★ Zijne/Hare Koninklijke Hoogheid *Son Altesse Royale*

hoogland *massif* m *montagneux*; *hautes terres* v mv [mv] ★ de Schotse ~en *les Highlands*

hoogleraar *professeur* m *de faculté / d'université*

Hooglied *Cantique* m *des Cantiques*

hooglijk *extrêmement*

hooglopend *violent*

hoogmis *grand-messe* v [mv: *grand(s)-messes*]

hoogmoed *orgueil* m; *arrogance* v; *hauteur* v ▾ ~ komt voor de val *l'orgueil précède la chute*

hoogmoedig I BNW *hautain*; *orgueilleux* [v: *orgueilleuse*] **II** BIJW *orgueilleusement*

hoogmoedswaanzin *mégalomanie* v

hoognodig ⟨dringend⟩ *urgent*; ⟨broodnodig⟩ *indispensable*; *pressant* ★ het ~e *le strict nécessaire / minimum*

ho

hoogoplopend *violent* ★ ~e ruzie *querelle* v *violente* ★ ~e prijzen *prix montant en flèche*

hoogoven *haut fourneau* m [mv: *hauts fourneaux*]

hoogrendementsketel *chaudière* v *à haut rendement*; *chaudière* v *à haute performance*

hoogrood *vermeil* [v: *vermeille*]; *écarlate*; *cramoisi*

hoogschatten *estimer*

hoogseizoen *(haute) saison* v

hoogspanning *haute tension* v

hoogspanningsmast *pylône* m *(à haute tension)*

hoogspringen *faire du saut en hauteur*

hoogst I ZN [het] ⟨beste⟩ *mieux* m; ⟨top⟩ *point* m *culminant*; ⟨v. berg⟩ *sommet* m; ⟨meest⟩ *maximum* m ★ op zijn ~/ten ~e *tout au plus* ★ op het ~ *à son comble* **II** BIJW *au plus haut point*; *extrêmement* ★ ~ gewichtig *de la dernière / plus haute importance*

hoogstaand *éminent*; *sublime*; *noble*

hoogstandje *prouesse* v; *exploit* m

hoogsteigen ▾ in ~ persoon *en chair et en os*

hoogstens *(tout) au plus*

hoogstwaarschijnlijk I BNW *très probable* **II** BIJW *selon toute probabilité*

hoogte • peil, niveau AARDK. *altitude* v; *hauteur* v ★ op geringe ~ *à basse altitude* ★ op grote ~ *en altitude* • klank *hauteur* v • AARDK. *altitude* v ★ ter ~ van *à la hauteur de*; *au niveau de*; SCHEEPV. *au large de* ▾ iem. op de ~ brengen van iets *mettre au courant qn de qc* ▾ zich op de ~ stellen *se renseigner* **(van** *sur)* ▾ goed op de ~ zijn *être bien informé* ▾ op de ~ brengen / zijn (van) *mettre / être au courant (de)* ▾ ik kan er geen ~ van krijgen *je n'y vois pas clair* ▾ ik kan geen ~ van die man krijgen *je n'arrive pas à saisir le personnage* ▾ iem. uit de ~ behandelen *traiter qn d'un air hautain / de haut (en bas)* ▾ tot op zekere ~ *jusqu'à un certain point* ▾ op eenzame ~ staan *être de loin supérieur*

hoogtelijn • WISK. *hauteur* v • AARDK. *courbe* v *de niveau*

hoogtepunt *sommet* m; *point* m *culminant*; *apogée* v; *summum* m; ⟨belangrijk moment⟩ *point* m / *temps* m *fort* ★ op het ~ van zijn roem *à l'apogée / au sommet / au zénith de sa gloire*

hoogteverschil *dénivellation* v

hoogtevrees MED. *acrophobie* v ★ ~ hebben *avoir le vertige*

hoogtezon *lampe* v *à rayons ultraviolets*

hoogtij *âge* m *d'or* ▾ ~ vieren *triompher*; *régner*; *battre son plein*; *sévir*

hooguit *(tout) au plus*; INFORM. *à tout casser*

hoogverraad *haute trahison* v

hoogvlakte *plateau* m [mv: *plateaux*]

hoogvlieger *fort* m *en thème* ★ hij is geen ~ *ce n'est pas un aigle*

hoogwaardig • van hoge waarde *supérieur* • zeer verheven ★ het ~e Sacrament *le Saint Sacrement*

hoogwaardigheidsbekleder *(haut) dignitaire* m

hoogwater • vloed *marée* v *haute* • hoge waterstand in rivier enz. *crue* v

hoogwerker *camion* m *à nacelle*

hoogzwanger *à terme*

hooi *foin* m ▾ men moet niet te veel hooi op zijn vork nemen *qui trop embrasse, mal étreint* ▾ te veel hooi op zijn vork nemen *avoir les yeux plus gros que le ventre* ▾ te hooi en te gras *de temps à autre*; *par à-coups*

hooiberg *meule* v *de foin*

hooien *faire les foins*

hooikoorts *rhume* m *des foins*

hooimijt *tas* m *de foin*; *meule* v

hooivork *fourche* v

hooiwagen • kar *charrette* v *à foin* • spinachtig dier *faucheur* m

hooizolder *grenier* m *à foin*; *fenil* m

hooligan *hooligan* m; *houligan* m

hoon *dérision* v

hoongelach *ricanement* m; *rire* m *moqueur*

hoop • verwachting *espoir* m; *espérance* **(op** *de)* v ★ de hoop opgeven *perdre l'espoir* ★ zijn hoop is vervlogen *son espoir s'est évanoui* ★ in zijn hoop beschaamd worden *être déçu dans ses espérances* ★ goede hoop hebben *avoir bon espoir* ★ zijn hoop vestigen op iem. / iets *mettre son espoir en qn / dans qc* ★ in de hoop dat / te *dans l'espoir de / que*; *en espérant de / que* ★ geen hoop meer hebben dat *désespérer que* [+ subj.] ★ tussen hoop en vrees dobberen *ballotter entre la crainte et l'espoir* • stapel *amas* m ★ bij hopen *à la pelle*; *en masse* ★ een hoop stenen *un tas de pierres* ★ op een hoop zetten *entasser*; *empiler* • grote hoeveelheid *un tas (de)*; *une foule (de)*; *une masse (de)*; *une multitude (de)*; *une quantité (de)* • drol *crotte* v ▾ hoop doet leven *l'espoir fait vivre* ▾ te hoop lopen *se masser*; *s'attrouper*; *s'ameuter* ▾ op hoop van zegen *à la grâce de Dieu*; *à-Dieu-va*; *advienne que pourra* ▾ de grote hoop *la masse* ▾ alles op één hoop gooien *tout mettre dans le même sac* ▾ een zielig hoopje (mens) *une loque (humaine)*

hoopgevend *qui donne de l'espoir*; *encourageant*

hoopvol ⟨optimistisch⟩ *plein d'espoir*; *confiant*; ⟨veelbelovend⟩ *prometteur* [v: *prometteuse*]

hoor I ZN [de] ▾ met hoor en wederhoor

contradictoire; en entendant les deux parties **II** TW *tu sais; hein* ★ nee hoor! *mais non!* ★ ik begrijp je wel, hoor *je te comprends, va*

hoorapparaat *appareil* m *auditif*

hoorbaar *audible; perceptible; distinct*

hoorcollege *cours* m *magistral* [m mv: *cours magistraux*]

hoorn **I** ZN [de] • uitsteeksel aan kop *corne* v ★ op de ~s nemen *encorner* • blaasinstrument *cor* m; ⟨militair⟩ *clairon* m ★ op de ~ blazen *sonner du cor* • telefoonhoorn *récepteur* m ★ de ~ opnemen / neerleggen *décrocher / raccrocher* ★ de ~ op de haak gooien *raccrocher au nez de qn* ▾ ~ van overvloed *corne d'abondance* ▾ ~s opzetten *faire cocu* **II** ZN [het] *corne* v

hoorndol *dingue* ★ ik word er ~ van! *ça me rend dingue!*

hoornen *de / en corne*

hoornlaag *couche* v *cornée*

hoornvlies *cornée* v

hoornvliesontsteking *kératite* v

hoorspel *pièce* v *radiophonique*

hoorzitting *séance* v *(publique) d'audition*

hoos *trombe* v

hoosbui *douche* v; *averse* v

hop • vogel *huppe* v • plant *houblon* m

hopelijk *j'espère (que); espérons que*

hopeloos **I** BNW uitzichtloos *désespéré; sans espoir*; ⟨waardeloos⟩ *nul* [v: *nulle*] **II** BIJW *désespérément*

hopen *espérer* ★ ik hoop van niet *j'espère que non* ★ het beste (ervan) ~ *espérer que tout ira pour le mieux* ★ ik hoop het *je l'espère bien; espérons* ★ ~ dat *espérer que* [+ ind.] ★ ~ op God *espérer en Dieu* ★ ik help het je ~ *je le souhaite autant que toi* ★ op iets ~ *espérer qc*

hopman *chef* m *scout*

hor *moustiquaire* v

horde • bende *bande* v; *horde* v; *meute* v • SPORT *haie* v ★ de honderd meter ~n *le 100 mètres haies*

hordeloop *course* v *de haies*

hordelopen *pratiquer la course de haies*

horeca *restauration* v *(et hôtellerie)*

horen **I** OV WW • met gehoor waarnemen *entendre* ★ hoor eens! *écoute (un peu)!* ★ hij wil daar niet van ~ *il ne veut pas en entendre parler; il ne l'entend pas de cette oreille* ★ als men hem zo hoort ... *à l'entendre ...* ★ ik heb hem ~ zingen *je l'ai entendu chanter* ★ zo mag ik het ~! *ça, c'est parler!* • luisteren *entendre; écouter* ★ hij wil daar niet van ~ *il ne veut pas en entendre parler* ★ als men hem zo hoort ... *à l'entendre ...* • verhoren *entendre; interroger* ★ het ~ van getuigen *l'audition des témoins* • vernemen *entendre; apprendre* ★ iets van zich laten ~ *donner de ses nouvelles; se manifester* ★ van ~ zeggen *par ouï-dire* ★ dat heb ik gehoord *je l'ai entendu dire* ★ je hoort nog van me! *tu auras de mes nouvelles!* ▾ wie niet ~ wil, moet maar voelen *vous l'aurez voulu (Georges Dandin)!* **II** ON WW betamen *convenir* ★ dat hoort niet *ça ne se fait pas* ★ hij hoort hier niet *il n'a pas sa place ici* ▾ voor wat hoort wat *un service en vaut un autre; donnant donnant*; INFORM. *renvoyer l'ascenseur*

horige *serf* m [v: *serve*]

horizon *horizon* m

horizontaal **I** BNW *horizontal* [m mv: *horizontaux*] **II** BIJW *horizontalement*

hork *rustre* m; *plouc* m

horkerig *rustre; grossier* [v: *grossière*]

horloge *montre* v

horlogebandje *bracelet* m *de montre*

hormonaal *hormonal* [m mv: *hormonaux*]

hormoon *hormone* v

hormoonpreparaat *préparation* v *hormonale*

horoscoop *horoscope* m ★ iemands ~ trekken *dresser / établir l'horoscope de qn*

horrelvoet *pied* m *bot*

horror *épouvante* v

horrorfilm *film* m *d'épouvante / d'horreur*

hors-d'oeuvre *hors-d'œuvre* m [onv]

hort *heurt* m; *choc* m ▾ met horten en stoten *par saccades; par à-coups* ▾ de hort opgaan *partir en vadrouille*

horten ⟨schudden⟩ *cahoter*; ⟨haperen⟩ *avoir des ratés; bafouiller; brouter* ★ ~d spreken *bégayer*

hortensia *hortensia* m

hortus botanicus *jardin* m *botanique*

horzel ⟨vlieg⟩ *taon* m; ⟨wesp⟩ *frelon* m

hospes • kamerverhuurder *logeur* m • gastheer *hôte* m

hospita *logeuse* v

hospitaal *hôpital* m [mv: *hôpitaux*]

hospitant *(professeur* m/v*) stagiaire* m/v

hospiteren *faire son stage (pédagogique); assister à une leçon*

hossen *gambader*

host *hôte* m

hostess • gastvrouw *hôtesse* v • stewardess *hôtesse* v

hostie *hostie* v

hot **I** BNW *chaud* ★ hotline *téléphone* m *rouge*; COMP. *service* m *en ligne* ★ hot issue / item *sujet* m *d'une actualité brûlante* **II** BIJW ▾ van hot naar her rennen *courir à droite et à gauche*

hotdog *hot-dog* m [mv: *hot-dog(s)*]

hotel *hôtel* m

hotelaccommodatie *équipement* m *hôtelier*

hoteldebotel *foldingue*

hotelgast *client* m *(d'hôtel)*

hotelhouder *hôtelier* m [v: *hôtelière*]

hôtelier • → **hotelhouder**

hotelkamer *chambre* v *d'hôtel*

hotel-restaurant *hôtel-restaurant* m [mv: *hôtels-restaurants*]

hotelschakelaar *va-et-vient* m [onv]

hotelschool *école* v *hôtelière*

hotemetoot • *grosse légume* v • *imbécile* m; *andouille* v

hotline *ligne* v *rouge*

hotpants *mini-short* m [mv: *mini-shorts*]

houdbaar • te bewaren *qui se garde; qui se conserve; non périssable* • te verdragen *supportable; tenable* • verdedigbaar *défendable*

houdbaarheidsdatum *date* v *limite* v *de conservation / de consommation*

ho

ov ww • vasthouden *tenir* ★ bij de ~ *tenir par la main* • vast-, ...houden ⟨v. schot⟩ SPORT *arrêter*; *(re)tenir* ... was geen ~ meer aan *c'était le ...chaînement général* • behouden *garder*; ...handhaven⟩ *maintenir*; ⟨niet kwijtraken⟩ *conserver*; *retenir* ★ zijn woord ~ *tenir parole* ★ goed ~ *conserver* ★ warm ~ *garder au chaud* ★ in leven ~ *maintenir en vie* • erop na houden *avoir*; *tenir* ★ duiven ~ *élever des pigeons* • niet verlaten ★ links/rechts ~ *serrer à gauche/à droite* • doen plaatsvinden *faire*; ⟨uitspreken⟩ *prononcer* • uithouden *tenir* • ~ **aan** ★ iem. aan zijn woord ~ *prendre qn au mot* • ~ **voor** *prendre / tenir pour*; *considérer comme*; ⟨achten⟩ *croire* ★ waar houdt u mij voor? *vous me prenez pour qui?* ▾ iets vóór zich ~ *taire qc*; *garder qc pour soi* ▾ het met iem. ~ *fréquenter qn*; *être de connivence avec qn* ▾ zijn woord ~ *tenir parole* ▾ rechts ~ *tenir sa droite* ▾ iem. eronder ~ *tenir qn en bride* ▾ laten we het daarbij ~ *restons-en là* **II** ON WW • niet stukgaan *tenir* • ~ **van** *aimer* ★ veel ~ van *aimer beaucoup*; *adorer* **III** WKD WW [+ zich] • blijven *se tenir* ★ zich goed ~ *tenir bon*; *se retenir* ★ zich dood ~ *faire le mort* • ~ **aan** ⟨blijven bij⟩ *s'en tenir à*; ⟨nakomen⟩ *respecter*; *observer*

houder • klem *support* m ★ spons~ *porte-éponge* m • beheerder ⟨v. document⟩ *porteur* m [v: *porteuse*]; ⟨v. winkel e.d.⟩ *gérant* m [v: *gérante*]; ⟨v. recht/postrekening e.d.⟩ *titulaire* m/v; ⟨v. aandelen/record⟩ *détenteur* m [v: *détentrice*]; ⟨bewaarder⟩ *dépositaire* m/v

houdgreep *clé* v; FIG. *griffe* v

houding • lichaamshouding *position* v; *attitude* v; *tenue* v ★ in de ~ gaan staan *se mettre au garde-à-vous* • gedragslijn *attitude* v; *comportement* m; *conduite* v; ⟨voorkomen⟩ *contenance* v; *air* m ★ zich een ~ geven *se donner une contenance*

housemuziek *house (music)* v

houseparty *rave(-party)* v

housewarming *pendaison* v *de la crémaillère*

hout • materiaal *bois* m ★ van hout *en bois* • houtgewas *bois* m ▾ van dik hout zaagt men planken *on n'a pas fait dans la dentelle* ▾ alle hout is geen timmerhout *il y a fagot et fagot* ▾ dat snijdt geen hout *ça ne tient pas debout / la route* ▾ uit hetzelfde hout gesneden zijn *être de la même trempe*

houtblazer *joueur* m *d'instrument à vent en bois* ★ de ~s *les bois*

houtduif *(pigeon* m*) ramier* m; *palombe* v

houten *de/en bois* ★ ~ vloer *plancher* m

houterig I BNW *raide*; *gauche* **II** BIJW *avec raideur*

houtgravure *gravure* v *sur bois*

houthakken *abattre des arbres*

houthakker *bûcheron* m

houthandel • winkel *commerce* m *de/du bois* • bedrijfstak *commerce* m *de/du bois*

houthoudend *ligneux* [v: *ligneuse*]

houtje *morceau* m / *bout* m *de bois* [m mv: *morceaux* ...] ▾ op een ~ moeten bijten *n'avoir rien à se mettre sous la dent* ▾ iets op eigen ~ doen *faire cavalier seul*

houtje-touwtjejas *duffel-coat* m [mv: *duffel-coats*]

houtlijm *colle* v *à bois*

houtskool *charbon* m *de bois*; ⟨gloeiend⟩ *braise* v; ⟨om te tekenen⟩ *fusain* m

houtskooltekening *(dessin* m *exécuté au) fusain* m

houtsnijwerk *sculpture* v *sur bois*

houtsnip *bécasse* v *des bois*

houtvester *(garde* m*) forestier* m

houtvrij *sans lignine*

houtwal *talus* m *boisé*

houtwerk *boiserie* v; ⟨beschot⟩ *boisage* m; ⟨geraamte⟩ *charpente* v

houtwol *fibre* v / *laine* v *de bois*

houtworm *perce-bois* m [onv]

houvast • steunpunt *point* m *d'appui*; *prise* v ★ ~ hebben aan *avoir prise sur* • aanknopingspunt FIG. *point* m *de repère*

houw • slag *coup* m • snee *entaille* v; *balafre* v

houwdegen *(vieux) baroudeur* m

houweel *pioche* v; *pic* m

houwen ⟨v. steen⟩ *couper*; *trancher*; *tailler*; ⟨v. beeld⟩ *sculpter*

houwitser *obusier* m

hoveling *courtisan* m [v: *courtisane*]

hovenier *jardinier* m [v: *jardinière*]

hovercraft *aéroglisseur* m

hozen I OV WW *écoper* **II** ONP WW *pleuvoir à verse*

hr-ketel • → **hoogrendementsketel**

hts ≈ *école* v *technique supérieure*

hufter *plouc* m

huichelaar *hypocrite* m/v; INFORM. *faux jeton* m

huichelachtig I BNW *hypocrite* **II** BIJW *hypocritement*

huichelarij *hypocrisie* v

huichelen I OV WW veinzen *feindre* **II** ON WW zich anders voordoen *faire l'hypocrite*

huid • vel *peau* v; ⟨opperhuid⟩ *épiderme* m • pels *peau* v • SCHEEPV. *bordages* m mv ▾ met huid en haar *tout cru*; *tout entier* ▾ een dikke huid hebben *être blindé* ▾ iem. de huid vol schelden *engueuler qn*; *traiter qn de tous les noms* ▾ zijn huid duur verkopen *vendre cher sa peau* ▾ iem. op de huid zitten *s'acharner contre qn* ▾ iem. op de huid geven *tanner le cuir à qn* ▾ je moet de huid niet verkopen voor je de beer geschoten hebt *il ne faut pas vendre la peau de l'ours avant de l'avoir tué* ▾ in iemands huid kruipen *se mettre dans la peau de qn*

huidarts *dermatologue* m/v

huidig *présent*; *actuel* [v: *actuelle*] ★ tot op de ~e dag *jusqu'à présent*; *jusqu'à aujourd'hui*

huidkanker *cancer* m *de la peau*

huidmondje *stomate* m

huidskleur, huidkleur *couleur* v *de la peau*; ⟨v. gezicht⟩ *teint* m

huidtransplantatie *greffe* v *de (la) peau*

huiduitslag *éruption* v; ⟨v. puistjes⟩ *acné* v

huidverzorging *soins* m mv *de la peau*

huidziekte *affection* v *cutanée*; MED. *dermatose* v

huif *bâche* v

huifkar *charrette* v *bâchée / à bâche*
huig *luette* v
huilbui *crise* v *de larmes*
huilebalk *pleurnicheur* m [v: *pleurnicheuse*]
huilen • wenen *pleurer*; INFORM. *chialer* ★ het ~ stond me nader dan het lachen *j'étais au bord des larmes* ★ in ~ uitbarsten *fondre en larmes* ★ het ~ *pleurs* m mv; *larmes* v mv ★ om te ~ *à (faire) pleurer* • janken *hurler* ▾ ~ met de wolven in het bos *hurler avec les loups*
huilerig I BNW geneigd tot huilen *larmoyant* **II** BIJW *d'une manière larmoyante*
huis • gebouw *maison* v; ⟨hoogbouw⟩ *immeuble* m • woning *domicile* m; *demeure* v; *maison* v ★ naar huis gaan *rentrer* ★ iem. het huis uitzetten *mettre qn à la porte* ★ ten huize van *chez* ★ huis en haard *foyer* m ★ bij iem. aan huis komen *être un familier de la maison*; *fréquenter qn* ★ aan huis bezorgen *livrer à domicile* • geslacht *famille* v; *maison* v ★ van goeden huize *de bonne famille* • handelshuis *maison* v • omhulsel *boîte* v; *caisse* v ▾ het huis was te klein *il monta sur ses grands chevaux* ▾ van huis uit *d'origine* ▾ huis noch haard hebben *n'avoir ni feu ni lieu* ▾ open huis *(journée) portes ouvertes* ▾ er is geen huis met hem te houden *il n'y a rien à faire avec lui*; *il est impossible* ▾ je kunt huizen op hem bouwen *on peut faire fond sur lui* ▾ dan zijn we nog verder van huis *ça serait encore pire*
huis-aan-huisblad *journal* m *de petites annonces*
huisadres *adresse* v *personnelle*
huisapotheek *pharmacie* v *familiale*
huisarrest *résidence* v *surveillée* ★ onder ~ *assigné à résidence*
huisarts ⟨huisdokter⟩ *médecin de famille*; *médecin* m/v *généraliste*
huisbaas *propriétaire* m/v; INFORM. *proprio* m
huisbezoek *visite* v *à domicile*
huisdier *animal* m *domestique* [m mv: *animaux* ...]
huiseigenaar *propriétaire* m/v
huiselijk I BNW • het huis betreffend *domestique* • graag thuis zijnd *casanier* [v: *casanière*] • gezellig *familial* [m mv: *familiaux*] **II** BIJW *en famille*
huisgenoot *colocataire* m/v
huisgezin *famille* v
huishoudbeurs *salon* m *des arts ménagers*
huishoudboekje *livre* m *de comptes*
huishoudelijk • het huishouden betreffend *de maison*; *ménager* [v: *ménagère*]; *domestique* ★ ~e apparaten *appareils (électro)ménagers* ★ ~e artikelen *articles* m mv *de ménage* ★ ~ werk *travaux* m mv *ménagers* • dagelijkse zaken betreffend ★ ~ reglement *règlement intérieur* m
huishouden I ZN [het] • huishouding *ménage* m ★ het ~ doen *faire le ménage* • gezin *ménage* m ▾ ~ van Jan Steen *bazar* m; *foutoir* m; INFORM. *bordel* m **II** ON WW • de huishouding doen *tenir la maison* • tekeergaan *faire rage*; *sévir* ★ danig ~ in / onder *malmener*
huishoudgeld *argent* m *du ménage*
huishouding *ménage* m
huishoudkunde *économie* v *domestique*
huishoudschool *enseignement* m *ménager*
huishoudster *aide* v *ménagère*; *femme* v *de ménage*
huisje *maisonnette* v; *popote* ▾ ieder ~ heeft zijn kruisje *chacun porte sa croix* ▾ heilige ~s omverwerpen *bousculer les tabous / les idées reçues*
huisjesmelker ≈ *vampire* m
huiskamer *(salle* v *de) séjour* m; *living* m; *salon* m
huisknecht *domestique* m; *valet* m *de chambre*
huisman *homme* m *au foyer*
huismeester • conciërge *concierge* m/v • intendant *économe* m/v
huismerk *marque* v *maison*
huismiddel *remède* m *de bonne femme*
huismijt *acarien* m
huismoeder *mère* v *de famille*
huismus • vogel *moineau* m *(domestique)* [m mv: *moineaux*] • persoon ★ een ~ zijn FIG. *être casanier / casanière*
huisnummer *numéro* m *de maison*
huisraad *meubles* m mv; *mobilier* m
huisregel ★ de ~s *le reglèment de la maison*
huisschilder *peintre* m *en bâtiment(s)*
huissleutel *clef* v *de la maison*
huisstijl *style* m / *genre* m *maison*
huistelefoon *interphone* m
huis-tuin-en-keuken- *ordinaire*; *commun*
huisvader *père* m *de famille*
huisvesten *loger*; *héberger*
huisvesting • het huisvesten *logement* m • verblijf ★ ~ vinden *trouver à se loger*
huisvlijt *ouvrages* m mv *à domicile*; *bricolage* m
huisvredebreuk *violation* v *de domicile*
huisvriend *ami* m *de la maison*
huisvrouw *femme* v *au foyer*
huisvuil *ordures* v mv *ménagères* [mv] ★ gescheiden inzameling van ~ *tri* m *sélectif*
huiswaarts *à la maison* ★ ~ keren *rentrer (chez soi)*
huiswerk *devoirs* m mv ★ zijn ~ overdoen OOK FIG. *revoir sa copie*
huiswijn *vin* m *du patron*
huiszoeking *perquisition* v ★ ~ doen *perquisitionner*
huiszwaluw *hirondelle* v *de fenêtre*
huiveren • rillen *frissonner*; *frémir* • terugschrikken *hésiter / reculer* **(voor** *devant)*
huiverig • rillerig *tremblotant*; *tremblant* • angstig *hésitant*; *frileux* [v: *frileuse*]
huivering • rilling *frisson* m • aarzeling *hésitation* v; *appréhension* v
huiveringwekkend I BNW *effrayant*; *terrifiant* **II** BIJW *épouvantablement*
huizen *demeurer*; *habiter*; INFORM. *nicher*
huizenblok *bloc* m / *pâté* m *de maisons*; *îlot* m
huizenhoog *haut comme une montagne*
huizenmarkt *(marché* m *de) l'immobilier* m
hulde *hommage* m ★ ~ brengen aan *rendre hommage à*

huldebetoon *hommages* m mv
huldeblijk *gage* m *de respect*; *hommage* m
huldigen • eren *rendre hommage à* • aanhangen ★ een principe aanhangen *adhérer à un principe*; *avoir pour principe*
hullen ~ **in** *envelopper dans* ▾ zich in stilzwijgen ~ *garder le silence*
hulp • het helpen *aide* v; *assistance* v; ⟨in nood⟩ *secours* m; ⟨bij pech⟩ *dépannage* m ★ eerste hulp *secourisme* m ★ eerste hulp verlenen *(ap)porter / donner les premiers secours / soins* ★ hulp bieden *apporter de l'aide*; *aider* ★ met Gods hulp *Dieu aidant*; *avec l'aide de Dieu* ★ iem. te hulp komen *venir en aide à qn*; *secourir qn* ★ te hulp roepen *appeler à l'aide / au secours*; *appeler au secours* ★ iem. te hulp schieten *voler au secours / à la rescousse de qn* • persoon *aide* m/v ★ hulp in de huishouding *aide ménagère*

hulpbehoevend ⟨gebrekkig⟩ *infirme*; ⟨behoeftig⟩ *nécessiteux* [v: *nécessiteuse*]
hulpbron *ressource* v
hulpdienst *service* m *de secours / d'urgence*; ⟨helpdesk⟩ *assistance* v *téléphonique*
hulpeloos ⟨machteloos⟩ *impuissant*; ⟨weerloos⟩ *sans défense*; *désarmé*; ⟨verlaten⟩ *délaissé*; ⟨verloren⟩ *perdu*; ⟨ontredderd⟩ *désemparé*
hulpmiddel • middel *moyen* m; *outil* • bron *ressource* v • uitkomst *remède* m; *expédient* m
hulporganisatie *organisation* v *d'aide (humanitaire)*
hulppost *poste* m *de secours*
hulpstuk *accessoire* m
hulptransport *transport* m *auxiliaire*
hulpvaardig *serviable*; *empressé*
hulpverlener *assistant* m *social* [v: *assistante sociale*]; ⟨vrijwilliger⟩ *bénévole* m/v; ⟨geestelijke zorg⟩ *thérapeute* m/v
hulpverlening *secours* m; ⟨zorg⟩ *aide* v; ⟨vrijwilligerswerk⟩ *bénévolat* m
hulpwerkwoord *(verbe* m*) auxiliaire* m
huls • omhulsel *enveloppe* v; ⟨koker⟩ *manchon* v • patroonhuls *douille* v • peul *cosse* v
hulst *houx* m
hum I ZN [het] *humeur* v ★ in / uit zijn hum *bien / mal luné* II TW *hum*; *hem*
humaan I BNW *humain* II BIJW *humainement*
humaniora *humanités* v mv
humanisme *humanisme* m
humanist *humaniste* m/v
humanistisch *humaniste*
humanitair *humanitaire*
humbug • *balivernes* v mv • bluf *bluff* m; ⟨nep⟩ *bidon* m; *frime* v
humeur *humeur* v ★ uit zijn ~ zijn *avoir ses humeurs*; INFORM. *être de mauvais poil* ★ in een goed/slecht ~ zijn *être de bonne/mauvaise humeur*
humeurig *de mauvaise humeur*
hummel *petit* m [v: *petite*]; *petit bout* m *(de chou)*; *môme* m/v
humor *humour* m
humorist *humoriste* m/v
humoristisch ⟨m.b.t. zaken⟩ *humoristique*; ⟨m.b.t. personen⟩ *plein d'humour*
humus *humus* m; *terreau* m
humuslaag *couche* v *humifère*
hun I PERS VNW ⟨meewerkend voorwerp⟩ *leur* II BEZ VNW *leur* [mv: leurs] ★ de hunnen *les leurs*
hunebed ≈ *dolmen* m; ≈ *tumulus* m *mégalithique*
hunkeren *aspirer à*; *être avide de*; ⟨missen⟩ *s'ennuyer de*
hup *allez*
huppeldepup *Machin* m *(Chouette)*
huppelen *sautiller*; *gambader*
huren *louer (van à)*
hurken I ZN [de] ★ op zijn ~ zitten *être accroupi* II ON WW *s'accroupir*
hurktoilet *toilettes* v mv *à la turque* [mv]
hurkzit *accroupissement* m ★ in ~ *à croupetons*
husselen *mélanger*; *remuer*; *touiller*
hut • huisje *cabane* v; *hutte* v; ⟨strohut⟩ *paillote* v • cabine op schip *cabine* v
hutkoffer *malle* v
hutspot *hochepot* m *(aux carottes)*
huur • het huren *location* v ★ te huur *à louer* • huursom *loyer* m ★ kale huur *loyer* m *sans (les) charges*
huurachterstand *arriéré(s)* m (mv) *de loyer*
huurauto *voiture* v *de location*
huurcontract *bail* m *(à loyer)*
huurder *locataire* m/v
huurhuis *maison* v *en location*
huurkoop *location-vente* v
huurleger *armée* v *de mercenaires*
huurling *mercenaire* m
huurmoordenaar *tueur* m *à gages* [v: *tueuse* ...]
huurovereenkomst *bail* m *(d'une maison)*
huurprijs *prix* m *de location*
huurschuld *arriérés* m mv *de loyer* [mv]
huursubsidie *allocation* v *(de) logement*
huurverhoging *augmentation* v *de loyer*
huurwoning *logement* m *en location*; *maison* m *de rapport*
huwbaar *mariable*; FORM. *nubile*
huwelijk • verbintenis *mariage* m; ⟨bruiloft⟩ *noce(s)* v (mv) ★ in het ~ treden *se marier* ★ kind uit het eerste ~ *enfant* m *du premier lit* ★ een ~ sluiten *conclure un mariage*; *célébrer un mariage* ★ ten ~ geven / vragen *donner / demander en mariage* • huwelijksvoltrekking ★ burgerlijk / kerkelijk / gemengd ~ *mariage civil / religieux / mixte*
huwelijks ★ ~e staat *état* m *marié* ★ onder ~e voorwaarden *marié sous le régime de la séparation*
huwelijksaankondiging *faire-part* m *de mariage* [onv]
huwelijksaanzoek *demande* v *en mariage*
huwelijksadvertentie *annonce* v *matrimoniale*
huwelijksbootje ▾ in het ~ stappen *convoler en justes noces*
huwelijksbureau *agence* v *matrimoniale*
huwelijksfeest *noces* v mv
huwelijksgeschenk *cadeau* m *de mariage*
huwelijksnacht *nuit* v *de noces*
huwelijksreis *voyage* m *de noces*
huwelijksvoltrekking *mariage* m; REL. *célébration* v

huwen *se marier avec; épouser*
huzaar *hussard* m
huzarensalade ≈ *salade* v *russe*
huzarenstukje *exploit* m
hyacint *jacinthe* v
hybride *hybride* m
hydrateren *hydrater*
hydraulisch *hydraulique*
hydrologie *hydrologie* v
hyena *hyène* v
hygiëne *hygiène* v
hygiënisch I BNW *hygiénique* II BIJW *hygiéniquement*
hymne *hymne* m
hype *battage* m *(publicitaire); hype* v
hyper- *hyper-*
hyperactief *hyperactif* [v: *hyperactive*]
hyperbool • WISK. *hyperbole* v • TAALK. *hyperbole* v
hyperlink *hyperlien* m
hypermarkt *hypermarché* m
hypermodern *ultramoderne*
hypertensie *hypertension* v
hyperventilatie *hyperventilation* v
hyperventileren *faire de l'hyperventilation*
hypnose *hypnose* v ⋆ onder ~ *en état d'hypnose*
hypnotiseren *hypnotiser*
hypnotiseur *hypnotiseur* m [v: *hypnotiseuse*]
hypochonder *hypocondriaque* m/v
hypocriet I ZN [de] *hypocrite* m/v II BNW *hypocrite* III BIJW *hypocritement*
hypocrisie *hypocrisie* v
hypotenusa *hypoténuse* v
hypothecair *hypothécaire*
hypotheek *hypothèque* v; ⟨lening⟩ *prêt* m / *crédit* m *hypothécaire* ⋆ een ~ aflossen *rembourser un prêt hypothécaire; payer les traites* ⋆ belast met ~ *grevé d'une hypothèque; hypothéqué* ⋆ een ~ nemen *emprunter sur hypothèque* ▾ er rust een zware ~ op *une lourde hypothèque pèse là-dessus*
hypotheekbank *banque* v *hypothécaire*
hypotheekrente *rente* v *hypothécaire*
hypothese *hypothèse* v
hypothetisch I BNW *hypothétique* II BIJW *hypothétiquement*
hystericus *hystérique* m/v
hysterie *hystérie* v
hysterisch *hystérique*

I

i *i* m ⋆ de i van Isaak *I comme Irma*
ia ⟨v. ezel⟩ *hi-han*
Iberisch *ibérique*
ibis *ibis* m
iconografie *iconographie* v
icoon *icône* v
ICT ≈ *NTIC* ⟨nouvelles technologies v mv de l'information et de la communication⟩
ICT'er *informaticien* m [v: *informaticienne*]
ideaal I ZN [het] *idéal* m [mv: *idéals/idéaux*] II BNW *idéal* [m mv: *idéals/idéaux*]
ideaalbeeld *idéalisation* v; *idéal* m
idealiseren *idéaliser*
idealisme *idéalisme* m
idealist *idéaliste* m/v
idealistisch I BNW *idéaliste* II BIJW *avec idéalisme; en idéaliste*
idealiter *idéalement; dans l'idéal*
idee *idée* v ⋆ ik heb zo het idee dat *j'ai idée que* ⋆ hoe kom je op het idee? *tu n'y penses pas!* ⋆ iem. op 'n idee brengen *suggérer une idée à qn* ⋆ hij kwam op het idee om *il a eu l'idée de; l'idée lui est venue de* ⋆ ik heb er geen flauw idee van! *je n'en ai pas la moindre idée!* ⋆ naar mijn idee *à mon avis* ⋆ INFORM. een goed idee *un bon plan*
ideëel • denkbeeldig *idéel* [v: *idéelle*] • voor een goed doel ≈ *non commercial* [m mv: *non commerciaux*]
ideeënbus *boîte* v *à idées / à suggestions*
idee-fixe *idée* v *fixe*
idem *idem*
identiek *identique (aan à)*
identificatie *identification* v
identificatieplicht *obligation* v *de justifier de son identité*
identificeren • identiteit vaststellen *identifier* ⋆ zich ~ *justifier de son identité* • vereenzelvigen *identifier* ⋆ zich ~ met *s'identifier à/avec*
identiteit *identité* v
identiteitsbewijs *pièce* v *d'identité; carte* v *d'identité*
identiteitscrisis *crise* v *d'identité*
identiteitskaart *carte* v/*pièce* v *d'identité*
ideologie *idéologie* v
ideologisch *idéologique*
idiomatisch *idiomatique*
idioom *idiome* m
idioot I ZN [de] *idiot* m [v: *idiote*]; *fou* m [v: *folle*] II BNW • zwakzinnig *idiot* • onzinnig *idiot*
idiosyncratisch *idiosyncratique*
idioterie *idiotie* v
ID-kaart *carte* v *d'identité*
idolaat *idolâtre (van de)* ⋆ ~ zijn van iem. *idolâtrer qn*
idool *idole* v
idylle *idylle* v
idyllisch *idyllique*
ieder I ONB VNW *chacun* [v: *chacune*] ⋆ ~ van hen *chacun d'eux / d'entre eux* II BNW *chaque; tout* ⋆ ~e dag *chaque jour; tous les jours* ⋆ hij

kan ~ moment komen *il peut venir d'un moment à l'autre*
iedereen *tout le monde*; *tous* [v: *toutes*]; ⟨ieder afzonderlijk⟩ *chacun* [v: *chacune*]; ⟨onverschillig wie⟩ *n'importe qui* ★ ~ was aanwezig *tous étaient présents* ★ ~ die *tous ceux qui*
iel *ténu*; *fluet* [v: *fluette*]; ⟨schriel⟩ *grêle*
iemand ⟨bevestigend⟩ *quelqu'un*; ⟨ontkennend⟩ *(ne ...) personne* ★ heeft iem. mijn bril soms gezien? *personne n'a vu mes lunettes?* ★ iem. anders *qn d'autre*; *un autre* ★ een zeker iem. *un quidam* ★ een eerlijk iem. *qn d'honnête* ★ iem. zijn *être qn*
iep *orme* m
Ier *Irlandais* m [v: *Irlandaise*]
Ierland *l'Irlande* v ★ in ~ *en Irlande*
Iers *irlandais*
iets I BIJW *un peu* ★ iets meer *un peu plus* II ONB VNW *quelque chose*; ⟨ontkennend⟩ *rien* ★ iets goeds *qc de bon* ★ dat is iets anders *c'est autre chose* ★ iets te eten *de quoi manger* ★ zonder iets te doen *sans rien faire* ▾ iets is beter dan niets *un tiens vaut mieux que deux tu l'auras*
ietsje *rien* m *de*; *brin* m; *soupçon* ★ een ~ water *un doigt d'eau*
ietwat *quelque peu*; *un peu*
iglo *igloo* m; *iglou* m
i-grec *i* m *grec*
ijdel I BNW • pronkzuchtig *vaniteux* [v: *vaniteuse*] • vergeefs *vain* ★ ~e hoop *vain espoir* m II BIJW vergeefs *vainement*
ijdelheid • *vanité* v • zelfingenomenheid *prétention* v; *vanité* v; *coquetterie* v
ijdeltuit *vaniteux* m [v: *vaniteuse*]
ijken *étalonner*
ijkpunt *(point* m *de) référence* v; *étalon* m
ijkwezen *administration* v *des poids et mesures*
ijl I ZN [de] ★ in aller ijl *en toute hâte* II BNW *ténu* ★ ijle lucht *air* m *raréfié* ★ ijler worden *se raréfier*
ijlbode *courrier* m *spécial*; *estafette* v
ijlen • onzin uitkramen *délirer*; *divaguer*; ⟨bij koorts⟩ *avoir un délire* • haasten *se dépêcher*
ijlings *au plus vite*; *en toute hâte*; *promptement*
ijltempo ★ in ~ *à toute allure*
ijs • bevroren water *glace* v ★ met ijs gekoeld *frappé* • lekkernij *glace* v ★ een portie ijs *une glace* ★ ijs met aardbeiensmaak *glace à la fraise* ▾ zich op glad ijs wagen *s'engager sur un terrain glissant* ▾ onbeslagen ten ijs komen *être mal préparé* ▾ het ijs breken *rompre la glace* ▾ hij gaat niet over één nacht ijs *il ne se risque pas à la légère* ▾ ijs en weder dienende *sauf contretemps*; *si le temps le permet*
ijsafzetting *givrage* m
ijsbaan *patinoire* v; *piste* v *de patinage*
ijsbeer *ours* m *blanc*
ijsberen *faire les cent pas*; *tournailler*
ijsberg *iceberg* m ▾ het topje van de ~ *la partie visible de l'iceberg*
ijsbergsla *batavia* v
ijsbloemen *arborisations* v mv *de givre*; *cristeaux* m mv *de givre*
ijsblokje *glaçon* m
ijsbreker *brise-glace(s)* m [onv]
ijscoman *marchand* m *de glaces*
ijscoupe *coupe* v *de glace*
ijselijk I BNW *atroce* II BIJW *atrocement*
ijsgang *débâcle* v
ijsheiligen *saints* m mv *de glace*
ijshockey *hockey* m *sur glace*
ijshockeyen *faire du hockey sur glace*
ijsje *glace* v; ⟨hoorntje⟩ *cornet* m *de glace*; ⟨op stokje⟩ *bâtonnet* m *(glacé)*; ⟨choco⟩ *esquimau* m [mv: *esquimaux*]
ijskap *calotte* v *glaciaire*
ijskast *réfrigérateur* m; INFORM. *frigo* m ▾ in de ~ zetten *mettre en sommeil*; *mettre au placard*
ijsklomp *bloc* m *de glace*
ijsklontje *glaçon* m
ijskoud I BNW • zeer koud *glacial* [m mv: *glacials/glaciaux*]; *glacé* • emotieloos *glacial*; *de glace* II BIJW emotieloos *froidement*; ⟨gemoedereerd⟩ *sans sourciller*
ijskristal *cristal* m *de glace*
IJsland *l'Islande* v ★ in ~ *en Islande*
IJslander *Islandais* m [v: *Islandaise*]
IJslands I ZN [het] taal *islandais* m II BNW m.b.t. IJsland *islandais*
ijslolly *glace* v *(à l'eau)*
ijspegel *glaçon* m; *stalactite* v *de glace*
ijssalon ≈ *pâtissier-glacier* m [mv: *pâtissiers-glaciers*]
ijstaart *gâteau* m *glacé* [m mv: *gâteaux glacés*]
ijsthee *thé* m *glacé*
ijstijd *période* v *glaciaire*; *glaciation* v
ijsvogel *martin-pêcheur* m [mv: *martins-pêcheurs*]; *alcyon* m
ijsvrij ★ ~ krijgen *être en congé de patinage*
ijswater *eau* v *glacée*
ijszee ★ Noordelijke IJszee *océan* m *Arctique* ★ Zuidelijke IJszee *océan* m *Antarctique*
ijszeilen *faire de la voile sur glace*
ijver • *zèle* m; *assiduité* v; *application* v • geestdrift ★ blinde ~ *un excès de zèle*
ijveren ★ ~ voor *militer pour* ★ ~ tegen *militer contre*
ijverig I BNW *zélé*; *assidu* II BIJW *avec zèle*; *assidûment*
ijzel *verglas* m ★ met ~ bedekt *verglacé*
ijzelen ★ het ijzelt *il y a du verglas*
ijzen *être glacé d'effroi*; *frémir*
ijzer *fer* m ★ oud ~ *ferraille* v ▾ men kan geen ~ met handen breken *à l'impossible nul n'est tenu* ▾ men moet het ~ smeden als het heet is *il faut battre le fer pendant qu'il est chaud* ▾ meerdere ~s in het vuur hebben *avoir plus d'une corde à son arc*
ijzerdraad *fil* m *de fer*
ijzeren • van ijzer *de fer* • erg sterk *de fer* ★ een ~ wil *une volonté de fer*
ijzererts *minerai* m *de fer*
ijzerhandel *quincaillerie* v
ijzerhoudend *ferrugineux* [v: *ferrugineuse*]; ⟨v. erts⟩ *ferreux* [v: *ferreuse*]
ijzersterk *très solide*; *incassable*; *inusable*; ⟨geweldig⟩ *très fort*; INFORM. *du tonnerre*
ijzertijd *âge* m *du fer*
ijzervijlsel *limaille* v *de fer*
ijzervreter *dur* m *à cuire*; *baroudeur* m

ijzerwaren *quincaillerie* v
ijzerzaag *scie* v *à métaux*
ijzig • ijskoud *glacial* [m mv: *glacials/glaciaux*]; *glacé* • gevoelloos *glacial* ★ een~e blik *un regard glacial*
ijzingwekkend *terrifiant*; *épouvantable*
ik I ZN [het] *moi* m; *ego* m ★ mijn tweede ik *mon alter ego* **II** PERS VNW ⟨onderwerp⟩ *je*; ⟨met nadruk⟩ *moi* ★ ik ben het *c'est moi* ★ ik kom eraan! *j'arrive!* ★ ik ook *moi aussi* ★ ikzelf *moi-même* ▾ ikke ikke en de rest kan stikken *ma gueule d'abord*
ik-figuur *narrateur* m [v: *narratrice*]
illegaal I ZN [de] *clandestin* m/v [v: *clandestine*]; *sans-papiers* m/v [onv] **II** BNW *illégal* [m mv: *illégaux*]; *illicite*
illegaliteit *illégalité* v; *clandestinité* v
illusie *illusion* v ★ zich geen ~s meer maken over *ne plus se faire d'illusions sur* ★ de ~ was verstoord *le charme était rompu*
illusionist *illusioniste* m/v
illusoir *illusoire*
illuster *illustre*
illustratie *illustration* v ▾ ter ~ *à titre d'illustration*
illustratief *illustratif* [v: *illustrative*]
illustrator *illustrateur* m [v: *illustratrice*]
illustreren *illustrer*
image *image* v *de marque* ★ zijn ~ cultiveren *soigner son image*
imaginair *imaginaire*
imago *image* v *de marque*
imam *imam* m
imbeciel I ZN [de] • zwakzinnige *arriéré* m *mental* [m mv: *arriérés mentaux*] [v: *arriérée mentale*] • dom persoon *imbécile* m/v **II** BNW • zwakzinnig *imbécile* • dom *imbécile*
IMF *FMI* m; *Fonds* m *monétaire international*
imitatie *imitation* v
imitatieleer *similicuir* m
imitator *imitateur* m [v: *imitatrice*]
imiteren *imiter*; ⟨nadoen⟩ *copier*
imker *apiculteur* m [v: *apicultrice*]
immanent *immanent*
immaterieel *immatériel* [v: *immatérielle*]; *incorporel* [v: *incorporelle*] ★ immateriële schade *préjudice* m *moral*
immatuur *immature*
immens I BNW *immense* **II** BIJW *immensément*
immer • ooit *jamais* • altijd *toujours* ★ voor ~ *à jamais*
immers • toch *puisque* ★ ik ben toch ~ je vriendje *puisque je suis ton ami*; *je suis ton ami, n'est-ce pas?* • want *car*; *c'est que*
immigrant *immigrant* m [v: *immigrante*]; ⟨allochtoon⟩ *immigré* m [v: *immigrée*]
immigratie *immigration* v
immigratiebeleid *politique* v *d'immigration*
immigreren *immigrer*
immoreel *immoral* [m mv: *immoraux*]
immuniseren *immuniser*
immuniteit *immunité* v
immuun • onvatbaar *immunisé* ★ ~ zijn voor *être immunisé contre* • onschendbaar *inviolable* • ongevoelig *insensible à* ★ ~ zijn voor beledigingen *être insensible aux insultes*; INFORM. *être blindé contre des insultes*
immuunsysteem *système* m *immunitaire*
impact *impact* m; *retentissement* m *(op sur)*
impasse *impasse* v ★ zich in een ~ bevinden *être dans une impasse*
imperatief *impératif* m
imperfectum *imparfait* m
imperiaal *galerie* v
imperialisme *impérialisme* m
imperialistisch *impérialiste*
imperium *empire* m
impertinent I BNW *impertinent* **II** BIJW *avec impertinence*
implantaat *implant* m
implanteren MED. *implanter*
implementatie *exécution* v; COMP. *implémentation* v
implementeren *mettre en application*; COMP. *implémenter*
implicatie *implication* v
impliceren *impliquer*
impliciet I BNW *implicite* **II** BIJW *implicitement*
imploderen *imploser*
implosie *implosion* v
imponeren *impressionner*; *en imposer à* ★ ~d *impressionnant*
impopulair *impopulaire*
import *importation* v
importantie *importance* v
importeren *importer*
importeur *importateur* m [v: *importatrice*]
imposant *impressionnant*; *imposant*
impotent *impuissant*
impotentie *impuissance* v
impregneren *imprégner*; *imbiber*
impresariaat *agence* v *(d'imprésario)*
impressie *impression* v
impressionisme *impressionnisme* m
impressionist *impressionniste* m/v
improductief *improductif* [v: *improductive*]
improvisatie *improvisation* v
improviseren *improviser* ★ een geïmproviseerd dak *un abri de fortune*
impuls *impulsion* v
impulsaankoop *achat* m *d'impulsion*
impulsief *impulsif* [v: *impulsive*]
impulsiviteit *impulsivité* v
in I BIJW • binnen *dans* ★ zij loopt het huis in *elle entre dans la maison* ★ er zit niets in *il n'y a rien dedans* ★ in de veertig (jaar) zijn *avoir 40 ans bien sonnés* • populair *branché*; *in*; *tendance* ▾ in zijn voor iets *être partant pour qc* **II** VZ • op een bepaalde plaats *à*; *en*; *dans* ★ in huis *à la maison* ★ in bed *au lit* ★ hij woont in de Scheldestraat *il habite rue Schelde* ★ in een kist *dans une caisse* ★ in Rome *à Rome* ★ in Italië *en Italie* • op/binnen een bepaalde tijd ★ in een week of twee *dans 15 jours* ★ in de zomer *en été* ★ in 2050 *en 2050* ★ in het begin *au début* ★ in de veertig (jaar) *40 ans bien sonnés* • per *à* • bezig met/te *en* ★ in bloei *en fleurs*
in- • uitermate *extrêmement*; *fort*; *comme tout* ★ indom *bête à pleurer* ★ ingelukkig *heureux comme tout* ★ intriest *navrant* • on *in-* ★ inacceptabel *inacceptable* ★ inactief *inactif*

inachtneming *observation* v ★ met ~ van *fidèle à*
inademen I OV WW naar binnen ademen *aspirer* **II** ON WW ademhalen *respirer*; *inhaler*
inadequaat *inadéquat*
inauguratie *inauguration* v; ⟨in ambt⟩ *installation* v
inaugureel *inaugural* [m mv: *inauguraux*]
inaugureren *inaugurer*; ⟨in ambt⟩ *installer*
inbaar *encaissable*; *percevable*; *recouvrable*; *exigible*
inbedden *encastrer*; ⟨v. weg/rivier⟩ *encaisser*
inbeelden [+ zich] • verkeerde voorstelling maken *s'imaginer* ★ zich iets ~ *se faire des idées* ★ dat beeld je je in! *tu te fais des idées!* • hoge dunk hebben van ★ wat beeldt hij zich wel in? *pour qui se prend-il?* ★ hij beeldt zich heel wat in *il se croit qc*; *il se croit sorti de la cuisse de Jupiter*; INFORM. *il se la joue*
inbeelding • hersenschim *imagination* v; *illusion* v • verwaandheid *prétention* v; *présomption* v

in

inbegrepen *compris* ★ bediening ~ *service* m *compris*
inbegrip ★ met ~ van *y compris*; *inclus*
inbeslagneming *saisie* v
inbewaringstelling *prise* v *de corps*
inbinden I OV WW in band binden *relier* **II** ON WW zich matigen *baisser le ton*; *en rabattre*; INFORM. *mettre un bémol*
inblazen OOK FIG. *insuffler* ★ nieuw leven ~ *donner un second souffle à*; *ranimer*; *ressusciter*
inblikken OOK FIG. *mettre en conserve*
inboedel *mobilier* m
inboedelverzekering *assurance* v *mobilier*
inboeten ~ aan *perdre de* ★ aan belang ~ *perdre de son intérêt*
inboezemen *inspirer* ★ afkeer ~ *dégoûter* ★ ontzag ~ *imposer le respect* ★ iem. angst ~ *angoisser qn*
inboorling *indigène* m/v; *autochtone* m/v
inborst *naturel* m; *nature* v ★ een zachtzinnige ~ hebben *être d'un naturel doux*
inbouw- • inbouwbaar *encastrable* • ingebouwd *encastré*; *intégré*
inbouwen *incorporer*; *intégrer*; ⟨in muur⟩ *encastrer (***in** *dans)*; FIG. *inclure*; FIG. *intégrer*
inbouwkeuken *cuisine* v *intégrée*
inbraak *cambriolage* m; INFORM. *casse* m
inbraakpreventie *(protection* v*) antivol* m
inbranden ⟨v. merkteken⟩ *marquer au fer rouge*; ⟨brandschilderen⟩ *pyrograver*
inbreken ~ bij/in *cambrioler*
inbreker *cambrioleur* m [v: *cambrioleuse*]
inbreng *contribution* v; *apport* m *(***in** *à)*; ⟨v. partner⟩ *apport(s)* m (mv) *(***in** *en)*; ⟨aan kapitaal⟩ *mise* v *(de fonds)*
inbrengen • naar binnen brengen *rentrer*; *introduire* • bijdragen *contribuer*; ⟨als partner⟩ *apporter* • argumenteren *avancer* ★ niets in te brengen hebben *ne pas avoir voix au chapitre* ★ ~ tegen *objecter à / contre*; *opposer à* ★ daar valt niets tegen in te brengen *il n'y a rien à objecter / à (re)dire* ★ een beschuldiging ~ tegen iem. *porter une accusation contre qn*
inbreuk ~ op *infraction* v *à*; *violation* v *de*; *atteinte à* ★ ~ maken op *empiéter sur*; *violer*; *porter atteinte à*
inburgeren I OV WW *(faire) intégrer* **II** ON WW *s'intégrer*; ⟨v. personen⟩ *s'acclimater*; ⟨v. zaken⟩ *entrer / passer dans l'usage*; *s'implanter* ★ FIG. ingeburgerd *entré / passé dans l'usage*
inburgeringsexamen ≈ *examen* m *civique*
Inca *Inca* m/v
incalculeren • *calculer (***in** *dans)*; *tenir compte de*; *prévoir* • in overweging opnemen *tenir compte de*
incapabel *inapte à*; *incompétent*
incarnatie *incarnation* v
incasseren OOK FIG. *encaisser*
incasseringsvermogen ★ een groot ~ hebben *savoir encaisser*
incasso *encaissemment* m; *recouvrement* m
incassobureau *agence* v *de recouvrement*
incassokosten *frais* m mv *de recouvrement*
incest *inceste* m
incestueus *incestueux* [v: *incestueuse*]
inch *pouce* m
incheckbalie *enregistrement* m *(des bagages)*
inchecken *se faire enregistrer*
incident *incident* m
incidenteel I BNW nu en dan *occasionnel* [v: *occasionnelle*] **II** BIJW *occasionnellement*
incluis *y compris*; *inclusivement*
inclusief *inclusivement*; *(y) compris* ★ ~ btw *TTC (toutes taxes comprises)* ★ ~ bediening *service compris*
incognito I ZN [het] *incognito* m **II** BIJW *incognito*
incoherent *incohérent*
incompatibel *incompatible*
incompatibiliteit *incompatibilité* v
incompetent *incompétent*
incompleet *incomplet* [v: *incomplète*]
in concreto *concrètement*
incongruent *inégal* [m mv: *inégaux*]
inconsequent *inconséquent*; *incohérent*; *sans esprit de suite*
inconsistent *inconsistant*
incontinent *incontinent*
incorporeren *incorporer (***in** *à, dans)*
incorrect • onjuist *incorrect* • ongepast *incorrect*
incourant ⟨v. effecten⟩ *non coté*; ⟨v. artikelen⟩ *peu courant*
incrowd *sérail* m; *clan* m; *coterie* v
incubatietijd *(période* v *d')incubation* v
indammen OOK FIG. *endiguer*
indekken [+ zich] *assurer ses arrières* ★ zich ~ tegen *se préserver de*; *se mettre à couvert de*
indelen • onderbrengen *incorporer* ★ ~ bij *affecter à*; *incorporer dans* ★ iem. ~ bij de stoottroepen *affecter qn aux unités de choc* • rangschikken *diviser* • organiseren *aménager*; *organiser*; *agencer* ★ zijn tijd/werk ~ *s'organiser*
indeling • rangschikking *répartition* v; *division* v ★ de ~ van een flat *la division intérieure d'un logement* ★ nieuwe ~ op loonschaal *reclassement professionnel* m • (het)

onderbrengen (bij) *incorporation* v *(dans)*; *affectation* v *(à)*
indenken [+ zich] *s'imaginer*; *concevoir* ⋆ zich in iemands situatie ~ *se mettre à la place de qn*
inderdaad *effectivement*; *en effet*
inderhaast *à la hâte*; *précipitamment*
indertijd *dans le temps*; *à l'époque*
indeuken *cabosser*; *bosseler*
index • inhoudsopgave *index* m ⋆ op de ~ geplaatst *mis à l'index* • indexcijfer *indice* m • cijfer/teken *indice* m
indexcijfer *indice* m
indexeren *indexer*
India *l'Inde* v ⋆ in ~ *en Inde*
indiaan *Indien* m [v: *Indienne*]
Indiaas *indien* [v: *indienne*]
indianenverhaal *histoire* v *à dormir debout*
indicatie *indication* v; ⟨teken/bewijs⟩ *indice* m ⋆ op medische ~ *sur avis médical* ⋆ abortus op medische ~ *avortement thérapeutique*
indicatief *indicatif* m
indicator *indicateur* m
indien *si*; ⟨voor 'il(s)'⟩ *s'*
indienen *présenter*; *déposer* ⋆ zijn ontslag ~ *donner sa démission* ⋆ een klacht ~ *déposer une plainte*
indiensttreding *entrée* v *en fonctions*
Indiër *Indien* m [v: *Indienne*]
indigestie *indigestion* v
indigo *indigo* m
indijken *endiguer*
indikken • dik worden *s'épaissir* • dik maken *épaissir*; ⟨v. saus e.d.⟩ *réduire*
indirect I BNW *indirect* II BIJW *indirectement*
Indisch *indien* [v: *indienne*]
indiscreet I BNW *indiscret* [v: *indiscrète*] II BIJW *indiscrètement*
indiscretie *indiscrétion* v
individu *individu* m
individualiseren *individualiser*
individualisme *individualisme* m
individualist *individualiste* m/v
individualistisch *individualiste*
individueel I BNW *individuel* [v: *individuelle*] II BIJW *individuellement*
indoctrinatie *endoctrinement* m; *bourrage* m *de crâne*
indoctrineren *endoctriner*
indolent *indolent*
indolentie *indolence* v; *apathie* v
indommelen *s'assoupir*
Indonesië *l'Indonésie* v ⋆ in ~ *en Indonésie*
Indonesiër *Indonésien* m [v: *Indonésienne*]
Indonesisch *indonésien* [v: *indonésienne*]
indoor- *en salle*; ⟨overdekt⟩ *couvert*
indringen I ON WW binnendringen *pénétrer* ⋆ de kamer ~ *pénétrer dans la chambre* II WKD WW [+ zich] *s'insinuer*
indringend *pénétrant*; ⟨aangrijpend⟩ *saisissant*; ⟨wervend⟩ *accrocheur* [v: *accrocheuse*]
indringer *intrus* m [v: *intruse*]
indruisen ⋆ ~ tegen *être contraire à*; *aller à l'encontre de*
indruk • inwerking *impression* v; *sensation* v ⋆ de ~ maken te *avoir l'air de* ⋆ dat maakt op mij de ~ van ... *cela me fait l'effet de ...* ⋆ ~ maken op *impressionner* ⋆ ~ maken *faire (de l')effet* ⋆ een ~ krijgen van *se faire une idée de* ⋆ onder de ~ zijn van *être impressionné par* • spoor *marque* v; *empreinte* v
indrukken • drukken op *pousser*; *appuyer sur* ⋆ ingedrukt blijven *rester enclenché* • kapotdrukken *enfoncer*
indrukwekkend *impressionnant*; *imposant*
induceren *induire*
inductie *induction* v
inductiemotor *moteur* m *à induction*
inductiestroom *courant* m *induit*
industrialisatie *industrialisation* v
industrialiseren *industrialiser*
industrie *industrie* v ⋆ zware ~ *industrie lourde*
industrieel I ZN [de] *industriel* m II BNW *industriel* [v: *industrielle*]
industrieland *pays* m *industrialisé*
industrieterrein *zone* v *industrielle (ZI)*
indutten *s'assoupir*
ineen • in elkaar *l'un dans l'autre* • dichter naar elkaar toe *ensemble*
ineenduiken *se recroqueviller*; *se blottir*
ineengedoken *recroquevillé*; *blotti*
ineenkrimpen *se recroqueviller*; ⟨v.d. pijn⟩ *se tordre*; *tressaillir* ▾ zijn hart kromp ineen *son cœur se serra*
ineens • opeens *soudain*; *tout à coup* • in één keer *en une fois*; *d'un seul coup*
ineenschrompelen *se recroqueviller*; *se ratatiner*
ineenschuiven *emboîter*
ineenstorten *s'effondrer*; *s'écrouler*
ineenstorting *effondrement* m
ineenzakken *s'affaisser*
ineffectief *sans effet*
inefficiënt *inefficace*
inenten *vacciner* (**tegen** *contre*); *inoculer*
inenting *vaccination* v
inert I BNW *inerte*; *infâme*; *ignoble* II BIJW *avec inertie*
in extenso *in extenso*
infaam I BNW *infâme* II BIJW *de manière infâme*
infanterie *infanterie* v
infanterist *fantassin* m
infantiel I BNW *infantile* II BIJW *de manière infantile*
infantiliseren *infantiliser*
infarct *infarctus* m
infecteren *infecter*
infectie *infection* v
infectiehaard *foyer* m *d'infection*
infectieziekte *maladie* v *infectieuse / contagieuse*
inferieur *inférieur* (**aan** *à*)
inferioriteit *infériorité* v
infernaal *infernal* [m mv: *infernaux*]
infiltrant • *personne* v *qui s'infiltre* • indringer *intrus* m [v: *intruse*] • spion *taupe* v
infiltratie *infiltration* v
infiltreren *s'infiltrer*
infinitesimaalrekening *calcul* m *infinitésimal*
infinitief *infinitif* m
inflatie *inflation* v
inflatoir *inflationniste*
influenza *grippe* v

influisteren • fluisterend zeggen *glisser à l'oreille*; *chuchoter*; ⟨souffleren⟩ *souffler* • suggereren *insinuer*; *suggérer*
info *info(s)* v (mv)
infomercial *infomercial* m
informant *informateur* m [v: *informatrice*]
informateur ≈ *informateur* m [v: *informatrice*]
informatica *informatique* v
informaticus *informaticien* m [v: *informaticienne*]
informatie *information* v; *renseignements* m mv ★ ~ inwinnen (over) *se renseigner (sur)*; *s'informer (de)*; *prendre des renseignements* ★ iem. ~ verstrekken (over) *renseigner qn (sur)* ★ ~ verstrekken *renseigner*
informatiebalie *renseignements* m mv
informatiedrager *support* m *d'information*; *porteur* m *de données*
informatief *informatif* [v: *informative*]
informatiestroom *circulation* v *de l'information*
informatieverwerking *traitement* m *de données*
informatisering *informatisation* v
informeel I BNW *informel* [v: *informelle*] **II** BIJW *de façon informelle*; ⟨onofficieel⟩ *à titre non officiel*
informeren I OV WW inlichten *renseigner*; *informer* ★ iem. ~ over iets *renseigner qn sur qc*; *informer qn de qc* **II** ON WW inlichtingen inwinnen *s'informer*; *se renseigner* ★ ~ naar iem. *demander des nouvelles de qn* ★ ~ naar *s'informer de*; *se renseigner sur*
infotainment *information-spectacle* v
infrarood *infrarouge*
infrastructuur *infrastructure* v
infuus • MED. *perfusion* v ★ aan een ~ liggen *être sous perfusion* • aftreksel *infusion* v
ingaan • binnengaan *entrer dans* ★ een bocht ~ *amorcer / prendre un virage* • beginnen *commencer*; ⟨v. kracht worden⟩ *prendre effet* • reageren ~ **op** *réagir à*; *donner suite à* ★ ik zal er verder niet op ~ *je n'insisterai pas là-dessus* • toestemmen *accéder à* • ~ **tegen** *s'opposer à*; *réagir contre* ▼ dat gaat er wel in! *ça passe comme une lettre à la poste!*
ingaande I BNW *à partir de* **II** VZ ★ ~ 1 april *à partir du premier avril*
ingang • opening *entrée* v • toegang *accès* m • begin ★ met ~ van *à partir de* ★ datum van ~ *date* v *d'effet* ★ met onmiddellijke ~ *dès maintenant* • trefwoord *entrée* v ▼ ~ vinden *s'implanter*; *faire son chemin*; *entrer dans les mœurs* ▼ ~ doen vinden *faire accepter*; *introduire*
ingebakken *inhérent*; *inné*
ingebeeld • denkbeeldig *imaginaire* • verwaand *prétentieux* [v: *prétentieuse*]
ingebrekestelling *mise* v *en demeure*
ingebruikneming *mise* v *en service*
ingenieur *ingénieur* m ★ civiel ~ *ingénieur* m *civil* ★ elektrotechnisch / werktuigkundig ~ *ingénieur électrotechnicien / mécanicien*
ingenieus I BNW *ingénieux* [v: *ingénieuse*] **II** BIJW *astucieusement*
ingenomen ★ ~ met *content de*; *satisfait de* ★ met zich zelf ~ *satisfait / infatué / imbu de sa personne* ★ ~ tegen *prévenu contre*
ingesleten *usé*; FIG. *enraciné*; *ancré*
ingespannen I BNW • met inspanning *intensif* [v: *intensive*] • geconcentreerd *concentré*; *tendu* **II** BIJW *avec concentration*; *intensivement*
ingesprektoon ≈ *tonalité* v *(d'une ligne occupée)* ★ de ~ klinkt *ça sonne occupé*
ingetogen I BNW *réservé*; *modeste* **II** BIJW *modestement*; *posément*
ingeval *au cas où* [+ subj.]
ingeven • doen innemen *faire prendre / avaler* • in gedachten geven *inspirer*; *suggérer*
ingeving *inspiration* v; *idée* v; *illumination* v
ingevolge *en conséquence de*; *suite à*
ingewanden *intestins* m mv; CUL. *tripes* v mv; FIG. *entrailles* v mv
ingewijde *initié* m [v: *initiée*]
ingewikkeld *compliqué* ★ ~ maken *compliquer*
ingeworteld *enraciné*; *ancré*; ⟨ingekankerd⟩ *invétéré*
ingezetene *habitant* m [v: *habitante*]; ⟨buitenlands⟩ *résident* m [v: *résidente*]
ingooi SPORT *remise* v *en jeu*; *(remise* v *en) touche* v
ingooien • erin gooien SPORT *remettre en jeu* • kapotgooien *casser*; *briser*
ingraven *enterrer*; *enfouir* ★ zich ~ *se terrer*
ingrediënt *ingrédient* m
ingreep *intervention* v
ingrijpend *profond*; *radical* [m mv: *radicaux*]; *drastique* ★ ~e verandering *bouleversement* m
inhaalmanoeuvre *dépassement* m
inhaalstrook *voie* v *de dépassement*
inhaalverbod *interdiction* v *de dépasser*
inhaken • een arm geven *prendre par le bras* • reageren ~ **op** ★ op een opmerking ~ *enchaîner à la suite d'une remarque*
inhakken *enfoncer (à coups de hache)*; ⟨m.b.t. personen⟩ *foncer (***op** *sur)* ★ erop ~ *taper dessus*
inhalen • naar binnen halen *rentrer*; ⟨intrekken⟩ *retirer*; ⟨v. net / zeil⟩ *amener* ★ het ~ van een visnet *la levée d'un filet* • verwelkomen *recevoir (solennellement)*; *accueillir (en grande pompe)* • gelijk komen met *rattraper*; *rejoindre* • voorbijgaan *doubler*; *dépasser* ★ het ~ *le dépassement* • goedmaken *rattraper* ★ achterstand ~ *combler un retard* ★ de schade ~ *se rattraper* ★ werkuren ~ *récupérer des heures de travail* ★ het ~ *le rattrapage*
inhaleren *inhaler*; *avaler la fumée*
inhalig *avide*; *égoïste*; FORM. *cupide*
inham • baai *anse* v; *crique* v; *baie* v • insnijding *renfoncement* m; *découpure* v
inhechtenisneming *arrestation* v
inheems *indigène*; *du pays* ★ ~e ziekte *maladie* v *endémique*
inherent *inhérent (***aan** *à)*
inhoud • wat erin zit *contenu* m • wat erin kan zitten *capacité* v; *contenance* v; *volume* m • inhoudsopgave *index* m; *table* v *des matières* • strekking *sens* m; *signification* v • datgene waarover iets handelt *contenu* m; *sujet* m; *matière* v; ⟨bewoordingen⟩ *teneur* v ★ korte ~ *résumé* m ★ vorm en ~ *la forme et le*

fond
inhoudelijk *du contenu* ★ ~e opmerkingen *des remarques* v mv *portant sur le contenu*
inhouden • bevatten *contenir*; *renfermer* • betekenen *vouloir dire*; ⟨behelzen⟩ *contenir*; *impliquer*; *comprendre* • bedwingen *retenir*; *contenir* • intrekken *rentrer* • aftrekken (van) *retenir (de/sur)*; *déduire (de)*; *retrancher (de)*
inhouding • handeling *retenue* v • bedrag *prélèvement* m; *retenue* v
inhoudsmaat *mesure* v *de capacité*
inhoudsopgave *table* v *des matières*; *index* m
inhuldigen *installer*; ⟨v. koning⟩ *sacrer*; ⟨v. koning⟩ *introniser*
inhuldiging *installation* v; ⟨v. koning⟩ *intronisation* v; *sacre* m
inhuren *engager* ★ daar ben ik niet voor ingehuurd *je ne suis pas payé pour ça*
initiaal *initiale* v
initialiseren *initialiser*
initiatie *initiation* v
initiatief *initiative* v ★ het ~ nemen tot *prendre l'initiative de* ★ op ~ van *à / sur l'initiative de* ★ op eigen ~ *de sa propre initiative*
initiatiefnemer *initiateur* m [v: *initiatrice*]
initiatierite *rite* m *initiatique*
initieel *initial* [m mv: *initiaux*]
initiëren *initier*
injecteren *injecter*
injectie • *injection* v; *piqûre* v ★ een ~ geven *faire une piqûre* • materiële hulp *injection* v
injectiemotor *moteur* m *à injection*
injectienaald *aiguille* v
injectiespuit *seringue* v
inkapselen *envelopper*; OOK FIG. *emmailloter*
inkeer ★ tot ~ komen *se repentir*
inkijk ★ ~ hebben *être exposé aux regards*
inkijken *parcourir*
inkjetprinter *imprimante* v *à jet d'encre*
inklappen I OV WW naar binnen vouwen *rabattre* **II** ON WW in(een)storten *s'effondrer*
inklaren *dédouaner*
inkleden *présenter*; *formuler*; *tourner*; *habiller (in de)*
inkleuren *colorier*
inkoken • dikker maken ⟨v. saus e.d.⟩ *réduire* ★ de saus laten ~ *faire réduire la sauce* • dik worden *s'épaissir* • dik maken *épaissir*; ⟨v. saus e.d.⟩ *réduire*
inkom *entrée* v
inkomen I ZN [het] geld *revenu* m **II** ON WW binnenkomen *rentrer* ★ ingekomen stukken *courrier* m *reçu* ▾ daar komt niets van in! *il n'en sera rien!* ▾ daar kan ik ~ *ça, je le comprends bien*; *je m'imagine*
inkomensafhankelijk *en fonction des revenus*
inkomensgrens ⟨i.v.m. premie⟩ *plafond* m *(de la Sécurité sociale)*
inkomensgroep *catégorie* v *salariale*
inkomsten *revenu(s)* m (mv); ⟨uit vermogen⟩ *rentes* v mv; ⟨geïnd geld⟩ *rentrées* v mv
inkomstenbelasting *impôt* m *sur le revenu*
inkomstenbron *source* v *des revenus*
inkoop • koop *achat* m • het ingekochte ★ inkopen doen *faire des achats*; *s'approvisionner*; *faire les courses* • inkoopprijs *prix* m *d'achat*
inkoopcombinatie *groupement* m *d'achats*; *coopérative* v *d'achat*
inkopen • kopen *acheter* • rechthebbende worden op *racheter* ★ zich ~ in *prendre des parts de*
inkoper *acheteur* m [v: *acheteuse*]
inkorten • bekorten *raccourcir*; *abréger*; *écourter* • verminderen *réduire*; *diminuer*
inkrimpen I OV WW geringer maken *réduire* **II** ON WW • geringer worden *diminuer* • krimpen *se rétrécir*; *se contracter*
inkrimping *rétrécissement* m; *réduction* v
inkt *encre* v ★ Oost-Indische inkt *encre de Chine* ★ met rode inkt *à l'encre rouge*
inktlint *ruban* m *(encreur)*
inktpatroon *cartouche* v *d'encre*
inktpot *encrier* m
inktvis *seiche* v; ⟨achtarmig⟩ *pieuvre* v; *poulpe* m
inktvlek *tache* v *d'encre*; *pâté* m
inktzwart *noir comme de l'encre* ★ ~e lucht *ciel* m *d'encre*
inkuilen *ensiler*
inkwartieren *cantonner*; FIG. *loger*
inladen *charger*; *embarquer*
inlander *indigène* m/v
inlands *indigène*; *du pays*
inlassen • invoegen *intercaler*; *insérer* • met een las invoegen *emboîter*
inlaten I OV WW binnenlaten *faire entrer* **II** WKD WW [+ zich] ~ **met** *s'ingérer dans*; *s'occuper de*; ⟨m.b.t. personen⟩ *se commettre avec*; *frayer avec* ★ zich ~ met duistere praktijken *s'occuper d'affaires louches*
inleg ⟨bij spel⟩ *mise* v; *enjeu* m; ⟨bij bank⟩ *dépôt* m; ⟨als partner⟩ *apport*
inleggen • invoegen *insérer* • versieren *marqueter*; *incruster* • geld inbrengen ⟨bij bank⟩ *déposer*; ⟨bij spel⟩ *miser*; ⟨als partner⟩ *apporter* • versieren met mozaïekwerk *incruster (***met** *de)* ★ ingelegde tafel *table* v *marquetée*
inlegkruisje *protège-slip* m [mv: *protège-slips*]
inlegvel *feuille* v *intercalaire*; *encart* m
inleiden *introduire*; ⟨openen⟩ *ouvrir* ★ ~de besprekingen *(pourparlers* m mv*) préliminaires* m mv
inleiding *introduction* v; ⟨toebereidselen⟩ *préliminaires* m mv
inleven [+ zich] ★ zich ~ in *vivre* ★ zich ~ in een boek *vivre un livre* ★ zich ~ in een persoon *se mettre dans la peau de qn*
inleveren • afgeven *remettre*; *rendre* • minder verdienen *faire des sacrifices*; *y perdre*
inlevingsvermogen *empathie* v
inlezen COMP. *mémoriser*
inlichten *informer*; *renseigner*; *mettre au courant (***omtrent** *de)* ★ je bent slecht ingelicht *tu es mal renseigné* ★ iem. ~ over iets *informer qn de qc*; *renseigner qn sur qc*
inlichting *renseignement* m; ⟨informatie⟩ *information* v ★ iem. ~en verstrekken over iets *renseigner qn de qc* ★ ~en inwinnen over iets *se renseigner sur qc*; *s'informer de qc*; *prendre des renseignements* ★ voor ~en kunt u

in

zich richten tot *pour tous renseignements s'adresser à*
inlichtingendienst *service* m *secret / de renseignements*
inlijsten *encadrer*
inlijven ⟨v. personen⟩ *embrigader; incorporer* **bij** *dans*; ⟨v. gebied⟩ *annexer*
inlikken [+ zich] *faire de la lèche*
inloggen *se connecter (***op** *à, sur)*; INFORM. *se loguer*
inlopen I OV WW • inhalen *rattraper* • beter doen passen ★ je moet ze ~ *tu vas les faire; elles vont se faire* **II** ON WW inhalen ~ **op** ★ op iem. ~ *foncer sur qn; remonter qn* ▾ er ~ *donner / tomber dans le panneau*
inlossen • aflossen *dégager* • nakomen ★ zijn belofte ~ *tenir parole / sa promesse*
inloten ★ ingeloot zijn voor een studie *être admis à une faculté par tirage au sort*
inluiden • door klokgelui aankondigen *carillonner* • het begin markeren van *inaugurer; préluder à*
inmaak • het inmaken *conservation* v • het ingemaakte *conserve(s)* v (mv)
inmaken • inleggen *mettre en conserve; conserver*; ⟨in zout⟩ *saler*; ⟨v. vruchten⟩ *confire* • SPORT *écraser*
inmengen [+ zich] ~ **in** *intervenir dans; s'ingérer dans; s'immiscer dans*
inmenging *ingérence* v; *immixtion* v; *intervention (***in** *dans)* v
inmiddels *en attendant; entre-temps*
innaaien *brocher*
innemen • binnenhalen *rentrer* • tot zich nemen *prendre; avaler* • van kleding ⟨v. kleren⟩ *rétrécir* • veroveren *prendre; conquérir* • (on)gunstig stemmen ★ iem. voor zich ~ *prévenir qn en faveur de soi; gagner la sympathie de qn; conquérir qn* ★ iem. tegen zich ~ *prévenir qn contre soi; se mettre qn à dos* • beslaan, bezetten *occuper; prendre; tenir* ★ een standpunt ~ *adopter un point de vue* ★ iemands stoel ~ *prendre la chaise de qn*
innemend *engageant; avenant; aimable*
innen *encaisser; toucher; recouvrer*; ⟨v. belasting⟩ *percevoir*
innerlijk I ZN [het] *intérieur* m; *cœur* m **II** BNW van binnen *interne*; ⟨in het gemoed⟩ *intérieur*; ⟨intrinsiek⟩ *intrinsèque* ★ ~e overtuiging *conviction* v *intime* **III** BIJW *intérieurement; intimement*
innig I BNW • diep gevoeld *intime; profond; sincère* • vurig *intense; ardent* • intiem *intime; tendre* **II** BIJW *intimement; profondément; tendrement*
inning • het innen *encaissement* m; *recouvrement* m; ⟨v. belasting⟩ *perception* v • SPORT *tour* m *(de batte)*; v
innovatie *innovation* v
innovatief *innovateur* [v: *innovatrice*]
innoveren *innover*
in optima forma *en règle; en due forme; à l'état pur*
inpakken • verpakken *emballer*; ⟨pakje maken⟩ *empaqueter* ★ de koffers ~ *faire ses valises* • warm kleden *emmitoufler (***in** *dans)* • inpalmen *enjôler; mettre dans sa poche; embobiner* ★ zich laten ~ *se faire avoir* ▾ ~ en wegwezen *plier bagage*
inpakpapier *papier* m *d'emballage*
inpalmen • zich toe-eigenen *s'emparer de; confisquer* • voor zich winnen *faire du charme à*; ⟨inpakken⟩ *enjôler; mettre dans sa poche; embobiner*
inpandig *incorporé*
inparkeren *faire un créneau*
inpassen *insérer (***in** *dans)*
inpeperen ★ ik zal het je ~ *tu me le paieras*
inperken *restreindre; limiter; réduire*
in petto ▾ iets ~ hebben *avoir concocté qc; avoir préparé qc*
inpikken *chiper; ratiboiser; faire main basse sur*
inplakken *coller*
inplanten • planten *planter* • MED. aanbrengen *implanter*
inpolderen *poldériser* ★ het ~ *la poldérisation*
inpraten ~ **op** *(chercher à) convaincre; raisonner*
inprenten *inculquer; graver dans la mémoire*
input *input* m; COMP. *entrée* v; *saisie* v
inquisitie *inquisition* v
inregenen ★ het regent in *la pluie pénètre*
inrekenen ⟨arresteren⟩ *arrêter*; ⟨gevangenzetten⟩ *écrouer*
inrichten • regelen *régler; organiser* ★ het zo ~ dat *faire en sorte que* [+ subj.] • toerusten *aménager (***als** *en); arranger*; ⟨meubileren/stofferen⟩ *décorer*; ⟨meubileren/stofferen⟩ *meubler*; ⟨aanleggen⟩ *installer*; ⟨indelen⟩ *aménager*; ⟨indelen⟩ *organiser*; ⟨indelen⟩ *agencer* ★ zich ~ *s'installer* ★ ingericht zijn *être installé* ★ ingericht zijn op *être aménagé / prévu pour*
inrichting • aankleding ⟨v. huis e.d.⟩ *aménagement* m; *arrangement* m; *décoration* v; ⟨indeling⟩ *aménagement* m; ⟨indeling⟩ *agencement* m • instelling *institution* v; *établissement* m ★ psychiatrische ~ *hôpital* m *psychiatrique*
inrijden ⟨v. paard⟩ *accoutumer*; ⟨v. auto⟩ *roder* ★ de auto wordt ingereden *la voiture est en rodage*
inrit *entrée* v
inroepen *appeler; réclamer; invoquer; faire appel à* ★ iemands hulp ~ *faire appel à qn; demander à qn de venir aider*
inroosteren *introduire dans l'horaire*
inruil ⟨v. artikel⟩ *reprise* v
inruilen *échanger; changer* ★ ~ voor/tegen *échanger contre; changer pour*
inruilwaarde *(valeur* v *de) reprise* v
inruimen ★ plaats ~ voor *faire place à* ★ plaats ~ voor *faire place à*
inrukken *rompre les rangs; décamper* ★ ingerukt, mars! *rompez!*
inschakelen • in werking stellen ⟨opnemen⟩ *mettre en marche*; ⟨aansluiten⟩ *mettre le contact; mettre en circuit; brancher; enclencher* • doen meewerken *faire appel à; mettre à contribution; intégrer*
inschalen *insérer dans la grille des salaires*
inschatten *estimer; évaluer*; ⟨(kunnen) plaatsen⟩ *situer* ★ verkeerd ~ *méjuger* ★ het (verkeerd) ~

(erreur v *d')appréciation* v
inschenken ⟨gieten⟩ *verser*; ⟨vullen⟩ *remplir*; ⟨serveren⟩ *servir (à boire)*
inschepen *embarquer*
inschieten *perdre* ⋆ iets erbij ~ *y perdre qc* ⋆ zijn leven erbij ~ *y laisser la vie / sa peau* ⋆ zijn geld erbij ~ *en être pour son argent / de sa poche* ⋆ mijn vakantie is erbij ingeschoten *j'ai dû renoncer aux vacances*
inschikkelijk I BNW *accommodant*; *conciliant* **II** BIJW *avec complaisance*
inschikkelijkheid *indulgence* v; *complaisance* v
inschikken *se serrer*
inschrijfformulier *fiche* v / *bulletin* m *d'inscription*
inschrijfgeld *droits* m mv / *frais* m mv *d'inscription*
inschrijven I OV WW • optekenen *inscrire* • aanmelden *(faire) inscrire*; *enregistrer* **II** ON WW • intekenen op iets *souscrire à* • prijsopgave doen *soumissionner (***voor** *à)* ⋆ op een werk / aanbesteding ~ *soumissionner un ouvrage / à un appel d'offres*
inschrijving • intekening *souscription* v; ⟨voor aanbesteding⟩ *soumission* v • registratie *inscription* v; *enregistrement* m
inschuiven I OV WW naar binnen schuiven *rentrer*; *fermer* **II** ON WW inschikken *se serrer*
inscriptie *inscription* v
insect *insecte* m
insectenbeet *piqûre* v *d'insecte*
insectendodend *insecticide*
insecticide *insecticide* m
inseinen *alerter*; *prévenir*; *tuyauter*
inseminatie *insémination* v ⋆ kunstmatige ~ *insémination artificielle*
insemineren *inséminer*
ins en outs *les tenants et (les) aboutissants*
insgelijks *pareillement*; *de même*
insider *initié* m [v: *initiée*]
insigne *insigne* m; *badge* m
insinuatie *insinuation* v
insinueren *insinuer*
inslaan I OV WW • erin slaan *enfoncer*; *planter* • stukslaan *enfoncer*; *briser* • in voorraad nemen *faire provision de*; *s'approvisionner en* • ingaan *prendre*; *emprunter*; *s'engager dans* **II** ON WW • met kracht doordringen *frapper*; ⟨v. bliksem⟩ *tomber (***in** *sur)* • indruk maken *avoir de l'effet sur*; *faire impression sur*; *porter sur* ⋆ niet ~ *tomber à plat*
inslag • het inslaan *impact* m; ⟨v. bliksem⟩ *foudroiement* m • karakter(trek) *tendance* v • dwarsdraad *trame* v • zoom *ourlet* m; *rempli* m
inslapen • in slaap vallen *s'endormir* • sterven *s'éteindre* ⋆ laten ~ *endormir*; *faire piquer*
inslikken • doorslikken *avaler* • verbijten *retenir* • slecht uitspreken *avaler*; *manger*; *escamoter*
insluimeren *s'assoupir* ⋆ doen ~ *assoupir*
insluipen *se glisser (dans)*; *se faufiler (dans)*
insluiper *cambrioleur* m [v: *cambrioleuse*]
insluiten • opsluiten *enfermer*; *mettre sous clef* • omgeven ⟨omsingelen⟩ *assiéger*; *investir*; *encercler*; *cerner*; ⟨omringen⟩ *entourer*; *ceindre*; *environner*; ⟨omsluiten⟩ *enclaver* • bijsluiten *joindre à*; *inclure dans*; *ajouter à* ⋆ (hierbij) ingesloten *ci-inclus*; *ci-joint* • inhouden *comprendre*; *englober*
insmeren *enduire de*; ⟨met vet⟩ *graisser*; ⟨met olie⟩ *huiler*; ⟨met zeep⟩ *savonner*
insneeuwen ⋆ ingesneeuwd zijn *être enneigé*; *être bloqué par la neige*
insnijden *inciser*; ⟨griffen⟩ *graver*
insnoeren • vernauwen *rétrécir*; *resserrer*; *étrangler* • inrijgen *lacer*; *serrer*
insolvent *insolvable*
inspannen I OV WW • aanspannen *atteler* • moeite geven ⋆ zijn hersens ~ *tendre son esprit*; *faire un effort mental* ⋆ zijn krachten ~ *faire un effort* **II** WKD WW [+ zich] *faire des efforts* ⋆ zich tot het uiterste ~ *faire tout son possible* ⋆ zich ~ om *s'efforcer de*
inspannend *fatiguant*; *épuisant*
inspanning *effort* m ⋆ lichamelijke ~ *dépense* v *physique* ⋆ met ~ van alle krachten *en faisant un violent effort*
inspecteren *inspecter*; ⟨v. troepen⟩ *passer en revue*
inspecteur *inspecteur* m [v: *inspectrice*]
inspecteur-generaal *inspecteur* m *général* [m mv: *inspecteurs généraux*] [v: *inspectrice générale*]
inspectie *inspection* v; ⟨v. troepen⟩ *revue* v
inspelen • vooraf oefenen ⋆ ingespeeld zijn op elkaar *être bien rodé* • reageren ~ **op** *répondre à*; *tenir compte de*; ⟨vooruitlopen op⟩ *anticiper sur*
inspiratie *inspiration* v
inspirator *inspirateur* m [v: *inspiratrice*]
inspireren *inspirer* ⋆ geïnspireerd door / op *inspiré de*
inspraak *participation* v ⋆ ~ hebben *avoir voix consultative* ▾ de ~ van het geweten *la voix de la conscience*
inspraakprocedure *(processus* m *de) concertation* v
inspreken • tekst inspreken *enregistrer* ⋆ een boodschap ~ *laisser un message* • inboezemen ⋆ iem. moed ~ *encourager qn*
inspringen • erin springen *sauter (dans)* • invallen ⋆ voor iem. ~ *remplacer qn* • terugwijken *être en retrait* ⋆ ~de regel *alinéa* m ⋆ ~de hoek *angle* m *rentrant* ⋆ ~de muur *renforcement* [m] ⋆ een regel laten ~ *renforcer une ligne* • ~ **op** *répondre à*
inspuiten *injecter*
instaan ~ **voor** *garantir*; *répondre de*; *se porter garant de*
instabiel *instable*
instabiliteit *instabilité* v
installateur *installateur* m
installatie *installation* v; ⟨stereo-installatie⟩ *chaîne* v
installeren *installer*
instampen • erin stampen *enfoncer* • inprenten *fourrer / faire entrer dans la tête*
instandhouding *maintien* m; *préservation* v
instant- *instantané*; ⟨panklaar⟩ *prêt-à-cuire*
instantie *instance* v ▾ in eerste ~ *de prime abord*; *(tout) d'abord* ▾ in laatste ~ *en dernier*

ressort
instappen • stappend ingaan *entrer dans*; ⟨in een voertuig⟩ *monter (***in** *dans)* ⋆ niet ~ *montée* v *interdite* • gaan meedoen *se joindre (à)*
insteek *approche* v
insteekhaven *baie* v *(en épi)*
insteekkaart *(module* m *d')extension* v; *plug-in* m [mv: *id.*]
insteken *introduire (dans)* ⋆ de draad (in de naald) ~ *enfiler l'aiguille*
instellen • beginnen *engager* ⋆ een onderzoek ~ *ouvrir une enquête* ⋆ een vervolging ~ *engager / entamer des poursuites* ⋆ een eis ~ tot ... *demander*; *réclamer* • afstellen *mettre au point*; *régler*; *ajuster* • oprichten *instituer*; *créer*; *établir*
instelling • mentaliteit *mentalité* v; *attitude* v; ⟨geneigdheid⟩ *esprit* m; *tendance(s)* v (mv) • instituut *institution* v; *établissement* m; *organisme* m
instemmen ⋆ ~ met *être d'accord avec*; *donner son accord à*; *se ranger à l'avis de*; *consentir à*
instemmend *approbateur* [v: *approbatrice*]
instemming ⟨goedvinden⟩ *adhésion* v *(***met** *à)*; *accord* m; *consentement* m; ⟨goedkeuring, bijval⟩ *approbation* v ⋆ met ~ begroeten *accueillir favorablement*
instigatie *instigation* v ⋆ op ~ van *à / sur l'instigation de*
instinct *instinct* m ⋆ het ~ tot zelfbehoud *l'instinct de conservation*
instinctief I BNW • *instinctif* [v: *instinctive*] • PSYCH. instinctmatig *instinctuel* [v: *instinctuelle*] II BIJW *instinctivement*; *d'instinct*
instinker *piège* m
institutionaliseren *institutionnaliser*
institutioneel *institutionnel* [v: *institutionnelle*]
instituut • genootschap *institut* m • instelling *institution* v
instoppen ⟨v. (iem. in) bed⟩ *border*; ⟨warm inpakken⟩ *emmitoufler*
instorten • in elkaar vallen *s'écrouler*; *s'effondrer*; ⟨v. terrein⟩ *s'ébouler*; ⟨bezwijken⟩ *crouler*; *s'écrouler* ⋆ op ~ staan *menacer ruine* • afknappen ⟨geestelijk⟩ *craquer*; ⟨een terugval hebben⟩ *rechuter*
instorting • *écroulement* m; ⟨ook figuurlijk⟩ *effondrement* m; ⟨v. terrein⟩ *éboulement* m • terugval *rechute* v
instroom *afflux* m
instructeur *instructeur* m [v: *instructrice*]; ⟨v. rijles opleider⟩ *moniteur* m [v: *monitrice*]
instructie *instruction* v; ⟨aanwijzing⟩ *consigne* v; *instructions* v mv
instructief *instructif* [v: *instructive*]
instrueren • instructies geven *donner des consignes / instructions (***aan** *à)* • onderrichten *instruire*
instrument *instrument* m
instrumentaal *instrumental* [m mv: *instrumentaux*]
instrumentalist *instrumentiste* m/v
instrumentarium *instrumentation* v; *instruments* m mv
instrumentenpaneel *tableau* m *de bord*
instuderen *étudier*; *répéter*; *travailler*
instuif *surprise-partie* v [mv: *suprises-parties*]
insturen *envoyer*
insubordinatie *insubordination* v
insuline *insuline* v
intact *intact*
intakegesprek ≈ *entretien* m *préliminaire / d'admission*
intapen *bander*
inteelt *union* v *consanguine*; FORM. *endogamie* v; INFORM. *consanguinité* v
integendeel *au contraire*
integer *intègre*
integraal I BNW *intégral* [m mv: *intégraux*] II BIJW *intégralement*
integraalhelm *casque* m *intégral*
integraalrekening *calcul* m *intégral*
integratie *intégration* v
integreren I ON WW in geheel opgaan *s'intégrer* II OV WW compleet maken *intégrer (***in** *dans, à)* ⋆ een ~d deel vormen van *faire partie intégrante de*
integriteit *intégrité* v
intekenen *souscrire (***op** *à)*
intekenlijst *liste* v *de souscription*
intekenprijs *prix* m *de souscription*
intellect • verstand *intellect* m • intellectuelen *intellectuels* m mv; *intelligentsia* v
intellectualistisch *intellectualiste*
intellectueel I ZN [de] *intellectuel* m [v: *intellectuelle*] II BNW *intellectuel* [v: *intellectuelle*] III BIJW *intellectuellement*
intelligent I BNW *intelligent* II BIJW *intelligemment*
intelligentie *intelligence* v
intelligentiequotiënt *quotient* m *intellectuel*
intelligentietest *test* m *d'intelligence*
intelligentsia *intelligentsia* v
intendant *intendant* m
intens I BNW *intense* II BIJW *intensément*
intensief I BNW *intensif* [v: *intensive*] II BIJW *intensivement*
intensiteit *intensité* v
intensive care *(service* m / *unité* v *de) réanimation* v
intensiveren *intensifier*
intentie *intention* v
intentieverklaring *déclaration* v *d'intention*
intentioneel *intentionnel* [v: *intentionnelle*]
interactie *interaction* v
interactief *interactif* [v: *interactive*]
interbancair *interbancaire*
interbellum *entre-deux-guerres* m [onv]
intercedent *intermédiaire* m/v; ⟨v. uitzendbureau⟩ *agent* m *d'intérim*
intercity ≈ *train* m *rapide*
intercom *interphone* m
intercontinentaal *intercontinental* [m mv: *intercontinentaux*]
intercultureel *interculturel* [v: *interculturelle*]
interdependentie *interdépendance* v
interdisciplinair *interdisciplinaire*
interen *diminuer* ⋆ op zijn kapitaal ~ *manger son capital*; *vivre sur ses réserves*
interessant I BNW *intéressant* II BIJW *de façon intéressante* ⋆ ~ doen *faire son petit*

intéressant; *frimer*
interesse *intérêt* m (**voor** *pour*) ★ gebrek aan ~ *désintérêt* [m]; *indifférence* v ★ ~ hebben voor *s'intéresser à*
interesseren I OV WW *intéresser* (**voor/in** *à*) ★ iem. voor iets ~ *intéresser qn à qc* ★ geïnteresseerd zijn in *s'intéresser à* II WKD WW [+ zich] ~ **voor/in** *s'intéresser à*
interest *intérêt* m ★ samengestelde ~ *intérêt composé*
interface *interface* v
interfaculteit *faculté* v *pluridisciplinaire*
interferentie *interférence* v
interfereren • tussenbeide komen *interférer* • op elkaar inwerken *interférer*
interieur *intérieur* m
interim *intérim* m ★ ad ~ *par intérim*
interim- *provisoire*; *intérimaire*; ⟨waarnemend⟩ *par intérim*
interim-manager *manager* m *par intérim*
interkerkelijk *interecclésiastique*; *oecuménique*
interland *rencontre* v *internationale*
interlinie *interligne* m
interlokaal *interurbain*
intermediair I ZN [de] bemiddelaar *intermédiaire* m/v II BNW *intermédiaire*
intermenselijk *(inter)humain*
intermezzo OOK FIG. *intermède* m
intern • inwendig *interne* • binnen organisatie *interne* • inwonend *interne*
internaat *internat* m
internationaal *international* [m mv: *internationaux*]
international *international* m [mv: *internationaux*]
interneren *interner*
interneringskamp *camp* m *d'internement*
internet *Internet* m
internetaansluiting *accès* m *à (l')internet*
internetcafé *cybercafé* m
internetprovider *service* m *en ligne*; *serveur* m
internetten *surfer / naviguer / être sur Internet*
internetter *internaute* m/v
internist *interniste* m/v
interpellatie *interpellation* v
interpelleren *interpeller*
interpretatie *interprétation* v
interpreteren *interpréter*
interpunctie *ponctuation* v
interrumperen *interrompre*
interruptie *interruption* v
interval *intervalle* m
interveniëren *intervenir*
interventie *intervention* v
interventiemacht *force* v *d'intervention*
interventietroepen *forces* v mv *d'intervention*
interview *interview* v ★ een ~ geven *accorder une interview*
interviewen *interviewer*
interviewer *interviewe(u)r* m [v: *intervieweuse*]
intiem I BNW *intime* II BIJW *intimement*
intifada *Intifada* v
intimidatie *intimidation* v
intimideren *intimider*
intimiteit *intimité* v ★ ongewenste ~en *harcèlement* m *sexuel*
intocht *entrée* v
intoetsen *introduire*; INFORM. *taper*; ⟨v. code⟩ *composer*
intolerant *intolérant*
intolerantie *intolérance* v
intomen *refréner*; *brider*
intonatie *intonation* v
intranet *intranet* m
intransitief I BNW *intransitif* [v: *intransitive*] II BIJW *intransitivement*
intrappen *enfoncer* ▾ ergens ~ *tomber dans le piège*
intraveneus *intraveineux* [v: *intraveineuse*]
intrede • ambtsaanvaarding *entrée* v *en fonctions* • begin *début* m ▾ zijn ~ doen *faire son apparition*
intreden • beginnen *commencer*; ⟨zich voordoen⟩ *se produire*; ⟨plotseling⟩ *survenir* • non/monnik worden *entrer dans les ordres*
intrek ★ zijn ~ nemen bij *s'installer chez / dans*; *descendre chez / à*
intrekken I OV WW • naar binnen trekken *retirer*; ⟨v. nagels e.d.⟩ *rétracter*; *rentrer* ★ zijn buik ~ *rentrer le ventre* • terugnemen *retirer*; ⟨ongedaan maken⟩ *supprimer*; *annuler*; JUR. *abroger* ★ zijn woorden ~ *se dédire*; *se rétracter* II ON WW • binnentrekken *entrer dans*; *pénétrer dans* • gaan inwonen *s'installer* (**bij** *chez*)
intrigant *intrigant* m [v: *intrigante*]
intrige • slinks plan *intrigue* v • plot *intrigue* v
intrigeren *intriguer*
intrinsiek *intrinsèque*
intro *intro* v
introducé *invité* m [v: *invitée*]
introduceren *introduire*
introductie *introduction* v
introductieprijs *prix* m *de lancement*
introspectie *introspection* v
introvert *introverti*
intubatie *tubage* m
intuinen *tomber dans le panneau*; *se faire avoir*
intuïtie *intuition* v
intuïtief I BNW *intuitif* [v: *intuitive*] II BIJW *intuitivement*
intussen *en attendant*; *entre-temps*
inval • het binnenvallen *invasion* v; ⟨v. politie⟩ *descente* v • idee *idée* v; *inspiration* v • begin *commencement* m; NATK. *incidence* v
invalide I ZN [de] *invalide* m/v; *handicapé* m [v: *handicapée*] II BNW *handicapé*; *infirme*; *invalide*
invalidenwagen *fauteuil* m *roulant*
invaliditeit *invalidité* v
invallen • binnenvallen *envahir*; *faire irruption dans* • instorten *s'écrouler* • in gedachte komen *venir à l'esprit*; *revenir* • beginnen *commencer*; ⟨v.d. nacht⟩ *tomber* ★ bij het ~ van de duisternis *à la tombée de la nuit / du jour* • MUZ. *entrer* • vervangen *remplacer* ★ voor iem. ~ *remplacer qn* ▾ ingevallen wangen *joues* v mv *creuses*
invaller • plaatsvervanger *remplaçant* m [v: *remplaçante*] • invalkracht ⟨invalkracht⟩ *intérimaire* m/v
invalshoek • gezichtshoek *angle* m; *point* m *de*

vue • NATK. *angle* m *d'incidence*
invalsweg *(voie* v *d')accès* m
invasie *invasion* v; ⟨v. 1944⟩ *débarquement* m
inventaris *inventaire* m
inventarisatie *inventaire* m
inventariseren *inventorier; faire l'inventaire de*
inventief *inventif* [v: *inventive*]
invers *inverse*
inversie *inversion* v
investeerder *investisseur* m
investeren *investir (***in** *dans)*
investering *investissement* m
investeringsbank *banc* m *d'investissement*
invetten *graisser*
invitatie *invitation* v
in-vitrofertilisatie *fécondation* v *in vitro*
invloed *influence* v ★ ~ op *influence sur* ★ ~ uitoefenen op *influer sur* ★ onder ~ van *sous l'influence de* ▾ onder ~ *en état d'ébriété / d'ivresse*
invloedrijk *influent; puissant*
invloedssfeer *zone* v / *sphère* v *d'influence*
invoegen I OV WW inlassen *intercaler; insérer* **II** ON WW tussenvoegen bij verkeer ⟨na inhalen⟩ *se rabattre*; ⟨weg oprijden⟩ *s'engager; s'insérer*
invoegstrook *bretelle* v *d'accès; voie* v *d'accélération*
invoer • import *importation* v • COMP. input *entrée* v; *saisie* v
invoerbelasting *taxe* v *à l'importation*
invoeren • introduceren *introduire; lancer*; ⟨instellen⟩ *établir; instaurer; adopter* • importeren *importer*; COMP. *entrer; saisir* • COMP. *saisir* • inbrengen *introduire; insérer* ▾ goed ingevoerd zijn *s'y connaître; être expert en la matière; avoir ses entrées*
invoerrecht *droit* m *d'entrée / de douane*
invoerverbod *interdiction* v *d'importation*
invorderbaar *encaissable; percevable; recouvrable; exigible*
invorderen *encaisser; toucher; recouvrer*; ⟨v. belasting⟩ *percevoir*
invreten *ronger; corroder*
invriezen I OV WW conserveren *congeler; surgeler* **II** ON WW vastvriezen *être pris dans les glaces*
invrijheidstelling *mise* v *en liberté; libération* v
invullen *remplir*
invulling *remplissage* m
invuloefening *exercice* m *à trous*
inwaarts *vers l'intérieur; en dedans*
inweken *(faire) tremper*
inwendig *intérieur; interne* ★ het ~e *l'intérieur* m
inwerken I OV WW • aanbrengen in *faire entrer* • vertrouwd maken *initier (***in** *à); former (***in** *dans)* ★ zich ~ in *s'orienter dans* ★ goed ingewerkt *bien rodé* **II** ON WW • invloed hebben *agir (***op** *sur); influer (***op** *sur); faire son effet (***op** *sur)* ★ op elkaar ~ *interagir; interférer* ★ iets op je laten ~ *décanter qc* • aanvreten *ronger; attaquer*
inwerking *action* v
inwerkingtreding *entrée* v *en vigueur*
inwerktijd *période* v *de rodage*
inwerpen • naar binnen werpen ⟨v. munt⟩ *introduire* • SPORT *remettre en jeu*
inwijden • initiëren *initier (***in** *à)* • in gebruik nemen *inaugurer*; REL. *consacrer*
inwijding • initiatie *initiation* v • ingebruikneming *inauguration* v; REL. *consécration* v
inwilligen *consentir; accorder; agréer*
inwilliging *consentement* m; *assentiment* m
inwinnen ★ inlichtingen ~ *se renseigner; s'informer* ★ advies bij iem. ~ *consulter qn*
inwisselbaar *convertible*
inwisselen *changer (***voor** *contre, pour); convertir (***voor** *en)*
inwonen *habiter (***bij** *chez); loger (***bij** *chez)* ★ ~de leerling *interne* m/v
inwoner *habitant* m [v: *habitante*]; *résidant* m [v: *résidante*]
inwonertal *nombre* m *d'habitants*
inwoning • → **kost**
inworp • het inwerpen ⟨v. munt⟩ *introduction* v • SPORT *remise* v *en jeu; (remise* v *en) touche* v
inwrijven *frictionner*; ⟨poetsen⟩ *frotter; cirer*
inzaaien *semer (***met** *de); ensemencer*; ⟨met graan ook⟩ *emblaver*
inzage *communication* v ★ ~ geven in *communiquer* ★ ter ~ zenden *envoyer pour information* ★ aldaar ter ~ gelegd *à consulter sur place*
inzake *en matière de; concernant*
inzakken *s'affaisser*; OOK FIG. *s'effondrer*
inzamelen ⟨vergaren⟩ *recueillir*; ⟨ophalen⟩ *collecter* ★ giften ~ *faire la quête*
inzameling *collecte* v; *quête* v ★ gescheiden ~ *collecte sélective*
inzamelingsactie *collecte* v
inzegenen *bénir; consacrer*
inzegening *bénédiction* v
inzenden *envoyer*
inzending *envoi* m; *présentation* v
inzepen *savonner*
inzet • toewijding *dévouement* m; *effort(s)* m (mv); *engagement* m; *ardeur* v; ⟨ijver⟩ *zèle* m • inleg *mise* v; ⟨pot⟩ *poule* v ★ de ~ verhogen *relancer le jeu* • inspanning *engagement* v • bod *mise* v; ⟨eerste bod⟩ *mise* v *à prix* • wat op het spel staat *enjeu* m • kleine foto/tekening *insert* m • MUZ. *attaque* v • aanwending *mise* v *en œuvre*; ⟨v. troepen⟩ *engagement* m; *dispositif* m
inzetbaar *opérationnel* [v: *opérationelle*]
inzetten I OV WW • erin zetten *mettre dans; poser*; ⟨v. diamant⟩ *monter; enchâsser* ★ ingezet stuk *pièce* v *rapportée* • in actie brengen *engager* • beginnen *amorcer*; ⟨ontketenen⟩ *déclencher; lancer* ★ de achtervolging ~ *se lancer à la poursuite* • bod doen *mettre à prix* • wedden *jouer (***op** *sur); miser (***op** *sur)* ★ ~! *faites vos jeux!* • MUZ. *attaquer*; ⟨aanheffen⟩ *entonner* **II** WKD WW [+ zich] *se dépenser; se donner; militer (***voor** *pour)*
inzicht • begrip *compréhension* v *(***in** *de); intelligence* v *(***in** *de); notion* v *(***in** *de)* ★ ~ hebben in *y voir clair* ★ helder ~ *perspicacité*

• mening *conception* v; *opinion* v ⋆ verschil van ~ *différence* v *d'opinions* ⋆ naar zijn ~ *à son avis* ⋆ naar eigen ~ handelen *agir à sa guise* ⋆ tot het ~ komen dat *se rendre compte que*; *en arriver à la conclusion que* • inkeer ⋆ tot ~ komen *prendre conscience*
inzichtelijk *compréhensible*
inzien I ZN [het] ▾ bij nader ~ *réflexion faite* ▾ mijns ~s *à mon avis* **II** OV WW • inkijken *voir*; ⟨doorbladeren⟩ *parcourir*; ⟨raadplegen⟩ *consulter*; *examiner* • beseffen *comprendre*; *s'apercevoir de*; *être conscient de* • beoordelen ⋆ het somber ~ *voir en noir* ⋆ alles somber ~ *voir tout en noir*
inzinken *s'affaisser*
inzinking • het dieper komen te liggen *effondrement* m • terugval ECON. *dépression* v; *malaise* m • geestelijke instorting *dépression* v *(nerveuse)*; *crise* v *(de nerfs)*; INFORM. *coup* m *de déprime*
inzitten ~ over *s'inquiéter de*
inzittende *passager* m [v: *passagère*]; *occupant* m [v: *occupante*]
inzoomen *zoomer (***op** *sur)* ⋆ op iets ~ *faire un zoom sur qc*
inzwachtelen *bander*; *emmailloter*
ion *ion* m
ioniseren *ioniser*
IQ *QI* m
Iraaks *irakien* [v: *irakienne*]
Iraans *iranien* [v: *iranienne*]
Irak *l'Irak* m ⋆ in Irak *en Irak*
Irakees *Irakien* [v: *Irakienne*]
Iran *l'Iran* m ⋆ in Iran *en Iran*
Iraniër *Iranien* m [v: *Iranienne*]
iris • bloem *iris* m • deel van oog *iris* m
iriscopie *iridologie* v
irisscan *scanographie* v *de l'iris*
ironie *ironie* v
ironisch I BNW *ironique* **II** BIJW *ironiquement*
ironiseren *ironiser (***over** *sur)*
irrationeel *irrationnel* [v: *irrationnelle*]
irreëel *irréel* [v: *irréelle*]
irrelevant *non pertinent*
irrigatie *irrigation* v
irrigator *irrigateur* m
irrigeren *irriguer*
irritant *irritant*; *agaçant*; *crispant*
irritatie *irritation* v
irriteren *irriter*
ischias *sciatique* v
ISDN *RNIS* m ⟨Réseau numérique à intégration de services⟩
isgelijkteken *signe* m *d'égalité*
islam *islam* m
islamiet *musulman* m [v: *musulmane*]
islamisering *islamisation* v
islamist *islamiste* m/v
islamitisch *islamique*
ISO *Organisation* v *internationale de standardisation*
isobaar *isobare* v
isolatie • het isoleren *isolement* m; *isolation* v • het geïsoleerd-zijn *isolement* m; *isolation* v • isolerend materiaal *isolant* m
isolatieband *ruban* m *isolant*
isolatielaag *couche* v *isolante*
isolator *isolateur* m
isoleercel *cellule* v *disciplinaire*; ⟨opsluiting⟩ *isolement* m *cellulaire*
isoleerkan *thermos* m
isolement *isolement* m ⋆ iem. / zich in een ~ plaatsen *faire le vide autour de qn / de soi*
isoleren *isoler (***van** *de)*
isotoop *isotope* m
Israël *Israël* v; *l'État* m *hébreu* ⋆ in ~ *en Israël*
Israëli *Israélien* m [v: *Israélienne*]
Israëliër *Israélien* m [v: *Israélienne*]
Israëlisch *israélien* [v: *israélienne*]
issue *question* v *(actuelle)*
IT *informatique* v; *technologie(s)* v (mv) *de l'information*
Italiaan *Italien* m [v: *Italienne*]
Italiaans I ZN [het] taal *italien* m **II** BNW m.b.t. Italië *italien* [v: *italienne*]
Italië *l'Italie* v ⋆ in ~ *en Italie*
item *question* v; *point* m
IT'er *informaticien* m [v: *informaticienne*]
ivoor *ivoire* m
Ivoorkust *la Côte-d'Ivoire*
ivoren *d'ivoire* ⋆ in een ~ toren zitten / leven *vivre dans une tour d'ivoire*
Ivriet *hébreu* m

J

j *j* m ⋆ de j van Johan *J comme Jean*
ja I ZN [het] *oui* m II TW *oui*; ⟨na ontkenning⟩ *si* ⋆ ja ja! *c'est ça, oui!* ⋆ ja zeker! *mais oui!*; *bien sûr!* ⋆ o ja? *vraiment?*; *ah bon?* ⋆ o ja! *(mais) j'y pense!* ▾ wel ja! *dis donc!*; *non mais!* ▾ maar ja *enfin*; *seulement voilà* ▾ op alles ja en amen zeggen *dire amen / oui à tout*; INFORM. *être béni-oui-oui*
jaap *entaille* v; ⟨in gezicht⟩ *balafre* v
jaar *an* m; *année* v ⋆ dit jaar *cette année* ⋆ jaar in, jaar uit *d'année en année* ⋆ een half jaar *six mois* ⋆ de jaren vijftig *les années cinquante* ⋆ in het jaar 2050 *en 2050* ⋆ in het jaar onzes Heren *en l'an de grâce* ⋆ hij is vijftig jaar *il a cinquante ans*; *il est âgé de cinquante ans* ⋆ op zijn achttiende jaar *à dix-huit ans* ⋆ met de jaren *avec le temps / l'âge* ⋆ op jaren zijn *être âgé* ⋆ sinds jaar en dag *depuis des lustres* ⋆ de jaren des onderscheids *l'âge de raison* ⋆ op jaren komen *prendre de l'âge* ⋆ nog vele jaren! *tous mes vœux!* ⋆ de (zeven) vette / magere jaren *les années de vaches grasses / maigres* ▾ uit het jaar nul *qui date de Mathusalem*
jaarbeurs *salon* m; *foire* v
jaarboek • kroniek *annuaire* m • annalen *annales* v mv
jaargang *année* v; ⟨v. wijn⟩ *millésime* m
jaargenoot *camarade* m/v *de fac / de promotion*
jaargetijde *saison* v
jaarkaart *carte* v *annuelle*
jaarlijks I BNW *annuel* [v: *annuelle*] ⋆ ~e aflossing *annuité* v II BIJW *annuellement*; *tous les ans*; *chaque année*
jaarmarkt *foire* v
jaaropgaaf *relevé* m *annuel*
jaarring *cerne* m; *cercle* m *annuel*
jaartal *date* v; *année* v; ⟨op munt e.d.⟩ *millésime* m
jaartelling *ère* v
jaarvergadering *assemblée* v *annuelle*
jaarverslag *compte* m *rendu annuel*
jaarwisseling ≈ *nouvel an* m
jacht I ZN [de] • het jagen *chasse (op à)* v ⋆ op ~ gaan *aller à la chasse* ⋆ ~ maken op *pourchasser*; FIG. *courir après* • het najagen *poursuite (van de)* v II ZN [het] *yacht* m
jachten *se presser*; *(ne pas arrêter de) courir*
jachtgebied *(terrain* m *de) chasse* v
jachtgeweer *fusil* m *de chasse*
jachthaven *port* m *de plaisance*
jachthond *chien* m *de chasse*
jachtig I BNW *agité* II BIJW *avec agitation*
jachtluipaard *guépard* m
jachtopziener *garde-chasse* m [mv: *gardes-chasse(s)*]
jachtschotel ≈ *hachis* m *Parmentier*
jachtseizoen *(saison* v *de la) chasse* v
jack *blouson* m; ⟨windjack⟩ *anorak* m
jacket *jaquette* v
jackpot *jackpot* m
jacquet *jaquette* v
jacuzzi *jacuzzi* m; *bain* m *à remous*
jade *jade* m
jagen I OV WW • jacht maken op *chasser* • voortdrijven *pousser*; *presser*; ⟨verjagen⟩ *chasser* ▾ zich een kogel door het hoofd ~ *se loger une balle dans la tête* ▾ zijn geld erdoor ~ *claquer son argent* ▾ een wet erdoor ~ *expédier un projet de loi* ▾ iem. op kosten ~ *pousser qn à la dépense* II ON WW • op jacht zijn *chasser* ⋆ op herten ~ *chasser / courir le cerf* • streven ~ **naar** *courir après*; *poursuivre* • snel bewegen *courir*; *filer* ⋆ ~de pols *pouls* m *rapide*
jager • iem. die jaagt *chasseur* m • jachtvliegtuig *chasseur* m
jaguar *jaguar* m
jak I ZN [de] buffel *ya(c)k* m II ZN [het] bloes *blouson* m
jakhals *chacal* m [mv: *chacals*]
jakkeren *foncer*; *filer*
jakkes *be(u)rk*
jaknikker • jabroer *béni-oui-oui* m [onv] • pomp *pompe* v *à bascule*
jakob ▾ de ware ~ *le prince charmant*
jakobsschelp *coquille* v *Saint-Jacques*
jaloers I BNW *jaloux (op de)* [v: *jalouse*] ⋆ ~ zijn op iem. *envier qn* II BIJW *avec jalousie*
jaloezie • jaloersheid *jalousie* v • zonwering *store* m
jam *confiture* v
Jamaica *la Jamaïque* ⋆ op ~ *à la Jamaïque*
Jamaicaans *jamaïcain*
jambe *iambe* m
jamboree *jamboree* m
jammen *faire une jam-session*
jammer *dommage* ⋆ wat ~! *(quel) dommage!*; *c'est malheureux!* ⋆ ~ genoeg *malheureusement* ⋆ ~ dan! *tant pis!* ⋆ ~ van/voor *dommage pour* ⋆ ~ dat hij niet komt *c'est dommage qu'il ne vienne pas*
jammeren *se lamenter*; *gémir*
jammerklacht *lamentations* v mv
jammerlijk *lamentable*; *misérable*; *pitoyable*
jampot *pot* m *à confiture*
jamsessie *jam-session* v
Jan *Jean* ▾ Jan en alleman *tout le monde*; *n'importe qui* ▾ hij is boven Jan *il s'en est sorti / tiré*; *il est à l'abri* ▾ Jan Klaassen *Guignol*
janboel *pagaille* v; INFORM. *bordel* m
janboerenfluitjes ▾ op z'n ~ *à la va comme je te pousse*
janken *glapir*; *hurler*; ⟨grienen⟩ *chialer*
jantje-van-leiden ▾ zich er met een ~ van afmaken *s'en tirer par une pirouette*
januari *janvier* m
januskop *tête* v *à double visage*
jan-van-gent *fou* m *(de Bassan)*
Japan *le Japon* ⋆ in ~ *au Japon*
Japanner *Japonais* m [v: *Japonaise*]
Japans I ZN [het] taal *japonais* m II BNW m.b.t. Japan *japonais*
japon *robe* v
jarenlang I BNW *de plusieurs années* II BIJW *pendant des années*; *pendant plusieurs années*
jargon *jargon* m
jarig ⋆ ik ben vandaag ~ *aujourd'hui c'est mon*

anniversaire ★ de ~e *la personne qui fête son anniversaire* ▾ dan ben je nog niet ~ *tu ne vas pas à la fête*
jarretelle *jarretelle* v
jas • overjas *manteau* m [mv: *manteaux*] ★ witte (dokters)jas *blouse* v *blanche* • colbert *veste* v; *veston* m ▾ iem. aan zijn jasje trekken *en toucher un mot à qn* ▾ in een nieuw jasje gestoken worden *faire peau neuve*
jasmijn *jasmin* m
jaspis *jaspe* m
jassen *éplucher*
jasses *be(u)rk*
jaszak *poche* v *(de manteau)*
jatten I OV WW INFORM. stelen *chiper*; *piquer*; *faucher (van à)* II DE MV INFORM. handen *pattes* v mv
Javaans *javanais*
jawel *si*; *affirmatif* ★ en ~! *et voilà!*
jawoord *consentement* m ★ het ~ geven *dire (le grand) oui*
jazz *jazz* m
jazzballet *(danse* v*) jazz* m
jazzfestival *festival* m *de jazz*
je I PERS VNW • jij *tu* • jou *te*; ⟨voor klinker⟩ *t'* ★ jezelf *toi-même* II WKD VNW *te*; ⟨na gebiedende wijs⟩ *toi* III BEZ VNW ⟨voor mannelijk zn⟩ *ton*; ⟨voor vrouwelijk zn⟩ *ta*; ⟨voor mv⟩ *tes* ▾ je van het *le nec plus ultra*; *le fin du fin*; INFORM. *le pied* IV ONB VNW men *on*
jeans *jean(s)* m
jee *ah!*; *bon sang!*
jeep *jeep* v
jegens *envers*
Jemen *le Yémen*
jenever *genièvre* m
jeneverbes • bes *baie* v *de genièvre* • struik *genévrier* m
jengelen *pleurnicher*; OOK FIG. *geindre*
jennen *enquiquiner*; *harceler*
jeremiëren *se lamenter*
jerrycan *jerrycan* m
jersey *jersey* m
jet I ZN [de] *jet* m; *avion* m *à réaction* II ZN [de] ▾ geef hem van jetje! *vas-y!*; *hardi!*
jetlag *(troubles* m mv *dus au) décalage* m *horaire*
jetset *jet-set* m [mv: *jet-sets*]
jetski *jet-ski* m [mv: *jet-skis*]
jeu ★ de jeu is eraf *le charme s'est envolé*
jeugd *jeunesse* v ★ tweede ~ *seconde jeunesse* ★ van zijn vroegste ~ af *dès son plus jeune âge* ▾ bron van eeuwige ~ *fontaine* v *de jouvence*
jeugdcriminaliteit *criminalité* v *juvénile*
jeugdherberg *auberge* v *de jeunesse*
jeugdig I BNW • jong *jeune* • (als) van de jeugd *jeune*; *juvénile* II BIJW *(de façon) jeune*
jeugdliefde *amour* m *de jeunesse*
jeugdpuistje ★ ~s *acné* v *juvénile*; *boutons* m mv
jeugdsentiment *souvenirs* m mv *de jeunesse* [mv]
jeugdzonde *erreur* v *de jeunesse*
jeuk *démangeaison(s)* v (mv)
jeuken OOK FIG. *démanger* ★ het jeukt *ça (me) démange*; INFORM. *ça me gratte* ▾ mijn handen ~ om te slaan *les mains me démangent de frapper*
jezelf I PERS VNW *toi-même*; ⟨beleefde vorm⟩ *vous-même*; ⟨in algemene zin⟩ *soi-même* II WKD VNW *toi-même*; ⟨beleefde vorm⟩ *vous-même*; ⟨in algemene zin⟩ *soi-même* ★ je hebt het aan ~ te danken *c'est de ta (propre) faute*
jezuïet *jésuite* m
Jezus *Jésus* ★ ~ Christus *Jésus-Christ*
jicht *goutte* v
Jiddisch *yiddish* m; *judéo-allemand* m
jihad *(d)jihad* m
jij I ZN [de] *tu*; ⟨met nadruk⟩ *toi* ★ jijzelf *toi-même* II PERS VNW ⟨onderwerp⟩ *tu*; ⟨beklemtoond⟩ *toi* ★ met jij en jou aanspreken *tutoyer*
jijen ★ ~ en jouen *(se) tutoyer*
jingle *jingle* m
Job *Job* ▾ zo arm als Job *pauvre comme Job*
job *job* m; INFORM. *taf* m
jobstijding *fâcheuse nouvelle* v
jobstudent *étudiant et salarié* m
joch, jochie *gosse* m
jockey *jockey* m
jodelen *jodler*; *iodler*
Jodendom *peuple* m *juif*
jodendom *judaïsme* m
Jodenster *étoile* v *de David*; ⟨in WO II⟩ *étoile* v *jaune*
Jodenvervolging *persécution* v *des juifs*
Jodin *juive* v
jodin *juive* v
jodium *iode* m
jodiumtinctuur *teinture* v *d'iode*
Joegoslavië *la Yougoslavie* ★ in ~ *en Yougoslavie*
Joegoslavisch *yougoslave*
joekel *monstre* m; *mastodonte* m ★ een ~ van een fout *une erreur colossale / de taille*
joelen *pousser des cris*; *huer*
jofel *chouette*
joggen *faire du jogging*
jogger *jogge(u)r* m [v: *joggeuse*]
joggingpak *survêtement* m; *jogging* m
joint *joint* m ★ een ~ draaien *rouler un joint*
joint venture *joint-venture* v; FORM. *coentreprise* v
jojo *yo-yo* m [onv]
jojoën *faire du yo-yo*
joker *joker* m ▾ voor ~ staan *avoir l'air d'un imbécile* ▾ iem. voor ~ zetten *bafouer / ridiculiser qn*
jokken *mentir*; INFORM. *raconter des salades*
jol *yole* v
jolig I BNW *gai* II BIJW *gaiement*
Jom Kipoer *Yom Kippour* m
jonassen ≈ *balancer*
jong I ZN [het] *petit* m ★ jongen krijgen *faire des petits* II BNW • niet oud *jeune* ★ jong en oud *les jeunes et les vieux* ★ mijn jongere broer / zuster *mon frère cadet / ma sœur cadette* ★ hij is drie jaar jonger dan ik *il a trois ans de moins que moi*; *il est mon cadet de trois ans* ★ hij lijkt jonger dan hij is *il ne fait /*

paraît pas son âge ⋆ niet meer de jongste zijn *ne plus être tout jeune; être d'un certain âge* ⋆ iem. jonger maken *rajeunir qn* ⋆ jong sterven *mourir jeune* ⋆ Holbein de jongere *Holbein le Jeune* • recent *nouveau* [m mv: *nouveaux*] [v: *nouvelle*]; *jeune* ⋆ de jongste berichten *les dernières nouvelles* ⋆ het jongste verleden *le passé (très) récent* ▾ van jongs af aan *dès l'enfance*

jonge *eh bien!; dis donc!; ça alors!*

jongedame *demoiselle* v

jongeheer • jongeman *jeune homme* m • penis *quéquette* v

jongelui *jeunes gens* m mv; *jeunes* m/v mv

jongeman *jeune homme* m

jongen I ZN [de] *garçon* m ⋆ hallo ~s! *salut les gars!* ▾ kom ouwe ~! *allez, mon vieux!* ▾ zware ~ *truand* m II ON WW *faire des petits; mettre bas*

jongensachtig I BNW *de garçon; gamin*; ⟨v. meisje⟩ *garçonnière* II BIJW *comme un garçon*

jongensboek *livre* m *pour garçons*

jongensgek *coureuse* v

jo

jongere *jeune* m/v ⋆ werkende ~n *jeunes travailleurs* m mv

jongerejaars *jeune étudiant* m

jongerencentrum *maison* v *des jeunes*; *MJC* v

jongerenwerk *encadrement* m *des jeunes*

jonggehuwd ⋆ ~en *jeunes mariés* m mv

jonggestorven *mort jeune*

jongleren *jongler*

jongleur *jongleur* m [v: *jongleuse*]

jongstleden *dernier* [v: *dernière*] ⋆ 26 augustus ~ *le 26 août dernier*

jonk *jonque* v

jonker *gentilhomme* m; *noble* m

jonkheer *jonkheer* m

jonkie • mens *jeunot* m • dier *petit* m

jonkvrouw *demoiselle* v; ⟨aanspreekvorm⟩ *mademoiselle*

Jood *juif* m

jood *juif* m

Joods *juif* [v: *juive*]; *judaïque*

joods *juif* [v: *juive*]; *judaïque*

Joost ▾ ~ mag het weten *Dieu seul le sait*

Jordanië *la Jordanie* ⋆ in ~ *en Jordanie*

Jordaniër *Jordanien* m [v: *Jordanienne*]

jota *iota* m ▾ er geen jota van snappen *n'y rien comprendre* ▾ geen jota *que dalle*

jou *te*; ⟨voor klinker⟩ *t'*; ⟨met nadruk / na vz⟩ *toi* ⋆ jóú wil ik hier niet meer zien *toi, je ne veux plus te voir ici*

joule *joule* m

journaal • nieuws *journal* m; *actualités* [v mv]; INFORM. *infos* v mv • dagboek *journal* m

journalist *journaliste* m/v

journalistiek *journalisme* m

jouw ⟨voor mannelijk zn⟩ *ton*; ⟨voor vrouwelijk zn⟩ *ta*; ⟨voor mv⟩ *tes* ⋆ de/het jouwe *le tien* m; *la tienne* v

jouwen *huer*

joviaal *jovial* [m mv: *joviaux*]

jovialiteit *jovialité* v

joyriden *faire une virée (dans une voiture volée)*

joystick *manette* v *(de jeu)*; *joystick* m

jubelen *jubiler; pousser des cris de joie; exulter*

jubelstemming *jubilation* v; *euphorie* v ⋆ in ~ *en liesse*

jubeltenen *orteils* m mv *retroussés* [mv]

jubilaris *personne* v *qui fête l'anniversaire (de quelque chose)*; *héros* m *de la fête*

jubileren *célébrer / fêter un anniversaire*

jubileum *anniversaire* m; ⟨vijftigjarig⟩ *jubilé* m

juchtleer *cuir* m *de Russie*

judas *judas* m

judaskus *baiser* m *de Judas*

judaspenning *monnaie-du-pape* v [mv: *monnaies-du-pape*]

judassen *agacer; faire enrager*

judasstreek *coup* m *perfide*

judo *judo* m

judoën *faire du judo*

judoka *judoka* m/v

juf *maîtresse* v

juffrouw • ongehuwde vrouw *demoiselle* v; ⟨aanspreekvorm⟩ *mademoiselle* • onderwijzeres *maîtresse* v

jugendstil *Art* m *nouveau*

juichen *pousser des cris de joie*; ⟨dolblij zijn⟩ *exulter; jubiler (om, over de)* ⋆ te vroeg ~ *crier victoire trop tôt*

juist I BNW • correct/waar *exact; juste; correct; bon* [v: *bonne*] ⋆ het ~e antwoord *la bonne réponse* • correct ⋆ het ~e antwoord *la bonne réponse* • geschikt *juste* ⋆ de ~e man op de ~e plaats *l'homme de circonstance / de la situation* ⋆ het ~e ogenblik *le bon moment* ⋆ het ~e woord *le mot qu'il faut* • billijk *juste* II BIJW • correct *correctement* ⋆ ~ handelen *bien agir; faire ce qu'il faut* • precies *juste; justement; exactement* ⋆ nog maar ~ *de justesse* ⋆ ~ niet! *tout au contraire!* ⋆ ~ zoals *tout comme* ⋆ ~ toen ... *à l'instant même où* ⋆ ik wilde je ~ bellen *j'allais (juste) te téléphoner* ⋆ nog ~ de tijd hebben om *avoir tout juste le temps de* • zojuist *à l'instant* ⋆ ik heb hem ~ geschreven *je viens de lui écrire*

juistheid *justesse* v

juk *joug* m

jukbeen *pommette* v ⋆ hoge ~deren *pommettes saillantes*

jukebox *juke-box* m [mv: *juke-boxes*]

juli *juillet* m

jullie I PERS VNW *vous*; ⟨met nadruk⟩ *vous autres* II BEZ VNW ⟨ev⟩ *votre*; ⟨mv⟩ *vos*

jumbojet *gros-porteur* m; *jumbo-jet* m [mv: *jumbo-jets*]

jungle *jungle* v; *brousse* v

juni *juin* m

junior I ZN [de] *junior* m II BNW *junior* [onv]; *jeune*; ⟨zoon⟩ *fils* ⋆ de heer Jansen ~ *M. Jansen fils*

junk, junkie *junkie* m; *camé* m [v: *camée*]

junkbond *junk-bond* m

junkfood *malbouffe* v; *cochonneries* v mv

junkmail *spam* m; CAN. *pourriel* m

junta *junte* v

jureren ⟨beoordelen⟩ *juger*

juridisch I BNW *juridique* ⋆ ~e faculteit *faculté de droit* v II BIJW *juridiquement*

jurisdictie *juridiction* v

jurisprudentie *jurisprudence* v

jurist *juriste* m/v
jurk *robe* v
jury • beoordelingscommissie *jury* m; *(les) jurés* m mv • JUR. *jury* m; *(les) jurés* m mv
jurylid *juré* m [v: *jurée*]; *membre* m *du jury*
juryrapport *rapport* m *du jury*
juryrechtbank ≈ *(cour* v *d')assises* v mv
jus • vleessaus *sauce* v; *jus* m *de viande* • vruchtensap *jus* m; ⟨v. sinaasappel⟩ *jus* m *d'orange*
juskom *saucière* v
justitie • rechtswezen *justice* v • rechterlijke macht *justice* v
justitieel *judiciaire*
jute *jute* m
jutezak *sac* m *de jute*
jutten ≈ *écumer (la plage)*; *ramasser des objets rejetés par la mer*
jutter *pilleur* / *ramasseur* m *d'épaves*
juweel • sieraad *bijou* m [mv: *bijoux*]; *joyau* m [mv: *joyaux*] • prachtexemplaar *perle* v; *bijou* m
juwelenkistje *coffret* m *à bijoux*; *écrin* m
juwelier *bijoutier* m [v: *bijoutière*]; *joaillier* m [v: *joaillière*]; ⟨winkel⟩ *bijouterie* v
juxtapositie *juxtaposition* v

K

k *k* m ★ de k van Karel *K comme Kléber*
kaaiman *caïman* m
kaak • kaakbeen *mâchoire* v • wang *joue* v ★ met beschaamde / rode kaken *tout honteux* / *penaud* ▾ iets aan de kaak stellen *dénoncer qc* ▾ zijn kaken op elkaar houden *ne pas desserrer les dents*
kaakbeen *(os* m*) maxillaire* m
kaakchirurg *chirurgien* m *dentiste*
kaakchirurgie *chirurgie* v *maxillo-faciale*
kaakholte *cavité* v / *sinus* m *maxillaire*
kaakje *biscuit* m
kaakslag *gifle* v
kaakstoot *uppercut* m; ⟨hoek⟩ *crochet* m
kaal • zonder hoofdhaar *chauve* ★ kaal knippen *couper ras* ★ kaal worden *perdre ses cheveux*; *devenir chauve*; *se dégarnir* ★ een kaal voorhoofd *un front dégarni* ★ zo kaal als een biljartbal *chauve comme une bille* / *un œuf* ★ kaal plukken *dépouiller* • zonder bladeren ★ kaal worden *se dénuder* ★ kale boom *arbre* m *dépouillé* • zonder planten e.d. *nu*; *dénudé* ★ een kale vlakte *une plaine aride/nue* • afgesleten *usé*; *râpé* • armoedig *chiche*; ⟨armzalig⟩ *pauvre*
kaalheid • kaalhoofdigheid *calvitie* v • bladloosheid *absence* v *de végétation*; *nudité* v
kaalknippen *raser*; *tondre les cheveux*
kaalkop *(crâne* m*) chauve* m; *pelé* m
kaalplukken *dépouiller*; *plumer*
kaalscheren *raser*
kaalslag • woningafbraak *démolition* v • het vellen van bomen *blanc-étoc* m; *coupe* v *rase*; *déboisement* m
kaap *cap* m ★ Kaap de Goede Hoop *cap* m *de Bonne Espérance*
Kaapverdische eilanden *îles* v mv *du Cap-Vert*
kaars *bougie* v; ⟨v. vet⟩ *chandelle* v; ⟨in kerk⟩ *cierge* m ▾ je mag wel een ~je voor hem branden *tu lui dois une fière chandelle*
kaarslicht ★ bij ~ *à la bougie*; *aux chandelles*
kaarsrecht *droit comme un cierge* / *uni*
kaarsvet ⟨talk⟩ *suif* m; ⟨was⟩ *cire* v; ⟨druipsel⟩ *coulures* v mv
kaart • stuk karton *carte* v ★ de gele/rode ~ *le carton jaune/rouge* ★ groene ~ *carte verte* • ansichtkaart *carte* v *postale* • menukaart *menu* m; *carte* v • toegangsbewijs *billet* m • speelkaart *carte* v *(à jouer)* ★ een goede ~ hebben *avoir (un) bon jeu* • landkaart *carte* v *(géographique)* ★ een land in ~ brengen *dresser la carte d'un pays* • plattegrond *plan* m ▾ open ~ spelen *jouer cartes sur table* ▾ alles op één ~ zetten *mettre tous ses œufs dans le même panier*; *jouer le tout pour le tout* ▾ dat is doorgestoken ~ *c'est un coup monté* ▾ iem. in de ~ spelen *faire le jeu de qn* ▾ zich niet in de ~ laten kijken *cacher son jeu* ▾ zich in de ~ laten kijken *se trahir* ▾ iem. in de ~ kijken *voir clair dans le jeu de qn* ▾ van de ~ vegen *rayer de la carte* ▾ iem. de ~ leggen *tirer les*

cartes à qn ▾ van de ~ zijn *avoir perdu les pédales; être décontenancé* ▾ de ~en zijn geschud *les jeux sont faits* ▾ zo liggen de ~en *c'est ainsi; voilà ce qu'il en est* ▾ zijn ~en op tafel leggen *abattre ses cartes / son jeu* ▾ sterke ~en in handen hebben *avoir de bons atouts* ▾ op de ~ zetten *donner un certain poids à; mettre en relief*

kaarten *jouer aux cartes*

kaartenbak *fichier* m

kaartenhuis ⋆ als een ~ instorten *s'écrouler comme un château de cartes*

kaartje • plaats-/toegangsbewijs *billet* m; ⟨v. openbaar vervoer⟩ *ticket* m ⋆ ~s reserveren *réserver des places* • visitekaartje *carte* v *(de visite)* ▾ een ~ leggen *jouer une partie de cartes*

kaartlezen **I** ZN [het] *lecture* v *des cartes* **II** ON WW *lire les cartes*

kaartspel • spel met speelkaarten *jeu* m *de cartes* [m mv: *jeux ...*] • stel speelkaarten *jeu* m *de cartes* [m mv: *jeux ...*]

kaartsysteem *fichier* m

kaartverkoop *vente* v *des billets*

kaas *fromage* m ⋆ Goudse kaas *gouda* m ⋆ zachte kaas *fromage à pâte molle* ▾ zich de kaas niet van het brood laten eten *ne pas se laisser marcher sur les pieds* ▾ er geen kaas van gegeten hebben *ne pas s'y connaître*

kaasboer *fromager* m

kaasbroodje *sandwich* m *au fromage*

kaasburger *hamburger* m *au fromage; cheeseburger* m

kaasfondue *fondue* v *savoyarde*

kaaskop ≈ *Batave* m/v

kaasschaaf *raclette* v *à fromage*

kaassoufflé *soufflé* m *au fromage*

kaasstolp *cloche* v *à fromage*

kaatsen **I** ZN [het] SPORT *paume* v; ⟨Baskisch⟩ *pelote* v **II** ON WW • SPORT *jouer à la paume* • terugstuiten *rebondir*

kabaal *tapage* m; *boucan* m; *vacarme* m ⋆ een hels ~ maken *faire un tapage d'enfer*

kabbelen *clapoter*

kabel • dikke draad *câble* m • kabeltelevisie ⋆ op de ~ aangesloten *câblé*

kabelaansluiting *raccordement* m *au réseau câblé*

kabelbaan *téléphérique* m; *télécabine* v; ⟨spoorbaan⟩ *funiculaire* m

kabelexploitant *câblo-opérateur* m

kabeljauw *morue* v ⋆ verse ~ *morue fraîche; cabillaud* m ⋆ gepocheerde ~ *brandade* v *de morue*

kabelnet *réseau* m *câblé* [m mv: *réseaux*]

kabelslot *câble* m *antivol*

kabeltelevisie *télévision* v *par câble; télédistribution* v

kabeltouw *câble* m

kabinet • regering *gouvernement* m • meubel *cabinet* m

kabinetsberaad *conseil* m *des ministres*

kabinetscrisis *crise* v *ministérielle*

kabinetsformateur *formateur* m *de gouvernement* [v: *formatrice ...*]

kabinetsformatie *formation* v *gouvernementale*

kabinetswijziging *remaniement* m *ministériel*

kabouter *lutin* m; *gnome* m

kachel *poêle* m

kadaster *cadastre* m

kadastraal ⋆ ~ bekend *cadastré* [m mv: *cadastraux*]

kadastreren *cadastrer*

kadaver *cadavre* m; *charogne* v

kade *quai* m ⋆ aan de kade liggen *être amarré / à quai*

kader • raam(werk) OOK FIG. *cadre* m ⋆ in het ~ van *dans le cadre de* ⋆ buiten het ~ vallen *dépasser le cadre* ⋆ binnen het ~ vallen van *s'inscrire dans* • stafpersoneel *cadres* m mv

kadetje *petit pain* m

kadreren *encadrer*

kaduuk *déglingué; foutu; nase; mort*

kaf *balle* v ▾ het kaf van het koren scheiden *séparer le bon grain de l'ivraie*

kafkaiaans, kafkaësk *kafkaïen* [v: *kafkaïenne*]

kaft *couverture* v; ⟨v. papier⟩ *chemise* v

kaftan *caf(e)tan* m

kaften *couvrir*

kaftpapier *papier* m *à couvrir*

kajak *kayak* m

kajakken *faire du kayak*

kajuit *cabine* v

kak • poep *merde* v • kapsones *chichis* m mv ⋆ kouwe kak hebben *(vouloir) péter plus haut que son cul*

kakelbont *bariolé; bigarré*

kakelen • geluid (als) van kip maken *caqueter* • kwebbelen *caqueter*

kakelvers *frais pondu*

kaken *caquer*

kaketoe *cacatoès* m

kaki **I** ZN [de] vrucht *kaki* m **II** ZN [het] kleur *kaki* m

kakken *chier*

kakkerlak *cafard* m; *blatte* v

kakofonie *cacophonie* v

kalebas *calebasse* v

kalend *(au crâne) dégarni; avec un début de calvitie*

kalender *calendrier* m

kalenderjaar *année* v *civile*

kalf *veau* m [mv: *veaux*] ▾ als het kalf verdronken is, dempt men de put *il est trop tard pour fermer l'écurie quand les chevaux sont dehors* ▾ als de kalveren op het ijs dansen *quand les poules auront des dents* ▾ het gouden kalf aanbidden *adorer le veau d'or*

kalfslapje *escalope* v / *tranche* v *de veau*

kalfsleer *(cuir* m *de) veau* m; *vélin* m

kalfsmedaillon *médaillon* m *de veau*

kalfsoester *escalope* v *de veau (panée)*

kalfsvlees *veau* m

kaliber • diameter *calibre* m • formaat, aard *carrure* v; *envergure* v ⋆ van hetzelfde ~ *de la même trempe*

kalief *calife* m

kalium *potassium* m

kalk • steensoort *chaux* v • bouwmateriaal *plâtre* m; *crépi* m ⋆ gebluste kalk *chaux éteinte* ⋆ ongebluste kalk *chaux vive*

kalkaanslag *dépôt* m *calcaire; tartre* m

kalkafzetting *dépôt* m *calcaire*

ka

kalken • pleisteren *plâtrer*; ⟨witten⟩ *blanchir (à la chaux)* • schrijven *gribouiller*
kalkhoudend *calcaire*
kalkoen • ⟨haan⟩ *dindon* m; ⟨hen⟩ *dinde* v • CUL. *dinde* v
kalkrijk *riche en calcaire*
kalksteen *calcaire* m
kalm **I** BNW *calme*; *tranquille* **II** BIJW *tranquillement*; *calmement* ★ kalm aan! *doucement!*; INFORM. *(vas-y) mollo!*
kalmeren **I** OV WW kalm maken *calmer*; *apaiser* **II** ON WW kalm worden *se calmer*
kalmeringsmiddel *sédatif* m; *calmant* m
kalmpjes • onbewogen *impassiblement* • rustig *calmement*; ⟨vredig⟩ *paisiblement* ★ INFORM. het ~ aan doen *y aller doucement* / *plan-plan* ★ INFORM. het ~ aan gaan doen *se mettre en veilleuse*; *lever le pied*
kalmte *calme* m; ⟨gemoedsrust⟩ *sérénité* v
kalven ⟨v. koe⟩ *vêler*
kalverliefde ≈ *amours* m/v mv *enfantin(e)s*
kam • haarkam *peigne* m ★ een kam door zijn haar halen *se donner un coup de peigne* • kamvormig voorwerp ⟨v. haan/berg⟩ *crête* v; ⟨v. viool⟩ *chevalet* m; ⟨v. kamrad⟩ *came* v ▾ over één kam scheren *mettre dans le même sac/panier*
kameel *chameau* m [mv: *chameaux*]; ⟨wijfje⟩ *chamelle* v
kameeldrijver *chamelier* m
kameleon *caméléon* m
kameleontisch *caméléonesque*
Kamer *chambre* v ★ Eerste ~ *Sénat* m ★ Tweede ~ *Chambre* v *des députés*; *Assemblée* v *nationale*
kamer • vertrek *pièce* v; ⟨ruim⟩ *salle* v; ⟨slaapkamer⟩ *chambre* v; ⟨werkkamer⟩ *bureau* m [mv: *bureaux*]; ⟨huiskamer⟩ *(salle* v *de) séjour* m ★ op zijn ~ *dans sa chambre* ★ donkere ~ *chambre noire* ★ op ~s wonen *vivre en foyer*; *habiter un studio* ★ huis met zes ~s *maison* v *de six pièces* • hartholte *ventricule* m • college *chambre* v
kameraad • vriend, makker *camarade* m/v; *copain* m [v: *copine*] • POL. partijgenoot *camarade* m/v
kameraadschappelijk **I** BNW *de camarades* **II** BIJW *en (bons) camarades*
kamerbewoner *locataire* m/v
kamerbreed ★ ~ tapijt *moquette* v
Kamerdebat *débat* m *parlementaire*
Kamerfractie *groupe* m *parlementaire*
kamergeleerde *homme* m *de cabinet*; *théoricien* m
kamergenoot *camarade* m *de chambre*; MIL. *camarade* m *de chambrée*
kamerheer ⟨v. vorst⟩ *chambellan* m
kamerjas *robe* v *de chambre*
kamerkoor ≈ *chorale* v
Kamerlid *député* m [v: *députée*]
Kamermeerderheid *majorité* v *parlementaire*
kamermeisje *femme* v *de chambre*
kamermuziek *musique* v *de chambre*
Kameroen *le Cameroun* ★ in ~ *au Cameroun*
kamerorkest *orchestre* m *de chambre*
kamerplant *plante* v *d'appartement*
Kamerreces *vacances* v mv *parlementaires*
kamerscherm *paravent* m
kamertemperatuur *température* v *ambiante*
kamerverhuur *location* v *de chambres*
Kamerverkiezing ★ ~en *(élections* v mv*) législatives* v mv
Kamerzetel *siège* m
Kamerzitting ⟨v. Tweede Kamer⟩ *séance* v *de l'Assemblée nationale*; ⟨v. Eerste Kamer⟩ *séance* v *du Sénat*
kamfer *camphre* m
kamgaren • garen *laine* v *peignée* • stof *peigné* m
kamikaze *kamikaze* m
kamikazeactie *opération* v / *action* v *kamikaze*
kamille *camomille* v
kamillethee *(tisane* v *de) camomille* v
kammen *peigner* ★ zijn haar ~ *se peigner*
kamp **I** ZN [de] strijd *lutte* v; *combat* m **II** ZN [het] • tijdelijk verblijf *campement* m; *camp* m ★ het kamp opbreken *lever le camp* • partij *camp* m
kampbeul *bourreau* m *de camp* [m mv: *bourreaux de camp*]
kampeerauto *camping-car* m [mv: *camping-cars*]
kampeerboerderij *camping* m *à la ferme*
kampeerbus *camping-car* m [mv: *camping-cars*]
kampeerder *campeur* m [v: *campeuse*]
kampeerterrein *(terrain* m *de) camping* m
kampement *camp(ement)* m
kampen ★ te ~ hebben met *être aux prises avec*; *se colleter avec*; *se débattre contre* / *avec* ★ met moeilijkheden te ~ hebben *devoir faire face à des difficultés*
kamperen *faire du camping*
kamperfoelie *chèvrefeuille* m
kampioen *champion* m [v: *championne*]
kampioenschap • wedstrijd *championnat* m ★ open ~ *open* m • titel *championnat* m; *titre* m *(de champion)*
kampleiding *direction* v *du camp*
kampvuur *feu* m *de camp*
kan *pot* m; *pichet* m ▾ wie het onderste uit de kan wil hebben, krijgt het lid op de neus *qui veut tout, n'a rien* ▾ het onderste uit de kan willen *être trop gourmand* ▾ de zaak is in kannen en kruiken *l'affaire est dans le sac*
Kanaal *Manche* v
kanaal OOK FIG. *canal* m [mv: *canaux*] ★ langs diplomatieke kanalen *par la voie diplomatique* ★ Het Kanaal *la Manche*
Kanaaleilanden *îles* v mv *Anglo-Normandes* [mv]
Kanaaltunnel *tunnel* m *sous la Manche*
kanaliseren *canaliser*
kanarie *canari* m
kanariegeel *jaune canari*
kandelaar *chandelier* m; ⟨blaker⟩ *bougeoir* m
kandidaat *candidat* m [v: *candidate*] ★ zich ~ stellen (voor) *se porter candidat (à)*; *poser sa candidature (à)*; *se présenter (aux élections)*
kandidaats ≈ *licence* v
kandidatenlijst *liste* v *de(s) candidats*
kandidatuur *candidature* v ★ zijn ~ intrekken *se désister*

kandideren *présenter comme candidat*
kandij *sucre* m *candi*
kaneel *cannelle* v
kaneelpijp *bâton* m *de cannelle*
kangoeroe *kangourou* m
kanis *caboche* v; *caillou* m ▾ houd je ~! *(ferme) ta gueule!*
kanjer • groot exemplaar *monstre* m; *mastodonte* m ⋆ een ~ van een vis *un poisson énorme* • uitblinker *as* m • geweldenaar *géant* m; *chef* m
kankeraar *rouspéteur* m [v: *rouspéteuse*]; *râleur* m [v: *râleuse*]
kankerbestrijding *lutte* v *contre le cancer*
kankeren • voortwoekeren *proliférer*; *pulluler* • foeteren *rouspéter*; *râler (***op** *contre)*
kankergezwel *tumeur* v *cancéreuse*; *carcinome* m
kankerlijer *chieur* m
kankerpatiënt *cancéreux* m [v: *cancéreuse*]
kankerverwekkend *cancérigène*
kannibaal *cannibale* m/v
kannibalisme *cannibalisme* m
kano *canoë* m
kanoën *faire du canoë*
kanon *canon* m
kanonnade *canonnade* v
kanonnenvlees *chair* v *à canon*
kanonschot *coup* m *de canon*
kanonskogel *boulet* m *(de canon)*
kanovaarder *canoéiste* m/v
kanovaren *faire du canoë*
kans • waarschijnlijkheid *chance* v; ⟨vooruitzicht (op)⟩ *chances* v mv *(de)*; ⟨risico⟩ *risque* m ⋆ kans hebben te *avoir des chances de* ⋆ de kans is groot dat *il y a de fortes chances que* [+ subj.] ⋆ daar is weinig kans op *c'est peu probable*; INFORM. *ça ne craint rien* • risico, gok ⋆ de kans lopen om *risquer de* ⋆ kans lopen te zakken *risquer d'échouer* ⋆ een kans wagen *tenter sa chance* • gelegenheid *chance* v; *occasion* v; ⟨doelkans⟩ *occasion* v ⋆ de kans waarnemen *saisir l'occasion* ⋆ de kans is verkeken *l'occasion est perdue* ⋆ de kansen zijn gekeerd *la chance a tourné* ⋆ ik zie er geen kans toe *je ne vais pas y arriver*; INFORM. *pas moyen!* ⋆ gemiste kans *occasion manquée* ⋆ kans zien om *trouver moyen à* ⋆ zijn kans schoon zien *profiter de l'occasion / de l'opportunité* ⋆ de kans laten lopen *laisser passer l'occasion*; INFORM. *rater le coche* ⋆ iem. een kans geven *donner sa chance à qn*
kansarm *défavorisé*
kansel *chaire* v ⋆ de ~ betreden *monter en chaire* ⋆ vanaf de ~ *du haut de la chaire*
kanselarij *chancellerie* v
kanselier *chancelier* m
kanshebber *favori* m [v: *favorite*]
kansloos *sans aucune chance de réussite* ⋆ (bij voorbaat) ~ zijn *partir perdant*
kansrekening *calcul* m *des probabilités*
kansrijk *prometteur* [v: *prometteuse*]
kansspel *jeu* m *de hasard* [m mv: *jeux* ...]
kant I ZN [de] • zijde *côté* m ⋆ aan die kant *de ce côté* ⋆ op zijn smalle kant zetten *mettre de chant* ⋆ scherpe kant *arête* v ⋆ aan / van beide kanten *bilatéral* [m mv: *bilatéraux*] • rand, zijkant *bord* m; *côté* m; ⟨oever⟩ *rive* v; ⟨oever⟩ *bord* m ⋆ aan de kant van de weg *au bord de la route* ⋆ aan de kant! *au large!*; *écarte-toi!*; INFORM. *pousse-toi (de là)!* • richting *direction* v; *côté* m ⋆ van alle kanten *de tous (les) côtés* ⋆ de kant opgaan van *se diriger vers* ⋆ je kunt veel kanten op met rechten *les études de droit offrent des débouchés variés* ⋆ deze kant op *par ici* ⋆ welke kant op? *(par) où?* ⋆ alle kanten op *dans tous les sens* • zienswijze *côté* m; *aspect* v ⋆ iets van alle kanten bekijken *considérer qc sous tous les angles*; *faire le tour de la question* ⋆ aan de ene kant ..., aan de andere (kant) *d'une part ..., d'autre part*; *d'un côté ..., de l'autre* ⋆ van mijn kant *de mon côté* ⋆ hij heeft zijn goede kanten *il y a du bon chez lui* ⋆ zich van zijn beste kant laten zien *se montrer sous son meilleur jour* ▾ de kamer aan kant maken *ranger la chambre*; *mettre de l'ordre* ▾ iets niet over zijn kant laten gaan *ne pas laisser passer qc* ▾ van kant maken *tuer*; *supprimer*; *trucioler* ▾ dat raakt kant noch wal *cela ne rime à rien* ▾ het kan nog alle kanten op *rien n'est joué*; *les paris sont ouverts* ▾ dat gaat de goede kant op *ça va dans le bon sens*; *cela se présente bien* ▾ dat gaat de verkeerde kant op *ça tourne mal* ▾ aan de grote kant *plutôt grand* ▾ geen kant meer op kunnen *être coincé* ▾ het moet wel van twee kanten komen *il faut une certaine réciprocité*; *c'est à sens unique* **II** ZN [het] weefsel *dentelle* v
kanteel *créneau* m [mv: *créneaux*] ⋆ met kantelen *à créneaux*; *crénelé*
kantelen I OV WW omdraaien *retourner*; *basculer*; *(ren)verser* **II** ON WW omvallen *verser*; *basculer*; ⟨v. schip⟩ *chavirer*
kantelraam *fenêtre* v *basculante*
kanten I BNW *de/en dentelle* **II** WKD WW [+ zich] ~ **tegen** *s'opposer à*
kant-en-klaar *tout prêt* [m mv: *tout prêts*] [v: *toute prête*]; ⟨pasklaar⟩ FIG. *tout fait* [v: *toute faite*] ⋆ alles is ~ *tout est (fin) prêt* ⋆ kant-en-klare gerechten *plats* m mv *cuisinés*; *prêt-à-manger* m
kantine *cantine* v; ⟨dranklokaal⟩ *buvette* v
kantje • uiterste rand *bord* m • bladzijde *feuille* v ▾ de scherpe ~s eraf halen *arrondir les angles* ▾ de ~s eraf lopen *tirer au flanc* ▾ dat is op het ~ *c'est limite* ▾ het was ~ boord / op het ~ *c'était tangent / ric-rac / tout juste*; *on a eu chaud*; *on l'a échappé belle*
kantlijn *marge* v ⋆ een ~ trekken *laisser une marge*
kanton *canton* m
kantongerecht *tribunal* m *d'instance* [m mv: *tribunaux* ...]
kantonrechter *juge* m *d'instance*
kantoor *bureau* m [mv: *bureaux*]; ⟨v. advocaat⟩ *cabinet* m; ⟨v. notaris⟩ *étude* v ⋆ zij werkt op een ~ *elle travaille dans un bureau* ▾ ~ houden te *avoir ses bureaux / son siège social à*
kantoorbaan *emploi* m *de bureau*
kantoorbehoeften *fournitures* v mv *de bureau*

[mv]; ⟨machines⟩ *bureautique* v
kantoorboekhandel *papeterie* v
kantoorgebouw *immeuble* m *de bureaux*
kantoortijd *heures* v mv *de bureau* [mv]
kanttekening • opmerking *observation* v • aantekening *annotation* v; ⟨marginaal⟩ *apostille* v
kantwerk *dentelle* v
kanunnik *chanoine* m
kap • het kappen *abattage* m • bedekking, bovenstuk ⟨v. huis⟩ *comble(s)* m (mv); ⟨v. huis⟩ *toiture* v; ⟨v. auto⟩ *capote* v; ⟨v. lamp⟩ *abat-jour* m [onv]; ⟨v. schoorsteen⟩ *capuchon* m; ⟨huif⟩ *bâche* v ⋆ met open kap *décapotable* • hoofdbedekking ⟨capuchon⟩ *coiffe* v; *capuchon* m
kapel • gebedshuis *chapelle* v • muziekkorps *musique* v; *fanfare* v; REL. *chapelle* v
kapelaan *vicaire* m; ⟨huiskapelaan⟩ *chapelain* m
kapelmeester MIL. *chef* m *de musique*
kapen • overmeesteren *détourner* • gappen *chiper*; *piquer*
kaper • zeerover *corsaire* m; *pirate* m • ontvoerder ⟨v. vliegtuig⟩ *pirate* m *de l'air* ▾ er zijn ~s op de kust *il y a de la concurrence*
kaping *détournement* m
kapitaal I ZN [de] *capitale* v **II** ZN [het] *capital* m [mv: *capitaux*]; ⟨gelden⟩ *fonds* m mv **III** BNW groots *formidable*; *fastueux* [v: *fastueuse*] ⋆ van ~ belang *primordial*
kapitaalgoederen *biens* m mv *d'équipement* [mv]
kapitaalkrachtig *disposant de moyens financiers importants*; ⟨v. personen⟩ *riche*
kapitaalmarkt *marché* m *des capitaux*
kapitaalvlucht *fuite* v *des capitaux*; *évasion* v *de capitaux*
kapitalisme *capitalisme* m
kapitalist *capitaliste* m/v
kapitalistisch *capitaliste*
kapiteel *chapiteau* m [mv: *chapiteaux*]
kapitein • SCHEEPV. gezagvoerder *capitaine* m • MIL. officier *capitaine* m
kapitein-ter-zee *capitaine* m *de vaisseau*
kapittel • hoofdstuk *chapitre* m • vergadering *chapitre* m ▾ een stem in het ~ hebben *avoir voix au chapitre*
kapittelen *tancer*; *chapitrer*
kapje • hoofddeksel *capuche* v; *chaperon* m; ⟨kalotje⟩ *calotte* v • uiteinde van brood *entame* v
kaplaars *botte* v
kapmeeuw *mouette* v *rieuse*
kapmes *machette* v; ⟨hakmes⟩ *hachoir* m
kapok *kapok* m
kapot • stuk *cassé*; ⟨beschadigd⟩ *abîmé*; ⟨gescheurd⟩ *déchiré*; ⟨defect⟩ *en panne*; ⟨met gaten⟩ *troué*; ⟨kaduuk⟩ *déglingué*; *foutu* ⋆ ~ vallen *tomber en morceaux* ⋆ ~ gaan *(se) casser*; *s'abîmer*; *lâcher*; *tomber en panne*; *crever* • doodmoe *mort de fatigue*; *crevé* ⋆ zich ~ werken *s'éreinter*; *se crever au travail* • ontzet *bouleversé*; *retourné (van par)* • verrukt *emballé* ▾ zich ~ lachen *se tordre de rire* ▾ niet ~ te krijgen *à toute épreuve*; *increvable*
kapotgooien *briser*; *casser*
kapotje *capote* v *(anglaise)*
kapotmaken • beschadigen *casser*; *abîmer* • doodmaken *refroidir*; *bousiller*
kapotslaan *briser*; *casser*
kappen I OV WW • hakken *couper*; ⟨omhakken⟩ *abattre* • haar opmaken *coiffer* • SPORT ⟨v. bal⟩ *couper* **II** ON WW ophouden ~ **met** ⟨iets⟩ *arrêter de*; ⟨iemand⟩ *rompre avec* ⋆ ermee ~ *décrocher*
kapper *coiffeur* m [v: *coiffeuse*]
kappertje *câpre* v
kapsalon *salon* m *de coiffure*
kapseizen *chavirer*
kapsel *coiffure* v; *coupe* v
kapsones *chichis* m mv; *frime* v ⋆ ~ hebben *ne plus se sentir*; *avoir la grosse tête*
kapstok *portemanteau* m [mv: *portemanteaux*]
kaptafel *coiffeuse* v
kapucijner • monnik *capucin* m • erwt *pois* m *gris*
kar • voertuig *charrette* v • fiets *vélo* m; *bécane* v • (motor)fiets *bécane* v ▾ iem. voor zijn karretje spannen *se servir de qn*
karaat *carat* m
karabijn *carabine* v
karaf *carafe* v; ⟨klein⟩ *pichet* m
karakter *caractère* m
karakteriseren *caractériser*
karakteristiek I ZN [de] *caractéristiques* v mv **II** BNW *caractéristique* **voor** *de* ⋆ ~ voor iets *caractéristique de qc*
karakterloos *sans caractère*
karakterrol *rôle* m *de composition / de caractère*
karaktertrek *trait* m *de caractère*
karaktervast *(ferme) de caractère*
karamel *caramel* m
karaoke *karaoké* m
karate *karaté* m
karavaan *caravane* v
karbonade *côtelette* v; *côte* v
kardinaal I ZN [de] *cardinal* m [mv: *cardinaux*] **II** BNW *cardinal* [m mv: *cardinaux*]
karig I BNW • niet talrijk *rare* ⋆ ~e gegevens *de rares données* • sober *chiche*; *maigre*; *pauvre* ⋆ een ~ maal *un repas frugal* • zuinig *avare (***met** *de)*; *chiche (***met** *de)* **II** BIJW *chichement*; *maigrement*
karikaturaal *caricatural* [m mv: *caricaturaux*]
karikaturiseren *caricaturer*
karikatuur *caricature* v
karkas *carcasse* v; *squelette* m
karma *karma(n)* m
karmijn *carmin* m
karnemelk *babeurre* m
karnen *baratter*; ⟨v. boter⟩ *battre*
karos *carrosse* m
Karpaten *Carpates* v mv
karper *carpe* v
karpet *carpette* v; *tapis* m
karren • rijden *rouler* • fietsen *pédaler*
karrenvracht *charretée* v; OOK FIG. *cargaison* v
kart *kart* m
kartel *cannelure* v
kartel *cartel* m

ka

kartelen *entailler*; ⟨uittanden⟩ *denteler*; ⟨v. munt⟩ *créneler* ⋆ gekartelde bladeren *feuilles* v mv *crénelées / dentelées*
kartelrand *crénelure* v; *dentelure* v; ⟨v. munt⟩ *crénelage* m; *grénetis* m; ⟨v. breiwerk⟩ *feston* m
kartelvorming *cartellisation* v
karten *karting* m; *kart* m
karton *carton* m ⋆ gegolfd ~ *carton ondulé*
kartonnen *en / de carton* ⋆ ~ doos *(boîte* v *en) carton* m
karwats *cravache* v
karwei *travail* m [mv: *travaux*]; *ouvrage* m; ⟨als taak⟩ *tâche* v; *besogne* v; ⟨klein⟩ *bricole* v; ⟨vervelend⟩ *corvée* v; INFORM. *boulot* m ⋆ het is een heel ~ *c'est toute une affaire*
karwij • plant *carvi* m • kummel *cumin* m
kas • omhulsel *caisse* v • broeikas *serre* v • holte ⟨voor edelsteen⟩ *chaton* m; ⟨v. oog⟩ *orbite* v; ⟨v. tand⟩ *alvéole* v • geld(bergplaats) *caisse* v ⋆ krap bij kas zitten *être à court d'argent*; INFORM. *être fauché* ⋆ de kas opmaken *faire sa caisse* ⋆ goed bij kas zijn *être en fonds*; INFORM. *avoir de quoi* ⋆ de kas beheren *tenir la caisse* • kast van horloge *boîtier* m
kasboek *livre* m *de caisse*
kasgeld *encaisse* v; *espèces* v mv
kashba *casbah* v
kasjmier *cachemire* m
kaskraker *produit* m *qui rapporte beaucoup d'argent*
Kaspische Zee *mer* v *Caspienne*
kasplant OOK FIG. *plante* v *de serre*
kassa *caisse* v; ⟨betaalloket⟩ *guichet* m ▾ ~! *bingo!* ▾ de ~ laten rinkelen *faire rentrer l'argent*
kassabon *ticket* m *de caisse*
kassaldo *encaisse* v
kassei *pavé* m
kassier *caissier* m [v: *caissière*]
kasstroom *cash-flow* m
kassucces ⋆ een ~ zijn *faire recette*; INFORM. *cartonner*
kast • meubel *armoire* v; ⟨vast⟩ *placard* m ⋆ bergmeubel met kastjes *rangement* m *à casiers* • ombouw *caisse* v ▾ iem. op de kast jagen *charrier qn*; INFORM. *chambrer qn* ▾ alles uit de kast halen *(y) mettre le paquet* ▾ op de kast zitten *être remonté* ▾ uit de kast komen *faire son outing* ▾ een kast van een huis *une (grosse) baraque* ▾ van het kastje naar de muur gestuurd worden *se faire balader (à droite et à gauche)*
kastanje • vrucht ⟨tam⟩ *châtaigne* v; ⟨wild⟩ *marron* m ⋆ gepofte ~s *marrons grillés* • boom ⟨tam⟩ *châtaigner* m; ⟨wild⟩ *marronier* m ▾ de ~s uit het vuur halen *tirer les marrons du feu*
kastanjebruin I ZN [het] *marron* [onv]; ⟨v. haar⟩ *châtain* **II** BNW ⟨roodachtig⟩ *auburn* [onv]; *châtain*; *marron* [onv] ⋆ ~e haren *des cheveux châtains*
kaste *caste* v
kasteel *château* m
kastekort *déficit* m *de caisse*
kastijden *châtier*
kastje • kleine kast *petite armoire* v; ⟨in schoolbank⟩ *casier* m; *cabinet* m • televisie ⋆ ~ kijken *regarder la télé* ▾ iem. van het ~ naar de muur sturen *envoyer qn d'un service à un autre*
kat • huisdier *chat* m [v: *chatte*] ⋆ cyperse kat *chat* m *tigré* • snibbige vrouw *chipie* v • bitse opmerking *pique* v; *vanne* v ⋆ een kat geven *lancer / envoyer une vanne* ▾ de kat de bel aanbinden *attacher le grelot* ▾ de kat uit de boom kijken *voir d'où vient le vent*; *voir venir (les choses)* ▾ de kat in het donker knijpen *cacher son jeu*; *faire des sournoiseries* ▾ als een kat in een vreemd pakhuis *dépaysé* ▾ de kat op het spek binden *enfermer le loup dans la bergerie* ▾ een kat in de zak kopen *acheter (un) chat en poche* ▾ als de kat van huis is, dansen de muizen *le chat parti, les souris dansent* ▾ een kat in het nauw maakt rare sprongen *la nécessité est mère de l'invention* ▾ kat en muis spelen ≈ *jouer au chat et à la souris*
katachtig *félin*
katalysator *catalyseur* m; ⟨v. auto⟩ *pot* m *catalytique*
katapult *catapulte* v; ⟨speeltuig⟩ *lance-pierre(s)* m [onv]
kater *matou* m ▾ een ~ hebben *avoir la gueule de bois*
katern *cahier* m
katheder *chaire* v
kathedraal *cathédrale* v
katheter *cathéter* m; *sonde* v
katheteriseren *cathétériser*
kathode *cathode* v
katholicisme *catholicisme* m
katholiek I ZN [de] *catholique* m/v **II** BNW *catholique*
katje • jonge kat *chaton* m • bloeiwijze *chaton* m
katoen *coton* m ▾ geef 'm van ~! *vas-y!*; *hardi!*
katoenen *de/en coton*
katrol *poulie* v
kattebelletje *bafouille* v; *petit mot* m
katten *lancer des vannes*
kattenbak *caisse* v
kattenbakstrooisel *litière* v
kattenbrokken *croquettes* v mv
kattenkop *garce* v; *chipie* v
kattenkwaad *malice* v; *polissonnerie* v ⋆ ~ uithalen *faire des bêtises*
kattenluikje *chatière* v
kattenoog • oog van kat *œil* m *de chat* [m mv: *yeux de chat*] • lichtreflector *catadioptre* m; *réflecteur* m • siersteen *œil-de-chat* m [mv: *œils-de-chat*]
kattenpis ▾ dat is geen ~ *ce n'est pas de la rigolade*
katterig • een kater hebbend *qui a la gueule de bois* • beroerd *patraque*
kattig *hargneux* [v: *hargneuse*]
katzwijm ⋆ in ~ vallen *tomber dans les pommes*
kauw *choucas* m
kauwen ~ **op** *mâcher*; ⟨traag⟩ *mâchonner*
kauwgom *chewing-gum* m [mv: *chewing-gums*]

ka

kavel • stuk land *lot* m • partij goederen *lot* m
kavelen *lotir*
kaviaar *caviar* m
Kazachstan *le Kazak(h)stan* ★ in ~ *au Kazak(h)stan*
kazerne *caserne* v
kazuifel *chasuble* v
kebab *chiche-kebab* m [mv: *chiches-kebabs*]
keel *gorge* v ▾ het hangt me de keel uit *j'en ai par-dessus la tête*; *j'en ai marre* ▾ een keel opzetten *crier à tue-tête* ▾ de woorden bleven hem in de keel steken *les mots s'étranglaient dans sa gorge* ▾ dat krijg ik niet door m'n keel *ça ne passe pas*
keel-, neus- en oorarts *oto-rhino-laryngologiste* m/v [m mv: *oto-rhino-laryngologistes*]
keelgat *gosier* m ▾ het is me in het verkeerde ~ geschoten *j'ai avalé de travers*; FIG. *je l'ai mal pris*
keelholte *pharynx* m
keelklank *son* m *guttural* [m mv: *sons gutturaux*]
keelontsteking *angine* v
keelpijn *mal* m *de gorge* ★ ~ hebben *avoir mal à la gorge*
keep • inkeping *encoche* v; *entaille* v • vogel *pinson* m *du Nord*
keepen *défendre le but*
keeper *gardien* m *de but* [v: *gardienne ...*]
keer • maal *fois* v ★ keer op keer *coup sur coup* ★ in één keer *en une fois*; *d'un seul coup* ★ op een keer *un jour* ★ een enkele keer *une fois ou deux* ★ drie keer vier is twaalf *trois fois quatre font douze* ★ voor deze keer *passe pour cette fois* ★ deze keer *cette fois-ci* ★ (wel) honderd keer *trente-six fois* • wending *tour* m; *tournure* v ★ een goede keer nemen *prendre une tournure favorable* ▾ binnen de kortste keren *en moins de rien*
keerkring *tropique* m
keerpunt *tournant* m
keerzijde *revers* m; *envers* m; ⟨v. papier⟩ *verso* m; *dos* m; FIG. *inconvénient* m ★ de ~ van de medaille *le revers de la medaille*
keeshond *loulou* m
keet • schuurtje *baraque* v • chaos ★ keet schoppen *faire du chahut*; *chahuter*
keffen *japper*; *glapir*
keffertje *jappeur* m
kegel • *cône* m; SPORT *quille* v ★ afgeknotte ~ *cône tronqué* ★ ~s omgooien *abattre des quilles* • figuur in kegelspel ★ ~s omgooien *abattre des quilles* • slechte adem ★ een ~ hebben *puer / empester l'alcool*
kegelbaan *bowling* m; *jeu* m *de quilles*
kegelen I OV WW smijten *flanquer*; SPORT *jouer aux quilles* **II** ON WW SPORT *jouer aux quilles*; *jouer au bowling*
kei • steen *caillou* m [mv: *cailloux*]; ⟨straatsteen⟩ *pavé* m • uitblinker *as* m ★ een kei zijn in wiskunde *être fort en maths* ▾ op de keien staan / gezet worden *être (mis) sur le pavé*
keihard I BNW • hard *dur comme (le) fer / (la) pierre* • krachtig *violent* • luid *étourdissant* • meedogenloos *dur comme un roc*; *implacable*; ⟨onaandoenlijk⟩ *de marbre* ★ hij is een ~e *c'est un dur (de dur)* **II** BIJW • krachtig *violemment* • luid *à tue-tête* ★ de muziek ~ zetten *mettre la musique à pleins tubes* • snel *à toute allure*; *à fond de train* • meedogenloos *implacablement*; ⟨onaandoenlijk⟩ *froidement*
keilbout *cheville* v *à expansion*
keilen • gooien met steentjes *faire des ricochets*; *faire ricocher* • smijten *flanquer*
keizer *empereur* m ▾ spelen om des ~s baard *jouer pour l'honneur*
keizerin *impératrice*
keizerlijk *impérial* [m mv: *impériaux*]
keizerrijk *empire* m
keizersnede *césarienne* v
kelder *cave* v ▾ naar de ~ gaan *couler*
kelderen • vergaan *couler* • in waarde dalen ⟨v. aandelen⟩ *dégringoler*; *chuter*
kelen *égorger*
kelk • beker *coupe* v; REL. *calice* m • PLANTK. *calice* m
kelner *serveur* m [v: *serveuse*]; *garçon* m
Kelt *Celte* m/v
Keltisch I ZN [het] taal *celtique* m; *celte* m **II** BNW m.b.t. de Kelten *celtique*; *celte*
kelvin *kelvin* m
kemphaan • vogel *combattant* m • ruziezoeker *bagarreur* m [v: *bagarreuse*]
kenau *virago* v; *gendarme* m
kenbaar *(re)connaissable* ★ ~ maken *exprimer*; *faire connaître*
kendo *kendo* m
kengetal • kenmerkend getal *indicateur* m • netnummer *indicatif* m; *préfixe* m
Kenia *le Kenya* ★ in ~ *au Kenya*
Keniaans *kényan* [v: *kényane*]
kenmerk *caractéristique* v; *signe* m *(distinctif)*; *marque* v; ⟨briefnummer⟩ *référence* v
kenmerken *caractériser*; *marquer*
kenmerkend *caractéristique (***voor** *de)*; *propre (***voor** *à)*
kennel • hondenfokkerij *chenil* m • hondenloophok *chenil* m
kennelijk I BNW *manifeste* ★ in ~e staat *en état d'ébriété* **II** BIJW *manifestement*; *apparemment*
kennen • vertrouwd zijn met *connaître* ★ zich doen ~ als *s'avérer* ★ wij hebben elkaar in Amsterdam leren ~ *nous nous sommes connus à Amsterdam* ★ iem. van naam ~ *connaître qn de nom* ★ iem. van gezicht ~ *connaître qn de vue* ★ leren ~ *connaître* ★ ik ken hem totaal niet *je ne le connais ni d'Eve, ni d'Adam* • weten, beheersen *connaître* ★ niet ~ *ignorer* • herkennen *connaître* ★ iem. aan iets ~ *reconnaître qn à qc* • in zich hebben *connaître* • ~ **in** ★ iem. in iets ~ *consulter qn au sujet de qc* ▾ zich laten ~ *se trahir* ▾ te ~ geven *donner à entendre*; *signifier*; *exprimer*; *manifester* ▾ zich niet laten ~ *tenir bon*; *garder le sourire* ▾ dat (verhaal) ~ we *on connaît la chanson*
kenner *connaisseur* m [v: *connaisseuse*]; ⟨deskundige⟩ *spécialiste* m/v
kennersblik *regard* m *connaisseur*
kennis • bewustzijn *connaissance* v ★ buiten ~

ke

raken *perdre connaissance* ★ weer bij ~ komen *reprendre connaissance* ★ hij is bij ~ *il a toute sa connaissance* ★ buiten ~ *sans connaissance* • het weten *connaissance* v; ⟨kundigheid⟩ *connaissances* v mv; *savoir* m ★ met ~ van zaken *en connaissance de cause* ★ ~ dragen van *être informé de* ★ ~ geven van *faire part de*; *informer de* ★ ~ van zaken hebben *s'y connaître* ★ ~ nemen van *apprendre*; *prendre connaissance de* ★ mijn ~ van het Engels *mes connaissances de l'anglais* ★ buiten mijn ~ *à mon insu* ★ in ~ brengen met *mettre en contact avec* • bekende *connaissance* v ★ een ~ van mij *une de mes connaissances*; *savoir, c'est pouvoir*

kenniseconomie *économie* v *de la connaissance*

kennisgeven *faire part de*; *informer de*

kennisgeving *avis* m; *communication* v; ⟨aankondiging⟩ *faire-part* m [onv] ★ iets voor ~ aannemen *prendre acte de qc*; *passer outre*

kennismaken *faire connaissance (***met** *avec)* ★ hebt u al met hem kennisgemaakt? *vous le connaissez déjà?* ★ aangenaam kennis te maken *enchanté / ravi de faire votre connaissance* ★ ~ met de wetenschap *prendre connaissance de la science*

ke

kennismaking *première rencontre* v ★ bij nadere ~ valt hij mee *il gagne à être connu*

kennisneming • *connaissance* v; ⟨inzage⟩ *communication* v; *information* v • inzage en oordeel ★ ter ~ *à titre d'information*

kennisoverdracht *transfert* m *de connaissances*

kennissenkring *connaissances* v mv; *relations* v mv

kenschetsen *caractériser*; *peindre*

kenteken • kenmerk *caractéristique* v; *signe* m *(distinctif)*; *marque* v • registratienummer *numéro* m *d'immatriculation*

kentekenbewijs *carte* v *grise*

kentekenplaat *plaque* v *d'immatriculation*

kenteren • GEO. draaien *tourner* • FIG. veranderen *changer* • kapseizen *chavirer*

kentering • GEO. draaiing *tournant* m; *renversement* m; ⟨ommezwaai⟩ *retournement* m; *revirement* m • verandering *retournement* m; *revirement* m

keper I ZN [de] weefpatroon *chevron* m ▾ op de ~ beschouwd *à y regarder de près*; *tout bien considéré* ▾ op de ~ beschouwen *passer au crible* **II** ZN [het] stof *tissu* m *croisé*

kepie *képi* m

keppeltje *calotte* v; *kippa* v

keramiek *céramique* v

keramisch *céramique*

kerel • INFORM. man *type*; *individu* m; *mec* m • forse man *gaillard* m

keren I OV WW • omdraaien *(re)tourner* • tegenhouden *parer*; ⟨stuiten⟩ *arrêter*; *enrayer*; ⟨afwenden⟩ *détourner* **II** ON WW • omslaan, veranderen *tourner* • omkeren *tourner*; ⟨teruggaan⟩ *retourner* ▾ in zichzelf gekeerd *introverti* ▾ ten goede ~ *s'arranger* **III** WKD WW [+ zich] • ~ **tot** *se tourner vers* • ~ **tegen** *se tourner contre*

kerf *coche* v; *entaille* v

kerfstok ▾ hij heeft veel op zijn ~ *il a un casier judiciaire bien chargé* ▾ iets op zijn ~ hebben *avoir qc à cacher*

kerk • gebouw *église* v; ⟨protestants⟩ *temple* m • instituut *Église* v • eredienst ★ naar de kerk gaan *aller à l'église*; *aller à la messe*

kerkdienst *service* m *religieux*; *office* m *(divin)*; ⟨protestants⟩ *culte* m; ⟨rooms-katholiek⟩ *messe* v ★ een ~ houden *célébrer le culte*

kerkelijk I BNW *ecclésiastique* ★ Kerkelijke Staat *États* m mv *pontificaux* ★ ~ jaar *année* v *liturgique* ★ ~e plechtigheid *cérémonie* v *religieuse* **II** BIJW *religieusement* ★ een huwelijk ~ inzegenen *bénir un mariage*

kerkenraad *consistoire* m; *conseil* m *presbytéral*

kerker *cachot* m; *geôle* v

kerkganger *fidèle* m/v; *pratiquant* m [v: *pratiquante*]

kerkgenootschap *Église* v; ⟨geloof⟩ *confession* v ★ tot geen ~ behorend *sans confession*

kerkhof *cimetière* m ▾ de dader ligt op het ~ *le coupable a disparu dans la nature*

kerkklok • uurwerk *horloge* v *(d'église)* • luiklok *cloche* v *(d'église)*

kerkprovincie *province* v *ecclésiastique*

kerkrat ▾ zo arm als een ~ zijn *être pauvre comme Job*

kerkrecht *droit* m *canon(ique)*

kerks *pratiquant*

kerktoren *tour* v; ⟨klokkentoren⟩ *clocher* m

kerkuil *effraie* v *(des clochers)*

kerkvader *Père* m *de l'Eglise*

kermen *gémir*

kermis *fête* v *foraine*; ⟨ook fig.⟩ *foire* v; ⟨in Benelux⟩ *kermesse* v ▾ van een koude ~ thuiskomen *rentrer tout penaud* ▾ het is niet alle dagen ~ *ce n'est pas tous les jours fête*

kermisvolk *forains* m mv

kern • binnenste *noyau* m [mv: *noyaux*]; *centre* m; *cœur* m; ⟨v. pit⟩ *amande* v • essentie *(point* m*) essentiel* m; *substance* v; *essence* v ★ tot de kern van de zaak doordringen *entrer au vif du sujet* ★ een kern van waarheid *du vrai* ★ in de kern van de zaak *au fond des choses* ▾ harde kern *noyau dur*

kernachtig *concis*; *lapidaire*

kernafval *déchets* m mv *nucléaires* [mv]

kernbewapening *armement* m *nucléaire*

kernbom *bombe* v *atomique*

kerncentrale *centrale* v *nucléaire*

kerndeling BIOL. *mitose* v

kernenergie *(énergie* v*) nucléaire*

kernfusie *fusion* v *(thermo)nucléaire*

kernfysica *physique* v *nucléaire*

kernfysicus *(physicien* m*) atomiste*

kerngezond *en pleine santé*; *respirant la santé*

kernkop *tête* v *nucléaire*

kernmacht *puissance* v *nucléaire*

kernoorlog *guerre* v *nucléaire*

kernploeg *sélection* v *de base*

kernproef *essai* m *nucléaire*

kernpunt *point* m *essentiel*; ⟨crux⟩ *problème* m *crucial*; *nœud* m

kernraket *missile* m *nucléaire*

kernreactor *réacteur* m *nucléaire*

kernwapen *arme* v *nucléaire*

kerosine *kérosène* m

kerrie *curry* m; *cari* m
kers • CUL. vrucht *cerise* v • boom *cerisier* m
kersenbonbon *bouchée* v *cerise*
kersenhout *(bois* m *de) cerisier* m
kerst *Noël* m ★ met de ~ *à Noël* ★ een witte ~ *un Noël sous la neige*
kerstavond *veille* v / *réveillon* m *de Noël*
kerstboom *arbre* m / *sapin* m *de Noël*
kerstdag ⟨eerste⟩ *(jour* m *de) Noël*; ⟨tweede⟩ *le lendemain de Noël* ★ prettige ~en *joyeux Noël*
kerstdiner *repas* m *de Noël*; ⟨'s nachts⟩ *réveillon* m
kerstenen *christianiser* ★ het ~ *christianisation* v
kerstfeest *(fête* v *de) Noël* ★ vrolijk ~ *joyeux Noël!*
kerstgratificatie ≈ *prime* v *de fin d'année*
kerstkaart *carte* v *de Noël*
Kerstkind *Enfant* m *Jésus*
kerstlied *chant* m *de Noël*; *noël* m
Kerstman *(le) Père Noël*
Kerstmis *Noël* m ★ met ~ *à Noël*
kerstnacht *nuit* v *de Noël*
kerstroos *rose* v *de Noël*
kerststal *crèche* v *(de Noël)*
kerstvakantie *vacances* v mv *de Noël* [mv]
kersvers **I** BNW zeer vers *tout frais* [v: *toute fraîche*] **II** BIJW *tout juste* ★ ~ van school *frais émoulu de l'école*
kervel *cerfeuil* m
kerven *entailler*; ⟨griffen⟩ *graver*
ketchup *ketchup* m
ketel • kookketel *chaudron* m; ⟨waterketel⟩ *bouilloire* v • stoomketel *chaudière* v ▾ de druk is van de ~ *ça se décrispe*
ketelsteen *tartre* m; SCHEIK. *incrustation* v
keten **I** ZN [de] • zware ketting *chaîne* v • reeks *chaîne* v **II** ON WW *faire du chahut*
ketenen *enchaîner*
ketjap *sauce* v *de soja*
ketsen • afschampen *ricocher (***op** *sur)*; *rebondir* • niet afgaan *s'enrayer*; *rater*
ketter *hérétique* m/v ▾ roken als een ~ *fumer comme un pompier*
ketteren *râler*
ketterij *hérésie* v
ketters *hérétique*
ketting *chaîne* v; ⟨klein⟩ *chaînette* v; ⟨halssnoer⟩ *collier* m ★ aan de ~ leggen *enchaîner*
kettingbotsing *carambolage* m; *collision* v *en chaîne*
kettingbrief *(lettre* v *en) chaîne* v
kettingkast *carter* m
kettingpapier *papier* m *en continu / en accordéon*
kettingreactie *réaction* v *en chaîne*
kettingroker ≈ *grand fumeur* m [v: *grande fumeuse*]
kettingslot *(chaîne* v*) antivol*
kettingsteek *point* m *de chaînette*
kettingzaag *scie* v *articulée*; *tronçonneuse* v
keu *queue* v
keuken *cuisine* v
keukenblok *bloc-cuisine* m [mv: *blocs-cuisines*]; *bloc-évier* m
keukenkastje *placard* m *de cuisine*
keukenmachine *robot* m *(ménager)*
keukenmeidenroman *roman* m *de quatre sous*
keukenprinses *cordon-bleu* m [mv: *cordons-bleus*]
keukenrol *essuie-tout* m [onv]
keukentrap *escabeau* m [mv: *escabeaux*]
keukenzout *sel* m *de cuisine*
Keulen *Cologne* ▾ ~ en Aken zijn niet op één dag gebouwd *Paris ne s'est pas fait en un jour* ▾ kijken of men het in ~ hoort donderen *en rester (tout) ébahi*
keur • keuze *choix* m • waarmerk *poinçon* m
keuren *contrôler*; OOK MED. *examiner*
keurig **I** BNW • zorgvuldig *soigneux (***op***) de* [v: *soigneuse*] ★ een ~ handschrift *une écriture soignée* ★ een ~e man *un homme très correct* • correct ★ een ~e vertaling *une traduction correcte* • verzorgd *soigné*; ⟨elegant⟩ *élégant* • onberispelijk *très bien*; *comme il faut*; ⟨piekfijn⟩ *très soigné*; *chic* **II** BIJW *très bien*; *(très) comme il faut* ★ zij gaat ~ gekleed *elle s'habille très comme il faut* ★ ~ netjes *net (et propre)*
keuring *examen* m; *contrôle* m; ⟨v. film⟩ *censure* v; ⟨v. voedsel⟩ *inspection* v ★ medische ~ *examen* m *médical* ★ technische ~ *contrôle* m *technique*
keuringsdienst ★ ~ van waren *inspection* v *des denrées*
keurkorps *corps* m *d'élite*
keurmeester *contrôleur* m [v: *contrôleuse*]; ⟨v. voedingswaar⟩ *inspecteur* m [v: *inspectrice*]; ⟨v. goud⟩ *essayeur* m [v: *essayeuse*]
keurmerk ⟨stempel⟩ *poinçon* m; ⟨label⟩ *label* m
keurslijf • FIG. *carcan* m • knellende verplichting ★ in een ~ zitten *avoir les mains liées*; *être coincé*
keurstempel *marque* v; *poinçon* m
keurtroepen *troupes* v mv *d'élite* [mv]
keus *choix* ★ een keus maken *faire son choix* ★ zijn keus laten vallen op *fixer / porter son choix sur*; *jeter son dévolu sur* ★ er is geen keus *on n'a pas le choix*; *il n'y a pas d'alternative* ★ aan jou de keus *(c'est) à toi de choisir*; *tu as le choix* ★ er is keus te over *il y a le choix*; *on (n')a (que) l'embarras du choix* ★ voor een keus staan *devoir choisir* ★ tweede keus *(articles* m mv*) de second choix / bas de gamme* ★ naar keuze *au choix*; *à votre choix* ★ uit vrije keus *librement*
keutel *crotte* v
keuterboer *petit exploitant* m
keuvelen *faire la causette*; *causer*
keuze • → **keus**
keuzemenu *menu* m *à la carte*
keuzemogelijkheid *option* v
keuzepakket ⟨v. leervakken⟩ *matières* v mv *à option* [mv]; ⟨v. tv-kanalen⟩ *bouquet* m *(de programmes)*
keuzevak *matière* v *à option*
kever • insect *scarabée* m; BIOL. *coléoptère* m • auto *coccinelle* v
keyboard *clavier* m
kg *kg*
kibbelen *se chamailler*
kibbeling CUL. *joue* v *de cabillaud*
kibboets *kibboutz* m [mv: *kibboutz(im)*]

kick ★ ergens een kick van krijgen *prendre son pied de qc*
kickboksen *boxe* v *française*
kidnappen *kidnapper*
kidnapper *kidnappeur* m [v: *kidnappeuse*]
kids *gosses* m/v mv
kiekeboe *coucou*
kiekendief *busard* m
kiekje *photo* v
kiel • SCHEEPV. *quille* v • kledingstuk *blouse* v
kielekiele *guili-guili* ▾ het was ~ *c'était tout juste / tangent / ric-rac*
kielhalen *faire subir la grande cale à*
kielzog *sillage* m; *remous* m ▾ in het ~ van *dans le sillage de*; *à la remorque de*
kiem • eerste begin van organisme *germe* m • spruit van zaad *germe* m • ziektekiem *germe* m ▾ in de kiem smoren *étouffer dans l'œuf*
kiemen • ontspruiten *germer* • FIG. beginnen te groeien *germer*
kien • pienter *malin* [v: *maligne*]; *futé* • ~ **op** *épris de*
kiepauto *véhicule* m *à benne basculante*; *tombereau* m [mv: *tombereaux*]
kiepen I OV WW kantelen *basculer* **II** ON WW vallen ★ van tafel ~ *tomber de la table*
kieperen I OV WW smijten *balancer*; *flanquer* **II** ON WW tuimelen *dégringoler*
kier *fente* v; ⟨v. deur/raam⟩ *entrebâillement* m ★ op een kier zetten *entrebâiller*; *entrouvrir* ★ de deur op een kier laten staan *laisser la porte entrouverte*
kierewiet *dingue*
kies I ZN [de] *molaire* v; *dent* v ★ holle kies *dent* v *creuse* ▾ de kiezen op elkaar houden *ne pas desserrer les dents* ▾ heel wat achter de kiezen hebben *en avoir avalé* ▾ voor zijn kiezen krijgen *essuyer*; *ramasser*; *trinquer de* **II** BNW fijngevoelig *délicat*; *difficile* **III** BIJW *délicatement*
kiesdeler *quotient* m *électoral*
kiesdistrict *circonscription* v *(électorale)*
kiesdrempel *seuil* m *électoral*; *barre* v
kiesgerechtigd *ayant le droit de vote* ★ ~e leeftijd *âge électoral* m
kieskauwen *chipoter*
kieskeurig *délicat*; *difficile (***op** *sur)*; *regardant (***op** *sur)*; *exigeant*
kieskring *circonscription* v *(électorale)*
kiespijn *mal* m *de dents* ★ ~ hebben *avoir mal aux dents* ▾ ik kan hem missen als ~ *un de perdu, dix de retrouvés* ▾ lachen als een boer die ~ heeft *rire jaune*
kiesrecht *droit* m *de vote* ★ het algemeen ~ *le suffrage universel*
kiesschijf *cadran* m
kiestoon *tonalité* v
kietelen *chatouiller*
kieuw *branchie* v; *ouïes* v mv
kieviet *vanneau* m *(huppé)* [m mv: *vanneaux*]
kiezel I ZN [de] steen *caillou* m [mv: *cailloux*] **II** ZN [het] • grind *gravillon* m; *gravier* m • silicium *silicium* m
kiezelpad *chemin* m *caillouté*
kiezelsteen *caillou* m [mv: *cailloux*]
kiezelstrand *plage* v *de galets*
kiezen I OV WW • keus doen *choisir (***tussen**, **uit** *entre, parmi)*; FORM. *opter pour* ★ als voorbeeld ~ *choisir comme / pour modèle* • door keuze benoemen *élire* ★ iem. tot voorzitter ~ *élire qn président* **II** ON WW • keus maken *choisir*; *faire son choix* • stemmen *voter (***voor** *pour)* ▾ het is ~ of delen *c'est à prendre ou à laisser*; *il faut qu'une porte soit ouverte ou fermée*
kiezer *électeur* m [v: *électrice*] ★ de ~s *le corps* m *électoral*; *l'électorat* m
kift ★ allemaal de kift! *c'est la jalousie qui parle!*
kiften *se chamailler*
kijf ▾ dat staat buiten kijf *cela ne fait aucun doute*; *c'est sans conteste*
kijk • het kijken *vue* v • gezichtspunt *optique* v; *point* m *de vue*; ⟨visie⟩ *vision* v *(***op** *de)* ▾ iem. te kijk zetten *tourner qn en ridicule* ▾ te kijk zitten *se donner en spectacle* ▾ tot kijk! *salut!* ▾ daar is geen kijk op *il ne faut pas y compter* ▾ er kijk op hebben *avoir le coup d'œil (juste)*; *s'y connaître*; *y voir clair* ▾ te kijk *exposé (aux regards)* ▾ te kijk lopen / zitten *se donner en spectacle*
kijkcijfers *taux* m *d'audience / d'écoute*; *audimat* ★ hogere ~ halen *augmenter sa part d'audience*
kijkdag *(jour* m *d')exposition*
kijkdichtheid *taux* m *d'audience / d'écoute*; *audimat* m
kijkdoos *boîte* v *à images*
kijken I OV WW bekijken *regarder* ★ televisie ~ *regarder la télé* **II** ON WW • de ogen gebruiken *regarder* ★ laat eens ~ *voyons* ★ kijk eens! *regarde!*; *viens voir!* ★ op zijn horloge ~ *regarder l'heure (à sa montre)* ★ uit het raam ~ *regarder par la fenêtre* ★ naar iets ~ *regarder qc* • eruitzien *avoir l'air* ★ kijk niet zo dom! *ne regarde pas aussi bêtement!* • raadplegen ~ **op** *consulter* ★ kijk op www.abelaar.nl *regardez sur www.abelaar.nl* ▾ daar komt heel wat bij ~ *cela ne se fait pas tout seul*; *c'est toute une affaire* ▾ niet op geld ~ *ne pas regarder à la dépense* ▾ ik sta ervan te ~ *j'en suis stupéfait*; *je n'en reviens pas* ▾ ~ kost niets *regarder n'engage à rien* ▾ pas komen ~ *sortir de l'œuf* ▾ hij kijkt niet zo nauw *il n'y regarde pas de si près* ▾ hij kijkt niet op een honderd euro *il n'en est pas à cent euros près* ▾ kijk naar jezelf! *tu ne t'es pas regardé!* ▾ kijk (aan)! *tiens!* ▾ raar staan te ~ *rester baba*; *tomber de son haut / des nues*
kijker • verrekijker *jumelles* v mv • persoon *spectateur* m [v: *spectatrice*]; ⟨televisie⟩ *téléspectateur* m • oog *mirette* v ▾ in de ~ hebben *avoir dans le collimateur*
kijkgeld *redevance* v *(télé)*
kijkje *coup* m *d'œil* ★ een ~ gaan nemen *jeter un coup d'œil*; *voir un peu ce qui se passe*
kijkoperatie ≈ *endoscopie* v
kijven *se quereller*
kik ★ geen kik geven *ne pas piper*; *ne pas broncher*
kikken ★ niet ~ *ne pas piper (mot)*
kikker *grenouille* v

kikkerbad *pataugeoire* v
kikkerbilletjes *cuisses* v mv *de grenouille* [mv]
kikkerdril *œufs* m mv / *frai* m *de grenouille*
kikkererwt *pois* m *chiche*
kikkervisje *têtard* m
kikvorsman *homme-grenouille* m [mv: *hommes-grenouilles*]
kil I BNW • fris *frais* [v: *fraîche*] • onhartelijk *glacial* II BIJW *froidement*
killer *tueur* m [v: *tueuse*]
killersinstinct ≈ *rage* v *de vaincre*
kilo *kilo* m
kilobyte *kilo-octet* m; *Ko* m
kilocalorie *kilocalorie* v
kilogram *kilogramme* m
kilohertz *kilohertz* m
kilojoule *kilojoule* m
kilometer *kilomètre* m ⋆ honderd ~ per uur rijden *rouler à cent à l'heure*
kilometerpaal *borne* v *kilométrique*
kilometerteller *compteur* m *(kilométrique)*
kilometervergoeding *indemnité* v *kilométrique*
kilometervreter *bouffeur* m *de kilomètres* [v: *bouffeuse ...*]
kilowatt *kilowatt* m
kilowattuur *kilowattheure* m
kilt *kilt* m
kilte *fraîcheur* v; FIG. *froideur* v
kim *horizon* m
kimono *kimono* m
kin *menton* m
kind • jeugdig persoon *enfant* m/v; INFORM. *gosse* m/v ⋆ van kind af aan *dès l'enfance* • nakomeling *enfant* m/v ⋆ een kind krijgen *accoucher* ▾ het kind van de rekening zijn *être le dindon de la farce* ▾ het kind met het badwater weggooien *jeter le bébé avec l'eau du bain* ▾ kind noch kraai hebben *être sans famille*; *être seul au monde* ▾ kinderen zijn hinderen INFORM. *faites des gosses!* ▾ ik krijg er een kind van! *ça me fait mal aux seins!* ▾ geen kind aan iem. hebben *avoir qn dans sa poche* ▾ kleine kinderen worden groot *petit poisson deviendra grand* ▾ een kind kan de was doen *c'est enfantin* ▾ wie zijn kind liefheeft, kastijdt het *qui aime bien châtie bien* ▾ ergens kind aan huis zijn *être un familier de la maison* ▾ een kind van zijn tijd zijn *être de son temps* ▾ dat ziet een kind! *ça crève les yeux!* ▾ REL. Onnozele Kinderen *les (saints) Innocents* m mv
kinderachtig I BNW *d'enfant*; ⟨flauw⟩ *enfantin*; *puéril* ⋆ wat ben jij ~! *que tu es enfant!* ▾ niet ~ *pas rien*; *large* II BIJW *puérilement*; *comme un enfant* ⋆ ~ doen *faire l'enfant*
kinderarbeid *travail* m *des enfants / mineurs*
kinderarts *pédiatre* m/v
kinderbescherming *protection* v *de l'enfance*
kinderbijbel *bible* v *pour les enfants*
kinderbijslag *allocations* v mv *familiales* [mv]
kinderboek *livre* m *pour enfants*
kinderdagverblijf *halte-garderie* v [mv: *haltes-garderies*]; *crèche* v
kinderhand *menotte* v ▾ een ~ is gauw gevuld ≈ *on se contente de peu*
kinderhoofdje *pavé* m
kinderjaren *enfance* v
kinderkamer *chambre* v *d'enfants*
kinderkleding *vêtements* m mv *d'enfants*
kinderkoor *chœur* m *d'enfants*
kinderlijk I BNW • als (van) een kind *enfantin*; *d'enfant*; ⟨jegens ouders⟩ *filial* [m mv: *filiaux*] • naïef *ingénu*; *naïf* [v: *naïve*] II BIJW • als (van) een kind ⋆ ~ eenvoudig *enfantin* • naïef *naïvement*
kinderloos *(resté) sans enfants*
kindermeisje *nurse* v
kindermoord *infanticide* m
kinderoppas *nourrice* v; ⟨gediplomeerd⟩ *assistante* v *maternelle*; ⟨babysitter⟩ *baby-sitter* m/v [m mv: *baby-sitters*]
kinderopvang *garderie* v
kinderporno *pornographie* v *pédophile*
kinderpsychiater *pédopsychiatre* m/v
kinderrechter *juge* m *des enfants*
kinderrijk ⟨v. gezin⟩ *nombreux* [v: *nombreuse*]
kinderschoen *chaussure* v *d'enfant* ▾ nog in de ~en staan *être encore aux balbutiements / dans les langes* ▾ de ~en ontgroeid zijn *être sorti de l'enfance*
kinderslot *(serrure* v *de) sécurité*
kinderspel • spel voor kinderen *jeu* m *d'enfant* • eenvoudige zaak *jeu* m *d'enfant*
kindersterfte *moralité* v *infantile*
kinderstoel *chaise* v *d'enfant*
kindertehuis *home* m *d'enfants*; *foyer* m *de la DDASS*
kindertelefoon ≈ *SOS* m *enfants*
kindertijd *enfance* v
kinderverlamming INFORM. *polio* v; MED. *poliomyélite* v
kindervoeding *nutrition* v *des enfants*
kindervriend *ami* m *des enfants*
kinderwagen *landau* m [mv: *landaus*]; ⟨wandelwagentje⟩ *poussette* v
kinderwerk • werk van kinderen *jeu* m *d'enfant* • onbeduidend werk *bagatelle* v
kinderziekenhuis *hôpital* m *d'enfants* [m mv: *hôpitaux ...*]
kinderziekte *maladie* v *infantile*; FIG. *ratés* m mv *du démarrage*
kinderzitje *siège-enfant* m [mv: *sièges-enfant*]
kinds *gâteux* [v: *gâteuse*]; INFORM. *gaga* ▾ ~ worden *retomber en enfance*
kindsbeen ▾ van ~ af *dès l'enfance*
kindsdeel *part* v *d'enfant*
kindsheid *sénilité* v; *gâtisme* m
kindsoldaat *enfant-soldat* m
kindveiligheid *sécurité* v *enfants*
kindvrouwtje *femme-enfant* v [mv: *femmes-enfants*]
kinesist *kinésithérapeute* m/v; INFORM. *kiné* m/v
kinesitherapie *kinésithérapie* v
kinetisch *cinétique*
kinine *quinine* v
kink *nœud* m ▾ een kink in de kabel *un incident de parcours*; INFORM. *un hic*; *un pépin*
kinkel *lourdaud* m; *rustre* m
kinkhoest *coqueluche* v
kinnebak *mâchoires* v mv
kiosk *kiosque* m
kip *poule* v; ⟨als voedsel⟩ *poulet* m ▾ er was

geen kip *il n'y avait pas un chat* ▾ redeneren als een kip zonder kop *raisonner comme une pantoufle* ▾ de kip met de gouden eieren slachten *tuer la poule aux œufs d'or* ▾ met de kippen op stok gaan *se coucher avec / comme les poules* ▾ er als de kippen bij zijn *sauter sur l'occasion*

kipfilet *blanc* m *de poulet*

kiplekker *frais et dispos*

kippenborst • vlees *blanc* m *de poulet* • misvorming ≈ *poitrine* v *rachitique*

kippenbout *cuisse* v *de poulet*

kippeneindje *petit bout* m *de chemin*

kippenfokkerij *élevage* m *de poules*

kippengaas *grillage* m; *treillis* m

kippenhok *poulailler* m

kippenlever *foie* m *de poulet*

kippensoep *potage* m *au poulet*

kippenvel *chair* v *de poule* ★ daar krijg ik ~ van *cela me donne la chair de poule*

kippig *bigleux* [v: *bigleuse*]; *myope*

Kirgizië *le Kirghizstan* ★ in ~ *au Kirghizstan*

kirren • geluid maken ⟨v. duiven⟩ *roucouler* • giechelen ⟨v. mensen⟩ *glousser*

kissebissen *se chamailler*; *discutailler*

ki

kist • bak/doos *caisse* v; *boîte* v; ⟨meubel⟩ *coffre* m • doodkist *cercueil* m

kisten ⟨v. lijk⟩ *mettre en bière* ▾ laat je niet ~ *ne te laisse pas faire*

kistje *boîte* v; *coffret* m

kistkalf *veau* m *d'engrais* [m mv: *veaux* ....]

kit I ZN [de/het] kleefmiddel *mastic* m; *lut* m II ZN [de] set/bouwpakket *kit* m

kitchenette *kitchenette* v; *cuisinette* v

kitesurfen *faire du kite surfing*

kits ▾ alles kits? *ça baigne?*; *ça gaze?*

kitsch *kitsch* m

kitscherig *kitsch* [onver.]

kittelaar *clitoris* m

kitten *mastiquer*

kittig *pimpant*

kiwi • PLANTK. vrucht *kiwi* m • DIERK. vogel *kiwi* m

klaaglijk I BNW *plaintif* [v: *plaintive*] II BIJW *plaintivement*

Klaagmuur *mur* m *des Lamentations*

klaagzang *élégie* v; *complainte* v; FIG. *lamentations* v mv

klaar I BNW • paraat *prêt* (**om**, **voor**) *à* ★ ~ voor de start? af! *prêt? partez!* ★ ik ben zo ~ *j'ai bientôt fini*; *j'en ai pour deux secondes* • afgewerkt *prêt*; *fini*; *achevé* ★ met iets ~ zijn *avoir fini (de faire) qc* • duidelijk *clair*; *limpide* ★ zo ~ als de dag *clair comme le jour* • zuiver *pur* ▾ ~ is Kees *voilà qui est fait!*; *ça y est!*; *(et) le tour est joué!* ▾ daar ben je (mooi) ~ mee! *la belle avance!* II BIJW *clairement*

klaarblijkelijk I BNW *évident*; *manifeste* II BIJW *évidemment*; *manifestement*

klaarheid • helderheid *clarté* v • FIG. duidelijkheid *clarté* v ★ ~ in een zaak brengen *tirer une affaire au clair*

klaarkomen • gereedkomen *être achevé* ★ ~ met *finir*; *achever* • orgasme krijgen *jouir*

klaarleggen *préparer*

klaarlicht ★ op ~e dag *en plein jour*; *au grand jour*

klaarliggen *être prêt*

klaarmaken • voorbereiden *préparer* • tot orgasme brengen *faire jouir* • presteren ★ niets ~ *n'arriver à rien*

klaar-over ≈ *chargé* m *de la circulation à la sortie des écoles* [v: *chargée* ...]

klaarspelen *venir à bout de*; *arranger* ★ het ~ *y arriver*; *s'en sortir*; *réussir (son coup)*

klaarstaan *être prêt* (**om te**, **voor** *à*); ⟨v. persoon⟩ *se tenir prêt* ▾ voor iem. ~ *être prêt à rendre service à qn*; *être serviable*

klaarstomen FIG. *préparer intensivement*

klaarwakker *bien réveillé*

klaarzetten *préparer*

Klaas ▾ ~ Vaak *le marchand de sable* ▾ een houten ~ *un manche à balai*

klacht • aanklacht ★ een ~ tegen iem. indienen *déposer une plainte contre qn* • *plainte* v; MED. *douleurs* v mv; *troubles* m mv ★ een ~ indienen *faire une réclamation*; JUR. *déposer une plainte*; *porter plainte* ★ wat zijn de ~en? *qu'est-ce qui ne va pas?*

klachtenboek *cahier* m *des réclamations*

klad I ZN [de] • smet *tache* v ★ een klad werpen op *entacher* • verval ★ de klad brengen in *gâter* ★ de klad zit erin *ça se gâte* ▾ iem. bij de kladden pakken *prendre qn au collet*; *coincer qn* II ZN [het] *brouillon* m ★ een brief in het klad schrijven *faire le brouillon d'une lettre*

kladblaadje *brouillon* m

kladblok *cahier* m / *bloc* m *de brouillon*

kladden I OV WW slordig doen *barbouiller*; ⟨m.b.t. schrijven⟩ *gribouiller* II ON WW • kliederen *barbouiller* • vlekken maken *faire des taches*

kladderen *barbouiller*

kladpapier *brouillon* m; *papier* m *(de) brouillon*

kladschrijver *gâcheur* m *de papier* [v: *gâcheuse* ...]

klagen I OV WW als klacht uiten ★ iem. zijn nood ~ *raconter ses problèmes à qn* II ON WW *se plaindre* (**bij** *à, auprès de;* **over** *de*) ★ ~ dat *se plaindre de* [+ infinitief] ★ ik heb geen ~ *je n'ai pas à me plaindre* ★ steen en been ~ *se lamenter* ★ zijn nood ~ bij *s'épancher auprès de*; *se confier à*

klager *plaignant* m [v: *plaignante*]

klagerig *geignard*; ⟨klagend⟩ *plaintif* [v: *plaintive*]

klakkeloos I BNW *gratuit* II BIJW • zonder nadenken ★ ~ overschrijven *copier littéralement* ★ ~ geloven *croire sans réfléchir* • zonder grond ★ iets ~ geloven *avaler qc*; INFORM. *gober qc* ★ ~ overnemen *copier*; INFORM. *pomper sur* • zomaar *comme ça*; ⟨zonder grond⟩ *gratuitement*; ⟨slaafs⟩ *servilement*

klakken *claquer*

klam *moite* ★ klam zweet *sueurs* v mv *froides*

klamboe *moustiquaire* v

klamp *patte* v; ⟨kikker⟩ *taquet* m; ⟨v. boek⟩ *fermoir* m

klandizie *clientèle* v

klank • geluid *son* m • wijze van klinken

sonorité v; ⟨toonkleur⟩ *timbre* m
klankbodem *caisse* v *de résonance*; FIG. *écho* m
klankbord *abat-voix* m [onv]; ⟨v. toren⟩ *abat-son* m [onv]
klankkast *caisse* v *de résonance*
klankkleur *timbre* m
klant • koper *client* m [v: *cliente*] ⋆ de vaste ~en *la clientèle*; FIG. *les habitués* ⋆ de ~ is koning *le client a toujours raison* • kerel *client* m; *type* m
klantenbinding *fidélisation* v
klantenkaart *carte* v *de fidélité*
klantenkring *clientèle* v
klantenservice *service* m *après-vente*
klantvriendelijk *orienté vers le client*
klap • slag *coup* m; *claque* v; ⟨oorvijg⟩ *gifle* v ⋆ klappen krijgen *en prendre des coups* ⋆ er vielen klappen *on en venait aux coups / aux mains* • tegenslag *coup* m *(dur)* ⋆ hij zit in de hoek waar de klappen vallen *c'est lui qui trinque* • fel geluid *coup* m; ⟨v. deur⟩ *claquement* m ⋆ de deur met een klap dichtslaan *claquer la porte* ▾ in één klap *d'un (seul) coup* ▾ dat was een klap in zijn gezicht *c'était une vraie gifle pour lui* ▾ een klap van de molen hebben *être un peu toqué* ▾ hij voert geen klap uit *il n'en fiche pas une (rame)* ▾ de eerste klap is een daalder waard ≈ *chose bien commencée est à demi achevée* ▾ geen klap *que dalle*
klapband *pneu* m *éclaté*; *crevaison* v
klapdeur *porte* v *battante*
klaphekje *portillon* m
klaplong *pneumothorax* m
klaplopen *parasiter*
klaploper *parasite* m; *pique-assiette* m [onv]
klappen • uiteenspringen *éclater* ⋆ in elkaar ~ *s'effondrer* • geluid maken *claquer*; ⟨met handen⟩ *battre des mains*; ⟨als applaus⟩ *applaudir*
klapper • register *répertoire* m; *index* m *alphabétique* • opbergmap *classeur* m • vuurwerk *pétard* m • uitschieter *succès* m *monstre* ⋆ een ~ maken *réussir un gros coup*; *gagner le gros lot* ⋆ een ~ zijn *faire un malheur / un carton*
klapperen *claquer*
klapperpistool *pistolet* m *à amorces*
klappertanden *claquer des dents*
klappertje *amorce* v
klaproos *coquelicot* m
klapschaats *patin* m *à charnière*
klapstoel *strapontin* m; ⟨vouwstoel⟩ *chaise* v *pliante*
klapstuk • vlees *plat* m *de côte* • hoogtepunt *clou* m
klaptafel *table* v *pliante*
klapwieken *battre des ailes*
klapzoen *bise* v *sonore*
klare *genièvre* m; *schiedam* m
klaren • helder maken *clarifier* • in orde krijgen *venir à bout de*; *arranger*
klarinet *clarinette* v
klarinettist *clarinettiste* m/v
klas • groep leerlingen *classe* v ⋆ de beste van de klas *le premier de (la) classe* • lokaal *(salle* v *de) classe* v ⋆ de klas uitgestuurd worden *être expulsé du cours* • leerjaar *classe* v ⋆ in de eerste klas *en première année*; *en CP (cours préparatoire)*; *en sixième* • rang, kwaliteit ⟨lokaal⟩ *(salle* v *de) classe* v
klasgenoot *camarade* m/v *de classe*
klasse I ZN [de] • maatschappelijke laag *classe* v ⋆ de bezittende / heersende / werkende ~ *la classe possédante / dirigeante / laborieuse* • kwaliteit *classe* v ⋆ ~ hebben *avoir de la classe*; *être classe* ⋆ een ~ beter *une classe au-dessus* **II** TW *super*; *la classe*
klasseloos *sans classes*
klassement *classement* m
klassenjustitie *justice* v *de classe*
klassenstrijd *lutte* v *des classes*
klassenvertegenwoordiger *délégué* m *de classe* [v: *déléguée* ...]
klasseren *classer* ⋆ zich ~ *se qualifier*
klassering *classement* m
klassiek • traditioneel *classique* • van duurzame waarde *classique* • de klassieke oudheid betreffend *antique*
klassieken *classiques* m mv
klassieker • bekend werk *classique* m • *classique* m; SPORT *(épreuve* v*) classique*
klassikaal *(fait) en classe*; *collectif* [v: *collective*]
klateren ⟨v. water⟩ *murmurer*; ⟨v. donder⟩ *rouler*
klatergoud OOK FIG. *clinquant* m
klauteren *grimper*; *escalader*
klauw • poot van roofdier *griffe* v; ⟨v. vogel ook⟩ *serre* v ⋆ zijn ~en uitslaan *sortir ses griffes* • hand *patte* v ⋆ blijf er met je ~en af! *bas les pattes!* ⋆ in de ~en vallen van *tomber entre les griffes de* ⋆ in zijn ~en krijgen *mettre le grappin sur* • schram *coup* m *de griffe* • TECHN. haak *griffe* v; *patte* v ▾ uit de ~en lopen *déraper*
klauwhamer *marteau* m *à dents* [m mv: *marteaux* ...]
klavecimbel *clavecin* m
klaver • plant *trèfle* m • figuur in kaartspel *trèfle* m
klaveraas *as* m *de trèfle*
klaverblad *échangeur* m
klaverjassen ≈ *jouer à la belote*
klavertjevier *trèfle* m *à quatre feuilles*
klavichordium *clavicorde* m
klavier • toetsenbord *clavier* m • instrument *piano* m
klavierinstrument *instrument* m *à clavier*
kledder *éclaboussure* v
kledderen *barbouiller*; ⟨spatten⟩ *éclabousser*
kleddernat *tout mouillé*; *trempé*
kleden *habiller*; *vêtir* ⋆ in het zwart gekleed *habillé de / en noir* ⋆ netjes gekleed *bien mis*; INFORM. *bien sapé* ⋆ slecht gekleed INFORM. *mal ficelé* ⋆ geklede jas *manteau* m *habillé* ⋆ zich warm ~ *s'habiller chaudement*
klederdracht *costume* m
kledij • kleren *vêtements* m mv • manier van kleden *tenue* v; *mise* v
kleding *vêtements* m mv; *habits* m mv
kledingstuk *vêtement* m
kledingzaak *magasin* m *de vêtements*

kleed • bedekking ⟨tapijt⟩ *tapis* m; ⟨overtrek⟩ *couverture* v • BELG. jurk *robe* v

kleedgeld ≈ *frais* m mv *d'habillement*

kleedhokje *cabine* v

kleedkamer *vestiaire* m; ⟨in theater⟩ *loge* v

kleedster *habilleuse* v

kleefpasta *pâte* v *adhésive*; *colle* v

kleerborstel *brosse* v *à habits*

kleerhanger *cintre* m

kleerkast • kast voor kleren *armoire* v; ⟨hangkast⟩ *penderie* v • grote gespierde man *armoire à glace*

kleermaker *tailleur* m

kleermakerszit ★ in ~ *(assis) en tailleur*

kleerscheuren ▾ er zonder ~ afkomen *s'en tirer à bon compte*; *l'échapper belle*

klef • kleverig *pâteux* [v: *pâteuse*]; ⟨papperig⟩ *collant*; ⟨klam⟩ *moite* • onfris *pas très net*; ⟨handtastelijk⟩ *peloteur* [v: *peloteuse*]; ⟨wee⟩ *écœurant*

klei • grond *argile* v • bodemsoort *terre* v *argileuse* • boetseerklei *pâte* v *à modeler* ▾ uit de klei getrokken *mufle*; *rustre*

kleiachtig *argileux* [v: *argileuse*]

kleiduif *pigeon* m *d'argile*

kleiduivenschieten *ball-trap* m

kleien *faire du modelage*

kleigrond *sol* m *argileux*

klein I BNW • niet groot *petit*; ⟨gering⟩ *petit*; *faible* ★ in het ~ *en petit*; *en miniature*; ECON. *au / en détail* ★ in ~e stukjes hakken *hacher menu* ★ ~e details *menus détails* ★ de ~e man *les petits gens*; FORM. *le menu peuple* ★ een ~ uur *une petite heure* ★ een ~e honderd auto's *quelque cent voitures* • niet geheel ★ een ~ uur *une petite heure* ★ een ~e honderd auto's *quelque cent voitures* • kleingeestig *mesquin*; *petit* ▾ wie het ~e niet eert, is het grote niet weerd ≈ *il n'y a pas de petites économies* ▾ ~ maar dapper / fijn *petit de taille, grand de cœur / qualité* II BIJW *petitement* ★ ~ beginnen *commencer petit* ★ ~ schrijven *écrire menu*

kleinbedrijf *petites entreprises* v mv [mv]

kleinbeeldcamera *appareil* m *24x36*

kleinbehuisd *logé petitement / à l'étroit*

kleinburgerlijk *petit-bourgeois* [m mv: *petits-bourgeois*] [v: *petite-bourgeoise*]

kleindochter *petite-fille* v [mv: *petites-filles*]

kleinduimpje *petit bout* m

kleinerdanteken *symbole* m *'est inférieur à'*

kleineren *rabaisser*; *déprécier*; ⟨v. prestatie⟩ *diminuer*

kleingeestig *mesquin*; *petit*

kleingeld *monnaie* v

kleinhandel *commerce* m *de détail*; *petit commerce* m

kleinigheid • geschenk *petite chose* v; ⟨fooi⟩ *pièce* v • bagatel *bagatelle* v; *rien* m; *babiole* v; INFORM. *bricole* v ★ dat is geen ~ *ce n'est pas une mince affaire*

kleinkind ⟨jongen⟩ *petit-fils* m; ⟨meisje⟩ *petite-fille* v ★ ~eren *petits-enfants* m mv

kleinkrijgen • *réduire à l'obéissance* ★ we zullen hem wel ~ *il finira par nous obéir* • doen inbinden *mater*

kleinkunst *variétés* v mv

kleinmaken *réduire en morceaux*; ⟨hakken⟩ *hacher menu*; ⟨geld wisselen⟩ *faire la monnaie de*

kleinood *joyau* m [mv: *joyaux*]

kleinschalig *à petite échelle* ★ ~ denken *voir petit*

kleinsteeds *provincial* [m mv: *provinciaux*]

kleintje *petit* m [v: *petite*] ★ een ~ koffie *un petit café* ▾ hij let op de ~s *il regarde à la dépense* ▾ voor geen ~ vervaard zijn *ne pas avoir froid aux yeux* ▾ vele ~s maken één grote *les petits ruisseaux font les grandes rivières*

kleinvee *petit bétail* m

kleinzerig *douillet* [v: *douillette*]

kleinzielig *mesquin*; *petit*; *borné*

kleinzoon *petit-fils* m [mv: *petits-fils*]

kleitablet *tablette* v *d'argile*

klem I ZN [de] • klemmend voorwerp *pince* v; ⟨val⟩ *piège* m • MED. *tétanos* m • nadruk *emphase* v; *force* v ★ met klem vragen *demander instamment / avec instance / avec insistance* II BNW ★ klem zitten *être coincé* ★ klem rijden / zetten *coincer*

klembord • ADMIN. *presse-papiers* m [mv: *id.*]; *clipboard* m • COMP. *presse-papiers* m [mv: *id.*]

klemmen I OV WW drukken *serrer*; *coincer* II ON WW • knellen *(se) coincer*; *être bloqué* • dwingen *être convainquant*; *être percutant*

klemtoon *accent* m ★ de ~ leggen op *accentuer*

klemvast • SPORT *bien serré*; ⟨v. keeper⟩ *solide*; *ayant une bonne prise de balle* • zeer vast *bien serré*

klep • ventiel *clapet* m; *valve* v; *soupape* v; ⟨v. hart⟩ *valvule* v; ⟨deksel⟩ *couvercle* m; ⟨luik⟩ *volet* m; ⟨schuifje⟩ *trappe* v; MUZ. *clef* v • flap *rabat* m; *visière* • mond *clapet* m; *boîte* v • kletser *bavard* m [v: *bavarde*]

klepel *battant* m

kleppen • klepperen ⟨v. klok⟩ *tinter* • kletsen *jacasser*

klepper *claquette* v

klepperen *claquer*; ⟨v. ooievaar⟩ *craqueter*; ⟨v. ooievaar⟩ *claqueter*

kleptomaan *cleptomane* m/v; *kleptomane* m/v

klere ▾ PLAT krijg de ~! *va te faire foutre!*

klere- *foutu*; *sale*; *de merde*

klerelijer *ordure* v

kleren *vêtements* m mv; *habits* m mv; INFORM. *fringues* v mv ★ in de ~ steken *habiller* ★ uit de ~ gaan *se mettre à poil* ▾ dat gaat je niet in de koude ~ zitten *ça ne vous laisse pas froid* ▾ ~ maken de man *la belle plume fait le bel oiseau*

klerenhanger *cintre* m

klerenkast *armoire* v; ⟨hangkast⟩ *penderie* v

klerikaal *clérical* [m mv: *cléricaux*]

klerk *clerc* m; *employé* m; *commis* m

klets • geklets *balivernes* v mv ★ allemaal ~! *ce sont des histoires!* • kletskous *bavard* m [v: *bavarde*]; *commère* v • klap *claque* v; *gifle* v

kletsen • babbelen ⟨roddelen (over)⟩ *bavarder*; *causer*; ⟨bazelen⟩ *radoter*; *jaser (sur)* • klinkend klappen *claquer*

kletskoek *balivernes* v mv; ⟨flauwekul⟩ *foutaise* v; *fadaises* v mv

kletskous *bavard* m [v: *bavarde*]; *commère* v

kletsnat *tout mouillé; trempé*
kletspraat *balivernes* v mv
kletspraatje • babbel *causette* v • roddel *ragot* m; *commérage* m
kletteren *cliqueter*; ‹v. regen e.d.› *fouetter*
kleumen *être transi (de froid)*; INFORM. *cailler*; *peler (de froid)*
kleur • wat het oog ziet *couleur* m ★ de primaire ~en *les couleurs fondamentales* • OOK FIG. *couleur* v; *coloris* • gelaatskleur *teint* m; *couleurs* v mv ★ van ~ verschieten *changer de couleur*; *pâlir* ★ een ~ krijgen *rougir* ★ in ~ *en couleurs* ★ weer ~ krijgen *reprendre des couleurs* • politieke tendens *couleur* v; *tendance* v • figuur in kaartspel ★ ~ verzaken *renoncer* ▾ ~ bekennen *annoncer la couleur*
kleurboek *album* m *à colorier*
kleurdoos *boîte* v *de couleurs*
kleurecht *bon teint*; *grand teint*; *inaltérable*
kleuren I OV WW • kleur geven aan *colorer*; ‹inkleuren› *colorier*; ‹v. stof/haar› *teindre* ★ gekleurde glazen *verres colorés / de couleur* • overdrijven *colorer* ★ een gekleurde versie *une version dénaturée / tendancieuse* ▾ er gekleurd op staan *être dans le collimateur* **II** ON WW • kleur krijgen *se colorer*; *changer de couleur* • blozen *rougir*
kleurenblind *daltonien* [v: *daltonienne*]
kleurendruk ★ in ~ *(imprimé) en couleurs*
kleurenfilm *film* m *en couleurs*; ‹fotorolletje› *pellicule* v *couleurs*
kleurenfoto *photo* v *en couleurs*
kleurenscala *gamme* v *de couleurs*
kleurentelevisie *télé* v *(en) couleur* ★ ~ hebben *avoir une télévision en couleurs*; *avoir une télé couleur*
kleurig *coloré*; *multicolore*
kleurling *homme* m *de couleur* [v: *femme ...*]
kleurloos • *incolore*; FIG. *terne*; FIG. *fade* • neutraal *neutre*
kleurplaat *coloriage* m
kleurpotlood *crayon* m *de couleur*
kleurrijk • met veel kleur *coloré*; ‹bont› *multicolore*; *bigarré*; *haut en couleur*; ‹v. zaken› *coloré*; *chatoyant*; *pittoresque* • afwisselend ‹v. mensen› *haut en couleur*; ‹v. verhalen› *pittoresque*
kleurschakering *nuance* v; *teinte* v
kleurspoeling *coloration* v; *shampooing* m *colorant*
kleurstof ‹pigment› *pigment* m; *colorant* m
kleuter *petit* m [v: *petite*]
kleuterdagverblijf *crèche* v
kleuterklas *(classe* v*) maternelle*
kleuterleidster *maîtresse* v *d'école maternelle*
kleuterschool *(école* v*) maternelle*
kleutertijd *âge* m *préscolaire*
kleven I OV WW plakken op *coller* **II** ON WW blijven plakken *coller (***aan** *à)*; *s'attacher (***aan** *à)* ▾ er kleeft een bezwaar aan *il y a un inconvénient* ▾ er kleeft bloed aan zijn handen *il a du sang sur les mains*
kleverig *poisseux* [v: *poisseuse*]; *collant*; *gluant*; ‹stroperig› *visqueux* [v: *visqueuse*]
kliederboel *barbouillage* m
kliederen • morsen *faire des saletés* • kladderen *barbouiller* • kladden *barbouiller*
kliek • etensrestjes *restes* m mv; INFORM. *rabiot* m • groep *clan* m; *bande* v; *clique* v
klier • orgaan *glande* v • akelig persoon *emmerdeur* m [v: *emmerdeuse*]
klieren *être enquiquinant*; *emmerder le monde*
klieven *fendre*
klif *falaise* v; *récif* m
klik *clic* m
klikken I ON WW • geluid maken *cliqueter*; *faire clic(-clac)* • COMP. aanklikken ‹bij een computer› *cliquer (***op** *sur)* • verklappen *rapporter*; *moucharder* **II** ONP WW goed contact hebben *coller* ★ het klikte meteen tussen hen *ils ont tout de suite sympathisé*; *le courant passait entre eux*
klikspaan *rapporteur* m [v: *rapporteuse*]
klim *montée* v
klimaat OOK FIG. *climat* m
klimaatregeling *climatisation* v
klimaatverandering *changement* m *climatique*
klimatiseren *climatiser*
klimatologie *climatologie* v
klimatologisch *climatique*
klimatoloog *climatologue* m/v
klimmen • klauteren *grimper (***in** *à, sur)*; *monter sur* ★ uit het raam ~ *passer par la fenêtre* ★ ~ op/over *escalader* • toenemen *monter*; *grimper* ★ met het ~ der jaren *avec l'âge*; *en vieillissant*
klimmer *grimpeur* m [v: *grimpeuse*]; ‹bergsport› *alpiniste* m/v
klimop *lierre* m
klimpartij *grimpée* v; ‹geklauter› *escalade* v
klimplant *plante* v *grimpante*
klimrek *échelle* v *murale*; ‹wandrek› *espalier* m; ‹in speeltuin› *cage* v *à écureuils*
klimwand *mur* m *d'escalade*
kling *lame* v ▾ over de ~ jagen *passer au fil de l'épée*
klingelen *tintinnabuler*
kliniek *clinique* v
klinisch • *clinique*; FIG. *froid* ★ ~ dood *cliniquement mort* • met betrekking tot kliniek *clinique* • kil *froid*
klink *loquet* m; *poignée* v; ‹pal› *clenche* v
klinken I OV WW vastmaken *riveter*; OOK FIG. *river* **II** ON WW • geluid maken *sonner*; ‹weerklinken› *résonner*; ‹weerklinken› *retentir* ★ hol ~ *sonner creux* ★ goed ~ *sonner bien*; FIG. *avoir l'air bien* ★ een Frans ~de naam *un nom à consonance française* • toosten *trinquer (***op** *à)* ▾ dat klinkt me vreemd in de oren *cela me paraît bizarre* ▾ een ~de naam *un nom prestigieux* ▾ een ~de zege *une victoire éclatante*
klinker • TAALK. *voyelle* v • baksteen *brique* v
klinkklaar *pur (et simple)* ★ dat is klinkklare onzin *cela ne rime à rien*
klinknagel *rivet* m
klip OOK FIG. *écueil* m ★ een klip omzeilen OOK FIG. *éviter un écueil* ★ op de klippen lopen *donner sur les écueils*; *échouer* ▾ klip en klaar *clair et net* ▾ tegen de klippen op *comme ce n'est pas permis* ▾ klip en klaar *clair et net*
klipper *clipper* m

kl

klit • plant *bardane* v • knoop *nœud* m • persoon *pot* m *de colle*; *crampon* m

klitten • in de war zitten *s'emmêler* • kleven/hangen *être collant* ★ aan elkaar ~ *être comme cul et chemise* ★ aan iem. ~ *être pendu aux basques de qn* ★ bij elkaar ~ *faire bande à part*

klittenband *autoagrippant* m [mv: *autoagrippants*]; *Velcro* m

klodder ⟨klad⟩ *tache* v; ⟨spat⟩ *éclaboussure* v

klodderen • knoeien *barbouiller* • slecht schilderen *barbouiller*

kloek I ZN [de] *poule* v **II** BNW • kordaat *vaillant*; *ferme* ★ een ~ besluit *une décision énergique / ferme* • fors, flink *grand*; *robuste*

kloffie • plunje *fringues* v mv • pak *costard* m

klojo *cloche* v

klok • uurwerk ⟨groot⟩ *horloge* v; *pendule* v ★ staande klok *horloge à gaine* ★ de klok rond slapen *faire le tour du cadran* ★ de klok slaat tien uur *dix heures sonnent* • bel *cloche* v • meter *compteur* m; ⟨veilingklok⟩ *cadran* m ▾ hij is een man van de klok *il est réglé comme une horloge* ▾ hij heeft de klok horen luiden, maar weet niet waar de klepel hangt ≈ *il n'a entendu qu'un son* ▾ iets aan de grote klok hangen *mettre qc au grand jour*; *crier qc sur les toits* ▾ de klok achteruit zetten *revenir en arrière* ▾ het is al ... wat de klok slaat *c'est ... par-ci ... par-là* ▾ dat klinkt als een klok *c'est épatant* ▾ biologische klok *horloge biologique* ▾ op de klok af *montre en main* ▾ daar kun je de klok op gelijkzetten *cela arrive immanquablement*

klokgelui *tintement* m; *sonnerie* v

klokhuis *trognon* m; *cœur* m

klokje *campanule* v; *cloche(tte)* v

klokken • geluid maken ⟨v. kalkoen/vloeistof⟩ *glouglouter*; ⟨v. kip⟩ *glousser* • tijd vastleggen *chronométrer*; ⟨met prikklok⟩ *pointer*

klokkenluider *sonneur* m; OOK FIG. *carillonneur* m

klokkenstoel *chaise* v; ⟨galg⟩ *mouton* m

klokkentoren *clocher* m

klokkijken *regarder l'heure*

klokradio *radio-réveil* m [mv: *radios-réveils*]

klokslag *coup* m *de cloche* ★ ~ acht uur *à huit heures pile / sonnantes / tapantes*; *sur le coup de huit heures*

klomp • houten schoen *sabot* m • brok *masse* v; ⟨kluit⟩ *motte* v; ⟨deeg⟩ *boulette* v; ⟨goud⟩ *pépite* v ▾ nu breekt mijn ~ *je suis stupéfait*; *ça alors* ▾ dat kun je op je ~en aanvoelen *c'est cousu de fil blanc*

klompvoet *pied* m *bot*

klonen *cloner* ★ het ~ *le clonage*

klont *morceau* m [mv: *morceaux*]; *grumeau* m [mv: *grumeaux*]

klonter *grumeau* m [mv: *grumeaux*]; ⟨bloed⟩ *caillot* m

klonteren ⟨v. pap⟩ *se grumeler*; ⟨v. melk⟩ *se cailler*; ⟨v. bloed⟩ *se coaguler*

klonterig *grumeleux* [v: *grumeleuse*]; *caillé*

klontje *noisette* v; ⟨suiker⟩ *morceau* m *de sucre* [m mv: *morceaux* ...] ▾ zo klaar als een ~ *clair comme de l'eau de roche / comme deux et deux font quatre*

kloof • spleet *fente* v; ⟨ravijn⟩ *crevasse* v; ⟨barst⟩ *fissure* v • verwijdering *abîme* m **(tussen** *entre)* ★ er gaapt een ~ tussen hen *un abîme les sépare*

klooien • hannesen *patauger* • lummelen *fainéanter* • klieren *être rasant*

kloon *clone* m

klooster *couvent* m; *cloître* m; *monastère* m

kloosterling *religieux* m [v: *religieuse*]; *moine* m [v: *moniale*]

kloosterorde *ordre* m *religieux / monastique*

kloot *couille* v ▾ naar de kloten gaan *être foutu* ▾ naar de kloten *foutu*

klootjesvolk *populo* m; *populace* v

klootzak *con* m

klop • doffe tik ★ klop! klop! *toc! toc!* • *coup* m; ⟨klopje⟩ *tape* v ▾ klop krijgen *être battu*

klopboor *perceuse* v *à percussion*

klopgeest *esprit* m *frappeur*

klopjacht *battue* v ★ een ~ houden op *traquer*

kloppartij *bagarre* v

kloppen I OV WW • slaan ⟨bonzen⟩ *battre*; ⟨v. kleed⟩ *secouer*; ⟨stukslaan⟩ *casser*; ⟨klutsen⟩ *battre*; *fouetter* • verslaan *battre* **II** ON WW • een klop geven *frapper*; ⟨hard⟩ *cogner*; ⟨zacht⟩ *taper*; ⟨v. motor⟩ *cogner* ★ op de deur ~ *frapper à la porte* • slaan van hart *battre*; *palpiter* • overeenstemmen *concorder* **(met** *avec)*; *cadrer* **(met** *avec)*; ⟨juist zijn⟩ *être juste / exact*; ⟨v. rekening⟩ *être bon* ★ er klopt iets niet *il y a qc qui ne colle pas / qui ne va pas / qui ne tourne pas rond* ★ dat klopt niet *le compte n'y est pas* ▾ dat klopt als een bus *il n'y a rien à redire*; *c'est pile-poil*

klopper *h̲eurtoir* m; *marteau* m [mv: *marteaux*]

klos *bobine* v; ⟨bij het spinnen⟩ *fuseau* m [mv: *fuseaux*] ▾ de klos zijn *être le dindon de la farce*; *trinquer*

klossen *marcher à pas lourds*

klote *con* [v: *conne*] ▾ zich ~ voelen *être mal fichu*

klote- *foutu*; *sale*; *de merde*

klotsen *clapoter*

kloven ⟨v. diamant⟩ *cliver*; *fendre*; ⟨v. huid⟩ *gercer*

klucht • blijspel *farce* v • FIG. schertsvertoning *farce* v

kluchtig *bouffon* [v: *bouffonne*]; *drôle*; *comique*

kluif • bot met vlees *os* m *à ronger* • FIG. karwei *os* m *à ronger*

kluis *coffre* m; *coffre-fort* m [mv: *coffres-forts*]; ⟨in een bank⟩ *chambre* v *forte*; ⟨voor bagage⟩ *consigne* v *automatique*

kluisteren *enchaîner* ★ aan bed gekluisterd zijn *être cloué au lit*

kluit • klont *motte* v • groepje *tas* m ★ op een ~je *les uns sur les autres* ▾ flink uit de ~en gewassen *costaud* ▾ met een ~je in het riet sturen *envoyer promener*

kluiven *ronger* ★ ~ aan een bot *ronger un os*

kluizenaar *ermite* m

klungel *empoté* m; *maladroit* m

klungelen *s'y prendre mal*

klungelig I BNW *godiche*; *empoté* **II** BIJW *de manière godiche*

kluns *empoté* m; *maladroit* m
klunzen *s'y prendre mal*
klunzig *godiche*; *empoté*
klus *(gros) travail* m; ⟨vervelend⟩ *besogne* v; ⟨vervelend⟩ *boulot* m ★ dat is een hele klus *c'est toute une affaire*
klusjesman *homme* m *à tout faire*
klussen • repareren *bricoler* • zwart bijverdienen *travailler au noir* • *bricoler*; ⟨bijverdienen⟩ *arrondir ses fins de mois*
kluts ▾ de ~ kwijtraken *perdre les pédales*
klutsen *battre*
kluwen • verward draad *pelote* v • verwarde opeenhoping *pêle-mêle* m
klysma *lavement* m
km *km* m ⟨kilomètre⟩
knaagdier *rongeur* m
knaap • jongen *garçon* m; INFORM. *gars* m • kanjer *monstre* m
knaapje *cintre* m
knabbelen *grignoter* ★ ~ aan / op *grignoter*
knagen • bijten *ronger* ★ ~ aan *ronger* • kwellen *ronger*
knak • geluid *craquement* m; *crac* m • knik *brisure* v • verzwakking *coup* m
knakken *craquer*
knakworst *saucisse* v *de Francfort*
knal • slag *coup* m • geluid *explosion* v; *coup* m; ⟨v. vuurwapen⟩ *détonation* v
knal- ⟨v. kleur⟩ *vif*; ⟨v. kleur⟩ *éclatant* ★ knalgeel *jaune vif* ★ knalgroen *vert perroquet / cru* ★ knalrood *rouge vif / flamboyant*; *rouge coquelicot* ★ knalroze *rose bonbon*
knalkurk *bouchon* m *fulminant*
knallen • een knal geven *péter*; ⟨ontploffen⟩ *détoner*; ⟨v. zweep⟩ *claquer*; ⟨v. kurk⟩ *sauter* • botsen *cogner* ★ ~ tegen *rentrer dans*; *heurter*
knaller *succès* m *fou*; *bombe* v
knalpot *pot* m *d'échappement*; *silencieux* m
knap **I** BNW • goed uitziend *bien fait*; *joli*; *beau* [m mv: *beaux*] [v: *belle*] [vóór klinker of stomme h: bel] ★ een knappe jongen *un beau garçon* • intelligent *intelligent*; ⟨begaafd⟩ *doué*; ⟨geleerd⟩ *savant*; ⟨bekwaam (in)⟩ *habile (à)*; ⟨bekwaam (in)⟩ *fort (en)*; ⟨bekwaam (in)⟩ INFORM. *calé (en)* ★ een knappe kop *un cerveau* ★ knap werk! *du beau travail!*; INFORM. *bravo l'artiste!* **II** BIJW nogal *plutôt*
knappen • breken *craquer* • geluid geven *craqueter*; ⟨v. vuur⟩ *crépiter*
knapperd • mooi mens *bel homme* m; *beauté* v • schrander mens *tête* v; *cerveau* m
knapperen *craqueter*; ⟨v. vuur⟩ *pétiller*
knapperig *croustillant*
knapzak *havresac* m; *musette* v
knar ⟨oudje⟩ *vioque* m/v; *vieux chnoque* m
knarsen *grincer*; *crisser*
knarsetanden *grincer des dents*
knauw *coup* m *de dents* ★ een lelijke ~ krijgen *en prendre un sale coup*
knauwen • stevig kauwen *ronger* • woorden afbijten *manger ses mots*
knecht *valet* m; *domestique* m; ⟨in winkel⟩ *garçon* m
knechten *asservir*
kneden *pétrir*; FIG. *façonner*
kneedbaar OOK FIG. *malléable*
kneedbom *(bombe* v *au) plastic*
kneep • het knijpen *pincement* m; ⟨indruk⟩ *pinçon* m • handigheidje *truc* m; *combine* v ★ daar zit hem de ~ *voilà le nœud de l'affaire* ★ de ~jes van het vak *les ficelles du métier*
knel ★ in de knel zitten *être dans l'embarras* ★ in de knel komen/raken *être compromis* ★ (in de) knel zitten *être coincé*
knellen **I** OV WW stevig drukken *serrer* **II** ON WW klemmen *gêner*; *serrer*
knelpunt ⟨bottleneck⟩ *goulot* m / *goulet* m *d'étranglement*; ⟨opstopping⟩ *bouchon* m; ⟨moeilijkheid⟩ *point* m *chaud*
knerpen *grincer*
knersen *grincer*; *crisser*
knetteren *pétiller*; *crépiter*; *grésiller*; ⟨v. motor⟩ *pétarader*; ⟨v. geluidsapparatuur⟩ *crachoter*
knettergek *fou à lier* [v: *folle* ...]
kneus *raté* m
kneuterig • knus *douillet* [v: *douillette*]; ⟨huiselijk⟩ *popote* • benepen *mesquin*
kneuzen *meurtrir*; ⟨kwetsen⟩ *froisser*; MED. *contusionner*
kneuzing *meurtrissure* v; MED. *contusion* v ★ een inwendige ~ *une lésion interne*
knevel *moustache* v
knevelen • binden, boeien *ligoter*; *garrotter* • onderdrukken *bâillonner* • OOK FIG. *garrotter*; ⟨mond snoeren⟩ OOK FIG. *bâillonner*; ⟨muilkorven⟩ *museler*
knibbelen *lésiner (op sur)*
knickerbocker *knickers* m mv
knie • gewricht *genou* m [mv: *genoux*] ★ op de knieën *à genoux*; *sur les genoux* • kromming *coude* m; *jarret* m ▾ iets onder de knie hebben *maîtriser qc* ▾ door de knieën gaan (voor) *céder (à)* ▾ over de knie leggen *donner une fessée à*
knieband *ligament* m *(rotulien)*
kniebeschermer *genouillère* v
kniebuiging *flexion* v *des genoux*; ⟨knieval⟩ *génuflexion* v
knieholte *creux* m *du genou*; *jarret* m
kniekous *mi-bas* m [onv]
knielen *se mettre à genoux*; *s'agenouiller*
kniereflex *réflexe* m *rotulien*
knieschijf *rotule* v
kniesoor *rabat-joie* m [onv]; *pisse-froid* m [onv]
kniestuk ⟨lap⟩ *genouillère* v; ⟨in buis⟩ *coude* m
knietje • geblesseerde knie *blessure* v *au genou* • stoot met knie *coup* m *de genou*
knieval *génuflexion* v; *prosternation* v ★ een ~ doen voor *tomber aux genoux de*; *se prosterner devant*; OOK FIG. *s'agenouiller devant*
kniezen *broyer du noir*; ⟨mokken⟩ *bouder*
knijpen • drukken *serrer*; ⟨in vel⟩ *pincer* ★ iem. in de wang ~ *pincer la joue de qn* • beknibbelen *ronger (op sur)* ▾ 'm ~ *avoir la trouille* ▾ er tussenuit ~ *filer (en douce)*; *s'éclipser* ▾ het knijpt *ça pince dur*
knijper *pince* v; ⟨voor was⟩ *pince* v *à linge*

kn

knijpkat *torche* v *dynamo*
knik • breuk *brisure* v • kromming *coude* m • hoofdbuiging *signe* m *de tête*; *mouvement* m *de la tête*
knikkebollen *dodeliner de la tête*
knikken I OV WW knakken *fléchir* ★ geknikte boord *col* m *cassé* **II** ON WW • buigen *fléchir* ★ met ~de knieën *(ayant) les jambes qui flageolent* • hoofdbeweging maken *faire un signe de tête* ★ ja ~ *faire signe que oui*; *approuver / hocher / faire oui de la tête*; *opiner du bonnet*
knikker • stuiter *bille* v • hoofd ★ kale ~ *bille* v *de billard*
knikkeren *jouer aux billes* ▾ iem. er uit ~ *virer qn*
knip • knippend geluid ⟨met schaar⟩ *coup* m *de ciseaux*; ⟨met vingers⟩ *chiquenaude* v • geknipte opening *trou* m • grendeltje ⟨schuifje⟩ *verrou* m [mv: *verroux*]; *targette* ★ de deur op de knip doen *verrouiller la porte* • beugelklem *fermoir* m ▾ hij is geen knip voor de neus waard *il ne vaut pas un clou*
knipkaart ≈ *carte* v *d'abonnement*
knipmes *canif* m ▾ buigen als een ~ (voor iemand) *faire des courbettes (à / devant qn)*
knipogen *cligner des yeux* ★ naar iem. ~ *faire un clin d'œil à qn*
knipoog *clin* m *d'œil* ★ iem. een ~ geven *faire un clin d'œil à qn*
knippen I OV WW in-/afknippen *couper*; ⟨v. stof⟩ *tailler*; ⟨v. kaartje⟩ *poinçonner*; ⟨snoeien⟩ *tailler* ★ zijn haar heel kort laten ~ *se faire tondre*; *se faire couper les cheveux de près* ★ zijn nagels ~ *se couper les ongles* **II** ON WW • snijden *couper* • oogbeweging maken *cligner (des yeux)* • geluid maken ⟨met de vingers⟩ *claquer (les doigts)*
knipperen ⟨v. licht/ogen⟩ *clignoter*; ⟨met koplampen⟩ *faire des appels de phares* ★ met de ogen ~ *battre des paupières*; *clignoter (des yeux)*; FIG. *en rester baba* ▾ zonder met zijn ogen te ~ *sans broncher*
knipperlicht *(feu* m*) clignotant* m [mv: *(feux) clignotants*]
knipsel • wat uitgeknipt is *rognures* v mv *de papier* • uitgeknipt bericht *coupure* v
knipseldienst *agence* v *de coupures de presse*
kniptang ⟨voor kaartjes⟩ *poinçonneuse* v
knisperen *grésiller*
kno-arts ⟨oto-rhino-laryngologiste⟩ *ORL* m/v; INFORM. *oto-rhino* m/v
knobbel • verdikking *bosse* v; BIOL. *tubercule* m; MED. *nodule* v ★ een ~tje in de borst *une grosseur au sein* • natuurlijke aanleg *bosse (voor de)* v
knobbelig *noueux* [v: *noueuse*]
knock-out I ZN [de] *knock-out* m [onv]; *K.-O.* m [onv] **II** BNW ★ iem. ~ slaan *mettre qn K.-O.*
knoedel *pelote* v
knoei ▾ in de ~ zitten *être dans le pétrin*
knoeiboel *gâchis* m
knoeien • morsen *barbouiller*; *faire des saletés* • slordig bezig zijn *faire du bousillage*; ⟨rommelen⟩ *bricoler* • bedrog plegen *tripoter*; *magouiller*
knoeier • prutser *bousilleur* m [v: *bousilleuse*]; ⟨beunhaas⟩ *bricoleur* m [v: *bricoleuse*] • bedrieger *magouilleur* m [v: *magouilleuse*]
knoeipot *barbouilleur* m [v: *barbouilleuse*]
knoeiwerk *bousillage* m; *travail* m *bâclé*
knoest *nœud* m
knoet • gesel *knout* m • haarknot *chignon* m ▾ de ~ erover leggen *employer la manière forte*
knoflook *ail* m ★ een rist / bolletje / teentje ~ *une tierse / tête / gousse d'ail*
knoflookpers *presse-ail* m [onver.]
knoflooksaus *sauce* v *à l'ail*
knokig *osseux* [v: *osseuse*]
knokkel *jointure* v
knokken *se bagarrer*
knokpartij *bagarre* v
knokploeg *hommes* m mv *de main* [mv]; *commando* m
knol • worteldeel *tubercule* m • raap *navet* m • paard *canasson* m ▾ iem. knollen voor citroenen verkopen *rouler qn dans la farine*
knolgewas *plante* v *tubéreuse*
knollentuin ▾ in zijn ~ zijn *boire du petit-lait*
knolraap *chou-rave* m [mv: *choux-raves*]
knolselderie *céleri-rave* m
knoop • dichtgetrokken strik *nœud* m ★ een ~ leggen / losmaken *faire / défaire un nœud* ★ in de ~ raken *s'enchevêtrer*; *s'emberlificoter* ★ uit de ~ halen *démêler* • sluiting *bouton* m • SCHEEPV. *nœud* m ★ vijftien knopen lopen *filer quinze nœuds* ▾ de ~ doorhakken *trancher*
knoopbatterij *pile* v *bouton*
knooppunt ⟨v. wegen⟩ *nœud* m; ⟨spil⟩ *plaque* v *tournante*
knoopsgat *boutonnière* v
knop • schakelaar *bouton* m ★ de knop omdraaien *ouvrir / fermer le bouton* ★ met een druk op de knop *en appuyant sur le bouton* • uitsteeksel *bouton* m; ⟨sierknop⟩ *pomme* m • PLANTK. ⟨v. bloem⟩ *bouton* m; ⟨v. boom/plant⟩ *bourgeon* m ★ knoppen krijgen *bourgeonner* ★ in de knop *en bouton(s)*; FIG. *en herbe* ▾ naar de knoppen *foutu*
knopen • een knoop leggen *nouer*; *faire un nœud (in à)* • dichtknopen *boutonner*
knorren *grogner*
knorrepot *ronchon* m [v: *ronchonne*]
knorrig I BNW *grognon* [v: *grognonne*] **II** BIJW *d'un ton bourru*; *d'un air grognon*
knot • kluwen *pelote* v • haarknot *chignon* m
knots I ZN [de] • knuppel *massue* v; *casse-tête* m [onv]; ⟨bij gymnastiek⟩ *mil* m • joekel *monstre* m **II** BNW *dingue*
knotten • van top ontdoen *écimer*; *étêter*; ⟨v. kegel⟩ *tronquer* • inperken *rabattre*
knotwilg *saule* m *ravalé*; *(saule* m*) têtard* m
knowhow *savoir-faire* m
knudde *nul*; *de la gnognote*
knuffel • liefkozing *câlin* m • speelgoedbeest *peluche* v; ⟨beer⟩ *nounours* m
knuffelbeest *animal* m *en peluche* [m mv: *animaux …*]
knuffelen *faire des câlins (à)*

kn

knuist *patte* v; ⟨klein⟩ *menotte* v; ⟨vuist⟩ *poing* m
knul *gars* m
knullig *godiche*
knuppel • korte stok *matraque* v; *gourdin* m; ⟨slaghout⟩ *batte* v • stuurstang *manche* m • klungel *pataud* m; *empoté* m ▾ de ~ in het hoenderhok gooien *jeter le pavé dans la mare*
knuppelen *matraquer* ★ dood~ *tuer à coups de matraque*
knus *douillet* [v: *douillette*]; ⟨gezellig⟩ *agréable*
knutselaar *bricoleur* m [v: *bricoleuse*]
knutselen *bricoler*
knutselwerk *bricolage* m
koala *koala* m
kobalt *cobalt* m; ⟨kleur⟩ *bleu* m *(de) cobalt*
koddig I BNW *drôle*; *comique*; *bouffon* [v: *bouffonne*] II BIJW *comiquement*
koe *vache* v ▾ oude koeien uit de sloot halen *remuer le passé* ▾ de koe bij de hoorns vatten *prendre le taureau par les cornes* ▾ je weet nooit hoe een koe een haas vangt *il ne faut jurer de rien* ▾ over koetjes en kalfjes praten *parler de la pluie et du beau temps* ▾ heilige koe *vache sacrée*; FIG. *chose sacrée* ▾ koeien van fouten *enormités* v mv
koehandel *marchandage* m
koeienmelk *lait* m *de vache*
koeioneren *houspiller*; *malmener*
koek • CUL. gebak *gâteau* m [mv: *gâteaux*] ★ koekje *petit gateau* m • dikke massa *croûte* v; *masse* v ▾ iets voor zoete koek slikken *avaler/gober qc* ▾ het is koek en ei tussen hen *ils sont comme les deux doigts de la main* ▾ dat is andere koek *c'est une autre paire de manches* ▾ dat is gesneden koek voor jou *c'est du gâteau pour toi* ▾ dat gaat erin als koek *ça passe comme une lettre à la poste* ▾ oude koek *du réchauffé* ▾ zijn deel van de koek krijgen *avoir sa part du gâteau*
koekeloeren *bigler*; *épier*; *reluquer*
koekenbakker *bricoleur* m; *bousilleur* m
koekenpan *sauteuse* v; *poêle* v *(à frire)*
koekje *(petit) gâteau* m *sec* [m mv: *gâteaux ...*]; *biscuit* m ▾ iem. een ~ van eigen deeg geven *rendre à qn la monnaie de sa pièce*
koekjestrommel *boîte* v *à biscuits*
koekoek • vogel *coucou* m *(gris)* • dakkapel *lucarne* v ▾ dat haal je de ~! *tu parles!*
koekoeksklok *coucou* m
koel I BNW • fris *frais* [v: *fraîche*] ★ koel bewaren *craint la chaleur*; *tenir au frais* ★ koele drank *boisson affraîchissante* • niet hartelijk *froid* II BIJW *froidement* ★ het hoofd koel houden *garder son sang-froid*
koelbloedig I BNW *froid*; *impassible* II BIJW *de / avec sang-froid*
koelbox *glacière* v
koelcel *chambre* v *frigorifique*
koelen • koel maken ⟨v. waren⟩ *réfrigérer*; ⟨afkoelen⟩ *rafraîchir*; ⟨afkoelen⟩ *refroidir*; ⟨v. drank⟩ *frapper* • afreageren *décharger*; *assouvir* ★ zijn woede ~ op *assouvir sa colère sur*
koeler *refroidisseur* m; *réfrigérant* m; ⟨ijsemmer⟩ *seau* m *à champagne* [m mv: *seaux ...*]
koelhuis *entrepôt* m *frigorifique*
koelie *coolie* m; FIG. *tâcheron* m
koeling *refroidissement* m; *réfrigération* v
koelkast *frigidaire* m; *réfrigérateur* m; INFORM. *frigo* m
koelmiddel *fluide* m *frigorigène*
koelruimte *frigorifère* m
koeltas *sac* m *isotherme*
koelte *fraîcheur* v; *frais* m
koeltjes *frisquet* [v: *frisquette*]; FIG. *froidement*
koelvitrine *vitrine* v *réfrigérée*
koelvloeistof *liquide* m *de refroidissement*
koelwagen *camion* m *frigorifique*
koen *intrépide*; *vaillant*
koepel *coupole* v; *dôme* m; ⟨geschutskoepel⟩ *tourelle* v
koepelkerk *église* v *à coupole*
koepelorganisatie *organisme* m *coordonnateur / de chapeautage*
koer *cour* v
koeren *roucouler* ★ het ~ *le roucoulement*
koerier *courrier* m
koeriersdienst *(service* m *de) messageries* v mv
koers • richting *direction* v; *route* v; ⟨gedragslijn⟩ *ligne* v ★ ~ zetten naar *mettre le cap sur* ★ uit de ~ raken *dévier* ★ ~ houden *tenir son cap* ★ de ~ verleggen OOK FIG. *changer de cap / d'orientation* • wisselwaarde *cours* m ★ hoe hoog is de ~ van ...? *à quel prix est coté ...?* ★ tegen een ~ van *au cours de* • snelheidswedstrijd *course* v ▾ een harde ~ volgen *suivre une ligne dure*
koerscorrectie *correction* v *de route*
koersdaling *baisse* v *des cours*
koersen • SPORT *courir* • varen *naviguer* ★ ~ naar *se diriger vers*
koersindex *indice* m *des cours*
koersnotering *cotation* v; ⟨waarde⟩ *cote* v
koest I BNW ★ zich ~ houden *se tenir coi* [v: ... *coite*] II TW *tout beau!*; ⟨tegen hond⟩ *couché!*
koesteren • verwarmen *réchauffer* ★ zich ~ in de zon *se chauffer au soleil* • in zich hebben *avoir*; *caresser*; *nourrir* ★ hoop ~ *caresser / nourrir l'espoir* ★ argwaan ~ *se méfier*
koeterwaals *baragouin* m; *charabia* m
koets *carrosse* m
koetshuis ≈ *remise* v
koetsier *cocher* m
koevoet *pied-de-biche* m [mv: *pieds-de-biche*]; ⟨v. inbreker⟩ *pince-monseigneur* v [mv: *pinces-monseigneur*]
Koeweit *le Koweït* ★ in ~ *au Koweït*
koffer *valise* v; ⟨groot⟩ *malle* v ★ zijn ~s pakken *faire ses valises*
kofferbak *coffre* m
koffie • drank *café* m ★ ~ zetten *faire du café* ★ ~ drinken *prendre le café* ★ zwarte ~ *café noir* ★ ~ met melk *café crème* ★ ~ verkeerd *café au lait* • koffiebonen *café* m ★ ongemalen ~ *café en grains* ▾ dat is geen zuivere ~ *il y a qc de pas net là-dedans*; *c'est un peu louche*
koffieautomaat *distributeur* m *de café*
koffieboon *grain* m *de café*
koffiedik *marc* m *de café* ▾ dat is zo helder als

~ *c'est la bouteille à l'encre* ▾ ik kan geen ~ kijken *je ne suis pas devin*
koffiedikkijker ≈ *augure* m
koffiefilter *filtre* m *à café*
koffiehuis *café* m
koffiejuffrouw ≈ *serveuse* v
koffiekamer *foyer* m
koffiemelk ≈ *lait* m *concentré*
koffiemolen *moulin* m *à café*
koffiepad (zeg: ped) *dosette* v *(de) café*
koffiepauze *pause-café* v [mv: *pauses-café*]
koffiepot *cafetière* v
koffieshop *coffeeshop* m; ≈ *cafétaria* v
koffietafel ≈ *repas* m *de sandwichs*
koffiezetapparaat *cafetière* v *(électrique)*; ⟨percolator⟩ *percolateur* m
kogel • metalen bol *bille* v • projectiel *balle* v; ⟨v. kanon⟩ *boulet* m ▾ de ~ is door de kerk *le sort en est jeté* ▾ de ~ krijgen *être fusillé*
kogellager *roulement* m *à billes*
kogelrond *sphérique*
kogelstoten *lancement* m *du poids*
kogelvrij *pare-balles* [onv] ★ ~ vest *gilet* m *pare-balles*
kok *cuisinier* m ▾ het zijn niet allen koks die lange messen dragen *l'habit ne fait pas le moine*
koken I OV WW • laten koken ★ soep ~ *faire de la soupe* • voedsel bereiden ★ soep ~ *faire de la soupe* • ⟨v. vloeistof⟩ *faire bouillir*; ⟨v. eten⟩ *(faire) cuire* **II** ON WW • ⟨v. vloeistof⟩ *bouillir*; ⟨v. eten⟩ *cuire* ★ zachtjes laten ~ *faire mijoter*; *faire mitonner* • voedsel bereiden *faire la cuisine* ★ hij kan goed ~ *il est bon cuisinier* • woest zijn *bouillir* ★ zijn bloed kookte *son sang bouillait*
kokendheet *bouillant*
koker • houder, huls *étui* m; *fourreau* m [mv: *fourreaux*]; *gaine* v; *manchon* m • buis *tuyau* m [mv: *tuyaux*]; *tube* m; ⟨schacht⟩ *cage* v ▾ uit wiens ~ komt dat? *qui a inventé cela?*
koket I BNW *coquet* [v: *coquette*] **II** BIJW *coquettement*
koketteren *faire du charme*; *minauder*; ⟨flirten (met)⟩ *flirter (avec)*; ⟨pronken (met)⟩ *faire du genre (avec)*
kokhalzen *avoir des haut-le-cœur*; ⟨walgen⟩ *être écœuré de*
kokkerellen *cuisiner (de bons petits plats)*
kokkin *cuisinière* v
kokmeeuw *mouette* v *rieuse*
kokos • vruchtvlees *(noix* v *de) coco* m • vezel *(fibre* v*) de coco* m
kokosmat *paillasson* m *en coco*
kokosmelk *lait* m *de coco*
kokosnoot *noix* v *de coco*
kokospalm *cocotier* m
koksmaat *aide-cuisinier* m [mv: *aides-cuisiniers*]
koksmuts *toque* v *blanche*
koksschool *école* v *hôtelière*
kolder *loufoquerie* v ▾ de ~ in de kop hebben *faire sa crise*
kolenboer *charbonnier* m
kolendamp *(mon)oxyde* m *de carbone*
kolenmijn *houillère* v
kolere • → **klere**
kolf • fles *cornue* v; ⟨bol⟩ *ballon* m • PLANTK. *épi* m ▾ dat is een kolfje naar mijn hand *ça me va comme un gant*; INFORM. *c'est mon truc*
kolibrie *colibri* m
koliek *colique* v
kolk • draaikolk *tourbillon* m • sluisruimte *chambre* v *(d'écluse)*
kolken *tourbillonner*
kolom • pilaar *colonne* v • vak met tekst/cijfers *colonne* v
kolonel *colonel* m
koloniaal I ZN [de] *colonial* m [mv: *coloniaux*] **II** BNW *colonial* [m mv: *coloniaux*]
kolonialisme *colonialisme* m
kolonialistisch *colonialiste*
kolonie *colonie* v
kolonisatie *colonisation* v
kolonisator *colonisateur* m
koloniseren *coloniser*
kolonist *colon* m
kolos *colosse* m
kolossaal I BNW *colossal* [m mv: *colossaux*] **II** BIJW *énormément*
kolven ⟨v. moedermelk⟩ *tirer le lait*
kom • bak, schaal *saladier* m; *jatte* v; ⟨kopje⟩ *bol* m; ⟨viskom⟩ *bocal* m [mv: *bocaux*] • deel van gemeente ★ bebouwde kom *agglomération* v • gewrichtsholte ★ mijn arm is uit de kom geschoten *mon bras s'est disloqué*; *je me suis déboîté l'épaule*
komaan *allons!*; *voyons!*
komaf *origine* v
kombuis *coquerie* v
komediant • acteur *comédien* m [v: *comédienne*] • aansteller *comédien* m [v: *comédienne*]
komedie OOK FIG. *comédie* ★ ~ spelen *jouer la comédie*
komeet *comète* v
komen • zich begeven *venir*; ⟨gaan⟩ *aller* ★ dichter bij iets ~ *s'approcher de qc* ★ boven ~ *monter* ★ kom hier! *viens (ici)!*; INFORM. *amène-toi!* ★ hij kwam aan tafel zitten *il est venu s'installer à table* ★ laten ~ *faire venir* ★ uit het huis ~ *sortir de la maison* ★ ik kom van huis *je viens de chez moi* ★ bij elkaar ~ *se (re)joindre*; *se rencontrer* ★ in bepaalde kringen ~ *fréquenter certains milieux* ★ komt u ook? *serez-vous des nôtres / de la partie?* ★ A komt voor B *A précède B* • aankomen *arriver* ★ ik kom de boeken afhalen *je viens chercher les livres* ★ daar komt hij *le voilà (qui arrive)* • afkomstig zijn *venir (***uit** *de)*; ⟨v. zaken⟩ *(pro)venir (***uit** *de)* • in genoemde toestand raken ★ er ~ *y arriver* ★ erin ~ *entrer*; *se roder* ★ eruit ~ *s'en sortir* ★ daarmee ~ we niet veel verder *cela ne nous avance guère* ★ erdoor ~ *passer* ★ dat komt wel goed *ça va s'arranger*; *ça ira* • gebeuren, beginnen *arriver*; *se produire* ★ er komt regen *il y aura de la pluie*; *nous aurons de la pluie* ★ daar komt niets van in *il n'en sera rien* ★ er is niets van ge~ *cela n'a mené à rien* ★ komt er nog wat van? *c'est pour aujourd'hui ou pour demain?*; INFORM. *accouche!* • veroorzaakt zijn ★ dat komt doordat *c'est (parce) que* ★ dat komt ervan

voilà ce que c'est ★ hoe komt dat? *comment ça se fait?* ★ hoe komt het dat... *comment se fait-il que ...* [+ subj.] ★ wat er ook van komt *advienne que pourra* ★ ~ van *résulter de* ★ dat komt ervan *voilà ce qui arrive / ce que c'est* • ~ **aan** ⟨aanraken⟩ *toucher à*; ⟨krijgen/vinden⟩ *trouver*; ⟨krijgen/vinden⟩ *se procurer* • ~ **achter** *découvrir* ★ achter de waarheid ~ *découvrir la vérité / le pot aux roses* • ~ **bij** *s'ajouter à* ★ daar komt nog bij dat *à cela s'ajoute que* ★ dat moest er nog bij ~! *il ne manquait plus que cela!* ★ hoe kom je erbij? *qu'est-ce qui te fait dire / penser cela?*; *qu'est-ce qui te prend?* • zich herinneren ~ **op** *se rappeler* ★ ik kan er niet op ~ *cela m'échappe*; *j'ai un trou de mémoire* • bedenken ~ **op** *penser à* • aanroeren ~ **op** *aborder* • bedragen ~ **op** *revenir à* • ~ **te** ★ ~ te vallen *tomber* • ~ **tot** *arriver à*; *parvenir à*; ⟨geraken⟩ *en venir à* ★ hij komt niet tot een besluit *il n'arrive pas à se décider* ★ tot zichzelf ~ *revenir à soi* ▾ hij komt er wel *il trouvera / fera son chemin* ▾ er is een tijd van ~ en er is een tijd van gaan *il n'y a si bonne compagnie qui ne se quitte* ▾ het ~ en gaan *le va-et-vient* ▾ op de tv ~ *passer à la télé* ▾ daar kan ik in ~ *ça, je le comprends*; *je m'imagine* ▾ kom daar nog eens om! *c'est du passé, hélas!*

komfoor *réchaud* m

komiek **I** ZN [de] *comique* m/v **II** BNW *comique* **III** BIJW *comiquement*

komijn *cumin* m

komijnekaas *fromage* m *au cumin*

komisch *comique*

komkommer *concombre* m

komkommertijd *morte-saison* v

komma *virgule* v

kommer *peine* v; *misère* v ▾ ~ en kwel *enchaînement* v *de malheurs*

kompas *boussole* v; SCHEEPV. *compas* m ▾ op iemands ~ varen *s'aligner sur qn*

kompasnaald *aiguille* v *(aimantée)*

kompres *compresse* v

komst *venue* v; *arrivée* v; REL. *avènement* m ★ op ~ zijn *(aller) arriver*; *être imminent / dans l'air*

komvormig *creux* [v: *creuse*]

konfijten *confire*

konijn *lapin* m [v: *lapine*]; ⟨jong⟩ *lapereau* m [mv: *lapereaux*]

konijnenhok *cage* v *à lapins*; *clapier* m

konijnenhol *terrier* m *de lapin*

koning *roi* m ▾ de Drie Koningen *les Rois mages* ▾ de ~ te rijk zijn *être heureux comme un roi*

koningin • vorstin *reine* v • schaakstuk *dame* v

koningin-moeder *reine* v *mère*

Koninginnedag *fête* v *de la reine*

konings- *royal* [m mv: *royaux*] ★ koningsarend *aigle* m *royal*

koningsblauw *bleu* m *roi*

koningschap *royauté* v

koningsgezind *royaliste*

koningshuis *maison* v *royale*

koninklijk **I** BNW van een vorstelijk persoon *royal* [m mv: *royaux*] **II** BIJW *royalement*

koninkrijk *royaume* m

konkelaar *magouilleur* m [v: *magouilleuse*]

konkelen *manigancer*; *manœuvrer*

konkelfoezen *chuchoter*

kont *cul* m ▾ de kont tegen de krib gooien *ruer dans les brancards* ▾ iem. een kontje geven *faire la courte échelle à qn*

kontlikker *lécheur* m [v: *lécheuse*]

kontzak *poche* v *arrière*; *poche-revolver* v

konvooi *convoi* m ★ in ~ *en convoi*

kooi • dierenhok *cage* v; ⟨v. schapen⟩ *bergerie* v • slaapplaats *couchette* v; INFORM. *pieu* m; ⟨eendenkooi⟩ *canardière* v

kooien *mettre en cage*

kook *ébullition* v ★ aan de kook brengen *faire bouillir* ▾ van de kook zijn *être décontenancé*

kookboek *livre* m *de cuisine*

kookkunst *cuisine* v; *art* m *culinaire*

kooknat *eau* v *de cuisson*

kookplaat *plaque* v *chauffante*; ⟨met meer branders⟩ *table* v *de cuisson*

kookpot *marmite* v

kookpunt *point* m *d'ébullition*

kookwekker *minuteur* m

kool • CUL. groente *chou* m [mv: *choux*] ★ witte kool *chou blanc* ★ groene kool *chou vert* ★ rode kool *chou rouge* • steenkool *charbon* m; ⟨als delfstof⟩ *houille* v ★ gloeiende kolen *braise* v ▾ iem. een kool stoven *jouer un tour à qn* ▾ de kool en de geit sparen *ménager la chèvre et le chou* ▾ op hete kolen zitten *être sur des charbons (ardents)*

kooldioxide *dioxyde* m *de carbone*

koolhydraat *hydrate* m *de carbone*

koolmees *mésange* v *charbonnière*

koolmonoxide *(mon)oxyde* m *de carbone*

koolmonoxidevergiftiging *intoxication* v *oxycarbonée*

koolraap • CUL. *chou-navet* m [mv: *choux-navets*] • CUL. koolrabi *chou-rave* m [mv: *choux-raves*]

koolstof *carbone* m

koolstofverbinding *composé* m *de carbone*

koolwaterstof *hydrocarbure* m

koolwitje *piéride* v *(du chou)*

koolzaad • plant *colza* m • zaad *colza* m

koolzuur *acide* m *carbonique*; ⟨sneeuw⟩ *mousse* v *carbonique*; ⟨gas⟩ *gaz* m *carbonique*

koolzuurhoudend *gazeux* [v: *gazeuse*]

koon *pommette* v

koop ⟨aankoop⟩ *acquisition* v; ⟨het gekochte⟩ *achat* m; ⟨overeenkomst⟩ *marché* m ★ een koop sluiten *conclure un marché* ★ te koop *à vendre*; *en vente* ★ te koop zetten *mettre en vente* ★ te koop gevraagd *on demande ...* ★ een goede koop *une (bonne) affaire* ▾ te koop lopen met iets *afficher qc*; *faire étalage de qc* ▾ op de koop toe *par-dessus le marché*; *par surcroît*; *en prime* ▾ weten wat er in de wereld te koop is *avoir l'expérience du monde*

koopakte *acte* m *de vente*

koopavond *nocturne* m/v

koopcontract *contrat* m *de vente* ★ voorlopig ~ *promesse* v *de vente*

koophandel *commerce* m ★ de Kamer van Koophandel *la Chambre de commerce (et* *d'industrie)*

koophuis ⟨te koop⟩ *maison* v *à vendre* ★ in een ~ wonen *être propriétaire*

koopje *occasion* v; INFORM. *occase* v; ⟨goede koop⟩ *(bonne) affaire* v ★ dat is 'n ~ *c'est donné* ★ op een ~ *à peu de frais*; INFORM. *pour pas cher*

koopkracht *pouvoir* m *d'achat*

koopkrachtig *ayant les moyens (financiers)*

kooplustig *dépensier* [v: *dépensière*]

koopman *commerçant* m [v: *commerçante*]; *marchand* m [v: *marchande*]; ⟨v. groothandel⟩ *négociant* m [v: *négociante*]

koopmanschap *commerce* m

koopmansgeest *esprit* m / *sens* m *du commerce*

koopsom *prix* m *d'achat*

koopsompolis *assurance* v *vie à prime forfaitaire*

koopvaardij *marine* v *marchande*

koopvaardijschip *navire* m *marchand*

koopwaar *marchandise(s)* v (mv)

koor *chœur* m ★ in koor *en chœur*

koord *corde* v; ⟨klein⟩ *cordon* m; ⟨sierkoord⟩ *torsade* v ★ het slappe ~ *la corde raide*

koorddansen *danser sur la corde*

koorddanser *funambule* m/v; *équilibriste* m/v

ko

koorde *corde* v

koorknaap *enfant* m *de chœur*

koormuziek *musique* v *de chœur*

koorts OOK FIG. *fièvre* v ★ ~ hebben *avoir de la fièvre* ★ ijlende ~ *fièvre délirante* ★ lichte / hoge / 40 graden ~ hebben *avoir de la température / une forte fièvre / 40 de fièvre*

koortsachtig I BNW zeer gejaagd *fiévreux* [v: *fiévreuse*]; *fébrile* II BIJW *fiévreusement*; *fébrilement*

koortsig I BNW *fiévreux* [v: *fiévreuse*]; *fébrile* II BIJW *fiévreusement*; *fébrilement*

koortsthermometer *thermomètre* m *médical*

koortsuitslag *bouton* m *de fièvre*

koortsvrij *sans fièvre*

koorzang • het zingen *chant* m *choral* [m mv: *chants chorals*] • lied *chant* m *choral* [m mv: *chants chorals*]

koosjer INFORM. *kas(c)her* [onv]; *cas(c)her* [onv] ▾ niet ~ *pas très catholique*

koosnaam *petit nom* m

kootje *phalange* v

kop • bovenste deel *tête* v ★ kop van een golf *crête* v • voorste deel ★ op kop liggen *mener*; *être en tête* • hoofd *tête* v • aanwezige *tête* v • verstand ★ een knappe kop *un cerveau* ★ hij heeft een goede kop *il a de la tête* • kom *tasse* v ★ een kopje thee *une tasse de thé* • opschrift *titre* m; ⟨vet⟩ *gros titre* m ▾ de kop indrukken *réprimer*; *étouffer (dans l'œuf)* ▾ kop op! *haut la tête!*; *courage!* ▾ iem. op zijn kop geven *laver la tête à qn* ▾ iem. op zijn kop zitten *tyranniser qn* ▾ over de kop gaan *faire un tonneau*; FIG. *faire la culbute* ▾ alles op zijn kop zetten *mettre tout sens dessus dessous* ▾ kop dicht! *ta gueule!* ▾ iets op de kop tikken *dénicher qc* ▾ op de kop af *tout juste* ▾ het is op de kop af tien uur *il est dix heures précises/pile* ▾ mijn kop eraf! *j'en donnerais ma tête à couper!* ▾ zijn kop in het zand steken *faire l'autruche* ▾ de zaal stond op zijn kop *la salle était déchaînée* ▾ zonder kop of staart *sans queue ni tête* ▾ er rollen koppen *des têtes tombent* ▾ (weer) de kop opsteken *réapparaître* ▾ kopjes geven *faire des frôlements* ▾ een kopje kleiner maken *décapiter*; INFORM. *raccourcir* ▾ houten kop *gueule* v *de bois* ▾ al ga je op je kop staan *tu auras beau faire (des pieds et des mains)* ▾ dat kost je de kop niet *ce n'est pas la mort* ▾ zich over de kop werken *se surmener* ▾ iets bij de kop vatten *s'attaquer à qc* ▾ kop of munt (gooien) *(jouer à) pile ou face* ▾ koppie koppie! *il y en a là-dedans!*; *pas folle la guêpe!*

kopbal *tête* v

kopduel SPORT *duel* m *aérien*

kopen • aanschaffen *acheter* **(van** *à***)** ★ iets ~ voor vijftig euro *acheter qc cinquante euros* • SPORT ⟨een kaart/steen pakken⟩ *piocher* ▾ wat koop ik daarvoor? *ça me fait une belle jambe!*

Kopenhagen *Copenhague* v

koper I ZN [de] *acheteur* m [v: *acheteuse*]; *acquéreur* m ★ een ~ vinden *trouver preneur* II ZN [het] • metaal *cuivre* m • MUZ. *cuivres* m mv

koperdraad *fil* m *de cuivre*

koperen *de cuivre*; *en cuivre*

kopergravure *taille-douce* v [mv: *tailles-douces*]

kopermijn *mine* v *de cuivre*

koperpoets *pâte* v *à cuivre*

koperslager *chaudronnier* m

koperwerk *cuivres* m mv

kopgroep *tête* v *de la course*; *peloton* m *de tête*

kopie • duplicaat *copie* v • fotokopie *copie* v ▾ voor ~ *pour copie conforme*

kopieerapparaat *photocopieur* m; *photocopieuse* v

kopieerpapier *papier* m *à copier*

kopiëren *copier*; *photocopier*; ⟨audio⟩ *repiquer*

kopij *copie* v; *manuscrit* m

kopjeduikelen • → **koppeltjeduikelen**

kopje-onder *(la tête) sous l'eau* ★ ~ gaan *boire une tasse*

koplamp *phare* m

koploper *leader* m

koppel I ZN [de] riem *ceinturon* m II ZN [het] • paar *couple* m • zwerm *vol* m

koppelaar *marieur* m [v: *marieuse*]; INFORM. *entremetteur* m [v: *entremetteuse*]

koppelbaas *marchandeur* m [v: *marchandeuse*]

koppelen • vastmaken *(ac)coupler*; *atteler* ★ ~ aan *atteler à* • samenbrengen *(ac)coupler*; ⟨verbinden⟩ *relier* ★ Ans ~ aan Hans *relier Ans à Hans*

koppeling • het verbinden *accouplement* m; ⟨v. wagons⟩ *attelage* m; ⟨in ruimtevaart⟩ *amarrage* m; ⟨in ruimtevaart⟩ *arrimage* m • auto-onderdeel *enclenchement* m; ⟨v. motor⟩ *embrayage* m ★ de ~ op laten komen *embrayer* ★ de ~ intrappen/loslaten *débrayer*

koppelingsplaat *disque* m *d'embrayage*

koppelteken *trait* m *d'union*; *tiret* m; MUZ. *liaison* v

koppeltjeduikelen *faire un roulé-boulé*; *faire la culbute*; *culbuter*

koppelverkoop *vente* v *combinée*; *package* m
koppelwerkwoord *copule* v
koppen • SPORT *faire une tête* • als kop voeren *titrer*
koppensnellen • onthoofden *chasser des têtes* • verantwoordelijken zoeken *chasser des têtes* • krantenkoppen lezen *parcourir le journal*
koppensneller • moordenaar *chasseur* m *de têtes* • krantenlezer *chasseur* m *de têtes*
koppig I BNW • halsstarrig *têtu*; *entêté*; *obstiné* ★ ~ als een ezel *têtu comme une mule* • sterk ★ ~e wijn *vin capiteux* m II BIJW *obstinément* ★ ~ volhouden *s'obstiner (à)*
koppigheid *entêtement* m; *obstination* v
koppijn *mal* m *de crâne* ★ ~ hebben *avoir mal au crâne*
koppoter *têtard* m
kopregel *ligne* v *de tête*
koprol *roulé-boulé* m [mv: *roulés-boulés*]
kopschuw *farouche* ★ ~ maken *effaroucher*
kopspijker *clou* m; ⟨klein⟩ *broquette* v
kop-staartbotsing *télescopage* m
kopstation *tête* v *de ligne*
kopstem *voix* v *de tête*
kopstoot *coup* m *de tête*; ⟨kopbal⟩ *tête* v
kopstuk *sommité* v; *bonze* m; *cacique* m; *ténor* m
kopt *Copte* m/v
koptelefoon *casque* m; *écouteurs* m mv
Koptisch *copte* m
koptisch *copte*
kop-van-jut *tête* v *de Turc*
kopzorg *tracas* m mv; *tintouin* m
koraal • MUZ. *choral* m [mv: *chorals*] • BIOL. *corail* m [mv: *coraux*]
koraalrif *récif* m *corallien*
koralen *de / en corail*; ⟨koraalrood⟩ *corallien*
Koran *Coran* m ★ van de ~ *coranique*
koran *Coran* m
kordaat I BNW *résolu*; *ferme*; *énergique* II BIJW *résolument*; *fermement*
kordon *cordon* m
Korea *la Corée (du Nord / du Sud)* ★ in ~ *en Corée*
Koreaan *Coréen* [v: *Coréenne*]
Koreaans *coréen* [v: *coréenne*]
koren • gewas *blé* m • zaad *grain* m
korenaar *épi* m
korenblauw *bleu* m *barbeau*
korenbloem *bleuet* m
korenschuur *grange* v; FIG. *grenier* m
korenveld *champ* m *de blé*
korf *corbeille* v; *panier* m; ⟨op de rug⟩ *hotte* v
korfbal *balle* v *au panier*
korfballen *jouer à la balle au panier*
korhoen *tétras-lyre* m [mv: *tétras-lyres*]
koriander *coriandre* v
kornet • MUZ. *cornet* m • MIL. *aspirant* m
kornuit *camarade* m/v; *copain* m; INFORM. *pote* m
korporaal *caporal* m [mv: *caporaux*]
korps • *corps* m • gevechtseenheid ★ ~ mariniers *infanterie de marine*
korpsbeheerder *préfet* m *de police*
korpscommandant *chef* m *de corps*
korrel *grain* m ▾ iem. op de ~ nemen *viser qn*; *prendre qn pour cible* ▾ iets met een ~tje zout nemen *ne pas prendre qc au sérieux / pour argent comptant*
korrelig *granuleux* [v: *granuleuse*]; *grenu*
korset *corset* m
korst *croûte* v; ⟨v. ovengerecht⟩ *gratin* m
korstmos *lichen* m
kort I BNW • niet lang durend *court*; *bref* [v: *brève*] ★ na korte tijd *au bout d'un certain temps* ★ maak het kort! *soyez bref!* ★ korte tijd daarna *peu (de temps) après* ★ ik zal het kort maken *je n'en aurai pas pour longtemps* • niet uitgestrekt van afmeting *court*; ⟨v. gestalte⟩ *petit* ★ korter maken *raccourcir* ★ korter maken/worden *raccourcir* ★ kort knippen *couper court* • beknopt *bref* [v: *brève*]; *concis*; *succinct* ▾ kort en klein slaan *réduire en miettes*; *casser* ▾ iem. kort houden *tenir la bride (haute) à qn* II BIJW *brièvement*; *court*; *peu* ★ om kort te gaan *(pour être) bref*; *pour abréger* ★ kort voor *peu (de temps) avant*; *juste avant* ★ kort geleden *il y a peu (de temps)*; *dernièrement* ★ tot voor kort *il y a (encore) peu de temps* ★ sinds kort *depuis peu* ★ in het kort *(en) bref*; *en deux mots* ★ in het kort zei hij dit: *en substance il a dit ceci:* ★ kort en goed *pour tout dire* ★ kort en krachtig *sans détour*; *carrément* ★ kort na elkaar *à brefs intervalles* ▾ kort en bondig *de façon succincte*
kortaangebonden ⟨nors⟩ *bourru*; ⟨opvliegend⟩ *emporté*; ⟨opvliegend⟩ *coléreux* [v: *coléreuse*] ★ ~ zijn *avoir la tête près du bonnet*
kortademig *poussif* [v: *poussive*] ★ ~ zijn *avoir le souffle court*
kortaf I BNW *brusque*; *bref* [v: *brève*] II BIJW *sèchement*; *d'un ton sec*
kortebaanwedstrijd *sprint* m
korten • korter maken *raccourcir* ★ de tijd ~ *tuer le temps* • (be)snoeien *rogner (sur)*
kortetermijn- *à court terme* ★ kortetermijnpolitiek *politique* v *à la petite semaine*
kortharig ⟨v. dier⟩ *à poil ras*; ⟨v. mens⟩ *à cheveux courts*; ⟨kortgeknipt⟩ *ras*
korting • inhouding ⟨v. salaris⟩ *retenue* v • bedrag *réduction* v; ⟨bij manco⟩ *rabais* m; ⟨bij contante betaling⟩ *escompte* m ★ 25 % ~ op alle prijzen *rabais de 25 pour cent sur tous les prix* • mindering *diminution* v; ⟨reductie⟩ *réduction* v; *rabais* m *(op sur)*; *remise* v *(op sur)*; ⟨inhouding⟩ *retenue* v *(op sur)*; ⟨disconto⟩ *escompte* m ★ met ~ verkocht *vendu au rabais*
kortingkaart *carte* v *de réduction*
kortlopend *à court terme*
kortom *bref*; *en un mot*
Kortrijk *Courtrai* m
kortsluiten *court-circuiter*
kortsluiting *court-circuit* m [mv: *courts-circuits*] ★ ~ maken *provoquer un court-circuit*
kortstondig *momentané*; *passager* [v: *passagère*]; *de courte durée*; *éphémère*
kortweg • kort gezegd *(en) bref* • eenvoudigweg *tout simplement*
kortwieken OOK FIG. *rogner les ailes à*

kortzichtig *myope*; FIG. *borné*; FIG. *imprévoyant*; ⟨v. handelwijze⟩ *à la petite semaine*
korzelig ⟨humeurig⟩ *irrité*; ⟨lichtgeraakt⟩ *irascible*
kosmisch *cosmique*
kosmologie *cosmologie* v
kosmonaut *cosmonaute* m/v
kosmopoliet *cosmopolite* m/v
kosmopolitisch *cosmopolite*
kosmos *cosmos* m; *univers* m
Kosovo *le Kosovo* ⋆ in ~ *au Kosovo*
kost • voedsel *nourriture* v; INFORM. *bouffe* v ⋆ slappe kost *fadasserie* v • dagelijkse voeding ⋆ kost en inwoning *le vivre et le couvert*; *le logement et la table* ⋆ kost en inwoning hebben *être logé et nourri*; *avoir le vivre et le couvert* ⋆ in de kost *en pension* ⋆ in de kost (bij) *en pension (chez)* • levensonderhoud ⋆ de kost verdienen *gagner sa vie* ⋆ wat doet hij voor de kost? *qu'est-ce qu'il fait dans la vie?* • uitgaven [meestal mv]; *coût* m; ⟨onkosten⟩ *frais* m mv; *dépens* m ⋆ ten koste van *aux dépens de*; *au détriment de* ⋆ ten koste van zijn leven *au prix de sa vie* ⋆ op iemands kosten leven *vivre aux dépens de qn* ⋆ op eigen kosten *à son compte* ⋆ de kosten eruit halen *rentrer dans ses frais* ⋆ iemands kosten vergoeden *indemniser qn* ⋆ op kosten van *aux frais de* ⋆ kosten maken *se mettre en frais* ⋆ op hoge kosten zitten *avoir des charges élevées* ⋆ de kosten van levensonderhoud *le coût de la vie* ⋆ op iemands kosten leven *vivre aux dépens de qn* ⋆ kosten koper *frais à la charge de l'acheteur* ⋆ op kosten van de baas / de gemeenschap *aux frais de la princesse* ⋆ tegen hoge / lage kosten *à grands / moindres frais* ▾ dat is andere kost *c'est une autre paire de manches* ▾ de kost gaat voor de baat uit *pour gagner de l'argent, il faut en dépenser* ▾ kosten noch moeite sparen *mettre tout en œuvre*; *ne pas ménager sa peine* ▾ zijn ogen de kost geven *se rincer l'œil* ▾ dat is zware kost *c'est costaud / indigeste* ▾ zijn kostje is gekocht *il est à l'abri (du besoin)*
kostbaar • duur *coûteux* [v: *coûteuse*]; *cher* [v: *chère*] • veel waard *précieux* [v: *précieuse*]
kostbaarheden *objets* m mv *précieux* [mv]
kostelijk *précieux* [v: *précieuse*]; ⟨heerlijk⟩ *délicieux* [v: *délicieuse*] ▾ zich ~ vermaken *s'amuser royalement*; INFORM. *s'éclater*
kosteloos I BNW *gratuit* **II** BIJW *gratuitement*; *gratis*
kosten *coûter*; *valoir*; *revenir à*; ⟨vergen⟩ *exiger* ⋆ wat kost dat? *combien ça coûte?* ⋆ dat kostte hem het leven *ça lui a coûté la vie* ⋆ tijd ~ *prendre du temps* ▾ koste wat het kost *coûte que coûte*; *à tout prix*
kostenbesparing *économie* v
kostendekkend *qui couvre les frais*; *qui rentre dans ses frais*
koster *sacristain* m [v: *sacrist(a)ine*]
kostganger *pensionnaire* m/v
kostgeld *pension* v
kosthuis *pension* v
kostprijs *prix* m *de revient* ⋆ tegen ~ *à prix coûtant*
kostschool *pensionnat* m; *internat* m
kostuum *costume* m ⋆ driedelig ~ *costume trois-pièces*
kostuumfilm ≈ *film* m *d'époque*
kostwinner *soutien* m *de famille*
kostwinning *gagne-pain* m [onv]
kot • krot *taudis* m • varkenshok *porcherie* v
kotelet *côte* v; *côtelette* v
koter *môme* m/v
kots *dégueulis* m
kotsen *dégueuler* ▾ daar kots ik van *c'est dégueulasse*; *ça me fait gerber*
kotsmisselijk ⋆ ~ zijn *avoir envie de gerber*
kotter *cotre* m
kou • koude *froid* m ⋆ een bittere kou *un froid de canard* ⋆ kou lijden *geler* • verkoudheid *rhume* m ▾ in de kou laten staan *laisser en plan / en rade*; *laisser pour compte* ▾ de kou is uit de lucht *l'horizon s'est éclairci*
koud I BNW • niet warm *froid* ⋆ het is koud *il fait froid*; INFORM. *ça caille*; *c'est une glacière ici* ⋆ ik heb het koud *j'ai froid* ⋆ koud worden *(se) refroidir* ⋆ ik heb koude vingers *j'ai froid aux doigts*; *j'ai les doigts gelés / glacés* • zonder gevoel *froid* ⋆ dat laat hem koud *cela ne lui fait ni chaud ni froid*; *il reste de marbre* • dood ⋆ koud maken *refroidir* ▾ je wordt er koud van *ça fait froid dans le dos* **II** BIJW • *froidement* • niet warm ⋆ koud eten *manger froid* • nauwelijks *à peine*
koudbloedig *à sang froid*
koude • → **kou**
koudegolf *vague* v *de froid*
koudgeperst *pressé à froid*
koudvuur *gangrène* v
koudwatervrees • angst voor koud water *crainte* v *de l'eau froide* • ongegronde angst *peur* v *injustifiée* • FIG. *frilosité* v
koudweg • zomaar *comme ça* • bruut *froidement*
koufront *front* m *froid*
koukleum *frileux* m [v: *frileuse*]
kous • kledingstuk *bas* m ⋆ (geld in een) oude kous *bas de laine* • lampenpit *mèche* v ▾ de kous op de kop krijgen *ramasser une veste* ▾ daarmee is de kous af *l'affaire est close*; *point final!*
kousenband *jarretière* v
kousenvoet *pied* m *de bas* ⋆ op ~en lopen OOK FIG. *marcher à pieds de bas*
kouvatten *prendre / attraper froid*; *attraper un rhume*; *s'enrhumer*
kouwelijk *frileux* [v: *frileuse*]
Kozak *cosaque* m
kozijn *encadrement* m; *châssis* m; ⟨vensterbank⟩ *rebord* m
kraag *col* m; *collet* m ▾ iem. bij de ~ grijpen *prendre qn au collet*; *coincer qn*
kraai *corneille* v *(noire)*
kraaien • kukeleku roepen *chanter*; *faire cocorico* • kreetjes uiten *pousser des petits cris de joie*
kraaiennest *nid-de-pie* m [mv: *nids-de-pie*]
kraaienpootjes *pattes-d'oie* v mv
kraak *casse* m ⋆ een ~ zetten *faire un casse*

ko

▾ daar zit ~ noch smaak aan *c'est sans goût ni saveur*
kraakactie *squattage* m
kraakbeen *cartilage* m
kraakhelder *propre comme tout*; INFORM. *nickel* [onv]
kraakpand *squat* m; *immeuble* m *squatté*
kraal *perle* v; *grain* m
kraaloog ★ ~jes *petits yeux* m mv *brillants*
kraam ⟨op markt⟩ *étal* m; ⟨op beurs⟩ *stand* m; ⟨op kermis⟩ *baraque* v *(foraine)*
kraamafdeling *maternité* v
kraambed ★ in het ~ liggen *être en couches*
kraambezoek ≈ *visite* v *rendue à l'accouchée*
kraamverpleegster *infirmière* v *obstétricienne*
kraamvrouw *accouchée* v
kraamzorg *soins* m mv *postnatals*
kraan • tap *robinet* m ★ de ~ dichtdraaien OOK FIG. *fermer le robinet* • hijskraan *grue* v; ⟨brugkraan⟩ *pont* m *roulant* • uitblinker *as* m
kraandrijver *grutier* m [v: *grutière*]
kraanleertje *joint* m *(de robinet)*
kraanvogel *grue* v
kraanwagen *dépanneuse* v
kraanwater *eau* v *du robinet*
krab • schaaldier *crabe* m • schram *griffure* v
krabbel • onduidelijk schrijfsel *griffonnage* m; ⟨schets⟩ *croquis* m; ⟨briefje⟩ *petit mot* m; ⟨notitie⟩ *glose* v • schram *griffure* v
krabbelen I OV WW slordig schrijven *griffonner* **II** ON WW • krabben *gratter* • onbeholpen bewegen *aller en chancelant* ★ overeind ~ *se hisser*; FIG. *se remettre*
krabben • *gratter*; ⟨fel⟩ *griffer* ★ zich achter de oren ~ *se gratter l'oreille* • ~ **aan** *gratter*; ⟨afschrapen⟩ *racler*
krabber *grattoir* m; *racloir* m
krach *krach* m
kracht • fysiek vermogen *force* v ★ met ~ *avec / en force*; *énergiquement* ★ met al zijn ~ *de toutes ses forces* ★ in de ~ van zijn leven *dans la force de l'âge* ★ op ~en komen *se remettre*; *récupérer*; *reprendre ses forces* ★ op eigen ~ *par ses propres moyens*; *à la force du poignet* ★ aan het eind van zijn ~en *à bout de force(s)* ★ op volle ~ *à toute vapeur* ★ op halve ~ *au ralenti* ★ zijn woorden ~ bijzetten (met) *ponctuer ses paroles (de)* • geldigheid *vigueur* v ★ van ~ zijn *être en vigueur* ★ van ~ worden *entrer en vigueur*; *prendre effet* ★ ~ van wet hebben *avoir force de loi* • medewerker *employé* [v: *employée*] ★ een goede ~ *un bon élément* ▾ stille ~ *pouvoir(s)* m (mv) *occulte(s)*
krachtbron *source* v *d'énergie*
krachtcentrale *centrale* v *(électrique)*
krachtdadig *énergique*
krachteloos *sans force*; ⟨ongeldig⟩ *nul* [v: *nulle*]
krachtens *en vertu de*; *aux termes de*
krachtig I BNW • kracht hebbend *vigoureux* [v: *vigoureuse*]; *fort*; ⟨flink⟩ *ferme* • werking hebbend *énergique*; ⟨v. apparaat⟩ *performant*; ⟨pittig⟩ *corsé* **II** BIJW *vigoureusement*; *fort(ement)*; *fermement*; *énergiquement*
krachtmeting *bras* m *de fer*; *épreuve* v *de force*
krachtpatser *armoire* v *à glace*; *malabar* m
krachtproef *épreuve* v *de force*
krachtsinspanning *effort* m *(physique)*
krachtsport ≈ *sport* m *qui requiert de la force*
krachtterm *juron* m
krachttoer *tour* m *de force*
krachttraining *musculation* v
krachtveld OOK FIG. *champ* m *de forces*
krachtvoer *fourrage* m *concentré*
krak I ZN [de] *craquement* m **II** TW *crac!*
krakelen *se quereller*; *se chamailler*
krakeling ≈ *craquelin* m
kraken I OV WW • openbreken *casser* • inbreken ⟨in gebouw⟩ *squatter*; ⟨v. code⟩ *déchiffrer*; ⟨v. brandkast⟩ *forcer*; ⟨v. brandkast⟩ *percer*; ⟨v. computer⟩ *pirater* • SCHEIK. ⟨v. olie⟩ *craquer* **II** ON WW geluid maken *craquer*; ⟨knarsen⟩ *grincer*; ⟨knarsen⟩ *crisser*; ⟨v. geluidsapparatuur⟩ *cracher* ★ een ~de stem *une voix de perroquet* ▾ ~de wagens lopen het langst *les pots fêlés durent longtemps*
kraker • huisbezetter *squatte(u)r* m [v: *squatteuse*] • chiropracticus *chiropraticien* m [v: *chiropraticienne*] • succes *tube* m
krakkemikkig *déglingué*; *bancal* [m mv: *bancals*]; *branlant*
kralengordijn *rideau* m *de perles* [m mv: *rideaux ...*]
kralensnoer *collier* m *de perles*
kram *crampon* m; MED. *agrafe* v
kramp *crampe* v ★ ~ hebben *avoir des crampes*
krampachtig I BNW *convulsif* [v: *convulsive*]; OOK FIG. *crispé* ★ ~e poging *effort* m *désespéré*; *forcing* m **II** BIJW *convulsivement* ★ (zich) ~ vasthouden aan *se cramponner à*
kranig *vaillant*; *ferme*
krankjorum *dingue*; ⟨v. zaken⟩ *dément*
krankzinnig I BNW • geestesziek *dément* ★ ~ worden *tomber en démence* • onzinnig *dément* ★ een ~ verhaal *une histoire de fous* **II** BIJW *comme un fou*
krankzinnigengesticht *asile* m *(d'aliénés)*
krans • gevlochten ring *couronne* v; ⟨bij een graf⟩ *gerbe* v • vriendenkring *cercle* m
kranslegging *dépôt* m *d'une gerbe*
kransslagader *artère* v *coronaire*
krant *journal* m [mv: *journaux*]
krantenartikel *article* m *de journal*
krantenbericht *nouvelle* v *de journal*
krantenjongen *porteur* m *de journaux* [v: *porteuse ...*]
krantenknipsel *coupure* v *de journal*
krantenkop *titre* m; ⟨vet⟩ *gros titre* m
krap I BNW • nauw *étroit*; *(un peu) juste* • karig *juste* **II** BIJW • amper *(tout) juste*; *à peine* • nauw *juste* ★ te krap zitten *serrer trop* ★ krap behuisd *logé à l'étroit* • karig *étroitement*; *à l'étroit* ★ krap (bij kas) zitten *être à court d'argent*; INFORM. *être fauché* ★ krap in zijn tijd zitten *manquer de temps*
kras I ZN [de] haal *rayure* v; *éraflure* v **II** BNW • vitaal *vert* ★ hij is nog kras voor zijn leeftijd *il a bon pied, bon œil* • drastisch *radical* [m mv: *radicaux*]; ⟨onverbloemd⟩ *cru*; ⟨sterk⟩ *(un peu) fort*; ⟨sterk⟩ *(un peu) rude*; *peu ordinaire*; INFORM. *raide* ★ dat is wat kras *c'est un peu fort* ★ kras verhaal *histoire* v *raide / à*

dormir debout / de fous • eigenaardig *raide* ★ dat is kras! *elle est raide celle-là!*

kraslot *ticket* m *à gratter*

krassen • krassen maken *faire des rayures* ★ ~ op *gratter* • geluid maken *crisser*; ⟨v. kraai⟩ *croasser*; ⟨v. uil⟩ *chuinter*

krat *caisse* v; ⟨voor fruit⟩ *cageot* m

krater *cratère* m

krats *bagatelle* v ★ voor een ~ *pour une bouchée de pain*; *pour trois fois rien*

krediet *crédit* m ★ op ~ *à crédit* ★ ~ geven *faire crédit*

kredietbank *banque* v *de crédit*

kredietwaardig *solvable*

Kreeft *Cancer* m

kreeft *écrevisse* v; ⟨zeekreeft⟩ *homard* m

kreeftengang *mouvement* m *à reculons* ★ in ~ *en rétrogradant*; *à reculons* ▾ de ~ gaan *rétrograder*

Kreeftskeerkring *tropique* m *du Cancer*

kreek *crique* v; *anse* v

kreet • gil *cri* m ★ een ~ slaken *pousser un cri* • loze uitspraak *formule* v *(toute faite)*; ⟨leus⟩ *slogan* m ★ holle kreten *phrases* v mv *(creuses)*; *paroles* v mv *en l'air*

krekel *grillon* m; INFORM. *cricri* m [onv]

Kremlin *Kremlin* m

kreng • kadaver *charogne* v • rotmens *charogne* v; *teigne* v; ⟨vrouw⟩ *(petite) peste* v

krengerig *vache*

krenken *vexer*; *blesser*; *offenser* ★ iem. geen haar ~ *ne pas toucher (à) un cheveu de qn*

krenking *froissement* m

krent • druif *raisin* m *sec / de Corinthe* • gierigaard *pingre* m/v ▾ de ~en uit de pap halen *se tailler la meilleure part du gâteau*

krentenbol ≈ *petit pain* m *aux raisins*

krentenbrood *pain* m *aux raisins*

krenterig *pingre*; *radin*

Kreta *la Crète* ★ op ~ *en Crète*

kretologie *langue* v *de bois*; ⟨holle kreten⟩ *phrases* v mv *creuses*

kreukel *(faux) pli* m ▾ in de ~s *défoncé*

kreukelen I OV WW kreukels maken *chiffonner*; *froisser*; *friper* II ON WW kreukels krijgen *se chiffonner*; *se froisser*

kreukelig *froissé*; *fripé*

kreukelzone *zone* v *déformable*

kreuken I OV WW kreukels maken *chiffonner*; *froisser* II ON WW kreukels krijgen *se chiffonner*; *se froisser*

kreukherstellend *défroissable*

kreukvrij *infroissable*

kreunen *gémir*

kreupel OOK FIG. *boiteux* [v: *boiteuse*] ★ ~ lopen *boiter*

kreupelhout *taillis* v mv; *broussailles* v mv

krib • voederbak *mangeoire* v • bedje van Jezus *crèche* v

kribbig I BNW *hargneux* [v: *hargneuse*]; *teigneux* [v: *teigneuse*] II BIJW *hargneusement*

kriebel *fourmillement* m; *picotement* m ★ de ~s hebben OOK FIG. *avoir des fourmis* ▾ de ~s (ervan) krijgen *être hérissé*

kriebelen I OV WW • kietelen *chatouiller* • klein schrijven *gribouiller* II ON WW jeuken *démanger*

kriebelhoest *toux* v *sèche*

kriebelig • kriebelend *chatouilleux* [v: *chatouilleuse*] • klein geschreven *gribouillé* • kregel *hérissé*

kriegel *de mauvais poil*

kriek *guigne* v

krieken *poindre* ★ bij het ~ van de dag *à l'aube*

kriel • klein mens *demi-portion* v [v: *demi-portions*] • kleine aardappel *mini-pomme* v *de terre*

krijgen • ontvangen *recevoir (van de)*; ⟨innen⟩ *toucher* ★ ik heb een pen van mijn broer gekregen *mon frère m'a donné un stylo* ★ hoeveel krijgt u van me? *je vous dois combien?* ★ vijf jaar ~ *prendre / écoper cinq ans* • verkrijgen *obtenir*; *(aller) avoir* ★ ze heeft een kind gekregen *elle a eu un enfant* ★ ergens te ~ zijn *se trouver quelque part*; *être en vente quelque part* ★ we ~ regen *on va avoir de la pluie* ★ weer hoop ~ *reprendre espoir* • oplopen *attraper*; ⟨beginnen te hebben⟩ *(commencer à) avoir*; ⟨moeten slikken⟩ *essuyer* ★ griep ~ *attraper la grippe* ★ daar krijg ik de rillingen van *ça me donne le frisson* ★ een ongeluk ~ *avoir un accident* • grijpen *attraper* ★ ik zal hem ~! *je l'aurai!*; *il me le paiera!* • in toestand brengen ★ de koffer dicht ~ *réussir à fermer la valise* ★ ik heb haar niet te pakken kunnen ~ *je n'ai pas réussi à l'avoir / à la joindre* ★ iem. ergens toe ~ *amener qn à faire qc* ★ aan het lachen ~ *faire rire* ★ bij elkaar ~ *réunir*; *collecter* ★ eruit ~ *réussir à faire sortir* ▾ wat ~ we nou? *qu'est-ce que c'est que ça?* ▾ ik krijg er wat van! *ça m'énerve!*

krijger *guerrier* m [v: *guerrière*]

krijgertje ★ ~ spelen *jouer à chat*

krijgsdienst *service* m *militaire*

krijgsgevangene *prisonnier* m *(de guerre)* [v: *prisonnière* ...]

krijgsgevangenschap *captivité* v ★ in ~ geraken *être fait prisonnier (de guerre)*

krijgshaftig I BNW *guerrier* [v: *guerrière*]; *martial* [m mv: *martiaux*] II BIJW *d'un air martial*; *de façon guerrière*

krijgsheer *seigneur* m *de guerre*

krijgslist *stratagème* m

krijgsmacht *force* v *armée*

krijgsraad *tribunal* m *militaire* [m mv: *tribunaux* ...] ▾ ~ houden *tenir un conseil de guerre*

krijgszuchtig *belliqueux* [v: *belliqueuse*]

krijsen *crier*; ⟨janken⟩ *glapir*

krijt • kalksteen *craie* v • periode *crétacé* m ▾ bij iem. in het ~ staan *devoir qc à qn* ▾ in het ~ treden *entrer en lice*

krijtje *bâton* m *de craie*

krijtstreep • streep van krijt *trait* m *de craie* • witte streep op donkere stof *rayure* v *(fine)*

krijttekening *crayon(nage)* m

krijtwit *livide*; *blême*

krik *cric* m

krill *krill* m

krimi *polar* m

krimp *rétrécissement* m ▾ geen ~ geven *ne pas*

kr

céder
krimpen • samentrekken *(se) rétrécir*; ‹ineenkrimpen› *se recroqueviller*; ‹v. de pijn› *se tordre* • afnemen *décroître*; ‹v. wind› *tourner*
krimpfolie *film* m *rétractable*
krimpvrij *irrétrécissable*
kring • cirkel *cercle* m; *rond* m; ‹lichtkring› *halo* m; ‹vochtkring› *auréole* v ★ in een ~ zitten *faire un cercle*; *être assis en rond* ★ ~etjes blazen *faire des ronds (de fumée)* • sociale groep *milieu* m [mv: *milieux*]; *cercle* m; *monde* m ★ de hogere ~en *la haute société* ★ in beperkte ~ *en petit comité* ★ in de huiselijke ~ *en famille*; *dans l'intimité* • omgeving *rayon* m; *sphère* v • wal onder oog *cerne* v ★ ~en onder de ogen hebben *avoir les yeux cernés* • kringloop *cycle* m ▾ in een ~etje ronddraaien *tourner en rond*
kringelen *tournoyer*
kringgesprek *table* v *ronde*
kringloop • cyclus *cycle* m • omloopbaan *orbite* v
kringlooppapier *papier* m *recyclé*
kringloopwinkel *dépôt-vente* m [mv: *dépôts-ventes*]
kringspier *muscle* m *orbiculaire*
krinkelen *serpenter*
krioelen • door elkaar bewegen *fourmiller*; *grouiller* • ~ **van** *fourmiller de*; *grouiller de*
kris *criss* m
kriskras *pêle-mêle*; *en vrac*
kristal *cristal* m [mv: *cristaux*]
kristalhelder *cristallin*; OOK FIG. *limpide*
kristallen *de/en cristal*
kristallisatiepunt *point* m *de cristallisation*
kristalliseren *(se) cristalliser*
kristalsuiker *sucre* m *cristallisé*
kritiek I ZN [de] • oordeel *critique* v ★ ~ uitoefenen *critiquer* • oordelend verslag *critique* v **II** BNW • beslissend *critique* • hachelijk *critique*
kritiekloos I BNW *dépourvu d'esprit critique* **II** BIJW *sans esprit critique*; ‹klakkeloos› *comme ça*
kritisch I BNW *critique* **II** BIJW *de façon critique*
kritiseren *critiquer*
Kroaat *Croate* m/v
Kroatië *la Croatie* ★ in ~ *en Croatie*
Kroatisch *croate*
krocht *antre* m; ‹crypt› *crypte* v
kroeg *café* m; *bistro(t)* m
kroegbaas *patron* m *(de bistro)*
kroegentocht *tournée* v *des bistro(t)s*
kroegloper *pilier* m *de bistro(t)s*
kroelen *câliner*
kroep *croup* m
kroepoek *beignet(s)* m (mv) *de crevettes / de poisson*
kroes I ZN [de] • mok *gobelet* m • smeltkroes *creuset* m **II** BNW *frisé*; *crépu*
kroeshaar *cheveux* m mv *crépus* [mv]
kroeskop *tête* v *crépue*; ‹kapsel› *coupe* v *afro*
kroezen *crêper*
krokant *croustillant*
kroket *croquette* v
krokodil *crocodile* m
krokodillentranen *larmes* v mv *de crocodile* [mv]
krokus *crocus* m
krokusvakantie *vacances* v mv *de février* [mv]
krols *en chaleur*
krom I BNW • gebogen *courbe*; ‹verdraaid› *tordu*; ‹v. neus/vingers› *crochu*; ‹v. lichaam› *courbé*; ‹v. benen› *tors* ★ kromme rug *dos* m *voûté*; *bosse* v • gebrekkig *boiteux* [v: *boiteuse*] **II** BIJW • gebogen *de façon courbée / tordue*; ‹scheef› *de travers* ★ krom lopen *marcher (le dos) courbé* ★ krom groeien *se déformer*; *se déjeter* • gebrekkig *mal* ★ krom spreken *baragouiner la langue* ▾ zich krom lachen *rire à se tordre* ▾ zich krom werken *s'esquinter (à travailler)*
kromliggen ‹zuinig leven› *se saigner (aux quatre veines)* **(voor** *pour***)**; ‹v. het lachen› *être écroulé*
kromme *courbe* v
krommen I OV WW krom maken *courber*; *cambrer* **II** ON WW krom worden *se courber*
kromming *courbure* v
kromtrekken *gauchir*; *(s')arquer*
kronen *couronner* ★ iem. tot koning ~ *couronner qn roi*
kroniek *chronique* v
kroning *couronnement* m
kronkel • bocht *courbe* v; ‹lus› *lacet* m; ‹in rivier› *méandre* m • gedachtekronkel *idée* v *biscornue* ▾ een ~ in de hersens hebben *avoir le cerveau fêlé*
kronkelen *se tordre*; *s'entortiller*; ‹v. weg/rivier› *serpenter* ▾ ~ van de pijn *se tordre de douleur*
kronkelig *tortueux* [v: *tortueuse*]; *sinueux* [v: *sinueuse*]
kronkeling *sinuosité* v; *(en)tortillement* m
kronkelpad *sentier* m *tortueux / sinueux*
kroon • hoofdbedekking *couronne* v • munt *couronne* v • bloemkroon *corolle* v ▾ de ~ spannen *l'emporter*; IRON. *décrocher le pompon* ▾ dat spant de ~! *c'est le bouquet / le pompon!* ▾ iem. naar de ~ steken *rivaliser avec qn* ▾ dat zet de ~ op het werk *c'est le couronnement*; *cela couronne l'œuvre*
kroonblad *pétale* m
kroondomein *domaine* m *royal*
kroongetuige *témoin(-)clé* m; ‹crimineel› *repenti*
kroonjaar *lustre* m
kroonjuweel *joyau* m *de la couronne* [m mv: *joyaux* ...]
kroonkolonie *colonie* v *de la couronne*
kroonkurk *capsule* v
kroonlijst *corniche* v
kroonluchter *lustre* m
kroonprins *prince* m *héritier*; OOK FIG. *dauphin* m
kroonsteentje *domino* m
kroos *lentilles* v mv *d'eau* [mv]
kroost *progéniture* v; *rejetons* m mv
kroot *betterave* v *rouge*
krop • stronk groente *pomme* v ★ krop sla *laitue* v • DIERK. wijde slokdarm *jabot* m • ziekte *goitre* m; ‹gezwel› *tumeur* v *goitreuse*

kr

kropsla *laitue* v *pommée*
krot *taudis* m
krottenwijk *bidonville* m
kruid • plant *herbe* v • specerij *épice* v; *condiment* m ▾ daar is geen ~ tegen gewassen *il n'y a pas de remède à cela; on n'y peut rien*
kruiden • *épicer; assaisonner* • FIG. *assaisonner*
kruidenazijn *vinaigre* m *aux (fines) herbes*
kruidenboter *beurre* m *persillé*
kruidendokter *guérisseur* m [v: *guérisseuse*]
kruidenier • winkelier *épicier* m [v: *épicière*] • winkel *épicerie* v
kruidenierswaren *épicerie* v
kruidenierswinkel *épicerie* v
kruidenthee *infusion* v; *tisane* v
kruidentuin *jardin* m *de plantes aromatiques*
kruidig *épicé*; ⟨pittig⟩ *relevé*
kruidje-roer-mij-niet • plantje *sensitive* v • persoon *soupe* v *au lait*
kruidkoek *pain* m *d'épice*
kruidnagel *(clou* m *de) girofle*
kruien I OV WW vervoeren *brouetter* **II** ON WW breken van ijs *être charrié; flotter* ★ de rivier kruit *la rivière charrie la glace* ★ het ijs kruit tegen de dijken op *la glace s'entasse contre les digues*
kruier *porteur* m [v: *porteuse*]
kruik • kan *cruche* v; *jarre* v • warmwaterzak *bouillotte* v ▾ de ~ gaat zo lang te water tot ze breekt *tant va la cruche à l'eau qu'à la fin elle se brise*
kruim • kruimel *miette* v • binnenste van brood *mie* v
kruimel *miette* v
kruimeldeeg *pâte* v *brisée*
kruimeldief *chapardeur* m [v: *chapardeuse*]
kruimeldiefstal *larcin* m; *chapardage* m
kruimelen I OV WW *émietter* **II** ON WW *s'émietter*
kruimelveger *ramasse-miettes* m [onv]
kruimelwerk *bricoles* v mv
kruimig *farineux* [v: *farineuse*]
kruin • bovendeel hoofd *sommet* m; *calotte* v • bovendeel anders ⟨v. dijk/golf⟩ *crête* v
kruipen • zich voortbewegen *ramper* (**over** *sur)* ★ op handen en voeten ~ *marcher à quatre pattes* • langzaam gaan *se traîner; avancer lentement* • onderdanig zijn *s'aplatir* (**voor** *devant); ramper* (**voor** *devant)* • wegkruipen *se tapir*
kruiper *lèche-bottes* m [onv]
kruiperig *rampant; servile*
kruippakje *grenouillère* v
kruipruimte *vide* m *sanitaire*
kruis • teken/bouwsel *croix* m ★ aan het ~ slaan *crucifier* • gebaar *signe* m *de (la) croix* ★ een ~ maken *se signer* • MUZ. verhogingsteken *dièse* m • lichaamsdeel *parties* v mv • deel van broek *entrejambe* m • stuit van dier *croupe* • zijde van munt *face* v ★ ~ of munt (gooien) *(jouer à) pile ou face* • beproeving *croix* v; *calvaire* m ▾ het Rode Kruis *la Croix-Rouge* ▾ in het ~ getast *vexé*; VULG. *baisé*
kruisbeeld *crucifix* m
kruisbes *groseille* v *à maquereau*
kruisbestuiving *pollinisation* v *croisée*
kruisboog • schietboog *arbalète* v • ARCH. *croisée* v *d'ogives*
kruiselings I BNW *croisé* ★ de benen ~ over elkaar *les jambes croisées* **II** BIJW *en croix*
kruisen I OV WW • dwars voorbijgaan *croiser* • BIOL. *croiser* **II** ON WW varen/vliegen *croiser*; ⟨laveren⟩ *louvoyer*
kruiser • jacht *cruiser* m • oorlogsschip *croiseur* m
kruisigen *crucifier; mettre en croix*
kruisiging *crucifixion* v
kruising • kruispunt *intersection* v; *croisement* m • bevruchting *croisement* m • resultaat van bevruchting *hybride* m
kruiskerk *église* v *à transept*
kruiskopschroevendraaier *tournevis* m *cruciforme*
kruispunt *carrefour* m; *intersection* v
kruisraket *missile* m *de croisière*
kruisridder *croisé* m
kruissleutel *clef* v *en croix*
kruissnelheid *vitesse* v *de croisière*
kruisspin *épeire* v *diadème*
kruissteek *point* m *de croix*
kruisteken *signe* m *de (la) croix* ★ het ~ maken *se signer*
kruistocht OOK FIG. *croisade* v
kruisvaarder *croisé* m
kruisvereniging ≈ *organisation* v *de soins à domicile*
kruisverhoor *interrogatoire* m *contradictoire*; ⟨scherp verhoor⟩ *interrogatoire* m *serré* ★ iem. een ~ afnemen *mettre qn sur la sellette*
kruisweg *chemin* m *de (la) Croix*
kruiswoordpuzzel *mots* m mv *croisés* [mv]
kruit *poudre* v ▾ zijn ~ droog houden *se réserver* ▾ al zijn ~ verschoten hebben *avoir brûlé ses dernières cartouches; être en panne sèche*
kruitdamp *fumée* v *de la poudre*; FIG. *mêlée* v *(générale)*
kruiwagen • kar *brouette* v • nuttige relatie *piston* m ★ een ~ hebben *être pistonné*
kruk • stoeltje *tabouret* m • klink *poignée* v • steunstok *béquille* v ★ op krukken lopen *marcher avec des béquilles* • TECHN. *manivelle* v • sukkel *cloche* v
krukas *vilebrequin* m; *arbre* m *coudé*
krukkig I BNW *maladroit* **II** BIJW • stumperig *maladroitement* • sukkelend *maladivement*
krul • haarlok *boucle* v ★ krullen zetten *friser* • houtsnipper *frison* m; ⟨spaanders⟩ *copeaux* m mv
krulandijvie *scarole* v *frisée*
krulhaar *cheveux* m mv *frisés/bouclés* [mv]
krullen I OV WW krullen vormen *boucler; friser* **II** ON WW krullen hebben/krijgen *boucler; friser*
krullenbol *tête* v *bouclée*
krulspeld *bigoudi* m
krultang *fer* m *à friser*
krypton *krypton* m
kst *pscht!*
kubiek ⟨v. inhoud⟩ *cube* ★ ~e meter *mètre* m *cube* ★ 2 ~e meter *2 mètres cubes*
kubisme *cubisme* m

kubistisch *cubiste*
kubus *cube* m
kuch *(petite) toux* v; *toussotement* m
kuchen *toussoter*
kudde *troupeau* m [mv: *troupeaux*]
kuddedier *animal* m *grégaire* [m mv: *animaux grégaires*]; FIG. *mouton* m *(de Panurge)*; FIG. *suiviste* m/v
kuddegeest *esprit* m *grégaire / moutonnier*
kuieren *faire un tour*; *se balader*; *flâner*
kuif *houppe* v; ⟨op voorhoofd⟩ *toupet* m; ⟨v. vogel⟩ *h(o)uppe* v; ⟨pluim⟩ *aigrette* v ▾ in de kuif gepikt *piqué au vif*; *vexé*
kuiken *poussin* m
kuil *fosse* v; *trou* m; *creux* m; ⟨in wegdek⟩ *nid-de-poule* m [mv: *nids-de-poule*] ▾ wie een kuil graaft voor een ander, valt er zelf in *tel est pris qui croyait prendre*; *l'arroseur arrosé*
kuiltje *petit trou* m; ⟨in wang/kin⟩ *fossette* v
kuip *cuve* v; *baquet* m
kuiperij • het kuipen *tonnellerie* v • intrige *machination(s)* v (mv); *magouille* v
kuipje *barquette* v
kuipstoel *(siège* m*) baquet* m
kuis *chaste*; *pudique*
kuisen • Z-N schoonmaken *nettoyer* • censureren *châtier* • zuiveren ⟨censureren⟩ *expurger*
kuisheid *chasteté* v; *pudeur* v
kuisheidsgordel *ceinture* v *de chasteté*
kuit • deel van onderbeen *mollet* m • klomp viseitjes *œufs* m mv; *frai* m
kuitbeen *péroné* m
kuitschieten *pondre des œufs* ★ het ~ *frai* m
kukeleku *cocorico*
kukelen *dégringoler*
kul *foutaise* v; *fadaises* v mv; *salades* v mv
kumquat *kumquat* m
kunde *art* m; *science* v; ⟨kunnen⟩ *capacités* v mv; ⟨kundigheid⟩ *compétence* v; ⟨kundigheid⟩ *capacité* v
kundig *capable*; *versé (in en)* ★ ter zake ~ *expert en la matière*
kundigheid *compétence* v; *capacité* v
kungfu *kung-fu* m
kunne *sexe* m
kunnen I HWW mogelijk/wenselijk zijn *pouvoir* ★ hij kan de afspraak vergeten zijn *il est possible qu'il ait oublié le rendez-vous* ★ dat kon wel eens verkeerd aflopen *cela risque de mal tourner* **II** OV WW het vermogen hebben *pouvoir*; ⟨in staat zijn⟩ *être capable de*; ⟨in de gelegenheid zijn⟩ *être en mesure de*; ⟨vaardigheid hebben⟩ *savoir* ★ iets ~ *pouvoir faire qc*; *savoir faire qc* ★ ik kan niet meer *je n'en peux plus* ★ ~ zwemmen *savoir nager* ★ hij kan goed dansen *il danse bien* ★ het kan er niet in *cela ne rentre pas* ★ ertegen ~ *(pouvoir) le supporter*; *y résister*; *tenir le coup* ★ ik kan er niet over uit *je n'en reviens pas* ★ hij kan er wat van *il sait s'y prendre*; *il est fort* **III** ON WW mogelijk zijn *être possible*; *se pouvoir* ★ dat kan nu niet *ce n'est pas le moment* ★ ervan op aan ~ *pouvoir compter sur*; *pouvoir se fier à* ★ dat kan niet *c'est impossible*; *cela ne se peut pas* ★ het kan niet anders *il ne peut en être autrement* ★ het kan ermee door *ça peut aller*; *ça passe* ★ we ~ er met ons vijven in *nous y tiendrons à cinq* ▾ je kan me wat *va te faire voir* **IV** ZN [het] *capacités* v mv ★ op de toppen van zijn ~ *en pleine possession de ses moyens*
kunst • creatieve activiteit *art* m ★ de schone ~en *les beaux-arts* ★ de beeldende ~en *les arts plastiques* ★ ~en en wetenschappen *les sciences et les arts* ★ vrije ~en *arts libéraux* • product van creatieve activiteit ★ ~ verzamelen *collectionner des objets d'art* • vaardigheid *capacité* v; *habileté* v ★ de ~ verstaan om *savoir* [+ inf.]; *avoir l'art (et la manière) de* • foefje *tour* m; *truc* m ★ dat is geen ~ *ce n'est pas malin* ★ dat is juist de ~! *tout (le secret) est là!* ★ daar is geen ~ aan *ce n'est pas (bien) malin / sorcier* ▾ ~en maken *faire des tours* ▾ ~en uithalen *faire des simagrées / des siennes* ▾ zijn ~en vertonen *montrer son savoir-faire* ▾ uit de ~! *c'est du grand art!*; *bravo l'artiste!*
kunst- • kunstmatig *artificiel* [v: *artificielle*]; SCHEIK. *synthétique* • m.b.t. de schone kunsten *d'art*; *artistique*
kunstacademie *école* v *des Beaux-Arts*
kunstbeleid *politique* v *culturelle*
kunstbezit *richesses* v mv *artistiques*
kunstboek *livre* m *d'art*
kunstbont *fourrure* v *synthétique*
kunstcollectie *collection* v *d'objets d'art*
kunstenaar *artiste* m/v
kunst- en vliegwerk ★ met ~ *avec les moyens du bord*; *avec bien du mal*
kunstgebit *prothèse* v *(dentaire)*; *dentier* m
kunstgeschiedenis *histoire* v *de l'art*
kunstgreep *tour* m *(de main)*; *truc* m; ⟨list⟩ *artifice* m
kunsthandel • winkel *galerie* v *(d'art)* • bedrijfstak *commerce* m *d'objets d'art*
kunsthistoricus *historien* m *de l'art* [v: *historienne ...*]
kunsthistorisch *d'histoire de l'art*; *historico-culturel* [v: *historico-culturelle*]
kunstig *(fait) avec art*; *ingénieux* [v: *ingénieuse*]
kunstijsbaan *patinoire* v *(artificielle)*
kunstje • handigheidje *astuce* v; *truc* m • truc *tour* m *(d'adresse / de passe-passe)* ▾ dat is een koud ~ *c'est simple comme bonjour* ▾ iem. een ~ flikken *jouer un (sale) tour à qn*
kunstkenner *connaisseur* m [v: *connaisseuse*]
kunstleer *similicuir* m; *skai* m
kunstlicht *lumière* v *artificielle*
kunstlievend *amateur d'art*
kunstmaan *satellite* m *(artificiel)*
kunstmatig I BNW *artificiel* [v: *artificielle*]; ⟨onecht⟩ *factice* **II** BIJW *artificiellement*
kunstmest *engrais* m *chimique*
kunstnijverheid *arts* m mv *appliqués / décoratifs* [mv]; *artisanat* m *d'art*
kunstrijden *patinage* m *artistique*
kunstschaats *patin* m *(à figures)*
kunstschaatsen I ZN [het] *patinage* m *artistique* **II** ON WW *faire du patinage artistique*
kunstschilder *artiste* m *peintre*
kunstsneeuw *neige* v *artificielle*

kunststof I ZN [de] *matière* v *synthétique* ★ van ~ *synthétique* II BNW *synthétique*
kunststuk *exploit* m; *prouesse* v
kunstverzameling *collection* v *d'objets d'art*
kunstvezel *fibre* v *synthétique*
kunstwerk *œuvre* v *d'art*; ⟨in architectuur⟩ *ouvrage* m *d'art*
kunstzinnig I BNW artistiek *artistique* II BIJW *d'une manière artistique*
kunstzwemmen *natation* v *artistique*
kür *figures* v mv *libres*
kuren *faire une cure*
kurk I ZN [de] stop *bouchon* m ▾ de kurk waarop iets drijft *le pilier* / *le moteur de l'affaire* II ZN [het] materie *liège* m
kurkdroog *archisec* [v: *archisèche*]
kurken I BNW *de* / *en liège* II OV WW *boucher* ★ het ~ *le bouchage*
kurkentrekker *tire-bouchon* m [mv: *tire-bouchons*]
kurkuma *curcuma* m
kus *baiser* m; INFORM. *bise* v
kushand ★ ~jes geven *envoyer des baisers*
kussen I ZN [het] *coussin* m; ⟨hoofdkussen⟩ *oreiller* m II OV WW ⟨iemand⟩ *embrasser*; ⟨iets⟩ *baiser* ★ elkaar ~ *s'embrasser*; INFORM. *se faire la bise*
kussengevecht *bataille* v *de polochons*
kussensloop *taie* v *(d'oreiller)*
kust *côte* v; *rivage* m ★ aan de kust *au bord de la mer*; *sur la côte* ▾ te kust en te keur *à volonté*; *en abondance* ▾ de kust is veilig *pas de danger à l'horizon*
kustgebied *littoral* m; *zone* v *côtière* / *littorale*
kustprovincie *province* v *côtière*
kustvaarder *caboteur* m
kustvaart *navigation* v *côtière*; *cabotage* m
kustwacht *garde* v *côtière*
kustwateren *eaux* v mv *territoriales* [mv]
kut I ZN [de] *chatte* v; *foufoune* v II TW *merde*; *putain*
kut- *foutu*; *sale*; *de merde*
kuub *mètre* m *cube* ★ twee kuub *deux mètres cubes*
kuur • geneeswijze *cure* v ★ een kuur doen *faire une cure* • gril *caprice* m; *lubie* v ★ kuren hebben INFORM. *déconner*
kuuroord *station* v *thermale*
kwaad I ZN [het] *mal* m; ⟨nadeel⟩ *tort* m ★ ~ doen *faire du mal* ★ dat kan geen ~ *il n'y a pas de mal à cela*; *ça ne gâte rien* ★ ten kwade *en mal* ★ iem. iets ten kwade duiden *en vouloir à qn de qc* ★ het ~ is geschied *le mal est fait* ★ geen ~ kunnen doen bij iem. *être dans les petits papiers de qn* ▾ ~ met ~ vergelden *rendre le mal pour le mal* ▾ van ~ tot erger (vervallen) *(aller) de mal en pis* ▾ het ~ straft zichzelf *méchanceté porte sa peine* ▾ (men moet) van twee kwaden het minste kiezen *de deux maux, il faut choisir le moindre* II BNW • boos *fâché*; *en colère*; *vexé* • slecht *mauvais*; ⟨kwaadaardig⟩ *méchant* ★ niet ~! *pas mal!* ★ hij is de ~ste niet *il a un bon fond* ★ advocaat van kwade zaken *avocat* m *de mauvaises causes* ▾ het (even) te ~ hebben *avoir un pincement au cœur*; *être gagné par l'émotion* ▾ daar heb je een kwaaie aan *c'est un(e) dur(e) à cuire* III BIJW *mal* ★ hij meent het niet ~ *il n'y entend pas malice*
kwaadaardig • boosaardig *méchant*; *malveillant* • MED. *malin* [v: *maligne*]
kwaadheid *colère* v; *fureur* v
kwaadspreken *médire (over de)*; *dire du mal (over de)*
kwaadwillig *malintentionné*; *malveillant*
kwaal • ziekte *mal* m • gebrek *trouble* m
kwab *lobe* m; ⟨v. hals⟩ *fanon* m; ⟨vetrol⟩ *bourrelet* m
kwadraat *carré* m ★ in het ~ verheffen *élever* / *mettre au carré*
kwadrant *quadrant* m
kwajongen ⟨kind⟩ *gamin* m; ⟨deugniet⟩ *garnement* m
kwajongensstreek *gaminerie* v
kwak • geluid *plouf* m • hoeveelheid *tas* m *(de)*; *paquet* m *(de)* • vogel *bihoreau* m *(gris)*
kwaken • geluid (als) van eend maken *cancaner* • geluid (als) van kikker maken *coasser*
kwakkelen • sukkelen *être maladif* [v: ... *maladive*] • onbestendig zijn *être chancelant* [v: *être chancelante*]
kwakkelweer *temps* m *instable*
kwakkelwinter ≈ *hiver* m *de gel et de dégel*
kwakken I OV WW smijten *flanquer* II ON WW vallen *tomber lourdement*; *s'écraser*
kwakzalver *charlatan* m
kwakzalverij *charlatanisme* m
kwal • dier *méduse* v • engerd *enflure* v
kwalificatie *qualification* v
kwalificatiewedstrijd *(épreuve* v*) éliminatoire* v
kwalificeren *qualifier (***als** *de)* ★ gekwalificeerd zijn (voor) *être qualifié (pour)*
kwalijk I BNW *fâcheux* [v: *fâcheuse*]; *mauvais* ★ iem. iets ~ nemen *en vouloir à qn de qc* ★ neem me niet ~ *pardon*; *excuse(z)-moi* II BIJW • slecht *mal* • bezwaarlijk *difficilement*
kwalitatief I BNW *qualitatif* [v: *qualitative*] II BIJW *qualitativement*
kwaliteit • eigenschap *qualité* v • hoedanigheid *qualité* v
kwaliteitsbewaking *contrôle* m *de qualité*
kwaliteitsproduct *produit* m *de qualité* / *haut de gamme*
kwallenbeet *piqûre* v *de méduse*
kwantificeren *quantifier*
kwantitatief I BNW *quantitatif* [v: *quantitative*] II BIJW *quantitativement*
kwantiteit *quantité* v
kwantum *quantité* v
kwantumfysica *physique* v *quantique*
kwantumkorting *remise* v *sur achat en quantité*
kwantumtheorie *théorie* v *quantique*
kwark *fromage* m *blanc*
kwart I ZN [het] • vierde deel *quart* m ★ drie ~ van de gasten was weggegaan *les trois quarts des hôtes étaient partis* • kwartier *quart* m ★ het is ~ voor/over tien *il est dix heures moins (le) quart* / *et quart* II ZN [de] kwartnoot *quart* m
kwartaal *trimestre* m
kwartaalcijfers *chiffres* m mv *trimestriels*

kwartel *caille* v ▾ doof als een ~ *sourd comme un pot*
kwartet • spel *jeu* m *des sept familles*; ⟨vier kaarten⟩ *famille* v • MUZ. *quatuor* m
kwartetten *jouer au jeu des sept familles*
kwartfinale *quart* m *de finale*
kwartier • kwart uur *quart* m *d'heure* • maanfase *quartier* m • wijk *quartier* m • huisvesting van militairen *quartier* m ⋆ ~ maken *prendre ses quartiers*; *pourvoir aux logements* ⋆ ~ geven *faire quartier*
kwartje ≈ *pièce* v *de 25 cents*
kwartnoot *noire* v
kwarts *quartz* m
kwartshorloge *montre* v *à quartz*
kwartsiet *quartzite* m
kwartslag *quart* m *de tour*
kwast • verfkwast *brosse* v; ⟨penseel⟩ *pinceau* m [mv: *pinceaux*] • franje *houppe* v • aansteller *prétentieux* m; *pédant* m • drank *citronnade* v; *citron* m *pressé* • noest *nœud* m
kwebbel *bavard* m [v: *bavarde*]
kwebbelen *papoter*
kweek • het gekweekte *culture* v; ⟨v. dieren⟩ *élevage* m • het kweken *culture* v; ⟨v. dieren⟩ *élevage* m • MED. bacteriekweek *culture* v *(microbienne)*; *ensemencement* m
kweekreactor *(réacteur* m*) régénérateur* m
kweekschool OUD. *école* v *normale*
kweekvijver *alevinier* m
kwekeling *normalien* m [v: *normalienne*]
kweken *cultiver*; ⟨fokken⟩ *élever*; FIG. *engendrer*; FIG. *créer*
kweker *cultivateur* m [v: *cultivatrice*]
kwekerij *pépinière* v
kwekken • kwebbelen *papoter* • kwaken ⟨v. eend⟩ *cancaner*; ⟨v. kikker⟩ *coasser*
kwelder *pré-salé* m [mv: *prés-salés*]
kwelen ⟨v. mens⟩ *roucouler*; ⟨v. vogel⟩ *gazouiller*
kwelgeest FIG. *tourmenteur* m
kwellen *tourmenter*; ⟨zorg geven⟩ *tracasser*
kwelling *supplice* m
kwestie • vraagstuk *question* v ⋆ dát is de ~ *tout est là* • aangelegenheid *question*; *affaire* v ⋆ de persoon in ~ *la personne en question* ⋆ het is een ~ van tien minuten *c'est l'affaire de dix minutes* ▾ geen ~ van! *(il n'en est) pas question!*
kwetsbaar *vulnérable* (**voor** *à*)
kwetsen *blesser*; ⟨krenken⟩ *vexer*
kwetsuur *blessure* v; *plaie* v
kwetteren ⟨ook van vogels⟩ *babiller*
kwezel • REL. fanatiekeling *bigot* m [v: *bigote*] • sukkel *nigaud* m [v: *nigaude*]
kwibus *hurluberlu* m; *artiste* m/v
kwiek *vif* [v: *vive*]; *fringant*
kwijl • speeksel *bave* v • zeur *casse-pieds* m/v [onv]
kwijlen *baver*
kwijnen • verzwakken *dépérir* • achteruitgaan *dépérir*
kwijt • verloren ⋆ ik ben mijn sleutels ~ *j'ai perdu / égaré mes clés* ⋆ ik ben zijn naam ~ *j'ai oublié son nom* • verlost van *débarrassé de* ⋆ ~ willen *vouloir se débarrasser de*; *vouloir dire* ⋆ die zijn we ~! *bon débarras!* ⋆ ik ben hem liever ~ dan rijk *je me passerais bien de lui*; *moins je le vois, mieux je me porte*
kwijten I OV WW voldoen *accomplir*; ⟨betalen⟩ *payer* II WKD WW [+ zich] ~ **van** *s'acquitter de*
kwijtraken • verliezen *perdre* • bevrijd worden van *se débarrasser de*; *se défaire de*
kwijtschelden ⟨straf⟩ *remettre*; ⟨straf⟩ *lever*; ⟨schuld⟩ *donner quittance* ⋆ iem. iets ~ *faire grâce de qc à qn*; *remettre qc à qn* ⋆ het ~ van de schuld *la remise de la dette*
kwik *mercure* m
kwikstaart *bergeronnette* v; *hochequeue* m ⋆ grote gele ~ *bergeronnette des ruisseaux*
kwikthermometer *thermomètre* m *à mercure*
kwikzilver *mercure* m
kwinkeleren *ramager*; ⟨met trillers⟩ *triller*
kwinkslag *boutade* v; *bon mot* m
kwint *quinte* v
kwintessens *quintessence* v; *essentiel* m
kwintet *quintette* v
kwispelen *frétiller de la queue*; *remuer la queue*
kwistig I BNW *prodigue* ⋆ ~ met iets zijn *prodiguer qc*; *être prodigue de qc* II BIJW *généreusement*
kwitantie *quittance* m; *reçu* m
kynologie *cynologie* v

L

l *l* m ★ de l van Lodewijk *L comme Louis*
la • lade *tiroir* m • muzieknoot *la* m
laadbak ⟨v. vrachtauto⟩ *benne* v
laadbrief *manifeste* m *de cargaison*
laadbrug *transbordeur* m
laadklep *trappe* v *de chargement*
laadvermogen *capacité* v *de charge*
laag I ZN [de] *couche* v; AARDK. *strate* v; ⟨afzetting⟩ AARDK. *gisement* m; ⟨vliesje⟩ *film* m ★ in alle lagen van de bevolking *dans toutes les couches sociales* ▾ iem. de volle laag geven *donner son paquet à qn* ▾ de volle laag krijgen *en prendre pour son grade*; INFORM. *en prendre plein la gueule* **II** BNW • niet hoog *bas* [v: *basse*] ★ lager (dan) *plus bas (que)*; *inférieur (à)* ★ tegen lage prijs *à bas prix* • gering *faible*; *modeste* ★ de lagere dieren *les animaux inférieurs* • gemeen *bas* [v: *basse*] **III** BIJW *bas* [v: *basse*]; ⟨gemeen⟩ *bassement* ★ laag vliegen *voler bas / à basse altitude*
laag-bij-de-gronds *terre à terre* [onv]; *banal* [m mv: *banals*]; *de bas étage*; *qui vole bas*
laagbouw *construction(s)* v (mv) *basse(s)*
laaggeschoold *peu qualifié*
laaghartig I BNW *bas* [v: *basse*]; *infâme* **II** BIJW *bassement*; *d'une façon infâme*
laagland *plaine* v
laagseizoen *basse saison* v
laagspanning *basse tension* v
laagte • het laag zijn *niveau* m *peu élevé*; ⟨geringheid⟩ *modicité* v • laag terrein *terrain* m *bas* ★ in de ~ *en bas*
laagvlakte *plaine* v *(basse)*
laagwater • eb *marée* v *basse* • lage waterstand in rivier enz. *étiage* m
laaien *brûler*
laaiend • woedend *furibond* • hevig *fort*; *vif* [v: *vive*]; *intense*
laakbaar *blâmable*; *répréhensible*
laan *allée* v; *avenue* v ▾ de laan uitsturen *virer*
laars *botte* v; ⟨laarsje⟩ *bottine* v ▾ dat lap ik aan mijn ~ *je n'en ai rien à cirer*
laat I BNW niet vroeg *tard*; ⟨verlaat⟩ *tardif* [v: *tardive*] ★ het is laat *il est tard* ★ laat worden *se faire tard* **II** BIJW niet vroeg *tard*; *tardivement* ★ hoe laat is het? *quelle heure est-il?* ★ laat in de nacht *tard dans la nuit*; *à une heure avancée / tardive* ★ hoe laat heb je het? *quelle heure as-tu?* ★ hoe laat? *à quelle heure?* ★ een uur te laat aankomen *avoir une heure de retard*; *être en retard d'une heure* ★ pas laat *sur le tard* ▾ ik weet al hoe laat het is *je vois le plan* ▾ het is weer zo laat! *ça recommence!*; *et rebelote!*
laatbloeier • plant *plante* v *tardive* • persoon *personne* v *qui s'épanouit sur le tard*
laatdunkend I BNW *dédaigneux* [v: *dédaigneuse*] **II** BIJW *avec dédain*
laatkomer *retardataire* m/v
laatst I BNW • achterste in tijd *dernier* [v: *dernière*] ★ op een na de ~e *avant-dernier* [v: *avant-dernière*] • achterste in reeks *dernier* [v: *dernière*] • recent *dernier* [v: *dernière*] **II** BIJW • onlangs *dernièrement*; *l'autre jour* • meest laat ★ de ~ aangekomene *le dernier venu* ★ hij kwam het ~ *il était / arrivait le dernier* ★ op het ~ *à la fin* ★ op z'n ~ *au plus tard* ★ voor het ~ *pour la dernière fois*
laatstgenoemde *ce dernier* m [v: *cette dernière*]
label • kaartje *étiquette* v • merk *label* m
labelen *label(l)iser*
labiel *instable*
laborant *laborantin* m [v: *laborantine*]
laboratorium *laboratoire* m; INFORM. *labo* m
labyrint *labyrinthe* m
lach *rire* m ★ in de lach schieten *éclater de rire* ★ een parelende lach *un rire perlé* ★ de slappe lach hebben *avoir le fou rire*
lachbui *accès* m *de (fou) rire*
lachebek ≈ *déconneur* m [v: *déconneuse*]
lachen *rire (om, over de)*; INFORM. *rigoler*; INFORM. *se marrer* ★ ~ tegen iem. *sourire à qn*; *faire des risettes à qn* ★ zijn ~ niet kunnen houden *ne pouvoir s'empêcher de rire* ★ in ~ uitbarsten *éclater de rire* ★ ~de ogen *yeux* m mv *rieurs* ★ daar lach ik om! *je m'en moque!* ★ ik moest ~ *ça me faisait rire* ★ het is om je rot te ~ *c'est tordant* ▾ wie het laatst lacht, lacht het best *rira bien qui rira le dernier* ▾ laat me niet ~! *tu me fais rire!*; *à d'autres!* ▾ de ~de derde *le troisième larron* ▾ zich een bult / ongeluk ~ *s'écrouler / se tordre de rire*
lacher ▾ de ~s op zijn hand krijgen *avoir / mettre les rieurs de son côté*; *amuser la galerie*
lacherig I BNW *rieur* [v: *rieuse*] **II** BIJW *en riant*
lachertje *plaisanterie* v
lachfilm *film* m *comique*
lachgas *gaz* m *hilarant*
lachsalvo *explosion* v *de rires*
lachspiegel *miroir* m *déformant*
lachspieren ★ dat werkt op de ~ *cela prête à rire*; *cela fait rire*
lachstuip *rire* m *convulsif*
lachwekkend • *risible*; ⟨belachelijk⟩ *ridicule* • lach opwekkend *risible* • belachelijk *ridicule*
laconiek *imperturbable*
lactose *lactose* m
lactovegetariër ≈ *végétarien* m [v: *végétarienne*]
lacune *lacune* v ★ een ~ aanvullen *combler une lacune*
ladder ⟨ook fig.⟩ *échelle* v ▾ de maatschappelijke ~ *l'échelle sociale* ▾ een ~ in een panty ophalen *remailler des collants (démaillés)*
ladderen ⟨v. kous⟩ *filer*; *se démailler*
ladderzat *bourré*
lade • la ⟨v. kast⟩ *tiroir* m ★ de lade lichten *partir avec la caisse* ★ dat brengt geld in het laatje *ça rapporte (des sous)* • ⟨v. geweer⟩ *fût* m
ladekast *commode* v
laden • bevrachten *charger* • voorzien van *charger*
lading • last *charge* v; SCHEEPV. *cargaison* v • elektrische lading *charge* v • munitie, explosief *charge* v
ladykiller *bourreau* m *des cœurs* [m mv: *bourreaux* ...]

laf I BNW • niet moedig *lâche* • zonder zout *fade* • flauw *fade* II BIJW *lâchement*
lafaard *lâche* m/v; ⟨bangerd⟩ *peureux* m [v: *peureuse*]
lafenis • drankje *rafraîchissement* m • bemoediging *réconfort* m
lafhartig I BNW *lâche* II BIJW *lâchement*
lafheid *lâcheté* v
lagedrukgebied *dépression* v *(atmosphérique)*
lagelonenland *pays* m *à faibles revenus*
lager I ZN [de] TECHN. *coussinet* m; *palier* m II ZN [het] bier *bière* v *blonde*
Lagerhuis *Chambre* v *basse*
lagerwal *côte* v *sous le vent* ▾ aan ~ raken *tomber bien bas*
lagune *lagune* v
lak • mengsel van hars *laque* v • verf *peinture* v *laquée* ▾ ik heb er lak aan *je m'en fiche*; *je n'en ai rien à cirer*
lakei *laquais* m
laken I ZN [het] bedbedekking *drap* m ▾ het groene ~ *le tapis vert* ▾ tussen de ~s kruipen *se mettre aux plumes* ▾ zij deelt de ~s uit *c'est elle qui commande* II ZN [het] stof *drap* m ▾ dat is van hetzelfde ~ een pak *c'est du pareil au même* III OV WW • berispen *blâmer* • afkeuren *condamner*
lakken *vernir*; *laquer*; ⟨v. auto⟩ *peindre*; ⟨v. nagels⟩ *vernir*
lakmoes *tournesol* m
lakmoesproef *réaction* v *au (papier de) tournesol*; FIG. *test* m *décisif*
laks I BNW • lui *indolent*; *mou* [v: *molle*] [vóór klinker of stomme h: mol]; *apathique* • te toegeeflijk *laxiste* II BIJW *mollement*
lakschoen *chaussure* v *vernie*
laksheid *indolence* v; *apathie* v; ⟨toegeeflijkheid⟩ *laxisme* m
lallen ≈ *bredouiller*
lam I ZN [het] *agneau* m [mv: *agneaux*] [v: *agnelle*]; ⟨lammetje⟩ *agnelet* m ▾ het lam Gods *l'Agneau de Dieu* II BNW • verlamd *paralytique*; OOK FIG. *paralysé* • stukgedraaid *fou* [v: *folle*] [vóór klinker of stomme h: fol]; *mort* • stomdronken *ivre mort* • vervelend *pénible*
lama • dier *lama* m • priester *lama* m
lambrisering *lambris* m
lamel *lamelle* v; ⟨v. hout⟩ *latte* v
lamenteren *se lamenter*
lamheid *paralysie* v ⋆ met ~ geslagen *paralysé*
laminaat *aggloméré* m *stratifié*
lamineren • met plasticfolie overtrekken *laminer* • gelaagd maken *contreplaquer*
lamleggen *paralyser*
lamlendig I BNW *gnangnan*; *veule*; ⟨slapjes⟩ *flagada* II BIJW • lusteloos *sans énergie* • beroerd *misérablement*
lamme *paralytique* m/v ▾ de ~ leidt de blinde *c'est l'aveugle et le paralytique*; *l'aveugle conduit l'aveugle*
lammeling • naarling *plaie* • slappeling *chiffe* v *molle*
lamp *lampe* v ⋆ staande lamp *lampadaire* m ▾ tegen de lamp lopen *se faire attraper*
lampenkap *abat-jour* m [onv]
lampetkan *broc* m
lampion *lampion* m; *lanterne* v *vénitienne*
lamsvlees *(viande* v*) d'agneau* m
lamswol *agneline* v
lanceerbasis *base* v *de lancement*; ⟨platform⟩ *rampe* v *de lancement*
lanceren OOK FIG. *lancer*
lancet *lancette* v
land • staat *pays* m • vaste grond *terre* v ⋆ te land en ter zee *sur terre et sur mer* ⋆ aan land komen *débarquer*; *mettre pied à terre*; *aborder* ⋆ over land *par voie de terre* ⋆ aan land zetten *débarquer* ⋆ te land *sur terre* • grond *terre* v ⋆ stuk land *terrain* m ⋆ land bezitten *posséder des terres* • akkerland *terres* v mv *cultivables* • platteland *campagne* v ⋆ op het land *à la campagne*; *au vert* ▾ het land krijgen aan *prendre en grippe* ▾ het land hebben aan iets *avoir horreur de qc* ▾ in het land der blinden is eenoog koning *au royaume des aveugles les borgnes sont rois* ▾ 's lands wijs, 's lands eer *autant de pays, autant de coutumes*
landaanwinning • land *terres* v mv *conquises (sur l'eau)*; *accrue* v • het aanwinnen *poldérisation* v
landaard *caractère* m *national*
landbouw *agriculture* v
landbouwbedrijf *exploitation* v *agricole*
landbouwbeleid *politique* v *agricole*
landbouwer *agriculteur* m [v: *agricultrice*]
landbouwschool *école* v *d'agriculture*
landbouwuniversiteit *école* v *supérieure agronomique*
landdag ⟨v. vereniging⟩ *rassemblement* m *annuel*; GESCH. *diète* v
landdier *animal* m *terrestre*
landelijk I BNW • nationaal *national* [m mv: *nationaux*] • plattelands *rural* [m mv: *ruraux*] II BIJW *au niveau national*
landen *atterrir*; ⟨op water⟩ *amerrir*; ⟨op de maan⟩ *alunir*; ⟨v. troepen⟩ *débarquer*
landengte *isthme* m
land- en volkenkunde *civilisation* v
landenwedstrijd *rencontre* v *internationale*
landerig *indolent*; *amorphe*; INFORM. *gnangnan*
landerijen *terres* v mv
landgenoot *compatriote* m/v
landgoed *propriété* v; *terres* v mv; *domaine* m
landhuis *maison* v *de campagne*; ⟨groot⟩ *manoir* m
landijs *inlandsis* m
landing ⟨v. vliegtuig⟩ • ⟨op land⟩ *atterrissage* m; ⟨op zee⟩ *amerrissage* m ⟨v. schip⟩ • *débarquement* m
landingsbaan *piste* v *d'atterrissage*
landingsgestel *train* m *d'atterrissage*
landingsstrip *bande* v *d'atterrissage*
landingstroepen *troupes* v mv *de débarquement* [mv]
landinwaarts *à / vers l'intérieur des terres*
landjuweel ≈ *concours* m *théâtral régional*
landkaart *carte* v *géographique*
landklimaat *climat* m *continental*
landloper *vagabond* m [v: *vagabonde*]
landloperij *vagabondage* m

landmacht *armée* v *de terre*
landmeten *arpenter*
landmeter *arpenteur* m; *géomètre* m
landmijn *mine* v *terrestre*
landrot *terrien* m [v: *terrienne*]
landsbelang *intérêt* m *national*
landschap *paysage* m
landschildpad *tortue* v *terrestre*
landstreek *contrée* v; *région* v
landtong *langue* v *de terre*
landverhuizer *émigrant* m [v: *émigrante*]
landverhuizing *émigration* v
landverraad *haute trahison* v
landverrader *traître* m *à la patrie*
landweg ⟨onverhard⟩ *chemin* m *de terre*
landwijn *vin* m *de pays*; *vin* m *du cru*
landwind *vent* m *de terre / d'amont*
landwinning *accrue* v
lang I BNW • van bepaalde / grote lengte *long* [v: *longue*]; ⟨v. gestalte⟩ *grand* ★ tien meter lang *long de dix mètres* ★ langer maken *rallonger* ★ langer worden *s'allonger* ★ op z'n langst *(tout) au plus*; *au maximum* • van bepaalde tijd *pendant*; *durant* ★ een uur lang wachten *attendre (pendant) une heure* ★ zijn leven lang *sa vie durant*; *(durant) toute sa vie* ▾ in het lang *en robe du soir* ▾ bij lange na niet *il s'en faut de beaucoup* ▾ het is zo lang als het breed is *cela revient au même* II BIJW *longtemps*; ⟨breedvoerig⟩ *longuement* ★ niet lang daarna *peu après* ★ zo lang als *tant que* ★ hoe lang is het geleden dat ...? *cela fait combien de temps que ...?* ★ ergens lang over doen *mettre beaucoup de temps à faire qc* ★ wat duurt dat lang! *que c'est long!* ★ hij blijft lang weg *il est long à rentrer* ★ het lang maken *être long* ★ hij zal het niet lang meer maken *il n'en a plus pour longtemps*; INFORM. *ça sent le sapin* ★ we zijn er nog lang niet *nous sommes loin d'être arrivés* ★ geen dag langer *pas un jour de plus* ★ zo kan het niet langer *ça ne peut pas durer* ▾ hoe langer hoe meer *de plus en plus* ▾ lang en breed *en long et en large*; *depuis longtemps* ▾ lang niet slecht *pas mal du tout* ▾ hij is lang niet dom *il est loin d'être bête*
langdradig I BNW *prolixe* II BIJW *longuement*
langdurig I BNW *de longue durée*; *prolongé* II BIJW *longuement*
langeafstandsraket *missile* m *intercontinental*
langeafstandsvlucht *vol* m *longue distance*
langetermijngeheugen *mémoire* v *à long terme*
langetermijnplanning *planning* m *à long terme*
langgerekt • lang en smal *étiré* • lang aangehouden *prolongé*
langharig *aux cheveux longs*; ⟨v. dieren⟩ *à poil long*
langlaufen *faire ski* m *de fond*
langlopend *à long terme*
langoustine *langoustine* v
langparkeerder ≈ *voiture* v *en stationnement prolongé*
langs I BIJW • voorbij ★ kom jij daar ~? *est-ce que tu passes par là?* ★ liggen / staan ~ *border*; *longer* ★ dicht ~ de kust varen *longer la côte* ★ vlak ~ de grond *au ras du sol* • in de lengte naast ★ de kerk ~ en dan rechts *vous passez devant l'église et vous tournez à droite* ▾ het ging ~ me heen *cela a glissé sur moi* ▾ ze praten ~ elkaar heen *c'est un dialogue de sourds* II VZ • via *par* ★ ~ de regenpijp omhoog *en montant par le tuyau de descente* • in de lengte naast ★ ~ de lijn *le long de la ligne*
langsgaan • voorbij komen *passer devant* • op bezoek gaan ★ bij iem. ~ *passer voir qn*; *faire un saut chez qn*
langskomen *passer*
langslaper *lève-tard* m/v [onv]
langspeelplaat *trente-trois tours* m [onv]
langsrijden • voorbij iets rijden *passer en voiture devant* ★ hij reed met grote vaart langs *il passait en voiture à grande allure* • toegaan naar *passer en voiture* ★ rijd je even bij hem langs? *tu veux bien passer devant sa maison?*
langst *le plus long* [v: *la plus longue*]
langszij *bord à bord* ★ ~ komen *accoster*
languit *de tout son long*
langverwacht *longtemps / tant attendu*
langwerpig *oblong* [v: *oblongue*]
langzaam I BNW *lent* II BIJW *lentement* ★ ~ rijden *rouler au pas* ★ langzamer gaan rijden *ralentir* ★ ~ aan *doucement*; *petit à petit*; *peu à peu* ★ ~ maar zeker *lentement mais sûrement* ▾ ~ aan, dan breekt het lijntje niet *vas-y mollo!*; *hâte-toi lentement!*
langzaamaanactie *grève* v *du zèle*; *opération* v *escargot*
langzamerhand *graduellement*; *progressivement*; *peu à peu*
lankmoedig *indulgent*; *patient*
lans *lance* v ▾ een lans breken voor *prendre fait et cause pour*
lantaarn *lanterne* v; ⟨lantaarnpaal⟩ *réverbère* m; ⟨op schip⟩ *fanal* m [mv: *fanaux*] ▾ die moet je met een ~tje zoeken *ça ne court pas les rues*
lantaarnpaal *réverbère* m; *poteau* m *de réverbère* [m mv: *poteaux ...*]
lanterfanten *fainéanter*; INFORM. *glander*
Laos *le Laos* ★ in Laos *au Laos*
Lap *Lapon* m [v: *Laponne*]
lap • stuk stof *tissu* m; ⟨coupon⟩ *coupon* m; ⟨vod⟩ *chiffon* m • plat stuk *pièce* v; *morceau* m [mv: *morceaux*] ★ een lap grond *un lopin de terre* ★ een lap vlees *une tranche de viande* ▾ dat werkt op hem als een rode lap op een stier *ça lui fait monter la moutarde au nez* ▾ iem. voor het lapje houden *mettre qn dedans*
lapje *petit coupon* m ▾ een ~ grond *un lopin de terre*
lapjeskat *chat* m *bigarré*
Lapland *la Laponie* ★ in ~ *en Laponie*
lapmiddel *palliatif* m; *pis-aller* m [onv]
lappen • klaarspelen *arranger*; *goupiller* • streek leveren *jouer un tour / coup (à)* • schoonmaken *nettoyer* ★ de ramen ~ *faire les vitres* • herstellen *raccommoder*; *rapiécer* • INFORM. betalen *se cotiser (***voor** *pour)* ▾ iem. erbij ~ *moucharder qn*; *balancer qn*
lappendeken • deken *couverture* v *en*

la

patchwork • FIG. *mosaïque* v
lappenmand ▾ in de ~ zijn *être patraque*
laptop *(ordinateur* m / *PC* m*) portable* m
lapwerk OOK FIG. *rafistolage* m
lapzwans *chiffe* v *molle*
larderen *(entre)larder (*met *de)*
larie *foutaise* v; *fadaises* v mv; *(du) pipeau* m ★ allemaal ~! *ça n'a aucun sens!*
lariks *mélèze* m
larve *larve* v
laryngitis *laryngite* v
larynx *larynx* m
las *soudure* v; *joint* m
lasagne *lasagne* v
lasapparaat *soudeuse* v
laser *laser* m
laserprinter *imprimante* v *laser*
laserstraal *rayon* m *laser*
lassen *souder*; ⟨verbinden⟩ *assembler*; ⟨invoegen⟩ *insérer*
lasser *soudeur* m [v: *soudeuse*]
lasso *lasso* m ★ met een ~ *au lasso*
last • vracht *charge* v; *fardeau* m [mv: *fardeaux*]; *poids* m • hinder *fardeau* m [mv: *fardeaux*]; *poids* m; *embarras* v; *gêne* v; *nuisance(s)* v (mv) ★ last hebben van *être gêné / incommodé par* ★ iem. tot last zijn *incommoder qn* ★ last bezorgen *causer de l'embarras/des ennuis*; *donner du mal* ★ ik heb geen last van hem *il ne me gêne pas* ★ last hebben van kiespijn *souffrir d'un mal de dents* • verplichting *charge* v ★ sociale lasten *charges sociales* ★ op hoge lasten zitten *avoir de lourdes charges* ★ ten laste brengen van *incomber à*; *être imputé à* • beschuldiging *charge* v ★ iem. iets ten laste leggen *imputer qc à qn* • bevel ★ op last van de minister *par ordre du ministre* ★ last geven tot *ordonner* ▾ Leiden is in last *le torchon brûle*
lastdier *bête* v *de somme / de charge*
lastenverlichting *diminution* v *des charges*
laster *calomnie* v; *diffamation* v
lasteraar *calomniateur* m [v: *calomniatrice*]
lastercampagne *campagne* v *de diffamation*
lasteren *calomnier*; *diffamer*; REL. *blasphémer*
lasterlijk I BNW *calomnieux* [v: *calomnieuse*]; *diffamatoire* II BIJW *calomnieusement*
lasterpraat *propos* m mv *calomniateurs*
lastgever *commettant* m [v: *commettante*]; *mandant* m [v: *mandante*]
lastig I BNW • moeilijk *difficile*; *pénible*; ⟨netelig⟩ *délicat* • hinderlijk *gênant*; *embarrassant* ★ het iem. ~ maken *rendre la vie difficile à qn* ★ iem. ~ vallen *importuner qn*; *déranger qn*; *harceler qn (de)* • ongelegen *importun* II BIJW *difficilement*; *péniblement*
last minute *de dernière minute*
lastpost *enquiquineur* m [v: *enquiquineuse*]
lat • stuk hout *latte* v • SPORT *(barre* v*) transversale* v • mager persoon *latte* v ▾ de lange latten *les planches* ▾ de lat hoger leggen *placer la barre plus haut*
laten I OV WW • toestaan *laisser* ★ laat me gaan! *laisse-moi partir!* • ertoe brengen *faire* ★ iem. ~ wachten *faire attendre qn* • opdragen ★ laat hem binnenkomen *faites-le entrer* • nalaten *s'abstenir de* ★ hij kan het niet ~ om *il ne peut s'empêcher de* ★ hij kan het niet ~ *c'est plus fort que lui* ★ dat zal ik wel ~! *je m'en garderai bien!* ★ dat zal ik niet ~! *je vais me gêner!* • in toestand laten ★ het daarbij niet ~ *ne pas s'en tenir là* ★ we zullen het hierbij ~ *nous en resterons là* ★ wil je dat eens ~! *as-tu (bientôt) fini!* ★ laat maar! *laisse!*; INFORM. *laisse tomber!* ★ laat ze maar! *laisse-les (faire)!* • niet inhouden ★ winden ~ *lâcher des vents*; INFORM. *péter* ★ tranen ~ *verser des larmes* II HWW ★ ~ we gaan *allons-y*; *on y va?* ★ laat het waar zijn, en dan nog... *même si c'était vrai, ...*
latent I BNW *latent*; *sous-jacent* II BIJW *à l'état latent*
later I BNW *ultérieur* II BIJW *plus tard*; *ultérieurement* ★ enige tijd ~ *quelque temps après*; *après quelque temps*
lateraal *latéral* [m mv: *latéraux*]
latex *latex* m; ⟨verf⟩ *peinture* v *au latex*
latexverf *peinture* v *au latex*
Latijn *latin* m ▾ aan het eind van zijn ~ zijn *y perdre son latin*; *être au bout du rouleau*
Latijns *latin*
Latijns-Amerika *l'Amérique* v *latine*
Latijns-Amerikaans *latino-américain* [m mv: *latino-américains*]
latino *latino* m
latrelatie *relation* v *à temps partiel* ★ een ~ hebben ≈ *vivre en couple séparément*
latrine *latrines* v mv
latwerk • hekwerk *treillage* m • raamwerk *lattis* m
laurier *laurier* m
lauw I BNW • halfwarm *tiède* • FIG. mat *tiède* II BIJW *tièdement*
lauweren *lauriers* m mv ▾ op zijn ~ rusten *se reposer / s'endormir sur ses lauriers* ▾ ~ oogsten *cueillir des lauriers*
lauwerkrans *couronne* v *de lauriers*
lava *lave* v
lavabo *lavabo* m
laveloos *ivre mort*
laven *rafraîchir* ★ zich ~ aan *se réconforter avec*
lavendel *lavande* v
laveren • SCHEEPV. *louvoyer* • FIG. wankelend lopen *louvoyer* • FIG. schipperen *louvoyer*
lawaai *bruit* m; ⟨herrie⟩ *tapage* m; ⟨herrie⟩ *boucan* m; *vacarme* m ★ ~ maken *faire du bruit*
lawaaierig I BNW *bruyant* II BIJW *bruyamment*
lawaaischopper *tapageur* m [v: *tapageuse*]
lawine OOK FIG. *avalanche* v
lawinegevaar *risque* m *d'avalanche*
laxeermiddel *laxatif* m
laxeren *purger*
lay-out *mise* v *en pages*
lay-outen *mettre en pages*
lazaret *lazaret* m
lazarus *bourré*
lazer ▾ iem. op zijn ~ geven *bourrer la gueule à qn* ▾ op zijn ~ geven *engueuler* ▾ op zijn ~ krijgen *se faire engueuler*
lazeren I OV WW smijten *flanquer*; *ficher* ★ alles door elkaar ~ *tout mélanger* II ON WW

la

• vallen *dégringoler* ★ van de trap ~ *dégringoler dans l'escalier* • donderjagen *chahuter; déconner*

lbo ≈ *enseignement* m *professionnel secondaire du premier cycle*

lcd-scherm *écran* m *LCD*; *écran* m *à cristaux liquides*

leaseauto *voiture* v *(louée) en leasing*

lebberen *siroter*

lector *maître* m *de conférences*

lectuur *lecture(s)* v

ledematen • → **lidmaat**

ledental *nombre* m *de membres/d'adhérents*

leder • → **leer**

lederen • → **leren**

lederwaren *maroquinerie* v

ledigen *vider*

ledigheid *oisiveté* v

ledikant *lit* m

leed I ZN [het] *douleur* v; *peine* v; *souffrance* v ★ het leed is geleden *le plus dur est passé*; *ce n'est plus qu'un mauvais souvenir* **II** BNW ★ met lede ogen aanzien *voir d'un mauvais œil*

leedvermaak *joie* v *maligne*

leedwezen *regrets* m mv ★ tot mijn ~ *à mon grand regret*

leefbaar *vivable*

leefbaarheid *qualité* v *de vie*

leefgemeenschap *communauté* v

leefklimaat *cadre* m *de vie*

leefmilieu *environnement* m; *habitat* m

leefnet *vivier* m

leefomstandigheden *conditions* v mv *de vie*

leefregel *règle* v *(de vie)*

leefruimte *espace* m *vital*

leeftijd *âge* m ★ de ~ hebben om *être en âge de* ★ op ~ zijn *être âgé / d'un âge avancé / sur l'âge* ★ op twintigjarige ~ *à (l'âge de) vingt ans*

leeftijdgenoot ★ wij zijn leeftijdgenoten *nous sommes du même âge / de la même génération*

leeftijdsdiscriminatie *âgisme* m

leeftijdsgrens *limite* v *d'âge*

leeftijdsklasse *classe* v *d'âge*

leeftocht *vivres* m mv

leefwijze *(mode* m */ style* m *de) vie* v

leeg • zonder inhoud *vide* • onbezet *inoccupé; libre; vacant* • uitgeput *vide* • leeggelopen ‹v. accu / band› *à plat*

leegdrinken *vider*

leeggieten *vider*

leeggooien *vider*

leeghalen *vider*

leeghoofd *personne* v *écervelée / qui n'a rien dans le crâne*

leegloop • wegtrekken *dépeuplement* m; *exode* m • ECON. niet produceren *temps* m mv *morts*

leeglopen *se vider*; ‹v. gebied› *se dépeupler*; ‹v. luchtband› *se dégonfler*

leegloper *fainéant* m [v: *fainéante*]

leegmaken *vider*

leegstaan *être vide*; *être inoccupé*

leegstand *inoccupation* v

leegte *vide* m

leek • niet-vakman *profane (in en)* m/v • niet-geestelijke *laïc* m; *laïque* m/v

leem *terre* v *glaise*; *limon* m

leemgroeve *glaisière* v

leemte *lacune* v; *omission* v; *manque* m ★ in een ~ voorzien *combler une lacune*

leen • het lenen ★ te leen *à titre de prêt* ★ te leen geven (aan) *prêter (à)* ★ te leen krijgen (van) *emprunter (à)* ★ iem. iets te leen vragen *demander à qn de prêter qc* • GESCH. leengoed *fief* m

leengeld *droits* m mv *de prêt* [mv]

leenheer *seigneur* m *féodal* [m mv: *seigneurs féodaux*]; ‹opperleenheer› *suzerain* m

leenman *vassal* m [mv: *vassaux*]

leenstelsel *régime* m *féodal*; *féodalité* v

leenwoord *(mot* m *d')emprunt* m

leep *déluré*; *roublard*; *roué*; *futé*

leer I ZN [de] • les ★ in de leer doen/zijn *mettre/être en apprentissage* • doctrine *théorie* v; *doctrine* v; *dogme* m ★ vast/zuiver/recht in de leer *orthodoxe* **II** ZN [het] leder *cuir* m; *peau* v ▾ van leer trekken tegen *fulminer contre*

leerboek *manuel* m

leergang • cursus *cours* m • methode *méthode* v

leergeld *frais* m mv *de scolarité* [mv] ▾ ~ betalen voor iets *apprendre qc à ses dépens*

leergierig *studieux* [v: *studieuse*]; *curieux* [v: *curieuse*]

leerjaar *année* v *d'apprentissage*; ‹schooljaar› *année* v *scolaire*

leerkracht *enseignant* m [v: *enseignante*]

leerling • scholier *élève* m/v; ‹beginneling› *apprenti* m [v: *apprentie*] • volgeling *disciple* m/v

leerling-verpleegster *élève* v *infirmière*

leerlingwezen *apprentissage* m

leerlooien *tanner*

leerlooier *tanneur* m

leermeester *maître* m [v: *maîtresse*]

leermiddelen *matériel* m *pédagogique*

leerplan *programme* m *(des études)*

leerplicht *scolarité* v / *institution* v *obligatoire*

leerplichtig *en âge scolaire*

leerrijk *instructif* [v: *instructive*]

leerschool *école* v ★ hij heeft een harde ~ gehad *il a été à rude école*

leerstelling *dogme* m; *doctrine* v

leerstoel *chaire* v

leerstof *matière(s)* v (mv)

leertje *morceau* m *de cuir*; TECHN. *joint* m; ‹v. kraan› *joint* m *(de robinet)*

leervak *matière* v; *discipline* v

leerweg *filière* m

leerzaam I BNW *instructif* [v: *instructive*] **II** BIJW *de façon instructive*

leesbaar • wat te lezen is *lisible* • aangenaam om te lezen *lisible*

leesblind *dyslexique*

leesboek *livre* m *de lecture*

leesbril *lunettes* v mv *pour lire* [mv]

leespen *lecteur* m *de codes-barres*; *douchette* v

leesportefeuille ≈ *choix* m *de revues/magazines d'un service de prêt*

leest *forme* v ▾ op een andere ~ schoeien

lb

remanier; *reformater* ▾ op dezelfde ~ geschoeid *fait sur le même moule*; *du même gabarit*
leesteken *signe* m *de ponctuation*
leesvaardigheid *compréhension* v *écrite*
leesvoer *littérature* v *de gare*
leeszaal *salle* v *de lecture*
Leeuw *Lion* m
leeuw *lion* m [v: *lionne*]
leeuwenbek *gueule-de-loup* v [mv: *gueules-de-loup*]
leeuwendeel *part* v *du lion* ⋆ het ~ opeisen *se tailler la part du lion*
leeuwentemmer *dompteur* m *de lions* [v: *dompteuse* ...]
leeuwerik *alouette* v
leeuwin *lionne* v
lef *culot* m; *toupet* m ⋆ wat een lef! *il / elle est culotté(e) / gonflé(e)* ⋆ heb het lef eens! *ose un peu!*
lefgozer *m'as-tu-vu* m [onv]
leg *ponte* v ⋆ aan de leg zijn *pondre*
legaal I BNW *légal* [m mv: *légaux*] **II** BIJW *légalement*
legaat I ZN [de] gezant *légat* m **II** ZN [het] erflating *legs* m
legaliseren *légaliser*
legbatterij *batterie* v *(de ponte)*
legen *vider*
legenda *légende* v
legendarisch *légendaire*; *entré dans la légende*
legende *légende* v
leger • MIL. *armée* v • grote menigte *armée* v • rustplaats van dier *gîte* m ▾ Leger des Heils *Armée* v *du Salut*
legerbasis *base* v *militaire*
legeren *cantonner*; *camper*
legeren • samensmelten ‹v. metalen› *allier* • legateren *léguer*
legering *campement* m
legering *alliage* m
legerleiding *commandement* m
legerplaats *camp* m
leges *droits* m mv *(d'expédition)* [mv]
leggen • plaatsen *mettre*; *poser*; *placer*; ‹doen liggen› *coucher* • eieren leggen *pondre*
legging *leggings* v mv; *collant(s)* m (mv)
legio ⋆ ~ fouten *une kyrielle de fautes* ⋆ ~ zijn *être légion*
legioen *légion* v ⋆ het Legioen van Eer *la Légion d'honneur*
legionair *légionnaire* m
legionella *légionellose* v
legitiem *légitime*
legitimatie *justification* v *de son identité*
legitimatiebewijs *pièce* v *d'identité*; *papiers* m mv
legitimatieplicht *obligation* v *de justifier de son identité*
legitimeren I OV WW wettig verklaren *légitimer* **II** WKD WW [+ zich] *justifier de son identité*; *montrer ses papiers*
legkast *armoire* v *à linge*
legpuzzel *puzzle* m
leguaan *iguane* m
lei I ZN [de] schrijfbordje *ardoise* v ▾ met een schone lei beginnen *repartir à zéro*; *faire table rase* **II** ZN [het] leisteen *ardoise* v
leiband ▾ aan de ~ lopen *être mené à la baguette*
Leiden *Leyde* v
leiden I OV WW • doen gaan *mener*; *conduire*; ‹begeleiden› *guider* ⋆ zich laten ~ door *prendre pour guide*; *se régler sur* ⋆ hij leidde haar bij de hand *il la menait par la main* ⋆ de ~de gedachte *l'idée directrice* • aan het hoofd staan van *diriger* ⋆ geleide economie *économie* v *dirigée* • doorbrengen *mener* • voorstaan *mener* ⋆ Oranje leidt met 2-1 *les Pays-Bas mènent 2 à 1* **II** ON WW in een bepaalde richting gaan *mener* *(***naar, tot** *à)* ⋆ dat leidt tot niets *cela ne mène / n'aboutit à rien*
leider • leidinggevende *dirigeant* m [v: *dirigeante*]; *chef* m *de file* • POL. aanvoerder *leader* m • koploper *leader* m
leiderschap *direction* v; MIL. *commandement* m; ‹politiek› *leadership* m
leiding • het leiden/besturen ⋆ de ~ hebben *être en charge* ⋆ onder ~ van *sous la direction de*; *sous la conduite / houlette de* • bestuur *direction* v • SPORT *tête* v ⋆ de ~ nemen *prendre la tête* ⋆ aan de ~ gaan *mener* • buis, kabel *conduite* v; *conduit* m; *ligne* v
leidinggevend *dirigeant* ⋆ ~e functionarissen *cadres* m mv
leidingwater *eau* v *de conduite / de robinet*
leidraad • richtsnoer *fil* m *conducteur* • handleiding *guide* m
leien *en ardoise*; *d'ardoise*
leisteen *schiste* m; *ardoise* v
leitmotiv *leitmotiv* m [mv: *leitmotiv(e)*]; *thème* m *conducteur*
lek I ZN [het] • gat *fuite* v; ‹v. schip› *voie* v *d'eau* • verklikker *fuite* v **II** BNW *percé*; *qui fuit* ⋆ lek zijn *fuir*; *faire eau* ⋆ een lekke band *un pneu crevé / à plat*; *une crevaison* ⋆ zo lek als een zeef *(percé comme) une passoire*
lekenbroeder *frère* m *convers*
lekkage *fuite* v
lekken I OV WW doen uitlekken *ébruiter*; *divulguer* ⋆ er is gelekt *il y a eu des fuites* **II** ON WW • lek zijn *fuir* ⋆ het lekt *il y a une fuite* • doorsijpelen *suinter*; *filtrer*
lekker I BNW • smakelijk *bon* [v: *bonne*]; *agréable* • aangenaam *bon* [v: *bonne*]; *agréable* • INFORM. aantrekkelijk ⋆ ~ mokkel *belle plante* v; *nana* v *bien roulée* ▾ iem. ~ maken *allécher qn* **II** BIJW *bon*; *bien* ⋆ graag ~ eten *aimer la bonne chère* ⋆ ~ ruiken *sentir bon* ⋆ ~ vinden *aimer* ⋆ ik voel me niet ~ *je ne me sens pas bien*; *je ne suis pas dans mon assiette* ▾ dat zit me niet ~ *voilà qui me contrarie*; *ça me travaille* ▾ ik zeg het ~ niet *je ne le dirai pas, na!*
lekkerbek *gourmand* m [v: *gourmande*]
lekkerbekje ≈ *morceau* m *d'aiglefin frit*
lekkernij *délice* m; *régal* m
lekkers *friandises* v mv
lel • mep *baffe* v • ‹v. oor› *lobe* m; ‹v. hoender› *fanon* m
lelie *lis* m ⋆ Franse ~ *fleur* v *de lis*

le

lelieblank *blanc comme un lis*
lelietje-van-dalen *muguet* m
lelijk I BNW • niet mooi *laid*; INFORM. *moche* ★ ~ maken / worden *enlaidir* ★ ~ als de nacht *laid à faire peur* • kwalijk *vilain*; *mauvais*; *sale* **II** BIJW • gemeen *vilainement*; *salement* ★ iem. ~ aankijken *regarder qn de travers* ★ ~ doen tegen *être désagréable / méchant avec* • danig *joliment* ★ hij heeft zich ~ vergist *il s'est joliment/lourdement trompé* ▾ er ~ aan toe zijn *être dans de jolis draps* ▾ het ziet er ~ uit *ça se présente mal*
lelijkerd • lelijk persoon *laideron* m; *horreur* v • gemeen persoon *vilain* m [v: *vilaine*]
lellebel *traînée* v; *salope* v
lemen *en limon*; *d'argile*; ⟨v. hut/muur⟩ *en torchis*
lemma *entrée* v; *article* m
lemmet *lame* v
lemming *lemming* m
lende *reins* m mv; CUL. *longe* v
lendenbiefstuk *faux-filet* m [mv: *faux-filets*]
lendendoek *pagne* m
lenen I OV WW • uitlenen *prêter (***aan** *à)* • te leen krijgen *emprunter (***van** *à)* **II** WKD WW [+ zich] ~ **voor** *se prêter à*
lengen *s'allonger*
lengte • afmeting *longueur* v; *taille* v • langste kant *longueur* v; *taille* v ★ in de ~ *en longueur*; *dans le sens de la longueur*; *longitudinalement* ★ in zijn volle ~ *de tout son long* ★ over de hele ~ *tout du long* • AARDK. *longueur* v; *longitude* v ▾ tot in ~ van dagen *(pour) de longues années* ▾ het moet uit de ~ of uit de breedte komen ≈ *il faut avoir les moyens*
lengteas *axe* m *longitudinal* [m mv: *axes longitudinaux*]
lengtecirkel *méridien* m
lengtegraad *longitude* v
lengtemaat *mesure* v *de longueur*
lenig I BNW *souple*; *flexible*; *agile* **II** BIJW *avec souplesse*
lenigen *lénifier*; *soulager*
lening ⟨aan iem.⟩ *prêt* m; ⟨v. iem.⟩ *emprunt* m
lens I ZN [de] • voorwerp *lentille* v • contactlens *lentille* v *(de contact)* ★ zachte lens *lentille souple* • ooglens *cristallin* m **II** BNW lam *à mort*
lente *printemps* m ★ in de ~ *au printemps*
lentedag *journée* v *printanière*
lenzenvloeistof *liquide* m *de lentille*
lepel • *cuiller* v; *cuillère* v • lepelvol *cuillerée* v
lepelaar *spatule* v
lepelen • eten *manger à la cuiller* • SPORT *jouer (le ballon) en cloche*
leperd *rusé* m
lepra *lèpre* v
lepralijder *lépreux* m [v: *lépreuse*]
leraar *professeur* m; INFORM. *prof* m
leren I BNW *de/en cuir* **II** OV WW • kennis verwerven *apprendre*; ⟨(be)studeren⟩ *étudier* ★ ~ zingen *apprendre à chanter* ★ Frans ~ *apprendre le français* ★ zijn huiswerk ~ *réviser* ★ goed kunnen ~ *avoir des facilités (pour apprendre)* • onderrichten *apprendre*; *enseigner* ★ iem. ~ zwemmen *apprendre à nager à qn* ▾ dat zal je ~! *ça t'apprendra!* ▾ men is nooit te oud om te ~ *on apprend / s'instruit à tout âge* **III** ON WW studeren *étudier*
lering ★ ~ uit iets trekken *tirer la leçon de qc*
les *leçon* v; ⟨lesuur⟩ *classe* v; ⟨lesuur⟩ *cours* m ★ tijdens de les *pendant la leçon*; *en classe* ★ scheikundeles *cours de chimie* ★ les geven in Frans *enseigner le français* ★ les hebben *avoir cours* ★ les hebben / nemen (bij) *prendre des leçons (avec)* ★ dat is een goede les voor hem *cela lui servira de leçon* ▾ iem. de les lezen *passer un savon à qn*
lesauto *voiture* v *auto-école*
lesbevoegdheid ⟨certificat m d'aptitude à l'enseignement⟩ *CAPES*
lesbienne *lesbienne* v; INFORM. *gouine* v
lesbisch *lesbien* [v: *lesbienne*]
lesgeld *frais* m mv; ⟨schoolgeld⟩ *frais* m mv *de scolarité*
lesmateriaal *matériel* m *pédagogique*
Lesotho *le Lesotho* ★ in ~ *au Lesotho*
lesrooster *emploi* m *du temps*
lessen *assouvir*; ⟨v. dorst⟩ *étancher* ★ zijn dorst ~ *se désaltérer*
lessenaar *pupitre* m
lest ▾ ten langen leste *à la fin* ▾ lest best *aux derniers les bons*
lesuur *heure* v *de cours*
lesvliegtuig *avion-école* m [mv: *avions-école*]
leswagen *voiture-école* v [mv: *voitures-école*]
Let *Letton* m [v: *Lettonne*]
lethargie *léthargie* v
Letland *la Lettonie*
Lets *letton* [v: *lettonne*]
letsel *blessure* v; *lésion* v ★ er zonder ~ afkomen *en sortir indemne* ★ JUR. toegebracht ~ *coups et blessures*
letselschade *dommages* m mv *corporels*
letten I OV WW beletten *empêcher* ★ wat let mij? *qu'est-ce qui m'en empêche?* **II** ON WW ~ **op** *faire attention à*; ⟨passen op⟩ *surveiller* ★ let op mijn woorden! *je t'en fiche mon billet!* ★ let wel! *remarque!*; *note(z) bien!* ★ gelet op ... *étant donné que ...*
letter *lettre* v; ⟨drukletter⟩ *caractère* m ★ grote / kleine ~ *majuscule / minuscule* v ★ met vette ~s gedrukt *imprimé en caractères gras* ★ naar de ~ *à la lettre*; *au pied de la lettre*; *littéralement* ▾ de kleine ~tjes ≈ *les clauses dissimulées* ▾ een dode ~ blijven *rester lettre morte* ▾ geen ~ *pas un iota*
letteren *lettres* v mv
lettergreep *syllabe* v
letterkunde *littérature* v; *lettres* v mv
letterkundig *littéraire*
letterkundige *littéraire* m; *homme* m / *femme* v *de lettres*
letterlijk I BNW *littéral* [m mv: *littéraux*]; ⟨woordelijk⟩ *textuel* [v: *textuelle*] **II** BIJW • in woordelijke zin *littéralement* ★ iets ~ opnemen *prendre qc au pied de la lettre / à la lettre* • volkomen *littéralement*
lettertang *pince* v *à marquer*
letterteken *caractère* m

le

letterwoord *sigle* m; *acronyme* m
leugen ⟨leugentje⟩ *mensonge* m; *bobard* m ★ een ~tje om bestwil *un pieux mensonge* ▾ al is de ~ nog zo snel, de waarheid achterhaalt haar wel *la vérité comme l'huile vient au-dessus* ▾ hij is niet in zijn eerste ~ gestikt *il ment comme il respire*
leugenaar *menteur* m [v: *menteuse*]
leugenachtig • vaak liegend *menteur* [v: *menteuse*] • onwaar *mensonger* [v: *mensongère*]
leugendetector *détecteur* m *de mensonges*
leuk • prettig *agréable*; INFORM. *sympa*; INFORM. *chouette* ★ niet leuk om te zien *pas beau à voir* • grappig *drôle*; *amusant*; INFORM. *marrant* • aardig *gentil* [v: *gentille*] ★ leuk boek *livre intéressant* • aantrekkelijk *joli*; *charmant*; INFORM. *chouette* ★ dat staat je leuk *ça te va bien*
leukemie *leucémie* v
leukerd *rigolo* m [v: *rigolote*]
leukoplast *sparadrap* m
leukweg *sans avoir l'air de rien*
leunen *s'appuyer (***op** *sur;* **tegen** *à, contre)*; ⟨met de rug⟩ *s'adosser*; ⟨op ellebogen⟩ *s'accouder*
leuning ⟨rugleuning⟩ *dos* m; ⟨rugleuning⟩ *dossier* m; ⟨armleuning⟩ *bras* m; ⟨armleuning⟩ *accoudoir* m; ⟨v. trap⟩ *rampe* v; ⟨balustrade⟩ *balustrade* v
leunstoel *fauteuil* m
leuren ★ ~ met iets *colporter qc*
leus *devise* v; *slogan* m
leut • lol *rigolade* v • koffie *jus* m
leuteren *radoter*; *parler pour ne rien dire*
leuterkous *radoteur* m [v: *radoteuse*]
Leuven *Louvain* m
leven I ZN [het] • bestaan *vie* v ★ om het ~ komen *trouver la mort* ★ 't ~ laten *perdre la vie* ★ hij is niet meer in ~ *il n'est plus en vie* ★ het ~ schenken aan *donner la vie/le jour à* ★ (strijd) op ~ en dood *(combat) à mort* ★ ~ geven aan *animer*; *vivifier* ★ weer tot ~ brengen *ranimer*; *raviver* ★ zijn eigen ~ leiden *vivre sa vie* ★ zo is het ~ *c'est la vie* • levensduur ★ bij / tijdens zijn ~ *de son vivant* ★ voor het ~ benoemd *nommé à vie* • manier van leven ★ een nieuw ~ beginnen *refaire sa vie* ★ een prettig ~tje leiden *se la couler douce* ★ een nieuw ~ beginnen *refaire sa vie* • lawaai *vie* v; *bruit* m; *tapage* m ▾ ~ in de brouwerij brengen *mettre un peu d'ambiance / d'entrain* ▾ in het ~ roepen *créer* ▾ iem. naar het ~ staan *attenter à la vie de qn* ▾ bij ~ en welzijn *si Dieu me / nous prête vie* ▾ nooit van mijn ~ *jamais de la vie* ▾ wel heb ik van mijn ~! *a-t-on jamais vu ça!* ▾ dat is een eigen ~ gaan leiden *cela a pris de l'ampleur* ▾ bij het ~ *à mort* ▾ zolang er ~ is, is er hoop *tant qu'il y a de la vie, il y a de l'espoir* ▾ naar het ~ getekend *dessiné d'après nature* ▾ uit het ~ gegrepen *pris sur le vif*; *une tranche de vie*; *vécu* ▾ je bent er je ~ niet zeker *on y risque sa peau* **II** ON WW in leven zijn *vivre*; OOK FIG. *être vivant / animé* ★ naar iets toe ~ *attendre qc avec impatience* ★ genoeg om van te ~ *de quoi vivre* ★ je moet ermee zien te ~ *il faudra bien s'y faire* ★ met hem valt niet te ~ *il est invivable* ★ daar kun je niet van ~ *ça ne nourrit pas son homme* ★ en zij leefden nog lang en gelukkig *et ils furent heureux et eurent beaucoup d'enfants* ▾ stil gaan ~ *se retirer des affaires* ▾ wie dan leeft, die dan zorgt *qui vivra verra* ▾ leve de vakantie! *vive(nt) les vacances!*
levend I BNW *vivant*; *en vie*; *vif* [v: *vive*] ★ in ~en lijve *en chair et en os* ★ een herinnering ~ houden *perpétuer un souvenir* ★ de ~en en de doden *les vivants et les morts* ★ ~e talen *langues vivantes* v mv ★ geen ~e ziel *pas âme qui vive* **II** BIJW ★ ~ verbranden *brûler vif*
levendig I BNW vol leven ⟨helder⟩ *vif* [v: *vive*]; ⟨druk⟩ *animé*; *net* [v: *nette*] **II** BIJW *vivement*; *avec animation*
levenloos *inanimé*; *sans vie*; FIG. *morne*
levensavond *soir* m *de la vie*
levensbehoefte ★ eerste ~n *articles* m mv *de première nécessité* ★ ~n *besoins* m mv *vitaux*
levensbelang ★ van ~ *vital*; *primordial*
levensbeschouwing *philosophie* v; *conception* v *de la vie*
levensbeschrijving *biographie* v
levensboom *arbre* m *de vie*
levensduur *longévité* v; ⟨v. apparaat⟩ *durée* v *de vie*
levensecht *réaliste*; *fidèle*
levenseinde *terme* m *de la vie*
levenservaring *expérience* v *de la vie*; *vécu* m
levensfase *phase* v *de la vie*
levensgenieter *bon vivant* m
levensgevaar *danger* m *de mort* ★ hij verkeert in ~ *ses jours sont en danger*
levensgevaarlijk *périlleux* [v: *périlleuse*] ★ een ~e weg *une route meurtrière / où on risque sa vie*
levensgezel *compagnon* m [v: *compagne*]
levensgroot • op ware grootte *grandeur nature* [onv] • zeer groot *énorme*
levenshouding *attitude* v *(devant la vie)*
levenskunst *savoir-vivre* m
levenskunstenaar ≈ *bon vivant* m
levenslang I BNW *à vie*; *perpétuel* [v: *perpétuelle*] ★ ~ krijgen *être condamné à perpétuité* **II** BIJW *perpétuellement*; *toute la vie*
levenslicht *vie* v; *jour* m ★ het ~ aanschouwen *voir le jour*
levenslied *chanson* v *réaliste*
levensloop *cours* m *de la vie*; *carrière* v
levenslust *joie* v *de vivre*
levenslustig *gai*
levensmiddelen *denrées* v mv *alimentaires*; *vivres* m mv; ⟨etenswaar⟩ *nourriture* v; ⟨etenswaar⟩ *comestibles* m mv ★ van ~ voorzien *approvisionner*; *ravitailler*
levensmiddelenindustrie *industrie* v *alimentaire*
levensmoe *las de vivre* [v: *lasse ...*]
levensomstandigheden *conditions* v mv *de vie*
levensonderhoud *subsistance* v ★ in zijn ~ voorzien *subvenir à ses besoins*; *gagner sa vie* ★ de kosten van ~ *le coût de la vie* ★ in iemands ~ voorzien *entretenir qn*
levenspad *(chemin* m *de la) vie*

levensstandaard *niveau* m *de vie*
levensteken *signe* m *de vie*
levensvatbaar *viable*
levensverhaal *récit* m *d'une vie*
levensverwachting *espérance* v *de vie*
levensverzekering *assurance-vie* v
levensvreugde *joie* v *de vivre*
levenswandel *vie* v ⋆ van onbesproken ~ *sans histoires*
levenswerk *œuvre* v *de toute une vie*
lever *foie* m ▾ iets op zijn ~ hebben *avoir qc sur le cœur* ▾ fris van de ~ *à cœur ouvert*
leverancier *fournisseur* m [v: *fournisseuse*]
leverantie *livraison* v; *fourniture* v
leverbaar *livrable*; ⟨voorradig⟩ *en stock*; ⟨voorradig⟩ *disponible*
leveren • bezorgen *fournir*; ⟨afleveren⟩ *livrer*; ⟨opleveren⟩ *livrer* ⋆ bewijzen ~ *fournir des preuves* ⋆ slag ~ *livrer bataille* ⋆ kritiek ~ *critiquer* • aandoen *jouer un tour / coup (à)*
levering *livraison* v; *fourniture* v
leveringstermijn *délai* m *de livraison*
leveringsvoorwaarde *condition* v *de livraison*
leverpastei *pâté* m *de foie*
levertijd *délai* m *de livraison*
levertraan *huile* v *de foie de morue*
leverworst *saucisson* m *de pâté de foie*
lexicograaf *lexicographe* m/v
lexicografie *lexicographie* v
lexicon *lexique* m
lezen *lire*; INFORM. *bouquiner* ⋆ iemands gedachten ~ *lire dans la pensée de qn* ⋆ iem. de hand ~ *lire (dans) les lignes de la main de qn*; *faire de la chiromancie* ⋆ de mis ~ *dire la messe*
lezer *lecteur* m [v: *lectrice*]; ⟨techniek⟩ *lecteur* m
lezing • het lezen *lecture* v ⋆ bij eerste ~ *en première lecture* • interpretatie *version* v • verhandeling *conférence* v ⋆ een ~ houden *faire/donner une conférence*
liaan *liane* v
Libanees *Libanais* m [v: *Libanaise*]
Libanon *le Liban* ⋆ in ~ *au Liban*
libel, libelle *libellule* v
liberaal *libéral* [m mv: *libéraux*]
liberaliseren *libéraliser*
liberalisering *libéralisation* v
liberalisme *libéralisme* m
Liberia *le Liberia* ⋆ in ~ *au Liberia*
Liberiaan *Libérien* m [v: *Libérienne*]
Liberiaans *libérien* [v: *libérienne*]
libero *libéro* m
libido *libido* v
Libië *la Libye* ⋆ in ~ *en Libye*
Libiër *Libyen* m [v: *Libyenne*]
Libisch *libyen* [v: *libyenne*]
libretto *livret* m
librioso *libriosif*
licentiaat I ZN [de] persoon *licencié* m [v: *licenciée*] **II** ZN [het] graad *licence* v
licentie *licence* v ⋆ in ~ *sous licence*
licentiehouder *licencié* m [v: *licenciée*]
lichaam • lijf *corps* m • voorwerp *corps* m • vereniging *corps* m; *organisme* m
lichaamsbeweging *exercice* m
lichaamsbouw *anatomie* v; *morphologie* v
lichaamsdeel *membre* m; *partie* v *du corps*
lichaamsholte *cavité* v
lichaamskracht *force* v *physique*; *vigueur* v
lichaamstaal *langage* m *du corps*
lichaamsverzorging *hygiène* v *corporelle*
lichamelijk I BNW *physique*; *corporel* [v: *corporelle*] **II** BIJW *physiquement*
licht I ZN [het] • schijnsel *lumière* v ⋆ tegen het ~ houden *tenir à contre-jour* ⋆ zwak ~ *lueur* v ⋆ ~ geven *éclairer* ⋆ vals ~ *faux jour* m ⋆ je staat in mijn ~ *tu me caches la lumière* • lichtbron ⋆ groot ~ *phares* m mv ⋆ door het rode ~ rijden *griller le feu (rouge)* • intelligent mens ⋆ hij is geen ~ *ce n'est pas une lumière* • openbaarheid ⋆ aan het ~ komen *être découvert*; *éclater au grand jour* ⋆ iets aan het ~ brengen *mettre au jour qc* • opheldering, inzicht ⋆ nu gaat me een ~je op! *je commence à y voir clair!* • invalshoek ⋆ nieuw ~ werpen op *jeter un nouveau jour sur* ⋆ in dit ~ gezien *(vu) sous cet angle / sous ce jour* ⋆ in het ~ van *à la lumière de* ▾ het ~ zien *voir le jour* ▾ zijn ~ bij iem. opsteken *se renseigner auprès de qn* ▾ groen ~ geven *donner le feu vert* ▾ iem. het ~ in de ogen niet gunnen *ne pas pouvoir voir qn en peinture* ▾ zijn ~ onder de korenmaat zetten *mettre sa lumière sous le boisseau*; *ne pas se mettre en valeur* ▾ tegen het ~ houden *y regarder de (plus) près* **II** BNW • niet donker *clair* ⋆ het wordt ~ *il commence à faire jour* • weinig wegend *léger* [v: *légère*] • makkelijk *facile*; *aisé* • lichtzinnig *étourdi* ▾ iem. 1000 euro ~er maken *délester / taxer qn de 1000 euros* ▾ ~ in het hoofd zijn *avoir la tête qui tourne* ▾ te ~ (bevonden) zijn *ne pas faire le poids* **III** BIJW • niet zwaar *légèrement* • gemakkelijk *facilement* ⋆ iets ~ opvatten *prendre qc à la légère*
lichtbak *rampe* v
lichtbeeld *projection* v
lichtblauw *bleu clair/pâle* [onv]
lichtblond *blond clair / pâle* [onv]
lichtboei *balise* v *lumineuse*
lichtbron *source* v *lumineuse / de lumière*
lichtbruin ⟨v. haar⟩ *brun clair* [onv]; *châtain clair* [onv]
lichtbundel *faisceau* m *lumineux* [m mv: *faisceaux lumineux*]
lichtdruk *phototypie* v
lichtekooi *femme* v *facile*; *grue* v
lichtelijk *un peu*; *légèrement*
lichten I OV WW • optillen *lever*; ⟨opheffen⟩ *soulever*; ⟨wegnemen⟩ *enlever*; ⟨v. schip⟩ *renflouer* • ledigen *lever* ⋆ de brievenbus ~ *faire la levée* • rekruteren *lever* ▾ een optie ~ *lever une option* **II** ON WW licht geven *briller*; *luire*; ⟨stralen⟩ *rayonner*; ⟨v. de zee⟩ *être phosphorescent*; ⟨v. de zee⟩ *brasiller*; ⟨weerlichten⟩ *faire des éclairs* ▾ een ~d voorbeeld *un exemple édifiant / éclatant*
lichterlaaie ⋆ in ~ *en flammes*; *en feu*
lichtflits *éclair* m
lichtgelovig *crédule*
lichtgeraakt *irritable*; *susceptible*; *irascible*
lichtgevend *lumineux* [v: *lumineuse*];

le

phosphorescent
lichtgevoelig *(photo)sensible*
lichtgevoeligheid *(photo)sensibilité* v
lichtgewicht I ZN [het] SPORT klasse *poids* m *léger* II BNW *léger* [v: *légère*]
lichting • postlichting *levée* v • rekrutering *levée* v • opgeroepen soldaten *contingent* m ★ de ~ '66 *la classe '66*
lichtinstallatie *(installation* v *d')éclairage* m
lichtjaar *année-lumière* v [mv: *années-lumière*]
lichtjes *légèrement*
lichtknop *interrupteur* m
lichtkogel *fusée* v *éclairante*; *balle* v *traçante*
lichtkrant *journal* m *lumineux*
lichtmast *mât* m *d'éclairage*; *lampadaire* m
lichtmatroos *apprenti* m *matelot*
lichtnet *réseau* m *(électrique)*; *secteur* m
lichtpen *crayon* m *optique*; *photostyle* m
lichtpunt *point* m *lumineux*; FIG. *lueur* v *d'espoir*
lichtreclame *publicité* v / *enseigne* v *lumineuse*
lichtschip *bateau-phare* m [mv: *bateaux-phares*]
lichtshow *spectacle* m *lumineux*; *son et lumière*
lichtsignaal *signal* m *lumineux*; ⟨met koplampen⟩ *appel* m *de phares*
lichtstad *ville* v *lumière*
lichtsterkte *luminosité* v
lichtstraal *rayon* m *de lumière*
lichtvaardig I BNW *léger* [v: *légère*]; *étourdi* II BIJW *à la légère*; *étourdiment*
lichtval *éclairage* m
lichtvoetig I BNW *léger* [v: *légère*] II BIJW *légèrement*
lichtzinnig I BNW • los van zeden *frivole* • zonder ernst *léger* [v: *légère*]; *étourdi* II BIJW *étourdiment*; *à la légère*
lid • deel *membre* m; *élément* m • lichaamsdeel *membre* m; ⟨penis⟩ *membre* m *(viril)* ★ een ziekte onder de leden hebben *couver une maladie* • gewricht *articulation* v; ⟨geleding⟩ *articulation* v; ⟨geleding⟩ *jointure* v • persoon *membre* m; ⟨v. partij/vereniging⟩ *adhérent* m [v: *adhérente*] ★ lid worden van *adhérer à* ★ actief lid *membre actif* • paragraaf *alinéa* m ▾ hij kreeg het lid op de neus *il était vite puni / tout penaud*; *il rentrait bredouille*
lidgeld *cotisation* v
lidmaat • ANAT. ★ ledematen *membres* m mv • medelid *membre* m • lid van kerkgenootschap *membre* m
lidmaatschap *appartenance* v; *affiliation* v *(van à)*
lidstaat *État* m *membre*; *pays* m *membre*
lidwoord *article* m ★ (on)bepaald ~ *article (in)défini*
Liechtenstein *le Liechtenstein* ★ in ~ *au Liechtenstein*
lied *chanson* v; *chant* m; *air* m; ⟨geestelijk lied⟩ *cantique* m; ⟨geestelijk lied⟩ *hymne* m/v
lieden *gens* m mv; *personnes* v mv
liederenbundel *recueil* m *de chants*
liederlijk I BNW losbandig *débauché* II BIJW *comme un débauché*
liedje ▾ het is weer het oude ~ *c'est toujours le même refrain / la même chanson*
lief I BNW • aardig *gentil* [v: *gentille*]; *mignon* [v: *mignonne*]; *charmant* ★ dat is lief van je *c'est gentil de ta part* ★ je bent lief *tu es adorable* • dierbaar *cher* [v: *chère*] ★ iem. lief krijgen *prendre qn en affection* ★ dat is me boven alles lief *j'aime ça avant tout* ★ mijn liefste wens *mon vœu le plus cher* ▾ een lieve duit *une coquette somme* ▾ iets voor lief nemen *s'accommoder de qc* II BIJW • aardig *gentiment* • graag ★ ik zou net zo lief *j'aimerais autant* III ZN [het] geliefd persoon *bien-aimé* m [mv: *bien-aimés*] [v: *bien-aimée*] ▾ in lief en leed *dans la bonne et la mauvaise fortune*; *pour le meilleur et pour le pire*
liefdadig *bienfaisant*; *charitable*
liefdadigheid *bienfaisance* v; *charité* v; *(bonnes) œuvres* v mv
liefdadigheidsinstelling *œuvre* v *(de bienfaisance)*; *association* v *caritative*
liefde • genegenheid *amour* ★ uit ~ tot *par amour de* • het beminnen ★ ~ op het eerste gezicht *coup* m *de foudre* ★ hoe gaat het met de ~? *comment vont les amours?* ★ de ~ bedrijven *faire l'amour* ▾ ~ is blind *l'amour est aveugle* ▾ oude ~ roest niet *on revient toujours à ses premières amours* ▾ de ~ gaat door de maag *(c'est) la reconnaissance du ventre*
liefdeleven *vie* v *sentimentale*
liefdeloos I BNW *peu affectueux* [v: *peu affectueuse*]; *froid* II BIJW *sans cœur*; *froidement*
liefdesaffaire *affaire* v / *aventure* v *(amoureuse)*
liefdesbrief *lettre* v *d'amour*
liefdesgeschiedenis • relatie *histoire* v *d'amour* • roman *histoire* v *d'amour*
liefdeslied *chanson* v *d'amour*
liefdesscène *scène* v *d'amour*
liefdesverdriet *chagrin* m *d'amour*
liefdevol I BNW *affectueux* [v: *affectueuse*]; *tendre*; *doux* [v: *douce*] II BIJW *affectueusement*; *tendrement*; *avec douceur*
liefdewerk *bénévolat* m ▾ het is ~ oud papier *c'est (fait) pour l'amour de Dieu*
liefelijk I BNW *doux* [v: *douce*]; *charmant* II BIJW *avec douceur*
liefhebben *aimer*
liefhebber *amateur* m
liefhebberij *hobby* m [mv: *hobbies*]; *passe-temps* m [onv]; *loisirs* m mv ★ uit ~ *par goût*; *en (simple) amateur*
liefje • geliefde *petit ami* m; *petite amie* / *gonzesse* v • aanspreekvorm *chéri* m [v: *chérie*]
liefjes *gentiment*; ⟨poeslief⟩ *d'une manière doucereuse*
liefkozen *caresser*; *câliner*
liefkozing *caresse* v
liefst I BNW ⟨dierbaarst⟩ *le plus cher* [v: *la plus chère*] II BIJW meest graag *de préférence* ★ ~ 's avonds *plutôt/de préférence dans la soirée* ★ het ~ hebben dat *préférer que* [+ subj.] ▾ maar ~ *pas moins de*; IRON. ... *rien que ça!*; IRON. *excusez du peu!*
liefste *amour* m; ⟨liefje⟩ *petit ami* m [v: *petite amie*]
lieftallig I BNW *gracieux* [v: *gracieuse*]; *charmant* II BIJW *gracieusement*; *d'une façon charmante*
liegbeest *gros menteur* m [v: *grosse menteuse*]

Li

liegen *mentir (***tegen** *à;* **over** *sur)* ★ hij liegt dat hij zwart ziet / dat het gedrukt staat *il ment comme un arracheur de dents* ★ dat is van a tot z gelogen *c'est complètement faux*; *c'est inventé de toutes pièces* ▾ dat liegt er niet om *ce n'est pas rien*; *c'est clair et net*

lier • hijswerktuig *treuil* m • muziekinstrument *lyre* v

liëren *lier (***aan** *à)*

lies *aine* v

liesbreuk *hernie* v *inguinale / de l'aine*

lieslaars *cuissarde* v

lieveheersbeestje *coccinelle* v; *bête* v *à bon Dieu*

lieveling • schat *chéri* m [v: *chérie*] • gunsteling *préféré* m [v: *préférée*]; ⟨v. de leraar⟩ INFORM. *chouchou* m [v: *chouchoute*]; ⟨idool⟩ *coqueluche* v

lievelings- *préféré*; *favori* [v: *favorite*]; *de prédilection* ★ lievelingskleur *couleur* v *préférée*

liever *plutôt*; *de préférence* ★ ik drink ~ wijn dan bier *je préfère le vin à la bière* ★ ik praat ~ dan ik schrijf *je préfère parler (plutôt) qu'écrire* ★ ~ niet *je préfère que non*; INFORM. *plutôt pas*; *non merci* ★ ~ hebben/willen *aimer mieux*; *préférer* ★ ik ga nog ~ dood *plutôt mourir* ★ of ~ (gezegd) *ou plutôt* ★ hoe eerder hoe ~ *le plus tôt sera le mieux* ★ ik wil niets ~ *je ne demande que ça / pas mieux* ★ ik doe niets ~ dan sporten *je ne demande qu'à faire du sport*

li

lieverd *amour* m; *chéri* m [v: *chérie*]

lieverlede ▾ van ~ *peu à peu*; *insensiblement*

lievig I BNW *doucereux* [v: *doucereuse*] II BIJW *d'une manière doucereuse*

liflafje • hapje *petit plat* m • flauw gedoe *fadaise* v; ⟨opsiersel⟩ *fioriture* v

lift • hijstoestel *ascenseur* m; ⟨voor goederen⟩ *monte-charge* m [onv]; ⟨in restaurant⟩ *monte-plats* m [onv]; ⟨skilift⟩ *téléski* m • het meerijden *auto-stop* m; INFORM. *stop* m ★ iem. een lift geven *prendre qn en (auto-)stop* ▾ in de lift zitten *être en hausse*

liften *faire de l'auto-stop*; INFORM. *faire du stop* ★ naar Parijs ~ *aller à Paris en stop*

lifter *auto-stoppeur* m [mv: *auto-stoppeurs*] [v: *auto-stoppeuse*]

liftkoker *cage* v *d'ascenseur*

liga *ligue* v

ligbad *baignoire* v

ligfiets *vélo-couché* m

liggeld *droits* m mv *d'amarrage* [mv]

liggen • zich bevinden *se trouver*; ⟨gelegen zijn (aan)⟩ *être situé (sur)*; ⟨zijn⟩ *être* ★ op het noorden ~ *être exposé / orienté au nord* ★ iets laten ~ *laisser (en place) qc* • uitgestrekt rusten van wezens *être couché* ★ gaan ~ *se coucher*; *s'allonger*; *s'étendre*; *tomber* ★ blijven ~ *rester couché* ★ ~ te slapen *(être en train de) dormir* • begraven zijn ★ hier ligt X *ici repose X*; *ci-gît X* • ~ **aan** ⟨afhangen van⟩ *dépendre de*; ⟨afhangen van⟩ *tenir à*; ⟨de schuld zijn van⟩ *être (de) la faute de* ★ dat ligt eraan *cela dépend* ★ aan mij zal het niet ~ als *cela ne sera pas de ma faute si* ★ waar ligt het aan? *à quoi est-ce que cela tient?* • zijn ★ zo ~ de zaken *il en est ainsi* • passen ★ dat ligt mij niet *cela ne me convient pas*; *ce n'est pas mon truc* ★ zij ~ elkaar niet *ils ne s'entendent pas* ▾ een kans laten ~ *manquer une occasion* ▾ eruit ~ (bij iemand) *ne plus avoir la cote (auprès de qn)* ▾ daarin ligt zijn kracht *c'est ce qui fait sa force*

ligging *situation* v; *position* v

light *light* [onv]; *allégé*

ligplaats ⟨in trein⟩ *couchette* v; ⟨v. schip⟩ *mouillage* m

ligstoel *chaise* v *longue*; ⟨dek-/tuinstoel⟩ *transat* m

liguster *troène* m

ligweide *pelouse* v

lij *côté* m *sous le vent* ★ aan lij *sous le vent*

lijdelijk I BNW passief *passif* [v: *passive*] II BIJW *passivement*; *avec résignation*

lijden I ZN [het] *souffrance* v ★ een dier uit zijn ~ verlossen *abréger les souffrances d'un animal* ★ het ~ van Christus *la Passion du Christ* II OV WW • ondervinden *subir* ★ zware verliezen ~ *subir / essuyer de lourdes pertes* • verdragen *supporter*; *endurer* ▾ ik mag ~ dat *j'espère que ...* ▾ het kan wel wat ~! *il n'y a pas l'argent qui manque!* ▾ iem. niet kunnen ~ *ne pas pouvoir souffrir qn* III ON WW ~ **aan** *souffrir de*; ⟨ziekte⟩ *être atteint de*; *être sujet à* ★ te ~ hebben van *souffrir de*; *se ressentir de* ★ eronder ~ *en souffrir* ★ hevig ~ *souffrir le martyre*

lijdend • last hebbend *souffrant* • TAALK. ★ de ~e vorm *la voix passive* ★ ~ voorwerp *complément* m *d'objet direct*

lijdensweg • REL. *chemin* m *de la croix* • FIG. martelgang *calvaire* m; ⟨om iets te bereiken⟩ *parcours* m *du combattant*

lijder *personne* v *qui souffre*; ⟨patiënt⟩ *malade* m/v

lijdzaam I BNW • passief *passif* • gelaten *résigné* [v: *résignée*] II BIJW • passief *passivement* • geduldig *avec résignation*

lijdzaamheid *résignation* v ★ zijn ziel in ~ bezitten *prendre son mal en patience*

lijf • lichaam *corps* m; INFORM. *panse* v; INFORM. *carcasse* v ★ in levenden lijve *en chair et en os*; *en personne* • deel van kledingstuk *corsage* m ▾ iem. tegen het lijf lopen *tomber sur qn* ▾ zich iem. van zijn lijf houden *tenir qn à distance* ▾ dat is hem op het lijf geschreven *c'est fait (sur mesure) pour lui* ▾ weinig om het lijf hebben *ne pas aller loin* ▾ te lijf gaan *se jeter sur*; *s'attaquer à* ▾ iets aan den lijve ondervinden *apprendre qc à ses dépens*

lijfarts *médecin* m *personnel / attitré*

lijfblad *journal* m *préféré*

lijfeigene *serf* m [v: *serve*]

lijfelijk I BNW *corporel* [v: *corporelle*] II BIJW *corporellement*; *physiquement*

lijfrente *viager* m; *rente* v *viagère* ★ op ~ zetten *mettre en viager*; *placer à fonds perdu*

lijfsbehoud *salut* m ★ uit ~ *pour se sauver*

lijfspreuk *devise* v

lijfstraf *peine* v *corporelle*; ⟨zwaar⟩ *supplice* m

lijfwacht ⟨persoon⟩ *garde* m *du corps*
lijk *cadavre* m; ⟨v. mens⟩ *corps* m ▾ oud lijk *vieux clou* m ▾ levend lijk *cadavre ambulant* m; *zombi(e)* m ▾ over lijken gaan *être prêt à tout / à tuer père et mère* ▾ over mijn lijk! *jamais de la vie!*; *plutôt mourir!* ▾ een lijk in de kast *un cadavre dans le placard*
lijkbleek *livide*; *blême*; *pâle comme la mort*
lijken • overeenkomen *ressembler à* ⋆ op elkaar ~ *se ressembler* ⋆ iets dat er op lijkt *qc d'approchant* ⋆ dat lijkt er niet naar/op *ce n'est pas du tout ça* ⋆ dat lijkt nergens op/naar *ça ne ressemble à rien* ⋆ vaag ~ op *avoir un faux air de* ⋆ het begint erop te ~ *ce n'est déjà pas si mal* • schijnbaar zijn *sembler*; *paraître*; *avoir l'air* ⋆ het lijkt wel alsof *on dirait que* ⋆ het lijkt wel een feest *on dirait une fête* ⋆ dat lijkt maar zo *c'est une simple apparence* • dunken *sembler*; *paraître* ⋆ dat lijkt me niet *il me semble que non* • aanstaan *convenir à* ⋆ dat lijkt me wel wat *cela me va*; *cela me convient*
lijkenhuis *morgue* v
lijkenpikker *charognard* m
lijkkist *cercueil* m
lijkrede *éloge* m / *oraison* v *funèbre*
lijkschennis *mutilation* v *de cadavre*
lijkschouwer *médecin* m *légiste*
lijkschouwing *autopsie* v
lijkstijfheid *rigidité* v *cadavérique*
lijkwade *linceul* m; *suaire* m
lijkwagen *corbillard* m
lijm *colle* v
lijmen • plakken *coller* ⋆ de brokken ~ *recoller les morceaux* • overhalen ⋆ zich laten ~ *se laisser entortiller* ⋆ zich niet laten ~ *ne pas marcher*
lijmsnuiver *renifleur* m *de colle*
lijmtang *serre-joint(s)* m [onv]
lijn • touw *corde* v; ⟨draad⟩ *fil* m; ⟨waslijn⟩ *corde* v *à linge* ⋆ honden aan de lijn *chiens en laisse* ⋆ honden aan de lijn, a.u.b. *prière de tenir les chiens en laisse* • streep *ligne* v; ⟨in gezicht⟩ *trait* m ⋆ een lijn trekken *tracer une ligne*; *faire un trait* • linie *ligne* v ⋆ in rechte lijn *en droite ligne*; *en ligne directe* ⋆ op één lijn brengen *aligner* ⋆ op één lijn stellen *mettre sur le même plan* • verbinding *ligne* v ⋆ lijn 2 nemen *prendre le 2* ⋆ wie is er aan de lijn? *qui est à l'appareil?* ⋆ ik heb Albers aan de lijn *j'ai Albers au bout du fil* ⋆ blijf aan de lijn *ne quittez pas* • beleidslijn *ligne* v ⋆ één lijn trekken *agir de concert* ⋆ op één lijn zitten (met) *être sur la même ligne (que)*; *être en phase (avec)* ⋆ dat ligt in zijn lijn *cela lui ressemble* ⋆ de harde lijn *la ligne dure*; *la politique du bâton* • richting ⋆ er zit een stijgende lijn in *ça va en s'améliorant* • serie producten *ligne* v; *gamme* v ▾ aan de (slanke) lijn doen *garder la ligne* ▾ er zit weinig lijn in *c'est peu cohérent* ▾ geheel in de lijn van *dans le droit fil de* ▾ dat ligt in de lijn *c'est probable* ▾ in grote lijnen *dans les grandes lignes*; *à grands traits* ▾ een lijntje cocaïne *une ligne de cocaïne* ▾ iem. aan het lijntje houden ≈ *payer qn de (belles) paroles*
lijndienst *service* m *régulier*; *ligne* v
lijnen *suivre un régime*
lijnfunctionaris ≈ *cadre* m *moyen*
lijnolie *huile* v *de lin*
lijnrecht ⋆ ~ tegenover elkaar staan *être diamétralement opposés*
lijnrechter *juge* m *de ligne*
lijntoestel *avion* m *de ligne*
lijntrekken *tirer au flanc*
lijnverbinding *(ligne* v *de) communication*
lijnvlucht *vol* m *de ligne*
lijnzaad *graine* v *de lin*
lijs ⋆ lange lijs *(grande) perche* v
lijst • opsomming *liste* v; *répertoire* m ⋆ iem. op de zwarte ~ zetten *mettre qn sur la liste noire / à l'index* ⋆ zwarte ~ *liste* v *noir*; *index* m • rand *moulure* v • omlijsting *cadre* m; *encadrement* m ⋆ in een ~ zetten *encadrer*
lijstaanvoerder *tête* v *de liste*
lijstduwer ≈ *candidat* m *de soutien*
lijstenmaker *encadreur* m [v: *encadreuse*]
lijster *grive* v
lijsterbes • vrucht *sorbe* v • boom *sorbier* m
lijsttrekker *tête* v *de liste*
lijvig ⟨gezet⟩ *corpulent*; ⟨v. geschrift⟩ *épais* [v: *épaisse*]; ⟨v. geschrift⟩ *volumineux* [v: *volumineuse*]
lijzig I BNW ⟨slepend⟩ *traînant*; ⟨sloom⟩ *lent*; ⟨sloom⟩ *mou* [v: *molle*] [vóór klinker of stomme h: mol] **II** BIJW ⟨v. stem⟩ *d'une voix traînante*; *mollement* ⋆ ~ spreken *parler d'une voix traînante*
lijzijde *côté* m *sous le vent*
lik • het likken *coup* m *de langue* ⋆ een lik geven *lécher* • beetje *un peu (de)*; *un coup (de)* • nor *taule* v ▾ lik op stuk geven *répondre du tac au tac* ▾ lik op stuk krijgen *en prendre pour son grade* ▾ iem. een lik uit de pan geven *lancer une vanne à qn* ▾ lik om de oren *gifle* v
likdoorn *cor* m
likeur *liqueur* v; *crème* v
likkebaarden *s'en lécher les babines / les doigts*
likken • met tong bewegen *lécher* ⋆ aan een ijsje ~ *lécher / sucer une glace* • slijmen *faire de la lèche (***tegen** *à)* ▾ een gelikt portret *un portrait léché*
likmevestje ⋆ van ~ *de quatre sous*; *nul* [v: *nulle*]
lik-op-stukbeleid *procédure* v *expéditive*
lila *lilas* m
lillen *palpiter*
lilliputter *lilliputien* m [v: *lilliputienne*]
Limburg *le Limbourg*
limerick *limerick* m
limiet *limite* v ⋆ een ~ stellen aan *fixer une limite à*
limiteren *limiter*
limonade *diabolo* m; ⟨prik⟩ *limonade* m ⋆ ~siroop *sirop* m
limousine *limousine* v
linde *tilleul* m
lineair *linéaire*
linea recta *directement*; *tout droit*
lingerie *lingerie* v
linguïst *linguiste* m/v

linguïstiek *linguistique* v
liniaal *règle* v
linie • MIL. *ligne* v • verwantschap *ligne* v ▾ over de hele ~ *sur toute la ligne*
liniëren *régler*
link **I** ZN [de] • verband *rapport* m • COMP. *lien* m **II** BNW • riskant *risqué* ★ linke jongen *un type dangereux* • slim *rusé*; *combinard*
linker- *(de) gauche*
linkerhand *main* v *gauche* ★ aan mijn ~ *sur ma gauche* ★ aan uw ~ *à (main) gauche* ▾ hij heeft twee ~en *il n'est même pas capable de planter un clou*
linkerkant *(côté* m*) gauche* v
linkerrijstrook *voie* v *de gauche*
linkervleugel *aile* v *gauche*
links **I** ZN [het] POL. *la gauche* **II** BNW • aan de linkerkant *de gauche* • linkshandig *gaucher* [v: *gauchère*] • POL. *de gauche* • onhandig *gauche*; *maladroit* **III** BIJW • aan de linkerkant *à gauche* ★ ~ houden *tenir sa gauche* ★ ~ aanhouden *tenir sa gauche* ★ ~ van *à (la) gauche de* • POL. ★ ~ stemmen *voter à gauche* ▾ ~ laten liggen *ignorer*; *négliger*; *bouder*
linksaf *à gauche*; *vers la gauche* ★ ~ gaan *prendre / tourner à gauche*
linksback *arrière* m *gauche*
linksbuiten *ailier* m *gauche*
linksdraaiend *lévogyre*
links-extremistisch *d'extrême gauche*
linkshandig *gaucher* [v: *gauchère*]
linksom *à gauche*
linnen **I** ZN [het] *toile* v; *lin* m **II** BNW *de / en lin*; *en toile*
linnengoed *linge* m
linnenkast *armoire* v *à linge*
linoleum *linoléum* m
linoleumsnede *gravure* v *sur linoléum*; *linogravure* v
linolzuur *acide* m *linoléique*
lint *ruban* m ▾ door het lint gaan *péter les plombs*
lintje *décoration* v
lintjesregen *pluie* v *de décorations*
lintworm *ver* m *solitaire*; *ténia* m
linze *lentille* v
lip *lèvre* v ★ met dikke lippen *lippu* ★ een glas aan de lippen brengen *porter un verre à ses lèvres / à sa bouche* ★ de lip laten hangen *faire la moue* ▾ aan iemands lippen hangen *être (sus)pendu aux lèvres de qn* ▾ iem. op de lip zitten *être collé aux baskets de qn* ▾ ik kan het niet over de lippen krijgen *je n'arrive pas à le dire* ▾ er kwam geen woord over zijn lippen *il n'a pas desserré les dents*
lipide *lipide* m
liplezen *lire sur les lèvres*
liposuctie *liposuccion* v
lippendienst ★ ~ bewijzen *approuver en paroles / des lèvres*
lippenpotlood *crayon* m *à lèvres*
lippenstift *rouge* m *à lèvres*
liquidatie • ECON. *liquidation* v • moord *liquidation* v
liquide *liquide* ★ ~ middelen *liquidités* v mv
liquideren *liquider*
liquiditeit • liquide middelen *liquidité* v • mogelijkheid tot vereffening *liquidité* v
lire *lire* v
lis *iris* m *(des marais)*
lispelen **I** OV WW fluisteren *chuchoter* **II** ON WW slissen *zézayer*
Lissabon *Lisbonne* v
list *ruse* v; ⟨krijgslist⟩ *stratagème* m ★ listen en lagen *embûches* v mv; INFORM. *combines* v mv ★ een list gebruiken *ruser*; *user de ruse*
listig **I** BNW *rusé* **II** BIJW *avec ruse*
litanie *litanie(s)* v (mv)
liter *litre* m
literair *littéraire*
literatuur *littérature* v ★ geraadpleegde ~ *ouvrages* m mv *consultés*
literatuurgeschiedenis *histoire* v *de la littérature*
literatuurlijst *bibliographie* v
literatuuronderzoek *analyse* v *littéraire*
literatuurwetenschap *science* v *de la littérature*
literfles *litre* m
literprijs *prix* m *au litre*
lithium *lithium* m
litho • → **lithografie**
lithografie *lithographie* v
Litouwen *la Lituanie*
Litouwer *Lituanien* m [v: *Lituanienne*]
lits-jumeaux *lits* m mv *jumeaux* [mv]
litteken *cicatrice* v
littekenweefsel *tissu* m *cicatriciel*
liturgie *liturgie* v
liturgisch *liturgique*
live **I** BNW • gelijktijdig ⟨v. uitzending⟩ *en direct* • voor publiek *en public*; ⟨v. muziek⟩ *live* **II** BIJW voor publiek ★ het is live *c'est du live*
live- *en direct*
living *salle* v *de séjour*; *séjour* m; *living* m
livrei *livrée* v
lob • BIOL. *lobe* m • SPORT *lob* m
lobbes • hond *bon gros toutou* m • persoon *pépère* m; *bonne pâte* v
lobby • hal *hall* m • pressiegroep *lobby* m [mv: *lobbies/lobbys*]
lobbyen *faire du lobbying / du lobbysme*
lobelia *lobélie* v
locatie *emplacement* m; *site* m ★ op ~ filmen *tourner en extérieur*
locoburgemeester *premier adjoint* m *(au maire)*
locomotief *locomotive* v
lodderig **I** BNW *somnolent* **II** BIJW *d'un air somnolent*
loden *de / en plomb*
loeder *teigne* v
loef *lof* m; *côté* m *du vent* ▾ iem. de loef afsteken *damer le pion à qn*
loeien *mugir*; ⟨v. koe⟩ *beugler*; ⟨v. wind/sirene⟩ *hurler*
loeihard • snel *à fond de train*; INFORM. *à plein(s) tube(s)* • oorverdovend *assourdissant*
loempia ≈ *pâté* m *impérial* [m mv: *pâtés impériaux*]; *nem* m
loens *bigleux* [v: *bigleuse*]
loensen *loucher* *(***naar** *sur)*; ⟨informeel⟩ INFORM. *bigler*
loep *loupe* v ▾ onder de loep nemen *regarder à*

li

la loupe; *examiner (de près)*; *scruter*
loepzuiver *d'une pureté parfaite*; INFORM. *pur jus*
loer *guet* m; *affût* m ▾ op de loer liggen *être aux aguets/à l'affût* ▾ iem. een loer draaien *jouer un sale tour à qn*; *faire une crasse à qn*
loeren • scherp uitkijken *épier*; *être à l'affût* • ~ **op** *guetter*; ⟨azen op⟩ *lorgner*; ⟨azen op⟩ *guigner*
lof I ZN [de] lofbetuiging *louanges* v mv; *éloge* m ★ men was één en al lof *il y avait un concert de louanges* ★ de lof zingen van *faire l'éloge de* ★ alle lof! *(tous) mes compliments!* **II** ZN [het] CUL. witlof *endive(s)* v (mv)
loffelijk *louable*; *méritoire*
loflied *hymne* m *(***op** *à)*
lofrede *éloge* m; *panégyrique* m
loftrompet ▾ de ~ over iem. steken *chanter les louanges de qn*
loftuiting *louanges* v mv
lofzang ⟨in kerk⟩ *cantique* m; *hymne* m
log I ZN [de] *loch* m **II** BNW *lourd*; *pesant* **III** BIJW *lourdement*; *pesamment*
logaritme *logarithme* m
logboek *journal* m / *livre* m *de bord*
loge • zitplaats *loge* v • portiershokje *loge* v
logé *hôte* m/v ★ logés hebben *avoir du monde*
logeerkamer *chambre* v *d'amis*
logement *auberge* v
logen *lessiver*
logenstraffen *démentir*; *contredire*
logeren *loger* ★ een vriend te ~ hebben *loger / héberger un ami* ★ bij iem. ~ *être/loger chez qn* ★ gaan ~ bij / in *descendre chez / à*
logger *lougre* m
logheid *lourdeur* v; *pesanteur* v
logica *logique* v
logies *logis* m ★ ~ en ontbijt ≈ *chambre* v *d'hôte* ★ ~ vinden *trouver à se loger*
logisch *logique* ★ dat is nogal ~ *c'est évident*
logischerwijs *logiquement*
logistiek I ZN [de] *logistique* v **II** BNW *logistique*
logo *logo* m
logopedie *orthophonie* v; *logopédie* v
logopedist *orthophoniste* m/v
loipe *piste* v *de ski de fond*
lok *mèche* v; *boucle* v
lokaal I ZN [het] vertrek *salle* v; *local* m [mv: *locaux*] **II** BNW *local* [m mv: *locaux*]
lokaas OOK FIG. *appât* m
lokaliseren • plaats bepalen *localiser* • tot plaats beperken *localiser*
lokaliteit *local* m; *salle* v
loket *guichet* m
lokettist *guichetier* m [v: *guichetière*]
lokken • aanlokken *tenter* • bekoren *séduire* ▾ in de val ~ *tendre un piège à*; *piéger*
lokkertje *appât* m; *carotte* v
lokroep *appel* m
lokvogel *appeau* m [mv: *appeaux*]; *chanterelle* v; FIG. *leurre* m
lol *rigolade* v ★ voor de lol *pour rigoler* ★ lol hebben / trappen *se marrer* ★ zijn lol wel op kunnen *ne pas être à la fête* ★ doe me een lol *sois gentil*
lolbroek *rigolo* m [v: *rigolote*]
lolletje • pretje *rigolade* v • geintje *blague* v; *plaisanterie* v
lollig *rigolo* [v: *rigolote*]; *marrant*
lolly *sucette* v
Lombardije *Lombardie* v
lommerd *mont-de-piété* m; INFORM. *ma tante* ★ naar de ~ brengen INFORM. *mettre au clou*
lommerrijk *ombragé*
lomp I ZN [de] *haillon* m ★ in lompen gehuld *en haillons*; *loqueteux* [v: *loqueteuse*]; *dépenaillé* **II** BNW • plomp *lourd* • onhandig *empoté* • onbehouwen *rustre*; *fruste* **III** BIJW *lourdement*; *grossièrement*
lomperd *lourdaud* m; ⟨pummel⟩ *butor* m
lomschool ≈ *école* v *pour enfants inadaptés*
Londen *Londres* m ★ van ~ *londonien* [v: *londonienne*]
lonen *récompenser*; *payer* ★ dat loont de moeite niet *cela ne vaut pas la peine* ★ dat loont de moeite *cela vaut la peine* ★ dat is niet ~d *ce n'est pas rentable*
long *poumon* m ★ over de longen roken *avaler (la fumée)* ★ groene long *poumon* m
longarts *pneumologue* m/v
longdrink *long-drink* m [mv: *long-drinks*]
longemfyseem *emphysème* m *pulmonaire*
longkanker *cancer* m *du poumon*
longontsteking *pneumonie* v
lonken *faire des œillades (***naar** *à)* ★ ~ naar *lorgner*; *guigner*
lont *mèche* v ▾ lont ruiken *éventer la mèche*; *flairer qc* ▾ de lont in het kruitvat werpen *mettre le feu aux poudres*
loochenen *nier* ★ niet te ~ *indéniable*
lood • metaal *plomb* m • ARCH. schietlood *plomb* m ★ in het lood *à plomb* ★ uit het lood staan *être en surplomb* ▾ het is lood om oud ijzer *c'est bonnet blanc et blanc bonnet* ▾ uit het lood geslagen *décontenancé*; *démoralisé*
loodgieter *plombier* m
loodje *plomb* m ▾ het ~ leggen *flancher*; *y passer*; *avoir le dessous* ▾ de laatste ~s *la dernière ligne droite* ▾ de laatste ~s wegen het zwaarst ≈ *il faut tenir jusqu'au bout*
loodlijn *perpendiculaire* v
loodrecht I BNW *perpendiculaire* **II** BIJW *perpendiculairement (***op** *à)*; *d'aplomb (***op** *sur)*
loods • persoon *pilote* m • keet *baraque* v; *hangar* m
loodsboot *bateau-pilote* m [mv: *bateaux-pilotes*]
loodsen • SCHEEPV. *piloter* • FIG. leiden *piloter*
loodsmannetje *poisson-pilote* m [mv: *poissons-pilotes*]
loodswezen *pilotage* m
loodvergiftiging *saturnisme* m
loodvrij *sans plomb*
loodzwaar *lourd comme du plomb*; FIG. *de plomb*; *accablant*
loof *feuillage* m; *verdure* v; ⟨v. wortelen e.d.⟩ *fane(s)* v (mv)
loofboom *(arbre* m*) feuillu* m
loofbos *bois* m / *forêt* v *de feuillus*
Loofhuttenfeest *fête* v *des Tabernacles*
loog *lessive* v
looien *tanner* ★ het ~ *tannage* m
looier *tanneur* m

look[1] *ail* m
look[2] (zeg: loek) *look* m
loom I BNW • traag *lent* • futloos *mollasse*; *languissant*; ⟨v. weer⟩ *lourd* II BIJW *lentement*; *lourdement*
loon • beloning *récompense* v • salaris *paye* v; *salaire* m ▾ dat is zijn verdiende loon! *il n'a que ce qu'il mérite!*; *c'est bien fait pour lui!* ▾ het loon van de angst *le salaire de la peur*
loonadministratie *compatibilité* v *des salaires*
loonbelasting ≈ *tiers* m *provisionnel*
loonconflict *conflit* m *salariel*
loondienst ★ in ~ *salarié*
looneis *revendication* v *salariale*
loonkosten *charges* v mv *salariales* [mv]
loonlijst ★ op de ~ staan *figurer sur les cadres*; *être employé / salarié*
loonronde *augmentation* v *générale des salaires*
loonschaal *échelle* v *des salaires*; ⟨tabel⟩ *grille* v *des salaires*
loonstop *blocage* m *des salaires*
loonstrookje *fiche* v / *feuille* v *de paye*
loonsverhoging *augmentation* v *de salaire*
loonsverlaging *réduction* v *de salaire*
loontrekker *salarié* m [v: *salariée*]
loonzakje *enveloppe* v *de paye*
loop[1] • het lopen ⟨v. kanon⟩ *marche* v; ⟨tred⟩ *démarche* v; ⟨tred⟩ *allure* v; ⟨ren⟩ *course* v • voortgang *cours* m; *déroulement* m ★ in de loop van *dans le cours de*; *au cours de* ★ in de loop der tijden *à travers les âges* ★ in de loop van het jaar *au cours de l'année* ★ in de loop der jaren *au fil des années* ★ iets de vrije loop laten *donner libre cours à qc* ★ zijn loop hebben / nemen *suivre son cours* ★ een andere loop nemen *prendre une autre tournure* • deel van wapen *canon* m; *tube* • baan *cours* m; ⟨beweging⟩ *course* v ▾ op de loop gaan *se sauver*; *décamper*; *filer* ▾ op de loop zijn *être en fuite*
loop[2] (zeg: loep) *loop* m
loopafstand ★ op ~ van *à deux pas de*
loopbaan *carrière* v
loopbaanplanning *plan* m *de carrière*
loopbrug • brug *passerelle* v • loopplank *passerelle* v
loopgraaf *tranchée* v
loopgravenoorlog *guerre* v *de tranchées*
loopje *trait* m ▾ een ~ nemen met *se moquer de*
loopjongen *coursier* m; FIG. *lampiste* m; FIG. *larbin* m
looplamp *baladeuse* v
loopneus *nez* m *qui coule*
looppas *pas* m *de course* ★ in ~ *au pas de course*
loopplank *passerelle* v
looprek *déambulateur* m
loops *en chaleur*; *en rut*
looptijd *durée* v; ⟨v. wissel⟩ *échéance* v
loopvlak ⟨v. luchtband⟩ *chape* v
loopvogel *(oiseau* m*) coureur* m
loos • leeg *vide*; FIG. *creux* [v: *creuse*] ★ loze ruimte *espace* m *perdu* ★ loze woorden *paroles* v mv *creuses* / *en l'air* • onecht *faux* [v: *fausse*] ★ loos alarm *fausse alerte* v ▾ wat is er loos? *qu'est-ce qu'il se passe?*
loot • PLANTK. scheut *pousse* v • FIG. telg *rejeton* m
lopen I OV WW ★ de marathon ~ *courir le marathon* II ON WW • te voet gaan *marcher*; *aller à pied*; ⟨snel⟩ *courir* ★ we moeten nog drie uur ~ *nous en avons encore pour trois heures de marche* ★ komen ~ *arriver à pied* ★ naar beneden/boven ~ *descendre/monter* ★ over de brug ~ *passer sur le pont* ★ het ~ *la marche* ★ ~ door *traverser*; *passer à travers* ★ een eindje gaan ~ *faire un petit tour* ★ achter iem. aan ~ *suivre qn* ★ ~ te zingen *(être en train de) chanter* • zich voortbewegen *aller* ★ twee treinen ~ op elkaar *deux trains se télescopent* ★ laten ~ *laisser aller*; *relâcher* ★ op een mijn ~ *sauter sur une mine* • stromen *couler* • zich uitstrekken *s'étendre*; *passer*; *aller* ★ er loopt een balkon om het huis *il y a un balcon autour de la maison* • verlopen *aller*; *marcher* ★ het loopt verkeerd *ça va / tourne mal* ★ het loopt tegen tienen *il est près de dix heures* • functioneren *marcher*; ⟨draaien⟩ *tourner*; ⟨rijden⟩ *rouler* • voortduren *courir* ▾ erin ~ *se laisser prendre*; *marcher* ▾ ergens tegenaan ~ *tomber sur qc* ▾ het op een ~ zetten *prendre ses jambes à son cou* ▾ die zin loopt niet *cette phrase cloche / est boiteuse* ▾ achter iem. aan ~ *courir après qn* ▾ het loopt in de miljoenen *ça se chiffre par millions*; *ça va chercher dans les millions* ▾ over zich (heen) laten ~ *se laisser faire*; *se laisser marcher sur les pieds* ▾ tegen de zestig ~ *aller sur ses 60 ans* ▾ een kans laten ~ *laisser passer une occasion*
lopend • te voet gaand *à pied* • voortbewegend ⟨snel⟩ *courant*; *mobile*; ⟨ambulant⟩ *ambulant* • actueel *courant*; *en cours* ★ ~e zaken *affaires* m mv *courantes* ★ het ~e jaar *l'année en cours*
loper • boodschapper *coursier* m [v: *coursière*] • sleutel *passe-partout* m [onv] • tapijt ⟨v. gang / tafel / trap⟩ *tapis* m *(de couloir / de table / d'escalier)* • schaakstuk *fou* m ▾ de rode ~ voor iem. uitleggen *dérouler le tapis rouge pour qn*
lor • vod *chiffon* m; *loque* v • prul INFORM. *cochonnerie* v ▾ geen lor *que dalle*
lord *lord* m
lorgnet *lorgnon* m; *pince-nez* m [onv]
lorrie *lorry* m [mv: *lorries / lorrys*]
los I BNW • niet vast *détaché*; ⟨losgeraakt⟩ *défait*; ⟨afneembaar⟩ *amovible*; ⟨afneembaar⟩ *détachable* ★ los haar *cheveux* m mv *flottants* • niet strak *peu serré*; *lâche*; ⟨v. grond⟩ *meuble* ★ een losse schroef *une vis desserrée* ★ een losse tand *une dent qui branle* • apart *détaché*; *séparé*; *mobile*; ⟨op zichzelf staand⟩ *isolé*; ⟨onverpakt⟩ *en vrac*; ⟨onverpakt⟩ *au poids* ★ los geld *(menue) monnaie* v ★ losse onderdelen *des pièces* v mv *détachées* ★ een losse zin *une phrase isolée* ★ losse bloemen *fleurs* v mv *coupées* ★ losse letters *caractères* m mv *mobiles* • ongedwongen *libre*; *désinvolte*; *dégagé*; *détaché* ★ een losse stijl *un style dégagé* ★ uit de losse hand (getekend) *à main levée* ▾ erop los praten *parler à tort et à travers* ▾ alles wat los en vast zit *tout et*

n'importe quoi ▾ erop los slaan *cogner comme un sourd*; *cogner dur* ▾ erop los schieten *tirer dessus* ▾ los arbeider *manœuvre* m ▾ los werk *travail* m *occasionnel* ▾ op losse gronden *sans fondement*; *à la légère* ▾ los daarvan *à part cela* **II** BIJW • niet strak *lâchement* • ongedwongen *avec détachement* • apart *séparément*; *isolément* **(van** *de)* ▾ erop los *à tout-va* ▾ erop los gaan *y aller* ▾ erop los leven *vivre au jour le jour* ▾ erop los slaan *taper dessus* / *dans le tas*

losbandig I BNW *débauché*; *libertin* ⋆ een ~ leven leiden *vivre dans la débauche*; *faire la noce* **II** BIJW *licencieusement*; *dans la débauche*

losbarsten *éclater*; *se déchaîner*

losbladig *à feuillets mobiles*; *en classeur*

losbol *fêtard* m [v: *fêtarde*]

losbranden *se déchaîner*

losbreken I OV WW afbreken *rompre*; *détacher* **II** ON WW • uitbarsten *se déchaîner* • vrijkomen *se détacher*; ⟨uit gevangenis⟩ *s'évader*

los- en laadbedrijf *entreprise* v *de chargement et de déchargement*

loser *perdant* m [v: *perdante*]

losgaan *se détacher*; *se défaire*

losgeld *rançon* v

losgeslagen *déchaîné*

losgooien ⋆ de trossen ~ *larguer les amarres*

losjes • niet vast *peu solidement* • luchthartig *avec désinvolture*; *d'un air détaché*

loskomen • losraken *se détacher*; ⟨v. vliegtuig⟩ *décoller* • vrijkomen *se dégager*; ⟨vrijgelaten worden⟩ *être mis en liberté* • zich uiten *se dégourdir*

loskopen *racheter*

loskoppelen *déconnecter*; ⟨loshaken⟩ *décrocher*

loskrijgen • in bezit krijgen *obtenir* **(van** *de)*; ⟨afdwingen/ontfutselen⟩ *arracher* **(van** *à)* • los/vrij weten te krijgen *retirer*

loslaten I OV WW *lâcher*; ⟨vrijlaten⟩ *relâcher* ⋆ dat laat me niet los *ça me hante (l'esprit)* **II** ON WW • losgaan *se détacher* • niet meer vasthouden *lâcher prise* ▾ hij laat niet los *il n'en démord pas*

loslippig *bavard*; *peu discret* [v: *peu discrète*]

loslopen *être en liberté*; ⟨v. hond⟩ *être détaché* ▾ dat is te gek om los te lopen *c'est insensé*; *c'est abusé* ▾ het zal wel ~ *tout finira par s'arranger*; *ça ira*

losmaken • maken dat iets/iemand los wordt *défaire*; *détacher*; ⟨loshaken⟩ *décrocher*; ⟨losschroeven⟩ *dévisser*; ⟨minder strak maken⟩ *desserrer*; ⟨v. grond⟩ *aérer*; ⟨v. grond⟩ *ameublir*; ⟨ontspannen⟩ *détendre*; ⟨ontspannen⟩ *assouplir* ⋆ zich ~ van *se détacher de* • oproepen *susciter* ⋆ dat heeft heel wat bij hem losgemaakt *cela lui a rappelé pas mal de souvenirs* ▾ wie maakt me los? *qui me débarrasse?*

losprijs *rançon* v

losraken *se détacher*; *se défaire*

losrukken *arracher* ⋆ zich uit iemands armen ~ *s'arracher des bras de qn*

löss *loess* m

losscheuren I OV WW losmaken *arracher*; *déchirer* **II** ON WW losgaan *se détacher*

losschieten *se détacher brusquement*; *sauter*

losschroeven *dévisser*

lossen • uitladen *décharger* • afschieten *tirer*; *décharger* ⋆ een schot ~ *tirer (un coup de feu)*; SPORT *tirer*

losstaand *isolé*

los-vast *mal fixé*; FIG. *inconstant*

losweg • losjes *à la légère* • zomaar *comme ça*

losweken *décoller*

loswerken *dégager*; *libérer*

loszitten *branler*; *être mal fixé* ▾ zijn handen zitten los *il a la main leste* / *prompte*

lot • lotsbestemming *sort* m; *destin* m; *destinée* v ⋆ iem. aan zijn lot overlaten *abandonner qn à son sort* • loterijbriefje *billet* m *de loterie* ▾ dat is een lot uit de loterij *c'est une aubaine* / *le gros lot*

loten *tirer au sort*

loterij *loterie* v

lotgenoot *compagnon* m *d'infortune*

lotgeval *aventure* v; *péripétie* v

Lotharingen *la Lorraine*

loting *tirage* m *au sort* ⋆ bij ~ *(par tirage) au sort*

lotion *lotion* v

lotje ▾ van ~ getikt zijn *être timbré*

lotsbestemming *destin* m

lotto *loto* m

lottoformulier *bulletin* m *de loto*; *grille* v

lotus *lotus* m

lotushouding *position* v *du lotus*

louche *louche*; *pas très net* [v: ... *nette*]

lounge *hall* m; ⟨boot⟩ *salon* m

louter I BNW enkel *pur* **II** BIJW *purement*; *rien que*

louteren *purifier*; *épurer*

lovegame *jeu* m *blanc*

loven *louer* **(om** *de*, *pour)* ⋆ ~ en bieden *marchander*

lovenswaardig *louable*; *méritoire*

lover • gebladerte *feuillage* m; FORM. *ramée* v • lovertje *paillette* v

low budget *à budget réduit*

loyaal I BNW *loyal* [m mv: *loyaux*] **II** BIJW *loyalement*

loyaliteit *loyauté* v

lozen • spuien *évacuer*; *déverser*; *lâcher* • zich ontdoen van *se débarrasser de*; INFORM. *larguer*

lozing *évacuation* v

lp *trente-trois tours* m [onv]; *album* m

lpg ⟨gaz m de pétrole liquéfié⟩ *GPL* m

lsd *LSD* m

lts ≈ *école* v *d'enseignement technique du premier cycle*

lubberen *goder*; *pocher*

lucht • atmosferisch gas *air* m • adem *air* m ⋆ weer ~ krijgen *reprendre haleine*; *respirer* • geur *odeur* v ⋆ een vies ~je *une mauvais odeur* ⋆ in de ~ *dans l'air*; *en l'air* • hemel *ciel* m ⋆ in de open ~ *en plein air* ▾ uit de ~ komen vallen *tomber du ciel* ▾ in de ~ laten vliegen *faire sauter* ▾ van de ~ leven *vivre de l'air du temps*; *vivre du vent* ▾ ~ geven aan *exprimer* ▾ er hangt iets in de ~ *il se prépare* *qc* ▾ uit de ~ gegrepen *inventé de toutes pièces*; *fantaisiste*; *gratuit* ▾ doen alsof iem. ~ is *ignorer qn royalement*; *bouder qn* ▾ er zit een ~je aan *ça sent mauvais*; *c'est louche* ▾ in de ~ zijn *être sur les ondes* ▾ ~ krijgen van iets *flairer qc*; *éventer la mèche* ▾ het ... is niet van de ~ *on n'entend que ...* ▾ hij is ~ voor mij *il n'existe pas pour moi* ▾ dat hangt in de ~ *c'est dans l'air (du temps)* ▾ dat is gebakken ~ *c'est du vent / de la fumisterie* ▾ een ~je scheppen *prendre l'air*

lucht- *aérien* [v: *aérienne*]; *de l'air*

luchtaanval *attaque* v *aérienne*; *raid* m *aérien*

luchtafweer *défense* v / *artillerie* v *antiaérienne*

luchtalarm *alerte* v *aérienne*

luchtballon *ballon* m; ⟨heteluchtballon⟩ *montgolfière* v

luchtband *pneu* m

luchtbed *matelas* m *pneumatique*

luchtbel *bulle* v *d'air*; FIG. *bulle* v

luchtbrug *pont* m *aérien*

luchtcirculatie *circulation* v *de l'air*

luchtdicht **I** BNW *étanche*; *hermétique* **II** BIJW *hermétiquement*

luchtdruk *pression* v *atmosphérique*

luchten • ventileren *aérer* • uiten *exprimer*; *donner libre cours à*; ⟨tentoonspreiden⟩ *faire étalage de* ★ zijn hart ~ *vider son cœur*; *s'épancher* ▾ iem. niet kunnen ~ of zien *ne pas pouvoir souffrir/sentir qn*

lu

luchter • kroonluchter *lustre* m • kandelaar *candélabre* m

luchtfilter *filtre* m *à air*

luchtfoto *photo* v / *vue* v *aérienne*

luchtgekoeld *refroidi par air*

luchtgevecht *combat* m *aérien*

luchthartig **I** BNW *léger* [v: *légère*]; *frivole* **II** BIJW *légèrement*; *à la légère*

luchthaven *aéroport* m

luchthaventerminal *aérogare* v

luchtig **I** BNW • met veel lucht *aéré* • licht *léger* [v: *légère*] • luchthartig *frivole* **II** BIJW • licht *légèrement* • luchthartig *à la légère*; *légèrement*

luchtkasteel ★ luchtkastelen bouwen *construire des châteaux en Espagne*

luchtkoeling *refroidissement* m *par air*

luchtkoker *conduit* m *d'aération*

luchtlaag *couche* v *atmosphérique*

luchtlandingstroepen *troupes* v mv *aéroportées* [mv]

luchtledig *vide*

luchtledige ★ in het ~ praten *parler dans le vide*

luchtmacht *armée* v *de l'air*; *forces* v mv *aériennes* [mv]

luchtmachtbasis *base* v *aérienne*

luchtmatras *matelas* m *pneumatique*

luchtmobiel ★ ~e brigade *brigade* v *d'intervention aéroportée*

luchtoffensief *attaque* v *aérienne*

luchtpijp ⟨anatomie⟩ *trachée* v

luchtpost *poste* v *aérienne* ★ per ~ *par avion*

luchtreclame *publicité* v *aérienne*

luchtreis *voyage* m *aérien*

luchtruim *airs* m mv; *espace* m *aérien*

luchtschip *dirigeable* m; *aérostat* m

luchtslag *bataille* v *aérienne*

luchtspiegeling *mirage* m

luchtsprong *cabriole* v; *gambade* v; INFORM. *galipette* v

luchtstreek *zone* v *climatique*; *climat* m

luchtstroom *courant* m *atmosphérique*; ⟨tocht⟩ *courant* m *d'air*

luchtvaart *aviation* v

luchtvaartindustrie *aviation* v

luchtvaartmaatschappij *compagnie* v *aérienne*

luchtverdediging *défense* v *antiaérienne*

luchtverfrisser *désodorisant* m

luchtverkeer *trafic* m *aérien*

luchtverkeersleiding *contrôle* m *de la navigation aérienne*

luchtverontreiniging *pollution* v *de l'air / atmosphérique*

luchtverversing *aération* v

luchtvochtigheid *humidité* v *de l'air*

luchtweerstand *résistance* v *de l'air*

luchtwegen *voies* v mv *respiratoires*

luchtwortel *racine* v *aérienne*

luchtzak *trou* m *d'air*

luchtziek ★ ~ zijn *avoir le mal de l'air*

lucide *lucide*

lucifer *allumette* v ★ een ~ afstrijken *frotter / gratter / allumer une allumette*

luciferdoosje *boîte* v *d'allumettes*

lucratief *lucratif* [v: *lucrative*]; *profitable*

ludiek *ludique*

luguber *lugubre*

lui **I** ZN [de] mensen *gens* m mv ★ hallo luitjes *salut la compagnie / les gars* **II** BNW *paresseux* [v: *paresseuse*] ★ luie stoel *(fauteuil* m*) relax* m ★ liever lui dan moe zijn *avoir peur de se fatiguer*; *avoir un poil dans la main* ★ een luie donder *un glandeur* ★ een lui leventje *une vie oisive / peinarde* **III** BIJW *paresseusement*

luiaard • persoon *paresseux* m [v: *paresseuse*]; *fainéant* m [v: *fainéante*] • dier *aï* m; *paresseux* m

luid **I** BNW *fort* **II** BIJW *fort*

luiden **I** OV WW doen klinken *sonner* **II** ON WW • klinken *sonner* • behelzen *être conçu* ★ zijn antwoord luidde als volgt: *telle était sa réponse:* ★ het plan luidt als volgt: *le plan est ainsi conçu:*

luidkeels *à tue-tête* ★ ~ lachen *rire à gorge déployée*

luidop *tout haut*; *à haute voix*

luidruchtig **I** BNW lawaaierig *bruyant* **II** BIJW *bruyamment*

luidspreker • *haut-parleur* m [mv: *haut-parleurs*] • box *enceinte* v; *baffle* m

luier *couche* v; ⟨broekje⟩ *couche-culotte* v ★ een schone ~ omdoen *changer*; *langer*

luieren *paresser*; INFORM. *fainéanter*; *flemmarder*

luieruitslag *erythème* m *fessier*

luifel *auvent* m

luiheid *paresse* v

Luik *Liège* v

luik ⟨in raam⟩ *volet* m; ⟨in vloer⟩ *trappe* v; SCHEEPV. *panneau* m

luilak *paresseux* m [v: *paresseuse*]; *fainéant* m [v: *fainéante*]

Luilekkerland *pays* m *de cocagne*

luim • humeur *humeur* v • gril *lubie* v; *saute* v *d'humeur*; *caprice* m • scherts *plaisanterie* v
luipaard *léopard* m
luis *pou* m [mv: *poux*]; ⟨bladluis⟩ *puceron* m ▾ een luis in de pels *un gêneur*
luister *éclat* m; *splendeur* v ⋆ ~ bijzetten *donner de l'éclat à*; *rehausser (l'éclat de)*
luisteraar *auditeur* m [v: *auditrice*]
luisterboek *livre-cassette* m [mv: *livres-cassettes*]
luisterdichtheid *indice* m *d'écoute*
luisteren *écouter*; ⟨meeluisteren⟩ *être aux écoutes* ⋆ ~ naar OOK FIG. *écouter* ⋆ hij luistert naar de naam... *il répond au nom de...* ⋆ hij wil niet (naar rede) ~ *il ne veut rien entendre* ⋆ naar het roer ~ *gouverner* ▾ dat luistert nauw *il faut le faire avec précision*
luistergeld *redevance* v *(radio)*
luisterlied *chanson* v *(à textes)*
luisterrijk I BNW • glansrijk *éclatant*; *glorieux* [v: *glorieuse*] • schitterend *magnifique*; *splendide* II BIJW *glorieusement*; *splendidement*
luistervaardigheid *compréhension* v *orale*
luistervink ≈ *écouteur* m *(aux portes)* [v: *écouteuse ...*]
luit *luth* m
luitenant *lieutenant* m ⋆ tweede ~ *sous-lieutenant*
luitenant-generaal *général* m *de corps d'armée*
luitenant-kolonel *lieutenant-colonel* m [mv: *lieutenants-colonels*]
luitenant-ter-zee *capitaine* m *de corvette*
luiwammes *paresseux* m [v: *paresseuse*]; *fainéant* m [v: *fainéante*]
luizen *épouiller* ▾ erin ~ *se faire avoir*
luizenbaan *planque* v; *boulot* m *peinard*
luizenleven *vie* v *peinarde* ⋆ een ~tje leiden *vivre comme un coq en pâte*
lukken *réussir à*; *arriver à* ⋆ het lukt me wel *j'y arrive(rai)* ⋆ het lukt me niet *je n'y parviens pas* ⋆ lukt het? *ça va aller?*; *ça marche?* ⋆ het is hem gelukt *il a réussi (son coup / à le faire)*
lukraak I BNW *fait au hasard*; ⟨ongegrond⟩ *gratuit* II BIJW *au hasard*; *comme ça*; ⟨in het wilde weg⟩ *à tout et à travers*; ⟨in het wilde weg⟩ *n'importe comment*; ⟨v. slaan/schieten⟩ *dans le tas*
lul • penis *bite* v; *queue* v • persoon *con* m; *connard* m; ⟨kluns⟩ *couillon* m ▾ de lul zijn *se faire baiser* ▾ voor lul staan *être là comme un con* ▾ Jan Lul *jean-foutre* m
lulkoek *conneries* v mv
lullen *déconner*; *sortir des conneries*
lullig *con* [v: *conne*]; *chiant*; ⟨beroerd⟩ *mal fichu*
lumineus *lumineux* [v: *lumineuse*]; *brillant*
lummel *lourdaud* m
lummelen *fainéanter*; *traîner*; INFORM. *glander*
lummelig *comme un pied*
lunapark *parc* m *d'attractions*
lunch *déjeuner* m; *lunch* m
lunchen *déjeuner*
lunchpakket *casse-croûte* m [onv]
lunchpauze *pause* v *déjeuner*
lunchroom *salon* m *de thé*
luren ▾ iem. in de ~ leggen *rouler qn dans la farine*
lurken *téter* ⋆ ~ aan/op *téter*
lurven ▾ iem. bij de ~ pakken *prendre qn au collet*; *coincer qn*
lus *boucle* v; ⟨v. kledingstuk/handdoek⟩ *ganse* v; ⟨in tram⟩ *poignée* v
lust • zin *envie* v ⋆ de lust is hem vergaan om *l'envie lui est passé de* ⋆ dat beneemt je de lust *il y a de quoi être dégoûté* • plezier *plaisir* m; *délice* m ⋆ een lust voor het oog *un régal pour les yeux* ⋆ dat is zijn lust en zijn leven *c'est sa vie / sa passion* ⋆ ... dat het een (lieve) lust is *en y mettant tout son cœur* • wellust *désir* m ⋆ vleselijke lusten *appétits* m mv *charnels*
lusteloos I BNW *apathique*; *indolent* II BIJW *indolemment*; *sans entrain*
lusten *aimer* ⋆ lust jij vis? *tu aimes le poisson?* ⋆ eten zoveel men lust *manger à sa faim* ▾ hij zal er van ~ *il va en baver* ▾ ik lust hem rauw *je n'en ferai qu'une bouchée*
lusthof • tuin *jardin* m *d'agrément* • paradijs *Eden* m
lustig I BNW monter *gai* II BIJW *gaiement*
lustmoord *crime* m *sadique*
lustmoordenaar *sadique* m/v
lustobject *objet* m *sexuel / de désir*
lustrum • vijfjarig bestaan *lustre* m • viering *lustre* m
lutheraan *luthérien* m [v: *luthérienne*]
luthers, lutheraans *luthérien* [v: *luthérienne*]
luttel *petit*; *peu* ⋆ in ~e uren *en quelques heures*
luw • uit de wind *à l'abri du vent* • vrij warm *doux* [v: *douce*]
luwen *se calmer*; *s'apaiser*; *tomber*
luwte *lieu* m *abrité (du vent)*
luxaflex *store* m *vénitien*
luxe I ZN [de] *luxe* m II BNW *luxueux* [v: *luxueuse*]
luxeartikel *article* m *de luxe*
Luxemburg *le Luxembourg* ⋆ in ~ *au Luxembourg*
Luxemburger *Luxembourgeois* m [v: *Luxembourgeoise*]
Luxemburgs *luxembourgeois*
luxueus I BNW *luxueux* [v: *luxueuse*] II BIJW *luxueusement* ⋆ ~ leven *vivre dans le luxe*
L-vormig *en forme de L*
lyceïst ≈ *lycéen* m [v: *lycéenne*]
lyceum ≈ *lycée* m
lychee *litchi* m
lycra *lycra* m
lymfe *lymphe* v
lymfklier *ganglion* m *lymphatique*
lynchen *lyncher*
lynx *lynx* m
lyriek *lyrisme* m; *lyrique* v
lyrisch I BNW *lyrique* II BIJW *avec lyrisme*

M

m *m* m ★ de m van Marie *M comme Marcel*
ma *maman* v
maag *estomac* m ★ op de nuchtere maag *à jeun* ★ zijn maag is van streek *il a l'estomac dérangé* ★ mijn maag knort *j'ai l'estomac creux / qui gargouille / dans les talons* ▾ iem. iets in de maag splitsen *coller / refiler qc à qn* ▾ met iets / iem. in de maag zitten *avoir qc / qn sur les bras* ▾ dat ligt me zwaar op de maag *ça me reste sur l'estomac; ça me pèse*
maagbloeding *hémorragie* v *stomacale*
Maagd *Vierge* v
maagd *vierge* v ★ de Heilige Maagd *la (Sainte) Vierge*
maag-darmkanaal *tractus* m *gastro-intestinal*
maagdelijk • zuiver ★ ~ witte sneeuw *de la neige d'une blancheur virginale* • OOK FIG. *vierge*; ⟨v. een maagd⟩ *virginal* [m mv: *virginaux*]
maagdelijkheid *virginité* v
maagdenvlies *hymen* m
maagklacht ★ ~en hebben *avoir des troubles gastriques; souffrir de l'estomac*
maagkramp *crampe* v *d'estomac*
maagpatiënt *gastrique* m/v
maagpijn *douleurs* v mv *d'estomac* [mv]
maagsap *suc* m *gastrique*
maagwand *paroi* v *de l'estomac*
maagzuur *acidité* m *gastrique* ★ last van ~ hebben *avoir des brûlures / aigreurs (d'estomac)*
maagzweer *ulcère* m *à l'estomac*
maaien *couper*; OOK FIG. *faucher*; ⟨v. gazon⟩ *tondre*
maaier *faucheur* m [v: *faucheuse*]; ⟨voor de oogst⟩ *moissonneur* m [v: *moissonneuse*]
maaimachine ⟨voor het gazon⟩ *tondeuse* v; ⟨voor de oogst⟩ *moissonneuse* v
maaiveld *niveau* m *du sol* ▾ boven het ~ uitsteken *sortir de la masse; se démarquer*
maak • het produceren ★ in de maak zijn *être en préparation* • het herstellen ★ in de maak zijn *être en réparation*
maakbaar *faisable*
maakloon *façon* v; *main-d'œuvre* v
maaksel • product *ouvrage* m; *produit* m; IRON. *machin* m • manier waarop iets gemaakt is *fabrication* v; *façon* v
maakwerk *ouvrage* m *de commande*
maal I ZN [de] keer *fois* v ★ 2 maal 2 is 4 *deux fois deux font quatre* **II** ZN [het] maaltijd *repas* m; ⟨feestmaal⟩ *festin* m
maalstroom OOK FIG. *tourbillon* m; *maelström* m
maalteken *signe* m *de multiplication*
maaltijd *repas* m ★ de ~ gebruiken *prendre le repas*
maan *lune* v; ⟨bij andere planeet⟩ *satellite* m ★ het is heldere maan *il fait clair de lune* ★ afnemende maan *lune décroissante* ★ wassende maan *croissant* m *(de lune)* ★ nieuwe / volle maan *nouvelle / pleine lune* ▾ naar de maan zijn *être fichu* ▾ loop naar de maan! *va te faire foutre!*
maand *mois* m ★ de ~ juni *le mois de juin* ★ in de ~ juni *au mois de juin; en juin*
maandabonnement *abonnement* m *mensuel*
maandag *lundi* m ★ 's ~s *le lundi* ▾ hij is daar een blauwe ~ geweest *il n'a fait qu'entrer et sortir*
maandagavond *lundi* m *soir*
maandagmiddag *lundi* m *après-midi*
maandagmorgen, maandagochtend *lundi* m *matin*
maandagnacht *lundi* m *nuit*
maandags I BNW *du lundi* **II** BIJW *le lundi*
maandblad *mensuel* m; *revue* v *mensuelle*
maandelijks I BNW *mensuel* [v: *mensuelle*] **II** BIJW *tous les mois; par mois*
maandenlang *pendant des mois*
maandgeld *mois* m; *mensualité* v
maandkaart *carte* v *mensuelle*
maandloon *salaire* m *mensuel*
maandsalaris *salaire* m *mensuel*
maandverband *serviette(s)* v (mv) *hygiénique(s)*
maanlander *module* m *lunaire*
maanlanding *alunissage* m
maanlicht *clarté* v *de la lune*; *clair* m *de lune* ★ bij ~ *au clair de lune*
maansikkel *croissant* m *(de lune)*
maansverduistering *éclipse* v *de lune*
maanzaad *graine* v *de pavot / d'œillette*
maar I VW *mais* ★ maar goed *enfin(, passons)* **II** BIJW • toch ★ als het maar niet regent *pourvu qu'il ne pleuve pas* ★ dan moet je maar werken *tu n'as qu'à travailler* ★ zo maar *comme ça* ★ wacht maar! *attends un peu!* ★ doe maar! *vas-y!; débrouille-toi!* ★ was het maar waar! *si seulement c'était vrai!* ★ zonder ook maar... *sans même...* • slechts *seulement; ne (+ ww) que*; ⟨alleen maar⟩ *juste* ★ maar één euro *un seul euro* ★ je hoeft het maar te zeggen *tu n'as qu'à le dire; il (te) suffit de le dire* ★ het is maar al te waar *ce n'est que trop vrai* **III** ZN [het] *mais* m
maarschalk *maréchal* m [mv: *maréchaux*]
maart *mars* m
maarts *de mars* ★ ~e buien *giboulées* v mv *de mars*
Maas *Meuse* v
maas *maille* v ▾ door de mazen van het net kruipen *passer entre les mailles du filet*
maat • meeteenheid *mesure* v ★ maten en gewichten *poids et mesures* • afmeting *mesure* v; ⟨v. kleding⟩ *taille* v; ⟨v. (hand)schoen/hoed⟩ *pointure* v ★ iem. de maat nemen *prendre les mesures de qn* ★ welke maat heb je? *quelle taille fais-tu?; combien tu chausses?* ★ op maat *sur mesure* ★ een maatje groter *une taille au-dessus* • hoeveelheid ★ in de hoogste mate *au plus haut degré* ★ in gelijke mate *au même degré; également* ★ in meerdere of mindere mate *plus ou moins; dans une certaine mesure* ★ in die mate *à ce point* ★ in ruime mate *largement* • iets waarmee men meet *mesure* v • gematigdheid *mesure* v ★ met mate *avec modération; modérément* • MUZ. teleenheid

m

mesure v ⋆ de maat slaan/aangeven *marquer la cadence/mesure* ⋆ in de maat *en cadence*; *en mesure* • makker *copain* m [v: *copine*]; INFORM. *pote* m; ⟨deelgenoot⟩ *compagnon* m; *partenaire* m ▾ met twee maten meten *avoir deux poids, deux mesures* ▾ de maat is vol *la mesure est comble*; *trop c'est trop* ▾ onder de maat zijn *être insuffisant*; *ne pas faire le poids*
maatbeker *verre* m *gradué*; *mesure* v
maatgevend *décisif* [v: *décisive*]
maatgevoel *sens* m *de la mesure*
maatglas *verre* m *gradué*; TECHN. *éprouvette* v
maathouden *garder la mesure*
maatje *copain* m [v: *copine*]; *pote* m ⋆ beste ~s zijn (met) *être très copain (avec)*; *être copains comme cochons*
maatjesharing *hareng* m *vierge*
maatkleding *vêtements* m mv *sur mesure* [mv]
maatkostuum *costume* m *sur mesure*
maatregel *mesure* v ⋆ zijn ~en treffen *prendre ses dispositions / mesures* ⋆ geen halve ~en nemen *ne pas faire les choses à moitié*; *ne pas prendre des demi-mesures*
maatschap *société* v *(civile)*
maatschappelijk *social* [m mv: *sociaux*] ⋆ ~ werk *aide* v / *assistance* v *sociale* ⋆ ~ kapitaal *capital social* ⋆ ~ werkster *assistante sociale* ⋆ ~e plichten *devoirs* m mv *de citoyen*
maatschappij • samenleving *société* v • genootschap *société* v; ⟨handel⟩ *compagnie* v ⋆ ~ op aandelen *société par actions*
maatschappijkritisch *contestataire*
maatschappijleer *instruction* v *civique*
maatstaf ⋆ als ~ nemen *prendre pour référence* ⋆ een ~ aanleggen / aannemen *appliquer / adopter un critère*
maatstreep *repère* m; MUZ. *barre* v *de mesure*
maatwerk ⋆ het is ~ *c'est du sur(-)mesure*
macaber I BNW *macabre* **II** BIJW *d'un air macabre*
macadam *macadam* m
Macao *le Macao*
macaroni *macaronis* m mv
Macedonië *la Macédoine* ⋆ in ~ *en Macédoine*
Macedoniër *Macédonien* m [v: *Macédonienne*]
mach *mach* m
machiavellisme *machiavélisme* m
machiavellistisch *machiavélique*
machinaal I BNW • met machines *mécanique*; *fait à la machine* • werktuiglijk *machinal* [m mv: *machinaux*] **II** BIJW *mécaniquement*; *machinalement*
machinatie *machination* v
machine *machine* v; INFORM. *bécane* v
machinebankwerker *ajusteur-mécanicien* m [mv: *ajusteurs-mécaniciens*]
machinegeweer *mitrailleuse* v
machinekamer *salle* v *des machines*; *machinerie* v
machinepark *machinerie* v
machinepistool *pistolet* m *mitrailleur*
machinerie *machinerie* v; FIG. *rouages* m mv
machinetaal *langage* m *machine*
machinist *mécanicien* m [v: *mécanicienne*]
macho I ZN [de] *macho* m **II** BNW *macho* ⋆ ~ gedrag *machisme* m
macht • vermogen *pouvoir* m; ⟨kracht⟩ *force* v ⋆ uit alle ~ *de toutes ses forces* ⋆ bij ~e zijn *être en état de*; *être à même de* ⋆ dat ligt niet in mijn ~ *ce n'est pas en mon pouvoir* ⋆ uit alle ~ slaan *frapper de toutes ses forces* ⋆ boven zijn ~ werken *travailler les mains au-dessus de la tête*; *travailler au-dessus de ses capacités* • heerschappij *pouvoir* m **(over** *sur)*; *puissance* v; ⟨gezag⟩ *autorité* v; ⟨overwicht⟩ *empire* m **(over** *sur)* ⋆ aan de ~ komen *accéder / arriver au pouvoir* ⋆ de ~ over leven en dood *le droit de vie et de mort* ⋆ de ouderlijke ~ *l'autorité parentale* ⋆ de wetgevende ~ *le (pouvoir) législatif* ⋆ hemelse / hogere ~en *puissances célestes / supérieures* ⋆ de ~ grijpen *s'emparer du pouvoir* ⋆ iem. in zijn ~ hebben *avoir qn en son pouvoir* ⋆ de ~ over het stuur verliezen *perdre le contrôle de sa voiture* • gezag ⋆ de strijd om de ~ *la lutte pour le pouvoir* • mogendheid *puissance* v • troepen *force(s)* v (mv) ⋆ de gewapende ~ *les forces armées* • menigte *foule* v; FORM. *multitude* v • WISK. *puissance* v ⋆ de tweede ~ *le carré* ⋆ de derde ~ *le cube* ⋆ twee tot de vierde ~ *deux puissance quatre* ⋆ tot de derde ~ verheffen *élever au cube / à la puissance trois*; *cuber* ▾ hemelse / hogere ~en *puissances célestes / supérieures* ▾ de ~ der gewoonte *la force de l'habitude*
machteloos *impuissant*; FIG. *désarmé*
machthebber *détenteur* m *du pouvoir*; *maître* m; *dirigeant* m
machtig I BNW • veel macht hebbend *puissant* • beheersend ⋆ een taal ~ zijn *maîtriser une langue* • indrukwekkend *sensationnel* [v: *sensationnelle*]; *énorme* • moeilijk te verteren *lourd*; ⟨zeer⟩ *écœurant* ▾ het werd me te ~ *c'en était trop pour moi* **II** BIJW • krachtig *puissamment*; *fort* • zeer *énormément*
machtigen • bevoegdheid geven (tot) *autoriser (à)*; JUR. *habiliter (à)* • volmacht geven (tot) *mandater (pour)*
machtiging • bevoegdheid *autorisation* v • volmacht *mandat* m; *pouvoir* m
machtsevenwicht *équilibre* m *des forces*
machtsgreep *prise* v *de pouvoir*; *coup* m
machtsmiddel *pouvoir* m; *moyen* m *de pression*
machtsmisbruik *abus* m *de pouvoir*
machtsovername *prise* v *de pouvoir*
machtspositie *position* v *de force*
machtsstrijd *lutte* v *pour le pouvoir*
machtsverheffing *élévation* v *à une puissance*
machtsverhouding *rapport* m *de forces*
machtsvertoon *déploiement* m *de forces*
machtswellust *despotisme* m
macramé *macramé* m
macro *macro(-instruction)* v
macro- *macro-*
macrobiotiek *macrobiotisme* m
macrobiotisch *macrobiotique*
macro-economie *macro-économie* v
macrokosmos *macrocosme* m
Madagaskar *Madagascar* ⋆ op ~ *à Madagascar*
madam • vrouw *bonne femme* v; ⟨nuf⟩ *chochotte* v • bordeelhoudster *tenancière* v *de bordel*; INFORM. *maquerelle* v

made *ver* m; *asticot* m
madeliefje *pâquerette* v
madera *madère* m
madonna *madone* v
Madrileens *madrilène*
maf *dingue*
maffen *roupiller*; *coincer la bulle* ★ gaan ~ *se pieuter*
maffia *maf(f)ia* v
maffioso *maf(f)ieux* m; *membre* m *de la maf(f)ia*
mafkees *fada* m/v; *dingue* m/v
magazijn • opslagplaats *magasin* m; *dépôt* m; *entrepôt* m • winkel *magasin* m • patroonruimte van geweer *magasin* m
magazijnbediende *manutentionnaire* m/v
magazijnmeester *magasinier* m [v: *magasinière*]
magazine • tijdschrift *magazine* m • rubriek *magazine* m
mager I BNW OOK FIG. *maigre* ★ zo ~ als een lat *maigre comme un clou*; *sec (comme un hareng)* ★ ~e melk *lait* m *écrémé* ▼ ~e Hein *la camarde* **II** BIJW *maigrement*
magertjes *maigrement*; *chichement*
maggiblokje *cube* m *de bouillon*
magie *magie* v
magiër *magicien* m [v: *magicienne*]
magisch *magique*
magistraal *magistral* [m mv: *magistraux*]
magistraat *magistrat* m
magistratuur *magistrature* v ★ staande / zittende ~ *magistrature debout / assise*
magma *magma* m
magnaat *magnat* m
magneet *aimant* m
magneetnaald *aiguille* v *aimantée*
magneetschijf *disque* m *magnétique*
magneetstrip *bande* v/*piste* v *magnétique*
magnesium *magnésium* m
magnesiumcarbonaat *carbonate* m *de magnésium*
magnetisch OOK FIG. *magnétique*; ⟨gemagnetiseerd⟩ *aimanté*
magnetiseren OOK FIG. *magnétiser*
magnetiseur *magnétiseur* m [v: *magnétiseuse*]
magnetisme *magnétisme* m
magnetron *four* m *à micro-ondes*
magnifiek I BNW *magnifique* **II** BIJW *magnifiquement*
magnolia *magnolia* m
mahonie I ZN [het] *acajou* m **II** BNW *en acajou*
mailbox *boîte* v *aux lettres*
mailen *mailer*
mailing *mailing* m; *publipostage* m
maillot *collant* m
mainframe *ordinateur* m *central*; *macro-ordinateur* m
maïs *maïs* m
maïskolf *épi* m *de maïs*
maïskorrel *grain* m *de maïs*
maisonnette *duplex* m
maîtresse *maîtresse* v
maïzena *farine* v *de maïs*; *maïzena* v
majesteit *majesté* v ★ Zijne/Hare Majesteit *Sa Majesté*
majesteitsschennis *(crime* m *de) lèse-majesté* v
majestueus I BNW *majestueux* [v: *majestueuse*] **II** BIJW *majestueusement*
majeur *(mode* m*) majeur* m ★ in ~ *en majeur*
majoor *commandant* m
majordomus *majordome* m
majorette *majorette* v
majuskel *majuscule* v
mak • tam *apprivoisé* ★ mak als een lam *doux comme un agneau* • meegaand *docile*
makelaar *agent* m; *courtier* m [v: *courtière*] ★ ~ in onroerend goed *agent immobilier*
makelaardij • bedrijf *courtage* m • branche *courtage* m
makelaarskantoor *agence* v *immobilière*
makelaarsloon *courtage* m
makelij *fabrication* v ★ van eigen ~ *de ma / sa façon*; *(fait) maison*
maken • vervaardigen *fabriquer*; *faire*; *confectionner* ★ van hout gemaakt *(fait) en bois* • doen ontstaan *faire*; *créer* ★ iem. tot voorzitter ~ *faire / nommer qn président* • veroorzaken *faire* ★ ~ dat *faire en sorte que* • in toestand brengen *faire*; ⟨met bijvoeglijk naamwoord⟩ *rendre* ★ iem. gelukkig ~ *rendre qn heureux* ★ iem. boos ~ *mettre qn en colère* ★ groter ~ *agrandir* ★ iem. aan het lachen ~ *faire rire qn* ★ iem. (tot) voorzitter ~ *faire / nommer qn président* • herstellen *réparer* • verkrijgen *faire* ★ geld ~ *se faire de l'argent* ▼ het goed ~ *aller bien*; *se porter bien* ▼ hoe maakt u het? *comment allez-vous?* ▼ hij kan me niets ~ *il ne peut rien contre moi* ▼ je hebt hier niets te ~ *tu n'as rien à faire ici* ▼ met iem. te ~ hebben/krijgen *avoir affaire à qn* ▼ met iets te ~ hebben/krijgen *avoir à faire avec qc* ▼ dat heeft daarmee niets te ~ *ça n'a rien à voir / aucun rapport* ▼ wat heeft dat ermee te ~? *je ne vois pas le rapport* ▼ hij heeft het er naar gemaakt *il l'a bien cherché / mérité / voulu* ▼ het te erg ~ *aller trop loin* ▼ het uitstekend ~ *se porter comme un charme* ▼ hoe maak je het? *(comment) ça va?* ▼ ik heb er niets mee te ~ *cela ne me regarde pas*; *je n'y suis pour rien* ▼ maak het nou! *holà!*; *t'es fou ou quoi?*; *ça ne va pas (la tête)?* ▼ het (helemaal) ~ *faire un malheur* ▼ ik weet het goed gemaakt *j'ai une proposition honnête* ▼ ik zal het met je ~ *je vais être sympa avec toi* ▼ er weinig van ~ *s'y prendre mal* ▼ ik kan hem ~ of breken *il est à ma merci*
maker *fabricant* m [v: *fabricante*]; *auteur* m
make-up *maquillage* m
makke *hic* m
makkelijk I BNW • niet moeilijk *facile*; *aisé* • geriefelijk *confortable* • handig *commode* **II** BIJW • niet moeilijk *facilement*; *aisément* ★ jij hebt ~ praten *c'est facile à dire* • geriefelijk *confortablement*
makken ▼ niets/geen cent te ~ hebben *n'avoir pas un sou*
makker *copain* m; *camarade* m/v; *compagnon* m
makkie ★ dat is een ~ *c'est fastoche / du gâteau* ★ een ~ hebben *être (père) peinard*
makreel *maquereau* m [mv: *maquereaux*]
mal I ZN [de] • model *moule* m • TECHN. *calibre*

ma

m; *moule* m ▾ iem. voor de mal houden *se moquer de qn* **II** BNW dwaas *sot* [v: *sotte*]; *farfelu*; *un peu fou* [v: *un peu folle*] ★ ben je mal? *ça va pas non?*; *t'es fou ou quoi?*
malafide *véreux* [v: *véreuse*]
malaise *malaise* m
malaria *paludisme* m; *malaria* v
malariamug *anophèle* m
Malawi *le Malawi*
Malediven *Maldives* v mv
Maleis *malais*
Maleisië *la Malaisie* ★ in ~ *en Malaisie*
malen I OV WW fijnmaken *moudre*; ⟨vermalen⟩ *broyer* ★ ge~ koffie *café* m *moulu* / *en poudre* **II** ON WW • piekeren *ruminer* • raaskallen *radoter* ★ ~de zijn *divaguer* • ~ **om** ★ ik maal er niet om *je m'en moque* ▾ dat maalt me door het hoofd *ça me hante (l'esprit)* ▾ ik maal er niet om *je m'en moque*
Mali *le Mali* ★ in Mali *au Mali*
maliënkolder *cotte* v *de mailles*
maligne *malin* [v: *maligne*]
maling ▾ iem. in de ~ nemen *se payer la tête de qn* ▾ ik heb er ~ aan *je m'en moque*
mallemoer ▾ naar zijn ~ *foutu* ▾ geen ~ *que dalle*
mallemolen *manège* m; FIG. *tourbillon* m
malligheid *sottise* v; *bêtise* v; *blague* v
malloot *clown* m; *guignol* m
mals *tendre*; ⟨sappig⟩ *succulent*; ⟨mild⟩ *doux* [v: *douce*] ★ niet mals *pas tendre*; *corsé* ★ het is mals als boter *ça fond dans la bouche*
Malta *Malte* ★ op ~ *à Malte*
maltraiteren *maltraiter*; *mettre à mal*
malversatie *malversation* v
mama *maman* v
mammoet *mammouth* m
mammoettanker *superpétrolier* m
mammografie *mammographie* v
mammon *Mammon* m
man • mannelijk persoon *homme* m; INFORM. *mec* m ★ daar is hij de man niet naar *ce n'est pas son genre* ★ een man van zijn woord *un homme de parole* ★ van man tegen man *corps à corps* • echtgenoot *mari* m ★ man en vrouw *mari et femme* ★ aan de man komen *trouver à se marier* • mens *homme* m ★ een gesprek van man tot man *un tête-à-tête* ★ een gevecht van man tegen man *un corps à corps* ★ per man *par personne*; *par tête* ▾ als één man *comme un seul homme* ▾ man en paard noemen *appeler les choses par leur nom* ▾ aan de man brengen *trouver preneur pour*; *écouler*; *caser* ▾ met man en muis vergaan *périr corps et biens* ▾ een man een man, een woord een woord *un homme d'honneur n'a qu'une parole* ▾ ik ben je man! *je suis ton homme!*; *je suis l'homme qu'il te faut!* ▾ de kleine man *les petites gens* m mv ▾ met man en macht *d'un commun effort* ▾ (recht) op de man af *sans détours* ▾ op de man spelen *viser la personne*
management • leidinggevend personeel *direction* v; *cadres* m mv • het besturen *gestion* v; *management* m
manager • (zakelijk) leider *manager* m • ⟨in horeca⟩ bedrijfsleider *manager* m; *gérant* m
manche *manche* v
manchet *manchette* v
manchetknoop *bouton* m *de manchette*
manco *déficit* m; *manque* m
mand *corbeille* v; ⟨met hengsels⟩ *panier* m; ⟨op de rug⟩ *hotte* v ▾ door de mand vallen *se montrer sous son vrai jour*; *se trahir*
mandaat • volmacht *mandat* m • opdracht *mandat* m
mandaatgebied *région* v *sous mandat*
Mandarijn *mandarin* m
mandarijn • CUL. vrucht *mandarine* v; *clémentine* v • Chinese ambtenaar *mandarin* m
mandekker *marqueur* m
mandekking *marquage* m *(individuel)*
mandoline *mandoline* v
manege *manège* m
manen I DE MV *crinière* v **II** OV WW • aansporen *exhorter à* • herinneren *sommer de*
maneschijn *clair* m *de lune*
maneuver BELG. • → **manoeuvre**
manga *manga* m
mangaan *manganèse* m
mangat *trou* m *individuel*
mangel *calandre* v; ⟨v. was⟩ *essoreuse* v ▾ door de ~ halen *malmener*
mangelen *calandrer*; FIG. *sandwicher*
mango *mangue* v
mangrove *mangrove* v
manhaftig I BNW *vaillant* **II** BIJW *vaillamment*
maniak *maniaque* m/v
maniakaal *maniaque*
manicure • handverzorging *manucure* v • handverzorger *manucure* m
manicuren *manucurer*
manie *manie* v
manier • wijze *façon* v; *manière* v ★ op die ~ *de cette façon/manière* ★ de ~ waarop *la façon/manière dont* ★ ~ van doen *méthode* v; *façons* v mv • omgangsvormen *manières* v mv ★ dat is geen ~ (van doen) *cela ne se fait pas* ★ geen ~en hebben *ne pas savoir se conduire*
maniërisme *maniérisme* m
maniertje • foefje *truc* m • gekunsteldheid ★ ~s hebben *faire des manières / du genre*
manifest I ZN [het] *manifeste* **II** BNW *manifeste*
manifestatie *manifestation* v
manifesteren *manifester*
manipulatie *manipulation* v
manipulator *manipulateur* m [v: *manipulatrice*]
manipuleren *manipuler*
manisch *maniaque*
manisch-depressief *maniacodépressif* [v: *maniacodépressive*]
manjaar *productivité* v *d'un homme par an*
mank OOK FIG. *boiteux* [v: *boiteuse*] ★ mank lopen *boiter* ▾ die vergelijking gaat mank INFORM. *cette comparaison cloche* ▾ aan een euvel mank gaan *avoir un défaut*
mankement *défaillance* v
manken *boiter*
mankeren • ontbreken *manquer* • schelen *avoir* ★ wat mankeert je? *qu'est-ce-que tu as?*

ma

▾ zonder ~ *sans faute* ▾ dat mankeerde er nog maar aan! *il ne manquait plus que ça*
mankracht ⟨mensen⟩ *main-d'œuvre* v; MIL. *effectifs* m mv; ⟨helpers⟩ *bras* m mv ★ met ~ *à bras; à la main*
manmoedig I BNW *vaillant* II BIJW *vaillamment*
manna *manne* v
mannelijk I BNW • behorend tot een man *mâle* • als van mannen *viril* • TAALK. *masculin* II BIJW *virilement*
mannengek *dragueuse* v; *allumeuse* v
mannenkoor *chœur* m *d'hommes*; *chorale* v *masculine*
mannentaal ★ dat is ~! *voilà ce qui est parler!*
mannequin *mannequin* m
mannetje • kleine man *petit bonhomme* m • mannelijk dier *mâle* m ▾ zijn ~ staan *ne pas se laisser faire; (savoir) se défendre*
mannetjesputter *hercule* m
manoeuvre *manœuvre* v ★ op ~ *en manœuvres*
manoeuvreerbaarheid *manœuvrabilité* v
manoeuvreren *manœuvrer*
manometer *manomètre* m
mans ★ mans genoeg zijn om *être de taille à*
manschappen *hommes* m mv; *troupes* v mv
manshoog *à hauteur d'homme*
mantel • jas *manteau* m [mv: *manteaux*] • dekmantel *couverture* v ▾ iem. de ~ uitvegen *passer un savon à qn* ▾ iets met de ~ der liefde bedekken *tirer le voile sur qc; fermer les yeux sur qc*
mantelpak *tailleur* m
mantelzorg ≈ *aide* v; ≈ *bénévolat* m
mantra *mantra* m
manueel *manuel* [v: *manuelle*]
manufacturen *étoffes* v mv; *tissus* m mv
manuscript *manuscrit* m
manusje-van-alles *homme* m *à tout faire*
manuur *heure* v *de travail*; *heure-homme* v
manwijf *virago* v; *gendarme* m
manziek *nymphomane*
map *chemise* v; ⟨ordner⟩ *classeur* m
maquette *maquette* v
maraboe *marabout* m
marathon *marathon* m
marathonloper *coureur* m *de marathon* [v: *coureuse ...*]
marathonzitting *séance-marathon* v [mv: *séances-marathons*]
marchanderen *marchander*
marcheren *marcher au pas*
marconist *radionavigant* m; INFORM. *radio* m
mare • bericht *nouvelle* v • gerucht *bruit* m
marechaussee ≈ *gendarmerie* v
maren *avoir des mais; (trouver à) redire*
maretak *gui* m
margarine *margarine* v
marge • kantlijn *marge* v ★ in de ~ *en marge* • speelruimte *marge* v
marginaal *marginal* [m mv: *marginaux*]
margriet *marguerite* v
Maria *Marie*
Mariabeeld *madone* v
Maria-Boodschap *l'Annonciation* v
Maria-Hemelvaart *l'Assomption* v
Mariaverering *culte* m *marial / de la Vierge (Marie)*
marihuana *marijuana* v; *marihuana* v
marinade *marinade* v
marine *marine* v
marinebasis *base* v *navale*
marineblauw *bleu marine* [onv]
marineren *(faire) mariner*
marinier *fusilier* m *marin*; *marine* m ★ korps ~s *infanterie* v *de marine*
marionet OOK FIG. *marionnette* v
marionettenregering *gouvernement* m *fantoche*
marionettenspel *(théâtre* m *de) marionnettes* v mv
maritiem *maritime*
marjolein *marjolaine* v
mark *mark* m
markant *frappant; marquant*
markeerstift *surligneur* m; *marqueur* m
markeren *marquer*; ⟨afbakenen⟩ *délimiter*
marketing *marketing* m
markies *marquis* m [v: *marquise*]
markt • verkoopplaats *marché* m • handel *marché* m ★ zwarte ~ *marché noir* ★ iets op de ~ brengen *lancer qc* ★ op de ~ komen *paraître sur le marché* ★ uit de ~ nemen *retirer de la vente* ★ een nieuwe ~ openleggen *ouvrir un nouveau débouché* • vraag *marché* m ▾ van alle ~en thuis zijn *s'y connaître dans tous les domaines; être un personnage à toutes mains* ▾ in de ~ zijn voor *être intéressé par / sur les rangs pour* ▾ goed in de ~ liggen OOK FIG. *avoir la cote*
marktaandeel *part* v *de marché*
marktanalyse *étude* v *du marché*
markteconomie *économie* v *de marché*
markten ★ gaan ~ *aller au marché*
marktkoopman *marchand* m *(forain)*
marktkraam *étal* m; *éventaire* m
marktleider *leader* m
marktmechanisme *mécanisme* m / *loi* v *du marché*
marktonderzoek *étude* v *de marché*
marktplein *place* v *du marché*
marktprijs *prix* m *courant / du marché*
marktstrategie *stratégie* v *commerciale*
marktverkenning *prospection* v
marktwaar *marchandises* v mv
marktwaarde *valeur* v *marchande*
marmelade *marmelade* v
marmer *marbre* m
marmeren I BNW *de / en marbre* II OV WW *marbrer* ★ het ~ *marbrure* v
marmot *marmotte* v
Marokkaan *Marocain* m [v: *Marocaine*]
Marokko *le Maroc* ★ in ~ *au Maroc*
Mars *Mars*
mars I ZN [de] • voettocht *marche* v ★ op mars *en marche* • MUZ. *marche* v ▾ heel wat in zijn mars hebben *être très fort / calé; avoir de l'étoffe* II TW ★ voorwaarts mars! *en avant, marche!*
marsepein *massepain* m
marskramer *colporteur* m [v: *colporteuse*]
marsmannetje *Martien* m [v: *Martienne*]
marsmuziek *musique* v *militaire*; *marche* v

marsorder *feuille* v *de route*
martelaar • gemartelde *martyr* m [v: *martyre*] • folteraar *tortionnaire* m/v
martelaarschap *martyre* m
marteldood *martyre* m
martelen OOK FIG. *torturer*
martelgang *calvaire* m
marteling OOK FIG. *supplice* m; *torture* v
marteltuig *instrument(s)* m (mv) *de torture*
marter *martre* v
martiaal *martial* [m mv: *martiaux*]
marxisme *marxisme* m
marxist *marxiste* m/v
marxistisch *marxiste*
mascara *mascara* m
mascotte *mascotte* v
masculien *masculin*
masker OOK FIG. *masque* m ▾ het ~ afleggen *ôter / jeter son masque*
maskerade *mascarade* v
maskeren *masquer*; *dissimuler*
masochisme *masochisme* m
masochist *masochiste* m/v
masochistisch *masochiste*
massa • grote hoeveelheid *masse* v; *foule* v ★ bij ~'s *en foule* ★ een ~ dingen *un tas des choses* • volk ★ de grote ~ *les masses*; *la foule*
massaal I BNW • een groot geheel vormend *massif* [v: *massive*] • in massa *en masse* II BIJW *en masse*; *massivement*
massacommunicatie *communication* v *de masse*
massacultuur *culture* v *de masse*
massage *massage* m
massagraf *fosse* v *commune*; *charnier* m
massamedium ★ massamedia *(mass) media* m mv; *mass-médias* m mv
massamoord *massacre* m; *tuerie* v
massaontslag *licenciement* m *collectif*
massaproductie *production* v *en (grande) série*
massaregie *mise* v *en scène des mouvements de foule*
massatoerisme *tourisme* m *de masse*
massavernietigingswapen *arme* v *de destruction massive*
masseren *masser*
masseur *masseur* m [v: *masseuse*]
massief I ZN [het] *massif* m II BNW niet hol *massif* ★ van ~ zilver *d'argent plein*; *en argent massif*
mast • paal *poteau* m [mv: *poteaux*]; ⟨elektriciteits-/zendmast⟩ *pylône* m; ⟨voor mastklimmen⟩ *mât* m *de cocagne* • scheepsmast *mât* m
master *mastère* m
masterclass *masterclasse* v
mastodont *mastodonte* m
masturbatie *masturbation* v
masturberen *se masturber*
mat I ZN [de] kleed *tapis* m; ⟨deurmat⟩ *paillasson* m ★ een ruige mat *un tapis-brosse* ▾ de groene mat *la pelouse* II BNW • dof *mat*; ⟨flauw/flets⟩ *terne* ★ matte huid *peau* v *mate* ★ matte stem *voix* v *terne / éteinte* • schaakmat *échec et mat* III BIJW *faiblement*
matador *matador* m
match *match* m; *rencontre* v
matchen *aller (bien) ensemble*
matchpoint *balle* v *de match*
mate • → **maat**
mateloos I BNW *démesuré*; *immense* II BIJW *démesurément*
materiaal • stof *matériaux* m mv; ⟨grondstof⟩ *matière* v; ⟨gegevens⟩ *matériel* m • FIG. *matériel* m
materialisme *matérialisme* m
materialist *matérialiste* m/v
materialistisch *matérialiste*
materie *matière* v
materieel I ZN [het] *matériel* m ★ rollend ~ *(parc du) matériel roulant* II BNW *matériel* [v: *matérielle*]
matglas *verre* m *dépoli*
matheid • dofheid *matité* v • vermoeidheid *lassitude* v
mathematicus *mathématicien* m [v: *mathématicienne*]
mathematisch *mathématique*
matig I BNW • sober *modéré*; *mesuré*; ⟨v. hoeveelheid⟩ *modique*; ⟨v. eten en drinken⟩ *sobre*; *frugal* [m mv: *frugaux*] • middelmatig *médiocre* II BIJW • sober *sobrement*; *frugalement* • middelmatig *modérément*; *médiocrement*
matigen I OV WW • intomen *modérer*; *calmer* • verminderen *diminuer*; *réduire*; ⟨temperen⟩ *tempérer* II WKD WW [+ zich] *se restreindre*; *se modérer*
matiging *modération* v; *retenue* v; *sobriété* v
matinee *matinée* v
matineus *matinal* [m mv: *matinaux*]
matje ▾ op het ~ geroepen worden *devoir rendre des comptes*; *se faire rappeler à l'ordre*
matras *matelas* m
matriarchaal *matriarcal* [m mv: *matriarcaux*]
matriarchaat *matriarcat* m
matrijs *matrice* v
matrix *matrice* v
matrixprinter *imprimante* v *matricielle*
matrone *matrone* v
matroos *matelot* m
matrozenpak *costume* m *marin*
matse *pain* m *azyme*
matsen *être sympa avec quelqu'un* ★ ik zal je ~ *je te ferai une fleur*; *je te fais un prix*
matten I OV WW ⟨v. stoel⟩ *empailler* II ON WW vechten *se bagarrer*
mattenklopper *tapette* v
Mauritanië *la Mauritanie* ★ in ~ *en Mauritanie*
Mauritius *l'île* v *Maurice*
mausoleum *mausolée* m
mauve *mauve*
mauwen *miauler*
mavo ≈ *enseignement* m *général secondaire*
m.a.w. *autrement dit*
maximaal I BNW *maximal* [m mv: *maximaux*]; *maximum* [onv.] ★ de maximale belasting *le maximum de charge*; *la charge maximale* II BIJW *au maximum*
maximaliseren *maximaliser*; *maximiser*
maximum *maximum* m [mv: *maximums/maxima*] ★ een ~ stellen aan *fixer*

un maximum à
maximumsnelheid *[vitesse* v *maximale* ★ toegestane ~ *limitation* v *de vitesse*
maximumtemperatuur *température* v *maximum*
mayonaise *mayonnaise* v
mazelen *rougeole* v
mazen *remailler*
mazout *mazout* m
mazzel *(coup* m *de) bol* m / *pot* m
mazzelaar *chançard* m [v: *chançarde*]
mazzelen *avoir du bol / du pot*
mbo ≈ *enseignement* m *secondaire professionnel*
MC *MC* m/v
ME ⟨Compagnies v mv Républicaines de Sécurité⟩ ≈ *CRS* v mv
me *me*; *m'*; ⟨benadrukt, na voorzetsel⟩ *moi*
meanderen *serpenter*
meao ≈ *enseignement* m *économique et administratif du second cycle*
mecanicien *mécanicien* m [v: *mécanicienne*]
mecenaat *mécénat* m
mecenas *mécène* m
mechanica *mécanique* v
mechaniek *mécanisme* m
mechanisch *mécanique*
mechaniseren *mécaniser*
mechanisme *mécanisme* m
Mechelen *Malines* v
Mechels *malinois*
medaille *médaille* v
medaillon *médaillon* m
mede *également*; *aussi*
mede- *co-* ★ medegevangene *codétenu*
medeaansprakelijk *coresponsable*
medebeslissingsrecht *(droit* m *de) participation* v; *cogestion* v
medeburger *concitoyen* m [v: *concitoyenne*]
mededeelzaam *communicatif* [v: *communicative*]; *expansif* [v: *expansive*]
mededelen • → **meedelen**
mededeling *annonce* v; *communication* v
mededelingenbord *tableau* m *d'affichage*; ⟨elektronisch⟩ *tableau* m *de téléaffichage*
mededinger *concurrent* m [v: *concurrente*]; *rival* m [mv: *rivaux*] [v: *rivale*]
mededinging *concurrence* v ★ buiten ~ *hors concours*
mededogen *compassion* v (**met** *pour)*; *sympathie* v
medeklinker *consonne* v
medeleven *compassion* v; *sympathie* v
medelijden *pitié* v ★ met iem. ~ hebben *avoir pitié de qn* ★ ~ wekken *faire pitié (à qn)*; *apitoyer (qn)*
medelijdend I BNW *compatissant* **II** BIJW *avec pitié*; *avec compassion*
medemens *prochain* m; *semblable* m/v
medemenselijkheid *humanité* v
medeplichtig *complice (***aan** *de)*
medeplichtige *complice* m/v
medestander *partisan* m [v: *partisane*]
medewerker *collaborateur* m [v: *collaboratrice*]
medewerking *collaboration* v; *concours* m ★ met ~ van *avec la participation de*; *en collaboration avec*
medeweten ★ buiten zijn ~ *à son insu* ★ met zijn ~ *lui étant au courant*
medezeggenschap *participation* v; ⟨in bedrijf⟩ *cogestion* v
media *médias* m mv
mediatheek *médiathèque* v; *infothèque* v
mediator *médiateur* m [v: *médiatrice*]
medicament *médicament* m
medicatie *médication* v
medicijn *médicament* m ★ ~en studeren *faire des études de médecine*
medicijnflesje *fiole* v
medicijnkastje *(armoire* v *à) pharmacie* v
medicijnman *guérisseur* m
medicinaal *médicinal* [m mv: *médicinaux*]
mediëvist *médiéviste* m/v
mediëvistiek *médiévisme* m
medio *mi-* ★ ~ november *à la mi-novembre*
medisch *médical* [m mv: *médicaux*] ★ de ~e faculteit *la faculté de médecine*
meditatie *méditation* v
mediteren *méditer*
mediterraan *méditerranéen* [v: *méditerranéenne*]
medium • communicatiemiddel *média* m • persoon *médium* m
mee • (samen) met *avec* ★ hij wil met ons mee *il veut nous accompagner / venir avec nous* ★ dat kan nog lang / jaren mee *cela peut faire de l'usage / des années* ★ ergens mee wachten *attendre (pour faire qc)* ★ met de stroom mee *dans le sens du courant* • ten gunste ★ de wind mee hebben *avoir le vent arrière / dans le dos* ★ hij heeft alles mee om *il a tout pour lui pour*; *il est bien placé pour*
meebrengen • meenemen *apporter*; ⟨v. wat niet draagbaar is⟩ *amener*; ⟨bij terugkomst⟩ *rapporter*; ⟨bij terugkomst⟩ *ramener* • inherent zijn aan *comporter*; ⟨tot gevolg hebben⟩ *entraîner*
meedelen I OV WW laten weten *informer (quelqu'un) de*; *communiquer*; *faire savoir* **II** ON WW deel hebben *participer (***in** *à)*
meedenken *réfléchir (avec quelqu'un)*
meedingen *concourir (***naar** *pour)*
meedoen ⟨aan iets⟩ *participer à*; ⟨met iem.⟩ *s'associer à* ★ ik doe mee! *j'en suis!* ★ doe je mee? *tu es partant?* ★ daar doe ik niet aan mee INFORM. *je ne marche pas (là-dedans)*
meedogend *apitoyé*
meedogenloos *impitoyable*
meedragen *porter avec soi*
mee-eter *point* m *noir*
meegaan • vergezellen *aller avec*; *accompagner* ★ ga je mee? *tu viens?* • instemmen (met) *suivre*; *être d'accord (avec)* ★ met zijn tijd ~ *vivre avec son temps*; *être de son temps* • bruikbaar blijven *durer* ★ lang ~ INFORM. *faire de l'usage*
meegaand ⟨inschikkelijk⟩ *accommodant*; ⟨gedwee⟩ *docile*
meegeven I OV WW geven *donner* **II** ON WW geen weerstand bieden *céder*; *être flexible* ★ niet ~ *résister*
meehelpen *aider*
meekomen • bijblijven *suivre* ★ hij kan niet ~ *il*

ne peut pas suivre • samen komen *venir avec*; *accompagner*
meekrijgen • op de hand krijgen *gagner* • ontvangen *recevoir* • overhalen *entraîner*
meel *farine* v
meeldauw *mildiou* m
meeldraad *étamine* v
meeleven ⟨met iets⟩ *compatir (à)*; ⟨met iem.⟩ ≈ *être avec (quelqu'un)* ★ ~ met iemands verdriet *compatir / participer à la douleur de qn*
meelijwekkend *pitoyable*
meelokken *entraîner (avec soi)*
meelopen • meegaan (met) *accompagner* • gunstig verlopen *aller bien*; INFORM. *marcher* ▾ hij loopt hier al lang mee HUMOR. *il fait partie des meubles*
meeloper *suiviste* m/v; *mouton* m
meemaken *traverser*; *connaître*; *endurer*
meenemen ⟨v. iets draagbaars⟩ *emporter*; ⟨v. wat niet draagbaar is⟩ *emmener* ▾ dat is (mooi) meegenomen *c'est toujours ça (de pris / de gagné)*
meepikken • stelen *piquer* • iets extra doen *faire par la même occasion*
meepraten ▾ daar kan ik van ~ *je suis payé pour le savoir*; *j'en sais qc*; *je suis passé par là*
ME'er ⟨Compagnie v Républicaine de Sécurité⟩ *CRS* m
meer I ZN [het] *lac* m **II** BIJW • in hogere mate *plus (dan que)* ★ meer en meer *de plus en plus* ★ dank u, niet meer *c'est assez, merci* ★ het is niet meer dan billijk *rien de plus juste*; *ce n'est que juste* • veeleer *plutôt* • verder *plus*; ⟨nog erbij⟩ *de plus* ★ wat wil je nog meer? *qu'est-ce que tu veux de plus?* ★ niemand meer? *personne n'en veut plus?* ★ zij zingt niet meer *elle ne chante plus* ★ hij heeft niets meer *il n'a plus rien* ★ hij is niet meer *il n'est plus* ★ geen woord meer! *plus un mot!* ★ eens te meer *une fois de plus* ★ dat heeft hij meer gedaan *il n'en est pas à son début* **III** TELW • in grotere mate ★ meer dan *plus de*; *plus que* ★ meer mensen *plus de gens* ★ meer dan honderd *plus de cent* ★ meer dan ooit *plus que jamais* ★ meer niet *rien de plus*; *c'est tout* ★ zonder meer *comme ça*; *certainement* • *plus*; *davantage*
meerdaags *de/pour plusieurs jours*
meerdelig *en plusieurs parties*
meerdere I ZN [de] *supérieur* m ★ iemands ~ zijn *être supérieur à qn*; *l'emporter sur qn* **II** ONB VNW *plusieurs*
meerderen *augmenter*
meerderheid *majorité* v ★ de zwijgende ~ *la majorité silencieuse* ★ de numerieke ~ *la supériorité du nombre* ★ in de ~ zijn *être supérieur en nombre*; POL. *être majoritaire* ★ bij ~ van stemmen *à la majorité des voix*
meerderheidsbelang *participation* v *majoritaire*
meerderjarig *majeur*
meerderjarigheid *majorité* v
meerduidig *ambigu* [v: *ambiguë*]
meerjarenplan *plan* m *pluriannuel*
meerkeuzetoets *test* m / *questionnaire* m *à choix multiple (QCM)*
meerkeuzevraag *question* v *à choix multiple*
meerkoet *foulque* v
meermaals *plus d'une fois*; *plusieurs fois*
meeroken ★ het ~ *tabagisme* m *passif*
meeropbrengst *rendement* m *marginal*
meerpaal *poteau* m *d'amarrage* [m mv: *poteaux ...*]; *bitte* v
meerpartijensysteem *pluripartisme* m
meerstemmig *à plusieurs voix*; *polyphonique*
meertalig *polyglotte*; *plurilingue*
meerval *silure* m
meervoud *pluriel* m ★ in het ~ *au pluriel*
meervoudig *multiple*; TAALK. *au pluriel*
meerwaarde *plus-value* v [mv: *plus-values*]
mees *mésange* v
meeslepen OOK FIG. *entraîner* ★ het publiek ~ *enthousiasmer le public* ★ een ~d betoog *un discours enflammé*
meesmuilen *ricaner*
meespelen • meedoen *prendre part au jeu*; *se prêter au jeu* • van belang zijn *jouer un rôle*
meespreken ★ een woordje ~ *avoir son mot à dire* ▾ daar kan ik van ~ *je suis payé pour le savoir*; *j'en sais qc*
meest I BIJW in hoogste mate *le plus* **II** ONB VNW de grootste hoeveelheid ★ de ~en zullen komen *la plupart viendront* **III** TELW het grootste aantal *la majorité de* ★ de ~e mensen *la plupart des hommes* ★ de ~e stemmen gelden *la majorité des voix décide*
meestal *généralement*; *le plus souvent*
meestbiedende *(le) plus offrant* m
meester • baas *chef* m; *patron* m ★ zich ~ maken van *s'emparer de*; *se rendre maître de* ★ zichzelf ~ zijn *se maîtriser* ★ iets ~ worden/zijn *maîtriser qc*; *avoir raison de qc* ★ de situatie niet (meer) ~ zijn *être dépassé par les événements* • onderwijzer *maître* m *d'école* • kundig persoon *maître* m ★ een ~ zijn in *être passé maître dans / en* • afgestudeerd jurist ≈ *juriste* m/v; *titulaire* m/v *du mastère en droit*; ⟨aanspreektitel van advocaat⟩ *maître* m
meesterbrein *cerveau* m
meesteres *maîtresse* v
meesterhand *main* v *de maître*
meester-kok *chef* m *cuisinier*
meesterlijk I BNW *parfait*; *supérieur*; *magistral* [m mv: *magistraux*] ★ een ~e zet *un coup de maître* **II** BIJW *magistralement*; *parfaitement*; *supérieurement*
meesterproef *chef-d'œuvre* m
meesterschap *maîtrise* v; *maestria* v
meesterstuk *chef-d'œuvre* m [mv: *chefs-d'œuvre*]
meesterwerk *chef-d'œuvre* m [mv: *chefs-d'œuvre*]
meet • beginpunt *marque* v • Z-N eindpunt *(ligne* v *d')arrivée* v ★ op de meet geklopt *coiffé (au poteau)* ▾ van meet af aan *dès le début*
meetapparatuur *appareils* m mv *de mesure* [mv]
meetbaar *mesurable*
meetellen I OV WW erbij rekenen *compter*; *inclure (bij dans)* ★ ... niet meegeteld *sans*

compter ... **II** ON WW van belang zijn *compter* ★ de leeftijd gaat ~ *l'âge y fait / se fait sentir* ★ niet ~ *compter pour zéro*; INFORM. *compter pour du beurre*
meeting *meeting* m
meetkunde *géométrie* v ★ vlakke ~ *planimétrie* v ★ analytische / euclidische ~ *géométrie analytique / euclidienne*
meetkundig *géométrique*
meetlat *règle* v *(graduée)*
meetlint *mètre* m *à ruban*
meetronen *entraîner*
meeuw *mouette* v; ⟨grote zeemeeuw⟩ *goéland* m
meevallen *être mieux que prévu*; ⟨v. moeilijkheid⟩ *être moins dur que prévu*; ⟨v. prijs⟩ *être moins cher que prévu* ★ het valt wel mee *ce n'est pas si grave que ça*; *ça aurait pu être pire* ★ hij valt (bij nadere kennismaking) wel mee *il gagne à être connu*
meevaller *aubaine* v; *bonne surprise* v; *coup* m *de chance*
meevoelen *compatir* **(met** *à)*
meewarig I BNW *compatissant* **II** BIJW *avec compassion*
meewerken • samenwerken *coopérer* **(aan** *à)*; *collaborer* **(aan** *à)* • bijdragen *contribuer* **(aan** *à)* ★ het weer heeft meegewerkt *le temps à été favorable*
meezinger *rengaine* v
meezitten *être favorable* ★ als alles meezit *si tout va bien* ★ het zit hem niet mee *il n'a pas de chance*
megabioscoop *multiplexe* m
megabyte *mégaoctet* m *(Mo)*
megafoon *mégaphone* m
megahertz *mégahertz* m
megalomaan *mégalomane*
megaster *mégastar* v
mei *mai* m ★ de eerste mei *le premier mai*
meid • meisje *fille* v; VULG. *nana* v; INFORM. *meuf* v • dienstbode *bonne* v
meidengek *dragueur* m; *coureur* m *de filles*
meidengroep MUZ. *groupe* m *féminin*; *girls band* m
meidoorn *aubépine* v; *épine* v *blanche*
meikever *hanneton* m
meineed *parjure* m; *faux* m *serment* ★ ~ plegen *se parjurer*
meisje • vrouwelijk kind INFORM. *gamine* v; *fille* v • jonge vrouw *jeune fille* v; VULG. *nana* v • verloofde *petite amie* v
meisjesachtig I BNW *de (jeune) fille*; *gamine* **II** BIJW *comme une (jeune) fille*
meisjesboek *livre* m *de filles*
meisjesnaam • voornaam *(pré)nom* m *de fille* • familienaam *nom* m *de jeune fille*
mejuffrouw *mademoiselle* v [mv: *mesdemoiselles*]
mekaar • → **elkaar**
Mekka *La Mecque*
mekkeren OOK FIG. *bêler*
melaats *lépreux* [v: *lépreuse*]
melaatsheid *lèpre* v
melancholie *mélancolie* v
melancholiek *mélancolique*
melange *mélange* m
melanoom *mélanome* m
melasse *mélasse* v
melden I OV WW iets laten weten *annoncer*; *faire savoir*; ⟨schriftelijk⟩ *notifier*; ⟨vermelden⟩ *mentionner* ★ zich ziek ~ *se (faire) porter malade*; INFORM. *se (faire) porter pâle* ★ niets te ~ *rien à signaler* **II** WKD WW [+ zich] *se présenter*
melding ★ ~ maken van *faire mention de*
meldpunt ★ telefonisch ~ *permanence* v *téléphonique*
melig • meelachtig *farineux* [v: *farineuse*] • flauw *insipide*; INFORM. *raseur* [v: *raseuse*]
melisse *mélisse* v
melk *lait* m ★ magere / halfvolle / volle melk *lait écrémé / demi-écrémé / entier* ▾ niets in de melk te brokkelen hebben *ne pas avoir voix au chapitre* ▾ land van melk en honing *pays* m *d'abondance*
melkachtig *laiteux* [v: *laiteuse*]
melkboer *laitier* m [v: *laitière*]
melkchocola *chocolat* m *au lait*
melken *traire* ▾ duiven ~ *élever des pigeons*
melkfabriek *laiterie* v
melkfles *bouteille* v *à lait*
melkgebit *dents* v mv *de lait*
melkglas *verre* m *opale*; *opaline* v
melkklier *glande* v *mammaire*
melkkoe *vache* v *laitière*; OOK FIG. *vache* v *à lait*
melkmachine *trayeuse* v
melkmuil *blanc-bec* m [mv: *blancs-becs*]
melkpoeder *lait* m *en poudre*
melkproduct *produit* m *laitier*
melktand *dent* v *de lait*
melkvee *bêtes* v mv *laitières* [mv]
melkweg *voie* v *lactée*
melkzuur *acide* m *lactique*
melodie *mélodie* v
melodieus *mélodieux* [v: *mélodieuse*]
melodrama *mélodrame* m
melodramatisch *mélodramatique*; INFORM. *mélo*
meloen *melon* m
membraan *membrane* v
memo • notitieblaadje *bout* m *de papier* • korte nota *note* v *de service*
memoires *mémoires* m mv
memorandum *mémorandum* m; *note* v
memoreren *rappeler*; FORM. *remémorer*
memoriam ▾ in ~ *à la mémoire de*
memorie • geheugen *mémoire* v ★ kort van ~ zijn *avoir la mémoire courte* ★ pro ~ *pour mémoire* • geschrift *mémoire* m
memoriseren *mémoriser*
men *on*; ⟨na 'et', 'ou' e.d.⟩ *l'on*
menagerie *ménagerie* v
meneer *monsieur* m [mv: *messieurs*] ★ een hele ~ *un grand monsieur*
menen • denken *croire*; *penser* • bedoelen *entendre*; *vouloir dire* ★ het goed met iem. ~ *vouloir du bien à qn* ★ het (ernstig) ~ *parler sérieusement*; *ne pas plaisanter* ★ dat zou ik ~! *et comment!* ★ daar meen je geen woord van *tu n'en penses pas un mot*; *tu veux rire*
menens ★ het wordt ~ *ça devient sérieux*; INFORM. *ça va chauffer / barder*; INFORM. *ça se*

Graag wil Prisma inzicht krijgen in de gebruikers van de Prisma Pockets om zo de kwaliteit van de woordenboeken naar een nog hoger niveau te tillen.

Daarom verzoeken wij u dit kaartje in te vullen en in een envelop op te sturen naar onderstaand adres (postzegel niet nodig). Onder de inzendingen verloten we een complete set Prisma Handwoordenboeken.

Prisma bedankt u voor uw medewerking.

Geslacht: .... M/V

Voornaam: ....

Achternaam: ....

Leeftijd: ....

Adres: ....

Postcode & plaats: ....

Land: ....

E-mail: ....

Opmerkingen: ....

Uitgeverij het Spectrum
T.a.v. Afdeling marketing
Antwoordnummer 1060
3500 VE Utrecht

corse
mengeling *mélange* m
mengelmoes *mélange* m *hétéroclite*; INFORM. *méli-mélo* m [mv: *mélis-mélos*]; *pêle-mêle* m [onv]
mengen I OV WW • door elkaar doen *mélanger* **(met** *à, avec)*; *mêler* **(met** *à, de)* ★ kleuren ~ *mélanger des couleurs* • betrekken ~ **in** *mêler à* **II** WKD WW [+ zich] • zich bemoeien met ~ **in** *se mêler de*; *s'immiscer dans* • zich voegen bij *se mêler à*
mengkleur *couleur* v *composée*
mengkraan *mélangeur* m; *mitigeur* m
mengpaneel *console* v / *table* v *de mixage*
mengsel *mélange* m; ‹samenstel› *composé* m; SCHEIK. *mixture* v; *mixtion* v; ‹v. metalen› *alliage* m
mengsmering *mélange* m *(carburant)*
menhir *menhir* m
menie *minium* m
meniën *passer au minium*
menig *bien de(s)*; *plusieurs*; *(bon) nombre de*
menigeen *plus d'un*
menigmaal *plusieurs fois*
menigte *multitude* v; *tas* m; ‹v. mensen› *foule* v ★ in ~ *en foule*
mening *opinion* v **(over** *sur)*; *avis* m ★ van ~ veranderen *changer d'avis* ★ geen ~ *ne se prononce(nt) pas* ★ bij zijn ~ blijven *rester sur ses positions* ★ van ~ zijn dat *être d'avis que*; *penser que* ★ naar mijn ~ *à mon avis* ★ in de ~ dat *(en) croyant que* ★ zijn ~ geven *donner son avis* ★ van ~ verschillen (met iemand) *ne pas être d'accord (avec qn)*
meningitis *méningite* v
meningsuiting ★ vrijheid van ~ *liberté* v *d'expression*
meningsverschil *désaccord* m; *différend* m
meniscus *ménisque* m; ‹blessure› *lésion* v *méniscale*
mennen *mener*; *conduire*
menopauze *ménopause* v
mens I ZN [de] *homme* m; ‹vrouw› *personne* v ★ mensen *gens* m mv; *monde* m ★ geen mens *personne* ★ onder de mensen komen *voir du monde* ★ vijf mensen *cinq personnes* ★ de grote mensen *les grandes personnes* v mv; *les grands* m mv ★ er waren heel wat mensen *il y avait bien du monde* ★ er zijn niet veel mensen *il n'y a pas grand monde* ★ het mens-zijn *la condition humaine* ★ ik ben ook maar een mens *je ne suis que (trop) humain* ★ een goed mens *qn de bien* ★ zich een ander mens voelen *se sentir renaître* ★ maar een half mens zijn *ne pas être soi-même / dans son assiette* ★ de inwendige mens versterken *se restaurer* ▼ alle mensen! *bon sang!*; *ça alors!* ▼ de mens wikt, God beschikt *l'homme propose, Dieu dispose* **II** ZN [het] vrouw MIN. *individu* m; *(bonne) femme* v
mensa *restaurant* m *universitaire*
mensaap *(singe* m*) anthropoïde* m
mensdom • het menselijk geslacht *genre* m *humain* • alle mensen *humanité* v
menselijk *humain*
menselijkerwijs ★ ~ gesproken *humainement parlant*
menselijkheid *humanité* v
menseneter *cannibale* m/v; *anthropophage* m/v
mensengedaante *forme* v *humaine* ★ in ~ *sous la forme humaine*
mensenhater *misanthrope* m/v
mensenheugenis ★ sedert ~ *de mémoire d'homme*
mensenkennis ★ ~ hebben *avoir de la psychologie*
mensenleven *vie* v *humaine*
mensenmassa *foule* v *(de gens)*
mensenrechten *droits* m mv *de l'homme* [mv]
mensenrechtenactivist *militant* m *de droits de l'homme*
mensenschuw *sauvage*; *farouche*
mensensmokkel *trafic* m *d'êtres humains*
mensenwerk *travail* m *humain*
mens-erger-je-niet *(jeu* m *des) petits chevaux* m mv
mens-erger-je-nieten *jouer au jeu des petits chevaux*
mensheid *humanité* v; ‹mensdom› *genre* m *humain*
mensjaar *productivité* v *d'un homme par an*
menslievend *humain*; *philanthropique*
mensonterend *dégradant*
mensonwaardig *avilissant*; *inhumain*
menstruatie *menstruation* v
menstruatiecyclus *cycle* m *menstruel*
menstruatiepijn *douleur* v *menstruelle*
menstrueren *avoir ses règles*
menswaardig *digne*
menswetenschappen *sciences* v mv *humaines* [mv]
mentaal *mental* [m mv: *mentaux*]
mentaliteit *mentalité* v
menthol *menthol* m ★ met ~ bereid *mentholé*
mentor *tuteur* m
menu • maaltijd *menu* m • menukaart *menu* m ★ op het menu staan *être au menu*
menuet *menuet* m
menukaart *menu* m; *carte* v
mep *baffe* v; *claque* v ▼ de volle mep *le tout*
meppen *gifler*; *taper*
merchandising *merchandising* m; FORM. *marchandisage* m; ‹producten› *produits* m mv *dérivés*
Mercurius *Mercure* m
merel *merle* m *(noir)*
meren *amarrer*
merendeel *plupart* v; *plus grande partie* v
merendeels *pour la plupart*
merg *moelle* v ▼ door merg en been *jusqu'à la moelle des os* ▼ in merg en been *jusqu'au bout (des ongles)*
mergel *marne* v; ‹aarde› *sol* m *marneux*
mergpijp *os* m *à moelle*
meridiaan *méridien* m
merk • herkenningsteken *marque* v • handelsmerk *marque* v; ‹keurmerk› *poinçon* m; ‹merkje› *griffe* v
merkartikel *produit* m *de marque*
merkbaar I BNW *perceptible*; *sensible* **II** BIJW *sensiblement* ★ ~ worden door *se traduire par*
merken • bemerken *s'apercevoir de*; *remarquer*;

sentir ⋆ laten ~ *montrer*; *manifester* ⋆ niets laten ~ *ne faire semblant de rien* ⋆ zonder iets te ~ *sans se douter de rien* ⋆ men kan er niets meer van ~ *il n'y paraît plus* • van merk voorzien *marquer*

merkkleding *vêtements* m mv *griffés*

merknaam *marque* v *(déposée)*; ⟨beeldmerk⟩ *logo* m; ⟨beeldmerk⟩ *enseigne* v

merkteken *marque* v; *repère* m

merkwaardig I BNW • opmerkelijk *remarquable* • eigenaardig *curieux* [v: *curieuse*] II BIJW *remarquablement*; *curieusement*

merkwaardigerwijs *curieusement*

merkwaardigheid *curiosité* v

merrie *jument* v

mes *couteau* m [mv: *couteaux*] ▾ er het mes inzetten *trancher dans le vif* ▾ iem. het mes op de keel zetten *mettre le couteau sur la gorge à qn*; *faire du forcing* ▾ het mes snijdt aan twee kanten *c'est à double tranchant* ▾ onder het mes moeten *passer sur le billard*

mesjogge *cinglé*

mespunt ⋆ een ~je zout *une pincée/pointe de sel*

mess *mess* m

messcherp *aiguisé*

messentrekker *bagarreur* m *au couteau*

Messias *Messie* m

messing I ZN [de] *languette* v II ZN [het] *laiton* m; *cuivre* m *jaune*

messteek *coup* m *de couteau*

mest *engrais* m; ⟨drek⟩ *fumier* m

mesten • bemesten *engraisser*; *fumer* • vetmesten *engraisser*

mesthoop *(tas* m *de) fumier* m

mestkever *bousier* m

mestvee *bétail* m *à l'engrais*

mestvork *fourche* v *à fumier*

met • voorzien van *avec*; *à* ⋆ een meid met lef *une fille qui a du culot* ⋆ patat met (mayonaise) *frites mayonnaise* ⋆ koffie met melk *café au lait* • in gezelschap van *avec* ⋆ ik ga met hem op vakantie *je pars en vacances avec lui* • op zekere wijze ⋆ met liefde *avec amour* ⋆ met genoegen *avec plaisir* • op zeker tijdstip *à* ⋆ met kerst *à Noël* • voor wat betreft *(pour ce qui est) de* ⋆ stoppen met roken *cesser de fumer* • door middel van *avec*; *à*; *de* ⋆ met de hand gemaakt *fait (à la) main* ⋆ met geweld *de force* ⋆ met de fiets *à bicyclette*; *en vélo* ⋆ met de trein gaan *aller par le train*; *prendre le train* ⋆ met bloemen versieren *orner de fleurs* • voor een getal ⋆ met z'n achten zijn *être à huit* ▾ met z'n achten zijn *être (à) huit*

metaal *métal* m [mv: *métaux*]

metaalachtig *métallique*

metaalarbeider *métallurgiste* m

metaaldraad *fil* m *métallique*

metaalindustrie *métallurgie* v

metaalmoeheid *fatigue* v *des métaux*

metafoor *métaphore* v

metaforisch *métaphorique*

metafysica *métaphysique* v

metalen *de / en métal*; *métallique*

metallic *métallisé*

metamorfose *métamorphose* v ⋆ een ~ ondergaan *se métamorphoser*

metastase *métastase* v

meteen • tegelijk *en même temps* • direct erna *tout de suite*; *aussitôt*; *immédiatement*

meten I OV WW • afmeting bepalen ⋆ de temperatuur/bloeddruk ~ *prendre la température/la tension* • *mesurer*; ⟨v. terrein⟩ *arpenter*; ⟨peilen⟩ *sonder* ⋆ de temperatuur / bloeddruk ~ *prendre la température / la tension* ▾ iem. met zijn blik ~ *mesurer des yeux*; *toiser* II ON WW afmeting hebben *mesurer*; ⟨v. schip⟩ *jauger* III WKD WW [+ zich] *se mesurer* **(met** *à, avec)*

meteoor *météore* m

meteoriet *météorite* v

meteorologie *météorologie* v

meteorologisch *météorologique*

meteoroloog *météorologue* m/v

meter • lengtemaat *mètre* m ⋆ twee ~ groot zijn *faire deux mètres* • meettoestel ⟨v. inhoud⟩ *compteur* m; *jauge* v • peettante *marraine* v

meterkast *placard* m *à compteurs*

meteropnemer *releveur* m *(de compteurs)* [v: *releveuse* ...]

meterstand *chiffre* m *du compteur*

metgezel *compagnon* m [v: *compagne*]

methaan *méthane* m

methadon *méthadone* v

methanol *méthanol* m

methode *méthode* v

methodiek *méthodologie* v

methodisch *méthodique*

methodologisch *méthodologique*

Methusalem ▾ zo oud als ~ *vieux comme Mathusalem*

methyl *méthyle* m

metier *métier* m

meting *mesurage* m; ⟨v. terrein⟩ *arpentage* m; ⟨v. inhoud⟩ *jaugeage* m; ⟨peiling⟩ *sondage* m

metonymie *métonymie* v

metriek *métrique* v

metrisch *métrique*

metro *métro* m

metronoom *métronome* m

metropool *métropole* v

metroseksueel *métrosexuel* m

metrostation *station* v *de métro*

metrum *mètre* m

metselaar *maçon* m

metselen *maçonner*; ⟨inmetselen⟩ *sceller*

metselwerk *maçonnerie* v

metten ▾ korte ~ maken met *ne pas y aller par quatre chemins*; *expédier qc*; *ne faire qu'une bouchée de qn*

metterdaad *effectivement*; *de fait*

mettertijd *avec le temps*; *à la longue*

metworst ≈ *saucisson* m

meubel *meuble* m

meubelboulevard ≈ *quai* m *des meubles*

meubelmaker *ébéniste* m/v; *menuisier* m

meubelplaat *contreplaqué* m; *latté* m

meubilair *mobilier* m ⋆ HUMOR. hij hoort bij het ~ *il fait partie des meubles / du décor*

meubileren *meubler* ⋆ gemeubileerde kamer *(studio* m*) meublé* m

meug ⋆ ieder zijn meug *chacun ses goûts*
meute ⟨honden⟩ *meute* v; ⟨mensen⟩ *foule* v
mevrouw *dame* v; ⟨aanspreektitel⟩ *madame*
Mexicaan *Mexicain* m [v: *Mexicaine*]
Mexicaans *mexicain*
Mexico • land *Mexique* m ⋆ in ~ *au Mexique* • stad *Mexico* m
mezelf • → **mijzelf**
mi • Chinese vermicelli *vermicelle* m *chinois* • MUZ. *mi* m
miauw *miaou*
miauwen *miauler*
mica *mica* m
microbe *microbe* m
micro-economie *micro-économie* v
microfilm *microfilm* m
microfoon *microphone* m; INFORM. *micro* m
microgolfoven *four* m *à micro-ondes*
microkosmos *microcosme* m
microkrediet *microcrédit* m
micro-organisme *micro-organisme* m
microprocessor *microprocesseur* m
microscoop *microscope* m
microscopisch *microscopique*
middag • namiddag *après-midi* m/v [onv] ⋆ (om drie uur) 's ~s *(à trois heures de) l'après-midi* • midden van de dag *midi* m ⋆ tussen de ~ *à midi*; *entre midi et deux*
middagdutje *sieste* v ⋆ een ~ doen *faire la sieste*
middageten *déjeuner* m
middagpauze *pause* v *de midi*
middel • taille ⟨omvang⟩ *tour* m *de taille*; *taille* v ⋆ een slank ~ hebben *avoir la taille fine* ⋆ tot aan het ~ *à mi-corps* • hulpmiddel *moyen* m; ⟨redmiddel⟩ *ressource* v; ⟨product⟩ *produit* m ⋆ door ~ van *au moyen de*; *par* ⋆ alle ~en aanwenden *mettre tout en œuvre* • SCHEIK. stof *remède* m; *médicament* ⋆ kalmerende ~en *calmants* m mv ⋆ stimulerende ~en *dopants* m mv; *stimulants* m mv ⋆ (verboden) ~en gebruiken *se droguer*; *se doper* • ECON. geldmiddelen [in het mv]; *moyens* m mv; *ressources* v mv ⋆ ~en van bestaan *ressources*; *moyens de subsistance* ▾ het ~ is erger dan de kwaal *le remède est pire que le mal*
middelbaar *moyen* [v: *moyenne*] ⋆ van middelbare leeftijd *entre deux âges* ⋆ ~ onderwijs *(enseignement* m*) secondaire* m
middeleeuwen *Moyen-Age* m ⋆ de vroege ~ *le haut Moyen-Age* ⋆ de late ~ *le bas Moyen-Age*
middeleeuws *médiéval* [m mv: *médiévaux*]; FIG. *moyenâgeux* [v: *moyenâgeuse*]
middelen I OV WW spreiden *étaler* **(over** *sur)* **II** ON WW bemiddelen *intercéder* **III** DE MV • → **middel**
middelgroot *moyen* [v: *moyenne*]
Middellandse Zee *Méditerranée* v
middellang *moyen* [v: *moyenne*] ⋆ ~e afstand SPORT *demi-fond* m [onv]; *portée* v *intermédiaire*
middellijn *ligne* v *médiane*
middelmaat *moyenne* v ⋆ de grauwe ~ *la médiocrité*
middelmatig I BNW • gemiddeld *moyen* [v: *moyenne*] • niet bijzonder *médiocre* **II** BIJW *moyennement*; *médiocrement*
middelmatigheid *médiocrité* v
Middelnederlands I ZN [het] *moyen* m *néerlandais* **II** BNW *moyen néerlandais*
middelpunt *centre* m ⋆ in het ~ van de belangstelling staan *être au centre de l'intérêt/attention* ⋆ hij staat in het ~ van de belangstelling *tous les regards sont braqués sur lui*
middelpuntvliedend *centrifuge*
middels *au moyen de*
middelst *du milieu*; *central* [m mv: *centraux*]
middelvinger *majeur* m ⋆ opgestoken ~ HUMOR. *doigt* m *d'honneur*
midden I ZN [het] *milieu* m; ⟨centrum⟩ *centre* m ⋆ iem. uit ons ~ *qn d'entre nous* ⋆ in ons ~ *parmi nous* ⋆ te ~ van *au milieu de*; *parmi* ▾ iets in het ~ brengen *avancer qc* ▾ iets in het ~ laten *laisser qc de côté* ▾ de waarheid ligt in het ~ *la vérité est entre les deux* ▾ het ~ houden tussen *tenir à la fois de*; *être à mi-chemin entre* ▾ dat blijft in het ~ *la question reste posée / en suspens* **II** BIJW ⋆ ~ in *au (beau) milieu de* ⋆ ~ in de winter / op de dag *en plein hiver / jour* ⋆ ~ in de dertig zijn *avoir la trentaine bien sonnée* ⋆ ~ januari *à la mi-janvier*
Midden-Amerika *l'Amérique* v *centrale*
middenberm *terre-plein* m *central* [m mv: *terre-pleins centraux*]
middendoor *en deux*
midden- en kleinbedrijf *(les) petites et moyennes entreprises (les PME)* v mv
middengewicht *poids* m *moyen*
middengolf *ondes* v mv *moyennes*; *petites ondes* v mv ⋆ op de ~ *sur les petites ondes*
middenhandsbeentje *métacarpien* m
middenin *au milieu*; *en plein milieu*
middenkader *cadres* m mv *moyens*
middenklasse *classe* v *moyenne*; ⟨m.b.t. prijs⟩ *milieu* m *de gamme*
middenmoot ≈ *moyenne* v; SPORT *milieu* m *du classement*
middenoor *oreille* v *moyenne*
middenoorontsteking *otite* v *moyenne*
Midden-Oosten *le Moyen Orient*
middenpad *allée* v *centrale*; ⟨v. trein⟩ *couloir* m *central*
middenrif *diaphragme* m
middenschip ⟨v. kerk⟩ *nef* v *principale*
middenschool ≈ *collège* m
middenstand ⟨winkeliers⟩ *commerçants* m mv
middenstander *commerçant* m [v: *commerçante*]
middenstandsdiploma ≈ *certificat* m *d'aptitude professionnelle (CAP)*
middenstip *point* m *d'engagement*
middenstreep ⟨v. weg⟩ *ligne* v *(blanche / jaune)*
middenvelder *milieu* m *de terrain* [m mv: *milieux ...*]
middenweg ▾ de gulden ~ bewandelen *garder le juste milieu*
middernacht *minuit* m ⋆ om ~ *à minuit*
midgetgolf *minigolf* m
midi *midi* m
midlifecrisis *crise* v *de la quarantaine*; *démon* m

de midi
midscheeps *central* [m mv: *centraux*]
midvoor *avant-centre* m [mv: *avants-centres*]
midwinter *milieu* m *de l'hiver*
midzomer *milieu* m *de l'été*
mier *fourmi* v
mieren • peuteren *vasouiller* • zeuren *rabâcher*
miereneter *fourmilier* m
mierenhoop *fourmilière* v
mierenneuker *enculeur* m *de mouches*
mierikswortel *raifort* m
mierzoet ≈ *écœurant*
mieter ▾ iem. op z'n ~ geven *flanquer une raclée à qn*
mieteren I OV WW gooien *flanquer* II ON WW zeuren *radoter*
mietje • homo *pédale* v • slappeling *chiffe* v *molle* ▾ laten we elkaar geen ~ noemen *appeler un chat un chat*
miezeren *bruiner*; *pleuvoter*
miezerig • druilerig *maussade* • nietig *minable*; *misérable*
migraine *migraine* v
migrant *migrant* m [v: *migrante*]
migratie *migration* v
migreren *migrer*
mihoen *vermicelle* m *chinois*
mij *me*; ⟨voor klinker⟩ *m'*; ⟨met nadruk / na voorzetsel⟩ *moi* ⋆ dat is van mij *cela est à moi*
mijden *éviter* ⋆ ~ als de pest *fuir comme la peste*
mijl *lieue* v ⋆ Engelse mijl *mille* m *(anglais)* ▾ dat is mijl op zeven *pourquoi faire simple quand on peut faire compliqué?*
mijlenver *à des kilomètres*
mijlpaal • markeerpaal *borne* v • keerpunt *étape* v ⋆ een ~ vormen *marquer un tournant*; *faire date*
mijmeren *rêvasser*; *rêver*
mijn I ZN [de] • winplaats *mine* v • bom *mine* v ⋆ op een mijn lopen *sauter sur une mine* II BEZ VNW ⟨voor mannelijk zn⟩ *mon* [vóór klinker of stomme h: mon]; ⟨voor vrouwelijk zn⟩ *ma*; ⟨voor mv⟩ *mes* ⋆ de/het mijne *le mien* [v: *la mienne*] ▾ ik moet er het mijne van hebben *je veux en avoir le cœur net*
mijnbouw *exploitation* v *minière / des mines*
mijnenlegger *poseur* m *de mines*
mijnenveger *dragueur* m *de mines*
mijnenveld *champ* m *de mines*
mijnerzijds *de mon côté*; *pour ma part*
mijnheer *monsieur* m [mv: *messieurs*]
mijnschacht *puits* m *(de mine)*
mijnstreek *région* v *minière*
mijnwerker *mineur* m
mijt • insect *mite* v; ⟨huismijt⟩ *acarien* m • stapel *tas* m; ⟨houtmijt⟩ *pile* v *de bois*
mijter *mitre* v ⋆ met een ~ *mitré*
mijzelf *moi-même*
mik ≈ *miche* v
mikado I ZN [de] keizer *mikado* m II ZN [het] spel *mikado* m
mikken I OV WW gooien *balancer* II ON WW richten *viser* ⋆ ~ op OOK FIG. *viser*; *briguer*; *tabler sur*
mikmak *bazar* m ⋆ de hele ~ *tout le bataclan*
mikpunt *cible* v; *point* m *de mire* ⋆ iem. tot ~ nemen *prendre qn pour cible* ⋆ het ~ van kritiek zijn *être visé*
mild I BNW • zachtaardig *indulgent*; ⟨v. straf⟩ *léger* [v: *legère*] • zacht *doux* [v: *douce*] • gul *généreux* [v: *généreuse*]; *large* II BIJW • zachtaardig *avec indulgence* • gul *généreusement*
mildheid • welwillendheid *clémence* v • zachtheid *douceur* v • gulheid *générosité* v; *largesse* v
milieu • leefklimaat *environnement* m • sociale kring *milieu* m
milieuactivist *écologiste* m/v; INFORM. *écolo* m/v
milieubelasting *écotaxe* v
milieubescherming *protection* v / *sauvegarde* v *de l'environnement*; *écologie* v
milieubewust *écocitoyen* [v: *ecocitoyenne*]; *écologiste*; INFORM. *écolo*
milieugroep *écologistes* m mv
milieuheffing *écotaxe* v
milieuramp *catastrophe* v *écologique*
milieustraat *déchetterie* v
milieuverontreiniging *pollution* v
milieuvriendelijk *non polluant*; *écologique*; ⟨v. energie⟩ *vert*; INFORM. *écolo*
militair I ZN [de] *militaire* m II BNW *militaire* ⋆ ~e dienst *service* m *militaire* ⋆ het ~-industrieel complex *le complexe militaro-industriel*
militant *militant*
militarisme *militarisme* m
militaristisch *militariste*
military *military* m
militie *milice* v
miljard *milliard* m ⋆ twee ~ *deux milliards*
miljardair *milliardaire* m/v
miljoen *million* m ⋆ twee ~ *deux millions*
miljoenennota *projet* m *de loi de finances*
miljoenenschade *dégâts* m mv *se chiffrant à plusieurs millions*
miljoenenstad *ville* v *de plus d'un million d'habitants*
miljoenste *millionième* m
miljonair *millionnaire* m/v
milkshake *milkshake* m
mille *mille* m ⋆ per/pro ~ *pour mille*
millennium *millénaire* m
millibar *millibar* m
milligram *milligramme* m
millimeter *millimètre* m
millimeteren *couper ras*
milt *rate* v
miltvuur *charbon* m
mime *pantomime* v; ⟨speler⟩ *mime* m/v
mimicry *mimétisme* m
mimiek *mimique* v
mimosa *mimosa* m
min I ZN [de] • minteken *moins* m ⋆ in de min staan *être en déficit* • voedster *nourrice* v II BNW • onbeduidend *chétif* [v: *chétive*] • gering *minable*; *médiocre* • gemeen *bas* [v: *basse*]; *vilain* III BIJW • gering *peu*; *moins* ⋆ min of meer *plus ou moins* ⋆ zo min mogelijk *le moins possible* ⋆ net zo min *non plus* ⋆ net zo min als *pas plus que* ⋆ er niet te min over denken *ne pas le mésestimer*

• gemeen *bassement* • minus ⟨onder nul⟩ *moins* **IV** VZ minus *moins* ★ zes min drie is drie *six moins trois font trois*

minachten *mépriser*; *dédaigner*

minachtend I BNW *méprisant*; *dédaigneux* [v: *dédaigneuse*] **II** BIJW *dédaigneusement*

minachting *mépris* m; *dédain* m

minaret *minaret* m

minder I BNW *moindre*; ⟨kleiner/lager (dan)⟩ *inférieur (à)*; ⟨slechter⟩ *moins bien* ★ ~ worden *diminuer*; *baisser* **II** BIJW in geringere mate *moins* ★ hoe ~ ... hoe meer ... *moins ..., (et) plus ...* ★ hoe langer hoe ~ *de moins en moins* ★ 100 euro ~ *100 euros de moins* **III** TELW een kleiner aantal *moins* ★ ~ dan *moins de*; *moins que* ★ ~ mensen *moins de gens* ★ niet ~ dan 100 *pas moins de 100*

mindere *subalterne* m/v ★ (verre) iemands ~ in iets zijn *être (très) inférieur à qn en qc*

minderen I OV WW verminderen *diminuer*; *réduire* ★ vaart ~ *ralentir* **II** ON WW minder worden *diminuer*

minderhedenbeleid *politique* v *des minorités*

minderheid ★ in de ~ zijn *être minoritaire* • kleiner aantal *minorité* v ★ in de ~ zijn *être en minorité* • ondergeschiktheid *infériorité* v

minderheidsgroep *groupe* m *minoritaire*

minderheidskabinet *gouvernement* m *minoritaire*

minderheidsstandpunt *avis* m *minoritaire*

mindering *diminution* v; ⟨korting⟩ *déduction* v ★ in ~ brengen *déduire de*

minderjarig *mineur* ★ een ~e *un(e) mineur(e)*

minderjarige *mineur* m

minderjarigheid *minorité* v

mindervalide *semi-valide*

minderwaardig *inférieur*; ⟨laag⟩ *bas* [v: *basse*]

minderwaardigheid *infériorité* v

minderwaardigheidscomplex *complexe* m *d'infériorité*

minderwaardigheidsgevoel *sentiment* m *d'infériorité*

mineraal I ZN [het] *minéral* m [mv: *minéraux*] **II** BNW *minéral* [m mv: *minéraux*]

mineraalwater *eau* v *minérale*

mineur *(mode* m*) mineur* ★ in ~ *en mineur*; FIG. *morose*

mini *(mode* v*) mini* m

miniatuur *miniature* v ★ in ~ *en miniature*

miniatuurformaat *format* m *miniature*

miniem *minime*; *infime*

minigolf *minigolf* m

minima ⟨minimumloners⟩ *smicards* m mv

minimaal I BNW ★ een ~ verschil *une différence minime/infime* • laagst *minimal* [m mv: *minimaux*]; *minimum* [onv] • miniem *minime* **II** BIJW *au minimum*

minimaliseren *minimiser*

minimum *minimum* m [mv: *minimums / minima*]

minimumeis *minimum* m *exigé*

minimuminkomen *bas revenu* m

minimumleeftijd *âge* m *minimum*

minimumlijder *smicard* m [v: *smicarde*]

minimumloon *salaire* m *minimum*; ≈ JUR. INFORM. *SMIC* m ⟨salaire m minimum interprofessionnel de croissance⟩

minirok *minijupe* v

minister *ministre* m/v ★ eerste ~ *premier ministre* ★ ~ van justitie *ministre de la Justice*; *garde* m *des Sceaux*

ministerie *ministère* m ★ ~ van binnenlandse zaken *ministère de l'Intérieur* ★ ~ van buitenlandse zaken *ministère des Affaires étrangères* ★ ~ van defensie *ministère de la Défense* ★ ~ van financiën *ministère (de l'Économie et) des Finances* ★ ~ van onderwijs, cultuur en wetenschappen *ministère de l'Éducation nationale* ★ ~ van verkeer en waterstaat *ministère des Transports* ▼ JUR. openbaar ~ *ministère public*

ministerieel *ministériel* [v: *ministérielle*]

minister-president *premier ministre* m

ministerraad *conseil* m *des ministres*

ministerspost *fonction* v *ministérielle*

mink *vison* m

minkukel *minus* m

minnaar • geliefde *amant* m • liefhebber *amateur* m

minnares *maîtresse* v

minne ▼ iets in der ~ schikken *arranger qc à l'amiable*

minnedicht *poésie* v *érotique / d'amour*

minnekozen *se cajoler*

minnen *aimer*; *chérir*

minnetjes I BNW • nogal min *bien bas* [v: *bien basse*]; ⟨pover⟩ *dérisoire* • nogal zwak *bien faible* **II** BIJW • nogal min *assez bassement* • nogal zwak *assez faiblement*

minpool *pôle* m *négatif*

minpunt *élément* m *négatif*; *mauvais point* m

minst I BNW geringst *moindre* ★ bij het ~e geluid *au moindre bruit* ★ het ~e dat je kunt doen *le moins que tu puisses faire* ★ op zijn ~ *au moins* ★ in het ~ niet *pas le moins du monde* ★ de ~e zijn *céder* ★ dat is wel het ~e! *c'est la moindre des choses!* ★ bij het ~e of geringste *pour un rien* ★ op zijn ~ gezegd *pour le moins* **II** BIJW in de kleinste mate *le moins* **III** TELW het kleinste aantal *le moins (de)*

minstens *au moins*

minstreel *ménestrel* m

minteken *(signe* m*) moins* m

minus I ZN [het] • tekort *déficit* m • minteken *moins* m **II** VZ *moins*

minuscuul *minuscule*

minuskel *minuscule* v

minutieus I BNW *minutieux* [v: *minutieuse*] **II** BIJW *minutieusement*

minuut *minute* v ★ het is vijf minuten voor twee *il est deux heures moins cinq*

minzaam I BNW *affable* **II** BIJW *aimablement*

miraculeus *miraculeux* [v: *miraculeuse*]

mirakel *miracle* m

mirre *myrrhe* v

mirte *myrte* m

mis I ZN [de] *messe* v ★ stille mis *messe basse* ★ de mis opdragen / vieren *célébrer la messe* ★ de mis lezen *dire la messe* **II** BNW • niet raak *manqué* ★ het schot was mis *le coup a raté (son but)* ★ dat is niet mis *ce n'est pas rien*

mi

• onjuist *faux* [v: *fausse*] ★ het mis hebben *se tromper*; INFORM. *se gourer* ★ wat is er mis? *qu'est-ce qui ne va pas?* ★ het zit mis INFORM. *c'est cuit* ★ het glad mis hebben *avoir tout faux* ▾ mis poes! *raté!*; *faux!*
misantroop *misanthrope* m/v
misbaar *vacarme* m ★ met veel ~ *à grand fracas*
misbaksel • wanproduct *mocheté* v • naarling *salaud* m; *salope* v
misbruik *abus* m ★ ~ van vertrouwen *abus de confiance* ★ ~ maken van *abuser de* ★ ~ wordt gestraft *tout abus sera puni*
misbruiken • oneerlijk gebruiken *abuser de* • verkrachten *abuser de*
miscommunicatie *mauvaise communication* v
misdaad *crime* m ▾ ~ loont niet *le crime ne paie pas*
misdaadbestrijding *lutte* v *contre la délinquance / criminalité*
misdaadroman *roman* m *policier*
misdadig *criminel* [v: *criminelle*]
misdadiger *criminel* m [v: *criminelle*]; *malfaiteur* m
misdeeld *défavorisé*; *déshérité*
misdienaar *acolyte* m; ⟨kind⟩ *enfant* m *de chœur*
misdoen ★ wat heb ik misdaan? *qu'ai-je fait de mal?*
misdragen [+ zich] *mal se conduire*
misdrijf *délit* m
misdrijven *faire du mal*
misdruk *exemplaire* m *fautif*; *maculature* v
mise-en-scène *mise* v *en scène*
miserabel *misérable*
misère *détresse* v
misgaan • *tourner mal*; *se gâter*; ⟨mislukken⟩ *échouer*; INFORM. *foirer* • mislukken *échouer* • verkeerde weg nemen *se tromper de route*
misgreep *bévue* v; *erreur* v
misgrijpen ★ hij greep mis *il l'a raté*
misgunnen *envier* ★ iem. iets ~ *envier qc à qn*
mishagen *déplaire (aan à)*
mishandelen *maltraiter*; *malmener*
mishandeling *violences* v mv; *sévices* m mv; *maltraitance* v
miskennen • niet erkennen *méconnaître* • onderwaarderen *méconnaître* ★ miskend genie *génie* m *méconnu*
miskenning *méconnaissance* v
miskleun *gaffe* v; *bévue* v
miskleunen *gaffer*; *se planter*
miskoop *mauvais achat* m
miskraam *fausse couche* v ★ een ~ hebben *faire une fausse couche*
misleiden *tromper*; FORM. *induire en erreur*
misleidend *trompeur* [v: *trompeuse*]; *mystifiant*
misleiding *mystification* v; *tromperie* v
mislopen I OV WW niet krijgen *rater*; *ne pas obtenir* II ON WW mislukken *tourner mal*; *se gâter*; ⟨mislukken⟩ *échouer* ★ dat loopt mis *cela se gâte*
mislukkeling *raté* m [v: *ratée*]
mislukken *échouer*; *rater*; *ne pas réussir*; ⟨floppen⟩ *tomber à plat* ★ dat mislukt hem *il n'y réussit pas* ★ de oogst is mislukt *la récolte a été mauvaise* ★ mislukte foto *photo* v *manquée / ratée* ★ mijn taart is mislukt *j'ai raté mon gâteau*
mislukking *échec* m
mismaakt *difforme*
mismanagement *mauvaise gestion* v
mismoedig I BNW *découragé* II BIJW *d'un air abattu*
misnoegd I BNW *mécontent* II BIJW *d'un air mécontent*
misnoegen *mécontentement* m
misoogst *mauvaise récolte* v
mispel • vrucht *nèfle* v • boom *néflier* m
misplaatst *déplacé*
misprijzen *désapprouver* ★ een ~de blik *un regard désapprobateur*
mispunt *(petite) peste* v
misrekenen [+ zich] *faire un mauvais calcul*
misrekening *mauvais calcul* m; *erreur* v
miss *miss* v
misschien *peut-être* ★ hebt u ~ een euro? *auriez-vous un euro?* ★ ~ wel *cela se peut bien*; *peut-être bien*
misselijk I BNW • onpasselijk ★ ~ zijn *avoir mal au cœur*; *avoir la nausée* ★ daar word ik ~ van OOK FIG. *ça me soulève le cœur*; *c'est à vomir* • walgelijk *dégoûtant*; *sale* ★ een ~e grap *une mauvaise plaisanterie* II BIJW walgelijk *de façon dégoûtante/écœurante*
misselijkheid *mal* m *de cœur*; *nausée* v
missen I OV WW • niet treffen *manquer*; *rater*; INFORM. *louper* ★ zijn vulpen ~ *ne plus trouver son stylo* ★ ik heb geen woord gemist *pas un mot ne m'a échappé* ★ dat kon niet ~ *ça n'a pas manqué* ★ een gemiste kans *une occasion manquée* ★ dat kan niet ~ *c'est obligatoire* • ontberen *manquer de*; *être dénué de* ★ ik kan dat niet ~ *je ne saurais m'en passer* ★ u kunt best een euro ~ *vous n'en n'êtes pas à un euro près* ★ daar heb je niet veel aan gemist *tu n'y as rien perdu* • gemis voelen *regretter* ★ hij mist zijn vrouw *sa femme lui manque* II ON WW • ontbreken *manquer* ★ er ~ twee bladzijden *il manque deux pages* • mislukken *rater*; *manquer*
misser • mislukte poging *bévue* v • SPORT *coup* m *manqué*
missie *mission* v
missionaris *missionnaire* m/v
misslaan *frapper a côté*; *rater le coup*
misslag • niet-rake slag *coup* m *manqué* • vergissing *bévue* v; *erreur* v
misstaan • niet goed staan *aller mal* • niet betamen *ne pas convenir*
misstand *abus* m
misstap • verkeerde stap *faux pas* m • FIG. fout *faux pas* m
missverkiezing *concours* m *de beauté*
mist *brouillard* m; ⟨nevel⟩ *brume* v ▾ de mist ingaan *foirer*
mistbank *nappe* v *de brouillard*
misten *faire du brouillard*; *faire de la brume*
misthoorn *corne* v *de brume*
mistig *brumeux* [v: *brumeuse*] ★ het is ~ *il fait du brouillard*
mistlamp *phare* m *antibrouillard*
mistletoe *gui* m

mi

mistroostig *maussade*; *morne*
misvatting *méprise* v
misverstaan *ne pas bien comprendre*
misverstand *malentendu* m ⋆ een ~ uit de weg ruimen *dissiper un malentendu*
misvormd *difforme*
misvormen *défigurer*; *déformer*
misvorming *déformation* v; *défiguration* v
miszeggen *dire de travers*
mitella *écharpe* v
mitrailleur *mitrailleuse* v
mits *à condition que*; *pourvu que* [+ subj.]
mix *mélange* m; ⟨v. geluid⟩ *mixage* m *(sonore)*
mixen *mélanger*; *mixer*
mixer *mixeur* m; ⟨handmixer⟩ *batteur* m
MKZ *fièvre* v *aphteuse*
mmm • lekker *miam* • ongeïnteresseerd *hum* • ja *mmm*
mms *MMS* m
mms'en *faire du MMS*
mobiel I ZN [de] telefoon *(téléphone* m*) portable* m; *mobile* m **II** BNW *mobile* ⋆ ~ bellen *appeler avec / depuis son portable* ⋆ ~ nummer *numéro* m *mobile*
mobilisatie *mobilisation* v
mobiliseren *mobiliser*
mobiliteit *mobilité* v
mobilofoon *mobilophone* m
modaal • gemiddeld *moyen* [v: *moyenne*] ⋆ modale werknemer *employé* m *moyen* ⋆ ~ inkomen ≈ *revenus* m mv *moyens* • taalkunde/muziek *modal* [m mv: *modaux*]
modder *boue* v ▾ door de ~ halen *traîner dans la boue*
modderen ⟨ook fig.⟩ *patauger*
modderfiguur ▾ een ~ slaan *faire piètre figure*
modderig *boueux* [v: *boueuse*]
modderpoel *bourbier* m
moddervet *gros comme un cochon* [v: *grosse* ...]
mode *mode* v ⋆ in de mode zijn *être à la mode* ⋆ in de mode komen *devenir à la mode* ⋆ uit de mode raken *se démoder* ⋆ het is mode om *c'est de bon ton de* ⋆ volgens de nieuwste mode *d'après la dernière mode / le dernier cri*
modeartikel *nouveauté* v; *article* m *de mode*
modebewust *toujours à la page*; INFORM. *branché*
modeblad *revue* v *de mode*
modegril *caprice* m *de la mode*
modehuis *maison* v *de mode / de couture*
modekleur *couleur* v/*coloris* m *à la mode*
model • type product *modèle* m • voorbeeld ⋆ ~ staan (voor) *poser (devant / pour)*; *servir de modèle (pour)* • ontwerp ⋆ (weer) in ~ brengen *rajuster*; *rafraîchir* ⋆ uit (zijn) ~ *défait*
modelbouw *modélisme* m
modelleren *modeler*; *façonner*
modelvliegtuig *maquette* v *d'avion*; *avion* m *miniature*
modelwoning *maison(-)témoin* v
modem *modem* m
modeontwerper *couturier* m
modepop *dandy* m; *minette* v
modern *moderne*
moderniseren *moderniser*
modernisme *modernisme* m
modeshow *défilé* m *de mode*
modeverschijnsel *phénomène* m *de mode*
modewoord *mot* m *à la mode*
modezaak *boutique* v *de mode*
modieus *à la mode* ⋆ zeer ~ *très mode*
modificatie *modification* v
modificeren *modifier*
module *module* m
moduleren *moduler*
modus *mode* m
moe • vermoeid *fatigué* ⋆ moe maken / worden *fatiguer* • beu *dégoûté de*; *las de* [v: *lasse* ...]
moed • dapperheid ⋆ hij heeft de moed niet om *il n'a pas le courage de* • goede hoop ⋆ moed vatten *prendre courage* • *courage* m ⋆ (weer) moed vatten *(re)prendre courage* ⋆ de moed (niet) laten zakken *(ne pas) perdre courage* ⋆ de moed hebben om *avoir le cœur de* ⋆ iem. moed inspreken *encourager qn*; *remonter le moral à qn* ⋆ houd(t) moed! *courage!* ⋆ vol goede moed *plein de courage*; *serein*; *confiant* ▾ het werd me bang te moede *j'ai eu / pris peur* ▾ met de moed der wanhoop *avec l'énergie du désespoir*
moedeloos *découragé* ⋆ ~ worden *se décourager*
moeder *mère* v ⋆ ~ de vrouw *bobonne* v; *la patronne* ▾ Moeder Aarde *notre mère la terre*
moederbedrijf *maison* v / *société* v *mère*
Moederdag *fête* v *des mères*
moederen ~ **over** *materner*
moederinstinct *instinct* m *maternel*
moederkoek *placenta* m
moederland *mère* v *patrie*; ⟨v. kolonie⟩ *métropole* v
moederlijk I BNW *maternel* [v: *maternelle*] **II** BIJW *maternellement*
moedermelk *lait* m *maternel*
moeder-overste *(mère* v*) supérieure* v
moederschap *maternité* v
moederschip *(navire* m*) ravitailleur* m
moederskant ⋆ van ~ *(du côté) maternel*
moederskind *enfant* m *à sa mère*
moedertaal *langue* v *maternelle*
moedervlek *grain* m *de beauté*
moederziel ▾ ~ alleen *tout seul* [v: *toute seule*]
moedig I BNW *courageux* [v: *courageuse*]; FORM. *vaillant*; *brave* **II** BIJW *courageusement*; *vaillamment*; *bravement*
moedwil *malveillance* v; *méchanceté* v
moedwillig I BNW *malveillant*; *méchant* **II** BIJW *exprès*; *délibérément*; *par méchanceté*
moeheid *fatigue* v; *lassitude* v
moeien *mêler (***in** *à)*; *impliquer (***in** *dans)* ⋆ zijn leven is er mee gemoeid *il y va de sa vie* ⋆ er is veel geld mee gemoeid *beaucoup d'argent est en jeu*; *il s'agit de beaucoup d'argent*
moeilijk I BNW *difficile*; *pénible*; ⟨netelig⟩ *délicat*; ⟨zwaar⟩ *dur* ⋆ een ~ mens *un caractériel* ⋆ het (nodeloos) ~ maken *compliquer les choses*; *faire le difficile* ⋆ zo ~ is het niet *ce n'est pas bien malin* **II** BIJW *difficilement*; *avec difficulté* ⋆ het is ~ te zeggen *c'est difficile à dire* ⋆ iets ~ kunnen geloven *avoir de la peine / du mal à croire qc*

mo

★ je kunt hem dat toch ~ zeggen *tu ne peux tout de même pas lui dire cela*
moeilijkheid *difficulté* v ★ hij maakt moeilijkheden *il fait des histoires* ★ in moeilijkheden komen *s'attirer des ennuis*
moeite • inspanning ★ zich ~ geven *se donner du mal* • *peine* v; *mal* m; (inspanning) *effort* m ★ vergeefse ~ *peine perdue* ★ ~ doen *s'efforcer*; *se donner du mal* ★ ~ hebben om te *avoir du mal à* ★ met ~ *avec peine*; *péniblement* ★ met veel ~ *à grand-peine* ★ ~ kosten *demander des efforts*; *être dur* ★ geen ~ ontzien *ne pas ménager sa peine* ★ dat is de ~ niet waard *ça ne vaut pas la peine* ★ in één ~ door *dans la foulée*; *par la même occasion* ★ doet u geen ~ *ne vous dérangez pas*
moeiteloos I BNW *sans peine*; *sans effort* II BIJW *aisément*; *haut la main*
moeizaam I BNW *laborieux* [v: *laborieuse*]; *pénible* II BIJW *laborieusement*; *péniblement*
moer • schroefmoer *écrou* m • bezinksel *lie* v; *marc* m
moeras *marais* m; *marécage* m
moerassig *marécageux* [v: *marécageuse*]
moerbei • moerbes *mûre* v • boom *mûrier* m
moeren *bousiller*; *déglinguer*
moersleutel *clé* v *à écrous*
moerstaal ★ spreek je ~ *parle normalement*
moes *purée* v; (v. fruit) *compote* v ▾ tot moes *en bouillie*; *en compote*
moesappel *pomme* v *à cuire*
moesson *mousson* v
moestuin *(jardin* m*) potager* m
moeten • nodig / verplicht zijn *devoir*; *falloir* ★ het moet *il le faut* ★ hij moet geld hebben *il lui faut de l'argent* ★ ik moet naar huis *je dois rentrer* ★ ik moest lachen *je n'ai pu m'empêcher de rire* ★ hij moet weggaan *il faut qu'il parte* ★ wij ~ wel komen *nous sommes bien obligés de venir* ★ dat moet gezegd worden *il convient de le dire* ★ je had niet ~ weggaan *tu as eu tort de t'en aller* ★ er moet iets gebeuren *il va falloir agir* ★ je moet er maar op komen *il fallait y passer* ★ je moet je schamen *tu devrais avoir honte* ★ moet dat? *c'est nécessaire?* • behoren ★ dat moet gezegd worden *il convient de le dire* ★ je had niet ~ weggaan *tu as eu tort de t'en aller* • aannemelijk zijn *devoir* ★ hij moet steenrijk zijn *il doit être très riche* • willen *vouloir* ★ hij moest en zou komen *il voulait venir coûte que coûte* ▾ nodig ~ *avoir un besoin pressant* ▾ wat moet dat? *qu'est-ce que ça veut dire?* ▾ ik moet die vent niet *je n'aime pas / je ne sens pas ce type* ▾ wat moet ik daarmee? *que veux-tu que j'en fasse?* ▾ het moet dan maar *tant qu'à faire* ▾ ik moest wel *je n'avais pas le choix*; *c'était plus fort que moi* ▾ het heilige ~ *le devoir sacro-saint*
moetje *mariage* m *forcé*
moezelwijn *vin* m *de la Moselle*
mof • huls OOK TECHN. *manchon* m • MIN. Duitser *boche* m/v
mogelijk I BNW *possible* ★ het is ~ dat *il est possible que* [+ subj.] ★ zo ~ *si possible* ★ alle ~e moeite doen *faire tout son possible* ★ zo goed ~ *le mieux possible* ★ zo spoedig ~ *le plus tôt possible* ★ zij studeert zo goed ~ *elle étudie de son mieux* ★ zoveel ~ *autant que possible* ★ alle ~e onzin *toutes sortes d'absurdités* ★ het ~ maken dat *permettre que* II BIJW *peut-être*
mogelijkerwijs *peut-être*; *éventuellement*
mogelijkheid *possibilité* v; *éventualité* v ★ ik kan met geen ~ komen *il m'est impossible de venir* ★ de ~ bestaat dat *il est possible que* [+ subj.]
mogen I OV WW *aimer* ★ ik mag hem graag *je l'aime bien* II HWW • toestemming hebben *pouvoir*; *avoir la permission / le droit de*; (geoorloofd zijn) *être permis* ★ mag dat? *peut-on?* ★ mag ik? *est-ce-que je peux?* ★ dat mag wel *allez-y* ★ mag ik even? *vous permettez* ★ mag ik de boter? *passez-moi le beurre, s'il vous plaît* ★ je mag het houden *tu peux le garder*; *je te le laisse* ★ dat mag niet van hem *il ne le permet pas* • kunnen *pouvoir* ▾ je mag wel oppassen *tu devrais faire attention* ▾ hij mag er zijn *il n'est pas mal* ▾ mocht je hem zien... *si (jamais) tu le vois...* ▾ ik moge sterven, als *que je meure, si*
mogendheid *puissance* v ★ grote ~ *grande puissance*
mohair *mohair* m
Mohammed *Mahomet* m
mohammedaan *musulman* m [v: *musulmane*]
mohammedaans *musulman*
Mohikaan ▾ de laatste der Mohikanen *le dernier des Mohicans*
mok ≈ *gobelet* m; *jatte* v
moker *masse* v
mokerslag *coup* m *de masse/de massette*; FIG. *coup* m *de massue*
mokka (drank) *moka* m; (smaak) *café* m
mokkel *nana* v; *gonzesse* v
mokken *bouder*
mol • dier *taupe* v • MUZ. verlagingsteken *bémol* m
Moldavië *la Moldavie* ★ in ~ *en Moldavie*
moleculair *moléculaire*
molecule *molécule* v
molen *moulin* m; (v. werphengel) *moulinet* m ▾ hij heeft een tik van de ~ (gekregen) *il est toqué* ▾ de ambtelijke ~(s) *les rouages de l'administration*; *les lenteurs de la bureaucratie* ▾ het zit in de ~ *on s'en occupe*
molenaar *meunier* m [v: *meunière*]
molensteen *meule* v
molenwiek *aile* v *(de moulin)*
molesteren *molester*
molestverzekering ≈ *assurance* v *contre les actes de vandalisme*
molière *richelieu* m
mollen *bousiller*; *déglinguer*
mollig I BNW *moelleux* [v: *moelleuse*]; (v. lichaam) *potelé*; INFORM. *grassouillet* [v: *grassouillette*] II BIJW *moelleusement*
molm (v. turf) *débris* m mv; (v. hout) *vermoulure* v
molotovcocktail *cocktail* m *Molotov*
molshoop *taupinière* v
molton *molleton* m ★ met ~ voeren *molletonner*
Molukken *(archipel* m *des) Moluques* v mv

Molukker *Moluquois* m [v: *Moluquoise*]
Moluks *moluquois*
mom ★ onder het mom van *sous le couvert de*
mombakkes *masque* m
moment *moment* m ★ op het laatste ~ *in extremis*
momenteel **I** BNW huidig *actuel* [v: *actuelle*] **II** BIJW nu *pour le moment*
momentopname *instantané* m
mompelen *marmonner*
Monaco *Monaco* ★ in ~ *à Monaco*
monarch *monarque* m
monarchie *monarchie* v
monarchist *monarchiste* m/v
mond • orgaan *bouche* v ★ met open mond staan kijken *regarder bouche bée* • riviermonding *bouche* v; *embouchure* v • opening *bouche* v; *gueule* v; *orifice* m ▾ zijn mond houden *se taire* ▾ mond houden! *tais-toi!*; VULG. *ferme-la!* ▾ geen mond opendoen *ne pas desserrer les dents*; *ne pas souffler mot* ▾ een grote mond hebben *avoir une grande gueule*; *être fort en gueule*; *la ramener* ▾ zijn mond roeren *être bavard*; *être un moulin à paroles* ▾ iem. de mond snoeren *réduire qn au silence*; INFORM. *clouer le bec à qn* ▾ ieder heeft er de mond vol van *on ne parle que de ça*; *c'est sur toutes les lèvres* ▾ zijn mond voorbijpraten *en dire trop*; *jaser* ▾ bij monde van *par la voix de* ▾ iem. iets in de mond leggen *faire dire qc à qn*; *prêter des propos à qn* ▾ met de mond vol tanden staan *rester interdit / bouche bée*; *ne savoir que répondre* ▾ iem. naar de mond praten *flagorner qn* ▾ van mond tot mond *de bouche à oreille* ▾ een aardig mondje Frans spreken *se débrouiller pas mal en français* ▾ mondje dicht! *pas un mot!*; *(motus et) bouche cousue!* ▾ niet op zijn mondje gevallen zijn *ne pas avoir sa langue dans sa poche*
mondain *mondain*; INFORM. *huppé* ★ ~e kringen *le beau monde*
monddood ▾ ~ maken *réduire au silence*; *museler*
mondeling **I** ZN [het] *oral* m [mv: *oraux*] **II** BNW *oral* [m mv: *oraux*]; *verbal* [m mv: *verbaux*] **III** BIJW *oralement*; *verbalement*
mond-en-klauwzeer *fièvre* v *aphteuse*
mondharmonica *harmonica* m
mondhoek *commissure* v *des lèvres*
mondholte *cavité* v *buccale*
mondhygiënist ≈ *hygiéniste* m/v *bucale*
mondiaal *mondial* [m mv: *mondiaux*]
mondig *majeur* ★ ~ verklaren JUR. *émanciper*
monding *embouchure* v; *bouche* v
mondjesmaat ⟨bij beetjes⟩ *au compte-gouttes*; ⟨karig⟩ *avec parcimonie* ★ ~ bedeeld *réduit à la portion congrue*
mond-op-mondbeademing *bouche-à-bouche* m
mondstuk ⟨v. pijp⟩ *embout* m; ⟨v. blaasinstrument⟩ *embouchure* v
mond-tot-mondreclame *bouche-à-oreille* m
mondverzorging *soins* m mv *buccaux*
mondvol ⟨hap⟩ *bouchée* v; ⟨slok⟩ *gorgée* v
mondvoorraad *provisions* v mv; *vivres* m mv
Monegask *Monégasque* m/v
monetair *monétaire*
Mongolië *la Mongolie* ★ in ~ *en Mongolie*
mongolisme *mongolisme* m
mongoloïde *mongoloïde*; *trisomique*
mongool *trisomique* m/v
monitor *moniteur* m ★ ~bewaking *télésurveillance* v
monitoren *surveiller*
monnik *moine* m ▾ gelijke ~en, gelijke kappen ≈ *à travail égal salaire égal*
monnikenwerk *travail* m *de bénédictin*
monnikskap • deel v.e. gewaad *capuchon* m • PLANTK. *aconit* m; *napel* m
mono *mono*
monochroom *monochrome*
monocle *monocle* m
monofoon *monophonique*
monogaam *monogame*
monogamie *monogamie* v
monogram *monogramme* m
monokini *monokini* m
monoliet *monolithe* m
monolithisch *monolithe*; *monolithique*
monoloog *monologue* m ★ een ~ houden *monologuer*
monomaan *obsédé* m
monomanie *névrose* v *obsessionnelle*
monopolie *monopole* m
monopoly *monopoly* m
monorail *monorail* m
monoski *monoski* m
monotheïsme *monothéisme* m
monotoon *monotone*
monster • gedrocht *monstre* m • proefstuk *échantillon* m ★ op ~ kopen *acheter sur échantillon* ★ ~s trekken (uit) *échantillonner*; *prélever des échantillons*
monster- *monstre*; *énorme*; *gigantesque* ★ monsterproces *procès* m *monstre* ★ monsterzege *victoire* v *monstre*
monsterachtig **I** BNW *monstrueux* [v: *monstrueuse*] **II** BIJW *monstrueusement*
monsterboekje *livret* m *d'inscrit maritime*
monsteren • SCHEEPV. *enrôler* • keuren *examiner*; *inspecter*; MIL. *passer en revue*; ⟨aankijken⟩ *toiser*
monstrans *ostensoir* m
monstrueus *monstrueux* [v: *monstrueuse*]
monstruositeit *monstruosité* v
montage *montage* m
montagebouw *préfabriqué* m
montagefoto *photo-robot* v [mv: *photos-robots*]
montagetafel *table* v *de montage*
Montenegrijn *Monténégrin* m [v: *Monténégrine*]
Montenegro *le Monténégro* ★ in ~ *au Monténégro*
monter **I** BNW *enjoué*; *gai* **II** BIJW *gaiement*
monteren *monter*
montessorischool *école* v *montessorienne*
monteur *mécanicien* m [v: *mécanicienne*]; *monteur* m
montuur *monture* v
monument *monument* m
monumentaal **I** BNW *monumental* [m mv: *monumentaux*] **II** BIJW *de façon monumentale*
monumentenzorg ≈ *protection* v *des*

monuments historiques
mooi I BNW • IRON. ★ nu nog mooier! *ça alors!* • *beau* [m mv: *beaux*] [v: *belle*] [vóór klinker of stomme h: bel] ★ zich mooi maken *se faire beau / belle*; *se pomponner* ★ iets mooi maken *embellir qc*; *enjoliver qc* ★ hij / zij is niet moeders mooiste *c'est un remède contre l'amour* ★ mooi zo! *très bien!*; *bravo!* ★ nu is het mooi geweest! *ça suffit comme ça!* ★ nu nog mooier! *ça alors!* ★ het mooiste van de zaak is *le plus beau de l'histoire c'est que* ★ dat is me wat moois! *c'est du joli / du propre!* ★ jij bent een mooie! *tu es un cas, toi!* ★ dat is niet mooi van je *ce n'est pas gentil* ★ wie mooi wil zijn, moet pijn lijden *il faut souffrir pour être beau / belle* **II** BIJW • op mooie wijze *joliment* • goed *bien* ▾ daar ben je mooi klaar mee *te voilà propre* ▾ je hebt mooi praten *c'est facile à dire*
mooiprater *beau parleur* m
Moor *Maure* m/v
moord *meurtre* m; *assassinat* m ★ de ~ op de koning *l'assassinat du roi* ★ de perfecte ~ *le crime parfait* ▾ ~ en brand schreeuwen *crier comme un putois*
moordaanslag *attentat (***op** *contre)* m
moorddadig *meurtrier* [v: *meurtrière*]
moorden *assassiner*; *tuer*
moordenaar *meurtrier* m [v: *meurtrière*]; *assassin* m
moordend • moorddadig *meurtrier* [v: *meurtrière*] • slopend *mortel* [v: *mortelle*] ★ dat is ~! *ça tue!*
moordkuil ▾ van zijn hart geen ~ maken *dire ce qu'on a sur le cœur*
moordpartij *tuerie* v; *massacre* m
moordwapen *arme* v *du crime*
moorkop ≈ *religieuse* v *au chocolat*
moot *tranche* v; ‹v. grote vis› *darne* v ▾ in mootjes hakken *tailler en pièces*; *mettre en charpie*
mop *blague* v ★ wat een mop! *elle est (bien) bonne!* ★ moppen tappen *raconter des blagues* ★ een mop met een baard *une plaisanterie réchauffée*
mopperaar *grognon* m; *râleur* m [v: *râleuse*]
mopperen *grogner*; *râler (***op** *contre)*
mopsneus *nez* m *camard*
moraal • zedenleer *morale* v ★ dubbele ~ ≈ *morale à deux vitesses* • wijze les *morale* v
moraalridder *moralisateur* m [v: *moralisatrice*]
moraliseren *moraliser*
moralisme *moralisme* m
moralist *moraliste* m/v
moratorium *moratoire* m
morbide *morbide*
moreel I ZN [het] *moral* **II** BNW *moral* [m mv: *moraux*] **III** BIJW *moralement*
morel • kers *griotte* v • boom *griottier* m
mores *mœurs* v mv ▾ iem. ~ leren *passer un savon à qn*
morfeem *morphème* m
morfine *morphine* v
morfologie *morphologie* v
morgen I ZN [de] *matin* m; ‹tijdsduur› *matinée* v ★ 's ~s *le matin* ★ de volgende ~ *le lendemain matin* ★ op zekere ~ *un beau matin* ★ 's ~s vroeg *au petit matin* **II** BIJW *demain* ★ ~ vroeg *demain matin* ▾ ~ is er weer een dag *demain il fera jour*
morgenavond *demain soir*
morgenland *Orient* m
morgenmiddag *demain après-midi*
morgenochtend *demain matin*
morgenrood *aurore* v
Morgenster *étoile* v *du berger*; *étoile* v *du matin*
morgenstond *aurore* v ▾ de ~ heeft goud in de mond ≈ *le monde appartient à ceux qui se lèvent tôt*
mormel *horreur* v; ‹hond› *cabot*
mormoon *mormon* m [v: *mormone*]
mormoons *mormon*
morning-afterpil *pilule* v *du lendemain*
morrelen *trifouiller*
morren *grogner*; *murmurer* ★ zonder ~ *sans broncher*; INFORM. *sans moufter*
morsdood *raide mort*
morse *morse* m
morsen I OV WW laten vallen *renverser*; *répandre* **II** ON WW knoeien *faire des taches / des saletés* ★ ~ op *salir*; *tacher*
morseteken *signe* m *morse*
morsig *malpropre*; *miteux* [v: *miteuse*]
mortel *mortier* m
mortier *mortier* m
mortuarium • lijkenhuis *morgue* v • uitvaartcentrum *funérarium* m
mos *mousse* v ★ met mos begroeid *moussu*
mosgroen *vert mousse*
moskee *mosquée* v
Moskou *Moscou* m
Moskoviet *Moscovite* m/v
moslim *musulman* m [v: *musulmane*]
moslima *musulmane* v
moslimextremisme *(extrémisme* m*) islamiste* m
mossel *moule* v
mosselbank *moulière* v
most *moût* m
mosterd *moutarde* v ▾ als ~ na de maaltijd komen *arriver trop tard*
mosterdgas *gaz* m *moutarde*
mot I ZN [de] insect *teigne* v; ‹in kleding› *mite* v ★ de mot zit erin *c'est mangé par les mites*; *c'est mité* **II** ZN [de] ruzie *querelle* v
motel *motel* m
motie *motion* v ★ ~ van afkeuring *motion de censure* ★ een ~ van wantrouwen indienen *déposer une motion de censure*
motief • beweegreden *motif* m; JUR. *mobile* m • patroon *motif* m
motivatie *motivation* v
motiveren • beredeneren *motiver* • stimuleren *encourager*
motivering *motivation* v
motor • machine OOK FIG. *moteur* m ★ de ~ aan- / afzetten *mettre / couper le contact* • motorfiets *moto* v
motoragent *motard* m
motorblok *bloc-moteur* m [mv: *blocs-moteurs*]
motorboot *canot* m *à moteur*; ‹patrouilleboot› *vedette* v
motorcross *motocross* m

motorfiets *moto* v
motoriek *motricité* v
motorisch *moteur* [v: *motrice*] ★ ~ gehandicapte *handicapé* m *moteur*
motoriseren *motoriser*
motorkap *capot* m
motorpech *panne* v *(de moteur)* ★ ~ hebben *être en panne*
motorrijden *faire de la moto*
motorrijder *motocycliste* m/v; *motard* m
motorrijtuigenbelasting *taxe* v *sur les véhicules à moteur*
motorsport *motocyclisme* m
motorvoertuig *véhicule* m *à moteur*
motregen *bruine* v
motregenen *bruiner*; *pleuvioter*
mottenbal *boule* v *antimite / de naphtaline* ▾ iets uit de ~len halen *ressortir qc*
mottig • door mot beschadigd *mangé des mites*; *mité* • miezerig *bruineux* [v: *bruineuse*]
motto *devise* v
mountainbike ‹vélo tout-terrain› *VTT* m
mousse *mousse* v
mousserend *mousseux* [v: *mousseuse*] ★ ~e wijn *(vin* m*) mousseux* m
mout *malt* m
mouw *manche* v ★ de mouwen opstropen OOK FIG. *retrousser ses manches* ▾ iem. iets op de mouw spelden *raconter des histoires à qn* ▾ iets uit de mouw schudden *s'improviser qc*; *sortir qc (de son chapeau)* ▾ daar is wel een mouw aan te passen *ça peut s'arranger*; *on peut se débrouiller* ▾ de handen uit de mouwen steken *mettre la main à la pâte* ▾ iem. aan de mouw trekken *tirer qn par la manche*
moven *bouger*; *filer*
mozaïek *mosaïque* v
Mozambique *le Mozambique* ★ in ~ *au Mozambique*
mp3 *MP3* m
mp3-speler *lecteur* m *MP3*; ‹draagbaar› *baladeur* m *MP3*
mpeg *MPEG* m
MRI-scan *IRM* v ‹imagerie v par résonance magnétique›
msn *MSN* m
msn'en *faire du MSN*
mts ≈ *école* v *d'enseignement technique du second cycle*
mud *hectolitre* m
mudvol *plein à craquer*
muesli *muesli* m; *musli* m
muf *qui sent le moisi / le renfermé*
mug *moustique* m ▾ van een mug een olifant maken *faire d'une mouche un éléphant*
muggenbeet *piqûre* v *de moustique*
muggenziften *chicaner*; *ergoter*
muggenzifter *chicaneur* m [v: *chicaneuse*]
muil • bek *gueule* v • schoen *mule* v
muildier *mulet* m [v: *mule*]
muilezel *bardot* m
muilkorf *muselière* v
muilkorven OOK FIG. *museler*
muilpeer *marron* m; *gifle* v
muis • dier *souris* v • COMP. *souris* v • deel van hand *thénar* m; *gras* m *de la main* ▾ dat muisje zal nog wel een staartje hebben *l'affaire n'en restera pas là* ▾ muisjes ≈ *perles* v mv *d'anis*
muisarm ‹troubles musculosquelettiques› ≈ *TMS* m; *syndrome* m *de la souris*
muisgrijs *gris souris*
muismat *tapis* m *de souris*
muisstil ★ ~ zijn *ne souffler mot* ★ het is ~ *on entendrait voler une mouche*
muiten *se mutiner*; *s'insurger*
muiter *mutin* m
muiterij *mutinerie* v; *insurrection* v
muizen *utiliser la souris*
muizenis *souci* m; *tracas* m mv
muizenval *souricière* v
mul *meuble* ★ mul zand *sable fin* m
mulat *mulâtre* m [v: *mulâtresse*]
multicultureel *multiculturel* [v: *multiculturelle*]
multidisciplinair *multidisciplinaire*
multifunctioneel *polyvalent*
multimiljonair *multimillionnaire* m/v
multinational *multinationale* v
multipel *multiple*
multiplechoicetest *test* m / *questionnaire* m *à choix multiple*
multiple sclerose *sclérose* v *en plaques*
multiplex *contreplaqué* m
multomap *classeur* m
mum ▾ in een mum van tijd *en un rien de temps*; *en moins de rien*
mummelen *marmonner*
mummie *momie* v
mummificeren *momifier*
München *Munich* v
municipaal *municipal* [m mv: *municipaux*]
munitie *munitions* v mv
munitiedepot *dépôt* m *de munitions*
munt • geldstuk *pièce* v *(de monnaie)* • penning ‹voor automaat› *médaille* v; ‹v. telefoon/meter› *jeton* m • munteenheid *monnaie* v • waardestempel *face* v ★ kruis of munt spelen *jouer à pile ou face* • muntgebouw *(Hôtel* v *de la) Monnaie* v • CUL. plant *menthe* v ▾ in klinkende munt *en espèces* v mv *sonnantes* ▾ munt slaan uit *tirer profit de* ▾ iem. met gelijke munt terugbetalen *rendre la pareille / la monnaie de sa pièce à qn* ▾ voor goede munt aannemen *prendre pour argent comptant*
munteenheid *unité* v *monétaire*
munten *monnayer* ★ geld ~ *battre monnaie* ▾ het op iem. gemunt hebben *chercher / viser qn*; *avoir qn dans le collimateur*
muntstuk *pièce* v *de monnaie*
murmelen *murmurer* ★ het ~ *le murmure*
murw *lessivé*; *éreinté*; *brisé* ★ iem. murw slaan *casser la gueule à qn* ★ iem. murw praten *casser les oreilles à qn*
mus *moineau* m [mv: *moineaux*]
musculatuur *musculature* v
museum *musée* m; ‹v. nat. hist.› *muséum* m
museumstuk *pièce* v *de musée*
musical *comédie* v *musicale*
musiceren *faire de la musique*
musicoloog *musicologue* m/v

musicus *musicien* m [v: *musicienne*]
muskaat • noot *muscade* v • wijn *vin* m *muscat*
musket *mousquet* m
musketier *mousquetaire* m
muskiet *moustique* m
muskietennet *moustiquaire* v
muskus *musc* m
muskushert *chevrotain* m
muskusrat *rat* m *musqué*
must *must* m; *chose* v *à ne pas manquer* ★ dat is een must *ça s'impose*
mutatie • verandering *mutation* v • BIOL. *mutation* v
muts *bonnet* m ▾ zijn muts staat verkeerd *il a le bonnet de travers*
mutualiteit BELG. *mutualité* v
muur *mur* m; ⟨vestingmuur⟩ *muraille* v ▾ de muren hebben oren *les murs ont des oreilles*
muurbloempje ▾ een ~ zijn *faire tapisserie*
muurkrant *journal* m *mural* [m mv: *journaux muraux*]
muurschildering *fresque* v; *peinture* v *murale*
muurvast *inébranlable*; ⟨gestagneerd⟩ *immobilisé*
muurverf *peinture* v *murale*
muzak *muzak* v; *musique* v *de fond*
muze *muse* v
muzelman *musulman* m
muziek *musique* v ★ lichte ~ *musique légère*; *variétés* v mv ★ op ~ zetten *mettre en musique* ★ een leuk ~je *un joli air* ▾ daar zit ~ in *ça promet*
muziekdoos *boîte* v *à musique*
muziekfestival *festival* m *de musique*
muziekinstrument *instrument* m *de musique*
muziekkorps *fanfare* v
muziekminnend *mélomane*
muzieknoot *note* v
muziekpapier *papier* m *à musique*
muziekschool *école* v *de musique*
muziekstandaard *pupitre* m *à musique*
muziekstuk *composition* v; ⟨kort⟩ *morceau* m *(de musique)* [m mv: *morceaux* ...]
muziektent *kiosque* m *à musique*
muzikaal *musical* [m mv: *musicaux*]; ⟨v. persoon⟩ *musicien* [v: *musicienne*]; *doué pour la musique*
muzikant *musicien* m [v: *musicienne*]
myocarditis *myocardite* v
mysterie *mystère* m
mysterieus I BNW *mystérieux* [v: *mystérieuse*] II BIJW *mystérieusement*
mysticus *mystique* m/v
mystiek I ZN [de] *mystique* v II BNW *mystique*
mystificatie *mystification* v; *supercherie* v
mythe *mythe* m
mythisch *mythique*
mythologie *mythologie* v
mythologisch *mythologique*
mytylschool ≈ *école* v *pour handicapés physiques*
myxomatose *myxomatose* v

mu

N

n *n* m ★ de n van Nico *N comme Noémie*
na I BIJW • later *après* ★ hij nam fruit na *il prit des fruits comme dessert* ★ lang na de geplande datum *longtemps après la date prévue* • na-/dichtbij *près (de)* ★ ze staan me even na *ils me sont tout aussi chers* • behalve ★ op twee na de grootste *le plus grand à deux près* ★ allen op één na *tous sauf un* ▾ iem. te na komen *offenser qn* ▾ de goeden niet te na gesproken *les bons éléments mis à part* II VZ *après* ★ de een na de ander *l'un après l'autre* ★ na u! *après vous!* ★ na een jaar *au bout d'un an* ★ tweemaal na elkaar *deux fois d'affilée*
naad *joint* m; ⟨v. kleren⟩ *couture* v; ⟨lasnaad⟩ *soudure* v ▾ zich uit de naad lopen *courir comme un fou* ▾ het naadje van de kous weten *connaître le fin mot (de l'histoire)* ▾ zich uit de naad werken *travailler comme un fou*
naadloos • zonder naad *sans couture* • FIG. *sans problème*
naaf *moyeu* m [mv: *moyeux*]
naaidoos *boîte* v *à ouvrage / à coudre*
naaien • met draad vastmaken *coudre* • VULG. neuken *baiser* • PLAT belazeren *baiser*
naaigaren *fil* m *à coudre*
naaigarnituur *trousse* v *à couture*
naaimachine *machine* v *à coudre*
naaister *couturière* v
naaiwerk *(ouvrage* m *de) couture* v
naakt I BNW • ongekleed *nu*; INFORM. *à poil* [onv] • FIG. onopgesmukt ★ de ~e waarheid *la vérité toute nue* ★ de ~e feiten *les simples faits* II ZN [het] *nu* m
naaktfoto *photo* v *de nu*
naaktloper *nudiste* m/v
naaktmodel *modèle* m *(qui pose) nu*; *académie* v
naaktslak *limace* v
naaktstrand *plage* v *pour nudistes*
naald • gereedschap *aiguille* v ★ de draad in de ~ steken *enfiler l'aiguille* • wijzer *aiguille* v • van platenspeler *saphir* m ▾ heet van de ~ *tout chaud*
naaldboom *conifère* m
naaldbos *bois* m *de conifères*
naaldenboekje *paquet* m *d'aiguilles*
naaldhak *talon* m *aiguille*
naaldhout *bois* m *de conifères*
naaldkunst *broderie* v
naam • benaming *nom* m ★ een naam geven aan *(dé)nommer*; *baptiser* ★ in naam is hij het hoofd *il est le chef nominal* ★ op naam van *au nom de* ★ vrij op naam *à la charge du vendeur* ★ iets op zijn naam hebben staan *avoir qc à son actif* ★ ten name van *au nom de* • reputatie *réputation* v ★ naam maken *se faire un nom* ★ een man van naam *un homme de renom* ▾ dat mag geen naam hebben *ce n'est rien* ▾ in naam van *au nom de* ▾ uit mijn naam *en mon nom* ▾ uit naam van *au nom de* ▾ met name *notamment*; *nommément*; *en particulier*
naambord *plaque* v

naamdag *fête* v
naamgenoot *homonyme* m
naamkaartje *carte* v *de visite*
naamloos *anonyme*; *sans nom*
naamsverandering *changement* m *de nom*
naamsverwisseling *confusion* v *de noms*
naamval *cas* m ⋆ eerste ~ *nominatif* m ⋆ tweede ~ *génitif* m ⋆ derde ~ *datif* m ⋆ vierde ~ *accusatif* m
naamwoord *nom* m ⋆ bijvoeglijk ~ *adjectif* m ⋆ zelfstandig ~ *substantif* m; *nom* m
naamwoordelijk *nominal* ⋆ het ~ deel van het gezegde *attribut* m
na-apen *copier*; *singer*
naar I BNW • onsympathiek *désagréable* ⋆ wat een nare jongen *quel garçon déplaisant!* • onwel ⋆ ik word er naar van *cela me soulève le cœur* • akelig *horrible*; *affreux* [v: *affreuse*] **II** VZ • in de richting van *à*; *pour*; *vers* ⋆ naar huis gaan *rentrer (chez soi)* ⋆ naar Frankrijk vertrekken *partir pour la France* ⋆ naar Londen gaan *aller à Londres* ⋆ naar de dokter gaan *aller voir un médecin* ⋆ naar de film gaan *aller au cinéma* ⋆ naar iem. toe gaan *aller chez qn* ⋆ de trein naar Parijs *le train pour Paris / à destination de Paris* • volgens *d'après* ⋆ naar de natuur geschilderd *peint d'après nature* ⋆ naar zijn wil *selon sa volonté* ▾ hij is er niet de man naar om *il n'est pas l'homme à* **III** VW ⋆ naar men zegt/hoopt *d'après ce qu'on dit/espère*
naargeestig *triste*; *sombre*; *maussade*
naargelang I BIJW *suivant*; *selon* **II** VW *au fur et à mesure que*
naarling *personne* v *désagréable*; *plaie* v
naarmate *à mesure que*
naarstig I BNW *appliqué*; *assidu* **II** BIJW *avec application*; *assidûment*
naast I BNW • dichtst bij *(le plus) proche* ⋆ in de ~e toekomst *dans un proche avenir* ⋆ in de ~e omgeving *dans le voisinage immédiat* • intiemst ⋆ de ~e familie *les proches* ▾ ten ~e bij *approximativement* **II** BIJW • het dichtst bij *le plus près* • mis *à côté* ▾ er lelijk ~ zitten INFORM. *être à côté de la plaque*; INFORM. *se gourer* **III** VZ • terzijde van *à côté de*; *(tout) près de* ⋆ ~ elkaar *côte à côte* • in aanvulling op *en plus de*; *outre* ⋆ ~ het een ook het ander *non seulement...mais encore*
naaste *prochain* m [v: *prochaine*]
naastenliefde *amour* m *du prochain*; REL. *charité* v
naastgelegen *voisin*; *adjacent*
nabehandeling *soins* m mv *complémentaires* [mv]; ⟨na operatie⟩ *traitement* m *postopératoire*
nabeschouwen ≈ *faire le point sur*; *commenter*
nabespreking *commentaire* m; *évaluation* v
nabestaande *proche parent* m [v: *proche parente*]; *proche* m/v *(survivant)*
nabestelling *commande* v *supplémentaire*
nabij *proche* ⋆ iem. van ~ kennen *connaître qn de près*
nabijgelegen *voisin*; *proche*
nabijheid *proximité* v ⋆ in de ~ van *à proximité de*
nablijven ⟨schoolblijven⟩ *être en retenue*; *rester*; ⟨schoolblijven⟩ *être collé*
nablussen *noyer un feu*
nabootsen *imiter*; *copier*
nabootsing *imitation* v; ⟨v. gedrag⟩ *mimétisme* m
naburig *voisin*
nacht *nuit* v ⋆ het is ~ *il fait nuit* ⋆ een slapeloze ~ *une nuit blanche* ⋆ 's ~s *la nuit* ⋆ 's ~s reizen *voyager de nuit* ⋆ in de ~ van vrijdag op zaterdag *dans la nuit du vendredi au samedi* ▾ zo zwart als de ~ *noir comme dans un four* ▾ bij ~ en ontij *à des heures indues*
nacht- *de nuit*; *nocturne*
nachtblind *héméralope*
nachtbraken • 's nachts feesten *faire la noce* • 's nachts werken *travailler la nuit*
nachtbraker *noceur* m [v: *noceuse*]
nachtclub *boîte* v *(de nuit)*
nachtcrème *crème* v *de nuit*
nachtdienst *service* m *de nuit* ⋆ ~ hebben *être de service de nuit*
nachtdier *nocturne* m
nachtegaal *rossignol* m *(philomèle)*
nachtelijk *nocturne*
nachthemd *chemise* v *de nuit*
nachtjapon *chemise* v *de nuit*
nachtkaars ▾ uitgaan als een ~ *tourner en eau de boudin*
nachtkastje *table* v *de nuit / de chevet*
nachtkijker *lunette* v *de nuit*
nachtlampje *veilleuse* v
nachtleven *noctambulisme* m; *vie* v *nocturne*
nachtmens *homme* m *de nuit* [v: *femme de nuit*]; *couche-tard* m/v [onv]
nachtmerrie *cauchemar* m
nachtmis *messe* v *de nuit*; ⟨met kerst⟩ *messe* v *de minuit*
nachtploeg *équipe* v *de nuit*
nachtportier *portier* m *de nuit*
nachtrust *sommeil* m; *nuits* v mv
nachtschade *solanacée* v
nachtslot ⋆ op het ~ doen *fermer à double tour*
nachttarief *tarif* m *de nuit*
nachttrein *train* m *de nuit*
nachtverblijf *logis* m
nachtvlinder *papillon* m *de nuit*
nachtvorst *gelées* v mv *nocturnes*
nachtwaker *gardien* m *de nuit*; ⟨v. bewakingsbedrijf⟩ *vigile* m
nachtzoen ≈ *bisou* m *(pour la nuit)*
nachtzuster *infirmière* v *de nuit*
nacompetitie *matches* m mv *de barrage*
nadagen • *dernières années* v mv ⋆ hij is in zijn ~ *il va sur sa fin* • periode van verval *déclin* m; ⟨v. bewind⟩ *fin* v *de règne* ⋆ in zijn ~ zijn *être sur son déclin*
nadat *après que* [+ ind./subj.] ⋆ ~ ik vertrokken was *après être parti (je ...)*; *après mon départ*
nadeel *désavantage* m; ⟨bezwaar⟩ *inconvénient* m; ⟨benadeling⟩ *préjudice* m ⋆ de voor- en nadelen *le pour et le contre* ⋆ ten nadele van *au détriment de* ⋆ in het ~ zijn *être désavantagé* ⋆ ~ hebben bij *perdre à* ⋆ ~ berokkenen *faire (du) tort à*; *nuire à*

nadelig *nuisible à*; *préjudiciable à*; ⟨ongunstig⟩ *désavantageux* [v: *désavantageuse*] ⋆ ~ zijn voor *nuire à*; *être mauvais pour* ⋆ een ~ saldo *un déficit* ⋆ ~e gevolgen *conséquences* v mv *fâcheuses*; *séquelles* v mv
nadenken *réfléchir (***over** *à, sur)*
nadenkend I BNW *pensif* [v: *pensive*]; *réfléchi* **II** BIJW *de manière réfléchie*
nader I BNW • dichterbij *plus proche* • preciezer *plus précis* ⋆ ~ bericht *communication ultérieure* v ⋆ ~e bijzonderheden *précisions* v mv; *de plus amples détails / renseignements* m mv ⋆ tot ~ order *jusqu'à nouvel ordre* ⋆ bij ~ inzien *à la réflexion* ⋆ ~e informatie *complément* m *d'information* **II** BIJW • dichterbij *plus près (***bij, tot** *de)* ⋆ ~(bij) komen *s'approcher* • uitvoeriger *plus précisément* ⋆ ~ leren kennen *faire plus ample connaissance de* ⋆ ~ bekijken *voir de plus près* ▾ we spreken elkaar nog wel ~! *tu auras de mes nouvelles!*
naderen I ON WW *approcher* **II** OV + ON WW *approcher*; *s'approcher de*
naderhand *plus tard*; *après (coup)*
nadien *depuis*; *dès lors*
nadoen *imiter*; *copier*; ⟨scherts⟩ *singer* ⋆ dat zul je hem niet ~ *tu n'en feras pas autant*
nadruk • klemtoon *accent* m ⋆ de ~ leggen op *accentuer* • FIG. krachtige bevestiging ⋆ de ~ leggen op iets *insister sur qc* ⋆ met ~ *avec insistance* • herdruk *réimpression* v
nadrukkelijk I BNW *formel* [v: *formelle*]; *explicite* **II** BIJW *explicitement*; *formellement*; *avec insistance*

na

nagaan • volgen *suivre* • controleren *contrôler*; *vérifier* • overwegen *considérer*; *voir* ▾ kun je ~! *tu t'imagines!*; *pour te dire!*
nagalm *résonance* v; *écho* m
nageboorte *placenta* m
nagedachtenis *mémoire* v; *souvenir* m
nagel • verhoornde huid *ongle* m ⋆ zijn ~s knippen *se couper les ongles* • spijker *clou* m ▾ dat is een ~ aan mijn doodkist *quelle plaie!*
nagelbijten *se ronger les ongles*
nagelen *clouer* ▾ als aan de grond genageld *(comme) cloué sur place*; *pétrifié*
nagelgarnituur *nécessaire* m *à ongles*
nagellak *vernis* m *à ongles*
nagelriem ≈ *envies* v mv
nagelschaar *ciseaux* m mv *à ongles* [mv]
nageltang *coupe-ongle(s)* m
nagelvijl *lime* v *à ongles*
nagenieten *savourer encore*
nagenoeg *à peu (de chose) près*
nagerecht *dessert* m
nageslacht • nakomelingen *descendance* v • latere geslachten *postérité* v
nageven *accorder* ⋆ men moet hem ~ dat hij *il faut reconnaître qu'il*
nagloeien *avoir un reste d'incandescence*
naheffing *imposition* v *complémentaire*; *redressement* m *(fiscal)*
naïef I BNW argeloos *naïf* [v: *naïve*] **II** BIJW *naïvement*
naïeveling *naïf* m [v: *naïve*]; ⟨sul⟩ *niais* m [v: *niaise*]
na-ijver *envie* v; *jalousie* v
na-ijverig *envieux* m [v: *envieuse*]
naïviteit *naïveté* v
najaar *automne* m ⋆ in het ~ *en automne*
najaarsmode *mode* v *d'automne*
najagen • vervolgen *poursuivre* • nastreven *aspirer à*; *courir après*; ⟨v. doel⟩ *poursuivre*
nakaarten *épiloguer (***over** *sur)*
nakie ▾ in zijn ~ *à poil*
nakijken • kijken naar *suivre des yeux* • controlerend nagaan *contrôler*; *vérifier*; ⟨v. motor / leerstof⟩ *réviser*; ⟨corrigeren⟩ *corriger* ▾ het ~ hebben *être le dindon de la farce*
nakomeling *descendant* m [v: *descendante*]
nakomen I OV WW naleven *observer*; *respecter*; ⟨v. verplichting⟩ *s'acquitter de*; ⟨v. plicht⟩ *remplir*; ⟨v. belofte⟩ *tenir* ⋆ zijn afspraken niet ~ *manquer à ses engagements* **II** ON WW later komen *suivre*; *venir après*
nakomertje *petit dernier* m [v: *petite dernière*]
nalaten • achterlaten *laisser*; ⟨als erfdeel⟩ *léguer* • niet doen *manquer de*; *négliger de*; *omettre* ⋆ ik kon het niet ~ te *je n'ai pas pu m'empêcher de* ⋆ niets ~ *ne rien négliger*
nalatenschap *héritage* m; JUR. *succession* v
nalatig *négligent*; *nonchalant*
nalatigheid *négligence* v; *nonchalance* v
naleven *suivre*; *observer*
naleving *observation* v
nalezen • overlezen *relire* • nazoeken *consulter*
nalopen • achternalopen *suivre*; *courir après* • controleren *vérifier*
namaak *contrefaçon* v; ⟨nep⟩ *bidon* m
namaken *imiter*; *copier*; ⟨bedrieglijk⟩ *contrefaire*; ⟨bedrieglijk⟩ *falsifier*
name • → **naam**
namelijk • te weten *à savoir*; *c'est-à-dire* • immers *en effet* ⋆ er is ~ iets gebeurd *c'est qu'il s'est passé qc*
Namen *Namur* m
namens *de la part de*; *au nom de*
nameten *vérifier*; *remesurer*
Namibië *la Namibie* ⋆ in ~ *en Namibie*
namiddag *après-midi* m/v [onv]
naoorlogs *d'après-guerre*
NAP *le niveau* m *zéro de nivellement d'Amsterdam*
nap *bol* m
napalm *napalm* m
Napels *Naples* v
napluizen *éplucher*
napoleontisch *napoléonien* [v: *napoléonienne*]
nappa I ZN [het] *agneau* m **II** BNW *en agneau*
napraten I OV WW praten in navolging van *répéter* **II** ON WW na afloop blijven praten *rester à causer*
napret *plaisir* m *qui suit*; *joie* v *après coup*
nar *fou* m [v: *folle*]; GESCH. *bouffon* m [v: *bouffonne*]
narcis *narcisse* m; ⟨geel⟩ *jonquille* v
narcisme *narcissisme* m
narcistisch *narcissique*
narcolepsie *narcolepsie* v
narcose *anesthésie* v ⋆ onder ~ brengen *anesthésier*
narcoticabrigade *brigade* v *des stupéfiants*

narcoticum *narcotique* m; ⟨drug⟩ *stupéfiant* m
narcotiseur *anesthésiste* m/v
narekenen *vérifier*; *contrôler*
narigheid *ennuis* m mv
naroepen *interpeller*
narratief *narratif* [v: *narrative*]
narrig I BNW *maussade* **II** BIJW *d'un air maussade*
nasaal I ZN [de] TAALK. *nasale* v **II** BNW *nasal* [m mv: *nasaux*] **III** BIJW ★ ~ praten *nasiller*
naschools *postscolaire*
naschrift ⟨in brief⟩ *post-scriptum* m [onv]; ⟨in boek⟩ *postface* v
naseizoen *arrière-saison* v [mv: *arrière-saisons*]
nasi ≈ *riz* m *cuit à l'indonésienne*
naslaan • opzoeken *chercher* • raadplegen *consulter*
naslagwerk *ouvrage* m *de référence*
nasleep *suites* v mv; *séquelles* v mv
nasmaak OOK FIG. *arrière-goût* m [mv: *arrière-goûts*]
naspel • stuk na afloop *épilogue* m; MUZ. *postlude* m; ⟨liefdesspel⟩ *jeux* m mv *amoureux après le coït* [mv] • nasleep *épiloque* m; *suites* v mv
naspeuren *rechercher*; *faire des recherches*
nastaren *suivre des yeux*
nastreven *(re)chercher*; *aspirer à*; ⟨v. doel⟩ *poursuivre*
nasynchroniseren *doubler*
nat I ZN [het] *liquide* m **II** BNW • niet droog *mouillé*; ⟨doornat⟩ *trempé*; ⟨vochtig⟩ *humide* ★ nat! *peinture fraîche!* • regenachtig *humide*; *pluvieux* [v: *pluvieuse*] ▾ nat gaan *chuter*
natafelen *s'attarder à table*
natekenen *dessiner (d'après le modèle)*
natellen *(re)compter*; *(re)calculer*
natheid *humidité* v
natie *nation* v
nationaal *national* [m mv: *nationaux*]
nationaalsocialisme *national-socialisme* m
nationaalsocialistisch *national-socialiste* [m mv: *nationaux-socialistes*]
nationalisatie *nationalisation* v
nationaliseren *nationaliser*
nationalisme *nationalisme* m
nationalist *nationaliste* m/v
nationalistisch *nationaliste*
nationaliteit *nationalité* v
nationaliteitsbeginsel *principe* m *des nationalités*
natje ▾ zijn ~ en zijn droogje *le boire et le manger*
natmaken *mouiller*
natrappen *donner un coup de pied par derrière*
natregenen *être mouillé/trempé (par la pluie)*
natrekken • nagaan *contrôler* • overtrekken *calquer*
natrium *sodium* m
natriumcarbonaat *carbonate* m *de sodium*
nattevingerwerk ★ het is ~ *c'est approximatif*
nattig *humide*
nattigheid • vocht *humidité* v • vochtigheid *humidité* v ▾ ~ voelen *flairer la combine*; *se méfier*
natura ★ in ~ *en nature*
naturalisatie *naturalisation* v
naturaliseren *naturaliser*
naturalisme *naturalisme* m
naturel *naturel* [v: *naturelle*]
naturisme *naturisme* m
naturist *naturiste* m/v
naturistenvereniging *association* v *naturiste*
natuur • natuurlijke omgeving *nature* v ★ in de vrije ~ *à la campagne*; *au grand air* • aard *naturel* m; *nature* v ★ van nature *de nature*; *par nature* ★ tweede ~ *seconde nature* ▾ de ~ is sterker dan de leer *chassez le naturel, il revient au galop*
natuurbehoud *préservation* v *de la nature*
natuurbescherming *protection* v *de la nature*
natuurfilm *film* m *sur la nature*
natuurgebied *région* v *naturelle*
natuurgeneeskunde *naturopathie* v; *médecine* v *douce*
natuurgetrouw *fidèle*
natuurhistorisch *d'histoire naturelle*
natuurkunde *physique* v
natuurkundig *physique*
natuurkundige *physicien* m [v: *physicienne*]
natuurlijk I BNW van/volgens de natuur *naturel* [v: *naturelle*] ★ een ~e dood sterven *mourir de sa belle mort* **II** BIJW *naturellement* **III** TW *naturellement!*; *bien sûr!*; *évidemment!* ★ ~ niet! *bien sûr que non!*
natuurlijkerwijs *naturellement*
natuurmens • mens in natuurstaat *homme* m *primitif* • natuurvriend *ami* m *de la nature* [v: *amie de la nature*]
natuurmonument *site* m *classé*
natuurproduct *produit* m *naturel*
natuurramp *catastrophe* v *naturelle*
natuurreservaat *réserve* v *naturelle*
natuurschoon *beautés* v mv *de la nature* [mv]
natuursteen *pierre* v *de taille*
natuurtalent *talent* m *authentique*
natuurverschijnsel *phénomène* m *naturel*
natuurwetenschap • biologie *sciences* v mv *naturelles* [mv] • natuurkunde *sciences* v mv *physiques* [mv]
nautisch *nautique*
nauw I ZN [het] • zeestraat *détroit* m ★ het Nauw van Calais *le Pas de Calais* • moeilijkheid ★ iem. in het nauw drijven *mettre qn au pied du mur*; *acculer qn*; INFORM. *coincer qn* ★ in het nauw gedreven *pris de court*; INFORM. *coincé* ★ in het nauw zitten *être dans le pétrin* **II** BNW • krap *serré*; *étroit* ★ nauwer maken *rétrécir* ★ nauwer worden *se rétrécir* ★ te nauwe schoenen *des chaussures trop justes / qui serrent* • innig *étroit* • nauwgezet *précis* **III** BIJW • krap ⟨met weinig tussenruimte⟩ *étroitement*; *à l'étroit* ★ nauw zitten *être serré*; *être à l'étroit* ★ nauw behuisd *logé à l'étroit* • precies *avec précision* ★ hij neemt het niet zo nauw *il n'y regarde pas de si près*
nauwelijks *à peine* ★ hij was ~ gearriveerd of *il était à peine arrivé que*
nauwgezet I BNW *exact*; *scrupuleux* [v: *scrupuleuse*] **II** BIJW *scrupuleusement*

nauwkeurig I BNW *exact*; *précis* **II** BIJW *avec précision*; *soigneusement*
nauwlettend I BNW *attentif* [v: *attentive*] **II** BIJW *attentivement* ⋆ ~ toezien *surveiller de près*
nauwsluitend *ajusté*; ⟨v. kleding⟩ *collant*; *moulant*
navel *nombril* m; *ombilic* m
navelsinaasappel *navel* v
navelstaren *faire du nombrilisme*
navelstreng *cordon* m *ombilical*
naveltruitje ≈ *petit haut* m *court*
navenant *à l'avenant*
navertellen *redire*; *répéter* ▾ hij heeft het niet kunnen ~ *il n'y a pas survécu*
navigatie *navigation* v
navigator *navigateur* m [v: *navigatrice*]
navigeren • besturen *naviguer* • schipperen *naviguer*
NAVO ⟨Organisation v du Traité de l'Atlantique Nord⟩ *OTAN* v
navolgen *imiter*; *suivre*
navolging *imitation* v ⋆ in ~ van *à l'exemple de*; *à l'instar de* ⋆ ~ verdienen *être un exemple à suivre*
navordering *imposition* v *complémentaire*; *redressement* m *(fiscal)*
navraag *enquête* v ⋆ ~ doen naar *s'informer de*
navragen *s'informer de*; *se renseigner sur*
navrant *désolant*; *navrant*
navullen *recharger*; *remplir*
navulverpakking *recharge* v
nawee ⋆ ~ën *séquelles* v mv
nawerken *se faire sentir*
nawerking *suites* v mv; *contrecoup* m; *effet(s)* m (mv)
nawijzen *montrer du doigt*
nawoord *postface* v; *épilogue* m
nazaat *descendant* m [v: *descendante*]
nazeggen *redire*; *répéter*
nazenden *faire suivre*; ⟨opschrift⟩ *prière de faire suivre*
nazi *nazi* m [v: *nazie*]
nazien • volgen met de blik *suivre des yeux* • controlerend nagaan *vérifier*; *revoir*; *corriger*
nazisme *nazisme* m
nazitten *poursuivre*
nazoeken *vérifier*
nazomer *fin* v *de l'été*; ⟨warm⟩ *été* m *indien*
nazorg *suivi* m
neanderthaler *homme* m *de Néandertal*
necrologie *nécrologie* v
necropolis *nécropole* v
nectar *nectar* m
nectarine *nectarine* v; *brugnon* m
nederig I BNW bescheiden *humble*; *modeste* **II** BIJW *humblement*
nederigheid *humilité* v; *modestie* v
nederlaag *défaite* v ⋆ een ~ toebrengen *infliger une défaite* ⋆ een ~ lijden *essuyer une défaite*; *être battu*
Nederland *les Pays-Bas* m mv [mv] ⋆ in ~ *aux Pays-Bas*
Nederlander *Néerlandais* m [v: *Néerlandaise*]
Nederlands I ZN [het] taal *néerlandais* m **II** BNW m.b.t. Nederland *néerlandais*
Nederlandse *Néerlandaise* v
Nederlandse Antillen *Antilles* v mv *néerlandaises*
Nederlandstalig *néerlandophone*
nederzetting *implantation* v; *établissement* m; ⟨kolonie⟩ *colonie* v
nee *non* ⋆ nee verkopen *ne pas satisfaire la demande*
neef • zoon van oom of tante *cousin* m ⋆ volle neef *cousin germain* • zoon van broer of zus *neveu* m [mv: *neveux*]
neer *en bas* ⋆ op en neer *de haut en bas*
neerbuigend I BNW *condescendant* **II** BIJW *avec condescendance*
neerdalen *descendre*
neergang *déclin* m
neergooien *jeter par terre* ▾ de boel er bij ~ *envoyer tout promener*
neerhalen • naar beneden halen *(a)baisser*; ⟨strijken⟩ *amener* • slopen *démolir*; *abattre* • afkammen *(r)abaisser* • neerschieten *descendre*
neerkijken ~ **op** *regarder de haut*; *mépriser*; *snober*
neerkomen • *se poser*; ⟨vallend⟩ *(re)tomber*; ⟨met kracht⟩ *s'abattre (***op** *sur)* • ~ **op** ⟨tot last komen van⟩ *retomber sur*; ⟨betekenen⟩ *revenir à* ⋆ dat komt op hetzelfde neer *cela revient au même*; *c'est tout comme* ⋆ het komt hierop neer *cela se résume ainsi*
neerlandicus *néerlandiciste* m/v
neerlandistiek *langue* v *et littérature* v *néerlandaises* [mv]
neerlaten *descendre*; *baisser*; ⟨v. loodlijn⟩ *abaisser*
neerleggen • op iets leggen *poser*; *mettre*; *déposer*; ⟨languit⟩ *coucher* • afstand doen van *déposer* ⋆ zijn ambt ~ *quitter ses fonctions* • neerschieten *descendre* • vastleggen *fixer* ▾ iets naast zich ~ *passer outre à qc* ▾ het werk ~ *cesser le travail* ▾ zich bij iets / erbij ~ *se résigner à qc*; *en prendre son parti*
neerschieten *abattre*; *descendre*
neerslaan I OV WW • tegen de grond slaan *assommer*; *terrasser* • omlaag doen *rabattre*; *baisser* ⋆ de ogen ~ *baisser les yeux* **II** ON WW SCHEIK. *se déposer*; *se précipiter*
neerslachtig *abattu*; *découragé*; *déprimé*
neerslag • regen *précipitations* v mv • resultaat *produit* m; *retombées* v mv • bezinksel *précipité* m ▾ radioactieve ~ *retombées* v mv *radioactives*
neerslagmeter *pluviomètre* m
neersteken *poignarder*
neerstorten *tomber*; ⟨v. vliegtuig⟩ *s'écraser*
neerstrijken *se poser*; FIG. *s'installer*
neertellen *payer*; INFORM. *débourser*
neervallen *tomber* ⋆ op een stoel ~ *s'affaler sur une chaise*
neervlijen • ordelijk neerleggen *ranger* • zachtjes neerleggen *poser doucement*
neerwaarts I BNW *descendant* **II** BIJW *en bas*
neerwerpen *jeter (par terre)*
neerzetten *(dé)poser*; *mettre*
neerzien *regarder en bas*
neet *lente* v ▾ kale neet *crève-la-faim* m/v [onv]

negatief I BNW *négatif* [v: *négative*] II BIJW *négativement* III ZN [het] A-V *négatif* m
negen I TELW • *neuf* • → **acht** II ZN [de] getal *neuf* m
negende • *neuvième* • → **achtste**
negentien • *dix-neuf* • → **acht**
negentiende • *dix-neuvième* • → **achtste**
negentig • *quatre-vingt-dix*; BELG./ZWI. *nonante* • → **acht**
negentigste • *quatre-vingt-dixième* • → **achtste**
neger *noir* m [v: *noire*]; INFORM. *black* m; MIN. *nègre* m [v: *négresse*]
negeren *agacer*
negeren *ignorer*; ⟨v. iets⟩ *négliger*; *snober*
negerzoen *tête* v *de nègre*
negligé *déshabillé* m; *négligé* m
negroïde *négroïde*
neigen • hellen *pencher*; *incliner* • tenderen *tendre* ⋆ ~ tot *tendre à* ⋆ geneigd zijn tot *avoir tendance à* ⋆ men is geneigd te geloven dat... *on a tendance à croire que...*
neiging *tendance* v *(***om** *à)*; ⟨hang⟩ *penchant* m *(***naar, tot** *pour, à)*
nek *cou* m; *nuque* v ⋆ stijve nek *torticolis* m ⋆ iem. de nek omdraaien *tordre le cou à qn* ▾ zijn nek uitsteken *se mouiller* ▾ uit zijn nek kletsen *dire n'importe quoi*; *déconner* ▾ nek aan nek *coude à coude* ▾ met de nek aankijken *regarder de haut / avec dédain* ▾ het hoofd in de nek gooien *se redresser*
nek-aan-nekrace *course* v *très serrée*; *coude-à-coude* m
nekken • doden *tordre le cou à* • FIG. kapotmaken *casser*; *ruiner*
nekkramp *méningite* v *(cérébrospinale)*
nekslag • dodelijke slag *coup* m *sur la nuque* • genadeslag *coup* m *de grâce*
nekvel *peau* v *du cou* ▾ iem. in zijn ~ grijpen *attraper qn par la peau des fesses*
nekwervel *vertèbre* v *cervicale*
nemen *prendre* ⋆ uit de kast ~ *prendre dans l'armoire* ⋆ bij de hand ~ *prendre par la main* ⋆ een taxi ~ *prendre un taxi* ⋆ een foto ~ *prendre une photo* ⋆ tot voorbeeld ~ *prendre pour modèle / en exemple* ⋆ uit de handel ~ *retirer du commerce* ⋆ het leven ~ zoals het is *prendre les choses comme elles sont* ▾ de moeite ~ om *se donner la peine de* ▾ het er eens goed van ~ *se la couler douce* ▾ iets voor lief ~ *s'arranger de qc*; *s'accommoder de qc* ▾ iem. ertussen ~ *avoir qn*; *faire marcher qn* ▾ op zich ~ *se charger de*; *assumer* ▾ zich genomen voelen *se sentir trompé / dupé* ▾ alles bij elkaar genomen *somme toute* ▾ strikt genomen *à proprement parler* ▾ dat neem ik niet! *je ne l'accepte pas!*; *je ne me laisse pas faire!*
neoclassicisme *néoclassicisme* m
neofascisme *néofascisme* m
neoklassiek *néoclassique*
neologisme *néologisme* m
neon *néon* m
neonazi *néonazi* m [v: *néonazie*]
neonbuis *tube* m *fluorescent*
neonlicht *lumière* v *au néon*
neonreclame *publicité* v / *enseigne* v *lumineuse*
nep *bidon* m
Nepal *le Népal* ⋆ in ~ *au Népal*
nepotisme *népotisme* m
neppen *rouler*; *arnaquer*
Neptunus *Neptune*
nerd *nerd* m/v
nerf *nervure* v
nergens *(ne ...) nulle part* ⋆ ~ anders *nulle part ailleurs* ⋆ hij kan ~ zijn boek vinden *il ne trouve son livre nulle part* ⋆ ~ om geven *se soucier de rien* ▾ dan ben je ~ *c'est la fin (des haricots)*; *on serait perdu*
nering *commerce* m
neringdoende *commerçant* m
nerts *vison* m
nerveus I BNW *nerveux* [v: *nerveuse*]; ⟨onrustig⟩ *agité* II BIJW *nerveusement*
nervositeit *nervosité* v
nest • DIERK. broedplaats *nid* m • bed *pieu* m • worp *nichée* v • familie ⋆ hij komt uit een goed nest *il est de bonne famille* ⋆ een nestje bouwen *faire son nid* • nuffig meisje *chipie* v ⋆ vervelend nest *petite peste* v • schuilhol *nid* m; *repaire* m ▾ in de nesten zitten *être dans le pétrin* ▾ zich uit de nesten werken *se tirer d'affaire* ▾ zijn eigen nest bevuilen *cracher dans la soupe*
nestblijver *(oiseau* m*) nidicole* m
nestelen I ON WW *faire son nid* II WKD WW [+ zich] *se nicher*; ⟨zich vlijen⟩ *se blottir*
nestkastje *nichoir* m
nestor *doyen* m
nestvlieder *(oiseau* m*) nidifuge* m
nestwarmte *chaleur* v *du foyer*
net I ZN [het] • weefsel met mazen *filet* m • netwerk *réseau* m [mv: *réseaux*] • televisiezender *chaîne* v • nette versie ⋆ in het net schrijven *mettre au propre* ▾ achter het net vissen *rater le coche*; *rentrer bredouille* II BNW • proper *propre* • keurig *soigné* • fatsoenlijk *comme il faut*; *convenable*; *décent* ⋆ nette manieren *de bonnes manières* v mv III BIJW • precies *exactement*; *précisément* ⋆ net zo groot als *aussi grand que* ⋆ we kunnen er net zo goed meteen heengaan *autant y aller tout de suite* ⋆ net iets voor hem *cela lui ressemble bien*; *c'est bien lui*; *cela ferait son affaire* ⋆ net of *comme si* ⋆ net klein genoeg om *juste assez petit pour* ⋆ hij doet net zo *il en fait autant* ⋆ net zo goed *(tout) autant* ⋆ hij is net gek *on dirait un fou* ⋆ net als *tout comme* ⋆ wij hebben net nog tijd om te *nous avons juste le temps de* ⋆ ik wilde net bellen *j'allais (juste) te téléphoner* • zojuist ⋆ hij is net weg *il vient de sortir*
netel *ortie* v
netelig *épineux* [v: *épineuse*]; *critique*
netelroos *urticaire* v
netheid *propreté* v; ⟨fatsoen⟩ *probité* v
netjes I BNW • ordelijk *propre*; *rangé* ⋆ het is er ~ *tout y est propre* • fatsoenlijk *correct*; *poli* ⋆ dat is niet ~ *cela ne se fait pas* ⋆ het is niet ~ om te wijzen *il est laid de montrer du doigt* II BIJW • ordelijk *proprement* • fatsoenlijk *bien*; *convenablement* ⋆ ~ gekleed *bien habillé*
netkous *bas résille* m

netnummer *indicatif* m; *préfixe* m
netspanning *tension* v *du réseau*
netto I BNW *net* [v: *nette*] **II** BIJW *net*
nettoloon *salaire* m *net*
netto-omzet *chiffre* m *d'affaires net*
netvlies *rétine* v ★ van het ~ [v: *rétinienne*]
netvliesontsteking *rétinite* v
netwerk • vlechtwerk (v. hout of metaal) *treillis* m; (v. draad) *filet* m • complex systeem *réseau* m [mv: *réseaux*]
netwerken ≈ *cultiver ses relations*; INFORM. *faire du relationnel*
neuken *baiser*
neuriën *fredonner*
neurochirurg *neurochirurgien* m [v: *neurochirurgienne*]
neurochirurgie *neurochirurgie* v
neurologie *neurologie* v
neuroloog *neurologue* m/v
neuroot *névrosé* m
neuropsychologie *neuropsychologie* v
neurose *névrose* v
neurotisch *névrotique*
neurotransmitter *neurotransmetteur* m
neus OOK FIG. *nez* m ★ zijn neus ophalen *renifler* ★ uit zijn neus bloeden *saigner du nez* ★ door de neus praten *parler du nez* ▾ op zijn neus kijken *faire un (long) nez; être tout penaud* ▾ iem. bij de neus nemen *jouer un tour à qn* ▾ iets voor iemands neus wegkapen *souffler qc au nez à qn* ▾ de neus voor iets ophalen *dédaigner qc* ▾ zo langs zijn neus weg zeggen *dire qc en passant* ▾ dat gaat zijn neus voorbij *cela lui est passé sous le nez* ▾ niet verder kijken dan zijn neus lang is *ne pas regarder plus loin que (le bout de) son nez* ▾ een frisse neus halen *prendre le frais / un bol d'air* ▾ het neusje van de zalm *le fin du fin* ▾ iem. iets door de neus boren *passer qc sous le nez de qn* ▾ met zijn neus in de boter vallen *arriver à pic; avoir du bol* ▾ doen alsof zijn neus bloedt *faire l'innocent* ▾ een wassen neus *une simple formalité; de la frime* ▾ overal zijn neus in steken *fourrer son nez partout* ▾ zijn neus stoten *se casser le nez* ▾ een fijne neus hebben (voor iets) *avoir du nez/ du flair* ▾ een lange neus maken (naar) *faire un pied de nez (à)* ▾ pal voor iemands neus *sous le nez de qn* ▾ wie zijn neus schendt, schendt zijn aangezicht ≈ *il faut laver son linge sale en famille*
neusademhaling *respiration* v *par le nez*
neusamandel *amygdale* v *pharyngienne*
neusbeen *os* m *nasal*; *épine* v *nasale*
neusbloeding *hémorragie* v *nasale*
neusdruppels *gouttes* v mv *pour le nez* [mv]
neusgat *narine* v; (v. dier) *naseau* m [mv: *naseaux*]
neusholte *fosse* v *nasale*
neushoorn *rhinocéros* m
neus-keelholteontsteking *rhinopharyngite* v
neusklank *nasale* v
neuslengte *tête* v ★ met een ~ voorsprong winnen *gagner d'une tête*
neuspeuteren *fourrer ses doigts dans le nez*; *se curer le nez*
neusspray *spray* m *nasal*
neusstem *voix* v *nasillarde*
neustussenschot *cloison* v *nasale*
neusverkouden *enrhumé*
neusverkoudheid *rhume* m *de cerveau*
neusvleugel *aile* v *du nez*
neut *petit verre* m; *goutte* v
neutraal • niet afwijkend, gemiddeld *neutre* • onpartijdig *neutre*
neutraliseren *neutraliser*
neutraliteit *neutralité* v
neutron *neutron* m
neutronenbom *bombe* v *à neutrons*
neutrum *neutre* m
neuzelen • door de neus praten *nasiller* • onzin uitkramen *rabâcher*
neuzen *fureter* ★ in iets ~ *fourrer son nez dans qc*
nevel *brume* v; *brouillard* m; FIG. *voile* m
nevelig • met nevel *brumeux* [v: *brumeuse*] • onduidelijk *nébuleux* [v: *nébuleuse*]
nevenactiviteit *activité* v *annexe*
neveneffect *effet* m *secondaire*
nevenfunctie *fonction* v *annexe*
nevengeschikt *coordonné*
neveninkomsten *à-côtés* m mv
nevens BELG. *à côté de; (tout) près de*
nevenschikkend *de coordination*
nevenwerkzaamheden *travaux* m mv *annexes*
new age *new age* m; *nouvel âge* m
newfoundlander *terre-neuve* m [onv]
new wave *nouvelle vague* v; *new wave* v
Nicaragua *le Nicaragua* ★ in ~ *au Nicaragua*
niche *niche* v
nicht • dochter van oom/tante *cousine* v ★ volle ~ *cousine germaine* • dochter van broer/zus *nièce* v • homoseksueel *tante* v; *folle* v
nichterig *efféminé*
nicotine *nicotine* v
niemand *ne ... personne* ★ ~ anders *personne d'autre* ★ ik heb ~ gezien *je n'ai vu personne* ★ ~ heeft mij gezien *personne ne m'a vu* ★ ~ van hen *aucun d'entre eux* ★ ~ minder dan X *X en personne*
niemandsland *no man's land* m
niemendal (met ww) *(ne ...) absolument rien*
niemendalletje ★ het is een ~ *c'est très quelconque; c'est une broutille*
nier *rein* m; (als gerecht) *rognon* m
nierbekken *bassinet* m *du rein*
nierbekkenontsteking *pyélite* v
nierdialyse *dialyse* v *rénale*
nierpatiënt *néphrétique* m/v
niersteen *calcul* m *rénal* [m mv: ... *rénaux*]
niertransplantatie *greffe* v *du rein*
niesbui *accès* m *d'éternuement*
niesen *éternuer* ★ het ~ *l'éternuement* m
niespoeder *poudre* v *sternutatoire*
niet I ZN [de] lot *billet* m *perdant* **II** ZN [het] *néant* m ▾ in het niet vallen bij *pâlir devant* **III** BIJW *(ne ...) pas* ★ ook niet *ne ... pas non plus; ni ... non plus* ★ komt hij? ik niet *vient-il? moi, pas* ★ hij drinkt niet meer *il ne boit plus* ★ dat niet *pas cela* ★ hij wil niet eten of drinken *il ne veut ni boire ni manger* ★ niet

ne

dat hij ... *ce n'est pas qu'il ...* **IV** ONB VNW ★ om niet *pour rien*
niet-aanvalsverdrag *pacte* m *de non-agression*
nieten *agrafer*
nietes *mais non*; *faux*
niet-gebonden *indépendant*; POL. *non-aligné*
nietig • onbeduidend *futile*; *vain* • niet van kracht *nul* [v: *nulle*] ★ ~ verklaren *annuler*; *infirmer* • schriel *chétif* [v: *chétive*]
nietigverklaring *annulation* v
niet-ingezetene *non-résident* m
nietje *agrafe* v
niet-lid *non-adhérent* m
nietmachine *agrafeuse* v
niet-ontvankelijkverklaring *forclusion* v
nietpistool *pistolet* m *agrafeur*
niet-roken- *non-fumeurs*
niet-roker *non-fumeur* m [v: *non-fumeuse*]
niets I ZN [het] *néant* m; *vide* m ★ in het ~ verdwijnen/oplossen *se volatiliser* ★ in het ~ verdwenen *disparu dans la nature* **II** ONB VNW *ne ... rien* ★ alsof het ~ is *comme ça*; *comme rien* ★ ~ goeds *rien de bon* ★ ~ anders *rien d'autre* ★ hij doet ~ meer *il ne fait plus rien* ★ dat geeft ~ *ça ne fait rien* ★ dat is ~ voor mij *ce n'est pas mon genre* ★ ~ doen *se tourner les pouces* ★ daar heb je ~ mee te maken *cela ne te regarde pas* ★ helemaal ~ *rien du tout* ★ ~ daarvan! *pas question!* ★ een ... van ~ *un(e) ... de rien (du tout)* ★ een vent van ~ *un rien du tout* ★ dat wordt ~ *ça ne va rien donner* ★ er valt ~ te lachen *il n'y a pas de quoi rigoler* ★ ze doet ~ dan huilen *elle ne fait que pleurer*; *elle n'arrête pas de pleurer* ★ voor ~ *pour rien*
nietsbetekenend *insignifiant*; *négligeable*
nietsnut *bon* m *à rien* [v: *bonne à rien*]
nietsontziend *impitoyable*
nietsvermoedend *qui ne se doute de rien*
nietszeggend *vide (de sens)*
niettegenstaande *malgré*
niettemin *toutefois*; *néanmoins*; *cependant*
nietwaar *pas vrai*; *n'est-ce pas*; *non*
nieuw I ZN [het] ▾ zich in het ~ steken *s'habiller de neuf* **II** BNW • pas ontstaan *nouveau* [m mv: *nouveaux*] [v: *nouvelle*] [vóór klinker of stomme h: nouvel]; ⟨ongebruikt⟩ *neuf* [v: *neuve*] ★ een ~e fiets *un vélo neuf* ★ als ~ *comme neuf* ★ het ~ste van het ~ste *le dernier cri*; *de l'inédit* • volgend op iets/iemand ★ een ~e hoed *un nouveau chapeau* ★ iets ~s *qc de nouveau* ▾ er is niets ~s onder de zon *plus ça change, plus c'est la même chose* **III** BIJW *nouvellement* ★ ~ gebouwd *nouvellement bâti*
nieuwbakken *de fraîche date*; ⟨kersvers⟩ *tout frais* [v: *toute fraîche*]
nieuwbouw • het bouwen *construction* v *neuve* • nieuwe gebouwen *constructions* v mv *neuves*
nieuwbouwwijk *quartier* m *neuf*; ⟨complex⟩ *grand ensemble*; ⟨groep huizen⟩ *lotissement* m
nieuwbouwwoning *logement* m *neuf*
nieuwerwets I BNW *moderne* **II** BIJW *d'après la dernière mode*
Nieuwgrieks *grec* m *moderne*; *néogrec* m
Nieuw-Guinea *la Nouvelle-Guinée*
nieuwigheid *nouveauté* v; *innovation* v
Nieuwjaar *nouvel an* m ★ een gelukkig ~ wensen *souhaiter la bonne année*
nieuwjaarsdag *jour* m *de l'an*
nieuwjaarskaart *carte* v *de bonne année*
nieuwjaarsreceptie *réception* v *du jour de l'an*
nieuwjaarswens *vœux* m mv *de bonne année*
nieuwkomer *nouveau venu* m [v: *nouvelle venue*]
nieuwprijs *prix* m *client*
nieuws • berichten *nouvelles* v mv; *infos* v mv ★ dat is oud ~ *c'est de l'histoire ancienne*; INFORM. *c'est du réchauffé* ★ in het ~ zijn *défrayer la chronique* ★ laatste ~ *dernière heure*; *dernière minute* ★ is er nog ~? *quoi de neuf?* • nieuwsuitzending *journal* m; *actualités* v mv; *infos* v mv ★ ~ in het kort *flash* m *d'information* ▾ geen ~, goed ~ *pas de nouvelles, bonnes nouvelles*
nieuwsblad *journal* m [mv: *journaux*]
nieuwsbrief *bulletin* m *d'information*
nieuwsdienst *service* m *d'information / de presse*
nieuwsgierig I BNW *curieux* [v: *curieuse*] ★ ik ben ~ naar *je suis curieux de savoir si* **II** BIJW *avec curiosité* ★ ~ maken *intriguer*
nieuwsgierigheid *curiosité* v
nieuwsgroep *forum* m *(de dicussion)*; *newsgroup* m
nieuwslezer *présentateur* m *(du journal)* [v: *présentatrice*]
nieuwsoverzicht *les titres* m mv *de l'actualité*
nieuwsuitzending *(bulletin* m *d')informations* v mv; ⟨journaal⟩ *journal* m; ⟨journaal⟩ *actualités* v mv; ⟨journaal⟩ *infos* v mv
nieuwtje • nieuwigheid *nouveauté* v • actueel bericht *nouvelle* v
nieuwwaarde *valeur* v *à l'état neuf*
Nieuw-Zeeland *la Nouvelle-Zélande* ★ in ~ *en Nouvelle-Zélande*
Nieuw-Zeelands *néo-zélandais*
niezen • → **niesen**
Niger *le Niger* ★ in ~ *au Niger*
Nigeria *le Nigeria* ★ in ~ *au Nigeria*
nihil *nul* [v: *nulle*]
nihilisme *nihilisme* m
nihilistisch *nihiliste*
nijd • afgunst *envie* v; *jalousie* v • woede *hargne* v
nijdig • boos *fâché*; *en colère*; INFORM. *remonté (op contre)* • venijnig *hargneux* [v: *hargneuse*]
nijgen *faire la révérence*; *s'incliner*
Nijl *Nil* m
nijlpaard *hippopotame* m
Nijmegen *Nimègue* v
nijpend *cuisant*; *perçant* ★ ~e armoede *misère* v *noire* ★ ~e koude *froid* m *pénétrant*
nijptang *tenaille* v
nijver I BNW *diligent*; *laborieux* [v: *laborieuse*] **II** BIJW *diligemment*
nijverheid *industrie* v
nikab *niqab* m
nikkel *nickel* m
niks ⟨niets⟩ *rien (du tout)*; ⟨noppes⟩ *que dalle* ▾ dat is niet niks *çe n'est pas rien*

niksen *se tourner les pouces*; INFORM. *ne pas ficher une rame*; INFORM. *glander*
niksnut *bon* m *à rien* [v: *bonne à rien*]
nimf *nymphe* v
nippel *raccord* m *à vis*; *douille* v
nippen *siroter* ★ ~ van *siroter*
nippertje ▾ op het ~ *de justesse*; *in extremis* ▾ het was op het ~ *c'était tangent*
nirwana *nirvana* m
nis *niche* v
nitraat *nitrate* m
nitriet *nitrite* m
nitwit *jean-foutre* m [onv]
niveau *niveau* m [mv: *niveaux*] ★ op departementaal ~ *à l'échelon des ministères*
niveauverschil ⟨v. terrein⟩ *dénivellation* v
nivelleren *niveler*
nobel I BNW edelmoedig *noble*; *généreux* [v: *généreuse*] **II** BIJW *noblement*; *généreusement*
Nobelprijs *prix* m *Nobel* ★ de ~ voor de vrede *le prix Nobel de la paix*
noch *ni* ★ het een noch het ander *ni l'un ni l'autre*
nochtans *toutefois*; *cependant*
no-claimkorting *bonus* m
nocturne *nocturne* m
nodeloos I BNW *inutile* **II** BIJW *inutilement*
noden *inviter (***tot** *à)*
nodig I BNW • noodzakelijk *nécessaire* ★ indien/zo ~ *au besoin*; *si nécessaire*; *à la rigueur*; *s'il le faut* ★ 2 uur ~ hebben om *mettre deux heures à* ★ het ~ vinden om *trouver nécessaire de* ★ dat is niet ~ *ce n'est pas la peine* ★ dat is dringend ~ *c'est urgent*; *ça s'impose* ★ dat heb ik (hard) ~ *j'en ai (grand) besoin*; *il me le faut (absolument)* • gebruikelijk *habituel* [v: *habituelle*] ★ met de ~e ophef *avec le tam-tam habituel* **II** BIJW • noodzakelijk *nécessairement* • dringend *absolument* ★ ~ naar het toilet moeten *avoir un besoin pressant*
nodigen *inviter*; *convier*
noedels *nouilles* v mv
noemen • een naam geven *appeler*; *baptiser* ★ bij zijn voornaam ~ *appeler par son prénom* ★ ~ naar *donner le nom de* ★ iem. laf / een lafaard ~ *traiter / qualifier qn de lâche* ★ X genoemd *nommé X* ★ zich schilder ~ *se dire peintre* ★ dat noem ik nog eens werken! *voilà qui s'appelle travailler!* • met name vermelden *citer* ★ zijn naam ~ *dire son nom*; *décliner son nom* ★ namen ~ *citer des noms*
noemenswaardig *notable*; *digne d'être mentionné* ★ het verschil is niet ~ *la différence est négligeable*
noemer *dénominateur* m ▾ onder één ~ brengen *grouper sous un dénominateur commun*
noest I ZN [de] *nœud* m **II** BNW *laborieux* [v: *laborieuse*] ★ een ~e werker *un bourreau de travail*; *un gros travailleur*
nog *encore* ★ hij is nog niet thuis *il n'est pas encore rentré* ★ nog altijd *toujours* ★ nog eens *encore (une fois)* ★ vandaag nog *aujourd'hui même* ★ gisteren nog *pas plus tard qu'hier* ★ tot nog toe *jusqu'à présent* ★ nog beter *encore mieux* ★ anders nog iets? *et avec ça?* ★ nog een sigaar? *un autre cigare?* ★ hij zal nog ziek worden *il finira par tomber malade* ★ al is men nog zo voorzichtig *on a beau être prudent* ▾ en wat dan nog? *et puis après?*; *et alors?* ▾ dat is nog eens mooi *voilà qui est beau* ▾ 100 euro en nog wat *100 euros et des poussières*
noga *nougat* m
nogal *assez*
nogmaals *de nouveau*; *encore (une fois)*
no-iron *ne pas repasser*
nok *faîte* m
nokkenas *arbre* m *à cames*
nomade *nomade* m/v
nomadisch *nomade*
nomenclatuur *nomenclature* v
nominaal *nominal* [m mv: *nominaux*]
nominatie • benoeming *nomination* v ★ op de ~ staan *être proposé / au nombre des candidats / sur la liste* • kandidatenlijst *liste* v *de candidats* ★ op de ~ staan *être proposé*
nominatief *nominatif* [v: *nominative*]
non *religieuse* v; *sœur* v
non- *non-*
non-actief *en disponibilité* ★ op ~ stellen *mettre qn en non-activité*
non-agressiepact *pacte* m *de non-agression*
nonchalance *nonchalance* v
nonchalant I BNW nalatig *nonchalant* **II** BIJW *nonchalamment*
non-conformistisch *non-conformiste*
non-fictie *non-fiction* v
non-food *non-alimentaire*
nonkel *oncle* m
nonnenklooster *couvent* m *de religieuses*
no-nonsense ≈ *pragmatique*; *réaliste*
non-profit *sans but lucratif*
non-proliferatieverdrag *traité* m *de non-prolifération*
nonsens *non-sens* m; *absurdité* v
non-stop *non-stop* [onv]
non-stopvlucht *vol* m *non-stop/sans escale*
non-verbaal *non-verbal* [m mv: *non-verbaux*]
nood • behoefte / noodzakelijkheid *nécessité* v; *besoin* m ★ iem. uit de nood helpen *tirer qn d'affaire* • gevaar *danger* m; *détresse* v ★ in geval van nood *en cas d'urgence*; *si nécessaire* ★ een schip in nood *un navire en détresse* ▾ geen nood! *pas de problème!* ▾ van de nood een deugd maken *faire de nécessité vertu* ▾ in nood leert men zijn vrienden kennen *au besoin (voit-on) l'ami* ▾ nood breekt wet *nécessité fait loi* ▾ als de nood aan de man komt *en cas de besoin* ▾ hoge nood hebben *avoir un besoin pressant*
nood- • bij gevaar *de secours*; *d'alarme*; *de détresse*; *d'urgence* • voorlopig *provisoire*; *de réserve*; *de fortune*
noodaggregaat *groupe* m *électrogène de réserve*
noodbrug *pont* m *provisoire*
noodgedwongen I BNW *forcé* **II** BIJW *par la force des choses*
noodgeval *(cas* m *d')urgence* v
noodklok *tocsin* m
noodkreet *cri* m *de détresse*

noodlanding *atterrissage* m *forcé*
noodlijdend *indigent*; ECON. *en souffrance*
noodlot *destin* m; *fatalité* v
noodlottig *fatal* [m mv: *fatals*]
noodplan *plan* m *d'urgence*
noodrantsoen *ration* v *de réserve*
noodrem OOK FIG. *signal* m *d'alarme* ★ aan de ~ trekken *tirer le signal d'alarme*
noodsprong *pis-aller* m [onv]
noodstop *arrêt* m *d'urgence*
noodtoestand *état* m *d'urgence / d'alerte*
nooduitgang *sortie* v *de secours*
noodvaart ★ INFORM. met een ~ *à toute vitesse*; *à fond de train*
noodverband *pansement* m *provisoire*; FIG. *palliatif* m
noodverlichting *éclairage* m *de secours*
noodvulling *plombage* m *provisoire*
noodweer I ZN [de] zelfverdediging *légitime défense* v **II** ZN [het] onstuimig weer *tempête* v
noodzaak *nécessité* v
noodzakelijk • beslist nodig *nécessaire* • onontkoombaar *nécessaire*
noodzakelijkerwijs *nécessairement*; *forcément*
noodzaken *obliger*; *forcer*
nooit *(ne ...) jamais* ★ ~ iets *(ne ...) jamais rien* ★ ~ meer *(ne ...) plus jamais* ★ ~ ofte nimmer! *(au grand) jamais!*; *jamais de la vie!*
Noor *Norvégien* m [v: *Norvégienne*]
noor *patin* m *de course*
noord I BIJW *nord* **II** ZN [de] *Nord* m
Noord-Amerika *l'Amérique* v *du Nord* ★ in ~ *en Amérique du Nord*
Noord-Amerikaan *Nord-Américain* m [mv: *Nord-Américains*] [v: *Nord-Américaine*]
Noord-Amerikaans *nord-américain*
noordelijk I BNW uit/van het noorden *septentrional* [m mv: *septentrionaux*]; ⟨v. wind⟩ *du nord* **II** BIJW naar het noorden *vers le nord*
noorden • windstreek *nord* m ★ op het ~ liggen *être exposé au nord* ★ ten ~ van *au nord de* • gebied *Nord* m ★ het hoge ~ *le Grand Nord*
noordenwind *vent* m *du nord*
noorderbreedte *latitude* v *nord*
noorderbuur *voisin* m *du nord*
noorderkeerkring *tropique* m *du Cancer*
noorderlicht *aurore* v *boréale*
noorderling *Nordique* m/v
noorderzon ▾ met de ~ vertrekken *mettre la clef sous la porte*
Noord-Europa *l'Europe* v *du Nord* ★ in ~ *en Europe du Nord*; *dans l'Europe du Nord*
Noord-Europees *de l'Europe du Nord*
Noord-Ierland *l'Irlande* v *du Nord* ★ in ~ *en Irlande du Nord*
Noord-Korea *la Corée du Nord* ★ in ~ *en Corée du Nord*
noordkust *côte* v *nord*
noordoosten *nord-est* m
Noordpool *pôle* m *Nord*
noordpool • pluspool van magneet *pôle* m *nord* • noordelijke streken van gebied *pôle* m *Nord*
noordpoolcirkel *cercle* m *polaire arctique*
Noordpoolexpeditie *expédition* v *dans le Grand Nord*
noordpoolgebied *région(s)* v (mv) *arctique(s)*
noords *du Nord*; *nordique*
noordwaarts I BNW *au nord* **II** BIJW *vers le nord*
noordwesten *nord-ouest* m
Noordzee *mer* v *du Nord*
Noorman *Normand* m
Noors I ZN [het] taal *norvégien* m **II** BNW m.b.t. Noorwegen *norvégien* [v: *norvégienne*]
Noorwegen *la Norvège* ★ in ~ *en Norvège*
noot • nootvrucht *noix* v ★ noten kraken *casser des noix* • muzieknoot *note* v ★ hele noot *ronde* v ★ halve noot *blanche* v ★ achtste noot *croche* v ★ noten kunnen lezen *savoir déchiffrer* • aantekening *note* v ▾ veel noten op zijn zang hebben *être fort exigeant* ▾ een harde noot om te kraken *du fil à retordre* ▾ voor de vrolijke noot zorgen *y mettre une note / touche de gaieté*
nootmuskaat *noix* v *muscade*
nop *nope* v; ⟨op matras⟩ *nœud* m; ⟨op schoenzool⟩ *crampon* m
nopen *contraindre (tot à)* ★ genoopt om/tot *contraint / obligé de*
nopjes ▾ in zijn ~ zijn *boire du petit-lait*
noppes *que dalle* ★ voor ~ *pour des prunes*
nor *taule/tôle* v; *bloc* m ★ in de nor stoppen *fourrer au bloc*; *envoyer en taule*
norm *norme* v ★ aan de norm voldoen *être dans les normes*
normaal I BNW *normal* [m mv: *normaux*] ★ doe eens ~! *arrête tes chichis!* **II** ZN [de] normale waarde ★ boven ~ *au-dessus de la normale*
normalisatie *normalisation* v
normaliseren *normaliser*; ⟨v. rivier⟩ *régulariser*
normaliter *normalement*
Normandië *la Normandie* ★ in ~ *en Normandie*
Normandisch *normand*
normatief *normatif* [v: *normative*]
normbesef *sens* m *de la norme*; *moralité* v
normstelling *réglementation* v; *normes* v mv
nors I BNW *bourru*; *brusque* **II** BIJW *de manière bourrue*
nostalgie *nostalgie* v
nostalgisch I BNW *nostalgique* **II** BIJW *avec nostalgie*
nota • geschrift *note* v; *mémoire* m ★ nota van iets nemen *prendre bonne note de qc* • rekening *note* v
nota bene • let wel *remarque(z)* • warempel *tenez-vous bien*; *figurez-vous*
notariaat • ambt *notariat* m • praktijk *notariat* m
notarieel I BNW *notarial* [m mv: *notariaux*]; ⟨v. akte⟩ *notarié* **II** BIJW *devant notaire*
notaris *notaire* m/v
notariskantoor *étude* v *de notaire*
notatie *notation* v
notebook *ordinateur* m *portable / bloc-notes*
noten *de / en noyer*
notenbalk *portée* v
notenboom *noyer* m
notenbrood *pain* m *aux noix*
notendop *coquille* v *de noix* ▾ in een ~ *en bref*
notenhout *noyer* m
notenkraker • *casse-noisettes* m [onv] • vogel

casse-noix m *moucheté* [onv]
notenschrift *notation* v *musicale*
noteren *noter*; *marquer*; ⟨opnemen⟩ *relever*; ⟨v. prijzen, koersen⟩ *coter* ★ aan de beurs genoteerd *coté en Bourse*
notering • het noteren *notation* v • koers *cotation* v; *cote* v
notie *notion* v ★ geen ~ van iets hebben *ne pas avoir la moindre idée de qc*
notificatie *notification* v
notitie *note* v ★ ~s maken *prendre des notes* ▾ ~ nemen van *prendre acte / note de* ▾ geen ~ nemen van *ignorer*
notitieboekje *carnet* m; *calepin* m
notoir *notoire*
notulen *procès-verbal* m [mv: *procès-verbaux*]; *compte* m *rendu*
notuleren I OV WW in notulen opnemen *consigner au procès-verbal* **II** ON WW notulen maken *rédiger le procès-verbal*
notulist *secrétaire* m/v *de séance*
nou I BIJW *maintenant* **II** TW ★ komt ze nou? *alors, elle vient?* ★ waar is hij nou gebleven? *où est-il donc passé?* ▾ nou en? *et alors?* ▾ nou nou! *dis donc!*; *ça alors!* ▾ nou ja *enfin*
novelle *nouvelle* v
november *novembre* m
novice *novice* m/v
noviciaat *noviciat* m
noviteit *nouveauté* v
nozem *blouson* m *noir*
nu I BIJW op het ogenblik *maintenant*; *à présent* ★ tot nu toe *jusqu'ici*; *jusqu'à présent* ★ nu en dan *de temps en temps* ★ nu eens ... dan weer *tantôt ... tantôt* ★ van nu af aan *à partir de maintenant*; *désormais* ★ wat nu weer? *qu'est-ce qu'il y a encore?* ★ nu of nooit *maintenant ou jamais*; *c'est l'occasion ou jamais* ★ wat nu? *et maintenant?* **II** VW *maintenant que*; ⟨omdat⟩ *puisque* **III** TW *eh bien*; *alors*; *donc*
nuance *nuance* v
nuanceren *nuancer*
nuanceverschil *distinguo* m
nuchter • nog niet gegeten hebbend ★ op de ~e maag *à jeun* • niet dronken *sobre* • realistisch *pragmatique*; *terre à terre*; *(pourvu) de bon sens* ★ het ~e feit *le simple fait* ▾ het ~e feit *le fait actuel* ▾ de ~e waarheid *la vérité toute nue*
nucleair *nucléaire*
nudisme *nudisme* m
nudist *nudiste* m/v; *naturiste* m/v
nuf *mijaurée* v
nuffig I BNW *chochotte* **II** BIJW *avec des airs*
nuk *caprice* m; *lubie* v
nukkig *capricieux* [v: *capricieuse*]
nul I TELW • *zéro* ★ twee graden onder nul *deux degrés au-dessous de zéro* ★ twee graden boven nul *deux degrés au-dessus de zéro* ★ nul fouten *zéro faute* • → **acht II** ZN [de] • cijfer *zéro* m • onbeduidend persoon *zéro* m; *minus* m ★ het is een grote nul *c'est une nullité*
nulmeridiaan *méridien* m *d'origine*
nulpunt *(point* m*) zéro* m
numeriek *numérique*
numero *numéro* m
numerologie *numérologie* v
numerus fixus ≈ *numerus* m *clausus*
numismatiek *numismatique* v
nummer • getal *numéro* ★ brieven onder ~ *lettres sous référence* ★ een ~ trekken *tirer un numéro* ★ op ~ 6 wonen *habiter au 6* • telefoonnummer *numéro* m ★ een ~ draaien *composer un numéro* ★ gratis ~ *numéro vert* ★ mobiel ~ *numéro mobile* ★ vast ~ *numéro fixe* • persoon *numéro* m • programmaonderdeel *numéro* m • aflevering *numéro* m • liedje *chanson* v; *titre* m; ⟨muziekstukje⟩ *morceau* m ▾ iem. op zijn ~ zetten *remettre qn à sa place* ▾ op zijn ~ gezet worden *en prendre pour son grade*
nummerbord *plaque* v *d'immatriculation* ★ met Frans ~ *immatriculé en France*
nummeren *numéroter*
nummering *numérotage* m; ⟨v. bladzijden⟩ *pagination* v
nummertje • geslachtsgemeenschap *coup* m ★ een ~ maken *tirer un coup*; *baiser* • staaltje *bel exemple* m *de* ★ een ~ weggeven *faire une démonstration*; *faire son numéro*
nummerweergave *présentation* v *du numéro*
nuntius *nonce* m
nurks I ZN [de] *rabat-joie* m [onv] **II** BNW *grincheux* [v: *grincheuse*]; *maussade*
nut *utilité* v ★ zich iets ten nutte maken *profiter de qc*; *faire son profit de qc* ★ van nut zijn *être utile à*; *profiter à* ★ het heeft geen nut *c'est inutile*; *ça ne sert à rien* ★ ik zie er het nut niet van in *je ne vois pas l'intérêt*
nutsbedrijf ★ de openbare nutsbedrijven *les entreprises reconnues d'utilité publique*
nutsvoorzieningen *équipements* m mv *d'utilité publique*
nutteloos • onbruikbaar *inutile* • vergeefs *inutile*
nuttig I BNW dienstig *utile* ★ ~ zijn voor *servir à* ★ het ~e met het aangename verenigen *joindre l'utile à l'agréable* **II** BIJW *utilement* ★ ~ besteden *mettre à profit*
nuttigen *consommer*; *prendre*
nylon *nylon* m
nymfomaan *nymphomane*
nymfomane *nymphomane* v; INFORM. *nympho* v

O

o **I** ZN [de] *o* m ★ de o van Otto *O comme Oscar* **II** TW *oh!*; *ah!*
oase *oasis* v ▾ oase van rust *havre* m *de paix*
obelisk *obélisque* m
O-benen *jambes* v mv *arquées* [mv]
ober *serveur* m; *garçon* m ★ ober, de rekening graag! *Monsieur, l'addition s'il vous plaît!*
object *objet* m
objectief **I** ZN [het] lenzenstelsel *objectif* m **II** BNW *objectif* [v: *objective*] **III** BIJW *objectivement*
objectiveren *objectiver*
objectiviteit *objectivité* v
obligaat *obligé*; *obligatoire*
obligatie *obligation* v
obligatiehouder *obligataire* m/v
obligatielening *emprunt* m *obligataire*
oblong *oblong* [v: *oblongue*]
obsceen *obscène*
obsceniteit *obscénité* v
obscuur • dubieus *obscur* • duister *obscur*
obsederen *obséder*; *hanter*
observatie *observation* v ★ in ~ *en observation*
observatiepost *poste* m *d'observation*
observatorium *observatoire* m
observeren *observer*
obsessie *obsession* v; *idée* v *fixe* ★ dat wordt een ~ *cela tourne à l'obsession*
obsessief *obsessionel* [v: *obsessionelle*]
obstakel *obstacle* m
obstinaat *obstiné* ★ ~ worden *s'obstiner*
obstipatie *constipation* v
obstructie *obstruction* v
occasie **I** ZN [de] *occasion* v ★ bij/per ~ *à l'occasion* **II** BNW *d'occasion*
occasion • tweedehands auto *occasion* v • koopje *occasion* v
occidentaal *occidental* [m mv: *occidentaux*]
occult *occulte*
oceaan *océan* m ★ Atlantische Oceaan *(océan* m*) atlantique* ★ Stille/Grote Oceaan *(océan) Pacifique* m ★ Indische Oceaan *océan* m *Indien*
oceaanfront *front* m *océanique*
Oceanië *(l') Océanie* v
oceanologie *océanologie* v
och *ah!*; *oh!* ★ och kom! *allons donc!*
ochtend *matin* m ★ 's ~s *le matin* ★ 's ~s vroeg *tôt le matin*; *au petit matin*
ochtendblad *journal* m *du matin* [m mv: *journaux ...*]
ochtendeditie *édition* v *du matin*
ochtendgloren *aube* v
ochtendgymnastiek *gymnastique* v *matinale*
ochtendhumeur *mauvaise humeur* v *au réveil*
ochtendjas *peignoir* m; *robe* v *de chambre*
ochtendmens *personne* v *matinale*
ochtendploeg *équipe* v *du matin*
ochtendspits *heure* v *de pointe du matin*
octaaf *octave* v
octaan *octane* m
octaangehalte *indice* m *d'octane*
octet *octuor* m m
octopus *pieuvre* v
octrooi *brevet* m *(d'invention)* ★ ~ aanvragen *présenter une demande de brevet*
octrooigemachtigde *mandataire* m/v *agréé auprès de l'Office des brevets*
octrooihouder *breveté* m [v: *brevetée*]
oculair **I** ZN [het] *oculaire* m **II** BNW *oculaire*
ode *ode* v (aan *à)*
odyssee *odyssée* v
oecumene *oecuménisme* m
oecumenisch *oecuménique*
oedeem *œdème* m
oedipuscomplex *complexe* m *d'Œdipe*
oef *ouf!*
oefenen **I** OV WW • vaardig maken *exercer* (in *à)*; *entraîner* (in *à)* ★ op iets ~ *travailler qc* ★ een geoefend zwemmer *un nageur expérimenté* • beoefenen *pratiquer*; ⟨bezigen⟩ *exercer*; *user de* ★ geduld ~ *user de patience*; *prendre patience* **II** WKD WW [+ zich] *s'entrainer*; *s'exercer*
oefengranaat *grenade* v *d'entraînement*
oefening • lichamelijk *exercice* m ★ lichamelijke ~ *éducation* v *physique* • geestelijk *exercice* m ▾ ~ baart kunst *c'est en forgeant qu'on devient forgeron*
oefenmateriaal *matériel* m *d'entraînement*
oefenmeester *entraîneur* m
oefenwedstrijd *match* m *d'entraînement*
Oeganda *l'Ouganda* m ★ in ~ *en Ouganda*
oehoe *grand-duc* m *(d'Europe)*
oei *ouille!*
oekaze *oukase* m
Oekraïne *l'Ukraine* v ★ in (de) ~ *en Ukraine*
oelewapper *andouille* v
oen *andouille* v
oer- • oorspronkelijk *primitif* [v: *primitive*]; *originaire*; *d'origine* • zeer *archi-* ★ oerdegelijk *archisolide* ★ oerdom *bête comme un pied*
Oeral *Oural* m
oerbos *forêt* v *vierge*
oer-Hollands *typiquement néerlandais*
oerknal *big-bang* m
oermens *homme* m *primitif*
oeroud *immémorial* [m mv: *immémoriaux*]; *très ancien* [v: *très ancienne*] ★ in ~e tijden *aux temps immémoriaux*
oersaai *terriblement ennuyeux* [v: ... *ennuyeuse*]
oertaal *langue* v *primitive*
oertijd *temps* m mv *préhistoriques*
oerwoud *forêt* v *vierge*
OESO *OCDE* v; *Organisation* v *de Coopération et de Développement Economique*
oester *huître* v
oesterbank *banc* m *d'huîtres*
oesterkweker *ostréiculteur* m
oesterkwekerij *huitrière* v
oesterzwam *pleurote* m
oestrogeen *oestrogène* m; *estrogène* m
oeuvre *œuvre* m
oever *bord* m; ⟨v. meer, grote rivier⟩ *rive* v; ⟨zeeoever⟩ *rivage* m; ⟨hoog⟩ *berge* v ★ buiten zijn ~s treden *sortir de son lit*
oeverloos *sans fin*; *interminable* ★ een

oeverloze discussie *une discussion sans fin*
oeverplant *plante* v *fluviatile*
oeververbinding *liaison* v *entre deux rives*
Oezbekistan *l'Ouzbékistan* m
of • bij tegenstelling *ou*; ⟨ofwel⟩ *ou bien*; ⟨hetzij⟩ *soit* ★ hij of ik *lui ou moi* ★ min of meer *plus ou moins* ★ een of twee boeken *un livre ou deux* • ofwel *sinon*; *ou alors* ★ hou op, of je krijgt een klap! *arrête, sinon tu prends une claque!* ★ er uit of...! *sortez sinon...!* • ongeacht ★ of je wilt of niet *que tu le veuilles ou non* ★ of je nu nog zo aandringt ... *tu as beau insister ...* • bij twijfel *que*; *si* ★ vragen of *demander si* ★ weet je of hij komt? *sais-tu s'il viendra?* ★ ik twijfel of zij komt *je doute qu'elle vienne* ★ de vraag is of *reste à savoir si* • alsof *comme si* ★ hij doet of hij slaapt *il fait semblant de dormir* ★ het lijkt wel of *on dirait que* • bevestigend ★ nou en of! *et comment!* • na ontkenning *que* ★ nauwelijks waren we thuis of het begon te regenen *à peine étions nous rentrés qu'il s'est mis à pleuvoir* ★ het scheelde weinig of het was hem gelukt *il s'en est fallu de peu qu'il n'ait réussi* ▾ een stuk of twintig *une vingtaine* ▾ een euro of zes *environ six euros*
offday *jour* m *sans*; *mauvais jour* m
offensief I ZN [het] *offensive* v ★ het ~ beginnen *prendre l'offensive* ★ een ~ inzetten *déclencher une offensive* **II** BNW *offensif* [v: *offensive*]
offer • gave *offrande* v • FIG. opoffering *sacrifice* m ★ ~s brengen *faire des sacrifices* ▾ ten ~ vallen aan *être victime de*
offerande • offer *offrande* v • dankgebed *offertoire* m
offeren • als offer aanbieden *sacrifier* • FIG. opofferen *sacrifier*
offerte *offre* v; *devis* m
official *officiel* m [v: *officielle*]
officieel I BNW • erkend *officiel* [v: *officielle*] • formeel *officiel* [v: *officielle*] **II** BIJW *officiellement*
officier *officier* m ★ eerste ~ SCHEEPV. *second* m ★ ~ van justitie *procureur* m *(de la République)*; *procureur du Roi*
officieus I BNW *officieux* [v: *officieuse*] **II** BIJW *officieusement*
offline *hors ligne*; *non connecté*
offreren *offrir*
offset *offset* m
offshore *off shore* [onv]
offside *hors jeu*
ofschoon *quoique* [+ subj.]; *bien que* [+ subj.] ★ ~ erg vriendelijk, is hij toch *bien qu'il soit très aimable, il est*
oftewel *ou (bien)*
ogen ★ jong ogen *avoir l'air jeune*
ogenblik • korte tijd *moment* m; *instant* m ★ in een ~ *en un clin d'œil* • tijdstip *moment* m ★ hij kan ieder ~ komen *il peut arriver d'un moment à l'autre* ★ op dit ~ *en ce moment* ★ op dat ~ *à ce moment* ★ op het ~ dat *au moment où* ★ ieder ~ *à tout moment* ★ voor het ~ *pour le moment/l'instant*
ogenblikkelijk I BNW onmiddellijk *immédiat* **II** BIJW *immédiatement*; *tout de suite*
ogenschijnlijk I BNW *apparent* **II** BIJW *apparemment*; *en apparence*
ogenschouw ▾ in ~ nemen *considérer*; *examiner*; *voir*
ohm *ohm* m
oké *O.K.*; INFORM. *d'acc*
oker *ocre* v
oksel *aisselle* v
oktober *octobre* m
oldtimer *voiture* v *ancienne / d'époque*
oleander *laurier-rose* m [mv: *lauriers-roses*]
olie *huile* v; ⟨aardolie⟩ *pétrole* m; ⟨stookolie⟩ *mazout* m ★ ruwe olie *pétrole* m *brut* ★ olie verversen *faire la vidange d'huile* ▾ olie op het vuur gooien *jeter de l'huile sur le feu*
oliebol ≈ *beignet* m
oliebron *gisement* m *de pétrole*; ⟨aangeboord⟩ *puits* m *de pétrole*
olieconcern *groupe* m *pétrolier*
oliecrisis *crise* v *du pétrole*
oliedom *bête comme un pied*
olie-embargo *embargo* m *pétrolier*
olie-en-azijnstel *huilier* m
oliefilter *filtre* m *à huile*
oliejas *ciré* m
oliekachel *poêle* m *à mazout*
oliën *huiler*; ⟨smeren⟩ *graisser* ▾ goed geolied *bien huilé / rodé*
olieraffinaderij *raffinerie* v *de pétrole*
oliesel ★ heilig ~ *extrême onction* v
olietanker *pétrolier* m
olieverf *peinture* v *à l'huile*
olievervuiling *pollution* v *par le pétrole*; ⟨op strand/zee⟩ *marée* v *noire*
olievlek *nappe* v *de pétrole* ▾ het breidde zich als een ~ uit *ça a fait tache d'huile*
olifant *éléphant* m
olifantshuid *peau* v *d'éléphant*
oligarchie *oligarchie* v
olijf • vrucht *olive* v • boom *olivier* m
olijfgroen *vert olive*
olijfolie *huile* v *d'olive*
olijftak *branche* v *d'olivier*
olijk I BNW *espiègle* **II** BIJW *avec espièglerie*
olm *orme* m
olympiade *olympiades* v mv
olympisch *olympique* ★ de Olympische Spelen *les Jeux olympiques*
om I BIJW • voorbij ★ de tijd is om *l'heure est passée*; *c'est l'heure* • langer ★ dat is zeker een uur om *c'est un détour d'au moins une heure* • eromheen ★ een das om hebben *porter une cravate* • van mening veranderd ★ hij is om *il s'est ravisé*; *il a viré de bord* • van richting veranderd ★ om zijn *avoir tourné* ▾ 'm om hebben *être bourré* ▾ om en om *alternativement* **II** VZ • rond(om) *autour de* ★ om de tafel *autour de la table* • op zeker tijdstip *à* ★ om vier uur *à quatre heures* • met als doel *pour* ★ ik heb geen tijd om je te helpen *je n'ai pas le temps de t'aider* ★ om te *pour*; *afin de* ★ dat doet hij om op te vallen *il le fait pour se faire remarquer* ★ vragen om *demander* ★ om het hardst *à qui mieux mieux* ★ daar gaat het niet om *il ne s'agit pas de*

oe

cela • vanwege *pour* ⋆ om die reden *pour cette raison* ⋆ bekend staan om *être réputé pour* • afwisselend ⋆ om de dag *tous les deux jours* ⋆ om de beurt *à tour de rôle*; *tour à tour* ▾ om en nabij de *autour de*; *aux environs de*
oma *mémé* v; *mamie* v
Oman *l'Oman* m ⋆ in Oman *en Oman*
omarmen *prendre dans ses bras*; OOK FIG. *embrasser*
omblazen *renverser en soufflant*
ombouw ≈ *construction* v *autour*; ⟨behuizing⟩ *boîte* v; ⟨behuizing⟩ *caisse* v
ombouwen *transformer (***tot** *en)*
ombrengen *tuer*
ombudsman *médiateur* m [v: *médiatrice*] ⋆ nationale ~ *médiateur de la République*
ombuigen I OV WW • verbuigen *plier*; *(re)courber* • veranderen *infléchir* **II** ON WW buigen *se plier*; *se courber*
ombuiging • het ombuigen *courbure* v • beleidswijziging *infléchissement* m • wijziging *infléchissement* m; *réorientation* v
omcirkelen *encercler*; *entourer*
omdat • *parce que*; ⟨voor hoofdzin; aangezien⟩ *comme*; *puisque*; *étant donné que* • aangezien *parce que*
omdoen *mettre*
omdopen *rebaptiser*
omdraaien I OV WW draaien *tourner*; ⟨omkeren⟩ *retourner*; ⟨verdraaien⟩ *tordre*; ⟨verwisselen⟩ *inverser* ⋆ zich ~ *se (re)tourner* ⋆ de rollen ~ *inverser les rôles* ⋆ iem. de nek ~ *tordre le cou à qn* **II** ON WW • omkeren *retourner*; *faire demi-tour* • draai maken *tourner*
omduwen *renverser*
omega *oméga* m
omelet *omelette* v
omfloerst *voilé*; ⟨v. trom⟩ *drapé*
omgaan • rondgaan *tourner autour de*; *faire le tour de* ⋆ de hoek ~ *tourner au coin* • zich afspelen *se passer* ⋆ wat gaat er in hem om? *qu'est-ce qu'il se passe dans sa tête?* • van mening veranderen *se raviser* • verstrijken *passer* • ~ **met** ⟨iets⟩ manier; ⟨iemand⟩ *fréquenter*; ⟨bejegenen⟩ *traiter*; *se comporter envers* ⋆ weten om te gaan met *savoir s'y prendre avec* • van mening veranderen *se raviser*
omgaand ⋆ per ~e antwoorden *répondre par retour du courrier*
omgang • sociaal verkeer *fréquentation* v ⋆ ~ hebben met *fréquenter* ⋆ aangenaam in de ~ zijn *être de bonne compagnie*; *être facile à vivre* ⋆ geslachtelijke ~ *rapports* m mv *(sexuels)* • processie *procession* v
omgangsrecht *droit* m *de visite*
omgangsregeling *dispositions* v mv *sur le droit de visite*
omgangstaal *langage* m *courant*; *langue* v *parlée*
omgangsvormen *savoir-vivre* m; *formes* v mv
omgekeerd I BNW • omgedraaid *inverse*; *renversé* ⋆ in ~e volgorde *en sens inverse* • tegenovergesteld *inversé*; *contraire* ▾ de ~e wereld *le monde à l'envers* **II** BIJW • omgedraaid *à l'inverse*; *à l'envers* • tegenovergesteld *inversement*; *contrairement*
omgeven *entourer (***met** *de)*; *environner*
omgeving • omstreken *environs* m mv; *alentours* m mv ⋆ in de ~ van *aux environs/alentours de* • milieu *environnement* m; *cadre* m • kring van mensen *entourage* m
omgooien • omvergooien *renverser* • omdoen *jeter sur les épaules* • vlug draaien *pousser*; *renverser* • veranderen *bouleverser*
omhaal • wijdlopigheid ⋆ zonder ~ van woorden *sans détours* • nodeloze drukte *façons* v mv • SPORT *retourné* m; ⟨vallend⟩ *bicyclette* v; ⟨vallend⟩ *ciseau* m
omhakken *abattre*
omhalen • omvertrekken *abattre*; *renverser* • omwoelen *remuer*; *retourner*
omhangen *mettre*
omheen *(tout) autour* ⋆ ergens ~ lopen *faire le tour de qc*; *contourner qc* ▾ ergens ~ draaien *tourner autour du pot* ▾ daar kun je niet ~ *il n'y a pas à tortiller*; *ça s'impose*
omheinen *clôturer*
omheining *clôture* v; *enclos* m
omhelzen *prendre dans ses bras*; *embrasser*
omhelzing *enlacement* m; *embrassement* m; ⟨krachtig⟩ *étreinte* v; ⟨plechtig⟩ *accolade* v
omhoog • naar boven *en haut*; *dans le ciel* ⋆ de weg gaat ~ *la route monte* • in de hoogte *en hauteur*; *en l'air* ⋆ naar ~ *vers le haut* ⋆ van ~ *d'en haut*
omhoogschieten ⋆ de planten schieten omhoog *les plantes poussent rapidement*
omhoogzitten *être embarrassé (***met** *de)*
omhullen *envelopper*; *couvrir*
omhulsel *enveloppe* v ⋆ stoffelijk ~ *dépouille* v *mortelle*
omissie *omission* v
omkeerbaar *réversible*; ⟨v. stelling⟩ *convertible*
omkeren I OV WW omdraaien *retourner*; ⟨v. situatie⟩ *renverser* ⋆ het hoofd ~ *tourner la tête* **II** ON WW keren *faire demi-tour*; *s'en retourner*
omkijken • achter zich kijken *tourner la tête*; *se retourner* • ~ **naar** ⟨zich bekommeren om⟩ *s'occuper de*; *s'intéresser à*; ⟨zoeken⟩ *chercher* ▾ daar heb je geen ~ naar *ça marche tout seul*
omklappen *rabattre*
omkleden *changer* ⋆ zich ~ *se changer*
omkleden *revêtir (***met** *de)* ⋆ met redenen ~ *motiver*
omklemmen *serrer*; *étreindre*
omkomen • ergens omheen komen *tourner* ⋆ de hoek ~ *tourner le coin* • sterven *mourir*; *périr*
omkoopbaar *vénal* [m mv: *vénaux*]; *corruptible*
omkopen *acheter*; *corrompre*; *payer des pots-de-vin à* ⋆ zich laten ~ *se vendre*
omkoperij *corruption* v; ⟨v. ambtenaar⟩ JUR. *trafic* m *d'influence*
omlaag *en bas* ⋆ met het hoofd ~ *tête baissée*; *la tête basse* ⋆ ~ doen / gaan *baisser*
omlaaghalen • neerhalen *abaisser*; *descendre* • in aanzien doen dalen *rabaisser*; *nuire à*
omleggen • anders leggen *détourner*; ⟨v.

om

verkeer› *dévier* ⋆ de weg is omgelegd *la route est déviée* • om iets leggen *entourer de*; *mettre autour de*
omlegging *déviation* v; *détournement* m
omleiden *détourner*; ‹v. verkeer› *dévier* ⋆ het verkeer ~ *dévier la circulation*
omleiding *déviation* v ⋆ ~sroute *itinéraire* m *de délestage*
omliggend *environnant*; *avoisinant*
omlijnen *délimiter* ⋆ duidelijk omlijnd *bien défini*
omlijsten *encadrer*
omlijsting • het omlijsten *encadrement* m • kader *encadrement* m
omloop • circulatie *circulation* v ⋆ in ~ brengen *mettre en circulation* ⋆ valse berichten in ~ brengen *faire circuler de fausses informations* • omwenteling *tour* m; ‹om eigen as› *rotation* v; ‹volgens een baan› *révolution* v • trans *galerie* v
omloopsnelheid ‹v. geld› *vitesse* v *de circulation*; ‹v. hemellichaam› *vitesse* v *de révolution*
omlopen I OV WW omverlopen *renverser (au passage)* **II** ON WW • omweg maken *faire un détour* • rondlopen *faire un (petit) tour* • draaien ‹v. de wind› *tourner*; *changer*
ommekeer *retournement* m; ‹kentering› *renversement* m
ommetje *tour* m ⋆ een ~ maken *faire un tour*
ommezien ⋆ in een ~ *en un clin d'œil*
ommezijde *verso* m ⋆ zie ~ *voir au verso*
ommezwaai *revirement* m; *volte-face* v [onv]
ommuren *entourer de murs*; *murer*
omnibus ≈ *recueil* m
omnivoor *omnivore* m
omploegen *labourer*
ompraten *faire changer d'avis*; *convaincre*; *raisonner*; INFORM. *retourner*
omrastering *clôture* v; ‹v. hout› *palissade* v; ‹v. metaal› *grillage* m
omrekenen *convertir (***in** *en) en*
omrekeningskoers *cours* m/*taux* m *de conversion / de change*
omrijden I OV WW omverrijden *renverser* **II** ON WW omweg maken *faire un détour*
omringen *entourer (***met** *de)*
omroep *radio(-)télévision* v; ‹bestel› *(paysage* m*) audiovisuel* m *(français) (PAF)*; ‹vereniging› *société* v *de radio(-)télévision*; ‹zender› *chaîne* v *(hertzienne)*
omroepen • oproepen *appeler (par haut-parleur)* ⋆ iem. laten ~ *faire appeler qn par haut-parleur* • uitzenden *diffuser*; ‹v. programma's› *annoncer* • *annoncer*; *communiquer*; GESCH. *crier*
omroeper *speaker* m [v: *speakerine*]
omroepgids *magazine* m *de radio(-)télévision*
omroeren *remuer*
omruilen *échanger (***tegen** *contre)*
omschakelen I OV WW *changer*; TECHN. *commuter*; ‹v. stroom› *inverser* **II** ON WW zich aanpassen (aan) *s'adapter (à)*; ‹overgaan op› *passer (à)*; ‹beroepsmatig› *se reconvertir (dans, en, vers)*
omschakeling *reconversion* v; *réorientation* v; ‹v. stroom› *inversion* v
omscholen *recycler*; *reconvertir*
omscholing *recyclage* m; *reconversion* v
omschrijven • beschrijven *décrire* • bepalen *définir* • parafraseren *paraphraser* ▾ omgeschreven cirkel *cercle* m *circonscrit*
omschrijving • bepaling *définition* v • beschrijving *description* v
omsingelen *encercler*; *cerner*; ‹militair› *investir*
omslaan I OV WW • omverslaan *abattre*; *renverser* • omdraaien *tourner*; ‹omvouwen› *rabattre*; ‹opstropen› *retrousser* • omdoen van kleren *mettre / jeter sur les épaules* • verdelen *répartir (***over** *entre)* ⋆ de kosten hoofdelijk ~ *répartir les frais entre les participants* **II** ON WW • om iets heen gaan *tourner* • kantelen *se renverser*; *tomber à la renverse*; ‹v. voertuig› *capoter*; ‹kapseizen› *chavirer* • veranderen *changer brusquement*; ‹v. weer› *se gâter* ⋆ ~ in *se changer / se transformer en*
omslachtig I BNW *compliqué*; *long* [v: *longue*]; ‹wijdlopig› *prolixe* **II** BIJW *prolixement*; *d'une façon compliquée*
omslag I ZN [de] • verandering ‹aandeel› *changement* m *brusque*; *basculement* m; ‹v. wind, humeur› *saute* v • gedoe *embarras* m; *façons* v mv ⋆ zonder ~ *sans façon(s) / cérémonies* • verdeling van kosten *répartition* v; *quote-part* v [mv: *quotes-parts*] **II** ZN [de/het] • omgeslagen rand *revers* m; *rebord* m • kaft *chemise* v; ‹v. boek/tijdschrift› *couverture* v; ‹stofomslag› *jaquette* v
omslagartikel *article* m *en couverture / qui fait la une*
omslagboor *vilebrequin* m
omslagdoek *châle* m
omsluiten • omvatten *renfermer* • geheel insluiten *entourer*; *enclaver*
omsmelten *refondre*
omspannen *entourer*; FIG. *embrasser*
omspitten *bêcher*; *retourner*
omspoelen *rincer*; *laver à grande eau*
omspoelen *baigner dans*
omspringen ~ **met** *s'y prendre avec*; ‹hanteren› *manier*; ‹bejegenen› *traiter*
omstander *personne* v *présente* ⋆ de ~s *l'assistance* v; *les spectateurs*
omstandig I BNW *détaillé*; *circonstancié* **II** BIJW *en détail*
omstandigheid • toestand *circonstance* v ⋆ in de gegeven omstandigheden *dans / étant donné les circonstances* ⋆ onder moeilijke omstandigheden *dans des conditions difficiles* • breedvoerigheid *profusion* v *de détails/de circonstances*
omstoten *renverser*; *faire tomber*
omstreden *controversé*; *contesté*
omstreeks I BIJW *environ* **II** VZ *vers*
omstreken *environs* m mv; *alentours* m mv
omstrengelen *enlacer*
omtoveren *changer d'un coup de baguette*; *métamorphoser (***in** *en)*
omtrek • contour *contour* m • afmeting *périmètre* m; ‹v. cirkel› *circonférence* v • omgeving *alentours* m mv; *périphérie* v ⋆ in de ~ van *aux alentours de* ⋆ vijf kilometer in

om

de ~ *dans un rayon de cinq kilomètres*
omtrekken I OV WW • omvertrekken *renverser (en tirant)* • natekenen *délinéer*; *calquer* **II** ON WW er omheen trekken *contourner* ⋆ een ~de beweging *débordement* m
omtrent I BIJW ongeveer *environ* **II** VZ • omstreeks *vers* ⋆ ~ Pasen *vers Pâques* • betreffende *à propos de*
omturnen *faire changer d'avis*
omvallen *se renverser*; *tomber*
omvang • omtrek *tour* v • grootte *dimension* v; *ampleur* v; *volume* m ⋆ in de volle ~ *dans toute son ampleur* ⋆ de ~ van de schade *l'ampleur/l'étendue des dégâts* ⋆ de ~ van de invoer *le volume des importations* • uitgestrektheid *étendue* v; *superficie* • betekenis *importance* v; *envergure* v
omvangrijk *étendu*; *considérable*; *volumineux* [v: *volumineuse*]; *vaste*
omvatten • inhouden *comprendre*; *englober*; *renfermer* • omsluiten *entourer*; *embrasser*
omver *à terre*; *par terre*
omverwerpen • omgooien *renverser* • een einde maken aan *faire tomber*
omvliegen *passer vite*; *s'envoler*
omvormen *transformer* (**tot** *en*)
omvouwen *plier*
omweg • omslachtiger manier ⋆ langs een ~ *par une voie détournée* ⋆ ~en zoeken *chercher un biais/une voie détournée* • *détour* m; FIG. *biais* m ⋆ dat is een ~! *ça me / nous rallonge!* ⋆ via ~en FIG. *par des voies détournées* ⋆ zonder ~en FIG. *sans détours*
omwentelen I OV WW • ronddraaien *faire tourner* • omkeren *inverser* **II** ON WW om as draaien *tourner*
omwenteling • ommekeer *révolution* v • draaiing *tour* m; *rotation* v; *révolution* v ⋆ ~ van de aarde om haar as *rotation de la terre autour de son axe*
omwentelingstijd *temps* m *de rotation*; *durée* v *de révolution*
omwerken • herzien *remanier*; *retravailler* • omspitten/omploegen *retourner*; *labourer*
omwerpen *renverser*
omwikkelen *envelopper* (**met** *de*)
omwille ⋆ ~ van *pour*; *dans l'intérêt de*
omwisselen *(é)changer* (**tegen** *contre*)
omwonend *voisin*; ⟨aanwonend⟩ *riverain*
omzeilen OOK FIG. *contourner*; OOK FIG. *éviter*
omzet • opbrengsten *chiffre* m *d'affaires* ⋆ een jaarlijkse ~ *un chiffre d'affaires annuel* • verkochte goederen *volume* m *des affaires*; *transactions* v mv; ⟨v. winkel⟩ *débit* m • ⟨v. bedrijf⟩ *chiffre* m *d'affaires*; ⟨afzet⟩ *débit* m; ⟨afzet⟩ *ventes* v mv ⋆ veel ~ maken INFORM. *faire du chiffre*
omzetbelasting *taxe* v *sur le chiffre d'affaires*; ⟨btw⟩ *TVA* v
omzetsnelheid *vitesse* v *de rotation*; *débit* m
omzetten • veranderen *transformer* (**in** *en*); ⟨herleiden (tot)⟩ *convertir* (**in** *en*); ⟨vertalen⟩ *mettre* (**in** *en*); ⟨transponeren⟩ *transposer* ⋆ beloften in daden ~ *mettre des promesses en pratique* ⋆ in geld ~ *convertir en argent* • anders zetten *changer (de position)*; ⟨verwisselen⟩ *intervertir* • verhandelen *vendre*; *débiter* ⋆ twee miljoen ~ *faire / réaliser un chiffre d'affaires de 2 millions*
omzichtig I BNW *prudent*; *circonspect* **II** BIJW *prudemment*; *avec circonspection* ⋆ ~ te werk gaan INFORM. *y mettre les formes*
omzien • omkijken *se retourner*; *tourner la tête*; *regarder en arrière* • uitkijken naar *chercher* • zorgen voor *avoir soin de*; *s'occuper de*
omzomen *border*
omzwaaien *basculer*; *faire volte-face*; ⟨v. studie⟩ *changer d'orientation*
omzwerving *pérégrination* v; *errance* v; *périple* m
onaandoenlijk I BNW *insensible*; *impassible* **II** BIJW *insensiblement*; *impassiblement*
onaangedaan *froid*; *impassible*
onaangekondigd *non annoncé*
onaangenaam I BNW *désagréable* **II** BIJW *désagréablement*
onaangepast *inadapté*
onaangetast *intact*; *entier* [v: *entière*]; *non attaqué*; *inaltéré*; ⟨m.b.t. metaal⟩ *non corrodé*
onaanvaardbaar *inacceptable*
onaanzienlijk • zonder aanzien *humble* • gering *peu important* ⋆ niet ~ *assez considérable*
onaardig I BNW • onvriendelijk *peu aimable*; *désagréable* • onbeleefd *désobligeant* ▾ niet ~ *pas mal* **II** BIJW *désagréablement*; *de façon peu aimable/désagréable*
onachtzaam I BNW achteloos *négligent*; *inattentif* [v: *inattentive*]; *nonchalant* **II** BIJW *négligemment*; *nonchalamment*
onaf *inachevé*
onafgebroken I BNW zonder onderbreking *ininterrompu*; *continuel* [v: *continuelle*] **II** BIJW *continuellement*; *sans interruption* ⋆ tien uur ~ werken *travailler dix heures d'affilée*
onafhankelijk I BNW *indépendant* **II** BIJW *de manière indépendante*
onafhankelijkheid *indépendance* v
onafhankelijkheidsoorlog *guerre* v *d'indépendance*
onafhankelijkheidsverklaring *déclaration* v *d'indépendance*
onafscheidelijk *inséparable*
onafwendbaar *inéluctable*; *inévitable*
onafzienbaar I BNW *immense* **II** BIJW *à perte de vue*
onaneren *se masturber*
onappetijtelijk *peu ragoûtant*
onbaatzuchtig I BNW *désintéressé* **II** BIJW *avec désintéressement*
onbarmhartig I BNW meedogenloos *impitoyable* **II** BIJW *impitoyablement*
onbeantwoord *resté sans réponse* ⋆ ~e liefde *amour malheureux / non partagé*
onbedaarlijk *incoercible* ⋆ ~ gelach *fou rire* m
onbedachtzaam I BNW *irréfléchi*; *inconsidéré* **II** BIJW *sans réfléchir*; *de manière irréfléchie*
onbedekt I BNW • niet bedekt *non couvert*; *découvert*; *nu* • openlijk *franc* [v: *franche*] **II** BIJW • openlijk *franchement* • niet bedekt *à découvert*
onbedoeld *involontaire*

onbedorven • onschuldig *intègre*; *innocent*; *pur* • gaaf *intact*; *frais* [v: *fraîche*]
onbeduidend *insignifiant*; *de peu d'importance*; *futile*; *dérisoire*; ⟨niet opvallend⟩ *banal* [m mv: *banals*]
onbegaanbaar *inaccessible*; *impraticable*
onbegonnen *irréalisable* ★ dat is ~ werk *c'est la mer à boire*
onbegrensd *illimité*
onbegrijpelijk • niet te begrijpen *incompréhensible*; ⟨raadselachtig⟩ *inexplicable* ★ ik vind het ~ dat *je n'arrive pas à m'expliquer que* [+ subj.] • onvoorstelbaar *incroyable*; *inconcevable*
onbegrip *incompréhension* v
onbehaaglijk • onaangenaam *déplaisant*; *désagréable* ★ een ~ gevoel *un sentiment de malaise* • niet op zijn gemak ★ zich ~ voelen *se sentir mal à l'aise*
onbehagen *malaise* m
onbeheerd *abandonné*; JUR. *vacant*
onbeheerst I BNW *incontrôlé* **II** BIJW ★ zij gedraagt zich ~ *elle ne sait pas se contrôler*
onbeholpen I BNW *maladroit*; *gauche*; INFORM. *godiche* **II** BIJW *maladroitement*; *gauchement*
onbehoorlijk I BNW *incorrect*; *inconvenant* **II** BIJW *de manière incorrecte / inconvenante*
onbehouwen I BNW lomp *fruste*; *mal dégrossi*; *grossier* [v: *grossière*] ★ ~ vent *rustre* m; *malotru* m **II** BIJW *grossièrement*
onbekend *inconnu* (**bij** *à, de*); ⟨onkundig (van)⟩ *ignorant (de)*; ⟨onkundig (van)⟩ *pas au courant (de)* ★ dat is mij ~ *j'ignore cela* ★ zij is mij ~ *je ne la connais pas* ★ ik ben hier ~ INFORM. *je ne connais pas le coin* ▾ ~ maakt onbemind ≈ *on gagne à être connu*
onbekende *inconnu* m [v: *inconnue*]; WISK. *inconnue* v
onbekendheid • onwetendheid *ignorance* v (**met** *de)* • naamloosheid *anonymat* m
onbekommerd I BNW *insouciant*; *sans souci* **II** BIJW *sans souci*; *sans se faire de soucis*
onbekwaam • incompetent *incapable*; *incompétent* • dronken *ivre*
onbelangrijk *sans importance*; *négligeable*
onbelast • vrij van lasten *exonéré*; *sans charges* • vrij van gewicht *vide*
onbeleefd I BNW *impoli*; *mal élevé* **II** BIJW *impoliment*
onbeleefdheid *impolitesse* v
onbelemmerd I BNW *dégagé*; *libre* **II** BIJW *librement*; *sans entraves*
onbemand *sans équipage*; ⟨v. vliegtuig⟩ *sans pilote*; ⟨v. ruimtevaartuig⟩ *inhabité*
onbemiddeld *sans ressources*; *sans moyens*
onbemind *impopulaire*; *peu aimé*
onbenul *nullité* v; *minus* m ★ stuk ~ *nullité*
onbenullig • dom *nul* [v: *nulle*]; *bête*; *stupide* • onbeduidend *insignifiant*
onbepaald • onbegrensd *illimité*; *sans bornes* ★ voor ~e tijd *à durée indéterminée*; *sine die* • vaag *vague*; *indéfini* • TAALK. ★ ~ voornaamwoord *pronom* m *indéfini* ★ ~e wijs *infinitif* m
onbeperkt I BNW onbegrensd *illimité* **II** BIJW *sans restrictions*; *à volonté*
onbeproefd ★ niets ~ laten *ne rien négliger*; *faire feu de tout bois*
onberaden *irréfléchi*; *étourdi*
onbereikbaar *inaccessible*; ⟨v. persoon⟩ *injoignable*
onberekenbaar *incalculable*; FIG. *imprévisible*
onberispelijk I BNW *impeccable*; *irréprochable* **II** BIJW *impeccablement*; *irréprochablement*
onbeschaafd I BNW • zonder beschaving *barbare*; *non civilisé* • onbeleefd *grossier* [v: *grossière*]; *vulgaire* **II** BIJW *grossièrement*
onbeschaamd I BNW *impertinent*; *effronté*; *insolent* **II** BIJW *impertinemment*; *insolemment*
onbescheiden *indiscret* [v: *indiscrète*]
onbeschoft I BNW *impertinent*; *insolent* **II** BIJW *impertinemment*; *insolemment*
onbeschreven *blanc* [v: *blanche*]; FIG. *vierge* ▾ een ~ blad zijn *être novice / inexpérimenté*
onbeschrijfelijk *indescriptible*; *inexprimable*
onbeslist • niet beslist *indécis* • onzeker *incertain* ▾ ~ blijven *rester en suspens*; *se solder par un match nul*
onbespoten *non traité*; *bio(logique)*
onbesproken ★ van ~ levenswandel *sans histoires*
onbestelbaar *sujet à non-distribution* [v: *sujette* ...]
onbestemd *vague*; *indéfini*; *indistinct*
onbestendig • wispelturig *changeant*; *inconstant* • veranderlijk *variable*
onbesuisd *fougueux* [v: *fougueuse*]
onbetaalbaar • niet te betalen *hors de prix*; *inabordable* • kostelijk *impayable*; *inestimable*
onbetamelijk I BNW *incorrect*; *indécent*; *inconvenant* **II** BIJW *incorrectement*; *indécemment*; *avec inconvenance*
onbetekenend *insignifiant*; *négligeable*
onbetrouwbaar ⟨v. zaken⟩ *sujet à caution* [v: *sujette* ...]; *peu fiable*; ⟨v. personen⟩ *véreux* [v: *véreuse*]
onbetuigd ▾ zich niet ~ laten *payer de sa personne*
onbetwist *incontesté*
onbetwistbaar I BNW *incontestable* **II** BIJW *incontestablement*
onbevangen I BNW • vrijmoedig *spontané*; *candide* • zonder oordeel vooraf *impartial*; *non averti* **II** BIJW • vrijmoedig *spontanément*; *franchement*; *sans complexe* • zonder oordeel vooraf *sans préjugés*; *sans parti pris*
onbevlekt *immaculé*; *sans tache* ★ de ~e ontvangenis *l'Immaculée Conception*
onbevoegd I BNW *incompétent*; *non autorisé*; ⟨zonder getuigschrift⟩ *non qualifié* **II** BIJW *sans qualification*; *sans compétence* ★ het ~ uitoefenen van de geneeskunde *exercice* v *illégal de la médecine*
onbevooroordeeld *sans préjugés*; *sans parti pris*
onbevredigd *insatisfait*; *inapaisé*
onbewaakt *non surveillé* ★ ~e overweg *passage à niveau non gardé* m ▾ in een ~ ogenblik *dans un moment d'inattention*
onbeweeglijk • roerloos *inerte*; *immobile* • onwrikbaar *inflexible*; *inébranlable*
onbewogen *impassible*
onbewolkt *clair*; *dégagé*

onbewoonbaar *inhabitable* ⋆ ~ verklaren *déclarer insalubre*
onbewoond *inhabité* ⋆ ~ eiland *île déserte*
onbewust **I** BNW • niet bewust *inconscient (van de)* • onwillekeurig *involontaire* **II** BIJW niet bewust *inconsciemment*
onbezoldigd *non rétribué*; *non rémunéré*
onbezonnen *irréfléchi*; *étourdi*
onbezorgd **I** BNW zonder zorgen *insouciant*; *sans souci* **II** BIJW *avec insouciance*
onbillijk **I** BNW *injuste*; *inéquitable* **II** BIJW *injustement*; *d'une manière inéquitable*
onbreekbaar *incassable*
onbruik ⋆ in ~ raken *tomber en désuétude* ⋆ in ~ geraakt *vieilli*; *obsolète*
onbruikbaar *inutilisable*; ⟨v. persoon⟩ *inutile*; *inapte*; ⟨v. apparaat⟩ *hors service*
onbuigzaam *rigide*; FIG. *inflexible*
onchristelijk ⋆ op een ~ vroeg tijdstip *à une heure indue*
oncologie *oncologie* v; *cancérologie* v
ondank *ingratitude* v ▾ ~ is 's werelds loon ≈ *sur dix obligés, il y a neuf ingrats* ▾ zijns ~s *malgré lui*
ondankbaar **I** BNW niet dankbaar *ingrat* **II** BIJW *avec ingratitude*
ondanks *malgré* ⋆ ~ alles *malgré tout*
ondeelbaar **I** BNW *indivisible* **II** BIJW ⋆ ~ klein *infiniment petit*; *infime*
ondefinieerbaar *indéfinissable*
ondenkbaar *inconcevable*
onder **I** BIJW *en bas* ⋆ zij woont ~ (ons) *elle habite en bas* ⋆ van ~ naar boven *de bas en haut* ⋆ de tweede regel van ~ *la deuxième ligne d'en bas* ⋆ de zon is ~ *le soleil s'est couché* ⋆ ten ~ gaan in armoede *sombrer dans la misère* ⋆ ~ staan *être inondé* ⋆ ~ aan de bladzij *en bas de la page* ▾ van ~(en)! *attention, en dessous!* **II** VZ • beneden *sous* ⋆ ~ het huis *sous la maison* ⋆ ~ water staan *être inondé* ⋆ hij staat ~ mij *je suis son supérieur* • minder/lager dan *inférieur à*; *au-dessous de* ⋆ ~ de prijs *au-dessous du prix* ⋆ kinderen ~ de twaalf *les moins de douze ans* • te midden van *au milieu de*; *parmi*; *entre* ⋆ hij begaf zich ~ het volk *il s'est mêlé au peuple* ⋆ zij hebben het ~ elkaar verdeeld *ils l'ont partagé entre eux* ⋆ ~ de mensen komen *voir du monde* ⋆ ~ andere *entre autres* • tussen (personen) ⋆ ~ ons *entre nous* • tijdens *pendant* ⋆ ~ het rijden viel hij in slaap *il s'est endormi en conduisant* ▾ iets ~ zich houden JUR. *détenir qc*
onderaan *en bas de* ⋆ ~ de bladzijde *en bas de la page*
onderaannemer *sous-traitant* m [mv: *sous-traitants*]
onderaanzicht *vue* v *de dessous*
onderaards *souterrain*
onderaf *d'en bas*
onderarm *avant-bras* m [onv]
onderbelichten *sous-exposer*
onderbetalen *sous-payer* ⋆ onderbetaald werk INFORM. *travail* m *au rabais*
onderbewust *subconscient*; *subliminal* [m mv: *subliminaux*] ⋆ het ~e *l'inconscient*
onderbezetting *manque* m *de personnel*
onderbinden *chausser*
onderbouw • lagere klassen op school *premier cycle* m • POL. de lagere sociale klasse *fondation* v [mv: *fondations*] • BOUWK. basis bouwwerk *fondation* v [mv: *fondations*]
onderbouwen *étayer*
onderbreken *interrompre*; ⟨af en toe⟩ *entrecouper*
onderbreking *interruption* v
onderbrengen • onderdak verlenen *héberger*; *loger* • indelen *classer* • plaatsen *placer*; INFORM. *caser*
onderbroek *slip* m; ⟨voor mannen ook⟩ *caleçon* m; ⟨voor vrouwen ook⟩ *culotte* v
onderbroekenlol *plaisanteries* v mv *de coups de garde*
onderbuik *bas-ventre* m [mv: *bas-ventres*]
onderdaan *sujet* m; *ressortissant* m
onderdak *abri* m ⋆ ~ verlenen *abriter*; *loger* ⋆ ~ vinden *trouver à se loger*
onderdanig **I** BNW nederig *docile*; *soumis*; *humble*; ⟨onderworpen⟩ *servile* **II** BIJW *docilement*; *humblement*; *servilement*
onderdeel • deel van geheel *partie* v • afdeling *subdivision* v; MIL. *unité* v • TECHN. *pièce* v *(détachée)*
onderdeurtje *microbe* m
onderdirecteur *directeur* m *adjoint*; *sous-directeur* m [mv: *sous-directeurs*] [v: *sous-directrice*]
onderdoen ⋆ ~ voor *être inférieur à* ⋆ niet voor iem. ~ *valoir qn*; *ne pas être en reste avec qn* ⋆ in niets ~ voor *ne le céder en rien à*
onderdompelen *plonger*; *immerger*
onderdoor *par en-dessous*; *par-dessous* ▾ er ~ gaan *aller à sa perte*; *n'en pouvoir plus*
onderdoorgang *passage* m *souterrain*
onderdrukken • ondergeschikt houden *opprimer*; *étouffer* • bedwingen *réprimer*
onderdrukker *oppresseur* m; *tyran* m
onderdrukking *répression* v; *oppression* v
onderduiken • duiken *plonger* • zich schuilhouden *se cacher*; INFORM. *se planquer*; ⟨in oorlog⟩ *passer dans la clandestinité*
onderduiker *clandestin* m
onderen ⋆ naar ~ *vers le bas* ⋆ van ~ *(d')en bas* ▾ van ~! ≈ *attention, en dessous!*
ondergaan • zinken *couler*; ⟨vergaan⟩ *sombrer*; ⟨v. zon⟩ *se coucher* ⋆ de ~de zon *le soleil couchant* • tenietgaan *décliner*; *sombrer*; *périr*
ondergaan *subir*
ondergang • het ondergaan *chute* v; ⟨v. zon⟩ *coucher* m • het tenietgaan *déclin* m; *ruine* v ⋆ zijn ~ tegemoet gaan *courir à sa perte*
ondergeschikt • onderworpen *subalterne*; *inférieur*; *subordonné* **(aan** *à)* • van minder belang *secondaire* ⋆ van ~ belang *d'intérêt secondaire*
ondergeschikte *subordonné* m [v: *subordonnée*]; *inférieur* m [v: *inférieure*]; *subalterne* m/v
ondergeschoven *faux* [v: *fausse*] ▾ een ~ kindje *un enfant substitué*
ondergetekende HUMOR. *ma petite personne* ⋆ (de) ~ *je soussigné(e)*
ondergoed *sous-vêtements* m mv; ⟨voor

vrouwen⟩ *dessous* m mv; *lingerie* v
ondergraven • graven onder *creuser* • FIG. verzwakken *saper; miner*
ondergrens *limite* v *inférieure*
ondergrond • onderliggende laag *sous-sol* m • grondslag *base* v
ondergronds • onder de grond *souterrain* • clandestien *clandestin*; *illégal* [m mv: *illégaux*] ★ ~ gaan *passer dans la clandestinité*
ondergrondse • metro *métro* m • verzetsbeweging *résistance* v; *maquis* m
onderhand *entre-temps*
onderhandelaar *négociateur* m [v: *négociatrice*]
onderhandelen *négocier* ★ ~ over *négocier*; *traiter (sur)*
onderhandeling *négociation* v; *pourparlers* m mv ★ ~en aanknopen/voeren *engager/mener des négociations*
onderhands • zonder tussenpersoon ⟨v. akte⟩ *sous seing privé*; ⟨v. aanbesteding/koop⟩ *de gré à gré* • niet bovenhands ★ een ~e service *un service bas* • geheim *en sous-mains*
onderhavig *présent*; *en question* ★ in het ~e geval *en l'occurrence*; JUR. *en l'espèce*
onderhemd *maillot* m *de corps*
onderhevig *sujet à* [v: *sujette à*]
onderhorig • ondergeschikt *subordonné (***aan** *à)* • afhankelijk *dépendant (***van** *de)*
onderhoud • verzorging *entretien* m • levensonderhoud *vie* v ★ in eigen ~ voorzien *se suffire* ★ in iemands ~ voorzien *pourvoir aux besoins de qn* • gesprek *entretien* m ★ een ~ hebben met *avoir un entretien avec*
onderhouden I OV WW • verzorgen *soigner*; *nourrir* • in goede staat houden *entretenir* • naleven *observer* ★ de tien geboden ~ *observer les commandements* • aangenaam bezighouden *amuser*; *distraire* • ernstig toespreken *entretenir* • aanspreken *entretenir (***over** *de)* **II** WKD WW [+ zich] *s'entretenir (***met** *avec)*
onderhoudend I BNW *agréable*; *divertissant* **II** BIJW *agréablement*
onderhoudsbeurt *révision* v *(d'entretien)*
onderhoudswerkzaamheden *travaux* m mv *d'entretien / de maintenance* [mv]
onderhuids *sous-cutané*; FIG. *imperceptible*
onderhuren *sous-louer*
onderhuur *sous-location* v ★ in ~ *en sous-location*
onderhuurder *sous-locataire* m/v
onderin *au fond*
onderjurk *combinaison* v; *fond* m *de robe*
onderkaak *mâchoire* v *inférieure*
onderkant *dessous* m; *partie* v *inférieure*
onderkennen *reconnaître*; *distinguer*
onderkin *double menton* m
onderklasse • BIOL. *sous-classe* v • SOC. *classe(s)* v (mv) *inférieure(s) (de la société)*
onderkoeld • afgekoeld *surfondu*; MED. *en hypothermie* • zonder emoties *impassible*; *distant*
onderkomen *abri* m; *toit* m ★ een ~ vinden *trouver à se loger*
onderkoning *vice-roi* m [mv: *vice-rois*]
onderkruiper *gâcheur* m [v: *gâcheuse*]; ⟨bij staking⟩ *jaune* m
onderkruipsel *avorton* m; *demi-portion* v [mv: *demi-portions*]
onderlaag *couche* v *inférieure*
onderlangs *par en bas*
onderlegd *formé*; *instruit*; *versé (***in** *en)*
onderlegger • op bed *protège-matelas* m [onv]; *alaise* v • op bureau *dessous* m; *sous-main* m [onv]
onderliggen • de mindere zijn *avoir le dessous* • liggen *être en dessous* ★ ~d *sous-jacent*
onderlijf • onderlichaam *bas* m *du corps* • onderbuik *bas-ventre* m
onderling I BNW *réciproque*; *mutuel* [v: *mutuelle*] ★ ~e verzekering *assurance mutuelle* v ★ ~e hulp *entraide* v **II** BIJW *réciproquement*; *mutuellement* ★ iets ~ afspreken *convenir d'une chose ensemble* ★ zij zijn ~ verdeeld *ils sont divisés entre eux*
onderlip *lèvre* v *inférieure*
onderlopen *être inondé*
ondermaans *terrestre* ★ dit ~e *ce bas monde*
ondermaats • te klein *au-dessous du format exigé* • van mindere kwaliteit *au-dessous du niveau exigé* • *trop petit*; FIG. *inférieur*; FIG. *médiocre* ★ ~e vis *(menu) fretin* m
ondermijnen • MIL. mijn leggen onder *miner*; *saper* • FIG. verzwakken *miner*
ondernemen *entreprendre*; *faire*
ondernemend *entreprenant*
ondernemer *entrepreneur* m [v: *entrepreneuse*]; *chef* m *d'entreprise*
onderneming *entreprise* v
ondernemingsraad *comité* m *d'entreprise*
ondernemingsrecht *droit* m *des entreprises*
onderofficier *sous-officier* m
onderonsje • gesprek *aparté* m • kleine kring *petit comité* m
onderontwikkeld *sous-développé*
onderop *(au-)dessous*
onderpand *gage* m ★ tot ~ geven *mettre en gage* ★ op ~ lenen *prêter sur gage(s)*
onderricht *enseignement* m; *instruction* v
onderrichten *instruire*
onderschatten *sous-estimer*
onderscheid • verschil *distinction* v; *différence* v ★ zonder ~ *sans distinction*; *indistinctement* ★ een fijn ~ *une nuance*; *le distinguo* ★ ~ maken tussen *faire le partage entre* • inzicht *discernement* m
onderscheiden I BNW verschillend *distinct*; *différent* **II** OV WW • waarnemen *discerner* • als ongelijksoortig bezien *distinguer*; *différencier (***van** *de)* • een onderscheiding verlenen *décorer* **III** WKD WW [+ zich] *se distinguer (***van** *de;* **door** *par)*
onderscheiding • het onderscheiden *distinction* v • ereteken *décoration* v
onderscheidingsteken • ereteken *décoration* m; *insigne* m • herkenningsteken *marque* v *distinctive*
onderscheidingsvermogen *discernement* m
onderscheppen *intercepter*
onderschikkend *subordonnant*; *de subordination*

onderschikking *subordination* v
onderschrijven *souscrire à; approuver*
ondershands • niet openbaar *de gré à gré* • in het geheim *en secret; en sous-mains*
ondersneeuwen *se couvrir de neige*; FIG. *être noyé*
onderspit ▾ het ~ delven *avoir le dessous*
onderst *inférieur*
onderstaand *ci-dessous; ci-après*
ondersteboven • op zijn kop *sens dessus dessous; à l'envers* • overstuur *bouleversé*
ondersteek *bassin* m *(hygiénique)*
onderstel ⟨v. voertuig⟩ *châssis* m; *support* m; ⟨v. vliegtuig⟩ *train* m
ondersteunen • onderschrijven ★ een voorstel ~ *appuyer une proposition* • OOK FIG. *soutenir; appuyer*
ondersteuning *soutien* m; *appui* m
onderstrepen OOK FIG. *souligner*
onderstroom *courant* m *sous-marin* [m mv: *courants sous-marins*]; FIG. *courant* m *sous-jacent* [m mv: *courants sous-jacents*]; FIG. *tendance* v *sous-jacente*
onderstuk *partie* v *inférieure*; *support* m
ondertekenaar *signataire* m/v
ondertekenen *signer*
ondertekening *signature* v
ondertitel • A-V vertaling *sous-titre* m [mv: *sous-titres*] • DRUKK. tweede titel *sous-titre* m [mv: *sous-titres*]
ondertitelen *sous-titrer*
ondertiteling *sous-titrage* m
ondertoezichtstelling *(mise* v *sous) tutelle*
ondertoon FIG. *pointe* v
ondertrouw *publication* v *du mariage / des bans*
ondertussen • intussen *entre-temps* • toch *en attendant*
onderuit *affalé* ★ ~ zitten/liggen in een stoel *être affalé dans un siège* ▾ we kunnen er niet ~ *(il n'y a) pas moyen d'y échapper; il n'y a pas à tortiller*
onderuitgaan • vallen *tomber (les quatre fers en l'air)* • falen *se casser le nez*
onderuithalen SPORT *faucher*; OOK FIG. *tacler*
ondervangen *parer à*
onderverdelen *subdiviser*
onderverhuren *sous-louer*
ondervertegenwoordigd *sous-représenté*
ondervinden *éprouver; faire l'expérience de; ressentir; connaître*
ondervinding *expérience* v *(***met** *de)*
ondervoed *sous-alimenté*
ondervoeding *sous-alimentation* v; MED. *dénutrition* v
ondervragen *interroger; questionner*
ondervraging *interrogation* v; ⟨verhoor⟩ *interrogatoire* m
onderwaarderen *sous-évaluer*
onderwatersport *plongée* v *sous-marine*
onderweg • op weg zijnde *en cours de route; durant le trajet* • op komst *en route*
onderwereld • misdadigerswereld *milieu* m • dodenrijk *enfers* m mv; *royaume* m *des morts*
onderwerp • wat behandeld wordt *sujet* m; *thème* m • TAALK. *sujet* m
onderwerpen • onder gezag brengen *soumettre (***aan** *à)* • blootstellen ~ **aan** *soumettre à* • voorleggen ~ **aan** *soumettre à*
onderwijl *entre-temps; en attendant*
onderwijs *enseignement* m; *instruction* v ★ ~ geven *enseigner* ★ schriftelijk ~ *enseignement par correspondance* ★ bijzonder / lager / middelbaar / hoger ~ *enseignement privé / primaire / secondaire / supérieur* ★ ministerie van ~ *ministère* m *de l'Éducation nationale*
onderwijsbevoegdheid *certificat* m *d'aptitude à l'enseignement (CAPES)*
onderwijsinspectie *inspection* v *de l'enseignement*
onderwijskunde *didactique* v
onderwijsmethode *méthode* v *d'enseignement*
onderwijzen ⟨iets⟩ *enseigner; apprendre (***aan** *à)*; ⟨iemand⟩ *instruire* ★ ~d personeel *corps* m *enseignant*
onderwijzer *instituteur* m [v: *institutrice*]; INFORM. *instit* m/v; FORM. *professeur* m *des écoles*
onderwijzersakte *diplôme* m *d'instituteur*
onderworpen OOK FIG. *soumis (***aan** *à)*
onderzeeboot *sous-marin* m
onderzetter *dessous-de-plat* m [onv]
onderzoek • het onderzoeken *examen* m; ⟨bestudering⟩ *étude* v; *analyse* v; ⟨nasporing⟩ *recherche* v; JUR. *enquête* v; ⟨vooronderzoek⟩ *instruction* v; ⟨vooronderzoek⟩ *information* v ★ JUR. een ~ instellen *ouvrir une enquête/une information (***naar** *sur)* ★ in ~ zijn *être à l'examen / à l'étude* ★ deskundig ~ *expertise* v ★ bij nader ~ *vérification faite* ★ ~ doen *faire de la recherche; faire des recherches (sur); enquêter (sur)* • MED. *examen* m
onderzoeken • nagaan *examiner; étudier*; ⟨nasporen⟩ *rechercher*; ⟨toetsen⟩ *tester*; ⟨verifiëren⟩ *vérifier* ★ ~de blik *regard* m *scrutateur* • MED. *examiner*
onderzoeker *chercheur* m [v: *chercheuse*]
onderzoeksresultaat *résultat* m *des recherches*
ondeugd • slechte eigenschap *vice* m • ondeugendheid *malice* v • deugniet *garnement* m [v: *garce*]
ondeugdelijk I BNW *défectueux* [v: *défectueuse*] **II** BIJW *peu solidement*
ondeugend I BNW • stout *vilain; méchant* • schalks *polisson* [v: *polissonne*]; *malicieux* [v: *malicieuse*]; ⟨gewaagd⟩ *osé; grivois* **II** BIJW • stout *de façon insupportable* • schalks *malicieusement*
ondiep *peu profond*
ondiepte *bas-fond* m [mv: *bas-fonds*]
ondier *monstre* m
onding *camelote* v; INFORM. *cochonnerie* v
ondoelmatig *inefficace*
ondoenlijk *infaisable; impossible*
ondoordacht I BNW *irréfléchi; inconsidéré* **II** BIJW *inconsidérément; sans réfléchir*
ondoordringbaar *impénétrable*
ondoorgrondelijk *impénétrable*; ⟨raadselachtig⟩ *insondable*
ondraaglijk *insupportable; intolérable*
ondubbelzinnig *explicite; sans équivoque*
onduidelijk I BNW *imprécis; vague; pas clair*

II BIJW *vaguement*; *de façon imprécise* ★ ~ schrijven *écrire de façon illisible*
onecht • niet echt *faux* [v: *fausse*]; ⟨gekunsteld⟩ *factice* • onwettig *illégitime*; *naturel* [v: *naturelle*]
oneens *en désaccord (***met** *avec;* **over** *sur)*; *divisé*
oneerbaar **I** BNW *indécent* **II** BIJW *indécemment*
oneerbiedig *irrespectueux* [v: *irrespectueuse*]
oneerlijk **I** BNW bedrieglijk *malhonnête*; ⟨onbillijk⟩ *pas juste* ★ ~e concurrentie *concurrence* v *déloyale* **II** BIJW *malhonnêtement*
oneffen *raboteux* [v: *raboteuse*]; *inégal* [m mv: *inégaux*]
oneffenheid *inégalité* v
oneigenlijk **I** BNW onecht *impropre* **II** BIJW • onecht *improprement* • figuurlijk *au figuré*
oneindig **I** BNW zonder einde *infini* ★ het ~e *l'infini* ★ tot in het ~e *à l'infini* **II** BIJW *infiniment*
oneindigheid ⟨v. duur⟩ *éternité* v; ⟨v. aantal⟩ *infinité* v; ⟨v. ruimte⟩ *infini* m
oneliner *petite phrase* v
onemanshow *one(-)man(-)show* m; *(spectacle* m*) solo* m
onenigheid *désaccord* m; *dissension(s)* v mv; ⟨tweedracht⟩ *discorde* v; ⟨onmin⟩ *brouille* v
onervaren *inexpérimenté*; *sans expérience*
onervarenheid *inexpérience* v
onesthetisch *inesthétique*
oneven *impair*
onevenredig *disproportionné (***met** *à)*
onevenwichtig *déséquilibré*
onfatsoenlijk **I** BNW *pas convenable*; *indécent* **II** BIJW *d'une façon peu convenable*; *indécemment*

on

onfeilbaar *infaillible*
onfortuinlijk *malchanceux* [v: *malchanceuse*]
onfris • niet fris *d'une propreté douteuse*; *douteux* [v: *douteuse*] ★ ~ ruiken *sentir mauvais* • dubieus *louche*; *pas très net(te)*
ongaarne *à regret*; *à contrecœur*
ongans ★ zich ~ eten *s'empiffrer*
ongeacht **I** BNW *peu estimé* **II** VZ *malgré* ★ ~ uw mening *quelle que soit votre opinion*
ongebonden • niet-gebonden *indépendant* • losbandig *libertin*; *dissolu*
ongeboren *à naître* ★ het ~ leven *la vie foetale*
ongebreideld **I** BNW *effréné*; *sans frein* **II** BIJW *sans retenue*
ongebruikelijk *inhabituel* [v: *inhabituelle*]
ongecompliceerd *simple*; *pas compliqué*
ongedaan ★ iets ~ laten *ne pas faire qc* ★ iets ~ maken *réparer qc*; *remédier à qc* ★ een koop ~ maken *annuler un marché* ★ niets ~ laten *ne rien négliger*; *tout tenter* ★ dat is niet meer ~ te maken *ce qui est fait est fait*
ongedeerd *indemne*; *sain et sauf* [v: *saine et sauve*]
ongedierte *vermine* v
ongedisciplineerd *indiscipliné*; *dissipé*
ongeduld *impatience* v
ongeduldig **I** BNW *impatient* ★ ~ worden *s'impatienter* **II** BIJW *impatiemment*
ongedurig **I** BNW *agité*; *incapable de tenir en place* **II** BIJW *sans pouvoir tenir en place*
ongedwongen **I** BNW • vrijwillig *libre* • losjes *naturel* [v: *naturelle*]; ⟨v. houding⟩ *décontracté*; *désinvolte* **II** BIJW • vrijwillig *librement* • losjes *avec naturel*
ongeëvenaard **I** BNW *inégalé*; *sans égal* **II** BIJW *incomparablement*
ongegeneerd **I** BNW *sans gêne*; *désinvolte* **II** BIJW *sans se gêner*
ongegrond **I** BNW *gratuit*; *sans fondement*; *dénué de (tout) fondement* **II** BIJW *sans raison*
ongehinderd **I** BNW *libre* **II** BIJW *librement*
ongehoord *inouï*
ongehoorzaam *désobéissant*; *indiscipliné*
ongehoorzaamheid *désobéissance* v
ongehuwd **I** BNW *célibataire* ★ ~e staat *célibat* m **II** BIJW ★ ~ samenwonen *vivre en union libre*
ongein *fadaise* v
ongekend *sans précédent*; *jamais vu*
ongekunsteld **I** BNW *naturel* [v: *naturelle*]; *simple* **II** BIJW *avec naturel*; *simplement*
ongeldig *non valable*; *nul* [v: *nulle*] ★ ~ maken/verklaren *invalider*; *annuler*
ongelegen **I** BNW *inopportun* **II** BIJW *à contretemps*; *mal à propos* ★ ~ komen *déranger (qn)*; *tomber mal à propos*
ongeletterd • analfabeet *analphabète* • zonder onderricht *illettré*; *inculte*
ongelijk **I** ZN [het] *tort* m ★ ~ hebben *avoir tort* ★ zijn ~ bekennen *reconnaître ses torts* **II** BNW *inégal* [m mv: *inégaux*]; ⟨ongelijksoortig⟩ *disparate* **III** BIJW *inégalement*
ongelijkbenig *non isocèle*
ongelijkheid *inégalité* v
ongelijkmatig **I** BNW *irrégulier* [v: *irrégulière*]; *inégal* [m mv: *inégaux*] ★ ~ van humeur *d'humeur inégale* **II** BIJW *irrégulièrement*
ongelijkvloers ★ ~e kruising *saut-de-mouton* m [m mv: *sauts-de-mouton*]; *échangeur* m
ongelikt ▾ een ~e beer *un ours mal léché*
ongelimiteerd *illimité*
ongelofelijk **I** BNW *incroyable* **II** BIJW *incroyablement*
ongelood *sans plomb*
ongeloof *incrédulité* v; REL. *incroyance* v
ongeloofwaardig *invraisemblable*; *peu crédible*
ongelovig **I** BNW • niet gelovig *incroyant*; *athée* • iets niet gelovend *incrédule* **II** BIJW *avec incrédulité*
ongeluk **I** ZN [het] tegenspoed *malheur* m; *malchance* v ★ ~ brengen *porter malheur* ▾ per ~ *par mégarde*; *sans faire exprès* **II** ZN [het] ongeval *accident* m ★ een ~ krijgen *avoir un accident* ★ bij een ~ omkomen *être tué dans un accident* ▾ een ~ begaan *faire un malheur à qn* ▾ zich een ~ werken *travailler comme un fou / un malade* ▾ een ~ komt zelden alleen *un malheur n'arrive jamais seul*; *c'est la loi des séries* ▾ een ~ zit in een klein hoekje *un malheur est si vite arrivé* ▾ daar komen ~ken van *ça va mal se terminer!*
ongelukje *petit accident* m; *accident* m *de parcours*
ongelukkig **I** BNW met lichaamsgebrek *infirme* **II** BIJW *malheureusement* ★ ~ spelen *ne pas avoir de chance* ★ hij zal ~ aan zijn eind

komen *il finira mal* ⋆ ~ getrouwd *mal marié*
ongelukkigerwijs *malheureusement*; *par malheur*
ongeluksgetal *chiffre* m *porte-malheur* [m mv: *chiffres ...*]
ongeluksvogel *malchanceur* m; *malchanceuse* v
ongemak *gêne* v; ⟨ongerief⟩ *désagrément* m; ⟨kwaal⟩ *mal* m
ongemakkelijk **I** BNW • ongerieflijk *incommode*; *inconfortable* • lastig *gênant*; *pénible*; ⟨v. persoon⟩ *difficile*; ⟨v. persoon⟩ *incommode* **II** BIJW *incommodément*; *péniblement* ⋆ zich ~ voelen *ne pas être à l'aise*
ongemanierd **I** BNW *mal élevé* **II** BIJW *impoliment*; *grossièrement*
ongemeen **I** BNW *peu commun* **II** BIJW *singulièrement*; *extraordinairement*
ongemerkt **I** BNW • niet bemerkt *inaperçu* • zonder merk *non marqué* **II** BIJW • niet bemerkt ⋆ ~ weggaan *partir discrètement*; *partir en douce* • stilletjes *sans se faire remarquer*; *discrètement*; *en douce* • onmerkbaar *insensiblement*
ongemoeid ⋆ iem. ~ laten *laisser qn en paix*
ongenaakbaar *inaccessible*; *inabordable*
ongenade ⋆ in ~ vallen (bij) *tomber en disgrâce (auprès de)*
ongenadig **I** BNW • duchtig *formidable*; *terrible* • onbarmhartig *impitoyable* **II** BIJW *formidablement*; *terriblement*; *impitoyablement*
ongeneeslijk *incurable* ⋆ ~ ziek *condamné*
ongenietbaar *insupportable*
ongenoegen • misnoegen *déplaisir* m; *mécontentement* m • onenigheid *différend* m ⋆ ~ krijgen met *se brouiller avec*
ongeoorloofd *interdit*; *défendu*; *illicite*
ongepast • misplaatst *déplacé* • onbehoorlijk *inconvenant*; *incorrect*
ongepastheid • het misplaatst zijn *inconvenance* v; *incongruité* v • onbehoorlijkheid *inconvenance* v; *incongruité* v
ongerechtigheid *défaut* m; ⟨vuiltje⟩ *impureté* v
ongerede ⋆ in het ~ raken *se détraquer*; *être égaré*
ongeregeld • niet geregeld *irrégulier* [v: *irrégulière*] • niet gesorteerd ⋆ ~ spul *camelote* v • wanordelijk *désordonné*; *irrégulier* [v: *irrégulière*]
ongeregeldheden • wanordelijkheden *irrégularités* v mv • oproer *troubles* m mv
ongeremd **I** BNW *effréné* **II** BIJW *sans retenue*
ongerept *intact*; FIG. *vierge*; *pur*
ongerief *désagrément* m
ongerijmd *absurde* ⋆ uit het ~e *par l'absurde*
ongerust *inquiet* [v: *inquiète*] ⋆ zich ~ maken (over) *s'inquiéter (de)*; *se faire du souci (pour)*; *se préoccuper (de)* ⋆ ~ maken *inquiéter* ⋆ ~ worden *s'inquiéter* ▾ zich ~ maken (over) *s'inquiéter (de)*
ongerustheid *inquiétude* v
ongeschikt • onbruikbaar *impropre (***voor** *à)*; ⟨onbekwaam⟩ *inapte (***voor** *à)*; ⟨ongepast⟩ *inapproprié*; *inopportun* ⋆ hij is ~ voor dat vak *il n'est pas fait pour ce métier* • onaardig *désagréable*
ongeschonden *intact*; *entier* [v: *entière*]
ongeschoold *non qualifié*; *sans qualification*
ongeslagen *invaincu*
ongesteld ⋆ ik ben ~ *j'ai mes règles*
ongesteldheid *règles* v mv
ongestoord **I** BNW *tranquille* **II** BIJW *tranquillement*; *sans être dérangé*
ongestraft **I** BNW *impuni* **II** BIJW *impunément*
ongetrouwd *célibataire* ⋆ ~ samenwonen *vivre en union libre*
ongetwijfeld *sans aucun doute*; *certainement*
ongeval *accident* m ⋆ dodelijk ~ *mort* v *accidentelle*
ongevallenverzekering *assurance* v *contre les accidents*
ongeveer *à peu près*; *environ*
ongeveinsd **I** BNW *sincère*; *franc* [v: *franche*] **II** BIJW *sincèrement*; *franchement*
ongevoelig *insensible (***voor** *à)*
ongevraagd *spontanément*
ongewapend • zonder versterking *non armé* • zonder wapen *sans armes*
ongewenst *indésirable*; ⟨v. kind⟩ *non désiré*
ongewild • ongewenst *indésirable* • onbedoeld *involontaire*
ongewisse *incertitude* v ⋆ in het ~ laten / verkeren *laisser / être dans l'incertitude*
ongewoon *inhabituel* [v: *inhabituelle*]; ⟨bijzonder⟩ *peu commun*; *insolite*
ongezeglijk *indiscipliné*; *dissipé*; *indocile*
ongezellig ⟨v. persoon⟩ *peu sociable*; *peu aimable*; ⟨v. plaats⟩ *peu confortable*; *peu accueillant*; ⟨v. sfeer⟩ *peu convivial*; *sans ambiance*; *morne*
ongezien • ongemerkt *inaperçu* • blindelings *les yeux fermés*
ongezond **I** BNW • ziek *en mauvaise santé*; *maladif* [v: *maladive*] • slecht voor de gezondheid *malsain*; ⟨v. lucht e.d.⟩ *insalubre* • FIG. slecht *maladif* [v: *maladive*] **II** BIJW *d'une manière malsaine*
ongezouten **I** BNW • zonder zout *non salé* • onverbloemd *rude*; *cru* **II** BIJW *rudement*; *crûment*
ongrijpbaar *insaisissable*
ongrondwettig **I** BNW *inconstitutionnel* [v: *inconstitutionnelle*] **II** BIJW *inconstitutionnellement*
ongunstig **I** BNW • ongeschikt *défavorable* • slechte indruk gevend *défavorable* • onrendabel *désavantageux* [v: *désavantageuse*] **II** BIJW *défavorablement*; *désavantageusement* ⋆ ~ bekend staan *être mal famé*
onguur *sinistre*; *louche* ⋆ ongure kop *sale trogne* v
onhandelbaar *peu maniable*; FIG. *récalcitrant*
onhandig **I** BNW • stuntelig *maladroit*; *gauche* • niet handzaam *incommode*; *peu maniable* **II** BIJW *maladroitement*
onhandigheid *maladresse* v
onhebbelijk **I** BNW *odieux* [v: *odieuse*]; *insolent*; *désagréable* **II** BIJW *grossièrement*

on

onheil *malheur* m; *désastre* m
onheilspellend *sinistre*; *lugubre*; *de mauvais augure*; *lourd de menaces*
onheilsprofeet *prophète* m *de malheur*
onherbergzaam *inhospitalier* [v: *inhospitalière*]; *peu accueillant*
onherkenbaar *méconnaissable*
onherroepelijk **I** BNW *irrévocable* **II** BIJW *irrévocablement*
onherstelbaar **I** BNW *irréparable*; *irrémédiable* **II** BIJW *irréparablement*; *irrémédiablement*
onheuglijk *immémorial* [m mv: *immémoriaux*] ★ sinds ~e tijden *de temps immémorial*
onheus **I** BNW *désobligeant* **II** BIJW *d'une manière désobligeante* ★ ~ bejegenen *faire (du) tort à*; *rudoyer*
onhoudbaar • niet te verdedigen *insoutenable* • niet te handhaven/te verdragen *insoutenable*; *intenable* • niet te harden *insoutenable*; *intenable* • SPORT *imparable*
onjuist **I** BNW *faux* [v: *fausse*]; *inexact*; *erronné*; *incorrect* **II** BIJW *inexactement*; *incorrectement*
onjuistheid • fout *erreur* v • het onjuist zijn *inexactitude* v
onkies *indélicat*
onklaar *détraqué* ★ ~ raken *ne plus fonctionner*; *se détraquer*
onkosten *frais* m mv
onkostendeclaratie *note* v *de frais*
onkostenvergoeding *indemnité* v; *remboursement* m *des frais*
onkreukbaar • niet kreukend *infroissable* • integer *intègre*; *incorruptible*
onkruid *mauvaises herbes* v mv [mv] ▼ ~ vergaat niet *mauvaise herbe croît toujours*
onkuis **I** BNW *impudique* **II** BIJW *impudiquement*
onkunde *ignorance* v ★ uit ~ *par ignorance*
onkundig *ignorant* ★ ~ zijn van iets *ignorer qc*
onlangs *récemment*; *l'autre jour*
onledig ▼ zich ~ houden met *s'occuper à*
onleesbaar *illisible*
online *en ligne*; *connecté*
onlogisch **I** BNW *illogique* **II** BIJW *illogiquement*
onloochenbaar *indéniable*
onlosmakelijk ★ ~ verbonden met *indissociable de*
onlusten *désordres* m mv; *troubles* m mv
onmacht • machteloosheid *impuissance* v • flauwte *défaillance* v ★ in ~ vallen *s'évanouir*
onmachtig *impuissant (om à)*
onmatig **I** BNW *immodéré*; *excessif* [v: *excessive*] **II** BIJW *immodérément*
onmens *monstre* m; *brute* v
onmenselijk **I** BNW wreed *inhumain*; *cruel* [v: *cruelle*] **II** BIJW *inhumainement*; *cruellement*
onmetelijk **I** BNW • niet te meten *infini* • FIG. oneindig groot/veel *immense* **II** BIJW *infiniment*; *immensément*
onmiddellijk • meteen *direct*; *immédiat* • rechtstreeks *direct*; *immédiat*
onmin *désaccord* m; *brouille* v ★ in ~ leven met *être brouillé / en mauvais termes avec*
onmisbaar *indispensable*
onmiskenbaar **I** BNW *indéniable*; *incontestable* **II** BIJW *indéniablement*; *incontestablement*
onmogelijk **I** BNW niet mogelijk *impossible* ★ het is ~ om *c'est impossible de*; *il n'y a pas moyen de* **II** BIJW ★ dat kan ik ~ doen *il m'est impossible de faire cela* ★ dat kan ~ kloppen *il est impossible que ce soit vrai* ★ zich ~ gedragen *se conduire de façon impossible*
onmogelijkheid *impossibilité* v
onmondig *mineur*; ≈ FIG. *tenu sous tutelle*
onnadenkend *irréfléchi*; *étourdi*
onnatuurlijk **I** BNW • niet natuurlijk *contre nature* • gekunsteld *artificiel* [v: *artificielle*]; *affecté*; *sophistiqué* **II** BIJW • niet natuurlijk *contre nature* • gekunsteld *artificiellement*
onnauwkeurig **I** BNW *inexact* **II** BIJW *inexactement*
onnavolgbaar *inimitable*
onneembaar *imprenable*; ⟨v. hindernis⟩ *infranchissable*
onnodig **I** BNW *inutile* **II** BIJW *inutilement*
onnoemelijk **I** BNW onuitsprekelijk groot of veel *immense* **II** BIJW *infiniment*
onnozel **I** BNW • argeloos *innocent* • dom *niais*; *nigaud*; INFORM. *bébête* ★ ~e hals *niais* m; *benêt* m • onbeduidend *misérable* ★ een paar ~e centen *quelques malheureux cents* **II** BIJW *niaisement*
onofficieel *officieux* [v: *officieuse*]
onomatopee *onomatopée* v
onomkeerbaar *irréversible*
onomstotelijk *irréfutable*; *incontestable*
onomwonden *franchement*; *crûment*; *sans ambages*
onontbeerlijk *indispensable*
onontkoombaar *inévitable*; *inéluctable*
onontwarbaar *inextricable*
onooglijk ★ er ~ uitzien *ne pas payer de mine*
onoordeelkundig *sans discernement*
onopgemerkt **I** BNW *inaperçu* **II** BIJW ★ ~ blijven *passer inaperçu*
onopgesmukt *sans apprêt*; *sans fard*
onophoudelijk **I** BNW *continuel* [v: *continuelle*]; *incessant* **II** BIJW *continuellement*; *sans cesse*
onoplettend *inattentif* [v: *inattentive*]; *distrait*
onoplettendheid *inattention* v; *distraction* v
onoplosbaar *insoluble*
onoprecht *faux* [v: *fausse*]; *dissimulé*
onopvallend **I** BNW *qui passe inaperçu*; ⟨bescheiden⟩ *discret* [v: *discrète*]; ⟨onbeduidend⟩ *insignifiant* **II** BIJW *sans être aperçu*; ⟨v. personen⟩ *sans se faire remarquer*; ⟨bescheiden⟩ *discrètement*
onopzettelijk **I** BNW *involontaire* **II** BIJW *involontairement*; *sans (le) faire exprès*
onovergankelijk **I** BNW *intransitif* [v: *intransitive*] **II** BIJW *intransitivement*
onoverkomelijk *insurmontable*
onovertroffen *inégalé*
onoverwinnelijk *invincible*
onoverzichtelijk **I** BNW *peu clair*; *embrouillé* ★ een ~e bocht *un virage sans visibilité* **II** BIJW *d'une façon peu claire/embrouillée*
onpartijdig *impartial* [m mv: *impartiaux*]
onpasselijk *indisposé* ★ ~ worden *se sentir mal* ★ ~ zijn *avoir mal au cœur*
onpeilbaar FIG. *insondable*
onpersoonlijk **I** BNW *impersonnel* [v:

impersonelle] **II** BIJW *impersonnellement*
onplezierig *désagréable*
onpraktisch *peu pratique*
onraad *danger* m
onrecht *injustice* v; *tort* m ⋆ iem. ~ doen *faire (du) tort à qn* ⋆ ten ~e *à tort*
onrechtmatig I BNW *illégitime* **II** BIJW *injustement*
onrechtvaardig I BNW *injuste* **II** BIJW *injustement*
onredelijk • irrationeel *déraisonnable* • onbillijk *injustifié*
onregelmatig I BNW *irrégulier* [v: *irrégulière*] **II** BIJW *irrégulièrement*
onregelmatigheid *irrégularité* v
onregelmatigheidstoeslag *supplément* m *de salaire pour horaire irrégulier*
onrein *impur*
onrendabel *non rentable*
onrijp *vert*; *pas mûr*; FIG. *immature*
onroerend *immobilier* [v: *immobilière*]; JUR. *immeuble*
onroerendezaakbelasting *taxe* v *foncière*
onrust • beroering *agitation* v ⋆ ~ stoken *semer le trouble / la perturbation* • uurwerkwieltje *balancier* m
onrustbarend I BNW *inquiétant*; *alarmant* **II** BIJW *d'une façon inquiétante/alarmante*
onrustig I BNW • niet kalm ⟨nerveus⟩ *nerveux* [v: *nerveuse*] • ongedurig *agité*; ⟨v. een kind⟩ *turbulant*; *remuant* **II** BIJW ⋆ ~ slapen *dormir d'un sommeil agité*
onruststoker *agitateur* m [v: *agitatrice*]; *fauteur* m *de troubles*; *meneur* m; *alarmiste* m
ons I ZN [het] *cent grammes* m mv ▾ je kunt wachten tot je een ons weegt *tu peux toujours courir / attendre!* **II** PERS VNW *nous* ⋆ bij ons thuis *chez nous* ⋆ onder ons gezegd *(soit dit) entre nous* ▾ ons kent ons *c'est la famille* **III** BEZ VNW *notre* [m mv: *nos*] ⋆ de/het onze *le nôtre*; *la nôtre* ⋆ de onzen *les nôtres*
onsamenhangend I BNW *incohérent*; *décousu* **II** BIJW *sans cohérence*; *d'une façon décousue*
onschadelijk *anodin*; *inoffensif* [v: *inoffensive*] ⋆ ~ maken *mettre hors d'état de nuire*; *neutraliser*
onschatbaar *inestimable*
onschendbaar *inviolable*
onschuld • het niet schuldig zijn *innocence* v ⋆ zijn ~ betuigen *clamer son innocence* ⋆ zijn ~ bewijzen *s'innocenter* • argeloosheid *innocence* v; *ingénuité* v ⋆ in alle ~ *en toute innocence* ▾ de vermoorde ~ spelen *jouer les victimes / les ingénu(e)s*
onschuldig I BNW • niet schuldig *innocent (aan de)* • argeloos *innocent*; *ingénu* • onschadelijk *innocent*; *anodin* ▾ ~ als een lam *blanc comme la neige* [v: *blanche ...*] **II** BIJW *innocemment*
onsmakelijk • niet smakelijk *peu appétissant*; *qui a mauvais goût* • stuitend *dégoûtant*
onsportief I BNW • geen sport beoefenend *antisportif* [v: *antisportive*] • oneerlijk *antisportif* [v: *antisportive*] **II** BIJW *pas fair-play*
onstandvastig I BNW *inconstant*; *instable* **II** BIJW *avec inconstance*
onsterfelijk • niet sterfelijk *immortel* [v: *immortelle*] • FIG. eeuwigdurend *immortel* [v: *immortelle*] ⋆ zich ~ maken *s'immortaliser*
onsterfelijkheid *immortalité* v
onstilbaar *insatiable*
onstuimig I BNW • woest ⋆ een ~e zee *une mer houleuse* v • hartstochtelijk *impétueux* [v: *impétueuse*]; *fougueux* [v: *fougueuse*] **II** BIJW *impétueusement*
onstuitbaar *irrésistible*
onsympathiek I BNW *antipathique*; *peu sympathique* **II** BIJW *de façon antipathique*
onszelf *nous-mêmes*
ontaard *dégénéré*; *dénaturé*
ontaarden *dégénérer (in en)*
ontberen *manquer de*; *être privé de* ⋆ iets niet kunnen ~ *ne pouvoir se passer de de qc*
ontbering *privation* v ⋆ ~en lijden *endurer des privations*
ontbieden *appeler*; *convoquer*
ontbijt *petit(-)déjeuner* m; INFORM. *petit-déj* m
ontbijten *prendre le petit(-)déjeuner*
ontbijtkoek *pain* m *d'épice*
ontbijtspek *bacon* m
ontbinden • ontleden *décomposer (in en)* • opheffen *dissoudre*
ontbinding • het opheffen *dissolution* v • ontleding *décomposition* v • bederf *décomposition* v ⋆ tot ~ overgaan *se décomposer*
ontbladeringsmiddel *défoliant* m
ontbloot • naakt *dénudé*; *nu* • ~ **van** *dénué de*; *dépourvu de*
ontbloten *dénuder*; *mettre à nu* ⋆ het hoofd ~ *se découvrir*
ontboezeming *épanchement* m
ontbossen *déboiser*
ontbossing *déboisement* m
ontbranden *prendre feu*; OOK FIG. *s'enflammer*
ontbreken *manquer (aan à)*; *faire défaut* ⋆ er ~ verscheidene brieven *il manque plusieurs lettres* ⋆ het zich aan niets laten ~ *ne se priver de rien* ⋆ het ontbreekt hem aan moed *il manque de courage*; *le courage lui manque* ⋆ de ~den *les manquants* ⋆ er ontbreekt iets *il manque qc* ▾ dat ontbrak er nog maar aan *il ne manquait plus que ça*
ontcijferen *déchiffrer*
ontdaan *consterné*; *défait*
ontdekken *découvrir*; ⟨opsporen⟩ *détecter*; *repérer*
ontdekker *découvreur* m; *inventeur* m [v: *inventrice*]
ontdekking *découverte* v
ontdekkingsreis *expédition* v; *exploration* v
ontdekkingsreiziger *explorateur* m [v: *exploratrice*]
ontdoen I OV WW ~ **van** *dépouiller de*; *défaire de* ⋆ ontdaan van *privé de*; *dépouillé de* **II** WKD WW [+ zich] ⋆ zich van iem. ~ *se débarrasser de qn*
ontdooien I OV WW *dégeler*; ⟨v. koelkast⟩ *dégivrer*; ⟨v. diepvries⟩ *décongeler* **II** ON WW • smelten *fondre* • minder stijf worden *se dégeler*
ontduiken • zich onttrekken aan *éluder*; ⟨v. wet⟩ *tourner* ⋆ de belasting ~ *frauder le fisc*

• bukkend ontgaan *esquiver*
ontegenzeglijk I BNW *incontestable* II BIJW *incontestablement*
onteigenen *exproprier*
onteigening *expropriation* v
ontelbaar *innombrable*; *sans nombre*
ontembaar *indomptable*
onterecht I BNW *injuste* II BIJW *injustement*
onteren *déshonorer*
onterven *déshériter*
ontevreden *mécontent* (**met, over** *de*)
ontevredenheid *mécontentement* m
ontfermen [+ zich] ~ **over** *prendre soin de*; *s'occuper de*; ⟨zich erbarmen⟩ *avoir pitié de*; ⟨opvangen⟩ *recueillir*
ontfutselen ⟨wegkapen (van)⟩ *subtiliser* (**aan** *à*); *escamoter* (**aan** *à*); ⟨aftroggelen⟩ *soutirer* (**aan** *à*); ⟨loskrijgen⟩ *arracher* (**aan** *à*)
ontgaan *échapper* (**aan** *à*)
ontgelden ⋆ het moeten ~ *écoper*; *trinquer*
ontginnen *défricher*; ⟨v. mijn⟩ *exploiter*
ontginning *défrichement* m; ⟨v. mijn⟩ *exploitation* v
ontglippen *glisser entre les mains*; FIG. *échapper* (**aan** *à*)
ontgoochelen *désillusionner*; *désabuser*
ontgoocheling *désillusion* v
ontgrendelen *déverrouiller*
ontgroeien *dépasser* ⋆ de schoolbanken ontgroeid zijn *avoir passé l'âge de l'école*
ontgroenen *bizuter*
ontgroening *bizutage* m
onthaal *accueil* m ⋆ een gunstig / warm ~ krijgen *être accueilli favorablement / chaleureusement*
onthaasten ≈ *décompresser*; *se déstresser*
onthalen • ontvangen *accueillir* • ~ **op** *régaler de*
onthand *gêné*; ≈ *handicapé*
ontharder *adoucissant* m
ontharen *épiler*
ontharingscrème *(crème* v*) dépilatoire* m
ontheemd • ontworteld *dépaysé*; *déraciné* • weg uit vaderland *expatrié*
ontheffen • vrijstellen *vrijstellen (van)*; *délier (de)*; *dispenser (de)*; *décharger (de)*; ⟨v. belasting⟩ *exonérer (de)* • ontslaan ⋆ iem. uit zijn ambt ~ *démettre / relever qn de ses fonctions*; *révoquer qn*
ontheffing • vrijstelling *dispense* v; ⟨v. belasting⟩ *exonération* v • ontslag *licenciement* m; ⟨v. ambt⟩ *révocation* v
ontheiligen *profaner*
onthoofden *décapiter*
onthouden I OV WW • niet vergeten *retenir*; *se rappeler*; *ne pas oublier* ⋆ iem. iets helpen ~ *rappeler qc à qn* ⋆ ik zal het ~ *j'en prends note* ⋆ niets kunnen ~ *n'avoir aucune mémoire* • achterhouden ⋆ iem. iets ~ *priver qn de qc*; *refuser qc à qn* II WKD WW [+ zich] *s'abstenir* (**van** *de*)
onthouding • het zich onthouden *abstinence* v; ⟨v. seks⟩ *continence* v ⋆ periodieke ~ *continence périodique* • het blanco stemmen *abstention* v
onthoudingsverschijnselen *symptômes* m mv *de désintoxication*
onthullen • bekendmaken *révéler*; *dévoiler* • inwijden *inaugurer*; *dévoiler*
onthulling • bekendmaking *révélation* v • inwijding *inauguration* v
onthutst *déconcerté*; *ébahi*
ontiegelijk *vachement*
ontijdig I BNW *inopportun* II BIJW *mal à propos*
ontkennen *nier* ⋆ het valt niet te ~ dat *il est indéniable que* ⋆ alles ~ *nier en bloc* ⋆ ~d antwoorden *répondre négativement / par la négative*; *donner une réponse négative*
ontkennend I BNW *négatif* [v: *négative*] II BIJW *négativement* ⋆ ~ antwoorden *répondre négativement*; *donner une réponse négative*
ontkenning *négation* v; ⟨sterker⟩ *dénégation* v
ontketenen • doen losbreken *déclencher* • van ketens ontdoen *déchaîner*
ontkiemen *germer*
ontkleden *déshabiller* ⋆ zich ~ *se déshabiller*
ontknoping *dénouement* m
ontkomen • ontsnappen aan *échapper* (**aan** *à*) • zich onttrekken aan ⋆ daaraan valt niet te ~ *(il n'y a) pas moyen d'y échapper*; *il n'y a pas à tortiller*
ontkoppelen • loskoppelen *déclencher* • debrayeren *débrayer* • *déconnecter*; ⟨loshaken⟩ *décrocher*; ⟨v. motor⟩ *débrayer*; FIG. *dissocier*
ontkoppeling • het loskoppelen *déconnexion* v • het debrayeren *débrayage* m
ontkrachten *affaiblir*; ⟨ontzenuwen⟩ *infirmer*
ontkroezen *décrêper*
ontkurken *déboucher*
ontladen • van lading ontdoen *décharger* • NATK. *décharger*
ontlading *décharge* v; FIG. *déchargement* m
ontlasten I OV WW OOK FIG. *décharger* (**van** *de*); ⟨verlichten⟩ *soulager* ⋆ ~de verklaring *témoignage* m *à décharge* II WKD WW [+ zich] *aller à la selle*; *déféquer*
ontlasting • uitwerpselen *selles* v mv ⋆ ~ hebben *aller à la selle* • stoelgang *défécation* v • het van een last ontdoen *déchargement* m • PSYCH. *soulagement* m
ontleden • ANAT. *disséquer* • TAALK. *analyser* • ontbinden (in) *décomposer (en)*
ontleding • ANAT. *dissection* v • TAALK. *analyse* v • ontbinding *décomposition* v
ontlenen *emprunter* (**aan** *à*); ⟨vandaan halen/hebben⟩ *tirer de*
ontlokken *tirer* (**aan** *de*); *arracher* (**aan** *à*)
ontlopen • mijden *fuir* • verschillen *différer* ⋆ zij ~ elkaar weinig *ils se valent*
ontluchten ⟨v. radiator⟩ *purger*
ontluiken *s'épanouir*; OOK FIG. *éclore*
ontluisteren *flétrir*; *dégrader*
ontmaagden *déflorer*
ontmannen *châtrer*; *émasculer*
ontmantelen *démanteler*
ontmaskeren *démasquer*
ontmoedigen *décourager*
ontmoeten • tegenkomen *rencontrer* • ondervinden *rencontrer*
ontmoeting *rencontre* v ⋆ een ~ hebben met *faire la rencontre de*

ontmoetingsplaats *lieu* m *de rencontre*; *lieu* m *de rendez-vous*
ontmythologiseren *démythifier*
ontnemen *prendre*; *enlever* ★ iem. iets ~ *enlever/prendre qc à qn* ★ iem. het bevel ~ *retirer le commandement à qn*
ontnuchteren • nuchter maken *dégriser* • ontgoochelen *désillusionner*
ontnuchtering *dégrisement* m; FIG. *désillusion* v
ontoegankelijk *inaccessible* (**voor** *à*)
ontoelaatbaar *inadmissible*
ontoereikend *insuffisant*
ontoerekeningsvatbaar *irresponsable*
ontplofbaar *explosif* [v: *explosive*]
ontploffen *exploser*; *éclater*
ontploffing *explosion* v; ⟨geluid⟩ *détonation* v ★ tot ~ brengen *faire exploser*
ontplooien • ontvouwen *déployer* • ontwikkelen *développer*; ⟨manifesteren⟩ *déployer* ★ zich ~ *s'épanouir*
ontplooiing • het ontvouwen *déploiement* m • ontwikkeling *épanouissement* m; *développement* m
ontpoppen [+ zich] *sortir du cocon* ▼ zich als kok ~ *se révéler bon cuisinier*
ontraadselen *déchiffrer*; ⟨ophelderen⟩ *élucider*
ontraden *déconseiller*; *dissuader*
ontrafelen *effiler*; FIG. *démêler*
ontredderd ⟨v. persoon⟩ *désemparé*; *en désarroi*; ⟨v. situatie⟩ *désespéré*
ontreddering ⟨v. persoon⟩ *désarroi* m; ⟨v. situatie⟩ *confusion* v
ontregelen *dérégler*
ontrieven *importuner*; *déranger*
ontroerd *ému* ★ met ~e stem *d'une voix émue*
ontroeren *émouvoir*; ⟨sterk⟩ *bouleverser*
ontroerend *émouvant*; ⟨sterk⟩ *bouleversant*
ontroering *émotion* v
ontrollen • zich tonen *déployer* • open rollen *dérouler* • stelen *subtiliser*
ontroostbaar *inconsolable*
ontrouw I ZN [de] *infidélité* v **II** BNW • niet trouw *infidèle* (**aan** *à*) ★ het vaderland ~ zijn *trahir sa patrie* • overspelig *adultère*
ontroven *ravir*; OOK FIG. *dérober*; ⟨benemen⟩ *ôter*
ontruimen *évacuer*
ontruiming *évacuation* v
ontrukken *arracher* (**aan** *à*)
ontschepen *débarquer*
ontschieten *échapper* ★ dat is mij ontschoten *ça m'échappe*
ontsieren *enlaidir*; ⟨v. gezicht⟩ *défigurer*
ontslaan • ontslag geven *licencier*; *congédier*; ⟨afdanken⟩ *renvoyer*; *remercier*; INFORM. *virer* • ontheffen *dégager* (**van** *de*); *délier* (**van** *de*); *dispenser* (**van** *de*) • laten gaan ⟨uit gevangenis⟩ *libérer (de prison)*; JUR. *élargir*; ⟨uit ziekenhuis⟩ *laisser sortir*
ontslag • het ontslaan *licenciement* m; ⟨wegens ontevredenheid⟩ *renvoi* m; ⟨verzoek van werknemer⟩ *démission* v ★ zijn ~ nemen/indienen *donner sa démission*; *démissionner* ★ ~ vragen *demander son congé* • het vrijlaten *libération* v • ontheffing *décharge* v
ontslagaanvraag ⟨v. werknemer⟩ *(lettre* v *de) démission* v
ontslagbrief *lettre* v *de licenciement*; ⟨aanvraag⟩ *lettre* v *de démission*
ontslagvergoeding *indemnité* v *de licenciement*
ontslapen *décéder*; *s'éteindre*
ontsluieren *dévoiler*
ontsluiten • openen *ouvrir* • FIG. toegankelijk maken *ouvrir*; ⟨v. gebied⟩ *désenclaver*
ontsluiting • het toegankelijk maken *ouverture* v; ⟨v. gebied⟩ *désenclavement* m • MED. bij bevalling *dilatation* v
ontsluitingswee *contraction* v *de dilatation*
ontsmetten *désinfecter*
ontsmetting *désinfection* v
ontsmettingsmiddel *désinfectant* m
ontsnappen • wegkomen *échapper* (**aan** *à*); *s'échapper* (**aan** *de*); ⟨uit gevangenschap⟩ *s'évader* (**uit** *de*) • FIG. ontglippen *s'échapper* (**aan** *de*)
ontsnapping *fuite* v; ⟨v. persoon⟩ *évasion* v
ontsnappingsclausule *clause* v *échappatoire*
ontspannen I BNW *détendu*; *décontracté* **II** OV WW • minder strak maken *détendre*; ⟨v. spieren⟩ *relâcher*; *relaxer* • tot rust laten komen *détendre*; *distraire* **III** WKD WW [+ zich] *se détendre*; *se relaxer*
ontspanning • het ontspannen *détente* v; ⟨v. spieren⟩ *relâchement* m; *relaxation* v • POL. *détente* v • verpozing *détente* v; *distraction* v
ontspiegeld *antireflet*
ontspinnen [+ zich] *s'engager*
ontsporen OOK FIG. *dérailler*
ontsporing OOK FIG. *déraillement* m; FIG. *dérapage* m
ontspringen • oorsprong hebben *prendre sa source* • ontkomen *échapper* (**aan** *à*)
ontspruiten • uitspruiten *pousser*; *germer* • afkomstig zijn (uit) *être issu* (**aan** *de*)
ontstaan I ZN [het] *naissance* v; *origine* v **II** ON WW *naître*; *se former*; *apparaître*; *prendre naissance*; ⟨opkomen⟩ *s'élever*; *surgir*; ⟨uitbreken⟩ *se déclencher* ★ doen ~ *faire naître*
ontstaansgeschiedenis *genèse* v
ontsteken I OV WW doen ontbranden *allumer* **II** ON WW MED. *s'infecter* ▼ in woede ~ *se mettre en colère*; INFORM. *piquer une colère*
ontsteking • TECHN. ⟨vonk/mechanisme⟩ *allumage* m • MED. *inflammation* v
ontsteld I BNW *consterné*; *bouleversé* **II** BIJW *d'un air consterné/bouleversé*
ontstellend I BNW *effarant* **II** BIJW *terriblement*
ontsteltenis • verwarring *consternation* v; *effarement* m • schrik *consternation* v; *effarement* m
ontstemd • MUZ. *désaccordé* • misnoegd *de mauvaise humeur*; *contrarié*
ontstemmen • MUZ. *désaccorder* • ergeren *mécontenter*; *contrarier*
ontstemming *mécontentement* m
ontstentenis ★ bij ~ van *à défaut de*
ontstijgen *s'élever au-dessus de*; FIG. *transcender*
ontstoken *enflammé*
onttrekken I OV WW • ontnemen *soustraire* (**aan** *à*); *enlever* (**aan** *à*) • SCHEIK. *extraire* (**aan** *de*) **II** WKD WW [+ zich] ★ zich ~ aan

verplichtingen *se soustraire/se dérober à des obligations*
onttronen *détrôner*
ontucht *débauche* v; ⟨daad⟩ *acte* m *de débauche*; *attentat* m *à la pudeur*
ontuchtig *débauché*
ontvallen • verloren gaan ⋆ zijn moeder is hem ~ *il a perdu sa mère* • ongewild gezegd worden *échapper* **(aan** *à)* ⋆ zich iets laten ~ *lâcher qc*
ontvangen *recevoir*; ⟨onthalen⟩ *accueillir*; COMM. *capter*
ontvanger • iem. die ontvangt *destinataire* m/v • belastingontvanger *receveur* m [v: *receveuse*]; *percepteur* m • ontvangtoestel *récepteur* m
ontvangruimte *parloir* m
ontvangst • het ontvangen *réception* v; ⟨v. geld⟩ *perception* v ⋆ in ~ nemen *recevoir*; *prendre livraison de* ⋆ bij de ~ van uw brief *au reçu de votre lettre* • onthaal *accueil* m • inkomsten *recette* v ⋆ de ~en en de uitgaven *les entrées et les sorties* • COMM. *réception* v
ontvangstbewijs *reçu* m; *accusé* m *de réception*
ontvankelijk • openstaand *réceptif* **(voor** *à)* [v: *réceptive*]; *sensible* **(voor** *à)* ⋆ ~ maken *sensibiliser* • JUR. *recevable* ⋆ niet ~ *irrecevable*
ontvellen *écorcher*
ontvetten *dégraisser*
ontvlambaar *inflammable*; FIG. *ardent*
ontvlammen OOK FIG. *s'enflammer*
ontvluchten I OV WW vluchten voor *fuir*; *s'enfuir de* **II** ON WW ontkomen *fuir*; *s'enfuir*
ontvoerder *ravisseur* m [v: *ravisseuse*]
ontvoeren *enlever*; *kidnapper*
ontvoering *enlèvement* m
ontvolking *dépeuplement* m; FIG. *désertification* v
ontvouwen • uitvouwen *déplier*; *déployer* • uiteenzetten *exposer*; *expliquer*
ontvreemden *dérober*; *détourner*
ontwaken *s'éveiller*; *se réveiller*
ontwapenen • van wapens ontdoen *désarmer* • FIG. vertederen *désarmer*
ontwapening *désarmement* m
ontwaren *distinguer*; *apercevoir*; INFORM. *repérer*
ontwarren OOK FIG. *démêler*
ontwennen *perdre l'habitude de*
ontwenning ⟨v. verslaving⟩ *désintoxication* v; FORM. *désaccoutumance* v
ontwenningskliniek *clinique* v *de désintoxication*
ontwenningskuur *cure* v *de désintoxication*
ontwenningsverschijnsel *symptôme* m *de désintoxication* ⋆ ~en vertonen *être en (état de) manque*
ontwerp • plan *projet* m • schets *plan* m
ontwerpen • schetsen *dessiner*; *tracer le plan de* • opstellen *concevoir*
ontwerper *créateur* m [v: *créatrice*]
ontwerpnota *projet* m *de note*
ontwijken *éviter*; ⟨handig⟩ *esquiver*; ⟨v. vraag⟩ *éluder* ⋆ ~d antwoord *réponse* v *évasive*
ontwikkelaar *révélateur* m
ontwikkeld • geestelijk gevormd *développé*; ⟨geestelijk gevormd⟩ *cultivé*; *instruit* • economisch op niveau *développé*
ontwikkelen • geleidelijk vormen *développer* • voortbrengen *produire* ⋆ warmte ~ *dégager / produire de la chaleur* • uitwerken *développer*; *élaborer* • kennis bijbrengen *former*; *cultiver* • A-V *développer*
ontwikkeling • groei *développement* m • voortgang *évolution* v • het ontwikkeld zijn *culture* v ⋆ algemene ~ *culture* v *générale* • A-V *développement* m
ontwikkelingsgebied *zone* v *sous-développée / en voie d'industrialisation*
ontwikkelingshulp • hulp *aide* v *au développement* • dienst *coopération* v
ontwikkelingsland *pays* m *en voie de développement (PVD)*
ontwikkelingspsychologie *psychologie* v *génétique*
ontwikkelingssamenwerking *coopération* v
ontwikkelingswerk *aide* v *au développement*; *coopération* v
ontwikkelingswerker *coopérant* m
ontworstelen *arracher* **(aan** *à)*
ontwortelen • met wortel uitrukken *déraciner* • FIG. ontheemd maken *déraciner*
ontwrichten • MED. *démettre*; *disloquer* • ontregelen *disloquer*; *désorganiser*
ontwrichting • MED. *désarticulation* • FIG. *dislocation* v
ontzag *respect* m **(jegens** *envers, pour)*
ontzaglijk I BNW • ontzagwekkend ⟨met vrees⟩ *redoutable*; *imposant* • zeer groot *énorme*; *immense* **II** BIJW *formidablement*
ontzagwekkend *imposant*
ontzeggen I OV WW • niet toekennen *dénier* • weigeren *interdire*; *refuser* **II** WKD WW [+ zich] *se priver de*; *se refuser*
ontzenuwen *réfuter*; *infirmer*
ontzet I ZN [het] *levée* v *d'un siège*; *libération* v **II** BNW • ontsteld *stupéfait* • ontwricht *disloqué*
ontzetten • ontheffen ⋆ uit de ouderlijke macht ontzet *déchu d'autorité parentale* ⋆ uit zijn ambt ontzet *relevé de ses fonctions* • bevrijden *délivrer*; *libérer*; *faire lever un siège* • verbijsteren *consterner*; *épouvanter*
ontzettend I BNW • vreselijk *affreux* [v: *affreuse*]; *terrible*; *épouvantable* • geweldig *formidable* **II** BIJW • vreselijk *affreusement*; *terriblement* • geweldig *énormément*
ontzetting • ontheffing *destitution* v ⋆ ~ uit de ouderlijke macht *déchéance d'autorité parentale* v • bevrijding *délivrance* v • verbijstering *épouvante* v; *consternation* v
ontzien *épargner*; *ménager* ⋆ geen moeite ~ *ne pas ménager sa peine* ⋆ zich niet ~ *ne pas se ménager*; *payer de sa personne*
ontzuiling *décloisonnement* m
onuitputtelijk *inépuisable*; *intarissable*
onuitroeibaar OOK FIG. *indéracinable*; FIG. *tenace*
onuitspreekbaar *imprononçable*
onuitsprekelijk *inexprimable*; *indicible*
onuitstaanbaar *insupportable*; *odieux* [v:

odieuse]
onuitwisbaar *ineffaçable*
onvast • licht *léger* [v: *légère*] • wankel *instable*; *chancelant*; ⟨onzeker⟩ *hésitant*; ⟨onzeker⟩ *incertain* ★ ~e schreden *des pas mal assurés*
onveilig *peu sûr*; *dangereux* [v: *dangereuse*] ★ de buurt ~ maken *terroriser / infester le quartier*
onveiligheid *insécurité* v
onveranderlijk *invariable*; *inaltérable*
onverantwoord *injustifiable*
onverantwoordelijk I BNW *irresponsable* II BIJW *de manière irresponsable*
onverbeterlijk *incorrigible*; *invétéré*
onverbiddelijk I BNW • onvermurwbaar *impitoyable*; *inexorable* • onvermijdelijk *inévitable* II BIJW onvermurwbaar *impitoyablement*; *inexorablement*; ⟨onvermijdelijk⟩ *inévitablement*
onverbloemd I BNW *franc* [v: *franche*]; *cru* II BIJW oprecht *franchement*; *crûment*; *sans ambages*
onverbrekelijk *indissociable (de)*
onverdeeld • niet verdeeld *indivis* • volledig *entier* [v: *entière*] ★ niet ~ *mitigé*
onverdienstelijk ★ niet ~ *non sans mérite*
onverdraaglijk *insupportable*
onverdraagzaam *intolérant*
onverenigbaar *incompatible*; *inconciliable*
onvergankelijk *impérissable*
onvergeeflijk *impardonnable*; *inexcusable*
onvergelijkelijk *incomparable*; *sans égal*
onvergetelijk *inoubliable*
onverhoeds I BNW *inattendu*; *imprévu* II BIJW *à l'improviste*; *au dépourvu*; *par surprise*
onverholen I BNW *non déguisé*; *ouvert* II BIJW *ouvertement*; *sans ambages*
onverhoopt I BNW *inespéré* II BIJW *contre toute attente*; *par malheur*
onverklaarbaar *inexplicable*
onverkort I BNW • niet ingekort *entier* [v: *entière*]; ⟨onaangetast⟩ *intact* • integraal *intégral* [m mv: *intégraux*] II BIJW *intégralement*
onverkwikkelijk *fâcheux* [v: *fâcheuse*]
onvermijdelijk *inévitable*; *inéluctable*
onverminderd I BNW *entier* [v: *entière*] II BIJW ★ dat geldt ~ voor *ça vaut tout aussi bien pour* III VZ *sans préjudice de* ★ ~ zijn recht op *sans préjudice de son droit à*
onvermoeibaar I BNW *infatigable* II BIJW *inlassablement*
onvermogen *impuissance* v ★ bewijs van ~ *certificat* m *d'indigence*
onvermurwbaar *intraitable*; *inexorable*
onverricht ▼ ~er zake terugkeren *revenir bredouille*
onversaagd *intrépide*
onverschillig I BNW *indifférent (voor à)* ★ dat is mij ~ *cela m'est égal* ★ ~ laten *laisser froid* II BIJW *indifféremment* ★ ~ wie *n'importe qui* ★ geef me een boek, ~ welk *donnez-moi un livre quelconque*
onverschilligheid *indifférence* v
onverschrokken *hardi*; *intrépide*
onverslijtbaar *inusable*
onversneden *pur*; *non coupé*
onverstaanbaar *incompréhensible*; *inintelligible*
onverstandig I BNW *déraisonnable*; *inintelligent*; *imprudent* II BIJW *inintelligemment*; *imprudemment*
onverstoorbaar I BNW niet te storen *imperturbable* II BIJW *stoïquement*
onverteerbaar *indigeste*
onvertogen *indécent*
onvervaard *hardi*; *intrépide*
onvervalst *authentique*; *véritable*; *vrai*; *pur*; INFORM. *vrai de vrai*; *pur sucre*
onvervreemdbaar *inaliénable*
onverwacht *inattendu*; *inopiné*; *imprévu*
onverwachts *à l'improviste*; *tout à coup*; *inopinément*
onverwijld *immédiat*
onverwoestbaar *indestructible*
onverzadigbaar *insatiable*
onverzadigd • niet voldaan *inassouvi* • SCHEIK. *non saturé* ★ meervoudig ~ *poly(-)insaturé*
onverzettelijk I BNW *intransigeant*; *inébranlable* II BIJW *avec intransigeance*
onverzoenlijk *implacable*; *irréconciliable*
onverzorgd • zonder verzorging *sans soins* • slordig *peu soigné*; *négligé* • *à l'abandon*; ⟨behoeftig⟩ *sans ressources*; ⟨slordig⟩ *peu soigné*; *négligé*
onvindbaar *introuvable*
onvoldaan • onbevredigd *peu satisfait*; *mécontent* • niet betaald *impayé*; *non réglé*
onvoldoende I ZN [de] *note* v *en dessous de la moyenne* II BNW *insuffisant* III BIJW *insuffisamment*
onvolkomen *imparfait*
onvolkomenheid • gebrek *imperfection* v • tekortkoming *imperfection* v
onvolledig I BNW niet compleet *incomplet* [v: *incomplète*] II BIJW *incomplètement*
onvolprezen *au-dessus de tout éloge*
onvoltooid • onaf *inachevé* • TAALK. ★ ~ verleden tijd *imparfait* m ★ ~ tegenwoordige tijd *présent* m ★ ~ tegenwoordig toekomende tijd *futur* m *simple*
onvolwaardig *déficient*
onvolwassen ⟨onrijp⟩ *immature*
onvoorspelbaar *imprévisible*
onvoorstelbaar *inimaginable*; *incroyable*; INFORM. *pas possible*
onvoorwaardelijk I BNW *inconditionnel* [v: *inconditionnelle*]; ⟨v. veroordeling⟩ *ferme* ★ twee jaar ~ *deux ans (de prison) ferme* II BIJW ⟨volledig⟩ *sans réserve*; *absolument*
onvoorzichtig I BNW *imprudent* II BIJW *imprudemment*
onvoorzichtigheid *imprudence* v
onvoorzien *imprévu* ★ behoudens ~e omstandigheden *sauf imprévu*
onvrede • onbehagen *mécontentement* m; *malaise* m • ruzie *discorde* v
onvriendelijk I BNW *hostile*; *désagréable* II BIJW *désagréablement*; *avec hostilité*
onvrijwillig *involontaire*; *forcé*
onvruchtbaar ⟨met betrekking tot voortplanting⟩ *stérile*; *infertile*
onvruchtbaarheid *stérilité* v; *infécondité* v
onwaar *faux* [v: *fausse*]

onwaarachtig **I** BNW • niet echt *faux* [v: *fausse*]; *factice* • onoprecht *faux* [v: *fausse*]; *factice* **II** BIJW *sans sincérité*
onwaardig *indigne* ★ iets ~ zijn *être indigne de qc*
onwaarheid *contrevérité* v
onwaarschijnlijk **I** BNW • te betwijfelen *improbable* • ongeloofwaardig *invraisemblable* **II** BIJW *incroyablement*
onwankelbaar *inébranlable*
onweer *orage* m ▾ zijn gezicht staat op ~ *son regard est à l'orage*
onweerlegbaar *irréfutable*; *incontestable*
onweersbui *(pluie* v *d')orage* m
onweersproken *inconteste*
onweerstaanbaar *irrésistible*
onweersvliegje *moucheron* m
onweerswolk *nuage* m *orageux*
onwel *indisposé* ★ zich ~ voelen *se sentir mal*; *avoir un malaise*
onwelwillend *désobligeant*; *malveillant*
onwennig **I** BNW *désorienté*; *dépaysé* **II** BIJW *mal à l'aise*
onweren ★ het onweert *il fait de l'orage*
onwerkelijk *irréel* [v: *irréelle*]
onwetend *ignorant*
onwetendheid *ignorance* v
onwettig *illégal* [m mv: *illégaux*]; *illicite* ★ ~ kind *enfant naturel* / *illégitime*
onwezenlijk *irréel* [v: *irréelle*]; *imaginaire*
onwijs **I** BNW dwaas *insensé*; *sot* [v: *sotte*] **II** BIJW in hoge mate *vachement*; *trop*
onwil *mauvaise volonté* v
onwillekeurig *involontaire*
onwillig **I** BNW *indocile*; ⟨ongenegen⟩ *peu disposé* (**om** *à*) **II** BIJW *à contrecœur*; *de mauvaise volonté*
onwrikbaar *ferme*; *inébranlable*
onyx *onyx* m
onzacht **I** BNW *rude*; *dur* **II** BIJW *rudement*; *durement*
onzalig *fâcheux* [v: *fâcheuse*]; *funeste*
onzedelijk • immoreel *immoral* [m mv: *immoraux*] • onzedig *immoral* [m mv: *immoraux*]
onzedig **I** BNW *indécent* **II** BIJW *indécemment*
onzeker **I** BNW • niet zeker *incertain* ★ in het ~e verkeren *être dans l'incertitude* / *dans le doute* ★ iem. in het ~e laten *laisser dans l'incertitude* / *dans le doute quelqu' un* • onvast *incertain*; *précaire* • niet zelfverzekerd *incertain*; *mal assuré* **II** BIJW *avec incertitude*
onzekerheid • twijfel *incertitude* v • onzekere zaak *incertitude* v • onvastheid *incertitude* v
onzelfzuchtig *désintéressé*
Onze-Lieve-Heer *le bon Dieu*; *le Christ* ▾ ~ heeft rare kostgangers *il faut de tout pour faire un monde*
onzerzijds *de notre part*; *de notre côté*
Onzevader *Notre Père* m [onv]; ⟨r.-k.⟩ *Pater* m
onzichtbaar *invisible*
onzijdig • neutraal *neutre* • onpartijdig *neutre* • TAALK. *neutre*
onzin • dwaasheid *absurdité* v ★ dat zou ~ zijn *ce serait absurde* • dwaze taal *absurdité* v; *non-sens* m ★ ~ uitslaan *dire des bêtises* / *n'importe quoi*; *divaguer*; *radoter*
onzindelijk **I** BNW vies *sale*; *malpropre* **II** BIJW *malproprement*
onzinnig **I** BNW *absurde*; *inepte*; *insensé* **II** BIJW *d'une manière insensé*; *absurdement*
onzorgvuldig **I** BNW *négligent* **II** BIJW *négligemment*
onzuiver • niet zuiver *impur*; ⟨onnauwkeurig⟩ *imprécis*; ⟨vals⟩ *faux* [v: *fausse*] ★ ~ zingen *chanter faux* • afwijkend van iets MUZ. *faux* [v: *fausse*] • onoprecht *faux* [v: *fausse*] • bruto *brut*
oog • gezichtsorgaan *œil* m [mv: *yeux*] ★ de ogen neerslaan *baisser les yeux* ★ zijn ogen bederven *se gâter la vue* ★ zijn ogen niet kunnen geloven *ne pas en croire ses yeux* ★ blauwe ogen hebben *avoir les yeux bleus* ★ goed uit zijn ogen kijken *garder les yeux ouverts* ★ met de ogen rollen *rouler les yeux* ★ slechte ogen hebben *avoir une mauvaise vue* ★ met eigen ogen *de ses (propres) yeux* ★ zijn ogen niet (kunnen) afhouden van *ne pas quitter des yeux* • blik *œil* m; *regard* m ★ met andere ogen *d'un autre œil* ★ oog hebben voor iets *avoir l'œil pour qc* ★ het oog laten vallen op *porter son regard* / *les yeux sur*; *jeter son dévolu sur* • gezichtsveld *vue* v; *regard* m ★ uit mijn ogen! *hors de ma vue!* ★ uit het oog verliezen *perdre de vue* ★ zover het oog reikt *à perte de vue* ★ met het oog op *en vue de*; *dans l'intention de* ★ in het oog krijgen *apercevoir* ★ in het oog houden *avoir l'œil sur*; *surveiller* ★ (vlak) voor iemands ogen *sous les yeux de qn* • gat *œil* m ★ het oog van de naald *le chas*; *l'œil de l'aiguille* • stip op dobbelsteen *point* ▾ zijn oog is groter dan zijn maag *il a les yeux plus grands que le ventre* ▾ ik heb geen ogen in mijn rug! *je n'ai pas des yeux derrière la tête* / *dans le dos!* ▾ je kunt er geen hand voor ogen zien *il faisait noir comme dans un four* ▾ oog om oog, tand om tand *œil pour œil, dent pour dent*; *la loi du talion* ▾ het oog van de meester maakt het paard vet *l'œil du maître engraisse le cheval* ▾ onder vier ogen *en tête à tête*; *entre quatre yeux* ▾ in mijn ogen *à mes yeux* ▾ in het oog lopen *se faire remarquer* ▾ de ogen sluiten voor *fermer les yeux sur* ▾ iem. onder de ogen komen *se présenter devant qn* ▾ de dood in de ogen zien *regarder la mort en face* ▾ op het oog schatten *juger à vue d'œil* ▾ uit het oog, uit het hart *loin des yeux, loin du cœur* ▾ voor ogen houden *avoir présent à l'esprit* ▾ zijn ogen uitkijken *se rincer l'œil* ▾ hoge ogen gooien *être bien placé* ▾ geen oog dichtdoen *ne pas fermer l'œil (de la nuit)* ▾ heb je geen ogen in je hoofd? *t'as pas les yeux en face des trous?* ▾ in het oog springen / vallen *sauter aux yeux*; *être manifeste*; *être tape-à-l'œil* ▾ met een half oog zien *entrevoir*; *voir d'un œil distrait* ▾ grote ogen / ogen als schoteltjes opzetten *ouvrir de grands yeux* / *des yeux ronds* / *des yeux comme des soucoupes* ▾ een open oog hebben voor iets *être ouvert* / *sensible à qc* ▾ iem. de ogen

uitsteken (met iets) INFORM. *en mettre plein la vue à qn* ▾ iem. naar de ogen zien *ramper devant qn* ▾ door het oog van de naald kruipen *l'échapper belle* ▾ onder ogen brengen *faire observer* ▾ onder ogen zien *regarder en face* ▾ oog in oog met *face à face avec* ▾ om zijn mooie blauwe ogen *pour ses beaux yeux* ▾ op het oog hebben *avoir en vue*; *viser* ▾ een oogje dichtdoen *fermer l'œil (sur qc)* ▾ een oogje op iem. hebben *avoir des vues sur qn* ▾ een oogje in het zeil houden *veiller au grain* ▾ een oogje op iets houden *avoir à l'œil qc*; *surveiller qc*

oogappel • deel van oog *prunelle* v • lieveling *chéri* m [v: *chérie*]

oogarts *ophtalmologue* m/v; INFORM. *ophtalmo* m/v

oogbal *globe* m *oculaire*

oogcontact *échange(s)* m (mv) *de regards*

oogdruppels *gouttes* v mv *pour les yeux* [mv]

ooggetuige *témoin* m *oculaire*

ooggetuigenverslag *attestation* v *d'un témoin oculaire*

oogheelkundig *ophtalmologique*

ooghoek *coin* m *de l'œil*

ooghoogte ★ op ~ *à hauteur d'yeux*

oogje • → **oog**

oogkas *orbite* v

oogklep *œillère* v ▾ ~pen voor hebben *avoir des œillères*

ooglid *paupière* v

ooglijderskliniek *clinique* v *ophtalmologique*

oogluikend ★ iets ~ toelaten *fermer les yeux sur qc*

oogmerk *intention* v

oogmeting *examen* m *de la vue*

oogontsteking *ophtalmie* v

oogopslag *coup* m *d'œil* ★ met één ~ *d'un coup d'œil*

oogpotlood *crayon* m *pour les yeux*

oogpunt *point* m *de vue* ★ uit dat ~ *de ce point de vue* ★ uit het ~ van *du point de vue de*

oogschaduw *fard* m / *ombre* v *à paupières*

oogst • het oogsten *récolte* v; ⟨graan⟩ *moisson* v; ⟨pluk⟩ *cueillette* v • het geoogste *récolte* v; ⟨wijndruiven⟩ *vendange* v

oogsten • binnenhalen *récolter*; *faire la récolte de*; ⟨v. graan⟩ *moissonner* • verwerven *récolter*; *recueillir*

oogstrelend *éblouissant*; *enchanteur* [v: *enchanteresse*]

oogverblindend *aveuglant*; *éblouissant*

oogwenk ★ in een ~ *en un clin d'œil*

oogzenuw *nerf* m *optique*

ooi *brebis* v

ooievaar *cigogne* v ▾ in de ~ geloven *croire que les enfants naissent dans les choux*

ooit *jamais*; *un jour* ★ heb je ooit zoiets gezien? *as-tu jamais vu ça?* ★ ik heb hem ooit gezien *je l'ai vu un jour* ▾ wel heb ik ooit! *ça alors!*

ook • eveneens *aussi*; ⟨ontkennend⟩ *non plus* ★ hij gaat er ook niet naar toe *il n'y va pas non plus* • zelfs *même* ★ ook al *même si*; *quoique* [+ subj.]; *bien que* [+ subj.] ★ ook al schreeuw je *tu as beau crier* • misschien *peut-être*; *par hasard* ★ weet u ook ...? *savez-vous (peut-être) ...?* ⟨als versterking⟩ • *vraiment* ★ wie dan ook *quiconque*; *qui que ce soit* ★ hoe het ook zij *quoi qu'il soit* ★ hoe heet hij ook weer? *comment s'appelle-t-il déjà?* • immers *aussi* ★ hij is altijd opgeruimd; zij houdt dan ook veel van hem *il est toujours gai; aussi l'aime-t-elle beaucoup* ⟨zonder betekenis⟩ ★ dat is waar ook *tiens, c'est vrai ça*; *j'y pense*

oom *oncle* m; JEUGDT. *tonton* m ▾ de hoge omes *les grands manitous*; *les grosses légumes*; *les gros bonnets*

oor • gehoororgaan *oreille* v ★ zijn oren laten uitspuiten *se faire déboucher les oreilles* • handvat *anse* v; *oreille* v ▾ een en al oor zijn *écouter de toutes ses oreilles* ▾ iets goed in zijn oren knopen *prendre bonne note de qc*; INFORM. *se mettre qc dans le crâne* ▾ tot over de oren verliefd *éperdument/follement amoureux* ▾ zijn oren niet geloven *ne pas en croire ses oreilles* ▾ hij heeft er wel oren naar *il ne dit pas non* ▾ een open oor hebben voor *prêter une oreille attentive à* ▾ tot over de oren in het werk zitten *être débordé de travail* ▾ ter ore komen *arriver aux oreilles* ▾ het oor lenen aan / laten hangen naar *prêter / tendre l'oreille à* ▾ iem. een oor aannaaien *couillonner qn* ▾ iem. de oren wassen *laver la tête à qn*; *passer un savon à qn* ▾ iem. de oren van het hoofd praten *casser les oreilles à qn* ▾ nog nat achter de oren *jeunot* ▾ met de oren staan te klapperen *en rester baba* ▾ maar met een half oor luisteren *n'écouter que d'une oreille* ▾ het zit tussen de oren *c'est dans la tête / entre les oreilles* ▾ dat gaat het ene oor in en het andere oor uit *cela entre par une oreille et sort par l'autre*

oorarts *oto-rhino-laryngologiste* m/v; INFORM. *oto-rhino* m/v [m mv: *oto-rhinos*]

oorbel *boucle* v *d'oreille*; ⟨hanger⟩ *pendant* m

oord *endroit* m; *lieu* m [mv: *lieux*]; *site* m; ⟨streek⟩ *région* v

oordeel • mening *opinion* v; *avis* m ★ ik ben van ~ dat *je suis d'avis que* • inzicht *jugement* m; *bon sens* m • vonnis *jugement* m; *sentence* v ★ REL. het laatste Oordeel *le jugement dernier* ★ een ~ uitspreken / vellen *porter / rendre un jugement* ▾ een leven als een ~ *un tapage infernal*; *un pandémonium*

oordelen I OV WW menen *juger* **II** ON WW *juger (over de;* **naar** *sur)* ★ te ~ naar *à en juger d'après / par* ★ naar zijn woorden te ~ *à l'en croire*

oordopje *boule* v *Quies*

oordruppels *gouttes* v mv *pour les oreilles* [mv]

oorheelkunde *otologie* v

oorkonde *diplôme* m; *document* m; *acte* m; ⟨oude stukken⟩ *charte* v

oorlel *bout* m / *lobe* m *de l'oreille*

oorlog *guerre* v ★ ~ voeren (met) *faire la guerre (à)* ★ in staat van ~ (met) *en guerre (avec)* ▾ de koude ~ *la guerre froide*

oorlogsbodem *navire* m *de guerre*

oorlogscorrespondent *correspondant* m *de guerre*

OO

oorlogseconomie *économie* v *de guerre*
oorlogsfilm *film* m *de guerre*
oorlogsheld *héros* m *de guerre* [v: *héroïne ...*]
oorlogsindustrie *industrie* v *de guerre*
oorlogsinvalide *invalide* m/v *de guerre*
oorlogsmisdadiger *criminel* m *de guerre* [v: *criminelle ...*]
oorlogsmonument *monument* m *aux morts*
oorlogspad ▾ op het ~ zijn *être sur le sentier de la guerre*
oorlogsschip *navire* m / *vaisseau* m *de guerre* [m mv: *vaisseaux ...*]
oorlogsslachtoffer *victime* v *de (la) guerre*
oorlogsverklaring *déclaration* v *de guerre*
oorlogszuchtig I BNW *belliqueux* [v: *belliqueuse*] II BIJW *va-t-en-guerre* [onv]
oormerk *marque* v *à l'oreille*
oorontsteking *otite* v
oorpijn *mal* m *aux oreilles*
oorschelp *pavillon* m
oorsmeer *cérumen* m
oorsprong *origine* v ⋆ van ~ *d'origine* ⋆ zijn ~ vinden in *avoir son origine dans*
oorspronkelijk I BNW • aanvankelijk *original* [m mv: *originaux*]; *primitif* [v: *primitive*]; *originel* [v: *originelle*] ⋆ de ~e tekst *l'original* ⋆ de ~e betekenis *le sens originel* • origineel *original* II BIJW aanvankelijk *à l'origine*; *initialement*
oortelefoon *écouteur* m; ⟨dopje⟩ *oreillette* v
oorverdovend *assourdissant*
oorvijg *gifle* v ⋆ een ~ geven *gifler*
oorwurm *perce-oreille* m [mv: *perce-oreilles*] ▾ een gezicht als een oorworm *une mine allongée*
oorzaak *cause* v ⋆ ~ en gevolg *la cause et l'effet* ▾ kleine oorzaken hebben grote gevolgen *à petite cause grands effets*
oorzakelijk *causal* [m mv: *causals/causaux*] ⋆ ~ verband *rapport* m *de cause à effet*
oost I BIJW *est* II ZN [de] *Est* m ▾ oost west, thuis best ≈ *home sweet home*
Oostblok *pays* m mv *de l'Est*
Oost-Duitsland *l'Allemagne* v *de l'Est*
oostelijk I BNW uit/van het oosten *de l'est*; ⟨v. gebied⟩ *oriental* [m mv: *orientaux*] ⋆ naar het oosten *vers l'est* II BIJW naar het oosten *vers l'est*
oosten • windstreek *est* m ⋆ op het ~ liggen *être exposé à l'est* ⋆ ten ~ van *à l'est de* • gebied *l'Orient* m ⋆ het Nabije Oosten *le Proche-Orient* ⋆ het Verre Oosten *l'Extrême-Orient*
Oostende *Ostende*
Oostenrijk *l'Autriche* v ⋆ in ~ *en Autriche*
Oostenrijker *Autrichien* m [v: *Autrichienne*]
Oostenrijks *autrichien* [v: *autrichienne*]
oostenwind *vent* m *d'est*
oosterbuur *voisin* m *de l'est*
oosterlengte *longitude* v *est*
oosterling *Oriental* m [mv: *Orientaux*]
oosters *d'Orient*; *oriental* [m mv: *orientaux*]
Oost-Europa *l'Europe* v *de l'Est*
Oost-Europees *de l'Europe de l'Est*
Oost-Indisch *des Indes néerlandaises* ⋆ ~e inkt *encre* v *de Chine* ⋆ ~e kers *capucine* v ▾ ~ doof zijn *faire la sourde oreille*
oostkust *côte* v *orientale* / *est*
Oost-Vlaanderen *la Flandre-Orientale*
oostwaarts *vers l'est*
Oostzee *(mer* v*) Baltique* v
ootje ▾ iem. in het ~ nemen *mener qn en bateau*
ootmoedig I BNW *humble* II BIJW *humblement*
op I BIJW • omhoog *en haut* ⋆ op en neer gaan *monter et descendre*; *fluctuer*; *aller et venir*; *faire les cent pas*; *faire la navette*; *avoir des hauts et des bas* • verbruikt *usé* ⋆ het water is op *il n'y a plus d'eau* ⋆ op is op *fini, c'est fini* ⋆ op kunnen *pouvoir finir* ⋆ mijn geduld is op *ma patience est à bout*; *je suis à bout de patience* • uitgeput *épuisé* ⋆ hij was helemaal op *il était à bout de forces* • uit bed *levé*; *debout* ▾ tegen iem. op kunnen *valoir qn*; *pouvoir se mesurer à qn* ▾ het kan niet op! *c'est l'abondance*; INFORM. *c'est le pied* II VZ • boven(op) *sur* ⋆ op de grond *par terre* ⋆ op zee *en mer* ⋆ op de fiets *à / en bicyclette* • in *dans* ⋆ op straat *dans la rue* ⋆ op zijn kamer *dans sa chambre* ⋆ op school *à l'école* • verwijderd van *à* ⋆ op drie kilometer afstand *à trois kilomètres* • tijdens ⋆ op maandag *le lundi* ⋆ op 1 augustus *le premier août* • volgens een bepaalde manier ⋆ op z'n gemak *à l'aise* ⋆ op z'n Frans *à la française* • met ⋆ op gas koken *cuisiner au gaz* ⋆ op waterstof lopen *marcher à l'hydrogène* • in de richting van ⋆ op het noorden *exposé au nord* ▾ op mijn woord *je vous donne ma parole* ▾ op heterdaad betrapt *pris en flagrant délit* ▾ één op de tien *un sur dix* ▾ op z'n laatst *au plus tard*
opa *pépé* m; *papi* m; *papy* m
opaal *opale* v
opbaren *mettre en bière* ⋆ opgebaard liggen *être exposé*
opbellen *appeler*; *téléphoner à*; INFORM. *passer un coup de fil à*
opbergen *ranger*
opbergsysteem *système* m *de classement*
opbeuren • optillen *soulever* ⋆ ~d *réconfortant* • opvrolijken *remonter le moral de*; *réconforter*
opbiechten *confesser*; *avouer*
opbieden *surenchérir* ⋆ tegen iem. ~ *enchérir sur qn*
opbinden • vastbinden *attacher*; ⟨v. planten⟩ *accoler* • naar boven omslaan *relever*
opblaasbaar *gonflable* ⋆ een opblaasbare boot *un canot pneumatique*
opblaaspop *poupée* v *gonflable*
opblazen • doen zwellen *gonfler* • doen ontploffen *faire sauter* • aandikken *gonfler*; *grossir*
opblijven *veiller (tard)* ⋆ de hele nacht ~ *passer une nuit blanche*
opbloei *épanouissement* m; *(nouvel) essor* m
opbloeien *s'épanouir*
opbod • het opbieden *enchère* v ⋆ een verkoop bij ~ *une vente aux enchères* • hoger bod *surenchère* v
opboksen *se débattre contre*

opborrelen *bouillonner*; OOK FIG. *jaillir*
opbouw • het opbouwen *construction* v; OOK FIG. *édification* v ★ in ~ *en construction* • samenstelling *structure* v; ⟨indeling⟩ *agencement* m • bouw erbovenop *superstructure* v
opbouwen • bouwen *construire*; OOK FIG. *édifier*; *monter* • tot stand brengen *monter*
opbouwend *constructif* [v: *constructive*]
opbouwwerk ≈ *travail* m *socio-éducatif*
opbranden I OV WW *être consumé par le feu*; ⟨langzaam⟩ *se consumer* II ON WW verbranden *brûler entièrement*; *être consumé par le feu*; ⟨langzaam⟩ *se consumer*
opbreken I OV WW • openbreken ★ een straat ~ *dépaver une rue* • demonteren *démonter* ★ het kamp ~ *lever le camp* • beëindigen ★ het beleg ~ *lever le siège* • slecht bekomen ★ dat zal hem ~ *il le paiera cher*; *il s'en repentira* II ON WW vertrekken *plier bagage*; *lever le camp*; *partir*; *décamper*
opbrengen • opleveren *rapporter*; *produire*; *rendre* ★ veel ~ *être d'un bon rapport*; *rapporter beaucoup* ★ de oogst heeft weinig opgebracht *le rendement de la récolte a été faible* • betalen *payer* ★ dat kan ik niet ~ *c'est au-dessus de mes moyens* • hebben *rapport* m; *rendement* m • als overtreder meevoeren *emmener (au poste de police)*
opbrengst • rendement *rapport* m; *produit* m; *rendement* m; ⟨recette⟩ *recette* v • oogst *récolte* v
opdagen *paraître*; INFORM. *se pointer* ★ niet komen ~ *ne pas se présenter*; *poser un lapin (à qn)*
opdat *afin de* [+ inf.]; *pour que* [+ subj.]; *afin que* [+ subj.]; *pour* [+ inf.]
opdienen *servir*
opdiepen OOK FIG. *déterrer*; FIG. *dénicher*
opdirken *fagoter*; *affubler* ★ zich ~ *se pomponner*
opdissen *débiter*
opdoeken *liquider* ★ de zaak ~ *fermer boutique*
opdoemen *surgir*; *émerger*
opdoen • opzetten *mettre* • verkrijgen *acquérir* ★ nieuwe kracht ~ *reprendre des forces*; *se retremper* ★ inspiratie ~ *chercher de l'inspiration* • oplopen *attraper* • vernemen *apprendre*
opdoffen I OV WW *fagoter*; *affubler* II WKD WW [+ zich] *se pomponner*
opdoffer *baffe* v; *beigne* v
opdonder ⟨klap⟩ *baffe* v
opdonderen *foutre le camp*; *dégager*
opdondertje *demi-portion* v [mv: *demi-portions*]
opdraaien I OV WW opwinden *remonter* II ON WW ▾ voor iets ~ *faire les frais de qc*
opdracht • taak *mission* v; *charge* v; *mandat* m; ⟨order⟩ OOK COMP. *commande* v; ⟨bij aanbesteding⟩ *marché* m ★ de ~ hebben om *être chargé de* / *avoir charge de* ★ de ~ krijgen om *recevoir pour mission de* ★ in ~ *sur commande*; *sur (l')ordre de* • opdracht in boek *dédicace* v
opdrachtgever ⟨lastgever⟩ *mandant* m; ⟨afnemer⟩ *client* m; ⟨geldschieter⟩ *commanditaire* m/v
opdragen • opdracht geven tot *charger* ★ iem. iets ~ *charger qn de qc* • offeren *consacrer* *(***aan** *à)* ★ de mis ~ *célébrer la messe* • aanbieden ~ **aan** *dédicacer à*
opdraven ★ komen ~ *s'amener*; *débarquer* ★ laten ~ *convoquer*; *appeler*
opdreunen *ânonner*; *psalmodier*
opdrijven • voortdrijven *conduire*; ⟨opjagen⟩ *traquer* ★ het wild ~ *débusquer le gibier* • doen stijgen *faire grimper* / *monter*; *gonfler*
opdringen I OV WW opleggen ~ **aan** *imposer à* II ON WW naar voren dringen *pousser* III WKD WW [+ zich] *s'imposer (***aan** *à)*
opdringerig *envahissant*; INFORM. *collant*
opdrinken *boire*; ⟨ledigen⟩ *vider*
opdrogen I OV WW *sécher* II ON WW *sécher*; ⟨v. bron⟩ *(se) tarir* ★ nooit ~d *intarissable*
opdruk *surcharge* v; ⟨op kleding⟩ *impression* v
opdrukken • omhoog-/voortdrukken *pousser vers le haut* ★ zich ~ SPORT *faire des pompes* • erop drukken *imprimer*; ⟨stempelen⟩ *estampiller*
opduikelen *dénicher*; *dégot(t)er*; INFORM. *pêcher*
opduiken I OV WW vinden *pêcher* II ON WW • boven water komen *émerger*; ⟨v. onderzeeër⟩ *faire surface* • tevoorschijn komen *surgir*; *jaillir* ★ uit het niets ~ *tomber du ciel*
opduvelen *foutre le camp*; *dégager*
OPEC ⟨Organisation v des pays exportateurs de pétrole⟩ *OPEP* v
opeen *l'un sur l'autre*; *l'un contre l'autre*
opeens *tout à coup*
opeenstapeling *entassement* m; *accumulation* v
opeenvolgend *successif* [v: *successive*]
opeenvolging *série* v; *succession* v; *suite* v
opeisen *exiger*; *réclamer*; *revendiquer* ★ een aanslag / de verantwoordelijkheid ~ *revendiquer un attentat* / *la responsabilité*
open • niet dicht *ouvert* ★ een open wond *une plaie vive* ★ de open lucht *l'air libre* ★ in de open lucht *en plein air* ★ een open mijn *une mine à ciel ouvert* ★ een open plek in een bos *une clairière* ★ een open riool *un égout à ciel ouvert* ★ een open haard *une cheminée* • toegankelijk *ouvert (***voor** *à)* ★ open competitie *compétition open* • niet bedekt *découvert* ★ een auto met open dak *une voiture à toit ouvrant*; *une (voiture) décapotable* ★ een open riool *un égout à ciel ouvert* • niet bezet *libre*; ⟨v. betrekking⟩ *vacant* • openhartig *ouvert*; *franc* [v: *franche*] ★ een open gezicht *un visage ouvert* / *franc* • niet ingevuld ★ de vraag open laten *laisser la question en suspens* ★ een open vraag *un point d'interrogation* ▾ in open zee *sur la haute mer* ▾ open dag *journée portes ouvertes*
openbaar I BNW • voor ieder toegankelijk *public* [v: *publique*] ★ de openbare weg *la voie publique* ★ het ~ vervoer *les transports en commun* ★ ~ onderwijs *enseignement* m *public* / *laïque* ★ in het ~ *en public*; *sur la place publique* • voor ieder geldend *public* [v: *publique*] • voor ieder bekend ★ ~ maken *publier*; *divulguer* II BIJW *publiquement*; *en*

op

public
openbaarheid *publicité* v
openbaren I OV WW *révéler*; *dévoiler* **II** WKD WW [+ zich] *se manifester*
openbaring *révélation* v ★ de Openbaring van Johannes *l'Apocalypse* v
openbreken *forcer*; ‹v. straat› *dépaver*; ‹v. contract› *renégocier*
opendoen *ouvrir*
openen • openmaken *ouvrir* • openstellen *ouvrir* • FIG. beginnen *ouvrir*
opener ‹voor een blik› *ouvre-boîtes* m [onv]; ‹voor een fles› *décapsuleur* m
opengaan *s'ouvrir*; ‹v. bloem› *s'épanouir*; ‹v. abces› *crever*
openhartig I BNW *franc* [v: *franche*]; *ouvert* **II** BIJW *franchement*; *à cœur ouvert*
openhartoperatie *opération* v *à cœur ouvert*
openheid *ouverture* v; *franchise* v
openhouden • niet dicht laten gaan *tenir ouvert*; *garder ouvert* • vrijhouden *réserver*
opening • het openen *ouverture* v • gat *trou* m; *orifice* m; ‹in muur› *jour* m • begin *ouverture* v; ‹inwijding› *inauguration* v • toenadering *ouverture* v ▾ ~ van zaken geven *s'expliquer*
openingskoers *cours* m *d'ouverture*
openingstijd *heure(s)* v (mv) *d'ouverture*
openingstijden *heures* v mv *d'ouverture*; *horaires* m mv
openlaten • geopend laten *laisser ouvert* • FIG. niet af-/uitsluiten *laisser ouvert* • FIG. niet invullen *laisser en blanc*
openleggen *ouvrir*; ‹blootleggen› *exposer*
openlijk I BNW *ouvert*; ‹verklaard› *déclaré* **II** BIJW *ouvertement*; ‹publiekelijk› *publiquement*
openlucht- *en plein air* ★ openluchttheater *théâtre* m *en plein air*; *théâtre* m *de verdure*
openluchtbad *piscine* v *en plein air*
openluchtconcert *concert* m *en plein air*
openmaken *ouvrir*
openslaand ★ ~e deuren *des portes-fenêtres*
opensperren *ouvrir tout grand*; ‹v. ogen› *écarquiller*
openspringen *s'ouvrir brusquement*; ‹v. de huid› *(se) gercer*
openstaan • geopend zijn *être ouvert* • nog te betalen *être impayé*; *ne pas être réglé* • vacant zijn *être libre*; *être vacant* • welwillend zijn **~ voor** ★ ~ voor kritiek *être ouvert à la critique*
openstellen *ouvrir*
op-en-top *jusqu'au bout des ongles*
openvallen • opengaan *s'ouvrir* • vacant raken *se libérer*
openzetten *ouvrir*
opera *opéra* m
operabel *opérable*
operateur *opérateur* m [v: *opératrice*]
operatie • MED. *opération* v ★ een ~ uitvoeren *opérer* • ECON. *opération* v • MIL. *opération* v
operatief I BNW *opératoire*; *chirurgical* [m mv: *chirurgicaux*] **II** BIJW *en opérant* ★ ~ verwijderen *pratiquer l'ablation de*; *enlever*
operatiekamer *salle* v *d'opération*
operatietafel *table* v *d'opération*; INFORM. *billard* m
operatiezuster *infirmière* v *au bloc opératoire*
operationeel *opérationnel* [v: *opérationnelle*]
operator • persoon *opérateur* m [v: *opératrice*] • WISK. *opérateur* m
operazangeres *cantatrice* v
opereren *opérer* ★ geopereerd worden aan *se faire opérer de*
operette *opérette* v
operettegezelschap *troupe* v *d'opérette*
opeten *manger*; *avaler*; *croquer* ▾ een kind om op te eten *un enfant joli à croquer*
opfleuren I OV WW vrolijker maken *aviver*; *ragaillardir* **II** ON WW vrolijker worden *se remettre*; *se ragaillardir*
opflikkeren • helderder flikkeren *flamber* • opduvelen *foutre le camp*
opfokken • grootbrengen *élever* • boos maken *provoquer*; *exciter* ★ opgefokt zijn *être tout excité*; *être gonflé à bloc*; INFORM. *être speedé* • opvoeren ‹v. motor› *gonfler*
opfrissen I OV WW fris maken *rafraîchir* ★ zijn geheugen ~ *dérouiller / rafraîchir sa mémoire* **II** ON WW fris worden *se rafraîchir* ★ zich ~ *se rafraîchir*
opgaan • omhooggaan *s'élever*; ‹v. zon› *se lever* ★ het ~ van het doek / de zon *le lever du rideau / du soleil* • gaan op ★ de trap ~ *monter l'escalier* ★ een weg ~ *prendre un chemin* • geheel op raken *se consommer*; *s'épuiser*; *finir* • juist zijn *tenir debout*; *valoir*; ‹v. deling› *être sans reste* • examen doen *se présenter (à un examen)*; *passer (un examen)* • **~ in** *être absorbé dans / par*; *se perdre dans* ★ in elkaar ~ *fusionner*; *se fondre* ▾ in ~de lijn *en s'améliorant*
opgang • het opgaan *montée* v; ‹v. zon› *lever* m • trap *escalier* m ★ vrije ~ *entrée* v *indépendante* ▾ ~ maken *être en vogue*; *avoir du succès*
opgave, opgaaf • vraagstuk *problème* m; *exercice* m; *sujet* m • taak *tâche* v; *épreuve* v; ‹huiswerk› *devoir* m ★ voor een moeilijke ~ staan *être confronté à une tâche difficile* • vermelding *déclaration* v; ‹overzicht› *relevé* m ★ zonder ~ van redenen *sans motivation*
opgeblazen • gezwollen *enflé* • pafferig *bouffi* • verwaand *suffisant*; *enflé*
opgeilen ~ op ★ daar geil ik op *ça me fait bander*
opgelaten *mal à l'aise*; *embarrassé* **(met** *de)*
opgeld *prime* v ▾ ~ doen *être en vogue*
opgelucht I BNW *soulagé* ★ ~ ademhalen *pousser un soupir de soulagement* **II** BIJW *avec soulagement*
opgeprikt *guindé*
opgeruimd I BNW • netjes *rangé* • vrolijk *enjoué*; *gai* ▾ ~ staat netjes! *bon débarras!* **II** BIJW *de bonne humeur*
opgeschoten *grand*; ‹slungelig› *dégingandé* ★ een ~ jongen *un adolescent*
opgeschroefd *ampoulé* ★ ~e verwachtingen *des attentes exagérées*
opgesmukt • versierd *tarabiscoté* • gekunsteld *enjolivé* ★ een ~ verhaal *un récit enjolivé*

opgetogen *enchanté; ravi (***over** *de)*
opgeven I OV WW • prijsgeven *renoncer à; abandonner;* INFORM. *laisser tomber* ★ de moed ~ *perdre courage* ★ een zieke ~ *condamner un malade* ★ het ~ *renoncer; lâcher prise;* SPORT *abandonner* ★ ik geef het op! *je baisse les bras!; je donne ma langue au chat!* ★ hij geeft niet op *il n'en démord pas* • melden *donner; indiquer;* ⟨aangeven⟩ *déclarer* ★ zijn naam ~ *donner / décliner son nom* • aanmelden *présenter; faire inscrire à* ★ zich ~ voor *s'inscrire à* • opdragen *poser; donner* ★ sommen ~ *faire faire des problèmes* • braken *rendre* ★ bloed ~ *cracher du sang* **II** ON WW roemen ★ hoog van iets/ iem. ~ *vanter qc; faire l'éloge de qc*
opgewassen ★ ~ zijn tegen *pouvoir se mesurer à; être à la hauteur (de la tâche); pouvoir faire face à* ★ tegen elkaar ~ zijn *se valoir*
opgewekt I BNW *gai; enjoué; de bonne humeur* **II** BIJW *gaiement; avec enjouement*
opgewonden I BNW • zenuwachtig *excité; agité; nerveux* [v: *nerveuse*] • driftig *excité* **II** BIJW *d'une manière agitée*
opgooien • gooien *lancer (en l'air)* • tossen ★ een munt ~ *jouer à pile ou face*
opgraven *déterrer;* ⟨v. lijk⟩ *exhumer*
opgraving *déterrement* m; ⟨v. lijk⟩ *exhumation* v; ⟨archeologie⟩ *fouille(s)* v [(mv)]; ⟨plaats⟩ *site* m *archéologique*
opgroeien *grandir; pousser*
ophaalbrug *pont-levis* m [mv: *ponts-levis*]
ophalen • omhooghalen *lever; monter; hisser* ★ de schouders ~ *hausser les épaules* ★ een vis ~ *retirer un poisson de l'eau* ★ een steek ~ *relever une maille* • inzamelen *collecter* ★ geld ~ *faire une collecte* • afhalen *(aller) chercher* • opfrissen *raviver; rafraîchir* • in herinnering roepen *évoquer; ressortir* ▾ zijn neus ~ *renifler*
ophanden ★ ~ zijn *être proche; approcher*
ophangen I OV WW • erop/eraan hangen *accrocher; suspendre* ★ gordijnen ~ *poser des rideaux* ★ de was ~ *étendre le linge* • aan de galg hangen *pendre* • opdissen *raconter; sortir* **II** ON WW telefoongesprek beëindigen *raccrocher*
ophanging • straf *pendaison* v • TECHN. *suspension* v
ophebben • dragen *porter* • genuttigd hebben ⟨v. voedsel⟩ *avoir mangé;* ⟨v. drank⟩ *avoir bu* • ~ **met** ★ weinig ~ met *peu apprécier;* INFORM. *ne pas sentir*
ophef *bruit* m ★ met veel ~ *à grand bruit / fracas* ★ veel ~ maken over *faire grand bruit de* ★ zonder ~ *directement;* INFORM. *sans faire des vagues*
opheffen • optillen *lever;* FIG. *relever* ★ de hand ~ tegen *lever la main sur* • beëindigen *lever; clore* ★ de zitting ~ *lever la séance* • tenietdoen *supprimer; abolir* ★ elkaar ~ *se neutraliser; se compenser*
opheffing • sluiting *liquidation* v; *cessation* v *de commerce* • afschaffing *suppression* v; *annulation* v; *abolition* v; ⟨beëindiging⟩ *levée* v
opheffingsuitverkoop *vente* v *de liquidation*
ophelderen I OV WW toelichten *éclaircir* ★ de zaak is opgehelderd *l'affaire est tirée au clair* **II** ON WW weer helder worden *s'éclaircir*
opheldering OOK FIG. *éclaircissement* m ★ iem. ~ vragen over iets *demander des explications à qn sur qc*
ophemelen *porter aux nues; exalter; aduler*
ophijsen *lever; hisser;* ⟨v. broek⟩ *remonter*
ophitsen *exciter; provoquer; inciter (***tot** *à);* *monter (***tegen** *contre)* ★ de menigte ~ *ameuter la foule*
ophoepelen *ficher le camp; dégager*
ophoesten • spuwen *cracher; dégurgiter* • tevoorschijn toveren *cracher*
ophogen *rehausser;* ⟨v. terrein⟩ *remblayer*
ophokken *confiner*
ophopen I OV WW *entasser* **II** WKD WW [+ zich] *s'accumuler*
ophouden I OV WW • omhoog houden *tenir levé;* ⟨ondersteunen⟩ *soutenir; supporter* • hoog houden *garder; sauver* ★ zijn reputatie ~ *soutenir sa réputation* ★ zijn stand ~ *tenir son rang* • op het lichaam houden *garder* • tegenhouden *retenir;* ⟨vertragen⟩ *retarder* ★ ik zal u niet langer ~ *je ne vous retiendrai plus* **II** ON WW stoppen *finir (***met, te** *de); (s')arrêter (***met, te** *de); cesser (***met, te** *de)* ★ ermee ~ *arrêter; lâcher prise;* INFORM. *décrocher; lâcher* ★ hij weet van geen ~ *il n'arrête pas* ★ hou op! *arrête!* ★ zonder ~ *sans cesse* **III** WKD WW [+ zich] • ergens zijn *se trouver;* ⟨verblijven⟩ *séjourner* • zich bezighouden ~ **met** ⟨iets⟩ *s'occuper de;* ⟨iemand⟩ *frayer avec*
opinie *opinion* v
opinieblad ≈ *magazine* m *d'opinion*
opinieonderzoek *sondage* m *(d'opinion)*
opium *opium* m ★ ~ schuiven *fumer de l'opium*
opjagen • opdrijven *traquer; faire monter* ★ de prijzen ~ *faire monter les prix* • tot haast aanzetten *presser; bousculer*
opjutten *pousser (***tot** *à); monter (***tegen** *contre)*
opkalefateren *retaper*
opkijken • omhoogkijken *lever les yeux (***van** *de)* • verbaasd zijn *être surpris (***over** *par)* ★ er raar van ~ *ouvrir de grands yeux; tomber de son haut / des nues; ne pas en revenir* • ~ **tegen** ★ tegen iets ~ *appréhender (de faire) qc* ★ tegen iem. ~ *respecter qn; admirer qn*
opkikkeren I OV WW doen opfleuren *ravigoter* **II** ON WW opfleuren *se requinquer*
opkikkertje *remontant* m
opklapbaar *pliant; escamotable*
opklapbed *lit* m *escamotable*
opklappen *replier (vers le haut)*
opklaren *s'éclaircir*
opklaring ⟨v. de lucht⟩ *éclaircie* v
opklimmen • omhoog klimmen *escalader; grimper; gravir* • in rang stijgen *gravir les échelons; monter (en grade)* ★ ~ tot *s'élever au rang / grade de* ▾ ~de reeks *progression* v *croissante*
opkloppen • doen rijzen *battre;* ⟨v. slagroom⟩ *fouetter* • overdrijven *gonfler; monter en épingle;* ⟨mooier maken⟩ *faire mousser;* ⟨erger

maken⟩ *dramatiser*

opknapbeurt *remise* v *en état*

opknappen I OV WW • netjes maken *arranger*; *retaper*; ⟨v. gevels⟩ *ravaler* ★ zich ~ *se rafraîchir* • verrichten *régler* • straf uitzitten *purger* II ON WW beter worden *se remettre* *(van de)*

opknopen I OV WW • omhoog knopen *nouer* • ophangen *pendre* II WKD WW [+ zich] *se pendre*

opkomen • ontstaan *naître* • omhoogkomen *monter*; *se lever*; ⟨ontkiemen⟩ *germer*; ⟨uitgroeien⟩ *pousser* ★ de ~de zon *le soleil levant* ★ ~d tij *marée montante* • verschijnen *apparaître*; *venir*; ⟨opdagen⟩ *se pointer*; ⟨eraan komen⟩ *s'annoncer*; ⟨zich melden⟩ *se présenter* • in gedachten komen *passer par la tête*; *venir (à l'esprit)* • op toneel komen *entrer en scène* • ~ **tegen** *s'élever contre*; *s'opposer à* • ~ **voor** *défendre*; ⟨ijveren⟩ *militer pour* ★ voor zichzelf ~ *ne pas se laisser faire*; *se faire valoir* ▾ kom op! *allez!* ▾ kom maar op! *je t'attends!*

opkomst • beweging omhoog ⟨v. zon, maan⟩ *lever* m • ontwikkeling *montée* v; *ascension* v; *progrès* m ★ een stad in ~ *une ville en plein développement* • het ten tonele komen *entrée* v *en scène* • komst na oproep *assistance* v; ⟨bij verkiezing⟩ *participation* v

opkopen *acheter (en masse)*; *accaparer*

opkoper *revendeur* m [v: *revendeuse*]; *brocanteur* m [v: *brocanteuse*]

opkrabbelen • krabbelend opstaan *se mettre debout avec difficulté* • zich herstellen *se remettre lentement*

opkrassen *ficher le camp*; *dégager*; *filer*

opkrikken *booster*

opkroppen *refouler*; *ravaler*; *contenir*

oplaadbaar *rechargeable*

oplaaien *flamber*; OOK FIG. *s'enflammer*; *jaillir*

opladen *charger*; ⟨elektrisch⟩ *(re)charger*

oplader *chargeur* m

oplage *tirage* m ★ een ~ hebben van *tirer à*

oplappen *rafistoler*; *retaper*; ⟨verstellen⟩ *rapiécer*

oplaten ⟨v. vlieger⟩ *lancer*; ⟨v. ballon/duiven⟩ *lâcher*

oplawaai *baffe* v; *beigne* v

oplazeren *foutre le camp*; *dégager*

opleggen • op iets leggen *mettre*; *appliquer* ★ de handen ~ REL. *imposer les mains* • belasten met *imposer*; ⟨v. straf⟩ *infliger* ★ iem. het zwijgen ~ *imposer le silence à qn* ★ zich beperkingen ~ *se fixer des limites*; *se limiter* • SCHEEPV. *immobiliser* ▾ het er dik ~ *en rajouter*; *en faire des kilos* ▾ een opgelegde kans *une occasion en or*

oplegger *semi-remorque* v [mv: *semi-remorques*]

opleiden *former* ★ ~ voor *préparer à*

opleiding *formation* v; *études* v mv

opleidingscentrum *centre* m *de formation*

oplepelen *réciter*; *débiter*

opletten *faire attention*; *être attentif* [v: *être attentive*] ★ opgelet! *attention!*

oplettend I BNW *attentif* [v: *attentive*] II BIJW *attentivement*

opleuken *égayer*

opleven *renaître*; *revivre* ★ weer doen ~ *ranimer*; *relancer*

opleveren • voortbrengen ★ gevaar ~ *présenter un danger* ★ niets ~ *ne rien donner*; *n'aboutir à rien* • opbrengen *rapporter*; *valoir* • afleveren *livrer*

oplevering *réception* v *(des travaux)*

opleving *reprise* v; *renouveau* m; *second souffle* m

oplichten I OV WW • optillen *(sou)lever* • bedriegen *escroquer*; *rouler*; INFORM. *arnaquer* II ON WW helder worden *s'éclaircir*

oplichter *escroc* m; INFORM. *arnaqueur* m

oplichterij *escroquerie* v; INFORM. *arnaque* m

oplichting • het optillen *soulèvement* m • bedrog *escroquerie* v

oploeven *aller au lof*; *lofer*

oplopen I OV WW ongewild krijgen *attraper*; ⟨v. letsel⟩ *recevoir*; ⟨v. schade⟩ *subir*; ⟨op de hals halen⟩ *encourir* II ON WW • naar boven lopen *monter* • naar boven gaan *monter* • gaan ★ een eindje met iem. ~ *faire un bout de chemin avec qn* • toenemen *augmenter*; *s'élever* ★ dat begint op te lopen *ça commence à chiffrer* ★ hoog ~de ruzie *dispute* v *violente* ▾ tegen iets ~ *tomber sur qc*

oplosbaar *soluble*

oploskoffie *café* m *soluble*

oplosmiddel *solvant* m

oplossen I OV WW • SCHEIK. *dissoudre* • de uitkomst vinden *résoudre*; ⟨regelen⟩ *régler*; *arranger*; *vider* II ON WW • SCHEIK. *se dissoudre* • verdwijnen *disparaître*; ⟨v. mist⟩ *se dissiper*; ⟨uiteengaan⟩ *se disperser* ★ (zich) in het niets ~ *s'envoler (en fumée)*; *s'évanouir*

oplossing • uitkomst *solution* v • SCHEIK. *solution* v

oplossingscoëfficiënt *coefficient* m *de solubilité*

opluchten *soulager*

opluchting *soulagement* m

opluisteren *donner de l'éclat à*; *rehausser (l'éclat de)*

opmaak • lay-out *mise* v *en page(s)* • cosmetica *maquillage* m

opmaakredacteur *metteur* m *en pages*

opmaat • MUZ. *anacrouse* v • begin *amorce* v

opmaken • verbruiken *finir*; *manger*; ⟨v. voorraad⟩ *épuiser*; ⟨v. geld⟩ *dépenser*; ⟨verkwisten⟩ *dilapider* • in orde maken *faire*; ⟨garneren⟩ *garnir* ★ een bed ~ *faire un lit* ★ zijn haar ~ *se coiffer*; *s'arranger les cheveux* ★ zich ~ om / voor *s'apprêter à* • concluderen *conclure (**uit** de)*; *déduire (**uit** de)* ★ daaruit maak ik op dat *j'en déduis que* • van cosmetica voorzien *maquiller* ★ zich ~ *se maquiller* • typografisch indelen *mettre en page(s)*; *monter* • opstellen *dresser*; *établir*; *faire* ★ een lijst ~ *établir une liste* ★ een proces-verbaal ~ *dresser un procès-verbal*

opmars • het opmarcheren *avance* v; *marche* v • vooruitgang *poussée* v

opmerkelijk *remarquable*; *étonnant*

opmerken • waarnemen *remarquer*; *observer* • aandacht vestigen op *faire observer*; *faire remarquer*

opmerking *observation* v; *remarque* v
opmerkingsgave *don* m / *esprit* m *d'observation*
opmerkzaam **I** BNW *attentif* [v: *attentive*] ★ iem. ~ maken op iets *signaler / faire observer qc à qn* **II** BIJW *attentivement*
opmeten *mesurer*; ⟨v. land⟩ *arpenter*
opmonteren *ragaillardir*; *remonter le moral à*
opnaaien ★ laat je niet ~ *ne te laisse pas monter*
opname • het opnemen ⟨toelating⟩ *admission* v; ⟨in ziekenhuis⟩ *hospitalisation* v; ⟨invoeging⟩ *insertion* v; ⟨absorptie⟩ *absorption* v • registratie ⟨op band/schijf⟩ *enregistrement* m; ⟨foto-/filmopname⟩ *prise* v *(de vue)*; ⟨draaien van film⟩ *tournage* m • geldopname *retrait* m
opnamestudio *studio* m *d'enregistrement*
opnemen • oppakken *prendre*; ⟨wegnemen⟩ *enlever* ★ weer ~ *reprendre* • telefoon beantwoorden *répondre (au téléphone)*; *décrocher* • van tegoed halen *prendre* ★ geld ~ *prendre / retirer de l'argent* • aanvaarden *prendre* ★ ernstig ~ *prendre au sérieux* ★ hoog ~ *prendre mal / de travers* • een plaats geven *prendre*; *recueillir*; *admettre*; ⟨in ziekenhuis⟩ *hospitaliser*; ⟨invoegen (in)⟩ *insérer (***in** *dans)*; ⟨integreren (in)⟩ *incorporer (***in** *dans)*; *intégrer (***in** *dans)* • absorberen *absorber*; ⟨verwerken⟩ *assimiler* • bekijken *examiner*; ⟨monsterend aankijken⟩ *mesurer du regard*; *toiser* ★ iets goed in zich ~ *prendre bonne note de qc* • vastleggen ⟨op band/schijf⟩ *enregistrer* ★ een film ~ *tourner un film* • noteren *prendre* • meten *mesurer*; ⟨v. land⟩ *arpenter*; ⟨v. meter⟩ *relever*; *faire le relevé de*; ⟨klokken⟩ *chronométrer* ★ de temperatuur ~ *prendre la température* ▾ het voor iem. ~ *prendre parti / fait et cause pour qn*; *défendre qn* ▾ het tegen iem. ~ *se mesurer à qn*; *s'attaquer à qn* ▾ ik zal het met hem ~ *je lui en toucherai un mot*
opnieuw • nog eens *de nouveau* • van voren af aan *à nouveau* ★ alles moet ~ *tout est à refaire*
opnoemen *citer*; *nommer* ▾ ... (en) noem maar op *et j'en passe!*
opoe *mémé* v; *mamie* v
opofferen *sacrifier (***aan** *à)*
opoffering *sacrifice* m
oponthoud • vertraging *contretemps* m • verblijf *séjour* m
oppakken • optillen *ramasser* • arresteren *arrêter*; INFORM. *pincer*
oppas *garde* m; ⟨kinderoppas⟩ *nourrice* v
oppassen • opletten *faire attention (***voor** *à)*; *se méfier (***voor** *de)* ★ pas op! *attention!*; INFORM. *fais gaffe!* • zorgen voor *garder* • babysitten *faire du baby-sitting* • zich gedragen *se conduire* ★ goed ~ *bien se conduire*
oppasser • toezichthouder *garde* m • verzorger ⟨v. dieren⟩ *gardien* m [v: *gardienne*]
oppeppen *regonfler*; *booster*
oppepper *stimulant* m; *remontant* m
opperbest **I** BNW *excellent* **II** BIJW *à merveille*
opperbevel *haut commandement* m
opperbevelhebber *commandant* m *en chef*
opperen ⟨uiten⟩ *avancer*; ⟨voorstellen⟩ *proposer*
oppergezag *autorité* v *suprême*; *souveraineté* v
opperhoofd *chef* m
opperhuid *épiderme* m
oppermachtig *tout-puissant*; *souverain*
opperrabbijn *grand rabin* m
opperst • hoogst, grootst, meest *supérieur* • machtigst *suprême*
oppervlak *surface* v
oppervlakkig **I** BNW OOK FIG. *superficiel* [v: *superficielle*] **II** BIJW *superficiellement*; *(tout) en surface* ★ ~ behandelen *traiter sommairement* ★ ~ kennen *connaître vaguement*
oppervlakte • bovenkant *surface* v ★ aan de ~ komen *faire surface* • uitgestrektheid *surface* v; *superficie* v; WISK. *aire* v
oppervlaktemaat *mesure* v *de superficie*
oppervlaktewater *eaux* v mv *de surface*
Opperwezen *être* m *suprême*
oppeuzelen *grignoter*
oppiepen *biper*
oppikken • met snavel pakken *picorer* • meenemen *cueillir*; ⟨aan boord⟩ *repêcher* • leren *apprendre*
oppoetsen *astiquer*; FIG. *rafraîchir*; *dépoussiérer*
oppompen • omhoog pompen *pomper* • vol lucht pompen *gonfler* ★ het ~ *gonflage* m
opponent *opposant* m; *adversaire* m/v
opponeren **I** OV WW *opposer (***tegen** *à)* **II** ON WW zich verzetten *s'opposer (***tegen** *à)*
opporren • oprakelen *attiser* • aansporen *pousser (***tot** *à)*; *secouer*; INFORM. *booster*
opportunisme *opportunisme* m
opportunist *opportuniste* m/v
opportunistisch **I** BNW *opportuniste* **II** BIJW *avec opportunisme*
opportuun *opportun* ★ niet ~ *inopportun*
oppositie *opposition* v ★ ~ voeren *faire de l'opposition*
oppositieleider *chef* m *de l'opposition*
oppositiepartij *parti* m *de l'opposition*
oppotten *amasser*; *entasser*; *thésauriser*
oprakelen *attiser*; FIG. *ranimer*; *remuer*
opraken *s'épuiser*
oprapen *ramasser* ★ dat ligt voor het ~ *il n'y a qu'à se baisser pour le(s) ramasser*
oprecht **I** BNW *sincère*; *franc* [v: *franche*] **II** BIJW *sincèrement*
oprechtheid *sincérité* v; *franchise* v
oprichten **I** OV WW • overeind zetten *dresser*; *relever* • bouwen *ériger*; *élever* • stichten *établir*; *fonder* **II** WKD WW [+ zich] *se dresser*; *se relever*
oprichter *fondateur* m [v: *fondatrice*]
oprichting • stichting *fondation* v; *création* v • bouw *construction* v; *élévation* v
oprijden *monter*; ⟨weg inslaan⟩ *prendre*; *emprunter*; *s'engager dans* ★ ~ tegen heurter
oprijlaan *allée* v
oprijzen • omhoogkomen *se lever* • zich voordoen *surgir*; *survenir*
oprisping *renvoi* m; *régurgitation* v; ⟨boer⟩ *rot* m
oprit *entrée* v; ⟨hellend⟩ *rampe* v; ⟨v. autoweg⟩ *bretelle* v *(d'accès)*
oproep *appel* m *(***aan, tot** *à)*; ⟨convocatie⟩ *convocation* v ★ een ~ richten tot *lancer un appel à*

op

oproepen • ontbieden *appeler*; ⟨bijeenroepen⟩ *convoquer*; ⟨dagvaarden⟩ *citer* ⋆ data ~ *rappeler / sortir des données* • opwekken tot *appeler à*; ⟨aanzetten tot⟩ *inciter à* • voor de geest halen *évoquer*; ⟨opwerpen⟩ *soulever*
oproepkracht ≈ *free-lance* m/v [m mv: *free-lances*]
oproer *rébellion* v; *révolte* v; *émeute* v ⋆ in ~ komen *se révolter* ⋆ ~ kraaien *inciter à la révolte*
oproerkraaier *agitateur* m [v: *agitatrice*]
oproerpolitie *police* v *antiémeute*; ⟨compagnies v mv républicaines de sécurité⟩ *CRS* v mv
oprollen I OV WW • in elkaar rollen *(en)rouler* ⋆ opgerold liggen *être (roulé) en boule* • onschadelijk maken *démanteler* **II** WKD WW [+ zich] *s'enrouler* ⋆ zich ~ *se mettre en boule*
oprotpremie *chèque-départ* m
oprotten *foutre le camp*; *dégager*
opruien *ameuter* (**tegen** *contre*) ⋆ ~ tot *inciter à* ⋆ ~de taal *propos* m mv *subversifs*
opruimen • netjes maken *ranger*; *mettre de l'ordre dans* • uit de weg ruimen *éliminer*; *liquider* • uitverkopen *solder*; *liquider* ▾ opgeruimd staat netjes *bon débarras!*
opruiming • het opruimen *rangement* m; *déblaiement* m ⋆ ~ houden (onder) *donner un coup de balai (à)* • uitverkoop *soldes* m mv; *liquidation* v ⋆ in de ~ *en solde*
oprukken *progresser*; *marcher* (**naar** *sur*; **tegen** *contre*)
opscharrelen *dénicher*; *dégot(t)er*
opschepen ~ **met** ⋆ iem. met iets ~ *mettre qc sur les bras de qn*; *coller qc (sur le dos) à qn* ⋆ ermee opgescheept zitten *l'avoir sur les bras*
opscheplepel *louche* v
opscheppen I OV WW scheppend opdoen *servir* ▾ geld voor het ~ hebben *avoir de l'argent à la pelle* **II** ON WW pochen *se vanter* (**over** *de*)
opschepper *vantard* m [v: *vantarde*]; *fanfaron* m [v: *fanfaronne*]
opschepperig I BNW *fanfaron* [v: *fanfaronne*] **II** BIJW *avec fanfaronnade*
opschepperij *vantardise* v; *fanfaronnade* v; *bluff* m
opschieten • zich haasten *se dépêcher*; *faire vite* ⋆ schiet op! *dépêche-toi!*; *va te faire voir!* • groeien *pousser* ⋆ hoog ~ *s'élancer*; *monter en graine* • vorderen *avancer*; *faire des progrès* ⋆ het schiet niet op *ça piétine* ⋆ daar schiet ik niets mee op *cela ne m'avance pas*; INFORM. *ça me fait une belle jambe* • omgaan ~ **met** *s'entendre avec* ⋆ goed met elkaar kunnen ~ *s'entendre bien*
opschik *parure* v
opschikken I OV WW • in orde brengen ⟨tooien⟩ *arranger* • versieren *enjoliver*; *parer* (**met** *de*) **II** ON WW opschuiven *se serrer*
opschonen *nettoyer*
opschorten *suspendre*; ⟨v. oordeel⟩ *réserver*
opschrift • tekst ergens op *inscription* v; ⟨v. munt⟩ *légende* v; ⟨op bordje⟩ *écriteau* m [mv: *écriteaux*] • titel *titre* m; *en-tête* m [mv: *en-têtes*]
opschrijven *écrire*; *noter* ⋆ ten dode opgeschreven zijn *être un homme mort / en sursis*
opschrikken I OV WW doen schrikken *effaroucher* **II** ON WW van schrik opspringen *sursauter*
opschroeven • erop schroeven *visser* • opdrijven/overdrijven *gonfler* ⋆ opgeschroefd *guindé*
opschudden *secouer*
opschudding *agitation* v; *tumulte* m; *émoi* m ⋆ in ~ brengen *mettre en émoi*
opschuiven I OV WW • opzij schuiven *pousser* • uitstellen *remettre* **II** ON WW opschikken *se serrer*; OOK FIG. *bouger*
opslaan I OV WW • omhoog slaan *lancer*; ⟨v. kleding⟩ *relever*; ⟨v. ogen⟩ *lever* • openslaan *ouvrir* • verhogen *augmenter* • bergen *stocker*; COMP. *mémoriser*; *sauvegarder* • opzetten ⟨v. kamp/tent⟩ *dresser*; *monter* **II** ON WW duurder worden *augmenter*
opslag • loonsverhoging *augmentation* v ⋆ iem. ~ geven *augmenter qn* • berging *stockage* m; ⟨bewaarplaats⟩ *entrepôt* m; COMP. *mémorisation* v • MUZ. *levé* m • SPORT *service* m ▾ bij ~ verkopen *vendre aux enchères*
opslagcapaciteit *capacité* v *de stockage*
opslagmedium *support* m *d'information*
opslagplaats *dépôt* m; *entrepôt* m
opslokken *glober*; *engloutir*; *absorber*
opslorpen • in beslag nemen *absorber* ⋆ door je bezigheden opgeslorpt worden *être absorbé par ses activités* • slurpend opdrinken *gober*
opsluiten I OV WW *enfermer* ⋆ eenzaam ~ *mettre au secret* **II** WKD WW [+ zich] OOK FIG. *s'enfermer*
opsluiting *emprisonnement* m; *détention* v ⋆ eenzame ~ *isolement* m *cellulaire*
opsmuk • versiering *parure* v • poespas ⋆ zonder ~ *sans apprêt*
opsmukken *enjoliver*
opsnijden *se vanter*
opsnorren *dénicher*
opsnuiven *respirer*; *renifler*
opsodemieteren *foutre le camp*; *dégager*
opsommen *énumérer*
opsomming *énumération* v
opsparen *mettre de côté*; *économiser*
opspelden *épingler*
opsporen *découvrir*; *déceler*; *détecter*
opsporing *recherche* v; *dépistage* m ⋆ ~ verzocht *avis* m *de recherche*
opsporingsbericht *avis* m *de recherche*
opsporingsdienst ⟨recherche⟩ *police* v *judiciaire*
opspraak *blâme* m ⋆ in ~ brengen *compromettre* ⋆ in ~ raken *défrayer la chronique*; *faire jaser*
opspringen ⟨v. persoon⟩ *sursauter*; *sauter en l'air*; ⟨v. bal⟩ *rebondir* ⋆ ~ van vreugde *bondir de joie*
opstaan • gaan staan *se lever*; *se mettre debout* • uit bed komen *se lever* ⋆ bij het ~ *au lever* • verschijnen *apparaître* • verrijzen *ressusciter* • in opstand komen *se révolter*; *se rebeller* (**tegen** *contre*) • op het vuur staan *être sur le*

feu ▾ opgestaan, plaats vergaan *qui va à la chasse perd sa place* ▾ ... dan moet je vroeger ~ *ce n'est pas (pour) demain que ...*
opstal *bâtisse* v; *construction* v ▾ het recht van ~ *le droit de superficie*
opstand *révolte* v; *rébellion* v ⋆ in ~ komen tegen *se révolter contre* ⋆ een ~ neerslaan *écraser / étouffer / réprimer une révolte*
opstandeling *révolté* m; *rebelle* m/v; *insurgé* m
opstandig • in opstand *révolté* • weerspannig *rebelle*
opstanding *résurrection* v
opstapelen I OV WW *entasser*; *empiler* **II** WKD WW [+ zich] *s'accumuler*
opstapje • trede *marche* v • FIG. middel om hogerop te komen *marchepied* m; *tremplin*
opstappen • op iets stappen *monter* • weggaan *s'en aller*; *partir*
opstarten *mettre en marche*
opsteken I OV WW • omhoogsteken *lever* ⋆ opgestoken haar *cheveux* m mv *relevés* • aansteken *allumer* • te weten komen *apprendre* **(van** *de)* **II** ON WW gaan waaien *se lever*
opsteker *aubaine* v
opstel *article* m; *essai* m; ⟨op school⟩ *rédaction* v
opstellen • plaatsen *placer*; *disposer*; ⟨voor de (wed)strijd⟩ *aligner*; ⟨als basisspeler⟩ *titulariser* • ontwerpen *ébaucher*; *former*; *dresser*; ⟨op schrift⟩ *rédiger*; ⟨op schrift⟩ *établir*
opstelling • plaatsing *disposition* v; *placement* m; ⟨slagorde⟩ *formation* v; SPORT *composition* v; *sélection* v • houding *attitude* v; ⟨stellingname⟩ *prise* v *de position*
opstijgen *s'élever*; *monter*; ⟨v. vliegtuig⟩ *décoller*; ⟨te paard⟩ *monter*
opstoken *monter* **(tegen** *contre)*
opstootje *bagarre* v; *rixe* v
opstopping *obstruction* v; ⟨in het verkeer⟩ *embouteillage* m; ⟨in het verkeer⟩ *bouchon* m
opstrijken • innen *empocher* ⋆ het leeuwendeel ~ *se tailler la part du lion* • opkrullen *retrousser*
opstropen *retrousser*
opsturen *envoyer*; *expédier*
optakelen • met takels ophijsen *treuiller* • opdirken *fagoter*
optater *baffe* v; *beigne* v ⋆ iem. een ~ geven *flanquer une baffe à qn*
optekenen *noter*
optellen *additionner* **(bij** *à)*; ⟨opsommen⟩ *énumérer*
optelling *addition* v
optelsom *addition* v; *somme* v
opteren ~ voor *opter pour*
opticien *opticien* m [v: *opticienne*]
optie • keuzemogelijkheid *option* **(op** *sur)* v • ECON. *option* v
optiebeurs *marché* m *des options (négociables)*
optiek OOK FIG. *optique* v
optillen *soulever*
optimaal I BNW *optimal* [m mv: *optimaux*]; *optimum* **II** BIJW *de façon optimale*
optimaliseren *optimiser*; *optimaliser*
optimisme *optimisme* m
optimist *optimiste* m/v
optimistisch I BNW *optimiste* **II** BIJW *avec optimisme*
optioneel *optionnel* [v: *optionnelle*]
optisch *optique*
optocht *cortège* m; *défilé* m
optometrie *optométrie* v
optornen ⋆ ~ tegen *faire face à*; *lutter contre*
optreden I ZN [het] • houding *comportement* m; *façon* v *de faire* • opvoering *représentation* v; *prestation* v **II** ON WW • handelen *passer à l'action*; *agir* • zich voordoen *se manifester*; *intervenir* • een rol spelen *jouer (un rôle)* **(in** *dans)*; *figurer* **(in** *dans)*; *paraître* **(in** *dans)*; ⟨voorstellingen geven⟩ *se produire* ⋆ ~ als *jouer le rôle de*; *servir de*
optrekje *pied-à-terre* m [onv]
optrekken I OV WW • omhoogtrekken *tirer*; *lever*; ⟨hijsen⟩ *hisser* • opbouwen *élever*; *dresser* **II** ON WW • opstijgen ⟨v. mist⟩ *se dissiper* • oprukken *marcher* **(naar, tegen** *sur)* • accelereren *accélérer*; ⟨v. vliegtuig⟩ *cabrer* ⋆ deze wagen trekt goed op *cette voiture a de bonnes reprises* • omgaan met *être avec*; ⟨zich bezighouden met⟩ *s'occuper de*
optrommelen *mobiliser*; *mettre à contribution*
optuigen • van tuig voorzien ⟨v. paard⟩ *harnacher*; ⟨v. boot⟩ *gréer* • versieren *décorer*; ⟨opdirken⟩ *attifer*
optutten I OV WW *pomponner* **II** WKD WW [+ zich] *se pomponner*
opus *œuvre* v; MUZ. *opus* m
opvallen *se faire remarquer*; *frapper (les yeux)*
opvallend I BNW in het oog lopend *remarquable*; *frappant*; ⟨opzichtig⟩ *voyant* **II** BIJW *remarquablement*; *de manière frappante*; *ostensiblement*
opvang *accueil* m
opvangcentrum *centre* m *d'accueil*
opvangen • vangen ⟨tegenhouden⟩ *attraper*; *saisir*; ⟨onderscheppen⟩ *intercepter* • vergaren *recueillir*; *capter* • waarnemen *percevoir*; ⟨horen⟩ *saisir*; *entendre*; ⟨v. signaal/zender⟩ *capter* • ondervangen *parer à*; *parer* • helpen *accueillir*; *encadrer*
opvarende *passager* m [v: *passagère*]
opvatten • opnemen *prendre* • beginnen *entamer* ⋆ weer ~ *reprendre*; *renouer avec* • gaan koesteren *concevoir* • beschouwen *prendre*; *entendre* ⋆ als men het zo opvat *vu sous ce jour*
opvatting ⟨inzicht⟩ *(point* m *de) vue* v; *opinion* v
opvijzelen • opkrikken *soulever (avec vérin / au cric)* • verbeteren *relever*; *rehausser*
opvissen • uit water halen *repêcher* • FIG. opdiepen *pêcher*
opvlammen *s'enflammer*; ⟨feller⟩ *flamber*
opvliegen • omhoogvliegen *s'envoler* • driftig worden *s'emporter* ▾ vlieg op! *va te faire voir!*
opvliegend *emporté*; *coléreux* [v: *coléreuse*]
opvlieger *bouffée* v *de chaleur*; *vapeurs* v mv
opvoeden *éduquer*; ⟨grootbrengen⟩ *élever* ⋆ goed opgevoed *bien élevé*
opvoeding *éducation* v ⋆ lichamelijke ~ *éducation physique*

opvoedingsgesticht *maison* v *d'éducation*; *centre* m *éducatif*
opvoedkunde *pédagogie* v
opvoedkundig **I** BNW *pédagogique* **II** BIJW *pédagogiquement*
opvoeren • vertonen *donner*; *représenter*; *jouer* • aanvoeren *produire* ★ een post ~ *créer un poste* • groter/krachtiger maken *intensifier*; ⟨verhogen⟩ *augmenter*; *élever*; ⟨v. motor⟩ *gonfler*
opvoering • vertoning *représentation* v • verhoging *intensification* v; *augmentation* v
opvolgen **I** OV WW gevolg geven aan ⟨raad⟩ *suivre*; ⟨regel⟩ *observer*; ⟨bevel⟩ *obéir à* **II** ON WW volgen op ⟨iets⟩ *suivre*; ⟨iemand⟩ *succéder à*
opvolger *successeur* m
opvolging *succession* v
opvouwbaar *pliant*; *repliable*
opvouwen *(re)plier*
opvragen *réclamer*; ⟨v. geld⟩ *retirer*; ⟨v. gegevens⟩ *rechercher*
opvreten **I** OV WW opeten *dévorer* **II** WKD WW [+ zich] ★ zich ~ van *se ronger de*
opvrolijken *égayer*; ⟨opmonteren⟩ *ragaillardir*
opvullen ⟨vullen⟩ *remplir*; ⟨dichtstoppen⟩ *boucher*; ⟨volstoppen⟩ *(rem)bourrer*
opwaaien **I** OV WW omhoog brengen *soulever*; *faire s'envoler* **II** ON WW omhoog gaan *être emporté par le vent*; *s'envoler*
opwaarderen *réévaluer*
opwaarts *ascendant*; *vers le haut* ★ ~e druk *force* v *ascensionnelle*; *portance* v
opwachten *attendre*
opwachting ★ zijn ~ bij iem. maken *se présenter chez qn*
opwarmen **I** OV WW (opnieuw) verwarmen *réchauffer* **II** WKD WW [+ zich] *s'échauffer*
opwegen • evenveel waard zijn *équivaloir à* • compenseren *compenser* • ~ **tegen** ⟨gelijkwaardig zijn⟩ *valoir*; *équivaloir à*; ⟨compenseren⟩ *contrebalancer*; *compenser* ★ ze wegen tegen elkaar op *ils se valent*
opwekken • doen ontstaan ⟨v. gevoelens⟩ *éveiller*; *susciter*; ⟨prikkelen⟩ *exciter*; ⟨uitlokken⟩ *provoquer*; ⟨v. energie⟩ *produire*; *générer* • aansporen *inciter (***tot** *à)* • doen herleven *réveiller*; *ranimer*; *ressusciter*
opwekkend • opvrolijkend *divertissant*; ⟨opbeurend⟩ *réconfortant* • stimulerend *stimulant* ★ een ~ middel *un stimulant*
opwellen OOK FIG. *jaillir*; *sourdre*
opwelling *mouvement* m; *impulsion* v; *élan* m; ⟨vlaag⟩ *accès* m ★ in een ~ van woede *dans un accès de colère*
opwerken **I** OV WW opknappen *retaper*; ⟨bijwerken⟩ *peaufiner*; ⟨sterker doen uitkomen⟩ *rehausser*; ⟨v. splijtstof⟩ *retraiter* **II** ON WW ▾ tegen iem. ~ *rivaliser avec qn* **III** WKD WW [+ zich] *s'élever (à la force du poignet)*
opwerkingsfabriek *usine* v *de retraitement*
opwerpen **I** OV WW • omhoog werpen *lancer*; *jeter en l'air* • aanleggen *élever*; *dresser* • opperen *soulever*; ⟨aanvoeren⟩ *objecter (***tegen** *à, contre)*; *avancer* **II** WKD WW [+ zich] ★ zich ~ als *s'instituer*; *s'ériger en*; *se présenter comme*
opwinden **I** OV WW • oprollen *bobiner* • draaiend spannen *remonter* • heftige gevoelens veroorzaken *exciter* **II** WKD WW [+ zich] *s'énerver*; *s'exciter* ★ wind je niet op! *ne t'en fais pas!*; *du calme!*
opwindend *excitant*
opwinding *excitation* v; *agitation* v
opzadelen • zadel opdoen *seller* • opschepen ★ iem. met iets ~ *refiler / coller qc à qn*
opzeggen • voordragen *dire*; *réciter* • beëindigen ⟨v. verbintenis⟩ *résilier*; ⟨ontslaan⟩ *donner son congé à* ★ iem. de huur ~ *donner congé à qn* ★ (zijn baan) ~ *donner sa démission*
opzegtermijn *délai* m *de préavis*
opzet **I** ZN [de] planning *organisation* v; ⟨stramien⟩ *trame* v **II** ZN [het] bedoeling *dessein* m; *intention* v ★ met ~ *exprès*; *délibérément* ★ zonder ~ *sans le vouloir*; *involontairement* ★ boos ~ *acte* m *de malveillance*; JUR. *dol* m
opzettelijk **I** BNW *volontaire*; *intentionnel* [v: *intentionelle*] **II** BIJW *exprès*; *délibérément*
opzetten **I** OV WW • overeind zetten *relever*; *remonter*; ⟨plaatsen⟩ *mettre*; *monter*; *dresser* • erop zetten *mettre* ★ water ~ *faire chauffer de l'eau* • beginnen *monter*; *commencer* • prepareren *empailler* • opstoken *monter (***tegen** *contre)*; *dresser (***tegen** *contre)* **II** ON WW • opkomen ⟨naderen⟩ *s'approcher*; *surgir*; *se préparer*; ⟨v. personen⟩ *arriver* • zwellen *enfler*
opzicht • toezicht *surveillance* v; *contrôle* m • aspect *égard* m; *rapport* m ★ in dit ~ *à cet égard*; *sous ce rapport* ★ ten ~e van *à l'égard de* ★ in zeker ~ *dans / en un sens* ★ in ieder ~ *à tous les points de vue* ★ in politiek ~ *sur le plan politique*
opzichter *surveillant* m [v: *surveillante*]; *contrôleur* m [v: *contrôleuse*]; ⟨werkbaas⟩ *chef* m *de chantier*; *conducteur* m *des travaux*
opzichtig **I** BNW *voyant*; *tape-à-l'œil* [onv]; ⟨v. kleur⟩ *criard* **II** BIJW *d'une façon voyante*
opzichzelfstaand *isolé*
opzien **I** ZN [het] ★ ~ baren *faire sensation*; *faire un bruit* **II** ON WW • opkijken *lever les yeux* • verbaasd zijn (over) *être surpris (par)* • ~ **tegen** ⟨vrezen⟩ *appréhender (de faire) (quelque chose)*; ⟨bewonderen⟩ *admirer*; *respecter (quelqu'un)* ▾ vreemd ~ van iets *ouvrir de grands yeux devant qc*
opzienbarend *retentissant*; *sensationnel* [v: *sensationnelle*]
opzij • naar de zijkant ★ ~! *laisse passer!*; *du large!*; INFORM. *pousse-toi!* ★ ~ gaan *s'écarter* ★ ~ leggen *mettre de côté* ★ ~ schuiven / zetten *écarter* • terzijde *de côté*; ⟨aan de zijkant⟩ *au côté*; ⟨uit de weg (van)⟩ *à l'écart (de)* ★ van ~ *de côté*
opzitten • overeind zitten *être assis*; ⟨v. hond⟩ *faire le beau* • opblijven *veiller* ▾ er zit niets anders op *il faut en passer par là* ▾ er zit wat voor je op *tu vas en prendre pour ton grade*; *ça va barder*

op

opzoeken • zoeken *(re)chercher* • bezoeken *aller voir*; *passer chez*
opzouten I OV WW in het zout leggen *saler*; ⟨bewaren⟩ *conserver* II ON WW opkrassen *ficher le camp*; *dégager*
opzuigen *aspirer*; ⟨likkend⟩ *sucer*; ⟨absorberen⟩ *absorber*
opzwellen *(s')enfler*; *(se) gonfler*
opzwepen *fouetter*; FIG. *exciter*
OR *comité* m/*conseil* m *d'entreprise*
oraal I BNW *oral* [m mv: *oraux*] II BIJW *oralement*; MED. *par voie orale*
orakel *oracle* m
orang-oetang *orang-outan* m [mv: *orangs-outans*]
Oranje • vorstenhuis *Maison* v *d'Orange* • nationale sportploeg *équipe* v *nationale néerlandaise*
oranje I BNW *orange*; *orangé* II ZN [het] kleur *orange* m
oranjebitter *bitter* m *orangé*
oratie *discours* m
oratorium *oratorio* m
orchidee *orchidée* v
orde • geregelde toestand *ordre* m ★ het is nog niet helemaal in orde *ce n'est pas encore ça* ★ iets in orde maken *régler qc* ★ in orde brengen *mettre en ordre* ★ in orde komen *s'arranger* ★ in orde! *d'accord!* ★ het is in orde *ça y est*; *c'est réglé* ★ orde houden *maintenir l'ordre*; *tenir sa classe* ★ de orde herstellen *rétablir l'ordre* ★ iem. tot de orde roepen *rappeler à l'ordre quelqu' un* ★ orde op zaken stellen *mettre de l'ordre dans une affaire / dans le désordre* ★ zijn haar in orde brengen *arranger ses cheveux* • klasse *ordre* m ★ van de eerste orde *de premier ordre* • genootschap *ordre* m ★ geestelijke orde *ordre religieux* • BIOL. *ordre* m • volgorde *ordre* m ▾ een kwestie aan de orde stellen *soulever un problème*; *mettre qc sur le tapis* ▾ aan de orde (van de dag) zijn *être d'actualité*; *être à l'ordre du jour*
ordedienst *service* m *d'ordre*
ordelijk I BNW *ordonné* II BIJW • gerangschikt *en ordre* • geregeld *de façon systématique*
ordeloos *désordonné*; ⟨rommelig⟩ *en désordre*; *mal rangé*
ordenen *mettre de l'ordre dans*; *ranger*; ⟨indelen⟩ *classer*; ⟨inrichten⟩ *organiser*
ordening • het rangschikken *rangement* m; ⟨inrichting⟩ *organisation* v; *disposition* v ★ ruimtelijke ~ *aménagement* m *du territoire* • het regelen *règlement* m ★ ruimtelijke ~ *aménagement* m *du territoire*
ordentelijk I BNW *convenable*; *correct*; INFORM. *réglo* II BIJW *convenablement*; *comme il faut*
order • bevel *ordre* m *(tot de)* ★ tot nader ~ *jusqu'à nouvel ordre* ★ tot uw ~s *à vos ordres* • bestelling *commande* v; *ordre* m
orderportefeuille *carnet* m *de commandes*
ordeverstoorder *perturbateur* m [v: *perturbatrice*]
ordinair • gewoon *ordinaire* • onbeschaafd *vulgaire*
ordinantie *ordonnance* v
ordinariaat *ordinariat* m
ordner *classeur* m
oregano *origan* m
oreren *pérorer*
orgaan • lichaamsdeel *organe* m • afdeling, instelling *organe* m • tijdschrift *organe* m
orgaandonatie *don* m *d'organes*
organisatie *organisation* v
organisatieadviseur *conseiller* m *d'organisation*
organisator *organisateur* m [v: *organisatrice*]
organisatorisch I BNW *d'organisation* II BIJW *sur le plan de l'organisation*
organisch I BNW *organique* II BIJW *organiquement*
organiseren *organiser* ★ georganiseerde arbeiders *ouvriers* m mv *syndiqués*
organisme *organisme* m
organist *organiste* m/v
organizer *assistant* m *personnel*
organogram *organigramme* m
orgasme *orgasme* m
orgel • toetsinstrument *orgue* m; ⟨kerkorgel⟩ *(grandes) orgues* v mv • draaiorgel *orgue* m *de Barbarie*
orgelbouwer *facteur* m *d'orgues*
orgelman *joueur* m *d'orgue (de Barbarie)*
orgelpijp *tuyau* m *d'orgue* [m mv: *tuyaux* ...]
orgie *orgie* v
Oriënt *l'Orient* m
oriëntaals *oriental* [m mv: *orientaux*]
oriëntalist *orientaliste* m/v
oriëntatie *orientation* v
oriëntatievermogen *sens* m *de l'orientation*
oriënteren I OV WW positie bepalen *orienter (***op** *vers, sur)* ▾ links georiënteerd zijn *être de gauche*; *être de tendance socialiste* II WKD WW [+ zich] *s'orienter (***op** *vers, sur)*
originaliteit *originalité* v
origine *origine* v
origineel I BNW • oorspronkelijk *original* [m mv: *originaux*] • apart *original* [m mv: *originaux*] II BIJW *avec originalité* III ZN [het] *original* m [mv: *originaux*]
orka *orque* m; *épaulard* m
orkaan *ouragan* m
orkest *orchestre* m
orkestbak *(fosse* v *d')orchestre* m
orkestraal *orchestral* [m mv: *orchestraux*]
orkestratie *orchestration* v
ornaat ★ in vol ~ *en costume d'apparat*; FIG. *en grande pompe*
ornament *ornement* m
ornithologie *ornithologie* v
ornitholoog *ornithologue* m/v
orthodontie *orthodontie* v
orthodontist *orthodontiste* m/v
orthodox *orthodoxe*
orthopedagogiek *orthopédagogie* v
orthopedie *orthopédie* v
orthopedisch *orthopédique* ★ ~ chirurg *chirurgien* m *orthopédiste*
orthopedist *orthopédiste* m/v
os *bœuf* m; FIG. *imbécile* m; FIG. *abruti* m
oscilloscoop *oscilloscope* m
osmose *osmose* v
ossenhaas *filet* m *de bœuf*

ossenstaartsoep *consommé* m *de queue de bœuf*
ostentatief I BNW *ostensible* **II** BIJW *avec ostentation*
osteoporose *ostéoporose* v
otter *loutre* v
Ottomaans *ottoman*
oubollig *ringard*
oud • van zekere leeftijd ★ hoe oud is hij? *quel âge a-t-il?* ★ oud genoeg zijn om *être en âge de* ★ hij is 19 jaar oud *il a 19 ans*; *il est âgé de 19 ans* ★ hij is drie jaar ouder dan ik *il a trois ans de plus que moi*; *il est mon aîné de trois ans* ★ mijn oudste broer *mon frère aîné* ★ te oud zijn om *avoir passé l'âge de* ★ ik ben oud en wijs genoeg IRON. *je suis majeur et vacciné* ★ Holbein de oudere *Holbein l'Ancien / le Vieux* • allang bestaand *vieux* [v: *vieille*] [vóór klinker of stomme h: vieil] • bejaard *âgé* ★ een oude man *un vieil homme*; *un vieux*; *un vieillard* ★ oud maken *vieillir* ★ oud worden *vieillir*; *vivre vieux* ★ een dagje ouder worden *se faire vieux*; *ne plus être tout jeune* ★ ouden van dagen *personnes* v mv *âgées*; *le troisième âge* ★ hij zal niet oud worden *il ne fera pas de vieux os* • voormalig *ancien* [v: *ancienne*] ★ een oude vriend *un vieil ami*; *un ami de longue date* • als/van vroeger *ancien* [v: *ancienne*] ★ de oude zijn *être le / la même* ★ weer de oude zijn *avoir repris le poil de la bête* ★ bij het oude laten *laisser en l'état* ★ alles blijft bij het oude *il n'y a rien de changé* • uit klassieke oudheid *antique*; *classique* ★ oude talen *langues* v mv *classiques* ★ de ouden *les Anciens* ▾ oud en nieuw vieren *réveillonner*
oud- *ancien* [v: *ancienne*]; *ex-* ★ oud-leerling *ancien élève*
oudbakken • niet vers *rassis*; *dur* • ouderwets *dépassé*; *démodé*; INFORM. *archéo* • *rassis*; FIG. *archaïque*; *dépassé*; *ringard*
oudedagsvoorziening *prévoyance* v *vieillesse*; *retraite* v
ouder *parent* m ★ zijn ~s *ses parents* m mv
ouderavond *réunion* v *de parents d'élèves*
oudercommissie *comité* m *de parents d'élèves*
ouderdom • leeftijd *âge* m • hoge leeftijd *âge* m *avancé*; *vieillesse* v
ouderdomskwaal *infirmité* v *de vieillesse*
ouderdomsverschijnsel *signe* m *de vieillesse*
oudere *senior* m/v
ouderejaars *ancien* m [v: *ancienne*]
ouderlijk *paternel* [v: *paternelle*]; *des parents*; JUR. *parental* [m mv: *parentaux*] ★ ~ gezag *autorité* v *parentale*
ouderling *ancien* m [v: *ancienne*]
ouderschap *condition* v *de parent*
ouderschapsverlof *congé* m *parental*
ouderwets I BNW • uit de mode *démodé*; *vieux jeu* [onv]; *vieillot* [v: *vieillotte*]; ⟨achterhaald⟩ *dépassé* • degelijk *bon* [v: *bonne*] **II** BIJW • *comme dans le temps* • uit de mode *comme dans le temps*
oudgediende • ex-militair *vétéran* m • oude rot *vieux routier* m
Oudgrieks *grec* m *ancien*
oudheid *antiquité* v ★ uit de ~ *de l'antiquité*
oudheidkunde *archéologie* v
oudheidkundig *archéologique*
oudheidkundige *archéologue* m/v
oudjaar *Saint-Sylvestre* v ★ ~ vieren *réveillonner*
oudje *vieux* m [v: *vieille*]
oudoom *grand-oncle* m [mv: *grands-oncles*]
oudsher ★ van ~ *de tout temps*; *depuis toujours*
oudste *aîné* m [v: *aînée*]; *le plus âgé* m [v: *la plus âgée*]; ⟨in rang⟩ *ancien* m [v: *ancienne*]
oudtante *grand-tante* v [mv: *grand(s)-tantes*]
outcast *paria* m
outfit *tenue* v
outillage *outillage* m
outplacement *reclassement* m *externe*; *outplacement* m; *plan* m *de réinsertion*
output *output* m; *sortie* v
outsider *intrus* m; SPORT *outsider* m
ouverture *ouverture* v
ouvreuse *ouvreuse* v
ouwehoer *casse-pieds* m/v [onv]
ouwehoeren *radoter*
ouwel *pain* m *azyme*
ouwelijk *vieillot* [v: *vieillotte*] ★ ~ aandoen *faire vieux*
ovaal I ZN [het] *ovale* m **II** BNW *ovale* **III** BIJW *en ovale*
ovatie *ovation* v ★ iem. een ~ brengen *faire une ovation à qn*; *ovationner qn*
oven *four* m; TECHN. *fourneau* m [mv: *fourneaux*]
ovenschaal *plat* m *qui va au four*
ovenschotel *plat* m *cuit au four*
over I BNW afgelopen *passé*; *fini* **II** BIJW • erover/erlangs ★ zij liep de gang over *elle traversa le couloir* ★ ga jij dit jaar over? *est-ce que tu passes en ...?* • resterend ★ hoeveel is er nog over? *combien en reste-t-il (encore)?* • opnieuw *encore* ▾ over en weer *de part et d'autre*; *réciproquement* ▾ te over *en abondance*; *à foison* **III** VZ • van/naar een andere plaats ★ over de grens *au-delà de la frontière* • aan de overkant van *de l'autre côté de* ★ over de grens *au-delà de la frontière* • bovenop/-langs *au dessus de*; *sur* ★ een jas over iets heen aantrekken *mettre un pardessus sur qc* ★ over de brug rijden *traverser le pont* ★ over de muur (heen) *par-dessus le mur*; *en franchissant le mur* • via *par* ★ ik rijd over Parijs *je passe par Paris* • meer/langer dan *plus de* ★ hij is over de dertig *il a passé la trentaine* ★ bewijzen te over *les preuves ne manquent pas* ★ het is over tienen *il est dix heures passées* ★ om tien over twee *à deux heures dix* • na *dans*; *au bout de* ★ over een week *d'ici une semaine*; *dans une semaine* • betreffende *sur*; *concernant* ★ over wie gaat het? *de qui s'agit-il?* • gedurende *sur* ▾ iets vreemds over zich hebben *avoir qc de bizarre*; *avoir un air bizarre*
overal *partout* ★ zo'n beetje ~ *un peu partout* ★ van ~ *de toutes parts* ▾ ~ en nergens *par-ci par-là* ▾ hij weet ~ van *il est au courant de tout*
overall *combinaison* v
overbekend *archiconnu*
overbelasten *surcharger*

overbelichten *surexposer*
overbemesting *surfumage* m
overbesteding *excès* m *de dépenses*
overbevissing *surpêche* v
overbevolking *surpopulation* v
overbevolkt *surpeuplé*
overbezet *surchargé*
overblijflokaal *cantine* v
overblijven • resteren *rester* • op school blijven *être en demi-pension*; *manger à la cantine* ▾ ~de planten *(plantes* v mv*) vivaces* v mv
overbluffen • overdonderen *épater* • verwarren *troubler*; *déconcerter*
overbodig *superflu*; *de trop*; ⟨onnodig⟩ *inutile*
overboeken • boeken *transférer* • gireren *virer*
overboord *par-dessus bord* ★ ~ gooien *larguer*; FIG. *laisser tomber* ▾ er is nog geen man ~ *ce n'est pas tragique*
overbrengen • verplaatsen *transférer*; *emmener*; ⟨vervoeren⟩ *transporter*; ⟨v. boekhoudpost⟩ *reporter* • doorgeven *transmettre (***aan** *à)* • omzetten *transposer (***in** *en)*; ⟨vertalen⟩ *traduire (***in** *en)*
overbrenging • het overbrengen *transfert* m; ⟨overdracht⟩ *transmission* v • TECHN. *transmission* v
overbrieven *rapporter*
overbruggen • met brug overspannen *jeter un pont sur* • FIG. ondervangen ★ een kloof ~ *combler un abîme* ★ tegenstellingen ~ *rapprocher/concilier des oppositions* ★ een periode ~ *faire la soudure* ★ een afstand ~ *franchir une distance*
overbrugging *soudure* v; ⟨tussentijd⟩ *intérim* m
overbruggingsregeling *mesure* v *de transition*
overbuur *voisin* m *d'en face*; ⟨aan tafel⟩ *vis-à-vis* m [onv]
overcapaciteit *surcapacité* v
overcompleet *de trop*; *surnuméraire*
overdaad *excès* m; *profusion* v ▾ ~ schaadt *l'excès en tout est un défaut*
overdadig **I** BNW *excessif* [v: *excessive*] **II** BIJW *excessivement*
overdag • bij daglicht *le jour* • tijdens de dag *pendant la journée*
overdekken *(re)couvrir* ★ overdekt *couvert*
overdekt *couvert*
overdenken *réfléchir à / sur*; *méditer*
overdenking *réflexion* v; *méditation* v
overdoen • opnieuw doen *refaire*; *recommencer* ★ dat doen we nog eens over! *on remet ça!* • verkopen *vendre*; *céder*; ⟨afschuiven⟩ *refiler*
overdonderen *époustoufler*; *interloquer*
overdosis *surdose* v; ⟨v. drugs⟩ INFORM. *overdose* v
overdraagbaar • over te dragen *transmissible* • MED. *transmissible*
overdracht *transmission* v; *transfert* m; ⟨v. bevoegdheden⟩ *délégation* v; *passation* v; ⟨v. recht⟩ *cession* v
overdrachtelijk **I** BNW *figuré* **II** BIJW *au figuré*
overdrachtskosten *droits* m mv *de transfert / de cession* [mv]
overdragen ~ **aan** *remettre à*; ⟨doen overgaan op⟩ *transmettre à*; *passer à*; ⟨v. bevoegdheden⟩ *déléguer à*; ⟨v. recht⟩ *céder à*
overdreven **I** BNW *exagéré* **II** BIJW *à l'excès*
overdrijven *passer*
overdrijven *exagérer*; INFORM. *pousser*; *en rajouter*
overdrijving *exagération* v
overdrive *surmultiplication* v; *overdrive* m ★ in ~ *en cinquième*
overdruk • extra afdruk *tirage* m *à part* • overgedrukte tekst *surcharge* v • NATK. *surpression* v
overdrukken • opnieuw drukken *réimprimer* • ergens overheen drukken *imprimer*
overduidelijk **I** BNW *évident* **II** BIJW *clair et net*
overdwars **I** BNW *transversal* [m mv: *transversaux*] **II** BIJW *en travers*
overeenkomen **I** OV WW afspreken *convenir de*; *se mettre d'accord sur* ★ de overeengekomen prijs *le prix convenu* ★ prijs nader overeen te komen *prix à débattre* **II** ON WW • gelijk zijn *correspondre (***met** *à)* • samengaan *s'accorder (***met** *avec)*
overeenkomst • gelijkheid *conformité* v; *analogie* v • gelijkenis *ressemblance* v ★ punten van ~ vertonen *avoir des points communs* • afspraak *convention* v; *accord* m; *contrat* m
overeenkomstig **I** BNW gelijk *correspondant (***aan** *à)*; *analogue (***aan** *à)* ★ ~e cijfers *des chiffres correspondants* **II** VZ volgens *conformément*; *selon*
overeenstemmen • gelijkenis vertonen *correspondre (***met** *à)*; *s'accorder (***met** *avec)*; *concorder (***met** *avec)* • hetzelfde menen *être d'accord*
overeenstemming • gelijkenis ★ in ~ brengen met *faire accorder avec*; *mettre en harmonie avec* ★ in ~ met *en harmonie avec* • eensgezindheid, harmonie *accord* m; *entente* v; *concordance* v ★ tot ~ komen *s'entendre*; *se mettre d'accord*
overeind *debout* ★ ~ zetten *mettre debout*; *dresser* ★ ~ komen *se (re)dresser*; *se mettre debout* ★ ~ staan *être debout* ★ ~ zitten *se dresser* ★ ~ blijven FIG. *se maintenir* ★ ~ helpen OOK FIG. *remettre sur pied* ★ ~ krabbelen *se hisser*; FIG. *se remettre*
overerven **I** OV WW meekrijgen *hériter (***van** *de)* **II** ON WW overgaan (op) *être transmis (à)*
overgaan • oversteken *passer*; *traverser* • voorbijgaan *passer* • veranderen *passer* ★ ~ in *passer à*; *changer en*; *tourner à* ★ in andere handen ~ *changer de mains* ★ naar de vierde klas ~ *passer en troisième* ★ ~ op *passer à* ★ ~ tot *passer à*; *procéder à*; *se rallier à*; *se convertir à* ★ tot de aanval ~ *passer à l'offensive* ★ tot actie ~ *passer aux actes*; *agir* ★ tot bederf ~ *tomber en pourriture*; *pourrir* ★ tot geweld ~ *recourir à la violence* • rinkelen ⟨v. telefoon⟩ *sonner*; ⟨v. bel⟩ *retentir*
overgang • het overgaan *passage* m • tussenfase *transition* v; *changement* m • menopauze *ménopause* v; *retour* m *d'âge*
overgangsfase *phase* v *transitoire / de transition / intermédiaire*

OV

overgangsmaatregel *mesure* v *transitoire / de transition*

overgankelijk I BNW *transitif* [v: *transitive*] II BIJW *transitivement*

overgave • capitulatie *capitulation* v; ⟨v.e. stad⟩ *reddition* v • toewijding *dévouement* m • het afstand doen *abandon* m; ⟨overdracht⟩ *remise* v

overgeven I OV WW overhandigen *remettre*; *passer* II ON WW braken *vomir*; *rendre* ⋆ moeten ~ *avoir envie de vomir* III WKD WW [+ zich] • capituleren *se rendre* • zich wijden ~ **aan** *s'adonner à* • ~ **aan** *s'adonner à*; *se livrer à*

overgevoelig • allergisch *hypersensible (***voor** *à)* • zeer gevoelig *susceptible*

overgewicht *excédent* m *(de poids)*; *surcharge* v

overgieten *transvaser*

overgieten • gietend bedekken *arroser* • FIG. geheel bedekken ⋆ met licht ~ *baigner / inonder de lumière*

overgooier *(robe* v*) chasuble* v

overgordijn *doubles rideaux* m mv [mv]

overgrootmoeder *arrière-grand-mère* v [mv: *arrière-grands-mères*]

overgrootvader *arrière-grand-père* m [mv: *arrière-grands-pères*]

overhaast I BNW *précipité* II BIJW *précipitamment*; *avec précipitation*

overhaasten *précipiter*

overhalen • trekken aan *tirer sur* ⋆ de trekker ~ *presser la détente* ⋆ een hendel ~ *pousser / tirer une manette* • overreden (om/tot) *décider (à)*; *convaincre (de)*; *persuader (de)*

overhand ⋆ de ~ hebben / krijgen *avoir / prendre le dessus*; *l'emporter*

overhandigen *remettre*

overhangen *surplomber*; *pencher*

overheadkosten *frais* m mv *généraux* [mv]

overheadprojector *rétroprojecteur* m

overhebben • overhouden *avoir de reste*; *avoir en trop* ⋆ ik heb niets meer over *il ne me reste plus rien* • willen missen *donner (***voor** *pour)* ⋆ ik zou er een lief ding voor ~ *je donnerais cher pour ...*

overheen *sur*; *par-dessus* ⋆ ergens ~ stappen *enjamber qc*; FIG. *passer sur qc* ⋆ zich ergens ~ zetten *prendre son parti de qc*; *se remettre de qc* ⋆ daar groeit hij wel ~ *ça passera avec l'âge* ⋆ het gaat er ~! *ça déborde!*

overheersen • heersen over *dominer* • domineren *dominer*

overheersing *domination* v

overheid *autorités* v mv; *pouvoirs* m mv *publics* [mv] ⋆ lagere ~ *collectivité* v *locale* ⋆ bij de ~ werken *travailler dans la fonction publique*

overheidsbedrijf *entreprise* v *publique*

overheidsdienst *Administration* v; *fonction* v *publique*

overheidswege ⋆ van ~ *de la part des autorités*

overhellen • hellen *pencher*; *s'incliner*; SCHEEPV. *donner de la bande* • neigen (naar, tot) *incliner à*; *pencher pour*

overhemd *chemise* v

overhevelen *transvaser*; FIG. *transférer*

overhoop *sens dessus dessous*

overhoophalen *mettre sens dessus dessous*; *mettre en désordre*; FIG. *remuer*; *retourner*

overhoopliggen • in de war liggen *être sens dessus dessous* • onenigheid hebben *être en bisbille (***met** *avec)*

overhoopschieten *flinguer*

overhoren *interroger*

overhoring *interrogation* v

overhouden I OV WW *garder*; *conserver*; ⟨overhebben⟩ *avoir de reste*; *avoir en trop* II ON WW ▾ het houdt niet over *ça peut aller*; *sans plus*

overig • overblijvend *restant* • ander *autre* ⋆ de ~e studenten *les autres étudiants* ▾ voor het ~e *pour le reste*

overigens • voor het overige *pour le reste*; *par ailleurs* • trouwens *d'ailleurs*; *du reste*

overijverig ⋆ ~ zijn *faire du zèle*

overjarig • meer dan één jaar oud ⟨v. planten⟩ *vivace* • verouderd *suranné* • achterstallig *arriéré*

overjas *pardessus* m

overkant *côté* m *opposé* ⋆ aan de ~ (van) *de l'autre côté (de)* ⋆ het huis aan de ~ *la maison d'en face*

overkapping *toiture* v

overkoepelen *coiffer* ⋆ ~de organisatie *organisme* m *coordonnateur / de chapeautage*

overkoken *déborder*

overkomelijk *surmontable*

overkomen • bovenlangs komen *passer* • van elders komen *venir* • begrepen worden ⋆ de boodschap komt niet over / is goed overgekomen *le message ne passe pas / est reçu cinq sur cinq* ⋆ intelligent ~ *avoir l'air intelligent*

overkomen *arriver à*

overladen *transborder*

overladen I BNW overstelpt *surchargé* ⋆ met werk ~ zijn *être débordé de travail* II OV WW • te vol laden *surcharger* • overstelpen *combler (***met** *de)*; *couvrir (***met** *de)*

overlangs I BNW *longitudinal* [m mv: *longitudinaux*] II BIJW *dans le sens de la longueur*

overlappen *chevaucher* ⋆ elkaar ~ *se chevaucher*

overlast *gêne* v; ⟨geluidsoverlast e.d.⟩ *nuisance(s)* v [(mv)] ⋆ ~ bezorgen *déranger* ⋆ ~ van iets ondervinden *être gêné par qc*

overlaten *laisser (***aan** *à)* ⋆ te wensen ~ *laisser à désirer* ⋆ laat dat aan mij over *je m'en charge* ⋆ ik laat dat aan u over *je m'en remets à vous*

overleden *décédé*; *défunt* ⋆ haar ~ man *son défunt mari*

overledene *mort* m [v: *morte*]; *défunt* m [v: *défunte*]

overleg • beraadslaging *concertation* v ⋆ ~ plegen *se concerter* ⋆ in goed ~ *de concert avec*; *en accord avec* • bedachtzaamheid *réflexion* v; *délibération* v

overleggen *produire*; *présenter*

overleggen • beraadslagen *délibérer (***met** *avec;* **over** *sur)* ⋆ met elkaar ~ *se concerter*; *se consulter* • overwegen *réfléchir à / sur*

overlegorgaan *organe* m *consultatif*

overleven • blijven leven *survivre à* • langer leven *survivre à*
overlevende *survivant* m [v: *survivante*]; ‹v. ramp› *rescapé* m [v: *rescapée*]
overleveren • doorgeven *transmettre* • overdragen (aan) *remettre (à)*; ‹prijsgeven› *livrer (à)*; *abandonner (à)* ★ overgeleverd aan *livré à*; *à la merci de*
overlevering *tradition* v
overlevingskans *chance* v *de survie*
overlevingstocht *randonnée* v *de survie*
overlezen • opnieuw lezen *relire* • doorlezen *parcourir*
overlijden I ZN [het] *décès* m II ON WW *décéder*; *mourir* ★ aan kanker ~ *mourir d'un cancer*
overlijdensadvertentie *faire-part* m *de décès*
overlijdensakte *acte* m *de décès*
overlijdensverzekering *assurance* v *décès*
overloop • het overstromen *débordement* m • bovenportaal *palier* m • overloopbuis *déversoir* m
overlopen • overstromen *déborder* • lopen over *marcher sur*; *traverser* • naar andere partij gaan *passer* ★ ~ naar de vijand *passer à l'ennemi* • ~ **van** *déborder de* ★ ~ van energie *avoir un trop-plein d'énergie* ▾ in elkaar ~ *se fondre*
overloper *transfuge* m/v
overmaat *excès* m ▾ tot ~ van ramp *pour comble de malheur*
overmacht • grotere macht *suprématie* v; ‹m.b.t. aantal› *supériorité* v *numérique*; ‹m.b.t. aantal› *nombre* m ★ voor de ~ zwichten *céder devant le nombre* • JUR. *force* v *majeure*
overmaken • opnieuw maken *refaire* • overschrijven *virer*
overmannen *s'emparer de*; *vaincre*; *accabler* ★ door slaap overmand *succombé au sommeil* ★ door vermoeidheid overmand *accablé de fatigue*
overmatig I BNW buitensporig *démesuré*; *excessif* [v: *excessive*] ★ een ~ drankgebruik *un abus d'alcool* II BIJW buitensporig *démesurément*; *excessivement*
overmeesteren *s'emparer de*; *envahir*; ‹bedwingen› *maîtriser*
overmoed *bravade* v; ‹roekeloosheid› *témérité* v
overmoedig I BNW *téméraire* II BIJW *avec témérité*; *témérairement*
overmorgen *après-demain*
overnachten *passer la nuit*
overnachting *nuit* v; ‹in hotel› *nuitée* v
overname ‹koop› *rachat* m; ‹v. inboedel› *reprise* v; ‹v. bedrijf› *prise* v *de contrôle* ★ ter ~ aangeboden *à céder* ★ vijandige ~ *OPA* v *(inamicale / sauvage)*; *raid* m *boursier*
overnemen • uit handen nemen *prendre*; ‹op zich nemen› *assumer*; ‹in bezit nemen› *reprendre* • kopen *acheter* • navolgen *reprendre*; *adopter*
overnieuw *de nouveau*
overpeinzen *méditer (sur)*; *réfléchir sur*
overpeinzing *méditation* v; *réflexion* v
overplaatsen *déplacer*; ‹v. werknemer› *muter*
overplaatsing *déplacement* m; ‹werknemer› *mutation* v
overproductie *surproduction* v
overreden *décider (à)*; *convaincre (de)*; *persuader (de)*
overredingskracht *pouvoir* m *de persuasion*
overrijden *écraser*; ‹v. persoon› *renverser*
overrompelen *prendre par surprise*; FIG. *prendre au dépourvu / de court*
overrulen *annuler* ★ hij wordt overruled door de voorzitter *la décision du président a prévalu contre lui*
overschaduwen *ombrager*; FIG. *faire de l'ombre à*; *éclipser*
overschakelen *changer*; TECHN. *commuter*; ‹v. versnelling› *changer de vitesse* ★ naar de derde versnelling ~ *passer en / la troisième*
overschatten *surestimer*
overschieten *rester*; *être de reste*
overschoen *caoutchouc* m
overschot • teveel *excédent* m; *surplus* m • restant *reste* m; *résidu* m; ‹op rekening› *solde* m ★ het stoffelijk ~ *la dépouille (mortelle)*
overschreeuwen *crier plus fort que* ★ zich ~ *forcer sa voix*
overschrijden • stappen over *franchir* • te buiten gaan *dépasser*; *excéder*
overschrijven • naschrijven *(re)copier (***van** *sur)* • op andere naam zetten *transférer* • overboeken *virer*
overschrijven *écraser*
overschrijving • het opnieuw schrijven *transfert* m • overgeboekt bedrag *virement* m; ‹opdracht› *ordre* m *de virement*
oversized *surdimensionné*
overslaan I OV WW • verzuimen *sauter*; ‹weglaten› *omettre*; *passer*; ‹laten voorbijgaan› *laisser passer*; *manquer*; ‹iemand› *oublier* ★ een klas ~ *sauter une classe* • overladen *transborder* II ON WW • overgaan (naar/op) *se communiquer (à)*; *s'étendre (à)* ★ het vuur sloeg over op de schuur *le feu a gagné la grange* • doorslaan *basculer*; ‹v. golven› *déferler* ★ met ~de stem *la voix cassée / fêlée*
overslag • omgeslagen rand *rabat* m; ‹aan kledingstuk› *revers* m • het overslaan van goederen *transbordement* m
overslaghaven *port* m *de transbordement*
overspannen I BNW • te gespannen *stressé*; ‹v. verwachtingen› *démesuré* • overwerkt *surmené* II OV WW • te sterk spannen *tendre trop fort* • overdekken *couvrir*; ‹met een brug› *enjamber*; *franchir*
overspanning • spanwijdte *portée* v • spanning *surexcitation* v • stress *surmenage* m
overspel *adultère* m ★ ~ plegen *commettre l'adultère*; *être adultère*
overspelen • opnieuw spelen *rejouer* • SPORT afspelen *passer*
overspelen • overtreffen *surpasser*; *éclipser* • in kaartspel ★ zijn hand ~ *viser trop haut*
overspelig *adultère*
overspoelen *inonder*; *submerger (***met** *de)*
overspringen • springen *sauter* • vooruitsteken

faire (un) ressaut
overstaan ▾ ten ~ van *devant*; JUR. *par-devant*
overstag ⋆ ~ gaan OOK FIG. *virer de bord*
overstappen • stappen over *passer*; *franchir* • van vervoermiddel wisselen *prendre la correspondance*; ⟨met betrekking tot trein⟩ *changer de train*; ⟨met betrekking tot metro⟩ *changer de ligne* ⋆ moet ik ~ naar Arnhem? *ce train est direct pour Arnhem?* • overgaan (op) *passer (à)*; ⟨v. vervoermiddel⟩ *changer*; *prendre la correspondance* ⋆ op een ander onderwerp ~ *changer de sujet*; *passer à un autre sujet*
overste • MIL. *lieutenant-colonel* m [mv: *lieutenants-colonels*] • REL. *supérieur* m [v: *supérieure*]
oversteek *traversée* v
oversteekplaats ⟨voor voetgangers⟩ *passage* m *pour piétons*
oversteken I OV WW ruilen *échanger*; *passer* ⋆ gelijk ~! *donnant donnant!* II ON WW naar overkant gaan *traverser*; ⟨over water⟩ *faire la traversée* ⋆ de straat ~ *traverser la rue*; *changer de trottoir* ⋆ ~d wild *passage* m *d'animaux sauvages*
overstelpen *accabler* (**met** *de*); *couvrir* (**met** *de*) ⋆ overstelpt met werk *débordé (de travail)*
overstemmen • meer geluid maken *couvrir*; *dominer*; ⟨iemand⟩ *couvrir la voix de* • door meer stemmen verslaan *mettre en minorité*
overstromen *déborder*; ⟨v. rivier⟩ *sortir de son lit*
overstromen • onder water zetten *inonder* • overstelpen *inonder* (**met** *de*)
overstroming • het buiten de oevers treden *débordement* m • watervloed *inondation* v
overstuur *déconcerté*; *bouleversé*; *retourné*
overtekenen *copier*; ⟨calqueren⟩ *(dé)calquer*
overtekenen *dépasser le montant de*; *plus que couvrir / souscrire*
overtocht *passage* m; ⟨over zee⟩ *traversée* v
overtollig • overbodig *superflu*; *de trop* • meer dan nodig *excédentaire*
overtreden *enfreindre*; *contrevenir à*
overtreder *contrevenant* m [v: *contrevenante*]
overtreding *infraction* v (**van** *à*); *contravention* v; SPORT *faute* v ⋆ in ~ zijn *être en infraction*
overtreffen *l'emporter sur*; *surpasser* (**in** *en*); ⟨iets⟩ *dépasser* ⋆ zichzelf ~ *se surpasser* ⋆ dat overtreft alles *c'est le comble* ▾ ~de trap *superlatif* m
overtrek *housse* v
overtrekken I OV WW • overtekenen *repasser*; ⟨met overtrekpapier⟩ *calquer* • oversteken *passer*; *traverser* II ON WW voorbijgaan *passer*
overtrekken *recouvrir* (**met** *de*)
overtrekpapier *(papier* m*) calque*
overtroeven *surcouper*
overtroeven *damer le pion à* ⋆ trachten elkaar te ~ *renchérir l'un sur l'autre*
overtrokken ⟨v. reactie⟩ *exagéré*
overtuigen I OV WW *convaincre* (**van** *de*) ⋆ ik ben ervan overtuigd *j'en suis convaincu / persuadé* II WKD WW [+ zich] ~ **van** ⋆ zich ervan ~ dat *s'assurer que*
overtuigend I BNW *convaincant*; *persuasif* [v: *persuasive*] II BIJW *de façon convaincante*
overtuiging • mening *conviction* v • *conviction* v ⋆ godsdienstige ~ *convictions religieuses* ⋆ in de ~ dat *persuadé que*
overtuigingskracht *force* v *de persuasion*
overuur *heure* v *supplémentaire*
overvaart *traversée* v
overval *attaque* v; ⟨gewapend⟩ *attaque* v *à main armée*; *hold-up* m; *braquage* m
overvalcommando *brigade* v *d'assaut*
overvallen • aanvallen *attaquer*; ⟨gewapend⟩ INFORM. *braquer* • verrassen *surprendre*; *prendre au dépourvu*; ⟨overrompelen⟩ *prendre de court*; ⟨overmannen⟩ *envahir*
overvaller *agresseur* m; INFORM. *braqueur* m
overvalwagen *car* m / *fourgon* m *de police*
overvaren *traverser*; ⟨overzetten⟩ *faire traverser*
oververhit *surchauffé*
oververmoeid *éreinté*; *épuisé*
ovevertegenwoordigd *surreprésenté*
overvleugelen *éclipser*; *surpasser*
overvloed *abondance* v; *profusion* v ⋆ in ~ *à profusion*; *en abondance* ⋆ een ~ hebben aan iets *avoir qc en abondance* ⋆ ten ~e *en outre*
overvloedig I BNW *abondant*; *copieux* [v: *copieuse*] ⋆ ~ zijn *abonder* II BIJW *abondamment*; *copieusement*
overvloeien • overstromen *déborder* • in elkaar overlopen *se fondre* • ~ **van** *abonder en*; *déborder de*
overvoeren *gaver*; FIG. *saturer*
overvol • zeer vol *plein à craquer / comme un œuf*; *(archi)plein* • druk bezet *surchargé*
overwaaien • voorbijgaan *passer* • van elders komen ⟨v. persoon⟩ *débarquer*; ⟨v. ding⟩ *arriver*; *être importé*
overwaarderen *surestimer*
overweg *passage* m *à niveau*
overweg ⋆ ~ kunnen met *s'entendre avec*; *savoir manier* ⋆ hij kan er goed mee ~ *il sait s'y prendre*
overwegen I OV WW • nadenken ⋆ alles wel overwogen *tout bien considéré*; *(toute) réflexion faite* • nadenken over *considérer*; ⟨erover denken (om)⟩ *envisager (de)* II ON WW het belangrijkst zijn *prévaloir*; *l'emporter*
overwegend I BNW doorslaggevend *déterminant*; ⟨gewichtiger⟩ *prépondérant* ⋆ van ~ belang *primordial* II BIJW *essentiellement*
overweging *considération* v ⋆ iem. iets in ~ geven *soumettre qc à qn* ⋆ in ~ nemen *prendre en considération*
overweldigen OOK FIG. *envahir*; *s'emparer de*; ⟨bedwingen⟩ *maîtriser*
overweldigend *écrasant*; ⟨verbluffend⟩ *époustouflant*
overwerk *heures* v mv *supplémentaires* [mv]
overwerken *faire des heures supplémentaires*
overwerkt *surmené*
overwicht • overgewicht *excédent* m *(de poids)* • macht *supériorité* v; *prépondérance* v; ⟨gezag (over)⟩ *autorité* v *(sur)*; ⟨invloed (op)⟩ *ascendant* m *(sur)*
overwinnaar *vainqueur* m
overwinnen • verslaan *vaincre*; *l'emporter sur*

• te boven komen *surmonter*; *vaincre*
overwinning *victoire* v
overwinteren ⟨winterslaap houden⟩ *hiverner*; ⟨winterslaap⟩ *hiberner*
overwoekeren *envahir*
overzees *d'outre-mer* ★ de Franse ~e gebiedsdelen *les DOM-TOM*
overzetten • naar overkant brengen *passer* • vertalen *traduire* *(***in** *en)*
overzicht • het overzien ⟨tabel⟩ *vue* v *générale / d'ensemble* ★ ~ hebben *avoir le coup d'œil* • samenvatting *aperçu* m; ⟨staat⟩ *relevé* m; ⟨tableau⟩ *tableau* m ★ kort ~ *résumé*; *sommaire* ★ een globaal ~ geven *faire un tour d'horizon*; *brosser un tableau*; *faire le point*
overzichtelijk *clair*; *bien ordonné*
overzichtstentoonstelling *rétrospective* v
overzien *revoir*; *repasser*; ⟨vluchtig⟩ *parcourir*
overzien • in zijn geheel zien *embrasser du regard* • voorstellen ★ de gevolgen zijn niet te ~ *les conséquences sont incalculables*
ov-jaarkaart ≈ *carte* v *annuelle des transports publics*
ovulatie *ovulation* v
ovuleren *ovuler*
oxidatie *oxydation* v
oxide *oxyde* m
oxideren *s'oxyder*
ozon *ozone* m
ozonlaag *couche* v *d'ozone*

P

p *p* m ★ de p van Pieter *P comme Pierre*
P2P *P2P*
pa *papa* m
paaien I OV WW voor zich winnen *enjôler*; *amadouer*; *bercer* *(***met** *de)* **II** ON WW paren *frayer*
paaitijd *(saison* v *du) frai* m
paal • lang voorwerp *poteau* m [mv: *poteaux*]; ⟨puntig⟩ *pieu* m [mv: *pieux*]; ⟨klein⟩ *piquet* m; ⟨heipaal⟩ *pilotis* m; ⟨grenspaal⟩ *borne* v • grenspaal *borne* v ▾ voor paal staan *être là comme un con* ▾ paal en perk stellen aan *juguler*; INFORM. *mettre le holà à* ▾ dat staat als een paal boven water *c'est sûr et certain*
paalsteek *nœud* m *de chaise*
paar • koppel *paire* v; ⟨m.b.t. mensen⟩ *couple* m ★ een paar sokken *une paire de chaussettes* • klein aantal ★ een paar boeken *quelques livres*
paard • dier *cheval* m [mv: *chevaux*] ★ te ~ stijgen *se mettre en selle* ★ een ~ berijden *monter un cheval* • schaakstuk *cavalier* m • turntoestel *cheval* m *d'arçons* ▾ werken als een ~ *travailler comme un forçat* ▾ het ~ achter de wagen spannen *mettre la charrue devant les bœufs* ▾ over het ~ getild zijn *avoir la grosse tête* ▾ op het verkeerde ~ wedden *miser sur le mauvais cheval* ▾ het beste ~ van stal *le meilleur élément* ▾ het beste ~ struikelt wel eens ≈ *ça peut arriver aux meilleurs* ▾ men moet een gegeven ~ niet in de bek zien *à cheval donné on ne regarde pas la bouche* ▾ op twee ~en wedden *jouer sur les deux tableaux*
paardenbloem *pissenlit* m
paardenkracht *cheval-vapeur* m [mv: *chevaux-vapeur*] ★ van 100 pk *de 100 cv*
paardenmiddel *remède* m *de cheval*; *grands moyens* m mv
paardenrennen *courses* v mv *de chevaux*
paardensport *sport* m *hippique*; *hippisme* m
paardensprong ⟨in schaakspel⟩ *marche* v *du cavalier*
paardenstaart *queue* v *de cheval*
paardenstal *écurie* v
paardenvijg *crottin* m *de cheval*
paardjerijden *faire du dada*
paardrijden *monter à cheval*; SPORT *faire du cheval / de l'équitation* ★ graag ~ *aimer le cheval*
paarlemoer • → **parelmoer**
paars I BNW *violet* [v: *violette*] **II** ZN [het] *violet* m
paarsblauw *(bleu) pervenche*
paarsgewijs *(deux) par deux*; *par paires*; *par couples*
paarsrood *pourpre*
paartijd *rut* m; ⟨v. vogels⟩ *pariade* v
paasbest ▾ op zijn ~ *sur son trente et un*
paasdag ★ eerste ~ *Jour* m / *dimanche* m *de Pâques* ★ tweede ~ *lundi de Pâques*
paasei *œuf* m *de Pâques*
paasfeest *fête* v *de Pâques* ★ vrolijk ~ *joyeuses*

Pâques
paashaas ≈ *(les) cloches* v mv; ⟨regionaal⟩ *lapin* m *de Pâques*
paasvakantie *vacances* v mv *de Pâques*
pabo ≈ *Institut* m *universitaire de formation des maîtres (UFM)*
pacemaker *stimulateur* m *cardiaque*; *pacemaker* m
pacht • huurovereenkomst *bail* m [mv: *baux*]; *fermage* m • pachtgeld *fermage* m ⋆ in ~ geven *donner à bail*
pachten *prendre à bail / à ferme*; ⟨v. recht⟩ *louer*
pachter *fermier* m [v: *fermière*]; *tenancier* m [v: *tenancière*]
pachtgrond *fermage* m
pacificatie *pacification* v
pacifisme *pacifisme* m
pacifist *pacifiste* m/v
pacifistisch *pacifiste*
pact *pacte* m
pad[1] **I** ZN [de] dier *crapaud* m **II** ZN [het] weg *sentier* m; OOK FIG. *chemin* m ⋆ op pad zijn / gaan *être / se mettre en route* ▾ het verkeerde pad opgaan *sortir du droit chemin*; *mal tourner*
pad[2] (zeg: ped) *dosette* v *(de) café*
paddenstoel *champignon* m ▾ als ~en uit de grond schieten *pousser comme des champignons*
paddenstoelwolk *champignon* m *atomique*
paddo *champignon* m *hallucinogène*
padvinder *scout* m [v: *scoute*]
padvinderij *scoutisme* m
paella *paella* v
paf ▾ paf staan *rester ébahi / interloqué* ▾ ik sta paf! *j'en reste baba!*
paffen • roken *fumer (comme un pompier)* • schieten *tirer*
pafferig *gonflé*; ⟨v. gezicht⟩ *bouffi*; *empâté*
pagaai *pagaie* v
page *page* m
pagina *page* v
paginagroot *(de) pleine page*
pagineren *paginer*
paginering *pagination* v
pagode *pagode* v
pais ▾ alles was pais en vree *le calme régnait*
pak • pakket *paquet* m • kostuum ⟨duikerpak enz.⟩ *costume* v; INFORM. *costard* m; *combinaison* • → **pakje** ⋆ keurig in het pak *en costume-cravate* ▾ bij de pakken neerzitten *baisser les bras* ▾ dat is me een pak van het hart *cela me soulage* ▾ een pak rammel / ransel / slaag *une raclée*; *une fessée*
pakezel *âne* m / *mule* v *de bat*
pakhuis *entrepôt* m; *magasin* m ⋆ in een ~ opslaan *emmagasiner*
pakijs *banquise* v
Pakistaans *pakistanais*
Pakistan *le Pakistan* ⋆ in ~ *au Pakistan*
pakje • pakket *paquet* m; ⟨post⟩ *colis* m • → **pak**
pakkans ≈ *risque* m *d'être pris*
pakken I OV WW • beetpakken *prendre*; *saisir*; *attraper*; ⟨v. dief⟩ *arrêter* • tevoorschijn halen ⋆ iets uit de kast ~ *prendre qc dans l'armoire* • betrappen *attraper* • gebruiken *prendre*; INFORM. *se taper*; *se payer* • inpakken *emballer*; ⟨proppen⟩ *entasser* ⋆ zijn koffers ~ *faire ses valises* ⋆ zijn boeltje ~ *plier bagage* • boeien *passionner*; *captiver* ▾ iem. te ~ nemen *avoir qn*; *malmener qn* ▾ als haringen in een ton gepakt *serrés comme des harengs* ▾ het (flink) te ~ hebben *être pincé* ▾ zich te ~ laten nemen *se faire avoir* ▾ te ~ krijgen *mettre la main sur*; *coincer*; *pincer*; *joindre* ▾ iem. op iets ~ *coincer qn sur qc* **II** ON WW houvast vinden *prendre*
pakkend ⟨boeiend⟩ *captivant*; *passionnant*; ⟨wervend⟩ *(r)accrocheur* [v: *(r)accrocheuse*]
pakkerd *grosse bise* v
pakket *paquet* m; ⟨post⟩ *colis* m ⋆ een ~ maatregelen *un ensemble / paquet de mesures*
pakketpost *service* m *des colis postaux*
pakking *joint* m *(d'étanchéité)*
pakpapier *papier* m *d'emballage*; ⟨sterk⟩ *kraft* m
paksoi *chou* m *chinois*
pakweg ⋆ ~ duizend euro *dans les mille euros* ⋆ ~ 10 euro *quelque / dans les 10 euros*
pal I ZN [de] *arrêt* m; ⟨v. tandrad⟩ *cliquet* m **II** BIJW • precies *juste* ⋆ pal oost *plein est* • onwrikbaar *ferme*; *fermement* ⋆ pal staan *tenir ferme*; *ne pas lâcher pied* ⋆ pal staan voor iets *défendre qc de pied ferme*
paleis *palais* m
paleisrevolutie *révolution* v *de palais*
paleoceen *paléocène* m
paleografie *paléographie* v
paleontologie *paléontologie* v
Palestijn *Palestinien* m [v: *Palestinienne*]
Palestijns *palestinien* [v: *palestinienne*]
Palestina *la Palestine* ⋆ in ~ *en Palestine*
palet *palette* v
palindroom *palindrome* m
paling *anguille* v
palissade *palissade* v
palissander *palissandre* m
paljas *paillasse* m; *pitre* m; *clown* m
pallet *palette* v
palm • handpalm *paume* v • boom *palmier* m ▾ de palm wegdragen *remporter la palme*
palmboom *palmier* m
palmolie *huile* v *de palme*
Palmpasen *les Rameaux* m mv; *Pâques* v mv *fleuries*
palmtak *palme* v
palmtop *assistant* m *personnel*
pamflet *pamphlet* m; FORM. *libelle* m
pampa *pampa* v
pampus ▾ voor ~ liggen *être K.-O.*
pan • kookpan ⟨bakpan⟩ *poêle* v; *casserole* v; ⟨stoofpan⟩ *cocotte* v • dakpan *tuile* v ▾ in de pan hakken *tailler en pièces*; *mettre en charpie* ▾ onder de pannen zijn *être casé* ▾ het vliegt de pan uit *ça monte en flèche*; *ça flambe*
pan- *pan-* ⋆ pan-Amerikaans *panaméricain*
panacee *panacée* v
Panama *le Panama* ⋆ in ~ *au Panama*
Panamakanaal *canal* m *de Panama*
pancreas *pancréas* m
pand • gebouw *immeuble* m; *maison* v • onderpand *gage* m ⋆ een pand inlossen *retirer un gage* • onderdeel van kleding

panneau m; ⟨jaspand⟩ *pan* m
panda *panda* m
pandbrief *obligation* v *hypothécaire*
pandemonium *bruit* m *infernal*
pandjeshuis *mont-de-piété* m [mv: *monts-de-piété*]
pandjesjas *queue* v *de morue*; *frac* m
paneel *panneau* m [mv: *panneaux*]
paneermeel *chapelure* v; *panure* v
panel *panel* m; ⟨discussie⟩ *réunion-débat* v [mv: *réunions-débats*]; *colloque* m
panellid *panéliste* m/v
paneren *paner*
panfluit *flûte* v *de Pan*
paniek *panique* v ★ in ~ raken *paniquer*; *s'affoler* ★ in ~ *pris de panique* ★ geen ~! *pas d'affolement!*
paniekerig *paniqué*; *affolé*; ⟨dramatiserend⟩ *alarmiste*
paniekvoetbal *panique* v *générale*; *déroute* v
paniekzaaier *alarmiste* m/v
panikeren Z-N *paniquer*; *s'affoler*
panisch I BNW ★ een ~e angst *une peur panique* **II** BIJW ★ ~ reageren *avoir une réaction de panique*; *s'affoler*
panklaar • gereed voor de pan *prêt-à-cuire* • direct toepasbaar *tout fait* [v: *toute faite*]
panne *panne* v ★ ~ hebben *tomber en panne*
pannendak *toit* m *de tuiles*
pannenkoek *crêpe* v
pannenlap *poignée* v *(pour casserole)*
pannenset *lot* m *de casseroles*
pannenspons *éponge* v *(métallique)*
panorama *panorama* m
pantalon *pantalon* m
panter *panthère* v
pantheïsme *panthéisme* m
pantoffel *pantoufle* v; *charentaise* v
pantoffelheld • angsthaas *poltron* m [v: *poltronne*] • man onder de plak *mari* m *soumis*
pantomime *pantomime* v
pantser • stalen bescherming *blindage* m; ⟨harnas⟩ *armure* v; SCHEEPV. *cuirasse* v • huidlaag *carapace* v
pantseren *blinder*; SCHEEPV. *cuirasser*
pantserglas *verre* m *anti-balles* / *pare-balles*
pantsertroepen *troupes* v mv *blindées* [mv]
pantserwagen *(engin* m / *véhicule* m*) blindé* m
panty *collant(s)* m (mv)
pap • voedsel *bouillie* v • mengsel ⟨stijfsel⟩ *colle* v; ⟨voor stoffen⟩ *apprêt* m; MED. *cataplasme* m ▾ geen pap meer kunnen zeggen *être claqué*; *être calé* ▾ ik lust er wel pap van *j'en raffole*
papa *papa* m
papaja *papaye* v
paparazzo *paparazzo* m [mv: *paparazzi*]
papaver *pavot* m; ⟨klaproos⟩ *coquelicot* m
papegaai *perroquet* m
paperassen *paperasse(s)* v (mv)
paperback *livre* m *broché*
paperclip *trombone* m
papeterie • waren *articles* m mv *de papeterie* • winkel *papeterie* v
papier *papier* m ★ op ~ zetten *mettre par écrit* ★ alleen nog maar op ~ bestaan *n'exister qu'à l'état de projet* ★ oud ~ *vieux papiers* ▾ op ~ *sur le papier* ▾ het ~ is geduldig *le papier souffre tout* ▾ zijn ~en dalen / stijgen *sa cote est en baisse* / *en hausse* ▾ goede ~en hebben *être bien placé* ▾ dat loopt in de ~en *ça chiffre*
papieren • van papier *de* / *en papier* • in theorie *sur le papier*
papiergeld *papier-monnaie* m
papier-maché *papier* m *mâché*
papierversnipperaar *déchiqueteuse* v
papierwinkel *paperasserie* v
papil *papille* v
papillot *papillote* v
papkind *enfant* m *à sa maman*
paplepel ▾ iets met de ~ ingegoten krijgen *sucer qc avec le lait*
Papoea *Papou* m [v: *Papoue*]
Papoeaas *papou*
Papoea-Nieuw-Guinea *la Papouasie-Nouvelle-Guinée*
pappa *papa* m
pappen *apprêter* ▾ ~ en nathouden ≈ *faire du replâtrage*
pappenheimer ▾ ik ken mijn ~s *je connais mon monde*
papperig • week als pap *pâteux* [v: *pâteuse*] • dik *empâté*
paprika • CUL. vrucht *poivron* m • CUL. specerij *paprika* m
paprikapoeder *paprika* m
papyrus *papyrus* m
papyrusrol *(rouleau* m *de) papyrus* m [mv: *rouleaux ...*]
paraaf *paraphe* m
paraat *prêt*; *disponible*; ⟨inzetbaar⟩ *opérationnel*; ⟨bij gevaar⟩ *en (état d')alerte*; *prêt à intervenir* ★ parate kennis ≈ *connaissances* v mv *actives*
parabel *parabole* v
parabool *parabole* v
paracetamol *paracétamol* m
parachute *parachute* m
parachuteren *parachuter*
parachutespringen *faire du parachutisme*
parachutist *parachutiste* m/v
parade *parade* v; MIL. *revue* v; MIL. *défilé* m
paradepaard OOK FIG. *fleuron* m; *orgueil* m
paraderen • parade houden *parader* • pronken *se pavaner*
paradijs *paradis* m ▾ aards ~ *paradis terrestre*
paradijselijk *paradisiaque*
paradijsvogel *paradisier* m
paradox *paradoxe* m
paradoxaal *paradoxal* [m mv: *paradoxaux*]
paraferen *parapher*
parafernalia *accessoires* m mv
paraffine *paraffine* v
parafrase *paraphrase* v
parafraseren *paraphraser*
paragnost *voyant* m [v: *voyante*]
paragraaf *paragraphe* m
Paraguay *le Paraguay* ★ in ~ *au Paraguay*
parallel I ZN [de] • WISK. *parallèle* v • AARDK. *parallèle* m • FIG. vergelijking *parallèle* m ★ een ~ trekken tussen *établir un parallèle entre* **II** BNW evenwijdig *parallèle* **(met** *à***)**

parallellie *parallélisme* m
parallellogram *parallélogramme* m
parallelweg *route* v / *chemin* m *parallèle*
Paralympics *Jeux* m mv *olympiques handisports/pour handicapés*
paramedisch *paramédical* [m mv: *paramédicaux*] ★ ~e beroepen *professions paramédicales*
parameter *paramètre* m
paramilitair *paramilitaire*
paranimf ≈ *personne* v *qui accompagne celle/celui qui soutient une thèse*
paranoia *paranoïa* v
paranoïde *paranoïaque*; INFORM. *parano*
paranoot *noix* v *du Brésil*
paranormaal *paranormal* [m mv: *paranormaux*] ★ paranormale gaven *dons* m mv *métapsychiques*
parapenten *faire du parapente*
paraplu *parapluie* m ★ zijn ~ opsteken *ouvrir son parapluie*
paraplubak *porte-parapluies* m [onv]
parapsychologie *parapsychologie* v
parasiet • BIOL. *parasite* m • FIG. nietsnut *parasite* m
parasiteren *vivre en parasite*; *faire du parasitisme* ★ ~ op *parasiter*
parasol *parasol* m
paratroepen *paras* m mv
paratyfus *paratyphoïde* v
parcours *parcours* m
pardon I ZN [het] vergeving *pardon* m ★ zonder ~ *sans merci* ★ generaal ~ *amnistie* v *générale* **II** TW *pardon*; *excuse(z)-moi*
parel • kraal *perle* v • kostbaar iets, iem. *perle* v ★ een ~ aan zijn kroon *son plus beau fleuron* ▾ ~s voor de zwijnen werpen *jeter des perles aux cochons / pourceaux*
parelduiker *pêcheur* m *de perles*
parelen *perler* ★ het zweet parelde op zijn voorhoofd *la sueur perlait sur son front*
parelhoen *pintade* v
parelmoer *nacre* v
parelmoeren *de nacre*; *nacré*
pareloester *huître* v *perlière*
parelsnoer *collier* m *de perles*
parelwit *blanc nacré*
paren I OV WW koppelen FIG. *joindre* (**aan** *à*); *unir* (**aan** *à*) ★ gepaard gaan met *s'accompagner de* **II** ON WW copuleren *s'accoupler* (**met** *à*); *copuler* (**met** *avec*)
pareren *parer*
parfum *parfum* m
parfumeren *parfumer*
parfumerie *parfumerie* v
pari ★ boven/beneden pari *au-dessus/au-dessous du pair* ★ a pari staan *être au pair*
paria *paria* m
parig *deux à deux*; *géminé*
Parijs I ZN [het] stad *Paris* m **II** BNW m.b.t. Parijs *parisien* [v: *parisienne*]
paring *accouplement* m
paringsdrift *rut* m; *chaleur* v
pariteit *parité* v
park *parc* m ★ nationaal park *parc national*
parka *parka* m/v

pa

parkeerautomaat *horodateur* m
parkeerbon *p.-v.* m; ⟨onder ruitenwisser⟩ *papillon* m
parkeergarage *parking* m
parkeerhaven *baie* v; ⟨langs autoweg⟩ *refuge* m
parkeerklem *sabot* m *(de Denver)*
parkeerlicht *feu* m *de stationnement*; *veilleuses* v mv
parkeermeter *parcmètre* m
parkeerplaats • vak voor één voertuig *place* v *de stationnement* • terrein voor meer voertuigen *parking* m; *parc* m *de stationnement*
parkeerpolitie *contractuel* m [v: *contractuelle*]
parkeerschijf *disque* m *de stationnement*
parkeerterrein *parking* m; *parc* m *de stationnement*
parkeerverbod *interdiction* v *de stationner*
parkeervergunning *permis* m *de stationnement*
parkeerwachter *contractuel* m [v: *contractuelle*]
parkeren I OV WW laten staan *garer* ★ geparkeerd staan *être garé / stationné* **II** ON WW *stationner* ★ het fout / dubbel ~ *le stationnement gênant / en double file* ★ verboden te ~ *stationnement interdit*
parket • houten vloer *parquet* m • rang in theater *orchestre* m • JUR. *parquet* m ▾ in een moeilijk ~ zitten *être dans le pétrin / dans de beaux draps*
parketwacht *police* v *du parquet / de l'audience*
parkiet *perruche* v
parking *parking* m; *parc* m *de stationnement*
parkinson *parkinson* m
parkoers *parcours* m
parkwachter *gardien* m *de parc* [v: *gardienne ...*]
parlement *parlement* m
parlementair *parlementaire*
parlementariër *parlementaire* m/v; *député* m/v
parlementslid *membre* m *du parlement*; *parlementaire* m/v
parlementsverkiezingen *(élections* v mv*) législatives* v mv
parmantig I BNW ⟨fier⟩ *assuré*; ⟨kek⟩ *pimpant* **II** BIJW *d'un air assuré*
parochiaal *paroissial* [m mv: *paroissiaux*]
parochiaan *paroissien* m [v: *paroissienne*]
parochie *paroisse* v ▾ voor eigen ~ preken *prêcher pour sa paroisse / pour son saint*
parodie *parodie* v (**op** *de*)
parodiëren *parodier*
parool • wachtwoord *mot* m *d'ordre* • leus *devise* v ★ oppassen luidt het ~ *l'attention s'impose*
part *part* v; *portion* v; ⟨v. vrucht⟩ *quartier* m ▾ voor mijn part *pour ma part* ▾ mijn geheugen speelt me parten *ma mémoire me joue des tours*
parterre • begane grond *rez-de-chaussée* m [onv] • rang in schouwburg *parterre* m
participant *participant* m
participatie *participation* v
participeren *participer* (**in** *à*) ★ ~d *participatif* [v: *participative*]
particulier I ZN [de] *particulier* m ★ als ~ *en simple particulier* **II** BNW *privé*; *particulier* [v: *particulière*]; *individuel* [v: *individuelle*] ★ ~e

school *école* v *libre / privée* ★ in de ~e sector *dans le secteur privé* ★ ~ initiatief *initiative* v *privée* **III** BIJW *en privé*

partieel I BNW *partiel* [v: *partielle*] **II** BIJW *partiellement*

partij • groep *partie* v; ⟨politiek⟩ *parti* m ★ onverschillig tot welke ~ ze behoren *quel que soit leur bord* ★ de wijste ~ kiezen *en prendre son parti* ★ ~ kiezen (voor) *prendre parti (pour)* ★ boven de ~en staan *être au-dessus des partis* • gedeelte *partie* v • hoeveelheid *lot* m • contractant *partie* v • procesvoerder *partie* v ★ zich ~ stellen *se constituer partie* • huwelijkspartner *parti* m ★ zij is een goede ~ *elle est un beau parti* • spel *partie* v ★ een ~tje tennis *une partie de tennis* • feest *fête* v; *partie* v • MUZ. *partie* v • voordeel ★ ~ trekken van *tirer parti de* ▾ van de ~ zijn *être de la partie* ▾ goed ~ geven *(bien) se défendre* ▾ zijn ~ meeblazen *y mettre du sien*; *être au rendez-vous* ▾ geen ~ zijn voor iem. *ne pas faire le poids contre qn*

partijbestuur *bureau* m / *comité* m *directeur du parti*

partijbonze INFORM. *dinosaure* m

partijdig I BNW *partial* [m mv: *partiaux*]; *partisan* **II** BIJW *avec partialité*

partijganger *partisan* m [v: *partisane*]

partijleider *chef* m *de parti*

partijlid *adhérent* m [v: *adhérente*] ★ actief ~ *militant* m

partijpolitiek *politique* v *du / d'un parti*; MIN. *politique* v *politicienne*

partijtop *responsables* m mv *du parti*

partikel *particule* v

partituur *partition* v

partner *partenaire* m/v ★ sociale ~s *partenaires* m mv *sociaux*

partnerruil *échangisme* m

partnerschap *partenariat* m ★ geregistreerd ~ *vtg>acs* m

parttime *à temps partiel* ★ ~ werken *travailler à temps partiel / à mi-temps*

parttimebaan *emploi* m *à temps partiel*

parttimer *employé* m *à temps partiel*; *travailleur* m *à mi-temps*

parvenu *parvenu* m; *nouveau riche* m

pas I ZN [de] • stap *pas* m ★ in de pas lopen *marcher au pas* ★ zijn pas versnellen *allonger / presser le pas*; *presser le pas* ★ pas op de plaats maken *piétiner sur place* ★ de pas markeren OOK FIG. *marquer le pas* ★ de pas inhouden *ralentir le pas* • legitimatiebewijs *passeport* m; ⟨pasje⟩ *carte* v • weg door gebergte *col* m **II** ZN [het] ▾ goed van pas komen *tomber à pic / à point (nommé)*; *venir juste à propos*; *servir* ▾ iets te pas brengen *amener qc sur le tapis* ▾ te pas en te onpas *à tout propos*; *à tort et à travers* ▾ (niet) van pas *(mal) à propos* ▾ te pas brengen *avancer* ▾ eraan te pas komen *intervenir* ▾ er niet aan te pas komen *être dépassé par les événements* **III** BNW • passend *ajusté*; *à point* • waterpas *de niveau* **IV** BIJW • nog maar net *à l'instant*; *à peine*; *tout juste*; ⟨onlangs⟩ *récemment* ★ pas geverfd *peinture fraîche* ★ ik ben pas aangekomen *je viens d'arriver* ★ pas geplukt *frais cueilli* ★ pas verschenen *vient de paraître* • niet meer/eerder/verder dan *ne ... que*; *seulement* ★ zij komt pas om 6 uur *elle n'arrive qu'à six heures*; *elle n'arrive pas avant six heures*

Pascha *Pâque* v

pascontrole *contrôle* m *des passeports*

Pasen ⟨christelijk⟩ *Pâques* v mv / m; ⟨joods⟩ *Pâque* v ★ met ~ *à Pâques* ★ Beloken ~ *(dimanche* m *de) Quasimodo* v

pasfoto *photo* v *d'identité*

pasgeboren *nouveau-né* [m mv: *nouveau-nés*] [v: *nouveau-née*]

pasgeld BELG. *(petite) monnaie* v

pasgetrouwd *qui vient de se marier* ★ het ~e stel *les jeunes / nouveaux mariés*

pasje *carte* v; *permis* m; ⟨chip-/magneetkaart⟩ *badge* m

paskamer *cabine* v *d'essayage*

pasklaar • kant-en-klaar *tout prêt* [m mv: *tout prêts*] [v: *toute prête*] • passend *(taillé) sur mesure*; *ajusté*

pasmunt BELG. *(petite) monnaie* v

paspoort *passeport* m

paspop *mannequin* m

pass SPORT *passe* v

passaat *alizé*

passaatwind *(vent* m*) alizé* m

passage • doorgang *passage* m • overtocht *passage* m • winkelgalerij *galerie* v *(marchande)* • deel van tekst *passage* m

passagier ⟨trein, bus⟩ *voyageur* m [v: *voyageuse*]; ⟨boot, vliegtuig⟩ *passager* m [v: *passagère*] ★ een blinde ~ *un voyageur clandestin*

passagieren INFORM. *tirer une bordée*

passagiersschip *paquebot* m

passagiersvliegtuig *avion* m *de ligne*

passant *passant* m [v: *passante*]

passé *dépassé*

passen[1] **I** OV WW • juist plaatsen ⟨ineenvoegen⟩ *ajuster*; *emboîter* • juiste maat proberen *essayer* • afpassen *mesurer* • exact betalen *faire l'appoint* **II** ON WW • op maat zijn *aller (bien)* ★ in elkaar ~ *s'emboîter*; *se joindre* ★ die jas past me goed *ce manteau me va bien* ★ ~ in *aller / (r)entrer dans* • gelegen komen *convenir* • beurt overslaan *passer* • ~ **bij** *cadrer avec*; *aller avec* ★ bij elkaar ~ *aller bien ensemble* • ~ **op** ⟨zorgen voor⟩ *s'occuper de*; ⟨uitkijken voor⟩ *faire attention à*; ⟨bewaken⟩ *garder*; *surveiller* ★ op zijn woorden ~ *se surveiller* ★ pas op het opstapje *attention à la marche!* ▾ daar pas ik voor! *je n'y tiens pas!*; *pas question!*

passen[2] (zeg: pàssen) *faire une passe*; *passer*

passend I BNW • van de goede maat ★ ~ maken *ajuster* • erbij passend *ajusté*; *adapté* ★ bij elkaar ~e kleren *des vêtements qui vont bien ensemble* ★ bij elkaar ~e kleuren *des couleurs assorties* • behoorlijk *convenable*; ⟨geschikt⟩ *approprié* ★ bij elkaar ~e kleren *des vêtements qui vont bien ensemble* ★ bij elkaar ~e kleuren *des couleurs assorties* **II** BIJW *convenablement*

passe-partout • toegangskaart *forfait* m • omlijsting *passe-partout* m [onv]
passer *compas* m
passerdoos *boîte* v *de compas*
passeren I OV WW • gaan langs *passer (devant)* • inhalen *dépasser*; *doubler* • gaan door/over ⋆ de dertig gepasseerd zijn *avoir (dé)passé la trentaine* • overslaan *tenir à l'écart*; *oublier* • JUR. bekrachtigen ⋆ een akte ~ *établir/dresser un acte* • doorbrengen ⟨v. tijd⟩ *passer*; *tuer* **II** ON WW gebeuren *se passer* ⋆ iets niet laten ~ *ne pas laisser passer qc*
passie • hartstocht *passion* v *(voor de)* • het lijden van Christus *Passion* v
passiebloem *passiflore* v; *fleur* v *de la passion*
passief I BNW • niet actief *passif* [v: *passive*] • TAALK. *passif* [v: *passive*] • ECON. *passif* [v: *passive*] **II** BIJW *passivement* **III** ZN [het] • TAALK. *passif* m • ECON. *passif* m
passievrucht *fruit* v *de la Passion*
passiva *passif* m; *masse* v *passive*
passiviteit *passivité* v
passpiegel *glace* v
password *mot* m *de passe*; *code* m *d'accès*
pasta I ZN [de] mengsel *pâte* v **II** ZN [de] CUL. Italiaanse deegwaar *pâtes* v mv *(alimentaires)*
pastei *pâté* m; ⟨pasteitje⟩ *bouchée* v
pastel *pastel* m
pasteltint *ton* m *pastel*
pasteuriseren *pasteuriser*
pastille *pastille* v
pastoor *curé* m
pastor *pasteur* m
pastoraal • REL. *pastoral* [m mv: *pastoraux*] • herderlijk *pastoral*
pastoraat • pastoorschap *pastorat* m • zielzorg *pastorat* m
pastorale *pastorale* v
pastorie *presbytère* m
pasvorm *coupe* v; *façon* v
pat I ZN [de] strookje stof *patte* v **II** BNW *pat* ⋆ pat staan *être pat*
patat *frites* v mv ⋆ ~ met *frites mayonnaise*
patatkraam *friterie* v
patchwork *patchwork* m
paté *pâté* m
patent I ZN [het] *brevet* m *(d'invention)* ▾ daar heeft hij het ~ op *c'est sa spécialité* **II** BNW *excellent*; *superbe* **III** BIJW *à merveille*; *très bien*
patentbloem *fleur* v *de farine*
patenteren *breveter* ⋆ gepatenteerd FIG. *patenté*
pater *père* m; ⟨aanspreking⟩ *mon père*; ⟨met naam⟩ *le révérend père* m
pater familias *pater familias* m; *père* m *de famille*
paternalistisch *paternaliste*
paternoster I ZN [de] rozenkrans *chapelet* m **II** ZN [het] gebed *Pater* m [onv]
pathetisch *pathétique*
pathologie *pathologie* v
pathologisch *pathologique*
patholoog-anatoom *pathologiste* m/v; ⟨v. politie⟩ *médecin* m *légiste*
pathos *pathétique* m; FORM. *pathos* m
patience *réussite* v ⋆ ~ spelen *faire une réussite*
patiënt *malade* m/v; ⟨bij operatie / onderzoek⟩ *patient* m [v: *patiente*] ⋆ ~ zijn van *être soigné par / client de* ▾ volgende ~! *au suivant!*
patio *patio* m
patisserie *pâtisserie* v
patriarch *patriarche* m
patriarchaal *patriarcal* [m mv: *patriarcaux*]
patriarchaat *patriarcat* m
patriciër *patricien* m [v: *patricienne*]
patrijs *perdrix* v
patrijspoort *hublot* m
patriot *patriote* m/v
patriottisch *patriotique*; *patriote*
patriottisme *patriotisme* m
patronaat *patronage* m
patroon I ZN [de] • beschermheer *patron* m • baas *patron* m • huls met lading *cartouche* v **II** ZN [het] • model *patron* m; *modèle* m • dessin *motif* m; *dessin* m • wijze ⟨v. gedrag⟩ *mode* m; *type* m; FORM. *schème* m; ⟨v. ordening⟩ *schéma* m
patroonheilige *patron* m [v: *patronne*]
patroonhuls *douille* v
patrouille *patrouille* v ⋆ op ~ *en patrouille*
patrouilleauto *voiture* v *de patrouille / de police*
patrouilleboot *patrouilleur* m
patrouilleren *patrouiller*
patser *frimeur* m
patstelling • stelling in schaakspel *pat* m • impasse *impasse* v
pauk *timbale* v
paukenist *timbalier* m
pauper *miséreux* m [v: *miséreuse*]
paus *pape* m; *souverain* m *pontife* ▾ roomser dan de paus zijn *être plus royaliste que le roi*
pauselijk *papal* [m mv: *papaux*]; *pontifical* [m mv: *pontificaux*] ⋆ ~e zegen *bénédiction* v *apostolique*
pausmobiel *papamobile* v
pauw *paon* m
pauwenoog • vlek op pauwenstaart ⟨vlinder⟩ *ocelle* v • vlinder *paon* m
pauze *pause* v; ⟨lespauze⟩ *récréation* v; ⟨bij voorstelling⟩ *entracte* m
pauzeren *faire une / la pause*
pauzetoets *touche* v *de pause/d'interruption*
paviljoen *pavillon* m
pay-tv *(chaîne* v *de) télévision cryptée / payante / à péage*
pc *PC* m
pecannoot *pécan* m
pech • tegenspoed *malchance* v ⋆ pech hebben *manquer de chance* ⋆ pech gehad *pas de chance!*; *tant pis!*; INFORM. *manque de pot!* • panne *panne* v ⋆ pech hebben *tomber en panne*
pechlamp *lampe* v *de secours*
pechvogel *malchanceux* m [v: *malchanceuse*]
pectine *pectine* v
pedaal *pédale* v
pedaalemmer *poubelle* v *à pédale*
pedagogie *pédagogie* v
pedagogisch *pédagogique*
pedagoog *pédagogue* m/v
pedant I BNW *pédant* **II** BIJW *d'un air suffisant/présomptueux*

pa

pedanterie *pédanterie* v
peddel *pagaie* v
peddelen • roeien *pagayer* • fietsen *pédaler*
pedel *appariteur* m
pediatrie *pédiatrie* v
pedicure • persoon *pédicure* m/v • behandeling *pédicurie* v
pedofiel **I** ZN [de] *pédophile* m/v **II** BNW *pédophile*
pedofilie *pédophilie* v
peeling *peeling* m; *gommage* m
peen *carotte* v
peepshow *peepshow* m
peer • vrucht *poire* v • boom *poirier* m • lamp *ampoule* v • vent *type* m ▾ met de gebakken peren zitten *en être pour ses frais*
peervormig *en poire*; *piriforme*
pees *tendon* m
peeskamertje *chambre* v *(dans une maison) de passe*
peesontsteking *tendinite* v
peetoom *parrain* m
peettante *marraine* v
peetvader • peter *parrain* m • geestelijke vader *père* m *spirituel*
pegel • ijskegel *glaçon* m • snottebel *chandelle* v • hard schot *boulet* m *(de canon)*
peignoir *peignoir* m
peil *niveau* m ⋆ Amsterdams peil *zéro* m *d'Amsterdam* ⋆ op peil brengen *mettre à niveau* ▾ er is geen peil op te trekken *on ne sait pas à quoi s'en tenir* ▾ op hoger peil brengen *élever le niveau de* ▾ waarop geen peil te trekken is *incalculable*; *imprévisible* ▾ beneden (alle) peil *au-dessous de tout*; *minable*
peildatum *date* v *repère*
peilen • bepalen ⟨v. diepte⟩ *sonder*; ⟨in vat⟩ *jauger*; ⟨lokaliseren⟩ *repérer* • doorgronden *sonder*; *scruter*
peilglas ≈ *éprouvette* v
peiling ⟨positiepeiling⟩ *repérage* m; ⟨v. diepte⟩ *sondage* m; ⟨in vat⟩ *jaugeage* m ▾ in de ~ hebben *avoir l'œil sur*; *voir venir*
peillood *(plomb* m *de) sonde* v
peilloos *sans fond*; *insondable*; FIG. *immense*
peilstok *jauge* v
peinzen *songer (***over** *à)*; *réfléchir (***over** *à/sur)*; *méditer (***over** *sur)* ⋆ zich suf ~ *se creuser la tête* ⋆ ~d *pensif* [v: *pensive*]; *absorbé dans ses pensées* ⋆ ik peins er niet over! *pas question!*
pek *poix* v; *brai* m
pekel • oplossing *saumure* v • strooizout *sel* m *(de déneigement)*
pekelen *saumurer*; ⟨ook van weg⟩ *saler*
pekelvlees *salé* m; ⟨plakjes⟩ *petit salé* m
pekinees *pékinois* m
Peking *Pékin*
pekingeend *canard* m *mandarin*
pelgrim *pèlerin* m
pelgrimage *pèlerinage* m
pelgrimsoord *(lieu* m *de) pèlerinage* m
pelikaan *pélican* m
pellen *monder*; ⟨v. garnaal⟩ *décortiquer*; *peler*; *éplucher*; ⟨v. ei⟩ *écaler*; *peler*; *éplucher*; ⟨v. graan⟩ *écorcer*; ⟨v. noot⟩ *décortiquer* ⋆ een ei ~ *enlever la coquille d'un œuf*
peloton • MIL. *peloton* m • SPORT *peloton* m
pels • vacht *peau* v • bont *pelisse* v; *fourrure* v
pelsdier *animal* m *à fourrure* [m mv: *animaux* ...]
pelsjager *chasseur* m *de fourrures*; *trappeur* m
pen • pin *tenon* m; *cheville* v; *clavette* v; ⟨spie⟩ *broche*; *goupille* v • schrijfpen *stylo* m; FIG. *plume* v • vogelveer *plume* v ▾ in de pen klimmen *prendre la plume* ▾ heel wat pennen in beweging brengen *faire couler beaucoup d'encre* ▾ met geen pen te beschrijven zijn *défier toute description*
penalty *penalty* m [mv: *penalties/penaltys*]
penaltystip *point* m *de penalty / de réparation*
penarie ▾ in de ~ zitten *être dans la dèche*; *être mal barré*
pendant *pendant* m ⋆ een ~ zijn van *faire pendant à*
pendel • het pendelen *navette* v • wichelslinger *pendule* m
pendelaar *personne* v *qui fait la navette*
pendelbus *navette* v
pendeldienst *navette* v
pendelen *faire la navette*
pendule *pendule* v
penetrant *pénétrant*
penetratie *pénétration* v
penetreren *pénétrer dans*
penibel *pénible*
penicilline *pénicilline* v
penis *pénis* m
penisnijd *envie* v *du penis*
penitentiair *pénitentiaire*
penitentie *pénitence* v
pennen *griffonner*; ⟨schaakspel⟩ *clouer*
pennenbak *plumier* m *de bureau*
pennenlikker *gratte-papier* m [onv]; *plumitif* m
pennenmes *canif* m
pennenstreek *trait* m / *coup* m *de plume*
pennenvrucht *ouvrage* m; *production* v *littéraire*
pennenzak *trousse* v
penning • geld GESCH. *denier* m • muntstuk *pièce* v; GESCH. *denier* m; ⟨voor automaat⟩ *jeton* m ⋆ de ~en *les deniers*; INFORM. *les sous* • medaille *médaille* v
penningmeester *trésorier* m [v: *trésorière*]
penopauze *andropause* v
penoze *pègre* v; *milieu* m
pens OOK FIG. *panse* v; CUL. *tripe(s)* v (mv)
penseel *pinceau* m [mv: *pinceaux*]
penseelstreek *coup* m *de pinceau*; *touche* v
pensioen *(pension* v *de) retraite* v ⋆ met ~ gaan *prendre sa retraite* ⋆ vervroegd ~ *retraite anticipée*; *préretraite* v ⋆ aanvullend ~ *retraite complémentaire* ⋆ met ~ zijn *être retraité / à la retraite*
pensioenbreuk ≈ *dévalorisation* v *de la retraite (par suite de rupture de carrière)*
pensioenfonds *caisse* v *de retraite*
pensioengat ≈ *manque* m / *déficit* m *de points de retraite*
pensioengerechtigd ⋆ ~e leeftijd *âge* m*l de la retraite*
pensioenpremie *cotisation* v *à la caisse de*

retraite

pension • kosthuis *pension* v • verzorging *pension* v

pensionaat *pensionnat* m

pensioneren *mettre à la retraite* ★ gepensioneerd *en retraite*; *retraité*

pensionering *mise* v / *départ à la retraite*

pensionhouder *patron* m *d'une pension* [v: *patronne* ...]

pentagram *pentacle* m

pentatlon *pentathlon* m

penthouse *penthouse* m; *attique* m

pep • fut *punch* m • pepmiddel *stimulant* m

peper *poivre* m ★ Spaanse ~ *piment* m

peperbus *poivrier* m; *poivrière* v

peperduur *hors de prix*

peperen *poivrer* ★ een gepeperde rekening *une note salée*

peper-en-zoutkleurig *poivre et sel* [onv]

peperkoek ⟨ontbijtkoek⟩ *pain* m *d'épice*

peperkorrel *grain* m *de poivre*

pepermolen *moulin* m *à poivre*

pepermunt • plant *menthe* v *poivrée* • CUL. snoepgoed *bonbon(s)* m (mv) *à la menthe*

pepernoot ≈ *nonnette* v

pepmiddel *stimulant* m; *énergisant* m

peppil *stimulant* m

peptalk ≈ *encouragements* m mv

per • vanaf *à partir de* • door middel van/met *par*; *en* ★ per fiets / boot / trein / vliegtuig reizen *voyager en vélo / bateau / train / avion* ★ per vliegtuig versturen *envoyer par avion* • in/voor ★ per stuk *(la) pièce* ★ per vierkante meter *au mètre carré* ★ vijf euro per persoon *cinq euros par personne* ★ per kilo *le kilo* ★ per dag *par jour* ★ per hoofd van de bevolking *par habitant* ★ honderd kilometer per uur *cent kilomètres à l'heure* ★ driemaal per jaar *trois fois l'an*

perceel • stuk land *parcelle* v • pand *immeuble* m

percent • → **procent**

percentage *pourcentage* m; *taux* m ★ ~ geslaagden *taux* m *de réussites*

percentsgewijs *en pourcentage*

perceptie *perception* v

perceptief *perceptif* [v: *perceptive*]

percolator *percolateur* m

percussie *percussion* v

percussionist *percussionniste* m/v

perenboom *poirier* m

perfect *parfait*; *excellent*

perfectie *perfection* v

perfectioneren *perfectionner*; *sophistiquer*

perfectionist *perfectionniste* m/v

perfide *perfide*

perforatie *perforation* v; ⟨v. scheurblad⟩ *pointillé* m

perforator *perforeuse* v

perforeren *perforer*

pergola *pergola* v

perifeer *périphérique*

periferie *périphérie* v

perikel ★ ~en *péripéties* v mv; *ennuis* m mv

periode *période* v

periodiek I ZN [de/het] tijdschrift *périodique* m II BNW *périodique* ★ ~ systeem *système* m *périodique* III BIJW *périodiquement*

periscoop *périscope* m

peristaltisch *péristaltique*

perk • bloembed *parterre* m *de fleurs*; *plate-bande* v [mv: *plates-bandes*]; ⟨border⟩ *massif* m • begrenzing FIG. *limite* v; *borne* v ★ de perken te buiten gaan *dépasser les bornes*; *passer toute mesure*

perkament *parchemin* m

perm *permien* m

permafrost *permafrost* m

permanent I ZN [het] *permanente* v II BNW *permanent*; *continu*; *fixe* III BIJW *en permanence*

permanenten *permanenter* ★ zich laten ~ *se faire faire une permanente*

permeabel *perméable*

permissie *permission* v

permissief *permissif* [v: *permissive*]

permitteren *permettre*

perpetuum mobile *(machine* v *à) mouvement* m *perpétuel*

perplex *perplexe* ★ ~ staan *rester ébahi* / *interloqué*

perron *quai* m

pers • toestel om te persen *presse* v; ⟨wijnpers⟩ *pressoir* m • drukpers *presse* v ★ het boek is ter perse *le livre est sous presse* • nieuwsbladen en journalisten *presse* v ★ een goede pers hebben *avoir bonne presse* ★ de schrijvende pers *la presse écrite*

persagentschap *agence* v *de presse*

persbericht • bericht aan de pers *communiqué* m *de presse* • bericht in de pers *dépêche* v

persbureau *agence* v *de presse*

perschef *attaché* m *de presse* [v: *attachée* ...]

persconferentie *conférence* v *de presse*

per se *à tout prix*; *absolument*; ⟨noodzakelijkerwijs⟩ *forcément* ★ iets ~ willen doen *vouloir faire qc absolument*; *insister pour faire qc*

persen I OV WW • krachtig drukken ⟨samendrukken⟩ *comprimer*; *presser* ★ zich in een broek ~ *se boudiner dans un pantalon* • uitpersen *presser* ★ olie ~ *extraire de l'huile* • gladstrijken *repasser à la vapeur*; ⟨stomen⟩ *presser* II ON WW drukken *pousser*

persfotograaf *photographe* m/v *de presse*; *photojournaliste* m/v

persiflage *persiflage* m

perskaart *carte* v *de presse*

persklaar *bon à tirer* [v: *bonne à tirer*]

personage • rol, figuur *personnage* m • persoon *personnage* m

personalia *coordonnées* v mv; JUR. *identité* v

persona non grata *persona* v *non grata* [onv]

personeel I ZN [het] *personnel* m; *employés* m mv; ⟨bestand⟩ *effectifs* m mv II BNW persoonlijk *personnel* [v: *personnelle*]

personeelsadvertentie ⟨gevraagd⟩ *offre* v *d'emploi*; ⟨aangeboden⟩ *demande* v *d'emploi*

personeelsafdeling *direction* v *des ressources humaines (DRH)*

personeelsbeleid *gestion* v *du personnel*

personeelschef *chef* m *du personnel*; *directeur*

m *des ressources humaines (DRH)*
personeelslid *membre* m *du personnel*
personeelsstop *arrêt* m *de l'embauchage*
personeelszaken *direction* v *des ressources humaines (DRH)*
personenauto *voiture* v; *voiture* v *de tourisme*
personenlift *ascenseur* m
personenvervoer *transport* m *de voyageurs*
personificatie *personnification* v
personifiëren *personnifier*; *incarner*
persoon • individu *personne* v; *personnage* m ★ in eigen ~ *en personne* ★ mijn ~tje *ma petite personne* • TAALK. *personne* v ★ in de eerste ~ enkelvoud *à la première personne du singulier*
persoonlijk I BNW m.b.t. individu *privé*; *personnel* [v: *personnelle*]; INFORM. *perso* ★ ~e vrijheid *liberté* v *individuelle* ▾ ~ worden *viser la personne* **II** BIJW *personnellement*; *en personne*
persoonlijkheid *personnalité* v
persoonsbewijs *carte* v *d'identité*
persoonsregister *registre* m *d'état civil*
persoonsregistratie *enregistrement* m *d'état civil*
persoonsverheerlijking *culte* m *de la personnalité*
persoonsvorm *verbe* m *conjugué*
perspectief I ZN [de] uitbeelding in plat vlak *perspective* v **II** ZN [het] gezichtspunt *perspective* v
perspectivisch I BNW *de perspective* [v: *perspective*] **II** BIJW *en perspective*
perspex I ZN [het] *plexiglas* m **II** BNW *en plexiglas*
perssinaasappel *orange* v *à presser*
persvoorlichter *attaché* m *de presse* [v: *attachée ...*]
persvrijheid *liberté* v *de la presse*
pertinent I BNW • beslist *incontestable*; *évident* • ter zake dienend *pertinent* **II** BIJW *formellement*
Peru *le Pérou* ★ in Peru *au Pérou*
Peruaan *Péruvien* [v: *Péruvienne*]
pervers I BNW *pervers* **II** BIJW *avec perversité*
perversie *perversion* v
Perzië *la Perse* ★ in ~ *en Perse*
perzik • vrucht *pêche* v • boom *pêcher* m
perzikhuid *peau* v *de pêche*
pessarium *diaphragme* m
pessimisme *pessimisme* m
pessimist *pessimiste* m/v
pessimistisch I BNW *pessimiste* **II** BIJW *avec pessimisme*
pest *peste* v ▾ de pest hebben aan *haïr comme la peste*; *ne pas pouvoir sa(c)quer* ▾ (er) de pest in hebben *être en rogne*; *l'avoir mauvaise* ▾ dat is de pest voor ... *ça fout en l'air ...*
pest- *fichu*; *sale* ★ pestweer *temps pourri*; *sale temps* ★ pestding *saleté* v
pestbui *humeur* v *massacrante*
pesten *enquiquiner*; ⟨v. leraar⟩ *chahuter*
pestepidemie *(épidémie* v *de) peste* v
pesterij *tracasserie* v; *vexation* v
pesthumeur *rogne* v ★ een ~ hebben *être en rogne*
pesticide *pesticide* m
pestkop *taquin* m; *(petite) peste* v
pesto *pistou* m; *pesto* m
pet I ZN [de] *casquette* v; MIL. *képi* m ▾ dat gaat boven mijn pet *cela me dépasse* ▾ met de pet rondgaan *faire la quête* ▾ daar neem ik mijn petje voor af! *(je tire mon) chapeau!*; *chapeau bas!* ▾ geen hoge pet ophebben van *ne pas avoir une haute opinion de* ▾ twee petten ophebben *avoir une double casquette* ▾ met de pet naar iets gooien *bâcler qc*; *faire qc à la va-comme-je-te-pousse* ▾ onder de pet houden *passer sous silence* **II** BNW ★ dat is pet! *c'est nul!*
petekind *filleul* m [v: *filleule*]
peter *parrain* m
peterselie *persil* m
petfles *bouteille* v *PET*
petieterig *riquiqui*; *petiot*
petitfour *petit-four* m
petitie *pétition* v
petrochemie *pétrochimie* v
petrochemisch *pétrochimique*
petroleum *pétrole* m
petroleumlamp *lampe* v *à pétrole*
pets *claque* v
petticoat *jupon* m
petunia *pétunia* m
peuk • stompje sigaret *mégot* m • INFORM. sigaret *clope* v
peul • peulvrucht ⟨dop⟩ *cosse* v; *gousse* v • soort erwt *(pois* m*) mange-tout* m [onv] ▾ lust je nog peultjes? *ça te la coupe!*
peulenschil • schil van peul *cosse* v • kleinigheid *bagatelle* v ★ dat is geen ~ *ce n'est pas de la tarte*; *ce n'est pas de la rigolade*
peulvrucht • erwt, boon *gousse* v; *légume* m ★ ~en *légumes* m mv *secs* • plant ★ ~en *(plantes* v mv*) légumineuses* v mv
peut *white spirit* m
peuter *tout-petit* m [mv: *tout-petits*]
peuteren • pulken *farfouiller* ★ in zijn neus ~ *se curer le nez* • friemelen *tripoter* ★ aan iets ~ *tripoter qc*; *fignoler qc*
peuterig • klein *minuscule* • precies *minutieux* [v: *minutieuse*]
peuterleidster *puéricultrice* v
peuterspeelzaal *crèche* v; *jardin* m *d'enfants*; *garderie* v
pezen • hard werken *trimer* • hard rijden *foncer*
pezig *tendineux* [v: *tendineuse*]; ⟨gespierd⟩ *musclé*
pfeiffer *mononucléose* v *infectieuse*
pH *pH* m
pi *pi* m
pianissimo *pianissimo*
pianist *pianiste* m/v
piano I ZN [de] *piano* m **II** BIJW *doucement*; ⟨m.b.t muziek⟩ *piano*
pianoconcert • muziekstuk *concerto* m *pour piano* • uitvoering *récital* m *de piano*
pianola *pianola* m
pianoles *leçon* v *de piano*
pianostemmer *accordeur* m *de pianos*
pias *bouffon* m; *pitre* m
piccalilly *piccalilli* m; *pickles* m mv

piccolo • fluit *piccolo* m • bediende *groom* m; *chasseur* m
picknick *pique-nique* m [mv: *pique-niques*]
picknicken *pique-niquer*
pick-up • kleine open vrachtauto *pick-up* m [onv] • platenspeler *tourne-disque* m [mv: *tourne-disques*]
pico bello *impec*
pictogram *pictogramme* m
picture ▾ in de ~ zijn *être en vue*
piëdestal *piédestal* m; *socle* m
pief *type* m ⋆ een hoge pief *un gros bonnet*
piek • spits *pic* m • hoogtepunt *sommet* m; *pointe* v ⋆ pieken en dalen *des hauts et des bas* • haarlok *mèche* v *rebelle*; *épi* • kerstversiering *pointe* v • wapen *pique* v
pieken SPORT *atteindre un niveau maximum*
piekeraar *anxieux* m [v: *anxieuse*]
piekeren ⋆ over iets ~ *ruminer qc* ⋆ zich suf ~ *se creuser (la tête)* ▾ ik pieker er niet over *pas question*
piekfijn I BNW keurig *impeccable*; INFORM. *impec*; *nickel*; *chicos*; ⟨fraai⟩ *pimpant* **II** BIJW *à la perfection* ⋆ ~ gekleed *bien sapé*
piekhaar *cheveux* m mv *hérissés*
piekuur *heure* v *de pointe*
pielen *bricoler*
piemel *zizi* m; *quéquette* v
pienter *éveillé*; *futé*
piep I ZN [de] ⟨bliep⟩ *bip* m **II** TW *cui-cui*
piepen I OV WW ▾ 'm ~ *se casser* ▾ het is gepiept *ça y est*; *c'est dans la poche* **II** ON WW • geluid maken ⟨v. dieren⟩ *pousser des petits cris*; *couiner*; ⟨v. vogels⟩ *pépier*; *piailler*; ⟨v. apparaat⟩ *faire bip*; ⟨knarsen⟩ *grincer*; *gémir* ⋆ een ~de ademhaling *une respiration sifflante* ⋆ ~de stem *voix* v *grêle* • klagen *geindre*; *pleurnicher* • zich even vertonen *pointer* ▾ dan zal je wel anders ~ *ça te fera changer de ton*
pieper • aardappel *patate* v • apparaatje *bip* m
piepjong *tout jeune*; *jeunet* [v: *jeunette*]
piepklein *minuscule*; *petiot*
piepkuiken *poussin* m
piepschuim *polystyrène* m *(expansé)*
pieptoon *bip* m
piepzak ▾ in de ~ zitten *avoir la trouille*; *flipper*
pier • worm *ver* m *de terre*; ⟨aas⟩ *asticot* m • wandeldam *jetée* v ▾ zo dood als een pier *raide mort* ▾ de kwaaie pier *le souffre-douleur*
piercing *piercing* m
pierenbad *pataugeoire* v
pierewaaien *faire la fête / la java*
pies *pisse* v
piesbak *pissotière* v
piesen *pisser*
Piet *Pierre* m ▾ Zwarte Piet *le père Fouettard*
piet • vent ⋆ een hoge piet *un gros bonnet*; *une grosse légume* ⋆ een saaie piet *un bonnet de nuit* ⋆ zich een hele piet voelen *se croire qc*; INFORM. *se la jouer* ⋆ een hele piet *un crack* • vogel *piaf*; ⟨kanarie⟩ *canari* m • luis *pou* m [mv: *poux*]
piëteit *piété* v ⋆ uit ~ *par piété*
pietepeuterig • klein *minuscule* • pietluttig *pointilleux* [v: *pointilleuse*]
pietje-precies *fignoleur* m; *tatillon* m
pietlut *chicanier* m [v: *chicanière*]; *tatillon* m [v: *tatillonne*]
pietluttig I BNW *chicanier* [v: *chicanière*] **II** BIJW *en chicanant*
pigment *pigment* m
pigmentatie *pigmentation* v
pigmentvlek *tache* v *pigmentée*
pij *froc* m
pijl *flèche* v; ⟨pijltje⟩ *fléchette* v ▾ als een pijl uit de boog *comme une flèche*; *en flèche* ▾ meer pijlen op zijn boog hebben *avoir plusieurs cordes à son arc*
pijler OOK FIG. *pilier* m; ⟨v. brug⟩ *pile* v
pijlkruid *sagette* v; *flèche* v *d'eau*
pijlsnel *(rapide) comme une flèche*; *en flèche*
pijltjestoets *touche* v *fléchée*
pijlvormig *sagittal* [m mv: *sagittaux*]
pijn • lichamelijk lijden *mal* m; *douleur* v; JEUGDT. *bobo* m ⋆ iem. pijn doen *faire de la peine à qn* ⋆ pijn in de buik hebben *avoir mal au ventre* ⋆ een zeurende pijn *une douleur sourde/diffuse* ⋆ pijn lijden *souffrir* ⋆ met pijn en moeite *avec bien du mal*; *à grand-peine* • verdriet *douleur* v ⋆ iem. pijn doen *blesser qn* • moeite *mal* m ⋆ zonder een centje pijn *sans mal*; *haut la main*
pijnappel *pomme* v *de pin*
pijnappelklier *épiphyse* v
pijnbank GESCH. *chevalet* m ▾ iem. op de ~ leggen *mettre qn au supplice*
pijnbestrijding *soins* m mv *palliatifs*
pijnboom *pin* m
pijngrens *seuil* m *de tolérance à la douleur*
pijnigen *martyriser*; *torturer*; FIG. *tourmenter* ⋆ zijn hersens ~ *se creuser la tête*
pijnlijk I BNW • pijn doend *douloureux* [v: *douloureuse*] • onaangenaam *pénible* **II** BIJW *péniblement*; *douloureusement* ⋆ ~ nauwgezet *scrupuleusement*
pijnloos *indolore*; *sans douleur*
pijnprikkel *sensation* v *de douleur*
pijnpunt • pijnlijke plek *point* m *névralgique* • FIG. discussiepunt *point* m *névralgique*
pijnscheut *élancement* m; *point* m
pijnstillend *calmant*; *sédatif* [v: *sédative*]
pijnstiller *calmant* m
pijp • buis ⟨v. leiding⟩ *tuyau* m [mv: *tuyaux*]; *tube* m; *conduit* • schoorsteenpijp *cheminée* v • broekspijp *jambe* v • rookgerei *pipe* v ⋆ pijp roken *fumer la pipe* • staafje *bâton* m ▾ een zware pijp roken *en voir de dures* ▾ de pijp uitgaan *casser sa pipe* ▾ de pijp aan Maarten geven *décrocher*; *flancher*
pijpen I OV WW fellatio bedrijven *faire/tailler une pipe à* **II** REST ▾ naar iemands ~ dansen *se laisser mener par qn*; *faire les quatre volontés de qn*
pijpenkrul *anglaise* v
pijpenla *(pièce* v *en) boyau* m
pijpenrager *cure-pipe* m [mv: *cure-pipes*]
pijpensteel *tuyau* m *de pipe* ▾ het regent pijpenstelen *il pleut des cordes*
pijpje • staafje *bâtonnet* m • flesje *canette* v
pijpkaneel *cannelle* v *en bâtonnets*
pijpleiding • pijplijn *pipeline* m; ⟨olieleiding⟩

oléoduc m; ⟨gasleiding⟩ *gazoduc* m • samenstel van pijpen *canalisations* v mv; ⟨v. machine⟩ *tuyauterie* v

pijpsleutel *clé* v *à pipe*

pik • penis *bite* v • vent *type* m • prik *coup* m *de bec* ▾ de pik hebben op *avoir une dent contre; en avoir après*

pikant • scherp *piquant; épicé; relevé* • gewaagd *croustillant; salé; corsé*

pikdonker *tout noir; noir comme dans un four*

pikeren *vexer*

piket *piquet* m

pikeur *piqueur* m

pikhouweel *pic* m; *pioche* v

pikkedonker I ZN [het] *obscurité* v *complète* **II** BNW *noir comme dans un four*

pikken • stelen *piquer; chiper* • pakken *se taper* ⋆ eruit ~ *choisir; repérer* • prikken, steken *piquer;* ⟨met snavel⟩ *picorer;* ⟨met snavel⟩ *becqueter* • dulden *accepter*

pikorde ≈ *hiérarchie* v

pikzwart *(noir) comme du jais*

pil • geneesmiddel *comprimé* m; *cachet* m • anticonceptiepil *pilule* v ⋆ de pil slikken *prendre la pilule* • iets diks *gros morceau* m; ⟨boek⟩ *pavé* m ▾ de pil vergulden *dorer la pilule* ▾ dat is een bittere pil *c'est dur à avaler; la pilule est dure à avaler*

pilaar *pilier* m; *colonne* v

pilav *(riz* m*) pilaf* m

pillendoos *boîte* v *à/de comprimés*

piloot *pilote* m/v ⋆ automatische ~ *pilote automatique*

pils *bière* v *(blonde)* ⋆ één pils! *un demi!;* INFORM. *une mousse!*

piment *piment* m

pimpelaar *picoleur* m [v: *picoleuse*]

pimpelen *picoler*

pimpelmees *mésange* v *bleue*

pimpelpaars ≈ *violet* [v: *violette*]

pin *cheville* v; ⟨scharnierpin⟩ *clavette* v; ⟨houten pin⟩ *tenon* m

pinapparaat *lecteur* m *de cartes bancaires*

pinautomaat *point* m *(d')argent; distributeur* m *de billets (de banque)*

pincet *pincette* v

pincode *code* m *secret / confidentiel; PIN* m

pinda *cacahuète* v

pindakaas *beurre* m *de cacahuètes*

pindasaus *sauce* v *cacahuète*

pineut ▾ de ~ zijn *être le dindon de la farce; trinquer*

pingelaar • iem. die afdingt *marchandeur* m [v: *marchandeuse*] • SPORT *dribbleur* m

pingelen • afdingen *chipoter; marchander* • SPORT *dribbler* • tikken van motor *cogner*

pingpongbal *balle* v *de ping-pong*

pingpongen *jouer au ping-pong*

pinguïn *manchot* m; ⟨oneigenlijk⟩ *pingouin* m

pink • vinger *petit doigt* m • kalf *génisse* v *(d'un an)* ▾ bij de pinken zijn *être dégourdi*

pinksterbeweging *pentecôtisme* m

pinksterbloem *cardamine* v

Pinksteren *Pentecôte* v ⋆ met ~ *à la Pentecôte*

pinkstermaandag *lundi* m *de Pentecôte*

pinkstervakantie *vacances* v mv *de Pentecôte*

pinnen • betalen *payer par carte bancaire;* ⟨intoetsen⟩ *composer le code confidentiel* • geld opnemen *(re)tirer de l'argent* • vastpennen *goupiller*

pinnig *acrimonieux* [v: *acrimonieuse*]

pinpas *carte* v *bancaire; carte* v *bleue*

pint *demi* m

pin-up *pin-up* v

pioen *pivoine* v ▾ een hoofd als een ~ hebben *être rouge comme une pivoine*

pion *pion* m

pionier *pionnier* m [v: *pionnière*]

pionieren *faire un travail de pionnier*

pioniersgeest *esprit* m *innovateur / de pionnier*

pionierswerk *travail* m *de pionnier* [m mv: *travaux ...*]

pipet *pipette* v

pips *pâlot* [v: *pâlotte*]

piraat *pirate* m

piramide *pyramide* v

piramidevormig *pyramidal* [m mv: *pyramidaux*]

piranha *piranha* m

piratenzender *radio* v / *émetteur* m *pirate*

piraterij *piraterie* v

pirouette *pirouette* v

pis *pisse* v

pisang • banaan *banane* v • persoon ⋆ een rare ~ *un drôle de type* ▾ een rare ~ *un drôle de coco*

pisbak *pissotière* v

pisnijdig *furax*

pispaal *souffre-douleur* m [onv]

pispot *pot* m *de chambre*

pissebed *cloporte* m

pissen *pisser*

pissig *de mauvais poil; remonté*

pistache *pistache* v

pistachenoot *noix* v *de pistache*

piste *piste* v

pistolet *petit pain* m

piston • muziekinstrument *piston* m • TECHN. zuiger *piston* m

pistool *pistolet* m ▾ iem. het ~ op de borst zetten *mettre qn au pied du mur*

pistoolschot *coup* m *de pistolet*

pit • elan *sève* v; *piment* m ⋆ er zit pit in hem *il a du sang dans les veines; il a du pep / du punch* • kern van vrucht ⟨v. appel e.d.⟩ *pépin* m; ⟨v. kers, perzik, pruim⟩ *noyau* m [mv: *noyaux*] • brander *feu* m [mv: *feux*] • lont *mèche* v

pitabroodje *pita* m

pitbull *pitbull* m

pitcher *lanceur* m

pitje ▾ iets op een laag ~ zetten *mettre qc en veilleuse*

pitloos *sans pépins*

pitriet *rotin* m

pits *stands* m mv *(de ravitaillement); paddocks* m mv

pitten I OV WW van pit ontdoen ⟨v. aardappels⟩ *enlever les yeux; éplucher* **II** ON WW slapen *roupiller* ⋆ gaan ~ *se pieuter*

pittig I BNW • energiek *vif* [v: *vive*]; *nerveux* [v: *nerveuse*] • pikant *piquant; épicé; relevé*

• moeilijk *costaud* • krachtig *corsé* ★ een ~e rekening *une note salée* **II** BIJW *avec énergie*; *avec pep*
pittoresk *pittoresque*
pixel *pixel* m
pizza *pizza* v
pizzakoerier *livreur* m *de pizzas*
pizzeria *pizzeria* v
plaag *fléau* m [mv: *fléaux*]; *plaie* v
plaaggeest • demon *démon* m • persoon *peste* v; *enquiquineur* m [v: *enquiquineuse*]
plaagziek *taquin*; *tracassier* [v: *tracassière*]
plaat • plat, hard stuk *plaque* v; ⟨staalplaat⟩ *tôle* v; ⟨v. steen⟩ *tablette* v; ⟨v. hout⟩ *panneau* m • prent *image* v; ⟨v. plaatdrukkerij⟩ *planche* v; ⟨gravure⟩ *estampe* v; ⟨gravure⟩ *gravure* v • grammofoonplaat *disque* m ★ een ~ draaien / opzetten *passer / mettre un disque* • zandbank *banc* m *de sable* ▾ de ~ poetsen *décamper*; *se tirer*
plaatijzer *tôle* v
plaatje • kleine plaat *plaquette* v • afbeelding *image* v • iets moois *beauté* v
plaatopname *enregistrement* m *d'un disque*
plaats • ruimte waar iemand/iets zich bevindt *lieu* m [mv: *lieux*]; *endroit* m; *place* v ★ ter ~e *sur place*; *sur les lieux* ★ de ~ van de misdaad *les lieux du crime* ★ de ~ van handeling *le lieu de l'action*; *la scène* ★ de ~ bepalen van *localiser*; *repérer* ★ van zijn ~ gaan *quitter sa place* ★ niet van zijn ~ komen *ne pas bouger* • ruimte die iemand/iets inneemt *place* v; *espace* m • woonplaats *localité* v; ⟨stad⟩ *ville* v; ⟨dorp⟩ *village* m; *commune* • functie *place* v; *situation* v • positie *position* v ★ in de ~ komen van *remplacer*; *se substituer à* ★ in jouw ~ *à ta place* ▾ zijn ~ niet weten *ne pas connaître sa place* ▾ in de eerste ~ *(tout) d'abord*; *premièrement* ▾ in ~ van *au lieu de* ▾ op zijn ~ zetten OOK FIG. *remettre à sa place* ▾ iets een ~ geven *caser qc*
plaatsbepaling *localisation* v; *repérage* m
plaatsbespreking *réservation* v; *location* v
plaatsbewijs *billet* m; *ticket* m
plaatselijk I BNW ter plaatse *local* [m mv: *locaux*] **II** BIJW • ter plaatse *sur place* • hier en daar *localement*; *par endroits*
plaatsen I OV WW • een plaats geven *placer*; ⟨zetten⟩ *mettre*; *poser*; *installer*; ⟨posteren⟩ *poster*; ⟨v. artikel⟩ *placer*; *(faire) insérer* ★ op elkaar ~ *superposer* ★ een order ~ *passer une commande* • beleggen *placer* • in dienst nemen ⟨ergens indelen⟩ *placer*; *affecter* **II** WKD WW [+ zich] *se qualifier*
plaatsgebrek *manque* m *de place*
plaatshebben *avoir lieu*
plaatsing • het plaatsen *mise* v *en place*; *installation* v; ⟨in de krant⟩ *insertion* v; ⟨installatie⟩ *pose* v; ⟨in inrichting⟩ *placement* m • belegging *placement* m • klassering ⟨kwalificatie⟩ *classement* m; ⟨m.b.t. sport⟩ *qualification* v
plaatsmaken ★ ~ voor iem. *faire de la place pour qn*
plaatsnaam *nom* m *de lieu*
plaatsnemen *prendre place*
plaatsruimte *espace* m; *place* v
plaatsvervangend *remplaçant*; ⟨tussentijds⟩ *intérimaire* ★ ~ lid *(membre* m*)* suppléant *m#*
plaatsvervanger *remplaçant* m; *suppléant* m
plaatsvinden *avoir lieu*
plaatwerk • boek *livre* m *illustré / d'images* • plaatmetaal *tôlerie* v
placebo *placebo* m
placebo-effect *effet* m *placebo*
placemat *set* m *de table*
placenta *placenta* m
plafond • kamerplafond *plafond* m • FIG. bovengrens *plafond* m ▾ aan zijn ~ zitten *plafonner*
plafonnière *plafonnier* m
plag *motte* v; *plaque* v
plagen *taquiner*; *embêter*; ⟨kwellen⟩ *tourmenter*; *tracasser*
plagerig I BNW *taquin*; *moqueur* [v: *moqueuse*] **II** BIJW *en se moquant*; *par taquinerie*
plagerij ⟨pesterij⟩ *taquinerie* v; *tracasserie* v
plaggenhut *cahute* v
plagiaat *plagiat* m
plagiëren *plagier*
plaid *plaid* m
plak • schijf *tranche* v; ⟨v. chocola⟩ *plaque* v; *tablette* v; *rondelle* v • medaille *médaille* v • tandaanslag *plaque* v *dentaire* ▾ onder de plak zitten (van) *être sous la férule (de)*
plakband *scotch* m; *ruban* m *adhésif*
plakboek *cahier* m; *album* m *(de découpages)*
plakkaat *affiche* v
plakkaatverf *gouache* v
plakken I OV WW lijmen *coller* **II** ON WW • kleven *coller* **(aan** *à***)** • lang blijven *s'éterniser*; *prendre racine*
plakker • sticker *autocollant* m • aanplakker *colleur* m • iem. die lang blijft *pot* m *de colle*; *crampon* m
plakkerig *collant*; *poisseux* [v: *poisseuse*]; *gluant*
plakplaatje *image* v *à coller*
plakplastic *plastique* m *adhésif*
plaksel *colle* v
plakstift *bâton(net)* m *de colle*
plamuren *enduire*
plamuur *enduit* m
plamuurmes *couteau* m *à enduire*
plan • voornemen *projet* m; *intention* v ★ van plan zijn om *avoir l'intention de*; *envisager de*; *avoir prévu de* ★ volgens plan *comme prévu* ★ zijn eigen plan trekken *se débrouiller* ★ plannen maken *faire des projets* • ontwerp *plan* m; *projet* m • plattegrond *plan* m • niveau *plan* m ★ van het tweede plan *de second plan*
planbureau *bureau* m / *commissariat* m *du Plan*
planchet *planchette* v
plan de campagne *plan* m *de campagne*
planeconomie *économie* v *planifiée*
planeet *planète* v
planetarium *planétarium* m
planetenstelsel *système* m *planétaire*
planetoïde *planétoïde* m; *astéroïde*; *astéroïde* m
plank *planche* v; ⟨dik⟩ *madrier* m; ⟨schap⟩ *rayon* m ▾ op de ~en *sur les planches* ▾ de ~ misslaan *être à côté de la plaque*; *se gourer*

▾ van de bovenste ~ *de premier ordre* ▾ een ~ voor zijn kop hebben *être bouché (à l'émeri)*
plankenkoorts *trac* m ★ ~ hebben *avoir le trac*
plankgas *à pleins gaz*
plankier *plancher* m
plankton *plancton* m
plankzeilen *faire de la planche à voile*
planmatig *systématique; méthodique; planifié*
plannen *projeter; prévoir; programmer;* ECON. *planifier;* ⟨indelen⟩ *organiser* ★ (zijn bezigheden) ~ *s'organiser*
planning *planning* m; ECON. *planification* v
planologie *aménagement* m *du territoire*
planologisch *concernant l'aménagement;* ⟨v. stad⟩ *urbaniste*
planoloog *aménageur* m [v: *aménageuse*]; ⟨v. stad⟩ *urbaniste* m/v
plant *plante* v
plantaardig *végétal* [m mv: *végétaux*]
plantage *plantation* v
planten OOK FIG. *planter*
planteneter *herbivore* m
plantengroei *végétation* v
plantenrijk *règne* m *végétal*
planter *planteur* m
plantkunde *botanique* v
plantkundig *botanique*
plantsoen *jardin* m *public;* ⟨op plein⟩ *square* m
plaque *plaque* v *dentaire*
plaquette *plaquette* v
plas • plens *mare* v • regenplas *flaque* v • watervlakte ⟨poel⟩ *lac* m; ⟨meertje⟩ *étang* m; *mare* • urine ★ een plasje doen *faire pipi*
plasma *plasma* m
plasmascherm *écran* m *plasma/plasme*
plaspauze *pause* v / *arrêt* m *pipi*
plaspil *diurétique* m
plassen • spatten *patauger; barboter* • urineren *uriner;* JEUGDT. *faire pipi*
plasser JEUGDT. *zizi* m
plastic I ZN [het] *plastique* m **II** BNW *en (matière) plastique* ★ ~ zak *sac* m *en plastique* ▾ ~ geld *monétique* v
plastiek • kunst *plastique* v • voorwerp *plastique* v
plastificeren *plastifier*
plastisch I BNW *plastique;* FIG. *imagé* ★ ~e chirurgie *chirurgie* v *plastique / esthétique* **II** BIJW *plastiquement* ★ ~ uitgedrukt *dans un langage imagé / évocateur*
plat I BNW • vlak, ondiep *plat* ★ platte neus *nez* m *aplati / épaté* ★ plat worden *s'aplatir* ★ zo plat als een dubbeltje *plat comme une galette* ★ plat vlak *plan* m • platvloers *grossier* [v: *basse*]; ⟨v. taal⟩ *bas* • niet in bedrijf *paralysé* • dialectisch *argotique; populaire;* ⟨v. het platteland⟩ *patois* ★ plat Amsterdams *le parler / le langage populaire d'Amsterdam* **II** BIJW • vlak, uitgestrekt *à plat* ★ plat neerleggen *poser à plat* ★ plat op zijn buik *à plat ventre* • dialectisch ★ plat praten *parler argot; avoir un accent populaire* **III** ZN [het] • plat vlak *plat* m; ⟨plateau⟩ *plateau* m [mv: *plateaux*] ★ continentaal plat *plateau continental; plate-forme continentale* ★ vals plat *faux plat* • plat dak *(toit* m *en) terrasse; plate-forme* v [mv: *plates-formes*]
plataan *platane* m
platbranden *réduire en cendres*
platdrukken *écraser; aplatir*
plateau • hoogvlakte *plateau* m [mv: *plateaux*] • presenteerblad *plateau* m [mv: *plateaux*]
plateauzool *semelle* v *compensée*
platenbon *chèque* m *disque(s)*
platenhoes *pochette* v *de disque*
platenmaatschappij *maison* v *de disques*
platenspeler *tourne-disque* m [mv: *tourne-disques*]
platenzaak *magasin* m *de disques*
plateservice *plateau-repas*
platform *plate-forme* v [v: *plates-formes*]
platgaan • gaan slapen *se pieuter* • COMP. *(se) planter*
platheid • het vlak zijn *forme* v *plate* • platvloersheid *grossièreté* v; *trivialité* v
platina *platine* m
platinablond *(blond) platine; platiné*
platje • luis *morpion* m • terras *toit* m *en terrasse*
platleggen • plat neerleggen *mettre à plat* ★ iem. ~ *étendre qn* • stilleggen *paralyser*
platliggen • ziek op bed liggen *être alité* • stilliggen door staking *être paralysé* • dubbel liggen ⟨v. het lachen⟩ *être écroulé*
platonisch ⟨v. liefde⟩ *platonique*
platslaan *aplatir; écraser*
platspuiten *matraquer de piqûres calmantes*
plattegrond *plan* m
plattekaas *fromage* m *blanc*
platteland *campagne* v ★ op het ~ *à la campagne*
plattelander *campagnard* m [v: *campagnarde*]
plattelandsbevolking *population* v *rurale*
platvis *poisson* m *plat*
platvloers *terre à terre* [onv]; *banal* [m mv: *banals*]
platvoet *pied* m *plat*
platweg *carrément; simplement; comme ça*
platzak *fauché; à sec; raide* ★ ~ zijn *être fauché; être à sec*
plausibel *plausible*
plaveien *paver*
plaveisel *pavé* m
plavuis *dalle* v; *carreau* m [mv: *carreaux*]
playback *play-back* m; FORM. *présonorisation* v
playbacken *faire du play-back; chanter en play-back*
playboy *play-boy* m [mv: *play-boys*]
plecht *gaillard* m
plechtig I BNW *solennel* [v: *solennelle*] **II** BIJW *solennellement*
plechtigheid • ceremonie *cérémonie* v • stemmigheid *solennité* v
plechtstatig *cérémonieux* [v: *cérémonieuse*]
plectrum *plectre* m; *médiator* m
plee *chiottes* v mv; *trône* m ★ op de plee *aux chiottes*
pleeggezin *famille* v *adoptive / d'accueil*
pleegkind *enfant* m *adoptif*
pleegmoeder *mère* v *adoptive*
pleegouders *parents* m mv *adoptifs*
pleegvader *père* m *adoptif*

pl

pleepapier *PQ* m; *papier* m *cul*
plegen I OV WW uitvoeren *commettre*; *faire* ★ een moord ~ *commettre un meurtre* **II** ON WW ~ **te** *avoir l'habitude de*; *avoir coutume de*
pleidooi *plaidoyer* m; JUR. *plaidoirie* v
plein *place* v; ⟨voorplein⟩ *esplanade* v; ⟨met plantsoen⟩ *square* m
pleinvrees *agoraphobie* v
pleister I ZN [de] verband *sparadrap* m **II** ZN [het] kalkmengsel *plâtre* m; *stuc* m
pleisteren *plâtrer*; *crépir*
pleisterplaats *étape* v; *halte* v
pleisterwerk *plâtrage* m; *stucage* m; ⟨ruwe pleisterlaag⟩ *crépi* m
pleistoceen *pléistocène* m
pleit ★ het ~ winnen *avoir / obtenir gain de cause* ★ het ~ is beslecht *la question a été tranchée*
pleitbezorger *défenseur* m; *avocat* m [v: *avocate*]
pleiten *plaider* ★ voor iem. ~ *plaider pour qn* ★ tegen iem. ~ *plaider contre qn*
pleiter *plaideur* m; *avocat* m [v: *avocate*]; *défenseur* m
plek • plaats *endroit* m ★ blauwe plek *bleu* m ★ ter plekke *sur place* ★ een rustig plekje *un coin tranquille* • vlek *tache* v ★ met plekjes *piqué* ▾ ergens zijn plekje vinden *faire son trou quelque part* ▾ iets een plek geven *caser qc*
plenair *plénier* [v: *plénière*]
plens *giclée* v
plensbui *averse* v
plensregen *pluie* v *torrentielle*; *averse* v
plenzen I OV WW uitstorten *verser (à flots)* **II** ONP WW regenen *pleuvoir à verse*
pleonasme *pléonasme* m
pletten ⟨verbrijzelen⟩ *broyer*; *écraser*; ⟨plat maken⟩ *aplatir*; ⟨v. metalen⟩ *laminer* ★ het ~ *laminage* m
pletter ▾ te ~ vallen *s'écraser* ▾ ik verveel me te ~ *je m'ennuie à mourir*
pleuren *flanquer*
pleuris *pleurésie* v ▾ krijg de ~! *va te faire foutre!* ▾ de ~ *à mort*
plexiglas *plexiglas* m
plezant *plaisant*; *agréable*
plezier *plaisir* m ★ ~ hebben/maken *s'amuser* ★ ~ hebben in *prendre plaisir à* ★ dat doet me ~ *cela nous donne du plaisir* ★ veel ~! *amuse-toi bien!* ★ met veel ~ *avec joie* ★ iem. ~ doen *faire plaisir à qn* ★ daar heb ik veel ~ van *cela me rend bien service*
plezieren *faire plaisir à*
plezierig *agréable*; *plaisant*
plezierjacht *bateau* m *de plaisance* [m mv: *bateaux* ...]
plezierreis *voyage* m *d'agrément*
plicht *devoir* m; ⟨verplichting⟩ *obligation* v ★ het is zijn ~ te *il est de son devoir de* ▾ de ~ roept *le devoir m'appelle*
plichtmatig *par devoir*; *sans conviction*
plichtpleging *cérémonie* v; *formalité* v ★ zonder ~en *sans compliments / façons*
plichtsbesef *sens* m *du devoir*
plichtsbetrachting *observation* v *du devoir*; *dévouement* m
plichtsgetrouw *consciencieux* [v: *consciencieuse*]
plichtsverzuim *manquement* m *au devoir*; FORM. *prévarication* v
plint *plinthe* v
plissé *plissé* m
plisseren *plisser*
PLO *O.L.P.* v; *Organisation* v *de Libération de la Palestine*
ploeg • landbouwwerktuig *charrue* v • groep *équipe* v
ploegbaas *chef* m *d'équipe*
ploegen I OV WW met ploeg omwerken *labourer* ▾ de zee ~ *sillonner la mer* **II** ON WW voortzwoegen *avancer avec peine*
ploegendienst *travail* m *posté en équipe*; *trois-huit* m mv
ploegenstelsel *système* m *du travail en équipe*
ploegentijdrit *contre-la-montre* m *par équipes*
ploeggenoot *coéquipier* m [v: *coéquipière*]
ploert *canaille* v; *salaud* m
ploertendoder *casse-tête* m [onv]; *matraque* v
ploeteraar *bûcheur* m [v: *bûcheuse*]
ploeteren *trimer*; *besogner*; INFORM. *galérer*; *ramer*; ⟨(aan)modderen⟩ *patauger*
plof *pouf* m
ploffen I OV WW doen vallen *flanquer*; *balancer* **II** ON WW • vallen *tomber lourdement*; ⟨zich laten vallen⟩ *s'écraser*; *s'affaler* • ontploffen *éclater*
plomberen *plomber*; *obturer*
plomp I ZN [de] • water *flotte* v • waterplant *nénuphar* m **II** BNW *lourd*; *grossier* [v: *grossière*] **III** BIJW *grossièrement*; *lourdement*
plompverloren *comme ça*; *carrément*; ⟨ronduit⟩ *de but en blanc*
plons • geluid *plouf* m • plens *giclée* v
plonzen *faire un plongeon*
plooi • vouw *pli* m ★ in ~en vallen *faire des plis* • rimpel *ride* v ▾ uit de ~ komen *se dérider*; *se dégeler* ▾ zijn gezicht in de ~ zetten *composer son visage*; *garder son sérieux* ▾ de ~en gladstrijken *arrondir les angles*; *faire du peaufinage*
plooibaar *pliable*; FIG. *souple*; *flexible*; *accommodant*
plooien • plooien maken *plisser* • schikken *arranger* ★ zich ~ naar *se plier à* ★ het zo weten te ~ dat ... *s'arranger pour que ...*
plooirok *jupe* v *plissée / à plis*
plot *intrigue* v
plots *tout à coup*; *soudain*
plotseling I BNW *soudain*; *brusque* **II** BIJW *soudain(ement)*; *subitement*; *tout à coup*
plotsklaps *tout à coup*
plotter *traceur* m
pluche *peluche* v
plug • stop *bouchon* m; *tampon* m • stekkertje *fiche* v • schroefhulsje *cheville* v
pluggen • met een plug afsluiten *tamponner* • promoten *promouvoir*; INFORM. *matraquer*
pluim • vogelveer *plume* v • pluimbos *plumet* m; *panache* m ▾ iem. een ~(pje) geven *faire un compliment à qn*
pluimage *plumage* m
pluimvee *volaille* v

pl

pluimveehouderij • het fokken *aviculture* v • bedrijf *établissement* m *avicole*
pluis I ZN [de] ⟨vlokje⟩ *peluche* v; *flocon* m; ⟨haartje⟩ *poil* m; ⟨rafels⟩ *effilochures* v mv **II** BNW ▾ het is niet ~ *c'est un peu louche*; *ce n'est pas très net*
pluishaar *duvet* m; *cheveux* m mv *pelucheux*
pluizen I OV WW uitrafelen *effilocher* **II** ON WW • gaan rafelen *boulocher*; *plucher* • zoeken *éplucher*
pluizig *pelucheux* [v: *pelucheuse*]
pluk • oogst *cueillette* v; ⟨v. druiven⟩ *vendange* v • bosje *touffe* v
plukken I OV WW • oogsten *cueillir*; ⟨verzamelen⟩ *ramasser* • grijpen *attraper* ★ uit de lucht ~ *attraper au vol* • van veren ontdoen *plumer* • bezit afpakken *plumer* **II** ON WW peuteren ★ aan iets ~ *tripoter qc*
plumeau *plumeau* m [mv: *plumeaux*]
plumpudding *(plum-)pudding* m
plunderaar *pilleur* m [v: *pilleuse*]; *pillard* m
plunderen *piller*; *saccager*; FIG. *dépouiller*; ⟨leegplunderen⟩ *dévaliser*
plundering *pillage* m; *saccage* m; *mise* v *à sac*
plunje *frusques* v mv
plunjezak *sac* m *de marin* / *de soldat*
pluralis *pluriel* m ★ ~ majestatis *pluriel de majesté*
pluralisme *pluralisme* m
pluriform *multiforme*
plus I ZN [de/het] plusteken *plus* m ★ in de plus staan *être en excédent* **II** BIJW *plus* ★ 65+ *(de) plus de 65 ans* **III** VZ *plus* ★ twee plus twee is vier *deux plus deux font quatre*
plusminus *environ*; *à peu près*
pluspool *pôle* m *positif*
pluspunt *plus* m; *bon point* m; *élément* m *positif*; ⟨voordeel⟩ *avantage* m; *atout* m
plusteken *(signe* m*) plus* m
plutocratie *ploutocratie* v
plutonium *plutonium* m
PMS *syndrome* m *prémenstruel*
pneumatisch *pneumatique*
pneumonitis *pneumonie* v
po *pot* m *de chambre*
pochen *se vanter (op de)*; *fanfaronner*
pocheren *pocher*
pochet *pochette* v
pocketboek *livre* m *de poche*; *poche* m
pocketcamera *appareil* m *photo de poche*
podium *estrade* v; SPORT *podium* m; ⟨toneel⟩ *scène* v
podoloog *podologue* m/v
poedel *caniche* m
poedelen *barboter*; *patauger*
poedelnaakt *tout nu* [v: *toute nue*]; *nu comme un ver*
poeder I ZN [de/het] stof, gruis *poudre* v ★ tot ~ maken *réduire en poudre*; *pulvériser* **II** ZN [de] MED. *poudre* v
poederblusser *extincteur* m *à poudre*
poederdoos *poudrier* m
poederen *poudrer*
poederkoffie *café* m *en poudre*
poedermelk *lait* m *en poudre*
poedersneeuw *(neige* v*) poudreuse* v
poedersuiker *sucre* m *glace*
poef *pouf* m
poeha *esbroufe* v; *chichis* m mv
poel • plas *mare* v • broeiplaats ★ een poel van verderf *un lieu de perdition* ★ een poel van ellende *un gouffre de malheurs*
poelet *dés* m mv *de viande* [mv]
poelier *marchand* m *de volailles (et de gibier)*
poema *puma* m
poen *fric* m; *pognon* m
poenig *frimeur* [v: *frimeuse*]; *tape-à-l'œil* [onv]
poep JEUGDT. *caca* m; *merde* v; *(de la) crotte* v ▾ ik zal je eens een poepje laten ruiken! *tu vas voir ce que tu vas voir!*
poepen INFORM. *chier*; JEUGDT. *faire caca*
Poerim *P(o)urim* m
poes • kat *chat* m [v: *chatte*] • mooie meid *minette* v; *gonzesse* v • vagina *chatte* v ▾ dat is niet voor de poes *ce n'est pas de la bibine* ▾ hij is niet voor de poes *c'est un sacré client*
poeslief *doucereux* [v: *doucereuse*] ★ ~ doen *être tout sucre tout miel*
poespas *cérémonies* v mv; *chichis* m mv
poesta *puszta* v
poet *magot* m
poëtisch I BNW *poétique* **II** BIJW *poétiquement*
poets ▾ iem. een ~ bakken *jouer un tour à qn*
poetsdoek *chiffon* m
poetsen • glimmend wrijven *frotter*; ⟨met schoensmeer⟩ *cirer*; ⟨v. metaal⟩ *fourbir*; ⟨v. meubels⟩ *astiquer* • reinigen *nettoyer*; ⟨v. schoenen⟩ *décrotter*
poetskatoen *bourre* v *de coton*
poezenluik *chatière* v
poëzie *poésie* v
poëziealbum *cahier* m *de poésies*
poëziebundel *recueil* m *de poèmes*
pof ▾ op de pof kopen *acheter à crédit*
pofbroek *pantalon* m *bouffant*
poffen • in schil gaar stoven *griller (dans les cendres)* • op de pof kopen *acheter à crédit* • op de pof verkopen *vendre à crédit*
poffertje ≈ *blini* m *sucré*; *merveille* v
pofmouw *manche* v *bouffante* / *ballon*
pogen *tenter de*; *chercher à*
poging *tentative* v; *effort* m ★ een ~ wagen INFORM. *tenter le coup*
pogoën *faire un pogo*
pogrom *pogrom(e)* m
pointe *(point* m*) essentiel* m; *le fin mot (de l'histoire)* m
pointer *pointer* m
pok *pustule* v; ⟨putje⟩ *marque* v *de variole*
pokdalig *variolé*; *grêlé*
poken ★ in het vuur ~ *attiser le feu*; *tisonner*
poker *poker* m
pokeren *jouer au poker*
pokerface *visage* m *impassible*
pokken *variole* v; *petite vérole* v
pokkenprik *vaccin* m *antivariolique*
pokkenweer *temps* m *de chien*
pol *motte* v
polair *polaire*
polarisatie *polarisation* v; POL. *bipolarisation* v
polariseren *polariser*
polariteit *polarité* v

polder *polder* m
poldermodel ≈ *modèle* m *polder*
polemiek *polémique* v
polemiseren *polémiquer*
Polen *la Pologne* ⋆ in ~ *en Pologne*
polenta *polenta* v
poliep • dier *polype* m • MED. *polype* m
polijsten OOK FIG. *polir*
polikliniek *policlinique* v
poliklinisch *ambulatoire*
polio *polio* v
poliovaccin *vaccin* m *antipolio(myélitique)*
polis *police* v *(d'assurance)* ⋆ een ~ afsluiten *souscrire à une police*
polisvoorwaarden *clauses* v mv
politicologie *polit(ic)ologie* v
politicoloog *polit(ic)ologue* m/v
politicus *homme* m / *femme* v *politique*; MIN. *politicien* m [v: *politicienne*]
politie *police* v ⋆ de ~ bellen *appeler police-secours*
politieagent *agent* m *de police*
politieauto *voiture* v *de police*
politiebericht *avis* m *de recherche*
politiebureau *bureau* m *de police* [m mv: *bureaux* ...]; *commissariat* m; *poste* m
politiek I ZN [de] • officieel beleid *politique* v • tactiek *politique* v **II** BNW *politique* **III** BIJW *politiquement* ⋆ ~ correct *politiquement correct*
politiemacht • *forces* v mv *de l'ordre* • veel agenten *forces* v mv *de police* [mv]
politieman ⟨zonder uniform⟩ *policier* m [v: *policière*]
politieoptreden *action* v *policière*; *intervention* v *de la police*
politiepenning ≈ *carte* v *d'agent de police*
politierechter ≈ *tribunal* m *de police*
politiestaat *état* m *policier*
politieverordening ⟨in gemeente⟩ *arrêté* m *municipal*; *ordonnance* v *de police*
polka *polka* v
pollen *pollen* m
pollepel *cuillère* v *en bois*
polo I ZN [het] balspel voor ruiters *polo* m **II** ZN [de] shirt *polo* m
polonaise ≈ *farandole* v ▾ aan mijn lijf geen ~ *très peu pour moi*; *je ne marche pas*
poloshirt *polo* m
pols • polsgewricht *poignet* m • polsslag *pouls* m ⋆ iem. de pols voelen *prendre le pouls de qn* ⋆ een zwakke / jagende pols *un pouls faible* / *rapide* ▾ uit de losse pols *au pied levé*; *comme ça*
polsen *pressentir* **(over** *sur)*; *tâter*; *sonder*
polsgewricht *poignet* m
polshorloge *montre-bracelet* v [mv: *montres-bracelets*]
polsslag ⟨hartslag⟩ *pouls* m; *pulsation* v
polsstok *perche* v
polsstokhoogspringen *sauter à la perche*
polsstokhoogspringer *perchiste* m/v
polyamide *polyamide* m
polyester *polyester* m ⋆ van ~ *en polyester*
polyfoon *polyphonique*
polygaam *polygame*
polygamie *polygamie* v
polyglot *polyglotte* m/v
polygoon *polygone* m
polymeer I ZN [het] *polymère* m **II** BNW *polymère*
Polynesië *la Polynésie*
Polynesiër *Polynésien* m [v: *Polynésienne*]
polytheïsme *polythéisme* m
polyvalent *polyvalent*
pommade *pommade* v
pomp • werktuig *pompe* v; ⟨opblaaspomp⟩ *gonfleur* m • tankstation *pompe* v ▾ loop naar de pomp! *va te faire voir!*
pompbediende *pompiste* m/v
pompelmoes *pamplemousse* m
pompen *pomper*
pompeus • bombastisch *pompeux* [v: *pompeuse*] • pralerig *somptueux* [v: *somptueuse*]
pomphouder *pompiste* m/v
pompoen *citrouille* v; *courge* v
pompon *pompon* m
pompstation • tankstation *station* v *d'essence* • gebouw voor oppompen van water *station* v *de pompage*
poncho *poncho* m
pond • munteenheid *livre* v ⋆ pond sterling *livre sterling* • gewichtseenheid *livre* v ▾ het volle pond *le plein tarif*
ponem *gueule* v
poneren *avancer*; *proposer* ⋆ ~ dat *poser que*
ponsen *perforer*
ponskaart *carte* v *perforée*
pont *bac* m
pontificaal • pauselijk *pontifical* [m mv: *pontificaux*] • FIG. pompeus *pontifical* [m mv: *pontificaux*]
ponton *ponton* m
pony • dier *poney* m • haardracht *frange* v
pooier *maquereau* m [mv: *maquereaux*]
pook • vuurpook *tisonnier* m • versnellingshendel *levier* m; ⟨v. videospel⟩ *manette* v
Pool • bewoner *Polonais* m [v: *Polonaise*] • AARDK. *pôle* m
pool[1] *pôle* m
pool[2] (zeg: poel) *pool* m
pool- *polaire*
poolbeer *ours* m *polaire*
poolcirkel *cercle* m *polaire*
poolen • carpoolen *faire du covoiturage* • poolbiljarten *faire du billard américain*
poolexpeditie *expédition* v *polaire*
poolgebied *région* v *polaire*
poolhond *chien* m *esquimau*; *husky* m
poolkap *calotte* v *glaciaire*
poolklimaat *climat* m *polaire*
poolreiziger *explorateur* m *des régions polaires* [v: *exploratrice* ...]
Pools I ZN [het] taal *polonais* m **II** BNW m.b.t. Polen *polonais*
poolshoogte ▾ ~ nemen *prendre le vent*; *aller se rendre compte sur place*
Poolster *étoile* v *polaire*
poolstreek *région* v *polaire*
poolzee *mer* v *polaire*

poon *rouget* m; *trigle* m
poort OOK FIG. *porte* v
poortwachter *huissier* m; *gardien* m
poos *moment* m; *laps* m *de temps* ★ een hele poos *un bon moment; un bon bout de temps* ★ een poosje *un moment; quelque temps*
poot • ledemaat van dier *patte* v • steunsel *pied* m • neerhaal van letter *jambage* m • INFORM. been/hand/voet *patte* v ★ elkaar een poot geven *se serrer la pince* ▾ zijn poot stijf houden *ne pas céder* ▾ op poten zetten *mettre sur pied* ▾ op hoge poten *furibond* ▾ iets op poten zetten *mettre qc sur pied* ▾ iem. een poot uitdraaien *délester qn* ▾ op zijn pootjes terechtkomen *retomber sur ses pattes; rentrer dans l'ordre* ▾ op zijn achterste poten gaan staan *monter sur ses grands chevaux* ▾ iem. pootje haken *faire un croche-pied à qn*; FIG. *faire un croc-en-jambe à qn* ▾ met hangende pootjes *la queue basse* ▾ de poten wegzagen onder *saper (la position de)*
pootaardappel *pomme* v *de terre de semence*
pootgoed *(jeunes) plants* m mv
pootjebaden *barboter; faire trempette*
pootmachine *planteuse* v
pop I ZN [de] • speelgoed *poupée* v • marionet *marionnette* v • larve *chrysalide* v • gulden/frank/euro ★ honderd pop *cent balles* ▾ daar heb je de poppen aan het dansen *et voilà les histoires* ▾ poppetjes tekenen *dessiner des bonshommes* **II** ZN [de] popmuziek *(musique* v*) pop* v
popartiest *artiste* m/v *pop*
popblad *revue* v *pop*
popconcert *concert* m *pop*
popcorn *pop-corn* m
popelen ★ ~ (van ongeduld) *brûler / piaffer (d'impatience) de faire qc* • in spanning zitten ★ zitten te ~ om weg te gaan *trépigner/brûler d'impatience avant de partir*
popfestival *festival* m *de pop*
popgroep *groupe* m *pop*
popidool *idole* v *pop*
popmuziek *(musique* v*) pop* v
poppenhuis *maison* v *de poupée*
poppenkast • poppenspel *guignol* m; *marionnettes* v mv • overdreven gedoe *guignol* m; *comédie* v
poppenspel *théâtre* m *de marionnettes*
poppenspeler *marionettiste* m/v
poppentheater *théâtre* m *de marionnettes*
poppenwagen *landau* m *de poupée*
popperig *de poupée*; ‹v. gezicht› *poupin*; ‹liefjes› *mignonnet* [v: *mignonnette*]
popsong *chanson* v *pop*
popster *vedette* v *pop*
populair I BNW geliefd *populaire* **II** BIJW *populairement*
populairwetenschappelijk *vulgarisateur* [v: *vulgarisatrice*]
populariteit *(cote* v *de) popularité* v
populatie *population* v
populier *peuplier* m
populist *populiste* m/v
popzender *station* v *pop*
por *bourrade* v; *coup* m *(de coude)*
poreus *poreux* [v: *poreuse*]
porie *pore* m; PLANTK. *stomate* m
porno *porno* m
pornoblad *revue* v *porno*
pornofilm *film* m *porno*; *film classé X*
pornografie *pornographie* v
pornografisch *pornographique*
porren I OV WW aanzetten *pousser (***tot** *à)* ▾ ergens wel voor te ~ zijn *être partant pour qc* **II** ON WW poken *fourgonner; tisonner*
porselein *porcelaine* v
porseleinen *en/de porcelaine*
porseleinkast *armoire* v *à porcelaine*
port I ZN [de] drank *porto* m **II** ZN [het] porto *port* m
portaal • hal *porche* m • overloop *palier* m; *carré* m • brugconstructie *portique* m • internetsite *portail* m
portable *portatif* [v: *portative*]; *portable*
portal *portail* m
portefeuille • portemonnee *portefeuille* m • opbergmap *carton* m • taak *portefeuille* m ★ een ~ aanvaarden *accepter un poste ministériel* ★ minister zonder ~ *ministre* m *délégué / sans portefeuille* ▾ met zijn ~ zwaaien *menacer de démissionner*
portemonnee *porte-monnaie* m [onv]
portfolio *portfolio* m
portie *portion* v; *part* v; FIG. *dose* v ▾ geef mijn ~ maar aan Fikkie *j'ai déjà donné* ▾ de legitieme ~ *la part légitime; la réserve légale*
portiek • open buitenportaal *porche* m • galerij *portique* m
portier I ZN [de] persoon *portier* m; *concierge* m/v **II** ZN [het] deur *portière* v
porto *port* m; *affranchissement* m
portofoon *talkie-walkie* m [mv: *talkies-walkies*]
Porto Ricaans *portoricain*
Porto Rico *le Portorico*
portret • afbeelding *portrait* m • mens *numéro* m ▾ een lastig ~ *un enquiquineur* ▾ een fraai ~ *un sacré numéro*
portretfotografie *portrait* m
portretschilder *portraitiste* m/v
portrettengalerij *galerie* v *de portraits*
portretteren *faire le portrait de* ★ de geportretteerde *la personne portraiturée*
Portugal *le Portugal* ★ in ~ *au Portugal*
Portugees I ZN [de] bewoner *Portugais* m [v: *Portugaise*] **II** ZN [het] taal *portugais* m **III** BNW m.b.t. Portugal *portugais*
portvrij *franco; franc de port*
pose *pose* v ★ een pose aannemen *prendre une pose*
poseren *poser (***voor** *devant, pour)*
positie • houding *position* v • ligging *position* v • toestand *condition* v; *situation* v ★ de ~ van de vrouw *la condition de la femme* • betrekking *situation* v ★ een hoge ~ *une situation haut placée*
positief I BNW • niet negatief *positif* [v: *positive*] ★ ~ advies *avis* m *favorable* • bevestigend *positif* [v: *positive*] ★ ~ antwoord *réponse* v *affirmative* • opbouwend *positif* [v: *positive*] **II** BIJW *positivement* ★ ergens ~ tegenover

staan *être favorable à qc*
positiejurk *robe* v *de grossesse*
positiekleding *vêtements* m mv *de grossesse*
positiespel *jeu* m *de position*
positieven ▾ weer bij zijn ~ komen *reprendre ses esprits*
positionering *positionnement* m
positivo ≈ *quelqu'un qui positive*
post • poststukken *courrier* m • postdienst *poste* v ⋆ op de post doen *mettre à la poste* ⋆ per kerende post *par retour du courrier* ⋆ per post *par la poste* • postkantoor *bureau* m *de poste* • deur-/raamstijl *montant* m; *jambage* m • standplaats *poste* m ⋆ (kranig) op zijn post blijven *être fidèle au poste* ⋆ vooruitgeschoven post *poste* m *avancé*; *avant-poste* m • bedrag *poste* m • betrekking *poste* m; *emploi* m; *place* v; *fonction* v
post- • na *post-* • postaal *postal* [m mv: *postaux*]
postacademisch *postuniversitaire* [m mv: *postuniversitaires*]
postadres *adresse* v *(postale)*
postagentschap *agence* v *postale*
postbeambte *postier* m [v: *postière*]
postbedrijf *PTT* v mv; *P. et T.* v mv
postbestelling *distribution* v *du courrier*
postbode *facteur* m [v: *factrice*]
postbus *boîte* v *postale*
postcode *code* m *postal* [m mv: *codes postaux*]
postdoc *postuniversitaire*; *postdoctoral*; INFORM. *postdoc*
postdoctoraal *postuniversitaire* [m mv: *postuniversitaires*]
postduif *pigeon* m *voyageur*
postelein *pourpier* m
posten I OV WW op de post doen *poster*; *mettre à la poste* **II** ON WW op wacht staan *monter la garde*; ⟨v. stakers⟩ *faire le piquet de grève*
poster (zeg: pooster) *poster* m
posteren *poster* ⋆ zich ~ *se poster*
poste restante *(en) poste-restante*
posterijen *postes* v mv
postgiro *chèques* m mv *postaux*
postindustrieel *postindustriel* [v: *postindustrielle*]
postkamer *service* m *de tri*
postkantoor *bureau* m *de poste* [m mv: *bureaux* ...]; *poste* v
postkoets *diligence* v; *chaise* v *de poste*
postkoloniaal *postcolonial* [m mv: *postcoloniaux*]
postmerk *cachet* m *de la poste* ⋆ datum ~ *date* v *de la poste*
postmodern *postmoderne*
postmodernisme *postmodernisme* m
postorderbedrijf *entreprise* v *de vente par correspondance*
postpakket *colis* m *(postal)* [m mv: ... *postaux*]
postpapier *papier* m *à lettres*
postscriptum *postscriptum* m
poststempel *cachet* m *de la poste*
poststuk *envoi* m *postal* [m mv: ... *postaux*]
posttraumatisch *posttraumatique*
posttrein *train* m *postal*; *train-poste* m [mv: *trains-poste*]
postuleren *postuler*
postuum I BNW *posthume* **II** BIJW *à titre posthume*
postuur *taille* v ⋆ een flink ~ *une belle prestance*
postvak *casier* m
postvatten *s'établir*
postwissel *mandat* m
postzegel *timbre* m
postzegelautomaat *distributeur* m *de timbres*
postzegelverzamelaar *philatéliste* m/v
pot • bak, kan *pot* m • po *pot* m *de chambre* • kookpot *marmite* v ⋆ eten wat de pot schaft *manger à la fortune du pot*; *manger à la bonne franquette* • partijtje *petit pot* m • spelinzet *enjeu* m; *poule* v; *cagnotte* v • lesbienne *gouine* v ▾ het is één pot nat *c'est bonnet blanc et blanc bonnet* ▾ de pot verwijt de ketel dat hij zwart ziet *la pelle se moque du fourgon* ▾ naast de pot piesen *aller voir ailleurs*; *donner un coup de canif dans le contrat* ▾ je kan de pot op *je t'emmerde* ▾ jongens van de gestampte pot *des gars sympa / comme ça*
potaarde *terreau* m
potdicht *fermé hermétiquement*; ⟨verstopt⟩ *bouclé*
poten • planten *planter* • neerzetten *planter*
potenrammer *casseur* m *de pédé*
potent *viril*
potentaat *potentat* m
potentie *puissance* v; ⟨seksueel⟩ *puissance* v *sexuelle*
potentieel I ZN [het] *potentiel* m **II** BNW *potentiel* [v: *potentielle*]; *en puissance*
potgrond *terreau* m
potig *costaud*; INFORM. *baraqué*; *balèze*
potje • kleine pot *petit pot* m • partijtje *partie* v ▾ zijn eigen ~ koken *faire sa popote* ▾ kleine ~s hebben grote oren *petit chaudron, grandes oreilles* ▾ een ~ huilen *pleurer un bon coup* ▾ er een ~ van maken *faire n'importe quoi* ▾ bij iem. een ~ kunnen breken *être dans les petits papiers de qn* ▾ op ieder ~ past wel een deksel ≈ *chacun trouve chaussure à son pied*
potjeslatijn *charabia* m
potkachel *poêle* m
potlood *crayon* m
potplant *plante* v *en pot*
potpourri *pot-pourri* m [mv: *pots-pourris*]
potsierlijk I BNW *grotesque* **II** BIJW *d'une manière grotesque*
potten • sparen *amasser* ⋆ het ~ *thésaurisation* v • in potten doen *mettre en pot*
pottenbakker *potier* m [v: *potière*]
pottenbakkerij *poterie* v
pottenbakkersschijf *tour* m *de potier*
pottenkijker *fouineur* m [v: *fouineuse*]; *témoin* m *indésirable*
potverteren *manger la cagnotte*; *brûler la chandelle par les deux bouts*
potvis *cachalot* m
poule *poule* v
pousseren *pousser*; *appuyer*; ⟨promoten⟩ *promouvoir*
pover *pauvre*; *piètre*; *médiocre*; ⟨gering⟩ *dérisoire*
povertjes *mal*

po

poweryoga *poweryoga* m
pr *relations* v mv *publiques*
Praag *Prague* v
praaien • SCHEEPV. *héler* • aanklampen *accoster*
praal *apparat* m; *faste* m; *magnificence* v; *pompe* v ★ met grote ~ *pompeusement*
praalwagen *char* m
praam *gabare* v
praat • wat gezegd wordt *propos* m • het spreken ★ iem. aan de ~ houden *tenir la jambe à qn* ★ aan de ~ raken *entrer en conversation* ▾ ~s hebben INFORM. *la ramener; être fort en gueule* ▾ aan de ~ krijgen *parvenir à mettre en marche*
praatgraag *bavard* m
praatgroep *groupe* m *de discussion*
praatje • gesprekje *causette* v ★ een ~ met iem. maken *faire un brin de causette avec qn* • gerucht *bruit* m; *racontar* m; *on-dit* m [onv] ★ dat geeft maar ~s *ça fait causer / jaser* • kletspraatje *bavardage* m ▾ en geen ~s *et pas de discussions* ▾ ~s vullen geen gaatjes INFORM. *cause toujours* ▾ ~s verkopen *raconter des salades* ▾ ~s hebben INFORM. *la ramener; être fort en gueule*
praatjesmaker *baratineur* m [v: *baratineuse*]; *beau parleur* m
praatpaal *borne* v *d'appel*
praatprogramma *talk-show* m
praatstoel ▾ hij zit op z'n ~ *le voilà lancé*
praatziek *bavard*
pracht ‹praal› *splendeur* v; *pompe*
prachtexemplaar *perle* v; *splendeur* v
prachtig I BNW *magnifique*; *superbe*; *splendide* **II** BIJW *magnifiquement*; *à merveille*
practical joke *farce* v
practicum *travaux* m mv *pratiques*; *T.P.* m mv
pragmaticus *homme* m / *femme* v *pragmatiste*
pragmatisch *pragmatique*
prairie *prairie* v
prak *fricot* m ▾ in de prak rijden *bousiller*
prakken *écraser (avec une fourchette)*
prakkiseren *gamberger*; *ruminer*
praktijk • toepassing *pratique* v ★ in ~ brengen *mettre en pratique / en application* ★ in de ~ *dans la pratique; en réalité; à l'usage; en pratique* ★ dat leert men in de ~ *ça s'apprend sur le tas* • beroepswerkzaamheid *cabinet* m ★ een ~ hebben *exercer* • manier van doen ★ kwade ~en *des pratiques détestables; de fâcheux agissements / procédés*
praktijkervaring *(expérience* v*) pratique* v
praktijkjaar *stage* m *pratique d'un an*
praktijkvoorbeeld *exemple* m *tiré de la pratique*
praktisch I BNW • (als) in de praktijk *pratique* • doelmatig *pratique* ★ ~ (ingesteld) zijn *avoir le sens pratique* **II** BIJW vrijwel *pratiquement*
praktiseren REL. *pratiquer*; *exercer* ★ ~d REL. *pratiquant*
pralen • *briller* • pronken *parader* ★ ~ met *faire étalage de*
praline *praline* v; *chocolat* m
prat ▾ prat gaan op iets *se targuer de qc*
praten *bavarder*; *parler (***met** *à;* **over** *de)*; ‹kletsen› *causer* ★ maar laten ~ *laisser dire* ★ praat me er niet van! *ne m'en parle pas!* ★ in zichzelf ~ *parler tout seul; monologuer* ★ iem. iets uit het hoofd ~ *dissuader qn de faire qc; ôter qc de la tête de qn* ★ met hem valt niet te ~ *il ne veut pas entendre raison* ★ zich eruit ~ *s'en tirer* ★ over politiek ~ *parler politique* ★ daar valt over te ~ *ça se discute* ★ hij praat maar door! *c'est un moulin à paroles* ▾ langs elkaar heen ~ *parler sans s'écouter; mener un dialogue de sourds* ▾ ~ als Brugman *avoir la langue bien pendue* ▾ heen en weer ~ *palabrer* ▾ jij hebt gemakkelijk ~! *c'est facile à dire!*
prater *causeur* m [v: *causeuse*]
prauw *pirogue* v
pr-bureau *agence* v *de communication*
pre *avantage* m; *atout* m; *plus* m
precair *précaire*
precedent *précédent* m
precederen *précéder*
precies I BNW • juist *précis*; *exact*; *juste* • nauwgezet *précis*; *minutieux* [v: *minutieuse*] **II** BIJW • juist *exactement* ★ ~ op tijd *à l'heure juste* ★ om 6 uur ~ *à six heures précises / pile* ★ ~ 5 jaar geleden *il y a exactement 5 ans* ★ niet ~ weten *ne pas savoir au juste* ★ ~ zoals *tout comme* • nauwgezet *précisément*; *avec précision* ★ ~ zijn *être très exact* ★ akelig ~ *minutieux* [v: *minutieuse*]
preciseren *préciser*; *expliciter*
precisie *précision* v; *exactitude* v; *minutie* v
precisiebom *bombe* v *de précision*
precisie-instrument *instrument* m *de précision*
predicaat • TAALK. *prédicat* m; *attribut* m • benaming *appellation* v
predicatief *prédicatif* [v: *prédicative*]
predikant ‹protestants› *pasteur* m; ‹r.-k.› *prédicateur* m [v: *prédicatrice*]
prediken *prêcher*
Prediker *Ecclésiaste* m
prediker *prêcheur* m [v: *prêcheuse*]
prednison *prednisone* v
preek *sermon* m
preekstoel *chaire* v ▾ op de ~ *en chaire*
prefab *préfabriqué*
prefect *préfet* m
preferent *privilégié* ★ ~e aandelen *actions privilégiées*
preferentie *préférence* v; *priorité* v
prefereren *préférer (***boven** *à)*
pregnant I BNW *prégnant* **II** BIJW *de manière prégnante*
prehistorie *préhistoire* v
prehistorisch *préhistorique*
prei *poireau* m [mv: *poireaux*]
preken *faire un sermon*; *prêcher*
prelude *prélude* m
prematuur *prématuré*
premie • beloning *prime* v • verzekeringspremie *prime* v; ‹v. sociale verzekering› *cotisation* v
premiejager *chasseur* m *de primes*
premiekoopwoning ≈ *logement* m *dont la construction est subventionnée*
premier *premier ministre* m
première *première* v
premierschap *fonction* v *de premier ministre*

premisse *prémisse* v
prenataal *prénatal* [m mv: *prénatals*]
prent • afbeelding *image* v; *gravure* v • pootafdruk *empreinte* v • bekeuring *prune* v
prentbriefkaart *carte* v *postale*
prenten OOK FIG. *graver*; ⟨op stof⟩ *imprimer*
prentenboek *livre* m *d'images*
preoccupatie *préoccupation* v
prepaid *prépayé*
preparaat *préparation* v
prepareren • voorbereiden *préparer* • dieren opzetten *naturaliser*
prepensioen *préretraite* v; BELG. *prépension* v
prepositie *préposition* v
prepuberteit *préadolescence* v
prescriptie *prescription* v
present I ZN [het] *cadeau* m [mv: *cadeaux*] **II** BNW *présent (***bij** *à)*
presentabel *présentable*
presentatie *présentation* v
presentator *présentateur* m [v: *présentatrice*]; *animateur* m [v: *animatrice*]
presenteerblad *plateau* m [mv: *plateaux*] ▾ op een presenteerblaadje *sur un plateau*
presenteren • voorstellen *présenter* • aanbieden *présenter* • als presentator begeleiden *présenter*
presentexemplaar *spécimen* m
presentie *présence* v
presentielijst *feuille* v *de présence*
preses *président* m [v: *présidente*]
president • staatshoofd *président* m • voorzitter *président* m
president-commissaris *président* m *du conseil d'administration*
president-directeur *président-directeur* m *général*; *PDG* m
presidentieel *présidentiel* [v: *présidentielle*]
presidentschap *présidence* v
presidentskandidaat *candidat* m *à la présidence*
presidentsverkiezing *(élections* v mv*) présidentielles* v mv
presideren *présider*
presidium *présidium* m
presse-papier *presse-papiers* m [onv]
pressie *pression* v; *contrainte* v; SPORT *pressing* m
pressiegroep *groupe* m *de pression*
pressiemiddel *moyen* m *de pression*
prestatie *performance* v ★ een geweldige ~ *un tour de force*; *un exploit*
prestatiedwang *esprit* m *de compétition*
prestatievermogen *performances* v mv
presteren *réussir*; *réaliser*; JUR. *s'acquitter (d'un engagement)* ★ niet veel ~ *obtenir des résultats médiocres* ★ het ~ om *trouver moyen à* ★ goed ~ *être performant*
prestige *prestige* m
prestigekwestie *question* v *de prestige*
prestigeobject *œuvre* v *de prestige*
prestigieus *prestigieux* [v: *prestigieuse*]
pret *plaisir* m; INFORM. *rigolade* v ★ pret hebben / maken *s'amuser* ★ het is geen pretje *ce n'est pas la joie / une partie de plaisir*
pretendent *prétendant* m *(***naar** *à)*
pretenderen *prétendre*
pretentie *prétention* v
pretentieloos *sans prétention*
pretentieus *prétentieux* [v: *prétentieuse*]
pretje *plaisir* m; *partie* v *de plaisir*
pretogen *regard* m *pétillant*
pretpakket ≈ *filière* v *facile*
pretpark *parc* m *d'attractions / de loisirs*
prettig I BNW *agréable*; *amusant* ★ iets ~ vinden *aimer qc* ★ ~e vakantie! *bonnes vacances!* **II** BIJW *agréablement*; *bien*
preuts *pudibond*; *bégueule*; FORM. *prude*
prevaleren *prévaloir*; *l'emporter (***boven** *sur)*
prevelen *marmotter*; *murmurer*
preventie *prévention* v
preventief I BNW *préventif* [v: *préventive*] **II** BIJW *préventivement*
prieel *tonnelle* v; *berceau* m [mv: *berceaux*]
priegelen ≈ *fignoler*
priegelwerk *travail* m *minutieux*
priem *poinçon* m; *alêne* v
priemen *percer* ▾ ~de blik *regard* m *perçant*
priemgetal *nombre* m *premier*
priester *prêtre* m [v: *prêtresse*]
priesterschap *sacerdoce* m
priesterwijding *ordination* v
prietpraat *verbiage* m; *bavardage* m
prijken *briller*; *ressortir* ★ op zijn hoed prijkte een veer *son chapeau était orné d'une plume*
prijs • koopsom *prix* m ★ voor de halve ~ *à moitié prix* ★ voor een zacht ~je *à bas prix* ★ tegen de ~ van *au prix de* • beloning *prix* m ★ in de prijzen vallen *avoir un prix* ★ eerste ~ *grand / premier prix*; *gros lot* m ▾ tot elke ~ *à tout prix*; *coûte que coûte* ▾ een ~ op iemands hoofd stellen *mettre à prix la tête de qn* ▾ als u daar ~ op stelt *si vous y tenez* ▾ iets op ~ stellen *apprécier qc* ▾ de ~ van de roem *le prix / la rançon de la célébrité* ▾ Grote Prijs *Grand Prix* ▾ iets ~ maken *capturer qc* ▾ voor geen ~ *pour rien au monde*
prijsbewust *qui regarde les prix*; *averti*
prijscompensatie *indexation* v *des salaires*
prijsgeven *céder*; ⟨opgeven⟩ *abandonner*; ⟨(over)geven⟩ *livrer*
prijskaartje *étiquette* v; FIG. *prix* m
prijsklasse *catégorie* v; *gamme* v ★ auto's in een hoge ~ *des voitures haut de gamme*
prijslijst *liste* v *des prix*
prijsmaatregel *réglementation* v *des prix*
prijsopgave *devis* m
prijspeil *indice* m *des prix*
prijsstijging *hausse* v *des prix*
prijsstop *blocage* m / *gel* m *des prix*
prijsuitreiking *distribution* v *des prix*
prijsvechter *hard-discounter* m
prijsvraag *concours* m
prijzen I OV WW loven *louer* ★ ~de woorden *propos* m mv *élogieux* ▾ zich gelukkig ~ *se féliciter* **II** OV WW van prijs voorzien *marquer / afficher le prix de*; *étiqueter*
prijzengeld *dotation* v
prijzenoorlog *guerre* v *des prix*
prijzenslag *bataille* v *des prix*
prijzenswaardig *louable*

prijzig *cher* [v: *chère*]; *coûteux* [v: *coûteuse*]
prik • limonade *boisson* v *gazeuse*; *soda* m ★ water zonder prik *de l'eau plate* ★ water met prik *de l'eau qui pique* • steek/injectie *piqûre* v ▾ voor een prikje *pour trois fois rien* ▾ dat is vaste prik! *c'est réglé comme une horloge!*; *à coup sûr!*
prikactie *grève* v *perlée / ponctuelle*
prikbord *tableau* m *d'affichage* [m mv: *tableaux* ...]
prikje ▾ iets voor een ~ kopen *acheter pour trois fois rien*
prikkel • stekel ⟨doorn⟩ *épine* v; *piquant* m • aansporing *stimulant* m; *incitation* v; ⟨stimulus⟩ *stimulus* m • prikkeling *picotement* m
prikkelbaar *irritable*; *susceptible*; *irascible*
prikkeldraad *fil* m *de fer barbelé* ★ achter ~ *derrière les barbelés*
prikkelen • prikkelend gevoel geven *picoter* ★ in de neus ~ *monter au nez* ★ in de keel ~ *prendre à la gorge* ★ mijn been prikkelt *j'ai des fourmis dans les jambes* • stimuleren ⟨(op)wekken⟩ *stimuler*; *inciter (***tot** *à)*; *exciter* • ergeren *agacer*; *énerver* • BIOL. ⟨prikkels geven aan⟩ *exciter* ★ ~de lectuur *littérature* v *érotique / excitante*
prikkeling • stimulans *excitation* v • irritatie *irritation* v
prikken I OV WW • steken *piquer*; ⟨opprikken⟩ *épingler*; *fixer* ★ gaatjes ~ in *percer*; *perforer*; *trouer* • injectie geven *faire une piqûre à* • vaststellen ★ een datum ~ *fixer une date* **II** ON WW prikkelen *piquer*
prikkertje *bâtonnet* m; ⟨tandenstoker⟩ *cure-dent(s)* m
prikklok *pointeuse* v
prikpil *piqûre* v *contraceptive*
prikstaking *grève* v *perlée / ponctuelle*
pril *frais (éclos)* [v: *fraîche (éclose)*]; *naissant* ★ de prille jeugd *la plus tendre enfance*; *la première jeunesse*
prima I BNW uitstekend *excellent*; *épatant* **II** TW *très bien*; *parfait*
primaat I ZN [de] • geestelijke *primat* m • zoogdier *primate* m **II** ZN [het] oppergezag *primauté* v
prima ballerina *étoile* v
prima donna *prima donna* v; FIG. *diva* v
primair I BNW • eerst *primaire* • voornaamst *principal* [m mv: *principaux*]; *premier* [v: *première*] **II** BIJW ▾ ~ reageren *réagir spontanément*
primetime *heures* v mv *de grande écoute*
primeur *primeur* v; ⟨nieuwtje⟩ *scoop* m
primitief I BNW *primitif* [v: *primitive*]; ⟨sober⟩ *rudimentaire* **II** BIJW *primitivement*
primula *primevère* v
primus *réchaud* m *à pétrole*
principe *principe* m ★ in ~ *en principe*; *a priori*
principeakkoord *accord* m *de principe*
principebesluit *décision* v *de principe*
principieel I BNW *de principe*; *de fond* ★ principiële dienstweigeraar *objecteur* m *de conscience* **II** BIJW *en principe*; ⟨uit principe⟩ *par principe*
prins *prince* m ★ ~ van den bloede *prince du sang* ▾ doen alsof men van de ~ geen kwaad weet *faire l'innocent*
prinselijk *princier* [v: *princière*]
prinses *princesse* v
prins-gemaal *prince* m *consort*
prinsheerlijk *princièrement*
Prinsjesdag ≈ *jour* m *de l'ouverture de la session parlementaire*
print • computeruitdraai *sortie* v *(papier)*; *listing* m; ⟨vel⟩ *copie* v; *document* m • afdruk *épreuve* v
printen *imprimer*
printer *imprimante* v
prior *prieur* m
prioriteit *priorité* v
prioriteitsaandeel *action* v *de priorité*
prisma *prisme* m
privaat *privé*
privaatrecht *droit* m *privé*
privacy *intimité* v; *vie* v *privée*
privatiseren *privatiser*
privé I BNW *privé*; *personnel* [v: *personnelle*] **II** BIJW *en privé*
privéaangelegenheid *affaire* v *privée*
privésfeer *vie* v *privée*; *intimité* v
privilege *privilège* m
pro *pour* m ★ het pro en contra *le pour et le contre*
pro- *pour* ★ pro-Amerikaans *pro(-)américain*
proactief *proactif*
probaat *efficace*
probeersel *(coup* m *d')essai* m
proberen *essayer*; *tenter* ★ ~ (om) te *essayer de*; *tenter de*; *chercher à*
probleem *problème* m ★ dat is een ~ *ça pose un problème*
probleemgeval *cas* m *(problématique)*
probleemgezin *famille* v *à problèmes*
probleemkind *enfant* m/v *à problèmes*
probleemloos *sans problème(s)*; *sans difficultés*
probleemstelling *problématique* v
probleemwijk ⟨ernstig⟩ *zone* m *de non-droit*
problematiek *problématique* v
problematisch *problématique*
procedé *procédé* m
procederen *faire un procès*
procedure • werkwijze *procédure* v • JUR. proces *procédure* v
procedureel *procédural* [m mv: *procéduraux*]
procent *pour cent* m ★ tegen vier ~ *à quatre pour cent* ★ (voor) honderd ~ *à cent pour cent*
procentueel *(exprimé) en pourcentage*
proces • wijze waarop iets verloopt *processus* m • rechtszaak *procès* m ★ iem. een ~ aandoen *faire / intenter un procès à qn* ★ met iem. in ~ liggen *être en procès avec qn*
procesgang *déroulement* m *du procès*
procesoperator *mécanicien* m *de commande* [v: *mécanicienne* ...]
processie *procession* v
processor *processeur* m
proces-verbaal • bekeuring *procès-verbal* m [mv: *procès-verbaux*] ★ ~ opmaken tegen iem. INFORM. *donner un P.-V. à qn*; *verbaliser contre qn* • verslag *procès-verbal* m [mv:

pr

procès-verbaux]
procesvoering *procédure* v
proclamatie *proclamation* v
proclameren *proclamer*
procreatie *procréation* v
procuratiehouder *fondé* m *de pouvoir*
procureur *avoué* m
procureur-generaal *procureur* m *général*
pro Deo *bénévolement*; *gratuitement*
pro-Deoadvocaat *avocat* m *commis (d'office)*
producent *producteur* m [v: *productrice*]; *fabricant* m
producer *producteur* m [v: *productrice*]
produceren *produire*
product *produit* m
productie *production* v
productiecapaciteit *capacité* v *de production*
productief *fécond*; *productif* [v: *productive*] ⋆ ~ maken *exploiter*; *mettre en valeur*; *faire valoir* ⋆ ~ zijn *rapporter*
productiekosten *coût* m *de production*
productielijn *chaîne* v *de production*
productiemiddel *moyen* m *de production*
productieproces *processus* m *de production*
productiviteit *productivité* v
productmanager *chef* m *de produit*
productschap ≈ *interprofession* v *(d'une filière)*
proef • onderzoek *essai* m; *test* m; ⟨beproeving⟩ *épreuve* v ⋆ op de ~ stellen *mettre à l'épreuve* ⋆ de ~ doorstaan *résister à l'épreuve*; *faire ses preuves* ⋆ een ~ nemen *faire un essai* ⋆ op ~ *à l'essai*; *à titre d'essai* ⋆ zwaar op de ~ stellen *mettre à rude épreuve* • experiment *expérience* v ⋆ proeven nemen *faire des expériences* • probeersel *épreuve* v • bewijs *preuve* v; *aperçu* m; *spécimen* m ⋆ een proeve van bekwaamheid afleggen *faire un test d'aptitude*; FIG. *faire ses preuves* ▾ de ~ op de som nemen *faire l'expérience / la preuve*
proefabonnement *abonnement* m *d'essai*
proefballon *ballon* m *d'essai* ⋆ een ~ oplaten *lancer un ballon d'essai*
proefboring *sondage* m
proefdier *animal* m *de laboratoire* [m mv: *animaux* ...]; *cobaye* m
proefdraaien *faire des essais*
proefdruk *épreuve* v
proefkonijn *cobaye* m
proefneming *essai* m; ⟨wetenschap⟩ *expérience* v; *expérimentation* v
proefnummer *(numéro* m*) spécimen* m
proefondervindelijk • empirisch *empirique* • experimenteel *expérimental* [m mv: *expérimentaux*]
proefperiode *période* v *d'essai*
proefpersoon *sujet* m *(d'expérience)*
proefrit *essai* m
proefschrift *thèse* v *(de doctorat)* ⋆ een ~ verdedigen *soutenir sa thèse*
proefterrein *terrain* m *d'essai*
proeftijd *période* v *d'essai*; JUR. *sursis* m *avec mise à l'épreuve*; *probation* v
proefverlof *mise* v *en liberté conditionnelle*
proefvlucht *vol* m *d'essai*
proefwerk *interrogation* v *écrite*; *controle* m

pr

proesten • niezen *éternuer* • snuiven *s'ébrouer* • lachen *pouffer (de rire)*
proeve • → **proef**
proeven • op smaak keuren *goûter*; ⟨v. drank⟩ *déguster* ⋆ ~ van OOK FIG. *goûter à / de* • bespeuren *savourer*; ⟨v. smaak⟩ *sentir*
prof • hoogleraar *prof* m • professional *pro* m/v
profaan *profane*
profclub *club* m *de (joueurs) professionnels*
profeet *prophète* m/v
professie *profession* v ⋆ van ~ *de son état*
professional *professionnel* m [v: *professionnelle*]; INFORM. *pro* m/v
professionalisering *professionnalisation* v
professioneel I BNW vakkundig *professionnel* [v: *professionnelle*] **II** BIJW *de manière professionnelle*; *en professionnel*
professor *professeur* m *(de faculté)*
profetie *prophétie* v
profetisch I BNW *prophétique* **II** BIJW *en prophète*; *prophétiquement*
proficiat *toutes mes félicitations!*
profiel • zijaanzicht *profil* m ⋆ in ~ *de profil* • typering *profil* m • diepteverschil ⟨op band, zool⟩ *profil* m
profielband *pneu* m *à profil / à sculptures*
profielschets *profil* m; *portrait-robot* m
profieltekening *profil* m
profielzool *semelle* v *à relief*
profijt *profit* m; *avantage* m; *bénéfice* m ⋆ ~ trekken van *tirer profit de*
profijtbeginsel ≈ *principe* m *de non-gratuité*
profileren • karakteriseren *définir* ⋆ zich ~ *s'affirmer*; *se démarquer* • profiel aanbrengen *profiler*
profiteren *profiter* (van *de*); *tirer profit* (van *de*)
profiteur *profiteur* m [v: *profiteuse*]
pro forma *pour la forme*
profspeler *joueur* m *professionnel* [v: *joueuse professionnelle*]; INFORM. *pro* m/v
progesteron *progestérone* v
prognose *pronostic* m; *prévision* v
programma • geheel van activiteiten *programme* m • POL. *programme* m • uitzending *programme* m; *émission* v
programmablad *magazine* m *de radio et de télévision*
programmaboekje *programme* m
programmakiezer *programmateur* m
programmamaker *réalisateur* m *(d'émissions)* [v: *réalisatrice* ...]
programmatuur *logiciel* m
programmeertaal *langage* m *de programmation*
programmeren • (in een) programma opstellen *programmer* • COMP. *programmer*
programmering *programmation* v
programmeur *programmeur* m [v: *programmeuse*]
progressie • vooruitgang *progression* v • toename *progressivité* v
progressief • voortgaand *progressif* [v: *progressive*] • vooruitstrevend *progressiste*
prohibitie *prohibition* v
project *projet* m

projecteren *projeter (op sur)*
projectie *projection* v
projectiel *projectile* m ⋆ geleid ~ *engin téléguidé* m; *missile* m ▾ ongeleid ~ FIG. *électron* m *libre*
projectleider *responsable* m/v *d'un projet*
projectmanager *responsable* m/v *d'un projet*
projectmatig *thématique*; *par projets*
projectontwikkelaar *promoteur* m *(immobilier)*
projector *projecteur* m
proleet *mufle* m; *goujat* m; *plouc* m
proletariaat *prolétariat* m
proletariër *prolétaire* m/v; INFORM. *prolo* m
proletarisch *prolétaire*; INFORM. *prolo*
proliferatie *prolifération* v
prolongatie *prolongation* v
prolongeren *prolonger*; ECON. *proroger*
proloog *prologue* m
promenade *promenade* v
promenadeconcert *concert-promenade* m [mv: *concerts-promenades*]
promenadedek *pont-promenade* m [mv: *ponts-promenades*]
promesse *billet* m *à ordre*
promillage *proportion* v *pour mille*; ⟨alcoholspiegel⟩ *alcoolémie* v
promille *pour mille*
prominent *de premier plan*; *éminent*
promiscuïteit *liberté* v *sexuelle*
promoten *promotionner*
promotie • bevordering *promotion* v; *avancement* m • verkoopbevordering *promotion* v • behalen van doctorsgraad *soutenance* v *de thèse*; *doctorat* m • SPORT *montée* v
promotiewedstrijd *match* m *de barrage / pour la montée*
promotor • belangenbehartiger *promoteur* m [v: *promotrice*]; SPORT *manager* m • hoogleraar *directeur* m *de thèse*
promovendus *soutenant* m *de thèse*
promoveren I OV WW doctorstitel verlenen *conférer le grade de docteur à* ▾ gepromoveerd zijn tot chef *être promu chef* **II** ON WW • SPORT *monter* • doctorstitel verwerven *passer son doctorat*; *soutenir sa thèse*; *être reçu docteur*
prompt I BNW • vlot *rapide* • stipt *ponctuel* [v: *ponctuelle*]; *précis* **II** BIJW • direct erna *avec promptitude*; *assitôt*; INFORM. *aussi sec*; *du coup* • stipt *précisément*
pronken *parader*; *se pavaner* ⋆ ~ met *faire étalage de*; *exhiber* ⋆ ~ als een pauw *faire la roue*
pronkjuweel *joyau* m [mv: *joyaux*]
pronkstuk FIG. *(le plus beau) fleuron* m
pront *vif* [v: *vive*]; *pimpant*
prooi *proie* v ⋆ ten ~ aan *en proie à*
proost ⋆ ~! *à votre santé!*; *à la vôtre!*
proosten *trinquer (op à)*
prop • samengedrukte bol ⟨v. papier⟩ *boulette* v; *tampon* m; ⟨in mond⟩ *bâillon* m; ⟨in oor⟩ *bouchon* m • persoon *boulot* m [v: *boulotte*]; ⟨dikke meid⟩ INFORM. *boudin* m ▾ met iets op de proppen komen *mettre qc sur le tapis*; *sortir qc* ▾ een prop in de keel hebben *avoir une boule dans la gorge*; *avoir la gorge serrée* ▾ op de proppen komen *s'amener*; *rappliquer*
propaan *propane* m
propaangas *propane* m
propaganda *propagande* v
propagandafilm *film* m *de propagande*
propagandistisch ⟨m.b.t. persoon⟩ *propagandiste*; ⟨m.b.t. zaak⟩ *de propagande*
propageren *propager*; *prôner*
propedeuse ≈ *propédeutique* v; *DEUG* m
propeller *hélice* v
propellervliegtuig *avion* m *à hélice(s)*
proper *propre*
proportie *proportion* v
proportioneel *proportionnel* [v: *proportionnelle*]
propositie • voorstel *proposition* v • stelling *proposition* v
proppen ⟨volproppen⟩ *bourrer*; *tasser*; ⟨stoppen (in)⟩ *fourrer (in dans)* ⋆ naar binnen ~ *engloutir*
propvol *plein à craquer / comme un œuf*; *(archi)plein*; ⟨afgeladen⟩ *bondé*
prosecutie *persécution* v; *poursuite* v
prosodie *prosodie* v
prospectus *prospectus* m
prostaat *prostate* v
prostituee *prostituée* v
prostitueren *prostituer*
prostitutie *prostitution* v
protagonist *protagoniste* m/v
protectie *protection* v
protectiegeld *taxe* v *(versée aux racketteurs)*
protectionisme *protectionnisme* m
protectoraat *protectorat* m
protegé *protégé* m [v: *protégée*]
proteïne *protéine* v
protest • uiting van bezwaar *protestation* v ⋆ onder ~ *en protestant* ⋆ ~ uitlokken *provoquer des protestations* • ambtelijke verklaring *protêt* m
protestactie *action* v *revendicative*
protestant *protestant* m [v: *protestante*]
protestantisme *protestantisme* m
protestants *protestant*
protestbeweging *mouvement* m *contestataire*
protesteren *protester (tegen contre)*; POL. *contester*
protestmars *marche* v *de protestation*
protestsong *chanson* v *contestataire*
prothese *prothèse* v
protocol *protocole* m
protocollair *protocolaire*
proton *proton* m
protoplasma *protoplasme* m
prototype *prototype* m
protserig *clinquant*; *tape-à-l'œil* [onv]
Provençaals *provençal* [m mv: *provençaux*]
Provence *la Provence*
proviand *provisions* v mv *(de bouche)* ⋆ ~ inslaan *se ravitailler*
provider *fournisseur* m *(d'accès)*
provinciaal I BNW • van de provincie *provincial* [m mv: *provinciaux*] • kleinsteeds *provincial* [m mv: *provinciaux*] **II** ZN [de] *provincial* m [mv: *provinciaux*] [v: *provinciale*]
provincialisme *provincialisme* m; *régionalisme* m
provincie *province* v ⋆ de Verenigde

Provinciën *les Provinces-Unies*
provinciehuis *siège* m *des États provinciaux*
provisie • commissieloon *commission* v; (v. makelaar) *courtage* m ⋆ op ~basis *à la commission* • voorraad *provisions* v mv
provisorisch I BNW *provisoire* II BIJW *provisoirement*
provitamine *provitamine* v
provo *provo* m
provocateur *provocateur* m [v: *provocatrice*]
provocatie *provocation* v; INFORM. *provoc* v
provoceren *provoquer*; *faire de la provocation*
prowesters *pro-occidental* [m mv: *pro-occidentaux*]
proza *prose* v ⋆ in ~ *en prose*
prozaïsch *prosaïque*; *terre à terre*
pruik • haardos *tignasse* v • vals haar *perruque* v
pruikentijd *époque* v *du rococo*
pruilen *bouder*; *faire la tête*; *faire la moue*
pruillip *lippe* v ⋆ een ~ trekken *faire la lippe*
pruim • CUL. vrucht *prune* v ⋆ gedroogde ~ *pruneau* m • boom *prunier* m
pruimen • tabak kauwen *chiquer* • verdragen *piffer* ⋆ ik kan die vent niet ~ *je ne peux pas piffrer ce type-là* ⋆ niet te ~ INFORM. *dégueulasse*
pruimenboom *prunier* m
pruimenmond *bouche* v *en cul-de-poule*
pruimtabak *tabac* m *à chiquer*
Pruis *Prussien* m [v: *Prussienne*]
Pruisen *la Prusse*
Pruisisch *prussien* [v: *prussienne*]
prul • ding *babiole* v; *broutille* v • mens *nullité* v; *minus* m
prullaria *camelote* v; *pacotille* v
prullenbak *corbeille* v *à papier*
prullenmand *corbeille* v *à papier* ⋆ goed voor de ~ *bon à jeter (à la poubelle / au rancart)*
prulschrijver *plumitif* m
prut • drab *gadoue* v • prak *tambouille* v ▾ in de prut *embourbé*; *dans le pétrin*
prutsding *babiole* v
prutser *bricoleur* m [v: *bricoleuse*]
prutswerk • knoeiwerk *bousillage* m; *travail* m *bâclé* • peuterwerk *bricolage* m
pruttelen • koken *mijoter* • mopperen *bougonner*
psalm *psaume* m
pseudo- *pseud(o)-*
pseudoniem *pseudonyme* m; *nom* m *de plume*
psoriasis *psoriasis* m
pst *psitt!*
psyche *psyché* v; *psychisme* m
psychedelisch *psychédélique*
psychiater *psychiatre* m/v; INFORM. *psy* m/v
psychiatrie *psychiatrie* v
psychiatrisch *psychiatrique*
psychisch *psychique*; *mental* [m mv: *mentaux*]
psychoanalyse *psychanalyse* v
psycholinguïstiek *psycholinguistique* v
psychologie *psychologie* v
psychologisch *psychologique* ⋆ ~e test *test* m *de personnalité*
psycholoog *psychologue* m/v
psychopaat *psychopathe* m/v; *déséquilibré* m
psychose *psychose* v
psychosomatisch *psychosomatique*
psychotherapie *psychothérapie* v
psychotisch *psychotique*
PTT • → **postbedrijf**
puber *adolescent* m [v: *adolescente*]
puberaal *(d')adolescent*; FORM. *pubertaire*
puberen *être à l'âge ingrat*; *avoir des crises d'adolescence*
puberteit *adolescence* v; *puberté* v
publicatie *publication* v
publiceren *rendre public*; (uitgeven) *publier*
publicist *journaliste* m/v; *essayiste* m/v
publicitair *publicitaire*; (via de media) *médiatique*
publiciteit *publicité* v
publiciteitscampagne *campagne* v *de publicité*
publiciteitsstunt *coup* m *publicitaire / médiatique*
public relations *relations* v mv *publiques*
publiek I ZN [het] *public* m; (aanwezigen) *assistance* v; (in theater) *salle* v ⋆ het grote ~ *le grand public* ⋆ op een breed ~ mikken *s'adresser à un vaste / large public*; *ratisser large* II BNW • openbaar *public* [v: *publique*] • t.b.v. iedereen *public* [v: *publique*]
publiekelijk *publiquement*; *en public*
publieksfilm *film* m *grand public / tous publics*
publiekstrekker ⋆ een ~ zijn *faire recette*; *attirer les foules*
puck *palet* m
pudding *pudding* m
puddingbroodje *petit pain* m *fourré*
puddingvorm *moule* m
Puerto Rico • → **Porto Rico**
puf ⋆ ik heb geen puf meer *je suis à plat* ⋆ ergens de puf niet meer voor hebben *ne plus avoir la force de faire qc*
puffen *haleter* ⋆ het is hier om te ~ *on étouffe ici*
pui (v. winkel) *devanture* v; *façade* v
puik I BNW *excellent*; *épatant* II BIJW *on ne peut mieux*
puikje *(la) fine fleur*; *(le) fin du fin*; (chic) *gratin* m
puimsteen *(pierre* v*) ponce* v
puin (ingestort) *décombres* m mv; *débris* m mv; (neergestort) *éboulis* m; (uitgegraven) *déblais* m mv; (bouwafval) *gravats* m mv ⋆ puin ruimen FIG. *déblayer le terrain*; *remettre de l'ordre* ⋆ onder het puin bedolven *enseveli sous les décombres* ⋆ in puin liggen / vallen *être / tomber en ruine* ▾ in puin rijden *bousiller*
puinhoop • hoop puin *(tas* m *de) décombres* m mv; *ruine* v • warboel *pagaille* v
puissant *puissant* ⋆ ~ rijk *richissime*
puist *bouton* m; MED. *pustule* v
puistenkop *boutonneux* v [v: *boutonneuse*]; HUMOR. *calculatrice* v
puk • kind *petit bout* m *d'homme / de chou* • klein persoon *demi-portion* v [mv: *demi-portions*]
pukkel *bouton* m
pul *chope* v
pulken *tripoter*

pulli *pull* m *à col montant*
pullover *pull* m; *pull-over* m [mv: *pull-overs*]
pulmonaal *pulmonaire*
pulp • brij *pulpe* v • slecht product ⟨v. boek⟩ *torchon* m; ⟨v. lectuur⟩ *littérature* v *de gare*
pulsatie *pulsation* v
pulseren *être en pulsation*; *vibrer*; ⟨kloppen⟩ *battre*
pulver *poudre* v
pummel *butor* m; *goujat* m; *malotru* m; *rustre* m
pump *escarpin* m
punaise *punaise* v
punch *punch* m
punctie *ponction* v
punctueel I BNW *ponctuel* [v: *ponctuelle*]; *réglé comme une horloge* **II** BIJW *ponctuellement*
punk • subcultuur *mouvement* m *punk* • punker *punk* m/v
punkkapsel *coiffure* v *punk*
punniken • frunniken *tripoter* • breien *faire du tricotin*
punt I ZN [de] • uiteinde *bout* m; *pointe* v; ⟨hoekpunt⟩ *coin* m ★ de punt van een servet *un coin de serviette* ★ een punt slijpen aan een potlood *tailler un crayon* • stip *point* m; ⟨aan het eind v.e. zin⟩ *point* m *final*; ⟨puntje⟩ *point* m; *pointe* v ★ dubbele punt *deux points* ★ ... punt com ... *point com* ▾ punt erachter! *point final!* ▾ punt, uit! *un point c'est tout!* ▾ ergens een punt achter zetten *en finir avec qc* ▾ als puntje bij paaltje komt *le moment venu*; *en fin de compte* ▾ de puntjes op de i zetten *mettre les points sur les i* ▾ in de puntjes *dans les détails*; *à la perfection* ▾ daar kun je een puntje aan zuigen *prends-en de la graine* ▾ puntje puntje puntje *points de suspension* **II** ZN [het] • plaats *point* m • onderdeel, kwestie *point* m ★ punt voor punt *point par point* ★ er een punt van maken *en faire (tout) un problème* • moment *point* m ★ op het punt staan iets te doen *être sur le point de faire qc* ★ op het dode punt *au point mort* • waarderingseenheid *point* m ★ op punten winnen *gagner aux points* ★ de punten delen *faire match nul*
puntbaard *barbe* v *en pointe*
puntbroodje ≈ *petit pain* m
punten • een punt maken aan *tailler* • bijpunten ⟨v. haar⟩ *couper les pointes de*; *rafraîchir*
puntenrijbewijs *permis* m *à points*
puntenslijper *taille-crayon* m [mv: *taille-crayons*]
punter • boot *barge* v • SPORT *pointe* v
puntgaaf *parfait*; INFORM. *impec*
punthoofd ▾ ik krijg er een ~ van *ça me rend dingue*; *ça me tape sur le système*
puntig • spits *aigu* [v: *aiguë*]; *pointu*; *en pointe* • kernachtig *concis*; ⟨snedig⟩ *sagace* ★ iets snedig zeggen *formuler qc avec sagacité*
puntkomma *point-virgule* m [mv: *points-virgules*]
puntmuts *bonnet* m *à pointe*
puntschoen *chaussure* v *à bout pointu*
puntsgewijs *point par point*
puntzak *cornet* m
pupil • oogpupil *pupille* v • kind *pupille* m/v • SPORT ⟨jeugdlid⟩ *poussin* m; ⟨leerling⟩ *poulain* m
puppy *chiot* m
puree *purée* v ▾ in de ~ zitten *être dans le pétrin*
pureren *écraser en purée*
purgeermiddel *purge* v; *laxatif* m
purisme *purisme* m
purist *puriste* m/v
puritein *puritain* m [v: *puritaine*]
puriteins *puritain*
purper *pourpre*; *pourpré*
purperrood *pourpre*
purser ⟨in vliegtuig⟩ *steward* m; SCHEEPV. *commissaire* m *(de bord)*
pus *pus* m
pushen • aanzetten *pousser* • promoten *promouvoir* • dealen *dealer*
push-up *traction* v ★ ~s doen INFORM. *faire des pompes*
push-up-bh *push-up* m
put ⟨bouw-/waterput⟩ *puits* m; ⟨kuil⟩ *trou* m; ⟨kuil⟩ *creux* m; ⟨kuil⟩ *fosse* v ▾ in de put zitten *avoir le moral à zéro*
putten • water ophalen *puiser (***uit** *dans)* • FIG. ontlenen ~ **uit** *puiser dans*
puur I BNW • zuiver *pur*; ⟨naturel⟩ *nature* • louter *pur* ★ dat is puur toeval *c'est un pur hasard* **II** BIJW *purement*
puzzel • legpuzzel *puzzle* m • probleem *casse-tête* m [onv]
puzzelaar ⟨v. kruiswoordpuzzels⟩ *cruciverbiste* m/v
puzzelen • puzzels oplossen *faire des puzzles*; ⟨kruiswoordpuzzels⟩ *faire des mots croisés* • diep nadenken *se casser la tête*
puzzelwoordenboek *dictionnaire* m *de mots croisés*
pvc *PVC* m
pygmee *pygmée* m/v
pyjama *pyjama* m ★ in ~ *en pyjama*
pyjamabroek *pantalon* m *de pyjama*
pylon *cône* m
Pyreneeën *(les) Pyrénées* v mv
pyromaan *pyromane* m/v
pyrrusoverwinning ≈ *succès* m *en apparence*
python *python* m

Q

q *q* m
Qatar *le Qatar* ★ in ~ *au Qatar*
qua *en ce qui concerne*
quarantaine *quarantaine* v ★ in ~ plaatsen *mettre en quarantaine*
quartair I BNW *quaternaire* **II** ZN [het] periode *(ère* v*) quaternaire*
quasi *quasiment* ★ ~ studeren *faire semblant d'étudier*
quasi- *faux* [v: *fausse*] ★ quasibescheiden *faussement modeste*
quatre-mains I ZN [het] *morceau* m *à quatre mains* **II** BNW ★ (à) ~ *à quatre mains*
queeste *quête* v
querulant FORM. *quérulent* m; INFORM. *râleur* m
questionnaire *questionnaire* m
quiche *quiche* v
quitte *quitte* ★ wij staan ~ *nous sommes quittes*
qui-vive ▾ op zijn ~ zijn *être sur le qui-vive*
quiz *quiz* m; *jeu* m *(de questions-réponses)* [m mv: *jeux* ...]
quizmaster *animateur* m [v: *animatrice*]
quota *quote-part* v [mv: *quotes-parts*]; *quota* m
quote *quote-part* v [mv: *quotes-parts*]
quoteren *répartir par quotes-parts*
quotiënt *quotient* m
quotum *quote-part* v

R

r *r* m ★ de r van Rudolf *r comme Roger*
ra *vergue* v
raad • advies *avis* m; *conseil* m ★ bij iem. te rade gaan *consulter quelqu' un* ★ raad vragen *demander conseil* ★ iem. raad geven *conseiller qn* • uitweg ★ er wel raad op weten *savoir comment s'y prendre* ★ geen raad weten met *ne savoir que faire de* • adviserend college *conseil* m ★ de Hoge Raad *la Cour de Cassation* ★ de Raad van State *le Conseil d'Etat* ★ raad van bestuur *conseil d'administration* ★ Sociaal-Economische Raad *Conseil* m *économique et social* ▾ ten einde raad zijn *ne savoir à quel saint se vouer* ▾ ten einde raad *en désespoir de cause* ▾ goede raad was duur *que faire?*; *on ne savait plus sur quel pied danser* ▾ met voorbedachten rade *prémédité*; *avec préméditation* ▾ komt tijd, komt raad *qui vivra verra*
raadgever *conseiller* m [v: *conseillère*]
raadgeving *avis* m; *conseil* m
raadhuis *mairie* v; *hôtel* m *de ville*
raadplegen *consulter*
raadsbesluit *arrêté* m *municipal*
raadscommissie *commission* v *municipale*
raadsel • iets onbegrijpelijks *énigme* v; *mystère* m ★ het ~ oplossen *trouver le mot de l'énigme* • opgave *énigme* v; ⟨raadseltje⟩ *devinette* v ★ een ~ opgeven *(pro)poser une énigme*
raadselachtig I BNW *énigmatique*; *mystérieux* [v: *mystérieuse*] **II** BIJW *mystérieusement*
raadsheer • rechter *conseiller* m • schaakstuk *fou* m
raadslid *conseiller* m *municipal*
raadsman • raadgever *conseiller* m • advocaat *avocat* m
raadszitting *réunion* v *du conseil*
raadzaal *salle* v *du conseil*
raadzaam *opportun* ★ ~ achten *juger opportun*
raaf *(grand) corbeau* m ▾ een witte raaf *un merle blanc*
raak • doel treffend ★ raak slaan *frapper juste* ★ raak schieten / zijn *atteindre son but*; *toucher sa cible* ★ raak! *touché!*; *dans le mille!* • juist *juste*; *pertinent* ★ die was raak *c'était envoyé* ★ raak antwoord *riposte* v ★ raak! *bien envoyé!*; *et toc!* ▾ maar raak ... *n'importe comment*; *dans le tas*
raaklijn *tangente* v
raakpunt *point* m *de contact*
raakvlak *point(s)* m (mv) *commun(s)*; *interface* v
raam • venster *fenêtre* v; ⟨ruit⟩ *vitre* v ★ uit het raam kijken *regarder par la fenêtre* ★ dubbele ramen *doubles(-)vitrages* m mv ★ voor het raam *à la fenêtre*; *en vitrine* • lijst *châssis* m • kader *cadre* m
raamkozijn *châssis* m
raamprostitutie *prostitution* v *en vitrine*
raamsponning *coulisse* v
raamvertelling *récit* m *à tiroirs*
raamwerk • houtwerk *châssis* m; ⟨omlijsting⟩ *cadre* m • FIG. globale opzet *plan* m *général*

raamwet *loi-cadre* v [mv: *lois-cadres*]
raap • CUL. eetbare knol *navet* m • INFORM. hoofd, lichaam *citrouille* v ▾ recht voor zijn raap *sans mâcher ses mots; à l'emporte-pièce*
raapstelen *pousses* v mv *de navettes*
raar I BNW • vreemd *bizarre; étrange* ⋆ een rare vent *un drôle de type* • onwel ⋆ ik voel me zo raar *je me sens tout chose* **II** BIJW *étrangement*
raaskallen *délirer; dérailler*
raat *rayon* m
rabarber *rhubarbe* v
rabat *réduction* v
rabbijn *rabbin* m; ⟨aanspreektitel⟩ *rabbi* m
rabiës *rage* v
race *course* v ▾ race tegen de klok *course contre la montre*
racebaan *circuit* m; *piste* v
racefiets *vélo* m *de course*
racen • aan een race deelnemen *courir* • FIG. zeer snel gaan *aller vite*; INFORM. *foncer*
racewagen *voiture* v *de course*
raciaal *racial* [m mv: *raciaux*]
racisme *racisme* m
racist *raciste* m/v
racistisch *raciste*
racket *raquette* v *(de tennis)*
raclette *raclette* v
rad I ZN [het] *roue* v ⋆ rad van avontuur *roue de la fortune* ▾ iem. een rad voor ogen draaien *leurrer qn* **II** BNW *agile; leste; rapide*
radar *radar* m
radarantenne *antenne* v *radar*
radarinstallatie *équipement* m *radar*
radarscherm *écran* m *radar*
radbraken • martelen GESCH. *rouer* • verhaspelen *baragouiner; écorcher* ▾ geradbraakt zijn *être éreinté / courbaturé*
raddraaier *meneur* m [v: *meneuse*]
radeermesje *grattoir* m
radeloos *désespéré; éperdu; affolé*
radeloosheid *désespoir* m; *affolement* m
raden • gissen *deviner* ⋆ dat laat zich ~ *ça se devine* ⋆ je raadt het nooit *je te le donne en mille* • raad geven *conseiller* ⋆ dat is je ge~! *il y a intérêt!*
raderboot *bateau* m *à aubes* [m mv: *bateaux ...*]
raderen • graveren *graver* • afkrabben *gratter*
radertje *molette* v; *rouage* m; *roulette* v
raderwerk *engrenage* m; ⟨gangwerk⟩ *mouvement* m; FIG. *rouages* m mv
radiaalband *pneu* m *à carcasse radiale*
radiateur *radiateur* m
radiator *radiateur* m
radicaal I BNW *radical* [m mv: *radicaux*] **II** BIJW *radicalement*
radicalisme *radicalisme* m
radijs *radis* m
radio • toestel *radio* v • uitzending *(poste* m *de) radio* v ⋆ op de ~ *à la radio*
radioactief *radioactif* [v: *radioactive*]
radioactiviteit *radioactivité* v
radiocassetterecorder *radiocassette* v
radiografie *radiographie* v
radiografisch I BNW *radiographique* **II** BIJW *par radiographie*
radiologie *radiologie* v
radioloog *radiologue* m/v
radionieuwsdienst *journal* m *(parlé)*
radio-omroep *radiodiffusion* v
radioprogramma *émission* v *(de) radio*
radioscopie *radioscopie* v; *radio* v
radiostation *station* v *de radio(diffusion)*
radiotherapie *radiothérapie* v
radiotoespraak *allocution* v *radiodiffusée*
radiotoestel *(poste* m *de) radio* v
radio-uitzending *émission* v *radio(phonique)*
radiowekker *radio-réveil* m [mv: *radios-réveils*]
radiozender *émetteur* m *(de radio)*
radium *radium* m
radius *rayon* m
radslag *roue* v
rafel *effilure* v
rafelen I OV WW losmaken *effiler* **II** ON WW losraken *s'effiler*
rafelig *éraillé; effiloché*
raffia *raphia* m
raffinaderij *raffinerie* v
raffinement *raffinement* m
raffineren *raffiner*
raften *rafting* m
rag *toile* v *(d'araignée)*
rage *manie* v; *(grande) mode* v
ragebol • borstel *tête-de-loup* v [v: *têtes-de-loup*] • haardos *tignasse* v
ragfijn *ténu*; FIG. *subtile*
raggen • wild bewegen *gigoter* • hard rijden *foncer*
ragout *ragoût* m
ragtime *ragtime* m
rai *raï* m
rail • roede *coulisse* v • spoorstaaf *rail* m ▾ op de rails zetten *mettre sur pied*
railvervoer *transport* m *par rail* ⋆ rail-routevervoer *ferroutage* m
rakelings ⋆ ~ langs iets gaan *effleurer / frôler qc*
raken I OV WW • aanraken *toucher*; WISK. *être tangent à* ⋆ even ~ *effleurer; frôler* • treffen *toucher; atteindre* • ontroeren *émouvoir; toucher* ⋆ dat raakt me niet *cela ne me touche en rien* • betreffen *regarder; concerner* ▾ 'm (flink) ~ *lever le coude* **II** ON WW geraken *devenir; tomber* ⋆ aan de drank ~ *s'adonner à la boisson; devenir alcoolique* ⋆ uit de mode ~ *passer de mode* ⋆ van zijn stuk ~ *perdre contenance* ⋆ verliefd ~ *tomber amoureux* ⋆ van de weg ~ *sortir de la route* ⋆ verstopt ~ *se boucher* ⋆ achterop ~ *prendre du retard* ⋆ in gesprek ~ *entrer en conversation* ⋆ in een impasse ~ *tomber dans une impasse* ⋆ uit de impasse ~ *(se) sortir de l'impasse* ⋆ uit vorm ~ *perdre sa forme* ▾ ~ aan *toucher (à); trouver*
raket • projectiel *fusée* v; ⟨geleid⟩ *missile* m • BELG. racket *raquette* v
raketaanval *attaque* v *de missiles*
raketbasis *base* v *de lancement*
raketinstallatie *lance-roquettes* m; *lance-missiles* m
raketwerper *lance-fusées* m [onv]; *lance-roquettes* m [onv]
rakker *garnement* m
rally • wedstrijd *rallye* m • slagenwisseling ⟨tennis⟩ *échange* m *(de balles)*

ra

RAM *mémoire* v *vive*; *RAM* v
Ram *Bélier* m
ram • mannetjesschaap *bélier* m • stormram *bélier* m
ramadan *ramadan* m
ramen *estimer*; *évaluer (***op** *à)*
raming *estimation* v; *évaluation* v; ⟨v. kosten⟩ *devis* m
ramkoers ≈ *rentre-dedans* m
ramkraak *casse-bélier* m [mv: *casses-béliers*]; *cambriolage* m *par voiture-bélier*
rammel • → **pak**
rammelaar • speelgoed *hochet* m • mannetjeskonijn *bouquin* m
rammelen I OV WW door elkaar schudden *secouer* **II** ON WW • geluid maken *faire du bruit* • gebrekkig in elkaar zitten *être boiteux / décousu* [v: ... *boiteuse*] ▾ ~ van de honger *mourir de faim*
rammelkast • piano *chaudron* m • voertuig *guimbarde* v; *(vieux) clou* m
rammen • beuken tegen *enfoncer*; *cogner* • botsen tegen *heurter*; *tamponner*; *emboutir* ▾ poten ~ *casser du pédé* ▾ geramd zitten *être planqué*; *être du tout cuit*
rammenas *raifort* m; *radis* m *noir*
ramp *catastrophe* v; *calamité* v; *désastre* m
rampenplan ⟨in Frankrijk⟩ *plan* m *ORSEC*
rampgebied *région* v / *zone* v *sinistrée*
rampjaar *année* v *catastrophique*
rampspoed *adversité* v; *infortune* v
ramptoerisme ≈ *badauderie* v; *sensationnalisme* m
rampzalig I BNW • rampspoedig *désastreux* [v: *désastreuse*] • noodlottig *funeste*; *néfaste* **II** BIJW *fatalement*
ramsj • handel *vente* v *de surplus* • rommel *camelote* v • restanten *surplus* m; *invendus* m mv
ranch *ranch* m
rancune *rancune* v
rancuneus I BNW *rancunier* [v: *rancunière*] **II** BIJW *avec rancune*
rand • uiterste lijn *bord* m; *lisière* v ⋆ tot de rand (gevuld) *à ras bord(s)* ⋆ scherpe rand *arête* v ⋆ over de rand lopen *déborder* • omtrek, grens *bord* m; ⟨zoom⟩ *bordure* v; ⟨opstaand⟩ M *rebord*; ⟨v. stad e.d.⟩ *périphérie* v ▾ op de rand van *au bord de*; *à la limite de* ▾ 't is op het randje *c'est limite*
randapparatuur *(appareillage* m*) périphérique* m
randfiguur *marginal* m [mv: *marginaux*] [v: *marginale*]
randgebied *confins* m mv; *périphérie* v
randgemeente ⋆ de ~n *la banlieue*
randgroep *groupe* m *marginal*
randgroepjongere *jeune* m *marginal*; *zonard* m
randschrift ⟨v. munt⟩ *légende* v
randstad ≈ *conurbation* v
randverschijnsel *épiphénomène* m
randvoorwaarde *condition* v *annexe*
rang • plaats in hiërarchie *rang* m; MIL. *grade* m • maatschappelijke stand *condition* v; *classe* v • plaats in schouwburg *rang* m ⋆ op de eerste rang *au premier rang*

rangeerder *wagonnier* m
rangeerterrein *gare* v / *voies* v mv *de triage*
rangeren I OV WW *trier* **II** ON WW *se garer*
ranglijst *classement* m
rangnummer *numéro* m *d'ordre*
rangorde *ordre* m; *hiérarchie* v
rangschikken • ordenen *ranger*; *arranger* • indelen *classer (***bij** *parmi)*
rangschikking • ordening *rangement* m; *classification* v • indeling *classement* m; *ordre* m; *hiérarchie* v
rangtelwoord *(nombre* m*) ordinal* m [mv: *(nombres) ordinaux*]
rank I ZN [de] *vrille* v; ⟨v. wijnstok⟩ *sarment* m; *pampre* m; ⟨stengel⟩ *tige* v **II** BNW *frêle*; *svelte*; *gracile*
ranking *classement* m
ranonkel *renoncule* v
ransel *sac* m
ranselen *tabasser*
ransuil *hibou* m *moyen-duc*
rantsoen *ration* v ⋆ op ~ stellen *rationner*
rantsoeneren *rationner*
ranzig • bedorven *rance* ⋆ ~ worden *rancir* • vunzig *louche*
rap[1] *agile*; *leste*; *rapide*
rap[2] (zeg: rep) *rap* m
rapen *ramasser*
rapgroep *groupe* m *rap*
rapmuziek *rap* m
rappen *faire du rap*; *rap(p)er*
rapper *rap(p)eur* m [v: *rap(p)euse*]
rapport • verslag *rapport* m; *compte* m *(rendu)* ⋆ op ~ komen *aller au rapport* • cijferlijst *bulletin* m
rapportage *compte* m *rendu*
rapportcijfer *note* v
rapporteren *rapporter*
rapsodie *r(h)apsodie* v
rariteitenkabinet *cabinet* m *de curiosités*
ras I ZN [het] *race* v **II** BNW snel *agile*; *leste*; *rapide*
ras- • raszuiver *de race pure* • echt *vrai*
rasartiest *artiste-né* m [v: *artiste-née*]
rasecht • raszuiver *de race*; *racé*; ⟨v. paard⟩ *pur sang* • echt *vrai*
rasegoïst *vrai égoïste* m
rashond *chien* m *de race*
rasp *râpe* v
raspen *râper*
rassendiscriminatie *discrimination* v *raciale*
rassenhaat *haine* v *raciale*; *racisme* m
rassenonlusten *troubles* m mv *raciaux*
rassenscheiding *ségrégation* v *raciale*
rasta *rasta* m
rastafari *rastafari* m/v
rastakapsel *dreadlocks* v mv; *rastas* m mv
raster I ZN [het] netwerk *trame* v **II** ZN [de] hekwerk *grillage* m; *treillage* m
rasterwerk *grillage* m
raszuiver *de race (pure)*
rat *rat* m
rataplan ▾ de hele ~ *tout le bataclan*
ratatouille *ratatouille* v
ratel • instrument *crécelle* v • mond *clapet* m • persoon *moulin* m *à paroles*

ratelaar ⟨boom⟩ *tremble* m
ratelen • geluid maken *cliqueter*; ⟨knetteren⟩ *crépiter*; ⟨rommelen⟩ *rouler* • druk praten *jacasser*
ratelslang *serpent* m *à sonnette(s)*; *crotale* m
ratificatie *ratification* v
ratificeren *ratifier*
ratio *raison* v
rationaliseren *rationaliser*
rationalisme *rationalisme* m
rationalistisch *rationaliste*
rationeel I BNW doordacht *rationnel* [v: *rationnelle*] **II** BIJW *rationnellement*
ratjetoe • stamppot *ratatouille* v • allegaartje *salmigondis* m
rato ▾ naar rato van *au prorata de*; *à raison de*; *proportionnellement à*
rats ▾ in de rats zitten *avoir la trouille*
rattengif *raticide* m; *mort-aux-rats* v
rauw • ongekookt *cru* • schor *rauque* • ontveld *écorché* • grof *brutal* [m mv: *brutaux*]
rauwkost *crudités* v mv
ravage *dégâts* m mv
ravigotesaus *sauce* v *ravigote*
ravijn *ravin* m; *précipice* m
ravioli *ravioli(s)* m mv
ravotten *batifoler*; *folâtrer*; *s'ébattre*
rayon I ZN [het] werkgebied *rayon* m **II** ZN [het] kunstzijde *rayonne* v
razen • tekeergaan *se démener*; *tempêter*; ⟨tieren⟩ *fulminer* • snel bewegen *foncer*
razend I BNW • wild, dol *enragé* ⋆ als een ~e *comme un forcené* • woedend *enragé*; *furieux* [v: *furieuse*] ⋆ om ~ te worden *(en)rageant* • hevig *énorme* **II** BIJW *furieusement* ⋆ ~ verliefd zijn op *aimer éperdument*; *aimer à la folie*
razendsnel *(rapide) comme une flèche*; *en flèche*
razernij *fureur* v; *rage* v; ⟨gekte⟩ *délire* m
razzia *rafle* v
reactie • tegenactie *réaction* v ⋆ in ~ op *en réponse à* • SCHEIK. *réaction* v
reactiesnelheid *vitesse* v *de réaction*
reactievermogen *(bons) réflexes* m mv
reactionair *réactionnaire*
reactor *réacteur* m
reactorcentrale *centrale* v *nucléaire*
reactorvat *cuve* v *de réacteur*
reader *recueil* m *d'articles*
reageerbuis *éprouvette* v
reageerbuisbaby *bébé-éprouvette* m [mv: *bébés-éprouvette(s)*]
reageren • reactie vertonen *réagir* **(op** *à)* • SCHEIK. *réagir*
realisatie *réalisation* v
realiseerbaar *réalisable*
realiseren I OV WW *réaliser* **II** WKD WW [+ zich] *se rendre compte (de / que)*
realisering • verwezenlijking *réalisation* v • besef *prise* v *de conscience*
realisme *réalisme* m
realist *réaliste* v
realistisch I BNW *réaliste* **II** BIJW *avec réalisme*
realiteit *réalité* v
realiteitszin *sens* m *des réalités*
reality-tv *télé-réalité* v
reanimatie *réanimation* v
reanimeren *réanimer*
rebel *rebelle* m/v; *insurgé* m
rebellenleger *armée* v *rebelle*
rebelleren *se rebeller*; *se révolter*
rebellie • opstand *rébellion* v • opstandigheid *rébellion* v
rebels *rebelle*; *récalcitrant*
rebound *rebond* m
rebus *rébus* m
recalcitrant *récalcitrant*
recapituleren *récapituler*; *résumer*
recensent *critique* m/v
recenseren *faire la critique de*
recensie *compte* m *rendu*; *critique* v
recensie-exemplaar *exemplaire* m *de presse*
recent *récent*
recentelijk *récemment*
recept • keukenrecept *recette* v • doktersrecept *ordonnance* v
receptie • ontvangst *réception* v • plaats van ontvangst *réception* v
receptief *receptif* **(voor** *à)* [v: *réceptive*]
receptionist *réceptionniste* m/v
reces *vacances* v mv *parlementaires*
recessie *récession* v
recette *recette* v
rechaud *réchaud* m
recherche *police* v *judiciaire*
rechercheur *officier* m *de la police judiciaire*
recht I ZN [het] • overheidsvoorschriften *droit* m ⋆ canoniek ~ *droit* m *canon(ique)* ⋆ zakelijk ~ *droit* m *réel* ⋆ ongeschreven ~ *droit coutumier* • rechtsgeleerdheid ⋆ ~en studeren *faire du droit*; *faire des études de droit* ⋆ student in de ~en *étudiant* m *en droit* • rechtspleging *justice* v • gerechtigheid *justice* v ⋆ zich ~ verschaffen *se faire justice* ⋆ in ~e *en justice*; *juridiquement* ⋆ het ~ in eigen hand nemen *se faire justice* ⋆ ~ doen aan iets *respecter qc* • bevoegdheid, aanspraak *droit* m **(op** *à*; **om, van** *de)* ⋆ verworven ~en *droits acquis* m mv ⋆ met het volste ~ *en droit et en raison* ⋆ met welk ~? *de quel droit?* ⋆ het ~ van de sterkste *la loi / le droit du plus fort* ⋆ de ~en van de mens *les droits de l'homme* ⋆ dat is zijn goed ~ *c'est son (bon) droit* ⋆ in zijn ~ staan *être dans son droit* • belasting *droit* m ⋆ ingaande ~en *droits* m mv *d'entrée* ▾ met ~ *à juste titre* ▾ tot zijn ~ komen *être mis en valeur* **II** BNW • niet gebogen *droit* • loodrecht *droit* • juist, goed *bon* [v: *bonne*] **III** BIJW • niet gebogen *droit* • precies *juste* ▾ ze komt ~ op ons af *elle nous vient droit dessus* ▾ ~ op het doel af gaan *aller droit au but* ▾ ~ in de leer *orthodoxe*
rechtbank • college van rechters *tribunal* m [mv: *tribunaux*] • gerechtsgebouw *tribunal* m [mv: *tribunaux*]
rechtdoor *tout droit*
rechtdoorzee *franc* [v: *franche*]; *droit*
rechteloos *sans droit(s)*
rechten *redresser*
rechtens *de droit*
rechtenstudie *études* v mv *de droit*
rechter *juge* m/v ⋆ ~ van instructie *juge*

d'instruction ⋆ naar de ~ stappen *intenter un procès* ▾ eigen ~ spelen *se faire justice*
rechter- *à / de droite*; ⟨v. lichaamsdeel⟩ *droit*
rechter-commissaris *juge* m/v *d'instruction*
rechterhand • hand van de rechterarm *(main* v*) droite* v ⋆ aan uw ~ *à (votre) droite* • voornaamste helper *bras* m *droit*
rechterkant *côté* m *droit*
rechterlijk *judiciaire* ⋆ ~e macht *justice* v; *magistrature* v
rechtervleugel *aile* v *droite*
rechtgeaard *honnête*; FIG. *qui se respecte*
rechthoek *rectangle* m
rechthoekig I BNW • WISK. met rechte hoeken *rectangle* • met rechthoekige vorm *rectangulaire* **II** BIJW *à angle droit*
rechtlijnig I BNW • WISK. *rectiligne* • consequent *linéaire*; *droit* **II** BIJW *en ligne droite*
rechtmatig I BNW *légitime* **II** BIJW *légitimement*
rechtop *droit*; ⟨overeind⟩ *debout*
rechtopstaand *dressé (debout)*; *droit*
rechts I ZN [het] POL. *(la) droite* **II** BNW • aan de rechterkant *de droite* • rechtshandig *droitier* [v: *droitière*] • POL. *de droite* ⋆ ~ zijn *être à droite* **III** BIJW *à droite* ⋆ ~ stemmen *voter à droite* ⋆ ~ van *à (la) droite de* ⋆ ~ houden *tenir sa droite* ⋆ ~ stemmen *voter à droite*
rechtsaf *à droite* ⋆ ~ gaan *prendre / tourner à droite*
rechtsbeginsel *principe* m *de droit*
rechtsbevoegdheid *capacité* v *juridique*
rechtsbijstand *aide* v / *assistance* v *judiciaire*
rechtsbuiten *ailier* m *droit*
rechtschapen *honnête*; *droit*; *intègre*
rechtsdraaiend *dextrorsum*
rechtsgang *procédure* v
rechtsgebied • rechterlijke macht *juridiction* v • arrondissement *ressort* m
rechtsgeding *procès* m
rechtsgeldig *valide*
rechtsgeleerde *juriste* m/v
rechtsgeleerdheid *droit* m
rechtsgelijkheid *égalité* v *devant la loi*
rechtsgevoel *sens* m *de la justice*
rechtsgrond *titre* m
rechtshandeling *acte* m *juridique*
rechtshandig *droitier* [v: *droitière*]
rechtshulp *aide* v / *assistance* v *judiciaire*
rechtskracht *force* v *de droit / de loi*
rechtskundig *juridique*
rechtsom *à droite*
rechtsomkeert ⋆ ~ maken *faire demi-tour* ⋆ ~! MIL. *demi-tour à droite!*
rechtsorde *ordre* m *juridique*
rechtspersoon *personne* v *civilie / morale*
rechtspleging *procédure* v
rechtspositie *condition* v *juridique*
rechtspraak • rechtspleging *justice* v; *juridiction* v • jurisprudentie *jurisprudence* v
rechtspreken *rendre la justice*; *juger*
rechts-radicaal *radical de droite*
rechtsstaat *État* m *de droit*
rechtsstelsel *système* m *juridique*
rechtstandig I BNW *perpendiculaire* **II** BIJW *perpendiculairement*; *d'aplomb*
rechtstreeks I BNW • zonder omwegen *direct* • live *en direct* **II** BIJW *directement*; ⟨regelrecht⟩ *tout droit*
rechtsvervolging *poursuite* v *judiciaire* ⋆ van ~ ontslaan *relaxer* ⋆ ontslag van ~ *non-lieu* m; *relaxe* v
rechtsvordering • vordering *action* v *(tot en)* • procesrecht *procédure* v
rechtswege ▾ van ~ *de droit*
rechtswetenschap *(science* v *du) droit* m
rechtswinkel ≈ *bureau* m *de conseil juridique*
rechtszaak *procès* m; *cause* v
rechtszaal *salle* v *d'audience*
rechtszekerheid *sécurité* v *juridique*
rechtszitting *audience* v
rechttoe ▾ ~, rechtaan *tout droit*; *directement*
rechtuit • rechtdoor *tout droit* • ronduit *franchement*
rechtvaardig I BNW *juste*; *équitable* ⋆ ~e *juste* m **II** BIJW *avec justice*; *équitablement*
rechtvaardigen *justifier* ⋆ gerechtvaardigd *légitime*
rechtvaardigheid *justice* v; *équité* v
rechtzetten • overeind zetten *redresser*; ⟨in goede stand⟩ *rajuster* • corrigeren *rectifier*; *(re)mettre au point*
rechtzinnig *orthodoxe*
recidive ⟨bij misdaad⟩ • *récidive* v ⟨bij ziekte⟩ • *récidive* v
recidivist *récidiviste* m/v; *repris* m *de justice*
recital *récital* m [mv: *récitals*]
reciteren *réciter*; ⟨v. verzen⟩ *dire*
reclamant *réclamant* m
reclame • publiciteit *publicité* v; INFORM. *pub* v ⋆ misleidende ~ *publicité mensongère* • aanbieding ⋆ in de ~ zijn *être en promotion* • bezwaar *réclamation* v
reclameblok ⟨radio, tv⟩ *page* v *de pub(licité)*
reclameboodschap *message* m *publicitaire*
reclamebord *panneau* m *publicitaire* [m mv: *panneaux*]
reclamebureau *agence* v *publicitaire*; INFORM. *agence* v *de pub*
reclamecampagne *campagne* v *de publicité*
reclame-inkomsten *revenus* m mv *publicitaires*
reclameren *réclamer*
reclamespot *spot* m *publicitaire*
reclamestunt *coup* m *de pub(licité)*
reclamevliegtuig *avion* m *publicitaire*
reclamezendtijd *écran* m *publicitaire*
reclamezuil *colonne-affiches* v [mv: *colonnes-affiches*]; *colonne* v *Morris*
reclasseren *réinsérer*; *réadapter*
reclassering *réinsertion* v *sociale*; *aide* v *postpénitentiaire*
reclasseringsambtenaar *responsable* m/v *de la réinsertion*
reconstructie *reconstruction* v; ⟨m.b.t. gebeurtenis⟩ *reconstitution* v
reconstrueren • herstellen *reconstruire* • opnieuw voorstellen *reconstituer*
reconvalescent *convalescent*
record (zeg: rekòr) *record* m ⋆ een ~ vestigen *établir un record* ⋆ een ~ houden *détenir un record* ⋆ een ~ breken *battre un record*
recordaantal *nombre* m *record*

re

recordbedrag *somme* v *record*
recorder *magnétophone* m; ⟨video⟩ *magnétoscope* m
recordhouder *détenteur* m *d'un record* [v: *détentrice ...*]
recordpoging *tentative* v *de record*
recordtijd ★ in ~ *en un temps record*
recordvangst *capture* v *record*; *prise* v *record*
recreant *vacancier* m [v: *vacancière*]
recreatie *récréation* v; ⟨vrijetijdsbesteding⟩ *loisirs* m mv
recreatief *récréatif* [v: *récréative*]
recreatiegebied ≈ *zone* v *de détente / de loisirs*
recreatiepark *parc* m *de loisirs*
recreatiesport *sport* m *amateur*
recreatiezaal *salle* v *de récréation / de loisirs*
recreëren *se divertir*
rectificatie *rectification* v
rectificeren *rectifier*
rector • voorzitter *recteur* m ★ ~ magnificus *recteur de l'Université* m • hoofd van school *directeur* m; ⟨v. lyceum⟩ *proviseur* m
rectrix *directrice* v
rectum *rectum* m
reçu *reçu* m; *récépissé* m
recupereren I OV WW terugwinnen *récupérer* **II** ON WW zich herstellen *récupérer*
recyclebaar *recyclable*
recyclen, BELG. **recycleren** *recycler*; *récupérer*
recycling *recyclage* m
redacteur *rédacteur* m [v: *rédactrice*]
redactie • het redigeren *rédaction* v • de redacteuren *rédaction* v
redactiebureau *(bureau* m *de) rédaction* v
redactioneel *rédactionnel* [v: *rédactionnelle*] ★ ~ hoofdartikel *éditorial* m
reddeloos I BNW *désespéré*; *perdu* **II** BIJW *irrémédiablement*
redden I OV WW • in veiligheid brengen *sauver (***uit, van** *de)* ★ ~ wat er te ~ valt *sauver les meubles* ★ niet meer te ~ HUMOR. *irrécupérable* ★ de eer is gered *l'honneur est sauf* • voor elkaar krijgen ★ met dat geld kan hij het ~ *cet argent lui suffira* ★ het ~ *s'en sortir* **II** WKD WW [+ zich] *s'en sortir*; *se débrouiller* ★ zich weten te ~ in *se défendre en* ★ zich eruit ~ *se tirer d'affaire* ★ redde wie zich ~ kan! *sauve qui peut!*
redder *sauveur* m
redderen *ranger*; *mettre en ordre*
redding • het redden *secours* m; ⟨v. schipbreukelingen⟩ *sauvetage* m • REL. verlossing ⟨heil⟩ *délivrance* v; *salut*
reddingsactie *opération* v *de sauvetage*
reddingsboei *bouée* v *de sauvetage*
reddingsboot *canot* m *de sauvetage*
reddingsbrigade *brigade/équipe* v *de sauvetage*
reddingsoperatie *opération* v *de sauvetage*
reddingsvest *gilet* m *de sauvetage*
reddingswerk *sauvetage* m
reddingswerker *sauveteur* m
reddingswerkzaamheden *opérations* v mv *de sauvetage*
reddingswezen *sauvetage* m
rede • het spreken ★ in de rede vallen *interrompre*; *couper la parole à* ★ (in)directe rede *discours* m *(in)direct* • toespraak *discours* m; *allocution* v • verstand *raison* v ★ iem. tot rede brengen *ramener qn à la raison* ★ naar rede luisteren *entendre raison* • redelijkheid *raison* v • ankerplaats *rade* v ★ op de rede *en rade*
redelijk I BNW • met verstand *raisonnable* • billijk *raisonnable* **II** BIJW • met verstand *raisonnablement* • tamelijk *passablement*; *assez* • tamelijk goed *raisonnablement*; *passablement*; *assez bien*
redelijkerwijs *raisonnablement*
redelijkheid • verstandigheid *raison* v; *bon sens* m • billijkheid *équité* v
redeloos • zonder verstand *privé de raison* • dwaas *insensé*; *déraisonnable*
reden • beweegreden *raison* v; *motif* m ★ met ~ *pour cause* ★ met ~en omkleed *motivé* ★ om ~ van *en raison de* ★ om die ~ *pour cette raison* ★ dat is de ~ waarom *voilà pourquoi* ★ ~ te meer *raison de plus* • aanleiding *cause* v ★ er is ~ om *il y a lieu de* ★ er is alle ~ om te geloven *tout porte à croire*
redenaar *orateur* m [v: *oratrice*]
redenatie *raisonnement* m
redeneren *raisonner*; *argumenter*
redenering • gedachtegang *raisonnement* m • betoog *argumentation* v
reder *armateur* m
rederij *armateur* m; *compagnie* v *maritime*
rederijker *rhétoriqueur* m
rederijkerskamer *chambre* v *de rhétorique*
redetwist *controverse* v; *débat* m; *discussion* v
redetwisten *débattre de*; *argumenter*; *discuter*
redevoering *discours* m; ⟨kort⟩ *allocution* v ★ een ~ houden *faire/prononcer un discours*
redigeren *rédiger*
redmiddel *expédient* m; *ressource* v ★ laatste ~ *dernier recours* m; *pis-aller* m
reduceren *réduire (***tot** *à)*
reductie *réduction* v
redundant *redondant*
redzaam INFORM. *débrouillard*
ree *chevreuil* m; ⟨wijfje⟩ *chevrette* v
reebruin *fauve*
reeds *déjà*
reëel I BNW • werkelijk *réel* [v: *réelle*] • realistisch *réaliste* **II** BIJW • werkelijk *réellement* • realistisch *avec réalisme*
reeks • serie *série* v; *suite* v; ⟨rij⟩ *rangée* v; ⟨boekenreeks⟩ *collection* v ★ een ~ ongevallen *une série d'accidents* • WISK. *progression* v ★ rekenkundige ~ *progression* v *arithmétique*
reep • strook *bande* v • lekkernij *barre* v ★ een reep chocola *une barre de chocolat*
reet • spleet *fente* v; *fissure* v; ⟨tussen planken e.d.⟩ *interstice* m • achterwerk *cul* m ▾ (lik) m'n reet! *mon cul!* ▾ geen reet *que dalle*
referaat • voordracht *exposé* m • verslag *compte* m *rendu*
referendaris ≈ *(haut) fonctionnaire* m
referendum *référendum* m
referent *intervenant* m; ⟨rapporteur⟩ *rapporteur* m
referentie *référence* v
referentiekader *cadre* m *de référence*

referentiepunt *point* m *de référence*
refereren ~ **aan** *se référer à*
reflectant *intéressé* m [v: *intéressée*]
reflecteren I OV WW weerkaatsen *réfléchir*; *refléter* **II** ON WW ~ **op** ⟨m.b.t. advertentie⟩ *répondre à*; ⟨m.b.t. een baan⟩ *postuler*
reflectie *réflexion* v
reflector *réflecteur* m; ⟨op fiets⟩ *cataphote* m
reflex *réflexe* m
reflexbeweging *mouvement* m *(de) réflexe*
reflexcamera *(appareil* m*) reflex* m
reflexief • TAALK. *réfléchi* • bespiegelend *réflexif* [v: *réflexive*]
reformatie • hervorming *réforme* v • REL. hervorming *Réformation* v
reformeren *réformer*
reformisme *réformisme* m
reformwinkel ≈ *magasin* m *diététique / bio*
refrein *refrain* m
refter *réfectoire* m
regatta *régates* v mv
regeerakkoord *programme* m *de gouvernement*
regeerperiode *législature* v; ⟨v. vorst⟩ *règne* m
regel • tekstregel *ligne* v ⋆ op een nieuwe ~ beginnen *aller à la ligne* • voorschrift *règle* v ⋆ de ~s van het spel *la règle du jeu* ⋆ gulden ~ *règle d'or* ⋆ volgens de ~s (van de kunst) *dans les règles (de l'art)* • gewoonte *règle* v ⋆ in de ~ *en général* ▾ geen ~ zonder uitzondering *il n'y a pas de règle sans exception*; *c'est l'exception qui confirme la règle* ▾ tussen de ~s door lezen *lire entre les lignes*
regelaar • organisator *organisateur* m [v: *organisatrice*] • deel van werktuig *régulateur* m
regelafstand *interligne* m
regelbaar *réglable*
regelen • in orde brengen *arranger*; *organiser*; *régler* • bepalen ⟨door reglement⟩ *réglementer*; *régler*; ⟨vastleggen⟩ *fixer*
regelgeving *réglementation* v
regeling • het regelen *arrangement* m; TECHN. *réglage* m • geheel van regels *règlement* m • schikking *arrangement* m
regelkamer *salle* v *de contrôle / de régulation*
regelmaat *régularité* v
regelmatig I BNW *régulier* [v: *régulière*] **II** BIJW *régulièrement*
regelneef ≈ *caporal* m
regelrecht I BNW • rechtstreeks *direct* • ronduit *direct* **II** BIJW *tout droit*; *directement* ⋆ ~ afstammen van *descendre en droite ligne de*
regen OOK FIG. *pluie* v; INFORM. *flotte* v ⋆ zure ~ *pluies* v mv *acides* ⋆ in de ~ *sous la pluie* ⋆ in de stromende ~ *sous une pluie torrentielle*; *sous des trombes d'eau* ▾ van de ~ in de drup komen *tomber d'un mal dans un pire* ▾ na ~ komt zonneschijn *après la pluie le beau temps*
regenachtig *pluvieux* [v: *pluvieuse*] ⋆ het is ~ weer *le temps est à la pluie*
regenboog *arc-en-ciel* m [mv: *arcs-en-ciel*]
regenboogvlies *iris* m
regenbui *averse* v
regendruppel *goutte* v *de pluie*
regenen • vallen van regen OOK FIG. *pleuvoir* ⋆ het regent (dat het giet) *il pleut (à verse)* • veel voorkomen ⋆ het regende (granaat)scherven *il pleuvait des éclats (d'obus)*
regeneratie *régénération* v
regenereren *régénérer*
regenfront *front* m *de pluie*
regenjas *imperméable* m; INFORM. *imper* m
regenkleding *vêtements* m mv *de pluie* [mv]
regenmeter *pluviomètre* m
regenpijp *tuyau* m *d'écoulement* [m mv: *tuyaux* ...]; *descente* v
regenseizoen *saison* v *des pluies*
regent • bestuurder *régent* m [v: *régente*] • waarnemend vorst *régent* m [v: *régente*]
regentijd *saison* v *des pluies*
regenton *citerne* v
regentschap *régence* v
regenval *(chutes* v mv *de) pluie* v; ⟨hoeveelheid⟩ *précipitations* v mv; *pluviosité* v
regenvlaag *ondée* v
regenwater *eau(x)* v (mv) *de pluie*
regenworm *ver* m *de terre*
regenwoud *forêt* v *équatoriale*
regeren I OV WW besturen *gouverner*; *diriger* **II** ON WW land besturen *gouverner*; ⟨met betrekking tot vorst⟩ *régner (***over** *sur)*
regering • het regeren *gouvernement* m; ⟨v. vorst⟩ *règne* m ⋆ aan de ~ komen *monter sur le trône*; *arriver au pouvoir* • landsbestuur *gouvernement* m; ⟨v. vorst⟩ *règne* m
regeringsbesluit *décision* v *gouvernementale*
regeringscoalitie *coalition* v *gouvernementale*
regeringsdelegatie *délégation* v *gouvernementale*
regeringsfunctionaris *fonctionnaire* m *d'État*
regeringskringen *milieux* m mv *proches du gouvernement*
regeringsleger *armée* v *du gouvernement*
regeringsleider *chef* m *de / du gouvernement*
regeringspartij *parti* m *au pouvoir / de la majorité*
regeringstroepen *troupes* v mv *gouvernementales*
regeringsverklaring *déclaration* v *de politique générale*
regeringsvorm *régime* m
regeringswege ⋆ van ~ *de la part du gouvernement*
reggae *reggae* m
regie ⟨v. toneelstuk⟩ *mise* v *en scène*; ⟨v. film⟩ *réalisation* v
regiekamer *régie* v
regime • staatsbestel *régime* m • leefregels *régime* m
regiment *régiment* m
regio • gebied *région* v • sfeer ⋆ in hogere ~nen verkeren *planer (dans les hautes sphères)*
regionaal *régional* [m mv: *régionaux*]
regisseren *mettre en scène*; ⟨v. film⟩ *réaliser*
regisseur ⟨v. toneelstuk⟩ *metteur* m *en scène*; ⟨v. film⟩ *réalisateur* m [v: *réalisatrice*]
register • lijst *registre* m • inhoudsopgave *table* v *des matières*; *index* m • toonomvang *registre* m • orgelpijpen *registre* m ▾ alle ~s opentrekken *jouer le grand jeu*; INFORM.

mettre le paquet
registeraccountant *expert-comptable* m [mv: *experts-comptables*]
registratie *enregistrement* m
registratiebewijs *document* m *d'enregistrement*
registratienummer *numéro* m *d'enregistrement / d'immatriculation*
registratieplicht *obligation* v *d'enregistrement*
registratierecht *droit* m *d'enregistrement*
registratiewet *loi* v *sur l'enregistrement*
registreren *enregistrer*
reglement *règlement* m
reglementair • *réglementaire*; *régulier* [v: *régulière*] • *réglementairement*
reglementeren *réglementer*
regressie *régression* v
regressief *régressif* [v: *régressive*]
reguleren *régulariser*
regulering *régularisation* v
regulier *régulier* [v: *régulière*]
rehabilitatie *réhabilitation* v
rehabiliteren *réhabiliter*
rei • koor(zang) *chœur* m • rondedans *ronde* v
reiger *héron* m ★ blauwe ~ *héron cendré*
reiken I OV WW aanreiken *tendre* ★ elkaar de hand ~ *se donner la main* **II** ON WW • zover komen *aller / s'étendre (***tot** *jusqu'a)*; *atteindre (***tot** *à)*; ⟨omhoog⟩ *s'élever (***tot** *jusqu'à)*; ⟨reikwijdte hebben⟩ *porter* ★ het water reikte hem tot het middel *l'eau lui venait jusqu'à la ceinture* • hand uitstrekken *tendre la main (***naar** *à, vers)* ▾ zover het oog reikt *à perte de vue*
reikhalzen ★ ~d uitzien naar *attendre avec impatience*
reikwijdte *portée* v
reilen ▾ zoals het reilt en zeilt *tel quel* [v: *telle quelle*] ▾ het ~ en zeilen *le train(-train)*
rein • schoon *propre* • zuiver *pur*; *innocent*; *chaste* ▾ in het reine brengen *tirer au clair* ▾ met zichzelf in het reine komen *se réconcilier avec soi-même*
reïncarnatie *réincarnation* v
reïncarneren *se réincarner*
reinigen *nettoyer* ★ chemisch ~ *nettoyer à sec*
reiniging *nettoyage* m
reinigingscrème *crème* v *démaquillante*
reinigingsdienst *voirie* v
re-integratie *réinsertion* v; *réintégration* v
reis *voyage* m ★ op reis gaan *aller / partir en voyage* ★ reis om de wereld *tour* m *du monde* ★ op reis *en voyage*; *en route*; *en déplacement* ★ een reis maken *faire un voyage* ▾ enkele reis *aller* m *(simple)*
reisbeschrijving *itinéraire* m
reisbeurs *bourse* v *de voyage*
reisbureau *agence* v *de voyages*
reischeque *chèque* m *de voyage*
reisdocument *document* m *de voyage*
reis- en kredietbrief *carnet* m *de chèques à utiliser en cas de panne ou de maladie pendant le voyage*
reisgenoot *compagnon* m *de voyage* [v: *compagne* ...]
reisgezelschap *groupe* m *de touristes (en voyage organisé)*; *compagnie* v
reisgids • boek *guide* m • persoon *guide* m
reiskosten *frais* m mv *de voyage*; ⟨voor beroep⟩ *frais* m mv *de déplacement*
reiskostenvergoeding *indemnité* v *de déplacement*
reisleider *guide* m
reislustig *qui aime voyager*
reisorganisatie *organisation* v *de voyages*
reistijd *durée* v *du voyage*
reisvaardig *prêt à partir*
reisverzekering *assurance* v *voyage*
reiswekker *réveil* m *de voyage*
reiswieg *couffin* m
reisziekte *mal* m *des transports / de route*
reizen *voyager*; *faire un voyage* ★ heen en weer ~ *faire la navette* ★ veel ~ *voir du pays* ★ ~d *ambulant*; *itinérant*
reiziger *voyageur* m [v: *voyageuse*]
rek I ZN [de] elasticiteit *élasticité* v; FIG. *marge* v **II** ZN [het] • opbergrek *étagère* v; ⟨met vakjes⟩ *casier* m; ⟨voor fietsen, geweer, pijpen e.d.⟩ *râtelier* m; ⟨droogrek⟩ *égouttoir* m; ⟨voor was⟩ *séchoir* m • gymrek *barre* v *fixe*
rekbaar OOK FIG. *élastique*; *extensible*
rekbaarheid *élasticité* v
rekel • deugniet *garnement* m; *garce* v • mannetjesdier *mâle* m
rekenaar *calculateur* m [v: *calculatrice*]
rekencentrum *centre* m *informatique*
rekenen I OV WW • tellen *compter* ★ erbij ~ *ajouter* • als betaling vragen *compter* ★ te veel ~ voor *compter trop cher* • in aanmerking nemen *tenir compte de* • achten *considérer*; *estimer* ★ iets fout ~ *compter une faute (pour qc)* • meetellen ~ **onder** ★ iem. tot zijn vrienden ~ *compter qn parmi ses amis / au nombre de ses amis* ▾ reken maar! *à coup sûr!*; *et comment!* **II** ON WW • cijferen *calculer* ★ uit het hoofd ~ *faire du calcul mental* ★ naar zich toe ~ *compter à son avantage*; *tirer sur la ficelle* • ~ **op** *compter sur* ▾ ~ met *compter avec*; *prévoir* ▾ door elkaar gerekend *en moyenne*
rekenfout *erreur* v *de calcul*
rekening • nota *facture* v; *note* v; ⟨in restaurant⟩ *addition* v ★ in ~ brengen *compter*; *facturer* • bankrekening *compte* m ★ lopende ~ *compte ouvert* ★ op ~ kopen *acheter à crédit* ★ op mijn ~ *à mon compte* • het rekenen *calcul* m ▾ ~ houden met *tenir compte de*; *compter avec* ▾ voor zijn ~ nemen *se charger de* ▾ voor eigen ~ *à son compte*; *à ses risques et périls* ▾ ~ houden met *tenir compte de* ▾ een ~ te vereffenen hebben met *avoir un compte à régler avec*
rekening-courant *compte* m *courant*
rekeninghouder *titulaire* m/v *de compte*
rekeningnummer *numéro* m *de compte*
rekeningrijden ≈ *télépéage* m
Rekenkamer *Cour* v *des Comptes*
rekenkunde *arithmétique* v
rekenkundig *arithmétique*
rekenles *leçon* v *de calcul*
rekenliniaal *règle* v *à calcul*
rekenmachine *calculatrice* v; ⟨klein formaat⟩ *calculette* v

rekenschap *compte* m ⋆ ~ moeten afleggen *avoir à rendre des comptes* ⋆ zich ~ geven van *se rendre compte de*
rekensom ⟨opgave⟩ *problème* m; ⟨berekening⟩ *calcul* m
rekest *requête* v; *pétition* v ▾ nul op het ~ krijgen *essuyer un refus*
rekken I OV WW • langer maken *allonger*; *étirer* • lang aanhouden *tirer en longueur*; *faire durer* ⋆ tijd ~ *chercher à gagner du temps* **II** ON WW langer worden *s'étendre*; *s'étirer* **III** WKD WW [+ zich] *s'étirer*
rekruteren *recruter*
rekruut *recrue* v
rekstok *barre* v *fixe*
rekverband *bandage* m *élastique*
rekwireren *requérir*; *réquisitionner*
rekwisiet *accessoire* m
rel *bagarre* v; *rixe* v ⋆ relletje *bagarre* v ⋆ relletjes *troubles* m mv
relaas *histoire* v; *récit* m
relais *relais* m
relateren *relier (aan à)*
relatie • onderlinge betrekking *relation* v • liefdesverhouding *liaison* v • bekend persoon *relation* v
relatief I BNW *relatif* [v: *relative*] **II** BIJW *relativement*
relatiegeschenk *cadeau* m *publicitaire* [m mv: *cadeaux* ...]
relatietherapie *thérapie* v *relationnelle*
relationeel *relationnel* [v: *relationnelle*]
relativeren *relativiser*
relativeringsvermogen *capacité* v *de relativiser*
relativiteit *relativité* v
relativiteitstheorie *théorie* v *de la relativité*
relaxed *relaxé*; *décontracté*
relaxen *se relaxer*; *se décontracter*
release *sortie* v
relevant *pertinent*; ⟨v. belang⟩ *d'importance*
reliëf *relief* m ⋆ in ~ *en relief*
reliek *relique* v
religie *religion* v
religieus *religieux* [v: *religieuse*]
relikwie *relique* v
reling *rambarde* v; *bastingage* m
relschopper *fauteur* m *de troubles*; SPORT *hooligan* m
rem *frein* m ⋆ aan de rem trekken OOK FIG. *donner un coup de frein*; *freiner* ▾ alle remmen losgooien *ne plus se retenir*
remafstand *distance* v *d'arrêt*
rembekrachtiging *freins* m mv *assistés*; *assistance* v *au freinage*
remblok ⟨v. fiets⟩ *patin* m; ⟨v. auto⟩ *plaquette* v
rembours ⋆ onder ~ *contre remboursement*
remedie *remède* (**tegen** *contre, à)* m
remigratie *retour* m *au pays d'origine*
remigreren *retourner au pays d'origine*
remilitariseren *remilitariser*
remise • loods *dépôt* m • onbesliste partij *partie* v *nulle* ⋆ ~ spelen *faire partie nulle*
remkabel *câble* m *de frein*
remleiding *circuit* m *de freinage*
remlicht *(feu* m *de) stop* m [mv: *feux* ...]
remmen I OV WW belemmeren *freiner*; ⟨breidelen⟩ *enrayer*; PSYCH. *inhiber* ⋆ ~de factor *entrave* v **II** ON WW afremmen *freiner*; *donner un coup de frein*
remmer ⟨remstof⟩ *inhibiteur* m
remming *inhibition* v
remouladesaus *(sauce* v*) remoulade* v
rempedaal *pédale* v *de frein*
remschijf *disque* m *de frein*
remslaap *sommeil* m *paradoxal*
remspoor *trace* v *de freinage*
remvloeistof *liquide* m *de frein*
remvoering *garniture* v *de frein*
remweg *distance* v *de freinage / d'arrêt*
ren • snelle loop *course* v • kippenren *parquet* m
renaissance *renaissance* v
renbaan *piste* v; *champ* m *de course(s)*
rendabel *rentable*; *profitable*
rendement • nuttig effect *rendement* m • opbrengst *rendement* m
renderen *rapporter*
rendez-vous *rendez-vous* m [onv]
rendier *renne* m
renegaat *renégat* m
rennen *courir*
renner *coureur* m [v: *coureuse*]
renovatie *rénovation* v; *réhabilitation* v
renoveren *rénover*; *réhabiliter*
renpaard *cheval* m *de course* [m mv: *chevaux* ...]
rensport *courses* v mv *de chevaux*
renstal *écurie* v
rentabiliteit *rentabilité* v
rente ⟨uitkering⟩ *rente* v; ⟨interest⟩ *intérêt(s)* m (mv)
renteaftrek *intérêts* m mv *déductibles*
rentedaling *baisse* v *des intérêts*
rentedragend *productif d'intérêts* [v: *productive* ...]; *à intérêts*
renteloos *sans intérêt(s)* ⋆ ~ kapitaal *capital* m *improductif / mort*
rentenier *rentier* m [v: *rentière*]
rentenieren *vivre de ses rentes*
rentepercentage *taux* m *d'intérêt*
renteverhoging *augmentation* v *de l'intérêt*
renteverlaging *réduction* v *des intérêts*
rentevoet *taux* m *d'intérêt*
rentmeester *administrateur* m; ⟨v. landgoed⟩ *intendant* m
rentree *rentrée* v ⋆ zijn ~ maken *faire son come-back*
reorganisatie *réorganisation* v
reorganiseren *réorganiser*
rep ▾ in rep en roer (brengen / zijn) *(être / mettre) en émoi*
reparateur *réparateur* m [v: *réparatrice*]
reparatie *réparation* v; ⟨v. kleding⟩ *raccommodage* m
reparatiekosten *coût* m *de réparation*
repareren *réparer*; ⟨v. kleding⟩ *raccommoder*
repatriant *rapatrié* m [v: *rapatriée*]
repatriëren *rapatrier*
repatriëring *rapatriement* m
repercussie *répercussion* v *(***op** *sur)*
repertoire *répertoire* m
repeteergeweer *fusil* m *à répétition*
repeteren *répéter*; ⟨leerstof nazien⟩ *réviser*

★ ~de breuk *fraction* v *périodique*
repetitie • herhaling *répétition* v • instudering *répétition* v ★ generale ~ *répétition* v *générale*; *générale* v • proefwerk *interrogation* v *écrite*; *contrôle* m
repetitor *répétiteur* m [v: *répétitrice*]
replica *réplique* v
repliceren *répliquer*
repliek *réplique* v; *riposte* v
reply *réponse* v; *réplique* v
replyen *replyer*
reportage *reportage* m
reportagewagen *car* m *de reportage*
reporter *reporter* m
reppen I ON WW spreken ★ ~ van *mentionner* ★ met geen woord ~ van *ne (pas) souffler mot de* **II** WKD WW [+ zich] *se dépêcher*
represaille *représailles* v mv
representant *représentant* m [v: *représentante*]
representatie *représentation* v
representatief *représentatif* [v: *représentative*]
representeren *représenter*
repressie *répression* v
repressief *répressif* [v: *répressive*]
reprimande *réprimande* v
reprise *reprise* v
repro *reproduction* v; *copie* v
reproduceren *reproduire*
reproductie *reproduction* v
reprorecht *droit* m *de reproduction*
reptiel *reptile* m
republiek *république* v
republikein *républicain* m [v: *républicaine*]
republikeins *républicain*
reputatie *renommée* v; *réputation* v
requiem *requiem* m [onv]
requisitoir *réquisitoire* m
research *recherche(s)* v (mv)
reservaat *réserve* v
reserve • voorbehoud *réserve* v • noodvoorraad *réserve(s)* v (mv) ★ in ~ houden *tenir en réserve* • plaatsvervanger *remplaçant* m [v: *remplaçante*]
reserveband *pneu* m *de rechange*
reservebank *banc* m *des remplaçants / de touche*
reservekopie *sauvegarde* v
reserveren *réserver*
reservering *réservation* v
reservespeler *remplaçant* m [v: *remplaçante*]
reservewiel *roue* v *de secours*
reservist *réserviste* m/v
reservoir *réservoir* m; *récipient* m
resident *résident* m
residentie *résidence* v
residentieel *résidentiel* [v: *résidentielle*]
residentschap *résidence* v
resideren *résider*
residu *résidu* m
resigneren *résigner*
resistent *résistant (***tegen** *à)*
resistentie *résistance* v
resolutie *résolution* v
resoluut *résolu*
resonantie *résonance* v
resoneren *résonner*
resorptie *résorption* v
resort *résort* m
respect *respect* m ★ met alle ~ *sauf votre respect* ★ uit ~ voor *par égard pour*
respectabel • eerbiedwaardig *respectable* • aanmerkelijk *respectable*
respecteren • achten *respecter* • naleven *respecter*
respectievelijk I BNW *respectif* [v: *respective*] **II** BIJW *respectivement*
respectvol *respectueux* [v: *respectueuse*]
respijt *répit* m
respiratie *respiration* v
respiratoir *respiratoire*
respondent *personne* v *interrogée*; *répondant* m
respons *réaction(s)* v (mv); ⟨weerklank⟩ *écho(s)* m (mv)
ressentiment *ressentiment* m
ressort *ressort* m
ressorteren ★ ~ onder *relever de*; *ressortir à*; *être du ressort de*
rest *reste* m ★ voor de rest *à part cela* ★ de stoffelijke resten *la dépouille mortelle* ★ een restje *des restes* m mv; *un fond* m
restant *restant* m; *reste* m ★ ~en ECON. *fins* v mv *de série*
restaurant *restaurant* m; INFORM. *resto* m
restaurateur • hersteller *restaurateur* m [v: *restauratrice*] • restauranthouder *restaurateur* m [v: *restauratrice*]
restauratie • het herstellen *restauration* v • eetgelegenheid ⟨op station⟩ *buffet* m *(de gare)*
restauratiewagen *wagon-restaurant* m [mv: *wagons-restaurants*]
restaureren *restaurer*; *remettre à neuf*
resten *rester* ★ rest mij slechts te ... *il ne me reste plus qu'à ...*
resteren *rester*
restitueren *restituer*
restitutie *restitution* v
restje *reste* m; ⟨eten⟩ *rab(iot)* m
restrictie *restriction* v
restrictief *restrictif* [v: *restrictive*]
restwaarde *valeur* v *résiduelle*
restylen *restyler*; *relooker*
restzetel *siège* m *restant*
resultaat *résultat* m ★ zonder ~ blijven *ne pas aboutir*; *échouer*
resultante *résultante* v
resulteren • ~ **uit** *résulter de* • ~ **in** *avoir pour résultat*; *aboutir à*
resumé *résumé* m
resumeren *résumer* ★ ~d *en résumé*
resusaap *rhésus* m
resusfactor *(facteur* m*) rhésus* m
resusnegatief *rhésus* m *négatif*; *Rh* m *négatif*
retina *rétine* v
retorica *réthorique* v
retoriek *rhétorique* v
retorisch *oratoire* ★ ~e vraag *question* v *rhétorique*
Reto-Romaans *rhéto-roman*
retort *cornue* v
retoucheren *retoucher*
retour I ZN [de] ▾ op zijn ~ zijn *être sur le retour*

/ *sur son déclin* **II** ZN [het] kaartje *(billet* m*) aller et retour* m **III** BIJW ★ ~ afzender *retour à l'expéditeur* ★ ~ zenden *retourner*
retourbiljet *(billet* m*) aller et retour* m
retourneren *retourner*
retourticket *(billet* m*) aller et retour* m
retourtje *(billet* m*) aller et retour* m ★ een ~ Utrecht *un aller et retour Utrecht*
retourvlucht *vol* m *de retour*
retourvracht *fret* m *de retour*
retraite *retraite* v ★ 8 dagen in ~ zijn *faire huit jours de retraite*
retriever *retriever* m
retrospectief **I** ZN [het] *rétrospective* v **II** BNW *rétrospectif* [v: *rétrospective*]
retrostijl *style* m *rétro*
return • SPORT tennisslag ⟨v. service⟩ *retour* m *de service*; ⟨het terugslaan⟩ *renvoi* m • wedstrijd *match* m *retour* • COMP. *retour* m
returnwedstrijd *match* m *retour*
reu *chien* m *(mâle)*
reuk • geur *odeur* v; ⟨aangenaam⟩ *parfum* m • zintuig *odorat* m ▾ in een kwade reuk staan *avoir mauvaise réputation*
reukloos *inodore*
reukorgaan *organe* m *olfactif*
reukwater *eau* v *de senteur*
reukzin *odorat* m; *sens* m *olfactif*
reuma *rhumatisme* m
reumatiek *rhumatisme* m
reumatisch *rhumatismal* [m mv: *rhumatismaux*]; ⟨lijdend aan reuma⟩ *souffrant de rhumatismes*
reumatologie *rhumatologie* v
reumatoloog *rhumatologue* m/v
reünie *réunion* v
reünist *participant* m *à une réunion d'anciens*
reus *géant* m [v: *géante*]; *colosse* m; ⟨in sprookjes⟩ *ogre* m [v: *ogresse*]
reusachtig **I** BNW • zeer groot *gigantesque*; *géant* • zeer goed *formidable* **II** BIJW *énormément*
reutelen *râler*
reuze *super*
reuze- *terriblement*
reuzel *saindoux* m
reuzen- *énorme*; *d'enfer* ★ reuzenhonger *faim* v *de loup*
reuzendoder *tueur* m *de géants*
reuzenrad *grande roue* v
reuzenschildpad *tortue* v *géante*
revalidatie *rééducation* v
revalidatiecentrum *centre* m *de rééducation*
revalideren *faire de la rééducation*
revaluatie *réévaluation* v
revalueren *revaloriser*
revanche *revanche* v
revancheren [+ zich] *prendre sa revanche* **(op** *sur)*
revanchewedstrijd *(match* m *de) revanche* v
reveil *réveil* m
reven *ariser*
reverence *révérence* v
revers *revers* m
reviseren *réviser*
revisie • herziening *révision* v • controlebeurt *révision* v
revival *réveil* m
revolte *révolte* v
revolutie *révolution* v
revolutionair **I** BNW • van/als een revolutie *révolutionnaire* • opzienbarend *révolutionnaire* **II** ZN [de] persoon *révolutionnaire* m/v
revolver *revolver* m
revue *revue* v ▾ de ~ laten passeren *passer en revue*
revueartiest *artiste* m *de revue* / *de music-hall*
Riagg ≈ *SOS* m *Urgences psychiatrie*
riant *très agréable* / *confortable*
rib • bot *côte* v ★ zwevende ribben *côtes flottantes* • balk *solive* v • WISK. *arête* v; ⟨ribbel⟩ *côte* v ▾ dat is een rib uit mijn lijf *c'est une sacrée ponction* ▾ je kunt zijn ribben tellen *on lui voit les côtes*
ribbel *côte* v; ⟨groefje⟩ *rainure* v; *strie* v
ribbenkast *thorax* m; INFORM. *coffre* m
ribbroek *pantalon* m *en velours côtelé*
ribes *ribésiée* v
ribfluweel *velours* m *côtelé* / *à côtes*
ribkarbonade *côte* v *d'échine*
riblap *(morceau* m *de) poitrine* v
ribstof *tissu* m *côtelé*
richel *rebord* m; ⟨strook⟩ *bande* v
richten **I** OV WW • in richting doen gaan *diriger (***naar** *vers)*; *tourner (***naar** *vers)* • sturen *adresser (***naar** *à)* ★ een oproep ~ tot *lancer un appel à* ★ zijn aandacht ~ op *se concentrer sur* • instellen op een doel *orienter (***op** *vers)*; ⟨door wijzen⟩ *pointer (***op** *sur)*; ⟨v. blik, kijker, voorwerpen⟩ *braquer (***op** *sur)* ★ gericht zijn op *être orienté vers*; *viser* ▾ gerichte maatregel *mesure* v *ponctuelle* **II** WKD WW [+ zich] • zich wenden ~ **tot** *s'adresser à* • afstemmen ~ **naar** *se régler sur*; *se conformer à*
richtgetal *indice* m
richting • bepaalde kant *direction* v; *sens* m ★ in de ~ van *en direction de*; *vers* ★ van ~ veranderen *se rabattre* • gezindheid *tendance* v
richtingaanwijzer *clignotant* m
richtinggevoel *sens* m *de l'orientation*
richtlijn *directive* v
richtprijs *prix* m *indicatif* / *conseillé*
richtpunt *point* m *de repère*
richtsnoer • afsteeklijn *cordeau* m [mv: *cordeaux*] • norm *règle* v; *norme* v
ridder *chevalier* m ★ tot ~ slaan *adouber*
ridderen • tot ridder slaan *adouber* • decoreren *décorer*
ridderepos *chanson* v *de geste*
ridderlijk • galant *chevaleresque* • ruiterlijk *franc* [v: *franche*]
ridderorde • onderscheiding *décoration* v; *plaque* v • groep ridders *ordre* m *de chevalerie*
ridderroman *roman* m *de chevalerie*
ridderslag *accolade* v; *adoubement* m
ridderspoor *dauphinelle* v
riddertijd *époque* v *de la chevalerie*
ridderzaal *grande salle* v; *salle* v *d'honneur*; ⟨in Den Haag⟩ *Salle* v *des Chevaliers*
ridicuul *ridicule*

riedel *ritournelle* v; *refrain* m
riek *fourche* v *(à fumier)*
rieken ~ **naar** *sentir*
riem • band *lanière* v • hondenriem *laisse* v • draagriem *bandoulière* v; *bretelle* • drijfriem *courroie* v • roeispaan *rame* v • hoeveelheid papier *rame* v • gordel *ceinture* v ▾ roeien met de riemen die je hebt *employer les moyens du bord*
riet • grassoort *roseau* m; ⟨dakbedekking⟩ *chaume* m • (aanblaas)riet *anche* v
rietdekker *chaumier* m
rieten *de roseau*; ⟨v. dak⟩ *de chaume*; ⟨v. mand⟩ *de jonc*; ⟨v. stoel⟩ *canné*
rietje *paille* v
rietstengel *canne* v; *jonc* m; *hampe* v
rietsuiker *sucre* m *de canne*
rif *récif* m; *écueil* m
rigide *rigide*
rigoureus I BNW *rigoureux* [v: *rigoureuse*] **II** BIJW *rigoureusement*
rij • reeks *suite* v; *série* v • volgorde *suite* v ⋆ op de rij af *à tour de rôle* • reeks in rechte lijn ⟨opstelling⟩ *rang* m; *rangée* v; ⟨achter elkaar⟩ *file* v ⋆ rij van wachtenden *file d'attente* v; *queue* ⋆ zich bij de rij aansluiten *se mettre à la queue*; *emprunter la queue* ⋆ in de rij staan *être en rang(s)*; *faire la queue* ⋆ op rij *de suite* ⋆ op een rij *aligné* ▾ hij heeft ze niet allemaal op een rijtje *il a une case en moins* ▾ de rij sluiten *fermer la marche* ▾ de rijen sluiten *serrer les rangs* ▾ alles op een rijtje zetten *faire le point*; *mettre les pendules à l'heure*
rijbaan ⟨weg⟩ *chaussée* v; ⟨rijstrook⟩ *voie* v
rijbevoegdheid *permis* m *de conduire*
rijbewijs *permis* m *(de conduire)* ⋆ zijn ~ halen *passer son permis*
rijbroek *culotte* v *de cheval*
rijden I OV WW • besturen *conduire* ⋆ ondersteboven ~ *renverser* • vervoeren *transporter* **II** ON WW • zich voortbewegen ⟨in/van voertuig⟩ *rouler*; ⟨op rijdier⟩ *monter*; ⟨schaatsen⟩ *patiner* ⋆ de wagen rijdt prettig *la voiture est agréable à conduire* ⋆ het is twee uur ~ *c'est deux heures de route / de voiture* ⋆ door een stoplicht ~ *brûler / griller le feu (rouge)* • op zekere wijze aanvoelen bij rijden *conduire* • op en neer bewegen *se balancer*
rijdier *monture* v
rijexamen ⋆ ~ doen *passer son permis*
rijgedrag *tenue* v *de route*; ⟨bestuurder⟩ *comportement* m *au volant*
rijgen • aan een snoer doen *enfiler* • dichtmaken *lacer* • naaien *faufiler* ▾ aan het spit ~ *embrocher*
rijglaars *brodequin* m; *bottine* v *à lacets*
rijgnaald *passe-lacet* m [mv: *passe-lacets*]
rijgsnoer *lacet* m
rijinstructeur *moniteur* m [v: *monitrice*]
rijk I ZN [het] • staat ⟨onder keizer⟩ *empire* m; *État* m; ⟨onder koning⟩ *royaume* m; ⟨wereldrijk⟩ *empire* m ⋆ het Heilige Roomse Rijk *le Saint Empire Romain (germanique)* ⋆ het Derde Rijk *le troisième Reich* • FIG. gebied *domaine* m; *monde* m ▾ het rijk alleen hebben *avoir le champ libre*; *être seul* **II** BNW • financieel vermogend *riche* ⋆ rijk maken *enrichir* ⋆ rijk worden *faire fortune* ⋆ stinkend rijk zijn *rouler sur l'or* ⋆ de rijken *les riches* ⋆ de zeer rijken *les grandes fortunes* • overvloedig *abondant*; *riche* • ~ **aan** ⋆ rijk aan vitaminen *riche en vitamines* **III** BIJW *richement*
rijkaard INFORM. *richard* m
rijkdom I ZN [de] • het rijk zijn *richesse* v • overvloed *richesse* v **II** ZN [de] kostbaar bezit *richesse* v
rijkelijk I BNW overvloedig *abondant*; *ample*; *royal*; ⟨v. eten⟩ *copieux* [v: *copieuse*] **II** BIJW • overvloedig *abondamment*; *amplement*; *royalement* • in ruime mate *largement*; ⟨te veel⟩ *plutôt*
rijkelui *riches* m mv
rijkeluiskind *gosse* m/v *de riches*
rijks- *public* [v: *publique*]; ⟨m.b.t. de Staat⟩ *de l'État*; *national*; ⟨m.b.t. koninkrijk⟩ *du Royaume*
rijksacademie ≈ *école* v *nationale*
rijksambtenaar *fonctionnaire* m/v *(d'État)*
rijksarchief *archives* v mv *nationales*
rijksbegroting *budget* m *national*
rijksbijdrage *subvention* v *de l'Etat*
rijksdienst ⟨instelling⟩ *service* m *de l'État*
rijksgenoot *concitoyen* m
rijksinstituut *institut* m *national*
rijksluchtvaartdienst *service* m *national de la navigation aérienne*
rijksmunt *(Hôtel* m *de la) Monnaie* v
rijksmuseum *musée* m *national*
rijksoverheid *(administration* v *d')État* m
rijkspolitie *gendarmerie* v; *police* v *nationale*
rijksuniversiteit *université* v *de l'État*
rijksvoorlichtingsdienst *service* m *d'information et de diffusion du gouvernement*
rijkswacht BELG. *gendarmerie* v
rijkswachter *gendarme* m
Rijkswaterstaat ≈ *Ponts et Chaussées* m mv
rijksweg *route* v *nationale*
rijkswege ⋆ van ~ *de par l'autorité*
rijkunst ⟨op paard⟩ *équitation* v
rijlaars *botte* v *d'équitation*
rijles ⟨v. paard⟩ *leçon* v *d'équitation*; ⟨v. auto⟩ *leçon* v *de conduite*
rijm • het rijmen *rime* v ⋆ gepaard rijm *rime(s) plate(s)* ⋆ op rijm *en vers*; *rimé* ⋆ op rijm zetten *mettre en vers* • versregel *vers* m
rijmelaar *rimeur* m [v: *rimeuse*]
rijmelarij *vers* m mv *de mirliton* [mv]
rijmen I OV WW overeenbrengen (met) *concilier (avec)* **II** ON WW • rijmen maken *faire des vers* • rijm hebben *rimer (***op** *avec)* ⋆ op elkaar ~ *rimer ensemble* • overeenstemmen (met) *cadrer (avec)*; *concorder (avec)*
rijmpje *couplet* m
rijmschema *ordre* m *de rimes*
rijmwoordenboek *dictionnaire* m *de rimes*
Rijn *Rhin* m
rijnaak *chaland* m; *péniche* v
Rijnland *la Rhénanie*
rijnwijn *vin* m *du Rhin*
rijp I ZN [de] *gelée* v *blanche*; *givre* m **II** BNW

• volwassen *mûr* ⋆ rijpere jeugd *adolescence* v • eetbaar *mûr*; ⟨v. kaas/wijn⟩ *fait* ⋆ rijp(er) worden *mûrir*; *se faire* • goed overdacht *mûr* • ~ **voor** *mûr pour* ▾ rijp en groen *le tout-venant* **III** BIJW *mûrement*
rijpaard *monture* v
rijpen *mûrir*
rijpheid *maturité* v
rijping *maturation* v; *mûrissement* m
rijpingsproces *processus* m *de maturation*
rijrichting *sens* m *de la marche*
rijschool • autorijschool *auto-école* v [mv: *auto-écoles*] • manege *manège* m
rijschoolhouder *gérant* m *d'une auto-école*
rijshout *osier* m
rijst *riz* m ⋆ ongepelde ~ *riz complet / non décortiqué*
rijstbouw *riziculture* v
rijstebrij *riz* m *au lait*
rijstpapier *papier* m *de riz*
rijstrook *voie* v; *file* v; *couloir* m
rijsttafel ≈ *spécialité* v *indonésienne/chinoise à base de riz*
rijstveld *rizière* v
rijten *déchirer*
rijtjeshuis ≈ *maison* v *mitoyenne*
rijtoer *promenade* v
rijtuig • koets *voiture* v • treinstel *wagon* m
rijvaardigheid *conduite* v; *aptitude* v *à conduire*
rijverbod *interdiction* v *de conduire*
rijvlak ⟨loopvlak⟩ *chape* v
rijweg *chaussée* v ⋆ afgesloten ~ *rue* v *barrée*
rijwiel *bicyclette* v; *vélo* m
rijwielhandel *magasin* m *de bicyclettes*
rijwielpad *piste* v *cyclable*
rijwielstalling *garage* m *à vélos*
rijzen • omhoogkomen *monter*; *s'élever*; *se lever*; ⟨v. deeg⟩ *lever* ⋆ de zon rijst aan de horizon *le soleil se lève à l'horizon* ⋆ de ~de zon *le soleil levant* • ontstaan *naître*; *se produire* ⋆ de vraag rijst of *il se pose la question si* ⋆ er ~ (opeens) moeilijkheden *des difficultés surgissent*
rijzig *de haute taille*; *élancé*
rijzweep *cravache* v
riksja *pousse-pousse* m [onv]; *cyclopousse* m
rillen *frissonner*; *grelotter*
rillerig *grelottant*
rilling *frisson* m ⋆ de (koude) ~en bezorgen *donner le frisson*; *faire froid dans le dos*
rimboe • wildernis *brousse* v; *jungle* v • afgelegen gebied *cambrousse* v
rimpel *ride* v
rimpelen I OV WW • rimpels doen krijgen ⟨v. gezicht⟩ *rider*; ⟨fronsen⟩ *froncer*; ⟨v. stof⟩ *plisser* • doen golven *rider* **II** ON WW • rimpels krijgen *se rider*; ⟨v. stof⟩ *se plisser* • licht golven *se rider*
rimpelig *ridé* ⋆ ~ worden *se rider*
rimpeling *froncement* m; ⟨golfje⟩ *ride* v *sur l'eau*; *frisson* m
rimpelloos *lisse*
ring • voorwerp *anneau* m [mv: *anneaux*] ⋆ SPORT de ringen *les anneaux* • sieraad *bague* v; ⟨trouwring⟩ *alliance* v • ringweg *périphérique* m • boksring *ring* m ⋆ in de ring *sur le ring* ▾ om door een ringetje te halen *impeccable*; INFORM. *nickel*
ringbaard *(barbe* v *en) collier* m
ringband *classeur* m *(à anneaux)*
ringdijk *digue* v *de ceinture*
ringeloren ⋆ zich laten ~ *se laisser mener par le bout du nez*
ringen ⟨v. vogels⟩ *baguer*; ⟨v. vee⟩ *boucler*
ringlijn *ligne* v *circulaire / de ceinture*
ringslang *couleuvre* v *à collier*
ringsleutel *clé* v *à douille*
ringsteken *courir la bague*
ringtoon *sonnerie* v
ringvaart *canal* m *de ceinture* [m mv: *canaux ...*]
ringvinger *(doigt* m*) annulaire* m
ringweg *(boulevard* m*) périphérique* m; INFORM. *périf / périph* m; *rocade* v; BELG. *ring* m
ringwerpen *lancer des anneaux*
ringworm *annélide* m
rinkelen *tinter*; *sonner*; ⟨rammelen⟩ *cliqueter*
rins *aigrelet* [v: *aigrelette*]
riolering *(système* m *d')égouts* m mv
rioleringssysteem *système* m *d'égouts*
riool *égout* m
rioolbelasting *taxe* v *d'égouts*
riooljournalistiek *presse* v *à scandale*
rippen *ripper*
ris • hoeveelheid *tas* m • aaneengeregen voorwerpen *suite* v; *série* v
risee *risée* v
risico *risque* m ⋆ eigen ~ *franchise* v ⋆ het ~ lopen dat [+ subj.]
risicodragend *à risque(s)*
risicofactor *(facteur* m *de) risque* m
risicogroep *groupe* m *à risque(s)*
risicowedstrijd *match* m *à risque(s)*
riskant *risqué*; *à risque(s)*
riskeren *risquer* ⋆ veel ~ *risquer gros*
risotto *risotto* m
rit • tocht *trajet* m; ⟨uitstapje⟩ *promenade* m; *tour* • SPORT etappe *étape* v
rite *rite* m
ritme *rythme* m
ritmebox *boîte* v *à rythmes*
ritmeester *chef* m *d'escadron*; *capitaine* m
ritmesectie *section* v *rythmique*
ritmisch *rythmique*
rits • ritssluiting *fermeture* v *éclair* • reeks ⋆ een hele rits *un tas (de)*; *une foule (de)*; *une masse (de)*
ritselaar *débrouillard* m
ritselen I OV WW regelen *arranger*; *goupiller* **II** ON WW geluid maken *bruire*; *frémir*; *murmurer*; ⟨v. stof⟩ *froufrouter*
ritsen I OV WW inkepen *marquer* **II** ON WW invoegen ≈ *se rabattre à tour de rôle*
ritssluiting *fermeture* v *éclair*; BELG. *tirette* v
ritueel I ZN [het] *rituel* m; *rite* m **II** BNW *rituel* [v: *rituelle*] **III** BIJW *rituellement*
ritus *rite* m
rivaal *rival* m [mv: *rivaux*]
rivaliseren *rivaliser* ⋆ ~de groeperingen *factions rivales*
rivaliteit *rivalité* v
rivier ⟨die in zee uitmondt⟩ *fleuve* m; *rivière* v ⋆ aan de ~ *sur la rivière*

Rivièra *Côte* v *d'azur*
rivierafzetting *sédiments* m mv *fluviatiles*
rivierbedding *lit* m *fluvial*
rivierdelta *delta* m *d'un fleuve*
rivierklei *argile* v *fluviale*
rivierkreeft *écrevisse* v
rivierlandschap *paysage* m *fluvial*
riviermond *embouchure* v
rivierpolitie *police* v *fluviale*
rivierslib *limon* m *fluviatile*
riviertak *bras* m *de rivière*
roadie *roadie* m/v
rob *phoque* m
robbedoes *petit diable* m
robe *robe* v
robijn *rubis* m
robot *robot* m
robuust *robuste*
rochel • fluim *crachat* m • reutel *râle* m
rochelen *râler*
rock *rock* m
rockgroep *groupe* m *(de) rock*
rockmuziek *musique* v *rock*
rock-'n-roll *rock and roll* m
rockopera *opéra* m *rock*
rococo *(style* m*) rococo* m
rococostijl *style* m *rococo*
roddel *ragot(s)* m (mv); *racontar(s)* m (mv) ★ ~ en achterklap *commérages* m mv
roddelaar *commère* v; ⟨kwaadspreker⟩ *mauvaise langue* v
roddelblad *journal* m *à sensation*; *magazine* m *people*
roddelcircuit *téléphone* m *arabe*; *chronique* v *scandaleuse*
roddelen *jaser*; *cancaner*; *faire les commères*
roddelpers *presse* v *à sensation*; *presse* v *people*
roddelpraat *ragots* m mv; *commérages* m mv
roddelrubriek *chronique* v *des potins*
rodehond *rubéole* v
rodelen *faire de la luge*; *luger*
rodeo *rodéo* m
rododendron *rhododendron* m
roebel *rouble* m
roede • twijg *verge* v • staaf *tringle* v
roedel *harde* v; ⟨v. wolven⟩ *bande* v
roeiboot *canot* m; *barque* v *(à rames)*
roeien *ramer*; SPORT *faire de l'aviron* ★ ~d *à la rame*
roeier *rameur* m [v: *rameuse*]
roeiriem *rame* v; *aviron* m
roeispaan *rame* v; *aviron* m
roeivereniging *société* v *d'aviron*
roeiwedstrijd *régates* v mv *(à l'aviron)*
roekeloos I BNW *téméraire*; *imprudent* **II** BIJW *témérairement*; *imprudemment*
roekoeën *roucouler*
roem • eer *gloire* v • kaartencombinatie ≈ *séquence* v
Roemeen *Roumain* m [v: *Roumaine*]
Roemeens I ZN [het] taal *roumain* m **II** BNW m.b.t. Roemenië *roumain*
roemen *faire l'éloge de*; *vanter*
Roemenië *la Roumanie*
roemer *(verre* m*) ballon* m
roemloos *sans gloire*
roemrijk *glorieux* [v: *glorieuse*]
roemrucht *fameux* [v: *fameuse*]
roep • het roepen *appel* m; ⟨v. dieren⟩ *cri* m • dringend verzoek *revendication* v *(om de)*
roepen I OV WW • ⟨iets⟩ schreeuwen *crier* • ⟨iemand⟩ ontbieden *appeler* ★ een dokter ~ *faire venir un médecin* ▾ als ge~ komen *tomber bien / à point* ▾ daartoe voel ik mij niet ge~ *ça ne me tente pas* ▾ ge~ zijn tot *être appelé à* **II** ON WW • schreeuwen *crier* ★ naar iem. ~ *appeler qn* • ~ **om** ★ om iets ~ *réclamer qc*
roepia *roupie* v
roeping *vocation* v *(***tot, voor** *de)*
roepnaam *prénom* m *usuel*
roer *gouvernail* m; ⟨roerpen⟩ *barre* v ▾ het roer omgooien *virer de bord*; *changer de cap* ▾ zijn roer recht houden *ne pas flancher* ▾ aan het roer staan OOK FIG. *tenir la barre*; FIG. *être aux commandes*
roerbakken *faire cuire en touillant*
roerdomp *butor* m
roerei *œuf* m *brouillé*
roeren I OV WW • mengen *remuer*; *agiter*; INFORM. *touiller* • ontroeren *émouvoir*; *toucher* **II** WKD WW [+ zich] • in beweging komen *bouger* • FIG. in verzet komen *(se) remuer*
roerend • niet vast *meuble*; *mobilier* [v: *mobilière*] • ontroerend *touchant*; *émouvant* ▾ het ~ eens zijn *être parfaitement d'accord*
roerganger *homme* m *de barre*; *timonier* m
roerig • beweeglijk *vif* [v: *vive*]; *remuant*; *turbulent* • oproerig *agité*
roerloos I BNW onbeweeglijk *immobile* **II** BIJW *sans bouger*
roersel *mouvement* m *(de l'âme)*
roerstaafje *agitateur* m
roes • bedwelming *ivresse* v ★ zijn roes uitslapen *cuver son vin* • opgewondenheid *ivresse* v
roest *rouille* v
roestbestendig *antirouille*
roestbruin *rouille*; *brun rougeâtre*
roesten *(se) rouiller*; *s'oxyder*
roestig *rouillé*
roestkleurig *rouille*
roestvrij *inoxydable* ★ ~ staal *inox* m
roestwerend *antirouille*
roet *suie* v ▾ roet in het eten gooien *jouer les trouble-fêtes*
roetaanslag *dépôt* m *de suie*
roetfilter *filtre* m *à suie*
roetsjen *dévaler de*
roetzwart *noir comme du charbon*
roezemoezen *faire du brouhaha*
roffel *roulement* m *(de tambour)*
roffelen ⟨v. trommel⟩ *rouler*; ⟨op trommel⟩ *battre un roulement*; FIG. *tambouriner*
rog *raie* v
rogge *seigle* m
roggebrood *pain* m *noir / de seigle*
rok • dameskleding *jupe* v • herenjas *habit* m; *frac* m ★ in rok *en habit*
roken *fumer*
roker *fumeur* m [v: *fumeuse*]

rokerig • met rook *enfumé* • naar rook smakend *qui a un goût de fumée*
rokershoest *toux* v *des fumeurs*
rokkenjager *coureur* m *(de jupons)*
rokkostuum *habit* m
roklengte *longueur* m *des jupes*
rol • opgerold iets *rouleau* m [mv: *rouleaux*] • cilindervormig voorwerp *cylindre* m ⋆ rolletje *rouleau* m [m mv: *rouleaux*]; ⟨fotorol⟩ *pellicule* v; ⟨onder meubel⟩ *roulette* v • register *rôle* m • toneelrol *rôle* m ⋆ een rol bezetten *tenir un rôle* • FIG. eigen aandeel *rôle* m ⋆ de rollen zijn omgekeerd *les rôles sont renversés* ⋆ een rol spelen *jouer un rôle* ⋆ zijn rol is uitgespeeld *il est fini* ▾ aan de rol zijn *faire la noce*; *tirer une bordée* ▾ het loopt op rolletjes *ça va / marche comme sur des roulettes*
rolbevestigend *qui confirme les rôles stéréotypés*
rolbezetting *distribution* v *(des rôles)*
rolconflict *conflit* m *de rôle*
roldoorbrekend *qui bouleverse les rôles sociaux traditionnels*
rolgordijn *store* m *(à enrouleur)*
rolkussen *traversin* m; INFORM. *polochon* m
rollade *roulade* v; *épaule* v *roulée*
rollator *déambulateur* m
rollebollen • over de kop rollen *faire des roulades* • wild stoeien *s'ébattre*
rollen I OV WW • voortbewegen *rouler* • met een rol pletten *rouler* • oprollen *(en)rouler* ⋆ sigaretten ~ *rouler des cigarettes* • bestelen *subtiliser* ⋆ iemands zakken ~ *faire les poches à qn* **II** ON WW • zich voortbewegen *rouler* • vallen *tomber*; ⟨tuimelen⟩ *dégringoler* ⋆ er ~ koppen *des têtes tombent* • rollend klinken *rouler*; *gronder* ▾ hij zal er wel goed door ~ *il se tirera bien d'affaire* ▾ de zaak aan het ~ brengen *déclencher l'affaire*; *être le déclic* ▾ ergens in ~ *tomber dans qc*
rollenspel *jeu* m *de rôle(s)*
roller • golf *rouleau* m [mv: *rouleaux*] • rollend geluid *roulement* m; ⟨v. vogel⟩ *roulade* v
rolluik *store* m
rolmops *rollmops* m
rolpatroon *comportement* m *stéréotypé*
rolprent *film* m
rolschaats *patin* m *à roulettes*; *roller* m
rolschaatsen *faire du patin à roulettes*
rolstoel *fauteuil* m *roulant*
roltrap *escalator* m; *escalier* m *mécanique*
rolverdeling *distribution* v *(des rôles)*
rolwisseling *échange* m / *permutation* v *de rôles*
ROM *ROM* m
Romaans *roman* ⋆ ~e talen *langues* v mv *romanes*
romaans *roman*
roman *roman* m
romance *romance* v
romanpersonage *personnage* m *de roman*
romanschrijver *romancier* m [v: *romancière*]
romanticus *romantique* m/v
romantiek • KUNST stroming *romantisme* m • sfeer *romantisme* m
romantisch *romantique*
romantiseren • romantisch voorstellen *romancer* • tot een roman verwerken *romancer*
Rome *Rome* v
Romein *Romain* m [v: *Romaine*]
Romeins *romain*
römertopf *cocotte* v *en terre*; *römertopf* m
romig *crémeux* [v: *crémeuse*]
rommel • wanorde *pagaille* v; *bazar* m; *chantier* m; *chienlit* m • waardeloze prullen *camelote* v; *pacotille* v ⋆ oude ~ *bric-à-brac* m [onv] ⋆ de hele ~ *tout le bazar*
rommelen • dof rollend klinken *gronder*; ⟨v. maag⟩ *gargouiller* • ordeloos zoeken *farfouiller*; *trifouiller* • prutsen *bricoler* • scharrelen *tripoter*
rommelig *désordonné*; *en désordre*
rommelkamer *débarras* m
rommelmarkt *(marché* m *aux) puces* v mv
romp • lijf *tronc* m; *torse* m • casco *carcasse* v; *charpente* v; ⟨v. schip⟩ *coque* v; ⟨v. vliegtuig⟩ *fuselage* m
rompslomp *tracas* m (mv); *tracasseries* v mv
rond I ZN [het] *rond* m ⋆ in het rond kijken *regarder autour de soi* **II** BNW • bol-/cirkelvormig *rond* ⋆ rond maken *arrondir*; *boucler* • ⟨getal⟩ afgerond *rond* ⋆ ronde cijfers/getallen *des chiffres ronds* • voltooid ⋆ de cirkel is rond *l'affaire est dans le sac* **III** BIJW ⟨ronduit⟩ *franchement* **IV** VZ • om(heen) *autour de* ⋆ rond de haard *autour du feu* ⋆ rond de wereld *autour du monde* • ongeveer, in de buurt van *vers*; *autour de* ⋆ rond zes uur *vers six heures* ⋆ rond de drie, vier personen *environ trois, quatre personnes* ⋆ hij is rond de vijftig *il a la cinquantaine* ⋆ rond het jaar 2000 *vers l'an 2000* ⋆ rond de 3 weken *quelque / dans les 3 semaines*
rondbazuinen *claironner*; *crier sur les toits*
rondborstig *franc* [v: *franche*]; *rond*
rondbrengen *distribuer*
rondcirkelen *orbiter*; ⟨m.b.t. vliegtuig⟩ *évoluer dans le ciel*
ronddelen *distribuer*
ronddraaien I OV WW draaien *faire tourner*; ⟨om as⟩ *faire pivoter* **II** ON WW • draaiend rondgaan ⟨om as⟩ *pivoter*; *tourner (en rond)*; ⟨op tenen⟩ *pirouetter* • zich bewegen rondom *tourner autour (de)*
ronde • rondgang ⟨v. wachter⟩ *ronde* v; ⟨v. postbode⟩ *tournée* v; ⟨v. dokter⟩ *visites* v mv • wedstrijdtraject *tour* m • deel van wedstrijd *manche* v; ⟨boksen⟩ *round* m; *reprise* • wielerwedstrijd *tour* m ⋆ de ~ van Frankrijk *le Tour de France* ▾ de ~ doen *circuler*; *courir*
rondedans *ronde* v
ronden *doubler*
rondetafelconferentie *table* v *ronde*
rondgaan • bewegen *circuler*; ⟨v. blik, vingers⟩ *se promener* • langsgaan *faire le tour de*
rondgang *tour* m
rondhangen *traîner*
rondhout *rondin* m
ronding *rondeur* v
rondje • drankje *tournée* v ⋆ een ~ geven *payer une tournée* ⋆ ~ van de zaak *tournée du patron* • keer dat men iets doet *tour* m

rondkijken *regarder autour de soi*
rondkomen *joindre les deux bouts* ★ ~ van *s'en sortir avec; vivre de* ★ daar kun je niet van ~ *ça (ne) nourrit pas son homme*
rondleiden *promener; guider*
rondleiding *visite* v *guidée*
rondlopen *se promener; déambuler*
rondneuzen *fureter; fouiner*
rondom I BIJW • eromheen *autour* • overal *autour* **II** VZ om ... heen *autour de*
rondpunt *rond-point* m [mv: *ronds-points*]
rondreis *tour* m; *voyage* m
rondreizen *parcourir du pays; voyager*; INFORM. *rouler sa bosse* ★ ~d *ambulant; itinérant*
rondrijden *faire un tour*
rondrit *tour* m; *circuit* m
rondscharrelen • rondlopen *traîner* • rommelen *bricoler*
rondslingeren *traîner*
rondsnuffelen • doorzoeken *fureter* • speurend rondlopen *flairer (partout)*
rondstrooien OOK FIG. *répandre*
rondte ★ in de ~ *en rond; à la ronde* ★ in de ~ gaan *tourner*
ronduit *franchement; de but en blanc*
rondvaart *promenade* v / *tour* m *en bateau*
rondvaartboot *bateau-mouche* m [mv: *bateaux-mouches*]
rondvertellen *colporter; répandre*
rondvlucht *tour* m *en avion*
rondvraag *tour* m *de table*
rondwandelen *se promener; déambuler*
rondweg *(boulevard* m*) périphérique* m; *rocade* v; INFORM. *périf/ périph* m; BELG. *ring* m
rondzwerven • zwerven *vagabonder; errer* • rondslingeren *traîner*
ronken *ronfler*; ⟨v. motor ook⟩ *vrombir*
ronselen *recruter*; ⟨als lid⟩ *embrigader*
röntgenfoto *radio* v; *radiographie* v
röntgenstralen *rayons* m mv *X*
rood I BNW • kleur ⟨v. hoofdhaar⟩ *roux* [v: *rousse*]; *rouge* ★ zo rood als een kreeft *rouge comme une pivoine; cramoisi* ★ een rooie *un roux* [v: *une rousse*] ★ rood worden *rougir* ★ rood aanlopen *devenir / voir rouge* ★ het licht springt op rood *le feu passe au rouge* ★ door rood rijden *passer au rouge; griller le feu (rouge)* ★ het (stoplicht) is rood *c'est au rouge* • POL. *rouge* ★ een rooie rakker *un rouge* ▾ rood staan *être à découvert / dans le rouge* ▾ over de rooie gaan *péter les plombs* **II** ZN [het] *rouge* m [mv: *roux*]
roodbont *pie-rouge* [onv]
roodborstje *rouge-gorge* m [mv: *rouges-gorges*]
roodbruin *rouge brun*
roodgloeiend *(chauffé au) rouge* ▾ de telefoon staat ~ *ça sonne sans cesse; le standard va exploser*
roodharig *roux* [v: *rousse*]; INFORM. *rouquin*
roodhuid *peau-rouge* m [mv: *peaux-rouges*]
Roodkapje *le petit Chaperon Rouge*
roodvonk *scarlatine* v
roof I ZN [de] diefstal *vol* m; FORM. *rapine(s)* v (mv); ⟨(struik)roverij⟩ *brigandage* m; ⟨plundering⟩ *pillage* m; ⟨schaking⟩ *rapt* m **II** ZN [de] wondkorstje *croûte* v
roofbouw • overdadige landbouw *épuisement* m *des sols* • uitputtend gebruik ★ ~ plegen op zijn lichaam *miner / ruiner sa santé; brûler la chandelle par les deux bouts*
roofdier *carnassier* m; *prédateur* m
roofdruk *édition(-)pirate* v
roofmoord *crime* m *crapuleux; meutre* m *pour vol*
roofoverval *attaque* v / *vol* m *à main armée; hold-up*; INFORM. *braquage* m
rooftocht *razzia* v
roofvis *poisson* m *carnassier / de proie*
roofvogel *rapace* m
roofzucht *rapacité* v
rooien • uitgraven *arracher*; ⟨v. boom⟩ *déraciner*; ⟨v. bos⟩ *défricher* • klaarspelen *venir à bout de* ★ het met iem. kunnen ~ *s'entendre avec qn* ★ het (kunnen) ~ *y arriver; s'en sortir*
rook *fumée* v ▾ in rook opgaan *partir en fumée* ▾ onder de rook van de stad *aux portes de la ville* ▾ geen rook zonder vuur *il n'y a pas de fumée sans feu* ▾ het ziet er blauw van de rook *il y a une fumée à couper au couteau*
rookbom *grenade* v *fumigène*
rookcoupé *(compartiment* m*) fumeurs* m
rookdetector *détecteur* m *de fumée*
rookglas *verre* m *fumé*
rookgordijn *rideau* m *de fumée*
rookhol *tabagie* v
rookmelder *détecteur* m *de fumée*
rookpluim *panache* m *de fumée*
rookschade *dégâts* m mv *causés par la fumée*
rookverbod *interdiction* v *de fumer*
rookverslaving *tabagisme* m
rookvlees *viande* v *fumée*
rookvrij *sans fumée*
rookwolk *nuage* m *de fumée*
rookworst *saucisse* v *fumée*
room *crème* v ★ zure room *crème fraîche*
roomboter *beurre* m
roomijs *crème* v *glacée*
roomkleurig *crème* [onv]
roomkwark *double-crème* m; ⟨in kuipje⟩ *petit-suisse* m
rooms *catholique*
roomservice *service* m *d'étage / des chambres*
rooms-katholiek I ZN [de] gelovige *catholique* m/v **II** BNW m.b.t. het geloof *catholique*
roomsoes *chou* m *à la crème* [m mv: *choux ...*]
roomwit *crème*
roos I ZN [de] • PLANTK. bloem *rose* v • SPORT middelpunt van schietschijf *blanc* m; *mouche* v; *mille* m ★ in de roos schieten OOK FIG. *mettre dans le mille; faire mouche* ★ een schot in de roos OOK FIG. *un coup dans le mille* ▾ het leven gaat niet over rozen *tout n'est pas rose dans la vie* ▾ slapen als een roos *dormir comme un ange / une marmotte* ▾ op rozen zitten *être (couché) sur des roses / sur un lit de roses* ▾ geen roos zonder doornen *pas de roses sans épines* **II** ZN [de] MED. huidschilfers *pellicules* v mv
rooskleurig *rose* ★ alles ~ inzien *voir tout en rose* ★ ~ voorstellen *colorer (en rose)*
rooster • raster *grille* v; ⟨roosterwerk⟩ *grillage*

m • braadrooster *gril* m • schema *schéma* m; ⟨dienstrooster⟩ *horaire* m; ⟨werkrooster⟩ *emploi* m *du temps*
roosteren *griller; rôtir* ★ geroosterd brood *pain* m *grillé; toast* m
roots *racines* v mv
ros I ZN [het] FORM. *coursier* m; ⟨knol⟩ *canasson* m **II** BNW *roux* [v: *rousse*] ▼ de rosse buurt *le quartier rouge*
rosarium *roseraie* v
rosbief *rosbif* m
rosé *(vin* m*) rosé* m
roskammen *étriller*
rossen I OV WW roskammen *étriller* **II** ON WW wild rijden *rouler à tombeau ouvert*
rossig *roussâtre; roux* [v: *rousse*]
rösti *rösti* m; *roesti* m
rot I ZN [de] ★ een oude rot *un vieux routier* **II** ZN [het] • rotting *pourriture* v; ⟨rotte plek⟩ *pourri* m • gelid *file* v • vier geweren tegen elkaar *faisceau* m ★ aan rotten zetten *mettre en faisceaux* **III** BNW • aangetast *pourri* ★ rotte kies *dent* v *cariée* • ellendig *sale* ★ zich rot voelen *être mal (foutu)* ▼ zich rot lachen *se tordre de rire*
rot- • ellendig *sale; fichu* ★ rotweer *sale temps; temps pourri* ★ rotding *saleté* v • zeer groot, veel *terrible; d'enfer* ★ met een rotgang *à tout(e) berzingue*
rotan *rotin* m
Rotary *Rotary* m
rotatie *rotation* v
rotatiemotor *moteur* m *à piston rotatif*
rotatiepers *rotative* v
roteren *tourner* ★ ~d *rotatif* [v: *rotative*]
rotgans *bernache* v *(cravant)*
rothumeur *humeur* v *massacrante*
rotje *pétard* m
rotjoch *sale gosse* m
rotonde *rond-point* m [mv: *ronds-points*]
rotor *rotor* m
rots *rocher* m; *roc* m; ⟨materiaal⟩ *roche* v ▼ een rots in de branding *un roc; un pilier*
rotsachtig *rocheux* [v: *rocheuse*]; *rocailleux* [v: *rocailleuse*]
rotsblok *bloc* m *de rocher*
rotspartij *massif* m *rocheux*
rotstreek *crasse* v; *vacherie* v; *sale tour* m
rotstuin *(jardin* m *de) rocaille* v
rotsvast *inébranlable*
rotswand *paroi* v *rocheuse*
rotten *pourrir; se putréfier;* ⟨v. fruit⟩ *se gâter*
rottig *emmerdant; chiant* ★ iets ~s *saloperie* v
rottigheid *emmerdement* m ▼ ~uithalen *faire des conneries*
rotting • bederf *putréfaction* v; *pourriture* v • stok *rotin* m; *canne* v
rottweiler *rottweiler* m
rotweer *sale temps* m
rotzooi • waardeloze rommel *saleté* v; *merde* v • wanorde *bordel* m; *foutoir* m; *pagaille* v
rotzooien • knoeien *mettre le bordel* • scharrelen *fricoter* • rommelen *bricoler*
rouge *rouge* m
roulatie *circulation* v ★ in ~brengen *mettre en circulation* ★ uit de ~*retiré de la circulation;* FIG. *hors service; H.S.*
roulatiesysteem *(système* m *de) roulement* m
rouleren *se relayer (par rotation)* ★ ~d *tournant*
roulette *roulette* v
route *itinéraire* m ★ alternatieve ~*itinéraire* m *bis*
routebeschrijving *itinéraire* m
routekaart *carte* v *de route*
routeplanner *(système* m *de) navigation* v *routière*
router *routeur* m
routine • geoefendheid *routine* v • sleur *routine* v
routineklus *boulot* m *de routine*
routinematig *de façon routinière*
routineonderzoek *enquête* v *de routine*
routineus *routinier* [v: *routinière*]
routinier *vieux routier* m
rouw *deuil* m ★ in de rouw zijn *être en deuil* ★ in de rouw zijn om iem. *porter le deuil de qn*
rouwadvertentie *faire-part* m *de décès*
rouwband ⟨om de arm⟩ *brassard* m *de deuil*
rouwbrief *faire-part* m *de décès* [onv]
rouwcentrum *funérarium* m
rouwdienst *service* m *funèbre*
rouwen *être en deuil (* **om** *de); pleurer*
rouwig ★ hij is er niet ~om *il n'en est pas fâché*
rouwkaart *faire-part* m *de décès* [mv: *id.*]
rouwkamer ≈ *chapelle* v *ardente; chambre* v *mortuaire*
rouwmis *messe* v *de requiem*
rouwproces *travail* m *du deuil*
rouwrand • rand rond rouwbrief *bord* m / *cadre* m *noir* • vuile nagelrand *ongle(s)* m (mv) *en deuil*
rouwstoet *convoi* m / *cortège* m *funèbre*
roux *roux* m
roven I OV WW • ontnemen *dérober; voler* • wegvoeren *enlever; ravir* **II** ON WW op roof uitgaan *piller*
rover *brigand* m; *bandit* m; ⟨op zee⟩ *pirate* m; *voleur* m
roversbende *bande* v *de voleurs*
rovershol *repaire* m
royaal I BNW gul *généreux* [v: *généreuse*] **II** BIJW • gul *généreusement* • ruim *amplement; large*
royalist *royaliste* m/v
royalty ⟨v. schrijver⟩ *droits* m mv *d'auteur*
royeren *rayer; radier*
roze I BNW *rose* **II** ZN [het] *rose* m
rozemarijn *romarin* m
rozenbottel *gratte-cul* m [mv: *gratte-cul(s)*]; *fruit* m *d'églantier*
rozengeur ▼ het is niet altijd ~en maneschijn *tout n'est pas rose dans ce monde*
rozenkrans *rosaire* m; ⟨rozenhoedje⟩ *chapelet* m ★ zijn ~bidden *dire son rosaire; égrener son chapelet*
rozenstruik *rosier* m
rozet *rosette* v; ARCH. *rosace* v
rozig • rooskleurig *rose* • slaperig ≈ *étourdi*
rozijn *raisin* m *sec*
RSI *TMS* m (mv) *(trouble(s) musculosquelettique(s)*
rubber I ZN [de/het] stof *caoutchouc* m **II** ZN [de/het] condoom *préservatif* m; *condom* m;

ro

INFORM. *capote* v *(anglaise)*
rubberboot *canot* m *pneumatique*
rubberlaars *botte* v *de / en caoutchouc*
rubriceren *catégoriser*; ⟨in rubriek⟩ *classer*
rubriek • categorie *rubrique* v • vast stuk in krant *rubrique* v
ruche *ruche* v
ruchtbaar ★ ~worden *s'ébruiter*
ruchtbaarheid *publicité* v ★ ~geven aan *divulguer*; *ébruiter*; *rendre public*
rücksichtslos *impitoyable*; *sans scrupules*
rucola *roquette* v
rudimentair *rudimentaire*; *primitif* [v: *primitive*]
rug • lichaamsdeel *dos* m ★ hoge rug *dos courbé / voûté*; *bosse* v ★ een hoge rug opzetten *faire le gros dos* ★ holle rug *taille* v *cambrée* ★ open rug *spina-bifida* m ★ met de rug leunen tegen *s'adosser à* ★ door zijn rug gaan *se faire un tour de reins* ★ met de handen op de rug *les mains dans le dos* • achterzijde *dos* m; ⟨leuning⟩ *dos* m; *dossier* ▾ iem. de rug toekeren *tourner le dos à qn* ▾ een examen achter de rug hebben *être débarrassé d'un examen* ▾ dat is achter de rug *c'est fini*; *voilà qui est fait / derrière nous* ▾ achter mijn rug (om) *à mon insu*; *dans / derrière mon dos* ▾ met de rug tegen de muur staan *être au pied du mur* ▾ iets op iemands rug schuiven *mettre qc sur le dos de qn* ▾ over de rug van de anderen *sur le dos des autres*
rugby *rugby* m
rugbyen *jouer au rugby*
rugdekking *couverture* v *des arrières*; FIG. *soutien* m ★ iem. ~geven *couvrir qn*
ruggelings • achterwaarts *en arrière*; ⟨achterover⟩ *à la renverse* • rug aan rug *dos à dos* • op de rug *sur le dos*
ruggengraat • wervelkolom *épine* v *dorsale*; *colonne* v *vertébrale*; *échine* v • wilskracht *(force* v *de) caractère* m
ruggenmerg *moelle* v *épinière*
ruggenprik *ponction* v *lombaire*; ⟨verdoving⟩ *péridurale* v
ruggensteun OOK FIG. *appui* m; *soutien* m
ruggenwervel *vertèbre* v *dorsale*
ruggespraak *concertation* v ★ ~houden met *consulter*
rugklachten *maux* m mv *de dos*
rugletsel *lésion* v *dorsale / au dos*
rugleuning *dossier* m; *dos* m
rugnummer *dossard* m
rugpijn *mal* m *de dos* ★ ~hebben *avoir mal au dos*; *avoir mal aux reins*
rugslag *nage* v *sur le dos*
rugsluiting *fermeture* v *au dos*
rugvin *nageoire* v *dorsale*
rugzak *sac* m *à dos*
rugzijde *dos* m; ⟨v. blad⟩ *verso* m
rui *mue* v ★ in de rui zijn *muer*
ruien *muer*
ruif *râtelier* m
ruig • oneffen *rugueux* [v: *rugeuse*] • wild begroeid *broussailleux* [v: *broussailleuse*] • borstelig *velu*; ⟨ruigharig⟩ *hirsute* • onstuimig *rude*; *fougueux* [v: *fougeuse*]
ruigharig *hirsute*
ruiken I OV WW • met reukzin waarnemen *sentir* • bespeuren *flairer* ★ kon ik dat ~? *comment pouvais-je le deviner?* **II** ON WW • geuren *sentir* ★ lekker ~*sentir bon* • ~ **aan** *sentir*; ⟨besnuffelen⟩ *flairer* • ~ **naar** *sentir* ★ naar tabak ~*sentir le tabac*
ruiker *bouquet* m
ruil *échange* m; *troc* m ★ een goede ruil doen *gagner au change* ★ in ruil voor *en échange de*
ruilbeurs *bourse* v *d'échange*
ruilen *échanger (* **tegen, voor** *contre, pour) contre/pour*; *faire l'échange de*; ⟨inwisselen⟩ *changer (* **voor** *pour)* ★ met iem. van plaats ~ *changer de place avec qn*
ruilhandel *troc* m; ⟨lokaal⟩ *SEL* m *(système d'échange local)*
ruilmiddel *instrument* m / *moyen* m *d'échange*
ruilverkaveling *remembrement* m
ruilvoet *taux* m *du change*
ruilwaarde *valeur* v *d'échange*
ruim I ZN [het] SCHEEPV. *cale* v; *soute* v **II** BNW • wijd *large*; *ample* • open *étendu* • onbekrompen *large* • uitgebreid *large*; *étendu*; ⟨omvangrijk⟩ *vaste*; ⟨veel ruimte biedend⟩ *spacieux* [v: *spacieuse*] ★ in ruime zin *au sens large* ▾ het niet ruim hebben *vivre petitement*; *ne pas rouler sur l'or* **III** BIJW • wijd/breed OOK FIG. *large* ★ ruim meten *mesurer large* ★ ruim wonen *vivre au large* • rijkelijk *largement* • ruimschoots *plus de* ★ ruim een uur *une bonne / grande heure* ▾ ruim(er) ademhalen *respirer*
ruimdenkend *large d'esprit*
ruimen I OV WW • opruimen *dégager*; ⟨uit de weg ruimen⟩ *éliminer* • leegmaken *vider*; *évacuer* **II** ON WW draaien van de wind *tourner*
ruimhartig *généreux* [v: *généreuse*]
ruimschoots *largement*
ruimte • plaats *place* v; *espace* m; ⟨uitgestrektheid⟩ *étendue* v; ⟨inhoud⟩ *capacité* v; ⟨vertrek⟩ *pièce* v ★ ergens ~maken *faire place* ★ dat weinig ~inneemt *qui ne prend pas beaucoup de place*; *peu encombrant* ★ ~ maken (voor) *faire place (à)* • heelal *espace* m • overvloed *abondance* v • speelruimte *marge* v ▾ in de ~praten *parler dans le vide* ▾ iem. de ~geven *laisser du champ à qn*
ruimte- *spatial*
ruimtecapsule *capsule* v *spatiale*
ruimtegebrek *manque* m *de place*
ruimtelaboratorium *laboratoire* m *spatial*
ruimtelijk *spatial* [m mv: *spatiaux*] ★ ~e ordening *aménagement* m *du territoire* ★ ~ inzicht *intelligence* v *spatiale*
ruimtereis *voyage* m *spatial*
ruimteschip *vaisseau* m *spatial* [m mv: *vaisseaux spatiaux*]
ruimtestation *station* v *spatiale / orbitale*
ruimtevaarder *cosmonaute* m/v; *astronaute* m/v
ruimtevaart • verkeer *navigation* v *spatiale* • wetenschap *astronautique* v
ruimtevaarttechniek *technologie* v *aérospatiale*
ruimtevaartuig *vaisseau* m *spatial* [m mv: *vaisseaux spatiaux*]
ruimteveer *navette* v *spatiale*

ruimtevlucht *vol* m *spatial*
ruimtevrees *agoraphobie* v
ruimtewagen *monospace* m; ⟨klein⟩ *compact* m; *minispace* m
ruin *hongre* m
ruïne *ruine(s)* v (mv)
ruïneren *ruiner*
ruis • storing *parasites* m mv • MED. *souffle* m
ruisen *murmurer*; *bruire*; ⟨v. blad, stof⟩ *frémir*
ruit • vensterglas *vitre* v; *carreau* m [mv: *carreaux*] • motief *carreau* m; ⟨op speelbord⟩ *case* v • WISK. *losange* m
ruiten I ZN [de] *carreau* m **II** BNW ⟨v. stof⟩ *à carreaux*; ⟨v. papier⟩ *quadrillé*
ruitenaas *as* m *de carreau*
ruitensproeier *lave-glace* m [mv: *lave-glaces*]
ruitenwisser *essuie-glace* m [mv: *essuie-glaces*]
ruiter *cavalier* m [v: *cavalière*]
ruiterij *cavalerie* v
ruiterlijk I BNW *franc* [v: *franche*] **II** BIJW *franchement*; *carrément*
ruiterpad *piste* v /*allée* v *cavalière*
ruitjespapier *papier* m *quadrillé / à carreaux*
ruitjesstof *étoffe* v *à carreaux*
ruk *à-coup* m; *coup* m ⋆ ruk aan het stuur *coup* m *de volant* ⋆ in één ruk *d'un seul coup* ▾ ruk naar rechts POL. *poussée* v *à droite* ▾ een hele ruk *un bout de chemin*
rukken I OV WW met een ruk trekken *arracher* **II** ON WW • hard trekken *tirer (fort)* **(aan** *sur)* • masturberen *se branler*
rukwind *rafale* v
rul ⟨v. grond⟩ *meuble*
rum *rhum* m
rumba *rumba* v
rumboon *chocolat* m *au rhum*
rumoer • lawaai *bruit* m • ophef *bruit* m
rumoerig • lawaaiig *bruyant* • onstuimig *agité*
run • loop SPORT *course* v • stormloop (op) *ruée* v *(sur)*
rund *bœuf* m
rundergehakt *hachis* m *de bœuf*
runderlapje *tranche* v *de bœuf*
rundvee *bovins* m mv
rundvlees *bœuf* m
runnen *gérer*
rups *chenille* v
rupsband *chenille* v
rupsvoertuig *véhicule* m *à chenilles*
ruptuur *rupture* v
Rus *Russe* m/v
rush • stormloop *rush* m • film *rush* m
Rusland *la Russie* ⋆ in ~ *en Russie*
Russisch I ZN [het] *russe* m **II** BNW *russe*
rust • ontspanning *repos* m ⋆ rust nemen *se reposer* ⋆ zichzelf geen rust gunnen *ne s'accorder aucun répit* ⋆ (op de plaats) rust! *repos!* • kalmte *paix* v; *calme* m; *tranquillité* v; *sérénité* v ⋆ in alle rust *très calmement*; *à tête reposée* ⋆ tot rust komen *se calmer*; *s'apaiser* ⋆ laat me met rust! *laisse-moi tranquille!*; INFORM. *fiche-moi la paix!* ⋆ de rust herstellen *rétablir le calme* ⋆ tot rust brengen *apaiser* ⋆ met rust laten *laisser tranquille* • MUZ. *pause* v; *silence* m ⋆ halve rust *demi-pause* v ⋆ kwart rust *soupir* m • SPORT *mi-temps* v ▾ rust roest ≈ *qui n'avance pas recule* ▾ in ruste *en / à la retraite*
rustdag *jour* m *de repos*
rusteloos I BNW • ongedurig *agité* • steeds bezig *agité* **II** BIJW *sans relâche*
rusten • uitrusten *(se) reposer* • slapen *se reposer* • begraven liggen *reposer* ⋆ hier rust *ici repose*; *ci-gît* ⋆ hij ruste in vrede *qu'il repose en paix*; *paix à ses cendres* • ongemoeid blijven ⋆ een zaak laten ~ *laisser une affaire (de côté / en sommeil)* • steunen *reposer* **(op** *sur) sur*; ⟨drukken (op)⟩ *presser* **(op** *sur)*; ⟨v. taak/plicht⟩ *incomber* **(op** *à)*; ⟨v. blik, hand⟩ *être posé* **(op** *sur)* ▾ ik zal niet ~ voordat *je n'aurai (pas) de cesse que ... ne* [+ subj.]
rustgevend *reposant*
rusthuis *maison* v *de repos*
rustiek *rustique*
rustig I BNW • bedaard *calme*; *tranquille* • zonder beweging *tranquille* • ongestoord *tranquille*; *serein* **II** BIJW *calmement*; *tranquillement*; *paisiblement*
rustoord *lieu* m *de repos*
rustplaats • pleisterplaats *halte* v • graf ⋆ de laatste ~ *la dernière demeure*
rustpunt • plaats van rust *point* m *de repos*; ⟨dode punt⟩ *point* m *mort* • moment van rust *pause* v
ruststand *position* v *de repos*
rustverstoorder *perturbateur* m [v: *perturbatrice*]
ruw I BNW • oneffen *rugueux* [v: *rugueuse*]; ⟨v. huid/stof⟩ *rêche* • grof *grossier* [v: *grossière*] • onbewerkt *brut*; *cru* ⋆ ruwe olie *(pétrole* m*) brut* m • onbeschaafd *grossier* [v: *grossière*] • wild *rude* • globaal *grossier* [v: *grossière*] • bruusk/hardhandig *rude* [m mv: *brutaux*]; *brutal* **II** BIJW *rudement*; *brutalement*; *grossièrement* ⋆ ruw geschat *approximativement* ⋆ ruw bejegenen *rudoyer*; *malmener*
ruwharig *à poil dur*
ruwweg *grosso modo*; *grossièrement*
ruzie *querelle* v; *dispute* v ⋆ ~ hebben met de buren *être fâché avec les voisins* ⋆ met iem. ~ zoeken *chercher querelle à qn*; *chercher qn* ⋆ ~ maken met *se disputer avec* ⋆ knallende ~ *engueulade* v
ruzieachtig *querelleur* [v: *querelleuse*]
ruziemaker *querelleur* m [v: *querelleuse*]
ruziën *se disputer*; ⟨kibbelen⟩ *se chamailler*
ruzieschopper *querelleur* m [v: *querelleuse*]; INFORM. *bagarreur* [v: *bagarreuse*]
ruziezoeker *chamailleur* m [v: *chamailleuse*]
Rwanda *le Rwanda* ⋆ in ~ *au Rwanda*

S

s *s* m ★ de s van Simon *S comme Suzanne*
saai *ennuyeux* [v: *ennuyeuse*]; *monotone*; *fade* ★ wat een saaie boel! *c'est mort!* ★ vreselijk saai *ennuyeux comme la pluie*; INFORM. *assommant*; *rasant*
saamhorigheid *solidarité* v; *cohésion* v
saampjes *tous les deux*
sabbat *sabbat* m
sabbatsjaar *année* v *sabbatique*
sabbelen *suçoter* ★ ~ op *suçoter*
sabel I ZN [de] slagwapen *sabre* m ★ met de blanke ~ *le sabre nu / au clair* **II** ZN [het] bont *zibeline* v
sabotage *(acte* m *de) sabotage* m
saboteren *saboter*
saboteur *saboteur* m [v: *saboteuse*]
sacharine *saccharine* v
sacraal *sacral* [m mv: *sacraux*]; *sacré*
sacrament *sacrement* m ★ de laatste ~en *les derniers sacrements* ★ de ~en toedienen aan iem. *administrer les sacrements à qn*
sacristie *sacristie* v
sacrosanct *sacro-saint* [m mv: *sacro-saints*]
sadisme *sadisme* m
sadist *sadique* m/v
sadistisch *sadique*
sadomasochisme *sadomasochisme* m
safari *safari* m
safaripark *parc* m *animalier*
safe I ZN [de] *coffre-fort* m [mv: *coffres-forts*]; *coffre* m **II** BNW *sûr* ★ op safe spelen *jouer serré*
safe sex *rapports* m mv *protégés*
saffie *clope* v
saffier *saphir* m
saffraan *safran* m
sage *légende* v; *mythe* m
sago *sagou* m
Sahara *Sahara* m
saillant *saillant*
Saksen *Saxe* v
Saksisch *saxon* [v: *saxonne*]
salade *salade* v ★ gemengde ~ *salade niçoise*
salamander *salamandre* v
salami *salami* m
salamitactiek *tactique* v *des grignotages*
salariëren *salarier*
salariëring *rémunération* v
salaris *salaire* m
salarisadministratie *administration* v *des salaires*
salarisschaal *échelle* v *des salaires*
saldo *solde* m ★ batig ~ *solde positif / créditeur* ★ nadelig ~ *solde débiteur*; *déficit* m ★ een voordelig ~ aanwijzen *se solder par un excédent* ★ per ~ *en solde*; *tout compte fait*
salesmanager *directeur* m *commercial*; *chef* m *des ventes*
salespromotion *promotion* v *des ventes*
salie *sauge* v
salmiak *sel* m *ammoniac*
salmonella *salmonelle* v; ⟨infectie⟩ *salmonellose* v
salomonsoordeel *jugement* m *de Salomon*
salon • kamer *salon* m • bijeenkomst *salon* m • Z-N bankstel *(ensemble* m *de) salon* m
salonboot *bateau-salon* m [mv: *bateaux-salons*]
salonfähig *présentable*; *sortable*
salonmuziek *musique* v *d'ambiance*
salonsocialist *socialiste* m *de salon*
salontafel *table* v *de salon*
saloondeuren *portes* v mv *de saloon*
salpeter *salpêtre* m
salpeterzuur *acide* m *azotique / nitrique*
salsa *salsa* v
salto *saut* m ★ ~ mortale *saut de la mort*
salueren *saluer*; MIL. *faire le salut militaire*
saluut *salut* m
saluutschot *salve* v *d'honneur*
salvo • serie schoten *salve* v • FIG. stortvloed *salve* v
Samaritaan ★ de barmhartige ~ *le bon Samaritain*
samba *samba* v
sambabal *maraca* m
sambal *purée* v *de piment*
samen • met elkaar ⟨met zijn tweeën⟩ *tous les deux*; *en commun*; *ensemble*; *conjointement*; ⟨met zijn tweeën⟩ *à deux* ★ iets ~ (met iemand) doen *faire qc ensemble*; *faire qc (en liaison) avec qn*; *être de moitié avec qn* ★ iets ~ hebben *partager qc* • bij elkaar gerekend *au total*; *en tout*
samendrukken *serrer*; *comprimer*
samengaan • gepaard gaan *aller de pair (***met** *avec)* • fuseren *fusionner* • bij elkaar passen *aller ensemble*; *se marier (avec)*; *être compatible (avec)*
samengesteld *composé*; ⟨complex⟩ *complexe*
samenhang *lien* m; *rapport* m; *liaison* v; ⟨v. tekst⟩ *cohérence* v; ⟨context⟩ *contexte* m; ⟨cohesie⟩ *cohésion* v ★ gebrek aan ~ *incohérence* v ★ zonder ~ *décousu*; *incohérent* ★ de dingen in hun ~ zien *faire la synthèse*
samenhangen *se tenir*; *être lié* ★ ~ met *être lié à*; *être en rapport avec* ★ ~d *cohérent* ★ ~d met *connexe à*
samenkomen *se réunier*; *se rejoindre*
samenkomst *rencontre* v
samenleven *vivre ensemble*
samenleving • het samenleven *vie* v *en commun* • maatschappij *société* v
samenlevingscontract *pacte* m *civil de solidarité*; *Pacs* m
samenloop • plaats van vereniging *jonction* v • gelijktijdigheid ★ ~ van omstandigheden *concours* m *de circonstances*; *coïncidence*
samenpakken [+ zich] *s'entasser*
samenraapsel *ramassis* m; *méli-mélo* m [mv: *mélis-mélos*]; *pêle-mêle* m [onv]; *fatras* m
samenscholen *s'attrouper*
samenscholing • het samenscholen *attroupement* m • oploop *attroupement* m
samensmelten I OV WW doen samengaan *(faire) fondre ensemble (***tot** *en)* **II** ON WW • versmelten *(se) fondre* • fuseren *fusionner*
samenspannen *conspirer*; *comploter*
samenspel *jeu* m *d'ensemble*; FIG. *interaction* v

samenspraak *dialogue* m
samenstel • geheel *système* m; *ensemble* m • bouw *composition* v; *construction* v
samenstellen *construire*; *constituer*; ⟨v. teksten⟩ *rédiger*; *composer* ★ ~d deel *composante* v ★ samengesteld uit *composé de*
samensteller ⟨v. programma⟩ *réalisateur* m [v: *réalisatrice*]; ⟨v. machine⟩ *constructeur* m [v: *constructrice*]; ⟨v. tekst⟩ *rédacteur* m [v: *rédactrice*]
samenstelling *composition* v; *constitution* v; ⟨samengesteld geheel⟩ *composé* v
samenstromen • samenkomen *affluer*; *s'attrouper* • samenvloeien *confluer*
samentrekken I OV WW • samenvoegen ⟨v. troepen e.d.⟩ *concentrer*; *amasser* • TAALK. *contracter* ★ lettergrepen ~ *contracter syllabes* II ON WW ineenkrimpen ⟨v. spieren⟩ *contracter*
samentrekking *contraction* v
samenvallen • tegelijk gebeuren *coïncider* (**met** *avec*) • één worden *se confondre*
samenvatten *résumer* ★ ~d *en résumé*
samenvatting *résumé* m; *synthèse* v
samenvoegen *réunir*; *joindre*; TECHN. *assembler*
samenwerken *coopérer*; *collaborer* (**met** *avec*); *concourir* (**aan** *à*); ⟨v. zaken⟩ *contribuer* (**aan** *à*)
samenwerking *coopération* v; *collaboration* v
samenwerkingsverband *(structure* v *de) coopération* v; *groupement* m; *partenariat* m
samenwonen *vivre ensemble*
samenzang *chant* m *en chœur*
samenzijn ≈ *réunion* v
samenzweerder *conspirateur* m [v: *conspiratrice*]; *comploteur* m [v: *comploteuse*]
samenzweren *conspirer*; *comploter*
samenzwering *conspiration* v; *complot* m
samoerai *samouraï* m
sample *échantillon* m
samplen *sampling* m
sampler *sampler* m
samsam *moitié-moitié* ▼ ~doen *partager moitié-moitié*
sanatorium *sanatorium* m
sanctie *sanction* v
sanctioneren *sanctionner*
sandaal *sandale* v
sandelhout *santal* m
sandwich *sandwich* m ▼ in de ~ *pris en sandwich*
saneren *assainir*; ⟨renoveren⟩ *réhabiliter*
sanering *assainissement* m
sanguinisch *sanguin*
sanitair I ZN [het] *sanitaire(s)* m (mv) II BNW *sanitaire* ★ ~e voorzieningen *équipement* m *sanitaire*
San Marino *Saint-Marin* m
sanseveria *sansevière* v
Sanskriet *sanscrit* m
santé *à votre santé!*; *à la vôtre!*
santenkraam ▼ de hele ~ *tout le bazar / bataclan / tremblement*; *toute la bande*
Saoedi-Arabië *l'Arabie* v *saoudite* ★ in ~ *en Arabie saoudite*
Saoedisch *saoudien* [v: *saoudienne*]
sap ⟨v. groenten, vruchten⟩ *jus* m; PLANTK. *sève* v; BIOL. *suc* m
sapje *jus* m *de fruits*
sappelen *ramer*; *trimer*
sappig • vol sap *juteux* [v: *juteuse*]; *succulent* • smeuïg *savoureux* [v: *savoureuse*]; ⟨v. taal⟩ *truculent*
sarcasme *sarcasme* m
sarcast *personne* v *sarcastique*
sarcastisch I BNW *sarcastique* II BIJW *sur un ton sarcastique*; *sarcastiquement*
sarcofaag *sarcophage* m
sardine *sardine* v
Sardinië *la Sardaigne* ★ in ~ *en Sardaigne*
sardonisch I BNW *sardonique* II BIJW *sardoniquement*
sarong *sarong* m
sarren *faire enrager*; *harceler*; *agacer*
SARS ⟨syndrome m respiratoire aigu sévère⟩ *SRAS* m
sas ▼ in zijn sas zijn *boire du petit-lait*
Satan *Satan* m
satanisch *satanique*; *démoniaque*
saté ≈ *brochette* v
satelliet • hemellichaam *satellite* m • kunstmaan *satellite* m
satellietfoto *photo* v *satellite*
satellietstaat *(pays* m*) satellite* m
satellietstad *cité* v *satellite*
satellietverbinding *liaison* v *(par) satellite*
sater *satyre* m
satéstokje ≈ *brochette* v
satijn *satin* m
satire *satire* v
satirisch *satirique*
Saturnus *Saturne* m
saucijs *saucisse* v
saucijzenbroodje ≈ *friand* m
sauna *sauna* m
saus *sauce* v
sausen • verven *badigeonner* • tabak drenken *saucer*
sauteren *faire sauter*
savanne *savane* v
saven *sauvegarder*
savooiekool *chou* m *de Milan*
sawa *rizière* v *inondée (en terrasse)*
saxofonist *saxophoniste* m/v
saxofoon, INFORM. **sax** *saxophone* m; INFORM. *saxo* m
S-bocht *virage* m *en S*
scabreus *scabreux* [v: *scabreuse*]
scala *gamme* v; *éventail* m
scalp *scalp* m
scalpel *scalpel* m; *bistouri* m
scalperen *scalper*
scampi *scampi* m mv
scan *scanning* m
scanderen *scander*
Scandinavië *la Scandinavie* ★ in ~ *en Scandinavie*
Scandinaviër *Scandinave* m/v
Scandinavisch *scandinave*
scannen *scanner*; *passer au scanner*
scanner *scanner* m
scarabee *scarabée* m

sa

scartaansluiting *prise* v *péritel*
scenario • A-V, MEDIA draaiboek *scénario* m • plan *scénario* m
scenarioschrijver *scénariste* m/v
scene *scène* v
scène *scène* v ★ in ~ zetten *mettre en scène* ▾ een ~ maken (met) *faire une scène (à)*
scepsis *scepticisme* m
scepter *sceptre* m ▾ de ~ zwaaien *régner*
scepticisme *scepticisme* m
scepticus *sceptique* m/v
sceptisch *sceptique* ★ er ~ tegenover staan *rester sceptique (là-dessus)*
schaaf • gereedschap *rabot* m • keukengerei *râpe* v
schaafsel *copeaux* m mv; *raclures* v mv
schaafwond *écorchure* v
schaak I ZN [het] *échecs* m mv II BIJW *échec* ★ ~ zetten *faire échec à* ★ ~ staan *être (en) échec* III TW *échec (au roi)!*
schaakbord *échiquier* m
schaakcomputer *jeu* m *d'échecs électronique*
schaakklok *pendule* v *d'échecs*; *chronomètre* m
schaakmat *échec et mat* ★ iem. ~ zetten *coincer qn*; *faire échec à qn* ★ ~ zetten *faire mat à* ★ ~ staan *être mat*
schaakmeester *maître* m *d'échecs*
schaakspel • spel *jeu d'échecs* • bord met stukken *jeu d'échecs*
schaakstuk *pièce* v *(d'échecs)*
schaaktoernooi *tournoi* m *d'échecs*
schaal • schotel *plat* m; ⟨kom⟩ *coupe* v; *saladier* m • omhulsel ⟨dop⟩ *coque* v; ⟨pantser⟩ *carapace* v; *coquille* v • bekken van weegschaal *plateau* m • weegschaal *balance* v • grootteverhouding *échelle* v ★ op ~ tekenen *dessiner à l'échelle* ★ op een ~ van *à l'échelle de* ★ glijdende ~ *échelle mobile* ▾ op grote ~ *en grand*; *sur une vaste / grande échelle* ▾ de ~ doen doorslaan *faire pencher la balance*
schaaldier *crustacé* m
schaalmodel *maquette* v; *modèle* m *réduit*
schaalverdeling *graduation* v ★ met ~ *gradué*
schaalvergroting *agrandissement* m *à l'échelle*; FIG. *expansion* v
schaalverkleining • verkleining op schaal *réduction* v *à l'échelle* • kleinschaliger worden *diminution* v *des proportions*
schaambeen *pubis* m
schaamdeel *sexe* m; *parties* v mv *génitales*
schaamhaar *poils* m mv *du pubis*
schaamlip *lèvre* v ★ grote / kleine ~pen *grandes / petites lèvres*
schaamluis *pou* m *du pubis*; INFORM. *morpion* m
schaamrood *rouge* m *de la honte*
schaamstreek *pubis* m
schaamte *honte* v ★ plaatsvervangende ~ voelen *avoir honte pour qn / pour les autres*
schaamtegevoel *pudeur* v; *sentiment* m *de honte*
schaamteloos I BNW *éhonté*; ⟨brutaal⟩ *impertinent*; *insolent* II BIJW *sans se gêner*; *sans vergogne*; *impudemment*
schaap *mouton* m; ⟨ooi⟩ *brebis* v ▾ het zwarte ~ *la brebis galeuse* ▾ als er één ~ over de dam is, volgen er meer ≈ *suivre comme un mouton* ▾ zijn ~jes op het droge hebben *être à l'abri (du besoin)* ▾ ~ met vijf poten *mouton à cinq pattes* ▾ arm ~! *le pauvre malheureux!*; *pauvre gosse!* ▾ het verloren ~ *la brebis égarée*
schaapachtig I BNW *bête*; *niais* II BIJW *d'un air niais*
schaapherder *berger* m [v: *bergère*]
schaapskooi *bergerie* v
schaar *(paire* v *de) ciseaux* m mv; ⟨voor metaal⟩ *cisailles* v mv; ⟨v. kreeft⟩ *pince*
schaars I BNW *rare*; ⟨karig⟩ *pauvre*; ⟨karig⟩ *maigre* II BIJW *pauvrement*; *mal* ★ ~ gekleed *légèrement vêtu*
schaarste *pénurie* v; *rareté* v; *manque* m
schaats *patin* m *(à glace)* ▾ een scheve ~ rijden *faire un faux pas*
schaatsbaan *patinoire* v
schaatsen *faire du patin(age)*; *patiner*
schaatser *patineur* m [v: *patineuse*]
schaatswedstrijd *match* m *de patinage*
schacht • steel *tige* v; ⟨heft⟩ *manche* v; ⟨v. anker⟩ *verge* v; ⟨v. lans/pijl⟩ *hampe* v; ⟨v. zuil⟩ *fût* m; *tronc* m • koker ⟨v. lift⟩ *cage* v; ⟨v. mijn⟩ *puits* m
schade • beschadiging *dégât(s)* m (mv); *dommage(s)* m (mv); ⟨schadegeval voor verzekering⟩ *sinistre* m ★ ~ aanrichten *faire / causer des dégâts*; *endommager qc* ★ de ~ beperken *limiter les dégâts*; INFORM. *sauver les meubles* ★ iemands ~ vergoeden *dédommager qn* • nadeel *préjudice* m; *tort* m ★ ~ berokkenen aan *faire (du) tort à*; *nuire à* ▾ door ~ en schande wijs worden *apprendre qc à ses dépens* ▾ de ~ inhalen *se rattraper*
schadeclaim *demande* v *en dommages-intérêts*
schadeformulier *constat* m *d'accident*
schadelijk I BNW *nuisible (***voor** *à)*; *nocif* [v: *nocive*]; ⟨verderfelijk⟩ *pernicieux* [v: *pernicieuse*] II BIJW *d'une manière nuisible*; *désavantageusement*
schadeloos *intact*; ⟨m.b.t. personen⟩ *indemne*
schadeloosstellen *dédommager*; *indemniser*
schadeloosstelling *dédommagement* m; *indemnisation* v
schaden *nuire à*; *faire du tort à*; *porter préjudice à*
schadeplichtig *tenu de dommages-intérêts*
schadepost *pertes* v mv; *dépense* v *imprévue*; FIG. *perte* v
schadevergoeding *indemnisation* v; *indemnité* v; *dédommagement* m ★ eis tot ~ *demande* v *en dommages-intérêts* ★ als ~ *à titre d'indemnité*
schadeverzekering *assurance* v *dommage*
schadevrij *sans accident*
schaduw *ombre* v; ⟨lommer⟩ *ombrage* m ★ in de ~ *à l'ombre* ▾ in de ~ stellen *effacer*; *éclipser* ▾ een ~ werpen op *jeter une ombre sur* ▾ niet in iemands ~ kunnen staan *ne pas arriver à la cheville de qn* ▾ zijn ~en vooruitwerpen *se laisser présager*
schaduwbeeld • silhouet *silhouette* v • schaduw *ombre* v
schaduwen *filer*; *prendre en filature*
schaduwkabinet *cabinet* m *fantôme*

SC

schaduwrijk *ombragé*; *ombreux* [v: *ombreuse*]
schaduwspel *ombres* v mv *chinoises*
schaduwverkiezing *élection* v *simulée*
schaduwzijde • zijde zonder licht *côté* m *à l'ombre* • FIG. nadeel *envers* m *(du décor)*; *inconvénient* m
schaften *faire la pause*; ‹eten› *casser la croûte*
schafttijd *pause* v *(de midi)*
schakel OOK FIG. *chaînon* m; *maillon* m; ‹tussenschakel› FIG. *lien* m; *interface* v ▾ ontbrekende ~ *chaînon manquant* ▾ zwakke ~ *faille* v
schakelaar *commutateur* m; *interrupteur* m; ‹automatische› *disjoncteur* m
schakelarmband *gourmette* v
schakelbord *tableau* m *de distribution*
schakelen I OV WW tot keten maken TECHN. *coupler*; *connecter* **II** ON WW in versnelling zetten *passer ses vitesses*; *changer de vitesse* ★ het ~ *le changement de vitesse* ★ naar twee ~ *passer en / la seconde*
schakeling *connexion* v; ‹circuit› *circuit* m
schakelkast *boîte* v *de disjoncteur(s)*
schakelklas *classe* v *de transition/classe passerelle*
schakelklok *minuterie* v
schakelschema *schéma* m *des connexions*
schakelwoning *maison* v *couplée*
schaken I OV WW ontvoeren *enlever*; *ravir* **II** ON WW schaak spelen *jouer aux échecs*
schaker • schaakspeler *joueur* m *d'échecs* [v: *joueuse ...*] • ontvoerder *ravisseur* m [v: *ravisseuse*]
schakeren *faire alterner*; *varier*
schakering *variété* v; *nuance(s)* v (mv)
schaking *enlèvement* m
schalks *coquin*; *malicieux* [v: *malicieuse*]; *mutin*
schallen *retentir*; *sonner* ★ het ~ *son* m
schamel *pauvre*; *misérable*; *pitoyable*
schamen [+ zich] *avoir honte*; *rougir* (**om**, **over** *de)* ★ schaam je! *tu n'as pas honte!* ★ zich diep ~ *mourir de honte*
schampen *érafler*; *effleurer*
schamper I BNW *narquois* **II** BIJW *narquoisement*
schamperen *railler*; *ricaner*
schampschot *éraflure* v
schandaal *scandale* m; ‹schande› *honte* v ★ ~ maken *faire scandale*
schandaalblad *journal* m *à scandale*; *torchon* m
schandaalpers *presse* v *à scandale / à sensation*
schandalig *scandaleux* [v: *scandaleuse*]
schanddaad *infamie* v; *ignominie* v
schande *déshonneur* m; *honte* v ★ iem. te ~ maken *faire honte à qn* ★ het is geen ~ om *il n'y a pas honte à* ★ er ~ van spreken *crier au scandale* ★ tot mijn ~ *à ma honte*
schandelijk I BNW *scandaleux* [v: *scandaleuse*]; *honteux* [v: *honteuse*]; *infâme* **II** BIJW *scandaleusement*; *honteusement*
schandknaap *giton* m
schandpaal *pilori* m ▾ aan de ~ nagelen *mettre au pilori*; *stigmatiser*
schandvlek *souillure* v; *flétrissure* v
schans *tremplin* m
schansspringen *faire du saut au tremplin*
schap *rayon* m; *étagère* v
schapenbout *gigot* m *de mouton*
schapenfokkerij *élevage* m *de moutons*
schapenkaas *(fromage* m *de) brebis* m
schapenscheerder *tondeur* m *de moutons*
schapenvacht *peau* v *de mouton*
schapenvlees *mouton* m; ‹aan spit› *méchoui* m
schapenwolk ★ ~jes *moutons* m mv
schappelijk *raisonnable*; ‹ordentelijk› *réglo*
schar *limande* v
schare *foule* v
scharen I OV WW groeperen *réunir*; *ranger*; *rassembler* ★ zich achter iem. ~ *se ranger du côté de qn* **II** ON WW bewegen als een schaar ‹in verkeer› *se mettre en travers*
scharlaken, scharlakenrood *écarlate*
scharminkel *squelette* m
scharnier *charnière* v
scharnieren *pivoter*; *s'articuler (***om** *sur)*
scharniergewricht *articulation* v *semi-mobile*
scharrel • het scharrelen ★ aan de ~ zijn *draguer* • persoon *flirt* m
scharrelaar • iem. zonder vast beroep *touche-à-tout* m [onv]; *bricoleur* m; ‹sjacheraar› *tripoteur* m • versierder *coureur* m
scharrelei *œuf* m *fermier*
scharrelen I OV WW bijeenbrengen ★ zijn kostje bij elkaar ~ *gratter*; *vivre d'expédients* **II** ON WW • zich moeizaam voortbewegen *se traîner* • rommelen ‹v. kippen› *bricoler*; *s'occuper*; ‹sjacheren› *tripoter*; *picorer* • flirten *flirter*
scharrelkip *poulet* m *fermier/de grain*
scharrelvlees ≈ *viande* v *bio*
schat • kostbaar bezit *trésor* m ★ ~ten verdienen *amasser des richesses*; *gagner des fortunes* • lief persoon *trésor* m • overvloed *trésor* m
schateren *rire aux éclats*; *éclater de rire*
schaterlach *éclat* m *de rire*
schaterlachen *rire aux éclats*
schatgraver *chercheur* m *de trésors*
schatkamer *trésor* m
schatkist • staatskas *Trésor* m *(public)*; *finances* v mv *publiques* [mv] • geldkist *coffre* m
schatkistbiljet *bon* m *du Trésor*
schatkistpromesse *créance* v *sur le Trésor*
schatplichtig *tributaire (***aan** *de)*
schatrijk *richissime*
schattebout ★ ~! *mon trésor/chouchou!*
schatten • taxeren *estimer (***op** *à)*; *évaluer (***op** *à)*; *apprécier* ★ te hoog ~ *surévaluer* ★ ruw geschat *approximativement*; *par approximation* ★ hoe oud schat je hem? *quel âge lui donnes-tu?* • achten *estimer*; *apprécier* ★ naar waarde ~ *estimer à sa juste valeur* ★ iem. naar waarde ~ *juger qn à sa valeur*
schattig *adorable*; *joli (comme tout)*; *mignon* [v: *mignonne*]
schatting • taxatie *évaluation* v; *estimation* v; *appréciation* v • belasting *tribut* m
schaven • glad maken *raboter* • verfijnen *peaufiner*; *polir* • verwonden *écorcher*; *érafler*
schavot *échafaud* m
schavuit *scélérat* m
schede • omhulsel *fourreau* m [mv: *fourreaux*]; *gaine* v • vagina *vagin* m

schedel • hersenpan *crâne* m • doodshoofd *tête* v *de mort*
schedelbasisfractuur *fracture* v *(de la base) du crâne*
schedelbeen *os* m *crânien*
scheef I BNW • niet recht ⟨verwrongen⟩ *tordu*; *oblique*; ⟨hellend⟩ *penché*; *incliné* ★ een ~ gezicht zetten *faire la grimace* ★ scheve toren *tour* v *penchée* ★ ~ staan *être de travers*; *ne pas être d'aplomb* ★ ~ hangen *pencher* ★ dat geeft scheve gezichten *ça fait des jaloux* • verkeerd *faux* [v: *fausse*] **II** BIJW schuin *obliquement*; *de / en biais*; *de travers* ▾ iem. ~ aankijken *regarder qn de travers* ▾ de zaak loopt ~ *l'affaire tourne mal / va foirer* ▾ er zit iets ~ *il y a qc qui cloche / qui ne tourne pas rond*
scheefgroeien *se déjeter*
scheeftrekken *se gauchir*
scheel INFORM. *bigleux* [v: *bigleuse*]; *louche* ▾ iem. met schele ogen aankijken *regarder qn de travers* ▾ schele ogen geven *faire des jaloux* ▾ schele hoofdpijn *migraine* v
scheelzien *loucher*; *bigler* ▾ ~ van de honger *avoir l'estomac sur les talons*
scheen *tibia* m ▾ tegen de schenen trappen *piquer (au vif)*
scheenbeen *tibia* m
scheenbeschermer *protège-tibia* m [mv: *protège-tibias*]
scheep ★ ~ gaan *(s')embarquer*
scheepsarts *médecin* m *de bord*
scheepsbeschuit *biscuit* m
scheepsbouw *construction* v *navale*
scheepsbouwindustrie *industrie* v *navale*
scheepshelling *cale* v *de construction*; *dock* m
scheepshuid *bordé* m
scheepshut *cabine* v
scheepsjongen *mousse* m
scheepsjournaal *journal* m *de bord* [m mv: *journaux* ...]
scheepslading *cargaison* v; *chargement* m
scheepsramp *catastrophe* v *maritime*
scheepsrecht ▾ driemaal is ~ *jamais deux sans trois*
scheepsruim *cale* v
scheepswerf *chantier* m *naval*
scheepvaart *navigation* v
scheepvaartroute *route* v *maritime*
scheepvaartverkeer ⟨over zee⟩ *trafic* m *maritime*; ⟨over binnenwateren⟩ *trafic* m *fluvial*
scheerapparaat *rasoir* m *(électrique)*
scheercrème *crème* v *à raser*
scheerkop *tête* v *(de rasage)*
scheerkwast *blaireau* m [mv: *blaireaux*]
scheerlijn *corde* v
scheermes *rasoir* m
scheermesje *lame* v *de rasoir*
scheerschuim *crème* v *à raser*
scheerspiegel *miroir* m *(à barbe)*
scheerwol *laine* v *vierge*
scheerzeep *savon* m *à raser / à barbe*
scheet • wind *pet* m ★ een ~ laten *péter*; *lâcher un pet* • koosnaam *(petit) bout* m *de chou* ▾ hij maakt van een ~ een donderslag *il en fait des kilos*
scheidbaar *séparable*; TAALK. *à particule séparable*
scheiden I OV WW afzonderen *séparer (***van** *de)*; FIG. *dissocier (***van** *de)*; ⟨verdelen⟩ *diviser* ★ ge~ slapen *faire chambre à part* **II** ON WW • uiteengaan *se séparer*; ⟨zich losmaken⟩ *se séparer (***van** *de)*; *se détacher (***van** *de)* ★ hier ~ onze wegen *nos chemins se séparent ici* • huwelijk ontbinden *divorcer (***van** *avec, d'avec, de)* ★ zich laten ~ *demander le divorce* ★ ge~ zijn *être divorcé* ★ ge~ van tafel en bed *en séparation de corps*
scheiding • splitsing *séparation* v; FIG. *dissociation* v ★ ~ van kerk en staat *laïcité* • grens *ligne* v *de séparation / de partage*; ⟨schot/wand⟩ *cloison* v • lijn in haar *raie* v • echtscheiding *divorce* m ★ ~ van tafel en bed *séparation* v *de corps* ★ in ~ liggen *être en instance de divorce*
scheidslijn *ligne* v *de démarcation/de partage*
scheidsmuur *cloison* v; FIG. *barrière* v
scheidsrechter *arbitre* m/v
scheikunde *chimie* v
scheikundig *chimique*
schel I ZN [de] bel *sonnette* v ▾ de ~len vielen hem van de ogen *les écailles lui sont tombées des yeux*; INFORM. *ça a fait tilt* **II** BNW • scherp *aigu* [v: *aiguë*]; *perçant* • helder ⟨v. licht⟩ *cru*; ⟨v. kleur⟩ *criard* **III** BIJW helder *crûment*
Schelde *Escaut* m
schelden *pester (***op** *contre)*; *jurer (***op** *contre)* ★ iem. de huid vol ~ *traiter qn de tous les noms*
scheldkanonnade *bordée* v *d'injures*
scheldpartij INFORM. *engueulade* v
scheldwoord *insulte* v; *gros mot* m; *injure* v
schelen • onderling verschillen *différer* ★ ze ~ drie jaar *ils ont trois ans de différence* • uitmaken *faire une différence* ★ dat scheelt een paar uur *ça fait une différence de quelques heures* ★ het kan me niets ~ *je m'en moque*; *ça m'est bien égal*; INFORM. *je m'en fous* ★ het scheelt veel wie het zegt *tout dépend de qui le dit* ★ het scheelde weinig of hij viel *il a failli tomber*; *un peu plus il tombait* ★ het scheelt een slok op een borrel *ça fait une sacrée différence* ★ dat kan niet ~! *peu importe!* ★ het scheelde maar een haar of *il s'en est fallu d'un poil que* [+ subj.] ★ dat scheelde niet veel *c'était limite / tangent / tout juste* • mankeren *manquer* ★ wat scheelt je? *il y a qc qui ne va pas?* ★ wat scheelt eraan? *qu'est-ce qui vous arrive?*
schellinkje *paradis* m; INFORM. *colombier* m
schelm • deugniet *garnement* m • schurk *filou* m; *voyou* m
schelmenroman *roman* m *picaresque*
schelmenstreek *tour* m *pendable*
schelp *coquille* v; *coquillage* m
schelpdier *coquillage* m
schelvis *aiglefin* m
schema • model *schéma* m • tijdsplanning *programme* m; *horaire* m
schematisch I BNW *schématique* **II** BIJW *d'une manière schématique*; *schématiquement*
schemer *ombre* v; *pénombre* v ★ de ~ valt *le soir*

descend; le jour baisse
schemerdonker *pénombre* v; *ombre* v
schemerduister *crépuscule* m
schemeren I ON WW vaag te zien zijn ⋆ het schemert me voor de ogen *j'ai comme un voile devant les yeux; ma vue se brouille* ⋆ er schemert mij zoiets voor de geest *j'en ai un vague souvenir* **II** ONP WW schemerig zijn ('s ochtends) *commencer à faire jour*; ('s avonds) *commencer à faire nuit*
schemerig • halfduister *obscur*; (v. daglicht) *crépusculaire* • vaag *vague*; *brumeux* [v: *brumeuse*]
schemering • schemer *crépuscule* m; (v. ochtend) *aube* v ⋆ in de ~ *au crépuscule*; *entre chien et loup*; *à l'aube* ⋆ de ~ valt *le soir / la nuit tombe* • schemerlicht/-donker *demi-jour* m; *pénombre* v
schemerlamp *lampe* v; (staand) *lampadaire* m
schemertoestand FIG. *état* m *second*
schenden • beschadigen *abîmer*; *mutiler* • onteren *porter atteinte à*; *déshonorer*; (ontwijden) *violer*; (ontwijden) *profaner* ⋆ een graf ~ *profaner une tombe* • overtreden *violer*; *transgresser*
schending *violation* v; (inbreuk) *atteinte (***van** *à)* v; (ontwijding) *profanation* v
schenkel (v. slachtvee) *jarret* m
schenken • geven *offrir (***aan** *à)*; *donner (***aan** *à)*; (verlenen) *accorder (***aan** *à)* ⋆ aandacht ~ aan *prêter attention à* • kwijtschelden *faire grâce de* • gieten *verser*; (serveren) *servir*; (volschenken) *remplir*
schenking *don* m; *donation* v
schenkingsakte *acte* m *de donation*
schenkingsrecht *taxe* v *sur les donations*
schennis • schending *violation* v; (vergrijp) *outrage* m • REL. *profanation* v
schep • gereedschap *pelle* v • een schep vol (m.b.t. lepel) *cuillerée* v; *pelletée* v • grote hoeveelheid *tas* m ▾ er nog een ~je bovenop doen *en rajouter*; *mettre le turbo*
schepen *échevin* m
schepijs ≈ *glace* v *en boules*
schepnet *épuisette* v; *truble* m
scheppen • opscheppen *prendre*; (erin/erop doen) *mettre* ⋆ geschept papier *papier à la cuve* • putten *puiser (***uit** *dans)*; *trouver (***uit** *dans)* ⋆ vreugde ~ in *prendre plaisir à* ⋆ adem ~ *reprendre haleine* • omverrijden *faucher* • creëren *créer* ⋆ ~d *créateur* [v: *créatrice*] ⋆ geschapen zijn voor *être fait pour*
schepper *créateur* m [v: *créatrice*]
schepping *création* v
scheppingsverhaal *récit* m *de la création*
scheprad *roue* v *à aubes*
schepsel *créature* v
scheren I OV WW kort afsnijden *raser*; (v. dieren/gewassen) *tondre* ⋆ zich ~ *se raser* ⋆ pas geschoren *rasé de frais* ⋆ glad ~ *raser de près* **II** ON WW • rakelings gaan langs ⋆ ~ langs *effleurer*; *friser*; *raser* • snel bewegen ⋆ door de lucht ~ *fendre l'air*
scherf *éclat* m; (v. fles/pot) *tesson* m ⋆ aan scherven vallen *tomber en (mille) morceaux*
schering (v. weefsel) *chaîne* v ▾ dat is ~ en inslag *cela est monnaie courante*
scherm *écran* m ▾ achter de ~en *dans les coulisses*
schermen I ZN [het] *escrime* v **II** ON WW SPORT *faire de l'escrime* ▾ met woorden ~ *faire de grandes phrases* ▾ ~ met OOK FIG. *brandir*
schermutseling *escarmouche* v; *accrochage* m
scherp I BNW • puntig *aigu* [v: *aiguë*]; *pointu* • goed snijdend *coupant*; *tranchant*; (geslepen) *bien affilé* • hoekig ⋆ ~e hoek *angle* m *aigu* ⋆ ~e bocht *virage* m *serré* • vinnig *aigre*; *tranchant*; (v. woord) *acerbe*; (v. woord) *mordant*; (v. woord) *aigre* • scherpzinnig *subtil*; *fin* • met fijn onderscheidingsvermogen *perspicace* • streng *sévère* • duidelijk uitkomend *net* [v: *nette*]; *distinct*; *précis*; (v. geluid) *perçant*; (v. geluid) *aigu* [v: *aiguë*] ⋆ ~e trekken *traits* m mv *accusés* • heet *fort*; (v. smaak) *relevé*; (v. smaak) *piquant*; (v. wijn) *âpre* **II** BIJW • duidelijk *avec netteté*; *distinctement*; FIG. *subtilement*; FIG. *avec perspicacité* ⋆ zich ~ aftekenen *se dessiner nettement* ⋆ ~ horen *avoir l'oreille fine* ⋆ ~ luisteren *écouter attentivement* ⋆ ~ aankijken *regarder fixement / entre les deux yeux* • streng *sévèrement* ⋆ ~ bewaken *surveiller de près* • bits *avec virulence*; *violemment* • krachtig *vivement* ▾ ~ geprijsd *calculé au plus juste* ▾ ~ stellen *mettre au point*; *régler* ▾ de bocht ~ nemen *prendre le virage à la corde* **III** ZN [het] • scherpe kant *fil* m; *tranchant* m • munitie ⋆ met ~ schieten *tirer à balles (réelles)* ▾ op ~ staan *être affûté / d'attaque* ▾ op het ~ van de snede *sur le fil du rasoir*
scherpen *aiguiser*; *affûter*; FIG. *aiguiser*
scherpomlijnd *à contours précis*
scherprechter *bourreau* m [mv: *bourreaux*]
scherpschutter *tireur* m *d'élite*
scherpslijper *tatillon* m [v: *tatillonne*]
scherpte • puntigheid *tranchant* m • duidelijkheid *netteté* v • fijn onderscheidingsvermogen *perspicacité* v • bitsheid *aigreur* v; *virulence* v
scherptediepte *profondeur* v *de champ*
scherpzinnig I BNW *perspicace* **II** BIJW *avec perspicacité*; *subtilement*
scherts *plaisanterie* v; *raillerie* v
schertsen *plaisanter*; *badiner*
schertsend I BNW *badin* **II** BIJW *pour rire*; *par plaisanterie*; *en plaisantant*
schertsfiguur *guignol* m; INFORM. *gugusse* m
schertsvertoning *comédie* v; *mascarade* v
schets • tekening *esquisse* v; *ébauche* v; *croquis* m • korte beschrijving *aperçu* m
schetsblok *bloc* m *à croquis*
schetsboek *album* m *à dessin*
schetsen • tekenen *esquisser*; *ébaucher*; *croquer* • beschrijven *dépeindre*
schetsmatig *(esquissé) à grands traits*
schetteren *retentir*
scheur • spleet *crevasse* v; *fente* v; (in hout) *fente* v; (in glas) *fêlure* v; (in muur) *lézarde* v; *fissure* v; (in papier) *déchirure* v; (winkelhaak) *accroc* m • mond *gueule* v
scheurbuik *scorbut* m

scheuren I OV WW scheuren maken *déchirer*; ⟨v. muur⟩ *fendre*; ⟨v. muur⟩ *fissurer*; ⟨v. muur⟩ *lézarder*; ⟨afscheuren⟩ *détacher*; ⟨rukken⟩ *arracher* **II** ON WW • een scheur krijgen *se déchirer*; ⟨v. muur⟩ *se fendre*; ⟨v. muur⟩ *se lézarder*; ⟨v. grond⟩ *se crevasser*; ⟨knappen⟩ *craquer* • hard rijden *rouler plein gaz*; *foncer*
scheuring • het scheuren *déchirement* m; ⟨v. muur⟩ *fissuration* v • splitsing *schisme* m; *scission* v
scheurkalender *éphéméride* v
scheut • hoeveelheid vloeistof *coup* m • steek *élancement* m; *point* m • loot *pousse* v; *rejeton* m
scheutig I BNW vrijgevig *large*; *généreux* [v: *généreuse*] ★ niet ~ met *avare de* **II** BIJW *généreusement*
schicht *éclair* m
schichtig ⟨v. mens⟩ *farouche*; ⟨v. paard e.d.⟩ *ombrageux* [v: *ombrageuse*] ★ ~ worden *s'effaroucher*
schielijk ⟨snel⟩ *promptement*; ⟨plots⟩ *subitement*
schiereiland *presqu'île* v; ⟨groot⟩ *péninsule* v
schietbaan *(champ* m *de) tir* m
schieten I OV WW • ⟨een projectiel⟩ afvuren *tirer* • treffen *toucher* ★ zich voor het hoofd ~ *se brûler la cervelle* • PLANTK. uitlopen ★ wortel ~ *prendre racine* ▼ ik kan hem wel ~ *je le tuerais* **II** ON WW • vuren *tirer (***op** *sur)* ★ erop los ~ *tirer dessus* ★ gericht ~ *viser* ★ sta of ik schiet! *halte ou je tire!* • snel bewegen *filer*; ⟨afvliegen (op)⟩ *s'élancer (***naar** *sur)*; INFORM. *foncer (***naar** *sur)*; ⟨glippen⟩ *glisser* ★ voorover ~ *être projeté (en avant)* ★ omhoog ~ *s'élancer*; *flamber* ★ te hulp ~ *voler au secours* • snel groeien *monter (en graine)*; *pousser (vite)* • plotseling opkomen ★ dat schoot haar door het hoofd *cela lui a traversé l'esprit* ★ te binnen ~ *revenir (à l'esprit)* ▼ om op te ~ *odieux* [v: *odieuse*] ▼ laten ~ *laisser tomber*
schietgat *meurtrière* v
schietgebed *oraison* v *jaculatoire*
schietlood *fil* m *à plomb*
schietpartij *fusillade* v
schietschijf *cible* v
schietstoel *siège* m *éjectable*
schiettent *(stand* m *de) tir* m
schiften I OV WW sorteren *trier* **II** ON WW klonteren *tourner*; *se cailler*
schifting *triage* m; *tri* m; *sélection* v
schijf • platrond voorwerp *disque* m ★ harde ~ *disque dur* • draaibord ⟨v. pottenbakker⟩ *tour* m; ⟨v. katrol⟩ *rouet* m • plak ⟨rond plakje⟩ *tranche* v; *rondelle* v • schietschijf *cible* v • damschijf *pion* m ▼ over veel schijven lopen *passer par beaucoup de rouages / d'intermédiaires*
schijfrem *frein* m *à disque*
schijn • (valse) indruk *apparence* v ★ schone ~ *clinquant* m; *(un) miroir aux alouettes* ★ voor de ~ *pour la façade* ★ de ~ hebben van *avoir l'air de* ★ naar de ~ beoordelen *juger sur les apparences* ★ de ~ redden *sauver les apparences* ★ in ~ *en apparence* ★ ~ bedriegt *les apparences sont trompeuses* ★ hij heeft de ~ tegen zich *les apparences sont contre lui* • waarschijnlijkheid ★ naar alle ~ *selon toute apparence* • schijnsel *clarté* v; *lueur* v; ⟨weerschijn⟩ *reflet* m ▼ geen ~ van kans *pas l'ombre d'une chance*
schijnaanval *fausse attaque* v
schijnbaar I BNW niet werkelijk *apparent* **II** BIJW blijkbaar *apparemment*; ⟨in schijn⟩ *en apparence*
schijnbeweging *feinte* v
schijndood I ZN [de] *mort* v *apparente* **II** BNW *mort en apparence*
schijnen • stralen *luire*; *briller* ★ de zon schijnt *il fait (du) soleil* ★ de maan schijnt *il fait clair de lune* ★ de zon schijnt in mijn kamer *le soleil donne dans ma chambre* • lijken *paraître*; *sembler*; *avoir l'air de* ★ naar het schijnt *à ce qu'il paraît*
schijngestalte *apparence* v; ⟨v. maan⟩ *phase* v
schijnheilig *hypocrite* ★ ~ persoon *hypocrite* m/v; INFORM. *faux jeton* m
schijnhuwelijk *mariage* m *blanc*
schijnproces *simulacre* m *de procès*
schijnsel *lueur* v; ⟨v. maan⟩ *clair* m
schijntje *soupçon* m ★ voor een ~ *pour trois fois rien*
schijnvertoning *comédie* v; *farce* v
schijnwerper *projecteur* m ▼ in de ~s *sous les (feux des) projecteurs*
schijnzwanger *souffrant d'une grossesse nerveuse*
schijt *merde* v ▼ ~ hebben aan *se foutre de*
schijten *chier*
schijterig *trouillard*
schijthuis *chiottes* v mv
schijtluis *froussard* m; *pétochard* m; INFORM. *trouillard* m
schik • tevredenheid *contentement* m ★ in zijn ~ zijn *boire du petit-lait*; *jubiler* ★ in zijn ~ zijn met *être content de* • plezier *plaisir* m ★ ~ hebben in *prendre plaisir à*
schikgodin *Parque* v
schikken I OV WW • goed plaatsen *arranger*; *mettre en ordre* • regelen *arranger* ★ het zo ~ dat *s'arranger pour* **II** ON WW gelegen komen *arranger*; *convenir* ★ als het u schikt *si cela vous arrange/convient* **III** WKD WW [+ zich] *se résigner (***in** *à)* ★ zich ~ naar *s'accommoder de*; *s'adapter à*; *se régler sur*
schikking • ordening *arrangement* m • overeenkomst *arrangement* m; JUR. *transaction* v ★ tot een ~ komen *s'arranger* ★ minnelijke ~ *arrangement à l'amiable*
schil *peau* v; *pelure* v; ⟨v. citroen⟩ *zeste* m; ⟨bast⟩ *écorce* v; ⟨laag⟩ *couche* v ★ de ~len *les épluchures* ★ in de ~ gekookt *en robe des champs*
schild • MIL. beschermingsplaat *bouclier* m • DIERK. dekschild *carapace* v • wapenschild *écu* m; *blason* m ▼ ze voeren iets in hun ~ *ils mijotent / manigencent qc* ▼ op het ~ verheffen *hisser sur le pavois*
schilder • huisschilder *peintre* m *(en bâtiment)* • kunstschilder *(artiste* m/v*) peintre* m
schilderachtig *pittoresque*
schilderen I OV WW • verven *peindre*

sc

• afbeelden *peindre* **II** ON WW *peindre*
schilderij *tableau* m [mv: *tableaux*]; *peinture* v
schildering • schilderij *peinture* v • beschrijving *portrait* m
schilderkunst *peinture* v
schildersbedrijf • vak *peinture* v *en bâtiment* • bedrijf *entreprise* v *de peinture en bâtiment*
schildersezel *chevalet* m
schildertechniek *techniques* v mv *picturales*
schilderwerk *peinture* v
schildklier *(glande* v*) thyroïde* v
schildknaap *écuyer* m
schildpad *tortue* v
schildwacht *sentinelle* v
schilfer *écaille* v; ⟨v. hoofdhuid⟩ *pellicule* v
schilferen *s'écailler*
schilferig *écailleux* [v: *écailleuse*]; ⟨v. hoofdhuid⟩ *pelliculeux* [v: *pelliculeuse*]
schillen *éplucher*; *peler*
schilmesje *éplucheur* m
schim OOK FIG. *ombre* v; ⟨spook⟩ *spectre* m
schimmel • paard *cheval* m *blanc* • zwam *champignon* m • uitslag *moisissure* v; *moisi* m; MED. *mycose* v
schimmeldraad *mycélium* m
schimmelen *(se) moisir*
schimmelig *moisi*
schimmelkaas *fromage* m *fermenté*
schimmenrijk *enfers* m mv
schimmenspel *théâtre* m *d'ombres*
schimmig *nébuleux* [v: *nébuleuse*]
schimpen ⋆ ~ op *dénigrer*
schimpscheut *sarcasme* m; *trait* m; *pique* v
schip • vaartuig *bateau* m [mv: *bateaux*]; ⟨groot⟩ *navire* m; ⟨groot⟩ *bâtiment* m; GESCH. *vaisseau* m [mv: *vaisseaux*] • beuk van kerk *nef* v ▾ zijn schepen achter zich verbranden *brûler les ponts derrière soi* ▾ schoon ~ maken *faire place nette*; *faire table rase* ▾ het ~ ingaan *échouer* ▾ we zien wel waar het ~ strandt *vogue la galère!*
schipbreuk *naufrage* m ⋆ ~ lijden OOK FIG. *faire naufrage*; FIG. *échouer*
schipbreukeling *naufragé* m
schipper *commandant* m; *capitaine* m ▾ ~ naast God *maître* m *après Dieu*
schipperen *biaiser*; *louvoyer*; *transiger (***met** *avec, sur)*
schipperstrui *pull* m *marin*
schisma *schisme* m
schitteren • fel schijnen *briller* • uitblinken *briller*
schitterend I BNW • glinsterend *brillant*; *éclatant* • prachtig *éblouissant* **II** BIJW *brillamment*; *splendidement*
schittering • het schitteren *éclat* m mv; *miroitement* m • pracht *éclat* m; *splendeur* v; ⟨v. diamant⟩ *feux* m mv
schizofreen *schizophrène*
schizofrenie *schizophrénie* v
schlager *tube* m
schlemiel • sul *cruche* v • pechvogel *lo(o)ser* m
schmink *maquillage* m; *fard* m
schminken *maquiller*; *grimer*
schnabbel *à-côté* m [mv: *à-côtés*]
schnabbelen *se faire des à-côtés*
schnitzel *escalope* v
schoeien *chausser*
schoeisel *chaussure(s)* v (mv)
schoen *soulier* m; *chaussure* v ⋆ hoge ~ *chaussure montante*; *bottine* v ⋆ zijn ~en aantrekken / uittrekken *se chausser / se déchausser* ▾ de stoute ~en aantrekken *prendre son courage à deux mains* ▾ weten waar hem de ~ wringt *savoir où se trouve la difficulté* ▾ wie de ~ past, trekke hem aan *qui se sent morveux se mouche*; ≈ *à bon entendeur, salut!* ▾ naast zijn ~en lopen *ne plus se sentir* ▾ stevig in zijn ~en staan *être droit dans ses bottes* ▾ iem. iets in de ~en schuiven *mettre qc sur le dos de qn* ▾ daar wringt de ~ *c'est là que le bât blesse* ▾ de moed zonk me in de ~en *j'ai perdu courage* ▾ met lood in de ~en *avec réticence*; *traînant les pieds* ▾ in iemands ~en staan *être à la place de qn*
schoenborstel *brosse* v *à chaussures*
schoencrème *cirage* m
schoenendoos *boîte* v *à chaussures*
schoenenwinkel *magasin* m *de chaussures*
schoener *schooner* m
schoenlepel *chausse-pied* m [mv: *chausse-pieds*]
schoenmaat *pointure* v
schoenmaker *cordonnier* m
schoenpoetser *cireur* m; *décrotteur* m
schoensmeer *cirage* m
schoenveter *lacet* m
schoenzool *semelle* v
schoep *pale* v; *aube* v
schoffel *binette* v; *sarcloir* m
schoffelen *biner*; *sarcler*
schofferen *offenser*; *outrager*
schoffie *(petit) voyou* m
schoft • schurk *salaud* m • schouder van dier *garrot* m
schoftenstreek *vacherie* v; *tour* m *de cochon*
schofterig *dégueulasse*
schofthoogte *hauteur* v *au garrot*
schok • stoot *choc* m; *heurt* m; *secousse* v • stroomstoot *décharge* v • emotionele gebeurtenis *choc* m
schokbestendig *antichoc* [onv]
schokbeton *béton* m *vibré*
schokbreker *amortisseur* m
schokdemper *amortisseur* m
schokeffect *effet* m *de choc*
schokgolf *onde* v *de choc*
schokken I OV WW • heftig beroeren *choquer*; *bouleverser*; ⟨doen wankelen⟩ *ébranler* • betalen *casquer*; *cracher* **II** ON WW schudden *tressauter*; *cahoter*
schokkend *choquant*; *bouleversant*
schokschouderen *hausser les épaules*
schoksgewijs *par à-coups*; *par saccades*
schol • vis *carrelet* m • ijsschots *glaçon* m • GEOL. *plaque* v
scholastiek *scolastique* v
scholekster *huîtrier* m *pie*
scholen I OV WW opleiden *former* ⋆ geschoold *qualifié* **II** ON WW samenscholen *s'attrouper*
scholengemeenschap *groupe* m *scolaire*
scholier *écolier* m [v: *écolière*]; ⟨op middelbare school⟩ *lycéen* m [v: *lycéenne*]; ⟨op

SC

middelbare school⟩ *collégien* m [v: *collégienne*]
scholing *formation* v; *instruction* v
schommel *balançoire* v
schommelen • heen en weer bewegen *(se) balancer* • waggelen *se dandiner* • fluctueren *fluctuer*
schommeling *fluctuation* v
schommelstoel *fauteuil* m *à bascule*; *berceuse* v; *rocking-chair* m
schonkig *taillé à coups de hache*
schoof *gerbe* v
schooien *quémander*; *mendier*
schooier • zwerver *va-nu-pieds* m [onv] • schoft *voyou* m
school • onderwijsinstelling *école* v ★ naar ~ gaan *aller à l'école* ★ van ~ doen *retirer de l'école* ★ lagere / middelbare / hogere ~ *école primaire / secondaire / supérieure* ★ bijzondere / particuliere / openbare ~ *école libre / laïque / publique* • lessen *cours* m mv ★ ~ hebben *avoir cours*; *avoir classe* ★ op ~ *à l'école*; *en classe* ★ de ~ verzuimen *manquer les cours*; *faire l'école buissonnière* • schoolgebouw *école* v • richting *école* v • groep vissen *banc* m *(de poissons)* ▾ uit de ~ klappen *bavarder*; INFORM. *vendre la mèche*; INFORM. *gaffer* ▾ ~ maken *faire école*
schoolagenda *agenda* m
schoolarts *médecin* m *scolaire*
schoolbank *banc* m *d'école*
schoolbezoek *scolarisation* v; *scolarité* v
schoolblijven *être en retenue*; *être retenu*; INFORM. *être collé* ★ een uur moeten ~ INFORM. *avoir une heure de colle*
schoolboek *livre* m / *manuel* m *scolaire*
schoolbord *tableau* m *(noir)* [m mv: *tableaux*]
schoolbus *car* m *de ramassage scolaire*
schooldag *jour* m *de classe*
schooldecaan *conseiller* m *(principal) d'éducation (CPE)*
schoolgaand *d'âge scolaire*; *scolarisé*
schoolgeld *frais* m mv *de scolarité*
schoolhoofd *directeur* m *d'école* [v: *directrice* ...]
schooljaar *année* v *scolaire* ★ begin van het ~ *rentrée* v *(scolaire)*
schooljeugd *scolaires* m mv; *écoliers* m mv; *population* v *scolaire*; ⟨op middelbare school⟩ *lycéens* m mv
schooljuffrouw *maîtresse* v
schoolklas *classe* v
schoolkrant *journal* m *de l'école* [m mv: *journaux* ...]
schoollokaal *(salle* v *de) classe* v
schoolmeester *maître* m *d'école*; ⟨frik⟩ *pédant* m; *cuistre* m
schoolplein *cour* v *de récréation*
schoolreis *voyage* m / *sortie* v *scolaire*
schools • zoals op school *scolaire*; *académique* • FIG. niet zelfstandig *scolaire*; *académique*
schoolslag *brasse* v
schooltas *cartable* m
schooltijd • lestijd *heures* v mv *de cours*; *classe* v • schooljaren *(années* v mv *de) scolarité* v
schooluitval *échec* m *scolaire*
schoolvakantie *vacances* v mv *scolaires*
schoolvereniging *association* v *qui gère un établissement scolaire*
schoolverlater *jeune bachelier* m
schoolverzuim *absentéisme* m *scolaire*
schoolvoorbeeld *exemple* m *type*; *modèle* m
schoolziek ≈ *qui simule une maladie*
schoolzwemmen *natation* v *scolaire*
schoon I BNW • niet vuil *propre* • mooi *beau* [m mv: *beaux*] [v: *belle*] [vóór klinker of stomme h: bel] • netto *net* **II** BIJW helemaal ★ het is ~ op *il n'en reste rien*
schoonbroer *beau-frère* m [mv: *beaux-frères*]
schoondochter *belle-fille* v [mv: *belles-filles*]
schoonfamilie *belle-famille* v [mv: *belles-familles*]
schoonheid *beauté* v
schoonheidsfout *petit défaut* m; *imperfection* v
schoonheidsideaal *beauté* v *idéale*
schoonheidskoningin *reine* v *de beauté*
schoonheidssalon *salon* m *de beauté*
schoonheidsslaapje *petit somme* m
schoonheidsspecialiste *esthéticienne* v
schoonheidsvlekje *grain* m *de beauté*
schoonheidswedstrijd *concours* m *de beauté*
schoonhouden *tenir propre*; *nettoyer*
schoonmaak *nettoyage* m
schoonmaakbedrijf *entreprise* v *de nettoyage*
schoonmaakwoede *manie* v *du nettoyage*
schoonmaken *nettoyer*; ⟨v. groente⟩ *éplucher*; ⟨v. vis, slachtdier⟩ *vider*; ⟨afvegen⟩ *essuyer*; ⟨afborstelen⟩ *décrotter*; ⟨uitbaggeren⟩ *curer* ★ zijn nagels ~ *se curer les ongles*
schoonmaker *nettoyeur* m [v: *nettoyeuse*]
schoonmoeder *belle-mère* v [mv: *belles-mères*]
schoonouders *beaux-parents* m mv
schoonrijden *patinage* m *artistique*
schoonschrift *calligraphie* v
schoonschrijven *calligraphier*
schoonspringen *plongeon* m *acrobatique*
schoonvader *beau-père* m [mv: *beaux-pères*]
schoonzoon *gendre* m
schoonzuster *belle-sœur* v [mv: *belles-sœurs*]
schoorsteen *cheminée* v ▾ daarvan kan de ~ niet roken *ça ne nourrit pas son homme*
schoorsteenmantel *(dessus* m *de) cheminée* v
schoorsteenveger *ramoneur* m
schoorvoetend *avec réticence*; *traînant les pieds*
schoot • bovendijen *genoux* m mv ★ op iemands ~ *sur les genoux de qn* • deel kledingstuk *creux* m • SCHEEPV. *écoute* v • FIG. binnenste *sein* m; *giron* m ▾ het hoofd in de ~ leggen *baisser les bras* ▾ dat krijgt hij in de ~ geworpen *ça lui tombe du ciel*
schoothondje ≈ *bichon* m [v: *bichonne*]
schootsafstand *portée* v ★ op ~ *à portée*
schootsveld *champ* m *de tir*
schop • trap *coup* m *de pied* ★ SPORT vrije ~ *coup franc* • spade *pelle* v; *bêche* v ▾ op de ~ gaan *être remanié*
schoppen I ZN [de] ⟨in spel⟩ *pique* m **II** OV WW schop geven *donner des coups de pied à* **III** ON WW *donner des coups de pied à* ★ tegen een bal ~ *taper / donner un coup de pied dans un ballon*
schopstoel ▾ op de ~ zitten *être sur un siège éjectable*

SC

schor I BNW *enroué*; *rauque* **II** BIJW *d'une voix enrouée*
schorem *racaille* v
schoren *étayer*
Schorpioen *Scorpion* m
schorpioen *scorpion* m
schors *écorce* v
schorsen • buiten dienst stellen ⟨in functie⟩ *suspendre de ses fonctions* • tijdelijk opheffen *suspendre*
schorseneer *scorsonère* v; *salsifis* m *noir*
schorsing *suspension* v
schort *tablier* m
schorten *manquer* ⋆ het schort hun aan goede wil *ils manquent de bonne volonté* ⋆ er schort iets aan *ça ne va pas*; *ça ne tourne pas rond*
Schot *Écossais* m [v: *Écossaise*]
schot • het schieten ⟨v. vuurwapen⟩ *coup* m *(de feu)*; ⟨knal⟩ *détonation* v ⋆ een ~ lossen *tirer* ⋆ onder ~ hebben *avoir à portée de fusil* ⋆ iem. onder ~ hebben *avoir l'arme braquée sur qn* • SPORT *tir* m • vaart *progrès* m ⋆ er zit geen ~ in het werk *le travail n'avance pas* ⋆ er ~ achter zetten *activer* / *expédier les choses* • tussenschot *cloison* v; *séparation* v ▾ buiten ~ blijven *rester hors d'atteinte* / *à l'abri* / *à l'écart*
schotel • schaal *plat* m; ⟨bij kopje⟩ *soucoupe* v • CUL. gerecht *plat* m ▾ vliegende ~ *soucoupe volante* v; *ovni* m
schotelantenne *antenne* v *parabolique*; *parabole* v
schotenwisseling *échange* m *de coups de feu*; *fusillade* v
Schotland *l'Écosse* v ⋆ in ~ *en Écosse*
Schots *écossais*
schots I ZN [de] *glaçon* m ⋆ ~en *glaces* v mv *flottantes* **II** BIJW ▾ ~ en scheef *tout de travers*; *en vrac*
schotschrift *libelle* m
schotwond *blessure* v *de balle*
schouder *épaule* v ⋆ de ~s ophalen *hausser les épaules* ⋆ over zijn ~ *par-dessus l'épaule* ▾ brede ~s hebben *avoir bon dos* / *le dos large* ▾ de ~s eronder zetten *s'y mettre* ▾ ~ aan ~ *(au) coude à coude*
schouderband *bretelle* v; ⟨v. hemd⟩ *épaulette* v
schouderblad *omoplate* v
schoudergewricht *articulation* v *scapulo-humérale*
schouderhoogte *hauteur* v *d'épaule*
schouderklopje *tape* v *(amicale) dans le dos*
schouderophalen *haussement* m *d'épaules*
schoudertas *sac* m *à bandoulière*; *sacoche* v
schoudervulling *épaulette* v
schout • GESCH. *bailli* m • dijkgraaf *surintendant* m *des digues*
schout-bij-nacht *contre-amiral* m [mv: *contre-amiraux*]
schouw • stookplaats *cheminée* v • inspectie *inspection* v • boot *barge* v
schouwburg *théâtre* m
schouwen • inspecteren *inspecter* • lijkschouwen *autopsier* • beschouwen *contempler*
schouwspel *spectacle* m; *scène* v
schraag *chevalet* m; *tréteau* m
schraal I BNW • mager *maigre* • karig *chétif* [v: *chétive*]; *chiche*; *pauvre* ⋆ ~ maal *repas* m *frugal* ⋆ schrale troost *faible* / *maigre* / *piètre consolation* v • uitgedroogd ⋆ schrale huid *peau* v *rêche* / *sèche* • onvruchtbaar *aride* • guur *âpre* **II** BIJW *maigrement*; *pauvrement*
schraalhans *grigou* m ▾ ~ is er keukenmeester *on y dîne par cœur*
schraapzucht *rapacité* v; *avidité* v
schragen *soutenir*; *étayer*
schram *égratignure* v; *éraflure* v
schrammen *égratigner*; *écorcher*
schrander I BNW *intelligent*; ⟨pienter⟩ *éveillé*; *futé* **II** BIJW *intelligemment*
schranderheid *intelligence* v; *perspicacité* v
schransen *bâfrer*; *bouffer*
schranspartij *bombance* v; *ripaille* v
schrap I ZN [de] • kras *égratignure* v • doorhaling *trait* m; *barre* v **II** BIJW ⋆ zich ~ zetten *se raidir*; *s'arc-bouter* ⋆ ~ staan *être en posture*; *ne pas lâcher pied*
schrapen • afkrabben *gratter*; *racler* ⋆ zijn keel ~ *s'éclaircir la voix* • verzamelen *amasser*
schraper • schraapijzer *racloir* m • persoon *grippe-sou* m [mv: *grippe-sou(s)*]
schrappen • schrapen *racler* ⋆ een vis ~ *écailler un poisson* • doorhalen *rayer*; *biffer*
schrede *pas* m; *enjambée* v ⋆ met rasse ~n *à grands pas* ▾ op zijn ~n terugkeren *revenir sur ses pas*
schreef *trait* m; *barre* v; DRUKK. *empattement* m ▾ over de ~ gaan *dépasser les bornes*
schreeuw *cri* m ⋆ een ~ geven *pousser un cri*
schreeuwen I OV WW iets hard roepen ⟨brullen⟩ *hurler*; *crier*; INFORM. *gueuler* **II** ON WW • hard roepen ⟨woedend⟩ *crier*; *hurler*; ⟨hard⟩ INFORM. *gueuler* • **~ om** ⋆ ~ om *réclamer* ⋆ om hulp ~ *crier au secours* ⋆ om wraak ~ *crier vengeance* ▾ hij schreeuwt voordat hij geslagen wordt *il crie avant qu'on l'écorche*
schreeuwend *criant*; FIG. *flagrant*; ⟨v. kleur⟩ *criard*
schreeuwerig • schreeuwend *criard*; INFORM. *braillard* • opzichtig *criard*; ⟨v. tekst/reclame⟩ *tapageur* [v: *tapageuse*]
schreeuwlelijk *gueulard* m; *braillard* m
schreien *pleurer*
schriel I BNW • mager *grêle* • gierig *chiche* **II** BIJW *chichement*
schrielhannes *gringalet* m
Schrift ⋆ de Heilige ~ *l'Ecriture sainte*
schrift • cahier *cahier* m • het schrijven ⋆ iets op ~ stellen *mettre par écrit qc* • handschrift *écriture* v
schriftelijk I BNW *écrit* ⋆ ~ onderwijs *enseignement* m *par correspondance* ⋆ ~ werk *un travail écrit*; *une interrogation écrite* **II** BIJW *par écrit*
Schriftgeleerde *exégète* m; GESCH. *scribe* m
schrijden *marcher (à pas comptés)*; *avancer*
schrijfbehoeften *fournitures* v mv *de bureau*
schrijfblok *bloc-notes* m [mv: *blocs-notes*]
schrijfmachine *machine* v *à écrire*
schrijfmap *nécessaire* m *de correspondance*

schrijfpapier *papier* m *à lettres*
schrijfster *auteur* m; *femme* v *écrivain*
schrijftaal *langue* v *écrite*
schrijfvaardigheid *expression* v *écrite*
schrijfwijze • spelling *orthographe* v • handschrift *écriture* v
schrijlings *à califourchon*; *à cheval (***op** *sur)*
schrijnen *brûler*; ⟨v. wond⟩ *cuire*
schrijnend *cuisant*; *poignant*
schrijnwerker *ébéniste* m; *menuisier* m
schrijven I OV WW • tekst noteren *écrire* • spellen *écrire* ★ hoe schrijf je dat? *ça s'écrit comment?* **II** ON WW tekst noteren *écrire* ★ duidelijk ~ *écrire lisiblement* ★ op een advertentie ~ *répondre à une annonce* ★ dik/fijn ~ *écrire gros/fin* ★ met inkt/pen ~ *écrire à l'encre/au stylo* **III** ZN [het] brief *courrier* m
schrijver *écrivain* m; *auteur* m
schrijverschap *métier* m *d'écrivain*
schrik • plotseling angstgevoel *peur* v; *effroi* m; ⟨sterker⟩ *frayeur* v ★ iem. de ~ op het lijf jagen *faire une peur bleue à qn*; *effrayer qn* ★ met de ~ vrijkomen *en être quitte pour la peur*; *avoir (eu) plus de peur que de mal* • angstaanjagend iets/iemand ★ de ~ zijn van *être la terreur de*
schrikaanjagend *effrayant*; *terrifiant*
schrikachtig *peureux* [v: *peureuse*]; ⟨v. paard⟩ *ombrageux* [v: *ombrageuse*]; ⟨schichtig⟩ *farouche*
schrikbarend I BNW *terrible* **II** BIJW *terriblement*
schrikbeeld *cauchemar* m
schrikbewind *terreur* v ★ een ~ voeren *faire régner la terreur*
schrikdraad *fil* m *électrifié* ★ ~omheining *clôture* v *électrique*
schrikkeldag *jour* m *intercalaire*
schrikkeljaar *année* v *bissextile*
schrikkelmaand *mois* m *de février*
schrikken • schrik krijgen *s'effrayer*; *prendre peur (***van** *de)*; ⟨opschrikken⟩ *sursauter* ★ wakker ~ *se réveiller en sursaut* ★ ik schrok me dood *j'étais mort de frayeur*; *j'ai eu une de ces peurs / une peur bleue* ★ aan het ~ maken *faire peur à*; *effrayer* • plotseling afgekoeld worden ★ eieren (laten) ~ *plonger les œufs dans l'eau froide*
schrikreactie *réaction* v *de peur*
schril • schel *perçant*; *strident*; *aigu* [v: *aiguë*] • scherp afstekend *criard*; *voyant*
schrobben *frotter*; *laver à grande eau*
schrobber *balai-brosse* m [mv: *balais-brosses*]
schrobbering *réprimande* v; *semonce* v
schroef • pin met schroefdraad *vis* v ★ een ~ aandraaien/losdraaien *serrer/desserrer une vis* • propeller *hélice* v • bankschroef *étau* m [mv: *étaux*] ▾ op losse schroeven zetten *remettre en question*; *compromettre*
schroefas *arbre* m *d'hélice*
schroefdeksel *couvercle* m *à vis*
schroefdop *bouchon* m *à vis*
schroefdraad *filet* m *(de vis)*
schroeien I OV WW oppervlak verbranden *roussir*; *flamber*; *brûler* **II** ON WW aan oppervlakte branden *roussir*
schroeiplek *brûlure* v
schroeven *visser* ★ uit elkaar ~ *dévisser* ★ vaster ~ *serrer le(s) vis*
schroevendraaier *tournevis* m
schrokken *se goinfrer*
schrokop *goinfre* m/v; *glouton* m [v: *gloutonne*]
schromelijk I BNW *énorme*; *terrible* **II** BIJW *énormément*; *terriblement*
schromen • aarzelen *hésiter (***te** *à)* ★ niet ~ te *ne pas hésiter à*; *être prêt à* • duchten *craindre*
schrompelen *se recroqueviller*; *se ratatiner*
schroom • verlegenheid *hésitation* v; *scrupule* m • vrees *crainte* v
schroot I ZN [de] lat *latte* v; *frisette* v **II** ZN [het] • metaalafval *ferraille* v • schietlading *mitraille* v
schroothandel • winkel *commerce* m *de la ferraille* • bedrijfstak *commerce* m *de la ferraille*
schroothoop *(tas* m *de) ferraille* v ★ rijp voor de ~ *bon pour la casse*
schub *écaille* v
schubachtig *écailleux* [v: *écailleuse*]
schubdier *pangolin* m
schuchter I BNW *timide* **II** BIJW *timidement*
schuddebuiken *rire à ventre déboutonné*
schudden I OV WW bewegen *agiter*; *secouer*; ⟨v. hoofd⟩ *hocher* ★ de kaarten ~ *battre les cartes* ★ nee ~ *faire non de la tête* ★ ~ voor het gebruik *agiter avant l'usage* ★ iem. de hand ~ *serrer la main à qn* ▾ dat kun je wel ~! *tu peux te l'accrocher!* **II** ON WW bewogen worden *être secoué / agité* ★ doen ~ OOK FIG. *ébranler* ★ ~ van het lachen *se tordre de rire*
schuier *brosse* v
schuif • grendel *verrou* m; ⟨knip⟩ *targette* v • klep *coulisse* v; *vanne* v; ⟨v. haard⟩ *trappe* v; ⟨schot⟩ *panneau* m *coulissant*
schuifdak *toit* m *ouvrant*
schuifdeur *porte* v *coulissante / à coulisse*
schuifelen • voortbewegen *avancer en glissant*; *glisser*; ⟨sloffen⟩ *traîner les pieds*; ⟨v. menigte⟩ *piétiner* • dansen *danser le slow*
schuifladder *échelle* v *coulissante*
schuifpui *baie (vitrée)* v *coulissante*
schuifraam ⟨verticaal schuivend⟩ *fenêtre* v *à guillotine*; ⟨horizontaal⟩ *fenêtre* v *à glissière*; *fenêtrev à coulisse*
schuiftrompet *trombone* m *à coulisse*
schuifwand *cloison* v *coulissante*
schuiladres *cachette* v; INFORM. *planque* v
schuilen • beschutting zoeken *s'abriter*; *se mettre à l'abri (***voor** *de)* • zich verbergen *se cacher* • te vinden zijn *être*; *résider* ★ daar schuilt wat achter *cela cache qc*
schuilgaan *se cacher*
schuilhouden [+ zich] *se cacher*; ⟨zich gedeisd houden⟩ *garder un profil bas*
schuilhut *cabane* v; ⟨in bergen⟩ *refuge* m
schuilkelder *abri* m
schuilnaam *pseudonyme* m
schuilplaats • verborgen plek *cachette* v; INFORM. *planque* v • veilige plek *abri* m; ⟨toevlucht⟩ *asile* m; ⟨schuilhoek⟩ *recoin* m
schuim • blaasjes ⟨v. drank, zeep⟩ *mousse* v; *écume* v • gespuis *écume* v

schuimbad *bain* m *moussant*
schuimbekken *écumer (***van** *de)* ★ ~d *la bouche écumeuse*
schuimblusser *extincteur* m *(à mousse carbonique)*
schuimen ⟨v. drank, zeep⟩ *mousser; écumer* ★ ~d *écumeux* [v: *écumeuse*]; *mousseux* [v: *mousseuse*]
schuimgebakje *meringue* v
schuimig • als van schuim *écumeux* [v: *écumeuse*] • schuimend *moussant*; ⟨v. bier⟩ *mousseux* [v: *mousseuse*]
schuimkop ★ bedekt met ~pen *moutonneux* [v: *moutonneuse*]
schuimkraag *(faux) col* m
schuimpje *meringue* v
schuimplastic *mousse* v *plastique*
schuimrubber *caoutchouc* m *mousse*
schuimspaan *écumoire* v
schuin I BNW • scheef *oblique*; ⟨hellend⟩ *penché*; ⟨hellend⟩ *incliné* ★ ~e blik *regard* m *de côté / en coin* ★ ~ vlak *plan* m *incliné* • dubbelzinnig *leste*; *grivois* **II** BIJW • scheef *de / en biais*; *de travers*; *obliquement* ★ ~ oversteken *traverser de biais* ★ ~ afsnijden *couper en biseau* ★ ~ afslaan naar rechts *obliquer à droite* ★ ~ aflopen *être en pente* • gedurfd-grappig *de façon grivoise / scabreuse*
schuins ⟨hellend⟩ *en pente*; *oblique*
schuinschrift *écriture* v *anglaise / couchée*
schuinsmarcheerder *bambocheur* m
schuinte • schuine richting *biais* m ★ in de ~ *dans le biais* • helling *inclinaison* v; *pente* v
schuit *bateau* m; ⟨plat⟩ *barge* v; MIN. *rafiot* m
schuitje *nacelle* ▾ in hetzelfde ~ zitten *être logé à la même enseigne*
schuiven I OV WW • duwen *(faire) glisser*; *pousser* ★ dichterbij ~ *rapprocher* • dokken *casquer* ★ wat schuift dat? *ça paie combien?* ▾ de schuld op iem. ~ *rejeter la faute sur qn* **II** ON WW schuivend bewegen ⟨langs gleuf⟩ *coulisser*; *(se) glisser* ★ dichterbij ~ *se rapprocher*; *rapprocher sa chaise* ★ in elkaar ~ *s'emboîter* ▾ laat hem maar ~ *il se débrouille*
schuiver • SPORT *tir* m *écrasé* • valpartij *glissade* v
schuld • verantwoordelijkheid *faute* v; *tort* m; ⟨schuldigheid⟩ *culpabilité* v ★ dood door ~ *homicide* m *involontaire* ★ het is zijn ~ niet *ce n'est pas (de) sa faute*; *il n'y est pour rien* ★ wiens ~ is het? *à qui la faute?* ★ iem. de ~ geven van iets *imputer qc à qn*; *rejeter la faute de qc sur qn* ★ de ~ krijgen INFORM. *porter le chapeau* ★ ~ bekennen *avouer sa faute*; *faire son mea-culpa*; JUR. *plaider coupable* ★ de ~ bij zichzelf zoeken *s'en prendre à soi-même*; *faire son auto-critique* • verplichting *dette* v ★ ~en maken *s'endetter* ★ diep in de ~en zitten *être criblé de dettes* ▾ vergeef ons onze ~en *pardonnez-nous nos offenses* ▾ eigen ~, dikke bult! *bien fait (pour toi / lui / eux)!*
schuldbekentenis • bekennen van schuld *aveu* m [mv: *aveux*] • promesse *reconnaissance* v *de dette*

schuldbesef *sentiment* m *de culpabilité*
schuldbewust *conscient de sa faute*; *contrit*
schulddelging *désendettement* m
schuldeiser *créancier* m [v: *créancière*]
schuldeloos *sans torts*
schuldenaar *débiteur* m [v: *débitrice*]
schuldenlast *endettement* m
schuldgevoel *sentiment* m *de culpabilité* ★ iem. een ~ geven *culpabiliser qn*
schuldig • schuld hebbend *coupable (***aan** *de)* ★ zich ~ maken aan *se rendre coupable de* ★ zich ~ voelen *culpabiliser* ★ ~ bevonden *jugé / reconnu coupable* • verschuldigd *redevable* ★ hoeveel ben ik u ~? *je vous dois combien?* ★ ik ben hem geld ~ *je lui dois de l'argent*
schuldige *coupable* m/v
schuldvereffening *compensation* v
schuldvraag *question* v *de la culpabilité*
schulp ▾ in zijn ~ kruipen *rentrer dans sa coquille*
schunnig I BNW • armzalig *miteux* [v: *miteuse*] • obsceen *cochon* [v: *cochonne*]; *ordurier* [v: *ordurière*] ★ ~e taal uitslaan *dire des saletés* **II** BIJW *bassement*; *minablement*
schuren I OV WW glad maken ⟨met schuurpapier⟩ *poncer*; ⟨schoonpoetsen⟩ *récurer* **II** ON WW schuiven *frotter (contre)*
schurft *gale* v ▾ de ~ hebben aan *ne pas pouvoir sacquer*
schurftig *galeux* [v: *galeuse*]
schurk *bandit* m; *brigand* m; HUMOR. *filou* m; *voyou* m
schurkachtig *canaille*; *de / en voyou*
schurkenstaat *État-voyou* m [mv: *États-voyous*]
schurkenstreek *tour* m *pendable / de cochon*
schut *écluse* v ▾ voor ~ staan *avoir l'air idiot* ▾ iem. voor ~ zetten *ridiculiser qn*; *bafouer quelqu' un*
schutblad *page* v *de garde*
schutkleur *couleur* v *de camouflage*
schutsluis *écluse* v *à sas*
schutspatroon *patron* m [v: *patronne*]
schutten *écluser*
schutter *tireur* m [v: *tireuse*]; SPORT *buteur* m
schutteren *cafouiller*; *patauger*
schutterig I BNW *godiche* **II** BIJW *gauchement*
schutterij *association* v *de tir*; MIL. *milice* v
schuttersput *trou* m *individuel*
schutting *clôture* v *(en bois)*
schuttingtaal *langage* m *grossier/ordurier*
schuttingwoord *gros mot* m; *mot* m *grossier*
schuur *remise* v; *hangar* m; ⟨bij boerderij⟩ *grange* v; ⟨klein⟩ *appentis* m
schuurmachine *ponceuse* v
schuurmiddel *abrasif* m
schuurpapier *papier* m *émeri / de verre*
schuurpoeder *poudre* v *à récurer*
schuurspons *éponge* v *grattante*
schuw I BNW *farouche*; *sauvage* ★ ~ worden *s'effaroucher* **II** BIJW *d'un air farouche*
schuwen *éviter*; *craindre* ★ hij schuwt geen enkel middel *tous les moyens lui sont bons*
schuwheid *timidité* v; *sauvagerie* v
schwalbe *plongeon* m
schwung *élan* m; *entrain* m; *dynamisme* m

sciencefiction *science-fiction* v
scientology *scientologie* v
sclerose *sclérose* v
scoliose *scoliose* v
scoop *scoop* m
scooter *scooter* m
scootmobiel *scooter* m *(électrique) médical*
score *score* m
scorebord *tableau* m *d'affichage*
scoren • SPORT doelpunt maken *marquer (un point / un but)* • bemachtigen *choper*
scoreverloop *déroulement* m *du score*
scout • padvinder *scout* m • talentenjager *repéreur* m *de talents*
scouting • padvinderij *scoutisme* m • zoeken naar talenten *repérage* m *de (nouveaux) talents*
scrabbelen *jouer au scrabble*
scrabble *scrabble* m
scratchen *scratcher*
screenen *passer au crible*
screensaver *économiseur* m *d'écran*
script *script* m
scriptie *mémoire* m
scriptiebegeleider *directeur* m *de mémoire*
scrollen *faire défiler*
scrotum *scrotum* m
scrupule *scrupule* m ★ zonder ~s *sans scrupule(s)*
scrupuleus *scrupuleux* [v: *scrupuleuse*]
sculptuur *sculpture* v
seance *séance* v
sec *sec* [v: *sèche*]
secondair • → **secundair**
secondant ‹bij duel› *témoin* m
seconde *seconde* v
seconderen *seconder*
secondewijzer *trotteuse* v
secreet ‹man› *fumier* m; ‹vrouw› *garce* v
secretaire *secrétaire* m
secretaresse *secrétaire* v
secretariaat *secrétariat* m
secretarie *secrétariat* m
secretaris • ADMIN. *secrétaire* m • ambtenaar *secrétaire* m
secretaris-generaal *secrétaire* m *général* [m mv: *secrétaires généraux*] [v: *secrétaire générale*]
sectie • afdeling *section* v • chirurgische insnijding MED. *dissection* v • autopsie *autopsie* v
sector *secteur* m ★ de vrije ~ *le privé*
secularisatie *sécularisation* v
seculier *séculier* [v: *séculière*]
secundair *secondaire* ★ de ~e sector *le secteur secondaire*
secuur I BNW • zorgvuldig *minutieux* [v: *minutieuse*]; *précis* • veilig *sûr* **II** BIJW *minutieusement*; *sûrement*
sedert • → **sinds**
sedertdien *depuis (lors)*
sediment *sédiment* m
sedimentatie *sédimentation* v
segment *segment* m
segmentatie *segmentation* v
segregatie *ségrégation* v
sein *signal (tot de)* m [mv: *signaux*]; *signe* m ★ een sein geven *faire un signe* ★ iem. een seintje geven *prévenir qn*; *tuyauter qn*
seinen I OV WW telegraferen *télégraphier* **II** ON WW een sein geven *faire des signaux*
seinhuis *poste* m *d'aiguillage*
seinpaal *sémaphore* m
seinsleutel *manipulateur* m
seismisch *sismique*
seismograaf *sismographe* m
seismoloog *s(é)ismologue* m/v
seizoen • jaargetijde *saison* v • deel van het jaar *saison* v
seizoenarbeid *travail* m *saisonnier*
seizoenarbeider *saisonnier* m [v: *saisonnière*]
seizoenopruiming *soldes* m mv *des fins de série*
seizoenskaart *carte* v *pour la saison*
seizoenwerkloosheid *chômage* m *saisonnier*
seks *rapports* m mv *sexuels*; *sexe* m ★ seks hebben met *avoir des rapports (sexuels) avec*; INFORM. *coucher avec*
seksbioscoop *cinéma* m *porno*
seksbom *pin-up* v [onv]; INFORM. *canon* m
sekse *sexe* m
seksisme *sexisme* m
seksist *sexiste* m/v
seksistisch I BNW *sexiste* **II** BIJW *de façon sexiste*
seksleven *vie* v *sexuelle*
sekslijn *téléphone* m *rose*
seksmaniak *obsédé* m *sexuel*
seksshop *sex-shop* m [mv: *sex-shops*]
sekssymbool *sex-symbol* m
seksualiteit *sexualité* v
seksueel I BNW *sexuel* [v: *sexuelle*] **II** BIJW *sexuellement*
seksuoloog *sexologue* m/v
sektarisch *sectaire*
sekte *secte* v
selderie, selderij *céleri* m
select *choisi*
selecteren *sélectionner*
selectie *sélection* v
selectief *sélectif* [v: *sélective*]
selectiewedstrijd *éliminatoire* v
semafoon *sémaphone* m
semantiek *sémantique* v
semester *semestre* m
semiautomatisch *semi-automatique*
Semiet *Sémite* m/v
seminar *séminaire* m
seminarie *séminaire* m
seminarium *séminaire* m
semioverheidsbedrijf *entreprise* v *semi-publique*
semipermeabel *semi-perméable*
semiprof *semi-professionnel* m [mv: *semi-professionnels*] [v: *semi-professionnelle*]
Semitisch • m.b.t. volk *sémite* • TAALK. *sémitique*
semtex *semtex* m
senaat *sénat* m
senator *sénateur* m
Senegal *le Sénégal* ★ in ~ *au Sénégal*
seniel *sénile*; INFORM. *gâteux* [v: *gâteuse*]
senior I ZN [de] *père* m; SPORT *senior* m; *aîné* m **II** BNW *père* ★ de heer Cools ~ *M. Cools père*
seniorenelftal *équipe* v *senior*
seniorenflat *résidence* v *pour personnes âgées*
seniorenkaart *carte* v *senior*

seniorenpas *carte* v *senior*
sensatie • opschudding *sensation* v • gewaarwording *sensation* v
sensatieblad *journal* m *à sensation* [m mv: *journaux ...*]
sensatiepers *presse* v *à scandale*
sensatiezucht *sensationnalisme* m
sensationeel *sensationnel* [v: *sensationnelle*]
sensibel *sensible* ★ ~e zenuwen *nerfs sensitifs*
sensitief *sensitif* [v: *sensitive*]
sensor *capteur* m; *détecteur* m; *palpeur* m
sensualiteit *sensualité* v
sensueel I BNW *sensuel* [v: *sensuelle*] **II** BIJW *sensuellement*
sentiment *sentiment* m
sentimentaliteit *sentimentalité* v
sentimenteel *sentimental* [m mv: *sentimentaux*]
separaat *séparé* ★ per separate post *sous pli séparé*
separatisme *séparatisme* m
separatistisch *séparatiste*
sepia *sépia* v
seponeren *classer (sans suite)*
september *septembre* m
septet *septuor* m
septic tank *fosse* v *septique*
septisch *septique*
sequentie *séquence* v
SER *Conseil* m *économique et social*
sereen I BNW *serein* **II** BIJW *sereinement*
serenade *sérénade* v
sergeant *sergent* m
sergeant-majoor *sergent-major* m [mv: *sergents-majors*]
serie • reeks ⟨op tv⟩ *feuilleton* m; *série* v; ⟨boekenreeks⟩ *collection* v • groot aantal *série* v • SPORT *série* v
serieel *sériel* [v: *sérielle*]
seriemoordenaar *tueur* m *en série*
serienummer *numéro* m *de série*
serieproductie *production* v *en série*
serieus I BNW *sérieux* [v: *sérieuse*] **II** BIJW *sérieusement* ★ ~ (op)nemen *prendre au sérieux*
sering *lilas* m ★ witte ~ *lilas blanc*
seropositief *séropositif* [v: *séropositive*]
serotonine *sérotonine* v
serpent • MIN. persoon *serpent* m • slang *serpent* m
serpentine *serpentin* m
serre • broeikas *serre* v *(chaude)* • glazen veranda *véranda* v
serum *sérum* m
serveerster *serveuse* v
server *serveur* m
serveren • opdienen *servir* • SPORT *servir*
servet *serviette* v *(de table)*
servetring *rond* m *de serviette*
service • diensten *service* m • SPORT *service* m; *mise* v *en jeu (de la balle)*
servicebeurt ⟨v. auto e.d.⟩ *révision* v
serviceflat *foyer-logement* m [mv: *foyers-logements*]; *appartement* m *dans une résidence-service*
servicekosten ≈ *charges* v mv
servicestation *station-service* v [mv: *stations-service*]
Servië *la Serbie* ★ in ~ *en Serbie*
serviel *servile*
Serviër *Serbe* m/v
servies *service* m
serviesgoed *vaisselle* v
servieskast *vaisselier* m
Servisch *serbe*
Servo-Kroatisch *serbo-croate*
sesam • gewas *sésame* m • sesamzaad *graine* v *de sésame*
sessie *séance* v; *session* v
set • stel *jeu* m [mv: *jeux*] • SPORT *manche* v; *set* m • filmdecor *plateau* m
setpoint *balle* v *de set*
settelen [+ zich] *s'installer*; *s'établir* ★ gesetteld zijn *être en place / bien établi*; INFORM. *être casé*
setter *setter* m
setting *cadre* m; *décor* m
sexappeal *sex-appeal* m
sextant *sextant* m
sextet *sextuor* m
sexy *sexy* [onv]
Seychellen *Seychelles* v mv
sfeer • stemming *atmosphère* v; *ambiance* v ★ er heerste een gespannen ~ *l'atmosphère était tendue* • domein *domaine* m ★ in de criminele ~ trekken *criminaliser* ▾ in hoger sferen zijn *planer (dans les hautes sphères)*
sfeerverlichting *lumière* v *d'ambiance*
sfeervol *où il y a de l'ambiance*
sfinx *sphinx* m
shag *tabac* m *(à rouler)* ★ shagje *roulé* m
shampoo *shampo(o)ing* m
shampooën *shampooiner*; *shampouiner*
shareware *shareware* m; *partagiciel* m
shawl • → **sjaal**
sheet *transparent* m
sheriff *shérif* m
sherry *sherry* m; *xérès* m
shifttoets *touche* v *Majuscule*
shiitake *shiitake* m
shirt • overhemd *chemise* v • SPORT *maillot* m
shirtreclame *publicité* v *sur maillots*
shish kebab *chiche-kebab* m [mv: *chiches-kebabs*]
shit *merde*
shoarma *chiche-kebab* m
shock *choc* m
shockproof *antichoc*
shocktherapie *traitement* m *de choc*
shocktoestand *état* m *de choc*
shoppen *faire du shopping*
shorts *short* m
shorttrack *short-track* m
shorttrackschaatsen *pratiquer le short-track*
shot • filmopname *prise* v *de vue* • injectie *shoot* m
shotten *faire du foot*; ⟨schieten⟩ *shooter*
shovel *pelleteuse* v
show • voorstelling *show* m; *spectacle* m ★ hij voert zijn show op IRON. *il fait son numéro* • het vertonen *présentation* v; *démonstration* v ▾ voor de show *pour la galerie / la façade*; INFORM. *pour la frime* ▾ de show stelen *tenir*

la vedette
showbink *frimeur* m
showbusiness *show-business* m
showen *présenter*
showroom *salle* v *d'exposition*
shuttle • SPORT *volant* m • ruimteveer *navette* v
si MUZ. *si* m
siamees *siamois* m
Siberië *la Sibérie* ★ in ~ *en Sibérie*
Siberisch *sibérien* [v: *sibérienne*]
sic *sic!*
Sicilië *la Sicile* ★ op ~ *en Sicile*
sidderaal *anguille* v *électrique*
sidderen *frémir*; *trembler*
siddering *frémissement* m
sidderrog *torpille* v
sier *parure* v ★ voor de sier *décoratif* [v: *décorative*]; *pour faire joli* ▼ goede sier maken *s'en donner*
sieraad • juweel *bijou* m [mv: *bijoux*]; OOK FIG. *joyau* [m mv: *joyaux*] • opschik *ornement* m; *parure* v
sieren • tooien *orner*; *parer* • tot eer strekken *honorer*
siergewas *plante* v *ornementale*
sierheester *arbuste* m *ornemental*
sierlijk I BNW *élégant*; *gracieux* [v: *gracieuse*] **II** BIJW *élégamment*; *gracieusement*
Sierra Leone *la Sierra Leone*
sierspeld *broche* v; *barrette* v
sierstrip *baguette* v / *bande* v *(décorative)*
siësta *sieste* v ★ ~ houden *faire la sieste*
sifon • spuitfles *siphon* m • afvoerbuis *siphon* m
sigaar *cigare* m ▼ de ~ zijn *être chocolat*
sigarenbandje *bague* v *de cigare*
sigaret *cigarette* v
sigarettenautomaat *distributeur* m *de cigarettes*
sigarettenpijpje *fume-cigarette* m [onv]
sightseeën *faire du tourisme*
signaal *signal* m [mv: *signaux*]; ⟨teken⟩ *signe* m; ⟨waarschuwing⟩ *avertissement* m
signalement *signalement* m
signaleren • attenderen op *signaler* • opmerken *signaler*
signatuur • handtekening *signature* v • karakter *inspiration* v; *orientation* v; *tendance* v
signeren *signer*; ⟨met opdracht⟩ *dédicacer*
significant *significatif* [v: *significative*]
sijpelen *suinter*
sijs *tarin* m *(des aulnes)*
sik • baard *barbiche* v; *bouc* m • geit *chèvre* v ▼ ik krijg er een sik van! *la barbe!*
sikkel • mes *faucille* v • maangestalte *croissant* m
sikkelvormig *en croissant*
sikkeneurig *grincheux* [v: *grincheuse*]
Silezië *la Silésie* ★ in ~ *en Silésie*
silhouet *silhouette* v
siliconen *silicones* v mv
siliconenkit *lut* m *de silicone*
silo *silo* m
siluur *silurien* m
sim *SIM* m
simkaart *carte* v *SIM*
simlock *simlock* m
simpel • eenvoudig *simple* • onnozel *simple (d'esprit)*; *simplet* [v: *simplette*]
simpelweg *(tout) simplement*
simplificeren *simplifier*
simplistisch *simpliste*; *réducteur* [v: *réductrice*]
simulant *simulateur* m [v: *simulatrice*]
simulatie *simulation* v
simulator *simulateur* m
simuleren *simuler*
simultaan I BNW *simultané* **II** BIJW *simultanément*
simultaanpartij *(partie* v*) simultanée* v
sinaasappel *orange* v; ⟨boom⟩ *oranger* m
sinaasappelhuid *peau* v *d'orange*; *cellulite* v
sinaasappelsap *jus* m *d'orange*
sinas *orangeade* v
sinds I VZ *depuis* ★ ~ kort/lang *depuis peu/longtemps* **II** VW *depuis que*
sindsdien *depuis*; FORM. *depuis lors*
sinecure *sinécure* v
Singapore *Singapour*
singel • stadsgracht *canal* m [mv: *canaux*] • weg *quai* m
single • alleenstaande *personne* v *seule* • SPORT enkelspel *simple* m • MUZ. *quarante-cinq tours* m
sinister *sinistre*
sinoloog *sinologue* m/v
sint *saint* m [v: *sainte*] ★ Sint-Nicolaas *saint Nicolas* m
sint-bernardshond, sint-bernard *saint-bernard* m [onv]
sintelbaan *(piste* v*) cendrée* v
Sinterklaas *saint Nicolas* m
sinterklaas *Saint-Nicolas* v
sinterklaasavond *veille* v *de la Saint-Nicolas*
sint-janskruid *millepertuis* m; *herbe* v *de Saint-Jean*
sint-juttemis ▼ met ~ *à la saint-glinglin*
Sint-Maarten • heilige *saint-Martin* m • AARDK. *Saint-Martin* m
Sint-Petersburg *Saint-Petersbourg* m
sinus *sinus* m
sinusitis *sinusite* v
sinusoïde *sinusoïde* v
sip I BNW *déçu* **II** BIJW ★ sip kijken *être tout penaud*; *faire triste mine*
Sire *sire* m
sirene *sirène* v
sirocco *sirocco* m
siroop *sirop* m
sisal *sisal* m
sissen *siffler*; ⟨v. stoom⟩ *chuinter*
sisser ≈ *pétard* m ▼ met een ~ aflopen *se terminer en queue de poisson*
sitar *sitar* m
site *site* m
situatie *situation* v
situatietekening *plan* m; ⟨v. gebouw⟩ *plan* m *(de) masse*
situeren *situer*; *placer* ▼ goed gesitueerd *aisé*
sixtijns ★ Sixtijnse Kapel *Chapelle* v *Sixtine*
sjaal *châle* m; *écharpe* v; ⟨v. dunne stof⟩ *foulard* m
sjabloon • modelvorm *pochoir* m • geijkt

patroon *poncif* m
sjacheraar *traficoteur* m
sjacheren *traficoter*; *marchander*
sjah *s(c)hah* m
sjalot *échalote* v
sjans ▾ ~ hebben (bij) *avoir le ticket / une touche (avec)*
sjansen *draguer*
sjasliek *chachlik* m
sjeik *cheik(h)* m
sjekkie *roulé* m
sjerp *écharpe* v
sjezen • hard gaan *filer* • niet slagen *être collé* ★ een gesjeesde student *un dropé*
sjiiet *chiite* m/v
sjiitisch *chiite*
sjilpen *gazouiller*; *pépier*
sjirpen *chanter* ★ het ~ van de krekels *le cricri des cigales*
sjoege ▾ ergens geen ~ van hebben *ne rien piger à qc* ▾ geen ~ geven *ne pas piper (mot)*
sjoelbak ≈ *jeu* m *de palets*; *billard* m *hollandais*
sjoelen ≈ *jouer aux palets*
sjoemelen • knoeien *magouiller* • vals spelen *tricher*
sjofel *miteux* [v: *miteuse*]; *minable*
sjokken *traîner les pieds* ★ de trap op ~ *monter l'escalier en traînant des pieds*
sjorren • vastbinden *attacher*; *amarrer* • trekken *traîner*; ⟨rukken⟩ *tirer*
sjouw *tout un boulot* ▾ op ~ *en vadrouille*
sjouwen I OV WW dragen *trimballer*; *traîner* **II** ON WW • zwoegen *s'éreinter* • rondlopen *se trimballer*
sjouwer *porteur* m [v: *porteuse*]
ska *ska* m
skai *skaï* m
skateboard *skate(board)* m; *planche* v *à roulettes*
skaten *faire du skate/skating*
skater *skateur* m [v: *skateuse*]
skeeler *roller* m
skelet *squelette* m
skeletbouw *construction* v *en ossature*
skelter *kart* m
sketch *sketch* m [mv: *sketch(e)s*]
ski *ski* m ★ op ski's *en skis*
skiën *faire du ski*; *skier*
skiër *skieur* m [v: *skieuse*]
skiff *skif(f)* m
skileraar *moniteur* m *de ski* [v: *monitrice ...*]
skilift *téléski* m
skinhead *skin(head)* m; *crâne* m *rasé*
skipak *combinaison* v *de ski*
skipas *forfait* m *(de ski)*
skippybal *ballon* m *sauteur*
skischans *tremplin* m
skispringen *faire du saut à skis*
skistok *bâton* m *de ski*
skivakantie *vacances* v mv *de neige*
skybox *loge* v *VIP*
skyline *skyline* m; *profil* m *(des gratte-ciel)*
sla • CUL. groente *salade* v; PLANTK. *laitue* v • CUL. gerecht *salade* v
slaaf *esclave* m/v
slaafs I BNW *servile* **II** BIJW *servilement*
slaag ★ een pak ~ krijgen *prendre une raclée*
slaags ★ ~ raken *en venir aux mains*; MIL. *engager le combat* ★ ~ zijn *se battre*
slaan I OV WW • slagen geven *frapper*; *battre*; ⟨hard⟩ *cogner* ★ een spijker in de muur ~ *enfoncer / planter un clou dans le mur* ★ iem. in elkaar ~ *tabasser qn* • in een toestand brengen ★ de armen/benen over elkaar ~ *croiser les bras/les jambes* ★ de arm om iemands middel ~ *passer le bras autour de la taille de qn* ★ de blik ~ op *jeter / porter le regard sur* • verslaan *battre*; *vaincre* • van het speelbord nemen *prendre* • vervaardigen ★ een brug ~ *jeter un pont* ▾ dat slaat alles *c'est le comble / le bouquet* ▾ zich ergens doorheen ~ *s'en tirer*; *se débrouiller* ▾ zich door het leven ~ *survivre (tant bien que mal)* ▾ naar binnen ~ *avaler* ▾ hij is (er) niet vandaan / weg te ~ *il s'est incrusté*; *il est indéboulonnable* ▾ geld ~ uit *tirer / se faire de l'argent de* **II** ON WW • een slaande beweging maken *taper* ★ tegen de grond ~ *tomber par terre* ★ naar iets ~ *lancer un coup à qc* ★ erop los ~ *taper dessus / dans le tas* ★ tegen elkaar ~ *se heurter* ★ met de deuren ~ *claquer les portes* ★ de golven ~ over het dek *les vagues déferlent sur le pont* • kloppen *battre* • geluid maken ⟨v. vogel⟩ *sonner*; *chanter* ★ het slaat drie uur *trois heures sonnent* • ~ **op** *se rapporter à*; *concerner* ★ dat slaat nergens op *ça ne rime à rien* ▾ aan het rekenen ~ *se mettre à calculer*
slaand *battant*; ⟨v. klok⟩ *sonnant* ★ ~e ruzie *bagarre* v
slaap • rust *sommeil* m ★ in ~ vallen *s'endormir* ★ ~jes doen *faire dodo* ★ in de ~ *pendant le sommeil*; *en dormant* ★ in ~ brengen / sussen OOK FIG. *endormir* ★ uit de ~ houden *empêcher de dormir* • neiging tot slapen *sommeil* m ★ ~ hebben *avoir sommeil* ★ omvallen van de ~ *dormir debout* • oogvuil *chassie* v • zijkant van hoofd *tempe* v
slaapbank *canapé-lit* m [mv: *canapés-lits*]
slaapcoupé *(compartiment* m *à) couchettes* v mv
slaapdrank *potion* v *soporifique*
slaapdronken *(encore) engourdi de sommeil*
slaapgebrek *manque* m *de sommeil*
slaapgelegenheid *hébergement* m
slaapkamer *chambre* v *(à coucher)*
slaapkamergeheimen *secrets d'alcôve*
slaapkop *dormeur* m [v: *dormeuse*]
slaapliedje *berceuse* v
slaapmiddel *somnifère* m
slaapmutsje ≈ *petit verre* m *avant de se coucher*
slaapogen *yeux* m mv *lourds de sommeil*
slaappil *somnifère* m
slaapplaats *lit* m; ⟨in trein⟩ *couchette* v
slaapstad *ville-dortoir* v [mv: *villes-dortoirs*]
slaapstoornis *troubles* m mv *du sommeil*
slaapverwekkend • slaperig makend *endormant* • saai *endormant*
slaapwandelaar *somnambule* m/v
slaapwandelen *somnambulisme* m
slaapzaal *dortoir* m
slaapzak *sac* m *de couchage*; ⟨met dons⟩ *duvet*

sj

m

slaatje *salade* v ▾ ergens een ~ uit slaan *faire son profit de qc*

slabbetje *bavette* v; *bavoir* m

slacht *abattage* m

slachtbank ▾ naar de ~ geleid worden *être conduit à l'abattoir / à la boucherie*

slachten *abattre*

slachter *tueur* m

slachthuis *abattoir* m

slachting • het slachten *abattage* m • bloedbad *boucherie* v; *tuerie* v; *carnage* m

slachtoffer *victime* v; ⟨v. bedrog⟩ *dupe* v; ⟨v. ongeval⟩ *accidenté* m; ⟨v. ramp⟩ *sinistré* m

slachtofferhulp *aide* v *aux victimes*

slachtpartij *carnage* m; *tuerie* v

slachtvee *animaux* m mv *de boucherie*

slag I ZN [de] • klap *coup* m; ⟨op wang⟩ *gifle* v ⋆ met één slag *d'un seul coup* • keer dat iets slaat *coup* m; ⟨v. hart, vleugel⟩ *battement* m; ⟨v. vogel⟩ *chant* m • tegenslag *coup* m *(dur)*; ⟨verlies⟩ *perte* v • veldslag *bataille* v ⋆ slag leveren *livrer bataille* ⋆ de slag bij Verdun *la bataille de Verdun* • golving ⟨v. water⟩ *houle* v; ⟨in haar⟩ *ondulation* v; *cran* m • draaiing *tour* m • handigheid *tour* m *de main* ⋆ de slag van iets kwijtraken *perdre la main* ⋆ de slag van iets te pakken hebben / krijgen *avoir / attraper le coup de qc* • ronde van kaartspel *pli* m; *levée* v ⋆ aan slag komen / zijn *prendre / avoir la main* • haal, streek *coup* m; ⟨zwemslag⟩ *brasse* v; ⟨soort zwemslag⟩ *nage* v ⋆ vrije slag *nage libre* • roeier *chef* m *de nage* ▾ aan de slag gaan *se mettre au travail; s'y mettre* ▾ iets met de Franse slag doen *faire qc à la va-comme-je-te-pousse*; *bâcler qc* ▾ van slag zijn *être perturbé* ▾ een slag om de arm houden *se ménager une porte de sortie* ▾ een slag in de lucht *un coup d'épée dans l'eau* ▾ een slag in het gezicht *une gifle* ▾ een (goede) slag slaan *réussir un (bon / gros) coup* ▾ een slag ernaar slaan *deviner (au hasard)* ▾ op slag *sur le coup* ▾ op slag van *sur le coup de* ▾ zonder slag of stoot *sans coup férir* **II** ZN [het] soort *espèce* v; *genre* m ⋆ mensen van hetzelfde slag *des gens de la même espèce / trempe* ⋆ een slag groter / kleiner *un peu plus grand / petit* ⋆ van allerlei slag *de tout poil*

slagader *artère* v

slagboom *barrière* v

slagen *réussir*; ⟨voor examen⟩ *être reçu (à un examen)*; *réussir (un examen)* ⋆ erin ~ om *réussir à* ⋆ in iets ~ *réussir qc* ⋆ geslaagd zijn *être réussi*; *être heureux*; *être reçu*

slagenwisseling *échange* m *de balles*; *rallye* m

slager *boucher* m [v: *bouchère*]; ⟨v. varkensvlees⟩ *charcutier* m [v: *charcutière*]

slagerij *boucherie* v; ⟨v. varkensvlees⟩ *charcuterie* v

slaggitaar *guitare* v *rythmique*

slaghoedje *amorce* v; *détonateur* m

slaghout *batte* v

slaginstrument *instrument* m *de percussion*

slaglinie *ordre* m *de bataille*

slagorde *ordre* m *de bataille*

slagpen *rémige* v

slagpin *percuteur* m

slagregen *pluie* v *battante*; *averse* v

slagroom *crème* v *fouettée / Chantilly*

slagroomtaart *gâteau* m *à la crème*

slagschip *cuirassé* m

slagtand *défense* v

slagvaardig • strijdvaardig *combatif* [v: *combative*] • doortastend *énergique* • gevat *prompt à la riposte*; *à propos*

slagveld *champ* m *de bataille*

slagwerk • MUZ. *instruments* m mv *à percussion* • deel uurwerk *sonnerie* v

slagwerker *percussioniste* m/v

slagzij *bande* v ⋆ ~ maken *donner de la bande*

slagzin *slogan* m

slak • weekdier *escargot* m; ⟨naakt⟩ *limace* v; ⟨met huis ook⟩ *colimaçon* m • sintel ⟨v. metaal, lava⟩ *scories* v mv ▾ op alle slakken zout leggen *chercher la petite bête*

slaken *pousser* ⋆ zuchten ~ *pousser des soupirs*

slakkengang ⋆ met een ~ *à pas de tortue*

slakkenhuis • huis van slak *coquille* v • gehoorgang *limaçon* m

slalom *slalom* m

slampamper *flemmard* m [v: *flemmarde*]

slang[1] • dier *serpent* m • buis *tuyau* m [mv: *tuyaux*]

slang[2] (zeg: sleng) *argot* m

slangenbezweerder *charmeur* m *de serpents*

slangengif *venin* m *de serpent*

slangenleer *peau* v *de serpent*

slangenmens *contorsionniste* m/v

slank *mince*; *svelte* ⋆ ~ maken *amincir* ⋆ ~ makend *amincissant* ⋆ ~er worden *s'amincir* ⋆ ~ zijn *avoir la taille fine/mince*

slaolie *huile* v *de table*

slap I BNW • niet stijf *flasque*; *mou* [v: *molle*] [vóór klinker of stomme h: mol] ⋆ slappe band *pneu* m *dégonflé* ⋆ slap worden *s'amollir* • niet strak *lâche*; *relâché*; *détendu* • zwak, niet sterk *faible*; *mou* • niet pittig *léger* [v: *légère*]; *faible*; ⟨waterig⟩ *dilué*; ⟨smakeloos⟩ *fade* • niet doortastend *mou*; *faible*; *molasse* ⋆ slappe houding *laxisme* m • inhoudsloos ⋆ slap geklets *des bavardages (insignifiants)*; *papotage* m • niet druk ⋆ de beurs is slap *la bourse est faible* ⋆ slappe tijd *morte-saison* v • slapjes *faible*; *mollasse* **II** BIJW *mollement*

slapeloos *sans (trouver le) sommeil*

slapeloosheid *insomnie* v ⋆ aan ~ lijden *être insomniaque*

slapen • in slaap zijn *dormir* ⋆ gaan ~ *aller se coucher* ⋆ vast ~ *avoir le sommeil profond*; *dormir à poings fermés / sur les deux oreilles* ⋆ hij kan niet ~ van de zorgen *les soucis lui font perdre le sommeil* ⋆ ~ als een roos *dormir comme une souche* ⋆ slaap lekker! *dors bien!* • FIG. suffen *dormir* • tintelen van ledematen *être engourdi* ⋆ mijn arm slaapt *j'ai le bras engourdi* • met iem. naar bed gaan ~ **met** *coucher avec* ▾ ik zal er een nachtje over ~ *la nuit portera conseil* ▾ ~de rijk worden *faire fortune en dormant*

slaper • iem. die slaapt *dormeur* m [v:

dormeuse] • gast *hôte* m/v
slaperig • slaap hebbend *somnolent* • suf *endormi; somnolent*
slapie *voisin* m *de lit* [v: *voisine de lit*]
slapjanus *mollusque* m; *chiffe* v *molle*; *mollasson* m
slapjes I BNW niet fit *faible; mollasse* ★ zich ~ voelen INFORM. *se sentir flagada* **II** BIJW *mollement*
slappeling *chiffe* v *molle; mollusque* m; *mollasson* m
slapstick *slapstick* m
slapte • krachteloosheid *faiblesse* v • weekheid *mollesse* v • inzinking *malaise* m
slasaus *(sauce* v*) vinaigrette* v
slash *slash* m; *(barre* v*) oblique* v
slavenarbeid *travail* m *d'esclave / de forçat*
slavenarmband *bracelet* m *d'esclave*
slavendrijver *meneur* m *d'esclaves*
slavenhandel *trafic* m / *traite* v *des esclaves*
slavenhandelaar *négrier* m
slavernij *esclavage* m
slavin *esclave* v ★ handel in blanke ~nen *traite* v *des blanches*
slavink ≈ *paupiette* v
Slavisch *slave*
slavist *slaviste* m/v
slavistiek *slavistique* v
slecht I BNW • van geringe kwaliteit *mauvais* ★ ~er *pire* ★ het ~st *le pire* ★ ~er worden *se dégrader; se détériorer; se gâter* ★ het weer wordt ~er *le temps se gâte* • ongunstig *mauvais* ★ dat is ~ voor de gezondheid *ça nuit la santé* • moreel slecht *mauvais; méchant* ★ zich op het ~e pad begeven *s'engager sur la mauvaise voie; mal tourner* ★ een ~e keus maken *faire un mauvais choix* ★ een ~ karakter hebben *avoir mauvais caractère* ▾ niet ~! *pas mal!* **II** BIJW • niet goed *mal* ★ het gaat ~ met de zieke *l'état du malade s'aggrave* ★ dat ziet er ~ uit *ça s'annonce mal* ★ hoe langer hoe ~er *de plus en plus mal; de mal en pis* ★ dat loopt ~ af *ça va mal se terminer* ★ dat loopt ~ af *ça va mal se terminer* ★ het ~ maken *aller / se porter mal* • bezwaarlijk *difficilement*
slechten • slopen *démolir; raser* • effen maken *aplanir*
slechterik *méchant* m
slechtheid ⟨v. kwaliteit⟩ *mauvaise qualité* v; ⟨verdorvenheid⟩ *méchanceté* v; *perversité* v
slechthorend *malentendant*
slechts *seulement; ne ... que*; ⟨uitsluitend⟩ *uniquement* ★ nog ~ *ne ... plus que* ★ niet ~ *ne ... pas que*
slechtvalk *faucon* m *pèlerin*
slechtziend *malvoyant; qui a la vue faible*
slede • → **slee**
sledehond *chien* m *de traîneau*
slee • glijdend voertuig *traîneau* m [mv: *traîneaux*]; ⟨klein⟩ *luge* v • onderstel *chariot* m • grote auto INFORM. *grosse bagnole* v
sleedoorn *prunellier* m
sleeën *faire de la luge*
sleehak *semelle* v *compensée*
sleep • deel van gewaad *traîne* v • gevolg *suite* v; *train* m ★ een ~ kinderen *une ribambelle d'enfants* • vaar-/voertuig ⟨auto⟩ *voiture* v *en remorque*; ⟨schepen⟩ *bateau* m *en remorque*
sleepboot *remorqueur* m
sleepdienst *(service* m *de) remorquage* m
sleep-in *sleep-in* m
sleepkabel *câble* m *de remorque*
sleeplift *remonte-pente* m [mv: *remonte-pentes*]
sleepnet *traîne* v; *chalut* m
sleeptouw *(câble* m *de) remorque* v ★ op ~ nemen *prendre en remorque* ▾ iem. op ~ nemen *entraîner qn*
sleepvaart *remorquage* m
sleepwagen *dépanneuse* v
sleets *usé*
slempen *ripailler; faire bombance; s'empiffrer*
slemppartij *ripaille* v; *bombance* v
slenk *fossé* m; *effondrement* m
slenteren *flâner*; ⟨verveeld⟩ *traîner* ★ over straat ~ *traîner dans les rues; battre le pavé*
slepen I OV WW voortslepen *traîner; tirer*; ⟨met sleeptouw⟩ *remorquer* ▾ iets eruit ~ *en tirer qc; décrocher qc* ▾ iem. erdoorheen ~ *tirer qn d'affaire* **II** ON WW • over de grond gaan *traîner (par terre)* ★ ~ met *traîner* • traag verlopen ★ de tijd sleept voort *le temps ne passe pas* ▾ ~d *qui traîne; traînant; chronique*
sleper *traîneur* m [v: *traîneuse*]; ⟨schip⟩ *remorqueur* m
slet *salope* v
sleuf • groef *rainure* v; *cannelure* v; ⟨geleidend⟩ *coulisse* v • opening *fente* v
sleur *routine* v; *train-train* m ★ de ~ doorbreken *sortir de l'ornière / de la routine*
sleuren I OV WW voortslepen *traîner* **II** ON WW traag voortgaan *traîner*
sleutel • werktuig dat slot opent *clé* v • gereedschap *clé* v ★ Engelse ~ *clef anglaise / universelle* • FIG. middel tot oplossing *clef* v *(tot de)* • MUZ. *clé* v
sleutelbeen *clavicule* v
sleutelbloem *primevère* v
sleutelbos *trousseau* m *de clefs*
sleutelen • knutselen *bricoler* • repareren *bricoler*
sleutelfiguur *personnage(-)clé* m [mv: *personnages(-)clés*]
sleutelfunctie *fonction(-)clé* v
sleutelgat *trou* m *de serrure*
sleutelgeld *reprise* v; *pas-de-porte* m [onv]
sleutelhanger *porte-clés* m [onv]
sleutelpositie *position(-)clé* v
sleutelring *porte-clés* m [onv]
sleutelrol *rôle(-)clé* m
sleutelwoord *mot(-)clé* m
slib • bezinksel *boue* v • slijk *vase* v; *limon* m
slibberig *glissant*
sliding *glissade* v; ⟨tackle⟩ *tacle* m
sliert • lange rij *file* v • heleboel *une kyrielle / ribambelle (de)* • lange slungel *perche* v • iets dat een kronkelige vorm aanneemt *traînée* v; ⟨afhangend⟩ *filet* m; ⟨haar⟩ *mèche* v
slijk *boue* v ★ in het ~ blijven steken *rester dans la boue* ▾ iem. door het ~ halen *traîner qn dans la boue* ▾ het ~ der aarde *le vil métal; le lucre*

sl

slijm *glaire* v; ⟨v. dier⟩ *bave* v; MED. *mucosité* v
slijmbal ≈ *lécheur* m [v: *lécheuse*]
slijmbeurs *bourse* v *synoviale*
slijmen *faire de la lèche*; *fayoter*
slijmerd *lèche-cul* m [mv: *lèche-culs*]; ⟨kwal⟩ *enflure* v
slijmerig *glaireux* [v: *glaireuse*]; *muqueux* [v: *muqueuse*]; ⟨kleverig⟩ *visqueux* [v: *visqueuse*]; FIG. *fayot* [onv]
slijmjurk *lèche-cul* m [mv: *lèche-culs*]
slijmlaag *couche* v *muqueuse*
slijmvlies *muqueuse* v
slijpen • scherp maken *aiguiser*; *affûter*; ⟨v. potlood⟩ *tailler* • polijsten *polir*; ⟨v. diamanten⟩ *tailler* • graveren *graver*
slijper *émouleur* m; ⟨m.b.t. diamanten⟩ *tailleur* m
slijpsteen *pierre* v *à aiguiser*
slijtage *usure* v
slijtageslag *guerre* v *d'usure*
slijten **I** OV WW • verslijten *user* • tijd doorbrengen *passer* ⋆ z'n laatste dagen in de bergen ~ *finir ses jours à la montagne* • verkopen *débiter*; ⟨aan de man brengen⟩ *écouler* **II** ON WW achteruitgaan *s'user*
slijter *débitant* m *de boissons*
slijterij *magasin* m *de vins et spiritueux*
slijtplek *endroit* m *usé*
slijtvast *inusable*; *résistant à l'usure*
slik *boue* v
slikken • doorslikken *avaler*; *prendre* ⋆ de pil ~ *prendre la pilule* • aanvaarden *avaler*; *accepter* ⋆ hij moet heel wat ~ *il en voit de toutes les couleurs* ▾ het is ~ of stikken *c'est à prendre ou à laisser*
slikreflex *réflexe* m *de déglutition*
slim **I** BNW vindingrijk *malin* [v: *maligne*]; *fin*; ⟨pienter⟩ *éveillé*; ⟨vernuftig⟩ *ingénieux* [v: *ingénieuse*]; ⟨gewiekst⟩ *futé*; ⟨sluw⟩ *rusé* ⋆ iem. te slim af zijn *mettre qn dans sa poche*; *avoir qn* ⋆ dat is niet erg slim van hem *ce n'est pas bien malin de sa part* ⋆ iem. te slim af willen zijn *jouer au plus fin avec qn* ⋆ hij is niet één van de slimsten *il n'est pas futé* **II** BIJW vindingrijk *astucieusement*; ⟨listig⟩ *d'un air malin*
slimheid *finesse* v; *intelligence* v; ⟨sluwheid⟩ MIN. *ruse* v
slimmerd IRON. *gros malin* m; *malin* m; *finaud* m; *futé* m; *fine mouche* v
slimmerik *finaud* m; *malin* m; *futé* m; *fine mouche* v; IRON. *gros malin* m
slimmigheid • het slim zijn *finesse* v; *intelligence* v • foefje *astuce* v; *finesse* v; *subterfuge* m; MIN. *ruse* v
slinger • het slingeren *oscillation* v • zwengel *manivelle* v • deel van klok *pendule* m • versiering *guirlande* v • werptuig *fronde* v • bocht *sinuosité* m; *lacet*
slingeraap *atèle* m
slingeren **I** OV WW • werpen *lancer*; *jeter* ⋆ uit de auto geslingerd worden *être éjecté / projeté (hors) de la voiture* • winden om *enrouler autour de* ▾ tussen hoop en vrees heen en weer geslingerd worden *balancer / être ballotté entre l'espoir et la crainte* **II** ON WW • zwaaien *osciller*; *se balancer* • waggelen *zigzaguer*; *tituber* • kronkelen *zigzaguer*; *serpenter* • SCHEEPV. *rouler* • ordeloos liggen *traîner*
slingerplant *plante* v *volubile*
slingerweg *chemin* m *tortueux / sinueux*
slinken *diminuer*
slinks **I** BNW *sournois* ⋆ ~e streek *ruse* v; *subterfuge* m ⋆ langs ~e wegen *par des voies détournées* **II** BIJW *sournoisement*
slip • afhangend deel *pan* m; ⟨v. jas⟩ *basque* v • onderbroek *slip* m • uitglijding *dérapage* m
slipcursus *stage* m *de dérapage (contrôlé)*
slipgevaar ⟨opschrift⟩ *chaussée* v *glissante*
slip-over *débardeur* m
slippen • doorschieten *déraper* • uitglijden *glisser*
slipper *sandale* v; ⟨slof⟩ *babouche*
slippertje ⋆ een ~ maken *aller voir ailleurs*
slipstream *aspiration* v; *sillage* m
slissen *zézayer*; *chuinter*
slobberen **I** OV WW slurpen ⟨v. dieren⟩ *laper*; ⟨v. mensen⟩ *lamper* **II** ON WW flodderig zitten *flotter*
slobbertrui *pull* m *flottant*
slobeend *canard* m *souchet*
sloddervos *négligent* m [v: *négligente*]; *brouillon* m [v: *brouillonne*]
sloeber • stakker *(pauvre) bougre* m • smeerlap *vaurien* m
sloep *chaloupe* v [m mv: *bateaux ...*]; *embarcation* v
sloerie *salope* v
slof • pantoffel *chausson* m; *babouche* v; *savate* v • pak sigaretten *cartouche* v ▾ op zijn sloffen *les doigts dans le nez* ▾ uit zijn slof schieten *se laisser aller*; *sortir de ses gonds*
sloffen *traîner les pieds* ▾ de zaken laten ~ *négliger / laisser faire les choses*
slogan *slogan* m
slok *gorgée* v; *trait* m; *coup* m ⋆ in één slok *d'un trait*; *cul sec* ⋆ kleine slokjes nemen *boire à petits traits / à petites gorgées* ⋆ een slokje *un (petit) verre*; *un coup*; *une goutte*
slokdarm *oesophage* m
slokken *engloutir*
slokop *goinfre* m/v; *glouton* m [v: *gloutonne*]
slome *mollasson* m; *limace* v
slons *souillon* v
slonzig **I** BNW *débraillé*; *négligé* **II** BIJW *négligemment*
sloof *boniche* v; *bobonne* v; *conchita* v
sloom **I** BNW *indolent*; *mollasse*; *somnolent*; ⟨lijzig⟩ *traînant*; ⟨traag⟩ *lent* **II** BIJW *lentement*; *mollement*
sloop **I** ZN [de] • het slopen *démolition* v • sloperij *casse* v ⋆ naar de ~ *mis / parti à la casse* **II** ZN [het] *taie* v *d'oreiller*
sloopauto *voiture* v *bonne pour la casse*
sloopkogel *boulet* m *de démolition*
slooppand *bâtiment* m *à démolir*
sloot *fossé* m ▾ niet in zeven sloten tegelijk lopen *(savoir) se débrouiller*
slootjespringen *sauter les fossés*
slootwater FIG. *lavasse* v
slop *impasse* v ⋆ in het slop raken *tomber dans*

sl

une impasse; *s'enliser* ★ uit het slop halen *sortir de l'impasse*
slopen • afbreken *démolir*; ⟨slechten⟩ *raser* • uitputten *épuiser* ★ ~d werk *un travail épuisant*
sloper *démolisseur* m
sloperij *chantier* m *de démolition*; ⟨voor auto's⟩ *casse* v
sloppenwijk *bidonville* m
slordig I BNW • onverzorgd *peu soigné*; ⟨v. uiterlijk⟩ *débraillé*; ⟨v. uiterlijk⟩ *négligé*; ⟨v. persoon⟩ *négligent*; *nonchalant* ★ ~ zijn op zichzelf *se négliger* ★ ~ werk *travail* m *bâclé* / *torché* • ruim *environ* ★ een ~e 2 miljoen *dans les 2 millions* ★ een ~e duit *une coquette somme* **II** BIJW *négligemment*; *avec négligence*
slordigheid • het slordig-zijn *négligence* v; *nonchalance* v • iets slordigs *négligence* v
slot • sluiting ⟨v. boek, halsketting e.d.⟩ *fermoir* m; *serrure* v; ⟨hangslot⟩ *cadenas* m ★ achter slot *sous clef* ★ iets op slot doen *fermer qc à clef* • einde *fin* v; *conclusion* v; ⟨v. muziekstuk⟩ *finale* m ★ tot slot *pour finir* ★ tot slot zal ik ... *je finirai par ...* ★ ten slotte *finalement*; *enfin* • kasteel *château* m ▾ per slot van rekening *au bout de compte*; *tout compte fait* ▾ iem. slot en grendel zetten *mettre sous les verrous qn*; *écrouer qn*
slotakkoord *accord* m *final*
slotakte *dernier acte* m
slotbijeenkomst *réunion* v *finale*
slotenmaker *serrurier* m
slotgracht *douve* v
slotkoers *cours* m *de clôture*
slotopmerking *remarque* v *finale*
slotsom *conclusion* v
slotverklaring *déclaration* v *finale*
slotwoord • afsluitende woorden *allocution* v *de clôture* • epiloog *épilogue* m
slotzin *dernière phrase* v
Sloveen *Slovène* m/v
Sloveens *slovène*
sloven *besogner*; *peiner*
Slovenië *la Slovénie* v ★ in ~ *en Slovénie*
Slowaak *Slovaque* m/v
Slowaaks I ZN [het] taal *slovaque* m **II** BNW m.b.t. Slowakije *slovaque*
Slowakije *la Slovaquie* ★ in ~ *en Slovaquie*
slow motion *ralenti* m ★ in ~ *au ralenti*
sluier OOK FIG. *voile* m
sluierbewolking *ciel* m *voilé*
sluieren *voiler*
sluik ⟨v. haar⟩ *plat*; *lisse*; *raide*
sluikhandel *contrebande* v
sluikreclame *publicité* v *clandestine*
sluimer *somnolence* v
sluimeren • licht slapen *sommeiller* • FIG. (nog) niet actief zijn *sommeiller*
sluimering *assoupissement* m; *somnolence* v
sluipen • stil lopen *se glisser* • FIG. ongemerkt opkomen *se glisser* ★ er is een fout in de berekening geslopen *il s'est glissé une faute dans le calcul* ★ ~de ziekte *maladie* v *insidieuse*
sluipmoord ≈ *assassinat* m
sluipmoordenaar ≈ *assassin* m
sluiproute ≈ *chemin* m *détourné*
sluipschutter *tireur* m *isolé*; *sniper* m
sluipverkeer ≈ *circulation* v *par des chemins détournés*
sluipweg *détour* m; *voie* v *détournée*
sluis *écluse* v
sluisdeur *porte* v *d'écluse*
sluisgeld *droits* m mv *d'éclusage*
sluiswachter *éclusier* m [v: *éclusière*]
sluiten I OV WW • dichtdoen *fermer* • opbergen *enfermer* ★ iem. in zijn armen ~ *serrer qn dans ses bras* ★ iets in zich ~ *impliquer qc* • beëindigen *arrêter*; *terminer* ★ een debat ~ *clore un débat* ★ een vergadering ~ *lever une séance* • aangaan *conclure* ★ vrede ~ *faire* / *conclure la paix* ★ een akkoord / contract ~ *passer un accord* / *un contrat* **II** ON WW • dichtgaan *fermer* • ten einde lopen *(se) terminer* • kloppen *être ajusté* ★ nauw ~ *mouler* ★ ~de begroting *budget* m *en équilibre* ★ ~de redenering *raisonnement* m *qui tient*
sluiter *obturateur* m
sluitertijd *vitesse* v *d'obturation*
sluiting • het dichtdoen *fermeture* v • het beëindigen ⟨v. vergadering⟩ *clôture* v / *levée* v *(de séance)* • iets dat afsluit *fermeture* v; ⟨v. tas, halsketting e.d.⟩ *fermoir* m
sluitingstijd *heure* v *de fermeture*
sluitpost ▾ als ~ dienen *être la dernière des priorités*
sluitspier *sphincter* m
sluitstuk • voorwerp *culasse* v • slotstuk *finale* m
sluizen • SCHEEPV. ⟨naar buitenland⟩ *écluser* • overbrengen *transférer*; *expatrier*
slungel *(grande) perche* v
slungelig *dégingandé*
slurf • lange snuit *trompe* v • flexibele buis *tuyau* m; ⟨aviobrug⟩ *passerelle* v *télescopique*
slurpen *boire en faisant du bruit*; ⟨opslorpen⟩ OOK FIG. *bouffer*
sluw I BNW *rusé* **II** BIJW *avec ruse*
sluwheid *ruse* v
SM *SM* m
smaad *diffamation* v; *propos* m mv *diffamatoires*
smaak • wat men proeft *goût* m; ⟨lekkere smaak⟩ *saveur* v; ⟨v. ijs e.d.⟩ *parfum* m ★ op ~ brengen *assaisonner* • schoonheidszin ★ ~ hebben *avoir du goût* / *bon goût* ★ naar mijn ~ *à mon goût* • graagte, genoegen ★ met ~ eten *manger avec appétit*; *se régaler* ▾ over ~ valt niet te twisten *des goûts et des couleurs on ne discute pas* ▾ de ~ te pakken krijgen van *prendre goût à* ▾ in de ~ vallen (bij) *plaire (à)* ▾ ieder z'n ~ *(à) chacun son goût*; *tous les goûts sont dans la nature*
smaakje • bijsmaak *petit goût* m • smaakstof *aromatisant* m
smaakmaker • smaakstof *aromatisant* m • trendsetter *personne* v *qui donne le ton*
smaakpapil *papille* v *gustative*
smaakstof *aromatisant* m
smaakvol I BNW *de (bon) goût* **II** BIJW *avec goût*
smaakzin *goût* m

sl

smachten • verlangen *aspirer (***naar** *après); être assoiffé (***naar** *de)*; FORM. *soupirer (***naar** *après)* ★ ~ naar iets *soupirer après qc* • kwijnen FORM. *languir* ★ ~ van dorst *mourir de soif*
smachtend I BNW verlangend *langoureux* [v: *langoureuse*] II BIJW *langoureusement*; *languissamment*
smadelijk I BNW *honteux* [v: *honteuse*] II BIJW *honteusement*
smak • klap *choc* m; *coup* m; ⟨geluid⟩ *boum* m • val *lourde chute* v • smakkend geluid *bruit* m *(de bouche)* • grote hoeveelheid *paquet* m
smakelijk I BNW lekker *savoureux* [v: *savoureuse*]; *appétissant* II BIJW lekker *délicieusement* ★ eet ~! *bon appétit!* ▾ ~ lachen *rire de bon cœur*
smakeloos I BNW • LETT. *de mauvais goût* • FIG. *de mauvais goût* II BIJW *sans goût*
smaken I OV WW genieten *goûter*; *éprouver* II ON WW • smaak hebben *avoir du goût* ★ zoet ~ *avoir un goût sucré* ★ naar citroen ~ *avoir un goût de citron* ★ dat smaakt naar meer *ça a un (petit) goût de revenez-y* • naar de zin zijn *plaire* ★ het heeft me goed gesmaakt *j'ai bien mangé*; *c'était bon*
smakken I OV WW smijten *balancer*; *flanquer (par terre)* II ON WW • vallen *tomber lourdement* ★ ~ tegen *heurter* • hoorbaar eten *faire du bruit en mangeant*
smal *étroit*
smaldeel *escadre* v; *flottille* v
smalen *dénigrer* ★ ~ op *dénigrer*
smalend I BNW *dédaigneux* [v: *dédaigneuse*] II BIJW *avec mépris*
smalfilm *super-huit* m
smaragd *émeraude* v
smart *peine* v; *douleur* v; *souffrance* v ★ met ~ wachten op *attendre avec impatience*
smartelijk I BNW *douloureux* [v: *douloureuse*] II BIJW *douloureusement*
smartengeld *réparation* v *pour préjudice moral*
smartlap *chanson* v *mélo*
smash *smash* m [mv: *smash(e)s*]
smashen *smasher*
smeden • bewerken *forger* • uitdenken ⟨beramen⟩ *forger*; *tramer*
smederij *forge* v
smeedijzer *fer* m *forgé*
smeedwerk *ferronnerie* v
smeekbede *supplication* v
smeer *graisse* v
smeerbaar *tartinable*
smeerboel *saleté* v; *crasse* v
smeergeld *pots-de-vin* m mv
smeerkaas *fromage* m *fondu*
smeerlap • viezerik *cochon* m • gemeen persoon *saligaud* m
smeerlapperij • viezigheid *cochonnerie* v • gemeenheid *saloperie* v
smeerolie *huile* v *de graissage*
smeerpoets *cochon* m
smeersel *pommade* v; *onguent* m
smeken *supplier (***te** *de)* ★ om iets ~ *implorer qc* ★ ~de blik *regard* m *suppliant* ★ ik smeek het je *je t'en supplie*
smeltbaar *fusible*
smelten I OV WW vloeibaar maken *(faire) fondre* II ON WW • vloeibaar worden *fondre* • weemoedig worden *fondre*
smeltkroes • kroes *creuset* v • bont geheel *creuset* m; *melting-pot* m [mv: *melting-pots*]
smeltpunt *point* m *de fusion*
smeltwater *eaux* v mv *de fonte*
smeren • uitstrijken *étendre*; *étaler* • invetten *graisser*; *lubrifier*; ⟨met olie⟩ *huiler* • besmeren *enduire (de)* ▾ 'm ~ *filer*; *se tirer* ▾ het gaat/loopt gesmeerd *ça marche comme sur des roulettes*; INFORM. *ça baigne dans l'huile*
smerig I BNW vuil *sale*; *crasseux* [v: *crasseuse*]; INFORM. *dégueulasse* II BIJW vuil *salement*
smeris *flic* m
smet • vlek *tache* v • schandvlek *tache* v; *souillure* v ★ een smet werpen op *entacher*; *noircir*; *ternir (le blason de)*
smetteloos *propre*; *sans tache*; *impeccable*
smetvrees *phobie* v *des germes*
smeuïg • zacht *onctueux* [v: *onctueuse*] • smakelijk FIG. *savoureux* [v: *savoureuse*]; *truculent*
smeulen • gloeien *couver (sous la cendre)* • FIG. broeien *couver (sous la cendre)*
smid *forgeron* m
smidse *forge* v
smiecht • gemenerik *crapule* v • slimmerik *malin* m [v: *maligne*]
smiezen ▾ in de ~ hebben *piger qc*; *avoir qn dans le collimateur*
smijten *flanquer*; *ficher* ▾ met geld ~ *claquer du fric* ▾ met zijn krachten ~ *gaspiller ses forces*
smikkelen ★ ~ van iets *se régaler de qc*
smiley *smiley* m; *frimousse* v
smoel • gezicht *gueule* v • mond *gueule* v
smoes *prétexte* m; *faux-fuyant* m [mv: *faux-fuyants*] ★ ~jes verkopen *raconter des salades*
smoezelig *sali*; *défraîchi*
smoezen *faire des messes basses*
smog *smog* m
smogalarm *alerte* v *au smog*
smoking *smoking* m ★ in ~ *en smoking*
smokkel *contrebande* v; *trafic* m
smokkelaar *contrebandier* m [v: *contrebandière*]; ⟨v. mensen⟩ *passeur* m
smokkelarij *contrebande* v; *trafic* m
smokkelen I OV WW • heimelijk vervoeren *passer en fraude*; *faire du trafic de* • wegmoffelen *escamoter* II ON WW • heimelijk vervoeren *faire de la contrebande* • regels ontduiken *tricher*
smokkelhandel *contrebande* v
smokkelroute *route* v *de contrebande*
smokkelwaar *(marchandises* v mv *de) contrebande* v
smoor ▾ er de ~ in hebben *l'avoir mauvaise* ▾ de ~ hebben aan *détester*
smoorheet *étouffant*; *suffocant*
smoorverliefd *éperdument / follement amoureux (***op** *de)* [v: ... *amoureuse*]; *toqué (***op** *de)*
smoren I OV WW • verstikken *étouffer* ★ gesmoord gelach *rires* m mv *étouffés* • gaar

laten worden *braiser*; *étuver* **II** ON WW stikken *étouffer*
smoushond *griffon* m
sms-bericht *(message* m*) SMS* m; *texto* m
sms'en *envoyer un/des SMS*
sms'je *(message* m*) SMS* m
smullen *se régaler (* **van** *de)*
smulpaap *gourmand* m [v: *gourmande*]
smulpartij *festin* m
smurf *schtroumpf* m
smurrie *crasse* v; ⟨v. modder⟩ *gadoue* v
snaaien *chiper*; *faucher*
snaak • guit *loustic* m • vent *type* m; *hurluberlu* m
snaaks *drôle*; *coquin*
snaar *corde* v ▼de gevoelige ~raken *toucher la corde sensible*
snaarinstrument *instrument* m *à cordes*
snack *snack* m; *coupe-faim* m [onv]
snackbar *snack* m; *snack-bar* m [mv: *snack-bars*]
snacken *grignoter*
snakken ~ **naar** *aspirer à*; INFORM. *mourir d'envie de*
snappen • begrijpen *y voir clair*; *piger* ★ ik snap het *j'y suis* ★ dat snap ik niet *cela me dépasse* • betrappen *choper*; *pincer*; *piquer*
snars ▼geen ~*que dalle*
snater *bec* m ★ hou je ~! *ferme ta boîte!*
snateren • kwaken ⟨v. gans⟩ *cacarder*; ⟨v. eend⟩ *cancaner* • kwebbelen *jacasser*
snauw *coup* m *de bec*
snauwen **I** OV WW op bijtende wijze toevoegen *gueuler* **II** ON WW bits spreken *gueuler* ★ tegen iem. ~*rabrouer qn*
snauwerig *hargneux* [v: *hargneuse*]
snavel • vogelbek *bec* m • mond *bec* m ★ houd je ~! *ferme ta boîte!*
snede • → **snee**
snedig **I** BNW *prompt à la riposte*; *à propos* ★ ~ antwoord *repartie* v **II** BIJW *promptement*; *judicieusement* ★ ~antwoorden *riposter* ★ ~ kunnen antwoorden *avoir l'esprit d'à-propos*
snee • het snijden *coupe* v • insnijding ⟨diep⟩ *incision* v; *entaille* v • snijwond *coupure* v; ⟨in gezicht ook⟩ *estafilade* v • plak *tranche* v ★ een snee brood *une tranche de pain* • scherpe kant *tranchant* m • snijvlak *section* v ★ goud op snee *doré sur tranche*
sneer *vanne* v
sneeren *lancer des vannes*
sneeuw *neige* v ★ natte ~*neige fondue / pourrie / qui ne tient pas (sur le sol)* ★ eeuwige ~*les neiges éternelles* ★ verse (poeder)~*poudreuse* v ▼als ~voor de zon *comme neige au soleil*
sneeuwbal *boule* v *de neige*
sneeuwbaleffect ★ een ~hebben *faire boule de neige*
sneeuwballengevecht *combat* m *de boules de neige*
sneeuwblind *ébloui par la neige*
sneeuwbril ≈ *lunettes* v mv *de ski*
sneeuwbui *chute* v *de neige*
sneeuwen *neiger* ★ het sneeuwt *il neige* ★ het gaat ~*il va neiger*
sneeuwgrens *limite* v *des neiges*
sneeuwjacht *tourmente* v *de neige*
sneeuwkanon *canon* m *à neige*
sneeuwketting *chaîne* v *(à neige)*
sneeuwklokje *perce-neige* m [onv]
sneeuwman *bonhomme* m *de neige* ★ de verschrikkelijke ~*l'abominable homme des neiges*
sneeuwpop *bonhomme* m *de neige*
sneeuwruimen *déneiger*
sneeuwschuiver *chasse-neige* m [onv]
sneeuwstorm *tempête* v *de neige*
sneeuwuil *harfang* m
sneeuwval *chute* v *de neige*
sneeuwvlok *flocon* m *de neige*
sneeuwvrij *désenneigé* ★ ~maken *déneiger*
sneeuwwit *blanc comme (la) neige*; *neigeux* [v: *neigeuse*]
Sneeuwwitje *Blanche-Neige* v
sneeuwzeker ⟨v. gebied⟩ *skiable*
snel **I** BNW • vlug *rapide* ★ sneller dan het geluid *supersonique* • modern *branché* **II** BIJW vlug *vite*; *rapidement* ★ sneller gaan *accélérer*
snelbinder *tendeur* m
snelbuffet *snack* m; *self-service* m
snelbus *bus* m *rapide*
sneldicht *épigramme* v
snelheid • het snel gaan *rapidité* v • vaart *vitesse* v ★ op volle ~*à toute vitesse* ★ de ~ verhogen *accélérer* ★ met een ~van 100 km per uur *à une allure de 100 km par heure* ★ hoge ~*grande vitesse*
snelheidsbegrenzer *limitateur* m *de vitesse*
snelheidsduivel *fou* m *du volant*
snelheidslimiet *limitation* v *de vitesse*
snelheidsovertreding *excès* m *de vitesse*
snelkookpan *cocotte-minute* v [mv: *cocottes-minutes*]
snelkookrijst *riz* m *à cuisson rapide*
snelkoppeling *(lien* m *de) raccourci* m
snellekweekreactor *surrégénérateur* m
snellen *courir*; *s'élancer*; *se précipiter*
snelrecht *procédure* v *expéditive*
snelschaken *jouer une partie d'échecs rapide*
sneltoets *raccourci* v *clavier*
sneltram *tram(way)* m *rapide*
sneltrein *train* m *express* m; *(train* m*) rapide* m; *train* m *direct*
sneltreinvaart ★ in ~*à toute allure*
snelverband *pansement* m *de secours*
snelverkeer *circulation* v *rapide*
snelvuur *rafale* v
snelvuurwapen *mitrailleuse* v
snelwandelen *faire de la marche*
snelweg *autoroute* v
snerpen *percer (les oreilles)* ★ ~d *perçant*; *strident*; *cinglant*; *cuisant*
snert • erwtensoep *soupe* v *aux pois* • troep *camelote* v
snert- *fichu*
sneu *fâcheux* [v: *fâcheuse*]
sneuvelen • omkomen *mourir (à la guerre)*; *périr* • stukgaan *(se) casser*
snibbig **I** BNW *aigre*; *hargneux* [v: *hargneuse*] **II** BIJW *hargneusement*
sniffen *renifler*
snijbloem *fleur* v *coupée*
snijboon • CUL. groente *haricot* m *mange-tout*

sm

• INFORM. persoon ★ een rare ~ *un drôle de coco*
snijbrander *chalumeau* m *(autogène)*
snijdbaar *sécable*
snijden I OV WW • af-/uitsnijden *couper*; *découper* ★ in stukken ~ *couper en morceaux* • een snijpunt hebben *couper* • opzijdringen *faire une queue de poisson à* • castreren *châtrer* • afzetten *rouler* • ⟨kaartspel⟩ *couper* ★ op de heer ~ *faire l'impasse au roi* **II** ON WW • pijn veroorzaken *couper*; *cingler* • ~ **in** FIG. *rogner sur* ★ flink ~ in *faire une coupe sombre dans*
snijdend • doordringend *aigu* [v: *aiguë*]; *perçant* ★ een ~e kou *un froid pénétrant* ★ een ~e wind *un vent âpre* • pijn veroorzakend *aigu* [v: *aiguë*]
snijmachine *coupeuse* v
snijplank *planche* v *à découper*
snijpunt *(point* m *d')intersection* v
snijroos *rose* v *coupée*
snijtafel *table* v *de dissection*; ⟨operatietafel⟩ INFORM. *billard* m
snijtand *incisive* v
snijvlak *(plan* m *d')intersection* v
snijwerk *sculpture* v
snijwond *coupure* v; ⟨diep⟩ *entaille* v
snik I ZN [de] *sanglot* m ★ in snikken uitbarsten *éclater en sanglots* ▾ de laatste snik geven *rendre son dernier soupir* **II** BNW ▾ niet goed snik *cinglé*
snikheet *caniculaire* ★ het is ~ *il fait une chaleur étouffante*
snikken *sangloter*
snip *bécasse* v
snipper *rognure* v; ⟨schilletje⟩ *zeste* m
snipperdag *jour* m *de congé* ★ een ~ opnemen *prendre un jour*; *faire le pont*
snipperen *couper en petits morceaux*
snipverkouden *très enrhumé*
snit *coupe* v; *façon* v ▾ naar de laatste snit *du dernier cri*
snob *snob* m/v
snobisme *snobisme* m
snobistisch *snob* ★ nogal ~ *snobinard*
snoeien • afknippen *tailler* • inkorten ★ ~ in een begroting *rogner sur un budget*
snoeimes ⟨op stok⟩ *ébranchoir* m; *serpe* v
snoeischaar *sécateur* m
snoek *brochet* m
snoekbaars *sandre* m/v
snoekduik *plongeon* m
snoep *bonbons* m mv; *friandises* v mv
snoepautomaat *distributeur* m *de bonbons*
snoepen • heimelijk eten ★ van iets ~ *goûter (en cachette) à qc* • snoep eten *manger des sucreries*
snoeper • iem. die snoept *amateur* m *de sucreries* • flirt *coureur* m *(de jupons)*
snoepgoed *bonbons* m mv; *friandises* v mv
snoepje *bonbon* m
snoeplust *gourmandise* v
snoepreisje *voyage* m *aux frais de la princesse*
snoer • koord *cordon* m; ⟨vissnoer⟩ *ligne* v ★ elektrisch ~ *fil* m *électrique* • streng *collier* m
snoeren *lacer*; ⟨v. parels⟩ *enfiler*
snoerloos *sans fil*
snoes *chou* m [mv: *choux*]; *amour* m
snoeshaan *hurluberlu* m ★ vreemde ~ *un drôle de type / de zèbre*
snoet *museau* m [mv: *museaux*]; *mufle* m; ⟨gezicht⟩ *gueule* v ★ een leuk ~je *une bonne bouille*; *une jolie frimousse*
snoeven *se vanter*; *fanfaronner*
snoever *fanfaron* m [v: *fanfaronne*]; *vantard* m [v: *vantarde*]
snoezig *mignon* [v: *mignonne*]; *adorable*; *joli (comme tout)*
snol *pute* v
snood *odieux* [v: *odieuse*]; *vil* ★ snode plannen *de noirs desseins*
snoodaard *scélérat* m
snooker *snooker* m
snookeren *jouer au snooker*
snor *moustache* v; ⟨v. dier⟩ *moustaches* v mv ★ met een snor *moustachu* ▾ zijn snor drukken *filer (en douce)* ▾ dat zit wel snor *c'est dans la poche*
snorder *maraudeur* m
snorfiets *cyclomoteur* m
snorhaar *poil* m *de moustache*
snorkel *tuba* m
snorkelen *faire de la plongée avec un tuba*
snorren *ronfler*; ⟨ook v. kat⟩ *ronronner*; ⟨gonzen⟩ *bourdonner*; ⟨ronken⟩ *vrombir*
snot *morve* v ▾ voor Piet Snot erbij zitten *avoir l'air d'un imbécile*; *compter pour du beurre*
snotaap *morveux* m [v: *morveuse*]
snotneus • loopneus *nez* m *qui coule* • snotaap *morveux* m [v: *morveuse*]
snottebel *chandelle* v
snotteren • neus ophalen *renifler* • huilen *pleurnicher*
snotverkouden ★ ~ zijn *avoir la reniflette*
snowboard *snowboard* m; *surf* m *des neiges*
snowboarden *faire du snowboard*
snuffelaar *fouineur* m [v: *fouineuse*]
snuffelen • ruiken *flairer* • speuren *fouiller*; *fureter*; INFORM. *fouiner*
snuffen *renifler*
snufferd *pif* m
snufje • klein beetje ★ een ~ zout *une pincée de sel* • nieuwigheidje *gadget* m ★ het nieuwste ~ *le dernier cri*
snugger *futé*; *malin* [v: *maligne*]
snuif *tabac* m *à priser*
snuifje *pincée* v
snuisterij *bibelot* m; *babiole* v
snuit • deel van kop *museau* m [mv: *museaux*]; ⟨v. varken⟩ *groin* m; *mufle* m • gezicht *gueule* v ★ een leuk ~je *une bonne bouille*; *une jolie frimousse*
snuiten *moucher* ★ zijn neus ~ *se moucher*
snuiter *hurluberlu* m; *individu* m; *type* m ★ een rare ~ *un drôle d'oiseau / de zèbre*
snuiven I OV WW • tabak/cocaïne gebruiken *priser*; *snif(f)er* • opsnuiven ⟨v. tabak⟩ *priser*; ⟨v. drugs⟩ *sniffer* **II** ON WW • ademen *respirer bruyamment*; ⟨v. paard⟩ *s'ébrouer*; ⟨v. dieren⟩ *renâcler* • de neus ophalen *renifler*
snurken • knorrend ademhalen *ronfler*

• slapen *ronfler*
so • → **sol**
s.o. *IE* v *(interrogation écrite)*
soa ⟨maladie sexuellement transmissible⟩ *MST* v
soap ⟨tv⟩ *soap(-opéra)* m
sober I BNW eenvoudig *sobre* **II** BIJW *sobrement*
sociaal • in groepsverband levend *social* [m mv: *sociaux*] • maatschappelijk *social* [m mv: *sociaux*] ★ ~ werker *assistant* m *social* ★ sociale voorzieningen *sécurité* v *sociale*; *prestation* v *sociale* • welwillend *social* [m mv: *sociaux*]; *sociable*
sociaalcultureel *socio-culturel* [v: *socioculturelle*]
sociaaldemocraat *social-démocrate* m/v [m mv: *sociaux-démocrates*]
sociaaleconomisch *socioéconomique*
socialezekerheidsstelsel *régime* m *de la Sécurité sociale*
socialiseren *socialiser*
socialisme *socialisme* m
socialist *socialiste* m/v
socialistisch *socialiste*
sociëteit • genootschap *société* v • vereniging *cercle* m; *club* m
society *haute société* v
sociolinguïstiek *sociolinguistique* v
sociologie *sociologie* v
socioloog *sociologue* m/v
soda • natriumcarbonaat *soude* v • sodawater *soda* m
sodawater *soda* m
sodemieter ▾ als de ~ *illico* ▾ ergens geen ~ van begrijpen *n'y piger que dalle* ▾ iem. op zijn ~ geven *en foutre sur la gueule à qn*
sodemieteren I OV WW gooien *flanquer* **II** ON WW • vallen *dégringoler* • donderjagen *foutre le bordel*
sodomie *sodomie* v
soebatten *supplier*; *insister*
Soedan *le Soudan* ★ in ~ *au Soudan*
Soedanees *Soudanais* m
soelaas *soulagement* m ★ ~ bieden *soulager*
soenniet *sunnite* m/v
soep ⟨dik⟩ *soupe* v; *potage* m; ⟨helder⟩ *consommé* m ▾ de soep wordt niet zo heet gegeten als ze wordt opgediend *ce n'est pas aussi grave que ça en a l'air* ▾ in de soep zitten *être dans le pétrin*; *être bousillé* ▾ niet veel soeps *pas grand-chose*; *pas fameux*
soepballetje ≈ *boulette* v *de viande*
soepbord *assiette* v *creuse*
soepel I BNW • buigzaam *souple*; *flexible* • niet stroef bewegend *souple*; *flexible* • FIG. niet koppig *souple*; *flexible* **II** BIJW *avec souplesse* ★ zich ~ opstellen *faire preuve de souplesse* ★ ~(tjes) verlopen *marcher comme sur des roulettes*
soepgroente *herbes* v mv *potagères*
soepjurk *robe* v *sac*
soepkom *bol* m
soeplepel • opscheplepel *louche* v • eetlepel *cuiller* v *à soupe*
soeps • → **soep**
soepstengel *gressin* m
soes *chou* m *(à la crème)* [m mv: *choux* ...]

soesa *tracas* m (mv); *tintouin* m
soeverein I ZN [de] *souverain* m **II** BNW *souverain*
soevereiniteit *souveraineté* v
soevereiniteitsoverdracht *passation* v *de souveraineté*
soezen ⟨suffen⟩ *somnoler*; ⟨mijmeren⟩ *rêvasser*
soezerig *somnolent*
sof *fiasco* m
sofa *canapé* m; *sofa* m
sofinummer ⟨fiscaal⟩ *numéro* m *fiscal*; ⟨sociaal⟩ *numéro de Sécurité sociale*
soft *mollasse*
softbal *soft-ball* m
softballen *jouer au soft-ball*
softdrug *drogue* v *douce*
softijs *glace* v *à l'italienne*
software *logiciel* m; *software* m ★ educatieve ~ *didacticiel* m
softwarepakket *progiciel* m
soja *soja* m
sojaboon *graine* v *de soja*
sojamelk *lait* m *de soja*
sojasaus *sauce* v *de soja*
sok ⟨sokje⟩ *socquette* v; *chaussette* v ▾ ouwe sok *bas* m *de laine*; *vieux chnoque* m
sokkel *socle* m
sol *sol* m
solair *solaire*
solarium *solarium* m
soldaat *soldat* m ▾ een fles ~ maken *faire un sort à une bouteille* ▾ ~je *croûton* m
soldeerbout *fer* m *à souder*
soldeersel *soudure* v
solden *soldes* m mv
solderen *souder*
soldij *solde* v
soleren *se produire en soliste*; FIG. *œuvrer en solitaire*; *faire cavalier seul*
solidair *solidaire* ★ zich ~ verklaren met *se solidariser avec*
solidariteit *solidarité* v *(***met** *avec)*
solide I BNW • vast *solide* • FIG. betrouwbaar *solide* **II** BIJW *solidement*
solist *soliste* m/v; FIG. *individualiste* m/v
solitair *solitaire*
sollen ~ **met** *se jouer de* ★ (niet) met zich laten ~ *(ne pas) se laisser faire*
sollicitant *candidat* m [v: *candidate*]; *postulant* m [v: *postulante*]
sollicitatie *candidature* v ★ open ~ *candidature spontanée*
sollicitatiebrief *lettre* v *de candidature/motivation*
sollicitatiegesprek *entretien* m *d'embauche*
sollicitatieplicht *obligation* v *de chercher un emploi*
sollicitatieprocedure *procédure* v *d'embauche*
solliciteren *poser sa candidature*; *se proposer* ★ ~ naar een baan *poser sa candidature à un poste*; *postuler un emploi* ▾ hij solliciteert naar een pak slaag *il cherche une paire de claques*
solo I ZN [de] *solo* m **II** BIJW *en solo*
solocarrière *carrière* v *en soliste*
solopartij *solo* m
soloplaat *disque* m *(en) solo*

solovlucht *vol* m *en solo / en solitaire*
solozanger *(chanteur* m*) soliste* m/v
solutie • contactlijm *dissolution* v • SCHEIK. oplossing *solution* v
solvabel *solvable*
solvabiliteit *solvabilité* v
solvent *solvable*
som • uitkomst *somme* v; *total* m ★ een som geld *une somme d'argent* • WISK. ⟨vraagstuk⟩ *problème* m ★ sommen maken *faire des calculs*
Somalië *la Somalie* ★ in ~ *en Somalie*
somatisch *somatique*
somber • donker *sombre* • bedrukt *morne*; *triste*; *sombre* ★ alles ~ inzien *voir tout en noir*
somma *somme* v; *montant* m
sommeren *sommer (te de)*; *mettre en demeure*
sommige *certains*; *quelques* ★ ~n *quelques-uns*
soms • nu en dan *quelquefois*; *parfois* • misschien *peut-être* ★ weet jij soms of *saurais-tu (par hasard) si*
sonar *sonar* m
sonate *sonate* v
sonde • peilstift *sonde* v • meettoestel *sonde* v • katheter *sonde* v
songfestival *festival* m *de la chanson*
sonisch *sonore*; *sonique*
sonnet *sonnet* m
sonoor *sonore*
soort • groep *genre* m ★ in zijn ~ *dans / en son genre* ★ allerlei ~en ... *toutes sortes de ...* ★ ~ bij ~ leggen *trier*; *classer* • BIOL. *espèce* v; *sorte* v • iets dat lijkt op het genoemde *genre* m; *espèce* v; *sorte* v ★ dat ~ dingen *ce genre de choses* ★ een ~ mantel *une espèce de manteau* ▾ ~ zoekt ~ *qui se ressemble s'assemble*
soortelijk *spécifique*
soortement *espèce* v *de*
soortgelijk *pareil* [v: *pareille*]; *similaire*
soortgenoot *congénère* m/v
soortnaam *nom* m *générique*
soos *amicale* v; *club* m
sop ⟨waswater⟩ *lessive* v; *eau* v *savonneuse* ▾ het ruime sop kiezen *prendre le large* ▾ het sop is de kool niet waard *le jeu ne vaut pas la chandelle* ▾ iem. in zijn sop laten gaar koken *laisser cuire qn dans son jus*
soppen • reinigen *lessiver* • indopen *tremper*
sopraan *soprano* m/v
sorbet *coupe* v *glacée*; *sorbet* m
sorbitol *sorbitol* m
sores *embêtements* m mv; *tracas* m mv
sorry *pardon*; *excusez-moi*
sorteermachine *trieuse* v
sorteren *trier*; *faire le tri (de)* ▾ effect ~ *faire son effet*
sortering • het sorteren *triage* m; *tri* m • verscheidenheid *assortiment* m ★ een ruime ~ *un grand choix*
SOS *SOS* m
soufflé *soufflé* m
souffleren *souffler*
souffleur *souffleur* m [v: *souffleuse*]
soul *soul* m
soundtrack *bande* v *sonore*
souper *souper* m
souperen *souper*
souplesse *souplesse* v
souschef *sous-chef* m [mv: *sous-chefs*]
souteneur *souteneur* m; INFORM. *maquereau* m
souterrain *sous-sol* m [mv: *sous-sols*]
souvenir *souvenir* m
sovjet *soviet* m
Sovjetrepubliek *république* v *soviétique*
Sovjet-Unie *l'Union* v *soviétique*
sowieso *de toute manière*
spa *bêche* v
spaak I ZN [de] *rayon* m ▾ een ~ in het wiel steken *mettre des bâtons dans les roues (de qn)* **II** BIJW ▾ ~ lopen *mal tourner*; *échouer*
spaakbeen *radius* m
spaan • spaander *copeau* m [mv: *copeaux*] • schuimspaan *spatule* v ▾ geen ~ heel laten van *réduire en miettes*; *démolir*
spaander *copeau* m [mv: *copeaux*]
spaanplaat *(panneau* m *d')aggloméré* m; *panneau de particules*
Spaans I ZN [het] taal *espagnol* m **II** BNW m.b.t. Spanje *espagnol*
Spaanstalig *de langue espagnole*; *hispanophone*
spaarbank *caisse* v *d'épargne*
spaarbankboekje *livret* m *d'épargne*
spaarbekken *réservoir* m; *bassin* m *d'épargne*
spaarbrander *brûleur* m *à économiseur*
spaarbrief *bon* m *d'épargne*
spaarcenten *pécule* m; *petit magot* m
spaardeposito *dépôt* m *d'épargne*
spaarder *épargnant* m [v: *épargnante*]
spaargeld *économies* v mv; *cagnotte* v; *pécule* m; *bas* m *de laine*
spaarlamp *ampoule* v *à économie d'énergie*
spaarpot *tirelire* v
spaarrekening *compte-épargne* m
spaarvarken *tirelire* v
spaarzaam I BNW zuinig *économe (met de)* ★ hij is ~ met woorden *il est peu causant* **II** BIJW • zuinig *de façon économe* • zelden *rarement*
spaarzegel *timbre-épargne* m [mv: *timbres-épargne*]
spaceshuttle *navette* v *spaciale*
spade *bêche* v
spagaat *grand écart* m ★ een ~ maken OOK FIG. *faire le grand écart*
spaghetti *spaghetti* m mv
spaghettiwestern *western* m *spaghetti*
spalk *attelle* v; *éclisse* v
spalken MED. *éclisser*
spam *spam* m; CAN. *pourriel* m
span • trekdieren *attelage* m • FIG. stel *couple* m
spandoek *banderole* v
spaniël *épagneul* m
Spanjaard *Espagnol* m [v: *Espagnole*]
Spanje *l'Espagne* v ★ in ~ *en Espagne*
spanjolet *espagnolette* v
spankracht • veerkracht *élasticité* v • kracht *force* v *expansive*; ⟨v. spier⟩ *tonicité* v
spannen I OV WW • strak trekken *tendre*; ⟨v. geweer⟩ *armer* • aanspannen *atteler* **II** ON WW te strak zitten *serrer*; *coller* **III** ONP WW kritiek zijn ★ het zal erom ~ *ça sera juste*

sp

spannend ⟨boeiend⟩ *passionnant*; *captivant*; ⟨onzeker⟩ *chaud*
spanning • het strak getrokken zijn *tension* v • druk NATK. *pression* v • ELEK. potentiaalverschil *tension* v • PSYCH. onrust *suspense* m ★ in ~ zitten *être anxieux*
spanningsboog *arc* m *de tension*
spanningshaard *foyer* m *de tension*
spanningsveld • ELEK. *champ* m *électrique* • FIG. *zone* v *de tension*
spanningzoeker *détecteur* m *de tension*
spant ⟨v. dak⟩ *chevron* m; SCHEEPV. *couple* m
spanwijdte • afstand tussen twee steunpunten *portée* v • vleugelbreedte *envergure* v
spar *sapin* m
sparappel *pomme* v *de pin*
sparen • besparen *épargner*; *économiser* ★ het ~ *l'épargne* v • verzamelen *collectionner* • ontzien *ménager* ★ zich ~ *se ménager* ▾ kosten noch moeite ~ *ne pas épargner sa peine* ▾ gespaard blijven van *être préservé de*
sparringpartner *sparring-partner* m [mv: *sparring-partners*]
Spartaans I BNW streng *spartiate* II BIJW streng *à la spartiate*
spartelen *gigoter*; *remuer*; ⟨v. vis⟩ *frétiller*
spasme *spasme* m; *convulsion* v
spastisch • verkrampt *spastique*; *spasmodique* • FIG. moeilijk doend *spastique*; *spasmodique*
spat *éclaboussure* v ▾ spatjes hebben *faire des chichis*
spatader *varice* v
spatbord *garde-boue* m [onv]; ⟨v. auto⟩ *aile* v
spatel *spatule* v
spatie *espace* v
spatiebalk *barre* v *d'espacement*
spatiëring *espacement* m
spatlap *pare-boue* m [onv]
spatten I OV WW bespatten *éclabousser*; ⟨bevlekken⟩ *tacher (**met** de)* II ON WW spetteren *jaillir*; *gicler*; ⟨v. pen⟩ *cracher* ★ uit elkaar ~ *éclater*
spawater *(eau* v *de) Spa* m
speaker • luidspreker *haut-parleur* m [mv: *haut-parleurs*] • commentator *speaker* m
specerij *épice* v
specht *pic* m ★ groene ~ *pivert* m ★ bonte ~ *épeiche* v
speciaal I BNW *spécial* [m mv: *spéciaux*] II BIJW *spécialement*; *particulièrement*
speciaalzaak *magasin* m *spécialisé*
special *émission* v *spéciale*
specialisatie *spécialisation* v
specialiseren [+ zich] *se spécialiser (**in** dans, en)*
specialisme *spécialisme* m; *spécialité* v
specialist *spécialiste* m/v
specialistisch *spécialiste*; *spécialisé*
specialiteit *spécialité* v
specie *mortier* m
specificatie *spécification* v
specificeren *spécifier*; *détailler*
specifiek I BNW typisch *spécifique* II BIJW • kenmerkend *spécifiquement* • uitdrukkelijk *explicitement*
specimen *spécimen* m
spectaculair *spectaculaire*
spectrum *spectre* m
speculaas *spéculo(o)s* m
speculaasje *spéculo(o)s* m
speculant *spéculateur* m [v: *spéculatrice*]
speculatie *spéculation* v
speculatief I BNW *spéculatif* [v: *spéculative*] II BIJW *d'une manière spéculative*
speculeren • gissingen doen *faire des spéculations* • ECON. *faire des spéculations* • ~ **op** *spéculer sur*
speech *discours* m; *speech* m ★ een ~ afsteken *faire un discours*; INFORM. *faire un laius*
speedboot *canot* m *motonautique*
speeksel *salive* v
speekselklier *glande* v *salivaire*
speelautomaat *machine* v *à sous*
speelbal FIG. *jouet* m ★ een ~ van de golven zijn *être au gré des flots*
speelbank *maison* v *de jeu*; *tripot* m
speelbord • ⟨speelbord⟩ *tableau* m; ⟨dambord⟩ *damier* m; ⟨schaakbord⟩ *échiquier* m • dambord *damier* m • schaakbord *échiquier* m
speeldoos *boîte* v *à musique*
speelfilm *long métrage* m; *(grand) film* m
speelgoed *jouets* m mv ★ stuk ~ *jouet* m
speelgoedautootje *petit auto* m *jouet*
speelgoedbeer *ours* m *en peluche*; JEUGDT. *nounours* m
speelgoedwinkel *magasin* m *de jouets*
speelhal *hall* m *de jeux*
speelhelft • helft van veld *moitié* v *du terrain* • helft speelduur *mi-temps* v [onv]
speelhol *tripot* m
speelkaart *carte* v *(à jouer)*
speelkameraad *camarade* m/v *de jeu*
speelkwartier *récréation* v
speelplaats *terrain* m *de jeu*; ⟨op school⟩ *cour* v *(de récréation)*
speelruimte • handelingsvrijheid *liberté* v; *champ* m / *marge* v *(de manœuvre)* • speling TECHN. *jeu* m
speels • dartel *folâtre*; *joueur* [v: *joueuse*] • luchtig *léger* [v: *légère*]; *ludique*
speelschuld *dette* v *de jeu*
speeltafel *table* v *de jeu*; INFORM. *tapis* m *(vert)*
speelterrein *terrain* m *de jeu*
speeltje *joujou* m [mv: *joujoux*]
speeltuin *aire* v / *terrain* m *de jeux*
speelzaal *salle* v *de jeu*
speen • fopspeen *tétine* v • tepel *tétine* v
speenkruid *fausse renoncule* v
speenvarken *cochon* m *de lait*
speer • lans *lance* v • SPORT *javelot*
speerpunt OOK FIG. *fer* m *de lance*
speerwerpen *(lancer* m *du) javelot* m
speerwerper *lanceur* m *de javelot* [v: *lanceuse* ...]
spek *lard* m; ⟨dobbelsteentje⟩ *lardon* m ▾ voor spek en bonen meedoen *compter pour du beurre* ▾ dat is geen spekje voor jouw bekje *ce n'est pas pour ton nez*
spekglad *très glissant*; *comme une patinoire*
spekken *engraisser* ★ de pot ~ *remplir la caisse* ★ gespekte beurs *bourse* v *bien garnie*
spekkie *guimauve* v

sp

speklap *tranche* v *de lard*
spektakel • schouwspel *spectacle* m • lawaai *tapage* m; *vacarme* m
spektakelstuk *pièce* v *à grand spectacle*
spekvet *graisse* v *de lard*
spekzool *semelle* v *de crêpe*
spel • bezigheid ter ontspanning *jeu* m [mv: *jeux*] • speelbenodigdheden *jeu* m • wedstrijd *match* m; *partie* v • toneelstuk *pièce* v *(de théâtre)* • handelswijze ⋆ dat is geen eerlijk spel *c'est de la triche* ⋆ eerlijk spel *du fair-play* • TON. speelwijze ⋆ stil spel *jeu muet* / *de scène* ▾ alles op het spel zetten *risquer le tout pour le tout* ▾ het spel is uit *la plaisanterie est finie* ▾ vrij spel hebben *avoir les mains libres* ▾ een spelletje met iem. spelen *se jouer de qn* ▾ zijn leven staat op het spel *il y va de sa vie* ▾ hoog spel spelen *jouer gros* ▾ iem. vrij spel laten *laisser le champ libre à qn* ▾ op het spel zetten *mettre en jeu*; *risquer*; *jouer* ▾ vrij spel laten aan *donner libre cours à* ▾ er staat veel op het spel *l'enjeu est de taille*
spelbederf *antijeu* m
spelbepaler *meneur* m *de jeu*
spelbreker *trouble-fête* m/v [onv]; *rabat-joie* m [onv]
spelcomputer *console* v *de jeux*
speld • naaigerei *épingle* v • haarspeld *barrette* v • broche *broche* v ▾ je kon een ~ horen vallen *on aurait entendu voler une mouche* ▾ er is geen ~ tussen te krijgen *il n'y a rien à redire (à cela)* ▾ een ~ in een hooiberg zoeken *chercher une aiguille dans une botte de foin*
spelden *épingler*
speldenknop *tête* v *d'épingle*
speldenkussen *pelote* v *à épingles*
speldenprik OOK FIG. *coup* m *d'épingle*
speldje • button *badge* m • onderscheiding *insigne* m
spelelement *élément* m *ludique*
spelen I OV WW • zich vermaken (met) *jouer* ⋆ een spel ~ *jouer à un jeu* • MUZ. *jouer* ⋆ het ~ van een lied *l'execution* v *d'une chanson* • verplaatsen ⋆ een kaart ~ *jouer une carte* • TON. als acteur uitvoeren *jouer* ⋆ de rol ~ van ... *jouer le rôle de ...* • TON. opvoeren *jouer* • aanpakken ⋆ het slim ~ *s'y prendre habilement* II ON WW • zich afspelen *se passer*; *avoir lieu* ⋆ het stuk speelt in Utrecht *la scène se passe à Utrecht* • luchtig behandelen ~ **met** *jouer avec* ⋆ met zijn gezondheid ~ *jouer avec sa santé* ⋆ zij laten niet met zich ~ *ils se ne laissent pas faire* • ~ **op** *jouer sur* ⋆ op het publiek ~ *jouer pour la galerie* • zich voordoen als ~ **voor** *jouer* ⋆ voor heks ~ *jouer la sorcière*
spelenderwijs *en (se) jouant*; *par jeu*; ⟨gemakkelijk⟩ *avec aisance*
speleoloog *spéléologue* m/v
speler *joueur* m [v: *joueuse*]; ⟨acteur⟩ *acteur* m [v: *actrice*]
spelevaren *se promener en bateau*
spelfout *faute* v *d'orthographe*
speling • tussenruimte *jeu* m • marge *marge* v; ⟨m.b.t. tijd⟩ *battement* m • gril *jeu* m [mv: *jeux*]; *caprice* m
spelleider *animateur* m [v: *animatrice*]
spellen • correct schrijven *épeler* ⋆ hoe spel je dat woord? *comment s'écrit ce mot?* ⋆ je hebt dat woord verkeerd gespeld *tu as fait une faute d'orthographe* • aandachtig lezen *éplucher*
spelletje *jeu* m; *partie* v
spelling *orthographe* v
spellingchecker *correcteur* m / *vérificateur* m *orthographique*
spellinggids *guide* m *d'orthographe*
spellingshervorming *réforme* v *de l'orthographe*
spelmaker *meneur* m *de jeu*
spelonderbreking *temps* m *mort*; *arrêt* m *de jeu*
spelonk *caverne* v
spelregel *règle* v *du jeu*
spencer *spencer* m
spenderen ⟨wijden⟩ *consacrer*; ⟨besteden⟩ *dépenser*; ⟨steken (in)⟩ *mettre*
spenen *sevrer* ▾ gespeend van *dénué de*; *dépourvu de*
sperma *sperme* m
spermabank *banque* v *de sperme*
spermadonor *donneur* m *de sperme*
spermatozoïde *spermatozoïde* m
spertijd *couvre-feu* m [mv: *couvre-feux*]
spervuur *tir* m *de barrage*; *rideau* m *de feu*
sperwer *épervier* m
sperzieboon *haricot* m *vert*
spetter • spat *éclaboussure* v • INF. mooi persoon ⟨man⟩ *beau mec* m; ⟨vrouw⟩ *belle nana* v
spetteren *éclabousser*
speurder *enquêteur* m [v: *enquêtrice*]; *détective* m
speuren I OV WW bespeuren *s'apercevoir de*; *découvrir*; *discerner* II ON WW onderzoeken *enquêter*; *faire des recherches* ⋆ ~ naar *rechercher*
speurhond OOK FIG. *limier* m
speurneus • fijne neus *nez* m *fin* • persoon *limier* m
speurtocht ⟨verkenning⟩ *exploration* v; *recherches* v mv
speurwerk *recherches* v mv
speurzin *flair* m
spichtig *effilé*; *grêle*
spie • wig *coin* m • pen *clavette* v; *goupille* v
spieden *épier*; *guetter*; *espionner*
spiegel • spiegelend voorwerp *glace* v; *miroir* m; ⟨v. auto⟩ *rétroviseur* m ⋆ in de ~ kijken *se regarder dans la glace* • niveau *niveau* m • MED. *taux* m *(sanguin)*
spiegelbeeld • weerkaatsing *image* v *(réfléchie)*; *reflet* m • omgekeerd beeld *image* v *inverse*
spiegelei *œuf* m *sur le plat*
spiegelen I ON WW weerkaatsen *miroiter* ▾ gespiegeld *inverse*; *spéculaire* II WKD WW [+ zich] ~ **aan** ⋆ zich aan iem. ~ *prendre exemple sur qn*
spiegelglad *lisse comme un miroir*
spiegeling *reflet* m; ⟨glinstering⟩ *miroitement* m
spiegelreflexcamera *(appareil* m*) reflex* m

spiegelruit *glace* v
spiegelschrift *écriture* v *spéculaire / en miroir*
spiekbriefje *antisèche* v
spieken *tricher*; ⟨afkijken⟩ *copier (***bij** *sur)*; INFORM. *pomper (***bij** *sur)*
spier *muscle* m ★ hij vertrók geen ~ *il n'a pas sourcillé* ★ dwarsgestreepte ~ *muscle strié*
spierbal *muscle* m; ⟨v. arm⟩ *biceps* m ★ zijn ~len laten zien *gonfler ses muscles*
spierbundel *faisceau* m *musculaire*; FIG. *paquet* m *de muscles*
spiering *éperlan* m ▾ een ~ uitwerpen om een kabeljauw te vangen *donner un œuf pour avoir un bœuf*
spierkracht *force* v *musculaire*
spiernaakt *nu comme un ver*; INFORM. *à poil*; *tout nu*
spierpijn *courbatures* v mv; MED. *myalgie* v
spierweefsel *tissu* m *musculaire*
spierwit *blanc comme (la) neige* [v: *blanche* ...]; ⟨lijkbleek⟩ *blême*; *livide*
spies • speer *épieu* m [mv: *épieux*]; *pique* v • grillpen *brochette* v
spietsen *empaler*; *embrocher*
spijbelaar *élève* m/v *qui sèche un cours*
spijbelen *sécher (un cours)*; *faire l'école buissonnière*
spijker *clou* m ★ een ~ inslaan *enfoncer / planter un clou* ▾ ~s met koppen slaan *ne pas faire les choses à moitié* ▾ de ~ op de kop slaan *mettre le doigt dessus* ▾ ~s op laag water zoeken *chercher midi à quatorze heures*
spijkerbroek *jean(s)* m (mv); *blue-jean* m
spijkeren *clouer*; *enfoncer des clous*
spijkerhard *dur comme (le) fer / (la) pierre*
spijkerjasje *blouson* m *en jean*
spijkerschrift *écriture* v *cunéiforme*
spijkerstof *jean* m
spijl *barreau* m [mv: *barreaux*]; *barre* v
spijs • gerecht *mets* m • vulling *pâte* v
spijskaart *menu* m; *carte* v
spijsvertering *digestion* v
spijsverteringskanaal *tube* m *digestif*
spijsverteringssysteem *appareil* m *digestif*
spijswet *loi* v *alimentaire*
spijt ⟨berouw⟩ *regret* m; *remords* m; ⟨verdriet⟩ *chagrin* m ★ tot mijn ~ *à mon grand regret* ★ ~ hebben van iets *regretter qc*
spijtbetuiging *témoignage* m *de regrets*
spijten ★ het spijt me *je suis désolé* ★ het spijt me dat ik u stoor *(je suis) désolé de vous déranger* ★ het zal je ~ *tu le regretteras*
spijtig *fâcheux* [v: *fâcheuse*]; *dommage*
spikes *(chaussures* v mv *à) pointes* v mv
spikkel *tache* v; *moucheture* v
spiksplinternieuw *flambant neuf* [v: *flambant neuve*]
spil • TECHN. as *pivot* m; *axe* m • middelpunt *pivot* m ★ de spil waar alles om draait *la cheville ouvrière*; *la pièce maîtresse*
spilkoers *cours* m *moyen*; *taux-pivot* m
spillebeen *allumette* v
spilziek *dépensier* [v: *dépensière*]
spin *araignée* v
spinazie *épinards* m mv
spindle *spindle* m
spinet *épinette* v
spinnen • tot garen maken *filer* • snorren *ronronner*
spinnenweb *toile* v *d'araignée*
spinnerij *filature* v
spinnewiel *rouet* m
spinnijdig *furieux* [v: *furieuse*]; *furibond*
spin-off *dérivé* m; *retombée* v
spinrag *toile* v *d'araignée*
spint I ZN [de] mijt *araignée* v *rouge* **II** ZN [het] hout *aubier* m
spion *espion* m [v: *espionne*]
spionage *espionnage* m
spionagesatelliet *satellite* m *espion*
spioneren *espionner*
spiraal • schroeflijn *spirale* v • voorwerp *spirale* v
spiraalmatras *matelas* m *à ressorts*; ⟨springbox⟩ *sommier* m *à ressorts*
spiraaltje *stérilet* m; INFORM. *diu* m
spiraalvormig *en spirale*; *en vrille*
spirit *allant* m; *dynamisme* m; *punch* m
spiritisme *spiritisme* m
spiritualiën *spiritueux* m mv
spiritueel *spirituel* [v: *spirituelle*]
spiritus *alcool* m *(à brûler)*
spiritusbrander *réchaud* m *à alcool*
spit • braadpen *broche* v ★ aan het spit rijgen *embrocher* • MED. *lumbago* m
spits I ZN [de] • top *pointe* v; ⟨bergtop ook⟩ *pic* m; *aiguille* v; ⟨torenspits ook⟩ *flèche* v; *aiguille* v • SPORT *ligne* v *d'attaque*; ⟨spitsspeler⟩ *avant* m • voorhoede *tête* v • spitsuur *heures* v mv *de pointe / d'affluence* ▾ op de ~ drijven *pousser à outrance* **II** ZN [het] ▾ het ~ afbijten *essuyer les plâtres* **III** BNW puntig *pointu*; *aigu* [v: *aiguë*]; *en pointe*
Spitsbergen *le Spitzberg*
spitsen *pointer*; OOK FIG. *aiguiser* ★ de oren ~ *tendre / dresser l'oreille* ▾ gespitst zijn op *être attentif à*
spitsheid OOK FIG. *acuité* v
spitskool *chou* m *pointu* [m mv: *choux* ...]
spitsmuis *musaraigne* v
spitsuur *heures* v mv *de pointe / d'affluence* ★ tijdens de spitsuren *aux heures de pointe*
spitsvondig *ingénieux* [v: *ingénieuse*]; *subtil*
spitten *bêcher*; OOK FIG. *creuser*
spitzen *(chaussons* m mv *à) pointes* v mv
spleet *fente* v; *crevasse* v; ⟨in muur⟩ *lézarde* v
spleetoog I ZN [de] MIN. persoon *chinetoque* m/v **II** ZN [het] oog *œil* m *bridé* [m mv: *yeux bridés*]
splijten I OV WW klieven *fendre*; ⟨v. atoom⟩ *fissionner*; ⟨v. diamant⟩ *cliver* ▾ gespleten persoonlijkheid *dédoublement* m *(de la personnalité)* **II** ON WW een scheur krijgen *se fendre*
splijting *scission* v; *fissuration* v; ⟨v. atoom⟩ *fission* v; ⟨v. diamant⟩ *clivage* m
splijtstof *combustible* m *nucléaire*
splijtzwam *pomme* v *de discorde*
splinter *écharde* v; *éclat* m ★ ik heb een ~ in mijn vinger *j'ai une écharde dans le doigt*
splinteren *se fendre en éclats*
splintergroep *groupuscule* m

splinternieuw *flambant neuf* [v: *flambant neuve*]; *tout neuf* [v: *toute neuve*]
splinterpartij *groupuscule* m
split *fente* v
spliterwt *pois* m *cassé*
splitpen *goupille* v *fendue*
splitrok *jupe* v *fendue*
splitsen *séparer*; *diviser*; ⟨in tweeën⟩ *dédoubler*; SCHEIK. *décomposer*; ⟨v. atoom⟩ *fissionner* ★ de weg splitst zich *la route bifurque*
splitsing *division* v; ⟨door onenigheid⟩ *scission* v; ⟨in tweeën⟩ *dédoublement* m; SCHEIK. *décomposition* v; ⟨v. atoom⟩ *fission* v; ⟨v. (spoor)weg⟩ *bifurcation* v
spoed *hâte* v ★ met ~ *vite* ★ ~ maken *se dépêcher*; *se presser* ★ er ~ achter zetten *activer / presser l'affaire* ▾ haastige ~ is zelden goed ≈ *qui va doucement va loin*
spoedbehandeling *traitement* m *d'urgence*
spoedbestelling *(distribution* v*) exprès* m
spoedcursus *cours* m *accéléré*; *stage* m *intensif*
spoedeisend *urgent*
spoeden [+ zich] *se rendre en hâte*
spoedgeval *cas* m *d'urgence*; *urgence* v
spoedig I BNW *rapide*; *prompt* **II** BIJW *bientôt*; *rapidement*; *vite* ★ zo ~ mogelijk *le plus vite possible* ★ ik kom ~ terug *je reviens bientôt* ★ ten ~ste *au plus tôt*; FORM. *dans les plus brefs délais*
spoedoperatie *opération* v *d'urgence*
spoedopname *hospitalisation* v *d'urgence*
spoedoverleg *consultation* v *d'urgence*
spoel *bobine* v; ⟨schietspoel⟩ *navette* v
spoelbak ⟨v. gootsteen⟩ *(bac* m *d')évier* m
spoelen I OV WW • reinigen *rincer*; *laver* • opwinden *bobiner* **II** ON WW • stromen *couler* • meegevoerd worden *être emporté*
spoeling • het spoelen *rinçage* m; *lavage* m; ⟨v. wc⟩ *chasse* v *d'eau* • kleurspoeling *teinture* v ▾ de ~ is dun *il y en a beaucoup pour partager le gâteau*
spoelwater *eau* v *de vaisselle*
spoelworm *ascaride* m
spoiler *spoiler* m
spoken I ON WW *errer*; *hanter les lieux* ★ dat spookt me door het hoofd *ça me hante (l'esprit)* **II** ONP WW • door spoken bezocht worden ★ het spookt op zolder *il y a des fantômes dans le grenier*; *le grenier est hanté* • stormen ★ het spookt op zee *la mer est déchaînée*
sponde *couche* v
sponning *rainure* v; *coulisse* v
spons *éponge* v ★ de ~ erover halen *passer l'éponge*
sponsen *éponger* ★ het ~ *l'épongeage* m
sponsor *sponsor* m; FORM. *parraineur* m
sponsoren *sponsoriser*; FORM. *parrainer*
sponsoring *sponsoring* m; *sponsorisation* v; FORM. *parrainage* m
spontaan I BNW *spontané* **II** BIJW *spontanément*
spontaniteit *spontanéité* v
sponzig *spongieux* [v: *spongieuse*]
spook • geest *fantôme* m; *revenant* m • FIG. schrikbeeld *spectre* m ★ spoken zien INFORM. *se faire des films* • akelig mens *chipie* v
spookachtig *fantomatique*
spookbeeld *spectre* m; *hantise* v
spookhuis *maison* v *hantée*
spookrijder *chauffard* m *circulant à contresens*
spookschip *vaisseau* m *fantôme* [m mv: *vaisseaux ...*]
spookstad *ville* v *fantôme*
spookverhaal *histoire* v *de revenants*
spoor I ZN [het] • zintuiglijk waarneembaar overblijfsel *trace* v; *empreinte* v; ⟨v. wild, crimineel⟩ *piste* v; ⟨v. wagen⟩ *ornière* v ★ sporen achterlaten *laisser des traces* ★ iem. op het ~ zijn *être sur la piste / la trace de qn*; *avoir dépisté qn* ★ de sporen uitwissen *brouiller les pistes* ★ op het goede / verkeerde ~ zitten *être sur la bonne piste / sur une fausse piste* • overblijfsel *vestige* m • FIG. teken *trace* v ★ geen ~ van *pas l'ombre de* • spoorweg *voie* v *(ferrée)*; *chemin* m *de fer* • spoorbedrijf *chemins* m mv *de fer* ★ per ~ *par rail* • geluidsstrook *piste* v ▾ op een dood ~ zitten *être dans une impasse*; *être sur une voie de garage* ▾ uit het goede ~ raken *quitter le droit chemin*; *dérailler* **II** ZN [de] • uitsteeksel rijlaars *éperon* m ★ het paard de sporen geven *éperonner / talonner le cheval* • PLANTK. *spore* v • hoornige uitwas *ergot* m ▾ zijn sporen verdiend hebben *avoir fait ses preuves*
spoorbaan *voie* v *ferrée*
spoorbiels *traverse* v
spoorboekje *indicateur* m *(des chemins de fer)*
spoorboom *barrière* v *(d'un passage à niveau)*
spoorbrug *pont* m *de chemin de fer*
spoorlijn *ligne* v *de chemin de fer*
spoorloos *sans (laisser de) traces* ★ ~ verdwenen INFORM. *disparu dans la nature*
spoorslags *à bride abattue*
spoorweg *voie* v *ferrée*; *chemin* m *de fer* ★ de ~en *les chemins de fer*; *la SNCF*
spoorwegmaatschappij *compagnie* v *ferroviaire*
spoorwegnet *réseau* m *ferroviaire / ferré*
spoorwegovergang *passage* m *à niveau*
spoorwegpersoneel *cheminots* m mv
spoorwegstaking *grève* v *des cheminots*
spoorwegverbinding *liaison* v *ferroviaire*
spoorzoeken *dépistage* m
spoorzoekertje *jeu* m *de piste*
sporadisch I BNW *sporadique* **II** BIJW *sporadiquement*
spore *spore* v
sporen • met de trein reizen *voyager en train* • overeenkomen *cadrer* (**met** *avec*) ▾ die spoort niet *c'est un détraqué*
sporendiertje *sporozoaire* m
sporenelement *oligoélément* m
sporenplant *cryptogame* m/v
sport • lichaamsoefening *sport* m ★ aan ~ doen *pratiquer un sport*; *faire du sport* • trede *échelon* m • stoelspaak *barreau* m [mv: *barreaux*]
sportacademie ≈ *U.R.E.P.S.* v
sportaccommodatie *équipement(s)* m (mv) *sportif(s)*
sportauto *voiture* v *de sport*
sportbond *fédération* v *sportive*

sp

sportclub *association* v *sportive*; *club* m *sportif*
sportdag *journée* v *sport*
sportduiken *plongée* v
sporten *faire du sport*
sporter *sportif* m [v: *sportive*]
sportevenement *rencontre* v/*manifestation* v *sportive*
sportfiets *vélo* m *de sport*
sporthal *salle* v *omnisports*
sportief I BNW • SPORT sport betreffend *sportif* [v: *sportive*] • sportlievend *sportif* [v: *sportive*] • eerlijk *chic* [onv]; *fair-play* [onv] **II** BIJW • de sport betreffend *d'une manière sportive* • eerlijk *sportivement* • informeel ★ ~ gekleed zijn *être habillé sport*
sportieveling *sportif* m [v: *sportive*]
sportiviteit • SPORT *sportivité* v [onv] • eerlijkheid *esprit* m *sportif*; *fair-play* m
sportjournalist *journaliste* m/v *sportif*
sportkleding *vêtements* m mv / *tenue* v *de sport*
sportman *sportif* m
sportschool *centre* m *de (re)mise en forme / de fitness*; *espace-forme* m; *gymnase-club* m; *salle* v *de musculation*
sportuitzending *émission* v *sportive*
sportvissen *pratiquer la pêche sportive*
sportvisserij *pêche* v *sportive*
sportvliegen *aviation* v *de tourisme*
sportvliegtuig *avion* m *de tourisme*
sportvrouw *sportive* v
sportwagen *voiture* v *de sport*
sportwedstrijd *épreuve* v *sportive*
sportzaak *magasin* m *de sport*
spot • het spotten *moquerie* v; *raillerie* v ★ de spot drijven met *se moquer de*; *tourner en dérision* • reclame *spot* m *(publicitaire)* • lamp *spot* m
spotgoedkoop *très bon marché*; *donné*
spotlight *(lumière* v *des) projecteurs* m mv
spotnaam *sobriquet* m
spotprent *caricature* v
spotprijs *prix* m *choc / dérisoire / sacrifié*
spotten I OV WW ⟨lokaliseren⟩ *repérer* **II** ON WW schertsen *se moquer (***met** *de)*; *railler* ★ ~de lach *rire* m *moqueur / railleur / narquois* ★ daar valt niet mee te ~ *on ne plaisante pas avec ça*; INFORM. *ça ne rigole pas*
spotter *moqueur* m [v: *moqueuse*]
spotvogel OOK FIG. *moqueur* m
spouwmuur *mur* m *creux*
spraak • vermogen om te spreken *parole* v • manier van spreken *(façon* v *de) parler* m; ⟨taal⟩ *langage* m ★ iets ter sprake brengen *évoquer qc*; *mettre qc sur le tapis* ★ er is sprake van *il est question de*; *il s'agit de* ★ geen sprake van! *(il n'en est) pas question!*; *(c'est) hors de question!*
spraakcentrum *centre* m *de la parole*
spraakgebrek *défaut* m *d'élocution*
spraakgebruik *usage* m
spraakherkenning *reconnaissance* v *vocale*
spraakkunst *grammaire* v
spraakles *cours* m *d'orthophonie*
spraakmakend *retentissant* ★ een ~ programma *une émission qui a beaucoup fait parler d'elle* ▾ de ~e gemeente *la masse parlante*; *les locuteurs*
spraakstoornis *trouble* m *de la parole*
spraakvermogen *(faculté* v *de la) parole* v
spraakverwarring *confusion* v *des langues* ▾ een Babylonische ~ *une tour de Babel*
spraakwaterval *moulin* m *à paroles*
spraakzaam *loquace*; INFORM. *bavard*
sprake • → **spraak**
sprakeloos ★ ~ staan *rester bouche bée*; *rester ébahi / interdit*
sprankelen *étinceler* ★ ~d *étincelant*
sprankje *brin* m ★ een ~ hoop *une lueur d'espoir*
spray *spray* m; *laque* v
spreadsheet *tableur* m
spreekbeurt *conférence* v; ⟨op school⟩ *exposé* m
spreekbuis *porte-parole* m [onv]
spreekgestoelte ⟨katheder⟩ *chaire* v; *tribune* v
spreekkamer *cabinet* m *(de consultation)*; ⟨in gesloten inrichtingen⟩ *parloir* m
spreekkoor *chœur* m ★ spreekkoren aanheffen *scander des slogans*
spreekstalmeester *Monsieur Loyal* m
spreektaal *langue* v *parlée*
spreektijd *temps* m *de parole*
spreekuur *(heures* v mv *de) consultation* v ★ ~ houden *recevoir*; *consulter*
spreekvaardigheid *expression* v *orale*; *élocution* v
spreekverbod *interdiction* v *de parler*
spreekwoord *proverbe* m
spreekwoordelijk *proverbial* [m mv: *proverbiaux*] ★ ~ worden *passer en proverbe*
spreeuw *étourneau* m [mv: *étourneaux*]
sprei *couvre-lit* m [mv: *couvre-lits*]; *dessus-de-lit* m [onv]
spreiden • uitspreiden *étaler*; *étendre* ★ de benen ~ *écarter les jambes* ★ iets ten toon ~ *étaler qc* • verdelen over *répartir sur*; ⟨in tijd⟩ *échelonner sur*; *étaler sur*
spreiding • het spreiden *étalement* m; ⟨v. de benen⟩ *écartement* m • verdeling ⟨in tijd⟩ *étalement* m; ⟨in tijd⟩ *échelonnement* m; ⟨v. afstand⟩ *écart* m; ⟨decentralisatie⟩ *déconcentration* v
spreidlicht *lumière* v *des projecteurs*
spreidsprong *saut* m *écarté*
spreidstand *jambes* v mv *écartées*
spreidzit *grand écart* m
spreken I OV WW • zeggen *dire* • gesprek hebben met *parler (***met** *à)* ★ elkaar ~ *se parler*; *s'adresser la parole*; *se voir* ★ iem. te ~ vragen *demander qn* ★ we ~ elkaar nog wel! *tu auras de mes nouvelles!* • taal beheersen ★ Frans ~ *parler français* **II** ON WW • praten *parler (***met** *à;* **over**, **van** *de)*; ⟨lezing / toespraak houden⟩ *faire une conférence / un discours* ★ ~ over *parler de* ★ met wie spreek ik? *qui est à l'appareil?*; *c'est de la part de qui?* ★ van zich doen ~ *faire parler de soi* ★ tot de verbeelding ~ *parler à l'imagination* ★ om met X te ~ *comme l'a dit X* ★ om niet te ~ van *sans parler de* ★ over politiek ~ *parler politique* ★ over tennis gesproken *à propos de tennis* • zich uiten *parler* • duidelijk uitkomen ★ uit haar ogen spreekt liefde *ses yeux expriment*

sp

de l'amour ★ niets spreekt ten gunste van hem *rien ne témoigne / ne plaide en sa faveur* ▾ ~ is zilver, zwijgen is goud *la parole est d'argent, le silence est d'or* ▾ dat spreekt vanzelf *cela va de soi / sans dire; c'est évident* ▾ recht van ~ hebben *avoir son mot à dire* ▾ niet te ~ zijn over *être mécontent de* ▾ bij wijze van ~ *façon de parler; pour ainsi dire*

sprekend I BNW • met spraak *parlant* ★ een ~e film *un film parlant* • veelzeggend ★ een ~ bewijs *une preuve évidente* ★ ~e kleuren *des couleurs* v mv *vives* ★ ~e ogen *des yeux* m mv *expressifs* • treffend *frappant* ★ een ~e gelijkenis *une ressemblance frappante* **II** BIJW *exactement* ★ dat lijkt ~ *c'est très ressemblant*

spreker *orateur* m [v: *oratrice*]; ⟨op lezing⟩ *conférencier* m [v: *conférencière*]; ⟨in debat⟩ *intervenant* m [v: *intervenante*]

sprenkelen *asperger; arroser*

spreuk *dicton* m; *maxime* v

spriet • halm *brin* m • haarpiek *épi* m • voelhoorn *antenne* v • dun meisje *perche* v

sprietig ⟨spichtig⟩ *maigrichon* [v: *maigrichonne*]; ⟨v. haar⟩ *rebelle*

springbak *fosse* v *(de réception)*

springbok *springbok* m

springconcours *jumping* m

springen • zich in de lucht verheffen ⟨opspringen⟩ *sauter; bondir*; ⟨v. vloeistof⟩ *jaillir* ★ over een sloot ~ *sauter un fossé* ★ in het water ~ *se jeter à l'eau* ★ uit bed ~ *sauter à bas de son lit* • barsten *se gercer; se crevasser* • ontploffen *éclater; sauter* ★ mijn band is gesprongen *mon pneu a crevé* • bankroet gaan *faire faillite; sauter* ▾ je kunt hoog of laag ~ *il n'y a pas à tortiller* ▾ staan te ~ om *bondir / brûler d'impatience de* ▾ zitten te ~ om *manquer horriblement de* ▾ op groen ~ *passer au vert* ▾ op ~ staan *(être en train de) craquer*

springerig *sautillant* ★ ~ haar *des cheveux* m mv *rebelles*

spring-in-'t-veld *enfant* m *espiègle; enfant* m *qui a la bougeotte*

springlading *charge* v *explosive*

springlevend *bien vivant*

springmatras ⟨springbox⟩ *sommier* m *à ressorts*

springpaard *sauteur* m

springplank OOK FIG. *tremplin* m

springschans *tremplin* m

springstof *explosif* m

springstok *perche* v

springtij *grande marée* v

springtouw *corde* v *à sauter*

springveer *ressort* m

springvloed *grande marée* v

sprinkhaan *sauterelle* v

sprinkhanenplaag *invasion* v *de sauterelles*

sprinkler *sprinkler* m

sprint *sprint* m

sprinten *sprinter*

sprinter *sprinte(u)r* m [v: *sprinteuse*]

sproeien *arroser*

sproeier • sproeitoestel ⟨sproeikop⟩ *arroseur* m; ⟨verstuiver⟩ *pulvérisateur* m; ⟨kop van gieter/douche⟩ *pomme* v • TECHN. *gicleur* m

sproeikop *pomme* v

sproeivliegtuig *avion* m *d'arrosage*

sproet *tache* v *de rousseur*

sprokkelen *ramasser du bois mort*; FIG. *glaner*

sprokkelhout *bois* m *mort*

sprong *saut* m; *bond* m ★ met een ~ *d'un bond* ▾ rare ~en maken *faire des folies* ▾ een ~ in 't duister doen *faire un saut dans l'inconnu* ▾ de ~ wagen *faire le saut; franchir le pas* ▾ een grote ~ voorwaarts *un grand bond en avant*

spronggewricht *jarret* m

sprongsgewijs *par bonds; par à-coups*

sprookje *conte* m *de fées*; ⟨fabeltje⟩ FIG. *conte* m *bleu* ★ het ~ van Moeder de Gans *le conte de ma mère l'Oie*

sprookjesachtig *féerique; fabuleux* [v: *fabuleuse*]

sprookjesboek *livre* m *de contes*

sprookjesfiguur *personnage* m *de conte*

sprookjesprinses *princesse* v *de conte de fées*

sprookjeswereld *pays* m *des merveilles*

sprot *sprat* m

spruit • CUL. groente *chou* m *de Bruxelles* [m mv: *choux ...*] ★ ~jes *choux* m mv *de Bruxelles* • uitloper *jet* m; *pousse* v • kind *rejeton* m

spruiten • ontspruiten *être issu* **(uit** *de)* • loten krijgen *donner des rejets*

spruitstuk *embranchement* m

spruw *muguet* m

spugen • speeksel uitspugen *cracher* • braken *vomir*

spuien • lozen *évacuer*; ⟨v. koopwaar⟩ *écouler* • uiten *exprimer*; ⟨tentoonspreiden⟩ *étaler*

spuigat *déversoir* m; ⟨v. schip⟩ *dalot* m ▾ dat loopt de ~en uit *cela dépasse les bornes*

spuit • werktuig *tuyau* m *(d'arrosage)* [m mv: *tuyaux ...*] • brandspuit *lance* v *(d'incendie)* • injectiespuit *seringue* v • injectie ⟨shot⟩ *shoot* m; *piqûre* v ★ iem. een ~je geven *faire une piqûre à qn* ▾ ~ elf geeft óók modder! *il / elle ramène sa fraise!*

spuitbus *bombe* v *(aérosol)*

spuiten I OV WW • naar buiten persen *lancer*; ⟨verstuiven⟩ *vaporiser* • bespuiten *arroser*; ⟨lakken⟩ *peindre au pistolet* • injecteren *injecter* **II** ON WW • tevoorschijn komen *jaillir; gicler* • drugs gebruiken *se piquer; se shooter*

spuiter • spuitende opening of bron *puits* m *en éruption* • druggebruiker *junkie* m

spuitfles *siphon* m

spuitgast *soldat* m *du feu*

spuitwater *eau* v *gazeuse*

spul • goedje *marchandise* v; INFORM. *camelote* v; *chose* v; INFORM. *truc* m • benodigdheden *affaires* v mv; ⟨plunje⟩ *frusques* v mv; ⟨boel⟩ *bazar* m ★ zijn spullen pakken *prendre ses cliques et ses claques* ▾ het jonge spul *les gosses; la jeunesse*

spurt *sprint* m

spurten *sprinter; foncer*

sputteren • pruttelen, spetteren *crachoter* • morren *râler; rouspéter*

sputum *expectorations* v mv

spuug *salive* v; ⟨uitgespuugd⟩ *crachat* m

spuuglelijk *laid à faire peur*

spuugzat ▾ iets ~ zijn *en avoir ras le bol de qc*
spuwen • spugen *cracher* • uitbraken *vomir*
spyware *logiciel* m *espion*; *spyware* m
squadron *escadron* m
squash *squash* m
squashbaan *salle* v *de squash*
squashen *faire du sqash / jouer au sqash*
squaw *squaw* v
Sri Lanka *le Sri Lanka* ★ in ~ *au Sri Lanka*
Sri Lankaans *srilankais*
sst *chut*
staaf *barre* v; *lingot* m
staafdiagram *histogramme* m; *diagramme* m *en bâtons*
staaflantaarn *(lampe* v*) torche* v
staak • stok *perche* v; *bâton* m; ⟨bonenstaak⟩ *rame* v • persoon *perche* v
staakt-het-vuren *cessez-le-feu* m
staal I ZN [het] materiaal *acier* m; FIG. *fer* m **II** ZN [het] monster *échantillon* m; FIG. *exemple* m; *spécimen* m ★ een fraai ~tje van *un bel exemple de* ★ dat is een knap ~tje! *c'est un exploit / une prouesse!*; INFORM. *bravo / salut l'artiste!*
staalarbeider *sidérurgiste* m/v
staalblauw *bleu (d')acier*
staalborstel *brosse* v *métallique*
staaldraad *fil* m *d'acier*
staalindustrie *sidérurgie* v
staalkaart *carte* v *d'echantillons*; FIG. *éventail* m
staalpil *comprimé* m *de fer*
staalwol *paille* v *de fer*
staan • rechtop staan *être debout*; *se tenir debout* ★ je kunt er ~ *il y a pied* ★ blijven ~ *rester debout*; *tenir tout seul* ★ gaan ~ *se lever*; *se mettre debout* ★ op een tafel gaan ~ *monter sur une table* ★ tegen de muur gaan ~ *s'appuyer contre le mur* ★ ~ te schilderen *être en train de peindre* ★ ~ te wachten *être là à attendre* • stilstaan *rester immobile* ★ tot ~ brengen *arrêter* ★ blijven ~ *s'arrêter*; *s'immobiliser*; *ne plus bouger*; *faire halte* ★ tot ~ komen *s'arrêter* ★ sta of ik schiet! *halte ou je tire!* • opgetekend zijn *être écrit*; *être inscrit*; *être marqué* ★ het staat in de krant *c'est dans le journal* ★ haar naam staat op de lijst *son nom figure sur la liste* • passen *aller (à)* ★ die hoed staat je goed *ce chapeau te va bien* ★ dat staat netjes *ça fait soigné* ★ dat staat je netjes! IRON. *c'est du beau / du joli!*; *en voilà du propre!* • onaangeroerd blijven ★ alles laten ~ *tout laisser là* ★ zijn eten laten ~ *ne pas toucher à son repas* ★ laat dat ~ *laissez cela* ★ zijn baard laten ~ *laisser pousser sa barbe* • zijn *être*; *se trouver* ★ hoe staat het ermee? *comment ça va?* ★ zoals de zaken nu ~ *au point où en sont les choses* ★ er slecht voor ~ *être en mauvaise posture* ★ hij staat er goed voor *ça marche bien pour lui* ★ de teller staat op 100 *le compteur indique 100* ★ weten waar je staat *connaître sa place / sa position* ★ er goed bij ~ *prospérer*; INFORM. *bien profiter* ★ hoe sta je ertegenover? *qu'en penses-tu?* ★ argwanend ~ tegenover *se méfier à l'égard de* ★ te gebeuren ~ *être sur le point d'arriver*; *se préparer* ★ wat mij te doen staat *ce que j'ai à faire*; *ce qu'il me reste à faire* • ~ **tot** ★ 2 staat tot 4 als 5 tot 10 *2 est à 4 comme 5 à 10* • ~ **op** ★ op instorten ~ *menacer ruine* ★ erop ~ dat *exiger que*; *insister pour que*; *tenir à ce que* [+ subj.] ★ er staat vijf jaar op *c'est passible de cinq ans de prison* ★ er staat een beloning op *il y a une récompense offerte / à la clé* • ~ **voor** ★ voor een moeilijke opgave ~ *être confronté à une tâche difficile* ★ er alleen voor ~ *se retrouver seul*; *devoir se débrouiller tout seul* ★ ik sta ervoor! *je m'en charge!* ★ voor zijn overtuigingen ~ *défendre ses convictions* ★ waar staat dat symbool voor? *que représente ce symbole?* ▾ daarmee staat of valt alles *tout est là*; *c'est primordial / décisif* ▾ hij staat voor niets *il ne recule devant rien*; *il est capable de tout* ▾ zeggen waar het op staat *dire la chose toute crue*; *appeler un chat un chat* ▾ eraan gaan ~ *s'y mettre* ▾ erboven ~ *être au-dessus de cela* ▾ achter iem. ~ *soutenir qn* ▾ erbuiten ~ *n'y être pour rien* ▾ laat ~ *sans parler de*; *(et) encore moins* ▾ hij ziet me niet ~ *pour lui je n'existe pas* ▾ ga er maar aan ~! *(il) faut le faire!* ▾ te ~ komen op *revenir à*
staand *droit*; *debout* ▾ iem. ~e houden *arrêter qn* ▾ zich ~e houden *se maintenir*; *tenir bon*
staande *pendant* ★ ~ de vergadering *séance tenante*
staander *montant* m
staanplaats • plaats waar men moet staan *place* v *debout* • standplaats *place* v
staar *cataracte* v ★ groene ~ *glaucome* m
staart • BIOL. *queue* v • nasleep *queue* v ▾ met de ~ tussen de benen *la queue basse / entre les jambes* ▾ een ~je wijn *un fond de vin*
staartbeen *coccyx* m
staartdeling *division* v ★ een ~ maken *poser une division*
staartklok *horloge* v *à caisse allongée*
staartstuk *queue* v
staartvin *nageoire* v *caudale*
staat • toestand *état* m ★ in goede ~ *en (bon) état* ★ ~ van beleg *état de siège* ★ ~ van dienst *état de service(s)* ★ in vloeibare ~ *à l'état liquide* • rijk *État* m • gelegenheid ★ tot alles in ~ *capable de tout* ★ in ~ zijn te *être à même / en état / en mesure de* ★ niet in ~ zijn te *être dans l'impossibilité de* ★ in ~ stellen te *permettre de* ▾ ~ maken op *compter sur* ▾ in alle staten *dans tous ses états* ▾ een hoge ~ voeren *mener grand train*
staathuishoudkunde *économie* v *politique*
staatkunde *politique* v
staatkundig *politique*
staatsbedrijf *entreprise* v *publique*
staatsbelang *intérêt* m *de l'État*
staatsbestel *régime* m
staatsbezoek *visite* v *officielle*
Staatsblad ≈ *Journal* m *officiel*
Staatsbosbeheer *(administration* v *des) Eaux et des Forêts*
staatsburger *citoyen* m [v: *citoyenne*]
staatsburgerschap *nationalité* v
Staatscourant ≈ *Journal* m *officiel*
staatsdrukkerij *Imprimerie* v *Nationale*
staatsexamen *examen* m *d'État*

staatsgeheim *secret* m *d'État*
staatsgreep *coup* m *d'État*; *putsch* m
staatshoofd *chef* m *de l'État*
staatsie *cérémonie* v; *pompe* v
staatsieportret *photo* v *officielle*
staatsinrichting *institutions* v mv *politiques*
staatskas *trésor* m *public*; *Trésor* m
staatslening *emprunt* m *d'État*
staatsloterij *loterie* v *nationale*
staatsman *homme* m *d'État*
staatsorgaan *organe* m *de l'État*
staatsrecht *droit* m *constitutionnel*
staatsrechtelijk *de droit constitutionnel*
staatsschuld *dette* v *publique*
staatssecretaris *secrétaire* m/v *d'État*
staatsvorm *régime* m
staatswege ★ van ~ *de la part de l'État*
stabiel *stable*
stabilisatie *stabilisation* v
stabilisator *stabilisateur* m
stabiliseren *stabiliser*
stabiliteit *stabilité* v
stacaravan *mobilehome* m
stad *ville* v; GESCH. *cité* v ★ de stad Amsterdam *la ville d'Amsterdam* ★ de stad in gaan *aller en ville* ▾ stad en land aflopen voor iets *(par)courir le pays pour qc*
stadgenoot *concitoyen* m [v: *concitoyenne*]
stadhouder GESCH. *stathouder* m
stadhuis *hôtel* m *de ville*; *mairie* v
stadion *stade* m
stadium *stade* m; *phase* v
stads *urbain*; *citadin*
stadsbeeld *paysage* m *urbain*
stadsbestuur *municipalité* v
stadsgezicht *vue* v *d'une ville*
stadskern *centre-ville* m [mv: *centres-villes*]
stadslicht *feu(x)* m (mv) *de stationnement*
stadsmens *citadin* m [v: *citadine*]
stadsrecht *charte* v *d'affranchissement*
stadsreiniging *voirie* v *(urbaine)*
stadsschouwburg *théâtre* m *municipal*
stadsvernieuwing *rénovation* v *urbaine*
stadswacht *garde* v *municipale*
staf • stok *bâton* m; ⟨v. bisschop⟩ *crosse* v • leiding *direction* v; *cadres* m mv; MIL. *état-major* m [mv: *états-majors*]; *staff* m ▾ de staf breken over *condamner*
stafchef *chef* m *d'état-major*
stafkaart *carte* v *d'état-major*
stafylokok *staphylocoque* m
stag *étai* m
stage *stage* m ★ ~ lopen *faire un stage*
stagebegeleider *directeur* m / *maître* m *de stage*
stageld *location* v *d'emplacement*
stageplaats *place* v *de stagiaire*
stagiair *stagiaire* m/v
stagnatie *stagnation* v
stagneren *stagner*
sta-in-de-weg *obstacle* m; *quelque chose* / *quelqu'un d'encombrant*
staken I OV WW ophouden met *cesser* **II** ON WW werk neerleggen *faire grève* ★ gaan ~ *se mettre en grève* ▾ de stemmen ~ *il y a partage (des voix)*
staker *gréviste* m/v
staking • het ophouden met iets *arrêt* m; *cessation* v • werkstaking *grève* v ★ in ~ gaan *se mettre en grève* ★ een ~ afkondigen *lancer un préavis de grève* ★ wilde ~ *grève sauvage* ▾ ~ van stemmen *partage* m *(des voix)*
stakingsbreker *briseur* m *de grève*; *jaune* m
stakingsgolf *vague* v *de grèves*
stakingsrecht *droit* m *de grève*
stakker *malheureux* m [v: *malheureuse*]
stal *étable* v; ⟨paardenstal⟩ *écurie* v ★ op stal *à l'étable* ▾ van stal halen *ressortir* ▾ ik ruik de stal! *ça sent l'écurie!*
stalactiet *stalactite* v
stalagmiet *stalagmite* v
stalen • van staal *d'acier* • zeer sterk *d'acier*; *de fer* ★ ~ gezicht *visage* m *impassible* ★ ~ zenuwen *des nerfs d'acier*
stalinisme *stalinisme* m
stalken ≈ *harceler*
stalker ≈ *harceleur* m [v: *harceleuse*]
stalknecht *garçon* m *d'écurie*
stallen *rentrer*; ⟨voertuig ook⟩ *garer*
stalles *(fauteuils* m mv *d')orchestre* m
stalletje *étal* m [mv: *étals*]; *éventaire* m
stalling *garage* m
stam • boomstam *tronc* m • geslacht *souche* v; BIOL. *phylum* m • volksstam *tribu* v • TAALK. *racine* v; ⟨v. werkwoord⟩ *radical* m [mv: *radicaux*]
stamboek ⟨v. rasdieren⟩ *pedigree* m; ⟨v. paarden⟩ *stud-book* m [mv: *stud-books*]; ⟨v. personen⟩ *registre* m *généalogique*
stamboekvee *bétail* m *de race*
stamboom *arbre* m *généalogique*
stamboomonderzoek *recherches* v mv *généalogiques*
stamcafé *café* m / *bistro(t)* m *habituel*
stamcel *cellule* v *souche* [mv: *cellules souches*]
stamelen *balbutier*; *bégayer*
stamgast *habitué* m [v: *habituée*]; INFORM. *pilier* m
stamhoofd *chef* m *de tribu*
stamhouder *héritier* m *du nom*
stammen *provenir (***van** *de)*; *descendre* / *être issu (***van** *de)*; ⟨dateren⟩ *dater (***uit** *de)*
stammenoorlog *guerre* v *tribale*
stampei *tapage* m; *(grand) bruit* m
stampen I OV WW • fijnmaken *écraser*; *piler*; *broyer* • aanstampen *tasser*; *damer* • instampen *enfoncer* **II** ON WW • stampvoeten *frapper du pied*; *trépigner* • schudden *trépider*; ⟨v. schip⟩ *tanguer* • stoten *battre*
stamper • TECHN. werktuig *pilon* m; *dame* v • BIOL. *pistil* m
stamppot *ratatouille* v *aux pommes de terre*; *potée* v
stampvoeten *frapper du pied*; *trépigner*; ⟨v. de kou⟩ *battre la semelle*
stampvol *plein à craquer* / *comme un œuf*; *(archi)plein*
stamtafel *table* v *des habitués*
stamvader *aïeul* m [mv: *aïeux*]
stamverwant *congénère*
stand[1] • houding *position*; ⟨ligging⟩ *situation* v;

⟨v. maan⟩ *phase* v • maatschappelijke rang *condition* v; *rang* m; *situation* v; ⟨klasse⟩ *classe* v ⋆ de hogere ~en *les classes supérieures* ⋆ de derde ~ *le tiers (état)* ⋆ boven zijn ~ leven *vivre au-dessus de ses moyens* ⋆ zijn ~ ophouden *tenir son rang* ⋆ een heer van ~ *un homme distingué / de haute volée* ⋆ huwelijk beneden zijn ~ *mésalliance* v ⋆ op ~ wonen *habiter un quartier chic / un immeuble de standing* • bestaan ⋆ tot ~ brengen *réaliser; mettre sur pied* ⋆ tot ~ komen *se faire; se réaliser* ⋆ in ~ blijven *se maintenir; subsister* ⋆ in ~ houden *maintenir; conserver* • toestand *état* m ⋆ bij deze ~ van zaken *dans l'état actuel des choses* ⋆ de burgerlijke ~ *l'état civil* m • uitkomst *niveau* m [mv: *niveaux*]; ⟨gehalte⟩ *taux* m; ⟨koers⟩ *cote* v; ⟨score⟩ *score* m; *marque* v; ⟨v. meter⟩ *chiffre* m ⋆ de ~ is 2-0 voor Utrecht *le score est de deux à zéro pour Utrecht; Utrecht mène par deux à zéro* ⋆ de ~ van de barometer *ce qu'indique le baromètre*

stand[2] (zeg: stend) *stand* m

standaard I ZN [de] • houder *support* m • vaandel *étendard* m • maatstaf ⟨peil⟩ *norme* v; *critère* m; *niveau* • vastgestelde eenheid *étalon* m ⋆ de gouden ~ *l'étalon-or* II BIJW ⋆ ~ meegeleverd *fourni en série*

standaardisatie *standardisation* v

standaardiseren *standardiser; normaliser*

standaardwerk *ouvrage* m *de base*

standbeeld *statue* v

stand-by ⟨paraat⟩ *disponible; prêt à intervenir*; ⟨v. nachtdienst e.d.⟩ *de permanence; d'astreinte*; ⟨in wachtstand⟩ *en mode d'attente*

standenmaatschappij *société* v *de classes*

standhouden • niet wijken *résister; tenir bon* • blijven bestaan *durer; subsister*

stand-in *doublure* v

standing *standing* m; *classe* v

standje • houding *position* v • berisping *réprimande* v ⋆ een ~ krijgen *se faire réprimander* • persoon ⋆ een opgewonden ~ *(une) soupe au lait*

standplaats • vaste plaats ⟨voor iets⟩ *emplacement* m ⋆ ~ voor taxi's *station* v *de taxis* • vestigingsplaats *poste* m

standpunt • gezichtspunt *point* m *de vue* • opvatting *point* m *de vue* ⋆ vanuit dit ~ *de ce point de vue; dans cette optique*

standrecht *loi* v *martiale*

stand-upcomedy *stand-up comedy* v; *stand-up* m

standvastig I BNW • onveranderlijk *tenace; persistant* • volhardend *tenace* II BIJW *tenacement; avec tenacité*

standwerker *camelot* m

stang *barre* v; *tige* v ▾ op ~ jagen *charrier*; INFORM. *chambrer*

stangen *charrier*; INFORM. *chambrer*

stank *mauvaise odeur* v; *puanteur* v ▾ ~ voor dank krijgen *être payé d'ingratitude*

stanleymes *cutter* m

stansen *perforer*

stanza *strophe* v

stap • pas *pas* m ⋆ stap voor stap *pas à pas* ⋆ geen stap vooruit komen *ne pas avancer d'un pouce* ⋆ met grote stappen *à grandes enjambées* ⋆ de eerste stap doen *faire le premier pas* ⋆ de beslissende stap doen *franchir / sauter le pas* ⋆ een stapje terug doen *reculer (d'un cran); prendre du recul* ⋆ op stap *en vadrouille* • maatregel *démarche* v ⋆ stappen ondernemen *faire des démarches* • fase *phase* v

stapel I ZN [de] • hoop *tas* m; *pile* v • SCHEEPV. stellage ⋆ een schip van ~ doen lopen *lancer un navire* • balk op snaarinstrument *âme* v ▾ op ~ staan *être projeté; être imminent* ▾ te hard van ~ lopen *aller trop vite (en besogne)* ▾ op ~ zetten *mettre en chantier* ▾ vlot van ~ lopen *bien se dérouler* II BNW *fou à lier* [v: *folle* ...]; *dingue*

stapelbed *lits* m mv *superposés*

stapelen *empiler; entasser*

stapelgek • krankzinnig *fou à lier* [v: *folle* ...]; *dingue* • verzot ~ **op** ⋆ ~ op *fou de*

stapelwolk *cumulus* m

stappen • lopen *marcher*; ⟨stapvoets gaan⟩ *aller au pas* ⋆ over iets heen ~ *enjamber qc*; FIG. *passer sur qc* • uitgaan *sortir* • af-/uitstappen *descendre* ▾ eruit ~ *quitter la scène*

stapsgewijs *pas à pas; par étapes*

stapvoets *au pas*

star I BNW • stijf *fixe* • FIG. rigide *rigide* II BIJW • stijf *fixement* • FIG. rigide *avec rigidité*

staren *regarder dans le vide* ⋆ ~ naar *fixer (du regard); regarder fixement* ▾ zich blind ~ op *s'aveugler sur; ne voir que*

start *démarrage* m; *départ* m; LUCHTV. *décollage* m ⋆ van ~ gaan *démarrer* ⋆ valse ~ *faux départ* ⋆ staande ~ *départ arrêté* ⋆ vliegende ~ *départ lancé* ⋆ aan de ~ *au départ* ▾ koude ~ *démarrage à froid*

startbaan *piste* v *de décollage / d'envol*

startbewijs *licence* v

startblok *starting-block* m [mv: *starting-blocks*]; *bloc* m *de départ*

starten I OV WW in gang zetten *mettre en marche; (faire) démarrer* II ON WW • op gang komen *démarrer* • vertrekken *partir; démarrer*; LUCHTV. *décoller*

starter • beginnende ondernemer *start-up* v [onv] • SPORT *starter*

startgeld *prime* v *de participation*

startkabel *câble* m *de démarrage*

startkapitaal *capital* m *de départ*

startklaar *prêt (à partir)*

startmotor *démarreur* m

startnummer *dossard* m

startonderbreker *antidémarrage* m

startpagina *portail* m

startschot *signal* m *du départ* [m mv: *signaux* ...] ⋆ het ~ lossen *donner le départ*

startsein *signal* m *du départ*

Star Wars *guerre* v *des étoiles*

statenbond *confédération* v

Staten-Generaal GESCH. *États-Généraux* m mv

statie *station* v

statief *statif* m; A-V *pied* m

statiegeld *consigne* v ⋆ zonder ~ *non consigné*

st

statig I BNW • waardig *majestueux* [v: *majestueuse*] • plechtig *solennel* [v: *solennelle*] **II** BIJW • waardig *majestueusement* • plechtig *solennellement*
station • spoorweghalte *gare* v • zender *station* v
stationair *stationnaire* ★ ~ draaien *tourner à vide*
stationcar *break* m
stationeren *placer*; ⟨posteren⟩ *poster*
stationschef *chef* m *de gare*
stationshal *hall* m; *salle* v *des pas perdus*
stationsplein *place* v *de la gare*
stationsrestauratie *buffet* m *(de gare)*
statisch *statique*
statisticus *statisticien* m [v: *statisticienne*]
statistiek • wetenschap *statistique* v • tabel *statistique* v
statistisch *statistique*
status • staat *état* m; JUR. *statut* m • prestige *prestige* m; ⟨sociale positie⟩ *standing* m; *position* v *sociale*
status-quo *statu quo* m
statussymbool *signe* m *extérieur de richesse*
statutair *statutaire*
statuut *statut* m
stavast ▾ een man van ~ *un homme résolu*; *un roc*
staven *appuyer*; *étayer (***met** *de)*
staving ★ ter ~ aanhalen *alléguer* ★ ter ~ *à l'appui*
stayer *coureur* m *de fond* [v: *coureuse* ...]; ⟨in wielersport⟩ *stayer* m
steak *bifteck* m; *steak* m
stedelijk • van de stad *municipal* [m mv: *municipaux*] • stads *urbain*
stedeling *citadin* m [v: *citadine*]
stedenbouw *urbanisme* m
stedenbouwkunde *urbanisme* m
steeds I BIJW • telkens *toujours* ★ ~ meer *de plus en plus* ★ ~ sneller *de plus en plus vite* • altijd *toujours*; *tout le temps* • bij voortduring *toujours*; *tout le temps*; *sans cesse* ★ nog ~ *toujours* **II** BNW van de stad *urbain*; *de ville*
steeg *ruelle* v ★ een blinde ~ *une impasse*
steek • stoot met iets scherps ⟨v. insect⟩ *piqûre* v; *coup* m • hatelijkheid ★ iem. een ~ onder water geven *lancer une pique / une vanne à qn* • pijnscheut *point* m; *élancement* m ★ een ~ in de zij *un point de côté* • lus, maas *point* m; ⟨breisteek⟩ *maille* v ★ een ~ laten vallen / ophalen *laisser tomber / relever une maille* • hoed *bicorne* m; ⟨driekant⟩ *tricorne* m • platte po *bassin* m *(hygiénique)* ▾ er is een ~je aan hem los *il a une case en moins* ▾ iem. in de ~ laten *abandonner / laisser tomber qn* ▾ ~ houden *tenir debout* ▾ een ~ laten vallen *faire une gaffe* ▾ geen ~ *que dalle* ▾ zijn geheugen laat hem in de ~ *il a la mémoire qui flanche*
steekhoudend *qui tient debout*; *pertinent*
steekpartij *bagarre* v *au couteau*
steekpenningen *pots-de-vin* m mv
steekproef *sondage* m
steeksleutel *clé* v *plate*
steekspel • riddertoernooi *joute* v • FIG. strijd *joute* v
steekvlam *jet* m *de flamme*; ⟨v. snijbrander⟩ *flamme* v *de chalumeau*
steekwagen *diable* m
steekwapen *arme* v *blanche / à pointe*
steekwond *coup* m *de couteau*
steekwoord *mot-clé* m [mv: *mots-clés*]; *entrée* v
steekzak *poche* v *sans rabat*
steel • stengel ⟨v. plant⟩ *tige* v; ⟨v. bloem⟩ *pédoncule* m; ⟨v. vrucht⟩ *queue* v; ⟨v. blad⟩ *pétiole* m • handvat *manche* m; ⟨v. pan⟩ *queue* v; ⟨v. pijp⟩ *tuyau* m
steelband (zeg: stielbend) *steel band* m [mv: *steel-bands*]
steelpan *casserole* v *à manche*
steels I BNW *furtif* [v: *furtive*] **II** BIJW *furtivement*
steen I ZN [de] • stuk steen *pierre* v; ⟨klein⟩ *caillou* m [mv: *cailloux*] • bouwsteen *pierre* v; ⟨baksteen⟩ *brique* v; ⟨straatsteen⟩ *pavé* m ★ de eerste ~ leggen *poser la première pierre* • speelstuk ⟨damsteen⟩ *pion* m; ⟨dominosteen⟩ *domino* m ▾ de ~ der wijzen *la pierre philosophale* ▾ de ~ des aanstoots *la pierre d'achoppement* ▾ de eerste ~ werpen *jeter la première pierre* ▾ zijn ~tje bijdragen *apporter sa pierre à l'édifice*; *y mettre du sien* ▾ ~ en been klagen *se lamenter* ▾ geen ~ op de andere laten *ne pas laisser pierre sur pierre* ▾ de onderste ~ zal boven komen *toute l'affaire sera tirée au clair* **II** ZN [het] gesteente *pierre* v; *roche* v ▾ ~ en been klagen *se lamenter*
steenarend *aigle* m *royal*
Steenbok *Capricorne* m
steenbok *bouquetin* m
Steenbokskeerkring *tropique* m *du Capricorne*
steendruk *lithographie* v
steengoed I ZN [het] *grès* m **II** BNW *super (bien)*
steengrillen *faire des grillades sur pierre*
steengroeve *carrière* v
steenhard *dur comme (le) fer / (la) pierre*
steenhouwer *tailleur* m *de pierre(s)*
steenkool *houille* v; *charbon* m ★ witte ~ *houille* v *blanche*
steenkoolengels ≈ *anglais* m *baragouiné*
steenkoolindustrie *industrie* v *houillère*
steenkoolmijn *houillère* v
steenkoud • zeer koud *glacial* [m mv: *glacials/glaciaux*] • FIG. ongevoelig *de glace*; *glacial*
steenmarter *fouine* v
steenoven *four* m *à briques*; *briqueterie* v
steenpuist *furoncle* m
steenrijk *richissime*; *qui roule sur l'or*
steenslag • wegmateriaal *pierraille* v; *gravillon* m • vallend gesteente *éboulis* m
steentijd *âge* m *de pierre*
steenuil *(chouette* v*) chevêche* v
steenweg Z.-N. *chaussée* v
steenworp ▾ op een ~ *à un jet de pierre*; *à deux pas*
steeplechase *steeple(-chase)* m; *course* v *d'obstacles*
steevast *à tous les coups*; *immanquablement*
steg • → **heg**

steiger • werkstellage *échafaudage* m ★ in de ~s staan *être en chantier* • aanlegplaats *débarcadère* m
steigeren • op achterste benen gaan staan *se cabrer* • FIG. protesteren *se cabrer*
steil I BNW • sterk hellend *raide*; *escarpé*; *à pic*; *abrupt* ★ een ~e trap *un escalier raide* • sluik ⟨v. haar⟩ *plat*; *lisse*; *raide* • star *rigide* **II** BIJW sterk hellend *à pic*; *(en pente) raide* ★ ~ omhooggaan *grimper*
steilschrift *écriture* v *droite*
steilte • het steil zijn *raideur* v • helling *pente* v *forte*; *à-pic* m
stek • plantendeel ⟨jonge plant⟩ *plant* m; *bouture* v • vaste plek *coin* m
stekeblind *myope comme une taupe*
stekel *piquant* m; *épine* v
stekelbaars *épinoche* v
stekelhaar *(cheveux* m mv *en) brosse* v
stekelig I BNW • met stekels *piquant*; *épineux* [v: *épineuse*]; *hérissé* • bits *acerbe*; *mordant* **II** BIJW *d'un ton acerbe*
stekelvarken *porc-épic* m [mv: *porcs-épics*]
steken I OV WW • treffen ⟨prikken⟩ *piquer*; *blesser* • grieven *blesser* • in bepaalde plaats/toestand brengen *mettre*; ⟨diep⟩ *enfoncer*; ⟨inbrengen⟩ *introduire*; ⟨neerplanten⟩ *planter* ★ in het zwart gestoken *habillé de / en noir* ★ bij zich ~ *mettre dans sa poche* • uitspitten *enlever à la bêche* ★ turf ~ *extraire la tourbe* ▾ zich in de schulden ~ *s'endetter* **II** ON WW • pijnlijk zijn *piquer*; ⟨branden⟩ *cuire* • iets scherps stoten, plaatsen ★ met een mes naar iem. ~ *donner un coup de couteau à qn* • vastzitten ★ blijven ~ *être coincé*; *être embourbé / enlisé*; *rester (court)*; *en rester là* • zitten (in) *être (enfoncé / planté) (dans)* ▾ daar steekt iets achter *ça cache qc*; *il y a qc là-dessous* ▾ er steekt een geleerde in hem *il a l'étoffe d'un savant*
stekken *bouturer*
stekker *fiche* v *(mâle)*; *prise* v *(mâle)* ▾ de ~ eruittrekken *débrancher / arrêter la machine*
stekkerdoos *prise* v *multiple*
stel I ZN [de] ▾ op stel en sprong *sur-le-champ*; INFORM. *illico (presto)* ▾ op stel *en ordre* **II** ZN [het] • aantal ⟨dingen⟩ *collection* v; ⟨dingen⟩ *série* v; ⟨personen⟩ *bande* v ★ stelletje idioten! *bande d'idiots!* • set *ensemble* m; *assortiment* m; *jeu* m [mv: *jeux*] • paar *couple* m
stelen *voler (van à)* ▾ om te ~ *(joli) à croquer* ▾ ~ als de raven *être voleur comme une pie* ▾ dat kan me gestolen worden *je m'en moque*
stellage • steiger *échafaudage* m • opbergruimte *rayonnage* m
stellen • zetten, plaatsen *mettre*; *poser* • in toestand/positie brengen *mettre*; ⟨in juiste stand⟩ *régler* ★ het is slecht met hem gesteld *il va mal*; *il se porte mal* • doen *faire* ★ het zonder iets moeten ~ *devoir se passer de qc* • veronderstellen *mettre*; *supposer* ★ stel dat het waar is *mettons/supposons que ce soit vrai* • beweren *poser*; *affirmer* • formuleren ⟨v. eis, probleem, vraag⟩ *poser*; ⟨op schrift stellen⟩ *rédiger* • vaststellen *mettre*; *fixer* ★ als regel ~ *poser comme règle* ★ iets ~ op *estimer qc à* ★ zich een doel ~ *se donner / fixer un objectif* ▾ hij heeft heel wat met haar te ~ *elle lui donne du fil à retordre*
stellig I BNW *ferme*; *catégorique* **II** BIJW zeker *fermement*; *catégoriquement* ★ ten ~ste *formellement*
stelligheid *fermeté* v; *assurance* v ★ met ~ *formellement*; *catégoriquement*
stelling • positie *position* v ★ het geschut in ~ brengen *faire donner / mettre en ligne l'artillerie* • steiger *échafaudage* m • stellage *rayonnage* m • bewering *thèse* v; *proposition* v; WISK. *théorème* m ▾ ~ nemen tegen *prendre position contre*
stellingname *prise* v *de position*
stelpen *étancher*
stelregel *règle* v *de conduite*; *principe* m; *maxime* v
stelschroef *vis* v *de réglage*
stelsel *système* m; ⟨regime⟩ *régime* m
stelselmatig I BNW *systématique*; *méthodique* **II** BIJW *systématiquement*
stelt *échasse* v ▾ op ~en staan *être en émoi* ▾ de boel op ~en zetten *semer la pagaille*
steltlopen *marcher / monter sur des échasses*
steltloper BIOL. *échassier* m
stem • stemgeluid *voix* v ★ een stem als een klok *une voix sonore* ★ met luide / halfluide stem *à haute voix / à mi-voix* ★ goed bij stem zijn *être en voix* ★ zijn stem verheffen *élever la voix* ★ zijn stem breekt / wisselt *sa voix mue*; *il mue* • keuze bij stemming *voix* v; *vote* m ★ blanco stem *bulletin* m *blanc* ★ zijn stem uitbrengen (op) *voter (pour)* ★ met algemene stemmen *à l'unanimité* • MUZ. ★ tweede stem *deuxième voix* ▾ er gaan stemmen op om... *des voix se lèvent* ▾ zijn stem verheffen tegen *s'élever contre*
stemband *corde* v *vocale*
stembiljet *bulletin* m *de vote*
stembuiging *intonation* v; *inflexion* v
stembureau *bureau* m *de vote* [m mv: *bureaux* ...]
stembus *urne* v ▾ naar de ~ gaan *aller aux urnes*
stemgedrag *comportement* m *électoral*
stemgeluid *voix* v; *timbre* m
stemgerechtigd *ayant le droit de vote* ★ de ~e leeftijd *l'âge* m *de voter*
stemhebbend *sonore*
stemhokje *isoloir* m
stemlokaal *bureau* m *de vote* [m mv: *bureaux* ...]
stemmen I OV WW • in zekere stemming brengen *disposer*; *rendre* ★ dat stemt tot nadenken *cela donne à réfléchir* ★ het stemt mij tevreden *cela me rend content* ★ een vast gestemde markt *un marché à tendance ferme* ★ goed gestemd *de bonne humeur* • MUZ. *accorder* **II** ON WW stem uitbrengen *voter* ★ ~ over iets *voter qc* ★ ~ op iem. *voter (pour) qn* ★ (er)voor ~ *voter pour* ▾ met de voeten ~ *voter avec les pieds*
stemmenwinst *gain* m *électoral / de voix*
stemmer • kiezer *votant* m • MUZ. *accordeur* m [v: *accordeuse*]

st

stemmig I BNW *sobre; discret* [v: *discrète*] **II** BIJW *sobrement; discrètement*
stemming • het stemmen *scrutin* m; *vote* m ★ in ~ brengen *mettre aux voix; voter* ★ bij de eerste ~ *au premier tour de scrutin* ★ tot ~ overgaan *procéder au vote* ★ zich van ~ onthouden *s'abstenir* • gemoedstoestand *humeur* v; *moral* m; *état* m *d'esprit* ★ in de ~ zijn om *être d'humeur à* ★ in goede ~ *de bonne humeur* • sfeer *ambiance* v; *atmosphère* v; ECON. *tendance* v *(du marché)* ★ FIG. de ~ peilen *prendre la température* ★ de ~ erin brengen *mettre de l'ambiance* ▾ ~ maken voor/tegen *faire de la propagande pour /contre qc*
stemmingmakerij *manipulation* v *de l'opinion*
stempel • werktuig om afdruk te maken *poinçon* m; *estampe* v; *estampilleuse* v • afdruk *cachet* m; *sceau* m [mv: *sceaux*]; *tampon* m ★ een ~ zetten *tamponner* • voorwerp met afdruk *tampon* m; *timbre* m • FIG. invloed *cachet* m ★ ergens zijn ~ op drukken *marquer qc de son empreinte* ★ het ~ van iem. dragen *porter la griffe de qn* • PLANTK. *stigmate* m ▾ van de oude ~ *de la vieille école*
stempelautomaat *composteur* m
stempelen • een stempel drukken ⟨v. reisbiljet⟩ *composter; timbrer; tamponner*; ⟨afstempelen⟩ *estampiller*; ⟨v. postzegel⟩ *oblitérer* • kenmerken *qualifier (***tot** *de)*
stempelkussen *tampon* m *encreur*
stemplicht *vote* m *obligatoire*
stemrecht *droit* m *de vote*
stemvee ≈ *troupeau* m *électoral*
stemverheffing *élévation* v *de la voix*
stemvork *diapason* m
stencil *polycopié* m; *polycopie* v
stencilen *polycopier*
stencilmachine *ronéo* v
stenen *de / en pierre*; FIG. *de pierre* ★ een ~ pijp *une pipe en terre cuite* ★ ~ pot *pot* m *de grès*
stengel *tige* v
stengun *mitraillette* v
stenigen *lapider*
stennis *boucan* m ★ ~ maken *faire du boucan*
steno *sténo* v
stenograferen *sténographier*
stenografie *sténographie* v; ⟨stuk⟩ *sténogramme* m
stenografisch *sténographique; en sténo*
step • autoped *trottinette* v • voetsteun *repose-pied* m [onv]
step-in *gaine* v
steppe *steppe* v
steppen *faire de la trottinette*
STER ≈ *RFP* v; ≈ *Régie* v *française de la publicité*
ster • hemellichaam *étoile* v ★ met sterren bezaaid *étoilé; constellé d'étoiles* ★ vallende ster *étoile filante* • beroemdheid *vedette* v; ⟨v. film⟩ *star* v; *étoile* v ★ rijzende ster *étoile montante* ★ een nieuwe ster aan het firmament *une étoile est née* • sterretje ⟨teken⟩ *astérisque* v ▾ de sterren van de hemel spelen *faire des étincelles / des merveilles* ▾ zijn ster is verbleekt *c'est un has been*
sterallures *airs* m mv *de star*
stereo • geluidsinstallatie *stéréo* v • ruimtelijke weergave *stéréo* v ★ in ~ *(en) stéréo*
stereofonisch *stéréophonique*
stereo-installatie *chaîne* v *stéréo*
stereometrie *stéréométrie* v
stereotiep *stéréotypé*
stereotoren *rack* m *stéréo*
stereotype • vastgeroeste opvatting *stéréotype* m • afdruk *stéréotypie* v
sterfbed *lit* m *de mort*
sterfdag *jour* m *du décès*
sterfelijk *mortel* [v: *mortelle*]
sterfgeval *décès* m ★ wegens ~ *pour cause de décès*
sterfhuis *maison* v *mortuaire*
sterfhuisconstructie ≈ *coquille* v *vide*
sterfte *mortalité* v
sterftecijfer *(taux* m *de) mortalité* v
sterfteoverschot *excédent* m *des décès*
steriel • BIOL. onvruchtbaar *stérile* • MED. vrij van ziektekiemen *stérile* • FIG. doods *stérile*
sterilisatie *stérilisation* v
steriliseren *stériliser*
sterk I BNW • krachtig ⟨machtig⟩ *puissant; vigoureux* [v: *vigoureuse*]; *fort*; ⟨machtig⟩ *grand* ★ zo ~ als een beer *fort comme un bœuf; balèze* ★ de ~e man *l'homme fort* • stevig *solide; robuste* • hevig *fort; violent; intense* • bekwaam *fort (***in** *en)* ★ daar is hij niet ~ in *ce n'est pas son (point) fort* • geconcentreerd *concentré*; ⟨v. reuk/smaak⟩ *fort* ★ de koffie is te ~ *le café est trop fort / serré* • moeilijk te geloven *(un peu) fort / rude* ★ ~er nog ... *qui plus est ...* • talrijk ★ tien man ~ *fort de dix hommes* ▾ ik maak me ~ dat ... *j'ai l'intime conviction que ...* ▾ hij maakt zich ~ dat te bewijzen *il se fait fort de prouver cela* **II** BIJW *fortement; très*; ⟨stevig⟩ *solidement* ★ ~ staan *être en bonne posture*
sterkedrank *boissons* v mv *spiritueuses*
sterken *fortifier; consolider*; FIG. *raffermir*; FIG. *remonter*; FIG. *conforter (***in** *dans)*
sterkers *cresson* m
sterkte I ZN [de] • kracht *force* v; *puissance* v • stevigheid *solidité* v; *résistance* v • intensiteit *force* v; *puissance* v; *intensité* v **II** TW *bon courage!*
stern *sterne* v
steroïden *stéroïdes* m mv
sterrenbeeld • groep sterren *constellation* v • astrologisch teken *signe* m
sterrenhemel *ciel* m *(étoilé); cieux* m mv
sterrenkijker *télescope* m
sterrenkunde *astronomie* v
sterrenregen *pluie* v *d'étoiles*
sterrenstelsel *système* m *stellaire; galaxie* v
sterrenwacht *observatoire* m
sterrenwichelaar *astrologue* m/v
sterretje • teken * *astérisque* v • vuurwerk *cierge* m *magique* • filmsterretje *starlette* v ▾ ~s zien *voir trente-six chandelles*
sterveling *mortel* m [v: *mortelle*] ★ de gewone ~ *le commun des mortels* ★ er was geen ~ *il n'y avait pas âme qui vive*

sterven I ON WW • doodgaan *mourir (aan, van de)*; FORM. *décéder* ★ op ~ liggen *agoniser*; *être à l'agonie*; *être à l'article de la mort*; *être mourant / moribond* ★ het ~ *la mort*; *le décès* • creperen *crever (van de)* **II** ONP WW wemelen *être bourré (van de)*
stervensbegeleiding *accompagnement* m *de fin de vie*
stervenskoud ★ het is ~ *il fait un froid de canard/chien*
stethoscoop *stéthoscope* m
steun • stut *support* m; *appui* m; *soutien* m • hulp *appui* m; *réconfort* m; *soutien* m ★ ~ verlenen aan iem. *soutenir qn*; *donner son soutien à qn* ★ iem. een ~tje in de rug geven *donner un coup de pouce à qn*
steunbalk *racinal* m [mv: *racinaux*]
steunbeer *contrefort* m
steunbetuiging *preuve* v *d'appui*
steunen I OV WW • ondersteunen *soutenir*; ⟨schoren⟩ *étayer*; *appuyer* • helpen *soutenir* **II** ON WW • leunen *reposer (op sur)*; OOK FIG. *s'appuyer (op sur)* • kreunen *gémir*
steunfonds *fonds* m *de secours*
steunfraude *fraude* v *à la sécurité sociale*
steunkous *bas* m *à varices*
steunpilaar • pilaar *pilier* m • persoon *pilier* m
steunpunt • punt waarop iets steunt *point* m *d'appui* • plaats waar men hulp verleent *base* v
steuntrekker *allocataire* m/v
steunzender *réémetteur* m
steunzool *semelle* v *orthopédique*
steur *esturgeon* m
steven ⟨voor⟩ *étrave* v; ⟨achter⟩ *étambot* m
stevenen • koers zetten *mettre le cap sur* • stappen naar *aller droit à*
stevig I BNW • solide *solide*; INFORM. *costaud* ★ deze stof is niet erg ~ *cette étoffe n'est pas très résistante* • krachtig *fort*; *robuste*; *vigoureux* [v: *vigoureuse*] **II** BIJW *solidement*; *fermement*
steward *steward* m
stewardess *hôtesse* v *de l'air*
stichtelijk I BNW • verheffend *édifiant* • vroom *pieux* [v: *pieuse*] ▾ dank je ~! *merci, non!* **II** BIJW • verheffend *de manière édifiante* • vroom *pieusement*
stichten • oprichten *fonder*; *créer* • verheffen *édifier* • aanrichten *causer*; *provoquer* ★ kwaad ~ *faire du mal* ★ onheil ~ *semer le malheur*
stichter *fondateur* m [v: *fondatrice*]
stichting *fondation* v
stick SPORT *crosse* v
sticker *autocollant* m
stickie *joint* m
stiefbroer ⟨v. vaderszijde⟩ *fils* m *du beau-père*; ⟨v. moederszijde⟩ *fils* m *de la belle-mère*
stiefdochter *belle-fille* v [mv: *belles-filles*]
stiefkind *enfant* m/v *d'un autre lit*
stiefmoeder *belle-mère* v [mv: *belles-mères*]
stiefmoederlijk ▾ ~ behandeld *traité en parent pauvre* ▾ ~ bedeeld INFORM. *pas gâté*
stiefouder ★ ~s *beaux-parents* m mv
stiefvader *beau-père* m [mv: *beaux-pères*]
stiefzoon *beau-fils* m [mv: *beaux-fils*]
stiefzuster ⟨v. vaderszijde⟩ *fille* v *du beau-père*; ⟨v. moederszijde⟩ *fille* v *de la belle-mère*
stiekem I BNW • heimelijk *secret* [v: *secrète*] • achterbaks *sournois* **II** BIJW • heimelijk *en cachette*; *en catimini* • achterbaks *sournoisement*
stiekemerd *sournois* m [v: *sournoise*]
Stier *Taureau* m
stier *taureau* m [mv: *taureaux*]
stierengevecht *course* v *de taureaux*; *corrida* v
stierenvechten *tauromachie* v
stierenvechter *torero* m; *toréador* m
stierlijk *vachement*
stift • staafje *goujon* m; *broche* v; *goupille* v • viltstift *feutre* m
stiften *faire une pichenette*; *piquer le ballon*
stifttand *dent* v *à pivot / à tenon*
stigma *stigmate* m
stigmatiseren *stigmatiser*
stijf I BNW • niet soepel *raide*; *rigide* ★ stijve nek *torticolis* m ★ ~ worden *se raidir* ★ ~ als een plank *raide comme un manche à balai* ★ ~ van de kou / van angst *transi de froid / de peur* • stevig *épais* [v: *épaisse*] • niet spontaan *raide*; *coincé*; *pincé*; *guindé*; *compassé* • houterig *gauche*; *maladroit* ▾ een stijve hebben *bander* ▾ ~ staan van *être bourré de* **II** BIJW • niet soepel *avec raideur* • niet spontaan *avec raideur*
stijfkop *entêté* m [v: *entêtée*]; *tête* v *de mule*
stijfkoppig *obstiné*; *têtu*
stijfsel *amidon* m; ⟨in papvorm⟩ *colle* v *d'amidon*
stijgbeugel *étrier* m
stijgen • omhooggaan *monter*; ⟨snel⟩ *grimper* • toenemen *augmenter*; *être en hausse*
stijging • het omhooggaan *montée* v; ⟨v. water⟩ *crue* v • toename ⟨v. prijzen⟩ *hausse* v
stijl • schrijfstijl *style* m ★ met/in ~ *avec style* • handelswijze *style* m • deur-/raampost *montant* m; *jambage* m
stijlbloempje *perle* v
stijlbreuk *rupture* v *de style*
stijldansen *danse* v *de salon*
stijlfiguur *figure* v *de style / de rhétorique*
stijlkamer *salon* m *de style*
stijlloos • zonder (goede) stijl *sans caractère* • ongepast *inconvenant*; *sans classe*
stijlperiode *époque* v
stijlvol I BNW *de bon goût*; ⟨v. persoon⟩ *stylé*; *de caractère* **II** BIJW *avec goût*; ⟨keurig⟩ *avec élégance*
stijven • sterken *raffermir (in dans)*; *renforcer (in dans)* • met stijfsel behandelen *amidonner* ★ gesteven boord *col* m *empesé*
stikdonker I ZN [het] *tout noir*; *noir comme dans un four* **II** BNW *tout à fait noir*; *complètement noir* ★ het is ~ *il fait noir comme dans un four*
stikheet *caniculaire* ★ het is ~ *il fait une chaleur étouffante*
stikken I OV WW naaien *piquer* **II** ON WW • het benauwd krijgen *étouffer*; *suffoquer*; *être asphyxié* • FIG. doodvallen ★ iem. laten ~ *laisser tomber qn* **III** ONP WW wemelen *être*

st

bourré de
stiksel *piqûre* v; ⟨als versiering⟩ *surpiqûre* v
stikstof *azote* m
stikstofdioxide *dioxyde* m *azoté*
stil I BNW • zonder geluid *silencieux* [v: *silencieuse*] ⋆ het werd stil *il se fit un silence* ⋆ ik ben er stil van *j'en reste interdit* ⋆ in stille overpeinzing *recueilli* • rustig *tranquille*; *calme* ⋆ een stille landweg *un chemin peu fréquenté* ⋆ de stille uren *les heures creuses* • verborgen *secret* [v: *secrète*] ⋆ een stille aanbidder *un amoureux inavoué* ⋆ stille armoede *misère* v *cachée*; ≈ *pauvres* m mv *honteux* ⋆ stille reserves *réserves* v mv *occultes* II BIJW • zonder geluid *silencieusement* • rustig *tranquillement*; *doucement* ⋆ stil gaan leven *se retirer (des affaires)*; INFORM. *aller planter ses choux* • heimelijk *secrètement*; *en secret* III TW ⋆ stil! *silence!*; *chut!*
stilaan *peu à peu*; *petit à petit*
stileren *styliser*
stiletto *couteau* m *à cran d'arrêt*
stilhouden I OV WW • verzwijgen *tenir secret*; *taire* • rustig houden *tenir tranquille* II ON WW stoppen *s'arrêter*
stilist *styliste* m/v
stilistisch *stylistique*
stille *policier* m *en civil*; *inspecteur* m
stilleggen *arrêter*; ⟨lamleggen⟩ *paralyser*
stillen *assouvir*; ⟨bedaren⟩ *apaiser*
stilletjes • zachtjes *doucement* • ongestoord *tranquillement* • heimelijk *en cachette*; *en catimini* • onopvallend *discrètement*
stilleven *nature* v *morte*
stilliggen • niet bewegen *être couché (sans bouger)* • buiten werking zijn *chômer*; *être immobilisé*; ⟨platliggen⟩ *être paralysé*
stilstaan • niet bewegen *rester immobile*; *ne pas bouger* ⋆ blijven ~ *s'arrêter* ⋆ ~d water *eaux* v mv *stagnantes*; *eaux* v mv *croupissantes* ⋆ ~d beeld *arrêt* m *sur image* • stagneren *ne pas avancer* ⋆ bijna ~ *piétiner* • niet functioneren *être arrêté*; *ne pas marcher* ▾ (lang) blijven ~ bij iets *s'attarder à / sur qc* ▾ daar staat mijn verstand bij stil *ça me dépasse* ▾ daar heb ik niet bij stilgestaan *cela ne m'est pas venu à l'esprit*
stilstand *immobilité* v; ⟨stagnatie⟩ *arrêt* m; ⟨stagnatie⟩ *stagnation* v ⋆ tot ~ komen *s'arrêter* ▾ ~ is achteruitgang *qui n'avance pas recule*
stilte • geluidloosheid *silence* m ⋆ ademloze/doodse/diepe ~ *silence* m *de mort* ⋆ er viel een doodse ~ *il se fit un silence de mort / de cathédrale* ⋆ een ogenblik ~ in acht nemen *observer une minute de silence*; *se recueillir* ⋆ een pijnlijke ~ veroorzaken *jeter un froid* • rust *calme* m ⋆ in alle ~ *en secret*; *dans la plus stricte intimité* ▾ de ~ voor de storm *le calme avant la tempête*
stilvallen *s'arrêter*
stilzetten *arrêter*
stilzitten • rustig zitten *ne pas bouger*; *rester tranquille* ⋆ hij kan niet ~ *il ne tient pas en place*; INFORM. *il a la bougeotte / le feu dans les fesses* • niet bedrijvig zijn *rester inactif / les bras croisés* ⋆ wij hebben niet stilgezeten *on n'a pas chômé*
stilzwijgen I ZN [het] *silence* m; *mutisme* m ⋆ het ~ verbreken *sortir de son silence* ⋆ het ~ bewaren (over) *garder le silence (sur)* II ON WW *se taire*
stilzwijgend I BNW • zwijgend *silencieux* [v: *silencieuse*] • FIG. impliciet *tacite* II BIJW *en silence*; *tacitement* ⋆ ~ bedoelen *sous-entendre* ⋆ ~ voorbijgaan aan *passer sous silence*
stimulans *stimulant* m; *incitation* v
stimuleren *stimuler*; *encourager*
stimuleringsmaatregel *mesure* v *de revitalisation*
stimulus *stimulus* m
stinkbom *boule* v *puante*
stinkdier *mouffette* v
stinken *sentir mauvais*; *puer* ⋆ naar drank ~ *sentir / puer l'alcool* ⋆ ~de voeten hebben *sentir / puer des pieds* ▾ erin ~ *se faire avoir* ▾ hij is ~d rijk *c'est un richard*; *il roule sur l'or*
stip *point* m
stipendium *bourse* v *(d'études)*
stippel *point* m; ⟨op stof⟩ *pois* m; ⟨vlekje⟩ *moucheture* v
stippelen *pointiller*
stippellijn *(ligne* v *en) pointillé* m
stipt I BNW *exact*; *ponctuel* [v: *ponctuelle*] II BIJW *exactement*; *ponctuellement*; ⟨strikt⟩ *rigoureusement* ⋆ ~ op tijd (komend) *ponctuel*
stiptheidsactie *grève* v *du zèle*; *opération* v *escargot*
stipuleren *stipuler*
stockcarrace *stock-car* m [mv: *stock-cars*]
stoeien *batifoler*; *folâtrer*; ⟨rollebollen⟩ *s'ébattre*
stoeipoes *bombe* v
stoel *chaise* v ⋆ luie ~ *fauteuil* m ⋆ elektrische ~ *chaise électrique* ▾ iets niet onder ~en of banken steken *ne pas faire mystère de qc* ▾ de Heilige Stoel *le Saint-Siège* ▾ voor ~en en banken praten *gaspiller / perdre sa salive* ▾ de poten onder iemands ~ wegzagen *saper la position de qn* ▾ van zijn ~ vallen *tomber à la renverse*
stoelen ~ op *reposer sur*
stoelendans OOK FIG. *chaises* v mv *musicales*; FIG. *valse* v
stoelgang *selles* v mv ⋆ ~ hebben *aller à la selle*
stoelleuning *dos(sier)* m *de chaise*
stoelpoot *pied* m *de chaise*
stoeltjeslift *télésiège* m
stoemp *ratatouille* v *aux pommes de terre*; *potée* v
stoep • trottoir *trottoir* m • stenen opstapje *perron* m ▾ zijn eigen ~ schoonvegen *balayer devant sa porte*
stoeprand *bordure* v *du trottoir*
stoer I BNW • flink ≈ *dur* ⋆ ~ doen *jouer les durs*; *frimer* • fors *carré*; *costaud* ⋆ een ~e bink *un gros bras* II BIJW *avec dureté* ⋆ er ~ bij lopen *rouler les mécaniques*
stoet *cortège* m; *procession* v
stoeterij *haras* m
stoethaspel *cloche* v; *empoté* m [v: *empotée*]; *manche* v

st

stof I ZN [de] • materie *matière* v; *substance* v • weefsel *étoffe* v; *tissu* m • onderwerp *matière* v; *sujet* m ★ stof geven tot *prêter à*; *donner lieu à* ▾ kort van stof zijn *être bref / peu loquace* ▾ lang van stof zijn *être long / prolixe* **II** ZN [het] *poussière* v ★ stof afnemen *dépoussiérer* ★ een dot stof *un mouton* ▾ tot stof vergaan *tomber en poussière* ▾ in het stof bijten *mordre la poussière* ▾ veel stof doen opwaaien *faire beaucoup de bruit*
stofbril *lunettes* v mv *de protection*
stofdoek *chiffon* m *(à poussière)*
stoffeerder *tapissier* m [v: *tapissière*]
stoffelijk *matériel* [v: *matérielle*] ★ het ~ overschot *dépouille* v; *corps* m
stoffen I BNW *de/en tissu*; *de/en entoffé* **II** OV WW stof afnemen *dépoussiérer*
stoffer *balayette* v
stofferen • bekleden *recouvrir* • inrichten ≈ *meubler*; *décorer*
stoffering ≈ *ameublement* m
stoffig • vol stof *poussiéreux* [v: *poussiéreuse*] • saai *poussiéreux* [v: *poussiéreuse*]
stofgoud *poudre* v *d'or*
stofjas *blouse* v
stoflong *silicose* v
stofmasker *masque* m *antipoussière*
stofnaam *nom* m *de matière*
stofnest *nid* m *à poussière*
stofregen *pluie* v *de poussière*
stofvrij *sans poussière*
stofwisseling *métabolisme* m
stofwisselingsziekte *maladie* v *métabolique*
stofwolk *nuage* m *de poussière*
stofzuigen *passer l'aspirateur*; ⟨iets⟩ *passer à l'aspirateur*
stofzuiger *aspirateur* m
stoïcijns I BNW onaangedaan *stoïque* **II** BIJW *stoïquement*
stok • stuk hout *bâton* m; ⟨klein⟩ *bout* m *de bois*; *baguette* v • stel kaarten *talon* m • kippenstok *perchoir* m ★ op stok gaan *(se) percher* ▾ het met iem. aan de stok hebben *être aux prises avec qn* ▾ ergens een stokje voor steken *mettre le holà à qc* ▾ van zijn stokje gaan *tomber dans les pommes* ▾ een stok om de hond te slaan *un prétexte*
stokbrood *baguette* v; ⟨dun⟩ *ficelle* v
stokdoof *sourd comme un pot*
stoken I OV WW • doen branden ★ kolen ~ *se chauffer au charbon* ★ een vuurtje ~ *faire/allumer un feu* ★ een ketel ~ *chauffer une chaudière* • distilleren *distiller* • aanwakkeren *fomenter* ★ onrust ~ *semer le trouble* • reinigen ★ zijn tanden ~ *se curer les dents* **II** ON WW opruien *intriguer*
stoker • machinestoker *chauffeur* m • distilleerder *distillateur* m; *bouilleur* m • opruier *fauteur* m *de troubles* [v: *fautrice* ...]
stokerij *distillerie* v
stokken *s'arrêter*; ⟨bij praten⟩ *rester court*; ⟨haperen⟩ *bafouiller*
stokoud *fort âgé*
stokpaard *dada* m; *cheval* m *de bataille* ▾ zijn ~je berijden *enfourcher son dada*
stokroos *rose* v *trémière*; *rose* v *sur tige*

st

stokstijf I BNW roerloos *immobile* **II** BIJW ★ ~ blijven staan *rester planté / cloué (sur place)*
stokvis *morue* v *séchée*
stol ≈ *gros pain* m *aux raisins*
stola *étole* v
stollen *se coaguler*; *se figer*; *prendre* ★ doen ~ *coaguler*
stollingsgesteente *roche* v *endogène*
stollingspunt *point* m *de coagulation*
stolp *cloche* v
stolpboerderij *ferme* v *au toit en croupe*
stolsel *grumeau* m; ⟨v. bloed⟩ *caillot* m
stom • zonder spraakvermogen *muet* [v: *muette*] • zonder geluid *muet* [v: *muette*] ★ een stomme rol *un rôle muet* ★ stomme film *cinéma* m / *film* m *muet* • dom *bête*; *idiot*; INFORM. *con* [v: *conne*] • vervelend ★ stom werk verrichten *faire un travail ennuyeux* ▾ het is stom geluk *c'est un pur hasard*
stoma *anus* m *artificiel*
stomdronken *ivre mort*
stomen I OV WW • gaar maken *faire cuire à la vapeur*; *étuver* ★ gestoomde aardappels *pommes* v mv *vapeur* • reinigen *nettoyer à sec* **II** ON WW • dampen *fumer*; *faire/jeter de la vapeur* • varen *naviguer*
stomerij *pressing* m
stomheid *mutité* v ▾ met ~ geslagen *stupéfait*
stommelen ≈ *faire un bruit sourd*
stommeling *imbécile* m/v
stommetje ▾ ~ spelen *faire le muet*
stommiteit • het stom-zijn *bêtise* v; INFORM. *connerie* v; *stupidité* v • stomme daad *gaffe* v
stomp I ZN [de] • vuistslag *coup* m *de poing*; *bourrade* v • overblijfsel *bout* m; ⟨moot⟩ *tronçon* m; ⟨v. arm/been/tak⟩ *moignon* m; ⟨v. boom, tand⟩ *chicot* m; ⟨v. stronk⟩ *souche* v **II** BNW • niet scherp *émoussé* • niet puntig *obtus* ★ een ~e hoek *un angle obtus* ★ een ~e neus *un nez aplati/épaté*
stompen *donner des coups de poing à*; *battre*
stompzinnig *stupide*
stomverbaasd *stupéfait*
stomvervelend *barbant*; *assommant*; *rasant*
stomweg *tout bêtement*
stoned *défoncé*; *camé*
stoof *chauffe-pieds* m [onv]
stoofpeer *poire* v *à cuire*
stoofpot • pot *cocotte* v • stoofschotel *potée* v
stoofschotel *potée* v
stookolie *mazout* m; *gazole* m; *fuel* m
stoom *vapeur* v ▾ ~ afblazen *lâcher la vapeur*; *se défouler*; *décompresser*
stoombad *bain* m *de vapeur*; *hammam* m
stoomboot *(bateau* m *à) vapeur* m [mv: *bateaux* ...]
stoomcursus *cours* m *accéléré*; *stage* m *intensif*
stoomketel *chaudière* v
stoomlocomotief *locomotive* v *à vapeur*
stoommachine *machine* v *à vapeur*
stoompan *autocuiseur* m
stoomschip *(bateau* m *à) vapeur* m [mv: *bateaux* ...]
stoomstrijkijzer *fer* m *à vapeur*
stoornis • verstoring *incident* m; *dérangement*

m; *interruption* v • MED. gebrek *trouble* m
stoorzender *brouilleur* m
stoot • bruuske beweging *coup* m; ⟨schok⟩ *heurt* m; *choc* m; *à-coup* m; ⟨degenstoot⟩ *botte* v • flinke hoeveelheid *paquet* • knappe meid *bombe* v; *canon* m ▾ hij kan wel tegen een ~je *il est dur au mal*; FIG. *il se défend* ▾ de (eerste) ~ geven tot *donner le branle / l'impulsion à*; *initier*
stootblok *heurtoir* m; *butoir* m
stootkussen • buffer *butoir* m; *tampon* m • SCHEEPV. *bourrelet* m
stoottroepen *troupes* v mv *de choc*
stootvast *antichoc*
stop I ZN [de] • oponthoud *arrêt* m; *pause* v ⋆ sanitaire stop *arrêt / pause pipi* • stopzetting *arrêt* m; ⟨bevriezing⟩ *blocage* m • iets dat afsluit *tampon* m; ⟨op fles⟩ *bouchon* m • zekering *plomb* m; *fusible* m • verstelde plek *reprise* v **II** TW • houd op *assez!*; *ça suffit!*; *arrête!* • sta stil *halte!*
stopbord *stop* m; *panneau* m *'stop'*
stopcontact *prise* v *électrique / de courant*
stopfles *bocal* m [mv: *bocaux*]; *flacon* m
stoplap FIG. *cheville* v
stoplicht *feu* m *(rouge)* ⋆ door het ~ rijden *griller le feu*
stopnaald *aiguille* v *à repriser*
stoppel • baardhaar *poil* m *(de barbe)* • halm *chaume* m
stoppelbaard *barbe* v *de deux/trois jours*
stoppen I OV WW • tot stilstand brengen *stopper*; *arrêter* ⋆ de bal ~ *amortir le ballon* • dichtmaken *fermer*; ⟨v. gat, lek⟩ *boucher*; ⟨opvullen⟩ *remplir*; ⟨v. pijp⟩ *bourrer*; ⟨v. kledingstuk⟩ *repriser*; ⟨v. ruit⟩ *mastiquer* • induwen ⟨(toe)schuiven⟩ *mettre*; ⟨haastig/slordig⟩ *fourrer*; *glisser* **II** ON WW • ophouden *(s')arrêter* **(met** *de)*; *cesser* **(met** *de)* • halt houden *s'arrêter*; *stopper*
stopplaats *arrêt* m; *halte* v
stopstreep *ligne* v *d'arrêt*
stopteken *signal* m *d'arrêt* [m mv: *signaux ...*]
stoptrein *(train* m*) omnibus* m
stopverbod *arrêt* m *interdit*
stopverf *mastic* m *(de vitrier)*
stopwatch *chronomètre* m; INFORM. *chrono* m
stopwoord *tic* m *de langage*; *mot* m *favori*
stopzetten *arrêter*; *stopper*; ⟨sluiten⟩ *fermer*
storen I OV WW hinderen *déranger*; *gêner*; ⟨v. ontvangst⟩ *brouiller* ⋆ ik stoor toch niet? *je (ne) dérange (pas)?* **II** WKD WW [+ zich] ⋆ zich ~ aan iets *se formaliser de qc* ⋆ zich niet ~ aan *se moquer de*
storend *gênant*
storing • ongewenste onderbreking *dérangement* m; *dérèglement* m; *perturbation* v; ⟨onderbreking⟩ *interruption* v; TECHN. *panne* v; ⟨v. radiocommunicatie⟩ *brouillage* m; ⟨ruis⟩ *parasites* m mv ⋆ een ~ in het elektriciteitsnet *une panne de secteur / de courant / d'électricité*; *une coupure* ⋆ technische ~ *incident* m *technique* • meteorologische depressie ⋆ atmosferische ~ *perturbation* v *atmosphérique*
storingsdienst *service* m *de dépannage*
storm • harde wind *tempête* v • FIG. opwinding *tempête* v; *orage* m ⋆ een ~ van kritiek *une tempête de critiques* ▾ een ~ in een glas water *une tempête dans un verre d'eau* ▾ er is ~ op til *il y a de l'orage dans l'air*
stormachtig • met storm *orageux* [v: *orageuse*] • FIG. onstuimig *houleux* [v: *houleuse*]; ⟨uitbundig⟩ *frénétique*; ⟨v. ontwikkeling⟩ *tumultueux* [v: *tumultueuse*]
stormbaan *parcours* m *du combattant*
stormbal *cône* m *de tempête*
stormen I ON WW voorwaarts snellen *s'élancer*; *se précipiter* ⋆ naar binnen ~ *entrer en coup de vent* **II** ONP WW zeer hard waaien ⋆ het stormt *il y a (une) tempête*
stormenderhand *d'assaut*
stormlamp *lampe-tempête* v
stormloop • aanval *assaut* m • FIG. run *ruée* v **(op** *sur)*
stormlopen I ON WW aanval doen *donner l'assaut* **(op** *à)* **II** ONP WW toestromen ⋆ het loopt storm *c'est la cohue*; *il y a foule*
stormram *bélier* m
stormvloed *raz-de-marée* m
stormvogel *pétrel* m
stortbad *douche* v
stortbak *réservoir* m *de chasse*
stortbui *averse* v; INFORM. *douche* v
storten I OV WW • doen vallen ⟨(ver)gieten⟩ *verser*; *déverser*; FIG. *plonger* ⋆ iem. in het ongeluk ~ *plonger qn dans le malheur* ⋆ beton ~ *couler du béton* • geld overmaken *verser*; *virer* **II** ON WW vallen *tomber* ⋆ in elkaar ~ *s'effondrer* **III** WKD WW [+ zich] ⋆ zich ~ op *se jeter / se précipiter sur* ⋆ zich ~ in FIG. *se lancer / se plonger dans*
storting • het doen vallen ⟨v. afval⟩ *décharge* v • het overmaken ⟨v. geld⟩ *versement* m
stortingsbewijs *récépissé* m *de versement*
stortkoker ⟨voor vuil⟩ *vide-ordures* m [onv]
stortplaats *décharge* v
stortregen *pluie* v *torrentielle*; *averse* v
stortregenen *pleuvoir à verse*
stortvloed • vloedstroom *torrent* m • FIG. overstelpend aantal *torrent* m; *flot* m
stortzee *paquet* m *de mer*
stoten I OV WW • krachtig duwen *bousculer*; *pousser*; *heurter*; ⟨insteken⟩ *enfoncer* ⋆ zijn hoofd ~ *se cogner la tête*; FIG. *se casser le nez* ⋆ zich ~ aan *se cogner à / contre*; FIG. *s'offusquer de* • verwijderen ⋆ uit de partij ~ *expulser du parti* ⋆ uit zijn functie ~ *démettre de sa fonction* **II** ON WW • botsen *se heurter* ⋆ ~ tegen *se heurter à*; *heurter* ⋆ ~ op *se heurter à*; *buter sur*; *tomber sur* ⋆ tegen elkaar ~ *s'entrechoquer* • schokken ⟨v. auto⟩ *cahoter*
stotteraar *bègue* m/v
stotteren I ZN [het] *bégaiement* m **II** ON WW hortend spreken *bégayer*
stout • ondeugend *méchant*; *vilain* • stoutmoedig *audacieux* [v: *audacieuse*]; *hardi*
stouterd *petit vilain* m [v: *petite vilaine*]
stoutmoedig *audacieux* [v: *audacieuse*]; *hardi*
stouwen • bergen *entasser*; SCHEEPV. *arrimer*

• verorberen *engouffrer*
stoven I OV WW *étuver*; *cuire à l'étuvée*; ⟨smoren⟩ *braiser*; ⟨zacht⟩ *mijoter* **II** ON WW • sudderen *mijoter* • zonnebaden *se faire rôtir*
straal I ZN [de] • stroom vloeistof *jet* m; ⟨dun⟩ *filet* m ⋆ een ~ water *un jet d'eau* • lichtbundel *rayon* m; FIG. *trait* m *de lumière* • WISK. *rayon* m ⋆ in een ~ van 2 km *dans un rayon de 2 km* **II** BIJW *carrément*
straalaandrijving *propulsion* v *par réaction*
straalbezopen *complètement bourré*
straaljager *chasseur* m *à réaction*
straalkachel *radiateur* m *électrique*
straalmotor *moteur* m *à réaction*
straalverbinding *radiocommunication* v
straalvliegtuig *avion* m *à réaction*; *jet* m
straat • weg *rue* v ⋆ op ~ *dans la rue* ⋆ ~je *ruelle*; *ruelle* v ⋆ een ~je omlopen *faire un petit tour* • zee-engte *détroit* m • RECR. kaartcombinatie *quinte* v *flush* ▾ de ~ opgaan *descendre dans la rue* ▾ op ~ staan *être sur le pavé* ▾ op ~ zetten *mettre sur le pavé* ▾ dat past (precies) in mijn ~je *ça m'arrange*
straatarm *très pauvre*; INFORM. *fauché comme les blés*
straatbeeld *aspect* m *de la rue*
straatgevecht *combat* m *de rue*
straathond *(chien* m*) bâtard* m
straatjongen *gamin* m *des rues*; *jeune* m *qui traîne dans la rue*
straatlantaarn *réverbère* m
straatmeubilair *mobilier* m *urbain*
straatnaam *nom* m *d'une rue*
straatprostitutie *prostitution* v *sur la voie publique*
straatroof *vol* m *à la tire*
Straatsburg *Strasbourg* m
straatsteen *pavé* m ▾ iets aan de straatstenen niet kwijt kunnen *ne pas trouver preneur pour qc*
straatveger *balayeur* m [v: *balayeuse*]; ⟨machine⟩ *balayeuse* v
straatventer *marchand* m *ambulant*; *camelot* m
straatverlichting *éclairage* m *public / des rues*
straatvuil *ordures* v mv
straatwaarde *valeur* v *marchande / à la revente*
straatweg *chaussée* v; *route* v *pavée*
straf I ZN [de] *punition* v; JUR. *peine* v; JUR. *sanction* v ⋆ op ~fe van *sous peine de* ⋆ voor ~ *en/pour punition* ⋆ ~ hebben *être puni* **II** BNW • sterk *fort* • streng *sévère*
strafbaar *passible d'une peine* ⋆ iets ~ stellen *pénaliser qc* ⋆ ~ feit *délit* m
strafbal *coup* m *franc / de pénalité*
strafbepaling *clause* v */ disposition* v *pénale*
strafblad ⋆ blanco ~ *casier* m *judiciaire vierge*
strafexpeditie *expédition* v *punitive*
straffeloos I BNW *impuni* **II** BIJW *impunément*
straffen *punir*
strafhof ⋆ Internationaal Strafhof *Cour* v *Pénale Internationale*
strafinrichting *établissement* m *pénitentiaire*
strafkamer *(chambre* v*) correctionnelle* v
strafkamp *camp* m *pénitentiaire*
strafkolonie *bagne* m
strafmaat *(montant* m *de la) peine* v ⋆ de hoogste ~ *la plus lourde peine*
strafmaatregel *sanction* v
strafpleiter *avocat* m *plaidant*
strafport *surtaxe* v ⋆ met ~ belast *surtaxé*
strafproces *procédure* v *pénale*
strafpunt *(point* m *de) pénalité* v ⋆ ~en krijgen *être pénalisé*
strafrecht *droit* m *pénal* ⋆ het wetboek van ~ *le code pénal*
strafrechtelijk *pénal* [m mv: *pénaux*]
strafrechter *juge* m *(pénal)*
strafregel *ligne* v *à copier*
strafregister *casier* m *judiciaire*
strafschop *penalty* m [mv: *penalties / penaltys*] ⋆ een ~ nemen *tirer un penalty* ⋆ een ~ benutten *transformer un penalty*
strafschopgebied *surface* v *de réparation*
strafvervolging *poursuites* v mv *judiciaires*
strafwerk *punition* v
strafwet *loi* v *pénale*
strafworp *jet* m *franc*
strafzaak *affaire* v *criminelle*
strak I BNW • gespannen *tendu*; *raide*; ⟨nauw⟩ *serré*; ⟨v. blik⟩ *fixe* • star, stug *impassible* • sober *austère*; *sévère*; *géométrique* • effen *lisse* ⋆ een ~ lijf *de la chair bien ferme* • nauwsluitend *ajusté*; ⟨v. kleding⟩ *collant*; *moulant* **II** BIJW • gespannen ⋆ ~ aanhalen *serrer* • onafgewend ⋆ iem. ~ aankijken *fixer qn des yeux*; *regarder qn fixement* ⋆ ~ voor zich uitkijken *regarder droit devant soi* ▾ iem. ~ houden *tenir la bride (haute) à qn*
strakblauw *azuré*
straks • dadelijk *tout à l'heure* • zo-even *tout à l'heure*
stralen • stralen uitzenden *briller*; *rayonner (***van** *de)* • er blij uitzien *rayonner (***van** *de)* ⋆ ~d *radieux* [v: *radieuse*]; *rayonnant* ⋆ ~d weer *du grand beau temps*
stralend *rayonnant*; *radieux* [v: *radieuse*] ⋆ ~ van vreugde *rayonnant de joie*
stralenkrans *auréole* v; *nimbe* m
straling *rayonnement* m; NATK. *radiation* v
stralingsdosis *dose* v *d'irradiation*
stram I BNW stijf *raide* **II** BIJW *avec raideur*
stramien FIG. *trame* v; *canevas* m
strand *plage* v
stranden • aanspoelen *échouer (***op** *devant)* • FIG. blijven steken *échouer (***op** *devant)*
strandhuisje *cabanon* m *de plage*
strandjutter *pilleur* m */ ramasseur* m *d'épaves*
strandpaviljoen *pavillon* m *de plage*
strandstoel *transat* m; *chaise* v *longue*
strapless *sans bretelles* ⋆ ~ jurk *robe* v *bustier*
strateeg *stratège* m
strategie *stratégie* v
strategisch *stratégique*
stratenmaker *paveur* m
stratenplan *plan* m *de ville*
stratosfeer *stratosphère* v
streber *arriviste* m/v
streefcijfer ≈ *objectif* m
streefdatum *date* v *prévue*
streefgetal *chiffre* m *à atteindre*; *objectif* m
streefgewicht *poids* m *idéal*

st

streek • daad *tour* m; *coup* m; ⟨poets⟩ *farce* v ⋆ een domme ~ *une bêtise* ⋆ een gemene ~ *un vilain tour* • beweging MUZ. *coup* m; ⟨met pen⟩ *trait* m; ⟨met penseel ook⟩ *touche* v; *coup* m *d'archet* • gebied *région* v; *contrée* v • kompasrichting *rhumb* m; *aire* v *de vent* ▾ van ~ (gebracht) zijn *être décontenancé* / *bouleversé* ▾ mijn maag is van ~ *j'ai l'estomac dérangé* ▾ op ~ *en train*
streekbus *car* m *(régional)*
streekgebonden *purement régional*
streekgenoot *compatriote* m/v
streekroman *roman* m *régionaliste*
streektaal *dialecte* m
streekvervoer *transports* m mv *régionaux*
streekziekenhuis *hôpital* m *régional* [m mv: *hôpitaux* ...]
streep • lijn *ligne* v; *trait* m ⋆ een ~ halen door iets *rayer qc* ⋆ onderbroken ~ *ligne discontinue* ⋆ met strepen *rayé* • strook *bande* v • onderscheidingsteken *galon* m ▾ een ~ door de rekening *un mécompte*; INFORM. *un sale coup* ▾ een ~ halen door iets *passer l'éponge sur qc* ▾ een ~ eronder zetten *tirer un trait (dessus)* ▾ iem. over de ~ trekken *convaincre qn*; *gagner qn à sa cause* ▾ op zijn strepen staan *jouer de son autorité*
streepje *trait* m; ⟨dwars⟩ *barre* v; ⟨liggend⟩ *tiret* m; ⟨v. streepjespatroon⟩ *raie* v; *rayure* v ▾ een ~ voor hebben (op) *être préféré (à)*; *être mieux placé (que)*
streepjescode *code* m *à barres*
streepjespak *costume* m *rayé*
strekken I OV WW uitrekken *allonger*; *étendre* ▾ de benen ~ *se dégourdir les jambes* **II** ON WW • reiken *s'étendre*; *aller* • toereikend zijn ⋆ zolang de voorraad strekt *jusqu'à épuisement du stock* • ~ **tot** *servir à*; *tendre à* ⋆ tot eer ~ *faire honneur à* ⋆ tot voorbeeld ~ *servir d'exemple* ⋆ daartoe ~d *à cet effet*
strekkend ⋆ (per) ~e meter *(au) mètre courant*
strekking *portée* v; *tendance* v; *teneur* v
strekspier *(muscle* m*) extenseur* m
strelen • aaien *caresser* • aangenaam aandoen *flatter*
streling • aai *caresse* v • FIG. iets aangenaams *flatterie* v
stremmen I OV WW • stijf maken *cailler* • belemmeren *gêner*; *encombrer* **II** ON WW stijf worden *se cailler*
stremming • het stremmen *caillage* m • stagnatie *encombrement* m; *obstruction* v
stremsel *coagulant* m
streng I BNW • strikt *strict*; *rigoureux* [v: *rigoureuse*] ⋆ onder ~e bewaking *sous haute surveillance*; *étroitement surveillé* • onverbiddelijk *sévère* • koud *rigoureux* [v: *rigoureuse*]; *rude* ⋆ ~e vorst *forte gelée* v **II** BIJW • strikt *rigoureusement*; *strictement* ⋆ ten ~ste verboden *formellement* / *strictement interdit* • onverbiddelijk *sévèrement* ⋆ ~ optreden *faire preuve de sévérité* **III** ZN [de] bundel ⟨v. garen⟩ *écheveau* m [mv: *écheveaux*]; ⟨v. franje/haar⟩ *torsade* v; ⟨v. kabel⟩ *toron* m; ⟨rist⟩ *chapelet* m; ⟨snoer⟩ OOK BIOL. *cordon* m ⋆ een ~ garen *un écheveau*
strepen *rayer*; *strier*; ⟨v. licht⟩ *zébrer*
streptokok *streptocoque* m
stress *stress* m
stressbestendig *insensible au stress*; *à toute épreuve*
stressen INFORM. *stresser*
stresssituatie *situation* v *stressante*
stretch *stretch* m
stretcher *lit* m *de camp*
streven I ZN [het] • doel *aspiration (***naar** *à)* v; *ambition* v • inspanning *effort(s)* m (mv); *recherche* v **II** ON WW ~ **naar** *aspirer à*; *ambitionner*; *s'efforcer de* ⋆ ernaar ~ om *s'efforcer de*; *tâcher de*; *viser à*
striem *marque* v; *strie* v
striemen *cingler*; *fouetter*
strijd • gevecht *lutte* v; *combat* m ⋆ ten ~e trekken FIG. *partir en guerre*; *monter en ligne* ⋆ de ~ om de macht *la lutte pour le pouvoir* • wedstrijd *lutte* v; *compétition* v • onenigheid *dispute* v; *querelle* v • tegenspraak *contradiction* v ⋆ in ~ zijn met *être contraire à*; *aller à l'encontre de* ▾ om ~ *à qui mieux mieux*
strijdbaar ⟨militant⟩ *combatif* [v: *combative*]; ⟨weerbaar⟩ *valide*
strijdbijl *hache* v *de guerre* ▾ de ~ begraven *enterrer la hache de guerre*
strijden • vechten *lutter*; *combattre*; *se battre* • wedijveren *concourir (***om** *pour)*; *rivaliser (***met** *avec)* • twisten *disputer (***over** *de, sur)* • strijdig zijn *être contraire (***met** *à)*
strijder *combattant* m [v: *combattante*]
strijdgewoel *mêlée* v
strijdig ⟨tegenstrijdig⟩ *contradictoire* ⋆ ~ met *contraire à*; *opposé à*
strijdkrachten *forces* v mv *(armées)*
strijdkreet *cri* m *de guerre*
strijdlust *combativité* v
strijdlustig *combatif* [v: *combative*]
strijdmacht *force* v *(armée)*
strijdperk GESCH. *lice* v; *arène* v ▾ in het ~ treden (met) *entrer en lice (contre)*
strijdtoneel *théâtre* m *des opérations*
strijdvaardig • paraat *prêt au combat* • strijdlustig *combatif* [v: *combative*]
strijkbout *fer* m *à repasser*
strijken I OV WW • aanraken ⟨zacht laten glijden⟩ *glisser*; *passer*; ⟨zacht vegen⟩ *frotter*; ⟨aaien⟩ *caresser* • uitsmeren *étaler (***over** *sur)* • gladmaken ⟨met strijkijzer⟩ *repasser* • neerhalen *(a)baisser*; SCHEEPV. *amener*; ⟨v. mast/zeil ook⟩ *caler*; ⟨v. sloep⟩ *mettre à la mer* • MUZ. *frotter*; *faire vibrer* **II** ON WW • gaan langs ⋆ ~ langs/over *effleurer*; *frôler*; *raser* • neerstrijken *se poser* ▾ gaan ~ met *décrocher*; *emporter*; *récolter*; *s'adjuger* ▾ met de winst gaan ~ *décrocher la timbale*; *emporter le morceau*
strijker ⋆ de ~s MUZ. *les cordes* v mv
strijkijzer *fer* m *à repasser*
strijkinstrument *instrument* m *à cordes*
strijkje *petit orchestre* m *(à cordes)*
strijkkwartet *quatuor* m *à cordes*
strijklicht *lumière* v *rasante*

strijkorkest *orchestre* m *à cordes*
strijkplank *planche* v *à repasser*
strijkstok MUZ. *archet* m ▾ aan de ~ blijven hangen *être perdu en ligne*
strik • knoop *nœud* m; ⟨schuifknoop⟩ *nœud coulant* • valstrik *lacet* m; *collet* m; OOK FIG. *piège* m ★ iem. een ~ spannen *tendre un piège à qn*
strikje *nœud* m *papillon*; ⟨lint⟩ *ruban* m
strikken • knopen *faire un nœud à*; *nouer* • vangen *piéger* • overhalen *piéger*; ⟨ronselen⟩ *embrigader*
strikt I BNW • nauwgezet *strict* • streng *rigoureux* [v: *rigoureuse*]; *strict* **II** BIJW *strictement*; *rigoureusement* ★ ~ genomen *strictement parlant* ★ het ~ noodzakelijke *le strict nécessaire*
strikvraag *question* v *piège*; INFORM. *colle* v
string *string* m
stringent *péremptoire*; *contraignant*
strip • strook *bande* v • stripverhaal *bande* v *dessinée*; *BD* v • verpakking ⟨doordrukstrip⟩ *plaquette* v
stripboek *album* m *de bandes dessinées*; *BD* v
stripfiguur *personnage* m *de bande dessinée*
strippen I OV WW ontdoen van het overtollige *dénuder* **II** ON WW een striptease uitvoeren *faire un (numéro de) strip-tease*
strippenkaart *carte* v *multizones*
stripper *strip(-)teaseur* m
striptease *strip(-)tease* m
stripteasedanseres *strip(-)teaseuse* v
striptekenaar *dessinateur* m *de bandes dessinées* [v: *dessinatrice* ...]
stripverhaal *bande* v *dessinée*; *BD* v
stro *paille* v; ⟨in stal⟩ *litière* v; ⟨op dak⟩ *chaume* m ★ strootje *(brin* m *de) paille* v ▾ strootje trekken *tirer à la courte paille*
strobloem *immortelle* v
strobreed ▾ iem. geen ~ in de weg leggen *laisser à qn la liberté d'agir*
stroef I BNW • niet glad *rude* • niet soepel *grippé*; *coincé*; ⟨stijf⟩ *raide* ★ een stroeve stijl *un style heurté* • stug *peu sociable*; *peu liant* **II** BIJW ⟨moeizaam⟩ *difficilement*
strofe *strophe* v
strohalm *brin* m *de paille*; FIG. *planche* v *de salut*
strohoed *chapeau* m *de paille* [m mv: *chapeaux* ...]
strokarton *carton-paille* m
stroken *cadrer avec* ★ ~ met *cadrer avec*; *concorder avec*
stroman *homme* m *de paille*
stromen ⟨v. water⟩ *couler*; ⟨volop⟩ *couler à flots*; *ruisseler*; ⟨rondstromen⟩ *circuler*; ⟨toestromen⟩ *affluer (***naar** *vers)*; ⟨uitstromen⟩ *se déverser*; ⟨v. gas⟩ *s'échapper*; ⟨opspuiten⟩ *jaillir* ★ ~d water *eau* v *courante* ★ ~de regen *pluie* v *torrentielle*
stroming • het stromen *courant* m • denkwijze *courant* m
strompelen *marcher d'un pas chancelant*
stronk ⟨v. kool⟩ *trognon* m; ⟨v. boom⟩ *souche* v
stront • poep *merde* v • ruzie, gedoe *merde* v; *emmerdements* m mv
stronteigenwijs *cabochard*
strontium *strontium* m
strontje ⟨aan ooglid⟩ *orgelet* m
strontvervelend *(super-)chiant*
strooibiljet *tract* m
strooien I BNW *de/en paille* **II** OV WW *répandre*; *éparpiller*
strooiwagen *saleuse* v
strooizout *sel* m *(de salage)*
strook *bande* v; ⟨scheurstrook⟩ *souche* v; *talon* m; ⟨v. rok⟩ *volant* m
stroom • bewegende vloeistof *flot* m; ⟨stroming⟩ *courant* m ★ een ~ lava *une coulée de lave* ★ bij stromen *à flots* • rivier *cours* m *d'eau* • FIG. bewegende massa *flux* m • elektriciteit *courant* m; INFORM. *jus* m ★ op ~ werken *fonctionner sur (le) secteur* ★ onder ~ staan *être sous tension* ▾ met de ~ meegaan *suivre le courant / le mouvement* ▾ tegen de ~ ingaan *aller à contre-courant*
stroomafwaarts I BNW *en aval (***van** *de)*; *dans le sens du courant* **II** BIJW *en aval (***van** *de)*; *dans le sens du courant* ★ ~ varen *descendre le fleuve*
stroomgebied *bassin* m
stroomlijn *profil* m *aérodynamique*
stroomlijnen TECHN. *caréner*; FIG. *rationaliser* ★ gestroomlijnd TECHN. *aérodynamique*; FIG. *bien rodé / huilé*
stroomopwaarts I BNW *en amont (***van** *de)*; *à contre-courant* **II** BIJW *en amont (***van** *de)*; *à contre-courant* ★ ~ gaan *remonter le courant*
stroomsterkte *intensité* v *du courant*
stroomstoot *décharge* v *électrique*
stroomstoring *panne* v *de courant/de secteur*
stroomverbruik *consommation* v *d'électricité*
stroomversnelling • versnelling van stroom *rapide* m • versnelling van ontwikkeling *accélération* v
stroop *sirop* m; *mélasse* v ▾ iem. ~ om de mond smeren *passer la brosse à reluire / la pommade à qn*
strooplikker *lèche-bottes* m/v [onv]; *fayot* m
strooptocht *pillage* m
stroopwafel *gaufrette* v *à la mélasse*
strop • lus *corde* v • tegenvaller *tuile* v; ⟨financieel⟩ *perte* v ▾ zichzelf de ~ omdoen *se mettre la corde au cou*
stropdas *cravate* v
stropen • jagen *braconner* • villen *écorcher*
stroper • wildstroper *braconnier* m [v: *braconnière*] • rover *maraudeur* m
stroperig • als stroop *sirupeux* [v: *sirupeuse*] • kruiperig *mielleux* [v: *mielleuse*]
stroperij • wildstroperij *braconnage* m • strooptocht *pillage* m
stropop *homme* m *de paille*
strot *gosier* m; *gorge* v ★ bij de ~ *à la gorge* ▾ dat komt me de ~ uit *j'en ai ras le bol*
strottenhoofd *larynx* m
strubbeling *pépin* m; *embêtement* m
structureel I BNW *structurel* [v: *structurelle*] **II** BIJW *structurellement*
structureren *structurer*
structuur *structure* v; *organisation* v
structuurverf *peinture* v *à relief*

struif *liquide* m *d'œuf*
struik *arbuste* m; *buisson* m
struikelblok *obstacle* m; *pierre* v *d'achoppement*
struikelen OOK FIG. *trébucher (***over** *sur)* ▾ je struikelt erover *il y en a partout*
struikgewas *broussailles* v mv
struikrover *brigand* m
struis *vigoureux* [v: *vigoureuse*]; *robuste*
struisvogel *autruche* v
struisvogelpolitiek *politique* v *de l'autruche*
struma *goitre* m
strychnine *strychnine* v
stuc *stuc* m
stucwerk *stucage* m
studeerkamer *bureau* m [mv: *bureaux*]
student *étudiant* m [v: *étudiante*]
studentencorps ≈ *corporation* v *d'étudiants*
studentendecaan *conseiller* m *d'orientation*
studentenflat *résidence* v *universitaire*; *foyer* m *d'étudiants*
studentenhaver ≈ *mélange* m *de graines grillées et raisins*; ≈ *mendiant* m
studentenstad *ville* v *universitaire*
studentenstop *numerus* m *clausus*
studententijd *(années* v mv *d')études* v mv
studentenvereniging *association* v *d'étudiants*
studentikoos *estudiantin*
studeren I OV WW studie volgen *faire des études de*; *étudier* ⋆ rechten ~ *faire du droit / des études de droit* **II** ON WW • leren *étudier*; *faire ses études* ⋆ voor een tentamen ~ *préparer un examen*; *reviser avant un examen* • ~ **op** *étudier*; *réfléchir à* ▾ gestudeerd *qui a fait des études (universitaires)*
studie • bestudering *étude* v • onderzoeksverslag *étude* v • opleiding *études* v mv • KUNST. schets *étude* v
studieadviseur *conseiller* m *d'études* [v: *conseillère* ...]
studiebegeleiding *encadrement* m *des études*
studiebeurs *bourse* v *d'études*
studieboek *livre* m *d'étude*; *manuel* m
studiefinanciering *(plan* m *de) financement* m *des études*
studiegenoot *camarade* m/v *d'études / de fac*
studiegids *guide* m *de l'étudiant*
studiehoofd *tête* v
studiehuis ≈ *second cycle* m
studiejaar • cursusjaar *année* v *universitaire* • lichting *promotion* v
studiepunt ≈ *unité* v *de valeur*; *UV* v
studiereis *voyage* m *d'études*
studierichting *filière* v; *orientation* v
studieschuld ≈ *endettement* m *d'un étudiant boursier*
studietijd *études* v mv
studietoelage *bourse* v *d'études*
studieverlof *congé-formation* m
studiezaal *salle* v *d'études*
studio *studio* m
stuff *came* v; *camelote* v
stug I BNW • onbuigzaam *raide*; *rigide* • stuurs *rébarbatif* [v: *rébarbative*]; *revêche* • volhardend *acharné* • kras, sterk *(un peu) fort* **II** BIJW *avec acharnement*
stuifmeel *pollen* m
stuifsneeuw *(neige* v*) poudreuse* v
stuifzand *sables* m mv *mouvants*
stuip *spasme* m; *convulsion* v; FIG. *caprice* m ▾ iem. de ~en op het lijf jagen *ficher/flanquer la trouille à qn*
stuiptrekken *avoir des convulsions*
stuiptrekking *convulsion* v; OOK FIG. *soubresaut* m
stuit • staartbeen *coccyx* m • het terugstuiten *rebond* m
stuitbeen *coccyx* m
stuiten I OV WW tegenhouden *arrêter*; ⟨beteugelen⟩ *enrayer*; *réprimer* **II** ON WW • kaatsen *rebondir* • ~ **op** *se heurter à*; *buter sur*
stuitend *choquant*; *révoltant*; *répugnant*
stuiter ≈ *calot* m
stuiteren • knikkeren *jouer aux billes* • stuiten *rebondir*
stuitje • → **stuit**
stuitligging *(présentation* v *par le) siège* m
stuiven I ON WW • opwaaien *s'envoler en poussière* • snel gaan *filer* **II** ONP WW *faire de la poussière*
stuiver *pièce* v *de 5 centimes*; FIG. *sou* m
stuivertje-wisselen *chassé-croisé* m
stuk I ZN [het] • gedeelte ⟨eindje⟩ *bout* m; ⟨stukje⟩ *fragment* m; *morceau* m [mv: *morceaux*] ⋆ ingezet stuk *pièce rapportée* ⋆ aan stukken slaan *mettre en morceaux*; *briser* ⋆ een stuk zetten in *mettre une pièce à*; *rapiécer* ⋆ uit één stuk *tout d'une pièce*; *d'une seule pièce*; *monobloc* • hoeveelheid ⋆ dat is een heel stuk beter *c'est beaucoup / nettement mieux* • exemplaar *pièce* v ⋆ stuk geschut *pièce (d'artillerie)* ⋆ een stuk of honderd *une centaine*; *dans les cent* ⋆ een stuk of wat *quelques* ⋆ 100 euro per stuk *cent euros (la) pièce / l'unité* ⋆ per stuk betalen *payer à la pièce* ⋆ stuk voor stuk *un à un*; *l'un après l'autre* • geschrift *pièce* v; *document* m; *écrit* m; ⟨artikel⟩ *article* m ⋆ stukje *petit article* m • kunstwerk *œuvre* v; MUZ. *morceau* m; MUZ. *pièce* v; ⟨toneelstuk⟩ *pièce* v • poststuk *envoi* m *postal* • schaakstuk *pièce* v • aandeel *titre* m • postuur ⋆ klein van stuk *petit de taille* • standpunt ⋆ op zijn stuk blijven staan *camper / rester sur ses positions* ⋆ hij blijft op zijn stuk staan *il persiste (et signe)* ▾ lekker stuk *canon* m ▾ stuk onbenul *espèce* v *d'imbécile* ▾ lui stuk vreten *(espèce* v *de) glandeur* m ▾ een stout stukje *un exploit*; *une prouesse* ▾ aan één stuk door *d'affilée*; *sans répit* ▾ dat de stukken eraf vliegen *frénétiquement* ▾ een stuk in zijn kraag hebben *avoir pris une cuite* ▾ op geen stukken na *il s'en faut de beaucoup*; *loin de là* ▾ een man uit één stuk *un homme entier / tout d'une pièce* ▾ stukje bij beetje *petit à petit* **II** BNW *cassé*; ⟨beschadigd⟩ *abîmé*; ⟨gescheurd⟩ *déchiré*; ⟨defect⟩ *en panne*; ⟨met gaten⟩ *troué*
stukadoor *plâtrier* m; *plafonneur* m; *stucateur* m
stukadoren *plâtrer*; *plafonner*
stuken *stuquer*; *plâtrer*

st

stukgoed *marchandises* v mv *diverses*
stukjesschrijver *chroniqueur* m [v: *chroniqueuse*]
stukloon *salaire* m *à la pièce / aux pièces*
stuklopen I OV WW slijten *user en marchant* **II** ON WW mislukken *échouer (***op** *sur)*
stukslaan *briser*; *casser*
stukwerk *travail* m *à la pièce / aux pièces*
stulp • stolp *cloche* v • huisje *cabane* v
stumper *pauvre diable* m
stumperen *patauger*
stunt • spectaculaire actie *exploit* m; ⟨filmstunt⟩ *cascade* v • publiciteitsstunt *coup* m *(publicitaire / médiatique)*
stuntel *cloche* v; *empoté* m [v: *empotée*]; *manche* m
stuntelen *patauger*; INFORM. *s'y prendre comme un pied*
stuntelig *godiche*; *empoté*; *comme un pied*
stunten *faire un exploit*; ⟨in media⟩ *faire un coup*; ⟨met prijzen⟩ *casser les prix*; ⟨in film⟩ *cascader*
stuntman *cascadeur* m
stuntprijs *prix-choc* m [onv]
stuntteam *équipe* v *de cascadeurs*
stuntvliegen *faire de l'acrobatie aérienne*
stuntvrouw *cascadeuse* v
stuntwerk ⟨in film⟩ *cascades* v mv
stupide *stupide*
sturen • zenden *envoyer*; ⟨v. post⟩ *adresser*; ⟨wegsturen⟩ *renvoyer* ★ iem. om een boodschap ~ *envoyer qn faire une commission* • besturen *conduire*; *manœuvrer*; ⟨v. vliegtuig, raceauto⟩ *piloter*
stut • balk *étai* m; *support* m • FIG. steun *soutien* m; *support* m
stutten OOK FIG. *étayer*; *épauler* ★ het ~ *l'étayage* m
stuur *volant* m; ⟨v. boot⟩ *gouvernail* m; ⟨v. fiets⟩ *guidon* m ★ achter het ~ zitten *être au volant*
stuurbekrachtiging *direction* v *assistée*
stuurboord *tribord* m
stuurgroep *groupe* m *de coordination*
stuurhuis *poste* m *de commande*
stuurhut *poste* m *de commande*; *cabine* v
stuurknuppel *levier* m *de commande*; *manche* m *(à balai)*
stuurloos I BNW *désemparé* **II** BIJW *à la dérive*
stuurman • roerganger *timonier* m; SPORT *barreur* m • scheepsofficier *(capitaine* m *en) second* m ▾ de beste stuurlui staan aan wal *la critique est aisée et l'art est difficile*
stuurmanskunst • SCHEEPV. *(art* m *de la) navigation* v • omzichtig beleid *art* m *de manœuvrer*; *habileté* v
stuurs *renfrogné*; *bourru*; *revêche*
stuurslot *antivol* m
stuurwiel *volant* m
stuw *barrage* m
stuwadoor *entrepreneur* m *de manutention*
stuwdam *barrage* m
stuwen • voortduwen *pousser*; TECHN. *propulser* • stouwen *arrimer* • water keren *refouler* ▾ ~de kracht *moteur* m
stuwkracht *force* v *de propulsion*; *poussée* v; FIG. *dynamisme* m
stuwmeer *lac* m *de retenue*
stuwraket *fusée* v *propulsive*; *booster* m
stylen *créer un style/un look*
sub ★ sub artikel *sous* ▾ sub rosa *sous le sceau du secret*
subatomair *subatomique*
subcommissie *sous-commission* v
subcultuur *sous-culture* v [mv: *sous-cultures*]
subcutaan *sous-cutané*
subgroep *sous-groupe* m
subiet • dadelijk *tout de suite* • plots *subitement* • beslist *absolument*
subject *sujet* m
subjectief I BNW *subjectif* [v: *subjective*] **II** BIJW *subjectivement*
subjectiviteit *subjectivité* v
subliem I BNW groots *sublime* **II** BIJW *d'une façon sublime*
sublimeren *sublimer*
subsidie *subvention* v
subsidiëren *subventionner*
substantie *substance* v
substantieel • wezenlijk *substantiel* [v: *substantielle*] • voedzaam *substantiel* [v: *substantielle*]
substantief *substantif* m
substitueren *substituer*
substitutie *substitution* v
substituut *substitut* m
subtiel I BNW *délicat*; *subtil* **II** BIJW *subtilement*
subtiliteit *subtilité* v
subtop *(le) second plan* m
subtropisch *subtropical* [m mv: *subtropicaux*]
subversief *subversif* [v: *subversive*]
succes *succès* m; *réussite* v ★ veel ~! *bonne chance!*
succesnummer *succès* m; MUZ. *tube* m
successie • erfenis *succession* v • erfopvolging *succession* v • opeenvolging *succession* v
successierecht *droit* m *de succession*
successievelijk I BNW *successif* [v: *successive*] **II** BIJW *successivement*
succesvol I BNW *qui a du succès*; ⟨geslaagd⟩ *réussi*; *couronné de succès* **II** BIJW *avec succès*
sudden death *mort* v *subite*
sudderen *mijoter*; *mitonner*
sudderlap *tranche* v *de bœuf à mijoter*
suède I ZN [het] *daim* m **II** BNW *en daim*
suf I BNW • duf *abruti*; INFORM. *vaseux* [v: *vaseuse*] • onnadenkend *bête*; *stupide* **II** BIJW ★ zich suf piekeren *se creuser la tête*
suffen *rêvasser*
sufferd *abruti* m; *nouille* v
suffig *à moitié endormi*
suffix *suffixe* m
suggereren *suggérer*
suggestie • voorstel *suggestion* v • gewekte indruk *suggestion* v
suggestief *suggestif* [v: *suggestive*]
suïcidaal *suicidaire*
suïcide *suicide* m
suiker *sucre* m ★ bruine ~ *cassonade* v ★ ~ doen in *sucrer*
suikerbiet *betterave* v *sucrière / à sucre*
suikergoed *confiserie* v; *sucrerie* v
suikerklontje *morceau* m *de sucre* [m mv:

morceaux ...]
suikermeloen *sucrin* m
suikeroom *oncle* m *d'Amérique*
suikerpatiënt *diabétique* m/v
suikerpot *sucrier* m
suikerraffinaderij *raffinerie* v *de sucre*
suikerriet *canne* v *à sucre*
suikerspin *barbe* v *à papa*
suikertante *tante* v *à héritage*
suikervrij *sans sucre*
suikerzakje *sachet* m *de sucre*
suikerziekte *diabète* m
suikerzoet • overdreven lief *doucereux* [v: *doucereuse*] • zoetelijk *mièvre*; *à l'eau de rose*
suite • kamers *(pièces* v mv *en) enfilade* v; ⟨in hotel⟩ *suite* v • MUZ. *suite* v
suizebollen *être étourdi*; *être groggy*
suizen • geluid maken *bruire*; *frémir*; *murmurer*; ⟨zoemen⟩ *siffler*; ⟨v. oren⟩ *bourdonner*; *siffler*; *tinter* • snel bewegen *filer (à toute allure)*
sujet *individu* m; *type* m
sukade *cédrat* m *confit*
sukkel *andouille* v; *cloche* v
sukkeldrafje *petit trot* m
sukkelen • sjokken *(se) traîner* • ziekelijk zijn *traîner une maladie*; *être patraque* ★ met zijn gezondheid ~ *avoir des problèmes de santé* ★ met zijn knie ~ *souffrir du genou* • kwijnen *vivoter* ▾ in slaap ~ *s'assoupir*
sukkelgangetje *petit train-train* m
sul • sukkel *benêt* m • goedzak *bonne poire* v
sulfaat *sulfate* m
sulfiet *sulfite* m
sullig *nigaud*; *niais*
sultan *sultan* m [v: *sultane*]
summier *sommaire*
summum *comble* m
sumoworstelaar *lutteur* m *de sumo*; *sumotori* m
super I ZN [de] *super* m **II** BNW *extra*; *super*
superbenzine *super(carburant)* m
supercup *supercoupe* v
supergeleider *superconducteur* m
superheffing *surtaxe* v *à la production*
superieur I BNW • hoger geplaatst, meerwaardig *supérieur* **(aan** *à)* • voortreffelijk *supérieur* **II** ZN [de] *supérieur* m
superioriteit *supériorité* v
superlatief *superlatif* m
supermacht *superpuissance* v
supermarkt *supermarché* m; ⟨groot⟩ *hypermarché* m; *grande surface* v
supermens *surhomme* m
supersonisch *supersonique*
supertanker *superpétrolier* m
supervisie *supervision* v
supervisor *superviseur* m
supplement *supplément* m
suppoost *gardien* m [v: *gardienne*]
supporter *supporter* m
supranationaal *supranational* [m mv: *supranationaux*]
suprematie *suprématie* v
surfen I ZN [het] *surf* m **II** ON WW • SPORT over golven glijden *surfer* • SPORT windsurfen *faire de la planche à voile* • COMP. sites bezoeken *surfer*
surfer *surfeur* m [v: *surfeuse*]; ⟨windsurfer⟩ *(véli)planchiste* m/v
surfpak *combinaison* v *de surf*
surfplank *planche* v; *surf* m; ⟨zeilplank⟩ *planche* v *à voile*
Surinaams *surinamien* [v: *surinamienne*]
Suriname *le Surinam* ★ in ~ *au Surinam*
Surinamer *Surinamien* m [v: *Surinamienne*]
surplus *surplus* m; *excédent* m
surprise *paquet* m *surprise*
surrealisme *surréalisme* m
surrealistisch *surréaliste*
surrogaat *succédané* m; *ersatz* m
surseance ★ ~ van betaling *sursis* m *de paiement*
surveillance *surveillance* v
surveillancewagen *voiture* v *de police*
surveillant *surveillant* m [v: *surveillante*]; ⟨op school⟩ *pion* m [v: *pionne*]
surveilleren *surveiller*; *assurer la surveillance*
sushi *sushi* m
suspense *suspense* m
sussen *apaiser* ▾ in slaap ~ *endormir*
SUV ≈ *quatre-quatre* m/v
s.v.p. *S.V.P.*; *s'il vous plaît*
Swaziland *le Swaziland* ★ in ~ *au Swaziland*
sweater *sweat(er)* m; *pull* m
swingen • dansen *swinguer* • FIG. bruisend zijn *swinguer*
switchen • van plaats wisselen *changer de place* • overgaan op iets anders *passer à autre chose*
syfilis *syphilis* v
syllabe *syllabe* v
syllabus ≈ *résumé* m
syllogisme *syllogisme* m
symbiose *symbiose* v
symboliek • het symbolische *symbolisme* m • leer van de symbolen *symbolique* v
symbolisch *symbolique*
symboliseren *symboliser*
symbool *symbole* m
symfonie *symphonie* v
symfonieorkest *orchestre* m *symphonique*
symmetrie *symétrie* v
symmetrisch *symétrique*
sympathie *sympathie* v
sympathiek *sympathique*; INFORM. *sympa*
sympathisant *sympathisant* m
sympathiseren *sympathiser* **(met** *avec)*
symposium *symposium* m; *colloque* m
symptomatisch *symptomatique* **(voor** *de)*
symptoom *symptôme* m
symptoombestrijding *traitement* m *symptomatique*
synagoge *synagogue* v
synchroniseren *synchroniser*
synchroon *synchrone*
syndicaat • kartel *syndicat* m • BELG. vakbond *syndicat* m
syndroom *syndrome* m
synergie *synergie* v
synode *synode* m

synoniem I ZN [het] *synonyme* m **II** BNW *synonyme (met de)* ★ het ~ zijn *la synonymie*
synopsis *synopsis* v
syntaxis *syntaxe* v
synthese *synthèse* v
synthesizer *synthétiseur* m
synthetisch *synthétique*; *de synthèse*
Syrië *la Syrie* ★ in ~ *en Syrie*
Syriër *Syrien* m [v: *Syrienne*]
systeem *système* m
systeemanalist *analyste(-programmeur)* m
systeembeheerder *systémicien* m [v: *systémicienne*]
systeembouw *préfabrication* v
systeemeisen *exigences* v mv *du système*
systeemkaart *fiche* v
systeemontwerper *analyste(-programmeur)* m
systematiek • ordening *systématique* v • leer van de systemen *systématique* v
systematisch I BNW *systématique*; *méthodique* **II** BIJW *systématiquement*
systematiseren *systématiser*
systole *systole* v

T

t *t* m ★ de t van Theodoor *T comme Thérèse*
taai I BNW • stevig en buigzaam *dur* • dikvloeibaar *visqueux* [v: *visqueuse*]; *épais* [v: *épaisse*] • volhardend *tenace*; *coriace* ★ een taaie zijn *avoir la peau dure* • vervelend, moeilijk *aride*; *rébarbatif* [v: *rébartative*] ★ 't is taaie kost *c'est indigeste* ▾ houd je taai! *ne démordez pas!*; *tiens bon!*; *courage!* **II** BIJW *avec tenacité*
taaislijmziekte *mucoviscidose* v
taaitaai ≈ *pain* m *d'épices*
taak *tâche* v; ⟨functie⟩ *mission* v ★ een taak voor wiskunde *un devoir de vacances de math* ★ zich tot taak stellen (om) *se donner pour tâche (de)*
taakbalk *barre* v *des tâches*
taakomschrijving *profil* m *de la fonction*
taakstraf ⟨travail m d'intérêt général⟩ *TIG*
taakverdeling *répartition* v *des tâches*
taal • communicatiemiddel *langue* v • communicatiesysteem van groep *langage* m ★ de oude talen *les langues anciennes* • spraak en schrift *langue* v ★ grove taal uitslaan *tenir des propos grossiers* ▾ taal noch teken geven *ne pas donner signe de vie* ▾ dat spreekt duidelijke taal *c'est éloquent*
taalachterstand *retard* m *linguistique*
taalbarrière *barrière* v *linguistique*
taalbeheersing *connaissance* v *de la langue*
taalfamilie *famille* v *de langues*
taalfout *faute* v *(de langage / de grammaire)*
taalgebied *région* v *linguistique*
taalgebruik *langage* m ★ correct ~ *(le bon) usage*
taalgeschiedenis *histoire* v *des langues*
taalgevoel *sens* m *de la langue*
taalgrens *frontière* v *linguistique*
taalkunde *linguistique* v
taalkundig *linguistique*
taalkundige *linguiste* m/v
taalles *cours* m *de langue*
taalonderwijs *enseignement* m *des langues*
taalstrijd *querelles* v mv *linguistiques*
taalverwerving *acquisition* v *d'une langue*
taalwetenschap *linguistique* v; *philologie* v
taart • CUL. gebak ⟨met cakedeeg⟩ *gâteau* m [mv: *gâteaux*]; ⟨met taartdeeg⟩ *tarte* v • MIN. vrouw *rombière* v
taartbodem *fond* m *de tarte*
taartje ⟨gebakje⟩ *gâteau* m [mv: *gâteaux*]; *pâtisserie* v
taartpunt *part* v/*tranche* v *de gâteau*
taartschep *pelle* v *à gâteau*
taartvorm *moule* m *à tarte*
tabak *tabac* m ★ lichte / zware ~ *tabac blond / brun* ▾ er ~ van hebben *en avoir marre*
tabaksplant *(pied* m *de) tabac* m
tabaksvergunning *licence* v *de débit de tabac*
tabasco *tabasco* m
tabblad *(fiche* v*) intercalaire* m
tabel *tableau* m [mv: *tableaux*]; *table* v ★ chronologische ~len *tables chronologiques*

tableau *tableau* m [mv: *tableaux*]
tablet • plak *tablette* v ⋆ een ~ chocola *une plaque de chocolat* • pil *comprimé* m
taboe I ZN [het] *tabou* m ⋆ een ~ doorbreken *lever un tabou / un interdit* **II** BNW *tabou*
tabouleh *taboulé* m
tabula rasa *table* v *rase*
tabulator *tabulateur* m
tachograaf *tachygraphe* m
tachtig • *quatre-vingts*; ZWIT. *octante* ⋆ drieën~ *quatre-vingt-trois* • → **acht**
tachtiger *octogénaire* m/v
tachtigjarig *de quatre-vingts ans*
tachtigste • *quatre-vingtième* • → **achtste**
tachymeter *tachéomètre* m
tackelen *tacler*
tackle *tacle* m
taco *taco* m
tact *tact* m; *délicatesse* v
tacticus *tacticien* m [v: *tacticienne*]
tactiek *tactique* v
tactisch *tactique*; ‹met tact› *avec tact*
tactloos *sans tact*; *qui manque de délicatesse*
tactvol *plein de tact / de délicatesse*; *avec tact*
Tadzjikistan *le Tadjikistan* ⋆ in ~ *au Tadjikistan*
taekwondo *taekwondo* m
tafel • meubel *table* v ⋆ de ~ dekken *mettre la table* ⋆ aan ~ gaan *se mettre à table* ⋆ van ~ gaan *sortir / se lever de table* • WISK. tabel *table* v ⋆ de ~ van vijf *la table de cinq* • plaat met inscriptie ⋆ de stenen ~en *les tables de la loi* ▾ ter ~ brengen *mettre sur le tapis* ▾ iets onder de ~ vegen *balayer qc* ▾ een bedrag onder ~ *argent* m *sous la table*; *dessous-de-table*
tafelblad • bovengedeelte van een tafel *dessus* m *d'une table*; *plateau* m • inlegtafelblad *rallonge* v
tafelen *être à table*; *dîner*
tafelkleed • kleed *tapis* m *de table* • laken *nappe* v
tafelklem *attache-nappe* m [mv: *attache-nappes*]
tafellaken *nappe* v
tafellinnen *linge* m *de table*
tafelmanieren *façon* v *de se tenir à table*
tafelpoot *pied* m *de table*
tafelrede *discours* m *de banquet*
tafelschikking *disposition* v / *plan* m *de table*
tafeltennis *tennis* m *de table*; *ping-pong* m
tafeltennissen *jouer au tennis de table*
tafeltje-dekje ≈ *table* v *magique*
tafelvoetbal *baby-foot* m
tafelwijn *vin* m *de table*
tafelzilver *argenterie* v
tafereel *scène* v; *tableau* m [mv: *tableaux*]
tahoe *tofu* m
taille *taille* v
tailleren *resserrer à la taille*; *cintrer*
Taiwan *Taiwan* m ⋆ op ~ *à Taiwan*
Taiwanees I ZN [de] *Taïwanais* m **II** BNW *taïwanais*
tak • loot *branche* v; ‹kleiner› *rameau* m [mv: *rameaux*] • vertakking *branche* v; *(em)branchement* m; ‹v. gewei› *andouiller* m • afdeling *branche* v; ‹v. sport, wetenschap› *discipline* v ⋆ tak van dienst *service* m ⋆ een sporttak *une discipline sportive* ▾ wandelende tak *phasme* m
takel *palan* m
takelen • ophijsen *hisser*; *guinder*; *treuiller* • optuigen *gréer*
takelwagen *dépanneuse* v
takenpakket *ensemble* m *des tâches*
takke- *foutu*; *sale*; *de merde*
takkenbos *fagot* m
takkeweer *temps* m *de chien*
takkewijf *garce* v; *chipie* v
taks • hoeveelheid *portion* v; *dose* v ⋆ boven zijn taks *éméché* • dashond *basset* m • BELG. belasting *taxe* v
tal *nombre* m ⋆ tal van *(bon) nombre de*
talen ⋆ niet ~ naar *faire peu de cas de*
talenkennis *connaissances* v mv *des langues*
talenknobbel *don* m / *bosse* v *des langues*
talenpracticum *laboratoire* m *de langues*
talenstudie *études* v mv *de langues*
talent *talent* m *(***voor** *pour)*
talentenjacht *repérage* m *de (nouveaux) talents*
talentvol *talentueux* [v: *talentueuse*]; *de (grand) talent*
talg • huidsmeer *sébum* m • dierlijk vet *suif* m
talgklier *glande* v *sébacée*
talisman *talisman* m; *amulette* v
talk • delfstof *talc* m • talg *sébum* m
talkpoeder *talc* m
talkshow *talk-show* m [mv: *talk-shows*]
talloos *innombrable*; *sans nombre*
talmen *temporiser* ⋆ ~ met [+ inf.]
Talmoed *talmud* m
talrijk *nombreux* [v: *nombreuse*]
talud *talus* m
tam I BNW • niet wild *docile*; *doux* [v: *douce*] • gekweekt *cultivé* • saai *mou* [v: *molle*] [vóór klinker of stomme h: mol]; *terne* **II** BIJW *mollement*
tamarinde *tamarin* m; ‹boom› *tamarinier* m
tamboer *tambour* m
tamboerijn *tambourin* m
tamelijk *assez* ⋆ ~ goed *assez / plutôt bien*; *passablement* ⋆ ~ veel *pas mal (de)*
Tamil *Tamoul* m
tampon *tampon* m
tamtam • getrommel *tam-tam* m • FIG. ophef *tam-tam* m ⋆ met veel ~ *à grand fracas*
tand • gebitselement *dent* v ⋆ tanden krijgen *faire ses dents* • puntig uitsteeksel *dent* v ▾ de tand des tijds *les outrages* m mv / *les ravages* m mv / *l'épreuve* v *du temps* ▾ iem. aan de tand voelen *mettre qn sur la sellette*; INFORM. *cuisiner qn* ▾ met lange tanden eten *manger du bout des dents* ▾ zijn tanden laten zien OOK FIG. *montrer ses dents*; FIG. *montrer ses griffes* ▾ tot de tanden gewapend *armé jusqu'aux dents* ▾ zijn tanden zetten in *s'attaquer à* ▾ zijn tanden stukbijten op *se casser les dents sur* ▾ zijn tanden op elkaar zetten *serrer les dents* ▾ een tandje lager / minder doen *baisser d'un cran*
tandarts *dentiste* m/v
tandartsassistente *assistante* v *d'un(e) dentiste*
tandbederf *carie* v *(dentaire)*
tandbeen *dentine* v

tandem *tandem* m
tandenborstel *brosse* v *à dents*
tandenknarsen *grincer des dents*
tandenstoker *cure-dents* m [onv]
tandglazuur *émail* m *des dents*
tandheelkunde *chirurgie* v *dentaire*; *dentisterie* v
tandpasta *(pâte* v*) dentifrice* m
tandplaque *plaque* v *dentaire*
tandrad *pignon* m; *roue* v *dentée*
tandsteen *tartre* m
tandtechnicus *prothésiste* m/v *dentaire*
tandvlees *gencive* v ▾ op zijn ~ lopen *être au bout du rouleau*
tandvleesontsteking *gingivite* v
tandwiel *roue* v *dentée*
tandzijde *fil* m *dentaire*
tanen I OV WW vaalgeel kleuren *tanner* **II** ON WW • vaal worden *se ternir*; *perdre de son éclat* • afnemen *décliner*
tang • gereedschap *pince(s)* v (mv); ⟨klein⟩ *pincettes* v mv; ⟨nijptang⟩ *tenailles* v mv • vrouw *chipie* v ⋆ ouwe tang *vieille peau* v ▾ dat slaat als een tang op een varken *ça ne rime à rien*; *il n'y a aucun rapport* ▾ in de tang nemen *prendre en tenaille(s)* ▾ je zou hem met geen tang aanpakken *il n'est pas à prendre avec des pincettes*
tanga *(slip* m*) tanga* m
tangens *tangente* v
tango *tango* m
tanig *tanné*; ⟨v. huid⟩ *h̲âlé*
tank • reservoir *citerne* v; ⟨ook v. voertuig⟩ *réservoir* m • pantservoertuig *char* m *(d'assaut)*
tankbataljon *bataillon* m *de chars / de blindés*
tanken *prendre de l'essence* ⋆ vol~ *faire le plein*
tanker *pétrolier* m
tankschip *navire-citerne* m [mv: *navires-citernes*]
tankstation *station* v *d'essence*
tantaluskwelling *supplice* m *de Tantale*
tante • familielid *tante* v; *tata* v • vrouw *bonne femme* v ⋆ een dikke ~ *une dondon* ▾ je ~! *et ta sœur!*
tantième *tantième* m
Tanzania *la Tanzanie* ⋆ in ~ *en Tanzanie*
tap • kraan *robinet* m • bar ⋆ achter de tap staan *tenir le bar*
tapas *tapas* v mv
tapbier *bière* v *pression*
tapdansen *faire des claquettes* ⋆ het ~ *les claquettes* v mv
tape • plakband *scotch* m • muziekbandje *bande* v
tapenade *tapenade* v
tapijt • vloerkleed *tapis* m • wandkleed *tapisserie* v
tapijtreiniger *shampooineuse* v
tapioca *tapioca* m
tapkast *comptoir* m; *bar* m; INFORM. *zinc* m
tappen • uit vat schenken *tirer* ⋆ op flessen ~ *mettre en bouteilles* • aftappen ⟨v. boom⟩ *saigner* ▾ een mop ~ *débiter / raconter une blague*
tapperij *débit* m *de boissons*
taps I BNW *conique* **II** BIJW *en cône* ⋆ taps toelopend *effilé*
taptoe • signaal *extinction* v *des feux* • parade *parade* v / *défilé* m *de fanfares militaires*
tapvergunning *licence* v *de débit de boissons*
tarantula *tarentule* v
tarbot *turbot* m
tarief *tarif* m ⋆ tegen gereduceerd ~ *à tarif réduit* ⋆ het ~ vaststellen voor *tarifer*
tariefsverlaging *réduction* v *des tarifs*
tarot *tarot* m
tarra *tare* v
tartaar *(steak* m*) tartare* m
tartanbaan *tartan* m
tarten • uitdagen *défier*; ⟨tergend⟩ *provoquer*; *narguer* ⋆ ~d *provocant* • trotseren *affronter*; *braver* • overtreffen *dépasser*
tarwe *froment* m; *blé* m
tarwebloem *fleur* v *de farine*
tarwebrood *pain* m *de froment*
tarwemeel *farine* v *de froment / de blé*
tas • draagzak met hengsels *sac* m; *sacoche* v; ⟨schooltas⟩ *cartable* m • BELG. drinkkop *tasse* v
tasjesdief *voleur* m *à l'arraché* [v: *voleuse* ...]
tasjesroof *vol* m *à l'arraché*
tast *toucher* m ⋆ op de tast *à tâtons*; *à l'aveuglette*
tastbaar • voelbaar OOK FIG. *palpable*; *tangible* • duidelijk *évident*; *manifeste*
tasten I OV WW voelen *tâtonner* **II** ON WW zoekend bewegen ⋆ in de zak ~ *mettre la main à la poche* ⋆ naar iets ~ *chercher qc à tâtons*
tastzin *toucher* m
tatoeage *tatouage* m
tatoeëren *tatouer*
taugé *germes* m mv *de soja*
taveerne *taverne* v
taxateur *expert* m
taxatie *estimation* v; ⟨door een taxateur⟩ *expertise* v
taxatierapport *(rapport* m *d')expertise* v
taxeren • waarde bepalen *expertiser*; *évaluer (op à)* ⋆ getaxeerde waarde *valeur* v *estimée* • inschatten *estimer*; *évaluer* ▾ iem. ~ *prendre les dimensions de qn*; *jauger qn*
taxfree *hors taxe(s)* ⋆ ~shop *free shop* m
taxi *taxi* m ⋆ een taxi aanroepen *h̲éler un taxi*
taxicentrale *compagnie* v *de taxis*
taxichauffeur *chauffeur* m *de taxi*
taxidermie *taxidermie* v
taxiën *rouler*
taximeter *taximètre* m; *compteur* m
taxistandplaats *station* v *de taxis*
taxus *if* m
tbc *tuberculose* v
tbr • → **terbeschikkingstelling**
tbs • → **terbeschikkingstelling**
te I BIJW *trop* ⋆ te groot *trop grand* ⋆ te veel *trop* ⋆ te laat komen *arriver en retard* ▾ te mooi om waar te zijn *trop beau pour être vrai* **II** VZ • in/op ⋆ te water *à l'eau* ⋆ te Utrecht *à Utrecht* ⋆ te paard *à cheval* ⋆ te voet *à pied* • *à* + inf.; ⟨om te⟩ *de* ⋆ veel te doen hebben *avoir beaucoup à faire* ⋆ moeilijk te verstaan *difficile à comprendre* ⋆ zonder iets te zeggen *sans rien dire* ⋆ blij je te zien *(je suis) content*

de te voir ⋆ lopen / zitten te fluiten *(être en train de) siffler* ▾ te leen *à titre de prêt*
teak *te(c)k* m
team *équipe* v
teamgeest *esprit* m *d'équipe*
teamsport *sport* m *d'équipe*
teamwork *travail* m *d'équipe / en équipe*
techneut *mécano* m
technicus *technicien* m [v: *technicienne*]
techniek *technique* v
technisch **I** BNW *technique* **II** BIJW *techniquement*
techno *techno* v
technocratie *technocratie* v
technologie *technologie* v
technologisch *technologique*
teckel *teckel* m; *basset* m *allemand*
tectyl *(pâte* v*) antirouille* m
teddybeer *ours* m *en peluche*; JEUGDT. *nounours* m
teder **I** BNW *tendre* **II** BIJW *tendrement*
tederheid *tendresse* v
teef OOK FIG. *chienne* v
teek *tique* v
teelaarde *terreau* m
teelbal *testicule* m
teelt ⟨v. planten⟩ *culture* v; ⟨v. dieren⟩ *élevage* m
teen • deel van voet *orteil* m; *doigt* m *(du pied)* ⋆ op de tenen lopen *marcher sur la pointe des pieds*; FIG. *avoir du mal à suivre* ⋆ de grote / kleine teen *le petit / gros orteil* • twijg *brin* m *d'osier* • stukje knoflook ⋆ een teentje knoflook *une gousse d'ail* ▾ met gekromde tenen *en rongeant son frein* ▾ lange tenen hebben *être susceptible* ▾ op z'n teentjes getrapt *piqué au vif*
teenager *adolescent* m [v: *adolescente*]
teenkootje *phalange* v
teenslipper *tong* v
teer **I** ZN [de/het] *goudron* m **II** BNW • broos *fragile*; *frêle* • FIG. gevoelig *délicat*
teerling ▾ de ~ is geworpen *les dés sont jetés*
teerzeep *savon* m *au goudron*
tegel *carreau* m [mv: *carreaux*]; ⟨vloertegel ook⟩ *dalle* v
tegelijk *en même temps* (**met** *que*); *simultanément* ⋆ allemaal ~ *tous ensemble / à la fois*
tegelijkertijd *simultanément*
tegellijm *colle* v *à carreaux*
tegelvloer *carrelage* m; *carreau* m
tegelwerk *carrelage* m; ⟨vloer⟩ *dallage* m
tegelzetter *carreleur* m
tegemoet *à la rencontre* ⋆ zijn dood ~ gaan *courir à la mort*; *aller au-devant de la mort* ▾ iem. ~ komen *faire des concessions à qn* ▾ ~ komen aan *aller dans le sens de*; *faire la part de*; *répondre à* ▾ ~ komen in de kosten *intervenir*; *subvenir aux frais* ▾ ~ zien *attendre*; *envisager*
tegemoetkoming • bijdrage ⟨in de schade⟩ *indemnité* v; ⟨in de kosten⟩ *aide* v *financière*; *subside* m • concessie *concession* v
tegemoettreden *aller à la rencontre de*
tegen **I** BIJW anti *contre*; *défavorable à*; *hostile à* ⋆ fel ~ iets zijn *être violemment opposé à qc* ⋆ zij is fel ~ *elle est farouchement contre* ⋆ ~ stemmen / zijn *voter / être contre* ⋆ de wind ~ hebben *avoir le vent contraire / de face* ⋆ ik heb er niets (op) ~ *je n'ai rien contre*; *je n'y vois pas d'inconvénient* ⋆ hij heeft alles ~ *rien ne va pour lui* **II** VZ • in tegengestelde richting ⋆ ~ de wind (in) *contre le vent* • in aanraking met *contre* ⋆ het staat ~ de muur *c'est placé contre le mur* • ter bestrijding van *contre* ⋆ een vaccin ~ aids *un vaccin anti-SIDA* • in strijd met *contraire à* ⋆ ~ de regels *contraire aux règles* • in ruil voor *contre* ⋆ ~ 8% rente *à 8% d'intérêt* ⋆ ~ een vergoeding van *moyennant une compensation de* • jegens *envers* ⋆ hij doet altijd erg aardig ~ mij *il est toujours très gentil avec moi* • aan *à* ⋆ dat moet je niet ~ hem zeggen! *ne le lui dit pas!* • bijna *vers* ⋆ ~ middernacht *vers minuit* ⋆ hij is ~ de vijftig *il approche la cinquantaine* ▾ tien ~ één *dix contre un* **III** ZN [het] *(le) contre* m
tegenaan *contre* ▾ er (flink) ~ gaan *en mettre un (bon) coup* ▾ ergens ~ lopen *tomber sur qc*
tegenaanval *contre-attaque* v [mv: *contre-attaques*] ⋆ een ~ doen *contre-attaquer*
tegenactie *contre-offensive* v [mv: *contre-offensives*]
tegenargument *objection* v
tegenbeeld • tegenstelling *contraste* m • tegenhanger *pendant* m
tegenbericht ⋆ behoudens ~ *sauf avis contraire*
tegenbeweging *réaction* v
tegenbezoek ⋆ iem. een ~ brengen *rendre sa visite à qn*
tegendeel *contraire* m; *opposé* m
tegendraads *contrariant* ⋆ altijd ~ zijn *avoir l'esprit contrariant / de contradiction*
tegendruk *contre-épreuve* v [mv: *contre-épreuves*]
tegengaan *combattre*
tegengas ▾ ~ geven *donner un coup de frein*
tegengesteld **I** BNW *contraire*; *opposé* ⋆ in ~e richting *en sens contraire* ⋆ het ~e *le contraire* **II** BIJW *en sens inverse*; *en sens contraire*
tegengif *antidote* (**tegen** *contre*) m
tegenhanger *pendant* m; ⟨collega⟩ *homologue* m/v
tegenhebben *être désavantagé par* ⋆ ze heeft haar leeftijd tegen *elle est desservie par son âge*
tegenhouden • beletten voort te gaan *arrêter*; *retenir* • verhinderen *empêcher*
tegenin ⋆ ergens ~ gaan *s'opposer à qc*
tegenkandidaat *challenge(u)r* m
tegenkomen *rencontrer*
tegenlachen *sourire à*
tegenlicht *contre-jour* m
tegenligger *véhicule* m *venant en sens inverse*
tegennatuurlijk *contre nature*
tegenoffensief *contre-offensive* v
tegenop ⋆ daar kan ik niet ~ *c'est trop (fort) pour moi*
tegenover • aan de overkant van *en face de*; *face à* • ten opzichte van *à l'égard de*; *envers* ⋆ zij staan lijnrecht ~ elkaar *ils sont*

diamétralement opposés (l'un à l'autre) ★ hoe sta jij daar ~? *qu'en penses-tu?* ★ (het huis) hier ~ *(la maison d')en face* ★ daar staat ~ *en revanche; par contre; en contrepartie*

tegenovergesteld *contraire; opposé* ★ het ~e *le contraire; l'inverse* m

tegenoverstellen • vergelijken *opposer* • compenseren *proposer en échange*

tegenpartij *adversaire* m/v; JUR. *partie* v *adverse*

tegenpool *pôle* m *opposé*; FIG. *opposé* m

tegenprestatie *contrepartie* v *(***voor** *de)*

tegenslag *contretemps* m; *revers* m *(de fortune)*

tegenspartelen *se débattre*

tegenspel ★ goed ~ bieden *goed tegenspel bieden*

tegenspeler • acteur *partenaire* m/v • *adversaire* m/v

tegenspoed *malchance* v; *adversité* v

tegenspraak *contradiction* v ★ in ~ met *en contradiction avec* ★ innerlijke ~ *contradiction dans les termes* ★ het duldt geen ~ *c'est sans conteste*

tegenspreken *contredire*; ⟨weerleggen ook⟩ *démentir*

tegensputteren *rouspéter*

tegenstaan *dégoûter; répugner à*

tegenstand • weerstand *opposition* v; *résistance* v ★ ~ ondervinden *rencontrer de l'opposition* • verzet *résistance* v ★ ~ bieden *opposer de la résistance; résister*

tegenstander *adversaire* m/v; ⟨niet-voorstander⟩ *opposant* m *(***van** *à)* [v: *opposante*]

tegenstelling *contraste* m; *opposition* v; *antithèse* v ★ in ~ met *contrairement à; par opposition à* ★ in ~ zijn met *contraster avec* ★ onoverbrugbare ~ *des différences insurmontables*

tegenstribbelen *résister; regimber; se cabrer*

tegenstrijdig *contradictoire* ★ ~ zijn *se contredire*

tegenstrijdigheid *contradiction* v

tegenvallen *être décevant; décevoir*

tegenvaller *déception* v; INFORM. *tuile* v ★ een lelijke ~ *un sale coup (pour la fanfare)*

tegenvoeter • persoon *antipode* m • tegenpool *opposé* m

tegenvoorbeeld *contre-exemple* m [mv: *contre-exemples*]

tegenvoorstel *contre-proposition* v [mv: *contre-propositions*]

tegenwerken *contrarier; faire obstacle à*

tegenwerking *opposition* v

tegenwerpen *objecter*

tegenwerping *objection* v

tegenwicht *contrepoids* m ★ een ~ vormen tegen *compenser; contrebalancer*

tegenwind *vent* m *contraire / en face*

tegenwoordig **I** BNW • huidig *actuel* [v: *actuelle*] ★ de ~e tijd TAALK. *présent* m • aanwezig *présent* ★ ~ zijn bij *assister à; être présent à* **II** BIJW *actuellement; de nos jours* ★ de jeugd van ~ *les jeunes d'aujourd'hui*

tegenwoordigheid *présence* v ★ de ~ van geest *la présence d'esprit* ★ in ~ van *en présence de; devant*

tegenzet *riposte* v

tegenzin *répugnance* v ★ met ~ *à contrecœur*

tegenzitten *être défavorable (à)* ★ het zit hem tegen *il n'a pas de chance*

tegoed *avoir* m; *crédit* m

tegoedbon *avoir* m

tehuis *maison* v; *asile* m; *hospice* m

teil *bassine* v

teint *teint* m

teisteren • *affliger; infester* • ernstig schaden *ravager* ★ geteisterd gebied *zone* v *sinistrée*

tekeergaan *se démener*; ⟨uitvaren⟩ *fulminer (***tegen** *contre)*

teken • signaal *signe* m ★ in het ~ staan van *être placé sous le signe de* ★ ten ~ van *en signe de* ★ een ~ geven om *faire signe de* • kenmerk *signe* m ★ de ~en des tijds *les signes des temps* ★ een ~ van leven geven *donner signe de vie* • voorteken ★ dat is een ~ aan de wand/een veeg ~ *c'est mauvais signe; c'est de mauvais augure*

tekenaar *dessinateur* m [v: *dessinatrice*]

tekenen • afbeelden *dessiner* ★ een fraai getekende vacht *un poil / une robe d'un beau dessin* • ondertekenen *signer* • kenschetsen *peindre* ★ dat tekent hem *on le reconnaît bien là; c'est bien lui* ★ een door vermoeidheid getekend gezicht *un visage marqué par la fatigue; des traits tirés* ▾ daar teken ik voor! *je ne demande pas mieux!*

tekenend *caractéristique (***voor** *de)*

tekenfilm *dessin* m *animé*

tekening • afbeelding *dessin* m • ondertekening ★ ter ~ *à la signature*

tekenkunst *(art* m *du) dessin* m

tekenles *cours* m / *leçon* v *de dessin*

tekenpapier *papier* m *à dessin*

tekentafel *table* v *à dessin*

tekort ECON. *manque* m *(de)*; ⟨schaarste⟩ *pénurie* v *(de)*; MED. *carence* v; *déficience* v; *déficit; découvert* m

tekortdoen *faire tort à; frustrer*

tekortkomen *manquer (de)* ★ hij komt 10 euro tekort *il lui manque 10 euros* ★ er is 10 euro tekort *il (nous) manque 10 euros* ★ hij komt niets tekort *il ne manque de rien* ★ tijd ~ om *manquer de temps pour*

tekortkoming *faute* v; *défaut* m

tekst *texte* m; MUZ. *paroles* v mv ★ in ~ en beeld *en texte et en images* ▾ ~ en uitleg geven *(tout) expliquer*

tekstballon *bulle* v

tekstschrijver MUZ. *parolier* m [v: *parolière*]; A-V *scénariste* m/v; ⟨v. reclame⟩ *rédacteur* m *publicitaire* [v: *rédactrice* ...]

tekstverklaring *commentaire* m; *exégèse* v

tekstverwerker *(machine* v *de) traitement* m *de texte*

tel • het tellen *compte* m ★ de tel kwijt zijn *se tromper en comptant* • moment *seconde* v; MUZ. *temps* m

telebankieren *faire des opérations télébancaires / en ligne*

telecommunicatie *télécommunication(s)* v (mv); *télécom(s)* v (mv)

telefoneren *téléphoner (à); appeler*; INFORM.

passer un coup de fil (à)
telefonie *téléphonie* v
telefonisch *téléphonique; par téléphone*
telefonist *standardiste* m/v
telefoon *téléphone* m ⋆ de ~ gaat *le téléphone sonne* ⋆ de ~ aannemen *prendre la communication* ⋆ de ~ opnemen *décrocher* ⋆ de ~ neerleggen *raccrocher*
telefoonboek *annuaire* m *téléphonique; bottin* m
telefoonbotje *petit juif* m
telefooncel *cabine* v *téléphonique*
telefooncentrale *central* m; ⟨in bedrijven⟩ *standard* m
telefoondistrict *circonscription* v *téléphonique*
telefoongesprek • gesprek *conversation* v *téléphonique* • verbinding *communication* v
telefoonkaart *carte* v *de téléphone; télécarte* v
telefoonnet *réseau* m *téléphonique* [m mv: *réseaux* ...]
telefoonnummer *numéro* m *de téléphone* ⋆ kosteloos ~ *numéro vert* ⋆ een geheim ~ hebben *être sur la liste rouge*
telefoontik *unité* v
telefoontje *coup* m *de fil / de téléphone* ⋆ een ~ plegen *passer un coup de fil*
telefoontoestel *téléphone* m; *appareil* m
telefoonverkeer *trafic* m *téléphonique*
telegraaf *télégraphe* m
telegraferen *télégraphier*
telegrafie *télégraphie* v
telegrafisch *télégraphique*
telegram *télégramme* m
telegramstijl *style* m *télégraphique*
telekinese *télékinésie* v
telelens *téléobjectif* m
telemarketing *téléprospection* v; *télévente* v
telen ⟨v. planten⟩ *cultiver*; ⟨v. dieren⟩ *élever*
telepathie *télépathie* v
telepathisch I BNW *télépathique* **II** BIJW *par la télépathie*
telescoop *télescope* m
teleshoppen *téléshopping* m; *téléachat* m
teletekst *télétexte* m
teleurstellen *décevoir; frustrer (in dans)* ⋆ teleurgesteld in / over *déçu par / de*
teleurstellend *décevant*
teleurstelling *déception* v
televisie • toestel *télévision* v; *téléviseur* m; INFORM. *télé* v ⋆ (naar de) ~ kijken *regarder la télé* ⋆ op de ~ komen *passer à la télé(vision)* • het uitzenden per televisie *télévision* v; INFORM. *télé* v ⋆ digitale ~ *télévision numérique terrestre; TNT*
televisiefilm *téléfilm* m
televisiejournaal *journal* m *télévisé* [m mv: *journaux télévisés*]
televisieprogramma *programme* m *de télé*; ⟨uitzending⟩ *émission* v *(de télévision)*
televisiereclame *publicité* v *télévisée*
televisiereportage *téléreportage* m
televisiescherm *écran* m *de télévision*
televisieserie *série* v *télévisée; feuilleton* m
televisiespel *jeu* m *télévisé* [m mv: *jeux* ...]
televisiestation *station* v *de télévision*; ⟨net⟩ *chaîne* v *cathodique / de télévision*
televisietoestel *téléviseur* m; *télévision* v
televisie-uitzending *émission* v *télévisée*
telewerk *télétravail* m
telewerken *télétravailler*
telewinkelen *téléshopping* m; *téléachat* m
telfout *erreur* v *de calcul*
telg *rejeton* m
telgang *amble* m ⋆ in ~ lopen *aller l'amble*
telkens *à chaque instant*; ⟨aldoor⟩ *tout le temps* ⋆ ~ als ... *chaque fois que ...*
tellen I OV WW aantal bepalen *compter* ⋆ erbij ~ *ajouter* ⋆ ~ onder *compter parmi* ⋆ niet te ~ *sans nombre* ▾ op zijn ~ passen *faire attention* **II** ON WW • getallen noemen *compter* ⋆ dat telt voor 10 punten *cela compte pour dix points* • van belang zijn *compter* ⋆ dat telt niet *cela ne compte pas*
teller • apparaat *compteur* m • WISK. *numérateur* m
telling *(dé)compte* m; *comptage* m
teloorgang *perte* v; *ruine* v; *naufrage* m
telraam *boulier* m
telwoord *numéral* m [mv: *numéraux*]
temeer ⋆ ~ omdat *d'autant plus que* ⋆ eens ~ *une fois de plus*
temen *parler sur un ton geignard; rabâcher*
temmen *apprivoiser*; OOK FIG. *dompter*
tempé *pâte* v *(fermentée) de soja*
tempel *temple* m
temperament *tempérament* m
temperamentvol *fougueux* [v: *fougueuse*]
temperaturen *prendre la température de*
temperatuur *température* v ⋆ van gelijke ~ *isotherme*
temperen *modérer; tempérer*; ⟨dimmen⟩ *baisser*; ⟨lenigen⟩ *soulager* ⋆ getemperd licht *lumière* v *douce / d'ambiance*
tempo • MUZ. snelheid *tempo* m; *mouvement* m • FIG. vaart *rythme* m; *cadence* v; ⟨vaart⟩ *allure* v ⋆ het ~ opvoeren *accélérer; passer à une vitesse supérieure* ⋆ ~ maken INFORM. *mettre le turbo* ⋆ ~! *plus vite!*; INFORM. *et que ça saute!*
ten *au; à la* ⋆ ten eerste *premièrement* ⋆ ten antwoord *en / comme réponse*
tenaamstelling *désignation* v *nominative*
tendens *tendance* v
tendentieus *tendancieux* [v: *tendancieuse*]; *orienté*
teneinde *afin de*
teneur *esprit* m; *intention* v; *sens* m
tengel • vinger *patte* v • lat *latte* v
tenger *gracile*; ⟨broos⟩ *délicat; frêle*
tengevolge ⋆ ~ van *par suite de*
tenhemelschreiend *révoltant*
tenietdoen *annihiler; anéantir*; ⟨ongeldig maken⟩ *annuler*
tenlastelegging *inculpation* v; ⟨punt in dagvaarding⟩ *chef* m *d'accusation*
tenminste ⟨althans⟩ *(tout) au moins; du moins*
ten minste ⟨minimaal⟩ • → **minst**
tennis *tennis* m
tennisarm *tennis-elbow* m; *épicondylite* v
tennisbaan *court* m *de tennis* ⋆ overdekte ~ *tennis* m *couvert*
tennisbal *balle* v *de tennis*

tennisracket *raquette* v *de tennis*
tennissen *jouer au tennis*
tennisser *joueur* m *de tennis* [v: *joueuse* ...]
tenor *ténor* m
tenorsaxofoon *saxophone* m *ténor*
tensiemeter *tensiomètre* m
tenslotte ⟨welbeschouwd⟩ *finalement*; *en somme*
ten slotte ⟨uiteindelijk⟩ • → **slot**
tent • onderdak van doek *tente* v ⋆ in een tent *sous une tente* • kermistent *baraque* v • bedrijf/lokaliteit *boîte* v; ⟨eethuis⟩ *bistrot* m ⋆ het publiek brak de tent af *le public était déchaîné* ▾ iem. uit zijn tent lokken *provoquer qn*; *faire sortir qn de sa réserve* ▾ de tent sluiten *fermer boutique*
tentakel *tentacule* v
tentamen *(examen) partiel* m ⋆ ~ doen *passer un partiel*
tentdoek *toile* v *de tente*
tentenkamp *campement* m; *camp* m
tentharing *piquet* m
tentoonspreiden *faire étalage de*; *étaler*
tentoonstellen *exposer*
tentoonstelling *exposition* v
tentstok *mât* m *de tente*
tentzeil *toile* v *de tente*
tenue *tenue* v ⋆ in groot ~ *en grande tenue*
tenuitvoerlegging *exécution* v
tenzij *à moins que ... ne* [+ subj.] ⋆ ik ben thuis, ~ ik werk *je suis chez moi, à moins que je ne travaille*
tepel *bout* m *du sein*; *mamelon* m
tequila *tequila* m
ter *à la*; *au* ⋆ ter vergelijking *à titre de comparaison* ⋆ ter indicatie *à titre indicatif*
teraardebestelling *inhumation* v
terbeschikkingstelling *mise* v *sous protection judiciaire*; *tutelle* v *pénale*
terdege *(bel et) bien*
terecht I BNW *juste* ⋆ een ~e vraag *une question pertinente* **II** BIJW • met recht *à juste titre* ⋆ en ~! *et pour cause!*; *il y a de quoi!* • teruggevonden *retrouvé* ⋆ mijn agenda is ~ *on a retrouvé mon agenda* • op de juiste plaats ⋆ ben ik hier ~? *est-ce bien ici?* ⋆ iem. ~ helpen *renseigner qn*
terechtbrengen ⋆ er niet veel van ~ *s'y prendre mal*; INFORM. *s'y prendre comme un pied*; *se planter*
terechtkomen • belanden *atterrir*; *tomber* • teruggevonden worden *être retrouvé* • in orde komen *s'arranger* ⋆ daar komt niets van terecht *cela n'aboutit à rien* ▾ hij zal wel ~ *il fera son chemin* ▾ wat zal er van hem ~? *que deviendra-t-il?*
terechtstaan *comparaître* ⋆ ~ voor moord *passer en justice pour meurtre*
terechtstellen *exécuter*
terechtstelling *exécution* v
terechtwijzen *réprimander*; *reprendre*
terechtwijzing *réprimande* v
terechtzitting *audience* v
teren I OV WW met teer insmeren *goudronner* **II** ON WW ~ **op** ⟨iets⟩ *vivre de / sur*; ⟨iemand⟩ *parasiter*

te

tergen *agacer*; *narguer*
tergend *provocant*
tering ▾ de ~ naar de nering zetten *vivre selon ses moyens*
terloops I BNW *(fait) en passant* **II** BIJW *en passant*; *incidemment*
term • begrip, woord *terme* m ⋆ in bedekte termen *à mots couverts* ⋆ in termen van *en termes de* • reden *motif* m • WISK. *terme* m ▾ in de termen vallen *remplir les conditions voulues*
termiet *termite* v
termijn • periode *délai* m ⋆ op ~ *à terme* ⋆ op korte ~ *à court terme* ⋆ op lange ~ *à long terme* ⋆ voor onbepaalde ~ *à durée indéterminée* • tijdslimiet *terme* m; *échéance* v ⋆ uiterste ~ *terme de rigueur*; *dernière limite* v • deel van schuld *terme* m ⋆ in ~en betalen *payer par traites / par versements échelonnés*
termijnbetaling *paiement* m *échelonné*
termijnhandel *marché* m *à terme*
terminaal *terminal* [m mv: *terminaux*] ⋆ terminale patiënt *mourant* m ⋆ terminale zorg *accompagnement* m *de fin de vie*
terminal • aankomst-, vertrekpunt *terminal* m [mv: *terminaux*]; *aérogare* v • computer *terminal* m [mv: *terminaux*]
terminologie *terminologie* v
ternauwernood *à peine*; *de justesse*
terneergeslagen *abattu*; *affligé*
terp *tertre* m
terpentijn *(essence* v *de) térébenthine* v
terracotta *terre* v *cuite*
terrarium *terrarium* m
terras *terrasse* v
terrein • grond *terrain* m; ⟨locatie⟩ *site* m • gebied, sfeer *domaine* m ⋆ op politiek ~ *sur le plan politique* ⋆ op bekend ~ *en pays de connaissance* ⋆ dat is mijn ~! *c'est de mon domaine!*; *c'est ma chasse gardée!* ⋆ ~ verliezen / winnen *perdre / gagner du terrain*
terreinfiets ⟨vélo tout-terrain⟩ *VTT* m
terreinwagen *véhicule* m *tout-terrain*; *quatre-quatre* m/v
terreinwinst ⋆ ~ boeken *gagner du terrain*
terreur *terreur* v
terreuraanslag *attentat* m *terroriste*
terreurdaad *acte* m *de terrorisme*
terreurorganisatie *organisation* v *terroriste*
terriër *terrier* m [v: *terrière*]
terrine *terrine* v; ⟨voor soep⟩ *soupière* v
territoriaal *territorial* [m mv: *territoriaux*]
terroriseren *terroriser*
terrorisme *terrorisme* m
terrorist *terroriste* m/v
terroristisch *terroriste*
tersluiks *furtivement*; *à la dérobée*
terstond *aussitôt*; *tout de suite*
tertiair *tertiaire*
terts *tierce* v ⋆ kleine / grote ~ *tierce mineure / majeure*
terug • naar vorige plaats *de retour* ⋆ heen en ~ *aller et retour* ⋆ ik ben zo ~ *je reviens tout de suite* • achteruit *en arrière* ⋆ je kunt nu niet meer ~ *(il n'y a) plus moyen d'y échapper* • weer *de retour* ⋆ ik heb niet van 10 euro ~

je n'ai pas la monnaie de 10 euros ⋆ iets weer ~ hebben *avoir récupéré qc* ⋆ geld ~! *remboursez!* • geleden *il y a* ⋆ een paar jaar ~ *il y quelques années* ▾ daar had hij niet van ~ *ça lui a cloué le bec*

terugbellen *rappeler*

terugbetalen *rembourser; rendre*

terugblik *(vue* v*) rétrospective* v; *retour* m *en arrière*

terugblikken *regarder en arrière*

terugbrengen • weer op zijn plaats brengen ⟨iets⟩ *rapporter*; ⟨iemand⟩ *ramener*; ⟨iemand⟩ *reconduire* • herleiden *ramener (***tot** *à)* • reduceren *réduire (***tot** *de)* ⋆ tot de helft ~ *réduire de moitié*

terugdeinzen *reculer (***voor** *devant)*

terugdenken ~ **aan** *se rappeler; se souvenir de*

terugdoen • doen als reactie *faire en retour* ⋆ doe je de groeten terug? *tu lui rends son bonjour?* • terugzetten *remettre*

terugdraaien *annuler*

terugdringen • achteruitduwen *refouler* • FIG. verminderen *diminuer*

terugfluiten FIG. *rappeler à l'ordre*

teruggaan • terugkeren *retourner (***naar** *à)*; ⟨in tijd / naar oorsprong⟩ *remonter (***naar** *à)* ⋆ naar huis ~ *rentrer (chez soi)* • achteruitgaan *reculer* • zijn oorsprong vinden *remonter à* ⋆ ~ tot 1900 *remonter à l'an 1900*

teruggang *baisse* v; *recul* m

teruggave *restitution* v

teruggetrokken • in afzondering *retiré; en reclus* ⋆ een ~ leven leiden *mener une vie isolée* • in zichzelf *renfermé*

teruggeven *rendre*

teruggooien *renvoyer*

teruggrijpen ⋆ ~ op *se baser sur; revenir à*

terughalen • terugnemen ⟨iets⟩ *récupérer*; ⟨iemand⟩ *ramener* • terugtrekken *retirer*

terughoudend *réservé; distant*

terugkeer *retour* m; ⟨huiswaarts⟩ *rentrée* v

terugkeren • teruggaan *retourner (***naar** *à)*; *revenir* ⋆ naar huis ~ *rentrer (chez soi)* • gebeuren *revenir*

terugkomen • terugkeren *revenir* • ~ **op** *revenir sur* • ~ **van** *revenir de*

terugkomst *retour* m

terugkoppelen ⟨v. informatie⟩ *retransmettre*

terugkoppeling *feed-back* m [onv]; *rétroaction* v

terugkrabbelen *faire marche arrière*; INFORM. *se dégonfler*

terugkrijgen *recevoir en retour*; ⟨v. bezit⟩ *récupérer*

terugleggen *remettre*

terugloop *recul* m

teruglopen ⟨achteruit⟩ *reculer*

terugnemen • weer nemen *reprendre* • intrekken *retirer* ⋆ zijn woorden ~ *se rétracter*

terugreis *retour* m

terugroepen *rappeler*

terugschrikken *reculer (***voor** *devant)* ⋆ er niet voor ~ om *ne pas hésiter à*

terugschroeven • reduceren *réduire* • ongedaan maken *annuler*

terugslaan I OV WW • naar zender slaan *renvoyer* • omslaan *rabattre* • afweren *repousser* **II** ON WW tegenaanval doen *contre-attaquer; riposter*

terugslag • terugstoot *choc* m *(de retour)*; ⟨v. vuurwapen⟩ *recul* m • weerslag *contrecoup* m; *répercussion* v

terugspeelbal *passe* v *en retrait*

terugspoelen *rembobiner*

terugsturen *renvoyer*

terugtocht • aftocht *retraite* v • reis terug *retour* m

terugtrappen ⟨op fiets⟩ *pédaler en arrière*

terugtraprem *frein* m *par rétropédalage*

terugtreden *se retirer*

terugtrekken I OV WW achteruit doen gaan *retirer* **II** ON WW achteruitgaan *se retirer; se replier* **III** WKD WW [+ zich] • zich afzonderen *se retirer* • zijn positie opgeven *se désister*

terugval *rechute* v

terugvallen • minder presteren *être en perte de vitesse* • weer vervallen ~ **in** *retomber dans* • ~ **op** *se rabattre sur*

terugverdienen *récupérer*

terugverlangen ⋆ ~ naar *regretter*

terugvinden • vinden *retrouver* • tegenkomen *retrouver*

terugvoeren • terugleiden *ramener (***naar** *à)* • als oorzaak aanwijzen *ramener (***tot** *à)*

terugvorderen *réclamer*

terugweg *retour* m ⋆ op de ~ *sur le chemin du retour*

terugwerkend ⋆ met ~e kracht *à effet rétroactif*

terugwinnen *récupérer*

terugzien I OV WW weerzien *revoir* ⋆ dat zie je nooit meer terug *tu n'en verras jamais la couleur* **II** ON WW terugblikken *regarder derrière soi*

terwijl *pendant que; tandis que*; ⟨waarbij toch⟩ *alors que*

terzijde I BIJW • opzij ⟨naar de zijkant⟩ *de côté*; ⟨aan de zijkant⟩ *au côté*; ⟨uit de weg⟩ *à l'écart (***van** *de)* ⋆ ~ laten *laisser de côté; omettre* ⋆ ~ nemen *prendre à part* ⋆ ~ staan *assister; seconder* ⋆ van ~ *de côté*; FIG. *indirectement* • terloops ⋆ maar dit ~ *soit dit en passant* **II** ZN [het] *aparté* m

test *test* m

Testament ⋆ het Oude ~ *l'Ancien Testament* ⋆ het Nieuwe ~ *le Nouveau Testament*

testament *testament* m

testamentair I BNW *testamentaire* **II** BIJW *par testament*

testauto *voiture* v *d'essai*

testbaan *piste* v *d'essai*

testbeeld *mire* v *(de réglage)*

testcase • proef *test* m • proefproces *affaire-test* v

testen *tester*

testikel *testicule* m

testimonium *attestation* v; *certificat* m

testosteron *testostérone* v

testpiloot *pilote* m/v *d'essai*

testrijder *pilote* m/v *d'essai*

testvlucht *vol* m *d'essai*

tetanus *tétanos* m ⋆ tegen ~ *antitétanique*

tête-à-tête *tête-à-tête* m [onv]
tetteren • toeteren *claironner* • kwebbelen *jacasser* • zuipen *pinter*
teug *bouffée* v; ⟨slok⟩ *gorgée* v ★ met kleine teugen *à petites gorgées* ★ in één teug *d'un (seul) trait*; INFORM. *cul sec* ★ met volle teugen *pleinement*
teugel *bride* v ▾ de ~s in handen hebben *être aux commandes* ▾ de vrije ~ laten *lâcher la bride à* ▾ de ~s kort houden *tenir la bride haute*
teut I ZN [de] treuzelaar *limace* v **II** BNW *pompette*
teuten *traîner*; *lambiner*
Teutoons *teuton* [v: *teutonne*]
teveel • *excès* m *(***aan** *de)* • → **veel**
tevens • ook *aussi* • tegelijkertijd *en même temps*; *à la fois*; *aussi*
tevergeefs I BNW *vain* **II** BIJW *en vain*; *vainement*
tevoorschijn ★ ~ brengen/halen *sortir*; *mettre au jour* ★ ~ komen *se montrer*; *apparaître*; *sortir (***uit** *de)*
tevoren *avant* ★ van ~ *à l'avance*; *d'avance*
tevreden *content*; *satisfait (***met, over** *de)* ★ met weinig ~ zijn *se contenter de peu*
tevredenheid *contentement* m; *satisfaction* v
tevredenstellen *contenter* ★ zich ~ met *se contenter de*
tewaterlating *mise* v *à l'eau*; *lancement* m
teweegbrengen *provoquer*; *causer*; *donner lieu à*
tewerkstellen *embaucher*; *employer*
textiel I ZN [de/het] stof *textile* m **II** BNW *textile*
textielarbeider *ouvrier* m *textile* [v: *ouvrière* ...]
textielindustrie *(industrie* v*) textile* m
textuur *texture* v
tezamen *ensemble*
tft-scherm *écran* m *TFT/plat*
TGV *TGV* m
Thailand *la Thaïlande* ★ in ~ *en Thaïlande*
Thais *thaïlandais*
thans *à présent*; *à l'heure actuelle*
theater *théâtre* m; ⟨filmzaal⟩ *salle* v
theaterbezoek *sortie* v *au théâtre*
theatervoorstelling *représentation* v *de théâtre*
theatraal I BNW • het toneel betreffend *théâtral* [m mv: *théâtraux*] • overdreven *théâtral* [m mv: *théâtraux*] **II** BIJW *théâtralement*
thee *thé* m; ⟨struik⟩ *théier* m ★ thee drinken *prendre le thé* ★ thee zetten *faire du thé*
theeblad • theeblaadje *feuille* v *de thé* • dienblad *plateau* m *à thé* [m mv: *plateaux* ...]
theedoek *torchon* m
thee-ei *boule* v *à thé*
theeglas *verre* m *à thé*
theelepel *cuiller* v *à thé*
theelichtje *chauffe-théière* m [mv: *chauffe-théières*]
theemuts *couvre-théière* m [mv: *couvre-théières*]
theepauze *heure* v *du thé / du goûter*
theepot *théière* v
theeservies *service* m *à thé*
theewater ▾ boven zijn ~ zijn *être pompette*
theezakje *sachet* m *de thé*
theezeefje *passe-thé* m [onv]
thema • onderwerp *thème* m • oefening *thème* m • MUZ. *thème* m
themanummer *numéro* m *spécial*
themapark *parc* m *thématique*
thematiek *thématique* v
thematisch I BNW *thématique* **II** BIJW *par sujet*
theologie *théologie* v
theologisch *théologique*
theoloog *théologien* m [v: *théologienne*]
theoreticus *théoricien* m [v: *théoricienne*]
theoretisch I BNW *théorique* ★ de ~e mechanica *la mécanique rationnelle* **II** BIJW *théoriquement*
theoretiseren *théoriser*; *spéculer*
theorie *théorie* v ★ in ~ *en théorie*
theorie-examen *(examen* m *de) théorie* v
theorievorming *élaboration* v *de théories*
therapeut *thérapeute* m/v
therapeutisch *thérapeutique*
therapie *thérapie* v
thermiek *ascendance* v *thermique*
thermisch *thermique*
thermodynamica *thermodynamique* v
thermometer *thermomètre* m
thermosfles *thermos* m/v
thermostaat *thermostat* m
thesaurus *thésaurus* m
these *thèse* v
thesis *mémoire* m
thinner *diluant* m
Thora *thora* v; *torah* v
thora *thora* v; *torah* v
thorax *thorax* m
thriller *thriller* m; A-V *film* m *à suspense*
thuis I BIJW • in huis *à la maison*; *chez soi* ★ altijd ~ zitten *être casanier* ★ zich niet ~ voelen *se sentir dépaysé / mal à l'aise*; *ne pas se plaire* ★ is Giovanni ~? *Giovanni est là?* ★ niemand ~ vinden *trouver porte close* ★ doet u alsof u ~ bent *faites comme chez vous* ★ wel ~! *bon retour!* ★ ~ spelen SPORT *jouer sur son terrain* • op de hoogte ★ ~ zijn in *s'y connaître en qc* ▾ niet ~ geven *se dérober*; *ne pas satisfaire la demande* **II** ZN [het] *chez-soi* m; *foyer* m
thuisbankieren *faire des opérations télébancaires / en ligne*
thuisbasis *point* m *d'attache*
thuisbezorgen *livrer à domicile*
thuisblijven *rester à la maison / chez soi*
thuisbrengen • naar huis brengen *ramener chez lui* • plaatsen *remettre*; *identifier*; *situer*
thuisclub *équipe* v *qui reçoit*
thuisfront *arrières* m mv
thuishaven *port* m *d'attache*
thuishoren ★ niet ~ in *ne pas avoir sa place dans*
thuishulp *aide* v *à domicile*
thuiskomen *rentrer (chez soi)*
thuiskomst *retour* m
thuisland *homeland* m
thuisloos *sans logis*; *sans domicile fixe*
thuismarkt *marché* m *intérieur*
thuisreis *(voyage* m *de) retour* m
thuiswedstrijd *match* m *à domicile*; ⟨na

uitwedstrijd⟩ *match* m *retour*

thuiswerker *travailleur* m *à domicile* [v: *travailleuse* ...]

thuiszorg *soins* m mv *à domicile*

tiara *tiare* v

Tibet *le Tibet* ★ in ~ *au Tibet*

Tibetaans *tibétain*

tic • drank ★ cola-tic *rhum(-)coca* m • zenuwtrek *tic* m • aanwensel *manie* v

ticket *billet* m; *ticket* m

tiebreak *jeu* m *décisif*

tien I TELW • *dix* ★ plezier hebben voor tien *avoir du plaisir pour dix* • → **acht II** ZN [de] getal *dix* m

tiende • *dixième* • → **achtste**

tiener *adolescent* m [v: *adolescente*]; *moins* m/v *de vingt ans*; *jeune* m/v

tienkamp *décathlon* m

tienrittenkaart *carte* v *pour dix voyages en (train etc.)*

tiental *dizaine* v

tientje *billet* m *de dix (euros)*

tierelantijn FIG. *fioriture* v; *fanfreluche* v

tieren • tekeergaan *tempêter* • gedijen *prospérer*

tierig *vigoureux* [v: *vigoureuse*]; *bien portant*

tiet *nichon* m; *néné* m; *lolo* m

tig *trente-six*

tij *marée* v ★ afgaand tij *marée descendante*; *reflux* ★ hoog tij *marée haute* / ★ laag tij *marée basse* ★ opkomend tij *marée montante* v; *flux* m ▾ het tij is gunstig *toutes les conditions sont réunies* ▾ het tij keren *retourner la situation*

tijd • duur *temps* m ★ in minder dan geen tijd *en moins de deux / de rien* ★ lange tijd *longtemps* ★ in de loop van de tijd *avec le temps* ★ dat heeft de tijd *cela ne presse pas* ★ geen tijd hebben *ne pas avoir le temps* ★ we hebben alle tijd *nous avons tout notre temps* ★ waar blijft de tijd? *comme le temps passe!*; *ça ne me / nous rajeunit pas!* • tijdvak *période* v ★ de goede oude tijd *le bon (vieux) temps* ★ ten tijde van *du temps de*; *à l'époque de* ★ de laatste tijd *ces derniers temps* ★ in mijn tijd *de mon temps* ★ de hele tijd *tout le temps* ★ bij tijden *de temps en temps*; *à ses heures* ★ de tijd van de aardbeien *la saison des fraises* ★ de tijd van de impressionistische kunst *l'époque de l'art impressionniste* ★ binnen de gestelde tijd *dans les délais prévus* ★ in tijd van oorlog *en temps de guerre* ★ na die tijd *passé ce temps* ★ een hele tijd *un bon moment*; *un bon bout de temps* ★ een tijdje *un moment*; *quelque temps* ★ in een uur tijd *en l'espace d'une heure* ★ in korte tijd *en peu de temps* ★ in / sinds tijden *depuis bien longtemps* ★ warm voor de tijd van het jaar *chaud pour la saison* ★ zijn tijd vooruit zijn *être en avance sur son temps* • tijdstip *heure* v ★ te allen tijde *de tout temps*; *à tout moment* ★ van tijd tot tijd *de temps en temps*; *de temps à autre* ★ op tijd *à l'heure*; *à temps* ★ tegen die tijd *d'ici là* ★ plaatselijke tijd *heure locale* ★ de tijd vragen *demander l'heure* ★ het wordt tijd dat *il est temps de*; *il est temps que* [+ subj.] ★ er zal een tijd komen, dat *l'heure viendra où* ★ 10 minuten over tijd zijn *être en retard de 10 minutes* ★ te allen tijde *de tout temps* ★ het is hoog tijd dat / om *il est grand temps que / de* ★ het wordt tijd! *ce n'est pas trop tôt!* ★ nog net op tijd *de justesse* ★ het is tijd (om) *c'est l'heure (de)* • TAALK. *temps* m ★ de verleden tijd *le passé* ★ de tegenwoordige tijd *le présent* ★ de toekomende tijd *le futur* ▾ andere tijden, andere zeden *autres temps, autres mœurs* ▾ bij de tijd zijn *être éveillé / dans le coup* ▾ bij de tijd blijven *se mettre à l'heure* ▾ de tijd zal het leren *qui vivra verra* ▾ alles op zijn tijd *chaque chose à / en son temps*; *il y a un temps pour tout* ▾ komt tijd, komt raad *qui vivra verra* ▾ zij is over tijd *elle est en retard sur son terme* ▾ hij heeft zijn (beste) tijd gehad *il a fait son temps* ▾ uit de tijd *démodé*; *dépassé* ▾ te gelegener tijd *en temps utile* ▾ tijd is geld *le temps c'est de l'argent* ▾ uw tijd gaat nu in! *top chrono!*

tijdbom *bombe* v *à retardement*

tijdelijk I BNW • aan tijd gebonden *temporel* [v: *temporelle*] • voorlopig *temporaire*; *provisoire*; ⟨v. functie/werk⟩ *intérimaire* ▾ het ~e met het eeuwige verwisselen *passer de vie à trépas* **II** BIJW • voorlopig *temporairement* • vergankelijk *temporellement*

tijdens *pendant*

tijdgebonden *indissociable de son époque*

tijdgebrek *manque* m *de temps*

tijdgeest *esprit* m *du temps / de l'époque*

tijdgenoot *contemporain* m [v: *contemporaine*]

tijdig I BNW *arrivé à temps*; *opportun* **II** BIJW op tijd *à temps*

tijding *nouvelle* v

tijdloos *intemporel* [v: *intemporelle*]; ⟨niet modegevoelig⟩ *indémodable*

tijdmelding *horloge* v *parlante*

tijdnood *manque* m *de temps*

tijdperk *époque* v; *âge* m; *ère* v ★ het stenen ~ *l'âge de pierre* ★ het ~ van de Franse revolutie *l'époque de la révolution française*

tijdrekening *chronologie* v ★ de joodse ~ *le calendrier israélite* ★ de christelijke ~ *l'ère chrétienne* v

tijdrekken *chercher à gagner du temps*

tijdrit *(course* v*) contre la montre* m

tijdrovend *long* [v: *longue*]; *qui prend beaucoup de temps*

tijdsbeeld *tableau* m *d'une époque*

tijdsbestek *laps* m *de temps*

tijdschakelaar *minuterie* v; *temporisateur* m

tijdschema *horaire* m; *emploi* m *du temps*; *calendrier* m

tijdschrift *magazine* m; *périodique* m; *revue* v

tijdsduur *durée* v

tijdsein *signal* m *horaire* [m mv: *signaux* ...]; *top* m

tijdslimiet *limite* v *de temps*; *délai* m

tijdslot *serrure* v *à minuterie*

tijdspanne *espace* m *de temps*; *période* v

tijdstip *moment* m; *heure* v

tijdsverloop *espace* m *de temps*; *période* v

tijdvak *époque* v; *âge* m; *ère* v

tijdverdrijf *passe-temps* m [onv]; *divertissement* m ★ uit ~ *pour passer le temps*
tijdverlies *perte* v *de temps*
tijdverspilling *gaspillage* m / *perte* v *de temps*
tijdzone *fuseau* m *horaire* [m mv: *fuseaux* ...]
tijger *tigre* m [v: *tigresse*]
tijgerbrood ≈ *pain* m *à la croûte tigrée*
tijgeren ≈ *ramper*
tijgerhaai *requin-tigre* m
tijgervel *peau* v *de tigre*
tijm *thym* m
tik • lichte klap *tape* v; ⟨geluid⟩ *coup* m *sec* • → **tikje, tikkeltje**
tikfout *faute* v *de frappe*
tikje *petit peu* m; *brin* m ★ met een ~ rum *avec un soupçon de rhum*
tikkeltje *brin* m ★ een ~ groter *un tantinet plus grand*
tikken I OV WW • kloppen *taper* • aantikken *toucher* • typen *taper (à la machine)* **II** ON WW geluid geven *taper*; ⟨v. klok⟩ *faire tic-tac*
til *pigeonnier* m ▾ er is iets op til *il se prépare qc* ▾ er is onweer op til *il y a de l'orage dans l'air*; *le temps est à l'orage*
tilde *tilde* m
tillen • omhoog heffen *(sou)lever* • afzetten *rouler* ▾ zwaar ~ aan *faire grand cas de*; *prendre au tragique*
tilt *tilt* m ★ op tilt slaan *faire tilt*; FIG. *péter les plombs* ▾ op tilt slaan *faire tilt*; FIG. *devenir fou de rage*
timbaal *timbale* v
timbre *timbre* m
timen • klokken *chronométrer* • op geschikt moment doen *programmer*; *minuter*
time-out *time-out* m; *temps* m *mort*
timer *minuteur* m
timesharing *temps* m *partagé*; *time-sharing* m
timide *timide*
timing *timing* m
timmeren I OV WW • bouwen met hout *faire de la charpenterie*; *construire (quelque chose) en bois* • slaan *cogner* **II** ON WW met hout werken *être menuisier*; ⟨voor grof werk⟩ *être charpentier*
timmergereedschap *outils* m mv *de menuisier*
timmerhout *bois* m *de construction*
timmerman *menuisier* m; ⟨voor grof werk⟩ *charpentier* m
timmerwerk *menuiserie* v; ⟨grof⟩ *charpenterie* v
tin *étain* m
tinctuur *teinture* v
tinerts *minerai* m *d'étain*
tingelen *tinter*
tinkelen ⟨tingelen⟩ *tinter*; ⟨twinkelen⟩ *scintiller*
tinnen *d'étain*
tint • kleur *ton* m; *teinte* v • huidskleur *teint* m • FIG. sfeer *touche* v ★ persoonlijk tintje *note* v *personnelle*
tintelen • prikkelen ★ mijn benen ~ *j'ai des picotements / des fourmis dans les jambes* ★ ~de vingertoppen *onglée* v • twinkelen *étinceler*; *scintiller*
tinteling • prikkelend gevoel *picotement* m; ⟨in de vingers⟩ *onglée* v • fonkeling *scintillement* m
tinten *colorer*; *teinter* ▾ liberaal getint *de tendance libérale*
tip • uiterste punt *bout* m; *pointe* v • hint INFORM. *tuyau* m [mv: *tuyaux*]; *indication* v ★ valse tip *tuyau crevé* • fooi *pourboire* m ▾ een tip van de sluier oplichten *soulever un coin du voile*
tipgeld *commission* v
tipgever *tuyauteur* m [v: *tuyauteuse*]; ⟨v. politie⟩ *indicateur* m [v: *indicatrice*]; INFORM. *indic* m/v
tippelaarster *racoleuse* v
tippelen • lopen *trottiner* • prostitutie bedrijven *faire le trottoir* ▾ erin ~ *se faire avoir*; *marcher*
tippelzone *zone* v *de racolage*
tippen I OV WW • hint geven *tuyauter*; INFORM. *mettre au parfum* • aanduiden ★ als winnaar ~ *pronostiquer la victoire de*; *donner gagnant* **II** ON WW even aanraken ★ ~ aan *effleurer* ▾ het kan er niet aan ~ *ceci n'est rien auprès de cela* ▾ jij kan niet aan hem ~ *tu n'arrives pas à sa cheville*
tipsy *pompette*
tiptoets *touche* v *à effleurement*
tirade *tirade* v
tiramisu *tiramisu* m
tiran *tyran* m
tirannie *tyrannie* v
tiranniek *tyrannique*
tiranniseren *tyranniser*
Tirol *Tyrol* m ★ in ~ *au Tyrol*
tissue *mouchoir* m *en papier*; *kleenex* m
titan *titan* m
titanenstrijd *combat* m *titanesque*
titanium *titane* m
titel • benaming *titre* m • waardigheid *titre* m ▾ op persoonlijke ~ *à titre personnel*
titelblad *(page* v *de) titre* m
titelgevecht *match* m *de championnat*
titelhouder *tenant* m *du titre* [v: *tenante* ...]
titelkandidaat *prétendant* m *au titre*
titelrol *rôle-titre* m [mv: *rôles-titres*]
titelsong *chanson* v *titre*
titelverdediger *tenant* m *du titre* [v: *tenante* ...]
titulatuur ⟨titels⟩ *titulature* v; ⟨betiteling⟩ *qualification* v
tja *ma foi*; *ouais*
tjalk *galiote* v
tjaptjoi *chop* m *suey*
tjee *oh là là!*
tjilpen *pépier*; *gazouiller*
tjokvol *bondé*; *comble*
t.k.a. ⟨à vendre⟩ *A.V.*
T-kruising *croisement* m *en T*
tl-buis *(tube* m *au) néon* m
toast *toast* m
tobbe *baquet* m
tobben • piekeren *se faire du souci*; *se tracasser* **(over** *pour)* • sukkelen *avoir des problèmes / des soucis* **(met** *de)* • zwoegen *peiner*
tobberig *bileux* [v: *bileuse*]
toch • desondanks *cependant*; *pourtant*; *tout de même*; *quand même* ★ en toch heeft hij geen gelijk *et pourtant il n'a pas raison* • bij vraag om bevestiging *non?* ★ je weet toch dat hij weg is? *tu sais qu'il est parti, non?* ★ je bent

toch niet ook nog eens een keer ziek? *tu n'es pas malade, au moins?* ⋆ je neemt er toch zeker geen zes?! *tu ne vas quand même pas en prendre six, j'espère!* • immers *en effet*; *de toute façon* ⋆ ik zeg het je toch *puisque je te le dis* ⋆ toch heeft hij zijn plicht gedaan *de toute façon, il a fait son devoir* ⋆ het is toch al te laat *de toute façon, il est déjà trop tard* • als nadruk *donc* ⋆ kom toch hier! *viens donc ici!* • als wens *au fond* ⋆ vertel me toch eens *raconte-moi un peu*

tocht • luchtstroom *courant* m *d'air* ⋆ op de ~ staan *être dans un courant d'air*; FIG. *être précaire / menacé* • reis *voyage* m; ⟨dagtocht⟩ *excursion* v; ⟨dagtocht⟩ *promenade* v; ⟨zwerf-/trektocht⟩ *randonnée* v; ⟨rondgang⟩ *tournée* v ⋆ een ~je met de auto maken *faire une promenade en voiture*

tochtdeur *contre-porte* v [m mv: *contre-portes*]

tochten ⋆ het tocht hier *il y a un courant d'air*

tochtgat *endroit* m *exposé aux courants d'air*; ⟨trekgat⟩ *ventouse* v

tochtig • met veel tocht *exposé aux courants d'air* • bronstig *en chaleur*

tochtstrip *bourrelet* m *(adhésif)*

toe I BIJW • heen *vers* ⋆ waar wil je naar toe? *où veux-tu en venir?* ⋆ naar het oosten toe *vers l'est* ⋆ waar moet dat naar toe? *où allons-nous?* • erbij *en plus* • dicht *fermé* ▾ er slecht aan toe zijn *aller mal* ▾ ik kom er niet toe *je ne puis m'y résoudre* ▾ ik ben toe aan een borrel *j'ai besoin d'un petit verre* ▾ niet weten waar men aan toe is *ne pas savoir à quoi s'en tenir* ▾ daar ben ik nog niet aan toe *je n'en suis pas encore là* ▾ tot hier toe *jusqu'ici* ▾ tot drie keer toe *par trois fois* **II** TW *allons!* ⋆ toe maar! *eh bien alors!*; *vas-y!*; *rien que ça!* ⋆ toe nou! *allez!*; *mais enfin!*

toebedelen *attribuer* **(aan** *à)*

toebehoren I ZN [het] *accessoires* m mv **II** ON WW *appartenir à*

toebrengen *infliger*; *donner* ⋆ iem. een klap ~ *porter un coup à qn*

toeclip *cale-pied* m [mv: *cale-pied(s)*]

toedekken ⋆ warm ~ *border chaudement*

toedichten *attribuer* **(aan** *à)*

toedienen *administrer*; *donner* **(aan** *à)*

toedoen *intervention* v; *concours* m ⋆ buiten mijn ~ *sans que j'y sois pour rien* ⋆ door ~ van *à cause de*

toedracht *circonstances* v mv ⋆ de ware ~ *le fin mot (de l'histoire)*

toedragen I OV WW *porter à* **II** WKD WW [+ zich] *se passer*

toe-eigenen [+ zich] *s'approprier*; *s'adjuger*

toef *touffe* v; *brin* m

toegaan *se passer* ⋆ het gaat er daar vreemd aan toe *il se passe des drôles de choses là-bas*

toegang • mogelijkheid tot toegang *accès* m **(tot** *à)* ⋆ verboden ~ *entrée interdite* ⋆ zich ~ verschaffen *s'introduire* • ingang *entrée* v

toegangsbewijs *billet* m *d'entrée*; *ticket* m

toegangscode *code* m *d'accès*; ⟨v. deur⟩ *digicode* m

toegangsprijs *entrée* v; *prix* m *d'entrée* v

toegangsweg *voie* v *d'accès*

toegankelijk • te bereiken *accessible* **(voor** *à)* • opengesteld *accessible* **(voor** *à)* • FIG. open *accessible*

toegedaan *attaché à*; *dévoué à* ▾ een principe ~ zijn *adhérer à un principe*; *avoir pour principe ...*

toegeeflijk I BNW *indulgent* **II** BIJW *avec indulgence*

toegenegen *dévoué à*; *affectionné*

toegepast *appliqué*

toegeven I OV WW • extra geven *donner en plus* • erkennen *admettre* ⋆ toegegeven *d'accord*; *soit* **II** ON WW • inschikkelijk zijn *se montrer accommodant / conciliant* • geen weerstand bieden *céder* **(aan** *à)* ⋆ elkaar (in) niets ~ *se valoir*; *ne se le céder en rien*

toegevend *indulgent*

toegewijd *dévoué*

toegift *extra* m; MUZ. *bis* m

toehappen • happen *mordre* • FIG. ingaan op *marcher*; ⟨bij buitenkansje⟩ *saisir l'occasion*

toehoorder *auditeur* m [v: *auditrice*] ⋆ de ~s *l'auditoire* m

toejuichen ⟨iemand⟩ *applaudir*; ⟨iets⟩ *applaudir à*

toekan *toucan* m

toekennen • verlenen ⟨v. bedrag⟩ *allouer*; *accorder*; ⟨v. macht, recht⟩ *conférer*; ⟨v. prijs⟩ *décerner* • erkennen *attribuer*; *reconnaître*

toekijken *regarder*

toeknikken *faire un signe de tête à*

toekomen • naderen ⋆ op iem. ~ *s'avancer vers qn* ⋆ ~ op *s'approcher de*; *s'avancer vers* • toezenden *parvenir* • toebehoren ~ **aan** *revenir à* • ~ **met** *s'en sortir avec*; *joindre les deux bouts avec* ▾ iem. iets doen ~ *faire parvenir qc à qn* ▾ aan iets ~ *(en) arriver à qc*; *trouver le temps de faire qc*

toekomst *avenir* m ⋆ in de ~ *à l'avenir* ⋆ in de naaste ~ *dans un avenir proche* ⋆ in de nabije ~ *dans l'avenir proche*

toekomstig *futur*; ⟨komend⟩ *à venir*

toekomstmuziek *rêves* m mv ⋆ dat is ~ INFORM. *c'est pas pour demain*

toekomstperspectief *perspectives* v mv

toekomstvisie *vision* v *de l'avenir*

toelaatbaar *admissible* ⋆ niet ~ *inadmissible*

toelachen • lachen tegen *sourire à* • FIG. gunstig gezind zijn *sourire à*

toelage • toeslag *rallonge* v • geldelijke uitkering *allocation* v

toelaten • binnenlaten *admettre* • accepteren *accepter* • goedvinden *permettre*; *autoriser*; ⟨dulden⟩ *admettre* ⋆ de toegelaten snelheid *la vitesse autorisée*

toelating • het goedvinden *permission* v • het accepteren *admission* v

toelatingseis *condition* v *d'admission*

toelatingsexamen *examen* m *d'admission / d'entrée*

toeleggen I OV WW bijbetalen *ajouter* ⋆ (geld) op iets ~ *y perdre* **II** WKD WW [+ zich] ~ **op** *se consacrer à*

toeleveren *fournir*

toelichten *expliquer*; *éclaircir*; *commenter*

toelichting *éclaircissement* m; *explication* v

to

toeloop *affluence* v
toelopen • komen aanlopen *s'approcher*; ⟨toesnellen⟩ *accourir*; ⟨samenstromen⟩ *affluer* ★ op iem. ~ *s'avancer vers qn* • uitlopen ★ spits ~ *se terminer en pointe*
toen I BIJW • vervolgens *puis*; *alors* • in die tijd *alors*; *à l'époque* ★ van toen af (aan) *dès lors* **II** VW *lorsque*; *quand* ★ juist toen hij wegging *comme il sortait*
toenadering *rapprochement* m
toenaderingspoging *avances* v mv
toename *augmentation* v; *accroissement* m
toendra *toundra* v
toenemen *augmenter*; *croître*; *s'accroître*; ⟨verhevigen⟩ *s'intensifier*; *redoubler* ★ in omvang ~ *prendre de l'ampleur*
toenmalig *d'alors*; *de l'époque*
toepasselijk • passend *approprié*; *bien placé* • van kracht *applicable (***op** *à)*
toepassen *appliquer (***op** *à)*
toepassing *application* v ★ in ~ brengen *mettre en pratique* ★ van ~ zijn op *s'appliquer à*
toer • omwenteling *tour* m; *révolution* v ★ op volle toeren draaien OOK FIG. *marcher à plein régime* ★ een 33-toerenplaat *un disque trente-trois tours* • reis *tour* m; *excursion* v • Z-N beurt *tour* m • kunstje *tour* m *(d'adresse)* ★ acrobatische toeren *acrobaties* v mv • reeks breisteken *rang* m ▾ een hele toer *tout un travail* ▾ over zijn toeren zijn *être retourné*
toerbeurt *tour* m ★ bij ~ *à tour de rôle*
toereikend *suffisant* ★ ~ zijn *suffire*
toerekeningsvatbaar *responsable (de ses actes)*
toeren *faire une promenade / un tour*; ⟨op tournee⟩ *être en tournée*
toerental *régime* m ★ te hoog ~ *surrégime*
toerenteller *compte-tours* m [onv]
toerfiets *randonneuse* v
toerisme *tourisme* m
toerist *touriste* m/v
toeristenklasse *classe* v *touriste*
toeristensector *industrie* v *du tourisme*
toeristisch *touristique*
toermalijn *tourmaline* v
toernooi *tournoi* m
toeroepen ★ iem. iets ~ *crier qc à qn*
toertocht *randonnée* v *(récréative)*
toerusten *équiper (***met** *de)*
toeschietelijk *accommodant*; *bienveillant*
toeschieten *s'élancer*; *accourir*
toeschijnen *sembler*; *paraître*
toeschouwer *spectateur* m [v: *spectatrice*]
toeschrijven *attribuer* ★ toe te schrijven aan *attribuable à*
toeslaan I OV WW dichtslaan ⟨v. deur⟩ *claquer* **II** ON WW zijn slag slaan *frapper*
toeslag *supplément* m; ⟨heffing⟩ *surtaxe* v
toesnellen *accourir*; *s'élancer*
toespelen *envoyer*; *passer*
toespeling *allusion* v ★ een ~ maken op *faire allusion à* ★ een bedekte ~ *un sous-entendu*
toespitsen • concentreren op *focaliser (***op** *sur)*; *diriger (***op** *sur)* • op de spits drijven *envenimer*
toespraak *discours* m; ⟨kort⟩ *allocution* v
toespreken *adresser la parole à*; *s'adresser à*

to

toestaan • goedvinden *permettre* ★ zwemmen niet toegestaan *baignade interdite* • toewijzen *accorder*
toestand • situatie *situation* v; ⟨gesteldheid⟩ *état* m • gedoe *histoire* v
toesteken I OV WW aanreiken *tendre* **II** ON WW steken *porter un coup*
toestel *appareil* m; ⟨radio, tv⟩ *poste* m; ⟨v. gymnastiek⟩ *agrès* m mv
toestemmen ~ in *consentir à*; *accorder à* ★ erin ~ *donner son aval* ★ ~d gebaar *geste* m *approbateur*
toestemming *permission* v; *consentement* m ★ ~ geven tot *autoriser*
toestoppen *glisser (dans la main de)*
toestromen *affluer*; *se rendre en foule*
toet *frimousse* v
toetakelen • ruw aanpakken *malmener*; *massacrer*; INFORM. *abîmer*; *amocher*; *arranger* • opdirken *accoutrer*; INFORM. *fagoter*
toetasten *se servir*
toeten ▾ hij weet van ~ noch blazen *il ne sait rien de rien*
toeter • blaasinstrument *corne* v • claxon *klaxon* m ▾ met alle ~s en bellen *et tout le tralala*
toeteren I OV WW hard zeggen *claironner* **II** ON WW claxonneren *klaxonner*; *donner des coups de klaxon*
toetje *dessert* m
toetreden ~ tot *adhérer à*
toetreding *adhésion* v; *affiliation* v *(***tot** *à)*
toets • test *test* m; *épreuve* v; *interrogation* v ★ de ~ der kritiek kunnen doorstaan *soutenir l'épreuve* • druktoets *touche* v ▾ persoonlijke ~ *note* v / *touche* v *personnelle*
toetsen *examiner*; *tester* ★ aan de praktijk ~ *vérifier en pratique / par les faits*
toetsenbord *clavier* m
toetsenist *claviériste* m/v
toetsing *test* m; *vérification* v ★ ~ aan de grondwet *contrôle* m *de la constitutionnalité*
toetssteen *pierre* v *de touche*
toeval • omstandigheid *hasard* m ★ bij ~ *par hasard* ★ een gelukkig ~ *un coup de chance / de hasard* ★ het is stom ~ *c'est un pur hasard* • MED. *attaque* v; *crise* v *(d'épilepsie)*
toevallen *échoir (***aan** *à)*
toevallig I BNW *dû au hasard* [v: *due...*]; *accidentel* [v: *accidentelle*]; *occasionnel* [v: *occasionnelle*] **II** BIJW bij toeval *par hasard*
toevalstreffer FIG. *hasard* m; INFORM. *coup* m *de bol*
toeven *séjourner*; *demeurer*
toeverlaat *refuge* m ★ zij is mijn steun en ~ *elle est ma providence*
toevertrouwen • in vertrouwen overlaten aan *confier à* ★ dat kun je hem wel ~ *compte sur lui!* • in vertrouwen zeggen *confier à*
toevloed *affluence* v; *afflux* m; *flot* m
toevlucht • veilige plek *asile* m; *refuge* m • bescherming *recours* m ★ (je) ~ nemen tot *recourir à*; *avoir recours à*
toevluchtsoord *asile* m; *refuge* m
toevoegen • erbij doen *ajouter à* • zeggen tegen *adresser*; *lancer*

toevoeging • het toevoegen *addition* v; *adjonction* v • toevoegsel *additif* m
toevoer ⟨v. gas, water⟩ *distribution* v; ⟨v. waren⟩ *arrivage* m; *alimentation* v
toewensen *souhaiter*
toewijding • zorg *dévouement* m • vroomheid *consécration* v
toewijzen • *accorder*; *allouer*; JUR. *assigner*; JUR. *adjuger* ★ de kinderen toegewezen krijgen *se faire assigner la garde des enfants* • toekennen *attribuer à*; *accorder à*; ⟨gunnen (aan)⟩ *adjuger à*; ⟨bestemmen (voor)⟩ *affecter à*; *assigner à*
toezeggen *promettre*
toezegging *promesse* v
toezenden *envoyer*; *expédier*; *faire parvenir*
toezicht *surveillance* v ★ ~ houden op *surveiller* ★ onder ~ van *sous la surveillance de*
toezien *regarder* ★ ~ op *surveiller* ★ erop ~ dat *veiller à ce que*
tof *chouette*; *chic* [onv]; *sympa*; *cool*
toffee *caramel* m
tofoe *tofu* m
toga • Romeins kledingstuk *toge* v • ambtsgewaad *robe* v
Togo *le Togo* ★ in Togo *au Togo*
toilet • wc *toilettes* v mv • kleding *toilette* v • het zich optutten *toilette* v ★ ~ maken *faire sa toilette*
toiletartikelen *articles* m mv *de toilette*
toiletjuffrouw *dame* v *des lavabos*; INFORM. *madame* v *pipi*
toiletpapier *papier* m *toilette*
toiletpot *cuvette* v
toiletrol *rouleau* m *de papier toilette* [m mv: *rouleaux ...*]
toilettafel *coiffeuse* v
toilettas *trousse* v *de toilette*
toiletverfrisser *désodorisant* m *W.-C.*
toiletzeep *savon* m *de toilette*
toitoitoi *bonne chance*
tokkelen ★ op de harp ~ *pincer/jouer de la harpe* ★ een liedje ~ *jouer un air*
tokkelinstrument *instrument* m *à cordes pincées*
toko *bazar* m
tol • speelgoed *toupie* v • tolgeld *péage* m; ⟨prijs⟩ FIG. *prix* m *(à payer)*; *rançon* v
tolerant *tolérant*
tolerantie • verdraagzaamheid *tolérance* v • toegestane afwijking *tolérance* v
tolereren *tolérer*
tolgeld *péage* m
tolhuis *(poste* m *de) péage* m
tolk OOK FIG. *interprète* m/v
tolken *servir d'interprète*; *traduire*
tolk-vertaler *traducteur-interprète* m [mv: *traducteurs-interprètes*] [v: *traductrice-interprète*]
tollen • met een tol spelen *jouer à la toupie* • ronddraaien *tourner (comme une toupie)*
toltunnel *tunnel* m *à péage*
tolvrij *exempt de péage*
tolweg *(auto)route* v *à péage*
tomaat • CUL. vrucht *tomate* v • plant *tomate* v
tomahawk *tomahawk* m
tomatenketchup *ketchup* m
tomatenpuree *concentré* m *de tomates*
tomatensap *jus* m *de tomate*
tomatensoep *potage* m *aux tomates*
tombola *tombola* v
tompoes *millefeuille* m
ton • vat *tonneau* m • boei *balise* v • inhoudsmaat *tonneau* m [mv: *tonneaux*] • gewicht *tonne* v • hoeveelheid geld *100.000 euros* m mv; INFORM. *dix briques* v mv
tondeuse *tondeuse* v
toneel • dramatische kunst *théâtre* m ★ bij het ~ zijn *faire du théâtre* • deel van bedrijf *scène* v • podium *scène* v • schouwspel *scène* m; *théâtre* • aanstellerij *cinéma* m; *cirque* m ▾ van het ~ verdwijnen *quitter la scène*; *disparaître (de la circulation)* ▾ ten tonele verschijnen *entrer en scène*; *faire son apparition*
toneelgezelschap *troupe* v; *compagnie* v
toneelkijker *lorgnette* v; *jumelles* v mv
toneelknecht *machiniste* m/v
toneelmeester *régisseur* m [v: *régisseuse*]
toneelschool *école* v *d'art dramatique*; *conservatoire* m
toneelschrijver *auteur* m *dramatique*; *dramaturge* m/v
toneelspel • het spelen *jeu* m • stuk *pièce* v
toneelspelen • acteren *faire du théâtre* • zich aanstellen *jouer la comédie*; *faire du cinéma*
toneelspeler • acteur *acteur* m [v: *actrice*] • aansteller *comédien* m [v: *comédienne*]
toneelstuk *pièce* v *de théâtre*
toneelvereniging *cercle* m *dramatique*
tonen • laten zien *montrer*; *faire voir* ★ ~ wat men kan *donner toute sa mesure* • betonen *manifester*; *témoigner*
toner *toner* m
tong • ANAT. *langue* v ★ zijn tong uitsteken (naar) *tirer la langue (à)* • vis *sole* v ▾ de boze tongen *les mauvaises langues* ▾ een scherpe tong *une langue acérée* ▾ over de tong gaan *faire les frais de la conversation*; *défrayer la chronique* ▾ rad/rap van tong zijn *avoir la langue bien pendue* ▾ (met) dikke / dubbelslaande tong *la langue pâteuse* ▾ de tongen losmaken *délier les langues* ▾ de tongen komen los *les langues se délient* ▾ zijn tong op een woord breken *buter sur un mot* ▾ niet het achterste van zijn tong laten zien *cacher son jeu* ▾ met gespleten tong spreken *avoir un double langage* ▾ het ligt me op (het puntje van) de tong *je l'ai sur le bout de la langue* ▾ zich op de tong bijten *se mordre la langue*
tongen ★ ~ met iem. *rouler une pelle à qn*
tongriem ▾ goed van de ~ gesneden zijn *avoir la langue bien pendue*
tongval • accent *accent* m • dialect *patois* m
tongzoen INFORM. *pelle* v; *baiser* m *langue en bouche*; *patin* m ★ iem. een ~ geven *rouler une pelle a qn*
tonic *tonic* m
tonicum *tonique* m
tonijn *thon* m
tonisch *tonique*

to

tonnage *tonnage* m
tonnetjerond *rondelet* [v: *rondelette*]
tonsuur *tonsure* v
tonus *tonus* m
toog • priestertoga *soutane* v • tapkast *comptoir* m; INFORM. *zinc* m
tooien *parer (***met** *de)*
toom *bride* v ▾ in toom houden *refréner; contenir*
toon • klank *ton* m; MUZ. *son* m ⋆ de hoge tonen *l'aigu; les sons aigus* • stembuiging *ton* m ⋆ iets op gedempte toon zeggen *dire qc à mi-voix* ⋆ op zachte toon *d'une voix douce* ⋆ de toon van haar stem *le timbre de sa voix* • kleurschakering *ton* m ▾ een toontje lager zingen *baisser le ton; mettre un bémol* ▾ uit de toon vallen *détonner* ▾ een andere toon aanslaan *changer de ton* ▾ een hoge toon aanslaan *le prendre de haut* ▾ de toon aangeven / zetten *donner le ton* ▾ als je zo'n toon aanslaat *si tu le prends sur ce ton*
toonaangevend *qui donne le ton*
toonaard ▾ in alle ~en *sur tous les tons*
toonbaar *présentable*
toonbank *comptoir* m ▾ onder de ~ verkopen *vendre sous le manteau*
toonbeeld *modèle* m
toonder ⋆ aan ~ *au porteur*
toonhoogte *ton* m
toonkunst *musique* v
toonladder *gamme* v
toonloos • TAALK. *atone* • zonder veel klank ⋆ toonloze stem *voix* v *blanche / monotone / terne*
toonsoort *ton* m; *mode* m
toonvast *qui tient le ton*
toonzaal *salle* v *d'exposition*
toorn *courroux* m; *colère* v ⋆ in ~ ontsteken *se mettre en colère*
toorts *torche* v; *flambeau* m [mv: *flambeaux*]
toost *toast* m
toosten *porter un toast* ⋆ ~ op *porter un toast à; trinquer à la santé de*
top I ZN [de] • (hoogste) punt *sommet* m; ⟨kruin⟩ *cime* v; ⟨v. gebouw⟩ *faîte* m; ⟨v. vinger⟩ *bout* m; FIG. *comble* m ⋆ ten top stijgen *arriver à son comble; atteindre son apogée* ⋆ de hoogste toppen van de Alpen *les points* m mv *culminants des Alpes* ⋆ de vlag in top *pavillon haut / à bloc* ⋆ de onbeschaamdheid ten top *le comble d'insolence* ⋆ iets ten top voeren *pousser qc à l'extrême* • de besten *élite* v • hoogste leiding *direction* m mv; MIL. *état-major* m; ⟨leiders⟩ *sommités* v mv; *dirigeants* m mv • topconferentie *sommet* m • hoogste waarde *maximum* m ▾ van top tot teen *des pieds à la tête* ▾ op en top *jusqu'au bout des ongles* **II** TW *tope!*
topaas *topaze* v
topambtenaar *haut fonctionnaire* m
topberaad *réunion* v / *concertation* v *au sommet*
topclub *club* m *vedette / de premier plan*
topconditie *superforme* v
topconferentie *(conférence* v *au) sommet* m
topdrukte *affluence* v *record*
topfunctie *haute fonction* v
topfunctionaris *haut fonctionnaire* m
tophit *tube* m
topjaar *année* v *record*
topje *haut* m; *top* m
topklasse *classe* v *supérieure*
topless *seins nus*
topman *grand patron* m
topniveau *top(-)niveau* m; INFORM. *top* m
topografie *topographie* v
topografisch *topographique*
topontmoeting *(rencontre* v *au) sommet* m
topoverleg *réunion* v / *concertation* v *au sommet*
topper • groot succes *succès* m; ⟨film (enz.)⟩ *film* m *(etc.) à succès* • hoogtepunt *grand moment* m; *temps* m *fort* • wedstrijd *match* m *phare*
topprestatie *performance* v; *exploit* m
toppunt • hoogste punt *sommet* m • FIG. uiterste *apogée* v; *summum* m; *point* m / *temps* m *fort* ⋆ dat is het ~! *c'est le comble!* ⋆ op het ~ van *à l'apogée de*
topscorer *meilleur buteur* m
topsnelheid *vitesse* v *de pointe*
topspin *lift* m
topsport *sport* m *de haute compétition / de haut niveau*
top tien *top(-)dix* m
topvorm *superforme* v ⋆ in ~ *en pleine forme; au meilleur de sa forme; au top*
topzwaar *trop chargé en hauteur*; FIG. *mal équilibré*
tor *coléoptère* m; INFORM. *scarabée* m
toren • bouwwerk *tour* v • schaakstuk *tour* v ▾ hoog van de ~ blazen *avoir la grosse tête*
torenflat *tour* v; *building* m
torenhoog *colossal* [m mv: *colossaux*] ⋆ ~ uitsteken boven *dominer*
torenklok • uurwerk *horloge* v • luiklok *cloche* v
torenspits *flèche* v
torenvalk *(faucon* m*) crécerelle* v
tornado *tornade* v
tornen I OV WW losmaken *découdre; défaire* **II** ON WW ~ **aan** ⋆ daar valt niet aan te ~ *on ne peut rien y changer; il n'y a pas à tortiller*
torpederen OOK FIG. *torpiller*
torpedo *torpille* v
torpedoboot *torpilleur* m
torpedojager *contre-torpilleur* m [mv: *contre-torpilleurs*]
torsen *coltiner*; FIG. *être accablé par*
torsie *torsion* v
torso *torse* m
tortelduif *tourterelle* v ⋆ ~jes FIG. *tourtereaux* m mv
tortilla *tortilla* v
tossen *jouer à pile ou face*
tosti *croque-monsieur* m [onv]
tot I VZ • zo ver als *jusqu'à; jusque* ⋆ tot 1 mei *jusqu'au premier mai* ⋆ tot nu toe *jusqu'à maintenant; jusqu'ici* ⋆ tot tien tellen *compter jusqu'à dix* ⋆ tot driemaal toe *à trois reprises; par trois fois* ⋆ de bus gaat tot Assen *le bus va*

jusqu'à Assen ⋆ tot grote hoogte reiken *arriver à une hauteur considérable* ⋆ tot ziens *au revoir* ⋆ van uur tot uur *d'heure en heure* ⋆ tot gauw *à bientôt* ⋆ van boven tot onderen *de haut en bas* ⋆ tot en met maandag *jusqu'à lundi inclus* • tegen *à* ⋆ hij sprak tot de menigte *il s'est adressé à la foule* ⋆ tot elke prijs *coûte que coûte*; *à tout prix* • als/voor ⋆ een opleiding tot arts *une formation de médecin* ⋆ iem. tot een jaar veroordelen *condamner qn à un an de prison* ⋆ hij werd tot chef benoemd *il a été nommé chef* ⋆ tot beter begrip *pour une meilleure compréhension* ⋆ tot mijn verbazing *à mon étonnement* ▾ dat is (nog) tot daar aan toe *passe encore* ▾ het zit me tot hier! *j'en ai jusque-là!* **II** VW *jusqu'à ce que* [+ subj.]

totaal I BNW *total* [m mv: *totaux*] **II** BIJW *totalement*; *complètement* **III** ZN [het] • geheel *total* m [mv: *totaux*] • som *total* m [mv: *totaux*] ⋆ in ~ *au total*

totaalbedrag *total* m [mv: *totaux*]; *somme* v *totale*

totaalbeeld *vue* v *d'ensemble*

totaalvoetbal *football* m *total*

totalisator *totalisateur* m; ‹bij paardenrennen› *PMU* m *(pari mutuel urbain)*

totalitair *totalitaire*

totaliteit *totalité* v

total loss *bon pour la casse* [v: *bonne ...*] ⋆ een auto ~ rijden INFORM. *bousiller une voiture* ⋆ ~ verklaren *déclarer épave*

totdat *jusqu'à ce que* [+ subj.]

totempaal *mât* m *totémique*

toto ‹paardensport› *tiercé* m; ‹voetbal› *loto* m *sportif*

totstandkoming *réalisation* v

toucheren *toucher*

touperen *crêper*

toupet ‹haarstukje› *postiche* m

touringcar *(auto)car* m

tournedos *tournedos* m

tournee *tournée* v ⋆ op ~ *en tournée*

tourniquet OOK MED. *tourniquet* m

touroperator *voyagiste* m/v; *tour-opérateur* m [mv: *tour-opérateurs*]

touw *corde* v ⋆ touwtje *ficelle* v; *cordon* m ▾ aan de touwtjes trekken *tirer les ficelles* ▾ daar is geen touw aan vast te knopen *on s'y perd* ▾ in touw zijn *être occupé* ▾ de touwtjes in handen hebben *tenir les rênes* ▾ op touw zetten *organiser*; *entreprendre*

touwklimmen *grimper à la corde*

touwladder *échelle* v *de corde*

touwtje • → **touw**

touwtjespringen *sauter à la corde*; *sauter à la corde*

touwtrekken *lutte* v / *tir* m *à la corde*

touwtrekkerij FIG. *tiraillements* m mv

t.o.v. • ten opzichte van *à l'égard de* • ten overstaan van *en présence de*; ‹bij notaris› *par-devant*

tovenaar OOK FIG. *sorcier* m [v: *sorcière*]; *magicien* m [v: *magicienne*]; *enchanteur* [v: *enchanteresse*]

tovenarij *magie* v; ‹hekserij› *sorcellerie* v

toverdrank *potion* v *magique*

toveren I OV WW ▾ iets uit zijn hoed ~ *sortir qc comme par magie* **II** ON WW magische kracht gebruiken *faire de la magie*; *je ne suis pas magicien!*

toverformule *formule* v *magique*

toverheks *sorcière* v

toverij *magie* v; ‹hekserij› *sorcellerie* v

toverkracht *vertu* v *magique*

toverkunst *tour* m *de magie*

toverslag *coup* m *de baguette* ⋆ als bij ~ *comme par magie*

toverspreuk *formule* v *magique*

toverstaf *baguette* v *magique*

toxicologie *toxicologie* v

toxicoloog *toxicologue* m/v

toxine *toxine* v

toxisch *toxique*

traag I BNW • (te) langzaam *lent* ⋆ ~ als een slak *comme une tortue* • NATK. *inerte* **II** BIJW (te) langzaam *lentement*

traagheid • het langzaam zijn *lenteur* v • NATK. *inertie* v

traan • oogvocht *larme* v ⋆ in tranen uitbarsten *fondre en larmes*; *éclater en sanglots* ⋆ tot tranen geroerd *ému (jusqu') aux larmes* ⋆ zich tranen lachen *rire aux larmes* ⋆ in tranen *(tout) en larmes* • olie *huile* v *de poisson* ▾ hete tranen schreien *pleurer à chaudes larmes* ▾ ik zal er geen ~ om laten *je ne / n'en pleurerai pas*

traanbuis *conduit* m *lacrymal*

traangas *gaz* m *lacrymogène*

traangasgranaat *grenade* v *lacrymogène*

traanklier *glande* v *lacrymale*

tracé *tracé* m

traceren • nasporen *rechercher (les traces de)* • aftekenen *tracer*

trachea *trachée* v

trachten *chercher à*; *tâcher de*; *tenter de*

tractie *traction* v

tractor *tracteur* m

traditie *tradition* v

traditiegetrouw *fidèle à la tradition*

traditioneel I BNW *traditionnel* [v: *traditionnelle*] **II** BIJW *traditionnellement*

trafo *transformateur* m

tragedie • treurspel *tragédie* v • gebeurtenis *tragédie* v

tragiek *tragique* m

tragikomedie *tragi-comédie* v [mv: *tragi-comédies*]

tragikomisch *tragi-comique*

tragisch I BNW *tragique* **II** BIJW *tragiquement* ⋆ ~ doen over iets *dramatiser qc*

trailer *semi-remorque* v [mv: *semi-remorques*]

trainen I OV WW coachen *entraîner* ⋆ zich ~ in iets *s'entraîner à qc* ⋆ zijn backhand ~ *travailler son revers* **II** ON WW zich oefenen *s'entraîner*

trainer *entraîneur* m [v: *entraîneuse*]

traineren ~ met *traîner (en longueur)*

training *entraînement* m ⋆ in ~ *en période d'entraînement*

trainingsbroek *pantalon* m *de survêtement*

trainingspak *survêtement* m; *jogging* m

tr

traiteur *traiteur* m
traject *trajet* m; *parcours* m
traktaat *traité* m
traktatie *régal* m [mv: *régals*]
trakteren I OV WW onthalen op ★ iem. op iets ~ *payer qc à qn; régaler qn de qc* **II** ON WW rondje geven ★ ik trakteer! *c'est moi qui paye!*
tralie *barreau* m [mv: *barreaux*] ▾ achter de ~s *sous les barreaux / verrous*
tram *tramway* m; INFORM. *tram* m
trambestuurder *conducteur* m *de tramway*
tramhalte *arrêt* m *du tramway*
tramkaartje *ticket* m *de tramway*
trammelant *histoires* v mv
trampoline *trampoline* m
trampolinespringen *faire du trampoline*
tramrail *rail* m *de tramway*
trance (zeg: traNs) *transe* v ★ in ~ raken *entrer en transe*
tranen *larmoyer*
tranquillizer *tranquillisant* m; *calmant* m
transactie *transaction* v
trans-Atlantisch *transatlantique*
transcendent *transcendant*
transcontinentaal *transcontinental* [m mv: *transcontinentaux*]
transcriberen *transcrire*
transcriptie *transcription* v
transfer • overdracht *transfert* m • SPORT *transfert* m
transferium *parc-relais* m [mv: *parcs-relais*]
transfermarkt *mercato* m
transformatie *transformation* v
transformator *transformateur* m
transformeren *transformer*
transfusie *transfusion* v
transgeen *transgénique*
transistor *transistor* m
transit *transit* m
transitief *transitif* [v: *transitive*]
transitohaven *port* m *de transit*
transitvisum *visa* m *de transit*
transmissie *transmission* v
transparant I ZN [het] *transparent* m **II** BNW *transparent*
transpiratie • het zweten *transpiration* v • zweet *transpiration* v
transpireren *transpirer*
transplantatie *transplantation* v; *greffe* v
transplanteren *transplanter; greffer*
transport *transport* m; ⟨boekhouden⟩ *report* m ★ een ~ van gevangenen *un convoi de prisonniers*
transportband *tapis* m *roulant*
transportbedrijf *entreprise* v *de transports*
transporteren *transporter*; ⟨bij boekhouden⟩ *reporter*
transseksueel I ZN [de] *transsexuel* m [v: *transsexuelle*] **II** BNW *transsexuel* [v: *transsexuelle*]
trant *genre* m; *style* m; *manière* v ★ in de ~ van *à la manière de; dans le style de*
trap • beweging met been *coup* m *de pied* ★ SPORT vrije trap *coup* m *franc* • constructie met treden *escalier* m; ⟨ladder⟩ *échelle* v; ⟨keukentrap⟩ *escabeau* m [mv: *escabeaux*] ★ op de trap *dans l'escalier* ★ van de trap vallen *tomber dans l'escalier* ★ trappen klimmen *gravir des marches* ★ trappen lopen *faire des escaliers; gravir des marches* ★ de trap op- / afhollen *monter / descendre l'escalier quatre à quatre* • graad *degré* m ★ trappen van vergelijking *degrés de comparaison* ★ de stellende / vergrotende / overtreffende trap *le positif / comparatif / superlatif* ▾ een trap na geven *donner le coup de pied de l'âne*
trapeze *trapèze* m
trapezewerker *trapéziste* m/v
trapezium *trapèze* m
trapgat *jour* m *d'escalier*
trapgevel *pignon* m *à redans*
trapleuning *rampe* v
traploper *chemin* m *d'escalier*
trappelen • stampvoeten *trépigner; piétiner*; ⟨v. paard⟩ *piaffer* • de benen op en neer bewegen *gigoter* ▾ ~ van ongeduld (om) *brûler / piaffer d'impatience (de)*
trappelzak *sac* m *de couchage pour bébé*
trappen I OV WW schoppen *donner des coups de pied à* ▾ lol ~ *se marrer* ▾ herrie ~ *faire du tapage* ▾ iem. eruit ~ *virer qn* **II** ON WW • voet neerzetten ★ ~ op *marcher sur; appuyer sur* • schoppen *taper dans* • fietsen *pédaler* ▾ erin ~ *se faire avoir; marcher*
trappenhuis *cage* v *d'escalier*
trapper *pédale* v
trappist *trappiste* m
trapportaal *palier* m
trapsgewijs I BNW *graduel* [v: *graduelle*] **II** BIJW *graduellement* ★ ~ opklimmend *par paliers*
traptrede *marche* v *d'escalier*
trauma *traumatisme* m
traumahelikopter *hélicoptère* m *du SAMU*
traumateam *équipe* v *médicale d'urgence*
traumatisch *traumatique*; PSYCH. *traumatisant*
traumatologie *traumatologie* v
traumatoloog *traumatologiste* m/v
travellercheque *traveller's chèque* m
traverse *traverse* v
travestie *travestissement* m
travestiet *travesti* m; INFORM. *travelo* m
trawant *acolyte* m
trawler *chalutier* m
tray *plateau* m [mv: *plateaux*]
trechter *entonnoir* m; ⟨bomtrechter⟩ *cratère* m
tred *démarche* v; *allure* v ★ gelijke tred houden met *marcher du même pas que; aller de pair avec*
trede *marche* v; ⟨v. ladder⟩ *échelon* m; FIG. *degré* m
treden *marcher* ★ in dienst ~ *entrer en fonction(s)* ★ naar voren ~ *(s')avancer; se manifester* ★ ~ in *entrer dans* ★ ~ uit *sortir de; quitter*
tredmolen *train-train* m [onv]
tree • → **trede**
treeplank *marchepied* m
treffen I OV WW • raken *atteindre; toucher* ★ doel ~ *atteindre la cible; marquer (un but)* • overkómen *toucher; frapper* ★ het getroffen gebied *la zone sinistrée* • ontroeren *toucher; émouvoir* • aantreffen ⟨vinden⟩ *rencontrer*;

tr

trouver • opvallen *frapper* • boffen ★ je treft het *tu as de la chance* ★ het slecht ~ *ne pas avoir de chance*; *être mal loti* ▾ maatregelen ~ *prendre des mesures* **II** ONP WW gelegen komen ★ dat treft goed *ça tombe bie* ★ dat treft slecht *ça tombe mal* **III** ZN [het] • confrontatie *rencontre* v • gevecht *rencontre* v

treffend • opvallend *frappant* • aandoenlijk *touchant*

treffer • raak schot *coup* m *réussi*; ⟨doelpunt⟩ *but* m • gelukje *(coup* m *de) chance* v

trefpunt *rendez-vous* m [onv]; *point* m *de rencontre*

trefwoord *entrée* v

trefzeker *précis*; *qui va droit au but*

trein *train* m

treinkaartje *billet* m *de train*

treinreis *voyage* m *en train*

treinreiziger *voyageur* m *par chemin de fer*

treinstel *rame* v

treintaxi ≈ *taxi* m *pour usagers du rail*

treinverbinding *communication* v/*liaison* v *ferroviaire*

treinverkeer *trafic* m *ferroviaire*

treiteren *agacer*; *enquiquiner*; INFORM. *asticoter*

trek • het trekken *coup* m; ⟨aan sigaret⟩ *bouffée* v; INFORM. *taffe* v ★ een trek van zijn pijp nemen *tirer sur sa pipe* • tocht *courant* m *d'air*; ⟨in schoorsteen⟩ *tirage* m; *appel* m *d'air* ★ er is geen trek in de kachel *le poêle ne tire pas* • verhuizing *migration* v ★ trek naar de grote steden *exode rural* • eigenschap *trait* m; *côté* m ★ in grote trekken *à grands traits*; *dans les grandes lignes* • lijn in het gezicht ★ trekken *traits* m mv • zin *envie* v *(in de)* • eetlust *appétit* m ★ weinig trek *appétit d'oiseau* ▾ aan zijn trekken komen *y trouver son compte* ▾ in trek zijn *être recherché*; *être en vogue* ▾ niet aan zijn trekken komen *rester sur sa faim*

trekdier *animal* m *de trait* [m mv: *animaux* ...]

trekhaak *crochet* m *(de remorque)*

trekharmonica *accordéon* m

trekken I OV WW • naar zich toehalen *tirer* ★ iem. uit het water ~ *retirer / sortir qn de l'eau* ★ zijn wapen (uit de schede) ~ *dégainer* ★ de bal ~ *faire un rétro* ★ van elkaar ~ *séparer* • uittrekken *arracher*; *extraire* ★ zich de haren uit het hoofd ~ *s'arracher les cheveux* ★ het ~ van een kies *l'extraction d'une dent* • slepen *tirer*; *tracter* ★ het ~ *la traction* • aantrekken *attirer* ★ verre reizen ~ mij niet *les voyages lointains ne me séduisent pas* ★ volle zalen ~ *faire salle comble* • met spierbeweging maken ★ gezichten ~ *faire des grimaces* • afleiden *tirer* • krijgen *toucher* ★ een uitkering ~ *toucher une allocation* ★ voordeel ~ uit *profiter de* • aftreksel maken *infuser* ▾ de macht aan zich ~ *s'emparer du pouvoir* ▾ iets niet ~ *ne pas/plus supporter qc* ▾ er wordt erg aan hem getrokken FIG. *il est très sollicité* ▾ dat trek ik niet *je ne tiens pas le coup*; *c'est trop* **II** ON WW • gaan *(s'en) aller*; ⟨migreren⟩ *migrer*; ⟨rondreizen⟩ *voyager*; ⟨op trektocht⟩ *faire une randonnée* • naar zich toehalen ★ ~ aan *tirer (sur)* ★ aan zijn pijp ~ *tirer sur sa pipe* • beweging maken ★ met het rechterbeen ~ *tirer/traîner la jambe droite* • luchtstroom doorlaten *tirer* • zich vervormen *travailler*; ⟨kromtrekken⟩ *gauchir* ▾ er hard aan ~ *redoubler d'efforts* ▾ ~ in *s'installer dans*; *pénétrer dans* ▾ erom ~ *tirer au sort*

trekker • reiziger *randonneur* m [v: *randonneuse*] • tractor *tracteur* m • onderdeel van vuurwapen *détente* v; *gâchette* v ★ de ~ overhalen *appuyer sur la gâchette*

trekking *tirage* m

trekkingslijst *liste* v *du tirage*

trekkracht *force* v *de traction*

trekpleister • MED. *vésicatoire* m • attractie *(pôle* m *d')attraction* v

trektocht *randonnée* v

trekvogel *oiseau* m *migrateur* [m mv: *oiseaux* ...]

trekzalf *pommade* v *désinfectante*

trema *tréma* m

trend *tendance* v

trendgevoelig *sensible à la mode*; *branché*

trendsetter *personne* v *qui donne le ton*

trendwatcher *suiveur* m *de modes*; *tendanceur* m

trendy *tendance*; *à la mode*; *branché*

treuren *être triste* ★ ~ om *pleurer*

treurig I BNW • verdrietig *triste*; *malheureux* [v: *malheureuse*] • bedroevend *attristant*; *triste*; *navrant* **II** BIJW verdrietig *tristement*

treurmuziek *musique* v *funèbre*

treurspel *tragédie* v

treurwilg *saule* m *pleureur*

treuzelen *traînasser*

triade *triade* v

triangel *triangle* m

triatleet *triathlète* m/v; *triathlonien* m [v: *triathlonienne*]

triatlon *triathlon* m

tribunaal *tribunal* m [mv: *tribunaux*]

tribune *tribune* v; *gradins* m mv

triceps *(muscle) triceps* m

tricot • materiaal *tricot* m • kleding *maillot* m

triest *triste* ★ diep ~ *lamentable*

trigonometrie *trigonométrie* v

triljoen *trillion* m

trillen • NAT. heen en weer gaand bewegen *vibrer* • beven *trembler*; *frémir* ▾ ~ als een espenblad *trembler comme une feuille*

triller MUZ. *trille* m; *trémolo* m

trilling *vibration* v

trilogie *trilogie* v

trimaran *trimaran* m

trimbaan *parcours-santé* m [onv]

trimester *trimestre* m

trimmen I OV WW haar knippen *toiletter* **II** ON WW zich fit houden *faire du footing*

trimmer ≈ *joggeur* m [v: *joggeuse*]

trimsalon *salon* m *de toilettage*

trio *trio* m ▾ een triootje maken *faire l'amour à trois*

triomf *triomphe* m

triomfantelijk I BNW *triomphant* **II** BIJW *triomphalement*; *en triomphe*

triomfboog *arc* m *de triomphe*
triomferen *triompher (***over** *de)*
triomfkreet *cri* m *de triomphe*
triomfpoort *arc* m *de triomphe*
triomftocht *marche* v / *entrée* v *triomphale*
triool *triolet* m
trip • uitstapje *excursion* v • effect van drugs *trip* m
triplex *contreplaqué* m
triplo ★ in ~ *en triple (exemplaire)*
trippelen *trottiner*
trippen ⟨op drugs⟩ *faire un trip*
triptiek *triptyque* m
triviaal • platvloers *trivial* [m mv: *triviaux*] • alledaags *banal* [m mv: *banals*]
troebel *trouble* ▾ in ~ water vissen *pêcher en eau trouble*
troef • kaart *atout* m • sterk argument *atout* m ▾ het is er armoe ~ *c'est la misère qui règne* ▾ zijn laatste ~ uitspelen *jouer sa dernière carte*
troefkaart *atout* m
troela *gourde* v; ⟨waarderend⟩ *pépée* v
troep • rommel *camelote* v; *pagaille* v ★ vieze ~ *saleté* v • groep *troupe* v; ⟨wilde dieren⟩ *harde* v; ⟨stel⟩ *bande* v • MIL. *troupe* v
troepenconcentratie *concentration* v *de(s) troupes*
troepenmacht *forces* v mv *militaires* [mv]
troeteldier ⟨knuffel⟩ *peluche* v; ⟨beer⟩ *nounours* m
troetelkind *chouchou* m [v: *chouchoute*]
troetelnaam *petit nom* m *(affectueux)*
troeven *couper*
trofee *trophée* m
troffel *truelle* v
trog • bak *auge* v • AARDK. *fosse* v *(abyssale)*
Trojaans *de Troie*
trol *troll* m
trolleybus *trolleybus* m
trombocyt *thrombocyte* m
trombone *trombone* m
trombonist *trombone* m
trombose *thrombose* v
tromgeroffel *roulement* m *de tambour*
trommel • doos *boîte* v *(en fer blanc)* • trom *tambour* m • cilinder *tambour* m; ⟨klein⟩ *barillet* m
trommelaar *tambour* m
trommeldroger *essoreuse* v
trommelen *battre du tambour*
trommelrem *frein* m *à tambour*
trommelvlies *tympan* m
trommelwasmachine *machine* v *à laver à tambour*
trompet *trompette* v
trompetgeschal *fanfare* v; MIL. *sonnerie* v
trompetten **I** OV WW ten gehore brengen *claironner* **II** ON WW geluid maken *jouer de la trompette*; ⟨v. olifant⟩ *barrir*
trompettist *trompettiste* m/v
tronen *trôner*
tronie *gueule* v; *trogne* v
troon *trône* m ★ de ~ bestijgen *monter sur le trône*
troonopvolger *héritier* m *du trône* [v: *héritière* ...]
troonopvolging *succession* v *au trône*
troonrede *discours* m *du trône*
troonsafstand *abdication* v
troonsbestijging *avènement* m / *accession* v *au trône*
troonzaal *salle* v *du trône*
troost *consolation* v; *réconfort* m
troosteloos *désolé*; *maussade*
troosten *consoler*; *réconforter* ★ ~d *réconfortant*
troostprijs *prix* m / *lot* m *de consolation*
tropen *tropiques* m mv; *régions* v mv *tropicales* ★ in de ~ *sous les tropiques*
tropenhelm *casque* m *colonial*
tropenjaren ≈ FIG. *années* v mv *éprouvantes*
tropenklimaat *climat* m *tropical*
tropenkolder *folie* v *des tropiques*
tropenpak *costume* m *colonial*
tropisch *tropical* [m mv: *tropicaux*]
tros • SCHEEPV. kabel *aussière* v ★ de trossen losgooien *larguer les amarres* • bloeiwijze *grappe* v; ⟨v. bananen⟩ *régime* m
trots **I** ZN [de] • tevredenheid *fierté* v • hoogmoed *orgueil* m; *amour-propre* m • dat waarover men tevreden is *orgueil* m; *fierté* v **II** BNW • tevreden *fier (***op** *de)* [v: *fière*] ★ ~ als een pauw / een aap *fier comme un coq / un pou* • hoogmoedig *orgueilleux* [v: *orgueilleuse*]; *hautain* • indrukwekkend, statig *superbe*; *majestueux* [v: *majestueuse*] **III** BIJW *orgueilleusement*; *avec fierté*
trotseren *braver*; *défier*
trottoir *trottoir* m
trottoirband *bordure* v
troubadour *troubadour* m
trouw **I** ZN [de] het trouw zijn *fidélité* v; *loyauté* v ▾ goede / kwade ~ *bonne / mauvaise foi* ▾ te goeder / kwader ~ *de bonne / mauvaise foi* **II** BNW getrouw *fidèle (***aan** *à*, **jegens** *envers)*; ⟨loyaal⟩ *loyal* [m mv: *loyaux*] **III** BIJW getrouw *fidèlement*; *loyalement*
trouwakte *acte* m *de mariage*
trouwboekje ≈ *livret* m *de famille*; ⟨in België⟩ *livret* m *de mariage*
trouwdag • bruiloftsdag *mariage* m • verjaardag *anniversaire* m *de mariage*
trouweloos *infidèle*; ⟨verraderlijk⟩ *traître* [v: *traîtresse*]; *perfide*
trouwen **I** OV WW • tot echtgenoot nemen *épouser*; *se marier avec* ★ getrouwd zijn *être marié* • in de echt verbinden *marier*; *unir* **II** ON WW huwen *se marier*
trouwens *d'ailleurs*
trouwerij *noce(s)* v (mv)
trouwfoto *photo* v *de mariage*
trouwhartig **I** BNW • trouw *loyal* [m mv: *loyaux*] • eerlijk *honnête* **II** BIJW • trouw *loyalement* • eerlijk *honnêtement*
trouwjurk *robe* v *de mariée*
trouwkaart *faire-part* m *de mariage* [onv]
trouwpartij *noce(s)* v (mv)
trouwplannen *projets* m mv *matrimoniaux* [mv]
trouwplechtigheid *cérémonie* v *du mariage*
trouwring *alliance* v
truc *truc* m; ⟨kunstje⟩ *tour* m

tr

trucage *truquage* m ★ ~s *effets* m mv *spéciaux*
trucfilm *film* m *à effets spéciaux*
truck *camion* m; ⟨open⟩ *truc(k)* m; ⟨zwaar⟩ *poids* m *lourd*
trucker *routier* m
truffel • zwam *truffe* v • bonbon *truffe* v
trui *pull* m ▾ de gele trui *le maillot jaune*
trukendoos *boîte* v *à malice*
trust *trust* m
trustee *trustee* m
trut ⟨rotmens⟩ *conne* v; *chieuse* v; ⟨tut⟩ *gourde* v ★ stijve trut *chochotte* v
truttig *cloche* ★ ~ staan *faire ringard*
try-out ≈ *essai* m
tsaar *tsar* m
tseetseevlieg *(mouche* v*) tsé-tsé* v
T-shirt *tee-shirt* m [mv: *tee-shirts*]
Tsjaad *le Tchad* ★ in ~ *au Tchad*
Tsjech *Tchèque* m/v
Tsjechië *République* v *tchèque*
Tsjechisch I ZN [het] taal *tchèque* m **II** BNW m.b.t. Tsjechië *tchèque*
Tsjecho-Slowaaks *tchécoslovaque*
Tsjecho-Slowakije *la Tchécoslovaquie* ★ in ~ *en Tchécoslovaquie*
tsunami *tsunami* m
TU *École* v *polytechnique*
tuba *tuba* m
tube *tube* m
tuberculeus *tuberculeux* [v: *tuberculeuse*]
tuberculose *tuberculose* v
tucht *discipline* v
tuchtcollege *conseil* m *de discipline / de l'ordre*
tuchthuis ≈ *maison* v *d'arrêt*
tuchtigen *corriger; châtier*
tuchtmaatregel *mesure* v *disciplinaire*
tuchtraad *conseil* m *de discipline*
tuchtrecht *droit* m *disciplinaire*
tuchtschool ≈ *école* v *pénitentiaire*
tuffen *rouler*
tuig • touwwerk *harnais* m; SCHEEPV. *gréement* m • gespuis *racaille* v
tuigage *gréement* m
tuigje *harnais* m *de sécurité*
tuil *gerbe* v; *bouquet* m
tuimelaar • speelgoed *culbuto* m • draaibare zeepflacon *(flacon* m*) verseur* m • hefboom *culbuteur* m
tuimelen • vallen *tomber* • buitelen *faire la culbute*
tuimeling *culbute* v
tuimelraam *fenêtre* v *à bascule*
tuin *jardin* m ▾ iem. om de tuin leiden *tromper qn*
tuinaarde *terreau* m
tuinarchitect *(jardinier* m*) paysagiste* m/v
tuinboon *fève* v
tuinbouw *horticulture* v; ⟨v. groente⟩ *culture* v *maraîchère*
tuinbouwgebied *région* v *horticole*
tuinbouwschool *école* v *d'horticulture*
tuinbroek *salopette* v
tuincentrum *jardinerie* v
tuinder *maraîcher* m [v: *maraîchère*]
tuinderij • tuinbouwbedrijf *maraîchage* m • bedrijf van een kweker *exploitation* m *maraîchère*
tuinfeest *garden-party* v [mv: *garden-parties*]
tuingereedschap *outils* m mv *de jardinage*
tuinhek *grille* v
tuinhuis *pavillon* m
tuinier *jardinier* m [v: *jardinière*]
tuinieren *jardiner; faire du jardinage*
tuinkabouter *nain* m *de jardin*
tuinkers *cresson* m
tuinkruid ★ ~en *fines herbes* v mv
tuinman *jardinier* m [v: *jardinière*]
tuinmeubel *meuble* m *de jardin*
tuinpad *sentier* m *de jardin*
tuinslang *tuyau* m *d'arrosage* [m mv: *tuyaux ...*]
tuinstoel *chaise* v *de jardin*
tuit *bec* m *(verseur)*
tuiten I OV WW tot tuit maken *pointer* ★ de lippen ~ *avancer les lèvres* **II** ON WW suizen ★ zijn oren ~ *les oreilles lui tintent / sonnent*
tuk I ZN [de] ▾ iem. tuk hebben *faire marcher qn* ▾ tuk hebben *avoir une touche* **II** BNW ★ tuk zijn op *être avide de; raffoler de*
tukje *somme* m
tulband • hoofddeksel *turban* m • cake ≈ *kouglof* m
tule *tulle* m
tulp *tulipe* v
tulpenbol *oignon* m / *bulbe* m *de tulipe*
tumor *tumeur* v
tumult *tumulte* m
tumultueus *tumultueux* [v: *tumultueuse*]
tune *indicatif* m
tuner *tuner* m
Tunesië *la Tunisie* ★ in ~ *en Tunisie*
Tunesisch *tunisien* [v: *tunisienne*]
tuniek *tunique* v
tunnel *tunnel* m; ⟨in de stad⟩ *passage* m *souterrain* ★ door een ~ rijden *passer sous un tunnel*
turbine *turbine* v
turbo • auto *turbo* v • motor *turbo* m
turbulent *turbulent*
turbulentie *turbulence* v
tureluurs ★ ik word er ~ van *ça me rend dingue*
turen *regarder dans le vide* ★ ~ naar *regarder fixement*
turf *tourbe* v ★ turf steken *tourber* ★ een turf *une motte de tourbe* ▾ drie turven hoog *haut comme trois pommes*
turfaarde *sol* m *tourbeux*
turfmolm *poussier* m *de tourbe / de mottes*
Turk *Turc* m [v: *Turque*] ▾ de jonge Turken ≈ *les jeunes loups*
Turkije *la Turquie* ★ in ~ *en Turquie*
Turkmenistan *le Turkménistan*
turkoois *turquoise* v
Turks I ZN [het] taal *turc* m **II** BNW m.b.t. Turkije *turc* [v: *turque*] ★ ~ bad *bain* m *turc; hammam* m ★ ~ fruit *loukoum* m
turnen *faire de la gymnastique*
turner *gymnaste* m/v
turnster *gymnaste* m/v
turnvereniging *club* m *de gymnastique*
turquoise *turquoise*
turven ⟨tellen⟩ *cocher; pointer*
tussen I BIJW ▾ er van ~ gaan *se sauver* ▾ hij

tu

werd er ~ genomen *il a été mené en bateau* ▾ er is iets ~ gekomen *il y a eu un contretemps / un incident* **II** VZ • ingevoegd in *entre* ★ ~ nu en 6 uur *entre maintenant et six heures* ★ een voet ~ de deur *un pied dans la porte* • te midden van *parmi; au milieu de* • beperkt tot ★ een contract ~ twee partijen *un contrat entre deux partis* ★ ~ ons *entre nous*
tussenbalans *bilan* m *provisoire*
tussenbeide *entre les deux* ★ ~ komen *intervenir; s'interposer*
tussendeur *porte* v *de communication*
tussendoor *entre (les deux); à travers*
tussendoortje *coupe-faim* m [onv] ★ ~s eten *grignoter*
tussengelegen *intermédiaire*
tussengerecht *entremets* m
tussenhandel *(commerce* m *de) demi-gros* m
tussenin *entre les deux*
tussenkomst *intervention* v ★ door ~ van *par l'intermédiaire de; par le canal de*
tussenlanding *escale* v ★ een ~ maken in *faire escale à*
tussenmuur ⟨tussen twee huizen⟩ *mur* m *mitoyen*; ⟨binnen huis⟩ *mur* m *de refend*
tussenpersoon *intermédiaire* m/v ★ via een ~ *par personne interposée*
tussenpoos *intervalle* m ★ bij tussenpozen *par intervalles* ★ met lange tussenpozen *à longs intervalles* ★ zonder ~ *sans discontinuer*
tussenruimte *intervalle* m; *écart* m ★ met (flinke) ~n *bien espacé*
tussenschot *cloison* v
tussensprint *accélération* v; *sprint* m
tussenstand *score* m *provisoire*
tussenstation *station* v *intermédiaire*; FIG. *phase* v *intermédiaire*
tussenstop *escale* v
tussentijd *intervalle* m; *distance* v ★ in de ~ *en attendant; d'ici là*
tussentijds I BNW *intérimaire*; ⟨vervroegd⟩ *anticipé* ★ een ~e verkiezing *une (élection) partielle* **II** BIJW *entre-temps*
tussenuit ▾ er ~ gaan *changer d'air*
tussenuur *heure* v *creuse*
tussenvoegen *intercaler*
tussenwand *cloison* v
tussenweg *compromis* m; *moyen terme* m
tussenwerpsel *interjection* v
tutoyeren *tutoyer* ★ het ~ *le tutoiement*
tutten *faire la cloche*; ⟨rondhangen⟩ *traînasser*
tuttifrutti *tutti frutti* m
tuttig *tarte; cloche*
tuttut *tout doux*
tuurlijk *tu penses!*
tv *télé* v; INFORM. *téloche* v
tv-omroep *organisation* v *de télévision*
tv-presentator *présentateur* m *de la télévision* [v: *présentatrice*]; *speaker* m [v: *speakerine*]
tv-programma *programme* m *de télévision*; ⟨kanaal⟩ *chaîne* v
tv-uitzending *émission* v *télévisée*
twaalf • *douze* ★ ~ uur 's middags *midi* ★ ~ uur 's nachts *minuit* • → **acht**
twaalfde • *douzième* • → **achtste**
twaalftal *douzaine* v
twaalfuurtje *déjeuner* m; *casse-croûte* m [onv]
twee I TELW *deux* ★ twee aan twee *deux par deux* ▾ jij en ik zijn twee *toi et moi, ça fait deux* ▾ van tweeën één *de deux choses l'une* • → **acht II** ZN [de] getal *deux* m
tweebaansweg *route* v *à deux voies*
tweecomponentenlijm *colle* v *à deux composants*
tweed I ZN [het] *tweed* m **II** BNW *de tweed*
tweede • *deuxième; second* ★ ten ~ *deuxièmement* ★ een ~ huis *une résidence secondaire* ★ een ~ taal *une seconde langue* ★ een ~ Rembrandt *un nouveau Rembrandt* • → **achtste**
tweedegraads *de second degré*
tweedehands *d'occasion*
tweedejaars I ZN [de] *étudiant* m *de deuxième année* **II** BNW *de deuxième année*
Tweede Kamerlid *député* m [v: *députée*]
tweedelig *en deux pièces / parties*; ⟨v. boeken⟩ *en deux volumes*; WISK. *binaire* ★ ~ dameskostuum / badpak *deux-pièces* [onv]
tweedeling *dichotomie* v ★ sociale ~ *fracture* v *sociale*
tweederangs *inférieur; de second ordre*
tweedeursauto *deux portes* v
tweedracht *discorde* v; *désunion* v
tweeduizend *deux mille*
twee-eiig *bivitellin*
tweeërlei *de deux sortes*
tweegevecht *combat* m *singulier*; *duel* m
tweehoog *au deuxième (étage)*
tweekamerflat *deux-pièces* m [onv]; *F2* m
tweeklank TAALK. *diphtongue* v
tweekwartsmaat *deux-quatre* m [onv]
tweeledig *double* ★ een ~e term *un binôme*
tweeling • twee kinderen *jumeaux* m mv; *jumelles* v mv ★ Siamese ~ *frères/sœurs siamois(es)* ★ eeneiige / twee-eiige ~ *vrais / faux jumeaux* • één van tweeling *jumeau* m [v: *jumelle*]
Tweelingen *Gémeaux* m mv
tweelingzus *(sœur* v*) jumelle* v
tweemaal *deux fois* ▾ zich iets geen ~ laten zeggen *ne pas se faire prier*
tweemaster *deux-mâts* m [onv]
twee-onder-een-kapwoning *maison* v *jumelle*
tweepersoonsbed *lit* m *à deux places*
tweepits *à deux feux*
tweerichtingsverkeer *circulation* v *dans les deux sens*
tweeslachtig • hermafrodiet *hermaphrodite; bisexué* • amfibisch *amphibie* • ambivalent *ambivalent; double*
tweespalt *discorde* v
tweespraak *dialogue* m
tweesprong *bifurcation* v
tweestemmig *à deux voix* ★ een ~ lied *un duo*
tweestrijd *combat* m *intérieur* ★ in ~ staan *hésiter; balancer*
tweetal *paire* v; ⟨mensen⟩ *couple* m
tweetalig *bilingue*
tweeverdieners *ménage* m / *foyer* m *à deux revenus*
tweevoud *double* m ★ in ~ *en double (exemplaire)*

tweewieler *deux-roues* m [onv]
tweezijdig I BNW *bilatéral* [m mv: *bilatéraux*] ★ een ~ contract *un contrat synallagmatique* **II** BIJW *bilatéralement*
tweezitsbank *deux-places* m [onv]
twijfel *doute* m ★ de ~s wegnemen *lever le doute* ★ in ~ staan *être dans le doute*; *douter* ★ het lijdt geen ~ dat *nul doute que* [+ subj.] ★ zonder ~ *sans aucun doute* ★ z'n ~ hebben (over) *avoir des doutes (sur)* ★ in ~ trekken *mettre en doute / en question* ★ er blijft ~ bestaan *un doute plane* ★ dat lijdt geen ~ *ça ne fait aucun doute* ▾ iem. het voordeel van de ~ geven *laisser / accorder le bénéfice du doute à qn*
twijfelaar • iem. die twijfelt ⟨scepticus⟩ *sceptique* m/v; ⟨persoon⟩ *douteur* m [v: *douteuse*] • bed ≈ *lit* m *étroit à deux places*
twijfelachtig • onzeker *incertain*; *douteux* [v: *douteuse*] • verdacht *douteux* [v: *douteuse*]
twijfelen • onzeker zijn *hésiter* • **~ aan** *douter de* ★ eraan ~ of *douter que* [+ subj.]
twijfelgeval *cas* m *limite / douteux*
twijg *rameau* m [mv: *rameaux*]; *scion* m
twinkelen *scintiller*
twinkeling *scintillement* m
twintig • *vingt* • → **acht**
twintiger *moins* m/v *de trente ans*
twintigste • *vingtième* • → **achtste**
twist • ruzie *dispute* v; *querelle* v; *altercation* v; ⟨onenigheid⟩ *discorde* v • dans *twist* m
twistappel *pomme* v *de discorde*
twisten • ruziën *se quereller*; *se disputer*; ⟨redetwisten⟩ *disputer (**over** de)* ★ daarover valt te ~ *ça se discute* • dansen *twister*
twistgesprek *discussion* v; *dispute* v
twistpunt *(point* m *en) litige* m; *point* m *litigieux*
twistziek *querelleur* [v: *querelleuse*]
tycoon *magnat* m
tyfoon *typhon* m
tyfus ⟨vlektyfus⟩ *typhus* m; ⟨buiktyfus⟩ *(fièvre* v*) typhoïde* m
type *type* m
typediploma *diplôme* m *de dactylo*
typefout *faute* v *de frappe*
typemachine *machine* v *à écrire*
typen *écrire à la machine*; INFORM. *taper (à la machine)*; ⟨formeel⟩ *dactylographier* ★ het ~ *dactylographie* v
typeren *caractériser*
typerend *caractéristique (**voor** de)*
typevaardigheid *vitesse* v *de frappe*
typisch I BNW • typerend *typique*; *caractéristique* • eigenaardig *curieux* [v: *curieuse*]; *drôle (de)* **II** BIJW • typerend *typiquement* ★ dat is ~ Jan *c'est bien (de) Jean* • eigenaardig *curieusement*
typist *dactylo(graphe)* m/v
typografie *typographie* v
typologie *typologie* v

U

u I ZN [de] *u* m **II** PERS VNW FORMEEL/Z-N *vous* ▾ om u tegen te zeggen *pas banal*
überhaupt *absolument*; *d'abord*
U-bocht *courbe* v *en U*
UEFA *UEFA* v
ufo ⟨objet m volant non identifié⟩ *ovni* m
ui *oignon* m
uiensoep *soupe* v *à l'oignon*
uier *mamelle* v
uil *hibou* m [mv: *hiboux*]
uilenbril *besicles* v mv
uilskuiken *gros bêta* m; *(gros) malin* m
uiltje ▾ een ~ knappen *faire un somme*
uit I BIJW • (naar) buiten *dehors* ★ zij liep de straat uit *elle est allée jusqu'au bout de la rue* ★ SPORT de bal is uit *la balle est sortie* ★ deze vlek wil er niet uit *cette tache ne part pas* • beëindigd *fini* ★ het verhaal is uit *c'est la fin de l'histoire* ★ het is uit tussen hen *c'est fini entre eux deux* ★ de school is uit *l'école est finie* ★ ik heb m'n boek uit *j'ai fini mon livre* ★ het is uit met hem *il est fini* ★ nu is het uit! *fini!*; *assez!*; *un point, c'est tout!* • niet populair (meer) *démodé*; *ringard*; *out* • niet brandend *éteint* • op de markt *sorti* • niet thuis *sorti* • SPORT ⟨buiten de lijnen⟩ *à l'extérieur* ▾ in een week uit en thuis zijn *ne pas être parti plus d'une semaine* ▾ uit en thuis *aller et retour* ▾ die kant uit *par là* ▾ ik kom er niet uit *je ne m'en sors pas* ▾ er even (tussen)uit moeten *avoir besoin de changer d'air* ▾ uit zijn op *viser*; *chercher* ▾ ik kan er niet over uit *je n'en reviens pas* **II** VZ • (naar) buiten *à* ★ het ligt een kilometer uit het centrum *cela se trouve à un kilomètre du centre* ★ uit de gratie *en disgrâce* ★ iets uit het raam gooien *jeter qc par la fenêtre* ★ uit een glas / de fles drinken *boire dans un verre / à la bouteille* • van(daan) *de* ★ zij komt uit Suriname *elle vient du Surinam* ★ uit welk boek heb je dat? *de quel livre tiens-tu cela?* ★ uit elkaar gaan *se séparer* ★ het vliegtuig uit Nice *l'avion en provenance de Nice* • vanwege *par* ★ uit medelijden *par pitié* ★ uit principe *par principe* ▾ iets uit iem. krijgen *tirer qc de qn*
uitademen • adem uitblazen *expirer* • uitwasemen *exhaler*
uitbaggeren *draguer*; FIG. *curer*
uitbakken *(bien) faire revenir*
uitbalanceren *équilibrer*
uitbannen • verbannen *bannir* • uitdrijven ⟨v. duivel⟩ *exorciser*
uitbarsten • exploderen *exploser*; *éclater*; ⟨v. vulkaan⟩ *être en éruption* • FIG. zich fel uiten *exploser* ★ in tranen ~ *fondre en larmes* ★ in lachen ~ *éclater de rire*
uitbarsting *explosion* v; ⟨v. vulkaan⟩ *éruption* v
uitbaten *exploiter*
uitbater *exploitant* m
uitbeelden *représenter*
uitbeelding *représentation* v

uitbenen *désosser*; FIG. *exploiter*
uitbesteden • aan anderen overdragen *confier (aan à)*; ⟨onder aanbesteden⟩ *sous-traiter* • in de kost doen *mettre en pension*
uitbesteding ⟨v. werk⟩ *sous-traitance* v; ⟨v. kind⟩ *mise* v *en pension*
uitbetalen *payer*; ⟨via storting⟩ *verser*
uitbetaling *paiement* m; *versement* m
uitbijten *corroder*
uitblazen I OV WW • uitademen *souffler* • doven *souffler* **II** ON WW op adem komen *reprendre haleine*; *respirer*; FIG. *décompresser*
uitblijven *ne pas se produire*; *ne pas arriver* ★ dat kon niet ~ *ça n'a pas manqué*; *c'était écrit*; INFORM. *c'était obligatoire* ★ niet ~ *ne pas se faire attendre*
uitblinken *briller* ★ ~ in *exceller à / dans / en* ★ ~ boven *surpasser*
uitblinker *as* m; INFORM. *crack* m
uitbloeien *se faner*
uitbotten *bourgeonner*
uitbouw • het uitbouwen *agrandissement* m; FIG. *développement* m • aanbouwsel *saillie* v
uitbouwen • uitbreiden *agrandir*; *élargir* • verder ontwikkelen *développer*
uitbraak ⟨ontsnapping⟩ *évasion* v; ⟨v. epidemie⟩ *apparition* v
uitbraakpoging *tentative* v *d'évasion*
uitbraken *vomir*
uitbranden *brûler*; *être ravagé par le feu*
uitbrander *savon* m; *réprimande* v ★ iem. een ~ geven *passer un savon à qn* ★ een ~ krijgen *se faire réprimander*
uitbreiden I OV WW vergroten *élargir*; *développer*; *agrandir* **II** WKD WW [+ zich] *s'étendre*; *se développer*; ⟨zich verbreiden⟩ *se propager*
uitbreiding *extension* v; *développement* m; *expansion* v; ⟨verbreiding⟩ *propagation* v
uitbreidingsplan *plan* m *d'extension*; ⟨v. stad⟩ *plan* m *local d'urbanisme*
uitbreken I OV WW losmaken *enlever*; ⟨v. muur⟩ *démolir* **II** ON WW • ontsnappen *s'échapper* • uitbarsten *éclater*; ⟨v. ziekte, brand⟩ *se déclarer*
uitbrengen • uiten ⟨v. woorden⟩ *prononcer*; *émettre*; ⟨v. woorden⟩ *proférer* • op de markt brengen *lancer (sur le marché)*; *sortir* • toekennen ★ een toost ~ op iem. *porter un toast à qn* ★ zijn stem ~ *voter* ★ zijn stem ~ (op) *voter (pour)* ▾ een offerte / rapport ~ *faire une offre / un rapport*
uitbroeden • eieren doen uitkomen *faire éclore* • beramen *couver*; *mijoter*
uitbuiten *exploiter*
uitbuiting *exploitation* v
uitbundig I BNW • overvloedig *exubérant* • enthousiast *enthousiast* **II** BIJW *avec exubérance*; *avec enthousiasme*
uitbundigheid *exubérance* v
uitchecken ⟨op vliegveld⟩ *passer le contrôle*; ⟨in hotel⟩ *régler sa note*
uitdagen *défier (tot à)*; *provoquer*
uitdagend I BNW *provocant*; *provocateur* [v: *provocatrice*]; *de défi* **II** BIJW *d'une manière provocante*
uitdager ⟨tegenstander⟩ *challenge(u)r* m
uitdaging FIG. *défi* m; FIG. *pari* m ★ de ~ aannemen *relever le défi*
uitdelen *distribuer*
uitdenken *concevoir*; *imaginer*
uitdeuken *débosseler*
uitdienen *faire son temps* ★ zijn tijd ~ *faire son temps*
uitdiepen • dieper maken *creuser*; *approfondir* • FIG. grondig uitwerken *creuser*
uitdijen *s'amplifier*; *gonfler* ★ het ~d heelal *l'univers en expansion* ★ een ~de stad *une ville tentaculaire*
uitdoen • uittrekken *enlever*; *ôter* • uitschakelen *éteindre*
uitdokteren *concocter*
uitdossen *attifer*; *affubler*
uitdraai COMP. *sortie* v *(papier)*; *listage* m
uitdraaien I OV WW • uitdoen *éteindre*; *fermer* • printen *imprimer* **II** ON WW ~ **op** *aboutir à*; *finir par* ★ op niets ~ *aboutir à rien* ★ op een mislukking ~ *se solder par un échec*
uitdragen ⟨verbreiden⟩ *répandre* ★ een geloof ~ *propager une foi/religion*
uitdrager *fripier* m [v: *fripière*]; ⟨v. meubels⟩ *brocanteur* m [v: *brocanteuse*]
uitdragerij ⟨v. kleding⟩ *friperie* v; ⟨v. meubels⟩ *brocante* v
uitdrijven *chasser*; ⟨v. duivel⟩ *exorciser*
uitdrogen *se dessécher*; ⟨v. bron⟩ *se tarir*; ⟨v. lichaam⟩ *se déshydrater*
uitdroging *dessèchement* m; MED. *déshydratation* v
uitdrukkelijk I BNW *explicite*; *formel* [v: *formelle*]; JUR. *exprès* [v: *expresse*] **II** BIJW *explicitement*; *formellement*; *expressément*
uitdrukken • uitknijpen *presser* ★ een sigaret / een puistje ~ *écraser une cigarette / un bouton* • uiten *exprimer* ★ zich ~ (in) *s'exprimer (en)*
uitdrukking • uiting *expression* v • gelaatsuitdrukking *expression* v • zegswijze *locution* v ★ staande ~ *locution* v *figée*
uitduiden *expliquer*; ⟨aangeven⟩ *indiquer*
uitdunnen *éclaircir*
uiteen *séparément*
uiteenbarsten *éclater*
uiteendrijven *disperser*
uiteengaan *se séparer*
uiteenlopen • niet dezelfde kant uitlopen *diverger* • verschillen *diverger*
uiteenvallen *se décomposer*
uiteenzetten *expliquer*; *exposer*
uiteenzetting • beschrijving *exposé* m • betoog *exposé* m
uiteinde • uiterste einde *bout* m; *extrémité* v • afloop *fin* v ▾ zalig ~! *bonnes fêtes (de fin d'année)!*
uiteindelijk *final* [m mv: *finals/finaux*]
uiten I OV WW • uitdrukken *exprimer*; ⟨uitspreken⟩ *émettre*; *proférer*; *prononcer* • FIG. tot uitdrukking komen *exprimer*; *manifester* **II** WKD WW [+ zich] • uitdrukken *s'exprimer* • FIG. tot uitdrukking komen *s'exprimer* ★ zich ~ in *se manifester par*
uitentreuren ⟨onophoudelijk⟩ *continuellement*; ⟨tot vervelens toe⟩ *à satiété*

uiteraard *évidemment; bien entendu*
uiterlijk I ZN [het] voorkomen *apparence* v; *physique* m; *mine* v **II** BNW van buiten *extérieur* **III** BIJW • van buiten *extérieurement* • op zijn laatst *au plus tard*
uitermate *extrêmement*
uiterst I BNW • het meest verwijderd *extrême* • grootst ⋆ zijn ~e best doen *faire tout son possible* ⋆ met ~e krachtsinspanning *de toutes ses forces* • laatst *dernier* [v: *dernière*] ⋆ ~e datum *date* v *limite* ▾ in 't ~e geval *à la rigueur; à la limite* ▾ ~ links *l'extrême gauche* **II** BIJW *extrêmement*
uiterste *extrême* m; *extrémité* v ⋆ het ~ wagen *tenter l'impossible* ⋆ de ~n raken elkaar *les extrêmes se touchent* ⋆ in het andere ~ vervallen *tomber dans l'excès / l'extrême inverse* ⋆ van het ene ~ in het andere vallen *aller d'un extrême à l'autre* ⋆ tot het ~ drijven *pousser à bout* ⋆ tot het ~ gaan *aller jusqu'au bout*
uiterwaard *franc-bord* m [mv: *francs-bords*]
uitfluiten *siffler; <u>h</u>uer*
uitgaan • naar buiten gaan *sortir de; quitter* ⋆ de vlek wil er niet ~ *la tache ne part pas* • zich buiten gaan vermaken *sortir* • op weg gaan *partir* ⋆ op avontuur ~ *aller à l'aventure; chercher l'aventure* • leegstromen ⋆ de school gaat uit *c'est la sortie de l'école* • doven *s'éteindre* • eindigen ~ **op** ⋆ ~ op *se terminer en / par* • ~ **van** ⟨als uitgangspunt nemen⟩ *partir de*; ⟨afkomstig zijn van⟩ *émaner de*; ⟨rekenen op⟩ *tabler sur* ⋆ ervan ~ dat *partir du principe que* ⋆ er gaat niets van hem uit *il ne fait aucune preuve d'initiative* ▾ ~de post *courrier* m *sortant* ▾ de ~de wereld *le beau monde*
uitgaansavond *soirée* v *de sortie*
uitgaanscentrum ⟨v. stad⟩ *quartier* m *animé*
uitgaanskleding *tenue* v *habillée*
uitgaansleven *possibilités* v mv *de sortie* [mv]
uitgaansverbod ⟨avondklok⟩ *couvre-feu* m ⋆ een ~ uitvaardigen *décréter le couvre-feu*
uitgang • doorgang *sortie* v; *issue* v • TAALK. *terminaison* v; *désinence* v
uitgangspositie *point* m *de départ*
uitgangspunt *point* m *de départ*
uitgave • besteding *dépense* v • publicatie *édition* v
uitgeblust *éteint; épuisé*
uitgebreid I BNW • veelomvattend *étendu; vaste* • uitvoerig *détaillé* **II** BIJW *amplement*
uitgehongerd *affamé*
uitgekiend *étudié; calculé*
uitgekookt *rusé; roublard*
uitgelaten *très gai; exubérant*
uitgeleefd *décrépit*
uitgeleide ⋆ iem. ~ doen *raccompagner qn*
uitgelezen *de choix; choisi*
uitgemaakt *décidé; réglé* ⋆ dat is een ~e zaak *ça ne fait pas un pli* ⋆ dat is nog lang niet ~ *rien n'est joué*
uitgemergeld *épuisé*; FIG. *étique; famélique*
uitgeput *épuisé; exténué; à bout de forces*
uitgerekend I BNW berekenend *intéressé; calculateur* [v: *calculatrice*] **II** BIJW juist (nu) *justement* ⋆ ~ hij moest dat zeggen *il a fallu que ce soit lui qui le dise*
uitgeslapen • uitgerust *(bien) reposé* • pienter *éveillé; déluré*
uitgesproken I BNW *net* [v: *nette*] ⋆ een ~ voorkeur *un goût prononcé* ⋆ een ~ persoonlijkheid *une personnalité affirmée* **II** BIJW *nettement*
uitgestorven • niet meer bestaand *disparu* • FIG. verlaten *désert* ⋆ ~ straten *des rues désertes*
uitgestreken *impassible* ⋆ met een ~ gezicht *sans sourciller*
uitgestrekt *étendu; vaste*
uitgestrektheid *étendue* v
uitgeteerd *décharné*
uitgeteld • uitgeput *K.-O.* • uitgerekend ⟨bij zwangerschap⟩ *à terme*
uitgeven I OV WW • besteden *dépenser* (**aan** *à*) • publiceren *éditer; publier* • in omloop brengen *émettre* **II** WKD WW [+ zich] ~ **voor** *se faire passer pour*
uitgever *éditeur* m [v: *éditrice*]
uitgeverij *maison* v *d'édition*
uitgewerkt • niet langer effectief *qui n'a plus d'effet* • vervolledigd *élaboré*
uitgewoond *délabré*
uitgezakt *avachi*
uitgezocht *excellent; de choix*
uitgezonderd I VZ *à l'exception de; excepté* **II** VW *excepté; sauf*
uitgifte • het uitgeven *émission* v • verstrekking *distribution* v
uitgiftekoers *cours* m *d'émission*
uitglijden *glisser* (**over** *sur*)
uitglijder *bévue* v; *gaffe* v; *dérapage* m
uitgooien *jeter*
uitgraven *déterrer*
uitgroeien • uitkomen boven *dépasser* • ~ **tot** *se développer en*
uitgummen *gommer*
uithaal • beweging *coup* m; FIG. *coup* m *de griffe / de patte* • langgerekte toon *tenue* v
uithalen I OV WW • baten *faire son effet* ⋆ niets ~ *rester sans effet; ne servir à rien* • uitspoken *faire*; INFORM. *fabriquer* • weghalen *enlever; retirer* • loshalen *défaire* • leeghalen *vider*; ⟨schoonmaken⟩ *curer* ⋆ een nest ~ *dénicher des œufs / des oiseaux* **II** ON WW • arm/been uitslaan *donner un coup* • uitvaren *fulminer* (**tegen** *contre*) • uitpakken IRON. *mettre le paquet* • uitwijken *s'écarter* • toon aanhouden *tenir la note*; ⟨gieren⟩ *<u>h</u>urler*
uithangbord *enseigne* v
uithangen I OV WW • buiten ophangen ⟨v. vlag⟩ *arborer*; ⟨v. wasgoed⟩ *étendre* • zich gedragen als ⋆ de held ~ *jouer les héros* ⋆ de clown ~ *faire le pitre* ⋆ de beest ~ *faire des siennes* **II** ON WW • breeduit hangen *être étendu* • verblijven *se cacher*; INFORM. *être fourré*
uitheems *étranger* [v: *étrangère*]; *exotique*
uithoek *recoin* m; FIG. *coin* m *perdu*; *trou* m
uithollen • hol maken *creuser; évider* • ontkrachten *saper; éroder*
uithongeren *affamer*

uithoren *interrogen*; INFORM. *cuisiner*
uithouden *supporter* ⋆ niet om uit te houden *insupportable* ⋆ het ~ *tenir (le coup)*
uithoudingsvermogen *endurance* v
uithuilen *pleurer un bon coup*
uithuizig *(souvent) absent*; *de sortie*
uithuwelijken *donner en mariage*; *marier*
uiting *expression* v; *manifestation* v ⋆ ~ geven aan *exprimer* ⋆ tot ~ komen in *se manifester par*
uitje *sortie* v; INFORM. *virée* v
uitjouwen *huer*; *conspuer*
uitkafferen *engueuler*
uitkammen *ratisser*; *passer au peigne fin*
uitkeren *verser*; ⟨v. dividend⟩ *distribuer*
uitkering • het uitkeren *versement* m; ⟨v. dividend⟩ *distribution* v; ⟨toelage⟩ *allocation* v; ⟨vergoeding⟩ *indemnité* v; ⟨pensioen⟩ *pension* v ⋆ sociale ~en *prestations* v mv *sociales* • geldsom ter ondersteuning ⟨v. dividend⟩ *distribution* v; ⟨v. toelage⟩ *allocation* v ⋆ sociale ~ *prestation* v *sociale* ⋆ sociale ~en *prestations* v mv *sociales*
uitkeringsgerechtigd *allocataire*; *ayant droit à une prestation*
uitkeringstrekker *allocataire* m/v; *prestataire* m/v
uitkienen *goupiller*; *calculer*
uitkiezen *choisir* ⋆ met zorg ~ *trier sur le volet*
uitkijk *poste* m *d'observation* ⋆ op de ~ staan *faire le guet*
uitkijken • uitzicht geven op *donner sur*; ⟨in de diepte⟩ *plonger sur* ⋆ wij kijken op zee uit *nous avons vue sur la mer* • oppassen *faire attention* (**voor** *à*); *se méfier* (**voor** *de*) ⋆ kijk uit! *attention!*; INFORM. *fais gaffe!* ⋆ ik kijk wel uit! *très peu pour moi!* • zoeken ⋆ naar een baan ~ *être à la recherche d'un emploi* • verlangen naar *guetter* ⋆ naar de vakantie ~ *attendre les vacances avec impatience* ▾ ik ben erop uitgekeken *cela ne m'intéresse plus*
uitkijkpost *poste* m *d'observation*
uitkijktoren *tour* v *d'observation*; ⟨v. gevangenenkamp⟩ *mirador* m
uitklapbaar *dépliant*; *escamotable*
uitklaren *dédouaner*
uitkleden • ontkleden *déshabiller* ⋆ zich ~ *se déshabiller*; FIG. *dépouiller* • arm maken *dépouiller*
uitkloppen ⟨v. pijp⟩ *vider*; *battre*; *secouer*
uitknijpen *presser*; ⟨v. puist⟩ *écraser*
uitknippen *découper*
uitkomen • tevoorschijn komen *sortir* • uitbotten *éclore* ⋆ de plantjes komen uit *les plantes commencent à pousser* • uit ei komen *éclore* • aan het licht komen *être découvert*; *se savoir*; ⟨uitlekken⟩ *s'ébruiter* • in druk verschijnen *sortir*; *paraître*; *être publié* • aftekenen tegen *se détacher sur*; *ressortir* ⋆ mijn stem kwam niet boven het lawaai uit *le vacarme couvrit le son de ma voix* ⋆ iets goed doen ~ *mettre qc en relief* • toegang geven tot *déboucher sur*; *donner sur* • terechtkomen *arriver* • opgaan, kloppen *être juste / exact*; ⟨bewaarheid worden⟩ *se réaliser* ⋆ de deling komt uit *la division se fait sans reste* • rondkomen *s'en sortir* ⋆ hij komt niet uit met zijn salaris *son salaire ne lui suffit pas* • gelegen komen *convenir* ⋆ dat komt goed uit *cela tombe bien / à pic* ⋆ dat komt me goed uit *cela me convient / m'arrange* • SPORT *jouer* ⋆ voor Ajax ~ *évoluer à l'Ajax* • als eerste spelen ⋆ wie moet ~? *à qui de jouer?*; *qui a la main?* ⋆ met ruiten ~ *jouer carreau* • ~ **voor** *reconnaître* ⋆ ik kom er openlijk voor uit *je ne m'en cache pas* ▾ ik kom er niet uit *je ne m'en sors pas* ▾ dat komt me duurder uit *cela me revient plus cher*
uitkomst • resultaat *résultat* m • oplossing *issue* v; *solution* v; ⟨v. vraagstuk⟩ *résultat* m; ⟨v. vraagstuk⟩ *solution* v
uitkopen *racheter la part de*; *désintéresser*
uitkramen ⋆ onzin ~ *débiter des absurdités*; *dire n'importe quoi*
uitkristalliseren *se cristalliser*
uitlaat • opening *(tuyau* m *d')échappement* m [mv: *tuyaux ...*] • uitingsmogelijkheid *exutoire* m
uitlaatgas *gaz* m *d'échappement*
uitlaatklep *soupape* v *d'échappement*; FIG. *exutoire* m
uitlachen *se moquer de* ⋆ uitgelachen worden *se faire rire au nez*
uitladen *décharger*
uitlaten I OV WW • dier naar buiten laten *promener*; *sortir* • naar buiten geleiden *raccompagner à la porte* **II** WKD WW [+ zich] *se prononcer (sur)* ⋆ zich gunstig over iem. ~ *parler en bien de qn*
uitlating *déclaration* v; ⟨oneliner⟩ *petite phrase* v
uitleen- *de prêt* ⋆ uitleenbibliotheek *bibliothèque* v *de prêt*
uitleg *explication* v
uitleggen • verklaren *expliquer* • interpreteren *interpréter* • uitspreiden *étendre*; *étaler*
uitlekken • bekend worden *s'ébruiter*; *filtrer*; *transpirer* • uitdruipen *s'égoutter*
uitlenen *prêter* (**aan** *à*)
uitleven [+ zich] *se défouler*; *s'éclater*
uitleveren *extrader*
uitlevering *extradition* v
uitleveringsverdrag *traité* m *d'extradition*
uitleveringsverzoek *demande* v *d'extradition*
uitlezen ⋆ een boek ~ *finir un livre*
uitlichten *lever*; *relever*
uitlijnen *aligner*; ⟨v. auto⟩ *équilibrer*
uitloggen *se déconnecter*
uitlokken ⟨iets⟩ *provoquer*; ⟨iemand⟩ *amener*; *inviter* (**tot** *à*)
uitlokking OOK JUR. *provocation* v
uitloop *marge* v ⋆ een ~ van drie weken *une marge de trois semaines*
uitlopen I OV WW ten einde aflopen *suivre jusqu'au bout*; *terminer* **II** ON WW • naar buiten lopen *sortir (de)* • tot stilstand komen *continuer sur sa lancée*; *s'arrêter progressivement* • uitkomen ⟨uitmonden⟩ *déboucher* (**in, op** *dans, sur*); *se jeter* (**in, op** *dans*) • PLANTK. uitgroeien *bourgeonner*; ⟨kiemen⟩ *germer* • vlekkerig worden *s'écouler* • voorsprong nemen *prendre de l'avance* (**op**

ui

*sur); se détacher (***op** *sur)* • langer duren *se prolonger* • leiden tot ~ **op** *aboutir à; se terminer par* ⋆ op niets ~ *ne pas aboutir; ne mener à rien* ▾ wijd ~ *s'évaser*
uitloper • uitgroeisel *jet* m; *pousse* v • randgebergte *contrefort* m
uitloten • lotnummer trekken *tirer au sort* ⋆ uitgeloot *sorti* • uitsluiten door loting *exclure par tirage au sort*
uitloven *proposer; offrir*
uitluiden *sonner la fin de*
uitmaken • beslissen *décider* • vormen *former; constituer* ⋆ deel ~ van *faire partie de* • betekenen *faire; avoir de l'importance* ⋆ wat maakt dat uit? *qu'est-ce que ça fait?; quelle importance?* • doen ophouden ⟨v. vuur⟩ *éteindre*; ⟨v. verkering⟩ *rompre*; ⟨v. verkering⟩ *en finir avec* ⋆ hij heeft het uitgemaakt met zijn vriendin *il a rompu avec sa copine* • ~ **voor** *traiter de* ⋆ iem. ~ voor alles wat lelijk is *traiter qn de tous les noms*
uitmelken • eindeloos behandelen *épuiser* • armer maken *saigner à blanc*; ⟨uitbuiten⟩ *exploiter*
uitmesten FIG. *nettoyer à fond*
uitmeten • afmeten *mesurer* • uitvoerig noemen ⋆ breed ~ *s'étendre sur*
uitmonden *se jeter (***in** *dans)*; FIG. *aboutir (***in** *à)*
uitmonsteren • uitrusten *équiper (***met** *de)* • uitdossen *accoutrer*
uitmoorden *massacrer*
uitmunten *exceller à/dans/en*
uitmuntend I BNW *excellent* **II** BIJW *brillamment*
uitneembaar *amovible; démontable*
uitnemend I BNW *excellent* **II** BIJW *excellemment; brillamment*
uitnodigen *inviter (***voor, tot** *à); convier (à)*
uitnodiging *invitation* v ⋆ op ~ van *à / sur l'invitation de*
uitoefenen • bedrijven *exercer; pratiquer* • doen gelden *exercer* ⋆ druk ~ op *faire pression sur; exercer une pression sur* ⋆ kritiek ~ op iets *critiquer qc*
uitpakken I OV WW uit verpakking halen *déballer*; ⟨v. koffer⟩ *défaire* **II** ON WW • aflopen *tourner; finir* • gul zijn *se mettre en frais* ▾ flink ~ *(y) mettre le paquet; jouer le grand jeu*
uitpersen • leegpersen *presser* • uitbuiten *pressurer; exploiter*
uitpluizen FIG. *éplucher; dépouiller*
uitpraten I OV WW oplossen *régler* ⋆ het ~ met *s'expliquer avec* **II** ON WW ten einde praten ⋆ laat hem ~ *laisse-le finir* ⋆ niet uitgepraat raken over *ne pas tarir sur* ⋆ uitgepraat zijn *n'avoir plus rien à dire*
uitprinten *imprimer; lister*
uitproberen *essayer; tester*
uitpuffen *souffler*
uitpuilen *se gonfler; sortir* ⋆ ~de ogen *des yeux exorbités / globuleux / qui sortent de la tête*
uitputten • moe maken *épuiser* ⋆ zich ~ *s'épuiser* • opmaken *épuiser* ▾ zich ~ in verontschuldigingen *se confondre en excuses*
uitputting *épuisement* m
uitputtingsslag *guerre* v *d'usure*
uitpuzzelen *combiner; inventer*
uitrangeren OOK FIG. *mettre sur une voie de garage*; FIG. *mettre au placard*
uitrazen *se calmer*
uitreiken *remettre*; FORM. *délivrer*; ⟨v. prijs⟩ *distribuer*
uitreiking *remise* v; ⟨v. prijs⟩ *distribution* v
uitreisvisum *visa* m *de sortie*
uitrekenen *calculer*
uitrekken *allonger; étirer* ⋆ zich ~ *s'étirer*
uitrichten *faire*
uitrijzen *s'élever (***boven** *au-dessus de); dominer*
uitrit *sortie* v
uitroeien *exterminer* ⋆ met wortel en tak ~ *extirper*
uitroeiing *extermination* v
uitroep *cri* m; *exclamation* v
uitroepen • roepend zeggen *crier; s'écrier; s'exclamer* • afkondigen *proclamer* ⋆ ~ tot *proclamer*
uitroepteken *point* m *d'exclamation*
uitroken *enfumer*
uitrukken I OV WW los trekken *arracher* **II** ON WW erop uitgaan *se mettre en marche*
uitrusten I OV WW toerusten *équiper (***met** *de); munir (***met** *de)* **II** ON WW rusten *se reposer*
uitrusting *équipement* m
uitschakelen • buiten werking stellen *débrancher; déconnecter*; ⟨v. stroom⟩ *couper* • elimineren *éliminer*
uitschakeling *élimination* v; *débranchement* m; *déconnexion*
uitscheiden I OV WW afscheiden *excréter*; ⟨v. vocht⟩ *sécréter; éliminer* **II** ON WW ophouden *(s')arrêter* ⋆ schei uit met die onzin! *arrête tes conneries!*
uitscheiding *excrétion* v; *élimination* v
uitscheidingsorgaan *organe* m *excréteur*
uitschelden *injurier; insulter* ⋆ iem. ~ voor *traiter qn de*
uitschieten I OV WW haastig uittrekken *retirer / enlever rapidement* **II** ON WW • onbeheerst bewegen *déraper; glisser* • uitspruiten *pousser*; ⟨kiemen⟩ *germer*
uitschieter *pointe* v; *point* m *fort*
uitschot *rebut* m
uitschrijven • uitwerken *écrire*; ⟨overschrijven⟩ *(re)copier*; ⟨invullen⟩ *rédiger; faire*; WISK. *poser* • afkondigen *annoncer*; ⟨v. lening⟩ *lancer*; ⟨v. prijsvraag⟩ *organiser*; ⟨v. vergadering⟩ *convoquer* • schrappen *rayer*
uitschudden • schoonschudden *secouer* • plukken *dépouiller*
uitschuifbaar *escamotable*; ⟨v. ladder⟩ *coulissant*; ⟨v. tafel⟩ *à rallonges*; ⟨telescopisch⟩ *télescopique*
uitschuiven • naar buiten schuiven *pousser* • vergroten *allonger; tirer*
uitslaan I OV WW • uitkloppen *secouer* • wegslaan *battre* • naar buiten bewegen ⟨v. klauwen⟩ *ouvrir*; ⟨v. armen⟩ *étendre*; ⟨v. vleugels⟩ *déployer*; ⟨v. kaart⟩ *déplier; sortir* • uitkramen ⋆ onzin ~ *débiter des absurdités* ⋆ grove taal ~ *tenir des propos grossiers* **II** ON WW • naar buiten komen *jaillir* ⋆ ~de brand *feu* m *qui gagne / se propage; flammes* v mv

qui jaillissent • uitslag krijgen ⟨vocht⟩ *suinter*; ⟨schimmel⟩ *moisir*
uitslaapkamer *salle* v *de réveil / de réanimation*
uitslag • plek ⟨schimmel⟩ *moisissure* v; ⟨vocht⟩ *suintement* m; ⟨v. huid⟩ *éruption* v; ⟨puistjes⟩ *boutons* m mv • afloop *résultat* m • uitwijking *déviation* v
uitslapen *faire la grasse matinée*
uitsloven [+ zich] ⟨moeite doen⟩ *se donner beaucoup de mal*; ⟨overdreven⟩ *faire du zèle*; ⟨dik doen⟩ *frimer*
uitslover • vleier *fayot* m • dikdoener *frimeur* m [v: *frimeuse*]; *m'as-tu-vu* m [onv]; ⟨branie⟩ *crâneur* m [v: *crâneuse*]
uitsluiten *exclure (***van** *de)*
uitsluitend I BNW • exclusief *exclusif* [v: *exclusive*] • alleen *unique* **II** BIJW • exclusief *exclusivement* • alleen *uniquement*
uitsluiting *exclusion* v; *exception* v ★ met ~ van *à l'exception de*
uitsluitsel *réponse* v *définitive* ★ iem. ~ geven over *fixer qn sur*
uitsmeren OOK FIG. *étaler (***over** *sur)*
uitsmijter • persoon *videur* m • gerecht ≈ *des œufs* m mv *sur le plat (et jambon etc.)* • slotnummer *bouquet* m *final*
uitsnijden *(dé)couper*; MED. *exciser* ★ een (diep) uitgesneden hals *un décolleté*
uitspannen *dételer*
uitspanning *café* m; *relais* m
uitspansel *firmament* m
uitsparen • open laten *ménager*; *réserver* • besparen *économiser*
uitsparing • besparing *économie* v • opengelaten plek *marge* v; *blanc* m
uitspatting *excès* m; *débauche* v
uitspelen • tot het eind spelen *finir*; *terminer* • in het spel brengen *jouer* • manipuleren ★ mensen tegen elkaar ~ *monter des gens les uns contre les autres*
uitsplitsen *diviser (***in** *en)*; *répartir (***in** *en)*
uitspoelen *rincer*; ⟨wassen⟩ *laver*
uitspoken *fabriquer*
uitspraak • wijze van uitspreken *prononciation* v; ⟨articulatie⟩ *articulation* v • bewering *propos* m mv; *mot* m • JUR. *verdict* m; *sentence* v ★ ~ doen in een zaak *se prononcer sur une affaire* ★ ~ doen (over) *rendre son jugement*; *statuer (sur)* ★ ~ doen in kort geding *juger en référé*
uitspreiden *étendre*; ⟨v. vleugels⟩ *déployer*; ⟨v. benen⟩ *écarter*
uitspreken I OV WW • sprekend uiten *exprimer* • articuleren *prononcer*; *articuler* ★ hoe spreek je dat uit? *comment ça se prononce?* • bekendmaken *prononcer* **II** ON WW ten einde spreken *finir (de parler)* **III** WKD WW [+ zich] *se prononcer (***over** *sur;* **tegen** *contre)*
uitspringen *avancer*; *saillir* ★ een ~de hoek *un angle saillant* ▾ er ~ *émerger du lot*; *sortir de la masse*
uitspugen *cracher*
uitstaan I OV WW dulden *souffrir*; *supporter* ★ iem. niet kunnen ~ *ne pas pouvoir sentir qn* ★ doodsangsten ~ *avoir une peur bleue* ▾ daarmee heb ik niets uit te staan *je n'y suis pour rien dans cette affaire* **II** ON WW • uitsteken *faire saillie* • uitgeleend zijn ★ ~de schuld *dette* v *active* ★ ~d geld *argent* m *placé (à intérêt)*
uitstalkast *vitrine* v
uitstallen *étaler*
uitstalling *étalage* m
uitstalraam *vitrine* v
uitstapje *excursion* v; *tour* m; FIG. *incursion* v
uitstappen *descendre (***uit** *de)*
uitsteeksel *saillie* v; *pointe* v
uitstek ★ bij ~ *par excellence*
uitsteken I OV WW • naar buiten steken *tendre*; ⟨uitstrekken⟩ *étendre* • eruit steken *couper* ▾ geen vinger ~ *ne pas remuer le petit doigt* **II** ON WW naar buiten/vooruit steken *saillir*; *déborder* ★ (hoog) ~ boven *dépasser (de loin)*
uitst<u>e</u>kend I BNW heel goed *excellent* **II** BIJW *excellemment*
uitstel ⟨opschorting⟩ *ajournement* m; *report* m *(***tot** *à)*; ⟨respijt⟩ *délai* m ★ ~ van betaling *sursis* m; JUR. *atermoiement* m ★ ~ verlenen *donner un délai* ★ dat kan geen ~ lijden *cela ne souffre aucun délai* ▾ van ~ komt afstel ≈ *ne remets pas au lendemain ce que tu peux faire le jour même* ▾ ~ van executie *délai de grâce*; *sursis* ▾ ~ is geen afstel *ce n'est que partie remise*
uitstellen *différer*; *remettre (***tot** *à)* ★ tot nader order ~ *remettre jusqu'à nouvel ordre*
uitsterven *être en voie de disparition* ★ de olifant wordt met ~ bedreigd *l'éléphant est menacé d'extinction*
uitstijgen • uitstappen *descendre de* • ~ **boven** *dépasser*
uitstippelen *tracer*; *jalonner*; FIG. *définir*
uitstoot *émission* v; *rejet* m
uitstorten *(dé)verser* ▾ zijn hart ~ bij iem. *ouvrir son cœur à qn*
uitstoten • stotend verwijderen *rejeter*; *émettre* • uiten *pousser* • verstoten *expulser*; *rejeter (***uit** *de)*
uitstralen I OV WW *émettre*; *dégager*; FIG. *respirer* **II** ON WW *rayonner*; ⟨v. licht, warmte⟩ *irradier*
uitstraling *rayonnement* m; *présence* v; FIG. *aura* v
uitstrekken I OV WW voluit strekken *étendre* **II** WKD WW [+ zich] *s'étendre (***over** *sur)*
uitstrijken • uitsmeren *étaler* • verdelen *étaler*
uitstrijkje *frottis* m
uitstrooien • strooien *épandre* • overal vertellen *répandre*
uitstroompercentage *pourcentage* m *d'écoulement*
uitstulping *bosse* v; *protubérance* v; MED. *<u>h</u>ernie* v
uitsturen *envoyer*; ⟨wegsturen⟩ *expulser*
uittekenen *dessiner*; FIG. *décrire* ▾ ik kan hem wel ~ *je le connais comme si je l'avais fait*
uittesten *tester*
uittikken *taper à la machine*
uittocht *exode* m
uittrap *coup* m *de pied de but*
uittreden ⟨uit functie⟩ *se retirer*; ⟨v. priester⟩ *se défroquer* ★ vervroegd ~ *partir en préretraite*

uittreding *départ* m; ⟨uit functie⟩ *démission* v ⋆ vervroegde ~ *(départ* m *en) préretraite* v
uittrekken I OV WW • uitdoen *enlever* • verwijderen *arracher*; *retirer* • uittreksel maken *faire un résumé de* • bestemmen *destiner* **(voor** *à)*; *affecter* **(voor** *à)*; ⟨v. tijd⟩ *réserver* **(voor** *à)* **II** ON WW weggaan ⋆ erop ~ *partir*
uittreksel • certificaat *extrait* m ⋆ ~ uit het geboorteregister *extrait* m *de naissance* • samenvatting *extrait* m
uittypen *taper au net*
uitvaagsel *rebut* m; *lie* v *(de la société)*
uitvaardigen *décréter*; ⟨v. arrestatiebevel, verbod⟩ *lancer*; ⟨v. wet⟩ *promulguer*
uitvaart *obsèques* v mv
uitvaartcentrum *funérarium* m
uitvaartdienst *service* m *funèbre*
uitvaartstoet *cortège* m *funèbre*
uitvaartverzekering *assurance* v *obsèques*
uitval • SPORT *attaque* v; ⟨counter⟩ *contre* m • MIL. *percée* v • boze uiting *sortie* v; *apostrophe* v • het uitvallen ⟨v. haar⟩ *chute* v; ⟨v. stroom⟩ *panne* v *(de courant)*
uitvallen • agressief spreken *faire une sortie* **(tegen** *contre)* • plotseling aanvallen *faire une percée*; ⟨counteren⟩ *faire un contre* • loslaten *tomber* • wegvallen SPORT *abandonner* ⋆ de stroom valt uit *il y a une panne de courant* ⋆ de trein van 8.03 uur is uitgevallen *le train de 8h.03 a été supprimé* • mee-/tegenvallen ⋆ goed ~ *réussir*; *bien tourner* ⋆ slecht ~ *mal réussir/tourner* ▾ hij is somber uitgevallen *il est d'un naturel triste*
uitvalsbasis *base* v *de départ*
uitvalsweg *route* v *de sortie*
uitvaren • naar buiten varen *prendre le large*; *appareiller* • boos uitvallen *fulminer* **(tegen** *contre)*
uitvechten ≈ *régler*; *vider*
uitvegen • schoonvegen *balayer* • uitwissen *effacer*
uitvergroten *agrandir*
uitvergroting *agrandissement* m
uitverkocht • niet meer te koop *épuisé* • vol *complet* [v: *complète*] ⋆ de voorstelling is ~ *le théâtre affiche complet*; *on joue à guichets fermés*
uitverkoop *soldes* m mv ⋆ in de ~ *en solde*; *soldé*
uitverkoren *élu*; REL. *prédestiné*
uitverkorene *élu* m [v: *élue*]
uitvinden • uitdenken *inventer* • te weten komen *découvrir*
uitvinder *inventeur* m [v: *inventrice*]
uitvinding *invention* v
uitvissen *tirer au clair*
uitvlakken *effacer* ▾ dat moet je niet ~ *ce n'est pas rien*
uitvliegen *s'envoler*
uitvloeisel *conséquence* v; *résultat* m; *suite* v
uitvlooien *éplucher*
uitvlucht *échappatoire* v; *prétexte* m; *faux-fuyant* m [mv: *faux-fuyants*]
uitvoegen *déboîter*
uitvoegstrook *bande* v *de ralentissement*
uitvoer • uitvoering ⋆ ten ~ brengen *mettre à exécution*; *réaliser* • export *exportation* v • COMP. *sortie* v
uitvoerbaar *faisable*; *réalisable*
uitvoerder *réalisateur* m [v: *réalisatrice*]; *exécutant* m [v: *exécutante*]
uitvoeren • exporteren *exporter* • volbrengen *effectuer*; *exécuter*; ⟨ten gehore brengen⟩ *exécuter*; ⟨vervullen⟩ *accomplir* • vervaardigen *faire*; *fabriquer*; *façonner* • vertonen *représenter* • verrichten *faire*; INFORM. *fabriquer* ⋆ hij voert geen klap uit *il se tourne les pouces*; *il ne fout rien du tout* ▾ ~d kunstenaar *interprète* m/v ▾ ~de macht *(pouvoir* m*) exécutif* m
uitvoerig I BNW *détaillé*; *circonstancié* **II** BIJW *en détail*; *amplement*
uitvoering • het uitvoeren *exécution* v; *réalisation* v; *mise* v *en œuvre* ⋆ in ~ *en cours de réalisation* ⋆ werk in ~ *travaux* m mv • vervaardigingsvorm ⟨v. auto e.d.⟩ *modèle* m; ⟨v. boek⟩ *version* v ⋆ in luxe ~ *modèle luxe* • voordracht ⟨m.b.t. toneel⟩ *représentation* v; ⟨v. muziek⟩ *exécution* v
uitvoeroverschot *excédent* m *d'exportation*
uitvoerpapieren *documents* m mv *d'exportation*
uitvoerrecht *droit* m *d'exportation*
uitvoervergunning *licence* v *d'exportation*
uitvogelen *tirer au clair*
uitvouwbaar *dépliant*
uitvouwen *déplier*
uitvragen *questionner*; *interroger*
uitvreten *fabriquer*; *foutre*; *trafiquer*
uitvreter *pique-assiette* m/v [onv]
uitwaaien ≈ *prendre l'air*
uitwas • uitgroeisel *excroissance* v; *protubérance* v • exces *excès* m
uitwasemen *dégager*
uitwatering • het uitwateren *évacuation* v *(des eaux)* • plaats *déversoir* m
uitwedstrijd *match* m *en déplacement*
uitweg • uitkomst *issue* v • uitgang *issue* v
uitweiden ⋆ ~ over *discourir sur*; *s'étendre sur*
uitweiding *digression* v
uitwendig I BNW *externe*; *extérieur* ⋆ voor ~ gebruik *à usage externe* ▾ het ~e *l'extérieur* m **II** BIJW *extérieurement*
uitwerken I OV WW • vervolledigen *développer*; *élaborer*; ⟨v. plan⟩ *mettre au point* • oplossen *résoudre* **II** ON WW effect hebben *faire un effet* ▾ uitgewerkt zijn *n'avoir plus d'effet*
uitwerking • het vervolledigen *développement* m; *élaboration* v • effect *effet* m; ⟨krachtig⟩ *impact* m **(op** *sur)* ⋆ zijn ~ missen *ne pas produire l'effet désiré* ⋆ zonder ~ *inopérant*
uitwerpselen *excréments* m mv
uitwijken • opzij gaan *s'écarter*; ⟨zwenken⟩ *faire un écart* • de wijk nemen *s'exiler* **(naar** *à, en)*; *s'expatrier*
uitwijking *déviation* v
uitwijkmanoeuvre *embardée* v; FIG. *dérobade* v
uitwijzen • aantonen *(dé)montrer* • verdrijven *expulser*
uitwijzing *expulsion* v
uitwisbaar *effaçable*
uitwisselen *échanger*

uitwisseling *échange* m
uitwissen *effacer*
uitwonend ⟨niet bij ouders wonend⟩ *qui n'habite pas chez ses parents*; *externe*
uitworp *remise* v *en jeu*; *dégagement* m
uitwrijven ▾ zijn ogen ~ *se frotter les yeux*
uitwringen *essorer*; *tordre*
uitwuiven ≈ *dire au revoir (de la main)*
uitzaaien **I** OV WW verspreiden *semer* **II** WKD WW [+ zich] *se disséminer*; MED. OOK *métastaser*
uitzaaiing MED. *métastase* v
uitzakken *s'affaisser* ★ uitgezakt *avachi*
uitzendbureau *agence* v *d'intérim*
uitzenden • MEDIA *diffuser*; *(re)transmettre* ★ een SOS-bericht ~ *lancer un SOS* • met opdracht wegsturen *envoyer*; ⟨detacheren⟩ *détacher*
uitzending *émission* v ★ in de ~ zijn *être sur l'antenne* ★ in de ~ komen *passer à l'antenne*
uitzendkracht *intérimaire* m/v
uitzendwerk ★ ~ doen *faire de l'intérim*
uitzet ⟨v. bruid⟩ *trousseau* m; ⟨v. kind⟩ *layette* v
uitzetten **I** OV WW • buiten iets plaatsen *mettre dehors* ★ de sloepen ~ *mettre les chaloupes à la mer* • wegsturen *expulser* • verspreiden *disposer*; *répandre*; ⟨v. wachtposten⟩ *poster* • buiten werking stellen *éteindre* • ECON. beleggen *placer* • markeren *tracer*; *jalonner* **II** ON WW toenemen in omvang *se gonfler*; *se dilater*
uitzetting • lengte-/volumetoename *dilatation* v; ⟨expansie⟩ *expansion* v • verwijdering *expulsion* v
uitzicht • het uitzien *vue* v • vergezicht *vue* v ★ ~ hebben op *avoir vue sur* ★ het ~ belemmeren *boucher la vue* ★ vrij ~ *vue dégagée*; *vue imprenable* • vooruitzicht *perspective* v
uitzichtloos *sans issue*
uitzichtloosheid *situation* v *sans issue*
uitzieken *se rétablir*
uitzien • zicht geven op ~ **op** *donner sur* ★ de vensters zien uit op de tuin *les fenêtres donnent sur le jardin* • op zoek gaan ~ **naar** ★ naar een baan ~ *être à la recherche d'un emploi* • verlangen ~ **naar** ★ naar de vakantie ~ *attendre les vacances avec impatience* • uitkijken ~ **over** *avoir vue sur*; *plonger sur*
uitzingen ★ het kunnen ~ *pouvoir tenir*
uitzinnig **I** BNW *forcené*; *hors de soi* **II** BIJW *comme un forcené*
uitzitten *attendre la fin de* ★ zijn tijd ~ *faire son temps*; *purger sa peine*
uitzoeken • kiezen *choisir* • sorteren *trier* • te weten komen *tirer au clair* ▾ ze zoeken het maar uit! *qu'ils se débrouillent!*
uitzonderen *excepter*
uitzondering *exception* v *(***op** *à)* ★ met ~ van *à l'exception de* ★ een ~ vormen *échapper à la règle* ★ bij ~ *à titre exceptionnel*; *exceptionnellement* ▾ de ~ bevestigt de regel *l'exception confirme la règle*
uitzonderingsgeval *cas* m *exceptionnel*
uitzonderlijk **I** BNW *exceptionnel* [v: *exceptionnelle*] **II** BIJW *exceptionnellement*
uitzoomen *zoomer en plan général*
uitzuigen • leegzuigen *sucer* • uitbuiten *exploiter*
uitzuiger *exploiteur* m [v: *exploiteuse*]
uitzwaaien ≈ *dire au revoir (de la main)*
uitzwermen OOK FIG. *essaimer*; ⟨v. personen⟩ FIG. *se disperser*
uitzweten • wegzweten *guérir en transpirant* • uitdrijven *suer*
uk *petit bout* m *d'homme / de chou*
ukelele *ukulélé* m
ultiem *ultime*
ultimatum *ultimatum* m ★ een ~ stellen *lancer un ultimatum*
ultra- *ultra-*
ultracentrifuge *ultracentrifugeuse* v
ultramodern *ultramoderne*
ultrarechts *d'extrême droite*
ultraviolet *ultraviolet* [v: *ultraviolette*]
umlaut *umlaut* m
unaniem **I** BNW *unanime* **II** BIJW *à l'unanimité*
undercoveragent *agent* m *secret*
underdog *plus faible* m/v; SPORT *outsider* m
understatement *litote* v
Unesco *UNESCO* v
unfair ⟨onbillijk⟩ *injuste*; ⟨onsportief⟩ *pas fair-play*
Unicef *UNICEF* m
unicum *cas* m / *chose* v *unique*
unie *union* v
uniek *unique*
unificatie *unification* v
uniform **I** ZN [het] *uniforme* m **II** BNW *uniforme*
uniformeren *uniformiser* ★ geüniformeerd *en uniforme*
uniformiteit *uniformité* v
unilateraal **I** BNW *unilatéral* [m mv: *unilatéraux*] **II** BIJW *unilatéralement*
uniseks *unisexe*
unit *unité* v
universalistisch *universaliste*
universeel **I** BNW *universel* [v: *universelle*] **II** BIJW *universellement*
universitair *universitaire*
universiteit *université* v ★ Technische Universiteit *École* v *des arts et métiers*; *École* v *polytechnique*
universiteitsbibliotheek *bibliothèque* v *universitaire*
universiteitsstad *ville* v *universitaire*
universum *univers* m
unzippen *unzipper*; *décompacter*
update *mise* v *à jour*; ⟨versie⟩ *dernière version* v
updaten *mettre à jour*; *actualiser*
upgrade *optimisation* v; *extension* v
upgraden *mettre à niveau*; *optimiser*
uploaden *uploader*
uppercut *uppercut* m
uppie ▾ in zijn ~ *tout seul*
ups en downs *des hauts et des bas*
up-to-date *à jour* ★ ~ zijn *être à la page*
uranium *uranium* m
urban *urbain*; *urban*
urbanisatie *urbanisation* v
urbaniseren *urbaniser*

ure • → **uur**
urenlang I BNW *(pendant) de longues heures* **II** BIJW *(pendant) de longues heures*
ureum *urée* v
urgent I BNW *urgent* **II** BIJW *d'urgence*
urgentie *urgence* v
urgentieverklaring *attestation* v *d'urgence*
urine *urine* v
urinebuis *urètre* m
urineleider *uretère* m
urineren *uriner*
urinewegen *voies* v mv *urinaires* [mv]
urinoir *urinoir* m
URL *(adresse* v*) URL* m
urn *urne* v
urologie *urologie* v
uroloog *urologue* m/v
uroscopie *uroscopie* v
Uruguay *l'Uruguay* m ⋆ in ~ *en Uruguay*
Utopia *Utopie* v
utopie *utopie* v
utopisch *utopique*
uur *heure* v ⋆ over een uur *dans une heure* ⋆ om twaalf uur 's nachts *à minuit* ⋆ het is tien uur *il est dix heures* ⋆ na een uur *au bout d'une heure* ⋆ anderhalf uur *une heure et demie* ⋆ om het uur *toutes les heures* ⋆ op de hele en halve uren *toutes les heures et demi-heures* ⋆ honderdveertig kilometer per uur *cent quarante kilomètres à l'heure* ⋆ om zes uur *à six heures* ▾ te elfder ure *au dernier moment* ▾ zijn uur heeft geslagen *sa dernière heure a sonné*
uurloon *salaire* m *horaire*
uurrooster • Z-N dienstrooster *horaire* m • les-, werkrooster *emploi* m *du temps*
uurwerk • klok *horloge* v • mechaniek *mécanisme* m
uurwijzer *petite aiguille* v
uv-licht *lumière* v *UV*
U-vormig *en u*
uw *votre* [m mv: *vos*] ⋆ de/het uwe *le vôtre* m; *la vôtre* v ⋆ de uwen *les vôtres*
uwerzijds *de votre part*
UWV *UNEDIC* ⟨Union Nationale pour l'Emploi dans l'Industrie et le Commerce⟩
uzi *uzi* m

V

v *v* m ⋆ de v van Victor *V comme Victor*
vaag • niet scherp omlijnd *vague*; *flou*; *indistinct* • FIG. onduidelijk *vague*; *flou*; *indistinct* ⋆ een vage glimlach *une ébauche de sourire* ⋆ vage gelijkenis *ressemblance* v *lointaine*
vaak *souvent* ⋆ hoe vaak *combien de fois* ⋆ dat heeft hij vaker gedaan *il n'en est pas à son début*
vaal • verkleurd *passé*; *décoloré* • kleurloos *terne*; *fade*; ⟨vaalbleek⟩ *blême*; *livide* ⋆ een vale huid *une peau livide*
vaandel *drapeau* m [mv: *drapeaux*]; *étendard* m; MIL. *enseigne* v ▾ met vliegende ~s *enseignes déployées* ▾ onder het ~ van *sous la bannière de*
vaandeldrager *porte-drapeau* m [mv: *porte-drapeau(x)*]
vaandrig *aspirant* m
vaantje • vlaggetje *fanion* m • windwijzer *girouette* v
vaarbewijs *permis* m *de navigation*
vaarboom *gaffe* v
vaardig *adroit*; *habile* ▾ de geest werd ~ over hem *il était inspiré*
vaardigheid *adresse* v; *habileté* v
vaargeul *chenal* m [mv: *chenaux*]
vaars *génisse* v
vaart • snelheid *allure* v; *vitesse* v ⋆ in volle ~ *à toute allure* ⋆ ~ zetten achter *activer* ⋆ ~ minderen *ralentir* ⋆ ~ hebben *aller bon train* ⋆ ~ zetten *prendre de l'élan* • het varen *navigation* v ⋆ de wilde ~ *le tramping* ⋆ de grote ~ *la navigation au long cours* ⋆ uit de ~ nemen *désarmer* • kanaal *canal* m [mv: *canaux*] ▾ dat zal zo'n ~ niet lopen *cela s'arrangera*
vaartuig *navire* m; *bateau* m [mv: *bateaux*]
vaarwater *eau* v *navigable* ▾ in iemands ~ zitten *naviguer dans les eaux de qn* ▾ in gevaarlijk ~ *dans un mauvais pas*
vaarwel *adieu* m [mv: *adieux*] ⋆ ⟨personen⟩ ~ zeggen *quitter*; *dire adieu à* ▾ FIG. iets ~ zeggen *tirer sa révérence à qc*; *quitter qc*
vaas *vase* m
vaat *vaisselle* v ⋆ de vaat doen *faire la vaisselle*
vaatbundel *fibre* v *vasculaire*
vaatdoek *torchon* m ▾ zo slap als een ~ *tout en coton*
vaatje • → **vat**
vaatwasmachine *lave-vaisselle* m [onv]
vaatwerk *vaisselle* v
vaatziekte *maladie* v *vasculaire*
vacant *vacant* ⋆ een ~e zetel *une vacance*
vacature *poste* m *vacant*
vacaturebank *bourse* v *de l'emploi*
vacaturestop *gel* m *de l'embauche*
vaccin *vaccin* m
vaccinatie *vaccination* v
vaccineren *vacciner*
vacht ⟨pels⟩ *pelage* m; ⟨v. schaap⟩ *poil* m; ⟨v. schaap⟩ *toison* v; *fourrure*

vacuüm *vide* m
vacuümpomp *pompe* v *à vide*
vacuümverpakking *emballage* m *sous vide*
vadem *toise* v
vademecum *vade-mecum* m [onv]
vader • ouder *père* m ★ van ~ op zoon *de père en fils* ★ zo ~, zo zoon *tel père, tel fils* • vaderfiguur ★ de Heilige Vader *le Saint-Père* • grondlegger ★ geestelijk ~ *auteur* m; *initiateur* m; *père*
vaderbinding *fixation* v *oedipienne*
Vaderdag *fête* v *des pères*
vaderfiguur *figure* v *de père*
vaderland *patrie* v ★ het ~ verlaten *s'expatrier* m ★ naar het ~ terugzenden *rapatrier* ★ tweede ~ *pays* m *d'adoption*
vaderlands • van het vaderland *national* [m mv: *nationaux*] • patriottisch *patriotique*
vaderlandsliefde *patriotisme* m
vaderlandslievend *patriotique*
vaderlijk I BNW *paternel* [v: *paternelle*] II BIJW *paternellement*
vaderloos ★ vaderloze wezen *orphelins de père*
vaderschap *paternité* v
vaderskant ★ van ~ *(du côté) paternel*
vadsig I BNW *avachi* II BIJW *indolemment*
vagant *goliard* m
vagebond *vagabond* m
vagelijk *vaguement*
vagevuur *purgatoire* m
vagina *vagin* m
vaginaal *vaginal* [m mv: *vaginaux*]
vak • deel van vlak *compartiment* m; ⟨v. muur⟩ *pan* m; ⟨v. zoldering⟩ *caisson* m • hokje *case* v • beroep *métier* m ★ het is zijn vak *il est du métier* • leervak *matière* v; *discipline* v
vakantie *vacances* v mv ★ ~ nemen *prendre des vacances* ★ de grote ~ *les grandes vacances* ★ met ~ gaan / zijn *partir / être en vacances*
vakantieadres *adresse* v *de vacances*
vakantiebestemming *destination* v *pour les vacances*
vakantieboerderij *gîte* m *rural*
vakantiedag *jour* m *de congé / de vacances*
vakantieganger *vacancier* m [v: *vacancière*]
vakantiegeld *indemnité* v *de congés payés*
vakantiehuis *maison* v *de vacances*
vakantiekolonie *colonie* v *de vacances*
vakantieoord *villégiature* v
vakantiespreiding *étalement* m *des vacances*
vakantiestemming *ambiance* v *de vacances*
vakantietijd *période* v *des vacances*
vakantiewerk *travail* m / *job* m *de vacances*
vakbekwaam *qualifié* ★ ~ zijn *avoir du métier*
vakbeurs *salon* m
vakbeweging • vakbonden *syndicats* m mv • streven v.d. vakbonden *mouvement* m *syndical*; *syndicalisme* m
vakblad *journal* m *professionnel* [m mv: *journaux ...*]
vakbond *syndicat* m
vakbondsleider *leader* m *syndical*
vakcentrale *centrale* v
vakdiploma *certificat* m *d'aptitude professionnelle*; *C.A.P.* m
vakgebied *discipline* v; *branche* v
vakgenoot *collègue* m/v; ⟨bij vrij beroep⟩ *confrère* m
vakgroep ⟨v. universiteit⟩ *unité* v *de formation et de recherche*; *UFR* v
vakidioot ≈ *polard* m [v: *polarde*]
vakjargon *jargon* m; *argot* m *de métier*
vakkennis *connaissances* v mv *professionnelles* [mv]
vakkenpakket ≈ *ensemble* m *de matières*
vakkenvullen *réassortir les gondoles*
vakkenvuller *gondolier* m [v: *gondolière*]
vakkundig I BNW *expert*; *compétent* ★ onder ~e leiding *dirigé par les experts* II BIJW *de façon professionnelle*
vakliteratuur *littérature* v *spécialisée*
vakman *spécialiste* m; INFORM. *pro* m
vakmanschap *compétence* v; *métier* m
vakonderwijs *enseignement* m *professionnel*
vakopleiding *formation* v *professionnelle*
vakorganisatie *organisation* v *syndicale*
vakpers *presse* v *spécialisée*
vaktaal *jargon* m; *vocabulaire* m *spécialisé/technique*
vaktechnisch *technique*; *spécialisé*
vakterm *terme* m *technique*
vakvereniging *syndicat* m
vakvrouw *spécialiste* v; *experte*
vakwerk • werk van een vakman *travail* m *de professionnel* • wandconstructie *colombage* m
vakwerkbouw *construction* v *à colombage*
val • het vallen *chute* v ★ ten val komen *faire une chute* ★ vrije val *chute libre* • daling *chute* v • ondergang *chute* v ★ ten val brengen *faire tomber*; *renverser* • vangtoestel *piège* m ★ in de val lopen *donner dans le piège*; *être pris au piège* ★ een val opzetten voor iem. *tendre un piège à qn* ★ in de val lokken *piéger*
valbijl • toestel *guillotine* v • mes *couperet* m
Valentijnsdag *Saint-Valentin* v
valeriaan *valériane* v
valhelm *casque* m
valide • geldig *valide* • gezond *valide*
validiteit *validité* v
valies *valise* v
valium *valium* m
valk *faucon* m
valkenier *fauconnier* m
valkenjacht *fauconnerie* v
valkuil *trappe* v; FIG. *piège* m
vallei *vallée* v
vallen • neervallen *tomber* ★ er valt sneeuw *il neige*; *il tombe de la neige* • ten val komen *tomber* ★ van zijn fiets ~ *faire une chute de vélo* ★ uit elkaar ~ *se décomposer*; *tomber en morceaux* • neerhangen *(re)tomber* • sneuvelen *tomber*; *périr* ★ er zijn drie doden ge~ *il y a eu trois morts*; *trois personnes ont été tuées* • plaatsvinden *tomber* ★ zijn verjaardag valt op een vrijdag *son anniversaire tombe un vendredi* ★ er viel een schot *un coup de feu partit* ★ er vielen woorden *ils ont eu des mots* ★ er viel een stilte *il y eut un silence* ★ de beslissing is ge~ *la décision est prise* • in toestand geraken *tomber* ★ de verdenkingen zijn op mij ge~ *les soupçons se sont portés sur moi* ★ de nacht

valt *la nuit tombe* ★ goed ~ *être bien reçu*; *plaire* • op zekere wijze zijn *être*; *tomber* ★ die opmerking viel verkeerd *cette remarque est mal tombée* ★ het valt hem zwaar om *il lui en coûte de*; *il lui est pénible de* ★ er valt hier niets te doen *il n'y a rien à faire ici* • ~ **op** *avoir un faible pour*; INFORM. *flasher sur* ★ hij valt op je *tu lui plais* • ~ **over** *trébucher sur*; ⟨aanstoot nemen⟩ *s'offusquer de* • ~ **onder** *relever de*; *être du ressort de* ▾ met ~ en opstaan *avec des hauts et des bas* ▾ iem. om de hals ~ *sauter au cou de qn* ▾ bij het ~ van de avond *à la tombée de la nuit*; *à la nuit tombante* ▾ laten ~ *lâcher*; *laisser tomber* ▾ ge~ engel *ange* m *déchu*

valluik *trappe* v

valpartij *chute(s)* v (mv)

valreep *échelle* v ▾ op de ~ *au (tout) dernier moment*; *in extremis*

vals I BNW • onzuiver van toon *faux* [v: *fausse*] • onecht *faux* [v: *fausse*] • bedrieglijk *faux* [v: *fausse*] ★ vals spel *tricherie* v; INFORM. *triche* v • verkeerd *faux* [v: *fausse*] • boosaardig *méchant* ★ zo vals als een kat *mauvais comme une teigne* **II** BIJW • onzuiver van toon *faux* • bedrieglijk *faussement* ★ vals spelen *tricher* • boosaardig *méchamment*

valsaard ⟨verrader⟩ *judas* m; ⟨huichelaar⟩ *faux jeton* m; ⟨valsspeler⟩ *tricheur* m; ⟨gemenerik⟩ *crapule* v

valscherm *parachute* m

valselijk *faussement*

valsemunter *faux-monnayeur* m [mv: *faux-monnayeurs*]

valserik • gemenerik *salaud* m; *salope* v • hypocriet *faux-jeton* m [mv: *faux-jetons*]

valsheid • het onecht zijn *fausseté* v • het vervalsen ★ ~ in geschrifte *faux* m *en écriture*; *faux et usage de faux* • boosaardigheid *méchanceté* v

valstrik *piège* m ★ een ~ spannen *tendre un piège*

valuta *monnaie* v ★ harde ~ *monnaie forte*

valutahandel *marché* m *des devises*

valutakoers *taux* m *de change*

valwind *vent* m *rabattant*

vamp *vamp* v

vampier *vampire* m

van I BIJW • over *en* • weg *en* ★ zij nam er wat van *elle en prit qc* • door ★ hij werd er rijk van *cela l'a rendu riche* ★ daar word je sterk van *cela fortifie* **II** VZ • in bezit van, toebehorend aan *de*; ⟨eigendom van⟩ *à*; *de*; ⟨gemaakt van⟩ *de*; *en* ★ dat geld is van mij *cet argent est à moi* ★ een vriend van mij *un de mes amis* • door *de* • als gevolg van ★ dat komt van het vallen *c'est à cause de la chute* • afkomstig van *de* ★ ik kreeg een brief van hem *j'ai reçu une lettre de sa part* • uit/vandaan *de* • bestaande uit *de* ★ van hout *de / en bois* • wat ... betreft *de* ★ klein van postuur *de petite taille* ▾ dat is lief van je *c'est gentil de ta part* ▾ van dag tot dag *de jour en jour* ▾ van vader op zoon *de père en fils* ▾ hij zegt van niet *il dit que non* ▾ van nu af aan *à partir de maintenant* ▾ negen van de tien keer *neuf fois sur dix* ▾ van de week *cette semaine*

vanaf • daarvandaan ★ ~ daar wordt het moeilijk *à partir de là, cela commence à être difficile* ★ ~ het dak *depuis le toit* • met ingang van *à partir de*; *dès*

vanavond *ce soir*

vanbinnen *à l'intérieur*

vanbuiten • van de buitenzijde af *à l'extérieur* • uit het hoofd geleerd *à l'extérieur*

vandaag *aujourd'hui* ★ ~ of morgen *un de ces jours* ★ ~ de dag *au jour d'aujourd'hui*; *à l'heure actuelle* ★ wat is het ~? *quel jour sommes-nous?* ★ ~ over een week *(d')aujourd'hui en huit* ▾ dat is niet van ~ of gisteren *ça ne date pas d'hier*

vandaal *vandale* m/v

vandaan • van uit ★ hier ~ is het niet te zien *d'ici on ne peut pas le voir* • van afkomstig ★ daar ~ *de là* ★ waar ~? *d'où?* ▾ waar haal je het ~? *où as-tu trouvé cela?*; *ça sort d'où?*

vandaar • daarvandaan *de là* • daarom ★ ~ dat *c'est pourquoi* ★ ~! *ceci explique cela*

vandalisme *vandalisme* m

vandalistisch *vandale*; *de vandalisme*

vangarm *tentacule* m

vangbal *balle* v *attrapée au vol*

vangen • opvangen *attraper*; *saisir* ★ wind ~ *prendre du vent* • grijpen *attraper* • verdienen *toucher*

vangnet *filet* m *(de sécurité)* ★ sociaal ~ *filet social*

vangrail *glissière* v *de sécurité*

vangst • het vangen *prise* v; *capture* v • het gevangene ⟨v. vis⟩ *pêche* v ★ de politie heeft een goede ~ gedaan *la police a réussi un beau coup de filet*

vangzeil *toile* v *de sauvetage*

vanille *vanille* v

vanille-ijs *glace* v *à la vanille*

vanillestokje *gousse* v *de vanille*

vanillesuiker *sucre* m *vanillé*

vanillevla *crème* v *à la vanille*

vanjewelste *d'importance*; *de taille* ▾ een herrie ~ *un de ces chahuts*

vanmiddag *cet après-midi*

vanmorgen *ce matin*

vannacht *cette nuit*

vanochtend *ce matin*

vanouds *depuis longtemps* ★ als ~ *comme d'habitude*; *comme toujours*

vanuit • uit a naar b *de*; *depuis* • op grond van ★ dat doet hij ~ zijn overtuiging *il le fait par conviction*

vanwaar • waarvandaan *d'où* • waarom *pourquoi*

vanwege • wegens *à cause de* • van de zijde van *de la part de*

vanzelf • uit eigen beweging *de soi*; *tout seul*; ⟨automatisch⟩ *automatiquement* • vanzelfsprekend ★ dat spreekt ~ *ça va de soi / sans dire*

vanzelfsprekend I BNW *évident* **II** BIJW *de toute évidence*; *évidemment*

vanzelfsprekendheid *évidence* v

varaan *varan* m

varen I ZN [de] *fougère* v **II** ON WW • per vaartuig gaan *aller en bateau*; *naviguer* • gaan ⋆ ten hemel ~ *monter au ciel* ⋆ de duivel is in hem ge~ *il a le diable au corps* • in zekere staat zijn ⋆ wel ~ bij *trouver son compte à*; *se trouver bien de* ▾ een plan laten ~ *renoncer à un projet*; *abandonner un projet*
varia *varia* m mv
variabel *variable*
variabele *variable* v
variant *variante* v
variatie • afwisseling *variation* v ⋆ voor de ~ *pour changer* • verscheidenheid *variété* v
variëren I OV WW afwisselen *varier* **II** ON WW onderling verschillen *varier*
variété *(spectacle* m *de) variétés* v mv; *music-hall* m
variëteit *variété* v
varken • dier *porc* m; *cochon* m • MIN. persoon *cochon* m ▾ hij zal dat ~tje wel wassen *il s'en charge*
varkensmesterij *porcherie* v
varkenspest *peste* v *porcine*
varkensvlees *(viande* v *de) porc* m
varkensvoer FIG. *mangeaille* v; *cochonnerie* v
vaseline *vaseline* v
vast I BNW • niet beweegbaar *fixe* ⋆ een vast tapijt *une moquette* ⋆ een vaste brug *un pont fixe* • stevig ⟨niet week⟩ *solide*; *consistant*; ⟨dicht⟩ *compact* ⋆ vaste stoffen *des (corps) solides* • onveranderlijk *fixe* ⋆ vaste aanstelling *titularisation* v; *contrat* m *à durée indéterminée (CDI)* ⋆ een vaste prijs *un prix fixe* ⋆ een vaste klant *un habitué* ⋆ zijn vaste leverancier *son fournisseur attitré* ⋆ vaste uitdrukking *locution* v *figée* ⋆ in vaste dienst zijn *avoir un poste fixe*; *être titulaire* ⋆ voor een vast bedrag *à forfait* • stabiel *stable* ⋆ een vaste ligging op de weg *une bonne tenue de route* ⋆ een vaste hand hebben *avoir la main sûre* • niet licht te verstoren ⋆ een vaste slaap *un sommeil profond* • concreet *concret* [v: *concrète*] ⋆ vaste vormen aannemen *prendre forme* • stellig *ferme* ⋆ het vaste voornemen hebben om *avoir la ferme intention de* ⋆ een vaste koop sluiten *acheter ferme* • geregeld *régulier* [v: *régulière*] • blijvend *permanent* ⋆ vaste planten *(plantes* v mv*) vivaces* v mv **II** BIJW • niet beweeglijk *fixement* • stevig *solidement* ⋆ vast slapen *dormir profondément* • zeker *certainement*; *sûrement* ⋆ vast en zeker! *(c'est) sûr et certain!* • stellig *fermement* ⋆ vast geloven *croire fermement* • alvast *en attendant*; *toujours*
vastberaden *résolu*; *ferme*
vastberadenheid, vastbeslotenheid *détermination* v; *résolution* v; *fermeté* v
vastbesloten *résolu* ⋆ ~ om *résolu à*
vastbijten [+ zich] ⋆ zich ~ in FIG. *s'accrocher à*
vastbinden *attacher*
vasteland • vaste wal *terre* v *ferme* • continent *continent* m
vasten I ZN [de] vastentijd *carême* m **II** ON WW *jeûner* ⋆ het ~ *jeûne* m
Vastenavond *mardi* m *gras*
vastenmaand ⟨christelijk⟩ *mois* m *du Carême*; ⟨islamitisch⟩ *ramadan* m
vastentijd *carême* m
vastgoed *immobilier* m; *biens* m mv *immeubles* [mv]
vastgrijpen *saisir*; *s'accrocher à*
vastgroeien ⟨aan elkaar groeien⟩ *s'attacher*
vasthechten *attacher*; *fixer*; ⟨met lijm⟩ *coller*
vastheid *fermeté* v; *solidité* v
vasthouden I OV WW • niet loslaten *tenir*; FIG. *retenir* ⋆ zich stevig ~ aan *s'accrocher à* ⋆ hou je vast! *tiens-toi bien!* • bewaren *garder*; *conserver* **II** ON WW ~ **aan** *persister dans*; *s'en tenir à*
vasthoudend *tenace*; *persévérant*
vastigheid *sûreté* v
vastketenen *enchaîner*
vastklampen [+ zich] ~ **aan** *se cramponner à*
vastklemmen I OV WW ⟨vastzetten⟩ *coincer*; *attacher (avec une pince/agrafe)* **II** WKD WW [+ zich] *se cramponner (à)*
vastkleven *coller (à, sur)*
vastknopen *nouer*; ⟨dichtknopen⟩ *boutonner*; ⟨vastmaken⟩ *attacher (***aan** *à)*; FIG. *rattacher (***aan** *à)*
vastleggen • vastmaken *attacher* • bepalen *fixer*; ⟨bedingen⟩ *stipuler* • registreren *enregistrer* • ECON. beleggen *immobiliser* ▾ zich ~ op *s'engager à*
vastliggen • vastgebonden zijn *être attaché*; ⟨geblokkeerd⟩ *être bloqué* • vastgesteld zijn *être fixé*
vastlopen • vast raken *se coincer*; *se bloquer*; TECHN. *(se) gripper*; ⟨v. schip⟩ *s'échouer*; ⟨in modder e.d.⟩ *s'enliser* • in impasse raken *être dans une impasse*
vastmaken *attacher (***aan** *à)*
vastomlijnd *bien défini*; *bien déterminé*
vastpakken *saisir*; *prendre*
vastpinnen *goupiller* ▾ iem. op iets ~ *prendre qn au mot*
vastplakken *coller (à, sur)*
vastpraten I OV WW ⋆ iem. ~ *mettre qn au pied du mur*; INFORM. *coincer* **II** WKD WW [+ zich] *s'enferrer*
vastprikken *attacher (à)*; *fixer (sur)*
vastrecht *forfait* m
vastroesten ⟨afstompen⟩ *s'encroûter*; ⟨stijf worden⟩ *se rouiller* ⋆ vastgeroest in zijn vooroordelen *prisonnier de ses préjugés*
vastschroeven *visser*
vastspelden *épingler*; *fixer (avec une épingle)*
vaststaan *être certain*; *être sûr* ⋆ het staat vast dat *il est acquis que* ⋆ ~ als een huis *être sûr et certain*
vaststaand *certain*; *acquis* ⋆ een ~ feit *un fait acquis*
vaststellen • bepalen *déterminer*; *fixer*; *établir* ⋆ de prijzen ~ *fixer les prix* • constateren *constater*; *établir*
vastzetten • doen vastzitten *fixer*; *bloquer*; ⟨klemzetten⟩ *coincer* ⋆ zich ~ *s'incruster* • gevangenzetten *écrouer* • beleggen *immobiliser*
vastzitten • bevestigd zijn *être fixé*; ⟨aan iets⟩ *être attaché (***aan** *à)* • gebonden zijn *être tenu (***aan** *à)* • klem zitten *être coincé*

• gevangenzitten *être écroué* ★ voor tien maanden ~ *en avoir pour dix mois* ▾ alles wat daaraan vastzit *tout ce que cela comporte / entraîne*

vat I ZN [de] OOK FIG. *prise (***op** *sur)* v; FIG. *emprise (***op** *sur)* v **II** ZN [het] • ton *tonneau* m [mv: *tonneaux*]; *fût* m; ⟨voor olie⟩ *baril* m ★ bier van het vat *bière* v *(à la) pression* ★ communicerende vaten *vases communicants* • ANAT. bloedvat *vaisseau* m [mv: *vaisseaux*] ▾ uit een ander vaatje tappen *changer de ton / de registre* ▾ wat in een goed vat zit, verzuurt niet *ce n'est que partie remise* ▾ hol vat *baudruche* v

vatbaar • ontvankelijk *sensible (***voor** *à)*; *réceptif (***voor** *à)* [v: *réceptive*]; ⟨geneigd (tot)⟩ *prédisposé (***voor** *à)*; ⟨geschikt (voor)⟩ *susceptible (***voor** *à)* ★ voor rede ~ *raisonnable* ★ voor verbetering ~ *améliorable* ★ niet voor herhaling ~ *à ne pas recommencer* • zwak van gestel *(de santé) fragile* ★ zij is ~ voor kou *elle est sensible au froid* ★ ~ maken *prédisposer*

Vaticaan *(le) Vatican* m

Vaticaanstad *cité* v *du Vatican*

vatten • grijpen *prendre*; *saisir* • in iets zetten *encadrer*; ⟨v. edelsteen⟩ *sertir*; *monter* • begrijpen *saisir*; INFORM. *piger* • opdoen *attraper* • uitdrukken *formuler (***in** *par)*

vazal *vassal* m [mv: *vassaux*]

vazalstaat *(pays* m*) satellite* m

vbo ≈ *enseignement* m *professionnel préparatoire*

vechten *se battre (***met** *avec;* **om** *pour)*; ⟨knokken⟩ *se bagarrer* ★ tegen de tranen ~ *lutter contre les larmes*

vechter *lutteur* m [v: *lutteuse*]; *battant* m [v: *battante*]

vechtersbaas *bagarreur* m; INFORM. *baroudeur* m

vechtjas *bagarreur* m [v: *bagarreuse*]

vechtlust *combativité* v

vechtpartij *bagarre* v; *rixe* v

vechtsport *sport* m *de combat*

vector *vecteur* m

vedergewicht I ZN [de] SPORT bokser *poids* m *plume* **II** ZN [het] SPORT klasse *poids* m *plume*

vederlicht *léger comme une plume* [v: *légère ...*]

vedette *vedette* v

vee *bestiaux* m mv; *bétail* m ★ groot/klein vee *gros/menu bétail*

veearts *vétérinaire* m/v

veeartsenijkunde *médecine* v *vétérinaire*

veedrijver *conducteur* m / *gardien* m *de bestiaux*

veeg I ZN [de] • het vegen *coup* m; ⟨met borstel⟩ *coup* m *de brosse* • vlek *tache* v; *trace* v • oorveeg *gifle* v ▾ iem. een veeg uit de pan geven *lancer une vanne à qn* **II** BNW onheilspellend ★ dat is een veeg teken *c'est de mauvaise augure*; *c'est mauvais signe*

veegmachine *balayeuse* v

veehandel *commerce* m *de bestiaux*

veehandelaar *marchand* m *de bestiaux*

veehouder *éleveur* m [v: *éleveuse*]

veehouderij • het houden van vee *élevage* m *(de bétail)* • bedrijf dat vee houdt *élevage* m *(de bétail)*

veel I BIJW • in ruime mate *beaucoup* • vaak *souvent*; *fréquemment* **II** TELW *beaucoup de*; ⟨heleboel⟩ *tas de*; *foule / masse / multitude / quantité de* ★ heel veel *énormément* ★ velen *beaucoup de gens*; *bien des gens* ★ er zijn er te veel *il y en a trop* ★ veel te veel rijst *beaucoup trop de riz* ★ het vele eten *les grandes quantités de nourriture* ★ zijn vele vrienden *ses nombreux amis* ★ een glaasje te veel *un verre de trop* ★ zij waren met velen *ils étaient nombreux*

veelal *souvent*; *généralement*

veelbelovend *prometteur* [v: *prometteuse*]; *qui promet*

veelbesproken *fameux* [v: *fameuse*]

veelbetekenend I BNW *significatif* [v: *significative*] ★ ~e glimlach *sourire* m *de connivence / d'intelligence* **II** BIJW *d'une manière significative*

veelbewogen *mouvementé*; *agité*

veeleer *plutôt*

veeleisend *difficile*; *exigeant*

veelgevraagd *fort demandé*; *prisé*; ⟨v. persoon⟩ *très sollicité*

veelheid *multitude* v

veelhoek *polygone* m

veelkleurig *polychrome*; *bigarré*; *multicolore*

veelomvattend *vaste*; *complexe*

veelpleger *multirécidiviste* m/v

veelsoortig *multiple*; *divers*

veelstemmig *à plusieurs voix*; MUZ. *polyphonique*

veeltalig *polyglotte*; *plurilingue*

veelvlak *polyèdre* m

veelvormig *polymorphe*

veelvoud *multiple* m ★ het kleinste gemene ~ *le plus petit commun multiple*

veelvoudig *multiple*

veelvraat ⟨gulzigaard⟩ *glouton* m [v: *gloutonne*]

veelvuldig I BNW meermaals voorkomend *multiple* **II** BIJW vaak *fréquemment*

veelwijverij *polygamie* v

veelzeggend *significatif* [v: *significative*]; *qui en dit long*; *éloquent*

veelzijdig *varié*; *multiple*; ⟨veelomvattend⟩ *vaste*; ⟨alomvattend⟩ *universel* [v: *universelle*]

veemarkt *marché* m *aux bestiaux*

veen • grondsoort *tourbe* v • turfland *sol* m *tourbeux*; ⟨gebied⟩ *tourbière* v

veenbes *canneberge* v

veer I ZN [de] • vleugelpen *plume* v • spiraalvormig voorwerp *ressort* m ▾ met andermans veren pronken *se parer des plumes du paon* ▾ een veer laten *y laisser des plumes* ▾ vroeg uit de veren *levé de bonne heure*; *matinal* **II** ZN [het] • veerboot *bac* m • overzetplaats *passage* m

veerboot *bac* m; ⟨groot⟩ *ferry* m [mv: *ferrys / ferries*]

veerdienst *service* m *de bac*; ⟨groot⟩ *ferry* m

veerkracht • elasticiteit *élasticité* v • wilskracht *ressort* m

veerkrachtig • elastisch *élastique*; ⟨soepel⟩ *souple* • wilskrachtig *qui a du ressort*

veerman *passeur* m

veerpont *bac* m

veertien • *quatorze* ★ ~ dagen geleden *il y a*

quinze jours • → **acht**
veertiende • *quatorzième* • → **achtste**
veertig • *quarante* • → **acht**
veertiger *quadragénaire* m/v
veertigste • *quarantième* • → **achtste**
veestapel *cheptel* m
veeteelt *élevage* m
veevoeder *fourrage* m
veewagen *bétaillère* v
veganisme *végétalisme* m
vegen ⟨met bezem⟩ *balayer*; ⟨wegwissen⟩ *essuyer* ⋆ zijn voeten ~ *s'essuyer ses pieds* ⋆ de schoorsteen ~ *ramoner la cheminée*
veger • borstel *brosse* v; ⟨stoffer⟩ *balayette* v • persoon *balayeur* m [v: *balayeuse*]
vegetariër *végétarien* m [v: *végétarienne*]
vegetarisch *végétarien* [v: *végétarienne*]
vegetarisme *végétarisme* m
vegetatie *végétation* v
vegetatief *végétatif* [v: *végétative*]
vegeteren • leven als een plant *végéter* • parasiteren ~ **op** *parasiter*
vehikel *véhicule* m; INFORM. *bagnole* v
veilen *vendre aux enchères*
veilig I BNW vrij van gevaar *sûr*; *sauf* [v: *sauve*]; ⟨geborgen⟩ *à l'abri* ⋆ de weg is ~ *la voie est libre* ⋆ Veilig Verkeer ≈ *Prévention* v *routière* ⋆ ~ voor *à l'abri de* ⋆ een ~ gevoel geven *sécuriser* ⋆ aan de ~e kant blijven *garder une marge de sécurité* **II** BIJW • buiten gevaar *en sûreté*; *hors de danger* • zonder risico *en toute sécurité*; ⟨gerust⟩ *sans crainte* ⋆ ~ opbergen *mettre en lieu sûr* ⋆ ~ vrijen *avoir des rapports protégés*
veiligheid *sécurité* v ⋆ voor de ~ *par (mesure de) précaution* ⋆ in ~ brengen *mettre en sécurité / à l'abri / en lieu sûr*
veiligheidsdienst *service* m *de sécurité* ⋆ de binnenlandse ~ *la sûreté nationale*
veiligheidseis *norme* v *de sécurité*
veiligheidsglas *verre* m *de sécurité*
veiligheidsgordel *ceinture* v *de sécurité*
veiligheidshalve *par (mesure de) précaution*
veiligheidsklep OOK FIG. *soupape* v *de sûreté*
Veiligheidsraad *Conseil* m *de Sécurité*
veiligheidsriem *ceinture* v *de sécurité*
veiligheidsspeld *épingle* v *de nourrice / de sûreté*
veiling *vente* v *publique / aux enchères* ⋆ in ~ brengen *mettre aux enchères*
veilinggebouw *hôtel* m *des ventes*
veilinghal *salle* v *des ventes*
veilingklok *cadran* m
veilingmeester *commissaire-priseur* m [mv: *commissaires-priseurs*]
veinzen *feindre*; *simuler*
vel • huid *peau* v [mv: *peaux*] • vlies *peau* v • blad papier *feuille* v ⋆ los vel *feuille* v *mobile* ▾ uit zijn vel springen *sortir de ses gonds* ▾ iem. het vel over de oren halen *saigner qn à blanc* ▾ hij steekt niet goed in zijn vel *il n'est pas bien dans sa peau* ▾ hij is vel over been *c'est un sac d'os*
veld • vlakte *campagne* v; *champ(s)* m (mv); ⟨akker⟩ *champ* m ⋆ in het vrije veld *en rase campagne* • speelterrein *terrain* m ⋆ van het veld sturen *expulser* • vakje *case* v • vakgebied *terrain* m ⋆ in het veld *sur le terrain* • krachtveld *champ* m ▾ uit het veld geslagen *décontenancé* ▾ te velde trekken tegen *partir en guerre contre* ▾ het veld ruimen (voor) *céder la place (à)* ▾ veld winnen *gagner du terrain*
veldbed *lit* m *de camp*
veldbloem *fleur* v *des champs*
veldboeket *bouquet* m *champêtre*
veldfles *gourde* v
veldheer *général* m [mv: *généraux*]
veldhospitaal *hôpital* m *mobile* [m mv: *hôpitaux mobiles*]
veldloop *cross* m
veldmaarschalk ≈ *maréchal* m [mv: *maréchaux*]
veldmuis *campagnol* m; *mulot* m
veldrijden *cyclocross* m
veldsla *mâche* v
veldslag *bataille* v ⋆ ~ leveren *livrer bataille*
veldsport *sport* m *de plein air*
veldtocht *campagne* v
veldwachter *garde* m *champêtre*
veldwerk *travail* m / *recherches* v mv *sur le terrain*
velen *supporter*
velerlei *toutes sortes de*; *multiples*
velg *jante* v
velgrem *frein* m *à patins*
vellen • doen vallen *abattre* • uitspreken *prononcer* ▾ geveld door de griep *cloué au lit par la grippe*
velours *velours* m
ven *étang* m
vendetta *vendetta* v
venduhouder *crieur* m
venerisch *vénérien* [v: *vénérienne*]
Venetië *Venise* v
Venezuela *le Vénézuéla* ⋆ in ~ *au Vénézuéla*
venijn *venin* m ▾ het ~ zit in de staart ≈ *il y a un os*
venijnig I BNW • gemeen *vilain* • hatelijk *venimeux* [v: *venimeuse*] **II** BIJW • in hoge mate *atrocement* • hatelijk *hargneusement*
venkel *fenouil* m
vennoot *associé* m [v: *associée*] ⋆ stille ~ *(associé* m*) commanditaire* m
vennootschap *société* v ⋆ besloten ~ *société à responsabilité limitée*; *SARL* ⋆ naamloze ~ *société anonyme (SA)* ⋆ ~ onder firma *société en nom collectif* ⋆ commanditaire ~ *société en commandite*
vennootschapsbelasting *impôt* m *sur les sociétés*
venster • raam *fenêtre* v • glasruit *vitre* v
vensterbank *appui* m; ⟨buiten⟩ *rebord* m
vensterenvelop *enveloppe* v *à fenêtre*
vensterglas *verre* m *à vitre*
vent *homme* m; *type* m ⋆ een aardige vent *un chic type* ⋆ een slimme vent *un rusé*
venten *colporter*; *faire du porte à porte (avec)*
venter *colporteur* m [v: *colporteuse*]; *marchand* m *ambulant*
ventiel *valve* v; MUZ. *piston* m
ventieldop *capuchon* m *de valve*
ventilatie *ventilation* v

ventilator *ventilateur* m
ventileren • lucht verversen *aérer* • uiten *exprimer*; *manifester*
ventweg *contre-allée* v [mv: *contre-allées*]
venusheuvel *mont* m *de Vénus*
ver I BNW *lointain*; *éloigné* ★ een ver familielid *un parent éloigné* ★ een verre reis *un long voyage* **II** BIJW • afgelegen ⟨ver weg⟩ *loin (van de)*; ⟨veruit⟩ *de loin* ★ van ver *de loin* ★ hoe ver is het van hier tot Dijon? *combien y a-t-il d'ici à Dijon?* ★ tot hoe ver? *jusqu'où?* • gevorderd, in hoge mate ★ hoe ver zijn we? *où en sommes-nous?* ★ dan ben ik nog even ver *ça ne m'avance pas* ★ ver uit elkaar *bien écarté* ▼ het ver brengen/schoppen *aller loin* ▼ te ver gaan *aller trop loin*; *dépasser les bornes* ▼ verre van dat *loin de là* ▼ hij is verre van dom *il est loin d'être bête* ▼ zich er verre van houden *garder ses distances*; *se tenir à l'écart*
veraangenamen *rendre plus agréable*
verabsoluteren *absolutiser*
verachtelijk I BNW • verachting verdienend *méprisable*; *abject* • verachting tonend *dédaigneux* [v: *dédaigneuse*] **II** BIJW verachting tonend *avec mépris*
verachten • minachten *mépriser* • versmaden *mépriser*
verachting *mépris* m; *dédain* m
verademing *soulagement* m
veraf *loin*; *éloigné*
verafgelegen *éloigné*; *écarté*
verafgoden *idolâtrer*
verafschuwen *détester*; *avoir horreur de*
veralgemenen *généraliser*
veramerikanisering *américanisation* v
veranda *véranda* v
veranderen I OV WW anders maken *changer*; ⟨wijzigen⟩ *modifier*; ⟨omvormen⟩ *transformer (in en)* ★ ingrijpend ~ *bouleverser* **II** ON WW anders worden *changer (van de)*; ⟨zich omvormen⟩ *se transformer (in en)*
verandering *changement* m; ⟨omvorming⟩ *transformation* v; ⟨wijziging⟩ *modification* v ★ voor de ~ *pour changer*
veranderlijk *changeant*; *variable*
verankeren *ancrer*
verantwoord • verdedigbaar *sensé* • weloverwogen *sensé*
verantwoordelijk *responsable (voor de)* ★ ~ stellen *rendre responsable* ★ ~e baan *poste* m *à responsabilité*
verantwoordelijkheid *responsabilité* v *(voor de)*
verantwoordelijkheidsgevoel *sens* m *de la responsabilité*
verantwoorden I OV WW *justifier* **II** WKD WW [+ zich] *se justifier (voor de)*; *rendre des comptes (voor sur)*
verantwoording • rechtvaardiging *justification* v ★ iem. ter ~ roepen *demander des comptes à qn* ★ ik ben u geen ~ schuldig *je n'ai pas de comptes à vous rendre* • verantwoordelijkheid *responsabilité* v ★ op eigen ~ *à ses risques et périls* ★ iets voor zijn ~ nemen *prendre qc à son compte*
verarmen I OV WW armer maken *appauvrir* **II** ON WW • in kwaliteit achteruitgaan *s'appauvrir* • armer worden *s'appauvrir*
verarming *appauvrissement* m
verassen *incinérer*
verbaal *verbal* [m mv: *verbaux*] ★ ~ begaafd *éloquent*; INFORM. *ayant de la tchatche*
verbaasd *étonné (over de, par)*; *surpris*
verbalisant *verbalisateur* m [v: *verbalisatrice*]
verbaliseren ⟨iets⟩ *verbaliser*; ⟨iemand⟩ *verbaliser contre*
verband • samenhang *rapport* m; *relation* v ★ ~ houden met *se rattacher à*; *être lié à* ★ oorzakelijk ~ *rapport de cause à effet* ★ een ~ leggen tussen *établir un rapport entre* ★ in ~ met de regen *en raison de la pluie* ★ in breder ~ *dans un cadre plus large* ★ uit zijn ~ gerukt *disloqué*; FIG. *isolé de son contexte* • zwachtel *pansement* m; *bandage* m
verbanddoos *trousse* v *de secours*
verbandgaas *compresse* v *de gaze*
verbannen • uitwijzen *bannir*; *exiler* • uitbannen *bannir*; *reléguer*
verbanning ⟨ballingschap⟩ *exil* m; *bannissement* m
verbanningsoord *lieu* m *d'exil*
verbasteren *altérer*
verbastering *altération* v; *déformation* v
verbazen *surprendre*; *étonner* ★ zich ~ over *s'étonner de*
verbazend I BNW *étonnant* **II** BIJW *étonnamment*
verbazing *étonnement* m; *surprise* v ★ tot ieders ~ *à la surprise générale* ▼ van de ene ~ in de andere vallen *aller de surprise en surprise*
verbazingwekkend I BNW *étonnant* **II** BIJW *étonnamment*
verbeelden I OV WW uitbeelden *représenter* **II** WKD WW [+ zich] *s'imaginer*
verbeelding • inbeelding *imagination* v; *illusion* • fantasie *imagination* v • verwaandheid ★ veel ~ hebben *se croire qc*
verbeeldingskracht *imagination* v
verbergen *cacher*; ⟨verhullen⟩ *dissimuler*
verbeten • fel *acharné* • vertrokken ⟨v. gelaatstrek⟩ *crispé*
verbeteren I OV WW • beter maken *perfectionner*; *améliorer* • herstellen *rectifier*; ⟨corrigeren⟩ *corriger*; ⟨terechtwijzen⟩ *reprendre* • overtreffen *améliorer* ★ wie verbetert met dat? *qui fait mieux?* **II** ON WW beter worden *s'améliorer*
verbetering • het beter maken *amélioration* v • correctie *correction* v
verbeurd ★ ~ verklaren *confisquer*
verbeurdverklaring *confiscation* v; *saisie* v
verbeuren *perdre*
verbieden *interdire* ★ verboden te roken *défense* v *de fumer* ★ verboden toegang *entrée* v *interdite* ★ verboden te zwemmen *baignade* v *interdite*
verbijsteren *stupéfier* ★ verbijsterd *stupéfait* ★ ~d *stupéfiant*
verbijsterend *stupéfiant*
verbijstering *stupéfaction* v; *stupeur* v ★ tot mijn ~ *à ma grande stupéfaction*
verbijten I OV WW *réprimer*; *contenir* **II** WKD

ww [+ zich] *se contenir*; *ronger son frein*
verbijzonderen *spécifier*; *particulariser*
verbinden • koppelen *(re)lier* (**aan** *à*); *(r)attacher* (**aan** *à*) ⋆ er zijn bezwaren aan verbonden *ça entraîne / il y a des inconvénients* • verenigen *unir*; *combiner* ⋆ zich ~ *s'allier* ⋆ zich verbonden voelen (met) *se sentir uni (avec)* • telefonisch aansluiten *mettre en communication* ⋆ wilt u mij ~ met ...? *voulez-vous me passer ...?* ⋆ ben ik verbonden met ...? *je suis bien chez ...?* ⋆ (u bent / ik ben) verkeerd verbonden! *c'est une erreur (de numéro)!* • verplichten *engager* (**tot** *à*) ⋆ ~d *obligatoire* • omzwachtelen ⟨iets⟩ *panser*; ⟨iemand⟩ *faire un pansement à*
verbinding • samenvoeging *jonction* v; *association* v; TECHN. *assemblage* m • aansluiting *liaison* v • contact *relation* v; *contact* m; ⟨v. telefoon⟩ *communication* v ⋆ in ~ staan met *être en contact avec*; *communiquer avec* ⋆ zich in ~ stellen met *se mettre en contact avec* • SCHEIK. *composé* m; *combinaison* v
verbindingsdienst *service* m *des transmissions*
verbindingskanaal *canal* m *de raccordement*
verbindingsstuk *raccord* m
verbindingsteken *trait* m *d'union*; MUZ. *liaison* v
verbindingsweg *voie* v *de communication*
verbintenis • contract ⋆ een ~ aangaan *se lier par contrat* • verplichting *obligation* v; *engagement* m • huwelijk *union* v; *alliance* v
verbitterd I BNW • vol wrok *amer* [v: *amère*] • grimmig *amer* [v: *amère*] **II** BIJW *amèrement*
verbitteren *aigrir*
verbittering *amertume* v
verbleken *pâlir*; ⟨v. gezicht⟩ *blêmir*; ⟨v. kleur⟩ *passer*; ⟨vervagen⟩ *s'estomper* ▾ ~ bij *n'être rien à côté de*; *pâlir devant*
verblijden *réjouir* ⋆ zich ~ over *se réjouir de*
verblijf • het verblijven *séjour* m • verblijfplaats *demeure* v • onderkomen *logement* m
verblijfkosten *frais* m mv *de séjour*
verblijfplaats *résidence* v; *domicile* m
verblijfsvergunning *permis* m *de séjour*
verblijven *demeurer*; ⟨tijdelijk⟩ *séjourner*
verblinden • blind maken *aveugler*; *éblouir* • FIG. begoochelen *aveugler*; *éblouir*
verbloemen *dissimuler*; *voiler*
verbluffend *stupéfiant*
verbluft *ébahi*; *stupéfait*
verbod *interdiction* v
verboden *défendu*; *interdit*
verbodsbepaling *clause* v *prohibitive*
verbodsbord *panneau* m *d'interdiction* [m mv: *panneaux* ...]
verbolgen *vexé* (**over** *de*)
verbond • verenigde groep *ligue* v; *union* v; *association* v • verdrag *alliance* v; *pacte* m ⋆ een ~ sluiten *conclure une alliance*; *s'allier*
verbondenheid *solidarité* v; *liens* m mv
verborgen *caché*; ⟨v. gebrek⟩ *dissimulé*; ⟨geheim⟩ *secret* [v: *secrète*]
verbouwen • veranderen *transformer*; *rénover* • telen *cultiver* ▾ iem. ~ INFORM. *arranger qn*
verbouwereerd *ahuri*
verbouwing *travaux* m mv *(de transformation)*; *rénovation* v
verbranden I OV WW aantasten *brûler*; ⟨verassen⟩ *incinérer*; ⟨verkolen⟩ *calciner*; *carboniser*; ⟨verteren⟩ *consumer* **II** ON WW • aangetast worden *être brûlé*; *se consumer* • rood worden ⋆ verbrand zijn *avoir pris un coup de soleil*; *être bronzé*
verbranding • het verbranden ⟨vernietiging⟩ *destruction* v *par le feu*; ⟨v. doden⟩ *incinération* v; ⟨verwonding⟩ *brûlure* v • SCHEIK. *combustion* v
verbrandingsmotor *moteur* m *à combustion*
verbrassen *gaspiller*; *dilapider*
verbreden I OV WW *élargir* **II** WKD WW [+ zich] *s'élargir*
verbreding *élargissement* m
verbreiden *répandre*; ⟨ruchtbaar maken⟩ *divulguer*; *propager* ⋆ wijd verbreid *largement / très répandu*
verbreiding *propagation* v; ⟨omvang⟩ *extension* v
verbreken *rompre*; ⟨v. verbinding⟩ *couper*
verbreking *rupture* v
verbrijzelen *broyer*; *briser*; *écraser*
verbrijzeling *broyage* m; *écrasement* m
verbroederen I OV WW verenigen *unir* **II** WKD WW [+ zich] ⋆ zich ~ (met) *fraterniser (avec)*
verbroedering *fraternisation* v
verbrokkelen I OV WW in stukjes splitsen *morceler* **II** ON WW in stukjes uiteenvallen *s'effriter*
verbrokkeling *morcellement* m; *effritement* m
verbruien *gâcher* ⋆ hij heeft het bij mij verbruid *je ne veux plus entendre parler de lui*
verbruik *consommation* v
verbruiken *consommer*
verbruiksartikel *article* m *de consommation*
verbruiksbelasting *droit* m / *taxe* v *de consommation*
verbruiksgoederen *biens* m mv *de consommation* [mv]
verbuigen • ombuigen *(re)courber*; *tordre* ⋆ een wiel ~ *voiler une roue* • TAALK. *décliner*
verbuiging • ombuiging *torsion* v • TAALK. *déclinaison* v
verchromen *chromer*
vercommercialiseren *commercialiser*
verdacht I BNW • verdenking wekkend *suspect*; *douteux* [v: *douteuse*] • onder verdenking *suspect* ⋆ ~ worden van *être soupçonné de* • ~ **op** *préparé à* ⋆ ik was er op ~ *je m'y attendais* **II** BIJW *de façon suspecte*; *étrangement*
verdachte ⟨wie verdacht wordt⟩ *suspect* m [v: *suspecte*]; ⟨beklaagde⟩ *prévenu* m [v: *prévenue*]; *accusé* m [v: *accusée*]
verdachtenbank *banc* m *des accusés*
verdachtmaking *insinuation* v
verdagen *ajourner* (**tot** *à*)
verdampen *s'évaporer*
verdamping *évaporation* v
verdedigbaar *défendable*
verdedigen • verweren *défendre* • pleiten voor *défendre* • rechtvaardigen *défendre*

verdediger • beschermer *défenseur* m • SPORT *arrière* m
verdediging • het verdedigen *défense* v • JUR. *défense* v • SPORT *défense* v
verdedigingslinie *ligne* v *de défense*
verdeelcentrum *centre* m *de distribution*
verdeeld *partagé*; *divisé*
verdeeldheid *discorde* v; *division* v
verdeelsleutel *clé* v *de répartition*
verdeelstekker *multiprise* v
verdekt *caché* ⋆ zich ~ opstellen *se mettre en embuscade*
verdelen • splitsen *diviser (***in** *en)* • uitdelen *partager (***onder** *entre)* ⋆ iets (onder elkaar) ~ *se partager qc* ⋆ de rollen ~ *distribuer les rôles* • tweedracht zaaien *diviser* ⋆ verdeel en heers *diviser pour régner* • spreiden *répartir (***over** *sur)*; *échelonner (***over** *sur)*; ⟨omslaan⟩ *répartir (***over** *entre)*
verdelgen *détruire*; *exterminer*
verdelgingsmiddel ⟨tegen insecten⟩ *insecticide* m; ⟨tegen onkruid⟩ *désherbant* m; ⟨tegen onkruid⟩ *herbicide* m
verdeling • splitsing *division* v • het uitdelen *distribution* v; *partage* m; *répartition* v
verdenken *soupçonner*; *suspecter (***van** *de)*
verdenking *soupçon(s)* m (mv); *suspicion* v
verder I BNW • voor de rest *autre* ⋆ zijn ~e leven *le reste de sa vie* • nader *ultérieur* • verder weg *plus éloigné* **II** BIJW • verderop *plus loin* ⋆ daar kom je niet veel ~ mee *cela ne t'avancera guère* • vervolgens *après*; *ensuite* ⋆ hoe ging het ~? *et ensuite?* • overigens *en outre*; *de plus*; *pour le reste* ⋆ ~ geen nieuws *pour le reste rien de nouveau* • voorts ⋆ ~ werken *continuer à travailler* ⋆ en zo ~ *et ainsi de suite*
verderf *perte* v; *ruine* v; ⟨zedelijk⟩ *perdition* v ⋆ iem. in het ~ storten *perdre qn*
verderfelijk *pernicieux* [v: *pernicieuse*]
verderop *plus loin*
verdichten NATK. *condenser*
verdichting *condensation* v
verdichtsel *fiction* v; *invention* v
verdienen • waard zijn *mériter (***te** *de)* ⋆ waar heeft zij dat aan verdiend? *qu'est-ce qu'elle a fait pour être récompensée de la sorte?* • als loon/winst krijgen *gagner* ⋆ aan iets ~ *faire des bénéfices sur qc*
verdienste • loon *salaire* m • winst *gain* m • verdienstelijkheid *mérite* m ⋆ naar ~ *selon ses mérites*
verdienstelijk I BNW *méritoire* ⋆ een ~ man *un homme de mérite* ⋆ zich ~ maken *se rendre utile* **II** BIJW *convenablement*
verdiepen I OV WW dieper maken *approfondir* **II** WKD WW [+ zich] ⋆ zich ~ in *se plonger dans*; *s'absorber dans*
verdieping • het (zich) verdiepen *approfondissement* m • etage *étage* m ⋆ op de derde ~ *au troisième* ⋆ op de hoogste ~ *au dernier étage*
verdikking • het dikker worden *épaississement* m • zwelling *enflure* v
verdisconteren *escompter*
verdoemen *damner*; REL. *réprouver*
verdoemenis *damnation* v; REL. *réprobation* v
verdoen *gaspiller* ⋆ zijn tijd ~ *perdre son temps*
verdoezelen *dissimuler*
verdomd I BNW *maudit*; *sacré*; *sale* **II** BIJW *rudement*; *vachement* **III** TW *putain!*
verdomhoekje ▾ in het ~ zitten *écoper*
verdomme *merde!*; *nom de Dieu!*
verdommen • vertikken ⋆ het ~ *ne pas marcher* • schelen ⋆ het kan me niks ~ *je m'en fous* ⋆ wat kan het ~? *qu'est-ce que ça peut foutre?*
verdonkeremanen *subtiliser*
verdorie *zut (alors)!*; *mince (alors)!*
verdorren *se dessécher*; *sécher*
verdorven *perverti*; ⟨pervers⟩ *dépravé*
verdoven • gevoelloos maken MED. *anesthésier*; *endormir*; *insensibiliser* ⋆ ~de middelen *la drogue*; *les stupéfiants* • versuft maken *engourdir*; *étourdir*
verdoving • MED. *anesthésie* v ⋆ plaatselijke ~ *anesthésie locale* • versuftheid *étourdissement* m
verdovingsmiddel *anesthésique* m; *narcotique* m
verdraagzaam *tolérant*
verdraagzaamheid *tolérance* v
verdraaid I BNW deksels *sacré* **II** BIJW deksels *sacrément* **III** TW *zut (alors)!*; *mince (alors)!*
verdraaien • anders draaien *tourner*; ⟨verwringen⟩ *forcer*; ⟨verwringen⟩ *tordre* • fout weergeven *déformer*; *dénaturer*; *altérer*; ⟨v. handschrift, stem⟩ *contrefaire*
verdraaiing • het verdraaien *torsion* v • foute weergave *altération* v; *déformation* v
verdrag *traité* m
verdragen • dulden/doorstaan *supporter* ⋆ dat kan ik van hem ~ *je lui passe cela* • gebruiken zonder er last van te hebben *supporter*; *tolérer* ⋆ dat verdraagt zijn maag niet *son estomac ne le supporte pas*
verdriet *chagrin* m; *peine* v ⋆ iem. ~ doen *faire de la peine à qn*
verdrietig *triste* ⋆ ~ worden *s'affliger*
verdrievoudigen I WW OV *tripler* **II** WW ONOV *tripler*
verdrijven *chasser* ⋆ de zon verdrijft de mist *le soleil dissipe le brouillard* ⋆ de vijand uit zijn stellingen ~ *déloger l'ennemi de ses positions* ▾ de tijd ~ *passer le temps*
verdringen I OV WW • wegduwen *pousser*; *bousculer* • plaats innemen *évincer*; *supplanter* • onderdrukken PSYCH. *refouler* **II** WKD WW [+ zich] *se bousculer*
verdringing PSYCH. *refoulement* m
verdrinken I OV WW doen omkomen OOK FIG. *noyer* **II** ON WW • omkomen *se noyer* • ~ **in** FIG. *être perdu dans*
verdrinkingsdood *noyade* v
verdrogen *se dessécher*
verdrukken *opprimer*
verdrukking • knel ⋆ in de ~ raken *être coincé*; *être compromis* • onderdrukking *oppression* v ⋆ tegen de ~ in *contre vents et marées*
verdubbelen I OV WW tweemaal zo groot maken *doubler*; FIG. *redoubler* **II** ON WW tweemaal zo groot worden *(re)doubler*
verdubbeling *(re)doublement* m

ve

verduidelijken *éclaircir; préciser*
verduidelijking *éclaircissement* m; *précision* v
 ⋆ ter ~ *pour plus de clarté*
verduisteren I OV WW • donker maken *obscurcir; assombrir* • stelen *détourner* **II** ON WW donker worden *s'obscurcir*; ⟨v. hemellichaam⟩ *s'éclipser*
verduistering • het donker maken *obscurcissement* m; MIL. *black-out* m • eclips *éclipse* v • het stelen *détournement* m
verdunnen ⟨aanlengen⟩ *délayer; diluer*; ⟨v. gas⟩ *raréfier*
verdunner *diluant* m
verdunning ⟨v. vloeistof⟩ *dilution* m; ⟨v. gassen⟩ *raréfaction* v
verduren *endurer; souffrir*; ⟨uithouden⟩ *soutenir* ⋆ het hard te ~ hebben *en voir de dures*
verduurzamen *conserver*
verdwaasd *égaré*
verdwalen *se perdre; s'égarer* ⋆ verdwaalde kogel *balle* v *perdue*
verdwijnen *disparaître* ⋆ hij is verdwenen *il a disparu*
verdwijning *disparition* v
verdwijnpunt *point* m *de fuite*
veredelen *améliorer*; ⟨v. grondstof⟩ *transformer*
vereenvoudigen *simplifier*; WISK. *réduire*
vereenvoudiging *simplification* v
vereenzaamd *esseulé; solitaire; isolé*
vereenzelvigen *identifier* ⋆ zich ~ met *s'identifier avec/à*
vereenzelviging *identification* v
vereeuwigen *immortaliser*
vereffenen • betalen *acquitter* • bijleggen *régler*
vereisen *exiger; demander; nécessiter* ⋆ de vereiste diploma's *les diplômes requis*
vereiste *condition* v *(requise); exigence* v; *règle* v ⋆ eerste ~ *condition préalable*
veren I BNW *de / en plumes* **II** ON WW *être élastique / souple*; ⟨terugveren⟩ *faire ressort*; ⟨opveren⟩ *se redresser (en sursaut)* ⋆ goed ~d *bien suspendu*
verenigbaar *compatible (***met** *avec)*
verenigd *uni*
Verenigde Naties *(Organisation* v *des) Nations* v mv *unies; ONU* v
Verenigde Staten *États-Unis* m mv ⋆ in de ~ *aux États-Unis*
verenigen • samenvoegen *réunir; unir; joindre* ⋆ in zich ~ *réunir* • overeenbrengen *accorder; concilier (***met** *avec)* ⋆ zich ~ met *adhérer à*
vereniging • samenvoeging *union* v; *réunion* v • club *association* v; *société* v
verenigingsleven *vie* v *associative*
vereren • eer bewijzen *honorer (***met** *de)* • aanbidden *vénérer; adorer*
verergeren I OV WW erger maken *aggraver* **II** ON WW erger worden *empirer; s'aggraver*
verergering *aggravation* v; *détérioration* v
verering *vénération* v
verf *peinture* v; ⟨voor stof⟩ *teinture* v ⋆ in de verf zetten *donner une couche de peinture*; OOK FIG. *mettre en couleur* ⋆ de verf is nog nat *la peinture est toute fraîche* ▾ niet uit de verf komen *être sans relief; ne pas ressortir*

ve

verfbad *bain* m *de teinture*
verfdoos *boîte* v *de couleurs*
verfijnen *raffiner* ⋆ verfijnd *raffiné*
verfijning *raffinement* m
verfilmen *porter à l'écran*
verfilming *adaptation* v *cinématographique*
verfje *couche* v *de peinture*
verfkwast *brosse* v; *pinceau* m [mv: *pinceaux*]
verflauwen *faiblir*; ⟨vervagen⟩ *s'estomper*
verfoeien *détester*
verfoeilijk *détestable; abominable*
verfomfaaien *chiffonner; froisser*
verfraaien *embellir; enjoliver*
verfraaiing *embellissement* m; *enjolivement* m
verfrissen *rafraîchir*
verfrissend OOK FIG. *rafraîchissant*
verfrissing *rafraîchissement* m
verfroller *rouleau* m *à peinture* [m mv: *rouleaux*]
verfrommelen *friper; froisser*
verfspuit *pistolet* m
verfstof • verf *colorant* m • grondstof *matière* v *colorante*
verftube *tube* m *à peinture*
verfverdunner *diluant* m
verfwinkel *magasin* m *de peintures*
vergaan • creperen *crever* ⋆ ik verga van de dorst *je meurs de soif* • ten onder gaan *périr* ⋆ het schip is ~ *le bateau a coulé / sombré / fait naufrage* • verteren *pourrir* ⋆ tot stof ~ *tomber en poussière* • eindigen *passer* ⋆ hoe is het hem ~? *qu'est-ce qu'il est devenu?* ⋆ het lachen zal je ~ *l'envie de rire te passera* ▾ horen en zien vergaat je *il fait un bruit assourdissant*
vergaand *extrême*
vergaderen *se réunir; être en réunion*
vergadering *réunion* v; *assemblée* v; ⟨zitting⟩ *séance* v ⋆ algemene ~ *assemblée générale* ⋆ in ~ zijn *être en réunion*
vergaderzaal *salle* v *de réunion*
vergallen *gâcher; empoisonner*
vergaloppelen [+ zich] *gaffer*
vergankelijk *éphémère*
vergapen [+ zich] ⋆ zich ~ aan *s'émerveiller de*
vergaren *accumuler; amasser* ⋆ roem ~ *acquérir de la gloire*
vergassen • in gas omzetten *gazéifier* • met gas doden *gazer*
vergasten *régaler (***aan, op** *de)*
vergeeflijk *pardonnable*
vergeefs I BNW *inutile; vain* ⋆ ~e moeite *peine* v *perdue* **II** BIJW *inutilement; vainement; en vain*
vergeetachtig *distrait* ⋆ ~ worden *perdre la mémoire*
vergeetboek ▾ in het ~ raken *tomber dans l'oubli*
vergeet-mij-niet *myosotis* m
vergelden *payer* ▾ kwaad met goed ~ *rendre le bien pour le mal*
vergelding *revanche* v; *vengeance* v
vergeldingsmaatregel *représailles* v mv; JUR. *(mesure* v *de) rétorsion* v
vergelen *jaunir* ⋆ het ~ *le jaunissement*
vergelijk *arrangement* m; *compromis* m ⋆ tot

een ~ komen *aboutir à un compromis*
vergelijkbaar *comparable* (**met** *à*)
vergelijken *comparer* (**met** *à*) ⋆ vergelijk / vgl. blz. 8 *confer / cf. p. 8* ⋆ ~de literatuurwetenschap *littérature* v *comparée* ⋆ vergeleken bij / met *en comparaison de*; *par rapport à* ▾ je kunt geen appels met peren ~ *il faut comparer ce qui est comparable*
vergelijkenderwijs *comparativement*; *par comparaison*
vergelijking • het vergelijken *comparaison* v ⋆ in ~ met *en comparaison de*; *par rapport à* ⋆ de ~ kunnen doorstaan *soutenir la comparaison* ⋆ een ~ trekken (tussen) *établir un parallèle (entre)* ⋆ ter ~ *à titre de comparaison* • WISK. *équation* v
vergemakkelijken *faciliter*; *simplifier*
vergen *exiger*; *demander* ⋆ te veel ~ van *abuser de*
vergenoegd *content*; *satisfait*; *réjoui*
vergenoegen *contenter* (**met** *de*)
vergetelheid *oubli* m ⋆ in ~ raken *tomber dans l'oubli* ⋆ aan de ~ ontrukken *tirer de l'oubli*
vergeten *oublier* (**te** *de*) ⋆ (en) niet te ~ *sans oublier* ⋆ het is ~ en vergeven *on a passé l'éponge*; *c'est du passé* ▾ vergeet het maar! INFORM. *tu peux te l'accrocher!*
vergeven • vergiffenis schenken *pardonner* • weggeven *donner*; *distribuer* ▾ ~ zijn van *être infesté de*
vergevensgezind *clément*; *indulgent*
vergeving *pardon* m; *rémission* v
vergevorderd *avancé*
vergewissen [+ zich] *s'assurer* (**van** *de*) ⋆ zich ervan ~ dat... *s'assurer que...* [+ ind.]
vergezellen *accompagner* ⋆ vergezeld van / door *accompagné de*
vergezicht *vue* v; *perspective* v; *panorama* m
vergezocht *(trop) recherché*; *tiré par les cheveux*
vergiet OOK FIG. *passoire* v
vergif *poison* m
vergiffenis *pardon* m; REL. *absolution* v; *rémission* v
vergiftig ⟨v. dier⟩ *venimeux* [v: *venimeuse*]; ⟨v. plant⟩ *vénéneux* [v: *vénéneuse*]; ⟨v. stof⟩ *toxique*; FIG. *envenimé*
vergiftigen OOK FIG. *empoisonner*
vergiftiging *empoisonnement* m; *intoxication* v
vergissen [+ zich] *se tromper* (**in** *sur*; **omtrent** *de*) ▾ ~ is menselijk *l'erreur est humaine*
vergissing *erreur* v; *méprise* v ⋆ bij ~ *par erreur*; *par mégarde*
vergoeden • goedmaken *compenser*; *réparer* • terugbetalen *rembourser*; ⟨schadeloosstellen⟩ *indemniser*; ⟨schadeloosstellen⟩ *dédommager* ⋆ iem. iets ~ *dédommager / indemniser qn (de qc)*
vergoeding • het vergoeden *réparation* v; *compensation* v • schadeloosstelling *dédommagement* m; *indemnité* v ⋆ ~ voor reis- en verblijfskosten *indemnité de frais de déplacement* ⋆ tegen ~ *moyennant rétribution* • beloning *rémunération* v ⋆ tegen ~ *moyennant rétribution*
vergoelijken *excuser*; *minimiser*
vergokken *perdre au jeu*
vergooien I OV WW *gaspiller*; *gâcher* **II** WKD WW [+ zich] *s'avilir*
vergrendelen *verrouiller*
vergrijp *faute* v; JUR. *délit* m ⋆ een ~ tegen *une atteinte à*
vergrijpen [+ zich] • (seksueel) geweld aandoen ~ **aan** *violer* • stelen ~ **aan** *faire main basse sur*
vergrijzen *blanchir*; *grisonner*; FIG. *vieillir*
vergrijzing ⟨v. bevolking⟩ *vieillissement* m
vergroeien • krom groeien *se déformer*; *dévier* • aaneengroeien *se souder* (**met** *à*)
vergrootglas *loupe* v
vergroten • groter maken *agrandir*; ⟨aandikken⟩ *grossir* • vermeerderen *augmenter*
vergroting • het groter maken *agrandissement* m • vermeerdering *augmentation* v
vergruizen *broyer*; *écraser*
verguizen *vilipender*
verguld • bedekt met bladgoud *doré* ⋆ ~ op snee *doré sur tranche* ⋆ ~ zilver *vermeil* m • blij *ravi de* ⋆ ~ met *enchanté de* ▾ ~e armoede *la misère en habit noir*
vergulden • bedekken met bladgoud *dorer* • blij maken *ravir*
vergunnen *accorder*; *permettre* ⋆ dat was hem niet vergund *ça ne lui a pas été donné*
vergunning *autorisation* v; *permission* v; ⟨bewijs⟩ *permis* m; ⟨v. onderneming⟩ *concession* v
verhaal • vertelling *histoire* v; *récit* m; ⟨verhaaltje⟩ *conte* m; FORM. *narration* v ⋆ een kort ~ *une nouvelle* • vergoeding JUR. *recours* m ⋆ ~ hebben op *avoir recours contre* ⋆ ~ halen *demander réparation* ▾ op ~ komen *se remettre*
verhaallijn *trame* v; *histoire* v
verhalen • vertellen *raconter* • afwentelen (op) *répercuter (sur)* ⋆ de schade ~ op iem. *se faire indemniser par qn*
verhalend *narratif* [v: *narrative*]
verhandelen *négocier*; *vendre*
verhangen I OV WW *déplacer* **II** WKD WW [+ zich] *se pendre*
verhapstukken *goupiller*; *régler*
verharden I OV WW • hard maken ⟨v. weg⟩ *revêtir*; *durcir* • ongevoelig maken *endurcir* **II** ON WW • hard worden *durcir* • ongevoelig worden *s'endurcir*
verharen *perdre ses poils*; ⟨tijdens rui⟩ *muer*
verhaspelen • verkeerd uitspreken *baragouiner*; *écorcher* • verknoeien *défigurer*
verheerlijken *glorifier*; *exalter* ▾ een verheerlijkte blik *un air ravi*
verheerlijking *glorification* v; *exaltation* v
verheffen I OV WW • omhoogheffen *lever*; *dresser*; *relever* • bevorderen *ériger* (**tot** *en*) • WISK. *élever* (**tot** *à*) **II** WKD WW [+ zich] *s'élever*
verhelderen I OV WW helder maken *éclaircir* **II** ON WW helder worden *s'éclaircir*
verhelen *cacher*; *dissimuler*
verhelpen *remédier à*
verhemelte *palais* m
verheugd *content*; *heureux* [v: *heureuse*]

verheugen I OV WW blij maken *faire plaisir à*; *réjouir* **II** WKD WW [+ zich] *se réjouir (over de)* ⋆ zich ~ in *jouir de* ⋆ zich ~ op *se réjouir (d'avance) de*; *attendre avec impatience*
verheugend *réjouissant*
verheven *élevé*; ⟨hoogstaand⟩ *élevé*; ⟨hoogstaand⟩ *sublime* ⋆ boven iets ~ zijn *être au-dessus de qc* ⋆ het ~e *le sublime* ⋆ ~ stijl *style* m *soutenu*
verhevigen I OV WW heviger maken *intensifier* **II** ON WW heviger worden *s'intensifier*
verheviging *intensification* v
verhinderen *empêcher (te de)* ⋆ ik ben verhinderd (te komen) *j'ai un empêchement*
verhindering *empêchement* m ⋆ bericht van ~ sturen *se faire excuser*
verhit • verwarmd *chauffé* • FIG. opgewonden *échauffé*; *exalté*
verhitten • heet maken *(faire) chauffer* • opwinden *échauffer* ⋆ verhit raken *s'échauffer*
verhitting *chauffage* m; FIG. *échauffement* m
verhoeden *prévenir* ⋆ God verhoede me ervoor *Dieu m'en préserve*
verhogen • hoger maken *(re)hausser*; MUZ. *élever* • versterken *accroître*; *intensifier* • vermeerderen *augmenter*; *relever*; ⟨v. prijs, bedrag, aantal⟩ *majorer*
verhoging • het hoger/beter maken *rehaussement* m; *élévation* v • vermeerdering *augmentation* v; ⟨v. prijs, bedrag, aantal⟩ *majoration* v • verhoogde plaats *hauteur* v; ⟨in zaal⟩ *estrade* v • lichte koorts *température* v ⋆ ~ hebben *faire de la température*
verholen *caché*; *furtif* [v: *furtive*]; *dissimulé*
verhongeren I OV WW uithongeren ⋆ iem. laten ~ *laisser mourir de faim qn* **II** ON WW omkomen *mourir de faim*
verhoor *interrogatoire* m; ⟨v. getuigen⟩ *audition* v
verhoren • ondervragen *interroger*; ⟨v. getuige⟩ *entendre* • inwilligen *entendre*; *exaucer*
verhouden [+ zich] *avoir un rapport de ... à* ⋆ zich ~ tot *avoir un rapport de ... à*; *être à*
verhouding • relatie *rapport* m; *relation* v ⋆ in ~ tot *par rapport à* • liefdesrelatie *liaison* v • evenredigheid *proportion* v ⋆ naar ~ *proportionnellement*; *toute(s) proportion(s) gardée(s)* ⋆ in ~ tot / naar ~ van *en proportion de*; *au prorata de*
verhoudingsgewijs *relativement*
verhuiskaart *avis* m *de changement d'adresse*
verhuiswagen *voiture* v *de déménagement*
verhuizen I OV WW inboedel overbrengen *déménager* ⋆ ~ naar *s'installer à* **II** ON WW elders gaan wonen *déménager*
verhuizer *déménageur* m
verhuizing *déménagement* m
verhullen *cacher*; *déguiser*; *dissimuler*
verhuren *louer*
verhuur *location* v
verhuurbedrijf *entreprise* v *de location*
verhuurder *loueur* m [v: *loueuse*]; ⟨huisbaas⟩ *propriétaire* m/v; JUR. *bailleur* m
verificatie *vérification* v
verifiëren *vérifier* ⋆ niet te ~ *invérifiable*
verijdelen ⟨doen mislukken⟩ *déjouer*; ⟨teleurstellen⟩ *frustrer*
vering *suspension* v
verjaardag *anniversaire* m
verjaardagscadeau *cadeau* m *d'anniversaire* [m mv: *cadeaux* ...]
verjagen *chasser*; ⟨verdrijven⟩ *expulser*
verjaging *mise* v *en fuite*; *expulsion* v
verjaren • JUR. ongeldig worden *se prescrire* ⋆ het is verjaard *c'est prescrit*; *il y a prescription* • jarig zijn *célébrer son anniversaire*
verjaring JUR. *prescription* v
verjaringstermijn *délai* m *de prescription*
verjongen *rajeunir*
verjonging *rajeunissement* m
verkalken *se calcifier*; MED., OOK FIG. *se scléroser*
verkalking *calcification* v; MED., OOK FIG. *sclérose* v
verkapt *déguisé*; *larvé*
verkassen *bouger*; *se barrer*
verkavelen *lotir*; *diviser en lots*
verkaveling *lotissement* m; OOK FIG. *morcellement* m
verkeer • voertuigen, personen *circulation* v; *trafic* m; ⟨transport⟩ *transports* m mv ⋆ zwaar ~ *poids* m mv *lourds* • sociale omgang *fréquentation* v; *rapports* m mv; FORM. *commerce* m
verkeerd I BNW niet goed *faux* [v: *fausse*]; *mauvais*; *incorrect* ⋆ het ~e nummer draaien *se tromper de numéro*; *faire un faux numéro* ⋆ een ~e beweging *un faux mouvement* ⋆ aan de ~e kant *du mauvais côté* ⋆ je hebt de ~e voor je INFORM. *tu te trompes d'adresse* **II** BIJW • niet juist *mal* ⋆ ~ aflopen *finir / tourner mal* ⋆ ~ aansluiten *donner le mauvais numéro* ⋆ ~ antwoorden / opvatten *répondre / prendre de travers* ⋆ er ~ aan doen om *avoir tort de*; *être mal avisé / inspiré de* ⋆ je hebt het glad ~ *tu as tout faux* • verkeerd om *à l'envers*; ⟨scheef⟩ *de travers*
verkeersader *artère* v; *axe* m *routier*
verkeersagent *agent* m *de la circulation*
verkeersbord *panneau* m *de signalisation* [m mv: *panneaux* ...]
verkeerscentrale *centre* m *de contrôle routier*
verkeersdiploma *attestation* v *scolaire de sécurité routière*
verkeersdrempel *ralentisseur* m; *dos* m *d'âne*
verkeersinformatie *information(s)* v (mv) *routière(s)*
verkeersknooppunt *nœud* m *routier*
verkeersleider *contrôleur* m *de la navigation aérienne*; *aiguilleur* m *du ciel*
verkeerslicht *feu* m *(de signalisation)* [m mv: *feux* ...]
verkeersongeval *accident* m *de la route*
verkeersopstopping *bouchon* m; *embouteillage* m
verkeersovertreder *contrevenant* m *de la circulation*
verkeersovertreding *infraction* v *au Code de la route*
verkeersplein *rond-point* m [mv: *ronds-points*]

verkeerspolitie *police* v *routière*
verkeersregel ★ de ~s *le code de la route*
verkeersslachtoffer *victime* v *de la route*
verkeerstoren *tour* v *de contrôle*
verkeersveiligheid *sécurité* v *routière*
verkeersvlieger *pilote* m *de ligne*
verkeersvliegtuig *avion* m *de ligne*
verkeersweg *route* v
verkeerszuil *borne* v *(de signalisation)*
verkennen *reconnaître*; *explorer*
verkenner *éclaireur* m; ⟨padvinder⟩ *(jeune) scout* m
verkenning *reconnaissance* v; *exploration* v ★ op ~ *en reconnaissance*
verkenningstocht *mission* v *de reconnaissance*
verkenningsvliegtuig *avion* m *de reconnaissance*
verkeren • zich bevinden *être*; *se trouver* ★ in onzekerheid ~ *être dans l'incertitude* ★ in hogere kringen ~ *fréquenter la haute société* • ~ **met** *fréquenter* ▾ het kan ~ *le monde change*; *il ne faut jurer de rien*
verkering ★ ~ hebben *avoir un petit ami/une petite amie* ★ ~ hebben met *sortir avec*
verkiesbaar *éligible*
verkieslijk *préférable (***boven** *à)*
verkiezen • willen *choisir de*; *vouloir* • prefereren *préférer (***boven** *à)*; *aimer mieux* ★ te ~ boven *préférable à* • kiezen *élire*
verkiezing • het stemmen *élection* v ★ getrapte ~en *élections indirectes* • keuze *choix* m; *préférence* v ★ naar ~ *au choix*; *à discrétion*
verkiezingscampagne *campagne* v *électorale*
verkiezingsstrijd *bataille* v *électorale*
verkiezingsuitslag *résultat* m *des élections / du scrutin*
verkijken I OV WW voorbij laten gaan ★ de kans is verkeken *l'occasion est perdue* **II** WKD WW [+ zich] ★ zich ~ op *mal évaluer / juger*
verkikkerd ★ ~ op *toqué de*
verklaarbaar *explicable* ★ dat is ~ *cela s'explique*
verklappen *trahir*
verklaren I OV WW • kenbaar maken *déclarer* ★ iem. schuldig ~ *déclarer qn coupable* ★ hij heeft verklaard dat *il a affirmé/déclaré que* ★ iem. (voor) gek ~ *traiter qn de fou* ★ een verklaard tegenstander *un opposant déclaré / avoué* • uitleggen *expliquer*; *interpréter* ★ ~de aantekeningen *notes* v mv *explicatives* **II** WKD WW [+ zich] *se déclarer*; *s'expliquer* ★ verklaar je nader *explique-toi*
verklaring • uitleg *explication* v • mededeling *déclaration* v ★ een ~ afleggen *faire une déclaration* • JUR. getuigenis *attestation* v; *déposition* v • MED. attest *certificat* m; *attestation* v
verkleden • omkleden *changer* ★ zich ~ *se changer* • vermommen *déguiser* ★ zich ~ als *se déguiser en*
verkleinen • kleiner maken *réduire* • verminderen *réduire*; *amoindrir*
verkleining *réduction* v; OOK FIG. *diminution* v
verkleinvorm *diminutif* m
verkleinwoord *diminutif* m
verkleumd *engourdi (par le froid)*; *transi*
verkleumen *être transi*
verkleuren I OV WW *décolorer* **II** ON WW • van kleur veranderen *changer de couleur* • kleur verliezen *se décolorer*; *déteindre*; *pâlir*
verkleuring *décoloration* v
verklikken *dénoncer*; ⟨iets⟩ *rapporter*; ⟨iemand⟩ INFORM. *moucharder*
verklikker • toestel *détecteur* m; ⟨lampje⟩ *(lampe* v*) témoin* m • verrader *dénonciateur* m [v: *dénonciatrice*]; *rapporteur* m [v: *rapporteuse*]; ⟨v. politie⟩ INFORM. *indic* m; ⟨verlinker⟩ *balance* v
verknallen *bousiller*; *foutre en l'air*
verkneukelen [+ zich] *jubiler*
verknippen *découper*
verknipt *toqué*; *cinglé*
verknocht *attaché (***aan** *à)*
verknoeien • verspillen *gaspiller* • bederven *gâcher*; *gâter*
verkoelen I OV WW koel maken *rafraîchir*; OOK FIG. *refroidir* ★ ~d *rafraîchissant* **II** ON WW koel worden *se rafraîchir*; OOK FIG. *se refroidir*
verkoeling OOK FIG. *refroidissement* m
verkoeverkamer *salle* v *de réveil / de réanimation*
verkolen I OV WW tot kool maken *carboniser* **II** ON WW tot kool worden *se carboniser*
verkommeren *dépérir*
verkondigen *annoncer*; REL. *prêcher*
verkondiging *annonce* v; *prédication* v
verkoop *vente* v
verkoopbaar OOK FIG. *vendable*
verkoopcijfer *chiffre* m *d'affaires*
verkoopleider *chef* m *des ventes*; *directeur* m *commercial*
verkooppraatje ★ ~s houden *faire l'article*; *sortir l'argumentaire (de vente)*
verkoopprijs *prix* m *de vente*
verkooppunt *point* m *de vente*
verkoopster *vendeuse* v
verkopen I OV WW • tegen betaling leveren *vendre* ★ iets voor 50 euro ~ *vendre qc 50 euros* • aannemelijk maken *vendre* • opdissen *débiter*; *dire* ★ onzin ~ *dire n'importe quoi* • toedienen *administrer*; *donner* ★ een trap ~ *donner un coup de pied* **II** ON WW *se vendre*
verkoper *vendeur* m [v: *vendeuse*]
verkoping *vente* v; ⟨openbaar⟩ *vente* v *publique*
verkorten *raccourcir*; FIG. *abréger*
verkorting *raccourcissement*; *abrègement* m
verkouden *enrhumé* ★ ~ worden *s'enrhumer*; *attraper un rhume*
verkoudheid *rhume* m
verkrachten • iemand *violer* • iets *violer*
verkrachter *violeur* m
verkrachting • van iem. *viol* m • van iets *violation* v
verkrampen OOK FIG. *se crisper*; *se contracter*
verkrampt OOK FIG. *crispé*; *contracté*
verkreukelen *froisser*; *chiffonner*
verkrijgbaar *en vente*; *disponible*
verkrijgen • *obtenir*; *avoir* • verwerven *acquérir*
verkromming *courbement* m; MED. *déviation* v
verkroppen ⟨slikken⟩ *avaler*; *digérer*; ⟨opkroppen⟩ *contenir* ★ ik kan het niet ~ *je ne peux pas digérer cela*; *c'est resté en travers*

verkruimelen I OV WW tot kruimels maken *émietter* **II** ON WW tot kruimels worden *s'émietter*
verkwanselen ⟨verkwisten⟩ *galvauder*; ⟨versjacheren⟩ *brader*
verkwikken *rafraîchir*; FIG. *réconforter*
verkwikkend *rafraîchissant*; FIG. *bienfaisant*; FIG. *réconfortant*
verkwisten *gaspiller*; *dilapider*
verkwistend *gaspilleur* [v: *gaspilleuse*]
verkwisting *gaspillage* v; *dissipation* m
verlagen • lager maken *abaisser*; ⟨verminderen⟩ *baisser*; *diminuer*; *réduire*; ⟨in rang⟩ *dégrader* • vernederen *avilir*; *(r)abaisser*; *dégrader* ★ zich ~ tot *s'abaisser à*
verlaging *abaissement* m; ⟨vermindering v. prijs/belastin⟩ *baisse* v; ⟨v. prijs⟩ *réduction* v; ⟨ontering⟩ *dégradation* v
verlakken • lakken *rouler* • bedriegen *duper*
verlamd OOK FIG. *paralysé* ★ halfzijdig ~ *hémiplégique*
verlammen I OV WW lam maken *paralyser* ★ ~d *paralysant* **II** ON WW lam worden *devenir paralysé*
verlamming • het verlammen *paralysie* v • lamheid *paralysie* v
verlangen I ZN [het] *désir* m *(***naar**, **om** *de)*; *souhait* m; *envie* v ★ op ~ van *à la demande de* **II** OV WW • willen *désirer* • eisen *demander*; *exiger (***van** *de)*; *réclamer* **III** ON WW ~ **naar** *désirer*; *souhaiter*; *aspirer à* ★ ik verlang er naar hem weer te zien *j'ai envie de le revoir*; *il me tarde de le revoir* ★ ~d uitzien naar *attendre avec impatience*
verlanglijst *liste* v *(de cadeaux)*; ⟨v. bruidspaar⟩ *liste* v *de mariage*
verlaten I BNW • in de steek gelaten *abandonné*; *délaissé* • afgelegen *abandonné*; *désert* **II** OV WW • weggaan *quitter* • in de steek laten *abandonner*; *délaisser* ★ het ~ *abandon* m **III** WKD WW [+ zich] • te laat komen *se retarder*; *s'attarder* • ~ **op** *se reposer sur*; *se fier à*
verlatenheid *solitude* v; *désolation* v
verleden I ZN [het] tijd van vroeger *passé* m ★ in het ~ *par le passé*; *dans le temps* ★ in het grijze ~ *à une époque bien reculée* **II** BNW • vorig *passé*; *dernier* [v: *dernière*] ★ ~ zondag *dimanche dernier* ★ ~ week *la semaine dernière* ★ dat is ~ tijd *c'est du passé* • TAALK. ★ de ~ tijd *le passé*
verlegen I BNW • schuchter *timide* • geen raad wetend *gêné*; *embarrassé* ★ ~ zijn met *ne savoir que faire de* ★ ~ met zijn figuur *embarrassé de sa personne* • ~ **om** ★ ergens om ~ zitten *être en mal de qc* **II** BIJW *timidement*
verlegenheid • het verlegen zijn *timidité* v • moeilijkheid *gêne* v; *embarras* m
verleggen *déplacer*
verleidelijk *séduisant*; *tentant*
verleiden *tenter* ★ hij laat zich niet ~ tot een uitspraak *impossible de lui arracher une déclaration* ★ ~ tot iets *inciter à faire qc*
verleider *séducteur* m [v: *séductrice*]
verleiding ⟨m.b.t. liefde⟩ *séduction* v; *tentation* v
verlekkerd I BNW *gourmand (***op** *de)*; *friand (***op** *de)* **II** BIJW ★ ~ kijken *avoir les yeux gourmands*; *se rincer l'œil*
verlekkeren *allécher*
verlenen *donner*; ⟨toekennen⟩ *accorder*; *attribuer*
verlengde *prolongement* m ★ het ~ zijn van *prolonger*
verlengen • langer maken *(r)allonger* • langer laten duren *prolonger*; ⟨v. geldigheidsduur⟩ *renouveler*; ⟨v. huurcontract⟩ *reconduire*
verlenging • het verlengen *(r)allongement* m; ⟨v. weg⟩ *prolongement* m; ⟨in tijd⟩ *prolongation* v; ⟨v. geldigheidsduur⟩ *renouvellement* m ★ de ~ van het contract *le renouvellement du contrat* • SPORT extra speeltijd *prolongations* v mv
verlengsnoer *rallonge* v
verlengstuk *rallonge* v; FIG. *appendice* m
verleppen *se faner*; *se flétrir*
verlept *flétri*; *fané*
verleren *oublier*; *perdre la main de*
verlet • tijdverlies *délai* m; *retard* m • arbeidsverlet *chômage* m *technique*
verlevendigen *vivifier*; *(r)animer*; ⟨v. kleur⟩ *(r)aviver*
verlichten • minder zwaar maken *alléger*; ⟨opluchten⟩ *soulager*; ⟨vergemakkelijken⟩ *faciliter* • beschijnen *éclairer*; *illuminer* • kennis bijbrengen *éclairer* ★ verlicht despoot *despote* m *éclairé*
verlichting • dat wat licht brengt *illumination* v; *éclairage* m • leniging *allègement* m • opluchting *soulagement* m
verliefd I BNW liefde voelend *amoureux (***op** *de)* [v: *amoureuse ...*]; FORM. *épris de* ★ ~ worden op *tomber amoureux de* **II** BIJW *amoureusement*
verliefdheid ≈ *amours* m mv
verlies • het verliezen *perte* v ★ een ~ lijden *subir une perte* ★ niet tegen zijn ~ kunnen *être mauvais joueur/ perdant* • het verlorene *perte* v ★ met ~ *à perte* ★ het ~ aan mensenlevens *la perte en vies humaines*
verliesgevend *déficitaire*
verliespost *poste* m *déficitaire*; FIG. *perte* v *(sèche)*
verliezen I OV WW • niet winnen *perdre* ★ (het) ~ van *être battu par* • kwijtraken *perdre* • nadeel lijden *perdre* ★ ik verlies erop *j'y perds* **II** WKD WW [+ zich] *se perdre*
verliezer *perdant* m [v: *perdante*]
verlijden ⟨v. akte⟩ *passer*
verlinken *balancer*
verloederen *se dégrader*
verloedering *dégradation* v; *détérioration* v
verlof • vrijstelling *congé* m; MIL. *permission* v ★ met groot ~ zijn *être libéré* ★ van ~ terugkomen *rentrer de congé* • vergunning *permission* v; *autorisation* v ★ ~ hebben om *avoir la permission de*
verlofdag *jour* m *de congé*
verlofganger MIL. *permissionnaire* m/v
verlokken *attirer*; *séduire*; *tenter* ★ ~ tot *inciter à*; *inviter à*

ve

verloochenen *renier*; *désavouer*
verloochening *reniement* m; *désaveu* m
verloofd *fiancé*
verloofde *fiancé* m [v: *fiancée*]
verloop • ontwikkeling *évolution* v; *marche* v; *progrès* m ⋆ het ~ van de ziekte *l'évolution de la maladie* • het verstrijken *déroulement* m; *cours* m ⋆ na ~ van tijd *au bout d'un certain temps* • het komen en gaan *mouvement* m; ⟨m.b.t. afvloeiing⟩ *déparls* m mv • achteruitgang *baisse* v
verloopstekker *fiche* v *de raccordement*
verloopstuk *pièce* v *de réduction*
verlopen **I** BNW • ongeldig *périmé* • verloederd *débauché* **II** ON WW • voorbijgaan *s'écouler*; *passer* • zich ontwikkelen *marcher*; *suivre son cours* ⋆ kalm ~ *se dérouler dans le calme* • ongeldig worden *expirer* • achteruitgaan *baisser*; ⟨wegkwijnen⟩ *péricliter*; ⟨v. getij⟩ *descendre*
verloren *perdu* ⋆ ~ gaan *se perdre*; *s'égarer* ⋆ daar gaat niets aan ~ *on n'y perd rien*
verloskamer *salle* v *d'accouchement*
verloskunde *obstétrique* v
verloskundige ⟨kraamhulp⟩ *accoucheur* m [v: *accoucheuse*]; ⟨arts⟩ *obstétricien* [v: *obstétricienne*]
verlossen • bevrijden *délivrer* (**van** *de*) ⋆ het ~de woord *le fin mot* • helpen bevallen *accoucher*
Verlosser *Rédempteur* m; *Sauveur* m
verlosser *sauveur*; ⟨Christus⟩ *Rédempteur* m; *Sauveur* m
verlossing • bevrijding *délivrance* v; REL. *rédemption* v • bevalling *accouchement* m
verloten *tirer au sort pour*
verloting *tirage* m *au sort*
verloven [+ zich] *se fiancer* (**met** *avec*)
verloving *fiançailles* v mv
verlovingsring *bague* v *de fiançailles*
verluiden ⋆ ik heb horen ~ *j'ai entendu dire* ⋆ naar verluidt *à ce qu'on dit*
verlustigen [+ zich] **~ aan/in** *se délecter à*
vermaak *amusement* m; *plaisir* m; *divertissement* m ⋆ ~ scheppen in *se plaire à*
vermaard *célèbre*; *fameux* [v: *fameuse*]
vermageren *maigrir*
vermagering *amaigrissement* m
vermageringskuur *régime* m *(amaigrissant)*
vermakelijk *amusant*; INFORM. *rigolo* [v: *rigolote*]; INFORM. *marrant*; INFORM. *drôle*
vermaken • amuseren *amuser*; *divertir* ⋆ zich ~ *s'amuser* • nalaten *léguer* • veranderen *refaire*
vermalen *moudre*; *broyer*
vermanen *réprimander*; ⟨manen⟩ *exhorter* (**tot** *à*)
vermaning *réprimande* v
vermannen [+ zich] *se ressaisir*
vermeend *prétendu*; *supposé*; *soi-disant*
vermeerderen *augmenter*
vermeerdering *augmentation* v; *accroissement* m; BIOL. *propagation* v; *multiplication* v
vermelden *mentionner*; *signaler*; ⟨noemen⟩ *citer*
vermelding *mention* v ⋆ eervolle ~ *mention honorable* ⋆ de simpele ~ *le simple énoncé*
vermengen *mélanger*; *mêler* (**met** *à, avec*); ⟨met water⟩ *couper* ⋆ zich ~ *se mêler*
vermenging *mélange* m
vermenigvuldigen • verveelvoudigen *multiplier* (**met** *par*) • WISK. *multiplier* (**met** *par*) ⋆ zich ~ *se multiplier*
vermenigvuldiging *multiplication* v
vermetel **I** BNW *téméraire* **II** BIJW *audacieusement*
vermicelli *vermicelle* m
vermijdbaar *évitable*
vermijden • uit de weg gaan *éviter* • voorkomen *éviter*
vermiljoen *vermillon*
verminderen **I** OV WW minder maken *diminuer*; *réduire* (**met** *de*) ⋆ snelheid ~ *ralentir* **II** ON WW minder worden *diminuer*; *décroître*; *baisser* ⋆ ~ tot *se réduire à*
vermindering *diminution* v; *réduction* v
verminken OOK FIG. *mutiler*; ⟨v. gezicht⟩ *défigurer*; FIG. *massacrer*
verminking OOK FIG. *mutilation* v; *défiguration* v
vermissen ⋆ vermist worden *manquer*; *être porté disparu* ⋆ vermist *disparu*
vermissing *disparition* v
vermiste *disparu* m [v: *disparue*]
vermits *attendu que*; *comme*
vermoedelijk *probable* ⋆ een ~e erfgenaam *un héritier présomptif* ⋆ de ~e dader *l'auteur présumé*
vermoeden **I** ZN [het] • veronderstelling *supposition* v; ⟨gissing⟩ *conjecture* v; ⟨voorgevoel⟩ *pressentiment* m ⋆ ik had er al zo'n ~ van *je m'en doutais* • verdenking *soupçon* m; JUR. *présomption* v **II** OV WW • veronderstellen *supposer*; *présumer* • bedacht zijn op *soupçonner*; *se douter de* ⋆ dat vermoedde ik al *je m'en doutais*
vermoeid *fatigué*
vermoeidheid *fatigue* v; FORM. *lassitude* v
vermoeidheidsverschijnsel *signes* m mv *de fatigue*
vermoeien *fatiguer*; FORM. *lasser*
vermoeiend *fatigant*
vermogen **I** ZN [het] • capaciteit *puissance* v ⋆ het nuttig ~ *le rendement* • macht *pouvoir* m; ⟨bekwaamheid⟩ *capacité* v (**om** *de*); ⟨krachten⟩ *forces* v mv ⋆ ik zal alles doen wat in mijn ~ ligt *je ferai tout mon possible*; *je ferai tout ce qui est en mon pouvoir* ⋆ verstandelijke ~s *facultés* v mv *intellectuelles* • bezit *fortune* v; *biens* m mv ⋆ het nationaal ~ *le patrimoine national*; *la richesse nationale* ⋆ vreemd ~ *fonds* m mv *d'emprunt* ⋆ eigen ~ *fonds* m mv *propres* **II** OV WW in staat zijn *pouvoir* ⋆ niets ~ *être impuissant*
vermogend • rijk *fortuné* • invloedrijk *puissant*
vermogensaanwasdeling ≈ *intéressement* m
vermogensbelasting *impôt* m *sur la fortune*
vermolmd *vermoulu*
vermommen *déguiser* (**als** *en*)
vermomming *déguisement* m
vermoorden *tuer*; *assassiner*; FIG. *massacrer*
vermorzelen *écraser*
vermorzeling FIG. *écrasement* m
vermout *vermouth* m

vermurwen *fléchir* ⋆ zich laten ~ *s'amadouer* ⋆ niet te ~ *intraitable*
vernachelen *avoir*; *rouler*
vernauwen *rétrécir*
vernauwing *rétrécissement* m
vernederen *humilier* ⋆ ~d *humiliant*
vernedering *humiliation* v
vernederlandsen • Nederlandse gewoonten aannemen *s'adapter aux mœurs néerlandaises* • Nederlandse taal aannemen *s'adapter au néerlandais*
vernemen *apprendre (***van** *par, de)*
vernielen *détruire*; *ravager*; ⟨beschadigen⟩ *dégrader*
vernieling • het vernielen *destruction* v • wat vernield is *dégâts* m mv; *ravages* m mv ⋆ in de ~ geraakt *déglingué*
vernielzucht *rage* v *destructrice*; *vandalisme* m
vernietigen • verwoesten *détruire*; *anéantir* • nietig verklaren *annuler* ⋆ een vonnis ~ *casser un arrêt*
vernietigend *destructeur* [v: *destructrice*] ⋆ een ~e kritiek *une critique impitoyable* ⋆ een ~e blik *un regard foudroyant / noir*
vernietiging • het verwoesten *destruction* v • nietigverklaring *annulation* v
vernietigingskamp *camp* m *d'extermination*
vernieuwen • opknappen *remettre à neuf*; *rénover*; *innover* • vervangen *renouveler*; *changer*
vernikkelen I OV WW met nikkel bedekken *nickeler* **II** ON WW verkleumen *cailler*
vernis • blanke lak *vernis* m • FIG. *vernis* m
vernissage *vernissage* m
vernissen *vernir*; ⟨glazuren⟩ *vernisser*
vernoemen ⋆ vernoemd zijn naar iem. *porter le nom de qn*
vernuft *ingéniosité* v; *génie* m
vernuftig I BNW • scherpzinnig *ingénieux* [v: *ingénieuse*] • ingenieus *ingénieux* [v: *ingénieuse*] **II** BIJW *ingénieusement*
veronachtzamen *négliger*
veronderstellen *supposer*
veronderstelling *supposition* v
verongelijkt I BNW *dépité*; *vexé* **II** BIJW *d'un air dépité*
verongelukken *s'écraser*; ⟨v. persoon⟩ *se tuer dans un accident* ⋆ een verongelukte auto *une voiture accidentée*
verontreinigen *salir*; ⟨v. milieu⟩ *polluer*
verontreiniging ⟨v. milieu⟩ *pollution* v
verontrusten *inquiéter*; *alarmer*
verontrustend *inquiétant*; *alarmant*
verontrusting *inquiétude* v; *préoccupation* v
verontschuldigen I OV WW *excuser* **II** WKD WW [+ zich] *s'excuser (***voor** *de)*
verontschuldiging *excuse(s)* v (mv) ⋆ zijn ~en aanbieden *présenter des excuses* ⋆ tot iemands ~ *à la décharge de qn*
verontwaardigd I BNW *indigné* **II** BIJW *d'une façon indignée*
verontwaardigen *indigner* ⋆ zich ~ over iets *s'indigner de qc*
verontwaardiging *indignation* v
veroordeelde *condamné* m [v: *condamnée*]
veroordelen • afkeuren *condamner* • vonnissen *condamner (***tot** *à;* **wegens** *pour)* ⋆ ter dood ~ *condamner à mort* ⋆ ~ in de kosten *condamner aux dépens*
veroordeling • afkeuring *condamnation* v • vonnis *condamnation* v
veroorloven *permettre* ⋆ zich de weelde ~ van *s'offrir le luxe de* ⋆ hij kan het zich ~! *il (en) a les moyens!*
veroorzaken *causer*; *provoquer*
verorberen *savourer*; ⟨gulzig⟩ *avaler*; *dévorer*
verordenen *décréter*; *ordonner*
verordening *arrêté* m; *règlement* m
verouderen I ON WW ouder worden *vieillir* ⋆ hij is erg verouderd *il a pris un coup de vieux* **II** OV WW ouder maken *vieillir*
veroudering *vieillissement* m
veroveraar *conquérant* m [v: *conquérante*]; ⟨in de liefde⟩ *tombeur* m
veroveren *conquérir*; ⟨bemachtigen⟩ *s'emparer de*; *conquérir*
verovering *conquête* v
verpachten *donner à bail*; *louer*; ⟨agrarisch⟩ *donner à ferme*; *affermer*
verpakken *emballer*; FIG. *enrober*
verpakking • het verpakken *emballage* m • materiaal *emballage* m
verpakkingsmateriaal *matériaux* m mv *d'emballage* [mv]
verpanden *mettre en gage*; *engager* ▾ zijn hart aan iets ~ *être épris de qc*; *être pris de passion pour qc*
verpatsen *bazarder*
verpauperen *se paupériser*
verpersoonlijking *personnification* v
verpesten *pourrir*; *empoisonner*; INFORM. *foutre en l'air*
verpieteren *dépérir*; *s'étioler*
verplaatsen I OV WW elders plaatsen *déplacer*; ⟨overbrengen⟩ *transférer*; ⟨overplanten⟩ *transplanter* **II** WKD WW [+ zich] • zich voortbewegen *se déplacer* • ~ **in** ⋆ zich in iem. ~ *se mettre à la place de qn*
verplaatsing *déplacement* m; ⟨overbrenging⟩ *transfert* m
verplanten *transplanter*
verpleegdag *journée* v *d'hospitalisation*
verpleeghuis *maison* v *médicalisée / de santé*
verpleeghulp *aide* m *soignant* [v: *aide soignante*]
verpleegkundige *infirmier* m [v: *infirmière*]
verpleegster *infirmière* v
verplegen *soigner*
verpleger *infirmier* m
verpleging *soins* m mv *(médicaux)* [mv] ⋆ in de ~ werken *être infirmier/infirmière*
verpletteren • vermorzelen *écraser* • overweldigen *foudroyer*; *terrasser* ⋆ een ~de nederlaag *une défaite écrasante*
verplettering OOK FIG. *écrasement* m
verplicht • voorgeschreven *obligatoire* ⋆ avondkleding ~ *la tenue de soirée sera de rigueur* ⋆ ~ verzekerd *au régime obligatoire*; *assujetti à la Sécurité sociale* ⋆ SPORT ~e figuren *figures* v mv *imposées* • genoodzaakt *obligé* ⋆ ~ zijn om *être obligé / dans l'obligation de* ⋆ dat ben je aan jezelf / je

stand ~ *tu te dois de le faire; ta position t'y oblige*
verplichten *obliger (***tot, te** *à)* ★ dat verplicht hem tot niets *cela ne l'engage à rien* ★ zich ~ tot / te *s'engager à* ▾ ik ben u zeer verplicht *je vous suis très obligé*
verplichting *engagement* m; *obligation* v ★ zijn ~en nakomen *faire face à ses obligations* ★ zonder ~ uwerzijds *sans aucun engagement de votre part*
verpoppen [+ zich] *se chrysalider*
verpoten *transplanter*
verpotten *rempoter*
verpozen [+ zich] *se délasser; se reposer*
verprutsen *gaspiller; gâcher*
verpulveren *pulvériser*
verraad *trahison* v
verraden • openbaar maken *trahir* • niet trouw zijn aan *trahir* • FIG. kenbaar maken *trahir*
verrader *traître* m [v: *traîtresse*]
verraderlijk I BNW als verrader *traître* [v: *traîtresse*] **II** BIJW *traîtreusement; en traître*
verramsjen *liquider*
verrassen • verbazen *surprendre* • verblijden *surprendre* ★ blij verrast (over) *agréablement surpris (de)* • betrappen *surprendre*
verrassend *surprenant; étonnant*
verrassing • het verbazen *surprise* v ★ bij ~ *par surprise* ★ tot mijn grote ~ *à ma grande surprise* • iets dat verbaast *surprise* v ★ voor een ~ zorgen *créer une surprise* ★ onaangename ~ *mauvaise surprise* ★ is me dat een ~! *pour une surprise, c'est une surprise!*
verrassingsaanval *attaque-surprise* v [mv: *attaques-surprise*]
verrassingspakket *pochette-surprise* v
verre • → **ver**
verregaand *extrême*
verregenen *être gâté par la pluie*
verreikend • *à longue portée*; FIG. *d'une grande portée* ★ deze maatregel zal ~e gevolgen hebben *cette mesure sera lourde de conséquences* • ⟨v.e. gevolg⟩ *lourd de conséquences*
verrek *merde!; zut!*
verrekenen I OV WW *régler* ★ te ~ met *à déduire de; à valoir sur* **II** WKD WW [+ zich] *faire une erreur de calcul*
verrekening *règlement* m; *compensation* v
verrekijker *jumelles* v mv; ⟨voor één oog⟩ *lunette* v
verrekken I OV WW te ver rekken *se froisser*; ⟨verstuiken⟩ *se fouler* ★ een spier ~ *se froisser un muscle* **II** ON WW • creperen *crever* • verdommen ★ het kan me niks ~ *je m'en fous*
verrekking *froissement* m; ⟨verstuiking⟩ *entorse* v
verreweg *de beaucoup; de loin* ★ ~ de meesten *la grande majorité*
verrichten *faire; exécuter; effectuer*
verrichting • handeling *activité* v • uitvoering *exécution* v
verrijden • rijdend verplaatsen *déplacer* • aan rijden besteden *dépenser* • rijden om *courir*
verrijken OOK FIG. *enrichir* ★ zich ~ *s'enrichir*
verrijking *enrichissement* m
verrijzen • oprijzen *se lever* • opstaan *se lever*; ⟨herrijzen⟩ *ressusciter*
verrijzenis *résurrection* v
verroeren *bouger; remuer* ★ zich ~ *bouger*
verroest I BNW *rouillé* **II** TW INFORM. *zut!*
verroesten *rouiller; se rouiller*
verrot OOK FIG. *pourri* ▾ iem. ~ slaan *casser la figure à qn*
verrotten *pourrir* ▾ het kan me niets ~ *je m'en fous*
verrotting *pourriture* v; FIG. *pourrissement* m
verruilen *échanger; changer; troquer*
verruimen *élargir*
verruiming *élargissement* m
verrukkelijk *ravissant; délicieux* [v: *délicieuse*]
verrukken *ravir; enchanter* ★ verrukt over *ravi de*
verrukking • gevoel *ravissement* m • dat wat verrukt *charme* m
vers I BNW nieuw, fris *frais* [v: *fraîche*] **II** BIJW *fraîchement; nouvellement* ▾ vers in het geheugen liggen *être tout frais dans la mémoire* **III** ZN [het] • dichtregel *vers* m • strofe *couplet* m • gedicht *poème* m • passage in Bijbel *verset* m ▾ dat is vers twee *c'est une autre affaire*
versagen *perdre courage*
verschaffen *procurer; fournir*
verschaffing *fourniture* v
verschalen *s'éventer* ★ verschaald bier *bière* v *plate*
verschalken *tromper*
verschansen [+ zich] *se retrancher*
verschansing • bolwerk MIL. *retranchement* m • reling *bastingage* m
verscheiden I BNW verschillend *différent; divers* **II** ONB VNW meer *plusieurs*
verscheidenheid *diversité* v; *variété* v
verschepen • per schip verzenden *transporter* • overladen *transborder*
verscheping ⟨overladen⟩ *transbordement* m
verscherpen • aanscherpen *aiguiser*; ⟨versterken⟩ *renforcer* • verergeren *aggraver; envenimer; exacerber*
verscherping • het aanscherpen *aiguisage* m; *renforcement* m • verergering *aggravation* v
verscheuren • scheuren *déchirer* • in verdeeldheid brengen *déchirer* • verslinden *dévorer* ★ ~d dier *carnassier* m; *bête* v *féroce*
verschiet • verte *lointain* m; *horizon* m • toekomst *avenir* m; *perspective* v ★ in het ~ *en perspective*
verschieten I OV WW verbruiken *tirer* **II** ON WW • verbleken ⟨v. kleur⟩ *pâlir; passer* • wegschieten *filer* • verkleuren *changer de couleur*
verschijnen • zich vertonen *apparaître; se présenter* • komen opdagen *arriver*; JUR. *comparaître* • gepubliceerd worden *paraître; sortir* ★ juist verschenen *vient de paraître*
verschijning • het verschijnen *apparition* v; JUR. *comparution* v; ⟨het uitkomen⟩ *parution* v; *sortie* v • geestverschijning *apparition* v • voorkomen *allure* v

ve

verschijnsel • fenomeen *phénomène* m • symptoom *symptôme* m
verschikken *disposer*
verschil • onderscheid *différence* v; ⟨afwijking⟩ *écart* m; ⟨ongelijkheid⟩ *disparité* v; *divergence* v; ⟨in afstand, tijd⟩ *décalage* m ★ ~ van mening *différend* m ★ ~ in leeftijd *différence d'âge* ★ dat is een ~ als van dag en nacht *c'est le jour et la nuit* ★ er is een wereld van ~ (tussen) *il y a un monde (entre)* • WISK. *différence* v ★ het ~ delen INFORM. *couper la poire en deux*
verschillen *différer (***van** *de)* ★ zij ~ maar drie jaar *ils n'ont que trois ans d'écart*
verschillend I BNW *différent*; *distinct* **II** BIJW *différemment* **III** TELW verscheiden ★ ~e *plusieurs*
verschilpunt *différence* v
verschimmelen *moisir*
verscholen *caché*
verschonen • schoon goed aandoen *changer* ★ het bed ~ *changer les draps* • verontschuldigen *excuser* • vrijwaren ★ iem. van iets verschoond doen blijven *épargner qc à qn*
verschoning • schoon goed *(linge* m *de) rechange* m • verontschuldiging *excuse(s)* v (mv); JUR. *exemption* v
verschoppeling *paria* m
verschrikkelijk I BNW schrikbarend *terrible* **II** BIJW schrikbarend *terriblement*
verschrikking *horreur* v
verschroeien I OV WW schroeien *brûler*; *roussir* ★ tactiek van de verschroeide aarde *tactique* v / *politique* v *de la terre brûlée* **II** ON WW verschroeid worden *être brûlé*
verschrompelen *se recroqueviller*; *se ratatiner*
verschuilen [+ zich] *se cacher*
verschuiven I OV WW • verplaatsen *déplacer* • uitstellen *reporter* **II** ON WW zich verplaatsen *se déplacer*
verschuiving • verplaatsing *déplacement* m; OOK FIG. *glissement* m • uitstel *ajournement* m
verschuldigd • te betalen *dû* [v: *due*] ★ het ~e (bedrag) *ce qui est dû*; *le dû* • verplicht *obligé* ★ iem. iets ~ zijn *devoir qc à qn*
versheid *fraîcheur* v
versie *version* v
versierder INFORM. *dragueur* m [v: *dragueuse*]
versieren • verfraaien *décorer*; *orner* • voor elkaar krijgen *arranger* ★ het ~ om... *se débrouiller pour...* • verleiden INFORM. *draguer*
versiering • het versieren *décoration* v • decoratie *ornement* m; *décoration* v
versimpelen *simplifier*
versjacheren *bazarder*
versjouwen *coltiner*
verslaafd ⟨aan drugs⟩ *drogué*; ⟨aan drugs⟩ *toxicomane*; ⟨aan drank⟩ *alcoolique*; *dépendant (***aan** *de)*
verslaafde *intoxiqué* m [v: *intoxiquée*]; ⟨aan drugs⟩ *drogué* m [v: *droguée*]; *toxicomane* m/v
verslaafdheid *dépendance* v; ⟨aan drugs⟩ *toxicomanie* v
verslaan • overwinnen *battre*; *vaincre* • verslag geven ⟨door journalist⟩ *couvrir*
verslag *rapport* m; *compte* m *rendu*; ⟨reportage⟩ *reportage* ★ ~ doen van *couvrir*; *faire un compte rendu de*
verslagen • overwonnen *vaincu*; *battu* • terneergeslagen *abattu*; *consterné*
verslaggever *reporter* m; ⟨correspondent⟩ *correspondant* m [v: *correspondante*] ★ speciale ~ *envoyé spécial* m [m mv: *envoyés spéciaux*] [v: *envoyée spéciale*]
verslaggeving *reportage* m
verslagjaar *exercice* m
verslapen I OV WW slapend doorbrengen ★ zijn tijd ~ *passer son temps à dormir* **II** WKD WW [+ zich] *ne pas se réveiller (le matin)*; INFORM. *avoir une panne d'oreiller / de réveil*
verslappen OOK FIG. *se relâcher*
verslapping *relâchement* m
verslaven *rendre dépendant*
verslavend *qui rend dépendant*; *qui a l'effet d'une drogue*
verslaving ⟨aan drugs⟩ *dépendance* v; ⟨aan drugs⟩ *toxicomanie* v
verslavingszorg *aide* v *aux toxicomanes*
verslechteren *empirer*; *se détériorer*
verslechtering *aggravation* v; *dégradation* v
verslepen *traîner*; ⟨met sleeptouw⟩ *remorquer*; ⟨op beeldscherm⟩ *faire glisser*
versleten *usé* ★ tot op de draad ~ *usé jusqu'à la corde*; *râpé*
versleutelen *coder*
verslijten I OV WW • doen slijten *user* • ~ **voor** *prendre pour* **II** ON WW slijten *s'user*
verslikken [+ zich] ★ zich ~ (in) *avaler de travers*; FIG. *trébucher (sur)*
verslinden *dévorer* ▾ met de ogen ~ *dévorer des yeux*
verslingerd ★ ~ aan *épris de*; *entiché de*
versloffen ★ iets laten ~ *négliger / laisser faire qc*
verslonzen *négliger*
versmachten *mourir de*
versmaden *dédaigner* ★ dat is niet te ~ *cela ne se refuse pas*; INFORM. *je / on ne crache pas dessus*
versmallen I OV WW *rétrécir* **II** ON WW smaller worden *se rétrécir*
versmalling *rétrécissement* m
versmelten I OV WW • doen samensmelten *faire un alliage de*; FIG. *fusionner* • omsmelten *fondre* **II** ON WW • wegsmelten *fondre* • samensmelten *se fondre*
versmelting *fusion* v
versnapering *friandise* v
versnellen *accélérer*
versnelling • het versnellen *accélération* v • mechanisme ⟨v. fiets⟩ *dérailleur* m; ⟨v. auto⟩ *(changement* m *de) vitesse* v ★ naar de tweede ~ schakelen *passer en / la seconde*
versnellingsbak *boîte* v *de vitesses*
versnijden • aanlengen *couper* • kapotsnijden *(dé)couper*
versnipperen • in snippers snijden *couper en petits morceaux* • te klein verdelen *éparpiller*; *disperser* ★ zijn krachten ~ *éparpiller ses forces* • verbrokkelen *morceler*
versnippering ⟨verbrokkeling⟩ FIG.

ve

morcellement m; *émiettement* m
versoberen *se réduire*; *se ménager*; *se restreindre*
versoepelen *assouplir*
versoepeling ⟨v. beperkingen⟩ *assouplissement* m
versomberen *assombrir*
verspelen • spelend verliezen *perdre au jeu*; *gaspiller en jouant* • *perdre*; ⟨verkwanselen⟩ *galvauder*
verspenen *repiquer*
versperren *bloquer*; *obstruer*; *barrer*
versperring *barrage* m
verspillen *gaspiller*; ⟨v. geld⟩ *dilapider*
verspilling *gaspillage* m; *dissipation* v
versplinteren I OV WW tot splinters maken *fracasser*; FIG. *faire éclater* **II** ON WW tot splinters worden *voler en éclats*
versplintering FIG. *fractionnement* m
verspreid *dispersé*; *épars*
verspreiden • uiteen doen gaan *disperser* • verbreiden *répandre*; *propager*; *diffuser*; ⟨uitdelen⟩ *distribuer*
verspreiding *distribution* v
verspreken [+ zich] • iets verklappen *se trahir* • iets verkeerd zeggen *faire un lapsus*
verspreking *lapsus* m
verspringen *sauter en longueur* ★ het ~ *saut* m *en longueur*
verspringen • van plaats veranderen *se déplacer*; ⟨v. beelden⟩ *sauter* • niet in één lijn liggen *être décalé*
versregel *vers* m
verstaan • horen *entendre* • begrijpen *comprendre* ★ te ~ geven *faire comprendre*; *laisser à entendre* ★ Frans ~ *comprendre le français* ★ wel te ~ *bien entendu* • beheersen *s'y connaître* ★ zijn vak ~ *connaître son métier* • ~ **onder** *entendre par*
verstaanbaar *intelligible*
verstaander ▾ een goed ~ heeft maar een half woord nodig *à bon entendeur, salut!*
verstand • denkvermogen *intelligence* v; ⟨rede⟩ *raison* v; ⟨begrip⟩ *entendement* m ★ zijn ~ verliezen *perdre la raison / la tête* ★ een goed ~ hebben *avoir de la tête* ★ bij zijn (volle) ~ zijn *avoir (toute) sa tête* ★ geen greintje ~ hebben *être une petite tête* ★ gebruik je ~! *réfléchis!* • kennis van zaken ★ ~ hebben van *s'y connaître en* ★ ik heb er geen ~ van *je ne m'y connais pas* ▾ het gezond ~ *le bon sens* ▾ dat gaat mijn ~ te boven *cela me dépasse*; *cela dépasse l'entendement* ▾ iem. iets aan het ~ brengen *faire comprendre qc à qn* ▾ met dien ~e dat *à condition que* [+ subj.]
verstandelijk I BNW *intellectuel* [v: *intellectuelle*] **II** BIJW *intellectuellement*
verstandhouding *entente* v; *intelligence* v ★ een blik van ~ *un regard de connivence / d'intelligence* ★ in goede ~ leven met *être en bons termes avec*
verstandig I BNW • met verstand *intelligent*; *raisonnable* • doordacht *raisonnable*; ⟨raadzaam⟩ *sage*; *prudent* ★ hij was zo ~ om *il a eu la sagesse de* **II** BIJW met verstand *intelligemment*; *raisonnablement*
verstandshuwelijk *mariage* m *de raison*
verstandskies *dent* v *de sagesse*
verstandsverbijstering *aberration* v; *folie* v
verstappen [+ zich] *faire un faux pas*
verstarren *se figer* ★ ~d *paralysant*
verstarring FIG. *sclérose* v; *immobilisme* m
verstedelijken ★ verstedelijkt gebied *région urbanisée* v
verstedelijking *urbanisation* v
verstek • JUR. *contumace* v; *défaut* m ★ bij ~ *par contumace* • TECHN. *onglet* m ★ in ~ zagen *scier en onglet* ▾ ~ laten gaan *déclarer forfait*; *faire défection*
verstekbak *boîte* v *à onglets*
verstekeling *passager* m / *voyageur* m *clandestin*
verstelbaar *réglable*
versteld *perplexe*; *interdit* ★ daar sta ik ~ van *je n'en reviens pas*
verstellen • anders stellen *régler* • herstellen *raccommoder*; *réparer*
verstelwerk *raccommodage* m
verstenen *se pétrifier*
versterf • afsterving *nécrose* v • overgang van goed door erfenis *succession* v
versterken • sterker maken OOK FIG. *renforcer*; ⟨v. geluid⟩ *amplifier*; ⟨v. kleur⟩ *intensifier*; SCHEIK. *concentrer*; MIL. *fortifier* ★ de inwendige mens ~ *se restaurer* ★ ~d middel *fortifiant* m • sterken *fortifier*; *consolider*
versterker *amplificateur* m; INFORM. *ampli* m
versterking • het versterken OOK FIG. *renforcement* m; ⟨v. geluid⟩ *amplification* v • wat versterkt MIL. *renfort(s)* m (mv); *fortification* v; MED. *fortifiant* m; *tonifiant* m
verstevigen *renforcer*; *consolider*
versteviging *renforcement* m; *consolidation* v
verstijven *se raidir*; ⟨v. ledematen⟩ *s'engourdir*; ⟨v. schrik⟩ *se pétrifier* ★ verstijfd van kou *transi (de froid)*
verstikken I OV WW *étouffer*; ⟨door gas⟩ *asphyxier* ★ ~d *étouffant* ★ met verstikte stem *d'une voix étranglée* **II** ON WW *s'étouffer*; *suffoquer*
verstikking *étouffement* m; *asphyxie* v
verstikkingsdood *mort* v *par asphyxie*
verstild *apaisé*
verstoken I BNW ★ ~ van *dénué de*; *privé de*; *dépourvu de* **II** OV WW brandstof verbruiken *brûler*; *consommer*
verstokt *endurci*; *invétéré*; *pur et dur*
verstommen *se taire* ★ het geroezemoes verstomde *le brouhaha cessa* ★ iem. doen ~ *faire taire qn* ★ verstomd staan *en rester coi / stupéfait*
verstoord FIG. *irrité*; *agacé*
verstoppen • verbergen *cacher* ★ zich ~ *se cacher* • dichtstoppen *boucher* ★ mijn neus is verstopt *j'ai le nez bouché*
verstoppertje ★ ~ spelen *jouer à cache-cache*
verstopping • het verstopt zijn *obstruction* v • constipatie *constipation* v
verstoren *perturber*; *troubler*
verstoring *perturbation* v; MED. *trouble* m
verstoten *rejeter*; ⟨v. vrouw⟩ *répudier*
verstoting *répudiation* v
verstouwen • eten *avaler* • FIG. verduren

digérer
verstrakken *se durcir*; *se raidir*
verstrekken *fournir*; *procurer*; *distribuer* ★ inlichtingen ~ *fournir/donner des renseignements*
verstrekkend *lourd de conséquences*
verstrekking *distribution* v
verstrijken ⟨v. termijn⟩ *expirer*; ⟨v. tijd⟩ *s'écouler*
verstrikken *prendre au piège* ★ verstrikt raken in FIG. *s'empêtrer dans*; *s'enferrer dans*
verstrooid I BNW • verspreid *éparpillé*; *épars* • geestelijk afgeleid *distrait* **II** BIJW *distraitement*
verstrooien • verspreiden *disperser*; *éparpiller* • afleiding bezorgen *distraire*
verstrooiing • verspreiding *dispersion* v; NATK. *diffusion* v • geestelijke afleiding *distraction* v
verstuiken *se donner une entorse à*; *se fouler*
verstuiking *entorse* v; *foulure* v
verstuiven I OV WW doen vervliegen *pulvériser*; *vaporiser* **II** ON WW vervliegen *être emporté par le vent*; FIG. *s'envoler*
verstuiver *vaporisateur* m; *atomiseur* m
verstuiving • het verstuiven *vaporisation* v • terrein *sables* m mv *mouvants* [mv]
versturen *envoyer*
versuffen I OV WW suf maken *abrutir* **II** ON WW *s'abrutir*
versuft *hébété*; *abruti*; INFORM. *dans les vapes*
versuftheid *abrutissement* m; *hébétement*
versukkeling ★ in de ~ raken *dépérir*; *être en perte de vitesse*
versus *versus*; *face à*
versvoet *pied* m
vertaalbureau *bureau* m *de traduction* [m mv: *bureaux* ...]
vertakken [+ zich] *se ramifier* ★ vertakt *ramifié*
vertakking • het vertakken *ramification* v • zijtak *(em)branchement* m; *branche* v
vertalen • in andere taal weergeven *traduire* *(***in** *en;* **uit** *de)* • anders weergeven *traduire*
vertaler *traducteur* m [v: *traductrice*]
vertaling *traduction* v
verte *lointain* m ★ (heel) in de ~ *(tout) au loin* ▾ in de verste ~ niet *pas le moins du monde*
vertederen *attendrir* ★ ~d *attendrissant*
vertedering *attendrissement* m
verteerbaar *digestible* ★ licht ~ *facile à digérer*
vertegenwoordigen *représenter*
vertegenwoordiger *représentant* m [v: *représentante*]; ⟨dealer⟩ *concessionnaire* m/v
vertegenwoordiging *représentation* v
vertekenen *déformer*; *fausser*
vertellen I OV WW verhalen *dire*; *raconter* ★ iem. een nieuwtje ~ *apprendre une nouvelle à qn* ★ verder ~ *répéter*; *rapporter* ▾ hij heeft hier niets te ~ *ce n'est pas lui qui commande ici* ▾ je kan me nog meer ~! *à d'autres!*; *mon œil!* **II** WKD WW [+ zich] *se tromper*
verteller *conteur* m [v: *conteuse*]; ⟨in boek⟩ *narrateur* m [v: *narratrice*]
vertelling *récit* m; *conte* m; FORM. *narration* v; ⟨vertelsel⟩ *conte* m
verteren I OV WW • doen vergaan ⟨door vuur⟩ *consumer*; ⟨door roest⟩ *ronger* • voedsel afbreken *digérer* • verbruiken *consommer*; *manger* • verkroppen *digérer* ★ niet te ~ *indigeste* ▾ verteerd worden door spijtgevoelens *être rongé par le remords* **II** ON WW afgebroken worden ⟨v. voedsel⟩ *se digérer*; ⟨v. metaal⟩ *se corroder* ★ plastic verteert niet *le plastic n'est pas biodégradable*
vertering • spijsvertering *digestion* v • consumptie *consommation* v
verticaal I BNW *vertical* [m mv: *verticaux*] **II** BIJW *verticalement*
vertier *distraction(s)* v (mv)
vertikken ★ het ~ *ne pas marcher*
vertillen [+ zich] *se donner un tour de reins* ★ zich aan iets ~ FIG. *viser trop haut*
vertoeven *séjourner*; *demeurer*
vertolken • uitbeelden *interpréter*; *exécuter* • weergeven *exprimer*; *traduire*
vertolking *interprétation* v
vertonen • laten zien/blijken *montrer*; *présenter* ★ gebreken ~ *présenter des défauts* • opvoeren *représenter*; *jouer*; ⟨v. film⟩ *projeter* ★ vertoond worden *passer* • exposeren *exposer*
vertoning • voorstelling ⟨op toneel⟩ *représentation* v; A-V *projection* v • schouwspel *spectacle* m ★ een malle ~ *un drôle de spectacle*
vertoon • het vertonen *présentation* v ★ op ~ van *sur présentation de* • tentoonspreiding *étalage* m; *ostentation* v
vertoornd *contrarié*
vertragen • trager maken *ralentir* ★ in vertraagd tempo *au ralenti* • uitstellen *retarder*
vertraging • het vertragen *ralentissement* m • oponthoud *retard* m ★ ~ hebben *prendre du retard* ★ een uur ~ hebben *avoir une heure de retard*
vertrappen OOK FIG. *piétiner*
vertrek • het vertrekken *départ* m ★ bij zijn ~ *à son départ* • kamer *pièce* v
vertrekhal *hall* m *de départ*
vertrekken I OV WW anders trekken *tordre* ★ zijn gezicht ~ *faire la grimace* **II** ON WW weggaan *partir* ★ ~ uit *quitter*
vertrekpunt OOK FIG. *point* m *de départ*
vertreksein *signal* m *du départ*
vertrektijd *heure* v *du départ*
vertroebelen *troubler*; FIG. *brouiller*
vertroetelen *choyer*; INFORM. *chouchouter*; *dorloter*
vertroosting *consolation* v
vertrouwd • bekend *familier* [v: *familière*]; ⟨intiem bekend⟩ *intime* ★ zich ~ maken met *se familiariser avec* ★ met iets ~ zijn *bien connaître* • betrouwbaar *sûr*; *de confiance*
vertrouwelijk I BNW • familiair *familier* [v: *familière*]; ⟨intiem⟩ *intime* • in geheim *confidentiel* [v: *confidentielle*] **II** BIJW • familiair *familièrement* • in geheim *confidentiellement*; *en confidence*
vertrouweling *confident* m [v: *confidente*]
vertrouwen I ZN [het] *confiance* v *(***in** *en)* ★ ~ hebben in *faire confiance à*; *avoir confiance en* ★ iem. in ~ nemen *mettre qn dans la confidence* ★ in ~ *confidentiellement* ★ met het

volste ~ *en toute confiance* ★ ~ wekken *inspirer confiance* ★ (te) goed van ~ *crédule* **II** OV WW betrouwbaar achten *se fier à* ★ ik vertrouw hem niet zo *il ne m'inspire pas confiance* ★ te ~ zijn *être digne de foi* ★ het niet ~ *se méfier* **III** ON WW ~ **op** ★ ik vertrouw erop dat ... *j'aime à croire que ...*
vertrouwensarts *médecin* m *de confiance*
vertrouwenskwestie *question* v *de confiance*
vertrouwensman *homme* m *de confiance*
vertrouwenspositie *poste* m *de confiance*
vertwijfeld *désespéré*
vertwijfeling *désespoir* m
veruit *de loin*; *de beaucoup*
vervaard *effrayé* ▾ zij is voor geen kleintje ~ *elle n'a pas froid aux yeux*
vervaardigen *faire*; *fabriquer*; *confectionner*
vervaardiging *fabrication* v; *confection* v
vervaarlijk I BNW angstwekkend *redoutable* **II** BIJW zeer groot *énormément*
vervagen *s'estomper* ★ doen ~ *estomper*
verval • achteruitgang *déclin* m; ⟨v. gebouw⟩ *délabrement* m; FIG. *décadence* v ★ in ~ raken *tomber en ruine*; FIG. *être sur son déclin* ★ het ~ van krachten *la déperdition de forces* • hoogteverschil *pente* v; *chute* v
vervaldatum *échéance* v
vervallen I BNW • bouwvallig *délabré*; ⟨afgeleefd⟩ *décrépit* • niet meer geldig *aboli*; *supprimé*; ⟨verstreken⟩ *échu*; ⟨verlopen⟩ *périmé* ▾ ~ verklaard van de troon *déchu du trône* **II** ON WW • achteruitgaan *se détériorer*; *se dégrader* • bouwvallig worden *se délabrer* • niet meer gelden *être supprimé* ★ heel zijn redenering vervalt *tout son raisonnement tombe* • in eigendom overgaan *revenir* (**aan** *à*); *échoir* (**aan** *à*) • geraken, komen *tomber* (**in** *dans*); ⟨opnieuw⟩ *retomber* (**in** *dans*) ★ tot armoede ~ *être réduit à la pauvreté*
vervalsen • namaken *falsifier*; *contrefaire*; *fausser*; ⟨onherkenbaar maken⟩ *maquiller* • knoeien met *trafiquer*; *truquer*
vervalser *faussaire* m/v
vervalsing • het vervalsen *falsification* v; *altération* v • het vervalste *contrefaçon* v; *faux* m
vervangen *remplacer* (**door** *par*) ★ elkaar ~ *se relayer* ★ ~d *substitutif* [v: *substitutive*] ★ A ~ door B *substituer B à A*
vervanger *remplaçant* m [v: *remplaçante*]
vervanging *remplacement* m; *substitution* v
vervatten *contenir* ★ in deze termen vervat *conçu en ces termes*
verve ▾ met ~ *avec verve*
verveeld I BNW *d'ennui* **II** BIJW *l'air ennuyé*
vervelen I OV WW • niet boeien *ennuyer*; *fatiguer* ★ tot ~s toe *à satiété* ★ tot ~s toe herhalen *rabâcher*; *ressasser* • hinderen *ennuyer*; *fatiguer* **II** WKD WW [+ zich] *s'ennuyer*; INFORM. *s'embêter* ★ zich stierlijk ~ *s'ennuyer à mourir*
vervelend I BNW • onaangenaam *désagréable*; ⟨hinderlijk⟩ *contrariant*; *embarrassant*; *fâcheur* [v: *fâcheuse*]; INFORM. *embêtant* ★ het erg ~ vinden *être très ennuyé* • saai *ennuyeux* [v: *ennuyeuse*] **II** BIJW onaangenaam *désagréablement* ★ ~ doen *être désagréable*; *embêter le monde*
verveling *ennui* m
vervellen *peler*; ⟨v. dieren⟩ *changer de peau*; ⟨v. dieren⟩ *muer* ★ mijn neus is aan het ~ *j'ai le nez qui pèle*
verveloos *en manque de peinture*
verven • schilderen *peindre* ★ pas geverfd! *peinture fraîche!* ★ blauw ~ *peindre en bleu* • kleuren *teindre*
verversen *renouveler* ★ olie ~ *vidanger* ★ de lucht ~ *aérer*
verversing • het verversen *renouvellement* m • eten of drinken *rafraîchissement* m
verviervoudigen *quadrupler*
vervilten *se feutrer*
vervlaamsen *flamandiser*
vervlakken I OV WW vlak maken *niveler*; FIG. *émousser* **II** ON WW vlak worden *se niveller*; FIG. *s'émousser*
vervliegen • vervluchtigen *s'évaporer*; *se volatiliser* ★ het ~ *l'évaporation* v • verdwijnen *s'envoler* ★ vervlogen hoop *espoir* m *perdu* ★ de vervlogen jaren *les années* v mv *passées* ★ in lang vervlogen tijden *à une époque bien reculée*
vervloeken *maudire*
vervloeking *malédiction* v; ⟨banvloek⟩ *anathème* m
vervluchtigen *se volatiliser*
vervoegen I OV WW TAALK. *conjuguer* **II** WKD WW [+ zich] ★ zich bij iem. ~ *s'adresser à qn*
vervoeging *conjugaison* v
vervoer *transport* m ★ openbaar ~ *transports en commun*
vervoerbewijs *titre* m *de transport*
vervoerder *transporteur* m
vervoeren OOK FIG. *transporter*
vervoering *exaltation* v; *extase* v ★ in ~ *transporté (de joie)*; *en extase* ★ in ~ raken (over) *s'exalter*; *s'extasier (devant, sur)*
vervoermiddel *moyen* m *de transport*
vervolg *suite* v ▾ in het ~ *désormais*; *dorénavant* ▾ ten ~e op *suite à*
vervolgblad *page* v *suivante*
vervolgen • voortzetten *poursuivre*; *continuer* ★ wordt vervolgd *à suivre* • achtervolgen *poursuivre*; ⟨wegens overtuiging⟩ *persécuter* • JUR. *poursuivre (en justice)*; *actionner*
vervolgens *ensuite*; *puis*
vervolging • het voortzetten *poursuite* v • het opgejaagd worden *poursuite* v; ⟨wegens overtuiging⟩ *persécution* v • rechtsvervolging *poursuite* v ★ een ~ instellen tegen *engager des poursuites contre*
vervolgonderwijs *enseignement* m *secondaire*
vervolgverhaal *feuilleton* m
vervolmaken *perfectionner*; *parfaire*
vervolmaking *perfectionnement* m
vervormen *transformer*; ⟨misvormen⟩ *déformer*
vervorming *transformation* v; ⟨misvorming⟩ *déformation* v; ⟨v. geluid⟩ FIG. *distorsion* v
vervreemden I OV WW vreemd maken *aliéner* ★ iem. van zich ~ *s'aliéner qn* **II** ON WW geestelijk verwijderen ★ ~ van *s'éloigner de*; *se détacher de*

vervreemding *aliénation* v
vervroegen *avancer*; *anticiper* ★ vervroegde verkiezingen *élections* v mv *anticipées*
vervuilen I OV WW vuilmaken *polluer* ★ ~d *polluant*; *pollueur* [v: *pollueuse*] **II** ON WW vuil worden *s'encrasser*; ⟨v. milieu van milieu⟩ *se polluer* ★ vervuild *encrassé*; *pollué*
vervuiler *pollueur* m [v: *pollueuse*] ★ de ~ betaalt *pollueur payeur*
vervuiling *pollution* v
vervullen • doordringen *remplir* ★ vervuld van *rempli de*; *plein de* • verwezenlijken *accomplir*; *réaliser* ★ zijn taak ~ *remplir sa tâche* • bezetten *remplir*
vervulling *accomplissement* m; *réalisation* v ★ in ~ gaan *se réaliser*
verwaand I BNW *présomptueux* [v: *présomptueuse*]; *suffisant* ★ een ~e kwast *un prétentieux* **II** BIJW *avec suffisance*
verwaardigen ★ iem. met geen blik ~ *ne pas accorder un regard à qn* ★ zich niet ~ iem. te groeten *ne pas daigner saluer qn*
verwaarlozen *négliger* ★ te ~ *négligeable*
verwaarlozing *négligence* v
verwachten • rekenen op *s'attendre à*; *attendre*; ⟨hopen op⟩ *espérer* ★ bezoek ~ *attendre du monde* • voorzien ★ zoals te ~ was *comme on pouvait s'y attendre* ★ ik verwacht dat *je m'attends à ce que* [+ subj.] • zwanger zijn ★ een kind ~ *attendre un bébé*
verwachting • het verwachten *attente* v • wat verwacht wordt *espérances* v mv ★ boven ~ *au-delà des prévisions* ★ tegen de ~en in *contre toute attente* ★ dat overtreft mijn stoutste ~en *cela dépasse toutes mes prévisions* ★ naar ~ *comme prévu* ▾ in (blijde) ~ zijn *attendre un bébé*; *attendre un heureux événement*
verwant I ZN [de] *parent* m ★ de naaste ~en *les proches parents* **II** BNW • familie zijnd ★ ~ zijn met *être apparenté à*; *être parent de* • overeenkomend ★ ~ zijn aan *être proche de*; *être voisin de*
verwantschap • het verwant zijn *parenté* v • overeenkomst *affinité* v; *rapport* m
verward I BNW • onordelijk *en désordre*; *emmêlé*; ⟨warrig⟩ *confus*; *embrouillé* ★ ~ raken in *s'embrouiller dans* • onduidelijk ★ ~ raken in *s'embarrasser dans* • van streek *embarrassé*; *troublé* **II** BIJW onordelijk *confusément*
verwarmen • warm maken *chauffer* ★ een kamer ~ *chauffer une chambre* • opwarmen *réchauffer*
verwarming *chauffage* m ★ centrale ~ *chauffage central*
verwarmingselement *élément* m *de chauffage*
verwarmingsketel *chaudière* v
verwarren • LETT. ⟨iets⟩ in de war brengen *embarrasser*; *embrouiller*; *emmêler* ★ ~d *troublant* • FIG. ⟨iemand⟩ in verlegenheid brengen *troubler* • ~ **met** *confondre avec*
verwarring *confusion* v ★ in ~ brengen *embrouiller*; *troubler*; *embarrasser*
verwateren • waterig worden *se diluer* • verflauwen *se relâcher*; *se refroidir*
verwedden *parier*
verweer *défense* v
verweerd *rongé par le temps*; ⟨v. gezicht⟩ *buriné*; ⟨v. steen⟩ *effrité*; ⟨v. spiegel⟩ *piqué*
verweerschrift *défense* v; *apologie* v
verwekken • door bevruchting doen ontstaan *engendrer* ★ een kind ~ *faire un enfant* • veroorzaken *causer*; *provoquer*; *susciter*
verwekker • vader HUMOR. *procréateur* m; *géniteur* • veroorzaker *auteur* m; ⟨v. ziekte⟩ *agent* m
verwelken OOK FIG. *se faner*; *se flétrir*
verwelkomen *souhaiter la bienvenue à*; *accueillir*
verwelkoming *bienvenue* v
verwend *gâté*
verwennen • bederven *gâter* • vertroetelen *gâter*
verwennerij *gâterie* v
verwensen *maudire*
verwensing *juron* m
verweren I ON WW *être rongé par les intempéries*; ⟨v. gesteente⟩ *s'effriter* **II** WKD WW [+ zich] *se défendre*
verwerkelijken *réaliser*
verwerken • maken tot iets *traiter*; *transformer (en)* • bij bewerken opnemen *incorporer à, dans*; *insérer dans*; *glisser dans* • PSYCH. omgaan met *digérer*; *assumer* ★ hij kan zijn scheiding moeilijk ~ *il vit mal son divorce*
verwerking • verbruik van grondstof *traitement* m • opname bij bewerking *incorporation* v • PSYCH. omgang *digestion* v
verwerkingseenheid *unité* v *de traitement*
verwerpelijk *blâmable*; *condamnable*
verwerpen • afwijzen *rejeter*; *repousser* • afkeuren *repousser*; *condamner*
verwerping *rejet* m
verwerven *acquérir*; ⟨behalen⟩ *gagner* ★ verworven rechten *droits* m mv *acquis* ★ het ~ *acquisition* v
verwerving *acquisition* v
verwesteren *s'occidentaliser*
verweven FIG. *imbriquer*; *entremêler* ★ de feiten zijn nauw met elkaar ~ *les faits sont étroitement imbriqués*
verwezenlijken *réaliser*
verwezenlijking *réalisation* v
verwijden *élargir*; MED. *dilater*
verwijderd *éloigné*; *distant (***van** *de)*
verwijderen I OV WW • wegnemen *enlever* ★ vlekken ~ *enlever des taches* • wegsturen ⟨eruit zetten⟩ *expulser*; *renvoyer*; *déloger* **II** WKD WW [+ zich] *s'éloigner*
verwijdering • het verwijderen *éloignement* m; *enlèvement* m; *écartement* m • afstand OOK FIG. *distance* v; *éloignement* m • bekoeling v
verwijding *élargissement* m; MED. *dilatation* v
verwijfd *efféminé*
verwijsbriefje *lettre* v *d'introduction (du médecin référant)*
verwijt *reproche* m ★ hem treft geen ~ *il n'a rien à se reprocher*
verwijten *reprocher* ★ iem. iets ~ *reprocher qc à qn*
verwijzen *renvoyer (***naar** *à) à*; JUR. *à*
verwijzing *renvoi* m; *référence* v ★ onder ~ naar *en se référant à*

verwikkelen *impliquer (in dans)*
verwikkeling • het verwikkelen *implication* v • moeilijkheid *complication* v; ⟨wederwaardigheid⟩ *péripétie* v • plot *intrigue* v
verwilderd • wild geworden *redevenu sauvage*; ⟨v. grond⟩ *inculte* • woest *hagard*
verwilderen • wild worden ⟨v. dieren⟩ *devenir sauvage*; ⟨v. grond⟩ *tomber en friche* • bandeloos worden *s'abrutir*
verwisselbaar *interchangeable*; *permutable*
verwisselen • verruilen *(é)changer (voor contre)*; ⟨veranderen⟩ *changer*; *substituer* • verwarren *confondre*
verwisseling *changement* m; ⟨ruil⟩ *échange* m; ⟨vervanging⟩ *substitution* v; *quiproquo* m
verwittigen • op de hoogte brengen *informer (van de)*; *avertir (de)* • BELG. waarschuwen *avertir*
verwoed I BNW • hevig *furieux* [v: *furieuse*]; *enragé*; *acharné* ★ ~e gevechten *combats* m mv *acharnés* • gepassioneerd *passionné*; *fervent* ★ een ~ postzegelverzamelaar *un passionné de la philatélie* **II** BIJW woedend *avec acharnement*
verwoesten *détruire*; *ravager* ★ ~d *dévastateur*; *v: dévastatrice*
verwoesting *destruction* v; *ravage(s)* m (mv)
verwonden *blesser*
verwonderen *étonner*; *surprendre* ★ zich ~ over *s'étonner de*
verwondering *étonnement* m; *surprise* v
verwonderlijk I BNW verbazend *étonnant* **II** BIJW verbazend *étonnamment*
verwonding *blessure* v
verwoorden *formuler*; *exprimer*
verworden *dégénérer (in en)*; *se gâter*
verworvenheid *acquis* m
verwringen *tordre*; *forcer*
verwurging *étranglement* m
verzachten *adoucir*; *modérer*; ⟨lenigen⟩ *soulager*; MED. *lénifier* ★ ~de omstandigheden *circonstances* v mv *atténuantes*
verzachting • het zachter maken *adoucissement* m • leniging *soulagement* m
verzadigen • volop bevredigen *rassasier (met de)*; *assouvir* ★ niet te ~ *insatiable* ★ de markt is verzadigd *le marché est saturé* • SCHEIK. *saturer*
verzadiging • bevrediging *satiété* v; *saturation* v • SCHEIK. *saturation* v
verzadigingspunt *point* m *de saturation*
verzaken • niet nakomen *renier*; ⟨kaartspel⟩ *renoncer* ★ zijn plicht ~ *manquer à son devoir* • een verkeerde kaart opgooien ★ schoppen ~ *renoncer à pique*
verzakken *s'affaisser*
verzakking • *affaissement* m • MED. *prolapsus* m
verzamelaar *collectionneur* m [v: *collectionneuse*]
verzamelband *reliure* v
verzamel-cd *CD* m *de compilation*
verzamelen • bijeenbrengen *rassembler* ★ zich ~ *se rassembler* ★ de verzamelde werken van ... *les œuvres* v mv *complètes de ...* ★ rijkdommen ~ *amasser des richesses* ★ zijn gedachten ~ *recueillir ses idées* • verzameling aanleggen *collectionner*
verzameling • het verzamelen *rassemblement* m • collectie *collection* v; ⟨bloemlezing⟩ *recueil* m • WISK. *ensemble* m
verzamelnaam *collectif* m
verzamelplaats *lieu* m *de rassemblement* [m mv: *lieux ...*]; *rendez-vous* m [onver.]
verzamelpunt *point* m *de rencontre*
verzamelstaat *état* m *récapitulatif*
verzanden • vol zand raken *s'ensabler* • FIG. vastlopen *s'enliser*
verzegelen *cacheter*; JUR. *sceller*
verzegeling *cachetage* m
verzeilen ★ ergens verzeild raken *arriver quelque part par hasard*; *atterrir quelque part*; *échouer quelque part*; *se trouver quelque part*
verzekeraar *assureur* m
verzekerd • zeker *assuré*; *certain*; *sûr* ★ in ~e bewaring nemen JUR. *incarcérer* • gedekt *assuré* ★ verplicht ~ *assuré social* ★ vrijwillig ~ *assuré volontaire*
verzekerde *assuré* m [v: *assurée*]
verzekeren • veilig stellen *assurer* ★ zich ~ van iets *s'assurer de qc* • overtuiging geven *assurer* ★ iem. iets ~ *assurer qc à qn*; *assurer qn de qc* ★ dat verzeker ik je! *je te le garantis!*; INFORM. *je te le promets!* ★ van iets verzekerd zijn *être sûr de qc* ★ zich ~ van iets *s'assurer de* • assureren *assurer* ★ zijn huis ~ *faire assurer sa maison* ★ ~ tegen brand *assurer contre l'incendie* ★ zich ~ tegen brand *s'assurer contre l'incendie*
verzekering • garantie *assurance* v • assurantie *assurance* v ★ sociale ~en *assurance sociale* ★ aanvullende ~ *couverture* v *complémentaire*
verzekeringsagent *agent* m *d'assurances*
verzekeringsinspecteur *inspecteur* m *d'assurances*
verzekeringsmaatschappij *compagnie* v *d'assurances*
verzekeringsplichtig *assujetti à la loi sur les assurances*; *assujetti à l'assurance / à la Sécurité sociale*
verzekeringspolis *police* v *d'assurance*
verzekeringspremie *prime* v *d'assurance*
verzelfstandiging *émancipation* v; *autonomisation* v
verzenden *envoyer*; *expédier*
verzendhuis *maison* v *de vente par correspondance*
verzending *envoi* m; *expédition* v
verzendkosten *frais* m mv *d'expédition*
verzengen *brûler*; *roussir* ★ ~d *torride*
verzet • tegenstand *opposition* v; *résistance* v ★ in ~ komen tegen *s'opposer à*; *s'insurger contre* ★ ~ aantekenen tegen *faire opposition à* ★ lijdelijk ~ *résistance passive* ★ het Verzet *la Résistance* • fietsversnelling *braquet* m
verzetje *détente* v; *distraction* v; *délassement* m
verzetsbeweging *Résistance* v; ⟨in Frankrijk⟩ *maquis* m
verzetshaard *noyau* m *de résistance*; *foyer* m / *poche* v *de résistance*
verzetsstrijder *résistant* m [v: *résistante*]
verzetten I OV WW • van plaats veranderen

déplacer; ‹uitstellen (tot)› *remettre (à)* ⋆ geen voet ~ *ne pas bouger* ⋆ veel werk ~ *abattre de la besogne* • afleiding geven *distraire* ⋆ de zinnen ~ *distraire l'esprit* **II** WKD WW [+ zich] *s'opposer (***aan** *à) à*; *résister (á)*
verzieken *gâcher*; *pourrir*
verziend *presbyte*
verziendheid *presbytie* v
verzilveren • met zilver bedekken *argenter* ⋆ verzilverd *(en) plaqué argent* • innen *encaisser*
verzinken I OV WW • diep inslaan *noyer* • galvaniseren *galvaniser* **II** ON WW ▾ in het niet ~ bij *pâlir devant*
verzinnen • fantaseren *imaginer* • als oplossing bedenken *inventer* ⋆ er iets op ~ *trouver une solution*
verzinsel *fiction* v; *invention* v; *mythe* m
verzitten *changer de position*
verzoek *demande (***om** *de)* v ⋆ op ~ van *à / sur la demande de* ⋆ een ~ om gratie *un recours en grâce* ⋆ op ~ *sur (simple) demande* ⋆ op algemeen ~ *à la demande générale* ⋆ dringend ~ *prière* v *(instante)* ⋆ ik heb een ~ aan je *je veux te demander une faveur*
verzoeken • vragen *prier*; *demander*; FORM. *solliciter* ⋆ iem. om iets ~ *demander qc à qn* ⋆ iem. ~ het pand te verlaten *prier qn de quitter les lieux* ⋆ verzoeke *prière de* ⋆ men wordt verzocht *on est prié de* • uitnodigen *inviter à*; *prier de* • beproeven *tenter*
verzoeking *tentation* v ⋆ in ~ brengen *tenter*
verzoeknummer *numéro* m / *titre* m *demandé par le public*
verzoekschrift *pétition* v; *requête* v
verzoendag *(jour* m *du) Grand Pardon*; *fête* v *de l'Expiation*
verzoenen • goedmaken *réconcilier* ⋆ ~d *conciliant* • vrede doen hebben *réconcilier*
verzoening *réconciliation* v
verzolen *ressemeler*
verzorgd *soigné*
verzorgen • zorg dragen voor *soigner*; *prendre soin de* ⋆ zijn nagels ~ *se soigner / se faire les ongles* • regelen ⋆ ik verzorg de koffie *je m'occupe du café* ⋆ een reis ~ *organiser un voyage*
verzorger • verpleger *garde-malade* m/v [mv: gardes-malades] • van dieren *gardien* m [v: *gardienne*]
verzorging ‹v. mensen en dieren› *soins* m mv
verzorgingsflat *résidence* v *du troisième âge*; *résidence* v *médicalisée*
verzorgingstehuis *home* m *pour vieillards*; *maison* v *médicalisée / de santé*
verzot *fou de* [v: *folle de*]; *passionné de*; *avide de*
verzuchten *soupirer*
verzuchting *soupir* m; *gémissement* m
verzuiling *compartimentage* m
verzuim • nalatigheid *négligence* v; *omission* v; JUR. *défaut* m ⋆ zonder ~ *sans tarder* ⋆ een ~ herstellen *réparer un oubli* • het wegblijven *absentéisme* m
verzuimen • nalaten *négliger*; *omettre (***te** *de)* ⋆ zijn plicht ~ *manquer à son devoir* • niet opdagen *manquer* ⋆ school ~ *manquer la classe*; *sécher les cours*
verzuipen I OV WW • doen verdrinken *noyer* • TECHN. *noyer* • uitgeven aan drank *boire* **II** ON WW verdrinken *se noyer* ⋆ in het werk ~ *être submergé de travail*
verzuren I OV WW • zuur maken *aigrir* • vergallen *gâcher* **II** ON WW zuur worden *s'aigrir*
verzuring *acidification* v
verzwakken I OV WW zwakker maken *affaiblir*; ‹afzwakken› *atténuer* **II** ON WW zwakker worden *s'affaiblir*
verzwakking *affaiblissement* v
verzwaren • zwaarder maken *alourdir* ⋆ een dijk ~ *renforcer une digue* • vergroten *aggraver*; *alourdir* ⋆ een diefstal met ~de omstandigheden *un vol qualifié* ⋆ ~de omstandigheden *circonstances* v mv *aggravantes*
verzwaring *alourdissement* m; FIG. *renforcement* m
verzwelgen *engloutir*
verzwijgen *taire*; *cacher*
verzwikken *se fouler*; *se faire une entorse à*
vesper • gebed *vêpres* v mv • avonddienst *vêpres* v mv
vest • deel van pak *gilet* m; ‹hooggesloten› *cardigan* m • soort trui *gilet* m; *cardigan* m
vestiaire *vestiaire* m
vestibule *vestibule* m; *hall* m
vestigen • richten *fixer (***op** *sur)* ⋆ de aandacht op iets ~ *attirer l'attention sur qc* ⋆ zijn hoop ~ op *mettre son espoir en* • tot stand brengen ‹stichten› *fonder*; *établir*; ‹instellen› *instaurer* • vastleggen *établir* ⋆ een gevestigde orde *un ordre* m *établi* ⋆ gevestigde reputatie *réputation* v *bien assise* • nederzetten *établir*; *installer* ⋆ zich ~ *s'établir*; *s'installer*; *s'implanter* ⋆ gevestigd zijn te... *être domicilié à...*; *avoir son siège à...*
vestiging • het vestigen *établissement* m • nederzetting *implantation* v • filiaal *succursale* v; *établissement* m
vestigingsvergunning *autorisation* v *d'implantation*
vesting *forteresse* v
vestingstad *ville* v *fortifiée*
vestingwerk *fortification* v
vet I ZN [het] *graisse* v; ‹aan vlees› *gras* m; ‹vetstoffen› *lipides* m mv ⋆ vetten *corps* m mv *gras* ⋆ op zijn vet teren *vivre de sa graisse* ▾ iem. zijn vet geven *dire à qn son fait* ▾ iem. in zijn eigen vet laten gaar koken *laisser mijoter qn (dans son jus)* **II** BNW • met veel vet *gras* [v: *grasse*] • bevuild met vet *graisseux* [v: *graisseuse*]; ‹m.b.t. olie› *huileux* [v: *huileuse*] • dik *gras* [v: *grasse*]; *gros* [v: *grosse*] ⋆ vet worden *s'engraisser* ⋆ vet gedrukt *(en) gras* • INFORM. geweldig INFORM. *terrible*; INFORM. *grave*; *trop*
vetarm *maigre*; *allégé*
vetbult • *boule* v *de graisse* • MED. *lipome* m
vete *brouille* v; *inimitié* v; *haine* v *(atavique)*
veter *lacet* m
veteraan *vétéran* m
veteranenziekte *maladie* v *du légionnaire*;

légionellose v
veterinair I ZN [de] DIERK. *vétérinaire* m/v **II** BNW DIERK. *vétérinaire*
vetgehalte *(teneur* v *en) matières* v mv *grasses*
vetkuif • haardracht *banane* v • persoon *loubard* m
vetkussen *bourrelet* m *(de graisse)*
vetmesten *engraisser*; ⟨v. gevogelte⟩ *empâter*; ⟨v. gevogelte⟩ *gaver*
veto *veto* m ⋆ zijn veto uitspreken over *mettre / opposer son veto à*
vetoogje *rond* m *de graisse*
vetorecht *droit* m *de veto*
vetplant *plante* v *grasse*
vetpot ▾ het is geen ~ *ce n'est pas le Pérou / la richesse*
vetpuistje *bouton* m *d'acné*
vetrand *gras* m
vetrijk *gras* [v: *grasse*]
vetrol *bourrelet* m
vettig *gras* [v: *grasse*]; *graisseux* [v: *graisseuse*]
vettigheid *graisse* v
vetvlek *tache* v *de graisse*
vetvrij ⋆ ~ papier *papier* m *sulfurisé*
vetzak *gros patapouf* m
vetzucht *adipose* v; *obésité* v
vetzuur *acide gras* m ⋆ meervoudig onverzadigde vetzuren *polyinsaturés* m mv
veulen *poulain* m
vezel *fibre* v; ⟨in vlees⟩ *filandre* v ⋆ ~tje *fibrille* v
vezelig *fibreux* [v: *fibreuse*]
V-hals *décolleté* m *en V*; *encolure* v *en V*
via • over, langs *(en passant) par*; *via* • door bemiddeling van *par l'intermédiaire de* ⋆ via via *par intermédiaire*; *par personne(s) interposée(s)*; *par un tiers*
viaduct *viaduc* m
vibrafoon *vibraphone* m
vibratie *vibration* v
vibrato *vibrato* m
vibrator • trillend lichaam *vibrateur* m • toestel voor sensuele prikkeling *vibromasseur* m
vibreren *vibrer*; ⟨v. stem⟩ *faire vibrer sa voix*
vicaris *vicaire* m
vice- *vice-* ⋆ vicevoorzitter *vice-président* m
vice versa *vice(-)versa*
vicieus *vicieux* [v: *vicieuse*]
victorie *victoire* v ⋆ ~ kraaien *crier victoire*
video *vidéo* v
videobewaking *télésurveillance* v
videocamera *caméscope* m
videocassette *vidéocassette* v; *cassette* v *vidéo*
videoclip *vidéoclip* m
videoconferencing *vidéoconférence* v
videogame *jeu* m *vidéo* [m mv: *jeux*]
videorecorder *magnétoscope* m
videotheek *vidéothèque* v
vief I BNW *vif* [v: *vive*] **II** BIJW *vivement*
vier I TELW • *quatre* • → **acht II** ZN [de] getal *quatre* m
vierbaansweg *route* v *à quatre voies*
vierdaagse ≈ *(les) quatres Jours* m mv
vierde • *quatrième* ⋆ ten ~ *quatrièmement* ⋆ een ~ deel *un quart* ⋆ drie ~ *(les) trois quarts* • → **achtste**
vierdeursauto *voiture* v *à quatre portes*; *berline* v
vieren • gedenken *fêter*; *célébrer* • vereren *célébrer* • laten schieten *lâcher*; *filer*
vierendelen *écarteler*
vierhoek *quadrilatère* m
viering *célébration* v
vierkant I ZN [het] figuur *carré* m **II** BNW • met vier kanten *carré* • in het kwadraat ⋆ vijf ~e meter *cinq mètres carrés* **III** BIJW volkomen, faliekant *carrément* ⋆ hij werd ~ uitgelachen *on lui a ri au nez*
vierkantsvergelijking *équation* v *du second degré*
vierkantswortel *racine* v *carrée*
vierkwartsmaat *mesure* v *à quatre temps*
vierling *quadruplés* m mv [v mv: *quadruplées*]
viermotorig *quadrimoteur*
vierspan *attelage* m *à quatre*
viersprong *carrefour* m
viertal *quatuor* m ⋆ het ~ kwam binnen *les quatre sont entrés*
viervoeter *quadrupède* m
viervoud *quadruple* m
vierwielaandrijving *quatre roues* v mv *motrices* ⋆ (terrein)auto met ~ *voiture* v *à quatre roues motrices*; *quatre-quatre (4 x 4)* m/v
vies I BNW • vuil *malpropre*; *sale*; ⟨smerig⟩ *crasseux* [v: *crasseuse*] • onsmakelijk *dégoûtant* ⋆ een vieze smaak *un goût infect* ⋆ vieze luchtjes *mauvaises odeurs* ⋆ een vies gezicht trekken *faire le dégoûté* • afkerig ⋆ vies zijn van *être dégoûté de*; *détester* ⋆ hij is niet vies van geweld *il ne craint pas (de recourir à) la violence* ⋆ daar ben ik niet vies van *ça ne me déplaît pas*; *je ne crache pas dessus* • onfatsoenlijk *obscène* ⋆ een vieze film *un film porno* • slecht *sale*; *mauvais* **II** BIJW *d'une façon malpropre*; *salement* ⋆ vies ruiken *puer* ⋆ vies smaken *être infect* ▾ er vies bij zijn *être cuit*
viespeuk *cochon* m [v: *cochonne*]; *saligaud* m
Vietnam *le Vietnam/Viêt-nam* ⋆ in ~ *au Vietnam*
Vietnamees I ZN [de] bewoner *Vietnamien* m [v: *Vietnamienne*] **II** BNW m.b.t. Vietnam *vietnamien* [v: *vietnamienne*]
viewer *visionneuse* v
viezerik, viezerd *cochon* m [v: *cochonne*]; *saligaud* m
viezigheid *saleté* v
vignet *vignette* v
vijand *ennemi* m [v: *ennemie*]
vijandelijk *ennemi*
vijandelijkheid *hostilité* v
vijandig *hostile (jegens à)*
vijandigheid *hostilité* v; *animosité* v
vijandschap *inimitié* v; *hostilité* v
vijf I TELW *cinq* ▾ na veel vijven en zessen *après toutes sortes d'objections*; *après maintes palabres* ▾ ze niet alle vijf bij elkaar hebben *être marteau*; *avoir une case en moins* • → **acht II** ZN [de] getal *cinq* m ▾ geef me de vijf! *serre-moi la pince!*
vijfde • *cinquième* ⋆ ten ~ *cinquièmement* ⋆ Karel de Vijfde *Charles Quint* • → **achtste**
vijfenzestigpluskaart ≈ *carte* v *vermeille*;

carte v *senior*
vijfenzestigplusser *personne* v *du troisième âge*
vijfhoek *pentagone* m
vijfjarenplan *plan* m *quinquennal* [m mv: *plans quinquennaux*]
vijfkamp *pentathlon* m
vijfling *quintuplés* m mv [v mv: *quintuplées*]
vijftien • *quinze* • → **acht**
vijftiende • *quinzième* ⋆ Lodewijk de Vijftiende *Louis Quinze* • → **achtste**
vijftig • *cinquante* • → **acht**
vijftiger *quinquagénaire* m/v
vijftigste • *cinquantième* • → **achtste**
vijfvlak *pentaèdre* m
vijfvoud *quintuple* m
vijg *figue* v
vijgenblad • blad van vijgenboom *feuille* v *de figuier* • bedekking *feuille* v *de vigne*
vijgenboom *figuier* m
vijl *lime* v
vijlen *limer*; FIG. *ciseler* ⋆ het ~ *limage* m
vijlsel *limaille* v
vijs *vis* v
vijver *étang* m; *mare* v ⋆ ~tje *bassin* m
vijzel • vat *mortier* m • krik *vérin* m
vijzelen *lever à l'aide d'un vérin*; *soulever (au vérin / au cric)*
Viking *viking* m
vilder *équarrisseur* m
villa *villa* v
villawijk *quartier* m *de villas*; *quartier* m *chic / résidentiel*
villen OOK FIG. *écorcher*; ⟨met name van paard⟩ *équarrir* ▾ het is op een oor na gevild *c'est comme si s'était fait*
vilt *feutre* m
vilten *de feutre*
viltje *carton* m
viltstift *feutre* m; *stylo-feutre* m [mv: *stylos-feutres*]; ⟨markeerstift⟩ *marqueur* m; *crayon-feutre* m [mv: *crayons-feutres*]
vin *nageoire* v ▾ geen vin verroeren *ne pas bouger*
vinaigrette *vinaigrette* v
vinden • aantreffen *trouver* ⋆ gevonden voorwerpen *objets* m mv *trouvés* ⋆ ik kan het niet ~ *je ne le trouve pas* ⋆ ergens te ~ zijn *se trouver quelque part* • ondervinden *trouver* • bedenken *trouver* ⋆ er iets op ~ *trouver une solution* • van mening zijn *trouver* ⋆ ~ dat *trouver que* [+ ind.]; *être d'avis que* ⋆ wat vind je ervan? *qu'est-ce que tu en penses?* ⋆ ik vind er niets aan *cela ne m'emballe pas*; *cela ne me plaît pas du tout*; *cela ne me dit rien* ⋆ ik vind van wel *je crois que oui* ⋆ het nodig ~ om *croire / juger nécessaire de* ⋆ ik vind het niet erg om met z'n drieën te gaan *cela ne me gêne pas d'y aller à trois* • het eens worden ⋆ het goed/niet met iem. kunnen ~ *s'entendre bien/mal avec qn* ▾ zich ergens in kunnen ~ *se retrouver dans qc* ▾ zich ergens wel bij ~ *se trouver bien de qc* ▾ ergens voor te ~ zijn *être partant pour qc*
vindersloon *droit* m *de l'inventeur*; *récompense* v
vinding • het vinden *découverte* v • uitvinding *invention* v
vindingrijk *inventif* [v: *inventive*]; *ingénieux* [v: *ingénieuse*]
vindplaats *lieu* m *de découverte* [m mv: *lieux* ...]; ⟨v. erts⟩ *gisement* m; ⟨v. dier⟩ *habitat* m; ⟨opgraving⟩ *site* m; ⟨bron⟩ *source* v
Vinex-locatie ⟨zone v d'aménagement concerté⟩ ≈ *ZAC* v *(zone d'aménagement concerté)*
vinger *doigt* m ⋆ zijn ~ opsteken *lever le doigt* ▾ een lange ~ *un boudoir* ▾ met de natte ~ *au jugé*; *au pif* ▾ dat kun je op je ~s natellen *c'est évident* ▾ een ~ in de pap hebben *avoir son mot à dire* ▾ zij windt hem om haar ~ *elle fait de lui ce qu'elle veut*; *elle le mène par le (bout du) nez* ▾ met de ~ nawijzen *montrer du doigt* ▾ zijn ~s erbij aflikken *s'en lécher les doigts* ▾ iem. op de ~s kijken *surveiller qn de près*; *être sur le dos de qn* ▾ zich in de ~s snijden *se brûler les doigts* ▾ iets door de ~s zien *fermer les yeux sur qc* ▾ lange ~s hebben *être voleur comme une pie* ▾ als je hem een ~ geeft, neemt hij de hele hand *quand on lui donne la main il prend le bras* ▾ de ~ op de zere plek leggen *mettre le doigt sur la plaie* ▾ geen ~ uitsteken *ne pas remuer le petit doigt* ▾ op de ~s van een hand te tellen zijn *se compter sur les doigts de la main* ▾ de ~ aan de pols houden *suivre les choses de près*
vingerafdruk *empreinte* v *digitale*
vingerdoekje *serviette* v *(à thé)*
vingeren *toucher*; *tripoter*
vingerhoed *dé* m *(à coudre)*
vingerhoedskruid *digitale* v
vingerkootje *phalange* v
vingeroefening *exercice* m *d'assouplissement (des doigts)*
vingertop *bout* m *du doigt*
vingervlug *agile des doigts*
vingerwijzing *indication* v; *indice* m
vingerzetting *doigté* m
vink • vogel *pinson* m • vleeslapje *paupiette* v ⋆ blinde vink *paupiette* v
vinkentouw ▾ op het ~ zitten *être aux aguets*; *guetter sa chance*
vinnig I BNW • hevig ⟨v. kou⟩ *âpre*; ⟨v. kou⟩ *mordant* ⋆ een ~e slag *un coup violent* • bits ⟨v. antwoord⟩ *aigre*; ⟨v. toon⟩ *agressif* [v: *agressive*]; *mordant*; *âcre* **II** BIJW *violemment*
vinvis ⋆ blauwe ~ *baleine* v *bleue*; *rorqual* m
vinyl *vinyle* m
violet *violet* [v: *violette*]
violist *violoniste* m/v
viool *violon* m ▾ de eerste ~ spelen *être premier violon*; *tenir le haut du pavé* ▾ de tweede ~ spelen *passer au second plan*
vioolconcert *concerto* m *pour violon*
vioolkist *étui* m *à violon*
vioolsleutel *clef* v *de sol*
viooltje *violette* v
vip *VIP* m
viriel *viril*
virtual reality *réalité* v *virtuelle*
virtueel *virtuel* [v: *virtuelle*]
virtuoos I ZN [de] *virtuose* m/v **II** BNW *de virtuose* **III** BIJW *avec virtuosité*

virtuositeit *virtuosité* v
virus *virus* m
virusdrager *porteur* m *de virus*
virusziekte *maladie* v *virale / à virus*
vis *poisson* m ⋆ vliegende vis *poisson* m *volant* ▾ vis wil zwemmen *poisson sans boisson est poison* ▾ zo gezond zijn als een vis *se porter comme un charme* ▾ zich als een vis op het droge voelen *être dans son élément* ▾ zich als een vis in het water voelen INFORM. *être paumé* ▾ iem. voor rotte vis uitmaken *traiter qn de tous les noms*
visagist *visagiste* m/v
visakte *permis* m *de pêche*
visarend *balbuzard* m; *aigle* m *pêcheur*
visboer *poissonnier* m [v: *poissonnière*]
visburger *fishburger* m
viscose *viscose* v
viscositeit *viscosité* v
visgraat • skeletdeel *arête* v • motief *chevrons* m mv; ⟨weefsel⟩ *tissu* m *à chevrons*
vishaak *hameçon* m
visie • zienswijze *vision* v • inzage *examen* m
visioen *vision* v
visionair *visionnaire*
visitatie *visite* v
visite • bezoek *visite* v ⋆ op ~ gaan bij iem. *aller voir qn* • bezoekers *visite* v ⋆ ~ hebben *avoir du monde*
visitekaartje *carte* v *de visite*
visiteren *fouiller*; *visiter*
visrestaurant *restaurant* m *de poisson*
visrijk *poissonneux* [v: *poissonneuse*]
visschotel • CUL. gerecht *plat* m *de poisson* • schaal *plat* m *à poisson*
visseizoen *saison* v *de la pêche*
Vissen *Poissons* m mv
vissen • vis vangen *pêcher* ⋆ op baars ~ *pêcher la perche* • trachten te krijgen OOK FIG. *quêter*; *quémander*
vissenkom *bocal* m *à poissons* [m mv: *bocaux* ...]
visser *pêcheur* m [v: *pêcheuse*]; ⟨op zee⟩ *marin* m *pêcheur*
visserij *pêche* v
vissersboot *bateau* m *pêcheur / de pêche* [m mv: *bateaux* ...]
visserslatijn *exagération* v; ≈ *fanfaronnades* v mv *de pêcheur*
vissersvloot *flottille* v *de pêche*
visstand *population* v *piscicole*
visstick *bâtonnet* m *de poisson*
vistuig *matériel* m *de pêche*
visualisatie *visualisation* v
visualiseren *visualiser*
visueel *visuel* [v: *visuelle*]
visum *visa* m
visumplicht *visa* m *obligatoire*
visvangst *pêche* v
visvijver *vivier* m
viswater *pêcherie* v
viswijf *marchande* v *de poisson*
vitaal • wezenlijk *vital* [m mv: *vitaux*] • levenskrachtig *vif* [v: *vive*]; *plein de vitalité*
vitaliteit *vitalité* v
vitamine *vitamine* v ⋆ ~ C *vitamine C*
vitaminegebrek *carence* v *en vitamines*
vitaminepreparaat *préparation* v / *comprimé* m *de vitamines*
vitaminerijk *riche en vitamines*
vitrage *vitrage* m; *rideau* m *(transparant)*; *voilage* m
vitrine *vitrine* v
vitten *chicaner*; *trouver à redire à*; *ergoter* (op *sur)*
vivisectie *vivisection* v
vizier • kijkspleet in helm *visière* v • richtmiddel *viseur* m ▾ in 't ~ krijgen *repérer* ▾ met open ~ *à visage découvert*
vizierlijn *ligne* v *de mire*
vj *VJ* m; *vidéojockey* m
vla • CUL. nagerecht ≈ *crème* v *anglaise / dessert* • CUL. vlaai ≈ *tarte* v
vlaag • windstoot *rafale* v; *bourrasque* v • uitbarsting *accès* m *de* ⋆ bij vlagen *par bouffées*; *par à-coups* ⋆ in een ~ van woede *dans un accès de colère*
vlaai ≈ *tarte* v
Vlaams I ZN [het] taal *flamand* m **II** BNW m.b.t. Vlaanderen *flamand*
Vlaamse *Flamande* v
Vlaanderen *la Flandre* ⋆ in ~ *en Flandre*
vlag ⟨v. schip⟩ *drapeau* m [mv: *drapeaux*]; ⟨v. schip⟩ *pavillon* m ⋆ met vlaggen versieren *pavoiser* ⋆ onder goedkope vlag varen *porter pavillon de complaisance* ⋆ de Nederlandse vlag voeren *battre pavillon néerlandais* ⋆ onder goedkope vlag *sous pavillon de complaisance* ▾ dat staat als een vlag op een modderschuit ≈ *ça jure* ▾ met vlag en wimpel *haut la main* ▾ de vlag dekt de lading *le pavillon couvre la marchandise* ▾ kijken hoe de vlag erbij hangt *prendre la température*
vlaggen *pavoiser*; *arborer le(s) drapeau(x)*; SPORT *lever le drapeau*
vlaggenmast *mât* m *de pavillon*
vlaggenstok *hampe* v
vlagvertoon *présence* v *du pavillon*; FIG. *ostentation* v
vlak I ZN [het] • platte zijde *(sur)face* v; *plat* m ⋆ plat vlak *plan* m; *surface plane* • WISK. *plan* m; *surface* v ⋆ een gebogen vlak *un plan courbe* ⋆ een hellend vlak *un plan incliné* • gebied *plan* m ⋆ op het sociale vlak *sur le plan social* ▾ op een hellend vlak raken / zijn *glisser / être sur une mauvaise pente* **II** BNW • plat *plat*; *ras*; *uni*; WISK. *plan* ⋆ de vlakke hand *le plat de la main* ⋆ de vlakke meetkunde *la géométrie plane* ⋆ in het vlakke veld *en rase campagne* ⋆ de vlakke kant *le plat* • zonder nuance *plat* **III** BIJW • plat *droit* • recht *juste*; *tout* ⋆ het is vlak bij *c'est tout près*; *c'est à deux pas* ⋆ vlak tegenover het gemeentehuis *juste en face de la mairie* • pal *juste*
vlakbij *tout près*; *à deux pas*
vlakgom *gomme* v
vlakte *plaine* v ▾ zich op de ~ houden *rester dans le vague* ▾ iem. tegen de ~ slaan *terrasser qn*
vlaktemaat *mesure* v *de superficie*
vlakverdeling *division* v *d'une surface*
vlam • vuur *flamme* v ⋆ vlam vatten *prendre*

feu; *s'enflammer* • geliefde *flamme* v ★ een oude vlam van me *l'une de mes anciennes amours* • tekening in hout *veine* v ▾ de vlam slaat in de pan *le torchon brûle*
Vlaming *Flamand* m
vlammen • vlammen vertonen *flamber* • fonkelen *flamboyer*; *jeter des flammes* ★ ~d protest *protestation* v *violente* ★ ~d betoog *discours* m *enflammé*
vlammenwerper *lance-flammes* m [onv]
vlammenzee *mer* v *de feu*
vlamverdeler • deel van fornuis *stabilisateur* m *de flamme* • los plaatje *diffuseur* m
vlas *lin* m
vlasblond *(blond) filasse*
vlashaar *cheveux* m mv *filasse* [mv]
vlassen I BNW van vlas *de / en lin* **II** ON WW ~ **op** *guetter*; *désirer ardemment*; *guigner*
vlecht *natte* v; *tresse* v
vlechten *tresser*; *natter*; FIG. *mêler*; FIG. *entrelacer*
vlechtwerk *travaux* m mv *de tressage* [mv]; FIG. *lacis* m; *tressages* m mv; FIG. *entrelacement* m
vleermuis *chauve-souris* v [mv: *chauves-souris*]
vlees • weefsel *viande* v; ⟨v. het menselijk lichaam⟩ *chair* v ★ wild ~ *fongosité* v ★ een mens van ~ en bloed *un être charnel* • vruchtvlees *chair* v ▾ ~ noch vis *ni chair ni poisson*; *mi-figue, mi-raisin* ▾ weten wat voor ~ je in de kuip hebt *connaître son bonhomme*; *savoir à qui/quoi on a affaire* ▾ mijn eigen ~ en bloed *la chair de ma chair* ▾ in eigen ~ snijden *gâter son affaire*; *se desservir* ▾ goed in het ~ zitten *être (bien) en chair*
vleesboom *fibrome* m; *myome* m
vleesetend *carnivore* ★ ~ dier *carnivore* m/v
vleesgerecht *plat* m *de viande*
vleeskleurig *couleur chair*; *incarnat*
vleesmes *couteau* m *à découper* [m mv: *couteaux* ...]; *coutelas* m
vleesmolen *hachoir* m
vleestomaat *tomate* v *charnue*
vleesvervanger *succédané* m / *ersatz* m *de viande*
vleesvork *grande fourchette* v
vleeswaren *charcuterie* v
vleeswond *plaie* v
vleet ▾ bij de ~ *à foison*; *en quantité*; *à la pelle*
vlegel • lomperd *malotru* m; *butor* m; *goujat* m • kwajongen *animal* m [mv: *animaux*]; *garnement* m • dorsvlegel *fléau* m [mv: *fléaux*]
vleien • overdreven prijzen *flatter* *(***met** *de)* • hoopvol stemmen ~ **met** ★ zich ~ met *se bercer de*
vleiend I BNW *flatteur* [v: *flatteuse*] **II** BIJW *flatteusement*
vleier *flatteur* m [v: *flatteuse*]
vleierij *flatterie* v
vlek I ZN [de] • vuile plek *tache* v ★ met vlekken *taché* • anders gekleurde plek ★ met vlekken *tacheté* **II** ZN [het] dorpje *bourg* m; *bourgade* v; *trou* m; *bled* m
vlekkeloos • zonder vlek *immaculé*; *sans tache* • foutloos *impeccable*
vlekken • vlekken krijgen *se tacher* • vlekken maken *tacher*
vlekkenmiddel *détachant* m
vlekkerig I BNW *taché* **II** BIJW *avec des taches*
vlektyfus *typhus* m *exanthématique*
vlerk • vleugel *aile* v • vlegel *canaille* v; *salaud* m
vleselijk I BNW • lichamelijk *en chair et en os* • FIG. zinnelijk *charnel* [v: *charnelle*] **II** BIJW *charnellement*
vleug *sens* m *du poil* ★ tegen de ~ *à contre-poil*
vleugel • vliegorgaan *aile* v • deel van vliegtuig *aile* v • deel van gebouw *aile* v • zijlinie OOK POL. *aile* v • piano *piano* m *à queue* ▾ de ~s uitslaan *prendre sa volée* ▾ iem. ~s geven *donner des ailes à qn* ▾ onder iemands ~s *sous l'aile de qn*
vleugellam • *qui ne bat que d'une aile*; FIG. *frappé d'impuissance* • machteloos ★ ~ zijn *battre de l'aile*
vleugelmoer *écrou* m *à oreilles*
vleugelspeler *ailier* m
vleugelverdediger *arrière* m *latéral*
vleugje ⟨vlaagje⟩ *bouffée* v; ⟨glimp⟩ *lueur* v; ⟨ietsje⟩ *brin* m; *ombre* v; *soupçon* m ★ een ~ parfum *un soupçon de parfum* ★ een ~ hoop *l'ombre d'un espoir* v
vlezig *charnu*
vlieg *mouche* v ▾ iem. een ~ afvangen *souffler qc à qn* ▾ twee ~en in één klap slaan *faire d'une pierre deux coups*; *faire coup double* ▾ hij zou geen ~ kwaad doen *il ne ferait pas de mal à une mouche*
vliegangst *phobie* v *de l'avion*; *peur* v *de monter en avion*
vliegas *escarbille* v
vliegbasis *base* v *aérienne*
vliegbrevet *brevet* m *d'aviateur*; *brevet* m *de pilote*
vliegdekschip *porte-avions* m [onv]
vliegen I OV WW • besturen *piloter* • vervoeren *transporter par avion* **II** ON WW • door de lucht bewegen *voler*; ⟨v. kogels⟩ *siffler* • met het vliegtuig gaan *prendre l'avion*; *aller en avion* ★ blind ~ *voler sans visibilité / sans guidage* ★ over een stad ~ *survoler une ville* • snellen *courir* ★ iem. om de hals ~ *se jeter au cou de qn* • snel voorbijgaan *s'envoler* ★ de tijd vliegt voorbij *le temps passe vite* ▾ eruit ~ *se faire virer* ▾ de vogel is gevlogen *l'oiseau s'est envolé*
vliegenier *aviateur* m [v: *aviatrice*]
vliegenmepper *tapette* v
vliegensvlug *en un clin d'œil*; *à fond de train*
vliegenvanger • vogel *gobe-mouches* m [onver.] • kleefstrook *papier* m *tue-mouche(s)*
vliegenzwam *amanite* v *tue-mouche(s)* m [v mv: *amanites* ...]; *fausse oronge* v
vlieger • speelgoed *cerf-volant* m [mv: *cerfs-volants*] • piloot *pilote* m; *aviateur* m [v: *aviatrice*] ▾ die ~ gaat niet op *cela ne marche pas*
vliegeren *jouer au cerf-volant*
vlieggewicht *poids* m *mouche*
vliegramp *catastrophe* v *aérienne*
vliegshow *meeting* m *aérien*
vliegtuig *avion* m ★ per ~ *par avion*

vl

vliegtuigbouw *construction* v *aéronautique*
vliegtuigkaping *détournement* m *d'avion*
vlieguur *heure* v *de vol*
vliegveld *aéroport* m; ⟨klein⟩ *aérodrome* m
vliegverbinding *liaison* v *aérienne*
vliegverkeer *trafic* m *aérien*
vliegwiel *volant* m
vlier *sureau* m [mv: *sureaux*]
vliering *soupente* v
vlies • dun laagje *pellicule* v • velletje *peau* v • BIOL. *membrane* v ▾ het Gulden Vlies *la Toison d'or*
vlijen *ranger*; *arranger*
vlijmscherp *tranchant*; FIG. *acerbe*
vlijt *zèle* m; *application* v; *assiduité* v
vlijtig I BNW *appliqué*; *zélé*; *assidu* ▾ ~ liesje *impatiente* v **II** BIJW *avec zèle / application*; *assidûment*
vlinder *papillon* m
vlinderdas *nœud* m *papillon*
vlindernet *filet* m *à papillons*
vlinderslag *(brasse* v*) papillon* m
vlo *puce* v
vloed • hoogtij *marée* v *haute*; ⟨opkomend⟩ *marée* v *montante* ⋆ eb en ~ *flux et reflux* ⋆ het is ~ *la marée est haute* • MED. *pertes* v mv ⋆ witte ~ *pertes blanches* ⋆ de witte ~ *la leucorrhée*; *les pertes blanches*
vloedgolf OOK FIG. *raz-de-marée* m [onv]
vloedlijn *courbe* v *cotidale*
vloei • sigarettenpapier *papier* m *à cigarettes* ⋆ ~tje *(feuille* v *de) papier* m • absorberend papier *(papier* m*) buvard* m
vloeibaar *liquide* ⋆ ~ worden *se liquéfier* ⋆ ~ gas *gaz* m *liquéfié*
vloeiblad *buvard* m
vloeien • stromen *couler*; *s'écouler* ⋆ in de kas ~ *tomber dans la caisse* ⋆ er zal bloed ~ *le sang coulera* ⋆ in elkaar (over)~ *se fondre* • vaginaal bloeden *avoir des pertes de sang*
vloeiend I BNW *fluide*; ⟨v. stijl⟩ *coulant* **II** BIJW vlot ⋆ hij spreekt ~ Frans *il parle couramment le français*
vloeipapier • absorberend papier *(papier* m*) buvard* m • dun papier *papier* m *de soie*; ⟨voor shag⟩ *papier* m *(à cigarettes)*
vloeistof *liquide* m; NATK. *fluide* m
vloeitje *papier* m *(à cigarettes)*
vloek • verwensing *malédiction* v; ⟨godslastering⟩ *blasphème* m • krachtterm *juron* m ▾ in een ~ en een zucht *en un tour de main*
vloeken • krachttermen uiten *jurer*; ⟨m.b.t. religie⟩ *blasphémer* ⋆ ~ op *pester contre* • schril afsteken *jurer* (**met** *avec*) ⋆ die kleuren ~ *ces couleurs jurent (entre elles)*
vloer *sol* m; ⟨v. hout⟩ *plancher* m ▾ over de ~ komen bij *fréquenter* ▾ de ~ aanvegen met *ne faire qu'une bouchée de*
vloerbedekking *revêtement* m *de sol*; ⟨vastgelegd⟩ *moquette* v
vloeren *renverser*; SPORT *tomber*; *terrasser*
vloerkleed *tapis* m; ⟨vast⟩ *moquette* v
vlok *flocon* m; ⟨stofdot⟩ *mouton* m; ⟨pluisje⟩ *peluche* v
vlokkentest *biopsie* v *du chorion*
vlokkig *floconneux* [v: *floconneuse*]
vlonder • slootplank *passerelle* v • plankier *caillebotis* m; *plancher* m
vlooien *épucer*
vlooienband *collier* m *anti-puces*
vlooienmarkt *(marché* m *aux) puces* v mv
vlooienspel *jeu* m *de puces*
vlooientheater *spectacle* m *de puces savantes*
vloot • oorlogsvloot *flotte* v • groep schepen *flotte* v • luchtvloot *flotte* v
vlootbasis *base* v *navale*
vlootschouw *revue* v *navale*
vlot I ZN [het] *radeau* m [mv: *radeaux*] **II** BNW • snel *rapide*; *alerte*; *prompt* • gemakkelijk ⟨v. manieren⟩ *agréable*; ⟨v. manieren⟩ *dégagé*; ⟨v. stijl⟩ *aisé*; *facile* • ongedwongen *décontracté*; *détaché* ⋆ een vlotte babbel *du bagou(t)*; INFORM. *de la tchatche* • drijvend *renfloué*; *à flot* ⋆ vlot trekken *remettre à flot*; *renflouer* ⋆ weer vlot maken *renflouer* **III** BIJW • snel *couramment*; *promptement* ⋆ vlot afgehandeld *expédié* • gemakkelijk *facilement*
vlotten *marcher*; *aller bon train*; *bien avancer* ▾ ~d kapitaal *capital* m *flottant*
vlotter *flotteur* m
vlucht • het vluchten *fuite* v ⋆ op de ~ slaan *prendre la fuite* ⋆ op de ~ jagen *mettre en fuite* ⋆ ~ uit de werkelijkheid *évasion* v ⋆ overhaaste ~ *déroute* ⋆ ~ vooruit *fuite en avant* • het vliegen *vol* m ⋆ in de ~ *au vol* • vliegtocht *vol* m • troep vogels *vol* m; *volée* v ▾ een hoge ~ nemen *prendre son envol / un grand essor*
vluchteling *fuyard* m; *fugitif* m [v: *fugitive*]; POL. *réfugié* m *(politique)* [v: *réfugiée*]
vluchtelingenkamp *camp* m *de réfugiés*
vluchten • ontvluchten *fuir* (**voor** *devant*); *s'enfuir* • FIG. toevlucht zoeken *se réfugier*
vluchtheuvel *refuge* m; *passage* m *surélevé*
vluchtig I BNW • NATK. snel vervliegend *volatil* • oppervlakkig *rapide*; *sommaire* • voorbijgaand *passager* [v: *passagère*]; *fugace* **II** BIJW *rapidement*; *à la hâte*; *sommairement*
vluchtleider *directeur* m *de vol*
vluchtleiding *direction* v *du vol*
vluchtnummer *numéro* m *de vol*
vluchtrecorder *contrôleur* m *de vol*; *enregistreur* m *de vol*
vluchtschema *plan* m *de vol*
vluchtstrook *bande* v *d'arrêt d'urgence*
vlug I BNW • snel gaand *rapide* • snel handelend *prompt*; *vif* [v: *vive*] ⋆ iem. te vlug af zijn *prendre qn de vitesse* • bijdehand *éveillé*; *intelligent* **II** BIJW • snel *rapidement*; *promptement*; *vivement*; *vite* ⋆ vlugkokend *à cuisson rapide* ⋆ en vlug (een beetje)! *au trot!* • spoedig *rapidement*
vluggertje • vrijpartij ⋆ een ~ maken *tirer un coup* • dam- of schaakpartij *blitz* m
vlugschrift *brochure* v; *tract* m
vlugzout *sel* m *volatil*
vmbo ≈ *éducation professionelle préparatoire*
VN *ONU* v *(Organisation des Nations unies)*
vocaal I ZN [de] *voyelle* v **II** BNW *vocal* [m mv: *vocaux*]

vocabulaire *vocabulaire* m
vocalisatie *vocalisation* v
vocaliseren *vocaliser*
vocalist *chanteur* m [v: *chanteuse*]
vocht • vloeistof *liquide* m • vochtigheid *humidité* v
vochtgehalte *teneur* v *en humidité*
vochtig • enigszins nat *humide*; *mouillé* • klam *moite*
vochtigheid *humidité* v
vochtigheidsmeter *hygromètre* m
vochtvrij ★ ~ bewaren *conserver à l'abri de l'humidité*
vod *chiffon* m; *haillon* m; *loque* v ▾ achter de vodden zitten *talonner*
voddenbaal ▾ eruitzien als een ~ *être ficelé comme un sac*
voddenboer *chiffonnier* m
voeden I OV WW • voedsel geven OOK FIG. *nourrir*; *alimenter*; ⟨zogen⟩ *allaiter* ★ zich ~ met *se nourrir de* • van toevoer voorzien *alimenter* **II** ON WW voedzaam zijn *être nourrissant*
voeder *nourriture* v; *pâture* v; *fourrage* m
voederbak *mangeoire* v; ⟨klein⟩ *écuelle* v
voederen *nourrir*; *donner à manger à*
voeding • het voeden OOK TECH. *alimentation* v; *nutrition* v; ⟨v. zuigeling⟩ *tétée* v • voedsel *nourriture* v
voedingsbodem OOK FIG. *bouillon* m *de culture*
voedingsleer *diététique* v
voedingsmiddel *aliment* m; *produit* m *alimentaire*
voedingspatroon *mode* m *d'alimentation*; *habitudes* v mv *alimentaires*
voedingsstof *substance* v *nutritive*; *nutriment* m
voedingswaarde *valeur* v *nutritive*
voedsel OOK FIG. *nourriture* v; ⟨voer⟩ *pâture* v ★ ~ geven aan *nourrir*
voedselhulp *aide* v *alimentaire*
voedselpakket *colis* m *alimentaire*
voedselrijk *riche en vivres*; *riche en aliments*; BIOL. *eutrophique*
voedselvergiftiging *intoxication* v *alimentaire*
voedselvoorziening *ravitaillement* m
voedster *nourrice* v
voedzaam *nourrissant*; ⟨degelijk⟩ *substantiel* [v: *substantielle*]; *nutritif* [v: *nutritive*]
voeg *joint* m ▾ uit zijn voegen gerukt *disloqué* ▾ in zijn voegen kraken *craquer de partout*
voegen I OV WW • verbinden *joindre*; *assembler* • met specie opvullen *lier*; *jointoyer* • ~ **bij** *ajouter à*; *joindre à* **II** WKD WW [+ zich] ★ zich ~ naar *s'adapter à*; *s'accommoder de* ★ zich ~ bij *rejoindre*
voegijzer *fiche* v
voegwoord *conjonction* v
voelbaar I BNW • merkbaar *sensible* • tastbaar *palpable* **II** BIJW *sensiblement*
voelen I OV WW • gewaarworden *sentir*; ⟨innerlijk⟩ *ressentir*; ⟨innerlijk⟩ *éprouver* • aanvoelen *sentir*; *comprendre* • bevoelen *palper*; *tâter*; *toucher* **II** ON WW • ~ **voor** *être attiré par* ★ hij voelt er weinig voor *cela ne lui dit rien* • aanvoelen ★ dat voelt zacht aan *c'est doux au toucher* • tasten ★ naar iets ~ *chercher qc à tâtons* **III** WKD WW [+ zich] *se sentir* ★ ik voel me uitstekend *je me sens en pleine forme* ▾ zich heel wat ~ *se croire qc*
voelhoorn ⟨v. insecten⟩ *antenne* v; ⟨v. slakken⟩ *tentacule* m; ⟨v. slakken⟩ *corne* v ▾ zijn ~s uitsteken *tâter le terrain*
voeling *contact* m ★ ~ hebben / krijgen met *être / entrer en contact avec* ★ ~ houden *garder le contact*
voelspriet ⟨v. insecten⟩ *antenne* v; ⟨v. slakken⟩ *tentacule* m
voer *nourriture* v; *fourrage* m; *pâture* v
voeren • voeden *nourrir*; *donner à manger à*; *faire manger*; *affourager* • leiden *conduire*; *mener*; ⟨brengen⟩ *amener* ★ dronken ~ *soûler* • van voering voorzien *doubler*; ⟨met bont e.d.⟩ *fourrer* • hebben ★ het woord ~ *avoir la parole* ★ de Nederlandse vlag ~ *battre pavillon néerlandais* ★ het bevel ~ *commander* ★ een artikel ~ *tenir / vendre un article* ★ een beleid ~ *mener / suivre une politique* • doen plaatsvinden ★ oorlog ~ *faire la guerre*
voering ⟨v. stof⟩ *doublure* v; ⟨v. metaal⟩ TECHN. *revêtement* m
voerman *charretier* m [v: *charretière*]
voertaal *langue* v *véhiculaire*
voertuig *véhicule* m
voet • lichaamsdeel OOK FIG. *pied* m ★ voet aan wal zetten *mettre pied à terre* ★ op blote voeten *pieds nus* ★ te voet *à pied* ★ voetje voor voetje *pied à pied*; *pas à pas* ★ geen voet verzetten *ne pas bouger* • onderste deel ★ aan de voet van *au pied de* ▾ zich uit de voeten maken *se sauver*; *filer* ▾ voet bij stuk houden *tenir bon*; *camper / rester sur ses positions*; *persister (et signer)* ▾ op vrije voeten stellen *mettre en liberté* ▾ op staande voet *sur-le-champ*; *sans préavis* ▾ iem. voor de voeten lopen *être dans les jambes de qn* ▾ op de voet volgen *suivre de près* ▾ op gespannen voet met iem. staan *avoir des rapports tendus avec qn* ▾ op goede voet met iem. blijven *rester en bons termes avec qn* ▾ op grote voet leven *mener grand train* ▾ op bescheiden voet leven *vivre petitement / sur un pied modeste* ▾ uit de voeten kunnen met iets *savoir manier qc*; *savoir s'y prendre* ▾ een portret ten voeten uit *un portrait en pied* ▾ dat is hem ten voeten uit *c'est lui tout craché* ▾ vaste voet krijgen *s'installer*; *prendre pied* ▾ iets met voeten treden *fouler qc aux pieds* ▾ iem. de voet dwars zetten *contrecarrer qn*; *mettre des bâtons dans les roues à qn* ▾ iem. iets voor de voeten gooien *jeter qc au nez / à la face de qn* ▾ veel voeten in de aarde hebben *n'aller pas seul*; *être toute une affaire* ▾ een voet tussen de deur krijgen *s'insinuer* ▾ een wit voetje bij iem. hebben *être dans les petits papiers de qn* ▾ de zaal aan zijn voeten krijgen *conquérir la salle / le public* ▾ onder de voet gelopen worden *être piétiné*; *être écrasé* ▾ op dezelfde voet *sur le même pied* ▾ op voet van oorlog *sur le pied de guerre* ▾ op voet van gelijkheid *sur (un) pied d'égalité*; *d'égal à égal* ▾ niet uit de voeten kunnen met *être fâché avec* ▾ met

VO

voeten treden *fouler aux pieds*; *piétiner*
voetangel FIG. *piège* m
voetbad *bain* m *de pieds*
voetbal I ZN [de] bal *ballon* m *(de football)* **II** ZN [het] spel *football* m; INFORM. *foot* m
voetbalclub *club* m *de foot(ball)*
voetbalelftal *équipe* v *de foot(ball)*
voetbalknie *lésion* v *du ménisque*; *méniscite* v
voetballen *jouer au foot(ball)*
voetballer *footballeur* m [v: *footballeuse*]; *joueur* m *de foot(ball)* [v: *joueuse*]
voetbalpool *loto* m *sportif*
voetbalschoen *chaussure* v *de foot(ball)*
voetbalveld *terrain* m *de foot(ball)*
voetbalwedstrijd *match* m *de foot(ball)*
voetenbank *tabouret* m; *petit banc* m
voeteneinde *pied* m *(du lit)*
voetenwerk *jeu* m *de jambes*
voetganger *piéton* m [v: *piétonne*]
voetgangersbrug *passerelle* v *pour piétons*
voetgangersgebied *zone* v *piétonnière / piétonne*
voetgangersoversteekplaats *passage* m *(pour) piétons*
voetgangerstunnel *passage* m *souterrain*
voetlicht *rampe* v ▾ voor het ~ brengen *mettre pleins feux sur*; *mettre en évidence* ▾ over het ~ komen *passer (la rampe)*
voetnoot *note* v *en bas de page*; FIG. *remarque* v
voetpad • paadje *sentier* m • trottoir *trottoir* m
voetreis *voyage* m *à pied*; *randonnée* v
voetspoor *trace* v ▾ in iemands voetsporen treden *marcher sur les traces de qn*
voetstap • stap *pas* m • spoor *trace* v *de pas*
voetsteun *repose-pieds* m [onv]
voetstoots *comme ça* ⋆ iets ~ kopen *acheter qc en bloc*
voetstuk OOK FIG. *piédestal* m; *socle* m
voettocht *randonnée* v *(pédestre)*
voetveeg *souffre-douleur* m [onv]
voetvolk *infanterie* v; IRON. *piétaille* v
voetzoeker ≈ *pétard* m
voetzool *plante* v *du pied*
vogel • dier *oiseau* m [mv: *oiseaux*] • persoon *oiseau* m; *individu* m; *type* m ⋆ een slimme ~ *un malin* ▾ beter één ~ in de hand dan tien in de lucht *un tiens vaut mieux que deux tu l'auras* ▾ vroege ~ *lève-tôt* m/v [onver.] ▾ de ~ is gevlogen *l'oiseau s'est envolé* ▾ ~s van diverse pluimage *des gens de tous poils*
vogelaar • vogelvanger *oiseleur* m • vogelliefhebber *ornithologue* m/v *amateur*
vogelgriep *grippe* v *aviaire*
vogelkooi *cage* v; ⟨groot⟩ *volière* v
vogelnest *nid* m *(d'oiseau)*
vogelpik *(jeu* m *de) fléchettes* v mv
vogelsoort *espèce* v *d'oiseau*
vogelspin *mygale* v
vogelstand *faune* v *ailée*; ⟨m.b.t. aantal⟩ *population* v *ailée*
vogeltrek *migration* v *des oiseaux*
vogelverschrikker *épouvantail* m
vogelvlucht ▾ in ~ *à vol d'oiseau*; *en plongée*; *globalement*
vogelvrij ⋆ ~ verklaren *mettre hors la loi*; *proscrire* ⋆ een ~ verklaarde *un hors-la-loi*
Vogezen *Vosges* v mv
voicemail *boîte* v / *messagerie* v *vocale*
voile ⟨sluier⟩ *voilette* v
vol • geheel gevuld *plein de*; ⟨boordevol⟩ *comble*; ⟨v. hotel e.d.⟩ *complet* [v: *complète*]; ⟨gevuld⟩ *rempli* ⋆ vol worden *se remplir* ⋆ vol! *complet!* ⋆ vol maken *remplir*; *combler* ⋆ met volle mond *la bouche pleine* ⋆ vol met/van *plein de* ⋆ vol vlekken *(re)couvert de taches* ⋆ vol zitten met *fourmiller de* ⋆ een volle zaal *une salle comble* ⋆ het is er vol *il y a foule* ⋆ vol maken *remplir* ⋆ volle melk *lait* m *entier* • vervuld ⋆ vol hoop zijn *être plein d'espoir* ⋆ vol vertrouwen *en toute confiance* ⋆ ik zit vol *je suis gavé* • rond *plein*; *rond*; *rebondi* ⋆ een vol gezicht *un visage rond / rebondi* • volledig ⋆ in volle zee *en pleine mer* ⋆ de volle waarheid *toute la vérité* ⋆ een volle maand *tout un mois* ⋆ vol pension *pension* v *complète* ⋆ in zijn volle lengte *dans toute sa longueur* ⋆ ten volle *pleinement*; *entièrement* ⋆ een volle baard hebben *porter toute sa barbe* ⋆ volle maan *pleine lune* ▾ iedereen is er vol van *tout le monde en parle* ▾ iem. voor vol aanzien *prendre qn au sérieux* ▾ hij is er vol van *il ne pense qu'à ça*
volautomatisch *entièrement automatique*
volbloed I ZN [de] *pur-sang* m [onv] **II** BNW raszuiver *de race (pure)*; ⟨v. paarden⟩ *de pur sang*; FIG. *pur sang*
volbrengen • uitvoeren *s'acquitter de* • afmaken *accomplir* ▾ het is volbracht *tout est consommé*
voldaan • tevreden *content de*; *satisfait de* • betaald *payé*; *acquitté*; ⟨onder rekening⟩ *pour acquit* ⋆ voor ~ tekenen *acquitter*
voldoen I OV WW betalen *payer*; *acquitter* **II** ON WW • bevredigen *contenter*; *satisfaire*; *donner satisfaction* • **~ aan** *suffire à*; *satisfaire (à)*; *remplir*; *répondre à* ⋆ ~ aan de voorwaarden *répondre aux conditions*; *remplir les conditions*
voldoende I BNW • bevredigend *suffisant* • genoeg *suffisant*; ⟨als rapport-/examencijfer⟩ *passable* **II** BIJW *suffisamment* **III** ZN [de] *note* v *suffisante*; *moyenne* v ⋆ een ~ voor wiskunde *la moyenne en maths* ⋆ een dikke ~ *une note au-dessus de la moyenne*
voldoening • betaling *acquittement* m; *paiement* m • tevredenheid *satisfaction* v
voldongen ⋆ een ~ feit *un fait accompli*
voldragen ⟨v. levend wezen⟩ *né à terme* ⋆ een ~ kind *un enfant né à terme*
volgauto *voiture* v *d'escorte*; SPORT *voiture* v *de suiveur*
volgeboekt *complet* [v: *complète*]
volgeling *disciple* m/v; *adepte* m/v
volgen I OV WW • achternagaan *suivre* ⋆ met de blik ~ *suivre du regard* • nabootsen *suivre* • handelen naar *suivre* ⋆ een bepaalde tactiek ~ *observer une certaine tactique* • bijwonen *suivre* • begrijpen, bijhouden *suivre* ⋆ ik kan het niet meer ~ *je suis dépassé / largué*; *je ne suis plus* **II** ON WW • erna komen *suivre* ⋆ wie volgt? *au suivant!* ⋆ ~ op *succéder à* ⋆ hij liet er op ~ *il ajouta* ⋆ als

volgt *comme suit* • ~ **uit** *résulter de*; *ressortir de* ⋆ daaruit volgt dat *il en résulte que*
volgend • erna komend *suivant*; ⟨aanstaand⟩ *prochain* ⋆ de ~e keer *la prochaine fois* • verder *ultérieur*; *postérieur* ▾ ik zou graag het ~e bestellen *je voudrais commander ce qui suit*
volgens • overeenkomstig *conforme à* ⋆ ~ afspraak *comme convenu / prévu* ⋆ niet ~ de wet *contraire à la loi* • naar mening van *selon*; *d'après* ⋆ ~ mij *selon moi*
volgnummer *numéro* m *d'ordre*
volgooien ⟨dichtgooien⟩ *combler*; *remplir*; ⟨v. benzinetank⟩ *faire le plein*
volgorde *ordre* m ⋆ in ~ leggen *classer*; *ranger* ⋆ in ~ van aankomst *par ordre d'arrivée* ⋆ in alfabetische ~ *par ordre alphabétique* ⋆ in willekeurige / verkeerde ~ *dans le désordre*
volgroeid • rijp *mûr* • volwassen *adulte*
volgzaam *docile*
volharden *persévérer*; *persister (***in** *dans)*; *s'obstiner à*
volhardend *persévérant*; *persistant*
volharding *persévérance* v
volheid *plénitude* v; ⟨v. wangen⟩ *rondeur* v
volhouden I OV WW • niet opgeven *continuer*; ⟨v. inspanning⟩ *soutenir* • blijven beweren *maintenir* ⋆ hardnekkig ~ *persister à dire* **II** ON WW doorgaan *tenir (bon / le coup)*; ⟨doorzetten⟩ *s'accrocher* ⋆ nog even ~! *encore un petit effort!*
volière *volière* v
volk • bevolking *peuple* m • lagere klassen *bas peuple* m; *populace* v • menigte *foule* v; ⟨bijenvolk⟩ *ruche* v ⋆ er was veel volk *il y avait beaucoup de monde* • soort mensen *gens* m mv ⋆ het jonge volkje *la jeunesse* ⋆ goed volk *des braves gens* ▾ volk! *holà! qn!*; *il y a qn?*
Volkenbond GESCH. *Société* v *des Nations*
volkenkunde *ethnologie* v
volkenkundig *ethnologique*
volkenmoord *génocide* m
volkenrecht *droit* m *international public*
volkomen I BNW • volledig *complet* [v: *complète*]; *entier* [v: *entière*] • volmaakt *parfait* **II** BIJW *parfaitement*; *complètement*
volkorenbrood *pain* m *complet*
volks *populaire*; ⟨ordinair⟩ *peuple* [onv.]; INFORM. *popu*
volksaard *caractère* m *national*
volksbuurt *quartier* m *populaire*
volksdans *danse* v *folklorique*
volksdansen *faire de la danse folklorique*
volksfeest *fête* v *populaire*
volksfront *front* m *populaire*
volksgeloof *croyance* v *populaire*
volksgezondheid *santé* v *publique*
volkshuisvesting *logement* m
volksjongen *fils* m *du peuple*
volkslied • officieel nationaal lied *hymne* m *national* • overgeleverd lied *chant* m *populaire*
volksmond ⋆ in de ~ *populairement*
volksmuziek *musique* v *populaire*
volkspartij *parti* m *populaire*
volksrepubliek *république* v *populaire*
volksstam • volk *tribu* v • menigte *tribu* v ⋆ er zijn hele ~men die *il y a des tas de gens qui*
volksstemming *référendum* m
volkstaal • landstaal *langue* v *populaire* • informele taal *langue* v *populaire*
volkstelling *recensement* m
volkstoneel *théâtre* m *populaire*
volkstuin *jardin* m *ouvrier*
volksuniversiteit *université* v *populaire*
volksverhuizing *migration* v *(des peuples)* ⋆ GESCH. de grote ~ *les grandes invasions*
volksverlakkerij *tromperie* v; *arnaque* v
volksvermaak *réjouissances* v mv *populaires* [mv]; *divertissement* m *populaire*
volksvertegenwoordiger *député* m
volksvertegenwoordiging *parlement* m
volksverzekering *assurance(s)* v (mv) *sociale(s)* [mv]
volksvijand *ennemi* m *du peuple*; *fléau* m; *ennemi* m *public*
volksvrouw *femme* v *du peuple*
volkswijsheid *sagesse* v *populaire / des nations*
volledig I BNW *complet* [v: *complète*]; ⟨onverkort⟩ *intégral* [m mv: *intégraux*] **II** BIJW *complètement*; *intégralement*
volledigheidshalve *pour être complet* [v: ... *complète*]
volleerd *expert*; *qualifié*; FIG. *accompli*
volley *volée* v
volleybal *volley(-ball)* m
volleyballen *jouer au volley(-ball)*
vollopen *se remplir*
volmaakt I BNW *parfait* **II** BIJW *parfaitement*
volmacht *plein(s) pouvoir(s)* m (mv); *procuration* v ⋆ bij ~ *par procuration* ⋆ iem. blanco ~ geven *donner carte blanche à qn*
volmaken *parfaire*
volmondig I BNW *franc* **II** BIJW *franchement*
volop ⟨rijkelijk⟩ *en abondance*; INFORM. *à gogo*; ⟨geheel⟩ *pleinement*
volproppen *bourrer*
volslagen I BNW *complet* [v: *complète*]; *entier* [v: *entière*]; *total* **II** BIJW *complètement*; *entièrement*; *totalement*
volslank *bien en chair*
volstaan • voldoende zijn *suffire* • ~ **met** *se contenter de*
volstoppen *bourrer*
volstrekt I BNW absoluut *absolu* **II** BIJW beslist *absolument*
volt *volt* m
voltage *voltage* m
voltallig *au (grand) complet*
voltigeren *voltiger*; *faire de la voltige*
voltijder *travailleur* m *à plein temps*
voltijds *à plein temps*
voltooien *achever*; *terminer*
voltooiing *achèvement* m
voltreffer *coup* m *qui fait mouche*; *coup* m *dans le mille*
voltrekken I OV WW *exécuter*; *accomplir* **II** WKD WW [+ zich] *s'accomplir*; *se faire*
voltrekking *exécution* v; ⟨v. huwelijk⟩ *célébration* v
voluit ⟨geschreven⟩ *en toutes lettres*; *à plein* ▾ ~

gaan *y aller (à fond)*
volume • inhoud *volume* m • geluidssterkte *volume* m
volumineus *volumineux* [v: *volumineuse*]
voluptueus *voluptueux* [v: *voluptueuse*]
volvet *à base de lait entier*; *gras* [v: *grasse*]
volvoeren *exécuter*; *accomplir*
volwaardig *à part entière*; *complet* [v: *complète*]
volwassen *adulte*; *grand*; ⟨rijp⟩ *mature*
volwassene *adulte* m/v
volwasseneneducatie *éducation* v *permanente*
volwassenheid *âge* m *adulte*; *maturité* v
volzin *phrase* v
vondeling *enfant* m *trouvé* [v: *enfant trouvée*]; *enfant* m *abandonné* ⋆ te ~ leggen *abandonner*
vondst • het vinden *découverte* v • het gevondene *objet* m *trouvé* • bedenksel *trouvaille* v
vonk • gloeiend deeltje *étincelle* v • FIG. gevoel *étincelle* v; *étincelle* v ▾ de vonk sprong over *le courant passait*
vonken *jeter / faire jaillir des étincelles*
vonnis FORM. *sentence* v; ⟨v. lagere instantie⟩ *jugement* m; ⟨uitspraak⟩ *verdict* m ⋆ een ~ vellen *rendre un jugement*; *juger*
vonnissen *juger*
voodoo *vaudou* m
voogd *tuteur* m [v: *tutrice*]
voogdij *tutelle* v ⋆ onder ~ *sous tutelle*
voor I BIJW • voorafgaand aan *avant* ⋆ mama voor en mama na *maman par-ci, maman par-là* • aan de voorkant van ⋆ hij woont voor *il habite devant* ⋆ van voor naar achter *d'avant en arrière* ⋆ voor in het boek *au début du livre* • met voorsprong ⋆ voor liggen / zijn *avoir de l'avance* ⋆ iem. voor zijn *devancer qn* • pro *pour* ⋆ voor zijn / stemmen *être / voter pour* **II** VZ • eerder dan *avant* ⋆ de dag voor ... *la veille de ...* ⋆ vijf voor acht *huit heures moins cinq* ⋆ gaan / komen voor *devancer*; FIG. *passer avant* • aan de voorkant van *devant* • naar voren ⋆ voor zich uit kijken *regarder devant soi* • in tegenwoordigheid van *devant* ⋆ voor de rechter verschijnen *comparaître* • jegens *pour* ⋆ achting hebben voor iem. *avoir de l'estime pour qn* • gedurende *pour* ⋆ hij gaat voor een jaar weg *il part pour un an* ⋆ voor een jaar *pour un an* • in ruil voor *pour* ⋆ voor 5 euro *pour cinque euros* ⋆ voor wat hoort wat *donnant, donnant* • wat ... betreft *pour* ⋆ niet slecht voor een beginner *pas mal pour un débutant* ⋆ net iets voor hem *c'est bien lui!* ⋆ een 7 voor Engels *un 7 (sur 10) en anglais* ⋆ ik voor mij *(quant à) moi* • na ⋆ stuk voor stuk *l'un après l'autre* ⋆ een voor een *un à un* • ten bate/behoeve van ⋆ voor het goede doel *pour la bonne cause* ▾ iets voor zich houden *garder qc pour soi*; *taire qc* **III** VW ⋆ ik zie je nog wel voor ik vertrek *je passerai te voir avant de partir / avant que je parte* **IV** ZN [de] *sillon* m ⋆ voren trekken *tracer des sillons* **V** ZN [het] *pour* m ⋆ de voors en tegens *des pours et des contres*
vooraan *en avant*; *en tête*; ⟨voorop⟩ *devant* ⋆ ~ staan *être placé en tête*
vooraanstaand *éminent*; *de premier plan*
vooraanzicht *vue* v *de face*
vooraf *d'abord*; *au préalable*; *d'avance*; *avant*
voorafgaan ~ **aan** *précéder*
voorafje *entrée* v; *amuse-gueule* m [onver.]
vooral *surtout*
vooralsnog *pour le moment*
voorarrest *détention* v *provisoire*; *garde* v *à vue*
vooravond *veille* v ⋆ aan de ~ van ... *à la veille de*
voorbaat ⋆ bij ~ *d'avance* ⋆ bij ~ dank FORM. *agréez mes remerciements anticipés*; *merci d'avance!* ⋆ bij ~ kansloos zijn *partir perdant*
voorbarig I BNW *prématuré* **II** BIJW *prématurément*
voorbeeld • iets ter navolging *exemple* m; *modèle* m ⋆ naar het ~ van *à l'instar de* ⋆ een ~ nemen aan *prendre exemple sur* ⋆ het goede ~ geven *donner l'exemple* ⋆ tot ~ nemen *prendre en exemple*; *s'inspirer de* ⋆ daar kun je een ~ aan nemen! *prends-en de la graine!* ⋆ om een ~ te stellen *pour faire un exemple*; *pour l'exemple* • iets ter illustratie *exemple* m; *modèle* m
voorbeeldig I BNW *exemplaire* **II** BIJW *à merveille*
voorbehoedmiddel ⟨tegen conceptie⟩ *contraceptif* m
voorbehoud *réserve* v; *restriction* v ⋆ een ~ maken *faire des réserves* ⋆ onder ~ *sous réserve*; *sous toutes réserves*
voorbehouden *réserver* ⋆ vergissingen ~ *sauf erreur*
voorbereiden *préparer (***op** *à)* ⋆ op het ergste voorbereid zijn *s'attendre au pire* ⋆ ~d *préparatoire*
voorbereiding *préparation (***op** *à)* v ⋆ in ~ *en (voie de) préparation*
voorbeschikken *prédestiner (***tot** *à)*
voorbeschikking *prédestination* v
voorbeschouwing *pronostic* m
voorbespreking *discussion* v *préalable*; *réunion* v *préparatoire*
voorbestemmen *prédestiner (***tot, voor** *à)*
voorbij I BNW afgelopen *passé*; *fini*; ⟨verstreken⟩ *révolu* **II** BIJW • langs ⋆ hij kwam ~ *il est passé* ⋆ hij liep me ~ zonder te groeten *il m'a passé sans me saluer* • verder dan *après* ⋆ het kruispunt ~ *après le carrefour* **III** VZ • langs *après*; *devant* • verder dan *après*
voorbijgaan • passeren *passer*; ⟨inhalen⟩ *doubler* ⋆ in het ~ *en passant* ⋆ een huis ~ *passer devant une maison* ⋆ het ~ *passage* m • verstrijken *passer* • ~ **aan** *négliger*; ⟨expres⟩ *passer sous silence*; *omettre*; *passer outre à* ⋆ dat ging aan mij voorbij *cela m'a échappé*
voorbijgaand *passager* [v: *passagère*]
voorbijganger *passant* m [v: *passante*]
voorbijstreven *dépasser*
voorbijzien *négliger*
voorbode *signe* m *avant-coureur*
voordat *avant que* [+ subj.]; *avant de* [+infin.]
voordeel • wat gunstig is *avantage* m; ⟨nut⟩ *intérêt* m ⋆ de voor- en de nadelen *les avantages et les inconvénients*; *le pour et le*

VO

contre ⋆ dat zou in het ~ van de tegenpartij werken *cela servirait les intérêts de la partie adverse* • winst ⋆ zijn ~ doen met *tirer profit de*; *profiter de*; *trouver son compte à* ⋆ ten voordele van *au bénéfice de*; *en faveur de* ⋆ in het ~ ten opzichte van *avantagé par rapport à* • SPORT *avantage* m ▾ het ~ van de twijfel *le bénéfice du doute* ▾ iem. het ~ van de twijfel gunnen *laisser le bénéfice du doute à qn*

voordek *avant-pont* m

voordelig *avantageux* [v: *avantageuse*]

voordeur *porte* v *d'entrée*

voordeurdeler ≈ *personne* v *codomiciliée*

voordien *auparavant*

voordoen I OV WW • als voorbeeld doen ⋆ iets aan iem. ~ *montrer qc à qn* • aandoen *mettre* **II** WKD WW [+ zich] • zich gedragen ⋆ zich ~ als *se faire passer pour* ⋆ zich slim ~ *se vouloir malin* • plaatsvinden *arriver*; *se présenter*; *se produire* ⋆ als het geval zich voordoet *le cas échéant*

voordracht • het voordragen *débit* m; *diction* v; *déclamation* v; MUZ. *exécution* v; MUZ. *interprétation* v; *récitation* v • nominatie ⟨voor functie⟩ *liste* v *des candidats*; ⟨aanbeveling⟩ *proposition* v ⋆ op ~ van *sur (la) proposition de* • lezing *conférence* v

voordragen • ten gehore brengen ⟨declameren⟩ *réciter* • aanbevelen *proposer*

voordringen *passer avant son tour*; *passer devant (les autres)*; INFORM. *griller la queue*

vooreerst *pour le moment*

voorgaan • voor iem. gaan *précéder*; *passer devant* ⋆ gaat u voor *après vous* ⋆ dames gaan voor *honneur aux dames* • voorrang hebben *avoir la priorité*; *passer avant* • het voorbeeld geven *donner l'exemple* • REL. *conduire le service*

voorgaand *précédent*; *dernier* [v: *dernière*]

voorganger • iem. die men opvolgt *prédécesseur* m • REL. *pasteur* m; *officiant* m

voorgeleiden *faire comparaître*; *amener*

voorgerecht *hors* m *d'œuvre*; *entrée* v

voorgeschiedenis ⟨v. persoon⟩ *antécédents* m mv; *historique* m

voorgeslacht *ancêtres* m mv

voorgevel • gevel *façade* v • boezem *balcon* m

voorgeven *prétendre*

voorgevoel *pressentiment* m ⋆ een ~ hebben *pressentir* ⋆ angstig ~ *appréhension* v

voorgoed *définitivement*

voorgrond *premier plan* m ⋆ op de ~ plaatsen *faire ressortir*; *mettre en évidence / au premier plan* ⋆ op de ~ treden *s'imposer*; *occuper le devant de la scène*

voorhamer *frappe-devant* m [onv]

voorhand • *avant-main* v • voorste gedeelte paard *avant-main* v ▾ op ~ *d'avance* ▾ op de ~ zitten *avoir la main*

voorhanden *disponible*; *existant*

voorhebben • voor zich hebben *avoir affaire à* ⋆ u heeft de verkeerde voor! *vous me prenez pour un autre!* • beogen *se proposer de* ⋆ het goed ~ met *vouloir du bien à* • als voordeel hebben *avoir un avantage (op sur)* • dragen *porter*

voorheen *autrefois*; *jadis*; *anciennement*

voorhistorisch *préhistorique*

voorhoede *avant-garde* v [mv: *avant-gardes*]; SPORT *ligne* v *d'attaque*

voorhoedespeler *avant* m

voorhoofd *front* m

voorhoofdsholte *sinus* m *frontal*

voorhoofdsholteontsteking *sinusite* v

voorhouden • voor iem. houden *tendre*; *présenter* • wijzen op *rappeler*; *montrer*; *faire observer*

voorhuid *prépuce* m

voorin *à l'avant*; *devant*; ⟨v. boek⟩ *au début*

vooringenomen *prévenu* ⋆ ~ zijn tegen iem. *avoir un parti-pris contre qn*

voorjaar *printemps* m ⋆ in het ~ *au printemps*

voorjaarsmoeheid *fatigue* v *de printemps*

voorkamer *pièce* v *donnant sur la rue*

voorkant *(côté* m*) devant*; ⟨v. gebouw⟩ *façade* v; ⟨v. blad papier⟩ *recto* m ⋆ aan de ~ *(sur le) devant*

voorkauwen ⋆ iem. iets ~ *mâcher qc à qn*

voorkennis *connaissance* v *préalable* ⋆ zonder zijn ~ *à son insu* ⋆ misbruik van ~ JUR. *délit* m *d'initié*

voorkeur *préférence* v *(***voor** *pour;* **boven** *sur)* ⋆ bij ~ *de préférence* ⋆ de ~ geven aan *préférer* ⋆ de ~ verdienen (boven) *être préférable (à)*

voorkeursbehandeling *traitement* m *préférentiel*; *régime* m *de faveur*

voorkeurspelling *orthographe* v *recommandée*

voorkeurstem *vote* m *préférentiel*

voorkoken • voorbereiden *arranger dans la coulisse*; *manigancer* • vooraf koken *précuire*

voorkomen I ZN [het] uiterlijk *aspect* m; *extérieur* m; ⟨v. mensen⟩ *air* m **II** ON WW • gebeuren *arriver*; *se passer* • te vinden zijn ⟨figureren⟩ *figurer*; *se trouver* ⋆ bijna niet meer ~ *se faire rare* ⋆ het ~ *occurence* v • JUR. ⟨v. persoon ook⟩ *comparaître*; *passer (devant le juge)*; *être jugé* • toeschijnen *sembler* ⋆ het komt me voor *il me semble* ⋆ het komt mij bekend voor *cela me rappelle qc* ⋆ het doen ~ alsof *faire croire que*

voorkomen *prévenir*; *éviter* ▾ ~ is beter dan genezen *mieux vaut prévenir que guérir*

voorkomend ⋆ in ~ geval *le cas échéant*

voorkomend *empressé*; *prévenant*

voorlaatst *avant-dernier* [v: *avant-dernière*]

voorland ⋆ dat is je ~ *voilà le sort qui t'attend*

voorlangs *(en passant) devant*

voorleggen • voor iem. leggen *mettre sous les yeux* • ter beoordeling geven *soumettre* ⋆ iem. een vraag ~ *soumettre une question à qn*

voorleiden *amener*; *faire comparaître*

voorletter *initiale* v

voorlezen ⋆ iem. iets ~ *lire qc à qn*; *faire la lecture de qc à qn*

voorlichten *éclairer*; *instruire*; *informer*; *renseigner*

voorlichting *instruction* v; *information* v; ⟨voor beroeps-/schoolkeuze⟩ *orientation* v ⋆ seksuele ~ *éducation sexuelle* v

voorlichtingsdienst *service* m *d'information*

voorliefde *prédilection* v *(***voor** *pour)*

voorliegen *mentir* ⋆ iem. (iets) ~ *mentir à qn*

voorliggen • aan de voorkant liggen *être allongé devant* • verder zijn ⋆ hij ligt ver voor *il est loin devant*

voorlijk *précoce*

voorlopen • voorop lopen *marcher en tête* • te snel gaan *avancer* ⋆ 10 minuten ~ *avancer de 10 minutes*

voorloper *précurseur* m

voorlopig *provisoire*

voormalig *ancien* [v: *ancienne*] ⋆ de ~e president van de USSR *l'ex-président de l'URSS*

voorman • ploegbaas *contremaître* m • leider *chef* m *de file*

voormiddag *matin* m; *matinée* v

voorn *gardon* m

voornaam *prénom* m

voornaam • eminent ⟨v. mensen⟩ *distingué*; *d'importance*; ⟨zeer⟩ *capital* [m mv: *capitaux*]; ⟨v. zaken⟩ *essentiel* [v: *essentielle*]; ⟨v. mensen⟩ *grand* ⋆ een voorname gast *un invité de marque* • belangrijk *important*; *d'importance* ⋆ ~st *principal* [m mv: *principaux*] ⋆ het ~ste *le principal*; *l'essentiel*

voornaamwoord *pronom* m ⋆ aanwijzend ~ *pronom démonstratif*

voornaamwoordelijk *pronominal* [m mv: *pronominaux*]

voornamelijk *principalement*; *notamment*

voornemen I ZN [het] *intention* v; *projet* m ⋆ het ~ hebben om *avoir l'intention de* ⋆ ~s zijn te *avoir l'intention de*; *se proposer de* ⋆ goede ~s *bonnes résolutions* **II** WKD WW [+ zich] *se proposer de* ⋆ zich vast ~ om ... *faire vœu de ...* ⋆ de voorgenomen reis *le voyage prévu / envisagé*

voornemens ⋆ ~ zijn om ... *avoir l'intention de ...*

voornoemd *précité*; *susdit*

vooronder *cale* v *avant*

vooronderstellen *supposer*; *présupposer*

vooronderstelling *supposition* v; *hypothèse* v; *présupposition* v

vooronderzoek *enquête* v *préliminaire*; JUR. *instruction* v; *enquête* v *préparatoire*; JUR. *information* v

vooroordeel *préjugé (***tegen** *contre;* **omtrent** *sur)* m

vooroorlogs *d'avant-guerre* ⋆ ~e tijd *avant-guerre* m ⋆ de ~e tijd *l'avant-guerre* m

voorop • aan de voorkant *sur le devant* • aan het hoofd *en avant*; *en tête*; *devant* • eerst *en premier lieu*

vooropgezet *préconçu*

vooropleiding *formation* v *(préalable)*

vooroplopen • aan het hoofd lopen *marcher en tête* ⋆ hij liep voorop in de demonstratie *il marchait en tête de la manifestation* • voorbeeld geven *donner l'exemple*; *donner le ton* ⋆ zij liepen voorop in de hervormingen *ils donnaient l'exemple en ce qui concerne les réformes*

vooropstellen *mettre en avant*; *poser comme principe* ⋆ vooropgesteld dat *pourvu que* [+ subj.]

voorover *en avant* ⋆ met het hoofd ~ *la tête la première*

voorpagina *première page* v ⋆ op de ~ *à la une*

voorpaginanieuws *nouvelle* v *sensationnelle* ⋆ ~ zijn *faire la une des journaux*

voorpoot *patte* v *de devant*

voorportaal *vestibule* m; ⟨v. kerk⟩ *porche* m

voorpost *avant-poste* m [mv: *avant-postes*]

voorpret *joie* v *anticipée*

voorproef *avant-goût* m [mv: *avant-goûts*]; INFORM. *acompte* m

voorprogramma *avant-programme* m

voorprogrammeren *présélectionner*

voorpublicatie *prépublication* v

voorraad *provision* v; ⟨reserve⟩ *réserve* v; ⟨handel⟩ *stock* m ⋆ in ~ hebben *avoir en stock/en magasin* ⋆ ~ aanleggen van *s'approvisionner en* ⋆ uit ~ leverbaar *livrable de stock* ⋆ zolang de ~ strekt *jusqu'à l'épuisement des stocks* ⋆ door de ~ heen zijn *être en rupture de stock*

voorraadkast *garde-manger* m [onv]

voorraadschuur *grenier* m

voorradig *en magasin*; *en stock*; *disponible*

voorrang *priorité* v *(***boven, op** *sur)* ⋆ ~ hebben *avoir la priorité*; *être prioritaire* ⋆ iem. ~ verlenen *céder le passage à qn* ⋆ ~ geven *donner la priorité à*; *céder le passage à* ⋆ bij ~ *en priorité* ⋆ om de ~ strijden *rivaliser*

voorrangsbord *signal* m *de priorité* [m mv: *signaux ...*]

voorrangskruising *passage* m *protégé*

voorrangsweg *route* v / *voie* v *prioritaire*

voorrecht *privilège* m; *prérogative* v

voorrijkosten *frais* m mv *de déplacement*

voorronde *éliminatoire* v

voorruit *pare-brise* m [onv]

voorschieten *avancer*

voorschoot *tablier* m

voorschot *avance* v; ⟨aanbetaling⟩ *acompte* m

voorschotelen • opdienen *servir* • vertellen *sortir*; *débiter*

voorschrift • het voorschrijven *prescription* v • regel *règle* v

voorschrijven *ordonner*; *prescrire*; ⟨opleggen⟩ *imposer* ⋆ voorgeschreven *prescrit*; *réglementaire*

voorseizoen *avant-saison* v

voorselectie *présélection* v

voorsnijden *découper*

voorsorteren ⋆ links ~ *serrer à gauche*

voorspannen *tendre*

voorspel • inleiding *prélude* m; ⟨v. toneelstuk⟩ *prologue* m • FIG. voorafgaand stadium *prélude* m • liefdesspel *préliminaires* v mv

voorspelbaar *prévisible*

voorspellen ⟨voorzeggen⟩ *prédire*; ⟨voorzien⟩ *prévoir*; ⟨beloven⟩ *présager*; *promettre* ⋆ niets goeds ~ *n'augurer rien de bon*

voorspelling *prédiction* v; ⟨prognose⟩ *pronostic* m; ⟨v. weer⟩ *prévision* v

voorspiegelen ⋆ iem. iets ~ *faire miroiter qc à qn*; *illusionner qn*

voorspoed *prospérité* v ⋆ in voor- en tegenspoed *pour le meilleur et pour le pire*

voorspoedig I BNW • gunstig *sans problèmes*; *heureux* [v: *heureuse*] • gelukkig *prospère* ⋆ ~

zijn *avoir du succès; prospérer* **II** BIJW *heureusement; sans problèmes*
voorspraak ⋆ op ~ van *grâce à l'intervention de; par l'intercession de*
voorsprong *avance* v; FIG. *avantage* m *(***op** *sur)* ⋆ een ~ van een uur *une heure d'avance*
voorst *premier* [v: *première*]; *de devant*
voorstaan • voorstander zijn *défendre; soutenir* • voorsprong hebben *mener (***met** *par)* ⋆ ~ op *devancer* • heugen *être présent à l'esprit* ▾ zich laten ~ op *tirer vanité de; se prévaloir de* ▾ hij staat er goed voor *ça marche bien pour lui* ▾ er goed ~ *se porter bien; être en bonne posture*
voorstad *ville* v *située dans la banlieue; ville* v *de banlieue* ⋆ de voorsteden van Parijs *la banlieue parisienne* ⋆ de voorsteden *la banlieue*
voorstadium *stade* m *préliminaire*
voorstander *partisan* m [v: *partisane*]
voorstel *proposition* v ⋆ op ~ van *sur (la) proposition de* ⋆ een ~ doen *faire / avancer une proposition (***aan** *à)*
voorstellen I OV WW • presenteren *présenter (***aan** *à)* ⋆ mag ik u ~ *permettez-moi de vous présenter* • als plan opperen *proposer* • betekenen *vouloir dire* ⋆ het stelt niets voor *c'est trois fois rien* ⋆ hij stelt niets voor *il compte pour du beurre* • verbeelden *représenter* ⋆ gunstig ~ *montrer sous un jour favorable* **II** WKD WW [+ zich] • zich indenken *se figurer; s'imaginer* ⋆ stel je voor! *imagine!; penses-tu!* • van plan zijn *se proposer de*
voorstelling • vertoning *représentation* v; *spectacle* m; ⟨v. film⟩ *séance* v • afbeelding *représentation* v ⋆ een negatieve ~ van zaken geven *présenter les choses sous un faux jour* • denkbeeld *idée* v; *image* v
voorstellingsvermogen *imagination* v
voorsteven *étrave* v; *proue* v
voorstudie *étude* v *préparatoire*
voorstuk *partie* v *antérieure; devant* m
voort *en avant; plus loin*
voortaan *désormais; à l'avenir; dorénavant*
voortand *incisive* v
voortbestaan ⟨v. iets⟩ *continuité* v; ⟨v. iem.⟩ *survie* v
voortbewegen *propulser* ⋆ zich ~ *se mouvoir; se déplacer*
voortborduren ~ **op** *broder sur*
voortbrengen • doen ontstaan *créer*; ⟨verwekken⟩ *engendrer*; ⟨opleveren⟩ *produire* • opleveren *produire*
voortbrengsel *produit* m
voortduren *continuer; durer*
voortdurend I BNW *continuel* [v: *continuelle*]; *permanent* ⋆ een ~e aandacht *une attention soutenue* **II** BIJW *continuellement*
voorteken *présage* m; *signe* m *avant-coureur* ⋆ dat is een goed ~ *c'est de bon augure*
voortgaan *avancer* ⋆ ~ met iets *continuer qc*
voortgang • voortzetting *continuation* v • vooruitgang *progrès* m; *progression* v ⋆ ~ boeken *avancer* ▾ ~ hebben *avoir lieu*
voorthelpen *aider; soutenir; pousser*
voortijdig *prématuré*
voortkomen • voortvloeien *découler (***uit** *de); résulter (***uit** *de)* • afkomstig zijn ⋆ ~ uit *naître de*
voortleven *continuer à vivre; survivre;* FIG. *rester (vivant); se survivre* ⋆ ~ in de herinnering *rester dans le mémoire*
voortmaken *se dépêcher*
voortouw ▾ het ~ nemen *prendre l'initiative; prendre les devants*
voortplanten I OV WW verder verspreiden *propager* **II** WKD WW [+ zich] *se propager*; ⟨zich vermenigvuldigen⟩ *se reproduire*
voortplanting • BIOL. vermenigvuldiging *reproduction* v • NATK. verbreiding *propagation* v
voortreffelijk I BNW *excellent; supérieur* **II** BIJW *excellemment; à merveille*
voortrekken *favoriser (***boven** *par rapport à)*
voortrekker *pionnier* m [v: *pionnière*]
voorts *ensuite; en outre; de plus*
voortschrijden • voortgaan FIG. *avancer; progresser* • vorderen *progresser*
voortslepen *traîner* ⋆ zich ~ FIG. *traîner*
voortspruiten *germer; pousser* ⋆ ~ uit *sortir de; provenir de*
voortstuwen *propulser*
voortstuwing *propulsion* v
voortuin *jardin* m *de devant*
voortvarend I BNW *énergique; expéditif* [v: *expéditive*] ⋆ (al te) ~ te werk gaan *aller (un peu) vite en besogne* **II** BIJW *énergiquement; avec volontarisme*
voortvloeien ⋆ ~ uit *résulter de*
voortvluchtig *fugitif* [v: *fugitive*]; *en fuite;* INFORM. *en cavale* ⋆ de dader is ~ *le malfaiteur court toujours*
voortwoekeren *gagner du terrain; se propager; proliférer*
voortzetten *continuer; poursuivre* ⋆ voortgezet onderwijs *enseignement* m *secondaire*
voortzetting *continuation* v; *poursuite* v
vooruit I BIJW • verder *en avant* ⋆ ik rijd liever ~ *je préfère être assis dans le sens de la marche* ⋆ iem. ~ zijn *devancer qn* ⋆ recht ~ *tout droit* • van tevoren *d'avance; par avance* ⋆ zijn tijd ~ zijn *être en avance sur son temps* **II** TW *allez!; allons!;* ⟨hup!⟩ *vas-y!* ⋆ ~ dan maar! *bon, d'accord!* ▾ ~ met de geit! *en route (mauvaise troupe)!*
vooruitbetalen *payer d'avance*
vooruitbetaling *paiement* m *anticipé/préalable*
vooruitblik *pronostic* m
vooruitdenken *prévoir*
vooruitgaan • voorwaarts gaan ⟨ook v. promotie⟩ *avancer* • vorderingen maken *faire des progrès;* ⟨beter worden⟩ *s'améliorer;* ⟨v. zieke⟩ *aller mieux* ⋆ erop ~ *y gagner* ⋆ met sprongen ~ *progresser à grands pas* • van tevoren gaan *partir d'avance*
vooruitgang *progrès* m; ⟨stap vooruit⟩ FIG. *avancée* v; ⟨verbetering⟩ *amélioration* v ⋆ ~ boeken *faire des progrès*
vooruithelpen *aider; soutenir; pousser*
vooruitkijken *prévoir*
vooruitkomen *avancer; faire des progrès* ⋆ in de wereld ~ *faire son chemin*

VO

vooruitlopen • voorop lopen *précéder* ⋆ alvast ~ *partir en avant; aller à la rencontre de qn* • anticiperen *devancer* ⋆ ~ op *anticiper sur*
vooruitstrevend ⟨v. methode⟩ *avancé; progressiste*
vooruitzicht *perspective* v *(op de)*; ⟨v. opleiding⟩ *débouché(s)* m (mv) ⋆ zonder ~en *sans espérances; sans avenir* ⋆ in het ~ stellen *promettre; faire espérer* ⋆ in het ~ hebben *avoir en perspective / en vue* ⋆ met een beloning in het ~ *(avec) une récompense à la clé*
vooruitzien ⋆ ver ~ *voir loin*
vooruitziend *prévoyant*
voorvader *ancêtre* m ⋆ ~en *ancêtres* m mv; *aïeux* m mv
voorval *événement* m; *incident* m
voorvallen *arriver; se passer;* ⟨plots⟩ *survenir*
voorvechter *défenseur* m; *champion* m [v: *championne*]
voorverkiezing *premier tour* m *de scrutin; scrutin* m *éliminatoire*
voorverkoop *location* v
voorverpakt *préemballé*
voorvertoning *avant-première* v
voorverwarmen *préchauffer*
voorvoegsel *préfixe* m
voorvoelen *pressentir*
voorwaarde *condition* v ⋆ op ~ dat *à condition de* [+ inf.]; *à condition que* [+ subj.] ⋆ onder ~ van *sous réserve de*
voorwaardelijk I BNW onder bepaalde voorwaarde *conditionnel* [v: *conditionnelle*]; ⟨v. invrijheidstelling⟩ *sur parole*; ⟨v. veroordeling⟩ *avec sursis* ⋆ zes maanden ~ *six mois avec sursis* **II** BIJW *conditionnellement*
voorwaarts I BNW *en avant* **II** BIJW *en avant*
voorwas *prélavage* m
voorwenden *feindre; simuler* ⋆ ~ te *faire semblant de*
voorwendsel *prétexte* m ⋆ onder ~ van *sous prétexte de*
voorwereldlijk *préhistorique*
voorwerk • voorafgaand werk *travaux* m mv *préliminaires* [mv]; *préparatifs* m mv • deel van boek *pages* v mv *préliminaires* [mv]
voorwerp • ding *objet* m • TAALK. *complément* m *(d'objet)* ⋆ lijdend ~ *complément (d'objet) direct* ⋆ meewerkend ~ *complément (d'objet) indirect*
voorwetenschap *connaissance* v *préalable*
voorwiel *roue* v *avant*
voorwielaandrijving *traction* v *avant; roues* v mv *avant motrices*
voorwoord *avant-propos* m [onv]; *préface* v
voorzanger *chantre* m
voorzeggen *souffler*
voorzet *centre* m ⋆ een ~ geven *faire un centre; centrer (le ballon)*
voorzetsel *préposition* v
voorzetten • plaatsen voor *mettre; servir* • vooruit zetten *avancer; mettre en avant;* SPORT *centrer (le ballon)*
voorzichtig I BNW *prudent* ⋆ wees ~ *méfie-toi; sois prudent; attention* **II** BIJW *prudemment; avec précaution* ⋆ dat is ~ uitgedrukt *je pèse mes mots!*
voorzichtigheid *prudence* v ▾ ~ is de moeder van de porseleinkast *prudence est mère de sûreté*
voorzichtigheidshalve *par (mesure de) précaution*
voorzien • zien aankomen *s'attendre à; prévoir* ⋆ het was te ~ *c'était prévisible* • zorgen voor ~ **in** *pourvoir à*; ⟨verhelpen⟩ *remédier à*; ⟨in behoefte⟩ *satisfaire à*; ⟨ondervangen⟩ *parer à* ⋆ in eigen behoeften ~ *se suffire* ⋆ de wet heeft daarin ~ *c'est prévu par la loi* • verschaffen ~ **van** ⟨uitrusten met⟩ *munir de; pourvoir de; équiper de* ⋆ goed ~ *bien pourvu / garni* ⋆ ik ben al ~ *je suis servi* ⋆ ~ van een handtekening *revêtu d'une signature* ⋆ van alle gemakken ~ *tout confort* ▾ het op iem. ~ hebben *avoir une dent contre qn* ▾ het niet op iem. ~ hebben *se méfier de;* INFORM. *ne pas sentir*
voorzienigheid *providence* v ⋆ door de ~ beschikt *providentiel* [v: *providentielle*]
voorziening • het voorzien *approvisionnement* m • faciliteit *équipement* m • maatregel *disposition* v ⋆ ~en treffen *prendre des dispositions* ▾ Sociale ~en *Sécurité* v *sociale*
voorzijde *devant* m; ⟨v. huis⟩ *façade* v; ⟨v. papier⟩ *recto* m ⋆ aan de ~ *sur le devant; au recto*
voorzingen *chanter*
voorzitten *présider*
voorzitter *président* m [v: *présidente*]
voorzitterschap *présidence* v
voorzorg *précaution* v ⋆ uit ~ *par précaution*
voorzorgsmaatregel *mesure* v *de précaution*
voos • saploos *desséché; spongieux* [v: *spongieuse*] • niet deugend *creux* [v: *creuse*]; ⟨bedorven⟩ *pourri*
vorderen I OV WW • eisen *demander; exiger* • opeisen ⟨door overheid⟩ *réquisitionner* **II** ON WW vorderingen maken *avancer; progresser*
vordering • vooruitgang *progrès* m ⋆ ~en maken *faire des progrès* • eis *réquisition* v; ⟨v. schuld⟩ *créance* v; *exigeance* v ⋆ een ~ op iem. hebben *avoir une créance à faire valoir contre qn* • het (op)eisen ⟨door overheid⟩ *réquisition* v; ⟨rechtsvordering⟩ *action* v • te vorderen schuld *créance* v
voren • eerder ⋆ als ~ *comme ci-dessus* ⋆ van ~ af aan beginnen *recommencer (de plus belle); repartir à zéro* ⋆ van te ~ *à l'avance; d'avance* • aan de voorkant ⋆ naar ~ *en avant* ⋆ van ~ *(par-)devant; en face; de front* ⋆ van ~ gezien *vu de front* ⋆ van ~ naar achteren *d'avant en arrière* ▾ naar ~ brengen *avancer* ▾ naar ~ komen *avancer;* FIG. *se manifester; ressortir*
vorig • direct voorafgaand *dernier* [v: *dernière*]; *passé* ⋆ de ~e dag *la veille* ⋆ de ~e avond *la veille au soir* ⋆ ~e week *la semaine dernière* ⋆ ~e keer *l'autre fois* • vroeger *précédent*
vork • deel van bestek *fourchette* v • vorkvormig deel *fourche* v ▾ weten hoe de vork in de steel zit *savoir ce qu'il en est*
vorkheftruck *chariot* m *élévateur (à fourche)*
vorm • gedaante *forme* v ⋆ vaste vorm aannemen *prendre forme/corps; se concrétiser*

★ vorm geven aan *façonner*; *présenter*; *exprimer* ★ in de vorm van *sous (la) forme de* ★ ovaal van vorm *de forme ovale*; *en ovale* • conditie *forme* v ★ in vorm *en forme* ★ in blakende vorm zijn *être en pleine forme / d'attaque*; *avoir la pêche* ★ uit vorm raken *perdre sa forme* • omgangsvormen *forme* v ★ volgens de vorm *dans les formes*; *en (bonne et) due forme* ★ voor de vorm *pour la forme*; *de pure forme* • TAALK. *voix* v ★ de lijdende vorm *la voix passive* ★ de bedrijvende vorm *la voix active*

vormelijk **I** BNW formeel *formaliste* **II** BIJW *cérémonieusement*

vormen • vorm geven *former*; *façonner*; *modeler* ★ zich een oordeel ~ *se faire une opinion* ★ fraai gevormd *bien fait* • zijn *constituer*; *former* • opvoeden *former*

vormfout *vice* m *de forme*

vormgever *designer* m; *styliste* m/v

vormgeving *modelage* m; *façonnage* m ★ industriële ~ *esthetique* v *industrielle*

vorming • het vormen *formation* v • geestelijke ontwikkeling *formation* v; *éducation* v; REL. *confirmation* v

vormingswerk *formation* v *socio-culturelle*

vormingswerker *éducateur* m [v: *éducatrice*]

vormleer *théorie* v *de la forme*; TAALK. *morphologie* v

vormloos *informe*; *amorphe*

vormsel *confirmation* v

vormvast *indéformable*

vorsen *faire des recherches* ★ ~de blik *regard* m *scrutateur*

vorst • monarch *souverain* m [v: *souveraine*] • het vriezen *gelée* v; *gel* m ★ strenge ~ *forte gelée* ★ vijf graden ~ *moins cinq (degrés)*

vorstelijk **I** BNW (als) van een vorst *princier* [v: *princière*] **II** BIJW *princièrement*

vorstendom *principauté* v

vorstenhuis *dynastie* v

vorstschade *dégâts* m mv *causés par le gel*

vorstverlet *chômage* m *technique pour cause de gelée*

vorstvrij *à l'abri du gel*

vos • roofdier *renard* m [v: *renarde*] ★ jonge vos *renardeau* m [m mv: *renardeaux*] • paard *alezan* m • sluwe vent ★ een sluwe vos *un fin renard* ▾ een vos verliest wel zijn haren maar niet zijn streken *le renard mourra dans sa peau*

vossenjacht • jacht *chasse* v *au renard* • spel *jeu* m *de piste*

voucher *voucher* m

vouw *pli* m; ⟨ezelsoor⟩ *corne* v

vouwblad *dépliant* m

vouwcaravan *caravane* v *pliante*

vouwdeur *porte* v *(en) accordéon*

vouwen *plier* ★ de handen ~ *joindre les mains*

vouwfiets *bicyclette* v *pliante*; *vélo* m *pliant*

vouwstoel *fauteuil* m *pliant*

voyeur *voyeur* m [v: *voyeuse*]

vozen *baiser*

vraag • onopgeloste kwestie *question* v ★ een ~ stellen *poser une question* • verzoek *demande* v • problematische kwestie ★ dat is nog maar de ~ *cela reste à savoir* ★ het is de ~ of *la question est de savoir si*; *reste à savoir si* ★ dat is een open ~ *la question reste entière / en suspens*; *c'est un point d'interrogation* • kooplust *demande* v *(naar de)* ★ ~ en aanbod *l'offre et la demande* ★ er is veel ~ naar dat artikel *c'est un article très demandé/recherché*

vraagbaak • boek *répertoire* m • persoon *encyclopédie* v *vivante*; *oracle* m

vraaggesprek *interview* v

vraagprijs *prix* m *demandé / à débattre*

vraagstelling *énoncé* m

vraagstuk • probleem *problème* m • opgave *problème* m

vraagteken *point* m *d'interrogation*

vraatzucht *gloutonnerie* v; *voracité* v

vraatzuchtig *glouton* [v: *gloutonne*]; *goulu*

vracht • lading *charge* v; *cargaison* v; *chargement* m • grote massa *masse* v *(de)*; *quantité* v; *tas* m *(de)* • vervoerprijs *fret* m

vrachtauto *camion* m; ⟨zwaar⟩ *poids* m *lourd*

vrachtbrief *lettre* v *de voiture/de transport*; SCHEEPV. *connaissement* m

vrachtgoed *marchandises* v mv

vrachtruimte *soute* v

vrachtschip *cargo* m

vrachtvaart *transport* m *par eau*

vrachtverkeer ⟨auto's⟩ *poids* m mv *lourds* [mv]

vrachtvervoer *transport* m *de marchandises*

vrachtvliegtuig *avion-cargo* m [mv: *avions-cargos*]

vrachtwagen ⟨zwaar⟩ *poids* m *lourd*; *camion* m; ⟨open⟩ *truc(k)* m; ⟨met oplegger⟩ *semi-remorque* v [mv: *semi-remorques*]

vrachtwagenchauffeur *camionneur* m; ⟨trucker⟩ *routier* m

vragen **I** OV WW • vraag stellen *demander* **(aan** *à)* ★ als je het mij vraagt *à mon avis* ★ nu vraag ik je! *je te/vous demande un peu!* • verzoeken *prier*; *demander* ★ iem. ~ iets te doen *prier qn de faire qc* • verlangen *désirer* ★ dat is te veel gevraagd *c'est trop demandé* ★ gevraagd: secretaresse *on demande une secrétaire* • uitnodigen *inviter* ★ te eten / ten dans ~ *inviter à manger / à danser* ★ ten huwelijk ~ *demander en mariage* ▾ een gek kan meer ~ dan honderd wijzen kunnen antwoorden INFORM. *à question idiote, réponse idiote* **II** ON WW • ~ **naar** *s'informer de* ★ naar iem. ~ *demander des nouvelles de qn*; *demander qn* ★ naar de weg ~ *demander son chemin* • ~ **om** *demander* ★ je hebt erom gevraagd! *tu l'as cherché!*

vragenderwijs *en posant des questions*

vragenlijst *questionnaire* m

vragenuurtje *questions* v mv *(orales)*

vrede • tijd zonder oorlog *paix* v ★ ~ sluiten *faire la paix* ★ ~ stichten *faire la paix* ★ in ~ *en paix* • rust *paix* v ★ ik heb er ~ mee *ça me va* ★ ~ hebben met iets *s'accommoder de q.c.* ▾ om de lieve ~ *pour avoir la paix*

vredelievend *pacifique*

vredesbeweging *mouvement* m *pacifiste*

vredesmacht *force* v *de maintien de la paix / d'interposition*

vredesnaam ▾ in ~ *au nom du ciel* ▾ in ~, dan ga ik wel *d'accord, puisqu'on ne peut pas faire autrement, je m'en vais*
vredesoverleg *pourparlers* m mv *de paix*
vredespijp *calumet* m *de la paix*
vredestichter *réconciliateur* m [v: *réconciliatrice*]
vredestijd *temps* m *de paix* ⋆ in ~ *en temps de paix*
vredesverdrag *traité* m *de paix*
vredig *paisible*
vreedzaam I BNW vredelievend *pacifique* **II** BIJW vredelievend *pacifiquement*
vreemd I BNW • niet-eigen *étrange* • uitheems *étranger* [v: *étrangère*] • niet bekend *étranger* [v: *étrangère*] ⋆ ~ zijn aan *être étranger à* ⋆ ik ben hier ~ *je ne suis pas d'ici* • ongewoon *étrange* [v: *singulière*]; *singulier* [v: *singulière*]; ⟨raar⟩ *bizarre* ⋆ iets ~ vinden *s'étonner de qc* **II** BIJW *étrangement* ⋆ het kan ~ lopen *tout finit par arriver*
vreemde *étranger* m [v: *étrangère*] ▾ in den ~ *à l'étranger* ▾ dat heeft hij niet van een ~ *il a de qui tenir; il a été à bonne école*
vreemdeling • onbekende *étranger* m [v: *étrangère*] • buitenlander *étranger* m [v: *étrangère*]
vreemdelingendienst *service* m *des étrangers*
vreemdelingenhaat *xénophobie* v
vreemdelingenlegioen *Légion* v *étrangère*
vreemdelingenpolitie *police* v *des étrangers*
vreemdelingenverkeer *tourisme* m
vreemdgaan *découcher; aller voir ailleurs;* ⟨vaak⟩ *coucher à droite et à gauche*
vreemdsoortig *bizarre*; INFORM. *bizarroïde*
vrees *crainte* v *(**voor** de)*; *peur* v *(**voor** de)* ⋆ uit ~ voor *par peur de* ⋆ zonder ~ of blaam *sans peur et sans reproche*
vreesachtig *craintif* [v: *craintive*]; *peureux* [v: *peureuse*]; *timoré*
vreetzak *bâfreur* m [v: *bâfreuse*]; *goinfre* m
vrek *avare* v
vrekkig *avare*
vreselijk I BNW afschuwelijk *terrible* **II** BIJW in hoge mate *terriblement*
vreten I OV WW gulzig eten *bouffer* ⋆ het is niet te ~ *c'est dégueulasse* **II** ZN [het] *bouffe* v
vreugde *joie* v
vreugdekreet *cri* m *de joie*
vreugdeloos *sans joie; morne*
vreugdevuur *feu* m *de joie* [m mv: *feux ...*]
vrezen I OV WW bang zijn voor *craindre; redouter* ⋆ het ergste ~ *craindre le pire* ⋆ ik vrees dat het te laat is *je crains qu'il ne soit trop tard* **II** ON WW ~ **voor** *craindre pour*
vriend • kameraad *ami* m; INFORM. *copain* m ⋆ een ~ van mij *un de mes amis* ⋆ kwade ~en zijn *être brouillés* ⋆ dikke ~en zijn *être très amis*; INFORM. *être amis comme cochons* ⋆ weer ~en worden *se réconcilier* ⋆ te ~ houden *rester en bons termes avec* • geliefde *(petit) ami* m; *amoureux* m; INFORM. *copain* m ▾ even goeie ~en! *sans rancune!; ça n'empêche pas les sentiments!*
vriendelijk I BNW *gentil* [v: *gentille*]; *aimable*; INFORM. *sympa* ⋆ een ~e aanblik *un aspect riant* ⋆ dat is erg ~ van u *vous êtes trop gentil* ⋆ zou je zo ~ willen zijn om *voudrais-tu* ⋆ een ~ stadje *une charmante petite ville* **II** BIJW *gentiment* ⋆ iem. ~ ontvangen *faire bon accueil à qn* ⋆ ~ bedankt *mille fois merci*
vriendelijkheid *amabilité* v; *gentillesse* v
vriendendienst *service* m *d'ami*
vriendenkring *cercle* m *d'amis*; *proches* m mv
vriendenprijsje *prix* m *d'ami*
vriendin • kameraad *amie* v; INFORM. *copine* v • geliefde *(petite) amie* v; INFORM. *copine* v
vriendjespolitiek *favoritisme* m; *copinage* m
vriendschap *amitié* v ⋆ ~ sluiten met *se lier d'amitié avec*
vriendschappelijk I BNW *amical* [m mv: *amicaux*] **II** BIJW *amicalement*
vriendschapsband *lien* m *d'amitié*
vriesdrogen *lyophiliser*
vrieskast *congélateur* m *(armoire)*
vrieskou *froid* m *glacial*
vriespunt *zéro degré* m
vriesvak *congélateur* m
vriesweer *gel* m
vriezen *geler* ⋆ het vriest vijf graden *il fait moins cinq* ▾ het vriest dat het kraakt *il gèle à pierre fendre*; INFORM. *ça pince dur* ▾ het kan ~ of dooien *c'est selon*
vriezer *congélateur* m
vrij I BNW • onafhankelijk *libre* ⋆ vrije beroepen *professions* v mv *libérales* • ongebonden, onbeperkt *libre* ⋆ zo vrij als een vogeltje in de lucht *libre comme l'air; libre de ses mouvements* • vrijaf *libre* ⋆ een paar dagen vrij nemen *prendre quelques jours de cong* ⋆ ik heb vrij *je suis libre; je n'ai pas de service; je n'ai pas de classe / de cours* ⋆ vrije dag *jour* m *chômé*; *jour de congé* ⋆ vrije tijd *loisirs* m mv; *temps* m *libre* • onbezet *libre; disponible* • stoutmoedig *franc* [v: *franche*]; *sans gêne* ⋆ ik ben zo vrij om ... *je me permets de ...* • gratis *gratuit* • niet getrouw *libre* ⋆ een vrije vertaling *une traduction libre* ⋆ vrij naar Balzac *en citant librement Balzac* • ~ **van** *sans; libre de* ⋆ vrij van zorgen *à l'abri des soucis* **II** BIJW • tamelijk *assez; plutôt* ⋆ vrij veel *pas mal de* • onbelemmerd *librement* ⋆ de dader loopt nog vrij rond *le malfaiteur court toujours* • niet getrouw *librement* ⋆ vrij naar Balzac *en citant librement Balzac* **III** ZN [de] ⋆ (een auto) in z'n vrij zetten *mettre (le moteur) au point mort*
vrijaf *congé* ⋆ ~ geven *donner un congé* ⋆ ~ hebben *être en congé / de repos*
vrijage *amours* v mv; *flirt* m
vrijblijvend *sans engagement*
vrijbrief FIG. *carte* v *blanche*; MIN. *passe-droit* m
vrijbuiter • zeerover *flibustier* m • FIG. avonturier *aventurier* m
vrijdag *vendredi* m ⋆ 's ~s *le vendredi* ⋆ ~ de dertiende *vendredi treize* ⋆ Goede Vrijdag *le vendredi saint*
vrijdagavond *vendredi* m *soir*
vrijdagmiddag *vendredi* m *après-midi*
vrijdagmorgen, vrijdagochtend *vendredi* m *matin*
vrijdagnacht *vendredi* m *nuit*

vrijdags I BNW *du vendredi* **II** BIJW *le vendredi*
vrijdenker *libre-penseur* m [mv: *libres-penseurs*]
vrijelijk *librement*
vrijen • liefkozen *s'embrasser*; *se faire des mamours* • geslachtsgemeenschap hebben *faire l'amour*; *coucher ensemble* ⋆ veilig ~ *pratiquer le safe sexe*; *avoir des rapports protégés*
vrijer *amoureux* m; INFORM. *jules* m ▾ een oude ~ *un vieux garçon*
vrijetijdsbesteding *loisirs* m mv; *occupation* v
vrijetijdskleding *vêtements* m mv *de loisir* [mv]; *tenue* v *décontractée*
vrijgeleide *sauf-conduit* m ⋆ onder ~ *sous escorte*
vrijgeven I OV WW niet meer blokkeren *libérer*; *débloquer*; ⟨voor publicatie⟩ *autoriser la sortie de* **II** ON WW vrijaf geven *donner un congé* *(***aan** *à)*
vrijgevig *généreux* [v: *généreuse*]; *large*
vrijgevochten *affranchi*; *anarchiste*
vrijgezel *célibataire* m/v
vrijhandel *libre-échange* m
vrijhandelszone *zone* v *de libre-échange*
vrijhaven *port* m *franc*
vrijheid • niet gevangen zijn *liberté* v ⋆ in ~ stellen *libérer*; *mettre en liberté* ⋆ de ~ geven *rendre la liberté* • onafhankelijkheid *liberté* v ⋆ ~ van meningsuiting *liberté d'expression* ⋆ dichterlijke ~ *licence* v *poétique* • privilege *liberté* v • vrijmoedigheid *liberté* v ▾ ~, blijheid *là où il y a de la gêne, il n'y a pas de plaisir*; ≈ *laisser faire*
vrijheidlievend *épris de liberté*; *amoureux de la liberté* [v: *amoureuse ...*]
Vrijheidsbeeld *Statue* v *de la Liberté*
vrijheidsberoving *séquestration* v
vrijheidsbeweging *mouvement* m *de libération*
vrijheidsstrijder *combattant* m *pour la liberté*
vrijhouden • onbezet houden ⋆ de ingang ~ *tenir dégagé l'entrée* ⋆ tijd ~ *réserver du temps* • betalen voor *payer les frais de*; *payer pour*
vrijkaart *ticket* m *gratis*; *place* v *gratuite*
vrijkomen • vrijgelaten worden *être libéré*; *être relâché* • beschikbaar komen *devenir vacant*; *être disponible*; *se libérer* • zich afscheiden *se dégager* ▾ met de schrik ~ *en être quitte pour la peur*
vrijlaten • de vrijheid geven *mettre en liberté*; *libérer* • onbezet houden *laisser libre*; ⟨blanco laten⟩ *laisser en blanc* • niet verplichten *laisser libre*
vrijlating *libération* v; *mise* v *en liberté*
vrijloop ⋆ in de ~ *au point mort*
vrijmaken • bevrijden ⟨v. mensen⟩ *affranchir*; ⟨v. mensen⟩ *émanciper* • leegmaken ⟨v. ruimte⟩ *dégager* • beschikbaar maken ⋆ kun jij je vandaag ~? *tu peux te libérer aujourd'hui?*
vrijmetselaar *franc-maçon* m [mv: *francs-maçons*]
vrijmetselarij *franc-maçonnerie* v
vrijmoedig I BNW *franc* [v: *franche*] **II** BIJW *franchement*; *ouvertement*; *avec franchise*
vrijplaats *refuge* m
vrijpleiten *disculper*; *laver (***van** *de)* ⋆ het ~ *la disculpation* ⋆ niet vrij te pleiten van *entaché de*
vrijpostig ⟨onbeschaamd⟩ *impertinent*; ⟨ongegeneerd⟩ *effronté*; *désinvolte*
vrijspraak *acquittement* m
vrijspreken *acquitter*
vrijstaan • geoorloofd zijn ⋆ het staat u vrij ... *libre à vous de...*; *vous pouvez ... si vous le voulez* • los staan *être indépendant*; SPORT *être démarqué*
vrijstaand *indépendant*; SPORT *démarqué*
vrijstaat *état* m *libre*
vrijstellen *dispenser (***van** *de)*; *exempter (***van** *de)*; ⟨v. belasting⟩ *exonérer (***van** *de)*
vrijstelling • *dispense* v; *exemption* v; ⟨v. belasting⟩ *exonération* v • ⟨v. belastingen⟩ *détaxe* v
vrijster ▾ een oude ~ *une vieille fille*
vrijuit *franchement*; *librement*; *sans détour* ▾ ~ gaan *ne pas être en cause*; *jouir de l'impunité*
vrijwaren *garantir (***tegen, voor** *de) de*; *préserver (***tegen, voor** *de)* ⋆ gevrijwaard van *à l'abri de*; *préservé de*
vrijwaring *garantie* v
vrijwel *à peu près*; *presque*; *quasiment*
vrijwillig I BNW *volontaire*; ⟨belangeloos⟩ *bénévole* **II** BIJW *volontairement*; *de plein gré*
vrijwilliger *volontaire* v; ⟨in het leger⟩ *engagé* m
vrijwilligerswerk *bénévolat* m
vrijzinnig *libéral* [m mv: *libéraux*]
vroedvrouw *sage-femme* v [mv: *sages-femmes*]
vroeg I BNW • aan het begin ⟨in de ochtend⟩ *matinal* [m mv: *matinaux*]; ⟨uit de begintijd⟩ *premier* [v: *première*]; *des débuts* ⋆ in de ~e morgen *au petit matin*; *tôt le matin* ⋆ de ~ste tijden *les temps les plus reculés* • eerder dan normaal *précoce*; ⟨voortijdig⟩ *prématuré* ⋆ een ~e dood *une mort prématurée* ⋆ ~e kersen *cerises* v mv *précoces / hâtives* **II** BIJW • op vroeg tijdstip *de bonne heure*; *tôt* ⋆ ~ opstaan *être matinal*; *se lever tôt* ⋆ een uur te ~ komen *arriver une heure à l'avance* ⋆ ~ oud *vieux avant l'âge* ⋆ op zijn ~st *au plus tôt* ⋆ ~ of laat *tôt ou tard* • eerder dan normaal *prématurément*
vroeger I BNW • voorheen *antérieur (***dan** *à)* • voormalig *ancien* [v: *ancienne*]; *ex-* • van eertijds *d'autrefois*; FORM. *d'antan* ⋆ ~ tijd *le temps passé* ⋆ van ~ tijd *d'une autre époque* **II** BIJW • eerder *plus tôt* • eertijds *autrefois*; *jadis*; *dans le temps*
vroegertje ⋆ gisteren had ik een ~ *hier je finissais tôt*
vroegrijp *précoce*
vroegte ⋆ in alle ~ *au petit matin*
vroegtijdig I BNW • vroeg *matinal* [m mv: *matinaux*] • voortijdig *précoce* **II** BIJW • vroeg *de bonne heure* • voortijdig *prématurément*
vrolijk I BNW blij *joyeux* [v: *joyeuse*]; *gai* ⋆ zich ~ maken over *s'amuser de*; *se moquer de* **II** BIJW *gaiement*; *joyeusement*
vrolijkheid *gaieté* v
vroom I BNW • godvruchtig OOK FIG. *pieux* [v: *pieuse*] • onvervulbaar ⋆ vrome wens *(douce) illusion* v **II** BIJW *pieusement*

vrouw • vrouwelijk persoon *femme* v ★ de ~ des huizes *la maîtresse de maison* • echtgenote *femme* v; *épouse* v • speelkaart *dame* v
vrouwelijk I BNW *féminin*; ⟨v. planten, dieren⟩ *femelle* ★ een ~e arts *une femme médecin* **II** BIJW *comme une femme*
vrouwenarts *gynécologue* m/v
vrouwenbeweging *mouvement* m *féministe*
vrouwenblad *magazine* m *féminin*
vrouwencondoom *préservatif* m *féminin*
vrouwenemancipatie *émancipation* v *de la femme*
vrouwenhater *misogyne* m/v
vrouwenhuis *foyer* m *pour femmes*
vrouwenkiesrecht *suffrage* m *féminin*
vrouwmens *bonne femme* v; *typesse* v
vrouwonvriendelijk *misogyne*; INFORM. *miso*
vrouwtje • (kleine) vrouw *(petite) femme* v; *bonne femme* v ★ achter de ~s aan zitten *courir le jupon* • vrouwelijk dier *femelle* v
vrouwvriendelijk *qui respecte les femmes*
vrucht • PLANTK. *fruit* m ★ ~ dragen *donner (des fruits)* • ongeboren kind/jong *foetus* m • FIG. resultaat *fruit* m; *retombées* v mv ★ de ~en plukken van *recueillir le fruit de* ▾ ~(en) afwerpen *porter ses fruits* ▾ verboden ~ *fruit défendu*
vruchtafdrijving *avortement* m
vruchtbaar • in staat tot voortplanting *fécond* • vruchten voortbrengend *fertile*; *fécond*; ⟨zeer⟩ *prolifique* • FIG. productief *fertile*; *fécond*; ⟨zeer⟩ *prolifique* • lonend *fructueux* [v: *fructueuse*]
vruchtbaarheid *fertilité* v; *fécondité* v
vruchtbeginsel *ovaire* m
vruchtboom *arbre* m *fruitier*
vruchtdragend *fructifère*; FIG. *fructueux* [v: *fructueuse*]
vruchteloos I BNW *infructueux* [v: *infructueuse*]; *inutile* ★ ~ blijven *ne pas aboutir* **II** BIJW *inutilement*
vruchtensap *jus* m *de fruits*
vruchtgebruik *usufruit* m
vruchtvlees *pulpe* v; *chair* v
vruchtvlies *amnios* m
vruchtwater *liquide* m *amniotique*; *eaux* v mv
vruchtwaterpunctie *amniocentèse* v
VS *É.-U.* m mv *(États-Unis)*
V-snaar *courroie* v *(trapézoïdale)*
V-teken *V* m *de la victoire*
vuil I ZN [het] • viezigheid *saleté* v; *crasse* v ★ als een stuk vuil behandeld worden *se faire traiter comme un malpropre* • afval *ordures* v mv ★ grof vuil *(objets* m mv*) encombrants* m mv ★ vuil storten verboden *défense* v *de déposer des ordures* **II** BNW • niet schoon *sale*; ⟨smerig⟩ *crasseux* [v: *crasseuse*] ★ vuil werk *travail* m *salissant* ★ zijn handen vuil maken *se salir les mains* • oneerlijk ★ vuil geld *argent* m *sale* • bruto *brut* ▾ het vuile werk opknappen *faire le sale boulot* ▾ geen woorden vuil maken aan *ne pas perdre sa salive à*
vuilak • viezerik *salopard* m • gemenerik *salopard* m
vuilbekken *dire des grossièretés*
vuiligheid *saleté* v; *crasse* v
vuilnis *ordures* v mv
vuilnisbak *poubelle* v; *boîte* v *à ordures* ★ in de ~ gooien *jeter à la poubelle*
vuilnisbakkenras *bâtard* m
vuilnisbelt *décharge* v; OOK FIG. *dépotoir* m
vuilnisemmer *poubelle* v
vuilnisman *éboueur* m
vuilniswagen *camion* m / *benne* v *à ordures*
vuilniszak *sac* m *poubelle*
vuilstortplaats *décharge* v
vuiltje *(grain* m *de) poussière* v; *impureté* v ▾ geen ~ aan de lucht *rien qui menace*; *tout va pour le mieux (dans le meilleur des mondes)*
vuilverbranding • proces *incinération* v *d'ordures* • installatie *incinérateur* m
vuist *poing* m ▾ op de ~ gaan met iem. *en venir aux mains avec qn* ▾ in zijn ~je lachen *rire dans sa barbe / sous cape* ▾ voor de ~ weg *à l'improviste* ▾ uit het ~je eten *manger sur le pouce* ▾ met de ~ op tafel slaan *taper du poing sur la table* ▾ met ijzeren ~ *d'une main de fer* ▾ geen ~ kunnen maken *ne pas faire le poids*
vuistregel *règle* v *pratique / générale*
vuistslag *coup* m *de poing*
vulgair *vulgaire*; *grossier* [v: *grossière*]
vulkaan *volcan* m
vulkanisch *volcanique*
vullen • vol maken *remplir (***met** *de)*; ⟨v. kies⟩ *plomber*; ⟨v. gerecht⟩ *farcir*; ⟨v. bonbon⟩ *fourrer* ★ gevulde tomaten *tomates farcies* ★ ~ met *remplir de* ★ zijn benzinetank ~ *faire le plein d'essence* ★ de accu ~ *recharger la batterie* ★ goed gevuld *plein*; *rondelet* [v: *rondelette*]; *bien garni* • opvullen *remplir*; ⟨dichtstoppen⟩ *boucher*; ⟨volstoppen⟩ *(rem)bourrer*
vulling • vulsel ⟨v. gerecht⟩ *farce* v • vulling in kies *amalgame* m • navulling *recharge* v; ⟨patroon⟩ *cartouche* v
vulpen *stylo* m
vulpotlood *portemine* m
vulsel *rembourrage* m; *bourre* v
vulva *vulve* v
vunzig • muf *qui sent le moisi* • smerig *crasseux* [v: *crasseuse*] • schunnig *ordurier* [v: *ordurière*]
vuren I BNW *en bois de sapin*; *en bois blanc* **II** ON WW schieten *faire feu*; *tirer (***op** *sur)* ★ het ~ *feu* m; *tirs* m mv
vurenhout *épicéa* m; INFORM. *sapin* m; *bois* m *blanc*
vurig I BNW • gloeiend *de feu*; *ardent* • hartstochtelijk *ardent*; *enthousiaste*; *passionné* ★ een ~ gebed *une prière fervente* ★ een ~ paard *un cheval fougueux* **II** BIJW *ardemment*
VUT *préretraite* v; *retraite* v *anticipée* ★ met de VUT gaan *partir en préretraite*
vuur • brand *feu* m [mv: *feux*] ★ een vuur aanleggen *faire du feu* ★ vuur slaan *battre le briquet* • het schieten *feu* m ★ onder vuur nemen *ouvrir le feu sur* • geestdrift *feu* m; *ardeur* v ▾ tussen twee vuren zitten *être (pris) entre deux feux* ▾ in vuur en vlam staan *être*

tout feu tout flamme(s) ▾ zich het vuur uit de sloffen lopen *faire feu des quatre fers / pieds* ▾ met vuur spelen *jouer avec du feu* ▾ vuur en vlam spuwen *jeter feu et flammes* ▾ iem. het vuur na aan de schenen leggen *mettre qn au pied du mur*; *cuisiner qn* ▾ ik heb wel voor heter vuren gestaan *j'en ai vu (bien) d'autres* ▾ in het vuur van de strijd *dans le feu de l'action* ▾ ik ga voor hem door het vuur *je me jetterai dans le feu pour lui* ▾ (zwaar) onder vuur liggen *être malmené* ▾ te vuur en te zwaard verdedigen / verwoesten *défendre / mettre à feu et à sang* ▾ uit het vuur slepen *décrocher de haute lutte* ▾ een kop als vuur krijgen *piquer un fard*

vuurbol *globe* m / *boule* v *de feu*

vuurdoop *baptême* m *du feu* ⋆ de ~ ondergaan *recevoir le baptême du feu*

vuurdoorn *buisson* m *ardent*

vuurgevecht *fusillade* v

vuurhaard *foyer* m

vuurlinie *ligne* v *de feu*

vuurmond *bouche* v *à feu*

vuurpeloton *peloton* m *d'exécution*

vuurpijl *fusée* v; SPORT *chandelle* v ▾ de klap op de ~ *le bouquet (final)*

vuurproef FIG. *épreuve* v *du feu* ⋆ de ~ doorstaan *soutenir l'épreuve*

vuurrood *couleur de feu*; ⟨v. gezicht⟩ *tout rouge*; *rouge vif* ⋆ met een ~ gezicht *le visage empourpré* ⋆ ~ worden *devenir cramoisi / tout rouge*; INFORM. *piquer un fard*

vuurspuwend *ignivome*; *qui crache du feu* ⋆ een ~e berg *un volcan*

vuursteen I ZN [de] *pierre* v *à feu / à briquet* **II** ZN [het] *pierre* v *à fusil*; *silex* m

vuurtje • iets om mee aan te steken ⋆ heb je een ~ voor mij? *t'as du feu?* • klein vuur ⋆ op een zacht ~ *à petit feu* ▾ zich als een lopend ~ verspreiden *se répandre comme une traînée de poudre*

vuurtoren *phare* m

vuurvast *résistant au feu*; *réfractaire*; ⟨ovenvast⟩ *qui va au four*

vuurvliegje *ver* m *luisant*; *lampyre*

vuurvreter • circusartiest *cracheur* m *de feu* • vechtjas *dur* m *à cuire*

vuurwapen *arme* v *à feu*

vuurwerk • materiaal *feu* m *d'artifice* • voorstelling *feu* m *d'artifice* ⋆ een ~ afsteken *faire un feu d'artifice*

vuurzee *mer* v *de feu*

VVV *syndicat* m *d'initiative*; ⟨kantoor⟩ *office* m *du tourisme*

vwo ≈ *enseignement* m *du second degré*

W

w *w* m ⋆ de w van Willem *W comme William*

WA *responsabilité* v *civile*

waadvogel *échasse* v

waag ⟨stadswaag⟩ *poids* m *public*

waaghals *téméraire* m; *casse-cou* m/v [onv]

waaghalzerij *témérité* v

waagschaal ▾ (alles) in de ~ stellen *risquer (le tout pour le tout)*

waagstuk *coup* m *risqué / d'audace*

waaien I ON WW • wapperen *flotter* • blazen ⟨v. wind⟩ *souffler* ▾ laat maar ~! *laisse tomber!* ▾ de boel laten ~ *laisser aller (les choses)* **II** ONP WW ⋆ het waait *il fait du vent*; *il y a du vent*; *il souffle*

waaier *éventail* m

waakhond *chien* m *de garde*; FIG. *cerbère* m

waaks *vigilant*

waaktoestand *état* m *de veille*

waakvlam *veilleuse* v

waakzaam *vigilant* ⋆ ~ blijven *ne pas baisser la garde*

waakzaamheid *vigilance* v

Waal *Wallon* m [v: *Wallonne*]

Waals *wallon* [v: *wallonne*]

waan *illusion* v; *erreur* v ⋆ in de waan brengen *faire croire* ⋆ in de waan verkeren dat *s'imaginer que* ⋆ uit de waan helpen *détromper*

waandenkbeeld *illusion* v; *idée* v *fausse*

waanvoorstelling *hallucination* v

waanwereld *monde* m *illusoire*

waanzin *folie* v

waanzinnig I BNW krankzinnig *fou* [v: *folle*] [vóór klinker of stomme h: fol] **II** BIJW verschrikkelijk *follement*

waar I BNW • niet gelogen *véritable*; *vrai* ⋆ niet waar! *ce n'est pas vrai!*; *c'est faux!* ⋆ er is niets van waar *il n'en est rien* ⋆ heus waar! *c'est la vérité vraie!* ⋆ een waar verhaal *un récit vécu*; *une histoire vraie / véridique* ⋆ er zit iets waars in *il y a du vrai là-dedans* • echt *vrai*; *véritable* ▾ dat is je ware *il n'y a rien de tel* ▾ niet waar? *n'est-ce pas?* ▾ dat is waar ook *au fait (j'y pense)* **II** BIJW • vragend *où* ⋆ waar vandaan? *d'où?* ⋆ waar is hier ergens het station? *c'est par où, la gare?* • betrekkelijk *où* ⋆ waar hij ook is *où qu'il soit* **III** ZN [de] *marchandise* v; ⟨eetwaar⟩ *denrée* v ⋆ waren *marchandises* v mv ▾ waar voor zijn geld krijgen *en avoir pour son argent*; *ne pas être volé*

waaraan • vragend *à quoi* • betrekkelijk *auquel* [m mv: *auxquels*] [v: *à laquelle*] [v mv: *auxquelles*]

waarachter • vragend *derrière quoi* • betrekkelijk *derrière lequel* [m mv: ... *lesquels*] [v: ... *laquelle*] [v mv: ... *lesquelles*]

waarachtig I BNW waar *vrai*; *véritable* **II** BIJW *vraiment*; *véritablement* ⋆ ~! *vraiment!*; *ma foi!*; *décidément!*

waarbij • vragend *près de quoi* • betrekkelijk *près duquel* [m mv: ... *desquels*] [v: ... *de*

laquelle] [v mv: ... *desquelles*] ★ het ongeval ~ hij om het leven kwam *l'accident dans lequel il a trouvé la mort* ★ het punt ~ we gebleven zijn *le point où nous sommes restés*
waarborg • onderpand *caution* v; ⟨persoon⟩ *garant* m [v: *garante*] • garantie *garantie* v
waarborgen *garantir*; ⟨veiligstellen⟩ *sauvegarder*
waarborgfonds *fonds* m *de garantie*
waarborgsom *caution* v
waard I ZN [de] herbergier *aubergiste* m/v; *hôte* m/v [v: *hôtesse*]; *patron* m ▾ buiten de ~ rekenen *faire un mauvais calcul* ▾ zoals de ~ is vertrouwt hij zijn gasten *on mesure les autres à son aune* **II** BNW • genoemde waarde hebbend *de la valeur de* ★ twintig gulden ~ zijn *valoir vingt euros* ★ het zou hem heel wat ~ zijn geweest om *il aurait payé cher pour* ★ dat is niets ~ *ça ne vaut rien / pas un clou* • waardig *digne* ★ hij is het ~ *il le mérite* ★ hij is haar niet ~ *il est indigne d'elle* • dierbaar ★ ~e vriend! *cher ami!*
waarde • bezitswaarde *valeur* v ★ ter ~ van *du montant de*; *s'élevant à* ★ in ~ achteruitgaan *perdre de sa valeur*; *se déprécier* ★ van gelijke ~ *équivalent* ★ in ~ stijgen *prendre de la valeur* ★ in zijn ~ laten *respecter l'intégrité de* • belang *valeur* v ★ ~ hechten aan *attacher valeur/prix à*; *tenir à* ★ van nul en gener ~ *d'aucune valeur*; *nul (et non avenu)*
waardebepaling *taxation* v *(de la valeur)*
waardebon *bon* m
waardedaling *dépréciation* v
waardeloos • zonder waarde *sans valeur* • slecht *nul* [v: *nulle*]; *minable*
waardeoordeel *jugement* m *de valeur*
waardepapier *valeurs* v mv
waarderen *apprécier*
waardering • waardebepaling *appréciation* v • erkenning *appréciation* v
waardestijging *plus-value* v [mv: *plus-values*]
waardevast *à valeur stable*; ⟨geïndexeerd⟩ *indexé*
waardevermeerdering *plus-value* v [mv: *plus-values*]
waardevol *précieux* [v: *précieuse*]; *de valeur*
waardig I BNW • eerbiedwaardig *digne* • waard *digne de* ★ iem. geen blik ~ keuren *ne pas daigner regarder qn* ★ iets ~ zijn *être digne de qc*; *mériter qc* **II** BIJW *dignement*
waardigheid *dignité* v ★ beneden mijn ~ *indigne de moi*
waardin *patronne* v
waardoor • vragend ⟨middels⟩ *par quoi*; *à travers quoi*; ⟨waarlangs⟩ *par où* • betrekkelijk *par lequel* [m mv: *par lesquels*] [v: *par laquelle*] [v mv: *par lesquelles*]
waarheen • vragend *(par) où* • betrekkelijk *où*
waarheid *vérité* v ★ om de ~ te zeggen *à vrai dire* ★ de ~ spreken *dire la vérité* ★ iem. flink de ~ zeggen *dire à qn ses quatre vérités* ★ naar ~ *véridiquement* ▾ een ~ als een koe *une évidence*; *un truisme*
waarheidsgehalte *véracité* v
waarheidsgetrouw *véridique*; *fidèle*
waarin • vragend *en quoi*; *où* • betrekkelijk *où*; *en quoi*
waarlangs • vragend *par où* • betrekkelijk *par où*
waarlijk *vraiment*; *véritablement*
waarmaken I OV WW • verwezenlijken *accomplir* • bewijzen *prouver* **II** WKD WW [+ zich] *faire ses preuves*
waarmee • vragend *avec quoi* • betrekkelijk *avec lequel* [m mv: ... *lesquels*] [v: ... *laquelle*] [v mv: ... *lesquelles*]
waarmerk *empreinte* v; *marque* v
waarmerken *certifier*; *authentifier*
waarna • vragend *après quoi* • betrekkelijk *après quoi*
waarnaar • vragend *vers quoi*; *où* • betrekkelijk *vers quoi*; *vers/sur lequel* [m mv: ... *lesquels*] [v: ... *laquelle*] [v mv: ... *lesquelles*] ★ de man ~ zij keek *l'homme qu'elle regardait*
waarnaast *à côté de quoi?*; *à côté duquel* [v: *de laquelle*]
waarneembaar *perceptible*; *sensible*
waarnemen • opmerken ⟨observeren⟩ *observer*; *(a)percevoir* • benutten *profiter de* ★ zijn kans ~ *saisir l'occasion* • vervangen *remplir* ★ het voorzitterschap ~ *assurer la présidence* ★ iemands zaken ~ *prendre soin des affaires de qn* ★ een functie voor iem. ~ *remplacer / suppléer qn*; *assurer l'intérim de qn*
waarnemend *suppléant*; *intérimaire*
waarnemer • iem. die waarneemt *observateur* m/v [v: *observatrice*] • vervanger *intérimaire* v; *remplaçant* m [v: *remplaçante*]
waarneming • perceptie *observation* v; *perception* v • vervanging *remplacement* m; *suppléance* v
waarnemingspost *poste* m *d'observation*
waarnemingsvermogen *perception* v
waarom I BIJW ⟨vragend⟩ • *pourquoi* ⟨betrekkelijk⟩ • *pour lequel* [v: *pour laquelle*] ★ de reden ~ *la raison pourquoi / pour laquelle* **II** ZN [het] *pourquoi* m
waaronder • vragend *sous quoi* • betrekkelijk ⟨onder welk⟩ *sous lequel* [m mv: ... *lesquels*] [v: *sous laquelle*] [v mv: ... *lesquelles*]; ⟨tussen welke⟩ *parmi lesquels*; ⟨tussen welke⟩ *dont*
waarop • betrekkelijk *où*; *sur quoi*; *sur lequel* [m mv: *sur lesquels*] [v: *sur laquelle*] [v mv: *sur lesquelles*] ★ ~ hij de deur sloot *sur quoi il ferma la porte* • vragend *sur quoi*; *où*
waarover • betrekkelijk ⟨m.b.t. plaats⟩ *sur lequel* [m mv: *sur lesquels*] [v: *sur laquelle*] [v mv: *sur lesquelles*]; ⟨m.b.t. onderwerp⟩ *dont* • vragend ⟨m.b.t. onderwerp⟩ *de quoi*; ⟨m.b.t. plaats⟩ *sur quoi*
waarschijnlijk *probable*; *vraisemblable* ★ niet ~ *peu probable*
waarschijnlijkheid *probabilité* v ★ naar alle ~ *selon toute probabilité*
waarschuwen • verwittigen *prévenir (***van** *de)*; ⟨alarmeren⟩ *alerter* • op zijn hoede doen zijn *avertir (***voor** *de)*; *prévenir (***voor** *de)*; *mettre en garde (***voor** *contre)* ★ ik waarschuw je! *je te préviens!* ▾ een gewaarschuwd man telt voor twee *un homme averti en vaut deux*
waarschuwing • het waarschuwen *avertissement* m ★ zonder voorafgaande ~

sans prévenir; sans préavis • vermaning *avertissement* m
waarschuwingsbord *panneau* m *avertisseur*
waarschuwingsschot *tir* m *de sommation*
waarschuwingsteken *signal* m *de danger*
waartegen • vragend *contre quoi* • betrekkelijk *contre lequel* [m mv: ... *lesquels*] [v: ... *laquelle*] [v mv: ... *lesquelles*]
waartoe • vragend *à quoi; pourquoi* • betrekkelijk *à quoi; où*
waartussen *entre quoi?; entre / parmi lesquels* [v: ... *lesquelles*]
waaruit • vragend *d'où; de quoi* • betrekkelijk *d'où; dont*
waarvan • vragend *de quoi* • betrekkelijk *dont*
waarvandaan *d'où; de quel côté?*
waarvoor • vragend ⟨waarom⟩ *pourquoi; à quoi* • betrekkelijk *pour lequel* [m mv: ... *lesquels*] [v: ... *laquelle*] [v mv: ... *lesquelles*]
waarzeggen *dire la bonne aventure; prédire l'avenir*
waarzegger *diseur* m *de bonne aventure* [v: *diseuse* ...]; *voyant* m [v: *voyante*]
waarzeggerij *divination* v
waas • nevelige sluier *voile* m ⋆ in een waas van geheimzinnigheid gehuld *enveloppé de mystère* ⋆ met een waas bedekken *embuer* • rijp op vruchten *pruine* v
wacht • het waken *garde* m; SCHEEPV. *quart* m ⋆ de ~ betrekken *monter la garde* ⋆ de ~ hebben *être de garde; assurer / monter la garde*; SCHEEPV. *être de quart* • één persoon *garde* m; *sentinelle* v • geheel van wachters *garde* v ⋆ de ~ aflossen *relever la garde* • afwachting ⋆ iem. in de ~ zetten *mettre qn en attente* ▾ in de ~ slepen *décrocher; (r)emporter*
wachtdag *jour* m *d'attente*
wachtdienst *(service* m *de) garde* v
wachten • in afwachting zijn *attendre* ⋆ iem. laten ~ *faire patienter qn* ⋆ ~ op *attendre* ⋆ op zich laten ~ *se faire attendre; tarder à venir* ⋆ het ~ (op) *l'attente* v *(de)* ⋆ wacht tot hij komt *attends qu'il vienne* • in het vooruitzicht staan *attendre* ⋆ wat ons te ~ staat *ce qui nous attend* ⋆ er staat hem wat te ~! *ça va être sa fête!* • nog niet beginnen *attendre* ⋆ wacht even *un instant; attends (un peu)* ⋆ ~ met *remettre* ▾ wacht maar! *attends (un peu)!; attends voir!* ⋆ dan kun je lang ~ *tu peux toujours courir / attendre*
wachter *gardien* m [v: *gardienne*]; *garde* m
wachtgeld *traitement* m *de disponibilité* ⋆ iem. op ~ stellen *mettre qn en disponibilité*
wachthuisje • schildwachthuisje *guérite* v • bus-/tramhokje *abri* m
wachtkamer *salle* v *d'attente; antichambre* v
wachtlijst *liste* v *d'attente*
wachtmeester ⟨v. politie⟩ *brigadier* m
wachtpost • persoon *garde* m; ⟨schildwacht⟩ *sentinelle* v • plaats *poste* m *de garde*
wachttijd *(temps* m *d')attente* v
wachtwoord *mot* m *de passe*
wad *gué* m; ⟨in zee⟩ *bas-fond* m [mv: *bas-fonds*]
waden *passer à gué* ⋆ door het slijk ~ *patauger dans la boue*
wadjan, wadjang *wok* m
wadlopen *traverser à gué (les Wadden)*
waf *ouah; ouaf*
wafel *gaufre* v
wafelijzer *gaufrier* m
wafelpatroon *dessin* m *gaufré; nid-d'abeilles* m
waffel ▾ houd je ~! *ferme ta boîte!*
wagen I ZN [de] • kar *chariot* m • auto *voiture* v; INFORM. *bagnole* v • wagon *wagon* m **II** OV WW • durven *oser (faire); se risquer dans; aventurer* ⋆ ik waag *je hasarde* ⋆ waag 't eens! *ose / essaie un peu!* • riskeren *risquer* ⋆ het erop ~ *tenter/risquer le coup* ⋆ het ~ om *avoir l'audace de* ⋆ daar waag ik mij niet aan / in *je ne m'y risquerai pas* ▾ wie niet waagt, die niet wint *qui ne risque rien n'a rien*
wagenpark *parc* m *automobile*
wagenwijd ⋆ ~ open *grand(e) ouvert(e)*
wagenziek *qui a le mal de la route / des transports*
waggelen *chanceler; tituber*
wagon *wagon* m
wajangpop *marionnette* v *wayang*
wak *trou* m *dans la glace*
wake *veille* v
waken • wakker blijven *veiller* • beschermend toezien *veiller sur* ⋆ ~ voor *veiller à* ⋆ ~ tegen *prendre garde à*
waker *veilleur* m [v: *veilleuse*]
wakker OOK FIG. *éveillé; réveillé* ⋆ ~ worden *se réveiller*; FIG. *s'éveiller* ⋆ ~ maken *éveiller*; FIG. *réveiller* ⋆ ~ schrikken *se réveiller en sursaut* ⋆ ~ schudden FIG. *secouer* ▾ daar lig ik niet ~ van *ça ne m'empêche pas de dormir*
wal • dam ⟨ter verdediging stadswal⟩ *rempart* m; *mur* m *(de terre); talus* m • kade *quai* m; ⟨oever⟩ *bord* m; ⟨kust⟩ *côte* v • vasteland *terre* v *(ferme)* ⋆ aan wal gaan *débarquer* ⋆ aan wal stappen *débarquer* ⋆ aan wal *à terre; à quai* • huiduitzakking onder ogen *cerne* m ⋆ wallen onder de ogen hebben *avoir des poches sous les yeux; avoir les yeux cernés* ▾ van wal steken *se lancer* ▾ de Amsterdamse walletjes *le quartier rouge* ▾ van de wal in de sloot raken *tomber d'un mal dans un pire* ▾ van twee walletjes eten *manger à deux râteliers* ▾ tussen de wal en het schip vallen *se trouver entre deux chaises*
waldhoorn *cor* m [onv]; *trompe* v
Wales *le pays de Galles* ⋆ in ~ *au pays de Galles*
walgelijk *dégoûtant; écœurant*
walgen ⋆ ik walg ervan *cela me dégoûte* ⋆ tot ~s toe *jusqu'à la nausée* ⋆ ik walg van je *tu me dégoûtes*
walging *dégoût* m; *nausée* v
walhalla FIG. *paradis* m
walkietalkie *talkie-walkie* m
walkman *walkman* m; *baladeur* m
Wallonië *la Wallonie* ⋆ in ~ *en Wallonie*
walm *fumée* v; *vapeur* v
walmen *fumer*
walnoot • CUL. vrucht *noix* v • boom *noyer* m
walrus *morse* m
wals • dans *valse* v • pletrol *rouleau* m *compresseur* • toestel *laminoir* m
walsen I OV WW pletten *laminer* **II** ON WW

dansen *valser*
walserij *laminoir* m
walvis *baleine* v
walvisvaarder *baleinier* m
wambuis *pourpoint* m
wanbegrip *incompréhension* v
wanbeheer *mauvaise gestion* v
wanbeleid *mauvaise gestion* v; *mauvaise politique* v
wanbetaler *mauvais payeur* m
wand *paroi* v; ⟨tussenwand⟩ *cloison* v; ⟨muur⟩ *mur* m
wandaad *méfait* m
wandel ⋆ aan de ~ zijn *se promener*
wandelaar *promeneur* m [v: *promeneuse*]; ⟨op voettocht⟩ *randonneur* m [v: *randonneuse*]
wandelen *se promener*; INFORM. *se balader* ⋆ ~d *ambulant*
wandelgang *couloir* m
wandeling *promenade* v; INFORM. *balade* v ▾ in de ~ *communément*
wandelkaart *topoguide* m; *guide* m *des sentiers (de grande randonnée)*
wandelpad *sentier* m
wandelpas *pas* m *de route*
wandelroute *circuit* m *(pédestre)*
wandelschoen *chaussure* v *de marche*
wandelsport ⟨jogging⟩ *footing* m; *marche* v
wandelstok *canne* v
wandeltocht *randonnée* v *(à pied)*
wandelwagen *poussette* v
wandkleed *tapisserie* v
wandluis *punaise* v
wandmeubel *meuble* m *mural*
wandrek *espalier* m
wandschildering *peinture* v *murale*
wanen *croire* ⋆ zich ~ *se croire*
wang *joue* v
wangedrag FORM. *inconduite* v; *mauvaise conduite* v
wangedrocht *monstre* m
wanhoop *désespoir* m ⋆ iem. tot ~ brengen *désespérer qn*
wanhoopsdaad *acte* m *désespéré*
wanhoopskreet *cri* m *de désespoir*
wanhopen *désespérer* *(***aan** *de)*
wanhopig I BNW *désespéré* ⋆ om ~ (van) te worden *désespérément* **II** BIJW *désespérément* ⋆ ~ verliefd *éperdument amoureux*
wankel • onvast *chancelant*; ⟨v. meubels⟩ *branlant*; ⟨v. meubels⟩ *bancal* [m mv: *bancals*] ⋆ een ~ evenwicht *un équilibre instable* • ongewis *incertain*; *précaire*
wankelen • onvast gaan/staan *chanceler*; *vaciller* ⋆ aan het ~ brengen *ébranler* • onvast zijn *chanceler*; *vaciller* ⋆ ~d geloof *foi* v *chancelante*
wankelmoedig *irrésolu*; *indécis*
wanklank *note* v *discordante*; *dissonance* v; *fausse note* v ⋆ een ~ vormen *dissoner*
wanneer I VR VNW *quand* **II** VW • op het moment dat *quand*; *lorsque* • in het geval dat *si*
wanorde *désordre* m; *confusion* v; *chaos* m
wanordelijk I BNW *désordonné* **II** BIJW *en désordre*
wanprestatie JUR. *non-exécution* v; *piètre performance* v
wanproduct *mauvais produit* m
wansmaak *mauvais goût* m
wanstaltig *monstrueux* [v: *monstrueuse*]; *hideux* [v: *hideuse*]
want I ZN [de] handschoen *moufle* v **II** ZN [het] tuigage *agrès* m; *cordages* m mv; *manœuvres* v mv ▾ van wanten weten *assurer*; *se défendre* **III** VW *parce que*; *car*
wantoestand *situation* v *intolérable*; *abus* m
wantrouwen I ZN [het] *méfiance* v; ⟨achterdocht⟩ *suspicion* v *(***jegens** *à l'égard de)* **II** OV WW *se méfier de*
wantrouwig I BNW *méfiant*; *soupçonneux* [v: *soupçonneuse*] **II** BIJW *avec méfiance*
wants *hétéroptère* m
wanverhouding *disproportion* v
WAO ≈ *loi* v *sur l'assurance incapacité de travail* ⋆ in de WAO zitten *toucher une allocation de l'assurance incapacité de travail*
wapen • strijdmiddel *arme* v ⋆ de ~s opnemen / neerleggen *prendre / déposer les armes* ⋆ te ~! *aux armes!* • wapenschild *armes* v mv; *armoiries* v mv ▾ onder de ~s roepen *appeler sous les drapeaux*
wapenarsenaal *arsenal* m [mv: *arsenaux*]
wapenbeheersing *contrôle* m *des armements*
wapenbezit *port* m / *détention* v *d'armes*
wapenbroeder *frère* m / *compagnon* m *d'armes*
wapenembargo *embargo* m *sur l'exportation des armes*
wapenen • bewapenen *armer* ⋆ zich ~ tegen *s'armer contre* ⋆ zich ~ met *s'armer de* • FIG. versterken *armer*
wapenfeit • oorlogsdaad *fait* m *d'armes* • roemrijke daad *exploit* m
wapengeweld *force* v *des armes*
wapenhandel *vente* v *d'armes*; MIN. ⟨illegaal⟩ *trafic* m *d'armes*
wapenhandelaar *armurier* m
wapenrusting *armure* v; *panoplie* v
wapenschild *écu* m; *blason* m
wapenschouw *revue* v; *parade* v
wapenspreuk *devise* v
wapenstilstand OOK FIG. *trêve* v; *armistice* m
wapenstok *matraque* v
wapentuig *armement* m; *armes* v mv
wapenvergunning *permis* m *de port d'armes*
wapenwedloop *course* v *aux armements*
wapperen *flotter (au vent)*
war ⋆ in de war *dérangé*; *décoiffé*; *troublé*; *confus*; *en désordre*; *emmêlé*; *perturbé* ⋆ in de war brengen *embrouiller*; *dérouter*; *troubler* ⋆ in de war raken *s'embrouiller* ⋆ hij is helemaal in de war *il a la tête à l'envers* ⋆ uit de war halen *démêler*
warboel *chaos* m; *fouillis* m; *embrouille* v
warempel *ma foi*
waren • → **waar**
warenhuis *grand magasin* m
warenwet ≈ *Code* m *de la consommation*
warhoofd *(esprit* m*) brouillon* m
warm I BNW • met hoge temperatuur *chaud* ⋆ het is warm *il fait chaud* ⋆ ik heb het warm *j'ai chaud* ⋆ warm maken *(faire)*

chauffer ★ warm houden *tenir au chaud* ★ ik word er niet warm of koud van *ça ne me fait ni chaud ni froid* • hartelijk *chaleureux* [v: *chaleureuse*]; *chaud* • geïnteresseerd *chaud* ▾ het ging er warm toe *ça chauffe* **II** BIJW • met hoge temperatuur *chaudement* ★ warm eten *manger chaud* ★ warm gekleed *habillé chaudement* • hartelijk *chaleureusement* ★ warm aanbevolen *vivement recommandé*

warmbloedig • BIOL. *à sang chaud* • vurig *ardent*; *vif* [v: *vive*]

warmdraaien • op juiste temperatuur komen *chauffer* • FIG. zich op iets voorbereiden *s'échauffer*

warmen *chauffer*

warming-up *échauffement* m

warmlopen • SPORT *s'échauffer* ★ het ~ *échauffement* m • te heet worden *chauffer* • enthousiast worden *s'emballer (***voor** *pour)*

warmpjes ▾ er ~ bij zitten *avoir du foin dans ses bottes*; *avoir de quoi*

warmte • (hoge) temperatuur *chaleur* v • hartelijkheid *chaleur* v

warmtebron *source* v *de chaleur*

warmtegeleider *conducteur* m

warmwaterbron *source* v *thermale*

warmwaterkraan *robinet* m *d'eau chaude*

warrelen *tourbillonner*

warrig *embrouillé*; *confus*

wars ~ **van** ★ wars zijn van *avoir horreur de*; *répugner à*

Warschau *Varsovie* v

wartaal *radotage* m ★ ~ uitslaan *radoter*; *délirer*

warwinkel *embrouillamini* m

was I ZN [de] • het wassen *lessive* v ★ de was doen *faire la lessive* ★ iets in de was doen *mettre à laver* ★ een wasje doen *faire une tournée de lessive* ★ krimpen in de was *rétrécir au lavage* • wasgoed *linge* m ★ bonte was *linge de couleur* ▾ men moet de vuile was niet buiten hangen *il faut laver son linge sale en famille* **II** ZN [de/het] vettige stof *cire* v ▾ goed in de slappe was zitten *rouler sur l'or*

wasautomaat *machine* v *à laver*

wasbak *lavabo* m

wasbeer *raton* m *laveur*

wasbenzine *benzine* v; *white-spirit* m

wasbol *dosette* v *de lessive*

wasbord *planche* v *à laver*

wasdom *croissance* v ★ tot volle ~ komen *venir à maturité*

wasdroger *sèche-linge* m [onv]

wasecht *lavable*; *lessivable*; *grand teint*; *bon teint*

wasem *buée* v; *vapeur* v ★ met ~ bedekt *embué*

wasemen *dégager de la vapeur*

wasemkap *hotte* v *(aspirante)*

wasgelegenheid *salle* v *d'eau*

wasgoed *linge* m

washandje *gant* m *(de toilette)*

wasinrichting *laverie* v

wasknijper *pince* v *à linge*

waslijn *corde* v *à linge*

waslijst *liste* v; *série* v; *kyrielle* v

wasmachine *machine* v *à laver*

wasmand *panier* m *à linge*

wasmiddel *lessive* v; TECHN. *détergent* m

waspoeder *lessive* v *en poudre*

wasprogramma *programme* m *de lavage*

wassen I BNW *de/en cire* ★ ~ beeld *(figure* v *de) cire* v **II** OV WW reinigen *laver* ★ zich ~ *se laver* ★ zijn handen ~ *se laver les mains* **III** ON WW toenemen *croître* ★ ~de maan *croissant* m ★ ~d water *crue* v

wassenbeeldenmuseum *musée* m/*cabinet* m *de cires*

wasserette *laverie* v *(automatique)*

wasserij *blanchisserie* v

wasstraat *station* v/*portique* m *de lavage*

wastafel *lavabo* m

wastobbe *cuvier* m

wasverzachter *adoucissant* m; *assouplissant* m

wat I BIJW • erg *très* ★ ze zijn wat blij! *ils sont parfaitement contents!*; *ils sont tout contents/contents comme tout* ★ wat is het koud! *comme il fait froid!* ★ wat mooi! *que c'est beau!* • een beetje *un peu* ★ wat langzaam *un peu lent* **II** VR VNW • bijvoeglijk *quel* [v: *quelle*]; *quelle sorte de* ★ wat voor boek is dat? *quel est ce livre?*; *c'est quoi comme livre?* • welk(e) ding(en) ‹als lijdend voorwerp› *(qu'est-ce) que ...?*; ‹als onderwerp› *qu'est-ce qui ...?* ★ wat zeg je? *qu'est-ce que tu dis?* ★ wat doe je? *que fais-tu?* ★ wát dan? *peut-on savoir?* ★ wat dán? *que faire alors?* ★ wat is dat? *qu'est-ce que c'est (que ça)?* ★ wat zou dat? *(et puis) après?*; *qu'est-ce que cela fait?* • indirect vragend *ce qui*; *ce que*; *quel* [v: *quelle*] ★ hij vraagt wat ze zegt *il demande ce qu'elle dit* • uitroep *quoi* ★ wat een mensen! *que de monde!*; *quel monde!* ★ wat een pech! *quel malheur!* ★ och wat! *allons donc!* ★ wat heeft hij geschreeuwd! *ce qu'il a crié!* ★ wat zijn ze goed geweest! INFORM. *qu'est-ce qu'ils ont été bien!* **III** BETR VNW ‹als onderwerp› *ce qui*; ‹als lijdend voorwerp› *ce que* ★ (alles) wat hij heeft *(tout) ce qu'il a* ★ wat ik nodig heb *ce dont j'ai besoin* ★ wat erger is *qui pis est* **IV** ONB VNW een beetje *quelque chose* ★ wat ... dan ook *quoi que* [+ subj.] ★ wat voor voorwaarden hij ook stelt *quelles que soient ses conditions* ★ heel wat werk *bien du travail*; *pas mal de travail* ★ voor wat hoort wat *rien pour rien* ★ zo makkelijk als wat *facile comme tout* ★ het is me wat! *c'est un monde!* ★ wat nieuws *qc de nouveau* ★ wat brood *un peu de pain* ★ wat dan ook *quoi que ce soit* **V** TW ★ wat?! *quoi?!*; *comment?!*

water • vloeistof *eau* v ★ zoet ~ *eau* v *douce* ★ zout ~ *eau* v *salée* ★ op ~ en brood *au pain sec et à l'eau* ★ onder ~ zetten *inonder* ★ onder ~ staan *être inondé* ★ planten ~ geven *arroser les plantes* ★ te ~ laten *mettre à l'eau*; *lancer* ★ het schip maakt ~ *le navire fait eau* ★ over (het) ~ vervoeren *cheminer par voie d'eau* • natuurlijke bedding met water *cours* m *d'eau*; ‹zee› *mer* v *territoriale* ★ territoriale ~en *les eaux territoriales* ★ te ~ laten *mettre à l'eau*; *lancer* ★ stilstaand ~ *eau stagnante* ★ hoog ~ *marée* v *haute* ▾ stille ~s hebben diepe gronden *il faut se méfier de* *l'eau qui dort* ▾ ~ bij de wijn doen *mettre de l'eau dans son vin* ▾ ~ naar de zee dragen *porter de l'eau à la mer/à la rivière* ▾ weer boven ~ komen *refaire surface*; *res(s)urgir* ▾ in 't ~ vallen *tomber à l'eau* ▾ van het zuiverste ~ *de la plus belle eau* ▾ als ~ en vuur zijn *être comme chien et chat* ▾ het ~ loopt me ervan in de mond *l'eau m'en vient à la bouche* ▾ er moet nog veel ~ door de Rijn (enz.) stromen *il passera bien de l'eau sous le(s) pont(s)* ▾ het ~ staat hem tot de lippen *il est au bord du gouffre* ▾ ik voel het aan mijn ~ *c'est mon petit doigt qui me le dit* ▾ het hoofd boven ~ houden *surnager* ▾ op ~ en brood zitten *être au pain sec*

waterachtig *liquide*; *humide*

waterafstotend *hydrofuge*

waterballet ⟨geplas⟩ *barbotage* m

waterbed *matelas* m *d'eau*

waterbekken *bassin* m

waterbestendig *résistant à l'eau*

waterbloem *fleur* v *aquatique*

waterbouwkunde *(architecture* v*) hydraulique* v

waterdamp *vapeur* v *d'eau*

waterdicht • niet waterdoorlatend *étanche*; ⟨v. kleding⟩ *imperméable* ★ ~ maken *étancher* • onweerlegbaar ★ een ~ alibi *un alibi en béton*

waterdier *animal* m *aquatique* [m mv: *animaux* ...]

waterdrager *porteur* m *d'eau* [v: *porteuse* ...]

waterdruk *pression* v *de l'eau*

waterdruppel *goutte* v *d'eau*

wateren *uriner*

waterfiets *pédalo* m

waterfietsen *faire du pédalo*

watergekoeld *à refroidissement par eau*

waterglas *verre* m *à eau*

watergolf ⟨kapsel⟩ *mise* v *en plis*; *brushing* m

watergruwel ≈ *bouillie* v *de gruau au jus de groseille*

waterhardheid *dureté* v *de l'eau*

waterhoen *poule* v *d'eau*

waterhoofd *hydrocéphalie* v

waterhuishouding *équilibre* m *hydrique/hydraulique*

waterig *aqueux* [v: *aqueuse*]

waterijsje *glace* v *à l'eau*

waterjuffer *libellule* v

waterkaart *carte* v *des eaux*

waterkanon *canon* m *à eau*

waterkant *bord* m *de l'eau*; *berge* v

waterkering *barrage* m; ⟨dijk⟩ *digue* v

waterkers *cresson* m *(de fontaine)*

waterkoeling *refroidissement* m *par eau*

waterkoker *bouilloire* v

waterkraan *robinet* m *à eau*

waterkracht *énergie* v *hydraulique*

waterkrachtcentrale *centrale* v *hydroélectrique*

waterlanders *larmes* v mv

waterleiding *conduite* v *d'eau*; ⟨bedrijf⟩ *service* m/*compagnie* v *des eaux*

waterlelie *nénuphar* m

waterlijn *ligne* v *de flottaison*

waterlinie ≈ *ligne* v *de défense par l'inondation*

waterloo ▾ zijn ~ vinden ≈ *essuyer un échec cuisant*; *échouer*

Waterman *Verseau* m

watermeloen *pastèque* v

watermerk *filigrane* m

watermolen *moulin* m *à eau*

wateroppervlak *surface* v *de l'eau*

wateroverlast *inondations* v mv

waterpas I ZN [het] *niveau* m [mv: *niveaux*]; *nivelle* v **II** BNW *de niveau*; *horizontal* [m mv: *horizontaux*] ★ ~ maken *niveler*

waterpeil *niveau* m *de l'eau*

waterpijp *narguilé* m; *narghileh* m

waterpistool *pistolet* m *à eau*

waterplaats *urinoir* m; INFORM. *pissoir* m

waterplant *plante* v *aquatique*

waterpokken *varicelle* v

waterpolitie *police* v *fluviale*

waterpolo *water-polo* m

waterpomptang *pince* v *multiprise*

waterproof *imperméable*; *waterproof* [onv]

waterput *puits* m

waterrad *roue* v *hydraulique*

waterrat • dier *rat* m *d'eau* • persoon *vrai poisson* m

waterreservoir *réservoir* m *d'eau*

waterrijk *riche en eau*; ⟨v. gebied⟩ *riche en eaux*

waterschade *dégâts* m mv *des eaux* [mv]

waterschap ≈ *syndicat* m/*district* m *d'administration des eaux et des digues*

waterscheiding *ligne* v *de partage des eaux*

waterschuw *qui craint l'eau*; *hydrophobe*

waterscooter *scooter* m *des mers*; *jet-ski* m [mv: *jet-skis*]

waterskiën *faire du ski nautique*

waterslang • dier *serpent* m *d'eau* • gereedschap *tuyau* m *à eau* [m mv: *tuyaux* ...]

watersnip *bécassine* v *des marais*

watersnood *inondations* v

waterspiegel • oppervlakte *surface* v *de l'eau* • peil *niveau* m *de l'eau*

watersport *sport(s)* m (mv) *nautique(s)*; *nautisme* m; ⟨pleziervaart⟩ *navigation* v *de plaisance*

waterstaat • watergesteldheid *état* m *des eaux* • dienst ≈ *Ponts et Chaussées* m mv

waterstand *niveau* m *des eaux* ★ hoge ~ *crue* v ★ kritieke ~ *cote* v *d'alerte*

waterstof *hydrogène* m

waterstofbom *bombe* v *H/à hydrogène*

waterstofperoxide *eau* v *oxygénée*

waterstraal *jet* m *d'eau*

watertanden ★ het is om van te ~ *cela donne l'eau à la bouche*

watertaxi *canot-taxi* m [mv: *canots-taxis*]

watertoerisme *tourisme* m *nautique*

watertoren *château* m *d'eau* [m mv: *châteaux* ...]

watertrappen, watertrappelen *nager debout/sur place*

waterval *cascade* v; *chute* v *d'eau*

waterverf *peinture* v *à l'eau* ★ met ~ schilderen *peindre à l'aquarelle*

waterverontreiniging *pollution* v *des eaux*

watervliegtuig *hydravion* m

watervlug *comme du vif-argent*
watervogel *oiseau* m *aquatique* [m mv: *oiseaux ...*]
watervrees *hydrophobie* v
waterweg *voie* v *navigable*; *route* v *d'eau*
waterwerk • geheel van fonteinen *eaux* v mv • bouwwerk in het water *construction* v *hydraulique*
waterwingebied *région* v *de captage d'eau*
waterzuiveringsinstallatie *station* v *d'épuration*
watje • propje watten *tampon* m *d'ouate*; *(bout* m *de) coton* m • persoon *chiffe* v *molle*
watt *watt* m
wattage *puissance* v *en watts*
watten I DE MV *(de la) ouate* v; ⟨voor lichaamsverzorging⟩ *(du) coton* ▾ iem. in de ~ leggen *choyer qn* **II** BNW *de coton*; *d'ouate*
wattenstaafje *coton-tige* m [mv: *cotons-tiges*]
watteren *ouater*
wauw *ouah*
wauwelen *radoter*
wave *ola* v
WA-verzekering *assurance* v *responsabilité civile*
waxinelichtje ≈ *bougie* v *à chauffe-plat*
wazig ⟨vaag⟩ *vague*; *flou*; ⟨nevelig⟩ *vaporeux* [v: *vaporeuse*]
wc *W.-C.* m mv; *toilettes* v mv
wc-borstel *brosse* v / *balayette* v *W.-C.*
wc-bril *lunette* v *(de W.-C.)*
wc-papier *papier* m *hygiénique / toilette*
wc-pot *cuvette* v
wc-rol *rouleau* m *de papier toilette* [m mv: *rouleaux ...*]
we *nous*; INFORM. *on*
web • spinnenweb *toile* v *(d'araignée)* • netwerk *tissu* m • COMP. internet *Web* m; *Toile* v
webadres *adresse* v *Web*
webcam *webcam* v
weblog *carnet* m *Web*; *weblog* m; *blog* m
webmaster *webmestre* m; *webmaster* m
webpagina *page* v *Web*
website *site* m *Web / Internet*
wecken *mettre en conserve*
weckfles *bocal* m *à conserves* [m mv: *bocaux ...*]
wedde *traitement* m; *appointements* m mv
wedden *parier* ★ ik wed dat je het niet kunt *je te défie de faire cela* ★ om iets ~ *parier qc* ★ ~ dat INFORM. *chiche que* ★ ~ op *parier sur*; *jouer* ★ ik wed van niet! *je (te) parie que non!*
weddenschap *pari* m ★ een ~ aangaan *faire un pari* ★ een ~ aannemen *tenir un pari*
wederdienst *service* m *en retour* ★ INFORM. een ~ bewijzen INFORM. *renvoyer l'ascenseur* ★ tot ~ bereid *à charge de revanche*
wedergeboorte • reïncarnatie *réincarnation* v; FORM. *régénération* v • FIG. herleving *renaissance* v
wederhelft *époux* m [v: *épouse*]; *(ma chère) moitié* v
wederhoor • → **hoor**
wederkerend ⟨v. voornaamwoord⟩ *réfléchi*; ⟨v. werkwoord⟩ *pronominal* [m mv: *pronominaux*]
wederkerig I BNW *mutuel* [v: *mutuelle*]; OOK TAALKUNDE *réciproque* **II** BIJW *mutuellement*; *réciproquement*
wederom *de nouveau*
wederopbouw *reconstruction* v
wederopstanding *résurrection* v
wederrechtelijk I BNW *illégitime* **II** BIJW *injustement*
wedervaren I ZN [het] *péripéties* v mv **II** ON WW *arriver à*; *survenir à* ★ iem. recht doen ~ *rendre justice à qn*
wederverkoper *revendeur* m [v: *revendeuse*]
wedervraag *question* v *en retour*
wederzien • → **weerzien**
wederzijds • van beide zijden komend *respectif* [v: *respective*] • wederkerig *mutuel* [v: *mutuelle*]; *réciproque*
wedijver *émulation* v; *rivalité* v; *(esprit* m *de) compétition* v
wedijveren *rivaliser (***met** *avec)*
wedje *pari* m
wedloop *course* v ★ ~ met de tijd *course contre la montre*
wedren *course* v
wedstrijd *compétition* v; ⟨match⟩ *match* m; ⟨wedren⟩ *course* v; ⟨concours⟩ *concours* m
wedstrijdleiding *arbitrage* m
wedstrijdsport *sport* m *de compétition*
weduwe *veuve* v
weduwepensioen *pension* v *de veuve / de réversion*
weduwnaar *veuf* m
weduwschap *veuvage* m
wee I ZN [de/het] barenswee *contraction* v **II** BNW *douceâtre*; *écœurant* ★ een wee gevoel hebben *avoir mal au cœur*
weefgetouw *métier* m *(à tisser)*
weefsel • stof *tissu* m • BIOL. *tissu* m
weegbrug *pont-bascule* m [mv: *ponts-bascules*]
weegs ▾ zijns ~ gaan *aller son chemin*
Weegschaal *Balance* v
weegschaal *balance* v; ⟨voor personen⟩ *pèse-personne* m [mv: *pèse-personnes*]
weeïg *douceâtre*
week I ZN [de] • zeven dagen *semaine* v ★ de Goede/Stille Week *la semaine sainte* ★ door/in de week *en semaine*; *pendant la semaine* ★ over een week *dans huit jours* ★ over twee weken *dans une quinzaine* ★ morgen over een week *demain en huit* ★ van de week *cette semaine* • het weken ⟨vooral culinair⟩ *macération* v; *trempage* m ★ in de week leggen/zetten *mettre à tremper* **II** BNW • zacht *mou* [v: *molle*] [vóór klinker of stomme h: mol]; *tendre* ★ week maken *ramollir* ★ week ijzer *fer doux* m • teerhartig *tendre*; ⟨slap⟩ *mou* ★ week worden *s'attendrir*
weekblad *hebdomadaire* m
weekdier *mollusque* m
weekeinde, weekend *week-end* m [mv: *week-ends*]
weekenddienst *service* m *de garde*
weekendretour *billet* m *fin de semaine*
weekendtas *sac* m *de voyage*
weekhartig *sensible*; *tendre*
weeklagen *se lamenter*; *se plaindre*

weekloon *semaine* v
weekoverzicht *bulletin* m *hebdomadaire*
weelde • overvloed *profusion* v • luxe *luxe* m; ⟨rijkdom⟩ *richesse(s)* v (mv) ★ dat is geen overbodige ~ *ce n'est pas du luxe*
weelderig I BNW • overvloedig *luxuriant* ★ ~e vormen *formes* v mv *opulentes* • luxueus *luxueux* [v: *luxueuse*]; *somptueux* [v: *somptueuse*] **II** BIJW luxueus *luxueusement*; *somptueusement*
weemoed *mélancolie* v
weemoedig I BNW *mélancolique* **II** BIJW *mélancoliquement*
weer I ZN [het] weersgesteldheid *temps* m ★ aan weer en wind blootgesteld *exposé aux intempéries* ★ wat is het voor weer? *quel temps fait-il?* ★ het is mooi weer *il fait beau* ★ weer of geen weer *qu'il pleuve ou qu'il vente*; *par tous les temps* ▾ mooi weer spelen ⟨poeslief zijn⟩ *être tout sucre tout miel*; ⟨makkelijk succes hebben⟩ *avoir le beau rôle* ★ 't weer zit in de spiegel *le miroir est piqué* **II** BIJW • opnieuw *de nouveau*; *à nouveau*; *encore* ★ over en weer *réciproquement* ★ wat nu weer? *quoi encore?* ★ hoe heet hij ook weer? *comment s'appelle-t-il déjà?* • terug ★ over en weer *réciproquement* **III** ZN [de] ▾ druk in de weer zijn *s'affairer*; *s'agiter*; *être très occupé* ▾ zich te weer stellen *résister (***tegen** *à)* ▾ vroeg in de weer zijn *être matinal* [m mv: *être matinaux*] ★ altijd in de weer zijn *être toujours sur la brèche*
weerbaar • strijdbaar *valide* • zich kunnende weren *en état de se défendre*
weerbarstig • koppig *récalcitrant*; *rebelle* • stijf en stug *acharné*
weerbericht *bulletin* m *météo(rologique)*; INFORM. *météo* v
weerga *égal* m [mv: *égaux*] [v: *égale*]; *pareil* m [v: *pareille*] ★ als de ~ *illico*
weergalmen *résonner*; *retentir (***van** *de)*
weergaloos *sans égal*; *sans pareil*; *incomparable*
weergave *reproduction* v; ⟨notatie⟩ *notation* v; ⟨uitbeelding⟩ *représentation* v
weergeven • reproduceren *reproduire*; *restituer* • vertolken *rendre*; *refléter*
weerhaak *barbelure* v; ⟨klein⟩ *barbillon* m ★ van weerhaken voorzien *barbelé*
weerhaan OOK FIG. *girouette* v
weerhouden *retenir* ★ ~ van *dissuader de*
weerhuisje ≈ *hygromètre* m
weerkaart *carte* v *météorologique*
weerkaatsen I OV WW terugkaatsen *renvoyer* **II** ON WW teruggekaatst worden *se réfléchir*
weerklank • echo *écho* m • instemming ★ ~ vinden *trouver des échos*; *être bien reçu*
weerklinken *résonner*; *retentir*
weerkunde *météorologie* v
weerkundige *météorologue* m/v
weerleggen *réfuter*; *démentir*
weerlegging *réfutation* v
weerlicht *éclairs* m mv *(de chaleur)* ▾ als de ~ *illico*
weerlichten *faire des éclairs*
weerloos *sans défense*
weermacht *forces* v mv *armées* [mv]
weerman *monsieur* m *Météo*
weerom • terug *de retour* • opnieuw *de nouveau*
weeromstuit ▾ van de ~ *par contrecoup*; INFORM. *du coup*
weeroverzicht *bulletin* m *météorologique*
weersatelliet *satellite* m *météorologique*
weerschijn *reflets* m mv; ⟨glans⟩ *chatoiement* m
weerschijnen • weerspiegelen *refléter la lumière* • glanzen *chatoyer*
weersgesteldheid *conditions* v mv *atmosphériques* [mv]
weerslag *contrecoup* m; *répercussion* v
weerspannig I BNW *récalcitrant*; *rebelle* **II** BIJW *en rebelle*
weerspiegelen *refléter*
weerspiegeling *reflet* m
weerspreken *contredire*
weerspreuk *dicton* m *météorologique*
weerstaan *résister à*
weerstand • tegenstand *résistance* v ★ ~ bieden *résister*; *tenir tête* ★ ~ bieden aan *résister à*; *opposer de la résistance à* • deel van stroomkring *résistance* v ★ regelbare ~ *un rhéostat* m
weerstandsvermogen *(force* v *de) résistance* v
weerstation *station* v *météorologique*
weersverbetering *amélioration* v *du temps*; *remise* v *au beau*
weersverwachting *prévisions* v mv *météorologiques*; INFORM. *météo* v
weersvoorspelling *bulletin* m *météorologique*; INFORM. *météo* v
weerszijden ★ aan/van ~ *des deux côtés*; *de part et d'autre*
weerwil ★ in ~ van *en dépit de*; *malgré*
weerwolf *loup-garou* m [mv: *loups-garous*]
weerwoord *réponse* v; *réplique* v
weerzien I ZN [het] *revoir* m ★ tot ~s *au revoir* **II** OV WW *revoir*
weerzin *aversion* v; *répugnance* v *(***tegen** *pour)*
weerzinwekkend *répugnant*; *repoussant*
wees *orphelin* m [v: *orpheline*] ★ halve wees *orphelin de père/de mère*
Weesgegroet *ave* m
weeshuis *orphelinat* m
weeskind *orphelin* m [v: *orpheline*]
weet ★ aan de weet komen *apprendre* ★ het is maar een weet *il suffit de le savoir* ▾ geen weet hebben van *ne pas se rendre compte de*; *ignorer*
weetal *monsieur* m / *madame* v *Je-sais-tout*
weetgierig *curieux* [v: *curieuse*]
weg I ZN [de] • straat *chemin* m; *voie* v; ⟨groot⟩ *route* v; ⟨rijweg⟩ *chaussée* v ★ eigen weg *voie privée* ★ kortere weg *raccourci* m ★ de openbare weg *la voie publique* ★ aan de weg *au bord de la route* ★ altijd op de weg zitten *être toujours par voies et par chemins* ★ goed op de weg liggen *avoir une bonne tenue de route* ★ van de weg afraken *faire une sortie de route*; INFORM. *se planter* • LETT. traject *trajet* m; *parcours* m; *route* v; *chemin* m ★ de weg kwijt zijn *être perdu* ★ de weg vragen *demander le chemin/la route* ★ de weg wijzen *indiquer le chemin* ★ de weg naar Parijs *la*

route de Paris ★ op weg zijn naar *être en route pour* ★ zich op weg begeven naar *se mettre en route pour* • FIG. levensloop ★ zijn eigen weg gaan *agir à sa guise*; *faire son chemin*; *vivre sa vie* ★ iem. op weg helpen *mettre qn sur la (bonne) voie* ★ het ligt niet op mijn weg om *ce n'est pas à moi de* ★ zij zijn goed op weg om te... *être en passe de* ★ op de goede weg zijn *être bien parti/sur la bonnen voie* ★ op de verkeerde weg zijn *faire fausse route* ★ een lange weg te gaan hebben *avoir un bon bout de chemin devant soi* • LETT., FIG. doortocht *chemin* m; *passage* m ★ iem. iets in de weg leggen *contrarier qn* ★ iem. in de weg lopen *être dans les jambes de qn* ★ in de weg staan *être encombrant*; FIG. *faire obstacle à* ★ dat zit hem in de weg *c'est ce qui le contrarie* ★ uit de weg! *dégagez!*; *écartez-vous!*; *poussez-vous!* ★ uit de weg gaan voor *se ranger devant*; *faire place à*; *éviter* ★ uit de weg ruimen ⟨v. misverstand⟩ *dissiper*; ⟨v. moeilijkheid⟩ *lever* ★ iem. uit de weg ruimen *éliminer qn*; *liquider qn* • manier, middel *voie* v; *moyen* m ★ langs diplomatieke weg *par la voie diplomatique* ★ de koninklijke weg *la voie royale* ▾ zo oud als de weg naar Rome *vieux comme le monde* ▾ aan de weg timmeren *se faire remarquer* ▾ naar de bekende weg vragen *faire l'ignorant* ▾ alle wegen leiden naar Rome *tous les chemins mènent à Rome* ▾ de weg van de minste weerstand kiezen *choisir la solution de facilité* **II** BIJW • afwezig *parti* ★ ga weg daar! *éloignez-vous de là!*; INFORM. *décampez!* ★ ik moet weg *je dois partir*; *il faut que je m'en aille* ★ weg met X! *à bas X!* ★ weg ermee! *enlevez-moi ça!* ★ hij is niet weg te krijgen *il s'incruste* • zoek *perdu*; *disparu* ★ het is weg *cela n'y est plus*; *cela a disparu* • ~ **van** *fou de* [v: *folle*] [vóór klinker of stomme h: fol] ★ hij is weg van haar *il est fou d'elle* ▾ hij heeft veel weg van zijn moeder *il tient beaucoup de sa mère*; *on dirait sa mère* ▾ dat is nooit weg *ça peut toujours servir*; IRON. *ça ne gâte rien* ▾ een eind weg kletsen *radoter (à tout-va)* ▾ weg weten met iets *savoir que faire de qc*; *savoir comment s'y prendre avec qc* ▾ alles moet weg! *tout doit disparaître!*

wegaanduiding ⟨bewegwijzering⟩ *fléchage* m

wegbenen *s'en aller à grands pas*

wegbereider *initiateur* m [v: *initiatrice*]; *pionnier* m [v: *pionnière*]; *précurseur*

wegbergen *ranger*; *enfermer*

wegblazen *souffler*

wegblijven • niet komen *ne pas venir* ★ lang ~ *tarder à venir* • niet terugkomen *ne pas revenir*

wegbonjouren *envoyer promener*; *éconduire*

wegbranden *brûler*; MED. *cautériser* ▾ ergens niet weg te branden zijn *s'enraciner/s'encruster quelque part*

wegbreken *démolir*; *abattre*

wegbrengen • elders brengen *(em)porter*; ⟨v. mensen⟩ *(em)mener* • vergezellen *reconduire*; *accompagner*

wegcijferen I OV WW wegredeneren *écarter*; *ignorer*; *nier* ★ dat is niet weg te cijferen *il faut en tenir compte* **II** WW WDK op de achtergrond stellen ★ zichzelf ~ *s'effacer*

wegdek *revêtement* m ★ slecht ~ *chaussée* v *déformée*

wegdenken *faire abstraction de* ★ dat is niet meer weg te denken *on nu peut plus s'en passer*; *c'est incontournable*

wegdoen • niet langer houden *se débarrasser de*; *se défaire de* • opbergen *ranger*

wegdoezelen *s'assoupir*

wegdommelen *s'assoupir*

wegdragen *emporter* ▾ de goedkeuring ~ van *être approuvé par*

wegdrukken *refouler*

wegduiken *se tapir* ★ weggedoken *tapi*

wegduwen *repousser*

wegebben *s'affaiblir*; *s'amoindrir*

wegen I OV WW gewicht bepalen *peser* **II** ON WW • genoemde gewicht hebben *peser*; *pondérer* ★ zwaar ~ *peser lourd* ★ op de hand ~ *soupeser* • van belang zijn *peser*; *pondérer* ★ zwaar ~ *peser dans la balance*

wegenatlas *atlas* m *routier*

wegenbelasting ≈ *vignette* v; ⟨Belg.⟩ *taxe* v *de roulage*

wegenbouw *construction* v *de(s) routes*

wegenkaart *carte* v *routière*

wegennet *réseau* m *routier*

wegens *pour cause de*

wegenwacht ≈ *service* m *de l'autoroute*

weg- en waterbouw *génie* m *civil*

weggaan *s'en aller*; *partir* ★ ~ van *quitter* ★ ga weg! *va-t'en!*; ⟨nee toch⟩ *c'est pas vrai!*

weggebruiker *usager* m *de la route*

weggeven • cadeau doen *donner* • ten beste geven *donner*; *faire une démonstration de*

weggevertje *(petit) cadeau* m [mv: ... *cadeaux*]

wegglippen *s'esquiver*

weggooiartikel *article* m *jetable*

weggooien *jeter* ★ weggegooid geld *gaspillage* m

weggooiverpakking *emballage* m *perdu*

weggrissen *arracher*; INFORM. *rafler*

weghalen *enlever*

weghelft *côté* m *de la route*

wegjagen *chasser*

wegkapen ⟨inpikken⟩ *chiper*; ⟨afsnoepen⟩ *souffler*

wegkomen • verdwijnen *partir* ★ maak dat je wegkomt *va-t'en!*; INFORM. *fiche-moi le camp*; *casse-toi*; *file* • ontsnappen *réussir à sortir*; *échapper* ★ goed ~ *l'échapper belle*

wegkruipen *se cacher*; *se tapir*; ⟨ineenduiken⟩ *se blottir*; ⟨zich nestelen (in)⟩ *se fourrer (dans)*

wegkwijnen *dépérir*; *se consumer*; *s'étioler*

weglaten *omettre*; *passer*; ⟨overslaan⟩ *sauter*; ⟨schrappen⟩ *supprimer*; TAALK. *élider*

wegleggen • terzijde leggen *(dé)poser*; ⟨opbergen⟩ *ranger* • sparen *mettre de côté*; *réserver* ▾ dat werk is niet voor iedereen weggelegd *tout le monde n'est pas capable de faire ce travail* ▾ dat is niet voor iedereen weggelegd *ce n'est pas réservé/donné à tout le monde*

wegleiden *emmener*

we

wegligging *tenue* v *de route*; *adhérence* v
weglopen • naar elders lopen *s'en aller*; *partir* ★ ~ van/uit *quitter* • wegvloeien *s'écouler* • er vandoor gaan *s'enfuir*; ‹v. huis weglopen› *fuguer*; *faire une fugue* • ~ **met** *s'engouer de* ▾ dat loopt niet weg *il n'y a pas le feu* ▾ zo uit een western weggelopen *sorti tout droit d'un western*
wegmaken • zoekmaken *égarer* • onder narcose brengen *endormir*
wegmarkering *signalisation* v *routière*
wegmoffelen *escamoter*
wegnemen *enlever*; ‹v. gevoelens› *dissiper*; *lever* ▾ dat neemt niet weg dat *cela n'empêche pas que*
wegomlegging *déviation* v; *route* v *déviée*
wegpesten ≈ *pousser vers la sortie*; *chasser (par harcèlement)*
wegpinken ★ een traan ~ *essuyer une larme*
wegpiraat *chauffard* m
wegpromoveren *mettre à l'écart par une promotion*; *catapulter*
wegraken *se perdre*; *s'égarer*
wegrestaurant *restoroute* m
wegrijden *partir*; ‹v. voertuig› *démarrer*
wegroepen *appeler (ailleurs)*
wegrotten *pourrir*
wegscheren [+ zich] *décamper*; *dégager*; *filer*
wegschieten *tirer*; *lancer*
wegschrijven *transférer*; *sauvegarder*
wegslaan ★ ergens niet weg te slaan zijn *s'enraciner/s'incruster quelque part*
wegslepen *entraîner*; ‹v. auto› *remorquer*
wegslikken • doorslikken *avaler* • FIG. verwerken ★ even iets moeten ~ *devoir respirer un bon coup*
wegsluipen *s'esquiver*
wegsmelten *fondre*
wegsmijten *jeter*; INFORM. *balancer*
wegspoelen **I** OV WW • spoelend verwijderen *enlever à l'eau* • meevoeren *affouiller* **II** ON WW meegevoerd worden *être emporté par l'eau*
wegstemmen • *rejeter*; ‹overstemmen› *mettre en minorité* • van mensen *blackbouler*
wegsterven *mourir*; *s'affaiblir*
wegstoppen *cacher*; ‹frommelen› *fourrer*
wegstrepen *rayer* ★ die twee zaken kun je tegen elkaar ~ *les deux choses se compensent/se neutralisent*
wegsturen *renvoyer*
wegteren *se consumer*; *dépérir*
wegtoveren *faire disparaître comme par magie*
wegtransport *transport(s)* m (mv) *routier(s)*
wegtreiteren ≈ *pousser vers la sortie*; *chasser (par harcèlement)*
wegtrekken **I** OV WW van zijn plaats trekken *retirer*; *tirer*; *éloigner* **II** ON WW • weggaan *partir*; *s'éloigner* • verdwijnen *se dissiper* ▾ wit ~ *blêmir*; *devenir tout pâle*
wegvagen *balayer*
wegvallen • weggelaten worden *être supprimé* • vervallen ★ tegen elkaar ~ *se compenser*
wegverkeer *circulation* v *(routière)*; *trafic* m
wegversmalling *rétrécissement* m *de la route*
wegversperring *barrage* m *(de la route)*
wegvervoer *transport(s)* m (mv) *routier(s)*
wegvliegen • vliegend weggaan OOK FIG. *s'envoler* • goed verkocht worden *se vendre comme des petits pains*
wegvoeren *emporter*; *emmener*
wegwaaien **I** OV WW wegvoeren *emporter* **II** ON WW weggevoerd worden *s'envoler*
wegwerken *éliminer*; ‹afvoeren› *évacuer*; ‹v. bezoeker› *expédier*; ‹uit functie› *évincer*; *pousser vers la sortie*
wegwerker *cantonnier* m
wegwerp- *jetable*; *non-repris*
wegwerpen *jeter*
wegwerpverpakking *emballage* m *perdu*
wegwezen *filer*; *dégager*; *déguerpir* ▾ terug van weggeweest *de retour*
wegwijs *au courant* ★ ~ maken *instruire*; *mettre au courant* ★ ~ worden *s'orienter*
wegwijzer • wegaanduiding *poteau* m *indicateur* [m mv: *poteaux* ...] • gids *guide* m
wegwuiven *faire peu de cas de quelque chose* ★ bezwaren ~ *écarter des objections d'un geste de la main*
wegzakken *s'affaisser*; FIG. *sombrer*
wegzetten • terzijde zetten *mettre de côté* • wegbergen *ranger*
wei • weiland *pré* m; *prairie* v; ‹voor vee› *pâturage* m • melkwei *petit-lait* m
weide *pré* m; *prairie* v; ‹voor vee› *pâturage* m
weidebloem *fleur* v *des prairies / des prés*
weiden **I** OV WW laten grazen *faire paître* **II** ON WW grazen *paître* ★ de blik laten ~ over *promener le regard sur*; ‹verlustigen aan› *repaître les yeux sur*
weids ‹v. gebaar› *somptueux* [v: *somptueuse*]; *ample*; *large*
weifelaar *indécis* m [v: *indécise*]
weifelachtig *indécis*; *irrésolu*
weifelen *hésiter*; *être indécis* ★ hij weifelde even *il eut un moment d'hésitation*
weifeling *hésitation(s)* v (mv)
weigeraar *récalcitrant* m
weigeren **I** OV WW • niet toestaan *refuser* • niet willen doen *refuser* • niet aannemen *refuser* **II** ON WW het niet doen *refuser*; ‹v. rem e.d.› *lâcher*; INFORM. *flancher*; ‹v. paard› *se dérober*; ‹v. vuurwapen› *rater*
weigering *refus* m
weiland *pré* m; *prairie* v; ‹voor vee› *pâturage* m
weinig **I** BIJW • in geringe mate *peu*; *ne ... guère* ★ het scheelde ~ of hij was gevallen *il a failli tomber*; *pour un peu il serait tombé* • zelden *rarement*; *ne ... pas souvent* ★ ze gaat ~ naar haar ouders *elle ne va pas souvent chez ses parents* **II** ONB VNW *peu de* ★ ~ invloed hebben *avoir peu d'influence* **III** TELW *peu* ★ de ~e bezoekers *les rares visiteurs*; *les quelques visiteurs* ★ hoe ~ ook *si peu que ce soit* ★ hoe ~ *combien peu* ★ veel te ~ *beaucoup trop peu* ★ drie te ~ *trois en moins* ★ er is iem. te ~ *il manque qn* ★ ~ bloemen *peu de fleurs*
wekelijks **I** BNW *hebdomadaire* **II** BIJW • elke week *chaque semaine*; *hebdomadairement* • per week *par semaine*
weken *(laisser) tremper*; *mettre à tremper*
wekenlang **I** BNW *qui dure des semaines* **II** BIJW

(pendant) des semaines entières
wekken • wakker maken *réveiller* • opwekken *éveiller*; *susciter* ★ argwaan~ *éveiller les soupçons*
wekker *réveil* m
wekkerradio *radio-réveil* m [mv: *radios-réveils*]
wel I BIJW • goed ★ als ik het wel heb *si je ne me trompe* ★ ik mag hem wel *je l'aime bien* ★ alles wel *tout va bien* ★ er wel bij varen *s'en trouver bien* ★ wel thuis *bon retour* • tegenover niet ★ ik wel! *moi, si!*; *moi, oui!* ★ ik denk van wel *je pense que si* ★ vandaag niet, maar morgen wel *pas aujourd'hui, mais demain* • waarschijnlijk ★ je zult wel moe zijn *tu dois être fatigué* • vragend ★ ik spreek toch wel met meneer B.? *c'est bien à Monsieur B. que je parle?* ★ zal hij nog wel komen? *tu penses qu'il viendra encore?* • minstens *bien* ★ het zijn er wel honderd *il y en a bien une centaine* • versterkend ★ wel nee! *mais non!* ★ toch wel *que si* ★ dat mag men wel zeggen *c'est le cas de le dire* ★ ik zou wel eens willen weten *je voudrais bien savoir* **II** TW ★ ..., wel? *..., n'est-ce pas?* ★ wel! *eh bien!*; *voyons!* ★ wel, wel! *tiens, tiens!* ★ waar? wel, in Caen! *où? mais à Caen donc!*
welbehagen *bien-être* m; *satisfaction* v
welbekend *(bien) connu*; *notoire*
welbemind *bien-aimé*
welbeschouwd *au fond*; *tout bien considéré*
welbespraakt *éloquent*; FORM. *disert*
welbesteed *bien employé*; ⟨v. tijdsduur⟩ *bien rempli*
welbevinden *bien-être* m [onv]
welbewust I BNW *conscient*; *délibéré*; *voulu* **II** BIJW *sciemment*; *en connaissance de cause*; *délibérément*
weldaad • goede daad *bienfait* m • genot *bienfait* m
weldadig • heilzaam *salutaire*; *bienfaisant* • aangenaam *bienfaisant*
weldenkend *bien pensant*
weldoen *faire le bien*; *faire la charité*
weldoener *bienfaiteur* m [v: *bienfaitrice*]
weldoordacht *longuement réfléchi/mûri*
weldoorvoed *bien nourri*
weldra *bientôt*; *sous peu*; *prochainement*
weledel ★ ~e heer *Monsieur* m
weledelgeboren ★ ~ heer *Monsieur*
weledelgeleerd ★ ~e heer *Monsieur*
weledelgestreng ★ ~e heer *Monsieur*
weledelzeergeleerd ★ ~e heer *Monsieur*
weleens ⟨in vraag⟩ *jamais*; ⟨in bevestiging⟩ *quelquefois*; *parfois*
weleer ★ van~ *d'antan* ★ de tijden van~ *le temps jadis*
weleerwaard *révérend* ★ zijne~e *révérend père* m
welfare *bien-être* m [onv]; ⟨hulp⟩ ≈ *aide* v *sociale*
welgemanierd *poli*; *bien élevé*; *courtois*
welgemeend *sincère*; *bien senti*
welgemoed *gai*; *de bonne humeur*
welgeschapen *bien constitué*; *bien fait*
welgesteld *aisé*; *cossu*
welgeteld *en tout (et pour tout)*
welgevallen I ZN [het] *gré* m ★ naar~ *à son / votre gré* ★ met~ *avec complaisance* **II** ONV WW ▾ zich ... laten~ FORM. *agréer ...*; *avaler ...*
welgevallig *agréable*
welgezind *favorable*; *bien intentionné*
welig I BNW *dru*; *abondant*; *luxuriant* **II** BIJW *abondamment*; *avec vigueur* ★ ~ tieren *pousser avec vigueur*
welingelicht *bien informé* ★ uit~e bron *de source certaine*
weliswaar *il est vrai*; *certes, ...*
welk I VR VNW *quel* [v: *quelle*]; ⟨zelfstandig⟩ *lequel* [m mv: *lesquels*] [v: *laquelle*] [v mv: *lesquelles*] ★ welk land? *quel pays?* ★ welke van de twee? *lequel des deux?* **II** BETR VNW *lequel*; ⟨zelfstandig⟩ *qui*; *que* ★ brood en rijst, welke voedingsmiddelen *le pain et le riz, aliments qui* **III** ONB VNW ★ welk boek je ook kiest *quel que soit le livre de ton choix*; *quelque livre que tu choisisses* ★ welk boek je ook koopt, ik zal het betalen *quel que soit le livre de ton choix, je te le paierai*; *quelque livre que tu choisisses, je te le paierai*
welkom I TW *bienvenu* **II** BNW • gewenst *bienvenu* ★ iem.~ heten *souhaiter la bienvenue à qn* ★ ~ zijn *être le bienvenu/la bienvenue/les bienvenus/les bienvenues* • gelegen komend *agréable* ★ een~e afwisseling *un changement agréable* ★ dat bericht zal~ zijn *cette nouvelle ne sera pas mal accueillie* **III** ZN [het] *bienvenue* v; *accueil* m
welkomstwoord *mot* m *de bienvenue*
wellen I OV WW weken *macérer* **II** ON WW opborrelen *jaillir*
welles *(mais) si!*
welletjes ▾ zo is het~ *ça suffit*
wellevend I BNW *courtois* **II** BIJW *courtoisement*
wellicht *peut-être*
welluidend *mélodieux* [v: *mélodieuse*]; *harmonieux* [v: *harmonieuse*]
wellust *volupté* v; FORM. *lascivité* v
wellustig I BNW *voluptueux* [v: *voluptueuse*]; FORM. *lascif* [v: *lascive*] **II** BIJW *voluptueusement*
welnee *mais non!*; *penses-tu!*
welnemen *permission* v ★ met uw~ *si vous le permettez*; *avec votre permission*
welnu *eh bien!*; ⟨nu dan⟩ *or*
welopgevoed *bien élevé*
weloverwogen *réfléchi*; ⟨welbewust⟩ *conscient*; *délibéré*; *voulu*
welp • dier ⟨v. leeuw⟩ *lionceau* m [mv: *lionceaux*]; ⟨v. beer⟩ *ourson* m • padvinder *louveteau* m [mv: *louveteaux*] • jonge sportbeoefenaar *benjamin* m; *minime* m/v
welriekend *odorant*; *odoriférant*
welslagen *réussite* v; *succès* m
welsprekend *éloquent*
welsprekendheid *éloquence* v
welstand *bonne santé* v ★ in blakende~ *respirant la santé*
welstandsgrens *plafond* m *de revenu*
weltergewicht *poids* m *welter / mi-moyen*
welterusten *bonne nuit*
welteverstaan *bien entendu*
welvaart *prospérité* v
welvaartsmaatschappij *société* v *d'abondance*

welvaartsstaat *État-providence* m
welvaren I ZN [het] ⟨welzijn⟩ *bien-être* m; ⟨voorspoed⟩ *prospérité* v; ⟨gezondheid⟩ *bonne santé* v **II** ON WW *se porter bien*; *prospérer* ★ er wel bij varen *s'en trouver bien*
welvarend ⟨voorspoedig⟩ *prospère*; ⟨gezond⟩ *en bonne santé*
welven [+ zich] *se voûter* ★ gewelfd *voûté*; *arqué*
welverdiend *bien mérité*
welverzorgd *soigné*
welving *courbe* v; ⟨v. figuur⟩ *galbe* m; *rondeur* v
welvoeglijk *bienséant*
welwillend I BNW *bienveillant* **II** BIJW *avec bienveillance*
welzijn • welbevinden *bien-être* m ★ het algemeen~ *le bien commun/public* • gezondheid *bonne santé* v
welzijnswerk *aide* v *sociale*
welzijnswerker *assistant* m *social*
welzijnszorg *aide* v *sociale*
wemelen **~ van** *fourmiller de*; *grouiller de*
wendbaar *manœuvrable*
wenden I OV WW keren *tourner* ★ zich niet kunnen~ of keren *être coincé/serré* ▾ hoe je het ook wendt of keert *on peut tourner ou retourner la question* **II** WKD WW [+ zich] **~ tot** *s'adresser à*
wending *tournant* m; *tournure* v ★ het gesprek een andere~ geven *détourner la conversation* ★ de zaak nam een gunstige~ *l'affaire a pris une bonne tournure* ★ een~ nemen *prendre une nouvelle tournure*; *tourner*
Wenen *Vienne* v
wenen *pleurer*
wenk • gebaar *signe* m ★ iem. een wenk geven om *faire signe à qn de* • aanwijzing *indication* v; *conseil* m *(pratique)*; ⟨waarschuwing⟩ *avertissement* m; ⟨hint⟩ *suggestion* v; *servir qn au doigt et à l'œil*
wenkbrauw *sourcil* m ★ op zijn~en lopen *être au bout du rouleau*
wenkbrauwpotlood *crayon* m *à sourcils*
wenken *faire signe* (**naar** *à*)
wennen I OV WW vertrouwd maken (met) *habituer (à)*; *accoutumer (à)* **II** ON WW vertrouwd raken (met) *s'habituer (à)*; *se faire (à)* ★ het went wel *tu t'y feras*; *on s'y fait* ★ ik ben eraan gewend *j'ai l'habitude* ★ ergens~ *s'acclimater quelque part*; INFORM. *faire son trou quelque part*
wens • verlangen *désir* m; *souhait* m ★ naar wens *à souhait* ★ een wens doen *faire un vœu* ★ iemands wensen voorkomen *aller au-devant des désirs de qn* • gelukwens *vœu* m ★ mijn beste wensen *(mes) meilleurs vœux*; *tous mes vœux* ▾ de wens is de vader van de gedachte *(il ne faut pas) prendre ses désirs pour des réalités*
wensdroom *rêve* m; ⟨illusie⟩ *fantasme* m
wenselijk • raadzaam *souhaitable* ★ het is~ dat *il est souhaitable que* [+ subj.] • te wensen *désirable*
wensen • verlangen *désirer*; *souhaiter*; *vouloir* ★ ~ dat *souhaiter que + subj.* ★ niets te~ overlaten *ne laisser rien à désirer* • toewensen *souhaiter*
wenskaart *carte* v *de vœux*
wentelen I OV WW laten draaien *rouler*; *tourner* **II** ON WW draaien *pivoter*; *tourner*
wentelteefje *pain* m *perdu*
wenteltrap *escalier* m *en colimaçon/à vis*
wereld • planeet aarde *monde* m; *terre* v ★ een reis om de~ maken *faire le tour du monde* • samenleving, mensen *monde* m; *monde* m ★ het~je *petit monde* m; *scène* v ★ de derde~ *le tiers(-)monde* ★ de (grote) boze~ *le monde hostile* ★ de Oude/Nieuwe Wereld *l'Ancien/le Nouveau Monde* ★ niets ter~ *rien au monde* ★ de wijde~ intrekken *partir au loin* ▾ ter~ brengen *mettre au monde* ▾ ter~ komen *venir au monde* ▾ uit de~ helpen *mettre fin à*; *dissiper* ▾ iets uit de~ helpen *en finir avec qc* ▾ naar de andere~ helpen *expédier dans l'autre monde* ▾ de andere~ *l'au-delà* ▾ de omgekeerde~ *le monde à l'envers* ▾ voor niets ter~ *pour rien au monde* ▾ zo gaat het in de~ *ainsi va le monde* ▾ weten wat er in de~ te koop is *avoir l'expérience du monde*
wereldatlas *atlas* m *universel / du monde*
Wereldbank *Banque* v *mondiale*
wereldbeeld *vision* v *du monde*
wereldbeker *coupe* v *du monde*
wereldberoemd *mondialement connu*
wereldbeschouwing *conception* v *du monde*
wereldbevolking *population* v *mondiale*
wereldbol *globe* m *(terrestre)*
wereldburger *citoyen* m *du monde* [v: *citoyenne* ...]; *cosmopolite* m/v
werelddeel *partie* v *du monde*; *continent* m
wereldeconomie *économie* v *mondiale*
wereldgeschiedenis *histoire* v *universelle*
Wereldhandelsorganisatie *Organisation* v *mondiale du commerce (OMC)*
wereldje *petit monde* m; ⟨scene⟩ *scène* v; ⟨jetset⟩ HUMOR. *(les) people* ★ in een klein~ leven *vivre dans un univers restreint / dans sa bulle / dans son cocon*
wereldkaart *mappemonde* v
wereldkampioen *champion* m *du monde* [v: *championnne* ...]
wereldkampioenschap *championnat* m *du monde*; ⟨bij voetbal⟩ *coupe* v *du monde*; *mondial* m
wereldklok *horloge* v *universelle*
wereldkundig ★ ~ maken *divulguer*; *ébruiter*; *rendre public* [v: *rendre publique*] ★ ~ worden *s'ébruiter*
wereldlijk *séculier* [v: *séculière*]; *profane*; *de ce monde* ★ het~ gezag *le pouvoir temporel*
wereldliteratuur *littérature* v *universelle*
wereldmacht *puissance* v *mondiale*
wereldnaam *renommée* v *mondiale*
wereldnieuws *nouvelle* v *d'importance mondiale*
wereldontvanger *récepteur* m *multibandes/mondial*
wereldoorlog *guerre* v *mondiale*
wereldpremière *première* v *mondiale*
wereldranglijst *palmarès* m *mondial*
wereldrecord *record* m *mondial* [m mv: *records mondiaux*]

wereldreis *tour* m *du monde*
wereldreiziger *globe-trotter* m [mv: *globe-trotters*]
wereldrijk *empire* m
werelds • aards *temporel* [v: *temporelle*] • mondain *mondain*
wereldschokkend *bouleversant (le monde entier)*
wereldstad *métropole* v
wereldtaal *langue* v *universelle*
wereldtentoonstelling *exposition* v *universelle*
wereldtitel *titre* m *de champion du monde*
wereldverbeteraar *redresseur* m *de torts*
wereldvrede *paix* v *universelle*
wereldvreemd *coupé de la réalité*
wereldwijd I BNW *mondial*; *planétaire* **II** BIJW *mondialement*
wereldwijs ≈ *qui a l'expérience du monde*
wereldwinkel *magasin* m *du tiers-monde*
wereldwonder *merveille* v *du monde*
wereldzee *océan* m
weren I OV WW weghouden *repousser*; *fermer la porte à* **II** WKD WW [+ zich] OOK FIG. *se défendre*
werf *chantier* m
wering • *défense* v • voorkoming *prévention* v
werk • arbeid *travail* m [mv: *travaux*]; ⟨moeilijk⟩ *labeur* m; ⟨bezigheid⟩ *besogne* v; INFORM. *boulot* m ★ aan het werk gaan *se mettre au travail* ★ lang werk hebben om *mettre beaucoup de temps à* ★ er is veel werk aan de winkel *il y a du pain sur la planche* ★ drie maanden werk hebben *en avoir pour trois mois* ★ aan het werk! *au travail!*; *au boulot!* ★ schriftelijk werk *travaux écrits* ★ publieke werken *travaux publics* • baan *travail* m; *emploi* m; INFORM. *boulot* m ★ veel mensen aan het werk hebben *employer beaucoup de monde* ★ er is geen werk in die bedrijfstak *il n'y a pas d'embauche dans cette branche* • product *travail* m; ⟨boekwerk⟩ *ouvrage* m ★ MIN. werkje *opuscule* m ★ half werk *bricolage* m; *travail bâclé* • daad ★ goede werken *bonnes œuvres* v mv ★ dat is het werk van ... *c'est l'œuvre de ...* • mechaniek *mécanisme* m • → **werkje** ▼ werk maken van iets *s'occuper de qc*; *porter plainte* ▼ de hand aan het werk slaan *mettre la main à la pâte* ▼ in het werk stellen *mettre en œuvre* ▼ te werk gaan *procéder*; *opérer*; *s'y prendre* ▼ hoe gaat dat in z'n werk? *comment ça marche/ça se fait?* ▼ werk in uitvoering *travaux* ▼ dat is geen werk! *ce n'est pas du jeu!*; *ça fait mauvais genre!* ▼ dat is het betere werk *voilà du beau travail*
werkbank *établi* m; *banc* m
werkbespreking *réunion* v *de travail*
werkbezoek *visite* v *de travail*
werkbij *(abeille* v*) ouvrière* v
werkboek *cahier* m *d'exercices*
werkbriefje *chèque-emploi* m
werkcollege *travaux* m mv *dirigés (TD)*
werkdag ⟨weekdag⟩ *jour* m *ouvrable*; ⟨werkduur⟩ *journée* v *(de travail)*
werkdruk *contraintes* v mv *du travail*; ⟨overbelasting⟩ *surmenage* m
werkelijk I BNW • bestaand *réel* [v: *réelle*]; *véritable* • effectief ★ in ~e dienst *dans le service actif* **II** BIJW *vraiment*; *réellement*; *effectivement*
werkelijkheid *réalité* v ★ in ~ *en fait*
werkelijkheidszin *sens* m *de la réalité*
werkeloze • → **werkloze**
werken I OV WW in genoemde toestand brengen ★ iem. eruit ~ *évincer qn* ★ zich ergens doorheen ~ *(en) venir à bout de qc* ★ iets naar binnen ~ *avaler qc* ★ zich in het zweet ~ *se mettre en sueur* **II** ON WW • werk doen *travailler*; INFORM. *bosser* ★ hard ~ *travailler dur* ★ er wordt aan gewerkt *on s'en occupe* ★ ~ voor een examen *préparer un examen* ★ ~ aan *travailler à*; ⟨bijwerken⟩ *travailler* ★ niet ~ *chômer* • functioneren *fonctionner*; INFORM. *marcher* ★ een ~de vulkaan *un volcan (qui est) en activité* ★ die klok werkt op batterijen *c'est un horloge (qui marche) à piles* • uitwerking hebben *agir (***op** *sur)*; *faire son effet (sur)*; ⟨doeltreffend⟩ *être efficace* ★ dat werkt op mijn zenuwen *cela me porte sur les nerfs* ★ op de verbeelding ~ *frapper l'imagination* ★ op iemands gevoel ~ *prendre qn par les (bons) sentiments* • vervormen ⟨v. hout enz.⟩ *travailler* ▼ in iemands voordeel ~ *travailler pour qn*
werkend *actif* [v: *active*] ★ ~e jongeren *jeunes travailleurs* m mv ★ ~ lid *membre* m *actif* ★ de ~e stand *les classes laborieuses*
werker *travailleur* m
werkervaring *expérience* v *professionnelle*
werkezel *bosseur* m [v: *bosseuse*]; ⟨m.b.t. zwaar werk⟩ *bourreau* m *de travail* [m mv: *bourreaux* ...]
werkgeheugen *mémoire* v *vive*
werkgelegenheid *emploi* m ★ volledige ~ *plein-emploi* ★ schaarse ~ *sous-emploi*
werkgemeenschap • groep die onderneming exploiteert *coopérative* v • groep die probleem bestudeert *groupe* m *de travail*
werkgever *employeur* m [v: *employeuse*]; *patron* m [v: *patronne*] ★ de ~s *le patronat*
werkgeversbijdrage *cotisation* v *patronale*
werkgroep *groupe* m *de travail*
werking *fonctionnement* m ★ in ~ stellen *mettre en marche* ★ buiten ~ stellen *arrêter*; *mettre hors (de) service* ★ in ~ treden *entrer en vigueur*; *prendre effet* ★ in volle ~ *en pleine activité*
werkje • klusje *boulot* m • dessin in textiel *motif* m
werkkamer *bureau* m [mv: *bureaux*]
werkkamp *camp* m *de travail*
werkkapitaal *fonds* m *de roulement*
werkkleding *tenue* v *de travail*
werkklimaat *ambiance* v *de travail*
werkkracht • werknemer *ouvrier* m [v: *ouvrière*]; ⟨collectief⟩ *main-d'œuvre* v ★ het tekort aan ~en *la pénurie de main-d'œuvre* • arbeidsvermogen *capacité* v *de travail*; *activité* v
werkkring • werkomgeving *emploi* m • betrekking *emploi* m
werklieden *ouvriers* m mv

werkloos • zonder baan *en/au chômage*; *sans travail/emploi* • inactief ⋆ ~ toekijken *rester les bras croisés*
werkloosheid *chômage* m
werkloosheidscijfer *taux* m *de chômage*
werkloosheidsuitkering *allocation* v *de chômage* ⋆ ~en *Assedics* v mv
werkloze *chômeur* m [v: *chômeuse*]; *sans-travail* m/v [onv]
werklunch *déjeuner* m *de travail*
werklust *zèle* m
werkmaatschappij *filiale* v
werkman *ouvrier* m
werknemer *employé* m [v: *employée*]; *salarié* m [v: *salariée*] ⋆ de ~s *le salariat*
werknemersbijdrage *cotisation* v *salariale*
werkomstandigheden *conditions* v mv *de travail*
werkonderbreking *arrêt* m *du travail*; *débrayage m*
werkoverleg *réunion* v *de travail*
werkplaats *atelier* m
werkplan *plan* m *de travail*
werkplek *lieu* m *de travail* [m mv: *lieux* ...]
werkploeg *équipe* v *(de travail)*
werkrooster *emploi* m *du temps*
werkschuw *fainéant*
werksfeer *ambiance* v *de travail*
werkslaaf *forçat* m
werkstaking *grève* v
werkster • werkende vrouw OOK BIOL. *ouvrière* v ⋆ maatschappelijk ~ *assistante* v *sociale* • schoonmaakster *femme* v *de ménage*
werkstudent ≈ *étudiant* m *qui fait des petits boulots* [v: *étudiante*]
werkstuk • vervaardigd stuk werk *pièce* v; *œuvre* v • scriptie *exposé* m; *dissertation* v
werktafel *bureau* m [mv: *bureaux*]; *table* v *de travail*; ⟨werkbank⟩ *établi* m
werktekening *épure* v; *descriptif* m
werktempo *rythme* m *de travail*
werkterrein • werkplaats *domaine* m • FIG. terrein van werkzaamheid *champ* m/*sphère* v *d'activité*
werktijd *durée* v *du travail*; *temps* m *de travail* ⋆ de ~en *les horaires* m mv
werktijdverkorting *réduction* v *du temps de travail (RTT)*
werktuig *outil* m; *instrument* m
werktuigbouwkunde *(construction* v*) mécanique* v
werktuigbouwkundig *mécanique*; ⟨v. ingenieur⟩ *mécanicien*
werktuigkundige *mécanicien* m [v: *mécanicienne*]
werktuiglijk **I** BNW *automatique*; *machinal* [m mv: *machinaux*] **II** BIJW *automatiquement*; *machinalement*
werkvergunning *permis* m/*carte* v *de travail*
werkverschaffing ≈ *création* v *d'emplois*; IRON. *payer les gens pour ne rien faire*
werkverslaafde *drogué* m *du travail*
werkvloer • werkplek *le terrain* • de werkers *les ouvriers* m mv [mv]
werkweek • deel van de week *semaine* v *de travail* ⋆ een driedaagse ~ *une semaine de trois jours* v ⋆ INFORM. vijfdaagse ~ *semaine anglaise* • werkkamp voor scholieren *semaine* v *d'étude* ⋆ de klas ging met ~ *la classe est partie en semaine d'étude*
werkwijze *méthode* v; *procédé* m
werkwillige *non-gréviste* m/v; INFORM. *jaune* m/v
werkwoord *verbe* m
werkwoordsvorm *forme* v *verbale*
werkzaam • actief *actif* [v: *active*] • uitwerking hebbend *efficace* • arbeidzaam *travailleur* [v: *travailleuse*]; *laborieux* [v: *laborieuse*]; *actif* [v: *active*] ⋆ ~ bij *attaché à*; *employé à* ⋆ ergens ~ zijn *travailler quelque part*
werkzaamheden *activités* v mv ⋆ hij heeft ~ elders *il a des occupations ailleurs* ⋆ herstel~ *travaux* m mv *de réfection*
werkzoekende *demandeur* m *d'emploi* [v: *demandeuse* ...]
werpanker *ancre* v *à jet*
werpen • gooien *jeter*; *lancer* ⋆ zich in de strijd ~ *s'engager dans la lutte* ⋆ zich ~ op *se jeter sur* ⋆ zich ter aarde ~ *se prosterner* • baren *mettre bas*
werper *lanceur* m [v: *lanceuse*]
werphengel *canne* v *à lancer*
wervel *vertèbre* v
wervelen *tournoyer*; *tourbillonner*
wervelend ⋆ een ~e show *un spectacle étourdissant*
wervelkolom *colonne* v *vertébrale*
wervelstorm *cyclone* m; *tornade* v
wervelwind *tourbillon* m; FIG. *ouragan* m; *trombe* v
werven • in dienst nemen *recruter* • trachten te winnen *recruter* ⋆ stemmen ~ *solliciter des voix* ⋆ ~de tekst *texte* m *(r)accrocheur*
werving *recrutement* m
wervingsactie *campagne* v *de recrutement*
wesp *guêpe* v
wespennest OOK FIG. *guêpier* m
wespentaille *taille* v *de guêpe*
West *Indes* v mv *occidentales*
west **I** BIJW *ouest* **II** ZN [de] *occident* m; *ouest* m
West-Duitsland *l'Allemagne* v *de l'Ouest*
westelijk *(d')ouest*; *occidental* [m mv: *occidentaux*]
Westen *Occident* m ▾ het Wilde ~ *le Far West*
westen *ouest* m ⋆ op het ~ liggen *être exposé à l'ouest* ⋆ ten ~ van *à l'ouest de* ▾ buiten ~ raken INFORM. *tomber dans les pommes* ▾ buiten ~ *sans connaissance*; INFORM. *K.-O.*
westenwind *vent* m *d'ouest*
westerbuur *voisin* m *d'ouest*
westerlengte *longitude* v *ouest*
westerling *occidental* m [mv: *occidentaux*]
western *western* m
westers *occidental* [m mv: *occidentaux*]; *d'Occident*
westerstorm *tempête* v *de l'ouest*
West-Europa *l'Europe* v *occidentale*
West-Europees *de l'Europe occidentale*
westkant *côté* m *ouest*
westkust *côte* v *occidentale/ouest*
westwaarts *vers l'ouest*
wet • strikte regel *loi* v ⋆ een wet ontduiken

éluder une loi • wetmatigheid *loi* v ★ de wet van vraag en aanbod *la loi du marché* ▾ iem. de wet voorschrijven *faire la loi à qn*

wetboek *code* m ★ ~ van koophandel *code de commerce* ★ ~ van strafrecht *code pénal* ★ burgerlijk ~ *code civil*

weten I OV WW • kennis/besef hebben van *savoir* ★ te ~ *à savoir* ★ te ~ komen *apprendre*; *découvrir* ★ hij weet daar niets van *il n'en sait rien* ★ je kunt nooit ~ *on ne sait jamais* ★ hij vertrekt morgen, moet je ~ *il partira demain, tu sais* ★ ik weet zeker dat *je suis sûr que* ★ er alles van ~ *s'y connaître* ★ het beter willen ~ dan *vouloir en remontrer à* ★ hij wil het niet ~ *il s'en cache* ★ er iets op ~ *avoir (trouvé) une solution* ★ er niets meer op ~ *être au bout de son latin* ★ zeker ~! *pour sûr!* ★ niet dat ik weet *pas que je sache* ★ ik weet het *je sais* ★ weet ik veel? *qu'est-ce que j'en sais, moi?* ★ ik weet van niets *je ne suis au courant de rien* ★ hij weet heel goed dat ... *il n'est pas sans savoir que ...* ★ ik kan het ~ *je suis payé pour le savoir* ★ u moet ~ dat ... *sachez que ...* ★ er meer van ~ *en savoir plus long* • **~ te** *réussir à*; ⟨kunnen⟩ *savoir* • **~ van** ★ iets ~ van computers *se connaître en ordinateurs* ▾ wat niet weet, wat niet deert *moins j'en sais, mieux je me porte*; *ni vu ni connu* ▾ dat moet jij zelf maar ~ *c'est ton affaire* ▾ niets willen ~ van *(ne) vouloir rien savoir de* ▾ zij wil niets van hem ~ *elle ne veut pas de lui* ▾ niets willen ~ van *ne vouloir entendre parler de* ▾ hij heeft het ge~ *mal lui a pris* **II** ZN [het] *connaissance* v ★ buiten ~ van *à l'insu de* ★ naar mijn beste ~ *en conscience*; *le mieux possible* ★ tegen beter ~ in *contre toute évidence* ★ bij mijn ~ *autant que je (le) sache*

wetens • →**willens**

wetenschap • het weten *connaissance* v • kennis en onderzoek van werkelijkheid *science* v

wetenschappelijk *scientifique*

wetenschapper *scientifique* m/v

wetenswaardig *intéressant*; *curieux* [v: *curieuse*]

wetenswaardigheid *curiosité* v; *chose* v *intéressante*

wetering • waterloop *cours* m *d'eau* • brede sloot *canal* m [mv: *canaux*]

wetgeleerde • Schriftgeleerde *docteur* m *de la loi* • jurist *légiste* m

wetgevend *législatif* [v: *législative*]

wetgever *législateur* m

wetgeving *législation* v

wethouder *adjoint* m *(au maire)*; ⟨in België/Nederland⟩ *échevin* m

wetland *marécages* m mv

wetmatig *conforme aux lois (de la science)*; *invariable*; *systématique*

wetmatigheid *régularité* v

wetsartikel *article* m *de loi*

wetsbepaling *disposition* v *légale*

wetsherziening *révision* v *d'une loi*

wetsontwerp *projet* m *de loi*

wetsovertreding *infraction* v *à la loi*; JUR. *contravention* v

wetsuit *combinaison* v *étanche/de plongée*

wetsvoorstel *proposition* v *de loi*

wetswinkel ≈ *bureau* m *de conseil juridique* [m mv: *bureaux* ...]

wettelijk I BNW volgens de wet *légal* [m mv: *légaux*] **II** BIJW *légalement*

wetten *aiguiser*; *affiler*

wettig I BNW ⟨legaal⟩ *légal* [m mv: *légaux*]; ⟨legitiem⟩ *légitime* **II** BIJW *légalement*; *légitimement*

wettigen • wettig maken *légaliser*; ⟨v. kind⟩ *légitimer* • rechtvaardigen *légitimer* ★ gewettigd zijn *être légitime*

WEU *UEO* v *(Union de l'Europe occidentale)*

weven *tisser*

wever *tisserand* m; *tisseur* m [v: *tisseuse*]

weverij *tissage* m

wezel *belette* v

wezen I ZN [het] • schepsel *être* m; *créature* v; *individu* m • essentie *essence* v; *essentiel* m; *fond* m ★ in ~ *au fond* ★ uit zijn diepste ~ *du plus profond de lui* **II** ON WW *être* ★ wij zijn ~ dansen *nous avons été danser* ▾ hij mag er ~ *il n'est pas mal*

wezenlijk I BNW • essentieel *essentiel* [v: *essentielle*] • werkelijk bestaand *réel* [v: *réelle*] **II** BIJW essentieel *essentiellement*

wezenloos • onwerkelijk *chimérique* • uitdrukkingsloos *égaré*; *_hagard* ▾ zij is zich ~ geschrokken *elle a eu une de ces peurs*

whiplash *syndrome* m *cervical traumatique*; *coup* m *du lapin*

whisky *whisky* m

whizzkid *petit génie* m

wichelroede *baguette* v *de sourcier*

wicht • meisje *gamine* v; MIN. *morveuse* v • kind INFORM. *mioche* m/v

wicket *guichet* m

wie I VR VNW ⟨als onderwerp⟩ *(qui est-ce) qui?*; ⟨als lijdend voorwerp⟩ *(qui est-ce) que?* **II** BETR VNW ⟨als onderwerp of na voorzetsel⟩ *qui*; ⟨als lijdend voorwerp⟩ *que*; ⟨degene die⟩ *celui qui* [m mv: *ceux qui*] [v: *celle qui*] ★ van wie ⟨wiens, wier⟩ *dont* ★ de vrouw aan wie ik de sleutel heb gegeven *la femme à qui j'ai donné la clé* ★ de jongen over wie ik het heb *le garçon dont je parle* **III** ONB VNW ★ wie ... ook *qui que ce soit qui* [+ subj.]

wiebelen • schommelen *se balancer* • onvast staan *chanceler*; *vaciller*

wiebelig *vacillant*

wieden ⟨v. tuin e.d.⟩ *désherber*; ⟨schoffelen⟩ *sarcler*; ⟨v. onkruid⟩ *arracher*

wiedes ▾ dat is nogal ~! *c'est évident!*

wiedeweerga ▾ als de ~ *illico presto*

wieg *berceau* m [mv: *berceaux*] ▾ hij is in de wieg gelegd voor ... *il est fait pour (être) ...*

wiegelied *berceuse* v

wiegen I OV WW schommelen *bercer* **II** ON WW deinen *(se) balancer*; *être bercé* ★ met de heupen ~ *balancer les hanches*

wiegendood *mort* v *subite du nourrisson*

wiek • vleugel *aile* v • molenwiek *aile* v ▾ in zijn wiek geschoten *piqué au vif*; *vexé* ▾ op eigen wieken drijven *voler de ses propres ailes*

wiel *roue* v; ⟨wieltje⟩ *roulette* v ▾ iem. in de

wielen rijden *contrarier qn* ▾ opnieuw het wiel uitvinden ≈ *découvrir l'Amérique* ▾ het vijfde wiel aan de wagen *la cinquième roue du carrosse*

wieldop *enjoliveur* m

wielerbaan *vélodrome* m

wielerkoers *course* v *cycliste*

wielerploeg *équipe* v *de coureurs cyclistes*

wielerronde *tour* m *cycliste*

wielersport *cyclisme* m

wielewaal *loriot* m *(d'Europe)*

wielklem *sabot* m *(de Denver)*

wielophanging *suspension* v

wielrennen *cyclisme* m

wielrenner *coureur* m *(cycliste)* [v: *coureuse*]

wielrijder *cycliste* m/v

wienerschnitzel *escalope* v *panée*

wiens *dont*

wier I ZN [het] PLANTK. *algue(s)* v (mv); ⟨in zee⟩ *varech* m; ⟨in zee⟩ *goémon* m **II** BETR VNW van wie *dont*

wierook *encens* m ⋆ ~ toezwaaien *encenser*

wierookvat *encensoir* m

wiet *herbe* v

wig *cale* v; *coin* m ▾ een wig drijven tussen *semer la discorde entre*

wigwam *wigwam* m

wij *nous*; INFORM. *on* ⋆ wij Fransen *nous autres Français*

wijd I BNW ruim *ample*; *large*; *spacieux* [v: *spacieuse*] ⋆ een wijd uitzicht *une vaste perspective* ⋆ wijder maken *élargir* **II** BIJW *largement*; ⟨ver⟩ *loin* ⋆ z'n ogen wijd openen *écarquiller les yeux*; *ouvrir les yeux tout grand* ⋆ wijd open *grand ouvert* [v: *grande ouverte*]; *béant* ⋆ wijd uit elkaar *écarté* ⋆ wijd uitlopen *s'évaser* ▾ wijd en zijd *partout*

wijdbeens *les jambes écartées*

wijden • inzegenen *consacrer* ⋆ iem. tot priester ~ *ordonner qn prêtre* • ~ **aan** *consacrer à*; *vouer à* ⋆ zich ~ aan *se consacrer à*

wijdlopig *diffus*; *prolixe*

wijdte *largeur* v; *ampleur* v; ⟨afstand⟩ *espace* m

wijduit *écarté*

wijdverbreid *(largement) répandu*

wijdvertakt *ramifié*; *tentaculaire*

wijf *bonne femme* v ⋆ lelijk/akelig wijf *salope* v ⋆ mooi wijf *belle nana* v ⋆ oud wijf *vieille peau* v; ⟨zeur⟩ *scie* v

wijfie *ma belle*

wijfje *femelle* v

wijk • stadsdeel *quartier* m • rayon *secteur* m ▾ de wijk nemen naar *se réfugier à*

wijkagent *îlotier* m; *agent* m *de quartier*

wijkcentrum *centre* m *socioculturel*

wijken • verdwijnen *fuir* ⋆ het gevaar is geweken *le danger est écarté/passé* • zich terugtrekken *se retirer*; ⟨vluchten⟩ *fuir*; ⟨vluchten⟩ *se réfugier* ⋆ ~ voor iem. *céder le pas à qn* ⋆ voor iem. ~ *céder le pas à qn* ⋆ ~de kin *menton* m *fuyant* ⋆ ~d perspectief *perspective* v *fuyante*

wijkgebouw *centre* m *socioculturel*

wijkplaats *asile* m; *refuge* m; *abri* m

wijkraad ≈ *conseil* m *consultatif de quartier*

wijkvereniging *association* v *de quartier*

wijkverpleegkundige *infirmière* v *visiteuse*

wijkverpleging *soins* m mv *à domicile*

wijkwinkel *commerce* m *de proximité*

wijlen *feu* ⋆ ~ mijn vader *feu mon père*; *mon défunt père*

wijn *vin* m; INFORM. *pinard* m ⋆ een glas rode wijn *un verre de rouge* ▾ goede wijn behoeft geen krans *à bon vin point d'enseigne* ▾ oude wijn in nieuwe zakken *faire du neuf avec du vieux*

wijnazijn *vinaigre* m *de vin*

wijnboer *vigneron* m [v: *vigneronne*]; *viticulteur* [v: *viticultrice*]

wijnbouw *viticulture* v

wijnbouwer *viticulteur* m; *vigneron* m [v: *vigneronne*]

wijnfles *bouteille* v *à vin*

wijngaard *vignoble* m; *vigne* v

wijnglas *verre* m *à vin*

wijnhandel *marchand* m *de vins*

wijnjaar *millésime* m; *année* v

wijnkaart *carte* v *des vins*

wijnkelder *cave* v *(à vin)*

wijnoogst *vendange* v

wijnpers *pressoir* m

wijnproeverij *dégustation* v *(de vin)*

wijnrank *pampre* m; *treille* v

wijnrek *porte-bouteilles* m [onv]

wijnrood *lie-de-vin* [onv]; *bordeaux* [onv]

wijnstok *vigne* v; *cep* m *de vigne*

wijnstreek *région* v *viticole*

wijntje • CUL. glas wijn *verre* m *de vin* • CUL. soort wijn *petit vin* m ⋆ een lekker ~ *un bon petit vin* ▾ van Wijntje en Trijntje houden ≈ *aimer la bouteille et les filles*

wijnvat *fût* m

wijnvlek • vlek door wijn *tache* v *de vin* • huidvlek *tache* v *de vin*

wijs I BNW verstandig *sage* ⋆ wijzer worden *s'assagir* ⋆ hij zal wel wijzer zijn *il s'en gardera bien* ⋆ wees wijzer! *ne fait pas l'idiot!* ⋆ wijze mensen *(comité* m *des) sages* m mv ▾ ik kan er niet uit wijs worden *je m'y perds*; *je n'y vois pas clair* ▾ hij is niet goed wijs *il est fou*; INFORM. *il est toqué/dingue* ▾ daar word ik niet wijzer van *cela ne m'avance pas* **II** BIJW *sagement*; *prudemment*; *sensément* **III** ZN [de] • melodie *air* m; *mélodie* v • manier *façon* v; *manière* v • TAALK. *mode* m ⋆ aantonende wijs *indicatif* m ⋆ voorwaardelijke wijs *conditionnel* m ▾ van de wijs brengen *dérouter*; *troubler* ▾ van de wijs raken *sortir du ton*; FIG. *s'embrouiller*

wijsbegeerte *philosophie* v

wijselijk *prudemment* ⋆ ~ zwijgen *avoir la sagesse de se taire*

wijsgeer *philosophe* m/v

wijsgerig *philosophique*

wijsheid *sagesse* v ▾ de ~ in pacht hebben *avoir la science infuse*

wijsheidstand *dent* v *de sagesse*

wijsmaken *faire croire*; *en faire accroire à (quelqu'un)* ⋆ laten we elkaar niets ~ *appelons un chat un chat* ⋆ hij laat zich alles ~ INFORM. *il gobe tout* ⋆ zichzelf iets ~ *s'illusionner*

wi

▾ maak dat een ander/de kat wijs! *à d'autres!*
wijsneus *pédant* m [v: *pédante*]; *donneur* m *de leçons*
wijsvinger *index* m
wijten *imputer (aan à)* ★ te ~ hebben aan *devoir à* ★ te ~ zijn aan *être dû à* [v: *due*]
wijting *merlan* m
wijwater *eau* v *bénite*
wijze • manier *façon* v; *manière* v ★ op die ~ *de cette façon* • persoon *sage* m ★ de Wijzen uit het Oosten *les Rois mages* ▾ bij ~ van *en guise de* ▾ bij ~ van proef *à titre d'essai* ▾ bij ~ van spreken *façon de parler*; *pour ainsi dire*
wijzen I OV WW • aanduiden *indiquer*; *montrer* • attenderen ★ iem. op iets ~ *signaler/faire remarquer qc à qn*; *attirer l'attention de qn sur qc* • uitspreken ★ een vonnis ~ *prononcer/rendre un jugement* **II** ON WW • aanwijzen ★ ~ naar/op *indiquer* ★ naar iem. ~ *montrer qn du doigt* • doen vermoeden ★ alles wijst erop dat *tout porte à croire que*
wijzer *aiguille* v ★ met de ~s van de klok mee *dans le sens des aiguilles*
wijzerplaat *cadran* m
wijzigen *modifier*; *changer*
wijziging *modification* v
wikkel *bande* v *(enveloppe)*
wikkelen • inwikkelen *envelopper*; *enrouler* • betrekken *engager*; ⟨verwikkelen⟩ *impliquer*
wikkelrok *jupe* v *portefeuille*
wikken ★ ~ en wegen *peser (le pour et le contre)*
wil *volonté* v *(tot, om de)* ★ vrije wil *libre arbitre* m ★ zijn goede wil tonen *faire acte de bonne volonté*; *y mettre le sien* ★ zijn eigen wil hebben *savoir ce qu'on veut* ★ uit vrije wil *de bon gré*; *volontairement* ★ buiten zijn wil *malgré lui*; *à son corps défendant* ★ een ijzeren wil *une volonté de fer* ▾ tegen wil en dank *bon gré mal gré* ▾ iem. ter wille zijn *complaire à qn*; ⟨gunst bewijzen⟩ *faire une fleur à qn* ▾ uiterste/laatste wil *dernière(s) volonté(s)* v (mv) ▾ zijn wil is wet *il souffle le chaud et le froid* ▾ waar een wil is, is een weg *vouloir, c'est pouvoir* ▾ voor elk wat wils *il y en a pour tous les goûts* ▾ ter/om wille van *pour (l'amour de)*
wild I ZN [het] • natuurstaat ★ in het wild *à l'état sauvage* • dieren *gibier* m ★ groot/klein wild *gros/menu gibier* ▾ aangeschoten wild *canard* m *boîteux* **II** BNW • ongetemd *sauvage*; ⟨v. dier ook⟩ *féroce*; ⟨v. dier ook⟩ *farouche* ★ wilde dieren *fauves* m mv; *bêtes fauves/féroces* v mv • ongecultiveerd *sauvage* • onbeheerst *non contrôlé* ★ wilde staking *grève* v *sauvage* • dol, uitbundig *impétueux* [v: *impétueuse*]; *fougueux* [fougueuse]; ⟨verwoed⟩ *effréné*; *frénétique* ★ een wilde vlucht *une fuite désordonnée* ★ wild op iets zijn *raffoler de qc* ▾ in het wilde weg *au hasard*; *à tout-va* **III** BIJW *follement*; *frénétiquement*
wildbraad *gibier* m; *venaison* v
wilde *sauvage* m [v: *sauvageonne*] ▾ als een ~ *comme un forcené*
wildebeest *gnou* m
wildebras *enfant* m *turbulent*; *petit diable* m
wildernis ⟨woestenij⟩ *désert* m; ⟨rimboe⟩ *brousse* v
wildgroei *prolifération* v; MED. *néoplasme* m
wildkamperen *camping* m *sauvage*
wildpark *parc* m *zoologique*
wildplassen *uriner sur la voie publique*
wildreservaat *réserve* v *zoologique*
wildstand *population* v *(du gibier)*
wildviaduct *passerelle* v *à gibier*
wildvreemd *tout à fait inconnu*
wildwaterbaan *rapide(s)* m m; *eaux vives* v mv
wildwatervaren *rafting* m
wildwestavontuur *aventure* v *du Far West*
wildwestfilm *western* m
wilg *saule* m ▾ ... aan de wilgen hangen *raccrocher ...*
willekeur • goeddunken *bon plaisir* m ★ naar ~ *à volonté*; *à discrétion* • eigenmachtigheid *arbitraire* m
willekeurig • naar willekeur *arbitraire* • onverschillig welk *quelconque*; *arbitraire*
willen I OV WW • wensen *vouloir* ★ wat wilt u van haar? *que lui voulez-vous?* ★ liever ~ *aimer mieux*; *préférer* ★ ik wil het niet hebben *je n'en veux pas*; *je ne le veux pas* ★ dat zou je wel ~! *compte là-dessus!* ★ ik wou dat ik het betalen kon *si seulement j'avais le moyens* ★ wat wil je nog meer? *que demande le peuple?* • bereid zijn *vouloir* • lukken *marcher* **II** HWW ★ ik wil aannemen dat *je suis prêt à croire que* ★ het toeval wil dat ... *le hasard a voulu que ...* ★ het wil wel eens lukken *ça peut marcher*; *ça marche parfois* ▾ hij wil er niet aan *il n'en veut pas* ▾ dat wil er bij mij niet in *je refuse de le croire*
willens ★ ~ en wetens *de propos délibéré*; *sciemment*
willig • bereid *complaisant*; *(bien) disposé* • volgzaam *docile*
willoos *sans volonté*; FORM. *veule*
wilsbeschikking ★ laatste ~ *dernières volontés* v mv
wilskracht *(force* v *de) volonté* v
wilsovereenstemming *entente* v
wilsuiting *acte* m *de volonté*
wimpel *banderole* v
wimper *cil* m
wind • luchtstroom OOK FIG. *vent* m ★ de wind tegen hebben *avoir le vent en face* ★ er staat een felle wind *il fait un vent à décorner les bœufs* ★ de wind mee hebben *avoir le vent arrière*; *avoir le vent dans le dos* ★ uit de wind *à l'abri du vent* • scheet ★ winden laten *lâcher des vents*; INFORM. *péter* ▾ met alle winden meedraaien *tourner à tous les vents*; *être une girouette* ▾ in de wind slaan *négliger*; *faire fi de* ▾ wie wind zaait, zal storm oogsten *qui sème le vent, récolte la tempête* ▾ de wind van voren krijgen *en prendre pour son grade* ▾ de wind eronder hebben *régner (en maître)* ▾ het gaat hem voor de wind *il a le vent en poupe* ▾ als de wind *plus vite que le vent* ▾ iem. de wind uit de zeilen nemen *couper l'herbe sous le(s) pied(s) de qn* ▾ van de wind kan men niet leven *on ne vit pas de l'air du temps* ▾ kijken hoe de wind waait *prendre le*

vent ▾ een frisse wind laten waaien door *dépoussiérer; ouvrir les fenêtres de*
windbuil *fanfaron* m
windbuks *carabine* v *à air comprimé*
windei ▾ dat zal je geen ~eren leggen *c'est tout bénef pour toi*
winden *enrouler* ★ van een klos ~ *débobiner* ★ een doek om de hand ~ *envelopper la main d'un linge* ★ op een klos ~ *bobiner*
windenergie *énergie* v *éolienne*
winderig • met veel wind *venteux* [v: *venteuse*]; *exposé au vent* ★ het is ~ *il y a du vent* • winden latend *flatulent*
windhandel *spéculation* v
windhond *lévrier* m [v: *levrette*]
windhoos *tourbillon* m; *trombe* v; *tornade* v
windjack *anorak* m; *blouson* m
windkracht *force* v *du vent* ★ ~ 10 *force 10*
windmolen *moulin* m *à vent*; ⟨turbine⟩ *éolienne* v ▾ tegen ~s vechten *se battre contre des moulins à vent*
windorgel *orgues* v mv *éoliennes*
windrichting *direction* v *du vent*
windroos *rose* v *des vents*; *cadran* m
windscherm *pare-vent* m [onv]
windstil *calme*; ⟨luw⟩ *abrité*
windstilte *calme* m ★ volkomen ~ *calme plat*
windstoot *coup* m *de vent*; *rafale* v
windstreek *aire* v *de vent* ★ de vier windstreken *les quatre points cardinaux*; *les quatre vents*
windsurfen *faire de la planche à voile*
windtunnel *soufflerie* v/*tunnel* m *aérodynamique*
windvaan *girouette* v; SCHEEPV. *penon* m
windvlaag *rafale* v
windwijzer *girouette* v
windzak *manche* v *à air*
wingebied *région* v/*zone* v *d'extraction*
wingerd *vigne* v ★ wilde ~ *vigne vierge*
wingewest *pays* m *conquis*; GESCH. *province v*
winkel *magasin* m; *boutique* v ★ een ~ hebben *tenir un commerce* ★ op de ~ letten *faire tourner la boîte* ▾ ~ van Sinkel *bazar* m
winkelbediende *vendeur* m [v: *vendeuse*]
winkelbedrijf *chaîne* v *de magasins*; *(magasin* m*) succursaliste* m
winkelcentrum *centre* m *commercial* [m mv: *centres commerciaux*]
winkeldiefstal *vol* m *à l'étalage*
winkelen *faire du shopping*
winkelgalerij *galerie* v *marchande*
winkelhaak • scheur *accroc* m • gereedschap *équerre* v
winkelier *commerçant* m [v: *commerçante*]
winkeljuffrouw *vendeuse* v
winkelketen *chaîne* v *de magasins*; *(magasin* m*) succursaliste* m
winkelpersoneel *employés* m mv *de magasin* [mv]
winkelprijs *prix* m *de détail*
winkelruit *vitrine* v *(de magasin)*
winkelsluitingswet *loi* v *sur la fermeture des magasins*
winkelstraat *rue* v *commerçante*
winkelwaarde *prix* m *de vente*
winkelwagen • rijdende winkel *camion* m *supérette* • boodschappenwagentje *caddie* m
winnaar *gagnant* m [v: *gagnante*]
winnen • zegevieren *gagner* ★ zich gewonnen geven *se rendre* ★ een zaak ~ *avoir/obtenir gain de cause* ★ het van iem. ~ *l'emporter sur qn* • behalen *gagner* ★ wat wint u erbij? *qu'est-ce que vous y gagnez?* ★ iets van iem. ~ *gagner qc à qn* • verwerven ★ iem. voor zich/zijn zaak ~ *gagner qn à sa cause* ★ gewonnen zijn voor *être acquis à* ★ erts ~ *extraire du minerai* ▾ zo gewonnen zo geronnen *tout passe, tout lasse, tout casse*
winning *extraction* v
winst *bénéfice* m; *profit* m; SPORT *victoire* v; ⟨spel⟩ *gain* m ★ ~ maken *réaliser des bénéfices* ★ met ~ *à profit* ▾ tel uit je ~! *c'est tout bénef!*; IRON. *la belle affaire!*
winstaandeel *part* v *de bénéfice*; *tantième* m
winstbejag *appât* m/*soif* v *du gain*
winstdeling *intéressement* m *(aux bénéfices)*
winstderving *manque* m *à gagner*
winst-en-verliesrekening *compte* m *de pertes et profits*
winstgevend *lucratif* [v: *lucrative*]; *profitable*; *rentable*
winstmarge *marge* v *bénéficiaire*
winstoogmerk *but* m *lucratif* ★ zonder ~ *à but non lucratif*
winstpercentage • wat als winst overblijft *marge* v *bénéficiaire* • percentage v.d. winst *dividende* m
winstpunt *point* m; ⟨pluspunt⟩ *bon point* m
winter *hiver* m ★ in de ~ *en hiver*; *l'hiver* ★ van de ~ *cet hiver*
winterdag *jour* m *d'hiver*
winteren ★ het wintert *il fait un temps d'hiver*
wintergast • vogel *hivernant* m • persoon *hivernant* m
winterhanden *engelures* v mv *aux mains* [mv]
winterhard *vivace*
winterkleding *vêtements* m mv *d'hiver*
winterkoninkje *troglodyte* m; *roitelet* m
winters *d'hiver*; *hivernal* [m mv: *hivernaux*]
winterslaap *sommeil* m *hibernal*; *hibernation* v ★ ~ houden *hiberner*
winterspelen *jeux* m mv *(olympiques) d'hiver*
wintersport *sport(s)* m (mv) *d'hiver*
wintersportcentrum *station* v *de sports d'hiver*
wintersportplaats *station* v *de ski*
wintersportvakantie *vacances* v mv *de neige*
wintertenen *engelures* v mv *aux orteils* [mv]
wintertijd • periode *saison* v *d'hiver* • tijdrekening *heure* v *d'hiver*
wintervoeten *engelures* v mv *aux pieds* [mv]
winterweer *temps* m *hivernal*
winterwortel *carotte* v
win-winsituatie *situation* v / *opération* v *gagnant-gagnant*
winzucht *cupidité* v; *âpreté* v *au gain*
wip • sprongetje *bond* m; *saut* m • speeltuig *balançoire* v • INFORM. nummertje *coup* m ★ een wip maken *tirer un coup*; *baiser* ▾ in een wip *en un clin d'œil* ▾ op de wip zitten ⟨de doorslag kunnen geven⟩ *faire pencher la balance*; ⟨ontslagen dreigen te worden⟩ *avoir*

un emploi précaire
wipneus *nez* m *retroussé*
wippen I OV WW ontslaan, afzetten *faire sauter*; *déboulonner* **II** ON WW • met sprongetjes bewegen *sautiller*; ⟨schommelen⟩ *se balancer* • spelen op de wip *faire de la balançoire* • vrijen *baiser*
wipwap *tapecul* m
wirwar *enchevêtrement* m
wisent *bison* m *d'Europe*
wishful thinking ★ dat is ~ *c'est prendre ses désirs pour la réalité*
wiskunde *mathématiques* v mv; INFORM. *maths* v mv ★ wis- en natuurkunde *sciences* v mv *physiques et mathématiques* ★ hogere ~ *hautes mathématiques*; FIG. *du chinois*
wiskundeknobbel *bosse* v *des maths*
wiskundeleraar *professeur* m *de mathématiques*; INFORM. *prof* m *de maths*
wiskundig *mathématique*
wiskundige *mathématicien* m [v: *mathématicienne*]
wispelturig I BNW *capricieux* [v: *capricieuse*] **II** BIJW *capricieusement*
wissel • spoorwissel *aiguillage* m • ECON. *lettre* v *de change*; *traite* v ▾ een ~ trekken op iem. *tirer une traite sur qn* ▾ een ~ trekken op de toekomst *hypothéquer/compromettre l'avenir*
wisselautomaat *changeur* m *de monnaie*
wisselbad *bains* m mv *alternants* [mv]
wisselbeker *coupe* v *(de challenge)*
wisselborgtocht *aval* m
wisselbouw *assolement* m
wisselen • veranderen *changer*; ⟨tanden⟩ *refaire ses dents* ★ van plaats ~ *changer de place* • uitwisselen *échanger* • geld ruilen *changer (***in** *en)*; ⟨kleinmaken⟩ *faire la monnaie de* ★ ik kan niet ~ *je ne peux pas vous rendre la monnaie* ★ een euro ~ *donner la monnaie d'un euro*
wisselgeld *(petite) monnaie* v
wisselgesprek *double appel* m
wisseling • *changement* m; ⟨afwisseling⟩ *alternance* v • ruil *échange* m • verandering *change* m
wisselkantoor *bureau* m *de change* [m mv: *bureaux ...*]
wisselkoers *(taux* m *de) change* m
wissellijst *cadre* m *amovible*
wisselmarkt *marché* m *des changes*
wisselslag SPORT *quatre nages* v mv
wisselspeler *remplaçant* m
wisselstroom *courant* m *alternatif*
wisseltruc ≈ *arnaque* v *(au change)*
wisselvallig *variable*; *changeant*
wisselwerking *interaction* v
wissen *effacer*; ⟨afvegen⟩ *essuyer*
wissewasje *bagatelle* v; *rien* m
wit I BNW *blanc* [v: *blanche*] ★ wit maken OOK FIG. *blanchir* **II** ZN [het] kleur *blanc* m ★ wit speelt *les Blancs jouent*
witbier *(bière* v*) blanche* v
witboek *livre* m *blanc*
witbrood *pain* m *blanc*; *pain* m *de mie*
witgoud *or* m *blanc*; ⟨platina⟩ *platine* m
witheet • witgloeiend *chauffé à blanc* • FIG. woedend *furibond*
witjes *pâlot* [v: *pâlotte*]
witkalk *badigeon* m; *blanc* m *de chaux*
witlof *endives* v mv
Wit-Rus *Biélorusse* m/v
Wit-Rusland *la Biélorussie*
witsel *blanc* m *de chaux*
witteboordencriminaliteit *malversations* v mv *des cols blancs*; *détournement* m *de fonds*
wittebrood *pain* m *blanc*; *pain* m *de mie*
wittebroodsweken *lune* v *de miel*
witten *badigeonner*; *blanchir (à la chaux)*
witvis *able* m
witwassen *blanchir* ★ het ~ *blanchiment* m *(d'argent)*
WK ⟨bij voetbal⟩ *coupe* v *du monde*; *championnat* m *du monde*; *mondial* m
wodka *vodka* v
woede *fureur* v; *rage* v; *colère* v
woedeaanval *accès* m *de fureur/de rage*; *(crise* v *de) colère* v
woeden *sévir*; *faire rage*
woedend I BNW *furieux (***op** *contre;* **over** *de)* [v: *furieuse*] ★ ~ maken *mettre en rage* **II** BIJW *furieusement*
woede-uitbarsting *accès* m *de fureur/de rage*
woef *ouaf!*; *ouah!*
woekeraar *usurier* m [v: *usurière*]
woekeren • woeker drijven *pratiquer l'usure* • wild groeien *proliférer*; *pulluler* ★ ~d onkruid *mauvaises herbes* v mv *envahissantes* • ~ **met** *faire valoir*; *mettre à profit*
woekering *prolifération* v
woekerprijs *prix* m *abusif*
woekerrente *usure* v; *taux* m *usuraire*
woelen • onrustig bewegen *s'agiter*; *remuer* ★ in bed ~ *se tourner et se retourner* ★ zich bloot ~ *se découvrir* • wroeten *fouiller* ★ ~ in *fouir*; *remuer*
woelig *agité*; *remuant*; *turbulent*; *mouvementé* ★ een ~e straat *une rue animée*
woelwater *enfant* m *remuant*
woensdag *mercredi* m ★ 's ~s *le mercredi*
woensdagavond *mercredi* m *soir*
woensdagmiddag *mercredi* m *après-midi*
woensdagmorgen, woensdagochtend *mercredi* m *matin*
woensdagnacht *mercredi* m *nuit*
woensdags I BNW *du mercredi* **II** BIJW *le mercredi*
woerd *canard* m *(mâle)*
woest I BNW • woedend *furieux* [v: *furieuse*]; *furibond* ★ ~ worden *voir rouge* ★ ~ maken *rendre fou de rage* • wild *sauvage*; *farouche* • ongecultiveerd *rude* ★ ~e grond *terres* v mv *incultes/désertes*; ⟨in stad⟩ *terrain* m *vague* **II** BIJW *sauvagement*; *furieusement*
woesteling *brute* v
woestenij *désert* m
woestijn *désert* m
woestijnklimaat *climat* m *désertique*
wok *wok* m
wol *laine* v ▾ door de wol geverfd *chevronné* ▾ onder de wol kruipen *se mettre au lit*; INFORM. *se pieuter*
wolf *loup* m ★ een jonge wolf *un louveteau*

wi

▾ een wolf in schaapskleren *un loup déguisé en agneau*; *un faux tendre*
wolfraam *tungstène* m
wolfshond *chien-loup* m [mv: *chiens-loups*]
wolk • dampmassa *nuage* m; ⟨alleen in uitdrukkingen⟩ *nue* v • FIG. ⋆ een wolkje melk *un soupçon de lait*; *un nuage de lait* ⋆ een wolk sprinkhanen *une nuée de sauterelles* ▾ in de wolken zijn *être ravi*; *être au comble de la joie*; *être aux anges* ▾ een wolk van een baby *un bébé qui se porte comme un charme*
wolkbreuk *pluie* v *torrentielle*; *trombe* v *d'eau*
wolkeloos *sans nuage(s)*; FORM. *serein*
wolkendek *couche* v / *plafond* m *de nuages*
wolkenhemel *ciel* m *nuageux*
wolkenkrabber *gratte-ciel* m [onv]
wollen *de/en laine* ⋆ ~ goed *lainages* m mv
wollig • als/van wol *laineux* [v: *laineuse*]; ⟨pluizig⟩ *pelucheux* [v: *pelucheuse*] • FIG. vaag *vaseux* [v: *vaseuse*] ⋆ ~ taalgebruik *langue* v *de bois*
wolvin *louve* v
wombat *wombat* m
wond *blessure* v; ⟨groot⟩ *plaie* v ▾ zijn wonden likken *panser ses plaies* ▾ oude wonden openrijten *rouvrir une plaie* ▾ de tijd heelt alle wonden *le temps panse les plaies*
wonder • iets buitengewoons *merveille* v; *prodige* m ⋆ het is een ~ dat ... *c'est un miracle que...* [+ subj.] ⋆ het is geen ~ dat... *ce n'est pas étonnant que...* [+ subj.] ⋆ dat mag een ~ heten *ça tient du miracle* • REL. mirakel *miracle* m ⋆ ~en verrichten *faire/opérer des miracles* ▾ de ~en zijn de wereld nog niet uit *tout peut arriver* ▾ ~ boven ~ *(comme) par miracle*; *miraculeusement*
wonderbaarlijk I BNW *étonnant*; *miraculeux* [v: *miraculeuse*] **II** BIJW *étonnamment*; *miraculeusement*
wonderdokter *charlatan* m
wonderkind *(enfant* m*) prodige* m
wonderkruid *herbe* v *qui fait des miracles*
wonderlamp *lampe* v *magique*
wonderland *pays* m *des merveilles*
wonderlijk I BNW • wonderbaar *étonnant*; *miraculeux* [v: *miraculeuse*] • merkwaardig *curieux* [v: *curieuse*]; *singulier* [v: *singulière*]; *bizarre* **II** BIJW *singulièrement*
wondermiddel *panacée* v
wonderolie *huile* v *de ricin*
wonderschoon *superbe*; *splendide*
wonderwel *on ne peut mieux*
wondheelkunde *traumatologie* v
wondkoorts *fièvre* v *traumatique*
wonen *habiter*; ⟨tijdelijk⟩ *loger* ⋆ in de stad ~ *habiter la ville* ⋆ ruimer gaan ~ *s'agrandir*
woning *maison* v; *habitation* v; *logement* m; JUR. *domicile* m
woningaanbod *offre* v *de logements*
woningbouwvereniging *société* v *de construction (et d'exploitation) de logements*
woninginrichting • het inrichten *aménagement* m • benodigdheden ≈ *intérieur* m
woningnood *crise* v *du logement*
woningzoekende *demandeur* m *de logement*
woofer *caisson* m *de basse(s)*; *woofer* m
woonachtig *demeurant à*; *domicilié à*
woonblok *bloc* m *d'habitations*; ⟨woningcomplex⟩ *grand ensemble* m
woonboot *péniche* v *(aménagée)*
woonerf ≈ *rue* v *à priorité piétonne*
woongemeenschap *communauté* v *(d'habitation)*
woonhuis *maison* v *d'habitation*
woonkamer *(salle* v *de) séjour* m; *living* m; *salon* m
woonkazerne *caserne* v
woonkeuken *cuisine-séjour* v [mv: *cuisines-séjour*]
woonlaag *étage* m
woonlasten *charges* v mv *d'habitation* [mv]
woonplaats *domicile* m ⋆ zonder vaste woon- of verblijfplaats *sans domicile (ni résidence) fixe*
woonruimte *logement* m
woonwagen *roulotte* v
woonwagenbewoner *nomade* m/v
woonwagenkamp *campement* m *de gens du voyage*
woon-werkverkeer *déplacement* m *domicile-lieu de travail*; *navette* v
woonwijk *quartier* m *d'habitations*; ⟨luxer⟩ *quartier résidentiel*
woord • taaleenheid ⟨term⟩ *terme* m; *mot* m; ⟨in zin⟩ *parole* v ⋆ ~en bezigen *tenir des propos* ⋆ ~ voor ~ *mot à mot*; ⟨letterlijk⟩ *mot pour mot* ⋆ met andere ~en *en d'autres termes*; *autrement dit* ⋆ in één ~ *bref*; *en un mot* ⋆ geen ~ zeggen *ne souffler mot* ⋆ onder ~en brengen *exprimer* ⋆ er geen ~ tussen krijgen *ne pas pouvoir placer un mot* • erewoord *parole* v ⋆ zijn ~ breken *manquer à sa parole*; *ne pas tenir sa parole* ⋆ op zijn ~ geloven *croire sur parole* ⋆ iem. aan zijn ~ houden *prendre qn au mot* ⋆ een man van zijn ~ *un homme de parole* • het spreken *parole* v ⋆ het ~ vragen *demander la parole* ⋆ het ~ geven *passer la parole* ⋆ het ~ nemen *prendre la parole* ⋆ het ~ hebben *avoir la parole* ⋆ iem. te ~ staan ⟨ontvangen⟩ *recevoir qn*; ⟨luisteren⟩ *écouter qn* ⋆ niet uit zijn ~en kunnen komen *bafouiller* ⋆ het vrije ~ *la libre expression* ▾ geen ~en maar daden *(passons) aux actes!* ▾ hij heeft het hoogste ~ *on n'entend que lui* ▾ het Woord is vlees geworden *le Verbe s'est fait chair* ▾ een goed ~je doen voor *intercéder pour* ▾ een aardig ~je Frans spreken *se débrouiller en français* ▾ er geen goed ~ voor overhebben *le condamner vivement* ▾ aan een half ~ genoeg hebben *entendre à demi-mot* ▾ ik heb er geen ~en voor! *je n'ai pas de mots pour le qualifier*; *j'en reste coi* ▾ ~en met iem. hebben *avoir des mots avec qn* ▾ je haalt me de ~en uit de mond *tu m'enlèves les mots de la bouche*; *j'allais le dire* ▾ het hoge ~ is eruit *le (grand) mot est lâché* ▾ gevleugelde ~en *un mot historique*
woordbeeld *graphie* v
woordblind *dyslexique*

woordbreuk *rupture* v *de parole/de promesse*
woordelijk ⟨letterlijk⟩ *textuel* [v: *textuelle*]; ⟨woord voor woord⟩ *mot à mot*; INFORM. *texto*
woordenboek *dictionnaire* m; INFORM. *dico* m
woordenlijst *vocabulaire* m; *lexique* m; ⟨verklarend⟩ *glossaire* m
woordenschat *vocabulaire* m
woordenstrijd *dispute* v
woordenvloed *flux* m *de paroles*
woordenwisseling *altercation* v
woordgebruik *usage* m *(des mots)*
woordkeus *choix* m *des mots*
woordsoort *catégorie* v *grammaticale*
woordspeling *jeu* m *de mots* [m mv: *jeux ...*]; *calembour*
woordvoerder *porte-parole* m/v [onv]
woordvolgorde *ordre* m *des mots*
worden I HWW *être* ⋆ er wordt gebeld *on sonne* ⋆ hij wordt bedreigd *il est menacé* **II** KWW *devenir*; ⟨met bn⟩ *se faire*; ⟨bij promotie⟩ *passer* ⋆ kwaad ~ *se mettre en colère* ⋆ ziek ~ *tomber malade* ⋆ erger ~ *empirer* ⋆ het begint warm te ~ *il commence à faire chaud* ⋆ hij moet soldaat ~ *il doit être soldat* ⋆ anders ~ *changer* ⋆ hij is maar dertig ge~ *il n'a vécu que trente ans* ⋆ hij wordt morgen tien jaar *demain il aura dix ans* ⋆ het wordt morgen veertien dagen *demain il y aura quinze jours* ⋆ wat zal er van hen ~? *que deviendront-ils?* ⋆ oud ~ *se faire vieux*
wording *genèse* v; *formation* v; *naissance* v ⋆ in ~ *(à l'état) naissant*; *en voie de formation*
wordingsgeschiedenis *genèse* v; *historique* m
workaholic *drogué* m/*forcené* m *du travail*
workshop *atelier* m
worm • pier *ver* m • made *ver* m • schroef *ver* m
wormenkuur *cure* v *de vermifuge*
wormstekig *piqué des vers*; ⟨v. vrucht⟩ *véreux* [v: *véreuse*]; ⟨v. hout⟩ *vermoulu*
wormvirus *ver* m
worp • gooi *jet* m; ⟨met dobbelsteen⟩ *coup* m; SPORT *lancer* m ⋆ een vrije worp *un lancer franc* • nest jongen *portée* v
worst ⟨dik⟩ *saucisson* m; ⟨dun⟩ *saucisse* v; ⟨v. orgaanvlees⟩ *andouille* v ▾ het zal me ~ wezen *(qu'est-ce que) je m'en fous!*
worstelaar *lutteur* m [v: *lutteuse*]
worstelen • SPORT *lutter* • vechten *lutter* ⋆ ~ met *lutter contre*; *se débattre contre/avec* ⋆ zich ergens doorheen ~ *venir péniblement à bout de qc*
worsteling *lutte* v
worstenbroodje *friand* m
wortel • plantenorgaan *racine* v ⋆ ~ schieten *prendre racine*; OOK FIG. *s'enraciner* • CUL. groente *carotte* v • tandwortel *racine* v • oorsprong *racine* v • WISK. *racine* v ⋆ de ~ trekken uit *extraire la racine (carrée) de* ▾ met ~ en tak uitroeien *extirper (jusqu'à la racine)*
wortelen • wortel schieten *prendre racine*; *s'enraciner* • oorsprong vinden *être enraciné* ⋆ een diep geworteld wantrouwen *une méfiance profondément enracinée*
wortelkanaal *canal* m *dentaire*
wortelstok *rhizome* m
wortelteken *radical* m [mv: *radicaux*]
worteltrekken ⋆ het ~ *extraction* v *de la racine*
woud *forêt* v ⋆ van het woud *forestier* [v: *forestière*]
woudloper *trappeur* m
woudreus *arbre* m *gigantesque*
would-be *soi-disant*
wouw *milan* m
wouwaapje *butor* m *blongios*
wraak *vengeance* v; FIG. *revanche* v ⋆ ~ nemen op iem. voor iets *se venger de qc sur qn* ⋆ ~ is zoet *la vengeance est un plat qui se mange froid*
wraakactie *représailles* v mv
wraakgevoel *esprit* m *de vengeance*; *rancœur* v
wraaklust *soif* v *de vengeance*
wraakoefening *vengeance* v
wraakzuchtig *vindicatif* [v: *vindicative*]
wrak I ZN [het] • resten *épave* v • persoon *épave* v; *loque* v **II** BNW *délabré*
wraken • JUR. *récuser* • afkeuren *condamner* ⋆ het gewraakte artikel *l'article* m *incriminé*
wrakhout *débris* m *de bois*; *épave* v
wrakkig *délabré*
wrang • zuur OOK FIG. *âpre* ⋆ ~e wijn *un vin rude/âpre/râpeux* • bitter FIG. *amer* [v: *amère*]
wrat *verrue* v
wrattenzwijn *phacochère* m
wreed I BNW *cruel* [v: *cruelle*]; *féroce* **II** BIJW *cruellement*; *férocement*
wreedaard *brute* v
wreedheid • het wreed zijn *cruauté* v • wrede daad *cruauté* v
wreef *cou-de-pied* m [mv: *cous-de-pied*]
wreken I OV WW *venger* **II** WKD WW [+ zich] • wraak nemen *se venger* ⋆ zich op iem. ~ over iets *se venger de qc sur qn* • opbreken ⋆ dat zal zich ~ *ça se paiera*
wrevel *amertume* v; *dépit* m; *rancœur* v
wrevelig I BNW *dépité*; *grincheux* [v: *grincheuse*]; *hargneux* [v: *hargneuse*] **II** BIJW *hargneusement*
wriemelen • peuteren *tripoter*; *patouiller* • krioelen *fourmiller*
wrijfpaal *pieu* m *à frotter* [m mv: *pieux ...*]
wrijving • het wrijven *frottement* m; *friction* v • onenigheid *friction* v
wrikken ⋆ (aan) iets ~ *remuer qc*
wringen I OV WW draaiend persen *tordre* ⋆ de handen ~ *se tordre les mains* **II** ON WW knellen *serrer* ▾ er wringt iets *il y a qc qui cloche* **III** WKD WW [+ zich] ~ **door** *se glisser par*
wringer *essoreuse* v
wroeging *remords* m
wroeten • graven *creuser*; ⟨v. dieren⟩ *fouir* • snuffelen *(far)fouiller (***in** *dans)*
wrok *rancœur* v; *rancune* v; *ressentiment* m (**jegens** *contre*) ⋆ een wrok tegen iem. koesteren *avoir une dent contre qn*
wrokkig *rancunier* [v: *rancunière*]
wrong • ineengedraaid geheel *torsade* v • haarknot *chignon* m
wrongel *caillé* m; *caillebotte* v
wuft *frivole*; *versatile*
wuiven • heen en weer bewegen *s'agiter*; *se*

balancer • groeten *saluer de la main*; ⟨als teken⟩ *faire signe (de la main)* ★ ~ met *agiter*
wulp *courlis* m
wulps I BNW *lascif* [v: *lascive*]; *lubrique* **II** BIJW *lascivement*; *voluptueusement*
wurgen *étrangler*
wurggreep *cravate* v; ⟨judo⟩ *étranglement* m; FIG. *étau* m *(serré)*
wurgslang *constricteur* m
wurm • worm *ver* m • kind *bout* m *de chou* ★ dat arme wurm! *le pauvre petit!*
wurmen ★ erin ~ *fourrer dedans* ★ zich ~ door *se faufiler dans* ★ zich ~ uit *s'extirper de*
WW ≈ *loi* v *sur l'assurance chômage* ★ in de WW zitten *toucher une allocation chômage*; *toucher les Assedic*; *être chômeur*; *être au chômage*
www *WWW* m
wysiwyg ⟨tel écran, tel écrit⟩ *tel-tel*

X

x *x* m
xanthoom *xanthome* m
xantippe *mégère* v; *harpie* v
x-as *axe* m *des x*
X-benen *jambes* v mv *cagneuses*; *jambes en X*
X-chromosoom *chromosome* m *X*
xenofobie *xénophobie* v
xenofoob *xénophobe*
xtc *ecstasy* v
xylofoon *xylophone* m

Y

y *y* m
yahtzee *yahtzee* m; *quatre vingt et un* m
yang *yang* m
yankee *yankee* m; *Ricain* m
yard *yard* m
y-as *axe* m *des y*; *ordonnée* v
Y-chromosoom *chromosome* m *Y*
yell *cri* m *(d'encouragement)*; ⟨leus⟩ *slogan* m
yen *yen* m
yin *yin* m
yoga *yoga* m
yoghurt *yaourt* m
yogi *yogi* m
yucca *yucca* m
yuppie *yuppie* m

Z

z *z* m ⋆ de z van Zacharias *Z comme Zoé*
zaad • kiem *semence* v; ⟨v. planten⟩ *graine(s)* v (mv); ⟨zaadje⟩ *graine* v; FIG. *germe* m • sperma *sperme* m ▾ op zwart zaad zitten *être raide*; *être fauché*
zaadbal *testicule* m
zaadbank *banque* v *du sperme*
zaadcel *spermatozoïde* m
zaaddodend *spermaticide*
zaaddonor *donneur* m *de sperme*
zaaddoos *capsule* v
zaadlob *cotylédon* m
zaadlozing *éjaculation* v
zaag *scie* v ⋆ zingende zaag *scie musicale*
zaagblad *lame* v *de scie*
zaagmachine *scieuse* v
zaagmolen *scierie* v
zaagsel *sciure* v ▾ hij heeft ~ in zijn hoofd *il n'a rien dans le crâne*
zaagvis *(poisson* m*) scie* v
zaaien OOK FIG. *semer*
zaaier *semeur* m [v: *semeuse*]
zaaigoed *semence* v
zaaimachine *semoir* m
zaak • ding *chose* v; *objet* m • aangelegenheid *affaire* v; *choses* v mv • handel *affaire* v ⋆ zaken doen met *être en relation d'affaires avec* ⋆ goede zaken doen *faire de bonnes affaires* • bedrijf *entreprise* v ⋆ een zaak opzetten *monter une affaire* • winkel *(fonds* m *de) commerce* m • rechtszaak *affaire* v; *cause* v; *cas* m ⋆ bij een zaak betrokken zijn *être mêlé à une affaire* ⋆ een zaak verdedigen *plaider une cause* ⋆ er een zaak van maken *aller devant les tribunaux*; *intenter un procès* ▾ zeker zijn van zijn zaak *être sûr de son fait* ▾ de zaak is dat *le fait est que* ▾ het is zaak *il est important (de)* ▾ dat is zijn zaak *c'est son affaire*; *cela le regarde* ▾ niet veel zaaks *pas grand-chose*; *pas fameux* ▾ ter zake van *en matière de* ▾ dat doet niets ter zake *c'est sans importance*; *c'est hors (de) sujet* ▾ Binnenlandse Zaken *(le ministère de) l'Intérieur* ▾ Buitenlandse Zaken *le ministère des Affaires étrangères* ▾ de goede zaak *la bonne cause* ▾ zaken zijn zaken *les affaires sont les affaires* ▾ ter zake komen *en venir au fait* ▾ het hele zaakje *tout le bazar*
zaakgelastigde *chargé* m *d'affaires*; ⟨met volmacht⟩ *plénipotentiaire* m/v
zaakvoerder *gérant* m *d'affaires*
zaakwaarnemer *agent* m
zaal *salle* v ⋆ volle zalen trekken *faire salle comble*
zaalsport *sport* m *en salle*
zaalvoetbal *football* m *en salle*
zaalwachter *gardien* m [v: *gardienne*]
zacht I BNW • niet ruw *doux* [v: *douce*] ⋆ ~e landing *atterrissage* m *en douceur* ⋆ met ~e hand *avec douceur* • week *mou* [v: *molle*] [vóór klinker of stomme h: mol]; *tendre* ⋆ een ~ brood *un pain tendre* ⋆ ~ maken

adoucir; ramollir ★ een ~ tapijt *un tapis moelleux* ★ een ~ bed *un lit mou* ★ lekker ~ *moelleux* [v: *moelleuse*]; *mollet* [v: *mollette*]; *douillet* [v: *douillette*] • niet luid *bas* [v: *basse*] ★ met ~e stem *à voix basse* • ⟨v. kleur, licht⟩ niet fel *tendre* • gematigd *doux* [v: *douce*] • teder *tendre* **II** BIJW • niet ruw/hevig *doucement*; ⟨met zachtheid⟩ *avec douceur* ★ ~jes wakker maken *réveiller en douceur* • week *mollement* ★ ~ aanvoelen *être doux au toucher* • niet luid *bas*; *sans bruit* ★ ~er spreken *baisser la voix* ★ (heel) ~jes spreken *parler (tout) bas*; *parler à voix basse* ★ het geluid ~er zetten *baisser le volume (du son)* • niet snel *doucement* • gematigd ★ dat is nog ~jes uitgedrukt *le mot est faible*; *c'est le moins qu'on puisse dire*; *(et) je pèse mes mots* ▾ op zijn ~st gezegd *pour le moins* ▾ slaap ~! *dors bien!* ▾ ~jes aan! *doucement!*; INFORM. *mollo!*

zachtaardig **I** BNW *doux* [v: *douce*] **II** BIJW *avec douceur*

zachtboard *panneau* m *de fibres (souple)*

zachtgroen *vert pâle*; *vert tendre*

zachtheid *douceur* v; ⟨weer⟩ *clémence* v

zachtjes • → **zacht**

zachtmoedig **I** BNW *doux* [v: *douce*] **II** BIJW *avec douceur*

zachtzinnig **I** BNW *doux* [v: *douce*] **II** BIJW *avec douceur* ★ niet ~ te werk gaan *ne pas faire dans la dentelle*; *ne pas être tendre*

zadel *selle* v ▾ vast in het ~ zitten *être bien en selle* ▾ iem. weer in het ~ helpen *remettre qn en selle* ▾ iem. uit het ~ lichten *évincer qn*

zadeldek *couverture* v *de selle*

zadelen *seller*; ⟨v. lastdier⟩ *bâter*

zadelpijn ≈ *mal* m *aux fesses*

zadeltas *sacoche* v

zagen *scier*

zager *scieur* m [v: *scieuse*]

zagerij *scierie* v

Zaïre *le Zaïre* ★ in ~ *au Zaïre*

zak • verpakking *sac* m ★ een papieren zak *un sachet* • buidel *poche* v • deel kledingstuk *poche* v ★ op zak hebben *avoir en poche*; *avoir sur soi* ★ in zijn zak steken *empocher* • balzak *bourse* v • persoon *con* m ▾ in zak en as zitten *être au trente-sixième dessus* ▾ die kan je in je zak steken! *attrape (ça)!* ▾ uit eigen zak betalen *payer de sa poche* ▾ op iemands zak leven *vivre aux crochets de qn*; *parasiter qn* ▾ iem. in zijn zak hebben *mettre qn dans sa poche* ▾ geen zak *que dalle* ▾ de zak krijgen *se faire virer* ▾ zijn zakken vullen *se remplir les poches*; *s'en mettre plein les poches* ▾ iem. geld uit de zak kloppen *soutirer de l'argent à qn*; *taxer qn (d'une somme)*

zakagenda *agenda* m *de poche*

zakboekje *carnet* m; *calepin* m

zakcentje *argent* m *de poche*

zakdoek *mouchoir* m ★ papieren ~je *mouchoir* m *en papier*; *kleenex* m

zakelijk **I** BNW • ter zake zijnd ⟨onpersoonlijk⟩ *impersonnel* [v: *impersonnelle*]; *pratique*; *pragmatique*; *rationnel* [v: *rationnelle*]; *nüchtern* • bondig *concis*; *rationnel* [v: *rationnelle*] • commercieel *commercial* [m mv: *commerciaux*]; *d'affaires* **II** BIJW • bondig *succinctement* • commercieel *professionnellement*

zakelijkheid *pragmatisme*; *esprit* m *réaliste*

zakenadres *adresse* v *du bureau*; *adresse* v *de travail*

zakenbespreking *discussion* v *d'affaires*

zakencentrum *centre* m *d'affaires*

zakenleven *(monde/milieu* m *des) affaires* v mv

zakenlunch *déjeuner* m *d'affaires*

zakenman *homme* m *d'affaires*

zakenreis *voyage* m *d'affaires*

zakenrelatie *relation* v *d'affaires*

zakenvrouw *femme* v *d'affaires*

zakformaat *format* m *de poche*

zakgeld *argent* m *de poche*

zakken • dalen *descendre* ★ in elkaar ~ *s'affaisser* ★ in de modder ~ *s'enfoncer dans la boue* • lager/minder worden *baisser*; *diminuer* • niet slagen *échouer* (**voor** *à*); INFORM. *être recalé* ★ laten ~ *coller*

zakkenrollen *pratiquer le vol à la tire*

zakkenroller *pickpocket* m; *voleur* m *à la tire*

zakkenvuller *profiteur* m [v: *profiteuse*]

zaklantaarn *lampe* v *de poche*; *torche* v

zaklopen *faire une course en sac*

zakmes *canif* m

zaktelefoon *(téléphone* m*) portable* m

zalf *crème* v; *pommade* v; *onguent* m

zalig **I** BNW • heerlijk *délicieux* [v: *délicieuse*]; *divin*; *sublime* • gelukzalig *bienheureux* [v: *bienheureuse*] ★ een ~ Nieuwjaar *une bonne et heureuse année* ★ ~! *chic!*; *chouette!* ★ ~ verklaren ⟨religie⟩ *béatifier* ★ zich ~ voelen *être comblé* **II** BIJW heerlijk *divinement*

zaliger *feu* ★ mijn moeder ~ *feu ma mère*

zaligheid • hoogste geluk *félicité* v; REL. *béatitude* v; REL. *salut* m ★ de eeuwige ~ *le salut éternel* • iets heerlijks *délice* m

zaligmakend *qui assure le salut*; *béatifique*

zaligverklaring *béatification* v

zalm *saumon* m

zalmforel *truite* v *saumonée*

zalmkleurig *saumon* [onv]

zalmsalade *salade* v *de saumon*

zalven • met zalf bestrijken *oindre* • wijden ★ tot koning ~ *sacrer roi*

zalvend *onctueux* [v: *onctueuse*]

Zambia *la Zambie* ★ in ~ *en Zambie*

zand *sable* m ▾ zand erover! *on passe l'éponge!*; *n'en parlons plus!* ▾ iem. zand in de ogen strooien *jeter de la poudre aux yeux de qn* ▾ in het zand bijten *mordre la poussière* ▾ als los zand aan elkaar hangen *être décousu*; *n'avoir ni queue ni tête*

zandafgraving *sablière* v; *carrière* v *de sable*

zandbak *bac* m *à sable*

zandbank *banc* m *de sable*

zanderig *sableux* [v: *sableuse*]; *sablonneux* [v: *sablonneuse*]

zandgebak *sablé* m

zandgeel *(couleur de) sable* [onver.]

zandgrond *terrain* m *sablonneux* ★ ⟨gebied⟩ ~en *sables* m mv

zandkasteel *château* m *de sable*

zandloper *sablier* m

zandpad *sentier* m/*chemin* m *sablonneux*

zandsteen *grès* m

zandstorm *tempête* v *de sable*

zandstralen *sabler*

zandstrand *plage* v *de sable*

zandverstuiving *sables* m mv *mouvants*

zandvlakte *sables* m mv

zandzak *sac* m *de sable*

zang *chant* m

zangbundel *recueil* m *de chants*

zanger *chanteur* m [v: *chanteuse*]; ⟨v. opera e.d.⟩ *cantatrice* v

zangerig **I** BNW *chantant*; *mélodieux* [v: *mélodieuse*] **II** BIJW *mélodieusement*

zangkoor *chœur* m

zangles *cours* m *de chant*

zanglijster *grive* v *(musicienne)*

zangstem *voix* v *(musicale)*

zangvereniging *chorale* v

zangvogel *oiseau* m *chanteur* [m mv: *oiseaux ...*]

zanik *rabâcheur* m [v: *rabâcheuse*]

zaniken *rabâcher* ⋆ over iets ~ *rabâcher qc* ⋆ tegen iem. ~ om *casser les pieds à qn pour*

zappen *zapper*

zat **I** BNW • verzadigd *rassasié* ⋆ zich zat eten *manger à sa faim* • beu ⋆ iets zat zijn *en avoir assez de qc*; INFORM. *en avoir marre de qc* • dronken *soûl* **II** BIJW in overvloed *plus qu'il n'en faut*; *largement assez*

zaterdag *samedi* m ⋆ 's ~s *le samedi* ⋆ Stille Zaterdag *le samedi saint*

zaterdagavond *samedi* m *soir*

zaterdagmiddag *samedi* m *après-midi*

zaterdagmorgen, zaterdagochtend *samedi* m *matin*

zaterdagnacht *samedi* m *nuit*

zaterdags **I** BNW *du samedi* **II** BIJW *le samedi*

zatlap *soûlard* m

ze • onderwerp ⟨v ev⟩ *elle*; ⟨m mv⟩ *ils*; ⟨v mv⟩ *elles* • onbepaald voornaamwoord *on* ⋆ ze zeggen *on dit* • lijdend voorwerp ⟨ev⟩ *la*; ⟨mv⟩ *les* • meewerkend voorwerp *leur*

zebra *zèbre* m

zebrapad *passage* m *clouté*; *passage* m *(pour) piétons*

zede • zedelijk gedrag ⋆ zeden *mœurs* v mv ⋆ strijdig met de goede zeden *contraire aux bonnes mœurs* • gewoonte *coutume* v; *usage* m ⋆ zeden en gewoonten *us et coutumes*

zedelijk *moral* [m mv: *moraux*]

zedelijkheid *moralité* v

zedeloos *immoral* [m mv: *immoraux*]

zedendelict *attentat* m *aux mœurs*

zedendelinquent ≈ *auteur* m *d'un attentat aux mœurs*

zedenleer *morale* v; *éthique* v

zedenmeester *moralisateur* m [v: *moralisatrice*]

zedenmisdrijf *attentat/outrage* m *à la pudeur*

zedenpolitie ≈ *brigade* v *des mœurs*

zedenpreek *sermon* m

zedenschandaal *affaire* v *de mœurs*

zedenwet *loi* v *morale*

zedig **I** BNW *décent*; *pudique* **II** BIJW *avec décence*

zee • zoutwatermassa *mer* v ⋆ hoge zee *grosse mer* ⋆ holle zee *mer* v *creuse / houleuse* ⋆ aan zee *au bord de la mer* ⋆ in open/volle zee *en pleine mer*; *au large* ⋆ over zee *par mer*; *par voie maritime* ⋆ zee kiezen *prendre la mer* ⋆ Ionische Zee *mer* v *Ionienne* ⋆ Rode Zee *mer* v *Rouge* • grote hoeveelheid *flot* m; *mer* v ⋆ een zee van woorden *un flot de paroles* ⋆ een zee van vuur *une mer de feu* ⋆ zeeën van tijd *un océan de temps* ▾ in zee gaan met iem. *faire affaire avec qn* ▾ geen zee gaat hem te hoog *il ne recule devant rien* ▾ recht door zee gaan *aller droit au but*

zeeaal *congre* m

zeeanemoon *anémone* v *de mer*

zeearend *pygargue* m; *aigle* m *de mer*; *orfraie* v

zeearm *bras* m *de mer*

zeebaars *bar* m

zeebanket *fruits* m mv *de mer*

zeebenen ⋆ ~ hebben *avoir le pied marin*

zeebeving *séisme* m *sous-marin*

zeebodem *fond* m *de la mer*

zeebonk *loup* m *de mer*

zeeduivel *lotte* v *de mer*; *baudroie* v

zee-egel *oursin* m

zee-engte *détroit* m

zeef ⟨grof⟩ *crible* m; ⟨fijn⟩ *tamis* m; ⟨in de keuken⟩ *passoire* v

zeefauna *faune* v *maritime*

zeefdruk *sérigraphie* v

zeegang *houle* v

zeegat *chenal* m [mv: *chenaux*]; *passe* v

zeegevecht *combat* m *naval*

zeegezicht • uitzicht *vue* v *sur la mer* • schilderij *marine* v

zeegras *zostère* v

zeegroen *vert de mer* [onv]; *glauque*

zeehaven *port* m *maritime*

zeehond *phoque* m

zeehoofd *jetée* v; *môle* m

zeekaart *carte* v *marine*

zeeklimaat *climat* m *maritime*

zeekoe *vache* v *marine*; *lamentin* m

zeekreeft *homard* m

zeeleeuw *otarie* v; *lion* m *de mer*

zeelieden *marins* m mv

zeelucht *air* m *de la mer*

zeem **I** ZN [de] *peau* v *de chamois* **II** ZN [het] *chamois* m

zeemacht *forces* v mv *navales* [mv]

zeeman *marin* m

zeemeermin *sirène* v

zeemeeuw *mouette* v ⋆ de grote ~ *le goéland*

zeemijl *mille* m *(marin)*

zeemlap *peau* v *de chamois*

zeemleren *en peau de chamois*

zeemogendheid *puissance* v *maritime*

zeen *tendon* m; *nerf* m

zeeniveau *niveau* m *de la mer*

zeeolifant *éléphant* m *de mer*

zeeoorlog *guerre* v *navale*

zeep *savon* m ⋆ groene zeep *savon noir* ⋆ een zeepje *une savonnette* ▾ iem. om zeep helpen *trucider qn* ▾ iets om zeep helpen *bousiller qc*

zeepaardje *hippocampe* m

zeepbakje *porte-savon* m [mv: *porte-savon(s)*]

zeepbel *bulle* v *de savon*; FIG. *bulle* v

zeepdoos *boîte* v *à savon*

zeepkist *caisse* v *à savon*
zeeppoeder *savon* m *en poudre*
zeepsop *eau* v *savonneuse*
zeer I BIJW *très*; *fort*; *beaucoup* ★ (maar al) te zeer *(que) trop* **II** BNW *qui fait mal*; *douloureux* [v: *douloureuse*] ★ zeer doen *faire mal* **III** ZN [het] pijn *mal* m; *douleur* v; JEUGDT. *bobo* m ★ oud zeer doen herleven *rouvrir une plaie*
zeeramp *catastrophe* v *maritime*
zeerecht *droit* m *maritime*
zeereis *voyage* m *par mer*; *traversée* v
zeerob • dier *phoque* m • persoon *loup* m *de mer*
zeerover *pirate* m; *corsaire* m
zeerst ★ ten ~e *infiniment*; *extrêmement*
zeeschip *navire* m
zeeschuimer *pirate* m; *écumeur* m *(de mer)*
zeeslag *bataille* v *navale*
zeeslang *serpent* m *marin*
zeesleper *remorqueur* m *de haute mer*
zeespiegel *niveau* m *de la mer*
zeester *étoile* v *de mer*
zeestraat *détroit* m
zeestroming *courant* m *marin/maritime*
zeevaarder *marin* m; *navigateur* m
zeevaart *navigation* v *(maritime)*
zeevaartschool *école* v *de navigation*
zeevarend *navigateur* [v: *navigatrice*]
zeeverkenner *scout* m *marin*
zeevis *poisson* m *de mer*
zeevisserij *pêche* v *en mer*
zeevruchten *fruits* m mv *de mer*
zeewaardig *en état de naviguer*; *qui tient la mer*
zeewaarts *vers la mer*
zeewater *eau* v *de mer*
zeeweg *voie* v *maritime*
zeewering *digue* v; *ouvrage* m *de défense contre la mer*
zeewezen *marine* v
zeewier *algue* v *marine*
zeewind *vent* m *de mer*; *vent* m *du large*
zeezeilen *faire de la voile en mer*
zeeziek ★ ~ zijn *avoir le mal de mer*
zeeziekte *mal* m *de mer*
zeezout *sel* m *marin*
zege *victoire* v; *triomphe* m ★ de zege behalen op *remporter la victoire sur*
zegekrans *couronne* v *triomphale*
zegel I ZN [de] plakzegel *timbre* m **II** ZN [het] zegelafdruk *cachet* m; *sceau* m [mv: *sceaux*]; JUR. ⟨bij beslag⟩ *scellés* m mv ★ de ~s verbreken *lever les scellés*
zegelring *chevalière* v
zegen • REL. *bénédiction* v • weldaad *bienfait* m ▾ zijn ~ eraan geven *donner son aval* ▾ er rust geen ~ op *c'est maudit*
zegenen • REL. de zegen geven *bénir* ★ God zegene u *(que) Dieu vous bénisse* • begunstigen *bénir* ★ gezegend zijn met *jouir de*; *être doté de*; *être doué de*
zegening • godsgave *bénédiction* v • zegen *bienfait* m
zegenrijk *bienfaisant*; *heureux* [v: *heureuse*]
zegepalm *palme* v
zegepraal • triomf *triomphe* m • overwinning *victoire* v
zegeteken *trophée* m
zegetocht *marche* v *triomphale*; *triomphe* m
zegevieren *triompher* ★ ~ over *triompher de*; *vaincre*
zeggen I OV WW • meedelen *dire* ★ beter gezegd *pour mieux dire* ★ eerlijk gezegd *à vrai dire* ★ onder ons gezegd *soit dit entre nous* ★ naar men zegt *à ce qu'on dit* ★ dat zegt men niet *cela ne se dit pas* ★ dat kan ik u niet ~ *je ne saurais vous le dire* ★ bij zichzelf ~ *se dire* ★ dat moet gezegd *il faut dire ce qui est* ★ je hoeft het maar te ~ *tu n'as qu'à (le) dire* ★ zegge 200 euro *soit deux cent euros* ★ wat ik ~ wil ... *à propos* ★ om zo te ~ *pour ainsi dire* ★ op alles wat te ~ hebben *trouver à redire à tout* ★ daar is niets tegen te ~ *il n'y a rien à redire (à cela)* ★ daar is alles voor te ~ *il y a tout pour* ★ laat je dat gezegd zijn *tiens-le-toi pour dit* ★ zoals men zegt *comme dit l'autre* ★ daar valt iets voor te ~ *ça se défend* ★ wie zal het ~? *qui sait?*; *va savoir!* ★ laten we ~ *disons* ★ al zeg ik het zelf *sans me vanter* ★ wat je zegt ben je zelf! *toi-même!* • beduiden *dire* ★ dat wil ~ *c'est-à-dire* ★ dat wil dus ~ dat ... *cela veut donc dire que...* ★ dat zegt niets *cela ne prouve rien* ★ dat zegt me niets *cela ne me dit rien* ★ dat wil zo veel ~ als dat *cela revient à dire que* ★ dat zegt genoeg *cela en dit long* • oordelen *dire* ★ zeg nou zelf! *vrai ou faux?*; *tu vois bien!* ★ je zou ~ dat het suiker was *on dirait du sucre* • aanmerken *dire* • bevelen *dire* ★ jij hebt hier niets te ~ *tu n'as pas d'ordres à donner ici* ▾ zeg (eens) *dites (donc)* ▾ zegge en schrijve *en toutes lettres*; ⟨al met al⟩ *en tout* ▾ zo gezegd, zo gedaan *aussitôt dit, aussitôt fait* ▾ ~ en doen zijn twee *il y a loin du dire au faire* ▾ eens gezegd, blijft gezegd *ce qui est dit est dit* ▾ zeg dat wel! *tu l'as dit!*; *c'est le cas de le dire!* **II** ZN [het] • *dires* m mv ★ naar/volgens zijn ~ *à ce qu'il dit*; *selon ses dires* ★ naar het ~ van *au(x) dire(s) de* • bevel ★ ik heb het hier voor het ~ *c'est moi qui commande!*
zeggenschap *pouvoir* m ★ ~ over iets hebben *avoir son mot à dire sur qc*; *avoir voix au chapitre*
zeggingskracht *éloquence* v
zegje ▾ zijn ~ zeggen/doen *placer son mot*
zegsman *informateur* m [v: *informatrice*] ★ wie is uw ~? *de qui tenez-vous cela?*
zegswijze *locution* v; *expression* v
zeiken • plassen *pisser* • zeuren *emmerder (le monde)* ★ zeik niet zo! *tu me les casses!*; *tu me fais chier!*
zeikerd *emmerdeur* m [v: *emmerdeuse*]
zeiknat *trempé comme une soupe*
zeil I ZN [het] SCHEEPV. *voile* v ▾ onder zeil gaan *s'endormir* ▾ alle zeilen bijzetten *mettre toutes voiles dehors* **II** ZN [het] • dekzeil *bâche* v • vloerbedekking *linoléum* m
zeilboot *bateau* m *à voiles* [m mv: *bateaux ...*]; ⟨groot⟩ *voilier* m
zeildoek *toile* v *cirée*; ⟨v. boot⟩ *toile* v
zeilen • varen *naviguer*; *faire voile*; ⟨als sport⟩ *faire de la voile* • vliegen *voler*; *filer*
zeiler ⟨plezziervaarder⟩ *plaisancier* m

zeiljacht *voilier* m
zeilkamp *stage* m *de voile*
zeilmaker *voilier* m
zeilplank *planche* v *à voile*
zeilschip *navire* m *à voiles*; *voilier* m
zeilschool *école* v *de voile*
zeilsport *voile* v; *yachting* m
zeilvliegen *deltaplane* m; ⟨parapente⟩ *parapente* m
zeilwagen *char* m *à voile*
zeilwedstrijd *régate(s)* v (mv)
zeis *faux* v
zeker I BNW • veilig *sûr* • vaststaand *certain* ⋆ zoveel is ~ dat *toujours est-il que* ⋆ zo ~ als wat *sûr et certain* ⋆ dat is lang niet ~ *rien n'est moins sûr* • overtuigd *certain*; *sûr*; *assuré* ⋆ ik ben er ~ van *j'en suis sûr* ⋆ ~ van zichzelf *sûr de soi* ▾ het ~e voor het on~e nemen *prendre ses précautions*; *éviter les mauvaises surprises* **II** BIJW stellig *certainement*; ⟨denkelijk⟩ *sans doute* ⋆ dat is ~ niet gemakkelijk *ce ne doit pas être facile* ▾ ~ weten! *pour sûr!* **III** ONB VNW niet nader genoemd *certain* ⋆ een ~e De Vries *un certain De Vries*; *un nommé De Vries* ⋆ een ~ iem. *la personne que vous savez*; *quelqu'un* ⋆ een ~ iets *un je ne sais quoi* ⋆ in ~e zin *en quelque sorte*
zekeren ⟨borgen⟩ *verrouiller*
zekerheid • het zeker zijn *certitude* v; ⟨v. toon⟩ *assurance* v • veiligheid *sécurité* v; *sûreté* v ⋆ de sociale ~ *la sécurité sociale* • waarborg *garantie* v; *caution* v ▾ voor alle ~ *à tout hasard*; *pour plus de sûreté*; *par précaution*
zekerheidshalve *pour plus de sûreté*
zekering *fusible* m; *plomb* m
zekeringskast *boîte* v *à fusibles*; *boîte* v *de coupe-circuits*
zelden *rarement*; *peu* ⋆ niet ~ *souvent* ⋆ ~ of nooit *rarement ou pas du tout* ⋆ het komt ~ voor dat *il est rare que* [+subj.]
zeldzaam I BNW schaars *rare* ⋆ ~ worden *se faire rare* ⋆ hoogst ~ *rarissime* **II** BIJW • zelden *rarement* • uitzonderlijk *remarquablement*
zeldzaamheid • het zeldzaam zijn *rareté* v • iets zeldzaams *rareté* v
zelf *même* ⋆ jij zelf *toi-même* ⋆ de directeur zelf *le directeur en personne* ⋆ het boek zelf *le livre en lui-même* ⋆ de hoffelijkheid zelf *la courtoisie même*; *la courtoisie en personne* ⋆ zelf zien *voir par soi-même* ⋆ zij doet het zelf *elle le fait elle-même*; *elle le fait toute seule* ⋆ gemakkelijk zelf te leggen *facile à poser soi-même* ⋆ zij hebben het zelf gedaan *ils l'ont fait eux-mêmes*
zelfanalyse *introspection* v
zelfbediening *libre-service* m; ⟨restaurant, winkel⟩ *self(-service)* m
zelfbedrog *illusion* v
zelfbeeld *image* v *de soi(-même)*
zelfbeheersing *maîtrise* v *de soi* ⋆ zijn ~ verliezen *perdre son sang-froid*; *perdre son contrôle* ⋆ ~ tonen *se maîtriser* ⋆ zijn ~ terugvinden *se reprendre*
zelfbehoud ⋆ drang tot ~ *l'instinct de conservation* m ⋆ uit ~ *pour sauver sa peau*
zelfbeklag *apitoiement* m *sur soi-même*
zelfbeschikkingsrecht *droit* m *d'autodétermination*
zelfbestuiving *autofécondation* v
zelfbestuur *autonomie* v
zelfbevrediging *masturbation* v
zelfbewust I BNW • bewust van zichzelf *assuré*; *sûr de soi* • zelfverzekerd *assuré*; *sûr de soi* **II** BIJW *avec assurance*
zelfbewustzijn *conscience* v *(de soi)*
zelfcensuur *autocensure* v
zelfde *même*
zelfdiscipline *autodiscipline* v
zelfdoding *mort* v *volontaire*; *suicide* m
zelfgekozen *de son choix*
zelfgemaakt *(fait) maison*
zelfgenoegzaam *suffisant*
zelfhulp *effort* m *personnel*; INFORM. *débrouille* v
zelfhulpgroep *groupe* m *d'entraide*
zelfingenomen *prétentieux* [v: *prétentieuse*]; *présomptueux* [v: *présomptueuse*]
zelfkant • buitenkant van stof *lisière* v • dubieus grensgebied *marge* v ⋆ aan de ~ van de samenleving *en marge de la société*
zelfkastijding *mortification* v
zelfkennis *connaissance* v *de soi*
zelfklevend *autoadhésif* [v: *autoadhésive*]; *autocollant*
zelfkritiek *autocritique* v
zelfmedelijden *apitoiement* m *sur soi-même*
zelfmoord *suicide* m ⋆ ~ plegen *se suicider*
zelfmoordactie *opération* v *kamikaze/suicide*; *Selbstmordaktion* v
zelfmoordenaar *suicidé* m [v: *suicidée*]
zelfmoordneiging *tendance* v *suicidaire*
zelfmoordpoging *tentative* v *de suicide*
zelfontbranding *combustion* v *spontanée*
zelfontplooiing *épanouissement* m
zelfontspanner *déclencheur* m *automatique*
zelfontsteking *autoallumage* m
zelfopoffering *sacrifice* m; *abnégation* v
zelfoverschatting *présomption* v
zelfoverwinning *victoire* v *sur soi-même*
zelfportret *autoportrait* m
zelfredzaam *autonome*; INFORM. *débrouillard* ⋆ ~ zijn *s'assurer*
zelfredzaamheid *autonomie* v *(sociale)*
zelfreinigend *autonettoyant*
zelfrespect *amour-propre* m
zelfrijzend *levant*; *fermentant*
zelfs *même* ⋆ ~ als *même si* ⋆ ja ~ *et même*
zelfspot *autodérision* v
zelfstandig I BNW *indépendant*; *autonome* **II** BIJW *de façon autonome*; *librement*; *par soi-même*
zelfstandige ▾ kleine ~ *travailleur* m *indépendant*; ⟨middenstander⟩ *petit commerçant* m
zelfstandigheid *indépendance* v; *autonomie* v
zelfstudie *formation* v *d'autodidacte*; *travail* m *individuel*
zelfverdediging *autodéfense* v; ⟨noodweer⟩ *légitime défense* v
zelfverloochening *abnégation* v
zelfvernietiging *autodestruction* v
zelfvertrouwen *confiance* v *(en soi)*; *assurance* v

★ vol ~ zijn *être sûr de soi*
zelfverwijt *remords* m ev of m mv
zelfverzekerd *sûr de soi*; *plein d'assurance*
zelfvoldaan *satisfait de soi-même*
zelfvoorziening *autosuffisance* v; *autarcie* v
zelfwerkzaamheid *effort* m *personnel*
zelfzucht *égoïsme* m
zelfzuchtig *égoïste*
zelve • → **zelf**
zemel ★ ~en *son* m
zemelaar *radoteur* m [v: *radoteuse*]
zemelen *radoter*
zemen I BNW *en peau de chamois* **II** OV WW *nettoyer/frotter avec une peau de chamois*
zen *zen* m
zenboeddhisme *bouddhisme* m *zen*
zendamateur *radioamateur* m; ⟨bakkenist⟩ *cibiste* m
zendapparatuur *(poste* m*) émetteur* m
zendeling *missionnaire* m/v
zenden *envoyer*; *expédier*
zender *(poste* m*) émetteur* m
zendgemachtigde ≈ *titulaire* m *d'une (radio)fréquence*
zending • het zenden *envoi* m; *expédition* v • het gezondene *envoi* m • REL. missie *mission* v
zendingswerk *œuvre* v *missionnaire*
zendinstallatie *(poste* m*) émetteur* m
zendmast *pylone* m *d'antenne*
zendpiraat *émetteur* m*/station* v *pirate*
zendstation ⟨radiozender⟩ *station* v; *(poste* m*) émetteur* m; ⟨tv-net⟩ *chaîne* v
zendtijd *temps* m *d'antenne*; ⟨beschikbare tijd⟩ *créneau* m [mv: *créneaux*]
zendvergunning *autorisation* v *d'émettre*
zengen I OV WW schroeien *flamber* **II** ON WW verschroeien *roussir*
zenit *zénith* m
zenuw • zenuwvezel *nerf* m • gesteldheid *nerfs* m mv ★ dat werkt op m'n ~en *c'est énervant*; INFORM. *ça me tape sur le système* ★ het op zijn ~en krijgen *piquer un crise de nerfs* ★ zijn ~en begaven het *il a craqué* ★ op zijn van de ~en *être à bout de nerfs*
zenuwaandoening *affection* v *nerveuse*
zenuwachtig I BNW *nerveux* [v: *nerveuse*] ★ dat maakt hem ~ *cela lui porte sur les nerfs* **II** BIJW *nerveusement*
zenuwarts *neurologue* m/v
zenuwbehandeling ★ een ~ geven *dévitaliser*
zenuwcel *neurone* m
zenuwcentrum *centre* m *nerveux*
zenuwenoorlog *guerre* v *des nerfs*
zenuwgas *cyanogène* m
zenuwgestel *système* m *nerveux*
zenuwinzinking *dépression* v *nerveuse*
zenuwlijder • zenuwpatiënt *névrosé* m [v: *névrosée*] • zenuwachtig persoon *nerveux* m [v: *nerveuse*]; MIN. *conard*
zenuwontsteking *névrite* v
zenuwpees *paquet* m *de nerfs*
zenuwpijn *névralgie* v
zenuwslopend *exaspérant*
zenuwstelsel *système* m *nerveux*
zenuwtoeval *crise* v *de nerfs*
zenuwtrekje *tic* m *nerveux*; *manie* v
zenuwweefsel *tissu* m *nerveux*
zenuwziek *névropathe*
zenuwziekte *névrose* v
zepen *savonner*
zeperd *bide* m
zeppelin *zeppelin* m
zerk *pierre* v *tombale*
zes I TELW • *six* • → **acht II** ZN [de] getal *six* m ▾ van zessen klaar zijn *être futé*
zesdaags *de six jours*
zesde • *sixième* ★ ten ~ *sixièmement* ★ Karel de Zesde *Charles Six* • → **achtste**
zeshoek *hexagone* m
zestien • *seize* • → **acht**
zestiende • *seizième* • → **achtste**
zestig • *soixante* • → **acht**
zestiger *sexagénaire* m/v
zestigste • *soixantième* • → **achtste**
zet • duw *coup* m ★ iem. een zetje geven *pousser quelqu' un* • zet in spel *coup* m ★ wit is aan zet *c'est aux Blancs de jouer* ★ een zet doen *jouer un coup* • daad ★ een domme zet *une gaffe*
zetbaas • leidinggevende *gérant* m • stroman *homme* m *de paille*
zetel • zitplaats *siège* m • vestigingsplaats *siège* m • POL. *siège* m
zetelen OOK FIG. *siéger*; *avoir son siège*
zetelverdeling *répartition* v *des sièges*
zetelwinst *gain* m *en nombre de sièges*
zetfout *faute* v *typographique*; *coquille* v
zetmachine *machine* v *à composer*
zetmeel *amidon* m; *fécule* v
zetpil *suppositoire* m
zetsel *composition* v
zetspiegel *surface* v *de composition*
zetten I OV WW • plaatsen *mettre*; *poser*; *placer* ★ aan de mond ~ *porter à la bouche*; *emboucher* ★ iets in elkaar ~ OOK FIG. *monter qc* ★ een diamant ~ *sertir un diamant* ★ iets ~ tegen *appuyer qc contre* ★ in de zon ~ *exposer au soleil* ★ een artikel in de krant laten ~ *passer/faire insérer un article dans le journal* ★ zijn geld ~ op ⟨verwedden⟩ *mettre/miser son argent sur* ★ iem. eruit ~ *expulser qn* ★ iem. aan het werk ~ *mettre qn au travail* ★ zich aan/tot iets ~ *s'y mettre* ★ het op een huilen ~ *se mettre à pleurer* ★ iets hoger/lager ~ *monter/baisser qc* • bereiden ★ thee ~ *faire du thé* • een zet doen *jouer (un coup)* • arrangeren *arranger* ★ iets op muziek ~ *mettre qc en musique* • gereedmaken voor druk *composer* • MED. *réduire* ▾ iem. niet kunnen ~ *ne pas pouvoir sentir qn* **II** WKD WW [+ zich] *asseoir*
zetter *compositeur* m [v: *sertisseuse*]
zetterij *atelier* m *de composition*
zetwerk *composition* v
zeug *truie* v
zeulen *traîner* ★ ~ met *traîner*; INFORM. *trimbal(l)er*
zeur *scie* v; *raseur* m [v: *raseuse*]; *casse-pieds* m/v [onv.]
zeurderig *rasant*; ⟨dreinerig⟩ *geignard*
zeuren *rabâcher*; *radoter*; *être rasant* ★ zeur

niet zo! *tu me casses les pieds!*
zeurkous, zeurpiet *geignard* m [v: *geignarde*]; *rabâcheur* m [v: *rabâcheuse*]
zeven I TELW • *sept* • → **acht II** ZN [de] getal *sept* m **III** OV WW *tamiser*; ⟨in de keuken⟩ *passer (au tamis)*
zevende • *septième* ⋆ ten ~ *septièmement* • → **achtste**
zevenklapper ≈ *pétard* m
zeventien • *dix-sept* • → **acht**
zeventiende • *dix-septième* • → **achtste**
zeventig • *soixante-dix*; BELG. *septante* ⋆ eenen~ *soixante et onze* • → **acht**
zeventiger *septuagénaire* m/v
zeventigste • *soixante-dixième* • → **achtste**
zeveren *radoter*
zich ⟨3e persoon⟩ *se*; ⟨3e persoon, beklemtoond⟩ *soi*; ⟨2e persoon, beleefdheidsvorm⟩ *vous* ⋆ zich wassen *se laver* ⋆ iets bij zich hebben *avoir qc sur soi* ⋆ zich amuseren *s'amuser* ▾ op zich *en soi*
zicht • gezichtsveld *vue* v ⋆ in ~ komen *(ap)paraître* ⋆ in ~ krijgen *apercevoir*; *repérer* ⋆ in ~ *en vue* ⋆ uit het ~ *hors de vue* ⋆ het einde is in ~ *la fin est proche* • zichtbaarheid *visibilité* v ⋆ het ~ belemmeren *couper la vue* ⋆ geen/beperkt ~ *visibilité nulle/réduite* • inzicht *idées* v mv ⋆ daar heb ik geen ~ op *je ne m'y connais pas* • beoordeling *vue* v ⋆ op ~ *à vue*
zichtbaar I BNW • te zien *visible* ⋆ ~ worden *(ap)paraître* • merkbaar *évident*; *manifeste*; *sensible* **II** BIJW *visiblement*
zichtzending *envoi* m *à l'essai*
zichzelf ⟨met wederkerend ww.⟩ *se*; *soi-même* ⋆ ~ ontzien *se ménager* ⋆ bij (in) ~ zeggen *se dire (tout bas)* ⋆ op ~ *en soi* ⋆ uit ~ *spontanément*; *par lui-même* ⋆ op ~ staand *isolé* ⋆ voor ~ beginnen *se mettre à son compte* ⋆ tot ~ komen *se ressaisir*; *reprendre ses esprits* ⋆ in ~ praten *parler tout seul* ⋆ buiten ~ *hors de soi* ⋆ op ~ gaan wonen *s'installer* ⋆ op ~ zijn ⟨eenzelvig⟩ *être sauvage* ⋆ ~ blijven *rester (égal à) soi-même* ⋆ zij is niet meer ~ *elle n'est plus elle-même*
ziedaar *voilà*
zieden I OV WW laten koken *faire bouillir* **II** ON WW koken *bouillir*
ziedend ⋆ ~ zijn *être furibond*
ziehier *voici*
ziek *malade*; FIG. *malsain*; *morbide* ⋆ zich ziek melden *se (faire) porter malade*; INFORM. *se porter pâle* ⋆ ziek worden *tomber malade*
ziekbed • bed van een zieke *chevet* m *du malade* ⋆ bij het ~ *au chevet du malade* • ziekte *maladie* v ⋆ na een langdurig ~ *après une longue maladie*
zieke *malade* m/v; *patient* m [v: *patiente*]
ziekelijk • telkens ziek *maladif* [v: *maladive*] • abnormaal *malsain*; ⟨macaber⟩ *morbide*
zieken *être enquiquinant*; *embêter le monde*
ziekenauto *ambulance* v
ziekenbezoek *visite* v *(à domicile)*
ziekenboeg *infirmerie* v
ziekenfonds *caisse* v *d'assurance maladie*; ⟨verplicht⟩ *(caisse* v *de) Sécurité* v *sociale*
ziekenfondsbril ≈ *besicles* v mv
ziekenfondspatiënt *assuré* m *social* [mv: *assurés sociaux*]
ziekenfondspremie *cotisation* v *à l'assurance maladie*
ziekengeld *indemnité* v *de maladie*
ziekenhuis *hôpital* m [mv: *hôpitaux*] ⋆ in het ~ liggen *être hospitalier*
ziekenhuisopname *hospitalisation* v
ziekenverpleger *infirmier* m [v: *infirmière*]
ziekenverzorger *aide* m *soignant* [v: *aide soignante*]
ziekenwagen *ambulance* v
ziekenzaal *salle* v *de malades*
ziekenzorg *soins* m mv *dispensés aux malades*
ziekjes *un peu malade*; *patraque*; *mal fichu*
ziekmakend *dégoûtant*; *répugnant*
ziekmelding ≈ *arrêt* m *de travail*
ziekte *maladie* v ⋆ een ~ oplopen *attraper une maladie* ⋆ aan een ~ lijden *souffrir d'une maladie* ⋆ een ~ onder de leden hebben *couver une maladie* ⋆ wegens ~ *pour cause de maladie* ⋆ ~ van Pfeiffer *mononucléose* v *infectieuse* ⋆ Engelse ~ *rachitisme* m ⋆ ~ van Lyme *maladie* v *de Lyme* ⋆ ~ van Creutzfeldt-Jakob *maladie* v *de Creutzfeld-Jakob* ⋆ ~ van Hodgkin *maladie de Hodgkin*
ziektebeeld *syndrome* m
ziektegeschiedenis *antécédents* m mv
ziektekiem *germe* m *pathogène*
ziektekosten *frais* m mv *médicaux* [mv]
ziektekostenverzekering *assurance* v *maladie*
ziekteverlof *congé-maladie* m; *arrêt* m *de travail*
ziekteverschijnsel *symptôme* m
ziekteverwekkend *pathogène*
ziekteverzuim *absentéisme* m *(par maladie)*
ziektewet ▾ in de ~ lopen ≈ *être en arrêt-maladie*
ziel • geest *âme* v ⋆ zijn ziel blootleggen *s'épancher* • persoon *âme* v ⋆ er was geen levende ziel *il n'y avait pas âme qui vive*; *il n'y avait pas un chat* ⋆ arme ziel! *le/la pauvre!* ⋆ verwante ziel *âme* v *sœur* ▾ met zijn ziel onder de arm lopen *tourner en rond*; *être comme une âme en peine* ▾ ter ziele gaan *rendre l'âme* ▾ op zijn ziel getrapt *piqué au vif* ▾ hoe meer zielen, hoe meer vreugd *plus on est de fous, plus on rit* ▾ op zijn ziel krijgen *prendre une raclée* ▾ met zijn ziel en zaligheid *corps et âme* ▾ twee zielen, één gedachte *les grands esprits se rencontrent*
zielenheil *salut* m *de l'âme*
zielenpoot *pauvre type* m
zielenroerselen *mouvements* m mv *de l'âme* [mv]
zielenrust *paix* v; *sérénité* v
zielig I BNW *triste*; *malheureux* [v: *malheureuse*]; *misérable* **II** BIJW *à faire pitié*
zielloos • *sans âme* • levenloos *inanimé*
zielsbedroefd *profondément affligé*
zielsgelukkig *ravi*; *comblé*
zielsgraag *de tout son cœur*
zielsveel *de tout son cœur*
zielsverwant *âme* v *sœur*

zieltogen *agoniser; être à l'agonie* ★ ~d *agonisant; moribond*
zielzorg *travail* m *pastoral*
zien I OV WW • waarnemen ⟨opmerken⟩ *apercevoir; remarquer; voir*; ⟨onderscheiden⟩ *distinguer; repérer* ★ te zien zijn *être visible; se voir* ★ laten zien *montrer; faire voir* ★ hij ziet niets *il ne voit rien* ★ dat is niet meer te zien *cela ne se voit plus* ★ iets laten zien *montrer qc* ★ zich laten zien *se montrer; faire une apparition* ★ dat kun je niet aan hem zien *il n'en a pas l'air* ★ ik zie me al! *je m'y vois!* • bezien *voir* ★ dan zul je eens wat zien *tu vas voir (ce que tu vas voir)* • inzien *voir* • proberen *tâcher* ★ je moet zien te slagen *il faut tâcher de réussir* • mogen ★ BELG. ik zie hem graag *je l'aime beaucoup* ▾ tot ziens *au revoir* ▾ hij ziet het niet meer zitten *il ne sait plus où il en est; il a le moral à zéro* ▾ graag zien dat *aimer que* ▾ ik zou graag zien dat u mijn brief snel beantwoordt *j'aimerais que vous répondiez bientôt à ma lettre* ▾ met eigen ogen zien *voir de ses propres yeux* ▾ iem. niet kunnen zien *ne pouvoir sentir qn* ▾ ik zie je liever gaan dan komen *moins je te vois, mieux je me porte* **II** ON WW • kunnen zien *voir* ★ goed/slecht zien *avoir une bonne/mauvaise vue* ★ scherp zien *avoir la vue perçante* ★ laat eens zien *voyons voir* ★ kun je nog zien? *vous y voyez encore?* • eruitzien *avoir l'air de* ★ bleek zien *être pâle* • uitzicht geven *donner sur* ★ die kamer ziet op de tuin *cette chambre donne sur le jardin*
zienderogen *à vue d'œil; visiblement*
ziener *voyant* m [v: *voyante*]; ⟨profeet⟩ *prophète* m/v; FIG. *visionnaire* m/v
zienswijze *point* m *de vue; opinion* v
zier ★ geen zier *que dalle*
ziezo *voilà!; ça y est!* ★ ~, dat is klaar! *voilà qui est fait!; une bonne chose de faite!*
ziften I OV WW zeven *tamiser* **II** ON WW vitten *chicaner*
zigeuner *tzigane* m/v; *gitan* m [v: *gitane*]; INFORM. *romani* m/v; *rom* m
zigeunerbestaan *vie* v *de bohème*
zigeunerkamp *camp* m *de gitans*
zigeunerkoning *roi* m *tsigane*
zigeunerorkest *orchestre* m *tsigane*
zigzag *zigzag* m
zigzaggen *zigzaguer*
zij I ZN [de] • kant *côté* m; *flanc* m ★ zij aan zij *côte à côte; coude à coude* ★ de handen in de zij *les mains sur les hanches* • vrouwelijk wezen *fille* v; ⟨v. dier⟩ *femelle* v **II** PERS VNW • enkelvoud *elle* ★ zijzelf *elle-même* • meervoud *ils* [v mv: *elles*] ★ zij die *ceux qui*
zijaanzicht *vue* v *de côté*
zijde I ZN [de] zijkant *côté* m **II** ZN [de] stof *soie* v
zijdeachtig *soyeux* [v: *soyeuse*]
zijdeglans *brillant* m *de la soie*
zijdelings I BNW *latéral* [m mv: *latéraux*]; FIG. *indirect* ★ ~e blik *regard* m *en coin* **II** BIJW *de côté*; FIG. *indirectement*
zijden *de soie*
zijderups *ver* m *à soie*
zijdeur *porte* v *latérale*
zijgebouw *annexe* v; *aile* v
zijingang *entrée* v *latérale*
zijkamer *pièce* v *annexe*
zijkant *côté* m; ⟨v. schip, berg⟩ *flanc* m
zijligging *position* v *latérale*
zijlijn • vertakking *embranchement* m • SPORT *(ligne* v *de) touche* v
zijlinie *ligne* v *collatérale*
zijn I ON WW • bestaan *être; exister* ★ het kan zijn dat *il se peut que* [+ subj.] ★ hoe is het met hem? *comment va-t-il?* • zich bevinden *être* ★ er is *il y a* ★ er zijn *il y a* ★ daar zijn ze *les voilà* ★ zij zijn er *ils y sont; ils ont réussi* • leven *être; vivre* • plaatsvinden *y avoir; être* ★ er zal een optocht zijn *il y aura un défilé* ★ het was in 1960 *c'était en 1960* ★ wat is er? *qu'y a-t-il?* • **~ aan** *être en train de* + *inf.* ★ aan het werk zijn *être en train de travailler* • **~ van** *être à/de* ★ dat is van mij *c'est à moi; cela m'appartient* ★ dat beeld is van (gemaakt door) R. *cette statue est de R.* **II** HWW *être* ★ er zijn soldaten aangekomen *il est arrivé des soldats* ★ daar is niets van waar *il n'en est rien* **III** KWW • in hoedanigheid/toestand zijn *être*; ⟨weersgesteldheid⟩ *faire* ★ hij is het *c'est lui* ★ het is van hout *c'est en bois* ★ het is met hem als met mij *il en est de lui comme de moi* ★ twintig jaar zijn *avoir vingt ans* ★ het is koud/warm/mooi weer *il fait froid/chaud/beau* • **~ te** ★ het is niet te doen *c'est infaisable* **IV** BEZ VNW *son*; ⟨voor vrouwelijk zelfstandig nw. enkelvoud, niet bij klinker of stomme h⟩ *sa*; ⟨voor zelfstandig naamwoord meervoud⟩ *ses* ★ de/het zijne *le sien; la sienne* ★ zijn arm breken *se casser le bras* ★ een denkbeeld tot het zijne maken *faire sienne une idée* **V** ZN [het] *être* m; *existence* v
zijnerzijds *de son côté*
zijpad *sentier* m *de traverse* ▾ zich op een ~ begeven *s'égarer*
zijrivier *affluent* m
zijspan *side-car* m [mv: *side-cars*] ★ motor met ~ *side-car* m [m mv: *side-cars*]
zijspiegel *rétroviseur* m *extérieur*
zijspoor OOK FIG. *voie* v *de garage*
zijsprong OOK FIG. *écart* m
zijstraat *rue* v *latérale*
zijtak OOK FIG. *branche* v; ⟨v. rivier⟩ *bras* m
zijvleugel *aile* v; ⟨zijpaneel⟩ *volet* m
zijwaarts I BNW *de côté; latéral* [m mv: *latéraux*] **II** BIJW *de côté*
zijweg *chemin* m *de traverse*; FIG. *détour* m
zijwind *vent* m *de travers*
zilt *salin* ★ het zilte nat *les flots (amers)*
zilver • metaal *argent* m • zilverwerk *argenterie* v
zilverachtig *argenté*; ⟨v. geluid⟩ *argentin*
zilverberk *bouleau* m *verruqueux* [m mv: *bouleaux ...*]
zilveren • van zilver *d'argent; en argent* • als van zilver ⟨v. kleur⟩ *argenté*; ⟨v. geluid⟩ *argentin*
zilvergeld *pièces* v mv *en argent*
zilverkleurig *argenté*

zilvermeeuw *goéland* m *argenté*
zilverpapier *papier* m *d'argent*
zilverpopulier *peuplier* m *blanc*
zilverreiger *aigrette* v
zilversmid *orfèvre* m
zilveruitje ≈ *petit oignon* m *(en saumure)*
zilvervliesrijst *riz* m *complet*
zilvervos *renard* m *argenté*
zilverwerk *argenterie* v
Zimbabwe *le Zimbabwe* ★ in ~ *au Zimbabwe*
zin • TAALK. volzin *phrase* v • wil ⟨wens⟩ *goût (***in** *à)*; *envie* v *(***in** *de)* ★ zijn zin krijgen *avoir/obtenir ce qu'on veut*; IRON. *être servi* ★ iem. zijn zin geven *céder devant qn* ★ iemands zin doen *faire les volontés de qn* ★ zijn eigen zin doen *n'en faire qu'à sa tête*; *faire ses (quatre) volontés* ★ het iem. naar de zin maken *être aux petits soins pour qn* ★ is het naar uw zin? *ça vous plaît?* ★ tegen zijn zin *contre son gré* ★ zijn zinnen zetten op *jeter son dévolu sur* ★ ik heb er zin in *j'en ai envie*; *cela me dit*; *je suis tenté* ★ kwaad in de zin hebben *vouloir du mal* ★ in de zin hebben *avoir l'intention de*; *concocter* ★ tegen zijn zin *à contrecœur*; *contre son gré* • zintuig *sens* m ★ zin voor het schone *sens esthétique*; *sens du beau* • verstand ★ bij zinnen zijn *être conscient* ★ niet bij zinnen zijn *avoir perdu la tête* ★ weer bij zinnen komen *reprendre ses sens* • betekenis *sens* m ★ in die zin *dans ce sens*; *en ce sens* ★ in eigenlijke/figuurlijke zin *au sens propre/figuré* ★ in zekere zin *en quelque sorte* • nut *sens* m ★ dat heeft geen zin *cela ne sert à rien*
zindelijk I BNW het toilet gebruikend *propre* **II** BIJW *proprement*
zinderen *vibrer*
zingen *chanter* ★ het ~ *le chant*
zink *zinc* m
zinken I BNW *de zinc*; *en zinc* **II** ON WW *couler*; FIG. *tomber* ★ tot ~ brengen *couler* ▾ diep gezonken zijn *être tombé bien bas*
zinklood *plomb* m
zinkstuk *fascinage* m
zinloos *inutile*; *vain*; *dénué de sens* ★ ~ geweld *violence* v *gratuite*
zinnebeeld *symbole* m
zinnebeeldig *symbolique*; *allégorique*
zinnelijk *sensuel* [v: *sensuelle*]
zinnen • bevallen *plaire* • ~ **op** *méditer*; *préparer*
zinnenprikkelend *érotique*
zinnig *sensé*; *raisonnable*
zinsbouw *construction* v *de la phrase*
zinsdeel *partie* v *de la phrase*; *syntagme* m
zinsnede *proposition* v
zinsontleding *analyse* v *(logique)*
zinspelen *faire allusion à*
zinspeling *allusion* v
zinspreuk *maxime* v; *devise* v
zinsverband *contexte* m
zinsverbijstering *folie* v
zinswending *tournure* v
zintuig *sens* m ★ het zesde ~ *le sixième sens*
zintuiglijk I BNW *sensoriel* [v: *sensorielle*] **II** BIJW *par les sens*
zinverwant *analogue*
zinvol *sensé*; *judicieux* [v: *judicieuse*]
zionisme *sionisme* m
zipdrive *lecteur* m *ZIP*
zippen *compacter*; *compresser*; *zipper*
zirkonium *zirconium* m
zirkoon *zircon* m
zit ★ een hele zit *une longue séance*
zitbad *baignoire* v *sabot*
zithoek *coin* m *salon*
zitje ⟨zitplekje⟩ *coin* m; ⟨stoeltje⟩ *siège* m
zitkamer *(salle* v *de) séjour* m; *living* m; *salon* m
zitplaats *place* v *assise*; ⟨zitting⟩ *siège* m
zitten • gezeten zijn *être assis* ★ gaan ~ *s'asseoir*; *prendre place*; *se poser* ★ blijven ~ *rester assis* ★ blijf ~ *assis* • zich bevinden *être*; *se trouver*; ⟨v. vogels e.d.⟩ *être posé*; ⟨v. vogels e.d.⟩ *être perché* ★ aan tafel ~ *être à table* ★ daar zit niet veel bij *il n'y a pas grand chose* • passen *aller* • in positie/toestand gelaten worden ★ ze zijn met die goederen blijven ~ *ces articles leur sont restés sur les bras* ★ iem. laten ~ *abandonner qn*; INFORM. *planter qn* ★ zij is met drie kinderen blijven ~ *elle est restée avec trois enfants sur les bras* ★ hij zal het daarbij niet laten ~ *il ne s'en tiendra pas là* ★ hij zit er behoorlijk mee in zijn maag *il est bien ennuyé* ★ op school blijven ~ *redoubler une classe* • gevangen zitten *faire de la prison*; *do time* • bevestigd zijn ★ los ~ *ne pas tenir* ★ het blijft niet ~ *ça ne tient pas* ★ vast ~ *tenir* • bedekt zijn met *être* ★ vol vlekken ~ *être plein de taches* • doel treffen ★ de bal zit *le but est marqué* • functie bekleden *être membre de* ★ in het bestuur ~ *être membre de la direction* • bezig zijn met *être en train de* [+ inf.] ★ ik zit te lezen *je suis en train de lire* • beoefenen ~ **op** *faire* ★ op klassiek ballet ~ *faire de la danse classique* • aanraken *toucher à* • nabijkomen ★ achter iemand/iets aan ~ *poursuivre qn/qc*; *courir après qn/qc* ▾ daar zit iets achter *il y a qc là-dessous* ▾ hoe zit dat? *comment cela se fait-il?* ▾ waar zit hem dat toch in? *à quoi cela tient-il?* ▾ het zit hem daarin dat *cela tient à ce que* [+ subj.] ▾ dat zit erin *c'est possible*; *c'est à attendre* ▾ er warmpjes bij ~ *avoir du foin dans ses bottes*; *ne pas manquer d'argent*
zittenblijver *redoublant* m [v: *redoublante*]
zittend • gezeten *assis*; ⟨v. leven, werk⟩ *sédentaire* • zitting hebbend *en exercice*
zitting • deel van stoel *siège* m • vergadering *séance* v; ⟨periode⟩ *session* v; ⟨v. rechtbank⟩ *audience* v ★ ~ houden *tenir séance*; *siéger* ★ ~ hebben in *faire partie de* ★ ~ nemen in *entrer à/dans*
zitvlak *derrière* m
zitvlees ★ geen ~ hebben *avoir la bougeotte*
zitzak *poire* v
zo I BIJW • op deze wijze *ainsi*; *de la sorte* ★ zo iem. *un tel homme* ★ het maar zo laten *laisser tomber* ★ dat is zo! *c'est vrai!* ★ het zij zo! *soit!* ★ net/nog zo één *un pareil* ★ en zo (meer) *et ainsi de suite*; *et tout ça*; *et tutti quanti* ★ of zo(iets) *ou qc comme ça* ★ zo en zo *tel ou tel* • in deze mate *aussi*; *si*; ⟨zozeer⟩

si; *tellement*; *à ce point* ★ niet zo groot als *pas (aus)si grand que* ★ ik ben niet zo dom om te veel te roken *je suis pas assez bête pour fumer trop* ★ al is hij nog zo gelukkig *tout heureux qu'il soit* ★ houd jij ook zo van appels? nee, niet zo *tu aimes les pommes toi aussi? non, pas tellement* ★ dat is niet zo mooi *ce n'est pas très beau* ★ twee keer zo groot *deux fois plus grand* • direct *aussitôt* ★ hij komt zo *il arrive (dans un instant)* ★ zo uit Parijs *tout frais arrivé de Paris* **II** VW • zoals *comme* ★ zo vader, zo zoon *tel père, tel fils* • indien *si* ★ zo nodig *au besoin* ★ zo ja *si oui* ★ zo niet *sinon* ★ zo ... al [+ subj.] **III** TW ★ zo? *tiens!*; *ah bon?* ★ zo! *voilà!* ★ zo, ben je daar *ah, te voilà!* ★ zo, wist je het niet? *vraiment, tu ne le savais pas?*

zoal *entre autres*; *en fait*

zoals *comme*; *tel (que)* ★ ~ gewoonlijk *comme d'habitude*

zodanig I BIJW *tellement*; *à tel point* **II** AANW VNW *tel* [v: *telle*]; *pareil* [v: *pareille*]; *semblable* ▾ als~ *en tant que tel* [v: *en tant que telle*]

zodat *si bien que*; *de sorte que*

zode *(motte* v *de) gazon* m ★ met zoden beleggen *gazonner* ▾ dat zet geen zoden aan de dijk *ça ne casse pas des briques* ▾ onder de (groene) zoden liggen *être mort et enterré*

zodiak *zodiaque* m

zodoende *de cette manière*; *ainsi*

zodra *aussitôt que*; *dès que*

zoef *zoum*

zoek *introuvable*; ⟨spoorloos⟩ INFORM. *disparu dans la nature* ★ zoek raken *s'égarer*; *se perdre* ★ op zoek naar *à la recherche de*

zoekactie *recherches* v

zoekbrengen *perdre*

zoeken • trachten te vinden *chercher* ★ ~ naar *(re)chercher* ★ paddestoelen~ *aller aux champignons* • uit zijn op *chercher* ★ het~ in de kwaliteit *miser sur la qualité* ▾ dat had ik niet achter haar gezocht *je ne l'en croyais pas capable* ▾ hij wist niet waar hij het~ moest *il ne savait pas à quel saint se vouer* ▾ je hebt hier niets te~ *tu n'as rien à faire ici* ▾ dat is nog ver te~ *ce n'est pas pour demain*

zoeker *viseur* m

zoeklicht *projecteur* m

zoekmachine, zoekengine *moteur* m *de recherche*

zoekmaken *égarer*; *perdre*; INFORM. *paumer*

zoekopdracht *commande* v *de recherche*

zoekplaatje *devinette* v

zoel • aangenaam warm *tiède* • drukkend warm *lourd*; *étouffant*

Zoeloe *Zoulou* m [v: *Zouloue*]

zoemen *vrombir*; *bourdonner*

zoemer *vibreur* m

zoemtoon *signal* m *sonore* [m mv: *signaux ...*]

zoen *baiser* m; INFORM. *bise* v; ⟨zoentje⟩ *bisou* m

zoenen *embrasser* ★ elkaar~ *s'embrasser*; INFORM. *se faire la bise* ★ om te~ *mignon (comme tout)*

zoenoffer *sacrifice* m *expiatoire*

zoet I BNW • zoet smakend *sucré*; *doux* [v: *douce*] • braaf *sage* ★ zoet houden *amuser* ▾ iem. zoet houden met *bercer qn de* **II** ZN [het] *douceur* v ★ ik hou niet van zoet *je n'aime pas le sucré*

zoetekauw *amateur* m *de sucreries*

zoetelijk I BNW *mièvre* **II** BIJW *mièvrement*

zoethoudertje *os* m *à ronger*

zoethout *réglisse* v

zoetig *douceâtre*

zoetigheid *sucreries* v mv

zoetje *édulcorant* m

zoetmiddel *édulcorant* m

zoetsappig I BNW *doucereux* [v: *doucereuse*]; *tout sucre tout miel* **II** BIJW • overdreven aardig *de manière doucereuse* • zonder pit *de manière insipide*

zoetstof *édulcorant* m

zoetwaren *sucreries* v mv

zoetwateraquarium *aquarium* m *d'eau douce*

zoetwaterfauna *faune* v *d'eau douce*

zoetwaterflora *flore* v *d'eau douce*

zoetzuur I ZN [het] *pickles* m mv **II** BNW *aigre-doux* [v: *aigre-douce*]

zoeven *filer*; ⟨suizend⟩ *siffler*

zo-even *tout à l'heure*; *à l'instant* ★ hij is~ vertrokken *il vient de partir*

zog • kielzog *sillage* m; *remous* m • moedermelk *lait* m *maternel*

zogen *allaiter* ★ het~ *l'allaitement* m

zogenaamd I BNW • zogeheten *dit* • quasi *prétendu*; *soi-disant* [onv] **II** BIJW *soi-disant*

zogezegd *pour ainsi dire*

zoiets *(une) chose pareille*; *quelque chose dans ce genre / comme ça* ★ ~ als ... *dans le genre de ...*

zojuist *tout à l'heure*; *à l'instant*

zolang I BIJW *en attendant* ★ tot~ *pendant ce temps* **II** VW *tant que*; *aussi longtemps que*

zolder *grenier* m ★ op~ *au genier*

zolderetage *étage* m *mansardé*

zoldering *plafond* m

zolderkamer *(chambre* v *en) mansarde* v

zolderluik *trappe* v

zomaar • zonder aanleiding *comme ça* • zonder beperkingen *comme ça* ★ dat gaat~ niet! *ça ne se passe pas comme ça!*; *ça ne va pas!*

zombie *zombie* m; *zombi* m

zomen *ourler*

zomer *été* m ★ 's~s *en été*; *l'été* ★ van de~ *cet été*

zomerachtig *d'été*; *estival* [m mv: *estivaux*]

zomeren ★ het zomert *il fait un temps d'éte*

zomergast • vogel *estivant* m [v: *estivante*] • persoon *estivant* m

zomerhuis ≈ *maison* v *de vacances*

zomerjurk *robe* v *d'été*

zomerreces *vacances* v mv *parlementaires*

zomers *d'été*; *estival* [m mv: *estivaux*]

zomerspelen *jeux* m mv *(olympiques) d'été*

zomersproet *tache* v *de rousseur*

zomertijd • tijdregeling *heure* v *d'été* • seizoen *été* m

zomervakantie *vacances* v mv *d'été* [mv]; *grandes vacances* v mv [mv]

zomerweer *temps* m *estival/d'été*

zomin ★ (net)~ als *pas plus que*

zompig *marécageux* [v: *marécageuse*]

zon • hemellichaam *soleil* m ⋆ de zon schijnt *il fait (du) soleil* • zonneschijn *soleil* m ⋆ in de zon *au soleil* ⋆ uit de zon *à l'abri du soleil* ⋆ in de volle zon *en plein soleil* ▾ voor niets gaat de zon op *on n'a rien pour rien* ▾ hij kan de zon niet in 't water zien schijnen *il est mesquin*
zo'n • zo één *(un) tel* [v: *(une) telle*]; *pareil* [v: *pareille*]; ⟨voor bijvoeglijk nw. of bijwoord⟩ *si* ⋆ zo'n blij kind *un enfant si heureux* • ongeveer *quelque* [onv]
zonaanbidder FIG. *amoureux* m *du soleil*
zondaar *pécheur* m [v: *pécheresse*]
zondag *dimanche* m ⋆ op zon- en feestdagen *les dimanches et jours fériés* ⋆ 's ~s *le dimanche*
zondagavond *dimanche* m *soir*
zondagmiddag *dimanche* m *après-midi*
zondagmorgen, zondagochtend *dimanche* m *matin*
zondagnacht *dimanche* m *nuit*
zondags I BNW *du dimanche*; REL. *dominical* [m mv: *dominicaux*] ⋆ op zijn ~ gekleed *endimanché*; *habillé en dimanche* II BIJW *le dimanche*
zondagskind ⋆ een ~ zijn *être né coiffé*
zondagskrant *journal* m *du dimanche* [m mv: *journaux* ...]
zondagsrijder *conducteur* m *du dimanche*
zondagsrust *repos* m *dominical*
zondagsschilder *peintre* m *du dimanche*
zondagsschool *école* v *du dimanche*
zonde • slechte daad *péché* m ⋆ dagelijkse ~ *péché véniel* • betreurenswaardigheid ⋆ het is ~ *c'est dommage* ⋆ wat ~ *(quel) dommage*
zondebok OOK FIG. *bouc* m *émissaire*; FIG. *souffre-douleur* m [onv]
zonder • iets niet hebbend of doend *sans* ⋆ ~ geleide geen toegang *pas d'accès sans accompagnement* ⋆ (even) ~ iets zitten *être en panne de qc* ⋆ ~ geld zitten *être sans argent*; INFORM. *être en passe d'argent* ⋆ zij kunnen niet ~ elkaar *ils ne peuvent se passer l'un de l'autre* ⋆ niet ~ iets/iemand kunnen *ne pouvoir se passer de qc/qn* • ~ **te** *sans* ⋆ hij stak de straat over ~ te kijken *il a traversé la rue sans regarder* ⋆ ~ te kijken *sans regarder* ⋆ ~ iets te zeggen *sans rien dire* • ~ **dat** *sans (que)* [+ subj.] ⋆ ~ dat hij het wist *à son insu*
zonderling I BNW *bizarre*; *singulier* [v: *singulière*] II ZN [de] *excentrique* m/v
zondeval *chute* v; *péché* m *originel*
zondig *enclin au péché*; ⟨verdorven⟩ *vicieux* [v: *vicieuse*] ⋆ een ~ leven leiden *vivre dans le péché*
zondigen *pécher (***tegen** *contre)*
zondvloed *déluge* m ▾ na mij de ~ *après moi le déluge*
zone *zone* v
zonet *tout à l'heure*; *à l'instant*
zonlicht *lumière* v *du soleil*
zonnebad *bain* m *de soleil*
zonnebaden *prendre un bain de soleil*; *bronzer*
zonnebank *solarium* m
zonnebloem *tournesol* m
zonnebloemolie *huile* v *de tournesol*
zonnebrand *coup* m *de soleil*
zonnebrandcrème *crème* v *solaire*
zonnebrandolie *huile* v *solaire*
zonnebril *lunettes* v mv *de soleil* [mv]
zonnecel *cellule* v *solaire*; *photocellule* v
zonnecollector *capteur* m *solaire*
zonnedek *pont* m *supérieur*
zonne-energie *énergie* v *solaire*
zonnehoed *chapeau* m *de soleil* [m mv: *chapeaux* ...]
zonneklaar *clair comme le jour*; *évident*; *aveuglant*
zonneklep *pare-soleil* m [onv]
Zonnekoning *Roi-Soleil* m
zonnen *prendre un bain de soleil*; *bronzer*
zonnepaneel *capteur* m *solaire*; *panneau* m *solaire* [m mv: *panneaux* ...]
zonnescherm *store* m
zonneschijn *soleil* m ⋆ in de ~ *au soleil*
zonnesteek *coup* m *de soleil*; *insolation* v
zonnestelsel *système* m *solaire*
zonnestraal *rayon* m *de soleil*
zonnetje *soleil* m ▾ een waterig ~ *un soleil pâle* ▾ iem. in het ~ zetten *mettre pleins feux sur qn* ▾ het ~ in huis *notre rayon de soleil*
zonnevlek *tache* v *solaire*
zonnewijzer *cadran* m *solaire*
zonnig • met veel zon *ensoleillé* ⋆ het is ~ *il fait du soleil* • blij *radieux* [v: *radieuse*] ⋆ ~e toekomst *avenir* m *souriant* ⋆ alles van de ~e kant bekijken *voir tout en rose*
zonovergoten *inondé de soleil*
zonsondergang *coucher* m *du soleil*
zonsopgang *lever* m *du soleil*
zonsverduistering *éclipse* v *de soleil*
zonwering *store* m
zonzijde *côté* m *exposé au soleil*; FIG. *bon côté* m
zoo *zoo* m
zoogdier *mammifère* m
zooi • flinke hoeveelheid *un tas* m *(de)*; *une foule / masse / multitude / quantité (de)* ⋆ de hele zooi *toute la bande* • troep *bordel* m; *foutoir* m; *pagaille* v ⋆ de hele zooi *tout le bazar*
zool • ondervlak van voet *plante* v *du pied* • ondervlak van schoen *semelle* v
zoolganger *plantigrade* m/v
zoölogie *zoologie* v
zoöloog *zoologiste* m/v
zoom • omgenaaide rand *ourlet* m • buitenrand *lisière* v; *bordure* v
zoomen *zoomer*
zoomlens *zoom* m
zoon *fils* m ⋆ de verloren zoon *l'enfant* m *prodigue*
zoonlief *fiston* m; *(mon) garçon*
zootje • hoeveelheid *ramassis* m • rommeltje ⋆ wat een ~! *quelle pagaille!*
zopas *tout à l'heure*; *à l'instant*
zorg • verzorging *soin* m ⋆ zorg dragen voor *prendre soin de*; *s'occuper de* ⋆ zorg besteden aan iets *apporter beaucoup de soin à qc*; *soigner qc* ⋆ met zorg *soigneusement* • bezorgdheid *souci* m; *inquiétude* v ⋆ maak je geen zorgen *ne t'en fais pas* ⋆ zich zorgen maken om *se faire du souci pour* ⋆ dat is een hele zorg voor haar *ça lui donne beaucoup de*

souci ★ dat is van later zorg *on verra ça plus tard* • zorgsector ≈ *santé* v *publique* ▾ het zal mij een zorg zijn *c'est le dernier de mes soucis* ▾ geen zorgen voor de dag van morgen *à chaque jour suffit sa peine*

zorgelijk • bezorgdheid uitdrukkend *soucieux* [v: *soucieuse*] • onrustbarend *préoccupant*; *inquiétant*

zorgeloos **I** BNW zonder zorgen *insouciant* **II** BIJW zonder zorgen *avec insouciance*

zorgen • verzorgen ~ **voor** *prendre soin de* ★ hij kan wel voor zichzelf ~ INFORM. *il se débrouille tout seul* • het nodige doen *s'arranger pour* ★ zorg dat je benzine hebt *arrange-toi pour avoir de l'essence* ★ zorg dat hij het krijgt *faites en sorte qu'il le reçoive* • regelen *s'occuper de*; *se charger de*

zorgenkind • kind *enfant* m/v *à problèmes* • kwestie *gros souci* m

zorgsector ≈ *santé* v *publique*

zorgverlener • zorginstelling *établissement* m *de santé* • persoon *professionel* m *de santé*

zorgverlof ≈ *congé* m *de solidarité familiale*

zorgverzekeraar *(organisme* m *d')assurance* v *maladie*

zorgvuldig **I** BNW • met zorg *soigné* • nauwkeurig *soigné*; ⟨m.b.t. mensen⟩ *soigneux* [v: *soigneuse*]; ⟨m.b.t. mensen⟩ *consciencieux* [v: *consciencieuse*] **II** BIJW *soigneusement*

zorgwekkend *préoccupant*; *inquiétant*

zorgzaam **I** BNW *attentif* [v: *attentive*] **II** BIJW *attentivement*

zot **I** ZN [de] *sot* **II** BNW *sot* [v: *sotte*] ★ dat is al te zot! *c'est de la folie!* **III** BIJW *sottement*

zotteklap BELG. *sornettes* v mv; *bêtises* v mv

zotternij *sottise* v

zout **I** BNW *salé* ★ zoute kost *du salé* ▾ heb je het ooit zo zout gegeten? *c'est le comble!*; *c'est le bouquet!* **II** ZN [het] *sel* m ★ in het zout leggen *saler* ▾ dat is het zout in de pap *c'est ce qui donne la saveur*

zoutachtig *salé*; *salin*

zoutarm *pauvre en sel*

zouteloos *fade*; *insipide*

zouten • zout maken *saler* • inzouten *saler*

zoutig *salé*

zoutje *biscuit* m *apéritif*

zoutkoepel *dôme* m *de sel*

zoutkorrel *grain* m *de sel*

zoutloos *sans sel*

zoutoplossing *solution* v *saline*

zoutpan *saline* v

zoutvaatje *salière* v

zoutvlakte *désert* m *de sel*

zoutwateraquarium *aquarium* m *d'eau de mer*

zoutzak • zak *sac* m *de sel* • persoon *gros tas* m

zoutzuur **I** ZN [het] *acide* m *chlorhydrique* **II** BNW ★ zoutzure kalk *chlorure* m *de chaux*

zoveel **I** BIJW *autant*; *tant* ★ ~ te meer, omdat *d'autant plus que* **II** TELW *tant*; *tellement* ★ ~ bloemen, dat *tant de fleurs que* ★ ~ is zeker, dat *toujours est-il que* ★ net ~ *autant (de)* ★ tweemaal ~ *deux fois plus* ★ ~ mogelijk *autant que possible* ★ om drie uur ~ *à trois heures et quelques*

zoveelste *énième* ★ de ~ keer *la énième fois*

zover ★ voor ~ ik weet *autant que je sache* ★ voor ~ mogelijk *dans la mesure du possible* ★ het is ~ *ça y est* ★ in ~re dat, ... *dans la mesure où ...* ★ tot ~ *jusque-là* ★ als 't ~ is *le moment venu* ★ ben je ~? *tu es prêt?* ★ voor het ~ is *d'ici là* ★ ~ gaan dat *aller jusqu'à* [+ inf.] ★ ~ komen dat *en arriver au point de/que* ★ ~ zijn we nog niet *on n'en est pas encore là*

zoverre • → **zover**

zowaar *décidément*; *ma foi*

zowat *à peu près*; *quasiment*

zowel ★ ~ X als Y *aussi bien X que Y*; *(à la fois) X et Y*

z.o.z. *t.s.v.p.*

zozeer *tellement*; *tant* ★ niet ~ om ... als wel *(non) pas tant pour ... que pour*

zozo *comme ci comme ça*; *sans plus*

zucht • uitademing *soupir* m • drang *désir* m (**naar** *de*); *goût* m *(de)* • → **zuchtje**

zuchten • uitademen *soupirer* • lijden *gémir* (**onder** *sous*) • ~ **naar** *aspirer à*

zuchtje ⟨zacht briesje⟩ *souffle* m *(de vent)*

zuid **I** BIJW *sud* **II** ZN [de] *sud* m

Zuid-Afrika *l'Afrique* v *du Sud*

Zuid-Afrikaans *sud-africain*

Zuid-Amerika *l'Amérique* v *du Sud*

Zuid-Amerikaans *sud-américain*

zuidelijk **I** BNW uit/van het zuiden *du sud*; *méridional* [m mv: *méridionaux*] **II** BIJW naar het zuiden *vers le sud*

zuiden • windstreek *sud* m ★ op het ~ liggen *être exposé au sud* ★ ten ~ van *au sud de* • gebied ★ in het ~ van Frankrijk *dans le Midi*

zuiderbreedte *latitude* v *sud*

zuiderbuur *voisin* m *du sud*

zuiderkeerkring *tropique* m *du Capricorne*

zuiderlicht *aurore* v *astrale*

zuiderling ≈ *méditerranéen* m

Zuid-Korea *la Corée du Sud* ★ in ~ *en Corée du Sud*

Zuid-Koreaans *sud-coréen* [v: *sud-coréenne*]

zuidkust *côte* v *sud*; *côte* v *méridionale*

Zuidoost-Azië *l'Asie* v *du Sud-Est*

Zuidpool *pôle* m *Sud*; *pôle* m *antarctique*

zuidpool • minpool van magneet *pôle* m *sud* • zuidelijke streken van planeet *pôle* m *Sud*

zuidpoolcirkel *cercle* m *polaire antarctique*

Zuidpoolexpeditie *expédition* v *antarctique*

zuidpoolgebied *région(s)* v (mv) *antarctique(s)*

zuidvrucht *fruit* m *subtropical*; *fruit* m *exotique*

zuidwaarts *vers le sud*

zuidwester • wind *suroît* m • hoed *suroît* m

zuigeling *nourrisson* m

zuigelingenzorg ≈ *puériculture* v

zuigen • opzuigen *sucer*; ⟨aan borst⟩ *téter* • stofzuigen *passer l'aspirateur dans*

zuiger *piston* m

zuigfles *biberon* m

zuiging *aspiration* v

zuigkracht *force* v *aspiratrice*; FIG. *attirance* v

zuignap *ventouse* v

zuigtablet *pastille* v *à sucer*

zuil • pilaar *colonne* v • maatschappelijke groepering ≈ *communauté* v

zuilengalerij *colonnade* v

zuinig I BNW ⟨spaarzaam⟩ *économe (met de)*; ⟨voordelig⟩ *économique*; ⟨gierig⟩ *radin*; ⟨karig⟩ *avare (met de)*; *chiche (de)* ★ ~ zijn op *ménager* ▾ en niet zo~ ook *et comment* ▾ ~ kijken *avoir un air pincé* **II** BIJW *économiquement*
zuinigheid *économie* v; ⟨karigheid⟩ *parcimonie* v
zuipen I OV WW slurpen *picoler*; FIG. *bouffer* **II** ON WW veel alcohol drinken *picoler*; *lever le coude*; ⟨zich bezatten⟩ *se bourrer* ★ ~ als een ketter *boire comme un trou*
zuiplap *soûlard* m [v: *soûlarde*]
zuippartij *soûlerie* v
zuivel *laitage(s)* m (mv); *produits* m mv *laitiers*
zuivelfabriek *laiterie* v
zuivelindustrie *industrie* v *laitière*
zuivelproduct *produit* m *laitier*
zuiver I BNW • puur *pur* ★ het is~ toeval *c'est un pur hasard* • onschuldig *clair*; *net* [v: *nette*] ★ een~ geweten hebben *avoir la conscience nette* • netto *net* [v: *nette*] • juist *juste*; *correct* ★ ~ in de leer *orthodoxe* **II** BIJW • enkel en alleen *purement*; *uniquement* • juist *correctement* ★ ~ zingen *chanter juste* ★ ~ klinken *avoir un son pur*
zuiveren • reinigen ⟨louteren⟩ *purifier*; *nettoyer (van de)*; OOK FIG. *épurer (de)*; OOK POL. *purger (de)* • vrijpleiten *laver (van de)*
zuivering *purification* v; *ook fig. épuration* v; POL. *purge* v
zuiveringsactie *épuration* v
zuiveringsinstallatie *station* v *d'épuration*
zuiveringszout *bicarbonate* m *de soude*
zulk I BIJW dermate *si*; *tellement* ★ zulke mooie bloemen *de si belles fleurs* **II** AANW VNW zodanig *tel* [v: *telle*]; *pareil* [v: *pareille*]
zulks *une chose pareille*; *cela*
zullen I ON WW moeten ★ jullie~ gehoorzamen! *vous obéirez!* ▾ wat zou dat? *et puis après?* **II** HWW • toekomst uitdrukkend ★ hij zou juist vertrekken toen *il allait partir lorsque* ★ ik zal het je zeggen *je te le dirai*; ⟨dadelijk⟩ *je vais te le dire* • modaliteit uitdrukkend ★ hij zal zich wel vergist hebben *il a dû se tromper* ★ zou je denken? *tu crois?* ★ zal ik het doen? *tu veux que je le fasse?* ★ ik zou maar ... *tu ferais mieux ...*; *tu devrais ...*
zult *fromage* m *de tête*
zurig *acidulé*; *aigrelet* [v: *aigrelette*]
zuring *oseille* v
zus I ZN [de] zuster *sœur* v **II** BIJW *ainsi* ★ nu eens zus, dan weer zo *tantôt (comme) ceci, tantôt (comme) cela*
zuster • zus *sœur* v • verpleegster *infirmière* v • REL. non *sœur* v; INFORM. *bonne sœur*
zusterlijk I BNW *entre sœurs* **II** BIJW *comme des sœurs*; *en sœurs*
zustermaatschappij *société* v *sœur*
zusterstad *ville* v *jumelée*
zustervereniging *association* v *sœur*
zuur I BNW • SCHEIK. *acide* • zurig van smaak *aigre*; *acide* ★ zuur worden *tourner (à l'aigre)* ★ zure melk *lait* m *tourné* • onaangenaam *dur*; *pénible*; ⟨nors⟩ *renfrogné*; *contrarié* ★ een zuur gezicht *une mine allongée* ★ iem. het leven zuur maken *rendre la vie dure à qn* **II** BIJW *péniblement* **III** ZN [het] • SCHEIK. *acide* m • CUL. *vinaigre* m ★ in het zuur *au vinaigre*; ⟨v. haring, rolmops⟩ *mariné* • maagzuur *aigreurs* v mv *d'estomac* [mv]
zuurdesem *levain* m
zuurgraad *acidité* v
zuurkool *choucroute* v
zuurpruim *pisse-vinaigre* m [onver.]
zuurstof *oxygène* m
zuurstofapparaat *masque* m *à oxygène*
zuurstofcilinder *bouteille* v *d'oxygène*
zuurstofgebrek *manque* m *d'oxygène*
zuurstofmasker *masque* m *à oxygène*
zuurstok *sucre* m *d'orge*
zuurtje *bonbon* m *acidulé*
zuurverdiend *péniblement gagné*
zuurzoet *aigre-doux* [v: *aigre-douce*]
zwaai *tour* m; FIG. *virage* m
zwaaideur *porte* v *battante*
zwaaien I OV WW heen en weer bewegen *brandir* ▾ er zwaait wat *ça va barder* **II** ON WW • groeten *saluer (de la main)* • slingeren *zigzaguer* • zwenken *tourner*
zwaailicht *gyrophare* m
zwaan *cygne* m
zwaar I BNW • veel wegend *lourd*; *pesant* • omvangrijk *gros* [v: *grosse*] • moeilijk *dur*; ⟨te verteren⟩ *indigeste* • ernstig *grave* ★ een zware straf *une peine sévère* ★ zware criminaliteit *grande criminalité* v ★ zware verkoudheid *gros rhume* m • hevig ★ ~ weer *gros temps* ★ een zware roker *un gros fumeur* • krachtig van smaak of substantie *fort* • laag klinkend *grave* ▾ ~ op de hand *d'une nature sombre*; *pas gai* ▾ wat het~st is, moet het~st wegen ≈ *il faut bien trancher* **II** BIJW • hevig *lourdement*; *fortement* • moeizaam *péniblement* ★ het valt me~ *ça me pèse*; *c'est pénible*
zwaarbeladen *lourdement chargé*
zwaarbewapend *armé jusqu'aux dents*
zwaarbewolkt *chargé de nuages*
zwaard • wapen *épée* v • SCHEEPV. deel van boot *dérive* v ▾ het is een tweesnijdend~ *c'est (une arme) à double tranchant*
zwaardvechter *gladiateur* m
zwaardvis *espadon* m
zwaargebouwd *de forte carrure*; INFORM. *baraqué*
zwaargewicht I ZN [de/het] • sporter *poids* m *lourd* • belangrijk persoon FIG. *grosse pointure* v **II** ZN [het] SPORT gewichtsklasse *poids* m mv *lourds* [mv]
zwaargewond *grièvement blessé*
zwaargewonde *grand blessé* m
zwaarlijvig *corpulent*; *obèse*
zwaarmoedig I BNW *mélancolique* **II** BIJW *avec mélancolie*
zwaarte • gewicht *poids* m; *pesanteur* v • ernst *gravité* v
zwaartekracht *gravitation* v; *pesanteur* v
zwaartelijn *médiane* v
zwaartepunt • NATK. *centre* m *de gravité*; WISK. *barycentre* m • hoofdzaak *(l')essentiel* m

zwaartillend *sombre* ★ ~ zijn *voir tout en noir*
zwaarwegend OOK FIG. *de poids*
zwaarwichtig I BNW *avec gravité* **II** BIJW *avec gravité*
zwabber *balai* m *à franges*
zwachtel *bandage* m
zwachtelen *bander*; *panser*
zwager *beau-frère* m [mv: *beaux-frères*]; INFORM. *beauf* m
zwak I BNW • niet krachtig *faible*; ⟨broos⟩ *délicat*; *fragile* ★ zwak worden *s'affaiblir* • bijna niet waarneembaar *faible* • zonder geestelijke weerstand *faible* ★ een zwak moment *un moment de faiblesse* • niet kundig *faible* **II** ZN [het] • imperfectie *point* m *faible* • voorliefde *faible* m (**voor** *pour*)
zwakbegaafd *peu doué*
zwakheid *faiblesse* v
zwakjes I BNW *faiblard* **II** BIJW *faiblement*
zwakkeling *faible* m/v
zwakstroom *courant* m *basse tension*
zwakte *faiblesse* v
zwaktebod *signe* m *de faiblesse*
zwakzinnig *handicapé mental*
zwakzinnigenzorg *soins* m mv *aux handicapés mentaux* [mv]
zwalken *bourlinguer*; *rouler sa bosse*
zwaluw *hirondelle* v ▾ één ~ maakt nog geen zomer *une hirondelle ne fait pas le printemps*
zwaluwstaart *queue* v *d'aronde*; *adent* m
zwam *champignon* m
zwammen *parler pour ne rien dire*
zwanenhals *col-de-cygne* m [mv: *cols-de-cygne*]
zwanenzang *chant* m *du cygne*
zwang ▾ in ~ komen *entrer dans l'usage*; *s'instaurer* ▾ in ~ *en vogue*; *à la mode*
zwanger *enceinte* ★ 5 maanden ~ *enceinte de 5 mois* ★ ~ maken *mettre enceinte* ★ ~ worden *tomber enceinte* ▾ ~ gaan van *être gros de*; *être lourd de*
zwangerschap *grossesse* v
zwangerschapsafbreking *interruption* v *volontaire de grossesse (I.V.G.)*
zwangerschapsgymnastiek *gymnastique prénatale*
zwangerschapsstriemen *vergetures* v mv
zwangerschapstest *test* m *de grossesse*
zwangerschapsverlof *congé* m *de maternité*
zwart I BNW • m.b.t. kleur OOK FIG. *noir* ★ ~ worden *(se) noircir* • clandestien ★ ~e handel *marché* m *noir*; *trafic* m ★ ~ geld *argent noir*; *argent sale* ▾ iets ~ op wit hebben *avoir qc noir sur blanc* ▾ het zag ~ van de mensen *c'était noir de monde*; *il y avait foule* **II** ZN [het] *noir* ★ ~ speelt *les Noirs jouent* **III** BIJW *en noir*; ⟨illegaal⟩ *au noir* ★ alles ~ inzien *voir tout en noir*
zwartboek *livre* m *noir*
zwartbont *pie* [onv]
zwartbruin *noiraud*
zwarte *noir* m [v: *noire*]; INFORM. *black* m/v
zwartepiet *mistigri* m; *pouilleux* m ▾ iem. de ~ toespelen *refiler le bébé à qn*
zwartepieten *mistigri* m
zwartgallig *sombre*; *mélancolique*; *noir*
zwarthandelaar *trafiquant* m
zwartkijken *broyer du noir*
zwartkijker • pessimist *broyeur* m *de noir* [v: *broyeuse* ...] • MEDIA *téléspectateur* m *qui ne paie pas la redevance (télé)*
zwartmaken *dénigrer*; *dire du mal de*; *noircir*; *salir*
zwartrijder ⟨in openbaar vervoer⟩ *voyageur* m *sans billet*; *resquilleur* m [v: *resquilleuse*]; ⟨in auto⟩ *automobiliste* m *qui n'a pas payé sa vignette*
zwartwerken *travailler au noir*
zwartwerker *travailleur* m *clandestin*; *travailleur* m *au noir*
zwart-wit I BNW ongenuanceerd *absolu*; *catégorique* **II** BIJW met beeld in zwart en wit *noir et blanc* **III** VOORV • met beeld in zwart en wit *en noir et blanc* ★ een ~film *un film (en) noir et blanc* • ongenuanceerd *sans nuance(s)*; *absolu*; *catégorique*; *manichéiste* ★ ~denken *avoir des idées catégoriques*; *manichéisme* m
zwavel *soufre* m ★ met ~ behandelen *sulfurer*
zwaveldioxide *dioxyde* m *de soufre*
zwavelzuur I ZN [het] *acide* m *sulfurique* **II** BNW *sulfaté*
Zweden *la Suède* ★ in ~ *en Suède*
Zweed *Suédois* m [v: *Suédoise*]
Zweeds I ZN [het] taal *suédois* m **II** BNW m.b.t. Zweden *suédois*
zweefduik *plongeon* m
zweefmolen *chaises* v mv *volantes*
zweeftrein *aérotrain* m
zweefvliegen *faire du vol à voile*
zweefvliegtuig *planeur* m
zweefvlucht *vol* m *plané*
zweem *ombre* v; *trace* v; *brin* m
zweep *fouet* m; ⟨rijzweep⟩ *cravache* v ★ de ~ erover leggen OOK FIG. *fouetter* ▾ het klappen van de ~ kennen *connaître la musique*
zweepslag *coup* m *de fouet*; MED. *claquage* m
zweer *ulcère* m; ⟨abces⟩ *abcès* m; ⟨zweertje⟩ *pustule* v
zweet *sueur* v; *transpiration* v ★ nat zijn van het ~ *être en nage* ★ zich in het ~ werken *se mettre en sueur* ★ het koude ~ brak hem uit *il en avait des sueurs froides* ▾ in het ~ zijn aanschijns *à la sueur de son front*
zweetband *bandeau* m [mv: *bandeaux*]
zweetdruppel *goutte* v *de sueur*
zweethanden *mains* v mv *moites*
zweetklier *glande* v *sudoripare*
zweetlucht *odeur* v *de sueur*
zweetvlek *tache* v *de sueur*
zweetvoeten ★ ~ hebben *transpirer des pieds*
zwelgen I OV WW gulzig eten/drinken *engloutir* **II** ON WW ~ **in** *se vautrer dans*; *s'enivrer de*
zwellen *gonfler*; ⟨ook van geluid⟩ *enfler* ★ gezwollen ogen *yeux* m mv *bouffis*; *yeux* m mv *enflés*
zwellichaam *corps* m *caverneux*
zwelling • het zwellen *enflure* v • gezwollen plek *enflure* v
zwembad *piscine* v
zwembroek *maillot* m *de bain*
zwemdiploma *brevet* m *de natation*

zwemen ⋆ ~ naar *tendre vers*; *friser*
zwemleraar *moniteur* m *de natation* [v: *monitrice ...*]
zwemmen OOK FIG. *nager*; ⟨baden⟩ *se baigner* ⋆ aan ~ doen *faire de la natation* ⋆ ~d *à la nage* ⋆ het ~ *nage* v; ⟨zwemsport⟩ *natation* v; ⟨baden⟩ *baignade* v
zwemmer *nageur* m [v: *nageuse*]
zwempak *maillot* m *de bain*
zwemsport *natation* v
zwemvest *gilet* m *de sauvetage*
zwemvlies • vlies *palmure* v • schoeisel *palme* v
zwemvogel *palmipède* m
zwemwedstrijd *épreuve* v *de natation*
zwendel *escroquerie* v; INFORM. *arnaque* m
zwendelaar *escroc* m; INFORM. *arnaqueur* m
zwendelarij *escroquerie* v; INFORM. *arnaque* m
zwendelen *trafiquer*; INFORM. *arnaquer*
zwengel *manivelle* v; ⟨v. pomp⟩ *bras* m
zwenken *tourner*; *virer* ⋆ naar links/rechts ~ *se déporter à gauche/droite*
zwenkwiel *roulette* v *pivotante*
zwepen *fouetter*
zweren **I** OV WW eed doen *jurer* ⋆ ik zweer het *je te jure*; *juré* ⋆ ~ dat *jurer de [+inf.]* **II** ON WW • ontstoken zijn *suppurer* • ~ **bij** *jurer sur*; *jurer par* ⋆ ~ bij alles wat heilig is *jurer ses grands dieux* ⋆ ~ bij ⟨heilig geloven in⟩ *ne jurer que par*
zwerfafval *détritus* m mv *non ramassés*
zwerfhond *chien* m *errant*
zwerfkei *bloc* m *erratique*
zwerftocht *pérégrination* v; *errance* v
zwerm • troep *nuée* v; ⟨v. bijen⟩ *essaim* m; ⟨v. vogels⟩ *volée* v • FIG. heleboel *tas* m *(de)*; *foule* v *(de)*
zwermen *se déployer*; ⟨v. bijen⟩ *essaimer*; FIG. *se ruer*; *affluer*
zwerven • ronddwalen *errer*; *vagabonder*; *rôder* ⋆ het ~ *le vagabondage* • rondslingeren *traîner*
zwerver *vagabond* m [v: *vagabonde*]
zweten • transpireren *suer*; *transpirer* • vocht uitslaan *suinter* • ~ **op** *peiner sur*
zweterig *moite*; *suant*
zwetsen *radoter*; *dire n'importe quoi*
zweven • vrij hangen *être suspendu*; *flotter* ⋆ ~d ⟨v. plafond, vloer⟩ *suspendu* • licht lopen *marcher d'un pas léger*; *marcher d'un pas aérien* • zich onzeker bevinden *balancer*; *être ballotté* ▾ ~de kiezers *électorat* m *flottant*
zweverig • vaag *vague*; *confus*; *nébuleux* [v: *nébuleuse*]; ⟨warrig⟩ *fumeux* [v: *fumeuse*] • duizelig *pris de vertige*
zwezerik *ris* m *(de veau)*
zwichten *céder (***voor** *à, devant)*
zwiepen **I** OV WW smijten *balancer*; *flanquer* **II** ON WW • doorbuigen *faire ressort* • krachtig slaan *fouetter*
zwier • zwaai *virement* m • gratie *élégance* v; *grâce* v ▾ aan de ~ zijn *faire la noce*
zwieren *tournoyer*
zwierig **I** BNW *élégant*; *gracieux* [v: *gracieuse*] **II** BIJW *avec élégance*
zwijgen **I** ON WW • niet spreken *se taire* ⋆ om maar te ~ van... *sans parler de ...* ⋆ doen ~ *faire taire* ⋆ tot ~ brengen *réduire au silence* ⋆ over iets ~ *passer qc sous silence* • FIG. niet weerklinken ⋆ daarover zwijgt de tekst *le texte reste muet là-dessus* ▾ wie zwijgt, stemt toe *qui ne dit mot, consent* ▾ ~ als het graf *être muet comme la tombe* **II** ZN [het] *silence* m ⋆ iem. het ~ opleggen *imposer le silence à qn* ⋆ er het ~ toe doen *garder le silence*; *(préférer) se taire*
zwijggeld *prix* m *du silence*
zwijgplicht *devoir* m *de réserve*; ⟨in maffiose kringen⟩ *loi* v *du silence*; *omerta* v
zwijgzaam *taciturne*; *peu loquace*
zwijm ▾ in ~ vallen *s'évanouir*
zwijmelen FIG. *s'extasier* ⋆ doen ~ *enivrer*
zwijn • dier *porc* m ⋆ een wild ~ *un sanglier* • persoon *porc* m
zwijnen *avoir du pot*
zwijnenhok *porcherie* v
zwijnenstal *porcherie* v; FIG. *taudis* m
zwik *bazar* m; *fourbi* m
zwikken **I** OV WW knakken *se tordre* **II** ON WW verstuiken *se faire une entorse*
Zwitser *Suisse* m [v: *Suissesse*]
Zwitserland *la Suisse* ⋆ in ~ *en Suisse*
Zwitsers *suisse*
zwoegen • hijgen *haleter* • zwaar werken *peiner (***op** *sur)*; INFORM. *trimer*
zwoeger *bosseur* m [v: *bosseuse*]
zwoel • drukkend warm *lourd*; *étouffant* • sensueel *sensuel* [v: *sensuelle*]; *chaud*
zwoerd *couenne* v

Grammaticaal compendium

WOORDSOORTEN

1 *Werkwoorden*

De vervoegingen van de werkwoorden *avoir* en *être* en die van de regelmatige werkwoorden (op *-er*, *-ir*, *-re* en *-(ev)oir*) zijn in hun geheel gegeven.
Van de meest voorkomende onregelmatige werkwoorden zijn alleen de *infinitif*, het *participe présent*, het *participe passé* en de onregelmatige vormen gegeven.

Van de *infinitif* (onbepaalde wijs) vormt men:
- de *futur* (onvoltooid tegenwoordige toekomende tijd) met de uitgangen: *-ai, -as, -a, -ons, -ez, -ont;*
- de *futur du passé*, ook wel *conditionnel présent* genoemd, (onvoltooid verleden toekomende tijd) met de uitgangen: *-ais, -ais, -ait, -ions, -iez, -aient.* Bij de werkwoorden op *-(ev)oir* valt hierbij de *-oi* weg en bij de werkwoorden op *-re* de slot-*e*.

Van het *participe présent* (tegenwoordig deelwoord) vormt men:
- het meervoud van de *présent* (onvoltooid tegenwoordige tijd) door *-ant* te veranderen in: *-ons, -ez, -ent.* Bij de werkwoorden op *-(ev)oir* eindigt de 3e persoon meervoud op *-oient*;
- de *imparfait* (onvoltooid verleden tijd) door *-ant* te veranderen in: *-ais, -ais, -ait, -ions, -iez, -aient.*
- de *présent du subjonctif* (onvoltooid tegenwoordige tijd van de aanvoegende wijs) door *-ant* te veranderen in: *-e, -es, -e, -ions, -iez, -ent.*

Van het *participe passé* (verleden deelwoord) vormt men:
- de *passé composé* (voltooid tegenwoordige tijd) en de *plus-que-parfait* (voltooid verleden tijd).

Van de *présent* (tegenwoordige tijd) vormt men:
- de *impératif* (gebiedende wijs) door *je, nous* en *vous* weg te laten.

Gebruikte afkortingen:

ns	nous
vs	vous
part.	participe
prés.	présent

Van de werkwoorden worden steeds de volgende tijden gegeven:

Infinitif	Part. prés.	Part. passé	Impératif
Présent	Imparfait	Passé simple	Passé composé Plus-que-parfait
Futur	Futur du passé	Subjonctif présent	

1.1 *avoir*

	hebben	hebbend	gehad	heb!
	avoir	ayant	eu	aie!
				ayons!
				ayez!
	ik heb	ik had	ik had/heb gehad	ik heb gehad
j'	ai	avais	eus	j'ai eu
tu	as	avais	eus	
il	a	avait	eut	
ns	avons	avions	eûmes	
vs	avez	aviez	eûtes	ik had gehad
ils	ont	avaient	eurent	j'avais eu
	ik zal hebben	ik zou hebben	dat ik heb/had	
j'	aurai	aurais	que j'aie	
tu	auras	aurais	que tu aies	
il	aura	aurait	qu'il ait	
ns	aurons	aurions	que ns ayons	
vs	aurez	auriez	que vs ayez	
ils	auront	auraient	qu'ils aient	

1.2 *être*

	zijn	zijnd	geweest	wees!
	être	étant	été	sois!
				soyons!
				soyez!
	ik ben	ik was	ik was/ben gew.	ik ben geweest
je/j'	suis	étais	fus	j'ai été
tu	es	étais	fus	
il	est	était	fut	
ns	sommes	étions	fûmes	
vs	êtes	étiez	fûtes	ik was geweest
ils	sont	étaient	furent	j'avais été
	ik zal zijn	ik zou zijn	dat ik ben/was	
je	serai	serais	que je sois	
tu	seras	serais	que tu sois	
il	sera	serait	qu'il soit	
ns	serons	serions	que ns soyons	
vs	serez	seriez	que vs soyez	
ils	seront	seraient	qu'ils soient	

1.3 Werkwoorden op *-er*

	chanter	chantant	chanté	chante! chantons! chantez!
je	chante	chantais	chantai	j'ai chanté
tu	chantes	chantais	chantas	
il	chante	chantait	chanta	
ns	chantons	chantions	chantâmes	
vs	chantez	chantiez	chantâtes	
ils	chantent	chantaient	chantèrent	j'avais chanté
je	chanterai	chanterais	que je chante	
tu	chanteras	chanterais	que tu chantes	
il	chantera	chanterait	qu'il chante	
ns	chanterons	chanterions	que ns chantions	
vs	chanterez	chanteriez	que vs chantiez	
ils	chanteront	chanteraient	qu'ils chantent	

1.3.1 Werkwoorden op *-cer*: *c* gevolgd door een *a* of *o* verandert in een *ç*

	placer	plaçant	placé	place! plaçons! placez!
je	place	plaçais	plaçai	j'ai placé
ns	plaçons	placions	plaçâmes	
ils	placent	plaçaient	placèrent	j'avais placé

1.3.2 Werkwoorden op *-ger*: gevolgd door een *a* of een *o* wordt de *g* gevolgd door een stomme *e*

	manger	mangeant	mangé	mange! mangeons! mangez!
je	mange	mangeais	mangeai	j'ai mangé
ns	mangeons	mangions	mangeâmes	
ils	mangent	mangeaient	mangèrent	j'avais mangé

1.3.3 Werkwoorden op *-oyer* of *-uyer*: voor een stomme *e* wordt de *y* een *i*

	nettoyer	nettoyant	nettoyé	nettoie! nettoyons! nettoyez!
je	nettoie	nettoyais	nettoyai	j'ai nettoyé
ns	nettoyons	nettoyions	nettoyâmes	
ils	nettoient	nettoyaient	nettoyèrent	j'avais nettoyé
je	nettoierai	nettoierais	que je nettoie	
ns	nettoierons	nettoierions	que ns nettoyions	
ils	nettoieront	nettoieraient	qu'ils nettoient	

1.3.4 Werkwoorden op *-ayer*: voor een stomme *e* wordt de *y* een *i* of blijft *y*

	payer	payant	payé	paie! payons! payez!
je	paie/paye	payais	payai	j'ai payé
ns	payons	payions	payâmes	
ils	paient	payaient	payèrent	j'avais payé
je	paierai	paierais	que je paie	
ns	paierons	paierions	que ns payions	
ils	paieront	paieraient	qu'ils paient	

1.3.5 Onregelmatige werkwoorden op *-er*

	acheter	achetant	acheté	achète! achetons! achetez!
j'	achète	achetais	achetai	j'ai acheté
ns	achetons	achetions	achetâmes	
ils	achètent	achetaient	achetèrent	j'avais acheté
j'	achèterai	achèterais	que j'achète	
ns	achèterons	achèterions	que ns achetions	
ils	achèteront	achèteraient	qu'ils achètent	

	aller	allant	allé	va! allons! allez!
je/j'	vais	allais	allai	je suis allé(e)
ns	allons	allions	allâmes	
ils	vont	allaient	allèrent	j'étais allé(e)
j'	irai	irais	que j'aille	
ns	irons	irions	que ns allions	
ils	iront	iraient	qu'ils aillent	
	appeler	appelant	appelé	appelle! appelons! appelez!
j'	appelle	appelais	appelai	j'ai appelé
ns	appelons	appelions	appelâmes	
ils	appellent	appelaient	appelèrent	j'avais appelé
j'	appellerai	appellerais	que j'appelle	
ns	appellerons	appellerions	que ns appelions	
ils	appelleront	appelleraient	qu'ils appellent	
	envoyer	envoyant	envoyé	envoie! envoyons! envoyez!
j'	envoie	envoyais	envoyai	j'ai envoyé
ns	envoyons	envoyions	envoyâmes	
ils	envoient	envoyaient	envoyèrent	j'avais envoyé
j'	enverrai	enverrais	que j'envoie	
ns	enverrons	enverrions	que ns envoyions	
ils	enverront	enverraient	qu'ils envoient	
	jeter	jetant	jeté	jette! jetons! jetez!
je	jette	jetais	jetai	j'ai jeté
ns	jetons	jetions	jetâmes	
ils	jettent	jetaient	jetèrent	j'avais jeté
je	jetterai	jetterais	que je jette	
ns	jetterons	jetterions	que ns jetions	
ils	jetteront	jetteraient	qu'ils jettent	

	peler	pelant	pelé	pèle! pelons! pelez!
je	pèle	pelais	pelai	j'ai pelé
ns	pelons	pelions	pelâmes	
ils	pèlent	pelaient	pelèrent	j'avais pelé
je	pèlerai	pèlerais	que je pèle	
ns	pèlerons	pèlerions	que ns pelions	
ils	pèleront	pèleraient	qu'ils pèlent	
	révéler	révélant	révélé	révèle! révélons! révélez!
je	révèle	révélais	révélai	j'ai révélé
ns	révélons	révélions	révélâmes	
ils	révèlent	révélaient	révélèrent	j'avais révélé
je	révèlerai	révèlerais	que je révèle	
ns	révèlerons	révèlerions	que ns révélions	
ils	révèleront	révèleraient	qu'ils révèlent	
	semer	semant	semé	sème! semons! semez!
je	sème	semais	semai	j'ai semé
ns	semons	semions	semâmes	
ils	sèment	semaient	semèrent	j'avais semé
je	sèmerai	sèmerais	que je sème	
ns	sèmerons	sèmerions	que ns semions	
ils	sèmeront	sèmeraient	qu'ils sèment	

1.4 Werkwoorden op *-ir*

1.4.1 Met regelmatige vervoeging

	finir	finissant	fini	finis! finissons! finissez!
je	finis	finissais	finis	j'ai fini
tu	finis	finissais	finis	
il	finit	finissait	finit	
ns	finissons	finissions	finîmes	
vs	finissez	finissiez	finîtes	
ils	finissent	finissaient	finirent	j'avais fini
je	finirai	finirais	que je finisse	
tu	finiras	finirais	que tu finisses	
il	finira	finirait	qu'il finisse	
ns	finirons	finirions	que ns finissions	
vs	finirez	finiriez	que vs finissiez	
ils	finiront	finiraient	qu'ils finissent	

1.4.2 Werkwoorden van de groep *couvrir, découvrir, offrir, ouvrir, souffrir*

	couvrir	couvrant	couvert	couvre! couvrons! couvrez!
je	couvre	couvrais	couvris	j'ai couvert
ns	couvrons	couvrions	couvrîmes	
ils	couvrent	couvraient	couvrirent	j'avais couvert
je	couvrirai	couvrirais	que je couvre	
tu	couvriras	couvrirais	que tu couvres	
il	couvrira	couvrirait	qu'il couvre	
ns	couvrirons	couvririons	que ns couvrions	
vs	couvrirez	couvririez	que vs couvriez	
ils	couvriront	couvriraient	qu'ils couvrent	

1.4.3 Onregelmatige werkwoorden

	acquérir	acquérant	acquis	acquiers! acquérons! acquérez!
je/j'	acquiers	acquérais	acquis	j'ai acquis
ns	acquérons	acquérions	acquîmes	
ils	acquièrent	acquéraient	acquirent	j'avais acquis
je/j'	acquerrai	acquerrais	que j'acquière	
ns	acquerrons	acquerrions	que ns acquérions	
ils	acquerront	acquerraient	qu'ils acquièrent	

	bouillir	bouillant	bouilli	-
il	bout	bouillait	bouillit	il a bouilli
ils	bouillent	bouillaient	bouillirent	il avait bouilli
	-	-	-	

	courir	courant	couru	cours! courons! courez!
je	cours	courais	courus	j'ai couru
ns	courons	courions	courûmes	
ils	courent	couraient	coururent	j'avais couru
je	courrai	courrais	que je coure	
ns	courrons	courrions	que ns courions	
ils	courront	courraient	qu'ils courent	

	cueillir	cueillant	cueilli	cueille! cueillons! cueillez!
je	cueille	cueillais	cueillis	j'ai cueilli
ns	cueillons	cueillions	cueillîmes	
ils	cueillent	cueillaient	cueillirent	j'avais cueilli
je	cueillerai	cueillerais	que je cueille	
ns	cueillerons	cueillerions	que ns cueillions	
ils	cueilleront	cueilleraient	qu'ils cueillent	

	dormir	dormant	dormi	dors! dormons! dormez!
je	dors	dormais	dormis	j'ai dormi
ns	dormons	dormions	dormîmes	
ils	dorment	dormaient	dormirent	j'avais dormi
je	dormirai	dormirais	que je dorme	
ns	dormirons	dormirions	que ns dormions	
ils	dormiront	dormiraient	qu'ils dorment	
	fuir	fuyant	fui	fuis! fuyons! fuyez!
je	fuis	fuyais	fuis	j'ai fui
ns	fuyons	fuyions	fuîmes	
ils	fuient	fuyaient	fuirent	j'avais fui
je	fuirai	fuirais	que je fuie	
ns	fuirons	fuirions	que ns fuyions	
ils	fuiront	fuiraient	qu'ils fuient	
	haïr	haïssant	haï	-
je	hais	haïssais	haïs	j'ai haï
ns	haïssons	haïssions	haïmes	
ils	haïssent	haïssaient	haïrent	j'avais haï
je	haïrais	haïrais	que je haïsse	
ns	haïrons	haïrions	que ns haïssions	
ils	haïront	haïraient	qu'ils haïssent	
	mourir	mourant	mort	-
je	meurs	mourais	mourus	je suis mort(e)
ns	mourons	mourions	mourûmes	
ils	meurent	mouraient	moururent	j'étais mort(e)
je	mourrai	mourrais	que je meure	
ns	mourrons	mourrions	que ns mourions	
ils	mourront	mourraient	qu'ils meurent	

	tenir	tenant	tenu	tiens! tenons! tenez!
je	tiens	tenais	tins	j'ai tenu
ns	tenons	tenions	tînmes	
ils	tiennent	tenaient	tinrent	j'avais tenu
je	tiendrai	tiendrais	que je tienne	
ns	tiendrons	tiendrions	que ns tenions	
ils	tiendront	tiendraient	qu'ils tiennent	

	vêtir	vêtant	vêtu	-
je	vêts	vêtais	vêtis	j'ai vêtu
ns	vêtons	vêtions	vêtîmes	
ils	vêtent	vêtaient	vêtirent	j'avais vêtu
je	vêtirai	vêtirais	que je vête	
ns	vêtirons	vêtirions	que ns vêtions	
ils	vêtiront	vêtiraient	qu'ils vêtent	

1.5 Werkwoorden op *-re*

1.5.1 Met regelmatige vervoegingen

	rendre	rendant	rendu	rends! rendons! rendez!
je	rends	rendais	rendis	j'ai rendu
tu	rends	rendais	rendis	
il	rend	rendait	rendit	
ns	rendons	rendions	rendîmes	
vs	rendez	rendiez	rendîtes	
ils	rendent	rendaient	rendirent	j'avais rendu
je	rendrai	rendrais	que je rende	
tu	rendras	rendrais	que tu rendes	
il	rendra	rendrait	qu'il rende	
ns	rendrons	rendrions	que ns rendions	
vs	rendrez	rendriez	que vs rendiez	
ils	rendront	rendraient	qu'ils rendent	

1.5.2 Met onregelmatige vervoegingen

	battre	battant	battu	bat! battons! battez!
je	bats	battais	battis	j'ai battu
ns	battons	battions	battîmes	
ils	battent	battaient	battirent	j'avais battu
je	battrai	battrais	que je batte	
ns	battrons	battrions	que ns battions	
ils	battront	battraient	qu'ils battent	

	boire	buvant	bu	bois! buvons! buvez!
je	bois	buvais	bus	j'ai bu
ns	buvons	buvions	bûmes	
ils	boivent	buvaient	burent	j'avais bu
je	boirai	boirais	que je boive	
ns	boirons	boirions	que ns buvions	
ils	boiront	boiraient	qu'ils boivent	

	conclure	concluant	conclu	conclus! concluons! concluez!
je	conclus	concluais	conclus	j'ai conclu
ns	concluons	concluions	conclûmes	
ils	concluent	concluaient	conclurent	j'avais conclu
je	conclurai	conclurais	que je conclue	
ns	conclurons	conclurions	que ns concluions	
ils	concluront	concluraient	qu'ils concluent	

	conduire	conduisant	conduit	conduis! conduisons! conduisez!
je	conduis	conduisais	conduisis	j'ai conduit
ns	conduisons	conduisions	conduisîmes	
ils	conduisent	conduisaient	conduisirent	j'avais conduit
je	conduirai	conduirais	que je conduise	
ns	conduirons	conduirions	que ns conduisions	
ils	conduiront	conduiraient	qu'ils conduisent	

	coudre	cousant	cousu	couds! cousons! cousez!
je	couds	cousais	cousis	j'ai cousu
ns	cousons	cousions	cousîmes	
ils	cousent	cousaient	cousirent	j'avais cousu
je	coudrai	coudrais	que je couse	
ns	coudrons	coudrions	que ns cousions	
ils	coudront	coudraient	qu'ils cousent	
	craindre	craignant	craint	crains! craignons! craignez!
je	crains	craignais	craignis	j'ai craint
ns	craignons	craignions	craignîmes	
ils	craignent	craignaient	craignirent	j'avais craint
je	craindrai	craindrais	que je craigne	
ns	craindrons	craindrions	que ns craignions	
ils	craindront	craindraient	qu'ils craignent	
	croire	croyant	cru	crois! croyons! croyez!
je	crois	croyais	crus	j'ai cru
ns	croyons	croyions	crûmes	
ils	croient	croyaient	crurent	j'avais cru
je	croirai	croirais	que je croie	
ns	croirons	croirions	que ns croyions	
ils	croiront	croiraient	qu'ils croient	
	dire	disant	dit	dis! disons! dites!
je	dis	disais	dis	j'ai dit
ns	disons	disions	dîmes	
ils	disent	disaient	dirent	j'avais dit
je	dirai	dirais	que je dise	
ns	dirons	dirions	que ns disions	
ils	diront	diraient	qu'ils disent	

	écrire	écrivant	écrit	écris! écrivons! écrivez!
j'	écris	écrivais	écrivis	j'ai écrit
ns	écrivons	écrivions	écrivîmes	
ils	écrivent	écrivaient	écrivirent	j'avais écrit
j'	écrirai	écrirais	que j'écrive	
ns	écrirons	écririons	que ns écrivions	
ils	écriront	écriraient	qu'ils écrivent	

	faire	faisant	fait	fais! faisons! faites!
je	fais	faisais	fis	j'ai fait
ns	faisons	faisions	fîmes	
vs	faites	faisiez	fîtes	
ils	font	faisaient	firent	j'avais fait
je	ferai	ferais	que je fasse	
ns	ferons	ferions	que ns fassions	
ils	feront	feraient	qu'ils fassent	

	lire	lisant	lu	lis! lisons! lisez!
je	lis	lisais	lus	j'ai lu
ns	lisons	lisions	lûmes	
ils	lisent	lisaient	lurent	j'avais lu
je	lirai	lirais	que je lise	
ns	lirons	lirions	que ns lisions	
ils	liront	liraient	qu'ils lisent	

	mettre	mettant	mis	mets! mettons! mettez!
je	mets	mettais	mis	j'ai mis
ns	mettons	mettions	mîmes	
ils	mettent	mettaient	mirent	j'avais mis
je	mettrai	mettrais	que je mette	
ns	mettrons	mettrions	que ns mettions	
ils	mettront	mettraient	qu'ils mettent	

	naître	naissant	né	-
je	nais	naissais	naquis	je suis né(e)
ns	naissons	naissions	naquîmes	
ils	naissent	naissaient	naquirent	j'étais né(e)
je	naîtrai	naîtrais	que je naisse	
ns	naîtrons	naîtrions	que ns naissions	
ils	naîtront	naîtraient	qu'ils naissent	
	nuire	nuisant	nui	-
je	nuis	nuisais	nuisis	j'ai nui
ns	nuisons	nuisions	nuisîmes	
ils	nuisent	nuisaient	nuisirent	j'avais nui
	-	-	-	
	paraître	paraissant	paru	-
je	parais	paraissais	parus	j'ai paru
il	paraît	paraissait	parut	
ns	paraissons	paraissions	parûmes	
ils	paraissent	paraissaient	parurent	j'avais paru
je	paraîtrai	paraîtrais	que je paraisse	
ns	paraîtrons	paraîtrions	que ns paraissions	
	ils paraîtront	paraîtraient	qu'ils paraissent	
	plaire	plaisant	plu	-
je	plais	plaisais	plus	j'ai plu
il	plaît	plaisait	plut	
ns	plaisons	plaisions	plûmes	
ils	plaisent	plaisaient	plurent	j'avais plu
je	plairai	plairais	que je plaise	
ns	plairons	plairions	que ns plaisions	
ils	plairont	plairaient	qu'ils plaisent	
	prendre	prenant	pris	prends! prenons! prenez!
je	prends	prenais	pris	j'ai pris
ns	prenons	prenions	prîmes	
ils	prennent	prenaient	prirent	j'avais pris
je	prendrai	prendrais	que je prenne	
ns	prendrons	prendrions	que ns prenions	
ils	prendront	prendraient	qu'ils prennent	

	résoudre	résolvant	résolu	résous! résolvons! résolvez!
je	résous	résolvais	résolus	j'ai résolu
tu	résous	résolvais	résolus	
il	résout	résolvait	résolut	
ns	résolvons	résolvions	résolûmes	
vs	résolvez	résolviez	résolûtes	
ils	résolvent	résolvaient	résolurent	j'avais résolu
je	résoudrai	résoudrais	que je résolve	
ns	résoudrons	résoudrions	que ns résolvions	
ils	résoudront	résoudraient	qu'ils résolvent	
	rire	riant	ri	ris! rions! riez!
je	ris	riais	ris	j'ai ri
ns	rions	riions	rîmes	
ils	rient	riaient	rirent	j'avais ri
je	rirai	rirais	que je rie	
ns	rirons	ririons	que ns riions	
ils	riront	riraient	qu'ils rient	
	suffire	suffisant	suffi	-
je	suffis	suffisais	suffis	j'ai suffi
ns	suffisons	suffisions	suffîmes	
ils	suffisent	suffisaient	suffirent	j'avais suffi
je	suffirai	suffirais	que je suffise	
ns	suffirons	suffirions	que ns suffisions	
ils	suffiront	suffiraient	qu'ils suffisent	
	suivre	suivant	suivi	suis! suivons! suivez!
je	suis	suivais	suivis	j'ai suivi
ns	suivons	suivions	suivîmes	
ils	suivent	suivaient	suivirent	j'avais suivi
je	suivrai	suivrais	que je suive	
ns	suivrons	suivrions	que ns suivions	
ils	suivront	suivraient	qu'ils suivent	

	vaincre	vainquant	vaincu	-
je	vaincs	vainquais	vainquis	j'ai vaincu
il	vainc	vainquait	vainquit	
ns	vainquons	vainquions	vainquîmes	
ils	vainquent	vainquaient	vainquirent	j'avais vaincu
je	vaincrai	vaincrais	que je vainque	
ns	vaincrons	vaincrions	que ns vainquions	
ils	vaincront	vaincraient	qu'ils vainquent	

	vivre	vivant	vécu	-
je	vis	vivais	vécus	j'ai vécu
ns	vivons	vivions	vécûmes	
ils	vivent	vivaient	vécurent	j'avais vécu
je	vivrai	vivrais	que je vive	
ns	vivrons	vivrions	que ns vivions	
ils	vivront	vivraient	qu'ils vivent	

1.6 Werkwoorden op *-(ev)oir*

1.6.1 Met regelmatige vervoegingen

	recevoir	recevant	reçu	reçois! recevons! recevez!
je	reçois	recevais	reçus	j'ai reçu
tu	reçois	recevais	reçus	
il	reçoit	recevait	reçut	
ns	recevons	recevions	reçûmes	
vs	recevez	receviez	reçûtes	
ils	reçoivent	recevaient	reçurent	j'avais reçu
je	recevrai	recevrais	que je reçoive	
tu	recevras	recevrais	que tu reçoives	
il	recevra	recevrait	qu'il reçoive	
ns	recevrons	rencevrions	que ns recevions	
vs	recevrez	recevriez	que vs receviez	
ils	recevront	recevraient	qu'ils reçoivent	

1.6.2 Met onregelmatige vervoegingen

	falloir	-	fallu	-
il	faut	fallait	fallut	il a fallu il avait fallu
il	faudra	faudrait	qu'il faille	
	pleuvoir	pleuvant	plu	-
il	pleut	pleuvait	plut	il a plu il avait plu
il	pleuvra	-	qu'il pleuve	
	pouvoir	pouvant	pu	-
je ns ils	peux pouvons peuvent	pouvais pouvions pouvaient	pus pûmes purent	j'ai pu j'avais pu
je ns ils	pourrai pourrons pourront	pourrais pourrions pourraient	que je puisse que ns puissions qu'ils puissent	
	prévoir	prévoyant	prévu	prévois! prévoyons! prévoyez!
je ns ils	prévois prévoyons prévoient	prévoyais prévoyions prévoyaient	prévis prévîmes prévirent	j'ai prévu j'avais prévu
je ns ils	prévoirai prévoirons prévoiront	prévoirais prévoirions prévoiraient	que je prévoie que ns prévoyions qu'ils prévoient	
	savoir	savant	su	sache! sachons! sachez!
je ns ils	sais savons savent	savais savions savaient	sus sûmes surent	j'ai su j'avais su
je ns ils	saurai saurons sauront	saurais saurions sauraient	que je sache que ns sachions qu'ils sachent	

	s'asseoir	s'asseyant	assis	assieds-toi! asseyons-ns! asseyez-vs!
je	m'assois	m'assoyais	m'assis	je me suis assis(e)
je	m'assieds	m'asseyais		
ns	ns asseyons	ns asseyions	ns assîmes	
ils	s'assoient	s'assoyaient		
ils	s'asseyent	s'asseyaient	s'assirent	je m'étais assis(e)
je	m'assoirai	m'assoirais	que je m'assoie	
je	m'assiérai	m'assiérais	que je m'asseye	
ns	ns assoirons	ns assoirions	que ns ns assoyions	
ns	ns assiérons	ns assiérions	que ns ns asseyions	
ils	s'assoiront	s'assoiraient	qu'ils s'assoient	
ils	s'assiéront	s'assiéraient	qu'ils s'asseyent	
	valoir	valant	valu	-
il	vaut	valait	valut	il a valu
ils	valent	valaient	valurent	il avait valu
il	vaudra	vaudrait	qu'il vaille	
ns	vaudrons	vaudrions	que ns valions	
ils	vaudront	vaudraient	qu'ils vaillent	
	voir	voyant	vu	vois! voyons! voyez!
je	vois	voyais	vis	j'ai vu
ns	voyons	voyions	vîmes	
ils	voient	voyaient	virent	j'avais vu
je	verrai	verrais	que je voie	
ns	verrons	verrions	que ns voyions	
ils	verront	verraient	qu'ils voient	
	vouloir	voulant	voulu	veuillez!
je	veux	voulais	voulus	j'ai voulu
il	veut	voulait	voulut	
ns	voulons	voulions	voulûmes	
ils	veulent	voulaient	voulurent	j'avais voulu
je	voudrai	voudrais	que je veuille	
ns	voudrons	voudrions	que ns voulions	
ils	voudront	voudraient	qu'ils veuillent	

2 *Voornaamwoorden*

2.1 Persoonlijke voornaamwoorden

Het Frans onderscheidt niet-beklemtoonde en beklemtoonde persoonlijke voornaamwoorden.

	Niet-beklemtoond			Beklemtoond
	als onderwerp	*als lijdend vw*	*als meewerkend vw*	
ik	je, j'	me, m'	me, m'	moi
jij	tu, t'	te, t'	te, t'	toi
hij	il	le, l'	lui	lui
zij	elle	la, l'	lui	elle
wij	nous	nous	nous	nous
jullie	vous	vous	vous	vous
zij	ils, elles	les	leur	eux, elles

- In plaats van *je, tu, nous, vous* gebruikt men in de spreektaal vaak het voornaamwoord *on*.
- Het voornaamwoord *vous* kan een meervoud, 'jullie', maar ook een enkelvoud, 'u', aanwijzen. Het gebruik van *tu*, 'jij', 'je', en *vous*, 'u', verschilt soms van het Nederlands: in het algemeen moet men uitkijken met *tu*; goede vrienden tutoyeren elkaar, evenals mensen die elkaar van de schoolbanken af kennen. Kinderen zeggen doorgaans *tu* tegen hun ouders, maar regel is het niet.

2.2 Wederkerende en wederkerige voornaamwoorden

	Niet-beklemtoond	*Beklemtoond*
me	me, m'	moi-même
je	te, t'	toi-même
zich [m]	se, s'	lui-même
zich [v]	se, s'	elle-même
ons	nous	nous-mêmes
u, zich	vous	vous-mêmes
zich [m]	se, s'	eux-mêmes
zich [v]	se, s'	elles-mêmes

- Onpersoonlijk: On pense à soi-même

2.3 Bezittelijke voornaamwoorden

2.3.1 Bijvoeglijk gebruikte bezittelijke voornaamwoorden

enkelvoud		meervoud
mannelijk	*vrouwelijk*	*mannelijk en vrouwelijk*
mon	ma (mon)	mes
ton	ta (ton)	tes
son	sa (son)	ses
notre	notre	nos
votre	votre	vos
leur	leur	leurs

- *Ma, ta, sa* worden vervangen door *mon, ton, son* voor een zelfstandig naamwoord dat met een klinker of stomme *h* begint.

2.3.2 Zelfstandig gebruikte bezittelijke voornaamwoorden

enkelvoud		meervoud	
mannelijk	*vrouwelijk*	*mannelijk*	*vrouwelijk*
le mien	la mienne	les miens	les miennes
le tien	la tienne	les tiens	les tiennes
le sien	la sienne	les siens	les siennes
le nôtre	la nôtre	les nôtres	les nôtres
le vôtre	la vôtre	les vôtres	les vôtres
le leur	la leur	les leurs	les leurs

2.4 Aanwijzende voornaamwoorden

2.4.1 Bijvoeglijk gebruikte aanwijzende voornaamwoorden

enkelvoud		meervoud
mannelijk	*vrouwelijk*	*mannelijk en vrouwelijk*
ce (cet)	cette	ces
ce (cet)...-ci	cette...-ci	ces...-ci
ce (cet)...-là	cette...-là	ces...-là

- *Ce* wordt vervangen door *cet* voor een zelfstandig naamwoord dat met een klinker of stomme *h* begint.

2.4.2 Zelfstandig gebruikte aanwijzende voornaamwoorden

enkelvoud		meervoud	
mannelijk	*vrouwelijk*	*mannelijk*	*vrouwelijk*
celui	celle	ceux	celles
celui-ci	celle-ci	ceux-ci	celles-ci
celui-là	celle-là	ceux-là	celles-là

- Het zelfstandig aanwijzend voornaamwoord heeft behalve mannelijke en vrouwelijke ook onzijdige vormen: *ce*, of *c'* of *il, ceci, cela* of *ça*.

2.5 Betrekkelijke voornaamwoorden

qui
que (qu'), quoi
lequel, laquelle, lesquels, lesquelles

In verbinding met de voorzetsels *à* en *de* wordt *lequel* enz. als volgt gevormd: *auquel, à laquelle, auxquels, auxquelles*; *duquel, de laquelle, desquels, desquelles.*

2.6 Vragende voornaamwoorden

onderwerp	qui	qui est-ce qui	
lijdend voorwerp	qui	qui est-ce que	wie
na voorzetsel	qui	qui est-ce que	

onderwerp	-	qu'est-ce qui	
lijdend voorwerp	que	qu'est-ce que	wat
na voorzetsel	quoi	quoi est-ce que	
zonder werkwoord	quoi		

	zelfstandig	*bijvoeglijk*	
mannelijk enkelvoud	lequel	quel	
vrouwelijk enkelvoud	laquelle	quelle	welk(e)
mannelijk meervoud	lesquels	quels	
vrouwelijk meervoud	lesquelles	quelles	

Praktische tips

AFBREKEN

Het kan gewenst zijn aan het einde van de regel woorden af te breken. Dit mag echter uitsluitend op de lettergreepgrens. Voor het verdelen van woorden in lettergrepen bestaan bepaalde regels:

- Een alleenstaande medeklinker wordt bij de volgende lettergreep gevoegd:

re-ce-voir	ontvangen
pro-duit	product
qua-li-té	kwaliteit

- Bij twee medeklinkers ligt de lettergreepgrens tussen deze beide letters:

im-por-tant	belangrijk
em-bal-ler	verpakken
fran-çais	Frans

- Bij drie medeklinkers behoort in het algemeen slechts de laatste tot de volgende lettergreep:

comp-ter	tellen
obs-ti-né	koppig

Onscheidbaar zijn echter:

- *ch, ph, th, gn*;
- een medeklinker gevolgd door *l* of *r*;
- klinkers.

mar-chan-dises	goederen
or-tho-gra-phier	spellen/schrijven volgens de regels
li-gne	lijn/regel
em-ploi	baan, betrekking
au-tre	ander(e)
in-croyant	ongelovig
cu-rieux	nieuwsgierig/eigenaardig
théâ-tre	theater
fi-nan-ciè-re-ment	financieel

- Bij afleidingen wordt bij voorkeur afgebroken tussen voorvoegsel en grondwoord:

sub-stan-tif	zelfstandig naamwoord
con-sta-ter	constateren
in-struc-tif	leerzaam